Xpert.press

Springer
Berlin
Heidelberg
New York
Hongkong
London
Mailand
Paris
Tokio

Die Reihe **Xpert.press** des Springer-Verlags vermittelt Professionals im Projektmanagement sowie in den Bereichen Betriebs- und Informationssysteme, Software Engineering und Programmiersprachen aktuell und kompetent relevantes Fachwissen über Methoden, Technologien und Produkte zur Entwicklung und Anwendung moderner Informationstechnologien.

Christoph Meinel • Harald Sack

WWW

Kommunikation, Internetworking, Web-Technologien

Mit 534 Abbildungen und 106 Tabellen

Springer

Christoph Meinel

Universität Trier
Fachbereich IV - Informatik
Institut für Telematik
54286 Trier
Deutschland

meinel@uni-trier.de

Harald Sack

Friedrich-Schiller-Universität
Jena
Institut für Informatik
07743 Jena
Deutschland

sack@minet.uni-jena.de

Bibliografische Information Der Deutschen Bibliothek

Die Deutsche Bibliothek verzeichnet diese Publikation
in der Deutschen Nationalbibliografie; detaillierte bibliografische
Daten sind im Internet über <http://dnb.ddb.de> abrufbar.

ISBN 3-540-44276-6 Springer-Verlag Berlin Heidelberg New York
ISSN 1439-5428

Springer-Verlag Berlin Heidelberg New York
ein Unternehmen der BertelsmannSpringer Science+Business Media GmbH

http://www.springer.de

Satz: Computer to film von pdf Daten der Autoren
Druck: Strauss Offsetdruck, Mörlenbach
Bindearbeiten: Schäffer, Grünstadt
Umschlaggestaltung: KünkelLopka Werbeagentur, Heidelberg
Gedruckt auf säurefreiem Papier 33/3142XT - 5 4 3 2 1 0

Vorwort

Internet und WWW zählen zu den ganz wenigen technologischen Entwicklungen in der Geschichte der Menschheit, die das Leben und Handeln der Menschen grundlegend verändern und seinen Möglichkeiten neuen Raum bieten. Nachdem im Zuge der industriellen Revolution zunächst die physische Mobilität dramatisch gesteigert wurde – Autos, Flugzeuge, Raumschiffe erweiterten den körperlichen Aktionsradius des Menschen beträchtlich –, so erweitern nun Internet und WWW seine gedankliche Mobilität in einem bisher unvorstellbaren Maße und befreien seinen geistigen Aktionsradius von (fast) jeglicher körperlicher Beschränkung. Während selbst beste Fortbewegungsmittel wohl immer viele Stunden brauchen werden, um einen Menschen von einem Kontinent zum anderen zu bringen, kann er mit Hilfe des Internets diese Entfernung fast augenblicklich überwinden, und seine Empfindungen, Gedanken und Anweisungen übermitteln bzw. auf die Wünsche und Anforderungen weit Entfernter sekundenschnell reagieren - und das anders als im Bereich der physischen Mobilität ohne nennenswerte Kosten.
Aufgrund der noch sehr jungen Geschichte - das Internet ist gerade Anfang Dreißig, das WWW noch nicht ganz volljährig geworden - und da die rasante Entwicklung der zugrundeliegenden Computer- und Netzwerk-Technologie ungebrochen anhält, können die mit Internet und WWW verbunden Veränderungen in Gesellschaft, Wirtschaft und privatem Bereich noch lange nicht vollständig abgesehen werden. Langsam und zögerlich beginnen erste Veränderungsprozesse, deren Dauer und Ausgang sich nur schwer vorhersagen lassen. Um so interessanter ist es daher, sich zu vergegenwärtigen, wie Internet und WWW eigentlich funktionieren. Das vorliegende Buch, das aus Vorlesungen der beiden Autoren an den Universitäten Trier und Jena hervorgegangen ist, macht den Versuch, dieses umfassend und allgemein verständlich zu erklären. Angefangen von einem Abriß der Geschichte der Kommunikation und der Beschreibung des WWWs als universellem Kommunikationsmedium werden die Grundlagen der Internet-Technologie – aktuelle Netzwerk-Technologien, Internetworking, TCP/IP-Protokollsuite, Internetdienste und Sicherheit – umfassend vorgestellt und die einzelnen Web-Technologien – URL, HTTP, HTML, CSS, XML, Skriptsprachen und CGI-Programmierung – detailliert beschrieben. Dabei kommt es uns im Besonderen auch darauf an, die hinter den einzelnen Komponenten stehenden Prinzipien aus Netzwerktechnik und Informatik deutlich hervortreten zu lassen, die auch dann gültig bleiben, wenn sich einzelne Standards oder Techniken im Zuge der weiteren Entwicklung verändern. Erwarten Sie also keine bloße Anleitung, Paketheader zu formatieren, HTML-Seiten zu layouten oder CGI-Skripts zu verfassen – das können Sie alles auch finden –, sondern lassen Sie

sich auf eine Erkundungsreise in die Welt ein, die Internet und WWW erst möglich gemacht haben.
Durch eine klare Strukturierung in die drei Teile „Kommunikation und ihre Medien“, „Basics der Internet-Technologie“ und „Web-Technologien“, durch ein kommentiertes Inhaltsverzeichnis und diverse Anhänge sowie durch eine mehrdimensionale Gliederung des Materials – allgemeinverständliche Beschreibungen werden durch zahlreiche ins technische Detail gehende Exkurse ergänzt –, soll dem geneigten Leser der Zugang zur Fülle des behandelten Stoffes soweit als möglich erleichtert und eine interessen- und themenbezogenen Auswahl unterstützt werden.
Trotz des großen Umfangs dieses Buches sind wir uns bewußt, daß eine Reihe von weiteren Themen hätten aufgenommen werden können. Wenn Sie also enttäuscht sein sollten, ein Stichwort nicht oder für ihren Geschmack nicht ausreichend genug besprochen zu finden, dann können Sie sich nur damit trösten, daß es bei dem rasanten Entwicklungstempo von Internet und WWW in Zukunft überhaupt nicht mehr möglich sein wird, von der zugrundeliegenden Netzwerktechnik bis hin zur Web-Programmierung, wie hier geschehen, alles in einem Buch detailliert dargestellt zu finden.
In jedem Fall sind wir dankbar für Ihre Hinweise und Kritik. Das gilt insbesondere für die Kritik und die Anregungen unserer (offline) Studenten in Trier und Jena und unserer (online) Studenten beim Teleteaching über das Internet, ohne die das Buch so nicht entstanden wäre. Dem Springer-Verlag in Person von Herrn Engesser und Frau Glaunsinger sei für das Vertrauen in das Gelingen dieses Buchprojekts und die dabei an den Tag gelegte große Geduld gedankt. Bei Ivana und Anja bedanken wir uns schließlich für die Toleranz und den Langmut, mit der sie uns auch während zahlloser Wochenenden und der Ferien in Ruhe haben arbeiten lassen.
Wir verbleiben mit dem Wunsch, daß Sie als interessierter Laie sich durch die Lektüre unseres Buch anstecken lassen von der Faszination der hinter Internet und WWW stehenden technischen Komponenten und informatorischen Konzepte, Sie als fleißiger und Anstrengungen nicht scheuender Student ein brauchbares und umfassendes Lehrbuch vorfinden, und Sie als gestandener Profi ein zuverlässiges Nachschlagewerk an die Hand bekommen, mit dem Sie Ihre Spezialgebiete leicht und sicher in den Kontext des riesigen Gesamtkomplexes Internet und WWW einordnen können.

Trier und Jena, im Juni 2003

Christoph Meinel
Harald Sack

Übersicht

Anhänge

Inhaltsverzeichnis

Exkurse

1. All about

„Der Anfang ist der wichtigste Teil der Arbeit.“
– Platon, (427–348 v. Chr.)

Das dritte Jahrtausend ist angebrochen und das Internet ist mittlerweile zu einem festen Bestandteil des täglichen Lebens geworden. Das World Wide Web, im Alltag heute oft fälschlicherweise mit dem Internet selbst identifiziert, versorgt uns mit Informationen aller Art. Die neusten Nachrichten, der aktuellste Börsenbericht, wichtige Reiseinformationen, Wissen aus allen nur denkbaren Bereichen, angefangen von aktuellen Forschungsresultaten bis hin zur Bekanntmachung der Veranstaltung eines Kleintierzüchtervereins aus der Nachbarschaft. Interessengruppen schließen sich zu Mailing-Listen und Usenet-Gruppen zusammen, um Informationen über ihre gemeinsamen Themen auszutauschen, Wissenschaftler aller Fachgebiete treiben die Forschung mit Hilfe der elektronischen Kommunikation voran, und wir versenden Geburtstagsglückwünsche an unsere Liebsten.
Dieses Kapitel führt den Leser ein in die die Basistechnologien des WWW, bietet geschichtliche Hintergrundinformation und beschreibt im Überblick, welche Mechanismen und Institutionen den reibungslosen Betrieb des offenen Kommunikationssystems Internet garantieren.

1.1 Das Internet – Basistechnologie des WWW

1.1.1 Das Netz der Netze

Das Internet, das ist ein ungeheurer Zusammenschluß der verschiedenartigsten Computer-Netzwerke, die die ganze Welt umspannen. Firmennetze, Wissenschaftsnetze, militärische Netze, Netze kommunaler oder überregionaler Betreiber, basierend auf den unterschiedlichsten Trägermedien, wie Kupferkabel, Glasfasern oder Funkwellen: sie alle zusammen sind Bestandteil dessen, was wir heute als „das Internet“, die virtuelle neue Welt bezeichnen. Drei Jahrzehnte mußten vergehen, bis aus einem gerade einmal vier Rechner umfassenden Versuchsnetz im Jahre der Mondlandung 1969 ein über 150 Millionen Rechner starkes Geflecht aus Netzwerken entstehen konnte, das uns Dank der dahinter verborgenen Technologien wie ein einziges, einheitliches Ganzes erscheint. Diese als **Internetworking** bezeichnete Technologie ist in der Lage, eine Vielzahl unterschiedlicher Hardware-Technologien über

ein festes Regelwerk von **Kommunikationsprotokollen**, den Konventionen über das „How-To" jeglicher Kommunikation in Datennetzen, zusammenzuschließen. Internet-Technologie ist in der Lage, Details der verwendeten Netz-Hardware vollständig zu verbergen, so daß die angeschlossenen Rechner unabhängig von ihrer physikalischen Verbindung zum Internet miteinander kommunizieren können.
Einer der Gründe, die zu dieser immensen Verbreitung des Internets führen konnten, liegt in dessen **offener Systemarchitektur**. Offen, da alle notwendigen Spezifikationen der Netze im Gegensatz zu proprietären Netzen bestimmter Anbieter öffentlich verfügbar, also für jeden zugänglich sind. Das gesamte Design der Internet-Kommunikationsprotokolle ist daraufhin ausgelegt, die unterschiedlichsten Computer miteinander zu vernetzen, unabhängig von den darauf laufenden Anwendungen und den unterschiedlichen Betriebssystemen.
Den meisten Benutzern des Internet ist überhaupt nicht klar, welche technologische Herausforderung z.B. hinter einer simplen Email steht, die sie per Mausklick ans andere Ende der Welt befördern, und welche Anwendungsprogramme dazu nötig sind – hier der sogenannte Email-Client, der dem Benutzer als „das Email-Programm" auf seinem eigenen Rechner erscheint, und der Email-Server, der durchaus bereits auf einem entfernten Rechner installiert sein kann und der verantwortlich ist für die korrekte Zustellung und Verteilung der ein- und ausgehenden Email-Nachrichten. Damit sich die verschiedenen Email-Server verstehen, benutzen sie ein ihnen gemeinsames **Kommunikationsprotokoll**, also einen Standard für syntaktische und semantische Regeln der wechselseitigen Kommunikation, nach dem sich beide zu richten haben. Protokolle beschreiben detailliert Nachrichtenformate und definieren, wie sich ein Rechner bei Eingang einer Nachricht oder im Falle eines aufgetretenen Fehlers zu verhalten hat.

1.1.2 Basiswissen Netzwerktechnik

Grundsätzlich basiert eine Netzwerkstruktur auf drei unterschiedlichen Komponenten:

- die eigentlichen **Rechner** als Basiskomponente, die miteinander vernetzt werden sollen,
- sämtliche **Infrastrukturkomponenten**, die notwendig sind, um den Anschluß und die Kopplung der Rechner zu leisten und
- die **Verkabelung**, die die physische Verbindung der Einzelkomponenten sicherstellt.

Bei den Rechnern unterscheiden wir grundsätzlich zwischen sogenannten „Servern" und „Clients". **Server** sind dabei gewöhnliche Rechner, die allerdings ihre Ressourcen auch für andere Rechner bereitstellen, während als **Clients** diejenigen Rechner bezeichnet werden, die nur als Leistungsnehmer im Netzwerk auftreten. Diese Polarisierung bildet das heute vorherrschende

Verarbeitungsprinzip und wird auch als **Client/Server-Paradigma** oder Client/Server-Architektur bezeichnet. Die Kooperation zwischen den miteinander vernetzten Rechnern folgt dabei immer einem bestimmten Grundschema: Der Client übernimmt stets die Initiative und fordert vom Server, der entsprechende Ressourcen zur Verfügung stellt, bestimmte Dienstleistungen an. Ein Client kann dabei im Laufe der Verarbeitung auf verschiedene Server zugreifen und ist nicht immer nur an einen bestimmten gebunden, wobei auch ein Server von vielen verschiedenen Clients kontaktiert werden kann. Diese Art der wechselseitigen Beziehung wird auch als „n:m-Beziehung" bezeichnet. Da der Server nur eine begrenzte Zahl von Diensten zur Verfügung stellt, kann er auch nur jeweils bestimmte Anfragen des Clients bedienen. Er nimmt eine Anforderung auch nur dann entgegen, wenn er gerade nicht durch eine andere belegt ist. Ist der Server gerade belegt, muß der Client die geforderte Dienstleistung erneut anfragen.
Bevor eine Anforderung vom Server erfüllt wird, muß er zwei Fragen klären:

- Ist der Client tatsächlich derjenige, der er behauptet zu sein (Authentifikation)?
- Wurde die Authentizität des Clients erfolgreich geklärt, dann stellt sich die Frage: Ist der Client überhaupt berechtigt, die gewünschte Anforderung zu stellen?

Beide Fragen müssen positiv beantwortet werden, bevor eine Verarbeitung auf dem Server starten kann. Da Client und Server für gewöhnlich räumlich voneinander getrennt sind, müssen entsprechende Sicherheitsmechanismen vorgesehen werden, die eine zufriedenstellende Aufklärung dieser Fragen erlauben.
Um an einem Netzwerkverbund teilnehmen zu können, müssen die angeschlossenen Rechner über spezielle Komponenten verfügen, die ihnen physikalisch die Möglichkeit verschaffen, Anschluß an das Netzwerk zu finden. Dazu zählen spezielle **Netzwerkadapter**, die der zentralen Recheneinheit des angeschlossenen Rechners anfallenden Verarbeitungsaufwand abnehmen und die zu übertragenden Nachrichten in ein netzwerk-konformes Format übersetzen. Darüber hinaus müssen die Daten auch physikalisch umgesetzt werden, um auf einem Leitungsmedium über eine längere Distanz übertragen werden zu können. Zusätzlich müssen in einem Netzwerk bestimmte **Zwischensysteme** vorhanden sein, die an Knotenstellen installiert sind und eine Relaisfunktion ausüben. Sie entscheiden, in welche Richtung ein Datenstrom gelenkt werden soll und übernehmen zusätzlich oft auch noch eine Verstärkerfunktion, um die physikalische Ausdehnung des Netzes zu vergrößern.
Der dritte wichtige Baustein des Netzwerks ist die zu Grunde liegende **Verkabelung**. Die angeschlossenen Rechner und Zwischensysteme müssen physikalisch über ein Trägermedium miteinander verbunden sein. Dies kann sowohl über ein physikalisch festes Medium wie Kupfer- oder Glasfaserkabel geschehen, als auch drahtlos über Funk oder Infrarot. Kein Übertragungsmedium ist gegenüber Übertragungsfehlern gefeit, so daß Mittel und Wege

gefunden werden müssen, ein grundsätzlich als unsicher anzusehendes Netzwerk in die Lage zu versetzen, eine sichere und fehlerfreie Kommunikation durchzuführen.

1.1.3 Internet-Kommunikationsprotokolle

Nachdem nun die Basiskomponenten benannt worden sind, stellt sich die Frage, wie funktioniert eigentlich die Kommunikation in einem Datennetzwerk? Um diese Frage näher zu beleuchten, betrachten wir ein einfaches Szenario: Wir stellen uns vor, Anwenderin Alice möchte ihrem Freund Bob eine Nachricht via Email senden (siehe Abb. 1.1). Wie wird sichergestellt, daß diese Nachricht so schnell wie möglich, vollständig, fehlerfrei und dem richtigen Adressaten zugestellt wird?

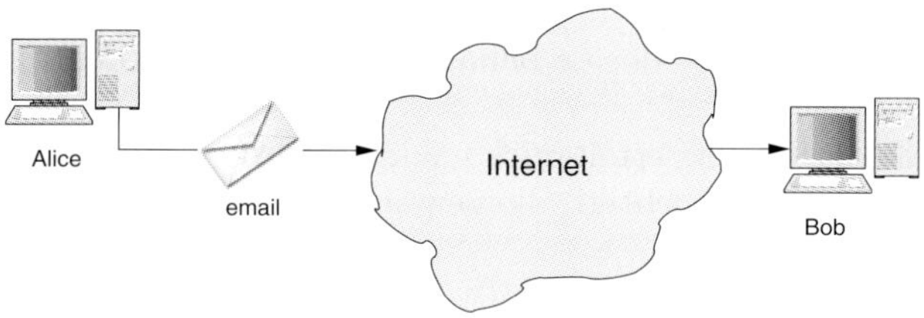

Abb. 1.1. Alice will Bob eine Email senden

Damit die Nachricht von Alice's Rechner zu Bob gelangen kann, sind die folgenden Fragen zu klären und Aufgaben zu erfüllen:

An wen soll die Nachricht gesendet werden? Es muß eindeutig festgelegt werden, wer der Adressat der Nachricht ist. Dazu werden im Internet sogenannte Adressen vergeben. Verschiedene Hierarchie-Ebenen verwenden unterschiedliche Arten der Adressierung. Es gibt ein weltweit eindeutiges Schema, damit auch wirklich Bob und nur Bob die Nachricht erhält.

Welchen Weg nimmt die Nachricht? Um an der Zieladresse anzukommen, muß die Nachricht im Netzwerk zwischen den einzelnen Relaisstellen weitergereicht werden, bis sie schließlich dem Adressaten zugestellt werden kann. Der genaue Weg aber wird nicht bereits in Alice Rechner vorherbestimmt, sondern die Zwischensysteme des Netzwerks entscheiden, welchen Weg die Nachricht nimmt.

Die Nachricht muß vollständig ankommen. Das Internet basiert auf einem paketvermittelnden Netzwerkdienst, d.h. die zu versendende Nachricht wird aus Effizienzgründen in kleine Datenpakete gleicher Größe zerlegt und die Pakete werden einzeln über das Netzwerk versendet. Daher muß sichergestellt werden, daß eine Nachricht beim Empfänger auch wieder vollständig und in der richtigen Reihenfolge zusammengesetzt werden kann.

Die Nachricht muß fehlerfrei ankommen. Bedingt durch Übertragungsfehler und Störungen kann es vorkommen, daß einzelne Datenpakete auf ihrem Weg durch das Netzwerk beschädigt werden oder sogar verloren gehen. Damit aber die Nachricht beim Empfänger wieder korrekt zusammengesetzt werden kann, muß ein Mechanismus bereitgestellt werden, aufgetretene Fehler zu erkennen und automatische zu korrigieren, bzw. als fehlerhaft erkannte Pakete erneut anzufordern.

Da das Internet keine homogene Struktur besitzt und verschiedenartige Netzwerkarchitekturen miteinander verschaltet werden können, muß das Datenpaket auf seinem Weg durch das Netzwerk an den Schnittstellen der einzelnen Netzwerkarchitekturen umgepackt und in seinem Format den jeweilig vorherrschenden Bedingungen und Technologien angepaßt werden. Es wäre jetzt natürlich viel zu aufwendig, müsste jede Anwendung auf Alice's Rechner sich selbst um all diese Aufgaben kümmern. Ein entsprechendes Netzwerkbetriebssystem nimmt der Anwendung, wie z.B. unserem Email-Programm, viele dieser Aufgaben ab.
Da diese Aufgaben hierarchisch aufgegliedert werden können, kann die Kommunikation der beiden Teilnehmer in **Schichten** (Layer), entsprechend ihrer jeweiligen Funktion unterteilt werden. Diese Unterteilung in ein sogenanntes **Schichtenmodell** bringt viele Vorteile mit sich. Jede Schicht für sich ist verantwortlich für die Lösung eines bestimmten Teilproblems im Rahmen des Nachrichtenaustauschs. Findet auf der untersten Ebene der Austausch von elektrischen Signalen statt, müssen diese in den darüberliegenden Schichten aus Binärdaten erst einmal erzeugt werden. Diese Binärdaten müssen mit entsprechenden Adressfeldern versehen und bzgl. ihrer Zusammengehörigkeit markiert werden. All diese Aufgaben werden von den einzelnen Schichten im Kommunikationsmodell erledigt (siehe Abb. 1.2).

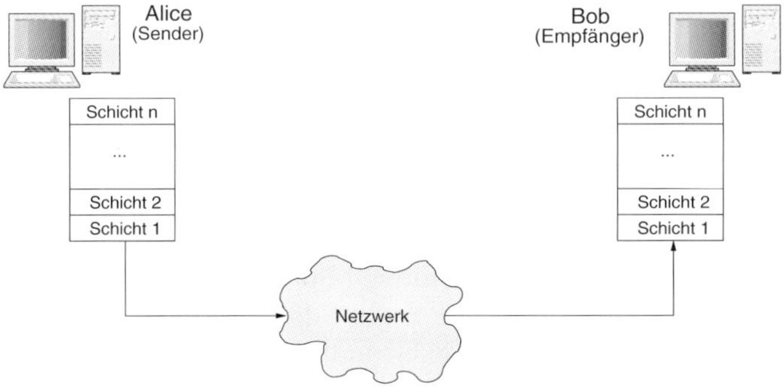

Abb. 1.2. Organisation der Kommunikationsprotokolle in einzelne Schichten

Nun liegt ein solches Kommunikationsschichtenmodell (Communication Stack) sowohl auf Sender- als auch auf Empfängerseite vor. Jede der einzelnen

Schichten kommuniziert quasi mit der entsprechenden Schicht auf der gegenüberliegenden Seite. Diese Kommunikation ist jedoch nur eine scheinbare. In der Realität kommuniziert jede Schicht immer nur direkt mit der im selben Stack unmittelbar darüber bzw. darunterliegenden Schicht. Von oben werden Instruktionen und Daten empfangen, nach unten werden Instruktionen und Daten weitergegeben. Während vertikal eine Schicht von der darunterliegenden Dienste anfordert und einer höhergelegenen Funktionen bereitstellt, erfolgt die horizontale Kommunikation korrespondierender Schichten über bestimmte Kommunikationsprotokolle. In der Softwareentwicklung eines Netzwerkbetriebssystems birgt dieser Aufbau den großen Vorteil, daß das Modell immer nur die Schnittstellen zwischen den einzelnen Schichten vorschreibt. Dadurch läßt sich die Implementation sehr modular gestalten, d.h. ändern sich durch Fortschreiten der technischen Entwicklung bestimmte Rahmenbedingungen, so muß in der Regel nicht die gesamte Kommunikationssoftware neu geschrieben werden, sondern es reicht aus, einzelne Module, die mit einer bestimmten Schicht im Modell korrespondieren, auszutauschen.
Die einzelnen Schichten eines Kommunikationsschichtenmodells bauen jeweils aufeinander auf. Grundlage für das Design der jeweiligen Schicht sind allgemein gehaltene Vereinbarungen und Inhalte. Diese Spezifikationen enthalten in der Regel jedoch keinerlei Implementierungsvorgaben, so daß eine Umsetzung in kommerzielle Produkte nicht unmittelbar möglich ist. Dennoch schaffen derartige Modelle eine allgemein akzeptierte Vorstellung darüber, wie der Kommunikationsvorgang abzulaufen hat. Die Beschreibung der Funktionalität der einzelnen Schichten dient als Grundlage für eine exakte Spezifikation von Protokollen und schafft dadurch eine weitestgehend herstellerunabhängige Begriffswelt.
Schichten der gleichen Ebene bei Sender und Empfänger kommunizieren über **Kommunikationsprotokolle** (einfach oft auch Protokolle) miteinander. Ebenso, wie z.B. das ehemals fest vorgeschriebene Protokoll bei Hofe oder bei einem Staatsempfang bestimmte Ablaufregeln vorgibt, regeln die Protokollvorschriften den Kommunikationsverlauf im Netzwerk. Die unteren Schichten der Netzwerk-Kommunikationsprotokoll-Modelle präsentieren netzorientierte Funktionen, während die oberen Schichten eher als anwendungsbezogen eingestuft werden können (siehe Abb. 1.3).
Das heute allgemein akzeptierte Kommunikationschichtenmodell ist der sogenannte **TCP/IP-Protokoll-Stapel** (TCP/IP-Stack). Obwohl die Begriffe der TCP-Welt vor gut 10 Jahren nur einer Handvoll Spezialisten geläufig waren, besteht heute kein Zweifel mehr: TCP/IP regiert das Internet. Und gerade weil die Protokolle der TCP/IP-Familie die Grundlage der Architektur des Internet bilden, gelang es ihnen – anders als kommerziellen Produkten (z.B. DECnet) oder theoretisch begründeten Standardvorschriften (z.B. ISO/OSI-Protokoll-Stapel) – sich als defacto-Standard weltweit durchzusetzen.
Das zweite Kommunikationsschichtenmodell, das jedoch gegenüber dem etablierten TCP/IP-Protokoll-Stapel zunehmend an Bedeutung verliert, ist das

von der ISO (International Standards Organisation) spezifizierte **ISO/OSI-Kommunikationsschichtenmodell** (auch als **ISO/OSI-Referenzmodell** bezeichnet). Die im Telekommunikationsbereich genutzte X.25-Protokollfamilie ist die bekannteste Implemenierung des sieben Protokollschichten umfassenden ISO/OSI-Referenzmodells. In Abb. 1.3 ist ein konzeptioneller Vergleich des TCP/IP-Stacks und des ISO/OSI-Referenzmodells dargestellt.

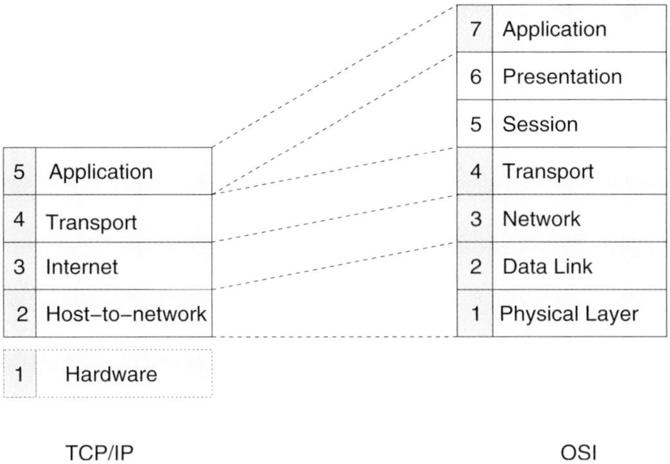

Abb. 1.3. TCP/IP- und ISO/OSI-Referenzmodell im Vergleich

Bevor auf das TCP/IP-Kommunikationsmodell in Abschnitt 4.6 detailliert eingegangen wird, soll hier eine kurze Zusammenfassung der Aufgabenverteilung der einzelnen Protokollschichten angeführt werden. Zum weiterführenden Verständnis der nachfolgenden Kapitel und zur Einordnung der Einzelthemen in den Gesamtkomplex des Schichtenmodells der Kommunikation werden wir kurz die einzelnen Schichten in aufsteigender Reihe, startend mit der untersten Schicht, Revue passieren lassen.

- **Hardware-Layer**
  Als unterste Schicht des TCP/IP-Referenzmodells steht die Hardwareschicht, in der der eigentliche Datentransport über ein physikalisches Übertragungsmedium stattfindet. Doch bereits die Festlegung der zur Übertragung notwendigen elektrischen, mechanischen und funktionalen Parameter findet auf der nächsthöheren Ebene statt.
- **Host-to-Network-Layer**
  (Auch **Network Interface** oder **Physical Layer**) Grundsätzlich besteht hier die Forderung nach der Bereitstellung einer physikalischen Verbindung und deren kontinuierlicher Betriebsbereitschaft. Es sind also Fragen der Art zu klären, daß auf beiden Seiten, beim Sender als auch beim

Empfänger Übereinkunft darüber besteht, welcher elektrische Wert jetzt einer logischen Eins bzw. einer logischen Null entspricht, welcher Zeitdauer die Übertragung eines einzelnen Bits entspricht, bzw. wie eine Verbindung aufgebaut und wieder beendet wird. Diese Aufgaben entsprechen denen der Bitübertragungsschicht (Physical Layer) im ISO/OSI-Referenzmodell. Zusätzlich bewältigt diese Schicht im TCP/IP-Referenzmodell die Gruppierung des empfangenen Bitstroms in größere logische Einheiten (Datenpakete). Die übertragenen Datenpakete können Mechanismen zur Fehlererkennung bzw. Fehlerkorrektur enthalten und somit auf dieser Ebene einen gesicherten bzw. auch einen ungesicherten Dienst spezifizieren. Darüberhinaus findet eine funktionale Trennung in zwei Aufgabenbereiche statt:

- **Media Access Control (MAC)**:
  Hier findet die Steuerung des Zugriffs auf das Übertragungsmedium statt. Zu den bekanntesten Implementationen dieser MAC-Protokolle zählen Ethernet, Token Ring oder FDDI.
- **Logical Link Control (LLC)**:
  Hier findet die Verwaltung der logischen Verbindung einschließlich Fehleranalyse und Flußkontrolle statt.

Dieser Bereich entspricht in seinen Aufgaben der Sicherungsschicht (Data Link Layer) des ISO/OSI-Modells.

- **Internet-Layer**
  Ausgehend von einer logischen Adressierung wird in dieser Schicht ein Weg durch das Netzwerk vom Quellrechner zum Zielrechner festgelegt. Unterschiedlichen Kriterien folgend, wie maximaler Durchsatz, geringe Kosten, gleichmäßige Lastenverteilung oder bestmögliche Sicherheit wählt dieser als **Routing** bezeichnete Prozeß einen möglichst günstigen Pfad durch das Netzwerk.
- **Transport-Layer**
  In dieser Schicht wird ein universeller Transportservice bereitgestellt, d.h. eine explizit geschaltete Verbindung mit Auf- und Abbaumodalitäten, sowie gesicherten Qualitätskriterien. Dazu zählen Fehlerkorrekturmethoden oder die korrekte Anordnung der übertragenen Datenpakete. Datenflußkontrollalgorithmen sorgen für eine gleichmäßige Auslastung der Netzinfrastruktur. Bei Überlastung wird das Übertragungsvolumen entsprechend gedrosselt bzw. bei einem freien Medium wird dieses bis zur Grenze seiner Leistungskapazität ausgeschöpft. Das ISO/OSI-Referenzmodell enthält oberhalb dieser Schicht noch zwei zusätzliche Schichten mit den folgenden Aufgaben:
  - **Session-Layer** (Sicherungsschicht):
    Hier findet eine Regelung des Dialogablaufs einschließlich einer Synchronisation der Kommunikationsteilnehmer statt.
  - **Presentation-Layer** (Darstellungsschicht):
    Um Fehlinterpretationen der gesendeten Daten zu vermeiden, findet hier die Umsetzung auf ein einheitliches vordefiniertes Datenformat statt.

Dies ist notwendig, da die an der Kommunikation beteiligten Rechner oft Hardware-bedingt mit unterschiedlichen Datendarstellungsformaten arbeiten. Zusätzlich enthält diese Schicht noch Mechanismen zur Komprimierung und Verschlüsselung von Daten.

- **Application-Layer**
  In dieser Schicht werden Funktionen für Anwendungsprogramme als Erweiterung des Netzwerkbetriebssystems zur Verfügung gestellt. Hierunter fallen viele Protokolle, die zur Datenübertragung im Internet große Popularität erlangt haben, wie z.B. FTP (File Transfer Protocol), HTTP (Hypertext Transfer Protocol) oder SMTP (Simple Mail Transfer Protocol). Die Anwendungen selbst, also z.B. der Email-Client oder der HTML-Browser sind dieser Schicht nicht selbst zuzurechnen. Sie stehen außerhalb der Modellvorstellung und bedienen sich nur der in der Anwendungsschicht zur Verfügung gestellten Funktionalitäten.

Zum Zwecke eines reibungslosen Funktionierens der Netzwerk-Kommunikation fügt jede der beteiligten Schichten den eigentlichen Nutzdaten entsprechende Fluß- und Kontrollinformation mit hinzu. Dadurch wird mit steigender Anzahl der beteiligten Schichten das Verhältnis zwischen Nutz- und Kontrollinformation immer ungünstiger. Die ursprünglich kurze Nachricht kann durch den Overhead an Kontroll- und Verwaltungsinformation derart aufgebläht werden, daß ein hoher Anteil der zur Verfügung gestellten Bandbreite nur für den Transfer dieser Steuerdaten verbraucht wird.

1.1.4 Internet-Dienste und -Anwendungen

Der eigentliche Sinn und Daseinszweck des Internet besteht in den zur Verfügung gestellten **Netzanwendungen**, die auf den Dienstleistungen, die das Internet bereitstellt basieren. Diese Netzanwendungen sind es, die unsere Vorstellung vom Internet prägen und uns die vielen technologischen Kniffe und Details vergessen lassen, die notwendig waren, dieses Netz der Netze ans Laufen zu bringen. Durch sie wird der eigentlichen „Nutzen“ des Internet begründet, da sie dem Nutzer eine Kommunikationsplattform für die verschiedenartigsten Aufgaben zur Verfügung stellen. In den vergangenen drei Jahrzehnten entstand eine Vielzahl von zum Teil wundervollen und heute unverzichtbaren Netzanwendungen, angefangen von einfachen Text-basierten Anwendungen, die bereits zu Beginn der 80er Jahre große Popularität gewannen, über Elektronische Postdienste, Datentransportdienste, den Fernzugriff auf geografisch entlegene Computer bis hin zu privaten Nachrichtenbörsen und Gesprächsrunden.

Die Internetanwendungen basieren alle gemeinsam auf Diensten, die in der obersten Schicht des TCP/IP-Referenzmodells bereitgestellt werden, wobei die Anwendungen selbst nicht Teil dieser Kommunikationsschicht sind, sondern sich lediglich der in ihr angebotenen Dienste bedienen. Die verschiedenen Anwendungen definieren jeweils ihre eigene Protokollsoftware, nach der

die Kommunikation über das Internet abzulaufen hat. Im eigentlichen Sinne kommunizieren auch nicht die Anwendungen – also die Software auf der sie beruhen – selbst miteinander, sondern – im Betriebssystemjargon gesprochen – die jeweiligen Prozesse auf den Endbenutzer-Rechnern, die eine Instanz dieser Anwendung darstellen. Zu jeder Anwendung gehören in der Regel zwei oder mehr Prozesse, die nach dem **Client/Server-Prinzip** miteinander agieren, d.h. ein oder mehrere Clients fordern vom Server Dienstleistungen an, die dieser entsprechend leistet oder eine Fehlermeldung zurückliefert. Zum Zwecke der gegenseitigen Verständigung tauschen Client und Server gegenseitig Nachrichten über das Netzwerk aus. Ein sendender Prozeß generiert Nachrichten und versendet diese in das Netz, während ein empfangender Prozeß auf Nachrichten aus dem Netz wartet und auf diese mit dem Versand einer entsprechenden Antwort reagiert. Netzwerk-Anwendungen liegen Protokolle zugrunde, die auf dem TCP/IP-Application-Layer, also der obersten Schicht im TCP/IP-Protokoll-Stapel basieren, die das Format und die Abfolge der ausgetauschten Nachrichten definieren, sowie die auszulösenden Aktionen und Reaktionen festlegen.
Zu den wichtigsten Dienstangeboten im Internet gehören **Verzeichnisdienste**, **Nachrichtenaustausch- und Informationsdienste** und **Datentransferdienste**. Als Verzeichnisdienste werden dabei Dienstprogramme bezeichnet, die Information zu technischen Ressourcen oder zu Personen, die im Netz erreichbar sind zur Verfügung stellen. Den bekannteste Verzeichnisdienst im Internet stellt der **DNS** (**Domain Name Service**) dar, der in der Lage ist, logische Namen für Netzwerk-Endsysteme in numerische IP-Adressen umzusetzen. Mit dieser einfachen Namensumsetzung stellt DNS einen sogenannten **Namensdienst** (**Naming Service**) dar. Daneben existieren im Internet auch noch standardisierte Verzeichnisdienste wie **X.500** oder in der vereinfachten Version **LDAP** (**Lightweight Distributed Access Protocol**).
Zu den bekanntesten Nachrichtenaustausch-Systemen und zu den ältesten im Internet angebotenen Diensten gehört die Elektronische Post (**Email**). Die Elektronische Post ist nichts anderes als eine Nachbildung der herkömmlichen Briefpost mit elektronischen Mitteln. Als Email-Client wird dabei das Anwendungsprogramm bezeichnet, das dem Benutzer ein geeignetes Interface zur Verfügung stellt, um Nachrichten zu lesen, zu erstellen und an den Email-Server weiterzuleiten. Der Email-Server wiederum übernimmt die Kommunikation mit entlegenen Email-Servern, die sich am Ort des Adressaten der versendeten Email befinden. Emails können dabei nicht nur zwischen realen Benutzern, sondern auch zwischen verschiedenen Anwendungsprogrammen ausgetauscht werden. Im Internet ist **SMTP** (**Simple Mail Transfer Protocol**) als Standard-Protokoll für Email-Anwendungen vorgesehen, wobei sich auch noch eine Vielzahl proprietärer Email-Systeme auf dem Markt finden. Um nicht nur Texte als elektronische Post versenden zu können, sondern Multimedia-Dokumente jeder Art, wurde der **MIME** (**Multi-Purpose**

Internet Mail Extension) Kodierungs-Standard eingeführt. Vermittels MIME kodierte Multimedia-Dokumente können vom Email-Client über geeignete Plugins dekodiert und dargestellt werden. Um eine sichere Email-Übertragung zu gewährleisten existieren viele Verschlüsselungstechniken. Die verbreitetste Verschlüsselungstechnik im Bereich der elektronischen Post ist **PGP** (**Pretty Good Privacy**), die zum Einen eine Verschlüsselung der zu versendenden Nachricht, als auch eine sichere Authentifikation des Absenders mit Hilfe digitaler Signaturen gewährleistet.

Tabelle 1.1. Einige Internet-Applikationen

Name	Bedeutung	Aufgabe
DNS	Distributed Name Service	Umsetzung logischer Name in IP-Adressen
X.500	X.500 Directory	Namens- und Verzeichnisdienst
LDAP	Lightweight Directory Access Protocol	Zugriffsprotokoll für Verzeichnisse
Email	Elektronische Post	Sammelbezeichnung für elektronische Nachrichtenaustauschsysteme
SMTP	Simple Mail Transfer Protocol	Protokoll für den Transfer von Email zwischen Mail-Servern
POP	Post Office Protocol	Protokoll für Komunikation zwischen Mail-Server und Mail-Client
IMAP	Internet Message Access Protocol	Nachfolger von POP
X.400	X.400 Message Handling System	OSI-Norm für elektronische Post
WWW	World Wide Web	integrativer Hypermedia-basierter Informationsdienst
HTTP	Hypertext Transfer Protocol	Kommunikationsprotokoll für das WWW
FTP	File Transfer Protocol	Dateiaustauschsystem
NFS	Network File System	netzwerkfähiges Dateisystem
telnet		ermöglicht Zugriff auf entfernte Rechner
SNMP	Simple Network Management Protocol	Protokoll zur Netzwerkadministration

Der heute wichtigste Informationsdienst im Internet, das **World Wide Web** (**WWW**), gehört ebenfalls zur Gruppe der Netzapplikationen. Heute werden die Anwendungen, die in der Computerindustrie für den Erfolg einer Rechnerarchitektur oder eines Betriebssystems verantwortlich gemacht werden, gerne als „Killerapplikation“ bezeichnet. Übertragen auf das Medium Internet war die anfängliche Killerapplikation sicherlich die elektronische Post, die in ihrer Bedeutung heute vom WWW als Informationsdienst noch überholt worden ist. Neben diesem Informationsservice, dessen Front-End – der WWW-Browser – heute auch zum integrativen Multifunktions-Werkzeug geworden

ist, mit dessen Hilfe auf die meisten der hier genannten Dienste zugegriffen werden kann und auf den im Folgekapitel noch detaillierter eingegangen wird, gibt es eine Vielzahl von Diensten, die mit Einführung des WWW zum Teil rapide an Bedeutung verloren haben. Vorgänger-Informationsdienste des WWW, wie z.B. **Gopher** oder **WAIS** sind heute kaum noch von Bedeutung. Einfacher Dateiaustausch mit entfernten Rechensystemen ist über **FTP** (**File Transfer Protocol**) möglich, Diskussionsforen, zum Teil moderiert oder auch unmoderiert werden über das **Usenet** als Usenet-News zur Verfügung gestellt, in dem sich Interessengruppen über gemeinsame Themengebiete austauschen können. Noch direkter kann eine Diskussion über **IRC** (**Internet Relay Chat**) erfolgen. Dieser oft nur als Chat bezeichnete Dienst ermöglicht es im Gegensatz zum Usenet, synchron an einer gerade stattfindenden Diskussion teilzunehmen. Während Usenet den asynchronen Austausch von Information unterstützt, d.h. der Benutzer verfaßt eine Nachricht und sendet sie an das Usenet-System, in dem die Nachricht daraufhin dann ggf. veröffentlicht wird, setzt ICR die tatsächliche Anwesenheit des Benutzers während der laufenden Diskussion vor dem Datenendgerät voraus, da die jeweiligen Diskussionsbeiträge direkt mit der Eingabe des Nutzers veröffentlicht werden und alle anderen Teilnehmer ebenfalls direkt darauf reagieren können.
Tabelle 1.1 zeigt einige Internetanwendungen im Überblick und in Tabelle 1.2 ist der jeweilige Ressourcenbedarf für ausgewählte Applikationen aufgelistet. Manche Applikationen sind von einer fehlerfreien, sowie prompten Übertragung abhängig, die sich keinen Verzug erlauben darf, wie dies z.B. bei Finanztransaktionen der Fall ist, wo der Ausfall der Kommunikation bereits im Sekundenbereich schwerwiegende finanzielle Folgen nach sich ziehen kann.

Tabelle 1.2. Ressourcenbedarf ausgewählter Internet-Anwendungen

Anwendung	Datenverlust	Bandbreite	zeitkritisch
Dateitransfer	kein Verlust	flexibel	nein
Email	kein Verlust	flexibel	nein
WWW-Dokumente	kein Verlust	flexibel	nein
Real Audio	fehlertolerant	10 kbps – 1 Mbps	ja, ca. 100 ms
Real Video	fehlertolerant	10 kbps – 5 Mpbs	ja, ca. 100 ms
Interaktive Spiele	fehlertolerant	1 kbps – 10 kbps	ja, ca. 100 ms
Finanztransaktionen	kein Verlust	flexibel	ja

1.2 Das World Wide Web – eine erste Annäherung

Das World Wide Web – oft einfach auch nur das „Web“ genannt – das ist nichts anderes als eine ungeheuer mächtige Informations- und Datenansammlung auf die wir mit Hilfe des Internets, genauer, mit Hilfe des auf dem Internetprotokoll aufsetzenden HTTP-Protokolls, zugreifen können. Es ist der

Verdienst des WWW, daß das Internet diese enorme Popularität gewinnen konnte, das es heute besitzt. Ein Großteil dieses Erfolges ist sicherlich der einfachen Zugangsschnittstelle, dem **Browser** zu danken, der es auch einem Nicht-Fachmann ermöglicht, schnell und unkompliziert auf das riesige Informationsangebot des WWW zuzugreifen. Die Information selbst liegt im WWW in Form von sogenannten Hypermedia-Dokumenten vor. Untereinander durch sogenannte Links verbunden, bilden sie ein Netzwerk von Informationen, in dem der Benutzer schnell und auf einfache Weise navigieren kann. Um im WWW ein bestimmtes Dokument auffinden zu können, muß es weltweit eindeutig identifizierbar sein. Der Zugriff auf die gewünschten Dokumente, die auf zahllosen Servern – so die Bezeichnung der Rechner, auf der die Dokumente gespeichert sind – verteilt vorliegen, erfolgt nach dem Client/Server-Paradigma. Der Browser fordert als Client ein bestimmtes Dokument an, das vom WWW-Server anschließend ausgeliefert wird. Der Browser gestattet in der Regel nicht nur den Zugriff auf Hypermedia-Dokumente, sondern agiert als multifunktionaler Client, mit dem auch auf alternative Dienstangebote im Internet wie FTP oder Email zugegriffen werden kann. Die zum Teil komplexen Mechanismen, die hinter den einzelnen Dienstangeboten und Protokollen stehen, bleiben dem Benutzer komplett verborgen, er ist immer nur mit der einfach zu bedienenden grafischen Benutzeroberfläche des Browsers konfrontiert.

Das World Wide Web, das weltumspannende Internet, in der Form, in der es sich der breiten Öffentlichkeit heute darbietet, ist nun schon im zweiten Lebensjahrzehnt. Als sich Robert Cailliau und Tim Berners Lee Anfang der 90er Jahre Gedanken um ein einfaches über das Internet verfügbares Dokumentenaustausch- und Verwaltungssystem machten, konnten sie nicht ahnen, daß ihre Überlegungen – ein Nebenprodukt ihrer eigentlichen Arbeit am Kernforschungsinstitut CERN (Centre Européenne pour la Recherche Nucléaire) – das Internet revolutionieren würden. Mit der Schaffung einer einfach zu bedienenden grafischen Benutzerschnittstelle war es nun auch der breiten Masse der Bevölkerung möglich, das Internet als neues Kommunikations und Informationsmedium zu nutzen, und die Anzahl der an das WWW angebundenen Rechner begann explosionsartig zu wachsen. Das WWW hielt Einzug in Büros und Wohnzimmer.

1.2.1 Browser

Das World Wide Web (WWW) – oder einfach auch nur das Web – stellt sich als riesiges Informations- und Datenlager dar, auf das der Benutzer mit Hilfe eines einfachen, interaktiven Anwendungsprogramms – dem **Browser** – zugreifen kann. Heute besitzen Browser eine grafische Benutzeroberfläche (**Graphical User Interface, GUI**), so daß der Benutzer über **Point and Click**-Aktionen vielfältige Funktionen ausführen und Informationen abrufen kann.

Dabei können Informationen in Form von Texten, Grafiken, Bildern oder auch Video-Clips und Audiodateien dargestellt werden und es steht eine ganze Palette von multimedialen Funktionen zur Verfügung. Zu den heute bekanntesten Browsern zählen der von Microsoft entwickelte **Internet Explorer** und der mit diesem in Konkurrenz entwickelte **Netscape Navigator** der Firma Netscape. Browser sind in der Regel frei verfügbar und unterscheiden sich kaum in ihrer Benutzerführung. Unterschiede bestehen jedoch oft in der Unterstützung der jeweiligen, das WWW betreffenden Standards. Noch vor einigen Jahren versuchten die beiden großen Konkurrenten, ihre Vormachtstellung durch propriätere Ergänzung von Funktionalitäten und eigenständigen Erweiterungen der WWW-Standards zu festigen, was in dem als **Browser-Krieg** bezeichneten Entwicklungswettkampf mündete. Vor allem schlug Netscape dabei sehr interessante neue Funktionalitäten vor, die von einem Teil der Internet-Gemeinde sofort aufgegriffen und eingesetzt wurden. Im Ergebnis waren Informationsseiten, die von diesen Erweiterungen Gebrauch machten, nur noch mit dem Browser von Netscape korrekt anzuzeigen. Zum Glück konnte eine weitere Eskalation dieser Differenzen verhindert werden. Die für die internationalen Standards zuständigen Arbeitsgruppen haben eine Vielzahl der neuen Ideen aufgegriffen und dabei in neue allgemein akzeptierte Standards umgewandelt. So versuchen heute beide Konkurrenten die bestehenden Standards möglichst vollständig zu unterstützen, was ihnen auch mehr oder weniger zufriedenstellend gelingt.
Sich immer buchstabengetreu an die vereinbarten Standards zu halten bleibt ein schwieriges und aufwendiges Unterfangen, da sich die betreffenden Standards zum Teil selbst noch in der Entwicklung befinden oder auch wieder fallengelassen wurden. Dies führt immer wieder zu Differenzen. Neben dem Microsoft Internet Explorer und dem Netscape Navigator gibt es auch eine Vielzahl alternativer Browser, die zum Teil sogar eine bessere Standard-Unterstützung bieten (z.B. Opera) und mitunter auch wesentlich kompakter sind, als die beiden Marktführer. Browser sind heute für alle gängigen Betriebssysteme und Rechnerplattformen erhältlich. Die Palette reicht dabei vom einfachen Mobiltelefon bis zum Großrechner. Eine kurze chronologische Auflistung der wichtigsten Browser und ihrer Entwicklung findet sich in Abb. 1.4 – 1.6. Weitere historische Browser, deren Entwicklung eingestellt wurde sind in Abb. 1.7 aufgezählt.

1.2.2 Hypertext und Hypermedia

Greifen wir mit Hilfe eines Browsers auf ein Hyper-Dokument im WWW zu, so präsentiert sich uns das WWW als interaktives **verteiltes Hypermediasystem**. Anders als bei einem Buch oder einem Dokument im herkömmlichen Sinne hat der Benutzer die Möglichkeit, über sogenannte **Hyperlinks** von einer Stelle im Dokument direkt auf ein anderes Dokument zuzugreifen, das nicht einmal auf demselben Server gespeichert sein muß, sondern am anderen Ende der Welt bereitgehalten werden kann (siehe Abb. 1.8).

World Wide Web: Tim Berners Lee programmiert den ersten WWW-Browser mit dem Namen World Wide Web auf einem NeXT-Rechner. Weihnachten 1990 bereits fertiggestellt, wurde das Programm ab März 1991 im Kernforschungszentrum CERN eingesetzt und der Siegeszug des WWW begann.

libwww: Zusammen mit dem Studenten Jean-Francois Groff portiert Tim Berners Lee 1991 bis 1992 die World Wide Web Applikation in die weit verbreitete Programmiersprache **C**, wobei der zugehörige Browser den Namen libwww erhielt. Groff gründet später das erste WWW-Design Unternehmen **InfoDesign.ch**.

Line-Mode Browser: Nicola Pellow, eine Mathematikstudentin im Praktikum am Kernforschungszentrum CERN schreibt einen zeilenorientierten WWW-Browser, der auf fast jedem Endgerät lauffähig war, selbst auf einem alten Fernschreiber. Im Laufe des Jahres 1991 portierte Pellow den Browser auf eine Reihe von Betriebssystemen, einschließlich UNIX und MS-DOS, so daß jeder Mitarbeiter des CERN in der Lage war, das World Wide Web zu nutzen, das zu diesem Zeitpunkt hauptsächlich aus dem Telefonverzeichnis des CERN bestand.

Erwise: Nach einem Besuch von Robert Cailliau an der Universität Helsinki entwickelt dort eine Gruppe von Studenten einen WWW-Browser im Rahmen eines Diplomarbeitprojekts. Da der Name ihrer Abteilung **OTH** war, nannten sie den Browser **erwise**, in Anlehnung an das Wort **OTHerwise**. Die endgültige Version wurde im April 1992 herausgegeben, wurde aber nicht weiterentwickelt, nachdem die Studenten ihr Studium abgeschlossen hatten.

violaWWW: Einen weiteren Browser für UNIX entwickelte Pei Wei, ein Student der Universität Berkeley, im Mai 1992. Der Browser war in einer eigenen Sprache **Viola** geschrieben, die Wei unter UNIX entwickelt hatte. violaWWW beinhaltete bereits sehr fortschrittliche Konzepte wie z.B. die Anzeige von Grafiken oder das Downloaden von JAVA-Applets.

Midas: Im Sommer 1992 entwickelte Tony Johnson am Stanford Linear Acceleration Centre (SLAC) ebenfalls einen Browser für das UNIX-Betriebssystem, genannt Midas, mit dem Zweck, Forschungsergebnisse besser mit seinen Physikerkollegen teilen zu können.

Samba: Robert Cailliau begann die Entwicklung eines WWW-Browsers für den Macintosh Computer, den er Samba nannte. Nicola Pellow beteiligte sich an der Entwicklung, die Ende 1992 abgeschlossen war.

Arena: 1993 entwickelte Dave Ragget bei Hewlett-Packard in Bristol, England, einen weiteren WWW-Browser, den er Arena nannte, der so fortschrittlich Konzepte wie die Positionierung von Tabellen oder Grafiken unterstützte.

Abb. 1.4. Entwicklung der WWW-Browser (Teil 1)

Ein Dokument im herkömmlichen Sinne bietet uns eine sequentielle Aufbereitung der Information. Diese kann zwar hierarchisch gegliedert sein, z.B. in einzelne Kapitel, Abschnitte oder Absätze, aber es handelt sich um ein einzelnes, lokal vorliegendes, linear aufbereitetes Dokument. In einem Hypermedia-basierten System können beliebig viele verschiedene Dokumente miteinander verknüpft werden. Der Zugriff auf die gewünschte Information muß nicht mehr streng sequentiell erfolgen, sondern – ganz ähnlich beim Zugriff auf Information in einem Lexikon – gibt es Querverweise, die uns in ein bzw. in verschiedene andere Dokumente führen können. Da es es sich anfangs um rein Text-basierte Dokumente gehandelt hat, spricht man von einem Hypermediasystem oft als von einem **Hypertextsystem**.

Mosaic: Im Februar 1993 gaben Marc Andreesen und Eric Bina vom NCSA (National Center for Supercomputer Applications) die erste Version eines Grafik-basierten Browsers Mosaic für das X-Windows Interface unter UNIX heraus. Einige Monate später folgte eine Version für den Macintosh, portiert von Aleks Totic, so daß Mosaic zum ersten WWW-Browser mit Cross-Plattform-Support wurde, der in der Lage war Multimedia-Anwendungen wie Grafik, Sound oder Video zu unterstützen. Zum ersten Mal tauchten auch Konzepte wie Bookmarks oder das History-File mit auf. Sehr schnell wurde Mosaic zum populärsten WWW-Browser. 1994 gab die NCSA die Rechte an Mosaic an die Firma Spyglass weiter, die ihrerseits die entwickelte Technologie anderen Unternehmen in Lizenz übergab, wie z.B. auch an Microsoft, das daraus seinen Internet Explorer entwickelte. Die NCSA beendete die Weiterentwicklung von Mosaic im Januar 1997. Die Entwicklung eines nicht-kommerziellen, frei verfügbaren WWW-Browsers, der mit einer grafischen Benutzeroberfläche versehen die Nutzung des WWW einer breiten Öffentlichkeit ermöglichte, ist mitverantwortlich für die explosionsartige Verbreitung, die dieses Medium in den 90er Jahren fand und die das WWW inzwischen in jedes Wohnzimmer gebracht hat.

Netscape Navigator: Im Mai 1994 gründeten Jim Clark, Mitbegründer der Computerfirma Silicon Graphics, Marc Andreesen und weitere Mitglieder aus dem Mosaic-Entwicklungsteam eine Firma, die den ersten kommerziellen WWW-Browser entwickeln sollte. Die Universität Illinois erhob umgehend Klage und um die Klage niederzuschlagen, benannte sich die Firma von Mosaic Communications um in Netscape. Die Firma setzte wesentlich größere Ressourcen für die Weiterentwicklung ihres Browsers ein, als dies der NCSA möglich war und veröffentlichte bereits im Oktober 1994 die erste Beta-Version ihres Browsers, **Mozilla 0.96b** über das Internet. Am 15. Dezember 1994 schließlich wurde die Final-Version des ersten kommerziellen WWW-Browsers freigegeben. Anfang 1995 bereits übertraf der Datenverkehr im WWW alle übrigen Internet-Datentransfers. Netscape entwickelte den Browser dahingehend weiter, daß er neben dem WWW auch noch weitere Dienste wie Email oder Newsgroups unterstützte. Desweiteren war er auf den drei wichtigsten Betriebssystemplattformen erhältlich: UNIX, Macintosh und Windows. Zwar verlangte Netscape vom Nutzer zuerst die Bezahlung des Browsers nach einer vorangegangenen Testperiode, gezwungen aber durch den Erfolg des Microsoft Internet Explorers, der als Gratisbeigabe zum Betriebssystem Windows mitausgeliefert wurde, beschloß auch Netscape, den Browser frei verfügbar abzugeben. 1998, wieder gezwungen durch den großen Konkurrenzdruck durch Microsofts Internet Explorer, wurde Netscape an AOL (America Online) verkauft. Im Januar 1998 wurde der Sourcecode des Netscape Navigators freigegeben, auf dessen Basis nichtkommerzielle Weiterentwicklungen des Browsers basieren.

Abb. 1.5. Entwicklung der WWW-Browser (Teil 2)

Im Falle des WWW ist es jedoch möglich, nicht nur Texte, sondern jede Art multimedialer Dokumente miteinander zu verknüpfen. Dies umfaßt Grafiken und Bilder, als auch Audio-Dokumente, Video-Clips und Animationen (siehe Abb. 1.9). Die Information in einem Hypermedia-System bildet ein eigenes Informations-Netzwerk, das sich wiederum in alle Richtungen erweitern läßt. Im WWW hat der Benutzer so die Möglichkeit, mit Hilfe des Browsers über einen Link unmittelbar aus dem gerade betrachteten Dokument heraus in ein neues Dokument zu springen. Der Browser fordert das angeklickte Dokument dazu unmittelbar vom entfernten Server an und stellt es nach Erhalt dar.

Lynx: An der Universität von Kansas wurde ein Hypertextbrowser – Lynx – unabhängig vom WWW entwickelt, um Campus-Informationen abrufen zu können. Ein Student namens Lou Montulli fügte dem Programm eine Internetschnittstelle hinzu und veröffentlichte Lynx als WWW-Browser im Sommer 1993. Lynx wurde schnell zum bevorzugten WWW-Browser für zeichenorientierte Ausgabegeräte und konnte sich bis zum heutigen Zeitpunkt in dieser Nische behaupten.

Opera: 1994 entwickelte ein Team des norwegischen Telekommunikationsunternehmens Telenor in Oslo einen WWW-Browser namens Opera. Zwei Mitglieder dieses Teams, Jon Stephenson von Tezchner und Geir Ivarsoy, verließen Telenor im Folgejahr, um ein eigenes Unternehmen – Opera Software – zu gründen, das sich mit der kommerziellen Weiterentwicklung des Browsers befassen sollte. Die erste im WWW erhältliche Version, Opera 2.1. war im Sommer 1996 erhältlich. Opera zeichnete sich vor allem durch eine sehr gute Unterstützung neuer Internet-Standards aus, ist aber kostenpflichtig.

Internet Explorer: Am 23. August 1995 brachte Microsoft sein neues Betriebssystem Windows95 heraus, in dem ein WWW-Browser mit zum Lieferumfang gehörte, der Internet Explorer (IE). Der Originalcode des IE 1.0 wurde von Spyglass, dem kommerziellen Ableger der NCSA Mosaic-Browser Entwicklungsabteilung lizenziert und wurde zusehends von den Microsoft-Ingenieuren erweitert. Bereits im August 1996 hatte der IE zwei weitere Produktionszyklen durchlaufen und unterstützte in der Version IE 3.0 die meisten Erweiterungen, die der Hauptkonkurrent Netscape vorlegte. Im Herbst 1996 beanspruchte der Internet Explorer bereits gut ein Drittel des gesamte Browser-Marktes für sich. Während Microsoft den IE kontinuierlich bzgl. Stabilität und Kompatibilität an bestehende Internet-Standards anpaßte, ließen neue Verbesserungen des Netscape Navigators auf sich warten. Der IE überholte den Konkurrenten Netscape Navigator im Jahr 1999 auf dem Browsermarkt und wurde zum meistverbreiteten WWW-Browser überhaupt.

Abb. 1.6. Entwicklung der WWW-Browser (Teil 3)

Active Worlds	Air_Mosaic	Amiga
El*Net	EmailSiphon	Enhanced NCSA Mosaic
GetRight	HotJava	IBM WebExplorer
internetMCI	IWENG	MacWeb
NetAttache	NETCOMplete	NetCruiser
NetManage Chameleon	NetPositive	PlanetWeb
Quarterdeck WebC	SPRY_Mosaic	Spyglass Enhanced Mosaic
TrueV Mosaic for X	WWWC	

Abb. 1.7. Eine kurze Zusammenstellung historischer WWW-Browser

Die Hypermedia-Dokumente des WWW werden in einer speziellen Beschreibungssprache verfaßt, der sogenannten **Hypertext Markup Language** (HTML). Diese Sprache ermöglicht es dem Autor, die Struktur seines Dokuments, also seine Gliederung z.b. in Überschriften, Absätzen und Tabellen festzulegen, als auch bestimmte Teile des Dokuments besonders hervorzuheben oder grafisch auszugestalten. Darüberhinaus können multimediale Komponenten mit in das HTML-Dokument eingebunden werden. Über speziell kodierte Links wird auf andere Dokumente verwiesen, auf die der Benutzer

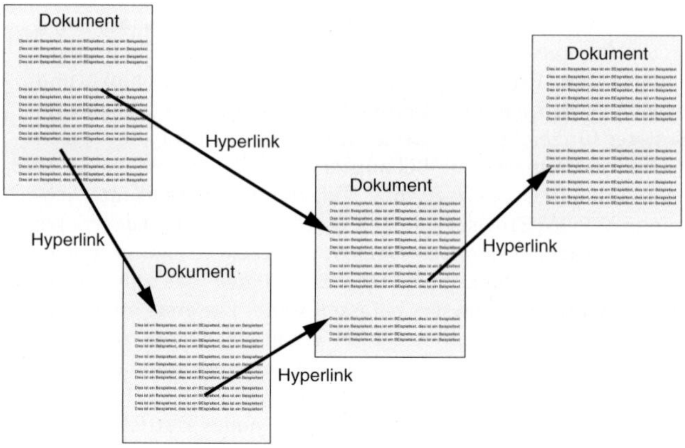

Abb. 1.8. Prinzip des Hyperlinks

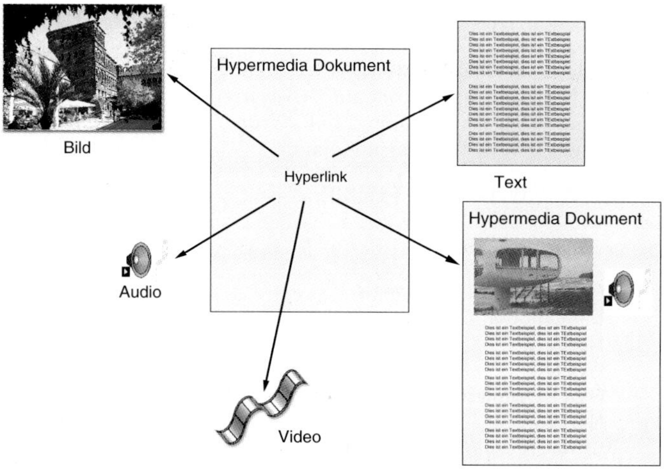

Abb. 1.9. Hypermedia Dokument

dann wunschgemäß mittels Mausklick verzweigen kann. Ein Browser interpretiert ein HTML-Dokument und stellt es anschließend grafisch aufbereitet dar. Aktiviert der Benutzer über einen Mausklick einen Link, so lädt der Browser das in der HTML-Seite unter dem Link angegebene Dokument, interpretiert es und stellt es wiederum dar.

Prinzipiell handelt es sich beim WWW um ein **verteiltes** Hypermedia-System. Nicht-verteilte Hypermedia-Systeme dagegen sind, was die Organisation und Sicherung der Konsistenz angeht, viel einfacher zu handhaben. In einem nicht-verteilten Hypermedia-System liegen alle Dokumente auf ein und demselben Rechner vor, die Dokumente sind also sämtlich **lokal** verfügbar. Daher können in einen nicht-verteiltem System Links leicht auf ihre Konsistenz geprüft werden, d.h. es kann überprüft werden, ob das Dokument, auf das referenziert wird, tatsächlich auch im aktuellen Dokumentenbestand vorhanden ist oder nicht. Im WWW hingegen liegen die Dokumente auf unglaublich vielen verschiedenen Rechnern weltweit verteilt. Ohne zentrale Kontrolle kann jedermann jederzeit Dokumente, die auf seinem eigenen Rechner liegen über das WWW verfügbar machen, verändern oder sogar löschen. Wird auf ein solches, nicht mehr vorhandenes Dokument von außerhalb verwiesen, so liegt eine Inkonsistenz vor, der Browser kann den Link nicht auflösen und der Link gilt als tot (siehe Abb. 1.10).

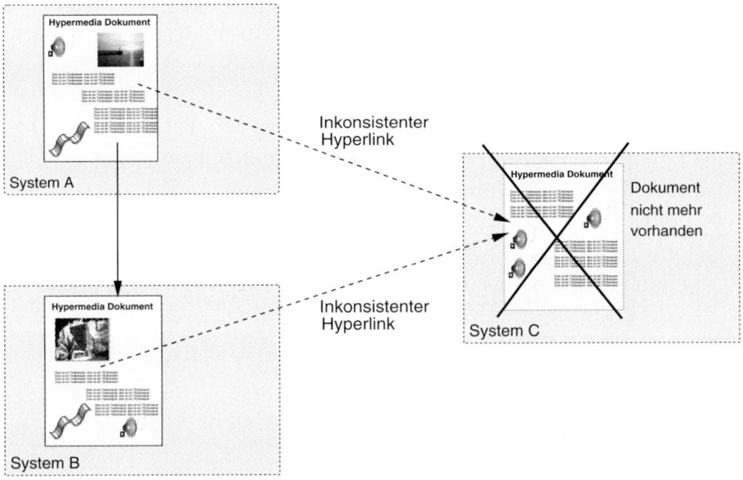

Abb. 1.10. Verteiltes Hypermediasystem mit inkonsistentem Hyperlink

Ohne spezielle technische Vorkehrungen sind Links zwischen verteilten Dokumenten nicht immer konsistent. Es muß regelmäßig geprüft werden, ob alle lokalen Links noch ihre Gültigkeit besitzen, was mitunter eine sehr zeitaufwendige Angelegenheit darstellt.

1.2.3 HTML und Dokumentendarstellung

Ein Dokument im Hypermedia-Dokumentensystem des WWW wird als **Page** bezeichnet. Die Startseite bzw. Hauptseite von der aus die Navigation durch das Informationsnetzwerk eines Informationsanbieters, also z.B. eines Unternehmens oder auch einer Einzelperson gestartet und organisiert wird, heißt **Homepage**. Der Browser, der die Hypermedia-Dokumente interpretieren, aufbereiten und korrekt darstellen muß, arbeitet auf der Basis der Dokumentenbeschreibungssprache HTML – Hypertext Markup Language -,

bzw. dem designierten Nachfolger von HTML: **XML – Extensible Markup Language**. **Markup** bedeutet dabei soviel wie „Auszeichnung“ und betrifft die Kennzeichnung von bestimmten Abschnitten des Dokuments mit bestimmten Attributen oder Anweisungen. Ursprünglich waren die Markup-Sprachen dazu bestimmt, eine Unterscheidung von Dokumentenstruktur und Dokumentendarstellung zu ermöglichen. Über eine ausgezeichnete Dokumentenstruktur läßt sich die in einem Dokument enthaltenen Information leichter erkennen, was die Implementierung von Anwendungsprogrammen, die den Dokumenteninhalt weiterverarbeiten sollen, sehr erleichtert bzw. überhaupt erst möglich macht. HTML jedoch unterstützt – und das zum Leidwesen der Browserhersteller – sowohl Dokumentenstruktur als auch Dokumentendarstellung und gestattet damit eine Vermischung dieser beiden fundamentalen Prinzipien.
Als **Dokumentenstruktur** bezeichnet man im allgemeinen die Untergliederung des Dokuments in Überschriften, Kapitel, Absätze und besonders herauszustellende Bereiche. Wie diese nun dargestellt werden, ob sie fett gedruckt erscheinen oder unterstrichen werden sollen, das ist Aufgabe der **Dokumentendarstellung**. Die Einzelheiten der Dokumentendarstellung, also der Formatierung selbst, werden dem Browser überlassen. Soll innerhalb eines HTML-Dokuments eine bestimmte Textstelle z.B. fett gesetzt werden, so müssen Anfang und Ende dieses Textabschnittes mit dem **Fett-Markup** gekennzeichnet werden (siehe Abb. 1.11).

Beispiele:

- `<b> Dies ist ein fettgedruckter Text </b>`
  `<b>` markiert den Anfang und `</b>` das Ende des fettgedruckten Bereichs.
  Ergebnis: **Dies ist ein fettgedruckter Text**
- `Hier befindet sich ein <a href="http://www.uni-trier.de/"> Link </a>`
  Ergebnis: `<a>` und `</a>` markieren die unter `href=` befindliche Adresse als Link
- `Hier befindet sich ein <img src="bild.jpg">`
  Ergebnis: `<img>` fügt an dieser Stelle eine Grafikdatei `src=` ein

Abb. 1.11. HTML Beispiel

Kennzeichnungselemente wie das eben vorgestellte Fett-Markup werden als **Tags** bezeichnet. Jedes HTML-Dokument besteht aus zwei Teilen: dem Dokumentenkopf (**Header**), der Informationen über das Dokument selbst enthält, wie z.B. Stichwörter über den Dokumenteninhalt, die dann von Suchmaschinen ausgewertet werden können, und dem Dokumentenrumpf (**Body**), der den Großteil der Information enthält. Hier befindet sich der eigentliche Inhalt, den der Autor entsprechend seiner Vorstellung mit Hilfe der Markup-Tags strukturieren und formatieren kann. Vergleicht man HTML mit anderen Markup-Sprachen, wie z.B. mit dem weitverbreiteten SGML, das es in seiner ursprünglichen Version bereits lange vor der Existenz des WWW gab, so sind in HTML zusätzlich Hypertext-Referenzen, also Links, die auf andere Dokumente verweisen, möglich. Eine Hypertext-Referenz ist ein passiver Zeiger auf ein anderes Dokument, das sich nicht lokal auf dem Rechner befinden muß, auf dem das ursprüngliche Dokument gespeichert ist. Hypertext-Referenzen werden im Browser als auswählbares (anklickbares) Element dargestellt, wobei es in HTML möglich ist, verschiedene Elemente, also z.B. ein einzelnes Wort, einen ganzen Absatz oder eine Grafik als Hypertext-Referenz zu verwenden. Auf weitere Details zur Markupsprache HTML und XML wird in den jeweiligen Schwerpunktkapiteln dieses Buches näher eingegangen werden.

1.2.4 Identifikation von Dokumenten

Wie schon im vorangegangenen Abschnitt erwähnt, stellt das WWW ein verteiltes Hypermedia-System dar. Die einzelnen Dokumente können auf unterschiedlichen, über die ganze Welt verteilten Rechner vorliegen. Damit nun jedes einzelne Dokument auch genau angesprochen und aufgefunden werden kann, müssen die Dokumente eindeutig identifizierbar sein, d.h. es müssen Informationen, wie z.B. Speicherort, Dokumentenname, Darstellungsart, sowie eventuell integrierte Anwendungen genau bestimmt werden können. Dieses sehr komplexe Problem – es gibt im WWW ja keine zentrale Behörde, bei der die Dokumente angemeldet und registriert werden könnten – wurde im WWW mit Hilfe sogenannter **Uniform Resource Identifier** (URI) gelöst. In einem URI werden alle zur Identifikation notwendigen Informationen innerhalb einer Zeichenkette kodiert. Dabei kann ein URI aus einem URN – **Uniform Resource Name** oder aus einer URL – **Uniform Resource Locator** bestehen. Abb. 1.12 zeigt ein Beispiel für den Aufbau einer URL.

Aufbau einer URL:

protokoll://computer-name:port/dokumenten-name

- protokoll gibt an, auf welche Weise das Dokument im Internet übertragen werden soll. Bei WWW-Dokumenten wird in der Regel das HTTP-Protokoll verwendet (Hypertext Transfer Protocol). Möglich sind aber auch ftp, news, https, u.a.
- **computer-name** ist eine weltweit eindeutige, hierarchisch organisierte Bezeichnung, die den Rechner, auf dem das Dokument liegt eindeutig kennzeichnet (Bsp.: **www.informatik.uni-trier.de**).
- **dokumenten-name** ist die Bezeichnung des Dokuments, die auf dem lokalen Rechner natürlich eindeutig sein muß. Dabei können nicht nur der Name der referenzierten Datei, sondern auch Verzeichnisnamen in den Dokumentennamen mit eingehen (Bsp.: **users/index.html** referenziert die Datei **index.html** im Verzeichnis **users/**)

Abb. 1.12. Uniform Resource Locator – Schematischer Aufbau

1.2.5 Dokumententransport

Der Zugriff auf Dokumente im WWW mit Hilfe eines Browsers beruht auf Methoden, die auf dem sogenannten **Client/Server-Paradigma** aufsetzen. Der Benutzer fordert mit Hilfe seines Browsers, dem Client, ein Dokument von dem WWW-Server an, der das gewünschte Dokument bereithält. Sobald er die entsprechende URL des Dokuments in seinen Browser eingegeben hat, schlüpft dieser in die Rolle des Client. Der Browser kontaktiert den WWW-Server, der in der eingegebenen URL spezifiziert wurde und fordert den WWW-Server auf, ihm das in der URL spezifizierte Dokument zuzusenden. Der Server greift auf sein lokales Filesystem zu und sendet die in der URL angegebene Datei zum anfragenden Rechner zurück, wo der Browser diese dann interpretiert und darstellt.
Die Verbindung zwischen Browser und WWW-Server ist dabei meist nur von sehr kurzer Dauer, d.h. der Browser stellt keine stehende Verbindung her, sondern sendet nur eine kurze Anfrage und wartet dann darauf, daß der Server ihm das angegebene Dokument zurücksendet bzw. eine entsprechende Fehlermeldung bei Nichtauffinden bzw. fehlender Autorisation. Ist das angeforderte Dokument übertragen, wird die Verbindung umgehend wieder geschlossen und die Kommunikation kann von vorne beginnen (siehe Abb. 1.13).

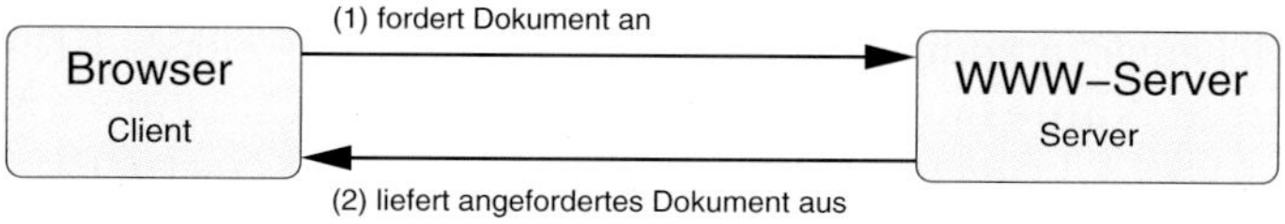

Abb. 1.13. Client/Server-Architektur im WWW

Die Interaktion zwischen Browser und Server erfolgt nach einem fest vorgeschriebenen Protokoll, dem sogenannten **Hypertext Transfer Protocol** (HTTP). Dieses gibt das exakte Format für eine Anfrage des Browsers an einen Server, sowie das Format für eine entsprechende Antwort des Servers an den Browser vor.

1.2.6 Browserarchitektur

Vergleicht man den Aufbau der beiden Basiskomponenten, Browser und WWW-Server miteinander, stellt sich heraus, daß sich die Architektur des Browsers, der die Schnittstelle zwischen dem Benutzer und dem WWW bietet, als wesentlich komplexer darstellt als die des WWW-Servers. Der WWW-Server führt wiederholt nur sehr einfache Aufgaben aus, die im **Warten** auf eine Anfrage und in der **Ausgabe** der angefragten Informationsressource bestehen. D.h. die wesentlichen Aufgaben des Servers sind:

- **Warten** auf die Eröffnung einer Verbindung durch einen Browser.
- Hat der Server eine Anfrage erhalten, so versucht er die Anfrage des Browsers entsprechend zu beantworten. Dazu **gibt** er die angeforderte Informationsressource **aus** und sendet es an den Browser bzw. sendet im Fehlerfall eine entsprechende Mitteilung, den sogenannten Fehlercode zurück.
- Ist die Antwort des Servers versandt, **beendet** der Server die **Verbindung** und **wartet** auf eine erneute Anfrage eines Browsers.

Im Gegensatz dazu hat der Browsers neben der Kommunikation mit dem WWW-Server zusätzlich noch die Aufgabe, die angeforderte Informationsressource korrekt aufzubereiten und anzuzeigen. Dazu kommt noch, daß der Browser auf eventuelle Aktionen des Benutzers entsprechend reagieren muß. Die Aufgaben des Browsers lassen sich wie folgt zusammenfassen:

- **Eröffnen** einer Verbindung zu dem gewählten WWW-Server auf die Eingabe eines Anwenders hin.
- **Einlesen** der vom WWW-Server versandten Informationsressource.
- **Aufbereiten** und **Anzeigen** des vom WWW-Server erhaltenen Dokuments.
- **Reagieren** auf die Aktionen des Benutzers bei der Bedienung der grafischen Benutzeroberfläche.

Um alle diese Aufgaben erfüllen zu können, besteht ein Browser konzeptionell aus mehreren verschiedenen **Clients**, mehreren **Interpretern**, sowie einem **Controller** zur Verwaltung und Organisation aller Funktionen (siehe Abb. 1.14). Der Controller steht dabei als zentrale Instanz im Mittelpunkt der Browserarchitektur, über die alle auszuführenden Aktionen koordiniert werden. Der Controller interpretiert Mausklicks und Tastatureingaben des Benutzers und aktiviert seinerseits andere Komponenten des Browsers, denen die Durchführung der vom Benutzer angeforderten Operationen obliegt. Um eine angeforderte Informationsressource korrekt darstellen zu können benötigt jeder Browser einen **HTML-Interpreter**, da es sich bei der angefragten Ressource in der Regel um ein HTML-Dokument handelt. Nachdem das angeforderte Dokument eingelesen wurde (dies kann auch on-the-flight geschehen) werden die HTML-Markup-Tags interpretiert, die Darstellung des Dokuments entsprechend aufbereitet und am Bildschirm angezeigt. Ganz besonders wichtig ist dabei die Interpretation der durch den Nutzer auswählbaren aktiven Elemente der HTML-Seite. Dabei muß die Beziehung zwischen Position in der Anzeige und verankertem Element gespeichert werden, damit der Browser nach einem Mausklick entscheiden kann, ob und vor allem welches der aktiven Elemente ausgewählt wurde.
Die korrekte Anzeige von WWW-Seiten stellt eines der Hauptprobleme heutiger Browser dar. HTML ist keine **wohldefinierte** Sprache im eigentlichen Sinne, d.h. man kann bestimmte HTML-Tags oder -Anweisungen ein-

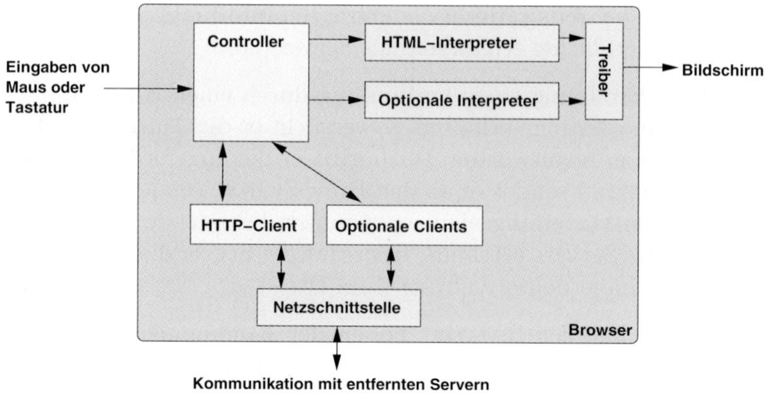

Abb. 1.14. Browserarchitektur

fach weglassen, ohne die korrekte Interpretation eines HTML-Dokuments zu beeinflussen. Die meisten Browser erledigen eine entsprechende Ergänzung selbständig, wobei die unvollständige Trennung zwischen Dokumentenstruktur und Dokumentendarstellung in HTML dann zur Folge hat, daß ein- und dasselbe HTML-Dokument auf verschiedenen Browsern mitunter unterschiedlich aussehen kann!

Neben dem HTML-Interpreter zur Darstellung von HTML-Dokumenten und dem HTTP-Client zur Kommunikation mit dem WWW-Server kann ein WWW-Browser noch zusätzliche Komponenten zur Durchführung weiterer Aufgaben enthalten, z.B. einen FTP-Client zum Datentransfer mit FTP-Servern oder einen Email-Client zur Nutzung des Emaildienstes. Der Browser versteckt in der Regel die Details der Benutzung anderer Clients und erlaubt eine automatische Aktivierung des jeweils erforderlichen Dienstes. Die Auswahl des entsprechenden Dienstes erfolgt wird über die Protokollinformation als Präfix in der URL, wie z.B. `http:` oder `ftp:`.

Um die Leistung und den Durchsatz eines Browsers zu erhöhen, werden **Cache-Speicher** zur Zwischenspeicherung bereits besuchter HTML-Dokumente eingesetzt. Dazu legt der Browser jeweils eine Kopie aller eingelesenen Seiten in diesem Cache ab. Wird die Seite erneut vom Nutzer angefordert, wird zuerst überprüft, ob sich diese noch im Cache des Browsers befindet. Ist dies der Fall, wird die vormals abgespeicherte Kopie angezeigt und die Seite muß nicht erneut über das World Wide Web übertragen werden und Wartezeiten entfallen. Allerdings stellt der dazu erforderliche hohe Speicheraufwand mitunter ein Problem dar, insbesondere da z.B. viele der besuchten Seiten nur „Durchgangs“-Seiten darstellen auf dem Weg zu den eigentlich gewünschten Zieldokumenten, die später niemals wieder angezeigt werden müssen. Die meisten Browser bieten daher individuelle Kontroll- und Einstellmöglichkeiten, wieviel des vorhandenen Speicherplatzes für den Cache bereitgestellt werden soll und nach welcher Caching-Strategie verfahren wird.

1.3 Die untrennbare Geschichte von Internet und WWW

1.3.1 Das ARPANET – wie alles begann...

Die Ursprünge des Internet reichen zurück in die Zeit des beginnenden kalten Krieges. Mit der Absicht ausfallsichere Kommandoverbindungen auch im Falle eines Atomkrieges zu gewährleisten, wurde die Idee eines paketvermittelten Kommunikationsnetzwerks entwickelt, das in der Lage sein sollte, unterschiedlichste Netze zu überbrücken – das ARPANET, benannt nach seinem Sponsor, der amerikanischen Regierungsbehörde ARPA. Verschiedene amerikanische Universitäten wurden in die Grundlagenforschung miteinbezogen und so spaltete sich das 1969 gestartete ARPANET schon bald in ein rein militärisch genutztes Teilnetz und einen zur wissenschaftlichen Kommunikation genutzten zivilen Teilbereich auf. Der zivile Teilabschnitt entwickelte sich immer rasanter, vor allem nachdem die National Science Foundation (NSF) ein eigenes Hochgeschwindigkeitsnetzwerk zwischen den amerikanischen Universitäten und Forschungseinrichtungen zu unterstützten begann (NSFNET). Das ursprüngliche ARPANET verlor daraufhin zusehends an Bedeutung und wurde schließlich 1989 deaktiviert.
Die Ursprünge des Internet, die zurückreichen in die Zeit des beginnenden kalten Krieges sind eng mit dem Aufbau der **Advanced Research Projects Agency**, kurz ARPA verknüpft. Im Zuge der nationalen Krise, die der Start des ersten russischen Satelliten Sputnik im Oktober 1957 hervorrief, wurde diese Behörde als eine Art schnelle, technologische Eingreiftruppe von Präsident Eisenhower ins Leben gerufen. Ihrer Bestimmung nach sollte sie in enger Abstimmung mit Präsident und Verteidigungsminister dafür sorgen, daß die USA nie wieder überraschend an der technologischen Front ins Hintertreffen geraten würde. Die ARPA selbst beschäftigte weder Wissenschaftler, noch besaß sie Forschungseinrichtungen oder Laboratorien. Sie umfaßte nur einige kleine Büros und ein – gemessen an Pentagon-Standards – schmales Budget. Ihre Aufgabe bestand darin, Forschungsgelder und Aufträge an Unternehmen und Universitäten zu verteilen, deren Ideen vielversprechend erschienen. Die ARPA Gelder dienten der Grundlagenforschung und nicht direkt zur Entwicklung militärischer Produkte. Ein Teilbereich der durch die ARPA gestützten Forschung betraf die Frage, wie Computer im militärischen Prozeß des **Communication, Command, and Control** (C^3), also der Kommunikation zur Befehlsweiterleitung und Lagebeurteilung genutzt werden könnten. Traditionell geschaltete Telefonverbindungen wurden als verwundbar angesehen, da der Ausfall einer Leitung oder auch nur eines Schaltverteilers alle Verbindungen, die darüber geschaltet waren, beenden und das Netzwerk im schlimmsten Fall sogar in zwei Teilnetze aufspalteten würde. Da die UDSSR mit dem

Start des Sputniks ihre Fähigkeit, einen nuklearen Erstschlag auszuführen auf eindrucksvolle Weise unter Beweis gestellt hatte, gewann der Aufbau eines Kommunikationssystems, das in der Lage war, einen solchen Angriff zu überstehen, drastisch an Bedeutung.
Bereits zu Beginn der 60er Jahre wurde die Idee der Paketvermittlung, einem Grundpfeiler der Internet-Technologie, ohne die eine sichere Kommunikation in einem unsicherem, fehlerbehafteten Netzwerk nur schwer vorstellbar ist, von Paul Baran bei der amerikanischen **Rand Corporation** und Leonard Kleinrock am **Massachussetts Institute of Technology** (MIT) entwickelt. Zuständig für den Bereich C^3 bei der ARPA war eine Projektgruppe mit der Bezeichnung **Information Processing Techniques Office** (IPTO oder nur IPT). Bei einem Treffen der ARPA Forschungsdirektoren im Frühjahr 1967 brachte das IPTO erstmalig das Thema der Überbrückung heterogener Netzwerke, also den Zusammenschluß von an sich nicht kompatibler Netz-Hardware und -Software, auf die Tagesordnung. Im Oktober 1967 konnten bereits die ersten abgeschlossenen Spezifikationen für die **Interface Message Processors** (IMP), dedizierten Minicomputern, die den über Telefonverbindung zu koppelnden Rechnern vorgeschaltet werden sollten, diskutiert werden. Diese Entscheidung zur Verwendung standardisierter Verbindungsknoten zur Koppelung proprietärer Hardware zu einem Kommunikations-Subnetz (vgl. Abb. 1.15), vereinfachte die Entwicklung der notwendigen Netzwerkprotokolle, da die Software-Entwicklung für die Kommunikation zwischen IMP und proprietärem Rechner dem jeweiligen Kommunikationspartner überlassen werden konnte.

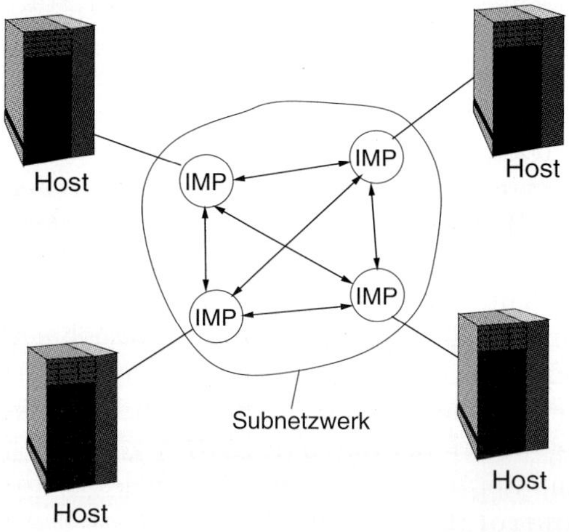

Abb. 1.15. ARPANET – Netzwerkmodell mit Kommunikations-Subnetz

Ende 1968 konnten dann basierend auf den Arbeiten des **Stanford Research Institutes** (SRI) die endgültigen Spezifikationen der IMPs festgeschrieben

werden. Die ersten vier zu verbindenden Netzwerkknoten des ARPANETs gehörten zu universitären Forschungseinrichtungen der Universitäten Los Angeles (UCLA), Santa Barbara (UCSB), Stanford (SRI) und Utah. Am 29. Oktober 1969 war es dann soweit: die ersten vier IMPs waren erfolgreich mit ihren Hostrechnern verbunden und die Ära des Internet begann, obwohl der Netzwerkknoten der UCLA beim ersten Login-Versuch bei der Eingabe des Buchstaben `G` von `LOGIN` abstürzte.
Im April 1971 waren bereits 23 Hosts über 15 Knotenpunkte im sogenannten ARPANET miteinander verbunden. Im Januar 1973 wuchs diese Anzahl auf 35 Knoten an, zu der ab Mitte 1973 auch England und Norwegen als erste internationale Knoten mit hinzu kamen, die dann ab 1975 über eine Satellitenverbindung angeschlossen wurden. Die Zahl der Rechner im Netz wuchs mit 111 angebundenen Hostrechnern im Jahr 1977 auf über 500 Hosts im Jahr 1983 an. Das Jahr 1983 wurde dann zum ersten großen Wendepunkt in der Geschichte des ARPANET, da die Kommunikationssoftware aller angeschlossenen Rechensysteme vom alten **Network Control Protocol** (NCP) auf das 1973 unter der Leitung von Vinton Cerf und Robert Kahn entwickelte **TCP/IP** umgestellt wurde. Diese vom **Department of Defense** initiierte Umstellung auf das TCP/IP-Protokoll wurde notwendig, da es unter NCP nur bedingt möglich war, eine Kommunikation über heterogene Netwerke hinweg zu gewährleisten, und trägt einen entscheidenden Anteil an der weltweiten Verbreitung, die dieses Netz der Netze schließlich fand.
Entscheidend für die Entwicklung eines **Internets**, also eines Netzverbundes von Netzen unterschiedlichster Kommunikationsnetzwerkarchitekturen, war die Lösung der Fragestellung, wie eine Kommunikation zwischen Rechnern an Endpunkten von Netzwerken unterschiedlicher Technologie organisiert werden kann, ohne daß die beteiligten Rechner wissen, was auf der Kommunikationsstrecke zwischen ihnen geschieht.
1983 kam die amerikanische **Defense Communications Agency** zu dem Schluß, daß das ARPANET jetzt zu groß geworden sei und zur Sicherheit eine Aufspaltung in einen militärisch (MILNET) und einen zivil zu nutzenden Bereich notwendig wäre. Verwaltungs- und betriebstechnisch gab es jetzt zwei verschiedene Netzwerke, doch weil Gateways sie verknüpften, merkten die Nutzer nichts von dieser Auftrennung. Das ARPANET war zu einem ausgewachsenem Internet geworden. Immer mehr eigenständige lokale Netze wurden an das ARPANET angebunden, so daß in der ersten Hälfte der 80er Jahre das Internet einem Stern glich mit dem ARPANET in der Mitte und den verschiedenen Netzwerken, die sich um dieses Zentrum herum gruppierten. Ende der 80er Jahre hatte sich dieses Bild jedoch gewandelt. Das NSFNET Program der amerikanischen **National Science Foundation** (NSF), das alle Universitäten über ein Hochgeschwindigkeits-Backbone verbinden sollte, ermöglichte es jedem College-Studenten zum Internet-User zu werden. So entwickelte sich das NSFNET sehr schnell zum Rückgrat des

Internet, und das nicht nur, weil seine Leitungen mehr als 25 mal schneller waren als die des ARPANET.

Tabelle 1.3. Vom ARPANET zum Internet – Übersicht

1957	Start des ersten sowjetischen Satelliten Sputnik und Gründung der ARPA
1960	Paul Baran's und Leonard Kleinrock's erste Arbeiten zum Packet Switching
1962	Die IPTO wird als Abteilung der ARPA ins Leben gerufen
1965	Die ARPA unterstützt die Grundlagenforschung an den amerikanischen Universitäten
1967	Erstes Treffen der ARPA-Manager zum Thema ARPANET
1968	Spezifikation der IMP-Kommunikationsrechner abgeschlossen
29.10.1969	Die ersten 4 Knoten des ARPANET werden zusammengeschaltet
1970	ALOHANET, das erste Funknetz zur Verbindung der Hauptinseln Hawaiis nimmt den Betrieb auf
1971	die erste Email wird versendet
1972	ARPA wird umbenannt in Defense Advanced Research Projects Agency (DARPA)
1973	Das ARPANET umfaßt 35 Knoten Vinton Cerf und Robert Kahn entwickeln das TCP Protokoll Robert Metcalfe erarbeitet Ideen zur Ethernet-Technologie
1975	Satellitennetzverbindung Hawaii, US-Festland, London via Intelsat 1
1977	erste öffentliche Demonstration des ARPANET
1978	Die Standardisierungsorganisation ISO verabschiedet das OSI-Kommunikationsschichtenmodell
1983	Aufspaltung des ARPANET in einen zivil genutzten und einen militärisch genutzten Teilbereich (MILNET) Umstellung des gesamten ARPANET auf TCP/IP
1984	Das Supercomputer Programm der National Science Foundation (NSF) schließt Aufbau und Wartung eines Hochgeschwindigkeitsnetzwerks mit ein (NSFNET, 56kbps Backbone)
1986	NSFNET nimmt den Betrieb auf
1988	Erster Internetwurm befällt das Netz, 10% der bis dato 60.000 Hosts sind betroffen
1989	150.000 Hosts sind im Internet vernetzt. Die Stillegung des alten ARPANET wird beschlossen

Anfang der 90er Jahre übertraf die Zahl der weltweit über das NSFNET vernetzten Computer bei weitem diejenige im ARPANET. Das DARPA-Management – die ARPA war mittlerweile in **Defense Advanced Research Project Agency** umbenannt worden – entschied im August 1989 anläßlich des 20-jährigen Bestehens des ARPANET, daß dieses sich mittlerweile selbst überlebt habe und es sei nun an der Zeit, das ARPANET stillzulegen. Das NSFNET und die regionalen Netzwerke, die daraus hervorgegangen waren, wurden zum neuen, zentralen Backbone, zum Internet wie wir es heute kennen.

Tabelle 1.4. Internet-Pioniere

Name	Tätigkeit	Wirkungskreis
Joseph C.R. Licklider	Visionär, („die Computertechnik soll sich an den Bedürfnissen der Menschen orientieren"), Arbeiten zur Interaktivität und Vernetzung von Computern	Direktor des IPTO
Ivan Sutherland	setzt Lickliders Arbeit fort	Direktor des IPTO
Robert Taylor	setzt Lickliders Arbeit fort	Direktor des IPTO
Larry Roberts	realisiert Lickliders Pläne	Projektleiter ARPANET
Paul Baran	entwickelt Packet-Switching und schlägt dezentrales Netz vor	RAND Corporation
Wes Clark	schlägt IMPs als Netzwerkschnittstelle für Internet-Hostrechner vor	MIT
Leonhard Kleinrock	bekommt von Roberts die Leitung des Kontrollorgans des Netzwerks übertragen	Leiter des Network Control Centers
Steve Crocker	Student, schlägt RFCs vor	Leiter der Network Working Group
Vennevar Bush	schlägt erstes Hypertext-System bereits 50 Jahre vor dem WWW vor	Carnegie Research Institute, Washington
Marshall McLuhan	Visionär, prägt die Phrase vom „globalem Dorf"	Medientheoretiker
Robert Kahn	Co-Designer des TCP/IP-Protokolls, arbeitet mit am Design der IMPs	Bolt Beranek Newman (BBN)
Vinton Cerf	Co-Designer des TCP/IP-Protokolls	Stanford Research Institute (SRI)
Douglass Engelbart	entwickelt das erste lauffähige Hypertextsystem, Erfinder der Maus und der grafischen Benutzeroberfläche	SRI

1.3.2 The Internet goes public

Für den Siegeszug des Internet als Massenkommunikationsmedium sind wohl hauptsächlich zwei Gründe ausschlaggebend: die Öffnung des neuen Mediums für die Allgemeinheit und die Bereitstellung einer einfachen Benutzerschnittstelle, dem WWW-Browser, die auch den Nichtfachmann in die Lage versetzt, das Medium Internet und die im Internet angebotene Dienste wie WWW oder Email zu nutzen.

Die Geburtsstunde des eigentlichen Internets wird oft gleichgesetzt mit der am 1. Januar 1983 erfolgten Umstellung des ARPANET vom bis dato gültigen Netzwerkprotokoll NCP auf die neue Protokollfamilie TCP/IP mit ihren drei Basisprotokollen IP (Internet Protocol), TCP (Transmission Control Protocol) und ICMP (Internet Control Message Protocol), die bereits 1981 als RFC (Request for Comments) spezifiziert worden waren. Durch die Verwendung

der TCP/IP Protokollfamilie wurde erstmals eine gemeinsame Zusammenschaltung unterschiedlicher Netzwerktechnologien auf einfache und effiziente Weise möglich.
Die Entwicklung des Internets hin zu einem öffentlich nutzbaren und allgegenwärtigen Kommunikationsmedium hatte allerdings bereits in den 70er Jahren ihren Ausgangspunkt. Ende 1971 entschied Larry Roberts als Projektleiter für das ARPANET, daß das Internet mehr Popularität benötigte, um seine Weiterentwicklung zu beschleunigen. Im Oktober 1972 sollte in Washington eine Tagung stattfinden, die **International Conference on Computer Communications** (ICCC), zu der eine erste öffentliche Demonstration des ARPANET organisiert werden sollte. Robert Kahn als verantwortlicher Leiter der Demonstration benötigte ein knappes Jahr, um eine Hand voll Applikationen im ARPANET wirklich soweit stabil und lauffähig zu entwickeln, damit die geplante Demonstration erfolgreich verlaufen konnte. Seine Idee war es, einen Terminal Interface Processor (TIP) im Erdgeschoß des Washington Hilton Hotels aufzubauen, um dort der Öffentlichkeit einen direkten Zugang zum ARPANET zu präsentieren, von wo aus Anwendungen verteilt über die gesamte USA gestartet werden konnten. Die Demonstration geriet zu einem grandiosen Erfolg, und Wissenschaftler aus der ganzen Welt erhielten einen ersten Einblick in die Möglichkeiten, die das ARPANET bot. Eine der bekanntesten Demonstrationen zeigte eine Unterhaltung zwischen ELIZA, einem Programm Joseph Weizenbaums, das das Verhalten eines Psychiaters nachahmte und am Massachussetts Institute of Technology lief, und PARRY, einem paranoiden Computerprogramm, entwickelt von Kenneth Colby in Stanford. Andere Demonstrationen zeigten ein interaktives Schachspiel oder die Simulation einer Luftraumüberwachung.
Die neue Technik wurde schnell von der Wissenschaftlergemeinde angenommen, da sie den wissenschaftlichen Kommunikationsprozeß immens vereinfachte und beschleunigte. Interessant ist, daß das Internet auch immer wieder durch den Spieltrieb der angeschlossenen Teilnehmer neue Impulse zu seiner Weiterentwicklung und Ausgestaltung erhielt. So gab es bereits zwischen 1973 und 1975 erste wöchentliche „Net-Meetings“ , zu denen sich Teilnehmer aus einer Vielzahl der angeschlossenen Forschungseinrichtungen „virtuell“ verabredeten, um gemeinsam „STAR TREK“ , ein einfaches, verteiltes Computerspiel basierend auf der gleichnamigen Fernseh-Serie zu spielen.
Auch die Entwicklung des Betriebssystem UNIX hatte einen wichtigen Anteil an der Verbreitung von TCP/IP und damit an der Popularität des Internet, insbesondere die Entwicklung des frei verfügbaren Betriebssystems BSD-UNIX an der University of California in Berkeley. Der ARPA war von Anfang an daran gelegen, Forschern und Wissenschaftlern an den Universitäten die Nutzung des Internet schmackhaft zu machen. Ein Großteil der Informatik-Institute an den amerikanischen Universitäten setzte damals UNIX, insbesondere BSD-UNIX als Betriebssystem für ihre Rechner ein. Die ARPA unterstützte auf der einen Seite Bolt, Beranek und Newman (BBN)

bei der zügigen Implementierung der TCP/IP-Protokolle und auf der anderen Seite Berkeley, damit die TCP/IP-Protokolle mit in deren Betriebssystem-Distribution aufgenommen wurde. Damit gelang es der ARPA, über 90 % der Informatik-Abteilungen der amerikanischen Universitäten zu erreichen, und das zur rechten Zeit. Die meisten Informatik-Abteilungen waren nämlich gerade dabei, erstmals zwei oder mehr Rechner gemeinsam zu installieren und diese in einem lokalen Netzwerk zu verbinden. Dabei kamen die neuen Kommunikationsprotokolle gerade recht.

Die BSD-UNIX Distribution gewann sehr große Popularität, da sie neben den Standard TCP/IP-Anwendungsprogrammen zusätzliche Netzwerk-Management-Programme zur Verfügung stellte, die in ihrer Bedienung stark an die bestehenden UNIX-Services für Einzelrechnersysteme angelehnt waren. Neben diesen Hilfsprogrammen wurde in der BSD-Distribution auch eine geeignete Programmierschnittstelle spezifiziert und zur Verfügung gestellt, die sogenannten **sockets**, die es einem Anwendungsprogramm gestatten, auf Kommunikationsprotokolle direkt zuzugreifen. Die Verwendung von Sockets war unkompliziert und ermöglichte es vielen Wissenschaftlern, selbst mit TCP/IP zu experimentieren. Bereits 1976 waren die TCP/IP Protokolle vollständig in BSD-UNIX integriert.

1977 fand erstmalig eine öffentliche Demonstration des **Internetworking**, also der Kommunikation über verschiedene, nicht kompatible Computernetzwerke hinweg statt. Dabei zeigten Vinton Cerf und Robert Kahn einen über TCP verbundenen Zusammenschluß aus Packet Radio Net, SATNET und ARPANET. Aus einem Lieferwagen an der Westküste der USA wurden Datenpakete über die USA hinweg an das University College in London via Satellit gesendet, dann zurück nach Virginia und schließlich an die University of Southern California.

Zu dieser Zeit waren allerdings noch wenige Universitäten an das ARPANET angeschlossen. Das Gros der Hochschulen in den USA hatte keinen Vertrag mit der DARPA und somit auch keinen Zugang zum Netz. Auf eine Initiative Lawrence Landwebers von der Universität Wisconsin hin wurde 1979 ein Antrag an die NSF formuliert, in der um Unterstützung zur Schaffung eines universitären Netzwerks, des CSNET gebeten wurde. Der erste Antrag wurde aus Kostengründen und auf Grund des mangelhaften technischen Designs hin verworfen, aber bei einem zweiten Treffen der Antragsteller, bei dem auch Vinton Cerf als DARPA-Vertreter mit beteiligt war und neue Vorschläge bezüglich der technischen Ausgestaltung mit einflossen, wurde ein neues Antragspapier verabschiedet, das dann die Zustimmung der NSF fand. Das CSNET Projekt wurde 1981 von der NSF mit einem Förderungsbeitrag von 5 Mio $ gestartet und weiter bis 1985 durch die NSF unterstützt, bis es in der Lage war, sich selbst zu finanzieren.

Die 1983 vorgenommene Aufteilung in das zivile ARPANET und das militärische MILNET bewirkte einen weiteren Aufschwung und beschleunigte das Wachstums des Netzes, da der zivile Anteil ohne größere Bedenken

Im Jahr 1974 veröffentlichen Vinton Cerf und Robert Kahn in [CK74] Architekturprinzipien, die sie als **Open Network Architecture** bezeichneten, und die heute noch die Grundlage des Internets bilden:

Minimalismus und Autonomie: Ein Netzwerk sollte in der Lage sein, alleine und eigenständig zu arbeiten. Um mit anderen Netzwerken vernetzt zu werden, sollen keine internen Änderungen notwendig sein.

Bestmöglicher Service: Vernetzte Netzwerke sollen einen bestmöglichen Service von einem Endgerät zum anderen bieten. Um eine zuverlässige Kommunikation zu gewährleisten, werden fehlerhafte oder verlorengegangene Nachrichten erneut vom Sender übertragen.

Zustandslose Vermittlungsrechner: Die Vermittlungsrechner in vernetzten Netzwerken sollen keine Angaben darüber speichern oder verarbeiten, in welchem Zustand sich eine bestehende Netzwerkverbindung befindet.

Dezentralisierte Kontrolle: Es soll keine globale Kontrolle über die einzelnen vernetzten Netzwerke geben, die Organisation erfolgt dezentral.

Abb. 1.16. Internet Design Prinzipien von V. Cerf und R. Kahn

der Militärs für den privaten Gebrauch freigegeben wurde. Der wichtigste Grund jedoch für das weitere explosionsartige Wachstum des Internet lag in einer NSF-Initiative, in der 1984 eine Ausschreibung für Anträge auf die Einrichtung von Supercomputing-Zentren angeregt wurde, die der gesamten US-Forschungsgemeinde, unabhängig von der jeweiligen Fachdisziplin zur Verfügung stehen sollten. Eine neue Abteilung, die **Division of Advanced Scientific Computing** wurde gegründet mit einem Budget von 200 Mio $ für die kommenden fünf Jahre. Das Backbone, das diese Supercomputing-Zentren verband, das NSFNET-Backbone – wurde zum Anknüpfungspunkt vieler regionaler Netze in den USA und so wuchs die Zahl der beteiligten Netze von 2.000 Anfang 1985 auf über 30.000 im Jahr 1987. Das ursprüngliche ARPANET wurde 1989 schließlich stillgelegt, da das NSFNET als Backbone technologisch überlegen war und eine wesentlich höhere Bandbreite zur Verfügung stellte. Die Zahl der am Internet angeschlossenen Computer war 1989 bereits auf über 150.000 angestiegen.

Als am Abend des 2. November 1988 der erste **Internetwurm**, ein sich selbst reproduzierendes Programm, sagenhafte 10% der damals 60.000 an das Internet angeschlossenen Rechner lahmlegte, erregte dieser Vorfall großes Aufsehen in der Öffentlichkeit. Direkt betroffen waren Computer vom Typ VAX und SUN-3, auf denen verschiedene Versionen des weit verbreiteten Berkeley BSD-UNIX Betriebssystems liefen, die wiederum als Ausgangspunkt für den Angriff auf weitere Computer benutzt wurden. Innerhalb weniger Stunden hatte sich das Programm über das Gebiet der gesamten USA ausgebreitet, hatte Tausende von Computern befallen und diese, auf Grund der Systemlast, die seine Aktivität erzeugte, außer Betrieb gesetzt. Die Bedeutung, die Datennetze wie das Internet für das öffentliche Leben inzwischen erlangt hatten und die zunehmende Abhängigkeit von diesen, ließen solche Angriffe zu einer direkten Bedrohung für das öffentlichen Leben werden, die – im Extremfall

– heute sogar ein ganzes Land und seine Wirtschaft in ein Informationschaos stürzen können.
Als Reaktion auf diesen Angriff wurde das **Computer Emergency Response Team** (CERT) mit seinem Sitz an der Carnegie Mellon Universität in Pittsburgh vom amerikanischen Verteidigungsministerium ins Leben gerufen. Die Aufgabe des CERT besteht darin, eine hohe Expertise zum Thema Internet-Sicherheit aufzubauen, um die Schwachstellen bisheriger Internet-Installationen und Anwendungen herauszufinden und um Empfehlungen auszusprechen, nach denen sich die Benutzer und Betreiber des Internet richten sollen. Sicherheitszwischenfälle werden an das CERT gemeldet, das versucht, diese aufzuklären, um Vorsorge zu treffen, ähnliche Vorfälle in Zukunft zu vermeiden bzw. die Verantwortlichen zur Rechenschaft zu ziehen. Dabei ist das CERT eine reine Forschungseinrichtung ohne jegliche polizeiliche, bzw. staatliche Gewalt und kann nicht selbst gegen eine Bedrohung, bzw. deren Verursacher vorgehen. Startete das CERT für das Jahr 1988 mit 6 gemeldeten Sicherheitszwischenfällen, so ist diese Zahl mittlerweile auf über 80.000 im Jahr 2002 angestiegen. 2003 wurde mit 76.404 registrierten Zwischenfällen im ersten Halbjahr bereits das Niveau des gesamten Vorjahres erreicht, so daß bei fortlaufendem Trend die Zahl auf mindestens 150.000 anwachsen wird (siehe Abb. 1.17).

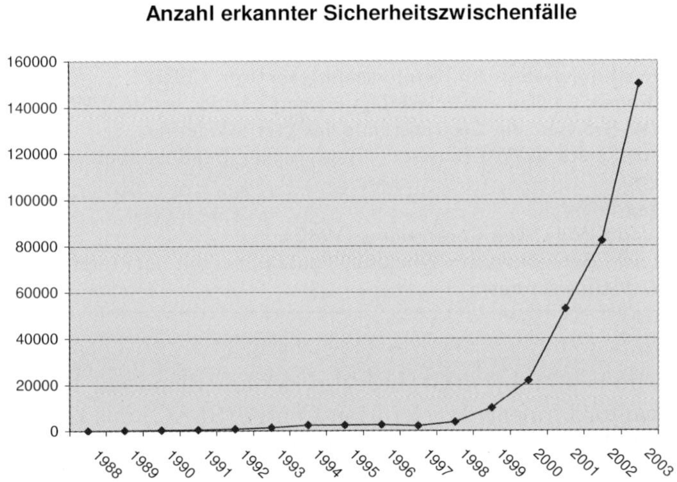

Abb. 1.17. Vom CERT registrierte Sicherheitszwischenfälle im Internet pro Jahr

1.3.3 Das WWW revolutioniert das Internet

Wie bereits beschrieben war es das World Wide Web und seine einfach zu bedienende Benutzerschnittstelle, der Browser, die dem Internet zu dem sa-

genhaften Erfolg und seiner weltweiten Verbreitung verhalfen, so daß heute, im Jahr 2002 bereits 60% der amerikanischen Haushalte „online“ sind. Die Tatsache, daß der Browser in der Lage ist, als integrative Schnittstelle den Zugriff auf viele verschiedenartige Internetdienste wie Email oder Filetransfer zu vereinen, vereinfacht die Nutzung des neuen Mediums derart, daß es zum Massenkomunikationsmittel wachsen kann.
1989 formulierte Tim Berners Lee im Schweizer Kernforschungsinstitut CERN einen Vorschlag **„Information Management: A Proposal“**, in dem er ein verteiltes Hypertext-basiertes Dokumenten-Managementsystem vorschlug, mit dem Dokumentation und Forschungsdaten, die im CERN in riesigen Mengen anfielen, verwaltet werden sollten. Im Folgejahr erhielt er grünes Licht, um seine Idee zusammen mit Robert Cailliau auf einem NeXT-Computersystem in die Tat umzusetzen. Bereits im November 1990 war der erste WWW-Server lauffähig, dem Tim Berners Lee den Namen **WorldWideWeb** gab, im März 1991 folgte dann der erste WWW-Browser.

Tabelle 1.5. Die Geschichte des World Wide Web

1945	Vennevar Bush beschreibt MEMEX, das erste Hypertextsystem
1965	Ted Nelson prägt als erster das Wort **Hypertext** auf der ACM-Jahreskonferenz
1968	Doug Engelbart entwickelt ein Hypertext-basiertes Prototypensystem NLS und erfindet zu diesem Zweck die Maus als Eingabegerät
1980	Tim Berners Lee schreibt ein erste Notizbuch-Programm mit Hypertextlinks
1989	Tim Berners Lee verfaßt ein erstes Memorandum zu seinem Hypertext-Dokumentenverwaltungssystem am Kernforschungszentrum CERN
1990	Zusammen mit Robert Cailliau entwickelt Tim Berners Lee den ersten WWW-Server und WWW-Browser: die Geburtsstunde des WorldWideWeb
1993	NCSA Mosaic, der erste WWW-Browser mit grafischer Benutzeroberfläche erscheint
1994	Netscape wird gegründet
1994	Gründung des World Wide Web Consortiums (W3C)
1995	Microsoft liefert sein Betriebssystem Windows95 zusammen mit dem Internet Explorer als WWW-Browser aus

Einige Monate später, im September 1991, besuchte der amerikanische Physiker Paul Kunz vom Stanford Linear Acceleration Center (SLAC) das CERN und lernte dort das WWW kennen. Begeistert von der Idee nahm er eine Kopie des Programmes in seinem Gepäck mit zurück und schon im Dezember 1991 geht der erste WWW-Server der USA am SLAC ans Netz. Der Aufbau neuer Server oblag hauptsächlich der Eigeninitiative von Universitätsangehörigen. Während 1992 gerade einmal 26 WWW-Server existierten, hatte sich bis Anfang 1993 die Zahl der weltweit betriebenen WWW-Server auf fast 50 Stück verdoppelt.
Mit dem ersten WWW-Browser mit grafischer Benutzeroberfläche, dem NCSA Mosaic von Marc Andreesen für das X-Windows System, war es ab Ende 1993 dann endlich auch dem Nichfachmann möglich, das WWW zu nut-

zen, insbesondere da die NCSA kurz darauf Versionen für PC und Macintosh veröffentlichte. Ende 1993 war die Anzahl der WWW-Server bereits auf 500 gestiegen und das WWW verursachte etwa 1% des weltweiten Internet-Datenverkehrs.
1994 sollte dann das eigentliche Jahr des WWW werden: Die erste Internationale World-Wide-Web Conference wurde im Mai am CERN abgehalten. Eigentlich hatten sich weit mehr als die 400 teilnehmenden Entwickler und Wissenschaftler angemeldet, doch war der vorhandene Platz einfach zu beschränkt für das große Interesse, das dem WWW entgegengebracht wurde. Berichte über das WWW gelangten in die Medien und im Oktober startete eine zweite Konferenz in den USA, an der bereits 1300 Personen teilnahmen. Durch die Verbreitung des zum Netscape Navigator weiterentwickelten Mosaic Browsers und seines Markt-Konkurrenten, dem Microsoft Internet Explorer, der jedem verkauften Microsoft Betriebssystem seit 1995 beilag, erfuhr das World Wide Web eine Popularität, wie nie zuvor. Lag die Wachstumsrate zunächst bei einer jährlichen Verdoppelung der angeschlossenen Computer, so verdoppelte sie sich nun alle drei Monate. Explosionsartig verbreitete sich das WWW über die ganze Welt und hielt Einzug in Büros und Privathaushalte.

Tabelle 1.6. Das WWW – wie alles begann

Erster WWW-Server der Welt: `nxoc01.cern.ch`
Erste WWW-Seite der Welt: `http://nxoc01.cern.ch/hypertext/WWW/TheProject.html`

In Anlehnung an das Internet und seine regulativen Institutionen sah Tim Berners Lee die Notwendigkeit, auch die Entwicklung und das Wachstum des WWW durch eine unabhängige Instanz regeln zu lassen. Standards sollten ebenfalls nur von einem unabhängigen Gremium und nicht durch die Industrie alleine definiert werden, um die Entstehung von Monopolen zu verhindern. Die Unterstützung durch die IETF, an die er sich gewandt hatte, lies auf Grund mangelnden Konsenses zu lange auf sich warten. So begann Lee zusammen mit Michael Dertouzos, dem Leiter des Laboratory of Computer Science am MIT, Mittel für die Einrichtung eines **World Wide Web Consortiums** (**W3C**) einzuwerben. 1994 konnte das W3C dann ins Leben gerufen werden mit Unterstützung des MIT, des Institute National de Recherche en Informatique et en Automatique (INRIA) in Europa, der DARPA und der Europäischen Kommission mit dem Ziel, die weitere Entwicklung der WWW-Protokolle zu überwachen und die Interoperabilität des WWW zu fördern.
E-Commerce wurde dann ab 1995 zum Begriff: Wirtschaft und Handel entdecken das WWW und seine Möglichkeiten. Erste Internet-Shopping-Systeme

werden eingerichtet und Firmen wie **Amazon.com** entstehen aus dem Nichts und werden über Nacht zu Börsenriesen. Die Registrierung von Internetadressen und Namen wird zu einem kostenpflichtigen Service und die großen Firmen lassen sich die rechtliche Absicherung ihrer Namen im WWW oft eine Menge Geld kosten. Ein regelrechter Hype entsteht und reißt die gesamte Wirtschaft mit sich. Das amerikanische Silicon Valley wird zur Brutstätte der **dot-coms**, so bezeichnet nach dem Adress-Suffix **.com** ihrer WWW-Adressen, die mit einer simplem Geschäftsidee und der Hilfe von Venture-Kapital und Investoren oft in nur wenigen Monaten aufgebaut werden, bevor sie – im Erfolgsfall – von einem größeren Konkurrenten aufgekauft werden. Der reale Gewinn, den diese Firmen projektierten, blieb in den meisten Fällen aus. Der Konsument blieb, was das online-shopping angeht, zaghaft, zumindest solange noch keine einheitlichen und sicheren Transaktionsmechanismen zur Verfügung standen. In der Jahresmitte 2000 brach dieser Markt schlagartig zusammen. Dem alten Börsengesetz folgend kommt nach dem überschwänglichen Hype erst einmal eine lange Talfahrt, bevor der Markt zu einer realen Bewertung findet.
Aktuelle Zahlen über die tatsächliche Größe des Internet bzw. des WWW anzugeben, lohnt sich nicht, denn sobald der erste Leser diese zu Gesicht bekommt, sind sie mit Sicherheit schon veraltet. Mehr oder weniger zuverlässige Quellen über das Wachstum von Internet und WWW können im Internet abgerufen werden und sind meist von höherer Aktualität als die in gedruckter Form vorliegenden Informationen. Online-Quellen zur Internet-Historie und dem Internet-Wachstum können im Anhang C („Wichtige Internetadressen“) nachgeschlagen werden. Abb. 1.18. zeigt die immense Wachstumsrate des WWW, während Abb. 1.19 die Wachstumsrate des gesamten Internets skizziert.

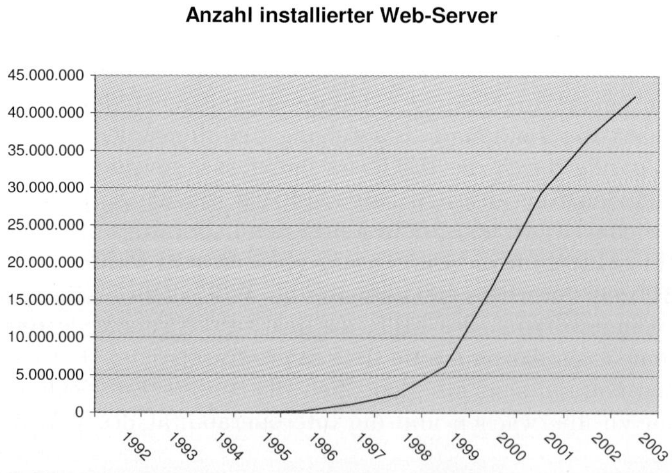

Abb. 1.18. Wachstum des World Wide Web

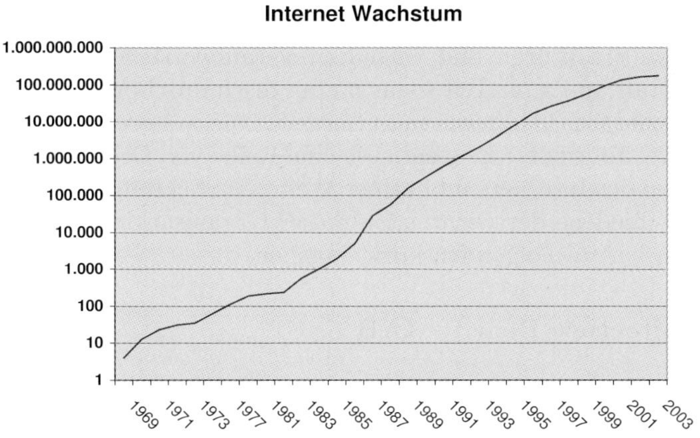

Abb. 1.19. Anzahl der an das Internet angeschlossenen Hosts

1.4 Das Who-is-Who in Internet und WWW

Das Internet als Netz der Netze wird nicht von einer Zentralstelle aus gesteuert. Da seine internationalen Verflechtungen jedoch unterschiedlichste Kommunikationsinfrastrukturen mit einschließen, ist eine interne Lenkung und Standardisierung unverzichtbar. International zusammengesetzte Nonprofit-Organisationen regulieren in ihrem Zusammenspiel mit der gesamten Internet-Gemeinde die technische Organisation in Form eines öffentlichen Standardisierungsprozesses. Basiskomponente dieses Prozesses ist der sogenannte Request for Comments (RFC), in dem die Spezifikation eines neuen Standards festgesetzt wird. Im Zuge seiner Festschreibung durchläuft der entstehende Standard verschiedene Entwicklungsstufen, wobei deren Fortschritt in der Verantwortung der steuernd eingreifenden Organisationen liegt.

Das Internet wird nicht zentral gesteuert, sondern ist fast vollständig dezentral konzipiert und organisiert. Eine Leitstelle oder zentrale Instanz, die die Organisation und Einhaltung von Standards überwacht und ein Funktionieren garantiert, die sucht man vergebens. Dennoch, der Kitt, der dieses lose System von Netzen zusammenhält, besteht in einer Reihe von zum Teil sehr alten Standards rund um den Austausch von Daten und Dateien. Die beiden wichtigsten Normen des Internet sind das **Internet Protocol** (IP) und das Duo **Transmission Control Protocol/Internet Protocol** (TCP/IP). Diese sind zuständig für die Regelung des Transports von Daten von einem Endpunkt zum anderen. Andere Standards wiederum regeln den Austausch elektronischer Post, die Aufbereitung von WWW-Seiten oder auch die Funktionsweise von Internet-Adressen. All diese Standards sind dafür verantwortlich, daß Millionen von Menschen tagtäglich trotz unterschiedlichster Hardwarevoraussetzungen miteinander kommunizieren können. Das Internet ist, trotz seiner dezentralen Strukturen und verteilten Verantwortlichkeiten, in technischer Hinsicht straff und zum Teil sogar hierarchisch durchorganisiert. Wer aber setzt diese Standards? Und wer trägt Sorge für die weitere Entwicklung und den Betrieb des Internets? Es existieren eine Reihe von Organisationen, die um die Belange des Internets und seiner Weiterentwicklung weltweit Sorge tragen. Auf verschiedene der wichtigsten dieser Organisationen, sowie deren Aufgaben wollen wir im Folgenden kurz eingehen.

1.4.1 Internet Architecture Board – IAB

Das Internet Architecture Board – vormals Internet Activities Board – ging 1983 aus dem von der ARPA reorganisierten Internet Control and Configuration Board (ICCB) hervor. Hauptanliegen des IAB ist es, die Weiterentwicklung des Internet zu lenken. Das bedeutet unter anderem, daß das IAB dafür zuständig ist, festzulegen, welche neuen Protokolle notwendig sind und welcher offiziellen Politik gefolgt werden soll, wenn es um die Weiterentwicklung des Internet geht.
Die ursprüngliche Idee war es, die Hauptverantwortlichen für die Entwicklung der Internet-Technologie zusammenzubringen, den Gedankenaustausch unter ihnen zu fördern und gemeinsame Richtlinien und Forschungsziele festzulegen. Bis zur ersten großen Reorganisation des IAB im Jahre 1989 erwuchs aus der zunächst ARPA-zentrierten Forschungsgruppe eine autonom handelnde Institution. Das IAB setzte sich aus etwa zehn sogenannten **Internet Task Forces** (ITF) zusammen, die sich alle mit unterschiedlichen speziellen Problemen rund um das Internet befaßten. Das IAB organisierte jährlich mehrere Hauptversammlungen, auf denen die ITFs ihre jeweiligen Status-Reports ablieferten, technische Spezifikationen geprüft, verbessert und die jeweilige Politik festgelegt wurde. Die Hauptversammlungen dienten auch dem Informationsaustausch mit Repräsentanten der Hauptfördererer des Internet – ARPA und NSF.
Der Vorsitzende des IAB, der sogenannte **Chairman**, hatte die Aufgabe, aus Vorschlägen technische Direktiven zu machen, und die Arbeiten der verschiedenen ITFs zu organisieren. Er richtete auf Anregung der anderen IAB-Mitglieder neue ITFs ein und repräsentierte das IAB nach außen. Allerdings – und das mag überraschen – verfügte das IAB niemals über große finanzielle Mittel. Angehörige des IAB waren in der Regel Freiwillige, die für die jeweiligen ITFs wiederum freiwillige Mitarbeiter warben, die meist aus dem universitären oder industriellen Bereich der Internet-Forschung entstammten Die freiwillige Mitgliedschaft zahlte sich allerdings aus, da es zum Einen die Möglichkeit bot, stets über die aktuellsten Trends und Technologien gut unterrichtet zu sein, und andererseits aktiv an der Ausgestaltung des Internets mit mitwirken zu können.
1989 hatten sich das Internet und die damit verbundene TCP/IP-Technologie weit über das ursprünglichen Forschungsprojekts hinaus entwickelt. Hunder-

te von Firmen arbeiteten an TCP/IP-bezogenen Produkten und neue Standards ließen sich schon lange nicht mehr von heute auf morgen festlegen und umsetzen. Der kommerzielle Erfolg der Internet-Technologie machte eine Reorganisation des Lenkungsgremiums IAB notwendig, um den veränderten politischen und kommerziellen Bedingungen Rechnung zu tragen. Die Rolle des Vorsitzenden wurde neu definiert: die Wissenschaftler wanderten vom eigentlichen **Board** in zugeordnete Unterstützungsgruppen ab, und das neue IAB Board wurde aus Repräsentanten der neu gewachsenen Internet-Gemeinde zusammengesetzt.
Zusätzlich zum IAB Board wurden zwei große Unterstützungsgruppen gegründet: die **Internet Research Task Force** (IRTF) und die **Internet Engineering Task Force** (siehe Abb. 1.20).

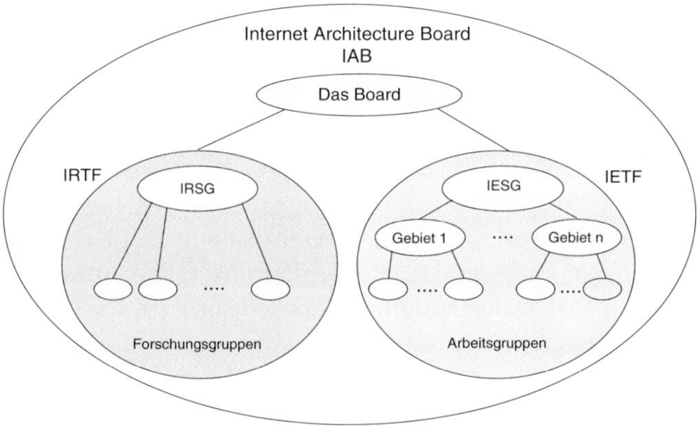

Abb. 1.20. Struktur des Internet Architecture Board

Die Aufgabe der IETF liegt in der Lösung von kurz- bis mittelfristigen Problemen. Die IETF existierte bereits als eine der in das IAB integrierten Task Forces und ihre Arbeitserfolge gaben mit den Ausschlag zur Reorganisation des IAB. Anders als die anderen Task Forces, die meist nur wenige Spezialisten als Mitglieder hatten, die zusammen an einem bestimmten Problem arbeiteten, war die IETF von Anfang an sehr groß und ihre zahlreichen Mitglieder bearbeiteten viele Probleme gleichzeitig. Sie war in über 20 Arbeitsgruppen unterteilt, die sich jeweils einem bestimmten Problem widmeten. Die Arbeitsgruppen hielten ihre eigenen Treffen ab, um entsprechende Problemlösungen zu formulieren, die sie in den regulären Treffen der IETF weitergaben, wo deren Aufnahme in das Internet-Standard-Werk diskutiert wurde. An den IETF-Treffen nahmen oft Hunderte von Personen teil. Die Task Force wurde zu groß, um noch erfolgreich von einem Chairman gemanaged zu werden. Auf Grund ihrer großen Bedeutung wurde die IETF nach der Reorganisation der IAB beibehalten und in acht Arbeitsgruppen mit eigenem

Arbeitsgruppenmanager unterteilt. Dabei widmen sich die Arbeitsgruppen jeweils den folgenden Gebieten:

- Internet-Anwendungen (Applications)
- Internet
- IP- Next Generation
- Netzwerk Management
- Betriebliche Auflagen (Operational Requirements)
- Routing
- Sicherheit
- Transport- und Anwenderdienste (Transport and User Service)

Der IETF Chairman und die Arbeitsgruppenmanager formten die **Internet Engineering Steering Group** (IESG), die für die Koordinierung der Arbeit in den Arbeitsgruppen sorgten. Die IETF umfaßt jetzt sämtliche Arbeitsgruppen einschließlich der Gruppenmanager und dem Chairman.
Im Zuge der Reorganisation wurde zusätzlich die **Internet Research Task Force**, das Forschungsgegenstück zur IETF ins Leben gerufen. Die IRTF koordiniert Forschungsaktivitäten rund um das TCP/IP-Protokoll und ist für die Internet-Architektur im allgemeinen zuständig. Ebenso wie bei der IETF existiert auch innerhalb der IRTF eine steuernde Gruppe, die **Internet Research Steering Group** (IRSG), die die Forschungsprioritäten bestimmt und die Forschungstätigkeiten koordiniert. Im Gegensatz zur IETF ist die IRTF aber zur Zeit viel kleiner und weniger aktiv, da viele Forschungsaktivitäten auch von der IETF selbst wahrgenommen werden. Derzeit existieren die folgenden IRTF-Forschungsgruppen:

- Ende-zu-Ende Kommunikation
- Informations Infrastruktur-Architektur
- Privatspäre und Sicherheit
- Informationsgewinnung im Internet (Internet Resource Discovery)
- Routing
- Internet-Service Management
- zuverlässiges Multicasting

1.4.2 Internet Society – ISOC

1992 hatte sich das Internet zusehends von seinen Wurzeln in den US-Regierungsbehörden entfernt und es wurde eine Gesellschaft gegründet, die deren Aufgabe übernehmen sollte, zur Beteiligung am Internet aufzurufen und für dessen Weiterentwicklung zu sorgen.
Die **Internet Society**, kurz ISOC genannt, ist eine internationale, gemeinnützige Organisation, die sich aus über 150 nationalen und regionalen Unterkapiteln und mehr als 6.000 einzelnen Mitgliedern aus 170 Ländern zusammensetzt. Die ISOC orientiert sich in ihrer Organisation an der schon

lange bestehenden National Geographic Society, nur daß sich ihr Aufgabenfeld auf das Internet und dessen Weiterentwicklung beschränkt. Entstanden ist die ISOC auf Initiative einiger langjähriger Mitglieder der **Internet Engineering Taskforce** (IETF), die sich mit Standardisierungsfragen im Internet beschäftigt und diese in Einklang mit den Organisationen **Internet Architecture Board** (IAB), **Internet Research Task Force** (IRTF) und **Internet Assigned Number Authority** (IANA) unter einem gemeinsamen Dach mit gesicherter Finanzierung institutionalisiert wissen wollte. Bis 1990 finanzierte sich die IETF hauptsächlich aus US-Regierungsmitteln über Institutionen wie DARPA, NASA oder NSF. Da diese Finanzierung allerdings nicht langfristig gesichert schien, wurde die Gründung einer Gesellschaft erwogen, die ihre Mittel aus alternativen Quellen wie der Industrie auf internationaler Ebene einwerben sollte. Die offizielle Gründung der ISOC fand schließlich im Januar 1992 statt. 1993 wurden die Verantwortlichkeiten der ISOC in einem **Request for Comment** – einem Basisdokument im Prozeß der Standardisierung von Internet-Normen – , dem RFC 1602, zusammengefaßt, an dessen Bearbeitung die ISOC erstmals auch partizipierte. Die Aufgaben der ISOC bei der Schaffung eines neuen Internet Standards betreffen die unabhängige Beaufsichtigung und Koordination des Standardisierungsprozesses. An diesem Prozeß sind weiterhin die in Abb. 1.21 genannten Organisationen beteiligt.

Tabelle 1.7. WWW-Adressen der wichtigsten Internet Organisationen

IAB	Internet Authority Board	http://www.iab.org/
IETF	Internet Engineering Task Force	http://www.ietf.org/
IRTF	Internet Research Task Force	http://www.irtf.org/
ISOC	Internet Society	http://www.isoc.org/
IANA	Internet Assigned Number Authority	http://www.iana.org/
ICANN	Internet Corporation for Assigned Names and Numbers	http://www.icann.org/

1.5 Offene Standards im Internet und WWW – geregelte Anarchie

1.5.1 Wie entsteht ein Standard?

Soll ein neuer Internet-Standard festgeschrieben werden, so sind in dem Prozeß, dessen Zielsetzung und Abschluß der neue Standard darstellt, die meisten der in Abschnitt 1.4 genannten Organisationen beteiligt. Sie haben sich dem gemeinsamen Ziel verschrieben, den Internet-Standardisierungs-Prozeß nach den folgenden Richtlinien zu gestalten:

IAB – Internet Architecture Board
Das IAB fungiert als die technische Beratergruppe des ISOC. Zu seinen Aufgaben zählt es, die Übersicht über die Entwicklung des Internets und seiner Protokolle zu wahren. Es ist verantwortlich für die Bestätigung von Nominierungen für die IESG, die vom Nominierungskommitee des IETF getroffen werden.

IETF – Internet Engineering Task Force
Die IETF ist eine locker verbundene, selbstorganisierte Gruppe von Experten, die technische und darüber hinausgehende Beiträge liefern zur Weiterentwicklung des Internet und seiner Technologien. Als Hauptbeteiligter in der Entwicklung neuer Standards ist die IETF jedoch kein Bestandteil der ISOC. Sie besteht aus einzelnen Arbeitsgruppen, unterteilt nach Aufgabengebieten, die vom jeweiligen Arbeitsgruppenmanager geleitet werden. Nominierungen für das IAB oder für die IESG werden von einem Nominierungskommitee vorgenommen, das zufällig aus den Teilnehmern der IETF-Meetings ausgewählt wird, die sich freiwillig dazu zur Verfügung gestellt haben.

IRTF – Internet Research Task Force
Die IRTF ist nicht direkt am Standardisierungsprozeß beteiligt. Vielmehr obliegt der IRTF die längerfristige Entwicklung des Internets und die Bearbeitung von Themengebieten, die als zu unsicher, als zu fortschrittlich oder auch noch als bislang zu wenig verstanden gelten, als daß sie bereits für eine Standardisierung geeignet wären. Sobald die IRTF bei ihrer Arbeit eine Spezifikation freigibt, die als ausreichend stabil für einen Standardisierungsprozeß angesehen wird, wird diese Spezifikation entsprechend den gegebenen Richtlinien von der IETF weiterverarbeitet.

ISOC – Internet Society
Die Festlegung von neuen Standards ist die Hauptaufgabe der ISOC. Die ISOC ist eine professionelle Gesellschaft, deren Hauptaufgabe die Sorge für das weitere Wachstum und die Weiterentwicklung des weltweiten Internets trägt. Dazu zählt auch die Behandlung der Fragen, in welcher Weise das Internet genutzt wird oder nach den dadurch ausgelösten Folgen im sozialen, politischen oder auch im technischen Bereich. Das ISOC **Board of Trustees** bestätigt Nominierungen für das IAB, die vom IETF Nominierunskommitee getroffen werden.

IESG – Internet Engineering Steering Group
Die IESG kümmert sich um das technische Management der IETF Aktivitäten und des Internet-Standardisierungsprozesses. Sie ist ebenfalls ein Teil der ISOC. Die Hauptverantwortung der IESG liegt bei allen Aktivitäten, die den Eintritt neuer und den Fortschritt bereits in der Bearbeitung befindlicher Standardisierungsvorschläge betreffen. Die IESG ist die letzte Instanz zur Verabschiedung eines offiziellen Internet-Standards. Sie setzt sich aus den Arbeitsgruppen-Managern der IETF zusammen.

IANA – Internet Assigned Number Authority
Die IANA besaß ursprünglich die Kontrolle über die Organisation, Aufteilung und Vergabe der zu vergebenden Internet-Adressen. Defacto lag die Kontrolle über die Internet-Adressen bei IANA bis 1998 in der Hand von Jon Postel, einem der Gründerväter des Internet, der von Anfang an als Editor der RFCs fungierte. Nach seinem Tod ging die Gewalt über die Adreßvergabe an die **ICANN** (**Internet Corporation for Assigned Names and Numbers**) über.

Abb. 1.21. Die wichtigsten Internet Organisationen

- technische Vorzüglichkeit
- frühzeitige Implementation und Praxistests

- klare, präzise und leicht zu verstehende Dokumentation
- Offenheit und Ausgewogenheit, sowie
- möglichst hohe Aktualität

Request for Comments (RFC) – Ausgangspunkt des Standardisierungsprozesses. Da die TCP/IP-Technologie kein proprietäres Firmeneigentum darstellt und auch kein Hersteller dieses Privileg für sich zu beanspruchen vermag, kann die Dokumentation der Protokollstandards auch nicht von einem Hersteller bezogen werden. Die Dokumentation der Standards ist online öffentlich und ohne jegliche Gebühr verfügbar. Die Spezifikation jedes späteren Internet-Standards, Vorschläge für die Einrichtung neuer oder Revision bestehender Standards wird zunächst in Form eines technischen Berichts, einem sogenannten **Request for Comments** (RFC) durch IESG oder IAB veröffentlicht. RFCs können sehr ausführlich oder auch nur sehr kurz sein. Sie können sowohl den bereits fertigen Standard als auch nur Vorschläge für die Ausgestaltung neuer Standards enthalten. Obwohl nicht begutachtet wie wissenschaftliche Forschungsarbeiten werden sie doch editiert. Lange Jahre, bis 1998 oblag die Herausgabe einer einzelnen Person, *Jon Postel*, der das Amt des RFC-Editor inne hatte. Heute übernehmen diese Aufgabe die Arbeitsgruppenmanager des IETF. RFCs dienen somit für die IESG und das IAB als offizielle Publikation zur Einbeziehung der Internet Gemeinde. Es existieren eine Reihe von Servern, auf denen alle RFCs via WWW, FTP oder anderen Dokument-Retrieval Systemen öffentlich zugreifbar sind. Schon die Namensgebung soll darauf hinweisen, daß der eingereichte Spezifikationsvorschlag Gegenstand öffentlicher Diskussion sein soll. Die lange Reihe der bislang erschienenen RFCs startete bereits 1969 im Rahmen des ursprünglichen ARPANET Projekts. Neben Internet-Standards werden darin auch viele ursprüngliche Forschungsthemen und Diskussionen, als auch Statusberichte über das Internet abgehandelt. Die Veröffentlichung neuer RFCs obliegt der Verantwortlichkeit des **RFC-Editors** und unterliegt der generellen Richtungsweisung des IAB.
Die Serie der RFCs wird fortlaufend und chronologisch durchnumeriert. Jeder neue RFC bzw. dessen Revision erhält eine eigene Nummer. Es obliegt der Sorgfalt des Lesers, die jeweils aktuellste Nummer zu einem bestimmten Themengebiet aus der Serie der RFCs herauszufinden. Es existiert ein RFC-Index, der dabei hilft, die korrekte Nummer zu finden.
Der Status der einzelnen in Bearbeitung befindlichen neuen Standards wird periodisch in einem eigenen RFC mit dem Titel **Internet Official Protocol Standards** veröffentlicht. Er zeigt der auf, wie weit jeder einzelne in Bearbeitung befindliche Vorschlag auf dem Weg zum Internet-Standard gediehen ist.

Der Standardisierungsprozeß. Während ein neuer Internet-Standard seinen Entwicklungsprozeß durchläuft, sind vorläufige Versionen, sogenannte **Drafts**, über das IETF **Internet Drafts Directory**, das auf verschiedenen Rechnern im Netz vorgehalten wird, zur Stellungnahme und Diskus-

sion zugänglich. Auf diese Weise wird jedes Arbeitsdokument der ganzen Internet-Gemeinde vorgelegt, um begutachtet und gegebenenfalls auch wieder revidiert zu werden. Verbleibt ein solcher Draft für mehr als 6 Monate im Internet Drafts Directory, ohne daß dieser durch die IESG zur Veröffentlichung vorgeschlagen wird, wird dieser einfach aus dem Directory entfernt. Jederzeit kann ein Internet Draft aber durch eine neuere, überarbeitete Version ersetzt werden und der 6-Monats-Bearbeitungszeitraum beginnt wieder von neuem. Internet Drafts zählen in keiner Weise als Publikation und habe somit keinerlei formalen Status, noch können sie zitiert werden. Sie können jederzeit verändert oder wieder entfernt werden.
Die IETF fungiert im Internet-Standardisierungsprozeß als Dreh- und Angelpunkt. Ein Großteil aller technischer Beiträge wird von ihr initiiert und sie wirkt als Integrationspunkt fr andere Standards, die außerhalb des Internet-Standardisierungsprozesses definiert wurden. (siehe Abb. 1.22).

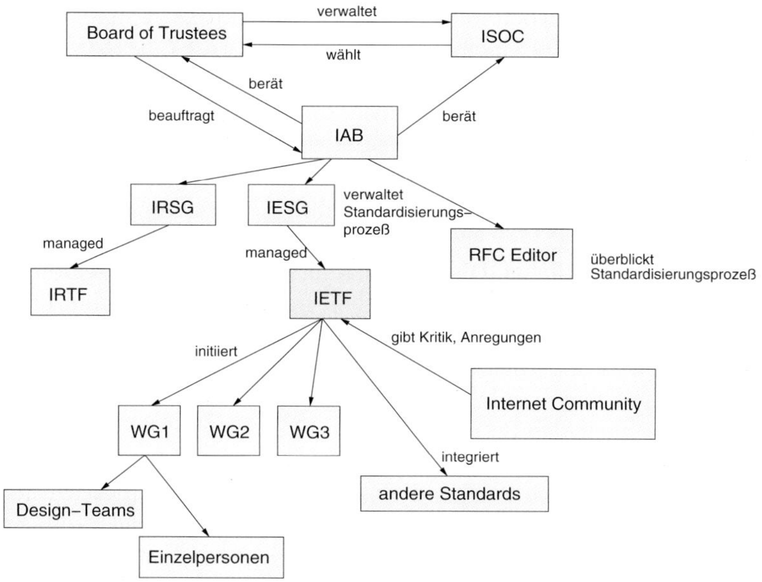

Abb. 1.22. Die IETF als Dreh- und Angelpunkt des Internet Standardisierungsprozesses

Eine Spezifikation, die einmal als Internet-Standard veröffentlicht werden soll, durchläuft dann einen fest vorgegebenen Entwicklungsprozeß mit unterschiedlichen Reifegraden. Angefangen vom **Proposed Standard** über den Status des **Draft Standard** kann sich die Spezifikation bis hin zum vollständig ausgereiften **Internet Official Protocol Standard** entwickeln.

Proposed Standard. Eine neue Spezifikation tritt in den Standardisierungsprozeß als **Proposed Standard**. Verantwortlich dafür, daß ein Vorschlag für eine Spezifikation den Standardisierungsprozeß betritt, ist die IESG der IETF. Ein Proposed Standard gilt generell bereits als stabil, notwendige Design-Entscheidungen wurden bereits im Vorfeld getroffen. Das angesprochene Problem gilt allgemein als gut verstanden. Es wurde bereits von der Internet-Gemeinde begutachtet und einer weiterführenden Aufmerksamkeit für Wert erachtet. In der Regel ist keine Implementierung oder anderweitige operationelle Einsatzerfahrung notwendig, um eine Spezifikation als Proposed Standard festzulegen. Sind jedoch grundlegende Internet-Protokolle oder Kernkomponenten des Internets betroffen, so verlangt die IESG in der Regel bereits eine Implementation und Erfahrungen, die im operationellen Betrieb gewonnen wurde, bevor der Status eines Proposed Standards gewährt wird. Für den Implementierer stellt der Proposed Standard eine bislang unreife Spezifikation dar. Daher ist eine zügige Implementation erwünscht, um die im Zuge dieses Prozesses gewonnenen Erfahrungen in die weitere Ausgestaltung der Spezifikation miteinbeziehen zu können.

Draft Standard. Wurden für einen Proposed Standard mindestens zwei unabhängige Implementationen entwickelt und wurden mit diesen genügend operationelle Erfahrung gesammelt, kann er frühestens nach Ablauf von 6 Monaten auf den Level eines **Draft Standard** gehoben werden. Ein Draft Standard muß schon allgemein anerkannt und stabil sein, weitere Einsatzerfahrungen sindaber immer noch von Nöten, insbesondere wenn es sich zum Beispiel um den großmaßstäblichen Einsatz in einer Produktionsumgebung handelt. Im Allgemeinen wird ein Draft Standard bereits als endgültige Spezifikation betrachtet, die nur noch verändert wird, falls unvorhergesehene Probleme auftreten, die das erzwingen.

Internet Official Protocol Standard. Sind für einen Draft Standard bereits ausreichend Einsatzerfahrungen gewonnen worden, die mit Hilfe der Implementationen erzielt wurden, die auf dessen Spezifikation beruhen, so kann dieser in den Status eines offiziellen **Internet Standards** erhoben werden. Ein Internet Standard zeichnet sich bereits durch einen hohen Grad an technischer Ausgereiftheit aus und dem allgemeinen Vertrauen darauf, daß die Spezifikation einen signifikanten Beitrag für das Internet und seine Benutzer leistet. Eine Spezifikation, die den Level eines Internet-Standards erreicht behält ihre ursprüngliche RFC Nummer. Siehe Abb. 1.23 für eine kurze Darstellung des Standardisierungsprozesses.

Daneben existieren noch zwei andere Unterarten von RFC-Standards, die aber nicht von praktischer Bedeutung sind und hier nur der Vollständigkeit halber aufgeführt werden sollen:

- **Experimental Standard**
  Ein derartiger Standard wird zwar versuchsweise zu Testzwecken eingesetzt, um neue Verfahren und Technologien evaluieren zu können, er hat aber den vorgeschriebenen Standardisierungsprozeß nie durchlaufen. Prinzipiell wird ein solcher Standard als nicht interessant für den praktischen Einsatz erachtet.

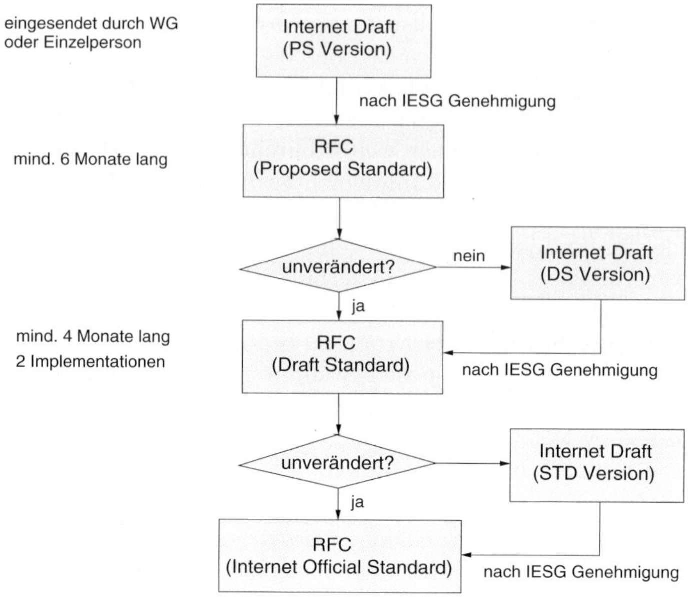

Abb. 1.23. Der Internet-Standardisierungsprozeß

- **Historic Standard**
  Dieser Standard hat zwar den vorgeschriebenen Standardisierungsprozeß durchlaufen, gilt aber bereits als überholt und wurde z.B. durch einen neuen Standard ersetzt. Da dieses Schicksal jeden Internet Standard ereilen kann, werden zur besseren Übersicht über die derzeit aktuellen Standards periodisch RFCs veröffentlicht, die diese verbindlich auflisten.

Zusätzlich zum Status, den ein RFC führt, legt das IAB für jedes als Standard veröffentlichte Protokoll eine Bedeutung (**Protocol Status**) fest, die festlegt, unter welchen Bedingungen dieses Protokoll eingesetzt werden soll:

- **Required**
  Erhält ein Protokoll diese Bedeutung zugeteilt, muß jegliche Hardware, die TCP/IP verwendet, in der Lage sein, dieses Protokoll zu unterstützen.
- **Recommended**
  Hier empfielt das IAB die jeglicher Hardware, die das TCP/IP Protokoll unterstützt, ebenfalls die Unterstützung dieses Protokolls, ohne dies zwingend vorzuschreiben.
- **Elective**
  Das IAB stellt bei diesem Protokoll Status die Unterstützung jeder am Internet teinehmenden Hardware frei.
- **Limited Use**
  Ein derart ausgezeichnetes Protokoll ist nur für die Benutzung durch Testgruppen gedacht und nicht für den allgemeinen Gebrauch freigegeben.

ISO – International Standards Organisation
Die ISO wurde 1946 gegründet und ist eine freiwillige (nicht per Staatsvertrag verfaßte) Organisation mit Sitz in Genf, deren Beschlüsse nicht den Charakter international verbindlicher Verträge haben. Sie hat als Ziel, internationale Standards zu schaffen. Stimmberechtigte Mitglieder sind fast alle nationalen normgebenden Institutionen der 89 beteiligten Staaten. Daneben gibt es noch andere Mitglieder mit Beobachter- und Beraterstatus. Die ISO ist Mitglied der ITU-T (siehe unten). Im Bereich der Telekommunikation ist ISO für die Entwicklung des ISO/OSI-Referenzmodells verantwortlich.
Zu den Mitgliedern der ISO zählen z.B.:

- **ANSI** (American National Standards Institute)
- **BSI** (British Standards Institute)
- **DIN** (Deutsches Institut für Normung)
- **AFNOR** (Association Francaise de Normalisation)

URL: `http://www.iso.ch/`

ITU – International Telecommunication Union
Die ITU wurde im Jahr 1865 unter dem Namen CCITT (Committe Consultatif International de Telegraphie et Telephonie) in Paris gegründet und ist seit 1947 eine Unterorganisation der UNO mit Hauptsitz in Genf. Der ITU gehören derzeit 164 Mitglieder an, zu denen jeweils Länderverwaltungen, anerkannte private Betriebsgesellschaften, wissenschaftliche und industrielle Mitglieder sowie internationale Organisationen zählen. Die ITU trägt die Verantwortung für die Entwicklung, Regulierung und Standardisierung der internationalen Telekommunikation. Wie vormals die CCITT erarbeitet die ITU Empfehlungen zu technischen und betrieblichen Fragen der Telekommunikation (CCITT/ITU-TS-Empfehlungen), die praktisch Normen darstellen. Nach einer Strukturreform der ITU trat 1994 eine neue Konstitution mit neuen Organisationseinheiten in Kraft. In deren Nachfolge erscheinen die Empfehlungen der ITU unter der neuen Bezeichnung ITU-TS (ITU Telecommunications Standards), die die bisherigen CCITT/ITU-TS-Empfehlungen ablösen.
Die ITU besitzt drei Hauptsektoren:

- **ITU-R**, Sektor für Radiokommunikation, ist unter anderem verantwortlich für die weltweite Verteilung von Radiofrequenzen.
- **ITU-T**, Sektor für Telekommunikation.
- **ITU-D**, Sektor für technische Entwicklung.

Offiziell veröffentlicht die ITU-T (CCITT) nur Empfehlungen, während die ISO Standards publiziert. Da ITU-T aber eine UNO-Organisation ist, werden ihre Empfehlungen als viel verbindlicher erachtet als ISO-Standards. Wer international Telekommunikationsdienste anbieten will, muß sich an ITU-T-Empfehlungen halten. Die Übernahme von ISO-Standards unterliegt dagegen der Freiwilligkeit der Betroffenen.

URL: `http://www.itu.int/`

Abb. 1.24. Internationale Organisationen zur Standardisierung

- **Not Recommended**
  Die Unterstützung von Protokollen, die diesen Status erhalten haben, ist nicht erwünscht. Veraltete Protokolle z.B. erhalten diesen Status.

1.5.2 Deutsche Akteure und Provider

In Deutschland fiel der Startschuß zum Anschluß an das weltumspannende Internet erst sehr spät. 1984 wurde zwar bereits der erste Großrechner an der Universität Dortmund an das Internet angeschlossen, aber die notwendige Infrastruktur für ein eigenes breitbandiges Netzwerk lies noch lange auf sich warten. Ebenfalls in Dortmund wurde 1991 der erste freiwillige Nameserver-Dienst für Deutschland und die `.de`-Domain eingerichtet – der **DE-NIC**. Bis in das Jahr 1992 blieb die Universität Dortmund der zentrale Knotenpunkt für den Email-Verkehr in Deutschland.
Die Ursprünge des Internets in Deutschland reichen zurück in das Jahr 1982. Damals herrschte im Kommunikationsbereich eine ungeheuere Aufbruchstimmung: X.25 als weltweit angebotener zuverlässiger öffentlicher Datenkommunikationsdienst begann zu funktionieren, Btx versprach europaweit durchgängige Informationsdienste für den Bürger, ISDN als der allumfassende digitale Telekommunikationsdienst war in Sicht und mit der Gründung von Informatik-Fachbereichen an den deutschen Hochschulen (1971-75) begann dort, geweckt durch Seitenblicke auf die Entwicklung in den USA der Wunsch nach Internet-ähnlichen Infrastrukturen zu reifen.
Der Wunsch nach Schaffung einer leistungsfähigen Netzinfrastruktur für die Wissenschaft und die Erhöhung der Wettbewerbsfähigkeit der deutschen Industrie standen von Anfang an im Mittelpunkt, als das **Deutsche Forschungsnetz** (DFN) 1984 aus der Taufe gehoben wurde. Anstelle des hoheitlichen Staates sollte ein Verein – der **DFN-Verein** – von Sachkundigen die Lenkung und Ausgestaltung des Netzes mit der Förderung durch das Bundesministerium für Bildung und Forschung übernehmen. Allerdings gestaltete sich das Unternehmen schwieriger als erwartet, da es Differenzen hinsichtlich der Umsetzung von Normen und Standards gab, so daß erst im Frühjahr 1990, nach einer Investition von 100 Millionen DM das erste **Schmalband**-Wissenschaftsnetz (WiN) mit 64kbps in Betrieb genommen werden konnte. Den Vorwürfen von vielen Seiten ausgesetzt [Zor97, Zor97b] und behindert durch die langjährige Präferenz des Monopolisten Deutsche Telekom für den Sektor der Sprach-basierten Kommunikation gegenüber der Datenkommunikation auf der anderen Seite, war es ein langer Weg, bis zum heutigen hoch modernen GWiN, dem Gigabit-Wissenschaftsnetz, das den deutschen Hochschulen in seinem Kernnetz Bandbreiten zwischen 2,5 Gbps und 10 Gbps zur Verfügung stellt.
Der DFN-Verein mit seinem Sitz in Berlin umfaßt inzwischen 370 Mitglieder aus Industrie, Hochschulen und Forschung. Zu seinen Aufgaben zählen nach wie vor die Schaffung und Gewährleistung **offener Strukturen**, d.h. Hersteller unabhängig von Netztechnologien und Übertragungsprotokollen, mit Konnektivität zur kommerziellen Internetwelt, sowie Ausbau und der bedarfsgerechter Weiterentwicklung des Deutschen Forschungsnetzes.
Zum DFN gesellen sich zahlreiche kommerzielle Anbieter und Provider – in Deutschland sind es regional und überregional über 200 – , wie z.B. **XLink**

(eXtended Lokales Informatik Netz), entstanden aus einem Universitätsprojekt, das die Universität Karlsruhe mit den USA verband (NYSERNet). In Deutschland, wo das Internet bis in die 90er Jahre aus verschiedenen Gründen kaum Akzeptanz fand und schlecht organisiert war, hat sich 1992 – zeitgleich mit der ISOC – die **Deutsche Interessengemeinschaft Internet** (DIGI e.V.) gegründet, um die Bedingungen für eine Ausbreitung des Internets in Deutschland zu verbessern. Die Einrichtung eines nationalen Network Information Centers (DE-NIC), zur Verwaltung von Adressen und Namen auf nationaler Ebene, gehörte ebenso zu den Zielen, wie die technische und politische Diskussion über das Internet speziell in Deutschland. 1995 wurde DIGI e.V. als **German Chapter** der Internet Society vom ISOC anerkannt. Seitdem firmiert DIGI e.V. unter dem Kürzel und der Internet Domain **ISOC.DE e.V.** Ebenso wie die globale ISOC positioniert sich ISOC.DE zu organisatorischen, technischen und politischen Themen rund um das Internet. Zu Themen wie Sicherung des DENIC, das die .de Domain verwaltet, zur Kryptografiedebatte in Deutschland, Internet und Zensur, sowie zu Strukturfragen des Internet in Deutschland bezieht ISOC.DE klare Positionen.

1.6 Glossar

ARPANET: (Advanced Research Projects Agency Net) Erstes paketvermittelndes Forschungsdatennetz und Vorläufer des Internet, ins Leben gerufen von der DARPA, einer Forschungsinitiative des amerikanischen Verteidigungsministeriums. Der erste Netzknoten (Interface Message Processor, IMP) war am 30. August 1969 einsatzbereit und das ARPANET wurde nahm Dezember 1969 mit 4 IMPs in Stanford, Santa Barbara, Los Angeles und Utah den Betrieb auf. Es umfaßte in seiner Blütezeit mehrere Satellitenverbindungen, darunter von der West- zur Ostküste der USA, nach Hawaii, Großbritannien, Norwegen, Korea und Deutschland. Das ARPANET stellte seinen Betrieb im Juli 1990 ein.

Browser: Ein spezielles Programm, mit dem man über das WWW Zugang zu WWW-Servern erlangen und von diesem angeforderte Dokumente anzeigen kann.

Client: Bezeichnet ein Programm, daß einen Server kontaktiert und von diesem Informationen anfordert. Der im WWW eingesetzte Browser ist in diesem Sinne ein Client. Aber es gibt auch andere Clients im WWW, die WWW-Server kontaktieren und Informationen von diesen herunterladen, wie z.B. Suchmaschinen oder Agenten.

Client/Server-Architektur: Eine Anwendung wird arbeitsteilig auf mehreren, durch ein Netzwerk verbundenen Computern ausgeführt. Der Server stellt dabei bestimmte Dienstleistungen bereit, der Client auf der anderen Seite fordert Dienstleistungen an. Außer dem Erteilen und Beantworten von Auftragsbeziehungen sind die Komponenten voneinander unabhängig. Schnittstellen und die Art der Kommunikation zur Auftragserteilung und Beantwortung sind dabei eindeutig festgelegt.

HTML: Hypertext Markup Language, das einheitliche Dokumentenformat für Hypermedia-Dokumente im WWW. Dokumente, die im WWW übertragen und vom Browser dargestellt werden sollen, sind in HTML kodiert.

HTTP: Hypertext Transfer Protocol, das Protokoll, das die Kommunikation von Browsern und WWW-Servern im WWW regelt. Fordert ein Browser ein Dokument vom WWW-Server an oder beantwortet der WWW-Server eine Anfrage, muß diese Anfrage den Konventionen des HTTP-Protokolls gehorchen.

Hyperlink: Verweis auf ein anderes Hypermedia-Dokument oder eine andere Textstelle in vorliegenden Hypertext, der zur nicht-linearen Vernetzung von Informationen in Dokumenten dient.

Hypermedia: Elektronische, multimediale Dokumente, die Verbindungen (Hyperlinks) zu anderen themenverwandten Dokumenten/Informationen enthalten. Hypermedia umfaßt neben Text auch Grafiken, Bilder und andere Informationsmedien.

Internet: Das Internet ist das weltweit größte Computernetzwerk, das aus vielen miteinander verbundenen Netzwerken und auch einzelnen Ressourcen besteht. Zu den wichtigsten Leistungen des Internets – man spricht auch von „Diensten"– zählen die elektronische Post (E-Mail), Hypermediadokumente (WWW), Dateitransfer (FTP) und Diskussionsforen (Usenet/Newsgroups). Populär geworden ist das globale Netz hauptsächlich durch Einführung des World Wide Webs (WWW), das nicht selten mit dem Internet gleichgesetzt wird, tatsächlich aber nur eine Untermenge – also einen von mehreren Diensten – des Internets darstellt.

Internetworking: Das Verbinden mehrerer, verschiedener und separierter Netzwerke (LANs, WANs) zu einem Internet. Dazu werden geeignete Vermittlungsrechner (Router) benötigt, die den Weg eines Datenpakets durch das Netzwerk vermitteln und für eine sichere Zustellung sorgen. Dem Benutzer erscheint dieser Netzwerkverbund als homogenes, virtuelles Netz (Internet).

Internetstandard: Da in der Entwicklung des Internets viele Firmen und Organisationen beteiligt waren, bestand die Notwendigkeit, einheitliche Protokolle und Schnittstellen zu entwerfen, um so den Entwicklungsaufwand zu vereinfachen. Diese werden in Form von Internet-Standards in einem öffentlichen Standardisierungsprozeß verabschiedet, der es prinzipiell jedem Benutzer ermöglicht, zu einem neuen Vorschlag für einen zukünftigen Standard Stellung zu beziehen (Request for Comment, RFC) und so die Entwicklung des Internets mit zu lenken.

Internet Protocol (IP): IP ist ein Protokoll der sogenannten Vermittlungsschicht (Network Layer) und überträgt Daten zwischen Computern. Somit übernimmt das IP als Teil des TCP/IP-Kommunikationsprotokollmodells die Datenauslieferungsaufgaben. Dazu zählen u.a. das Adressieren von Rechnern sowie das für die Datenübertragung notwendige Fragmentieren von Daten. IP bietet eine unzuverlässigen, verbindungslosen Dienst im Internet und ist im RFC 791 dokumentiert.

ISO/OSI-Referenzmodell: Eine Spezifikation der ISO, die als Grundlage für die Entwicklung von Kommunikationsstandards entworfen und publiziert wurde. Dabei handelt es sich um ein internationales Referenzmodell für die Datenübertragung, das aus sieben Schichten (Layers) besteht. Das ISO/OSI-Referenzmodell soll es ermöglichen, daß verschiedene Rechner- und Protokollwelten über einheitliche Schnittstellen miteinander kommunizieren können. Das ISO/OSI-Referenzmodell verliert gegenüber dem TCP/IP-Referenzmodell, der dem Internet zugrunde liegende Protokollstandard, zunehmend an Bedeutung.

Kommunikationsprotokoll: Ein Kommunikationsprotokoll (auch einfach Protokoll) ist eine Sammlung von Regeln und Vorschriften, die das Datenformat von zu übermittelnden Nachrichten sowie die Art ihrer Übertragung festlegen. Sie enthalten Vereinbarungen über den Auf- und Abbau einer Verbindung zwischen den Kommunikationspartnern Verbindungsauf -und abbau, sowie über die Art und Weise der Datenübertragung.

Markup: Allgemein versteht man darunter innerhalb eines Dokuments eingebettete Informationen über den Dokumenteninhalt, die im Laufe der Interpretation des Dokuments auf irgendeine Art und Weise identifiziert werden können. Dies wird in der Regel durch spezielle Zeichen oder Zeichenfolgen zur Kennzeichnung des Markups erreicht, die nicht zum eigentlichen Inhalt der Information, die das Dokument beinhaltet, zählen. Bei der Interpretation des Dokuments sucht das interpretierende Programm einfach nach diesen besonderen Zeichen, um so den Inhalt des Dokuments vom Markup unterscheiden zu können. Zu den Dokumentenbeschreibungssprachen, die nach diesem Prinzip aufgebaut sind, zählen HTML, SGML oder XML.

Namensdienst: (Naming Service), ein Netzwerkanwendungsprogramm, das logische, leicht merkbare Namen einer Ressource oder einer Person auf numerische Netzwerkadressen abbildet.

Netzanwendung: Ein Anwendungsprogramm, dessen Ablauf den Zugriff auf Ressourcen einschließt, die nicht lokal auf dem ausführenden Rechner liegen, sondern auf einem entfernten Rechner über das Netzwerk zugegriffen werden.

Request for Comments (RFC): Neue Technologien im Internet enstehen durch die Diskussion von Experten in den sogenannten RFCs. Im Zuge des Internet-Standardisierungsprozesses entstand daraus eine durchnumerierte Sammlung von Dokumenten in denen Technologien, Standards und Sonstiges in Bezug auf das Internet dokumentiert und standardisiert wurde.

Server: Bezeichnet einen Prozeß, der von Clients kontaktiert wird, um diesen Informationen zurück zu liefern. Oft wird auch der Rechner, auf dem ein Server-Prozeß abläuft als Server bezeichnet.

Transmission Control Protocol (TCP): Eigentlich TCP/IP (TCP über IP), wurde entwickelt, um den Zusammenschluß von verschiedenen Netzwerken zu einem sogenannten Internet zu ermöglichen. Während TCP/IP zu Beginn hauptsächlich im sogenannten BSD-UNIX Verwendung fand, hat es sich heute zum weitverbreitetsten Protokoll überhaupt entwickelt. Obwohl TCP und IP nur zwei Protokolle (auf der Transport- und der Vermittlungsschicht) sind, wird TCP/IP oft auch als Synonym für die gesamte TCP/IP-Protokoll-Suite verstanden, die u.a. Protokolle wie Telnet, FTP, UDP und RDP enthält).

TCP/IP-Referenzmodell (auch TCP/IP-Protokollsuite, TCP/IP-Kommunikationsmodell): Bezeichnet ein Kommunikationsschichtenmodell, das die Basis des Internet bildet. Das TCP/IP-Referenzmodell unterteilt sich in 5 Protokollschichten und soll es ermöglichen, daß verschiedene Rechner- und Protokollwelten über einheitliche Schnittstellen im Internet miteinander kommunizieren können.

Uniform Resource Identifier (URI): Dient zur weltweit eindeutigen Identifikation von Informationsressourcen im WWW. Derzeit als **Uniform Resource Locator (URL)** in Form einer eindeutigen Adresse realisiert. Da aber die Adresse einer Informationsressource im WWW Änderungen unterworfen ist, wird an der Realisierung eines **Uniform Resource Name (URN)** gearbeitet, der eine Informationsressource eindeutig über den Namen und nicht über deren Adresse identifizieren soll.

Uniform Resource Locator (URL): Das Schlüsselkonzept zur weltweit einheitlichen Identifikation eines Dokuments im WWW. Über die URL kann derjenige WWW-Server bestimmt werden, auf dem sich das angeforderte Dokument befindet. Über URLs werden Hyperlinks auf andere Dokumente des WWW kodiert.

User: (bzw. Benutzer oder Nutzer) sind Menschen, die das WWW mit Hilfe eines Programmes, z.B. dem Browser, nutzen. Für gewöhnlich bedient der User einen Computer, auf dem ein Browser, wie z.B. der Microsoft Internet Explorer oder der Netscape Navigator installiert ist.

Verzeichnisdienst: (Directory Service), bezeichnet ganz allgemein ein Anwendungsprogramm, das Verzeichnisse (Directories) verfügbar macht. Unter dem Begriff Verzeichnis versteht man Angaben zu technischen Ressourcen oder Personen, die in Netzen verfügbar bzw. erreichbar sind.

World Wide Web: Englische Bezeichnung für das „weltweite Datennetz" (auch WWW, 3W, W3, Web). Gemeint ist der jüngste und zugleich erfolgreichste Dienst im Internet, der sich durch hohe Benutzerfreundlichkeit sowie multimediale Elemente auszeichnet. WWW bezeichnet eigentlich eine Technologie, die in der Lage ist, ein verteiltes, Internet-basiertes Hypermedia-Dokumentenmodell zu implementieren. Internet und World Wide Web (WWW) werden heute oft synonym verwendet, obwohl es sich beim WWW nur um einen speziellen Dienst im Internet handelt, der mit dem HTTP-Protokoll übertragen wird.

WWW-Server: Bezeichnet einen Prozeß auf einem Computer mit der Funktionalität, auf Anfragen von Browsern über das WWW zu antworten. Aus technischer Sicht kann auf jedem Computer, der an das Internet angebunden ist, ein WWW-Server betrieben werden.

Teil I

Die Kommunikation und ihre Medien

2. Kommunikationsmedien im Wandel – von der Höhlenmalerei zum WWW

„Wer nicht von 3000 Jahren weiß sich Rechenschaft zu geben, bleibt im Dunklen unerfahren, mag von Tag zu Tage leben."
– Johann Wolfgang von Goethe (1749–1832)

Wohl nichts hat das Leben der Menschen so sehr beeinflußt, wie die Fähigkeit, miteinander zu kommunizieren und Informationen auszutauschen. Das Know How, Kommunikationsinhalte festzuhalten, weiterzugeben und über große Distanzen zu transportieren gab Gemeinschaften, die dazu in der Lage waren, immer wieder einen oft entscheidenden Wettbewerbsvorteil, der ihnen das Überleben bzw. eine Vormachtstellung sicherte. Die Entwicklung der Schrift und des Papiers als transportabler Kommunikationsträger führte schon bald zur Einrichtung von regulären Botendiensten und ersten Postsystemen. Daneben entstanden bereits in der Antike optische Telegrafiemedien wie Rauch- oder Fackeltelegrafie, die Botschaften mit Hilfe von Relaisstationen über weite Entfernungen sehr schnell transportieren konnten. Die industrielle Revolution und das dadurch gesteigerte Informations- und Kommunikationsbedürfnis der Menschen beschleunigte die Entwicklung der optischen, wie auch der zur selben Zeit aufkommenden elektrischen Telegrafie. Waren diese Fernkommunikationsmedien anfangs nur Militär, Verwaltung und Wirtschaft zugänglich, drängte sich die private Kommunikation auch in diesen Bereich immer mehr in den Vordergrund. Die Entwicklung des Telefons führte zu einem rapiden Wachstum der Kommunikationsnetze, das fast ausschließlich auf das private Kommunikationsbedürfnis der Menschen zurückzuführen war. Im 19. und 20. Jahrhundert verlief die Entwicklung immer rasanter: Phonograph und Grammophon, Fotografie und Film, Rundfunk und Fernsehen: die Massenmedien entstanden und prägten unsere Gesellschaft. Auf dem Weg zur totalen Vernetzung wird die Welt zum globalen Dorf: Europa, Amerika und Asien sind im WWW nur noch einen Mausklick voneinander entfernt.

2.1 Entwicklung der Schrift

Um zu verstehen, was so spektakulär am Internet und seinen Möglichkeiten ist, lohnt es, einen kurzen Blick in die Geschichte der Kommunikation und ihrer Medien zu werfen: *vom Homo sapiens zum Homo surfiens*. Die Geschichte beginnt bereits vor etwa 30000 Jahren, also in frühgeschichtlicher Zeit mit der **Höhlenmalerei**. Neben der kultischen und religiösen Bedeutung dieser

prähistorischen Zeichnungen hatten diese natürlich auch einen kommunikativen Zweck, auf visuelle Art und Weise Botschaften zu konservieren. Nach der Vorstellung der australischen Ureinwohner, die bis heute diese Kultur erhalten haben, sind in den Felsenbildern die Seelen der dargestellten Wesen erhalten. Durch das Malen, die Berührung der Malereien oder das Abhalten von Kulthandlungen in den Höhlen werden die Seelen zu neuer Verkörperung und Fruchtbarkeit angeregt. Daneben hatten die Höhlenmalereien auch einen Informationswert für die Menschen. Sie warnten vor in der Gegend lebenden gefährlichen Tieren, gaben Informationen über Jagdbeute und lieferten teils sogar Anleitungen zur Jagd. Höhlenmalereien sind auf allen Kontinenten zu finden, wobei in Europa die zahlreichsten Fundorte in Frankreich, Spanien und Italien auftreten. Jeder, der die Bilder betrachtete erhielt dieselbe Botschaft. Wurde sie vergessen, so mußte sie nur erneut wieder werden. Gemeinschaften, die Fakten in Form von Zeichnungen festhalten konnten waren wettbewerbsfähiger als solche, die das nicht vermochten. Allerdings konnten Bilder nur Informationen festhalten, die uns zeigen, wie etwas aussieht. Sinneseindrücke, wie etwa den Duft einer Blume oder gar abstrakte Sachverhalte, wie z.B. der Inhalt von Gesetzen konnten nicht gezeichnet werden.
Der entscheidende Schritt von den Bildzeichen der **Symbolschrift** zum phonetischen Sprachzeichen wie wir es heute kennen ist erst dann vollzogen, wenn die zu übermittelnde Informationen mit Hilfe von optisch-skripturalen Zeichen festgehalten werden, die nicht mehr nur rein abbildenden Charakter besitzen, sondern direkt auf die Sprache der Schriftbenutzer bezogen sind. Die Schriftzeichen sollen also nicht nur auf eine Bedeutung verweisen, sondern auch auf die Lautung des Gegenstandes, den sie bezeichnen, wie z.B. Worte, Silben oder Einzellaute. Der wichtigste Durchbruch in der Entwicklung der **phonetischen Schrift** war wohl die Erfindung der **Keilschrift** in Mesopotamien um 3500 v. Chr. Als frühste Schrift der Menschheit gilt die der Sumerer, die seit dem 4. Jahrtausend v. Chr. in Südmesopotamien lebten. Anfangs verwendeten sie eine reine Bilderschrift zum Zwecke der zentralen Tempelverwaltung, die sich bereits um 3000 v. Chr. bei weitgehender Phonetisierung zu völlig abstrakten Formen umbildete. Um 2800 v. Chr., als die Akkader in das Gebiet der Sumerer vordrangen und deren Wort- und Silbenschrift ihrer eigenen semitischen Sprache anpaßten, entstanden keilförmige Zeichen, die senkrecht, waagrecht und querschief zu Gruppen geordnet eine neue Schrift ergaben. Diese Keilschrift, von den Assyrern und Babyloniern weiter ausgebildet und abgewandelt, verbreitete sich rasch und wurde zur Verkehrsschrift im gesamten alten Orient. Ab dem 8. Jahrhundert v. Chr. wird die Keilschrift allmählich durch andere Schriftsysteme, wie die griechische oder phönizische Lautschrift verdrängt. Als Schreibmaterial für die Keilschrift dienten Tontafeln, Stein, und ab 1000 v. Chr. auch Wachstafeln. Die Kenntnis der Keilschrift ging später verloren und erst 1802 gelang dem deutschen Philologen *Georg Friedrich Grotefend* (1775–1853) der erste Schritt zu ihrer Entzifferung.

Durch die Kombination von Bildern und Schriftsymbolen war es nun möglich, neben visueller Information auch andere Sinneseindrücke festzuhalten. Überflüssig wurden Symbole mit der Einführung der phonetischen Schrift aber noch lange nicht. Sie beinhalten zum Teil eine sehr mächtige Aussagekraft und werden auch heute noch insbesonders in Form von Piktogrammen oder in der Werbung eingesetzt. Die bemerkenswerte Eigenschaft der Schrift ist es jedoch, Sprache vergegenständlich zu speichern und exakt zu übertragen.
Die altägyptische **Hieroglyphenschrift** (Hieroglyphen = [griech.]heilige Schriftzeichen), eine Bilderschrift, die aus Wort-, Silbenzeichen, und Einzelkonsonanten bestand geht ebenfalls auf eine Zeit bis um 3000 v. Chr. zurück. Mit dem Meisel in Stein gehauen schmückte sie Monumentaldenkmäler und Kultstätten. Auf Papyrus, Gefäße oder Wandflächen wurden sie mit einem Pinsel geschrieben und es entwickelten sich aus den ursprünglich nur kultisch genutzten Zeichen ab 2500 v. Chr eine vereinfachte Profanschrift. Sie existiert bis in das 3. Jahrhundert n. Chr., bis sich die griechische Schrift, die seit dem 2. Jahrhundert v. Chr. auch in Ägypten Verwendung findet, vermischt mit Resten der demotischen Schrift als koptische Schrift durchsetzt. In der römischen Kaiserzeit geht die Kenntnis der Hieroglyphenschrift verloren und erst mit der Entdeckung des Steins von Rosette (1799) durch Napoleons Expeditionskorps in Ägypten gelingt dem französischen Ägyptologen *Jean Francois Champolion* (1790–1832) im Jahre 1822 deren Entzifferung.
Ein großes Hindernis auf dem Weg der Entstehung der Schrift stellte die erst sehr spät einsetzende Entwicklung und Ausgestaltung der Grammatik dar. Die Grammatik als Sprachlehre und Wissenschaft entsteht etwa im 6. Jahrhundert v. Chr im indogermanischen Raum unabhängig voneinander in Indien und in Griechenland, wobei die älteste überlieferte Grammatik überhaupt die von dem indischen Grammatiker *Panini* im 5. Jhd. v. Chr. verfasste „Ashtadhyayi“ (=[Sanskrit] Acht Bücher grammatischer Regeln) ist.
Vergleicht man die Entwicklung der Sprache und der dazugehörigen Grammatik als allgemeines Regelwerk zu deren Standardisierung mit der Entstehung der Technik in der industriellen Revolution und der Gründung der ISO (International Standardization Organisation) als technologischer Standard- und Normengeber, so ist auffällig, daß auch die Standardisierung in der Technik sehr lange auf sich warten gelassen hat und schließlich erst im 20. Jahrhundert institutionalisiert wurde.
Da anfangs nur sehr wenige Menschen lesen und schreiben konnten, war ein spontanes Festhalten von Gedanken bzw. ein ebenso spontanes Nachlesen nur einigen wenigen Auserwählten vorbehalten. Von einem Massenmedium konnte noch lange Zeit keine Rede sein. Doch die Entwicklung neuer Medien wie der Schrift blieb nicht lange ohne Auswirkungen auf die Gesellschaft und wurde dadurch auch zum Gegenstand der Kritik. *Platon* (427–348 v. Chr.) z.B. berichtet in seinem Dialog *Phaedros* die folgende Geschichte, die *Sokrates* (470–399 v. Chr), ein vehementer Kritiker des Schreibens, der selbst auch keine schriftlichen Zeugnisse hinterlassen hat erzählte: Thamus, dem König

von Ägypten hatte der Gott Thot mit allen anderen Wissenschaften auch die Kunst des Schreibens überbracht, die den Menschen in die Lage versetze, Gedanken zu konservieren, die ansonsten nur wieder vergessen würden. Aber der Pharao (alias Sokrates) war alles andere als zufrieden. Das Gedächtnis, so der Pharao, sei eine wunderbare Gabe, die nur dadurch am Leben erhalten werden könne, wenn man sich beständig in ihr übe. Aber mit der neuen Erfindung bräuchten die Menschen sich ihrer gar nicht mehr zu bedienen, denn anstelle sich selbst anzustrengen, würden sie sich fortan nur noch der neuen Erfindung bedienen. Schreiben galt als gefährlich, da es die Geisteskraft schwäche im Austausch für ein in Stein gemeisseltes Gedächtnis. Die Klage gegen das Schreiben, die uns ironischerweise nur deshalb bekannt ist, da der Sokrates-Schüler Platon sie aufgeschrieben hatte, erinnert uns verblüffend an die moderne Klage der Medienkritiker gegen das Fernsehen, das die aktiven Fähigkeiten der Menschen verkümmern lasse. Heute wissen wir natürlich, daß Bücher selbstverständlich nicht an unserer Stelle denken und Entscheidungen treffen. Im Gegenteil, Bücher fordern den menschlichen Geist heraus, sich weiter zu vervollkommnen, anstelle ihn zu narkotisieren [Eco96]. Allerdings fand sich die sokratische Warnung in allzu blindes Vertauen in das geschriebene Wort nur allzu bald bestätigt, als im Jahre 47 v. Chr. die Bibliothek von Alexandria, die größte Bibliothek des Altertums in einem Brand zerstört wurde und ein Großteil des dort angesammelten Wissens verloren ging.

2.2 Buchdruck und erste Kommunikationsnetze

Der nächste entscheidende Schritt in der Entwicklung der Kommunikationsmedien gelang dann den Chinesen mit der Erfindung des **Papiers** um etwa 105 n. Chr. Von nun an konnten Botschaften nicht nur stationär konserviert werden, sondern sie begannen zu wandern. Schon zuvor waren flexible und transportable Speichermedien für die Schrift, neben den bis dato genutzten Stein und Tontafeln bekannt. So der Papyrus als Vorläufer des Papiers, der sich in Ägypten bereits im 3. Jahrtausend v. Chr. als Beschreibstoff nachweisen läßt oder das Pergament, ein Beschreibstoff aus ungegerbten, geglätteten Tierhäuten, das der Sage nach im 3. Jahrhundert v. Chr. in der griechischen Stadt Pergamon erfunden worden sein soll, als die Ägypter die Papyrusausfuhr sperrten. Das Papier erreichte erst im 12. Jahrhundert mit den Arabern Europa und im Jahre 1319 wurde auch in Deutschland die erste Papiermühle eröffnet.
Menschen konnten sich über große Entfernungen hinweg Nachrichten senden, ohne daß das Gedächtnis eines Boten übermäßig beansprucht wurde. Die Nachteile einer memorierten mündlichen Botschaft, die durch einen Boten überbracht wird sind offensichtlich: geringe Übertragungsgeschwindigkeit, geringe Reichweite und mangelnde Zuverlässigkeit der übermittelten Nachricht. Auch die Antwort auf eine Botschaft ließ oft lange auf sich warten,

wenn sie denn überhaupt kam. Mißverständnisse und Fehler beim Interpretieren der Botschaft waren – und sind es übrigens auch heute noch – an der Tagesordnung.
Schon vor der Erfindung des Papiers führte *Gaius Julius Cäsar* (100–44 v. Chr) im Jahr 59 v. Chr. in Rom die erste **Tageszeitung** ein, die „Acta Diurnia“. Cäsar führte den Brauch ein, die Protokolle der Sitzungen des römischen Senats, die stenographisch festgehalten wurden, direkt im Anschluß noch am selben Tag zu redigieren und zu veröffentlichen. Von der öffentlich auf einer weißen Tafel dargestellten offiziellen Version der Nachrichten über politische Neuigkeiten, den Senat und die Stadt Rom zirkulierten Abschriften in ganz Rom und in den Provinzen. Die Zeitung erschien bis in das Jahr 235 n. Chr., wobei es eine strenge Periodizität über das Jahr hinweg nicht gab, obwohl die Bezeichnung „diurnia“ (=[lat.]täglich) dieses nahelegte.
Die Übermittlung von Botschaften hat bereits eine längere Geschichte. Neben der akustischen Telekommunikation, wie sie z.B. in Form von Rufpostensystemen im antiken Griechenland und Persien, oder auch noch heute als Trommeltelegrafie bei Naturvölkern zu finden ist, soll aufgrund ihrer nur begrenzten Reichweite nicht näher eingegangen werden. **Rauch- und Feuerzeichen** dagegen gelten als Grundlage der optischen Telekommunikation, mit der sich wesentlich größere Distanzen überbrücken ließen. Die Technik der optischen Signalübertragung mittels Relaisstationen fand ebenfalls bereits im antiken Griechenland Verwendung. Der Dichter *Aischylos* (525–456 v. Chr.) berichtet in seiner Tragödie „Agamemnon“, daß der griechische Heerführer Agamemnon zur Übermittlung der Nachricht über den Fall Trojas (1184 v. Chr) an seine Gattin Klytemnestra eine Feuerzeichenpost verwendet hätte, die über 9 Relaisstationen bis ins 555 km entfernte Argos gelangte. Vom griechischen Geschichtsschreiber *Thukykides* (460–400 v. Chr.) stammen erste genauere Aufzeichnungen über die Anwendung von vorher verabredeten Feuerzeichen im Peloponnesischen Krieg 431–404 v. Chr. Während Rauchzeichen keine frei formulierbaren Botschaften erlauben, berichtet der griechische Geschichtsschreiber *Polybios* (200–120 v. Chr.) von der Erfindung der Fackeltelegrafie um 450. v. Chr., mit deren Hilfe sich die einzelnen Buchstaben des Alphabets übertragen ließen.
Daneben gab es **Botenstaffetten** nachweislich bereits im 5. Jhd. v. Chr im Perserreich und bei den Römern. Der *cursus publicus* des Römischen Reichs, ein auf Reiterstaffetten basierender Nachrichtenübermittlungsdienst, der das gesamte Küstengebiet des Mittelmeers abdeckte wird oft als Urform der heutigen Post angesehen. Zur Zeit seiner größten Ausdehnung soll der cursus publicus über 90.000 km Straßennetz verfügt haben. Doch stellte dieser unter Kaiser *Augustus* (31.v.Chr.–14 n.Chr.) im Jahre 15 v. Chr. institutionalisierte Botendienst lediglich eine Kommunikationsinfrastruktur im Dienste der Verwaltung und des Militärs für die Führungselite dar. Im Zuge des Untergangs des Römischen Imperiums, zerfiel auch dieser Vorläufer des Postdienstes mehr und mehr, bis er schließlich völlig verschwand. Eine regelmäßige

Nachrichtenbeförderung war unzertrennbar mit einem Ausbau des Verkehrs- und Transportwesens verbunden. Ohne Verkehr gibt es keinen Nachrichtenfluß – und mit dem Verkehr entstand das Bedürfnis, Neuigkeiten über größere Distanzen hinweg wie Waren auszutauschen. So existierte vor dem gewaltigen Straßennetz des römischen Reiches bereits im Europa der Bronzezeit eine Bernsteinstraße, die von Italien über Österreich nach Dänemark verlief und in China führten aus dem Reich der Mitte Karawanen über die Seidenstraße ihre kostbaren Güter in den Westen.

Im Mittelalter folgten eine Reihe von unterschiedlichen, zumeist sozial verankerten Botensystemen: Klosterboten, Boten des Deutschen Ritterordens, Kaufmanns-, Städte- und Universitätsboten und, speziell im süddeutschen Raum die sogenannten Metzgerboten. Das Handwerk des Metzgers machte es erforderlich, über Land von Viehmarkt zu Viehmarkt zu ziehen. So war es naheliegend und zudem eine gute Geschäftsidee, diesen auf ihren Reisen Briefe zur Beförderung mitzugeben.

Entweder als Ein-Mann-Post oder als Staffettensystem organisiert, überbrachten diese mehr oder weniger organisierten Botendienste sowohl Briefe als auch memorierte Botschaften, wobei die Postkurse jeweils bereits existierenden wirtschaftlichen oder politischen Verbindungen folgten. Auch der Einsatz von **Brieftauben**, die bereits von den Ägyptern vor 5000 Jahren domestiziert wurden, muß hier Erwähnung finden. Ihre Flugtüchtigkeit (durchschnittliche Fluggeschwindigkeit ca. 60 km/h) und ihr hervorragender Orientierungssinn waren verantwortlich dafür, daß sie schon früh zum Zwecke der Nachrichtenübermittlung eingesetzt wurden. In Ägypten und anderen Ländern des mittleren Ostens bereits um 1000 v. Chr. eingeführt, unterhielten auch Griechen und Römer Tauben zur Beförderung von Briefnachrichten. *Nur-Ed-Din* (1146–1174), Kalif von Bagdad, richtet als erster eine planmäßige Brieftaubenpost für Staatszwecke ein. In Europa finden Brieftauben erst ab dem 16. Jahrhundert Verwendung, wo sie allerdings bis zur Mitte des 19. Jahrhunderts mit dem Aufkommen der Telegrafie ein sehr wichtiges Kommunikationsmedium blieben.

Der erste **moderne Postkurs** wird 1490 von König *Maximilian I.* (1459–1519) zwischen Innsbruck und Mecheln (bei Brüssel) eingerichtet und von der Familie Thurn und Taxis (frühere Schreibweise Thassis) unterhalten. Die Notwendigkeit, die Maximilian dazu veranlaßte war die Verwaltung seines weit auseinanderliegenden Herrschaftsgebietes: zum Einen die habsburgischen Erblande in Tirol und in der Steiermark und zum Anderen die durch seine Heirat (1477) mit Maria, der Erbtochter Karls des Kühnen von Burgund (1432–1477), erlangten Gebieten im heutigen Belgien. Bereits im 15. Jahrhundert waren wiederholt Angehörige des lombardischen Geschlechts Thassis, das aus Bergamo in Oberitalien stammte im päpstlichen Kurierdienst tätig und schon 1451 richtete Roger de Thassis im Auftrag Friedrich III. in Tirol und in der Steiermark für Heer und Verwaltung eine auf Stationen aufgebaute Briefbeförderung ein. Aus dem Postkurs Maximilians I. entwickelt sich schnell ein europaweites, kostenpflichtiges Nachrichtenübermittlungssystem, das einen regelmäßig verkehrenden und zuverlässigen Service anbot und bereits ab dem beginnenden 16. Jahrhundert auch für private Post offenstand. Aus den Reiseberichten des venezianischen Kaufmannsohns *Marco Polo* (1254–1324) ist bekannt, das China bereits im 13. Jahrhundert über ein hervorragend ausgebautes Postsystem unterhielt. Entlang der Hauptstraßen des Reiches war ein gut durchorganisiertes System von Herbergen und Stallungen für berittene Boten installiert, das gut 10.000 Stationen umfaßt haben soll.

1597 erhebt Kaiser *Rudolf II. von Habsburg* (1552–1612) das deutsche Postwesen zum kaiserlichen Hoheitsrecht, dessen alleinige Nutzung auf der Basis eines erblichen Vasallenverhältnisses dann 1615 der Familie Taxis übertragen wurde. Die Post wurde quasi verstaatlicht, was in letzter Konsequenz die allgemeinen Postbeförderung für Jedermann ermöglichte. Im Laufe der Zeit und Dank des vererblichen Sonderrechts – des sogenannten Privilegs – entwickelt sich die Thurn-und-Taxis-Post schnell zu einer Art europäischer Staatspost, die Ende des 16. Jahrhunderts bereits ein Heer von 20.000 Kurieren beschäftigte. Das Geschlecht der Thurn und Taxis war in der Lage, sich über die Jahrhunderte so unentbehrlich zu machen, daß sie erst im Jahre 1867 auf Grund der Zersplitterung des deutschen Reiches in unzählige Kleinstaaten an Preußen mußten. Der erste Schiffspostdienst in Europa wird 1633 in England für die Postbeförderung zwischen Dover und Calais, sowie nach Dublin eingerichtet.

Der nächste Schritt in der Geschichte der Kommunikationsmedien führt dann zur Entwicklung des **Buchdrucks**. Dem Mainzer Patrizier *Johannes Gensfleisch zum Gutenberg* (1397–1468), einem sinnreichen Goldschmied gelang mit seiner Erfindung eines Gießverfahrens für bewegliche Lettern die dazu notwendige Normierung der Schrift. So schafft er es, Texte mechanisch in identischer Form und in – verglichen mit der Zahl handschriftlich kopierter Exemplare – gewaltiger Menge zu produzieren: das erste Massenmedium war geboren. Sein erstes repräsentatives Druckwerk, eine lateinische Bibel entsteht in den Jahren 1452–1456 in einer Auflage von 180 Exemplaren. Gutenberg hat die Druckkunst zwar nicht erfunden, aber durch die Kombination damals bereits bekannter Techniken in Verbindung mit seinem neuen Gießverfahren schafft er einen neuen Wirtschaftszweig. Die Vervielfältigung von Texten war vor der Erfindung der Druckerkunst eine mühselige Handarbeit, die vor allem die Mönche in den Klöstern beschäftigte. Viele Studenten verloren enorm viel Zeit mit dem Abschreiben von Texten – ein Grund dafür, daß die Wissenschaft nur langsam Fortschritte machte. Zur Zeit, als Gutenberg seine ersten typographischen Versuche anstellte, gab es allein in seiner Heimatstadt neben den Mönchen und Studenten 40 Lohnschreiber.

Die Geschichte der Druckkunst läßt sich bis in das 9. Jahrhundert in China zurückverfolgen. Der älteste erhaltene Druck stammt aus den buddhistischen Mönchshöhlen Dun-Huang im westchinesischen Turkestan. Er wurde im Jah-

re 868 hergestellt, 100 Jahre nachdem man schon in Japan (verschollene) Bücher gedruckt hat. Der Druck mit beweglichen aus Ton geformten Lettern geht auf den chinesischen Drucker *Pi Sheng* zurück, der in den Jahren 1041–1049 seine Kunst ausübte.
Auch wenn Gutenbergs Rolle eher als geschickter Verfahrenstechniker denn als genialer Erfinder zu sehen ist, so leitet seine Entwicklung doch im ganzen Abendland ein neues Zeitalter ein. Gutenberg selbst gelang es nicht, Kapital aus seiner Entwicklung zu schlagen. Er stirbt 1468, erblindet und bankrott durch einen Prozeß gegen seinen Finanzier, dem Mainzer Bankier *Johannes Fust* (1400–1466), der das geliehene Geld zurückforderte und schließlich Gutenbergs Druckerei übernahm. Schon sehr früh wurde der gerade erst entwickelte Druck auch zum Zwecke politischer Propaganda eingesetzt, so erscheint 1455 eine Flugschrift, der sogenannte Türkenkalender, in dem zu einem Kreuzzug gegen die Türken aufgerufen wurde, die kurz zuvor 1453 Konstantinopel erobert hatten. Der Einfluß des Buches als massenhaft produzierbarer Datenträger übte einen ungeheueren Einfluß auf die Modernisierung in allen Bereichen der Wissenschaft, Verwaltung, Erziehung, Religion und Kunst aus. Das „gesellschaftliche Wissen“ wird verschriftlicht, aufgezeichnet und in einem bis dato nicht dagewesenem Ausmaß veröffentlicht. Allerdings setzt sich das neue Medium anfangs nur zaghaft durch. Erst im 16. Jahrhundert emanzipiert sich der Buchdruck zusehends von der bis dato vorherrschenden Handschriftenkultur.
Kaum daß der Buchdruck für eine erste massenhafte Verbreitung von Ideen sorgte, entstand die Furcht, daß unliebsame bzw. gefährliche Gedanken allzuweite Verbreitung erfahren könnten. So führte *Berthold von Henneberg*, Erzbischof und Kurfürst von Mainz (1441–1504) als erster deutscher Fürst mit seinem Edikt vom 22. März 1485 für alle „aus dem Griechischen, Lateinischen oder einer anderen Sprache“ ins Deutsche übersetzten Bücher die **Zensur** ein mit dem Ziel, bestimmte Kenntnisse und nur unter Gelehrten diskutierte Meinungen nicht populär zu machen. Zudem forderte der Bischof 1485 den Frankfurter Stadtrat auf, alle auf der Frühjahrsmesse ausgestellten, gedruckten Bücher auf ihren Inhalt zu prüfen und in Zusammenarbeit mit den kirchlichen Behörden gegebenenfalls zu verbieten. Zu diesem Zweck gründete das Kurfürstentum Mainz und die Freie Reichstadt Frankfurt 1486 gemeinsam die erste weltliche Zensurbehörde. Aus der Erkenntnis von Staat und Kirche heraus, daß durch den Buchdruck unliebsame oder gefährlich erscheinende Ideen schnell und weit verbreitet werden können, wurde die Zensur bald schon etwas alltägliches. *Präventivzensur*, die eine eingehende Prüfung der Schriftstücke bereits vor der Drucklegung durch die Zensurbehörde vorsah, als auch *Repressivzensur*, die sich auf bereits gedruckte Schriftstücke konzentrierte und deren weitere Verbreitung per Verbot oder Beschlagnahmung untersagte, wurden sogar durch päpstliche Bullen bereits durch Papst *Innozenz VIII.* (1432–1492) und Papst *Alexander VI.* (1430–1503) institutionalisiert. Zu diesem Zweck muß jedes von der katholischen Kirche genehmigte

Tabelle 2.1. Meilensteine in der Geschichte der Kommunikationsmedien

30.000. v. Chr.	Höhlenmalereien, Bildzeichen
3.500. v. Chr.	Sumerer entwickeln die Keilschrift in Mesopotamien
3.000 v. Chr.	Ägypter entwickeln die Hieroglyphenschrift
3000 v. Chr.	In Babylon wird der Abakus als erste Rechenmaschine verwendet
3000 v. Chr.	in Ägypten wird der Papyrus als Vorläufer des Papiers eingesetzt
1.000 v. Chr.	Verwendung von Brieftauben in Ägypten und im Mittleren Osten
9. Jhd. v. Chr.	erste Zeugnisse der griechischen Schrift
6. Jhd. v. Chr.	erste Grammatiken in Indien und Griechenland
6. Jhd. v. Chr.	persisches Boten-Postsystem unter König Kyros II.
6. Jhd. v. Chr.	Perserkönig Dareios I. unterhält Rufpostensysteme
5. Jhd. v. Chr.	Telegrafie über vorher verabredete Feuerzeichen im Peloponesischen Krieg
450 v. Chr.	Fackeltelegrafie für frei formulierbare Botschaften in Griechenland
3. Jhd. v. Chr.	Pergament wird als Beschreibstoff erfunden
1. Jhd. v. Chr.	„cursus publicus" - Staffettendienst im Römischen Imperium
47 v. Chr.	Brand der alexandrinischen Bibliothek
59 v. Chr.	„Acta diurnia", erste Zeitung des Abendlandes in Rom
105 n. Chr.	die Chinesen erfinden das Papier
8. Jhd.	Holzschnitt als erstes Druckverfahren in China entwickelt
1041	erster Druck mit beweglichen Lettern aus Ton in China
12. Jhd.	Kalif Nur-Ed-Din richtet staatliche Brieftaubenpost ein
um 1440	Johannes Gensfleisch zum Gutenberg entwickelt den Buchdruck mit beweglichen Lettern
1455	erste gedruckte Flugschrift zum Zweck der politischen Propaganda
1485	erste staatlich verordnete Buchzensur durch Berthold von Henneberg, dem Erzbischof und Kurfürst von Mainz
1490	Maximilian I. richtet den ersten modernen Postdienst ein, der von der Familie Thurn und Taxis unterhalten wird
1502	die „Newe Zeitung", eine Vorform der heutigen Tageszeitung erscheint
1571	erstes Zeitungskorrespondentenbüro in Augsburg – die Nouvellanten
1633	erster Schiffspostdienst zwischen Dover und Calais
1647	erstes Kaffeehaus Europas in Venedig
1660	erste regelmäßig erscheindende Tageszeitung in Leipzig
1710	Jakob Christof Le Blon entwickelt den 4-Farb-Druck
1764	Pierre Simon Fournier normiert die Typographie
1796	Aloys Sennefelder schafft mit der Lithographie die Grundlage für den modernen Offsetdruck

Buch mit einer *Imprimatur* (=[lat.] es darf gedruckt werden) der kirchlichen Behörden versehen sein. Zuwiderhandlungen werden mit drakonischen Strafen – Exkommunikation und sehr hohen Bußgeldern, sowie Berufsverbot – bedroht. 1559 erscheint erstmals der berühmte *Index librorum prohibitorum*, die schwarze Liste verbotener Bücher, der tatsächlich noch bis in das Jahr 1965 existiert

Aber auch im Zuge der Entwicklung des Buches zum Massenmedium wurde schon früh Kritik wach. So läßt Victor Hugo, der die Druckkunst „das größte Ereignis der Menschheitsgeschichte" nennt, in seinem Roman „Notre Dame

de Paris“ einen Priester, Claude Frollo, auftreten, mit seinem Finger zuerst auf ein Buch und anschließend dann auf die Türme und Malereien seiner geliebten Kathedrale deutet und spricht „Ceci tuera cela“ , das Buch bedeutet das Ende der Kathedrale. Die Geschichte spielt im 15. Jahrhundert, kurz nach der Erfindung des Buchdrucks. Handschriften zu lesen war das Vorrecht einer kleinen elitären Führungsschicht. Der breiten Bevölkerung stand nur die Möglichkeit offen, über die Malereien in der Kathedrale Informationen über die Geschichten der Bibel, über moralische Prinzipien, aber auch über geschichtliche oder geografische Gegebenheiten Kenntnis zu erlangen. Papst *Gregor II.* (669–731), der den Streit um die Bildverehrung in der katholischen Kirche schlichtete – auf Grund des Bibelzitats „Du sollst kein Bildnis von mir machen“ verbat der oströmische Kaiser *Leo III.* (685–741) im Jahr 726 jegliche Bilderverehrung in seinem Reich – ersann dazu die raffinierte Kompromißformel: „Die Bilder sind für die Laien, was die Schrift für die Lesekundigen“ .
Das Buch dagegen würde die Massen dazu anstacheln, sich von ihren wichtigsten Tugenden abzuwenden und die Schriften wohlmöglich frei zu interpretieren oder gar ungesunde Neugier zu entwickeln [Eco96].

2.3 Entstehung des Zeitungswesen

Eine Urform der Zeitung ist in den römischen Annalen, den Jahrbüchern, in denen der Vorsitzende des Priesterkollegiums – der Pontifex Maximus – die wichtigsten Begebenheiten zu Händen der Öffentlichkeit aufzeichnete. Der Pontifex Maximus war vor Julius Cäsar auch der Verantworliche für den **Kalender**. Das Kalenderdatum, das nachwievor auch heute noch die „erste“ Nachricht jeder Zeitung darstellt, war in der Zeit vor Einführung des julianischen Kalenders eine recht komplizierte Angelegenheit. Der hohe Priester mußte zur Anpassung des verwendeten Mondjahres, das sich gegenüber den Jahreszeiten permanent verschob, immer eine bestimmte Anzahl von zusätzlichen Schalttagen bekannt geben. Mit dem Amtsantritt von Julius Cäsar entstanden in Rom die ersten öffentlichen Anzeiger, die sogenannten *acta*. Ursprünglich gab es drei solcher amtlicher Anzeiger, die Senatsakten (*acta senatus*), die Volksakten (*acta populi*) und die Stadtakten (*acta urbana*), die oft auch die zusätzliche Bezeichnung *diurnia* (täglich) trugen, obwohl sie noch nicht streng periodisch erschienen.
Das Zeitungswesen mit seinen bereits angesprochenen Ursprüngen in der Antike ist bereits im 16. Jahrhundert vor der Entstehung der eigentlichen Presse zu finden. So existierten geschriebene Zeitungen in Form von handschriftlich notierten Neuigkeiten als Anhänge an Geschäfts- und Privatbriefe, wie z.B. die sogenannten „Fuggerzeitungen“ zwischen 1568 und 1605, eine Sammlung von handschriftlichen Nachrichten, die das Augsburger Handelshaus Fugger aus seiner Korrespondenz und anderen Quellen zusammenstellen

lies. Jeremias Crasser und Jeremias Schiffle gründeten als berufsmäßige Nachrichtenhändler 1571 hierzu das erste Zeitungskorrespondenzbüro in Ausburg und nannten sich die „Nouvellanten“ . Der Handel mit Nachrichten als Ware war bereits im 14. Jahrhundert aufgekommen zwischen italienischen Städten mit Venedig als Hauptzentrum des Nachrichtenumschlages. Korrespondenten und Nachrichtenhändler waren meist in erster Linie diplomatisch-politische oder kaufmännische Geschäftsträger, die ihren Berichten besondere Nachrichtenbriefe zur allgemeinen Information anfügten.
Als nächstes folgte als eine Vorform der heutigen Tageszeitung die sogenannte „Newe (neue) Zeitung“ . Zuerst nur der Titel eines am 4. Dezember 1501 niedergeschriebenen und verdeutschten Bericht des Dogen *Leonhard Lauredan* (1459–1516), später ein Gattungsname für unperiodisch erscheinende Ein- und Mehrblattdrucke des 16. und 17. Jahrhunderts, die sich rasch zur populärsten Form der Berichterstattung entwickelte. Neben politischen, religiösen oder militärischen Nachrichten brachten sie auch oft schon reine Sensationsmeldungen, beispielsweise über Teufelsaustreibungen, Kometen, Mißgeburten oder Ketzerverbrennungen, und wurden auf Märkten vorgelesen, teils sogar vorgesungen und verkauft.
Die Zeitung als periodisch erscheinende Druckform mit aktuellem Inhalt bildet sich Anfangs des 17. Jahrhunderts heraus, so etwa die erste deutschsprachige Wochenzeitung „Aviso, Relation oder Zeitung“ 1609 in Wolfenbüttel. Da die Verbreitung der Zeitung auf die vorhandenen Boten- und Beförderungsdienste angewiesen war, erschienen sie in der Regel zuerst nur wöchentlich. Interessant zu erwähnen ist, daß der Ursprung vieler Zeitungen mit der gerade entstandenen Kaffeehaus-Kultur einhergeht, die mit dem ersten europäischen Kaffeehaus in Venedig 1647 ihren Ausgangspunkt nahm. So benutzten beispielsweise die Herausgeber der englischen moralischen Wochenschriften die Londoner Kaffeehäuser als Redaktionslokal und Nachrichtenbörse.
Am 1. Juli 1650 erscheint die erste deutschsprachige Tageszeitung, zugleich die erste Tageszeitung der Welt in Leipzig, herausgegeben von *Timotheus Ritzsch* (1614–1678) mit dem Titel „Neu-einlauffende Nachricht von Kriegs- und Welt-Händeln“ . Bis zum Ende des 17. Jahrhunderts entstanden in Deutschland alleine bereits 170 Tageszeitungen. Der Dreißigjährige Krieg (1618–1648) warf Deutschland wirtschaftlich allerdings weit zurück. Frankreich und England wurden fortan die Pionierländer. Dort entstehen auch die ersten Zeitschriften, zuerst nur für Gelehrte, dann auch für spezielle Fachbereiche oder auch für Frauen. Riesige Auflagen (bis zu 300.000) erreichten die **Kalender**, die bis heute noch eine wichtige und risikoarme Einnahmequelle für viele Druckereien darstellen. Die Zahl der gedruckten Bücher wuchs in immer gigantischeren Mengen. Gab es 1450, also kurz vor der Erfindung des Buchdrucks insgesamt nur etwa 100.000 Bände, so stieg ihre Zahl bis gegen Ende des 16. Jahrhunderts auf über 200 Millionen.

Die Presse gilt als das älteste publizistische Massenmedium – wie beim Aufkommen jedes neuen Massenmediums charakteristischer Gegenstand kulturkritischer Auseinandersetzung. Die erste in Buchform erschienene Kritik lies nicht lange auf sich warten: 1678 erscheint der „Diskurs über den Gebrauch und Mißbrauch von Nachrichten, die man Newe Zeitung nennt“ in Jena, in dem gegen die „Zeitungssucht“ zu Felde gezogen wird und diese als „eitle, unnötige, unzeitige und daher arbeitstörende“ Beschäftigung charakterisiert wird.

2.4 Telekommunikationssysteme und Elektrizität

2.4.1 Optische Telegrafie

Ausgelöst durch die beginnende industrielle Revolution, sowie tiefgreifenden gesellschaftlichen Veränderungen, die mit der französischen Revolution in Europa ihren Ausgang nahmen, brach gegen Ende des 18. Jahrhunderts die große Zeit der optischen Telegrafensysteme an. Eine wichtige Rolle dabei spielte die Entwicklung des **Fernrohrs** im Jahre 1609 durch holländische Brillenmacher, das den Menschen in die Lage versetzte die Reichweite seiner Wahrnehmung zu vervielfachen. Bereits 1684 trug der Engländer *Robert Hooke* (1635–1703), der übrigens auch als der europäische Erfinder des „Schnurtelefons“ gilt – das allerdings bereits auf den chinesischen Philosophen *Kung-Foo Whing* im 10. Jahrhundert zurückgehen soll – der Royal Society in London seine Ideen zur Übermittlung von „Gedanken über weite Entfernungen“ vor. Deren technische Umsetzung durch die Übertragung der einzelnen Buchstaben auf großen beschriebenen Tafeln, die mit Hilfe von Seilzügen auf einem Mastsystem in der Nähe Londons aufgebaut werden sollten erwies sich allerdings noch nicht wirklich als praktikabel. Erst dem französischen Physiker *Claude Chappe* (1763–1805) gelang in den Wirren der französischen Revolution ein praktisch zu realisierender Ansatz: ein Zeichenübermittlungssystem mit schwenkbaren Signalarmen, dem **Semaphor** bzw. optischen Flügeltelegrafen und Fernrohren. Basierend auf den Ideen des Physikers *Guillaume Amontons* (1663–1705), der bereits 1690 in einem öffentlichem Experiment im Pariser Jardin des Luxembourg die nachrichtentechnische Bedeutung des Semaphors unter Beweis stellte, präsentierte Chappe seinen Telegrafen, bestehend aus einem fünf Meter hohen Mast mit einem zweiarmigen Querbalken, an dessen beiden Enden ebenfalls schwenkbare Balken befestigt waren erstmals im März 1792 der gesetzgebenden Nationalversammlung, die sofort den Bau einer ersten 70 km langen Versuchslinie zwischen Pelletier St. Fargau und St. Martin de Thetre veranlaßte. Nach mehreren erfolgreichen Versuchsreihen konnte 1794 eine erste reguläre Telegrafenlinie zwischen Paris und Lille eingerichtet werden. Die 270 km lange und mit 22 Stationshäuschen versehene Strecke konnte von einem Buchstabe innerhalb von nur 2 Minuten durchlaufen werden. Von dieser Geschwindigkeit beeindruckt und den militärischen

Nutzen vor Augen wurde schnell beschlossen, dieses Telegrafiesystem auf ganz Frankreich auszuweiten. Bis 1845 entstand ein landesübergreifendes, von Paris ausgehendes, sternförmiges Netz, das die Hauptstadt mit allen wichtigen Städten des Landes verband.
Dennoch blieb die Einsatzfähigkeit dieser optischen Telegrafiesysteme sehr beschränkt. Zwar konnte ein einzelnes Zeichen sehr schnell über eine große Distanz übertragen werden – so benötigte 1834 ein Zeichen für die 600 km lange Strecke Berlin-Koblenz nur 15 Minuten – aber die Übertragung eines vollständigen Textes nahm sehr viel Zeit in Anspruch – so daß die Kapazität der o.g. Telegrafenstrecke auf nurmehr zwei Telegramme pro Tag beschränkt blieb. Dazu sorgten schlechte Witterungsbedingungen für unregelmäßigen und unzuverlässigen Betrieb. Diese Unzulänglichkeiten, sowie das Aufkommen der elektrischen Telegrafie waren dafür verantwortlich, daß bereits 1853 die letzte optische Telegrafenlinie Frankreichs wieder aufgegeben wurde.

2.4.2 Elektrische Telegrafie

Einschneidend für die weitere Entwicklung der Telekommunikation erwies sich die Erforschung und Nutzbarmachung der Elektrizität im beginnenden 18. Jahrhundert. Bis dahin wurden elektrische Phänomene oft nur als Kuriosa und Salonkunsstücke abgetan. Bereits der griechische Naturphilosoph *Thales von Milet* (ca. 640–546 v. Chr.) hatte die anziehende Wirkung der statischen Elektrizität beschrieben, die beim Reiben eines Bernsteins ([griech.]*elektron*) auftritt. Doch bis zur praktischen Nutzbarmachung der Elektrizität war es noch ein langer Weg. 1730 erst konnte der britische Physiker *Stephen Gray* (1666–1736) nachweisen, daß sich Elektrizität entlang eines Drahtes fortpflanzen kann: die Idee der elektrischen Nachrichtenübertragung war geboren. Mit Hilfe leitender Materialien können schon bald größere Distanzen überbrückt werden und mit der Entwicklung der Leidener Flasche um 1745, einer Urform der modernen Batterie, des holländischen Physikers *Petrus van Musschenbroek* (1692–1761) kann Elektrizität von nun an endlich auch gespeichert werden. In einem mit C.M. unterzeichneten Brief, der 1753 im Scot's Magazine publiziert wurde, schlug der Schreiber erstmals zur elektrischen Übertragung von Nachrichten eine Vorrichtung mit 26 den Buchstaben des Alphabets zugeordneten Drähten vor. Die wahre Identität des Autors konnte nie geklärt werden, aber da der Brief in der englischen Stadt Renfrew aufgegeben wurde, deuten einige Indizien auf einen gewissen dort lebenden Charles Marshall hin. Für eine praktische Umsetzung dieses neuen elektrischen Kommunikationsmittels fehlte allerdings noch eine wirklich zuverlässige und konstante Stromversorgung. Erst im Jahre 1800 gelingt dem italienischen Physiker *Allessandro Volta* (1745–1827) die Herstellung einer konstanten Stromquelle, der nach ihm benannten berühmten Voltaschen Säule. Ausgestattet mit dieser Stromquelle dauerte es allerdings noch weitere 20 Jahre, bis der Däne *Christian Oerstedt* (1777–1851) die Wirkungsweise des Elektromagnetismus

entdeckte und auf diese aufbauend der Franzose *André Marie Ampère* (1775–1836) 1820 den ersten **elektromagnetischen Nadeltelegrafen** entwickelte. Bereits zuvor hatte der spanische Arzt und Naturwissenschaftler *Francisco Salva y Campillo* (1751–1828) 1804 (einigen Quellen zur Folge bereits 1795) einen **Elektrolyt-Telegrafen** konstruiert, der zur Übertragung 26 einzelne Leitungen benutzte, an deren Enden sich ein Glasröhrchen befand, in dem sich die darin befindliche Flüssigkeit bei einem Stromstoß zersetzte und Gasbläschen aufstiegen. Obwohl es dem deutschen Anatom und Physiologen *Samuel Thomas von Sömmering* (1755–1830) gelang, 1809 diese Technik in ihrer Reichweite noch zu verbessern, fand diese Art der elektrischen Telegrafie kaum Verbreitung, war doch das Erkennen der übertragenen Zeichen eine langwierige Aufgabe.
Erste wirklich praktische Bedeutung dagegen erlangte erst der 1833 von *Carl Friedrich Gauss* (1777–1855) und *Willhelm Weber* (1804–1891) erfundene **Zeigertelegraf**, der auf der Verwendung von nur zwei Drähten und der Einführung eines binären Kodiersystems für die Buchstaben des Alphabets basierte. Der durch die Vielfalt der neuen Möglichkeiten beflügelte Erfindergeist brachte in der Folgezeit eine Vielzahl von weiteren Erfindungen im Bereich des Zeigertelegrafen hervor. Der Durchbruch zur weltweiten Verbreitung gelang allerdings nur dem **schreibenden Telegrafen** von *Samuel Morse* (1791–1872), der im Jahre 1837 vorgestellt mit der Einführung des Morse-Alphabets 1840 seinen Siegeszug antrat. Die Leistung des seinerzeit sehr bekannten Portraitmalers Morse bestand hauptsächlich in der bestechenden Einfachheit seiner Erfindung, die in der Handhabung 1845 mit der Einführung der nach ihm benannten Morse-Taste noch weiter verbessert wurde. Die Legende berichtet, daß Morse gerade an einem Portrait General Lafayettes in Washington arbeitete, als seine Frau erkrankte und starb. Die Nachricht ihres Todes erreichte Morse aber erst nach Ablauf von 7 Tagen. In seiner Trauer soll in ihm zum ersten mal der Gedanke aufgekommen sein, ob es nicht möglich wäre, diese Zeitbarriere für die Beförderung von Nachrichten mit Mitteln der modernen Technik – der Elektrizität – zu durchbrechen, damit niemals mehr ein Mensch daran gehindert wäre, in Zeiten der Not einen geliebten Menschen zu benachrichtigen. Neben der bestechenden Einfachheit seiner Erfindung überzeugte die Morse-Telegrafie zusätzlich durch ihre hohe Übertragungsleistung und ihre witterungsunabhängigen Betriebssicherheit.
Eine erste 64km lange Versuchslinie zwischen Baltimore und Washington stellt den Ausgangspunkt des bald um sich greifenden „Telegrafie-Fiebers“ dar und schon im darauffolgenden Jahr werden bereits mehr als 1400 km Telegrafenlinien quer durch die USA verlegt. Da die Regierung der USA einen Ankauf des Patents von Morse ablehnt – man war der Meinung, daß ein solches Unternehmen keinen Gewinn abwerfen würde – erfolgt der Ausbau der Telegrafennetze in den USA durch privatwirtschaftliche Betreiber.
In Europa entstanden jetzt entlang der neuen Eisenbahnstrecken ebenfalls erste Telegrafennetze. Der Hauptanteil der telegrafierten Nachrichten wurde

zunächst noch von Handel, Schiffahrt, der Börse und dem Zeitungswesen genutzt. Speziell für diese Sparten wurden die Vorzüge der Telegrafie schnell unverzichtbar. Die Nachricht wird zur Handelsware mit extrem kurzen Verfallsdatum. Erste Nachrichtenagenturen, wie z.B. Associated Press in New York (1848) oder Reuters in London (1851) entstehen und verdanken ihre Gründung dem Siegeszug des Telegrafen. Morses System wurde laufend verbessert und bald vom direkt lesbaren Fernschreiber, dem *Ticker*, einer Erfindung des Musikprofessors *David Hughes* (1831–1900) abgelöst.
Der optische Telegraf, kaum 10 Jahre in Betrieb, wurde von einer technischen Innovation überrollt, die in ihren Möglichkeiten den gestiegenen Bedürfnissen und Ansprüchen an die Kommunikation der durch die industrielle Revolution geprägten Gesellschaft entgegenkam. Die Steigerung der Übertragungskapazität und der Übertragungsgeschwindigkeit, sowie die Freigabe für die Öffentlichkeit sind dabei wohl als die entscheidenden Faktoren zu sehen, die den Siegeszug der elektrischen Telegrafie begründeten. Gerade die Freigabe der Telegrafie für den Privatverkehr sorgt auch hier für eine gewaltige Expansion. Innerhalb dieses Privatverkehrs machen die Privatdienste bislang allerdings kaum 10% des Gesamtaufkommens aus. Vor allem in Bezug auf die Reichweite eröffnete Elektrische Telegrafie völlig neue Dimensionen. So wurde 1851 das erste Kabel zwischen England und dem Kontinent verlegt, die geographischen durch das Meer gesetzten Grenzen werden durchbrochen. Das erste Kabel durch den Atlantik spannte sich 1856 zwischen Neufundland und Irland und es dauerte nicht lange, bis sich die Telegrafienetze um die ganze Welt ausbreiten.

2.5 Der Vormarsch der Individual-Telekommunikation

2.5.1 Telefon

Wurde die Telegrafie meist nur zaghaft zum Zwecke der Individualkommunikation genutzt, so entstand besonders im Bereich der interpersonellen Kommunikation im ausgehenden 19. Jahrhundert ein stetig wachsendes Bedürfnis nach Austausch von Nachrichten. Während bei der Telegrafie eine kodierte Datenübertragung in nur eine Richtung stattfand, entstand jetzt der Gedanke, mit Hilfe der Elektrizität Sprache über große Entfernungen zu transportieren, um so die Möglichkeit zu einem Dialog zu eröffnen. Voraussetzung dazu war, herauszufinden, daß der Schall, den das menschliche Ohr empfängt, nichts anderes ist, als eine periodisch an- und abschwellende Änderung des Luftdrucks – eine Welle. Der Wellencharakter des Schalls war bereits im Altertum bekannt, da z.B. der römische Architekt *Marcus Vitruvius Pollo* (1. Jhd. v. Chr) den Schall mit den Wellen des Wassers verglich. Diese Kenntnis ging im Mittelalter wieder verloren und erst der englische Physiker *Isaac Newton* (1643–1727) stellte auf Grund der von ihm entwickelten Wellentheorie

einen Zusammenhang zwischen der Schallgeschwindigkeit und dem Luftdruck her.
Einen ersten „Apparat zur Reproduktion von Tönen aller Art“ konstruierte der Lehrer *Phillip Reis* (1834–1874), der dem menschlichen Ohr nachempfunden war und mit dem in einem ersten öffentlichen Versuch 1861 ein Waldhornsolo eher schlecht als recht übertragen wurde. Im Gegensatz zu Reis, dessen Schallübertragungsverfahren auf der Unterbrechung eines Stromkreises durch die Schwingung einer Membran beruhte, machte sich der Physiologe *Alexander Graham Bell* (1848–1922) die von *Michael Faraday* (1791–1867) entdeckte elektromagnetische Induktion zu Nutze, um Sprache zu übertragen.
„Mr. Watson, kommen sie mal her, ich brauche Sie“ , soll dann auch einer historischen Anekdote zufolge der Inhalt des ersten Telefongesprächs am 10. März 1876 in Bells Haus in Boston gewesen sein. Watson folgte der Aufforderung Bells, d.h. das **Telefon** hatte funktioniert. Dieser Geschichte verdankt Thomas A. Watson, der handwerklich sehr begabte Assistent von Graham Bell, noch heute seine Bekanntheit. Sie zeigt jedoch auch, daß sich die Forschung verlagerte, weg von der Einzelperson des Wissenschaftlers, hin zu Forschergruppen, die in Teams versuchten, die technische Innovation voranzutreiben. Bells Telefon wurde am 25. Juni 1876 im Rahmen der Jahrhundertfeier der amerikanischen Unabhängigkeit in Philadelphia (Pa.) erstmals öffentlich vorgeführt. Nach weiteren Verbesserungen hatte Bell im Mai 1877 die endgültige und dabei denkbar einfachste Form seines Telefons gefunden: Sender und Empfänger waren eins, daher mußte jeder, der ein Telefongespräch führen wollte, das Bells Gerät abwechselnd zum Sprechen an den Mund und zum Hören ans Ohr halten.
Zeitgleich mit Graham Bell reichte *Elisha Gray* (1835–1901) sein Patent eines Telefons im Washingtoner Patentamt ein, allerdings bestimmt die Geschichtsschreibung Graham Bell auf Grund einer Entscheidung des US-Supreme Courts als den Erfinder des Telefons. Die zur Ausnutzung der Bell'schen Patente gegründete *Bell Telephone Association* nutzte das durch das Patent erteilte Recht rückhaltlos aus und unterdrückte als Monopolist lange Zeit jegliche anderweitige Herstellung von Telefonen. Aus ihr ging 1885 die *American Telephone and Telegraf Company* (AT&T) als die größte private Telefongesellschaft der Erde hervor.
Bereits ein Jahr nach Bells Erfindung wurde 1877 in Boston das erste Telefonnetz mit gerade mal 5 Anschlüssen in Betrieb genommen, deren Eigentümer allesamt Bankiers waren. Das Telefon diente also zunächst demselben Zweck wie der Telegraf, hatte aber den Vorteil größerer Schnelligkeit und Leistungsfähigkeit. 1879 standen noch 294 der 300 in Pittsburgh angeschlossenen Telefonapparate in Geschäftsräumen, während die restlichen 6 Anschlüsse auf Unternehmer angemeldet waren, die ihre Fabrik auch von zu Hause aus erreichen wollten. Doch bereits im Jahre 1910 verfügte schon ein Viertel aller Privathaushalte in den USA über einen Telefonanschluß. 1925 wuchs dieser Anteil bis auf 40%. Das Telefon war nun nicht mehr nur im

Wirtschaftsleben von Bedeutung sondern spielte auch für die innerfamiliäre Kommunikation und Geselligkeit eine tragende Rolle.
Bis sich das Telefonetz zu einem weltumspannenden Netz ausbreiten konnte, mußten noch viele technische Probleme gelöst werden. Lange Zeit verhinderten etwa ungelöste Probleme in der Signaldämpfung den Bau von noch längeren Telefonleitungen. 1899 entwickelte der amerikanische Elektroingenieur *Michael Idvorsky Puppin* (1858–1935) die nach ihm benannte Selbstinduktionsspule zur Verbesserung der Übertragungsleistung von Fernsprechleitungen. Puppinspulen, in regelmäßigen Abständen in die Telefonleitungen eingebaut, ermöglichten Ferngespräche über einige hundert Kilometer hinweg bei einem wirtschaftlich noch tragbaren Kabeldurchmesser. Die immer noch vorhandene Reichweitenbegrenzung konnte erst mit Einführung der Elektronenröhre beseitigt werden. So konnte die Verbindung New York – San Franzisko erst 1914 eröffnet werden, während das erste Transatlantikkabel sogar noch bis 1956 auf sich warten lies.
Anfangs konnte die geringe Zahl der Telefonteilnehmer noch problemlos manuell durch das vielzitierte „Fräulein vom Amt" über Steckverbindungen vermittelt werden. Die wachsende Zahl der Telefonteilnehmer aber machte die Entwicklung von automatischen Vermittlungsstellen, der sogenannten Selbstwählvermittlung notwendig. 1889 wurde dem Betattungsunternehmer *Almon Brown Strowger* (1839–1902) dazu das erste Patent erteilt, doch konnte seine Erfindung erst nach dem Auslaufen der Patente von Bell 1893 ihren Siegeszug antreten, als auch kleinere, weniger schwerfällige Telefongesellschaften auf den Plan traten und den Markt belebten. 1892 nahm die erste vollautomatische Telefonvermittlung der Welt in La Porte, Illinois, ihren Betrieb auf. 1896 entwickelten Mitarbeiter Strowgers dann das erste Wählscheibentelefon.

2.5.2 Vom Phonograph zum Grammophon

Etwa zeitgleich mit dem Aufkommen des Telefons kommt es zur Entwicklung von Geräten zur permanenten Aufzeichnung und Konservierung von Tönen und Sprache, welche die beliebige Wiederholbarkeit eines akustischen Ereignisses möglichen machten. 1876 richtet *Thomas A. Edison* (1847–1931) sein berühmtes Forschungslabor in Menlo Park ein, in dem er zusammen mit 15 Mitarbeitern an Problemen der Telegrafie und Telefonie arbeitet. 1877 entwickelt er das Kohlemikrophon, das die Übertragungsqualität des Telefons erheblich verbesserte und die Grundlage zum Bau des **Phonographen**, eines Geräts zur Schallaufzeichnung lieferte. Drei Tage bevor Edison am 6 Dezember 1877 die legendär gewordenen Kinderverse „Mary had a little lamb" auf seinem Phonographen abspielte, wurde in der Pariser Akademie der Wissenschaften ein Umschlag mit Plänen des Franzosen *Charles Cross* (1842–1888) geöffnet, die dessen Sprachaufzeichnungs- und Wiedergabemaschine, des „Paleophons" beschreiben und die er bereits am 30. April desselben Jahres eingereicht hatte. Edisons Phonograph, im englischen auch als „Speaking Machine“ bezeichnet, bestand im Wesentlichen nur aus einer mit Staniolpapier umwickelten Metallwalze, die mit einer Handkurbel gedreht wurde. Tonaufnahme und -wiedergabe waren getrennt. Ein Schalltrichter lenkte den Schall auf eine Aufnahmemembran, die dadurch zu Schwingungen angeregt wird. Diese Schwingungen werden mit Hilfe einer Stahlnadel als spiralförmige Rille auf der Walze aufgezeichnet. Anfangs nur als Diktiergerät für den Geschäftsbereich gedacht (Edison positionierte seinen Phonographen sogar als den ersten Telefonanrufbeantworter), präsentierte *Emil Berliner* (1851–1929), ein amerikanischer Elektrotechniker deutscher Herkunft, 1887 den ersten auf dieser Aufzeichnungstechnik basierten Musikautomaten, das **Grammophon**. Aufgrund der aufwendigen Verarbeitung für die notwendige Präzision bei der Selbstaufnahme und dem Elektromotor als Antrieb war der Edison'sche Phonograph zunächst noch sehr kostspielig. Weitere Verbreitung findet der Phonograph erst, als preisgünstigere Geräte mit Federantrieb auf den Markt kamen und die Produktion der bespielten Walzen gesteigert werden konnte. Das Grammophon auf der anderen Seite war von Anfang an als reines Unterhaltunsmedium konzipiert, das durch seinen einfacheren Aufbau viel preiswerter als der Phonograph angeboten werden konnte. Dieses Gerät war allerdings ausschließlich zur Wiedergabe und nicht zur Aufzeichnung geeignet, wobei die im großen Maßstab nur schwer herzustellende Edison'sche Walze später der viel einfacher zu vervielfältigenden Schallplatte weichen mußte. Das Grammophon trat mit dem Einzug in die Privatsphäre rasch seinen Siegeszug an. Die Schallplatte wurde zum Massenprodukt. Plattenfirmen schütteten in den Jahren vor dem ersten Weltkrieg sagenhafte Dividenden von bis zu 70 Prozent aus und 1907 gab es bereits über 100 verschiedene Plattenmarken („Labels“), darunter auch Emil Berliners legendärer Hund Nipper, der vor dem Trichter eines Grammophons der Stimme seines Herrn („His Masters Voice“) lauschte. 1913 stellt Edison die Produktion von Zylinder-Phonographen ein und steigt auf das Plattengeschäft um.

2.5.3 Fotografie

Viel früher bereits begann die Entwicklung der Fotografie, der authentischen Aufzeichnung eines realen Bildes. Bereits um 900 hatten arabische Gelehrte die **Lochkamera** als astronomisches Gerät zur Beobachtung von Sonnen- und Mondfinsternissen verwendet, deren Prinzip bereits in der Antike entdeckt und von *Aristoteles* (384–322 v. Chr) dargelegt worden ist. Beschrieben wurde die Lochkamera vom arabischen Physiker und Mathematiker *Ibn al-Haitham* (965–1040), das ab dem 16. Jahrhundert ausgestattet mit einer Linse zur *Camera Obscura* (=[lat.]dunkle Kammer) weiterentwickelt wird. Die Camera Obscura ist nichts weiter als ein von innen geschwärzter Kasten, auf dessen transparenter Rückwand (der Mattscheibe) ein auf der Vorderseite befindliches Loch oder eine Sammellinse von einem Gegenstand außerhalb der

camera ein verkleinertes, auf dem Kopf stehendes und seitenverkehrtes Bild erzeugt. Der thüringer Jesuitenpater und Naturforscher *Athanasius Kircher* (1601–1680) kam als erster auf die Idee, eine Linse in die Camera Obscura einzubauen. So konnte er nachts mit Hilfe von Kerzen Bilder auf die Papierfenster eines gegenüberliegenden Hauses projizieren. Er belustigte und erschreckte seine Zuschauer, indem er furchterregende Teufel oder riesig vergrößerte Fliegen an die Wände projizierte. Daher wurde seine Entwicklung im Volksmund als Zauberlampe – Laterna Magica – bekannt.
Bis ins 19. Jahrhundert wurde die Camera Obscura als Hilfsmittel von Künstlern benutzt, um möglichst naturgetreue Zeichnungen anzufertigen. Der für seine Stadtansichten berühmte Maler *Antonio Canaletto* (1697–1768) beispielsweise fertigte die seine ersten Skizzen einer Stadtansicht jeweils mit Hilfe einer tragbaren Camera Obscura an. Was aber zur Fotografie noch fehlte, war eine Methode, dieses Bild auf der Mattscheibe dauerhaft festzuhalten. Bereits im 17. Jahrhundert war bekannt, daß zahlreiche Substanzen, wie z.B. Silberverbindungen sich im Sonnenlicht verfärben bzw. schwärzen. Aber erst der deutsche Arzt *Heinrich Schulze* (1687–1744) entdeckt 1727 in Halle an der Saale, daß nicht die Sonnenwärme die Ursache für dieses Phänomen war, sondern die Lichtenergie für die Veränderung verantwortlich war. Ihm gelang die Herstellung erster, allerdings noch nicht dauerhaft haltbarer Lichtbilder. 1802 erschien ein Artikel *Thomas Wedgewoods* (1771–1805) in London, der die wichtigsten Ideen zur Technik der Fotografie vollständig beschrieb. 15 Jahre später gelang es dann dem französischen Offizier und Privatgelehrten *Nicéphore Niepce* (1765–1833) mit der von ihm entwickelten **Heliographie**, diese Ideen zum ersten Mal in die Tat umzusetzen. Der Pariser Schausteller *Louis Jacques Mandé Daguerre* (1787–1851), ein überaus tüchtiger Geschäftsmann machte sich zu seinem Partner und setzte nach Niepce's Tod dessen Arbeiten fort. Er entwickelte die Technik weiter zur nach ihm benannten **Daguerreotypie**, Jodsilberplatten von hoher Präzision, die sich jedoch nicht vervielfältigen ließen, sondern immer nur Unikate blieben. 1839 bittet er den renommierten Wissenschaftler *Francois Dominique Arago* (1786–1853), seine Erfindung der Pariser Akademien der Wissenschaft vorzutragen. Arago gelingt es, dem neuen Verfahren dadurch eine Art wissenschaftliche Rechtfertigung zu verleihen – Daguerre würde als Nichtakademiker in diesem Kreis kaum ernst genommen werden – und motiviert die französische Regierung dazu, Daguerre das Verfahren für einen enormen Geldbetrag abzukaufen. Dieser allerdings hatte bereits fünf Tage zuvor für das Verfahren in London einen Patentantrag bestellt.
Ein erstes Positiv-Negativ-Verfahren für Papierbilder, die sich beliebig vervielfältigen lassen, die **Kalotypie** wurde 1839 vom Engländer *William Fox Talbot* (1800–1877) entwickelt. Seine einmalige zukunftsweisende Idee bestand darin, statt eines einmaligen Positivs ein Negativ herzustellen, von dem aus man beliebig viele Abzüge machen konnte. Dazu preßte er ein bereits einmal belichtetes und ein unbelichtetes Papier unter einer Glasscheibe zusammen

und setzte beide dem Sonnenlicht aus. So konnten sich dunkle Gegenstände auf dem zweiten Papier auch dunkel abzeichnen und das im Gegensatz zu den bisherigen verfahren seitenrichtig. Das Verfahren wird auch heute noch als sogenannte Kontaktkopie angewandt. In den folgenden Jahren dehnte sich der Markt für Fotografie rasch aus, allerdings war neben den künstlerischen Fähigkeiten des Fotografen immer auch seine handwerkliche Geschicklichkeit gefragt, da jeder Fotograf sein Fotomaterial selbst herstellen mußte, was einer weitläufigeren Verbreitung im Wege stand. Zuerst gelang es, die nötige Belichtungszeit zu verkürzen. Waren bei Niépce noch mehrere Stunden notwendig, verkürzte Daguerre bereits die Belichtungszeit auf wenige Minuten. Der englische Bildhauer *Frederick Scott Archer* (1813–1857) entwickelt 1851 ein auf Kollodiumplatten basiertes Naßverfahren, das die Belichtungszeit sogar auf wenige Sekunden reduziert und die Daguerrotypie zur veralteten Technik werden läßt . Archers Kollodiumplatten müssen aber noch vor Ort und direkt vor der Belichtung angefertigt und naß (daher der Name des Verfahrens) in die Kamera gelegt werden. Die Technik wird weiter verbessert durch den englischen Arzt *Richard Leach Maddox* (1816–1902), der im Jahr 1871 Archers Kollodium erstmals durch Gelatine, versetzt mit Bromsilber als lichtempfindliche Schicht ersetzt. Die auf dieser Basis entwickelten Bromsilberpapiere liefern in Sekundenschnelle Abzüge von Negativen und bildeten die Grundlage des heute noch üblichen Verfahrens. Im Gegensatz zu Archers Kollodiumplatten mußten die mit Gelatine überzogenen Platten nicht sofort verarbeitet werden, sondern konnten vor der eigentlichen Belichtung monatelang gelagert werden .
Der Durchbruch der Fotografie für Jedermann gelang erst, als der Amerikaner *George Eastman* (1854–1932), ein ehemaliger Sparkassenangestellter, neben dem flexiblen und einfach handhabbaren Rollfilm eine komplette Infrastruktur, angefangen von der Kamera bis zum Entwicklungs- und Vergrößerungs-Service im Jahre 1888 unter dem Namen „Kodak“ auf den Markt brachte. Eastmans „Kodak-Box“ Kamera wurde zusammen mit dem bereits darin befindlichen Film zu einem Preis von nur 25 US-Dollar angeboten. Waren alle Bilder des Films fotografiert, wurde die komplette Kamera an das Kodak-Werk eingeschickt, in dem die Bilder entwickelt und die Kamera erneut mit Film geladen wurde, bevor diese nach nur wenigen Tagen wieder an den Kunden zurückgesandt wurde. Mit seinem Slogan „You press the button, we do the rest“ ebnete Eastman der Fotografie den Weg zum Massenkonsum.

2.6 Drahtlose Telekommunikation - Rundfunk und Fernsehen

2.6.1 Funktelegrafie

In Bezug auf ihren historischen Ursprung – der Telegrafie – steht die Entwicklung der Funktelegrafie und des Rundfunks in einem engen Zusammenhang mit der Telefontechnik. Aus der großen Anzahl der Pioniere des Rundfunks ragen – abgesehen von Michael Faraday, *James Clerk Maxwell* (1831–1879), *Heinrich Hertz* (1857–1895) und *Edouard Branly* (1846–1940), deren Arbeiten die Grundlage der Funktechnik bilden – zwei große Persönlichkeiten heraus, die Ende des 19. Jahrhunderts zu Wegbereitern der drahtlosen Nachrichtenübertragung wurden: der russische Schiffsbauingenieur *Alexander Stephanowitsch Popow* (1858–1906) und der italienische Ingenieur und Physiker *Guglielmo Marconi* (1874–1934). Maxwell postuliert 1865 als erster die Existenz elektromagnetischer Wellen, die entstehen, wenn elektrische und magnetische Felder rasch ihre Stärke verändern und schuf damit die theoretische Grundlage für eine neue, bislang völlig unbekannte Möglichkeit der Kommunikation über praktisch unbegrenzte Distanzen hinweg – die **Radiotechnik**. Hertz gelang 1885 in seinem Labor in Karlsruhe der praktische Nachweis von Maxwells postulierten Wellen und bewies, daß sich elektromagnetische Wellen im Prinzip nur durch ihre Frequenzen unterscheiden. Den nächsten Schritt zum Radioempfänger gelang dem französischen Physiker Branly im Jahre 1890: Ihm gelang es, die elektromagnetischen Wellen in elektrische Impulse umzuwandeln. Er entdeckte, daß sich Eisenspäne, die normalerweise schlechte elektrische Leiter sind, sich unter dem Einfluß von elektromagnetischen Wellen zu einem kohärenten – also gleichgerichteten, zusammenhängenden – Bündel ausrichten und entwickelte daraus die erste Radioröhre der Welt, den *Kohärer*.

Popow präsentierte bereits 1895 einen kompletten Empfänger für elektromagnetische Wellen und demonstrierte die Sendung drahtloser Signale über eine Entfernung von 250 Metern. Noch im selben Jahr gelang vermittels einer von ihm entwickelten speziellen Ballonantenne eine Übertragung über 30 Kilometer Entfernung. Zu den ersten Einsatzgebieten der **Funktelegrafie** zählt der Schiffsfunk, auf den auch die ersten Experimente Marconis ausgerichtet waren. Für die Kombination der Arbeiten von Popow (Antenne, Relais und Klingel), Hertz (Hochfrequenzerzeuger) und Branly (Kohärer) erhielt Marconi 1896 ein Patent, das zur Grundlage seiner weiteren Versuche wurde, die Fernwirkung von Funksignalen zu erhöhen. Wurden bislang elektromagnetische Wellen mit Hilfe einer Funkenstrecke erzeugt, so verlegte der deutsche Physiker und Funkpionier *Karl Ferdinand Braun* (1850–1918) die Funkenstrecke in einen Schwingkreis und koppelte ihn mit einer Antenne. Durch diesen 1898 patentierten „gekoppelten“ Sender war es möglich, Funkwellen in eine bestimmte Richtung zu lenken und größere Reichweiten zu erzielen.

1901 gelang Marconi die erste Funkübertragung über den Atlantik zwischen England und Neufundland. Die Forderung der Militärs nach Erbringung schriftlicher Belege für Nachrichten war dann aber ein wesentlicher Grund, daß sich die neue Technik gegenüber der bereits hergebrachten, drahtgestützten Morse-Telegrafie nur zögerlich durchzusetzen begann. Mit dem Untergang der Titanic in der Nacht vom 14. auf den 15. April 1912 erschien die neue Funktechnik plötzlich in einem veränderten Licht: Sie wurde zu einem Medi-

um, mit dem sich Rettungsarbeiten koordinieren ließen. Das modernste Schiff der Welt geht unter, aber noch im Untergang ermöglicht es die neue Technik, Verbindung mit dem Festland aufzunehmen. Der Untergang der Titanic hatte insofern weitreichende Konsequenzen, als nur wenige Monate später auf einer internationalen Konferenz beschlossen wurde, daß zukünftig alle Reeder ihre Schiffe mit Funktechnik auszurüsten hatten.
Mit der Einführung der Drei-Elektroden-Vakuumröhre mit Metallgitter, der **Triode**, gelang dem Amerikaner *Lee De Forrest* (1873–1961) und dem Österreicher *Robert von Lieben* (1878–1913) der Durchbruch in der Verstärkertechnik, die bislang auf dem Branly-Kohärer basierte. Von nun an bis zur Einführung des Transistors (1947) bildet die Trioden-Röhre die Grundlage für die Rundfunktechnik.

2.6.2 Rundfunk

Die erste Rundfunkübertragung der Geschichte fand am 25. Dezember 1906 statt: Die Funker auf den Schiffen vor der Küste Neuenglands waren sicherlich erstaunt, als sie an diesem Weihnachtstag zwischen dem gewöhnlichen Piepsen der Morsezeichen plötzlich eine Stimme hörten, die aus dem Evangelium nach Lukas las, gefolgt von einer Violin-Interpretation des Weihnachtsliedes „Stille Nacht“. *Reginald Fesseden* (1866–1932), kanadischer Ingenieur und Erfinder war für diese erste experimentelle Übertragung verantwortlich. Die Idee eines „Rundfunks für alle“ und wie dieser eine tragfähige wirtschaftliche Basis erhalten könnte geht auf *David Sarnoff* (1891–1971), einen Radiotechniker Marconis und späteren Vizedirektor der American Marconi Company zurück. Sarnoff erhielt bereits zuvor Berühmtheit, da er der Funker war, der 1912 die Signale der sinkenden Titanic auf Nantucket Island in Massachussetts empfing und während 72 Stunden ununterbrochen die Namen der Geretteten empfing und weiterleitete. Er hatte bereits 1916 ein Memorandum an Marconi formuliert, in der er die Idee der „Radio Music Box“ als einem häuslichen Konsumartikel, ähnlich wie das Klavier oder der Phonograph vorstellte. Zunächst als verrückte Idee verworfen, die angesichts der andauernden Patentkriege zwischen den verschiedenen Funkpionieren wenig aussichtsreich erschien, legte er 1920 seinen hinsichtlich der wirtschaftlichen Aspekte ergänzten Plan erneut vor und und diesmal mit Erfolg: der **Rundfunk** war aus der Taufe gehoben. Angesichts des immer noch herrschenden Kriegsrechts kontrollierte die amerikanische Regierung immer noch alle Patente, was die Bildung einer gesamtamerikanischen Radiogesellschaft ermöglichte, der Radio Corporation of America (RCA), die in der Folge zum weltgrößten Hersteller von Radiogeräten werden sollte.
Die erste kommerzielle regelmäßig arbeitende Rundfunkstation, der amerikanische Sender KDKA, der im Oktober 1920 eine Sendelizenz erteilt bekam, startete seine Sendungen am 2. November 1920 in Pittsburgh. Er arbeitete im Mittelwellenbereich und sendete unterhaltsame und informative Programme.

Bereits 1923 konnten erstmals über eine Million Hörer einer Ansprache des damaligen US-Präsidenten Harding folgen. Den Schritt zum Massenmedium war vollzogen und schnell erkannten auch Politiker die ungeheueren Möglichkeiten dieses drahtlosen Mediums. Der Mißbrauch des Rundfunks als manipulierendes Propagandamedium vollzog sich spätestens mit dem ab 1933 durch die deutschen Nationalsozialisten propagierten Einheitsradio, dem sogenannten Volksempfänger. Der erste billige Volksempfänger, der berühmte VE301 (die Zahl 301 wies auf den Tag der Machtübernahme durch die Nationalsozialisten in Deutschland hin) wurde millionenfach produziert, war unpfändbar und konnte sinnigerweise keine ausländischen Sender empfangen.
Am 23. Dezember 1947 demonstrierten die Amerikaner *John Bardeen* (1908–1991), *Walter House Brattain* (1902–1987) und *William Shockley* (1910–1989) in den Bell Laboratories/New York den ersten **Transistor** für den sie 1956 gemeinsam mit dem Nobelpreis ausgezeichnet wurden. Zu Demonstrationszwecken entfernten sie aus einem herkömmlichen Röhrenradio alle Vakuumröhren und ersetzten diese durch Transistoren: das Transistorradio war geboren. Die Bell-Telefongesellschaft, die einen ungeheueren Personalaufwand betrieb, um ihre Telefon-Netzwerke zu warten, hatte die Aufgabe gestellt, einen zuverlässigeren und widerstandsfähigeren Schalter als die fehleranfällige Vakuumröhre zu entwickeln und nach unzähligen Versuchen gelang es dem Team um Shockley aus halbleitenden Materialien den ersten Transistor als Schaltelement zu entwickeln. Niemand konnte damals die Auswirkungen dieser Entdeckung auch nur erahnen, die sich sehr schnell in allen Bereichen der Elektronik niedergeschlagen hat. Weil die Bell Laboratories die Patente gegen Zahlung von Lizenzgebühren freigeben mußten, konnten von Anfang an viele Produzenten an der weiteren Nutzbarmachung des Transistors teilnehmen. Das erste kommerzielle Transistorradio brachte 1954 die amerikanische Firma Texas Instruments auf den Markt. Ein wichtiger Vorteil für die Hersteller von Radiogeräten bestand nun darin, daß der Transistor die Konstruktion von leichteren und mobilen Geräten gestattete, was zu ihrer explosionsartigen Verbreitung führte.

2.6.3 Film und Kino

Der Film oder das mit optischen bzw. mechanischen Mitteln erzeugte Bewegungsbild, begann nicht mit Aufnahmen aus der Realität, sondern mit von Menschenhand geschaffenen Zeichnungen und Bildern. Das zu Grunde liegende Prinzip macht sich ein als Netzhautträgheit bezeichnetes Phänomen zu Nutze, das bereits im Altertum von *Ptolemäus von Alexandria* (85–165 n. Chr.) im 2. Jahrhundert beschrieben wurde: Ein Bild der Gesichtswahrnehmung bleibt auf der Retina des menschlichen Auges für ca. 1/16 Sekunde erhalten, bevor es wieder verlischt. Erst im 19. Jahrhundert wird dieses Phänomen wiederentdeckt und erste mechanische Apparate werden zum Betrachten von Bewegtbildern entwickelt, die in schneller Folge eine Sequenz

von Stroboskopbildern zeigen und dadurch den Eindruck eines Bewegungsablaufes vermitteln. Ausgehend von Entwicklungen wie dem „photographischen Gewehr“ (1882) des französischen Physiologen *Étienne Jules Marey* (1830–1904), reicht Thomas A. Edison 1889 ein Patent auf den **Kinematographen** ein, dem 1894 das Kinematoskop als Vorführgerät für das neue Medium folgte. Allerdings konnte das Kinetoskop immer nur von einer einzelnen Person benutzt werden. Da Edison die Benutzung des Films in diesem Kontext für unbedeutend hielt, entwickelte er das Kinetoskop wie es naheliegend gewesen wäre nicht weiter zu einem Projektionsgerät. Dies bewerkstelligten erst die Gebrüder *Louis Jean Lumière* (1864–1948) und *Auguste Lumière* (1862–1954) mit dem von ihnen entwickelten ausgereiften kinematografischen Verfahren. Am 22. März 1895 führten die sie ihren ersten Film einem größeren – und auch zahlendem – Publikum im Grand Cafè auf dem Boulevard des Capucines in Paris vor: die Ära des Kinos hatte begonnen. Bereits zwei Monate vor dem Erfolg der Brüder Lumière führten die Brüder und Schausteller *Max* und *Emil Skladanowsky* (1863–1939 und 1859–1945) ihre ersten Filme im Berliner Wintergarten vor und verblüfften ihr Publikum.
Schon gleich zu seiner Geburt versuchte man den Film mit dem Edisonschen Phonographen zu kombinieren, doch die dazu notwendige Synchronisation der beiden Medien stellte das Hauptproblem dar, das es zu lösen galt. Besonders deutlich wurde dieses Problem, wenn sprechende Menschen aufgenommen wurden, da hier Unregelmäßigkeiten in der Synchronisation sofort wahrgenommen werden konnten. Es mußte also ein Weg gefunden werden, Bild und Ton auf ein gemeinsames Medium zu bannen. Dies gelang erst unter Ausnutzung des sogenannten Photoeffekts, der bewirkt, daß sich die Leitfähigkeit bei bestimmten Substanzen unter unterschiedlichen Lichtbedingungen verändert. Eine Tonspur kann damit direkt zusammen mit dem Bild auf dem optischen Filmträgermedium synchron gespeichert werden. Sowohl in Europa als auch in den USA liefen die Entwicklungsarbeiten am **Tonfilm** parallel und bereits 1925 wurde der erste Ufa-Tonfilm, eine Verfilmung von Christian Andersens Märchen „Das Mädchen mit den Schwefelhölzchen“ uraufgeführt. Am 6. Oktober 1927 fand die Premiere des von den Warner-Brothers produzierten abendfüllenden Tonfilms „The Jazz Singer“ mit Al Jolson in der Hauptrolle statt und die Tonfilm-Ära war endgültig angebrochen.

2.6.4 Fernsehen

Ebenso wie beim Film nutzt Fernsehen das Phänomen der Netzhautträgheit. Das Fernsehen als elektromagnetische Übertragung von Bewegtbildern beruht auf dem Prinzip, das Bild in einzelne Zeilen und Punkte aufzulösen, die bei der Reproduktion hinreichend schnell wieder zum ursprünglichen Bild zusammengesetzt werden. Beim Fernsehen wird so bereits bei der Wiedergabe jedes Einzelbildes die Netzhautträgheit ausgenutzt, damit dieses überhaupt als ein Gesamtbild erkannt werden kann. Ausgehend von der systematischen

Abtastung einer Szene zur Signalgewinnung entwickelte der Ingenieur *Paul Nipkow* (1860–1940) eine nach ihm benannte Lochscheibe mit spiralförmig angeordneten Löchern, die zur Aufnahme einer Szene in Rotation versetzt wird und die er bereits 1884 patentieren lies. Auf der Aufnahmeseite wird die aufzunehmende Szene zeilenweise mit Hilfe der Nipkowscheibe abgetastet, wobei das räumliche Nebeneinander der einzelnen Bildpunkte, d.h. deren Helligkeitswerte mit Hilfe einer Selenzelle in ein zeitliches Nebeneinander unterschiedlicher Spannungswerte umgesetzt wird. Auf der Wiedergabeseite wird das Bild demselben Prinzip folgend wieder zusammengesetzt. Nipkow nannte seine Erfindung noch „elektrisches Teleskop“. Das deutsche Wort Fernsehen ist erst um 1890 herum entstanden, während das Wort „Television“ erstmals nach der Jahrhundertwende in Frankreich und den USA gebraucht wurde.
Zusammen mit der 1897 von Karl Ferdinand Braun erfundenen und nach ihm benannten Elektronenstrahlröhre, die zu diesem Zweck zuerst von dem deutschen Physiker *Max Dieckmann* (1882–1960) und dem russischen Physiker *Boris Iwanowitsch Rosing* (1869–1933) als Wiedergabegerät 1906/1907 benutzt wurde, wurde das erste elektromechanische Fernsehsystem der Welt geschaffen. Allerdings lies die erste öffentliche Fernsehübertragung noch bis 1925 auf sich warten, fand jedoch in drei Ländern nahezu zeitgleich statt: in Deutschland durch *August Karolus* (1893–1972), in Großbritannien durch *John Logie Baird* (1888–1946) und in den USA durch *Charles Francis Jenkins* (1867–1934). Die erste, elektromechanische Epoche des **Fernsehens** endet 1928/1929, in der bereits 60-zeilige Abtastinstrumente zur Verfügung standen und in den USA die ersten „regelmäßigen“ Fernsehsendungen ausgestrahlt wurden.
Die erste vollelektronische Fernsehkamera, das Ikonoskop wurde von *Vladimir K. Zworykin* (1889–1982), der heute als der eigentliche Vater des modernen Fernsehens gilt, 1923 zum Patent angemeldet. Die erste elektronische Bildröhre – das Kinoskop – folgte 1929. Zu Beginn konnte Zworykin mit seiner neuen Methode nur ein einfaches Fadenkreuz übertragen, so daß die Firma, bei der er beschäftigt war, die Westinghouse Electric Corporation in Pittsburgh, kein besonderes Interesse für die Neuentwicklung zeigte. 1929 gelang es Zworykin den Radiopionier David Sarnoff von RCA mit einer verbesserten Version seiner Entwicklung zu überzeugen, der ihn bei RCA als Direktor für elektronische Forschung beschäftigte. 1939 erhielt Zworykin das Patent auf ein vollelektronisches Fernsehsystem auf Basis von Ikonoskop und Kinoskop.
In Deutschland startete 1935 das erste regelmäßige Fernsehprogramm, das allerdings nur für ein halbes Jahr in Betrieb gehen sollte und auf einem 180-zeiligen Verfahren beruhte. Die BBC betrieb von 1936–1939 bereits einen hochaufgelösten 405-zeiligen Fernsehdienst, der im allgemeinen als der erste moderne Fernsehdienst der Welt angesehen wird, das auf einem von *Isaac Shoenberg* (1880–1963) entwickelten Fernsehsystem, einer Weiterentwicklung von Zworykins Verfahren, das Ultrakurzwellen zur Signalübertragung nutzte. Die BBC hielt bis 1962 am Schoenberg-System (405 Zeilen, 25 Bilder pro

Tabelle 2.2. Meilensteine in der Geschichte der Kommunikationsmedien (2)

1184 v. Chr.	der Fall Trojas wird mit Hilfe von Fackelzeichen nach Griechenland übermittelt
150 n. Chr.	Ptolemäus von Alexandria beschreibt den Effekt der die Netzhautträgheit
1608	das Fernrohr wird in Holland erfunden
1684	Robert Hooke „Mittel zur Mitteilung der eigenen Gedanken über weite Entfernungen“
1690	Guillaume Amontons erste Experimente mit dem Semaphor
1730	Stephen Gray zeigt, daß sich Elektrizität entlang eines Drahts fortpflanzt
1745	mit der Leidener Flasche läßt sich Elektrizität erstmals speichern
1753	erster Aufsatz zur elektrischen Kommunikation in Scot's Magazine
1794	erste reguläre optische Telegrafenlinie zwischen Paris und Lille
1809	Samuel Thomas Sömmerring verbessert den Elektrolyt-Telegraf
1816	Nicèphore Niepce entwickelt die Fotografie
1819	Christian Oerstedt entdeckt den Elektromagnetismus
1820	Andrè Marie Ampére's elektromagnetischer Nadeltelegraf
1831	Michael Faraday entdeckt die elektromagnetische Induktion
1833	Carl Friedrich Gauss und Wilhelm Weber entwickeln den Zeigertelegrafen
1838	Samuel Morses schreibender Telegraf tritt seinen Siegeszug an
1840	Einführung des Morse-Alphabets
1845	sternförmiges optisches Telegrafennetz in ganz Frankreich
1851	erstes Unterseetelegrafenkabel zwischen England und dem Kontinent
1856	das Transatlantik-Telegrafenkabel wird verlegt
1860	James Maxwell entwickelt eine einheitliche Theorie für Elektrizität und Magnetismus
1877	Alexander Graham Bell und Elisha Gray entwickeln das Telefon
1877	Thomas A. Edison stellt den ersten Phonographen vor
1886	Heinrich Hertz entdeckt die elektromagnetischen Wellen
1888	George Eastman entwickelt das Fotografieren für Jedermann
1889	Almon B. Strowger entwickelt die automatische Telefonvermittlung
1889	Thomas A. Edisons Kinematograph läutet die Ära des Kinos ein
1893	in den USA werden erste Selbstwählvermittlungsstellen für Telefongespräche eingerichtet
1893	Louis und Auguste Lumière führen den ersten Film öffentlich vor
1896	Alexander Popow gelingt die erste drahtlose Nachrichtenübertragung
1901	Gugliemo Marconi führt die erste Funkübertragung über den Atlantik durch
1919	Hans Bredow propagiert den „Rundfunk für alle“
1924	August Karolus gelingt die erste Fernsehbildübertragung
1927	„The Jazzsinger“, der erste Tonfilm kommt in die Kinos
1935	erster regelmäßiger Fernsehprogrammdienst in Berlin
1935	erstes Tonbandgerät mit elektromagnetischer Aufzeichnung von AEG
1962	erste Fersehdirektübertragung via Satellit zwischen USA und Europa
1969	Das ARPANET wird in Betrieb genommen
1982	Phillips und Sony führen die digitale Audio Compact Disc (CD) ein
1995	Einführung der Digital Versatile Disc (DVD) als Datenspeicher

Sekunde) fest. 1953 wurde das amerikanische NTSC-Farbfernsehverfahren (NTSC=National Television System Committee) freigegeben, nachdem die amerikanische Firma CBS bereits 1940 ein erstes Farbfernsehsystem vorgestellt hatte. Langsamer als erwartet stellte das Publikum allerdings von seinen Schwarzweiß-Empfängern auf die neuen Farbapparate um. Das NTSC-System war zu hastig entwickelt worden, um wirklich eine optimale Farbgebung garantieren zu können. So wird NTSC schnell als „Never The Same Color“ verspottet („Niemals dieselbe Farbe“). Die in Frankreich entwickelte Norm SECAM ([franz.] *Séquence á Mémoire*) folgt 1957 und in Deutschland entwickelt *Walter Bruch* (1908–1990) 1963 die PAL ([engl.] *Phase Alternation Line*) Farbfernsehübertragungstechnik. 1983 stellte Japan die erste hochauflösende Fernsehtechnik HDTV vor.

Die Möglichkeit der auf elektromagnetischen Verfahren beruhenden Aufzeichnung von Bild und Toninhalten reicht zurück in das 19. Jahrhundert. Ausgehend von ersten Entwicklungsvorschlägen, wie etwa Paul Andre Marie Janet, der 1887 bereits die magnetische Tonaufzeichnung auf Stahldraht vorschlug, oder dem von *Kurt Stille* (1873–1957) 1918 vorgestellten Diktiergerät „Dailygraph“ , dessen extrem dünner Draht mit 4400 Metern Länge eine Aufzeichnungskapazität von bis zu 2 Stunden ermöglichte, gelang der Magnetaufzeichnungstechnik der große Durchbruch erst mit der Entwicklung des Magnetbandes. 1928 wurde von *Fritz Pfleumer* (1897–1945) ein Magnetbandverfahren auf Papierbasis patentiert, das kurz darauf 1935 durch ein Magnetband auf Kunststoffbasis von den Firmen AEG und BASF ersetzt wurde. 1935 wurde das erste **Tonbandgerät** der Welt, das „Magnetophon K1“ auf der Berliner Funkausstellung öffentlich vorgestellt. Anfänglich nur im professionellen Bereich genutzt, erlebt die Tonbandtechnik nach dem zweiten Weltkrieg, nach dem Totalverlust des deutschen Patentbesitzes einen weltweiten Aufschwung und 1947 wurde das erste Heimgerät von der amerikanischen Firma Brush Development Co. auf den Markt gebracht. Erste technisch realisierbare Verfahren für die magnetische Aufzeichnung von breitbandigen Fernseh-Signalen gelangen erst 1956 durch Einführung eines neuen Frequenzmodulationsverfahrens für Bildsignale durch den bei der Firma Ampex arbeitenden Ingenieur *Charles P. Ginsburg* (1920–1992).
Die Ablösung der analogen Speichermedien und somit der Einzug digitaler Speicher- und Reproduktionstechniken hat seinen Ursprung in der Übertragung von Telefonaten über Weitverkehr-Funkstrecken. *Alec A. Reeves* (1902–1971) entwickelte 1938 das Pulsecode-Modulationsverfahren (PCM), das ein analoges frequenz- oder amplitudenmoduliertes Signal in eine rasche Serie einzelner Pulse von konstanter Amplitude überträgt. Das zu übertragende diskrete Signal kann dabei mit Hilfe eines binären Codes repräsentiert werden. Da die gespeicherte Information nicht von der Pulsamplitude abhängt, d.h. ein Rauschen die kodierte Information nicht verändert, sind PCM-Signale im Vergleich zu herkömmlichen Modulationsverfahren nahezu störungsfrei. PCM-Audiorecorder waren seit Ende der 60er Jahre im Gebrauch und 1979

brachte Phillips und Sony die digitale Audio **Compact Disc** (CD-DA) zur Marktreife. Dieses plattenförmige Speichermedium besitzt einen Durchmesser von 11,5 Zentimetern (übrigens dieselbe Größe wie Emil Berliners erste Schallplatte) und bot (vorerst) einen Speicherplatz von 74 Minuten oder 650MB. Im Gegensatz zur spiralförmigen Rille der analogen Audio-Schallplatte liegt die Information auf der CD in Form von mikroskopisch kleinen Vertiefungen vor, die von einem Laserstrahl berührungsfrei abgetastet und von der Elektronik des Abspielgeräts wieder in akustische Signale umgesetzt werden. Nachdem man sich nach langem Streit um einen einheitlichen Standard und um Methoden des Kopierschutzes endlich geeinigt hatte, erschien 1995 die erste Digital Versatile Disc (DVD), die eine vielfache Speicherkapazität im Vergleich zur CD bot (bei Verwendung mehrerer optischer Schichten und beider Seiten der DVD bis zu 17 GB) und zunächst in der digitalen Speicherung von komprimierten Videodaten Verwendung fand. Doch auch der Nachfolger der DVD, die Blue-Ray Disk (so genannt, da zum Lesen und Schreiben kurzwelligeres, blaues Laserlicht verwendet wird) steht bereits in den Startlöchern und bietet eine entsprechend höhere Aufzeichnungskapazität, wie sie für den zukünftigen hochauflösenden Fernsehstandard **HDTV** (High Definition TeleVision) benötigt wird.

2.6.5 Der Computer als universeller persönlicher Kommunikationsmanager

Der Computer wird heute oft als das „Leitmedium“ der Zukunft angesehen und hat das Fernsehen in seiner Eigenschaft als solches bereits abgelöst. Dabei wird häufig übersehen, daß der Computer in seiner historischen Entwicklung vom technischen Begriff eher gesehen eigentlich gar kein Medium im Sinne der Funktion des Aufnehmens, Speicherns, Übertragen und Reproduzieren von Information war. Erst die Entwicklungen der letzten beiden Dekaden versetzten den Computer in die Lage, analoge akustische oder optische Informationen zu verarbeiten und erst mit dem Aufkommen des WWW tritt seine Funktion als Medium, das einen integrativen Transport multimedialer Information gestattet in den Vordergrund.
Die Ursprünge des Computers als Instrument zur Durchführung automatischer Berechnungen reicht bis in die Antike zurück. In Griechenland und Rom gibt es bereits Rechenbretter aus Holz, Metall oder Stein – **Abakus** genannt –, die in der Größe einer Postkarte bereits leicht transportabel und weitverbreitet sind. Die Rechensteine des Abakus werden *claviculi* oder *calculi* genannt – woher sich auch das Wort Kalkulation ableitet – und werden vom Rechenmeister *calculator* auf dem Brett verschoben, um die vier Grundrechenarten ausführen zu können. In China ist der Gebrauch eines dem Abakus sehr ähnlichen Recheninstruments – des Suan-pan – ebenfalls bereits im 1. Jahrhundert v. Chr. nachzuweisen. 1617 entwickelt der schottische Mathematiker *John Napier* (1550–1617), auf den ebenfalls drei Jahre Zuvor die

Einführung des Logarithmus und des Dezimalpunkts zurückgeht, einen ersten **Rechenschieber**, eine einfache Multiplikationstafel aus beweglichen Stäben. Bereits zuvor entwirft 1494 *Leonardo da Vinci* eine erste Uhr mit Pendel, wobei die Konstruktion einer korrekt arbeitenden Pendeluhr noch gut 200 Jahre auf sich warten läßt. Die dazu notwendige Feinmechanik allerdings bildet die Grundlage für die Entstehung der ersten mechanischen Rechenmaschinen. Im 17. Jahrhundert bemühten sich vorallem *Willhelm Schickard* (1592–1635), *Blaise Pascal* (1623–1662) und *Willhelm von Leibnitz* (1646–1716) um die Konstruktion komplexer Rechenmaschinen. Schickard konstruierte 1623 die erste **zahnradgetriebene Rechenmaschine**, um seinem Freund *Johannes Kepler* (1571–1630) langwierige Berechnungen bei der Bestimmung von Planetenpositionen zu erleichtern. Kepler erhielt diese Maschine aber nie, da sie im halbfertigen Zustand bei einem Brand zerstört wurde. Schickards Maschine beherrschte die vier Grundrechenarten, wobei Multiplikation und Division auf manuelle Unterstützung bei der Berechnung von Teilprodukten mit Hilfe von Rechenstäben angewiesen waren und besaß eine sechsstellige Dezimalanzeige. Seine Erfindung geriet aber in Vergessenheit, so daß der französische Mathematiker Pascal 1642 die zahnradgetriebene Rechenmaschine erneut erfand und noch jahrhundertelang als Erfinder der mechanischen Rechenmaschine galt. Um seinem Vater, einem königlichen Steuerbeamten bei seiner Arbeit zu helfen entwickelte der 19-jährige Pascal eine Rechenmaschine. Pascals Maschine erlaubte Addition und Subtraktion und wurde über 50 mal gebaut, wobei allerdings nur wenige Exemplare verkauft wurden. Eine erste mechanische Rechenmaschine, die auch eine direkte Multiplikation, basierend auf wiederholter Addition erlaubte, konstruierte der deutsche Mathematiker Willhelm v. Leibnitz. Um die Multiplikation mit einer großen Zahl durchführen zu können, muß im Gegensatz zur einfachen Addiermaschine der Multiplikant gespeichert werden und das Einstellwerk gegenüber dem Ergebniswerk verschiebbar sein, um die mehrfache stellenrichtige Addition durchführen zu können. Leibnitz verwendet hierzu die sogenannte Staffelwalze, eine Anordnung von achsparallelen Zahnrippen gestaffelter Länge. Je nach Position eines zweiten verschiebbaren Zahnrades wird dieses bei einer Umdrehung der Staffelwalze um null bis neun Zähne weitergedreht. Zu Lebzeiten konnte er aber nie das Problem des Zehnerübertrags über mehrere Stellen lösen, so daß seine Maschine erst 1894 zur einwandfreien Funktion gebracht werden kann, als die Feinmechanik weiter fortgeschritten war. 1679 entwickelte Leibnitz unter anderem auch das binäre Zahlen- und Rechensystem, das die Grundlage zur Konstruktion moderner Computer werden sollte.

Mit der **Lochkarte** taucht um 1805 erstmals ein wichtiges Element zur Speicherung und Verrechnung von Information auf als *Joseph-Marie Jacquard* (1752–1834) um 1805 den Musterwebstuhl erfand. Er trennte er als erster die Software – also das Steuerprogramm in Gestalt von Lochkarten oder -streifen – von der Hardware – der eigentlichen Maschine, die nach den durch die Löcher in der Karte gegebenen Instruktionen arbeitete. Je nach Lochkarte oder Programm war die Maschine in der Lage, ein Gewebe mit einem durch die Lochkarte vorgegebenen Muster und vorgegebenen Farben mechanisch herzustellen. Mit der Lochkarte führte Jacquard das bis heute die Grundarchitektur aller datenverarbeitenden Maschinen und Computer bestimmende binäre System in den Maschinenbau ein: Wo die Nadel, die die Lochkarte abtastete, auf ein Loch, eine Eins, traf, da fand eine Veränderung statt. Wo sie jedoch auf Pappe, gleich einer Null stieß, blieb der Zustand unverändert. 1822 fand die Lochkarte erstmals Verwendung in einer mechanischen Rechenmaschine: in der „Difference Engine“ von *Charles Babbage* (1791–1871). Babbage war als Mathematikprofessor aufgefallen, daß die Erstellung mathematischer Tabellen oft nur aus der einfachen „mechanischen“ Wiederholung bestimmter Arbeitsschritte beruhte, wobei sich die Ersteller solcher Tabellen aber doch auch sehr oft verrechneten. Seine Forschungen richteten sich folglich auf die maschinelle Umsetzung mathematischer Probleme und deren Lösung. Die von ihm 1822 vorgeschlagene Difference Engine sollte dampfgetrieben und von der Größe einer Lokomotive in der Lage sein, Diferentialgleichungen zu lösen und die Ergebnisse direkt auszudrucken. Nachdem er zehn Jahre lang an dieser Maschine gearbeitet hatte, kam ihm plötzlich die Idee zu einer freiprogrammierbaren Rechenmaschine, die in der Lage war, beliebige vorgegebene Berechnungen auszuführen, der „Analytical Engine“ , die vom Konzept her bereits alle Elemente eines modernen Computers aufwies: einen Zahlenspeicher für fünfzigstellige Dezimalzahlen, der über 50.000 einzelne Zahnräder realisiert werden sollte, einem Rechenwerk und eine Steuereinheit zur Steuerung des gesamten Programablaufs einschließlich der Rechenoperationen und des Datentransports. Babbage's Assistentin, *Augusta Ada King, Countess of Lovelace* (1815–1842), die Tochter des englischen Dichters Lord Byron, trug maßgeblich am Design der Maschine bei. Als eine der wenigen Menschen, die in der Lage waren, die Möglichkeiten der Analytical Engine einzuschätzen, entwickelte sie bereits erste Programmroutinen, die so fortschrittliche Konzepte wie logische Verzweigungen, Programmschleifen und Sprunganweisungen enthielten und somit eine zyklische Durchführung von Rechenanweisungen ermöglichten. Babbage's Denken über das mechanisierte Rechnen ist seiner Zeit weit voraus. Er scheiterte an der mangelnden Präzision der Feinmechanik seiner Zeit, die nicht in der Lage war, eine so komplexe Maschine herzustellen.

Ebenso wie Babbage setzt der amerikanische Erfinder *Hermann Hollerith* (1860–1929) Lochkarten ein, um mit Hilfe einer ersten funktionsfähigen Datenverarbeitungsanlage die amerikanische Volkszählung zu unterstützen. Die Auswertung der vormals in den USA durchgeführten Volkszählung, die noch ohne mechanische Unterstützung auskommen mußte nahm annähernd sieben Jahre in Anspruch. Ausgehend vom raschen Bevölkerrungswachstum und der Menge an Fragen, die gestellt wurden befürchteten die Behörden, daß bei einer neuen Volkszählung diese Zeit auf über zehn Jahre anwachsen könnte, so daß ein entsprechender Ausweg gefunden werden mußte. 1890 erhält Hollerith

das Patent auf eine **Lochkartenzählmaschine**, die im Gegensatz zu Babbage's Maschine die Lochkarten zur Speicherung von Daten und nicht zur Steuerung des Rechenablaufs benutzte. Holleriths Lochkarte war ein hochflexibles Speichermedium, das in Verbindung mit elektromechanischen Lesevorrichtungen bereits Möglichkeiten der heutigen Datenverarbeitung vorwegnahm: Datenbankeinrichtung, Zählung, Sortierung und Suchläufe nach beliebigen Kriterien. Mit Holleriths Maschine wurde es möglich, die Auswertung der 11. US-amerikanischen Volkszählung anstelle in der projektierten Zeit von zehn Jahren in nur sechs Wochen durchzuführen.
Der erste betriebsfähige, programmgesteuerte Rechenautomat wird schließlich von *Konrad Zuse* (1910–1995) 1937 konstruiert, die noch vollkommen mechanisch realisierte „Z1“, die auf den Prinzipien der von *George Boole* (1815–1864) eingeführten Binärrechnung beruhte. 1941 baute Zuse nach Aufträgen des Reichsluftfahrtministeriums den ersten elektromechanischen Computer, die „Z3“, die auf logischen Schaltverbindungen auf Basis von elektromechanischen Relais basierte. Neben Zuse befassen sich Ende der 30er Jahre noch viele andere Wissenschaftler mit der erstmaligen Realisierung von freiprogrammierbaren Rechenmaschinen. Der amerikanische Mathematiker *Howard H. Aiken* (1900–1973) beginnt 1939 an der Harward Universität mit der Konstruktion eines Großrechners, dem „Harvard Mark I“, der neben Lochkarten-Baugruppen auch auf elektromechanischen Relais und Röhren aufgebaut war und 1944 fertiggestellt werden konnte. Die Kriegsanstrengungen und die neuen Möglichkeiten des militärischen Geheimfunks, wie etwa die Verschlüsselung alphanumerischer Information durch die deutsche Chiffriermaschine „Enigma“ oder die Vorausberechnung von Geschoßflugbahnen treiben die Entwicklung automatisierter Rechenanlagen voran. 1942 beginnt in England der Bau einer Rechenanlage unter dem Decknamen „Colossus“, die ab 1943 einsatzbereit war und zur Dechiffrierung der geheimen Funksprüche der deutschen Wehrmacht genutzt werden konnte.
Der erste vollelektronische, ausschließlich aus Elektronenröhren aufgebaute Universalrechner, der 1945 an der University of Pennsylvania von *John P. Eckert* (1919–1995), *John W. Mauchly* (1907–1980), *Herman H. Goldstine* (*1913) und *John von Neumann* (1903–1957) konstruierte „ENIAC“ (Electronic Numerical Integrator and Calculator), beinhaltete die damals unglaubliche Anzahl von 18.000 Elektronenröhren und benötigte zu seinem Betrieb eine Leistung von 160 Kilowatt elektrischen Strom. Anders als seine Vorgänger „Colossus“ und „Mark I“ war der „ENIAC“ ein richtiger, freiprogrammierbarer Computer, der zudem bedingt durch seine vollelektronische Bauweise Berechnungen bis zu 1.000-mal schneller durchführen konnte. 1951 beginnt mit der Fertigstellung von „UNIVAC I“ der Firma Sperry der serienmäßige Bau von Universalrechnern.
Die Erfindung des Transistors 1947 durch die Amerikaner *John Bardeen* (1908–1991), *Walter House Brattain* (1902–1987) und *William Shockley* (1910–1989) in den Bell Laboratories/New York verändert die Entwicklung

Die fünf Generationen moderner Computer

1. Generation (1945–1956)
Zu Beginn des zweiten Weltkrieges begann die Entwicklung moderner Computer aus dem Bestreben der einzelnen Regierungen heraus, sich dadurch einen potentiellen und strategischen Vorteil zu verschaffen. Computer dieser ersten Generation werden dadurch gekennzeichnet, daß die verwendeten Maschinenbefehle und Arbeitsinstruktionen speziell für den Zweck designed wurden, für den der betreffende Rechner gedacht war. Jeder Rechner besaß einen unterschiedlichen Befehlsatz (Maschinencode), der ebenfalls unterschiedlich binär kodiert wurde und dafür sorgte, daß die Programmierung zu einer aufwendigen und langwierigen Angelegenheit wurde. Basistechnologie der Computer der ersten Generation waren Elektronenröhren, Lochkarten und der magnetischen Trommelspeichers.

2. Generation (1956–1963)
Der 1947 entwickelte Transistor revolutionierte das Design und die Entwicklung der Computer. Auf Transistorbasis aufgebaute Rechner waren zuverlässiger, energieeffizienter und kleiner als ihre Röhrenvorgänger. Mit der zweiten Generation der Computer halten die Programmiersprachen wie COBOL oder FORTRAN ihren Einzug. die Programmierung gestaltete sich wesentlich einfacher im Vergleich zum kryptischen Maschinencode. Die Computer gestatteten aber nur einen sogenannten Stapelbetrieb (Batchbetrieb), d.h. die zu erledigenden Jobs konnten nur einzeln, nach einander erledigt werden. Aber mit den deutlich gesunkenen Kosten hielt der Computer Einzug in die Wirtschaftswelt. Zur Ein- und Ausgabe wurden weiterhin Lochkarten, aber auch Magnetband verwendet.

3. Generation (1964–1971)
Obwohl Transistoren bereits deutliche Vorteile gegenüber der Röhrentechnik aufwiesen war die von ihnen erzeugte Abwärme mitunter doch so groß, daß Computer dadurch beschädigt werden konnten. Im nächsten Schritt der Miniaturisierung und der Einführung des integrierten Schaltkreises konnte eine weitaus größere Anzahl von Schaltelementen auf dazu noch kleinerem Raum verbaut werden, bei einer gleichzeitigen energie-effizienteren Umsetzung. Als Konsequenz daraus wurden die Computer leistungsfähiger, kleiner und auch preiswerter. Gleichzeitig setzte die Entwicklung von Betriebssystemen ein, die einen Mehrfachprogrammbetrieb gestatteten, d.h. verschiedene Jobs konnten zeitgleich abgearbeitet werden und die Ressourcen des Computers benutzen.

4. Generation (1971 – heute)
Seit der Entwicklung des ersten Mikroprozessors schreitet die Miniaturisierung zusehends voran. Die Hochintegration (VLSI – Very Large Scale Integration) zu Beginn der 80er Jahre und die anschließende ULSI (Ultra Large Scale Integration) bringt Millionen von Transistoren auf einem einzigen integrierten Schaltkreis unter. Unter dem zunehmenden Preisverfall dringt der Computer mit dem PC bis in die Privathaushalte vor. Dies ermöglichen vor allem auch einfach zu bedienende graphische Benutzeroberflächen, die es auch dem Nichtfachmann ermöglichen, einen Computer zu bedienen. Internet und Lokale Netze halten Einzug in die Computerwelt.

5. Generation (heute –)
Gegen Ende der 80er Jahre wurde der Auftakt für dir fünfte Computergeneration mit Weiterentwicklungen auf den Gebieten der künstlichen Intelligenz und dem Aufkommen der Supercomputer gesehen. Zunehmende Parallelisierung der Berechnungen in Mehrprozesorsystemen in Verbindung mit Spracherkennung und natürliches Sprachverstehen kennzeichnen diese Entwicklung, die heute noch in ihren Kinderschuhen steckt.

Abb. 2.1. Die fünf Generationen moderner Computer

der Computer maßgeblich. Die sehr aufwendige Röhrenbauweise, die zudem höchsten Wartungsaufwand bedurfte konnte durch den wesentlich kleineren und zuverlässigeren **Transistor** als Schaltelement in völlig neue Dimensionen vorstoßen. Ausgehend vom ersten Transistorrechner „TRADIC" der Bell Telephone Laboratories 1955 trat der Transistor gemeinsam mit der Entwicklung des Magnetplattenspeichers 1956 durch IBM seinen Siegeszug an. Erstmalig konnte auch die komplizierte Programmierung der Computer, die bislang auf eine jeweils eigene im Binärcode verfaßte Maschinensprache, die auf die Architektur der unterschiedlichen Rechner maßgeschneidert war durch einfacher zu erlernende Hochsprachen – Programmiersprachen auf einem höheren Abstraktionsniveau – wie dem kommerziell orientierten COBOL (Common Bussiness Oriented Language) oder dem wissenschaftlichen FORTRAN (Formula Translator) ersetzt werden. Diese Hochsprachen ermöglichten die Gestaltung von komplexeren Programmabläufen und vereinfachten die Ausbildung und die Entwicklungsarbeit der Programmierer.
Schon im Lauf der 50er Jahre entsteht die Tendenz zur stetigen Verkleinerung der Transistoren. 1958 gelingt es *Jack S. Kilby* (*1923) bei Texas Instruments erstmals, mehrere Bauteile einer Schaltung, bestehend aus Widerständen, Transistoren und Kondensatoren auf einem Kristallplättchen aus Germanium als Träger zu integrieren: der **integrierte Schaltkreis** (Integrated Circuit, Chip) war geboren. Die stetige Verkleinerung der Schaltelemente führte zu Beginn der 60er Jahre zur Entstehung einer neuen Größenklasse von Computern, den **Minicomputern**. Der erste Minicomputer, der mit den kleiner gewordenen Schaltelementen ausgestattet ist, ist der „PDP-1" der Firma Digital Equipment, der 1960 auf den Markt kam und erstmals weniger als eine Million Dollar kostete. Die „PDP-1" war kein Universalcomputer, sondern auf Aufgaben der Prozeßsteuerung eingeschränkt. Allerdings führen die neuen Minicomputer mit ihren spezialisierten Arbeitsbereichen in den 60er und 70er Jahren zu einem beispiellosen Automatisierungsschub. Ab 1961 werden integrierte Schaltkreise erstmals großmaßstäblich industriell gefertigt und der nächste Schritt in der Verkleinerung der Schaltelemente gelang 1970 mit der Entwicklung des **Mikroprozessors**, als erstmals alle Bestandteile eines Universalrechners – das Rechenwerk, das Steuerwerk, der Datenbus und die verschiedenen Register – auf einem einzigen Chip, dem Intel 4004, untergebracht werden konnten. Doch bis 1976 wurden Mikroprozessoren nur als Komponenten von Minicomputern und in der Prozeßsteuerung eingesetzt. Die Idee, den Mikroprozessor zum Kernstück eines eigenen Universalrechners zu machen entstand abseits der großen Computerfirmen unter Studenten. Zur Gruppe dieser jungen Leute zählten *Steve Jobbs* (*1955) und *Stephen Wozniak* (*1950), die 1975 die Firma Apple gründeten, und wenige Jahre später mit dem „Apple II" den ersten erfolgreichen **Personalcomputer** entwickelten. IBM bringt 1981 seinen ersten Personalcomputer (PC) für den Einsatz in Büro, Schule und Heim auf den Markt und der Siegeszug der neuen Rechner beginnt. Jedes Jahr erscheinen neue, leistungsfähigere Mikroprozessoren

Tabelle 2.3. Historische Entwicklung des Computers

30.000. v. Chr.	Verwendung von primitiven Zahlenzeichen
3.000. v. Chr.	Erste abstrakte Zahlbegriffe in Mesopotamien auf Basis des Sexagesimalsystems
1. Jhd. n. Chr.	Einführung des Abakus
um 500	Einführung des arabischen Dezimalzahlensystems
1494	Leonardo da Vinci konstruiert die erste Pendeluhr
1617	John Napier entwickelt einen Rechenschieber
1623	Willhelm Schickard konstruiert erste mechanische Rechenmaschine für Addition und Subtraktion
1642	Blaise Pascal konstruiert ebenfalls eine mechanische Rechenmaschine für Addition und Subtraktion
1675	Willhelm Leibnitz konstruiert eine mechanische Rechenmaschine für alle vier Grundrechenarten
1679	Leibnitz führt das binäre Zahlensystem ein
1805	J.M. Jacquard führt eine Lochkarte zur Steuerung von mechanischen Webstühlen ein
1822	Charles Babbage konstruiert die Differential Engine, eine mechanische Rechenmaschine zur Lösung von Differentialgleichungen
1832	Charles Babagge skizziert die Analytical Engine, den ersten frei programmierbaren mechanischen Computer
1890	Herman Hollerith entwickelt eine Lochkartenzählmaschine für die Volkszählung in den USA
1937	Konrad Zuse konstruiert die Z1, den ersten programmgesteuerten und tatsächlich einsatzbereiten mechanischen Computer
1941	Zuse konstruiert die Z3, den ersten elektromechanischen und frei programmierbaren Computer
1943	In England wird der Großrechner Colossus fertiggestellt zur Dechiffrierung deutscher geheimer Funksprüche
1944	Der erste amerikanische Großrechner, der Harvard Mark I wird fertiggestellt.
1945	Der erste vollelektronische Computer ENIAC wird an der Universität von Pennsylvania fertiggestellt
1947	Der Transistor wird erfunden
1951	Der erste in Serie gebaute Computer: UNIVAC von Sperry
1955	Der erste Computer aus Transistoren: TRADDIC von den Bell Labs
1956	IBM entwickelt den Magnetplattenspeicher
1958	Jack S. Kilby entwickelt den integrierten Schaltkreis
1960	Der erste Minicomputer: die DEC PDP-1
1971	Der erste Mikroprozessor, der Intel 4004, kommt auf den Markt
1975	Der erste Personal Computer, der Apple II kommt auf den Markt
1981	IBM bringt den ersten IBM PC heraus.

auf dem Markt, die Miniaturisierung schreitet immer weiter voran und wird zu stetig günstigeren Preisen angeboten. Der PC erhält graphische und akustische Ausgabefähigkeiten und mit der Einführung fensterbasierter graphischer Benutzeroberflächen vereinfacht sich dessen Bedienung, so daß der PC letztendlich den Massenmarkt erobert. Mit der Einführung lokaler Netzwerke und der Freigabe des Internet für die Öffentlichkeit, eröffneten sich für den

PC ungeahnte Möglichkeiten als universelles Kommunikationsmedium. Ausgestattet mit der benutzerfreundlichen Bedienschnittstelle des Browsers war jedermann in der Lage, das Internet – oder genauer das World Wide Web – als neues Kommunikationsmedium zu nutzen, das die Möglichkeit bietet, Informationen in jeglicher Ausprägungsform, sei es Text, Sprache, Musik, Grafik oder Video, also multimedial auszutauschen.

3. WWW – das universelle Kommunikationsmedium

„Die neue Welt"
– aus dem Wappenspruch von Christoph Kolumbus
(1646–1506)

Die rasante Entwicklung der Kommunikationstechniken, sowohl in ihrer Vielfalt, als auch in ihrer Leistungsfähigkeit nimmt kein Ende. Dabei hält der Trend an, daß die klassischen Medien immer mehr zusammenwachsen: Sprachkommunikation und Datenübertragung sind bereits in modernen Mobilfunknetzen untrennbar miteinander verbunden. Mit dem Einzug der Digitaltechnik ist eine Unterscheidung der einzelnen Medien wie Text, Grafik, Audio oder Video auch nicht mehr notwendig. Kodiert und in digitaler Form haben sie alle die gleiche Gestalt riesenlanger Folgen von Nullen und Einsen und können gemeinsam über dasselbe Medium übertragen werden. Um diesen Strom von 0en und 1en wieder in seine ursprüngliche Medienausprägung zu überführen, sind Methoden und Verfahren notwendig zur Kodierung und Dekodierung. Diese Aufgabe wird von leistungsfähigen Computern übernommen, die uns allerdings immer seltener in herkömmlicher Gestalt mit Bildschirm und Tastatur entgegentreten, sondern mittlerweile als integrierter Systembestandteil in fast allen anderen Geräten des täglichen Gebrauchs zu finden sind. Der Computer fungiert also als integratives Kommunikationsmedium, das eine multimediale Datenkommunikation über eine einheitliche Schnittstelle möglich macht. Diese einheitliche Schnittstelle bildet das World Wide Web (WWW) mit seiner einfach und intuitiv zu bedienenden Benutzerschnittstelle, dem Browser.
Im nachfolgenden Kapitel soll näher auf die Multimedia-Unterstützung durch das WWW eingegangen werden, wobei im Detail auf die wichtigsten Medienformate für Audio-, Bild- oder Video-Daten eingegangen wird.

3.1 Medienvielfalt und Multimedia - eine Formatfrage

Originär war der Computer eigentlich nicht als Kommunikationsmedium konzipiert worden. Dazu war beispielsweise die anfänglich auf Lochkarten angewiesene Eingabe und Ausgabe viel zu schwerfällig. Bevor der Computer soweit entwickelt wurde, daß herkömmliche Informationsträger, wie Schrift oder Bilder als Ausgabe gedruckt oder auf einem Bildschirm angezeigt werden konnten, verging noch eine geraume Zeit. Schon sehr früh in der Entwicklungsgeschichte des Computers kamen Fernschreiber bzw. Textdrucker als

Ausgabemedium zum Einsatz, bevor später Plotter oder grafikfähige Bildschirme eingeführt wurden, die in der Lage waren, berechnete Bilder auszugeben. Die Fähigkeiten zur Darstellung von hochaufgelösten Grafiken in Echtfarben, von Bewegtbildern und Animationen mit Echtzeitvideoausgabe, sowie die Wiedergabe und Erzeugung von Tönen bis hin zur künstlichen Sprachsynthese kamen aber erst in den vergangenen 20 Jahren hinzu und versetzten den Computer in die Lage, in Verbindung mit der Entwicklung der Computernetzwerke und des Internet, als universelles Kommunikationsmedium zu fungieren. Die stetig anwachsenden Fähigkeiten der Computer, verbunden mit einer andauernden Senkung der Herstellungskosten ließen aus dem Computer ein Konsumprodukt für den Massenmarkt werden, ohne das unser heutiges Leben unvorstellbar geworden ist.
Bereits 1945 nahm *Vannevar Bush*, der damalige Direktor des Office of Scientific Research and Development in der US-Regierung die Vorstellung des Computers als universelles Kommunikationsmedium vorweg in seiner Vision des an früherer Stelle bereits beschriebenen **Memex**-Systems. Dieses Memex sollte nach der Vorstellung von Bush eine mechanische Vorrichtung zur Speicherung aller Bücher, persönlicher Aufzeichnungen und Kommunikationsvorgängen bieten und einen schnellen, flexiblen und zielgerichteten Zugriff auf alle Daten und ihre Verknüpfungen miteinander erlauben. Heutige Hypermedia-Systeme erlauben den Zugriff auf eine Vielzahl von Medientypen und -formaten, wie etwa Text, Bild-, Audio- oder Videoinformation. Zusammengefaßt werden all diese Medienformate unter dem Begriff **Multimedia**. Natürlich müssen alle Medientypen, sofern sie von einem Computer verarbeitet werden sollen, binär kodiert werden. Allgemein lassen sich die folgenden traditionellen Ausprägungen der mittels Computer darstellbaren Medientypen unterscheiden:

- **Text**
  Zur Kodierung alphanumerischer Information, also mittels Ziffern und Buchstaben verschiedener Alphabete dargestellter Informationen existieren viele unterschiedliche Verfahren, angefangen von ASCII, dem 7-Bit Standard, der noch aus den Zeiten des Fernschreibers stammt, bis hin zum 16-Bit Unicode, mit dem es möglich ist, annähernd alle Alphabete der Erde zu kodieren. Eng verbunden mit der Art des Codes ist der benötigte Speicherplatzbedarf. So werden viele Codes redundant ausgelegt, um eine gewisse Sicherheit gegenüber Übertragungsfehlern zu gewährleisten.
- **Grafik**
  Entsprechend der Komplexität der darzustellenden bildlichen Information kommen verschiedene Verfahren zur Kodierung von Bildinformation zum Einsatz. Dabei reicht die Palette von Verfahren für einfache monochrome Bilder bis hin zu Darstellungen in sogenannten Echtfarben.
  - **monochrom**: Hier kommt nur eine Farbe zum Einsatz. Das darzustellende Bild gestaltet sich durch Färben bzw. Nichtfärben der einzelnen Bildpunkte mit dieser Farbe. Die verwendeten Kodierungsverfahren sind

sehr einfach gehalten und fußen auf den Kodierverfahren für allgemeine Binärdaten.

- **beschränkte Farbpalette**: Informationsgrafiken, Symbole und Piktogramme beinhalten oft nur einige wenige Farben. Um eine möglichst speicherplatzeffiziente Darstellung dieser Information zu ermöglichen, wird die Kodierung mit einer vorgegebenen Farbpalette bzw. einer vorgegebenen Farbtiefe durchgeführt. Allerdings sind diese Verfahren nur bedingt zur Kodierung von Fotografien mit ihrer nahezu unbeschränkten Anzahl an Farben geeignet.
- **Echtfarben**: Fotografien, die die Realität abbilden, weisen oft Millionen unterschiedlicher Farbwerte auf. Allerdings liegen diese Farbwerte meist nicht in willkürlicher, d.h. zufälliger Anordnung vor, sondern treten in Form von sogenannten Farbverläufen auf, die sich ebenfalls durch spezielle Verfahren speicherplatzeffizient kodieren lassen. Man unterscheidet hier zwischen verlustbehafteter und verlustfreier Kodierung.

- **Audio**
  Bei der Wiedergabe von akustischer Information wie Sprache oder Musik spielt die zeitliche Dimension eine zentrale Rolle. Die kodierten Daten müssen in Echtzeit wiedergegeben werden, da sonst der Nutzwert der Information, wie z.B. die Verständlichkeit der Sprache verloren geht. Neben aufwendigen verlustfreien Kodierungen existieren auch hier verschiedene verlustbehaftete Verfahren, die auf sogenannten psychoakustischen Modellen basieren, die Frequenzen und Tonsignale, die vom menschlichen Gehör nicht wahrgenommen werden können, ausfiltern und nicht mitspeichern.
- **Video und Animation**
  Ebenso wie bei der Wiedergabe von akustischer Information spielt auch bei der Kodierung von Video- und Animationssequenzen die Eignung zur Wiedergabe in Echtzeit eine wichtige Rolle. Um eine Bildfolge speicherplatzeffizient zu kodieren, werden oft nur differentielle Bildfolgen abgespeichert, d.h. es werden nur die Veränderungen in aufeinanderfolgenden Bildern gespeichert.

All diese unterschiedlichen Medien besitzen spezifische Eigenschaften, auf die in den Datenformaten, die zu ihrer Kodierung verwendet werden, besondere Rücksicht genommen werden muß. Prinzipiell unterschiedet man zwischen:

- **zeitunabhängige Medien**
  Text und Grafik sind Vertreter dieser Gruppe von Medien, die entweder aus einer Folge einzelner Elemente oder aus einem einzigen Kontinuum bestehen, ohne das dabei eine Zeitkomponente von Bedeutung wäre. Sie werden oft auch als **diskrete Medien** bezeichnet. Ihre Darstellung und Verarbeitung sollte zwar so schnell wie möglich geschehen, jedoch unterliegen sie keinen inhaltlichen Zeitconstraints.

- **zeitabhängige**
  Akustische Informationen oder Videobilder sind wesentlich gekennzeichnet durch ihre Veränderung über die Zeit hinweg. Die darzustellende Information ist nicht alleine durch den Gehalt der Einzelinformation gekennzeichnet, sondern erschließt sich vollständig erst aus deren zeitlichem Ablauf. In diese Gruppe von Medien fallen auch taktile und sensorische Informationen, auf die hier nicht näher eingegangen werden soll. Die Darstellung solcher Medien ist demzufolge zeitkritisch, da ihre korrekte Wiedergabe von Zeitbedingungen abhängt.

Die Kodierung der unterschiedlichen Medien erfordert den Einsatz von spezifischen, das jeweilige Medium betreffende Verfahren. Diese müssen die folgenden Anforderungen erfüllen:

- Speicherplatzeffizienz und
- einfache Manipulierbarkeit.

Entsprechend den unterschiedlichen Anforderungen und der jeweils gewünschten Qualität der Ausgabe wurden für jedes Medium verschiedene Datenformate entwickelt. Sie sind jeweils unterschiedlich gut zur Darstellung und Manipulation des Medieninhalts geeignet. Bei ihrer Entwicklung stehen oft Speicherplatzeffizienz und einfache Handhabbarkeit der Manipulationsalgorithmen in Konkurrenz. Meist gestaltet sich die Verarbeitung der Information um so schwieriger, je kompakter ein Datenformat ist.

3.2 Text - Datenformate und Komprimierung

Zur Übertragung von textuellen Nachrichten wurden schon früh Kodierungsverfahren entwickelt. Je nach Verwendungszweck kann die dabei benutzte Kodierung unterschiedlich viel Speicherplatz benötigen. Dient eine Kodierung lediglich der Konservierung dieser Nachricht, dann kann diese so platzsparend wie möglich aufgezeichnet werden. Stehen aber Kriterien, wie z.B. die sichere Übertragung oder die Verschlüsselung zum Zwecke der Geheimhaltung im Vordergrund, so beinhaltet die verwendete Kodierung oft redundante Information, die im eigentlichen Sinne nichts zum Informationsgehalt der Nachricht beiträgt.
Die gebräuchlichste Form der Darstellung einer Nachricht zum Zweck der Übertragung - sei es eine direkte Kommunikation oder eine Archivierung, bei der der Empfänger die Botschaft zeitversetzt entgegen nimmt - ist eine Aufzeichnung der Nachricht mit Hilfe der Schrift. Dazu wird ein Buchstabieralphabet verwendet, mit dem Buchstabenfolgen gebildet werden, die bereits eine gewisse Redundanz beinhalten. Liest man z.B. die Buchstabenfolge „ezember“, kann der Empfänger darauf vertrauen, daß damit das Wort „Dezember“ gemeint ist.

Um Nachrichten, die mit Hilfe einer Buchstabenschrift abgefaßt sind, mit den Mitteln der modernen Kommunikation übertragen zu können, müssen diese auf eine für das Kommunikationsmedium geeignete Weise kodiert werden. So wurde z.B. eine Kodierung der einzelnen Buchstaben durch die Positionen der Signalarme eines Flügeltelegraphens (Semaphor) ersonnen bzw. das Morse-Alphabet für die einfache elektrische bzw. drahtlose Kommunikation entwickelt. Die zeichenweise Kodierung eines Alphabets nennt man **Chiffrierung**. In der Regel muß diese Abbildung umkehrbar sein, wobei die Umkehrabbildung als Dekodierung bzw. Dechiffrierung bezeichnet wird.

$$\begin{array}{rl} a \in A & a \text{ ist Zeichen des Alphabets } A \\ b \in B & b \text{ ist Zeichen des Alphabets } B \\ f : A \to B,\ f(a) = b & \text{Chiffrierung mit Chiffrierfunktion } f \\ f^{-1} : B \to A,\ f^{-1}(b) = a & \text{Dechiffrierung mit Umkehrfunktion } f^{-1} \end{array}$$

Beispiele für eine einfache Chiffrierung sind das internationale Buchstabieralphabet (Tabelle 3.1) oder die Brailleschrift (Abb. 3.1) für Blinde.

Tabelle 3.1. Das internationale Buchstabieralphabet

Alpha	**B**ravo	**C**harlie	**D**elta	**E**cho
Foxtrott	**G**olf	**H**otel	**I**ndia	**J**uliette
Kilo	**L**ima	**M**ika	**N**ovember	**O**scar
Papa	**Q**uebec	**R**omeo	**S**ierra	**T**ango
Uniform	**V**ictor	**W**hiskey	**X**-Ray	**Y**ankee
Zulu				

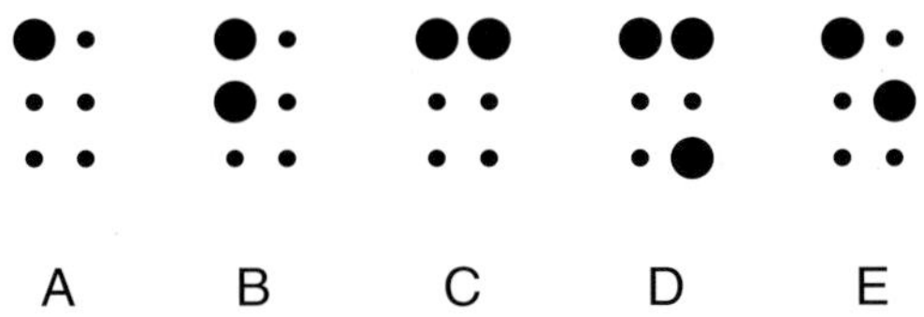

Abb. 3.1. Auszug aus der Brailleschrift

Die Brailleschrift, benannt nach ihrem Erfinder *Louis Braille*, ist zugleich ein Beispiel für eine Kodierung über dem binären Zeichenvorrat $\{0, 1\}$: Jedes Zeichen wird durch eine 3×2 Matrix binärer Zeichen wiedergegeben. Auch der **Morsecode** verwendet eine binäre Darstellung der einzelnen Buchstaben, wobei hier die Länge eines Codes für ein Zeichen von der mittleren Häufigkeit dessen Vorkommens abhängt. Die ersten Fernschreiber zu Beginn des 20.

Jahrhunderts nutzten noch den Morsecode zur Übertragung von Buchstaben. Die Dekodierung erwies sich allerding als wesentlich einfacher, wenn jeder Buchstabe mit einem binären Codewort konstanter Länge kodiert wurde. So wurde der Morsecode schon bald vom 1880 entwickelten **Baudot-Code** abgelöst, der mit seinen 5 Bit pro Zeichen zwei verschiedene Zeichensätze mit zusammen über 60 verschiedenen Zeichen kodieren kann und als **International Telegraph Code No.1** (ITC-1, IA-1, CCITT-1) bekannt wurde. Zusätzlich zu den 26 Zeichen des Alphabets und den 10 Ziffern enthält der Baudot-Code noch Steuerzeichen, die der Formatierung des Schriftsatzes bzw. der Steuerung des Fernschreibers dienen. Eigentlich lassen sich mit 5 Bit nur $2^5 = 32$ Zeichen darstellen, was nicht einmal ausreichen würde, um das Alphabet und die zehn Ziffern zu kodieren. Abhilfe wurde geschaffen durch eine teilweise Doppelbelegung der Codeworte. Um dennoch eine eindeutige Belegung zu gewährleisten, kann vermittels spezieller Steuerzeichen zwischen Buchstaben- und Ziffernmodus umgeschalten werden. Um 1900 wurde ein weiterer 5-Bit Code für Fernschreiber eingeführt, der sogenannte **Murray-Code**, der als **International Telegraph Code No.2** (ITC-2, IA-2, CCITT-2) bekannt wurde und oft fälschlicherweise auch als Baudot-Code bezeichnet wird.

Von großer Bedeutung ist der 7-Bit Fernschreibercode, der 1963 von der ANSI (American National Standards Institute) als **ASCII-Code** (**American Standard Code for Information Interchange**) standardisiert wurde und noch heute als Standardrepräsentationsform für Textinformation in Computern benutzt wird. In der Frühphase der Entwicklung erster kommerzieller Computersysteme bis Ende der 50er Jahre gab es nämlich noch keine standardisierte Zeichenkodierung für Computer. Allein die von IBM um 1960 vertriebenen Rechner benutzten neun verschiedene Buchstabenkodierungen. Als jedoch die Idee der Vernetzung von Computern zunehmend Wirklichkeit wurde, nahm die Nachfrage nach einer einheitlichen Buchstabenkodierung immens zu. 1961 schlug deshalb *Robert Bemer* (*1920), ein Mitarbeiter von IBM die ASCII-Kodierung der ANSI als Standardcode vor, die ihn dann 1963 als Standard verabschiedete.

Allerdings dauerte es weitere 18 Jahre, bis ASCII schließlich als allgemeiner Standard anerkannt wurde. Dies lag an der 1964 von IBM vorgestellten neuen System/360 Rechnerarchitektur, die noch unabhängig und losgelöst vom Standardisierungsprozeß von ASCII eine eigene Form der Kodierung, genannt **EBCDIC** (**Extended Binary Coded Decimals Interchange Code**) verwendete. Aus Kompatibilitätsgründen verwendeten dann auch Folgegenerationen des IBM System/360 die EBCDIC-Kodierung weiter. Bei EBCDIC handelt es sich um eine 8-Bit Kodierung, eine Erweiterung der zuvor bei IBM verwendeten 6-Bit BCD-Kodierung. Aufeinanderfolgende Zeichen im Alphabet werden dabei nicht notwendigerweise mit aufeinanderfolgenden Codes versehen, da die Art der Codierung noch von Holleriths Lochkarten inspiriert war. Von EBCDIC existieren verschiedene Varianten, die untereinander inkompatibel sind. Die amerikanische Variante benutzt weitgehend

binär	**000**	**001**	**010**	**011**	**100**	**101**	**110**	**111**
0000				0	@	P		p
0001			!	1	A	Q	a	q
0010			“	2	B	R	b	r
0011			#	3	C	S	c	s
0100			$	4	D	T	d	t
0101			%	5	E	U	e	u
0110			&	6	F	V	f	v
0111				7	G	W	g	w
1000			(	8	H	X	h	x
1001			)	9	I	Y	i	y
1010			*	:	J	Z	j	z
1011			+	;	K	[	k	{
1100			,	<	L	\	l	|
1101			-	=	M	]	m	}
1110			.	>	N		n	~
1111			/	?	)	_	o	

Abb. 3.2. Auszug aus dem 7-Bit ASCII Code

die gleichen Zeichen wie der ASCII-Code. Einige spezielle Zeichen sind aber in dem jeweils anderen Code nicht enthalten. IBM entwarf insgesamt 57 verschiedene nationale EBCDIC Codes, die jeweils ländertypische Sonderzeichen und Buchstaben enthielten. Erst 1981 stieg IBM dann im Rahmen der Entwicklung ihres ersten Personal Computers auf den ASCII-Code um.
Auch die 7 Bits der ursprünglichen ASCII-Kodierung reichen allerdings nicht aus, um alle internationalen Zeichensätze mit den zugehörigen Sonderzeichen darzustellen. Durch Hinzufügen eines achten Bits führten einige Hersteller eigene proprietäre Kodierungen ein, die die Darstellung diverser Sonderzeichen gestatteten. Ein einheitlicher Standard für verschiedene internationale Zeichensätze auf Basis einer 8-Bit ASCII Kodierung konnte jedoch erst mit der **ISO 8859**-Kodierung erreicht werden.
Eine einheitliche Kodierung für nahezu alle existierenden Alphabete gewährleistet **Unicode**, der 1992 eingeführt und in der Norm **ISO 10646** standardisiert wurde. Unicode verwendet 16 Bits zur Kodierung multilingualer Zeichen und umfaßt auch Codes für indische oder chinesische Symbole, da ein Zeichenvorrat von 2^{16}=65.536 Zeichen zur Verfügung stand. Unicode umfaßt neben einer Vielzahl nationaler Landesalphabete auch zusätzliche typographische Symbole und nationale Sonderzeichen.
Unicode hielt auch im WWW bereits Einzug: im RFC 2070 wurde die WWW-Sprache HTML für die Unterstützung von Unicode vorbereitet und RFC 2077 empfiehlt die Unterstützung von ISO 10646 für alle neuen Internet Protokolle. Aus Gründen der Kompatibilität mit dem alten ASCII-Code startet der Zeichenvorrat von Unicode mit den Codes der herkömmlichen ASCII-Kodierung und den ISO 8859-1 Symbolen. Danach folgen 16-Bit Codeworte, gefolgt von einer 20-Bit Erweiterungszone, die all das aufnehmen soll, was nicht in die 16-Bit Kodierung hineinpaßt. Mit **UTF-8** wurde eine Transformationsvorschrift

mit in den Standard aufgenommen, die alle ASCII-Zeichen transparent passieren läßt und alle anderen Zeichen in eine eindeutige 8-Bit Zeichensequenz überträgt.
Da die zur Verfügung stehende Bandbreite des verwendeten Kommunikationsmediums die übertragbare Datenmenge beschränkt, wurden bereits sehr früh Verfahren entwickelt, um die in einer Nachricht enthaltene Redundanz zu minimieren und auf diese Weise die vorhandene Bandbreite so effizient wie möglich nutzen zu können. Die zum Einsatz kommenden Techniken werden als **Komprimierungs**-Verfahren (Verdichtung) bezeichnet und werden oft für Textdateien oder multimediale Daten eingesetzt. Sie versprechen insbesondere dann einen Vorteil, wenn z.B. in Textdateien bestimmte Zeichen häufiger als andere vorkommen, oder Grafiken große, zusammenhängende homogene Flächen enthalten bzw. umfangreiche Wiederholungen von identischen Mustern auftreten. Die Platzeinsparung variiert bei den verschiedenen Komprimierungsmethoden in Abhängigkeit von den Merkmalen der zu komprimierenden Datei. Für Textdateien sind z.B 20% bis 50% Einsparung ein typischer Wert, während bei Grafikdateien oft Einsparungen von 50% bis 90% erzielt werden können. Bei Dateitypen, die weitgehend aus zufälligen Bitmustern bestehen, kann mit Komprimierungsverfahren allerdings nur wenig gewonnen werden.

Prinzipiell lassen sich verschiedene Arten der Komprimierung unterscheiden, die nicht von der Art des zu komprimierenden Mediums abhängen, sondern allgemeine Gültigkeit besitzen:

- **Logische/physikalische Komprimierung**
  Logische bzw. semantische Komprimierung wird erreicht durch fortlaufende logische Substitution, d.h. durch Ersetzung eines alphanumerischen oder binären Symbols durch ein anderes. Beispielsweise kann der Ausdruck „United States of America“ durch „USA“ ersetzt werden. Logische Komprimierung kann nur auf Daten oberhalb des Abstraktionsniveaus von alphanumerischen Zeichen sinnvoll angewendet werden und basiert ausschließlich auf Information, die in den zu komprimierenden Daten enthalten ist. Komprimierungsalgorithmen kodieren die darzustellende Information in einer Art und Weise, die möglichst wenig Redundanz besitzt. Physikalische bzw. syntaktische Komprimierung kann auf vorgegebene Daten angewendet werden, ohne daß die in den Daten enthaltene Information genutzt wird. Es wird also nur eine Kodierung durch eine andere, kompaktere ausgetauscht. Die komprimierten Daten können auf mechanische Weise wieder in die Ausgangsdaten dekodiert werden, allerdings ist der Zusammenhang zwischen Ausgangsdaten und komprimierten Daten im Allgemeinen nicht offensichtlich. Alle im Folgenden vorgestellten Komprimierungsverfahren gehören zu den physikalische Komprimierungsverfahren.
- **Symmetrische/asymmetrische Komprimierung**
  Bei den symmetrischen Komprimierungsmethoden besitzen Enkodierungs-

algorithmus und Dekodierungsalgorithmus in etwa dieselbe Berechnungskomplexität. Anders sieht es bei den asymmetrischen Komprimierungsmethoden aus. Dort ist die Berechnungskomplexität der beiden Algorithmen deutlich unterschieden. Asymmetrische Komprimierungsverfahren machen dann Sinn, wenn eine aufwendige Kodierung während der Kompression nur ein einziges Mal durchgeführt wird, während eine Dekodierung bei jedem Zugriff auf die komprimierten Daten zu erfolgen hat und daher wesentlich häufiger ausgeführt werden muß.

- **Adaptive/semiadaptive/nichtadaptive Komprimierung**
  Viele Komprimierungsverfahren, wie z.B. die **Huffmann-Kodierung** dienen ausschließlich der Komprimierung bestimmter Medienformate und verwenden deshalb formatspezifische Information, die in sogenannten Wörterbüchern vorgehalten wird. Nicht-adaptive Verfahren benutzen ein statisches Wörterbuch vorgegebener Muster, die bekanntermaßen in der zu komprimierenden Information sehr häufig auftreten. So könnte ein nichtadaptives Komprimierungsverfahren für die deutsche Sprache ein Wörterbuch mit vordefinierten Zeichenketten für die Wörter "und, oder, der, die, das" enthalten, da diese sehr häufig in der deutschen Sprache auftreten. Adaptive Komprimierungsverfahren, wie z.B. das LZW-Verfahren, bauen bei jeder Anwendung ein eigenes Wörterbuch häufig vorgefundener Muster auf und basieren nicht auf vordefinierten, anwendungsspezifischen Musterwörterbüchern. Semiadaptive Komprimierungsverfahren stellen eine Mischform aus beiden Verfahren dar. Sie arbeiten für gewöhnlich in zwei getrennten Arbeitsschritten, in denen zuerst ein Wörterbuch über die zu komprimierenden Daten aufgebaut wird, und die Kodierung in einem darauf aufbauenden, zweiten Arbeitsschritt erfolgt.
- **Verlustfreie und verlustbehaftete Komprimierung**
  Verlustfreie Komprimierungsverfahren führen die Kodierung und die Dekodierung der zu komprimierenden Daten so aus, daß die ursprünglichen Daten nach Ausführung beider Verarbeitungsschritte wieder unverändert vorliegen. Die in den zu komprimierenden Daten enthaltene Information bleibt absolut vollständig erhalten. Verlustbehaftete Komprimierungsverfahren dagegen versuchen, eine höhere Komprimierungsrate zu erreichen, indem sie auf Teile der zu komprimierenden Information verzichten, die für den vorgesehenen Verwendungszweck als weniger wichtig angesehen werden. So verzichten verlustbehaftete Komprimierungsverfahren z.B. in der Audio-Komprimierung darauf, Töne und Tonfolgen zu speichern, die das menschliche Ohr nicht wahrnehmen kann. Verlustbehaftete Komprimierungsverfahren für Bilddaten ermitteln mit Hilfe heuristischer Methoden, wie eine maximale Komprimierung erreicht werden kann, wobei gleichzeitig darauf geachtet wird, das möglichst wenig von der vorhandenen visuellen Information verloren geht.

Exkurs 1: Einfache Verfahren der Datenkomprimierung

Lauflängenkodierung - (Run Length Encoding, RLE)
Der einfachste Typ der Redundanz in einer Textdatei sind lange Folgen sich wiederholender Zeichen. Betrachten wir z.B. eine einfache Folge von Zeichen:

AAAADEBBHHHHHCAAABCCCC

Diese Zeichenfolge läßt sich in einer kompakteren Form kodieren, indem jede Folge sich wiederholender Zeichen durch die Anzahl der Wiederholungen und die einmalige Angabe dieses Zeichens ersetzt wird. D.h. die obige Zeichenfolge würde dann kodiert werden durch

4ADEBB5HC3AB4C

Diese Form der Kodierung wird als **Lauflängenkodierung** (Run Length Encoding) bezeichnet. Lauflängenkodierung für ein einzelnes Zeichen bzw. für zwei gleiche Buchstaben wäre natürlich nicht rentabel, da für die Kodierung zwei Zeichen benötigt würden. Es können recht hohe Komprimierungsraten erzielt werden, wenn lange Folgen des selben Zeichens auftreten.
Bei der Kodierung von Binärdaten, wie sie etwa in den unterschiedlichen Medienformaten vorliegen, kommt eine verfeinerte Variante dieser Methode zum Einsatz, wobei die Tatsache ausgenutzt wird, daß diese Daten nur aus den binären Werten 0 und 1 zusammengesetzt sind, so daß es nur auf den Wechsel dieser Werte ankommt und das Abspeichern der eigentlichen 0- und 1-Werte entfallen kann. Diese Methode arbeitet effizient, wenn lange Folgen von 0- oder 1-Werten auftreten, denn es kann nur dann Platz bei der Kodierung eingespart werden, wenn die Anzahl der Zeichen einer Folge weniger Platz benötigt, als die Anzahl der Bits, die benötigt werden, um die Länge dieser Folge als Binärzahl darzustellen. Kein Lauflängenverfahren arbeitet effizient, wenn die Längen der Wiederholungen zu kurz ausfallen.

Kodierung mit variabler Länge
Die nun vorgestellte Methode der Kompression eignet sich besonders gut für Textdateien. Ihre Idee besteht darin, von der herkömmlichen Verfahrensweise abzuweichen, alle Zeichen mit einem Code fester, vorgegebener Länge zu kodieren, sondern Zeichen, die häufig im Text auftreten, werden kürzere Codeworte zugeordnet als Zeichen, die nur selten vorkommen. Angenommen, die nachfolgende Zeichenfolge soll kodiert werden:

ABRAKADABRA

Mit einer Standardkodierung, die für jeden Buchstaben des Alphabets einen 5-Bit Code verwendet, z.B. dem i-ten Buchstaben des Alphabets einfach die Binärdarstellung der Zahl i zuordnet, ergibt sich die Bitfolge

00001 00010 10010 00001 01101 00001 00100 00001 00010 10010 00001

Zur Dekodierung werden jeweils 5 Bit gelesen und gemäß der Kodierungsanleitung in die entsprechenden Buchstaben umgewandelt. Hier wird der Buchstabe **A** ebenso mit einer fünfstelligen Bitfolge kodiert wie der Buchstabe **K**, der im Schlüsseltext nur einmal vorkommt. Eine Platzeinsparung läßt sich erzielen, wenn häufig verwendete Buchstaben mit weniger Bits verschlüsselt werden, um so die Gesamtzahl der für die Zeichenfolge benutzten Bits zu minimieren. So kann die vorgegebene Zeichenfolge folgendermaßen verschlüsselt werden: Die zu kodierenden Buchstaben werden angeordnet entsprechend der Häufigkeit ihres Vorkommens. Die beiden erstplazierten Buchstaben werden mit einer Bitfolge der Länge 1 kodiert. Die nachfolgenden Buchstaben werden mit jeweils 2 Bit, anschließend mit jeweils 3 Bit langen Folgen kodiert usw. D.h. **A** kann mit **0**, **B** durch **1**, **R** durch **01**, **K** durch **10** und **D** durch **11** kodiert werden:

0 1 01 0 10 0 11 0 1 01 0

Bei dieser Kodierung müßten allerdings zusätzlich auch noch Begrenzer (im Beispiel Leerzeichen) zwischen den einzelnen Buchstaben kodiert werden, da sonst mehrdeutige Interpretationen des Codewortes möglich sind. Mehrdeutigkeiten lassen sich vermeiden, wenn bei der Kodierung darauf geachtet wird, daß kein Code mit der Bitfolge eines anderen Codes beginnt. Solche Codes werden auch als **präfixfreie Codes** bezeichnet. Beispielsweise können wir **A** mit **11**, **B** mit **00**, **R** mit **10**, **K** mit **010** und **D** mit **011** verschlüsseln:

110010110101101111001011

Die ursprünglich 55 Bit umfassende Standardkodierung konnte also durch die Kodierung mit variabler Codewortlänge auf nur 24 Bit reduziert werden.
Präfixfreie Kodierungen lassen sich auch sehr anschaulich mit Hilfe eines Binärbaums darstellen, dessen Blätter mit den zu kodierenden Buchstaben belegt sind. Ausgehend von der Wurzel gibt der Pfad zu einem Buchstaben das diesem Buchstaben zugeordnete Codewort an. Verzweigt der Pfad an einem inneren Knoten nach links, so wird dem Code das Bit **0** hinzugefügt, verzweigt er nach rechts, so kommt das Bit **1** hinzu (siehe Abb. 3.3).

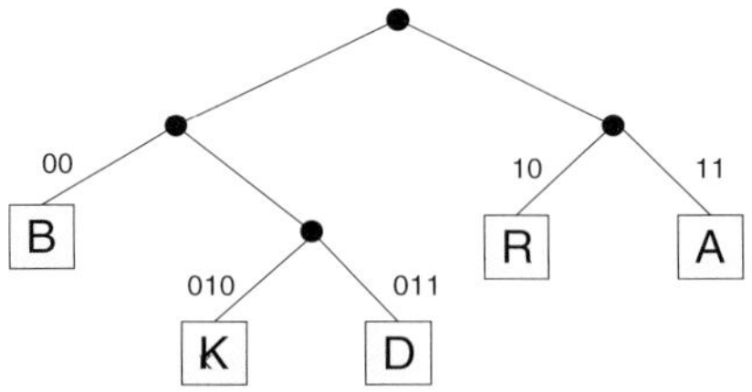

Abb. 3.3. Präfixfreie Kodierung in Binärbaumdarstellung

Mit Hilfe von Baumdarstellungen lassen sich einfach Kodierungen gewinnen, bei denen sichergestellt ist, daß keine der verwendete Bitfolgen der Anfang eines anderen Codes ist.

Huffmann Kodierung

Es ergibt sich die Frage, wie man einen möglichst effizienten Code variabler Länge gewinnen kann. Dazu eignet sich das 1952 von David A. Huffmann (1925–1999) entwickelte Verfahren, die nach ihm benannte **Huffmann Kodierung**.
Die optimale Kodierung für eine Textdatei läßt sich stets in einem Binärbaum darstellen, dessen innere Knoten immer zwei Nachfolger besitzen, d.h. wenn die Menge A alle zu kodierenden Buchstaben repräsentiert, dann besitzt der Baum für einen optimalen präfixfreien Code für A genau |A| Blattknoten und |A|-1 innere Knoten.
Betrachten wir einen Baum T, der einem vorgegebenen präfixfreien Code entspricht, dann kann die Anzahl der Bits zur Kodierung einer vorgegebenen Datei einfach berechnet werden. Bezeichne $f(c)$ die Häufigkeit, mit der ein Zeichen c des gegebenen Alphabets A in unserer Datei vorkommt. $d_T(c)$ bezeichne die Tiefe des Blattknotens für das Zeichen c im Binärbaum T, was übrigens der Länge des Codewortes für c entspricht. Die Anzahl der zur Kodierung einer Datei benötigten Bits $B(T)$ ergibt sich zu

$$B(T) = \sum_{c \in A} f(c) d_T(c).$$

Das von Huffmann entwickelte Verfahren zur Konstruktion eines optimalen präfixfreien Codes arbeitet in sogenannter bottom-up Manier, d.h. es beginnt von unten mit einer Menge von |A| (unzusammenhängenden) Blattknoten und führt eine Reihe von |A|-1 Verschmelzungsoperationen durch, um einen Ergebnisbaum zu konstruieren.

Die Blattknoten tragen neben dem Buchstaben $c \in A$, den sie repräsentieren auch noch dessen Häufigkeit $f(c)$ innerhalb der zu kodierenden Datei. Als nächstes werden die beiden Knoten c_1 und c_2, die die kleinsten Häufigkeitsangaben enthalten ausgewählt und es wird ein neuer Knoten c_{neu} erzeugt, der mit der Summe aus den beiden Häufigkeiten $f(c_{neu}) = f(c_1) + f(c_2)$ markiert und mit den beiden ausgewählten Knoten als Nachfolger verbunden wird. Die Knoten c_1 und c_2 werden aus der Menge A herausgenommen, während der neue Knoten c_{neu} darin aufgenommen wird. Indem auf dieselbe Weise fortgefahren wird, entstehen immer größere Unterbäume und die Anzahl der in A befindlichen Knoten wird immer kleiner. Am Ende sind alle Knoten zu einem einzigen Baum miteinander verbunden. Knoten mit geringer Häufigkeit sind dann am weitesten vom Wurzelknoten entfernt, d.h. ihnen wird auch das längste verwendete Codewort zugeteilt, während sich Knoten großer Häufigkeit nahe dem Wurzelknoten befinden und dementsprechend kurze Codeworte besitzen. Aus dem so erzeugten Baum ergibt sich direkt der Huffmann-Code (siehe Abb. 3.4).

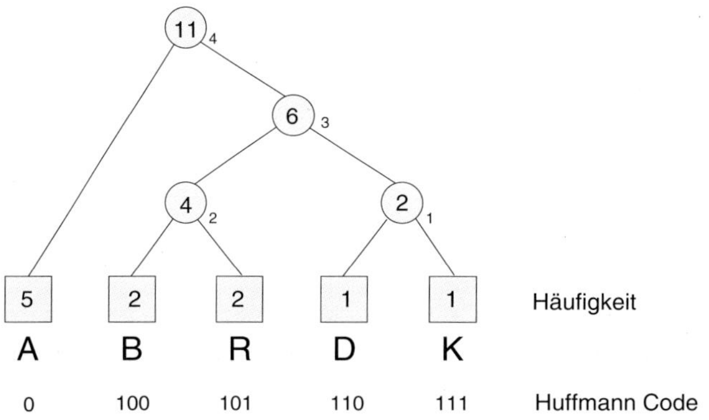

Abb. 3.4. Huffmannkodierung in Binärbaumdarstellung

Mit Hilfe vollständiger Induktion kann gezeigt werden, daß die Huffmann Methode tatsächlich einen optimalen präfixfreien Code erzeugt.

Weiterführende Literatur

D. A. Huffmann: A Method for the Construction of Minimum-Redundancy Codes, in Proc. of the IRE, 40(9), pp. 1098-1101, 1952.

T. H. Cormen, C. E. Leiserson, R. L. Rivest: Introduction to Algorithms, MIT Press, Cambridge MA, USA, 1996.

3.3 Grafik - Datenformate und Komprimierung

Graphische Daten, die in einem Computer dargestellt und verarbeitet werden sollen, werden traditionell aufbereitet in Form von **Vektorgrafiken** oder **Bitmapgrafiken** (oft auch als Rastergrafik bezeichnet).
Bei Vektorgrafiken werden Linien, Polygone oder Kurven durch die Angabe bestimmter Schlüsselpunkte charakterisiert. Ein Programm rekonstruiert

aus diesen Schlüsselpunkten die darzustellende geometrische Figur. Zusätzlich werden diese Schlüsselpunkte mit bestimmten Attributinformationen, wie z.B. Farbe oder Linienstärke ausgestattet. Historisch entwickelte sich die Vektorgrafik im Zusammenhang mit der Entwicklung von **Plottern** als grafische Ausgabegeräte für Computer. Bei einem Plotter werden ein oder mehrere Stifte vorgegebenen Koordinatenwerten folgend über eine Zeichenebene geführt. Bitmapgrafiken setzen sich zusammen aus einer Menge numerischer Werte, die Farb- und Helligkeitsinformationen einzelner Bildpunkte (**Pixel**) oder ganzer Bildelemente wiedergeben. Pixel sind Bildpunkte einer bestimmten Farbe, die in einer der Bemaßung des Bildes entsprechenden Matrix angeordnet sind. Historisch gesehen, steht die Bitmap- oder Rastergrafik mit der Entwicklung der **Kathodenstrahlröhre** (Cathod Ray Tube, CRT) als grafischem Ausgabegerät im Zusammenhang. Um ein Bild, das auf einem solchen Bildschirm ausgegeben wird, durch seine einzelnen Bildpunkte darzustellen, werden diese in einer bestimmten Farbe und Helligkeit beleuchtet.
Obwohl es inzwischen Bestrebungen gibt, auch Vektorgrafiken im WWW einzusetzen, beschränken wir uns in dieser kurzen Darstellung auf einige der wichtigsten Datenformate aus dem Bereich der Bitmapgrafik.
Bei der effizienten Speicherung von Grafikdaten müssen die folgenden wichtigen Eigenschaften berücksichtigt werden, die eine Grafik charakterisieren:

- **Bildauflösung (Picture Resolution)**
  Die Bildauflösung wird durch die Anzahl der Bildpunkte entlang der x-Achse und der y-Achse bestimmt.
- **Farbtiefe (Color Depth)**
  Die Farbtiefe bestimmt die Anzahl der Farben, mit denen ein Bildpunkt eingefärbt werden kann. Sie wird als Logarithmus $\log(c)$ über die tatsächliche Anzahl der möglichen Farben c angegeben (z.B. Farbtiefe 8 entspricht $2^8 = 256$ Farben), also der Anzahl der Bits, die benötigt werden, um die Farbe eindeutig zuzuordnen. Von einer Echtfarbdarstellung kann ab einer Farbtiefe von 24 Bit gesprochen werden. Moderne bildverarbeitende Systeme erlauben sogar eine 32 Bit bzw. 48 Bit tiefe Farbdarstellung.
- **Farbpalette (Palette Size)**
  Einige Grafiksysteme beschränken die Anzahl der zur Angabe von Farben zur Verfügung stehenden Bits. Dabei wird von vorne herein eine Farbpalette mit einer reduzierten Anzahl von Farben festgelegt, aus denen dann das Bild aufgebaut werden kann.

In einer Bitmapgrafik werden die einzelnen Bildpunkte im einfachsten Fall nebeneinander innerhalb einer Zeile und die Zeilen in aufeinanderfolgender Reihe abgespeichert. Entsprechend der darzustellenden Farbtiefe wird für einen einzelnen Bildpunkt unterschiedlich viel Speicherplatz benötigt. Reicht in einem monochromen Bild ein einzelnes Bit für einen Bildpunkt, so werden für eine sogenannte Echtfarbdarstellung mindestens 24 Bit pro Bildpunkt benötigt.

Farbe und Farbsysteme
Die Erkenntnis, daß Farben nichts anderes als die Bestandteile des weißen Lichts sind, wurde mit Untersuchungen an **Prismen** gewonnen und von dem böhmischen Physiker Marcus Marci (1595–1667) erstmals 1648 dokumentiert. Farben unterschiedlicher Wellenlänge werden an einem Prisma mit unterschiedlichen Winkeln gebrochen (**chromatische Aberration**). Darauf aufbauend experimentierte auch der englische Physiker Isaac Newton mit Prismen und veröffentlichte 1672 seine Ergebnisse. Langwelliges Licht entspricht der Farbe Rot, kurzwelliges Licht der Farbe Violett. Dazwischen liegen Orange, Gelb, Grün, und Blau (in dieser Reihenfolge). Man bezeichnet Licht als **monochromatisches Licht**, wenn es nur eine einzige Wellenlänge aufweist. Newton bog das Band der erzeugten Spektralfarben zu einem in sieben Sektoren – Rot, Orange, Gelb, Grün, Cyanblau, Ultramarin, Violettblau – unterteilten Kreis zusammen. In die Mitte dieses **Farbkreises** stellte er die Farbe Weiß, da diese sich ja aus der Mischung aller beteiligten Farben zusammensetzt.
Allerdings setzte sich dieses Konzept nur zaghaft durch. Noch über hundert Jahre später polemisierte Johann Wolfgang von Goethe gegen Newtons Konzept des Farbkreises. 1801 veröffentlichte der englische Arzt und Physiker Thomas Young (1773–1829) seine **3-Farben Theorie** (trichromatisches Sehen), in der er davon ausging, daß die menschliche Retina nur in der Lage ist, drei Grundfarben wahrzunehmen (ausgehend von den unterschiedlichen Typen der Rezeptoren). Der schottische Physiker James Clerk Maxwell zeigte dann 1859, daß sich tatsächlich alle Farben durch eine Mischung dreier Komponenten erzeugen lassen, sofern sich diese zusammen zu weiß ergänzen, d.h. im Spektrum also weit genug voneinander entfernt liegen (wie z.B. Rot, Grün, Blau). Der erste, der auf den Unterschied der additiven und subtraktiven Farbmischung aufmerksam machte, war der deutsche Physiker Hermann von Helmholtz (1821–1894), der in seinem „Handbuch zur physiologischen Optik“ 1867 die nach ihm benannten **Helmholtz-Koordinaten** (Helligkeit, Farbton und Sättigung) vorstellte.
Eine erste wirklich objektive Farbbestimmung wurde durch die 1931 von der Internationalen Beleuchtungskommision (Commission Internationale d'Eclairage, CIE) festgelegten **Farbnormtafeln** möglich. Subjektive Beobachter mischten dabei solange drei Elementarfarben (mit monochromatischem Licht), bis eine visuelle Übereinstimmung mit einer vorgegebenen Spektralfarbe erreicht war. Für jede Elementarfarbe ergab sich so ein Zahlenwert und mit den drei Zahlenwerten konnte die vorgegebene Farbe eindeutig beschrieben werden. Durch geeignete Umformung und Skalierung lassen sich diese drei Koordinaten in ein zwei-dimensionales Koordinatensystem abbilden (siehe Abb. 3.6). In diesem Koordinatensystem liegen alle von einem normalsichtigen Menschen wahrnehmbaren Farben innerhalb eines zungenähnlichen Gebildes, dessen Rand durch die reinen Spektralfarben vorgegeben ist. Weitere Farbebenen entstehen dann durch Verringerung der Helligkeitskomponente.

Abb. 3.5. Farbe und Farbsysteme

Farbe, wie der Mensch sie wahrnehmen kann, ist nichts anderes als Licht unterschiedlicher Wellenlänge. Das weiße Licht, wie wir es aus unserem täglichen Leben kennen, besteht aus einer Vermischung unterschiedlichster Lichtfrequenzen, die innerhalb des für den Menschen wahrnehmbaren Bereichs von etwa 380 nm bis 700 nm liegen. Farbe kommt erst dadurch zustande, daß dieses weiße Licht in Einzelbestandteile fester bzw. ähnlicher Frequenz zerlegt wird bzw. bei Reflektion an bestimmten Gegenständen bestimmte Frequenzen bevorzugt und andere unterdrückt bzw. absorbiert werden.

Das menschliche Auge kann allerdings jeweils nur eine beschränkte Anzahl von Farben wahrnehmen. Simultan lassen sich bis zu 10.000 Farben gleichzeitig unterscheiden.
Zur Repräsentation der Farben im Computer existieren verschiedene mathematische **Farbmodelle**. Bereits Aristoteles ordnete Farben systematisch an, indem er sie auf einer Palette zwischen Schwarz und Weiß aneinanderreihte. Nach ihm versuchten sich noch viele Wissenschaftler und Künstler durch die Jahrhunderte an einer Systematisierung der Farben. Die entwickelten Farbsysteme versuchen alle, die Farben dergestalt anzuordnen, daß sie über eine geometrische Anordnung beschrieben werden können, oder eine Anleitung zum Mischen neuer Farben zu geben.

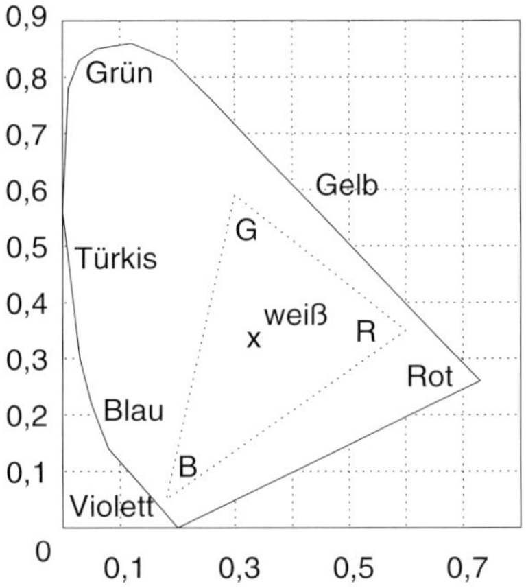

Abb. 3.6. Normfarbtafel

Prinzipiell unterscheidet man dabei **additive** und **subtraktive Farbmodelle**. In einem additiven Farbmodell werden Farben zur Grundfarbe Schwarz hinzugemischt, um neue Farben zu erzeugen. Je mehr Farben hinzugefügt werden, desto mehr tendiert die Farbmischung zur Farbe weiß. In additiven Farbmodellen sind die jeweiligen Farben selbstleuchtend, wie z.B. die Farben, die auf einem handelsüblichen Kathodenstrahlmonitor dargestellt werden.
Ein subtraktives Farbmodell arbeitet in der entgegengesetzten Weise. Im Prinzip werden dabei einzelne Farben von der Grundfarbe weiß abgezogen, um neue Farben zu erzeugen. Je mehr Farben dabei abgezogen werden, desto mehr tendiert die Farbmischung zu schwarz. Aus einer anderen Sicht betrachtet, repräsentiert schwarz in einem subtraktiven Farbmodell die totale Absorption des vorhandenen Lichts durch die Farbpigmente. Subtraktive Farbmodelle basieren auf Reflektion. Die von uns wahrgenommene Farbe ergibt sich aus der Reflektion des Lichts einer externen Lichtquelle, wie z.B. bei den auf ein Blatt Papier gedruckten Farben.
Die gebräuchlichsten Farbmodelle sind in Abb. 3.7 und Abb. 3.8 zusammengestellt. Keines dieser Farbsysteme arbeitet in der Praxis perfekt. So sollte

in einem subtraktiven Farbmischverfahren eine Mischung aller Farben ein perfektes Schwarz ergeben, was sich aber in der Praxis durch die Unzulänglichkeit der verwendeten Tinten eher als sehr dunkles Braun darstellt.

3.3.1 Varianten der Lauflängenkodierung für Grafikdaten

Bild- oder Grafikdaten werden in der Regel in einem sequentiellen Prozeß komprimiert. Dazu wird das 2-dimensionale Bild in einen 1-dimensionalen Datenstrom, bestehend aus den Farbinformationen der einzelnen Bildpunkte zerlegt. Dies kann zeilenweise von links oben nach rechts unten (X-Axis Encoding), spaltenweise in derselben Reihenfolge (Y-Axis Encoding) oder sogar diagonal in abwechselnder Richtung (Zig-Zag-Encoding) erfolgen.
Lauflängenkodierungen (RLE, siehe Exkurs 1) für Grafikdateien sind in der Regel verlustfrei. Das Verfahren entspricht im Wesentlichen dem bereits vorgestellten Verfahren für Textdateien. Unabhängig vom gewählten Farbmodell werden die Farbwerte der einzelnen Bildpunkte durch eine Anzahl numerischer Werte angegeben. Diese numerischen Werte können als Binärzahl dargestellt werden und bilden so fortlaufend aneinandergereiht einen einzigen langen Bitstring. Auftretende zusammenhängende Gruppen von 0en und 1en können wie gehabt zusammengefaßt werden. So kann der Bitstring 0111110010010000011100011 verkürzt als 05100100150313011 geschrieben werden. Je länger dabei die zusammenhängenden Gruppen sind, desto höher ist der Grad der Komprimierung. Eine zusammenhängende Gruppe von identischen Bits läßt sich dann bezogen auf die ursprüngliche Speichergröße auf nur logarithmischem Raum zusammenfassen. Diese Art der Kodierung wird als **Bit-Level Lauflängenkodierung** bezeichnet.
Im Gegensatz dazu berücksichtigt die **Byte-Level Lauflängenkodierung** identische Byte-Werte der zu kodierenden Bildinformation und nimmt keine Rücksicht auf einzelne Bits oder Bitgruppen. Am verbreitetsten sind dabei Verfahren, die zusammenhängende Gruppen identischer Bytes in einem 2-Byte Paket kodieren, wobei das erste Byte die Anzahl der Wiederholungen und das zweite Byte den betreffenden Bytewert angibt.
Auf einem höher gelegenen Abstraktionslevel setzt die sogenannte **Pixel-Level Lauflängenkodierung** an. Diese wird dann angewendet, wenn zwei oder mehr Bytes zur Speicherung des Farbwertes eines Pixels verwendet werden. Um diese Verfahren in ihrer Effizienz noch weiter zu erhöhen, werden verschiedene spezielle Tricks angewendet. Wiederholt sich in einer Bilddatei etwa eine komplette Zeile, dann reicht es aus, diese Wiederholung durch ein spezielles, reserviertes Codewort zu kennzeichnen, was zu einer beträchtlichen zusätzlichen Platzersparnis führt.

3.3.2 LZW-Verfahren

Eine der gebräuchlichsten Komprimierungsmethoden für Grafikdaten ist das sogenannte LZW-Verfahren, benannt nach seinen drei Urhebern *Abraham*

RGB (Red-Green-Blue, Rot-Grün-Blau)

RGB stellt das heute am weitesten verbreitete Farbsystem für Grafikformate dar. Es ist ein additives Farbmischsystem, in dem jeweils wechselnde Anteile der Grundfarben Rot (R, Wellenlänge $\lambda = 700$ nm), Grün (G, $\lambda = 546{,}1$ nm) oder Blau (B, $\lambda = 435{,}8$ nm) additiv zum anfänglichen Schwarz hinzugemischt werden, um neue Farben zu erzeugen. Bei G und B handelt es sich um Linien des Quecksilberspektrums, während R das langwellige Ende des sichtbaren Lichts darstellt. Diese drei Komponenten können als linear unabhängige Vektoren betrachtet werden, die einen dreidimensionalen Farbraum aufspannen, der durch den RGB-Farbwürfel veranschaulicht wird.

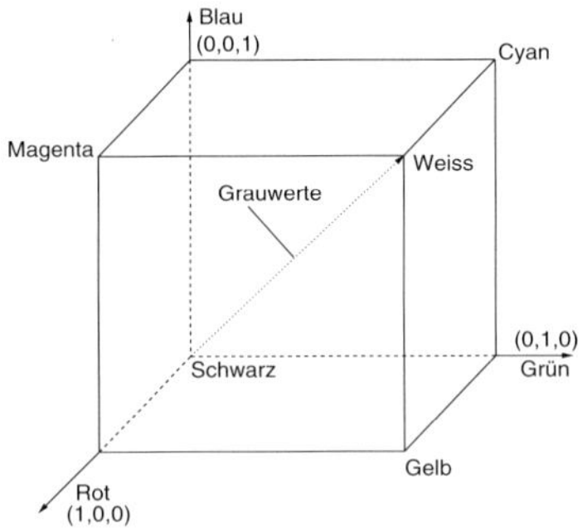

Grafikdatenformate nutzen zur Darstellung eines Pixels im RGB-Farbsystem ein Farb-Tripel (r,g,b) numerischer Werte, die den jeweiligen Farbanteil der Grundfarben für das Pixel festlegen. Bei einer 24 Bit Echtfarbdarstellung repräsentiert z.B. das Tripel (0,0,0) die Farbe Schwarz und (255,255,255) die Farbe Weiß. Tragen alle drei RGB-Anteile denselben numerischen Wert - also z.B. (66,66,66) - so liegen diese auf einer Diagonalen im RGB-Würfel und die resultierende Farbe ergibt stets eine bestimmte Graustufe.

CMY (Cyan-Magenta-Yellow, Cyan-Magenta-Gelb)

CMY ist ein subtraktives Farbsystem, das von Druckern und in der Fotografie genutzt wird und auf einer weißen Oberfläche arbeitet. Annähernd alle Geräte, die auf dem Prinzip des Auftragens von Farbpigmenten auf einer weißen Oberfläche arbeiten, benutzen das CMY-Verfahren. Wird die bedruckte Oberfläche beleuchtet, so absorbiert jede der drei verwendeten Grundfarben anteilig die ihr zugeordnete Komplementärfarbe des einfallenden Lichts: Cyan absorbiert Rot, Magenta absorbiert Grün und Gelb absorbiert Blau. Durch Erhöhung des Gelbwertes wird z.B. der Anteil des im Bild wahrnehmbaren Blaus verringert. Werden alle Farbanteile aus dem einfallenden Licht durch eine Mischung aller Farben absorbiert, dann resultiert Schwarz. In der Praxis hat sich allerdings das sogenannte CMYK (K steht für die Farbe Schwarz) durchgesetzt, da durch die Mischung der drei Grundfarben kein perfektes Schwarz erreicht werden konnte. Daher wird in diesem Modell zusätzlich schwarze Tinte verwendet, die als weitere Grundfarbe betrachtet wird und deren Einsatz in der Regel eine Kosteneinsparung bewirkt. CMYK-Farben werden als numerisches Tripel oder Quadrupel angegeben. So stellt das Tripel (255,255,255) in einem 24 Bit Echtfarbsystem etwa die Farbe Schwarz dar und (0,0,0) die Farbe Weiß. Oft werden allerdings in vielen Farbmischsystemen auch nur Prozentangaben für die anteilig verwendeten Grundfarben angegeben, die zwischen 0 und 100 liegen.

Abb. 3.7. Gebräuchliche Farbmodelle

HSV (Hue-Saturation-Value, Farbton-Sättigung-Intensität)

Das HSV-Farbsystem ist ein Vertreter der Farbsysteme, die Farbeigenschaften variieren, um neue Farben zu erzeugen, anstelle eine Mischung der Farben selbst zu verwenden. Hue bestimmt dabei den Farbton im eigentlichen Sinn, wie z.B. rot, orange, blau, etc. Saturation bestimmt den Anteil der Farbe Weiß im gewählten Farbton. Ein voll gesättigter Farbton, d.h. Saturation 100%, beinhaltet kein Weiß und erscheint als reiner Farbton. Wählt man z.B. den Farbton Rot mit einer Sättigung von 50%, so ist die resultierende Farbe Rosa. Value dagegen bezeichnet den Grad der Eigenleuchtkraft (Selbstlumineszenz) eines Farbtons, d.h. wieviel Licht der Farbton emittiert. Ein Farbton mit hoher Eigenleuchtkraft erscheint hell, während ein Farbton mit nur geringer Eigenleuchtkraft dunkel erscheint.
HSV ähnelt damit stark dem Farbmischsystem, das von Malern angewendet wird, wenn diese zu einem reinen Farbton durch Zumischung von Weiß, Schwarz oder Grau verschiedene Abstufungen erzielen. Es existieren eine Reihe sehr ähnlicher Farbmodelle, die einen Farbton (Hue) durch die Variation zweier anderer Eigenschaften verändern, so z.B.:

- **HLS** - Hue, Lightness, and Saturation,
- **HSI** - Hue, Saturation, and Intensity,
- **HBL** - Hue, Brightness, and Luminosity.

YUV (Y-Signal, U-Signal, and V-Signal)

Das YUV-Farbmodell gehört zu einer Familie von Farbmodellen, die sich von den übrigen Farbmodellen durch die Trennung von Bildhelligkeit und Farbdifferenz unterscheidet. Über eine einfache Transformation lassen sich die RGB-Komponenten eines Farbbildes in ihr entsprechendes YUV-Gegenstück umrechnen. Historisch gesehen sind die YUV-Farbmodelle eng mit der Entwicklung des Farbfernsehens verknüpft. Beim Übergang vom Schwarz-Weiß-Fernsehen zum Farbfernsehen war es aus Gründen der Kompatibilität erforderlich, ein Verfahren zu finden, das es ermöglichte, die alten Schwarz-Weiß-Empfänger weiterzubenutzen und durch zusätzliche Übertragung der Farbkomponente das Farbfernsehen zu ermöglichen. Man trennte also die Helligkeit (Luminanz) (Y-Komponente) von dem Farbanteil (Chrominanz) (U- und V-Komponente). Das menschliche Auge besitzt unterschiedliche Empfindlichkeit bzgl. der Helligkeits- und Farbauflösung, so daß diese Art der Trennung der Komponenten eine gleichzeitige Anpassung der Auflösung der Komponenten an die menschliche Wahrnehmung ermöglichte.
Man unterscheidet innerhalb der Familie dieser Farbmodelle grundsätzlich drei Modelle:

- **YUV** - Dieses Modell findet im PAL-Fernsehstandard seinen Einsatz.
- **YIQ** - Dieses Modell wird im konkurrierenden NTSC-Farbfernsehsystem verwendet, das hauptsächlich in Nordamerika und Japan verwendet wird. Der einzige Unterschied zum YUV-Modell besteht in einer Verschiebung der Chrominanzen um 33°.
- **YCbCr** - Dieses Modell wurde aus dem YUV-Modell speziell für das digitale Fernsehen abgeleitet. Es unterscheidet sich vom YUV-Modell durch eine Skalierung der einzelnen Komponenten und einen Offset für die Chrominanzen.

Abb. 3.8. Gebräuchliche Farbmodelle (Teil 2)

Lempel, *Jakob Zif* und *Terry Welch*. 1977 entwickelten Lempel und Zif den ersten Vertreter der LZ-Substitutionskomprimierverfahren - **LZ77** - der besonders gut zur Komprimierung von Textdateien oder zur Archivierung geeignet war. LZ77 ist in vielen gängigen Archivierungsprogrammen, wie z.B.

compress, **zoo**, **lha**, **pkzip** oder **arj**, enthalten. Das im Folgejahr entwickelte Verfahren **LZ78** dagegen ist zur Komprimierung von Binärdaten, wie z.B. Bitmaps, geeignet. 1984 modifizierte Terry Welch, der zu dieser Zeit für die Firma Unisys arbeitete, den LZ78-Komprimierer, da er ihn an den Einsatz in Hochgeschwindigkeits-Festplattencontrollern anpassen wollte. Das Ergebnis dieser Modifikation ist der heute gebräuchliche LZW-Algorithmus.
Der LZW-Algorithmus ist für jede Art von Daten geeignet und arbeitet sowohl beim Kodieren als auch beim Dekodieren sehr schnell, da unter anderem auf die Ausführung von Fließkommaoperationen verzichtet wird. LZW ist ein Wörterbuch-basierter Komprimierungsalgorithmus, der zur Kodierung ein Wörterbuch (Data Dictionary, Translation Table) aus den Zeichenketten (bzw. 8-Bit Binärworten) eines unkomprimierten Datenstroms aufbaut. Die auftretenden Datenmuster (Substrings) eines Datenstroms werden anschließend den einzelnen Wörterbucheinträgen zugeordnet. Kommt das betrachtete Datenmuster nicht im Wörterbuch vor, wird aus dem Inhalt des Datenmusters ein neues Codewort generiert und im Wörterbuch gespeichert. Tritt dieses Datenmuster erneut auf, wird es durch das dem Datenmuster zugeordnete Codewort aus dem Wörterbuch ersetzt. Da dieses Codewort eine kürzere Länge als das betrachtete Datenmuster besitzt, findet eine Komprimierung statt (siehe Abb. 3.9).
Die Dekodierung von LZW-komprimierten Daten erfolgt in der umgekehrten Reihenfolge. Bevor die Dekodierung starten kann, wird das Wörterbuch geladen. Der Dekomprimierungsalgorithmus liest ein Codewort ein und übersetzt dieses an Hand des zuvor geladenen Wörterbuchs zurück in die unkomprimierten Ursprungsdaten. Abb. 3.10 zeigt eine Beispielanwendung des LZW-Algorithmus.

LZW-Algorithmus - prinzipieller Ablauf

- Lies aus dem Eingabe-Strom Zeichen und akkumuliere diese zu einem String S, solange sich S als Wörterbuch-Eintrag findet.
- Sobald ein Zeichen x gelesen wird, für das der String Sx nicht mehr zur Wörterbuch-Tabelle gehört, fahre folgendermaßen fort:
  - Füge den String Sx zur Tabelle hinzu,
  - starte einen neuen String S mit dem Zeichen x.
- Wiederhole diese Schritte, bis das Ende des Eingabe-Stroms erreicht ist.

Abb. 3.9. LZW-Komprimierung - Algorithmus

Bei einer typischen Anwendung des LZW-Algorithmus wird mit einer Wörterbuchgröße von 4K (4.096) Byte gestartet. Im Wörterbuch befinden sich dann jeweils die einzelnen Bytes von 0 bis 255, die Einträge 256 bis 4.095 sind für Zeichenketten vorgesehen, die zwei oder mehr Zeichen enthalten. Da sich 4.096 Einträge im Wörterbuch befinden, liegt ein 12-Bit Kodierungschema vor (2^{12}=4.096).

Beispiel für eine LZW-Komprimierung:

Angenommen, es wird ein Alphabet von 6 Zeichen und ein Wörterbuch mit 16 möglichen Einträgen benutzt. Die resultierenden Codeworte besitzen dann eine Länge von 4 Bit. Wir wollen die nachfolgende Zeichenkette kodieren: **ababacdcdaaaaaae**

Als erstes werden die Einzelbuchstaben ins Wörterbuch geschrieben (große Tabellen werden mit den 256 ASCII-Zeichen initialisiert):

Code	Zeichen
0000	a
0001	b
0010	c
0011	d
0100	e
0101	f
0110-1111	noch nicht vergeben

Nachdem das Zeichen „a“ gelesen wurde und sich mit dem Eintrag „0000“bereits im Wörterbuch befindet, wird überprüft, ob sich auch die Zeichenfolge „ab“, die sich nach dem Lesen des nachfolgenden Zeichens „b“ ergibt, bereits im Wörterbuch befindet. Da dies nicht der Fall und im Wörterbuch noch Platz ist, wird „ab“ mit aufgenommen.

Code	Zeichen
0000	a
0001	b
0010	c
0011	d
0100	e
0101	f
0110	ab
0111-1111	noch nicht vergeben

„b“ als letztes gelesenes Zeichen wird festgehalten und es wird als nächstes das dritte Zeichen im Eingabestrom - „a“ - gelesen. Nun wird überprüft, ob sich die neue Sequenz „ba“ bereits im Wörterbuch befindet. Da dies nicht der Fall ist, wird sie auch mit aufgenommen.

Code	Zeichen
0000	a
0001	b
0010	c
0011	d
0100	e
0101	f
0110	ab
0111	ba
1000-1111	noch nicht vergeben

Abb. 3.10. LZW-Komprimierung - Beispiel

Beispiel für eine LZW-Komprimierung (Teil 2):

„a"als letztes gelesenes Zeichen wird festgehalten und das nächste Zeichen „b"wird eingelesen. Es wird erst geprüft, ob sich „ab" im Wörterbuch befindet. Da dies der Fall ist, wird der nächste Buchstabe „a" gelesen und das Wörterbuch auf das Vorhandensein der Sequenz „aba "geprüft. Da „aba"noch nicht im Wörterbuch vorhanden ist, wird es darin aufgenommen und der zuletzt gelesene Buchstabe „a" wird wieder festgehalten, bevor die restlichen Zeichen im Eingabestrom auf die gleiche Weise überprüft werden.

Nachdem die komplette Zeichenfolge mit diesem Verfahren abgearbeitet wurde, ergibt sich die folgende Code-Tabelle:

Code	Zeichen
0000	a
0001	b
0010	c
0011	d
0100	e
0101	f
0110	ab
0111	ba
1000	aba
1001	ac
1010	cd
1011	dc
1100	cda
1101	aa
1110	aaa
1111	aaae

Eine LZW-Kodierung der Buchstabenfolge **ababacdcdaaaaaae** gemäß dem vorgestellten Algorithmus ergibt den folgenden Code:

aba	ba	cd	cda	aa	aaae
1000	0111	1010	1100	1101	1111

Abb. 3.11. LZW-Komprimierung - Beispiel (Teil 2)

Der LZW-Algorithmus zur Datenkomprimierung wurde patentiert von den Firmen Unisys und IBM. Unisys fordert von allen Hardware-Entwicklern, die planen, das LZW-Verfahren in ihren Produkten einzusetzen die einmalige Zahlung einer Lizenzgebühr. Das LZW-Verfahren wird zur Komprimierung von Grafikdaten in den Formaten **GIF** und **TIFF** eingesetzt.

3.3.3 GIF-Format

Das **Graphic Interchange Format** (**GIF**) unterliegt einem Copyright der amerikanischen Firma Compuserve Incorporated. Seine weite Verbreitung erreichte dieses Grafikformat durch seinen Einsatz im Internet. Glücklicherweise gestattet Compuserve den Einsatz von Software, die dieses Grafikformat

Format	Komprimierung	Auflösung/ Farbtiefe	
BMP	keine / RLE	65.536 × 65.536 / 1-,4-,8-,24-Bit	Bitmap Format, einfachstes Grafikformat, das als Standardformat unter MS Windows große Verbreitung gefunden hat.
TIFF	Huffmann / RLE	bis $2^{3}2$ Zeilen / 48-Bit	TIFF (Tagged Image File Format) findet typischerweise Verwendung, um Grafikdateien von einem System auf ein anderes zu übertragen. Die Bildauflösung ist nicht beschränkt.
GIF	LZW	65.536 × 65.536 / 24-Bit Palette mit 8-Bit Farbtiefe	(Graphic Interchange Format) Einfaches Grafik-Datenformat mit Lauflängenkodierung. Bietet die Möglichkeit, mehrere Bilder in einer Datei abzuspeichern.
JPG	JPEG	abhängig von den gewählten Parametern der Komprimierung	(Joint Photographic Expert Group, eigentlich JFIF: JPEG-File Interchange Format) Grafikformat mit verlustbehafteter Komprimierung. Erreicht bei Bildern mit fotografischer Charakteristik besseren Kompressionsgrad als die o.a. Methoden.
PNG	zlib	- / bis 48-Bit	(Portable Network Graphics) PNG soll das GIF-Format ablösen. Es unterstützt neben einer verlustfreien Kompression ebenfalls Bilder mit eingeschränkter Farbpalette, sowie eine Echtfarbdarstellung. Zu den Besonderheiten an PNG gehören unter anderem ein 8-Bit Alpha-Kanal, Gamma-Korrektur, Interlace-Darstellung und Fehlererkennung.

Tabelle 3.2. Standard-Grafikdatenformate mit Komprimierung

nutzt. Der Entwickler der Software muß lediglich die Urheberrechte an GIF förmlich anerkennen. Man unterscheidet zwei GIF Datenformate: **GIF87a** und **GIF89a**, das eine verbesserte Version des älteren GIF87a darstellt. Jede GIF-Datei beginnt mit einem Header und einem sogenannten **Logical Screen Descriptor**, der Informationen über die in der GIF-Datei gespeicherten Bilder enthält. Danach folgt in der Regel eine globale Farbpalette, gefolgt von den in der GIF-Datei gespeicherten Bildern, die jeweils wieder von einer lokalen Farbpalette eingeleitet werden können. Die GIF-Datei endet mit einem speziellen Abschlußzeichen.

Exkurs 2: GIF – Dateiaufbau
Der zu Beginn einer GIF-Datei stehende **Header** (6 Byte) identifiziert die Datei als GIF-Datei über eine Dateisignatur (3 Byte mit den Zeichen "GIF"), gefolgt von einer Versionsnummer (3 Byte mit den Zeichen "87a" oder "89a").

Der **Logical Screen Descriptor** gibt an, wieviel Platz für die in einer GIF-Datei abgelegten Bilder benötigt wird. Zuerst werden Breite (2 Byte) und Höhe (2 Byte) der Bilddatei in der Zahl der Pixel angegeben. Da für beide Maßzahlen jeweils 2 Byte Speicherplatz zur Verfügung stehen, ist die maximale Bildgröße auf 2^{16}=65.536 Pixel für jeweils Höhe und Breite beschränkt. Das darauffolgende Byte macht Angaben über die zur Verfügung stehende Farbinformation: Bit 7 gibt an, ob eine globale Farbpalette benutzt wird, Bit 4-6 gibt die verwendete Farbauflösung an, Bit 3 gibt an, ob die Farben der Farbpalette entsprechend ihrer Häufigkeit im Bild sortiert vorliegen, und Bit 0-2 stehen für die Größe der globalen Farbpalette. Danach folgt ein Byte, das den Farbindex der Bildhintergrundfarbe enthält, gefolgt von einem Byte, das für das Seitenverhältnis im gespeicherten Bild steht.

In der **globalen Farbpalette** können bis 256=2^8 Farben angegeben werden, die aus 16.7 Millionen (=2^{24}) möglichen Farben ausgewählt werden können. Jede einzelne Farbe der globalen Farbpalette besteht aus einem 24-Bit RGB-Tripel der Form (r,g,b). Die globale Farbpalette gibt an, aus welchen Farben das in der GIF-Datei gespeicherte Bild bestehen kann.

Ein **Local Image Descriptor** enthält Informationen über eines der in der GIF-Datei gespeicherten Bilder. Zu Beginn steht ein Bild-Separator (1 Byte) als Kennzeichnung, daß hier ein neues Bild beginnt. Die nachfolgenden Bytes geben die Position der oberen linken Ecke des Bildes an (jeweils 2 Byte), gefolgt von Breite und Höhe des Bildes (ebenfalls je 2 Bytes). Darauf folgt ebenso wie im Logical Screen Descriptor ein Byte mit Angaben über die Farbinformation des Bildes, die im Gegensatz zur globalen Farbpalette noch Informationen zur Darstellungsreihenfolge der Bildzeilen enthalten kann (Interlace Flag). Ist das Interlace Flag gesetzt, so werden die einzelnen Bildzeilen in folgender Reihenfolge abgespeichert: Enthält das Bild n Bildzeilen, dann werden die einzelnen von 0 bis n-1 durchnumerierten Zeilen in der Reihenfolge $0, \frac{n}{2}, \frac{n}{4}, \frac{3n}{4}, \frac{n}{8}, \frac{3n}{8}, \frac{5n}{8}, \frac{7n}{8}, \frac{n}{16}, \frac{3n}{16}, \ldots$ aufgeführt. Die Interlace-Technik erschwert zwar das Lesen des Bildinhalts, macht es aber dem Nutzer möglich, bereits nach wenigen übertragenen Zeilen den Bildinhalt zu erkennen.

Für jedes der in der GIF-Datei enthaltenen Bilder folgt dann optional eine eigene **lokale Farbpalette**, die ebenso wie die globale Farbpalette kodiert ist. Danach folgen die mit Hilfe des LZW-Verfahren komprimierten **Bilddaten**.

Im **GIF-89a** Format können in einem **Graphic Control Extension** Block noch zusätzliche Informationen darüber gespeichert werden, wie mit den nachfolgenden Bilddaten umgegangen werden sollen. So enthält er unter anderem ein Transparenz-Flag, das angibt, welcher Farbindex im nachfolgenden Bild transparent dargestellt werden soll, ein Kontroll-Flag, das angibt, auf welche Nutzer-Aktion hin die nächste Grafiksequenz gestartet werden soll, und eine Wartezeit, die angibt, wie lange zwischen den einzelnen Bildern gewartet werden soll.

Mit einem **Text-Erweiterungsblock** (Plain Text Extension) bietet das GIF-89a Format weiter die Möglichkeit, zusätzliche alphanumerische Information zu den gespeicherten Bildinformationen darzustellen. Neben Gesamtgröße, Position und Dimensionen der einzelnen darzustellenden Buchstaben beinhaltet dieser Block die eigentliche Textinformation.

In einem **Anwendungs-Erweiterungsblock** (Application Extension) können zusätzliche Informationen gespeichert werden, die es externen Anwendungsprogrammen möglich machen, bestimmte Aktionen zu den eingelesenen Bilddaten auszuführen.

In einem **Kommentar-Erweiterungsblock** (Comment Extension) können zusätzliche Textdaten gespeichert werden, die bei der eigentlichen Bilddarstellung ignoriert werden. Hier kann ein bis zu 255 Zeichen langer Textstring abgespeichert werden, der vom Nutzer ausgelesen werden kann und zusätzliche Kommentare zum abgespeicherten Bild enthält.

Weiterführende Literatur:

J. D. Murray, W. van Ryper: Encyclopedia of Graphic File Formats, 2nd Edition, O'Reilly & Associates, Inc. Sebastopol CA, USA, 1996.

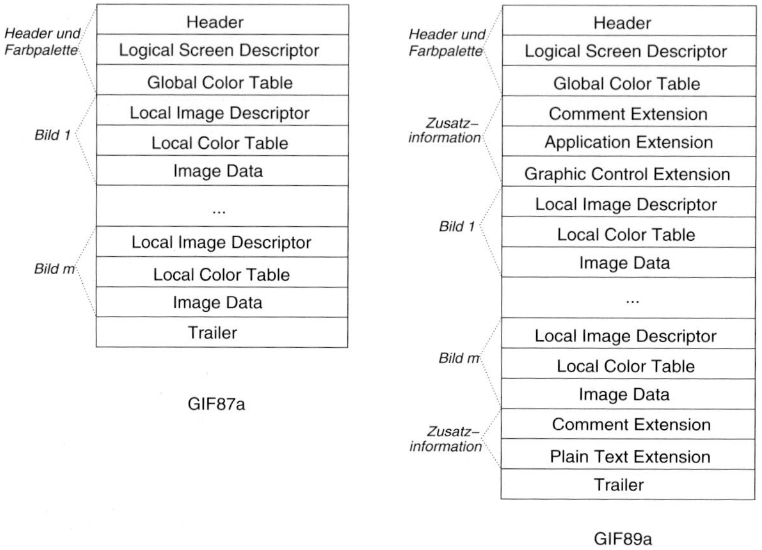

Abb. 3.12. Überblick über den Aufbau einer GIF-Datei

Das GIF Datenformat zeichnet sich dadurch aus, daß es zwar zu einem Informationsverlust in Form einer Reduktion des Farbraumes kommt, aber die verwendete Komprimierung verlustfrei arbeitet. Es wurde von Compuserve speziell für den online-Einsatz entwickelt und bietet z.B. die folgenden Möglichkeiten für diesen Einsatz besonders interessant.

- Die Möglichkeit, eine Datei „interlaced" abzuspeichern, also die Reihenfolge, in der die einzelnen Bildzeilen dargestellt werden, so einzurichten, daß während der Übertragung des Bildes der eigentliche Bildinhalt bereits frühzeitig erkannt werden kann, ist für die online-Übertragung sehr hilfreich. Mit fortschreitendem Einlesevorgang wird die dargestellte Grafik zusehends deutlicher und feiner aufgelöst.
- Mehrere Grafiken können in einer einzigen Datei gespeichert werden, verbunden mit der Möglichkeit zur Steuerung der Einzelbildabfolge. Mit dieser Option ist es möglich, kleine Animationen in einer Grafikdatei abzuspeichern.
- Es läßt sich eine Transparenz-Farbe festlegen, mit der sich besondere Effekte auf WWW-Seiten erzielen lassen.

Ein großer Nachteil des GIF-Formates besteht in der Reduktion des Farbraums auf nur 256 Farben, weshalb es für die Darstellung von realitätsnahen Bildinformationen, wie z.B. hochaufgelösten Fotografien, nur bedingt geeignet ist. Ideal dagegen ist das GIF-Format für die Speicherung von schematischen und plakativen Darstellungen und Grafiken mit großen Kontrastsprüngen.

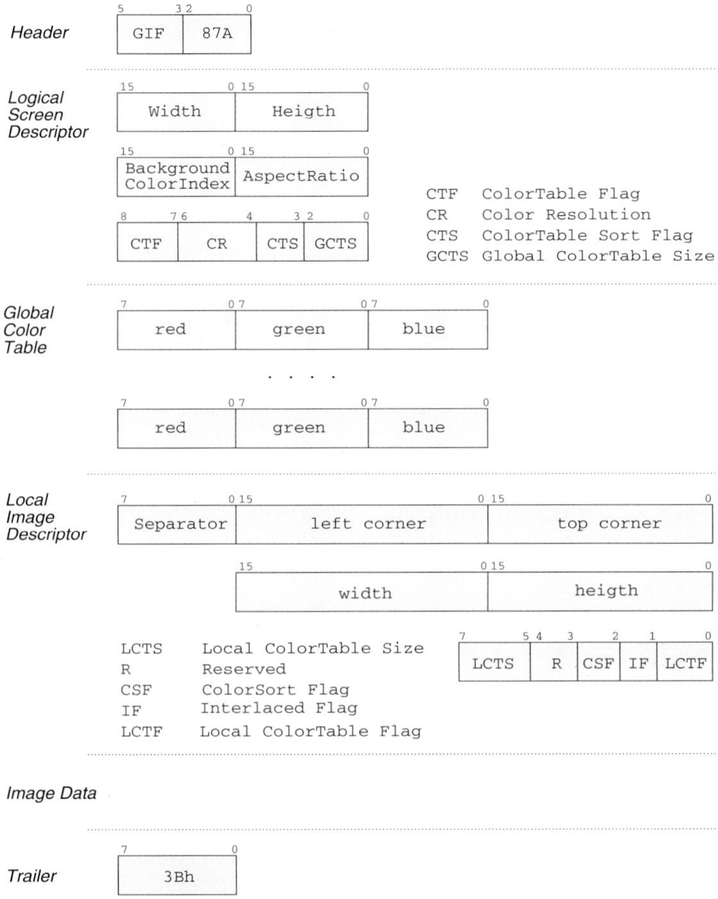

Abb. 3.13. Aufbau einer GIF-Datei

3.3.4 JPEG-Format

Das JPEG Komprimierungsverfahren für Bild- und Grafikdateien gehört zu den verlustbehafteten Komprimierungstechniken. Zusammen mit dem GIF-

Komprimierungsverfahren ist JPEG heute das am weitesten verbreitete Verfahren zur Komprimierung von Bilddateien. JPEG steht für **Joint Photographic Expert Group**, eine Untergruppe der ISO, die das Verfahren 1990 in Zusammenarbeit mit der CCITT standardisierte. Wie der Name bereits andeutet, handelt es sich bei JPEG um ein Komprimierungsverfahren, das sich besonders gut für die Komprimierung „natürlicher", z.B. fotografischer Abbildungen eignet. Die verwendete Komprimierungstechnik basiert auf der diskreten Cosinus Transformation (**Discrete Cosinus Transformation, DCT**) in Verbindung mit der Huffmann-Kodierung. Für Bilddateien, die mit Hilfe des JPEG-Verfahrens komprimiert wurden, entwickelte die amerikanische Firma C-Cube ein entsprechendes Datenformat, das **JPEG File Interchange Format** (JFIF), das es ermöglicht, JPEG-kodierte Informationen zwischen inkompatiblen Computersystemen auszutauschen. Basierend auf der JPEG-Komprimierungstechnik für statische Bilder wurde ein Komprimierungsverfahren für animierte Bildsequenzen entwickelt, das MPEG-Komprimierungsverfahren (**Motion JPEG**).
Die JPEG-Komprimierung ist ein asymmetrisches Komprimierungsverfahren, d.h. die Kodierung bedarf erheblich mehr Rechenzeit als die anschließende Dekodierung. Die JPEG-Komprimierung ermöglicht die Speicherung von Grafikdateien mit einer Farbtiefe von 24 Bit. Prinzipiell arbeitet das JPEG-Verfahren derart, das Farbveränderungen des darzustellenden Bildes in der Grafikdatei gespeichert werden. Das menschliche Auge ist zwar besonders empfindlich, was Helligkeitsveränderungen betrifft, gegenüber Farbveränderungen ist es weit weniger sensitiv (siehe Abb. 3.14). Weichen die Farbveränderungen im JPEG-kodierten Bild vom Ausgangsbild nur unwesentlich ab, dann wird das JPEG-kodierte Bild als annähernd identisch wahrgenommen.
Das JPEG-Verfahren unterscheidet vier verschiedene Modi:

- **Sequential Mode**: Das kodierte Bild läßt sich in einem einzigen Durchgang von links oben nach rechts unten dekodieren. Dieser Modus ist für die meisten Anwendungen gut geeignet, liefert gute Kompressionsraten und ist am einfachsten zu implementieren.
- **Progressive Mode**: Das Bild wird in mehreren aufeinander aufbauenden Durchgängen kodiert bzw. dekodiert. Dabei wird das Bild von Durchgang zu Durchgang schärfer dargestellt. Dieser Verfahrens-Modus eignet sich besonders gut für die Datenkommunikation.
- **Hierarchical Mode**: Das Bild wird zunächst mit einer geringen Auflösung gespeichert und anschließend in voller Bildauflösung. Das kleinere Bild (**Thumbnail**) kann sehr schnell dekodiert werden und eignet sich daher besonders gut als Vorschau (**Preview**). Es findet Einsatz z.B. in Bilddatenbanken, in denen das Vorschaubild der schnellen Entscheidungsfindung dient.
- **Lossless Mode**: Dieser Modus kodiert und dekodiert im Gegensatz zu den anderen Modi verlustfrei. Dieser Verfahrens-Modus findet Einsatz in

Netzhaut und Sehnerven

Die visuelle Wahrnehmung beim Menschen wird in erster Linie durch den Aufbau des Auges bestimmt. Das Licht fällt durch Pupille und Linse auf die Netzhaut (Retina), wo die einfallende Lichtenergie in Nervenreize umgesetzt wird. Die Pupille fungiert dabei wie eine Blende, die ihren Durchmesser entsprechend der einfallenden Lichtmenge verändert (Adaption). Die Linse selbst ist durch eine spezielle Muskulatur verformbar und so in der Lage, eine scharfe Abbildung auf die Netzhaut zu ermöglichen (Akkomodation).

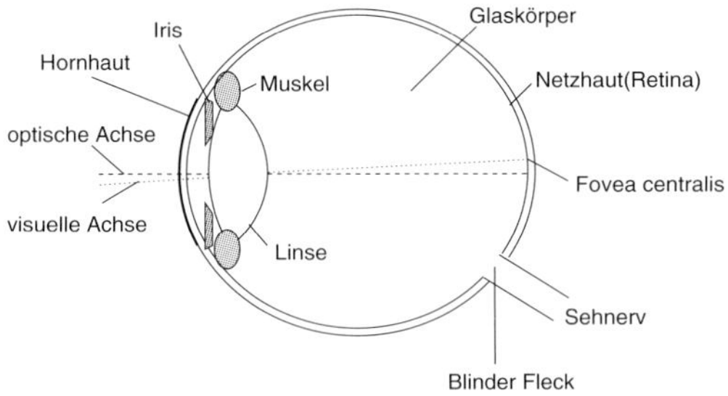

In der Retina befinden sich zwei verschiedene Typen von Rezeptoren: Die **Zapfen**, sie sind sowohl helligkeits- als auch farbempfindlich und befähigen uns zur Farb- und Detailwahrnehmung. Ihre Zahl beträgt etwa 6 Millionen. Sie sind im zentralen Bereich der Retina (Makula) angesiedelt und arbeiten bei normaler Tageshelligkeit. Die **Stäbchen** dagegen können zwar keine Farben unterscheiden, dafür sind sie aber wesentlich helligkeitsempfindlicher und werden bei geringer Beleuchtung aktiv. Ihre Zahl beträgt pro Auge etwa 120 Millionen, wobei im Zentrum der Retina (Fovea) selbst keine Stäbchen vorkommen.
Das vom menschlichen Auge wahrnehmbare Lichtspektrum reicht von einer Wellenlänge von 780 nm (rot) bis 390 nm (violett). Entsprechend ihrer unterschiedlichen Empfindlichkeitsmaxima unterscheidet man drei verschiedene Typen von Zapfen, die über unterschiedlich lichtempfindliche Sehpigmente verfügen. Typ A besitzt ein Maximum bei Grün (langwelliges Pigment, 558 nm), Typ B bei Gelb-Rot (mittelwelliges Pigment, 531 nm) und Typ C bei blau-violett (kurzwelliges Pigment, 419 nm). Das Gehirn kombiniert die Reize der drei unterschiedlichen Zapfentypen zu neuen Farben.
Die Retina mit ihren unterschiedlichen Sehzellen weist zudem zwei markante Regionen auf: die **Fovea centralis**, die Stelle mit der größten Sehschärfe, etwa in der Mitte der Netzhaut, aber nicht exakt auf der optischen Achse. An dieser Stelle befinden sich ausschließlich Zapfen, ihre Dichte ist an dieser Stelle am höchsten. Dazu kommt der sogenannte **blinde Fleck**, die Stelle, an der der Sehnerv mit ca. 1,5 Millionen Nervenfasern das Auge verläßt, so daß das dort eintreffende Licht nicht wahrgenommen werden kann. Das Verhältnis zwischen den optischen Rezeptoren und den Nervenfasern beträgt etwa 80:1, d.h. die Vorverarbeitung der visuellen Information erfolgt hier bereits mit einem hohen Komprimierungsfaktor.

Das menschliche Auge ist in der Lage bis zu 1.000 Helligkeitswerte zu unterscheiden. Bei der Grafikdarstellung im Computer wird dieser Bereich infolge nicht-linearer Grauwertskalierung reduziert, so daß in der Regel 8 Bit pro Bildpunkt für die Darstellung von Schwarz-Weiß-Bildern ausreicht. Eine Ausnahme macht hier die medizinische Bilddatenverarbeitung, die auf eine höhere Auflösung angewiesen ist.

Abb. 3.14. Optische Wahrnehmung beim Menschen

automatischen Bildauswertungsverfahren. Da der Informationsgehalt des ursprünglichen Bildes nicht weiter reduziert wird, ist die Komprimierungsrate hier nicht so hoch.

Exkurs 3: JPEG – Komprimierungsprozeß

Der JPEG-Komprimierungsprozeß verläuft in vier Stufen:

- **Farbkonversion und Sampling**
  Im ersten Teil der JPEG-Komprimierung wird jede Farbkomponente (rot, grün, blau) anteilig zerlegt in die Bestandteile **Luminanz** (Helligkeit) und **Chrominanz** (Farbinformation). JPEG erlaubt einen höheren Verlust an Information im Bereich der Chrominanz, da das menschliche Auge hier weniger sensibel ist. Zwar tragen alle Farbkomponenten im RGB-Modell Helligkeitsinformation, doch grün beeinflußt die Helligkeitswahrnehmung stärker als blau oder rot. Mit einem in der Norm **CCIR/ITU 601** festgelegten Verfahren wird die RGB-Information in die Komponenten Y (entspricht der Helligkeit), Cb (entspricht der Blaukomponente) und Cr (entspricht der Rotkomponente) transformiert. Bei diesem YCbCr-Farbmodell handelt es sich um eine spezielle Variante des YUV-Farbmodells (vgl. Abb. 3.8).

$$\begin{pmatrix} +0.299 & +0.587 & +0.114 \\ +0.1687 & -0.3313 & +0.5 \\ +0.5 & -0.4187 & -0.081 \end{pmatrix} \cdot \begin{pmatrix} R \\ G \\ B \end{pmatrix} = \begin{pmatrix} Y \\ C_b \\ C_r \end{pmatrix}$$

  Im Bildzerlegungs-Prozeß (**Sampling**) werden die Anteile Cb und Cr mit einer geringeren Auflösung bestimmt als die Y-Komponente. Eine typische Samplingrate spricht der Y-Komponente z.B. eine vierfach höhere Auflösung zu als den beiden anderen Komponenten (4:1:1). So können etwa vier (r,g,b)-Pixel, die ursprünglich einen Speicherplatz von 4·3 Byte = 12 Byte belegen auf 4 (Y) + 1 (Cb) + 1 (Cr) = 6 Byte reduziert werden. Je niedriger die Samplingauflösung, desto höher die dadurch bereits erzielte Komprimierung und desto kürzer die Gesamtkomprimierungszeit.

- **Diskrete Cosinus Transformation (DCT)**
  Mit Hilfe der DCT werden Intensitätsdaten in Frequenzdaten transformiert, mit denen eine Aussage darüber möglich ist, wie schnell die Intensität von Farbe und Helligkeitsinformation im Bild variiert. In der JPEG-Kodierung wird das Bild in Bildblöcke von 8×8 Pixeln unterteilt. Im weiteren Verlauf wird jede Bildkomponente (Y,Cb,Cb) separat abgearbeitet, wobei die einzelnen Komponenten eine unterschiedliche Anzahl von Bildblöcken besitzen können (z.B. aufgrund der unterschiedlichen Samplingraten). Die Datenpunkte in einem 8×8 Pixel großen Block starten links oben (0,0) und enden rechts unten (7,7). Der Bildpunkt (x,y) besitzt die Bildinformation f(x,y). Die DCT erzeugt einen neuen 8×8-Block (u,v) über die Transformation

$$F(u,v) = \frac{1}{4}C(u)C(v)\left[\sum_{x=0}^{7}\sum_{y=0}^{7} f(x,y)\cos\frac{(2x+1)u\pi}{16}\cos\frac{(2y+1)v\pi}{16}\right]$$

  mit

$$C(z) = \begin{cases} \frac{1}{\sqrt{2}} & \text{wenn z} = 0 \\ 1 & \text{sonst.} \end{cases}$$

  Das Ergebnis dieser Transformation ist ähnlich wie bei einer Fouriertransformation eine Frequenzraummatrix, die die Frequenz- und Amplitudenverteilung für den betrachteten Raum angibt, d.h. die 64 Funktionswerte der ursprünglichen, von den beiden räumlichen

Dimensionen x und y abhängigen Matrix werden in ihr Spektrum transformiert, indem die DCT einen Basiswechsel auf eine Basis von 64 orthogonalen, diskreten Signalen durchführt. Große, regelmäßig gefärbte Flächen im Bild schlagen sich daher als niedrige Frequenzanteile nieder, feine Details in den hohen Frequenzanteilen. Dabei enthält F(0,0) den Durchschnittswert der 8×8-Matrix, F(1,0) gibt den Grad an, bei dem sich die Bildwerte nur langsam verändern (niedrige Frequenzen) und F(7,7) den Grad, bei dem sich die Bildwerte in beide Richtungen sehr rasch verändern (hohe Frequenzen). In einem natürlichen Bild sind scharfe Linien und abrupte Farbwechsel eher selten. Somit konzentriert sich der größte Teil des Ausgangssignals auf die niedrigen Frequenzen, viele der einzelnen Koeffizienten sind deshalb sehr klein, d.h. nahezu gleich Null.

- **Quantisierung**
  Als nächstes werden die Koeffizienten der 8×8-Matrix quantisiert, d.h. die Werte F(u,v) werden durch einen Wert Q(u,v) aus einer durch das JPEG-Komitee vorgegebenen Quantisierungstabelle dividiert und auf die nächste ganze Zahl aufgerundet:

$$S(u,v) = \left\lfloor \frac{F(u,v)}{Q(u,v)} + 0.5 \right\rfloor .$$

Die Quantisierungstabelle benutzt eine feinere Quantisierung für Koeffizienten niedriger Frequenzen und eine gröbere für höhere Frequenzen. Hohe Frequenzen, die bereits einen Koeffizienten F(u,v) nahe Null besitzen, werden durch das Verfahren zu Null quantisiert. Die vorgegebene Quantisierungstabelle kann durch eine eigene, die dann in der JPEG-Datei mit abgespeichert werden muß, ersetzt werden. Eine entsprechende Dekodierung erfolgt durch Multiplikation von S(u,v) mit den entsprechenden Koeffizienten aus der Quantisierungstabelle Q(u,v), wodurch die ursprünglichen Werte F(u,v) allerdings nur annähernd und nicht exakt wiederhergestellt werden können. In der Quantisierung liegt der eigentliche, verlustbehaftete Charakter der JPEG-Kodierung begründet. Das Verfahren trägt den neurophysiologischen Eigenschaften des menschlichen Sehens Rechnung. Unscharfe Kanten werden weniger kritisch wahrgenommen als Fehler in der Helligkeitswahrnehmung.

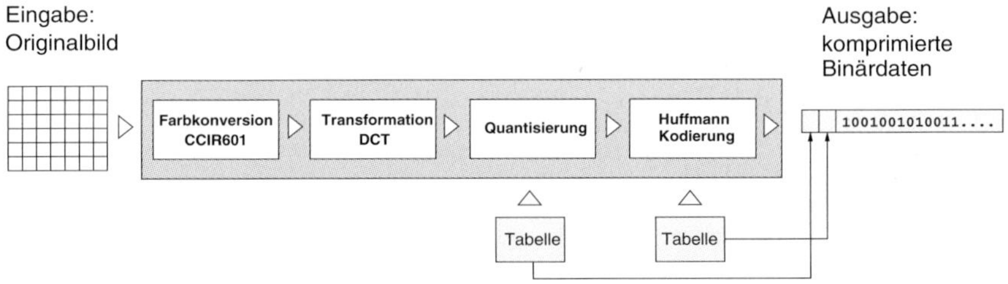

Abb. 3.15. JPEG Verarbeitungsschritte

- **Eigentliche Komprimierung**
  Für die eigentliche Komprimierung werden die quantisierten Daten folgendermaßen vorbereitet: Die F(0,0)-Koeffizienten der 8×8-Matrizen werden jeweils als Differenzwert von einem Block zum nächsten Block gespeichert, da sie für aufeinanderfolgende Blöcke meist

sehr ähnlich sind. Die restlichen Blöcke von F(1,0) bis F(7,7) werden in einer Zick-Zack-Anordnung nacheinander geschrieben, d.h. die Koeffizienten niedriger Frequenzen kommen zuerst und die typischerweise zu Null quantisierten Anteile hoher Frequenz folgen am Ende, was eine effiziente Komprimierung ermöglicht. Diese Komprimierung erfolgt letztendlich durch eine modifizierte **Huffmann-Kodierung** bzw. über eine arithmetische Kodierung. Für die arithmetische Kodierung ist allerdings der Erwerb einer Lizenz notwendig, da dieses Verfahren von IBM, AT&T und Mitsubishi patentiert wurde. Für die hier verwendete Huffmann-Kodierung werden die Differenzen aufeinanderfolgender Koeffizienten als Ausgangswerte kodiert.

Weiterführende Literatur:

ISO/IEC IS 10918-1: Digital Compression and Coding of Continuous-tone Still Images, Part 1: Requirements and Guidelines.

ISO/IEC IS 10918-2: Digital Compression and Coding of Continuous-tone Still Images, Part 2: Compliance Testing.

W. B. Pennebaker, J. L. Mitchell: JPEG Still Image Data Compression Standard, van Nostrand Reinhold, New York NJ, USA, 1993.

Exkurs 4: JPEG – Dateiaufbau

Das Dateiformat für die Speicherung von JPEG-kodierten Bilddaten ist das JFIF-Format (**JPEG File Interchange Format**). JFIF-Dateien enthalten die eigentlichen Grafikdaten in der eben beschriebenen Form zusammen mit Informationen, die zum Entpacken dieser Daten notwendig sind. Die einzelnen Segmente der JFIF-Datei werden durch Markierungsblöcke (2 Byte, Inhalt 0xFF) voneinander getrennt (vgl. Abb. 3.16). Sie umfassen insbesondere:

- **Start of Image (SoI)**
  Markierung (2 Byte, 0xFFD8) zur Kennzeichnung des Beginns der zum Bild gehörenden Information. Steht in der Regel am Beginn der Datei.
- **End of Image (EoI)**
  Analog zur SoI Markierung gibt EoI das Ende des Bildes an (2 Byte, 0xFFD9). EoI steht daher im Normalfall am Ende der Datei und trägt keine weitere Information.
- **Application (APP0)**
  Direkt nach dem SoI folgt ein Application Marker (2 Byte, 0xFFE0), gefolgt von den 4 Zeichen "JFIF". Desweiteren folgen eine Versionsnummer, Angaben über die Bildgröße und Pixeldichte. Optional kann ein eventuell vorhandenes Thumbnail-Bild mit zugehöriger Größeninformation folgen.
- **Quantization Table (QT)**
  Die Quantisierungstabelle startet mit einem führenden (2 Byte, 0xFFDB). Es folgen die 64 Einträge der Quantisierungstabelle und Informationen bzgl. deren Präzision (8 oder 16 Bit Präzision).
- **Start of Frame i (SoFi)**
  Markierung (2 Byte, 0xFFCi), die den eigentlichen Beginn von Bild i anzeigt. Danach folgen Informationen über Datengenauigkeit, Bilddimensionen, sowie Komponenten. Die Komponentendaten setzen sich aus einer Komponentennummer, horizontalem und vertikalem Sampling-Faktor und der Nummer der benutzten Quantisierungstabelle zusammen. Es können beliebig viele Komponenten hintereinander folgen.
- **Define Huffmann Table (DHT)**
  DHT beschreibt eine Huffmanntabelle und startet mit dem DHT-Marker (2 Byte, 0xFFC4). Zuerst kommt ein Index für die Huffmanntabelle, danach Zählwerte und zuletzt die Inhalte. Die Zählwerte geben an, wieviele Codes mit einer bestimmten Anzahl von

Bits in der Tabelle vorkommen. Der i-te Zählwert gibt die Anzahl der Codeworte mit i Bit an.

- **Start of Scan (SoS)**
  Nach der SOS Markierung (2 Byte, 0xFFDA) beginnt der Bitstrom, der die eigentlichen Bilddaten wiedergibt. Vorher werden noch die Anzahl der Komponenten, sowie die Nummern der zugehörigen Huffmanntabellen angegeben.

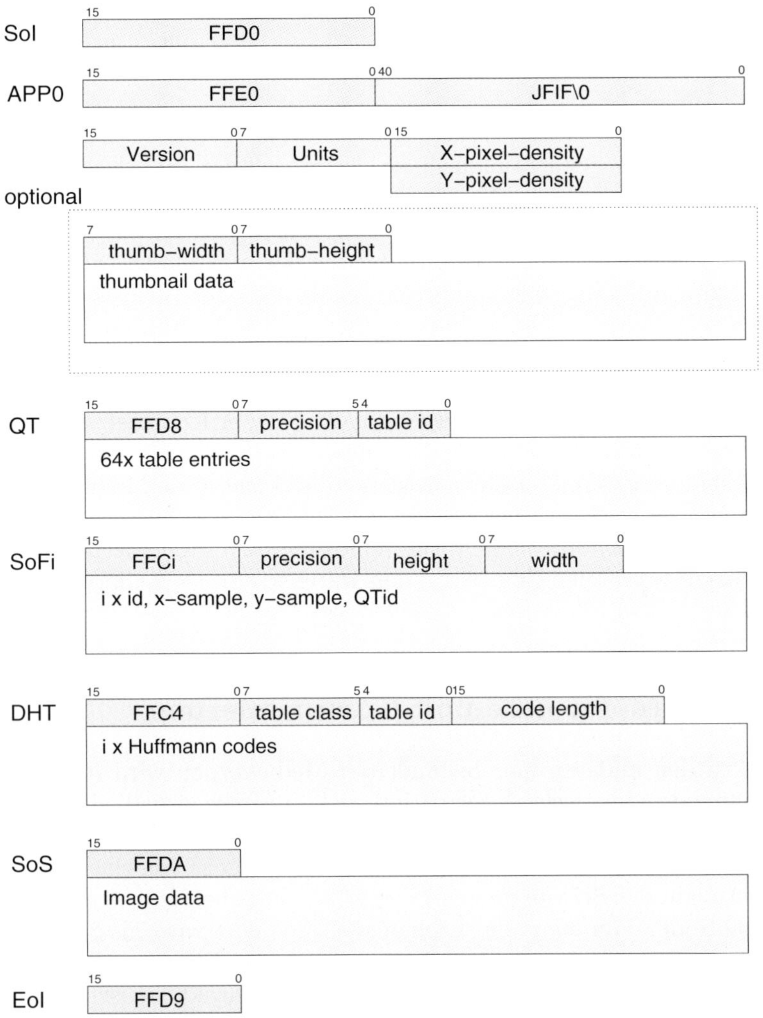

Abb. 3.16. JPEG Dateiformat – JPEG File Interchange Format

Mit der JPEG-Komprimierung liegt ein sehr leistungsfähiges, verlustbehaftetes Komprimierungsverfahren für "natürliche" Bilder vor. Es wird dabei eine hohe Komprimierung durch Reduktion des Informationsgehalts gewonnen, die sich die Eigenheiten des menschlichen Sehvermögens zu Nutze macht. Allerdings ist das Verfahren nicht besonders gut geeignet für Grafiken oder Zeichnungen. Die erreichten Komprimierungsraten liegen typischerweise bei einem Verhältnis von 20 : 1 (im verlustfreien Modus bei 2 : 1) Verlustbehaftete JPEG-kodierte Dateien sind für den menschlichen Betrachter optimiert und eignen sich in der Regel nicht für eine maschinelle Analyse. So ist das Verfahren z.B. auch nicht ohne weiteres in der medizinischen Bildverarbeitung einsetzbar, da der im Verfahren begründete Informationsverlust zu Fehldiagnosen führen könnte.
Der designierte Nachfolger des JPEG-Kodierverfahrens ist das **JPEG2000**-Kodierverfahren, das z.Z. den Standardisierungsprozeß der ISO durchläuft. Basierend auf der sogenannten **Wavelet-Komprimierung** gestattet das JPEG2000 Dateiformat bis zu 16-Bit tiefe Graustufen pro Farbkanal, also eine Farbtiefe von bis zu 48-Bit. Eine Limitierung der maximalen Bildgröße entfällt, die Komprimierung kann wahlweise verlustfrei oder verlustbehaftet erfolgen. Damit eignet sich JPEG2000 auch für die Anwendung im Bereich der medizinischen Bildverarbeitung. Die JPEG2000-Komprimierung ist in der Lage, sowohl kontinuierliche Farbverläufe wie sie in natürlichen Bildern vorkommen, als auch abrupte Farbübergange mit hartem Kontrast effizient zu komprimieren. Darüber hinaus läßt die eingesetzte Kodierung zusätzlich Methoden zur Fehlererkennung- und korrektur zu und bietet die Möglichkeit, der schrittweisen, progressiven Übertragung von Bildern in Abhängigkeit von vorgegebenen Qualitätsanforderungen, Bildauflösung oder Bildeinzelkomponenten, sowie einen wahlfreien Zugriff auf den Datenstrom des kodierten Bildes.

3.4 Audio – Datenformate und Komprimierung

Im Gegensatz zu den anderen hier behandelten Medientypen wird die dem Schall innewohnende akustische Information nicht primär visuell, d.h. mit Hilfe der Augen wahrgenommen, sondern mit dem Gehör. Schall entsteht durch Schwingungen (= regelmäßig pendelnden Bewegungen) von elastischen Körpern. Die Anzahl der Schwingungen in einer Sekunde bezeichnet man als Schwingungszahl oder Frequenz, die Einheit der Frequenz wird als Schwingungen pro Sekunde angegeben und nach dem deutschen Physiker *Heinrich Hertz* (1857-1894) als **Hertz (Hz)** bezeichnet. Die charakteristischen Eigenschaften eines Geräusches werden im wesentlichen durch Lautstärke und Tonhöhe bestimmt. Die Lautstärke, in der ein Ton wahrgenommen wird, entspricht der Amplitude der akustischen Schwingung, d.h. der Stärke der Luftdruckänderung, die das Ohr erreicht. Die Tonhöhe dagegen ist proportional zur Frequenz. Das Lautstärke-Empfinden entspricht dem Schalldruck, der in

Dezibel (db) gemessen wird. 1db entspricht der Lautstärke, bei der ein Ton der Frequenz 1 kHz für den Menschen gerade noch hörbar ist. Die Empfindung der Lautstärke entspricht dem Logarithmus der Amplitude des Signals, d.h. „doppelte Lautstärke" entspricht der Vergrößerung der Amplitude um den Faktor 10.
Töne und Klänge sind analoge Signale (siehe Abb. 3.17), d.h. die Signale selbst sind sowohl zeit- als auch wertkontinuierlich) und daher zunächst nicht direkt auf einem Computer darstellbar. Hierzu ist eine Umwandlung in zeit- und wertdiskrete Signale notwendig (siehe Abb. 3.18).

Unter einem **Signal** versteht man das "Erscheinungsbild einer physikalischen Information". Signale können beschrieben werden als:

- mathematische Funktion in geschlossener, analytischer Form,
- Verteilungsgesetz (z.B. für ein stochastisches Signal, bei dem der aktuelle Wert des Signals nicht bekannt ist, sondern nur dessen Verteilungsfunktion, die die globalen Signaleigenschaften beschreibt) oder
- empirisch in Form einer Meßreihe.

Die meisten Signale, mit denen wir in der Praxis zu tun haben, werden als Reihe von Einzelmeßpunkten beschrieben. Je nach dem, von wievielen Veränderlichen das Signal abhängt, spricht man von einem **eindimensionalen Signal**, wie z.B. bei akustischen Signalen jeglicher Form, die nur von einer Variablen, d.h. gewöhnlich von der Zeit abhängen, und **mehrdimensionale Signale**, wie z.B. zweidimensionale Bildsignale.
Signale können im Rechner nur als digitale Information gespeichert werden. Zu diesem Zweck muß eine Wandlung der ursprünglich **analogen** Ausgangsinformation in eine **diskrete** Darstellung erfolgen. Der hierzu durchlaufene Prozeß wird als **Analog-Digital-Wandlung** bezeichnet.

Abb. 3.17. Signale: Definition

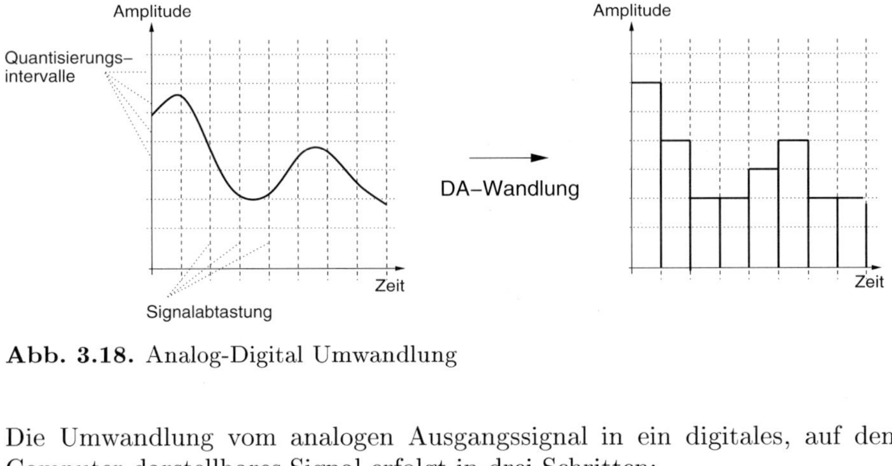

Abb. 3.18. Analog-Digital Umwandlung

Die Umwandlung vom analogen Ausgangssignal in ein digitales, auf dem Computer darstellbares Signal erfolgt in drei Schritten:

- Abtastung (Sampling),
- Quantisierung (Rundung) und
- Kodierung.

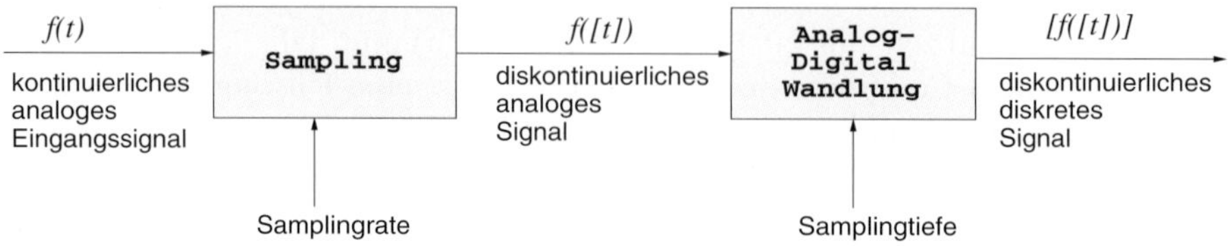

Abb. 3.19. Digitalisierung

3.4.1 Analog-Digital-Umwandlung

Die Analog-Digital-Umwandlung beginnt mit der **Abtastung** (**Sampling**). Im ersten Schritt der Digitalisierung wird der kontinuierliche, zeitliche Verlauf eines Signals in diskrete Einzelzeitpunkte zerlegt. Hierzu wird der gerade vorliegende Momentan-Wert eines Analogsignals zu einem diskreten Zeitpunkt (Abtast-Zeitpunkt) erfaßt und kann so einer Analog-Digital-Wandlung unterworfen werden. Die Abtastung des Signals erfolgt in der Regel periodisch. Damit der Verlauf der abgetasteten Ursprungssignale fehlerfrei rekonstruiert werden kann, ist eine Mindestabtasthäufigkeit (Abtastfrequenz f_A, Samplingrate, siehe Abb. 3.20) bei periodischem Abtastzyklus erforderlich. Die Samplingrate wird in Hz angegeben.

Zur anschließenden Signalwertdiskretisierung (**Quantisierung**) wird der gesamte Wertebereich der Amplitude des Analogsignals in eine endliche Anzahl n von Intervallen (Quantisierungsintervallen) eingeteilt, denen jeweils ein fester, diskreter Amplitudenwert $q_0, \ldots, q_{n-1}$ zugeteilt ist. Da allen Abtastwerten, die in ein Quantisierungsintervall fallen, derselbe diskrete Amplitudenwert zugeordnet wird, entsteht ein sogenannter **Quantisierungsfehler**, der bei geringen Signalpegeln (niedriger Amplitude) als Knattern oder Rauschen wahrgenommen werden kann. Bezeichnet $q_i - q_{i-1}$ die Quantisierungsintervallgröße, so wird bei der Rückwandlung der digitalisierten Werte in ein analoges Signal (Digital-Analog-Umwandlung) ein Analogwert aus dem diskreten Wert rückgewonnen, der dem in der Mitte des Quantisierungsintervalls liegenden Analogwert entspricht. Der maximal auftretende Quantisierungsfehler beträgt daher $(q_1 - q_{i-1})/2$ (siehe Abb. 3.21). Die Quantisierungstiefe (Bitauflösung, Auflösung, Samplingtiefe) wird nach der Anzahl der zur Kodierung der diskreten Quantisierungsintervalle verwendeten Bits, d.h. $\log_2 n$ angegeben.

Abtast-Theorem (Sampling-Theorem)
(nach Nyquist (1928), Kotelnikow (1933), Raabe (1939) und Shannon (1949))

Eine Signalfunktion, die nur Frequenzen in einem beschränkten Frequenzband (bandbegrenztes Signal) enthält, wobei $f_{\max}$ gleichzeitig die höchste auftretende Signalfrequenz ist, wird durch ihren diskreten Amplitudenwert im Zeitabstand

$$T_0 \leq \frac{1}{2 \cdot f_{\max}}$$

vollständig bestimmt. Das bedeutet, daß die Abtastfrequenz f_A doppelt so hoch sein muß, wie die höchste im abzutastenden Signal vorkommende Frequenz $f_{\max}$ (Nyquist Kriterium):

$$f_A \geq 2 \cdot f_{\max}$$

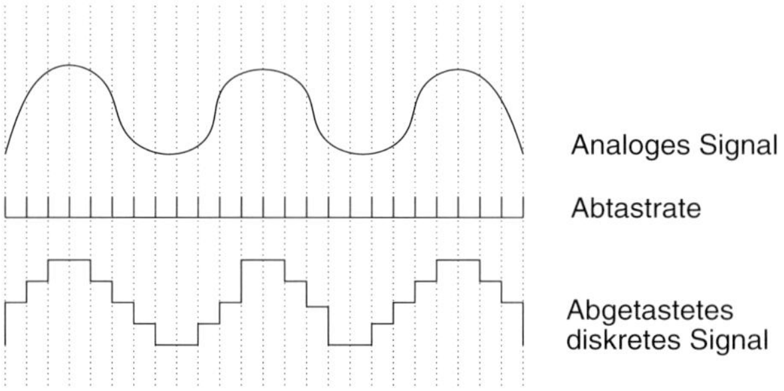

Ist die Abtastrate zu niedrig gewählt, kann ein korrekter Verlauf des Ausgangssignals nicht mehr rekonstruiert werden.

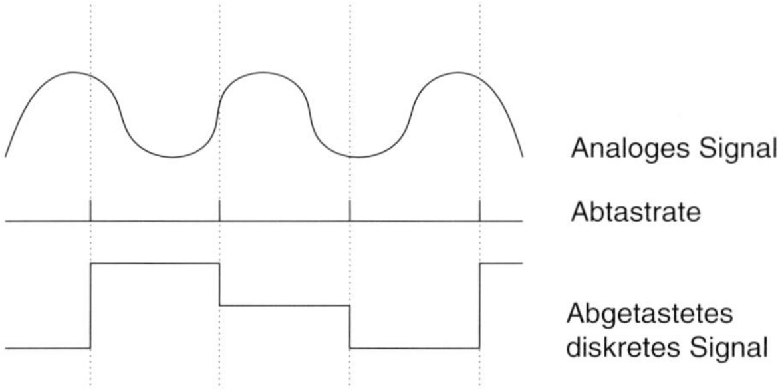

Ist eine Abtastfrequenz f_A vorgegeben, sollte das Ausgangssignal daher zuvor über die Anwendung eines Hochpaßfilters auf eine maximale Frequenz $f_{\max}$ begrenzt werden, die mit der vorgegebenen Abtastfrequenz noch korrekt erfaßt werden kann.

Abb. 3.20. Abtast-Theorem und Abtastrate

In einem letzten Schritt, der **Kodierung**, werden die einzelnen Quantisierungsintervalle durch bestimmte binäre Codewörter gekennzeichnet. Anstelle des ursprünglichen Audiosignals wird nach erfolgter DA-Wandlung das gewonnene digitale Signal mit dem Quantisierungsfehler übertragen. In der Praxis fällt dieser Quantisierungsfehler kaum ins Gewicht, da er so gewählt

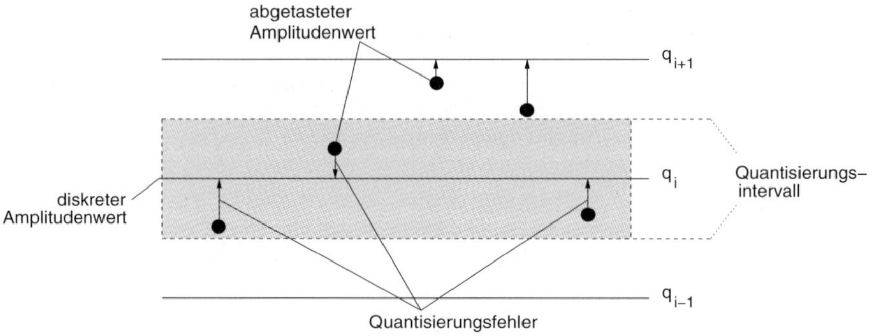

Abb. 3.21. Quantisierungsintervall und Quantisierungsfehler

werden kann, daß er unterhalb des menschlichen Hörvermögens liegt. Die Qualität des digitalisierten Audiosignals wird bestimmt durch die **Samplingrate**, mit der die Signalabtastung erfolgt, und durch die **Bitauflösung** bei der Quantisierung der gewonnenen Abtastwerte.

Tabelle 3.3. Gebräuchliche Bitauflösungen zur Audio-Digitalisierung

Bitauflösung	Anwendung
8-Bit	Spiele und Multimedia-Software, Telefonqualität
16-Bit	Compact Disk (CD) und Digital Audio Tape (DAT)
20-/24-Bit	professionelle Studiosysteme

Die beschriebene Form der Umwandlung von analogen in diskrete Signale wird auch als **Waveform-Encoding** oder **Pulse Code Modulation** (**PCM**) bezeichnet und wurde bereits 1938 von *Alec A. Reeves* (1902–1971) entwickelt und zum Patent angemeldet.

Tabelle 3.4. Parameter in der Audiokodierung

Qualität	Samplingrate	Auflösung	Kanäle	Datenrate	Frequenz
	(Hz)	(Bit)		(kByte/s)	(Hz)
Telefon	8.000	8	Mono	8	200 ... 3.400
MW-Radio	11.025	8	Mono	11	
UKW-Radio	22.050	16	Stereo	88,2	
CD	44.100	16	Stereo	176,4	20...20.000
DAT	48.000	16	Stereo	192	20...20.000

In der technischen Realisierung der PCM-Technik unterscheidet man grundsätzlich die folgenden Verfahren:

- **Lineare PCM**
  Die Signalamplitude wird in gleich große Quantisierungsintervalle unterteilt. Die dadurch erzielte hohe Auflösung ermöglicht zwar ein fast fehlerfreies Signal, erfordert allerdings eine hohe Datenrate.
- **Dynamische PCM**
  Die Signalamplitude wird in unterschiedlich große Quantisierungsintervalle unterteilt, z.B. mit Hilfe einer logarithmischen Skala. Das bedeutet, daß die Quantisierungsintervalle bei niedrigen Werten (leise Passagen) kleiner sind und demzufolge der Fehler (Rauschen) geringer ausfällt. Im Unterschied zum linearen PCM kann so mit einer geringeren Samplingtiefe (Anzahl Bits) gearbeitet werden, um die gleiche Amplitude zu überdecken. Entsprechend der angewendeten Kodierung unterscheidet z.B. der von der CCITT vorgeschriebene Standard für die Audiokodierung bei der Telefonie G.711 eine europäische Variante (a-Law) und eine in den USA und Japan eingesetzte Variante (μ-Law) (siehe Abb. 3.22). a-Law und μ-Law verwenden dabei 256 Quantisierungsintervalle (8-Bit), wobei die Unterteilung der Quantisierungsintervalle bei niedrigem Signalpegel einer Auflösung von 12-Bit und bei hohem Signalpegel einer Auflösung von 6-Bit entspricht. Logarithmische Quantisierungsfunktionen haben den Vorteil, daß sie dem menschlichen Hörempfinden besser entsprechen und in realen Signalen große Amplituden eher seltener vorkommen und dort eine größere Quantisierungsverzerrung als weniger störend empfunden wird.

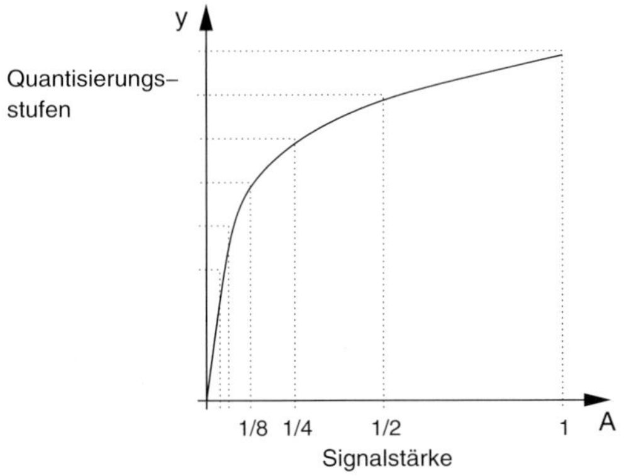

Abb. 3.22. Dynamische PCM mit logarithmischen Quantisierungsintervallen

- **Differentielle PCM (DPCM)**
  Da zwischen aufeinanderfolgenden Abtastwerten oft nur geringe Schwankungen auftreten, kann die Redundanz der Kodierung verringert werden, wenn nur die Differenzwerte aufeinanderfolgender Abtastwerte kodiert werden. Allerdings müssen Referenzpunkte in festen Abständen eingefügt werden, an denen eine tatsächliche Kodierung des Abtastwertes erfolgt. Bei

schnellen Signalschwankungen können allerdings schwerwiegende Quantisierungsfehler auftreten.
In einem verbesserten Verfahren wird für jeden Abtastwert zunächst ein Vorhersagewert (**Predictive Coding**) aus einem oder mehreren Vorgängerwerten berechnet und nur die Differenz zwischen diesem und dem tatsächlich vorliegenden Wert gespeichert. Adaptiv kann dabei die Auflösung der Quantisierungsintervalle angepaßt werden, d.h. geringe Auflösung bei starken Schwankungen (laut) und hohe Auflösung bei schwachen Schwankungen (leise) (**adaptives DPCM**). Man unterscheidet dabei **Vorwärtsadaption**, bei der die vorhergesagten Audio-Parameter auf Grundlage aktueller Werte geschätzt werden, und **Rückwärtsadaption**, bei der die Vorhersage auf mehreren, bereits zurückliegenden Audio-Parametern basiert.

Die Rückgewinnung des originalen Analogsignals aus den PCM-Abtastwerten erfolgt über eine **Digital-Analog-Wandlung** und anschließender Anwendung eines Tiefpaßfilters, um das gewonnene Analogsignal auf das zuvor eingeschränkte Frequenzband zu reduzieren.

3.4.2 Unkomprimierte Audio-Datenformate

Im professionellen Studiobereich herrschen die beiden Formate SDIF-2 (Sony Digital Interface) der Firma Sony und AES3 (Audio Engineering Society) vor, die jeweils mit einer 20-Bit PCM-Samplingtiefe arbeiten. Im Bereich der Rechnerkommunikation und des WWW sind diese Formate bislang jedoch ohne große Bedeutung. Daher soll auf diese hier nicht näher eingegangen werden.
Im Zuge der Entwicklung des PCs entstanden viele verschiedene Audio-Datenformate, die oft auf die speziellen Möglichkeiten der verwendeten Hardware zugeschnitten waren. Heute noch üblich sind z.B. die Formate AU, SND, AIFF oder WAV. Das von SUN für die UNIX-Welt geschaffene **AU-Format** ist mit dem **SND-Format** von NeXT weitgehend identisch. Beide sind gekennzeichnet durch eine sehr einfache Dateistruktur: Nach einem kurzen Header werden die Audio-Daten einfach sequentiell kodiert abgespeichert. Dabei sind verschiedenartige Kodierungen möglich, die vom 8-Bit Mono-PCM-Sampling bis zum 32-Bit Mehrkanalton-PCM-Sampling bei Samplingraten von 22,05 kHz bis 44,1 kHz, reichen. Wird mehr als ein Kanal benutzt, so werden die Daten für die einzelnen Kanäle in einem Interleaving-Verfahren abwechselnd gespeichert.
Das **AIFF**-Format (**Audio Interchange File Format**) ist eine Entwicklung der Firma Apple und basiert auf dem EA/IFF85 Standard for Interchange Format Files der Firma Electronic Arts. Ähnlich wie das von Microsoft und IBM gemeinsam entwickelte **WAV-Format** (**Waveform Audio File Format**), besteht eine AIFF-Datei aus mehreren unabhängigen Abschnitten, sogenannten Chunks („Häppchen"). Eine AIFF-Datei besteht

Von Mono zu Dolby-Surround

- **Mono**
  Die Aufnahme erfolgt für eine monophone Audiowiedergabe von einem festen Standpunkt aus mit nur einer Tonspur (Kanal). Diesem Prinzip folgten bereits die ersten Audio-Reproduktionssysteme wie der Phonograph oder das Grammophon. 1927 hielt die Mono-Tonaufnahme Einzug in die Welt des Films, von der aus auch die weiteren Entwicklungen hin zur Mehrkanaltontechnik ausgehen sollten.
- **Stereo**
  Im Bestreben, eine möglichst natürliche Reproduktion von Audiosignalen zu erzielen, wurde eine Mehrkanal-Tonaufzeichnung erforderlich. Im einfachsten Fall reicht dazu eine Zweikanal-Tonaufzeichnung (Stereo) aus. Die Aufzeichnung erfolgt über zwei getrennte Mikrophone, die sich an unterschiedlichen Positionen befinden. Wird die so gewonnene Aufzeichnung über zwei Lautsprechersysteme abgespielt, entsteht für den Zuhörer, sofern er sich innerhalb eines bestimmten Bereichs vor den Lautsprechern aufhält, ein annähernd natürliches Klangempfinden (Stereoeffekt). Allerdings ist die Wiedergabe des Stereoeffekts auf einen begrenzten Raum beschränkt und erscheint in der Regel flach, d.h. eine natürliche Reproduktion eines Schallereignisses ist so nur angenähert möglich. Der erste Film, der mit Mehrkanalton in die Kinos kam, war 1941 Walt Disneys „Fantasia". Die erste Stereo-Schallplatte erschien 1958, das erste Stereo-UKW-Radio 1961.
- **Mehrkanaltonverfahren**
  Die Entwicklung der Mehrkanaltonverfahren nahm im Kino ihren Ausgangspunkt. Als in der 50er Jahren die Kinoleinwände immer breiter wurden, kamen zusätzlich zu den beiden Stereokanälen noch zentrale Lautsprecher und Umgebungslautsprecher mit einem eigenen separaten Tonkanal hinzu, um auch dem Publikum abseits der Leinwandmitte die Möglichkeit zu geben, Dialoge auf der Kinoleinwand zu lokalisieren. Da das Richtungshören beim Menschen für mittlere und hohe Frequenzen am ausgeprägteste ist, müssen Niederfrequenzeffekte nicht noch einmal in verschiedene Kanäle aufgeteilt werden, sondern können zentral von einem beliebigen Ort aus wiedergegeben werden, da diese in der Regel eher gefühlt als gehört werden. So sieht das von den amerikanischen Dolby Laboratories entwickelte **Dolby 5.1**-Verfahren sechs einzelne Kanäle vor: links, zentral, rechts, Umgebung links, Umgebung rechts und einen zusätzlichen Niederfrequenzkanal, der allerdings nur etwa ein Zehntel der Informationsbandbreite beansprucht im Vergleich zu den übrigen Audiokanälen.

Abb. 3.23. Ein- und Mehrkanal-Tonsignale

mindestens aus einem Form Chunk, der die Größe und das Format der Datei beschreibt, einem Common Chunk, der die Anzahl der Kanäle, der Sample-Pakete, die Samplingrate und die Wortbreite der Sound Daten Chunks angibt, die ihrerseits aus einzelnen Sample-Paketen bestehen, die die eigentliche Audio-Information enthalten. Zusätzlich stehen noch Marker Chunks, Comment Chunks und Instrument Chunks bereit, über die zusätzliche Information in die Audiodatei mit eingebracht werden kann. In Tabelle 3.5 ist eine Reihe verschiedener Chunk-Typen aufgelistet. Als Erweiterung des AIFF-Formats wurde mit **AIFF-C** ein Standard zur verlustfreien Audiokodierung eingeführt, dessen Datenformat dem allgemeinen Aufbau des AIFF-Formats folgt.

Tabelle 3.5. Verschiedene AIFF-Chunks

Form Chunk	Grundgerüßt der AIFF-Datei, enthält Dateigröße
Common Chunk	beschreibt die zur Kodierung verwendeten Audio-Parameter wie Samplingrate, Samplingtiefe, Kanäle, etc.
Sound Data Chunk	enthält eigentliche Sampling-Daten
Marker Chunk	Kennzeichnung von Zeitpunkten innerhalb der Abtastwerte
Instrument Chunk	zur Erzeugung digitaler Instrumentenklänge
MIDI Chunk	enthält MIDI-Daten
Application Specific Chunk	beliebige Daten
Associated Data Chunk	Zusatzinformation zu den enthaltenen Audio-Daten
Comment Chunk	Kommentar zu den enthaltenen Audio-Daten
Text Chunk	Textinformation zu den enthaltenen Audio-Daten

Das WAV-Datenformat ist Teil von Windows **RIFF** (**Resource Interchange File Format**). Aufgrund der großen Verbreitung dieses Betriebssystems ist das WAV-Format weit verbreitet. Der wesentliche Unterschied zum AIFF-Standard besteht dabei in der Kodierung und Anordnung der einzelnen Bytes (Intel-Standard). Prinzipiell besteht eine WAV-Datei aus einem Format Chunk, der das Format der einzelnen Sample Blöcke, die Anzahl der Kanäle, die Samplingrate und den Blockaufbau angibt, und einem Daten Chunk, die in einer Reihe von Sample Blöcken die im Format Chunk spezifizierten Audio-Daten enthält. Zusätzlich können noch Cue Chunks und Playlist Chunks mit in die Datei eingefügt werden, die die Definition von Bereichen gestatten, die übersprungen oder mehrfach gespielt werden sollen. Alle Chunks sind dabei an Wortgrenzen (16/32-Bit) ausgerichtet und müssen deshalb um Füllbits ergänzt werden. Analog zum AIFF/AIFF-C-Standard werden die Sampling-Daten im WAV-Format für einen Abtastzeitpunkt zunächst für alle Kanäle abgelegt, bevor die Werte des nächsten Abtastzeitpunktes folgen (Interleave Format). Das WAV-Format kann nachträglich um neue Chunk-Typen erweitert werden. Tritt bei der Wiedergabe einer WAV-Datei ein Chunk-Typ auf, der dem Dekoder unbekannt ist, wird dieser nicht dekodiert. Ein Zugriff auf die hinteren Chunks einer WAV-Datei erfolgt über die Verkettung der Längen der vorangegangenen Chunks und erfordert daher die Kenntnis aller Vorgänger-Chunks. Aus diesem Grund ist das WAV-Format für die Echtzeit-Datenübertragung von Audio-Dateien (Streaming) nicht gut geeignet.
Ein Audio-Datenformat, das etwas aus dem Rahmen fällt, wird durch den sogenannten **MIDI**-Standard definiert (**Musical Instrument Digital Interface**). Ursprünglich wurde das 1983 eingeführte MIDI-Protokoll für den Datenaustausch zwischen Synthesizern, also elektronischen Musikinstrumenten entwickelt, bevor das verwendete Dateiformat auch für die Datenkommunikation standardisiert wurde. Dabei werden im MIDI-Format keine Audiodaten im eigentlichen Sinne übertragen, sondern nur Kontrollsignale für Synthesizer. Die Kodierung von Klängen erfolgt dabei in einer instrumen-

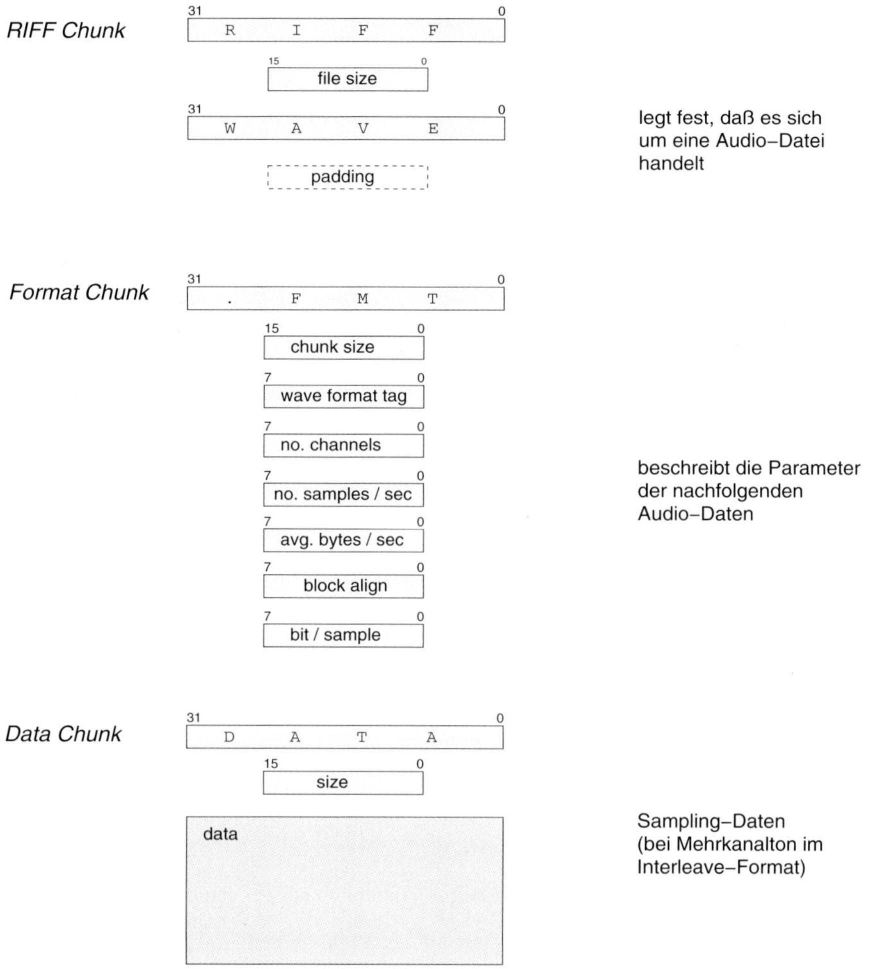

Abb. 3.24. Das WAV-Dateiformat

tenbezogenen Darstellung, die die Angabe von Parametern beinhaltet, wie z.B. die Bezeichnung des Instruments, Beginn und Ende einer Note, Grundfrequenz, Lautstärke und vieles mehr. Da die Datenrate der Kontrollsignale sehr niedrig ist, eignete sich MIDI im Bereich der Instrumentalmusik sehr gut als Musikdatenformat für das Internet. So erfordern z.B. 10 Minuten Musik in MIDI-Kodierung nur ca. 200 kByte. Der General MIDI Standard definiert eine Klangbibliothek mit 128 verschiedenen Instrumenten und erlaubt dadurch, daß durch ein bestimmtes Kontrollsignal auf jedem Synthesizer der gleiche Klang charakterisiert wird. Echte Audiodaten können jedoch nur mit dem MIDI Sample Dump Format übertragen werden.

3.4.3 Audiokomprimierung

Die verlustbehaftete Komprimierung von Audiodaten ist ungleich schwieriger zu bewerkstelligen als die Bildkomprimierung, da hier Fehler und Artefakte wesentlich störender wahrgenommen werden. Je nach Verwendungszweck können jedoch auch Audiodaten in Umfang und Qualität reduziert werden, ohne daß sie für den anvisierten Verwendungszweck unbrauchbar werden. Das gilt insbesondere für die Sprachkodierung, da hier die bloße Verständlichkeit in Konkurrenz zur exakten Reproduktion und optimalen Qualität steht. So sind hier im Gegensatz zur Komprimierung von Musik Klangverluste durchaus akzeptabel. Eine Samplingrate von weniger als 4 kHz reicht bereits aus, um die übliche Telefonqualität zu reproduzieren. Auf dem Gebiet der Sprachkomprimierung haben sich bereits zahlreiche internationale Standards etabliert (siehe Tabelle 3.6). Sprachkodierungen, die mit einer niedrigen Datenübertragungsrate auskommen, benötigen jedoch oft einen leistungsstarken Rechner zur Dekodierung.

Tabelle 3.6. Standards in der Sprachkodierung

Codec	Eigenschaften	Sprachqualität
G.711	64kbps PCM (8 Bit, 8 kHz Sampling), μ-Law/a-Law ISDN	sehr hoch
G.721	16-72 kbps ADPCM (2-5 Bit Samplingtiefe)	hoch
G.722	16-48 kbps Subband ADPCM mit linearer Prediktion	hoch
G.723	5,3-6,3 kbps ADPCM (3-5 bit, 8 kHz Sampling) Voice over IP	ausreichend
G.726	16-40 kbps ADPCM (2-5 Bit Samplingtiefe) in DECT-Geräten	sehr hoch
G.728	16 kbps ADPCM (rückwärtsadaptiv, rechenintensiv)	hoch
G.729	wie G.723 aber mit 16 Bit ADPCM	hoch
GSM	z.B. full rate 13,3 kbps, Global Standard for Mobile communication	ausreichend

Die schon beschriebenen PCM-Formate mit nichtlinearem Sampling verwenden bereits eine Komprimierung. Da bei logarithmischem Sampling (siehe a-Law/μ-Law Verfahren) laute Passagen gröber abgetastet werden als leise, in denen kleine Unterschiede in der Dynamik stärker ins Gewicht fallen, ist es möglich, mit einer geringeren Samplingtiefe gleich gute Resultate zu erhalten, wie beim linearen Sampling mit größerer Samplingtiefe. So erlauben die Verfahren a-Law und μ-Law bei logarithmischer Kodierung eine Komprimierung der Samplingtiefe von 12 Bit auf 8 Bit. Um bei Signalen mit niedrigem Signalpegel (Amplitude) einen möglichst geringen Rauschanteil zu erreichen, werden schwache Signale vor einer Übertragung zunächst angehoben und anschließend wieder abgesenkt.

Für die Übertragung von Audio-Dateien im WWW ist die Komprimierung von besonderer Bedeutung. Ein anvisiertes Ziel der Entwickler war es, komprimierte Audiodaten in der Qualität von Audio-CDs, d.h. 16-Bit Sampling bei 44, 1 kHz Stereo, mit der dem typischen Endanwender zur Verfügung stehenden Bandbreite zu übertragen. Ein solcher Datenstrom benötigt mehr als 1.400 kbps, also weitaus mehr als über ISDN (64-128 kbps) zur Verfügung steht. Eine weitere Anwendung, die die Entwickler ins Auge faßten, war die Entwicklung eines Datenformats für den Einsatz in Audio-Datenbanken, die über das Internet zugreifbar sind.

Grundidee der verlustfreien Audiokomprimierung:

Eine effiziente, verlustfreie Audiokodierung, d.h. eine Kodierung, die es erlaubt, das Originalsignal aus den komprimierten Daten exakt wieder zu rekonstruieren, nutzt das Prinzip der **adaptiven Differenzenkodierung** mit **linearer Prediktion**. Dabei wird aus bereits vergangenen Signalwerten ein Vorhersagewert für das aktuelle Signal ermittelt und die entstehende Differenz zum tatsächlichen aktuellen Signal kodiert. Ziel ist dabei die Minimierung des entstehenden Differenzsignals, um dieses möglichst effizient kodieren zu können. Dazu wird im Folgeschritt eine **statistische Kodierung**, wie z.B. die Huffmann-Kodierung angewendet, die häufig vorkommende Signalwerte mit kurzen Codeworten kodiert. Dieses Verfahren ist in der Lage, Komprimierungsraten von ca. 1:2 zu realisieren. Rauschen oder rauschartige Klänge im Audiosignal verhindern dabei das Erreichen höherer Komprimierungsraten.

Abb. 3.25. Verlustfreie Audiokomprimierung

Verlustfreie Audiokomprimierung erlaubt allerdings nur Komprimierungsraten von ca. 1:2 (siehe Abb. 3.25), so daß der Ausgangspunkt für eine effiziente Komprimierung von Audiodaten die gezielte Verringerung der Qualität der Ausgangsdaten ist. Die normale, also verlustfreie Komprimierung arbeitet nach dem Prinzip, implizit gegebene Redundanzen zu beseitigen. Komplexe Reduktionsverfahren mit einer an die menschliche Wahrnehmung angepaßten Datenreduktion komprimieren Audiodaten bis auf ein Zehntel ihrer ursprünglichen Größe ohne wahrnehmbaren Qualitätsverlust. Grundsatz dieser wahrnehmungsangepaßten Datenreduktion ist, daß jene Anteile des Audiosignals, die vom menschlichen Ohr nicht wahrgenommen werden können, sogenannte Irrelevanzen, auch nicht mit kodiert, sondern herausgefiltert werden.
Konzeptionell vollziehen Audio-Komprimierungsverfahren die gleichen Schritte wie das menschliche Gehör, indem das Signal zunächst in Bezug auf die Frequenz aufgeschlüsselt wird. Aufgrund anatomischer Gegebenheiten kann das menschliche Gehör nur akustische Signale mit einem Schalldruck zwischen 0 dB und 120 dB innerhalb des Frequenzbereichs von 20 Hz bis 20.000 Hz wahrnehmen (siehe Abb. 3.27). Akustische Signale, die außerhalb des menschlichen Hörfeldes liegen, müssen nicht kodiert werden.
Auch innerhalb des Hörfeldes müssen nicht alle akustischen Signale kodiert werden. Ursache dafür ist das Phänomen der sogenannten **Verdeckung** (Maskierung), das aus dem Alltag wohlbekannt ist: Ein akustisches Signal,

Methoden der Audiokomprimierung

Grundsätzlich unterscheidet man bei der Komprimierung von Audioinformationen drei Basistechniken:

- **Predictive Coding**
  Hierzu wird das Wissen über das bereits gesendete bzw. kodierte Signal für eine Vorhersage des Folgesignals benutzt. Die eigentliche Komprimierung besteht darin, daß nur noch die Differenzen zwischen dem Signal und seiner Vorhersage abgespeichert werden müssen, die kleiner sind, als das ursprüngliche Signal und sich deshalb effizienter kodieren lassen.
- **Spectral** oder **Transform Coding**
  Über die Wellenform des Signals wird eine Fourier-Transformation durchgeführt, die das Signal in den Frequenzraum transformiert. Da sich die transformierte Darstellung des Signals langsamer verändert, müssen auch nur weniger Samples übertragen werden. Transform Encoder benutzen gewöhnlich eine große Anzahl Sub-Bänder und betrachten benachbarte Samples von der Frequenz her gemeinsam.
- **Sub-Band Coding**
  Das vorhandene Audio-Spektrum wird in einzelne Frequenzbänder aufgeteilt. Zur Kodierung wird ausgenutzt, daß fast alle Bänder gegenüber dem lautesten Band viel weniger Information (oder weniger wichtige Information) enthalten, d.h. in der Komprimierung wird den wichtigen Bänder mehr Raum gewährt als den unwichtigen, die manchmal sogar ganz weggelassen werden. Die aufwendige Selektionsarbeit, wieviele Bits welchem Sub-Band zugeteilt werden, wird vom Kodierer (Encoder) auf Basis eines sogenannten **psycho-akustischen Modells** ausgeführt. D.h. neben den eigentlichen Audiodaten muß auch die Information über die Bitverteilung mitübertragen werden. Sub-Band Coding wird oft nur als Spezialfall des Transform Coding angesehen.

Abb. 3.26. Methoden der Audiokomprimierung

das in ruhiger Umgebung gut hörbar ist, kann in lauter Umgebung nicht mehr wahrgenommen werden, es wird sozusagen verdeckt. Damit ein akustisches Signal bei gleichzeitigem Umgebungsgeräusch hörbar ist, muß es entsprechend lauter sein als bei absoluter Stille. Der dazu notwendige Schallpegel wird **Verdeckungsschwelle** (Masking Threshold) genannt. Die Psychoakustik unterscheidet zwei Arten der Verdeckung:

- **simultane Verdeckung**
  Ein Phänomen, bei dem ein Signal mit niedrigem Pegel (**maskiertes Signal**) von einem gleichzeitig auftretenden starken Signal (**Maskierer**) unhörbar gemacht wird, falls die Frequenzen des maskierten Signals und des Maskierers nahe beieinander liegen. Die sogenannte Mithörschwelle bezeichnet genau den Signalpegel, bei dem ein leises Signal gerade noch durch den Maskierer verdeckt wird. Alle unter der Mithörschwelle gelegenen Signale werden vom menschlichen Gehör nicht wahrgenommen. Abb. 3.28 zeigt die Verschiebung der Mithörschwelle bei simultaner Verdeckung durch ein Schmalbandrauschen mit 1 kHz bei unterschiedlicher Signalintensität.
- **temporäre Verdeckung**
  Treten zwei akustische Ereignisse annähernd gleichzeitig auf, so kann das stärkere Signal das schwächere auch dann verdecken, wenn dieses kurz

Der Hörvorgang des Menschen kann nur stattfinden, wenn die am Ohr eintreffenden Schallwellen innerhalb des für den Menschen wahrnehmbaren Frequenzbereichs von ca. 20 Hz bis 20.000 Hz liegen. Bei Schallwellen unterhalb dieses Frequenzbereichs spricht man von **Infraschall**, der an den wahrnehmbaren Frequenzbereich anschließende Bereich wird als **Ultraschall** bezeichnet. Seine größte Empfindlichkeit besitzt das menschliche Gehör im Bereich von 2.000 Hz bis 4.000 Hz.
Das Ohr des Menschen unterteilt sich in drei Abschnitte:

- Das **Außenohr** wird durch die Ohrmuschel, den Gehörgang und das abschließende Trommelfell gebildet.
- An der gegenüberliegenden Seite des Trommelfells liegen die Gehörknöchel des **Mittelohrs** an, bestehend aus Hammer, Amboß und Steigbügel, mit denen die durch die Luftdruckschwankungen hervorgerufenen Schwingungen der Trommelfellmembran in eine mechanische Schwingung übersetzt und über das ovale Fenster an das
- **Innenohr** weitergeleitet werden. Das ovale Fenster schwingt um eine Drehachse und überträgt so die eintreffenden Schwingungen auf die Lymphflüssigkeit der Gehörschnecke (Cochlea). Die Cochlea wird durch zwei Membranen in drei Kompartimente unterteilt, die mit zwei unterschiedlichen Flüssigkeiten gefüllt sind. Zwischen den beiden Flüssigkeiten besteht eine elektrische Spannung, welche die für die Reizaufnahme und -weiterleitung erforderliche elektrische Energie liefert. Im Zentrum der Cochlea verläuft die Basilarmembran mit dem Cortischen Organ, das mit seinen rund 20.000 Haarzellen von unterschiedlichen Frequenzen unterschiedlich stark gereizt wird. Die von den Haarzellen abgegebenen bioelektrischen Impulse werden vom Hörnerv aufgenommen und an das Gehirn weitergeleitet.

Das Innenohr führt also eine erste Frequenzanalyse des aufgenommenen Frequenzbereichs durch. Die Leistungsanteile des Spektrums werden dabei nicht mit einer linearen Frequenzskala ausgewertet, sondern je nach Frequenzbereich mit einer unterschiedlichen Lautstärke empfunden. Die Lautstärke-Empfindung eines akustischen Signals mit einem bestimmten Schalldruckpegel hängt daher von dessen Frequenz ab. Ein Einzelton mit einem bestimmten Schalldruckpegel wird je nach Tonhöhe unterschiedlich laut empfunden. Trägt man Punkte gleichen Lautstärkeempfindens über die Frequenz an, so erhält man deshalb keine Gerade, sondern eine Kurve. Der Bereich zwischen **Ruhehörschwelle** und **Schmerzschwelle** wird als **Hörfeld** bezeichnet.

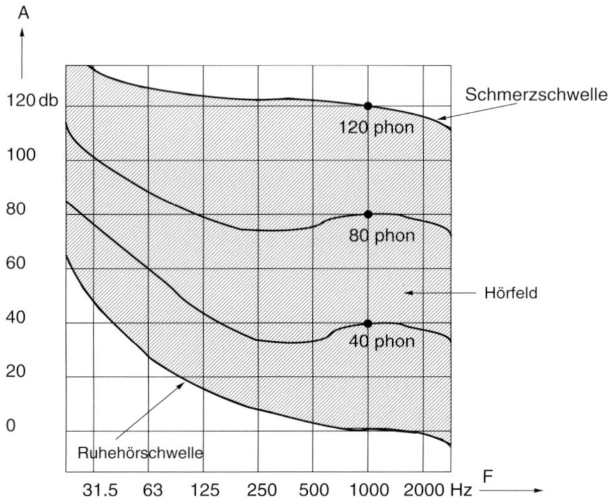

Abb. 3.27. Das menschliche Gehör

nach (bis 200 ms) bzw. sogar kurz vor (bis 50 ms) dem Maskierer eintrifft. Abb. 3.29 zeigt den zeitlichen Verlauf einer temporäre Signalverdeckung.

Durch simultane und temporäre Verdeckung maskierte Signale müssen nicht kodiert werden, da sie vom menschlichen Gehör ohnehin nicht wahrgenommen werden können. Die Datenrate des Signals kann also abgesenkt werden, ohne daß eine wahrnehmbare Qualitätsminderung auftritt.

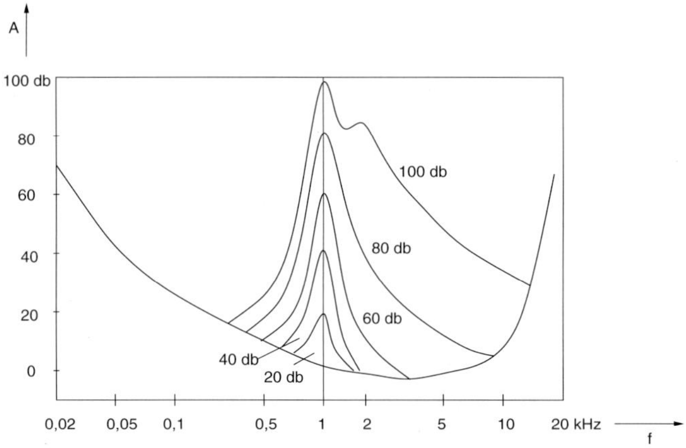

Abb. 3.28. Mithörschwelle bei Schmalbandrauschen von 1 kHz

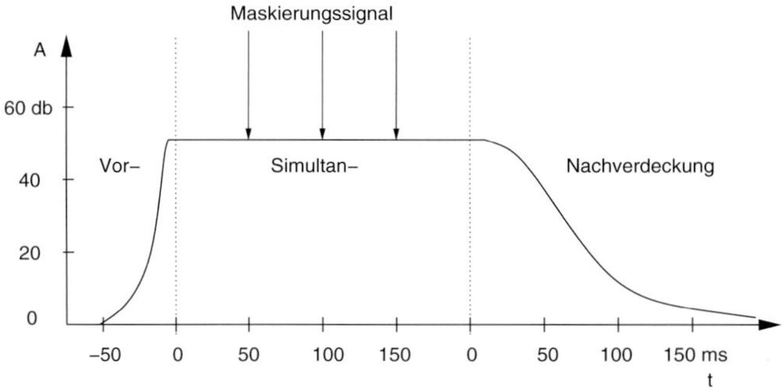

Abb. 3.29. Temporäre Verdeckung

Weitere wichtige Kenngrößen sind der **Signal-to-Mask Ratio** (SMR), der **Signal-to-Noise Ratio** (SNR) und der **Noise-to-Mask Ratio** (NMR). Der SMR ergibt sich als Differenz des Schalldrucks des Maskierers und der Verdeckungsschwelle, der SNR ergibt sich aus dem Verhältnis zwischen Maskierer und Quantisierungsrauschen und der NMR ergibt sich aus der Differenz zwischen SMR und SNR. Audio-Komprimierungsmethoden unterscheiden sich im Allgemeinen darin, welche Techniken benutzt werden, um die Maskierungsschwelle zu berechnen, und darin, wieviel Aufwand in die Signalverarbeitung investiert wird, um die dazu notwendigen Berechnungen durchzuführen.

3.4.4 MPEG Audiokodierung

MPEG steht für **Motion Picture Experts Group**, ein Gremium, das sich ursprünglich mit der Kodierung und Komprimierung von Video- und Audiodaten beschäftigte (siehe Abb. 3.30). Arbeitsergebnisse dieser Organisation werden für gewöhnlich bei der ISO standardisiert und laufen unter dem Namen MPEG. Die dabei beschriebenen Audio-Kodierungsverfahren stehen nicht für sich alleine, sondern sind Teil der jeweiligen von der MPEG-Gruppe standardisierten Video-Komprimierungsverfahren, auf die gesondert eingegangen wird.

MPEG – Motion Picture Experts Group

Die MPEG bezeichnet eine Arbeitsgruppe der ISO (International Standards Organisation). Die vollständige, formale Bezeichnung der MPEG als Unterorganisation der ISO lautet ISO/IEC JTC 1/SC 29/WG 11. Ihre Aufgabe ist es, Standards für die kodierte Darstellung von Audio- und Videodaten einschließlich Verfahren zu deren Komprimierung und Verarbeitung zu entwickeln. Die MPEG Gruppe hielt im Mai 1988 ihr erstes Treffen ab. Zu ihren Hauptentwicklungen zählen die Standards **MPEG-1** (ISO/IEC 11172) als Basis für die Video Compact Disk (VCD) und das im Internet verwendete MP3, **MPEG-2** (ISO/IEC 13818), das im Bereich des digitalen Fernsehens und der DVD zum Einsatz kommt, **MPEG-4** (ISO/IEC 14496) als genereller Multimedia-Standard unter anderem für mobile Kommunikationsgeräte der kommenden Generation bei nur geringen Bitraten, und **MPEG-7** (ISO/IEC 15938) für die Beschreibung und Indizierung von Audio- und Videoinhalten. Seit Juni 2000 arbeitet die MPEG am neuen Standard **MPEG-21** (ISO/IEC 18034) „Multimedia Framework“, der eine komplette Infrastruktur zur Übertragung und Bereitstellung von Multimediainhalten beschreibt.

Abb. 3.30. Die MPEG Gruppe

Neben der reinen Komprimierung von Audiodaten standen bei der Entwicklung der einzelnen MPEG-Audio-Kodierungsstandards eine Reihe weiterer Ziele im Vordergrund. So sollen z.B. Echtzeit-Encoder mit überschaubaren Hardware-Kosten realisierbar und Echtzeit-Dekoder in allen gängigen Betriebssystemen umsetzbar sein. Daneben soll es möglich sein, innerhalb des komprimierten Datenstroms vorwärts oder rückwärts zu navigieren. Ebenso ist eine Resistenz gegenüber kaskadierter Kodierung und Dekodierung gefordert: Beim Überspielen einer Audiodatei mit zugehöriger Dekodierung und anschließender Kodierung sollen keine neuen Artefakte entstehen.
Die Bitrate, mit der das Signal bei MPEG übertragen werden soll, wird als konstant angenommen. D.h. ein vorgegebenes Signal soll nicht unbedingt auf dem geringstmöglichen Platz dargestellt werden, sondern die vorgegebene

Bandbreite kann für das Signal optimal ausgenutzt werden. So wird etwa bei Hardware-Realisierungen eines MPEG-Kodierers die Konfiguration der **Filterbänke** (dazu gehören z.B. die Fourier- oder Cosinus-Transformation, sowie Angaben zum verwendeten psychoakustischen Modell) im Standard bereits fest definiert und hängt nicht vom zu kodierenden Signal ab (siehe Abb. 3.31), obwohl dieses Vorgehen von vorne herein keine optimale Effizienz und Qualität garantiert. Außerdem wird bei der Kodierung kein Vorwissen

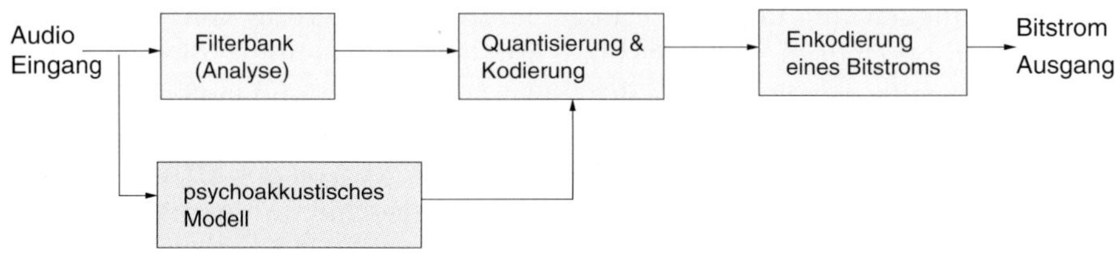

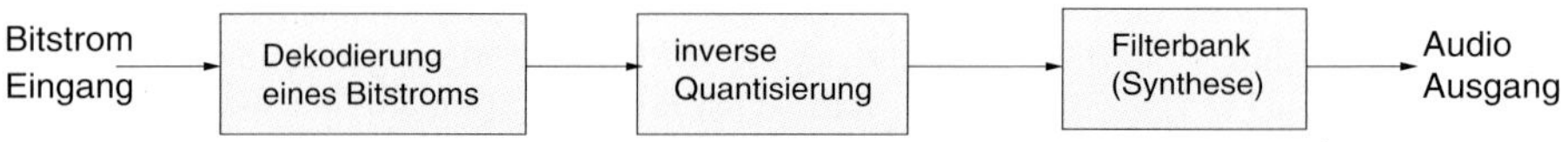

Abb. 3.31. Schema der Komprimierung/Dekodierung von Audiodaten

bzgl. des bereits kodierten Signals berücksichtigt, da dies beim Encoder zuviel Speicherplatz erfordern würde.
Grundsätzlich unterscheidet man bei den MPEG-Audio-Kodierungsverfahren **MPEG-1** und dessen Erweiterung **MPEG-2**, das die Kodierung zusätzlicher Audiokanäle gestattet. Die MPEG-1 Spezifikation für die Audiokodierung ist in sogenannte **Layer** unterteilt und gestattet die Komprimierung eines Stereosignals bei Samplingraten von

- 32 kHz (Digitaler Rundfunk),
- 44,1 kHz (CD-Audio Qualität) und
- 48 kHz (professionelle Audio-Geräte).

Enkoder für die einzelnen MPEG-Layer sind dabei abwärts kompatibel, d.h. Layer 1 ist die Basis, die alle En- und Dekoder (auch als **Codec** bezeichnet) leisten müssen.
Dekoder für Layer 2 müssen automatisch auch Layer 1 Daten umsetzen können, aber nicht umgekehrt. Im Übrigen sind die bekannten **MP3-Dateien** nach dem in MPEG-1 Layer 3 festgelegten Verfahren kodiert. In Abb. 3.32 wird ein Blockschema des MP3-Kodierungs- und Dekodierungsprozesses angegeben. Die Komplexität der Encoder und Dekoder steigt mit der Ziffer des jeweiligen Layers.

Tabelle 3.7. MPEG-1 Audiokodierung

MPEG-1	Ziel-Bitrate	Verwendung
Layer 1	192 kbps pro Kanal	digitale Kompakt-Kassetten (DCC)
Layer 2	128 kbps pro Kanal	digitaler Hörfunk, Audio auf Video-CDs
Layer 3	variable Bitraten 32-384 kbps	Internet, Audio-MP3

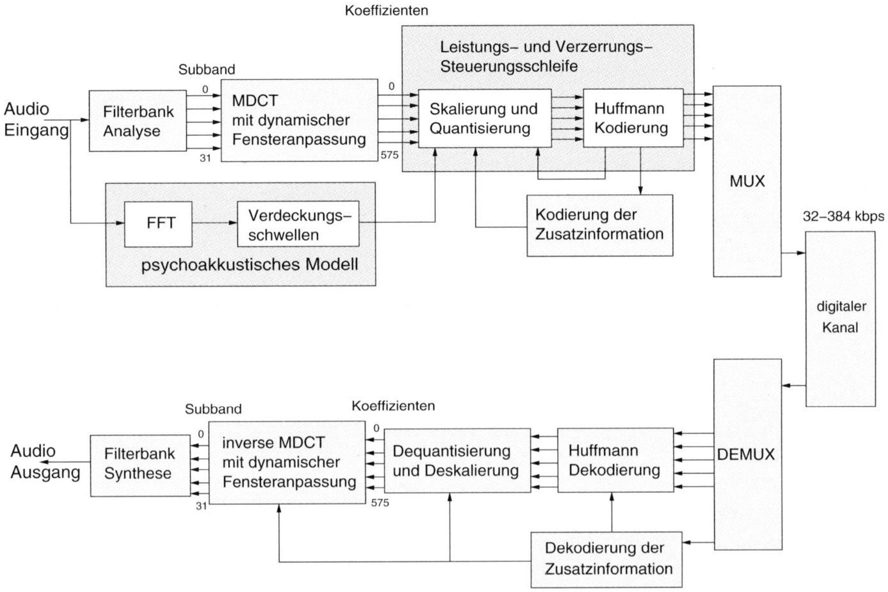

Abb. 3.32. Blockdiagramm des ISO/MPEG Audio-Codec, MP3

Exkurs 5: MPEG-1 Audiokodierung

MPEG-1 Layer 1

In einem ersten Schritt wird das Eingabe-Audiosignal über die sogenannte Polyphase Filterbank in 32 gleichbreite **Frequenz-Subbänder** von je 750 Hz Breite bei einer Samplingrate von 48kHz aufgeteilt. Die dabei verwendeten Filter sind verhältnismäßig einfach und besitzen eine gute Zeit- und Frequenzauflösung. Die Filterbank nimmt ein Eingabesample (Abtastwert) und zerlegt dieses in seine Spektralkomponenten, die jeweils auf die 32 Subbänder aufgeteilt werden. Ein MPEG Layer 1 Datenpaket umfaßt 384 Samples, in dem 12 Samples in jedem der 32 Subbänder gruppiert werden. Auf der Basis des verwendeten psychoakustischen Modells allokiert der Enkoder für jede Sample-Gruppe die Anzahl der benötigten Bits, wobei für jedes Subband ein jeweils geeigneter Quantisierer aus 15 möglichen ausgewählt werden kann.
Als Nachteil macht sich bei dieser Form der Komprimierung bemerkbar, daß das menschliche Gehör nicht in gleichbreiten Subbändern arbeitet. Die Breite der Subbänder wächst exponentiell mit der Frequenz. Filterbank und Synthese sind hier verlustbehaftet, was allerdings nicht hörbar ist. Außerdem treten sogenannte **Aliasing-Effekte** auf, d.h. in benachbarten Frequenzbändern treten in MPEG Layer 1 signifikante Überlappungen auf, da die

Frequenzbänder nicht scharf begrenzt sind. Ein Ton auf einer Frequenz kann also bedingt durch diese Überlappung gleichzeitig in zwei Frequenzbändern auftauchen, was sich bei der Komprimierung auch in Form von zusätzlicher Redundanz bemerkbar macht.
Bei der Kodierung der Kanäle unterscheidet man vier verschiedene Modi:

- **Single Channel Coding** zur Kodierung von Mono-Signalen,
- **Dual Channel Coding** zur Kodierung von zwei separaten Monosignalen, z.B. bilinguales Audio,
- **Stereo Coding** zur Kodierung eines Stereosignals, bei dem beide Stereokanäle allerdings getrennt kodiert werden, und
- **Joint Stereo Coding** zur Kodierung eines Stereosignals, bei dem die Datenredundanzen und -irrelevanzen zwischen den beiden Kanälen zur Komprimierung ausgenutzt werden. Dabei kommt eine als „Intensity Stereo" bezeichnete Methode zum Einsatz, bei der für hohe Frequenzen nur ein Mono-Signal übertragen wird, welches vom Dekoder wieder in die Nähe der ursprünglichen Stereo-Position geschoben wird.

Sowohl die Quantisierung als auch die nachfolgende Kodierung werden unter Einbeziehung einer Maskierungsschwelle realisiert, die durch das verwendete psychoakustische Modell vorgegeben wird.

MPEG Layer	Komprimierung
Layer 1	1:4
Layer 2	1:6 ... 1:8
Layer 3	1:10 ... 1:12

MPEG-1 Layer 2

Layer 2 kodiert die Daten in größeren Gruppen und schränkt die Bit-Allokationen in mittleren und hohen Subbändern ein, weil diese für das Gehör nicht so wichtig sind. Bit-Allokationsdaten, Skalierungsfaktoren und quantisierte Samples können so in kompakterer Form abgespeichert werden, was den vorhandenen Raum für die wesentlichen Audiodaten erweitert. Ein MPEG Layer 2 Datenpaket enthält 1.152 Samples pro Kanal und 3er Blöcke je 12 Samples pro Subband (Subframes). Dadurch ergibt sich eine Erhöhung der Zeitauflösung des Signals und innerhalb eines Frames kann der Nachmaskierungseffekt (temporale Überdeckung) des menschlichen Gehörs ausgenutzt werden.

MPEG-1 Layer 3 - MP3

MP3 wurde vom Fraunhofer Institut für Integrierte Schaltungen in Erlangen im Zuge eines EU-Projektes zusammen mit der Universität Erlangen entwickelt. MP3 wendet zusätzlich eine **modifizierte diskrete Cosinus Transformation** (**MDCT**) auf die Ausgabe der ursprünglichen Filterbänke an und erwirkt dadurch eine drastisch Erhöhung der Auflösung von 32 auf maximal 576 Subbänder, die es ermöglicht, selbst Aliasing-Effekte in Folge überlappender Frequenz-Subbänder wieder rückgängig zu machen. In MP3 werden für die MDCT die Samplegrößen 18 und 6 gewählt, wobei sich aufeinanderfolgende Transformationsfenster um 50% überlappen, so daß sich eine Fenstergröße von 36 bzw. 12 ergibt. Die lange Blockgröße (36 Samples) ermöglicht eine höhere Frequenzauflösung der stationären Signale, während die kürzere (12 Samples) eine bessere Zeitauflösung bei transienten Signalen gewährleistet. Ein Wechsel zwischen den beiden Blocklängen wird dabei stets über einen speziellen Steuerungs-Block eingeleitet.
Durch die geringere Zeitauflösung und das dadurch vergrößerte Zeitfenster, auf dem die MDCT operiert, werden die durch das Quantisierungsrauschen erzeugten Fehler ebenfalls auf ein größeres Zeitfenster verteilt, so daß die Wahrscheinlichkeit steigt, daß man sie

tatsächlich hört. Bei einem Signal, bei dem sich laute und leise Passagen in schneller Folge abwechseln, verteilt sich das Rauschen nicht nur auf die lauten Stellen – wo man es kaum wahrnimmt – sondern auch auf die leisen Passagen. Diese Störungen treten für gewöhnlich als Pre-Echo auf, weil die temporale Maskierung vor einem Signal schwächer – und daher auch kürzer – ist als danach.
Um dieser Schwäche auffangen zu können, wird in MP3 über ein entsprechend modifiziertes psychoakustisches Modell versucht, solche Situationen rechtzeitig vorherzusehen. Über ein sogenanntes **Bitreservoir** kann in diesen Ausnahmesituationen die Auflösung (Zahl der Quantisierungsintervalle) dynamisch erhöht und so das Quantisierungsrauschen vermindert werden. Zusätzlich kann der Encoder noch auf die kleinere MDCT-Blockgröße umschalten, um die effektive Fensterlänge zu verkürzen.

Zu den in MP3 eingeführten Verbesserungen zählen:

- **Aliasing-Effekte** der Filterbank können ausgeglichen werden.
- Der **Quantisierer** potenziert die Eingabe mit 3/4 um den Signal-to-Noise-Ratio gleichmäßiger auf den Wertebereich der Quantisierungsintervalle zu verteilen.
- **Skalierungsfaktoren** werden in MP3 zu Bändern zusammengefaßt. Ein Band umfaßt mehrere MDCT-Koeffizienten und besitzt in etwa eine Breite ähnlich dem menschlichen Gehör. Damit wird das Quantisierungsrauschen ähnlich wie die Konturen der Maskierungsschwelle eingefärbt, und es treten keine Rausch-Spitzenwerte mehr auf.
- Der MP3 Encoder sortiert die 576 Koeffizienten (32 Subbänder $\times$ 18 MDCT-Koeffizienten) in einer standardisierten Reihenfolge, die dafür sorgt, daß die hohen Werte (von den tiefen Frequenzen) am Anfang stehen und die kleinen am Ende. Für die hohen Werte am Anfang werden in der anschließenden Huffmann-Kodierung lange Codeworte vergeben und für die kleinen am Ende sehr kurze. Die Koeffizienten werden in drei Regionen aufgeteilt, für die jeweils eine spezielle, optimierte Huffmann-Tabelle verwendet wird, wobei zum Teil sogar mehrere Werte auf einen Huffmann-Code abgebildet werden.
- Es wird ein **Bitreservoir** eingeführt, das zur Erhöhung der Auflösung genutzt werden kann. Der Encoder darf jedoch nur Bits aus dem Reservoir entnehmen, die er zuvor eingespart und dort abgelegt hat.
  Die angewandte Huffmann-Kodierung verwendet kurze Codewörter für die nach erfolgter MDCT häufiger auftretenden kleinen Quantisierungswerte. Übersteigt die nach der Huffmann-Kodierung entstehende Bitfolge die Anzahl der zur Verfügung stehenden Bits, kann in diesem Schritt die Größe der Quantisierungsintervalle erweitert werden, so daß mehr kleinere Quantisierungswerte entstehen, die entsprechend kürzer kodiert werden können.
  Das Quantisierungsrauschen wird für jedes Frequenz-Subband über einen Skalierungsfaktor gesteuert, d.h. übersteigt das Rauschen die Maskierungsschwelle und tritt in den wahrnehmbaren Bereich, wird der Skalierungsfaktor des betreffenden Subbandes angepaßt, um das Quantisierungsrauschen zu verringern. Zu diesem Zweck müssen allerdings feinere Quantisierungsintervalle verwendet werden, deren Kodierung eine höhere Bitauflösung verlangt.
- Das menschliche Gehör ist bei sehr hohen und sehr niedrigen Frequenzen nicht mehr in der Lage, diese richtungsgebunden wahrzunehmen. Mit einer als **Intensity Stereo** bezeichneten Technik werden in MP3 bestimmte Frequenzen nur mono kodiert mit einem minimale Zusatz an Richtungsinformation, was eine komplette Stereo-Kodierung des Eingangssignals vermeidet. Zusätzlich kommt eine als **Mid/Side-Stereo** bezeichnete Technik zum Einsatz: Sind die beiden Signale des linken (L) und rechten (R) Kanals sehr ähnlich, werden diese nicht eigenständig kodiert, sondern nur deren Differenz (L-R) und deren Summe (L+R), was zu zusätzlichen Einsparungen führt. Dadurch entsteht aus dem ursprünglichen Stereosignal mit linkem und rechtem Kanal ein Signal aus Mitten- und

Seitenkanal, das sich bei nur schwach ausgeprägtem Stereoeffekt effizienter übertragen läßt.

- Durch die Firma Xing, Real Networks wurde der MP3-Standard um die Möglichkeit einer **variablen Bitrate** (VBR) erweitert. Da in einem Musikstück nicht alle Passagen die gleiche Komplexität aufweisen, kann es oft von Vorteil sein, die Datenrate für die Komprimierung nicht von Anfang an fest vorzugeben, sondern diese der Komplexität des zu kodierenden Signals anzupassen. Dadurch können bei identischer Klangqualität oft höhere Komprimierungsraten erzielt werden. Diese Technik stellt allerdings höhere Ansprüche an die verwendeten Dekoder und wird deshalb von vielen älteren Varianten nicht unterstützt.

Tabelle 3.8. Typische mittels MP3 erzielbare Komprimierungsraten

Qualität	Bandbreite	Kanäle	Bitrate (kbps)	Komprimierung
Telefon	2,5 kHz	mono	8 kbps	96:1
Kurzwelle	4,5 kHz	mono	16 kbps	48:1
Mittelwelle (AM)	7,5 kHz	mono	32 kbps	24:1
UKW	11,0 kHz	stereo	56 ... 64 kbps	26 ... 24:1
CD-nahe	15,0 kHz	stereo	96 kbps	16:1
CD	> 15,0 kHz	stereo	112 ... 128 kbps	14 ... 12:1

Weiterführende Literatur:

D. Thom, H. Purnhagen, S. Pfeiffer, MPEG-Audio Subgroup: MPEG Audio FAQ, ISO/IEC JTC1/SC29/WG11 Coding of Moving Pictures and Audio, 1999.

Tabelle 3.9 macht das Verhältnis der erzielten Dateigröße bei unterschiedlichen, vorgegebenen Bitraten deutlich. Steigt die Bitrate, steigt auch die Qualität der Audiodaten zusammen mit der jeweiligen Dateigröße. Aus der Abbildung wird auch ersichtlich, wieviele Stunden MP3 kodierter Audiodaten eine 1 GB große Festplattenpartition füllen, und wieviele Musikstücke von jeweils 4-minütiger Dauer darauf Platz finden.

Exkurs 6: MP3 – Dateiaufbau

Eine MPEG-Datei besitzt keinen Datei-Header im eigentlichen Sinn, sondern sie besteht nur aus einer Aneinanderreihung von einzelnen Datenblöcken (Frames), die jeweils einen eigenen Header, sowie die gespeicherte Audio-Information enthalten. Für MPEG Layer 1 und Layer 2 sind diese Blöcke vollständig unabhängige Einheiten, so daß eine MPEG-Datei an einer beliebigen Stelle auseinandergeschnitten und von dort an korrekt wiedergegeben werden kann, der Dekoder spielt die Datei vom ersten unversehrt aufgefundenen Datenblock an ab. Bei MP3 jedoch sind die einzelnen Datenblöcke nicht immer unabhängig. Aufgrund der Verwendung des Byte-Reservoirs sind die einzelnen Blöcke oftmals voneinander abhängig, wobei maximal 9 Datenblöcke benötigt werden, um einen Datenblock korrekt wiederzugeben.

Tabelle 3.9. Dateigröße vs. Bitrate bei MP3 Kodierung

Bitrate	Dateigröße	Kompression	Stunden/GB	Stücke/GB
1,411 kbps (CD-Audio)	41,3 MB	keine	1,7	25
80 kbps	2,3 MB	17,6:1	29,1	437
128 kbps	3,8 MB	11:1	18,2	273
160 kbps	4,7 MB	8,8:1	14,6	218
192 kbps	5,6 MB	7,3:1	12,1	182
256 kbps	7,5 MB	5,5:1	9,1	137
320 kbps	9,4 MB	4,4:1	7,3	109

Um Information über eine MP3-Datei zu erhalten, reicht es aus, den ersten Datenblock zu finden und dessen Header zu lesen, da man davon ausgehen kann, daß diese Information in unveränderter Weise auch für die anderen Datenblöcke gilt. Dies trifft zu, solange nicht mit variabler Bitrate (VBR) gearbeitet wird, da dort die Bitrate in jedem neuen Datenblock verändert werden kann. In Abb. 3.33 ist der Aufbau einer MP3-Datei schematisch dargestellt.

- Ein **Datenblockheader** ist 32 Bit lang, wobei die ersten 11 Bits stets auf '1' gesetzt werden und der Synchronisation dienen. Danach folgen Informationen über die verwendete MPEG Version, welcher Layer angesprochen wird, mit welcher Bitrate gearbeitet werden soll, welche Samplingfrequenz vorliegt, ob die im Datenblock befindlichen Daten ein Stereosignal enthalten und ob dieses einer speziellen Kodierung unterliegt. Zuletzt folgen Copyright-Informationen.
- Optional können die Datenblöcke auch eine **CRC-Prüfsumme** enthalten, die 16-Bit lang ist und - falls vorhanden - dem Datenblockheader folgt.
- Schließlich folgen die eigentlichen, kodierten **Audiodaten**.
- Das letzte Element in einer MP3-Datei ist das sogenannte **Id3-Tag**. Dieser Speicherbereich dient dazu, Informationen zu dem in der MP3-Datei abgelegten Musikstück zu speichern, wie z.B. Interpret, Titel, Veröffentlichungsdatum oder Genre. Es ist 128 Byte lang (Version 1.0) und befindet sich stets am Ende der MP3-Datei. Ursprünglich war dieser Informationsabschnitt nicht in der MPEG-Spezifikation enthalten, sondern wurde nachträglich eingefügt (siehe Abb. 3.34)

MPEG-2. MPEG-2 stellt eine Erweiterung des MPEG-1 Standards dar, der eine Kompatibilität zu MPEG 1 in beide Richtungen gewährleistet, d.h. MPEG-1 und MPEG-2 Dekoder sind in der Lage, jeweils beide Datenformate zu interpretieren. Die zusätzlich zu MPEG-1 verfügbaren Erweiterungen umfassen

- Bereitstellung zusätzlicher Abtastraten von 8 kHz, 11 kHz, 16 kHz, 22.5 kHz und 24 kHz.
- 3 zusätzliche Audiokanäle, die einen 5-Kanal Surround-Sound erlauben (links, mitte, rechts und 2 Raumkanäle).
- Unterstützung eines eigenen Audiokanals für Niedrigfrequenz-Effekte (<100 Hz).

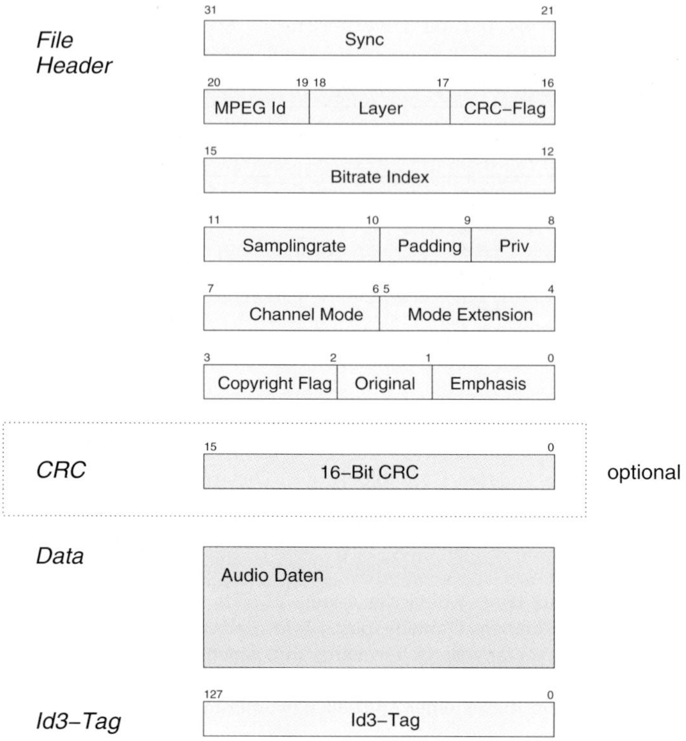

Abb. 3.33. MPEG-1 Layer 3 - MP3 - Dateiformat

- Unterstützung zusätzlicher Audioinformationen in unterschiedlichen Konfigurationen (bis zu 8 multilinguale Kanäle). Diese können sowohl der mehrsprachigen Übertragung dienen oder Unterstützung für Hör- und Sehbehinderte bieten.
- Verwendung variabler Bitraten zur Anpassung der Komprimierung an die wechselnde Komplexität der zu kodierenden Audioinformation.

Durch die vielfältigen Möglichkeiten der Kanalkodierung eröffnen sich auch neue Vorgehensweisen für die Komprimierung, wie z.B.

- Intensity Stereo Coding (ISC),
- Phantom Coding of Center (PCC),
- Dynamic Transmission Channel Switching,
- Temporal Noise Shaping für gute Sprachqualität bei niedrigen Bitraten,
- Dynamic Cross Talk und
- Adaptive Multi-Channel Prediction.

Zur Gewährleistung der Kompatibilität müssen MPEG-2 Daten dergestalt kodiert werden, daß ein herkömmlicher MPEG-1 Dekoder in der Lage ist, den linken und rechten Stereokanal aus den fünf möglichen Kanälen herauszufil-

Das MP3 Id3-Tag

Das MPEG-1 Audioformat, einschließlich MPEG-1 Layer 3 beinhaltet keine zusätzliche Information über die kodierte Audiodatei, abgesehen von Copyright- oder Kopie-Angaben. 1996 erweiterte Eric Kemp in seinem Programm „Studio 3“ MPEG-1 Audiodateien dahingehend, daß er am Ende einen kleinen, 128 Byte langen Bereich anhing, der Informationen über die vorliegende Audiodatei enthielt: Das Id3-Tag (Version 1.0, Id3v1.0).

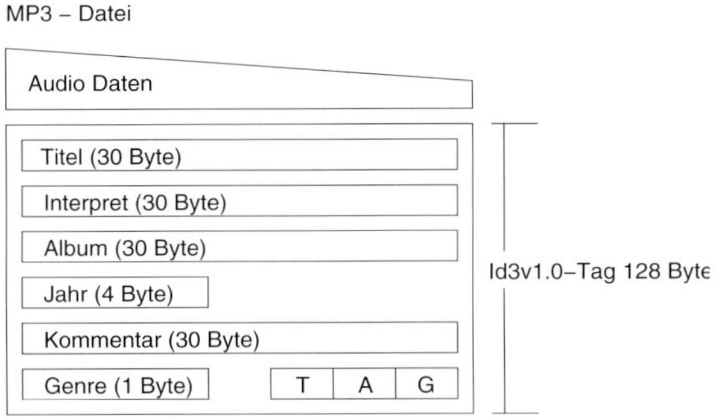

Innerhalb dieses Bereichs befinden sich vorgegebene Felder für Titel, Interpret, Album, Jahr, Kommentar sowie ein Feld, in dem ein musikalisches Genre aus 80 vordefinierten Genres angegeben werden kann.

Die starre Struktur des ID3-Tags ließ wenig Spielraum für Erweiterungen, so daß nach der ersten nicht zufriedenstellenden Ergänzung (Id3v1.1) eine weitaus flexiblere Neudefinition Id3v2 folgte. Id3v2 definiert ein eigenes Containerformat, das aus bis zu 16 einzelnen, unterschiedlichen Paketen von jeweils maximal 16 MByte Länge besteht. Um die Möglichkeiten des Media-Streamings zu nutzen, steht das Id3v2-Tag zu Beginn der MP3-Datei, damit es von Anfang an nutzbar ist. Darin enthalten können unter anderem sein:

- zusätzliche, vorgegebene Eigenschaftsfelder,
- Unicode-Zeichensätze,
- eigenständige Dateien, wie etwa Bilder,
- Liedertexte, die auch synchron zum Musikstück - also wie bei Karaoke - wiedergegeben werden können und
- diverse Parameter für die Wiedergabe des Musikstücks.

Die im Id3v2-Tag enthaltene Zusatzinformation kann eigenständig komprimiert werden und ermöglicht so eine effiziente Speicherung innerhalb des vorgegebenen MP3-Datenformats.

Abb. 3.34. Das MP3 Id3-Informationsfeld

tern. Dazu wird für die Komprimierung des linken und rechten Kanals das in MPEG-1 festgelegte Datenformat verwendet - was auch die Verwendung derselben Komprimierungsalgorithmen für diese beiden Kanäle vorschreibt - das zusammen mit einem MPEG-2 Erweiterungsfeld in ein MPEG-1 Datenpaket (siehe Abb.3.35) gepackt wird.

MPEG-2.5. Eine nicht von der ISO zertifizierte Erweiterung des MPEG-1 Layer 3 Standards stellt die vom Fraunhofer Institut entwickelte, als MPEG-

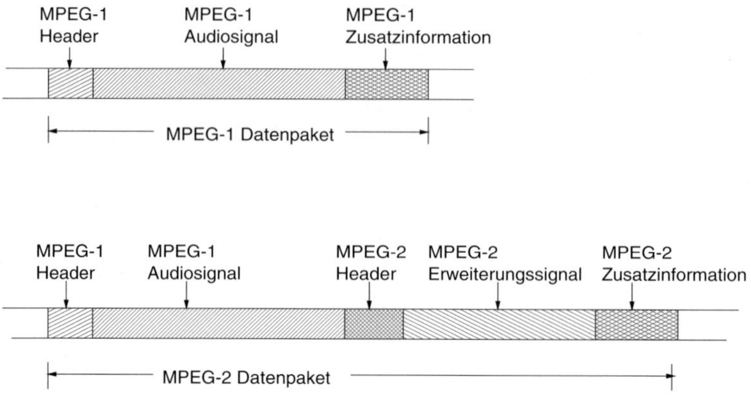

Abb. 3.35. Datenformat eines MPEG-2 Audio Bitstreams

2.5 bezeichnete Variante dar, die bessere Komprimierungsergebnisse speziell für niedrige Bitraten (8-12 kHz Samplingrate für Bitraten von 8-160 kbps) bei Beschränkung der Bandbreite ermöglicht. Eine relativ hohe Samplingrate bei niedriger Bitrate muß im Gegenzug eine verminderte Auflösung des Frequenzbereichs in Kauf nehmen. Verringert man dagegen die Samplingrate, so verkleinert man auch die zeitliche Auflösung des kodierten Signals, kann aber einen vergrößerten Frequenzbereich abdecken. Verbindet man beide Techniken miteinander, lassen sich bei vergleichbarer Komprimierung bessere Klangergebnisse realisieren.

MPEG-2 AAC. Für den 1997 verabschiedeten Standard MPEG-2 Advanced Audio Coding (**MPEG-2 AAC**) - auch bekannt als MPEG-2 NBC (Non-Backward Compatible) - dem derzeitigen State-of-the-Art in Sachen Audio-Komprimierung wurden wesentliche Teile des Codecs neu erarbeitet. Das betrifft unter anderem neue Vorhersagealgorithmen und die verwendete Entropiekodierung. Zusätzlich wurde die Mehrkanalfähigkeit von MPEG-2 weiter ausgebaut auf bis zu 48 Kanäle im regulären Frequenzbereich und 16 Kanäle im Niedrigfrequenzbereich. Die Auflösung der Samplingrate wurde dazu bis auf 96 kHz erhöht. MPEG-2 AAC nutzt annähernd dieselben Techniken wie MP3, nur wurden diese selbst in ihrer Anwendung verbessert:

- Die verwendete Filterbank beschränkt sich auf eine reine MDCT, während sie bei MP3 noch hybrid (MDCT und FT) ausgelegt war.
- Die verwendete Fenstergröße kann annähernd doppelt so lang sein (2.048 Samples) wie bei MP3 und erlaubt so eine bessere Auflösung.
- Gleichzeitig kann die Fenstergröße aber auch kleiner werden als bei MP3 und so eine bessere zeitliche Auflösung und eine verbesserte Behandlung des Pre-Echo ermöglichen.
- Middle-/Side- und Intensity-Stereo können auf der Basis eines eigenen Subbandes behandelt werden und nicht wie bei MP3 über den gesamten Frequenzbereich.

Da eine Kompatibilität bei der Entwicklung nicht mehr notwendig war, konnten die beim MP3-Standard bestehenden Beschränkungen umgangen werden. Zusätzlich eingeführt wurde die Möglichkeit des Temporal Noise Shaping (TNS). Dies ist ein Werkzeug zur Steuerung des auftretenden Quantisierungsrauschens bei der Übertragung der Filterkoeffizienten und Vorhersagealgorithmen, das es gestattet, aus jeweils zwei vorangegangenen Datenpaketen Koeffizienten für jedes Frequenzband vorherzusagen, was bei statischen Signalen die Effizienz enorm erhöht und speziell die Verständlichkeit von Sprachsignalen auch bei niedrigen Bitraten verbessert. MPEG-2 AAC erzielt bei der Kodierung von zwei Audiokanälen eine ebenso gute Audioqualität wie MP3 bei etwa 70% der dazu benötigten Bitrate.

MPEG-3. MPEG-3 bezeichnete einen geplanten Videokomprimierungs-Standard, der speziell für hochauflösendes, digitales Fernsehen (HDTV) vorgesehen war, allerdings im Zuge der Entwicklung mit in den MPEG-2 Standard integriert wurde.

MPEG-4 AAC. MPEG-4 AAC ist aus dem MPEG-2 AAC Standard durch weitere Verbesserungen vor allem bei der Übertragung im Bereich niedriger Bitraten hervorgegangen. Der Einsatzbereich wird daher vor allem im Bereich des Mobile Computing gesehen, da Sprachübertragung durch MPEG-4 bereits ab Bitraten von 4 kbps möglich sein soll. Die Verbesserungen betreffen insbesondere die Einführung einer als Perceptual Noise Substitution (PNS) bezeichneten Technik, die es erlaubt, Passagen aus dem kodierten Musikstück, die einem Rauschen ähneln, durch ein auf Dekoderseite erzeugtes Rauschen zu substituieren. Dazu wurde noch ein Algorithmus zur Langzeitvorhersage (Long Term Prediction, LTP) entwickelt, der bei gleicher Leistungsfähigkeit wie der in MPEG-2 AAC verwendete Algorithmus mit deutlich geringerem Kodierungsaufwand arbeitet.
MPEG-4 stellt mehr als nur einen einfachen Komprimierungsmechanismus dar, sondern beinhaltet eine Multimedia-Objektverwaltung, die eine Kombination von Musik-, Sprach-, Geräusch-, synthetischer Audio- oder Textinformation gestattet, und jede dieser Quellen entsprechend ihrer speziellen Charakteristika als eigenständiges Medien-Objekt effizient kodieren kann. Zusätzlich verfügt MPEG-4 noch über Mechanismen zur Wahrung und Verwaltung von Urheber- und Nutzungsrechten (Intellectual Property Managementand Protection).

3.4.5 Weitere Audio-Komprimierungsverfahren

ATRAC. ATRAC steht für Adaptive Transform Acoustic Encoding und wurde von der japanischen Firma Sony als Codec für deren MiniDisk-Datenträger entwickelt. Die MiniDisk ist ein optisches bzw. magneto-optisches Speichermedium mit 64mm Durchmesser, das etwa ein Fünftel der Speicherkapazität einer herkömmlichen Audio-CD besitzt. Trotz der niedrigeren

MPEG-1 (November 1992)

Einkanal (mono) und Zweikanal (stereo) Kodierung von Audiosignalen bei Samplingraten von 32, 44,1 und 48 kHz und Bitraten von 32 kbps bis 448 kbps.

Layer 1 war für die digitale Kompaktkassette (DCC) vorgesehen, fand aber keine weite Verbreitung.

Layer 2 wird vom Rundfunk genutzt, da hier bei zwar hoher Bitrate eine hohe Audioqualität bei geringem Kodierungsaufwand erreichbar ist, was vorallem bei Liveübertragungen von Bedeutung ist.

Layer 3, auch als **MP3** bekannt, liefert bessere Audioqualität bei niedrigeren Bitraten und ist deshalb besonders interessant für die Verwendung bei Übertragungen über das Internet, da hier zur Zeit noch relativ niedrige Bandbreiten und wenig Speicherplatz an der Tagesordnung sind.

MPEG-2 (November 1994)

Beidseitig kompatible Erweiterung von MPEG-1 für die Kodierung von bis zu fünf Audiokanälen und einem Niederfrequenzkanal. Mit zusätzlicher Unterstützung von Samplingraten um 16, 22,5 und 24 kHz bei Bitraten von 8 bis 384 kbps.

MPEG-2 AAC

Unterstützt eine erweiterte Zahl von Samplingraten (von 8 kHz bis 96 kHz) und bis zu 48 Audiokanäle, inklusive 15 zusätzliche Niederfrequenzkanäle und 15 eingebettete Datenströme. AAC arbeitet mit variablen Bitraten beginnend mit 8 kbps für Sprachübertragung bei Monoqualität bis hin zu mehr als 320 kbps für hochwertige Mehrkanalübertragung.

MPEG 2.5 (kein Standard!)

ISO-gemäße Erweiterung des MPEG-2 Standards durch das Fraunhofer Institut für Integrierte Schaltungen in Erlangen, welche die Leistungsfähigkeit bei niedrigen Bitraten erhöht, wobei zusätzlich Bitraten von 8, 11,025 und 24 kHz unterstützt werden.

MPEG-4 Version 1 (Oktober 1998)

Genereller Kodierungsstandard für allgemeine Multimediadaten. Unterstützt Kodierung und Zusammensetzung von natürlichen und synthetischen Audiosignalen bei einer Vielzahl unterschiedlicher Bitraten.

MPEG-4 Version 2 (Dezember 1999)

Baut auf bestehende MPEG-Standards auf und erweitert diese für digitales Fernsehen, interaktive Grafik- und Multimedia-Anwendungen.

MPEG-7 (Juli 2001)

Auch als Multimedia Content Description Interface bezeichnet. Unterstützt Informationssuche, sowie Filter- und Management von Multimediadaten.

MPEG-21 (geplant Sept. 2003)

Bereitstellung einer standardisierten, vollständigen Multimedia-Infrastruktur zur Beschreibung von Medieninhalten und deren Darstellung.

Abb. 3.36. Die verschiedenen MPEG Standards

Speicherkapazität sollte eine Klangqualität – vergleichbar einer CD – bei einer Spielzeit von 74 Minuten ermöglicht werden, was eine Datenreduktion von 5 : 1 erfordert. Ebenso wie MPEG basiert ATRAC auf einem psycho-

akustischen Modell, das für die Datenreduktion verwendet wird, wobei Maskierungseffekte von Frequenzanteilen niedriger Amplitude durch zeitlich benachbarte hochamplitudige Anteile ausgenutzt werden.
Ein ATRAC-Datenpaket umfaßt 512 einzelne Samples, wobei das Audiosignal zuerst in drei einzelne Subbänder unterteilt wird, die dann jeweils noch einmal über eine MDCT aufgeteilt werden: 0–5,5 kHz (128 MDCT), 5,5–11 kHz (128 MDCT) und 11–22 kHz (256 MDCT). ATRAC arbeitet dabei in zwei unterschiedlichen Modi mit entweder jeweils einem langen Datenblock (11,6 ms) oder drei kurzen Datenblöcken (2,9 ms + 2,9 ms + 1,45 ms). Die resultierenden Koeffizienten werden nach Wortlänge quantisiert und mit einem Skalierungsfaktor versehen.
Im Gegensatz zu MPEG schleichen sich bei ATRAC bei einer Kaskadierung, also bei mehrmaligem Kodieren und Dekodieren, Artefakte ein. Dennoch ist das Verfahren in der Unterhaltungselektronik weit verbreitet.

Dolby AC-1, AC-2 und AC-3. Die Audio-Komprimierungsverfahren der amerikanischen Firma Dolby werden mit AC (Audio Code) bezeichnet und ihrem Entwicklungsstand entsprechend durchnumeriert. **Dolby AC-1** war für Satellitenverbindungen im Bereich Fernsehen und UKW-Radio entwickelt worden. Basierend auf einem einfachen psycho-akustischen Modell gelingt damit eine qualitativ hochwertige Komprimierung eines Audiosignals im Verhältnis 3 : 1. Das ursprüngliche Signal wird dabei in zahlreiche, sich überlappende Subbänder aufgesplittet, auf denen dann eine MDCT ausgeführt wird. Anschließend erfolgt eine erneute Aufteilung in Subbänder, die je nach Bedeutung des Subbandes zwischen einem und 15 Koeffizienten enthalten können. Dabei sind Subbändern von niedriger Frequenz bereits mehr preallokierte Bits zugewiesen als Subbändern von hoher Frequenz. Die für die Kodierung benötigten zusätzlichen Bits werden dynamisch allokiert. Bei einer Samplingrate von 48 kHz beträgt die Anzahl der Subbänder 40 (43 Subbänder bei 32 kHz).
Dolby AC-2 findet in PC Soundkarten und professionellem Audio-Equipment Einsatz. Es gewährleistet eine sehr hohe Audioqualität bei einer Datenrate von 256 kbps. Bei 48 kHz Samplingrate beträgt die typische Komprimierungsrate 6.1 : 1 (5.4 : 1 bei 32 kHz). Zusätzlich verwendet Dolby eine Technik namens **Time Domain Aliasing Cancellation** (TDAC), eine rechtlich geschützte Eigenentwicklung, die auf die Vermeidung von Aliasingeffekten abzielt.
Das leistungsfähigste Verfahren der von Dolby entwickelten Komprimierungsstandards ist **Dolby AC-3**, das für die Komprimierung von Mehrkanal-Audioströmen geeignet ist. Dolby AC-3 wurde als Tonstandard für das Heimkino entwickelt und kann bis zu 6 (5.1) Kanäle kodieren, d.h. 5 Kanäle werden im vollen Frequenzumfang von 3Hz bis 20 kHz kodiert (links, mitte, rechts und 2 Umgebungskanäle), ein zusätzlicher Niederfrequenzkanal (3 Hz bis 120 Hz) steht noch für Effekte zur Verfügung. Ähnlich wie bei MP3 nutzt AC-3 Maskierungseffekte, um irrelevante Information vor der Komprimierung aus

dem Eingangs-Audiosignal zu entfernen. Dabei kann das Eingangssignal mit 32, 44.1 oder mit 48 kHz Samplingfrequenz und einer Samplingtiefe von bis zu 20 Bit vorliegen.
Dolby AC-3 findet große Verbreitung beim Kino mit seiner sehr hohen Audioqualität bei einer Bitrate von 640 kbps sowie auf DVDs mit einer Bitrate von 384 kbp.
Tabelle 3.37 zeigt einen Vergleich der unterschiedlichen Audio-Komprimierungsverfahren und deren Leistungsfähigkeit. Die subjektive Qualität eines Verfahrens wird dabei beurteilt, indem die jeweils notwendige Datenübertragungsrate angegeben, ab der eine transparente Audioqualität erreicht wird, d.h. eine der unkomprimierten Audioquelle subjektiv vergleichbare Qualität erreicht wird.

Abb. 3.37. Vergleich kommerzieller Audio Komprimierungsverfahren

Verfahren	Bitrate/ kbps	subjektive Qualität	relative Komplexität	Haupt-Abwendungen	seit
MPEG-1 Layer 1	32-448 gesamt	transparent bei 192 kbps/Kanal	einfacher Enkodierer/ Dekodierer	DDC	1991
MPEG-1 Layer 2	32-384 gesamt	transparent bei 128 kbps/Kanal	einfacher Dekodierer	DAB, CD-I DVD	1991
MPEG-1 Layer 3	32-320 gesamt	transparent bei 96 kbps/Kanal	einfacher Dekodierer	ISDN, Satellitenfunk, Internet	1993
MPEG-2 AAC	64/ Kanal	transparent		Internet	
Dolby AC-2	128-192/ Kanal	transparent bei 128 kbps/Kanal	einfacher Enkodierer/ Dekodierer	Punkt-zu-Punkt Verbindungen	1989
Dolby AC-3	32-640 gesamt	transparent bei 384 kbps/ 5.1 Kanal	einfacher Dekodierer	DVD, HDTV	1991
Sony ATRAC	140/ Kanal		einfacher Enkodierer/ Dekodierer	MD	1992

3.4.6 Streamingtechniken

Als **Streaming** bezeichnet man Datenübertragungsverfahren, bei denen die Wiedergabe der übertragenen Daten bereits während laufender Übertragung möglich ist. So ist z.B. bei MP3-Dateien bereits ein Abspielen während des Downloads möglich, während Vor- und Zurückspulen, Anpassung der Qualität an die zur Verfügung stehende Bandbreite allerdings nur mit der

- **MPEG-4 TwinVQ**
  Dieses Datenformat, ursprünglich das Vector Quantization Format (VQF) der Firmen NTT und Yamaha, fand Einzug in den MPEG-4 Multimedia Standard. Aus technischer Sicht handelt es sich dabei, wie bei den übrigen Verfahren auch, um eine Transformations-basierte Kodierung der Audiodaten. Bei der Vektorquantisierung wird ein vollständiger Satz (Vektor) von Spektralkoeffizienten oder Subband-Samples in einem einzigen Schritt der Quantisierung unterzogen. Dazu wählt der Vektorquantisierer aus einer beschränkten Menge vordefinierter Vektoren einen Datensatz aus, der dem zu quantisierenden Datensatz am ähnlichsten ist. Quantisierung und Irrelevanzreduktion finden dadurch gleichzeitig und in einem Schritt statt. Gespeichert wird jeweils nur der Index des ausgewählten Vektors, was eine höhere Kompression gewährleisten soll. Laut Angaben des Herstellers soll VQF bei einer Bitrate von 96 kbps bereits die Qualität von MP3 bei 128 kbps erreichen. Allerdings konnte in Hörtests nachgewiesen werden, daß bei VQF die Stereo-Abbildung der Originaldaten leidet und diese an Klarheit verlieren. Speziell transiente Signalanteile, wie z.B. Anschläge werden deutlich verwaschen. Andererseits garantiert VQF stets eine hohe Bandbreite (Frequenzbereich) des reproduzierten Signals.
- **mp3PrO**
  Bei mp3PrO handelt es sich streng genommen um kein eigenständiges Datenformat, sondern lediglich um eine Kombination von MP3 und einer als „Spectral Band Replication" (SBR) bezeichneten Technik der Firma Coding Technologies. Dabei wurde ein speziell für niedrige Bitraten optimierter MP3-Codec entwickelt, der für den Einsatz im WWW und auf portablen Wiedergabegeräten gedacht ist. Reguläre MP3-kodierte Audiodateien verfügen bei einer Bitrate von 64 kbps lediglich über ein begrenztes Frequenzspektrum (bis ca. 10.000 Hz) und erzeugen subjektiv einen dumpferen Klang als das entsprechende Original. SBR ergänzt MP3 während der Kodierung mit zusätzlichen Informationen, aus denen der Dekoder anschließend die fehlenden hohen Frequenzanteile rekonstruiert. Diese sind zwar nicht identisch mit dem Original, klingen aber ähnlich und führen so zum gewünschten Effekt.
- **OGG Vorbis**
  Da das MP3-Format patentrechtlich geschützt ist, bewegten sich Open-Source MP3-Encoder bislang in einer rechtlichen Grauzone. Aus dieser Not heraus entwickelte die Firma Xiphophorous Foundation im Rahmen des Ogg-Projekts als Träger lizenz- und patentfreier Multimediaformate das Audiokomressionsformat Vorbis. Wie MP3 basiert OGG Vorbis auf einer Transformationskodierung, die für die Übertragung bei variablen Bitraten optimiert wurde. Aufgrund der freien Verfügbarkeit der Technologie existieren Codecs für Ogg Vorbis auf einer Vielzahl von Hardware-Plattformen und Betriebssystemen. In subjektiven Hörtests schnitt Ogg Vorbis bei niedrigen Bitraten deutlich besser ab als der Hauptkonkurrent MP3.

Abb. 3.38. Sonstige Audio-Komprimierungs-Verfahren (Teil 1)

Client/Server-Technik von RealAudio möglich ist. Die hier zum Einsatz kommende Technik wird als **Bandwidth Negotiation** bezeichnet: Client und Server tauschen permanent Daten über die momentane Datenübertragungsrate aus, um bei anhaltend niedrigen Übertragungsraten auf eine Datei ausweichen zu können, für die die momentane Verbindungsqualität ausreicht. Auf die mit der Streamingtechnologie verbundenen Protokolle und Verfahren wird in einem eigenen Kapitel später näher eingegangen.

- **Windows Media (WMA/ASF)**
  Microsofts Eigenentwicklung WMA/ASF setzt ebenso wie MP3 eine Hybrid-Filterbank ein und ist für die Übertragung bei niedrigen Bitraten ausgelegt. ASF (Advanced Streaming Format) dient dabei als Daten-Container für Streaming-Anwendungen, mit der Microsoft mit RealAudio und Quicktime konkurrieren möchte. In der Version WMA9 verfügt Microsofts Codec über die Möglichkeit der Kodierung von Raumklang (7 reguläre und ein Niedrigfrequenz-Kanal). Zwar wird bereits bei sehr niedrigen Bitraten (<64 kbps) CD-Qualität in der Wiedergabe versprochen, in subjektiven Hörtests schnitt WMA aber stets nur mittelmäßig ab.
- **MPEGplus (MP+/MPC)**
  MPEGplus arbeitet als reiner Subband-Encoder, d.h. basiert ansich auf MPEG-1 Layer 1 und 2. Allerdings kommen im Gegensatz dazu ein verbessertes psychoakustisches Modell, sowie eine effizientere, verlustfreie Kodierung des quantisierten und skalierten Bitstroms zum Einsatz. Der MPEGplus-Encoder kann für jede Quantisierungsstufe auf jeweils zwei sogenannte Huffmann-Code-Wörterbücher zurückgreifen und das jeweils günstigere auswählen. Diese Code-Wörterbücher berücksichtigen unterschiedliche Verteilungsfunktionen, um verschiedenen Signaltypen und -statistiken besser gerecht zu werden MPEGplus verwendet wie Ogg Vorbis variable Bitraten, um eine konstante Qualität bei jeweils geringstmöglicher Dateigröße zu gewährleisten.

Abb. 3.39. Sonstige Audio-Komprimierungs-Verfahren (Teil 2)

3.5 Video und Animation - Datenformate und Komprimierung

Nach den bereits behandelten Kodierungsvarianten für Bild- und Audioinformationen, stellt die Kodierung von Bewegtbildsequenzen mit synchronem Ton aus technischer Sicht wohl die größte Herausforderung dar. Es ist offensichtlich, daß die zu einer Übertragung von Videosequenzen benötigte Bandbreite höher ausfallen muß, als bei Audiosignalen oder statischen Bildern. So war noch vor wenigen Jahren an eine Übertragung von Videosequenzen über das Internet überhaupt nicht zu denken, doch mit dem Aufkommen und der zunehmenden Verbreitung von ISDN, DSL oder Breitbandtechnologien kann heute die dazu notwendige Bandbreite zur Verfügung gestellt werden, und ein rasantes, stetiges Anwachsen des Videoangebots im WWW ist zu beobachten.
Ebenso wie bei einem Audiosignal muß eine Übertragung von Videosequenzen weitgehend synchron (d.h. ohne Zeitverzögerung) und mit einer garantierten Bandbreite erfolgen, da sonst auftretende Störungen und Datenverluste die erzielte Bildqualität merklich und nachhaltig beeinträchtigen. Allerdings ist bei der Kodierung und Übertragung von Audiosignalen größere Sorgfalt an den Tag zu legen, da das menschliche Gehör auf Störungen und Übertragungsfehler weitaus empfindlicher reagiert, als das Auge. Prinzipiell unterscheidet sich die Komprimierung von Bildsequenzen nicht wesentlich von der Einzelbildkomprimierung, da Sequenzen aus einer Abfolge von Einzelbildern bestehen. Grundsätzlich handelt es sich also um die gleiche Problemstellung, nur treten jetzt neben örtlichen Redundanzen innerhalb eines Bildes auch

noch zeitliche Redundanzen zwischen den Bildern einer Sequenz auf, für deren Komprimierung neue Verfahren notwendig werden.
Im Folgenden soll zuerst auf die Digitalisierung von Videosignalen eingegangen werden und anschließend auf deren Komprimierung mit den dazu verwendeten Verfahren und Dateiformaten.

3.5.1 Digitale Videokodierung

Im herkömmlichen Fernsehen wird ein Videosignal mit Hilfe einer Kathodenstrahlröhre - heute auch LCD- oder Plasma-Displays - dargestellt. Dazu macht man sich die **Netzhautträgheit** des menschlichen Auges und des damit verbundenen Wahrnehmungsapparates zu Nutze. Ein über die Netzhaut (Retina) des Auges wahrgenommenes Bild bleibt für die Dauer von ca. 1/16 Sekunde auf dieser bestehen, ehe es verlischt. Film und Video nutzen diesen Effekt aus, indem eine Reihe von Einzelbildern schnell genug hintereinander gezeigt wird, so daß der Eindruck einer kontinuierlichen Bewegung der Bildsequenz entsteht. In einer Videosequenz wird jedes Einzelbild zeilenweise aufgebaut, wobei bereits auch hier der Effekt der Netzhautträgheit in Verbindung mit den Echo- bzw. Nachtleuchte-Eigenschaften der Kathodenstrahlröhre genutzt wird, auf der das Bild dargestellt wird.
Der in Europa verwendete Fernsehstandard (**PAL**) sendet mit einer Bildwiederholfrequenz von 25 Hz, d.h. es werden jeweils zwei gegenseitig verschränkte Halbbilder bei einer Wiederholfrequenz von 50 Hz gesendet. Das erste Halbbild umfaßt dabei die Zeilen mit ungerader Numerierung, während das zweite Halbbild, das von der Kamera 20 ms später aufgenommen wird, nur den geradezahligen Zeilenanteil umfaßt. Das amerikanische **NTSC** System sendet in gleicher Weise, nur daß dort eine Bildwiederholfrequenz von 30 Hz verwendet wird.
Das Einzelbild in einer Videosequenz wird also zeilenweise aufgebaut, wobei jede einzelne Zeile Bildpunkt für Bildpunkt gescannt und übertragen wird. Vor der Übertragung wird dieses Videosignal in seine Farbbestandteile zerlegt, wobei die nach dem RGB-Farbmodell in der Kamera aufgenommenen Farbsignale zur weiteren Verarbeitung gemäß der CCIR/ITU 601-Empfehlung in das YC_rC_b-Farbmodell umgesetzt werden, und Y die Luminanzkomponente – also den Graustufenanteil – beschreibt und C_rC_b die Chrominanzkomponenten – also den Farbanteil – beschreibt (vgl. Abb. 3.8, Farbmodelle).
Da das menschliche Auge Unterschiede in der Helligkeit besser auflösen kann, als Unterschiede in den Farbnuancen, werden Luminanz- und Chrominanz-Signal nicht mit derselben hohen Auflösung kodiert. Üblicherweise wird das Luminanz-Signal im Vergleich mit dem Chrominanz-Signal mit der doppelten Auflösung kodiert, wobei oft zusätzlich noch zwischen der horizontalen und vertikalen Auflösung unterschieden wird. Diese Technik wird auch als **Subsampling** oder Unterabtastung bezeichnet. Ein standardisiertes Dar-

stellungsformat für das Subsampling benutzt dabei ganzzahlige Werte, um das Samplingverhältnis auszudrücken:

$$Y : C_r : C_b,$$

wobei Y die Samplingrate des Luminanz-Signals und C_r, C_b die Samplingraten der Chrominanzsignale repräsentieren. Als Standard-Studioqualität wird das Verhältnis 4 : 2 : 2 bezeichnet, wenn also die Samplingrate für die Farbanteile jeweils die Hälfte der Auflösung des Graustufenanteils beträgt (siehe Abb. 3.40).

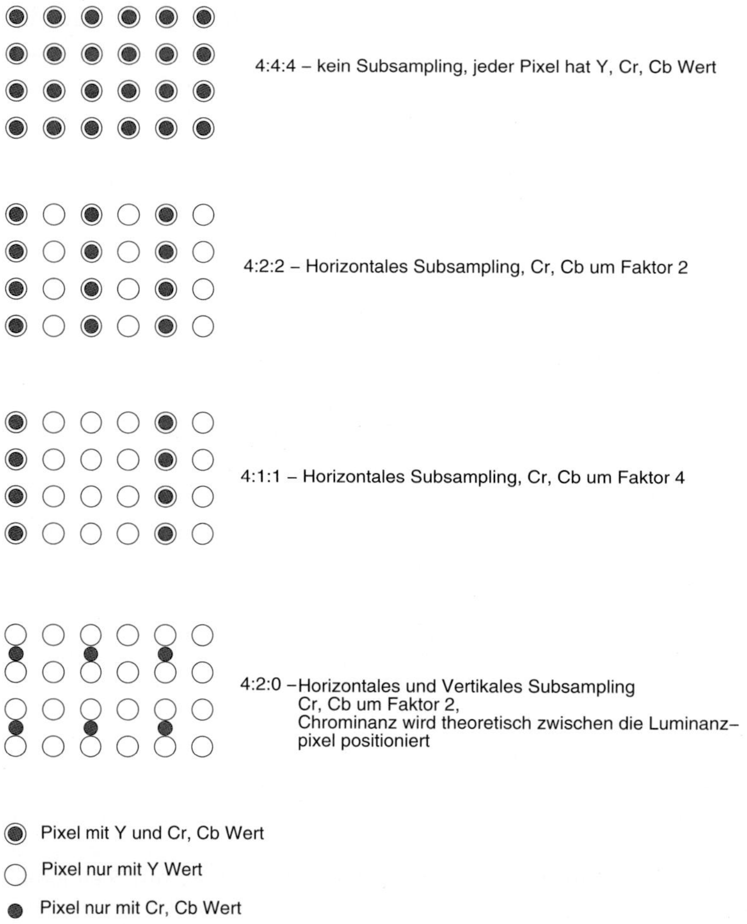

Abb. 3.40. Chrominanz Subsampling

Gemäß der CCIR/ITU 601-Empfehlung (siehe Abb. 3.41) beträgt die aktive Auflösung eines PAL-Fernsehbildes 720 Pixel × 576 Zeilen bei einer Bildwiederholrate von 25 Hz. Werden die einzelnen Bildpunkte mit einer Farbtiefe von 8-Bit im YC_rC_b-Farbmodus dargestellt, so ergibt sich eine unkomprimierte Bitrate bei 4:2:2-Subsampling von

$$720 \times 576 \times 25 \times 8 + 360 \times 576 \times 25 \times (8 + 8) = 166 \text{ Mbps}.$$

HDTV dagegen als zukünftiger hochauflösender Fernsehstandard soll mit einer erhöhten Bildauflösung (bis zu 1920 × 1152 Bildpunkten) und einer Bildwiederholfrequenz von 60 Hz arbeiten, wodurch sich eine unkomprimierte Bitrate bei 4:2:2-Subsampling von

$$1920 \times 1152 \times 60 \times 8 + 960 \times 1152 \times 60 \times (8 + 8) = 1,19 \text{ Gbps}$$

ergibt. Allein auf Grund dieser gigantischen Datenrate sind Komprimierungsalgorithmen für Videosignale unverzichtbar, insbesondere wenn diese im Internet bzw. durch digitale Rundfunkverfahren übertragen werden sollen.

Standards für digitales Video

Eigenschaft	HDTV	CCIR/ITU 601 525/60 NTSC	CCIR/ITU 601 625/50 PAL	CIF	QCIF
Luminanz	1920×1152	720×485	720×576	352×288	176×144
Chrominanz	920×1152	360×485	360×576	176×144	88×72
Subsampling	4:2:2	4:2:2	4:2:2	4:2:0	4:2:0
Bilder/sec	60	60	50	30	30
Interlace	nein	ja	ja	nein	nein

HDTV (High Definition TeleVision) definiert eine ganze Reihe von digitalen TV-Formaten, die bis hin zu hochauflösenden 1.920 × 1.152 Bildpunkten bei progressivem Bildaufbau mit 60 Hz und einem Chrominanz-Subsampling im Verhältnis 4:2:2 reichen.

CCIR/ITU 601 (Consultative Comitee for International Radio / International Television Union) verwendet ein Interlaced Verfahren zur Darstellung, d.h. gesendet werden zwei Halbbilder, die jeweils vertikal nur die Hälfte der Bildzeilen umfassen, die gegeneinander versetzt ausgegeben werden.

CIF (Common Intermediate Format) dagegen verwendet progressive Zeilendarstellung, d.h. alle Zeilen eines gesendeten Bildes werden sukzessive ausgegeben. CIF verwendet die NTSC Bildwiederholfrequenz und die Hälfte der PAL Zeilenauflösung. Die erzielte Bildqualität entspricht in etwa der Wiedergabe eines Videorekorders.

QCIF (Quarter CIF) verwendet nur ein Viertel der in CIF gesendeten Bildpunkte, indem horizontale und vertikale Bildauflösung noch einmal halbiert werden. Die Bilddarstellung erfolgt ebenfalls progressiv.

Abb. 3.41. CCIR/ITU-Standards

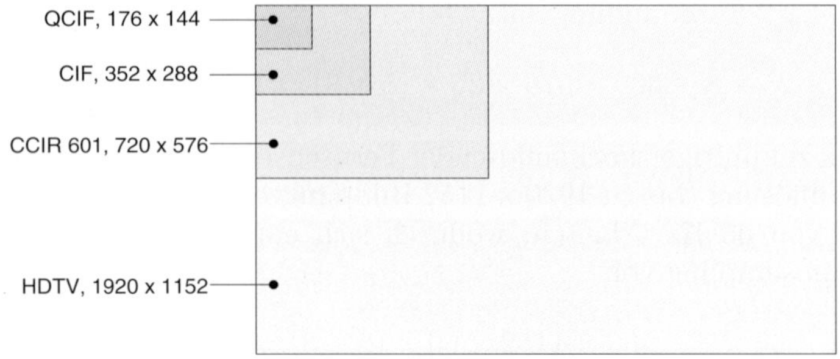

Abb. 3.42. Bildformate im Vergleich

3.5.2 Komprimierung von Videosignalen

Videosequenzen enthalten meist sehr viel redundante Information. Zum einen betrifft dies die räumliche Redundanz in den Einzelbildern selbst, als auch eine zusätzlich auftretende zeitliche Redundanz, begründet durch die Tatsache, daß sich Folgebilder in einer Videosequenz, zumindest falls keine harten Bildschnitte auftreten, nur wenig voneinander unterscheiden. Videokomprimierung nutzt daher die folgenden Faktoren aus, um die zur Übertragung von Videosequenzen notwendige, riesige Datenmenge auf ein handhabbares Maß zu verringern:

- Videoinformationen besitzen einer sehr großen Redundanzanteil und
- das Auge, verbunden mit dem menschlichen Wahrnehmungssystem unterliegt gewissen Restriktionen in Bezug auf die Wahrnehmung von Bildinformation. Anteile, die nicht wahrgenommen werden können, müssen folglich auch nicht kodiert werden, was eine starke Reduktion der zu kodierenden Datenmenge möglich macht.

In Abb. 3.43 ist eine Übersicht der verschiedenen Videokomprimierungstechniken dargestellt, auf die hier kurz eingegangen werden soll. Die Eingabe für die Komprimierungsalgorithmen sei jeweils ein bereits PCM-aufbereiteter (digitaler) unkomprimierter Bitstrom, in dem die einzelnen Farbkomponenten getrennt vorliegen.

- **Einfache Techniken**
  Die wohl einfachste Möglichkeit der Komprimierung liegt in einer Reduktion der Bildinformation. So kann etwa die Farbtiefe eines vorgegebenen Samples verringert und dadurch das Datenaufkommen reduziert werden (**Truncation**). Es gehen dabei zwar Details verloren, aber das Verfahren beinhaltet keine komplexen Berechnungsschritte und kann daher sehr effizient innerhalb der Echtzeitverarbeitung angewendet werden.

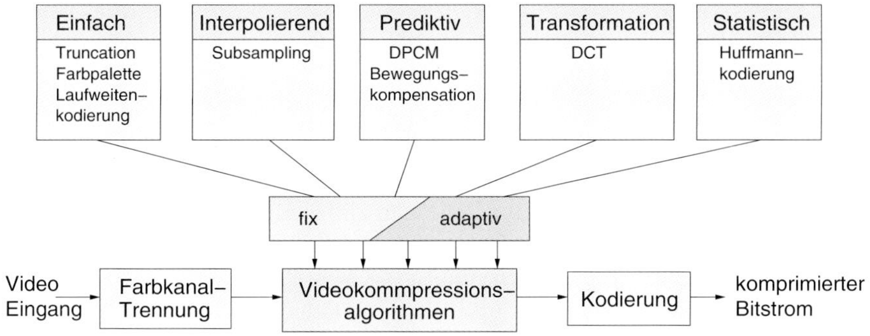

Abb. 3.43. Video Komprimierungstechniken

Da selten die volle 24-bit Farbtiefe wirklich ausgenutzt wird, kann mit **Farbpaletten** geringerer Farbtiefe gearbeitet werden, auf die der Ausschnitt der gerade benötigten Echtfarben abgebildet und in der Kodierung als Index mitangegeben wird. Dieses Verfahren erfordert allerdings bereits komplexere Berechnungen.
Befinden sich in einem zu übertragenden Video-Datenstrom Sequenzen, die identische Farbflächen beinhalten, so lassen sich diese sehr einfach mit Hilfe eines **Laufweitenverfahrens** (Run-Length Encoding) komprimieren.

- **Interpolative Verfahren**
  Diese Verfahren benutzen nur eine Teilmenge der vorgegebene Bildpunkte und berechnen interpolativ die restlichen Bildpunkte, die zum vollständigen Bild noch fehlen. Da sich bei Videosequenzen viele Bildbereiche oft lange Zeit kaum verändern, können diese Verfahren mit großem Erfolg eingesetzt werden. Da sich weiter in vielen Fällen nur wenige Bildobjekte bewegen, kann diese Technik auch benutzt werden, um komplette Zwischensequenzen zu interpolieren. Um trotzdem das korrekte Bild zu erhalten, erfolgt die Komprimierung dadurch, daß z.B. anstelle eines kompletten Zwischenbildes lediglich dessen Abweichung zum jeweils interpolierten Zwischenbild gespeichert wird.
- **Prädiktive Verfahren**
  Zwischen aufeinanderfolgenden Bildern einer Videosequenz gibt es immer eine Vielzahl von Redundanzen. Die **Differential Pulse Code Modulation** (DPCM) ist eine einfache Möglichkeit, diese Redundanz auf Bildpunktebene auszunutzen. Dabei wird jeweils nur die Differenz aufeinanderfolgender Bildpunkte kodiert. Da die Differenz benachbarter Bildpunkte oft nur sehr klein ist, ergibt sich hier die Möglichkeit einer starken Reduktion. An den Stellen des Bildes jedoch mit hohem Kontrast, bringt dieses Verfahren keine großen Einsparungen. Hier kann die **Adaptive DPCM** Tech-

nik eingesetzt werden, die an eben diesen kritischen Stellen die Auflösung erhöht und so bessere Resultate erzielt.

- **Transformations-Verfahren**
  Mit Hilfe von Transformationen werden Daten abhängig vom jeweiligen Anwendungszweck in eine günstige Ausgangslage für die Kodierung bzw. Komprimierung gebracht. Für die Komprimierung ausschlaggebend ist die Dekorrelation der Bildinformation, d.h. die Aufteilung in möglichst nicht symmetrisch verteilte Bildinformationsanteile, die dann in einer anschließenden Entropiekodierung ausgenutzt werden kann. Zudem müssen Transformationen reversibel sein, damit die Ursprungsdaten aus ihnen wieder rekonstruiert werden können. Für die Video- und Bildkomprimierung ist die **diskrete Cosinus Transformation** (DCT) von besonderer Bedeutung. Die DCT transformiert einen Block von Bildpunkten - für gewöhnlich ein Block von 8×8 Pixeln - in eine Koeffizientenmatrix, die diesen Bildabschnitt in zweidimensionalen räumlichen Frequenzkomponenten darstellt. Der erste Wert der Matrix (DC) steht für den Durchschnittswert aller Koeffizienten, während die restlichen Werte (AC) progressiv die höheren horizontalen und vertikalen Frequenzanteile des transformierten Blocks wiedergeben. In der Praxis sind viele der hohen Frequenzanteile nahe dem Wert Null und können daher für die Kodierung ignoriert werden, wodurch sich Möglichkeiten zur Komprimierung bieten. Zum Dekodieren wird eine Rücktransformation durchgeführt, aber da sich die Berechnung der DCT und ihrer inversen Transformation aufgrund der angesprochenen Rundungen nur annähern läßt, findet hier ein Informationsverlust statt, der mit geeigneten Methoden möglichst klein gehalten werden muß.
- **Statistische Kodierung (Entropiekodierung)**
  Hier wird ein Vorteil aus der statistischen Verteilung der Werte der Bildpunkte gezogen. Stets treten einige Werte häufiger auf als andere und können deshalb bei Verwendung von Codes mit variabler Bitlänge mit Codeworten von kürzerer Länge kodiert werden, als seltener auftretende Werte. Ein wichtiger Vertreter derartiger Verfahren ist die **Huffmann Kodierung**.

3.5.3 Bewegungskompensation und Bewegungsvorhersage

Bei der sogenannten Technik der Bewegungskompensation bzw. der Bewegungsvorhersage (**Motion Compensation**, **Motion Prediction**) handelt es sich eigentlich um eine Reihe von Verfahren, die zu den o.g. prädiktiven Techniken zählen. Dabei wird wie bei den anderen Komprimierungstechniken auch die in Videobildsequenzen vorhandene inherente Redundanz ausgenutzt. So kommt es z.B. in Videosequenzen häufig vor, daß sich nur der Bildvordergrund bewegt, während der Hintergrund der Szene weitgehend unverändert bleibt. Ganz allgemein kann man Bewegung als eine Veränderung der Position

von bestimmten Bildpunkten durch Helligkeitsänderungen dieser Bildpunkte erkennen. Zur Komprimierung werden folglich Verfahren benötigt, die in der Lage sind, solche Helligkeitsveränderungen innerhalb einer Bildfolge sowie deren Ursache zu erkennen.
Die Verfahren zur Bewegungsvorhersage lassen sich generell in drei Gruppen einteilen:

- **Kontextfreie Prädiktion**
  Hier wird eine Vorhersage ohne jegliche semantische Information über den Bildinhalt getroffen. Die Vorhersage von Graustufenwerten einzelner Bildpunkte ist nur von Nachbarschaftsbeziehungen zu anderen Bildpunkten bzw. Gruppen von Bildpunkten abhängig.
- **Modellbasierte Prädiktion**
  Diese Verfahren treffen bestimmte Vorwegannahmen über den dargestellten Bildinhalt, wie etwa in der Videotelefonie, wo von einer typischen Kopf-Schulter-Darstellung ausgegangen wird. Bildinhalt wird durch eine geeignete Gitterstruktur modelliert und Bewegung durch entsprechende Modellparameter beschrieben.
- **Objekt- und regionenbasierte Prädiktion**
  Diese Verfahren segmentieren das Bild zuerst in einzelne Abschnitte, um darin Objekte zu erkennen. Diese Objekte werden dann getrennt voneinander bearbeitet. Die Kodierung von Video-Objekten ist Bestandteil des MPEG-4 Standards.

Bei typischen Anwendungen der kontextfreien Vorhersage wie beim bereits erwähnten DPCM wird das zuletzt behandelte Einzelbild genutzt, um das Folgebild vorherzusagen und anschließend nur die Abweichungen des realen Folgebildes vom vorhergesagten Bild abgespeichert. Wird als Vorhersagebild einfach nur das letzte Einzelbild herangezogen, so wird nurmehr das Differenzbild festgehalten (**Picture Differencing**).
Über diese einfache Idee hinaus können verbesserte Komprimierungsresultate erzielt werden, wenn man für das vorhergesagte Folgebild beachtet, daß Bildveränderungen in Videosequenzen häufig nur von Bewegungen der abgebildeten Objekte herrühren, die für die Vorhersage ausgenutzt werden können. Eine andere, häufig zu beobachtende Ursache für Bewegung in einer Szene liegt in der Bewegung des Aufnahmestandpunkts der Kamera. Naheliegend ist daher die Einbeziehung eines Bewegungsmodells in die Vorhersage des Folgebildes, um die zur Beschreibung notwendige Bildinformation weiter zu reduzieren. Die Anwendung eines solchen Bewegungsmodells zur Bildvorhersage wird als **Bewegungskompensation** (Motion Compensation) bezeichnet. Die Technik der Bewegungskompensation ist allerdings nicht in der Lage, abrupte Szenenänderungen, wie z.B. Bildschnitte, zu bewältigen. Zur Gestaltung eines effizienten Bewegungsmodells müssen Teilaufgaben bewältigt werden, die vorallem im Erkennen der für die Bearbeitung wichtigen Bildinformationen bestehen. So müssen z.B. Vordergrund und Hintergrund getrennt

werden können, geradelinige Bewegungen der Kamera (**Translation**) ebenso erkannt werden wie Kameraschwenks (**Rotation**) oder der Einsatz von Zoom (**Skalierung**).
Die zur Erkennung der jeweiligen Bewegungssituation im Bewegungsmodell verwendeten Verfahren lösen diese Aufgaben im allgemeinen so, daß ein Gesamtbild zuvor in einzelne Bildblöcke zerlegt und jeder einzelne dieser Bildblöcke dann auf das Vorhandensein von Bewegung hin untersucht wird. Es wird keine Bewegung im Bild erkannt, wenn die untersuchten Einzelbilder unverändert bleiben.

3.5.4 MPEG Komprimierung: Schüsselprobleme

Die MPEG Gruppe (Motion Picture Experts Group, siehe Abb. 3.30) begann 1988 ihre Arbeit mit der Standardisierung eines Video- und Audio-Komprimierungsstandards bei einer Bitrate von etwa 1,2 Mbps, der auf eine Anwendung im Bereich der Video Compact Disk abzielte.
Ausschlaggebend für die Entwicklung der MPEG-Komprimierungsstandards waren jeweils bestimmte Schlüsselprobleme und Anwendungen, für die eine entsprechende Komprimierung zwingende Voraussetzung ist. Die wichtigsten Anwendungen und Problemfelder für die Entwicklung des MPEG-Standards beinhalten:

- **Speichermedien**
  Die Entwicklung des MPEG Video-Komprimierungsstandards entsprang dem Problem, eine Videoquelle so zu komprimieren, daß sie über die Datenrate eines bereits existierenden Mediums (Audio-CD), das eigentlich für die Speicherung unkomprimierter Audioinformation vorgesehen war, abgespielt werden kann. Unter Verwendung eines einfachen 8-Bit Samplings nach dem CCIR/ITU 601-Standard besitzt der unkomprimierte Videostrom eine Bitrate von 210 Mbps, so daß eine aggressive Komprimierung mit einem Komprimierungsverhältnis von 200:1 nötig ist, um die bei 1,2 Mbps liegende Datenrate des Zielspeichermediums zu erreichen. Eine weitere wichtige Bedingung, war die Möglichkeit eines wahlfreien Zugriffs (Random Access) auf das Speichermedium. Der Videostrom sollte an jeder beliebigen Stelle mit nur minimaler Zeitverzögerung abgreifbar sein.
- **Digitales Fernsehen (terrestrisch)**
  Das auf Runfunkübertragung basierende terrestrische Fernsehen teilt sich das elektromagnetische Spektrum mit einer Vielzahl anderer Anwendungen, beginnend vom herkömmlichen analogen Rundfunk bis hin zu modernen, mobilen Kommunikationsmitteln. Der Teil des für das digitale Fernsehen zur Verfügung stehende Spektrum ist daher eng begrenzt und eine möglichst effiziente Komprimierung der übertragenen Inhalte wird angestrebt. Der hierfür vorgesehene Bereich orientiert sich an den bereits existierenden analogen Medien und sollte in der Lage sein, eine Bitrate von

20-40 Mbps abzudecken. Diese ist ausreichend für mehrere Kanäle komprimierter Video- und Audioinformation, wobei kanalbasierte Multiplexingverfahren zur Anwendung kommen, um mehrere Programme gleichzeitig innerhalb eines einzigen digitalen Signals ausstrahlen zu können.

- **Digitales Fernsehen (Kabelbetrieb)**
  Digitales Kabelfernsehen benötigt einen ununterbrochenen, dedizierten Kommunikationsweg zwischen der Quelle des Videos und dem Endverbraucher. Auch wenn hier oft modernste Glasfasertechnik zum Einsatz kommt, macht allein die Datenfülle und die dadurch entstehende Last an den Vermittlungsstellen im Kabelnetz den Einsatz einer leistungsfähigen Komprimierung notwendig. Ebenso wichtig ist in diesem Zusammenhang die Existenz eines ausgereiften Standards, damit kompatible Technik der unterschiedlichsten Hersteller in weitgestreuter geografischer und logischer Verteilung im Kabelnetzwerk miteinander verbunden werden kann. Digitale Video-Netze verwenden oft **ADSL** (Asymmetric Digital Subscriber Line) eine neue spezielle Datenübertragungstechnik, die über herkömmliche Telefonkabel (Twisted Pair) die Strecke zum Endverbraucher in seinem Heim überbrückt und eine Begrenzung der möglichen Bitrate zwischen 1,5 und 6 Mbps voraussetzt.
- **HDTV**
  High Definition Television, der Fernsehstandard der Zukunft verspricht eine erhebliche Verbesserung der Detailschärfe, die einer Videoübertragung erreicht werden kann. Neben einer Änderung des Seitenverhältnisses von 4:3 auf 16:9 und einer Erhöhung der Bildauflösung (bis zu 1.920×1.152 Bildpunkte) verspricht dieser neue Standard ein Kino-ähnliches Fernseherlebnis. Wird HDTV über einen Rundfunkbetrieb ausgestrahlt, stehen aller Wahrscheinlichkeit nach nur die bereits vom herkömmlichen Fernsehen besetzten Frequenzen zur Verfügung. Um innerhalb dieses Frequenzbereichs eine qualitativ hochwertige HDTV-Übertragung zu erlauben, sind substantielle Komprimierungsmethoden notwendig.
- **Multimediadatenübertragung im Netzwerk**
  Ein allgemein akzeptierter Standard zur Videokomprimierung würde weltweit Multimedia-Entwickler dabei unterstützen, Multimedia-Applikationen zu entwickeln, die nicht auf vorhandene Speichermedien wie CD-ROMs oder DVDs angewiesen sind, sondern über die verschiedensten miteinander verschalteten Netzwerke abgerufen werden können.

3.5.5 MPEG Komprimierung: Prinzipielles Vorgehen

Die Vorverarbeitung und Komprimierung einer herkömmlichen, bereits in digitaler Form vorliegenden unkomprimierten Videosequenz umfaßt die folgenden Hauptverarbeitungsschritte (siehe auch Abb. 3.44):

- **Konvertierung des Farbraumes** von 24-Bit RGB nach 4 : 2 : 2-YC_rC_b. Bei diesem Vorgang geht ein Teil der vorhandenen Information verloren und eine erste Datenkomprimierung wird erreicht.

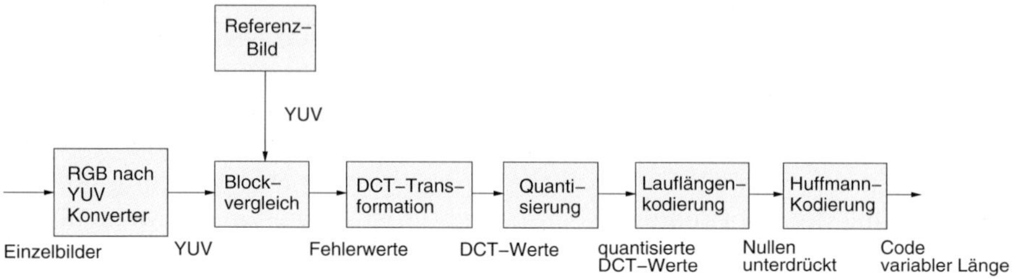

Abb. 3.44. Ablauf der MPEG Kodierung

- **Aufteilung in Zeilenabschnitte (Slices) oder Makroblöcke**, eine Schlüsseloperation in der MPEG-Komprimierung zur Entdeckung von Bewegungen innerhalb eines Bildausschnittes. Um eine Bewegung zu entdecken wird ein Einzelbild in Zeilenabschnitte (Slices) aufgeteilt, die ihrerseits wieder in sogenannte Makroblöcke unterteilt werden. Alle zur Bewegungsentdeckung notwendigen Berechnungen basieren ausschließlich auf der Luminanz-Komponente dieser Makroblöcke. Für die Luminanz-Werte werden Makroblöcke der Größe 16×16 Bildpunkte verwendet (396 Makroblöcke und 16 Slices bei CIF), während für die Chrominanzwerte kleinere Blöcke der Größe 8×8 Bildpunkte verwendet werden. Ein Makroblock umfaßt somit neben dem 16×16 Bildpunkte großen Luminanz-Bereich auch noch 4 dieser Chrominanz-Blöcke.
- **Ein Bewegungsvorhersagealgorithmus** sorgt bei MPEG dafür, daß über eine Suche nach Mehrfachblöcken von Bildpunkten innerhalb eines vorgegebenen Suchraums Objekte verfolgt werden können, die sich über das Bild bewegen. Jeder Luminanz-Makroblock wird dabei mit anderen Makroblöcken aus seiner Umgebung im vorhergehenden bzw. nachfolgendem Einzelbild verglichen. Sobald ein sehr ähnlicher Makroblock gefunden wird, wird mit Hilfe eines Vektors die Ortsveränderung des betreffenden Makroblocks kodiert und zusammen mit eventuell anfallender Bild-Differenzinformation abgespeichert. Dieser Prozeß ist sehr aufwendig, da sich die Suche über einen großen Suchraum erstreckt und für jedes Einzelbild durchgeführt werden muß, so daß dieses Verfahren hohe Ansprüche an die Leistungsfähigkeit des Enkodierers stellt. Die Qualität des Komprimierungsergebnisses hängt stark von der Größe des Suchraums ab, die ihrerseits von der Leistungsfähigkeit des Enkodierers bestimmt wird.
- **DCT-Transformation**: Wie bei JPEG benutzt MPEG die diskrete Cosinus Transformation (DCT), da mit ihr die Eigenheiten des menschlichen Wahrnehmungssystems zur Bildkomprimierung ausgenutzt werden können.

Mit Hilfe der DCT wird ein Block von Bildpunkten ausgehend von dessen Raumkoordinaten in den Frequenzbereich transformiert. Dadurch können hochfrequente Bildanteile leicht unterdrückt werden, da das menschliche Auge weniger sensibel ist gegenüber Änderungen im hochfrequenten Bereich. Zudem unterscheidet die MPEG Komprimierung drei verschiedene Arten von Einzelbildvarianten (siehe Abb. 3.45):

- Das **Intra-Frame** (**I-Frame**), ein vollständiges Einzelbild ohne Zusatzinformation. Für das I-Frame werden keine Bewegungsvorhersage-Algorithmen benutzt, es stellt in der Regel als erstes Bild einer Folge immer den Startpunkt einer Übertragung dar.
- Das **Predictive Frame** (**P-Frame**) benutzt das vorhergehende I-Frame als Ausgangspunkt für eine Bewegungsvorhersage. Jeder Makroblock im P-Frame besteht entweder nur aus einem Vektor mit dazugehöriger Bild-Differenzinformation, oder - wenn kein Vergleich im Vorhersagealgorithmus erfolgreich war - aus einem vollständig pixelkodierten Makroblock. Der Dekoder muß daher die vollständige I-Frame Information vorhalten, um einen P-Frame erfolgreich dekodieren zu können.
- Der **Bidirectional Frame** (**B-Frame**) gleicht dem P-Frame, nur daß die in ihm enthaltenen Verweise entweder auf den vorhergehenden P-Frame/I-Frame bzw. auf den nachfolgenden P-Frame/I-Frame ausgerichtet sind. Im Kodierungsprozeß wird zuerst das zukünftige Folgebild untersucht, bevor auf das davorliegende zugegriffen wird. Sollten beide Vergleiche nicht fehlschlagen, werden Mittelwerte, die aus beiden Frames gewonnen werden, zu Grunde gelegt. Schlagen alle diese Vergleiche fehl, wird der Makroblock auf herkömmliche Weise ohne Bewegungsvorhersage kodiert. Zur Kodierung eines B-Frames muß der Enkodierer zahlreiche I-Frames und P-Frames in seinem Speicher vorhalten. Da auch im Strom nachfolgende Frames zur Dekodierung benötigt werden, kann eine Wartezeit entstehen. B-Frame und P-Frame werden auch als **interframe-kodiert** bezeichnet, da zu ihrer Kodierung Informationen aus anderen Frames notwendig sind.
- Zusätzlich können sogenannte **DC-coded Picture Frames** (**D-Frame**) vereinbart werden, in denen jeder Block des Einzelbildes lediglich durch seinen DC-Koeffizienten kodiert, i.e. (0,0)-Wert der Frequenzmatrix eines Blockes. Diese qualitativ schlechten Einzelbilder können für spezielle Funktionen, wie z.B. dem „schnellen Vorlauf“ verwendet werden.

Der MPEG-Standard erlaubt eine beliebige Reihenfolge für die gespeicherten Einzelbilder einer Videosequenz. Allerdings erfordert ein aufwendiges Umordnen der Einzelbilder einen entsprechend großen Speicherplatz. MPEG gestattet einen wahlfreien Zugriff auf die Videodaten, so daß jede Sequenz eigene I-Frames enthalten muß. Zusätzliche Möglichkeiten, wie z.B. das schnelle Vorspulen, erfordern es, daß ein I-Frame alle 0,4 Sekunden bzw. alle 12 Einzelbilder auftreten muß.

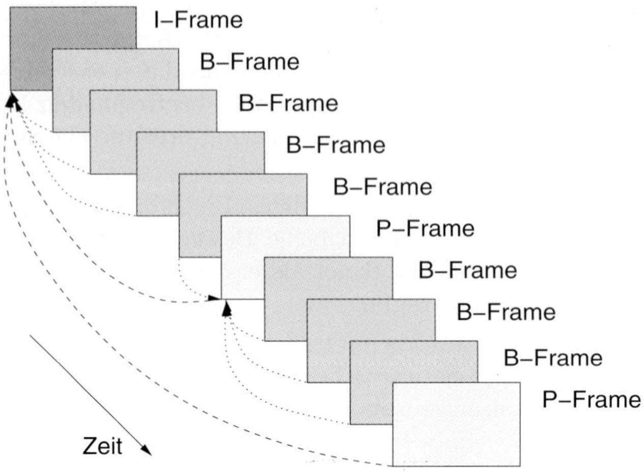

Abb. 3.45. Frame-Typen bei der MPEG Kodierung

Es existiert kein fester Standard, der vorschreibt, in welcher Reihenfolge und Wiederholungszahl die verschiedenen Frame-Typen im MPEG-Videostrom verwendet werden sollen. Lediglich die jeweilige Anwendung legt die Art der Kodierung und die Verwendung der unterschiedlichen Frame-Typen fest. So lassen sich Komprimierungsrate und Bildqualität jeweils anwendungsabhängig selbst festlegen.

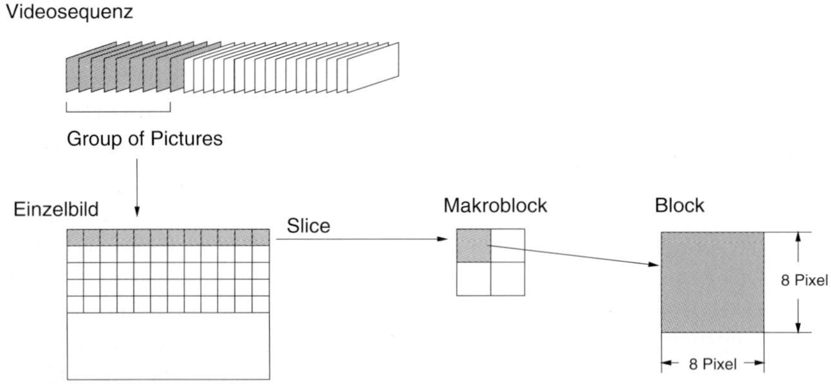

Abb. 3.46. Strukturierung eines Videostroms bei MPEG

- **Quantisierung**: Ebenso wie im JPEG Verfahren werden bei MPEG über eine Quantisierung hochfrequente Bildkomponenten unterdrückt. Dies geschieht durch Abrunden der nahe bei Null liegenden Koeffizienten aus der DCT-Transformation, die am Ende der Koeffizientenmatrix stehen, auf den

Wert Null. Während die Bewegungsvektoren für P-Frames und B-Frames verlustfrei gespeichert werden, tritt für die Speicherung von I-Frames und den DCT-kodierten Anteilen der P-Frames und B-Frames (Original-Pixel als auch Differenz-Bild zur Vorhersage) ein Informationsverlust auf verursacht durch die Quantisierung.

- **Kodierung**: In einer letzten Phase erfolgt eine Lauflängenkodierung der Koeffizientenmatrizen, wobei eine diagonale Zick-Zack-Reihenfolge von den niedrigen zu den hohen Frequenzkomponenten durchlaufen wird, gefolgt von einer fixen Huffmann-Kodierung zur Erzeugung eines Codes variabler Länge.

Da ein MPEG-Datenstrom sowohl Video- als auch die dazugehörige Audioinformation umfaßt, muß das standardisierte MPEG-Datenformat eine Art Multiplexing vorsehen, um unabhängige simultane Datenströme zu synchronisieren. Bereits ab einer zeitlichen Differenz von nur 80 ms zwischen dem Audiostrom und dem Videostrom geht die sogenannte „Lippensynchronizität“ verloren, und der Betrachter bemerkt, daß die beiden Ströme nicht mehr synchron laufen. Neben der einfachen Synchronisation zwischen Video- und zugehörigem Audiostrom bietet MPEG darüber hinaus die Möglichkeit, mehrere parallele Video- und Audioströme zusammen mit eigendefinierten Datenströmen zu synchronisieren.
Zur Synchronisation der Video- und Audiodaten besitzt jedes Einzelbild eine Zeitstempelinformation, um den Dekoder in die Lage zu versetzen, bei der Dekodierung des Audiostroms jederzeit die zugehörige Videosequenz korrekt wiederzugeben, um so z.B. eine Lippensynchronizität sicherzustellen. Dabei erlauben die vorhandenen Zeitstempel eine sehr flexible Dekodierung der vorhandenen Datenströme. Es werden sogar variable Datenübertragungsraten ermöglicht, wobei Einzelbilder einfach unterdrückt und nicht dargestellt werden, wenn die zur Verarbeitung notwendige Rechenzeit nicht verfügbar ist, ohne daß dabei die Synchronizität verloren geht. Der Zeitstempel wird mit einer Referenz-Uhr realisiert, die mit einer Taktfrequenz von 90 kHz arbeitet. Bei einem wahlfreien Zugriff auf den MPEG-Datenstrom gestattet die Zeitstempelinformation in den Einzelbildern eine exakte Identifikation des Zugriffszeitpunktes, der aktuell wiedergegeben werden soll. Da allerdings die Einzelbilder nicht unbedingt in zeitlich geordneter Reihenfolge vorliegen, ist auf Dekoderseite ein ausgeklügeltes Puffermanagement notwendig, um Pufferüberläufe zu vermeiden
Die MPEG Videokomprimierung legt eine sehr hohe Flexibilität hinsichtlich der dargestellten Bildgröße, der Bitraten und anderer Schlüsselparameter an den Tag. Allerdings macht eine vollständige Unterstützung des Standards durch einfache, kostengünstige Dekoder-Implementationen, die in einer Umgebung mit hohem Durchsatz arbeiten, oft nur wenig Sinn und erschwert diese unnötig. Daher hat die MPEG Gruppe spezifischen Einschränkungen für die zu unterstützenden Parameter im sogenannten **Constraint Parameter Set** festgelegt (siehe Abb. 3.47).

MPEG - Constraint Parameter Set (CPS)

Dieser standardisierte Parametersatz muß von jedem MPEG-Encoder und -Dekoder unterstützt werden. Das betrifft sowohl Software als auch Hardware-Implementierungen. Anderenfalls gilt die Implementation nicht als MPEG-konform. Der MPEG-CPS wurde 1992 durch die MPEG-Gruppe festgelegt und unterstützte vor allen Dingen eine möglichst kostengünstige VLSI-Implementierung auf dem damaligen Stand der Technik (0.8μm CMOS).

MPEG-CPS	
horizontale Bildgröße	$\leq$ 720 Pixel
vertikale Bildgröße	$\leq$ 576 Pixel
Anzahl Makroblöcke/Einzelbild	$\leq$ 396
Anzahl Makroblöcke/Sekunde	$\leq 396\times 25$ oder 330×30
Einzelbilder/Sekunde	$\leq$ 30
Bitrate	$\leq$ 1,82 Mbp/s
Dekoderpuffer	$\leq$ 376,832

Abb. 3.47. Der MPEG Constraint Parameter Set

3.5.6 MPEG-2 Standard

Die originale MPEG-1 Spezifikation der MPEG-Gruppe erwies sich als derart erfolgreich, daß unmittelbar nach ihrer Veröffentlichung die Arbeit an den Nachfolgestandards MPEG-2, MPEG-3 und MPEG-4 begann. Während der MPEG-1 Standard auf eine Datenübertragungsrate von etwa 1,5 Mbps für die Speicherung von Multimedia-Datenströmen für Videosequenzen mit progressivem Bildaufbau (nicht-interlaced) auf CD-ROM zugeschnitten war, sah sich die MPEG Gruppe zu Beginn der 90er Jahre zusehends dem Druck der Medienindustrie ausgesetzt, die auf ein Verfahren drängte, mit dem es möglich war, Videosequenzen, die nach den herkömmlichen Fernsehstandards kodiert waren - d.h. höhere Bildauflösung und Interlace-Darstellung - effizient zu komprimieren. Daher begann die MPEG-Gruppe mit der Entwicklung eines Standards für Vollbild-Videokomprimierung, der den CCIR601 Rahmenbedingungen gerecht werden sollte, d.h. 704×480 Bildpunkte bei 60 Hz Interlaced für NTSC und 704×576 Bildpunkte bei 50 Hz Interlaced für PAL. Die Kodierung von Halbbildern im Interlaced-Verfahren ist für MPEG-1 nur bedingt geeignet, da die Algorithmen zur Bewegungsvorhersage nicht mehr richtig arbeiten, da sich Bildkomponenten sprunghaft von einem Halbbild zum nächsten verändern können. Zudem sollte die Entwicklung von MPEG-2 auch die Übertragung von Multimedia-Datenströmen in Netzen unterstützen. Ziele waren dabei:

- verbesserte Bildqualität,
- Unterstützung herkömmlicher Videoformate (Interlaced) und
- Skalierbarkeit für unterschiedliche Bildauflösungen.

Erstmals sah MPEG-2 auch skalierbare Datenströme vor zur Bedienung von Empfängern unterschiedlicher Leistungsklassen, die es diesen gestatten, entsprechend ihrer Verarbeitungs- und Übertragungsleistung den MPEG Datenstrom auf die vorhandenen Leistungsressourcen herunterzuskalieren.
MPEG-2 definiert eine Reihe unterschiedlicher **Profile**, die je nach Anwendung eine bestimmte Parameterkonfiguration beinhalten, wobei jedes einzelne Profil in mehrere Schichten aufgeteilt ist, die ihrerseits zu befolgende Parameter festschreiben. So ist es möglich, den MPEG-2 Standard sowohl für einfache Videokonferenz-Anwendungen, als auch für hochauflösendes Video nach dem HDTV-Standard einzusetzen und so eine Vielzahl unterschiedlich leistungsfähiger Dekoder zu bedienen. Man unterscheidet fünf MPEG-2 Profile (siehe auch Tabelle 3.10):

- **Main**: Unterstützt sämtliche Hauptanwendungsgebiete und ist das wichtigste der MPEG-2 Profile, erlaubt aber keine Skalierung.
- **Simple**: Wie Main, lediglich B-Frames werden nicht unterstützt (wird hauptsächlich in Software-Dekodern verwendet).
- **SNR**: Legt Wert auf gesteigerte Qualität bzgl. des Signal-Rausch-Verhaltens, die Chrominanz-Auflösung ist skalierbar.
- **Spatial**: Verbessertes Main-Profil, Pixeldichte ist skalierbar.
- **High**: Steht für höchste Qualitätsstufe, Pixeldichte ist skalierbar.

Im **SNR-skalierten Modus** werden die Daten in zwei oder mehrere Ströme aufgeteilt, die bei gleicher räumlicher Auflösung (Pixeldichte) unterschiedliche Bildqualität liefern. Ähnlich dem progressiven Modus in der JPEG-Komprimierung wird eine Basisschicht mit grober Information und anschließend eine Schicht mit sämtlichen Verfeinerungen erzeugt. Entsprechend den Erfordernissen bzw. der Leistungsfähigkeit des Dekoders wird entschieden, ob alle Schichten dekodiert werden oder nur die erste.
Eine **Skalierung der Pixeldichte** wird durch mehrfaches Subsampling der Videoausgangsdaten realisiert. Das Ergebnis der letzten Stufe der Abtastung wird dann als Basissequenz übertragen. Aus den rekonstruierten Bildern werden durch Interpolation Vorhersagebilder (Prädikationsbilder) generiert. Die Differenz zwischen der jeweils nächsten, höher aufgelösten Stufe und dem Interpolationsergebnis wird ebenfalls kodiert und im Multiplexverfahren zusammen mit der Basissequenz übertragen, was dem Prinzip der hierarchischen Kodierung in JPEG entspricht.
Zusätzlich kann noch eine **zeitliche Skalierung** durch die primäre Kodierung einer Sequenz mit reduzierter Bildfolge erfolgen. Fehlende Bilder werden dann einfach interpoliert und die Vorhersagefehler zusätzlich kodiert. Dekoder mit geringer Leistung können den primären Datenstrom in Echtzeit auswerten, während leistungsfähige Dekoder in der Lage sind, die zusätzlich gesendeten Daten für eine Verfeinerung der dargestellten Sequenz auszuwerten. Desweiteren ist MPEG-2 in der Lage, die Daten in wichtige (Header, Bewegungsvektoren und tieffrequente DCT-Koeffizienten) und weniger wich-

tige Anteile zu portionieren, was die Bildqualität gegenüber Fehlern, die vor allem auf den Übertragungswegen auftreten, verbessern soll.

Innerhalb der MPEG-2 Profile unterscheidet man jeweils vier Schichten, die sich im wesentlichen durch ihre Zielbitraten und den möglichen Bildformaten unterscheiden:

- **Low**
  Vergleichbar dem MPEG-1 Standard, unterstützt CIF mit 352×240 Bildpunkten bei 30 Bildern pro Sekunde (352×288 bei 25 Bildern pro Sekunde (Frames per second, **fps**) bei PAL) für Bitraten bis zu 4 Mbps. Anwendungen auf dem Low-Level zielen in der Hauptsache auf den allgemeinen Verbrauchermarkt und entsprechen qualitativ dem herkömmlichen Videorekorder.
- **Main**
  Im Main-Level werden die CCIR601 Standard-Bildformate unterstützt, d.h. bis zu 720×480 Bildpunkte bei einer Bildwiederholrate von 30 fps. Dabei werden Bitraten bis zu 15 Mbps erreicht. Anwendungen auf dem Main-Level sind für den qualitativ hochwertigen Verbrauchermarkt bestimmt.
- **High1440**
  Namensgemäß unterstützt High1440-Level Bildformate bis 1.440×1.152 bei einer Bildwiederholrate von 30 fps, was der vierfachen Bildgröße des CCIR601 Standards entspricht. Dabei werden Bitraten von bis zu 60 Mbps erreicht. High1440-Level zielt auf den Verbrauchermarkt für hochauflösendes Fernsehen.
- **High**
  Im High-Level werden Bildformate bis zu 1.920×1.080 Bildpunkten bei 60 fps unterstützt. Die Bitraten erreichen in diesem Level bis zu 80 Mbps. Wie High1440-Level zielt der High-Level auf den HDTV-Verbrauchermarkt ab.

Exkurs 7: MPEG – Datenformat

Syntaktische Schichtung im MPEG Datenformat

Innerhalb der Syntax des MPEG Datenformats unterscheidet man verschiedene Schichten, die im einzelnen bereits kurz angesprochen wurden (siehe auch Abb. 3.48):

- **Sequenz**
  In der Sequenz-Ebene werden statische Parameter für die zu kodierende Videosequenz mitangegeben, wie z.B. Bildgröße, Bildwiederholrate oder voraussichtlich benötigte Pufferspeichergröße.
- **Group of Pictures (GOP)**
  Damit wird eine zusammenhängende Menge von Einzelbildern in Übertragungsreihenfolge bezeichnet, die für einen wahlfreien Zugriff auf die Videosequenz benötigt wird. Das erste Bild innerhalb einer GOP in Übertragungsreihenfolge muß immer ein I-Frame sein. Im zugehörigen Headerteil der Datenbeschreibung befinden sich Informationen darüber, ob es sich um eine offene oder geschlossene GOP handelt, ob die GOP von der vorhergehenden GOP abgetrennt worden ist, sowie Zeitstempelinformationen zur Synchronisation.

Tabelle 3.10. Unterstützte MPEG-2 Profile und -Level

	Simple	Main	SNR	Spatial	High
High	-	1920×1152, 60 fps	-	-	1920×1152, 60 fps 960×576 30 fps
High1440	-	1440×1152, 60 fps	-	1440×1152, 60 fps 720×576, 30 fps	1440×1152, 60 fps 720×576, 30 fps
Main	720×576, 30 fps	720×576, 30 fps	720×576, 30 fps	-	720×576, 30 fps 352×288, 30 fps
Low	-	352×288, 30 fps	352×288, 30 fps	-	-

- **Einzelbild**
  Die Header-Information für ein Einzelbild enthält Information über den vorliegenden Frame-Typ, d.h. ob es sich um einen I-Frame, P-Frame oder B-Frame handelt. Dazu kommt optional noch die Spanne eventuell verwendeter Bewegungsvektoren.
- **Slice**
  Ein Slice definiert eine Untereinheit in einem Einzelbild, die zur Resynchronisation im Falle einer Übertragungsstörung genutzt wird. Das Slice besteht aus einer Ansammlung von Makroblöcken, denen ein eindeutiges Resynchronisationsmuster vorangeht.
- **Makroblock**
  Ein Makroblock definiert eine Einheit für die Bewegungsvorhersage. Sie besteht aus einem 16×16 Bildpunkten großen Bereich und umfaßt dabei jeweils 16×16 Bildpunkte im Luminanzbereich, sowie die vier 8× 8 Bildpunkte umfassenden Bereiche der beiden Chrominanz-Komponenten. Der Makroblock-Header enthält Information über den verwendeten Vorhersagemodus für den Block, eine Makroblock-Adresse, die Anordnung der einzelnen Blöcke im Makroblock und dazu optional noch Angaben über verschiedene zu verwendende Schrittweiten für den Quantisierungsprozeß.
- **Block**
  Ein Block definiert die Eingabe-Einheit für die Bildtransformation (DCT), der 8×8 Bildpunkte umfaßt.

MPEG Datenströme

Die MPEG Spezifikation sieht den Transport verschiedener multimedialer Datenströme in Verbindung mit geeigneten Multiplex- und Synchronisationsverfahren vor. Die MPEG Standards definieren, wie Audio- und Videodaten komprimiert (**Komprimierungs-Schicht**) und die entstehenden Datenströme verpackt werden. Die sogenannte **System-Schicht** legt dabei die Syntax für die Zeitsteuerung und die Synchronisation der einzelnen Komponenten fest. Sie fügt sich um die Komprimierungs-Schicht und ermöglicht die gemeinsame Speicherung von Audio- und Videodaten in einem einzigen Datenstrom (siehe Abb. 3.49).

Während die MPEG-1 **System-Schicht** speziell für Speichermedien und für Personal Computer optimiert entwickelt wurden - was sich z.B. in langen Datenpaketen von variabler

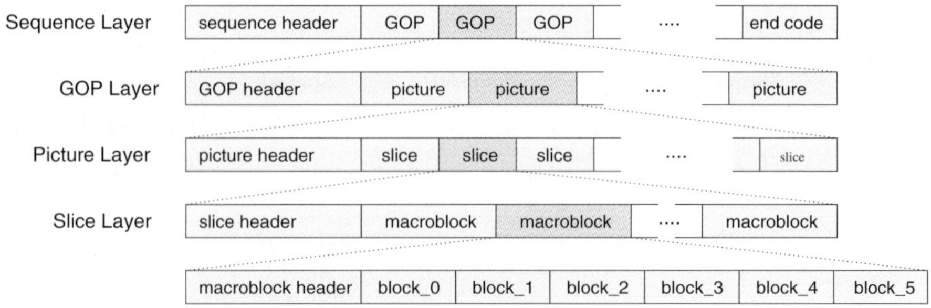

Abb. 3.48. Schichten eines MPEG Videostroms

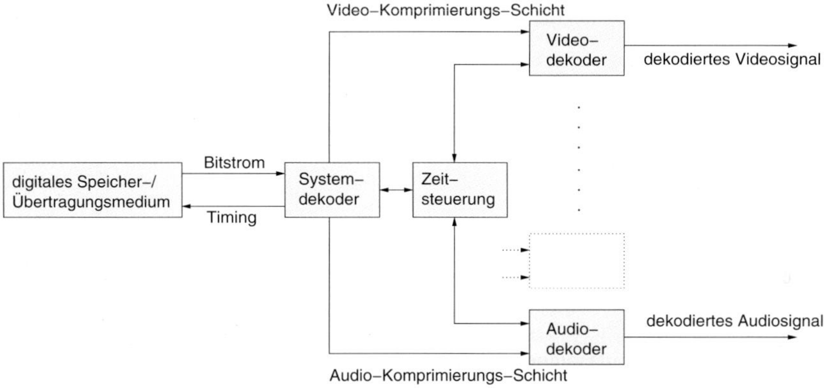

Abb. 3.49. MPEG Systemstruktur

Länge niederschlägt und eine niedrige Fehlerrate beim Lesen des entsprechenden Mediums voraussetzt - schlug die Spezifikation für die MPEG-2 **System-Schicht** zwei unterschiedliche Richtungen ein: den **Programm-Strom** und den **Transport-Strom**. Während für den Programm-Strom ähnliche Richtlinien gelten wie für die MPEG-1 System-Schicht, können im Transport-Strom mehrere Datenströme zusammengefaßt werden. Die Daten werden dabei in kurze Pakete fixer Länge verpackt und mit Zusatzinformation und Fehlerbehebungsmechanismen versehen, was speziell für die Datenübertragung bei niedriger Bandbreite und hohem Umgebungsrauschen von Vorteil ist und zudem die gleichzeitige Übertragung mehrerer Videokanäle ermöglicht. In einem Transport-Strom werden Header-Informationen häufiger übertragen für den Fall einer durch eventuellen Datenverlust verursachten Wiederaufnahme des Stroms.

Generell besteht ein MPEG Datenstrom (hier **MPEG-1 System-Strom** bzw. **MPEG-2 Programm-Strom**) aus einer Folge von Paketblöcken (**packs**). Jeder Paketblock besteht selbst wieder aus einer Zusammenstellung von Paketen, je einem aus jedem elementaren Datenstrom (Video, Audio oder Daten). Im Paketblock-Header befindet sich dabei Referenzinformation für die Systemuhr, um im Falle eines Fehlers eine Resynchronisation durchführen zu können, und verschiedenartige andere, zum Teil optionale Parameter. In einem Paketblock werden gelegentlich auch sogenannte System-Header mit eingebunden. Diese enthalten notwendige Information, um den Dekoder für eine Wiedergabe des MPEG Datenstroms zu konfigurieren bzw. um festzustellen, ob der verwendete Dekoder überhaupt zur Wiedergabe des vorliegenden MPEG Stroms geeignet ist. Dazu zählen Angaben über Anzahl und Typ der beteiligten Medienströme, Information darüber, in welchem Verhältnis

System-, Video- und Audiozeitgeber stehen, sowie über die benötigten Pufferspeichergrößen (siehe Abb. 3.50).

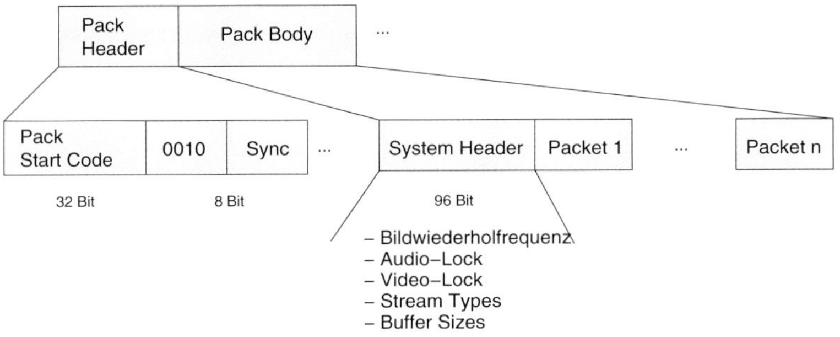

Abb. 3.50. MPEG-1 Datenstrom

Ein **MPEG-2 Transport-Strom** dagegen besteht aus Paketen fixer Länge von jeweils 188 Byte. Der Paket-Header startet jeweils mit einem **Synchronisations-Byte**, das immer den hexadezimalen Wert 0x47 enthält. Da dieser Wert auch in den eigentlichen Nutzdaten auftauchen kann, werden Paketgrenzen so vom Dekoder identifiziert, indem dieser mehrfach überprüft, ob sich jeweils 188 Bytes später im Datenstrom dieser Wert nochmals befindet. Danach folgt ein reserviertes Bit als Indikator für eventuelle Transportfehler (**Transport Error Indicator**), die während der Übertragung aufgetreten sind. Danach folgt ein **Payload Unit Start Indicator**, der anzeigt, dass sich im Datentransportbereich (Payload) dieses Datenpakets entsprechende Nutzdaten befinden. Ein weiteres einzelnes Bit regelt die Transportpriorität (**Transport Priority**), gefolgt von einer Paket-Identifikation (**PID**), eine 13-Bit Adresse, die angibt, welcher Elementardatenstrom in diesem Datenpaket transportiert wird. Danach folgt ein Feld zur Transportsicherung (**Transport Scrambling Control**), daß einen fehlerfreien Transport der Daten gewährleisten soll, ohne daß jedoch ein bestimmtes Sicherheitsprotokoll durch den Standard festgelegt wäre.
Zusätzlich können die folgenden 184 Bytes des Datenpakets ab und an ein sogenanntes **Adaption Field** enthalten, das als Referenz zur Synchronisation mit der Systemuhr dient. Dazu kann dieses Feld noch Informationen über eventuelle Lücken im MPEG-Datenstrom, die Aufteilung von MPEG Datenströmen, private Nutzdaten oder Fülldaten enthalten (siehe Abb. 3.51).

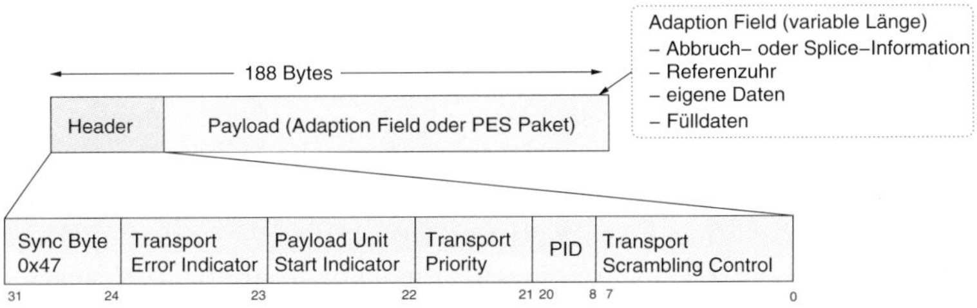

Abb. 3.51. MPEG-2 Transport Stream

Beide MPEG-2 Ströme können ein gemeinsames Subelement beinhalten, die sogenannten **Packetized Elementary Stream Packets** (**PES**). Diese PES-Pakete enthalten Information zu einem zugehörigen elementaren Medienstrom. Das PES-Paket beginnt mit einem Paket-Header, der mit einem bestimmten festgelegten Startpräfix beginnt (**Start Code Prefix**), gefolgt von einer Identifikationsnummer, die die Art des elementaren Medienstroms angibt (**Stream ID**, 32 steht für Audio, 16 für Video). Im Programm-Strom wird an Hand dieser Angabe entschieden, ob der Audio- oder der Video-Dekoder das Paket erhält. Im Transport-Strom ist diese Angabe redundant, da von Transport-Strom-Paketen mit einer bestimmten PID-Nummer nur PES-Pakete eines einzelnen elementaren Medienstroms transportiert werden. Danach folgen noch die Paketlänge und einige optionale Felder, deren wichtigster Bestandteil der **Presentation Time Stamp** (PTS) ist, eine Zeitstempelinformation, die genau dann im Paket vorkommt, falls hier ein Video-Einzelbild bzw. ein neuer Audio-Frame startet und der **Decode Time Stamp** (DTS) (siehe Abb. 3.52).

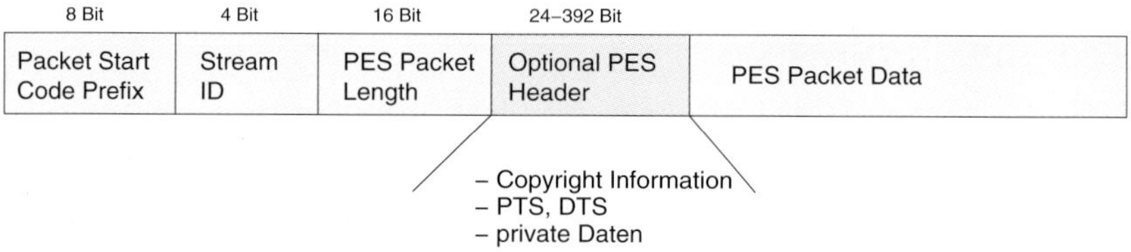

Abb. 3.52. MPEG-2 Packetized Elementary Stream Packets

Der MPEG-2 Standard definiert noch eine Reihe von Tabellen, die eine Assoziation bestimmter Audio- und Videoströme zu sogenannten **Programmen** steuern. Ein typisches Programm besteht dabei aus einem Videostrom, einem oder mehreren Audioströmen (z.B. bei mehrsprachiger Übertragung) und optional auch mehreren Daten-Strömen (z.B. für Untertitel). Die **Programm Association Table** (PAT) hat innerhalb eines Transport-Stroms immer die PID 0. Für jedes Programm innerhalb des Stroms enthält sie die Position der zugehörigen **Program Map Table**, die die Elementar-Medienströme beschreibt, die zu dem Programm gehören. Durch die PID 0 wird innerhalb der PAT eine spezielle Tabelle über ein Platzhalterprogramm definiert, die **Network Information Table**, die neben globalen, den Transportstrom betreffenden Informationen auch noch Informationen über andere Ströme enthalten kann, die über dasselbe Netzwerk verfügbar sind.

Weiterführende Literatur

J. Watkinson: The MPEG Handbook, Focal Press, Woburn MA, USA, 2001.

S. Mitchelll, W. B. Pennebaker, C. E. Frogg, D. J. Legal: MPEG Video: Compression Standard, Int. Thompson Publishing Services Ltd, Hampshire UK, 1996.

D. LeGall: MPEG: a Video Compression Standard for Multimedia Applications, in Communications of the ACM, Vol.3, No.4, pp. 46–58, 1991.

Der **MPEG-3** Standard war bei seiner Konzeption für die Komprimierung im Bereich des hochauflösenden Fernseh-Standards (HDTV) und damit für höhere Bitraten vorgesehen. HDTV-Unterstützung wurde aber dann bereits in MPEG-2 integriert, so daß MPEG-3 in MPEG-2 aufging.

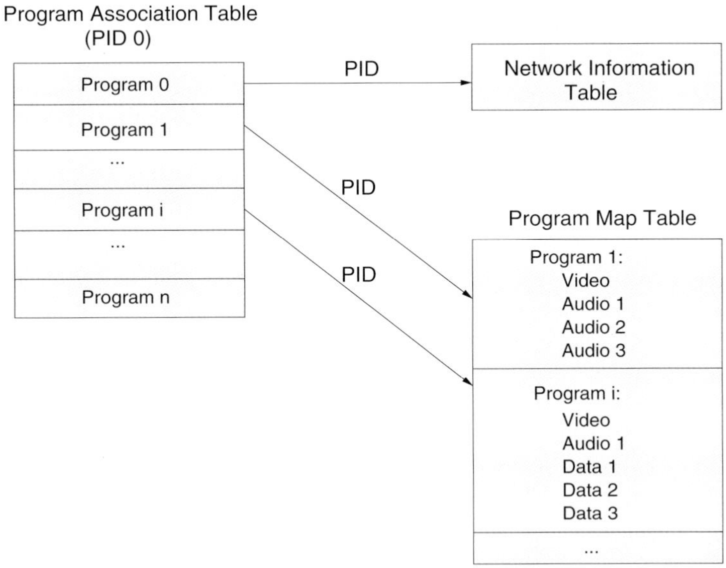

Abb. 3.53. MPEG-2 Programm Association Table

3.5.7 MPEG-4 Standard

Der ursprünglich mit der Definition des MPEG-4 Standards verbundene Gedanke war die Übertragung von Multimedia-Datenströmen - insbesondere Video - bei sehr niedrigen Datenübertragungsraten, wie sie etwa beim Mobilfunk anzutreffen sind. Doch MPEG-4 leistet viel mehr, als die ausschließliche Komprimierung multimedialer Objekte: MPEG-4 definiert ein Objektmodell, das es dem Nutzer gestattet, innerhalb einer dargestellten Szene im Rahmen der vom Autor vorgegebenen Grenzen mit Objekten zu interagieren.
MPEG-4 zerlegt eine Szene in einzelne Komponenten, sogenannte **Medienobjekte** (Media Objects), die ihrerseits einzelne akustische, visuelle oder audiovisuelle Inhalte repräsentieren. Diese Medienobjekte werden einzeln kodiert, allerdings so, daß die Ursprungsszene aus ihnen wieder rekonstruiert werden kann. Medienobjekte können dabei entweder synthetischen Ursprungs sein, wie etwa interaktive Grafik-Anwendungen, oder sie können realen Ursprungs sein, wie etwa im Bereich des digitalen Fernsehens. Medienobjekte ihrerseits können zusammengefaßt werden zu Verbund-Medienobjekten (compound media objects), wobei über den MPEG-4 Standard festgelegt wird, auf welche Weise die Medienobjekte mit Hilfe geeigneter Multiplex- und Synchronisationsverfahren für eine Übertragung vorbereitet werden, um die erforderte Dienstqualität zu gewährleisten.
Die Zusammenstellung einer Szene, also die Informationen über den räumlichen und zeitlichen Aufenthaltsort der Objekte wird mit Hilfe eines eigenen Datenstroms, dem **Binary Format for Scenes** BIFS-Datenstrom kodiert.

Da unterschiedliche Medienformate Verwendung finden können, sind auch verschiedene Codecs notwendig. So werden die einzelnen Medienobjekte getrennt voneinander komprimiert und zusammen mit dem BIFS-Datenstrom im Multiplexverfahren übertragen, um auf der Empfängerseite auf umgekehrte Weise wieder zusammengesetzt zu werden.
Der wesentliche Vorteil dieses Verfahrens ist, daß ein Komprimierungsalgorithmus nicht mehr eine komplexe Szene, die sich aus unterschiedlichen Figuren, Objekten und Text zusammensetzt, komprimieren muß, was leicht zu Komprimierungsartefakten führen kann. Sobald die Szene erst einmal zerlegt ist, können die einzelnen Komponenten mit für sie besonders geeigneten Komprimierungsalgorithmen bearbeitet und so bessere Komprimierungsergebnisse erzielt werden.
Die Zerlegung in einzelne Komponenten gestattet zusätzlich auch eine **inhaltsbasierte Skalierung** des Datenstroms, d.h. je nach verfügbarer Bandbreite und Rechenleistung können weniger wichtige Komponenten einer Szene weggelassen werden.
Abb. 3.54 zeigt ein Beispiel für die Zerlegung einer Szene. Diese Zerlegung umfaßt verschiedene Audio- und Video-Medienobjekte. Während die aus der Szene herausgelösten Objekte Änderungen in ihrer Position oder Größe unterworfen sind, kann davon ausgegangen werden, daß der Bildhintergrund, für eine bestimmte Zeit konstant bleibt. Da alle Komponenten einzeln kodiert werden, müssen diese nicht erneut übertragen werden, solange sie sich nicht verändern.
Auch kann in dem gezeigten Beispiel eine Person als Objekt aus der Szene herausgelöst und weiter zerlegt werden in einen akustischen Sprachanteil und ein sogenanntes **Sprite**. Das Sprite ist in diesem Falle das herausgeschnittene Videobild der Person, das separat komprimiert werden kann. Ebenso kann der Sprachanteil mit einem geeigneten Sprach-Codec komprimiert werden. Da sich Sprite- und Sprachinformation fortlaufend ändern, müssen diese permanent übertragen werden. Der Hintergrund jedoch bleibt weitgehend statisch und muß dementsprechend nicht so häufig übertragen werden. Enthält die im Beispielbild ebenfalls vorkommende audiovisuelle Präsentation qualitativ hochwertige Audioanteile, so können auch diese mit einem speziellen Codec komprimiert werden.
Neben der objektbasierten Kodierung unterstützt der MPEG-4 Standard auch eine ganze Reihe von Video-Komprimierungsvarianten. So werden sowohl progressive als auch Interlaced-Bilddarstellungen unterstützt. Das Chrominanz-Subsampling 4 : 2 : 0 tastet den Farbanteil horizontal wie vertikal mit der halben Auflösung bezogen auf den Helligkeitsanteil ab. MPEG-4 wurde für drei verschiedene Teilbereiche bzgl. der zur Verfügung stehenden Bandbreite optimiert: die Bereiche unter 64 kbps, 64–384 kbps und 384 kbps - 4 Mbps, wobei auch noch höhere Bitraten unterstützt werden (siehe Tabelle 3.11).

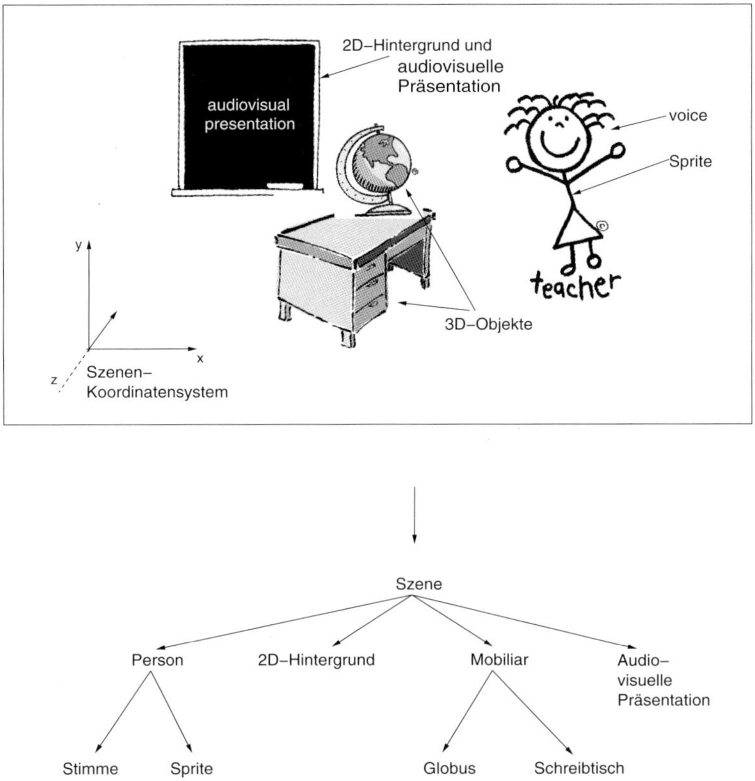

Abb. 3.54. Hierarchische Szenenbeschreibung in MPEG-4

Insbesondere bezogen auf Anwendungen im Bereich der Mobilkommunikation sind die Fehler-Toleranz-Eigenschaften von MPEG-4 von besonderer Bedeutung. Zum einen werden Resynchronisationsmarken mit in den übertragenen

Tabelle 3.11. MPEG-4 Video-Profile und -Level

Profil und Level		Typische Bildgröße	Bitrate	Max. Anzahl Objekte	Anzahl Makroblöcke
Simple Profile	L1	QCIF	64 kbps	4	198
	L2	CIF	128 kbps	4	792
	L3	CIF	384 kbps	4	792
Core Profile	L1	QCIF	384 kbps	4	594
	L2	CIF	2 Mbps	16	2.376
	L3	CIF	2 Mbps	16	2.376
Main Profile	L2	CIF	2 Mbps	16	2.376
	L3	CCIR 601	15 Mbps	32	9.720
	L4	1.920×1.088	38,4 Mbps	32	43.960

Datenstrom aufgenommen. So werden im Falle eines aufgetretenen Übertragungsfehlers die nachfolgenden Daten im Datenstrom solange ignoriert, bis erneut eine Resynchronisationsmarke folgt. Im Unterschied zu MPEG-2 ist die Zahl der komprimierten Bits zwischen zwei Resynchronisationsmarkierungen weitgehend konstant. Zusätzlich werden Datenströme voneinander getrennt, die unterschiedliche Fehlersensitivität besitzen. So werden in MPEG-4 etwa Texturen- und Bewegungskompensationsdatenströme separiert. Da dem Betrachter eventuelle Fehler in den Texturen nicht so sehr ins Auge fallen, wie Fehler in der Bewegungsdarstellung, können die fehlersensitiveren Daten mit zusätzlichen, verstärkten Fehlerkorrekturmechanismen ausgestattet und übertragen werden.

Da in der Reihenfolge der MPEG Standards MPEG-3 bereits fallengelassen wurde und mit in MPEG-2 aufging, beschloß die MPEG-Gruppe, als Nachfolgenummer weder die Folgeziffern (1,2,4,5), noch die Nachfolgenummer einer offensichtlichen binären Folge (1,2,4,8) heranzuziehen, sondern einigte sich auf die Ziffer 7 für einen nächsten Standard, der sich vollständig von den bereits vorhandenen unterscheiden sollte.

3.5.8 MPEG-7 Standard

MPEG-7 folgt dem in MPEG-4 bereits eingeschlagenen Trend, neben den Komprimierungskomponenten erhöhten Wert auf Einbeziehung von Funktionalität in die Kodierung zu legen. MPEG-7 gilt auch als die designierte Multimedia-Beschreibungs-Schnittstelle (Multimedia Content Description Interface), um kodierte multimediale Information computerbasierten Suchfunktionen zur Verfügung zu stellen. Zu den Hauptanwendungen zählen

- inhaltsbasierte Suche und Suchabfragen,
- automatisch zu erstellende Inhaltsangaben von Video- und Audiosequenzen,
- beschleunigtes Abrufen und Auswerten von WWW-Seiten,
- personalisierte News-Dienste im Internet,
- intelligente Multimedia-Präsentationen und
- Überwachungsaufgaben.

Während MPEG-1, MPEG-2 und MPEG-4 audiovisuelle Medieninhalte verfügbar machen, ermöglicht MPEG-7 das Auffinden dieser Medieninhalte. Da die zur Verfügung stehende Menge an audiovisueller Information stetig anwächst und bereits ein nicht mehr überschaubares Ausmaß angenommen hat, wird die Nachfrage nach einer leistungsfähigen Multimedia Beschreibungs-Schnittstelle wie MPEG-7. Der Anwender will audiovisuelle Information auf unterschiedlichste Art und Weise nutzen, doch dazu muß er diese erst einmal suchen und finden können. Dabei braucht der Anwender Unterstützung, die sich wesentlich unterscheidet von traditionellen Anforderungen. So sollen etwa die folgenden Suchabfragen aus den unterschiedlichen Medienbereichen ermöglicht werden:

- **Musik**: Durch das Anspielen einiger Noten mit Hilfe eines Keyboards wird eine Suchabfrage ausgelöst, die als Ergebnis eine Liste von Musikstücken liefert, die die angespielte Melodie beinhalten.
- **Grafik**: Durch das Zeichnen einiger Linien am Bildschirm wird eine Suchabfrage ausgelöst, die als Ergebnis eine Reihe von Bildern zurückgibt, die ähnliche Grafiken, Logos oder Ideogramme enthalten.

Der MPEG-4 Videokomprimierungs-Standard umfaßt folgende Hauptbestandteile:

Kodierung visueller Objekte

Aufbauend auf MPEG-1 und MPEG-2 besitzt MPEG-4 größere Flexibität in der Low-Level Videokomprimierung und verfügt über zusätzliche Mechanismen zur Zusammenstellung vorhandener und Erzeugung neuer graphischer Bildbestandteile. Der Kern der in MPEG-4 beschriebenen Komprimierungsalgorithmen zielt auf die Unterstützung von Videoübertragungen bei sehr niedrigen Bandbreiten. Folgende zusätzlichen Merkmale bietet MPEG-4 im Unterschied zu seinen Vorgängern:

- inhaltsbasierte Bewegungskompensation,
- globale Bewegungskompensation mit affinen Transformationen,
- Bewegungskompensation mit dynamischen und statischen Sprites,
- Komprimierung von Texturen,
- Texture Mapping auf 2D und 3D-Drahtgittermodelle,
- Komprimierung von 2D-Drahtgittermodellen,
- Komprimierungsalgorithmen skalierbar nach
  - inhaltsbasierten,
  - zeitlichen,
  - räumlichen und
  - qualitativen Kriterien.

Kodierung von Audio-Objekten

Speziell werden hier Komprimierungsverfahren für sehr niedrige Bandbreiten berücksichtigt, sowie die synthetische Erzeugung von Klängen und Sprache. Für natürliche Soundquellen werden drei verschiedene Komprimierungsvarianten, entsprechend der zur Verfügung stehenden Bandbreite unterstützt:

- parametrische Sprachkodierung bei einer Samplingrate von 8 kHz für 2–6 kbps,
- ein für Sprache optimierter linearer Vorhersagealgorithmus bei 8 kHz bzw. 16 kHz Samplingrate für 6–24 kbps,
- ab 16 kbps unterstützt MPEG-4 die AAC-Komprimierung (siehe MPEG-2 AAC) für qualitativ hochwertige Audiokomprimierung.

Szenenbeschreibung und Nutzer Interaktion

Hierunter fallen Werkzeuge für die - auch nutzerbasierte - hierarchische Beschreibung einer Szene und ihrer einzelnen Elemente. In der obersten Ebene der Hierarchie wird ein globales Koordinatensystem definiert. Jeder in der Hierarchie darunter stehende Knoten definiert sein eigenes lokales Koordinatensystem, dessen Ursprung sich innerhalb des globalen Koordinatensystems in einem zeitlichen Rahmen verändern kann. MPEG-4 bietet die Möglichkeit, einzelne Objekte einer Szene zu verändern, hinzuzufügen oder auch zu löschen. Die Szenenbeschreibung in MPEG-4 baut auf den Konzepten der **Virtual Reality Modeling Language** (VRML) auf.

Abb. 3.55. Hauptbestandteile des MPEG-4 Standards

Szenenbeschreibung und Nutzer Interaktion (2)

Entsprechend der Freiheit, die der Autor einer Szene dem Benutzer zugesteht, kann dieser mit den verschiedenen Objekten der Szene interagieren, d.h. er kann z.B.

- den Blickpunkt des Betrachters auf eine Szene verändern,
- Objekte innerhalb einer Szene verschieben,
- Ereignisse durch bestimmte Aktionen anstoßen oder
- eine bestimmte Sprache bei mehrsprachigen Angeboten auswählen.

Systembezogene Anwendungen

Hierzu zählen eine Reihe von Kommunikationsprotokollen, mit denen MPEG-4 Anwendungen, die verteilt vorliegen können, gesteuert und synchronisiert werden können. Zu den zu bewältigenden Aufgaben zählen:

- Multiplexing und Demultiplexing der Datenströme,
- Puffer Management und
- zeitliche Synchronisation der Datenströme.

MPEG-4 Datenströme müssen mit zusätzlichen Angaben, wie etwa die notwendigen Dekoder-Ressourcen wie Bildgröße, notwendiger Pufferspeicher oder erwartete Dienstqualität (Quality of Service) ausgestattet werden.

Abb. 3.56. Hauptbestandteile des MPEG-4 Standards (Teil 2)

- **Bilder**: Durch die Definition von Grafik-Objekten, die bestimmte Farbbereiche oder Texturen enthalten, werden auf entsprechende Suchabfragen Beispiele zurückgegeben, aus denen der Benutzer Komponenten auswählen kann, um ein eigenes Bild zu ergänzen.
- **Bewegung**: Basierend auf einer gegebenen Menge von Objekten können Bewegungen oder Beziehungen zwischen einzelnen Objekten formuliert werden. Auf eine entsprechende Suchabfrage wird eine Liste von Animationen ausgegeben, die die geforderten zeitlichen und räumlichen Beziehungen aufweisen.
- **Szenarien**: Bzgl. eines vorgegebenen Inhalts können Aktionen beschrieben werden, aus denen eine Suchabfrage formuliert wird, die als Ergebnis eine Liste von passenden Szenarien ausgibt, in denen ähnliche Aktionen auftreten.
- **Stimme**: Basierend auf einem Stimmbeispiel eines Interpreten wird eine Suchabfrage formuliert, die als Ergebnis eine Liste der Schallplatten- und Videoclip-Aufnahmen des betreffenden Interpreten beinhalten.

Hierbei ist es die Aufgabe der jeweiligen Suchmaschine, aus den gegebenen Beispielen die jeweilige Suchabfrage zu formulieren. MPEG-7 definiert hierzu eine Vielzahl von **Deskriptoren** mit der die verschiedenen Arten von Multimedia-Inhalten beschrieben werden können. Zusammen mit sogenannten **Schemata** (**Description Scheme**), die vorgeben wie neue Deskriptoren behandelt werden können und einer Beschreibungssprache (**Description Definition Language**, **DDL**), die die Beziehungen der einzelnen Deskrip-

toren untereinander beschreibt, soll ein hoher Grad an „Verständnis“ für automatisierte Verfahren gewonnen werden.
Deskriptoren enthalten einerseits Informationen über den Medieninhalt, wie z.B. Aufnahmedatum und -Bedingungen, Titel, Autor, Copyright-Informationen, Kodierungsinformationen und Klassifikationen, und auf der anderen Seite Informationen, die den Inhalt kennzeichnen. Zur Erstellung eines Deskriptors muß aus dem Medieninhalt die notwendige Beschreibungsinformation gezogen werden, was manuell oder auch zum Teil bereits automatisiert erfolgen kann. Der Deskriptor wird dann zusammen mit dem Medieninhalt abgelegt (siehe Abb.3.57). So kann der Benutzer den Deskriptor später zur Suche, zum gezielten Zugriff oder auch als Ausgangspunkt für Filterfunktionen nutzen.

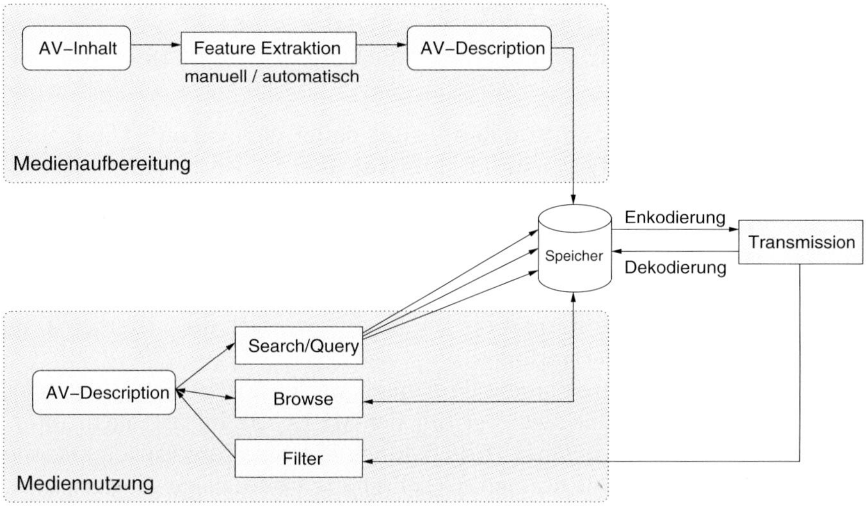

Abb. 3.57. MPEG-7 Architekturbeispiel

3.5.9 MPEG-21 Standard

Um die Verwirrung um die Namensgebung der einzelnen MPEG-Standards zu vervollständigen, bekam der nächste Standard, der in einem Rundumschlag den Rahmen für eine komplette Multimedia-Infrastruktur bilden soll, die Nummer 21. Da die MPEG-Gruppe in den bislang vorliegenden Dokumenten zur Definition des neuen MPEG-21 Standards keinen Hinweis auf die Grundlage der Namensschöpfung gegeben hat, steht es dem Interessierten frei, über einen Zusammenhang zur restlichen MPEG Namensgebung zu spekulieren. Fest steht allerdings, daß MPEG-21 als gemeinsames Dach für die bisher geschaffenen Standards MPEG-1, MPEG-2, MPEG-4 und MPEG-7 zu sehen ist.

Wie schon bei MPEG-7 ist der Kern des noch in der Definitionsphase befindlichen MPEG-21 Standards eine Multimedia-Beschreibungssprache mit der erweiterten Zielsetzung, nicht nur den Inhalt, sondern die komplette Infrastruktur, also alle beteiligten Elemente, die im Prozeß der Verfügbarmachung und des Konsums von multimedialen Inhalten beteiligt sind, zusammenzufassen und zu beschreiben, um damit deren Nutzen transparent zu machen. Dabei geht es auch darum, die unterschiedlichen Typen von Medieninhalten in heterogenen Netzwerken und auf den unterschiedlichen Endgeräten darzustellen und damit eine weitgehend automatische Interoperabilität zu schaffen. Von entscheidender Bedeutung ist,

- zu verstehen, wie die einzelnen beteiligten Elemente ineinandergreifen und zusammenspielen,
- festzustellen, welche neuen Standards benötigt werden, falls sich Lücken in der Beschreibung der Infrastruktur finden und
- die Integration einer Vielzahl unterschiedlichster Standards zu bewerkstelligen.

Schlüsselelemente des neuen Standards sind dabei der Nutzer (**User**) und der sogenannte digitale Gegenstand (**Digital Item**). Unter einem Digital Item ist ein wohlstrukturiertes digitales Objekt zu verstehen, für das der MPEG-21 Standard eine entsprechende Repräsentation, Identifikation und zusätzliche Metadaten bereitstellt. D.h. ein Digital Item setzt sich zusammen aus einer bestimmten Resource, zugehörigen Metadaten, die diese Resource beschreiben und Strukturinformation, die besagt, wie sich die einzelnen Teile dieser Resource zueinander verhalten.
Das Digital Item ist die fundamentale Einheit in den MPEG-21 Medienmodellen. Als User wird bezeichnet, wer mit der MPEG-21 Infrastruktur interagiert oder Digital Items benutzt. User können dabei sowohl Einzelpersonen sein, als auch ganze Organisationen, Gesellschaften oder sogar Regierungen. Die User treten dabei jeweils in unterschiedlichen Rollen auf, wie z.B. in der Rolle des Anbieters, des Konsumenten, des Autors oder des Verteilers. Jeder User besitzt spezifische Rechte und trägt Verantwortung im Prozeß der Interaktion mit anderen Usern.
Um den neuen MPEG-21 Standard möglichst effizient umsetzen zu können, arbeitet die MPEG-Gruppe mit 25 anderen Standardisierungsorganisationen in- und außerhalb der ISO zusammen. Auf diese Weise soll eine möglichst große Interoperabilität erreicht und eine Überschneidung konkurrierender, paralleler Aktivitäten vermieden werden.

Exkurs 8: Andere Videodatenformate und -komprimierungsverfahren

H.261 und H.263

Zwei weitere Videokodierungsformate gingen aus dem CCIR/ITU 601 Standard hervor, H.261 und H.263. **H.261** dient zur Realisierung von Videokonferenzen und Bildtelefonie über ISDN mittels Kanalbündelung, d.h. mehrere ISDN-Leitungen werden zu diesem Zweck parallel betrieben, so daß Datenübertragungsraten von ganzzahligen Vielfachen der ISDN

MPEG-21 Architekturelemente:

- **Digital Item Declaration**: Eine weltweit eindeutige und persistente Identifizierung von Digital Items nach dem syntaktischen Schema einer URI mit der Möglichkeit, Anmerkungen zu den Digital Items in Form von auf XML basierenden Metadaten hinzuzufügen (Digital Item Declaration Language, DIDL).
- **Digital Items Representation**: MPEG-21 stellt die zur effizienten Darstellung jeglichen Multimedia-Inhalts notwendige Technologie zur Verfügung. Dies schließt sämtliche relevanten Datentypen ein, die sowohl realen oder auch synthetischen Ursprungs sein können, und umfaßt außerdem noch die Fähigkeit zur Skalierbarkeit und Fehlertoleranz.
- **Digital Item Identification and Description**: Ein standardisiertes System zur Identifikation und Beschreibung von Digital Items. Dies beinhaltet eine Beschreibung des Inhalts der allen unterschiedlichen Arten von Nutzern gerecht wird, also z.B. dem Autor, dem Produzenten, dem Anwendungsentwickler und dem Benutzer. Wichtig dabei ist, daß eine Persistenz der Digital Items gewährleistet wird.
- **Content Management and Usage**: Hierunter fällt das Design von Schnittstellen und Protokollen für den Zugriff auf MPEG-21 Digital Items. Dabei sollen Suchfunktionen von Agenten unterstützt, und Inhalte katalogisiert und archiviert werden bei gleichzeitiger Verwaltung der jeweiligen Nutzungsrechte. Insbesondere sollen Kopien digitaler Inhalte identifiziert und entsprechende Nutzungsrechte mitverwaltet werden. Nutzern soll es dabei dabei möglich sein, eigene Beschreibungsinformation oder Kommentare mit den vorgegebenen Inhalten zu verknüpfen.
- **Intellectual Property Management and Protection**: Geistiges Eigentum soll gewahrt werden. Dies ist in Zeiten ubiquitär verfügbarer Information von besonderer Bedeutung, wie z.B. die Diskussion um MP3-Tauschbörsen im Internet zeigt. Geschützte Informationen besitzen einen besonderen Wert, da sie nur von denen abgegriffen werden können sollen, die das Recht dazu erworben haben. Hierzu definiert der MPEG-21 Standard einen eigenen Sprachstandard, die Rights Expression Language, mit der sich die entsprechenden Zugriffsrechte effizient verwalten lassen.
- **Terminals and Networks**: Mit dem Ziel, die Zahl der Nutzereingriffe z.B. bei Upgrades oder Erweiterungen bestehender Installationen zu vermindern und den vorhandenen Anwendungen Stabilität zu verleihen, werden Protokoll-Schnittstellen definiert, die diese Management-Aufgaben weitgehend selbstständig übernehmen.
- **Event Reporting**: Standards werden festgesetzt, die Metriken und Schnittstellen definieren, mit denen Leistungsdaten und andere festzuhaltende Ereignisse erfaßt werden und die den Zugriff und die Auswertung dieser Daten unterstützen.

Abb. 3.58. Die sieben MPEG-21 Architekturelemente

Tabelle 3.12. Bezugsrahmen der einzelnen MPEG Standards

Standard	Bezugsrahmen
MPEG-1,2,4	Kodierung von audiovisuellen Inhalten
MPEG-7	Definition von Metadaten zur Beschreibung multimedialer Inhalte
MPEG-21	Bereitstellung eines kompletten Frameworks zur elektronischen Konzeption, Produktion, Bereitstellung und Vermarktung von multimedialen Inhalten. Innerhalb dieses Frameworks können die übrigen MPEG Standards genutzt werden.

Basisdatenübertragungsrate von 64 kbps möglich werden. Dabei ist für die Bildtelefonie eine Datenübertragungsrate von 2×64 kbps und für Videokonferenzen eine Datenübertragungsrate von mindestens 6×64 kbps vorgesehen. Die Komprimierung in H.261 ist an die JPEG Einzelbildkomprimierung angelehnt (DCT) mit einer zusätzlichen, zeitlichen Bewegungsvorhersage. Eine Bildsequenz wird zur Übertragung in vier einzelne Schichten unterteilt (Einzelbild, Blockgruppe, Makroblock und Block), die im Multiplexverfahren jeweils mit einem eigenen Header versehen gesendet werden. Das zugehörige Basisbildformat für H.261 ist das CIF-Format mit 352×288 Bildpunkten bzw. das QCIF-Format mit 176×144 Bildpunkten, verbunden mit einem 4:2:0 oder 4:1:1 Farbsubsampling. H.261 ist als Datenformat weniger flexibel als vergleichsweise MPEG, aber dadurch auch leichter implementierbar. H.261 diente als Ausgangspunkt für die MPEG-1 Entwicklung.

H.263 ist eine Videokodierung, die speziell für die Datenübertragung bei niedrigen Übertragungsraten ($\leq$ 64 kbps) vorgesehen ist, und dort eine bessere Qualität als H.261 oder MPEG-1 erreichen soll. Das Verfahren ist effizienter und flexibler als das ältere H.261. Im Gegensatz zu MPEG werden zur Komprimierung zusätzlich Bewegungskompensationsverfahren mit einer Genauigkeit von einem halben Pixel eingesetzt anstelle der Huffmann-Kodierung ist auch eine oftmals effizientere arithmetische Kodierung möglich, und anstelle die Bewegungskompensation auf Makroblöcken von 16×16 Pixeln anzuwenden, verwendet H.263 jeweils 4 Blöcke von 8×8 Blöcken, die sich zusätzlich noch überlappen können. Verwendete Bewegungsvektoren können ihren Ursprung auch außerhalb des dargestellten Bildes haben, was eine effizientere und flexiblere Komprimierung erlaubt. An Bildformaten werden von H.263 CIF, QCIF, 4CIF und 16CIF unterstützt. Als Erweiterung des H.263 Standards wurde zusätzlich der Standard **H.263+** vorgeschlagen, die neben weiteren Verbesserungen der Komprimierung auch eine zeitliche und räumliche Skalierbarkeit der kodierten Videodaten gestattet.

AVI, ASF und WMF

Das als **Audio Video Interleave** (**AVI**) bezeichnete Videokodierungsformat wurde von der Firma Microsoft entwickelt und stellt im Gegensatz zu MPEG ein proprietäres Datenformat dar. Das Hauptanwendungsgebiet von AVI beschränkt sich daher in der Regel auf MS-Windows-basierte Systeme. Ebenso wie das von Microsoft verwendete Audioformat WAV ist AVI ein Spezialfall des Microsoft RIFF Formats (Resource Interchange File Format). AVI ist in der Lage, Videodaten verlustfrei oder auch verlustbehaftet zu kodieren, erreicht aber in seiner proprietären Form nicht die Leistungskennziffern der MPEG Komprimierung. AVI dient heute hauptsächlich der lokalen Videobearbeitung, da es eine Einzelbild-genaue Synchronisation von Audio- und Videoinformation erlaubt. Bilder und Gruppen von Tonsamples sind in AVI segmentorientiert abgelegt, wobei eine AVI-Datei mehrere unabhängige, komprimierte und unkomprimierte Videodaten enthalten kann. In einem Dateiheader werden neben Informationen über Dauer und Eigenschaften der Videoinformation auch Daten zum verwendeten Video-Codec mit angegeben, so daß die in der AVI-Datei vorliegenden Daten auch korrekt wiedergegeben werden können. AVI sollte durch das als **Advanced Streaming Format** (**ASF**) bezeichnete Dateiformat der Multimedia-Architektur **Windows Media Technologies** (WMT) abgelöst werden. ASF dient dabei als eine Art Container, der in der Lage ist, auf unterschiedliche Art und Weise kodierte multimediale Information aufzunehmen, diese zu synchronisieren und speziell auch im Streamingverfahren zu übertragen. ASF unterstützt eine Vielzahl multimedialer Datentypen und bietet Raum für eigenständige Erweiterungen, Skalierbarkeit und Metainformationen. Zusammen mit der Multimedia-Architektur WMT wurde auch das Dateiformat **Windows Media Format** (**WMF**) eingeführt, das sich allerdings bis auf einen Suchindex am Anfang der Datei vom ASF-Format nicht unterscheidet.

QuickTime Movie

Quicktime Movie als Video-Datenformat der für das Betriebssystem MacOS 6 der Firma Apple für Macintosh Personal Computer entwickelten Multimediaerweiterung sollte zunächst die Aufgabe erfüllen, Video-, Audio- und Textinformationen in einer einzigen Datei gemeinsam und synchronisierbar abzulegen. Über die Jahre entwickelte sich QuickTime Dank der zahlreichen Erweiterungen für unterschiedliche Medienformate, wie etwa MPEG-Unterstützung, MIDI, interaktive Panorama-Bilder und -Filme oder 3D-Objekte und Streaming hin zu einer plattformübergreifenden Multimedia-Architektur für Windows und MacOS. QuickTime Movie stellt damit kein eigenständiges Komprimierungsverfahren dar, sondern dient als einheitliches Dateiformat, das in der Lage ist, unterschiedliche Medienformate aufzunehmen. Obwohl mittlerweile auf unterschiedlichen Rechner- und Betriebssystemarchitekturen erhältlich und als ISO-Standard akzeptiert, liegt die Weiterentwicklung des QuickTime-Standards in der Verantwortung der Firma Apple.

Weiterführende Literatur:

G. Côtè, B. Erna, M. Gallant, F. Kossentini: H263+: Video Coding at Low Bitrates, IEEE Trans. on Circuits and Systems for Video Technology, Vol.8 No.7, 1998.

R. J. Clarke: Digital Compression of Still Image and Video, Academic Press, San Diego CA, USA, 1995.

K. R. Rao, J. J. Hwang: Techniques and Standards for Image, Video and Audio Coding, Prentice Hall, Upper Saddle River NJ, USA, 1996.

L. Torres: Video Coding, Kluwer Academic Publishers, Norwell MA, USA, 1996.

Quicktime Developer Documentation, available at
http://developer.apple.com/techpubs/quicktime/quicktime.html

3.6 Glossar

Aliasing: Bezeichnung für Artefakte, die entstehen, wenn auf einem pixel-orientierten Ausgabegerät diagonale Linien oder Kurven ausgegeben werden sollen. Um diese Aliasing-Effekte zu verhindern, werden Pixel am Rand der mit Artefakten versehenen Kante mit interpolierten Zwischenfarbtönen eingefärbt, um so den Eindruck einer glatteren Kante zu vermitteln. Dieser Vorgang wird als **Anti-Aliasing** bezeichnet.

Alpha-Kanal: Der Anteil der in einem Bildpixel enthaltenen Information, der die Transparenzeigenschaften dieses Bildpunktes betrifft. Liegen zwei Bildpunkte übereinander, so gibt der Alpha-Kanal an, in wie weit der darunter liegende Bildpunkt durchscheint.

Animation: Eine Sequenz von zwei oder mehr Einzelbildern, die in rascher Folge nacheinander dargestellt werden, damit der Eindruck einer kontinuierlichen Bewegung entsteht. Üblicherweise laufen Animationen mit einer Geschwindigkeit von etwa 12-15 Bildern pro Sekunde ab.

Artefakt: Ein Fehler, den ein Codec beim Kodieren und anschließenden Dekodieren hinterläßt. Fehler dieser Art können bei der Kompression von Audio-, Bild- und Videodaten entstehen.

ASCII (American Standard Code for Information Interchange): Bezeichnet eine Zeichenkodierung, die die Buchstaben des Alphabets, Ziffern und Sonderzeichen mit jeweils 7 Bit kodiert. Als Sonderzeichen werden dabei druckbare Zeichen bezeichnet, die zu unterschiedlichen nationalen Alphabeten gehören bzw. Steuerzeichen. ASCII ist in den Normen ISO/IEC 646 und DIN 66003 (deutsche Variante des ASII-Codes) normiert, wobei jeweils 12 Codeworte für nationale Sonderzeichen vorgesehen sind. Der als **IA5** bezeichnete und von der ITU-T/CCITT spezifizierte Code ist mit ASII identisch.

Bewegungsvorhersage (Motion Compensation): Bezeichnung für eine Reihe von prädikativen Verfahren, die zur Komprimierung von Bewegtbildinformation (Video) eingesetzt werden. So kommt es in Bildfolgen innerhalb einer Videosequenzen oft vor, daß sich lediglich der Bildvordergrund verändert, während der Bildhintergrund konstant bleibt. Bewegung von Objekten im Bildvordergrund kann durch Helligkeitsveränderungen der objektzugehörigen Bildpunkte innerhalb einer Bildfolge erkannt werden, die als einfache geometrische Transformation kodiert werden kann. In der Videokomprimierung wird zur jeweils erkannten Transformation lediglich ein Differenzbild zwischen tatsächlichem Bild und Vorhersagebild gespeichert.

Bildwiederholrate (Bildwiederholfrequenz, Frame Rate): Gibt an, wieviele Einzelbilder in einer Videosequenz pro Sekunde dargestellt werden. Ab 15 Bildern pro Sekunde entsteht auf Grund der Netzhautträgheit des menschlichen Auges der Eindruck einer kontinuierlichen Bewegung. Bleibt die Bildwiederholrate darunter, ist dies deutlich als „Ruckeln" wahrzunehmen. Man unterscheidet die **progressive Bildwiedergabe**, bei der die einzelnen Zeilen des Einzelbildes in aufeinanderfolgender Reihe ausgegeben, und die **interlaced Bildwiedergabe**, bei der abwechselnd versetzt je zwei Halbbilder dargestellt werden, wobei das eine Halbbild aus allen Zeilen mit gerader Nummer besteht und das andere aus allen ungeradezahligen Zeilen des Bildes.

Bitmapgrafik (Rastergrafik): Bitmapgrafiken setzen sich aus einer Menge numerischer Werte zusammen, die Farb- und Helligkeitsinformationen einzelner Bildpunkte oder ganzer Bildelemente wiedergeben. Die einzelnen Bildpunkte einer bestimmten Farbe werden als **Pixel** bezeichnet, die in einer der Bemaßung des Bildes entsprechenden Matrix angeordnet sind. Historisch gesehen, steht die Bitmap- oder Rastergrafik mit der Entwicklung der **Kathodenstrahlröhre** (Cathod Ray Tube, CRT) als grafischem Ausgabegerät im Zusammenhang.

Chrominanz: Bezeichnet die Farbverteilung in einem Bild. Zur Darstellung des natürlichen Bildes muß diese noch um Informationen über die Helligkeitsverteilung (Luminanz) ergänzt werden. Im YUV-Farbmodell (YCbCr-Modell) liefern die Komponenten UV (CbCr) die Chrominanz-Information.

Codec: Ein Gerät (Hardware) bzw. eine Sammlung von Algorithmen (Software), die einen Kodierer und einen Dekodieren enthalten, um Daten - insbesondere Audio- oder Video-Daten - zu komprimieren (kodieren) und anschließend wieder im Originalzustand darzustellen (dekodieren).

Dekorrelation: Ziel der Dekorrelation ist es, abgetastete Daten eines Signals so zu modifizieren, daß eine möglichst wenig symmetrische Wahrscheinlichkeitsverteilung der Daten erreicht wird. Dies ist für die spätere Kodierung von Bedeutung, da dann den häufiger auftretenden Werten ein möglichst kurzer Code zugeordnet werden kann.

Differenzbild: In der Videokodierung verwendete Technik, in der nur die Unterschiede zweier aufeinanderfolgender Einzelbilder als Differenzbild abgespeichert werden. Da sich in Video zwei Folgebilder oft nur wenig unterscheiden, kann durch dieses Verfahren bereits eine erhebliche Komprimierung erreicht werden.

Diskrete Cosinus Transformation (DCT): Mit DCT wird eine in der Datenkomprimierung verwendete Transformationsmethode bezeichnet, die es ebenso wie die **Fouriertransformation** gestattet, eine Funktion aus dem vorgegebenen Ortsraum in den Frequenzraum zu überführen. Die DCT gehört zur Familie der Transformationskodierungen und wurde um 1970 entwickelt. Die DCT wandelt Daten, die in Form einer Matrix aus Bildpunkten gegeben sind in eine Beschreibung um, bei der die einzelnen Werte durch Frequenzen und Amplituden repräsentiert werden. Die Frequenzen beschreiben, wie schnell sich Farben innerhalb eines Bildes verändern, die Amplituden beschreiben die Stärke der Veränderung. Aufgrund ihrer sehr guten Eigenschaften zur Signaldekorrelation wird sie in allen heutigen Standards zur Bild- und Videokodierung angewendet.

EBCDIC (Extended Binary Coded Decimals Interchange Code): Von IBM eingeführte 8 Bit Zeichenkodierung, die durch die Anwendung in IBMs populärer System/360 Rechnerarchitektur weite Verbreitung fand. Aufeinanderfolgende Zeichen im Alphabet werden dabei nicht notwendigerweise mit aufeinanderfolgenden Codes versehen, da die

Art der Codierung noch von Holleriths Lochkarten inspiriert war. Von EBCDIC existieren verschiedene Varianten, die untereinander inkompatibel sind. Die amerikanische Variante benutzt weitgehend die gleichen Zeichen wie der **ASCII-Code**.

Farbmodell: Beschreibt ein mathematisches Modell, das die Erzeugung neuer Farben aus einer Mischung (additiv oder subtraktiv) der dem Modell zu Grunde liegenden Primärfarben beschreibt. Am bekanntesten sind das **RGB**-Farbmodell zur additiven Farbmischung der Primärfarben rot, grün und blau, sowie das **CMYK**-Farbmodell zur subtraktiven Farbmischung der Primärfarben cyan, magenta, gelb und schwarz, das vorallem in der Drucktechnik zum Einsatz kommt.

Farbtiefe: Legt die Anzahl der möglichen Farben in einer Grafikdatei fest. Sie ergibt sich aus der Anzahl der Bit, die pro Bildpunkt zur Verfügung stehenden, d.h. bei einer Farbtiefe von n Bits lassen sich maximal 2^n Farbwerte kodieren.

Filterbank: Zerlegt Signale in unterschiedliche Bestandteile. Ebenso wie bei Signaltransformationen wie DCT soll durch Filterbänke eine möglichst große Dekorrelation des Signals erreicht werden. Zur Gewährleistung der Hin- und Rücktransformation besteht eine Filterbank aus einer Komponente zur Zerlegung (Analyse) und einer Komponente zur Wiederherstellung (Synthese) des Signals.

Gammakorrektur: Eine plattformübergreifende Möglichkeit, die Bildhelligkeit individuell an die Eigenheiten des Ausgabemediums anzupassen. Besonders wichtig wird eine Gamma-Korrektur, wenn ein Bild von einem Monitor (RGB-Farbmodell) mit einem Drucker auf Papier ausgegeben werden soll (CMYK-Farbmodell).

GIF (Graphic Interchange Format): Grafik-Datenformat, das auf der verlustfreien **LZW-Komprimierung** basiert. Die Farbtiefe der ursprünglichen Bildes wird dabei auf maximal 8 Bit begrenzt, was sich besonders bei natürlichen Bildquellen (z.B. Fotografien) negativ auf die Bildqualität auswirken kann.

Hörfeld: Bezeichnet den durch das menschliche Ohr wahrnehmbare Bereich akustischer Ereignisse in Bezug auf Frequenzbereich und Lautstärke. Das Hörfeld liegt zwischen der Ruhehörschwelle und der Schmerzschwelle. Alle Signale, die unterhalb der Ruhehörschwelle liegen, können vom menschlichen Ohr nicht mehr wahrgenommen werden. Signale jenseits der Schmerzschwelle können nicht mehr unterschieden werden und verursachen eine Schädigung des menschlichen Wahrnehmungssystems.

Huffmann-Kodierung: Spezielle Form der **statistischen Kodierung**, bei der die am häufigsten auftretenden Symbole einer zu kodierenden Zeichenkette mit möglichst kurzen Codeworten zu kodieren sind. Damit eine redundanzfreie Kodierung gewährleistet wird, müssen die gewählten Codeworte jeweils über unterschiedliche Präfixe verfügen. Huffmann entwickelte 1952 das nach ihm benannte Verfahren zur Erzeugung eines optimalen, präfixfreien Codes.

Interlace Technik: Wird ein Bild mit diesem Verfahren kodiert, so werden die einzelnen Bildzeilen nicht sequentiell abgespeichert, sondern in einer Weise versetzt, daß bei sequentieller Ausgabe der so versetzten Zeilen bereits frühzeitig ein Gesamteindruck des Bildes gewonnen werden kann.

JPEG (Joint Picture Expert Group): Name einer Expertengruppe, die das gleichnamige Verfahren zur Grafikkomprimierung entwickelt haben. JPEG verwendet eine verlustbehaftete Komprimierung. Dazu wird die Bildinformation durch eine Ortstransformation (**DCT**, diskrete Cosinustransformation) in den Frequenzraum überführt, in dem durch gezielte Rundung hochfrequenten Informationsanteile (entspricht Bildanteilen mit raschem Kontrastwechsel) verloren gehen können. JPEG eignet sich daher besonders gut für die Komprimierung von „natürlichen“ Bildern, wie z.B. Fotografien, in denen niedrigfrequente Bildanteile (entspricht einem kontinuierlichem Farb- bzw. Helligkeitsverlauf) dominieren. Das zu JPEG definierte Dateiformat wird als **JFIF** (JPEG File Interchange Format) bezeichnet.

Kompressionsrate (Komprimierungsrate): Das Größenverhältnis von ursprünglicher Information zu komprimierter Information.

Komprimierung: Verdichten des Informationsgehalts einer Nachricht durch Entfernung von**Redundanzen** (**verlustfreie Komprimierung**) oder nicht relevante Anteile der Information (**verlustbehaftete Komprimierung**). Ziel der Komprimierung ist die Verkleinerung der Darstellung. Sie ist insbesondere dort von großer Bedeutung, wo der Speicherplatz oder die Bandbreite des zum Übertragen der Information verwendeten Informationskanals beschränkt ist.

Lauflängenkodierung (Run Length Encoding): Form der Entropiekodierung, in der identische Symbole einer Zeichenkette durch Codewörter zusammengefaßt werden und so eine Komprimierung erzielt wird.

Luminanz: Bezeichnet die Helligkeitsverteilung in einem Bild. Alleine dargestellt, ergibt sie ein Graustufenbild ohne Farbanteil. Im YUV-Farbmodell (YCbCr-Modell) liefert die Y-Komponente die Luminanz-Information.

LZW-Komprimierung: Nach seinen drei Urhebern Abraham Lempel, Jakob Zif und Terry Welch benannter wörterbuchbasierter Komprimierungsalgorithmus. LZW baut aus den Zeichenketten (bzw. 8-Bit Binärworten) eines unkomprimierten Datenstroms ein **Wörterbuch** (Data Dictionary, Translation Table) auf. Die auftretenden Datenmuster (Substrings) eines Datenstroms werden anschließend den einzelnen Wörterbucheinträgen zugeordnet. Kommt das betrachtete Datenmuster nicht im Wörterbuch vor, wird aus dem Inhalt des Datenmusters ein neues Codewort generiert und im Wörterbuch gespeichert. Tritt dieses Datenmuster erneut auf, wird es durch das dem Datenmuster zugeordnete Codewort aus dem Wörterbuch ersetzt.

Maskierung: Überdeckung eines Audio-Signals durch ein anderes. Das leisere Signal ist immer noch vorhanden, es wird aber nicht mehr wahrgenommen, da es durch das andere, lautere überdeckt wird. So maskiert z.B. ein startendes Flugzeug in nächster Nachbarschaft eine gerade stattfindende Konversation.

Medium: Um Information übertragen zu können, muß diese zwischen Sender und Empfänger über ein Trägermedium ausgetauscht werden.

MIDI (Musical Instrument Digital Interface): Protokoll für den Datenaustausch zwischen elektronischen Musikinstrumenten, das als Dateiformat auch für die Datenkommunikation standardisiert wurde. Im MIDI-Format werden keine Audiodaten im eigentlichen Sinne übertragen, sondern lediglich Kontrollsignale und Steueranweisungen für Synthesizer. Die Kodierung von Klängen erfolgt dabei in einer instrumentenbezogenen Darstellung, die die Angabe von Parametern beinhaltet, wie z.B. die Bezeichnung des Instruments, Beginn und Ende einer Note, Grundfrequenz, Lautstärke und vieles mehr.

Modifizierte Diskrete Cosinus Transformation (MDCT): Der Unterschied zwischen der MDCT und der DCT besteht darin, daß sich bei der MCDT die Sequenz der Daten zu jeweils 50% mit dem Folgeblock überschneidet (critical sampling). Diese Überlappung sorgt dafür, daß durch Aliasing entstehende Artefakte und Redundanzen weitgehend vermieden werden können. MDCT findet in der Audiokomprimierung, etwa bei MP3, ATRAC oder Dolby AC-3 Anwendung.

MPEG (Motion Picture Experts Group): Bezeichnung einer Vielzahl von Standards zur verlustbehafteten Komprimierung von audiovisuellen Informationen (Bewegtbildinformation, Video). Die Komprimierung der Videodaten basiert dabei auf bereits bekannten Komprimierungsverfahren für Einzelbilder (**JPEG**), der Kodierung von Differenzinformationen zwischen Bildfolgen und einem Modell der **Bewegungsvorhersage**, wobei lediglich Differenzen zwischen vorhergesagtem Bild und tatsächlichem Bild gespeichert werden müssen.

MP3: Bezeichnung für eine verlustbehaftete Audiokomprimierung gemäß dem Standard **MPEG 1 Layer 3**. MP3 nutzt durch die menschliche Wahrnehmung bedingte psychoakustische Maskierungseffekte aus und filtert Informationsanteile aus den zu komprimierenden Audiosignalen heraus, die für den Menschen nicht wahrnehmbar sind. Die Komprimierung erfolgt nach einer Ortstransformation der Audiosignale in den Frequenzraum (**DCT**, diskrete Kosinustransformation) und anschließender Rundung (Quantisierung) der gewonnenen Frequenzanteile.

Multimedia: Kommen bei der Darstellung von Information mehrere, verschiedenartige Medien zum Einsatz, wie z.B. Text, Bild und Ton, so spricht man von einer multimedialen Darstellung der Information.

Netzhautträgheit: Ein Bild der Gesichtswahrnehmung bleibt auf der Retina des menschlichen Auges für ca. 1/16 Sekunde erhalten, bevor es wieder verlischt. Bereits im Altertum von Ptolemäus von Alexandria (85–165 n. Chr.) beschrieben, bildet die Netzhautträgheit die Grundlage für die Entwicklung von Film und Fernsehen. Werden Einzelbilder schnell genug hintereinander folgend dargestellt, so entsteht bei einer Abfolge ab 15 Bilder pro Sekunde der Eindruck einer kontinuierlichen Bewegung.

Quantisierung (Diskretisierung): Vorgang, bei dem ein kontinuierlicher Ausgangswert, wie z.B. die Amplitude eines Signals ,in einen diskreten Wert zur digitalen Weiterverabeitung umgewandelt wird. Da der diskrete Wertevorrat endlich ist, müssen die kontinuierlichen Ausgangswerte auf die nächstgelegenen diskreten Werte gerundet werden. Dabei kommt es zu sogenannten **Quantisierungsfehlern**. Da diese Fehlerbeträge im Zeitverlauf meist statistisch gleich verteilt auftreten, können sie als Rauschen interpretiert werden (**Quantisierungsrauschen**). Insbesondere jedoch bei Signalen, die in einem ganzzahligen Verhältnis zur Abtastrate stehen, ergibt sich ein unangenehmes 'tonales' Rauschen, da die Fehlerrate nicht mehr zufällig ist, sondern dem Phasenverhalten des Signals folgt.

Pixel: Bezeichnet einen einzelnen Bildpunkt innerhalb eines digital dargestellten Bildes.

Pulse Code Modulation (PCM): Methode der Analog-Digital Umwandlung, die auf der Abtastung eines analogen Signals mit anschließender Diskretisierung der gewonnenen Abtastwerte beruht. Die Abtastung (**Sampling**) zerlegt den kontinuierlichen, zeitlichen Verlauf eines Signals in diskrete Einzelzeitpunkte und erfaßt die gerade vorliegenden Momentan-Werte eines Analogsignals zu jeweils diskreten Zeitpunkten (Abtast-Zeitpunkt). Diese exakten Abtastwerte werden zur anschließenden binären Kodierung innerhalb vordefinierter Quantisierungsintervalle gerundet.

Redundanz: Bezeichnung für die Anteile einer Nachricht (Signal, Code), die keine zur Nachricht beitragende Information enthalten, also aus dieser entfernt werden können, ohne den eigentlichen Informationsgehalt zu verringern. Redundante Teile einer Nachricht sorgen jedoch dafür, daß die Nachricht auch dann noch verstanden werden kann, wenn sie Fehler enthält.

Sampling: Bezeichnet die Messung eines kontinuierlichen Signals an zeitlich vorgegebenen Abtastpunkten. Die Samplingrate gibt Auskunft über die Meßfrequenz. Eine hohe Samplingrate bedeutet, daß die Abstände der Abtastpunkte gering ist und viele Messungen vorgenommen werden.

Satz von Shannon (Claude Elwood Shannon, 1916-2001): Besagt, daß es unmöglich ist, einen Algorithmus zu finden, der jede beliebige Zeichenkette ohne Informationsverlust in eine Ausgabe-Zeichenkette kürzerer Länge kodiert.

Schallwellen: Schallwellen sind Verdichtungen und Verdünnungen der Luft, die sich kugelförmig nach allen Seiten ausbreiten. Trifft eine Schallwelle auf das Trommelfell unseres Ohres, so gerät dieses in Schwingungen, die über das Ohr bis zu den Enden der vom Gehirn kommenden Gehörnerven weitergeleitet werden. Das menschliche Ohr nimmt nur Töne wahr, deren Frequenz zwischen 20 Hz und 20.000 Hz liegen.

Signal-to-Noise Ratio (SNR): Beschreibt den Zusammenhang zwischen der Amplitude des Ausgangssignals und der Amplitude von Störsignalen. Die SNR wird in Dezibell (dB) angeben. Sie wird auch als Rauschabstand oder Dynamik bezeichnet und ist ein wichtiges Maß für die Qualität eines Audiosignales. Bei der verlustbehafteten Audiokomprimierung mit Hilfe eines psychoakustischen Modells nimmt man eine Verschlechterung des SNR-Wertes in Kauf, wenn dies an einer bestimmten Stelle nicht wahrgenommen wird.

Sprite: Freibewegliches Grafikobjekt, das selbst statisch (**Textur**) oder aber auch dynamisch (Videobild) sein, und frei über eine Hintergrundszene positioniert werden kann. MPEG-4 nutzt diese Darstellungsweise von Grafikobjekten, um diese Objekte unabhängig vom Bildhintergrund komprimieren zu können, was zu deutlich verbesserten Komprimierungsergebnissen führt.

Streaming: Bezeichnung für die kontinuierliche Wiedergabe von multimedialen Inhalten (Audio und/oder Video) über das Internet in Echtzeit, d.h. die Wiedergabe findet bereits zum Zeitpunkt der Übertragung statt, ohne daß diese erst vollständig abgewartet werden muß. Die wiederzugebenden Inhalte können dabei bereits in gespeicherten Form oder als Live-Daten vorliegen, die direkt nach ihrer Generierung kontinuierlich über das Internet abgerufen werden können. Im Gegensatz zur herkömmlichen Datenübertragung ist Streaming verzögerungssensitiv, d.h. Datenpakete, die zu sehr verzögert werden, verlieren ihre Relevanz, und fehlertolerant, d.h. innerhalb eines gewissen Rahmens verursachen zwar Fehler oder Datenverluste eine Verminderung der Darstellungsqualität der kontinuierlichen Multimedia-Daten, doch werden Fehler toleriert.

Subsampling: Das menschliche Wahrnehmungssystem reagiert sensibler auf ortsbezogene Änderung der Bildhelligkeit, als auf eine Farbänderung. Dieses geringere Auflösungsvermögen in Bezug auf Farbe macht sich die Video- und Bildkomprimierung zu Nutze. Erst wird ein Bild, das im allgemeinen im RGB-Farbmodell vorliegt in das YCrCb-Farbmodell umgewandelt mit einer Helligkeitskomponente (Y) und zwei Farbkomponenten CrCb. Die Samplingrate für die Farbkomponente des Bildes kann jetzt mit einer geringeren Auflösung abgetastet werden als die Bildhelligkeit, ohne daß für das menschliche Auge wahrnehmbare Informationsverluste entstehen. Farbsubsampling wird in der Regel in der sogenannten A:B:C -Notation angegeben, die die horizontalen und vertikalen Samplingverhältnisse beschreibt. So bedeutet z.B. ein Subsampling von 4:2:4, daß die Luminanz zur Chrominanz horizontal im Verhältnis 2:1 skaliert wird.

Textur: Zweidimensionale Bildinformationen, die auf die Oberflächen von 3D-Objekten projiziert werden. Dieser Vorgang wird als **Texture Mapping** bezeichnet und erlaubt eine realitätsnähere, speicherplatz- und berechnungseffiziente Darstellung von Grafikobjekten.

Unicode: 1992 eingeführte einheitliche 16-Bit Kodierung für multilinguale Textalphabete. Unicode umfaßt neben einer Vielzahl nationaler Landesalphabete auch zusätzliche typographische Symbole und nationale Sonderzeichen. Von der ISO als ISO10646 standardisiert wurde Unicode mit den RFCs 2070 und 2077 für die WWW-Sprache HTML und alle zukünftigen Internet-Protokolle zum Standard. Mit der als UTF-8 bezeichneten Transformationsvorschrift wird eine Aufwärtskompatibilität für 8-Bit Anwendungen gewährleistet, die alle ASCII-Zeichen transparent passieren läßt, während alle anderen Zeichen in eine eindeutige 8-Bit Zeichensequenz übertragen werden.

Vektorgrafik: Bei Vektorgrafiken werden Linien, Polygone oder Kurven eines Grafikbildes durch die Angabe bestimmter Schlüsselpunkte charakterisiert. Ein Programm rekonstruiert aus diesen Schlüsselpunkten die darzustellende geometrische Figur. Zusätzlich werden diese Schlüsselpunkte mit bestimmten Attributinformationen, wie z.B. Farbe oder Linienstärke ausgestattet. Historisch entwickelte sich die Vektorgrafik im Zusammenhang mit den **Plottern** als grafische Ausgabegeräte für Computer. Ein Plotter gibt eine Grafik aus, indem ein oder mehrere Stifte vorgegebenen Koordinatenwerten folgend über eine Zeichenebene geführt werden.

Wavelet-Komprimierung: Eine der effizientesten Methoden der Bildkomprimierung. Der dahinterstehende Algorithmus basiert auf der sogenannten multiresolutionalen Analyse, einer mathematischen Methode, die erst in den vergangenen 15 Jahren entwickelt worden ist. Wie die herkömmliche DCT stellt der Wavelet-Algorithmus ein Bild als Menge von Koeffizienten dar, von denen sehr viele nahe Null sind. Daher läßt sich das Bild durch eine kleine Anzahl hoher Wavelet-Koeffizienten sehr gut approximieren. Im Gegensatz zum JPEG-Verfahren wird das Bild allerdings nicht in einzelne Bildblöcke zerlegt, sondern als ganzes analysiert. Die Wavelet-Komprimierung wird in JPEG2000 benutzt.

Teil II

Basics der Internet-Technologie

4. Wie sich Rechner unterhalten – Grundkonzepte der Rechnervernetzung

„Wenn alle Menschen nur dann redeten, wenn sie etwas zu sagen haben, würden die Menschen sehr bald Gebrauch der Sprache verlieren.“

– William Shakespeare, (1564 – 1616)

Wie kommen die Daten von einem Rechner zum anderen? Warum kann eine Email korrekt zugestellt werden? Wie kann unter der Vielzahl der Kommunikationsteilnehmer im Internet der Richtige herausgefunden werden – und das millionenfach? Auf welchen Grundlagen basiert das Internet und wie können Kommunikationsvorgänge darin beschrieben werden? Mit diesen und weiteren Fragen beschäftigt sich der zweite Teil des vorliegenden Buches.
Das folgende Kapitel beschreibt zunächst die Grundlagen und versetzt den Leser in die Lage, die Kommunikationsvorgänge in einem Rechnernetz wie dem Internet und das Zusammenspiel seiner vielfältigen Komponenten zu verstehen. Mit Hilfe eines sogenannten Schichtenmodells werden die zahlreichen Teilprobleme, die es zur Datenübertragung in einem Rechnernetz zu lösen gilt, hierarchisch angeordnet und zu einem funktionsfähigen Ganzen zusammengefügt. Das Prinzip der Paketvermittlung löst ein grundlegendes Problem der Kommunikation im Internet: Die effiziente und sichere Kommunikation vieler Kommunikationsteilnehmer über ein prinzipiell fehlerbehaftetes, gemeinsam genutztes Übertragungsmedium. Sicher wird diese Kommunikation durch den Einsatz von Fehlererkennungs- und Fehlerkorrekturverfahren, die eine zuverlässige Kommunikation überhaupt erst ermöglichen, sowie den Einsatz kryptografischer Techniken, die die Privatsphäre der Kommunikationsteilnehmer sichern.

4.1 Grundlagen und Konzepte

4.1.1 Kommunikation und Datenübertragung

Kommunikation ist der Austausch von **Nachrichten** zwischen Kommunikationspartnern. Basiskomponenten jeglicher Form von Kommunikation, sei es Alltagskonversation oder Datenaustausch zwischen Computern, bilden die zu übertragenden Nachrichten selbst, deren Sender und Empfänger, sowie das Medium, über das die Nachrichten übertragen werden, das sogenannte **Kommunikationsmedium**. Schallwellen sind z.B. das Kommunikationsmedium unserer alltäglichen Konversation, über das die sprachlichen Nachrichten mit

Hilfe akustischer Signale ausgetauscht werden. Möglich sind aber auch Radiowellen oder elektrische Signale. Damit Kommunikation stattfinden kann, müssen folgende Bedingungen erfüllt sein:

1. Die Nachricht muß in einem kommunizierbaren Zeichensystem dargestellt werden (z.B. Laute, Schrift, binäre Kodierung, etc.),
2. die Zeichen müssen in physikalische Signale (z.B. Schallwellen, elektrische Impulse, Radiowellen, etc.) transformiert werden, und
3. der Empfänger muß die empfangenen Signale deuten und durch Interpretation die vermittelte Bedeutung der Nachricht erschließen.

Außerdem sollte es möglich sein, eventuelle Fehler, die während der Nachrichtenübertragung auftreten können, zu erkennen und gegebenenfalls sogar zu korrigieren. Abb. 4.1 zeigt eine schematische Darstellung der Basiskomponenten der Kommunikation.

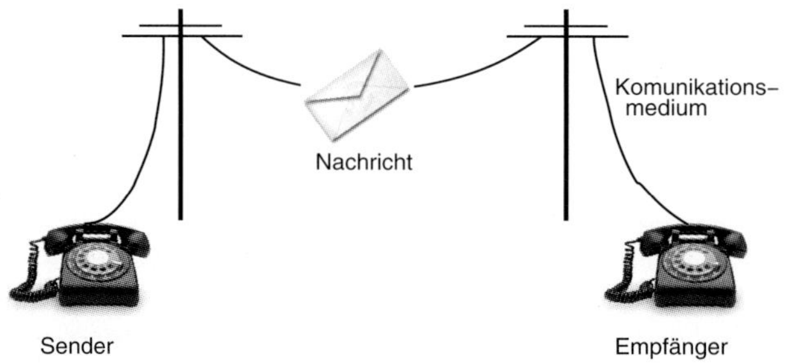

Abb. 4.1. Ein Modell der Kommunikation

Handelt es sich bei den beteiligten Kommunikationspartnern um Computer, so spricht man von einer **Datenübertragung**. Unter einer Datenübertragung versteht man den Austausch von Informationseinheiten (**Daten**), zwischen zwei oder mehreren, räumlich voneinander getrennten Rechnern, die die Nachricht ausmachen. Die Kommunikation läuft dabei über geeignete Übertragungsleitungen – sogenannte Datenverbindungen. Die miteinander verbundenen Rechner bilden ein **Rechnernetz**, oder kurz ein **Netz**, das System der Übertragungsleitungen bildet das **Übertragungsnetz** oder **Netzwerk**. Die beteiligten Rechner müssen bei einer Datenübertragung bis ins kleinste Detail festgelegten Vorschriften folgen – den sogenannten **Kommunikationsprotokollen** – um die Daten so senden bzw. empfangen zu können, daß der jeweils andere Rechner die Daten richtig auffassen und weiterverarbeiten kann.

Jeder an ein Übertragungsnetz angeschlossener Rechner benötigt zwei Komponenten: die **Datenübertragungseinrichtung** (Data Circuit Transmission Equipment, DCE), die direkt an die (meist öffentliche) Übertragungsstrecke angebunden ist, und die mit der als **Datenendeinrichtung** (Data Terminal Equipment, DTE) bezeichneten Recheneinheit kommuniziert, wobei die DCE die zu übertragenden Daten zum Senden in elektrische Signale verwandelt bzw. die empfangenen elektrischen Signale wieder in (meist binär kodierte) Daten zurückverwandelt (siehe Abb. 4.2).

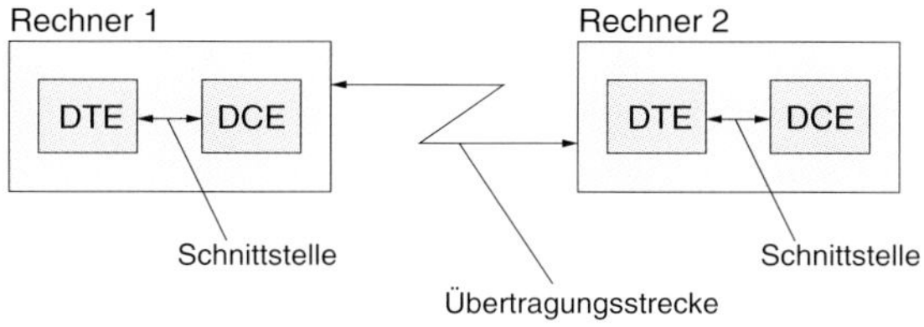

Abb. 4.2. Modell der Datenübertragung

Die **Datenendeinrichtung** (**DTE**) enthält eine oder mehrere der nachfolgenden Komponenten:

- Eingabewerk (Input Processing Unit),
- Ausgabewerk (Output Processing Unit),
- Rechenwerk (Arithmetic Logical Unit, ALU),
- Steuerwerk (Control Unit) und
- Speicher (Memory).

Die **Datenübertragungseinrichtung** (**DCE**) ist im Rechensystem für die folgenden Aufgaben zuständig:

- Anpassung der zu sendenden Daten an das Übertragungsmedium und der empfangenen Signale in für die DTE verständliche Daten (Signalumsetzung),
- Auf- und Abbau von Datenverbindungen,
- Erzeugung und Aufrechterhaltung eines konstanten Sende- und Empfangtaktes zwischen den beteiligten DCEs und
- Erkennen und Beheben von Übertragungsfehlern.

Sind in einem Übertragungsnetzwerk die DCEs unmittelbar durch Leitungen miteinander verbunden, ohne daß zusätzliche Komponenten dazwischengeschaltet sind, die z.B. Entscheidungen über den weiteren Weg der Daten treffen oder diese anderweitig verändern, so spricht man von einer **direkten Verbindung**, anderenfalls von einer **indirekten Verbindung**.
Zum Zweck der Datenübertragung können Rechner in einer Vielzahl von Anordnungen miteinander verbunden werden. Dabei können die unterschiedlichen Netze nach ihrer räumlichen Ausdehnung und nach ihrer **Topologie**, d.h. der Form der Verteilung und Verbindung der einzelnen Rechnerknoten klassifiziert werden. Die einfachste und älteste Art der Vernetzung ist

die **Punk-zu-Punkt-Verbindung** zwischen zwei Rechnern. Teilen sich viele Rechner ein gemeinsames Übertragungsnetz, sind die Rechner also indirekt miteinander verbunden, so spricht man – in Abhängigkeit von der dabei überbrückten Distanz – von einem lokalen Netzwerk (**Local Area Network, LAN**) bzw. einem Weitverkehrsnetzwerk (**Wide Area Network, WAN**).

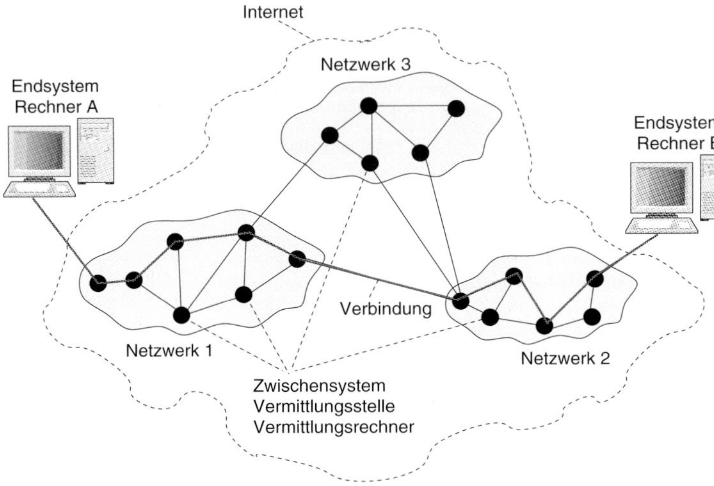

Abb. 4.3. Wichtige Grundbegriffe im Netzwerk

Wird das Netzwerk aus topologischer Sicht betrachtet, so wird ein daran angeschlossenes Rechensystem auch **Netzknoten** genannt. Werden verschiedene Netze miteinander verbunden, entsteht ein Netzwerkverbund bzw. ein **Internet**. Zwei Rechner, die in diesem Internet die Endpunkte einer gerade stattfindenden Kommunikation darstellen, werden als **Endsysteme** bezeichnet, während alle Rechner entlang des Verbindungsweges zwischen diesen beiden Endsystemen als **Zwischensysteme** bezeichnet werden. Verfügen diese Zwischensysteme über mehrere Kommunikationsverbindungen, die sie mit verschiedenen anderen Zwischensystemen des Internets direkt verbinden, so müssen sie zur Weiterleitung einer Nachricht entscheiden, über welche Kommunikationsverbindung die Nachricht verschickt werden soll. Dieser Entscheidungsprozeß wird **Routing** genannt, die Zwischensysteme, die diese Entscheidung treffen, werden als **Vermittlungsstelle** (Vermittlungsrechner, Router) bezeichnet. Die wichtigsten Grundbegriffe der Netzwerktechnik sind in Abb. 4.3 kurz zusammengestellt.

4.1.2 Klassifikationen von Kommunikationssystemen

Rechner-Kommunikationssysteme lassen sich nach verschiedenen Gesichtspunkten klassifizieren, z.B. in Bezug auf ihre räumliche Ausdehnung. Unter-

schiedliche Distanzen zwischen den zu vernetzenden Rechnern bzw. Prozessoren erfordern den Einsatz unterschiedlicher Technologien, die für die jeweils zu überbrückende Distanz und für die Erfüllung der jeweiligen Anforderungen am geeignetesten sind.
Tabelle 4.1 gibt einen Überblick über die Möglichkeiten zur Zusammenschaltung von mehreren Prozessoren, geordnet nach ihrer räumlichen Distanz. An oberster Position in der Tabelle stehen Mehrprozessorsysteme, Parallelrechner und Rechner-Cluster, also Prozessoren, die über sehr schnelle Systembusse geringer Ausdehnung miteinander verbunden sind. Die im eigentlichen

Tabelle 4.1. Klassifikation der Rechnernetze nach deren räumlichen Ausdehnung

Distanz	Ordnungseinheit	Beispiel
0,1 m	Platine	Multiprozessorsystem
1 m	System	Multiprozessor-Cluster
10 m	Raum	Personal Area Network
100 m	Gebäude	Local Area Network
1 km	Campus	
10 km	Stadt	Metropolitan Area Network
100 km	Land	Wide Area Network
1.000 km	Kontinent	
10.000 km	Planet	Internet

Sinne als Netzwerk bezeichneten Kommunikationssysteme finden sich erst auf der nachfolgenden Stufe der Größenordnung. **Personal Area Networks** (**PAN** oder Piconetzwerk) verfügen nur über eine räumliche Ausdehnung von wenigen Metern. Sie entsprechen der Arbeitsumgebung eines Nutzers an dessen Arbeitsplatz. **Lokale Netze** (**Local Area Networks**, **LAN**) können sich von einzelnen Räumen, über ganze Etagen bis hin zu mehreren Gebäudekomplexen erstrecken. In der dann folgenden Größenordnung unterscheidet man zwischen lokalen Netzen und **Weitverkehrsnetzen** (**Wide Area Networks, WAN**), wobei dazwischen, auf der Ebene der Ausdehnung einer Stadt, die sogenannten **Metropolitan Area Networks** (**MAN**) angesiedelt sind. Die Vernetzung mehrerer, verschiedener Netzwerke bezeichnet man als **Internet** oder auch als **Global Area Network** (**GAN**).
Ein weiterer Unterscheidungspunkt ist die Art der Rechnervernetzung innerhalb des Kommunikationssystems. Hier unterscheidet man zwischen **direkter** und **indirekter Vernetzung**. Sind die Rechner bzw. genauer die Datenendeinrichtungen (DTE) unmittelbar miteinander verbunden, ohne daß eigenständige Vermittlungsrechner dazwischengeschaltet sind, die die Weiterleitung der Daten organisieren, so spricht man von einer direkten Vernetzung. Sind dagegen Vermittlungsrechner an der Weiterleitung der Daten beteiligt,

so spricht man von einer indirekten Vernetzung. Innerhalb eines LANs sind eigenständige Vermittlungsrechner oft nicht notwendig.

Verteilte Systeme und Rechnernetze haben viele **gemeinsame Eigenschaften** (siehe Punkt 1-3), doch **unterscheiden** sie sich erheblich in der verwendeten Software und hinsichtlich der Transparenz der erbrachten Dienste (Punkt 4-5):

- Gemeinsamkeiten:
  1. Zusammenschluß einer Vielzahl von physisch und logisch unterschiedlichen Komponenten, denen dynamisch Aufträge zugeordnet werden können.
  2. Einzelkomponenten sind räumlich verteilt.
  3. Einzelkomponenten arbeiten autonom, aber kooperativ.
- Unterschiede:
  4. Die durch die Systemkomponenten erbrachten Dienste erscheinen bei verteilten Systemen transparent und sind vom Benutzer nicht einer bestimmten Einzelkomponente zuzuordnen.
  5. Das Rechnernetz wird durch ein Netzbetriebssystem kontrolliert, das die notwendigen Verarbeitungsschritte eines Benutzerauftrags koordiniert.

Abb. 4.4. Rechnernetze und verteilte Systeme

Strikt hierarchisch organisierte Systeme, bei denen von einem Leitsystem (**Master**) aus eine Reihe von unselbständigen Datenstationen (**Slaves**) kontrolliert werden, sind im eigentlichen Sinn noch keine Rechnernetze. In diesem Sinne muß auch ein **verteiltes System** von einem Rechner-Netzwerk unterschieden werden: Ein verteiltes System erscheint seinen Benutzern als homogenes System und verbirgt bewußt, wo und wie die Verarbeitungsleistung erbracht wird. Dem Benutzer wird der Eindruck vermittelt, er arbeite an einem einzigen System und nicht an einem Verbund aus einzelnen Recheneinheiten. Direkte Zuweisungen von Ressourcen und Zugriffe auf die Systemperipherie sind für den Benutzer nicht sichtbar. In einem Rechnernetz dagegen obliegt die Zuordnung von Ressourcen der Koordination des Nutzers und nicht dem übergeordneten Betriebssystem.
Bislang wurden Rechnernetze bezüglich ihrer räumlichen Ausdehnung oder entsprechend ihrer Vernetzung klassifiziert. Rechnernetze lassen sich aber auch nach den folgenden Kriterien ordnen:

- Rechnernetze können entsprechend ihrer **Einsatzcharakteristik** untergliedert werden:
  – So spricht man von einem **Funktionsverbund**, sobald in einem Netz Rechner für Spezialanwendungen oder Rechner mit spezieller Peripherieaustattung bzw. spezifischen Datenbeständen verbunden sind.
  – Ein **Lastverbund** liegt vor, sobald ein Lastausgleich zwischen den einzelnen im Rechnernetz verbundenen Komponenten durchgeführt wird.
  – Enthält das Netz spezifische Datenbestände, die auf verschiedenen Systemen im Netz verteilt vorliegen, so spricht man von einem **Datenverbund**.

- Ist der Haupteinsatzzweck des Netzes der Austausch von Nachrichten, so liegt ein **Nachrichtenverbund** vor.
- Sind in einem Netz zusätzliche Redundanzen vorgesehen, die im Falle des Ausfalls einer oder mehrerer Systemkomponenten deren Funktion übernehmen, dann handelt es sich um einen **Sicherheitsverbund**.

- Weiter kann der **Typ** der im Netzwerk zusammengeschalteten Rechnern als Unterscheidungskriterium herangezogen werden: Sind alle Rechner vom selben Typ, so handelt es sich um ein **homogenes**, anderenfalls um ein **heterogenes** Netzwerk.
- Netze können für unterschiedliche Benutzergruppen bereitstehen. Man unterscheidet Rechnernetze, die über einen **öffentlichen Zugang** verfügen und auf die jedermann zugreifen kann, von sicherheitskritischen Netzen, deren Zugang **nichtöffentlich** ist und nur einem eng begrenzten Benutzerkreis zur Verfügung steht, wie z.B. die Netze von Banken, Polizei oder Militär.
- Ausgehend von der Zugangsart unterscheidet man weiter Netze nach der Art ihres **Verbindungstyps**: Die einzelnen Teilnehmer schalten sich entweder über eine **Wählverbindung** nur nach Bedarf in das Netz bzw. stehen permanent über eine **Standleitung** mit dem Netz in Verbindung.

Prinzipiell lassen sich Netzwerke, die sich in privater Hand befinden (**Private Netzwerke**) von denen unterscheiden, die von einem öffentlichen Träger (**Öffentliche Netzwerke**) betrieben werden. Zu den privaten Netzwerken gehören alle diejenigen, deren Netzinfrastruktur, d.h. Verkabelung, Netzhardware und -software einem Unternehmen oder einem Privateigentümer gehören. So sind die überwiegende Zahl der lokalen Netze (LANs), Netze, die sich auf Privatgelände befinden und an die die Rechner des Eigentümers angeschlossen sind, private Netze. Großunternehmen sind auch in der Lage, eigene Weitverkehrsnetze (WANs) zu unterhalten, die verschiedene Standorte miteinander verbinden. Dabei kann das Unternehmen die Netzstruktur, die Vermittlung im Netz und die verwendeten Netzadressen innerhalb vorgegebener Grenzen selbst festlegen. Allerdings kann ein Privatunternehmen eine eigene Verkabelung nur dann durchführen, wenn sich diese auf Privatgelände verlegen läßt. Für Weitverkehrsverbindungen müssen daher oftmals Teilstrecken öffentlicher Netzbetreiber, wie z.B. der deutschen Telekom oder anderer großer Betreiber angemietet werden. Dennoch ist ein WAN, das zum Teil über angemietete Leitungen betrieben wird, immer noch als privat zu betrachten, wenn der Mieter über ein exklusives Nutzungsrecht verfügt. Der Mieter ist dann selbst für den Betrieb und das Management dieses Netzes verantwortlich. Ein Netz, das seinem Verhalten nach wie ein privates Netzwerk arbeitet, aber auf der Infrastruktur des Internet aufsetzt, wird als **Virtual Privat Network** (**VPN**) bezeichnet.

Ein **öffentliches Netz** ist dagegen ein Netzwerk, das mit dem traditionellen, staatlichen Telefonnetz vergleichbar ist. Jeder, der einen Computer an ein öffentliches Netzwerk anschließen möchte, kann dies über ein gewisses, an den Betreiber des Netzes zu entrichtendes Entgelt, tun. Er muß sich dabei aber die vorhandene Netzinfrastruktur mit vielen anderen Nutzern teilen und verfügt nicht über ein exklusives Nutzungsrecht, wie bei privaten Netzwerken. Damit öffentliche Netze rentabel betrieben werden können, müssen sie für möglichst viele Nutzer attraktiv sein. Daher sind diese in der Regel als Weitverkehrsnetze ausgelegt, um sehr vielen Teilnehmern an den unterschiedlichsten Orten zur Verfügung zu stehen.

Die Begriffe „privat" und „öffentlich" beziehen sich also nicht auf Besitzverhältnisse, sondern auf die Verfügbarkeit des angebotenen Dienstes. Natürlich kann die über ein öffentliches Kommunikationsnetz erfolgende Kommunikation privater Natur sein, zwei über ein öffentliches Netz miteinander verbundene Computer können Daten verschlüsselt austauschen, so daß sie kein anderer Netzteilnehmer zur Kenntnis bekommen kann.

Obwohl einige öffentliche Netze die Kommunikation von ganzen Gruppen von Teilnehmern ermöglichen (**Multicasting**), ist es in der Regel nicht möglich, alle Teilnehmer des öffentlichen Netzes zugleich anzusprechen (**Broadcasting**).

In einem privaten Netz ist der jeweilige Netzeigentümer (oder Mieter) selbst für die Gewährleistung von Betrieb und Sicherheit zuständig. Er überwacht den Anschluß neuer Computer an das private Netz und legt Zugangs- und Kommunikationsrestriktionen fest, die die Einhaltung der eigenen Sicherheitsstandards gewährleisten. Dabei handelt es sich um eine anspruchsvolle Aufgabe, die von qualifizierten Spezialisten konzipiert und umgesetzt werden muß. Nicht nur die Gewährleistung von Sicherheit, auch der gesamte Betrieb eines privaten Netzwerks ist mit hohen Kosten verbunden, insbesondere wenn sich ein Unternehmen dabei stets am aktuellen Stand der Technik orientiert. Ersatz bzw. Updates bestehender Netzinfrastrukturen, die dazu oftmals notwendig werden, sind nicht nur mit immensen Kosten, sondern auch mit einem hohen Zeitaufwand für Planung, Umsetzung, Schulung und Betrieb verbunden.

Die Nutzung öffentlicher Netze ist daher unter finanziellen Gesichtspunkten oftmals rentabler. Es bietet sich eine größere Flexibilität und der Aufwand, modernste Netzwerktechniken einsetzen und nutzen zu können, ist mit weitaus geringeren Kosten verbunden als bei der Nutzung privater Netze, da der Betreiber diese auf eine Vielzahl von Kunden umlegen kann. Allerdings birgt die gemeinsame Nutzung öffentlicher Netze auch Gefahren und Sicherheitsrisiken, da die privaten, an ein öffentliches Netz angeschlossenen Rechner gegenüber unberechtigtem Zugriff der übrigen Netzteilnehmer geschützt werden müssen.

4.2 Rechnernetze und Paketvermittlung

Eine konzeptionelle Grundlage von Internets ist das Prinzip der **Paketvermittlung**. Eine zu sendende Nachricht wird bereits beim Sender in einzelne

Pakete fester, vorgegebener Länge zerlegt, die dann einzeln und unabhängig voneinander ihre Reise durch das Labyrinth des Internets antreten. Daß die Pakete auch ihren Weg zum Empfänger über verschiedenartige Netzwerke hinweg finden, dafür sorgen die Vermittlungsstellen des Internet, die die einzelnen Pakete zum Zwischenstop der nächstgelegenen Folgevermittlungsstelle weiterleiten. Die Datenpakete können so auf völlig unterschiedlichen Pfaden zu ihrem Ziel gelangen. Damit sie dort ankommen und damit sie auch wieder zu einer sinnvollen Nachricht zusammengesetzt werden können, muß jedes einzelne Paket entsprechende Zusatzinformation mit auf den Weg bekommen. Mit Hilfe dieser Zusatzinformation ist es auch möglich, eventuell auftretende Übertragungsfehler sicher zu erkennen und diese sogar zu korrigieren. Ohne die Technik der Paketvermittlung wären moderne Hochgeschwindigkeitskommunikationsnetze gar nicht denkbar, denn nur so kann ein Netz gleichzeitig von vielen Teilnehmern gemeinsam unter gerechter Verteilung der vorhandenen Kapazität ökonomisch sinnvoll und effizient genutzt werden.

4.2.1 Klassische Punkt-zu-Punkt Verbindung

Die ersten Rechnernetze basierten auf dem Prinzip der **Punkt-zu-Punkt Verbindungen** (Point-to-Point Connection), die beispielsweise über Mietleitungen realisiert wurden. Zwei miteinander kommunizierende DCEs verfügen dabei jeweils über eine eigene, separate Verbindung (Kabel, Leitung, Funkstrecke). Die beiden Datenstationen sind so permanent miteinander verbunden und können das Kommunikationsmedium exklusiv zum gegenseitigen Datenaustausch benutzen. Daraus ergibt sich der Vorteil, daß sich nur die beiden Kommunikationspartner über ein gemeinsames Kommunikationsprotokoll verständigen müssen. Dies vereinfacht die Implementierung der Kommunikationssoftware wesentlich, da keine Rücksicht genommen werden muß auf eventuell unterschiedliche Datenformate, Datengrößen oder Fehlererkennungsmechanismen.
Sollen allerdings mehr als zwei Rechner durch Punkt-zu-Punkt Verbindungen miteinander vernetzt werden, ist das theoretisch zwar sehr einfach durch eine jeweils eigene Direktverbindung für alle möglichen Rechnerpaare zu realisieren, doch stößt der dazu notwendige Verkabelungsaufwand in der Praxis schnell an Grenzen. Versucht man nämlich n Computer durch Punkt-zu-Punkt-Verbindung miteinander zu vernetzen, so benötigt man dazu

$$\sum_{i=1}^{n-1} i = \frac{n^2 - n}{2}$$

Verbindungen (siehe Abb. 4.5).
Heute werden Punkt-zu-Punkt Verbindungen nur noch in Sonderfällen, beispielsweise für Fernnetze genutzt, die durch eine Richtfunkverbindung gekoppelt sind.

Anzahl der Rechner	Anzahl der Kabel
4	6
5	10
6	15
7	21
10	45
100	4.950
1.000	499.500

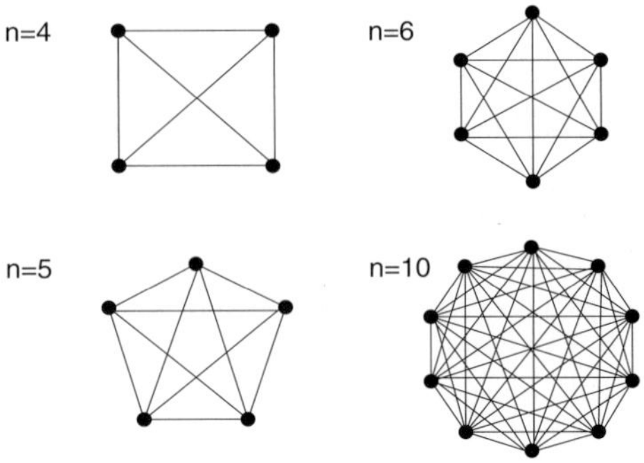

Abb. 4.5. Punkt-zu-Punkt Verbindungen

4.2.2 Leitungsvermittelte Netzwerke

Traditionell waren Daten- und Telekommunikationsnetze leitungsvermittelt. In **leitungsvermittelten Netzwerken**, auch **Switching Networks** genannt, wird den Kommunikationspartnern eine feste Verbindung zur Verfügung gestellt, die über eine Reihe von Vermittlungsstellen geschaltet wird. Der Aufbau einer festen Verbindungsstrecke, die für die gesamte Dauer der Kommunikation aufrecht erhalten werden muß, ist hier Voraussetzung für die Kommunikation (siehe Abb. 4.6). Beim Verbindungsaufbau entsteht zunächst eine Wartezeit, bevor die eigentliche Kommunikation aufgenommen werden kann. Sobald eine stehende Verbindung aufgebaut ist, kann diese nicht mehr durch andere Kommunikationsteilnehmer unterbrochen werden. Kommunikation mit mehreren Partnern erfordert den Aufbau jeweils separater Verbindungen, so daß allen Teilnehmern dann die gleiche Kapazität zum Senden und Empfangen zur Verfügung gestellt wird.

Während des Verbindungsaufbaus kann es allerdings vorkommen, daß alle Verbindungskanäle zum gewünschten Kommunikationspartner auf Grund der momentanen Auslastung oder mangelnder Schaltkapazitäten besetzt sind. Auch Ausfälle von Vermittlungsstellen können den Aufbau von Verbindungen unmöglich machen und damit die Aufnahme der Kommunikation verhindern. Ein leitungsvermitteltes Netzwerk bietet den Kommunikationsteilnehmern jederzeit eine feste Datenübertragungsrate. Die **Verzögerung** auf dem Übertragungsweg ist für ein leitungsvermitteltes Netzwerk stets konstant und minimal. Sie entspricht im allgemeinen der Ausbreitungsgeschwindigkeit des elektromagnetischen Signals (ca. 5ms pro 100km). Allerdings ist der Aufbau dieser Verbindungen meist sehr zeitintensiv. Die Kosten der Verbindung sind stets proportional zur Verbindungsdauer. Sie fallen auch dann an, wenn Kommunikationspausen enthalten sind. Fällt eine der beteiligten Vermittlungsstellen aus, so bricht die Verbindung zusammen, die Kommunikation ist beendet. Im schlimmsten Fall können nach Ausfall von nur einer Ver-

mittlungsstelle ganze Teilnetze vom Gesamtnetz abgetrennt und unerreichbar werden.
Die maximale Menge der pro Zeiteinheit über ein bestimmtes Übertragungsmedium übertragbaren Daten wird als **Bandbreite** bezeichnet. Die Bandbreite einer Verbindung wird immer durch die schwächste Teilstrecke der Route durch das Netzwerk beschränkt.
Ein wichtiges Beispiel für ein leitungsvermitteltes Netzwerk ist ein analoges **Telefonnetzwerk**: Durch das Wählen einer Nummer wird über die automatisierten Vermittlungsstellen des Telefonnetzwerks eine Verbindung zum gewünschten Teilnehmer aufgebaut. Nachdem dieser auf der Gegenseite den Hörer abhebt, bleibt diese Verbindung genau solange bestehen, bis der Hörer wieder aufgelegt wird. In einem Telefonnetzwerk wird Sprache mit einer mehr oder weniger konstanten Bandbreite zwischen Sender und Empfänger übertragen.

4.2.3 Von der Leitungsvermittlung zur Paketvermittlung

Zu Beginn der 60er Jahre wuchs die Bedeutung des Einsatzes von Computern in Militär und Wirtschaft zusehends. Erste Timesharing Systeme, also Rechner, die interaktives Arbeiten erlaubten, kamen auf den Markt. Die Idee, Computer weiträumig miteinander zu vernetzen, so daß Anwender diese auch von unterschiedlichen geografischen Orten gemeinsam nutzen können, lag förmlich in der Luft. Der Datenverkehr, der durch solche vernetzt arbeitenden Computer erzeugt wird, ist im Gegensatz zum üblichen Telefongespräch jedoch nicht kontinuierlich, sondern tritt in sehr unterschiedlichen Häufungen, sogenannten **Bursts** auf. Bei Bursts handelt es sich um Intervalle maximaler Aktivität, denen jeweils wieder Intervalle der Inaktivität folgen, wie z.B. die Zeitdauer, die für lokale Berechnungen oder die Ausarbeitung einer Antwort nötig ist.

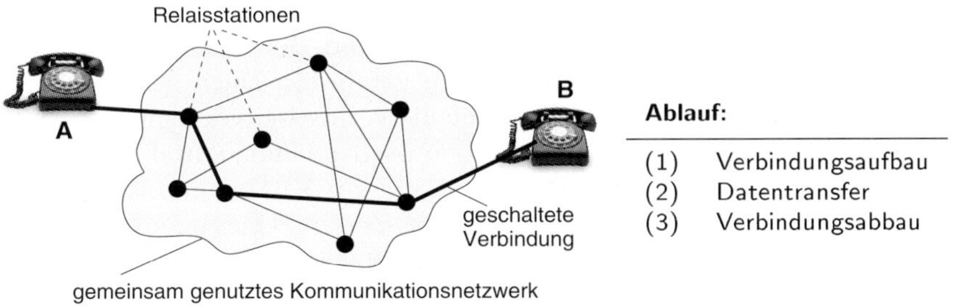

Abb. 4.6. Leitungsvermitteltes Netzwerks (Switching Network)

Wie kann man nun einen für die Kommunikation von Computern notwendigen ausfallsicheren Datenfluß in einem Netzwerk gewährleisten, in dem

die Vermittlungsstellen nicht mit absoluter Zuverlässigkeit arbeiten bzw. sogar komplett ausfallen können? Wird der Ausfall einer Vermittlungsstelle erkannt, so kann zwar eine neue Route durch das Netzwerk festgelegt werden, aber es ist den beteiligten Kommunikationspartnern nicht klar, wieviel vom Kommunikationsinhalt inzwischen verloren gegangen ist, die Übertragung muß also sicherheitshalber wieder von vorne beginnen. Ist außerdem ein Verbindungskanal belegt, dann müssen die übrigen Teilnehmer im Netzwerk solange warten, bis dieser Kanal wieder freigegeben wird. Von einer gerechten Zuteilung der Ressourcen kann nicht gesprochen werden.
Die Frage nach dem Aufbau großer, ausfallsicherer und fair arbeitender Datennetze wurde Ende der 50er Jahre zum Gegenstand wissenschaftlicher Untersuchung. Leonard Kleinrock, damals noch Promotionsstudent am MIT, veröffentlichte 1961 eine Arbeit „*Information Flow in Large Networks*“ in dem er dieses Problem anging und als Lösung das Prinzip der **Paketvermittlung** vorschlug. Voneinander unabhängig arbeiteten auch Donald Davies vom englischen National Physical Laboratory und Paul Baran, der bei der RAND Corporation, einem weiteren Vertragspartner der ARPA beschäftigt war, an diesem Problem. Baran griff die Idee der Paketvermittlung auf und entwickelte sie zum fundamentalen Prinzip für den Zusammenschluß großer, ausfallsicherer Datennetze. Er veröffentlichte als erster der beteiligten Forscher seine Ergebnisse in der Fachzeitschrift „*On Data Communication Networks*“. Der Weg war nun - zumindest gedanklich - frei, per se unsichere Netze zur Grundlage für ausfallsichere Datenkommunikationsnetze zu machen.
Tatsächlich war es eine der Zielsetzungen der ARPA bei der Ausgestaltung und Entwicklung des Internets, ein Netzwerk zu schaffen, das eine hohe Ausfallsicherheit besitzt und im Ernstfall auch den Ausfall einer oder mehrerer Vermittlungsstellen unversehrt verkraften kann. Durch den Start des ersten Satelliten Sputnik im Jahre 1957 nämlich hatte die Sowjetunion eindrucksvoll unter Beweis gestellt, daß sie in der Lage war, mit Interkontinentalraketen das Territorium der USA direkt zu erreichen. Die Militärs waren nicht nur auf Grund der hohen Gefährdung der Zivilbevölkerung beunruhigt, sondern sahen insbesondere auch ihren Kommando- und Befehlsfluß im Falle einer kriegerischen Auseinandersetzung extrem gefährdet. Doch gerade in einem Krisenfall ist es enorm wichtig, daß Befehle verlustfrei von den Kommandoleitstellen an die Peripherie weitergegeben werden können, und in der Gegenrichtung ein Lagebild von der Peripherie hin zur Kommandostelle gelangen kann. Würde also das militärische Datennetzwerk an einer oder mehreren seiner Vermittlungsstellen vom Gegner getroffen werden, so sollte es nach den Wünschen der ARPA auf Alternativstrukturen ausweichen können, und so ein fortgesetztes Funktionieren garantieren. Die Idee der Paketvermittlung wurde zur wohl wichtigsten Grundidee für die Entwicklung von Internets.

4.2.4 Das Prinzip der Paketvermittlung

Das Prinzip der Paketvermittlung beruht darauf, die Nachrichten, die versendet werden sollen, in einzelne **Datenpakete**, kurz Pakete genannt, zu zerlegen (**Fragmentierung**) und diese dann einzeln und unabhängig voneinander über das Kommunikationsnetz zu transportieren. Die Route, die die einzelnen Pakete dabei einschlagen, ist nicht von vornherein festgelegt. Der Absender kennt nur den Weg zur nächsten Vermittlungsstelle, ähnlich wie beim Paketdienst der Post. Auf der Seite des Empfängers werden die Datenpakete anschließend wieder zur Originalnachricht zusammengesetzt (**Defragmentierung**, siehe Abb. 4.7).

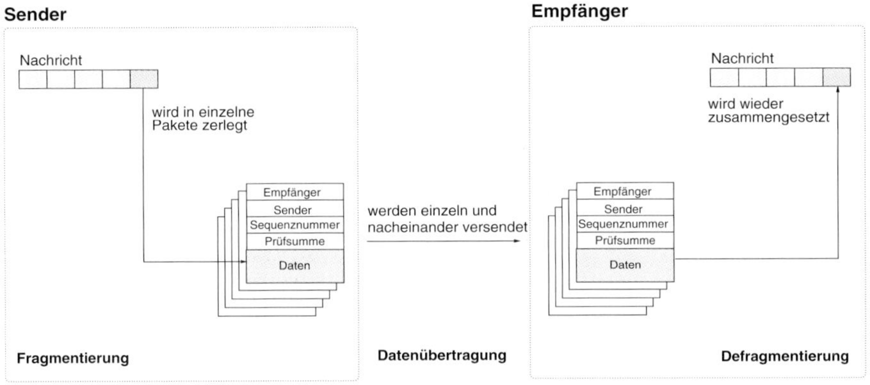

Abb. 4.7. Datenfragmentierung bei der Paketvermittlung

Zum Auffinden eines optimalen Weges durch das Netzwerk dienen spezielle **Routing-Algorithmen**. Pakete können auf ihrem Weg auch Staus umgehen und so, obwohl sie eine längere Strecke zurücklegen, ihr Ziel schneller erreichen, als Pakete, die auf einem kürzeren, aber verstopften Weg warten. Insgesamt wird dadurch vor allem aber eine bessere Auslastung des gesamten Netzwerks erreicht.

Die Größe der einzelnen Pakete muß aus verschiedenen Gründen beschränkt werden. Eine Verbindung wird so nie für lange Zeit belegt und alle potentiellen Sender erhalten im Ergebnis einen gleichberechtigten und fairen Zugang zum Netzwerk. Tatsächlich ermöglicht dieses Prinzip überhaupt erst wirklich interaktive Verbindungen, da die Leitungen zwischen den einzelnen Vermittlungsstellen so nur im Bereich von Millisekunden belegt sind, und kein Benutzer eine Verbindung für längere Zeit blockieren kann.

Bei der Paketvermittlung ist es notwendig, daß die einzelnen Datenpakete bei ihrer Ankunft an den Vermittlungsstellen des Netzwerks solange zwischengespeichert werden, bis sie weiter zum nächsten Netzknoten übertragen werden können. Daher wird diese Art der Vermittlung auch als **Speichervermittlung** (**Store and Forward**) bezeichnet (siehe Abb. 4.8).

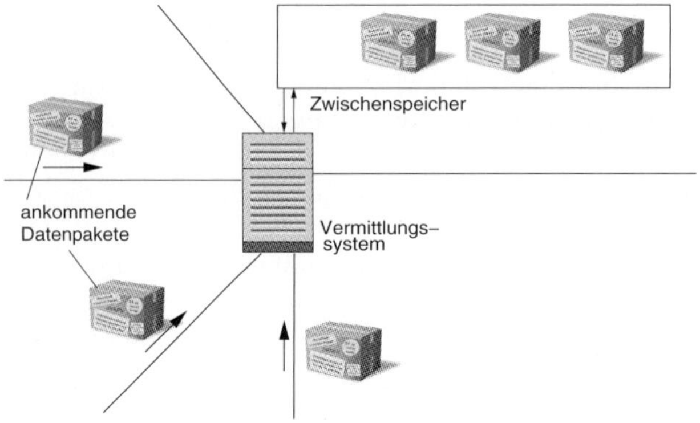

Abb. 4.8. Prinzip der Speichervermittlung (Store and Forward)

Eine spezielle Form der Speichervermittlung ist die **Nachrichtenvermittlung** (**Message Switching**), bei der die Nachricht nicht wie im Falle der Paketvermittlung in einzelne Pakete zerteilt wird, sondern als Ganzes, d.h. in einem einzigen Paket über das Netzwerk versendet wird. Auch bei dieser Form der Nachrichtenübertragung wird keine explizite Verbindung geschaltet, wie bei der Leitungsvermittlung. Die gesamte Nachricht muß an den jeweiligen Vermittlungsstationen zwischengespeichert werden, die auch entscheiden, zu welcher nächsten Vermittlungsstelle die Nachricht weitergeleitet wird. In der Anfangszeit der Telegraphie wurden z.B. Telegramme auf diese Art weitervermittelt. Die Nachricht wurde im Büro des Senders auf Lochstreifen gestanzt, dann gelesen und über das Telegraphenkabel zur nächsten Telegraphenstation weitergeleitet, wo sie zur Zwischenspeicherung wiederum auf Lochstreifen festgehalten wurde. Im Gegensatz zur Paketvermittlung gibt es hier keine fest vorgeschriebene Blockgröße für die versendeten Datenpakete. Für heute übliche Datennetze ist Nachrichtenvermittlung daher vollkommen ungeeignet, da Vermittlungsstellen für lange Zeit blockiert wären oder ihr Zwischenspeicher unter Umständen noch nicht einmal zur Speicherung einer einzelnen Nachricht ausreichen würde (vgl. Abb. 4.9).

4.2.5 Vorteile der Paketvermittlung

Die Vorteile der Paketvermittlung liegen auf der Hand:

- **Hohe Netzauslastung**
  Da die einzelnen Datenpakete sehr klein sind, wird ein hoher Grad der Netzauslastung erreicht. Die Wartezeiten bleiben für alle übrigen Kommunikationsteilnehmer gering.
- **Faire Ressourcenzuteilung**
  Das Kommunikationsnetz steht allen Teilnehmern zur gleichberechtigten Nutzung zur Verfügung. Alle angeschlossenen Geräte versenden nach einem vorgegebenen Zeitmultiplexverfahren abwechselnd jeweils ein Paket.

Paketvermittlung vs. Nachrichtenvermittlung

Warum stellt die Paketvermittlung das effizientere der beiden Verfahren dar? Die einzelnen Vermittlungsrechner im Netzwerk können ein Datenpaket erst dann weitersenden, wenn es vollständig angekommen ist. Kann dabei von einer kleinen Datenpaketgröße ausgegangen werden, dann sind auch die jeweiligen Latenzzeiten klein. In nachrichtenvermittelten Netzwerken ist die Wartezeit an jedem Vermittlungsrechner proportional zur Länge der Nachricht, also theoretisch unbeschränkt lang. Dies läßt sich an einem einfachen Beispiel demonstrieren:

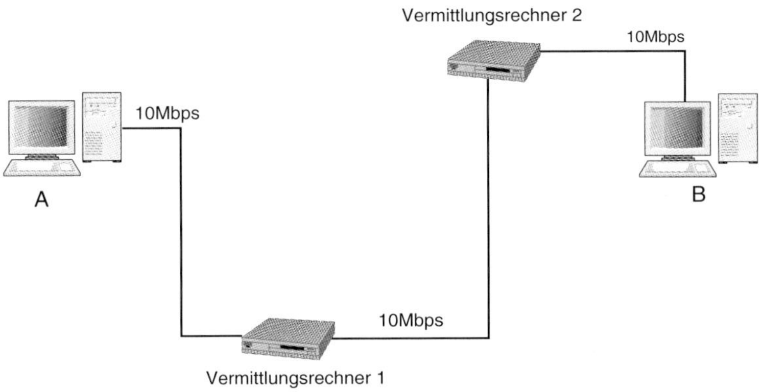

In unserem Beispielnetzwerk soll eine Nachricht der Länge 80 MBit = 80.000 kBit von A nach B versendet werden. Das gesamte Netzwerk besitze eine Bandbreite von 10 Mbps (Megabit pro Sekunde). Um von A nach B zu gelangen, müssen 2 Vermittlungsrechner passiert werden.
Im Falle eines nachrichtenvermittelten Netzes muß an den jeweiligen Vermittlungsstellen solange gewartet werden, bis die gesamte Nachricht angekommen ist. Von Rechner A zum ersten Vermittlungsrechner dauert das 80 Mb/10Mbps = 8 Sekunden. Bis die gesamte Nachricht am Zielrechner ankommt, vergehen also mindestens 3·8 = 24 Sekunden.
Nehmen wir nun an, das dargestellte Netzwerk sei paketvermittelt mit einer festen Paketgröße von 2 kBit. Die gesamte Nachricht wird dann in 80.000 kBit/2 kBit = 40.000 Pakete aufgeteilt. Die 40.000 Pakete benötigen jetzt folgende Übertragungszeit: Bis das erste Paket am Vermittlungsrechner ankommt, vergehen 2 kBit/10 Mbps = 0,2 ms. Demnach dauert es nur 40.000· 0,2 ms = 8.000 ms = 8 Sekunden bis das letzte Paket am ersten Vermittlungsrechner angekommen ist. Da das letzte Paket dann noch über zwei weitere Vermittlungsstellen übertragen werden muß, vergehen insgesamt 8 + 2·0,0002 = 8,0004 Sekunden, bis die Nachricht vollständig ihr Ziel erreicht hat. In unserem Beispiel ist die Datenübertragung im paketvermittelten Netzwerk also dreimal schneller als im nachrichtenvermittelten Netz.
Die Datenübertragung im paketvermittelten Netzwerk läuft weitgehend **parallel**, ähnlich wie an einem Fließband ab, wohingegen der Datenverkehr in einem nachrichtenvermittelten Netz **sequentiell** erfolgt. Während ein Vermittlungsrechner im nachrichtenvermittelten Netz die gesendete Nachricht empfängt, müssen die anderen warten. Im paketvermittelten Netzwerk übertragen alle Vermittlungsknoten parallel.

Abb. 4.9. Vergleich Paketvermittlung und Nachrichtenvermittlung

- **Schnelle Fehlererkennung**
  Wenn immer nur kleine Datenpakete versendet werden, können Fehler in der Übertragung schnell erkannt und gegebenenfalls sofort korrigiert werden. Es müssen immer nur die jeweils fehlerhaften Pakete erneut übertragen werden und nicht die gesamte Nachricht.
- **Hohe Ausfallsicherheit**
  Fällt eine Vermittlungsstation aus, so geht nicht die Gesamtnachricht verloren, wie bei der Leitungsvermittlung. Während bei der Leitungsvermittlung ein kompletter Teilbereich des Netzwerks eventuell nicht mehr erreichbar ist und die Kommunikation von Neuem mit dem Aufbau einer feststehenden Verbindungsstrecke beginnen muß, kann bei der Paketvermittlung direkt der gesamte Rest des Netzwerks weiter für die Kommunikation genutzt werden. Datenpakete, die sich bereits auf dem Weg befinden, wählen einfach eine alternative Route zum Ziel, die nicht über die ausgefallene Vermittlungsstelle führt.

Während leitungsvermittelte Netzwerke mit Vermittlungsstellen ohne eigenen Zwischenspeicher realisiert werden können, benötigen alle Formen der Paketvermittlung Zwischenspeicher an jeder Vermittlungsstelle, denn die Pakete müssen solange zwischengespeichert werden, bis die Weiterleitung erfolgt. Daher ist auch der Begriff **Store and Forward** für diese Form der Vermittlung gebräuchlich. Die Zwischenspeicherung bietet aber auch einen anderen ganz entscheidenden Vorteil: Bei der Paketvermittlung tritt die Übertragungsgeschwindigkeit der einzelnen Teilstrecken im Netz nicht mehr als Begrenzung für die Gesamtübertragungskapazität in Erscheinung, da Datenpakete beim Übergang zu langsameren Teilstrecken gepuffert werden können. Die Kosten der Übertragung in einem paketvermittelten Netzwerk sind proportional zur übertragenen Anzahl der Pakete und spiegeln daher die tatsächliche Nutzung des Netzes wieder.

4.2.6 Paketheader

Damit die vollständige Nachricht auf der Empfängerseite wieder korrekt zusammengesetzt werden kann, müssen die Datenpakete mit einer Reihe von Zusatzinformationen ausgestattet werden.

- **Adressinformationen**
  Jedes Paket muß Angaben über Sender und Empfänger enthalten.
- **Paketnummer**
  Die einzelnen Pakete müssen fortlaufend numeriert werden, um sie beim Empfänger wieder in der richtigen Reihenfolge zusammensetzen zu können.
- **Fülldaten**
  Eventuell ist die zu versendende Datenmenge kleiner als die fest vorgegebene Paketgröße. Dann muß das Datenpaket mit Fülldaten ergänzt werden, die auch als solche kenntlich zu machen sind.

- **Fehlererkennungsmechanismen**
  Um Übertragungsfehler erkennen zu können, müssen Zusatzdaten zur Fehlererkennung beigefügt werden. Dazu gibt es eine Reihe sehr unterschiedlicher Verfahren (siehe Exkurs 4.2.10).

4.2.7 Nachteile der Paketvermittlung

Genau in den Punkten, in denen sich die Paketvermittlung von der Leitungsvermittlung unterscheidet, liegen neben den bereits genannten Vorteilen auch ihre Nachteile:

- **Überlast (Congestion)**
  Da bei der Paketvermittlung keine dedizierten exklusiven Verbindungen festgelegt sind, kann es vorkommen, daß eine Vermittlungsstelle dem plötzlichen Andrang der eingehenden Datenpakete nicht gewachsen ist, d.h. der vorhandene Zwischenspeicher läuft über und in Folge gehen Datenpakete verloren.
- **Komplexes Kommunikationsprotokoll**
  Die Datenübertragung bei der Leitungsvermittlung läuft vollkommen transparent ab. Es spielt also absolut keine Rolle, auf welches Kommunikationsprotokoll sich Sender und Empfänger geeinigt haben. Dieser Transparenz der Kommunikation verdankt das Telefonsystem z.B. seine Fähigkeit, daß dort verschiedene Dienste wie Sprachkommunikation, Fax oder Datenkommunikation ohne großen Aufwand nebeneinander angeboten werden können. Bei der Paketvermittlung dagegen müssen alle Kommunikationsteilnehmer eines Netzes sich auf ein gemeinsames Netzwerkprotokoll festlegen, das z.B. die zu Grunde liegenden Parameter wie Bitrate, Datenfragmentierung, etc. für den Kommunikationsvorgang festlegt.
- **Keine Dienstgütegarantie**
  Ein weiterer Nachteil der Paketvermittlung besteht darin, daß keine konstante Bandbreite für eine Übertragung garantiert werden kann. Die Verzögerung innerhalb einer Übertragung kann in Abhängigkeit von der Auslastung der einzelnen Vermittlungsstellen relativ groß werden.

Neben der Verzögerung durch die speichervermittelte Übertragung kommen für die Pakete oft auch noch Wartezeiten in den Warteschlangen der Ausgabepuffer der Vermittlungsrechner hinzu, da sie dort abwarten müssen, bis alle Pakete, die zuvor in die Warteschlange eingereiht wurden, versendet sind. Diese Verzögerungszeiten sind variabel und hängen von der jeweiligen Auslastung des Netzwerks ab. Da die Pufferspeicher nur begrenzte Größe besitzen, kann es vorkommen, daß neu ankommende Datenpakete keinen Platz mehr darin finden, und es in Folge zum Paketverlust kommt.

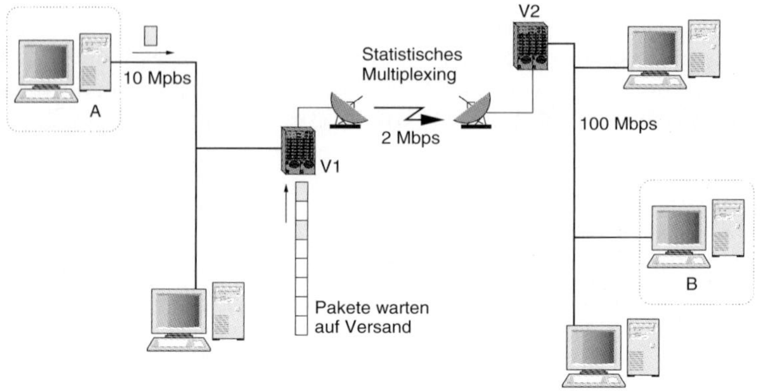

Zwischenspeicherung

Rechner A startet eine Datenübertragung an Rechner B. Das Netzwerk arbeitet als paketvermitteltes Netzwerk. Dabei werden die Pakete zunächst auf dem 10 Mbps Netzwerk zum nächstgelegenen Vermittlungsrechner V1 gesendet. Der Vermittlungsrechner muß anschließend die Pakete über die langsamere 2 Mbps Fernverbindung weiterleiten. Kommt es zu einem Stau der Datenpakete, müssen diese im Ausgangspuffer des Vermittlungsrechners V1 zwischengespeichert werden, bevor sie übertragen werden können. Da auch andere, direkt an diesen Vermittlungsrechner angeschlossene Computer diese Datenverbindung nutzen, werden dort Datenpakete unterschiedlichen Ursprungs in nicht vorbestimmter Reihenfolge zum Versand gespeichert. Aus diesem Grund wird die Versandart in einem paketvermittelten Netzwerk oft auch als **statistisches** oder **asynchrones Multiplexing** bezeichnet, im Gegensatz zum regulären Zeitmultiplexing (**Time Division Multiplex, TDM**), bei dem jeder Teilnehmer abwechselnd einen gleich großen Zeitslot erhält.

Abb. 4.10. Zwischenspeicherung in paketvermittelten Netzwerken

4.2.8 Verbindungslose und verbindungsorientierte Netzwerkdienste

Prinzipiell kann man innerhalb eines paketvermittelten Netzes **verbindungslose** und **verbindungsorientierte** Netzwerkdienste unterscheiden. Bei der

Tabelle 4.2. Vergleich Paketvermittlung und Leitungsvermittlung

Eigenschaft	Leitungsvermittlung	Paketvermittlung
feste Verbindungsstrecke	ja	nein
verfügbare Bandbreite	konstant	dynamisch variabel
verschwendete Bandbreite	ja	nein
store-and-forward Übertragung	nein	ja
jedes Paket folgt derselben Route	nein	ja
vorheriger Verbindungsaufbau	notwendig	nicht nötig
Stau kann auftreten	bei Verbindungsaufbau	jederzeit
Abrechnungsverfahren	pro Zeiteinheit	pro Paket

Übertragungszeit und Gesamtverzögerung

Wieviel Zeit benötigt eine paketvermittelte Übertragung von einem Host zum anderen? Nehmen wir an, ein Datenpaket der Länge von l Bits soll versendet werden. Weiter sei angenommen, daß sich zwischen Absender A und Empfänger B genau q Vermittlungsrechner befinden mit einer Bandbreite von r bps und daß keine stehende Verbindung aufgebaut wird. Desweiteren seien die Wartezeiten, die in der Warteschlange der einzelnen Vermittlungsrechner entstehen, vernachlässigbar klein.
Die Zeit, die dann ein Datenpaket vom Startrechner A zum ersten Vermittlungsrechner benötigt, beträgt genau l/r Sekunden. Das Paket wird dann noch genau $q-1$ mal weitergeleitet und zwischengespeichert, so daß die Gesamtverzögerung $q \cdot (l/r)$ beträgt.
In der Praxis sind jedoch die Verbindungsstrecken zwischen den einzelnen Rechnern von unterschiedlicher Bandbreite r_i, $1 \leq i \leq q$. Daher berechnet sich die Gesamtverzögerung als

$$\sum_{i=1}^{q} \frac{l}{r_i}.$$

Abb. 4.11. Übertragungszeit in paketvermittelten Netzwerken

bislang besprochenen Variante der paketvermittelten Netzwerke handelt es sich um einen verbindungslosen Netzwerkdienst, auch **Datagramm-Netzwerk** genannt, bei dem jedes Datenpaket auf einem eigenen Weg zwischen Sender und Empfänger ausgetauscht wird. Im Gegensatz dazu werden in verbindungsorientierten Netzwerken Nachrichten zwar in einzelne Pakete zerlegt, bevor diese jedoch übertragen werden, wird eine sogenannte **virtuelle Verbindung** aufgebaut und alle Pakete werden dann zwischen den beiden Kommunikationspartnern auf dieser virtuellen Verbindung durch das Netzwerk transportiert. Eine eventuelle Vertauschung der Reihenfolge der einzelnen Pakete ist hier unmöglich. Eine Entscheidung darüber, welchen Weg die einzelnen Pakete nehmen sollen, ist nur einmal, nämlich zum Zeitpunkt des Aufbaus der virtuellen Verbindung notwendig. Die Zuordnung der vorhandenen Betriebsmittel aber ist starrer als bei den üblichen Datagramm-Netzwerken und eine Reaktion auf Überlast, Leitungs- oder Knotenausfällen kann dementsprechend nur weniger flexibel erfolgen.

Tabelle 4.3. Eigenschaften der unterschiedlichen Netzwerktypen

Eigenschaft	**Netzwerktyp**	
	verbindungsorientiert	**verbindungslos**
feste Route	ja	nein
Ausfallsicherheit	niedrig	hoch
Dienstgarantie	ja	nein
Effizienz	niedrig	hoch

4.2.9 Dienstparadigmen von Rechnernetzen

Die Rechnerkommunikation in einem paketvermittelten Datennetz wird modular in einzelnen Schichten realisiert, die hierarchisch aufgebaut von einen zunehmenden Grad an Abstraktion gekennzeichnet sind: Auf den unteren, Hardware-nahen Schichten werden die Datenpakete übertragen, die hierarchisch höherstehenden, abstrakteren Schichten verfügen über Protokolle, die die zu übertragende Nachricht in einzelne Datenpakete zerlegen und deren Versendung organisieren. Sie halten so Details der Datenübertragung vom Nutzer fern und stellen ihm komfortablere und höherwertige Dienste zur Verfügung. Grundsätzlich wird bei diesen Diensten zwischen **verbindungslosen** (Connectionless Service) und **verbindungsbasierten** (Connection-Oriented Service) Diensten unterschieden.

Verbindungslose Dienste. Diese Kategorie von Netzwerkdiensten ist am besten mit dem konventionellen Postnetz vergleichbar. Bevor ein Rechner eine Nachricht an einen anderen Rechner versenden kann, muß er diese in ein vorgegebenes Datenpaketformat überführen und mit einer Empfängeradresse versehen, vergleichbar einer geschriebenen Nachricht, die in einen Umschlag gesteckt und auf der Außenseite mit der Empfängeradresse beschrieben wird. Ebenso, wie der Rechner das fertige Datenpaket dann an das Netzwerk zur Zustellung übergibt, wird der Brief zur nächsten Annahmestelle der Post gebracht, die ihn dann zum Empfänger befördert.
Um den Verwaltungsaufwand so gering wie möglich zu halten, übernimmt der verbindungslose Dienst keine Garantie, daß das Datenpaket tatsächlich beim Empfänger ankommt bzw. unter welchen zeitlichen Rahmenbedingungen die Zustellung erfolgt. Im Gegensatz zum verbindungsorientierten Dienst wird keine Verbindung zwischen Sender und Empfänger geschaltet, die einzelnen Datenpakete werden verzugslos und unabhängig voneinander versendet. Dazu muß jedes Datenpaket mit zusätzlichen Informationen, wie z.B. der Empfängeradresse ausgestattet werden. Ist also das Kommunikationsverhalten durch einen häufigen Wechsel von Adressaten und kurze Nachrichtenlängen gekennzeichnet, bieten verbindungslose Dienste gegenüber verbindungsorientierten Diensten entscheidende Vorteile.

Verbindungsorientierte Dienste. Der Betrieb eines verbindungsorientierten Dienstes kann mit dem Betrieb des herkömmlichen, analogen Telefonnetzes verglichen werden. Bevor der Nachrichtenaustausch zwischen zwei Rechnern beginnen kann, muß zuerst eine Verbindung zwischen diesen geschaltet werden, ähnlich dem Wählen einer Telefonnummer und dem damit verbundenen Verbindungsaufbau zum angewählten Telefonteilnehmer. Sobald das Gegenüber den Kommunikationswunsch wahrgenommen und diesen akzeptiert hat, vergleichbar dem Abnehmen des Telefonhörers beim Klingeln des Telefons und der Meldung des angewählten Teilnehmers, besteht zwischen den beiden eine fest geschaltete Verbindung, die quasi exklusiv für die nun folgende Kommunikation – den Austausch von Datenpaketen – genutzt werden kann. Nach Beendigung der Kommunikation muß die geschaltete Verbindung wieder abgebaut werden. Ein verbindungsorientierter Dienst durchläuft also stets die drei Phasen:

1. Verbindungsaufbau,
2. Datenübertragung und
3. Verbindungsabbau.

Verbindungsorientierte Dienste über paketvermittelte Netzwerke müssen auf den dort verfügbaren verbindungslosen Diensten aufsetzen, d.h. die Ressourcenzuteilung einer festen Verbindung ist tatsächlich nur eine virtuelle und wird auf einer höheren Schicht der modular organisierten Rechnerkommunikation verwirklicht. Die verbindungsorientierten Dienste stellen dem Nutzer eine Schnittstelle bereit, die es ihm gestattet, diese virtuell exklusive Verbindung zu nutzen. Diese Schnittstelle schirmt den Nutzer von den tatsächlichen, auf einer hierarchisch niedrigeren Schicht der Kommunikation ablaufenden Prozessen, wie z.B. der Bildung und Adressierung von einzelnen Datenpaketen, ab und gestaltet so den Kommunikationsvorgang viel bequemer.
Die verbindungsorientierte Kommunikation über eine so eingerichtete Datenverbindung muß nicht kontinuierlich fortlaufen, sondern kann vorübergehend auch unterbrochen werden, bevor der Datenverkehr später wieder aufgenommen wird. Die Verbindung allerdings bleibt für die gesamte Zeitdauer bestehen, bis zu dem Zeitpunkt, da einer der Kommunikationsteilnehmer entscheidet, diese zu beenden (vergleichbar dem Auflegen des Telefonhörers).
Zu den Vorteilen der verbindungsorientierten Dienste zählt auch die Fähigkeit, Netzwerkfehler unmittelbar feststellen zu können. Fällt eine der Vermittlungsstellen entlang der geschalteten, virtuellen Verbindung aus, bricht die Verbindung zusammen und die Kommunikationsteilnehmer können sofort reagieren.
Während bei verbindungslosen Diensten eine Abrechnung der in Anspruch genommenen Netzwerkleistung über die Menge der versendeten Daten erfolgt, rechnen verbindungsorientierte Dienste in der Regel die Dauer der bestehenden Datenverbindung ab. Dieses Abrechnungsverfahren ist in der Praxis oft weniger aufwendig und einfacher zu realisieren.
Andererseits benötigt der Aufbau einer Verbindung bei der verbindungsorientierten Kommunikation relativ viel Zeit. Handelt es sich nur um eine kurze Nachricht, die ausgetauscht werden soll, kann der zeitliche Aufwand zum Aufbau der Verbindung oft die eigentliche Verbindungsdauer übersteigen. Handelt es sich dagegen um eine länger anhaltende Verbindung, kommt der Vorteil zum Tragen, daß weitaus weniger Verwaltungs- und Kontrollinformationen ausgetauscht werden müssen, als bei verbindungslosen Diensten. Dort muß jedes Datenpaket mit Sender- und Empfängeradresse ausgestattet werden, damit es korrekt zugestellt werden kann. Ist bei einem verbindungsorientierten Dienst der Verbindungsaufbau erst einmal vorgenommen, wird den auszutauschenden Datenpaketen nur noch eine vom Netzwerk vergebene Verbindungsidentifikation (Connection Identifier) mitgegeben, die in der

Regel viel kürzer als die jeweilige Netzadresse von Sender oder Empfänger ist.
Sollen Verbindungen zu einigen wenigen Kommunikationspartnern geschaltet werden, die über eine längere Zeitspanne hinweg aufrecht erhalten bleiben, rentiert sich der Einsatz verbindungsorientierter Dienste. Man kann noch einen Schritt weitergehen und über einen verbindungsorientierten Dienst auch eine **dauerhafte Verbindung** (persistente Verbindung) aufbauen. Wurden in den ersten Rechnernetzen noch Punkt-zu-Punkt-Verbindungen zur Herstellung einer dauerhaften Verbindun über dedizierte physikalische Verbindungen (Kabel) geschaltet, kann dies heute durch die Einrichtung eines dedizierten, virtuelle Informationskanals über ein gemeinsam genutztes Netzwerk erfolgen. Die Konfiguration dieser Festverbindungen ist im nichtflüchtigen Speicher der beteiligten Verbindungsrechner abgelegt und kann so auch nach einem Netzausfall sofort wieder aktiviert werden. Derartige dauerhafte Verbindungen können über Monate oder gar Jahre hinweg bestehen. Aus Sicht der angeschlossenen Rechner erscheinen sie wie eine physikalische Punkt-zu-Punkt-Verbindung. Dauerhafte Verbindungen garantieren eine Verfügbarkeit, die wahlfreie Verbindungen nicht bieten können. Die Verbindung ist stets einsatzbereit und nutzbar, d.h. ein angeschlossener Rechner muß nicht erst warten, bis eine Verbindung zum Empfänger aufgebaut worden ist. Natürlich ist diese „Fixierung“ mit Einbußen an Flexibilität verbunden. Wählverbindungen werden nur dann geschaltet, wenn sie wirklich erforderlich sind. Für die übrige Zeit wird die Wählverbindung abgebaut, so daß die zur Verfügung stehende Bandbreite auch wieder von den anderen Netzteilnehmern genutzt werden kann.

4.2.10 Fehlererkennung

Um eine zuverlässige Datenübertragung über ein nicht fehlerfrei arbeitendes Übertragungsmedium zu ermöglichen, müssen Mechanismen zur automatischen Fehlererkennung und Fehlerkorrektur zum Einsatz kommen. Zur Fehlererkennung werden die einzelnen Datenpakete mit zusätzlichen Informationen ausgestattet, aus denen sich im Fehlerfall zumindest bis zu einem gewissen Grad der korrekte Inhalt des Datenpakets wieder rekonstruieren läßt. Der Sender berechnet z.B. eine **Prüfsumme** über das zu versendende Datenpaket und hängt diese an das Paket an. Beim Empfänger angekommen, wendet dieser auf das empfangene Datenpaket (ohne angehängte Prüfsumme) dasselbe Verfahren zur Prüfsummenbildung an und vergleicht den errechneten Wert mit dem vom Sender an das Datenpaket angefügten Prüfwert. Stimmen beide Werte überein, so ist das Paket mit hoher Wahrscheinlichkeit korrekt übertragen worden. Im Falle einer Nichtübereinstimmung ist es bei der Übertragung zu Veränderungen gekommen. Der Empfänger fordert das Paket erneut vom Sender an, wobei nicht die gesamte Nachricht, sondern lediglich das fehlerhafte Datenpaket erneut übertragen werden muß.

Zwar werden Datenleitungen immer zuverlässiger, doch führen die sich verbreitenden drahtlosen Kommunikationstechnologien, wie z.B. **Wireless LAN** (WLAN) zu einer immensen Erhöhung der Übertragungsfehler, die durch Rauschen oder Störungen verursacht werden. Der Empfänger ist dann oft nicht mehr in der Lage, aus den empfangenen Signalen das gesendete Datenpaket korrekt zu rekonstruieren. Glücklicherweise treten Fehler bei der drahtlosen Kommunikation, wenn sie auftreten, dann gehäuft in sogenannten **Bursts** oder Bündeln auf. Würden Fehler immer nur in isolierten Einzelbits auftreten, wäre bei einer konstanten Fehlerrate von beispielsweise 0.01% pro Bit bei einer Paketgröße von 10.000 Bits annähernd jedes einzelne Paket fehlerhaft und müßte erneut übertragen werden. Treten die Fehler dagegen in einem Burst von jeweils durchschnittlich 100 Fehlern auf, so sind lediglich ein oder zwei von 100 Paketen davon betroffen.
Ein Maß für Übertragungsfehler ist die sogenannte **Bitfehlerrate**, die sich berechnen läßt aus dem Verhältnis der fehlerhaft übertragenen Bits zur Gesamtanzahl der übertragenen Bits, gemessen über einen längeren Zeitraum. Methoden zur Fehlererkennung und -beseitigung können oft nicht alle Fehler korrekt erkennen. Fehlerkorrekturverfahren sollten deshalb so arbeiten, daß die verbleibende Restfehlerwahrscheinlichkeit möglichst minimal ist.
Um mit Fehlern effizient umgehen zu können, wurden zwei grundlegende Verfahren entwickelt: **fehlererkennende Codes** und eine damit verbundene **Übertragungswiederholung** im Falle erkannter Fehler bzw. automatische Fehlerkorrektur durch **fehlerkorrigierende Codes**. Um die zur Fehlererkennung bzw. -korrektur notwendigen Algorithmen anwenden zu können, ist es notwendig, die zu versendende Nachricht mit einer sogenannten **Redundanz** zu versehen. Dazu wird die Originalnachricht mit einem zusätzlichen Code versehen, der keinen eigenen Nachrichtenwert besitzt, sondern nur der Fehlererkennung und -behebung dient. Durch diese hinzugefügte Redundanz können ungültige Codeworte erkannt werden, die keinem Original-Codewort entsprechen und deshalb auf einen Fehler in der Übertragung hinweisen.
Beim Einsatz fehlerkorrigierender Codes kann man, zumindest wenn nicht zu viele Fehler auftreten, auf das Original-Codewort zurückschließen. Im Vergleich zur Fehlererkennung erfordert die Fehlerkorrektur einen höheren Aufwand. Sie ist aber immer dann notwendig, wenn im Fehlerfall keine Neuübertragung des Codewortes angefragt werden kann. Ist eine Rückfrage möglich, dann ist der Einsatz eines fehlererkennenden Code ausreichend, als fehlerhaft erkannte Codeworte können erneut übermittelt werden.

Exkurs 9: Fehlererkennende und fehlerkorrigierende Codes

Nachricht und Redundanz

Wir definieren zunächst, was unter einem Fehler zu verstehen ist, und betrachten dazu den Aufbau eines beliebiges Datenpakets, in diesem Zusammenhang auch als **Codewort** bezeichnet.

Tabelle 4.4. Bitfehlerwahrscheinlichkeiten

Übertragungsmedium	**Bitfehlerwahrscheinichkeit (Größenordnung)**
Funk	10^{-1} bis 10^{-3}
Fernsprechleitung	10^{-5}
Digitales Datennetz	10^{-6} bis 10^{-7}
LAN (Koaxialkabel)	10^{-9}
Glasfaserkabel	10^{-12}

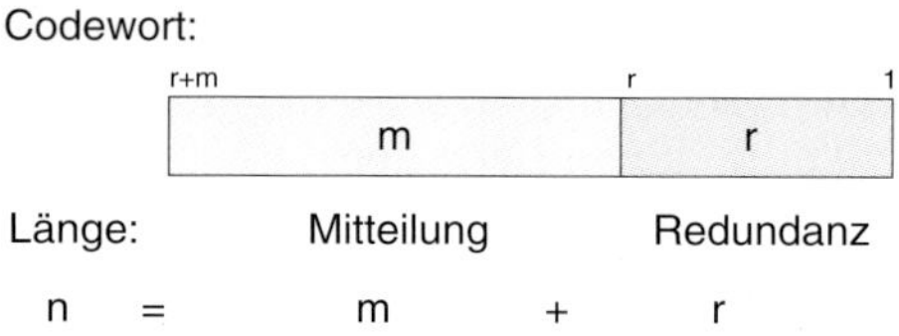

Das Codewort (Nachricht) hat also eine Länge von n=r+m Bits und besteht aus den zu übertragenden Nutzdaten (der Mitteilung) und zusätzlichen Bits, die die Erkennung eines Übertragungsfehlers ermöglichen (die Redundanz).

Hammingdistanz
Betrachten wir zwei beliebige binäre Codeworte gleicher Länge, so läßt sich die Anzahl der Positionen, in denen die Bits nicht übereinstimmen, leicht ermitteln. Sei z.B.

Codewort C_1	1000100010001000
Codewort C_2	1000000011000000

Die beiden Codeworte differieren in genau drei Positionen. Die Anzahl der Positionen, in denen sich zwei Codeworte unterscheiden, bezeichnet man als **Hamming-Distanz** (nach Richard W. Hamming, 1915–1998). Die Bedeutung der Hamming-Distanz wird schnell klar: Wenn zwei Codeworte um δ Bits differieren, können genau δ Einzelbitfehler das eine Codewort in das andere verwandeln. Um die Hamming-Distanz von zwei gegebenen Codeworten zu ermitteln, errechnet man die bitweise EXOR-Verknüpfung der beiden Codeworte und summiert die Anzahl der Einsen im Ergebnis dieser Operation:

C_1	1000100010001000
C_2	1000000011000000
$C_1 \oplus C_2$	0000100001001000

Insgesamt kann es 2^m verschiedene Mitteilungen der Länge m geben. Unabhängig davon, welches Verfahren zur Berechnung der Redundanz verwendet wird, kann nicht jedes der 2^n theoretisch möglichen Codeworte auftreten. Mit Hilfe des Algorithmus, der die Redundanz errechnet, kann die Liste aller „erlaubten" Codeworte erstellt werden. Das Codewort-Paar aus dieser Liste, das die kleinste mögliche Hammingdistanz $\delta_{\min}$ besitzt, definiert die Hammingdistanz des Codes und gilt als Maßzahl für die **Störsicherheit** des verwendeten Codes. Um in einem Codewort δ-1 Fehler erkennen zu können, muß der verwendete Code mindestens eine Hammingdistanz von δ besitzen. In einem solchen Code ist es nicht möglich, daß δ-1 Einzelbitfehler dazu führen, daß das fehlerhafte Codewort mit einem anderen, zulässigen Codewort übereinstimmt. Auch können in einem Code mit Hammingdistanz δ Einzelbitfehler, die weniger als $\delta/2$ Bits betreffen, automatisch korrigiert werden, indem man einfach zum empfangenen Codewort das nächstliegende zulässige Codewort sucht.

Paritätsbit
Das einfachste Beispiel für einen fehlererkennenden Code ist das Anhängen eines **Paritätsbits**. Das Paritätsbit entspricht der Parität der 1-Bits im Codewort. Ist deren Anzahl gerade, dann wird das Paritätsbit gleich 0 gesetzt, anderenfalls gleich 1. Für C_1=1000100010001000 z.B. ist die Anzahl der 1-Bits gleich 4, also von gerader Parität. C_1 wird um das Paritätsbit $p=0$ erweitert und das zu übertragende Codewort ergibt sich als C'_1=0100010001000100|0. Ein Code mit einem einzelnen Paritätsbit hat die Hammingdistanz $\delta = 2$ und kann dazu benutzt werden, einzeln auftretende Bitfehler, sogenannte **Einzelbitfehler**, zu erkennen. Codes, bei denen die Mitteilung unverändert als Block bestehen bleibt und die Prüfbits angehängt werden, heißen **systematische Blockcodes**.

Wie groß muß die Redundanz r gewählt werden, um sicherzustellen, daß jeder Einzelbitfehler bei Mitteilungen der Länge m erkannt werden kann? Betrachtet man C_i, eine einzelne der 2^m möglichen Mitteilungen, so gibt es nach Ergänzung mit der Redundanz R_i insgesamt n=m+r Möglichkeiten, unzulässige Codeworte mit der Hammingdistanz δ=1 zu bilden. Man kann diese unzulässigen Codeworte erzeugen, indem man einfach ein Bit nach dem anderen im zusammengesetzten Codewort C_iR_i invertiert. Somit besitzt jede der 2^m Mitteilungen n+1 verschiedene Bitmuster, die durch eventuelle Einzelbitfehler aus ihr entstehen können und nur ihr alleine zuzuordnen sind. Die Gesamtzahl der möglichen Bitmuster in unserem Code beträgt 2^n, es muß daher gelten

$$(n+1)2^m \leq 2^n.$$

Für die Codelänge $n = r + m$ ergibt sich damit

$$(m+r+1) \leq 2^r$$

als eine Untergrenze für die Anzahl r der benötigten Bits zur Entdeckung aller möglichen Einzelbitfehler.

Hamming-Code
Ein Code, der diesem Schema folgt und alle Einzelbitfehler erkennt, stammt von Hamming selbst.

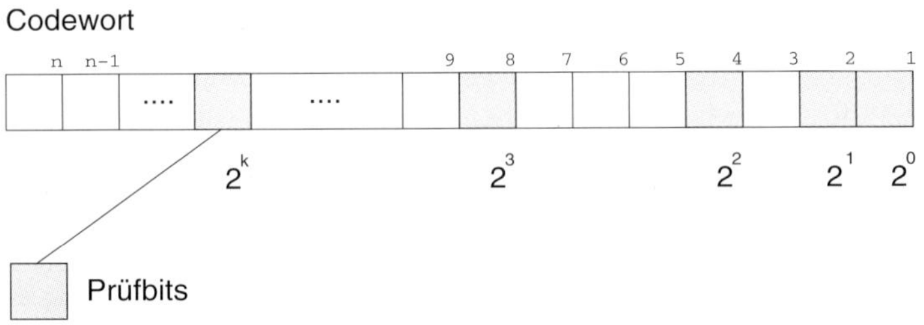

Alle Bits des Codeworts werden durchnumeriert. Dabei werden alle Bits, die mit einer Zweierpotenz numeriert sind (1,2,4,8,16, etc.) als **Prüfbits** verwendet, während die restlichen Bits (3,5,6,7,9,10, etc.) mit den m Bits der Mitteilung gefüllt werden. Jedes Prüfbit steht jetzt für die Parität einer ganzen Reihe von Einzelbits. Ein Bit kann somit Teil verschiedener Paritätbits sein. Das Datenbit an der Stelle k, $1 \leq k \leq n$, wird dabei den Prüfbits zugeteilt, die in der binären Kodierung von k enthalten sind. Ist z.B. k=11, dann ist $k=1+2+8=2^0+2^1+2^3$ und das k-te Bit geht in die Paritätsberechnung der Prüfbits 0, 1, und 3 ein.

Betrachten wir z.B. einen Hammingcode zur Übertragung von Codeworten, die jeweils aus m=11 Datenbits und r=4 Prüfbits zusammengesetzt sind. Dieser aus n=15 Bit langen Codewörtern bestehende Code wird auch als 15/11-Code bezeichnet.

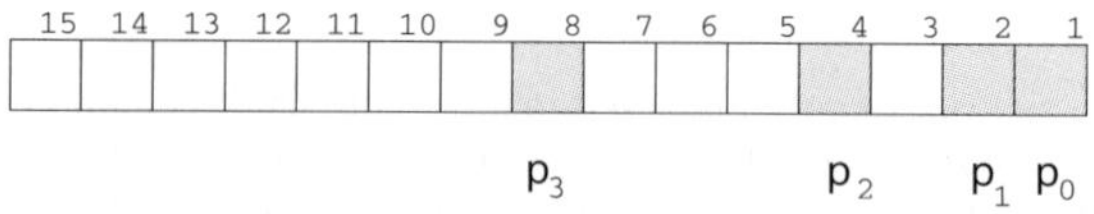

Die Prüfbits seien mit p_0 - p_3 bezeichnet, Bits mit c_1 - c_{15} durchnumeriert. Entsprechend der angegebenen Regel zur Erzeugung der Prüfbits, werden diese folgendermaßen gebildet:

$$p_0 = c_3 \oplus c_5 \oplus c_7 \oplus c_9 \oplus c_{11} \oplus c_{13} \oplus c_{15}$$
$$p_1 = c_3 \oplus c_6 \oplus c_7 \oplus c_{1o} \oplus c_{11} \oplus c_{14} \oplus c_{15}$$
$$p_2 = c_5 \oplus c_6 \oplus c_7 \oplus c_{12} \oplus c_{13} \oplus c_{14} \oplus c_{15}$$
$$p_3 = c_9 \oplus c_{10} \oplus c_{11} \oplus c_{12} \oplus c_{13} \oplus c_{14} \oplus c_{15}$$

Zur Verdeutlichung der Interaktion der einzelnen Prüfbits (Position 1, 2, 4 und 8) werden diese in Tabellenform dargestellt.

Pos	15	14	13	12	11	10	9	**8**	7	6	5	**4**	3	**2**	**1**	**Parität**
p_0	×		×		×		×		×		×		×		**x**	0
p_1	×	×			×	×			×	×			×	**x**		0
p_2	×	×	×	×					×	×	×	**x**				0
p_3	×	×	×	×	×	×	×	**x**								0

Alle Prüfbits ergeben sich aus jeweils 7 Koeffizienten. Berechnet man die Parität über ein Prüfbit p_i zusammen mit seinen zugehörigen Koeffizienten, muß diese stets gerade sein, also $p_i \oplus c_{i1} \oplus \ldots \oplus c_{i1}$ =0 (siehe letzte Spalte der Tabelle).
Angenommen, es soll folgende Bitfolge übertragen werden: 00010111001. Zusammen mit den berechneten Prüfbits p_0 - p_3 ergibt sich das Codewort 0001011**1**100**0111**. Sei weiter angenommen, daß bei der Datenübertragung ein Fehler an Position 7 auftritt, also c_7 invertiert wird, dann erreicht den Empfänger das fehlerhafte Codewort 0001011**1**000**0111**. Zum Überprüfen des empfangenen Codewortes kann dieses wieder in der angegebenen Tabellenform betrachtet werden:

Pos	15	14	13	12	11	10	9	**8**	7	6	5	**4**	3	**2**	**1**	**Parität**
C	0	0	0	1	0	1	1	1	**0**	0	0	0	1	1	1	
p_0	0		0		0		1		0		0		1		**1**	**1–F**
p_1	0	0			0	1			0	0			1	**1**		**1–F**
p_2	0	0	0	1					0	0	0	**0**				**1–F**
p_3	0	0	0	1	0	1	1	**1**								0–ok

Die Überprüfung der Parität für p_0 - p_2 ergibt jeweils den fehlerhaften Wert **1**, lediglich p_4 ist korrekt berechnet worden. Die geschickte Wahl der Zusammenstellung der Prüfbits macht jetzt eine exakte Lokalisierung des aufgetretenen Einzelbitfehlers möglich. Lediglich die Stelle c_7 vermag als Einzelbitfehler die Berechnung der Prüfbits p_0 - p_2 zu verfälschen. Addiert man die Zweierpotenzen der Prüfbitindizes ($2^2+2^1+2^0 = 4+2+1 = 7$) erhält man die fehlerhafte Stelle. Auf diese Weise kann jeder Einzelbitfehler des Codes erkannt und behoben werden.

Ein Algorithmus zur Überprüfung des korrekten Empfangs eines Hammingcodes könnte folgendermaßen ablaufen: Für das empfangene Codewort wird ein Zähler **z** mit dem Wert 0 initialisiert, z=0. Daraufhin wird die Berechnung für jedes Prüfbit p_i wiederholt, um zu überprüfen, ob dieses die korrekte Parität enthält. Stimmt die Berechnung nicht mit dem gesetzten Prüfbit p_i überein, wird i zum Zähler hinzuaddiert, z := z+i. Sind alle Prüfbits derart nachgeprüft und enthält der Zähler den Wert 0 (z=0), dann war die Übertragung

korrekt und das nächste Datenpaket kann überprüft werden. Ist der Zähler jedoch ungleich 0 (z=k, k≠0), dann enthält er genau die Position des fehlerhaften, invertierten Bits c_k. Über das Kodierungsschema des Hamming-Codes ergibt sich eine Hamming-Distanz von δ_{min}=3 als minimale Distanz zwischen zwei beliebigen zulässigen Codeworten. Daher ist es mit dem Hamming-Code möglich, einzeln auftretende Einzelbitfehler zu korrigieren und doppelt auftretende Einzelbitfehler zu erkennen.
Der Hammingcode kam lange Zeit in den Routinen zum Hauptspeicherzugriff in Computern zum Einsatz. Allerdings ist dieses Verfahren nur für kurze Codewörter rentabel, so daß heute andere Verfahren, wie z.B. Matrix-Prüfsummenverfahren zum Einsatz kommen

Matrix-Paritätsprüfung
Werden größere Datenblöcke übertragen, kann die Restfehlerwahrscheinlichkeit sehr hoch werden, wenn nur ein Paritätsbit verwendet wird. Daher wendet man hier **mehrfache Paritätsprüfungen** an und ordnet dazu die zu prüfenden Codeworte in einer Matrix der Größe n×k an. Dabei wird für jede Zeile der Matrix eine Längsparität und für jede Spalte eine Querparität berechnet (siehe Abb. 4.12).

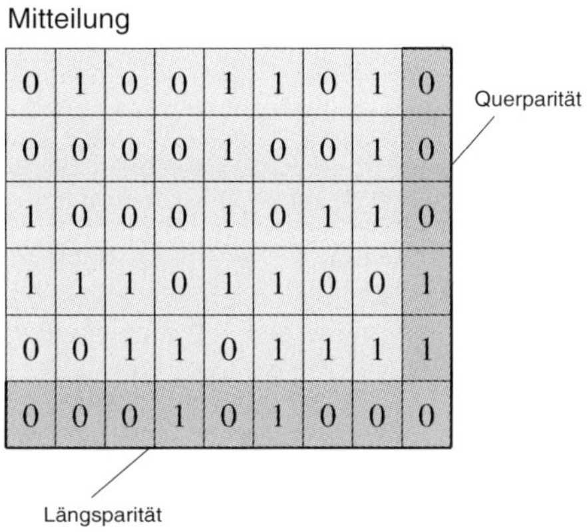

Abb. 4.12. Matrix-Paritätsprüfung

Werden die einzelnen Codeworte jetzt nicht der Reihe nach übertragen, sondern jede Spalte der Matrix für sich selbst, dann kann selbst ein k-Bitfehler, der eine komplette Spalte betrifft, wieder mit Hilfe der Querparitätbits rekonstruiert werden.

Prüfsummenverfahren
Eine weitere Idee zur Fehlererkennung, die in der Praxis häufig angewandt wird, ist die Ermittlung von **Prüfsumme**. Dabei werden die durch die übertragenen Bitfolgen dargestellten Zeichen als numerische Werte interpretiert, zu einzelnen Blöcken zusammengefaßt und deren Summe berechnet. Als Binärzahl kodiert wird diese Prüfsumme einfach mit an die zu übertragenden Daten angehängt. Prüfsummenverfahren werden z.B. im IP-Protokoll verwendet. Das bekannteste Verfahren ist die sogenannte **zyklische Redundanzüberprüfung** (**Cyclic Redundancy Check**, **CRC**, auch als **Polynomialcode** bezeichnet).
Die Grundidee im CRC-Verfahren ist es, die zu übertragenden Bits der Mitteilung als Koeffizienten u_i, $0 \leq i \leq m-1$, eines Polynoms aufzufassen, die entweder 0 oder 1 sein können. Die m Nutzbits der Mitteilung werden also wie folgt interpretiert:

$$M(x) = u_{m-1}x^{m-1} + u_{m-2}x^{m-2} + \ldots + u_1 x + u_0.$$

Das Polynom M(x) ist vom Grad m-1. Die Mitteilung 11000101 hat z.B. genau 8 Bit und erzeugt das Polynom $M(x)=x^7+x^6+x^2+1$. Die Rechenregeln für diese Polynome entsprechen den üblichen Rechenregeln in einem Körper mit der Charakteristik 2 ($\mathbf{F}_2$), Addition und Subtraktion entsprechen der EXOR-Operation. Die Division entspricht exakt dem Verfahren für Binärzahlen, nur daß die Subtraktion hier wieder als EXOR berechnet wird.
Das Polynom M(x) wird nun durch ein gemeinsam von Sender und Empfänger verwendetes **Generatorpolynom** G(x) dividiert, und der Divisionsrest bildet die anzuhängende Blockprüfsumme. Das Generatorpolynom ist vom Grad r, das erste und das letzte Bit müssen ungleich Null sein, $g_r, g_0 \neq 0$:

$$G(x) = g_r x^r + g_{r-1}x^{r-1} + \ldots + r_1 x + r_0.$$

An die Mitteilung werden jetzt r Nullbits angehängt, was dem Polynom $x^r M(x)$ entspricht. $x^r M(x)$ wird unter Verwendung der Rechenregeln für endliche Körper durch G(x) dividiert. Dabei entsteht ein Restpolynom R(x), das höchstens vom Grad r-1 ist. Die Koeffizienten von R(x), $r_{r-1}, \ldots, r_0$, werden an die Mitteilung angehängt. Somit entspricht der zu übertragenden Nachricht das Polynom $N(x)=x^r M(x)-R(x)$.
Dieses Polynom ist jetzt durch G(x) teilbar. Wird N(x) fehlerfrei übertragen, so berechnet der Empfänger N(x)/G(x) und erhält den Rest 0.

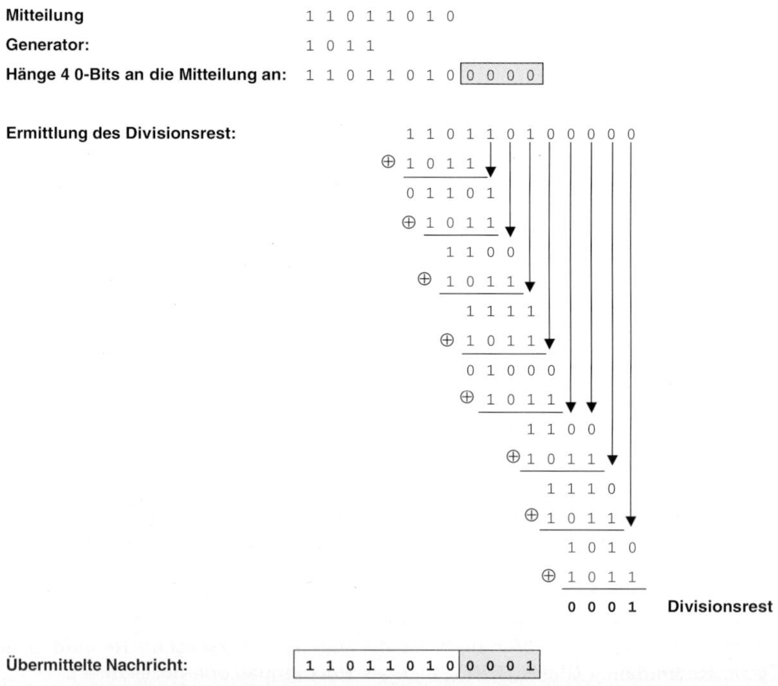

Abb. 4.13. CRC-Prüfsummenverfahren

Es ist klar, daß N(x) auf alle Fälle durch G(x) teilbar ist, denn für jedes Divisionsproblem gilt: Wenn man vom Dividenden den Divisionsrest abzieht, so ist das Ergebnis der Subtraktion immer durch den Divisor teilbar.
Um jetzt den Nutzen der Methode zu analysieren, nehmen wir an, daß in der Übertragung von N(x) tatsächlich ein Übertragungsfehler auftritt. Anstelle des Bitstrings N(x) erhält der Empfänger die fehlerhafte Nachricht N(x)+E(x). Jedes 1-Bit in E(x) korrespondiert zu einem Einzelbitfehler, also einer Stelle in N(x), die durch den Übertragungsfehler invertiert wurde. Enthält E(x) k 1-Bits, so traten k Einzelbitfehler auf.
Der Empfänger dividiert nun die empfangene und um die Prüfsumme erweiterte Nachricht durch G(x), d.h. (N(x)+E(x))/G(x). Da N(x)/G(x)=0, ist das Ergebnis gleich E(x)/G(x). Fehler, die an exakt den Stellen auftreten, an denen das Generatorpolynom G(x) ebenfalls 1-Bits enthält, werden übersehen. Alle anderen aber werden erkannt.
Tritt ein Einzelbitfehler auf, ist also E(x)=x^i, wobei i angibt, welches Bit der Nachricht fehlerhaft ist, so kann er erkannt werden, wenn das Generatorpolynom so gestaltet ist, daß es mindestens 2 Terme enthält, damit E(x) niemals durch G(x) teilbar ist. Alle Einzelbitfehler können also erkannt werden, wenn das Generatorpolynom mindestens zwei Terme enthält.
Treten zwei isolierte Einzelbitfehler auf, so daß E(x)=x^i+x^j, i>j, dann ist E(x)=$x^j(x^{i-j}+1)$. Wenn G(x) nicht durch x teilbar ist, dann können alle derartigen Doppelfehler erkannt werden, falls G(x) so gewählt wird, daß x^k+1 nicht durch G(x) teilbar ist, für k≤i-j (wobei i-j durch die Paketgröße beschränkt ist). In [Tan96] werden einfache Beispielpolynome angegeben, wie z.B. $x^{15}+x^{14}+1$, die kein Polynom der Form x^k+1 teilt für k<32.768.
Auch eine weitere interessante Eigenschaft der Arithmetik über $\mathbf{F}_2$ kann hier genutzt werden: Kein Polynom ungerader Länge, d.h. mit ungerader Anzahl von einzelnen Termen, besitzt x+1 als Teiler. Indem wir jetzt einfach x+1 in das Generatorpolynom mitaufnehmen, kann sichergestellt werden, daß alle Fehler, die eine ungerade Anzahl Bits betreffen, erkannt werden.
Sogenannte Bündelfehler starten und enden mit einem 1-Bit. Der Bereich zwischen den beiden begrenzenden 1-Bits kann sowohl 0-Bits als auch 1-Bits enthalten, der äußere Bereich enthält nur 0-Bits. Ein Polynomialcode mit r Prüfbits kann alle Bündelfehler der Länge ≤r entdecken. Ein Bündelfehler der Länge k, also E(x)=$x^i(x^{k-1}+\ldots+1)$, wobei i den Offset des Fehlers bezeichnet, wird erkannt, wenn der Ausdruck $(x^{k-1}+\ldots+1)$ einen niedrigeren Grad als G(x) hat, denn dann kann der Divisionsrest niemals gleich 0 werden. Zusätzlich muß noch gelten, daß x^0 Teil von G(x) ist, damit die Teilbarkeit des verbleibenden Teils x_i des Polynoms ausgeschlossen ist.
Ist die Bündellänge gleich r+1, ergibt sich als Divisionsrest nur genau dann Null, wenn der Bündelfehler gleich dem Generatorpolynom ist, G(x)=E(x). Gemäß der Definition besitzt der Bündelfehler an seinen beiden Endstellen jeweils ein 1-Bit, die r-1 Bits dazwischen sind wahlfrei. Betrachtet man alle möglichen Bitkombinationen als gleichwahrscheinlich, so ist die Wahrscheinlichkeit, daß ein fehlerhaftes Datenpaket als fehlerfrei akzeptiert wird, gleich $(\frac{1}{2})^{r-1}$. Man kann zeigen, daß im Falle eines Bündelfehlers der Länge $\geq r+1$ oder im Falle mehrerer kürzerer Bündelfehler die Wahrscheinlichkeit, daß ein fehlerhaftes Datenpaket unbemerkt als korrekt akzeptiert wird, bei $(\frac{1}{2})^r$ liegt.

Die gebräuchlichsten CRC Standard Polynome lauten:

$$\begin{aligned}
\text{CRC-12} &= x^{12}+x^{11}+x^3+x^2+x+1\\
\text{CRC-16} &= x^{16}+x^{15}+x^2+1\\
\text{CRC-CCITT} &= x^{16}+x^{12}+x^5+1\\
\text{CRC-32} &= x^{32}+x^{26}+x^{23}+x^{22}+x^{16}+x^{12}+x^{11}+\\
&\quad +x^{10}+x^8+x^7+x^5+x^4+x^2+x+1
\end{aligned}$$

CRC-12 wird für Übertragungen von 6-Bit-Zeichen benutzt und erzeugt eine 12-Bit Blockprüffolge. CRC-16 und CCRC-CCITT werden beide für 8-Bit Übertragungen genutzt und

erzeugen eine 16-Bit Blockprüffolge. Anwendungen, die eine höhere Übertragungsicherheit benötigen, können auf CRC-32 zurückgreifen, das eine 32-Bit Blockprüffolge erzeugt. CRC-32 wird z.B. in Standardübertragungstechniken (Ethernet, FDDI, IEEE-802) genutzt.
Mit CRC-16 bzw. CRC-CCITT werden alle Einzelbitfehler, sowie alle doppelt auftretenden Einzelbitfehler und alle Fehler ungerade Länge erkannt. Dazu werden 100% aller Fehler erkannt, die kürzer als 16 Bit sind, 99.997 % aller 17 Bit Bündelfehler und 99.998% aller Bündelfehler von 18 Bit Länge und mehr.
Der CRC-Algorithmus mag recht kompliziert erscheinen, kann aber durch einfache Schieberegisteroperationen sehr leicht in Hardware realisiert werden.

Fehlerkorrekturverfahren
Bei den Codierungen zur **Fehlerkorrektur** unterschiedet man sogenannte **Blockcodes** und **Faltungscodes** (Block Code und Convolutional Code). Wie bei der Fehlererkennung, wird auch hier den Nutzdaten redundante Information hinzugefügt. Der Quotient m/n, wobei n=r+m, wird als Coderate bezeichnet. Gebräuchliche Werte sind dabei 1/2, 3/4 und 7/8. Bei den Blockcodes wird die redundante Information, ähnlich wie bei der Verwendung von Paritätsbits aus Blöcken der zu übertragenden Nutzinformation berechnet. Im Gegensatz dazu berechnen Faltungscodes die Redundanz fortlaufend aus aufeinanderfolgenden Bitfolgen.
Der Verarbeitungsaufwand für fehlerkorrigierende Codes ist relativ hoch, bei einer entsprechend niedrigen Coderate. Diese niedrige Coderate ist dafür verantwortlich, daß diese Methoden der Fehlerkorrektur nur dort angewendet werden, wo eine Übertragungswiederholung nicht praktikabel ist. Als wichtiges Beispiel seien hier terrestrische Funksysteme (**GSM**: Global System for Mobile Communication), Übertragungssysteme, die einer starken Bandbreitenbeschränkung unterliegen, wie z.B. der Funkverkehr mit interplanetaren Raumsonden (Deep Space Communication) oder digitalen Speichermedien, wie Arbeitsspeicher (**RAM**: Random Access Memory) oder Massenspeicher wie CD-ROM genannt.

Weiterführende Literatur:

E. R. Berlekamp: Algebraic Coding Theory, Aegean Park Press, Laguna Hills, CA, USA, 1984.

E. R. Berlekamp: Key Papers in the Development of Coding Theory (IEEE Press Selected Reprint Series), IEEE Press, 1988.

U. Freyer: Nachrichten-Übertragungstechnik, Hanser Verlag, München, 4. Aufl., 2000.

J. Gibson [Hrsg.]: The Communications Handbook, CRC-Press, Boca Raton FL, USA, 1996.

R. W. Hamming: Error Detecting and Error Correcting Codes, in Bell System Technical Journal, vol. 29, pp. 147-160, April 1950.

V. Pless [Hrsg.]: Handbook of Coding Theory, Vol 1-2, Elsevier, Amsterdam, 1998.

4.3 Leistungskennziffern von Rechnernetzen

Der gewöhnliche Nutzer mag ein Netzwerk nach seiner Geschwindigkeit als „schnelles“ oder „langsames“ Netz beurteilen. Da jedoch die Netztechnologien einem raschen Wandel unterworfen sind, zählt heute ein als „schnell“ bezeichnetes Netz morgen schon zu den „langsamen“. Um einen objektiven Vergleich unterschiedlicher Netzwerktechnologie zu ermöglichen, müssen deshalb anstelle solcher vagen Klassifizierungen harte quantitative Meßgrößen zur Beschreibung der Leistungsfähigkeit eines Netzes herangezogen werden. Diese Meßgrößen werden als **Leistungskenngrößen** bezeichnet und liefern eine quantitative, qualifizierbare Beschreibung konkreter Eigenschaften von Kommunikationsnetzen. Man unterscheidet dabei **benutzerbezogene Leistungskenngrößen**, die auch als technologieunabhängig bezeichnet werden, von **technologiebezogenen Leistungskenngrößen**. Diese Unterscheidung ist allerdings nicht immer konsistent und kann daher oft nicht durchgehalten werden. In der Regel werden deshalb technische Leistungskenngrößen mit benutzerbezogenen verdichtet und zusammengefaßt.

4.3.1 Benutzerbezogene Kenngrößen

Eine Zusammenstellung der benutzerbezogenen Leistungskenngrößen wird von der ANSI (American National Standards Institute) als ANSI X3.102 herausgegeben auf der Basis eines einfachen Modells (siehe Tabelle 4.5). Das ANSI-Modell geht dabei von einem verbindungsorientierten Dienst aus und bewertet diesen nach seinen drei Phasen

- Verbindungsaufbau (Zugang zum Netzwerk),
- Datenübertragung und
- Verbindungsabbau.

In jeder Phase werden jeweils die folgenden Kriterien des verbindungsorientierten Netzwerkdienstes bewertet:

- Geschwindigkeit,
- Korrektheit – Wie groß ist die Wahrscheinlichkeit, daß ein (reparabler) Fehler auftritt? – und
- Zuverlässigkeit – Wie groß ist die Wahrscheinlichkeit, daß ein (irreparabler) Fehler auftritt, der zum Abbruch führt?

4.3.2 Quality of Service

Ein zentraler Begriff in der Bemessung von Leistungskenngrößen in Netzwerken ist die sogenannte **Dienstgüte** oder **Quality of Service** (**QoS**). QoS beschreibt die Eigenschaften eines Kommunikationsnetzwerkes bezüglich der für einen bestimmten Netzwerkdienst erbrachten Leistungen. Dabei werden in der Regel die folgenden Dienstgüteattribute herangezogen:

- **Leistung**
  Die zwei wichtigsten Kenngrößen zur quantitativen Erfassung der erbrachten Leistung eines Kommunikationsnetzes sind:
  - **Durchsatz**:
    Unter dem Durchsatz (**Throughput**) versteht man eine zugesicherte Menge an Nutzdaten, die pro Zeiteinheit fehlerfrei übertragen werden

Tabelle 4.5. Benutzerbezogene Leistungskenngrößen nach ANSI X3.102

	Geschwindigkeit	Korrektheit	Zuverlässigkeit
Verbindungsaufbau	Verbindungsaufbaudauer	Wahrscheinlichkeit für falschen Verbindungsaufbau Wahrscheinlichkeit für Totalausfall	Wahrscheinlichkeit für verweigerten Verbindungsaufbau
Datenübertragung	Übertragungsdauer	Fehlerwahrscheinlichkeit Wahrscheinlichkeit für falsche Zustellung Wahrscheinlichkeit für verweigerte Übertragung	Datenverlustwahrscheinlichkeit Wahrscheinlichkeit für verweigerte Übertragung
Verbindungsabbau	Verbindungsabbaudauer	Wahrscheinlichkeit für verweigerten Verbindungsabbau	Wahrscheinlichkeit für verweigerten Verbindungsabbau

kann. Der Durchsatz wird in Bits pro Sekunde (Bits per Second, **bps**) angegeben. Oft wird Durchsatz synonym mit **Bandbreite** (**Bandwidth**) verwendet. Allerdings gibt die Bandbreite die technisch mögliche Rate an, mit der in einem Netz Daten übertragen werden können, während der Durchsatz die Menge der tatsächlich übertragenen Daten bemißt.

– **Verzögerung**:
Als Verzögerung (**Delay**) bezeichnet man die maximal zugesicherte Zeitdauer, die zwischen dem Start einer Datenübertragung und deren Abschluß liegt. Die Verzögerung wird in Sekunden oder Sekundenbruchteilen gemessen und kann je nach Standort der miteinander kommunizierenden Computer stark schwanken. Obwohl den Nutzer am Ende nur die Gesamtverzögerung interessiert, treten an unterschiedlichen Stellen des Kommunikationsprozesses verschiedenartige Verzögerungsursachen auf (siehe Exkurs 4.3.2).

- **Leistungsschwankungen**
Als Kenngrößen der Leistungsschwankungen werden alle Meßgrößen herangezogen, die Abweichungen von der maximal zugesicherten Leistung beschreiben:
– **Jitter**:
Jitter beschreibt die auftretenden Schwankungen bei der Verzögerung. Als Kenngröße für ein Kommunikationsnetzwerk beschreibt Jitter die maximal zulässig auftretende Schwankung der Verzögerung. Bei paketvermittelten Netzwerken sind diese Schwankungen unvermeidlich und können großen Einfluß auf die Nutzungsmöglichkeit des Netzwerkes haben. Generell unterscheidet man dabei:
  - **asynchrones Verhalten**: Hier ist die Verweildauer der Pakete im Kommunikationsnetzwerk zwischen Sender und Empfänger völlig un-

bestimmt und kann im Extremfall auch beliebig groß werden. Dieses Verhalten ist allerdings für viele Kommunikationsvorgänge nicht problematisch, z.B. wenn es um einen Datenaustausch via Email geht.

- **synchrones Verhalten**: Zwar ist die Verweildauer der Datenpakete im Kommunikationsnetzwerk weiterhin unbestimmt und veränderlich, aber sie ist nach oben begrenzt. Der Grenzwert kann jeweils exakt angegeben werden. Synchrones Verhalten ist für die Übertragung von Sprache und Bewegtbildinformation eine (oft nicht ausreichende) Mindestanforderung.
- **isochrones Verhalten**: Hier ist die Verweildauer für alle Datenpakete im Netzwerk gleich. Bei isochronem Verhalten ist eine Übertragung von Sprach- und Bewegtbildinformation auch in paketvermittelten Netzwerken möglich.

– **Fehlerraten**:
Unter dem Begriff der Fehlerrate werden die Wahrscheinlichkeiten für einen Datenverlust während der Übertragung und die Datenverfälschung auf der Übertragungsstrecke zusammengefaßt. Grundlegend ist dabei die **Bitfehlerrate**, die die Anzahl der fehlerhaft übertragenen Bits in Abhängigkeit von den insgesamt übertragenen Bits angibt. Ist die Bitfehlerrate eines Übertragungsmediums zu hoch, müssen Fehlererkennungs- und Fehlerkorrekturmaßnahmen ergriffen werden. Dazu bestimmt der Nutzer eine für seine Anwendung gerade noch tragbare **Restfehlerwahrscheinlichkeit**, von der es dann abhängt, wie aufwendig die eingesetzten Fehlererkennungs- und Korrektur-Verfahren arbeiten müssen.

– **Garantien**:
Alle vom Dienstanbieter zugesagten Leistungsparameter eines Kommunikationsnetzes können von diesem aber nur mit einer bestimmten Wahrscheinlichkeit garantiert werden. Daher gibt diese Kenngröße ein Maß für die Zuverlässigkeit der vom Dienstanbieter angegebenen Leistungsparameter.

- **Zuverlässigkeit**
Neben den quantitativen Meßgrößen der Leistung und der Leistungsschwankung, zählt zur Dienstgüte auch die Zuverlässigkeit der vom Dienstanbieter zur Verfügung gestellten Verbindung mit den folgenden Dienstgüteparametern:

– **Vollständigkeit**:
Der Dienstgüteparameter Vollständigkeit versichert, daß alle gesendeten Datenpakete ihr designiertes Ziel mindestens einmal erreichen. Allerdings wird dabei keine Aussage über die dazu benötigte Zeit getroffen.

– **Eindeutigkeit**:
Wird Eindeutigkeit für eine Datenübertragung garantiert, so kann der Nutzer sicher sein, daß die gesendeten Daten, höchstens ein einziges mal ihr designiertes Ziel erreichen. Wird dies nicht garantiert und erreichen

einzelne Datenpakete ihr Ziel mehrfach, so kann es aufgrund von Fehlern auf der Übertragungsstrecke leicht zu Mehrdeutigkeiten kommen.
  - **Reihenfolge-Erhaltung**:
    Mit dieser Garantie wird dem Nutzer zugesichert, daß alle gesendeten Datenpakete ihr Ziel in derselben Reihenfolge erreichen, in der sie vom Sender versendet worden sind.
- **Sicherheit**
  Unter dem Dienstgüteattribut Sicherheit werden Dienstgüteparameter zusammengefaßt, die die Unversehrtheit und Authentizität der übertragenen Daten gewährleisten:
  - **Vertraulichkeit**:
    Wird Vertraulichkeit einer Datenübertragung garantiert, dann ist kein unberechtigter Dritter in der Lage, die Datenkommunikation zwischen Sender und Empfänger abzuhören.
  - **Integrität**:
    Dieser Dienstgüteparameter steht für die Garantie der Unversehrtheit der empfangenen Daten, das heißt insbesondere, daß kein unberechtigter Dritter die gesendeten Daten auf ihrem Übertragungsweg verfälschen kann.
  - **Authentizität**:
    Mit diesem Dienstgüteparameter wird dem Nutzer zugesichert, daß eine empfangene Nachricht tatsächlich vom angegebenen Sender stammt und nicht von einem unberechtigten Dritten, der sich als Absender einer Nachricht ausgibt.
  - **Verbindlichkeit**:
    Dieser Dienstgüteparameter liefert den Nachweis, daß eine einmal zwischen Sender und Empfänger erfolgte Kommunikation tatsächlich stattgefunden hat. Weder Sender und Empfänger sind in der Lage, diese Kommunikation abzustreiten.
  - **Verfügbarkeit**:
    Dieser Dienstgüteparameter gibt an, inwieweit das vom Dienstanbieter zur Verfügung gestellte Dienstangebot tatsächlich genutzt werden kann.

Um Aussagen über die Qualität und Verbindlichkeit der spezifizierten Dienstgüteparameter treffen zu können, werden sogenannte Garantie-Stufen festgelegt.

- **Best Effort – So gut wie möglich**
  Die spezifizierten Werte der Dienstgüteparameter werden, soweit jeweils möglich, eingehalten. Es werden aber keine verbindlichen Garantien gegeben.
- **Imperfect – Unvollkommen**
  Alle angegebenen Grenzwerte für die Dienstgüteparameter werden „theoretisch“ eingehalten. Allerdings kann der Dienstanbieter nicht für alle zur Verfügung gestellten Komponenten auch definitive Zusagen geben.

- **Predicted – Vorhersehbar**
  Alle angegebenen Grenzwerte für die vom Dienstanbieter angegebenen Dienstgüteparameter werden garantiert, falls die zukünftige Auslastung des Dienstanbieters nicht höher ist als in der Vergangenheit.
- **Statistisch**
  Alle angegebenen Grenzwerte für die vom Dienstanbieter angegebenen Dienstgüteparameter werden nur mit einer bestimmten Wahrscheinlichkeit garantiert.
- **Deterministisch**
  Alle angegebenen Grenzwerte für die vom Dienstanbieter angegebenen Dienstgüteparameter werden garantiert, solange Hardware und Software des Dienstanbieters fehlerfrei arbeiten.

Paketvermittelte Netzwerke können allerdings keine Garantien für die Dienstgüteparameter Durchsatz und Verzögerung spezifizieren. Die in Aussicht gestellte Leistung wird unter der Qualitätsstufe **Best Effort** angegeben. Für ein leitungsvermitteltes Netzwerk können Durchsatz und Verzögerung dagegen sehr wohl garantiert werden.

Exkurs 10: Verzögerung in paketvermittelten Netzwerken
Betrachten wir eine Ende-zu-Ende Verbindung über ein paketvermittelndes Netzwerk. Rechner A sendet ein Datenpaket an Rechner B, das bei seiner Übertragung über das Netzwerk einen oder mehrere Vermittlungsrechner (in Abb. 4.14 die Router C und D) passiert. Ein Vermittlungsrechner, z.B. C, hat folgende Aufgaben: Eine der Verbindungen von Router C entlang der Übertragungsstrecke führt zum nächsten Vermittlungsrechner, zu Router D. Dieser Verbindung ist eine eigene Warteschlange, ein Pufferspeicher vorgelagert. Erreicht nun ein Datenpaket den Vermittlungsrechner C, so ermittelt dieser aus dem Header des Datenpakets die Zieladresse, um die entsprechende Ausgangsverbindung festlegen zu können. Das Paket wird jetzt auf die Ausgangsverbindung zu Router D gesendet, wobei es aber nur dann über diese Ausgangsverbindung weitergeschickt werden kann, wenn andere Datenpakete diese nicht blockieren und nicht vor dem weiterzuleitenden Paket in der Warteschlange liegen. In diesem Fall muß das Datenpaket zuerst in die Warteschlange eingereiht werden.
Jeder Rechner, den das Datenpaket passiert, verursacht Verzögerungszeiten (Delays). Quelle dieser Verzögerungszeiten sind:

- **Verarbeitungsverzögerung (Processing Delay)**
  Verzögerung durch die Vorverarbeitung in den beteiligten Rechnern,
- **Warteschlangenverzögerung (Queuing Delay)**
  Verzögerung durch Warten in der Warteschlange,
- **Versendeverzögerung (Transmission Delay)**
  Verzögerung bei der Aussendung am versendenden Rechner und
- **Laufzeitverzögerung (Propagation Delay)**
  Verzögerung durch die Laufzeit des Pakets auf den Verbindungswegen.

Verarbeitungsverzögerung (Processing Delay)

Die Verarbeitungsverzögerung d_{proc} ist die Zeit, die der Vermittlungsrechner benötigt, um das Datenpaket vorzuverarbeiten, d.h. um den Datenpaketheader zu lesen und zu entscheiden, wohin das Paket gesendet werden soll. Dazu gerechnet wird auch die Zeit, die für eine

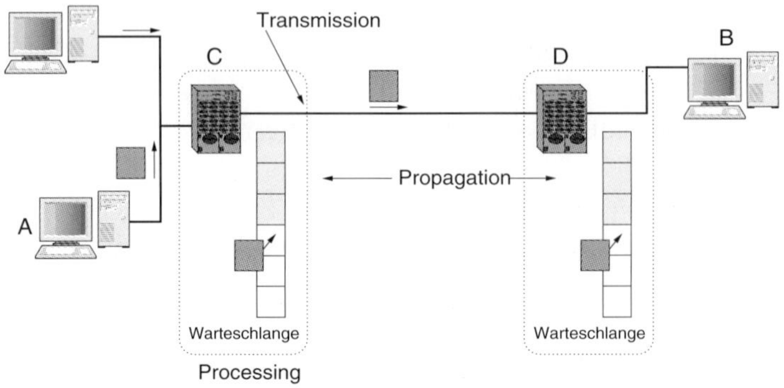

Abb. 4.14. Beispielkonfiguration für Verzögerungszeiten im LAN

eventuelle Fehlerkorrektur benötigt wird, falls Bitfehler in der Übertragung zum Vermittlungsrechner aufgetreten sind und diese mit Hilfe von Fehlererkennungsmethoden erkannt und durch geeignete Fehlerkorrekturmethoden behoben werden können. Die Verarbeitungsverzögerung liegt heute bei Vermittlungsrechnern in der Größenordnung von Mikrosekunden und weniger. Nach dieser Vorverarbeitung dirigiert der Vermittlungsrechner das Datenpaket zur Ausgangswarteschlange in Richtung Router D.

Warteschlangenverzögerung (Queuing Delay)

Im Bereich der Netzwerke erfolgt die Übertragung eines Pakets in strenger first-come-first-serve Reihenfolge. Ein Paket kann erst dann übertragen werden, wenn alle Pakete, die vor ihm an dieser Ausgangsverbindung anliegen, übertragen worden sind. Während das Paket also in der Warteschlange an der Ausgangsverbindung zu Router D auf seine Übertragung wartet, erfährt es eine Verzögerung d_{queue}, die proportional zur Anzahl der bereits in der Warteschlange befindlichen Datenpakete ist. Die Warteschlangenverzögerung kann stark variieren. Ist die Warteschlange leer, so ist die Verzögerungszeit gleich Null. Die Anzahl der Pakete, die ein ankommendes Datenpaket in der Warteschlange vorfindet, ist wiederum abhängig von der Intensität des Datenverkehrs im Netzwerk. In der Praxis variiert die Warteschlangenverzögerung eines Routers von Mikrosekunden bis in den Millisekundenbereich.

Versendeverzögerung (Transmission Delay)

Bezeichnet l die Länge des Datenpakets gemessen in Bits und r die Datenübertragungsrate zwischen Router C und D gemessen in Bit/Sekunde, dann errechnet sich die Versendeverzögerung, auch bezeichnet als Store-and-Forward Delay, einfach als l/r und beschreibt die Zeit, die nötig ist, ein komplettes Datenpaket auf der Verbindungsleitung abzusetzen. Die Übertragungsrate als solche hängt nicht ab von der Distanz, die das Datenpaket zu überbrücken hat. Sie ist lediglich davon abhängig, wie schnell der Vermittlungsrechner die Daten auf die Verbindung absetzen kann, und von der Bandbreite der Verbindung. Die Versendeverzögerung d_{trans} liegt in der Praxis im Mikrosekundenbereich oder darunter.

Laufzeitverzögerung (Propagation Delay)

Wurde ein Datenpaket auf die Verbindung zwischen den Routern C und D geschickt, muß es der Verbindung folgen, bis Router D erreicht ist. Die Zeit vom Absenden auf die designierte Verbindungsstrecke bis zur Ankunft am Empfangsrechner wird als Laufzeitverzögerung d_{prop} bezeichnet. Sie ist weitgehend von den physikalischen Eigenschaften des Übertragungsmediums bestimmt wird (Glasfaser, Kupferkabel, Funkwellen, etc.) und liegt bei 2-3 $\cdot 10^8$ m/s, also nahe der Lichtgeschwindigkeit. Die Laufzeitverzögerung berechnet sich aus der Distanz b der beiden Vermittlungsrechner dividiert durch die Ausbreitungsgeschwindigkeit s, also b/s. Wenn das letzte Bit des Datenpakets am Router D angekommen ist, wird es mit all den vorher gesendeten Bits des Datenpakets in Router D zwischengespeichert und der gesamte Prozeß wiederholt sich nun mit Router D als Ausgangspunkt. In Rechnernetzen über große Distanzen (WANs) liegt die Laufzeitverzögerung d_{prop} im Bereich von Millisekunden.

Die **Gesamtverzögerung** d errechnet sich als

$$d = d_{proc} + d_{queue} + d_{trans} + d_{prop}.$$

Neben der Warteschlangenverzögerung d_{queue} fällt dabei die Laufzeitverzögerung d_{prop} am stärksten ins Gewicht, die vom Mikrosekundenbereich (wenn die Router etwa in benachbarten Gebäuden stehen) bis in den Bereich einiger hundert Millisekunden (wenn die Router z.B. über eine Satellitenverbindung miteinander verbunden sind), sowie Versendeverzögerung d_{trans}, die von vernachlässigbar kleinen Schaltzeiten (z.B. im Falle eines 100 MBit Ethernet LANs) bis in den Bereich einiger hundert Millisekunden (wenn die Datenübertragung z.B. über ein langsames 28 kbps-Modem stattfindet) reicht.

Besonderer Augenmerk muß auf die **Warteschlangenverzögerung** gerichtet werden. Anders als bei den übrigen Verzögerungszeiten ist die Warteschlangenverzögerung abhängig von der jeweiligen Netzauslastung und kann somit von Datenpaket zu Datenpaket stark variieren. Erreichen z.B. 10 Pakete gleichzeitig die Warteschlange, so kann zwar das erste Paket ohne weitere Verzögerung direkt versendet werden, das zehnte Paket allerdings muß warten, bis die anderen neun Pakete versendet worden sind.
Zur Beschreibung der Warteschlangenverzögerung nutzt man **statistische Maßzahlen**. Maßgebend ist die Ankunftsrate der einzelnen Pakete in der Warteschlange, sowie die Art ihrer Verteilung. Die Pakete können z.B. zeitlich gleichmäßig verteilt eintreffen oder gehäuft in sogenannten Bursts. Wir wollen die Situation genauer analysieren. Bezeichne a die durchschnittliche Ankunftsrate der Datenpaketen an unserer Warteschlange, gemessen in Paketen pro Sekunde, r die Übertragungsrate und l die Länge des Datenpakets. Dann beträgt die durchschnittliche Ankunftsdatenrate l·a bps. Nehmen wir der Einfachheit an, die Warteschlange sei unbegrenzt lang, d.h. es können keine Datenpakete verloren gehen. Dann bezeichnet das Verhältnis I=$\frac{l \cdot a}{r}$ die **Intensität** des Datenaufkommens. Ist I>1, dann ist die durchschnittliche Datenankunftsrate höher als die Übertragungsrate der angeschlossenen Leitung, d.h. die Warteschlange wächst bis ins Unendliche an. Man muß also stets darauf achten, daß I $\leq$ 1 gilt.
Betrachten wir nun den Fall I $\leq$ 1 genauer: Die Wartezeit wird hier dadurch bestimmt, wie die Datenpakete in der Warteschlange ankommen. Erreichen die Datenpakete die Warteschlange in periodischem Abstand, d.h. kommt alle l/r Sekunden ein Paket an, fällt keine Warteschlangenverzögerung an. Wenn die Datenpakete aber wie in der Praxis gehäuft in Bursts eintreffen, dann kann eine signifikante Warteschlangenverzögerung entstehen: Angenommen, n Pakete treffen gleichzeitig in einem konstanten Intervall von (l/r)·n Sekunden ein. Das erste Paket kann sofort versendet werden, für seine Wartezeit gilt $d_{queue_1} = 0$. Das zweite Paket muß bereits d_{queue_2}= l/r Sekunden warten, während das letzte Paket mit d_{queue_n} = (n-1)·(l/r) Sekunden die längste Wartezeit in Kauf nehmen muß.
In der Realität stellt die Ankunft eines Datenpakets einen **Zufallsprozeß** dar. Der Abstand zwischen den einzelnen Paketen ist nicht konstant, sondern beträgt eine zufällig lange Zeitspanne. Die Datenintensität I allein reicht hier für eine vollständige und realistische Beschreibung der statistischen Verteilung der Wartezeiten nicht mehr aus. Ausgefeiltere mathematische Methoden sind zu ihrer Beschreibung erforderlich. Sie kann aber beitragen, ein intuitives Verständnis für die Warteschlangenverzögerung zu entwickeln.
Ist die Intensität nahe Null, dann ist die Wartezeit vernachlässigbar. Ist die Intensität nahe Eins, dann treten Zeitintervalle auf, in denen die Ankunftsrate die Übertragungsrate übersteigt, und Datenpakete müssen in der Warteschlange warten. Nähert sich die Intensität weiter der Eins, so wächst die Warteschlangenverzögerung rapide an. Eine nur kleine

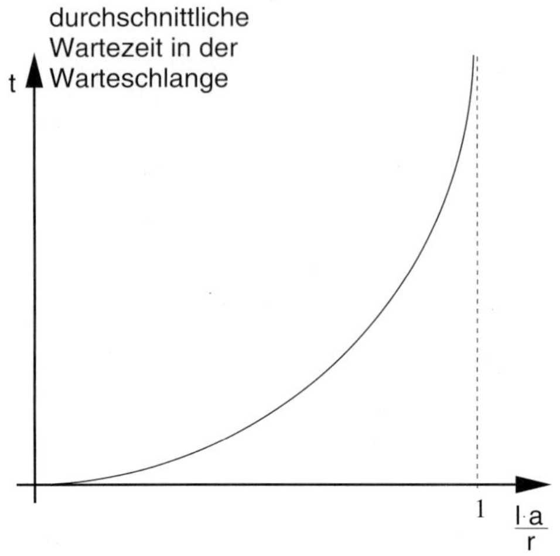

Abb. 4.15. Durchschnittliche Wartezeit in der Warteschlange

prozentuale Erhöhung der Intensität kann dann zu einem immensen Wachstum der Warteschlangenverzögerung führen.

Paketverlust

Bislang sind wir in unseren Betrachtungen von der vereinfachenden Annahme ausgegangen, daß unbegrenzt lange Warteschlangen verfügbar sind. In der Praxis ist die Situation selbstverständlich anders, die Warteschlangenkapazität ist stets beschränkt. Die Warteschlange kann also auch nicht bis ins Unendliche wachsen, wenn sich die Datenintensität der Eins nähert. Wenn dann ein ankommendes Paket die Warteschlange gefüllt vorfindet und kein weiterer Speicherplatz mehr zur Verfügung steht, dann kann der Vermittlungsrechner das Datenpaket nicht übergeben, d.h. das Paket wird ignoriert und geht verloren. Für die Endsysteme erscheint dieser Zustand als Paketverlust, denn das Paket wurde versendet, kam aber nie an seinem Bestimmungsort an. Der Anteil an verlorenen Paketen steigt, sobald die Datenintensität wächst. Deshalb wird die Leistungsfähigkeit eines Netzrechners neben der Angabe der durchschnittlichen Verzögerungszeit auch durch die Wahrscheinlichkeit, mit der ein Paketverlust auftritt, quantifiziert.

Weiterführende Literatur:

D. Bertsekas, R. Gallagher: Data Networks, 2nd Ed., Prentice Hall, Englewood Cliffs NJ, USA, 1991.

J. N. Daigle: Queuing Theory for Telecommunications, Addison-Wesley, Reading MA, 1991.

L. Kleinrock: Queuing Systems, Vol1, John Wiley NY, USA, 1975.

U. Black: Emerging Communications Technologies, 2nd Ed., Prentice Hall, 1997.

4.3.3 Qualitative Leistungskriterien

Neben den quantitativ exakt erfaßbaren Leistungskenngrößen, werden Kommunikationsnetzwerke aber auch durch weitere Eigenschaften gekennzeichnet, die lediglich qualitativ beschrieben werden können. Obwohl eine exakte

- **Bandbreite (Bandwidth)**
  Kenngröße für die maximal erreichbare Frequenz der Datenübertragung in einem physikalischen Medium.
- **Datenrate (Data Rate)**
  Je nach verwendeter Leitungskodierung ist die zur Verfügung stehende Bandbreite in einer Netzwerkteilstrecke beschränkt und es kann lediglich eine bestimmte Rohdatenrate erreicht werden.
- **Durchsatz (Throughput)**
  Bezeichnet die tatsächliche Anzahl der pro Zeiteinheit auf einer Teilstrecke des Netzwerks übertragenen Daten. Der Durchsatz berücksichtigt dabei auftretende Verzögerungen, wie z.B. die Signallaufzeit eines Signals auf einer physikalischen Leitung.
- **Antwortzeit (Response Time)**
  Bei bidirektionalen Datenverbindungen führt das Aussenden einer Nachricht in der Regel zu einer Antwort des Empfängers. Die Antwortzeit berechnet sich aus der Zeitspanne, die vom Absenden des ersten Bits der Nachricht bis zum Empfang des letzten Bits der Antwort, vergeht. Die minimale garantierte Antwortzeit eines Netzwerks entspricht der sogenannten **Netzumlaufzeit** (Round Trip Time) und wird durch die maximal zu überbrückende Distanz (bzw. langsamste Verbindung) bestimmt.
- **Verzögerung/Durchsatz-Produkt (Delay-Throughput Product)**
  Bezieht sich diese Angabe ausschließlich auf die verwendete Hardware, wird sie oft als Verzögerung/Bandbreite-Produkt angegeben. Dieses Produkt mißt das Datenvolumen, das sich zu einem gegebenen Zeitpunkt im Netzwerk befinden kann. In einem Netz mit Durchsatz T und Verzögerung D befinden sich zu einem gegebenen Zeitpunkt maximal $T \times D$ Bits im Transit.

Abb. 4.16. Leitungskenngrößen im Kommunikationsnetzwerk

Tabelle 4.6. Erforderliche Datenraten für verschiedene Anwendungen

Anwendung	**erforderliche Datenrate**
Email-Übertragung	0,3 bis 9,6 kbps
Mobiltelefonie (GSM)	9,6 kbps
Digitale Sprachübertragung	64 kbps
Audiosignale (komprimiert)	64 bis 256 kbps
Audiosignale (unkomprimiert)	1,4 Mbps
Videosignale (komprimiert)	0,768 bis 1,4 Mbps
Videosignale (unkomprimiert)	2 bis 10 Mbps
Videosignale (hohe Qualität, z.B. Telemedizin)	bis 50 Mbps
Videosignale (HDTV unkomprimiert)	bis 2 Gbps

Messung dieser Eigenschaften nicht möglich ist, sind sie dennoch von gleichrangiger Bedeutung wie die exakt meßbaren quantitativen Leistungskriterien. Zu den qualitativen Leistungskenngrößen zählen:

- **Verfügbarkeit (Availability)**
  Gibt an, zu welchem Anteil der Betriebszeit (ausgedrückt in Prozent) das Kommunikationsnetz den Nutzern tatsächlich mit der vom Dienstanbieter in Aussicht gestellten Leistung zur Verfügung steht. Die Betriebszeit wird häufig mit 24 Stunden pro Tag und 365 Tage im Jahr angegeben.

- **Brauchbarkeit (Usability)**
  Schwer zu erfassende Kenngröße, mit der die Zufriedenheit der Nutzer mit dem vom Dienstanbieter zur Verfügung gestellten Netzwerk angegeben wird. Dazu gehören sowohl die Einfachheit der Nutzung, sowie die Einhaltung akzeptabler Leistungsvorgaben.
- **Kompatibilität (Compatibility)**
  Gibt an, in welchem Maße die Endgeräte des Anwenders mit den vom Dienstenbieter zur Verfügung gestellten Netzschnittstellen übereinstimmen und ohne großen Anpassungsaufwand betrieben werden können.
- **Sicherheit (Security)**
  Zusammenfassung mehrerer Kriterien, die die Zuverlässigkeit der Datenübertragung in einem Kommunikationsnetzwerk auch im Hinblick auf das unberechtigte Eingreifen Dritter beschreiben.
- **Skalierbarkeit (Scalability)**
  Damit soll zum Ausdruck gebracht werden, in welchem Maße ein Kommunikationsnetzwerk betrieben werden kann, wenn es wesentlich größer (oder kleiner) ausgelegt wird, als dies die optimalen Betriebsparameter festlegen.
- **Handhabbarkeit (Manageability)**
  Dieses Gütekriterium gibt an, inwieweit das Kommunikationsnetzwerk laufend überwacht, an veränderte Gegebenheiten angepaßt und im Sinne der Regelungstechnik geregelt wird. Ein Netzwerk funktioniert nur dann zufriedenstellend, wenn diese Überwachung möglichst kontinuierlich und notwendige Regelungen zügig erfolgen.

Selbst in Problemsituationen soll ein Kommunikationsnetzwerk noch eine zufriedenstellende Leistung erbringen. In welchem Maße das Netzwerk in Ausnahmesituationen belastbar ist, ohne dabei seine Funktionsfähigkeit zu verlieren, wird als **Robustheit** (Robustness) bezeichnet. Ein robustes Netz kann z.B. Ausfälle von Verbindungsrechnern durch schnelle Rekonfiguration ausgleichen. Ebenso ist ein robustes Netzwerk in der Lage, nach Behebung des aufgetretenen Fehlers möglichst schnell wieder in den Ausgangszustand und einen damit verbundenen Normalbetrieb zurückzufinden. Ein solches Netzwerk ist auch in der Lage, nach einem Teil- oder Totalausfall selbstständig wieder den Betrieb aufzunehmen (Selbst-Stabilisierung).

4.4 Grundlagen der Sicherheit in Rechnernetzen

Sicherheit zählt nicht nur zu den Dienstgüteparametern, nach denen ein Netzwerk charakterisiert werden kann, sondern ist ein eigenständiger und sehr bedeutsamer Gesichtspunkt, der vor allen Dingen rechtliche und wirtschaftliche Aspekte beinhaltet. In diesem Abschnitt sollen nur sehr kurz einige Grundbegriffe der Sicherheit in Kommunikationsnetzen angesprochen werden. Eine ausführlichere Darstellung folgt in Kapitel 9.

4.4.1 Bedrohungen und Sicherheitsziele

Prinzipiell lassen sich Kommunikationsnetzwerke aus sicherheitstechnischer Sicht in offene und geschlossene Netze unterteilen. **Geschlossene Netze** bilden eigenständige Inselnetzwerke, auf die von außen ohne physikalischen Zugang nicht zugegriffen werden kann. Hier kann man davon ausgehen, daß es nicht zu unbefugten Eingriffen kommt bzw. diese nur mit erheblicher krimineller Energie möglich sind. Ganz anders ist die Situation in **offenen Netzen**. Offene Netze verfügen über einen Anschluß an das weltweite Internet, so daß ein Zugriff von außerhalb daher prinzipiell möglich ist.
Es existiert eine Vielzahl von Bedrohungen, denen ein offenes Netzwerk ausgesetzt ist (siehe Abb. 4.17).

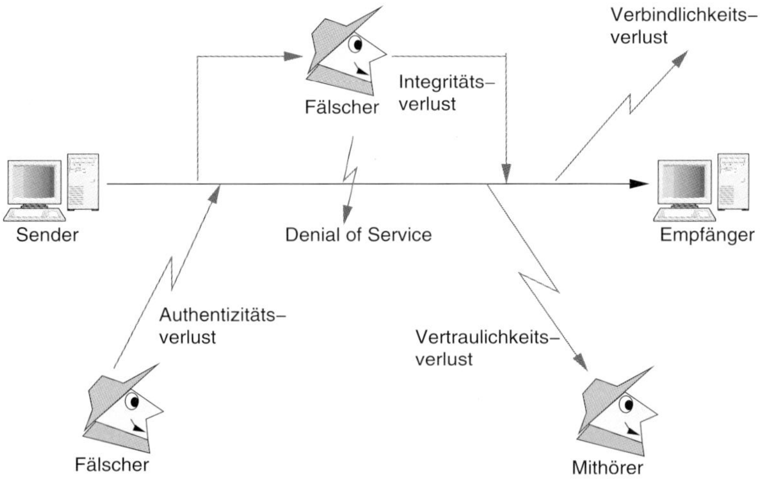

Abb. 4.17. Unterschiedliche Arten der Bedrohung von Kommunikationsnetzen

Die Analyse der einzelnen Bedrohungsarten führt zur Formulierung verschiedener **Sicherheitsziele**:

- **Vertraulichkeit (Privacy)**
  Hört ein unbefugter Dritter eine Kommunikation ab (**Eaves Dropping**), kann die Vertraulichkeit einer Kommunikation, bei der der Kommunikationsinhalt jeweils nur Sender und Empfänger bekannt sind, nicht gewährleistet werden. Die Folge ist ein Verlust der Vertraulichkeit der Kommunikation und damit verbunden der Privatsphäre (**Loss of Privacy**).
- **Authentizität (Authenticity)**
  Die Authentizität einer Nachricht garantiert die Identität des Senders gegenüber dem Empfänger. Dringt ein unbefugter Dritter in einen Kommunikationsvorgang ein und konstruiert eine Nachricht für den Empfänger unter Vorspiegelung eines falschen Absenders, geht die Authentizität der

Nachricht verloren (**Loss of Authenticity**). Der Empfänger ist dann nicht mehr in der Lage zu erkennen, ob die empfangene Nachricht vom angegebenen Empfänger stammt.

- **Integrität (Integrity)**
Die Datenintegrität garantiert dem Empfänger, daß die Nachricht, die er vom Sender erhalten hat, auf dem Übertragungsweg nicht verfälscht worden ist. Schaltet sich ein unberechtigter Dritter in die Übertragung ein, kann er die Nachricht abfangen und in seinem Sinne verändern. Die Folge ist der Verlust der Datenintegrität (**Loss of Integrity**), der Empfänger geht fälschlicherweise davon aus, daß die erhaltene Nachricht vollständig und unverändert (integer) ist.
- **Verbindlichkeit (Non-Repudiation)**:
Das Kommunikationsnetzwerk stellt idealerweise ein zuverlässiges (verbindliches) Übertragungsmedium dar, d.h. weder Sender noch Empfänger einer Nachricht können die Versendung bzw. den Empfang einer Nachricht abstreiten. Ohne diese Verbindlichkeit ist eine zuverlässige, rechtsverbindliche Datenübertragung nicht möglich, eine sinnvolle Geschäftsabwicklung kann nicht erfolgen.
- **Verfügbarkeit (Availability)**
Im Idealfall ist jeder von einem Dienstanbieter im Kommunikationsnetzwerk zur Verfügung gestellte Dienst verfügbar, d.h. für Sender und Empfänger verbindlich zu nutzen. Allerdings kann ein unbefugter Dritter, der sich in das Kommunikationsnetz einschaltet, die Verfügbarkeit der Dienste durch gezielte Manipulation an der Netzwerkinfrastruktur oder auch an den damit verbundenen Endsystemen beeinträchtigen oder gar verhindern (**Denial-of-Service**).

Werden die genannten Bedrohungen zur Tatsache, d.h. greift ein unberechtigter Dritter das Kommunikationsnetz in einer der genannten Varianten an, kann man aktive und passive Angriffe unterscheiden.

- **aktive Angriffe**
Bei aktiven Angriffen findet eine Veränderung der Inhalte der Datenkommunikation statt. Der Angreifer verfälscht Inhalte, manipuliert deren Authentizität oder verhindert die Nutzung von Kommunikationsdiensten. Da ein aktiver Eingriff in das Kommunikationsgeschehen erfolgt, ist ein aktiver Angriff leichter zu erkennen als ein passiver.
- **passive Angriffe**
Hier werden keine Kommunikationsinhalte verändert. Der unberechtigte Dritte verschafft sich aber Zugang zum Kommunikationsnetz und hört die kommunizierten Nachrichten ab oder zeichnet diese zum Zweck einer späteren Analyse und Vorbereitung eines Mißbrauchs auf. Nachträglich können so vertrauliche Nachrichten identifiziert und analysiert, oder Nutzungsprofile erstellt werden. Ein passiver Angriff ist wesentlich schwerer zu ent-

decken als ein aktiver, da keine Veränderungen an den Kommunikationsinhalten vorgenommen werden.

4.4.2 Kryptografische Grundbegriffe

Die **Kryptografie** hat sich innerhalb der Mathematik und der Informatik zu einer sehr interessanten und eigenständigen Disziplin entwickelt. In der Hauptsache befaßt sie sich mit der Konstruktion und Bewertung von Verschlüsselungsverfahren, die dazu dienen, Nachrichteninhalte vor unbefugter Kenntnisnahme zu sichern. Daneben existiert auch das Teilgebiet der **Kryptoanalyse**, deren Ziel darin besteht, diese Verschlüsselungsverfahren zu brechen, d.h. rückgängig und unwirksam zu machen. Kryptografie und Kryptoanalyse bilden zusammen die als **Kryptologie** bezeichnete Wissenschaft.
Hauptgegenstand der Kryptografie ist die **Verschlüsselung** und **Entschlüsselung** einer Klartextinformation. Durch das Verschlüsseln (Chiffrieren) wird der Klartext (Plain Text) in einen Schlüsseltext (Chiffretext) transformiert. Als **Chiffre** wird dabei das Verschlüsselungsverfahren, also die Abbildungsvorschrift bezeichnet, die den Klartext in den Schlüsseltext transformiert. Das Verschlüsselungsverfahren nutzt jeweils eine nur den beiden Kommunikationspartnern bekannte Geheiminformation (**Schlüssel**), die aus einer astronomisch großen Menge ähnlicher Informationen ausgewählt wird, so daß das Erraten des jeweils verwendeten Schlüssels so gut wie unmöglich ist. Aus dem Schlüsseltext kann umgekehrt durch Entschlüsselung (Dechiffrieren) wieder der ursprüngliche Klartext gewonnen werden (siehe Abb. 4.6).
Ein System zur Verschlüsselung und Entschlüsselung von Nachrichten wird als **Kryptosystem** bezeichnet. Im einfachsten Fall besteht ein solches Kryptosystem aus

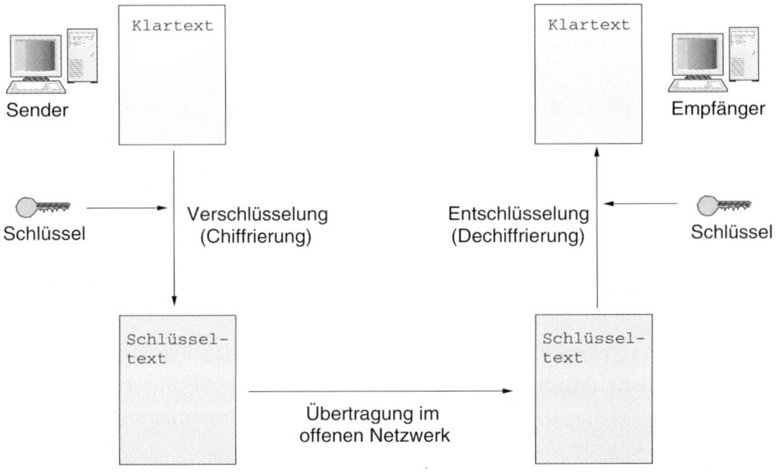

Abb. 4.18. Sichere Kommunikation durch Kryptografie

- einer Chiffre,
- dem geheim zu haltenden Schlüssel (Secret Key) und
- einem Dechiffrierverfahren.

Der Aufwand, der zur Ver- und Entschlüsselung notwendig ist, wird als **Kryptokomplexität** bezeichnet. Im Falle der traditionellen Verschlüsselungstechnik (symmetrische Verfahren) benutzen Sender und Empfänger jeweils den gleichen, gemeinsam zuvor vereinbarten Schlüssel zur Ver- und Entschlüsselung, der zusammen mit Chiffre und Dechiffrierverfahren angewendet werden muß. Kein Dritter darf Kenntnis von diesem Schlüssel erlangen, da dieser sonst in der Lage wäre, den Schlüsseltext ebenfalls zu entschlüsseln. Zwar können Chiffrierverfahren gebrochen werden, doch ist der Aufwand, der dazu nötig ist, unverhältnismäßig höher als die Dechiffrierung mit Hilfe des Originalschlüssels. Diese Asymmetrie in der Komplexität der Dechiffrierung und des Brechens der Chiffre ohne gültigen Schlüssel läßt die Verschlüsselung extrem wirksam werden.
Chiffrierverfahren arbeiten in der Regel mit Vertauschungen (Transposition) und Ersetzungen (Substitution) von Zeichen des Klartextes durch andere. Gesteuert durch den jeweils verwendeten Schlüssel werden diese Operation in vielen Runden wiederholt zur Anwendung gebracht und erzeugen schließlich den Schlüsseltext.
Das Chiffrierverfahren soll dabei eine Reihe von Kriterien erfüllen:

- **Diffusion**
  Um das Brechen der Chiffrierung soweit wie möglich zu erschweren, sollen die einzelnen Zeichen des Schlüsseltextes jeweils von möglichst vielen Klartextzeichen und dem gesamten Schlüssel abhängen.
- **Konfusion**
  Zusätzlich soll der Zusammenhang zwischen Klartext, Schlüsseltext und verwendetem Schlüssel möglichst kompliziert sein.
- **Lawinen-/Schmetterlingseffekt**
  Eine kleine Änderung des Klartextes soll zu einer möglichst großen Änderung des Schlüsseltextes führen.

Die Erfüllung dieser Kriterien dient dazu, ein Brechen des verwendeten Chiffrierverfahrens möglichst schwierig zum machen.

4.5 Kommunikationsprotokolle

Betrachtet man die Hardware eines Netzwerks, so setzt sich diese aus Komponenten zusammen, deren Aufgabe darin besteht, Bits von einem Rechner zu einem anderen zu übertragen. Würde man die Rechnerkommunikation ausschließlich auf dieser Ebene organisieren wollen, wäre das vergleichbar mit der Programmierung von Rechnern in einer rudimentären Maschinensprache, d.h. unter ausschließlicher Verwendung von Nullen und Einsen, was den Aufwand und die Komplexität der zu bewältigenden Aufgaben unbeherrschbar machen würde. Ähnlich wie in der Programmierung von Rechnern wurden deshalb zur Steuerung und Nutzung von Rechnernetzen komplexe Softwaresysteme geschaffen, mit deren Hilfe Rechnernetze auf bequeme Art und Weise auf einer höheren Abstraktionsebene gesteuert und genutzt werden können. So kommt der Nutzer, wie auch die meisten Anwendungsprogramme, die das Netzwerk nutzen, um Daten auszutauschen und Dienste anzubieten, lediglich mit dieser Netzwerk-Software in Kontakt und nur selten direkt mit der Netzwerk-Hardware.

4.5.1 Protokollfamilien

Zur Kommunikation müssen sich – ganz allgemein betrachtet – alle kommunizierenden Parteien auf festgelegte Regeln zum Austausch der Informationen einigen. Dies betrifft sowohl die verwendete Sprache, als auch Verhaltensregeln, die eine effiziente Kommunikation erst ermöglichen. Diese Verhaltensregeln werden allgemein als **Protokoll** bezeichnet. Ein **Netzwerkprotokoll** legt daher das Format der auszutauschenden Nachrichten fest und spezifiziert darüber hinaus alle Aktionen, die zur Übermittlung dieser Nachrichten notwendig sind. Die Software, mit der das Netzwerkprotokoll auf einem Rechner implementiert wird, heißt **Protokoll-Software**.
Anstelle riesige, komplexe und universelle Netzwerkprotokolle zu betrachten, die sämtliche anfallenden Aufgaben der Netzwerk-Kommunikaton regeln, wurde das Problem der Netzwerk-Kommunikation in eine Vielzahl einzelner, handhabbarer Teilprobleme zerlegt, zu deren Lösung jeweils problemspezifische Protokolle entwickelt wurden. Diese Zerlegung in einzelne Teilprobleme ist sinnvoll, wenn man sich vor Augen führt, wieviele verschiedenartige Komplikationen bei der Rechnerkommunikation auftreten können und gelöst werden müssen (siehe Abb. 4.19).
Verschiedene Teilprobleme werden also auch von speziellen Protokollen abgehandelt, die jedoch – und dies ist das zweite, nicht zu unterschätzende Problem – alle reibungslos ineinandergreifen und zusammenarbeiten müssen. Um dieses Zusammenspiel zu gewährleisten wird die Entwicklung der Netzwerkprotokoll-Software als komplett zu lösende Gesamtaufgabe angesehen und zu ihrer Lösung jeweils eine zusammengehörige **Familie von Protokollen** (Protocol Suites) entwickelt, die alle effizient miteinander interagieren und das Gesamtproblem der Netzwerk-Kommunikation lösen. Einige der populärsten, zum Teil bereits historischen Protokollfamilien sind in Tabelle 4.7 zusammengestellt. Zwar beinhalten die unterschiedlichen Protokollfamilien viele gemeinsame Konzepte, doch wurden sie in der Regel unabhängig voneinander entwickelt und sind daher nicht kompatibel. Dennoch ist es möglich, verschiedene Protokollfamilien gleichzeitig auf demselben Rechner einzusetzen, die alle dieselbe physische Netzschnittstelle nutzen, ohne sich dabei gegenseitig zu stören.

Kommunizieren viele Rechner in einem gemeinsam genutzten Kommunikationsnetzwerk miteinander, können zahlreiche Probleme auftreten, die alle durch die Netzwerkprotokoll-Software bewältigt werden müssen:

- **Hardware-Fehler**
  Ein Host-Rechner oder ein Zwischensystem, wie z.B. ein Router, können ausfallen, weil ein Defekt in der Hardware aufgetreten oder das Betriebssystem abgestürzt ist. Auch eine Netzwerkverbindung kann versehentlich getrennt worden sein. Die Protokoll-Software muß in der Lage sein, diese Fehler zu erkennen und nach einem Neustart der fehlerhaften Systeme wieder für das reibungslose Funktionieren der Kommunikation zu sorgen.
- **Netzwerk-Überlastung (Netzwerkstau, Network Congestion)**
  Auch für den Fall, daß die Netzwerk-Hardware fehlerfrei funktioniert, ist die Kapazität eines Netzwerks noch immer beschränkt durch die Leistungsfähigkeit der darin verwendeten Systemkomponenten. Wird das Datenaufkommen, das weiterzuleiten ist, zu groß, treten Überlastsituationen (Congestion) auf, und im Extremfall kann der gesamte Verkehr im Netzwerk zum Erliegen kommen. Die Protokoll-Software muß daher in der Lage sein, derartige Stausituationen zu erkennen und die betroffenen Bereiche des Netzwerks zu umgehen, damit sich die Überlast wieder auflösen kann.
- **Verzögerungen und Paketverlust (Paket Delay and Loss)**
  Es kann vorkommen, daß einzelne Datepakete extremen Verzögerungen durch Wartezeiten an den Vermittlungssystemen unterworfen sind und dabei sogar verloren gehen. Die Protokoll-Software muß in der Lage sein, mit derartigen Verzögerungen umzugehen.
- **Verfälschung der Daten (Data Corruption)**
  Entlang der Übertragungsstrecke sind über Netzwerke gesendete Daten physikalischen Störquellen wie Interferenzen oder elektromagnetischer Strahlung ausgesetzt, die ebenso wie das Fehlverhalten der beteiligten Hardware dazu führen können, daß Daten verändert und dadurch unbrauchbar werden. Protokoll-Software muß in der Lage sein, auch solche Fehler zu erkennen und entsprechende Korrekturmaßnahmen einzuleiten.
- **Duplizierte Datenpakete und vertauschte Reihenfolge**
  In einem paketvermittelten Netzwerk werden die Datenpakete unabhängig voneinander über möglicherweise verschiedene Routen geleitet. Dabei können die Datenpakete leicht aus der ursprünglichen Reihenfolge gebracht, oder es können einzelne Datenpakete über die Vermittlungssysteme repliziert werden. Die Protokoll-Software muß über Mechanismen verfügen, die duplizierten Datenpakete zu erkennen und auszufiltern, sowie die ursprüngliche Reihenfolge der Datenpakete wieder herzustellen.

Abb. 4.19. Einige Komplikationen, die bei der Kommunikation im Netzwerk anfallen können

Tabelle 4.7. Beispiele für Protokollfamilien

Hersteller	Protokollfamilie
Novell Corporation	Netware
Banyan Systems Corporation	VINES
Apple Computer Corporation	AppleTalk
Digital Equipment Corporation	DECNET
IBM	SNA
viele	TCP/IP

4.5.2 Schichtenmodell

Um die Protokoll-Designer in ihrer Arbeit zu unterstützen, wurden Werkzeuge und Modelle entwickelt, die den Gesamtprozeß der Netzwerk-Kommunikation feingliedrig aufschlüsseln und hierarchisch anordnen, und so klare Schnittstellen zwischen den einzelnen Hierarchiestufen schaffen, und die Entwicklung und Verbesserung der auf diesen Stufen jeweils angesiedelten Netzwerkprotokolle so weit wie möglich vereinfachen. Das bekannteste dieser Modelle ist das **Schichtenmodell** (Layering Model, Protocol Stack) (siehe Abb. 4.21). Der gesamte Netzwerk-Kommunikationsprozeß wird dabei in einzelne übereinander liegende Schichten (Layers) aufgeteilt, wobei jede Schicht ein bestimmtes Teilproblem der Netzwerkkommunikation adressiert. Im Idealfall konstruiert der Protokoll-Designer daraus eine Protokollfamilie, den sogenannte **Protokollstapel**, bei dem die einzelnen Protokolle genau zu den auf einer Schicht zu lösenden Aufgaben korrespondieren.
Prinzipiell ist in einem solchen Schichtenmodell die Übertragung einer Nachricht von einem Anwendungsprogramm auf einem Rechner zu einem Anwendungsprogramm auf einem anderen Rechner so organisiert, daß die Nachricht über die verschiedenen Protokollschichten auf dem Ursprungsrechner von oben nach unten durchgereicht, dann physikalisch über das Netzwerk übertragen und am Bestimmungsrechner dieselben Protokollschichten in umgekehrter Reihenfolge durchlaufend an die Anwendung übergeben wird (siehe Abb. 4.20).

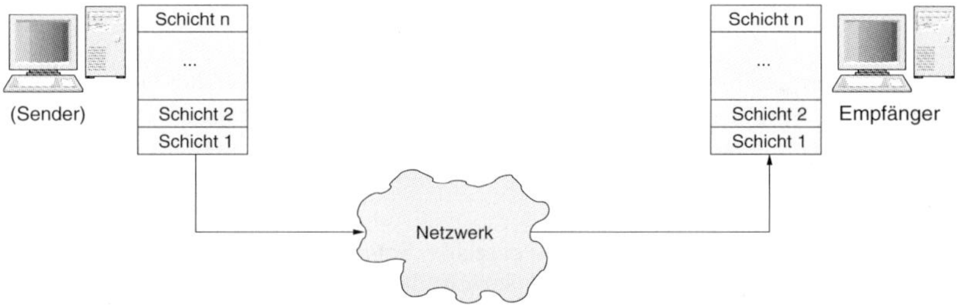

Abb. 4.20. Datenübertragung über einen Protokollstapel

Jede Schicht löst dabei einen bestimmten Teil der Aufgaben, die im Rahmen der Netzwerk-Kommunikation anfallen. Zu diesem Zweck werden auf jeder einzelnen Schicht des Protokollstapels des sendenden Rechners bestimmte Kontroll- und Steuerinformationen zu den zu übertragenden Daten hinzugefügt (siehe Abb. 4.22), die von der zur jeweiligen Schicht korrespondierenden Protokoll-Software beim empfangenden Rechner dazu genutzt wird, um die übertragenen Daten korrekt abzuliefern.
Gemäß dem Schichtenmodell der Netzwerkkommunikation muß die Protokoll-Software einer bestimmten Schicht k auf dem Rechner des Empfängers genau die Nachricht empfangen, die von der Protokoll-Software der Schicht k des

Schichtenmodelle spielen in der Kommunikationstechnik, aber auch in anderen Gebieten der Informatik eine bedeutende Rolle. In abgewandelter Darstellung entsprechen diese auch dem **Schalenmodell**, das anstelle aus hierarchisch aufeinander aufgebauten Schichten aus einzelnen Schalen besteht.

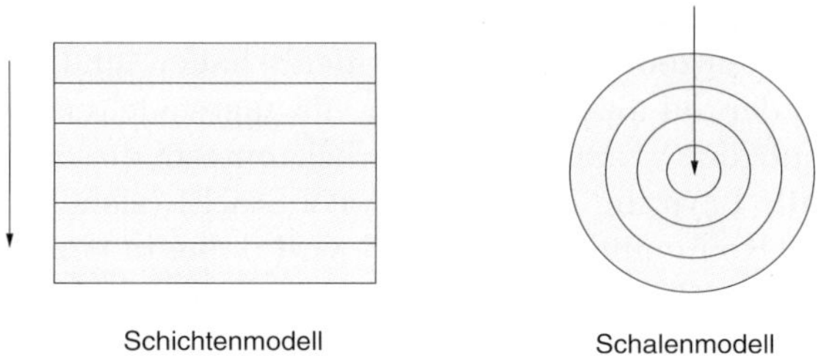

Folgende Gründe rechtfertigen den Einsatz eines solchen Modells:

- **Teile und Herrsche (Divide et Impera)**
  Nach dieser Strategie wird ein komplexes Problem in einzelne Teilprobleme zerlegt, die jedes für sich betrachtet, einfacher handhabbar und lösbar sind. Oft ist es erst dadurch möglich, das Gesamtproblem zu lösen.
- **Unabhängigkeit**
  Die einzelnen Schichten kooperieren, indem jede Schicht stets nur die Schnittstellenspezifikation ihres direkten Vorgängers nutzt. Bei fest vorgegebener Schnittstellenspezifikation spielt der innere Aufbau einer Schicht für die anderen Schichten keine Rolle, so daß eine Schicht ohne weiteren Aufwand direkt gegen eine verbesserte Implementation ausgetauscht werden kann, die sich lediglich an denselben Schnittstellenspezifikationen orientieren müssen. Die Implementation der einzelnen Schichten wird damit **unabhängig** vom Gesamtsystem und ein **modularer** (baukastenartiger) Aufbau wird gewährleistet.
- **Abschirmung**
  Jede einzelne Schicht kommuniziert jeweils nur mit der direkt unter ihr liegenden Schicht und gibt die Ausgabe ihrer Verarbeitung an die direkt darüberliegende Schicht weiter. Damit wird eine **Kapselung** der einzelnen Schichten erreicht und die wahrgenommene Komplexität drastisch reduziert.
- **Standardisierung**
  Die Aufgliederung des Gesamtproblems in einzelne Schichten erleichtert auch die Entwicklung von Standards. Eine einzelne Schicht läßt sich jeweils schneller und leichter standardisieren, als das komplexe Gesamtsystem.

Abb. 4.21. Allgemeines Schichtenmodell

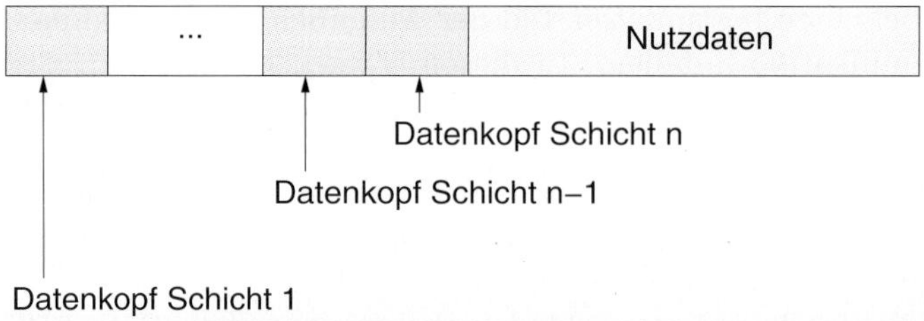

Abb. 4.22. Verschachtelte Datenköpfe, die den zu übertragenden Daten von jeder einzelnen Protokollschicht mitgegeben werden

sendenden Rechners übertragen wurde. Dies bedeutet, daß jede Veränderung oder Anpassung, die die Protokolle einer bestimmten Schicht auf die zu übertragenden Daten anwenden, beim Empfänger wieder vollständig rückgängig gemacht werden muß. Fügt Schicht k den zu übertragenden Daten einen zusätzlichen Steuer- und Kontrollheader an, muß Schicht k diese auf dem Empfängerrechner wieder entfernen. Findet in Schicht k eine Verschlüsselung der Daten statt, muß diese auf Empfängerseite die verschlüsselten Daten wieder entschlüsseln (siehe Abb. 4.23).

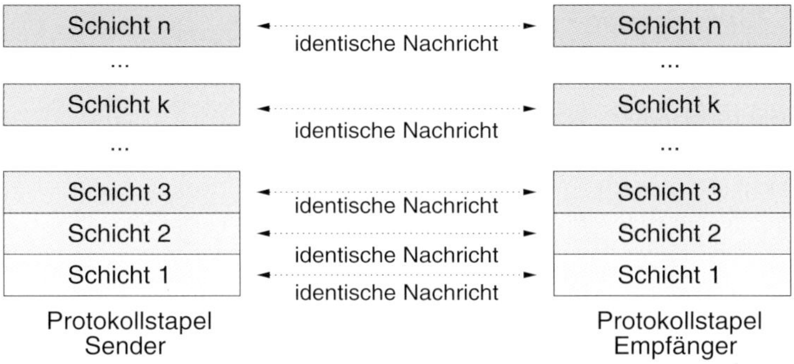

Abb. 4.23. Ändert die Software einer Protokollschicht des Senderechners die zu übertragenden Daten, muß die Änderung auf Empfängerseite von dieser Schicht wieder rückgängig gemacht werden

Für die Entwicklung von Netzwerkprotokoll-Familien wurde 1977 von der International Standards Organisation (ISO) das **ISO/OSI Referenzmodell** für die Kommunikation in offenen Netzwerken (Open Systems Interconnection) entwickelt, das den Gesamtprozeß der Netzwerkkommunikation in sieben einzelne Schichten untergliedert und als Werkzeug zur Entwicklung von Protokollfamilien diente. Seit der Entwicklung des ISO/OSI-Referenzmodells haben sich die Konzepte für Protokollfamilien an verschiedenen Stellen zwar geändert und viele der neu entwickelten Protokolle passen gar nicht mehr in dieses Schema, ein Großteil der Terminologie, insbesondere Bezeichnung und Numerierung der einzelnen Schichten, hat sich aber bis heute erhalten.

Exkurs 11: Das ISO/OSI-Schichtenmodell

Das ISO/OSI-Schichtenmodell

Das 1977 von der International Standards Organisation verabschiedete ISO/ISO-Referenzmodell unterteilt die grundlegenden Aufgaben der Netzwerkkommunikation in sieben hierarchisch aufeinander aufbauende Schichten (siehe Abb. 4.24). Obwohl in der Praxis heute nicht mehr von Bedeutung, wird es gerne in Lehrbüchern herangezogen, um die einzelnen Aufgaben und Teilprobleme der Netzwerkkommunikation aufzuzeigen und ihre Interaktion zu demonstrieren.
Im ISO/OSI-Modell entspricht die unterste Schicht der eigentlichen Netzwerk-Hardware (physikalische Ebene). Die darauf aufbauenden Schichten umfassen jeweils Firmware und

Software, die auf dieser Netzwerk-Hardware eingesetzt werden. Schicht sieben ist schließlich die Anwendungsschicht, die die Schnittstelle bildet zwischen dem Kommunikationssystem und den verschiedenen Anwendungen, die das Kommunikationssystem für ihre Zwecke nutzen. Die Schichten (1-4) werden allgemein als **Transportsystem**, die Schichten (5-7) als **Anwendungssystem** bezeichnet, die zunehmend allgemeinere Funktionalitäten des Kommunikationsprozesses bereitstellen. Obwohl sie denselben Namen tragen, dürfen sie nicht mit den eigentlichen Anwendungsprogrammen verwechselt werden, die selbst außerhalb des Schichtenmodells stehen.

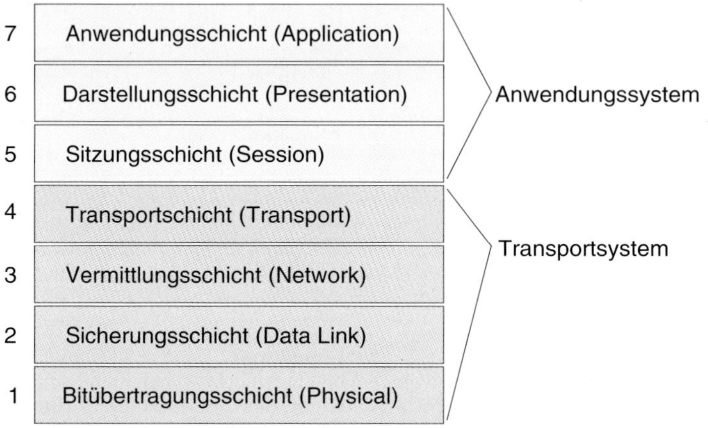

Abb. 4.24. Die einzelnen Schichten des ISO/OSI-Referenzmodells

Die einzelnen Schichten des ISO/OSI-Referenzmodells befassen sich mit den folgenden Aufgaben:

- **Schicht 1: Bitübertragungsschicht (Physical Layer)**
  Die Bitübertragungsschicht definiert physikalische und technische Eigenschaften des Übertragungsmediums (Übertragungskanals). Dazu zählen z.B. die verwendeten Übertragungsverfahren (z.B. Manchester-Kodierung), sowie Bauform und Belegung von Steckverbindungen mit ihren mechanischen und elektrisch/optischen Parametern. Wichtige Protokollstandards, die auf dieser Schicht angesiedelt sind, sind z.B.
  - ITU-T V.24
  - ITU-T X.21 und X.21bis
  - EIA/TIA RS-232-C
- **Schicht 2: Sicherungsschicht (Data Link Layer)**
  Die Sicherungsschicht gewährleistet, daß entlang einer Punkt-zu-Punkt Verbindung trotz gelegentlicher Fehler eine zuverlässige Übertragung stattfinden kann. Diese Punkt-zu-Punkt Verbindung kann dabei entweder als direkte Verbindung ausgeführt sein oder auch über einen sogenannten **Bus**, der als **Diffussionsnetzwerk** arbeitet. In einem Diffusionsnetzwerk können alle angeschlossenen Rechner die übertragenen Daten aller anderen angeschlossenen Rechner empfangen, ohne daß dazu irgendwelche Zwischensysteme nötig wären. Zu den auf der Sicherungsschicht zu bewältigenden Aufgaben zählen z.B. die Organisation von Daten in Datenpakete (Fragmentierung), die Übertragung von Datenpaketen und das Bitstopfen. Eine zuverlässige Übertragung wird durch einfache Fehlererkennungsverfahren, wie z.B. die Prüfsummenberechnung, ermöglicht. Zu den bekannten Protokollstandards dieser Schicht zählen:

- BSC (Bit Synchronous Communication) und DDCMP (Digital Data Communications Message Protocol)
- HDLC (High Level Data Link Protocol)
- LAPB (Link Access Procedure for Balanced Mode) und LAPD (Link Access Procedure for D-Channels)
- LLC (Logical Link Control)

- **Schicht 3: Vermittlungsschicht (Network Layer)**
  Die Vermittlungsschicht übernimmt die Aufgaben der Zuweisung von Adressen zu End- und Zwischensystemen und der Weiterleitung von Datenpaketen von einem Ende des Netzwerks zum anderen. Sie ermöglicht damit auch die Verknüpfung einzelner Netzwerke (Internetworking) und stellt eine Verbindung zwischen Endsystemen her. Zu den wichtigsten Protokollstandards, die auf dieser Schicht angesiedelt sind, zählen:
  - ITU-T X.25
  - ISO 8208
  - ITU-T I.450 und I.451 (ISDN)
  - IP (Internet Protocol)

- **Schicht 4: Transportschicht (Transport Layer)**
  Die Transportschicht definiert die Einzelheiten, die für eine zuverlässige und sichere Datenübertragung notwendig sind. Hier wird sichergestellt, daß eine Folge von Datenpaketen fehlerfrei, vollständig und in der richtigen Reihenfolge vom Sender zum Empfänger gelangt. Auf der Transportschicht erfolgt ebenfalls die Abbildung von Netzwerkadressen auf logische Namen. Damit stellt die Transportschicht den beteiligten Endsystemen eine Ende-zu-Ende Verbindung zur Verfügung, die die Einzelheiten der dazwischenliegenden Netzwerkinfrastruktur verbirgt und daher als **transparent** bezeichnet wird. Die Protokolle auf dieser Schichte zählen zu den komplexesten Protokollen in der Netzwerk-Kommunikation. Zu den bedeutendsten Protokollstandards, die auf Schicht 4 arbeiten, gehören:
  - ISO 8072 (Transport Service Definition)
  - ISO 8073 (Connection Oriented Transport Protocol)
  - ITU-T T.80 (Network-Independent Basic Transport Service for Telematic Services)
  - TCP (Transmission Control Protocol)

- **Schicht 5: Sitzungsschicht (Session Layer)**
  Die Sitzungsschicht wird auch als Kommunikationssteuerungsschicht bezeichnet. Zu den Aufgabe, die hier gelöst werden, zählt die Einrichtung einer Übertragungssitzung zu einem entfernten Rechnersystem. Dazu gehören z.B. auch Sicherheitsmechanismen wie Authentifikation über Passwort-Verfahren. Wichtige Protokollstandards dieser Schicht sind:
  - ISO 8326 (Basic Connection Oriented Session Service Definition)
  - ISO 8327 (Basic Connection Oriented Session Protocol Definition)
  - ITU-T T.62 (Control Procedures for Teletex and Group 4 Facsimile Services)

- **Schicht 6: Darstellungsschicht (Presentation Layer)**
  Zu den Aufgaben der Darstellungsschicht zählt die Konversion unterschiedlicher Datenformate, die auf den verbundenen Rechnersystemen eingesetzt werden. Je nach Rechnertyp können unterschiedliche Kodierungen für Zahlen oder Zeichen vorliegen, deren Umsetzung und Anpassung in dieser Schicht vorgenommen wird. Die Darstellungsschicht sorgt also für eine korrekte Interpretation der übertragenen Daten. Dazu wird die jeweils lokale Kodierung der Daten in eine spezielle, einheitliche Transferkodierung umgesetzt und beim Empfänger in die dort lokal gültige Kodierung zurückverwandelt. Zu den Aufgaben dieser Schicht gehören zusätzlich die Datenkomprimierung und die Verschlüsselung. Zu den wichtigsten Protokollstandards dieser Schicht zählen:
  - ISO 8322 (Connection Oriented Session Service Definition)
  - ISO 8323 (Connection Oriented Session Protocol Definition)

  - ITU-T T.73 (Document Interchange Protocol for Telematic Services) ITU-T X.409 (Presentation Syntax and Notation)
- **Schicht 7: Anwendungsschicht (Application Layer)**
  Die Anwendungsschicht bietet eine Schnittstelle für Anwendungsprogramme, die das Netzwerk für ihre Zwecke nutzen wollen. Hier werden einfach handhabbare Dienste zur Verfügung gestellt, die die netzwerkinternen Details vor dem Anwender oder dem Programmierer des Anwendungsprogrammes verbergen und so eine einfache Nutzung des Kommunikationssystems ermöglichen. Zu den wichtigen Protokollstandards, die auf dieser Schicht angesiedelt sind, gehören:
  - ISO 8571 (FTAM, File Transfer, Access and Management)
  - ISO 8831 (JTM, Job Transfern and Manipulation)
  - ISO 9040 und 9041 (VT, Virtual Terminal Protocol)
  - ISO 10021 (MOTIS, Message Oriented Text Interchange System)

Weiterführende Literatur:

U. Black: OSI – A Model for Computer Communications Standards, Englewood Cliffs, NJ, USA, 1991

4.5.3 Protokollfunktionen

Beim Blick auf die einzelnen Protokolle, die den jeweiligen Protokollschichten zugeordnet sind, stellt man fest, daß oftmals Protokolle verschiedener Schichten die gleiche Funktionalität bieten. Diese gemeinsamen Funktionalitäten werden als **Protokollfunktionen** oder **Protokollmechanismen** bezeichnet. Dabei erfolgt die Ausgestaltung der einzelnen Protokollfunktionen auf jeder Protokollschicht vermittels konkreter Protokolle, die dem Bezugsrahmen und Abstraktionsgrad der jeweiligen Schicht entsprechen. Grundsätzlich lassen sich die Protokollfunktionen in folgende Kategorien unterteilen:

- **Basis-Protokollfunktionen**
  Hierzu gehören die Funktionalitäten, die den Datenverkehr als Grundaufgabe der Netzwerkkommunikation regeln:
  - **Datentransfer**:
    Basisaufgabe aller Netzwerkkommunikation ist natürlich der Datentransfer. Zusätzlich kann ein **Vorrangdatentransfer** definiert werden, der bestimmte „wichtige“ Daten gegenüber „regulären“ Daten auszeichnet, damit diesen ein Vorrang in der Datenübertragung eingeräumt werden kann. Dabei können Vorrangdaten zuvor versendete gewöhnliche Daten sogar überholen. Wird ein Datenpaket korrekt empfangen, kann zur Signalisierung eines gelungenen Datentransfers ein spezielles **Quittungsverfahren** (Acknowledgement) implementiert werden. Quittungen können sich auf einzelne Datenpakete oder aber auch auf mehrere Datenpakete (Piggy Pack Acknowledgement) beziehen.

– **Verbindungsverwaltung**:
  Neben dem eigentlichen Datentransfer ist der Auf- und Abbau einer Datenverbindung eine Grundaufgabe der Netzwerkkommunikation. Der verwendete Protokollmechanismus muß dazu in der Lage sein, auf erfolgreiche bzw. erfolglose Verbindungsanfragen entsprechend zu reagieren. Daten, die über eine geschaltete Verbindung übertragen werden, müssen in der richtigen Reihenfolge angeliefert werden. Dazu muß der Protokollmechanismus mit verspäteten, verlorengegangenen oder auch duplizierten Datenpaketen zurecht kommen. Um dies zu gewährleisten, werden die Datenpakete mit **Sequenznummern** versehen. Außerdem müssen Fallback- und Recovery-Mechanismen vorgesehen werden, die nach einem unbeabsichtigten Abbruch der Verbindung (Disconnect) die Kommunikation wieder in einen konsistenten Zustand überführen.

- **Fehlerbehandlung**
  Unter die Kategorie Fehlerbehandlung fallen alle Mechanismen, die zur Erkennung und Behebung von aufgetretenen Übertragungsfehlern dienen:
  – **Fehlererkennung**:
    Zur Fehlererkennung können Prüfsummenverfahren oder Paritätsbits zum Einsatz kommen. Dabei werden die Nutzdaten durch redundante Information ergänzt, die sich aus den korrekt übertragenen Daten rekonstruieren läßt und so durch Vergleich die Möglichkeit schafft, aufgetretene Fehler zu erkennen.
  – **Übertragungswiederholung**:
    Wurde ein übertragenes Datenpaket als fehlerhaft identifiziert, kann es erneut vom Sender angefordert werden. Dies kann unter Verwendung eines speziellen Quittungsverfahrens erfolgen.
  – **Zeitüberwachung**:
    Überschreitet ein Datenpaket auf seinem Weg durch das Netzwerk eine vorgegebene maximale Zeitspanne, gilt es als „verloren“ und wird erneut übertragen (Timeout). Die Festlegung dieser Zeitspanne ist von enormer Bedeutung für die Effizienz des Netzwerks.
  – **Fehlerkorrektur**:
    Bei Anreicherung der zu übertragenen Information mit ausreichender Redundanz, kann eine automatische Korrektur von Übertragungsfehlern beim Empfänger gewährleistet werden, ohne daß ein fehlerhaft übertragenes Datenpaket erneut vom Sender angefordert werden muß.
- **Längenanpassung**
  Auf Grund technischer und organisatorischer Restriktionen ist die Länge von Datenpaketen stets beschränkt. Oftmals ist die zu übertragende Nachricht aber länger, als das vorgegebene Datenformat dies zuläßt. Dann muß die Nachricht vor dem Datentransfer zunächst in paßgerechte Einzelteile zerlegt werden (**Fragmentierung**). Beim Empfänger angekommen, müssen die Datenpakete anschließend wieder zur ursprünglichen Nachricht

zusammengesetzt, die Zerlegung also rückgängig gemacht werden (**Defragmentierung**). Andererseits können Nachrichten auch kürzer sein als die jeweils vorgeschriebene Datenpaketlänge. Dann müssen die Datenpakete mit sogenannten Füllbits ergänzt werden (**Bitstopfen**).

- **Systemleistungsanpassung**
  Die an der Datenübertragung beteiligten Rechensysteme müssen sich an die aktuelle Netzlast anpassen können. Dazu zählen Protokollmechanismen, die Einfluß nehmen auf die interne Verarbeitung in den Zwischensystemen und so eine Regelung des Datenflusses vornehmen und im Falle einer Überlast eingreifen können.
  - **Flußsteuerung (Flow Control)**:
    Eine Steuerung des Datenflusses erfolgt oftmals über einen Fenstermechanismus. Dieser soll den Empfänger der Daten vor einer eventuell auftretenden Überlast schützen. Daher gibt der Empfänger dem Sender eine Maximalzahl an Datenpaketen vor, die dieser höchstens aussenden darf, ohne eine Quittung zu erhalten.
  - **Überlaststeuerung (Congestion Control)**:
    Die hier vorgesehenen Protokollmechanismen bedienen sich ebenfalls eines Fenstermechanismus, der zum Schutz des jeweiligen Empfängers dient, damit dieser nicht durch die Zahl der an ihn gesendeten Datenpakete überlastet wird. Der Empfänger gibt in Abhängigkeit von der aktuellen Netzlast vor, wieviele noch unbestätigte Datenpakete gesendet werden dürfen.
  - **Steuerung der Datenübertragungsrate (Rate Control)**:
    Vor Beginn der eigentlichen Datenübertragung, also z.B beim Verbindungsaufbau, können sich Sender und Empfänger über eine maximal zulässige Datenübertragungsrate (entspricht der Menge der gesendeten Daten pro Zeiteinheit) einigen.
- **Übertragungsleistungsanpassung**
  Die an einem Netzwerk angeschlossenen End- und Zwischensysteme können unterschiedliche Leistungskapazitäten aufweisen, die sich in unterschiedlichen Übertragungsleistungen niederschlagen. Um diese Unterschiede ausgleichen zu können, müssen spezielle Protokollmechanismen vorgesehen werden.
  - **Multiplexing**:
    Verfügt eine Verbindungsleitung über eine erheblich höhere Übertragungskapazität als einzelne daran angeschlossene Rechensysteme, dann können Verbindungen zu mehreren Rechensystemen auf eine Verbindung mit hoher Übertragungskapazität abgebildet werden, indem die daran angeschlossenen Systeme diese abwechselnd bedienen.
  - **Inverses Multiplexing**:
    Im umgekehrten Fall des Multiplexing verfügt z.B. ein an das Netzwerk angeschlossenes Rechensystem über eine erheblich höhere Über-

tragungsleistung als die zur Verfügung stehende Datenverbindung. Über den Mechanismus des inversen Multiplexing kann die Verbindung zum Rechensystem auf mehrere Datenverbindungen gleichzeitig abgebildet werden.

- **Nutzerbezogene Protokollmechanismen**
  Zusätzlich sind Protokollmechanismen wichtig, über die der Nutzer Eigenschaften der Datenübertragung im Netzwerk selbst mitbestimmen kann. Dazu zählen z.B. die Festlegung von Dienstgüteparametern oder die Vergabe von Rechten.
  - **Verbindungsklassen**:
    Netzwerkdienste können ihre Leistung in unterschiedlichen Qualitätsstufen, sogenannten Dienstklassen erbringen. Dazu müssen Protokollmechanismen vorgesehen werden, mit denen der Nutzer beim Verbindungsaufbau die jeweils gewünschte Dienstklasse festlegen kann.
  - **Rechteverwaltung**:
    Die Nutzung bestimmter Systemdienste oder spezieller Datenverbindungen kann nutzerbezogen oder zeitabhängig eingeschränkt werden. Um bestimmte Nutzer zur Nutzung der beschränkt verfügbaren Netzwerkressourcen zu berechtigen, müssen entsprechende Protokollmechanismen vorgesehen werden.
  - **Dienstgüteverwaltung**:
    Beim Verbindungsaufbau kann der Initiator der beabsichtigten Kommunikation den Wunsch nach bestimmten Dienstgüteparametern, wie z.B. einen bestimmten Mindestdurchsatz äußern. Dieser Wunsch muß dem beabsichtigten Kommunikationspartner mitgeteilt werden, der diesen vollständig oder auch nur teilweise akzeptieren kann.

4.6 Das TCP/IP-Schichtenmodell

Die heute bedeutendste Protokollfamilie, die **TCP/IP**-Protokollsuite, basiert nicht auf den Spezifikationen eines Standardisierungskommitees, sondern erwuchs bereits sehr früh aus den Anforderungen und Erfahrungen der Entwicklung des Internets. Zwar läßt sich das ISO/OSI-Referenzmodell soweit anpassen, daß es auch zur Beschreibung des TCP/IP Protokollstapels dienen kann, aber beide gehen von gänzlich verschiedenen Grundlagen aus. Allein schon aufgrund der Bedeutung, die das Internet und damit die TCP/IP-Protokollsuite erlangt hat, ist es deshalb sinnvoll, speziell auf den TCP/IP-Protokollstapel näher einzugehen (siehe auch Kap. 1.1.3).
Das als **TCP/IP-Referenzmodell** bezeichnete Schichtenmodell wurde tatsächlich erst definiert, nachdem die damit beschriebenen Protokolle bereits implementiert waren und sich erfolgreich im Einsatz befanden. Dies hatte zwar den Vorteil, daß die beschriebenen Schichtenspezifikationen perfekt

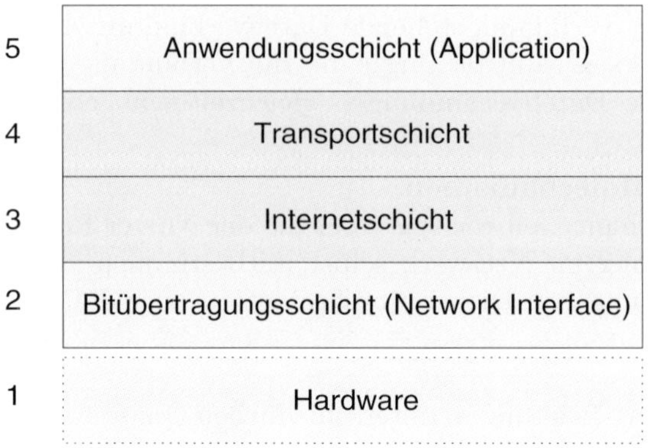

Abb. 4.25. Die fünf Schichten der TCP/IP-Protokollfamilie

mit den Protokollimplementationen übereinstimmten, eine Anwendung dieses Modells auf andere Protokollfamilien ist aber nicht ohne weiteres möglich. Übrigens stammt die erste Beschreibung des TCP/IP-Referenzmodells bereits aus dem Jahr 1974, also noch bevor die erste Spezifikation des ISO/OSI-Modells erfolgte.
Prinzipiell läßt sich die TCP/IP-Protokollfamilie in fünf einzelne Schichten unterteilen, die um die Kernschichten TCP und IP herum organisiert sind (siehe Abb. 4.25). Während die erste Schicht des TCP/IP-Referenzmodells lediglich die eingesetzte Hardware und deren Parameter spezifiziert, spiegelt sich die Bitübertragungsschicht (Physical Layer) als unterste Schicht des ISO/OSI-Referenzmodells erst in Schicht 2 des TCP/IP-Referenzmodells (Bitübertragungsschicht, Network Interface Layer) wieder. Auf die Schichten 2-5 soll im Folgenden detaillierter eingegangen werden. Die Protokolle der Schichten 3 (Internetschicht) und 4 (Transportschicht) werden später ausführlich in Kapitel 7 beschrieben.

4.6.1 Bitübertragungsschicht

Die Bitübertragungsschicht des TCP/IP-Referenzmodells umfaßt die Schichten 1 (Bitübertragungsschicht) und 2 (Sicherungsschicht) des ISO/OSI-Referenzmodells. Hauptaufgabe ist dabei die sichere Übertragung von einzelnen Datenpaketen zwischen zwei benachbarten Endsystemen. Diese Endsysteme können entweder direkt durch ein Kabel miteinander verbunden oder an einen sogenannten Bus (Diffusionsnetzwerk) angeschlossen sein, der mehrere Endsysteme direkt, also ohne Zwischensysteme miteinander verbindet. Die zu übertragenden Bits werden in dieser Schicht zu Datenpaketen zusammengefaßt, die zum Zwecke einer rudimentären Fehlererkennung in der Regel auch mit einer Prüfsumme ausgestattet werden.
Man unterscheidet in dieser Schicht zwischen **gesicherten** und **ungesicherten Diensten**. In ungesicherten Diensten werden als fehlerhaft erkannte Datenpakete eliminiert. Die Anforderung einer Übertragungswiederholung er-

folgt auf einer höheren Schicht des Protokollstapels. Ein gesicherter Dienst hingegen übernimmt die Anforderung einer Übertragungswiederholung selbst. In lokalen Netzen (LANs) wird die Schicht 2 des TCP/IP-Referenzmodells für gewöhnlich in zwei weitere Teilschichten aufgeteilt:

- **Media Access Control (MAC)**
  Diese Teilschicht regelt den Zugriff auf das gemeinsam mit (vielen) anderen Rechensystemen genutzte Übertragungsmedium. Da diese beim Zugriff auf das Kommunikationsmedium in Konkurrenz stehen, müssen Protokollmechanismen vorgesehen werden, die einen für alle Teilnehmer gerechten und effizienten Zugriff erlauben.
- **Logical Link Control (LLC)**
  Diese Teilschicht bildet die sogenannte Sicherungsschicht des LANs. Hier sind Aufgaben zu lösen, wie z.B.:
  - Flußsteuerung (Vermeidung von Überlast beim Empfänger),
  - Fehlerbehandlung (Fehlererkennung und Fehlerkorrektur),
  - Übertragungssteuerung (Link Management, geordnete und fehlerfreie Übertragung) und
  - Datenpaketsynchronisation (Anfang und Ende eines Datenpakets müssen erkannt werden).

  Daneben gewährleistet die LLC-Teilschicht die sogenannte Multiprotokollfähigkeit, also die Fähigkeit zur gleichzeitigen Nutzung verschiedener Kommunikationsprotokolle.

Zu den bedeutsamen Protokollen der Schicht 2 des TCP/IP-Referenzmodells zählen die von der IEEE gemäß dem **IEEE 802** LAN-Standard standardisierten LAN-Protokolle, zu denen Technologien wie Ethernet, Token Ring oder FDDI zählen (siehe Kapitel 5). Weitere Protokolle der Schicht 2 der TCP/IP-Protokollfamilie sind:

- ARP und RARP (Address Resolution Protocol und Reverse Address Resolution Protocol),
- SLIP (Serial Line Interface Protocol) und
- PPP (Point to Point Protocol).

4.6.2 Internetschicht

Ebenso wie die Schicht 3 des ISO/OSI-Referenzmodells besteht die Hauptaufgabe der Internetschicht des TCP/IP-Referenzmodells darin, Datenkommunikation zwischen zwei Endsystemen an verschiedenen Enden des Kommunikationsnetzwerks zu ermöglichen. Zu diesem Zweck muß ein eindeutiges Adressierungsschema verwendet werden, und die versendeten Datenpakete müssen jeweils mit den Adressen von Sender und Empfänger versehen werden, damit sie korrekt zugestellt werden können. Da die Kommunikation über ein oder mehrere eigenständig operierende Netzwerke hinweg erfolgt, müssen die Rechner an den Verbindungs- und Vermittlungsstellen (Zwischensysteme)

in der Lage sein, zur korrekten Weiterleitung der Datenpakete den jeweils einzuschlagenden Verbindungsweg auszuwählen (Routing).
Das zentrale Protokoll der Schicht 3 ist das **Internet Protocol** (**IP**). IP bietet eine unzuverlässige und datenpaketorientierte Ende-zu-Ende Übertragung von Nachrichten. Es ist verantwortlich für Fragmentierung und Defragmentierung in sogenannte **IP-Datagramme** und verfügt über Protokollmechanismen zur Weitervermittlung über Zwischensysteme hinweg zum designierten Empfänger der Nachricht. IP zählt zu den wichtigsten Protokollen überhaupt im Internet und wird detailliert in Kapitel 7.2 behandelt.
Daneben kommt auf Schicht 3 das **ICMP**-Protokoll (Internet Control Message Protocol) zum Einsatz, in dessen Zuständigkeit die Meldung von Fehlern liegt, die während einer IP-Übertragung auftreten können. ICMP ist ein Protokoll, das direkt auf IP aufsetzt. Es kann außerdem dazu verwendet werden, Systeminformationen über andere Endsysteme anzufordern.
Daneben zählen noch weitere Protokolle zur Schicht 3 des TCP/IP-Protokollstapels, wie z.B.:

- IGMP (Internet Group Management Protocol), dient zur Verwaltung von (Multicast)-Gruppen von Endsystemen in einem TCP/IP-Netzwerk,
- RSVP (Resource Reservation Protocol), dient zur Anforderung und Reservierung von Ressourcen für mittels IP zu übertragende Datenströme,
- ST 2+ (Internet Stream Protocol, Version 2), verbindungsorientiertes Protokoll zum Transport von Echtzeitdaten über IP, die eine garantierte Dienstgüte benötigen,
- OSPF (Open Shortest Path First), ein vor allem bei Internet-Routern eingesetztes Routingprotokoll,
- BGP (Border Gateway Protocol), ein Routingprotokoll für sogenannte autonome Systeme.

4.6.3 Transportschicht

Die primäre Aufgabe der Transportschicht, die etwa der Schicht 4 des ISO/OSI-Referenzmodells entspricht, besteht in der Einrichtung einer Kommunikationsverbindung zwischen zwei Anwendungsprogrammen, die sich auf unterschiedlichen Rechnern im Netzwerk befinden. Auf der Transportschicht erfolgt dazu eine Flußsteuerung, die dafür sorgt, daß Überlastsituationen nach Möglichkeit vermieden werden. Es wird auch sichergestellt, daß die übertragenen Daten fehlerfrei und in der richtigen Reihenfolge (Sequenznummern) beim Empfänger ankommen. Dazu existiert ein Quittungsmechanismus, über den der Empfänger korrekt übertragene Datenpakete bestätigen bzw. fehlerhafte Datenpakete neu anfordern kann.
Anders als die Internetschicht, steht die Transportschicht nicht unter der Kontrolle des Netzbetreibers, sondern bietet dem Anwender bzw. dem Anwendungsprogramm des betreffenden Endsystems die Möglichkeit, Einfluß

auf Probleme in der Datenübertragung zu nehmen, die nicht von der Internetschicht behandelt werden. Dazu zählt die Überbrückung von Ausfällen auf der Internetschicht und die Nachlieferung von Datenpaketen, die in der Internetschicht verloren gegangen sind. Die Transportschicht ist in der Lage, beliebig lange Pakete (Streams) zu übertragen. Eine lange Nachricht wird dazu in Segmente unterteilt, die einzeln übertragen und beim Empfänger wieder zusammengesetzt werden.
Das **TCP-Protocol** (**Transport Control Protocol**) als ein weiteres Kernstück der Internet-Protokoll-Architektur ist das populärste Protokoll der Schicht 4 des TCP/IP-Protokollstapels. Es realisiert einen zuverlässigen, bidirektionalen Datenaustausch zwischen zwei Endsystemen. Das TCP-Protokoll wird detailliert in Abschnitt 7.2.5 beschrieben.
Neben TCP ist das **UDP-Protokoll** (**Universal Datagram Protocol**) das zweite prominente Protokoll der Transportschicht. Es überträgt eigenständige Dateneinheiten, sogenannte Datagramme, zwischen Anwendungsprogrammen, die auf unterschiedlichen Rechnern im Netzwerks ablaufen. Allerdings ist die Übertragung unzuverlässig, d.h. mit Datenverlust, Vervielfachung von Datagrammen und Reihenfolgeveränderungen muß stets gerechnet werden. Die als falsch erkannten Datagramme werden von UDP verworfen und erreichen den Empfänger erst gar nicht. UDP zeichnet sich gegenüber TCP durch eine geringere Komplexität aus, was sich in einem erhöhten Datendurchsatz niederschlägt. Allerdings muß dies mit einem drastischen Verlust an Zuverlässigkeit und Sicherheit bezahlt werden.
Weitere bekannte Protokolle der Transportschicht sind:

- VMTP (Versatile Message Transaction Protocol), ein transaktionsorientiertes Kommunikationsprotokoll,
- NETBLT (Network Block Transfer Protocol), ein unidirektionaler, verbindungsorientierter, zuverlässiger Transportdienst, der auf einen hohen Durchsatz bei großen Datenmengen hin optimiert wurde,
- MTP (Multicast Transport Protocol), ein zuverlässiger Transportdienst für Multicast-Gruppen,
- RDP (Reliable Data Protocol), ein bidirektionaler, verbindungsorientierter Punkt-zu-Punkt Transportdienst, der speziell für Anwendungen vorgesehen ist, die in der Lage sind, mit Reihenfolgeänderungen bei den übertragenen Datenpaketen selbständig umzugehen bzw. diese tolerieren,
- RIP (Routing Information Protocol), internes Routingprotokoll in kleineren Netzwerken,
- SSL (Secure Socket Layer), Protokollmechanismus für die sichere Übertragung im WWW,
- TLS (Transport Layer Security), Nachfolger des Secure Socket Layer (SSL) Protokolls für die sichere Datenübertragung im WWW.

4.6.4 Anwendungsschicht

Die Funktionalität der Anwendungsschicht des TCP/IP-Protokollstapels faßt im Prinzip die der Schichten 5-7 des ISO/OSI-Referenzmodells zusammen. Grundsätzlich dient diese Schicht als Schnittstelle zu den eigentlichen Anwendungsprogrammen, die über das Netzwerk kommunizieren wollen. Die Anwendungen selbst befinden sich dabei außerhalb dieser Schicht und des TCP/IP-Referenzmodells überhaupt. Die angebotenen Dienste der Anwendungsschicht verfügen über ein hohes Abstraktionsniveau, das den Anwender bzw. die kommunizierenden Anwendungen von den Details der Kommunikation, die auf den niedrigeren Protokollschichten geregelt werden, weitgehend abschirmen.
Zur Anwendungsschicht der TCP/IP-Protokollfamilie zählen viele Protokolle, die detailliert in Kapitel 8 behandelt werden, wie z.B.:

- TELNET, ermöglicht die Einrichtung einer interaktiven Sitzung auf einem entfernten Rechner,
- FTP (File Transfer Protocol), dient der Übertragung von Dateien zwischen zwei über ein TCP/IP-Netzwerk verbundenen Rechnern,
- SMTP (Simple Mail Transfer Protocol), ein einfach strukturiertes Protokoll zur Übertragung von elektronischer Post im Internet. Heute wird in der Regel ESMPT (Extended SMTP) eingesetzt, das eine transparente Übertragung von Nachrichten unterschiedlicher Formate gestattet,
- HTTP (Hypertext Transport Protocol), Protokoll zur Datenübertragung im World Wide Web,
- RPC (Remote Procedure Call), dient dem Operationsaufruf von Anwendungsprogrammen, die sich auf einem entfernten Rechner befinden,
- DNS (Domain Name Service), Verzeichnisdienst, der die Zuordnung zwischen Endsystemnamen (Zeichenketten) zu IP-Adressen liefert,
- PGP (Pretty Good Privacy), Verschlüsselungsmechanismus für elektronische Post und deren Authentifikation,
- SNMP (Simple Network Management Protocol), Protokoll zur Überwachung, Verwaltung und Kontrolle von Netzwerken,
- RTP (Realtime Transport Protocol), Protokoll zur Echtzeit-Übertragung (Streaming) von Multimedia-Datenströmen.

4.7 Glossar

Bandbreite: Die Bandbreite (Bandwidth) einer Verbindungsstrecke in einem Netzwerk ist eine physikalische Größe, die in Hertz (1 Hz=1/s) angegeben wird. Im analogen Bereich bezeichnet die Bandbreite den Frequenzbereich, in dem elektrische Signale mit einem Amplitudenabfall von bis zu 3 dB übertragen werden. Je größer die Bandbreite, desto mehr Informationen können theoretisch in einer Zeiteinheit übertragen werden. Auch bei der Übertragung digitaler Signale wird oft synonym der Begriff Bandbreite verwendet, obwohl die **Übertragungsrate** gemeint ist. Es gibt allerdings einen unmittelbaren Zusammenhang zwischen der Bandbreite und der Übertragungsrate, da bei der

Datenübertragung die erreichbare Übertragungsgeschwindigkeit direkt von der Bandbreite des Netzwerkes abhängt. Die maximale Bandbreiten-Ausnutzung beträgt für binäre Signale 2 Bit pro Hertz Bandbreite.

Bitlänge: Die Länge, die ein Signal, das den Informationsgehalt von einem Bit trägt, auf dem Übertragungsmedium einnimmt. Die Bitlänge berechnet sich aus dem Quotienten aus Übertragungsgeschwindigkeit (in Kupferkabel etwa 0,8c=240.000 km/s) und Bandbreite des Signals. So ergibt sich z.B. in 100-Base-T Ethernet eine Bitlänge von etwa 240.000.000 mps/100.000.000 bps = 2.4 m/bit.

Broadcast: Eine Broadcast-Übertragung entspricht einem Rundruf, also einer gleichzeitigen Übertragung von einem Punkt aus zu allen Teilnehmern. Klassische Broadcast-Anwendungen sind Rundfunk und Fernsehen.

Code: Ein Code ist eine mathematische Relation, die jedem Zeichen eines Zeichenvorrats (Urbildmenge) ein Zeichen oder eine Zeichenfolge eines anderen Zeichenvorrats (Bildmenge) zuordnet. In technischen Systemen dienen Codes der Darstellung und Verschlüsselung von Nachrichten.

Datenfernübertragung: Sind die Rechensysteme, zwischen denen eine Datenübertragung stattfindet, mehr als einen Kilometer weit voneinander entfernt, so spricht man von Datenfernübertragung. Diese Begrenzung ist allerdings nicht starr. Die eingesetzten Verfahren zur Datenfernübertragung unterscheiden sich wesentlich von denen, die bei Systemen eingesetzt werden, die weniger weit voneinander entfernt sind.

Datenrate: Die Datenrate (Transmission Speed, Übertragungsgeschwindigkeit) ist das Maß für die Geschwindigkeit, in der Daten in Form von Bits pro Zeiteinheit über ein Übertragungsmedium versendet werden können. Diese Geschwindigkeit wird in bit/s angegeben bzw. mit den Präfixen k (kilo=10^3), M (Mega=10^6), G (Giga=10^9) oder T (Tera=10^{12}) versehen. Bei bitserieller binärer Übertragung ist sie gleich der **Schrittgeschwindigkeit**. Bei zeichenserieller bitparalleler Übertragung dagegen ist die Übertragungsgeschwindigkeit größer als die Schrittgeschwindigkeit, da mit jedem Schritt mehrere Bits gleichzeitig übertragen werden. In der englischen Literatur wird die Übertragungsgeschwindigkeit in bps (bits per second) angegeben. Nach DIN 44302 handelt es sich bei der Übertragungsgeschwindigkeit um das Produkt aus Schrittgeschwindigkeit und Anzahl der Bits, die je Schritt übertragen werden.

Diffusionsnetzwerk: In einem Diffusionsnetzwerk wird das Signal eines Senders unmittelbar von allen mit dem Netz verbundenen Rechnern unter Berücksichtigung der jeweiligen Laufzeitverzögerung empfangen. Jeder Empfänger muß dabei selbst feststellen, ob er die Nachricht aufnimmt und verarbeitet oder nicht.

Durchsatz (Datendurchsatz, Throughput): Ist ein Maß für die Leistungsfähigkeit eines Kommunikationsystems. Gemessen werden die innerhalb einer bestimmten Zeitspanne insgesamt verarbeiteten oder übertragenen Nachrichten/Daten. Der Durchsatz errechnet sich aus dem Quotienten der fehlerfrei übertragenen Datenbits und der Summe aller übertragenen Bits, bezogen auf eine festgelegte Zeitdauer. Ausgedrückt wird er z.B. in bit/s oder Datenpakete/s.

fehlererkennender Code: Ein Code, der mit Redundanz ausgestattet ist und Fehler erkennt, die bei einer Übertragung entstanden sind. Einfache Beispiele für fehlererkennende Codes sind z.B. das Anhängen von **Paritätbits** oder **Prüfsummenverfahren**.

fehlerkorrigierender Code: Ist ein Code, der in der Lage ist, Übertragungsfehler nicht nur zu erkennen, sondern diese auch bis zu einem gewissen Grad zu korrigieren.

Fehlerate: Als Fehlerrate bezeichnet man das Verhältnis fehlerhaft übertragener Informationen zur insgesamt übertragenen Information. Speziell ist die **Bitfehlerrate** ein Maß für die Fehlerrate in einem Datennetz. Sie errechnet sich aus dem Verhältnis der fehlerhaft übertragenen Bits zur Gesamtanzahl der übertragenen Bits, gemessen über einen längeren Zeitraum.

Flußsteuerung: In einem Kommunikationsnetzwerk wird durch die Flußsteuerung verhindert, daß ein schneller Sender einen langsamen Empfänger mit gesendeten Daten überschwemmt und so eine Überlastung (Congestion) verursacht. Der Empfänger verfügt zwar in der Regel über einen Pufferspeicher, in dem die ankommenden Datenpakete bis zur anschließenden Weiterverarbeitung zwischengespeichert werden, um aber einen Überlauf dieses Zwischenspeichers zu vermeiden, müssen Protokollmechanismen vorgesehen werden, mit denen der Empfänger den Sender veranlassen kann, mit der Aussendung von Folge-Datenpaketen noch eine bestimmte Zeit zu warten, bis der Pufferspeicher des Empfängerrechners wieder abgearbeitet ist.

Fragmentierung/Defragmentierung: Aufgrund technischer Restriktionen ist die Länge der Datenpakete, die ein Kommunikationsprotokoll in einem paketvermittelten Netzwerk versendet, unterhalb der Anwendungsschicht stets beschränkt. Ist die Länge der zu versendenden Nachricht größer als die jeweils vorgeschriebene Datenpaketlänge, wird die Nachricht in einzelne Teilnachrichten (Fragmente) zerlegt, die den vorgegebenen Längenrestriktionen entsprechen. Damit die einzelnen Fragmente nach der Übertragung beim Empfänger wieder korrekt zur Ursprungsnachricht zusammengesetzt (defragmentiert) werden können, müssen sie mit **Sequenznummern** versehen werden, da die Übertragungsreihenfolge im Internet nicht immer garantiert werden kann.

Hammingdistanz: Vergleicht man zwei verschiedene, gleichlange Codewörter eines Codes, so wird die Anzahl der unterschiedlichen Stellen dieser Codewörter als Hammingdistanz der beiden Codewörter bezeichnet.

Jitter: Bezeichnung für die Schwankung der Verzögerungszeit bei der Datenübertragung in Kommunikationsnetzwerken. Dieser Effekt ist in paketvermittelten Netzwerken unvermeidlich, da die Wege der einzelnen Datenpakete durch das Netzwerk unabhängig voneinander festgelegt werden und so die dabei eingesetzten Zwischensysteme unterschiedlich stark ausgelastet sind.

Kommunikationsmedium: Physikalischer Träger, der zum Transport von Nachrichten zwischen Sender und Empfänger verwendet wird. In der direkten sprachlichen Kommunikation ist z.B. die Luft als Trägermedium des Schalls das Kommunikationsmedium.

Kommunikationsprotokoll: Ein Kommunikationsprotokoll (auch einfach Protokoll) ist eine Sammlung von Regeln und Vorschriften, die das Datenformat von zu übermittelnden Nachrichten sowie sämtliche Mechanismen und Abläufe zu ihrer Übertragung festlegen. Sie enthalten Vereinbarungen über den Auf- und Abbbau einer Verbindung zwischen den Kommunikationspartnern, sowie über die Art und Weise der Datenübertragung.

Kryptografie: Teilgebiet der Informatik, das sich mit der Konstruktion und Bewertung von Verschlüsselungsverfahren beschäftigt. Das Ziel der Kryptografie liegt im Schutz verschlüsselter Informationen vor Einsicht und Zugriff unberechtigter Dritter.

Leitungsvermittlung: Methode des Nachrichtenaustauschs über ein Netzwerk, bei der zu Beginn des Nachrichtenaustauschs eine exklusive, feste Verbindung zwischen den kommunizierenden Endgeräten aufgebaut wird, die für die gesamte Dauer der Kommunikation bestehen bleibt. Analoge Telefonnetze funktionieren z.B. nach diesem Prinzip.

Multicast: Eine Multicast-Übertragung entspricht einem Rundruf an einen beschränkten Teilnehmerkreis. Es handelt sich also um eine gleichzeitige Übertragung von einem Punkt aus zu einer bestimmten Teilmenge aller Netzteilnehmer.

Nachrichtenübertragung (Data Transmission): Der Transport von Daten von einem Rechensystem zum anderen heißt Nachrichtenübertragung.

Nachrichtenvermittlung: Eine Methode der Netzwerkkommunikation, bei der die einzelnen Vermittlungsstellen einen kompletten Nachrichteninhalt zwischenspeichern, bevor dieser weitergegeben wird. Der Sender muß jeweils nur den Pfad zur nächsten Vermittlungsstelle kennen, die dann die Nachricht nach Erhalt auf dieselbe Weise zur nächsten Vermittlungsstelle weiterschickt.

Netzwerk: Bezeichnung für den Verbund mehrerer Kommunikationsendgeräte, den zugehörigen, verbindenden Übertragungsmedien und der zum Betrieb des Netzwerks notwendigen Zwischensysteme. Handelt es sich bei den Kommunikationsendgeräten um Computer, so spricht man von einem Computernetzwerk. Prinzipiell lassen sich Netzwerke einteilen in **private Netzwerke**, die sich in privater Hand befinden, und **öffentliche Netzwerke**, die von einem Träger zur öffentlichen betrieben werden.

Paketheader: In einem paketvermittelten Netzwerk fordern die verwendeten Kommunikationsprotokolle die Fragmentierung der zu übertragenden Informationen in einzelne Datenpakete. Um sicherzustellen, daß die Datenpakete korrekt übertragen werden, den designierten Empfänger erreichen und dort wieder zur Originalinformation zusammengesetzt werden können, werden den Datenpaketen Steuer- und Kontrollinformationen in einem sogenannten Datenpaketheader vorangestellt.

Paketvermittlung: Die vorherrschende Kommunikationsmethode in digitalen Netzen. Die Nachricht wird dabei in einzelne Datenpakete fester Größe zerlegt, und die Pakete werden einzeln und unabhängig voneinander vom Sender über eventuell vorhandene Vermittlungsstellen zum Empfänger gesendet. Man unterscheidet **verbindungsorientierte** und **verbindungslose** Paketvermittlungsnetze (**Datagrammnetz**). In verbindungsorientierten Paketvermittlungsnetzen wird vor dem Start der eigentlichen Datenübertragung eine Verbindung über fest gewählte Vermittlungsstellen im Netz aufgebaut. In verbindungslosen Paketvermittlungsnetzen wird dagegen kein fester Verbindungsweg vorgewählt, die Datenpakete werden jeweils unabhängig voneinander auf möglicherweise verschiedenen Wegen übertragen.

Protokollstapel: Die verschiedenen Teilprobleme der Netzwerkkommunikation werden jeweils von speziellen Protokollen abgehandelt, die alle reibungslos miteinander zusammenarbeiten müssen, um das Gesamtproblem der Netzwerkkommunikation zu lösen. Um dieses Zusammenspiel zu gewährleisten wird die Entwicklung der Netzwerkprotokoll-Software als komplett zu lösende Gesamtaufgabe angesehen und zu ihrer Lösung jeweils eine zusammengehörige **Familie von Protokollen** (Protocol Suites) entwickelt, die die anfallenden Teilaufgaben lösen und alle effizient miteinander interagieren. Da sich das Gesamtproblem der Netzwerkkommunikation mit Hilfe eines **Schichtenmodells** repräsentieren läßt und die einzelnen Protokolle einer Protokollfamilie jeweils einer bestimmten Schicht zugeordnet werden können, wird von einem **Protokollstapel** gesprochen. Die bekanntesten Protokollstapel sind die TCP/IP-Protokollsuite des Internets und das oft als Lehrbeispiel dienende ISO/OSI-Schichtenmodell.

Prüfsummenverfahren: Zur Fehlererkennung kommen in Kommunikationsprotokollen oft Prüfsummen zum Einsatz. Der Sender einer Nachricht berechnet eine Prüfsumme über die zu versendenden Nachricht und hängt diese an die Nachricht an. Beim Empfänger angekommen, wendet dieser auf die empfangene Nachricht (ohne angehängte Prüfsumme) dasselbe Verfahren zur Prüfsummenbildung an und vergleicht den errechneten Wert mit dem vom Sender angefügten Prüfwert. Stimmen beide Werte überein, so ist die Nachricht mit hoher Wahrscheinlichkeit korrekt übertragen worden.
Allgemein werden bei einem Prüfsummenverfahren die übertragenen Bitfolgen als numerische Werte interpretiert, zu einzelnen Blöcken zusammengefaßt und deren Summe berechnet. Als Binärzahl kodiert wird diese Prüfsumme einfach mit an die zu übertragenden Daten angehängt. Prüfsummenverfahren werden z.B. im IP-Protokoll verwendet. Das bekannteste Verfahren ist die sogenannte **zyklische Redundanzüberprüfung** (**Cyclic Redundancy Check**, CRC, auch als **Polynomialcode** bezeichnet).

Quality of Service (Dienstgüte): Quantifiziert die Leistung eines Dienstes, der von einem Kommunikationssystem angeboten wird. Diese wird über die Dienstgüteattribute Leistung, Leistungsschwankung, Zuverlässigkeit und Sicherheit beschrieben, die jeweils über eigene, quantifizierbare Dienstgüteparameter spezifiziert werden.

Punkt-zu-Punkt Verbindung: Einfachste Architekturform eines Rechnernetzes. Jeder Rechner des Punkt-zu-Punkt Netzwerks wird dabei mit jedem anderen Rechner des Netzwerks direkt verbunden. Die einzelnen Verbindungen können exklusiv durch die jeweils beteiligten Kommunikationspartner genutzt werden und gestatten so einen hohen Grad an Kommunikationseffizienz. Allerdings benötigt die Punkt-zu-Punkt Vernetzung einen erheblichen Kabelaufwand (quadratisch zur Anzahl der beteiligten Rechner), so daß sie in der Praxis lediglich in sehr kleinen Netzen oder für einzelne, dedizierte Weitverkehrsverbindungen zur Anwendung kommt.

Rechnernetz: Ein Rechnernetz (**Netzwerk**, **Computer Network**) ist ein Kommunikationsverbund zwischen den an ein Datenübertragungsnetz angeschlossenen, autonomen Rechnersystemen, die jeweils über eigenen Speicher, eigene Peripherie und eigene Rechenfähigkeit verfügen. Da alle Teilnehmer miteinander vernetzt sind, bietet das Rechnernetz jedem Teilnehmer die Möglichkeit, mit jedem anderen der Netzteilnehmer in Verbindung zu treten.

Redundanz: Als Redundanz wird der Teil einer Nachricht bezeichnet, der keine Information innerhalb des Kommunikationsprozesses vermittelt. Der redundante Teil der Nachricht sorgt dafür, daß die Nachricht auch dann noch verstanden werden kann, wenn sie fehlerhaft übermittelt wurde.

Routing: In einem WAN liegen entlang des Weges zwischen Sender und Empfänger oft mehrere Schaltelemente, die eine Vermittlung der versendeten Daten an den jeweiligen Empfänger übernehmen. Die Ermittlung des korrekten Weges vom Sender zum Empfänger wird dabei als Routing bezeichnet. Die dedizierten Vermittlungsstellen (Router) empfangen dabei ein versendetes Datenpaket, werten dessen Adressinformation aus und leiten es entsprechend zum designierten Empfänger weiter.

Schichtenmodell: Komplexe Probleme lassen sich hierarchisch in Teilprobleme zerlegen, die alle aufeinander aufbauen. Die so entstehende Schichtung der einzelnen Teilprobleme, erleichtert die Modellierung des Gesamtproblems. Das Abstraktionsniveau nimmt auf jeder einzelnen Schicht zu, so daß eine Schicht, die höher im Schichtenmodell angesiedelt ist, vor Detailproblemen abgeschirmt ist, die auf einer niedrigeren Schicht abgehandelt werden. Schichtenmodelle spielen in der Kommunikationstechnik, aber auch in anderen Gebieten der Informatik eine bedeutende Rolle. In abgewandelter Darstellung entsprechen diese auch dem **Schalenmodell**, das anstelle aus hierarchisch aufeinander aufbauenden Schichten aus einzelnen Schalen besteht.

Sicherheit: In der Netzwerktechnik werden unter dem Begriff Sicherheit verschiedene Sicherheitsziele (Dienstgüteparameter) zusammengefaßt, die den Grad der Unversehrtheit und Authentizität der übertragenen Daten beschreiben. Zu den wichtigsten Sicherheitsziele zählen **Vertraulichkeit** (kein unberechtigter Dritter ist in der Lage, die Datenkommunikation zwischen Sender und Empfänger abzuhören), **Integrität** (Unversehrtheit der empfangenen Daten), **Authentizität** (Garantie der Identität der Kommunikationspartner), **Verbindlichkeit** (rechtsverbindlicher Nachweis einer erfolgten Kommunikation) und **Verfügbarkeit** (Garantie, daß ein Dienstangebot tatsächlich verfügbar ist).

Topologie: Unter der Topologie eines Rechnernetzes versteht man die geometrische Form der Verteilung der einzelnen Rechnerknoten innerhalb des Netzwerks. Verbreitete Topologien für Rechnernetzwerke sind **Bustopologie**, **Ringtopologie** und **Sterntopologie**.

Überlast (Congestion): Ein Netzwerk kann mit seinen Betriebsmitteln (Übertragungsmedien, Router und andere Zwischensysteme) eine bestimmte Last (Kommunikation, Datenübertragung) bewältigen. Nähert sich die im Netzwerk erzeugte Last zu 100% der vorhandenen Kapazität an, tritt eine Überlast (Congestion) auf, auf die das Netzwerk in geeigneter Weise reagieren muß, um Datenverluste und den Zusammenbruch der Kommunikation zu vermeiden.

Verzögerung (Delay): Meßgröße, die die maximal zugesicherte Zeitdauer angibt, die zwischen dem Start einer Datenübertragung und deren Abschluß liegt. Die Verzögerung wird in Sekunden oder Sekundenbruchteilen gemessen und kann je nach Standort der miteinander kommunizierenden Rechner stark schwanken. Obwohl den Nutzer am Ende nur die Gesamtverzögerung interessiert, treten an unterschiedlichen Stellen des Kommunikationsprozesses verschiedenartige Verzögerungsursachen auf, wie z.B. **Verarbeitungsverzögerung** (Processing Delay), **Warteschlangenverzögerung** (Queuing Delay), **Versendeverzögerung** (Transmission Delay) und **Übertragungsverzögerung** (Propagation Delay).

Virtual Private Network (VPN): Verknüpfung von Rechnern in einem öffentlichen Netzwerk zu einem virtuellem Netzwerk, das die Eigenschaften eines abgesicherten, privaten Netzwerks aufweist. Netzwerkverwaltung und Netzwerksicherheit liegen dabei ausschließlich in der Verantwortung des „privaten" Betreibers. Externe, nicht autorisierte Rechner verfügen über keine Zugriffsmöglichkeit auf das VPN.

virtuelle Verbindung: Paketvermittelte Netzwerke können verbindungslose und verbindungsorientierte Dienste realisieren. Um einen verbindungsorientierten Dienst zu implementieren, wird eine virtuelle Verbindung zwischen den beiden Kommunikationspartnern aufgebaut, d.h. die übermittelten Datenpakete folgen dabei stets derselben Route – der virtuellen Verbindung – durch das Netzwerk.

5. Datentransfer ins Nachbarbüro – LAN-Technologien

„Wer da will mit Ehre walten,
muß es mit dem Nachbar halten."
– Sprichwort

Lokale Netze – sogenannte LANs – verbinden Rechner in räumlich enger Nachbarschaft. Die Entwicklung von effizienten standardisierten Techniken zum Datenaustausch für die stetig wachsende Zahl von Einzelrechnern hat zu ihrer enormen Popularität beigetragen. Ausgehend von Punkt-zu-Punkt-Verbindungen zwischen zwei Einzelrechnern im selben Raum bis hin zu Firmen- oder Campusnetzen, die mehrere hundert oder sogar tausende von Rechnern verbinden, die über ein gemeinsames Übertragungsmedium miteinander kommunizieren – der Siegeszug der LANs ist ungebrochen. Ausgehend von den Basisfaktoren Kosten, Datendurchsatz, räumliche Ausdehnung und Anordnung wurden ganz unterschiedliche LAN-Technologien entwickelt. Alle folgen verschiedenen Protokollmechanismen und sind für einen Einsatz in unterschiedlichen Szenarien geeignet.
Die Notwendigkeit zur Standardisierung der unterschiedlichen Technologien für Hersteller und Nutzer lag auf der Hand. Unter dem Dach der IEEE Organisation wurden mit dem Kapitel IEEE 802 entsprechende Arbeitsgruppen eingerichtet, die Standards für die verbreiteten Technologien wie Ethernet, Token Ring oder WLAN festgelegt haben und weiterentwickeln. Dieses Kapitel soll die Entwicklung der unterschiedlichen Technologien und Standards im Bereich der lokalen Netze aufzeigen und dem Leser nahe bringen. Die behandelten Themen reichen von einfachen Punkt-zu-Punkt Verbindungen, über Protokollmechanismen, Netztopologien und vielfältige Technologiebeispiele bis hin zu möglichen Erweiterungen traditioneller lokaler Netze.

5.1 Local Area Networks - LANs

5.1.1 Nutzung gemeinsamer Kommunikationskanäle

Das Punkt-zu-Punkt Verbindungsschema hat, wie bereits beschrieben, erhebliche Nachteile wenn es darum geht, eine große Zahl von Rechnern miteinander zu verbinden. Höhere Effizienz verspricht eine Lösung, die auf der gemeinsamen Nutzung ein und desselben Übertragungsmediums beruht, über das die daran angeschlossenen Rechner abwechselnd senden und empfangen. Natürlich erfordert ein gemeinsam genutztes Übertragungsmedium auch einen erhöhten Koordinations- und Verwaltungsaufwand, der unvermeidlich auch zu erhöhten Transferzeiten für die übermittelten Daten führt.

Ein Netzwerk mit einem von allen angeschlossenen Teilnehmern gemeinsam genutzten Übertragungsmedium wird als **Broadcast Network** bezeichnet. Datenpakete, die einer der an das Kommunikationsnetz angeschlossenen Rechner versendet, werden von allen anderen an das Netz angeschlossenen Rechnern empfangen. Ein Adreßfeld innerhalb des versendeten Datenpakets spezifiziert eindeutig den Empfänger. Sobald ein Rechner ein Datenpaket empfängt, überprüft dieser zunächst das Adreßfeld. Ist das Paket für ihn bestimmt, verarbeitet er es. Anderenfalls wird das Paket einfach verworfen.
Broadcast-Netzwerke bieten auch die Möglichkeit, ein Datenpaket gleichzeitig an alle angeschlossenen Rechner zu adressieren. Ein solches Datenpaket wird von jedem angeschlossenen Rechner empfangen und verarbeitet – eine Vorgehensweise, die als **Broadcasting** bezeichnet wird. Einige Systeme gestatten darüber hinaus auch die Übertragung an eine bestimmte Teilmenge der an das Kommunikationsnetzwerk angeschlossenen Rechner, das sogenannte **Multicasting**. Eine Möglichkeit, Multicasting zu realisieren, besteht darin, von den n möglichen Adreßbits eines zu reservieren, das angibt, daß es sich um eine Multicasting-Übertragung handelt, und die restlichen $n-1$ Adreßbits zu nutzen, um die Benutzergruppe zu spezifizieren, an die das Paket gesendet werden soll.
Als allgemeine Faustregel – auch wenn es viele Ausnahmen gibt – gilt, daß kleine, räumlich eng begrenzte Kommunikationssysteme häufig als Broadcasting-Netzwerke realisiert werden, während geografisch weit auseinandergezogene Netze meist über Punkt-zu-Punkt Verbindungen verknüpft sind.

5.1.2 Bedeutung von LANs

Die heute am weitesten verbreitete Form der Rechnernetze sind die sogenannten LANs – Local Area Networks. Weltweit sind die meisten Computer über solche LANs miteinander vernetzt. Durch die gemeinsame Nutzung der Netzressourcen durch alle angeschlossenen Rechnern wird eine sehr hohe Wirtschaftlichkeit erzielt. Einer der Gründe, warum die Rechnervernetzung in Form eines LANs so effizient ist, war aus dem Bereich der Rechnerarchitektur schon lange bekannt: Dort wird die effiziente Nutzung des Speichers eines Rechners durch ein Programm mit dem Prinzip der **Locality of Reference** in Verbindung gebracht. Dieses Prinzip besagt, daß die Wahrscheinlichkeit des Zugriffs auf eine aktuell benachbarte Speicherzelle größer ist, als die Wahrscheinlichkeit, daß als nächstes der Inhalt einer weiter entfernten Speicherzelle vom Programm angefordert wird. Vor allem schnelle Zwischenspeicher (Caches) machen sich diese Eigenschaft zur Erhöhung der Speichereffizienz zu Nutze.
Überträgt man nun das Prinzip der Locality of Reference auf den Bereich der Computernetzwerke, dann besagt es, daß die Kommunikation zwischen zwei Rechnern in einem Netzwerk ebenfalls nicht völlig chaotisch abläuft. Locality of Reference herrscht auch hier vor, sowohl in zeitlichem als auch räumlichem Bezug:

- **Temporal Locality of Reference**
  Kommunizieren zwei Computer miteinander, so ist die Wahrscheinlichkeit groß, daß sie das anschließend gleich wieder tun werden.
- **Spatial Locality of Reference**
  Die Wahrscheinlichkeit, daß zwei im Netzwerk benachbarte Computer miteinander kommunizieren, ist größer, als daß diese das mit einem anderen entfernten Rechner im Netzwerk tun.

LANs sind in der Regel private Netze, die im Wesentlichen ohne besondere Vorschriften und ohne festgelegte Nutzungsgebühren von jedermann installiert und betrieben werden können. Geografisch sind LANs zunächst auf das Grundstück des Eigentümers beschränkt, wobei es durchaus auch z.B. funkverbundene LAN-Inseln auf unterschiedlichen Grundstücken verteilt geben kann. Weiträumige Netze dagegen (WANs, MANs) sind auf Netzbetreiber (**Carrier**) angewiesen, die die Netze betreiben und zur Nutzung zur Verfügung stellen. Bei den Netzbetreibern handelt es sich dabei um private oder öffentliche Anbieter, die im Rahmen vorgegebener rechtlicher Vorschriften tätig sind. Aber auch ein Unternehmen kann für sich selbst ein WAN betreiben, ohne daß dieser Dienst Außenstehenden offensteht (**Corporate Network**). Oft wird dazu die benötigte Infrastruktur (Leitungen) von einem Netzbetreiber angemietet und ein scheinbar firmeneigenes Netz aufgebaut. Das Unternehmen ist dann selbst für den Betrieb und das Management des firmeneigenen Netzes zuständig.

Definition: Local Area Network (LAN)

(Definition nach ISO):
Ein lokales Netzwerk dient der bitseriellen Informationsübertragung zwischen miteinander verbundenen unabhängigen Geräten. Es befindet sich vollständig im rechtlichen Entscheidungsbereich des Benutzers und ist auf sein Gelände beschränkt.

(Definition nach „Siemens Lexikon der Datenkommunikation"):
Lokale Netze sind Systeme für den Hochleistungs-Informationstransfer, die es einer Anzahl gleichberechtigter Benutzer ermöglichen, auf einem räumlich begrenzten Gebiet unter Anwendung eines schnellen Übertragungsmediums partnerschaftlich orientierten Nachrichtenaustausch hoher Güte durchzuführen.

Abb. 5.1. Definition LAN

5.2 Grundlagen der Datenverwaltung im LAN

5.2.1 Lokale Adreßverwaltung

Um innerhalb eines LANs einen bestimmten Rechner eindeutig ansprechen zu können, sind den einzelnen Rechnern jeweils sogenannte **Adressen** zugeordnet. Solche Adressen sind numerische Werte unterschiedlichen

Formats, die einen Rechner eindeutig identifizieren. Auf jeder Schicht des Kommunikationsprotokoll-Stapels können Adressen unterschiedlicher Formate Verwendung finden. Am einfachsten fällt der Vergleich mit einer Telefonnummer, über die ein Teilnehmer im Telefonnetz angesprochen werden kann. Befindet sich der Teilnehmer im gleichen Ortsnetz (entspricht in der Datenkommunikation einem LAN), so ist bereits eine kurze Nummer ausreichend, um diesen eindeutig zu identifizieren. Anderenfalls muß im Telefonnetz eine Ortskennziffer als Vorwahl angegeben werden, die das jeweilige Ortsnetz, in dem sich der Teilnehmer befindet, festlegt. Schließlich erlaubt das Telefonnetz eine zusätzliche Länderkennung, um internationale Telefongespräche zu ermöglichen. In der Datenkommunikation findet sich diese hierarchische Aufgliederung des Adressraums in den unterschiedlichen Adressformaten wieder.
Jedes innerhalb eines Datennetzes versendete Paket enthält die Adresse des Senders (**Source**) und die des Empfängers (**Destination**), sowie eine Reihe von Zusatzinformationen die für einen korrekten Transport notwendig sind.
Die **LAN-Kommunikationsschnittstelle** eines am Netzwerk angeschlossenen Rechners filtert ankommende Datenpakete anhand der darin angegebenen Adressen. Stimmt die im Datenpaket als Empfänger angegebene Adresse mit der eigenen Adresse des Rechners überein, wird das Datenpaket an das Betriebssystem des Rechners zur weiteren Auswertung übergeben, ansonsten wird es verworfen.
Zum Senden übergibt die CPU des sendewilligen Rechners die zu sendenden Daten an die LAN-Kommunikationsschnittstelle. Alle Einzelheiten des Datenaustauschs werden von der LAN-Kommunikationsschnittstelle übernommen. Da die LAN-Kommunikationsschnittstelle ohne Inanspruchnahme der Rechner-CPU arbeitet, wird der Normalbetrieb des Rechners während der Datenübertragung nicht gestört (siehe Abb. 5.2).
In der Regel handelt es sich bei Adressen innerhalb einer Netzwerkumgebung um **Individualadressen**, d.h. Adressen, die einen bestimmten, einzelnen Rechner identifizieren. Daneben gibt es auch noch spezielle Gruppenadressen (**Multicast-Adressen**), die eine bestimmte Gruppe von Rechnern innerhalb eines Netzwerkes identifiziert und gleichzeitig anspricht, sowie sogenannte **Broadcast-Adressen** (Rundsendeadressen), die alle in einem Netzwerk angeschlossenen Rechner adressiert und im übertragenen Sinne Massen-Postwurfsendung ermöglicht. Netzwerktechnologien mit gemeinsamer Mediennutzung ermöglichen ein effizientes Broadcast-Verfahren, da ein Datenpaket hier ohnehin alle am gemeinsam genutzten Übertragungsmedium angeschlossenen Rechner passiert.
Auf der Ebene des LANs und der dort zuständigen Protokollschicht sind die sogenannten **MAC-Adressen** (Medium Access Layer Address) von besonderer Bedeutung. Bei MAC-Adressen handelt es sich um Hardwareadressen, die den LAN-Kommunikationsschnittstellen der am LAN angeschlossenen Rechner zugeordnet sind. Innerhalb eines LANs muß die MAC-Adresse jeweils

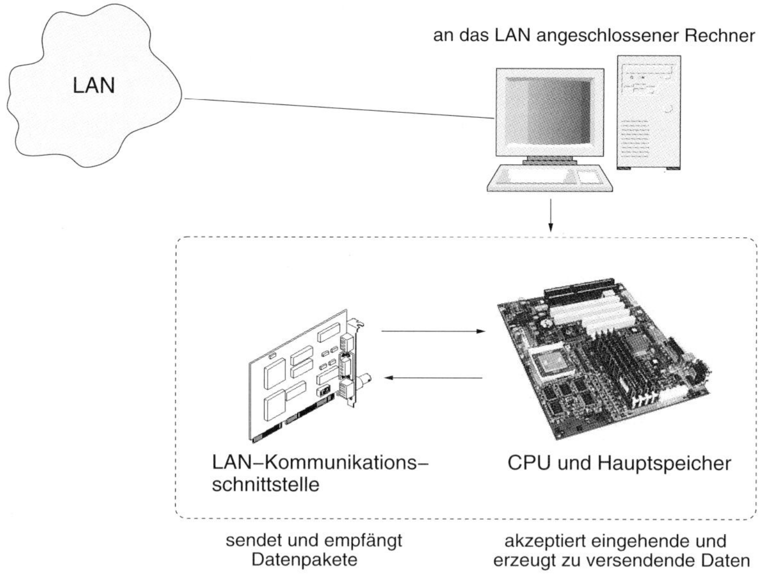

Abb. 5.2. Datenaustausch über die LAN-Kommunikationsschnittstelle

eindeutig sein. Nach der Gültigkeit der Zuordnung unterscheidet man drei Kategorien von Adreßformaten:

- **Statische Adressen** werden als weltweit eindeutige Hardwareadresse vom Hersteller jeder LAN-Schnittstellenkarte vergeben. Diese Zuweisung ist permanent und ändert sich nur im Falle eines Austausches der Hardware. Da die Hardwareadressen in Absprache zwischen den verschiedenen Hardwareherstellern bereits bei der Auslieferung der Geräte eindeutig konfiguriert sind, kann Hardware von verschiedenen Herstellern ohne Adreßkonflikte an das LAN angeschlossen werden.
- **Konfigurierbare Adressen** lassen sich durch den Netzbetreiber frei festlegen. Dies erfolgt manuell über Schalter auf der entsprechenden LAN-Schnittstellenkarte bzw. kann auch durch softwareseitiges Setzen der Adresse in einem nichtflüchtigen Speicher (EPROM) erfolgen. In der Regel erfolgt diese Konfiguration nur einmal bei der Installation der Hardware durch den Betreiber. Da nur innerhalb des LANs eine Adreßeindeutigkeit gewahrt werden muß, können hier kurze Adressen verwendet werden.
- **Dynamische Adressen** bieten die größtmögliche Flexibilität. Dabei wird bei erstmaligem Anschluß an ein Netz automatisch eine Hardwareadresse zugewiesen. Dieser Vorgang wird von der LAN-Schnittstellenkarte selbst initiiert und kann mehrere Fehlversuche beinhalten, in denen die LAN-Schnittstellenkarte „unwissentlich" im LAN bereits vergebene Adressen zuordnet. Bei jedem Neustart des Rechners kann dieser Vorgang wiederholt und jedem Rechner eine neue Hardwareadresse zugewiesen werden. Da hier

nur eine Eindeutigkeit der Adressen innerhalb des LANs gewahrt werden muß, können die verwendeten Adressen auch hier sehr kurz sein

Meist werden MAC-Adressen global eindeutig vergeben, insbesondere überall dort, wo das verbreitete **IEEE 802 Adressierungsschema** Verwendung findet.

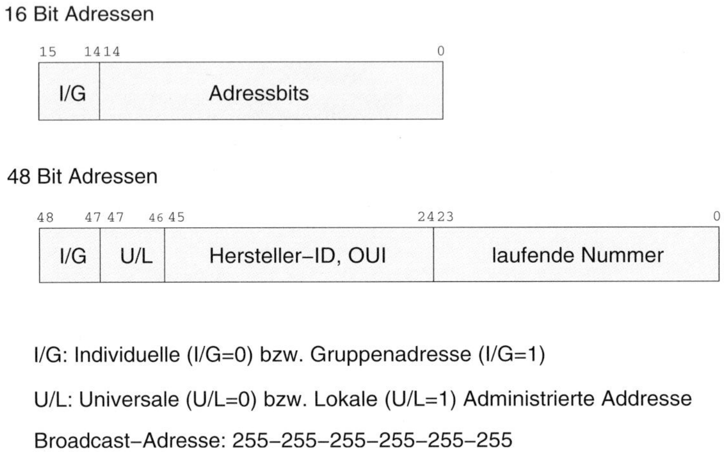

Abb. 5.3. Adressierungsschema nach IEEE 802

IEEE 802 unterscheidet zwei Adreßtypen von jeweils 16 Bit bzw. 48 Bit Länge. Adressen mit 16 Bit werden in der Praxis nur recht selten verwendet. Die 48 Bit Adressen werden global eindeutig vergeben. Die IEEE teilt zu diesem Zweck jedem Hersteller von LAN-Kommunikationsschnittstellen (Netzwerkadaptern) einen Block von herstellerspezifischen Adreßteilen zu (OUI, Organisationally Unique Identifier). Der Hersteller ergänzt diese Teiladresse für jeden hergestellten Netzwerkadapter mit einer fortlaufenden Nummer. Um auch in Zukunft noch eine ausreichende Zahl eindeutiger Hardwareadressen zur Verfügung stellen zu können, wurde ein zusätzliches 64 Bit Adressierungsschema festgelegt, das mit der Bezeichnung EUI-64 klassifiziert wurde.

5.2.2 Lokale Datenverwaltung

Neben der Angabe von Sender und Empfänger eines Datenpakets enthält dieses zusätzlich immer auch Informationen über die Art der beförderten Nutzdaten, die für den Weitertransport relevant sein können. Jede LAN-Technologie definiert dabei exakt ein ihr eigenes Paketformat, das typischerweise aus den eigentlichen Nutzdaten und der zugehörigen Metainformation – zusammengestellt im **Paketheader** – besteht. Im hierarchischen Aufbau der Protokollschichten innerhalb einer Netzwerktechnologie, fügt jede der Schichten einen eigenen Paketheader mit an die zu übertragenden Nutzdaten an.

Nutzdaten inklusive dazugehöriger Paketheader werden zur Nutzdateninformation der darüberliegenden Protokollschicht, die dieser wiederum ihren eigenen Header mitgibt.
Eine Identifizierung der Nutzdaten des übertragenen Datenpakets ist oft notwendig, um Einfluß auf die Weiterverarbeitung der übertragenen Daten zu nehmen. Dies kann auf die folgende Art geschehen:

- **Explizite Pakettypen**: Dabei wird ein explizites Typfeld mit in den Paketheader der zu übertragenden Daten eingefügt. Solche Pakettypen werden auch als selbstidentifizierend bezeichnet.
- **Implizite Pakettypen**: Hier enthalten die Datenpakete ausschließlich Nutzdateninformation. Sender und Empfänger müssen sich bei diesem Verfahren bzgl. des Typs und des Inhalts der ausgetauschten Datenpakete einig sein bzw. müssen bereits zuvor diesbzgl. Informationen ausgetauscht haben. Andererseits können Sender und Empfänger auch Charakteristika oder einen Teil der Nutzdaten als Typenkennung vereinbaren.

Die im Verlauf dieses Kapitels vorgestellten Datenformate der unterschiedlichen Hardware-Technologien entsprechen alle dem expliziten Pakettyp.
Um zu gewährleisten, daß bei explizit angegebenem Pakettyp die verarbeitende Software auch in der Lage ist, den spezifizierten Typ richtig zu erkennen, wurden unterschiedliche Werte für Typenfelder standardisiert. Allerdings existieren unterschiedliche Standards, die von verschiedenen Standardisierungsgremien festgelegt wurden. Von der IEEE stammt eine Lösung, die neben einem Typwert auch noch eine Identifikation des zuständigen Standardisierungsgremiums mit angibt. So umfaßt der als **Logical Link Control** (**LLC**) bezeichnete Teil des IEEE 802.2 Standards für LANs die Spezifikation eines **SubNetwork Attachment Point** (**SNAP**). Abb. 5.4 zeigt einen LLC/SNAP-Header, der acht Byte enthält. Die ersten drei Byte beinhalten den LLC-Teil, der darauf hinweist, daß ein Typfeld – der SNAP-Teil – folgt. Der SNAP-Teil des Headers enthält ein 3 Byte langes Feld zur Identifikation des Standardisierungsgremiums (**Organisational Unique Identifier**, **OUI**), gefolgt von einem 2 Byte langen Typwert, der durch dieses Gremium definiert wurde.

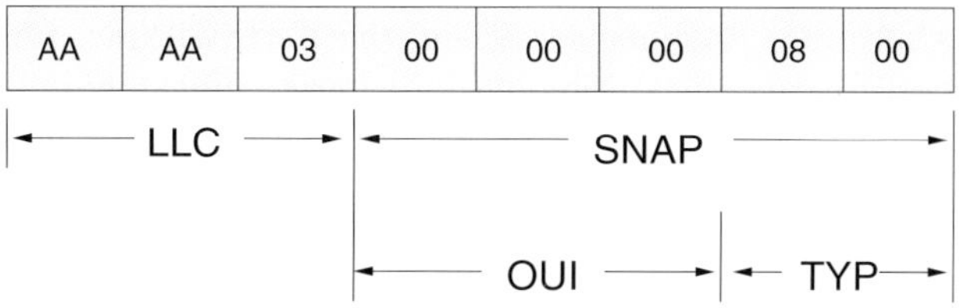

Abb. 5.4. Beispiel für einen LLC/SNAP-Header eines Datenpakets

In den meisten LAN-Technologien besitzen die Datenpaketheader eine fixe Größe, während der Nutzdatenbereich variabel ausgelegt ist. Oftmals gibt die Netzwerktechnologie eine bestimmte Mindestgröße der Datenpakete vor, da sonst ein korrekter Betrieb nicht gewährleistet werden kann. Unterschreitet die Nutzdatenmenge die vorgegebene Mindestgröße, dann diese mit binären Nullen aufgefüllt.

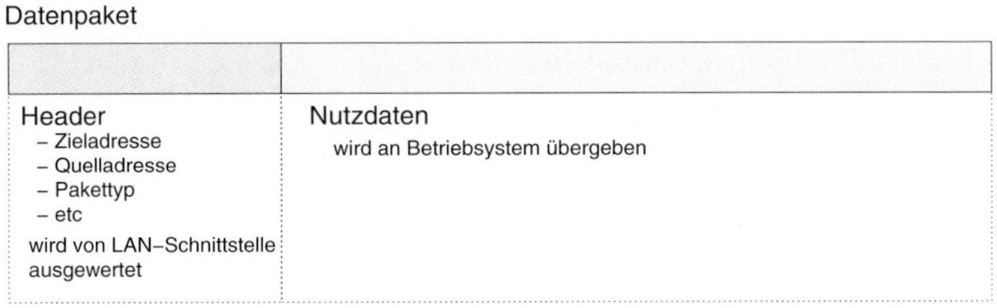

Abb. 5.5. Datenpaket – prinzipieller Aufbau

5.3 Spezielle LAN Hardware

5.3.1 LAN-Schnittstellenkarte

Der Zugang eines Rechners zu einem lokalen Netzwerk – und über dieses meist auch zum Internet – erfolgt über die LAN-Kommunikationsschnittstelle (auch Netzwerkadapter, LAN-Schnittstellenkarte oder Netzwerkkarte, **Network Interface Card**). LAN-Schnittstellenkarten funktionieren wie Ein-/Ausgabegeräte. Sie sind jeweils für eine spezifische Netztechnologie ausgelegt und übernehmen die Einzelheiten der Paketübertragung, ohne dabei auf die CPU des Rechners zugreifen zu müssen. Die LAN-Schnittstellenkarte ist in der Lage, die in einem LAN benutzten elektrischen Signale und die Geschwindigkeit, in der die Daten übertragen werden müssen, sowie die Details des Datenpaketformates richtig zu interpretieren.
Grundsätzlich soll die LAN-Schnittstellenkarte eines Rechners dafür sorgen, daß nur die Datenpakete den Rechner erreichen, die auch wirklich für ihn bestimmt sind, da über ein gemeinsam genutztes Übertragungsmedium im LAN Datenpakete zunächst an alle Adressaten versendet und folglich auch von jedem angeschlossenem Rechner empfangen werden. Die LAN-Schnittstellenkarte besitzt dafür eine **Filterfunktion**, um nicht relevante Datenpakete auszufiltern und so nutzlosem Verbrauch von Rechenleistung entgegenzuwirken. Der Rechner kann so seinen eigentlichen Aufgaben nachkommen.

5.3.2 Netz-Analyzer

Als **Network Analyzer** (Netzwerk-Analyzer, Network-Sniffer, Packet-Sniffer) wird ein Gerät bezeichnet, das die Leistungsfähigkeit eines LANs ermittelt, indem es alle über das gemeinsam genutzte Übertragungsmedium gesendeten Daten abhört. Es handelt sich in der Regel um ein tragbares Gerät bzw. um eine spezielle Software, die, nachdem der Netzwerk-Analyzer an das LAN angeschlossen und aktiviert wurde, spezifische Ereignisse überwacht und Daten sammelt, um Statistiken über die Netzauslastung zu gewinnen, aus denen dann auf Netzwerkfehler geschlossen werden kann. In einem Ethernet-LAN kann z.B. die durchschnittliche Anzahl der Kollisionen von Datenpaketen ermittelt werden. In einem Token Ring Netzwerk kann damit die durchschnittliche Verweilzeit eines Token-Datenpakets (siehe Kap. 5.4.2) bzw. dessen Umlaufzeit ermittelt werden. Netzwerk-Analyzer können auch dazu eingesetzt werden, den Datenverkehr eines bestimmten Rechners zu überwachen bzw. nur bestimmte Typen von Datenpaketen zu berücksichtigen.
Damit ein Netz-Analyzer alle Datenpakete, die ihn passieren, auswerten kann, wird die konventionelle Adresserkennung in der LAN-Schnittstellenkarte umgangen, indem diese in eine als **Promiscuous Mode** (Mischmodus) bezeichnete Betriebsart versetzt wird. Da annähernd jede LAN-Schnittstellenkarte – bei ausreichendem Kenntnisstand des Betreibers – in dieser Betriebsart tätig werden kann, ist eine Vertraulichkeit der innerhalb des LAN übertragenen Datenpakete nicht gewährleistet, es sei denn, diese werden verschlüsselt übertragen. Im Promiscuous Mode übernimmt die LAN-Schnittstellenkarte jedes ankommende Datenpaket und übergibt dieses an die Analyse-Software des Netzwerk-Analyzers, die daraufhin die Felder des Datenpaketheaders einer Überprüfung unterzieht, wobei der Nutzer durch geeignete Konfigurationsparameter festlegen kann, worauf bei dieser Überprüfung besonderer Wert gelegt werden soll.

5.4 LAN-Topologien

Die Topologie eines Rechnernetzes beschreibt die geometrische Anordnung der einzelnen Netzknoten und ihre Verteilung. Unterschiedliche Topologien der LANs implizieren unterschiedliche Eigenschaften. Einsicht in die jeweiligen Vor- und Nachteile ist daher die Grundlage für die Auswahl der für den geplanten Einsatz jeweils am besten geeigneten LAN-Topologie. Topologien lassen sich nach ihrer **Dimension** unterteilen. Eine n-dimensionale Topologie ist dadurch gekennzeichnet, daß sie sich erst im n-dimensionalen Raum kreuzungsfrei aufzeichnen läßt. In LANs haben sich eindimensionale Topologien durchgesetzt. Etablieren konnten sich dabei im Laufe der Zeit die folgenden drei Topologien:

- Bustolopogie,

- Ringtopologie,
- Sterntopologie.

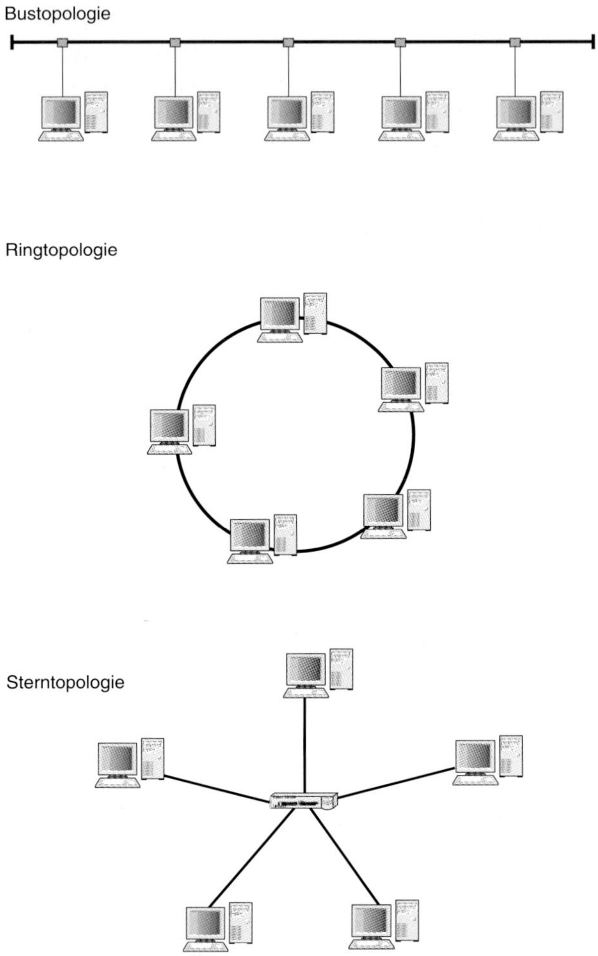

Abb. 5.6. Grundlegende LAN-Topologien

Zweidimensionale Topologien, wie z.B. Bäume, Gitter oder systolische Arrays, ebenso wie mehrdimensionale Topologien sind vornehmlich im Bereich der Parallelrechner von Bedeutung.
Sollen unterschiedliche Topologien gegeneinander bewertet werden, so können die folgenden Kriterien herangezogen werden:

- **Verkabelungsaufwand**
  Welche Kabellänge wird für die Verkabelung bei vorgegebener geografischer Anordnung der Rechner benötigt? Wenn ein zusätzlicher Rechner mit in

das Netz aufgenommen werden soll, welcher Aufwand muß dann für seine Verkabelung betrieben werden?

- **Gesamtbandbreite**
  Wie hoch ist die Bandbreite des Netzwerks bei einer vorgegebenen Anzahl von Teilstrecken?
- **Effizienz**
  Wie groß ist die Anzahl der jeweils zu durchlaufenden Zwischenknoten? Der Aufwand für die Vermittlung steigt mit der Anzahl der Vermittlungsrechner im Netz und erschwert einen optimalen Durchsatz.
- **Robustheit**
  Welche Auswirkungen hat der Ausfall eines bzw. mehrerer Rechner oder Teilstrecken im Netzwerk.

Im Folgenden werden die Vor- und Nachteile der drei Grundtopologien dargestellt und erläutert. Wir gehen dann auf einige Beispieltechnologien und deren Implementation näher ein.

Bustopologie. In der **Bustopologie** sind alle Rechner entlang eines linearen Verbindungsmediums (z.B. einem langen Kabel) – dem Bus – angeordnet, das keine Schleifen bildet. An den Enden des Verbindungsmediums wird jeweils Sorge getragen, daß Signale nicht reflektiert und wieder auf das Medium zurückgeworfen werden und dadurch Störungen verursachen. Zu jedem Zeitpunkt ist immer nur einer der angeschlossenen Rechner sendeberechtigt, alle anderen müssen mit ihrer Sendeaktivität solange warten, bis der Übertragungsvorgang dieses Rechners abgeschlossen ist. Dazu wird ein Schiedsrichtermechanismus eingesetzt, der dafür sorgt, daß alle Rechner einen gleichberechtigten Zugang zum Bus erhalten, und der in der Lage ist, Konflikte aufzulösen, wenn zwei oder mehrere der angeschlossenen Rechner zur selben Zeit senden wollen. Dieser Schiedsrichtermechanismus kann zentral oder auch dezentral implementiert sein. Sendet ein Rechner, der an den Bus angeschlossen ist, eine Nachricht, so wird diese von der Position des Rechners ausgehend auf dem Bus in beide Richtungen weitergeleitet, bis sie an den Enden des Busses anlangt. Alle anderen Rechner, die an dem Bus angeschlossen sind, empfangen das Datenpaket und überprüfen, ob es für sie bestimmt ist. Wenn dies nicht der Fall ist, wird das Datenpaket einfach ignoriert.

- Die **Vorteile der Bustopologie** liegen vor allem in ihrer einfachen Erweiterbarkeit: Soll ein neuer Rechner mit an den Bus angeschlossen werden, wird einfach ein neuer Abgriff am Bus installiert und mit dem einzufügenden Rechner vernetzt. In Bezug auf den An- und Abgriff neuer Rechner müssen Restriktionen, wie maximale Längenausdehnung, minimaler Abstand zwischen zwei Abgriffen, maximale Anzahl der möglichen Abgriffe, etc. berücksichtigt werden. Dabei ist das An- und Abklemmen einzelner Rechner an den Bus meist im laufenden Betrieb möglich, ohne daß das am Bus hängende Netz abgeschaltet werden muß bzw. Übertragungsfehler auftreten. Weiter ist die Verkabelung der Bustopologie weitgehend modular.

- Der wichtigste **Nachteil der Bustopologie** liegt darin, daß beim Ausfall des Busses als Einzelkomponente das gesamte Netz lahmgelegt wird. Die Ausdehnung des Netzes ist aufgrund von Technologierestriktionen beschränkt. Bei Datenkollisionen können nur sehr schwer vorhersagbare Wartezeiten entstehen, in denen der Schiedsrichtermechanismus versucht, den durch die Kollision entstandenen Konflikt zu schlichten.

Wichtigstes Beispiel für eine Bustopologie ist das heute sehr weit verbreitete **Ethernet**.

Ringtopologie. In der **Ringtopologie** sind alle Rechner ringförmig in einer geschlossenen Schleife angeordnet. Die Form des Ringes bezieht sich dabei allerdings nur auf die logische Anordnung der Rechner und nicht auf deren physische Anordnung. Jeder Rechner besitzt genau einen Vorgänger und einen Nachfolger. Das zu übertragende Datenpaket wird von einem Rechner zu seinem Nachfolger gesendet. Dieser überprüft, ob das Datenpaket für ihn bestimmt ist. Wenn das nicht der Fall ist, gibt er es an seinen Nachfolger weiter, solange bis das Datenpaket beim eigentlichen Empfänger angekommen ist.

- Die **Vorteile der Ringtopologie** liegen in ihrer einfachen Erweiterbarkeit. Der Verkabelungsaufwand ist minimal, wenn ein neuer Rechner in den bestehenden Ring mit aufgenommen wird.
- Andererseits kann bereits ein einziger Kabelbruch zwischen zwei benachbarten Rechnern dazu führen, daß der komplette Ring ausfällt, da Datenpakete nicht mehr weitergeleitet werden können – sicher der schwerwiegendste **Nachteil der Ringtopologie**. Beheben läßt sich dieses Problem durch redundante Verkabelung bzw. Nutzung des Rings in bidirektionaler Richtung. Die mit der Nachrichtenübertragung im Ring verbundene Verzögerung ist proportional zur Anzahl der vernetzten Rechner, da eine Nachricht jeden einzelnen angeschlossenen Rechner passieren muß.

Ringtopologien in Reinform existieren in der Praxis aufgrund der beschriebenen Nachteile hinsichtlich der Ausfallsicherheit kaum. In der Praxis eingesetzte Technologien basieren zwar auf den Prinzipien der Ringtopologie, bilden aber in Bezug auf die Verkabelung keinen echten Ring. Wichtigste Beispiele für die Ringtopologie sind IBM **Token Ring** oder **FDDI**.

Sterntopologie. Bei der **Sterntopologie** handelt es sich um die älteste Form der Verkabelung zum Aufbau von Netzwerken. Um einen zentralen Punkt, den **Hub** (=[engl.] Nabe), angeordnet, sind die einzelnen Rechner hier sternförmig miteinander vernetzt. Klassische Großrechnersysteme sind oft nach diesem Schema verkabelt: Der Mainframe als Host im Zentrum und die daran angeschlossenen I/O-Systeme in der Peripherie. Der zentrale Hub besitzt dabei die Verantwortung für die gesamte Kommunikation im Netzwerk und steuert den Verkehr: Sobald einer der angeschlossenen Rechner einem anderen eine Nachricht senden will, wird diese zum Hub im Zentrum gesendet.

Es gibt verschiedene Möglichkeiten, die Kommunikation im Stern zu koordinieren: Zum Einen können alle angeschlossenen Rechner ihre Anforderung an den Hub in der Mitte senden und auf seine Antwort warten. Sowohl die Anforderung als auch die Antwort werden über den Hub weitergeleitet. Damit keine Anforderungen verlorengehen, muß der Hub mit genügend großem Zwischenspeicher ausgerüstet sein und über eine hohe Schaltkapazität verfügen. Zum Anderen können auch Polling-Verfahren zum Einsatz kommen, bei denen der zentrale Rechner einen nach dem anderen der angeschlossenen Computer abfragt, ob dieser eine Nachricht weiterzuleiten hat. Trifft der Hub dabei auf einen Rechner, der gerade senden will, so wird dieser umgehend bedient. Auch hier muß eine Schiedsrichterroutine darüber entscheiden, für wie lange der sendende Rechner den Hub in Anspruch nehmen darf, damit die anderen angeschlossenen Rechner ebenfalls fair bedient werden können und nicht unnötig lange auf eine Übertragung warten müssen.

- Der Hub unterliegt in einem sternförmigen Netz einer hohen Belastung. Fällt er aus, so ist das gesamte Netzwerk lahmgelegt. Daneben besteht ein weiterer **Nachteil der Sterntopologie** darin, daß der Verkabelungsaufwand relativ hoch ist, da von jedem der angeschlossenen Rechner ein Kabel zum Hub und wieder zurück verlegt werden muß.
- Allerdings – und das ist ein großer **Vorteil der Sterntopologie** – ist diese Struktur relativ störungsunanfällig bei Ausfall eines der angeschlossenen Computer bzw. bei einem Kabelbruch zwischen einem Netzwerkteilnehmer und dem Hub.

Ein wichtiges Beispiel für die Sterntopologie ist **ATM** (Asynchronous Transfer Mode).

Tabelle 5.1. Drei Netztopologien im Vergleich

	Bus	**Ring**	**Stern**
Erweiterbarkeit	einfach, modular	einfach	einfach, abhängig vom Hub
Geschwindigkeit	schnell	langsam abhängig von der Anzahl der Rechner im Netz	schnell
Dienstgüte	nicht garantiert	garantiert	garantiert
Wartezeit	nicht vorhersagbar	konstant	abhängig vom Hub
Totalausfall	Ausfall des Bus	einfacher Kabelbruch oder Rechnerausfall	Ausfall des Hub
Rechnerausfall	Netz arbeitet	Netz fällt aus	Netz arbeitet
Verkabelungs-aufwand	klein	minimal	groß

Für die **Standardisierung** der einzelnen im Internet verwendeten LANs ist das **IEEE** (**Institute of Electrical and Electronics Engineers**) und

Tabelle 5.2. IEEE 802 Standardisierungsgruppen im Überblick

Nr.	Bezeichnung	Inhalt
802.1	High Level Interface	behandelt gemeinsame Aspekte aller LANs gem. IEEE 802, wie z.B. Adressierung, Management, Internetworking
802.2	Logical Link Control	definiert das LLC Protokoll (TCP/IP-Schicht 2)
802.3	CSMA/CD	Ethernet Protokoll Standard
802.4	Token Passing Bus	Token Bus Protokoll
802.5	Token Passing Ring	Token Ring Protokoll
802.6	MAN	behandelt Metropolitan Area Network Standard
802.7	Broadband Technical Advisory Group	berät die übrigen IEEE 802 Gruppen in Sachen Breitbandtechnologie
802.8	Fiber Optical Technical Advisory Group	berät die übrigen IEEE 802 Gruppen in Sachen Glasfasertechnologie
802.9	Integrated Voice and Data Networks	behandelt LAN-Variante, die Daten und Sprache gleichermaßen handhaben kann (Isochronous Ethernet)
802.10	Network Security	behandelt Sicherheit in LANs
802.11	Wireless LAN	behandelt drahtlose lokale Netze
802.12	100 Base VG AnyLAN	schneller LAN-Standard in Konkurrenz zu Fast Ethernet
802.14	Cable Data Modem	behandelt Einsatz von Kabelnetzen zur Datenkommunikation
802.15	Wireless Personal Area Networks	behandelt drahtlose Netze über kurze Distanzen
802.16	Broadband Fixed Wireless	drahtlose Netze ohne Mobilität (MAN)

im Speziellen das Kapite IEEE-P802 mit seinen zahlreichen Arbeitsgruppen zuständig. Eine Übersicht über die IEEE-Standardisierungsgruppen findet sich in Tabelle 5.2. Die hier erarbeiteten Standards werden auch als internationale Standards ISO 8802 der International Standards Organisation (ISO) übernommen.
Ausgehend von den beschriebenen allgemeinen Eigenschaften der unterschiedlichen Netzwerktopologien soll nun konkret und im Detail auf die in der Praxis wichtigsten LAN-Technologien eingegangen werden.

5.4.1 Ethernet

Ethernet ist wohl mittlerweile zum wichtigsten Technologievertreter im LAN-Segment des Netzwerkmarktes geworden. Obwohl in den 80er und zu Beginn der 90er Jahre eine große Herausforderung durch andere LAN-Technologien, wie z.B. Token Ring, FDDI oder ATM bestand, gelang es keiner dieser Technologien, Ethernet die Marktführerschaft streitig zu machen, die es seit seiner Entwicklung Mitte der 70er Jahre inne hatte. Es mag viele Gründe dafür geben, warum sich Ethernet auf so breiter Front durchsetzen konnte. So war Ethernet historisch die erste, im großen Maßstab eingesetzte LAN Technologie. Da es bereits sehr lange im praktischen Einsatz ist, konnten Netzwerkadministratoren eine sehr große Vertrautheit mit der Technologie und all ihren Eigenheiten entwickeln und standen später aufkommenden neuen LAN-Technologien eher skeptisch gegenüber. Desweiteren sind Token Ring und ATM wesentlich komplexer in der Infrastruktur und Verwaltung, und auch kostspieliger im Vergleich zu Ethernet, was Netzwerkadministratoren zusätzlich daran hinderte, die Ethernet-Technologie aufzugeben. Ein Grund, warum die alternativen LAN-Technologien zunächst trotzdem attraktiv erschienen, lag in ihren höheren Bandbreiten begründet. Allerdings gelang es der Ethernet-Technologie immer wieder aufzuschließen und die Konkurrenten auch in Hinblick auf die Bandbreite einzuholen oder gar zu überholen. Aufgrund der großen Verbreitung von Ethernet ist die notwendige Hardware-Ausstattung entsprechend preiswert. Das günstige Kostenverhältnis ist auch auf das Ethernet-eigene Multiple-Access Protokoll zurückzuführen, das vollständig dezentral gesteuert abläuft und ein einfaches Design der Hardwarekomponenten ermöglicht.

Historisches. Das ursprüngliche Ethernet wurde als Bustopologie Anfang der 70er Jahre von Robert Metcalfe und David Boggs am Palo-Alto Forschungszentrum XEROX PARC entwickelt. Robert Metcalfe arbeitete während seiner Studienzeit am Massachussetts Institute of Technology (MIT) mit an der Entwicklung des ARPANET. Während seiner Doktorandenzeit lernte er dann das ALOHANET - das erste Funk-LAN, das die Hauptinseln Hawaiis miteinander verband - und die Random-Access Kommunikationsprotokolle kennen (siehe Abb. 5.7). Als er 1972 am XEROX PARC zu arbeiten begann, lernte er dort die sehr fortschrittlichen ALTO Computer kennen, die bereits viele Merkmale heutiger PCs vorwegnahmen, wie z.B. eine Fenster-basierte grafische Benutzerschnittstelle. Metcalfe sah sofort die Notwendigkeit, diese Rechner möglichst effizient und kostensparend miteinander zu vernetzen, und begann zusammen mit seinem Kollegen, David Boggs, die Entwicklung von Ethernet. Das erste von den beiden entwickelte Ethernet verfügte über eine Bandbreite von 2.94 Mbps und war in der Lage, bis zu 256 Rechner bei einer maximalen Kabellänge von 1.000 Metern zu vernetzen. Die Bandbreite von 2.94 Mbps war bedingt durch die Verwendung der Systemuhr der ALTO-Rechner, die diese Frequenz bereitstellte. Das erste Experimentalnetz am XEROX PARC firmierte unter dem Namen „Alto Aloha Network“.
Mit einer Namensänderung in **Ethernet** wollten Metcalfe und Boggs dann klarstellen, daß die von ihnen entwickelte Technologie nicht ausschließlich für die am XEROX PARC verwendeten ALTO-Rechner bestimmt war, sondern

überall eingesetzt werden konnte, und daß sich die Technologie nicht nur am ALOHANET orientierte. Die Auswahl des Wortes „Ether“ (=[engl.]Äther) sollte eine grundlegende Eigenschaft der Technologie beschreiben: Das physikalische Medium (also das Kabel) übermittelt die Daten zu allen angeschlossenen Stationen, wie der historische Äther in der Physik elektromagnetische Wellen im Raum weiterleiten sollte.
Schließlich gelang es Metcalfe, die Firmen Xerox, Digital und Intel zu einer Allianz zusammenzubringen, um einen 10 Mbps Standard festzuschreiben, der von der IEEE ratifiziert werden sollte. Metcalfe gründete 1979 seine eigene Firma 3COM, die Ethernet-Karten für PCs herstellte und von der großen Popularität, die PCs in den 80er Jahren gewannen, sehr profitierte.
Das verbesserte Ethernet V1.0 wurde schließlich von Xerox, Digital und Intel in einem gemeinsamen Projekt erarbeitet und mündete im sogenannten DEC-Intel-Xerox-Standard (DIX), dessen Spezifikation 1979 vom Network Standard Commitee der IEEE fast unverändert als IEEE 802 Draft B eingebracht und 1985 als IEEE 802.3 Standard verabschiedet wurde. Unter dem formalen Namen „IEEE 802.3 Carrier Sense Multiple Access with Collision Detection (CSMA/CD) Access Method and Physical Layer Specifications“ veröffentlicht, wurde der Ethernet-Standard schließlich auch von der ISO aufgegriffen und als weltweiter Netzwerk-Standard verabschiedet. Der 802.3-Standard wurde seit seiner Einführung ständig an die sich entwickelnde Technologie angepaßt. Startete Ethernet 1985 noch mit einer Bandbreite von 10 Mbps, so folgten schnell Technologiesprünge mit Bandbreiten über 100 Mbps, bis hin zu 1 Gbps oder sogar 10 Gbps. All diesen Verfahren gemeinsam ist der Aufbau der Datenpakete, sowie der verwendete Schiedsrichteralgorithmus – **CSMA/CD (Carrier Sense Multiple Access / Collision Detect)** – für den konkurrierenden Zugriff auf den Bus. Die Topologie hingegen hat sich von einer anfänglichen reinen Bustopologie mit Koaxialkabeln über eine Sterntopologie mit Twisted-Pair-Kabeln und Multiport-Repeatern hin zu einer Sterntopologie mit bidirektionalen, geschalteten Punkt-zu-Punkt-Verbindung verändert.
Zu den charakteristischen, grundlegenden Merkmalen des ursprünglichen Ethernet-Standards zählen:

- relativ hohe Datenrate,
- geringe Verzögerung durch Verzicht auf Speicher und Transportlogik im Netz,
- Netzdurchmesser bis max. ca. 1 km,
- Unterstützung mehrerer hundert unabhängiger Datenstationen,
- hohe Zuverlässigkeit, keine zentrale Steuerung,
- sehr einfache Algorithmen für den Zugriff auf das Kommunikationsmedium und die Adressierung,
- effiziente Nutzung des gemeinsamen Kommunikationsmediums,
- faire Zugriffsverteilung auf alle Teilnehmer,
- hohe Stabilität auch unter Last,

Geschichte(n) um das Ethernet

Robert Metcalfe kam auf die letztendlich in die Entwicklung des Ethernet mündende Idee, als er 1970 einen Konferenzbeitrag von Norman Abramson von der Universität Hawaii über das paketvermittelte Funknetzwerk ALOHANET las, das die Hauptinseln Hawaiis miteinander verband. Jeder Knoten im ALOHANET sendete seine Nachrichten in Strömen einzelner, separierter Datenpakete. Für den Fall, daß die Sendung irgendeines Pakets nicht bestätigt wurde, was z.B. dann passierte, wenn zwei Sender zur gleichen Zeit sendeten, wurden die gesendeten Pakete als „im Äther verloren" angesehen. Wenn ein Paket im Äther verloren ging, wartete der sendende Rechner eine zufällig festgesetzte Zeitspanne, bevor er mit der erneuten Übertragung begann. Aufgrund dieses Zufallsprinzips gelang es selbst unter hoher Verkehrslast, die bei Bustopologien unvermeidlichen Kollisionen von Datenpaketen schnell aufzulösen. Im Durchschnitt mußte ein Sender selten mehr als ein- bis zweimal seine Pakete auf die Reise schicken, bevor sie beim gewünschten Empfänger registriert werden konnten, was weitaus effizienter war, als Kollisionen mit einem ausgeklügelten Kollisions-Auflösungs-Algorithmus zu verhindern. Obwohl ALOHANET erfolgreich eingesetzt wurde, zeigte Abramson, daß es seine maximale Auslastung bereits bei nur 18% der theoretisch möglichen Übertragungskapazität erreichte. Das lag daran, daß die Anzahl der Kollisionen beim Ansteigen der Netzauslastung überproportional wuchs. Dieses Problem griff Metcalfe für seine Studienabschlußarbeit auf und zeigte schließlich, daß unter Verwendung und Ausnutzung der mathematischen Warteschlangentheorie eine Effizienz von bis zu 90% der theoretischen Maximalkapazität erreicht werden kann, ohne daß das System auf Grund von Paket-Kollisionen blockiert wird. Die unten angeführte Zeichnung stammt von Robert Metcalfe selbst zur Präsentation des Ethernet auf der National Computer Conference im Juni 1976:

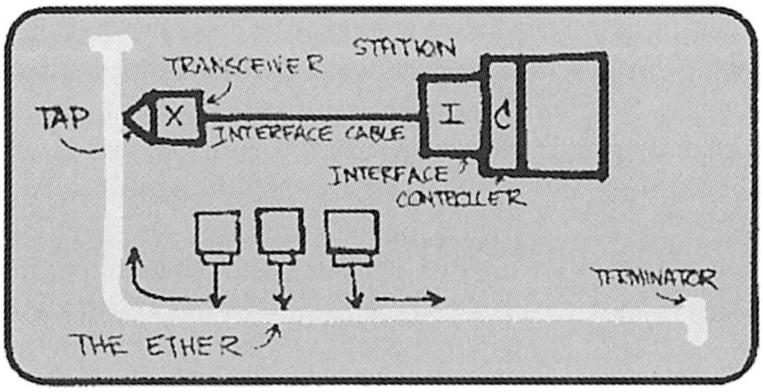

Abb. 5.7. Geschichte(n) um das Ethernet

- geringe Kosten.

Basiskomponenten des Ethernet. Man unterscheidet drei Basiskomponenten, die durch den Ethernet-Standard festgelegt werden und die jeweilige Ethernet-Technologie bestimmen:

- das **physikalische Medium** des Ethernet-Kanals, über das die Signale zwischen den angeschlossenen Computern übertragen werden,
- das **Regelwerk für den Zugriff** auf den Ethernet-Kanal, das der großen Zahl von angeschlossenen Rechnern einen fairen und gleichberechtigten Zugriff auf den gemeinsamen Ethernet-Kanal erlaubt, und

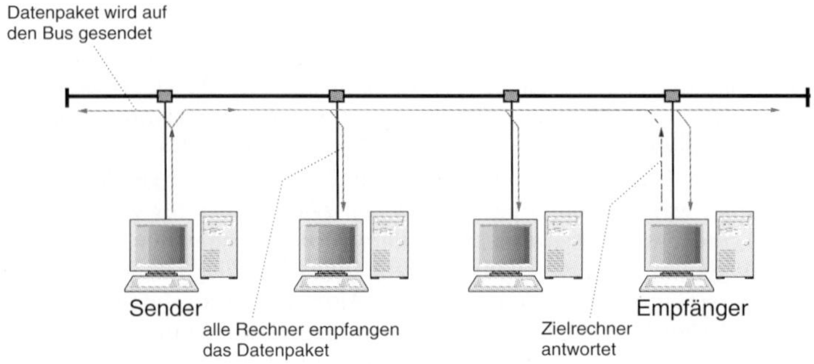

Abb. 5.8. Ethernet-Grundprinzip

- das **Ethernet-Datenpaket** (Frame, Rahmen), das die Struktur der Bits eines Datensatzes festlegt, die über den Ethernet-Kanal versendet werden.

Bevor auf das physikalische Medium und damit auf die unterschiedlichen Arten des Ethernet näher eingegangen wird, sollen die grundlegenden Algorithmen und die Struktur des Ethernet-Datenpakets besprochen werden.

Der Ethernet-Vielfachzugriffsalgorithmus – CSMA/CD. Die Knoten in einem Ethernet-LAN sind alle an einem gemeinsamen Übertragungsmedium, dem sogenannten Ethernet-Broadcast-Kanal (Ethernet-Bus) angeschlossen. Sobald einer der angeschlossenen Knoten sendet, empfangen alle an das LAN angeschlossenen Knoten dieses Datenpaket. Tatsächlich kann zu jedem Zeitpunkt nur ein einziges Datenpaket über den Ethernet-Kanal versendet werden. Um eine Häufung von Kollisionen zu vermeiden, wie etwa bei den sogenannten ALOHA-Kommunikationsprotokollen, die die Entscheidung über das Versenden von Daten unabhängig von der Aktivität der übrigen Knoten treffen, nimmt der für das Ethernet entwickelte **CSMA/CD-Algorithmus** sehr wohl auf diesen Tatbestand Rücksicht.
Vergleicht man den Betrieb eines Netzwerk mit einer Cocktailparty, dann erlauben die ALOHA-Protokolle den Partygästen, einfach darauf los zu plaudern, ohne Acht zu geben, ob dadurch nicht eine andere Unterhaltung gestört wird. Die im Ethernet verwirklichten Zugriffsregeln folgen in diesem Bild eher den üblichen Benimmregeln zum Thema Konversation auf einer Cocktailparty: Man hat zu warten, bis die anderen zu Ende gesprochen haben, und zwar nicht nur, um unnötige „Kollisionen“ zu vermeiden, sondern auch, um den pro Zeiteinheit ausgetauschten Informationsinhalt zu erhöhen. Dabei gibt es zwei Verhaltensregeln für die Konversation, die auch für die Kommunikation im Ethernet von Bedeutung sind:

- **„Höre zu, bevor Du etwas sagst.“** Wenn sich gerade jemand anderes unterhalten sollte, warte solange, bis die Unterhaltung beendet ist. Im Netzwerk wird diese Verhaltensregel als **Carrier Sensing** bezeichnet: Ein Rechnerknoten horcht auf das Übertragungsmedium, bevor er mit dem

Senden einer Nachricht beginnt. Sollte sich gerade das Datenpaket eines anderen Rechners im Übertragungsmedium befinden, wartet der Rechner eine zufällig gewählte Zeitspanne (**Back Off**), bevor er erneut überprüft, ob der Kommunikationskanal frei ist. Dann beginnt der Rechner nach Ablauf einer zusätzlichen Wartezeit (**Interframe Gap**) mit der Übertragung seines Datenpakets. Sollte der Kommunikationskanal wider Erwarten wieder besetzt sein, so wartet der Rechner erneut eine zufällig gewählte Zeitspanne ab, bevor er den selben Vorgang von vorne wiederholt.

- **„Beginnt jemand, dazwischen zu sprechen, beende Deine Rede.“** Übertragen auf das Netzwerk wird dieser Vorgang als Kollisionserkennung (**Collision Detection**) bezeichnet: Ein Rechner, der gerade mit einer Datenübertragung beschäftigt ist, horcht gleichzeitig auf das Kommunikationsmedium. Sobald er erkennt, daß ein anderer Rechner eine Nachricht versendet, die mit der eigenen kollidiert, brechen beide Rechner ihre Übertragung ab (**Jam Signal**). Die Zeitspanne, die der Knoten auf eine Neuübertragung wartet, wird durch einen geeigneten Algorithmus bestimmt. Dieser verhindert, daß beide Rechner nach Ablauf derselben Zeitspanne das Senden wieder aufnehmen, und es zu einer neuen Kollisionen kommt.

Diese beiden einfachen Regeln werden von der Familie der **CSMA**- (**Carrier Sense Multiple Access**) und **CSMA/CD**-Protokolle (**CSMA mit Collision Detection**) beachtet. Viele verschiedene Variationen dieser beiden Algorithmen wurden vorgeschlagen, wobei der Hauptunterschied der einzelnen Varianten darin besteht, auf welche Weise der Backoff gewählt wird.
Bevor wir auf die Ethernet-Variante von CSMA/CD eingehen, sollen zuerst einige grundsätzliche Eigenschaften dieser Algorithmen besprochen werden. Eine der ersten Fragen, die im Zusammenhang mit CSMA auftaucht, betrifft die Tatsache, warum überhaupt noch Kollisionen vorkommen, wenn doch alle angeschlossenen Rechner ein Carrier Sensing durchführen, also horchen, ob das Kommunikationsmedium frei ist. Mit Hilfe eines Raum-Zeit-Diagramms läßt sich die Begründung für diesen Sachverhalt sehr einfach darstellen. In Abb. 5.10 sind 4 Rechner (A,B,C und D) in einem Raum-Zeit-Diagramm dargestellt, die alle an einem linearen Bus angeschlossen sind. Die waagerechte Achse zeigt die räumliche Verteilung der Rechner am Bus, die senkrechte Achse stellt die Zeitlinie dar. Zur Zeit t_0 stellt Rechner C fest, daß der Bus gerade frei ist, und beginnt die Übertragung eines Datenpakets auf den Bus in beide Richtungen. Zum Zeitpunkt t_1, $t_1 > t_0$ möchte Rechner A ebenfalls ein Paket versenden. Er horcht auf den Systembus und kann keinen Verkehr feststellen, da das Datenpaket von Rechner C noch nicht bis zu Rechner A vorgedrungen ist. Also beginnt Rechner A in Übereinstimmung mit dem CSMA-Protokoll mit der Übertragung seines eigenen Datenpakets. Kurze Zeit später interferieren die beiden gesendeten Datenpakete auf dem Bus und es kommt zu einer Kollision.

Es gibt verschiedene Möglichkeiten, wie sich ein sendebereiter Rechner im CSMA-Algorithmus verhalten kann. Man unterscheidet die folgenden Fälle:

Nonpersistent CSMA („nicht hartnäckig“): Ist das Übertragungsmedium frei, sendet der Rechner sofort, während er bei belegtem Medium eine Wartezeit einlegt, deren Dauer durch eine Zufallszahl bestimmt wird. Danach prüft er wieder, ob das Übertragungsmedium frei ist. Ist dies der Fall, so wird gesendet, anderenfalls wird wieder für eine zufällige Zeitspanne gewartet.

1-persistent CSMA: Ist das Übertragungsmedium frei, sendet der Rechner sofort, anderenfalls hört der Rechner das Medium ab. Sobald der Rechner feststellt, daß das Übertragungsmedium nicht mehr belegt ist, wird gesendet. 1-Persistent entspricht p-persistent für p=1.

p-persistent CSMA: Ist das Übertragungsmedium frei, wird mit der Wahrscheinlichkeit p, $0 \leq p \leq 1$, gesendet und mit der Wahrscheinlichkeit (1-p) für eine Zeiteinheit gewartet. Falls das Übertragungsmedium belegt ist, wird es abgehört. Sobald das Medium frei ist, wird wieder mit Wahrscheinlichkeit p gesendet oder mit Wahrscheinlichkeit (1-p) für eine zufällige Zeitspanne gewartet.

Der Wert p muß natürlich geeignet gewählt werden. Sind n Rechner an das Netzwerk angeschlossen und warten auf einen Zugriff auf den Kommunikationskanal, dann muß das Produkt $n \cdot p$ auf alle Fälle kleiner als 1 sein. Ein zu klein gewählter Wert für p führt jedoch zu sehr langen Wartezeiten.

Abb. 5.9. Varianten des CSMA-Algorithmus

Hier wird deutlich, daß die durch die Signallaufzeit von einem Ende zum anderen (**Channel Propagation Delay**) bedingte Verzögerung auf einem

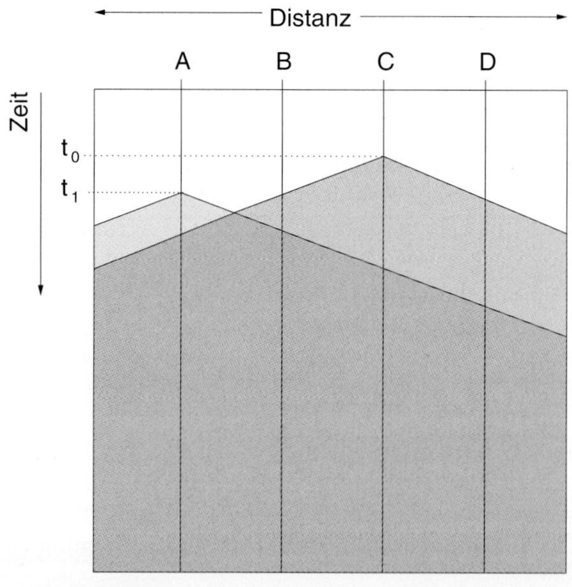

Abb. 5.10. CSMA ohne Kollisionserkennung

Übertragungskanal eine wichtige Rolle spielt, wenn es darum geht, die Leistung eines Übertragungsmediums zu charakterisieren. Je größer die durch die Signallaufzeit bedingte Verzögerung in einem Übertragungskanal, desto größer ist die Wahrscheinlichkeit, daß ein sendewilliger Rechner nicht feststellen kann, daß ein anderer Rechner im Netzwerk bereits mit seiner Übertragung begonnen hat. Übrigens arbeiten die beiden Rechner in Abb. 5.10 ohne Kollisionserkennung, C und A fahren mit ihrer Übertragung fort, obwohl eine Kollision stattgefunden hat.

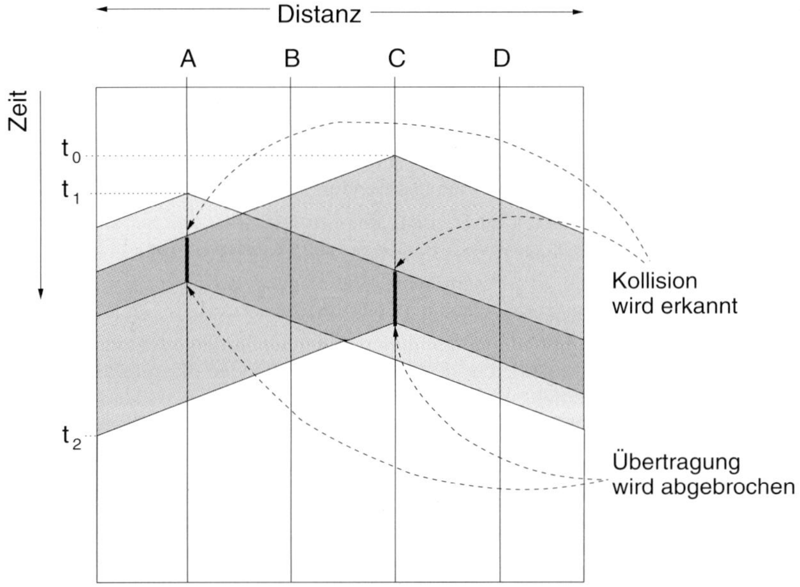

Abb. 5.11. CSMA mit Kollisionserkennung

Sobald ein Rechner mit Kollisionserkennung arbeitet, stoppt er umgehend seine Übertragung, sobald er eine Kollision entdeckt hat (siehe Abb. 5.11). Kollisionserkennung kann übrigens auch die Übertragungsleistung in einem Netzwerk erhöhen, indem vermieden wird, durch Kollision beschädigte Datenpakete zu übertragen. Das Ethernet-Protokoll benutzt den CSMA-Algorithmus zusammen mit dieser Kollisionserkennung, genannt CSMA/CD.
Im CSMA/CD-Algorithmus liegt jeweils einer der drei skizzierten Zustände aus Abb. 5.12 vor. Hat der sendende Rechner seine Übertragung beendet (bei t_0), kann jeder andere angeschlossene Rechner einen Übertragungsversuch starten. Der Algorithmus kommt also aus einer Sendeperiode in eine Konkurrenzperiode, in der verschiedene Rechner versuchen, auf das Kommunikationsmedium zuzugreifen. Ist keiner der angeschlossenen Rechner bereit zu senden, so tritt eine Leerlaufperiode ein.

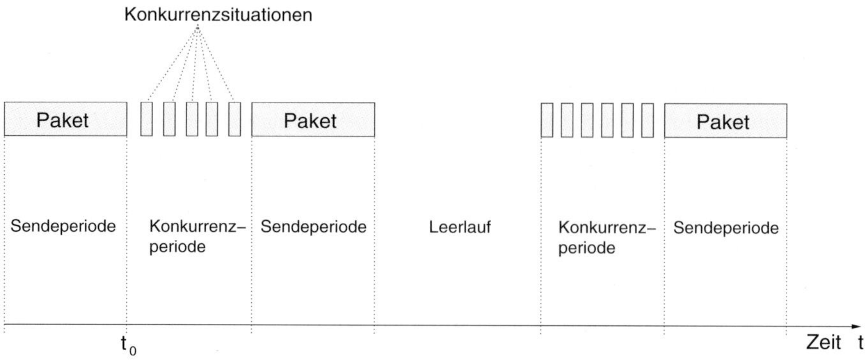

Abb. 5.12. CSMA Zustände

1. Ein Rechner kann im Netzwerk zu jeder beliebigen Zeit seine Übertragung starten. Es gibt keine festgelegten Zeitscheiben für das Senden.
2. Ein Rechner wird niemals anfangen zu Senden, wenn er feststellt, daß ein anderer Rechner bereits dabei ist, ein Datenpaket zu übertragen (**Carrier Sensing**).
3. Ein gerade sendender Rechner unterbricht seine Übertragung, sobald er feststellt, daß auch ein anderer Rechner gerade sendet (**Collision Detection**).
4. Vor dem Versuch einer erneuten Übertragung wartet der sendewillige Rechner ein zufällig ausgewähltes Zeitintervall, das in Abhängigkeit von der Netzauslastung gewählt wird (**Random Backoff**).

Abb. 5.13. Der CSMA/CD-Algorithmus

Exkurs 12: Ethernet – Timing und Kollisionsbehandlung

Betrachten wir zunächst den CSMA/CD-Algorithmus ein wenig näher. Dazu sei angenommen, daß zwei Rechner simultan versuchen, zum Zeitpunkt t_0 ein Datenpaket zu versenden. Wie lange dauert es, bis eine Kollision erkannt wird? Diese Zeitdauer ist ausschlaggebend für die Bestimmung der Wartezeiten und des Gesamtdurchsatzes des Netzwerks. Eine untere Schranke für die benötigte Zeit zur Kollisionserkennung ist die Zeit, die ein Signal braucht, um sich von einem Rechner zum nächsten zu bewegen.

Ist es nun sicher genug anzunehmen, daß die volle Signalaufzeit, die das Signal benötigt, um den gesamten Bus zu traversieren, als Wartezeit ausreicht, damit alle Rechner sicher davon ausgehen können, daß kein anderer eine Übertragung begonnen hat? Um zu zeigen, daß das nicht der Fall ist, betrachten wir das folgende Worst-Case-Szenario: Sei die Signallaufzeit über die gesamte Buslänge gleich τ. Zum Zeitpunkt t_0 beginnt ein Rechner A seine Übertragung. Zum Zeitpunkt $t_0+\tau-\epsilon$, also einen Bruchteil weniger als die Zeit, die das Signal benötigt, um sich über den gesamten Bus auszubreiten, beginnt der von A am weitesten entfernte Rechner B seine Übertragung. Die Kollision wird von B fast umgehend erkannt, B beendet deshalb seine Übertragung. Aber auf der anderen Seite benötigt die Kollision die Zeit $t_0+2\tau-\epsilon$ bis sie ebenfalls vom Rechner A erkannt werden kann. Somit kann in diesem worst-case-Szenario der Rechner A erst dann sicher sein, daß seine Übertragung wirklich erfolgreich war, wenn nach Ablauf der Zeit 2τ noch keine Kollisionsmeldung eingetroffen ist. Der Grenzfall, in dem eine Kollision vom sendenden Rechner also gerade noch erkannt werden kann, liegt bei einer Sendeperiodenlänge τ_r mit $\tau_r \geq 2\tau$. Dies ist die sogenannte **Laufzeitbedingung**, die für das Funktionieren des Ethernet erfüllt sein muß.

Kollisionsbehandlung

Entdeckt ein Rechner eine Kollision, sendet er zuerst eine spezielle Bitfolge (**Jam Signal**), die eine Kollision im gesamten Netzwerk signalisiert. Durch das Auftreten von Kollisionen kann eine festgelegte Übertragungszeit und damit auch eine maximale Antwortzeit nur noch mit einer bestimmten Wahrscheinlichkeit eingehalten werden. CSMA/CD ist somit kein deterministisches Verfahren.

Tritt eine Kollision auf, warten die an das Ethernet angeschlossenen Rechner erst einmal für 0 oder 1 Zeitperiode (**Slot**), abhängig von einer ermittelten Zufallszahl. Wählen im Falle einer Kollision beide Rechner dasselbe Zeitintervall, kommt es erneut zur Kollision. Beim Auftreten einer zweiten Kollision warten die beteiligten Rechner 0, 1, 2 oder 3 Zeitperioden, wobei die genaue Zahl der zu wartenden Zeitperioden wieder durch eine Zufallszahl bestimmt wird. Bei einer weiteren Kollision wächst die Anzahl der möglichen Wartezeitperioden auf $2^3=8$. Generell also gilt, nach i Kollisionen wird mit einer Zufallszahl bestimmt, wieviele Zeitperioden zwischen 0 und 2^i-1 abgewartet wird, bevor eine erneute Übertragung begonnen wird. Nach der zehnten Kollision wird das maximale Wartezeitintervall auf 1023 Zeitslots eingefroren, nach 16 Kollisionen gibt der sendewillige Rechner auf und die Übertragung wird abgebrochen.

Dieser Algorithmus wird als **binärer exponentieller Backoff** bezeichnet. Das exponentielle Verhalten dieses Algorithmus ist mit Bedacht gewählt, da es sich dynamisch der Anzahl der im Netz angeschlossenen Rechner anpaßt. Würde man von vorneherein das Zufallsintervall auf 1023 fixieren, so wäre zwar die Wahrscheinlichkeit, daß zwischen zwei Rechnern eine zweite Kollision eintritt, sehr gering, aber die durchschnittliche Wartezeit nach einer Kollision würde einige hundert Zeitperioden betragen und so die Wartezeiten unnötig verlängern. Würde man auf der anderen Seite das Wartezeitintervall auf nur 0 oder 1 einschränken, dann wäre das Netz sofort lahmgelegt, wenn etwa 100 Rechner gleichzeitig eine Übertragung beginnen wollen. Die Wartezeit würde erst enden, wenn 99 Rechner die 0 und einer die 1 wählt oder umgekehrt. Da der Algorithmus aber die Wartezeitintervalle dynamisch an die Anzahl der auftretenden Kollisionen anpaßt, sorgt er dafür, daß die Wartezeiten sehr kurz sind, wenn wenige Rechner Kollisionen verursachen, und daß es auf der anderen Seite zu einer zügigen Kollisionsbehebung kommt, wenn sehr viele Rechner Kollisionen verursachen.

Bei jeder erneuten Übertragung eines Datenpakets läuft der CSMA/CD Algorithmus von vorne ab, ohne sich um früher verursachte Wartezeiten zu kümmern. So kann es durchaus vorkommen, daß einem Rechner die Übertragung eines neuen Datenpakets sofort gelingt, während die anderen noch im exponentiellen Backoff hängen.

CSMA/CD ist allerdings alleine nicht in der Lage, eine sichere Übertragung zu garantieren. Dazu wäre ein Bestätigungsmechanismus (**Acknowledgement**) für die empfangenen Datenpakete notwendig. Das Nichtauftreten von Kollisionen garantiert noch lange nicht, daß Datenpakete nicht anderweitig durch Übertragungsfehler auf dem physikalischen Medium beschädigt werden. Der Empfänger muß die in einem Datenpaket versendete Prüfsumme verifizieren und im Erfolgsfall eine Bestätigungsmeldung zurücksenden.

Weiterführende Literatur:

A. S. Tannenbaum: Computer Networks, Prentice-Hall, NJ, USA, 1996.

IEEE: 802.3: Carrier Sense Multiple Access with Collision Detection, New York:IEEE, 1985

Alle verschiedenen Ethernet-Implementierungen stellen einen **verbindungslosen Dienst** (Connectionless Service) zur Verfügung, d.h. wenn der Ethernet-Netzwerkadapter von Rechner A mit dem Ethernet-Netzwerkadapter von Rechner B kommuniziert, beginnt A einfach mit dem Senden der Datenpakete, ohne vorher mit irgendeinem Handshake-Protokoll eine Verbindung zu installieren. Desweiteren stellen alle Ethernet-Technologien ausschließlich

Implementation

Die Ethernet-Netzwerkschnittstelle in einem an ein Ethernet angeschlossenen Rechner muß festzustellen, ob ein anderer Rechner gerade am Senden ist, und Kollision entdecken können, während sie selbst gerade dabei ist zu senden.
Die Ethernet-Netzwerkschnittstelle des Rechners - oft kurz nur als **Ethernet-Netzwerkadapter** bezeichnet - löst diese Aufgabe, indem sie die Spannung auf dem Übertragungsmedium vor und während der Übertragung mißt. Jeder Ethernet-Netzwerkadapter ist in der Lage, unabhängig und ohne zentrale Koordination den CSMA/CD-Algorithmus durchzuführen, der folgendermaßen umgesetzt wird:

1. Sobald das Datenpaket zum Versand bereit ist, wird es vom Ethernet-Netzwerkadapter in einen Ausgabepuffer weitergeleitet.
2. Erkennt der Ethernet-Netzwerkadapter, daß der Kanal für eine Übertragung frei ist, d.h. stellt er keine meßbare Signalspannung auf dem Kabel fest, beginnt er, das Datenpaket zu übertragen. Stellt der Ethernet-Netzwerkadapter hingegen fest, daß der Kanal belegt ist, wartet er, bis keine Signalspannung mehr gemessen wird und beginnt dann mit der Übertragung.
3. Während der Übertragung überwacht der Ethernet-Netzwerkadapter den Kanal, ob Signalenergie, die von einem anderen Ethernet-Netzwerkadapter stammt, gemessen wird. Gelingt es dem Ethernet-Netzwerkadapter, das komplette Paket zu senden, ohne daß eine fremde Signalenergie auf dem Kanal gemessen wird, so ist die Übertragung des Datenpakets abgeschlossen.
4. Mißt der Ethernet-Netzwerkadapter während der Übertragung fremde Signalenergie auf dem Kanal, bricht er die Übertragung ab und sendet stattdessen ein 48-Bit Jam-Signal.
5. Nach Abbruch der Übertragung steigt der Ethernet-Netzwerkadapter in die exponentielle Backoff-Phase ein. Nach n aufeinanderfolgenden Kollisionen, wählt der Adapter zufällig eine Zahl $k \in \{0,1,2,\ldots,2^m - 1\}$ mit $m=\min(n,10)$ und wartet für genau diese Zeitspanne, die einer Übertragung von ($k \cdot 512$) Bit entspricht und kehrt anschließend zu Schritt 2 zurück.

Abb. 5.14. Implementierung des CSMA/CD-Algorithmus

einen sogenannten **unzuverlässigen Dienst** (Non-reliable Service) bereit. Das Ethernet-Datenpaket beinhaltet zwar eine Prüfsumme, jedoch wird nach dem Empfang eines Datenpakets kein explizites Acknowledgement zurückgeschickt, weder im Erfolgs- noch im Mißerfolgsfall. Wird ein Prüfsummenfehler in einem empfangenen Paket festgestellt, dann wird dieses Paket einfach fallen gelassen. Um eine mögliche Fehlerbehebung bzw. eine erneute Übertragung muß sich ein Protokoll aus einer höher angesiedelten Protokollschicht kümmern.

Das Ethernet-Datenpaketformat. Die vielen unterschiedlichen Ethernet-Technologien, die heute auf dem Markt vertreten sind, haben neben dem CSMA/CD-Algorithmus eines gemeinsam: Das Ethernet-Datenpaketformat (oft auch als Ethernet-Rahmenformat bezeichnet). Alle Technologievarianten, ob Koaxialkabel oder Kupferdraht, von 10 Mbps bis 10 Gbps, benutzen dieselbe Grundstruktur für die versendeten Datenpakete. Abb. 5.15 zeigt das Ethernet-Datenpaketformat.

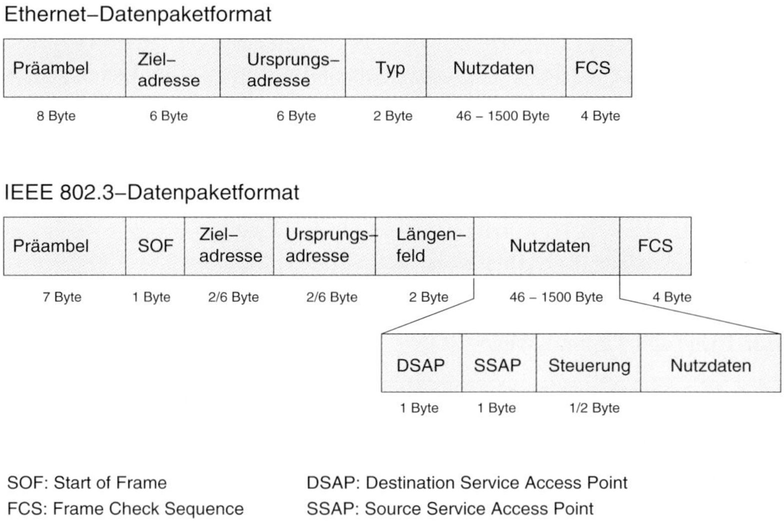

Abb. 5.15. Ethernet Datenpaketformat

Für das Datenpaketformat von Ethernet bestehen Varianten, die sich im Feld hinter der Quelladresse unterscheiden. Im **Ethernet-Format** (auch Ethernet 2, DIX oder Blue Book bezeichnet) wird dieses Feld als Typenfeld bezeichnet. Es spezifiziert das Netzwerkprotokoll, dem die transportierten Daten entsprechen. Der minimal zulässige Wert des Typenfeldes beträgt dabei 1501. Im IEEE 802.3-Datenformat dagegen steht dieses 2 Byte Lange Feld für die Länge der transportierten Nutzdaten, dessen maximal zulässiger Wert 1500 beträgt.

Jedes Ethernet-Datenpaket startet mit einer **Präambel** von 7 bzw. 8 Bytes, von denen jedes das Bitmuster 10101010 enthält. Das darauffolgende Byte - im Ethernet-Format noch zur Präambel zugehörig - markiert in beiden Fällen den Start des eigentlichen Datenpakets. Dies geschieht, um die Systemuhren von Sender und Empfänger zu synchronisieren. Das 8. Byte endet mit dem Muster 1010101011 und soll signalisieren, daß jetzt das eigentliche Datenpaket beginnt. Der empfangende Rechner weiß dann, daß die nachfolgenden 6 Bytes die **Zieladresse** bezeichnen. Der Standard erlaubt 2 Byte und 6 Byte lange Adressen, aber der 10 Mbps Baseband Standard verwendet ausschließlich 6 Byte Adressen.

Das darauffolgende **Typfeld** im Ethernet-Format charakterisiert das Datenpaket als dem Ethernet-Protokoll zugehöriges Paket. Ethernet ist als Protokoll im Data-Link-Layer des Protokollstacks angeordnet. Es existieren verschiedene Protokolle, die hier den Transport übernehmen können (z.B. Novel IPX, Appletalk, u.a., siehe Tabelle 5.4.1). Daher besitzt dieses Feld eine Ethernet-typische Kennung. Im IEEE 802.3-Datenpaket dagegen befindet

sich an dieser Stellen ein Längenfeld, das Auskunft über die Länge der transportierten Nutzdaten gibt.
Im darauffolgenden **Datenfeld** sind die ersten beiden Bytes **DSAP** (Destination Service Access Point), **SSAP** (Source Service Access Point) gewidmet, gefolgt von einem halben Steuerbyte, wobei DSAP und SSAP die jeweiligen Service Access Point Adressen kennzeichnen gemäß dem OSI-Schichtenmodell. Die nachfolgenden 4 Byte enthalten eine Prüfsumme für das Datenpaket. In Abb. 5.16 werden die einzelnen Datenfelder des Ethernet-Formats und des IEEE 802.3-Datenformats näher erklärt.

Tabelle 5.3. Ethernet Typfeld-Werte

Hexadezimal-Wert	Beschreibung
000-05DC	IEEE 802.3 Längenfeld (0-1500)
0101-01ff	experimentelle Zwecke
0800	DOD Internet Protokoll (Department of Defense)
0806	ARP (Address Resolution Protocol)
0835	RARP (Reverse ARP)
6003	DECNET Phase IV, DN Routing
8037	IPX (Novell Internet Packet Exchange)
809B	Ethertalk (AppleTalk over Ethernet)
80A3	reserviert für Nixdorf
814C	SNMP over Ethernet (Simple Network Management Protocol)
86DD	IPv6

Ethernet Hardware-Komponenten. Bevor auf die verschiedenen Varianten der Ethernet-Verkabelung und der dazugehörigen Technologien eingegangen werden kann, müssen noch einige Begriffe geklärt werden. Bei der Ethernet-Topologie kann man beim Netzwerkaufbau heute drei verschiedene Varianten unterscheiden (siehe Abb. 5.19):

- Eine echte **Bustopologie**, auf der Broadcast Nachrichten transportiert werden. Das Signal eines sendenden Rechners wird von allen angeschlossenen Rechnern in Abhängigkeit von ihrer Distanz zeitverzögert direkt empfangen. Zu einem Zeitpunkt darf immer nur ein Teilnehmer senden.
- Der Einsatz eines **Hub** innerhalb eines Ethernet-LANs führt zu einer Topologie, die physisch als Stern erscheint, aber logisch weiterhin als Bus anzusehen ist. Der Hub wird auch als Multiport-Repeater bezeichnet, da er Signale, die er auf einem Port empfängt, auf allen anderen Ports wieder ausgeben kann. Ebenso wie bei der reinen Bustopologie kann man hier von Broadcastnetzen sprechen.
- Beim Einsatz eines **Switches** (auch Switching Hub oder LAN-Switch) wird aus der ursprünglichen Bustopologie nun eine echte Sterntopologie, die

Ethernet IEEE 802.3 Datenformat - Internals

- **Präambel**
  Die Präambel besteht aus 7/8 Bytes. Die ersten 7 Byte tragen das Bitmuster 1010101010. Die **Manchester Kodierung** (siehe unten) wandelt dieses Muster in eine 10 MHz Rechteckwelle für genau 5.6 μs um. Die ersten 7 Byte sollen den Empfänger quasi aufwecken und dafür sorgen, daß trotz eventuell auftretender Drift in der Taktrate beide Rechner synchron arbeiten. Diese Drift, die nicht a priori zu berechnen ist, kann überall im Netzwerk auftreten, da keines der verwendeten Bauteile wirklich perfekt arbeitet. Ein Empfänger kann sich dabei auf den jeweiligen Sender genau einstellen, indem er sich auf die ersten 7 Bytes synchronisiert. Das 8. Byte endet mit dem Bitmuster 1010101011 und signalisiert den Beginn des eigentlichen Datenpakets.
- **Ziel- und Quelladresse**
  Die Adreßangaben sind jeweils 2/6 Byte lang. Das Highlevel-Bit der Zieladresse ist stets eine 0 für reguläre Knotenadressen bzw. eine 1 für Gruppenadressen. Gruppenadressen erlauben mehreren Rechnern das Empfangen der versendeten Datenpakete. Wird ein Datenpaket an eine Gruppenadressen gesendet, dann empfangen alle Rechner der Gruppe dieses Paket (**Multicasting**). Die Adresse, die nur aus 1-Bits besteht, ist für das **Broadcasting** reserviert und wird von allen Rechnern des Netzwerks empfangen und verarbeitet. Darüberhinaus wird Bit 46 (direkt benachbart zum Highlevel-Bit) genutzt, um lokale von globalen Adressen zu unterscheiden. **Lokale Adressen** werden vom Netzwerkadministrator vergeben und haben für die Welt außerhalb des internen Netzwerks keinerlei Bedeutung. **Globale Adressen** werden durch die IEEE vergeben und sollen sicherstellen, daß weltweit keine zwei identischen Ethernet-Adressen existieren. Jeder Rechner soll in der Lage sein, weltweit mit einer der 2^{46} möglichen globalen Adressen zu kommunizieren. Dabei wird von Ethernet nicht vorgeschrieben, wie diese Adressen lokalisiert werden. Dies ist Aufgabe von höher gelegenen Protokollschichten.
- **Längenfeld**
  2 Byte Längenfeld, das die Länge der Nutzdaten im Datenpaket beschreibt. Der maximal zulässige Wert ist 1500. Wird das Längenfeld als **Typfeld** verwendet, ist der minimal zulässige Wert 1501. Obwohl ein Nutzdatenfeld der Länge 0 erlaubt wäre, verursacht es doch große Probleme. Entdeckt der Ethernet-Adapter eine Kollision, bricht er die Übertragung des aktuellen Datenpakets sofort ab, mit der Folge, daß sich Bruchstücke von gesendeten Paketen jederzeit auf dem Bus befinden können. Um die Unterscheidung zwischen Datenmüll und zulässigen Datenpaketen zu erleichtern, verlangt IEEE 802.3, daß jedes Datenpaket mindestens 64 Byte lang sein muß. Ist also der Nutzdateninhalt kleiner als 46 Byte, so wird dieser Abschnitt des Ethernet-Datenpakets mit **Fülldaten** (Padding) aufgefüllt. Daß es durchaus sinnvoll ist, eine Mindestlänge für ein Datenpaket festzulegen, wird in Abb. 5.17 deutlich.
- **Prüfsumme (Frame Check Sequence)**
  Die FCS verwendet ein CRC-Prüfwort über die Felder der Adressen, das Typ/Längenfeld und die Nutzdaten. Als Generatorpolynom wird dabei

$$G(x) = x^{32}+x^{26}+x^{23}+x^{22}+x^{16}+x^{12}+x^{11}+x^{10}+x^{8}+x^{7}+x^{5}+x^{4}+x^{2}+x^{1}+1$$

  verwendet.

Abb. 5.16. Ethernet-Datenpaket Internals

auch kein gemeinsames Medium mehr voraussetzt. Die am Switch angeschlossenen Rechner besitzen eigene dedizierte Leitungen zum Hub. Für

Kollisionserkennung und Datenpaketmindestlänge

Der wohl ausschlaggebende Grund für die Festlegung einer Mindestlänge im Datenpaket liegt in der Tatsache, daß das Senden eines Datenpakets nicht bereits abgeschlossen sein darf, bevor es die auseinanderliegenden Enden des Übertragungsmediums erreicht hat, wo eventuell eine Kollision auftreten könnte.

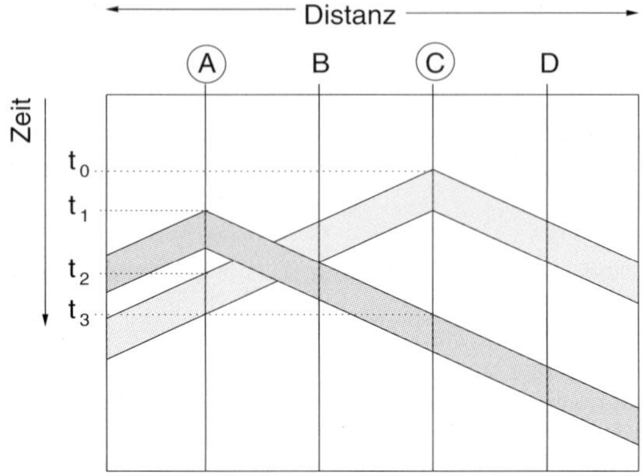

Sei die Zeit, die eine Übertragung von Rechner C zu Rechner A benötigt, gleich τ_1. Rechner C startet seine Übertragung zum Zeitpunkt t_0. Zum Zeitpunkt t_1 beginnt Rechner A mit seiner Übertragung. Werden nun sehr kurze Datenpakete versendet, so daß deren Übertragung bereits abgeschlossen ist, bevor diese das Ende des jeweiligen Übertragungsmediums erreicht haben, so kann es vorkommen, daß Rechner A ebenfalls ein Paket versendet (zum Zeitpunkt t_1), das zum Zeitpunkt einer möglichen Kollisionserkennung (t_3) aber bereits vollständig versendet wurde. Der Sender schließt daher fälschlicherweise, daß die Übertragung erfolgreich stattgefunden hat.
Um diese Situation zu verhindern, muß jede Übertragung mindestens 2τ Sendezeit umfassen, wobei τ die Signallaufzeit von einem Ende des Übertragungsmediums zum anderen bezeichnet. Für ein einfaches 10Mbps Ethernet LAN mit einer maximalen Länge von 2.500 Metern muß die minimal zulässige Datenpaketlänge mindestens 51,2 μs Sendezeit beanspruchen, was entsprechend der Signallaufzeit einer Datenpaketlänge von 64 Byte gleich kommt. Datenpakete, die eine kürzere Nutzdateninformation enthalten, müssen daher aufgefüllt werden.
Mit wachsender Bandbreite muß die minimale Datenpaketlänge wachsen bzw. die Kabellänge verringert werden. Für ein 1 Gbps Ethernet LAN bedeutet dies entweder, daß die minimale Paketlänge auf 6.400 Byte festgesetzt oder die Kabellänge auf 250 Meter reduziert wird, wobei die Paketlänge gleichzeitig auf 640 Byte erhöht wird.

Abb. 5.17. Kollisionserkennung und Rahmenmindestlänge

die Dauer der Kommunikation verbindet das Hub diese Rechner direkt miteinander. Man unterscheidet einen **Store-and-Forward-Switch**, der ein empfangenes Datenpaket komplett aufnimmt, analysiert und es an seinen Empfänger weiterleitet, von einem **Cut-Through-Switch**, der die Zieladresse am Anfang des Datenpakets liest, und dann den restlichen Teil des Datenpakets ohne Verzögerung direkt an diese weitergeleitet. Während der Store-and-Forward-Switch in der Lage ist, fehlerhafte Datenpakete zu erkennen und nur korrekte Pakete weitergibt, können von einem Cut-

Manchester Kodierung

Ethernet verwendet die sogenannte **Baseband Transmission**, was bedeutet, daß der Ethernet-Adapter im Rechner direkt ein digitales Signal auf das Übertragungsmedium sendet. Allerdings wird dabei nicht einfach eine binäre 0 in ein Signal der Stärke 0 Volt (LOW) und eine binäre 1 in ein 5 Volt Signal (HIGH) umgesetzt. Bei diesem Verfahren ließe sich eine binäre 0 nicht von einem einfachen Nichtsenden oder Warten des Senders unterscheiden. So könnte z.B. das Signal für 0000100 fälschlicherweise sowohl als 1000000 als auch 001000 interpretiert werden.
Es wird also ein Verfahren benötigt, daß es unabhängig von einer externen Uhr ermöglicht, Anfang und Ende eines Datenpakets zu erkennen. Dazu sind zwei Formen der Kodierung üblich, genannt **Manchester Kodierung** und **differentielle Manchester Kodierung**. Die Manchester Kodierung teilt jede Bit-Sendeperiode in zwei gleichlange Intervalle. Eine binäre 1 wird dann übertragen, indem in der ersten Hälfte des Intervalls die Spannung auf HIGH gesetzt wird und in der zweiten Hälfte auf LOW. Für eine binäre 0 wird das Verfahren einfach umgedreht: In der ersten Intervallhälfte wird die Spannung auf LOW gesetzt und in der zweiten auf HIGH.
Diese Form der Kodierung erzwingt einen Spannungswechsel innerhalb jedes übertragenen Bits, und zwar genau in der Mitte, was eine einfache Synchronisation zwischen Sender und Empfänger ermöglicht. Natürlich bedeutet diese Art der Kodierung auch, daß für die Datenübertragung die doppelte Bandbreite benötigt wird, da jeder Puls nur noch die Hälfte der üblichen Schrittweite benötigt.

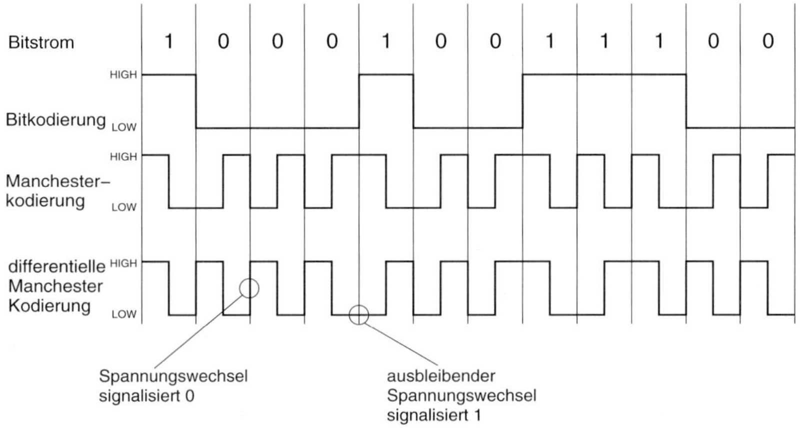

Die differentielle Manchester Kodierung dagegen ist eine einfache Modifikation des Manchester Kodierungsschemas. Eine binäre 1 ist dadurch gekennzeichnet, daß zu Beginn des Übertragungsintervalls kein Spannungssprung erfolgt, wohingegen eine binäre 0 durch einen Spannungssprung zu Beginn des Übertragungsintervalls gekennzeichnet ist. In beiden Fällen erfolgt wieder in der Mitte des Taktintervalls ein Spannungswechsel. Die differentielle Manchester Kodierung ist unempfindlicher gegenüber Rauschen und Signalstörungen, erfordert aber auf der anderen Seite eine komplexere Technik. Im IEEE 802.3 Standard werden +0.85 Volt für das HIGH-Signal und -0.85 Volt für das LOW-Signal verwendet.

Abb. 5.18. Manchester Kodierung

Through-Switch fehlerhafte Datenpakete nicht erkannt werden, da deren Prüfsummenfeld nicht ausgewertet wird. Viele Ethernet-Produkte sind in der Lage, beide Varianten des Switchings anzubieten.

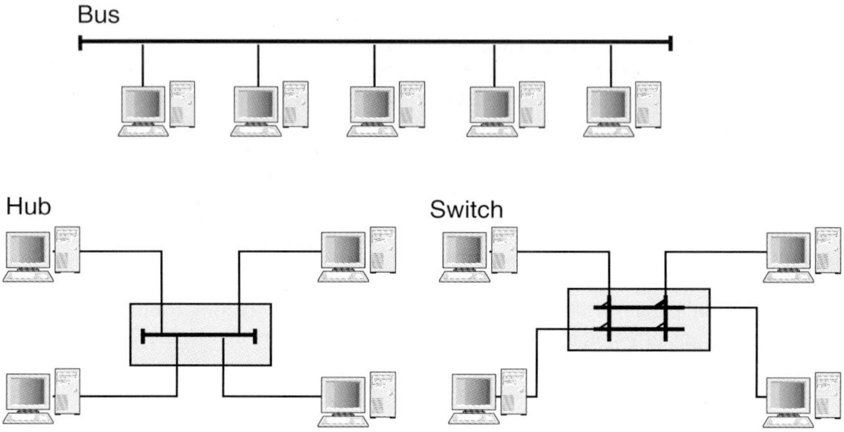

Abb. 5.19. Ethernet Netzwerkaufbau

Ein Ethernet-LAN kann aus verschiedenen Segmenten bestehen, die durch Zwischensysteme (Repeater, Brücken und auch Router) miteinander verbunden sind. Als **Segment** wird in diesem Zusammenhang eine Gruppe von Rechnern bezeichnet, die gemeinsam an einem einzelnen Übertragungsmedium angeschlossen sind.
Ausgehend von der einfachsten Ethernet-Konfiguration, einem einzigen Bus, der gleichzeitig ein vollständiges Segment und eine **Collision Domain** (Bereich, über den Kollisionen weitergeleitet werden) darstellt, werden in Ethernet-LANs die bereits genannten Zwischensysteme in den folgenden Funktionen verwendet (siehe Abb. 5.20):

- **Repeater**
  Repeater dienen dazu, einzelne Segmente eines Ethernet-LANs zu einem größeren Verbund zusammenzuschalten, der sich wie eine einzige große Collision Domain verhält. Repeater ermöglichen die Vergrößerung der räumlichen Ausbreitung eines Ethernet-LANs und sind logisch vollständig transparent. Alle angeschlossenen Segmente müssen dabei vom gleichen Typ sein. Die Anzahl der an das auf diese Weise vergrößerte Ethernet-LAN angeschlossenen Rechner kann so über die für ein Segment erlaubte Anzahl steigen, was auf Grund erhöhter Kollisionen zu einer Verminderung des Durchsatzes führen kann und eine hohe Netzlast entstehen läßt.
- **Bridges**
  Bridges dienen der logischen wie physikalischen Trennung von Segmenten. Ihre Aufgabe ist es, Datenpakete weiterzuleiten, deren Zieladresse in einem

anderen Netzsegment liegen. Eine Collision Domain endet an einer Bridge und kann sich somit nicht über diese hinaus ausdehnen. Bedingt durch die physikalische Trennung sinkt die Netzlast in den einzelnen Segmenten, die Kommunikation kann dort lokal parallel stattfinden. Hier wird das Prinzip der **Locality of Reference** ausgenutzt, das besagt, daß die Wahrscheinlichkeit einer Kommunikation zwischen physisch benachbarten Rechnern höher ist, als die von weit voneinander getrennten. Bridges sind in der Lage, sich selbstständig an eine gegebene Netztopologie anzupassen (sogenannte **Transparent Bridge** oder **Selflearning Bridge**). Dazu wird neben der Quelladresse A_Q eines weiterzuleitenden Datenpakets (**MAC-Adresse**) die entsprechende Portnummer p_Q gespeichert, über die das Paket die Bridge erreicht. Empfängt die Bridge später ein Datenpaket mit A_Q als Zieladresse, so wird dieses einfach über den Port p_Q weitergeleitet. Daher müssen Bridges in der Lage sein, die Protokolle aller angeschlossenen Segmente zu verstehen, um die entsprechende Adreßinformation herausziehen zu können. Verwenden die angeschlossenen Segmente unterschiedliche Protokolle, so findet in der Bridge eine entsprechende Übersetzung statt (**Translation Bridge**).

- **Router**
  Router verbinden einzelne LANs miteinander, die durchaus von verschiedenem Typ sein können (im Gegensatz zur Bridge). Dazu werten diese die Netzwerkadressen der versendeten Datenpakete aus (z.B. die IP-Adresse, Schicht 3). Details der darunterliegenden Protokollschichten (Schicht 2 und 1) bleiben dem Router dagegen verborgen. Im LAN werden Router eingesetzt, um verschiedene Netzwerktechnologien miteinander zu verbinden. Das Gateway zu einem WAN wird ebenfalls über einen Router realisiert.

In einem Ethernet-LAN können alle vorgestellten Komponenten auch gemischt eingesetzt werden.

Varianten der Ethernet-Busverkabelung. Ethernet Netzwerktechnik existiert heute in vielen verschiedenen Ausprägungen. Zwar teilen alle die grundlegenden Prinzipien, doch werden verschiedene physikalische Übertragungsmedien mit unterschiedlichen Leistungskennziffern genutzt. Daraus ergibt sich eine Vielfalt von Ethernet-Verkabelungsvarianten, angefangen vom ursprünglichen 10 Mbps 10Base5 Koaxialkabel bis hin zu neuesten 10 Gbps 10GBase-EX Glasfaservarianten. Alle besitzen unterschiedliche begrenzende Parameter hinsichtlich ihrer physikalischen Ausdehnung, der Anzahl der anschließbaren Rechner oder eben der zur Verfügung gestellten Bandbreite. Generell ist der für die Verkabelung benötigte Hardwareaufwand bei Ethernet aber minimal. Jeder angeschlossene Rechner muß lediglich über Sende- und Empfangshardware (Ethernet-Adapter) verfügen, um den Zugang zum verwendeten Übertragungsmedium zu steuern und um den Netzverkehr zu überwachen.

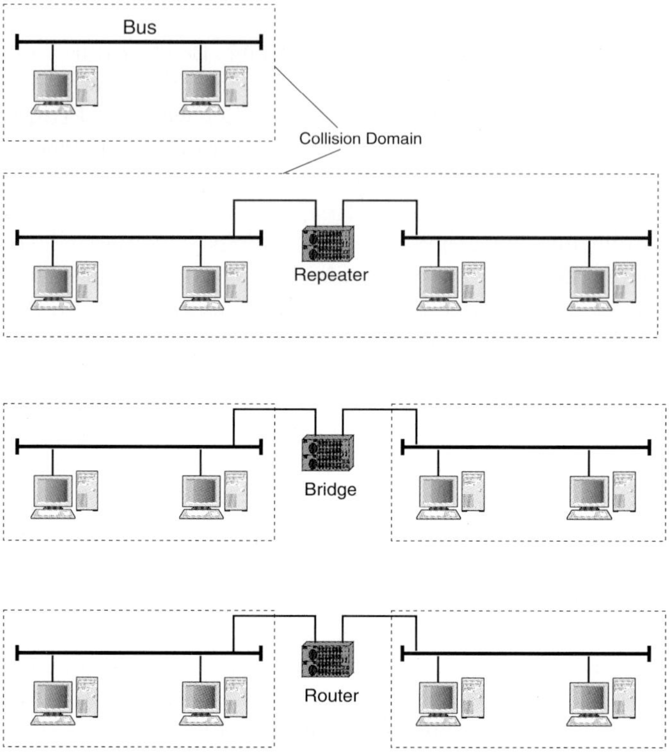

Abb. 5.20. Ethernet Zwischensysteme

Ethernetvarianten mit 10Mbps

In Abhängigkeit von den verschiedenartigen physikalischen Übertragungsmedien ergeben sich auch unterschiedliche topologische Strukturen. Die ursprünglich verwendeten Koaxialkabel verlangten eine reine Bustopologie, während die Varianten, die auf verdrillten Doppeladerkabeln basieren, für eine Bustopologie weniger attraktiv sind. Diese werden dann meist in Form einer Sterntopologie über ein zentrales Hub betrieben, von dem aus paarweise verlegte Doppeladerkabel zu den angeschlossenen Rechnern führen. Glasfaserkabelbasierte Systeme können ebenfalls in dieser topologischen Anordnung betrieben werden. Die doppelt ausgeführte Verkabelung vom und zum Hub erlaubt das gleichzeitige Senden und Empfangen von Daten (**Vollduplexbetrieb**).

Die älteste Ethernet-Variante ist **10Base5** (auch **Thick Ethernet**, **Thickwire** oder **Yellow Cable** genannt). Mit 10Base5 wird eine reine Bustopologie unterstützt. Die Enden des als Bus verwendeten Koaxialkabels, das für gewöhnlich mit einer gelben Abschirmung (der IEEE 802.3 Standard gibt diese Farbe zwar nicht zwingend vor, aber sie wird dort vorgeschlagen) isoliert ist und daher auch den Namen **Yellow Cable** trägt, sind mit 50 Ω Abschluß-

widerständen versehen. Alle 2,5 m befindet sich auf dem Koaxialkabel eine Markierung, an der über einen **Transceiver** ein Abgriff für einen teilnehmenden Rechner angebracht werden kann. Der Name Transceiver rührt von der Funktion des Abgriffes, nämlich das Senden (**transmit**) und Empfangen (**receive**) von Signalen her (siehe Abb. 5.21). Dort ist auch die notwendige Elektronik installiert, die in der Lage ist, carrier sensing und collision detection auszuführen. Sobald der Transceiver eine Kollision erkennt, sendet er selbst ein spezielles, ungültiges Signal (Jam Signal) aus, um sicherzustellen, daß auch alle anderen angeschlossenen Transceiver von der aufgetretenen Kollision in Kenntnis gesetzt werden.
Die Kombination aus Transceiver und Abgriff wird auch als **MAU** (Medium Attachment Unit) bezeichnet. Die Abgriffe auf dem Basis-Buskabel werden für gewöhnlich über sogenannte Vampirklammern (**Vampire Taps**) realisiert, mit denen eine Nadel exakt bis zur Hälfte in den leitenden Kern des Koaxialkabels hinein getrieben wird. Über die MAU wird ein maximal 50 m langes Transceiverkabel an das Basis-Buskabel angeschlossen, das zum angeschlossenen Rechner führt. Das Transceiverkabel besteht aus fünf einzeln abgeschirmten Doppeladern, von denen zwei für den Eingang und Ausgang der Daten reserviert sind. Zwei weitere sind für Eingang und Ausgang von Kontrollsignalen reserviert, während die verbleibende Doppelader in den meisten Fällen für die Stromversorgung der Transceiver-Elektronik verwendet wird. Es gibt Transceiver, die in der Lage sind, bis zu 8 Rechner gleichzeitig anzubinden, um so die Anzahl der an den Bus angeschlossenen Transceiver zu reduzieren. Aufgabe der MAU sind das Senden und Empfangen von Signalen auf dem Übertragungsmedium, sowie das Erkennen von Einzelsignalen und Kollisionen. Die Bezeichnung 10Base5 bedeutet, daß die Verkabelung für eine Bandbreite von 10 Mbps vorgesehen ist und eine maximale Segmentlänge von 500 Metern unterstützt.

Da das ursprüngliche 10Base5-Ethernetkabel sehr teuer war, wurde eine preiswertere Variante, das **10Base2** (auch **Thin Ethernet**, **Thinwire** oder **Cheapernet** genannt) entwickelt. Das 10Base2 Kabel ist dünner und somit flexibler als das teure 10Base5 Kabel. Es ähnelt dem allgemein bekannten analogen TV-Antennenkabel, ist jedoch leichter und flexibler. Es läßt sich leicht verlegen, besitzt aber auch eine höhere Signaldämpfung, was zu Einschränkungen der maximalen Segmentlänge führt und diese auf 185 m bzw. 30 angeschlossene Rechner begrenzt. Im Unterschied zum 10Base5 ist bei Thinwire-Ethernet die MAU mit in den Ethernet-Netzwerkadapter des angeschlossenen Rechners integriert. Thinwire-Ethernet liegt nicht als durchgängiges Koaxialkabel vor. Es werden einzelne Abschnitte über BNC-Konnektoren mit sogenannten T-Stücken untereinander und mit den angeschlossenen Rechnern verbunden. Diese Anschlußtechnik ist weniger aufwendig, einfacher zu installieren, billiger und zuverlässiger als die Vampirklammern bei 10Base5.

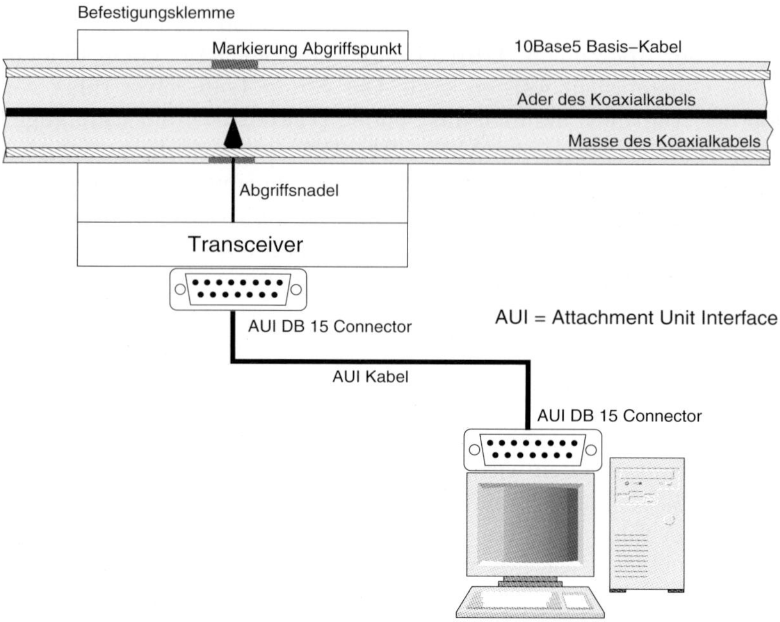

Abb. 5.21. 10Base5 Ethernet Ankopplung

Zur Übertragung eines Datenpakets sendet der angeschlossene Rechner dieses Paket über sein T-Stück auf das Thinwirekabel. Das Datenpaket wird aus dem T-Stück in beide Richtungen an die unterschiedlichen Enden des Busses weitergeleitet, wo es von Abschlußwiderständen absorbiert wird (siehe Abb. 5.22).

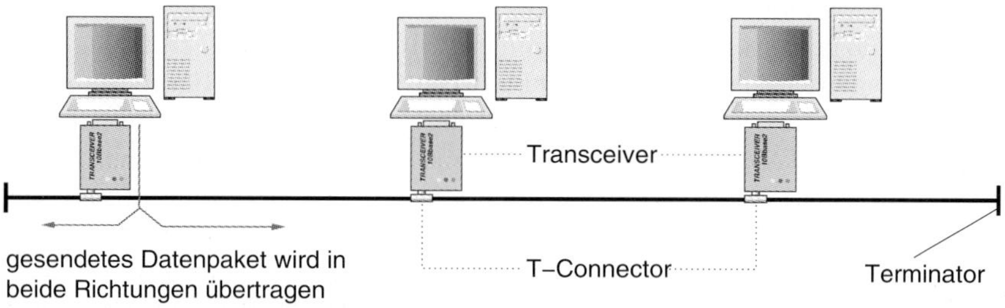

Abb. 5.22. 10Base2 Ethernet

Mehrere Ethernet Segmente können über **Repeater** miteinander gekoppelt werden, wobei mit geeigneten Repeatern 10Base2 als auch 10Base5 Segmente miteinander verschaltet werden können. Der Repeater kann dabei als separate Netzwerkkomponente vorliegen, über die zentral die beiden Segmente miteinander gekoppelt werden, bzw. lassen sich zwei räumlich voneinander

getrennte Segmente über einen sogenannten **Remote Repeater** koppeln. Im Remote Repeater sind die beiden Repeater-Hälften Bestandteil der jeweiligen Segmente. Zwischen den beiden Hälften spannt sich eine 4-Draht-Leitung, an der keine weiteren Rechner angeschlossen sein dürfen und die maximal 1.000 Meter messen kann. Repeater dürfen niemals Schleifen bilden. Auf Grund der Laufzeitbedingung ist die Anzahl der Repeater im Ethernet auf maximal drei beschränkt.
Die Feststellung eines Kabelbruchs, defekter Klammern oder loser Steckverbindungen kann in beiden Fällen, bei 10Base2 und 10Base5, ein großes Problem darstellen. Daher wurden geeignete Techniken entwickelt, diese Defekte genau zu lokalisieren. Prinzipiell wird dabei ein Impuls von bekannter Ausprägung in das Kabel gesendet. Trifft dieser Impuls im Kabel auf ein Hindernis oder erreicht er plötzlich ein Kabelende, entsteht ein Signalecho, das zum Ausgangspunkt zurückläuft. Durch genaue Messung der Laufzeit des Signals läßt sich die Stelle der Beschädigung hinreichend genau lokalisieren.

Die letztgenannten Probleme führten zur Entwicklung einer weiteren Technologievariante, bei der die Verkabelung sternförmig von einem zentralen Hub ausgeht. Als Übertragungsmedium genügt einfaches, verdrilltes doppeladriges Telefonkabel (**Twisted Pair**), das in den meisten Gebäudeverkabelungen ohnehin bereits vorhanden ist. Diese Form der Verkabelung ist sehr preiswert und wird als **10BaseT** (oder einfach als twisted pair) bezeichnet. Das zentrale Hub wird auch als Sternkopplung bezeichnet und stellt einen Multiportrepeater dar, der die Signale, die er an den Eingängen empfängt, an alle Ausgängen weitergibt. Hubs können kaskadiert geschaltet werden, was sich topologisch als Stern aus Sternen darstellt. Logisch gesehen allerdings verändert sich das Netz durch den Einsatz von Hubs nicht. Alle angeschlossenen Rechner befinden sich nach wie vor in einer Broadcast Domain und sind über das CSMA/CD-Verfahren miteinander vernetzt. Die Sterntopologie existiert dabei nur scheinbar. Physisch und logisch bleibt die Busstruktur erhalten. Ein Hub kann ebenfalls den Anschluß unterschiedlicher Medien zulassen. Zwischen zwei beliebigen an das Netzwerk angeschlossenen Rechnern dürfen im Ethernet-LAN maximal fünf Segmente bzw. vier Repeater liegen. Hubs können oft auch eine erweiterte Funktionalität zur Verfügung stellen und dann als Brücken oder Router auf einer höheren Protokollschicht fungieren. Sie werden dann als **intelligente Hubs** bezeichnet. Hubs erfreuen sich großer Popularität, da sie zusätzlich auch Netzwerk Management Funktionen zur Verfügung stellen. Hat z.B. einer der angeschlossenen Ethernet-Netzwerkadapter eine Fehlfunktion und sendet permanent Datenpakete auf das Netz (sogenanntes **Jabbering**), würde dies das Ende jeglicher Datenkommunikation für ein 10Base2 Ethernet bedeuten. Keiner der anderen angeschlossenen Rechner käme mehr in die Lage, zu kommunizieren. In einem 10BaseT-Ethernet erkennt das Hub diese Fehlfunktion und schließt den fehlerhaften Adapter vom Netzverkehr aus. Der Netzwerkadministrator muß daher nicht mitten in der Nacht geweckt werden, um das Problem manuell zu beheben, sondern braucht sich erst am nächsten Morgen darum zu kümmern. Desweiteren stellen viele Hubs eine Monitorfunktion zur Verfügung, die es erlaubt, statistische Informationen wie erreichte Bandbreite, Anzahl der Kollisionen oder durchschnittliche Datenpaketlänge zu ermitteln, die über einen gesonderten, direkt an das Hub angeschlossenen Rechner weitergegeben werden. Diese Information kann nicht nur zur Fehlerbehebung und Lokalisation eines Problems benutzt werden, sondern ist auch sehr hilfreich, wenn es um die Planung des weiteren Ausbaus einer Ethernet-LAN-Landschaft geht. Nachteil der 10BaseT Variante ist die beschränkte Kabellänge zwischen Hub und angeschlossenen Rechner, die maximal nur 100 m (150 m bei Verwendung von speziell abgeschirmtem, hochwertigem Kabel) betragen darf. Auch kann ein leistungsfähiges Hub sehr teuer werden.

Die vierte Verkabelungsvariante **10BaseF** für den 10 Mbps Ethernet Standard basiert auf Glasfaserkabeln. Diese Variante ist auf Grund der Kosten für die Konnektoren und Terminatoren zwar wesentlich teurer als die bislang vorgestellten, aber ihre hervorragende Störunanfälligkeit machten sie zur ersten Wahl für weiträumige Verkabelungen zwischen Gebäuden oder weit voneinander entfernten Hubs. Eine echte Bustopologie ist jedoch bei der Verwendung von Glasfaser nicht so ohne Weiteres realisierbar, da die hier benötigten Koppler zwischen der Busfaser und dem Anschluß der Rechner problematisch sind. Dazu werden sogenannte optische Richtkoppler verwendet mit je zwei Ein- und Ausgängen. Die an einem Eingang eintreffende Lichtmenge muß gleichmäßig an die beiden Ausgänge weiterverteilt werden. Eine Kopplung der beiden Eingänge ist jedoch nicht erwünscht. Daher wird beim Einsatz von Glasfaser weitgehend die alternative Sterntopologie bevorzugt. Der eingesetzte Sternkoppler kann hier zum Einen ein rein **passiv** arbeitender optischer Sternkoppler sein, bei dem keine Umwandlung von optischen in elektrische Signale stattfindet. Andererseits besteht die Möglichkeit, den Sternkoppler als **aktiven** Koppler auszuführen, der mit elektrischen Signalen arbeitet, die an den Schnittstellen zum Glasfaserkabel jeweils in optische Signale umgewandelt werden. Zwar ist die elektro-optische Umwandlung der Signale zeitaufwendiger und macht eine kompliziertere technische Auslegung des Sternkopplers notwendig, aber sie ermöglicht den Anschluß von wesentlich mehr teilnehmenden Rechnern im Vergleich zur passiven Lösung.
In einem passiven Sternkoppler werden Glasfasern (in der Regel 8) parallel in Kontakt gebracht und über eine bestimmte Länge miteinander verschweißt. Dadurch wird die ankommende Lichtenergie gleichmäßig auf alle verbundenen Fasern verteilt. Diese gleichmäßige Verteilung verursacht jedoch eine entsprechend hohe Signaldämpfung, so daß diese Lösung nur für die Verschaltung weniger Teilnehmer in Betracht kommt. Alle Glasfaservarianten benutzen Glasfaserpaare, in denen jeweils eine Faser für eine Übertragungsrichtung zuständig ist. Die verwendete Manchesterkodierung wird einfach in optische Signale umgesetzt: Lichtfluß steht für hohe Spannung (HIGH), niedrige Spannung (LOW) wird mit Nichtsenden des Lichtflusses übersetzt.

Zu den Kupfer-basierten Varianten 10Base5, 10Base2 und 10BaseT kommen noch verschiedene Glasfaservarianten (10Base-FB, 10Base-FL und 10Base-FP), die je nach verwendetem Zwischensystem zum Einsatz kommen.

	10Base5	**10Base2**	**10BaseT**	**10Base-FP**
Bezeichnung	Thickwire	Thinwire	Twisted Pair	Optical Fiber
max. Segmentlänge	500 m	185 m	100 m	500 m
Knoten pro Segment	100	30	-	33
max. Anzahl Repeater	2	4	4	2
min. Knoten-abstand	2,5 m	0,5 m	-	-
Konnektor	DB15	BNC	RJ-45	ST1
Kabel-durchmesser	10 mm	5 mm	0,4-0,6 mm	62,5/125 μm
Topologie	Bus	Bus	Stern	Stern
Medium	Koaxialkabel 50 Ω	Koaxialkabel 50 Ω	UTP 100 Ω	Multimode Glasfaser

Für 10 Mbps Ethernet sind gemäß IEEE 802.3j folgende Glasfaservarianten vorgesehen:

- **10Base-FB (Fiber Backbone)**:
  Eine Glasfaser-Punkt-zu-Punkt-Verbindung zwischen zwei benachbarten Repeatern, die maximal bis zu 2 km voneinander entfernt sein können. Die Übertragung eines Repeaters erfolgt synchron, d.h. ein ankommendes optisches Signal wird regeneriert und mit dem lokalen Takt des Repeaters erneut ausgesendet.
- **10Base-FL (Fiber Link)**:
  Eine Glasfaser-Punkt-zu-Punkt-Verbindung zwischen einzelnen Rechnern bzw. Repeatern. Die maximale Distanz, die hiermit überbrückt werden kann, liegt ebenfalls bei 2 km. Im Gegensatz zu 10Base-FB überträgt hier ein Repeater asynchron.
- **10Base-FP (Fiber Passive)**:
  Glasfaserverbindung für eine Sterntopologie mit passivem Sternkoppler. Hier kann nur eine maximale Distanz von 1 km überbrückt werden.

Abb. 5.23. 10 Mbps Ethernet Varianten im Vergleich

100 Mbps Ethernet

Arbeiten mehr und mehr Nutzer in einem Ethernet-LAN und kommen dabei hauptsächlich Netz-basierte Multimedia-Anwendungen zum Einsatz, so reichen 10 Mbps Bandbreite bald nicht mehr aus. Die mit **FastEthernet** zur Verfügung gestellte Bandbreite von 100 Mbps wird zwar bestimmt nicht immer ausgenutzt, doch soll durch eine solche Erhöhung der Bandbreite die Möglichkeit geschaffen werden, sogenannte Bursts zu bewältigen, die auftreten, wenn mehrere Nutzer gleichzeitig Multimedia-Inhalte über das Netz versenden. Neben der hohen Übertragungsgeschwindigkeit bietet FastEthernet den Vorteil, als konsequente Weiterentwicklung von 10Base-T bei der Ent-

Ethernet Beschränkungen

Die Standard Ethernet Spezifikation sieht verschiedene Beschränkungen bzgl. der maximalen Kabellänge vor. Diese Beschränkungen ergeben sich aus der maximalen Signallaufzeit und der Taktung.

Segmentlänge

Doppeladriges Telefonkabel (UTP) und Koaxialkabel haben jeweils eine ihnen typische Dämpfung und müssen an den Kabelenden mit entsprechenden Abschlußwiderständen versehen werden, Koaxialkabel mit 50 Ω und UTP mit 100 Ω. Die Länge eines Ethernet-Segments darf 500 m nicht überschreiten.

Repeater Distanzen

Zwischen zwei Ethernet-Segmenten kann ein Signal mit Hilfe eines Repeaters weitergeleitet werden. Zwischen zwei Knoten dürfen maximal zwei Repeater auf einer Verbindung geschaltet werden. Der maximale Abstand zwischen zwei Knoten, die über Repeater miteinander verbunden sind, darf 1.500 m nicht überschreiten.

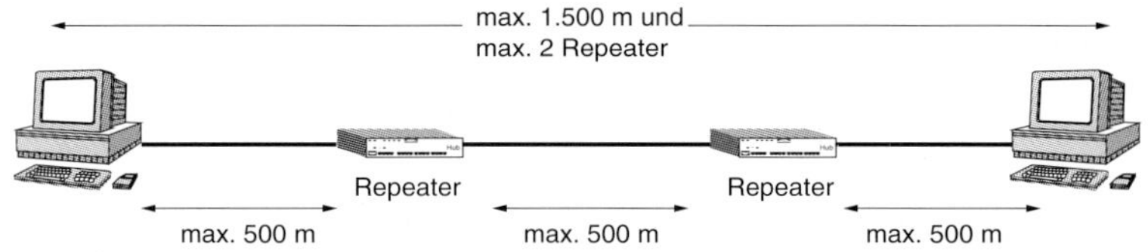

Punkt-zu-Punkt Verbindung

Die maximale Entfernung, die durch eine direkte Punkt-zu-Punkt-Verbindung überbrückt werden kann, beträgt ebenfalls 1500 Meter. Eine solche Verbindung kann z.B. zwischen Rechnern, die in verschiedenen Gebäuden stehen, geschaltet werden.

Transceiver Distanzen

Transceiver sollten nie einen geringeren Abstand als 2,5 Meter haben. An ein einzelnes Segment sollten außerdem nie mehr als 100 Transceiver angeschlossen werden. Transceiver, die zu eng stehen, können Interferenzen hervorrufen und erhöhen damit auch das Kollisionsrisiko. Jeder angeschlossene Transceiver führt zu einer Verminderung der Impedanz im Netzwerk und dämpft das übertragene Signal. Zuviele Transceiver können die elektrischen Charakteristika des Netzwerks so weit vermindern, daß eine zuverlässige Funktion nicht mehr gewährleistet werden kann.

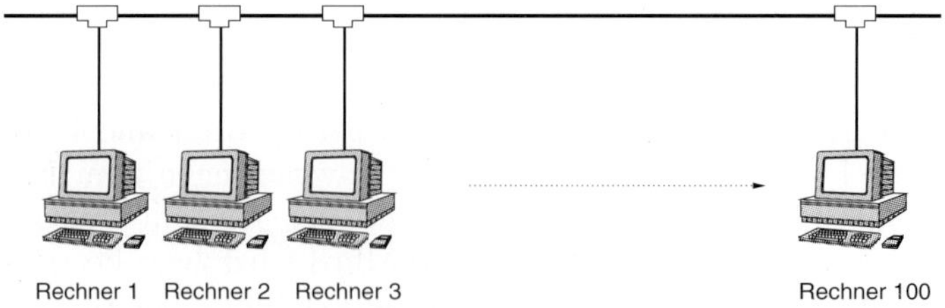

Abb. 5.24. Standard Ethernet Beschränkungen

wicklung von Hubs, Repeatern, Ethernet-Adaptern und anderen Ethernet-Komponenten auf eine standardisierte Technologie zurückgreifen zu können. Dies führt auch dazu, daß eine Migration von einer bestehenden 10Base-T Umgebung auf das neue **100Base-T** relativ kostengünstig realisiert werden kann. Bestehende 10Base-T-Verkabelung kann größtenteils beibehalten werden, da die neue 100Base-T-Media Spezifikation (100Base-TX, 100Base-T4 und 100BaseFX) auf allen Doppeladerverkabelungen (UTP Kategorie 3, 4, und 5), abgeschirmten Doppeladerkabel (Shielded Twisted Pair, STP) oder Lichtwellenleiterkabeln eingesetzt werden kann. 10 Mbps-Ethernet und 100 Mbps-Ethernet kann auch gemischt eingesetzt werden, da Switches mit Ports für beide Geschwindigkeiten verfügbar sind, wodurch eine schrittweise Migration ermöglicht wird.

Verkabelungsvarianten für FastEthernet

Allen Varianten gemeinsam ist die Datenübertragungsrate von 100 Mbps. Die Segmentlänge beträgt jeweils 100 m, die Netzwerkausdehnung kann 200 Meter, bei 100Base-FX auch 400 m betragen.

Typ	Medium
100Base-T4	Kabel mit 4 Doppeladern, UTP-(3/4/5), 100 Ω Impedanz, Leitungscode 8B6T, kein Vollduplex
100Base-T2	Kabel mit 2 Doppeladern, UTP-(3/4/5), Leitungscode PAM5, Vollduplex
100Base-TX	Kabel mit 2 Doppeladern, UTP-5, alternativ 2 Doppeladern STP, 150 Ω Impedanz, Leitungscode MLT-3, Vollduplex
100Base-FX	2 Multimode Glasfasern (62,5/125 μm), Leitungscode 4B5B, NRZI, Vollduplex

Vollduplex-Übertragung

Bei der ursprünglichen Bustopologie für Ethernet durfte zu einem Zeitpunkt immer nur ein Rechner senden, was aus Sicht des sendenden Rechners eine Halbduplex-Übertragung bedeutet. Eine Vollduplex-Übertragung kann die Datenrate im Idealfall auf das Doppelte vergrößern. Mit der für 10Base-T eingeführten Sterntopologie standen jeweils getrennte Doppeladerpaare für das Senden und Empfangen zur Verfügung, auf ein gemeinsam genutztes Medium mußte keine Rücksicht mehr genommen werden. Das resultierende Verfahren wird als **Switched Ethernet** bezeichnet und kommt ohne Kollisionserkennung und Kollisionsauflösung aus. Jeder Rechner stellt innerhalb dieses Sterns für sich eine eigene Collision Domain dar. Die IEEE 802.3 Spezifikation kann hinsichtlich des verwendeten Datenformats und des CSMA/CD-Algorithmus beibehalten werden, auch wenn keine Kollisionen mehr auftreten. Allerdings wird zusätzlich für die Sternkoppler eine Flußsteuerung installiert, die verhindern soll, daß die Pufferspeicher im Sternkoppler überlaufen. Zu diesen Zweck werden sogenannte Pausen-Pakete vom Hub versendet, die den sendenden Rechner auffordern, für eine bestimmte Zeit keine weiteren Datenpakete zu versenden. 1996 wurde das Vollduplex-Übertragungsverfahren für Ethernet im IEEE802.3x-Full-Duplex/Flow-Control Standard festgelegt.

Abb. 5.25. 100 Mbps Ethernet Varianten und Vollduplexbetrieb

Alle Varianten des FastEthernet benutzen die Sterntopologie. Die mit T bezeichneten Varianten nutzen Zugriffsverfahren und Datenpaketformate gemäß der IEEE 802.3 Spezifikation (siehe Abb. 5.25). Die mit X bezeichneten Varianten verwenden die ursprünglich für FDDI spezifizierte physische Schicht. Im Gegensatz zu den meisten früheren Etherne-Varianten unterstützen FastEthernet-Technologien einen Vollduplexbetrieb, der eine Datenrate pro Station von maximal 200 Mbps gestattet. Die 100-Base-TX Variante wird hauptsächlich für die Verkabelung zwischen einzelnen Etagen verwendet (Tertiärverkabelung), 100Base-FX findet zunehmend Verwendung in der Sekundärverkabelung. Die beiden Arten 100Base-T4 und 100Base-T2 haben in der Praxis kaum Bedeutung.
Ein anderer Ansatz der Firma Hewlett Packard verfolgte die Strategie, ein 100 Mbps Ethernet mit einem vollkommen neuen, nachfragegesteuerten MAC-Kontrollmechanismus zu entwickeln, der in der Lage ist, auch TokenRing-Datenpakete zu befördern. Unter der Bezeichnung **100VG-AnyLAN** wurde diese Technologie veröffentlicht und von der IEEE unter der neuen Bezeichnung IEEE 802.12 standardisiert.

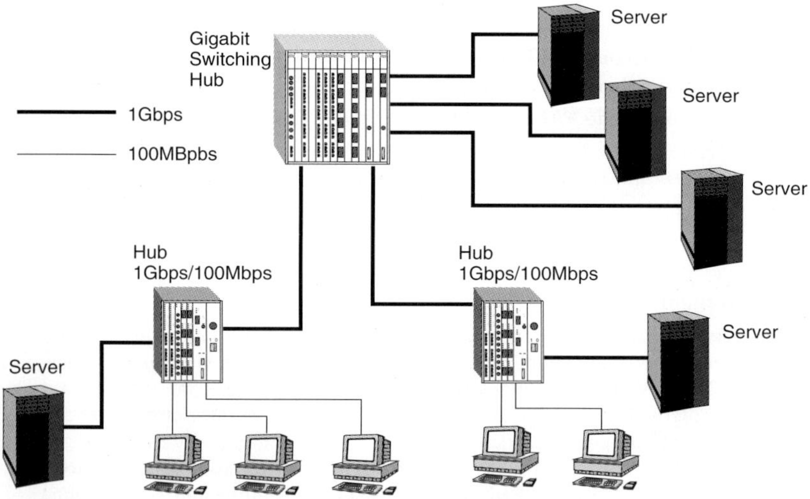

Abb. 5.26. Anwendungsbeispiel für Gigabit-Ethernet

1 Gbps Ethernet

Die Datenmengen, die zwischen Workstation und Server transportiert werden, nehmen ständig zu. Gelang es mit der Einführung von Switched Ethernet noch, dem Anwender am Arbeitsplatz die volle Bandbreite des Netzwerks zur Verfügung zu stellen, wird das aufgrund der steigenden Zahl von Netzwerk-Anwendern immer schwieriger. Je mehr Anwender von breitbandigen Netz-

Verkabelungsvarianten für Gigabit-Ethernet

Der IEEE 802.3z Gigabit-Ethernet Standard spezifiziert zwei Varianten für die Lichtwellenleiterübertragung: 1000Base-SX (Short Wavelength Laser) und 1000Base-LX (Long Wavelength Laser). Während Long Wavelength sowohl mit Monomode als auch mit Multimode Lichtwellenleitern genutzt werden kann, beschränkt sich die Anwendung von Short Wavelength auf Multimode Glasfasern.

Variante	Medium	max. Distanz
1000Base-T	4 Paare UTP-5, Leitungskodierung 4D-PAM5	100 m
1000Base-CX	Twinax-Kupferkabel, Leitungskodierung 8B10B je ein Paar pro Richtung	25 m
1000Base-SX	Multimode Glasfaser 770-860 nm	
	Kerndurchmesser 62,5 μm	260 m
	Kerndurchmesser 50 μm	440 m
1000Base-LX	Multimode Glasfaser 1.270-1.355 nm	
	Kerndurchmesser 62.5 μm	550 m
	Kerndurchmesser 50 μm	550 m
	Kerndurchmesser 9 μm	3.000 m

Erweiterung des CSMA/CD Algorithmus

Im Schichtenmodell ist zwischen der MAC-Schicht (Media Access Controller) und der Leitungskodierung (Physical Layer Controller, PHY) noch eine weitere Teilschicht, die GMII (Gigabit Media-Independent Interface) vorgesehen, die wahlweise mit eingefügt werden kann (außer bei 1000Base-T). Ähnlich wie die MII-Schnittstelle für FastEthernet dient die GMII-Schnittstelle nicht nur zum Anschluß unterschiedlicher Ethernet-Medien von 10–1.000 Mbps, sondern auch zur automatischen Erkennung des Mediums und zum Austausch von Daten über den Zustand und die Eigenschaften der aktuellen Verbindung. Für Halbduplex-Verbindungen mit Hubs existieren zwei Erweiterungen des CSMA/CD-Verfahrens. Die sogenannte **Carrier Extension** hängt so viele Symbole an die kurzen MAC-Datenpakete an, daß die gesamte Laufzeit mindestens 4.096 Bitzeiten beträgt, also länger ist als die Gesamtlaufzeit im Netz. Das Verfahren des **Frame Bursting** erlaubt es, mehrere kurze Datenpakete ohne Carrier Extension direkt nacheinander zu senden. Dadurch kann die zusätzliche Netzbelastung durch Carrier Extensions etwas reduziert werden. Für Switched Ethernet werden diese Erweiterungen jedoch nicht benötigt, da hier kein Shared Medium vorliegt und deshalb auch keine Kollisionen vorkommen können.

Abb. 5.27. 1 Gbps Ethernet Varianten

anwendungen Gebrauch machen, desto eher kann es dort zu Engpässen kommen. Deshalb wurde schon bei Einführung der FastEthernet-Technologie an einer weiteren Steigerung der Übertragungsgeschwindigkeit gearbeitet und die Technologie des **Gigabit-Ethernet** entwickelt. Gigabit-Ethernet erhöht die Bandbreite auf 1.000 Mbps bzw. 1 Gbps, wobei die Datenpaket-Formate und der CSMA/CD der IEEE 802.3 Spezifikation beibehalten werden (siehe Abb. 5.27). Gigabit-Ethernet wird oft als Backbone-Technologie verwendet, um über zentrale Gigabit-Switches Subnetze, die in unterschiedlichen Bandbreiten arbeiten, hierarchisch untergliedert miteinander zu verbinden (siehe Abb. 5.26).

10 Gbps Ethernet

10-Gigabit-Ethernet (10GE) erhöht die Bandbreite erneut um den Faktor 10 auf 10 Gbps. Im Gegensatz zu den bisherigen Ethernet-Technologien ist es mit 10GE erstmals möglich, auch größere Distanzen zu überbrücken, was einen Einsatz im WAN ermöglicht. Das bisherige Ethernet-Datenpaket-Format wird beibehalten und eine ausschließliche Nutzung im Vollduplexbetrieb festgeschrieben. Als Bandbreite wird 10 Gbps bzw. 9,58464 Gbps spezifiziert, letzteres im Hinblick auf die Kompatibilität mit STM-64 bzw. SONET OC-192c. Die vollständige Spezifikation ist noch nicht abgeschlossen, aber bislang wurden zur Verkabelung Singlemode-Glasfasern bei 1.310 nm (10GBASE-LX für Einsatz im LAN bis 10 km und 10GBASE-LW für Einsatz im WAN) und 1.550 nm (10GBASE-EX für Einsatz im LAN bis 40 km und 10GBASE-EW für Einsatz im WAN) festgeschrieben. Über den Einsatz von Multimodefasern wird noch diskutiert. Auch die Nutzung von neuen Technologien wie WDM (Wavelength Division Multiplex) ist noch in der Diskussion.

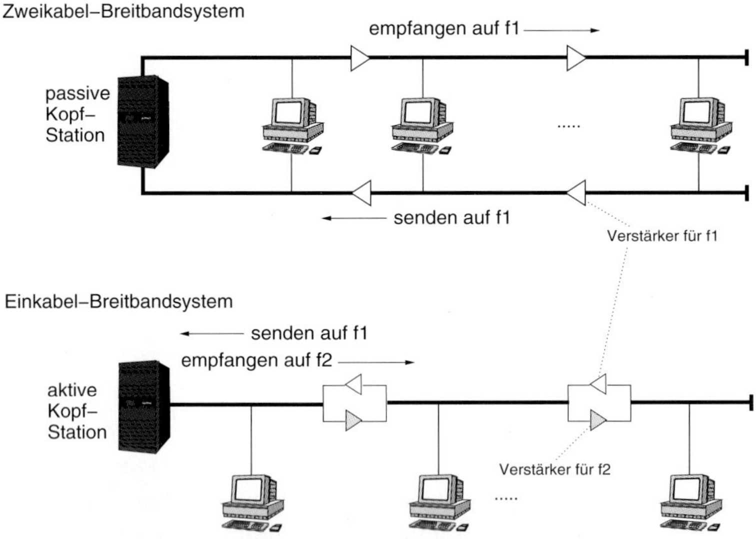

Abb. 5.28. Breitband-Ethernet-Varianten

Broadband Ethernet

Im Gegensatz zu den Standard Ethernet-Varianten überträgt das Broadband-Ethernet keine digitalen Basisbandsignale, sondern moduliert diese auf Träger einer bestimmten Frequenz. Eigentlich findet also eine analoge Übertragung

statt. Über ein Frequenzmultiplexverfahren können so mehrere Ethernet-Systeme über ein einziges Koaxialkabel betrieben werden. Durch den Einsatz von Zwischenverstärkern gelingt es, mit diesem analogen Verfahren größere Distanzen als mit dem digitalen Ethernet zu überbrücken.
Allerdings kann über die Frequenzmodulation nur eine unidirektionale Übertragung stattfinden, was den Einsatz eines separaten Rückkanals erfordert. Dabei sind zwei verschiedene Topologien in Verwendung (siehe Abb. 5.28): Hinkanäle starten von der Kopfstation, Rückkanäle enden dort. Die Funktionsweise der Kopfstation kann dabei aktiv oder passiv ausgelegt werden. Bei einer passiven Kopfstation (einem reinen **Zweikabel-Breitbandsystem**) senden die Rechner auf dem unteren Kabelstrang mit der Frequenz f_1. Die Kopfstation empfängt und verstärkt die Signale, bevor sie sie auf dem oberen Kabelstrang wieder aussendet. Damit ist sichergestellt, daß jeder Rechner das Signal eines anderen empfangen kann. Ist die Kopfstation dagegen als aktives Element ausgelegt (**Einkabel-Breitbandsystem**), reicht ein einzelner Kabelstrang zum Betrieb aus. Die aktive Kopfstation setzt die auf der Frequenz f_1 empfangenen Signale auf die Frequenz f_2 um und sendet diese verstärkt wieder aus. Die bei Bedarf im Übertragungsmedium eingebrachten Verstärker müssen jeweils die beiden Frequenzbänder um f_1 und f_2 verstärken. Als **10BROAD36** wurde das Breitband-Ethernet im Standard IEEE 802.3b spezifiziert.

Tabelle 5.4. Ethernet-Varianten und -Ergänzungen

Bezeichnung	IEEE	Jahr	Datenrate	Medium
10Base5	802.3	1983	10 Mbps	Koaxial, RG-8 A/U
10Base2	802.3a	1988	10 Mbps	Koaxial, RG-58
1Base5	802.3e	1988	1 Mbps	StarLAN: TP, Kat 3
10Base-T	802.3i	1990	10 Mbps	2 UTP, Kat 3/4/5
10BROAD36	802.3b	1988	10 Mbps	Koaxial, 75 Ω
FOIRL	802.3d	1987	10 Mbps	2 Multimode (62,5/125 μm)
10Base-FB	802.3j	1992	10 Mbps	Fiber Backbone
10Base-FL	802.3j	1992	10 Mbps	Fiber Link
10Base-FP	802.3j	1992	10 Mbps	Fiber Passive
100Base-TX	802.3u	1995	100 Mbps	2 Paar UTP-5 / STP
100Base-T4			100 Mbps	4 Paar UTP-3/4/5
100Base-FX			100 Mbps	2 optische Fasern
FDX	802.3x	1997	100 Mbps	Full Duplex Ethernet with Flow Control
100Base-T2	802.3y	1997	100 Mbps	2 Paar UTP-3
1000Base-CX	802.3z	1998	1 Gbps	Twinax, 150 Ω
1000Base-LX	802.3z	1998	1 Gbps	Multi-/Monomode-Faser 1.300 nm
1000Base-SX	802.3z	1998	1 Gbps	Multimode-Faser 850 nm
1000Base-T	802.3ab	1999	1 Gbps	4 Paar UTP-5
Link Aggregation	802.3ad	1999		parallele Links zwischen Switches erhöhen Bandbreite
10GBase	802.3ae	2002	10 Gbps	Glasfaser 1.310/1.550 nm

Ethernet Fehlerquellen

Neben Verkabelungsproblemen können in einem LAN auch Fehler auftreten, die direkt durch der verwendeten LAN-Technologie verursacht werden. Dabei lassen sich die durch Ethernet verursachten Fehler und Störungen in die folgenden Kategorien einteilen:

- **Local Collisions**
  Senden mehrere Rechner gleichzeitig, so treten Kollisionen auf. Ist die Kollisionsrate übermäßig groß, so läßt dies häufig auf einen Verkabelungsfehler schließen.
- **Late Collisions**
  Damit werden Kollisionen bezeichnet, die außerhalb des 512 Bitfensters (Zeitslot) stattfinden. Dies kann verursacht werden durch einen defekten Rechner, der sich nicht mehr an die CSMA/CD-Konventionen hält, oder es sind Installationsvorschriften zur maximal erlaubten Kabellänge überschritten worden. Letzteres verursacht eine Überschreitung der maximalen Signallaufzeit und Kollisionen werden zu spät erkannt.
- **Short Frame**
  Fehlerhafte Ethernet-Netzwerkadapter können Datenpakete unterhalb der 64 Byte Minimallänge versenden.
- **Jabber**
  Bezeichnung für überlange Pakete, die die maximale Länge von 1.526 Byte überschreiten. Dieser Umstand deutet ebenfalls auf einen defekten Ethernet-Netzwerkadapter hin.
- **Negative Frame Check Sequence**
  Die Prüfsumme (FCS) des Ursprungspakets stimmt nicht mit der des gesendeten Pakets überein. Auch die Ursache dieses Problems ist oft in der Verkabelung zu finden.
- **Ghosts**
  Ein fehlerhaft arbeitender Ethernet-Netzwerkadapter kann Paketfragmente auf das Übertragungsmedium senden.

Ethernet Fehlerquellen und Ursachen

Ursache	Kollisionen	Short Frames	Jabber	FCS	Ghosts
CSMA/CD	×				
Software-Treiber		×	×	×	×
defekte Adapter	×	×	×	×	×
defekter Transceiver	×		×	×	×
zu viele Repeater	×				
Kabel zu lang	×			×	
Kabel defekt	×		×	×	×
Terminierung	×		×	×	×

Abb. 5.29. Ethernet-Fehlerquellen

Exkurs 13: Ethernet Effizienz-Betrachtung

Um die Leistung eines Ethernetsystems beurteilen zu können, betrachten wir ein Ethernet-LAN unter Last: Seien also k Rechner zu jeder Zeit bereit, ihre Übertragung zu starten. Metcalfe und Boggs gehen in ihrer Arbeit davon aus, daß die Wahrscheinlichkeit für eine wiederholte Übertragung in jedem Zeitslot konstant ist. Wenn also jeder Rechner während der Konkurrenzsituation in einem Zeitslot mit der Wahrscheinlichkeit p anfängt zu senden, ergibt sich als Wahrscheinlichkeit P(A), daß ein anderer Rechner während dieser Zeit den Sendekanal belegt (A = Channel Aquisition),

$$P(A) = kp(1-p)^{k-1}.$$

P(A) wird maximal, mit P(A)→1/e für k→ ∞, wenn p=1/k. Die Wahrscheinlichkeit, daß während einer Konkurrenzsituation genau j Zeitslots vergehen, beträgt $P(A)(1-P(A))^{j-1}$. Damit ergibt sich eine durchschnittliche Anzahl der Zeitslots während einer Konkurrenzsituation von

$$\sum_{j=0}^{\infty} jP(A)(1-P(A))^{j-1} = \frac{1}{P(A)} .$$

Jeder Zeitslot hat eine Dauer von exakt 2τ, das mittlere Konkurrenzintervall w beträgt $w=2\tau/P(A)$.
Wählen wir p optimal, übersteigt die mittlere Anzahl von Konkurrenz-Zeitslots niemals e, d.h. es gilt $w \leq 2\tau e$. Benötigt ein Datenpaket im Mittel genau t Sekunden, um übertragen zu werden, und besitzen viele Rechner ebenfalls Datenpakete, die zur Übertragung anstehen, dann ergibt sich die Kanaleffizienz CE zu

$$CE = \frac{t}{t + 2\tau/P(A)} .$$

Je länger jetzt das Übertragungsmedium ist, desto länger wird auch das Konkurrenzintervall. Bei maximal 2,5 km Kabellänge und höchstens 4 Repeatern zwischen zwei Rechnern beträgt die maximale Übertragungsdauer (roundtrip time) 51,2 µs, was bei 10 Mbps Ethernet zur minimalen Datenpaketlänge korrespondiert, nämlich 64 Bytes bzw. 512 Bit.
Wir drücken jetzt die Kanaleffizienz über die Datenpaketlänge F, die Netzwerkbandbreite B, die Kabellänge L und die Geschwindigkeit der Signalausbreitung c aus für den optimalen Fall von genau e Konkurrenzslots pro Datenpaket. Mit t=F/B wird aus der obigen Gleichung

$$CE = \frac{1}{1 + 2BLe/cF} .$$

Wir sehen, wenn die Bandbreite B oder die Ausdehnung des Netzwerks L bei konstanter Datenpaketgröße erhöht wird, verliert das Netzwerk an Effizienz. Natürlich zielt die Forschung darauf, diese Größen stetig weiter zu erhöhen. Hohe Bandbreite bei weit ausgedehnten Netzwerken im WAN-Bereich sind erwünscht. Aber die IEEE 802.3 Spezifikation ist dazu nicht die geeignete Wahl.
Um festzustellen, wieviele Rechner k im Mittel unter hohen Lastbedingungen sendewillig sind, hilft die folgende, recht grobe Beobachtung: Jedes Datenpaket blockiert den Sendekanal für ein Konkurrenzintervall plus die Übertragungszeit, d.h. t+w Sekunden. Die Anzahl der gesendeten Pakete pro Sekunde ergibt sich zu $r_1=1/(t+w)$. Beträgt die mittlere Senderate eines Rechners λ Datenpakete pro Sekunde, dann ergibt sich die Gesamtrate aller k Rechner zu $r_2=\lambda k$ Datenpaketen pro Sekunde. Wegen $r_1=r_2$, kann die Gleichung nach k aufgelöst werden, wobei w ebenfalls eine Funktion von k ist.

Weiterführende Literatur:

D. Bertsekas, R. Gallagher: Data Networks, 2nd ed., Prentice Hall, Englewood Cliffs, NJ, USA, 1991.

V. Paxson, S. Floyd: Wide Area Traffic: The Failure of Poisson Modeling, Proc. SIGCOMM'94 Conf., ACM, pp.257-268, 1994.

W. Willinger, M. S. Taqqu, R. Sherman, D. V. Wilson: Self Similarity through High Variability: Statistical Analysis of Ethernet LAN Traffic at the Source Level, SIGCOMM5'9 Conf., ACM, pp.100-113, 1995.

C. Spurgeon: Ethernet - The Definitve Guide, O'Reilly, Sebastopol CA, USA, 2000.

Jahr	Ereignis
1973	Xerox entwickelt den Prototypen eines Kommunikationscontrollers mit einer Übertragungsrate von 3 Mbps
1976	Arbeit von Metcalfe und Boggs wird veröffentlicht, Ethernet wird erstmals der Öffentlichkeit vorgestellt
1979	Metcalf (Xerox) und Bell (DEC) entwickeln Ethernet zu einem LAN-Standard
1980	die DIX-Gruppe, ein Zusammenschluß der Firmen DEC, Intel und Xerox veröffentlicht die erste Ethernet-Spezifikation: Ethernet V1
1982	IEEE nimmt Ethernet in die neugegründete Arbeitsgruppe 802.3 auf und erarbeitet eine neue Spezifikation für 10Base5: Ethernet V2
1983	die Arbeit an 10Base2 beginnt
1985	Ethernet wird ISO-Standard ISO/DIS 8802/3 RFC 948 ermöglicht die Unterstützung der TCP/IP-Kommunikationsprotokolle auf IEEE 802.3 Netzwerken
1986	Ethernet-Standard 10Base2 wird verabschiedet
1990	IEEE 802.3 Spezifikation wird als ISO-Standard verabschiedet
1991	Ethernet-Standard 10Base-T wird veröffentlicht
1992	Ethernet ermöglicht mit 10Base-F auch den Betrieb über Glasfaserstrecken
1993	zwei Varianten eines 100 Mbps Ethernet werden standardisiert: FastEthernet und 100VG-AnyLAN
1996	IEEE gründet Gigabit-Ethernet TaskForce
1998	Gigabit-Ethernet Standard wird verabschiedet
1999	Gründung der 10 Gigabit-Ethernet Alliance
2002	Verabschiedung des 10 Gigabit-Ethernet Standards

Tabelle 5.5. Ethernet-Historie

5.4.2 Token Ring

Anfang der 80er Jahre begannen neben XEROX, Intel und DEC auch viele andere Unternehmen damit, LAN-Standards zu definieren. Zur Schaffung eines industrieweit anerkannten, einheitlichen Standards wurde deshalb 1980 das Projekt 802 „Local Network Standards“ von der IEEE ins Leben gerufen unter Einbeziehung fast aller großen US-Computerfirmen.
Der Hauptkonkurrent von Ethernet im LAN-Bereich war lange Zeit der von IBM marktreif entwickelte Token Ring. Tatsächlich reicht die Verwendung

von Ringtopologien weit in die Geschichte der Computernetzwerke zurück. Das ursprüngliche Konzept, der sogenannte **Newhall-Ring** - so benannte nach einem seiner Entwickler - wurde erstmals im Jahre 1969 vorgestellt. Er war sowohl für den WAN- als auch für den LAN-Bereich interessant, da er den großen Vorteil bot, nur aus einer Kette von aufeinanderfolgenden Punkt-zu-Punkt-Verbindungen einzelner Rechner zu bestehen. Die Entwicklung von Verwaltungs- und Zugriffsalgorithmen gestaltete sich daher sehr einfach, da der so geformte Ring im eigentlichen Sinne gar kein gemeinsames Übertragungsmedium nutzte.
Die Entwicklung marktreifer Produkte lies jedoch lange auf sich warten. Der Durchbruch gelang der Token Ring Technologie erst, nachdem IBM dieses Konzept aufgegriffen und Ende 1985 eine nach IEEE 802.5 arbeitende Token Ring Netzwerkumgebung auf den Markt brachte. Wie Ethernet ist Token Ring als ISO 8802.5 von der ISO standardisiert worden. Token Ring ist in der Lage, auch bei hoher Netzlast ein zuverlässiges Antwortzeitverhalten an den Tag zu legen. Der Ring bietet allen Teilnehmern einen fairen Netzzugang. Für die möglichen Netzwerkzugriffe jedoch besteht eine obere Grenze, die die Zahl der teilnehmenden Rechner festgelegt. Token Ring ist also nicht zu empfehlen für den Einsatz in sehr großen Netzwerken oder Netzwerken mit physikalisch weit voneinander entfernten Netzknoten. Die Token Ring Technologie ist vollständig auf digitaler Basis realisiert, während bei Ethernet analoge Komponente, z.B. für die Kollisionserkennung, benötigt werden. Dagegen ist der Wartungsaufwand bei Token Ring im Vergleich zu Ethernet weitaus höher, insbesondere im Falle eines Netzwerkfehlers bzw. bei Erweiterung des bestehenden Netzwerks. Mit der Einführung sogenannter **MS-AU**s (Multi Station Access Units, Ringleitungsverteiler), vergleichbar mit den Hubs im Ethernet, konnten allerdings viele dieser Probleme überwunden werden.
Nach der Einführung durch IBM erfreute sich Token Ring lange Zeit großer Popularität, wurde aber schließlich vom Erfolg der Ethernet-Technologie überrollt und ist heute weitgehend von dieser verdrängt. Der IEEE 802.5 Standard spezifiziert für Token Ring eine Bandbreite von 4 Mbps bzw. 16 Mbps, der mittlerweile durch HSTR (High Speed Token Ring) mit 100 Mbps und Gigabit Token Ring mit 1 Gbps ergänzt wird.

Token Ring Zugriffsverfahren. Analog zum CSMA/CD Verfahren bei Ethernet, das sich mit den Verhaltensregeln höflicher Konversation auf einer Cocktail-Party veranschaulichen ließ, ist das Token Ring Verfahren am günstigsten durch das Bild der Indianer, die mit ihrer Friedenspfeife um das Lagerfeuer sitzen, zu verdeutlichen: Nur wer jeweils im Besitz der Friedenspfeife ist, hat auch das Recht zu sprechen. Ist seine Redezeit abgelaufen oder hat er seine Rede beendet, muß er die Friedenspfeife an den nächsten in der Runde weiterreichen. In Zeiten, in denen nicht geredet wird, kreist die Friedenspfeife einfach in der Runde, ohne daß das Rederecht von einem der Anwesenden beansprucht wird. So hat jeder die Möglichkeit, sich am Gespräch zu beteiligen, sobald er in den Besitz der Pfeife kommt.

Aus logischer Sicht sind alle an ein Token Ring angeschlossenen Rechner ringförmig sequentiell miteinander verbunden. Physikalisch muß dies nicht immer der Fall sein, z.B. wenn Ringleitungsverteiler (RLV) zum Einsatz kommen. Im logischen Ring werden die Daten immer von einem Rechner zum nächsten Rechner und zwar nur in einer Richtung (im Gegenuhrzeigersinn) weitergereicht. Jeder beteiligte Rechner empfängt die Daten von seinem Vorgänger im Ring (**Downstream**) und leitet sie an seinen Nachfolger im Ring weiter (**Upstream**). Ebenso wie das Buskabel im Ethernet ist der Ring das gemeinsam genutzte Übertragungsmedium für alle angeschlossenen Rechner. Beim Versenden eines Datenpakets von einem Rechner zu einem anderen, passiert das Datenpaket alle angeschlossenen Rechner im Ring. Allerdings wertet nur der im Datenpaket-Header spezifizierte Empfänger das Datenpaket tatsächlich aus und speichert lokal eine Kopie davon ab.
Das Wort Token Ring leitet sich aus der Art der Zugriffsverwaltung im Ring ab. Ein **Token** (im obigen Bild die Friedenspfeife) - d.h. eine ganz bestimmte, ausgezeichnete Bitfolge - wird im Ring weitergereicht und regelt die Sendeberechtigungen bei konkurrierendem Zugriff. Diese Technik wird auch als **Token Passing** bezeichnet und basiert auf den folgenden Grundregeln, an die sich alle Rechner im Ring halten müssen:

- Bevor ein sendewilliger Rechner seine Übertragung startet, benötigt er eine Sendeberechtigung.
- Alle an den Ring angeschlossenen Rechner arbeiten als Repeater, d.h. sie leiten die empfangenen Datenpakete stets an den Nachfolgerechner weiter.
- Gelangt ein gesendetes Datenpaket auf seinem Weg im Ring wieder zum Ausgangsrechner zurück, so nimmt dieser das Datenpaket aus dem Ring.

Die Sendeberechtigung erhält ein sendebereiter Rechner in Form eines Tokens. Die meisten Verfahren arbeiten mit einem einzelnen Token. Dieser Token zirkuliert kontinuierlich im Ring. Eine **Monitor Station** ist im Falle einer Neuinitialisierung bzw. bei Token-Verlust dafür verantwortlich, ein neues, freies Token in den Ring einzuwerfen. Das Token-Passing Verfahren definiert eine Ordnung der am Ring angeschlossenen Rechner, die der Reihenfolge entspricht, in der das Token die angeschlossenen Endgeräte passiert. Als **physikalische Ordnung** wird die Anordnung der Endgeräte im Ring bezeichnet, unabhängig davon, ob die einzelnen Endgeräte aktiv sind oder nicht. Die **aktive Ordnung** dagegen berücksichtigt nur diejenigen Endgeräte, die auch wirklich am Kommunikationsprozeß beteiligt sind. Die Endgeräte im Ring werden alle sieben Sekunden durch einen sogenannten **Ring Poll Process** dahingehend überprüft, ob sie zur Datenübertragung bereit sind oder nicht. Sind sie nicht zur Datenübertragung bereit, werden sie wieder als passiv eingestuft.

Gesteuert wird das ganze Verfahren durch den **Token Rotation Timer**, der das Zeitmaß für die maximale Umlaufzeit eines Tokens gibt und den **Token Hold Timer**, der die maximale Zeit festlegt, die ein angeschlossener Rechner benötigen darf, um zu versendende Nutzdaten zur Übertragung an den Token anzuhängen. In einer LAN-Umgebung ändern sich diese Richtwerte jedoch ständig, da permanent Endgeräte an- oder ausgeschaltet werden und so zusätzlich mit in den Ring aufgenommen werden bzw. wieder herausfallen. Es ist also nicht exakt vorauszubestimmen, wann ein angeschlossener Rechner genau die Sendeberechtigung erhält.
Der eigentliche Vorgang der Datenübertragung verläuft im Token-Ring folgendermaßen (siehe Abb. 5.30):

1. Der als frei markierte Token zirkuliert durch den Ring. Der sendewillige Rechner wartet, bis dieser Token bei ihm vorbeikommt. Der sendewillige Rechner überprüft den eingefangenen Token, ob er als frei oder als bereits belegt markiert ist.
2. Wird der Token als frei erkannt, wird das zu sendende Datenpaket einfach an den Token angehängt und wieder auf den Ring geschickt. Ein freier Token zirkuliert immer nur alleine im Ring, d.h. werden nach Empfang des Tokens keine weiteren Daten empfangen, gilt der Token als frei. Anderenfalls werden dem Token Adress- und Nutzdateninformation angehängt.
3. Die Kombination aus Token und Nachricht wandert an jedem angeschlossenen Rechner vorbei, der anhand der dem Token folgenden Zieladresse überprüft, ob das Datenpaket für ihn bestimmt ist. Dazu nimmt jeder Rechner die Nachricht selbst komplett vom Ring und setzt sie nach erfolgter Prüfung wieder auf diesen zurück, d.h. jeder angeschlossene Rechner arbeitet als Repeater.
4. Erkennt sich einer der angeschlossenen Rechner als Empfänger der versendeten Nachricht, kopiert er diese in seinen Arbeitsspeicher, kennzeichnet die Nachricht selbst als kopiert und sendet diese wieder auf den Ring zurück.
5. Der ursprüngliche Sender hat nun die Aufgabe, das von ihm initiierte Paket bzw. das als kopiert gekennzeichnete Paket wieder vom Ring zu nehmen und durch einen neuen Frei-Token zu ersetzen. Der Senderechner ist so auf einfache Weise in der Lage, zu überprüfen, ob die von ihm gesendeten Daten den Empfänger erreicht haben oder nicht.

Da nur ein einzelner Token im Ring zirkuliert, kann jeweils immer nur ein einzelner Rechner eine Datenübertragung starten, womit das Zugriffsproblem auf den gemeinsamen Übertragungskanal auf einfache Weise gelöst wird.
Ausgehend von der verwendeten Bandbreite unterscheidet man eine 4 Mbps und eine 16 Mbps Token Ring Variante. In der Token-Ring-Variante mit einer Bandbreite von 4 Mbps erfolgt die Freigabe des Tokens durch den Sender des letzten Pakets erst, nachdem der Sender dieses letzte Paket wieder vollständig zurückerhalten hat. Dabei darf ein Sender maximal für die Dauer der sogenannten **Token Holding Time** (THT) senden, was typischerweise

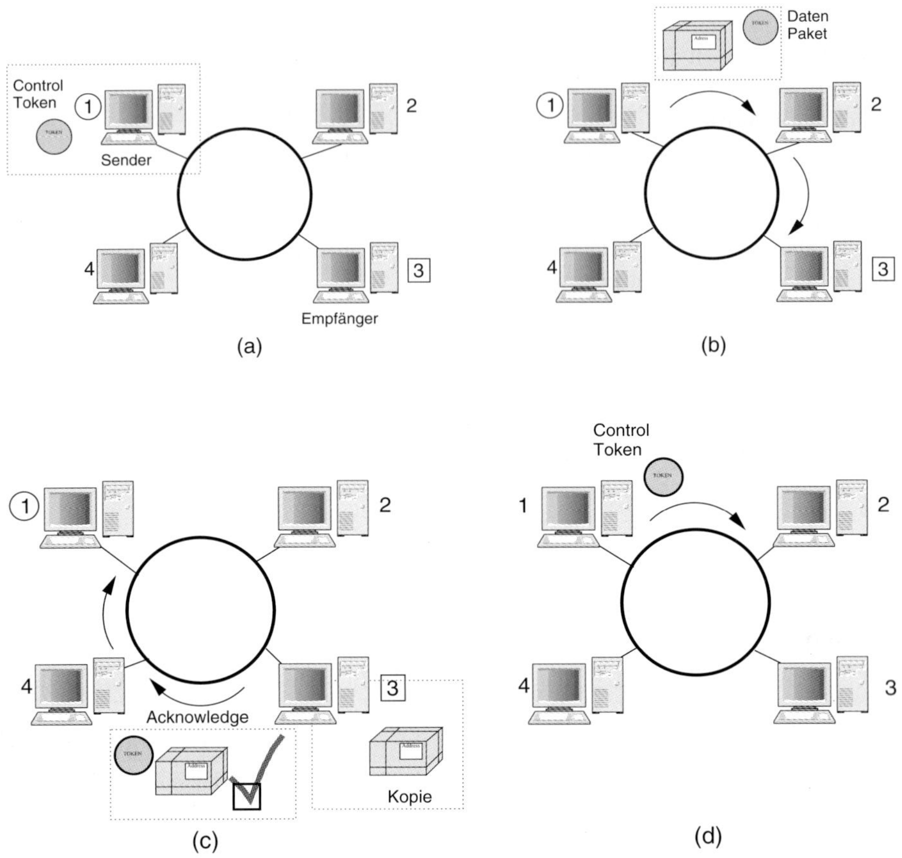

Abb. 5.30. Funktion des Token Ring Protokolls

einer Zeitspanne von etwa 10 ms entspricht. Ist, nachdem der Sendevorgang des ersten Datenpakets abgeschlossen ist, noch genügend Zeit übrig, um weitere Datenpakete zu versenden, können diese innerhalb der erlaubten THT ebenfalls versendet werden. Ist der komplette Sendevorgang abgeschlossen bzw. überschreitet das Versenden eines weiteren Datenpakets die THT, muß vom sendenden Rechner ein Frei-Token generiert und weitergeben werden. Anders muß der Sender bei der Token-Ring-Variante mit einer Bandbreite von 16 Mbps ein Frei-Token unmittelbar nach dem Ende des letzten zu übermittelnden Datenpakets versenden. Das Frei-Token kann jetzt vom nächsten sendebereiten Rechner im Ring übernommen werden.

Das Zuteilungsverfahren für den Medienzugriff erfolgt bei Token Ring also **dezentral**. Es existiert kein ausgezeichneter Rechner, der über die Vergabe des Tokens zu entscheiden hätte, sondern alle Rechner im Ring sind gleichberechtigt, einmal abgesehen von der Möglichkeit, Prioritäten zu setzen, auf die später noch eingegangen wird. Für eine korrekte Funktion des Token Ring sind folgende Bedingungen zu erfüllen:

1. Es darf immer nur genau ein Token auf dem Ring sein. Befinden sich mehrere Token gleichzeitig oder etwa gar kein Token auf dem Ring, liegt ein Fehlerfall vor, der behandelt werden muß.
2. Der Token darf von einem Rechner nur für eine bestimmte Zeit behalten und muß nach Ablauf dieser Zeitspanne wieder weitergegeben werden, damit ein gewisses Maß an Fairness beim Zugriff auf das Übertragungsmedium erhalten bleibt.

Allerdings unterscheiden sich die beiden Token Ring Varianten hinsichtlich dieser Funktionsbedingungen. Bei der 4 Mbps Variante befindet sich jeweils nur ein einziges Token auf dem Ring, was unter anderem eine nur geringe Auslastung des Rings zur Folge hat. Die 16 Mbps-Variante erlaubt dagegen mehrere Pakete gleichzeitig auf dem Ring, die durch Leerzeichen voneinander getrennt sein müssen. Der Hauptunterschied in den beiden Verfahren liegt nun darin, festzulegen, unter welchen Bedingungen ein neues Token generiert werden darf. So erlaubt die 16 Mbps Variante einem Rechner, der ein Datenpaket als Adressat vom Ring empfangen und kopiert hat und selbst einen Sendewunsch hegt, an das bereits existierende Token eine eigene Nachricht für einen beliebigen anderen Rechner im Ring anzuhängen, ohne erneut ein Frei-Token einfangen zu müssen. Diese Modifikation hat zur Folge, daß sich Datenpakete für unterschiedliche Zielrechner gleichzeitig auf dem Ring befinden dürfen. Dieses Verfahren wird auch als **Early Token Release** bezeichnet. Hintergrund ist dabei, daß in großen Token Ring Netzen (ab einer Kabellänge von etwa 2000 m) größere Sendepausen zwischen den Datenpaketen eines teilnehmenden Rechners entstehen können. Die Bitlänge (physikalischer Raum, den eine Informationseinheit auf dem Übertragungsmedium belegt) eines 3 Byte langen Tokens reicht nicht, um ein ausgedehntes Netz zu füllen, so daß mehrere Leerzeichen zwischen den einzelnen Token eingefügt werden müssen, was Effizienz und Performance beeinträchtigt.
Eine zusätzliche Erweiterung betrifft das Zwischenspeichern eines Tokens für den Fall, daß ein sehr großes Datenpaket gesendet werden soll, dessen Anfang der Senderechner bereits zurückerhält, bevor es vollständig übertragen werden konnte. In diesem Fall darf der Senderechner solange warten, bis das Datenpaket vollständig vom Ring genommen ist, ohne dabei das Senderecht zu verlieren.
Zur Überwachung der notwendigen Funktionsbedingungen im Token Ring und zum Eingriff bzw. zur Wiederherstellung der Funktionalität in einem Fehlerfall, wird einer der Rechner des Rings bestimmt, der als **aktiver Monitor** bezeichnet wird. Alle anderen Rechner im Ring arbeiten als sogenannte **passive Monitore**, die nur dann in die Rolle des aktiven Monitors treten können, wenn der aktive Monitor im Netz ausfällt.

Bit Timing

Standardgemäß können Token Ring LANs mit 4 Mbps oder mit 16 Mbps installiert werden. Ein Betrieb mit gemischten Komponenten ist allerdings im Gegensatz zu den selbstsynchronisierenden Rechnern bei Ethernet oder FDDI nicht möglich. Im Token Ring existiert eine absolute Zeitreferenz: die sogenannte **Master Clock**. Sie wird vom aktiven Monitor als Referenzrechner vorgegeben. Daher enthält jeder Token Ring Netzwerkadapter das sogenannte TROLI (**Token Ring Optimized Link Interface**), das einen quarzstabilisierten Frequenzgenerator mit 8 MHz bzw. 32 MHz Taktfrequenz besitzt, mit denen die Token-Ring Rechner ihre Datentaktraten unabhängig voneinander erzeugen. Naturgemäß ergeben sich hierdurch Abweichungen (**Jitter**) im Timing unter den einzelnen Rechnern. Der Token Ring Standard verlangt daher zum Ausgleich dieser Abweichungen von jedem angeschlossenen Rechner einen Puffer von 32 Bitintervallen.

Bedingt durch die notwendige Verstärkung des Signalstroms durch jeden am Token Ring angeschlossenen Rechner korreliert der Jitter mit der Anzahl der eingebundenen Rechner und mit der Verkabelungslänge. Im ungünstigsten Fall – z.B. zu großes Token Ring Netzwerk, Rechner mit Netzwerkadaptern unterschiedlicher Hersteller oder Verkabelungsmängeln – kann es vorkommen, daß der Jitter einen kritischen Wert erreicht, so daß die Bitmuster der eingehenden Signale nicht mehr erkannt werden können.

Abb. 5.31. Token Ring Bit-Timing

Exkurs 14: Token Ring – Datenformat und Funktionen

Prinzipiell werden im Token Ring drei verschiedenartige Datenpakete unterschieden: Das Token-Datenpaket, das Abort-Datenpaket und das Datenpaket, das die eigentlichen Nutzdaten aufnimmt.
Das Token-Datenpaket dient - wie bereits erwähnt - zur Steuerung des Verfahrensablaufs im Token Ring. Besteht keine aktive Kommunikation auf dem Ring, zirkuliert ein 3 Byte langer Token endlos (siehe Abb. 5.32) und wartet darauf, daß einer der beteiligten Rechner ein bestimmtes Bit von 0 auf 1 umsetzt und dadurch signalisiert, daß die drei Byte des Token nun kein Frei-Token mehr darstellen, sondern den Beginn eines Datenpakets mit entsprechender Nutzinformation.

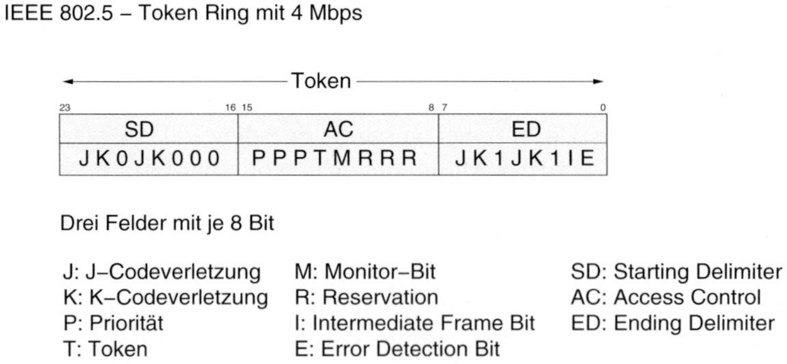

Abb. 5.32. Datenformat des Token-Datenpakets

Der Token beginnt mit dem Byte **SD**, dem **Starting Delimiter**, das den Anfang des Datenpakets kennzeichnet. Zur Markierung eventueller Codeverletzungen dienen die Felder **J** und **K** (**Code-Violation Symbole**, siehe Abb. 5.33). Da Bits im Token Ring mit Hilfe der

differentiellen Manchesterkodierung in elektrische Impulse umgesetzt werden, enthält der Starting Delimiter bzgl. der Kodierung unzulässige Bitmuster (J und K), um diesen von einem regulären Daten- bzw. Steuerungs-Datenpaket unterscheiden zu können. Die hier verwendete Manchesterkodierung verwendet Signale positiver (high) und negativer (low) Spannung mit einer Spannungsdifferenz von 3,0 bis 4,5 Volt. Normalerweise wird in der differentiellen Manchesterkodierung jedes Bit in eine Folge von Spannungsdifferenzen high-low oder low-high kodiert, aber im Token Ring dienen die normalerweise unzulässigen Kodierungen high-high (K) bzw. low-low (J) zur Steuerung.

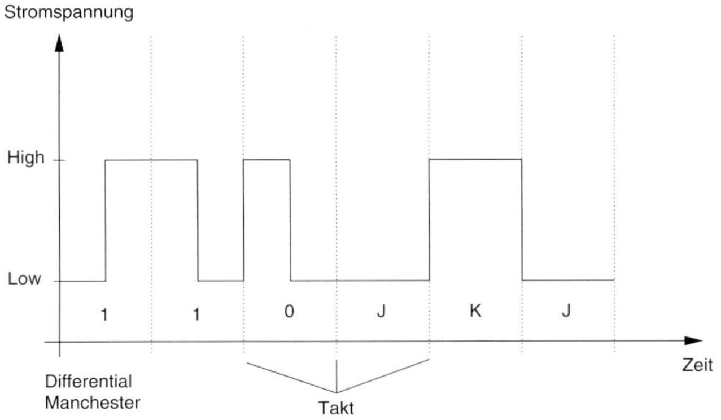

Abb. 5.33. Token Ring Bit-Level Kodierung entsprechend der differentiellen Manchester Kodierung

Da innerhalb eines Tokens oder der in einem Datenpaket zu übertragenden Nutzinformation keine Code-Violation Symbole auftreten dürfen, können bei Token Ring gesonderte Bitmuster zur Kennzeichnung von Start oder Ende eines Datenpakets entfallen. Darüberhinaus können die Code-Violation Symbole auch zur Erkennung beschädigter Datenpakete genutzt werden.

Danach folgt ein Byte mit der Bezeichnung **AC** (Access Control), das die Zugriffsberechtigung mit Hilfe von Prioritäten regelt. Es enthält drei Priorität-Bits **P**, drei Reservation-Bits **R**, das Token-Bit **T** und das Monitor-Bit **M**. Stellt das Datenpaket ein Token dar, so wird das T-Bit auf 0 gesetzt. Anderenfalls enthält das T-Bit 1 und das Datenpaket ist ein Abort- bzw. ein Nutzdatenpaket. Token- und Nutzdatenpakete können mit einer Priorität versehen werden, die zwischen binär 000 (niedrigste Priorität) und 111 (höchste Priorität) liegen kann. Ein sendebereiter Rechner kann bei der Weitergabe eines Datenpakets eine Reservierung eintragen, falls dort nicht bereits eine Reservierung (R-Bits) mit einer höheren Priorität eingetragen ist. Der Rechner, der dieses Datenpaket vom Ring nimmt, generiert daraufhin ein Frei-Token mit der den empfangenen R-Bits entsprechenden Priorität. Dieses Frei-Token kann jetzt von jedem Rechner im Ring übernommen werden, der ein Datenpaket gleicher oder höherer Priorität übertragen will. Damit Situationen mit niedriger Priorität nicht permanent blockiert werden, ist der Rechner, der ein Token mit erhöhter Priorität generiert hat, verantwortlich dafür, daß die Priorität wieder auf den ursprünglichen Wert zurückgesetzt wird. Das M-Bit wird vom sendenden Rechner zunächst auf 0 gesetzt. Der aktive Monitor setzt dieses dann auf 1, sobald das Datenpaket ihn passiert. Empfängt der aktive Monitor ein Datenpaket, in dem das M-Bit eine 1 enthält, so wurde dieses nicht korrekt vom Ring entfernt, und der aktive Monitor behebt die Fehlersituation. Der End Delimiter **ED** kennzeichnet das Ende des Datenpakets. Das darin befindliche Intermediate Bit **I** zeigt an, ob weitere zugehörige Datenpakete folgen (I=1) oder ob kein weiteres mehr folgt (I=0). Das Error Detection Bit **E** kann von jedem Rechner im Ring gesetzt werden, der eine Fehlersituation registriert.

Handelt es sich bei dem Datenpaket nicht um einen einzelnen Token, sondern um ein Abort- bzw. ein Nutzdatenpaket, so enthält das Paket noch weitere Felder (siehe Abb. 5.34).

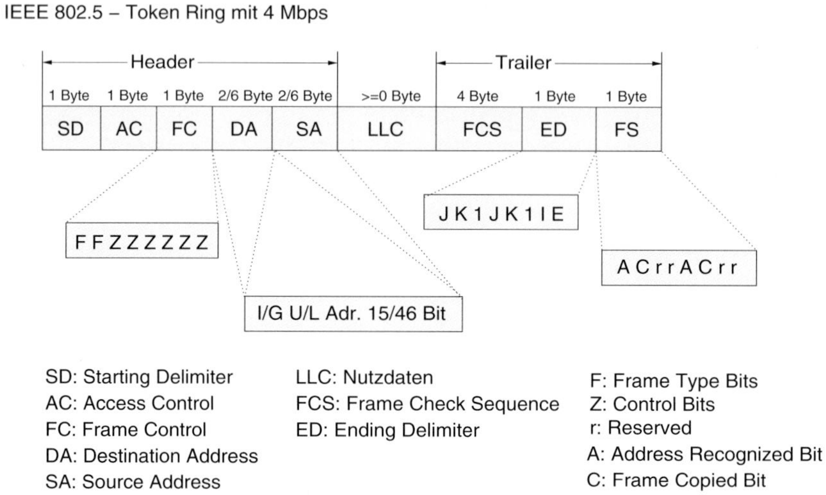

Abb. 5.34. Datenformat des Nutzdatenpakets im Token Ring

Neben Start Delimiter (**SD**), Access Control (**AC**) und dem End Delimiter (**ED**) enthält das Datenpaket folgende Felder: Die Frame Control (**FC**) zeigt in den ersten beiden Bits an, ob ein reguläres Nutzdatenpaket (FF=01) vorliegt bzw. ob es sich um ein Datenpaket zur Ringsteuerung (FF=00) handelt. Die nachfolgenden Z-Bits geben bei FF=00 an, welche Steueroperation ausgeführt werden soll. Die Destination Address (**DA**) und die nachfolgende Source Address (**SA**) geben jeweils Ziel- und Startadresse des Datenpakets an und können gemäß IEEE-Standard 802 in verschiedenen Formaten vorliegen. Das nachfolgende, als **LLC** bezeichnete Feld (LLC steht für Logical Link Control und bezeichnete die Protokollschicht, in der das Token-Ring Protokoll arbeitet) enthält die eigentlichen Nutzdaten. Eine Prüfsumme (Frame Check Sequence, **FCS**) sorgt für eine Erkennung möglicher Übertragungsfehler. Der das Datenpaket abschließende Frame Status (**FS**) enthält zwei Bits **A** (Address Recognized) und **C** (Frame Copied), die doppelt ausgeführt sind, da sie nicht unter die verwendete Prüfsumme fallen oder von besonderer Bedeutung sind. Mit ihrer Hilfe kann der Empfänger dem Sender mitteilen, ob er seine Empfängeradresse im Datenpaket erkannt hat (A=0: Adresse nicht bekannt oder Rechner ausgefallen), und ob er das Datenpaket vom Ring kopiert, also tatsächlich empfangen hat (C=1).

Das Abort-Datenpaket dagegen besteht nur aus einem Starting Delimiter und einem Ending Delimiter und wird nur dann erzeugt, wenn ein Rechner im Token Ring einen nicht behebbaren Fehler erkannt hat.

Weiterführende Literatur:

D. Bird: Token Ring Network Design, Addison-Wessley, Reading MA, 1994.

H.-G. Göhring, F.-J. Knauffels: Token Ring: Grundlagen, Strategien, Perspektiven, Datacom Verlag, Bergheim, Deutschland, 1993.

Token Ring Verwaltung und Wartung. Die Überwachung der fehlerfreien Funktion des Netzwerks wird bei Token Ring nicht von einer zentralen Instanz, sondern von unterschiedlichen, dem Ring angehörenden Rechnern übernommen. Dabei müssen die folgenden Situationen überwacht und im Fehlerfall entsprechend korrigiert werden:

- Die Sicherstellung des fehlerfreien Funktionierens des Token-Passing-Mechanismus.
- Die Verwaltung von Rechnern, die in den Ring zusätzlich mit aufgenommen werden bzw. diesen verlassen sollen.
- Das Erkennen und Korrigieren von Fehlern auf Soft- oder Hardwareseite.

Neben dem bereits erwähnten aktiven Monitor gibt es zusätzlich noch die Funktionen des **Ring Error Monitors**, des **Ring Parameter Monitors** und des **Network Managers**. Ein Token Ring besitzt immer einen aktiven Monitor, der durch eine bestimmte funktionale Adresse (und nicht durch seine Hardware-Adresse) identifiziert wird, während alle anderen Rechner als passive Monitore über ihre Hardware-Adresse identifiziert werden. Die zum Betrieb eines aktiven Monitors notwendige Ausrüstung (Hard- und Software) ist Bestandteil jedes regulären Token-Ring Netzwerkadapters, der als Zugangsschnittstelle zwischen Rechner und Netzwerk dient. Zum Betrieb eines Ring Error Monitors, eines Ring Parameter Monitors bzw. eines Network Managers im Token Ring ist in der Regel zusätzliche Software notwendig. Die Aufgaben eines aktiven Monitors umfassen die folgenden vier Schwerpunkte:

1. Erhalt der Ringfunktionalität. Dazu zählen:
   - Erkennen von fehlerhaften Datenpaketen und Token,
   - Sicherstellen der Einhaltung von Zeitbedingungen im Ring (Timer-Einstellungen),
   - Einfügen eines neuen Tokens bei Verlust oder Beschädigung,
   - Einleiten und Überwachung des **Ring Poll Prozesses**,
   - Verhindern von Mehrfachdurchläufen eines Datenpakets durch den Ring und
   - Sicherstellung der minimalen Speicherkapazität des Rings.
2. Identifikation und Isolation von Fehlern im Übertragungsmedium bzw. in den Netzwerkschnittstellen der angeschlossenen Rechner.
3. Erkennen von Hard- und Softwarefehlern der Netzwerkadapter und der angeschlossenen Rechner.
4. Sammeln von Statusinformationen der einzelnen mit dem Token Ring verbundenen Rechner.

Exkurs 15: Token Ring – Management

Die Verwaltung eines Token Ring Netzwerkes läuft über einen designierten aktiven Monitor. Fällt dieser aus, übernimmt einer der anderen an den Token Ring angeschlossenen Rechner dessen Funktionalität, d.h. jeder an den Token Ring angeschlossene Rechner verfügt prinzipiell über die Funktionalität eines aktiven Monitors. Die wichtigste Aufgabe des aktiven Monitors ist dabei die Sicherstellung eines fehlerfreien Tokens und seines korrekten Umlaufs ohne Beschädigung oder Verlust.

Auswahl eines neuen aktiven Monitors
Die Auswahl eines neuen aktiven Monitors erfolgt dynamisch und ist für den Benutzer transparent durch einen sogenannten **Monitor Contention Process**, der jeweils dann in Kraft tritt, wenn der aktive Monitor den Ring verläßt oder ein Fehler entdeckt wird. Dies wird von den übrigen Rechner im Token Ring durch Ausbleiben der **Active Monitor Present** Datenpakete (FC-Feld des Token Ring Datenpakets mit ZZZZZZ=000101) erkannt, die der aktive Monitor in bestimmten Zeitintervallen aussendet, und als Ausfall des aktiven Monitors interpretiert. Daraufhin generiert der erste Rechner in Senderichtung, der den Ausfall bemerkt, einen sogenannten **Claim-Token** (FC-Feld des Datenpakets mit ZZZZZZ=000011) mit der eigenen Adresse im DA-Feld, der von Rechner zu Rechner im Ring weitergereicht wird. Jeder Rechner verfährt dabei folgendermaßen: Ist die empfangene Adresse numerisch größer als die eigene, wird das Datenpaket unverändert weitergeleitet. Anderenfalls schreibt der Rechner seine eigene Adresse im DA-Feld des Claim-Tokens ein und leitet dieses weiter. Am Ende wird derjenige Rechner der neue aktive Monitor im Netz, der die höchste numerische Adresse besitzt. Er erkennt dies, sobald er seinen eigenen Claim-Token erneut empfängt.

Verlust eines Tokens
Um den Verlust eines Tokens zu erkennen, wird eine **Valid Frame Time** verwendet. Überschreitet diese die ursprünglich ermittelte Token Rotation Time, ohne daß der Token den aktiven Monitor passiert, wird dies als Tokenverlust interpretiert und der Ring wird erneut initialisiert.

Verhinderung von dauerhaft kreisenden Datenpaketen
Zur Verhinderung von dauerhaft kreisenden Datenpaketen wird das M-Bit des AC-Feldes der Datenpakete genutzt. Bei wiederholtem Passieren des aktiven Monitors kann dieser erkennen, daß das Datenpaket seinen Adressaten nicht erreicht hat. Daraufhin löscht der aktive Monitor dieses Datenpaket und sendet ein Frei-Token.

Kontrolle der Funktion des aktiven Monitors (Ring Poll Process)
Alle sieben Sekunden versendet der aktive Monitor ein AMP-Datenpaket (Active Monitor Presence) und zeigt damit seine Präsenz an. Mit Hilfe dieses Verfahrens werden aber auch die einzelnen Rechner des Token Rings mit Information bzgl. ihres Vorgängers im Ring versorgt. Dabei speichert der erste Rechner, der das AMP-Paket vom aktiven Monitor erhält, die mitgelieferte Adresse als Vorgängeradresse im Token Ring ab und reicht das Datenpaket mit gesetztem A-Bit (Address Recognized Identificator) und gesetzten F-Bit (Frame Copied Identificator) weiter. Alle anderen Rechner können die Funktionstüchtigkeit des aktiven Monitors anhand dieser gesetzten Bits erkennen. Erhält dieser Rechner das Token erneut, sendet er ein **SMP**-Datenpaket (Standby Monitor Presence, FC-Feld mit ZZZZZZ=000110) mit seiner eigenen Adresse und mit zu Null gesetztem A-Bit und C-Bit, wodurch angezeigt wird, daß dieses Datenpaket noch von keinem anderen Rechner empfangen wurde. In der gleichen Art wie das AMP-Datenpaket wird dieses SMP-Datenpaket jetzt an den nachfolgenden Rechner übergeben, der seinerseits wieder die mitgelieferte Adresse als Vorgängeradresse speichert und den Prozeß fortsetzt. Der Prozeß endet, sobald der aktive Monitor ein SMP-Datenpaket seines direkten Vorgängers erhält.

Aufnahme eines neuen Rechners in den Token Ring
Bevor ein neuer Rechner in den Token Ring aufgenommen wird, werden eine Reihe von Tests durchgeführt, die der neue Rechner erfolgreich bestehen muß. Dazu gehört ein Test zur Fehlerfreiheit des Netzwerkadapters des neuen Rechners. Die Sende- und Empfangsfähigkeit des

Netzwerkadapters wird dabei über interne Loopbacks getestet. Nach einem Test des Verbindungskabels wird zusätzlich noch geprüft, ob die Netzwerkadresse des Rechners eindeutig ist. Laufen alle Tests erfolgreich ab, erfolgt ein Ring-Poll-Prozeß, bei dem einer der bereits angeschlossenen Rechner feststellt, daß sein direkter Vorgänger gewechselt hat und diese Änderung an den aktiven Monitor (Network Manager) berichtet.

Hardware-Fehlererkennung
Ein weiterer sehr wichtiger Kreis von Aufgaben des aktiven Monitors besteht in der Identifikation und Isolation von Fehlern in den Netzwerkadaptern und dem Übertragungsmedium. Aufgrund der gerichteten Übertragung im Token Ring wertet ein daran angeschlossener Rechner das Ausbleiben eines Datenpakets über eine bestimmte Zeitspanne als Fehler seines direkten Vorgängers bzw. als Fehler im Übertragungsmedium. In dieser Situation sendet der Rechner ein sogenanntes **Beacon**-Datenpaket (FC-Feld mit ZZZZZZ=000010) zusammen mit der eigenen Adresse und der des Vorgängers im Ring. Alle übrigen Rechner im Token Ring leiten dieses Paket weiter und stellen die eigene Datenübertragung ein. So beträgt die Zeitspanne, bis ein Fehler im gesamten Ring bekannt wird, nur eine vollständige Rotation eines Datenpakets im Token Ring. Erhält der sendende Rechner sein Beacon-Datenpaket zurück, trennt er sich selbständig vom Token Ring und führt einen Selbsttest zur Überprüfung des eigenen Netzwerkadapters und des Verbindungskabels durch. Wird dabei kein undefinierter Zustand entdeckt, meldet sich der Rechner wieder zurück in den Token Ring.

Hard- und Softwarefehler in Netzwerkadapter und Rechner
Jeder Rechner sendet periodisch alle entdeckten Fehler mit Hilfe eines gesonderten Datenpakets (Report Soft Error Frame) an einen **Ring Error Monitor**. Die gemeldeten Fehler betreffen dabei den Rechner selbst, seinen direkten Vorgänger im Token Ring oder die Verbindung zwischen diesen beiden Rechnern. Zu dieser Kategorie zählen interne Fehler sowie Zugriffs- und Abbruchfehler. Daneben gibt es noch eine weitere Fehlerkategorie, die alle nicht exakt diagnostizierbaren Fehler beinhaltet, die an einer beliebigen Stelle des Rings entstehen können. Hierzu zählen z.B. verlorene Datenpakete und Token-Fehler, Überlastungsfehler bei Pufferüberlauf eines angeschlossenen Rechners, Adressfehler bei auftretender Adressgleichheit zweier Rechner im Ring (sehr unwahrscheinlich) und Häufigkeitsfehler, die auf Fehler im Netzwerkadapter oder fehlerhaftes Verhalten des aktiven Monitors hindeuten.

Sammeln von Statusinformation
Darüberhinaus sammelt der aktive Monitor Statusinformationen der im Token Ring befindlichen Rechner. Hierzu dienen die folgenden drei Typen von Datenpaketen:

- **Request-/Report Ring Station Address**:
  Enthält die Rechnergruppe, die funktionale Adresse, die Hardwareadresse und den direkten Vorgänger im Token Ring.
- **Request-/Report Ring Station State**:
  Zeigt den internen Status des Rechners an.
- **Request-/Report Station Attachment**:
  Dient der Übertragung der Zugriffspriorität zusammen mit der funktionalen Adresse.

Der aktive Monitor besitzt immer die funktionale Adresse C0-00-00-00-00-10. Seine Reports können über ein spezielles Netzwerkmanagementprogramm abgefragt werden. Eine **minimale Speicherkapazität** des Rings wird vom aktiven Monitor sichergestellt, indem er ausreichend Pufferspeicher vorsieht, so daß mindestens ein Token zwischengespeichert werden kann. Dies ist notwendig, da wegen der geringen Bandbreite von 4 Mbps des ursprünglichen Token Rings die Strecke auf dem Token Ring, die von einem einzelnen Bit belegt wird, bereits 50 m beträgt. Diese sogenannte **Bitlänge** ergibt sich aus dem Quotienten der Signalausbreitungsgeschwindigkeit (etwa 200.000.000 m/s) und der Bandbreite (4.000.000 bps). Für ein vollständiges Token (24 Bit) würde also eine Segmentlänge von 1.200 m benötigt werden, um den Token quasi zwischenzuspeichern. Da in der Praxis oft kürzere Segmentlängen vorliegen, muß der aktive Monitor dafür Sorge tragen, daß die Speicherfähigkeit des Rings mindestens so groß ist, wie das Token, und muß selbst über diese Speicherkapazität verfügen.

Jedem Rechner im Token Ring wird durch den **Token Hold Timer** eine maximale Übertragungszeit von 10 ms zugebilligt, was bei einer Bandbreite von 4 Mbps zu einer Paketlänge von 5.000 Byte bzw. bei 16 Mbps von 20.000 Byte entspricht. Die Überschreitung der Token Hold Time wird vom aktiven Monitor als Token-Verlust interpretiert.

Weiterführende Literatur:

D. Bird: Token Ring Network Design, Addison-Wessley, Reading MA, 1994.

H.-G. Göhring, F.-J. Knauffels: Token Ring: Grundlagen, Strategien, Perspektiven, Datacom Verlag, Bergheim, Deutschland, 1993.

Tabelle 5.6. Token Ring Kontroll-Datenpakete

Kontrollfeld	Name	Bedeutung
00000000	Duplicate Address Test	Test auf Adresseindeutigkeit
00000010	Beacon Token	lokalisiert Bruchstellen im Ring
00000011	Claim Token	Anspruch auf Funktion eines aktiven Monitors
00000100	Purge Frame	Reinitialisierung des Rings
00000101	Active Monitor Present	aktiver Monitor zeigt seine Präsenz periodisch an
00000110	Standby Monitor Present	Anmeldung am Ring teilnehmender Rechner, dient der Ermittlung des direkten Vorgängers

5.4.3 Token Ring Netzaufbau

In einem Token Ring Netzwerk sind alle angeschlossenen Rechner aktive Netzwerkkomponenten, die für die korrekte Funktion des Rings mitverantwortlich sind. Die angeschlossenen Rechner empfangen und regenerieren Datenpakete, werten diese aus und geben diese an den nachfolgenden Rechner im Ring weiter. Fällt einer der teilnehmenden Rechner aus, so wird der Ring zunächst unterbrochen.
Um einen Totalausfall des Netzwerkes zu vermeiden, werden die teilnehmenden Rechner nicht direkt in den Ring geschaltet, sondern über zentrale, sogenannte **Ringleitungsverteiler** (RLV, auch Trunk Coupling Unit - TCU oder Multi Station Access Unit - MSAU), die mit mehreren Rechnern gleichzeitig verbunden sind, in den Ring eingefügt. Das bedeutet, daß die einzelnen Rechner physisch sternförmig an den Ringleitungsverteiler angeschlossen sind

Spezielle Ringzustände

- **Ring-Initialisierung**:
  Zur Initialisierung des Token Rings wird vom aktiven Monitor ein sogenannter **Purge-Frame** (FC-Feld mit ZZZZZZ=000010) versendet. Dieser veranlaßt die anderen Rechner im Token Ring ihren Sendevorgang abzubrechen und ihre Uhren neu zu initialisieren.
- **Beacon-Prozeß**:
  Wird nach dem Erkennen/Lokalisieren von Netzwerkfehlern, die entweder in einem angeschlossenen Rechner oder auf dem Übertragungsmedium zwischen zwei an den Token Ring angeschlossenen Rechnern auftreten können, gestartet. Dies geschieht immer dann, wenn ein teilnehmender Rechner für eine bestimmte Zeitspanne kein Datenpaket oder Token erhalten hat. Daher geht dieser Rechner von der Annahme aus, daß ein Netzwerkfehler aufgetreten sein muß, und sendet ein **Beacon-Token** (FC Feld mit ZZZZZZ=000010) zusammen mit der eigenen Netzwerkadresse und der des Vorgängers auf dem Token Ring. Alle Rechner, die diesen Token erhalten, senden ihn unverändert weiter, und stellen daraufhin ihren eigenen Datentransport ein, damit in kürzester Zeit erkannt werden kann, ob zwischen dem Rechner, der den Beacon-Token versendet hat, und dessen Vorgänger ein Netzwerkfehler aufgetreten ist.
- **Claim-Prozeß**:
  Dient der Auswahl des aktiven Monitors in kritischen Situationen. Dieser Prozeß wird gestartet, wenn ein angeschlossener Rechner an Hand ausbleibender **AMP-Datenpakete** feststellt, daß der aktive Monitor nicht mehr korrekt arbeitet, indem dieser Rechner ein **Claim-Token** (FC-Feld mit ZZZZZZ=000011) aussendet. Alle anderen angeschlossenen Rechner leiten den Claim Token weiter, wobei sie ihre eigene Netzwerkadresse in das DA-Feld des Claim Tokens einsetzen, sofern diese numerisch kleiner als die im Claim Token eingetragene Adresse ist. Dadurch wird jeweils der Rechner mit der kleinsten Netzwerkadresse zum aktiven Monitor im Token Ring Netzwerk. Jeder am Token Ring Netzwerk angeschlossene Rechner kann diesen Prozeß anstoßen, sobald er eine Fehlfunktion des aktiven Monitors registriert. Insbesondere kann dabei ein gerade neu in den Token Ring aufgenommener Rechner die sogenannte **Claiming-Phase** einleiten, falls dieser keinen aktiven Monitor erkennen kann.

Abb. 5.35. Token Ring - Spezielle Ringzustände

(**Star Shaped Ring**). Trotzdem bleibt die Topologie aus logischer Sicht weiterhin eine Ringtopologie. Der Anschluß des Rechners an den Ringleitungsverteiler erfolgt über ein als **Lobe-Kabel** bezeichnetes Anschlußstück. Die Verbindungen der einzelnen Ringleitungsverteiler untereinander werden dagegen als **Trunk-Verbindung** bezeichnet. An einen einzelnen Ringleitungsverteiler werden typischerweise vier bis acht mit Token-Ring Netzwerkadaptern ausgerüstete Rechner angeschlossen. Dabei können die Ringleitungsverteiler beliebig kaskadiert und über den sogenannten **Ring In** (RI) und **Ring Out** (RO) miteinander verbunden werden, was eine flexible Vernetzungsstruktur gewährleistet (siehe Abb. 5.37).
Bei den Ringleitungsverteilern lassen sich passive und aktive Typen voneinander unterscheiden. Ein passiver Ringleitungsverteiler benötigt keine eigene Stromversorgung und ist daher auch nicht in der Lage, ankommende Signale zu regenerieren bzw. zu verstärken. Daher muß die Länge des Lobe-Kabels

beim Einsatz von passiven Ringleitungsverteilern beschränkt werden. Wird ein neuer Rechner in den Token Ring eingefügt, bzw. wird ein bereits integrierter Rechner wieder daraus entfernt, werden die notwendigen administrativen Funktionen durch die angeschlossenen Rechner wahrgenommen. Zu diesem Zweck erzeugt ein Rechner bei der Ankopplung an ein Token Ring Netzwerk eine sogenannte **Phantomspannung**, die zur Aktivierung eines elektromechanischen Relais an der Anschlußdose des Ringleitungsverteilers dient. Durch die Phantomspannung wird das Relais geöffnet und der anzuschließende Rechner kann in den Ring aufgenommen werden. Treten im angeschlossenen Rechner oder auf der Kabelverbindung dorthin Fehler auf, dann wird die Anschlußdose im Ringleitungsverteiler für diesen Rechner sofort kurzgeschlossen, wodurch der fehlerhafte Rechner aus dem Token Ring entfernt wird (siehe Abb. 5.36).

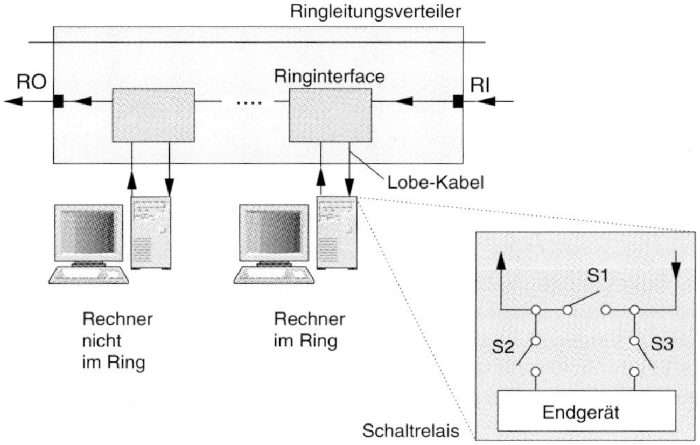

Abb. 5.36. Schematischer Aufbau eines Token-Ring-Ringleitungsverteilers

Durch die drei im Relais befindlichen Schalter S1, S2 und S3 soll verdeutlicht werden, welche Verbindungen im Netzwerkadapter eines angeschlossenen Rechners erforderlich sind, um die entsprechende Funktion auszuüben (siehe Tabelle 5.7). Ringleitungsverteiler verbessern die Zuverlässigkeit und die Wartbarkeit eines Token Rings enorm, da der Ring bei Ausfall eines angeschlossenen Rechners nicht mehr unterbrochen werden muß.

Tabelle 5.7. Schaltertabelle zur Funktion des Netzwerkadapter-Relais

Endgerät ist	S1	S2	S3
Empfänger	geschlossen	offen	geschlossen
Sender	offen	geschlossen	geschlossen
vom Ring getrennt	geschlossen	offen	offen

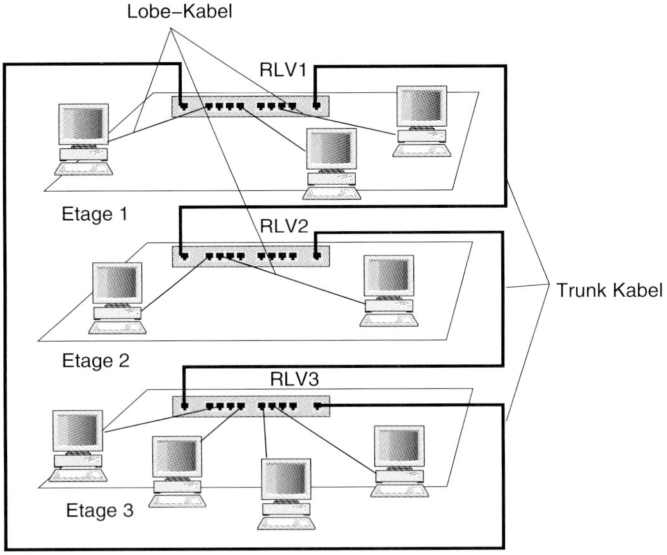

Abb. 5.37. Kaskadierung von Ringleitungsverteilern

Um die Stabilität des Token Rings weiter zu erhöhen, wird neben dem primären Ring oft ein **Sekundärring** angelegt. Bei Ausfall eines angeschlossen Rechners oder bei einem Kabelbruch umschleifen die Ringleitungsverteiler die Fehlerstelle und nutzen dazu die sekundäre Verkabelung. In Abb. 5.38 ist dargestellt, wie Rechner A nach einem Kabelbruch (Teil (2)) nach Aktivierung des Sekundärrings als Ersatzring durch Umschleifen der Fehlerstelle immer noch in der Lage ist, Rechner B zu erreichen.
Um das Token Ring Netzwerk zu erweitern, können einzelne Ringe über sogenannte **Brücken** (Bridges) zusammengeschaltet werden. Ein Datenpaket kann dabei über das Verfahren des **Source Routings** seinen Weg durch das zusammengeschaltete Netzwerk finden, bei dem der Sender den vollständigen Weg, den das Datenpaket im Netz zu nehmen hat, vorgibt. Dabei wird der Weg durch das Netz mit Hilfe von Paaren von Netzsegmentnummern und Brückennummern beschrieben (siehe Abb. 5.39). Das entsprechende Routingfeld wird direkt nach dem SA-Feld im Token Ring Datenpaket eingefügt, wobei das Routingfeld als solches durch Setzen des I/G-Bits kenntlich gemacht wird.

Token Ring Implementierung und Weiterentwicklungen

In einem Token Ring Netzwerk können maximal bis zu 260 Rechner angeschlossen werden, z.B. über 33 Ringleitungsverteiler mit je 8 Anschlüssen (wobei 4 Anschlüsse ungenutzt bleiben). Die maximale Ausdehnung eines Token Rings hängt von Typ und Anzahl der eingesetzten Ringleitungsverteiler, vom verwendeten Kabeltyp und der gewählten Token Ring Variante (4 Mbps

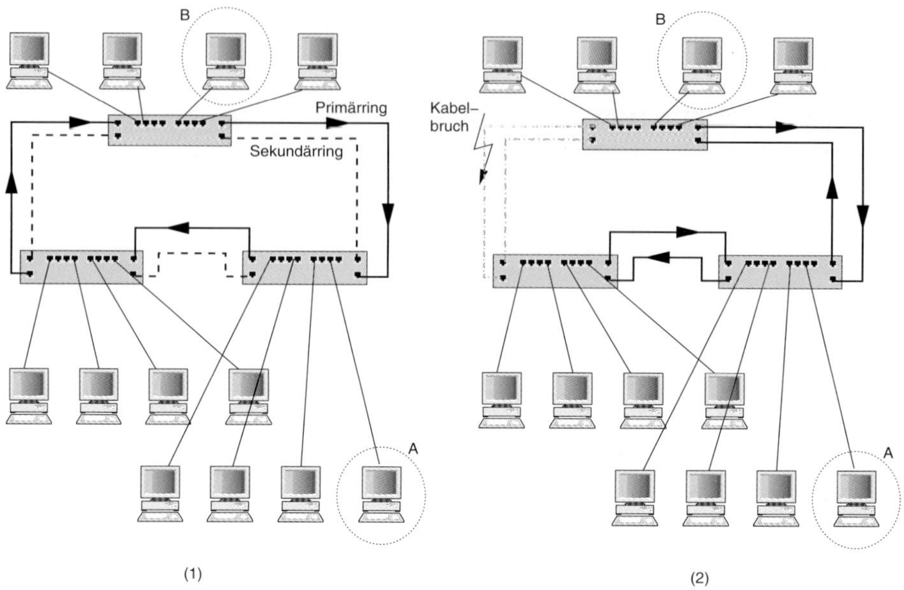

Abb. 5.38. Token Ring mit Sekundärverkabelung - Rekonfiguration

oder 16 Mbps) ab (siehe Abb. 5.8). So werden etwa beim Einsatz von 260 Rechnern im Token Ring Lobe-Kabellängen von maximal 100 m vorgeschrie-

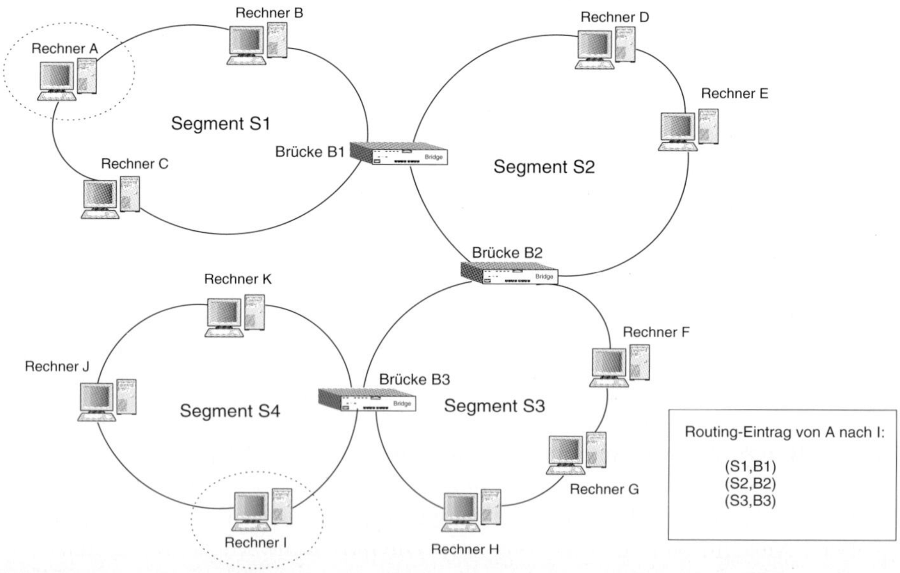

Abb. 5.39. Kombination einzelner Token Ring Netzwerke über Brücken

ben, während bei weniger als 9 Rechnern im Token Ring Lobe-Kabellängen von bis zu 390 m erlaubt sind. Das Übertragungsmedium kann aus diversen Kabelvarianten gewählt werden: Koaxialkabel, Unshielded Twisted Pair (UTP), Shielded Twisted Pair (STP) oder auch Glasfaser. In der von IBM vertriebenen Variante des Token Rings werden diese Kabel mit den Namen IBM-Typ-1 bis IBM-Typ-9 bezeichnet.

Tabelle 5.8. Token-Ring Längenbeschränkungen (Lobe-Kabel)

Kabeltyp	4 Mbps	16 Mbps
UTP	150 m	100 m
STP	250 m	150 m
Koaxial	300 m	100 m
Glasfaser	2.000 m	2.000 m

Man unterscheidet aktive und passive Ringleitungsverteiler. Die passive Variante besitzt keine eigene Stromversorgung und kann daher Signale auch nicht regenerieren. Wird ein passiver Ringleitungsverteiler eingesetzt, müssen die in Tab. 5.8 angegebenen Kabellängen verkürzt werden. Ein Grund, warum beim Einsatz passiver Ringleitungsverteiler die Lobe-Kabellänge beschränkt werden muß, liegt bei einer möglicherweise notwendigen Ringrekonfiguration, z.B. nach einem Kabelbruch. Wie in Abb. 5.38 gezeigt, kann nach einem Kabelbruch eine ursprünglich kurze Strecke durch eine längere Umleitung ersetzt werden, die fast die gesamte Ringlänge umfassen kann. Beim Einsatz von passiven Ringleitungsverteilern könnte das Signal einfach zu weit abgeschwächt werden, um eine solche Umleitung ohne Zwischenverstärkung zu überwinden.

Die Entwicklung der Token Ring Netzwerktechnologie ist weitgehend der Firma IBM zu verdanken, die auch die treibende Kraft bei der Standardisierung dieses Konzepts war. Die Weiterentwicklung des Token Ring Konzepts findet allerdings firmenübergreifend durch die IEEE/ISO 802.5 Arbeitsgruppe statt. Dabei zeichnen sich drei verschiedene Konzepte für eine Weiterentwicklung des ursprünglichen Token Rings ab:

- **Switched Token Ring** (analog zu Switched Ethernet)
  Zentrales Element des Switched Token Ring ist ein Switch, der sternförmig alle angeschlossenen Rechner über eine dedizierte Verbindung mit jeweils 16 Mbps zusammenschaltet. Der Switch erhöht die Flexibilität eines Token Ring, indem er die angeschlossenen Rechner sowohl mit 4 Mbps als auch mit 16 Mbps versorgen kann. Das Prinzip des gemeinsamen Mediums (Shared Medium) des ursprünglichen Token Rings wird so erweitert um spezielle Einzelverbindungen (Dedicated Medium) zwischen einem Switch und dem daran angeschlossenen Rechner.

- **Full Duplex Token Ring** (auch Dedicated Token Ring – DTR)
  Gemäß dem IEEE Standard 802.5r arbeitet dieses an der University of New Hampshire entwickelte Verfahren analog zum Full Duplex Ethernet. Es sieht auf jeder dedizierten Verbindung zwischen Switch-Port und angeschlossenen Rechner eine Vollduplex-Übertragung vor, wodurch eine Erhöhung der effektiven Datenrate auf 32 Mbps ermöglicht wird.
- **High-Speed Token Ring** (HSTR)
  Analog zum Standard des Fast Ethernet existiert im IEEE Standard 802.5t eine Spezifikation für ein Hochgeschwindigkeits Token Ring Netzwerk, das anstelle von 16 Mbps mit 100 Mbps betrieben wird. Daneben existiert im IEEE Standard 802.5v eine Gigabit Token Ring Variante, die einen Betrieb mit einer Bandbreite von 1 Gbps vorsieht. Mit HSTR ist es für den Anwender möglich, die Vorteile von Token Ring wie etwa Source-Routing, große Paketlängen oder Prioritätensetzungen zu bewahren. Darüber hinaus bietet HSTR eine ähnlich gute Skalierbarkeit bzgl. der Bandbreite wie die Ethernet-Technologie.
  In der High Speed Token Ring Alliance arbeiten namhafte Unternehmen wie Nortel und 3COM an den drei Standards
  - **802.5t**: 100 Mbps Token Ring über Kupferkabel,
  - **802.5u**: 100 Mbps Token Ring über Glasfaserkabel und
  - **802.5v**: 1 Gbps Token Ring über Glasfaserkabel.

Tabelle 5.9. IEEE 802.5 Token Ring - Meilensteine

Standard	Inhalt
802.5	Token Ring Zugriffsmethode und Physical Layer Specifikationen
802.5b	Token Ring über Telephone Twisted Pair
802.5d	Interconnected Token Ring LANs
802.5f	16 Mbps Token Ring
802.5j	Fiber Optic Station Attachment
802.5m	Interconnection of Source Routed and Transparent Bridged Networks
802.5n	Unshielded Twisted Pair bei 4/16 Mbps
802.5r	Full Duplex (Dedicated Token Ring)
802.5t	High Speed Token Ring mit 100 Mbps (Kupferkabel)
802.5u	High Speed Token Ring mit 100 Mbps (Glasfaserkabel)
802.5v	Gigabit Token Ring mit 1Gbps

Token Ring IEEE 802.5 und Ethernet IEEE 802.3 im Vergleich

Auch heute noch steht ein Unternehmen oft vor der Frage, welche Technologie zur Vernetzung ihrer Rechner eingesetzt werden soll. Bei der Frage, ob Token Ring oder Ethernet zum Einsatz kommen, entscheiden sich diese heute aufgrund der enormen Verbreitung in der Regel zugunsten der Ethernet-Technologie. Dennoch ist ein Vergleich der beiden Technologien sinnvoll, da hierdurch die jeweiligen Stärken und Schwächen deutlich werden und ein tieferes Verständnis der beiden Verfahren erreicht wird.

- **Aufbau Netzwerkadapter**
  Im Gegensatz zu einem Token Ring, der über einfache Punkt-zu-Punkt Verbindungen aufgebaut werden kann, dessen Netzwerkadapter in den einzelnen, angeschlossenen Rechnern sehr einfach aufgebaut sind und die vollständig digital arbeiten, werden im Ethernet komplexere Komponenten (Transceiver) gebraucht, um einen Zugang zum Netzwerk zu gewährleisten. Ein Ethernet-Transceiver enthält substantiell analoge Komponenten, die in der Lage sein müssen, auch schwache Signale anderer an das Ethernet angeschlossener Rechner zu erkennen. Darüber hinaus müssen Transceiver auch während des Sendevorgangs entfernte Kollisionen auf dem Übertragungsmedium feststellen können.
- **Verkabelung**
  Token Ring Netzwerke können theoretisch auf jedem beliebigen Übertragungsmedium - angefangen von der Brieftaube (siehe RFC 1149) bis hin zur Glasfaser - aufgebaut werden. Das gewöhnlich verwendete Twisted Pair Kabel (verdrilltes Kupferkabel) ist preiswert und einfach zu verlegen. Busverkabelungen im Ethernet (10-Base-2, 10-Base-5) sind kostenintensiv und unterliegen vielen Restriktionen hinsichtlich der Konfektionierung und Verlegung. Seit der Einführung von Twisted-Pair Verkabelungen für Ethernet (10-Base-T) besteht dieses Problem allerdings nicht mehr. Token Ring besitzt überdies die Fähigkeit, Fehler im Übertragungsmedium zu lokalisieren und im begrenzten Umfang zu umgehen. Die Kabellänge bei Ethernet ist beschränkt auf 2.5 km (10 Mbps), sie beeinflußt die Mindestlänge der Datenpakete.
- **Overhead**
  Aufgrund der Möglichkeit, daß in Folge einer Kollision unvollständige Datenpakete bei Ethernet auf das Übertragungsmedium gelangen können, ist hier die minimale Datenpaketlänge auf 64 Byte festgelegt. Besteht die zu versendende Nutzdateninformation, wie etwa im Fall einer Terminaleingabe aus einzelnen Buchstaben, so tritt hier ein signifikanter Overhead auf. Bei Token Ring dagegen sind beliebig kurze Datenpakete möglich. Ebenso sind bei Token Ring sehr lange Datenpakete möglich, deren Länge nur von der maximalen THT (Token Holding Time) beschränkt wird. Die größeren Datenpakete bei Token Ring erlauben für viele Anwendungen einen höheren Durchsatz.
- **Lastverhalten**
  Bei nur sehr geringer Auslastung besteht bei Ethernet so gut wie keine Wartezeit. Der Zugriff auf das Übertragungsmedium erfolgt sofort. Bei Token Ring dagegen muß auch bei sehr geringer Belastung mindestens die Dauer der Rotation des Tokens abgewartet werden, bevor der Rechner eine Zugriffsberechtigung erhält. Umgekehrt ist das Verhalten bei sehr hoher

Auslastung. Während sich bei Ethernet die Anzahl der möglichen Kollisionen bei steigender Last erhöht und damit die Effizienz signifikant beeinträchtigt, zeigt Token Ring ein sehr gutes Lastverhalten und verliert auch mit zunehmender Auslastung nicht an Effizienz.

- **Verwaltung**
  Ethernet verfügt über ein sehr simples Protokoll ohne zentrale Kontrollinstanz, das sehr einfach zu implementieren ist und so eine Verbreitung gefunden hat. Sowohl bei Ethernet als auch bei Token Ring ist es möglich, während des laufenden Betriebs neue Rechner in das Netzwerk zu integrieren bzw. wieder daraus zu entfernen, ohne daß dazu vorher der Netzwerkbetrieb eingestellt werden muß. Die Kontrolle erfolgt im Token Ring zentral über den aktiven Monitor. Obwohl dieser bei einem eventuellen Ausfall durch jeden beliebigen Rechner im Netzwerk ersetzt werden kann, stellt der aktive Monitor im Token Ring eine kritische Komponente dar, da z.B. bei eingeschränkter Funktionsfähigkeit des aktiven Monitors, die von den übrigen Rechnern noch nicht als Fehlverhalten interpretiert wird, der Netzwerkdurchsatz erheblich gestört werden kann.
- **Fairness**
  Der Zugriff eines Rechners auf das Netzwerk erfolgt im Falle von Ethernet in nichtdeterministischer Weise, d.h. theoretisch kann der unwahrscheinliche Fall eintreten, daß ein Rechner niemals Zugriff auf das Netzwerk erlangt, da dieses bei jedem seiner Zugriffsversuche bereits belegt sein kann. Token Ring dagegen gewährleistet jedem angeschlossenen Rechner einen deterministischen Zugriff nach einem vereinbarten maximalen Warteintervall. Token Ring besitzt die Fähigkeit, verschiedene Prioritätsebenen für den Zugriff auf das Netzwerk berücksichtigen zu können. Bei Ethernet besteht diesbezüglich ein Vorschlag der IEEE 802 Arbeitsgruppe, Prioritätsinformationen mit in das Ethernet-Datenpaket aufzunehmen (IEEE 802.1p).

5.4.4 FDDI

FDDI (Fiber Distributed Data Interface) besitzt große Ähnlichkeit mit dem Token Ring Standard. Aufgrund seiner technologischen Vorreiterrolle kann FDDI durchaus als „Mutter“ aller Hochgeschwindigkeit-LANs bezeichnet werden. Die FDDI-Spezifikation betrifft die untersten zwei Schichten im Netzwerkmodell: Das einzusetzende Übertragungsmedium samt Bitübertragung (Physical Layer) und das Zugriffsverfahren (Logical Link Layer). Im Gegensatz zu Token Ring sieht FDDI von vornherein Glasfaser als Übertragungsmedium vor, ist als Doppelring mit einer Datenrate von 100 Mbps bei einer Länge von 100 km konzipiert und kann bis zu 1.000 Rechnern aufnehmen.

IEEE 802.4 Token Bus - ein Standard zwischen zwei Welten

Da der Ethernet-Standard aufgrund des probabilistischen Zugriffsverfahrens auf das Übertragungsmedium keinerlei Zugriffsgarantien bietet, bestanden von Seiten der Fertigungsindustrie, wie z.B. der Firma General Motors, große Bedenken bzgl. eines Einsatzes. Darüber hinaus sah der Ethernet-Standard keine Prioritäten für Datenpakete vor, so daß sich ein Einsatz in einer Echtzeit-Umgebung problematisch gestaltet, in der wichtige Datenpakete nicht durch unwichtige aufgehalten werden dürfen.
Wählt man als Topologie einen Ring, in dem die einzelnen Rechner nacheinander Sendeberechtigung erhalten, kann ein maximales Warteintervall und somit auch eine Zugriffsgarantie gewährleistet werden. Allerdings ist die Zuverlässigkeit eines Rings besonders gefährdet, da bereits der Ausfall einer einzigen Verbindung zwischen zwei teilnehmenden Rechnern einen Totalausfall des Netzwerks nach sich zieht. Auch verliefen Produktionsstraßen in der Regel linear, was der Ringtopologie prinzipiell im Wege stand.

Das Ergebnis dieser Überlegungen führte zur Entwicklung des **IEEE 802.4 Token Bus** Standards, bei dem ein lineares physikalisches Übertragungsmedium (in der Regel ein Breitbandkabel) eingeführt wird, wobei ein logischer Ring den linearen Bus überlagert. Dadurch können die Vorteile des robusten IEEE 802.3 Busses mit dem günstigen worst case Verhalten der IEEE 802.5 Ringtopologie vereint werden.

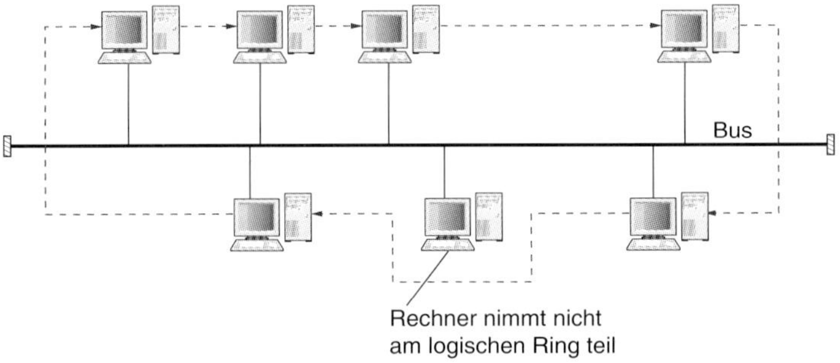

Die Reihenfolge der einzelnen Rechner im Token Bus ist im Gegensatz zum Token Ring unabhängig von deren Position. Die Funktion des Token Passing entspricht der des Token Ring. Jeder Rechner übergibt den Token an seinen logischen Nachfolger im Netzwerk, wobei der logisch letzte Rechner diesen wieder an den logisch ersten Rechner weitergibt.

Token Bus Datenformat und Funktion

Das interne Datenformat entspricht bei Token Bus weitgehend dem Datenformat bei Token Ring, wobei das **Frame Control** (FC) Feld den Typ des Datenpakets angibt: FC=00001000 steht für ein Token-Datenpaket, während FC=01PPP00 für ein Datenpaket steht (PPP gibt dabei die jeweilige Priorität des Datenpakets an).
Die logischen Abläufe beim Token Bus sind wesentlich komplexer als im Falle von Ethernet (die Protokolldefinitionen umfassen bei Token Bus mehr als 200 Seiten, wobei 10 verschiedene Timer und über 20 Protokollvariablen eingesetzt werden).

Abb. 5.40. IEEE 802.4 Token Bus (Teil 1)

Bereits im Jahr 1980 mit Gründung der Gruppe ANSI X3T9.5 des amerikanischen Standardisierungsinstituts ANSI (American National Standards Insti-

IEEE 802.4 Token Bus (Teil 2)

Für die korrekte Funktion des Token Bus müssen drei Grundfunktionen definiert werden:

- **Initialisierung** des logischen Rings bei Neustart oder nach gravierenden Fehlern.
- **Einfügen und Herausnehmen** von einzelnen Rechnern in bzw. aus dem Token Bus.
- **Tokenverwaltung**: Nach Abschluß einer Datenübertragung, spätestens nach Ablauf der Token Holding Time muß ein teilnehmender Rechner einen neuen Token generieren und an den Nachfolgerechner senden. Wie bei Token Ring muß jederzeit sichergestellt sein, daß sich immer maximal ein Token auf dem logischen Ring befindet.

Zur Verkabelung von Token Bus wurde 75 Ω Breitband-Koaxialkabel eingesetzt, wie es im Bereich des Kabelfernsehens Verwendung findet. Allerdings bedingt der Einsatz von Breitbandkabel einen hohen Anteil an Analogtechnik, wie z.B. Modems oder Breitbandverstärker. Das Token Bus Protokoll ist sehr komplex und bei geringer Last nicht sonderlich effizient. Es ist nicht gut geeignet für Implementierungen auf Glasfaser-Basis und erlangte nie eine weitere Verbreitung, so daß es heute nahezu keine Bedeutung mehr besitzt.

Weiterführende Literatur:

R. A. Dirvin, A. R. Miller: The MC68824 Token Bus Controller: VLSI for the Factory LAN, in IEEE Micro Magazine, vol.6, pp. 15-25, Juni 1986.

IEEE 802.4: Token-Passing Bus Access Method, New York:IEEE, 1985.

Abb. 5.41. IEEE 802.4 Token Bus (Teil 2)

tute) wurde die Spezifikation des neuen Hochgeschwindigkeit-LAN-Standards begonnen. Ausgelöst durch die stetig wachsende Leistungsfähigkeit von Rechnern und Peripheriegeräten wuchs die Nachfrage nach Hochgeschwindigkeitsnetzen. Da sich bereits eine Reihe konventioneller LAN-Standards wie Ethernet oder Token Ring dazu herausgebildet hatten, kam der Wunsch auf, diese unterschiedlichen Netzwerktechnologien miteinander zu verbinden.
FDDI kann in derselben Weise genutzt werden, wie jedes andere im IEEE 802 Standard definierte LAN, es wird in der Praxis aber oft als **Backbone** zur Verbindung unterschiedlicher, Kupferkabel-basierter Netzwerke verwendet. FDDI ist in ANSI X3T9.5 und ISO 9314 genormt.
FDDI-2 als Nachfolger des FDDI-Standards bietet zudem die Möglichkeit der Schaltung von dedizierten Verbindungen auf synchroner Basis und kann so auch zur Übertragung von Echtzeitdaten, wie z.B. Telefon oder Video genutzt werden. Mittlerweile existiert auch ein als CDDI (Copper Distributed Data Interface) bezeichneter Standard, der die FDDI Spezifikation für Kupferkabel als Übertragungsmedium festlegt.

Prinzip des FDDI. Der FDDI Standard baut auf einer Netzwerktopologie auf, die sich in einen Ring-Bereich (**Trunk**) und einen Baum-Bereich (**Tree**) unterteilt (siehe Abb. 5.43). Der Ringbereich wird von einem gegenläufigen Doppelring gebildet, unterteilt in Primär- und Sekundärring, an dem die einzelnen, teilnehmenden Rechner angeschlossen werden. Sendet der Primärring im Uhrzeigersinn, so sendet der Sekundärring entgegengesetzt zum Uhrzeiger-

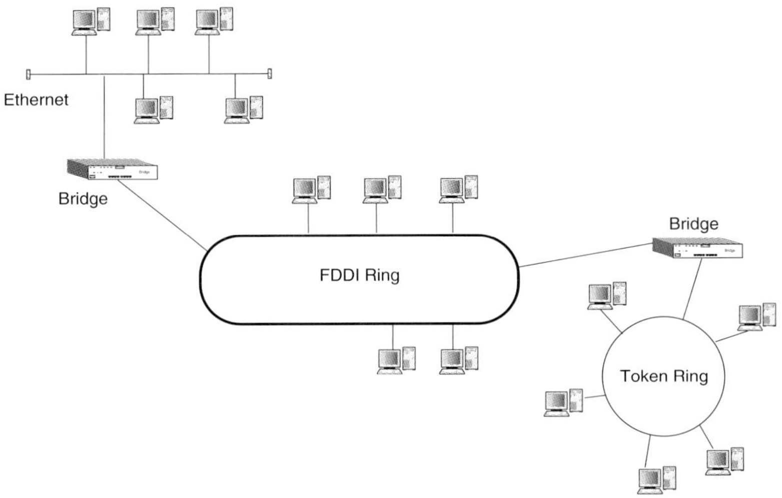

Abb. 5.42. FDDI Backbone

sinn. Bei fehlerfreiem Betrieb arbeitet nur der Primärring. Der Sekundärring dient als Ausweichmedium für den Fall einer Störung, wie z.B. einer Leitungsunterbrechung. Ist dabei nur der Primärring betroffen, so schaltet der Betrieb einfach auf den Sekundärring um. Werden dagegen beide Ringe an der gleichen Stelle unterbrochen, dann werden beide Ringe zu einem einzigen Ring von etwa doppelter Größe zusammengeschaltet und die Fehlstelle wird umschleift. Der Sekundärring wird in diesem Fall als sogenannte **kalte Reserve** betrieben. **Heiße Reserve** dagegen bedeutet, daß im fehlerfreien Fall beide Ringe, Primärring und Sekundärring zusammen betrieben werden. Tritt dann ein Fehler auf und muß der Betrieb nur auf einem der verbleibenden Ringe abgewickelt werden, kann es sein, daß die pro Rechner im Ring verbleibende Übertragungskapazität unzureichend ist.
FDDI sieht verschiedene Möglichkeiten zum Anschluß von Rechnern an den FDDI-Ring vor, die jeweils unterschiedliche Kompromisse zwischen Aufwand, Leistung und Robustheit darstellen. Ein Anschluß sowohl an den Primärring als auch an den Sekundärring stellt zwar die sicherste, aber auch die aufwendigste Lösung dar. Komponenten, die auf diese Weise mit dem FDDI-Ring verschaltet sind, werden als **Dual Attached Component** (Doppelanschlußkomponente, Class A) bezeichnet. Daneben gibt es auch die preiswertere Möglichkeit, einzelne Komponenten nur an einen der beiden Ringe anzuschließen (**Single Attached Component**, Class B). Man unterscheidet:

- **DAC**
  Dual Attached Concentrator, sowohl an Primär- und Sekundärring angeschlossene Netzwerkkomponente, die einen gebündelten Anschluß für weitere Rechner (SAS) ermöglicht oder mit noch weiteren Schaltkomponenten (SAC) kaskadiert werden kann.

- **DAS**
  Dual Attached Station, sowohl an Primär- und Sekundärring angeschlossene Endkomponente, d.h. in der Regel ein Rechner, der über eine eigene spezielle FDDI-Netzwerkadapterkarte direkt an den Doppelring angeschlossen wird.
- **SAC**
  Single Attached Concentrator, nur an den Primärring angeschlossene Einzelanschlußkomponente, die entweder selbst weiter kaskadiert werden kann (SAC) bzw. an die mehrere Endkomponenten (SAS) angeschlossen werden können.
- **SAS**
  Single Attached Station, Endkomponente, die nur über einen Anschluß an den Ring verfügt. Eine SAS ist immer mindestens durch einen Konzentrator (SAC oder DAC) vom FDDI-Ring abgeschirmt, wodurch die Betriebssicherheit des Rings erhöht wird.

Die an eine DAC/SAC angeschlossenen Komponenten bilden jeweils einen eigenen Baum-Bereich im FDDI-Netzwerk.

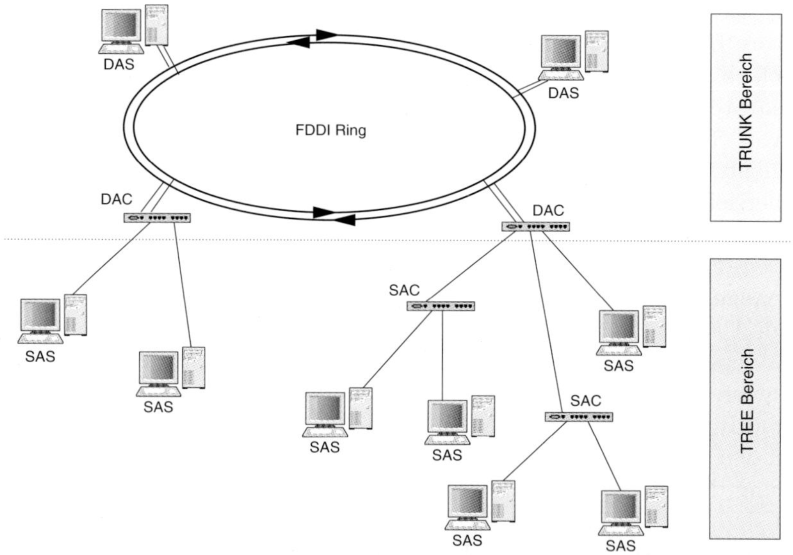

Abb. 5.43. FDDI Topologie

Die Ausfallsicherheit im Baumbereich des FDDI-Netzwerkes läßt sich durch das Verfahren des sogenannten **Dual Homing** erhöhen. In der Regel werden DAS-Rechner direkt an den FDDI-Doppelring angeschlossen. Es besteht aber auch die Möglichkeit, eine DAS mit in den Baumbereich des FDDI-Netzwerks aufzunehmen, indem diese an zwei unterschiedliche DACs oder SACs angeschlossen wird. Sollte eine der beiden Kabelteilstrecken zur DAS ausfallen, so wird diese einfach durch die andere überbrückt. Rechner, die stets hochverfügbar sein sollen, können so auch im Baumbereich des FDDI-Netzwerks angeschlossen werde. Ebenso lassen sich DACs über das Dual Homing redundant an das FDDI-Netzwerk anbinden.

FDDI - Übertragungsmedien und Netzaufbau. Betrachtet man die einzelnen Komponenten von FDDI innerhalb des Protokoll-Schichtenmodells, so gibt es bei FDDI eine zusätzliche Aufteilung der physikalischen Übertragungsschicht (Physical Layer) in **FDDI-PHY** (Physical Layer Protocol) und **FDDI-PMD** (Physical Medium Dependent) (siehe Abb.5.44). Dabei beinhaltet die FDDI-PHY Schicht Funktionen, die vom eigentlichen physikalischen Übertragungsmedium unabhängig sind. D.h. durch simplen Austausch der FDDI-PMD Schicht kann das Übertragungsmedium ohne weitere Konsequenzen gewechselt werden. Die **FDDI-MAC** Schicht in der darüberliegenden Protokollschicht legt das logische Datenformat und die zugehörigen Protokolloperationen fest. Dazu zählen z.B. Tokenweitergabe, Adressierung, Algorithmen zur Fehlererkennung (CRC) und Prozeduren zur Kompensation festgestellter Fehler. Über alle drei Teilschichten hinweg erstreckt sich die **FDDI-SMT** (System Management) Schicht, die für Operationen genutzt wird, die das Ringmanagement betreffen, also z.B. Konfiguration, Überwachung oder Fehlerbehandlung.

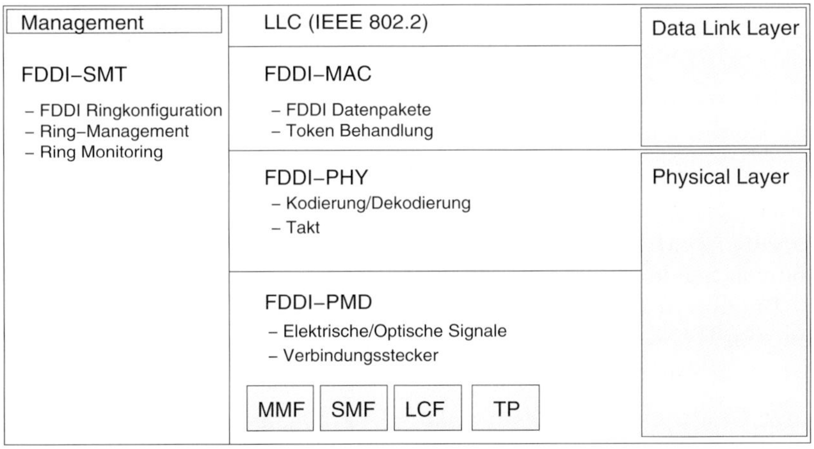

Abb. 5.44. FDDI Schichtenmodell

In der FDDI-PMD Schicht werden das Übertragungsmedium und die von ihm abhängigen Parameter spezifiziert. Dazu zählen z.B. die verwendete Anschlußtechnik in den Sende- und Empfangskomponenten, der optische Bypass oder die vorgesehene Dämpfung. Im FDDI-Standard werden fünf Alternativen unterschieden:

- **MMF-PMD** (Multimode Fiber)
  Multimode Lichtwellenleiter als Übertragungsmedium,
- **SMF-PMD** (Singlemode Fiber)
  Singlemode Lichtwellenleiter als Übertragungsmedium,
- **TP-PMD** (Twisted Pair)
  Verdrillter Kupferdraht als Übertragungsmedium und
- **LCF-PMD** (Low Cost Fiber)
  Lichtwellenleiter mit verminderten Qualitätsanforderungen als Übertragungsmedium.

Die wichtigsten Eigenschaften und Aufgaben der FDDI-PHY Schicht liegen in der Bitübertragung. Dazu zählen:

- **Kodierung/Dekodierung**
  Für FDDI wurde ein zweistufiges Kodierungsverfahren gewählt, das die Übertragungseffizienz steigert, die sogenannte 4B/5B-Kodierung (siehe Abb.5.45).
- **Management physikalischer Verbindungen**
  zwischen verschiedenen PHY-Instanzen.
- **Sendetakt Management**
  Hierzu zählen neben Synchronisation und Regeneration der Taktsignale auch der Ausgleich von Taktunterschieden verschiedener PHY-Instanzen durch einen sogenannten Elastizitätspuffer.

Die SMT Komponente regelt auf einem Rechner innerhalb des FDDI-Rings das Zusammenwirken und die Überwachung der Prozesse in den anderen FDDI-Komponenten (PHY, PMD und MAC). Dazu zählen unter anderem:

- Initialisierung von Rechnern und Netzwerk,
- Einfügen und Entfernen von Rechnern in das bzw. aus dem FDDI-Ring,
- Vergabe von Sendeprioritäten und die Verwaltung der zur Verfügung stehenden Bandbreite,
- Isolieren von Fehlern und Versuch, diese wieder zu beheben oder
- Sammeln von Statistischen Informationen.

FDDI nutzt Lichtwellenleiter als primäres Übertragungsmedium. FDDI arbeitet allerdings auch über Kupferkabel (Copper Distributed Data Interface, CDDI), jedoch bietet die Verwendung von Lichtwellenleitern vielfältige Vorteile. Insbesondere hinsichtlich Sicherheit und Zuverlässigkeit sind Lichtwellenleiter vorzuziehen, da diese keine elektrotromagnetischen Signale aussenden, die von außen unberechtigterweise abgehört werden können. Darüberhinaus sind Lichtwellenleiter unempfindlich gegenüber elektromagnetischen Inferenzen.

4B/5B Kodierung

In der physikalischen Schicht (PHY) wird bei FDDI nicht die bei Token Ring verwendete Manchester Kodierung eingesetzt, da diese bei einer zu erzielenden Übertragungsleistung von 100 Mbps eine Taktfrequenz von 200 MHz benötigt, was als zu aufwendig angesehen wurde. Anstelle dessen wird eine als **4B/5B** Kodierung bezeichnete Variante eingesetzt. Dabei werden 2^4=16 verschiedene Bitkombinationen auf 2^5=32 verschiedene Codewörter abgebildet. Die Hälfte der 32 Codewörter wird für die Kodierung zusätzlicher Information verwendet. Drei Codeworte werden für Begrenzungssymbole (Delimiter) genutzt, zwei dienen als Kontrollindikatoren, um logische Zustände im Zusammenhang mit der Datenübertragung festzulegen, und weitere drei für Hardwaresignale, die die Leitungszustände steuern. Die verbleibenden acht Codewörter werden nicht genutzt. Dabei werden die gültigen Codewörter so gewählt, daß niemals mehr als zwei Nullen nacheinander auftreten.

Gruppe	Code	Symbol	Bedeutung
Leitungszustand	00000	Q	Quit
	11111	I	Idle
	00100	H	Halt
Delimiter	11000	J	1. Symbol in SD-Feld
	10001	K	2. Symbol in SD-Feld
	01101	T	End Delimiter
Kontrolle	00111	R	Logische Null / Reset
	11001	S	Logische Eins / Set

Zusätzlich wird eine sogenannte **NRZI**-Kodierung (Non Return to Zero Invert) eingesetzt. Diese kodiert eine Null mit demselben Spannungspegel wie das vorangegangene Bit, bei einer Eins wird der Spannungspegel invertiert.
Durch diese Art der Kodierung läßt sich Bandbreite sparen, sie ist aber nicht so gut zur Taktgenerierung geeignet wie die Manchester Kodierung. Daher wird bei FDDI auch eine lange Präambel als Einleitung des Datenpakets zur Synchronisation der Uhren zwischen Sender und Empfänger eingesetzt. Die Anforderungen an Stabilität und Genauigkeit der Systemuhren erlaubt eine Abweichung von höchstens 0.005 %. Diese Abweichung begrenzt die maximale Länge eines Datenpakets auf 4.500 Bytes, damit die Systemuhren von Sender und Empfänger nicht zu weit von ihrer Synchronisation abweichen können. Da acht Codewörter nicht genutzt werden, entsteht ein Overhead von 25 %, so daß man auf eine tatsächliche Datenübertragungsrate von 125 Mbps kommt, weshalb die Systemuhren der Netzwerkadapter der am FDDI-Ring angeschlossenen Rechner auch mit 125 MHz getaktet sind.

Abb. 5.45. 4B/5B Kodierung im FDDI-Protokoll

Bei Verwendung von Multimode Glasfaser kann der Abstand zwischen zwei benachbarten Rechnern im FDDI-Ring bis zu 2 km betragen, ohne daß das Signal regeneriert werden muß. Findet Monomode Glasfaser Verwendung kann der Abstand sogar noch größer sein. Monomode Glasfaser findet insbesondere bei der weiträumigen Vernetzung von unterschiedlichen Standorten Verwendung. Dabei können zwischen zwei benachbarten Teilnehmern im FDDI-Ring Entfernungen von 40 km bis 60 km ohne zusätzliche Signalverstärkung überbrückt werden. Eine Mischung von Multimode und Monomode ist ohne Weiteres möglich. Insbesondere werden bei FDDI heute bei

Installationen zur Vernetzung innerhalb eines Standortes in der Regel Multimode Glasfaser verwendet, während die Vernetzung zwischen unterschiedlichen Standorten über Monomode realisiert wird (siehe Abb.5.46).

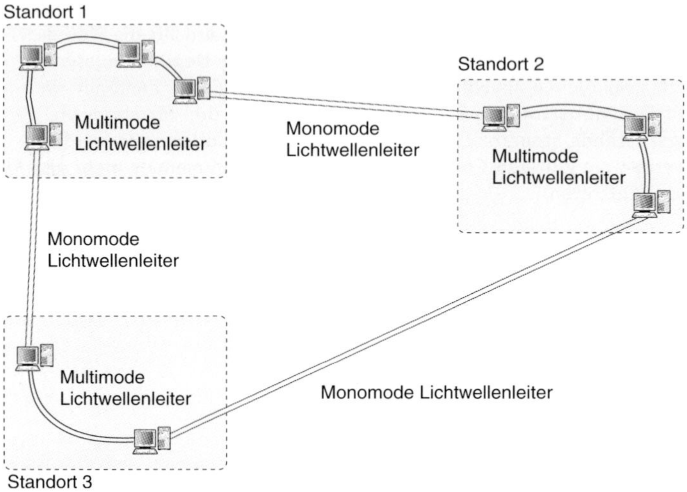

Abb. 5.46. Einsatz von Monomode und Multimode Lichtwellenleiter

Am Standort selbst können dann auch Kupferkabel, wie z.B. UTP-5 oder STP-1 zum Einsatz kommen, was durch die entsprechende FDDI-PMD Protokollschicht gewährleistet wird. Der maximale Abstand zweier Rechner im FDDI-Ring sollte aber gemäß Spezifikation nicht über 100 m betragen.
Die FDDI-Spezifikation sieht für Lichtwellenleiter eine Dämpfung von weniger als 2,5 dB pro Kilometer vor bei einer maximalen Bitfehlerrate von $2{,}5 \cdot 10^{-12}$. Die eingesetzten, qualitativ hochwertigen Komponenten weisen aber in der Regel noch bessere Werte auf. FDDI Doppelanschlußkomponenten sind mit einem passiven mechanischen **optischen Bypass** ausgestattet, der in Form eines Relais implementiert ist, das erst bei einem Kabelbruch oder bei abgeschaltetem Rechner aktiviert wird. Das Bypass Relais verbindet in Ruhelage die einlaufende Faser des Primärrings mit der ausgehenden Faser des Primärrings. Bei Störungen im Netzwerkbetrieb wird die einlaufende Faser des Primärrings mit der ausgehenden Faser des Sekundärrings verschaltet bzw. umgekehrt.

FDDI Datenformat. FDDI Datenpakete sind IEEE 802.5 Token Ring Datenpaketen sehr ähnlich (siehe Abb.5.47). Eingerahmt von Start- und Endebegrenzer (**Start Delimiter(SD)**, **End Delimiter** (**ED**)) steht dem Datenpaket zusätzlich noch eine mindestens 64 Bit lange **Präambel** voran, die aus einer Synchronisations-Bitfolge besteht. Da bei FDDI kein zentraler Systemtakt vorgegeben ist und jeder Netzwerkadapter über seine eigene Systemuhr verfügt, muß zwischen einem empfangenen Datenpaket und dem internen

Takt des Empfängers eine Synchronisation hergestellt werden. Üblicherweise besteht die Präambel aus 16 Idle-Symbolen (11111).

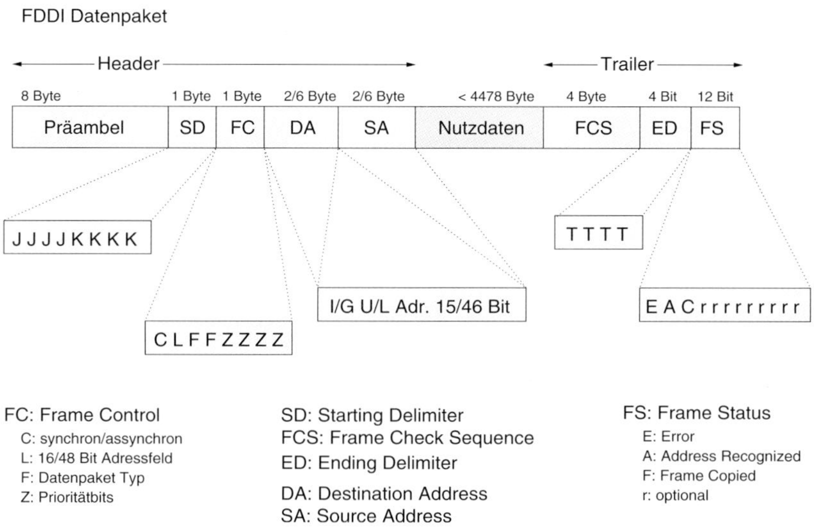

Abb. 5.47. FDDI Datenformat

Das **Frame Control** Feld (**FC**) legt den Typ des Datenpakets fest (Kontroll- oder Nutzdatenpaket). Dabei gibt das **Control-Bit** (**C**) an, ob es sich bei dem Datenpaket um ein Paket aus einer synchronen (C=1) oder aus einer asynchronen Übertragung (C=0) handelt. Danach folgt das **Length-Bit** (**L**), das angibt, ob es sich bei Sender- und Empfängeradressen um eine 16 Bit Adresse (L=0) oder um eine 48 Bit Adresse (L=1) handelt. Die nachfolgenden zwei **Frame Format** Bits (**FF**) geben zusammen mit den vier **Z**-Bits den genauen Typ des Datenpakets an.
Danach folgen Absender- (**Source Address**, **SA**) und Empfängeradresse (**Destination Address**, **DA**), die jeweils dem vorgeschriebenen IEEE 802.x Standard für MAC-Adressen entsprechen, und entweder 16 oder 48 Bit lang sein können. Das erste Bit (**I/G**) unterscheidet dabei, ob es sich um eine Gruppenadresse (I/G=1) oder um eine Individualadresse (ID=0) handelt, das zweite Bit (**U/L**) gibt an, ob es sich um eine lokale Adresse (U/L=0) handelt, die der Anwender selbst vergeben darf, oder ob es sich um eine universale Adresse (U/L=1), die herstellerspezifisch, weltweit eindeutig durch die IEEE vergeben wurde.
Die eigentlichen **Nutzdaten** können danach bis zu 4.478 Byte umfassen. Danach folgt eine 32 Bit Prüfsumme (CRC) im **Frame Check Sequence** Feld (**FCS**), die die Felder FC, DA, SA, Nutzdaten und FCS sichert. Die übrigen Felder tragen im eigentlichen Sinn keine Nutzdateninformation.

Das **Frame Status** Feld (**FS**), das dem End Delimiter (ED) folgt, besitzt eine Länge von 12 Bit. Mit Hilfe dieses Feldes kann der Empfänger überprüfen, in welchem Zustand das Datenpaket empfangen wurde. Die Bits **Error Detect** (**E**), **Address Recognized** (**A**) und **Frame Copied** (**C**) sind vorgeschrieben, weitere Felder bleiben dem jeweiligen Hersteller überlassen. Die Angaben in diesen Feldern werden mit Hilfe der Symbole **R** (Reset) und **S** (Set) kodiert.

Wie bei Token Ring gibt es neben den Datenpaketen, die die eigentliche Nutzinformation enthalten, auch noch Token-Datenpakete zur Regelung des Zugriffs auf den FDDI-Ring. Das Token Datenpaket besteht aus den Feldern Präambel, SD, FC und ED.

FDDI Protokoll. Die Token Zugriffssteuerung für das Übertragungsmedium wird bei FDDI anders geregelt als bei Token Ring. Um Daten übertragen zu können, muß ein Rechner aber ebenfalls zuerst im Besitz eines Tokens sein. Wegen des oft großen Ringumfangs und der hohen Datenübertragungsrate können sich bei FDDI große Mengen an Bits zur gleichen Zeit auf dem Ring befinden. Daher würde es sehr ineffizient sein, wenn ein Rechner bis zum Wiedereintreffen seines Tokens warten müßte, bis die von ihm gesendeten Daten den gesamten Weg rund um den Ring herum zurückgelegt hätten. Bei einer Ausdehnung von bis zu 200 km und nahezu 1.000 angeschlossenen Rechnern könnte dies zu signifikanten Performance-Verlusten führen.

Damit der FDDI-Ring möglichst gut ausgelastet wird, gibt ein Rechner, der einen Token besitzt, diesen sofort nach dem Senden des letzten Datenpakets wieder frei (**Early Token Release**), so daß sich mehrere Datenpakete gleichzeitig auf dem Ring befinden können. So können sich zur selben Zeit Datenpakete verschiedener Rechner auf dem FDDI-Ring befinden und diesen nahezu voll auslasten. Anders als bei Token Ring ist die Maximallänge eines Datenpakets auf 4.500 Bytes beschränkt. Der Empfängerrechner (gemäß der im Datenpaket angegebenen Destination Address) erkennt seine eigene Adresse und kopiert das Datenpaket in den eigenen Arbeitsspeicher. Für das Entfernen der jeweiligen Datenpakete vom Ring sind nach wie vor die Senderechner verantwortlich, die, sobald sie ein Datenpaket empfangen, das als Source Address die eigene Adresse beinhaltet, dieses nicht mehr weitersenden. Nicht sendeberechtigte Rechner überprüfen vorbeilaufende Datenpakete auf Fehler und können diese evtl. vor dem Weitersenden im Frame Status Feld eintragen. In Abb. 5.48 ist der Ablauf des FDDI-Zugriffsverfahrens schematisch veranschaulicht.

Der sendewillige Rechner 1 wartet auf ein freies Token (a). Sobald Rechner 1 im Besitz des Token ist, sendet er Daten an Rechner 3 und schließt seine Übertragung mit dem empfangenen Token ab (b). Rechner 3 kopiert die für ihn bestimmten Daten, und da er selbst senden möchte, nimmt er den Token in seinen Besitz, sendet Daten an Rechner 1 und schließt die Übertragung wieder mit dem Token ab (c). Rechner 1 nimmt die von ihm gesendeten Daten

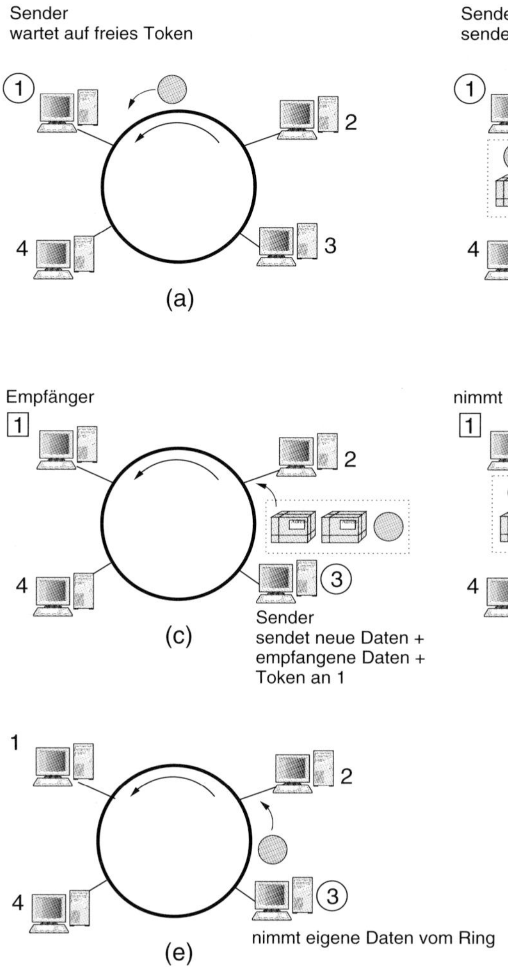

Abb. 5.48. Veranschaulichung des FDDI Zugriffverfahrens

wieder vom Ring, kopiert die für ihn bestimmten Daten als Empfänger und leitet diese zusammen mit dem Token weiter (d). Rechner 3 nimmt die von ihm gesendeten eigenen Daten vom Ring und sendet nur den verbleibenden, jetzt freien Token weiter.

Die Zugriffssteuerung auf den FDDI-Ring erfolgt zeitgesteuert mit Hilfe des **TTR-Protokolls** (**Timed Token Rotation**) anhand der folgenden Kenngrößen:

- **TTRT** (Target Token Rotation Time)
  Sollzeit, die die Rotation eines Tokens durch den Ring angibt. Sie wird bei Initialisierung des FDDI-Rings festgelegt.

- **TRT** (Token Rotation Time)
  Die Zeit, die zwischen dem Aussenden eines Frei-Tokens und dem erneuten Eintreffen eines Frei-Tokens liegt. Sie wird von jedem Rechner selbst gemessen und ist abhängig von der jeweiligen Auslastung des Rings. Die minimale TRT wird als **Ring Latency** bezeichnet und ergibt sich aus der Signallaufzeit durch den Ring, ohne daß einer der angeschlossenen Rechner sendet, zusammen mit der Durchlaufzeit durch die jeweils angeschlossenen Rechner, die mit je 600 ns pro Rechner angenommen wird.
- **THT** (Token Holding Time)
  Die Zeit, nach der ein Rechner den eingefangenen Token wieder abgeben muß (THT=TTRT-TRT). Im Gegensatz zu Token Ring ist THT bei FDDI kein konstanter Wert sondern eine Variable, deren maximaler Wert begrenzt ist. Innerhalb der THT kann der Rechner, der im Besitz des Tokens ist, mehrere Datenpakete versenden.
- **LC** (Late Counter)
  Dient als Markierung für den Zustand, wenn der Token später als erwartet angekommen ist, also nach Ablauf der TTRT. Dann wird LC=1 (Token verspätet) gesetzt. Wiederholt sich dieser Prozeß, wird LC=2 gesetzt und der **Claim**-Prozeß gestartet, um die Ursache für die Verspätung herauszufinden.

Grundsätzlich bestehen in FDDI zwei Möglichkeiten des Datenverkehrs:

- **synchroner Datenverkehr** (C=1 im FC-Feld des Datenpakets)
  Hier spricht man auch vom **Timed Token Protokoll** (**TTP**). Die Möglichkeit eines synchronen Datenverkehrs bietet den angeschlossenen Rechnern eine quasi garantierte Übertragungskapazität in konstanten Zeitabständen. Dadurch ist es in FDDI auch möglich, bewegte Bilder oder Sprache (wenn auch nur mit eingeschränkter Qualität) zu übertragen. Allerdings ist der synchrone Datenverkehr in den FDDI-Spezifikationen nur optional vorgegeben und wird daher nicht von jedem Hersteller unterstützt.
- **asynchroner Datenverkehr** (C=0 im FC-Feld des Datenpakets)
  Hier gibt es keine Garantien und Vereinbarung hinsichtlich der Rotation des Tokens im FDDI-Ring. Die angeschlossenen Rechner müssen eine unbestimmt lange Zeit warten, bis sie ein Datenpaket versenden dürfen, auch wenn eine theoretische Obergrenze für die Wartezeit vorgegeben ist. Daher ergeben sich auch unterschiedliche Zeitabstände zwischen den einzelnen, von einem Rechner gesendeten Datenpaketen.

Mit Hilfe des **Claim**-Prozesses ist es für einzelne Rechner am FDDI-Ring möglich, den Token in bestimmten, quasi konstanten Zeitabständen für synchronen Datenverkehr zu reservieren. Dabei melden alle Rechner i, die Daten synchron übertragen wollen, die Eckparameter für ihren Sendewunsch an, d.h. in welchen Abständen $\rho_t(i)$ sie jeweils für eine bestimmte Dauer $\delta_t(i)$ senden wollen. Über den Claim-Prozeß wird dann eine Kompromißlösung ermittelt. Danach müssen alle Rechner, die an einer synchronen Übertragung

teilnehmen wollen, ihre Parameter nach demjenigen ausrichten, dessen Sendeperiode am häufigsten auftritt ($\min_{\forall i}(\rho_t(i))$). Diejenigen Rechner, deren Sendefrequenzwunsch weniger häufig ausfiel, sind nun gezwungen, entsprechend kleinere Pakete öfter, d.h. in höherer Frequenz zu senden.
Synchroner Datenverkehr besitzt oberste Priorität in FDDI, sofern das jeweilige FDDI-Netzwerk für synchronen Betrieb ausgelegt ist. Der verbleibende Rest der Übertragungskapazität kann dann für asynchrone Übertragungen genutzt werden. Dabei werden 8 verschiedene Prioritätsstufen unterschieden, entsprechend denen einem sendewilligen Rechner jeweils eine maximale Sendezeit (THT) gewährt wird.

FDDI - Ringverwaltung

Tritt im laufenden Betrieb des FDDI-Rings ein Fehler auf, d.h. liegt eine Ringunterbrechung vor oder wird einfach nur ein vorgegebenes Zeitlimit überschritten (z.B. LC=2), dann wird zuerst ein **Claim**-Prozeß gestartet. Führt dies nicht zum Erfolg, wird der sogenannte **Beacon**-Prozeß in Gang gesetzt. Ähnlich wie bei Token Ring, sendet jeder am Ring angeschlossene Rechner dann spezielle eigene Beacon-Datenpakete aus. Empfängt einer der Rechner ein Beacon-Datenpaket von seinem Vorgänger im Ring, stoppt er die Aussendung eigener Beacon-Datenpakete und leitet die Datenpakete seines Vorgängers weiter. Empfängt ein angeschlossener Rechner keine Beacon-Pakete, so meldet er entweder seinen Vorgängerrechner bzw. die Verbindungsteilstrecke zu seinem Vorgängerrechner als defekt. Anschließend werden geeignete Fehlerbehandlungsmaßnahmen, wie z.B. eine Ringrekonfiguration gestartet.

Abb. 5.49. FDDI - Ringverwaltung

FDDI-2. FDDI bietet die Möglichkeit des Transports sowohl von synchronen als auch von asynchronen Datenströmen. Obwohl synchrone Datenströme eine quasi konstante Übertragungsleistung in Form von garantierten, in steter Regelmäßigkeit bereitgestellten Zeitslots gewährleisten, reicht diese Form des synchronen Datentransports für die Übertragung von Sprache oder Videosequenzen nicht aus. Diese Medien verlangen eine **isochrone** Form der Übertragung, d.h. die Zeitverhältnisse müssen sowohl auf Sender- als auch auf Empfängerseite identisch sein. Zur Übertragung isochroner Bitströme wurde das Konzept von FDDI-2 geschaffen, das 1994 vom ANSI X3T9.5 Komitee zum Standard erhoben wurde.
FDDI-2 ist in der Lage, asynchrone, synchrone und isochrone Bitströme gleichermaßen zu übertragen. Um dies zu gewährleisten, sieht FDDI-2 eine hybride Ringsteuerung vor. Ein sogenannter **Hybrid Multiplexer** (**H-MUX**) steuert die festgelegte zeitliche Folge der jeweiligen Zugriffe durch die einzelnen Komponenten der MAC-Schicht auf das Übertragungsmedium. Er bein-

FDDI - Fehlertoleranz

Die Zuverlässigkeit eines FDDI-Netzwerks wird von den folgenden Eigenschaften bestimmt:

- doppelt ausgeführte Ringtopologie,
- Einsatz verschiedenartig angeschlossener Netzwerkkomponenten und
- Möglichkeit, über einen optischen Bypass defekte Rechner im Netz einfach zu umgehen.

Ausgehend von der Netzwerkimplementation können die auftretenden Fehlerfälle zu vier grundsätzlichen Fehlersituationen zusammengefaßt werden:

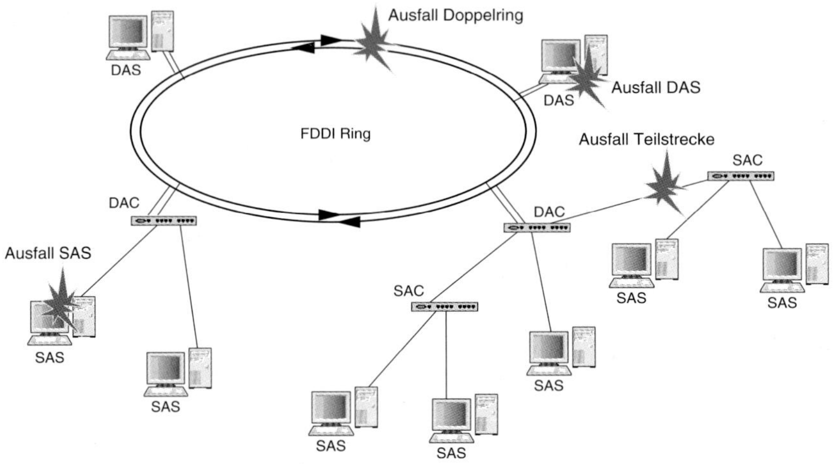

- **Ausfall einer DAS**
  Führt zunächst zu einer Unterbrechung der Verbindung der benachbarten Doppelanschlußkomponenten (DAS, DAC). Die Situation kann durch einen optionalen optischen Bypass der betroffenen DAS behoben, bzw. es kann wie im Falle der Unterbrechung des Doppelrings verfahren werden.
- **Unterbrechung des Doppelrings**
  Die den beiden Enden der Bruchstelle nächstgelegenen Doppelanschlußkomponenten bewirken über die Auslösung des BEACON-Prozesses eine logische Überbrückung zwischen Primär- und Sekundärring und sorgen so für ein Umschleifen der Fehlstelle.
- **Ausfall einer SAS**
  Bewirkt lediglich eine Unterbrechung des Primärrings. Da in einer SAS in der Regel kein optischer Bypass zur Verfügung steht, wird die SAS im hierarchisch übergeordneten DAC überbrückt, d.h. logisch abgetrennt.
- **Ausfall einer Glasfaser-Teilstrecke**
  Hier erfolgt ebenfalls eine Überbrückung der ausgefallenen Teilstrecke im übergeordneten DAC. Dabei können zwei funktionsfähige Teilnetze entstehen, die nicht mehr miteinander kommunizieren können.

Abb. 5.50. FDDI - Fehlertoleranz

haltet eine Komponente für den regulären, also synchronen bzw. asynchronen Zugriff, den sogenannten **Packet MAC (P-MAC)**, sowie eine Komponen-

te, die den isochronen Zugriff steuert, den sogenannten **Isochronous MAC (I-MAC)**. Soll neben dem regulären Datenverkehr (**Basis Mode**) auch eine isochrone Übertragung stattfinden, muß FDDI-2 im sogenannten **Hybrid Mode** arbeiten. Im Hybrid Mode haben isochrone Datenströme stets Priorität. Nur der nicht genutzte Rest der Bandbreite steht offen für sonstige Datenübertragungen.
Bevor eine Datenübertragung starten kann, geben die teilnehmenden Rechner ihre Bandbreiten-Anforderungen an einen speziellen Rechner im FDDI-2-Netz, den sogenannten **Cycle Master**, über das Station Management weiter. Dieser richtet daraufhin isochrone Kanäle ein und teilt dies den anfordernden Rechnern mit, wobei er die Nutzung der isochronen Kanäle weiterhin überwacht. Die Übertragung von isochronen Daten wird mit Hilfe von 125-µs-Datenpaketen, den sogenannten **Cycles** organisiert. Der Cycle Master generiert 8.000 mal pro Sekunde ein neues 125-µs-Datenpaket. Bei einer Bandbreite von 100 Mbps ergibt dies pro Datenpaket eine Länge von 12.000 Bit. Hat ein solcher Cycle den FDDI-Ring einmal komplett durchlaufen, wird er vom Cycle Master wieder vom Ring entfernt.
Ein Cycle-Datenformat setzt sich aus den folgenden Komponenten zusammen (siehe Abb. 5.51):

- **Präambel (PA)**
  Folge von 20 Bit, die ausschließlich der Synchronisation dienen.
- **Cycle-Header (CH)**
  12 Byte langer Datenpaket-Header, enthält Informationen für H-MUX, wie die einzelnen Kanäle den Verkehrsarten (isochron/asynchron) zugeordnet werden.
- **Dedicated Packet Group (DPG)**
  12 Byte, die immer ausschließlich für asynchrone/synchrone Datenübertragung zur Verfügung stehen.
- **Cyclic Group (CG)**
  Zyklische Gruppen von Zeitschlitzen (Slots), bezeichnet als CH0, CH1, ..., CH95. Jede Gruppe umfaßt jeweils 16 Slots, die den einzelnen Verkehrsarten (isochron/synchron/asynchron) zugeordnet werden können.

Ein **isochroner Kanal** (Wideband Channel, WBC) wird in FDDI-2 realisiert, indem eine bestimmte Anzahl von Slots der 96 zyklischen Gruppen reserviert wird. Durch die 96 Gruppen mit je 16 Zeitschlitzen ergibt sich die Möglichkeit, 16 Kanäle mit einer garantierten Übertragungskapazität von je $6,144$ Mbps zur Verfügung zu stellen. Diese Kanäle können dann noch in 96 einzelne Unterkanäle zu je 64 kbps unterteilt werden, von denen jeder für isochronen oder asynchronen Verkehr reserviert werden kann. Die Zuordnung von zyklischen Slots zu asynchronen oder isochronen wird durch den H-MUX erledigt, der die empfangenen Daten entsprechend entweder zur MAC- oder zur IMAC-Komponente weiterleitet.

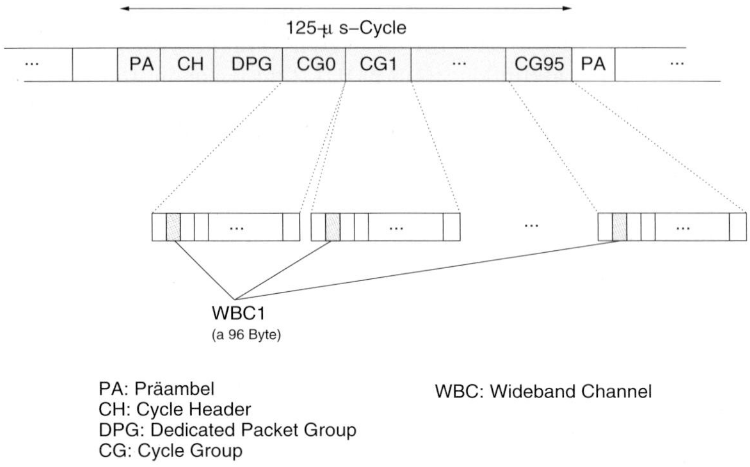

Abb. 5.51. FDDI-2 Cycle Datenformat

5.4.5 ATM

Die Entwicklung von ATM (**Asynchronous Transfer Mode**) ist eng verknüpft mit der Entwicklung einer WAN-Technologie namens **B-ISDN** (**Broadband Integrated Services Digital Network**). Nachdem klar war, daß für die Übertragung von multimedialen Inhalten wie Video oder Musik in CD-Qualität die bestehende ISDN-Infrastruktur, die eine maximale Bandbreite von 128 kbps zur Verfügung stellen kann und deren Ziel die Integration herkömmlicher Telekommunikationsdienste wie Telefon und Telefax war, nicht ausreichend ist, wurde die Planung an der als B-ISDN bezeichneten Hochgeschwindigkeits-Weitverkehrsnetz-Technologie begonnen. Die Basistechnologie, auf der B-ISDN aufsetzt, ist ATM. Das ATM-Netzwerk setzt sich wie traditionelle WANs aus einzelnen Leitungen und Switches (Routern) zusammen. Die zunächst realisierte Bandbreite lag bei 155 Mbps bzw. bei 622 Mbps mit der Option, diese später in den Gbps-Bereich zu erweitern. Die Wahl von 155 Mbps wurde getroffen, da diese Bandbreite für die Übertragung von hochauflösendem Fernsehen erforderlich ist, und 622 Mbps wurden gewählt, da hier vier gebündelte 155 Mbps Kanäle übertragen werden können. Ursprünglich entwickelt als WAN-Technologie wird ATM heute oft auch in einer LAN-Umgebung eingesetzt.

Für die Standardisierung von ATM wurde auf Initiative der in die Entwicklung von ATM involvierten Firmen das sogenannte **ATM-Forum** gegründet. Die Entwicklung von ATM wurde oft von den verschiedenen Interessen der beteiligten Unternehmen geleitet, wie etwa den Telefongesellschaften, die mit den Kabelfernsehgesellschaften um den Markt für Video-on-Demand wetteifern. Das Grundelement eines ATM-Netzwerks ist ein elektronischer Vermittler (**Switch**), an dem mehrere Rechner in einer Sterntopologie angeschlossen werden (siehe Abb. 5.52). Im Gegensatz zur Bus- oder Ringtopologie werden die Daten in einem Sternnetz nicht an alle angeschlossenen Rechner weitergeleitet, sondern nur das kommunizierende Rechnerpaar ist am Datentransfer über den Switch beteiligt. Der Switch empfängt die Daten direkt vom Sender und leitet sie ebenfalls direkt bzw. über andere Switches an den Empfänger weiter. Daher wird in einer Sterntopologie bei Ausfall eines einzelnen Rechners bzw. einer einzelnen Rechnerverbindung nicht das gesamte Netz in Mitleidenschaft gezogen, wie etwa bei einer Ringtopologie.

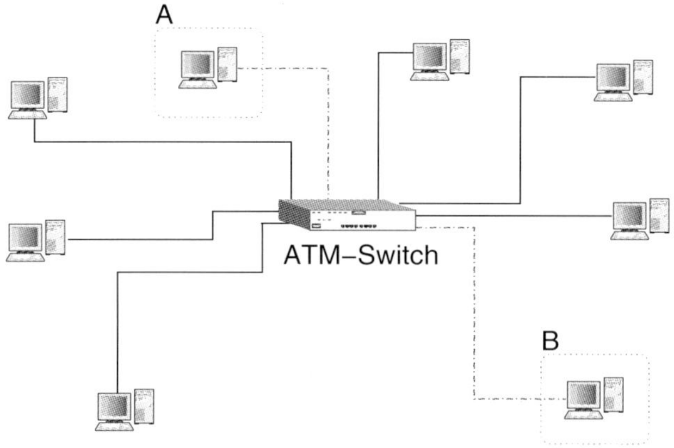

Abb. 5.52. Beispiel eines ATM Netzwerks

Die Übertragung erfolgt in ATM-Netzwerken asynchron, d.h. es wird kein zentraler Takt von irgendeiner Instanz im Netzwerk vorgegeben, in der die einzelnen Datenpakete zu versenden wären.

Funktionsprinzip von ATM. ATM nutzt das Prinzip der sogenannten **Zellvermittlung** (siehe Abb. 5.55). Dazu werden die zu übertragenden Daten in kleine Pakete von konstanter Größe verpackt und über eine geschaltete Verbindung mit einer garantierten Qualität übertragen.
Die Datenübertragung in ATM verläuft **asynchron**. Während eine synchrone Datenübertragungstechnik in periodischen Zeitabständen jeder einzelnen logischen Verbindung einen Zeitschlitz (Slot) zuweist, erfolgt dies bei ATM in nicht notwendigerweise regelmäßigen Zeitabständen. ATM arbeitet nach dem Prinzip des **statistischen Multiplexings**, d.h. auch hier liegt ein kontinuierlicher Strom von belegten Zeitschlitzen (ATM-Zellen) vor, aber es gibt keine feste Zuordnung zwischen Position des Zeitslots und einer bestimmten Verbindung (siehe Abb. 5.54). Die Position einer ATM-Zelle mit einer assoziierten Verbindung ist rein zufällig und nur von der Sendeaktivität der jeweiligen Quelle und der Netzauslastung abhängig. Dieses Vorgehen ist vor allem dort effizienter als eine synchrone Datenübertragung, wo variable und konstante Bandbreitenanforderungen unterschiedlicher Kommunikationspartner

ATM Standardisierung

Die ersten Ideen zu ATM wurden bereits 1983 von den amerikanischen Forschungszentren **CNET** und **AT&T Bell Labs** veröffentlicht, wobei ATM zu dieser Zeit ausschließlich in der Verwendung als WAN-Standard gesehen wurde. Aus diesem Grund wurde 1986 die ATM-Technologie auch von der damaligen **CCITT** (Committe Consultatif International de Telegraphie et Telephonie) - heute **ITU** (International Telecommunication Union) - als Basis für den Breitband ISDN Standard (B-ISDN) vorgeschlagen. 1989 endete der zwischen Amerika und Europa andauernde Normierungsstreit, der die einheitliche Länge von ATM-Zellen schließlich auf 53 Byte festlegte.
Mit dem Ziel, ATM ebenfalls im LAN-Bereich einzusetzen und um diese Entwicklung zu beschleunigen, wurde im Oktober 1991 von führenden Herstellern und Anwendern das **ATM-Forum** gegründet. Heute zählt das ATM-Forum 700 Mitglieder. Es versteht sich allerdings nicht als Normierungsgremium und damit als Konkurrenz zu ITU oder ISO, sondern sieht sich als Interessenvertretung der LAN-Industrie, das die begründeten Anliegen der Anwender und Hersteller im LAN-Bereich formuliert und so die Ausarbeitung der entsprechenden Normierungen beschleunigt. Bereits im Juli 1992 konnte die erste Spezifikation des ATM-Forums (UNI 1.0 - User Network Interface) vorgelegt werden. Europäische Interessen finden innerhalb des ATM-Forums über ein spezielles Komitee, das **EMAC** (European Market Awareness and Education Committee) Berücksichtigung.

Abb. 5.53. ATM Standardisierung

zusammentreffen, da zwischen zwei Kommunikationspartnern nur Zellen belegt und ausgetauscht werden, falls ein Bedarf besteht und so keine Bandbreite verloren geht.

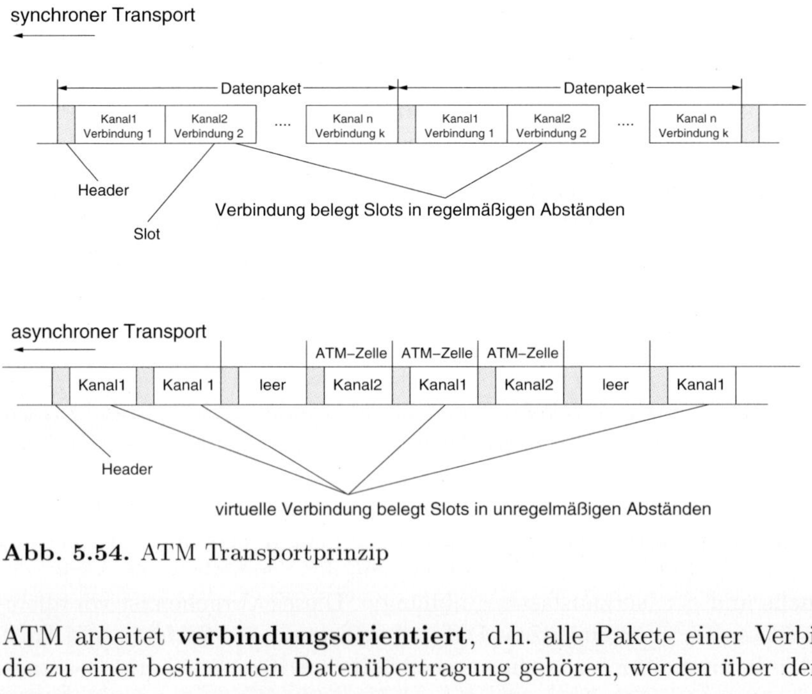

Abb. 5.54. ATM Transportprinzip

ATM arbeitet **verbindungsorientiert**, d.h. alle Pakete einer Verbindung, die zu einer bestimmten Datenübertragung gehören, werden über denselben

Zellvermittlung

Ein Nachteil der Paketvermittlung liegt im Store-and-Forward Prinzip, das alle Technologien, die auf diese Vermittlungstechnik bauen, verlangsamt. Alle an einer Vermittlungsstelle ankommenden Pakete müssen vollständig gespeichert werden, Prüfsummen müssen überprüft und Adressen müssen ausgewertet werden. Zur Erhöhung der effektiven Übertragungskapazität wurden Konzepte wie **Fast Packet Switching** oder **Fast Packet Relaying** entwickelt, die der Grundidee folgen, Pakete so schnell wie möglich weiterzugeben. Das wiederum ist nur möglich, wenn die Paketstruktur einfach gehalten wird, also nur wenige Teile des Pakets zur Weiterleitung ausgewertet werden müssen. Zusätzlich werden die Routing-Algorithmen vollständig in Hardware implementiert, um so einen weiteren Geschwindigkeitsvorteil zu erreichen.

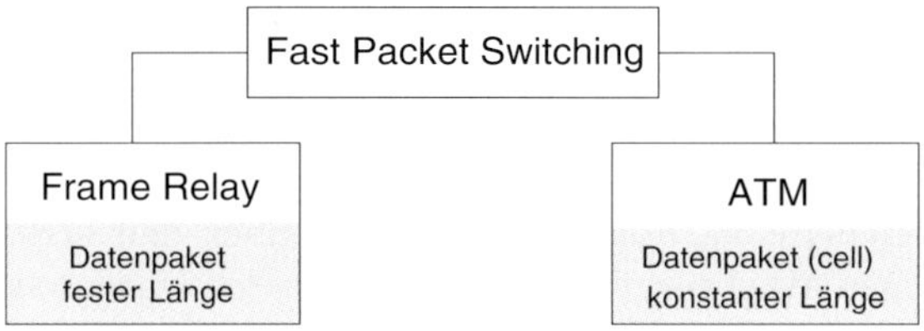

Sowohl **Frame Relay** als auch **ATM** nutzen zur Weiterleitung kurze Platzhalter (Labels) anstelle vollständiger Adressen. Während bei Frame Relay die Zellenlänge variable ist, ist diese bei ATM fest. Zellvermittlung ist in der Lage, isochrone (Audio, Video) und asynchrone Datenübertragung gleichermaßen zu gewährleisten.

Abb. 5.55. Das Prinzip der Zellvermittlung

Weg (virtueller Kanal) transportiert. Vor dem Start einer Datenübertragung, muß zuerst eine Verbindung zum gewünschten Kommunikationspartner aufgebaut werden, bevor die eigentlichen Daten über den festgelegten Weg an ihren Empfänger gesendet werden. Zwar wird keine Garantie für die Übertragung aller Zellen gegeben, doch die korrekte Reihenfolge der einzelnen Zellen wird stets gewährleistet, d.h. werden zwei Zellen A und B versendet, so kommen diese – falls beide ihren Bestimmungsort erreichen – garantiert in der Sendereihenfolge A, B und niemals in umgekehrter Reihenfolge B, A an.

Zentrales Element innerhalb des ATM-Datentransferverfahrens ist das Konzept des **virtuellen Kanals** (Virtual Channel, VC) und des **virtuellen Pfades** (Virtual Path, VP). Ein **virtueller Kanal** ist eine unidirektionale Verbindung zum Reihenfolge-erhaltenden Transport von ATM-Zellen, der über eine numerische Kennung (Virtual Channel Identifier, VCI) realisiert wird. Man unterscheidet permanente virtuelle Kanäle (**Permanent Virtual Circuit, PVC**), die dauerhaft vom Anwender von Hand eingerichtet werden und oft für Monate oder gar Jahre bestehen, und transiente virtuelle Kanäle (**Transient Virtual Channel, TVC**), die nur vorübergehend arbeiten und nach dem gleichen Prinzip wie Telefonanrufe ablaufen, d.h. sie werden jeweils nur für eine bestimmte Übertragung eingerichtet und sofort nach deren Ende

wieder abgebaut. Virtuelle Kanäle werden zu **virtuellen Pfaden** gebündelt und mit einer numerischen Kennung (Virtual Path Identifier, VPI) versehen. Als eine **virtuelle Kanalverbindung** (Virtual Channel Connection, VCC) wird eine Folge virtueller Kanäle zwischen zwei Kommunikationspartnern im ATM-Netz bezeichnet. Jeder Kanalverbindung werden Service-Parameter zugeordnet, die Eigenschaften wie Zellenverlustraten oder Zellenverzögerung spezifizieren. Zusätzlich werden für jede Kanalverbindung Verkehrsparameter (Traffic Parameter) ausgehandelt, deren Einhaltung von den jeweiligen Netzwerkkomponenten überwacht wird. Analog dazu existieren sogenannte **virtuelle Pfadverbindungen** (Virtual Path Connections, VPC). Pfadverbindungen sind Kanalverbindungen übergeordnet und besitzen dieselben Eigenschaften wie Kanalverbindungen.
Wird in ATM ein virtueller Kanal eingerichtet, so geschieht das dadurch, daß auf allen Verbindungsrechnern auf dem Weg vom Sender zum Empfänger ein bestimmter Tabelleneintrag mit Informationen über den errichteten Kanal und den zugehörigen Weg vorgenommen wird. Jedes Datenpaket, das zu einer Übertragung entlang eines bestimmten Kanals gehört, wird dann vom Vermittlungsrechner auf demselben Weg weitergeleitet (siehe Abb. 5.56).

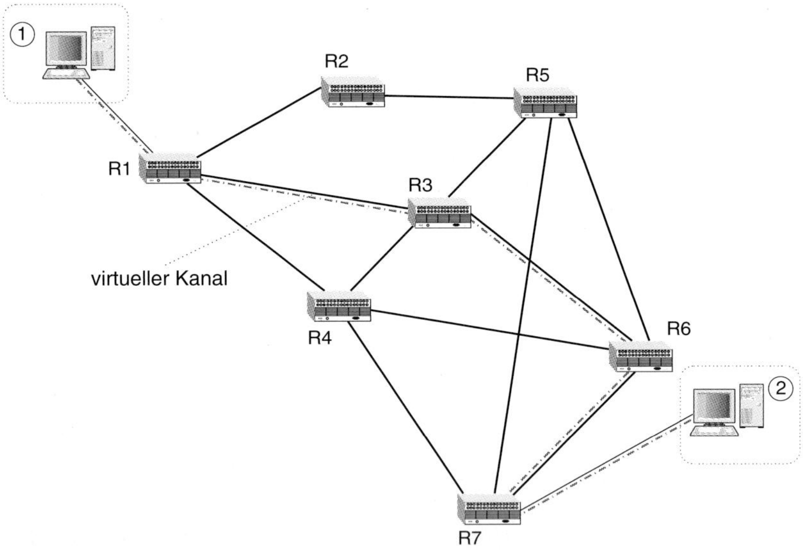

Abb. 5.56. Virtueller Kanal

Zu diesem Zweck halten die Vermittlungsrechner Tabellen in ihrem Speicher vor - die sogenannten **Routing-Tabellen**. Erreicht ein Datenpaket den Vermittlungsrechner, überprüft dieser anhand des Paketheaders, zu welchem virtuellen Kanal das Datenpaket gehört. Danach überprüft der Vermittlungsrechner den Tabelleneintrag für den vorgegebenen virtuellen Kanal und ermittelt daraus, auf welcher Leitung das Datenpaket weitergesendet werden soll. Auf diesen Mechanismus wird im Kapitel „WAN“ noch genauer eingegangen.

Das ATM Datenformat. Betrachtet man das in ATM verwendete Datenformat, so muß man zwei verschiedene Schnittstellen in Betracht ziehen:

- **UNI (User Network Interface)**: Schnittstelle zwischen dem am ATM-Netz angeschlossenen Rechner und dem ATM-Netzwerk, und
- **NNI (Network Network Interface)**: Schnittstelle zwischen zwei Vermittlungsrechnern des ATM-Netzwerks.

Das ATM-Datenpaket – oft auch als ATM-Zelle bezeichnet – besitzt stets eine Länge von 53 Bytes, wobei für beide Fälle, UNI und NNI, jeweils ein 5 Byte langer Header und 48 Byte an Nutzdaten vorgesehen sind. Die Header für UNI und NNI unterscheiden sich kaum (siehe Abb. 5.57).

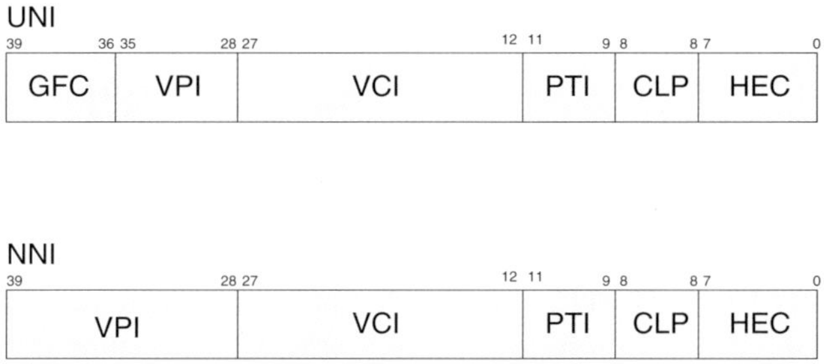

GFC: General Flow Control
VPI: Virtual Path Identifier
VCI: Virtual Channel Identifier
PTI: Payload Type
CLP: Cell Loss Priority
HEC: Header Error Check

Abb. 5.57. ATM-Zellen Datenformat

- Das **GFC**-Feld (General Flow Control) kommt nur in Datenpaketen vor, die zwischen einem angeschlossenen Rechner und einem Vermittlungsrechner kursieren. Im ersten Vermittlungsrechner, den das betreffende Datenpaket erreicht, wird das Feld bereits überschrieben, so daß es niemals den angegebenen Empfänger erreichen kann und daher für die End-zu-End Kommunikation nicht von Bedeutung ist. Anfangs vorgesehen zur Flußkontrolle oder zur Prioritätssteuerung, sieht der ATM-Standard keine bestimmten Werte für dieses Feld vor. Tanenbaum [Tan96] schlug deshalb vor, das GFC-Feld als einen Bug in der Standarddefinition zu betrachten.
- **VPI** (Virtual Path Identifier) dient der Auswahl eines bestimmten virtuellen Pfades am Vermittlungsrechner.

- Ebenso wird über **VCI** (Virtual Channel Identifier) ein bestimmter virtueller Kanal innerhalb des angegebenen virtuellen Pfades gewählt. Da (im UNI-Datenpaket) VPI mit 8 Bit und VCI mit 16 Bit definiert ist, kann ein Rechner theoretisch bis zu 256 virtuelle Pfade mit jeweils maximal 65.536 virtuellen Kanälen ansprechen. Tatsächlich sind es etwas weniger, da einige Kanäle fest für Kontrollfunktionen reserviert sind.
- **PTI** (Payload Type Identifier) gibt den Typ der transportierten Nutzdaten an. Dabei gibt der Nutzer den jeweiligen Typ der Nutzdaten an, während das Netzwerk Informationen über den Netzzustand ergänzt. Z.B. kann eine Zelle mit PTI=000 vom Sender abgeschickt werden. Kommt es zu einem Stau zwischen zwei Verbindungsrechnern des Netzwerks, so ergänzt der Vermittlungsrechner, der den Stau feststellt, PTI=010, damit der Empfänger über die aufgetretenen Netzwerkprobleme informiert und ggf. gewarnt wird.
- Das **CLP** (Cell Loss Priority) dient zur Charakterisierung von hoch und weniger hoch priorisiertem Datenverkehr. Tritt innerhalb des ATM-Netzwerks ein Stau auf, müssen zeitkritische Daten zwangsläufig verloren gehen. Dabei sind die Vermittlungsrechner zuerst bemüht, diejenigen Daten zu verwerfen, für die CLP=1 gilt.
- Das **HEC** (Header Error Check) Feld dient der Prüfsummenbildung über dem Datenpaketheader. Anders als üblich wird hier nur eine Prüfsumme über den Header und nicht über die Nutzdaten berechnet. Dieser Weg wurde gewählt, da ATM-Datenverkehr in der Regel über Glasfasernetze abläuft, die als sehr zuverlässig gelten, so daß eine Überprüfung der Nutzdaten oft als überflüssig angesehen wird. Zum anderen kann HEC wesentlich schneller berechnet werden als eine Prüfsumme über das gesamte Datenpaket, was bei isochronem Datenverkehr von besonderer Bedeutung ist. Weiter nimmt man bei isochronem Datenverkehr wie Audio- oder Videoübertragungen auftretende Fehler in den Nutzdaten auch in Kauf, da sie die Qualität der Datenübertragung nicht wesentlich beeinträchtigen.

Danach folgen 48 Byte Nutzdaten, über die der Nutzer allerdings nicht vollständig verfügen kann, da etwa weitere Kontroll- und Headerinformationen von übergeordneten Protokollen zusätzlich mit den Nutzdaten übertragen werden.

ATM-Schnittstellen und Netzaufbau. Im Gegensatz zu den bisher behandelten Technologien wie Ethernet oder Token Ring setzt der ATM Standard bezogen auf das Schichtenmodell der Kommunikationsprotokolle oberhalb des Physical Layers an und beinhaltet keinerlei Vorschriften bezogen auf die zur Bitübertragung verwendete Technologie. ATM wurde mit dem Ziel entworfen, gegenüber dem physikalischen Übertragungsmedium weitgehend unabhängig zu sein. So können ATM-Zellen auch eingekapselt als Nutzdaten einer anderen Netzwerktechnologie wie etwa FDDI oder Fast Ethernet übertragen werden.

Warum 53 Byte?

Warum besitzen ATM-Datenpakete alle eine feste Länge und warum ausgerechnet 53 Byte? Die Antwort auf die erste Frage fällt leicht: Nur eine feste Paketlänge ermöglicht es ATM, die gewünschten Eigenschaften überhaupt zu erzielen. Das **Switching** als Prozeß der Weiterleitung von Datenpaketen bei ATM muß mit einer sehr hohen Geschwindigkeit ablaufen. Das kann nur erreicht werden, wenn die dazu benötigten Algorithmen fest verdrahtet in Hardware vorliegen. Um dies mit vertretbarem Aufwand zu realisieren, müssen alle Datenpakete die gleiche Länge besitzen, sonst wären Ausnahmebehandlungen und dazu notwendige Routinen nötig. Zudem reduziert sich der **Bearbeitungsaufwand** für die einzelnen Datenpakete. Die Länge ist vorgegeben und muß daher nicht erst berechnet werden. Als letztes ist das von ATM verwendete **statistische Multiplexing** nur durch eine feste Zellenlänge optimal realisieren. Mit Zellen von variabler Länge wäre ein statistisches Multiplexing verschiedener Datenströme auf einer VP-/VC-Verbindung nicht möglich.

Aber warum ausgerechnet **53 Byte**? Eigentlich umfaßt die Länge der Nutzdaten in einem ATM-Paket nur 48 Bytes, 5 Byte sind für den Header des Datenpakets vorgesehen, der entsprechende Kontrollinformationen beinhaltet. Diese 48 Byte sind Teil eines Kompromisses, der zwischen Anwendungen aus der Sprachkommunikation einerseits und der Datenkommunikation andererseits erzielt wurde. Bei der Frage der ATM-Standardisierung votierte die USA für eine Zellenlänge von 64 Byte, die auf den Einsatz in der Sprachkommunikation optimiert war. Die Europäer dagegen, die hauptsächlich an einem Einsatz in der Datenkommunikation interessiert waren, favorisierten 32 Byte. Als Kompromiß zwischen beiden Fraktionen wurde schließlich der Mittelweg gewählt. Eingang in die Überlegungen zur Wahl der geeigneten Datenpaketlänge finden dabei Faktoren wie die Übertragungsgeschwindigkeit, die Schaltgeschwindigkeit, Verzögerungen und das Verhalten der Warteschlangen an den Vermittlungsrechnern (Pipelining) im Netzwerk.

Für das „Schalten" einer ATM-Zelle, die auf einem 155 Mbps-Link übertragen wird, stehen maximal

$$\frac{53 \cdot 8}{155} = 2,735\ \mu s$$

zur Verfügung. In der Regel verfügt ein ATM-Switch über eine Vielzahl von Links, die mit unterschiedlichen Übertragungsraten arbeiten können. Mit zunehmender Anzahl von Links und kürzerer Zellenlänge verringert sich die zur Verfügung stehende Zeit, um eine ATM-Zelle weiterzuleiten, und die Schaltgeschwindigkeit des ATM-Switches muß erhöht werden.

Wird ein Datenpaket über mehrere Vermittlungsrechner weitergeleitet, so werden Header und Nutzdaten jedesmal vor der Weiterleitung überprüft. Bevor eine Weiterleitung erfolgt, müssen sie daher zwischengespeichert werden. Eine Weitersendung kann erst begonnen werden, wenn das Paket vollständig angekommen ist und dessen Fehlerfreiheit attestiert wurde. Je länger also die Zelle, desto größer die Verzögerung, da erst der vollständige Empfang abgewartet werden muß.

Abb. 5.58. Die ATM-Zelle

ATM definiert ein eigenes Protokollschichtenmodell, das sich aus drei Schichten zusammensetzt. Jede dieser Schichten unterteilt sich in zwei Subschichten, also in eine unten liegende Schicht, die die eigentlichen Aufgaben der Schicht übernimmt, und eine sogenannte Konvergenz-Subschicht, deren Aufgabe lediglich in der Bereitstellung eines geeigneten Interfaces für die darüberliegende Schicht besteht (siehe Tab. 5.10):

- **Physical Layer**
  Ist kein Bestandteil der ATM-Spezifikation und ist in mehrere Schichten (Sublayer) aufgeteilt:
  - Eine medienabhängige Schicht (**Physical Medium Dependent, PMD**) als aktuelle Schnittstelle zum Übertragungsmedium. Hier werden die eigentlichen Bits übertragen und zeitliche Abhängigkeiten festgelegt und überprüft. Unterschiedliche Übertragungsmedien benötigen verschiedene PMDs.
  - Darüber liegt der **Transmission Convergence, TC** Sublayer. Sollen einzelne ATM-Zellen übertragen werden, sendet der TC Sublayer diese als Zeichenfolge an den PMD Layer. In umgekehrter Richtung verarbeitet der TC-Layer direkt den ankommenden Bitstrom, der in einzelnen ATM-Zellen übertragen wird. Diese Aufgabe der Paketierung wird im ATM-Schichtenmodell der physikalischen Schicht zugeordnet, während sie in anderen Modellen in der Regel der darüberliegenden Verbindungsschicht (Data Link Layer) zugeordnet wird.
- **ATM Layer**
  Ist nicht weiter in Sublayer unterteilt. Seine Hauptaufgabe liegt in der Generierung, Verarbeitung und dem Transport von ATM-Zellen. Hier werden die Zellen „layoutet“ und die Headerinformationen bereitgestellt. Dazu kommen Einrichtung und Aufhebung von virtuellen Kanälen. Die ATM-typischen Aspekte dieser Technologie sind im ATM-Layer angesiedelt. Seine Funktionalität läßt sich gemäß dem Internetprotokoll-Schichtenmodell zwischen der Verbindungsschicht und der Netzwerkschicht ansiedeln.
- **ATM Adaption Layer**
  Da die meisten Anwendungen nicht direkt mit ATM-Zellen arbeiten, wurde diese Schicht oberhalb des ATM-Layers eingefügt. Sie gestattet es Anwendungen, auch längere Datenpakete direkt zu übergeben. Diese Datenpakete werden im ATM Adaption Layer in einer Richtung in einzelne ATM-Zellen segmentiert und in der anderen wieder zusammengesetzt. Daher unterteilt sich diese Schicht in den **SAR**-Sublayer (**Segmentation and Reassembly**), der die eben beschriebene Aufgaben übernimmt, und den **CS**-Sublayer (**Convergence Sublayer**), der es dem ATM-System ermöglicht, angepaßte Dienste für unterschiedliche Anwendungen anzubieten (z.B. haben ein Dateitransfer und Video-on-Demand unterschiedliche Anforderungen bzgl. Fehlertoleranz und Timing).

Zusätzlich weist das ATM-Schichtenmodell eine vertikale Unterteilung in sogenannte **Ebenen** (**Planes**) auf (siehe Abb. 5.59). Dabei werden eine **User-Plane** (Benutzer-Ebene), die zuständig ist für Transport, Flußkontrolle und Fehlerkorrektur der eigentlichen Benutzerdaten, und eine **Control-Plane** (Kontroll-Ebene) unterschieden, in der verbindungsrelevante Kommunikation stattfindet. Dazu kommen noch eine **Layer Management Plane** (Schichten-Management) und eine **Plane Management Plane** (Ebenen-

Tabelle 5.10. ATM-Schichtenmodell

ATM Schicht	ATM Schicht	Aufgabe	TCP/IP Schicht
AAL	CS	stellt Standardinterface zur Verfügung	3/4
	SAR	Segmentieren und Zusammensetzen	
ATM		Flußkontrolle	2/3
		Zellheadergenerierung und -auswertung	
		Management virtueller Pfade/Kanäle	
		Zellmultiplexing	
Physical	TC	Generierung/Verifikation von Prüfsummen	2
		Zellgenerierung	
		Ein-/Auspacken von Zellen	
	PMD	Bit Timing	1
		Physikalischer Netzwerkzugang	

Management), in denen Funktionen zum Ressourcenmanagement und zur Schichtenkoordination abgewickelt werden.

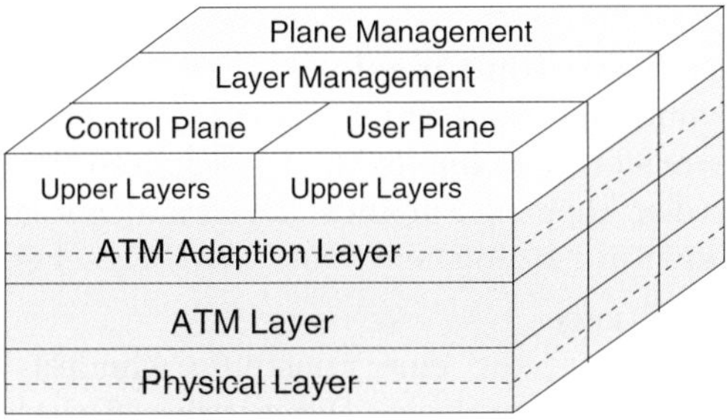

Abb. 5.59. ATM-Schichten/Ebenenmodell

Prinzipiell handelt es sich bei ATM-Verbindungen um simple Punkt-zu-Punkt Verbindungen, d.h. anders als z.B. bei einer Bustopologie wie Ethernet kommunizieren über ein Kabel niemals mehr als ein Sender und ein Empfänger. Multicast oder Broadcast wird in ATM-Netzwerken erreicht, indem ein auf einer Leitung beim ATM-Vermittlungsrechner eingehendes Datenpaket, das an eine Multicast-Adresse (d.h. an mehrere Adressaten gleichzeitig) gerichtet ist, von diesem auf mehreren Leitungen weiterversendet wird. Jede Verbindung ist dabei unidirektional. Um einen bidirektionalen Betrieb zu erlauben, müssen zwei parallele Verbindungen geschaltet werden.

ATM Dienstklassen. ATM ist zur Übertragung unterschiedlicher Medienformate geeignet. Video, Audio oder ein reiner Dateitransfer stellen unterschiedliche Anforderungen an das Transportmedium hinsichtlich der Dienstqualität. Daher wurden für ATM in Anlehnung an die für B-ISDN in ITU I.362 spezifizierten Dienstklassen vier verschiedene **Dienstklassen** (Service Categories) definiert (siehe Tab. 5.11), die sich in den folgenden Eigenschaften unterscheiden:

Tabelle 5.11. ATM Dienstklassen für unterschiedliche Anwendungen nach ITU-T

Dienstklasse	A	B	C	D
Zeitbezug	ja synchron	ja synchron	nein asynchron	nein asynchron
Bandbreite	konstant	variabel	variabel	variabel
Verbindungsart	verbindungs-orientiert	verbindungs-orientiert	verbindungs-orientiert	verbindungs-los
Diensttyp	1/2	1/2	3/4/5	3/4/5
Beispiel	Telefon, MPEG 1	komprimierte Sprache MPEG 2	X.25, Frame Relay	inter-LAN

- **verbindungsorientiert** oder **verbindungslos**
  ATM selbst arbeitet verbindungsorientiert. Dennoch gibt es Anwendungen, wie etwa den Dateitransfer, die ohne explizit geschaltete Verbindung effizienter übertragen werden können. Für diese Dienste der sogenannten **Inter-LAN-Kommunikation** ist die Dienstklasse **D** vorgesehen.
- **konstante** und **variable Bitrate**
  Neben isochronen Datenströmen, die eine konstante Mindest-Übertragungsrate erfordern, werden auch asynchrone Datenströme übertragen, die oftmals einer hohen Schwankung der Übertragungsrate bezogen auf den Übertragungszeitraum unterliegen.
- **Zeitbeziehung Sender/Empfänger**
  Vor allem Video- und Audioübertragungen benötigen eine enge zeitliche Koppelung zwischen Sender und Empfänger, wobei zwar eine begrenzte Verzögerung akzeptabel ist, die jedoch keinen Schwankungen (Varianz) unterliegen darf. Überschreitet die Varianz einen Grenzwert, kommt es zu sogenannten **Jitter**-Effekten, die sich störend auf eine korrekte Darstellung auswirken.

Neben den durch die ITU-T standardisierten Dienstklassen verwendet das ATM-Forum eine eigene Einteilung (siehe Tab. 5.12). In Anlehnung an die ITU-T Dienstklasseneinteilung definierte das ATM-Forum die einzelnen Klassen rein qualitativ, ohne dabei konkrete Zahlenwerte anzugeben. Zur genaueren Beschreibung der Anforderungen eines Dienstes dienen die folgenden in

ITU I.356 spezifizierten quantitativen **Verkehrsparameter** (Traffic Parameter):

- **Peak Cell Rate (PCR)**
  Gibt die maximale Übertragungsrate in Zellen pro Sekunde an, die für einen Dienst benötigt wird.
- **Sustained Cell Rate (SCR)**
  Gibt die durchschnittliche Übertragungsrate an, die ein Dienst benötigt. Die dazu notwendige Mittelwertbildung erfolgt über einen langen Zeitraum.
- **Minimum Cell Rate (MCR)**
  Gibt die Mindest-Datenübertragungsrate an, die für einen Sender jederzeit verfügbar sein muß, damit der Dienst korrekt erbracht werden kann.
- **Initial Cell Rate (ICR)**
  Gibt die Datenübertragungsrate an, mit der ein Sender nach einer Pause seine Übertragung von Neuem beginnen soll.
- **Cell Delay Variation Tolerance (CDTR)**
  Gibt die Variation der Zeitabstände zwischen zwei aufeinander folgenden Zellen an.
- **Burst Tolerance (BT)**
  Gibt die maximale Zahl der Zellen an, die in einem sogenannten Burst – also unmittelbar nacheinander – gesendet werden dürfen.

Tabelle 5.12. ATM Dienstklassen des ATM-Forums

Dienstklasse	Bezeichnung	Eigenschaft
CBR	Constant Bit Rate	entspricht der Leitungsvermittlung
RT-VBR	Realtime Variable Bit Rate	geringe Verzögerung und Jitter, geeignet für Sprach- und Videoübertragung mit Bursts
NRT-VBR	Non Realtime VBR	geringe Verzögerungsschwankung, jedoch hohe Verzögerung
ABR	Available Bit Rate	nutzt verbleibende Kapazität eines Pfades, minimale Übertragungsrate für Zellen ist garantiert
UBR	Unspecified Bit Rate	keinerlei Dienstgarantien
GFR	Guaranteed Frame Rate	garantiert eine minimale Übertragungsrate für TCP/IP-Pakete

Neben den Verkehrsparametern definiert das ATM Forum einen weiteren Satz von **Dienstklassenparametern** (Quality of Service Parameter), die während des laufenden Betriebs im ATM-Netzwerk vor dem Verbindungsaufbau zwischen zwei angeschlossenen Endsystemen ausgehandelt werden können:

- **Cell Transfer Delay (CTD)**
  Gibt die mittlere, sowie die maximale Zeitdauer an, die eine Zelle zur Übertragung zwischen Sender und Empfänger benötigt.
- **Cell Delay Variation (CDV)**
  Gibt die Schwankung der Übertragungsdauer zwischen einzelnen Zellen an.
- **Cell Loss Ratio (CLR)**
  Gibt die Zahl der Zellen an, die nicht oder zu spät beim Empfänger ankommen, bezogen auf die Gesamtzahl der gesendeten Zellen. Dabei können Zellenverluste durch zu lange Wartezeiten an den Vermittlungsrechnern im ATM-Netz bzw. durch Übertragungsfehler entstehen.
- **Cell Missinsertion Rate (CMR)**
  Gibt die Anzahl der Zellen an, die während eines bestimmten Zeitintervalls bedingt durch Übertragungsfehler bei einem anderen als den vorherbestimmten Empfänger ankommt.
- **Cell Error Rate (CER)**
  Gibt den Anteil der Zellen an, die in Folge von Übertragungsfehlern derart beschädigt beim Empfänger ankommt, daß diese für den Empfänger nutzlos sind.
- **Severely-Errored Cell Block Ratio (SECBR)**
  Gibt den Anteil von Blöcken an, in denen eine bestimmte Anzahl von Zellen fehlerhaft übertragen worden ist. Die Anzahl der Zellen pro Block ist konstant und wird im Vorfeld festgelegt. Somit ist SECBR ein Maß für sogenannte Bündelfehler, die auf einer Übertragungsstrecke auftreten können.

Die Zuweisung der Dienstklassenparameter zu den einzelnen Dienstklassen ist Abb. 5.4.5 zu entnehmen. Ist ein Parameter in einer bestimmten Dienstklasse spezifiziert, wird der Tabelleneintrag mit **ja** angegeben, sonst mit **nein**. Macht eine Anwendung des Parameters in einer bestimmten Dienstklasse keinen Sinn, so ist das mit **n.a.** vermerkt. Die Spalte **Art** gibt an, ob es sich um einen Verkehrsparameter (**Verkehr**) oder um einen Dienstklassenparameter (**QoS**) handelt.

Mechanismen zur Überlaststeuerung. Wie bei jeder anderen Netzwerktechnologie, so muß auch bei ATM Vorsorge getroffen werden, daß eine Überlastung des Netzwerks vermieden und jederzeit die Einhaltung der Verkehrsgarantien gewährleistet wird. Dabei kommen unterschiedliche Mechanismen zum Einsatz, die den jeweiligen Eigenheiten einer bestimmten Dienstklasse entsprechen. Folgende Konzepte zur Überlaststeuerung finden in ATM Anwendung:

Tabelle 5.13. ATM Dienstklassen und Dienstklassenparameter

Parameter	Dienstklasse CBR	RT-VBR	NRT-VBR	ABR	UBR	Art
PCR, CDVT	ja	ja	ja	ja	ja	Verkehr
SCR, BT	n.a.	ja	ja	n.a.	n.a.	Verkehr
MCR	n.a.	n.a.	n.a.	ja	n.a.	Verkehr
CTD	max CDT	max CTD	avg CTD	nein	nein	QoS
CDV	ja	ja	nein	nein	nein	QoS
CLR	ja	ja	ja	ja	nein	QoS

- Während des Verbindungsaufbaus verlangen die beteiligten Endsysteme eine bestimmte Dienstgüte, die mit Hilfe der Verkehrsparameter spezifiziert wird. Dabei überprüft das ATM-Netzwerk, ob es in der Lage ist, die gewünschten Verkehrsparameter zu erfüllen. Ist dies der Fall, wird eine Verbindung zugelassen, wenn nicht, so wird der Verbindungsaufbau abgelehnt. Dieser Prozeß wird auch als Zulassungsüberprüfung **Connection Admission Control, CAC**, bezeichnet und an der Schnittstelle zwischen Endsystem und Netzwerk durchgeführt (UNI). Eine Zulassungsüberprüfung wird für alle Dienstklassen (A-D) durchgeführt.
- Nach der Anforderung des Endsystems und der erfolgten Zusage des ATM-Netzwerks ist ein sogenannter **Verkehrsvertrag** (Traffic Contract) zustande gekommen.
- Eine **Verkehrssteuerung** sorgt nach abgeschlossenem Verbindungsaufbau dafür, daß alle innerhalb des Verkehrsvertrags ausgehandelten Parameter eingehalten und falls notwendig auch erzwungen werden. In Zellen, die gegen den Verkehrsvertrag verstoßen, wird das CLP-Bit gesetzt (CLP=1, Cell Tagging). Zellen, deren CLP-Bit gesetzt ist, werden bei einem Stau als erstes verworfen. Dieses Verfahren kommt in der Dienstklasse B zum Einsatz. Eine andere Möglichkeit besteht darin, nicht vertragskonforme Zellen sofort als ungültig zu verwerfen (Cell Discard). Zuständig für diese Maßnahmen (User Parameter Control) ist jeweils der erste Vermittlungsrechner, bei dem die vom Endsystem versendeten Zellen ankommen. Die Klassen C und D gestatten keine Zellenverluste, so daß das CLP-Bit basierte Verfahren hier nicht zum Einsatz kommen kann.
- Um einen eintreffenden Datenstrom zeitlich möglichst gleichmäïg zu verteilen, kommt ein als **Netzlastformung** (Traffic Shaping) bezeichnetes Verfahren zum Einsatz. Es werden sowohl Spitzendatenrate als auch Burstlänge begrenzt, um auf diese Weise das Auftreten von lokaler Überlast zu verhindern. Dabei sind sowohl das jeweilige Endsystem bzw. der erste Vermittlungsrechner und alle nachfolgenden beteiligt.

Die verfügbare Übertragungskapazität wird für die Dienstklassen C und D folgendermaßen ermittelt: Das sendewillige Endsystem sendet eine für das Ressourcenmanagement bestimmte Zelle (PTI-Feld=110), in der die gewünschte

Übertragungsrate eingetragen ist, an den Empfänger. Jeder dazwischenliegende Vermittlungsrechner, den die Zelle durchläuft, überprüft, ob er die gewünschte Übertragungskapazität zur Verfügung stellen kann. Falls nicht, kann er die eingetragene Datenübertragungsrate entsprechend reduzieren. Der Empfänger überprüft seinerseits den Eintrag in der Ressourcenanforderung und sendet die Zelle entsprechend wieder zum ursprünglichen Sender zurück. So kann der Sender durch Auswertung der Zelle feststellen, wie hoch die maximale für ihn reservierbare Datenübertragungsrate ist.

ATM-LAN-Emulation. Der Übergang einer bestehenden Netzwerkarchitektur innerhalb eines Unternehmens hin zu einer neuen LAN-Technologie, ist oft mit großem technischen Aufwand und hohen Kosten verbunden, da die bestehende Implementation von Grund auf ersetzt werden muß. ATM-Netzwerke können hingegen sehr effizient in eine bestehende LAN-Architektur integriert werden, da diese die Möglichkeit bieten, bestehende Netzwerkanwendungen auf Emulationsbasis über ATM hinweg zu betreiben. Diese Technik wird als **ATM-LAN-Emulation** (**ATM-LANE**) bezeichnet. Aus Sicht der jeweiligen LAN-Anwendung verhält sich der ATM-LAN-Emulationsdienst dabei genauso wie eine traditionelle LAN-Software, während Endsysteme direkt an das ATM-Netzwerk angeschlossen werden können.
Mit Hilfe einer Brückenfunktionalität können traditionelle LANs direkt mit ATM verknüpft werden. Allerdings kann das aufgrund der völlig unterschiedlichen Funktionsweise von ATM im Vergleich zu Ethernet- oder Token Ring Netzwerken nicht ohne Weiteres geschehen. Die grundlegenden Unterschiede der beiden Technologien sind dabei die folgenden:

1. Herkömmliche LAN Technologien wie Ethernet oder Token Ring arbeiten **verbindungslos**, während ATM **verbindungsorientiert** arbeitet. Die Daten werden von den traditionellen LAN-Systemen in der Hoffnung versendet, daß diese ihren Empfänger auch unversehrt erreichen. Auf eine Empfangsbestätigung wird in der Regel verzichtet. Verlorene Pakete können erst über Mechanismen in höher gelegenen Protokollschichten (z.B. TCP) erneut angefordert werden.
2. **Multicast** und **Broadcast** können aufgrund des gemeinsam genutzten Übertragungsmediums in herkömmlichen LAN-Technologien viel einfacher realisiert werden. Da alle Endgeräte hier per Definition an dasselbe Übertragungsmedium angeschlossen sind, erreicht jedes Datenpaket ohnehin jedes Endgerät im Netzsegment. Lediglich eine Filterung bzgl. der Empfängeradresse, die in den jeweiligen Netzwerkadaptern der Endgeräte durchgeführt wird, vermittelt den Eindruck einer exklusiven Kommunikationsbeziehung. Wird eine Broadcast-Adresse als Empfängeradresse angegeben, so kann durch Versenden eines einzigen Pakets das gesamte Netzwerksegment angesprochen werden. Das verbindungsorientierte ATM-Protokoll stellt für jedes Kommunikationspaar einen Kommunikationspfad (VP/VC) zur Verfügung, dessen Parameter wie Bandbreite und

Übertragungsverzögerung jeweils in der Phase des Verbindungsaufbaus ausgehandelt werden. Jedes über diesen Pfad versendete Datenpaket erreicht genau nur den designierten Empfänger und keinen anderen Rechner innerhalb des Netzwerks. Eine Broadcast-Nachricht an k Empfänger verlangt daher den Aufbau von k unterschiedlichen Kommunikationspfaden.
3. LAN MAC-Adressen basieren auf der Seriennummer des Herstellers des Netzwerkadapters und sind unabhängig von der Netzwerktopologie. Das zur Zuordnung von MAC-Adressen zu IP-Adressen genutzte ARP-Protokoll (siehe Kap. 7.2.2) basiert auf der Verwendung von Broadcasts. In ATM muß eine solche Zuordnung allerdings abhängig von der Netzwerktopologie mit Hilfe von Zuordnungstabellen innerhalb der Vermittlungsrechner im ATM-Netz vorgenommen werden.

Die vom ATM-Forum standardisierte LAN-Emulation wird durch vier Dienstmodule, die auf dem ATM Adaption Layer (AAL-5) aufsetzen, realisiert (siehe auch Abb. 5.60):

- **LAN Emulation Client (LEC)**
  Software, die alle notwendigen Steueroperationen sowie die Datenübertragung über die ATM-Schnittstelle durchführt. Anwendungen in darüberliegenden Protokollschichten wird jeweils ein spezielles MAC-Interface zur Verfügung gestellt.
- **LAN Emulation Server (LES)**
  Software zur Steuerung des emulierten LANs, schließt Registrierung von LECs und Zuordnung von MAC- zu ATM-Adressen mit ein. LEC muß dazu die von ihm repräsentierte MAC-Adresse, die korrespondierende ATM-Adresse und ggf. Routinginformation beim LES anliefern. Zum Versand eines Datenpakets wird als erstes in der Adresstabelle des LES nach der ATM-Adresse des Empfängers gesucht. Ist diese nicht vorhanden, so wird sie mit Hilfe eines Broadcasts des BUS-Servers ermittelt.
- **LAN Emulation Configuration Server (LECS)**
  Software zur Verwaltung der gleichzeitigen Zugehörigkeit des LEC zu verschiedenen emulierten LANs über eine spezielle Konfigurationsdatenbank.
- **Broadcast and Unknown Server (BUS)**
  Software zur Vermittlung aller Broadcast- und Multicast-Datenpakete von LECs. Dazu zählen sowohl Datenpakete mit nativen Multicast- und Broadcastadressen, Datenpakete mit MAC-Adressen zu denen dem LEC keine zugehörige ATM-Adresse bekannt ist bzw. die nicht vom zugehörigen LES ermittelt werden konnte, sowie sogenannte Explorer-Datenpakete des Source-Routing-Mechanismus, die zur Ermittlung einer optimalen Route dienen.

Die LAN-Datenpakete selbst werden eingekapselt in sogenannten LAN-Emulations-Datenpaketen über die AAL-5 Schicht übertragen. Die Operationen zwischen den einzelnen Softwarekomponenten der LAN-Emulation werden mit Hilfe von Steuerverbindungen (Control VCC) und Datenverbindungen

(Data VCC) abgewickelt. Control VCCs koppeln dabei LECs mit LES und LECS, während die Kommunikation zwischen BUS und LEC, sowie zwischen einzelnen LECs jeweils über Data VCCs erfolgt. Ein LEC, der sich zur Teilnahme an einem emulierten LAN beim LECS anmeldet, handelt mit diesem über eine Configuration-Direct-VCC die entsprechenden Verbindungsparameter (Adressen, LAN-Bezeichnung, Datenpaketgröße) aus.

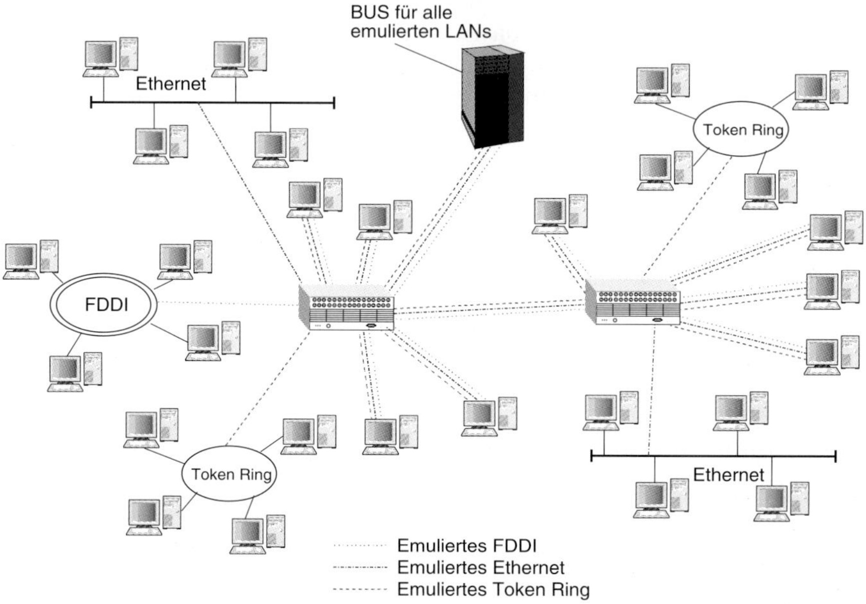

Abb. 5.60. Heterogenes Ethernet/Token Ring/FDDI auf der Basis von ATM-LAN Emulation

Exkurs 16: ATM – Zellvermittlung (Switching)

Das zentrale Element in ATM-Netzwerken sind die **ATM-Vermittlungsrechner** (ATM-Schalteinheiten, ATM-Switches, ATM-Cross-Connects). Um ein Hochgeschwindigkeitsnetzwerk auf Basis dieser ATM-Switches aufzubauen, müssen diese in der Lage sein, Datendurchsatzraten im Giga- und Terabitbereich zu gewährleisten. Dies kann nur dadurch erreicht werden, daß die zum Routing notwendigen Algorithmen vollständig in Hardware realisiert sind. Zusätzlich wird die durch ATM vorgeschriebene konstante Datenpaketgröße ausgenutzt, um die notwendigen Algorithmen weitgehend und massiv parallel zu implementieren. Die Schaltgeschwindigkeit eines ATM-Switches übersteigt die Datenübertragungskapazität der angeschlossenen Endgeräte um ein Vielfaches. Nur so können alle angeschlossenen Endgeräte die angestrebte Bandbreite im vollen Umfang nutzen.
Erreicht ein Datenpaket den ATM-Switch an einem seiner Input-Ports, so muß dieser als erstes die Kanal- und Pfadidentifikation (VCI/VPI) des Datenpakets auswerten. Danach erfolgt die Weiterleitung des Pakets an den designierten Output-Port des

ATM-Switches. Man unterschiedet grundsätzlich zwischen **ATM-Pfadvermittlungen** (VP-Switches, Crossconnect) und **ATM-Kanalvermittlungen** (VC-Switches, ATM-Switch, siehe Abb. 5.61). Innerhalb einer ATM-Pfadvermittlung werden alle ankommenden Pfade be-

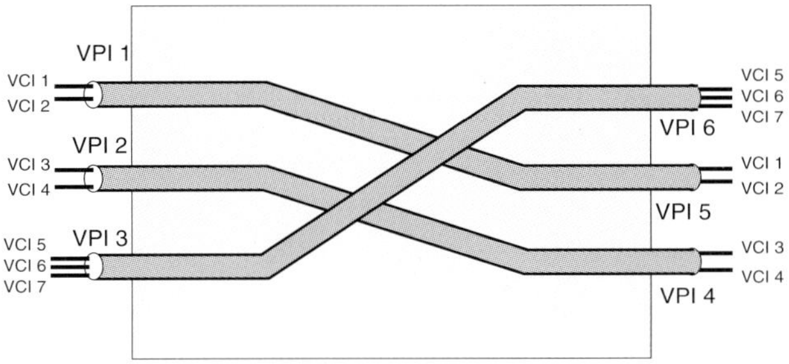

Abb. 5.61. ATM-Pfadvermittlung

endet und – inklusive aller im Pfad befindlichen Kanäle – in einen anderen Pfad geleitet, während die einzelnen ATM-Kanäle davon unberührt bleiben. Im Gegensatz dazu beenden ATM-Kanalvermittlungen eingehende Pfade und Kanäle und leiten diese in neue Pfade und Kanäle um. Wird ein Pfad in einem ATM-Switch abgeschlossen, so muß ebenfalls auch der dazugehörige Kanal beendet werden.

Das eigentliche Herzstück des ATM-Vermittlungsrechners ist die sogenannte **Switching Fabric**, in der die Weiterschaltung der einzelnen ATM-Zellen organisiert wird. Dabei soll die Switching Fabric dynamische Übertragungswege zwischen Input-Ports und Output-Ports des ATM-Vermittlungsrechners bereitstellen, so daß möglichst wenige interne und externe Konflikte auftreten. Von einem internen Konflikt ist dann die Rede, wenn sich zwei ATM-Zellen innerhalb eines mehrstufigen Schaltnetzwerks innerhalb des ATM-Vermittlungsrechners um denselben Output-Port bemühen. Tritt eine solche Blockade am Ausgang des internen Schaltungsnetzwerkes des ATM-Vermittlungsrechners auf, so spricht man von einem externen Konflikt (siehe Abb. 5.62). Die Switching Fabric selbst ist aus einzelnen Zellvermittlungseinheiten – den **Schaltelementen** (Switching Elements) – aufgebaut. Allerdings ist die Anzahl der durch die Schaltelemente zur Verfügung gestellten Input- und Output-Ports in der Regel zu gering, um den Anforderungen eines ATM-Netzwerkes gerecht zu werden, so daß diese zu größeren Strukturen zusammengeschaltet werden.

Die Schaltelemente selbst setzen sich aus sogenannten **Interconnection-Netzwerken** zusammen, die die eigentlichen Übertragungswege für die ATM-Datenpakete bereitstellen. Grundsätzlich unterscheidet man zwei Arten von Interconnection-Netzwerken:

- **Matrix-Netzwerke**
  Hier werden durch ein Netz aus Übertragungspfaden alle Eingänge eines Schaltelements mit allen seinen Ausgängen verknüpft. Die ATM-Datenpakete werden parallel über dieses Netzwerkgitter (**Crossbar**) synchron zum lokalen Takt des Schaltelements übertragen. Sollen dabei zwei ATM-Datenpakete über denselben Output-Port weitergeleitet werden, so kommt es zu einer Blockierung. Um Datenverluste durch Blockierung zu vermeiden, müssen an den Input- und Output-Ports bzw. an den Kreuzungspunkten der Übertragungswege, Zwischenspeicher, die als Puffer fungieren, eingerichtet werden.
- **Time-Division-Multiplexing-Netzwerke**
  Entweder werden bei diesem Verfahren alle ATM-Datenpakete seriell über eine gemeinsame Bus- oder Ringstruktur (**Shared Medium Switching**) übertragen, oder die ATM-Datenpakete werden alle zuerst über einen Input-Controller in einen gemeinsamen Spei-

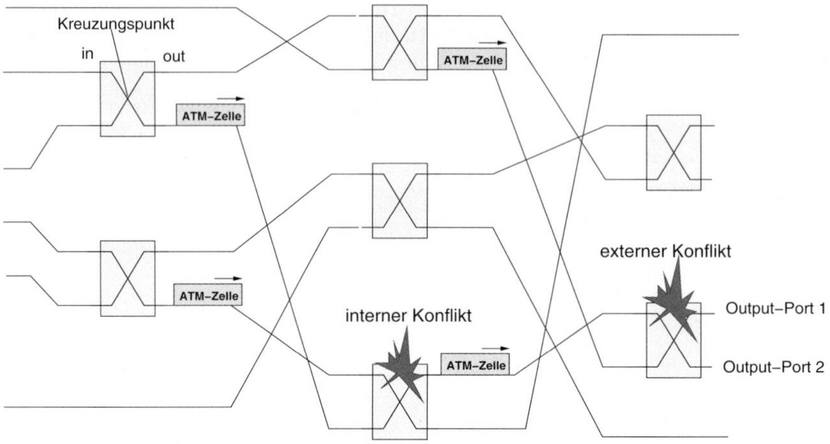

Abb. 5.62. Interne und externe Blockierungen in Schaltelementen

cher geschrieben, bevor sie durch einen Output-Controller wieder aus diesem ausgelesen werden (**Shared Memory Switching**).

Weiterführende Literatur:

O. Kyas: ATM-Netzwerke, Aufbau, Funktion, Performance, 3. Aufl., DATACOM-Buchverlag, Bergheim, Deutschland, 1996.

S. Sounders: The McGraw-Hill High-Speed LAN Handbook, McGraw-Hill, New York NY, USA, 1996.

R. Jäger: Breitbandkommunikation: ATM, DQDB, Frame Relay, Addison-Wesley, Bonn, Deutschland, 1996.

5.4.6 Wireless LAN (WLAN)

Während verkabelte LANs seit Jahren den Netzwerkmarkt dominieren, finden gegenwärtig drahtlose, funkbasierte Netzwerke zunehmende Verbreitung. **Ubiquitäres Computing** mit Netzzugang, vollkommen unabhängig vom aktuellen Standort, auf dem Universitätscampus oder auf öffentlichen Plätzen, ja selbst in öffentlichen Verkehrsmitteln, wird zusehends Wirklichkeit, die unser Leben in vielen Facetten verändert. War es bislang eine Kostenfrage bzw. stieß eine drahtlose Vernetzung oft auch an technologische Barrieren, so ermöglicht der technische Fortschritt und die damit verbundene Massenproduktion der benötigten Komponenten eine immer weitreichendere Verbreitung.
Historisch gesehen reicht die Entwicklung drahtloser Computernetzwerke zurück bis in das Jahr 1971. In jenem Jahr gelang Norman Abrahamson

und seinen Kollegen von der Universität Hawaii die Vernetzung der Hawaiianischen Hauptinseln über ein Funknetz mit dem Namen **ALOHAnet**. Das ursprüngliche ALOHAnet war als bidirektionale Sterntopologie ausgelegt, das sieben einzelne Rechner auf vier verschiedenen Inseln mit dem Zentralrechner auf der Insel Oahu bei einer Übertragungskapazität von 9.600 bps verband, ohne daß dabei irgendwelche kabelbasierten Übertragungsmedien zum Einsatz kamen. Auslöser für die Entwicklung eines funkbasierten Netzwerkes waren die unzuverlässigen und zudem sehr teuren Telefonkabelverbindungen zwischen den Inseln Hawaiis, die Abrahamson dazu veranlaßten, ein drahtloses Netzwerk in Verbindung mit einem einfachen Vielfach-Zugriffsprotokoll (pure Aloha, slotted Aloha, siehe Kap. 5.4.1) zu konzipieren, aus dem später das verbreitete Ethernet-Protokoll hervorgehen sollte. 1972 wurde das ALOHAnet auch an das ARPAnet angeschlossen – erst über Funk und ab 1973 via Satellit –, und Hawaii war fortan online.
Aus topologischer Sicht kommen für ein funkbasiertes LAN generell nur Stern- oder Maschentopologien in Frage. In einer **Maschentopologie** (Mesh Topologie) existieren mindestens zwei Knoten mit mehr als zwei - also redundanten - Verbindungen zwischen diesen Knoten. In einer reinen Maschentopologie (True Mesh Topology, siehe Abb. 5.63 (a)) besteht von jedem Knoten eine Verbindung zu jedem anderen, sie ist also identisch mit einer vollständigen Punkt-zu-Punkt-Vernetzung, anders als bei einer partiellen Maschentopologie (Partial Mesh Topology, siehe Abb. 5.63 (b)). Eine reine Maschentopologie bleibt in der Regel einem Backbone-Netz vorbehalten, da hier eine hohe Ausfallsicherheit garantiert werden muß. Mit solchen Backbone-Netzen sind dann oft weitere, partielle Maschentopologien verknüpft.

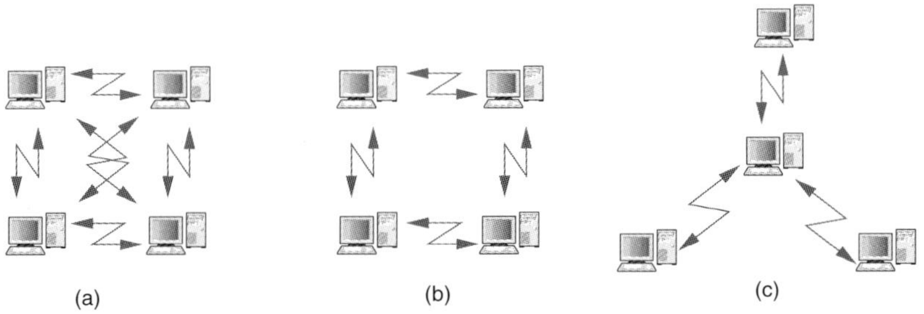

Abb. 5.63. WLAN-Topologie: (a) reine Maschentopologie, (b) partielle Maschentopologie und (c) Sterntopologie

Die **Sterntopologie** (siehe Abb. 5.63 (c)) ist heute die verbreitetste Form von drahtlosen LANs. Eine zentrale Basisstation, der sogenannte **Access Point** (AP) sorgt für die korrekte Weiterleitung der von den peripheren Rechnern gesendeten Datenpakete. Der Access Point kann das Funknetz als **Brücke** mit einem anderen, drahtgebundenen Netzwerk oder auch mit dem Internet verbinden und gewährleistet auf diese Weise den Anschluß der über Funk angebundenen peripheren Rechner an ein größeres Netzwerk (siehe Abb. 5.64).

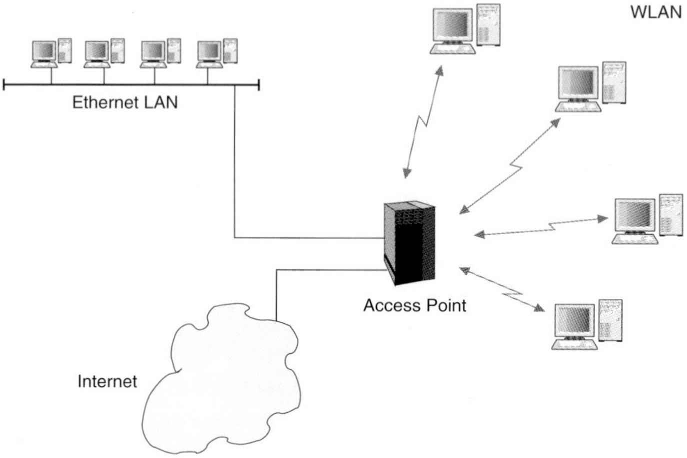

Abb. 5.64. Anbindung eines sternförmigen Funknetzes an weitere Netzwerke

IEEE 802.11 - Wireless Networks. Damit sich WLANs auf breiter Basis durchsetzen konnten, bedurfte es eines Industriestandards wie bei den anderen, bereits behandelten Netzwerkstandards, z.B. Ethernet oder Token Ring. Die für die Standardisierung im LAN-Bereich zuständige Untergruppe IEEE 802 des Institute of Electrical and Electronics Engineers rief daher das zugehörige Kapitel IEEE 802.11 WLAN ins Leben, das einen ersten Standard für drahtlose LANs bereits 1997 verabschiedete. Der ursprüngliche Standard arbeitete im Radiofrequenzbereich (RF) um 2,4 GHz und sah eine Datenübertragungsrate von 1-2 Mbps vor. Die beiden Nachfolgestandards IEEE 802.11a und IEEE 802.11b arbeiten im Bereich von 5,8 GHz bzw. 2,4 GHz und erreichen Übertragungsraten von 5 Mbps bis zu 54 Mbps. 802.11b besitzt eine Übertragungsreichweite von etwa 50 Metern. Zur Redundanzabsicherung und um eventuell auftretende Übertragungsfehler zu vermeiden, wird die in der Praxis erreichbare Datenübertragungsrate auf etwa 70% der theoretisch möglichen festgesetzt. In Tabelle 5.14 sind die einzelnen zu IEEE 802.11 gehörigen Substandards und Untergruppen dargestellt.
In der untersten Protokollschicht des IEEE 802.11 Standards besteht das Problem, daß auf dem für die Datenübertragung zugeteilten Frequenzband oft viele verschiedene Rechner miteinander kommunizieren wollen, wobei sich deren geografischer Standort überschneidet. Wie können also unterschiedliche Kommunikationspartner in einem (oder mehreren überlappenden) Funknetzwerk(en) voneinander unterschieden werden? Zur Lösung dieses Problems wurden in der physikalischen Schicht zwei unterschiedliche Modu-

Tabelle 5.14. IEEE 802.11 und seine Untergruppen

802.11a	54 Mbps im 5 GHz Frequenzband (2002)
802.11b	11 Mbps im 2,4 GHz Frequenzband (1999)
802.11d	zusätzliche Länder
802.11e	Verbesserungen Übertragungsqualität, Sicherheit
802.11f	Inter Access Point-to-Point Protocol
802.11g	20 Mbps im 2.4 GHz Frequenzbereich (in Arbeit)
802.11h	5 GHz Frequenzspektrum und Sendestärkenmanagement
802.11i	Verbesserungen der Sicherheit

lationsverfahren für die Datenübertragung spezifiziert: **Direct Sequence Spread Spectrum** (**DSSS**) und **Frequency Hopping Spread Spectrum** (**FHSS**) (siehe Abb. 5.65). Ursprünglich entworfen durch das Militär, definieren beide unterschiedliche Datenübertragungsverfahren, die sich durch hohe Zuverlässigkeit auszeichnen.

FHSS unterteilt dabei das verfügbare Frequenzband in einzelne Kanäle. Es nutzt eine Schmalbandträgerwelle, die permanent ihre Frequenz quasi zufällig nach dem sogenannten **Gaussian Frequency Shift Keying** Verfahren (**GFSK**) wechselt, was eine gewisse Sicherheit gegenüber Abhörversuchen bietet, da ein unberechtigter Dritter nicht in der Lage ist, vorherzusagen, auf welche Frequenz als nächstes gewechselt wird und so das vollständige Signal nicht empfangen kann. Dieses Verfahren ermöglicht es, über FHSS gleichzeitig verschiedene Netzwerke innerhalb desselben physikalischen Raums zu nutzen, wobei die einzelnen Netzwerke unterschiedliche über GFSK festgelegte Frequenzsignaturen nutzen.

DSSS auf der anderen Seite arbeitet vollkommen anders. Es kombiniert den Datenstrom mit einem digitalen Code von höherer Geschwindigkeit, d.h. jedes Datenbit wird auf eine zufällige Bitfolge – den sogenannten **Chipping Code** – abgebildet, die jeweils nur Sender und Empfänger bekannt ist. 1 und 0 werden dabei jeweils durch den Chipping Code und dessen Invertierung repräsentiert und erhalten dadurch eine bestimmte Bitsignatur, über die sie identifiziert werden können. Diese Art der Frequenzmodulation gewährleistet bei entsprechender Synchronisation sogar eine eigene Fehlerkorrektur und ist daher robuster gegenüber zufälligen oder beabsichtigten Störungen.

Die nächsthöher gelegene Protokollschicht des IEEE 802.11 Standards, der Medium Access Layer (MAC), regelt den Vielfachzugriff auf das gemeinsam genutzte Übertragungsmedium. Das im WLAN angewendete Verfahren ist dem bei kabelbasierten Ethernet angewendeten CSMA/CD Algorithmus sehr ähnlich. Wie in dem im Ethernet-Standard IEEE 802.3 festgelegten Zugriffsverfahren verfügen alle Teilnehmer über ein gemeinsames Zugriffsrecht. Um nicht von vorne herein eine Kollision auszulösen, darf bei CSMA/CD ein Rechner nur dann einen Sendevorgang starten, wenn kein Signal auf dem gemeinsam genutzten Übertragungsmedium entdeckt wird. Ebenso überwacht gemäß den IEEE 802.11 Spezifikationen ein Rechner im WLAN den empfan-

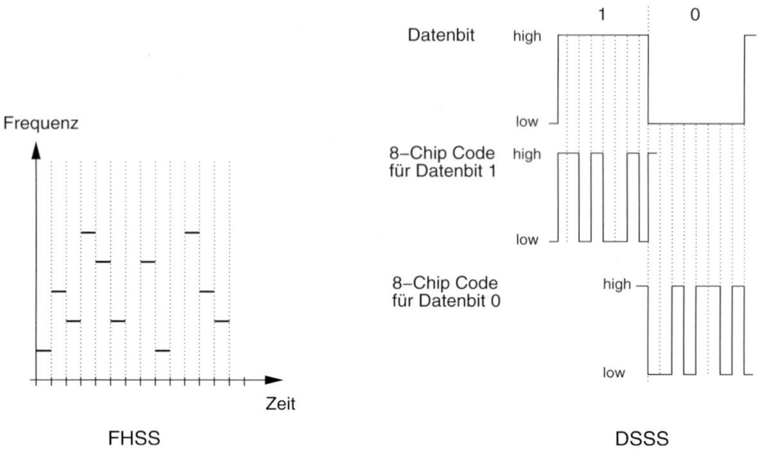

Abb. 5.65. FHSS und DSSS Frequenzmodulationsverfahren für IEEE 802.11 Wireless LAN

genen Energiepegel auf einer zugeteilten Funkfrequenz, um festzustellen, ob ein anderer Rechner gerade eine Datenübertragung durchführt. Wird erkannt, daß ein bestimmter Kanal für eine gewisse Zeitspanne, die als **Distributed Interframe Space** bezeichnet wird, frei ist, darf ein Rechner mit seiner Übertragung starten. Der Empfänger bestätigt den Empfang einer vollständigen Nachricht nach Ablauf einer als **Short Interframe Spacing** bezeichneten Zeitspanne. Wird erkannt, daß der Kanal gerade besetzt ist, wird ein Backoff-Algorithmus angestoßen und der Rechner wartet eine zufällig gewählte Zeitspanne, bevor er den nächsten Sendeversuch unternimmt.
Im Gegensatz zum CSMA/CD Algorithmus, der nach einer erkannten Kollision von Datenpaketen entsprechende Maßnahmen einleitet, um den Parallelzugriff verschiedener Teilnehmer zu regeln, wird in IEEE 802.11 ein Kollisionsvermeidungsverfahren angewendet: **Multiple Access with Collision Avoidance** (**MACA**). Dieses Verfahren ist kostengünstiger zu implementieren als eine Kollisionserkennung, die die Fähigkeit zum gleichzeitigen Senden und Empfangens voraussetzt. Der Sender veranlaßt dabei im MACA-Verfahren den Empfänger, ein kurzes Datenpaket zu versenden, das alle Teilnehmer in der näheren Umgebung, die einen Konflikt auslösen könnten, dazu bewegt, für die Dauer der Übertragung des nachfolgenden langen Datenpakets keine eigenen Pakete zu versenden.
Angenommen, Rechner A möchte ein Paket an Rechner B senden (siehe Abb.5.66).

- Dann sendet A zunächst ein sehr kurzes, sogenanntes RTS-Datenpaket (Request to Send) (siehe Abb.5.66 (a)), das unter anderem die Länge des eigentlich zu versendenden und in der Regel wesentlich längeren Paketes enthält.

- B antwortet darauf mit einem CTS-Paket (Clear to Send) (siehe Abb.5.66 (b)), das ebenfalls die von A bereits versendete Längeninformation enthält.
- Sobald A das CTS-Paket empfängt, startet A mit dem Versenden des eigentlichen Datenpakets. Jeder Rechner, der das von A gesendete RTS-Paket empfangen hat, muß sich in der Nähe von A befinden und verhält sich nun mindestens solange ruhig, bis das CTS-Paket wieder zurück bei A angelangt ist.
- Jeder Rechner, der das von B übertragene CTS-Paket mitempfängt, befindet sich in der Nachbarschaft von B, und muß für die Zeit der anstehenden Datenübertragung, deren Länge aus dem CTS-Paket entnommen werden kann, das Senden einstellen.
- Ein Rechner C, der sich zwar in Reichweite von A, aber nicht von B befindet und das RTS-Paket zwar empfängt, aber nicht das CTS-Paket, darf während der bevorstehenden Datenübertragung zwischen A und B senden, solange dies nicht mit dem CTS-Paket in Konflikt gerät.
- Anders verhält es sich mit Rechner D, der sich zwar in Reichweite von Rechner B, aber nicht in der von A befindet. D empfängt das CTS-Paket, aber nicht das RTS-Paket. Aus dem Empfang des CTS-Pakets schließt D, daß er sich nahe eines Rechners befindet, der gleich ein Datenpaket empfangen wird, und verhält sich über die im CTS-Paket angegebene Zeitspanne ruhig.
- Trotz dieser Vorsichtsmaßnahmen können Kollisionen auftreten, z.B. wenn B und C zur gleichen Zeit ein RTS-Paket an A versenden. Dieses RTS-Paket geht aufgrund einer Kollision verloren. Stellt ein sendewilliger Rechner fest, daß sein Sendeversuch nicht erfolgreich war, wartet er eine zufällig festgelegte Zeitspanne und beginnt danach erneut seine Übertragung. Dabei wird derselbe Binary Backoff Algorithmus angewendet wie im Falle des CSMA/CD-Algorithmus.
- Zusätzlich sendet der Empfänger nach dem erfolgreichen Empfang des Datenpakets eine Bestätigung (Acknowledgement) zurück an den Sender. Bleibt diese Bestätigung aus, so unternimmt der Sender nach Ablauf einer zufälligen Zeitspanne einen erneuten Sendeversuch.

Da die Definition des IEEE 802.11 Standards noch nicht abgeschlossen ist, fehlen noch festgeschriebene Lösungen für einige wichtige Probleme, wie z.B. ein Standardmechanismus für das sogenannte **Roaming** – dem Übergang vom Sende-/Empfangsbereich eines Access Points (AP) zum nächsten.

Sicherheitsaspekte im WLAN. Funkbasierte lokale Netze können von vornherein nicht ein vergleichbares Niveau an Sicherheit bieten, wie ein kabelgebundenes Netz. Da in WLANs die Luft des freien Raums als Übertragungsmedium genutzt wird, ist hier eine nichtautorisierte Nutzung oder das Abhören des Datenverkehrs wesentlich leichter. Ein sogenannter **Network Sniffer**, der den gesamten Datenverkehr auf einem vorgegebenen Übertragungsmedium mitschneiden und sicherheitsrelevante Informationen her-

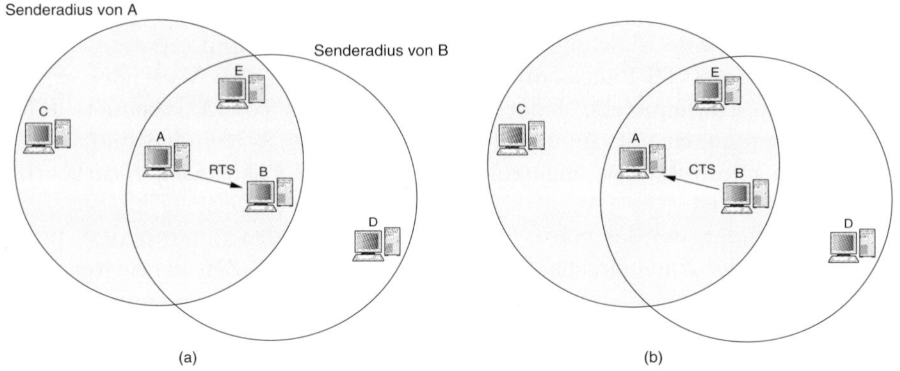

Abb. 5.66. Der MACA Algorithmus zur Kollisionsvermeidung. In (a) sendet A ein RTS-Datenpaket an B und in (b) antwortet B darauf mit einem CTS-Paket

ausfiltern kann, ist ohne Probleme in ein WLAN einzubringen, da kein physikalischer Kontakt zum eigentlichen Netzwerk notwendig ist, wie etwa bei kabelgebundenen Netzwerken.
Auch die Entdeckung eines WLANs fällt einem potentiellen Angreifer in der Regel sehr leicht. Um den am WLAN teilnehmenden Rechnern Zugang zu gewähren, sendet ein Access Point unverschlüsselt sogenannte **Beacon-**Datenpakete aus, um sich bekannt zu machen. Ein mobiler Angreifer muß deshalb nichts weiter tun, als eine Antenne auf sein Autodach zu montieren und während der Fahrt nach Beacon-Datenpaketen zu fahnden. Diese Form des Ausspähens von Funkdatennetzen wird auch als **Parkplatz-Attacke** (Parking Lot Attack) bezeichnet (siehe Abb. 5.67). Eine Firma kann sich zwar über eine Firewall vor unberechtigtem Zugriff aus dem drahtgebundenen Internet schützen, die im Firmennetz befindlichen APs sind jedoch zunächst von dieser Art Schutzmechanismus ausgeschlossen.
Prinzipiell werden die folgenden Arten von Angriffen auf WLANs unterschieden:

- passive Angriffe zur Entschlüsselung des Datenverkehrs durch Methoden der statistischen Analyse,
- aktive Angriffe, um neuen Datenverkehr von nicht autorisierten mobilen Rechnern in das WLAN einzubringen,
- aktive Angriffe zur Entschlüsselung des Datenverkehrs durch Täuschung des AP und
- Wörterbuch-erzeugende Angriffe, die den Datenverkehr über einen längeren Zeitraum aufzeichnen und mit dem Ziel analysieren, eine Echtzeitentschlüsselung des Datenverkehrs zu erreichen.

Um Angriffen von potentiellen Hackern zu entgehen, die die bereits bekannten Sicherheitslücken der WLAN-Technologie ausnutzen, wurde in IEEE 802.11b das sogenannte **Wired Equivalency Protocol** (**WEP**) definiert. Ziel die-

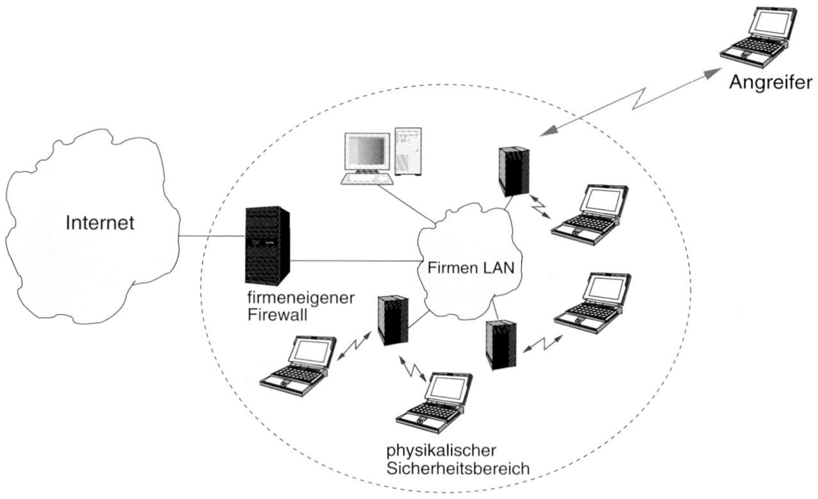

Abb. 5.67. Potentielle Angreifer können in WLANs über die sogenannte *Parking Lot Attack* eindringen

ses Protokolls ist es, die Privatsphäre im WLAN durch Verschlüsselung der übertragenen Datenpakete zu gewährleisten, mit der Nebenfunktion, unautorisierten Zugang zu verhindern. Ein zuverlässiger Schutz von einem Endgerät zum nächsten kann aber auch damit nicht erreicht werden. Das WEP-Protokoll basiert auf einem geheimen, symmetrischen Schlüssel, der zwischen dem AP und anderen teilnehmenden Rechnern vereinbart wird. Mit diesem Schlüssel werden die Datenpakete verschlüsselt, bevor sie versendet werden. Zusätzlich werden die Datenpakete auf Unversehrtheit überprüft, um sicherzustellen, daß sie nicht auf ihrem Weg manipuliert worden sind. Der IEEE 802.11b Standard sieht aber keine Prozedur für das Verteilen der Schlüssel vor. Daher wird in den meisten WLAN-Implementationen so vorgegangen, daß ein einziger Schlüssel manuell festgelegt und dann den teilnehmenden Rechnern vom AP aus übermittelt wird.
Ein weiteres Problem der WEP-Verschlüsselung (siehe Abb. 5.68) liegt im verwendeten Verschlüsselungsalgorithmus, dem **RC4**, einem sogenannten Stream Cypher Algorithmus, selbst begründet. Stream Cypher Algorithmen expandieren einen kurzen, vorgegebenen Schlüssel, den sogenannten **Initialisierungsvektor (IV)**, in einen unendlichen Strom von Pseudozufalls-Schlüsseln. Um den verschlüsselten Text zu erzeugen, der übertragen werden soll, wird dieser Schlüsselstrom mit den eigentlichen Daten, die gesendet werden sollen, bitweise über die Boolesche Operation XOR verknüpft. Der Empfänger kann durch Anwenden derselben Methode die Ursprungsdaten aus den verschlüsselten Daten leicht wiedergewinnen.

Eine Möglichkeit des Angriffs besteht hierbei z.B. darin, daß der Angreifer ein zufälliges Bit in einem gesendeten Datenpaket verändert. Dadurch werden die daraus entschlüsselten Daten korrumpiert und wertlos für den Empfänger. Eine andere Möglichkeit besteht für den Angreifer darin, zwei verschlüsselte Datensequenzen, die mit demselben Schlüsselstrom verschlüsselt wurden, abzufangen. Aus diesen kann der Angreifer leicht die XOR-Verknüpfung der beiden zu Grunde liegenden Originaldaten ermitteln, aus denen sich wiederum über geeignete Methoden der statistischen Analyse die eigentlichen Originaldaten ermittelt lassen. Je mehr verschlüsselte Daten gesammelt werden können, die mit demselben Schlüsselstrom verschlüsselt wurden, desto größere Erfolgschancen hat diese Methode. Einem Angreifer fällt es in der Regel leicht, mehrere Datenpakete abzufangen, die mit demselben Schlüssel kodiert wurden. Da der IV nur eine Länge von 24 Bit aufweist, wiederholt sich eine Schlüsselsequenz an einem AP, der 1.500 Byte lange Pakete bei einem Durchsatz von 11 Mbps versendet, nach etwa 5 Stunden. Innerhalb dieser Zeit fällt an diesem AP eine Datenmenge von maximal 24 GByte an, die ein Angreifer mitschneiden und aufzeichnen kann, um Datenpakete mit identischem IV und daher auch identischem geheimen Schlüssel zu finden. Da im IEEE 802.11b Standard nichts über die Erzeugung des IV vorgeschrieben wird, nutzen nicht alle Hersteller von WLAN Hardware die zur Verfügung stehenden 24 Bit vollständig. Daher kann sich ein IV oft bereits schon viel früher wiederholen.
Fluhrer, Mantin und Shamir [FMS01] fanden 2001 heraus, daß im RC4-Verschlüsselungsalgorithmus sogenannte schwache IVs auftreten. Diese schwachen IVs geben einen Hinweis auf die Identität eines Bytes im damit erzeugten geheimen Schlüssel. Sammelt ein potentieller Angreifer nun eine hinreichende Anzahl von Datenpaketen – 6 Millionen Datenpakete bzw. 8,5 GByte sind bereits ausreichend – enthalten diese genügend viele schwache IVs zur vollständigen Rekonstruktion des geheimen Schlüssels. Noch einfacher wird die Rekonstruktion des geheimen Schlüssels, wenn bei der Generierung anstelle beliebiger Bytewerte nur Ziffern und Buchstaben Verwendung finden, wie es einige Hersteller bei der nutzerdefinierten Festlegung des IVs erlauben. Die Anzahl der daraus erzeugbaren möglichen Schlüsselsequenzen wird so weiter eingeschränkt und potentielle Angreifer müssen hier noch weniger Datenpakete sammeln, um den Schlüssel rekonstruieren zu können.

IEEE 802.15 - Personal Area Networks. Ein weiteres Gebiet der drahtlosen Datenkommunikation erschließt sich in der Vernetzung von datenkommunikationsfähigen Endgeräten innerhalb eines nur wenige Meter umfassenden abgeschlossenen Bereichs. Dies reicht vom Anschluß eines Druckers an einen Arbeitsplatzrechner bis zum drahtlosen Headset des Mobiltelefons. Dieser räumlich eng begrenzte Bereich der Datenkommunikation wird als **PAN** (**Personal Area Networks**), als persönliches Netzwerk bezeichnet, und ist Gegenstand des IEEE 802.15 Standards.

WEP - Wired Equivalence Potocol

Ausgehend von einem 24 Bit langen Initialisierungsvektor (IV) wird im WEP-Verfahren (IEEE 802.11b) zunächst ein 40 Bit bzw. 104 Bit langer, geheimer Schlüssel generiert. Der Standard selbst nimmt keine Stellung zum Problem des Schlüsselmanagements. Es wird darin nur davon ausgegangen, daß AP und teilnehmende Rechner denselben Schlüssel verwenden. Mit Hilfe des **RC4** Algorithmus wird aus dem geheimen Schlüssel ein unendlicher, pseudozufälliger Schlüsselstrom erzeugt. Bevor die Daten übertragen werden, wird ein Prüfsummenverfahren durchgeführt, das eine CRC-32 Prüfsumme an die zu versendenden Daten anhängt und die Daten vor unautorisierter Manipulation sichern soll. Schlüsselstrom und zu versendende Daten werden dann über eine XOR-Operation miteinander verknüpft und als verschlüsselte Daten versendet.

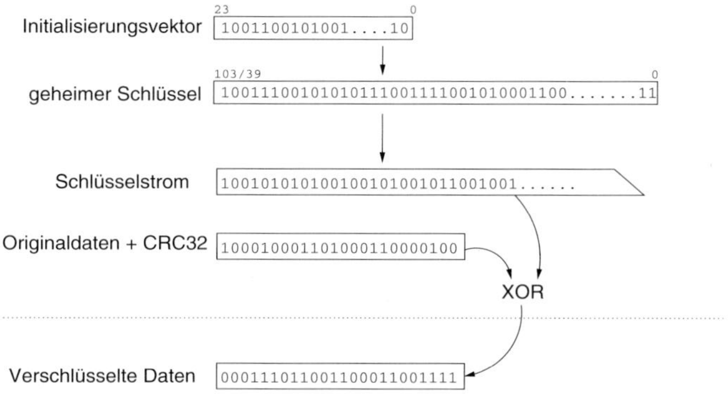

Die Nutzer eines WLANs sollten unterschiedliche IVs verwenden, damit die dadurch erzeugten, verschlüsselten Datenpakete nicht immer mit demselben Schlüsselstrom generiert werden. Zuerst wird der IV im Klartext übertragen, gefolgt vom verschlüsselten Datenstrom. Der Empfänger kann aus dem IV und seinem bekannten Schlüssel den zum Verschlüsseln verwendeten Schlüsselstrom erzeugen und durch einfache Anwendung der XOR-Verknüpfung die ursprünglichen, unverschlüsselten Daten gewinnen.

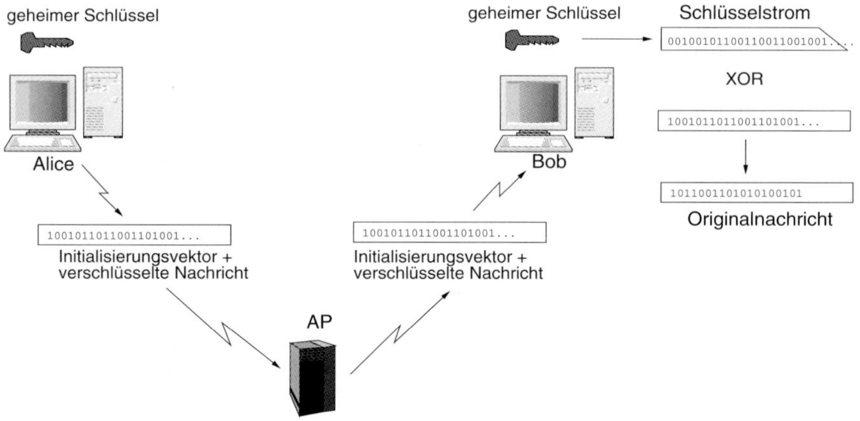

Abb. 5.68. WLAN Sicherheit mit dem WEP-Protokoll

Tatsächlich kommunizieren immer mehr Einzelgeräte in diesem Bereich miteinander, seien es der Arbeitsplatzrechner und diverse Peripheriegeräte, das Mobiltelefon, der PDA (Personal Data Assistent) oder sogar intelligente Haushaltsgeräte. Um einer aufwendigen Verkabelung aus dem Weg zu gehen, waren in diesem Bereich von Anfang an drahtlose Methoden der Datenkommunikation vorgesehen. Zu den bekanntesten zählen **Infrarot**, **Bluetooth** und **WLAN**.

Die einfachste Art der Vernetzung ist dabei die Koppelung über einen **Infrarot-Kommunikationsport** (IrDA, Infrared Data Association). Die meisten Notebooks und zahlreiche Mobiltelefone verfügen bereits heute über eine solche Kommunikationsschnittstelle und zahlreiche Peripheriegeräte, wie etwa Drucker, lassen sich damit an einen Arbeitsplatzrechner anbinden. Der Nachteil dieser Methode liegt darin, daß sich die Kommunikationspartner immer innerhalb einer Sichtverbindung befinden müssen, d.h. Gegenstände, die sich auf einer direkten Linie zwischen zwei Endgeräten befinden, werden zu Hindernissen und stören eine Kommunikation. Zwar erlaubt Infrarot eine recht hohe Datenübertragungsrate von bis zu 4 Mbps, aber der maximale Abstand zwischen zwei Endgeräten darf dabei nicht mehr als 50 cm betragen.

Die unter dem Namen **Bluetooth** bekannte Technologie erlaubt Endgeräten eine drahtlose, funkbasierte Kommunikation im 2,4 GHz ISM-Frequenzband mit Datenübertragungsraten bis zu 1 Mbps. Der Vorteil von Bluetooth gegenüber Infrarot-basierten Technologien liegt in der Tatsache, daß die Kommunikationspartner nicht mehr auf eine direkte Sichtverbindung zwischen den Endgeräten angewiesen sind. Eines der Designziele von Bluetooth war die Vernetzung von batteriebetriebenen Endgeräten, d.h. es wurde ein Hauptaugenmerk auf einen geringen Energieverbrauch gelegt. Daher sind Bluetooth-Endgeräte der als Energiesparklasse 2 bezeichneten Geräte nur in der Lage, Distanzen bis zu 10 m zu überbrücken bei einer Sendeleistung von nur 100 mW. Auf der anderen Seite sind Implementationen der Bluetooth-Schnittstelle sehr einfach gehalten, so daß diese meist auf einem einzigen Chip realisiert werden können.
Funktechnisch betrachtet arbeitet Bluetooth nach dem Frequenz Hopping Verfahren (FHSS - Frequency Hopping Spread Spectrum) und ändert die Trägerfrequenz des Funksignals 1.600 mal in der Sekunde, um ein einfaches Abhören zu verhindern. Zusätzlich kommt eine 128 Bit Verschlüsselung zum Einsatz, die weitere Abhör- und Einbruchsversuche verhindern soll. So ist ein unberechtigtes Abhören von Bluetooth schwieriger zu bewerkstelligen als im Falle des WLANs, alleine schon aufgrund der Reichweitenbeschränkung von Bluetooth auf nur 10 m.
Ein über Bluetooth betriebenes PAN (auch bezeichnet als Piconetz) enthält einen sogenannten Master und maximal sieben weitere Teilnehmer, sogenannte Slaves. Zwar kann jeder Bluetooth-Knoten prinzipiell als Master fungieren, jedoch darf in einem Piconetz immer nur ein Master agieren. Alle Knoten des Piconetzes verwenden dasselbe FHSS-Verfahren, dessen Frequenzlagen

vom jeweiligen Master festgelegt werden, der ebenfalls den Zugriff auf das Übertragungsmedium durch Abfrage (Polling) und Reservierung regelt. Jedes Piconetz benutzt eine andere FHSS-Sequenz, wobei ein Knoten Teilnehmer eines Piconetzes werden kann, indem er sich auf dessen FHSS-Sequenz synchronisiert. Über Bluetooth können jeweils ein synchroner, verbindungsorientierter Dienst für die Übertragung von Sprachsignalen und ein asynchroner, verbindungsloser Dienst zur Übertragung von Datenpaketen zur Verfügung gestellt werden.

Funknetzwerke (Wireless Networks)

Unter Funknetzwerken versteht man Telefon- oder Datenkommunikationsnetze, die als Übertragungsmedium Radiowellen einsetzen. Zu den bedeutendsten Vertretern der Funknetze zählen:

- **WLAN**: Wireless Local Area Networks.
- **WPAN**: Wireless Personal Area Networks.
- **GSM** (Global System for Mobile communication): Ein mit Ausnahme von USA und Japan globaler Standard für mobile Kommunikation. Ursprünglich entwickelt durch die ETSI als Standard für europäische Mobilfunktelefonie. GSM erreicht eine Datenübertragungsrate von 9.600 bps. Mittels der Erweiterung HSCD (High Speed Circuit Switched Data) kann über Kanalbündelung eine Datenübertragungsrate von 43.3 kbps erreicht werden.
- **GPRS** (General Packet Radio Service): Ebenfalls eine Erweiterung des GSM-Standards, die eine paketvermittelte Datenkommunikation auf dem an sich leitungsvermittelten GSM-Netz erlaubt. Die leitungsvermittelten Audioübertragungen in der Mobiltelefonie verursachte einen signifikanten Overhead, der in einer paketvermittelten Datenkommunikation wie GPRS vermieden werden kann. So ergibt sich hier eine maximale Datenübertragungsrate von 170 kbps.
- **AX.25**: Für Amateurfunk adaptierte Version der X.25 Datenkommunikation.
- **UMTS** (Universal Mobile Telephone System): Auch bezeichnet als dritte Generation des Mobilfunks, die Datenübertragungsraten von bis zu 2 Mbps verspricht und somit die Nutzung des World Wide Web auf Mobiltelefonen möglich machen soll.

Abb. 5.69. Zusammenfassung Funknetzwerke (Wireless Networks)

5.5 LAN-Erweiterung

5.5.1 Grenzen der LAN-Technologie

Jede der bereits vorgestellten LAN-Technologien basiert auf einer bestimmten Kombination von Bandbreite, zu überbrückender Entfernung und dabei entstehenden Kosten. Typischerweise erstreckt sich die mittels eines LANs zu überbrückende Entfernung über mehrere hundert Meter, was die LAN-Technologie insbesondere für die Vernetzung innerhalb von Gebäuden empfiehlt. Da sich die vorgegebene Längenrestriktion aber nicht immer einhalten läßt, wenn sich Kommunikationspartner etwa in verschiedenen Gebäuden befinden, deren Entfernung nicht mehr mit der vorhandenen LAN-Technologie

überbrückbar ist, müssen Methoden zur Erweiterung der LAN-Technologie zum Einsatz kommen.
Die Begrenzung der Maximalausdehnung eines LANs liegt in verschiedenen Faktoren begründet. Aus Kostengründen wird ein von allen an das LAN angeschlossenen Rechnern gemeinsam genutztes Übertragungsmedium gewählt. Dabei muß sichergestellt werden, daß allen teilnehmenden Rechnern ein fairer Zugriff ermöglicht wird. Die Laufzeit der dazu eingesetzten Verfahren – z.B. CSMA/CD-Algorithmus bei Ethernet oder Token-Passing bei Token Ring – sind abhängig von der LAN-Ausdehnung. Damit sich also keine zu langen Verzögerungen ergeben, werden entsprechende Maximallängen vorgegeben.
Desweiteren wird die Ausdehnung durch die Verlustleistung des genutzten Übertragungsmediums bestimmt. Da die am LAN angeschlossenen Rechner hinsichtlich ihrer Sendeleistung von der Hardwareseite her beschränkt sind und ein mit der Signalausbreitung proportionaler Verlust auftritt, muß die Maximallänge des gemeinsam genutzten Übertragungsmediums beschränkt werden, damit alle an das LAN angeschlossenen Rechner noch ausreichend starke Signale empfangen können.
Zur Vergrößerung der Reichweite eines LANs wurden verschiedene Varianten entwickelt, die zusätzliche Hardware-Komponenten vorsehen, wie etwa **optische Modems**, **Repeater** oder **Bridges** auf die im folgenden näher eingegangen wird.

5.5.2 Optische Modems

Eine der einfachsten Möglichkeiten, ein auf Kupferkabel basierendes LAN zu erweitern, ist die Einbeziehung von Lichtwellenleitern zur Überbrückung einzelner, längerer Abschnitte. Die Umwandlung und Verstärkung der elektrischen Signale in optische Signale und die anschließende Rückwandlung übernimmt dabei ein sogenanntes **optisches Modem** (Fiber Modem). Mit einem solchen optischen Moden kann z.B. in Ethernet 10Base-2 (Thinwire) die Verbindungsstrecke zwischen Rechner und Transceiver deutlich verlängert werden (siehe Abb. 5.70). Hohe Bandbreite und geringe Verlustleistung des Lichtwellenleiters ermöglichen so eine problemlose Erweiterung des bestehenden LAN.
Die Weiterleitung der elektrischen Signale erfolgt dabei vollkommen transparent, d.h. der über eine Verbindungsstrecke mit optischem Modem an das LAN angeschlossene Rechner sendet weiterhin dieselben Signale und folgt demselben Protokoll wie im Falle einer Verbindung ohne optisches Modem. Das optische Modem nimmt die Signale des Rechners entgegen, wandelt diese in entsprechende optische Signale um, die an der Gegenstelle wieder in die elektronischen Ausgangssignale zurückverwandelt werden.
Der Vorteil von optischen Modems liegt in ihrer Fähigkeit, eine Verbindung zu einem entfernten LAN herzustellen, ohne daß dabei eine Modifikation des LANs oder der verwendeten LAN-Software notwendig wäre. Optische Mo-

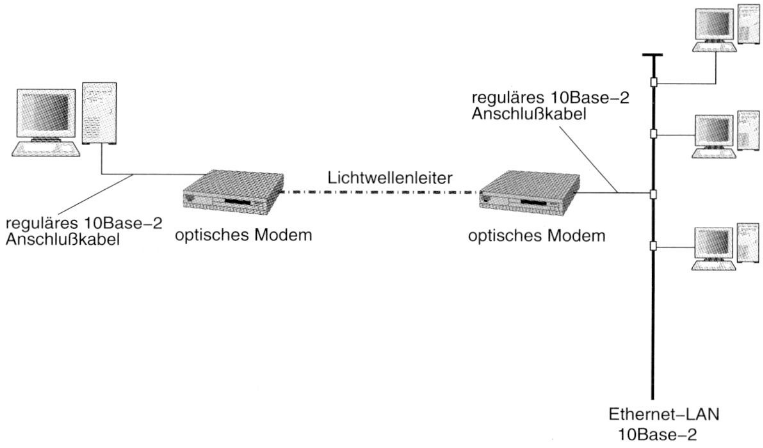

Abb. 5.70. LAN-Verlängerung über ein optisches Modem

dems sind in der Lage, Verbindungen über mehrere Kilometer hinweg zu überbrücken.

5.5.3 Repeater

Wie bereits erwähnt ist die Signaldämpfung mit zunehmender Ausbreitung eines Signals einer der Gründe für die Längenbeschränkung im LAN. Mit zunehmender Entfernung vom Sender wird das gesendete Signal immer schwächer. Damit es aber korrekt empfangen werden kann, darf es eine bestimmte Mindeststärke nicht unterschreiten. Um diese Einschränkung zu überwinden, werden Verstärker (elektrische oder optische) – sogenannte **Repeater** – in das LAN mit aufgenommen. Ein herkömmlicher Repeater ist ein analoges elektrisches Gerät, das eingehende elektrische Signale verstärkt und weitergibt.

Repeater arbeiten auf der untersten Schicht des Kommunikationsschichtenmodells, der physikalischen Schicht. Sie müssen nicht über Zwischenspeicher oder Programmlogik verfügen, sondern dienen lediglich zur Verstärkung der eingehenden Signale. Durch den Einsatz von Repeatern kann die Ausdehnung eines LANs vervielfacht werden (siehe Abb.5.71). Allerdings verhindern Zeitrestriktionen der Algorithmen, die den Zugriff auf das gemeinsam genutzte Übertragungsmedium regeln, eine beliebige Vergrößerung des LANs durch Repeater. So beschränkt etwa der CSMA/CD Algorithmus im Ethernet-LAN entsprechend der verwendeten Datenpaketlänge die maximale Größe des LANs (siehe Kap. 5.4.1).

Da ein Repeater lediglich eine Signalverstärkung innerhalb des LANs durchführt, ist er nicht in der Lage, bei der Weiterleitung zwischen vollständigen, gültigen Datenpaketen und anderen elektrischen Signalen zu unterscheiden. Entsteht auf der einen Seite des Repeaters eine Kollision, so werden die sich

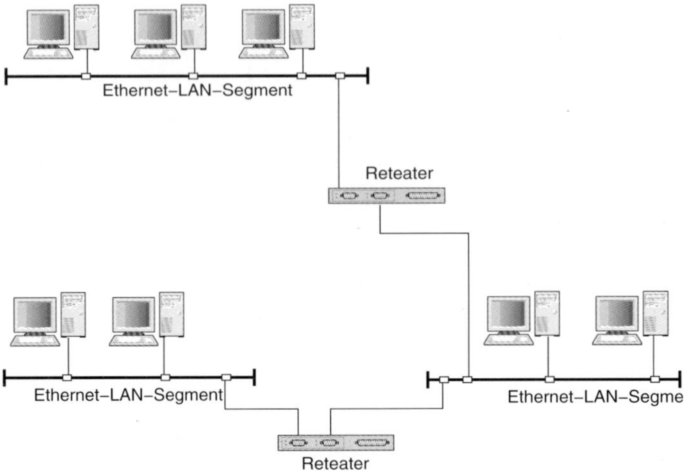

Abb. 5.71. LAN-Verlängerung über Repeater

aus der Kollision ergebenden Störsignale auf der anderen Seite des Repeaters unverändert weitergeleitet. Ebenso werden Störsignale, wie sie etwa durch einen Blitzschlag entstehen können, verstärkt und weitergeleitet.

5.5.4 Bridges

Allgemeine LAN-Erweiterung. Werden mit der Erweiterung eines LANs auch noch andere, sekundäre Ziele verfolgt, empfiehlt sich der Einsatz von sogenannten **Bridges** (Brücken). Zu diesen sekundären Zielen gehören unter anderem

- Verbindung von LANs mit unterschiedlichen Technologien, z.B. Ethernet IEEE 802.3 mit Token Ring IEEE 802.5.
- Erzielung einer ausgewogeneren Lastverteilung im LAN durch Abkapselung von Bereichen, die eine hohe Last erzeugen.
- Überbrückung von geografisch weiter entfernten Punkten, als dies über Repeater möglich wäre.
- Abkapselung sicherheitsrelevanter LAN-Segmente, so daß deren Datenverkehr nicht in alle Segmente des LANs weitergeleitet wird.

Im Gegensatz zum Repeater befördert eine Bridge immer vollständige Datenpakete. Bei einer Bridge handelt es sich also tatsächlich um einen Rechner, der an zwei unterschiedliche LAN-Segmente angeschlossen ist und deren Datenverkehr über zwei LAN-Schnittstellenadapter überwacht. Die LAN-Schnittstellen der Bridge arbeiten dabei im **Promiscuous Mode**, d.h. es werden zunächst alle Datenpakete empfangen und verarbeitet. Die Bridge arbeitet auf der zweiten Schicht des Kommunikationsprotokollmodells, der

Bitübertragungsschicht. Dies bedeutet, daß die Bridge den Header des Datenpakets innerhalb dieser Schicht auswertet und das Datenpaket entsprechend weiterverarbeiten kann. Erreicht etwa ein Datenpaket die Bridge, das aufgrund der angegebenen Zieladresse nicht in das andere LAN-Segment weitergeleitet werden muß, so gibt die Bridge dieses wieder zurück auf das LAN-Segment, auf dem das Datenpaket ursprünglich angekommen ist. Lokaler Datenverkehr wird dadurch auch lokal begrenzt. Nur Datenpakete, die auch wirklich für ein anderes LAN-Segment bestimmt sind, passieren die Bridge. Dadurch übt die Bridge eine **Filterfunktion** (Frame Filtering) aus, die zu einer ausgewogeneren Lastverteilung im Gesamt-LAN führt. Desweiteren wird auf dieselbe Weise dafür Sorge getragen, daß sicherheitsrelevanter Datenverkehr ein LAN-Segment nicht verlassen kann, und so außerhalb befindliche, potentielle Angreifer nicht in der Lage sind, geheime Daten abzuhören.
Bridges sind einfachen Repeatern vorzuziehen. Auftretende Störsignale und beschädigte Datenpakete können diese nicht passieren und werden nicht in ein anderes LAN-Segment weitergeleitet.
Für die übrigen an das LAN angeschlossenen Rechner erscheinen die Bridges vollständig transparent, d.h. ein Sender weiß nicht, ob ein zu sendendes Datenpaket auf seinem Weg innerhalb des LANs eine Bridge passieren muß oder nicht.

Multiprotokoll-Bridges. Um zwei LAN-Segmente mit unterschiedlichen LAN-Technologien über eine Bridge zusammenzuschalten, muß diese in der Lage sein, die unterschiedlichen Protokolle, die in beiden Segmenten zum Einsatz kommen, zu verstehen. Eine solche Bridge wird als **Multiprotokoll-Bridge** bezeichnet. Prinzipiell sollte jede Kombination der durch IEEE 802 vorgegebenen LAN-Technologien möglich, doch gibt es eine Reihe von Schwierigkeiten, die dabei zu überwinden sind. Dazu zählen:

- **unterschiedliche Paketformate**
  Unterschiedliche LAN-Technologien verwenden unterschiedliche Datenpaketformate. Technisch gesehen, existiert kein besonderer Grund für diese Inkompatibilität, aber die entsprechenden Hersteller sehen keine Veranlassung, den von ihnen unterstützten Standard zu ändern oder anzupassen. Daher verlangt jeder Übergang von einer LAN-Technologie zur anderen zusätzliche Verarbeitungsschritte. Felder müssen umformatiert, Prüfsummen neu berechnet werden und zusätzlich können durch Probleme während der Verarbeitung neue Fehler entstehen.
- **unterschiedliche Bandbreite**
  Unterschiedliche LAN-Technologien arbeiten nicht immer exakt mit derselben Bandbreite. Beim Übergang von einem schnelleren LAN auf ein langsameres müssen unter Umständen ankommende Datenpakete zwischengespeichert werden, bevor diese vollständig abtransportiert werden können. Allerdings ist ein derartiger Zwischenspeicher immer nur von begrenzter Kapazität, so daß Datenpakete bei hoher Last verloren gehen können.

Zusätzlich kann die durch die Zwischenspeicherung bedingte Verzögerung noch Timingprobleme in höheren Protokollschichten verursachen.

- **unterschiedliche maximale Paketlängen**
  Das schwerwiegendste Problem bei der Verbindung unterschiedlicher LAN-Technologien ist das Problem der unterschiedlichen maximalen Paketlängen. Das Aufteilen eines für eine bestimmte LAN-Technologie zu langen Datenpakets auf zwei oder mehrere kürzere Datenpakete (Fragmentierung) ist auf dieser Protokollschicht nicht durch den IEEE 802 Standard vorgesehen. Treten also Datenpakete auf, die die entsprechende Maximallänge überschreiten, gehen diese bei einer Koppelung der LAN-Segmente via Bridges unweigerlich verloren.

Transparente Bridges. Vordergründiges Designziel bei der Entwicklung von Bridges war ihre Transparenz im LAN. Einmal in ein LAN eingebunden, funktioniert dieses unverändert ohne daß auf die Präsenz der Bridge Rücksicht zu nehmen wäre. Betrachten wir das in Abb. 5.72 gezeigte LAN. LAN-Segment A ist dabei über eine Bridge B1 mit dem LAN-Segment C verbunden, das seinerseits über Bridge B2 mit den Segmenten D und E verbunden ist. Erreicht ein Datenpaket aus Segment A, das an einen Rechner in A adressiert ist, die Bridge B1, kann B1 dieses Datenpaket sofort wieder verwerfen. Ein aus A stammendes Datenpaket, das an das LAN-Segment E gerichtet ist, muß von den beiden Bridges entsprechend weitergeleitet werden.

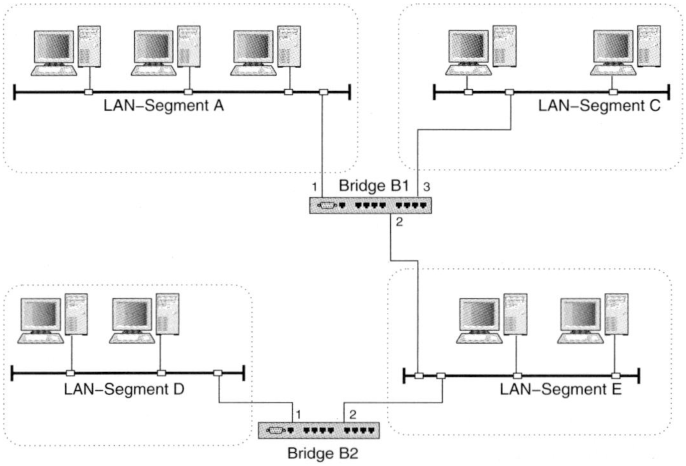

Abb. 5.72. Beispiel einer LAN-Erweiterung über Bridges

Die Entscheidung über das Weiterleiten von Datenpaketen wird in den Bridges anhand von sogenannten **Hash-Tabellen** getroffen. In diesen Hash-Tabellen wird jeder möglichen Zieladresse ein bestimmter Ausgang zugeordnet, über den diese zu erreichen ist. Wie wird eine solche Zuordnung von Adressen und Ausgängen getroffen? Wenn eine Bridge in ein LAN-Segment eingeschaltet wird und ihren Betrieb aufnimmt, sind die in ihr angelegten Hash-Tabellen noch leer. Da noch keine einzige Zieladresse bekannt ist, kommt ein sogenannter **Flooding Algorithmus** zum Einsatz: Alle ankommenden Datenpakete werden von der Bridge auf allen vorhandenen Anschlüssen weitergeleitet, mit Ausnahme des Anschlusses, auf dem das Datenpaket angekommen ist. Da jedes ankommende Datenpaket die Adresse seines Senders enthält, lernt die Bridge so mit der Zeit, welche Anschlüsse den jeweilige Zieladressen zuzuordnen sind. Sobald eine Zieladresse bekannt ist, wird ein Datenpaket, das an diese gerichtet ist, nur noch auf der entsprechenden Leitung weitergesendet und nicht über alle anderen „geflutet".

Da sich ein LAN dynamisch verändern kann – Rechner und Bridges können abgeschaltet und wieder an anderer Stelle in Betrieb genommen werden – müssen an den Bridges entsprechende Vorkehrungen getroffen werden, um auf Topologieänderungen entsprechend reagieren zu können. Dazu wird in die Hash-Tabellen der Bridge zusätzlich zu den Einträgen der Adressen mit den zugehörigen Ausgängen noch die Zeit notiert, zu der das letztemal ein Datenpaket an die betreffende Adresse von der Bridge weitergeleitet wurde. Periodisch überprüft die Bridge ihre Hash-Tabellen auf Einträge, die für längere Zeit inaktiv waren, d.h. für die über eine festgelegte Zeitspanne hinweg kein neues Datenpaket mehr angeliefert wurde. Auf diese Weise werden die Hash-Tabellen periodisch bereinigt und die Bridge kann entsprechend schnell auf Änderungen der LAN-Topologie reagieren.

Spanning Tree Bridges. Um die Zuverlässigkeit des LANs zu erhöhen, werden oft mehrere, redundante Bridges parallel zwischen zwei LAN-Segmente geschaltet. Allerdings kann es in dieser Konfiguration vorkommen, daß sich Datenpakete auf Endlosschleifen zwischen zwei LAN-Segmenten hin- und herbewegen (siehe Abb. 5.73).

Zur Vermeidung dieses Problems werden sogenannte **Spanning Tree Bridges** eingesetzt. Diese Art von Bridges kommunizieren miteinander und generieren aus der vorhandenen LAN-Topologie einen sogenannten **Spannbaum**, d.h. einen schleifenfreien Graphen als „Straßenkarte" für das LAN, der als Grundlage für die Weiterleitung von Datenpaketen dient. Dazu wird unter den im LAN vorhandenen Bridges als erstes eine Bridge zur Wurzel bestimmt. Dies erfolgt, indem alle Bridges ihre weltweit eindeutig vom Hersteller vergebene Seriennummern über alle angeschlossenen Leitungen an alle anderen Bridges weitersenden. Diejenige Bridge mit der niedrigsten Seriennummer wird zur Wurzel erklärt. Als nächstes wird ein Baum konstruiert, der den kürzesten Pfaden von der Wurzel zu allen anderen Bridges folgt. Dieser Baum bildet die zu befolgende Straßenkarte des LANs. Er schreibt fest, wie von jedem LAN-Segment aus die Wurzel – und damit auch jedes andere LAN-Segment – erreicht werden kann, und wird im laufenden Betrieb aktualisiert, um sich Topologieänderungen des LANs automatisch anzupassen.

Auftreten von Endlosschleifen im LAN durch parallel geschaltete Bridges

Betrachten wir ein Datenpaket P aus LAN1 mit einer Zieladresse, die den beiden Bridges B1 und B2 zwischen den beiden LAN-Segmenten LAN1 und LAN2 unbekannt ist. Beide Bridges verfahren nach dem Flooding-Algorithmus und senden P entsprechend nach LAN2 weiter.
Anders verhält es sich, wenn zwei Datenpakete P1 und P2 mit unbekannter Zieladresse die beiden Bridges B1 und B2 erreichen (a):

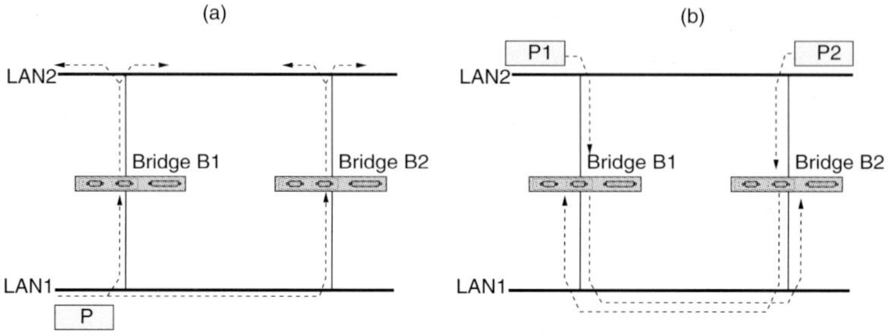

Kurz darauf erreicht P1 aus LAN2 B1 mit einer B1 unbekannten Zieladresse (b). P1 wird nach LAN1 kopiert. An B2 kommt zur selben Zeit ein Datenpaket P2 mit unbekannter Zieladresse aus LAN2 an und wird ebenfalls nach LAN1 weitergeleitet. Daraufhin leitet B1 das Datenpaket P2 aus LAN1 nach LAN2 weiter und B2 das Datenpaket P1 von LAN1 nach LAN2.

Abb. 5.73. Endlosschleifen bei parallel geschalteten Bridges im LAN

Die Installation von Spanning Tree Bridges im Netzwerk gestaltet sich sehr einfach, da diese nach Herstellung einer physikalischen Kabelverbindung nurmehr eingeschaltet werden müssen und sofort betriebsbereit sind. Allerdings nutzen sie nur einen Teil der zur Verfügung stehenden LAN-Topologie, da nur der generierte Spannbaum verwendet wird.

Source Routing Bridges. Vom IEEE 802 Komitee wurde noch eine zweite Alternative zur LAN-Erweiterung in Form von Bridges herausgearbeitet, die sogenannten **Source Routing Bridges**. Prinzipiell geht dieses Verfahren davon aus, daß ein Rechner, der ein Datenpaket versenden will, selbst davon Kenntnis besitzt, ob sich der Empfänger im selben LAN-Segment befindet oder nicht. Dies macht er durch Setzen eines speziellen Bits in der Zieladresse deutlich. Zusätzlich wird im Header des Datenpakets noch der exakte **Pfad** zum Zielrechner mit angegeben. Dazu wird jedes LAN-Segment mit einer eindeutigen 12 Bit langen Adresse gekennzeichnet, und jede Bridge erhält innerhalb des LANs eine 4 Bit Adresse. Ein Pfad setzt sich dann aus einer Folge von 12 Bit LAN-Adressen und 4 Bit Bridge-Adressen zusammen. Ein Pfad im LAN von Abb.5.72 von LAN-Segment A nach LAN-Segment D hätte dann die Form (A, B1, E, B2, D).

Eine Source Routing Bridge leitet nur Datenpakete weiter, in deren Adressangaben das entsprechende Nonlocal-Bit gesetzt ist. Dazu wertet die Bridge die Pfadangabe aus und sucht in dieser die Adresse des LAN-Segments, aus dem das Datenpaket stammt. Folgt dieser LAN-Adresse die eigene Bridge-Adresse, wird das Datenpaket weitergeleitet, anderenfalls nicht.
Der Source Routing Algorithmus setzt voraus, daß jeder an das LAN angeschlossene Rechner den günstigsten Pfad zu jedem anderen Rechner kennt. Dazu sendet ein Rechner, sobald er ein Paket an eine bislang unbekannte Zieladresse senden muß, ein sogenanntes Erkundungs-Datenpaket (**Discovery Frame**) als Broadcast auf den Weg. Jede Bridge, die das Erkundungs-Datenpaket passiert, leitet es weiter, so daß dieses jedes einzelne LAN-Segment tatsächlich erreicht. Kommt das darauf zurückgesendete Antwort-Datenpaket zu einer Bridge, vermerkt diese ihre Identität darin, so daß der ursprüngliche Sender den exakten Pfad, den das Paket genommen hat, ermitteln kann und damit letztendlich auch den günstigsten Pfad. Sobald der günstigste Pfad zu einer Zieladresse ermittelt wurde, wird dieser in einem internen Zwischenspeicher des Ausgangsrechners gespeichert, damit der Erkundungsvorgang nicht erneut stattfinden muß.
Der Nachteil dieses Verfahrens liegt darin begründet, daß eine explosionsartige Vervielfältigung von Erkundungs-Datenpakete auftreten kann. Sobald die Übergänge zwischen den einzelnen LAN-Segmenten redundant mit mehreren parallelen Bridges ausgestattet sind, sendet jede dieser Bridges eine Kopie des ursprünglichen Erkundungs-Datenpakets in das Nachbar-Segment. Besteht ein LAN aus k Segmenten mit jeweils b parallelen Bridges dazwischen, kann sich die Zahl der Erkundungs-Datenpakete bis auf b^{k-1} vervielfachen. Ein ähnlicher Effekt tritt auch bei Spanning Tree Bridges auf. Trifft ein Datenpaket mit unbekannter Zieladresse auf eine Bridge, so flutet diese das Datenpaket an alle angeschlossenen LAN-Segmente weiter. Da allerdings in diesem Fall jeweils nur der Spannbaum und nicht das gesamte LAN zur Weitersendung verwendet wird, steht die Anzahl der Vervielfältigungen des Ausgangspakets nur im linearen Verhältnis zur Größe des Netzes.
Während Spanning Tree Bridges Topologieänderungen und Fehler im LAN automatisch und auf einfache Weise dadurch feststellen können, daß sie miteinander kommunizieren, ist das Verfahren im Fehlerfall für Source Routing Bridges aufwendiger. Fällt eine Bridge aus, registriert ein Sender, der diesen Verbindungsweg benutzen will, nur, daß eine Bestätigung seiner Sendung auf sich warten läßt. Schließlich tritt ein Time-Out auf, aber der Sender kann nicht unterscheiden, ob die Zieladresse nicht mehr verfügbar oder ob ein Fehler auf der Übertragungsstrecke aufgetreten ist. Daher wird ein Erkundungs-Datenpaket ausgesendet, um dem Problem auf den Grund zu gehen. Vorallem dann, wenn eine Bridge betroffen ist, die über ein sehr hohes Lastaufkommen verfügt, kann eine kritische Situation auftreten, da eine große Zahl von Erkundungs-Datenpaketen initiiert wird. In Tabelle 5.15 sind Vor- und Nachteile der beiden Verfahren noch einmal zusammengefaßt.

Tabelle 5.15. Spanning Tree Bridge und Source Routing Bridge

	Spanning Tree Bridge	Source Routing Bridge
Orientierung	verbindungslos	verbindungsorientiert
Transparenz	voll transparent	nicht transparent
Konfiguration	automatisch	manuell
Routing	suboptimal	optimal
Navigation	Backtracking	Erkundungs-Datenpakete
Fehler	von Bridge behandelt	von Rechner behandelt

Remote Bridges. Bridges werden üblicherweise auch dazu verwendet, geografisch weit auseinanderliegende LAN-Segmente zu einem einzigen großen LAN zu verbinden. Dies ist in vielen Fällen einer Inter-LAN Verbindung vorzuziehen, da das entstehende Gesamtsystem immer noch wie ein einzelnes LAN zu handhaben ist. Eine solche Koppelung kann bewerkstelligt werden, indem man an den Endpunkten der miteinander zu verbindenden LAN-Segmente Bridges installiert, die miteinander über eine Punkt-zu-Punkt Verbindung verbunden werden, z.B. über eine Telefonleitung, eine Funkstrecke oder sogar über eine Satellitenverbindung. Die Punkt-zu-Punkt Verbindung zwischen den beiden LAN-Segmenten wird dabei einfach als zusätzliches LAN-Segment betrachtet, das keine eigenen Rechner enthält (siehe Abb.5.74).
Da die eingesetzte Punkt-zu-Punkt Verbindung oft wesentlich langsamer arbeitet als die daran angeschlossenen LAN-Segmente, muß auf diesen Umstand

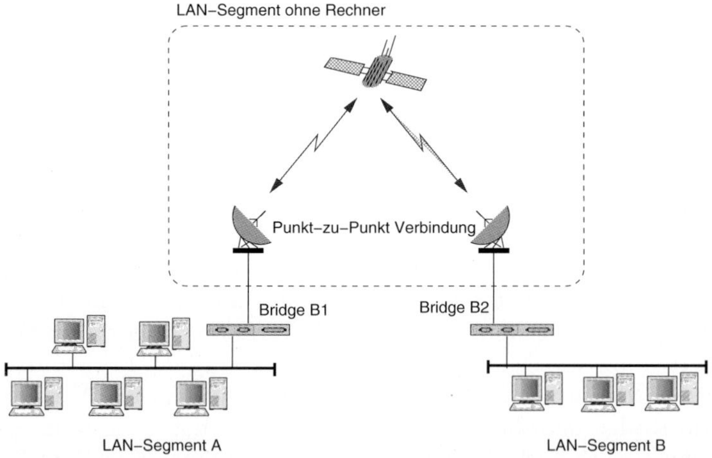

Abb. 5.74. Remote-Bridges zur Koppelung geografisch weit auseinanderliegender LAN-Segmente

zusätzlich Rücksicht genommen werden. Zum Einsatz kommen hier spezielle Filtermechanismen, die unnötige Übertragungen von Datenpaketen in das entfernt gelegene LAN-Segment verhindern, sowie Zwischenspeicher, die bei Staus Datenpakete puffern können.

5.5.5 Switches

Ähnlich einem Hub verbindet ein **Switch** mehrere Rechner bzw. mehrere LAN-Segmente miteinander. Allerdings arbeiten beide Geräte auf unterschiedliche Weise. Während das Hub selbst einfach als gemeinsam genutztes Übertragungsmedium zwischen den einzelnen, daran angeschlossenen Rechnern arbeitet, d.h. zu einem Zeitpunkt können immer nur zwei Rechner über das Hub miteinander kommunizieren, stellt sich ein Switch als komplettes LAN dar, das einzelne Segmente mit jeweils einem Rechner und einer Bridge in sich miteinander verbindet. Während die Bandbreite des Hub durch die maximale Datenübertragungsrate der daran angeschlossenen Rechner beschränkt ist, muß der Switch ausreichend Bandbreite für eine parallele Datenübertragung aller daran angeschlossenen Rechner bereitstellen.
In der Praxis sind die Kosten für einen Switch wesentlich höher als für einen Hub. Daher entscheidet man sich meist für eine hybride Lösung (siehe Abb. 5.75): Anstelle an jeden verfügbaren Anschluß des Switches einen einzelnen Rechner anzuschließen, wird daran ein Hub angeschlossen, das selbst mehrere Rechner verbindet und dadurch als ein eigenes LAN-Segment erscheint.

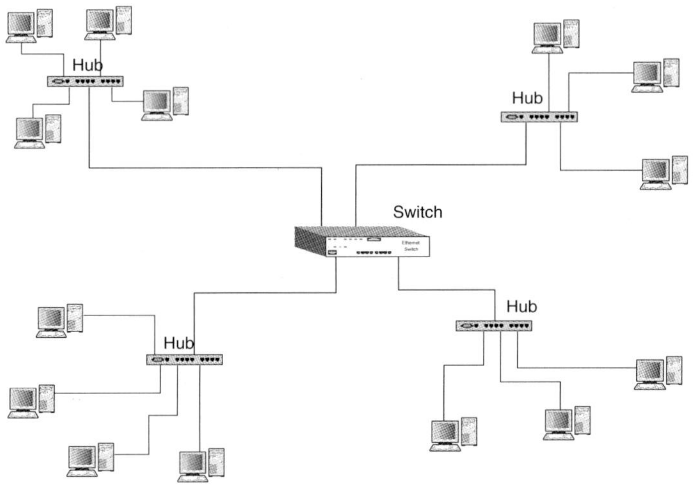

Abb. 5.75. Hybrider Einsatz von Hubs und Switches im LAN

5.6 Glossar

Backbone: Als Backbone wird der Zusammenschluß von Netzwerken bezeichnet, die über eine besonders hohe Kapazität und Bandbreite verfügen. Ein Backbone dient als Ausgangspunkt für den Anschluß eigener Netze an das Internet. Diese verfügen in der Regel über eine geringere Kapazität und teilen sich die Ressourcen des Backbone mit anderen, daran angeschlossenen Netzen.

Bitlänge: Die Länge, die ein Signal, das den Informationsgehalt von einem Bit trägt, auf dem Übertragungsmedium einnimmt. Die Bitlänge berechnet sich aus dem Quotienten aus Übertragungsgeschwindigkeit (in Kupferkabel etwa 0,8c=240.000 km/s) und Bandbreite des Signals. So ergibt sich z.B. in 100-Base-T Ethernet eine Bitlänge von etwa 240.000.000 mps/100.000.000 bps = 2.4 m/bit.

Broadcast: Eine Broadcast-Übertragung entspricht einem Rundruf, also einer gleichzeitigen Übertragung von einem Punkt aus zu allen Teilnehmern. Klassische Broadcast-Anwendungen sind Rundfunk und Fernsehen.

Bustopologie: In einer Bustopologie nutzen alle angeschlossenen Rechner ein **gemeinsames lineares Medium**, den Bus, der an seinen beiden Enden abgeschlossen ist. Zu jedem Zeitpunkt darf jeweils nur ein Teilnehmer senden. Im Gegensatz dazu stehen **dedizierte Medien**, die nur einem Teilnehmer exklusiv zur Verfügung stehen.

Carrier Sense (Sendekanalmithören): Datenstationen, die eine Nachricht versenden wollen, hören zunächst das Übertragungsmedium ab (**Carrier Sensing**). Eine Datenstation erlangt dann Zugang zum Übertragungsmedium, wenn der Kanal frei ist. Ist der Kanal nicht frei und kommt es zu Kollisionen, dann gibt es mehrere Strategien, um die Wahrscheinlichkeit einer erneuten Kollision herabzusetzen.

CSMA (Carrier Sense Multiple Access): Zugriffsverfahren, bei dem ein Rechner den Übertragungskanal überwacht (**Carrier Sensing**) und eine Übertragung immer nur bei freiem Kanal vornimmt.

CSMA/CD (Carrier Sense Multiple Access/Collision Detection): CSMA Zugriffsverfahren, das bei Auftreten einer Kollision diese erkennt, das Senden einstellt und vor einer weiteren Übertragung eine zufällig gewählte Zeitspanne wartet.

CSMA/CA (Carrier Sense Multiple Access/Collision Avoidance): CSMA Zugriffsverfahren, das versucht, Kollisionen von Datenpaketen dadurch zu vermeiden, daß vor der Übertragung eines Datenpakets ein kurzes Paket zwischen Sender und Empfänger ausgetauscht wird, das die innerhalb des betroffenen Netzsegments liegenden Rechner über die Dauer der bevorstehenden Datenübertragung informiert und sie veranlaßt, für diese Zeit ihre Aktivität einzustellen. Ein einfacher Vertreter dieser Protokollfamilie ist das MACA-Protokoll (**Multiple Access Collision Avoid**), das im Bereich der mobilen Kommunikation eingesetzt wird.

Collision Domain: Bezeichnung für den Bereich des Netzwerks, über den sich Kollisionen von Datenpaketen ausbreiten können.

Datenfernübertragung: Sind die Rechensysteme, zwischen denen eine Datenübertragung stattfindet, mehr als einen Kilometer weit voneinander entfernt, so spricht man von Datenfernübertragung. Diese Begrenzung ist allerdings nicht starr. Die eingesetzten Verfahren zur Datenfernübertragung unterscheiden sich wesentlich von denen, die bei Systemen eingesetzt wird, die weniger weit voneinander entfernt sind.

Diffusionsnetzwerk: In einem Diffusionsnetzwerk wird das Signal eines Senders unmittelbar von allen im Netz verbundenen Rechnern unter Berücksichtigung der jeweiligen Laufzeitverzögerung empfangen. Jeder Empfänger muß dabei selbst feststellen, ob er die Nachricht aufnimmt und verarbeitet oder nicht.

duplex: Variante der Kommunikation, bei der jeder Teilnehmer gleichzeitig sowohl Nachrichten senden als auch empfangen kann. Für ein Netzwerk ist diese Form der Kommunikation typisch, da jeder Teilnehmer während des Sendens Kontrollinformationen empfangen muß, um z.B. seine Übertragung im Fehlerfall wieder abzubrechen.

Durchsatz (Datendurchsatz, Throughput): Ist ein Maß für die Leistungsfähigkeit eines Kommunikationsystems. Gemessen werden innerhalb einer bestimmten Zeitspanne verarbeitete oder übertragene Nachrichten/Daten. Der Durchsatz errechnet sich aus dem Quotienten der fehlerfrei übertragenen Datenbits und der Summe aller übertragenen Bits, bezogen auf eine festgelegte Zeitdauer. Ausgedrückt wird er z.B. in bit/s oder Datenpakete/s.

halbduplex: Variante der Kommunikation, bei der jeder Teilnehmer senden und empfangen kann, beides allerdings niemals gleichzeitig.

Hub (Konzentrator): Zentrales Kopplungselement für Sterntopologie (z.B auch in Ethernet 10-Base-T).

ISM-Frequenzband: Frequenzbereich, der ursprünglich für Anwendungen im Bereich Industrie, Wissenschaft und Medizin (Industrial, Science, Medicine) reserviert war und der jetzt für funkbasierte, drahtlose Datenkommunikationsnetze genutzt wird, wie etwa für WLANs und Bluetooth, die beide im 2,45 GHz Frequenzband arbeiten.

Leitungsvermittlung: Methode des Nachrichtenaustauschs über ein Netzwerk, bei der zu Beginn des Nachrichtenaustauschs eine exklusive, feste Verbindung zwischen den kommunizierenden Endgeräten aufgebaut wird, die für die gesamte Dauer der Kommunikation bestehen bleibt. Analoge Telefonnetze funktionieren z.B. nach diesem Prinzip.

Manchester Kodierung: Einfache Kodierung binärer Signale, die auf einem Spannungswechsel beruht. Eine binäre 1 wird durch einen Wechsel low→high kodiert, eine binäre 0 durch den Wechsel high→low.

Multicast: Eine Multicast-Übertragung entspricht einem Rundruf an einen beschränkten Teilnehmerkreis. Es handelt sich also um eine gleichzeitigen Übertragung von einem Punkt aus zu einer bestimmten Teilmenge von Netzteilnehmern.

Multiple Access (Vielfachzugriff): Teilen sich die an ein Netzwerk angeschlossenen Rechner einen gemeinsamen Kommunikationskanal, so spricht man von einem Vielfachzugriff bzw. Multiple Access.

Nachrichtenvermittlung: Eine Methode der Netzwerkkommunikation, bei der die einzelnen Vermittlungsstellen den kompletten Nachrichteninhalt zwischenspeichern, bevor dieser weitergegeben wird. Der Sender muß nur den Pfad zur nächsten Vermittlungsstelle kennen, die dann die Nachricht nach Erhalt auf dieselbe Weise zur nächsten Vermittlungsstelle weiterschickt.

Netzsegment: Menge von Rechnern, die ein gemeinsames physikalisches Übertragungsmedium nutzen (nicht zu verwechseln mit der Segmentierung von Datenpaketen).

Netzumlaufzeit (Round-trip-Zeit): Unter der Netzumlaufzeit versteht man die Reaktionszeit eines kompletten Netzwerks. Es ist die Zeitspanne, die erforderlich ist, um ein Signal von einer Quelle über das Netzwerk zu einem beliebigen Empfänger, und die Antwort des Empfängers über das Netzwerk zurück zum Sender zu senden.

Paketvermittlung Die vorherrschende Kommunikationsmethode in digitalen Netzen. Die Nachricht wird dabei in einzelne Datenpakete fester Größe zerlegt und die Pakete werden einzeln und unabhängig voneinander vom Sender über eventuell vorhandene Vermittlungsstellen zum Empfänger gesendet. Man unterscheidet **verbindungsorientierte** und **verbindungslose** Paketvermittlungsnetze (**Datagrammnetz**). In verbindungsorientierten Paketvermittlungsnetzen wird vor dem Start der eigentlichen Datenübertragung eine Verbindung über fest gewählte Vermittlungsstellen im Netz aufgebaut. In verbindungslosen Paketvermittlungsnetzen wird dagegen kein fester Verbindungsweg vorgewählt.

Ports: Generelle Bezeichnung der Ein- und Ausgänge der Zwischensysteme/Vermittlungssysteme im Netzwerk (nicht zu verwechseln mit TCP-Ports).

Pure ALOHA: Zugriffsverfahren, bei dem jeder angeschlossene Rechner bei Bedarf, ohne Mithören des Sendekanals seine Daten überträgt. Tritt eine Kollision auf, wird die Übertragung abgebrochen und nach Ablauf eines zufällig gewählten Zeitintervalls wieder aufgenommen.

Rechnernetz: Ein Rechnernetz (**Netzwerk**, **Computer Network**) ist ein Übertragungssystem zwischen den an ein Netz angeschlossenen, autonomen Rechnersystemen, die über eigene Speicher, eigene Peripherie und eigene Rechenfähigkeit verfügen. Da alle Teilnehmer miteinander vernetzt sind, bietet das Rechnernetz jedem Teilnehmer die Möglichkeit, mit jedem anderen der Netzteilnehmer in Verbindung zu treten.

Repeater: Zwischensystem, daß zur Verstärkung und Zusammenschaltung verschiedener Segmente dient. Repeater sind absolut transparent und geben die empfangenen Datenpakete jeweils verstärkt weiter.

Richtfunk: Unter Richtfunk versteht man die Übertragung elektromagnetischer Wellen mit scharf bündelnden Antennen, sogenannten Richtantennen.

simplex: Variante der Kommunikation, bei der der Nachrichtenfluß nur in eine Richtung möglich ist, nämlich vom Sender zum Empfänger, wie z.B. beim Kabelfernsehen.

Slotted ALOHA: ALOHA Zugriffsverfahren, bei dem die Zeitachse in feste Intervalle (Slots) eingeteilt ist. Die Dauer der Übertragung eines Datenpakets darf die Länge eines Slots nicht überschreiten. Ein Rechner muß immer bis zum Beginn eines neuen Slots warten, bevor er seine Übertragung starten darf.

Switch (Switching Hub): Zentrales Hub, über das Verbindungen über eine interne Verbindungsmatrix mit voller Geschwindigkeit von 10 Mbps, 100 Mbps, 1 Gbps oder mehr geschaltet werden können. Konkurrierende Zugriffe werden dabei sequentiell abgearbeitet.

Topologie: Unter der Topologie eines Rechnernetzes versteht man die geometrische Form der Verteilung der einzelnen Rechnerknoten innerhalb des Netzwerks. Verbreitete Topologien für Rechnernetzwerke sind **Bustopologie**, **Ringtopologie** und **Sterntopologie**.

Terminator (Abschlußwiderstand): Zur Signaldämpfung des jeweils verwendeten Übertragungsmediums müssen an den Kabelenden Abschlußwiderstände angebracht werden, die einen Spannungsverlust herbeiführen und so verhindern, daß es zu Reflektionen an den Kabelenden kommt.

Transceiver: Im Ethernet-LAN verwendete Hardware zum Senden und Empfangen von Datenpaketen, sowie zur Überwachung des Netzverkehrs. Das Wort leitet sich aus einer Kurzform von Sender (**Transmitter**) und Empfänger (**Receiver**) her. Der Transceiver kann sich entweder direkt am Busabgriff oder auch im angeschlossenen Rechner befinden.

Zeitslot: Unterteilt man die Zeitachse in feste Abschnitte derselben Länge, so werden diese Zeitintervalle als Zeitslots oder Zeitschlitze bezeichnet.

6. Datentransfer bis ans andere Ende der Welt – WAN-Technologien

„Er soll herrschen von einem Meer bis ans andere,
und von dem Strom bis zu den Enden der Welt.“
– Psalm 72,8.

Jenseits der engen räumlichen Grenzen eines LANs bieten WANs (Wide Area Network) die Möglichkeit, auch sehr große Distanzen zwischen einzelnen Rechnern und lokalen Rechnernetzen zu überbrücken, wozu spezielle Übertragungsmedien und neue, zusätzliche Schaltelemente notwendig sind. Um sich über ein WAN mit dem Internet zu verbinden, gibt es eine Vielzahl von Zugangsmöglichkeiten. In diesem Kapitel werden die wichtigsten Konzepte und Techniken für den Aufbau und Betrieb solcher WANs vorgestellt. Schwerpunktmäßig wird dabei auf Adressierung und Routing eingegangen. Anhand unterschiedlicher Technologiebeispiele wird ein tieferer Einblick in die Funktionsweise von WANs gegeben.

6.1 Einleitung

Während Local Area Networks (LANs, lokale Netze) stets engen räumlichen und kapazitätsbezogenen Beschränkungen unterliegen, wächst der globale, weltumspannende Kommunikationsverbund Internet stetig. Immer neue Rechner und neue Netze schließen sich diesem globalen Netzverbund an, der im Gegensatz zu LANs auf einer **skalierbaren** Technologie basiert. Diese als **Wide Area Networks (WANs)** bezeichnete Technologie macht den Zusammenschluß mehrerer lokaler Netzwerke zu einem Netzwerkverbund möglich. Dabei kann die Anzahl der Endsysteme – einzelne Rechner oder ganze LANs –, die mit einem WAN gekoppelt werden, und dessen räumliche Ausdehnung den jeweiligen Gegebenheiten angepaßt werden. Diese reicht von Einzelstandorten eines Unternehmens, die innerhalb einer Stadt miteinander vernetzt werden sollen, bis hin zur interkontinentalen Vernetzung aller Universitätsrechner. Die WAN-Technologie ist in der Lage, ausreichende Leistungsreserven zur Verfügung zu stellen und einen effizienten Betrieb des Netzverbundes zu gewährleisten.
Ziel der Koppelung verschiedener lokaler Netzwerke und Endsysteme vermittels der WAN-Technologie ist die Schaffung scheinbar einheitlicher, homogener Netzwerke, sogenannter **Internets** oder auch **virtuelle Netze**, die

das **Internetworking**, also eine unbehinderte Kommunikation zwischen allen Endsystemen der verschiedenen zusammengeschlossenen Netzwerkinseln ermöglichen, als ob sie zu einem einzigen Netz gehörten. Neben Zwischensystemen, wie z.B. Switches, Paketvermittler, Router, und einem einheitlichen Adressierungsschema werden dazu gemeinsame Kommunikationsprotokolle (nicht notwendig auf allen Schichten des Protokollschichtenmodells) benötigt (vgl. Kap. 7). Der Begriff Internet ist dabei als generischer Begriff verwendet. Das bekannteste aller Internets ist natürlich das weltweite „Internet", in dem mit dem IP-Adressierungsschema und den TCP/IP-Protokollen gearbeitet wird.
Grundsätzlich bestehen WANs – wenn man von den jeweils daran angeschlossenen Endsystemen absieht – aus **Übertragungsmedien** (Verkabelung) und **Schaltelementen** (Router, Packet Switch Intermediate Systems), die die Aufgabe übernehmen, die einzelnen lokalen Subnetze miteinander zu verbinden und zwischen ihnen für einen reibungslosen Datentransport zu sorgen. Dabei unterscheidet man zwischen den Verbindungen unter den einzelnen Schaltelementen, die meist mit einer sehr hohen Bandbreite ausgelegt sind, und den Verbindungen der Schaltelemente zu den jeweiligen Endsystemen, die gegebenenfalls nur eine geringere Bandbreite aufweisen. Als Schaltelemente arbeiten spezielle Rechner, deren Aufgabe es ist, zwei oder mehrere unterschiedliche Verkabelungen miteinander zu verbinden. Sie entscheiden, über welchen Anschluß – d.h. an welches Übertragungsmedium – die ankommenden Daten weitergeleitet werden sollen, damit sie den betreffenden Adressaten im Netzverbund erreichen. Oftmals sind auf dem Weg, den eine Nachricht vom Sender zum Empfänger zurücklegt, viele verschiedene Netze zu überbrücken und es gilt, einen geeigneten Weg durch das WAN zu finden, damit die Nachricht erfolgreich zugestellt werden kann. Die beteiligten Zwischensysteme übernehmen diese Aufgabe.
Die Daten werden dazu, nachdem sie vom Schaltelement empfangen wurden, zwischengespeichert, ausgewertet und entsprechend weitergeleitet. Das Weiterleiten der ankommenden Daten bei gleichzeitigem Speichern (Puffern) wird auch als **Store-and-Forward**-Switching bezeichnet. Der Vorgang, einen geeigneten Weg für die Daten durch das WAN bzw. ein Internet vom Sender bis zum Empfänger zu finden, wird als **Routing** bezeichnet.
Während das Design von LANs in der Regel symmetrisch ausgelegt ist, ist dies bei WANs nicht der Fall. Im Gegensatz zu LANs besitzen WANs meist eine irreguläre Topologie. Abb. 6.1 zeigt ein Beispiel für ein WAN. Die einzelnen Subnetze A, B, C, und D werden jeweils über Schaltelemente miteinander verbunden. Die Verbindungsleitungen zwischen den Schaltelementen ist dabei für hohe Bandbreiten ausgelegt.

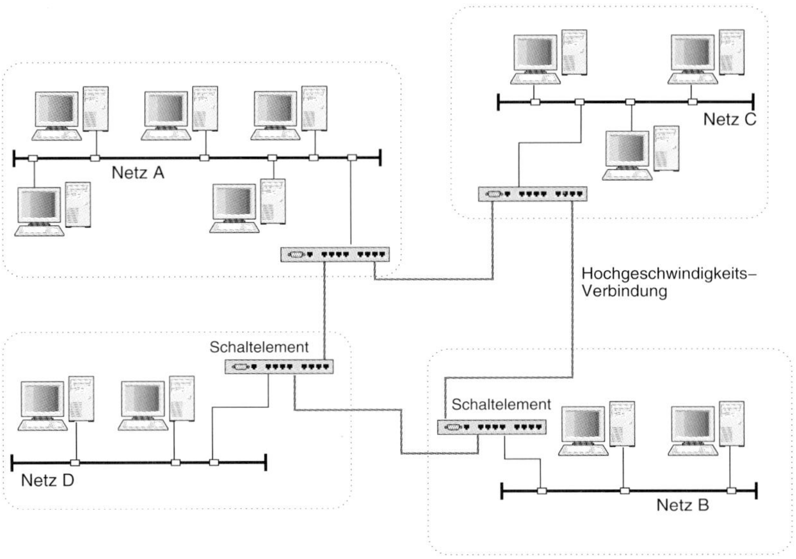

Abb. 6.1. Beispiel eines WANs

6.2 Paketvermittlung im WAN

6.2.1 Grundprinzipien

Anstelle eines gemeinsamen Übertragungsmediums, wie es bei LANs Verwendung findet, besteht ein WAN aus einem Zusammenschluß mehrerer, möglicherweise verschiedenartiger Einzelnetze. Um die gewünschte Skalierbarkeit zu erreichen, werden die einzelnen Teilnetze über Schaltelemente miteinander verbunden.

Wie bereits in Kapitel 4 erwähnt, arbeiten moderne Computernetzwerke nach dem Prinzip der **Paketvermittlung** (Packet Switching): Die zu versendenden Daten werden in einzelne Pakete zerlegt und unabhängig voneinander über das Netzwerk zum Adressaten der Daten gesendet. Dabei können die einzelnen Datenpakete durchaus auf verschiedenen Wegen zu ihrem Ziel gelangen und ermöglichen so einen größtmöglichen Datendurchsatz im Netzwerk. Besitzen alle Pakete dieselbe Größe, spricht man von einer **Zellvermittlung** (Cell Switching).

Um ein bestehendes WAN zu vergrößern, wird ein neues Teilnetz, das mit dem WAN verbunden werden soll, einfach über ein Schaltelement an das bestehende WAN angeschlossen. Je nach Bedarf können auf diese Weise weitere Teilnetze mit in das WAN integriert werden. Das verwendete Schaltelement, das die Koppelung der Netze bewerkstelligt, heißt **Paketvermittler**, da seine Aufgabe im Empfang, dem Speichern, Auswerten und Weiterleiten von Datenpaketen besteht. Ein Paketvermittler ist ein spezieller Computer, der nur für diese Aufgabe verwendet wird. Um die hohe Bandbreite ausnutzen

zu können, die die heutigen WANs kennzeichnen, werden die angewendeten Algorithmen zur Ermittlung des Pfades eines Datenpakets zum jeweiligen Empfänger direkt in die Hardware des Rechners integriert und so möglichst kurze Schaltzeiten zu erzielen.
Während der Anschluß eines Paketvermittlers an die jeweiligen Endsysteme bzw. an ein Teilnetz von Endsystemen mit derselben Bandbreite erfolgen kann, wie sie den betreffenden Endgeräten in ihrem jeweiligen Teilnetz zur Verfügung steht, werden die Paketvermittler untereinander über höhere Bandbreiten miteinander verbunden. Abb. 6.2 zeigt den schematischen Aufbau eines Paketvermittlers.

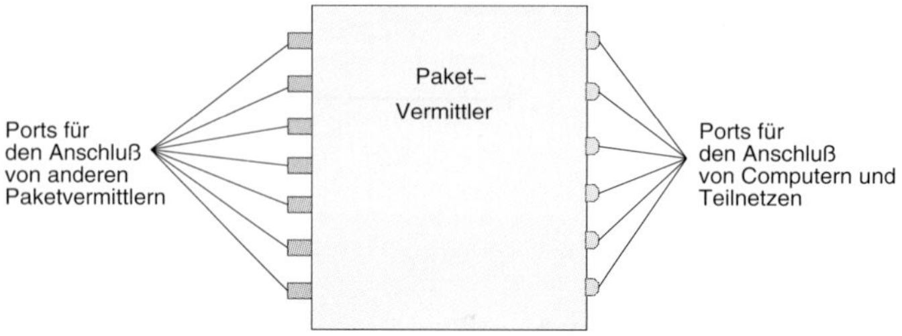

Abb. 6.2. Schematischer Aufbau eines Paketvermittlers

Dabei können eine Vielzahl von unterschiedlichen Übertragungsmedien verwendet werden, wie z.B. serielle Mietleitungen (Telefonkabel), Lichtwellenleiter, Mikrowellen, Richtfunk, Laser oder Satellitenkanäle.

6.2.2 Aufbau eines WANs

Ausgangspunkt des Aufbaus eines WANs sind oft einzelne, geografisch voneinander entfernte LANs oder auch einzelne Computer, die miteinander verbunden werden sollen. Jeder Standort erhält zu diesem Zweck einen Paketvermittler, der mit dem lokalen Teilnetz bzw. direkt mit den lokalen Endsystemen verbunden wird. Die einzelnen Paketvermittler an den unterschiedlichen Standorten werden dann über ein separates Netz – oftmals ein öffentliches Netzwerk – miteinander verbunden.
Abb. 6.3 zeigt den Aufbau eines WANs mit vier Paketvermittlern. Dabei sind über zwei Paketvermittler ganze Teilnetze mit dem WAN verbunden, während über die anderen beiden lediglich einzelne Rechner mit dem Paketvermittler verbunden sind. Die Abbildung zeigt auch, daß WANs nicht notwendigerweise symmetrisch sein müssen. Die Bandbreiten der Verbindungen

zwischen den einzelnen Paketvermittlern werden entsprechend dem erwarteten Datenverkehr unter Einbeziehung von Redundanz für den Störungsfall gewählt.

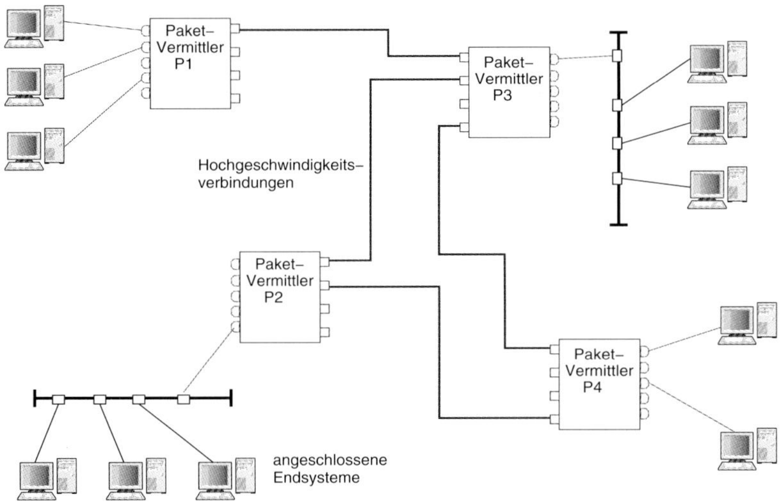

Abb. 6.3. Beispiel für den prinzipiellen Aufbau eines WANs

WANs sind auf Netzwerkbetreiber angewiesen, die solche Fernnetze betreiben und zur Nutzung anbieten. Netzwerkbetreiber sind öffentliche oder private Institutionen, die im Rahmen der rechtlichen Vorschriften tätig sind. Allerdings kann ein Unternehmen auch ein WAN für sich alleine betreiben, ohne sich dabei auf einen Netzwerkanbieter zu stützen und ohne dabei Dienste für andere zu erbringen. Zu diesem Zweck können Leitungen von Netzwerkbetreibern gemietet und zu einem scheinbar firmeneigenen Netzwerk verbunden werden. Das Unternehmen ist dann allerdings auch selbst für den Betrieb und den Unterhalt dieses Firmennetzes (Corporate Network) verantwortlich.

6.2.3 Speichervermittlung

In einem LAN nutzen alle angeschlossenen Endsysteme ein gemeinsames Übertragungsmedium. Damit es auf dem gemeinsam genutzten Übertragungsmedium nicht zu Kollisionen oder Störungen kommt, die die Datenübertragung behindern bzw. sogar ganz zum Erliegen bringen, ist es immer nur jeweils einem Paar von Endsystemen gestattet, ein Datenpaket auszutauschen.

Im Gegensatz dazu können die an ein WAN angeschlossenen Endsysteme tatsächlich parallel kommunizieren und gleichzeitig Datenpakete versenden. Damit die Paketvermittler auch bei einem hohen Datenpaketaufkommen

ihre Arbeit korrekt ausführen können, wird jedes empfangene Datenpaket zunächst in einen internen Zwischenspeicher des Paketvermittlers kopiert und dort gespeichert, bevor anhand der im Datenpaket mitgelieferten Adressinformationen entschieden wird, auf welchem Wege (d.h. über welchen Ausgang) das Datenpaket den Paketvermittler wieder verläßt. Diese Technik wird als **Speichervermittlung** (Store-and-Forward Switching) bezeichnet.
Bei der Speichervermittlung können die Datenpakete tatsächlich mit der höchsten, von der Hardware des Netzwerks unterstützten Bandbreite übermittelt werden, denn der Paketvermittler ist in der Lage, viele Datenpakete gleichzeitig in seinem Speicher aufzunehmen. Er kann so auch im Falle eines Datenstaus auf der Ausgangsseite des Paketvermittlers als Puffer agieren. Natürlich ist ein solcher Puffer von seiner Kapazität her immer beschränkt, so daß im Extremfall auch Datenpakete, die nicht mehr im Zwischenspeicher des Paketvermittlers aufgenommen werden können, verloren gehen. Jeder Ausgang des Paketvermittlers verfügt also über eine Warteschlange, die mit den Datenpaketen gefüllt wird, die über diesen Ausgang an ihren Bestimmungsort geliefert werden. Der Zwischenspeicher des Paketvermittlers kann so sehr zügig wieder freigeräumt werden.

6.2.4 Adressierung im WAN

Aus Sicht der an das WAN angeschlossenen Endgeräte arbeitet ein WAN in gleicher Weise wie ein LAN: Die jeweilige WAN-Technologie definiert ein bestimmtes, vorgegebenes Datenformat, dem die zu versendenden Datenpakete entsprechen müssen. Jedes einzelne, am WAN angeschlossene Endsystem verfügt darüberhinaus über eine eigene Hardware-Adresse, die als Zieladresse in dem zu sendenden Datenpaket jeweils mit angegeben sein muß, damit das Datenpaket auch tatsächlich seinen Bestimmungsort erreichen kann.
Um eine eindeutige Adressierung auf WAN-Ebene zu erreichen, wird ein **hierarchisches Adressierungsschema** verwendet. Im einfachsten Fall ist dabei eine Adresse in zwei Teile aufgegliedert: Der erste Teil, der Adreß-Präfix, bezeichnet die Adresse des Paketvermittlers und der zweite Teil, der Adreß-Suffix, bezeichnet die Adresse des betreffenden Endsystems, das an diesen Paketvermittler angeschlossen ist. Abb. 6.4 zeigt ein Beispiel für eine hierarchische Adressierung im WAN.
An den Paketvermittler P1 sind drei Endsysteme jeweils an den Ports 1, 3 und 5 angeschlossen, während an den Paketvermittler P2 zwei Endsysteme an den Ports 2 und 6 angeschlossen sind. Der an Port 5 angeschlossene Rechner von Paketvermittler P1 bekommt somit die Adresse [1,5] zugewiesen.
Der Paketvermittler muß jedes empfangene Datenpaket entsprechend seiner Zieladresse weiterleiten. Ist das Datenpaket für einen Rechner bestimmt, der direkt über den Paketvermittler erreichbar ist, wird das Paket einfach auf den entsprechenden Ausgang, mit dem der Zielrechner verbunden ist, weitergeleitet. Ist das Datenpaket für einen Rechner bestimmt, der nur über einen anderen Paketvermittler erreicht werden kann, wird das Paket über eine der

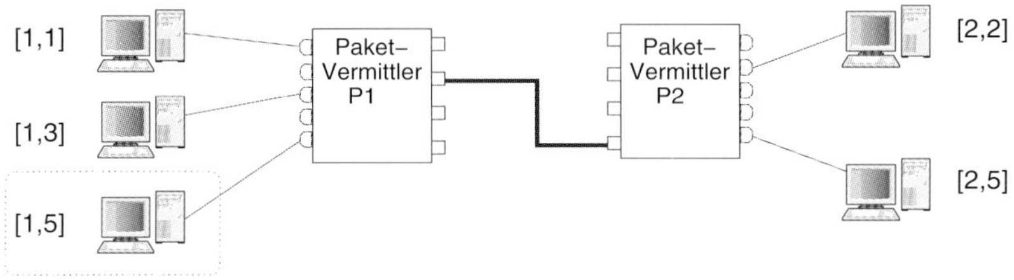

Abb. 6.4. Hierarchische Adressierung im WAN

Hochgeschwindigkeitsverbindungen zum nächsten Paketvermittler auf dem Verbindungsweg zwischen dem aktuellen Paketvermittler und dem Zielrechner versendet. Welcher Paketvermittler dabei gewählt wird, hängt von der jeweiligen Zieladresse des zu sendenden Datenpakets und der daraus abgeleiteten Route ab.

Der Paketvermittler verfügt dabei nicht über die vollständige Information zum Weg, den das Datenpaket einzuschlagen hat, sondern jeweils immer nur über die nächste zurückzulegende Teilstrecke (**Hop**). Dieses Vermittlungsprinzip wird auch als **Teilstreckenvermittlung** (Next-Hop-Forwarding) bezeichnet. Die Information über die von einem Paketvermittler aus einzuschlagenden Teilstrecken wird dort in Form von Tabellen (Routing-Tabellen) verwaltet, in denen jedem Ziel ein designierter Ausgang des Paketvermittlers zugeordnet wird. Abb. 6.5 zeigt die Next-Hop-Tabelle von Paketvermittler P3. Empfängt der Paketvermittler ein Datenpaket, wird zunächst die Zieladresse, die sich in dessen Paketheader befindet, ausgewertet und der entsprechende Eintrag in der Next-Hop-Tabelle des Paketvermittlers gesucht. Über den dort zu der Zieladresse verzeichneten Ausgang wird das Datenpaket anschließend weitergeleitet.

Die Weiterleitung eines Datenpakets erfolgt im WAN unabhängig von der jeweiligen Quelladresse, von der das Datenpaket stammt. Sie ist bei der Ermittlung der als nächstes zu wählenden Teilstrecke nicht von Bedeutung. Diese Information ist nur dann wichtig, wenn der Paketvermittler neu konfiguriert wird. Die Weiterleitung der Datenpakete folgt so einem einfachen Algorithmus, der sehr effizient in Hardware implementiert werden kann.

6.3 Routing

Das sogenannte **Routing** dient der Ermittlung von Wegen, die zwei Endsysteme als Sender und Empfänger in einem Internet miteinander verbinden. Zwischen Quellsystem und Zielsystem liegen dabei (in der Regel mehrere) **Router**, deren Aufgabe es ist, als Vermittlungsrechner die Daten von einem Teilnetz in das nächste entlang des gewählten Weges durch das Internet zu

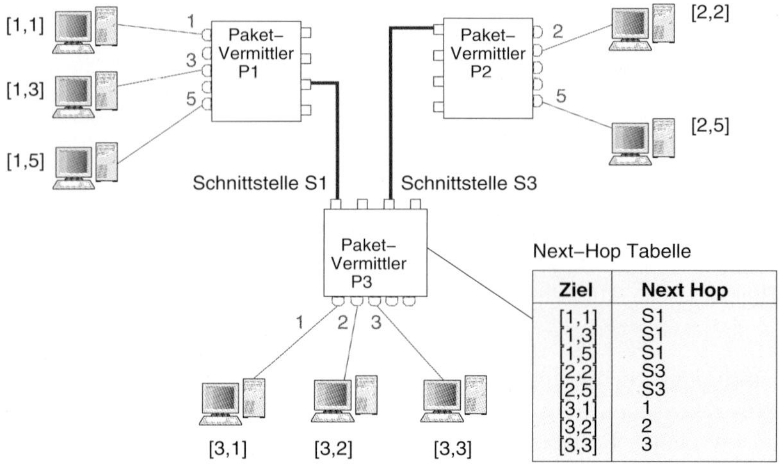

Abb. 6.5. Teilstreckenvermittlung im WAN – Next-Hop-Forwarding

übertragen. Dabei ermitteln die Router einen Weg (Route) auf Basis der Zieladresse des zu übermittelnden Datenpakets, die ein Endsystem bzw. das Subnetz zu dem das betreffende Endsystem gehört kennzeichnet.
Die Weiterleitung der Datenpakete an den jeweiligen Vermittlungsrechner hängt dabei weder vom Sender des Datenpakets ab noch von den einzelnen Etappen, die das Datenpaket auf dem Weg zum aktuellen Vermittlungsrechner bereits zurückgelegt hat, sondern einzig und allein von dessen Ziel. Dieses Prinzip wird als **Quellenunabhängigkeit** bezeichnet und ist eines der grundlegenden Prinzipien der Netzwerktechnik. Es gewährleistet den Einsatz effizienter **Routingalgorithmen**, die zur Weiterleitung ankommender Pakete nur die jeweilige Zieladresse entnehmen, um zu entscheiden, über welchen Ausgang das Datenpaket den Vermittlungsrechner wieder verlassen soll.
Man unterscheidet in einem WAN **interne Vermittler** (Interior Switch), also Vermittlungsrechner, an die keine Endsysteme sondern nur andere Vermittlungsrechner direkt angeschlossen sind, von **externen Vermittlern** (Exterior Switch), an die auch direkt Endsysteme angeschlossen werden können.

6.3.1 Das Netzwerk als Graph

Das Routing im WAN oder in einem Internet kann man am besten anhand eines **Graphen** veranschaulichen, der das Netzwerk darstellt. Jeder **Knoten** des Graphen repräsentiert dabei einen Router. Besteht zwischen zwei Routern im WAN eine direkte Verbindung, so wird diese im Graphen durch eine **Kante** zwischen den beiden Knoten, die die Router darstellen, repräsentiert und als Verbindung oder Link bezeichnet wird. Abb. 6.6 zeigt ein WAN und den das WAN darstellenden Graphen.

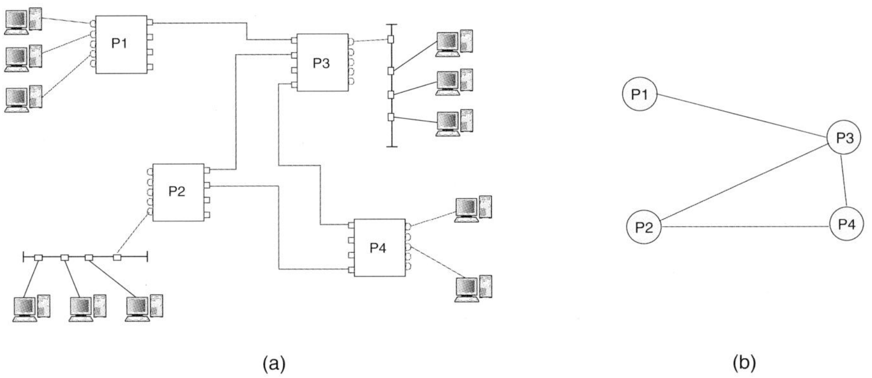

Abb. 6.6. Ein WAN (a) und seine korrespondierende Graph-Darstellung (b)

Die Beschreibung eines WANs als Graph ist sehr nützlich, da sie eine Darstellung der einzelnen, miteinander verbundenen Router ohne die zugehörigen Endsysteme liefert. Der Graph ist die Basis für die Berechnung von Teilstreckenverbindungen (Hops) der unterschiedlichen Routingalgorithmen, die in WANs Verwendung finden.

6.3.2 Berechnung der Routingtabelle im WAN

Um ein ankommendes Datenpaket korrekt weiterleiten zu können, verfügt der Vermittlungsrechner (**Router**) über eine interne Tabelle (**Routingtabelle**) mit den zum Weiterleiten notwendigen Teilstreckeninformationen. Die Routingtabelle enthält zu jedem potentiellen Ziel eine Angabe, über welchen Port das Datenpaket den Router wieder verlassen muß. Da die Routingtabelle jeweils nur Angaben über die nächste Station eines Datenpakets auf seinem Weg durch das WAN enthält, wird sie auch als Next-Hop-Tabelle bezeichnet. Betrachten wir die in Abb. 6.5 dargestellte Routingtabelle. Sofort wird der Vorteil, den eine hierarchische Adressierung im Netzwerk bietet klar: Alle Datenpakete, die an ein bestimmtes Subnetz gerichtet sind, verlassen den Router über denselben Port. Für ein korrektes Weiterleiten der Datenpakete muß also nur der erste Teil der Zieladresse überprüft werden, falls das Ziel der Datenpakete sich nicht im selben Subnetz befindet wie der betrachtete Router (siehe Tabelle 6.1).
Die Routingtabelle enthält also je einen Eintrag für ein dediziertes Subnetz und je einen Eintrag für jeden Rechner im lokalen Subnetz des Routers. Die Routingtabelle läßt sich entsprechend verkleinern mit der Folge, daß sich auch der Berechnungsaufwand zur Weiterleitung der Datenpakete deutlich verringert.
Die in der Routingtabelle gespeicherten Einträge müssen den folgenden Anforderungen entsprechen:

Tabelle 6.1. Verkürzte Version der Routingtabelle aus Abb. 6.5

Ziel	Next Hop
(1,beliebig)	S1
(2,beliebig)	S3
(3,1)	1
(3,2)	2
(3,3)	3

- **Universelles Routing**: Die Routingtabelle eines Routers muß für jedes potentielle Ziel einen Hop enthalten.
- **Optimales Routing**: Der in einer Routingtabelle enthaltene Hop für ein bestimmtes Ziel muß auf den kürzesten Pfad dorthin führen.

Bevor auf die einzelnen Verfahren zur Ermittlung optimaler Routingtabellen eingegangen wird, soll zunächst das Optimalitätsprinzip als Grundlage dieser Verfahren genauer erläutert werden: Betrachten wir die drei Router A, B und C. Dann besagt das Optimalitätsprinzip folgendes: Liegt Router B auf einer optimalen Route von Router A nach Router C, dann liegt der optimale Weg von Router B nach Router C ebenfalls auf dieser Route. Dies kann sehr einfach bewiesen werden: Bezeichnen wir den ersten Teilweg der betrachteten optimalen Route von A nach B mit r1 und den Teilweg von B nach C als r2. Würde ein besserer Weg von B nach C führen als r2, dann könnten wir diesen einfach mit r1 verbinden und hätten damit eine Route von A nach C gefunden, die besser als unsere Ausgangsroute wäre, was der Anfangsbedingung widerspricht.
Aus dem Optimalitätsprinzip läßt sich direkt folgern, daß der Graph, der entsteht, wenn man die optimalen Routen von allen möglichen Knoten (Routern) A1,..., An zu einem bestimmten Ziel Z miteinander verbindet, einen **Wurzelbaum** mit Z als Wurzel enthält. Ein solcher Wurzelbaum wird als **Sink Tree** bezeichnet. Auf natürliche Weise kann auf dem Sink Tree eine Distanzmetrik eingeführt werden, die durch die Anzahl der jeweils notwendigen Hops definiert ist. Als Baum enthält der Sink Tree keine Schleifen (loops), so daß jedes Datenpaket, das der vorgegebenen Route folgt, stets nach einer endlichen Anzahl von Hops sein Ziel erreicht (vgl. Abb. 6.7). Der Sink Tree ist nicht eindeutig festgelegt, es kann mehrere unterschiedliche Sink Trees geben. Ziel der verschiedenen Routingverfahren ist es, jeweils einen Sink Tree zu ermitteln und ihn für die Festlegung der optimalen Route zu verwenden.
Kommen wir zurück auf die Frage der Berechnung von Routingtabellen. Eine vollständige Routingtabelle für alle Router aus Abb. 6.6, die aus dem korrespondierenden Netzwerkgraphen gewonnen werden kann, ist in Tabelle 6.2 dargestellt. Die Wertepaare (u,v), die jeweils in den Feldern „Next Hop“ angegeben sind, bezeichnen die Kante (u,v) von Knoten u zu Knoten v, über die ein Datenpaket als nächstes weitergeleitet werden soll.

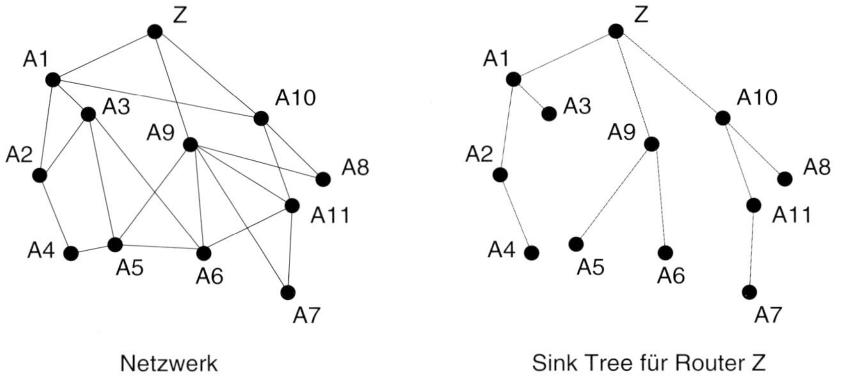

Abb. 6.7. Netzwerk mit Sink Tree

Tabelle 6.2. Vollständige Routingtabelle für alle Router aus Abb. 6.6

Knoten P1		Knoten P2		Knoten P3		Knoten P4	
Ziel	**Next Hop**	**Ziel**	**Next Hop**	**Ziel**	**Next Hop**	**Ziel**	**Next Hop**
1	-	1	(2,3)	1	(3,1)	1	(4,3)
2	(1,3)	2	-	2	(3,2)	2	(4,2)
3	(1,3)	3	(2,3)	3	-	3	(4,3)
4	(1,3)	4	(2,4)	4	(3,4)	4	-

Es fällt auf, daß die angegebene Routingtabelle noch viele doppelte Einträge enthält. Da den Routingtabellen in der Praxis stets nur ein beschränkter Raum zur Verfügung steht, wird das Verfahren des **Vorgaberoutings** (**Default Routing**) angewandt, das zusätzlich hilft, den Speicherplatz möglichst effizient zu nutzen. Dabei ersetzt ein einzelner Eintrag in der Routingtabelle eine Reihe von Einträgen mit identischem Hopwert. In jeder Tabelle ist stets nur ein Eintrag für das Vorgaberouting zulässig. Dieser besitzt eine niedrigere Priorität als alle übrigen Einträge. Wird in der Routingtabelle für ein bestimmtes Ziel kein expliziter Eintrag gefunden, wird das Datenpaket an die im Vorgaberouting festgelegte Route (Default Route) weitergeleitet (siehe Tabelle 6.3).

Tabelle 6.3. Routingtabelle nach dem Vorgaberouting-Verfahren für alle Router aus Abb. 6.6

Knoten P1		Knoten P2		Knoten P3		Knoten P4	
Ziel	**Next Hop**	**Ziel**	**Next Hop**	**Ziel**	**Next Hop**	**Ziel**	**Next Hop**
1	-	2	-	1	(3,1)	2	(4,2)
	(1,3)	4	(2,4)	2	(3,2)	4	-
		*	(2,3)	3	-	*	(4,3)
				4	(3,4)		

Eine manuelle Berechnung der Routingtabellen ist allerdings nur für sehr kleine Netzwerke wie in unserem Beispiel sinnvoll. In der Praxis kommen hier Berechnungsverfahren, die sogenannten **Routingalgorithmen** zum Einsatz, die in den nachfolgenden Abschnitten im Detail vorgestellt werden. Es lassen sich grundsätzlich **statische** und **dynamische** Routingalgorithmen unterscheiden. Beim statischen Routing (auch als „nicht adaptives" Routing bezeichnet) wird die Routingtabelle einmal zum Zeitpunkt der Inbetriebnahme des Routers erstellt und danach nicht mehr verändert. Die Routingtabelle wird mit Hilfe festgelegter **Routingmetriken** ermittelt. Statische Routingverfahren können nicht auf Veränderungen im Netzwerk reagieren, so daß ihr Nutzen nur begrenzt ist. Auf der anderen Seite ist das statische Routing jedoch ein sehr einfaches Verfahren, das nur einen geringen Berechnungsoverhead erfordert.
Dynamische (adaptive) Routingalgorithmen dagegen können sich an veränderte Strukturen im Netzwerk anpassen, indem die Routingtabellen regelmäßig oder bei Bedarf aktualisiert werden. Die Basis für diese Anpassungen bilden ebenfalls Routingmetriken, wobei sich die einzelnen Verfahren darin unterscheiden, woher sie ihre Informationen und Entscheidungskriterien beziehen und wann jeweils Neuberechnungen der Routingtabellen vorgenommen werden. In den meisten Netzwerken werden dynamische Routingverfahren angewendet, da so Netzwerkprobleme oft automatisch behoben werden können. Dazu werden Netzverkehr sowie der Zustand der Netzwerkhardware permanent überwacht und die Routen durch das Netzwerk beim Auftreten von Störungen entsprechend umgeleitet.
Dynamische Routingalgorithmen lassen sich in **zentrale** und **dezentrale** Routingalgorithmen unterteilen. Bei zentralen Routingverfahren wird die Berechnung der Routingtabellen durch eine zentrale Instanz vorgenommen, die aufgrund ihrer umfassenden Information über den Zustand des Netzes qualitativ hochwertige Routingentscheidungen treffen kann. Allerdings kann die Reaktion auf eine Veränderung der Netzwerkstruktur dadurch relativ lange auf sich warten lassen. Zudem stellt der Rechner, auf dem die zentralen Routingberechnungen stattfinden, eine kritische Ressource dar, bei deren Ausfall der Betrieb des gesamten Netzwerks gefährdet ist. Ist dieser Rechner nicht ausreichend dimensioniert, bildet er zusätzlich einen Engpaß, der die Übertragungsleistung im Netzwerk signifikant vermindern kann.
Kommen dezentrale Routingalgorithmen zum Einsatz, so obliegt die Berechnung der Routingtabellen jedem Router selbst und muß auf Basis des Informationsstands des jeweiligen Routers über die Beschaffenheit des Netzwerks getroffen werden. In der Praxis werden meist dezentrale Routingverfahren eingesetzt, deren wichtigste Vertreter die in Abschnitt 6.3.4 und 6.3.5 vorgestellten **Distanz-Vektor-Verfahren** und **Link-State-Algorithmen** sind.
Unabhängig von dieser Aufteilung der einzelnen Routingverfahren existieren daneben noch sogenannte **isolierte Routingverfahren**, die davon ausgehen, daß jeder Knoten des Netzwerks nur die ihm lokal verfügbare Informati-

on nutzt, um eine Routingentscheidung zu treffen. Die wichtigsten Vertreter der isolierten Routing Verfahren sind das nicht adaptive Verfahren des sogenannten **Fluten** (**Flooding**) und das lastabhängige **Hot Potato** Verfahren. Sie werden im nächsten Abschnitt im Detail besprochen.
Alle genannten Routingverfahren und die einzelnen Teilverfahren lassen sich untereinander beliebig kombinieren. Abb. 6.8 zeigt eine schematische Gliederung der aufgeführten Routingverfahren.

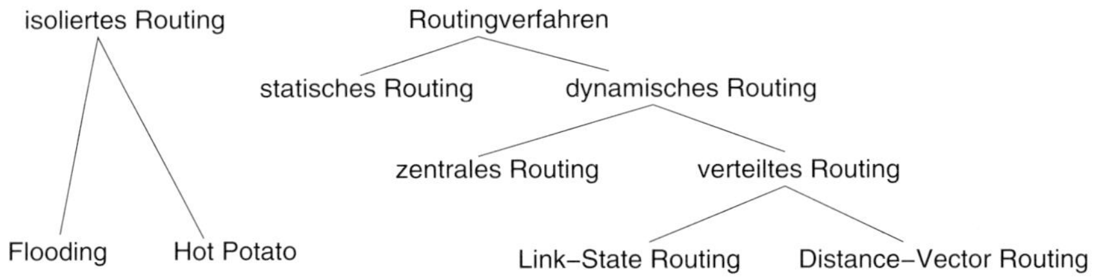

Abb. 6.8. Schematische Einteilung der Routingalgorithmen

6.3.3 Isolierte Routing-Algorithmen

Wir beginnen unsere Vorstellung der verschiedenen Routingverfahren mit den isolierten Routingverfahren. Isoliert bedeutet, daß jeder Netzknoten nur die ihm lokal verfügbare Information zum Routing verwendet. Dabei kann es sich z.B. um die Länge einer Warteschlange vor einem ausgehenden Port des Routers handeln oder auch um den Zustand eines Nachbarn im Netzwerk.
Das als **Fluten** (**Flooding**) bezeichnete Verfahren ist ein sehr einfaches Routingverfahren, das in der Regel zu einer hohen Belastung des Netzwerks führt. Dabei werden alle ankommenden Datenpakete gleichzeitig über alle Anschlüsse des Routers weitergegeben – mit Ausnahme des Anschlusses, über den das Datenpaket den Router erreicht hat. Dabei wird das Datenpaket in jedem Router vervielfacht, es entstehen sehr viele Duplikate im Netzwerk. Theoretisch würde sich die Anzahl der Datenpakete bis ins Unendliche steigern und das Netzwerk wäre hoffnungslos überlastet, wenn nicht geeignete Maßnahmen getroffen würden, um dies zu verhindern. Eine dieser Maßnahmen ist die Bereitstellung eines Zählers (Hop Counter), der in den Header des Datenpakets integriert und bei jedem Hop des Datenpakets dekrementiert wird. Erreicht dieser Zähler den Wert Null, wird das Datenpaket verworfen. Idealerweise würde dieser Zähler mit einem Wert initialisiert, der die Anzahl der notwendigen Hops vom Sender zum Empfänger wiedergibt. Da dem Sender diese Anzahl aber in der Regel unbekannt ist, wird der Zähler mit dem maximalen Durchmesser des Netzwerks initialisiert.
Eine andere Möglichkeit, die entstehende Flut der Datenpakete einzudämmen, besteht darin, einen Zeitstempel anstelle eines Zählers im Header des Daten-

pakets vorzusehen. Damit kann der jeweilige Router die Zeitspanne ermitteln, die sich das Datenpaket bereits im Netzwerkverkehr befindet, und kann es nach Ablauf einer vorgegebenen Lebensdauer verwerfen.
Daneben besteht weiter die Möglichkeit, bereits einmal von einem Router weitervermittelte Datenpakete nicht noch einmal weiterzuvermitteln. Dazu schreibt der dem Sender nächstgelegene Router (Source Router) eine sogenannte Sequenznummer in den Datenpaketheader. Jeder Router führt dann eine Liste, in der diese Sequenznummern der jeweiligen Source Router vermerkt werden, die den betreffenden Router bereits passiert haben. Befindet sich ein ankommendes Datenpaket bereits in dieser Liste, wird es nicht weitervermittelt, sondern verworfen.
Eine etwas effizientere Variante des Flutens ist das sogenannte **selektive Fluten** (**Selective Flooding**). Dabei wird ein ankommendes Datenpaket vom Router nicht über alle Anschlüssen weitergeleitet, sondern nur über diejenigen, die in etwa in die „richtige" Richtung weisen. Dies ist aber nur möglich, wenn der Router Information über den Aufbau des Netzwerkes besitzt, so daß z.B. ein Paket, das nach Westen gesendet werden soll, nicht über Anschlüsse geflutet wird, die nach Osten weisen.
Flooding-Verfahren sind für die meisten Anwendungen nicht praktikabel, besitzen aber dennoch einigen Nutzen. So z.B. in militärischen Anwendungen, in denen ein hoher Grad an Redundanz und Ausfallsicherheit gegenüber Störungen erforderlich ist. Auch zur Realisierung von Updates in verteilten Datenbanken kommt dieses Verfahren zum Einsatz, da es wichtig ist, einen Update in allen Teil-Datenbanken möglichst synchron auszuführen. Zusätzlich kommt Flooding als Metrik zum Einsatz, wenn die Qualität anderer Routingalgorithmen getestet werden soll. Flooding findet stets einen kürzesten Pfad vom Sender zum Empfänger, da ja alle möglichen Pfade parallel gewählt werden, wenn auch später eintreffende Duplikate erkannt und dann verworfen werden müssen.

Das als **Hot-Potato-Routing** bezeichnete Verfahren hingegen vermeidet das Entstehen großer Mengen von Duplikaten eines Datenpakets, findet aber nur selten einen kürzesten Weg zwischen Sender und Empfänger. Ein Router, der ein Datenpaket zur Weitervermittlung erhält, versucht in diesem Verfahren, dieses Datenpaket auf schnellstem Wege wieder loszuwerden. Er behandelt das Datenpaket quasi wie eine „heiße Kartoffel". Dazu sendet er es über denjenigen Anschluß weiter, dem die aktuell kürzeste Warteschlange zugeordnet ist. Die Folge ist, daß Datenpakete mitunter erhebliche Umwege in Kauf nehmen müssen, da nicht sichergestellt ist, daß bei diesem Verfahren tatsächlich ein günstiger Weg in Richtung Empfänger gewählt wird. Darüberhinaus ist das Hot-Potato-Verfahren sehr anfällig gegenüber einer Überlastung des Netzwerks, denn es werden immer noch Datenpakete angenommen und weitergeleitet, auch wenn sich auf dem Weg zum Empfänger bereits ein Stau gebildet hat.

Exkurs 17: Dijkstra-Algorithmus

Die Bestimmung des **kürzesten Weges** (**Shortest Path**) vom Sender zum Empfänger innerhalb eines Netzwerks ist für eine Vielzahl von Routingverfahren von entscheidender Bedeutung. Eine einfache Technik, die in diesem Zusammenhang häufig zum Einsatz kommt, ist der sogenannte **Dijkstra-Algorithmus**, benannt nach seinem Erfinder W. Dijkstra (1930–2002).
Der Dijkstra-Algorithmus arbeitet auf einem Graphen dessen Knoten die Router des Netzwerks und dessen Kanten die Verbindungen zwischen den einzelnen Routern darstellen. Das Verfahren ermittelt die Länge der kürzesten Wegen von einem Sender zu allen Routern im Netz und stellt während der Berechnung eine Routingtabelle für den Sender zusammen.
Welcher Weg dabei den kürzesten Weg in einem Netzwerk darstellt, hängt von der gewählten Metrik ab, z.B. der Anzahl der notwendigen Hops vom Sender zum Empfänger. Allerdings ist diese Vorgehensweise in der Praxis nicht immer zielführend, da die Verbindungen zwischen den einzelnen Netzwerkkomponenten unterschiedliche Bandbreiten besitzen und sich über unterschiedliche Entfernungen erstrecken können. Daher macht es Sinn, die Verbindungen entsprechend ihrer Bandbreite und ihrer räumlichen Ausdehnung zu gewichten, und in die Gewichtung auch Größen, wie z.B. die Schaltgeschwindigkeit des Routers oder Wartezeiten innerhalb des Routers, mit einzubeziehen. Der Dijkstra-Algorithmus ist in der Lage, stets den kürzesten Weg entsprechend der gewählten Metrik zu bestimmen.

Zur Erläuterung der Funktionsweise des Verfahrens betrachten wir das Beispiel in Abb. 6.9. Das Netzwerk besteht aus sieben Knoten A, B, C, D, E, F, G. Die Verbindungsgewichte sind an den jeweiligen Kanten angegeben. Es wird ein kürzester Weg durch das Netzwerk von A nach G gesucht. Zu jedem Knoten wird dazu eine Datenstruktur bereitgestellt, die sogenannte Belegung, die den jeweiligen Vorgängerknoten entlang des kürzesten Weges und die aktuell ermittelte Entfernung dieses Knotens vom Startknoten beinhaltet. Zu Beginn ist für jeden Knoten der Vorgängerknoten unbesetzt und die aktuelle Entfernung wird mit Unendlich angegeben. Wir unterscheiden permanente Knoten von noch in der Berechnung befindlichen Knoten. Für permanente Knoten wurde bereits die kürzeste Entfernung zum Startknoten bestimmt, sie können neuer Ausgangspunkt für Folgeberechnungen werden. In Abb. 6.9 sind permanente Knoten durch ausgefüllte Kreise kenntlich gemacht.
Zu Beginn der Berechnung wird der Startknoten A als permanent markiert (a). Es werden dann die zu A benachbarten Knoten B und C betrachtet, und da diese noch nicht als permanent markiert sind, und die Entfernung, die in ihrer Belegung angegeben größer als die zu A ermittelte Distanz ist, erhalten sie die Belegung (A,2) für B und (A,3) für C entsprechend der (gewichteten) Entfernung von A. Jetzt werden alle nicht permanenten Knoten des Graphs untersucht und derjenige Knoten mit der kleinsten Belegung, hier B, wird zum neuen Ausgangsknoten und als permanent markiert (b). Dann werden die zu B benachbarten, nicht permanenten Knoten D und F betrachtet. Entsprechend ihrer Distanz von A, die sich ergibt aus der Distanz vom Ausgangsknoten B plus dessen Belegung, erhalten die Knoten die Belegungen (B,9) für F und (B,6) für D. Zur Ermittlung des nächsten Ausgangsknotens für den kürzesten Weg werden wieder alle nicht permanenten Knoten betrachtet und derjenige mit der kürzesten Distanz zu A, jetzt C, herausgenommen und als permanent markiert (c). Dann werden die nicht permanenten Nachbarn von C betrachtet (D und E) und deren Distanz von A entlang der Route über C ermittelt (für D gleich 5 und für E gleich 5). Da die Route von A nach D über C kürzer ist, als die bisherige, wird die Belegung von D auf (C,5) gesetzt (d). Haben, wie in der nachfolgenden Betrachtung, zwei oder mehrere nicht permanenten Knoten dieselbe Distanz zur Quelle, so wird zufällig einer ausgewählt, als permanent markiert und zum Ausgangspunkt für die nächste Runde gewählt.
Auf diese Weise wird solange fortgefahren, bis der verfolgte Zielpunkt (G) als permanent markiert worden ist. Die Entfernung vom Startpunkt A ergibt sich dann einfach aus der Belegung von G (8) und der kürzeste Weg kann in entgegengesetzter Richtung von G nach A, der Belegung der jeweiligen Knoten folgend, rekonstruiert werden (G,E,C,A).

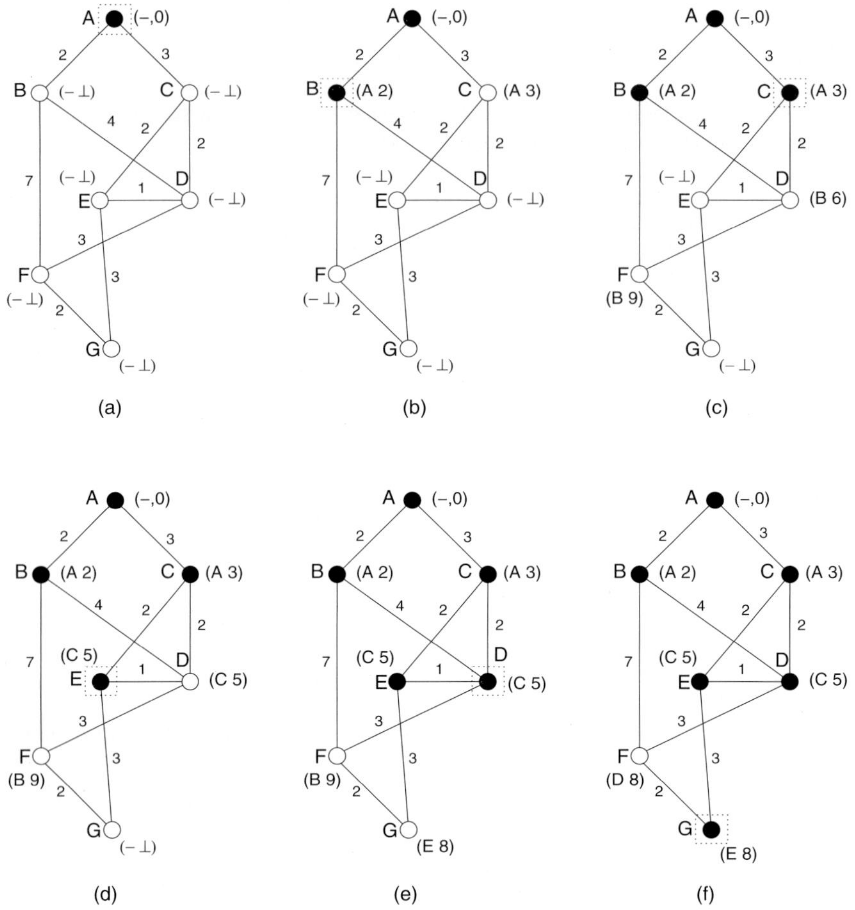

Abb. 6.9. Dijkstra Shortest Path Algorithmus – Beispiel Teil 1

Um den Dijkstra-Algorithmus zu implementieren, sind folgende Datenstrukturen erforderlich:

- Die Knoten des Graphen werden durchnumeriert, damit die Knotennummer als Index für den Datenzugriff verwendet werden kann.
- Ein Distanzvektor **D**, dessen i-te Komponente die aktuell ermittelte kürzeste Distanz des i-ten Knoten zum Ausgangsknoten enthält.
- Ein Routenvektor **R**, dessen i-te Komponente die Nummer des Vorgängerknotens von Knoten i entlang des aktuell ermittelten kürzesten Pfades von A nach i.
- Die Menge **T** der noch nicht als permanent markierten, noch zu untersuchenden Knoten, die als doppelt verkettete Liste von Knotennummern gespeichert werden kann.

Der Dijkstra-Algorithmus in Pseudocode-Darstellung:

(a) Eingabe:

– Das zu untersuchende Netzwerk ist als Graph gegeben. Der Quellknoten, für den die kürzesten Wege zu allen anderen Knoten ermittelt werden sollen, ist gekennzeichnet, und alle Kanten des Graphen tragen eine nichtnegative Gewichtung, entsprechend der gewählten Distanzmetrik.

- Der Algorithmus berechnet die kürzeste Distanz vom Quellknoten zu jedem möglichen Zielknoten und erstellt eine Tabelle für den jeweils nächsten Knoten, der in Richtung auf den Zielknoten hin zu durchlaufen ist.
- Die beteiligten Datenstrukturen werden wie folgt initialisiert:
  - Menge **T**, die alle Knoten, außer den Startknoten enthält.
  - Vektor **D**, dessen Komponente D[i] die Distanz zwischen Startknoten und Knoten i enthält. Zu Beginn wird D[i] mit einem Wert **max** belegt, der größer ist als alle möglichen Weglängen durch das Netzwerk. Der Distanzwert des Startknotens zu sich selbst beträgt D[0]=0. Existiert kein Weg vom Startknoten zum Knoten i, so behält D[i] den Wert max.
  - Vektor **R** mit R[i]=0 für alle Knoten i.

(b) Algorithmus:

```
while (Menge T nicht leer) {
    wähle einen Knoten i aus T, so daß D[i] minimal ist;
    entferne i aus der Menge T;
    für jeden Knoten j, für den eine Kante (i,j) existiert {
      if (j ist in T) {
        d = D[i] + Gewicht(i,j);
        if (d < D[j]) {
          R[j] = i;
          D[j] = d;
        }
      }
    }
}
```

Weiterführende Literatur:

A. S. Tannenbaum: Computer Networks, Prentice-Hall, NJ, USA, pp. 348-352, 1996.

E. W. Dijkstra: A Note on Two Problems in Connexion with Graphs, Num. Math. vol.1, pp. 269-271, Oct. 1959.

6.3.4 Distanzvektor-Routing (RIP)

In der Praxis relevant sind vor allem **dezentrale, verteilte Routingverfahren**. Hier berechnet jeder Router seine Routingtabelle lokal und versendet anschließend Nachrichten mit der von ihm gewonnenen Routinginformation an benachbarte Router, um diese aus seiner Sicht über die Netzwerktopologie zu informieren. Bei diesen Verfahren versenden Router die Routinginformation periodisch, so daß nach einer kurzen Anlaufzeit jeder Router die kürzesten Wege zu allen Zielen erfaßt hat. Das Ergebnis des verteilten Routings ist prinzipiell dasselbe, wie im Falle des Dijkstra Algorithmus, nur daß die Router in der Lage sind, sich dynamisch an Veränderungen der Topologie oder der

Auslastung des Netzwerks anzupassen, da sie periodisch neue Routinginformation austauschen. Fällt eine Netzwerkverbindung aus, erhält ein Router von denjenigen Routern, die nur über diese Verbindung erreichbar waren, keine weiteren Updates. Existiert eine Ausweichroute, kann der Router mit Hilfe der Routinginformation der übrigen Router seine Routingtabelle trotzdem anpassen und die ausgefallene Netzhardware umgehen.
Das als **Distanzvektor-Routing** bezeichnete Verfahren ist ein dezentrales Routingverfahren. Jeder Router hält dabei eine Tabelle (Vektor) vor, die neben dem für ein bestimmtes Ziel jeweils zu wählenden Anschluß zusätzlich noch dessen Distanz beinhaltet. Diese Tabellen werden stets aktuell gehalten durch Austausch von Routinginformation mit den benachbarten Routern. Das Distanzrouting-Verfahren wird oftmals auch als **Bellman-Ford**-Algorithmus oder als **Ford-Fulkerson**-Algorithmus bezeichnet nach den Wissenschaftlern, die dieses Verfahren entwickelt haben. Das Distanzvektor-Routing war das erste Routingverfahren, das im ARPANET zum Einsatz kam. Es wurde im Internet als **Routing Information Protocol** (**RIP**) in RFC 1058 (RIPv2 in RFC 1723) standardisiert. Ebenso kam es in frühen Versionen der DECnet und Novell IPX Netzwerk-Software zum Einsatz. AppleTalk und Cisco-Router verwenden eine verbesserte Version des Distanzvektor-Routingverfahrens.
Im Distanzvektor-Routingverfahren hält jeder Router im Netzwerk eine Routingtabelle vor, in der jeder andere Router des Netzwerks verzeichnet ist. Jeder Tabelleneintrag setzt sich zusammen aus dem Anschluß, über den der betreffende Router zu erreichen ist, sowie aus einer Abschätzung der Distanz (zeitlich oder räumlich) zu dem betreffenden Router. Als Metrik kann dabei die Anzahl der notwendigen Hops, die Warteschlangenlänge oder die Übertragungszeit herangezogen werden. Es wird davon ausgegangen, daß jeder Router die Distanz zu seinen direkten Nachbarn im Netzwerk kennt. Wird z.B. die Anzahl der benötigten Hops als Metrik gewählt, dann beträgt der Abstand zu den jeweiligen Nachbarn trivialerweise einen Hop. Wird die Warteschlangenlänge als Metrik herangezogen, kann der Router diese leicht selbst ermitteln. Für den Fall, daß mit der Übertragungszeit gearbeitet wird, versendet der Router spezielle Datenpakete (ECHO-Pakete) zu seinen Nachbarn, die diese nur um einen Zeitstempel ergänzen und umgehend zum Sender zurückleiten, und ihm so die Ermittlung der Übertragungszeit zu den jeweiligen Nachbarn ermöglichen (siehe Abb. 6.10).
Ebenso wie beim Dijkstra-Algorithmus arbeitet das Distanzvektor-Routing auf einem Graphen, dessen Knoten die Router des Netzwerks sind und dessen Kanten die Verbindungen der einzelnen Router untereinander repräsentieren. Jede Kante des Graphen ist mit einem Gewicht belegt, wobei die Distanz zwischen zwei Knoten als die Summe aller Gewichte entlang ihres Verbindungsweges definiert ist. Die Routingtabelle eines Routers enthält für jeden anderen Router ein Feld, das die Distanz zu diesem enthält. Jeder Knoten sendet die ihm bekannten Wertepaare (Zielknoten, Distanz) aus seiner Rou-

Update der Routing-Tabelle nach dem Distanzvektor Verfahren

Um die eigene Routingtabelle stets auf dem aktuellsten Stand zu halten, werden die eingehenden Nachrichten der benachbarten Router mit deren Routingtabellen folgendermaßen verarbeitet:
Angenommen, als Metrik für die Distanzbestimmung wird die Übertragungszeit gewählt. Jeder Router kennt die Übertragungszeit zu jedem seiner direkten Nachbarn. Diese Übertragungszeiten versendet er periodisch in einem konstanten Zeitintervall **t**. Angenommen, Router **B** und Router **C** haben gerade ihre Distanzvektoren **Db[]** und **Dc[]** zu Router **A** übertragen. In beiden Vektoren ist dabei die jeweilige Übertragungszeit zu Router **K**, der im Netzwerk weiter entfernt liegt, verzeichnet. Router A erhält also die Übertragungszeiten Db[k] und Dc[k] aus den Distanzvektoren der Router B und C. Die Übertragungszeit von Router A zu den Routern B und C ist A bekannt und beträgt **tb** bzw. **tc**.

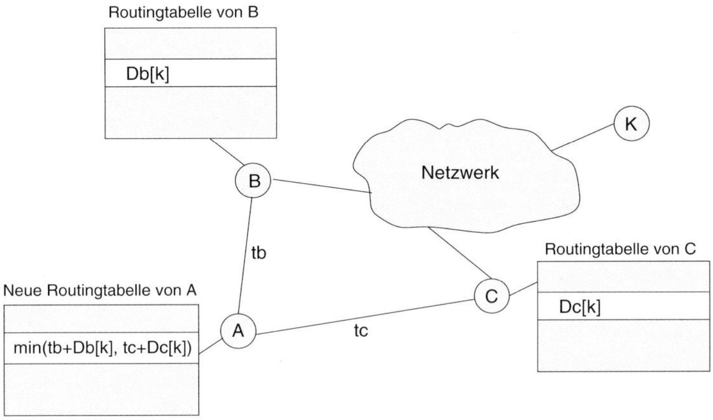

Um den Eintrag für Router K in seiner Routingtabelle zu aktualisieren, vergleicht A die Übertragungszeiten tb+Db[k] und tc+Dc[k]. Die kleinere von beiden wird ausgewählt und liefert den neuen Eintrag in der Routingtabelle von A, Da[k]=min(tb+Db[k],tc+Dc[k]). Der alte Eintrag der Routingtabelle von A für den Router K wird bei der Neuberechnung nicht verwendet. Auf diese Weise können für alle Router stets die günstigsten Verbindungen auf einem aktuellen Stand gehalten werden.

Abb. 6.10. Update der Routing-Tabelle beim Distanzvektor-Routing

tingtabelle an seine direkten Nachbarn. Erhält ein Router von seinem Nachbarn eine Routingnachricht, überprüft er alle Einträge seiner Routingtabelle und ändert diese, falls der Nachbar einen kürzeren Weg zu einem Zielknoten registriert hat. Abb. 6.11 enthält den Distanzvektor-Algorithmus in Pseudocode.

6.3.5 Link-State-Routing (OSPF)

Das als **Link-State-Routing** bezeichnete Routingverfahren ersetzt seit 1979 das Distanzvektor-Routingverfahren im ARPANET. Der Grund für diese Entscheidung lag in der dort verwendeten Metrik, nach der sich die Distanzen im Netzwerk bestimmten, und an der langsamen Konvergenz, die das

Algorithmus des Distanzvektor-Routings in Pseudocode

(a) Eingabe:

- Die lokale Routingtabelle des betrachteten Routers, die zu Beginn des Verfahrens keinen Eintrag enthalten muß, eine Gewichtsfunktion, die die Gewichtung der Kanten zu den benachbarten Knoten (Distanz) zurückgibt, sowie eine empfangene Routingnachricht.
- Ausgabe des Algorithmus ist die aktualisierte Routingtabelle des betrachteten Routers.
- Einträge in der Routingtabelle (Z,N,D) enthalten stets den betreffenden Zielrouter **Z**, den Anschluß, über den dieser Router zu erreichen ist (Next Hop) **N**, sowie einen Distanzwert **D**. Die Routingtabelle wird mit einem Eintrag für den lokalen Router initialisiert (A,-,0).

(b) Algorithmus:

```
Wiederhole endlos {
    warte auf die Routinginformation eines direkten Nachbarn N;
    für jeden Eintrag in der Routinginformation {
      betrachte Eintrag (Z,D):
      Dneu := D + Gewicht(N);
      Aktualisiere lokale Routingtabelle R:
      if (R enthält keinen Eintrag für Z) {
        ergänze R mit (Z,N,Dneu);
      } else
      if (R enthält Eintrag für Z über N) {
        (Z,N,Dalt) := (Z,N,Dneu);
      } else
      if ( R enthält Eintrag für Z und Dalt > Dneu) {
        (Z,X,Dalt) := (Z,N,Dneu);
      }
    }
  }
```

Abb. 6.11. Distanzvektor-Routing in Pseudocode

Distanzvektor-Routing charakterisiert, selbst wenn verbesserte Algorithmen wie die Split-Horizon Methode zum Einsatz kommen. Die für das ARPANET verwendete Metrik bezog sich ausschließlich auf die Warteschlangenlängen in den Routern. Andere Größen, wie etwa die zur Verfügung stehende Bandbreite, gingen nicht mit in die Bestimmung der Distanz ein. Dieses Vorgehen schien gerechtfertigt, da das ARPANET ursprünglich ausschließlich mit einer Bandbreite von 56 kbps betrieben wurde. Mit der Zeit kamen schnellere Verbindungen hinzu, so daß der gewählte Ansatz keine effizienten Routingergebnisse mehr lieferte. Daher wurde Distanzvektor-Routing durch das Link-State-Routing ersetzt.

In der Literatur wird das Link-State-Routing oft als **SPF-Routing** (Shortest Path First) bezeichnet, obwohl andere Routingverfahren ebenfalls kürzeste Pfade ermitteln. Ebenso wie das Distanzvektor-Routing ist das Link-State-Routing ein dezentrales Routingverfahren. Die zwischen den einzelnen Rou-

Nachteil des Distanz-Vektor Routings – das Count-to-Infinity Problem

Auch wenn das Distanzvektor-Routingverfahren letztendlich eine optimale Lösung des Routingproblems liefert, kann es sehr lange dauern, bis diese gefunden ist. Verbesserungen der Netzwerktopologie werden sehr schnell registriert, während es bei Ausfall einer Verbindung sehr lange dauern kann, bis diese Veränderung wahrgenommen wird. Dies kann an einem einfachen Beispiel veranschaulicht werden:
Betrachten wir ein einfaches Netzwerk, das aus den fünf Routern A, B, C, D und E besteht, die linear miteinander verbunden sind. Als Distanzmetrik wird einfach die Anzahl der notwendigen Hops verwendet. Angenommen, Router A ist ausgefallen und dies ist allen anderen Routern bekannt, d.h. alle anderen Router haben die Distanz zu A als „unendlich" in ihre Routingtabelle eingetragen. Wird A wieder aktiviert, erfahren die anderen Router davon über die ausgetauschten Routingnachrichten. Angenommen, alle Router versenden ihre Routinginformation synchron. Nach dem ersten Takt stellt B fest, daß Router A genau einen Hop von B entfernt liegt, und vermerkt dies in seiner Routingtabelle, während alle übrigen Router noch davon ausgehen, daß A inaktiv ist. Im nächsten Takt tauscht A seine Routinginformation mit C aus und C vermerkt in seiner Routingtabelle, daß sich A in einer Distanz von zwei Hops befindet. Auf diese Weise pflanzt sich die Routinginformation fort, bis nach genau vier Schritten alle Router eine korrekte Routinginformation bzgl. A besitzen. Beträgt der längste Pfad in einem Netzwerk **n** Hops, dann hat jeder Router des Netzwerks die Aktivierung einer neuen Verbindung spätestens nach **n** Austauschoperationen erhalten.

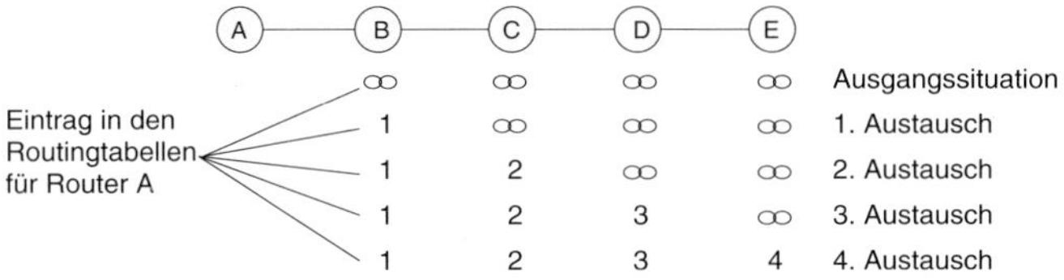

Betrachten wir nun den umgekehrten Fall: Zu Beginn sind alle Router aktiv. Router A ist plötzlich nicht mehr erreichbar. Beim ersten Austausch von Routinginformationen erhält B keine Nachricht von A. Allerdings erhält B eine Routingtabelle von C, in der die Distanz von A mit zwei Hops angegeben ist. Fälschlicherweise bestimmt B die Distanz zu Router A mit drei Hops und trägt diese Information in seine Routingtabelle ein, während die übrigen Router ihre Routingtabelle nicht verändern. Im folgenden Austausch erfährt C, daß A von seinen beiden Nachbarn B und D jeweils drei Hops entfernt ist und bestimmt die Distanz zu A mit vier Hops. Das Verfahren läuft auf diese Weise weiter, bis die Größe im Distanzfeld der Routingtabelle für A schließlich den Wert n+1 erreicht, falls n wieder die Länge des längsten Pfades im Netzwerk bezeichnet. Dieses Verhalten wird **Count-to-Infinity-Problem** genannt. Es ist daher sinnvoll, den Wert, der als „unendlich" zu betrachten ist, so festzusetzen, daß er um genau einen Hop größer ist als der längste Pfad im Netzwerk.

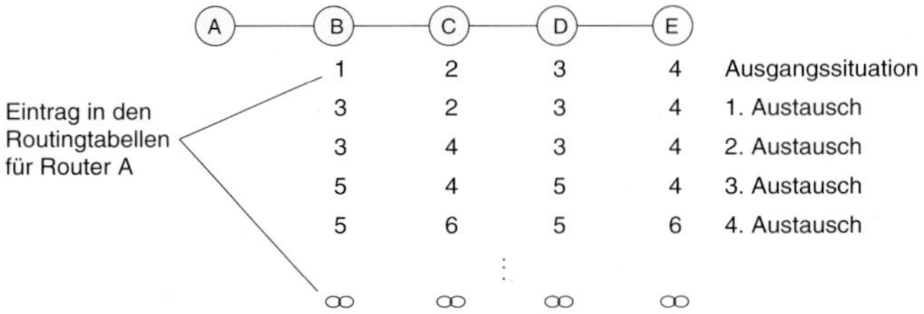

Abb. 6.12. Nachteil des Distanzvektor-Routings

Verbesserung des Distanz-Vektor Routings – der Split-Horizon-Algorithmus

Zu den vielen Verfahren zur Lösung des Count-to-Infinity Problems zählt auch der **Split-Horizon Algorithmus**, der eine weite Verbreitung gefunden hat. Der Split-Horizon-Algorithmus ist eine Erweiterung des Distanzvektor-Routings. Ein Router B teilt seine Routing-Tabelle seinen direkten Nachbarn mit, jedoch gibt B die Distanzinformation zu einem anderen Router A nicht über den Anschluß (oder Anschlüsse) weiter, über den Router A erreichbar ist (tatsächlich wird in diesem Fall die Distanz von B nach A als „unendlich“ angegeben).
Betrachten wir hierzu wieder das Beispiel aus Abb. 6.12, in dem zu Beginn alle Router erreichbar sind. Während hier Router C die korrekte Distanzangabe für Router A an Router D weitergibt, gibt C an Router B einen Distanzwert von unendlich für die Distanz von Router A weiter.
Fällt jetzt Router A aus, stellt B nach dem ersten Austausch von Routinginformation fest, daß keine direkte Verbindung mehr zu Router A besteht. In der von Router C an B versendeten Routinginformation, wird die Distanz von C zu A als „unendlich“ angegeben, da Router C in diese Richtung keine Distanzinformation für A weitergeben darf. Daher setzt B den Distanzwert für A in seiner Routingtabelle ebenfalls auf unendlich, während die Einträge der übrigen Router für Router A unverändert bleiben. Im Folgeschritt registriert C einen Distanzwert von „unendlich“ für die Distanz zu Router A und so pflanzt sich die Information der Nichterreichbarkeit von Router A fort, bis sie nach vier Schritten auch Router D erreicht.

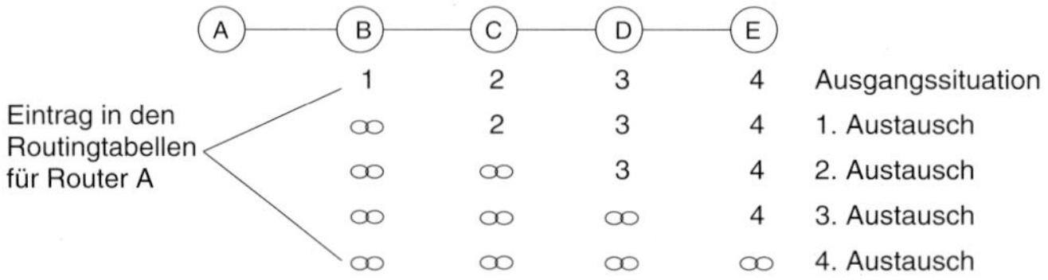

Allerdings kann auch dieses Verfahren fehlschlagen. Betrachten wir das nachfolgende Netzwerk bestehend aus den vier Knoten A, B, C und D. Anfänglich beträgt die Distanz von C nach D genau einen Hop, und von A und B nach D jeweils genau zwei Hops. Fällt Router D aus, stellt C dies unmittelbar fest. Da C auch von den Routern A und B jeweils „unendlich“ als Distanzwert für D erhält, vermerkt C diesen Wert in seiner Routingtabelle. Allerdings erhält A von B einen Distanzwert von zwei Hops für die Distanz zu D und setzt den Distanzwert in seiner Routingtabelle auf drei Hops. Ebenso verfährt Router B, da er von A ebenfalls einen Distanzwert von zwei Hops für D erhält. Im nächsten Schritt setzen A und B ihren Distanzwert für D auf vier Hops und verfahren auf diese Weise, bis der Distanzwert „unendlich“ erreicht.

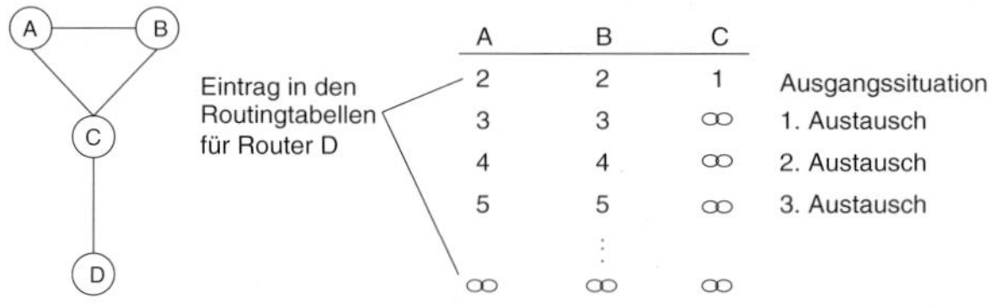

Abb. 6.13. Verbesserungen des Distanzvektor-Routingverfahrens

tern ausgetauschten Nachrichten beinhalten jeweils nur den Status einer bestimmten Verbindung und nicht eine komplette Routingtabelle. Dieser Status wird mit Hilfe einer Gewichtung ausgedrückt, die nach einer zugrunde liegen-

den Metrik berechnet wurde. Anders als beim Distanzvektor-Routing werden die Nachrichten über einen Broadcast an alle Router des Netzwerks weitergeschickt und nicht nur an die direkten Nachbarn. Damit erhält jeder Router des Netzwerks eine vollständige globale, also das gesamte Netzwerk betreffende Statusinformation. Jeder Knoten kann mit Hilfe dieser Information einen eigenen Netzwerkgraphen erstellen und seine Routingtabelle selbst berechnen. Dabei kommt der bereits behandelte Dijkstra-Algorithmus zur Berechnung des kürzesten Pfade im Netzwerk zum Einsatz.
Das Link-State-Routingverfahren ist in der Lage, auf Änderungen in der Topologie und der Auslastung des Netzes adaptiv zu reagieren. Die Adaption erfolgt beim Link-State-Routing viel schneller als im Falle des Distanzvektor-Routings, da alle Knoten hier gleichzeitig über eine Statusänderung informiert werden. Der Ablauf des Link-State-Routingverfahrens ist in Abb. 6.14 zusammengefaßt.

Basis des Link-State-Routingverfahrens ist die Ermittlung der Netzwerktopologie. Dazu führt jeder Router die folgenden Schritte aus:

- Suche alle direkt benachbarten Router und lerne deren Netzwerkadressen.
- Messe die Distanz zu jedem direkten Nachbarn mit einer geeigneten Metrik.
- Bilde ein **LSP** (Link State Packet, siehe Abb.6.15) mit den Adressen der Nachbarrouter und deren Distanz.
- Sende das LSP an alle Router im Netzwerk (Broadcast).
- Mit den aktuellen LSPs aller anderen Router kennt jeder Router die vollständige Topologie des Netzes.
- Die Berechnung einer Zielroute erfolgt über den Dijkstra-Algorithmus.

Abb. 6.14. Das Link-State-Routingverfahren

Im Internet findet das Link-State-Routing z.B. Einsatz im **OSPF**-Protokoll (**Open Shortest Path First Protocol**). OSPF wurde in RFC 2328 standardisiert und wird für das Routing zwischen IP-Routern verwendet im Bereich des sogenannten Intradomain Routing, also des Routings innerhalb einer Adreß-Domäne, und löst dort das ältere RIP-Protokoll ab, das auf dem Distanzvektor-Routingverfahren beruht. Daneben wird das Link-State-Routing im **IS-IS**-Protokoll (**Intermediate System - Intermediate System**) verwendet, das ursprünglich in DECnet zum Einsatz kam und von der ISO als **CNLP** (**Connectionless Network Layer Protocol**) standardisiert wurde. IS-IS wird in vielen Internet-Backbones verwendet, wie z.B. im NSFNET. Im Gegensatz zu OSPF ist IS-IS in der Lage, gleichzeitig verschiedenartige Protokolle des Netzwerklayers zu unterstützen.

Exkurs 18: Spezielle Routingverfahren

Thema des vorliegenden Exkurses sind spezielle Routingverfahren, die im Internet für bestimmte Übertragungsverfahren zum Einsatz kommen. Dazu zählen:

- Hierarchisches Routing,

Austausch der Routinginformation mit Link State Paketen

Der Austausch der Routinginformation erfolgt beim Link-State-Routing über sogenannte Link State Packets (LSP), die jeder Router versendet. Ein LSP beginnt stets mit einer Kennung des Absenders, gefolgt von einer Sequenznummer, die fortlaufend inkrementiert wird, einer Altersangabe und einer Liste der direkten Nachbar-Router mit der ermittelten Entfernung.
LSPs werden entweder periodisch in festen Zeitabständen erzeugt, oder nur dann, wenn sich die Netzwerktopologie oder andere Eigenschaften des Netzwerks ändern.

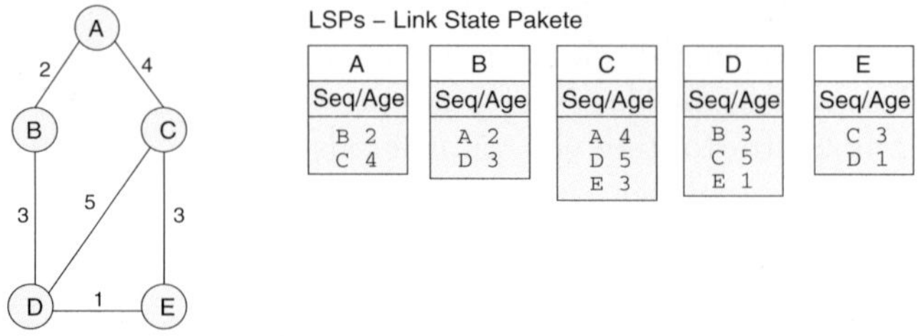

Das zuverlässige Verteilen der LSPs ist von besonderer Bedeutung, da diejenigen Router, die die LSPs als erste erhalten, auch als erste ihre Routingtabellen verändern. So kann es zwischenzeitlich zu einem inkonsistenten Zustand kommen, in dem verschiedene Router unterschiedliche Vorstellungen von der Netzwerktopologie haben. Die Verteilung erfolgt über ein **Flooding**-Verfahren, das dadurch kontrolliert wird, das LSPs jeweils nur das erste Mal weitergegeben werden, wenn sie einen Router erreichen. Kommt ein LSP, das anhand seiner Sequenznummer identifiziert werden kann, ein weiteres Mal zum selben Router, so wird es verworfen. Zusätzlich enthält das LSP ein Altersfeld (Age), das beim ersten Versenden mit einem Wert initialisiert wird, der permanent dekrementiert wird. Erreicht es den Wert Null, wird das Datenpaket ebenfalls verworfen.

Abb. 6.15. Link State Pakete (LSPs) zum Austausch der Routinginformation

- Routingverfahren für Multicast und Broadcast,
- Routingverfahren für Netze mit mobile Komponenten.

Hierarchisches Routing

Wenn Netzwerke, in denen Router für die Vermittlung der Datenpakete eingesetzt werden, sehr stark wachsen, dann kommt es gleichzeitig zu einem starken Anwachsen der Routingtabellen in den einzelnen Routern. Zusätzlich zum anfallenden Speicheraufwand vergrößert sich dadurch auch die Laufzeit der angewandten Algorithmen und damit die notwendige Rechenzeit drastisch. Auch die für den Austausch der Routinginformation benötigte Bandbreite wächst an, so daß bald die Verwaltung der einzelnen Router zu aufwendig wird. Zur Lösung dieses Problems wird darauf verzichtet, daß jeder Router eines Netzwerks in seinen Routingtabellen alle anderen Router aufführt. Das Routing wird dann auf hierarchische Weise organisiert, vergleichbar der Organisation von Telefonnummern in einem Telefonbuch. Hierzu wird das Netzwerk in einzelne **Regionen** aufgeteilt. Ein Router besitzt nach wie vor die vollständige Topologieinformation für die Region, der er angehört. Allerdings wird auf die Abbildung der vollständigen Topologie der übrigen Regionen verzichtet. Wenn z.B. verschiedene Netzwerke miteinander verbunden werden, wird jedes dieser Netzwerke als separate Region angesehen, um die Router der jeweiligen Netzwerke zu entlasten. Bei der Zusammenlegung einer großen Zahl von sehr ausgedehnten Netzwerken reicht eine Hierarchie mit nur zwei Stufen oft nicht aus. In diesem Falle werden Regionen zu noch größeren

Strukturen zusammengefaßt, die ebenfalls wieder zu einer neuen Struktur aggregiert werden können.
Angenommen, es soll ein Datenpaket von Trier (Deutschland) nach Berkeley (Kalifornien, USA) geroutet werden. Der Router in Trier besitzt die vollständige Information über die Netzwerktopologie in Deutschland und so wird das für die USA bestimmte Datenpaket zum Router nach Karlsruhe geleitet, an dem eine große Zahl der Auslandsverbindungen zusammenlaufen. Von dort wird das Datenpaket direkt zu einem zentralen Router in New York weitergeleitet, der als zentrale Anlaufstelle für den gesamten Datenverkehr in den USA zu betrachten ist. Von dort wird er an einen Router in Los Angeles weitergeleitet, der als Anlaufstelle für den gesamten Datenverkehr im Bundesstaat Kalifornien zuständig ist. Von dort schließlich wird das Datenpaket nach Berkeley weitergeleitet. In Abb. 6.16 werden Routingtabellen für reguläres und hierarchisches Routing in einem umfangreichen Netzwerk miteinander verglichen.

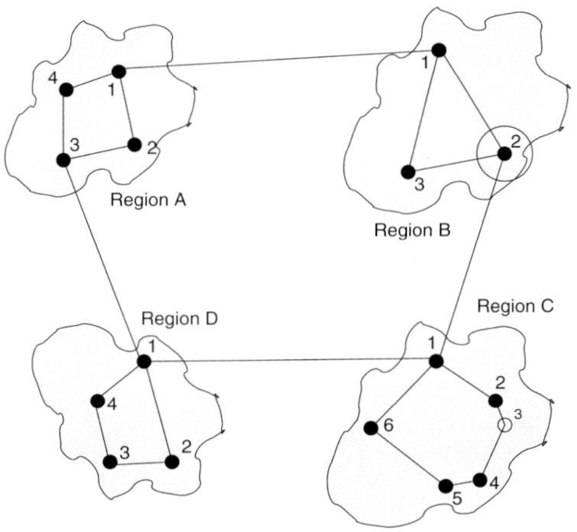

Routingtabelle für Router B2

regulär			**hierarchisch**		
B2	–	–	B2	–	–
B1	B1	1	B1	B1	1
B3	B3	1	B3	B3	1
A1	B1	2	A	B1	2
A2	B1	3	C	C1	1
A3	B1	4	D	C1	2
A4	B1	3			
C1	C1	1			
C2	C1	2			
C3	C1	3			
C4	C1	4			
C5	C1	3			
C6	C1	2			
D1	C1	2			
D2	C1	3			
D3	C1	4			
D4	C1	3			

Abb. 6.16. Hierarchisches Routing

Anstelle von 17 Einträgen benötigt die Routingtabelle des Routers B2 aus unserem Beispiel beim hierarchischen Routing nur sechs Einträge. Allerdings garantiert das hierarchische Routing nicht mehr, daß stets eine optimale Route gewählt wird, da die Verbindung immer über den Weg zum designierten Verbindungsrouter einer Region geschaltet wird, der dann die Weiterleitung der Datenpakete innerhalb der Region übernimmt. Allerdings ist bei großen Netzwerken die Abweichung vom optimalen Pfad nur gering.
Nach [KK79] werden optimale Routingtabellen in einem großen Netzwerk mit **n** Routern generiert, wenn man es in **ln n** Ebenen unterteilt, wobei jeder Router dann über eine Routingtabelle mit **e·ln n** Einträgen verfügt (**e**=2,71828, Eulersche Konstante).

Multicast-/Broadcast-Routing
Multicast erlaubt es, Daten gleichzeitig von einem Sender an eine ganze Gruppe von Empfängern zu versenden. Diese Form der Kommunikation wird auch als **1:n-Kommunikation** bezeichnet. Die Nachricht eines Mitglieds der Gruppe soll an alle anderen Gruppenmitglieder ausgeliefert werden. Soll ein Datenpaket an alle Rechner im Netzwerk weitergeleitet

werden, spricht man von einem **Broadcast**. Häufig ist eine Multicast-Übertagung mit der Übertragung von Multimediadaten, wie z.B. Live-Videoströmen verbunden. Hauptanwendungen von Multicast-Übertragungen sind unter anderem:

- Audio- und Video-Übertragungen,
- Software-Verteilung,
- Updates von WWW-Caches,
- Konferenzen (Audio,Video und Multimedia),
- Multiplayer-Spiele.

Ein Broadcast kann man auf verschiedene Arten durchgeführt werden:

- **Broadcast ohne spezielles Routing**
  Die einfachste Methode bedarf keinerlei Vorkehrungen von Seiten des Netzwerks und seiner Zwischensysteme. Der Sender selbst sendet die Daten jeweils an alle Empfängern. Allerdings verschwendet dieses Verfahren Bandbreite und Rechenzeit, und eine signifikante Zeitverzögerung zwischen der Ankunft aufeinanderfolgender Pakete ist die Folge. Auch benötigt der Sender eine Liste aller potentieller Adressaten.
- **Flooding**
  Hier gibt ein Router das ankommende Datenpaket repliziert auf allen Anschlüssen weiter. Obwohl Flooding im regulären Routingbetrieb bei Punkt-zu-Punkt-Verbindungen niemals in Frage käme, kann es für Broadcast durchaus sinnvoll sein. Allerdings bleibt das generelle Problem des Flooding bestehen: es werden zu viele Pakete erzeugt und dadurch Bandbreite verschwendet.
- **Multidestination Routing**
  Bei dieser Methode erhält jedes Datenpaket entweder eine Adreßliste oder einen Bitstring mit auf den Weg, der die gewünschten Bestimmungsorte angibt. Der Router überprüft das ankommende Datenpaket, repliziert und sendet es aber nur über diejenigen Anschlüsse weiter, über die die festgelegten Bestimmungsorte erreichbar sind. Dabei bestückt er das Datenpaket mit einer neuen Adreßliste, die jeweils nur die Bestimmungsorte kennzeichnet, die über die jeweilige Anschlußleitung erreichbar sind. So ist sichergestellt, daß ein Datenpaket nach einigen Hops jeweils nur noch eine Adresse beinhaltet und wie ein reguläres Datenpaket behandelt werden kann.
- **Wurzelbaum-/Spannbaum-Verfahren**
  Hier wird ein Wurzelbaum ausgehend von dem Router gebildet, der den Broadcast initiiert hat. Ist sichergestellt, daß jeder Router des Netzwerks über ein Abbild dieses Wurzelbaums verfügt, sendet er die replizierten Broadcast-Datenpakete nur über diejenigen Anschlüsse weiter, die auf im Wurzelbaum enthaltene Verbindungswege führen mit Ausnahme desjenigen Anschlusses, über den das Datenpaket den Router erreicht hat. Dabei werden nur so viele Datenpakete wie unbedingt nötig erzeugt, um die verfügbare Bandbreite möglichst effizient zu nutzen. Allerdings ist die notwendige Information über den Wurzelbaum nicht immer verfügbar (z.B. nicht beim Distanzvektor-Routing, dafür aber beim Link-State-Routing).
- **Reverse Path Forwarding (RPF)**
  Eine Näherung an das Wurzelbaum-Verfahren kann mit Hilfe des sehr einfachen Reverse-Path-Forwarding-Verfahrens erzielt werden, ohne daß dabei einer der beteiligten Router Kenntnis über den Wurzelbaum haben müßte. Dabei überprüft jeder Router lediglich, ob ihm ein ankommendes Broadcast-Datenpaket über denjenigen Anschluß erreicht hat, der den laut Routingtabelle designierten Anschluß für den Sender darstellt. Ist dies der Fall, so ist die Wahrscheinlichkeit groß, daß das betreffende Datenpaket den Router über den bestmöglichen Weg direkt erreicht hat und ein originales Datenpaket ist. Das Datenpaket wird dann über alle Anschlüsse weitergegeben mit Ausnahme desjenigen, auf dem es den Router erreicht hat. Anderenfalls, wenn das Datenpaket den Router nicht

über den designierten Anschluß des Senders erreicht, handelt es sich höchstwahrscheinlich um eine Kopie und wird deshalb verworfen.

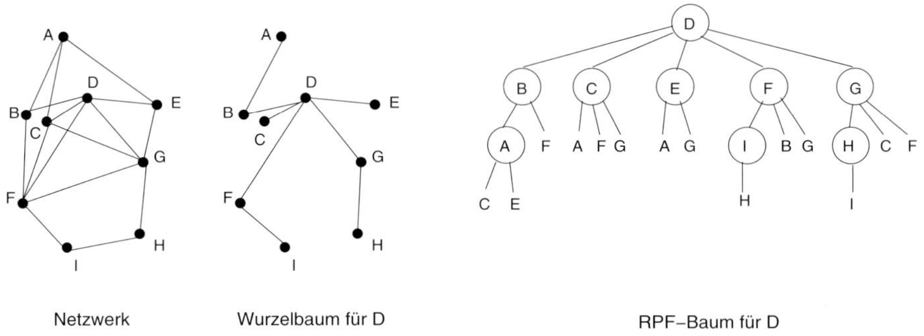

Abb. 6.17. Reverse Path Forwarding

Abb. 6.17 zeigt ein Beispiel zum RPF-Verfahren. Hier sind nebeneinander das Ausgangsnetzwerk, der Wurzelbaum für den Router D und der durch das RPF-Verfahren erzeugte Baum abgebildet. Betrachten wir den RPF-Baum mit dem Router D als Wurzel. Zuerst wird das Datenpaket an allen Anschlüssen von D geflutet, so daß nach einem Hop die Router B, C, E, F und G erreicht werden. Jedes dieser Datenpakete erreicht dabei die Router B, C, E, F und G auf dem designierten Pfad bzgl. des Senders. Im folgenden Schritt werden dann von allen diesen Routern die Datenpakete über alle Anschlüsse, außer dem des ursprünglichen Senders, geflutet. So sendet Router B jeweils ein Datenpaket an Router A und F. Während das Datenpaket den Router A auf dem designierten Anschluß bzgl. des ursprünglichen Senders D erreicht, erreicht das Datenpaket Router F nicht über den designierten Pfad bzgl. des Senders D. Daher gibt Router A im nächsten Schritt das Datenpaket wiederum an alle Anschlüsse außer an dem des Senders weiter, während F das Datenpaket verwirft. Nach zwei Hops hat der Broadcast alle Teilnehmer des Netzwerks erreicht, und schon nach drei Hops sind die Datenpakete vom Netzwerk verschwunden.

RPF bietet den Vorteil, daß es leicht zu implementieren ist, und dennoch effizient arbeitet. Die Router benötigen keine Kenntnis des Spannbaums und die Datenpakete müssen keine Adreßlisten mit sich führen. Auch werden keine speziellen Mechanismen benötigt, die dafür sorgen, daß der Flooding-Prozeß irgendwann wieder stoppt, um eine unmäßige Vervielfältigung der Datenpakete zu vermeiden.

Multicasting wird dann benötigt, wenn eine große Anzahl von Empfängern gleichzeitig angesprochen werden soll, die aber im Verhältnis zur Gesamtzahl der Netzwerkteilnehmer nur gering ist, so daß ein aufwendiger und Bandbreite verschlingender Broadcast-Mechanismus hier unangebracht wäre. Um solche Gruppen von Teilnehmern verwalten zu können, muß ein spezielles Gruppenmanagement implementiert werden, mit dessen Hilfe sich Teilnehmer einfach in Gruppen an- oder abmelden können. Dieses Management ist allerdings nicht Teil der Routingverfahren. Zwischen den Endsystemen und den Routern kommt hier ein spezielles Host-to-Router Protokoll zum Einsatz, das **Internet Group Management Protocol** (**IGMP**), das in RFC 1112 standardisiert wurde. Über das IGMP Protokoll kann ein Host die Zugehörigkeit zu einer bestimmten Gruppe beim Router anmelden bzw. fragt der Router die angeschlossenen Endsysteme diesbzgl. periodisch ab. Die Router geben diese Information als Routinginformation an benachbarte Router weiter, und so verteilt sich die Information

der Gruppenzugehörigkeit über das Netzwerk. IGMP fungiert für Multicast-Anwendungen in derselben Weise wie das ICMP Protokoll in der TCP/IP-Hierarchie. Ein Endsystem kann somit einer Multicast-Gruppe beitreten, indem es sich beim nächstgelegenen Router für die Zustellung von Multicast-Nachrichten anmeldet. Der Router gibt die Anforderungen weiter, bis sie die Multicast-Quelle bzw. den der Quelle nächstgelegenen Router erreicht. Dazu müssen die jeweiligen Router allerdings für einen Multicast-Betrieb ausgelegt sein.
Man unterscheidet daher **Multicast-Router**, also Router, die eine Multicast-Übertragung koordinieren und weiterleiten können, von **Unicast-Routern**, die nicht dazu in der Lage sind. Um dennoch eine Multicast-Übertragung zu ermöglichen, werden zwischen Multicast-Routern sogenannte **Tunnel** aufgesetzt, die dazwischenliegende Unicast-Router „untertunneln", d.h. die Multicast-Datenpakete werden als Unicast-Datenpakete gekapselt und unverändert weiterversendet. Die Tunnelverbindung arbeitet dann in der gleichen Art, wie eine gewöhnliche Punkt-zu-Punkt-Verbindung.
Ein Netzwerk von miteinander verbundenen Multicast-Routern, die speziell für die Aufgabe des IP-Multicasting verwendet werden, bezeichnet man als **MBone** (**Multicast Backbone**). Ein MBone kann quasi als eigenes virtuelles Netzwerk über dem Internet betrachtet werden. Prinzipiell läuft das Multicast-Routing folgendermaßen ab:

- Die teilnehmenden Endsysteme melden sich für Multicast-Gruppen über den zuständigen Router an.
- Der Router ist in der Lage, über Gruppenadressen einzelne Gruppenmitglieder zu identifizieren.
- Weiterzuleitende Datenpakete müssen ggf. vom Router repliziert und über mehrere seiner Anschlüsse weitergegeben werden. Dazu kommen Verfahren ähnlich dem Broadcast zum Einsatz, nur daß hier die Anschlüsse, über die ein Datenpaket weitergeleitet wird, entsprechend den Adressaten in der Gruppe ausgewählt werden.

Zum Multicast-Routing werden u.a. folgende Verfahren eingesetzt:

- **Flood and Prune**
  Ein sehr einfacher Algorithmus, bei dem der Router zuerst die zu übertragenden Daten über alle Anschlüsse weitergibt (Flooding) und im Zuge der Übertragung diejenigen Anschlüsse für die Multicastübertragung sperrt, über die keine Empfänger erreichbar sind.
- **Link State Multicast Protocols**
  In diesem Verfahren verteilen die Multicast-Router zusammen mit ihren Routinginformationen Angaben über das ganze Netzwerk, für welche Gruppen direkte Empfänger bei ihnen angeschlossen sind.
- **Distance Vector Multicast Routing Protocol (DVMRP)**
  Ein Distanzvektor-Routingverfahren, das Multicast-Datenpakete weiterleiten kann. Ein Router, der Multicast-Datenpakete empfängt, muß herausfinden, an welche anderen Router, mit denen er verbunden ist, diese Datenpakete weiterzuleiten sind. Zu diesem Zweck versendet er Anfrage-Datenpakete an alle anderen Router.
- **Multicast Open Shortest Path First (MOSPF)**
  Multicasting-fähiges OPSF-Routingprotokoll. Dieses Verfahren ist für den Einsatz innerhalb von autonomen Systemen vorgesehen. MOSPF-Router erstellen zu diesem Zweck eine komplette Repräsentation der Netztopologie, einschließlich der Multicast-Router und der Multicast-Tunnel dazwischen. Daraus wird der bestmögliche Pfad zu einem bestimmten Multicast-Router berechnet.
- **Protocol Independent Multicast (PIM)**
  Dieses Routingverfahren unterscheidet die Betriebsarten **PIM-dense** und **PIM-sparse**. Befindet sich ein Großteil der Endsysteme in der adressierten Gruppe, kommt das PIM-dense Verfahren zum Einsatz, bei dem das Netzwerk mit Anfragen an alle anderen Router des Netzwerks geflutet wird. PIM-dense arbeitet also im Prinzip wie DVMRP. Sind

die Gruppen wesentlich kleiner, kommt PIM-sparse zum Einsatz, bei dem anstelle des Floodings bestimmte Rendezvous-Punkte im Netzwerk eingerichtet werden, an die alle Gruppenmitglieder ihre Datenpakete versenden.

Mobile Routing

Mobile Netze gewinnen immer mehr an Popularität, denn jeder Besitzer eines Notebooks oder eines PDAs möchte dieses Gerät auch zum Lesen der Email oder zum Zugriff auf das WWW nutzen, unabhängig davon, wo er sich gerade aufhält. Eben dieser Wunsch wirft beim Routing im Internet eine Reihe neuer Probleme auf: Um ein Datenpaket zu einem mobilen Endsystem zu leiten, muß das Netzwerk dieses Endsystem überhaupt erst einmal finden.

Zu diesem Zweck unterscheiden wir zwischen **stationären Nutzern**, d.h. Nutzern, die fest verkabelt mit dem Internet verbunden sind und deren Standort sich nicht verändert, und mobilen Nutzern. Bei den mobilen Nutzern unterscheiden wir weiter zwischen **migrierenden Nutzern**, d.h. Nutzern, die in der Regel einen stationären Zugang zum Internet besitzen, diesen aber von Zeit zu Zeit verlegen, und **frei beweglichen Nutzern**, die sich frei bewegen und dabei stets ihre Verbindung zum Internet beibehalten wollen.

Es wird davon ausgegangen, daß jeder Nutzer über eine permanente Heim-Adresse in einem festen Netz verfügt, die sich nicht verändert. Verläßt ein Nutzer dieses Netz, kann das Routing ihn zunächst nicht mehr finden. Änderungen der Adresse oder der Routingtabellen könnten das zwar verhindern, allerdings ist dieser Ansatz bei einer Vielzahl von Veränderungen nicht praktikabel. **Mobile IP** (RFC 2002) ist eine Erweiterung des IP-Protokolls, das dieses unnötig macht und es ermöglicht, den Nutzer weiter über seine fest zugeordnete IP-Adresse zu erreichen, egal wo er sich gerade aufhält. Durch Einführung einiger zusätzlicher Konzepte in Mobile IP können die Adressen und die meisten Router unverändert bleiben:

- **Area**
  Die Welt wird geografisch in einzelne, kleinere Einheiten, genannt Areas, unterteilt. Typischerweise beinhaltet eine solche Area ein LAN.
- **Mobile Node**
  Bezeichnet das mobile Endsystem mit seiner ursprünglichen Adresse, die auch in fremden Areas ihre Gültigkeit behält.
- **Foreign Agent**
  Bezeichnung für Router, die alle netzfremden Mobile Nodes überwachen. Ihre Aufgabe ist es, Datenpakete die sie vom Home Agent des jeweiligen Mobile Nodes empfangen, weiterzuleiten. Für die Dauer des Aufenthalts im fremden Area ist der Foreign Agent auch gleichzeitig der Default-Router des Mobile Nodes.
- **Home Agent**
  Jede Area verfügt über einen Home Agent, der für die Betreuung der im jeweiligen Area ansässigen Mobile Nodes zuständig ist. Der Home Agent kennt den Aufenthaltsort des Mobile Nodes und sendet diesem die Datenpakete über einen Tunnel, der über einen Foreign Agent der fremden Area führt.
- **Care-of Address (COA)**
  Bezeichnet die temporäre Adresse eines Mobile Nodes in einem fremden Area, die dem Mobile Node durch einen Foreign Agent in diesem Area zur Verfügung gestellt wird.

Die Kommunikation mit dem Mobile Node in einem fremden Area läuft dann folgendermaßen ab (siehe auch Abb.6.18):

- Home Agent und Foreign Agent geben ihre Präsenz und ihre Adresse in ihrem zugehörigen Area mit Hilfe periodischer Meldungen bekannt. Der Mobile Node gelangt so in Kenntnis der Adressen der jeweiligen Home Agents und Foreign Agents.

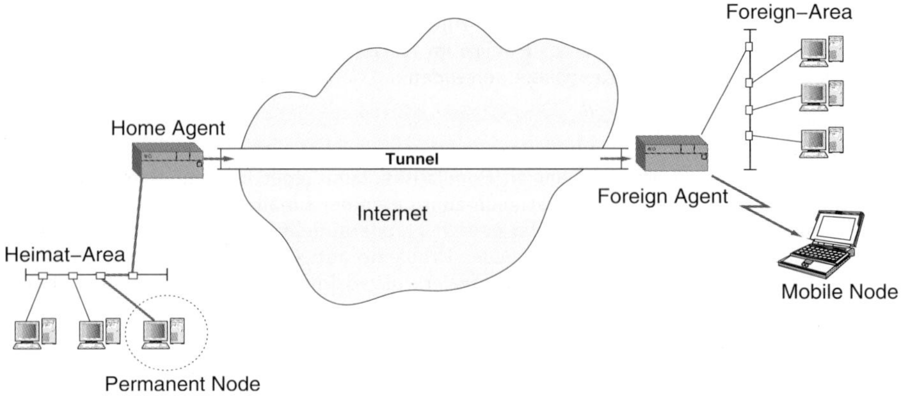

Abb. 6.18. Mobile Routing

- Betritt ein Mobile Host ein neues Area, meldet er sich beim Foreign Agent an, der daraufhin den zum Mobile Host zugehörigen Home Agent des Heimat-Areas kontaktiert und diesem die temporäre neue Adresse (COA) des Mobile Nodes mitteilt, die in der Regel die Adresse des Foreign Agents selbst ist.
- Dem Home Agent ist jetzt bekannt, daß sich der betreffende Mobile Node in der Area des Foreign Agent aufhält. Datenpakete, die an den Mobile Node adressiert sind, werden vom Home Agent abgefangen, der sich dazu zunächst als Mobile Node ausgibt.
- Der Home Agent leitet die Datenpakete weiter, indem er einen Tunnel zu demjenigen Foreign Agent eröffnet, über den der Mobile Node zu erreichen ist. Dazu werden die originalen Datenpakete in an die COA gerichtete Datenpakete gekapselt.
- Der Foreign Agent entfernt die Kapselung und leitet das Paket an den Mobile Node weiter.
- Die Kommunikation in die Gegenrichtung, also von einem Mobile Node zu einem permanenten Endsystem ist wesentlich einfacher. Dazu adressiert der Mobile Node die Datenpakete einfach an die entsprechende End-Adresse des permanenten Endsystems und gibt seine eigene permanente Adresse als Absender an.

Weiterführende Literatur:

A. S. Tannenbaum: Computer Networks, Prentice-Hall, NJ, USA, pp. 348-352, 1996.

S. E. Deering, D. R. Cheriton: Multicast Routing in Datagram Internetworks and Extended LANs, in ACM Trans. on Computer Systems, vol.8, pp. 85-110, May 1990.

F. Kamoun, L. Kleinrock: Stochastic Performance Evaluation of Hierarchical Routing for Large Networks, Computer Networks, vol.3, pp.337-353, 1979.

R. Perlman: Interconnections: Bridges and Routers, Addison-Wesley, Reading, MA, USA, 1992.

6.4 Beispiele der WAN-Technologie

Angefangen vom ARPANET bis hin zum modernen ATM-Backbone wurden zahlreiche WAN-Technologien entwickelt. Experimentelle als auch produktive Nutzungszwecke standen dabei jeweils im Vordergrund und bestimmten die Grundparameter der entsprechenden Technologie. Dieser Abschnitt soll einige dieser Technologien exemplarisch vorstellen, um deren Vielfalt und Fortschritt aufzuzeigen. Als Ausgangspunkt für alle folgenden Entwicklungen soll dabei das historische ARPANET betrachtet werden. X.25, Frame Relay und ISDN folgen als Stellvertreter der nächsten Generation. Abschließend wird auf die WAN-Technologien der modernen Hochgeschwindigkeitsnetze wie ATM, PHD und SDH/SONET eingegangen.

6.4.1 ARPANET

Quasi als „Großmutter" aller WANs soll hier zunächst das ARPANET, der Vorläufer des weltweiten Internet, Erwähnung finden. Die historischen Hintergründe der Entwicklung des ARPANET wurden bereits in Kapitel 1.3 ausführlich dargestellt. Ziel war die Schaffung eines störungsunanfälligen und ausfallsicheren Computernetzwerks. Hierbei wurde auf der Anfang der 60er Jahre von Paul Baran und Leonard Kleinrock entwickelten und für damalige Verhältnisse revolutionären Idee eines paketvermittelten Netzes aufgebaut. Da die in einem Netzwerk zu verbindenden Rechner (**Hosts**) über unterschiedliche Rechnerarchitekturen und Betriebssysteme verfügten, entschloß man sich Ende der 60er Jahre, nicht jeden dieser Rechner selbst mit einem Netzwerkzugang auszurüsten, sondern ein separates dediziertes **Subnetz** zu schaffen, dessen Aufgabe lediglich in der Kommunikation mit anderen Knoten dieses Subnetzes bestand. Für den jeweiligen Hostrechner, der an dieses Subnetz angeschlossen werden sollte, mußte daher nur eine einfache Kommunikationsschnittstelle geschaffen werden, die diesen mit dem ihm zugeordneten Knoten im Subnetz verband. Die eigentlichen Kommunikationsaufgaben wurden durch das separate Subnetz vorgenommen.
Dieses Subnetz bestand aus dedizierten Minicomputern, die als Vermittlungsrechner über Kabel miteinander verbunden waren. Die eingesetzten Vermittlungsrechner wurden als **Interface Message Processor** (**IMP**) bezeichnet und jeder IMP war, um die Ausfallsicherheit zu erhöhen, mindestens jeweils wieder mit zwei anderen IMPs verbunden. Das Subnetz arbeitete als Datagramm-Netzwerk, ohne daß feste, logische Verbindungen zwischen den kommunizierenden Rechnern nötig waren. Im Falle des Ausfalls einer Verbindung wurden die Datenpakete einfach über einen alternativen Verbindungsweg geleitet.
Zu Anfang bestanden die einzelnen Knoten des Netzwerks ARPANET jeweils aus einem IMP und einem Host-Rechner, die beide im selben Raum standen und durch eine kurze Kabelverbindung miteinander verbunden waren. Der Host versandte Nachrichten von bis zu 8.063 Bit Länge, die vom zugehörigen IMP in kleinere Datenpakete von bis zu 1.002 Bit Länge fragmentiert und die dann unabhängig voneinander zu ihrem Bestimmungsort gesendet wurden. Auf seinem Weg zum Empfänger wurde jedes Datenpaket in jedem zwischengeschalteten IMP zwischengespeichert bis es vollständig angekommen war und erst dann weitergesendet.

Um dieses Konzept zu implementieren initiierte die ARPA, nach der das Netzwerk später benannt werden sollte, eine Ausschreibung, die die Firma BBN (Bolt-Beranek and Newman), eine Consulting-Firma mit Sitz in Cambridge, Massachussetts, gewann. BBN wählte zur Implementierung der IMPs speziell modifizierte Honeywell DDP-316 Minicomputer aus, die über einen Hauptspeicher von 24 kBit (12 k á 16 bit) verfügte. Die IMPs verfügten nicht über Festplatten, da bewegliche Teile damals generell als unzuverlässig galten. Die Verschaltung der einzelnen IMPs erfolgte über angemietete Telefonleitungen, die mit 56 kbps betrieben wurden.
Die eingesetzte Kommunikationssoftware teilte sich ebenfalls in zwei getrennte Schichten auf: Subnetz und Host. Neben den Host-to-Host-Protokollen, die die Kommunikation zwischen zwei Anwendungen auf den Hostrechnern ermöglichten, waren vor allem das **Host-IMP**-Protokoll, das die Verbindung zwischen Host-Rechner und IMP regelte, das **IMP-IMP**-Protokoll, das die Kommunikation zwischen zwei IMPs verwaltete, sowie als zusätzliches, für eine höhere Übertragungssicherheit sorgendes Protokoll, das **Source-IMP-Destination-IMP**-Protokoll, von Bedeutung (siehe Abb. 6.19).

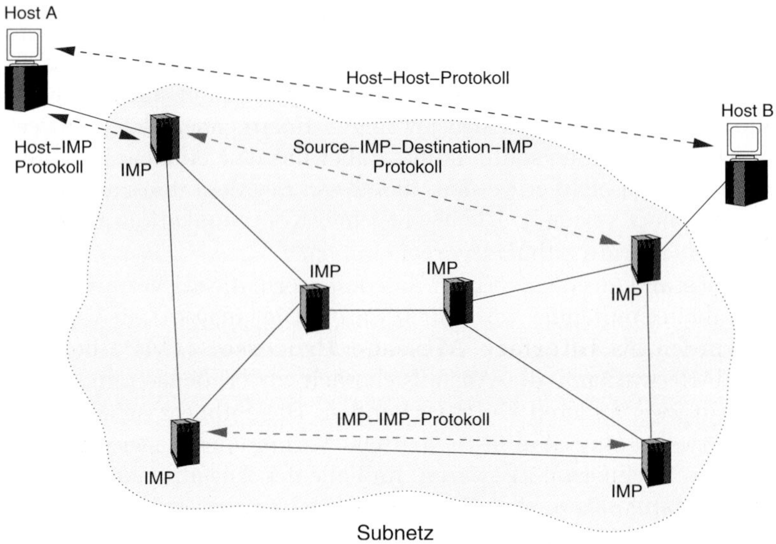

Abb. 6.19. Netzwerkentwurf des ARPANET

Im Dezember 1969 nahm dann das so gestaltete ARPANET mit vier Knoten an den Universitäten von Los Angeles, Santa Barbara, Utah und dem Stanford Research Institute den Betrieb auf. Die eingesetzten Kommunikationsprotokolle folgten einer nach Schichten gegliederten Implementierung. In der Anwendungsebene, auf der Programme wie **Telnet** oder **FTP** aufsetzten, fand die notwendige Kommunikation über das Host-to-Host-Protokoll statt, das seinerseits Gebrauch vom Host-IMP-Protokoll machte, das die darunterliegende Schicht bildete. Die Hosts konnte so vollkommen abgeschirmt von den Details der IMP-IMP-Kommunikation arbeiten, so daß die schnelle Entwicklung neuer Protokolle, die auf diesen Schichten aufsetzt, sehr stark vereinfacht wurde (siehe Abb. 6.20).

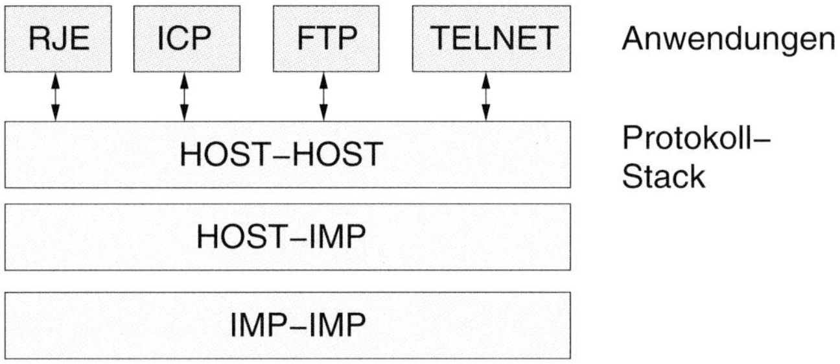

Abb. 6.20. Schichtenaufbau der ARPANET-Kommunikationsprotokolle

Die drei Schichten dieses Kommunikationsprotokollmodells kamen dabei den folgenden Aufgaben nach:

- **Host-to-IMP Protokoll**
  Dieses Protokoll war verantwortlich für die bidirektionale Kommunikation zwischen Host und IMP. Der Host übermittelte die Nachricht, die an einen anderen Host des ARPANET übertragen werden sollte, zuerst an seinen zugehörigen IMP. Der IMP am Zielort sendete nach erfolgreichem Empfang der Nachricht entsprechende Status-Meldungen zurück an den sendenden Host. Wurde die Nachricht erfolgreich empfangen, sendete der Ziel-IMP eine RFNM-Meldung (Ready-for-Next-Message), während im Fehlerfall eine entsprechende Meldung über eine nicht abgeschlossene Übertragung gesendet wurde. Der empfangende IMP war darüberhinaus dafür zuständig, die einzelnen Datenpakete wieder zusammenzusetzen, bevor er die versendete Ausgangsmeldung an den Ziel-Host weiterleitete. Eine weitere Fähigkeit des IMP lag darin, eingehende Meldungen zu blockieren, damit sie den Ziel-Host nicht erreichen konnten.
  Meldungen konnten von variabler Länge bis zu 8.096 Bit sein. Eine eigene Adressierung war auf dieser Ebene nicht notwendig, da jeweils nur eine Verbindung zwischen Host und zugehörigem IMP bedient wurde.
- **IMP-to-IMP Protokoll** und **Source-IMP-to-Destination-IMP Protokoll**
  Eines der Designziele des ARPANET lag darin, die Host-Rechner, auf denen die eigentlichen Anwendungsprogramme liefen und die miteinander Daten austauschen sollten, von den Operationen abzuschotten, die zu einer effizienten und fehlerfreien Datenübertragung notwendig waren.

Zu diesem Zweck wurden eigene Rechner, die IMPs eingesetzt. Hinsichtlich der Aufgabenverteilung unter den IMPs sind Unterschiede zwischen den regulären IMPs des Netzwerks und den jeweiligen IMPs bei den Sendern und Empfängern festzustellen. Während die Aufgabe der regulären IMPs darin bestand, Datenpakete zu empfangen, eine rudimentäre Fehlerprüfung durchzuführen, die Route zur Weiterleitung der Datenpakete festzulegen und diese an den nächsten IMP weiterzugeben, müssen Ziel-IMP und Empfänger-IMP zusätzliche Aufgaben bewältigen. Während die bereits genannten Operationen Teil des IMP-to-IMP-Protokolls sind, stellen das Management einer End-zu-End-Verbindung wie Flußkontrolle, Speichermanagement, Meldungsfragmentierung und -zusammensetzung Operationen des Source-IMP-to-Destination-IMP Protokolls dar.
Die Aufteilung der Meldungen in einzelne Datenpakete ermöglichte eine effiziente Datenübertragung bei nur beschränkt verfügbarer Bandbreite. Durch ein Pipelining einzelner Datenpakete konnten die Wartezeiten der übrigen Kommunikationsteilnehmer auf ein Minimum reduziert werden. Die implementierte Fehlerkontrolle bezog sich auf die Erkennung duplizierter oder fehlender Datenpakete. Doppelte Datenpakete konnten dann auftreten, wenn ein IMP seinen Betrieb einstellte, bevor er in der Lage war, eine Empfangsbestätigung für ein erhaltenes bzw. weitergeleitetes Datenpaket zu versenden. Der ursprünglich sendende IMP schickte dann erneut dasselbe Datenpaket ab. Auf der anderen Seite konnte ein Datenpaket dann verloren gehen, wenn ein IMP seinen Betrieb einstellte, bevor er ein empfangenes Datenpaket weiterleiten konnte, aber bereits eine Empfangsbestätigung versendet hatte.
Flußkontrolle war schließlich notwendig, da die Datenpakete auf unterschiedlichen Wegen durch das Netzwerk übertragen werden konnten. So war es durchaus möglich, daß sie in einer anderen Reihenfolge beim Empfänger angeliefert wurden, als vom Sender abgeschickt. Zu diesem Zweck wurde jedem Datenpaket eine Sequenznummer zugeordnet, damit die ursprüngliche Nachricht beim Empfänger-IMP wieder korrekt zusammengesetzt werden konnte.

- **Host-to-Host Protokoll**
  Anwendungsprogramme auf den Host-Rechnern waren in der Lage, Daten mit anderen Host-Rechnern mit Hilfe des Host-to-Host Protokolls auszutauschen. Dieses Protokoll war Teil des Betriebssystems des Host-Rechners und innerhalb des sogenannten **NCP** (**Network Control Programms**) implementiert. Das NCP war verantwortlich für die Abwicklung des Verbindungsauf- und abbaus, sowie für die Flußkontrolle. NCP wurde mit der Zeit alternativ zum Host-to-Host Protokoll verwendet und so zum wichtigsten Protokoll der Transportschicht des ARPANET, das später von TCP/IP abgelöst werden sollte.
  Zum Austausch von Kontroll- und Statusinformationen für Verbindungen wurden sogenannte Links eingerichtet, die parallel zum eigentlichen Daten-

transfer geschaltet wurden. Das NCP hatte auch die Aufgabe, die Interprozeßkommunikation zwischen den beiden, kommunizierenden Anwendungen in einzelne Nachrichten aufzubrechen und zu koordinieren. Diese Nachrichten wurden dann an das NCP des Empfängers gesendet, der diese wieder zusammensetzen und entsprechend aufbereiten mußte.

Mit der rasant wachsenden Zahl der ausgelieferten und installierten IMPs wuchs das ARPANET zusehends. Um nicht mehr auf einen zusätzlichen Host-Rechner angewiesen zu sein, wurde die Host-IMP-Protokoll-Software dahingehend modifiziert, daß auch Terminals direkt an einen speziellen IMP, den sogenannten **Terminal Interface Processor** (**TIP**) angeschlossen werden konnten. Nachfolgende Erweiterungen betrafen den kostenreduzierenden Anschluß mehrerer Hosts an einen einzigen IMP, Hosts, die zur Erhöhung der Übertragungssicherheit an mehrere IMPs angeschlossen werden konnten und die Möglichkeit, größere Distanzen zwischen Host und IMP zuzulassen.
Die Einbindung von Funk- und Satellitenübertragungen halfen dem ARPANET, flächendeckend, große Distanzen zu überbrücken. Je mehr einzelne Netze in das ARPANET mit aufgenommen wurden, desto größer wurde der Bedarf nach effizient arbeitender, moderner Internetworking-Protokoll-Software, der in die Einführung der zu diesem Zweck entwickelten TCP/IP-Kommunikationsprotokolle mündete.
1983 spaltete sich das ursprüngliche ARPANET in einen ausschließlich militärisch genutzten Teil (**MILNET**) und den weiterhin unter dem gleichen Namen betriebenen zivilen und damit auch kommerziellen Teil. Mit der Entwicklung leistungsfähigerer, ziviler Netzwerke, wie etwa des **NSFNETs** begann die Bedeutung des ARPANET zusehends zu schwinden, so daß sein Betrieb 1990 schließlich eingestellt wurde. MILNET als militärische Komponente, blieb weiterhin im Dienst.

6.4.2 X.25

Die International Telecommunications Union (ITU), verantwortlich für die Standardisierung international anerkannter Normen in der Telefonie und Datenübertragung, entwickelte mit **X.25** einen der ersten Standards für den Betrieb von Weitverkehrsnetzwerken. Öffentliche Dienstbetreiber wie die nationalen Telefongesellschaften boten diesen Dienst bereits seit vielen Jahren an. X.25 wurde 1976 von der ITU als Standard verabschiedet und beschreibt exakt die Schnittstelle zwischen dem Endgerät (Data Terminal Equipment, **DTE**) und dem Netzwerk. Standardisiert wurden dabei Datenübertragungsraten von 300 bps bis 64 kbps und seit 1992 auch 2 Mbps. Damit definiert X.25 für heutige Vorstellungen ein sehr langsames Netzwerk. X.25 wurde für die Verwendung von schlechten analogen Übertragungsstrecken mit einer sehr hohen Fehlerrate ausgelegt und erlaubt eine weltweite und flächendeckende Datenkommunikation. Der als **Datex-P** bezeichnete Datentransferdienst der deutschen Telekom basiert auf dem X.25-Standard. X.25 wird jedoch zusehends von der Frame Relay Technologie verdrängt, da heute zuverlässigere Übertragungsmedien zur Verfügung stehen, die die aufwendigen Fehlererkennungs- und Korrekturmechanismen von X.25 nicht mehr benötigen.

Netzwerkaufbau. Das X.25-Protokoll ist auch im ISO-Standard 8208 definiert und regelt die Übermittlung von Datenpaketen zwischen zwei kommunizierenden DTEs. Aus diesem Grund wird es auch als X.25-DTE-DTE bezeichnet. Zum Anschluß an das X.25 Netzwerk werden als **DCE** (Data Circuit-Terminating Equipment) bezeichnete Geräte verwendet. Die Kommunikation zwischen DTE und DCE regeln die in X.25-DTE-DCE festgelegten Kommunikationsprotokolle. X.25 selbst stellt eine paketvermittelnde Netzwerktechnologie dar, deren netzinterne Vermittlungsknoten als **DSE** (Data Switching Exchange) bezeichnet werden.
X.25-fähige Endgeräte, die in der Lage sind, Nachrichten selbstständig in Datenpakete zu zerlegen, können direkt über eine DCE mit dem X.25-Netzwerk verbunden werden. Da viele Endgeräte aber nicht in der Lage sind, eine dedizierte X.25-konforme Schnittstelle zu bieten, wurde mit **X.28** eine weitere Serie von Standards entwickelt, die auch nichtintelligente Endgeräte, wie z.B. Terminals, in die Lage versetzt, über einen sogenannten **PAD** (Packet Assembler/Disassembler, beschrieben im **X.3** Standard) mit einem X.25-Netzwerk zu kommunizieren. Das PAD kommuniziert mit dem X.25-Netzwerk über einen eigenen Protokollstandard, der als **X.29** bezeichnet wird. Diese drei Standards gemeinsam – X.25, X.28 und X.29 – werden auch **Triple X** genannt. Netze unterschiedlicher Netzwerkbetreiber können über eine eigene, separate Schnittstelle – die in **X.75** standardisiert wurde – miteinander gekoppelt werden (siehe Abb. 6.21).

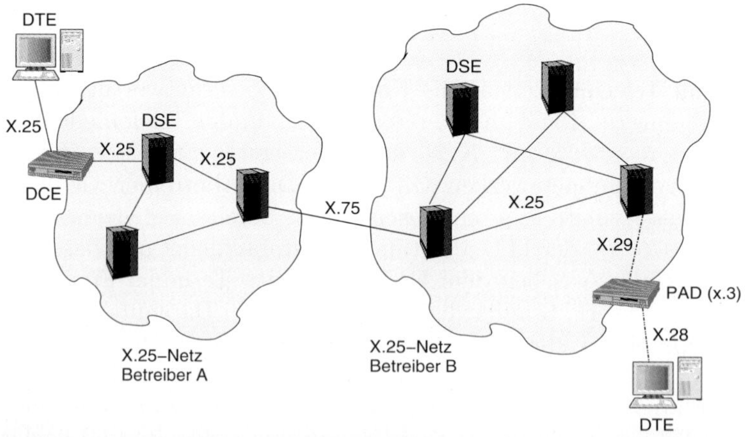

Abb. 6.21. Struktur eines X.25-Netzwerks

Für X.25 können neben paketvermittelnden Netzwerktypen auch andere Netzwerktypen zum Einsatz kommen. Dienen leitungsvermittelte Netzwerke als Grundlage eines X.25-Netzwerks, wird über das Netzwerk als erstes eine Leitungsverbindung zwischen den zwei Kommunikationspartnern aufgebaut, die dann aus Sicht des X.25-Netzwerks als direkte Ende-zu-Ende-Verbindung erscheint.

X.25 arbeitet verbindungsorientiert und ist in der Lage, sowohl geschaltete virtuelle Netze (**Switched Virtual Circuit, SVC**) als auch permanente virtuelle Netze (**Permanent Virtual Circuits**) zu unterstützen. Ein SVC wird erzeugt, wenn ein Rechner ein Datenpaket in das Netzwerk sendet, mit der Anfrage, eine Verbindung zu einem entfernten Kommunikationspartner zu schalten. Sobald die Verbindung geschaltet wurde, erreichen die entlang dieser Verbindung gesendeten Datenpakete den Empfänger stets in der ursprünglichen Sendereihenfolge. X.25 sieht für diesen Zweck auch eine Flußkontrolle vor, die verhindert, daß ein schnellerer Sender einen langsameren bzw. anderweitig beschäftigten Empfänger mit seinen Datenpaketen überflutet.

Ein PVC dagegen wird zwar in gleicher Weise wie ein SVC genutzt, jedoch wird er bereits im Vorfeld auf Veranlassung des Kunden vom Netzwerk-Provider eingerichtet. Ein PVC ist stets aktiv, so daß keine speziellen Kommandofolgen für seine Aktivierung notwendig sind, und ist so das Pendant zu einer Mietleitung.

Das X.25-Schichtenmodell. Ähnlich wie das TCP/IP-Kommunikationsmodell oder das ISO-/OSI-Modell liegt auch dem X.25-Standard ein Schichtenmodell zu Grunde. Wie in Abb. 6.22 dargestellt, gibt es hier drei Schichten mit den folgenden Protokollen:

- **Physikalische Schicht**
  In der physikalischen Schicht spezifizieren die **X.21** Protokolle die physikalische, elektrische und prozedurale Schnittstelle zwischen Host und Netzwerk. Während X.21 ausschließlich auf der Verwendung digitaler Signale basiert, wurde mit **X.21bis** ein zusätzlicher Standard geschaffen, der einen Netz-Zugang zu einem X.25-Netzwerk über eine analoge Leitung hinweg mit Hilfe eines Modems ermöglicht.
- **Sicherungsschicht**
  Die zweite Schicht des X.25-Schichtenmodells beinhaltet Steuerungsverfahren zur Übertragung von Datenblöcken an der Schnittstelle zwischen DTE und DCE. Zum Einsatz kommt dabei eine Variante des sogenannten **HDLC**-Protokolls (High Level Data Link Control), nämlich das **LAP-B**-Protokoll (Link Access Procedure Balanced).
- **Vermittlungsschicht**
  Das Protokoll der Vermittlungsschicht ist **X.25-PLP** (Packet Layer Protocol). Es ist verantwortlich für den Verbindungsauf- und -abbau sowie die Übertragung der Datenpakete während einer Verbindung. Dazu zählen

Aufgaben wie Flußkontrolle, Empfangsbestätigung und Unterbrechungssteuerung. Die hier versendeten Datenpakete habe eine Länge von maximal 128 Bytes und werden zuverlässig und in der korrekten Reihenfolge zugestellt. Über eine physikalische Leitung können dabei mehrere virtuelle Verbindungen betrieben werden. Um ein Datenpaket einer bestimmten virtuellen Verbindung zuordnen zu können, enthält jedes Datenpaket im Header eine logische Kanalnummer (LCI, Logical Channel Identifier), die sich aus einer Gruppennumer (LGN, Logical Group Number) und einer Nummer innerhalb der Gruppe (LCN, Logical Channel Number) zusammensetzt. Auf diese Weise sind über eine einzelne physikalische Leitung mehrere parallele End-zu-End-Kommunikationen möglich.
Bei X.25 bieten Netzknoten X.25-Vermittlungsfunktionen (VF) über eine Neuzuweisung der LCIs. Eine Eingangs-LCI wird dabei einer Ausgangs-LCI zugewiesen, was im Prinzip einer Routingfunktion entspricht.

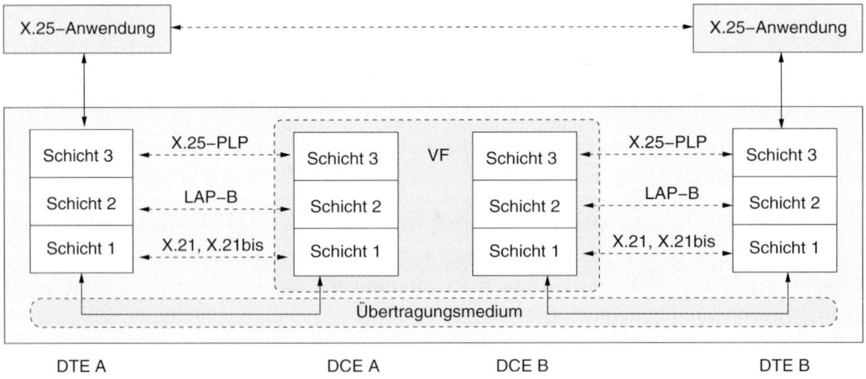

Abb. 6.22. Das X.25-Schichtenmodell

Abb. 6.23 zeigt die Datenformate des X.25-Protokolls: Ein LAP-B Datenpaket (Schicht 2) und ein X.25-PLP Datenpaket (Schicht 3). Datenpakete der Schicht 1 (X.21) sind mit dem LAP-B Datenpaket identisch und verfügen über keine zusätzliche Headerinformation.

6.4.3 ISDN

Als primärer Träger der internationalen Telekommunikation ist das öffentliche, leitungsvermittelte Telefonsystem seit über einem Jahrhundert im Dienst. Zu Anfang der 80er Jahre prognostizierte man einen stetig zunehmenden Bedarf an digitaler End-zu-End-Kommunikation, dem das alte analoge Telefonnetz nicht mehr gewachsen schien und vereinbarte 1984 unter der Schirmherrschaft der CCITT/ITU und dem Mitwirken der staatlichen und

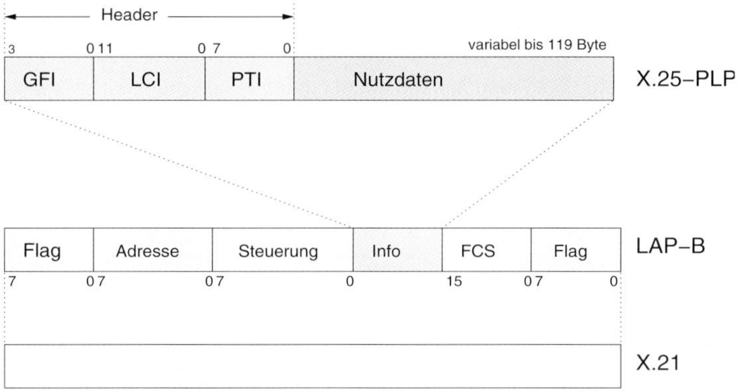

Felder des X.25-PLP Datenpakets:

- **GFI** (General Format Identifier): Dient der Identifikation des Datenpakets als Nutzdaten- oder Steuerpaket, zur Flußsteuerung und als Empfangsbestätigung.
- **LCI** (Logical Channel Identifier): Identifiziert den logischen Kanal der DTE/DCE-Schnittstelle. Die Netzwerkschicht stellt der übergeordneten Transportschicht zu diesem Zweck 4096 logische Kanäle zur Verfügung, die eine Mehrfachausnutzung der physikalischen Leitung gestatten. Der LCI-Eintrag besitzt nur lokale Bedeutung. Jede virtuelle Verbindung besteht aus einer Folge von Teilstrecken mit jeweils eigenem LCI-Wert. Während des Verbindungsaufbaus werden die LCI-Werte für jede Teilstrecke getrennt bestimmt und regeln das Routing der übertragenen Datenpakete.
- **PTI** (Packet Type Identifier): Identifiziert den Typ des Datenpakets. Neben den Nutzdaten-Datenpaketen gibt es noch 16 verschiedene Typen von Steuerungs-Datenpaketen.
- **Nutzdaten**: Entsprechend dem Datenpaket-Typ enthält dieses Feld im Falle eines Nutzdaten-Datenpakets Daten aus einer höheren Protokollschicht und Informationen zur Steuerung der Verbindung im Falle eines Steuerungs-Datenpakets.

Felder des LAP-B Datenpakets:

- **Flag**: Feste Bitfolge, die als Begrenzung des Datenpakets dient. Um zu verhindern, daß dieselbe Bitfolge im Inneren des Datenpakets auftaucht, wird das Prinzip des **Bitstopfens** angewandt. Dabei wird nach zuvor definierter Anzahl übertragener Bits in den Nutzdaten stets ein festes Bit vom Sender eingefügt, das vom Empfänger später wieder entfernt wird. Die Bitfolge im Flag wird so gewählt, daß sie nach erfolgtem Bitstopfen in den Nutzdaten nie vorkommen kann.
- **Adresse**: Adreßfeld, das bei Befehlen (Commands) die Adresse des Empfängers und bei Meldungen (Response) die Adresse des Absenders erhält. Für die Adressierung werden in X.25-Netzwerken Rufnummern nach **X.121** verwendet.
- **Steuerung**: Beschreibt den Typ des Datenpakets näher und enthält zusätzlich eine Sequenznummer für die Flußkontrolle in Schicht 2.
- **Info**: Enthält das X.25-PLP-Datenpaket.
- **FCS** (Frame Check Sequence): Enthält eine Prüfsumme.

Abb. 6.23. X.25 Datenpaketformate

privaten Telefongesellschaften den Ausbau eines neuen, vollständig digitalen, leitungsvermittelten Telefonsystems, das den Namen **ISDN** (**Integrated Services Digital Network**, dienstintegriertes digitales Fernmeldenetz) tragen sollte. Vorrangiges Ziel bei der Entwicklung von ISDN war die Integration unterschiedlicher Dienstangebote, wie Sprach und Datenkommunikation über dasselbe Netzwerke.
In Deutschland startete ISDN 1987 mit zwei Pilotprojekten in Mannheim und Stuttgart im Rahmen eines eigenen, nationalen ISDN-Projekts, das 1994 von einem für ganz Europa einheitlichem System **Euro-ISDN** (auch **DSS1**, **Digital Subscriber Signalling System 1**) abgelöst wurde. In den USA wurde dagegen ein abweichender Protokollstandard für die ISDN Steuerungs- und Datenkanäle gewählt, der als **ISDN-1** standardisiert wurde (entspricht dem von der Firma AT&T eingeführten **5ESS**-Verfahren). Bedingt durch eine abweichende Codierung der übertragenen Daten erreicht der amerikanische ISDN-Standard lediglich 56 kbps pro Kanal, während der europäische Standard Datenkanäle zu jeweils 64 kbps vorsieht. Die in diesem Abschnitt aufgeführten Angaben zur Bandbreite der verschiedenen ISDN Anschlußvarianten beziehen sich stets auf die europäische Kanalkodierung mit jeweils 64 kbps.

ITU-T/CCITT Empfehlungen für den ISDN-Standard

ISDN-Standards werden durch Empfehlungen der ITU-T/CCITT definiert. Die I-Serie der ITU-T/CCITT Empfehlungen deckt dabei einen weiten Bereich der ISDN-Technologie ab. Sie ist entsprechend den einzelnen Themenfeldern in Gruppen unterteilt.

ITU-T/CCITT	Funktion
I.1xx	enthält generelle Informationen zur Terminologie, zum Aufbau der I-Serie Empfehlungen und zu Grundeigenschaften von ISDN
I.2xx	spezifiziert ISDN-Diensteigenschaften, wie auch Verbindungs- und Paket-Dienste
I.3xx	beinhaltet Prinzipien, Protokolle und Architektur von ISDN
I.4xx	beinhaltet die Spezifikation der Nutzerschnittstellen und der Spezifikation der Funktionen der Netzwerkschicht
I.5xx	beinhaltet Schnittstellendefinitionen und Spezifikationen zum Internetworking von ISDN-Netzen
I.6xx	behandelt Themen wie ISDN-Wartung und Nutzer-Zugang

Abb. 6.24. ITU-T/CCITT Empfehlungen für ISDN

ISDN bietet digitale, leitungsvermittelte End-zu-End-Verbindungen. Der Nutzer verfügt über ein digitales Interface und muß nicht mehr, wie im Falle des analogen Telefonnetzes, digitale Signale zuvor über ein **Modem** in analoge Signale umsetzen. Es wird eine Wählverbindung zum Empfänger aufgebaut, die über die gesamte Verbindungsdauer als transparenter Datenübertragungskanal zur Verfügung steht. Nutzdaten und Signalisierungsdaten werden dabei in separaten Kanälen übertragen. ISDN arbeitet nach einem synchronen Zeitmultiplexverfahren und ist in der Lage, stets eine konstante, garantierte Bandbreite und eine konstante Übertragungsverzögerung zu gewährleisten.

Netzwerkaufbau. ISDN stellt Kanäle mit jeweils 64 kbps zur Verfügung. Diese Bandbreite wurde speziell für die Kodierung von Sprachinformation über das **PCM**-Verfahren (Pulse Code Modulation, 8000 Samples mit jeweils 8 Bit pro Sekunde) gewählt. Je nach Anschlußtyp können dem Nutzer unterschiedliche Bandbreiten zur Verfügung gestellt werden:

- **Basisanschluß (BRI, Basic Rate Interface)**
  Über eine physikalische Verbindung mit dem ISDN-Netzwerk werden dem Nutzer zwei logische Verbindungen, die sogenannten **B-Kanäle** (Bearer Channel) mit jeweils 64 kbps für die Übertragung von Nutzdaten und ein Signalkanal, der **D-Kanal** (Data Channel), mit 16 kbps zur Übertragung von Steuersignalen angeboten. Ein solches Verfahren, bei dem die Steuer- und Kontrollinformation in einem separaten Kanal, abseits des Nutzdatenkanals gesendet wird, wird auch als **Out-of-Band** Signalverkehr bezeichnet. Das BRI-Interface ist im ITU-T/CCITT ISDN-Standard I.430 genormt.
- **Primärmultiplexanschluß (PRI, Primary Rate Interface)**
  Über eine physikalische Verbindung mit dem ISDN-Netzwerk werden dem Nutzer 30 logische Verbindungen (Kanäle) mit jeweils 64 kbps (USA nur 23 logische Verbindungen) zur Übertragung von Nutzdaten und ein Signalkanal mit 64 kbps zur Übertragung von Steuersignalen angeboten. Das PRI-Interface ist im ITU-T/CCITT ISDN-Standard I.431 genormt.

Nutzdaten können in ISDN übertragen werden mit

- leitungsvermittelnden B-Kanälen,
- paketvermittelnden B-Kanälen und auch mit Hilfe von
- paketvermittelnden D-Kanälen (siehe Abb. 6.25).

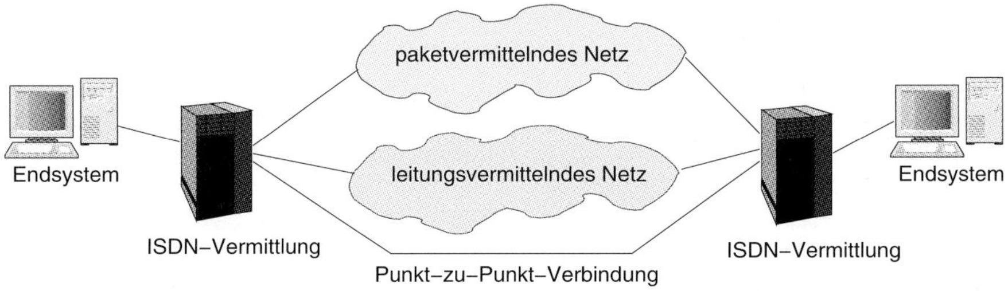

Abb. 6.25. ISDN Architektur

Zusätzlich sieht der ISDN-Standard noch sogenannte **Hybride Kanäle** (H-Kanäle) vor. Dies sind spezielle Kanäle, die durch Bündelung von B-Kanälen entstehen und die für Anwendungen zum Einsatz kommen, die eine höhere Bandbreite verlangen, wie z.B. die Übertragung von Audio- und Video-Informationen in Echtzeit. Der Basiskanal, auch H_0-Kanal genannt, bündelt dazu 6 B-Kanäle zu einem Hybridkanal mit einer Bandbreite von 384 kbps. Daneben sind noch die Hybridkanäle H_{11} (24 B-Kanäle mit einer Bandbreite von 1.536 kbps) und H_{12} (30 B-Kanäle mit einer Bandbreite von 1.920 kbps) von Bedeutung.

ISDN-Schichtenmodell. Im ISDN Netzwerk unterscheidet man speziell im Hinblick auf das Schichtenmodell Endgeräte, Ortsvermittlungsstellen und Fernvermittlungsstellen. Zur Übertragung der Nutzdaten wird auf der untersten Schicht des ISDN-Protokollstapels eine transparente logische Verbindung von Endgerät zu Endgerät über Ortsvermittlung und Fernvermittlung aufgebaut Die Signalverbindungen müssen in den Vermittlungsstellen in höhere Schichten des ISDN-Schichtenmodells weitergeleitet werden, da dort Steuer- und Adressinformationen ausgewertet und angewendet werden müssen (siehe Abb. 6.27).

Die ITU-T/CCITT Empfehlungen sehen für ISDN drei Schichten vor. Angefangen mit der physikalischen Schicht, in der die Spezifikationen der Basisschnittstellen für BRI (I.430) und PRI (I.431) festgelegt werden, über die Sicherungsschicht, in der das LAPD (Link Access Procedure for D-Channel, Empfehlungen Q.920/I.440 und Q.921/441) Protokoll implementiert ist, bis zur Vermittlungsschicht, auf der DSS1 (Digital Signalling System No.1) genutzt wird. DSS1 wird europaweit eingesetzt und daher auch kurz als Euro-ISDN bezeichnet. International werden verschiedene Standards in der Vermittlungsschicht eingesetzt, so etwa die 5ESS und DMS-100 Standards in den USA oder NTT in Japan.

In der Fernvermittlung wird das Signalisierungssystem SS7 (Signalling System No.7), ein Satz von unterschiedlichen Protokollen für die Kommunikation von Vermittlungsstellen im Netzwerk verwendet (ITU-T/CCITT Empfehlung Q.7xx). Die unter diesen Sammelbegriff zusammengefaßten Protokolle bilden einen eigenen Protokollstapel, ebenso wie der TCP/IP- oder der ISO-/OSI-Protokollstapel. Das Signalisierungssystem SS7 ist dabei als sogenanntes **Overlay-Netz** aufgebaut, d.h. es ist physisch, nicht nur logisch, getrennt von den eigentlichen Nutzdatenkanälen. Für ISDN sind fünf Schichten des SS7-Protokollstapels relevant (siehe auch Abb. 6.28), die sich in drei Gruppen unterteilen lassen:

- **MTP-1, MTP-2, MTP-3 (Message Transfer Part)**
  Diese drei Schichten entsprechen in ihrer Aufgabe den ersten drei Schichten des ISO-/OSI-Modells und sind für die Übertragung von SS7-Nachrichten zuständig.

ISDN Terminologie

In den ISDN Standards der ITU-T werden **Referenzkonfigurationen** definiert, die ISDN Schnittstellen charakterisieren. Referenzkonfigurationen setzen sich zusammen aus

- **Funktionale Gruppen**
  Darunter fallen bestimmte Fähigkeiten und spezielle Funktionen, die eine ISDN-Benutzerschnittstelle benötigt und die von einer oder mehreren Software- oder Hardwarekomponenten ausgeführt wird.
- **Referenzpunkte**
  Unterteilen die funktionalen Gruppen und sind mit physikalischen Schnittstellen zwischen einzelnen ISDN-Komponenten gleichzusetzen.

Eine ISDN-Benutzerstation (Endsystem) gemäß ITU-T Empfehlung I.411 ist beispielsweise folgendermaßen aufgebaut:

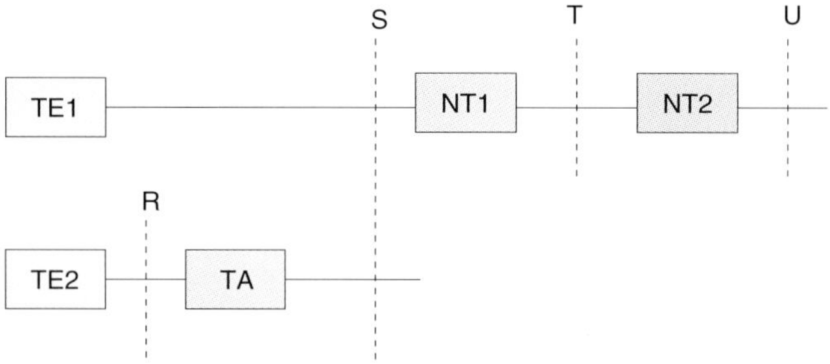

Die Benutzerstation besteht aus den Netzabschlußeinheiten **NT1** (Network Termination 1) und **NT2**, den Endeinrichtungen **TE1** (Terminal Equipment 1) und **TE2**, sowie der Anpassungseinheit **TA** (Terminal Adapter).
NT1 übernimmt dabei die Ankopplung an die Anschlußleitung, während NT2 den Anschluß mehrerer TEs an eine Anschlußleitung ermöglicht. TE1 ist eine für ISDN ausgelegte Endeinrichtung und kann unmittelbar an der Schnittstelle (Referenzpunkt **S**) angeschlossen werden, während TE2 nur über eine herkömmliche (analoge) Schnittstelle verfügt und über eine Anpassungseinheit angeschlossen werden muß.
Zwischen den funktionalen Gruppen werden Referenzpunkte definiert: Referenzpunkt **T** zwischen NT1 und NT2, **S** zwischen NT2 und TE1 oder TA. Je nach nationaler und netzspezifischer Regelung endet die Zuständigkeit des Netzbetreibers am Referenzpunkt S, T oder U. Im Falle von S ist der Netzbetreiber für NT1 und NT2 zuständig, im Falle von T nur für NT1 (z.B. in Deutschland) und im Falle von U weder für NT1 und NT2. Der Referenzpunkt, an dem die Zuständigkeit des Netzbetreibers endet, ist zugleich der Übergabepunkt, an dem der Netzbetreiber die definierte Leistung abliefert und bis zu dem er die Wartungsverantwortung übernimmt.

Abb. 6.26. ISDN Terminologie

- **SCCP (Signal Connection Control Part)**
  Diese Schicht entspricht in ihrer Funktionalität dem oberen Teil der ISO/OSI-Schicht 3 und erlaubt den Austausch von Daten ohne Nutzkanalbezug und eine End-zu-End-Signalisierung. Das SCCP-Protokoll spezifiziert fünf verschiedene Dienstklassen:
  – verbindungslose, nichtsequenzierte Dienste,

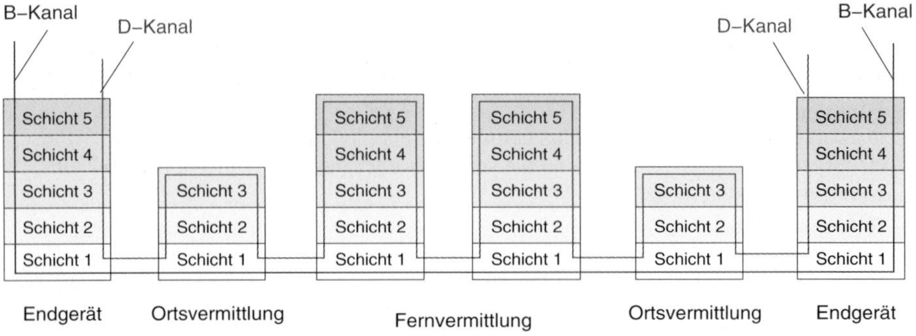

Abb. 6.27. ISDN Schichtenmodell für Endgeräte, Orts- und Fernvermittlung

- verbindungslose, sequenzierte Dienste,
- verbindungsorientierte Dienste,
- verbindungsorientierte Dienste mit Flußkontrolle und
- verbindungsorientierte Dienste mit Flußkontrolle und Fehlererkennung/-korrektur.

- **ISUP (ISDN User Part)**
  Diese Schicht dient der Übertragung von Steuer- und Meldedaten, die zum Auf- und Abbau sowie zur Überwachung von leitungsvermittelten Verbindungen auf B-Kanälen benötigt werden. Die Funktionalität dieser Schicht teilt sich in einen Anteil für den ISDN-Telefonverkehr, in dem der Schwerpunkt auf der Signalverarbeitung für sprachbasierte Kommunikation liegt, und einem Anteil für den ISDN-Datenverkehr.

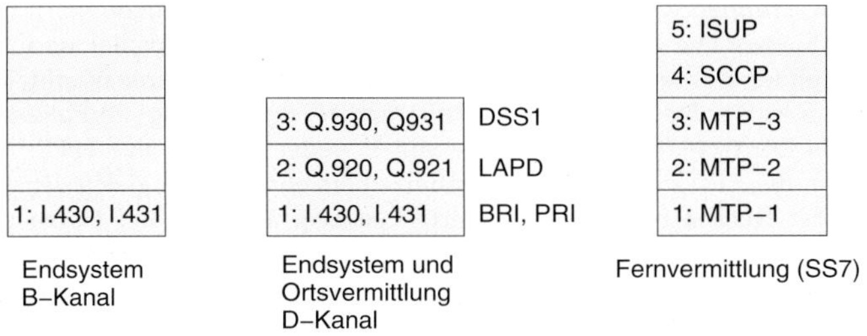

Abb. 6.28. Die verschiedenen ISDN Protokollschichten

ISDN war als breit angelegter Versuch gedacht, das alte analoge Telefonsystem durch ein digitales Telekommunikationssystem zu ersetzen, das in der Lage ist, unterschiedliche Dienste wie Sprach- und Datenkommunikation zu integrieren. Eine weltweit durchgesetzte Einigung bzgl. der Schnittstellen für Basisanschlüsse sollte zu einer großen Nachfrage und zu einer Massenproduktion führen. Der Standardisierungsprozeß zog sich allerdings unglücklicherweise so lange hin, daß die technologische Entwicklung den Standard ISDN bei seiner Verabschiedung längst überholt hatte und so dieses Angebot vom Konsumenten nur sehr zögernd aufgenommen wurde.

Exkurs 19: ISDN – Datenformate

In den drei Schichten, die für ISDN Endsysteme und Ortsvermittlungen für B-Kanäle und D-Kanäle vorgesehen sind, kommen jeweils unterschiedliche Datenformate zum Einsatz. In der **physikalischen Schicht** wird zur Umsetzung der zu sendenden Bitfolgen eine modifizierte **AMI-Kodierung** (Alternate Mark Inversion) verwendet. Im Gegensatz zum herkömmlichen AMI-Code wird hier eine Null als Impuls gesendet, wobei benachbarte Pulse eine entgegengesetzte Polarität aufweisen, und eine Eins als Lücke. Bei längeren Einsfolgen kann die Synchronizität verloren gehen, was durch entsprechendes **Bitstopfen** verhindert wird.

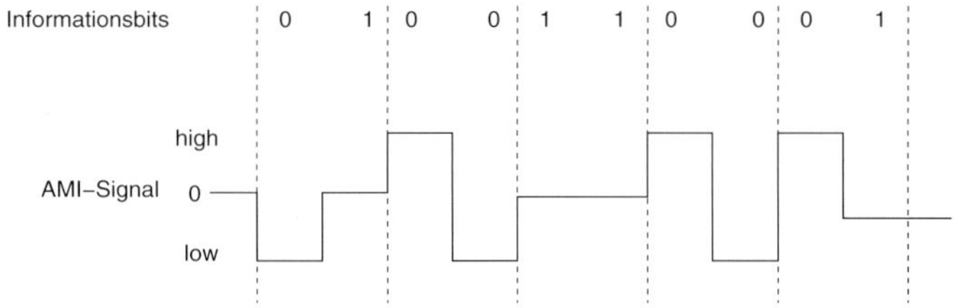

ISDN arbeitet nach einem synchronen Zeitmultiplexverfahren, d.h. Datenpakete werden periodisch mit einer konstanten Rate übertragen. Die Begrenzungen der einzelnen Datenpakete über die sogenannten Synchronisationsbits erfolgt mit festgelegten Bitfolgen, die innerhalb der kodierten Nutzdaten nicht vorkommen können. Dabei wird alle 250 µs ein 48 Bit langes Datenpaket übertragen. Der Basisanschluß erreicht so eine tatsächliche Bandbreite von 192 kbps, die durch 2 B-Kanäle mit 64 kbps, einen D-Kanal mit 16 kbps und 48 kbps für Paketsynchronisation und Spiegelung des D-Kanals genutzt werden.
Ein Basisanschluß kann in einer Punkt-zu-Punkt-Konfiguration genutzt werden, bei der die maximale Distanz zwischen TE und NT 1.000 m betragen darf, oder in einer Mehrfach-Punkt-Konfiguration, in der bis zu 8 TEs einen gemeinsamen Datenbus verwenden und die maximale Distanz zwischen TE und NT 200 m (Short Bus) bzw. 500 m (Extended Bus) betragen kann. In der Mehrfach-Punkt-Konfiguration werden den TEs B-Kanäle jeweils dynamisch zur exklusiven Nutzung zugeordnet, während der D-Kanal von allen TEs gemeinsam genutzt wird.
Abb. 6.29 zeigt den vereinfachten Aufbau von Datenpaketen der physikalischen Schicht: Die als **F** und **L** gekennzeichneten Bits dienen der Synchronisation und Balancierung. **D**, das sogenannte D-Kanal-Bit, dient ebenso wie das D-Kanal-Echobit **E** der Zugriffssteuerung auf den D-Kanal. **B1** und **B2** kennzeichnen jeweils eine 8 Bit lange Folge von Nutzdaten der Kanäle B1 und B2. Zusätzliche Synchronisationsbits zwischen den Nutzdaten wurden in der Darstellung ausgelassen.
Sicherungsschicht und Netzwerkschicht sind im Gegensatz zur physikalischen Schicht nur für den D-Kanal bzw. in den Vermittlungsstellen von Bedeutung. Die **Sicherungsschicht** nutzt das sogenannte **LAPD**-Protokoll (Link Access Procedure D-Channel). LAPD übernimmt die Aufgabe, alle im D-Kanal übertragenen Informationen gegen Übertragungs- und Reihenfolgefehler zu sichern, und für die Vergabe von eindeutigen TEIs (TE-Identifier) zu sorgen. Dabei ist der D-Kanal sowohl in der Lage, Signalisierungsinformation als auch paketierte Nutzinformation zu übertragen.

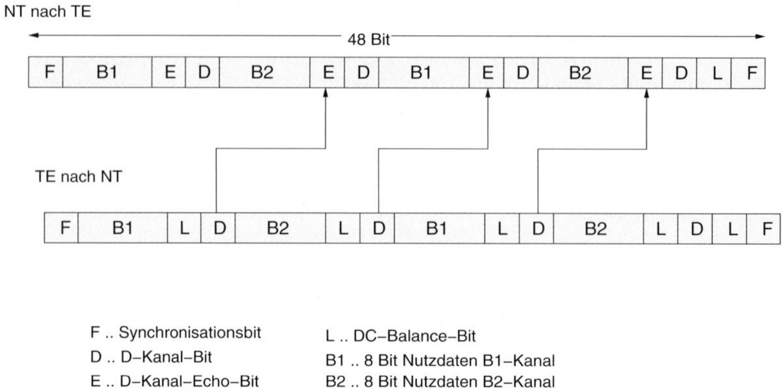

Abb. 6.29. ISDN - Physikalische Schicht – Datenformat

Die ISDN-Sicherungsschicht kann unquittierte Rundsendungen an alle TEs vornehmen bzw. quittierte oder unquittierte Mitteilungen an dedizierte einzelne TEs versenden. Beim quittierten Übermitteln sorgt die Sicherungsschicht für das Erkennen von Übertragungsfehlern, für deren Korrektur und für die Kontrolle der Blockreihenfolge, beim unquittierten Übermitteln lediglich für die Fehlererkennung. Der Aufbau eines LAPD-Datenpakets ist in Abb. 6.30 dargestellt. Die Struktur und Kodierung aller Protokollelemente entspricht dabei dem bereits vor ISDN entstandenen **HDLC**-Standard (High Level Data Link Control), der in den Normen ISO 33009 und ISO 4345 standardisiert wurde. Dabei werden je nach Funktion drei verschiedene Datenpakettypen unterschieden:

- **I-Pakete (Information Transfer Frames)**
  Diese Datenpakete enthalten Nutzdaten, sowie Informationen zur Flußkontrolle und Fehlerbehebung. Sie kommen dann zum Einsatz, wenn quittierte Informationen bei einem bestimmten Empfänger abzuliefern sind.
- **S-Pakete (Supervisory Frames)**
  Diese Datenpakete enthalten sogenannte **ARQ**-Informationen. Das ARQ-Verfahren (Automatic Repeat Request) dient der Fehlerkorrektur, indem fehlerhaft empfangene oder verlorene Datenpakete vom Sender erneut gesendet werden. Korrekt empfangene Datenpakete werden durch eine positive Quittung (Acknowledgement) quittiert, fehlerhaft empfangene Datenpakete können durch eine negative Quittung (Reject) erneut angefordert werden. Daß Rahmen verloren gegangen sind, kann der Sender aufgrund einer ausbleibenden positiven Quittung nach einem Timeout feststellen.
- **U-Pakete (Unnumbered Frames)**
  U-Pakete enthalten zusätzliche Funktionen für die Link-Steuerung. Sie dienen dem unquittierten Versenden und benötigen daher auch keine Sequenznummern.

Datenpakete der Sicherungsschicht starten mit einem 8 Bit langen Synchronisationsflag. Danach folgen zwei Adressangaben: Über den Service Access Point Identifier (**SAPI**) wird angegeben, welcher Art die von der Sicherungsschicht zur Verfügung gestellten Dienste sind (z.B. SAPI=0: Signalisierungsinformation, SAPI=16: Nutzdatenpaket, SAPI=63: Management-Information). Danach folgt ein Connect/Response-Bit (**C/R**), das festlegt, ob es sich bei dem gesendeten Datenpaket um eine Anweisung (C/R=1) oder um eine Antwort (C/R=0) handelt. Das Address-Field-Extension-Bit (**EA-Bit**) gibt an, ob noch ein Adress-Byte folgt (EA=0) oder nicht (EA=1). Die zweite Adresse bezieht sich auf den TE-Identifier (Terminal Endpoint Identifier, **TEI**) und identifiziert das angeschlossene Endsystem.

Im nachfolgenden Kontrollfeld befinden sich Angaben zur Sequenznummer und zur Link-Steuerung. Das Informationsfeld enthält die eigentlichen Nutzdaten. Seine Länge muß stets ein Vielfaches von 8 Bit sein. ISDN begrenzt dieses Feld auf maximal 280 Byte. Danach folgen eine Prüfsumme zur Fehlererkennung und abschließend wieder ein Synchronisations-flag.

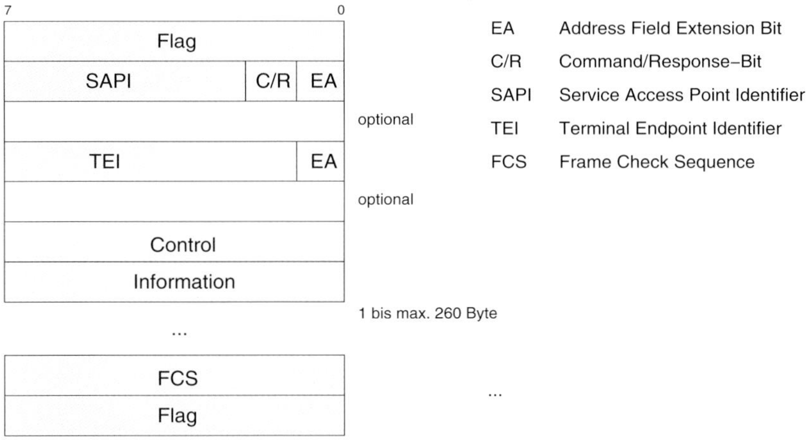

Abb. 6.30. ISDN-LAPD-Protokoll – Datenformat

In der **Netzwerkschicht** des ISDN-Protokolles wird die Vermittlung zum gewählten Endsystem und die Auswahl des gewünschten Kommunikationsdienstes durchgeführt. Dabei kommt für die Kommunikation zwischen TE und Ortsvermittlung (lokale ISDN-Vermittlung) das ITU-T/CCITT Q.931 Protokoll zum Einsatz. Abb. 6.31 zeigt den Aufbau eines Q.931 Datenpakets. Da international unterschiedliche Signalisierungsverfahren Verwendung finden, startet das Datenpaket mit einem **Protocol Discriminator**, der angibt, welches Protokoll Verwendung findet (z.B. 1TR6, NTT, 5ESS oder DMS-100). Danach folgen 16 Bit für eine **Call Reference**, die über eine zufällig gewählte Zahl die Verbindung identifiziert. Der **Message Type** legt den Typ der Nachricht fest (Call Establishment, Call Clearing, Call Information Phase u.a.). Danach folgen einzelne **Information Elements**, die aus jeweils einem **Information Element Identifier** mit zugehöriger Längenangabe und dem eigentlichen Inhalt zusammengesetzt sind.

Weiterführende Literatur:

P. Bocker: ISDN - Digitale Netze für Sprach-, Text-, Daten-, Video- und Multimediakommunikation,4. erw. Aufl., Springer Verlag, Berlin, 1997.

A. Kanbach, A. Körber: ISDN - Die Technik, Hüthig, 3. Aufl., Heidelberg, 1999.

6.4.4 Frame Relay

Frame Relay ist eine paketvermittelte WAN-Technologie, deren Entwicklung in den 80er Jahren begann. Sie basiert auf einem asynchronen Zeitmultiplexverfahren, ähnlich wie bei dem im Anschluß behandelten ATM, wobei

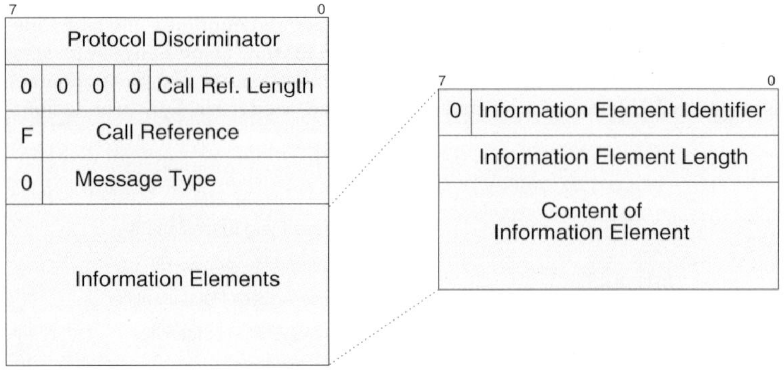

Abb. 6.31. ISDN-Q.931-Protokoll – Datenformat

zwischen den kommunizierenden Endsystemen virtuelle Verbindungen aufgebaut werden. Im Gegensatz zu ATM werden bei Frame Relay Datenpakete von variabler Länge (bis zu 1.600 Byte) über eine Leitung übertragen. Jede Verbindung erhält eine bestimmte Mindestdatenrate, die bei freier Leitungskapazität jedoch wesentlich überschritten werden kann. Frame Relay erlaubt den Tranport einer Vielzahl von Protokollen höherer Schichten.
Das Konzept von Frame Relay wurde 1984 der ITU-T/CCITT vorgestellt und fand ab Ende der 80er Jahre große Verbreitung. 1990 wurde das **Frame Relay Forum** als Interessenvertretung für die Entwicklung und den Ausbau von Frame Relay gegründet. Die ursprünglich durch das amerikanische ANSI normierten Frame Relay Spezifikationen wurden Mitte der 90er Jahre durch die ITU-T adaptiert und weiterentwickelt. Heute ist Frame Relay für die Datenübertragung gut etabliert, wird zunehmend aber auch für die Sprachübertragung eingesetzt.
Frame Relay wird häufig als Nachfolger von X.25 betrachtet und ist durch den Verzicht auf einige der in X.25 vorgesehenen Fehlerkorrektur- und Sicherungsmechanismen auf eine schnelle Datenübertragung hin optimiert. Tatsächlich weisen moderne, digitale Übertragungssysteme weitaus geringere Fehlerraten auf, als dies bei der ursprünglichen Spezifikation von X.25 der Fall war. Daher kommt Frame Relay mit einfacher zu implementierenden und weniger komplexen Protokollen aus und es lassen sich höhere Datenübertragungsraten für Nutzdaten erzielen.
Die Bezeichnung Frame Relay trägt der Tatsache Rechnung, daß die Nutzdaten in sogenannten Frames, d.h. auf der Sicherungsschicht (Schicht 2) des Kommunikationsschichtenmodells, übertragen werden, im Gegensatz zu X.25, das eine Vermittlung auf der Netzwerkschicht (Schicht 3) mit einschließt. In der ANSI-Terminologie wird Frame Relay auch als **Fast Packet Switching** bezeichnet. Die ITU-T/CCITT Standards von Frame Relay basieren in wesentlichen Teilen auf jenen von ISDN, die im B-ISDN Protocol Reference Model (ISDN-PRM) beschrieben sind.

Die wesentlichen Unterschiede von Frame Relay gegenüber X.25 sind:

- Multiplexing und Durchschalten von logischen Verbindungen erfolgt in Frame Relay auf Schicht 2 (Sicherungsschicht).
- Auf Frame Relay Übertragungsabschnitten sind weder Flußsteuerungs- noch Fehlerkorrekturverfahren implementiert. Falls erforderlich, müssen dazu Verfahren genutzt werden, die in höheren Protokollschichten bei den Endsystemen implementiert sind.
- Für die Signalisierung werden bei Frame Relay getrennte logische Verbindungen genutzt.

Abb. 6.32. Unterschiede X.25 – Frame Relay

Die Bandbreite reicht bei Frame Relay von 56 kbps bzw. 64 kbps in ganzzahligen Vielfachen bis zu 1.544 kbps bzw. 2.048 kbps. Grundsätzlich sind aber Bandbreiten bis 45 Mbps realisierbar. In der Regel werden Frame Relay Netzwerke von öffentlichen Service-Providern zur Nutzung angeboten. Es ist aber auch möglich, diese als private Netze mit privaten Frame-Relay-Switches und gemieteten Standleitungen zu realisieren. Als Infrastruktur für die Datenübertragung in Frame Relay kann **SDH** (Synchronous Digital Hierarchy) oder **PDH** (Plesiochrone Digital Hierarchy) zum Einsatz kommen.

Frame Relay Verbindungen (Links). Frame Relay kann nicht direkt als ein End-zu-End-Protokoll/-Technologie betrachtet werden. Vielmehr beschreibt es die Schnittstelle zwischen einem Netzwerkknoten des Telekommunikations-Providers und dem daran angeschlossenen Endsystem, genauer die Datenübertragung und die Kommunikation zwischen diesen. Frame Relay bietet eine verbindungsorientierte Kommunikation auf der Sicherungsschicht des Netzwerks, über die sich unterschiedliche Rechnerwelten und Plattformen miteinander verbinden lassen (siehe Abb. 6.33). Dazu baut Frame Relay eine bidirektionale, virtuelle Verbindung zwischen zwei Endsystemen auf.
Hinsichtlich der Nutzung von Diensten der Schicht 1 (physikalische Schicht) ist Frame Relay keinen speziellen Einschränkungen unterworfen. Fast alle gängigen Schnittstellen (z.B. X.21, V.35, G.703) können dabei verwendet werden. Die entscheidenden Spezifikationen befinden sich in der Sicherungsschicht, in der das Protokoll **LAPF** (Link Access Protocol for Frame Relay) zum Einsatz kommt.
Nutzdaten werden in Frame Relay in unterschiedlich großen Containern (Frames) versendet, die bis zu 1.600 Byte aufnehmen können. Durch die Möglichkeit, größere Frames zu versenden, als dies bei X.25 möglich ist, sind die Frame Relay Netzwerkknoten weniger mit dem Ent- und Verpacken von Nutzdaten oder dem Austausch von Quittierungsinformation beschäftigt und erlauben so eine zügigere Übertragung. Ähnlich dem X.25 Konzept erlaubt auch Frame Relay mehrere logische Verbindungen (Links) auf einer physikalischen Übertragungsstrecke. Diese Verbindungen können entweder als permanente Verbindung (**PVC, Permanent Virtual Circuit**) oder als transiente Verbindung (**SVC, Switched Virtual Circuit**) ausgelegt sein. PVCs entsprechen im weitesten Sinne einer Standleitung, die permanent im Betrieb ist. Sie stehen bei Frame Relay im Vordergrund, da eine der Hauptanwendungen in

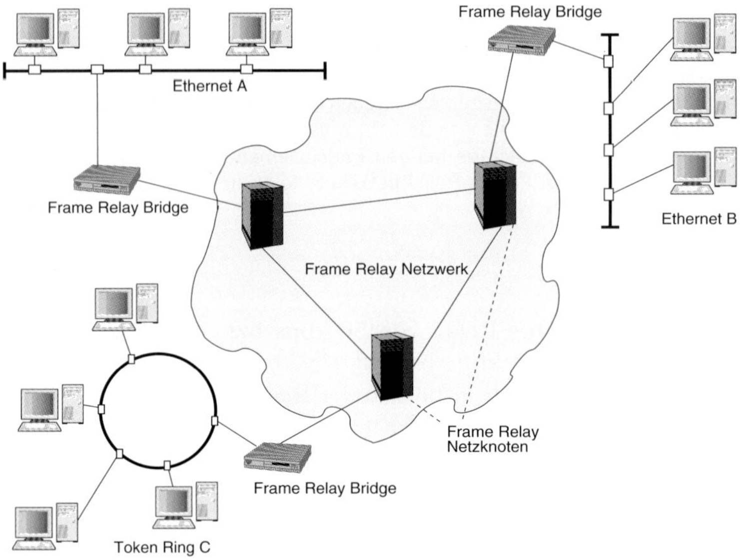

Abb. 6.33. Aufbau eines Frame Relay Netzwerk

der Koppelung entfernter LANs liegt. SVCs dagegen entsprechen einer Wählverbindung, die nach dem Schema Verbindungsaufbau, Datenaustausch und Verbindungsabbau abläuft. Als Adressen werden dabei Rufnummern gemäß dem in X.121 oder E.164 definierten Standards verwendet.
Die wesentlichen Steuerungsinformationen der jeweiligen Verbindung werden über den sogenannten **Data Link Connection Identifier** (**DLCI**) bereitgestellt. Beim Verbindungsaufbau wird die Adresse in eine Folge von DCLIs umgesetzt, die jeweils nur für einen Link lokal eindeutig sind (vgl. Abb. 6.34).

Frame Relay Leitungsparameter. Der Provider eines Frame Relay Netzes stellt dem Kunden eine garantierte, fest vereinbarte Bandbreite (**Committed Information Rate**, **CIR**) zur Verfügung. Ist die Leitung nicht voll ausgenutzt, kann vorübergehend eine höhere Bandbreite genutzt werden, die maximal bis zur verfügbaren Bandbreite der Zugangsleitung (**Access Rate**) ansteigen kann. Zur Bestimmung der Maßgrößen wird die Anzahl der übertragenen Bits B in einem bestimmten vorgegebenen Meßintervall T_C (Commited Time) gemessen. Für die garantierte Bandbreite gilt: $CIR=B_C/T_C$, wobei B_C als Commited Burst Size bezeichnet wird. Wird innerhalb des Meßintervalls T_C eine Bitanzahl $B_C+B_E > B_C$ gemessen, so werden die B_E (Excessed Burst) überzähligen Bits durch das Setzen eines bestimmten Bits, des **DE**-Bits (Discard Eligible) markiert. Ein überlastetes Frame-Relay-Vermittlungssystem kann diese markierten Datenpakete bei Bedarf verwerfen, um die Überlast zu reduzieren (siehe Abb. 6.35). Wird innerhalb des Meßintervalls sogar eine Bitanzahl größer als B_C+B_E gemessen, werden diese

Data Link Connection Identifier (DLCI)

Eine Verbindung in einem Frame Relay Netzwerk (PVC oder SVC) besteht aus einer Reihe von Punkt-zu-Punkt-Verbindungen entlang der Frame-Relay-Vermittlungsstationen und ist durch bestimmte Attribute gekennzeichnet. Eines dieser Attribute besteht aus einer Nummer, die der Verbindung an jeder Frame-Relay-Verbindungsstation zugewiesen wird, nämlich die jeweils lokal gültige **DCLI** (Data Link Connection Identifier). Sie ändert sich für dieselbe Verbindung mit jedem Hop.

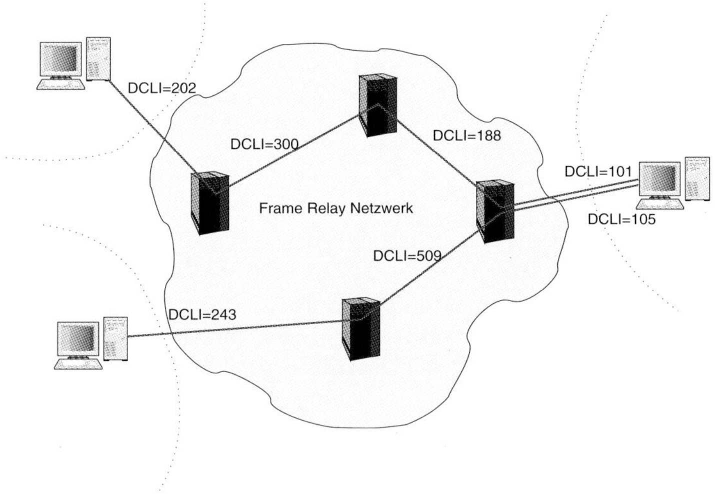

In der Praxis sind DLCIs eigentlich Nummern von Pufferspeichern für die entlang einer Verbindung verschickten Datenpakete. Die DLCI besitzt eine Länge von 10 Bits, womit die Kapazitätsgrenze pro Frame-Relay-Vermittlungsstation auf 1024 mögliche Verbindungen beschränkt wird. Einige DLCIs sind jedoch für spezielle Aufgaben reserviert.

DLCI-Nummer	Verwendungszweck
0	reserviert für Signalisierungszwecke
1–15	reserviert
16–1007	können Frame Relay Verbindungen zugewiesen werden
1008–1018	reserviert
1019–1022	reserviert für Multicast Gruppen
1023	Local Management Interface

Abb. 6.34. Data Link Connection Identifier – DLCI

in der Regel schon beim ersten durchlaufenen Frame Relay Netzwerkknoten des Providers verworfen.
Ein weiteres Mittel zur Lastkontrolle kann über die beiden Steuerbits **FECN** (Forward Explicit Congestion Notification) und **BECN** (Backward Explizit Congestion Notification) erzielt werden. Ein überlasteter Frame Relay Netzwerkknoten kann in durchlaufenden Datenpaketen das FECN-Bit setzen und damit den Empfänger auf die Überlast hinweisen. Datenpakete, die in

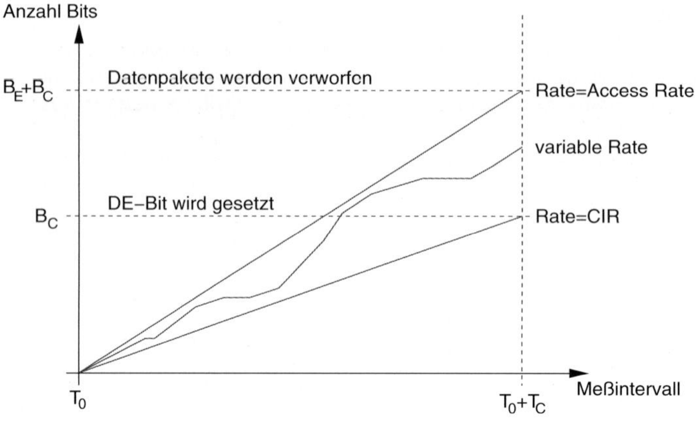

Abb. 6.35. Bestimmung der Datenrate

der Gegenrichtung den überlasteten Frame Relay Netzwerkknoten passieren, können durch Setzen des BECN-Bits den vorgelagerten Netzwerkknoten von der Überlast in Kenntnis setzen (siehe Abb. 6.36).

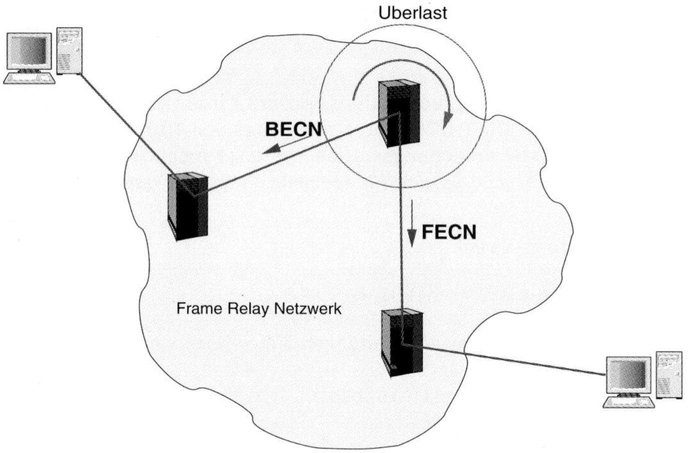

Abb. 6.36. Explicit Congestion Notification

Ein anderer Mechanismus zur Überlaststeuerung, das sogenannte **Consolidated Link Layer Management** (**CLLM**) wurde von der ANSI und der ITU-T vorgeschlagen. Um die Überlastkontrolle aus dem eigentlichen Nutzdatenverkehr herauszunehmen, wurde eine Außerband-Signalisierung vorgeschlagen. Dazu werden Datenpakete verwendet, die mit einer eigenen, reservierten DLCI (DLCI=1023) gekennzeichnet werden. Diese CLLM-Datenpakete werden von den Frame Relay Netzwerkknoten an die jeweiligen Endgeräte versendet, um den Nutzer über den Zustand der Überlast zu informieren. Diese enthalten jeweils eine Liste derjenigen DLCIs, die aller Wahrscheinlichkeit nach für die Überlast verantwortlich sind. Empfängt ein Nutzer ein CLLM-Datenpaket, sollte er die Datenübertragung zeitweilig unterbrechen, damit die Überlast wieder abgebaut werden kann.

Frame Relay Datenformat. Frame Relay verwendet auf der Sicherungsschicht das Protokoll **LAPF** (Link Access Protocol for Frame Mode Bearer Service, Q.922). LAPF basiert auf dem in ISDN eingesetzten LAPD und damit auch auf HDLC. Seine Aufgaben umfassen die Koordination des Datentransfers und die Signalisierung.
Ein Frame Relay Datenpaket beginnt mit dem von HDLC bereits bekannten Synchronisations-Flag 01111110 (siehe Abb. 6.37). Der Header des Datenpakets enthält einen DLCI und einige Steuerbits und kann dabei 2, 3 bzw. 4 Byte lang sein, je nach Länge des verwendeten DLCI (10, 16 oder 23 Bit), wobei die Standardlänge des DLCI 10 Bit beträgt. Die Bits BECN, FECN und DE dienen der Überlaststeuerung. EA1 kennzeichnet das Ende des Headers, das CR-Bit (Command/Response) wird in Frame Relay nicht genutzt, kann aber von höheren Protokollschichten verwendet werden.

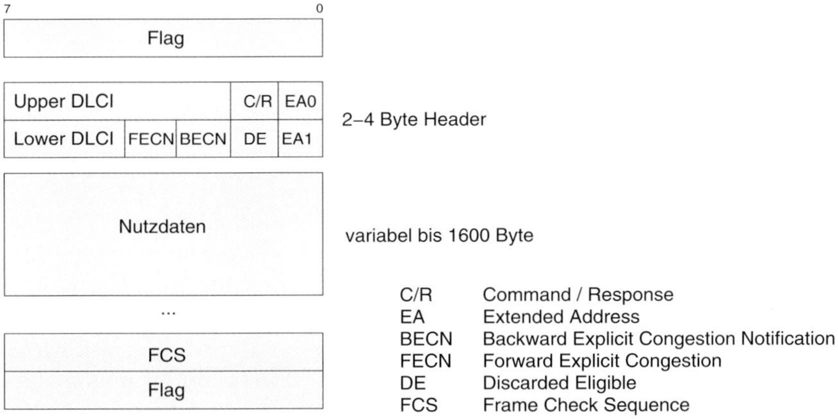

Abb. 6.37. Frame Relay – Datenformat

Frame Relay Multiprotokoll-Fähigkeit. In Datennetzen werden häufig Datenpakete (Protocol Data Units, PDUs) verschiedener Netzwerk-Protokolle transportiert. Die im Netzwerk verwendeten Vermittlungssysteme – Multiprotokoll-Router – müssen in der Lage sein, das jeweils verwendete Protokoll zu erkennen, um die PDUs korrekt weiterverarbeiten zu können. Da der Header des Frame Relay Datenpakets kein Feld für die Identifikation des jeweils verwendeten Protokolls vorsieht, muß der Protokolltyp in der Konfigurati-

onsphase einer Verbindung festgelegt werden. Daraufhin wird das jeweilige Protokoll im Frame Relay Datenpaket gekapselt.
Die Multiprotokoll-Kapselung für Frame Relay wird in RFC 1490 und RFC 2427 spezifiziert. Dort wird festgelegt, auf welche Weise verschiedene Protokolle der Sicherungsschicht und der Netzwerkschicht gekapselt werden. Dazu wird das Frame Relay Datenpaket um vier Felder erweitert (siehe Abb. 6.38), die das vormals ausschließlich für Nutzdaten vorgesehene Feld schmälern.
Beim ersten Feld (**Q.922 Control**) handelt es sich um ein **UI**-Feld (Unnumbered Information), das mit dem Wert 03H belegt und mit Hilfe von Padding-Bits (jeweils Null) auf zwei volle Bytes aufgefüllt wird. Im darauffolgenden Feld (**NLPID**) (Network Layer Protocol ID) wird das jeweils gekapselte Netzwerkprotokoll benannt. Die Kodierungen für die jeweils zu kapselnden Protokollvarianten sind in der Norm ISO/IEC 9577 festgelegt (siehe Tabelle 6.4 und Abb. 6.38).

Tabelle 6.4. Multiprotokoll-Kapselung für Frame Relay über NLPID

NLPID	Protokoll
0x08	Festlegung benutzerdefinierter Formate gemäß Q.933 (z.B. ISO8208, SNA, etc.)
0x80	SNAP-Format (Subnet Access Protocol)
0x81	CLNP Format (Connectionless Network Protocol)
0x82	ISO ES-IS (End System to Intermediate System)
0x83	ISO IS-IS (Intermediate System to Intermediate System)

Frame Relay Multicast. Auch bei Frame Relay sind Multicast-Übertragungen an mehrere Teilnehmer vorgesehen. Dabei werden mehrere permanente virtuelle Verbindungen (PVC) gleichzeitig für die einzelnen Empfänger verwendet. Wenn ein Frame Relay Netzwerkknoten ein Multicast-Datenpaket empfängt, muß er es replizieren und an alle Teilnehmer der Multicast-Gruppe weiterleiten, die sich zuvor beim Frame Relay Netzwerkknoten angemeldet haben müssen. Zu diesem Zweck wird in alle replizierten Datenpakete der betreffende DLCI eingetragen. Die eigentliche Verteilung über das gesamte Frame Relay Netzwerk übernehmen spezielle **Multicast-Server**.
Das Frame Relay Forum, eine Instanz, die für die Weiterentwicklung von Frame Relay verantwortlich zeichnet, stellt drei verschiedene Multicast-Lösungen zur Auswahl:

- **Einweg-Multicast**
  Hier gibt es nur einen dedizierten Sender. Alle anderen Teilnehmer derartiger Multicast-Gruppen können lediglich Daten von diesem einen Sender im Rahmen der Multicast-Übertragung empfangen. Ein regulärer Datenverkehr zwischen dem Sender und den einzelnen Gruppenmitgliedern ist

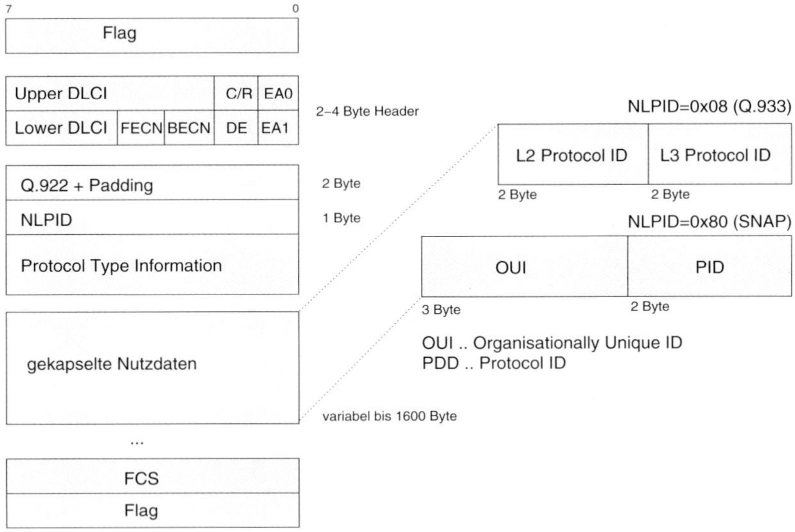

Abb. 6.38. Frame-Relay Multiprotokoll-Kapselung – Datenformat

weiterhin möglich. Eine mögliche Anwendung für diese Technik ist z.B. Teleteaching ohne Feedback-Kanal.

- **Zweiweg-Multicast**
  Bei dieser Variante gibt es einen Sender und mehrere Empfänger. Jeder dieser Empfänger verfügt über einen Rückkanal zum Sender. Allerdings sind bei dieser Variante keine regulären Übertragungen zwischen dem dedizierten Sender und einzelnen Teilnehmern der Multicast-Gruppe möglich. Eine mögliche Anwendung für diese Technik ist z.B. Teleteaching mit interaktiver Beteiligung der Studenten.
- **N-Weg-Multicast**
  Bei dieser Variante kann jeder Teilnehmer der Multicast-Gruppe sowohl Sender als auch Empfänger sein. Jedes innerhalb dieser Gruppe gesendete Datenpaket wird jedem anderen Gruppenteilnehmer zugesandt. Eine mögliche Anwendung dieser Technik ist eine Konferenzschaltung zwischen allen Mitgliedern der Multicast-Gruppe.

6.5 Hochgeschwindigkeitsnetzwerke

Die bislang besprochenen WAN-Technologien eignen sich aufgrund ihrer Bandbreite und der verfügbaren Dienstgüte nicht für die Übertragung von Echtzeit Multimediadaten. Zu diesem Zweck werden breitbandige Technologien gebraucht, die eine annähernd konstante Verzögerung der übertragenen Daten bieten, damit auch eine Übertragung von Audio- und Video-Daten in Echtzeit erfolgen kann. Neben **ATM** (Asynchroneous Transfer Mode), das auf einem asynchronen Zeitmultiplexverfahren basiert, und **Distributed Queue Dual Bus** (**DQDB**), das vorwiegend im MAN-Bereich zum Einsatz kommt, hat sich im Bereich der Hochgeschwindigkeits-Weitverkehrsnetze die Technik der sogenannten **plesiochronen** und **synchronen digitalen Hierarchie** (**PDH** und **SDH**) durchsetzen können, die in den folgenden Abschnitten behandelt wird.

6.5.1 Asynchronous Transfer Mode – ATM

Bei ISDN wird eine Integration unterschiedlicher Telekommunikationsdienste wie Telefon, Datenkommunikation und die Übertragung von Bild- und Videoinformation angestrebt. Allerdings bietet der ISDN-Dienst nur vergleichbar niedrige Bandbreiten. In Fortentwicklung dieser Technologie und zur weiteren Integration von Video- und Multimediainformation innerhalb eines einheitlichen Netzwerks wurde **B-ISDN** (Broadband ISDN) entwickelt. Die Nutzung moderner Glasfasertechologie ermöglicht dabei eine universelle Integration multimedialer Information und bietet gegenüber einzelnen, spezialisierten Netzwerken den Vorteil, daß bei Bedarf ein Lastausgleich zwischen den unterschiedlichen Diensten vorgenommen werden kann.
B-ISDN setzt dabei auf die **ATM**-Datenübertragungstechnologie auf (Asynchronous Transfer Mode). Die ATM-Basistechnologie wurde bereits im Abschnitt 5.4.5 „Local Area Networks“ ausführlich dargestellt. ATM wird vor allem auch dann interessant, wenn es um eine Koppelung von WANs oder LANs untereinander, also um das **Internetworking** geht. In Kapitel 7 wird auf die besondere Rolle, die ATM in diesem Zusammenhang spielt, noch näher eingegangen.

6.5.2 Distributed Queue Dual Bus – DQDB

Das als DQDB bezeichnete Technologiekonzept war ursprünglich für MANs (Metropolitan Area Networks) vorgesehen und steht mit seiner möglichen Ausdehnung von einigen hundert Kilometern an der Grenze zum eigentlichen WAN. Ebenso wie ISDN oder ATM ermöglicht DQDB die Integration unterschiedlicher Dienste, wie etwa Sprache, Video- oder Datenkommunikation, und gewährleistet eine Hochgeschwindigkeitsübertragung digitaler Daten über eine weiträumige geografische Fläche. Ein MAN besteht in der Regel aus mehreren DQDB Subnetzwerken, die untereinander über Bridges, Router oder Gateways verbunden sind, so daß durch diese Zusammenschaltung letztendlich weitaus größere Regionen abgedeckt werden können.
Das DQDB-Zugriffsverfahren beruht auf einer statistischen Multiplextechnik, wobei sich alle Benutzer des Netzwerks das vorhandene Übertragungsmedium teilen, d.h. die Übertragung erfolgt über ein sogenanntes **Shared Medium**. Dabei ist diese Zugriffstechnologie in der Lage, nicht nur asynchrone Datenströme zu transportieren, wie sie in der Inter-LAN-Kommunikation auftreten,

sondern sieht zusätzlich die Möglichkeit der Übertragung isochroner Datenströme vor, wie sie bei Video- und Audioübertragungen entstehen.
DQDB ist zusammen mit anderen LAN-Standards wie Ethernet oder Token Ring in der IEEE 802 Norm für Zugriffsverfahren auf ein Shared Medium als **IEEE 802.6** spezifiziert. Dabei unterteilt IEEE 802.6 das DQDB-Verfahren in zwei Schichten:

- Der **Physical Layer**, hier wird keine spezielle Technologie vorgeschrieben, und
- der **DQDB Layer**, der im unteren Bereich der Sicherungsschicht des TCP/IP-Protokollstapels angesiedelt ist und den **MAC Layer** (Medium Access Layer) beschreibt.

DQDB ist in die IEEE 802 Hierarchie eingebettet und verwendet die in IEEE 802.2 spezifizierte **LLC** (Logical Link Control) für das Verbindungsmanagement, sowie das darüberliegende IEEE 802.1 **HLI** (Higher Layer Interface).
IEEE 802.6 definiert für DQDB drei verschiedene Dienstqualitäten (siehe auch Abb. 6.39):

- Einen **verbindungslosen Dienst** (Connectionless Service), der ähnlich wie im LAN den Übergang von MAC nach LLC regelt und für DQDB die Funktionalität der Sicherungsschicht bereitstellt.
- Einen **verbindungsorientierten Dienst** (Connection Oriented Service), der einen asynchronen Transport von Daten über virtuelle Kanäle ermöglicht, aber keinerlei Garantien bzgl. der Wartezeiten innerhalb einer Übertragung bietet und somit nicht für die Übertragung von Live-Video- und -Audio-Daten verwendet werden kann.
- Der **isochrone Transportdienst** (Isochronous Service), der einen Datentransport mit einer konstanten Datenrate und konstanten Wartezyklen während einer Übertragung ermöglicht, und somit für die Übertragung von Live-Video- und -Audio-Daten geeignet ist.

In der Praxis hat nur der auf dem isochronen Synchronisationsmechanismus basierte Dienst Bedeutung erlangt. Um diesen Dienst benutzen zu können, muß vorab ein Verbindungsaufbau zwischen den beteiligten DQDB-Netzwerkknoten erfolgen zur Einrichtung eines virtuellen Kanals zwischen Sender und Empfänger.
Von der Topologie her betrachtet, besteht ein DQDB-Netz aus zwei gegenläufigen, unidirektionalen Bussen A und B. Jeder angeschlossene Rechner kann auf beiden Bussen senden und empfangen, es besteht also eine bidirektionale Verbindung zwischen den angeschlossenen Rechnern. Der Rechner am jeweiligen Kopfende des Busses wird auch als **Head of Bus** (HOB) bezeichnet (siehe Abb. 6.40). Die HOBs der beiden Busse können dabei entweder zwei verschiedene Rechner sein (**Open Dual Bus Topology**) oder die Busse können einen Ring bilden und die HOBs auf demselben Rechner installiert sein **(Looped Dual Bus Topology)**. Die HOBs dienen als Paketgenerato-

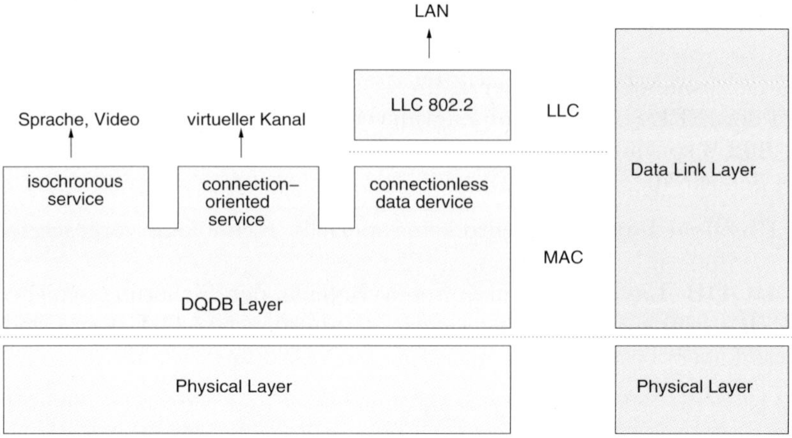

Abb. 6.39. Distributed Queued Dual Bus – DQDB

ren und erzeugen jeweils freie Slots (Zellen) einer Länge von 53 Byte (Header 5 Byte, Nutzdaten 48 Byte).
Prinzipiell werden dabei **PA**-Zellen (Prearbitrated) für isochronen Datenverkehr und **QA**-Zellen (Queued Arbitrated Access) für asynchronen Datenverkehr unterschieden. Um die Möglichkeit des isochronen Datenverkehrs zu nutzen, muß zuerst eine eindeutige Kanal-Identifikation (VCI, Virtual Channel Identifier) durch das Netzwerkmanagement für jeden isochronen Kanal festgelegt werden. Der HOB-Rechner generiert dann periodisch freie PA-Zellen für den Kanal mit dieser Nummer, um die strikten Zeitbedingungen für den isochronen Datenverkehr zu erfüllen. Die am DQDB angeschlossenen Rechner können diese PA-Zellen für ihren jeweiligen isochronen Datenverkehr nutzen. Für asynchronen Datenverkehr wird ein verteiltes Warteschlangenprotokoll (Distributed Queuing Protocol) verwendet. Dabei müssen bei einem Zugriff auf QA-Zellen folgende Regeln beachtet werden:

- Ein Endsystem darf eine vorbeikommende leere Zelle belegen, sofern keine Reservierung vorliegt.
- Ein „stromabwärts" gelegenes Endsystem kann einem „stromaufwärts" gelegenen Endsystem Reservierungen auf dem entgegengesetzten Bus zukommen lassen.
- Jedes Endsystem läßt so viele leere Zellen passieren, wie Reservierungen vorliegen.

Die Implementierung dieses verteilten Warteschlangensystems erfolgt über eine bitgesteuerte Zugriffsregelung. Das **R-Bit** (Reservation, Request) kennzeichnet den Reservierungswunsch für eine Zelle in der Gegenrichtung, und das **B-Bit** (Busy) kennzeichnet eine bereits belegte Zelle. Für die Steuerung auf Bus A werden die B-Bits von Bus A und die R-Bits von Bus B verwendet, für die Steuerung auf Bus B gilt das Umgekehrte. So wird für jeden Bus eine

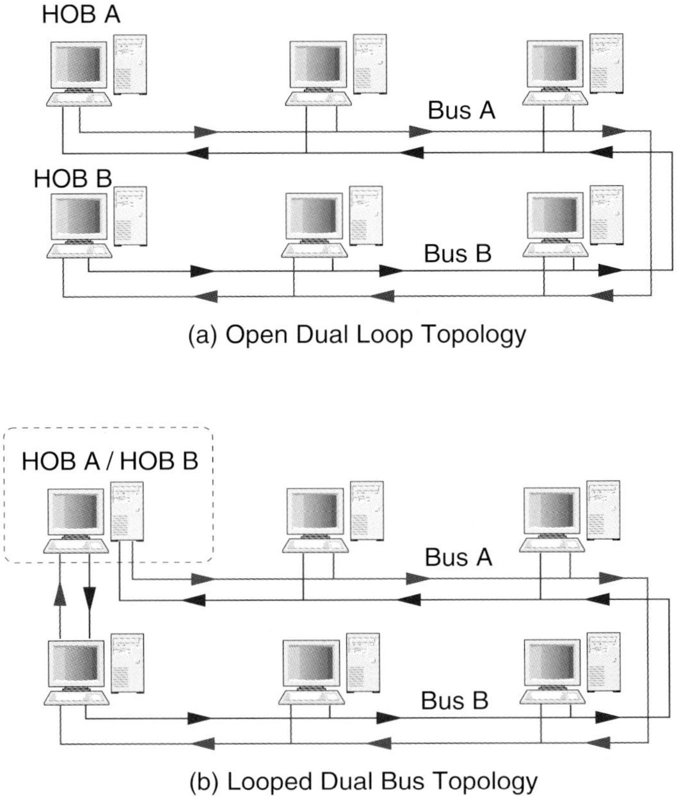

Abb. 6.40. DQDB – Topologievarianten: (a) Open Dual Loop Topology, (b) Looped Dual Bus Topology

verteilte Warteschlange definiert. Jedes Endsystem verfügt über zwei Zähler für jeden Bus: **RC** (Request Counter) und **CC** (Count-Down Counter). Betrachten wir die Arbeitsweise des Zugriffsalgorithmus auf Bus A (für Bus B erfolgt der Zugriff in umgekehrter Weise). RC wird durch R-Bits, die auf Bus B das Endsystem passieren, inkrementiert. Der jeweils aktuelle Zählerstand von RC gibt an, wieviele Request stromaufwärts auf Bus B anstehen. Freie Zellen auf Bus A (B-Bit=0) dekrementieren den Zähler RC. Besteht von Seiten des Endsystems eine Sendebereitschaft, wird RC zuerst nach CC kopiert und RC=0 gesetzt. RC wird, wie eben beschrieben, weiter inkrementiert und dekrementiert, während CC mit jeder auf Bus A durchlaufenden freien Zelle dekrementiert wird. Sobald CC den Wert Null erreicht hat, darf das Endsystem senden. Mit Hilfe dieses verteilten Warteschlangenalgorithmus wird ein **deterministischer, kollisionsfreier Zugriff** für das Endsystem auf dem Bus A gewährleistet (siehe Abb. 6.41).

Das in DQDB verwendete Datenformat entspricht in seinem Aufbau prinzipiell dem in ATM verwendeten Datenformat, weshalb eine Koppelung dieser

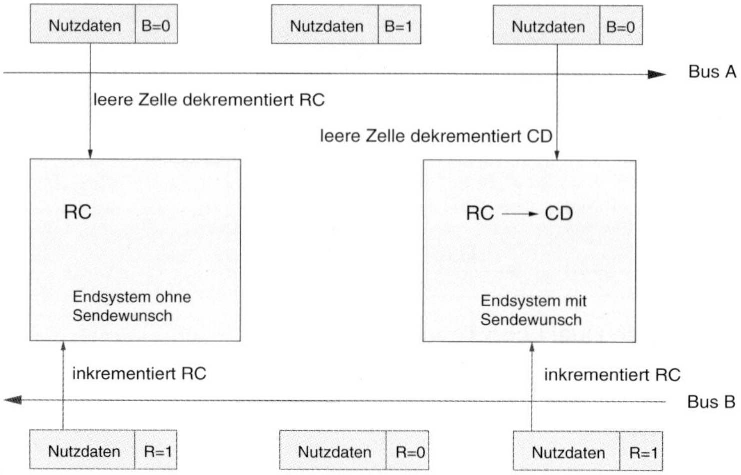

Abb. 6.41. DQDB – Zugriffsverfahren

beiden Technologien nur mit wenig Aufwand verbunden ist. Eine DQDB-Zelle besitzt eine konstante Länge von 53 Byte, aufgeteilt in einen fünf Byte langen Header und 48 Byte Nutzdaten (siehe Abb. 6.42). Das erste Byte des Headers wird als **ACF**-Feld bezeichnet (Access Control Field) und enthält das B-Bit und ein SL-Bit, das den Zellentyp (PA oder QA) anzeigt. Nach einem reservierten Bereich von zwei Bit Länge folgt das insgesamt vier Bit umfassende Feld für das R-Bit, das eine Prioritätsangabe enthält. Die nachfolgenden 4 Byte beinhalten die sogenannten Segment Header. Dazu zählen der 20 Bit lange VCI, der den jeweiligen Sendekanal identifiziert, der Payload Type (2 Bit), eine Segment Priorität (2 Bit) und eine zugehörige Segment Header Checksumme (8 Bit CRC-Prüfsumme, basierend auf dem Polynom x^8+x^2+x+1).
Verglichen mit anderen Technologien des LAN-Segments, weist DQDB eine hohe Bandbreite und eine wesentlich größere mögliche Netzausdehnung auf. Im Gegensatz zu Ethernet, das ebenfalls auf einer Bustopologie beruht, können bei DQDB keine Kollisionen mehr auftreten und gegenüber Token Ring sind die Wartezeiten beim Medienzugriff reduziert. Asynchrone und isochrone Verbindungen sind in DQDB gleichzeitig möglich und die vorhandene Bandbreite kann jederzeit dynamisch zwischen diesen aufgeteilt werden. Eine ringförmige Anordnung des Doppelbusses bietet zudem die Möglichkeit, bei einer Leitungsunterbrechung die Fehlstelle zu umschleifen und diese als neue „Endstellen“ des Doppelbussen anzusehen. Mit zunehmender Anzahl von Endsystemen, die an den Doppelbus angeschlossen werden, wächst allerdings die Wartezeit für den Zugriff auf das Übertragungsmedium. Um ein DQDB-Netzwerk über seine vorgegebene Begrenzung hinaus zu erweitern, müssen mehrere DQDB-Netze über geeignete Vermittlungssysteme zusammengeschlossen werden.

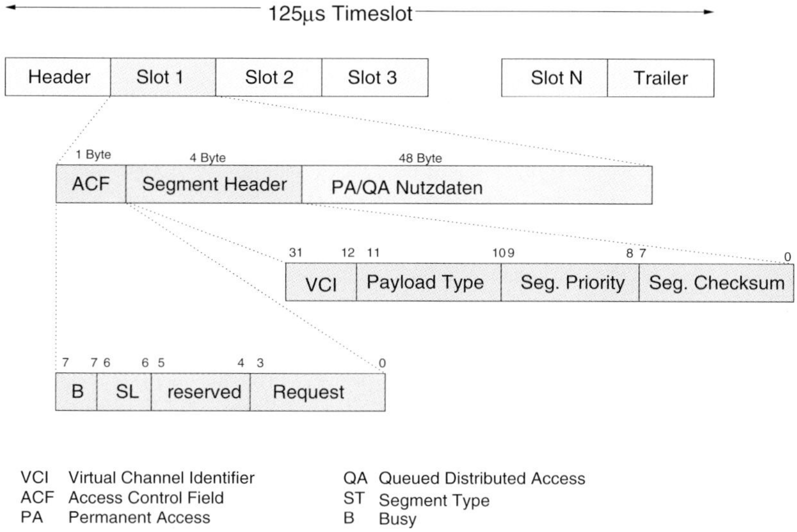

Abb. 6.42. DQDB – Datenformat

Auf der DQDB-Technologie basiert **SMDS (Switched Multi-Megabit/ Metropolitan Data Service)**, ein Breitbank-Kommunikationsdienst, der ausschließlich für den asynchronen Transport von Daten vorgesehen ist. In Deutschland bietet die Telekom seit 1994 einen SMDS-Dienst unter der Bezeichnung **Datex-M** an. Das Datex-M-Netz wird mit einer Bandbreite von 34 Mbps betrieben und bietet seinen Benutzern Datenkanäle von 64 kbps bis 25 Mbps an. Eine der primären Anwendungsgebiete des Datex-M Dienstes ist die temporäre Koppelung entfernter LANs.

6.5.3 Plesiochrone Digital Hierarchy – PDH

Die Plesiochrone Digital Hierarchy stellt ein synchrones Zeitmultiplexverfahren dar, das Signale aus unterschiedlichen Quellen über ein gemeinsames Medium überträgt. PDH findet in der Übertragung von Sprache und digitalen Daten, wie z.B. bei ISDN Anwendung. Die Standardisierung von PDH fand bereits 1972 durch die ITU-T/CCITT statt, wobei für die Regionen Nordamerika, Europa und Japan unterschiedliche Bitraten festgelegt wurden (siehe Tabelle 6.5). Die Bezeichnung **Tx** bzw. **Ex** und **DSx** charakterisiert Hierarchiestufe und Bandbreite, wobei sich Tx (Ex) auf das Übertragungssystem und DSx auf das Multiplexsignal bezieht.
Digitale Signalmupliplexer (DSMX), die einzelne Kanäle zusammenfassen und auf einer höheren Hierarchiestufe gebündelt weitergeben, dienen dabei als Bindeglied für den Aufbau der PDH-Hierarchie (siehe Abb. 6.43). Der Name rührt daher, daß bei diesem Verfahren die Bandbreiten der einzelnen Kanäle nicht exakt gleich, sondern nur näherungsweise gleich sind

Tabelle 6.5. Bandbreiten in kbps der Plesiochronen Digitalen Hierarchie in kbps

Hierarchie	Nordamerika		Europa		Japan
T0		64		64	64
T1	DS1	1.544	E1	2.048	1.544
T2	DS2	6.312	E2	8.048	6.312
T3	DS3	44.736	E3	34.368	32.064
T4	DS4	274.176	E4	139.264	97.728
T5			E5	564.992	397.200

(plesios=[griech.]nahe, nahezu). Dies rührt daher, daß jeder der an verschiedenen Orten installierten DSMX über eine eigene takterzeugende Systemuhr verfügt und diese nicht perfekt synchronisiert werden können. Um die Unterschiede der einzelnen Kanäle auszugleichen und um dafür zu sorgen, daß bei der jeweiligen Taktanpassung keine Nutzdaten verloren gehen, wird die Technik des sogenannten **Bitstopfens** (Bit Stuffing) angewendet.

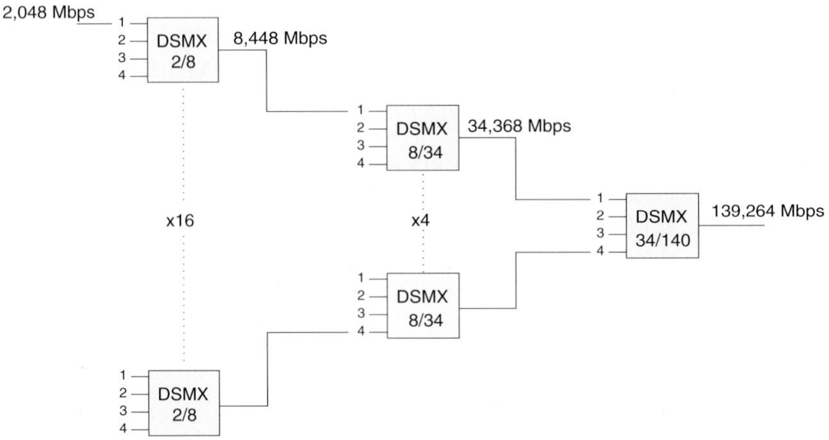

Abb. 6.43. PDH – DSMX Hierarchie

Bandbreiten und elektrische, wie physikalische Spezifikationen zur Übertragung sind in den ITU-T/CCITT Empfehlungen G.702 und G.703 definiert. Die spezifizierten Bandbreiten sind jeweils Vielfache von 64 kbps (T1 in Nordamerika 24 Kanäle mit je 64 kbps, Europa 32 Kanäle mit je 64 kbps).
Die Datenpakete in PDH folgen einem sehr einfachen Aufbau (siehe Abb. 6.44). Beim E1-Datenpaket werden jeweils 8 Bit der 32 Kanäle nacheinander innerhalb eines Zeitfensters von 125 μs übertragen. Daraus ergibt sich für E1 eine Bandbreite von 2,048 Mbps. Kanal 0 und Kanal 16 stehen bei der Übertragung nicht für Nutzdaten zur Verfügung. In Kanal 0 wird abwechselnd ein Datenpaket-Kennwort (dabei handelt es sich um ein Synchronisa-

tionsbitmuster zusammen mit einer Fehlerüberprüfungsinformation) und ein Datenpaket-Meldewort (für Fehlermanagementinformationen) gesendet. Kanal 16 dient dem Transport von Signalinformationen. Die Signalkodierung erfolgt nach dem **HDB3-Code**. Beim HDB3-Code (**High Density Bipolar**) handelt es sich um eine Form der **AMI**-Kodierung, bei der nach drei logischen Nullen die nächste Null in eine logische Eins umgewandelt wird (siehe Abb. 6.45). Als Übertragungsmedium werden Koaxialkabel oder verdrillte Zweidrahtleitungen verwendet mit Spannungspegeln auf der Senderseite von ± 2,37 Volt.

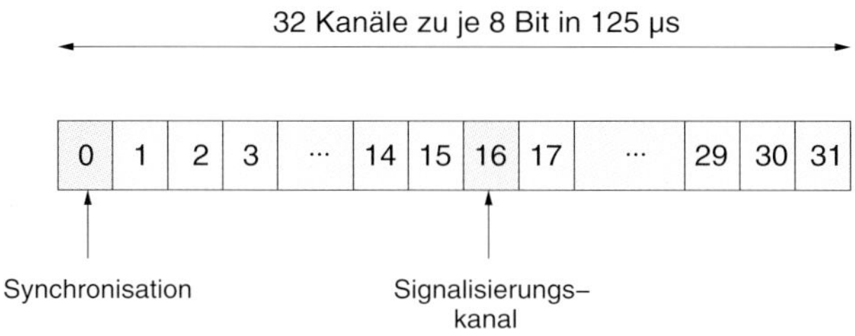

Abb. 6.44. PDH – E1-Datenpaket

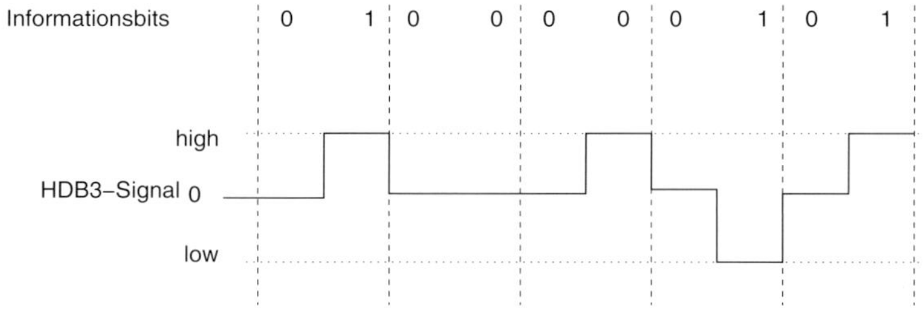

	Anzahl "1" seit der letzten Substitution	
vorhergehender Puls	ungerade	gerade
negativ positiv	000– 000+	–00– +00+

Abb. 6.45. PDH – HDB3-Kodierung

Die Datenpakete der höheren Hierarchiestufen (E2-E5) werden vermöge eines Signalmultiplexing gebildet, indem vier Datenpakete der darunterliegenden Hierarchiestufe zusammengefaßt werden. Die Datenpakete können jedoch aus unterschiedlichen Teilnetzen stammen und daher bzgl. der Bandbreite Toleranzen aufweisen, die durch **Bitstopfen** ausgeglichen werden.

Man unterscheidet drei Verfahren des Bitstopfens:

- Beim **Positiv-Stopfverfahren** wird der Pufferspeicher des Multiplexers, der die Datenpakete zusammensetzt, schneller gelesen als beschrieben. Je nach Füllstand des Pufferspeichers wird das Einlesen an bestimmten Stellen unterbrochen (**Stopfstellen**) und ein **Stopfbit** eingefügt. Beim Demultiplexen auf Empfängerseite wird der Empfänger durch Stopfinformationsbits (siehe Abb. 6.46 am Beispiel des E3-Datenpakets) darüber informiert, ob Stopfbits eingefügt wurden, oder ob es sich an den entsprechenden Stellen um Nutzdaten handelt.
- Beim **Negativ-Stopfverfahren** wird der Pufferspeicher des Multiplexers langsamer gelesen als beschrieben. Je nach Füllstand des Pufferspeichers werden hier vorhandene Stopfbits durch Informationsbits ersetzt.
- Das **Positiv-Null-Negativ-Stopfverfahren** sieht in den Datenpaketen jeweils negative und positive Stopfstellen vor.

Das **E3-Datenpaket** (siehe Abb. 6.46) zum Beispiel beginnt mit einer Identifikation des Datenpaketanfangs (Frame Alignment) von 10 Bit Länge. Bit 11 dient der Übermittlung von Alarmsignalen, während Bit 12 der jeweiligen nationalen Verwendung unterliegt. **C1, C2, C3** stellen jeweils Stopfinformationsbits dar. Die Interpretation der Stopfinformationsbits erfolgt spaltenweise. Gilt C1=C2=C3=0 in der ersten Spalte, so ist das erste Stopfbit (4. Zeile, 5. Spalte) tatsächlich ein Stopfbit, anderenfalls (C1=C2=C3=1) handelt es sich um ein Nutzbit. So sind die Spalten 1 – 4 den Stopfbits 1 – 4 zugeordnet.

1	1	1	1	0	1	0	0	0	0	0	RAI	res	Bits 13–384
C1	C2	C3	C4	Bits 5–384									
C1	C2	C3	C4	Bits 5–384									
C1	C2	C3	C4	S1	S2	S3	S4	Bits 9–384					

RAI Remote Alarm Indication
Ci Stopfinformationsbits (Justification Bits)
Si Stopfbits

Abb. 6.46. PDH – E3-Datenpaket

Bedingt durch die nur nahezu synchrone Arbeitsweise von PDH und den durch die eigenständige DSMX Taktung hervorgerufenen Schwankungen, eignet sich PDH für Bandbreiten oberhalb 100 Mbps nur bedingt. Ein weiterer Nachteil von PDH liegt darin begründet, daß der Zugriff auf ein E1-Einzelsignal aus einem hoch-aggregierten Signal aus der Spitze der PDH-Hierarchie ein komplettes Demultiplexing des aggregierten Datenstroms erfordert, das sich in der Praxis als sehr aufwendig erweist. Daher lag die Entwicklung einer echten, synchronen Signalisierungshierarchie (SDH, Synchronous Digital Hierarchy) nahe, um höhere Bandbreiten bei gleichzeitig einfacherer Zugriffstechnologie zu ermöglichen.

6.5.4 Synchronous Digital Hierarchy – SDH, SONET

Bei der als Synchrone Digitale Hierarchie (SDH) bezeichneten Übertragungstechnik handelt es sich um ein synchrones Multiplexverfahren, das speziell für die Datenübertragung über Lichtwellenleiter und Richtfunk entwickelt wurde. Zu Beginn der Entwicklung der Glasfaserübertragungstechnik arbeitete jede Telekommunikationsfirma, die sich an dieser Entwicklung beteiligte, mit eigenen, proprietären Multiplexverfahren. Erst als die Netze eine größere Ausdehnung erlangten und die Notwendigkeit des Zusammenschlusses unterschiedlicher Glasfasernetze immer mehr in den Vordergrund drängte, mußte ein Weg zur Standardisierung in diesem Bereich gefunden werden. 1985 begannen Bellcoe und AT&T die Entwicklung von **SONET** (Synchronous Optical Network), das von der US-amerikanischen ANSI als Standard übernommen wurde. Ein Großteil des Telefonverkehrs in den USA wird auf Basis von SONET abgehandelt. Auch die ITU-T/CCITT Empfehlungen für die Synchrone Digitale Hierarchie (SDH) orientieren sich am SONET-Standard. Beide Systeme sind kompatibel und die Unterschiede zwischen ihnen sind gering.
Da PDH für Breitbandübertragungen oberhalb von 100 Mbps nur bedingt geeignet ist, wurde SDH als Basis für den Breitband-ISDN Dienst (**B-ISDN**) gewählt. Ebenso wie PDH umfaßt SDH eine ganze Multiplex-Hierarchie mit unterschiedlichen Bandbreiten von 155 Mbps (STM-1) bis derzeit 40 Gbps (STM-256). Im Gegensatz zu PDH erfolgt die Taktung der einzelnen Subnetze und der eingesetzten Multiplexer strikt synchron und steht zueinander stets in einem ganzzahligen Verhältnis. Die Taktung erfolgt über eine zentrale Masterclock. Bei dennoch auftretenden Phasenverschiebungen zwischen einzelnen, miteinander gekoppelten Teilnetzen, werden Daten über entsprechende, anzupassende Pointer adressiert.
Der Datenübertragung in SDH liegt ein einfaches Prinzip zu Grunde: Einzelne Datenströme aus n unterschiedlichen Quellen mit der Bandbreite B werden mit einem synchronen Multiplexverfahren zu einem einzigen Datenstrom mit einer Bandbreite von n·B zusammengefaßt. So ist es möglich, ein Multiplex-Signal der n+1-ten Hierarchiestufe direkt aus den Signalen aller darunterliegenden Hierarchiestufen 1,2,3,...,n zu bilden. Ebenso kann, im Gegensatz zu PDH, ein Signal einer niedrigen Hierarchiestufe direkt und auf einfache Weise aus dem Datenpaket einer höheren Hierarchiestufe herausgelöst werden. SDH erlaubt ebenfalls den Transport von ATM-Zellen oder PDH-Multiplex-Signalen (**Cross Connect**). Tabelle 6.6 stellt die SDH-Hierarchiestufen (STM-x, Synchronous Transfer Modul) dar und setzt sie mit den jeweiligen SONET-Hierarchiestufen (STS-x, Synchronous Transfer Signal (Kupferkabel) oder OC-x, Optical Carrier) in Beziehung. Verwendet werden in der Praxis hauptsächlich STM-1 (Synchronous Transfer Modul 1), STM-4, STM-16 und STM-64, wobei jeweils 5 % der Bandbreite für Steuer- und Kontrollinformationen reserviert werden

Tabelle 6.6. SDH- und SONET-Hierarchiestufen in Mbps

SDH	Bandbreite	SONET
STM-0	51,84	STS-1 / OC-1
STM-1	155,52	STS-3 / OC-3
STM-2	207,36	–
STM-3	466,56	STS-9 / OC-9
STM-4	622,08	STS-12 / OC-12
STM-6	933,12	STS-18 / OC-18
STM-8	1.244,16	STS-24 / OC-24
–	1.866,24	STS-36 / OC-36
STM-16	2.488,32	STS-48 / OC-48
STM-32	4.976,64	STS-96 / OC-96
STM-64	9.953,28	STS-192 / OC-192

SDH bietet die Funktionalität der physikalischen Schicht des Kommunikationsprotokoll-Schichtenmodells, die hier in vier einzelne Teilschichten untergliedert ist (vgl. Abb. 6.47):

- **Physikalisches Interface**: Spezifiziert die technischen Parameter der jeweils verwendeten Übertragungstechnik (Glasfaser, Richtfunk oder Satellitenlink).
- **Regenerator Section**: Dient der Auffrischung der gedämpften und verzerrten Signale bzgl. Takt und Amplitude.
- **Multiplex Section**: Spezifiziert die Bündelung von plesiochronen und/oder synchronen Signalen zu hochbandbreitigen SDH-Datenströmen sowie den umgekehrten Prozeß der Auskoppelung einzelner Signale aus einem aggregierten SDH-Datenstrom.
- **Virtuelle Container (VC)**: Nutzdaten werden in Containern transportiert, VC-4 regelt dabei das Ein-/Auskoppeln (Mapping) von 140 Mbps-Signalen, VC-12 das Mapping von 2 Mbps-Signalen.

Entsprechend der SDH-Definition werden die folgenden Elemente (Network Elements) im SDH-Netzwerk unterschieden:

- **Terminal Multiplexer (TM)** ermöglichen den Zugang eines Endsystems zum SDH-Netzwerk und fassen mehrere eingehende Signale zu einer SDH-Hierarchiestufe zusammen. Dazu verfügen die TMs über mehrere plesiochrone oder synchrone Schnittstellen für Endsysteme, sowie ein bzw. zwei synchrone Schnittstellen zum eigentlichen SDH-Netzwerk.
- Zur Verstärkung der optischen Signale entlang von SDH-Übertragungstrecken dienen sogenannte **Regeneratoren (REG)**.
- Ähnlich wie die TMs arbeiten die sogenannten **Add-Drop-Multiplexer (ADM)**. Mit ihnen können einzelne Kanäle aus dem Multiplex-Datenstrom auf einfache Weise herausgefiltert bzw. wieder eingefügt werden.

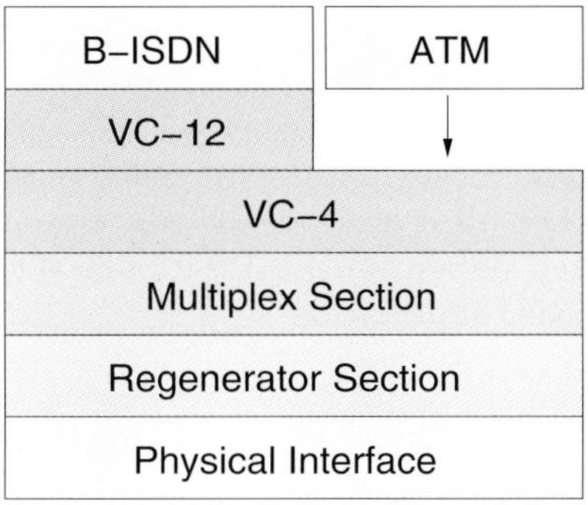

Abb. 6.47. SDH im Schichtenmodell (vereinfachtes Beispiel)

- Als Vermittlungselemente dienen sogenannte **Digital Cross Connect Systeme (DXC)**. Diese können einzelne Kanäle zwischen verschiedenen Ein- und Ausgangsleitungen schalten und regeln die Flußsteuerung im SDH-Netzwerk.

Abb. 6.48 gibt ein Beispiel für die Kombination von SDH-Netzelementen.

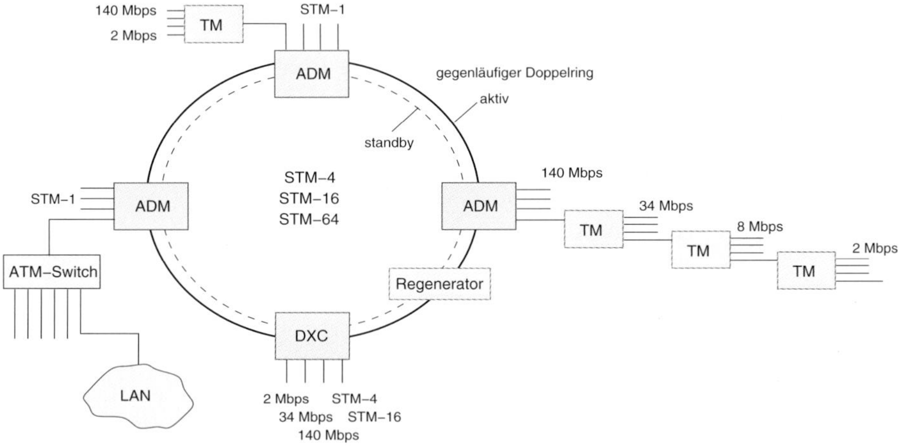

Abb. 6.48. SDH – Aufbau einer SDH-Ringstruktur

SDH-Primärnetze basieren in der Regel auf einem Doppelring, wobei im normalen Betrieb lediglich ein Ring betrieben wird und der zweite als kalte Reserve für den Fall einer Störung bereitsteht. Durch Einsatz eines DCS können einzelne Ringe gekoppelt werden.
Die Struktur der **Datenpakete** in SDH ist geteilt in einen Nutzdatenanteil und in einen Anteil für Steuer- und Kontrollinformationen (RSOH, Repeater Section Overhead und MSOH, Multiplexer Section Overhead). Dabei werden

Datenpakete einer höheren Hierarchieordnung stets durch das Multiplexen entsprechend vieler Datenpakete der jeweils darunter liegenden Hierarchiestufe gebildet. Abb. 6.49 zeigt den schematischen Aufbau eines STM-1 Datenpakets. Das STM-1 Datenpaket besteht aus 9 Zeilen und wird zeilenweise von links oben nach rechts unten gesendet. Die im Overhead-Teil (die ersten 9×9 Oktetts) enthaltenen AU-Pointer zeigen dabei auf die Positionen der jeweiligen Virtual Container innerhalb der Nutzinformation.

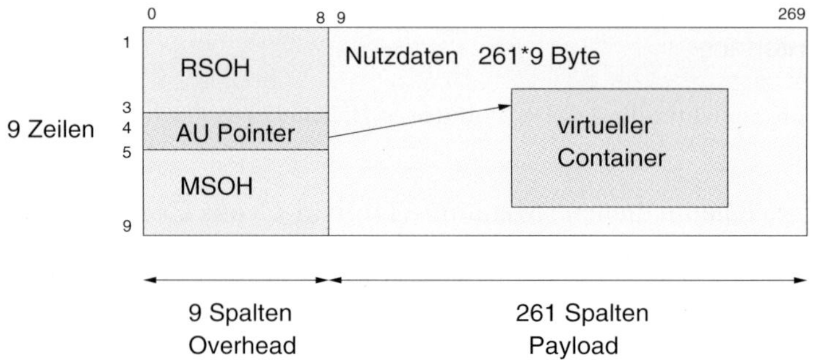

Abb. 6.49. SDH – STM-1 Datenformat

Virtuelle Container sind im STM-x Datenpaket nicht an vorgegebene Paketgrenzen gebunden. Durch eventuell auftretende Phasenverschiebungen kann eine Anpassung der AU-Pointer bei einem verschobenen virtuellen Container notwendig werden.

6.6 Zugang zum WAN

Der normale Endbenutzer verfügt in der Regel oft nicht über einen dedizierten WAN-Zugang. Ein direkter Zugang an ein schnelles Weitverkehrsnetz ist meist nur Unternehmen und wissenschaftlichen oder militärischen Einrichtungen vorbehalten, die diesen Zugang über speziell angemietete Leitungen erreichen. Wer nicht über einen direkten WAN-Zugang verfügt, gelangt über ein spezielles **Zugangsnetzwerk** (Access Network) in Verbindung mit dem eigentlichen Netz. Dieses Zugangsnetzwerk muß dabei so ausgelegt sein, daß es ebenso wie das eigentliche Netzwerk die Integration unterschiedlicher Dienste und Anwendungen gestattet und für zukünftige Erweiterungen bzgl. der angebotenen Funktionalität offen bleibt. Ein derart erweiterbares Netzwerk wird auch als **Full Service Network** (FSN) bezeichnet.
Grundsätzlich unterscheidet man bei Zugangsnetzwerken zwischen:

- **Leitungsgebundene Zugangsnetzwerke**
  Zu dieser Kategorie zählen z.B. das reguläre analoge **Telefonnetz** oder auch **ISDN**, wobei diese lediglich schmale Bandbreiten von bis zu 128

kbps (2-Kanal ISDN) zulassen. Höhere Bandbreiten sind erst mit Übertragungstechniken wie **xDSL** möglich. Meist erfolgt der Zugang derzeit noch über symmetrisches Kupferkabel, während Zugänge direkt über Lichtwellenleiter bereits erste Verbreitung finden und in Zukunft sicher vorherrschen werden. Die Kabelfernsehnetze können ebenfalls als Zugangsnetzwerk eingesetzt werden, sofern sie über einen geeigneten Rückkanal verfügen. Andere Anbieter setzen auf die Nutzung der bereits vorhandenen Stromnetze.

- **Leitungsungebundene Zugangsnetzwerke**
  Hierzu zählen Zugänge über **Mobilfunk** oder **Richtfunk**. Satellitenkommunikationsverbindungen erlangen ebenfalls zunehmend an Bedeutung, während eine rein optische Übertragung über Laser sich nur für kurze Distanzen nutzen läßt.

Oft bietet das Zugangsnetzwerk keinen symmetrischen Zugang für den Endbenutzer, d.h. die Kommunikation in Richtung vom Netzwerk zum Endbenutzer (**downstream**) ist meist mit einer höheren Bandbreite möglich als die umgekehrte Richtung vom Endbenutzer zum Netzwerk (**upstream**).

6.6.1 Schnittstellen für Datenendgeräte

Der Zugang über das Zugangsnetzwerk zum WAN erfordert genormte Verbindungsschnittstellen (**Interchange Circuits**), da oft Geräte unterschiedlicher Hersteller miteinander verbunden werden müssen. Die Normung der Schnittstellen umfaßt dabei die Festlegung sowohl von mechanischen (Steckverbindung) als auch elektrischen Eigenschaften, bis hin zur Festlegung von Kommunikationsprotokollen. Entsprechende Standards wurden von der ITU-T/CCITT, sowie von der EIA/TIA (Electronic Industry Association/Telecommunication Industry Association) festgelegt. Die wichtigsten unter ihnen sind in Abb. 6.50 festgehalten.

- **V.24 und RS-232**
  Die nach ITU-T V.24 definierte Verbindungsschnittstelle entspricht der EIA/TIA-Spezifikation RS-232, die ebenfalls in der deutschen DIN 66020/1 definiert ist. Sie ist weit verbreitet und gestattet eine maximale Bandbreite von 20 kbps bei einer zu überbrückenden Distanz von maximal 15 m. Kleinere Distanzen können mit einer deutlich höheren Bandbreite überbrückt werden.
  Während V.24 die logische Definition der Schnittstellenleitungen beinhaltet, werden die elektrischen und mechanischen Eigenschaften dieser Schnittstelle in der Norm V.28 beschrieben. Dabei legt eine Spannung von weniger als -3 V eine logische Null fest und eine Spannung ab +4 V eine logische Eins, wobei sich der Spannungspegel zwischen ± 15 V bewegen darf.
  Die zugehörige Steckververbindung wird als DB-25 Steckverbindung bezeichnet (ISO 2110), da sie über 25 einzelne Leiter verfügt. Von diesen 25

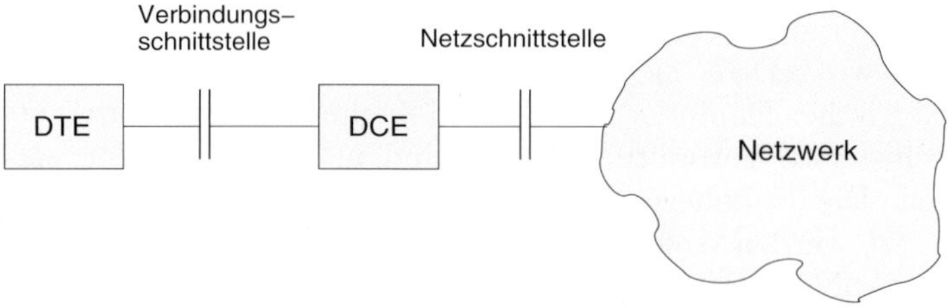

Verbindungs-schnittstelle	DCE	Netz-schnittstelle	Netz
V.24 V.10, V.11 V.35, V.36 X.20	Modem	V.32, V.33 V.34 V.90 X.51	Fernsprech-netz
X.21 X.25	DCE	X.75	Datennetz

Abb. 6.50. Genormte Schnittstellen für Datenendgeräte

Leitern werden aber nur diejenigen der Pins 1, 8 und 20 immer benötigt, während die anderen weniger wichtige Funktionen repräsentieren, so daß oft nur eine 9-polige DB-9 Steckverbindung zum Einsatz kommt.

- **V.35, V.36 und V.37**
  Da bei diesen Schnittstellen erdsymmetrische Takt- und Datenleitungen zum Einsatz kommen, können höhere Bandbreiten von jeweils 48 kbps (V.35), 72 kbps (V.36) und 144 kbps (V.37) erzielt werden. Die Funktionen der einzelnen Verbindungsleitungen entsprechen den in V.24 eingesetzten Varianten. V.35 verwendet eine 34-polige Steckverbindung und Spannungspegel von -0,55 V (logische Eins) und +0,55 V (logische Null). Für V.36 kommen dagegen 15-polige Steckverbindungen für Datennetze (ISO 4903) und 36-polige Steckverbindungen (ISO 4902) für Fernsprechnetze zum Einsatz.
- **V.10 und V.11**
  Die Spezifikation von ITU-T/CCITT V.10 erlaubt eine Bandbreite von 20 kbps über eine Distanz von maximal 50 m bzw 100 kbps bei kürzeren Distanzen von bis zu 19 m. Die entsprechende Definition der EIA/TIA trägt die Bezeichnung RS-423-A. Eine höhere Bandbreite sieht der Standard ITU-T/CCITT V.11 (RS-422-A) mit 100 kbps für Distanzen von bis zu 1000 m und sogar 10 Mbps bei maximal 10 m Entfernung vor. Diese Bandbreite kann aber nur unterstützt werden, insofern die verwendeten Leitungen jeweils mit einem Wellenwiderstand abgeschlossen werden.
- **X.21 und X.21bis**
  ITU-T/CCITT X.21 beschreibt einen Standard für die synchrone Übertragung in leitungsvermittelten Datennetzen, die zunehmend an Bedeu-

tung verlieren, aber dennoch auch in paketvermittelten Netzen wie ITU-T/CCITT X.25 eingesetzt werden. ITU/CCITT X.21bis gestattet den Einsatz von Endsystemen mit V.24-Schnittstellen in digitalen Netzen mit paket- und leitungsvermittelter Übertragung.

Bei den beschriebenen Schnittstellen handelt es sich um sogenannte **externe** Geräteschnittstellen, über die ein Endsystem (DTE) an das Zugangsnetz und damit an die DCE angeschlossen werden. Es können aber auch geräteinterne Systembusse (z.B. PCI - Peripheral Component Interconnect) oder externe, serielle Busse (z.B. USB oder Firewire) zum Einsatz kommen.

6.6.2 Zugang über das Telefonnetz - Modems

Für annähernd hundert Jahre war das gesamte Telefonnetz als analoges Telekommunikationsnetz ausgelegt. Mittlerweile sind fast alle Weitverkehrsverbindungen auf digitale Übertragungstechnik umgestellt. Zwar ist geplant, auch sämtliche Teilnehmeranschlüsse in naher Zukunft mit digitaler Übertragungstechnik auszustatten, aber ein großer Teil der Teilnehmeranschlußleitungen basiert immer noch auf Analogtechnik. Diese Teilnehmeranschlußleitung, die von der nächsten Weitverkehrsvermittlung direkt zum Endteilnehmer führt, wird auch als **Local Loop** oder als **letzte Meile** (Last Mile) bezeichnet. Aus diesem Grund müssen Daten, die über eine solche herkömmliche analoge Telefonleitung übertragen werden sollen, zunächst in analoge Signale umgewandelt werden, bevor sie über die Local Loop zur nächsten Weitverkehrsvermittlungsstelle gelangen, die die Daten wieder in Digitalsignale für die Weiterübertragung umsetzt (siehe Abb. 6.51).

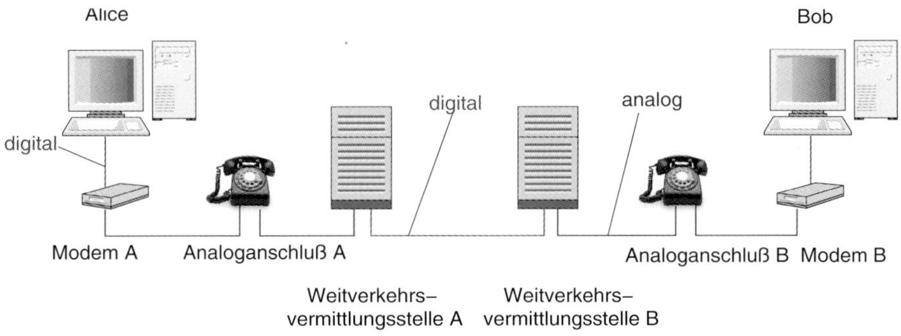

Abb. 6.51. Analoge und digitale Datenübertragung mit Modems

Jeder Endteilnehmer, der über das analoge Telefonnetz eine Datenübertragung vornehmen will, benötigt dazu ein **Modem**. Der Name „Modem“ setzt sich aus den beiden zu lösenden Aufgaben **Modulation** und **Demodulation** zusammen. Bei der Modulation wird das Frequenzspektrum des originalen

Digitalsignals (Basisbandsignal) in den vom analogen Telefonnetz übertragbaren Frequenzbereich von 300 Hz bis 4000 Hz verschoben, während die Demodulation diese Verschiebung wieder rückgängig macht.
Analoge Signalübermittlung basiert auf der Übertragung von zeitlich variablen Spannungspegeln über elektrische Leitung. Keine analoge Übertragung findet perfekt, d.h. ohne meßbare Verluste statt. Daher unterliegt die analoge Signalübertragung strengen Restriktionen, die durch drei verschiedenartige Störgrößen bestimmt werden:

- **Signaldämpfung**
  Mit zunehmender Signalausbreitung schwächt sich das Ausgangssignal zusehends ab (in elektrischen Kabeln etwa logarithmisch zur zurückgelegten Distanz). Die Signaldämpfung wird in Dezibel pro Kilometer angegeben und ist abhängig von der verwendeten Signalfrequenz.
- **Signalverzerrung**
  Betrachtet man das Signal als Kurve über der Zeit, die sich aus einzelnen festfrequenten Komponenten einer Fourier-Analyse zusammensetzt, stellt man fest, daß sich die einzelnen Signalkomponenten mit unterschiedlicher Geschwindigkeit ausbreiten. Bei der Übertragung ursprünglich digitaler Daten kann es daher vorkommen, daß schnelle Komponenten eines gesendeten Bits langsame Komponenten des zuvor gesendeten Bits „überholen“ und es dadurch zu Übertragungsfehlern kommt.
- **Signalrauschen**
  Rauschen kann entlang des Übertragungsmediums auch durch andere Energiequellen als den Sender verursacht werden. Das sogenannte **Übersprechen** bezeichnet eine Art der Störung, die auftritt, wenn sich Induktionseffekte zwischen zwei nahe aneinanderliegenden Kabeln einstellen.

Zur Vermeidung der genannten Probleme versucht man, die zu sendenden Frequenzen innerhalb eines möglichst schmalen Bands zu halten. Allerdings erzeugen digitale Signale Rechteckwellen, die bedingt durch ihr weites Frequenzspektrum besonders anfällig für Verzerrungs- und Dämpfungseffekte sind. Man benutzt daher Sinus-Trägerwellen im Bereich zwischen 1000 Hz – 2000 Hz, deren **Amplitude**, **Frequenz** oder **Phase** moduliert werden können, um damit Informationen zu übertragen. Während die **Amplitudenmodulation** zwei unterschiedliche Spannungspegel (entspricht zwei unterschiedlichen Lautstärken eines einzelnen Tones) über die Trägerwelle moduliert, um eine logische Null oder eine logische Eins zu repräsentieren, werden in der **Frequenzmodulation** (Frequency Shift Keying, FSK) zwei (oder mehr) unterschiedliche Töne (Frequenzen) zu diesem Zweck gewählt und über die Trägerwelle moduliert. Die Frequenzmodulation bietet im Gegensatz zur Amplitudenmodulation den Vorteil, daß damit eine simultane Informationsübertragung in beiden Richtungen zwischen den beiden Kommunikationspartnern möglich ist (Vollduplex-Übertragung). Für die einfachste Form der **Phasenmodulation** (Phase Shift Keying, PSK) wird die Trägerwelle einfach um einen vorgegebenen Winkel innerhalb fester Intervalle verschoben. Zur Demodulation einer phasenmodulierten Information wird ein Referenzträgersignal mit fester bekannter Phase benötigt. Abb. 6.52 zeigt ein Beispiel für die drei Modulationsvarianten, wobei für die Phasenmodulation eine logische Null mit einer Phasenverschiebung um 90 Grad und eine logische Eins mit einer Phasenverschiebung um 270 Grad kodiert wird.

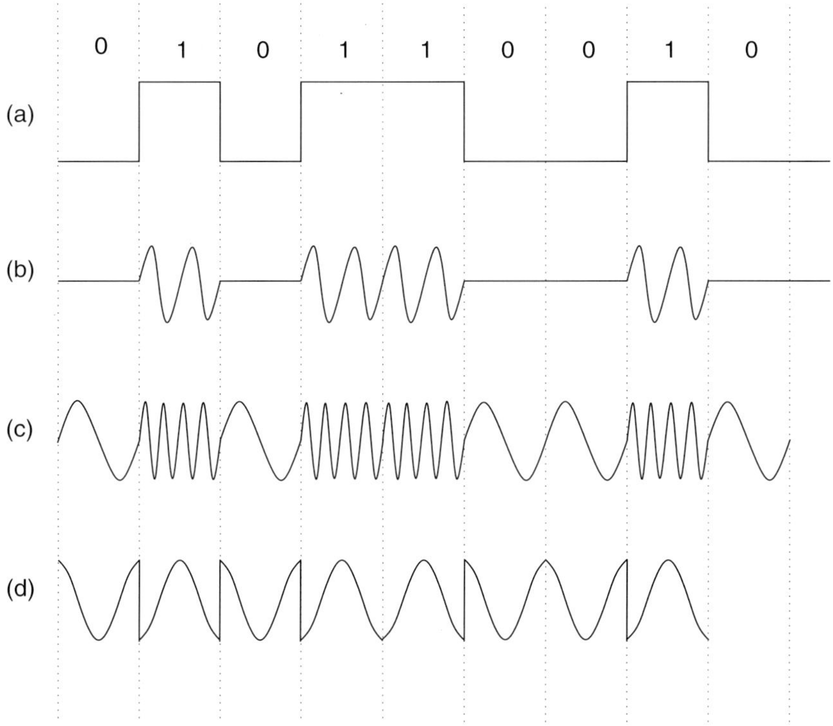

Abb. 6.52. (a) Digitales Signal, (b) Amplitudenmodulation, (c) Frequenzmodulation, (d) Phasenmodulation

Um die Bandbreite auf einer vorgegebenen Übertragungsleitung so gut wie möglich auszuschöpfen, werden mehrwertige Modulationskodierungen verwendet, um innerhalb eines Taktes mehrere Bits gleichzeitig übertragen zu können. Mit einem Signal, das 2^k verschiedene Zustände (Amplituden, Frequenzen oder Phasen) annehmen kann, lassen sich k Bits übertragen. Allerdings wird ein solches Signal empfindlicher gegenüber Störungen und Rauschen, so daß mit wachsendem k ein besseres Signal-Rausch-Verhältnis und damit eine qualitativ hochwertigere Übertragungsleitung erforderlich wird. Mit einer Kombination verschiedener Modulationsarten läßt sich die Kapazität einer Übertragungsleitung effizienter ausnutzen, als dies mit einer einzelnen Modulationsart der Fall wäre. Abb. 6.53 (a) zeigt die Kombination von Phasenmodulation und Amplitudenmodulation in einem als Konstellationsmuster-Diagramm bezeichneten Graphen. Die Punkte kennzeichnen die acht möglichen Kombinationen, wobei die Phase jeweils 0, 90, 180 und 270 Grad betragen kann, bei jeweils zwei unterschiedlichen Amplituden, die durch den Abstand vom Ursprung gekennzeichnet sind. Mit diesem Verfahren lassen sich 3 Bit pro Takt übertragen. Abb. 6.53 (b) zeigt das Konstellationsmuster-Diagramm für eine Kodierung von 6 Bit pro Takt nach demselben Verfahren. Diese Art der Modulation wird als $\mathbf{2^i}$**-QAM** (**Quadrature Amplitude Modulation**) bezeichnet. 2^6-QAM wird im ITU-T/CCITT **V.32bis** Protokoll eingesetzt, das eine Bandbreite von 14,4 kbps mit einem auf 2,4 kHz getakteten Trägersignal erreicht.

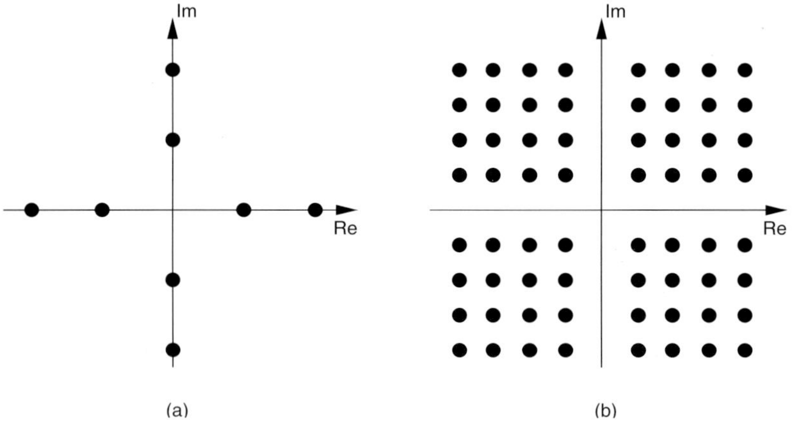

Abb. 6.53. (a) 2^3-QAM Modulation, (b) 2^6-QAM Modulation

Je höher die Anzahl der pro Takt übertragenen Bits, desto anfälliger ist das Verfahren für Übertragungsfehler. Jeder Einzelbitfehler in der Übertragung wirkt sich hier direkt auf die komplette Bitgruppe aus. Um die Fehlerwahrscheinlichkeit möglichst niedrig zu halten, verwenden viele Verfahren zusätzliche Paritätbits. Die Kodierung der Einzelpunkte im Konstellationsmuster-Diagramm wird so ausgelegt, daß eine möglichst hohe Fehlerentdeckungswahrscheinlichkeit garantiert ist. Die hierzu angewendete Kodierung wird **Trellis Kodierung** (Trellis Code Modulation, TCM) genannt.
Beim Betrieb eines Modems unterscheidet man **Vollduplex-** und **Halbduplex-Datenübertragung**. Bei der Vollduplex-Kommunikation wird der Übertragungskanal in beide Richtungen gleichzeitig genutzt, was sich im einfachsten Fall über eine 2-Draht Leitung realisieren läßt. Findet die Kommunikation in beiden Richtungen mit unterschiedlichen Bitraten statt, spricht man von einer **asynchronen** Kommunikation, ansonsten von einer **synchronen** Kommunikation, bei der in einem vorgegebenen, vom Modem selbst erzeug-

ten Takt gesendet und empfangen wird. Bei Halbduplex-Kommunikation ist das Modem in der Lage, die volle Bandbreite des zur Verfügung stehenden Übertragungskanals auszunutzen.
Die ITU-T/CCITT hat verschiedene Betriebsarten für Modems definiert, die eine Übertragung mit unterschiedlichen Leistungsdaten und Charakteristika gestatten. Tabelle 6.7 zeigt eine Auswahl der von der ITU-T/CCITT spezifizierten Modem-Standards.

Tabelle 6.7. ITU-T/CCITT Modem-Standards

Typ	Betriebsart	max. Bandbreite	Modulation	Übertragung
V.21	async., sync.	bis 300 bps	2-FSK	duplex
V.22	async., sync.	300, 600, 1.200 bps	4-FSK	
V.22bis	async.	2.400 bps	16-QAM	duplex
V.23	async., sync.	600, 1.200 bps	FSK	halbduplex
V.26	sync.	2.400 bps	4-DPSK	duplex
V.26bis	sync.	1.200, 2.400 bps	2-PSK, 4-PSK	halbduplex
V.27	sync.	4.800 bps	8-PSK	duplex
V.29	sync.	9.600 bps	4-QAM, 16-QAM	duplex
V.32	async., sync.	9.600 bps	16-QAM	duplex
V.34	async., sync.	33.600 bps	256-QAM/TCM	duplex
V.90	async.	56.000 bps	PCM, digital	downstream
		33.600 bps	256-QAM/TCM	upstream
V.92	async.	56.000 bps	PCM, digital	downstream
		48.000 bps	PCM, digital	upstream

Für V.90 werden sogar bis zu 56 kbps erreicht, allerdings nur in Richtung von der Zugangsvermittlung zum Teilnehmer (downstream), was durch das Weglassen der Digital/Analog-Wandlung zwischen Zugangsvermittlung und dem vom Teilnehmer angewählten Server ermöglicht wird. V.90 kann nur dann mit 56 kbps arbeiten, wenn zwischen dem Server und der Zugangsvermittlung ein digitales Netzwerk (z.B. ISDN) verwendet wird, d.h. auf der Verbindungsstrecke zwischen Teilnehmer und Server darf nur eine Digital-Analog-Wandlung stattfinden, wobei die zwischen Zugangsvermittlung und Teilnehmer bestehende analoge Übertragungsstrecke strengen qualitativen Richtlinien und Längenbeschränkungen unterliegt. Die Kommunikation zwischen Server und Zugangsvermittlung findet dabei auf einem digitalen 64 kbps Kanal statt, wobei jeweils ein Bit pro übertragenem Byte zur Fehlererkennung genutzt wird (daher nur 56 kbps). In der Gegenrichtung (upstream) kann die digitale Datenübertragung zwischen Teilnehmervermittlung und Server nicht genutzt werden. V.90 verwendet upstream das von V.34 bekannte Kodierungsverfahren mit maximal 33,6 kbps (vgl. Abb. 6.54). Der 2002 verabschiedete V.92 Standard ermöglicht auch upstream eine höhere Übertragungsdatenrate bis zu 48 kbps durch Ausnutzung eines digitalen Kommunikationskanals zwischen Zugangsvermittlung und Server.

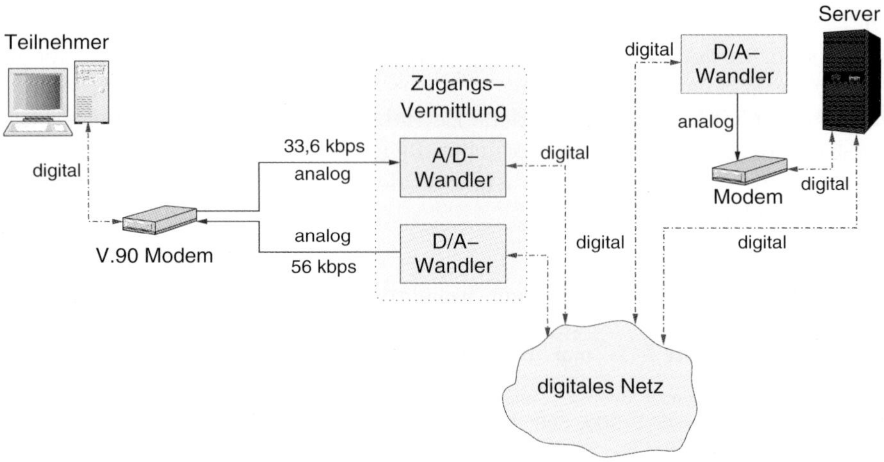

Abb. 6.54. Kommunikation über den V.90 Modem Standard

Viele Modems verfügen über Komprimierungs- und Fehlerkorrekturverfahren. Modems übertragen Bitströme transparent und müssen sich daher nicht um die Protokollfunktionen der höheren Kommunikationsprotokollschichten kümmern. Die über das Modem verfügbaren Korrekturmechanismen verbessern so die Datenübertragung, ohne daß Änderungen bereits bestehender Protokollsoftware notwendig wäre. Die Familie der **MNP-Protokolle** (Microcom Networking Protocol) schließt zehn verschiedene Varianten (Levels) der Fehlererkennung, Fehlerkorrektur und Datenkomprimierung ein. **MNP3** bietet Fehlerkorrektur durch ein Prüfsummenverfahren, ebenso wie **MNP4**, das Fehlerkorrektur nach dem **ARQ**-Verfahren (Automatic Repeat Request) bietet. Im ARQ-Verfahren werden als fehlerhaft erkannte Bitfolgen durch erneute Anfrage und Übertragung vom Sender korrigiert. **MNP5**, das am meisten verbreitete Verfahren der MNP-Protokollfamilie, umfaßt die Verfahren von MNP3 und MNP4 und verfügt darüberhinaus über ein Lauflängenverfahren zur Datenkomprimierung. Von der ITU-T/CCITT wurde das **V.42**-Protokoll spezifiziert, das ebenfalls über die bei MNP3 und MNP4 eingesetzten Fehlerkorrekturverfahren verfügt, während das **V.42bis**-Protokoll zur Datenkomprimierung ein LZW-Verfahren verwendet (vgl. Abschnitt 3.3.2) und die Funktionalität von MNP5 beinhaltet.

6.6.3 Zugang über ISDN

Benutzt ein Endteilnehmer ein ISDN-Netz als Zugangsnetzwerk zum Internet, dann werden die übertragenen Daten direkt in digitaler Form bei ihm angeliefert, ohne daß eine Analog-Digital-Umwandlung, wie im analogen Telefonnetz, nötig wäre. ISDN ermöglicht dem Endteilnehmer die Nutzung unterschiedlicher Dienste wie Sprachkommunikation oder Datenkommunikation über einen einzigen Netzzugang.

Dem Endteilnehmer steht in der Regel ein sogenannter **Basisanschluß** zur Verfügung, der ihm zwei Nutzdatenkanäle (B-Kanäle) mit einer Bandbreite von jeweils 64 kbps und einen Steuerungskanal (D-Kanal) mit 16 kbps bereitstellt. Maximal können so im Vollduplex-Betrieb bis zu 144 kbps übertragen werden.
Damit der bestehende Endteilnehmeranschluß auch weiterhin für Sprachkommunikation genutzt werden kann, stehen zwei Datenübertragungsverfahren zur Verfügung:

- **Zeitgetrenntlageverfahren**
  Dieses Verfahren wird auch als Ping-Pong- oder Zeitgabelverfahren bezeichnet. Es verwendet ein Zeitmultiplexing, um beide Übertragungsrichtungen zu trennen. Die dazu notwendige Schnittstelle wurde von der ITU-T/CCITT spezifiziert und heißt $\mathbf{U}_{\mathrm{P0}}$. Dabei werden Datenpakete von jeweils 20 Bit Länge abwechselnd in beide Richtungen übertragen (siehe Abb. 6.55 (a)). Um zu vermeiden, daß sich bei dieser Betriebsart gegenläufige Datenpakete eventuell überlappen, muß ein entsprechend groß gewähltes Warteintervall zwischen den Datenpaketen eingehalten werden. Aufgrund dieser Wartezeit muß die tatsächliche Bandbreite mehr als doppelt so groß sein, wie die angestrebte Datenübertragungsrate von 144 kbps. Tatsächlich kommt eine Bandbreite von 384 kbps zum Einsatz. Bedingt durch die Signallaufzeit und die hohe Datenübertragungsrate treten relativ hohe Dämpfungseffekte auf, so daß die maximal zu überbrückende Distanz auf 2-3 km schrumpft.
- **Gleichlageverfahren mit Echokompensation**
  Die hier verwendete Schnittstelle hat die ITU-T/CCITT unter dem Namen $\mathbf{U}_{\mathrm{K0}}$ spezifiziert. Eine Erhöhung der Bandbreite wie im Falle des Zeitgetrenntlageverfahrens kann hier vermieden werden. Tatsächlich wird – analog zum Telefonnetz – ein Vollduplexbetrieb mit Hilfe einer Gabelschaltung realisiert. Wie auch im herkömmlichen, analogen Telefonnetz sorgt die Gabelschaltung für eine Umsetzung zwischen Zweidraht- und Vierdraht-Leitungen bei gleichzeitiger Richtungstrennung (siehe Abb. 6.55 (b)). Dabei wird sichergestellt, daß der Empfänger einer Seite jeweils nur das Signal der Gegenseite empfängt. Allerdings verursachen bei dieser Lösung auftretende **Echoströme**, daß der Empfänger auch unerwünschte Signalanteile des Senders, die sich als Echo eines früher gesendeten Datenpakets noch auf der Leitung befinden können, erhält. Daher wird eine **Echokompensation** auf Empfängerseite durchgeführt, bei der stets ein vorausberechnetes Echosignal vom empfangenen Signal subtrahiert wird. Die Vorausberechnung des Echosignals wird mit adaptiven Verfahren durchgeführt und sorgt dafür, daß die überbrückbare Distanz auf 4-8 km steigt.

Verwendete Leitungskodierung und Datenformate können in Abschnitt 6.4.3 „ISDN“ nachgeschlagen werden.

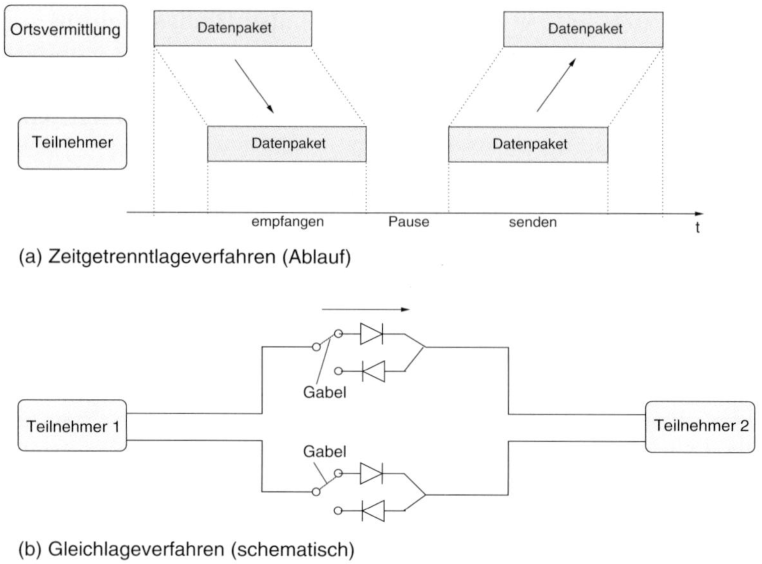

Abb. 6.55. ISDN Datenübertragung zum Endteilnehmer: (a) Zeitgabelverfahren, (b) Gleichlageverfahren für Vollduplexbetrieb

6.6.4 Alternative Zugangsverfahren

Neben dem analogen Telefonnetz oder dem digitalen ISDN-Netz werden heute auch leistungsfähigere Zugangsmöglichkeiten für den Endteilnehmer angeboten. In diese Kategorie fällt die Familie der **DSL**-Teilnehmeranschlußleitungen (Digital Subscriber Line), sowie der Zugang über alternative Netzwerke, wie etwa das **Kabelfernsehnetz**, insofern es über einen entsprechenden Rückkanal verfügt, oder gar das **Stromnetz**. Daneben existieren auch noch leitungsungebundene (drahtlose) Varianten, wie das **Mobilfunknetz** oder **Richtfunk**.

DSL. Die digitale Anschlußleitung (Digital Subscriber Line) bietet gegenüber ISDN eine wesentlich höhere Bandbreite für den Endteilnehmer, obwohl in der Regel dieselbe Verkabelungstechnologie (Kupferkabel-Doppeladern) zum Einsatz kommt. In DSL stehen zwei verschiedene Modulationsverfahren zur digitalen Datenübertragung zur Verfügung, die beide auf der Technik des Frequenzsplittings basieren:

- **Carrierless Amplitude Phase (CAP)**
  Das verfügbare Frequenzspektrum wird in drei Anteile aufgeteilt:
  - Der Frequenzbereich von 0 – 4 kHz wird für sprachbasierte Kommunikation und die Dienste des herkömmlichen Telefonsystems (Plain Old Telephone System, POTS) verwendet.
  - Ein schmaler Frequenzbereich von 25 - 160 kHz (ADSL) ist für die Upstream Datenübertragung vorgesehen.

  - Für die Downstream Breitbandübertragung ist der Frequenzbereich von 240 kHz – 1,6 MHz vorgesehen.

  Durch diese klare Trennung werden Interferenzen zwischen den verschiedenen Frequenzbändern vermieden.

- **Discrete Multitone (DMT)**
  Der zur Verfügung stehende Frequenzbereich wird in 256 Subkanäle von jeweils 4,3126 kHz unterteilt. Wie bei CAP ist der erste Subkanal für die sprachbasierte Kommunikation vorgesehen. Upstream und Downstream werden hier nicht in unterschiedlichen Frequenzbereichen abgehandelt, sondern überlappen sich zum Teil. Da die verwendeten Kupferkabel in niedrigeren Frequenzbereichen bessere Übertragungseigenschaften besitzen, werden diese für eine bidirektionale Übertragung genutzt, während die höheren Frequenzbereiche der Downstream-Übertragung vorbehalten bleiben. DMT ist flexibler und besser an das jeweils verwendete Übertragungsmedium angepaßt als CAP. Allerdings erfordert DMT eine aufwendigere Implementierung.

Die Familie der DSL-Varianten, auch als **xDSL** bezeichnet, stellt die folgenden Versionen zur Verfügung:

- **ADSL (Asymmetric DSL)**
  Bei der asymmetrischen Variante des DSL-Verfahrens kommen unterschiedliche Bandbreiten in der jeweiligen Richtung, vom Teilnehmer zum Netzzugangspunkt (upstream) und vom Netzzugangspunkt zum Teilnehmer (downstream) zum Einsatz, wobei die Bandbreite downstream für gewöhnlich wesentlich höher ausfällt. Für einen ADSL-Anschluß werden ein Modem, ein sogenannter Splitter und eine Zweidrahtleitung benötigt. Der Splitter übernimmt dabei die Aufgabe, den Frequenzbereich entsprechend des verwendeten Modulationsverfahrens aufzuteilen. Das Modem auf der Teilnehmerseite wird als **ATU-R** (ADSL Terminal Unit – Remote) und auf Seite der Vermittlungsstelle als **ATU-C** (ADSL Terminal Unit – Central Office) bezeichnet, wobei auf Vermittlungsstellenseite mehrere Teilnehmer in einem **DSLAM** (Digital Subscriber Loop Access Multiplexer) zusammengefaßt werden (siehe Abb. 6.56).
  Die verwendete Bandbreite kann bei ADSL in Schritten von 32 kbps der jeweils zu überbrückenden Entfernung angepaßt werden, so daß downstream von der Vermittlungsstelle zum Endteilnehmer bei 4 km Distanz 2 Mbps und bei 2 km Distanz sogar 6 Mbps möglich sind. Die Bandbreite bewegt sich downstream in einem Rahmen von 1 – 9 Mbps und upstream zwischen 64 – 800 kbps.
- **UADSL (Universal ADSL, ADSL light)**
  Bezeichnung für eine ADSL-Variante, die ohne aufwendigen Splitter arbeitet. UADSL ist in ITU-T/CCITT G.992.2 spezifiziert und erlaubt eine Bandbreite von 1,5 Mbps downstream, sowie 512 kbps upstream bei einer Reichweitenbeschränkung analog zu ADSL.

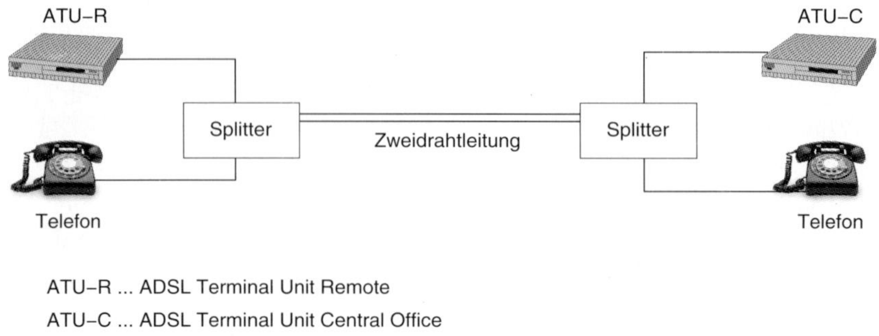

Abb. 6.56. ADSL – asymmetrisches DSL-Verfahren

- **HDSL (High Bit Rate DSL)**
  Die älteste Variante der DSL-Familie, die ausschließlich für die Datenübertragung vorgesehen ist und folglich auch keinen Splitter benötigt. Die Bandbreite ist in diesem Verfahren symmetrisch, d.h. upstream wie downstream stehen dem Endteilnehmer 1,544 Mbps (bei zwei Zweidrahtleitungen) bzw. sogar 2,048 Mbps (bei drei Zweidrahtleitungen) zur Verfügung. Die Leitungslänge kann bei HDSL bis zu 4 km betragen.
- **SDLS (Symmetric DSL, Single-Pair DSL)**
  Im Gegensatz zum HDSL-Verfahren benötigt SDLS zur eine Zweidrahtleitung mit entsprechender Verringerung der Übertragungskapazität. Die Übertragung findet wie bei HDSL symmetrisch statt bei einer Bandbreite von bis zu 2,048 Mbps bei einer verringerten Reichweite von maximal 3 km.
- **VDSL (Very High Bit Rate DSL)**
  VDSL stellt eine höhere Bandbreite als ADSL zur Verfügung. Allerdings ist dies nicht mehr über die herkömmlichen Kupferleitungen des Telefonnetzes möglich, vielmehr wird hier von einem Betrieb über ein Glasfasernetzwerk ausgegangen. Zwischen dem Endteilnehmer und der optischen Schnittstelle zur Vermittlungsstelle des VDSL-Zugangsnetzes wird nachwievor eine Zweidrahtleitung eingesetzt. Allerdings darf die Distanz hier nur zwischen 300 m und 1.500 m betragen, um die geforderte Bandbreite zwischen 12,96 Mbps und 55,2 Mbps erbringen zu können (siehe Abb. 6.57).

Alle DSL-Verfahren beruhen auf einer Vollduplex-Übertragung. Dazu kommen wie bei herkömmlichen Modems Modulations- und Echokompensationsverfahren zum Einsatz. Entweder erfolgt die Übertragung von upstream- und downstream-Signalen mit Hilfe eines Frequenzmultiplexverfahrens, in dem beide Anteile unterschiedliche Frequenzbänder belegen, oder sie teilen sich ein gemeinsames Frequenzband, wobei dann mit Echokompensation gearbeitet werden muß. Sprachkommunikation der herkömmlichen Telefondienste wird in einem separaten Frequenzbereich übertragen, der über einen Splitter

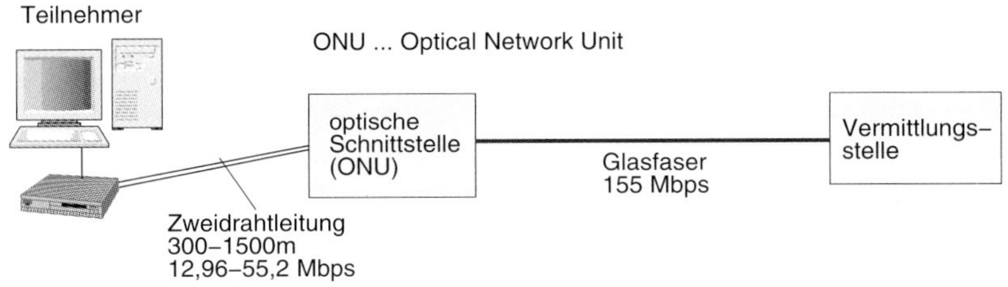

Abb. 6.57. VDSL – Very High Bit Rate DSL

vom übrigen Frequenzspektrum getrennt ist. Tabelle 6.8 faßt die Eigenschaften der unterschiedlichen DSL-Varianten zusammen.

Tabelle 6.8. Vergleich verschiedener xDSL-Varianten

Eigenschaft	ADSL	HDSL	SDSL	VDSL
Upstream (kbps)	16 – 640	1,544/2,048	1,544/2,048	1.500 – 2.300
Downstream (Mbps)	0,064 – 8,912	1,544/2,048	1,544/2,048	13 – 52
Leitungslänge	1,7 – 5,5 km	3 – 4 km	2 – 3 km	0,3 – 1,5 km
Bandbreite	ca. 1 MHz	ca. 240 kHz	ca. 240 kHz	ca. 30 MHz

Kabelnetze und Stromversorgungsleitungen. Bereits seit vielen Jahren werden **Broadcast-Kabelnetze** für die Übertragung von Rundfunk- und Fernsehsignalen eingesetzt. Daher kann hier auf eine bestehende und in der Regel sehr weit verbreitete Infrastruktur aufgesetzt werden.
Allerdings handelt es sich bei diesem Kabelnetz um ein Broadcast-System, bei dem die verwendeten Verstärkerelemente nur dafür ausgelegt sind, das Signal in Richtung vom Provider zum Endteilnehmer weiterzuleiten. Um interaktive Anwendungen bzw. einen bidirektionalen Datenaustausch zu ermöglichen, muß das Kabelnetz aber über einen sogenannten **Rückkanal** verfügen. In einigen Fällen ist dieser über das bestehende Telefonnetz realisiert, was dem Endteilnehmer allerdings keine Vorteile gegenüber einem Telefon-basierten Netzzugang bringt. Daher gibt es Bestrebungen, die Kabelnetze um einen Rückkanal zu ergänzen, um Endteilnehmer für die Nutzung dieses bereits bestehenden Netzwerks zu gewinnen. Der Rückkanal kann entweder als separate Datenleitung realisiert werden, oder es kommt ein bestimmtes Verfahren des Frequenz-Splittings zum Einsatz, wobei jeweils ein bestimmter Frequenzbereich für eine der beiden Richtung verwendet wird.
Meist dient ein Kupfer-Koaxialkabel (**Broadband**) als Grundlage für die Verkabelung, allerdings wird dieser Kabeltyp heute durch Lichtwellenleiter ersetzt, wenn neue Teilstrecken realisiert werden. Der übertragbare Frequenzbereich des analogen Kupfer-Koaxialkabels ist in viele Kanäle, die jeweils einen eigenen Frequenzbereich bedienen, aufgeteilt. So können viele verschiedene

Fernseh- und Hörfunkanäle zusätzlich zu einem oder mehreren Datenkanälen betrieben werden.
Da allerdings nur analoge Signale weitergeleitet werden können, müssen diese zuvor mittels eines Modems entsprechend gewandelt werden. Der Endteilnehmer benötigt für den Zugang zum Kabelnetz ein spezielles **Kabelmodem**, das in der ITU-T/CCITT Empfehlung **DOCSIS** (Data-over-Cable System Interface Specification) spezifiziert und ebenfalls von der amerikanischen ANSI übernommen wurde. Kabelmodems lassen sich an einen Rechner beim Endteilnehmer über einen Ethernet-Netzwerkadapter anschließen. Im Unterschied zu analogen Modems übernehmen Kabelmodems teilweise sogar Aufgaben wie Netzwerkmanagement und Diagnose, die eigentlich im Verantwortungsbereich eines Routers liegen. Sie sind darüberhinaus frequenzagil, d.h. sie suchen in einem zugewiesenen Frequenzbereich den für die Datenübertragung am besten geeigneten Kanal heraus und stellen sich selbstständig auf diesen ein. Die in einem Kabelnetz erreichte Bandbreite kann downstream, also in Richtung vom Provider zum Endteilnehmer, bis zu 40 Mbps betragen, während auf dem Rückkanal maximal 2 Mbps erreicht werden.
Ebenso wie die Kabelnetze, verfügen die meisten Länder der Welt über ein dichtes **Stromversorgungsnetzwerk**. Voraussetzung für eine Nutzung dieser Infrastruktur für die Datenübertragung sind die Gewährleistung einer hinreichend hohen Bandbreite, sowie die Gewährleistung einer elektromagnetischen Kompatibilität zu den anderen Nutzungsarten des verwendeten Frequenzspektrums. Energieerzeugungsunternehmen verwenden selbst schon seit geraumer Zeit Hochspannungs- (110-380 kV) und Mittelspannungsnetze (10-30 kV) zur Datenübertragung für Steuerungs- und Überwachungszwecke. Auch Niederspannungsnetze (bis 0,4 Kv), die flächendeckend dem Endteilnehmer einen Zugang zum Stromnetz gewähren, können als Zugangsnetz zu allgemeinen Datennetzen genutzt werden. Das Niederspannungsnetz, das die einzelnen Haushalte versorgt, hat eine Baumstruktur mit einer Niederspanungs-Transformatorstation als Wurzelknoten, und kann so als gemeinsam genutztes Übertragungsmedium fungieren. In der Niederspannungs-Transformatorstation dienen speziell eingerichtete Kopfstationen als Schnittstelle zum Backbone eines dedizierten Datennetzes.
Allerdings ist die Nutzung von Stromversorgungsleitungen mit technischen Schwierigkeiten verbunden, die gemeistert werden müssen. Hierzu zählen:

- Energieintensive Vorgänge können Störungen in der Datenübertragung nach sich ziehen. Die Toleranzschwelle gegenüber solchen Ereignissen muß entsprechend hoch ausgelegt werden, damit die auftretenden Übertragungsfehler einen vorgegebenen Höchstwert nie überschreiten. Sonst kann keine zuverlässige Datenübertragung gewährleistet werden.
- Es treten sehr hohe Dämpfungseffekte innerhalb des Niederspannungs-Netzes auf, die kompensiert werden müssen.
- Die sehr niedrige und im Allgemeinen stark schwankende Leitungsimpedanz des Niederspannungs-Netzes muß kompensiert werden.

- Breitbandige Datensignale müssen gegenüber starken Abstrahlungseffekten abgeschirmt werden, da es sonst zur Störung anderer Dienste kommen kann, die den betreffenden Frequenzbereich mitnutzen.

Der 1999 vom Stromversorgungsunternehmen RWE angebotene Datenkommunikationsdienst ermöglichte Datenübertragungsraten von bis zu 2 Mbps über das herkömmliche Stromnetz.

Leitungsungebundene Zugänge zum WAN. Einer der Vorteile der leitungsungebundenen Netzzugänge liegt darin, das der Aufbau eines Netzes mit einem geringeren Aufwand an Infrastrukturmaßnahmen realisiert werden kann. So fallen weder Verlegearbeiten noch Kosten für ein Kabelnetzwerk an. Auch ist der Endteilnehmer in einem leitungsgebundenen Netzwerk stets an den geografischen Ort seines stationären Netzwerkzugangs gebunden, während sich der Nutzer eines leitungsungebundenen Netzwerks frei bewegen kann, also mobil ist. Man unterscheidet innerhalb der leitungsungebundenen Netzwerkzugänge zwischen Richtfunkanwendungen, bei denen der Endteilnehmer dennoch stets stationär bleiben muß, und Mobilfunkanwendungen, bei denen der Endteilnehmer tatsächlich ortsungebunden ist und (in gewissem Rahmen) mobil bleiben kann.
Das weltweit am meisten verbreitete mobile Netzwerk ist derzeit das **GSM**-Mobilfunknetzwerk (**Global System for Mobile Communication**), ein Mobilfunksystem der zweiten Generation. Das GSM-Netz ist aus einzelnen, überlappenden **Funkzellen** aufgebaut (siehe Abb. 6.58), deren jeweilige Größe mit der Dichte der Teilnehmerzahl variiert. In Deutschland finden zwei verschiedenen Varianten von GSM Verwendung: GSM 900, das innerhalb eines Frequenzbereichs von 880 MHz bis 960 MHz arbeitet und in dem das als **D-Netz** bezeichnete deutsche Mobilfunknetz beheimatet ist, und GSM 1800, dessen Frequenzbereich innerhalb von 1710 MHz bis 1880 MHz liegt, in dem sowohl das deutsche **E-Netz** als auch **D-Netz** arbeiten. Zur Datenübertragung in GSM 900 wird der Frequenzbereich zwischen 935 und 960 MHz von den jeweiligen Feststationen (downlink) genutzt, der zwischen 890 und 915 MHz liegende Bereich dient als Sendebereich für die Mobilstationen (uplink). Die genutzten Frequenzbereiche sind in jeweils 200 kHz breite Kanäle (Frequenzbänder) unterteilt, die über ein Zeitmultiplexverfahren von verschiedenen Teilnehmern gleichzeitig genutzt werden. Das verwendete Zeitmultiplexverfahren nutzt 8 Timeslots mit jeweils 0,577 ms Dauer. Aufgrund der hohen Fehlerrate, die eine Funkübertragung mit sich bringt, sind Mechanismen zur automatischen Fehlererkennung und Fehlerkorrektur unbedingt notwendig. Die Nettodatenrate eines einzelnen GSM-Datenkanals beträgt 13 kbps, die sich aufgrund der aufwendigen Fehlererkennungs- und Fehlerkorrekturmaßnahmen auf effektiv nutzbare 9,6 kbps reduziert. Als Modulationsverfahren wird **GMSK** (Gaussian Minimum Shift Keying) verwendet.
GSM bietet verschiedene Dienste der Datenübertragung an (**Bearer Services**). Dazu zählen synchrone, asynchrone, leitungs- oder auch paketorientierte Dienste, die sich im Bereich von 300 bps bis zu 9.600 bps Bandbreite

Organisation des GSM-Mobilfunknetzes – Funkzellen

Die leitungsungebundene Datenkommunikation basiert auf der Ausbreitung elektromagnetischer Wellen im freien Raum. Dabei macht man sich das Prinzip zunutze, daß eine Antenne bei relativ niedrigen Frequenzen annähernd **isotrop**, also gleichmäßig in alle Richtungen sendet. Damit ist es für alle Empfänger, die sich innerhalb eines bestimmten Umkreises des Senders befinden, möglich, den Sender zu empfangen. Soll eine bidirektionale Kommunikation stattfinden, müssen sich Sender und Empfänger die zur Verfügung stehende Frequenz teilen und abwechselnd nach einem Zeitmultiplexverfahren senden. Allerdings kann auf diese Weise nur eine Halbduplex-Verbindung realisiert werden. Für eine Vollduplex-Kommunikation muß eine zweite Frequenz zur Verfügung stehen.
Der zur Verfügung stehende Frequenzbereich für Funkübertragungen ist stets beschränkt, ein Sender muß sich den Frequenzbereich mit vielen anderen teilen. Daher werden, um einerseits eine Flächendeckung und andererseits eine Wiederverwendung von Frequenzen zu gewährleisten, sogenannte **Funkzellen** eingerichtet. Jede Funkzelle verfügt über eine Basisstation, die mit einer nur geringen Sendeleistung ein bestimmtes Gebiet, meist innerhalb eines Radius von 10-20 km, isotrop abdeckt. Um Interferenzen zu verhindern, wird darauf geachtet, daß benachbarte Funkzellen stets mit unterschiedlichen Frequenzen betrieben werden.

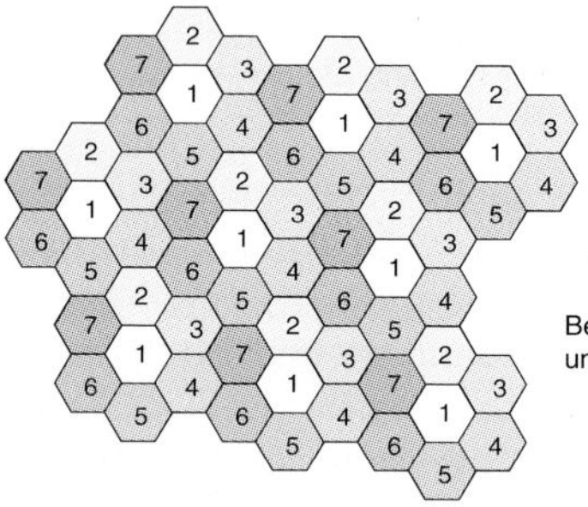

Zwar sind Funkzellen eigentlich kreisförmig, aber um die Abdeckung einer Fläche leichter bestimmen zu können, behilft man sich mit einem Modell aus hexagonalen Zellen. Bei sorgfältiger Planung kann die Fläche durch Funkzellen mit nur sieben verschiedenen Frequenzen überdeckt werden.
Zu jedem Zeitpunkt ist ein mobiler Netzteilnehmer stets genau einer Funkzelle logisch zugeordnet. Ist ein Teilnehmer gerade dabei, eine Funkzelle zu verlassen, stellt die für die Funkzelle verantwortliche Basisstation fest, daß das Signal des Teilnehmers schwächer wird, und fragt bei den benachbarten Funkzellen an, wie stark diese den betreffenden Teilnehmer empfangen. Die Basisstation übergibt schließlich die „Betreuung" des Netzteilnehmers an diejenige Funkzelle, die den stärksten Empfang des Signals des betreffenden Netzteilnehmers aufweist. Der Netzteilnehmer wird über den Wechsel informiert und wechselt dann die Frequenz auf diejenige der neuen Funkzelle, von der er von jetzt an betreut wird. Dieser Vorgang des Wechsels in eine neue Funkzelle wird als **Handoff** bezeichnet und benötigt nur wenige hundert Millisekunden.

Abb. 6.58. Organisation des Funknetzes in einzelne Funkzellen

bewegen. Dabei werden die einzelnen Dienste durch entsprechende Nummern angesprochen. Der bekannteste der angebotenen Telematikdienste in GSM ist sicherlich der **SMS** (Short Message Service) Dienst, der es erlaubt, kurze

Mitteilungstexte über ein Mobiltelefon zu versenden. Die als **MExE** (Mobile Station Execution Environment) bezeichnete Dienstplattform in GSM bildet die Basis für das **WAP**-Protokoll (**Wireless Application Protokoll**), mit dem ein mobiler Zugang zum WWW ermöglicht wird.
Da die Bandbreite in GSM auf 9.600 bps beschränkt ist, wurden verschiedene Verfahren entwickelt, diese Beschränkung zu umgehen:

- **HSCSD (High Speed Circuit Switched Data)**: Hier werden durch die Bündelung mehrerer GSM-Kanäle Bandbreiten bis zu 57,6 kbps erreicht.
- **GPRS (General Packet Radio Service)**: Eine Kombination von paketierter Datenübertragung und Kanalbündelung läßt hier eine maximale Bandbreite von bis zu 160 kbps zu. Die Auslegung als paketvermitteltes Netz erlaubt eine effizientere Nutzung der Kanäle, die jeweils nur dann belegt werden, wenn es tatsächlich auch etwas zu senden gibt.
- **EDGE (Enhanced Data Rates for GSM Evolution)**: Eine Weiterentwicklung von GPRS und HSCSD, die bei Erhalt der vollen Mobilität Bandbreiten von bis zu 110 kbps unterstützt. Kommt dieses Verfahren im stationären Betrieb zum Einsatz, können sogar Bandbreiten von 220 kbps erreicht werden. EDGE unterstützt verschiedene Qualitätsstufen und teilt die zu übertragenden Daten in verschiedene Dienstklassen ein. Das untere Ende dieser Klassen bildet die **Conversational Data** Dienstklasse, die eine isochrone Übertragung von Daten gestattet, aber aufgrund ihrer isochronen Eigenschaft eine wiederholte Übertragung im Fehlerfall nicht zuläßt, also nur eine fehlerbehaftete Datenübertragung gewährleisten kann. Kleine Fehler und Störungen sind allerdings bei der Übertragung von Sprach - und Videodaten tolerierbar. Am oberen Ende der Skala steht die als **Background Data** bezeichnete Dienstklasse, die eine zuverlässige Datenübertragung gewährleistet. Wird ein Übertragungsfehler erkannt, dann wird über ein **ARQ**-Verfahren das fehlerhafte Datenpaket erneut vom Sender angefordert. Diese Dienstklasse eignet sich für die Übertragung von Dateien oder Email.
- **UMTS (Universal Mobile Telecommunication System)**: Bezeichnung für die Mobilfunkkommunikation der dritten Generation, deren Einsatz im experimentellen Bereich im Jahr 2002 startete. In Abhängigkeit von der Geschwindigkeit, mit der sich ein UMTS-Teilnehmer bewegt, können unterschiedliche Bandbreiten bei der Datenübertragung erzielt werden, die von 144 kbps im mobilen Betrieb bis zu 2 Mbps im quasistationären Betrieb reichen. Aktuelle Informationen über Funktionsweise und Verfügbarkeit des UMTS-Services kann über die WWW-Seiten des UMTS-Forums abgerufen werden:

  `http://www.umts-forum.org/`

Zu den leitungsungebundenen Zugangssystemen zählen auch **Satellitenverbindungen**. In einer Erdumlaufbahn befindliche Kommunikationssatelliten sind seit Anfang der 60er Jahre im Einsatz. Für eine Datenkommunikation mit dem Internet werden Satellitenzugänge in Verbindung mit dem Telefonnetz für den Rückkanal vom Endteilnehmer zum Provider verwendet, da die Bereitstellung eines direkten Rückkanals über den Satelliten für eine große Zahl von Teilnehmern zu aufwendig ist. Man unterscheidet bei der Datenübertragung via Satellit grundsätzlich zwischen zwei Typen von Satelliten:

- **Geostationäre Satelliten**: Ein Satellit in einer Umlaufbahn um die Erde in einer Höhe von 36.000 km, dessen Umlaufzeit um die Erde synchron zur Erdrotation verläuft. Er bleibt also lokal stets stationär über demselben Ort auf der Erdoberfläche stehen und kann daher einfach als Kommunikationsrelais auch für relativ hohe Bandbreiten (100 Mbps und mehr) verwendet werden. Allerdings ist dieser geostationäre Orbit sehr begehrt und die Anzahl der dort stationierbaren Satelliten beschränkt.
- **LEO/MEO-Satelliten (Low Earth/Medium Earth Orbiting)**: Ein Satellit in einem niedrigeren, d.h. erdnäheren Orbit. Seine Umlaufzeit wird um so kleiner, je näher er sich an der Erdoberfläche befindet. Als LEO-Satelliten werden für gewöhnlich Satelliten bezeichnet, die sich in einem Orbit von ca. 780 km Höhe befinden. Allerdings besteht bei dieser Art von Satelliten das Problem, daß sie sich immer wieder sehr schnell aus dem Empfangsbereich des Endteilnehmers herausbewegen. Daher spielten sie in der Rolle als Kommunikationssatelliten lange Zeit nur eine untergeordnete Rolle. Erst 1990 rückte die Idee eines satellitengestützten Mobilfunknetzes wieder in den Blickpunkt der Öffentlichkeit, als das Projekt **Iridium** auf Initiative der Firma Motorola hin gestartet wurde, das ein Netz von 66 LEO-Satelliten vorsah, das ein flächendeckendes Mobilfunknetz gewährleisten sollte. Allerdings erwiesen sich die Investitionskosten als zu hoch und die Akzeptanz als zu gering, so daß das Projekt vorzeitig scheiterte.

Neben flächendeckend eingesetzten Mobilfunkverfahren, kann eine Anbindung an das Internet auch über **Richtfunk** erfolgen. Als Richtfunk wird die Übertragung elektromagnetischer Wellen mit speziellen, scharfbündelnden Antennen (Richtfunkantennen) verstanden. Physikalisch bedingt, ist eine solche Bündelung nur bei sehr hohen Frequenzen realisierbar. Über Richtfunk werden Punkt-zu-Punkt-Verbindungen eingerichtet, die über ein Raummultiplexverfahren mit anderen Verbindungen gemeinsam auf ein und derselben Frequenz betrieben werden können. In Anlehnung an die Local Loop bei der Anbindung des Endteilnehmers über das Telefonnetz wird die Anbindung über Richtfunk auch als **WLL** (**Wireless Local Loop**) bezeichnet. Richtfunk arbeitet im Gigahertz-Frequenzbereich, wobei Bandbreiten von bis zu 40 Mbps erreicht werden können.

6.7 Glossar

ARPANET: Von der Advanced Research Projects Agency (ARPA) für das US-Verteidigungsministerium (Department of Defense, DoD) Ende der 60er Jahre entwickeltes paketvermittelndes WAN. Das ARPANET gilt als Vorläufer des globalen Internets.

Asynchronous Transfer Mode (ATM): Von der ITU für Weitverkehrsnetzwerke mit hoher Bandbreite standardisiertes Datenübertragungsverfahren, das auf dem Prinzip des asynchronen Zeitmultiplexing basiert. ATM findet auch in LANs Verwendung. Basiseinheit der Informationsübertragung ist die sogenannte ATM-Zelle, ein Datenpaket mit fester Länge (53 Byte). Zwischen zwei vernetzten ATM-Endsystemen können virtuelle Verbindungen permanent geschaltet oder bei Bedarf aufgebaut werden. ATM definiert mehrere Dienstklassen zur Unterstützung von Multimedia-Anwendungen, darunter einen isochronen Modus, der das Verhalten einer leitungsvermittelten Verbindung emuliert und zur Übertragung von Video- und Audio-Datenströmen genutzt wird.

Bandbreite: Die Bandbreite (bandwidth) einer Verbindungsstrecke in einem Netzwerk ist eine physikalische Größe, die in Hertz (1 Hz = 1/s) angegeben wird. Im analogen Bereich bezeichnet die Bandbreite den Frequenzbereich, in dem elektrische Signale mit einem Amplitudenabfall von bis zu 3 dB übertragen werden. Je größer die Bandbreite, desto mehr Informationen können theoretisch in einer Zeiteinheit übertragen werden. Auch bei der Übertragung digitaler Signale wird oft der Begriff Bandbreite verwendet, obwohl hier die **Übertragungsrate** gemeint ist. Es gibt allerdings einen unmittelbaren Zusammenhang zwischen der Bandbreite und der Übertragungsrate, da bei der Datenübertragung die erreichbare Übertragungsgeschwindigkeit direkt von der Bandbreite des Netzwerkes abhängt. Die maximale Bandbreiten-Ausnutzung beträgt für binäre Signale 2 Bit pro Hertz Bandbreite.

Bitstopfen (Bit Stuffing): Bei synchroner Datenübertragung werden die Taktgeber von Sender und Empfänger aufeinander synchronisiert vermittels sogenannter Synchronisationsbits am Beginn eines Datenpakets. Die Synchronisationsbits bilden feste Bitmuster, die so zusammengestellt sind, daß diese niemals mit der Nutzdateninformation verwechselt werden können. Wird z.B. 01111110 als Synchronisationsbitfolge verwendet, muß dafür Sorge getragen werden, daß keine Folge von aufeinanderfolgenden sechs Einsen in den Nutzdaten als Synchronisationsbitfolge identifiziert werden kann. Nach jeweils fünf Einsen wird deshalb vom Sender eine Null eingefügt und vom Empfänger wieder entfernt.

Broadcasting: Beim Broadcastverfahren überträgt ein Sender gleichzeitig an alle angeschlossenen Systeme im Netzwerk. Besteht dagegen eine 1:1 Verbindung mit nur einem Kommunikationspartner, wird dieses Verfahren als Unicast bezeichnet.

Digital Subscriber Line (DSL): Digitales Zugangsverfahren zu Weitverkehrsnetzwerken. DSL ermöglicht hohe Bandbreiten für den daran angeschlossenen Endteilnehmer, unterliegt dabei aber auch strikten Längen- und Qualitätsrestriktionen bzgl. der verwendeten Netzwerkinfrastruktur. Der z.Z. meistverbreitete DSL-Dienst ist ADSL (Asynchronous DSL), der einen asynchronen Netzzugang mit Bandbreiten im Bereich 1 – 9 MHz (downstream) und 64 – 800 kbps (upstream) ermöglicht.

Dijkstra-Algorithmus: Nach E. Dijkstra benannter Algorithmus zur Ermittlung der von einem bestimmten Startknoten ausgehende kürzesten Pfade in einem Graphen. Der Dijkstra-Algorithmus kommt in Routingverfahren zum Einsatz, die den kürzesten Verbindungsweg vom Sender zum Empfänger zu ermitteln versuchen.

Distanzvektor-Routing: Routingverfahren, bei dem alle Router im Netzwerk ihre Routinginformation durch Austausch mit den direkt benachbarten Routern erhalten. Es wird davon ausgegangen, daß jeder Router die Distanz zu seinen direkten Nachbarn selbst feststellen kann. Die so erhaltene Routinginformation wird daraufhin mit allen Nachbarn ausgetauscht, bis letztendlich in einem mehrstufigen Prozeß alle Router im Netzwerk über die vollständige Routinginformation verfügen. Das Distanzvektor-Routing ist ein sehr einfaches Verfahren, das als das erste Routingverfahren im ARPANET zum Einsatz kam.

Distributed Queued Dual Bus (DQDB): DQDB ist ein Technologiekonzept für MANs, das auf zwei parallelen, gegenläufig betriebenen Bussen beruht. Sendewillige Endsysteme erhalten mittels einer verteilten Warteschlange das Zugriffsrecht auf einen Bus und können dann Zellen konstanter Länge übertragen. DQDB ist bei hoher Last effizient, jedoch nicht immer fair. DQDB-Netze können sich über mehrere hundert Kilometer erstrecken.

Flooding: Isoliertes Routingverfahren, bei dem ein ankommendes Datenpaket von einem Router über alle Anschlüsse weitergeleitet wird, bis auf den, über den das Datenpaket den Router erreicht hat. Um eine Überlastung des Netzwerks zu vermeiden, kann die Lebensdauer eines weitergeleiteten Datenpakets mit verschiedenen Verfahren begrenzt werden. Das Verfahren erzeugt zwar eine hohe Redundanz, findet aber stets einen kürzesten Weg.

Frame Relay: Verbindungsorientierte paketvermittelnde Netzwerktechnologie, die speziell Mitte der 80er Jahre für Weitverkehrsnetze entwickelt wurde. Frame Relay basiert auf einem asynchronen Zeitmultiplexverfahren. Übertragungsfehler werden dabei zwar erkannt, aber nicht automatisch korrigiert. Zwischen den kommunizierenden Endsystemen werden in einem Frame Relay Netzwerk virtuelle Verbindungen eingerichtet.

Global System for Mobile Communication (GSM): Mobilfunksystem der zweiten Generation mit der z.Z. weltweit größten Verbreitung. GSM basiert auf einzelnen Funkzellen, deren Ausdehnung in Abhängigkeit von der Teilnehmerdichte variiert. GSM arbeitet im Zeitmultiplexverfahren und bietet verschiedene Trägerdienste zur Datenkommunikation, die auf leitungs- oder paketvermittelten Verfahren auf einzelnen Kanälen mit jeweils bis zu 9,6 kbps Datenrate arbeiten:

- GPRS (General Packet Radio Service): Erreicht durch Kanalbündelung bis zu 160 kbps.
- HSCSD (High Speed Circuit Switched Data): Erreicht bis zu 57,6 kbps.
- EGPRS (Enhanced GPRS): Weiterentwicklung von GPRS, erreicht im stationären Betrieb bis zu 220 kbps.

Hop: Bezeichnet jeweils eine Teilstrecke von einem Endsystem zum nächstgelegenen Vermittlungsrechner bzw. zwischen zwei benachbarten Vermittlungsrechnern oder vom Vermittlungsrechner zu einem daran angeschlossenen Endsystem. Eine Route durch ein Netzwerk von einem Sender-Endsystem zu einem Empfänger-Endsystem setzt sich aus mehreren einzelnen Hops zusammen.

Hot-Potato-Routing: Isoliertes Routingverfahren, bei dem der Router versucht, ein ankommendes Datenpaket auf schnellstem Wege weiterzuleiten. Dazu wird zur Weiterleitung derjenige Anschluß des Routers gewählt, dessen Warteschlange am kürzesten ist. Bei diesem Verfahren muß das weitergeleitete Datenpaket oft Umwege in Kauf nehmen.

ISDN: Die WAN-Technologie Integrated Services Digital Network (dienstintegriertes digitales Fernnetz) integriert verschiedenartige Dienste wie Sprach-, Daten- und Bildkommunikation in einem einzigen Netz. ISDN stellt Kanäle mit je 64 kbps zur Verfügung. Es wurde als Ersatz für das alte analoge Telefonnetzwerk entwickelt und wird seit Mitte der 80er Jahre international flächendeckend ausgebaut.

isoliertes Routing: Bezeichnung für Routingverfahren, die lokal arbeiten und keine Information über die Netzwerktopologie mit ihren Nachbarn austauschen. Beispiele für diese Verfahren sind Flooding oder der Hot-Potato Algorithmus.

Link-State-Routing: Dezentrales, adaptives Routingverfahren (auch als SPF-Routing, Shortest Path First Routing, bezeichnet), bei dem jeder Router die Routinginformation, die er über seine direkten Nachbarn ermitteln kann, über eine Broadcastmeldung an alle anderen Router des Netzwerks versendet, die mit Hilfe dieser Information stets über die aktuelle Topologie des Netzwerks informiert sind. Routen werden im Link-State-Routing mit Hilfe des Dijkstra-Algorithmus berechnet.

Local Area Network (LAN): Räumlich begrenztes Rechnernetz, das nur eine begrenzte Anzahl von Endgeräten (Rechnern) aufnehmen kann. Ein LAN ermöglicht eine effiziente und gleichberechtigte Kommunikation aller daran angeschlossenen Endsysteme. In der Regel teilen sich dazu die angeschlossenen Rechner ein gemeinsam genutztes Übertragungsmedium.

Local Loop: Bezeichnung für die Teilnehmeranschlußleitung von der Ortsvermittlungsstelle zum Endteilnehmer. Die überbrückte Distanz zwischen Ortsvermittlungsstelle wird auch als **letzte Meile** bezeichnet, die über ein dediziertes Übertragungsmedium realisiert wird (im Gegensatz zum gemeinsam genutzten LAN-Medium).

Mobiles Routing: Sonderform des Routings für Netzwerke mit mobilen Netzwerkknoten. Ein mobiler Netzwerkknoten kann sich frei durch verschiedene leitungsungebundene Netzwerke (WLANs) bewegen. Daher muß ein Router zuerst dessen Aufenthaltsort bestimmen, bevor ein Datenpaket an den mobilen Netzwerkknoten weitergeleitet werden kann. Das angewendete Verfahren (**Mobile IP**) setzt voraus, daß der mobile Knoten stets eine fest zugeordnete Adresse in einem Heimatnetzwerk besitzt. Betritt der mobile Netzwerkknoten ein fremdes Netzwerk, muß er sich dort bei einem speziellen Router (**Foreign Agent**) anmelden, der Kontakt zu einem Router im Heimatnetz des mobilen Knotens aufnimmt (**Home Agent**). Gemeinsam organisieren diese dann die korrekte Weiterleitung der an den mobilen Knoten adressierten Datenpakete.

Modem: Zur Datenübertragung über ein analoges Telefonnetz muß zur Umwandlung der digitalen Signale in analoge Signale und zurück ein Modem eingesetzt werden. Dazu wird das Frequenzspektrum des digitalen Ursprungssignals mit der sogenannten **Modulation** in den Frequenzbereich des analogen Telefonnetzes verschoben. Die **Demodulation** macht diese Verschiebung wieder rückgängig.

Multicasting: Bei einer Multicastübertragung sendet eine Quelle gleichzeitig an eine Gruppe von Empfängern. Es handelt sich dabei um eine 1:n-Kommunikation. Multicast ist häufig zur Übertragung von Multimediadaten genutzt.

Next Hop Forwarding: Vermittlungsvariante in einem paketvermittelten Netzwerk. Die jeweiligen Vermittlungsrechner speichern keine Information über die gesamte Route, die ein Datenpaket zu einem anderen Endsystem zurücklegen muß, sondern jeweils nur zum nächsten zurückzulegenden Teilabschnitt (Hop).

Paketvermittlung Die vorherrschende Kommunikationsmethode in digitalen Netzen. Die Nachricht wird dabei in einzelne Datenpakete fester Größe zerlegt und die Pakete werden einzeln und unabhängig voneinander vom Sender über eventuell vorhandene Vermittlungsstellen zum Empfänger gesendet. Man unterscheidet **verbindungsorientierte** und **verbindungslose** (Datagrammnetz) Paketvermittlungsnetze. In verbindungsorientierten Paketvermittlungsnetzen wird vor dem Start der eigentlichen Datenübertragung eine Verbindung über fest gewählte Vermittlungsstellen im Netz aufgebaut. In verbindungslosen Paketvermittlungsnetzen wird dagegen kein fester Verbindungsweg festgelegt.

Plesiochrone Digitale Hierarchie (PDH) Die PDH definiert eine auf synchronem Zeitmultiplexing basierende WAN-Technologie, in der Signale aus unterschiedlichen Quellen über einen gemeinsamen Kanal versendet werden. Die Bandbreiten der unterschiedlichen Kanäle sind dabei allerdings nicht wirklich gleich, sondern nur annähernd gleich (daher die Bezeichnung von plesios=[griech.]nahe). Da es sich um ein synchrones

Verfahren handelt, müssen die Unterschiede ausgeglichen werden, was mit dem sogenannten **Bitstopfen** möglich ist.

Router: Vermittlungsrechner, der in der Lage ist, zwei oder mehrere Teilnetze miteinander zu verbinden. Router arbeiten in der Transportschicht (IP-Layer) des Netzwerks und sind in der Lage, ankommende Datenpakete gemäß ihrer Zieladresse auf der kürzesten Route durch das Netzwerk weiterzuleiten.

Routing: In einem WAN liegen entlang des Weges zwischen Sender und Empfänger oft mehrere Schaltelemente, die eine Vermittlung der versendeten Daten an den jeweiligen Empfänger übernehmen. Die Ermittlung des korrekten Weges vom Sender zum Empfänger wird als Routing bezeichnet. Die dedizierten Vermittlungsstellen (**Router**) empfangen dabei ein versendetes Datenpaket, werten dessen Adressinformation aus und leiten es entsprechend an die designierten Empfänger weiter.

Routingtabelle: Grundlegende Datenstruktur von Routern, die Teilstreckeninformationen zur Weiterleitung der ankommenden Datenpakete enthält. Jeder Zieladresse wird in der Routingtabelle ein bestimmter Ausgang (Port) des Routers zugewiesen, über den die nächste Etappe – ein **Hop** – auf dem Weg des Datenpakets zu seinem Empfänger verläuft.

Routingalgorithmus: Ein Berechnungsverfahren zur Erstellung der Routingtabelle. Man unterscheidet statische und dynamische Routingalgorithmen, die sich dynamisch (adaptiv) Veränderungen in der Netzwerktopologie anpassen können. Routingalgorithmen können von einer zentralen Stelle im Netzwerk oder von jedem Router selbst durchgeführt werden.

Signalisierung: Bezeichnung für den Austausch aller Information, die für den Aufbau, zur Überwachung und zum Abbau von Verbindungen im Telekommunikationsnetz erforderlich sind. Diese Aufgabe wird auch als **Call Control** oder **Connection Control** bezeichnet. Man unterscheidet grundsätzlich zwischen **In-Band-Signalisierung** (In Band Signalling), in der die Signalinformation im gleichen logischen Kanal wie die Nutzdaten übertragen, und die **Außer-Band-Signalisierung** (Out-of-Band Signalling), bei der ein separater logischer Kanal zur Übertragung der Steuer- und Kontrollinformation verwendet wird.

Spannbaum: Als Spannbaum eines Graphen wird derjenige Subgraph bezeichnet, der alle Knoten des ursprünglichen Graphens enthält, sowie alle die Kanten, die notwendig sind, um die ursprüngliche Erreichbarkeitsrelation des Graphens zu erhalten, ohne daß dabei Schleifen auftreten. In Netzwerken wird damit diejenige Teilmenge des Netzes bezeichnet, die alle Router ohne eventuelle Schleifen beinhaltet.

Speichervermittlung: Vermittlungsverfahren in einem Netzwerk, bei dem keine feste Verbindung zwischen Sender und Empfänger geschaltet werden muß. Die vom Sender übermittelte Nachricht wird an den Vermittlungsstellen des Netzwerks jeweils zwischengespeichert, bevor sie auf ihren weiteren Weg gebracht wird. Man unterscheidet Nachrichtenvermittlung (**Message Switching**), bei der die vollständige Nachricht des Senders an der Vermittlungsstelle gespeichert wird, und Paketvermittlung (**Packet Switching**), bei dem die Nachricht vom Sender in einzelne Datenpakete zerlegt wird, die unabhängig voneinander über das Netzwerk übertragen werden.

Synchrone Digitale Hierarchie: Die als Synchrone Digitale Hierarchie bezeichnete Datenübertragungstechnik stellt eine auf synchronem Multiplexing basierende Übertragungstechnik dar, die speziell für die Medien Lichtwellenleiter und Richtfunk konzipiert wurde. SDH stellt derzeit den primären Standard für Netzwerke im WAN-Bereich dar und wird in Zukunft noch mehr in den Vordergrund treten.

Universal Mobile Telecommunication System (UMTS): Mobilfunksystem der dritten Generation, dessen Einführung ab 2003 beginnt und das in der Datenkommunikation Datenraten von bis zu 2 Mbps (im quasistationären Betrieb) erlaubt.

Vorgaberouting (Default Routing): Um das Vorkommen mehrfach identischer Einträge in Routingtabellen zu vermeiden, wird jedem Router eine Vorgaberoute (**Default Route**) zugewiesen und die korrespondierenden Einträge in der Routingtabelle einfach gestrichen. Ist zu einem bestimmten Ziel kein Eintrag in der Routingtabelle vorhanden, wird zur Weiterleitung des betreffenden Datenpakets die Vorgaberoute verwendet.

Wide Area Network (WAN): Frei skalierbares Rechnernetz, das keiner räumlichen oder kapazitätsmässigen Beschränkung unterliegt. Einzelne Teilnetze werden dabei durch Vermittlungssysteme (Router) miteinander verbunden, die den Datentransfer im WAN koordinieren. Die WAN-Technologie liefert die Grundlagen für das **Internetworking**

X.25: Paketvermittelnde Technologie für Weitverkehrsnetze, die Anfang der 70er Jahre standardisiert wurde. Sie ermöglicht den Aufbau mehrerer virtueller Verbindungen zwischen zwei Endsystemen (innerhalb dieser Norm als DTE, Data Terminal Equipment bezeichnet). X.25 gilt als erste Generation der öffentlichen Datenübertragungstechnik und wird heute noch von vielen Netzbetreibern unterstützt, insbesondere in Europa.

Zugangsnetzwerk: Für gewöhnlich verfügt der normale Endteilnehmer nicht über einen eigenen, direkten Zugang zu einem Weitverkehrsnetzwerk (WAN). Aufgrund der hohen Kosten bleibt dies größeren Unternehmen bzw. wissenschaftlichen und militärischen Organisationen vorbehalten. Der Endteilnehmer erreicht den Zugang zum WAN über ein meist bereits existierendes Zugangsnetzwerk, wie z.B. das analoge Telefonnetzwerk, das den Zugang zum WAN vermittelt.

7. Wie das Internet funktioniert – Internetworking

„On the Internet, nobody knows you're a dog"
– George Steiner, in „The New Yorker"
(Vol.69 (LXIX)), 1993

Zum Jahreswechsel 2003 jährte sich die Umstellung des Internets vom damaligen NCP (Network Control Protocol) auf das moderne TCP/IP zum zwanzigsten Mal. Geboren aus den alltäglichen Anforderungen der Praxis und bei weitem auch nicht als endgültige Lösung gedacht, stellt TCP/IP mit dem Internet Protocol Version 4 (IPv4) auch heute noch das Kernstück der eigentlichen Internet-Technologie dar. Das parallel von der ISO entwickelte ISO/OSI-Referenzmodell für Kommunikationsprotokolle, das als universeller und endgültiger Standard im Bereich der Netzwerkkommunikation gedacht war, konnte sich nicht gegen das an vielen Stellen unzulängliche, doch in der Praxis robust und stabil funktionierende TCP/IP durchzusetzen, und fristet heute lediglich ein Dasein als paradigmatisches Lehrbeispiel. Auch ist seit Jahren klar, daß das ursprüngliche IP-Protokoll den Anforderungen des explosionsartig gewachsenen und inzwischen auch für kommerzielle Anwendungen genutzten Internets nicht mehr gewachsen und eine Erneuerung dringend erforderlich ist. Mit IPv6, der nächsten Generation des IP-Protokolls, scheint man für kommende Anforderungen bestens gerüstet, doch gestaltet sich der Übergang von der alten Version auf die neue, der unzählige Anpassungen und erhebliche Investitionen verlangt, sehr schwierig.

Sind wir bislang davon ausgegangen, uns in einer homogenen Netzwerkinfrastruktur zu bewegen, also auf jedem Rechner des Netzwerks in den jeweiligen Protokollschichten identische Protokolle vorzufinden, bietet sich in der Praxis ein ganz anderes Bild: Eine unüberschaubare Vielzahl von Anbietern und Protokollen konkurrieren in den einzelnen Netzwerkinseln, die allerdings – so das erklärte Ziel – alle zu einer dem Nutzer homogen erscheinenden Netzwerkinfrastruktur, einem **Internet**, zusammengebunden werden sollen. Das vorliegende Kapitel behandelt diejenigen Probleme, die gelöst werden müssen, wenn zwei oder mehrere, heterogene Netzwerke auf der Protokollebene tatsächlich zusammenarbeiten sollen.
Bis vor wenigen Jahren noch stand das in diesem Zusammenhang verwendete **Internet-Protocol** (**IP**) gleichberechtigt neben einer Reihe von herstellerspezifischen Protokollen wie DECNet, IPX oder SNA. Doch mit dem Siegeszug des globalen Internet entwickelte sich IP zum Standardprotokoll für die Netzwerk-übergreifende Rechnerkommunikation schlechthin. Um über das unzuverlässig arbeitende IP zuverlässige Dienste anbieten zu können, wurde

das **Transmission Control Protocol** (**TCP**) entwickelt, das heute einen weiteren Grundpfeiler des globalen Internet darstellt.
IP und TCP zusammen mit ergänzenden Protokollen der Netzwerk-und Transportschicht des TCP/IP-Referenzmodells sind das Thema des vorliegenden Kapitels.

7.1 Virtuelle Netze

Aus der Sicht eines Nutzers erscheint das Internet als einheitliches, großes und zusammenhängendes Netzwerk, dessen Komponenten anscheinend nahtlos ineinandergreifen. Doch der Schein trügt. Eine Vielzahl unterschiedlicher Netzwerktechnologien und Netzwerkprotokolle sind beteiligt, und nur eine sehr komplexe Internet-Software vermag es, die Details der physischen und logischen Verbindungen der Einzelkomponenten vor dem Nutzer zu verbergen. So kann das Internet auch als **virtuelles Netzwerk** bezeichnet werden, denn die Kombination aus eingesetzter Hard- und Software erweckt die Illusion eines einheitlichen Netzwerks, das dergestalt eigentlich gar nicht existiert.
Sollen mehrere Netzwerke von unterschiedlichem Typ gemeinsam betrieben werden, stellt sich sofort ein Problem: Prinzipiell können zunächst nur diejenigen Rechner miteinander kommunizieren, die an dasselbe Netzwerk angeschlossen sind. Die Kommunikation mit Rechnern, die an ein anderes Netzwerk mit unterschiedlichen technischen und logischen Parametern angeschlossen sind, erfordert die Entwicklung und Bereitstellung von entsprechenden Übersetzungs- und Umsetzungsmechanismen. Auf dieses Problem wurde man erstmals zu Beginn der 70er Jahre aufmerksam, als verschiedene Großunternehmen begannen, mehrere unterschiedliche Netzwerke gleichzeitig zu betreiben, und die dringende Nachfrage nach einer Rechnerkommunikation über die jeweiligen Netzwerkgrenzen der einzelnen Netzwerkinseln hinweg entstand. Zu dieser Nachfrage kam es z.B., wenn in den einzelnen Netzwerkinseln unterschiedliche Aufgaben erledigt wurden, und ein Firmenmitarbeiter oder leitender Angestellter Zugang zu den Ergebnissen in den verschiedenen Netzwerken und voneinander entfernten Rechnern benötigte. Davon getrieben und im Bewußtsein des großen Produktivitäts- und Innovationspotenzials, wurde nach Lösungswegen gesucht, die eine solche Rechnerkommunikation ermöglicht, und zwei beliebige Rechner, die zu verschiedenen Netzwerken gehörten, miteinander kommunizieren zu lassen.
Zur Lösung dieses Problems sollte ein **Universaldienst** (Universal Service) entwickelt werden, mit dem ein Nutzer von einem beliebigen Rechner des Unternehmens aus an einen anderen, beliebigen Rechner irgendwo im Unternehmen Nachrichten oder Daten versenden kann, die für einen Nutzer dort bestimmt sind. Alle anfallenden Aufgaben könnten so von einem einzigen Rechner aus erledigt werden, und es entfiele die Notwendigkeit, für die Erledigung der unterschiedlichen Aufgaben jeweils Zugang zu separaten Rechnern

in Anspruch zu nehmen. Mit einem solchen Universaldienst könnten so alle verfügbaren Information auf allen Rechnern eines Unternehmens, die sich jeweils auch in unterschiedlichen Netzwerken befinden können, verfügbar gemacht werden.
Allerdings stellte sich bei der Realisierung eines Universaldienstes die Schwierigkeit, daß die unterschiedlichen LAN-Netzwerktechnologien meist untereinander vollkommen unverträglich und inkompatibel sind. Wie bereits im Kapitel 5 erläutert, unterliegen LANs zum einen Restriktionen hinsichtlich ihrer geografischen Ausdehnung, als auch ihrer Kapazität, also der Anzahl der angeschlossenen Rechensysteme. Daneben verfügen unterschiedliche LAN-Technologien über jeweils spezielle eigene technisch-physikalische und logische Parameter, so daß ein „einfacher“ Zusammenschluß der unterschiedlichen Technologien vollkommen unmöglich ist.
Ein Universaldienst muß also in der Lage sein, diese Inkompatibilitäten zu bewältigen. Um mehrere heterogene Netzwerke miteinander zu verbinden, wird zusätzliche Hardware und Software benötigt. Die zusätzlich eingesetzte Hardware dient der physikalischen Koppellung der inkompatiblen Netzwerktypen, während die zusätzliche Software die Aufgabe hat, den Universaldienst auf allen Komponenten der jetzt miteinander verbundenen Netzwerke zu installieren, um so eine transparente Kommunikation zu ermöglichen. Das mit Hilfe eines solchen Universaldienstes durch Zusammenschluß verschiedener Netzwerke entstandene Gebilde wird als **Internet** bezeichnet. Natürlich ist das globale Internet auch ein solches Internet, mit Sicherheit das berühmteste.

7.1.1 Zusammenschluß von WANs/LANs

Werden mehrere heterogene Netzwerke miteinander zu einem Internet verbunden, können unterschiedliche Kombinationen von Netzwerktypen auftreten. Wie in Abb. 7.1 dargestellt, sind prinzipiellfolgende Kombinationen denkbar:

- **LAN-LAN**
  Innerhalb desselben Unternehmens können Daten zwischen unterschiedlichen LANs ausgetauscht werden. So kann z.B. ein Mitarbeiter der Verkaufsabteilung die Urlaubsplanung aus der Personalabteilung anfordern.
- **LAN-WAN**
  Ein Mitarbeiter eines Unternehmens kommuniziert mit einem Kunden, der über einen Internetprovider an ein entferntes WAN angeschlossen ist. Vom LAN des Unternehmens wird hier eine Verbindung zu dem adressierten WAN hergestellt, um Daten auszutauschen.
- **WAN-WAN**
  Zwei Privatleute, die jeweils über einen kommerziellen Internetprovider an ein WAN angeschlossen sind, tauschen Daten aus.

- **LAN-WAN-LAN**
  Mitarbeiter zweier Unternehmen, die jeweils über eigene LANs verfügen tauschen Nachrichten miteinander aus, wobei die beteiligten LANs über ein WAN miteinander verbunden sind.

Die unterschiedlichen Verbindungsmöglichkeiten sind in Abb. 7.1 jeweils durch eine separate, gepunktete Verbindung angedeutet. Um diese Verbindungen herzustellen, benötigt man jeweils spezielle Verbindungshardware, die durch kleine Kästchen zwischen den schematisch dargestellten Netzwerken angedeutet sind. Diese spezielle Verbindungshardware ist notwendig, um die erforderlichen physikalischen und logischen Umsetzungen zwischen den beteiligten Netzwerktypen vorzunehmen.

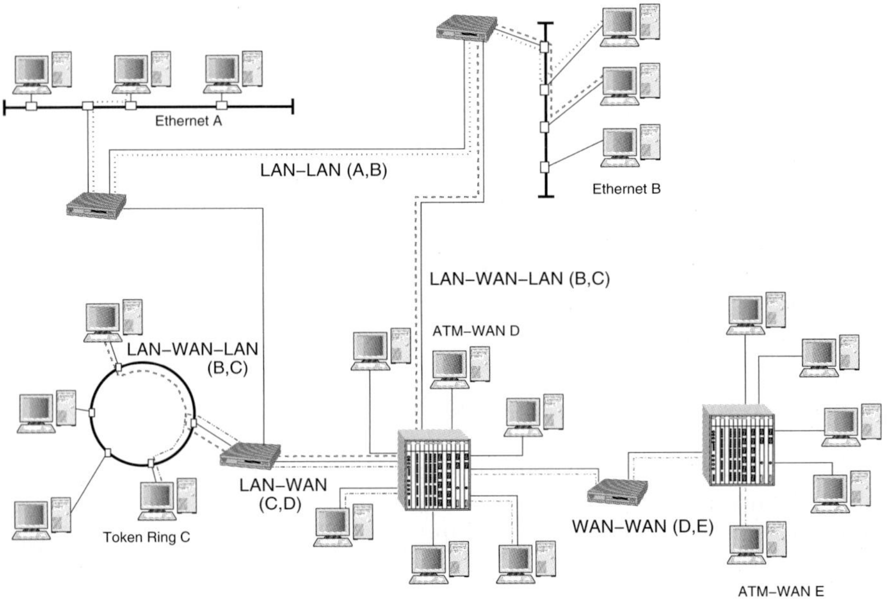

Abb. 7.1. Internetworking

Die jeweils zur Verbindung zweier Netzwerke benötigte Verbindungshardware erhält ihre Bezeichnung entsprechend der Schicht im Internet-Protokollstapel, auf der sie arbeitet (vgl. Abb. 7.2). Folgende Terminologie kommt dabei für die unterschiedlichen Schichten zum Einsatz:

- **Schicht 1**
  In der untersten Schicht kommen sogenannte **Repeater** zum Einsatz. Ihre Aufgabe besteht in der reinen Signalverstärkung, um die Reichweite von LANs zu steigern. Repeater verfügen über keinerlei Zwischenspeicher und reichen die ankommenden Bits lediglich weiter.

Zwischen- und Vermittlungssysteme im Internet

Ein Internet wird mit Hilfe sogenannter **Router** als Zwischensystemen verknüpft, die die Aufgabe der Paketvermittlung übernehmen. Je nach angebotenem Funktionsumfang lassen sich – in Abhängigkeit von der Protokollschicht, zu der die zur Verfügung gestellten Funktionen gehören – die verschiedenartigen Zwischensysteme in unterschiedliche Kategorien (Repeater, Bridge, Router und Gateway) unterteilen.

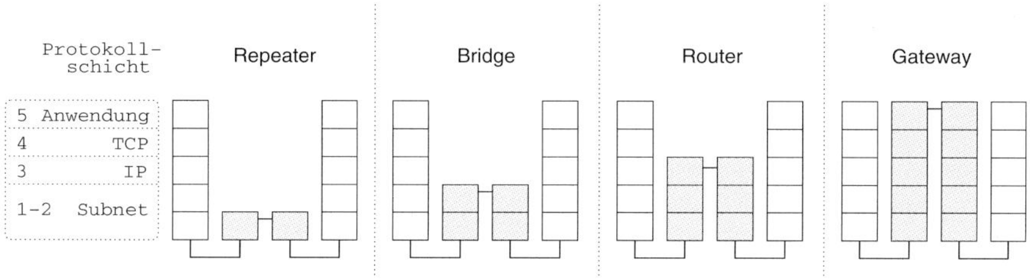

- **Repeater** arbeiten auf der untersten Schicht, der physikalischen Schicht im Kommunikationsprotokollstapel und bewirken eine reine Signalverstärkung, um größere Distanzen überbrücken zu können.
- **Bridges** verbinden Netzsegmente auf der zweiten Schicht, der Transportschicht, und werden zur Erweiterung von LANs eingesetzt. Sie leisten gleichzeitig ein Verkehrsmanagement, indem sie den lokalen Verkehr auch lokal halten. Zur Koppelung weit entfernter Netzwerkinseln werden sogenannte **Remote Bridges** eingesetzt.
- **Router** verbinden einzelne (autarke) Netze zu einem Internet, die dadurch zu Teilnetzen werden. Sie arbeiten auf Schicht 3 des Kommunikationsprotokollmodells und trennen die Subnetze logisch. Router sind vom jeweilig eingesetzten Netzwerkprotokoll abhängig und müssen die Netzwerktopologie kennen, um ihre Aufgabe erfüllen zu können.
- **Gateways** verbinden Netzwerke zu einem neuen System. Sie ermöglichen die Kommunikation zwischen Anwendungsprogrammen auf unterschiedlichen Endsystemen und sind in der Anwendungsschicht des Kommunikationsprotokollmodells angesiedelt. Sie sind prinzipiell in der Lage, unterschiedliche Anwendungsprotokolle ineinander zu übersetzen. Diese Tätigkeit macht Gateways allerdings von den jeweils eingesetzten Anwendungsprogrammen abhängig.

Abb. 7.2. Zwischen- und Vermittlungssysteme im Internet

- **Schicht 2**
  Auf der Bitübertragungsschicht des Netzwerks können Netzsegmente über sogenannte **Bridges** miteinander verbunden werden. Im Gegensatz zu Repeatern verfügen Bridges über eigene Zwischenspeicher, in denen die ankommenden Datenpakete vor ihrer Weiterleitung gespeichert werden. Nach Ankunft der Datenpakete wird eine einfache Fehlererkennung über die in den Datenpaketen mit versendeten Prüfsummen durchgeführt. Desweiteren können Bridges Veränderungen im Header der Datenpakete vornehmen. Dies betrifft aber ausschließlich Header der Schicht 2. Header der darüberliegenden Schichten werden als reine Nutzdaten behandelt, ohne daß Informationen aus diesen verwendet werden könnten.

- **Schicht 3**
  Zwischen verschiedenen Netzwerken vermitteln auf der Netzwerkschicht sogenannte **Router**, deren Aufgabe auch darin besteht, für die ankommenden Datenpakete den nächsten Abschnitt auf ihrem Weg zum jeweils festgelegten Ziel zu bestimmen. Ankommende Datenpakete werden zwischengespeichert, der Datenheader ausgewertet und entsprechend der dort angegebenen Adressen die Weiterleitung organisiert. Wird das Datenpaket an ein Netzwerk weitergegeben, auf dem ein anderes Netzwerkprotokoll mit anderem Datenpaketformat implementiert ist, muß der Router eine entsprechende Umformatierung vornehmen. Router, die dazu in der Lage sind, werden als **Multiprotokoll-Router** bezeichnet.
- **Schicht 4**
  Um eine Verbindung oberhalb der Netzwerkschicht zu ermöglichen, sind sogenannte **Gateways** notwendig. Auf der Transportschicht des Netzwerks verbinden Transport-Gateways unterschiedliche Byte-Ströme miteinander.
- **Schicht 5**
  Ebenso wie auf der Transportschicht kommen auf der Anwendungsschicht **Gateways**, hier Application-Gateways genannt, zum Einsatz. Die Aufgabe eines Application-Gateways besteht darin, zwei Komponenten einer verteilten Anwendung, die auf Rechnern unterschiedlicher Netzwerke abläuft, miteinander zu verbinden. So kann z.B. zur Weiterleitung von Emails ein spezielles Email-Gateway verwendet werden, das zudem noch in der Lage ist, zwischen verschiedenen Email-Anwendungen und deren Implementationen zu vermitteln.

Diese strikte begriffliche Unterscheidung ist in der Praxis nur selten anzutreffen. Oft vereinigen die auf dem Markt angebotenen Zwischensysteme Eigenschaften von Bridges, Routern und Gateways in sich.
Kommt ein Gateway zwischen den Netzwerken zweier großer Organisationen oder gar zweier Staaten zum Einsatz, muß die Konfiguration der Verbindungshardware von den damit verbundenen Organisationen gemeinsam durchgeführt werden. Je größer die beteiligten Parteien, desto komplizierter gestaltet sich dabei die Reglementierung beim kontrollierenden und steuernden Zugriff auf die betreffende Schnittstelle. Daher wird hier oft eine Aufteilung der Verbindungshardware in zwei Teile vorgenommen, die jeweils vollständig unter der Kontrolle von einem der Verbindungspartner stehen. Im Gegensatz zu einem einzelnen **Voll-Gateway** (Full-Gateway) werden dann zwei **Halb-Gateways** (Half-Gateways) eingesetzt, und die darüber verbundenen Parteien müssen sich lediglich auf ein gemeinsames Verbindungsprotokoll einigen, das zwischen den beiden Half-Gateways eingesetzt wird. Die Konfiguration des jeweiligen Half-Gateways unterliegt einzig und alleine der Kontrolle einer der beiden Partein und gestaltet sich somit weniger restriktiv, als das bei einer Koordination der beiden Parteien der Fall wäre (siehe Abb. 7.3).

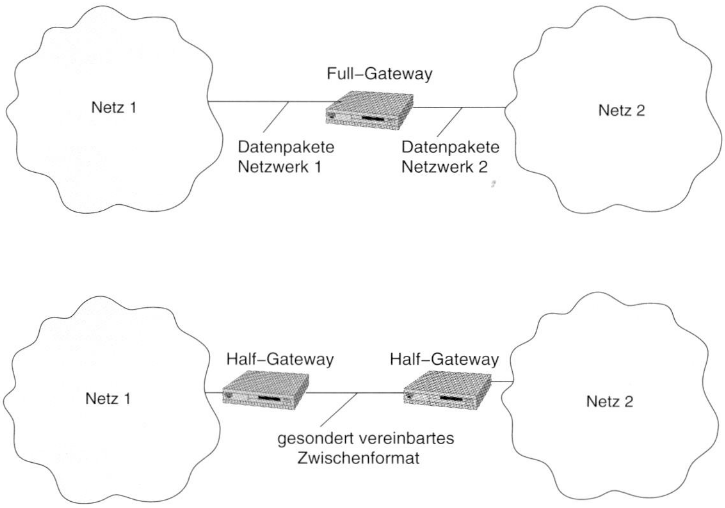

Abb. 7.3. Verbindung über Full-Gateway und Half-Gateway

7.1.2 Internetworking

Netzwerke von unterschiedlicher Technologie zu verbinden, ist in der Praxis ein sehr anspruchsvolles Unterfangen. Dies liegt vor allen Dingen in der Vielzahl der physikalisch-technischen und logischen Parameter begründet, in denen sich Netzwerktechnologien voneinander unterscheiden können. Sind zwischen Sender und Empfänger mehrere unterschiedliche Netzwerktypen zu überbrücken, so müssen an den Schnittstellen zwischen den einzelnen Netzwerken eine Reihe von Umsetzungsproblemen gelöst werden, die in deren unterschiedlichen Betriebsparametern und Datenformaten begründet liegen. Zu diesen zählen:

- **Verbindungsorientierter und verbindungsloser Dienst**
  Bei der Umsetzung von Datenpaketen aus Netzwerken, die einen verbindungsorientierten Dienst anbieten, in Netzwerke, die nur über einen verbindungslosen Dienst verfügen, geraten die passierenden Datenpakete schnell aus ihrer ursprünglichen Ordnung. Der Empfänger kann die ursprünglichen Daten nicht mehr korrekt interpretieren, wenn er die Empfangsordnung für die korrekte Reihenfolge hält.
- **Kommunikationsprotokolle**
  In unterschiedlichen Netzwerken können vielfältige Kommunikationsprotokolle zum Einsatz kommen, wie z.B. IP, IPX, AppleTalk, DECNet oder SNA. An den Schnittstellen der Netzwerke müssen daher Protokollumsetzungen stattfinden. Allerdings sind diese nicht immer vollständig möglich, da nicht alle Kommunikationsprotokolle über eine identische Funktionalität verfügen und so Information auch verloren gehen kann.

- **Adressierung**
Eine einheitliche, netzwerkübergreifende Adressierung ist in unterschiedlichen Netzwerktechnologien nicht gegeben. Daher muß an den Schnittstellen der Netzwerke eine entsprechende Adreßumsetzung stattfinden. Um dies zu bewerkstelligen, sind Verzeichnisdienste notwendig, die eine Zuordnung der unterschiedlichen Adreßtypen erlauben.
- **Multicasting**
Trifft eine Multicast-Nachricht bei ihrem Weg durch ein Internet auf ein Netzwerk, das Multicasting nicht unterstützt, muß die Nachricht entsprechend oft repliziert werden, damit sie alle Adressaten erreicht.
- **Maximale Paketgröße**
Unterschiedliche Netzwerktechnologien verfügen über unterschiedliche maximale Paketgrößen. Soll ein Datenpaket ein Netzwerk passieren, dessen Paketgröße länger ist, als in diesem Netzwerk erlaubt, muß es (eventuell erneut) fragmentiert werden. Da nicht stets von einer garantierten Dienstgüte ausgegangen werden kann, müssen Mechanismen vorgesehen werden, die Sorge tragen, daß das erneut zerlegte Datenpaket korrekt und vollständig den Empfänger erreicht und in der richtigen Reihenfolge wieder zusammengesetzt wird.
- **Dienstgüte (Quality of Service)**
Viele Netzwerke sind nicht in der Lage, mit Echtzeit-Daten, die nahezu isochron auszuliefern sind, umzugehen. Passieren derartige Echtzeit-Daten ein Netzwerk, das diesbzgl. keine Garantien übernehmen kann, ist die korrekte Zustellung der betreffenden Daten beim Empfänger in Frage gestellt.
- **Fehlerbehandlung**
Mechanismen zur Fehlerbehandlung reagieren in verschiedenen Netzwerktechnologien in unterschiedlicher Weise auf das Auftreten von Übertragungsfehlern. Vom simplen Verwerfen eines fehlerhaften Datenpakets (Discarding), über eine Neuanforderung fehlerhafter Pakete bis hin zur automatischen Fehlerkorrektur sind viele Varianten denkbar. Tritt nun tatsächlich ein Übertragungsfehler auf, so kann dieses unterschiedliche Verhalten der bei der Übertragung beteiligten Netzwerke zu Problemen führen.
- **Flußsteuerung (Flow Control)**
Auch hier können in unterschiedlichen Netzwerktechnologien verschiedene Verfahren zur Anwendung kommen, die eine Überlastung der beteiligten Endsysteme vermeiden helfen. Vorallem in Verbindung mit unterschiedlichen Mechanismen zur Fehlerbehandlung, Überlaststeuerung und unterschiedlichen Paketgrößen der beteiligten Netzwerke kann es zu Problemen kommen.
- **Überlaststeuerung (Congestion Control)**
Zur Vermeidung von Überlast bei den beteiligten Zwischensystemen in den einzelnen Netzwerken kommen z.T. unterschiedliche Algorithmen zum Einsatz. Im Zusammenhang mit unterschiedlichen Mechanismen zur Fehler-

behandlung können Datenpaketverluste in Folge von Router-Überlastung auftreten.

- **Sicherheit**
  Neben unterschiedlichen Mechanismen der Datenverschlüsselung können in den beteiligten Netzwerken in Bezug auf die Verwaltung vertraulicher, privater Daten verschiedene Regeln zum Einsatz kommen. Eine Koordination und Umsetzung spezifischer Regularien ist aufwendig und nicht immer vollständig möglich.
- **Abrechnungssysteme (Accounting)**
  In verschiedenen Netzwerken können unterschiedliche Abrechnungssysteme eingesetzt werden, die die Nutzung des Netzwerks anhand unterschiedlicher Parameter, wie z.B. Verbindungszeit oder übertragene Datenmenge, abrechnen. Selbst die übertragene Datenmenge kann dabei unterschiedlich in Bit, Byte oder Anzahl Datenpakete abgerechnet werden.

Verbindungsorientiertes Internetworking. Ebenso wie bei einem einzelnem Netzwerk kann im Falle der Vernetzung mehrerer Netzwerke zwischen einem verbindungsorientierten und einen verbindungslosen Datenübertragungsdienst unterschieden werden. Werden z.B. einzelne verbindungsorientierte Netzwerke zusammengeschaltet und soll über diese eine Verbindung aufgebaut werden, so spricht man von **verbundenen virtuellen Verbindungen** (**Concatenated Virtual Circuits**).
Dabei wird eine Verbindung zu einem Endsystem in einem entlegenen Netzwerk prinzipiell auf dieselbe Weise aufgebaut wie in einem verbindungsorientierten Einzelnetzwerk (siehe Abb. 7.4): Auf Initiative des Senders erkennt das Subnetz des Senders, daß eine Verbindung zu einem Endsystem außerhalb des Subnetzes aufgebaut werden soll. Dazu wird als erstes eine Verbindung zu demjenigen Router geschaltet, der dem Netzwerk des adressierten Endsystems am nächsten liegt. Von dort aus wird eine Verbindung zu einem externen Gateway, meist einem Multiprotokoll-Router, geschaltet, über den der Pfad zum Netzwerk des adressierten Endsystems führt. Das Gateway registriert diese virtuelle Verbindung in seinen Routing-Tabellen und fährt damit fort, eine Verbindung zu einem geeigneten Router im nächsten Netzwerk entlang des Verbindungspfades aufzubauen. Dieser Prozeß wird solange fortgesetzt, bis eine Verbindung zum ursprünglich gewünschten Adressaten hergestellt ist.
Sobald der eigentliche Datenverkehr entlang der geschalteten Verbindung aufgenommen wird, leitet jeder Router die ankommenden Datenpakete weiter und nimmt dabei alle notwendigen Übersetzungen von Datenformaten und Kommunikationsparametern vor, die für das jeweils beteiligte Netzwerk erforderlich sind. Dazu wird für jede einzelne geschaltete Verbindung innerhalb eines Netzwerks eine feste Identifikationsnummer vergeben, die ebenfalls in den vermittelnden Zwischensystemen umgesetzt werden muß. Die Router verwalten zu diesem Zweck in ihren Routing-Tabellen die Identifikationsnummern der jeweils zu vermittelnden Verbindungen. Entlang einer

derartigen Verbindung durchlaufen die versendeten Datenpakete die Router stets in unveränderter Reihenfolge, so daß die Datenpakete den Empfänger in der ursprünglichen Ordnung erreichen.
Diese Art der Verbindung arbeitet am zuverlässigsten, wenn sich die verbundenen Netzwerke möglichst stark ähneln. Nur wenn jedes der beteiligten Netzwerke einen zuverlässigen Dienst anbietet, kann auch der Netzverbund einen zuverlässigen Dienst anbieten.

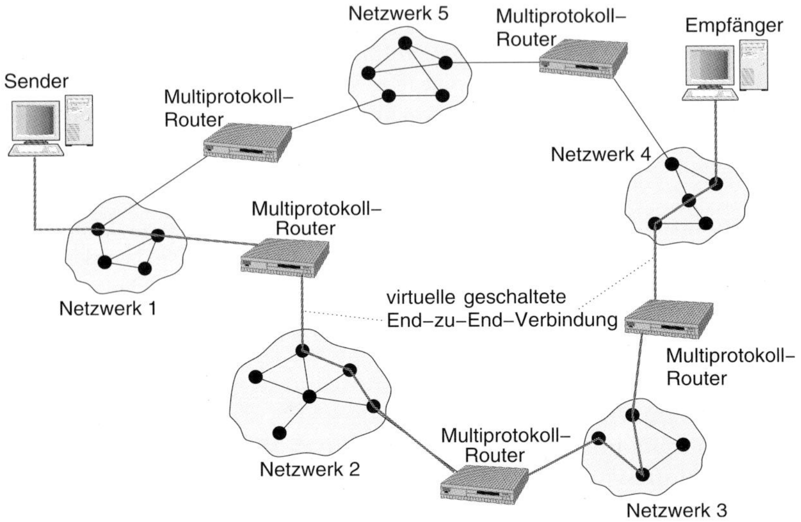

Abb. 7.4. Virtuelle Verbindungen (Concatenated Virtual Circuits)

Prinzipiell gelten für das verbindungsorientierte Internetworking dieselben Vor- und Nachteile wie für ein einfaches verbindungsorientiertes Netzwerk: Pufferspeicher kann bereits vor dem Datentransfer alloziert werden, die Einhaltung der ursprünglichen Reihenfolge wird garantiert, der notwendige Overhead an zusätzlicher Steuerinformation im Datenheader ist gering und Probleme mit verzögerten oder duplizierten Datenpaketen treten in der Regel nicht auf. Auf der anderen Seite wird für jede bestehende Verbindung bei den beteiligten Routern zusätzlicher Speicherplatz in den Routing-Tabellen benötigt. Tritt eine Überlastung oder ein Ausfall eines Zwischensystems auf, kann auf keine alternative Route ausgewichen werden.

Verbindungsloses Internetworking. Im Gegensatz zum verbindungsorientierten Ansatz werden in dieser Variante Datagramm-Netzwerke zusammengeschaltet, also Netzwerke, die jeweils nur einen verbindungslosen Dienst anbieten. Um einen Datentransfer zu einem entfernten Endsystem durchzuführen, muß hier keine explizite Verbindung aufgebaut werden, sondern alle Datenpakete des Senders treten unabhängig voneinander ihre Reise zum

designierten Empfänger an. Dabei kann jedes Datenpaket auf einem unterschiedlichen Weg über unterschiedliche (Zwischen-)Netzwerke zu seinem Ziel gelangen. Da die beteiligten Router keine eigenen Verbindungsidentifikationen vergeben, wie im verbindungsorientierten Fall, können auch keine dedizierten Verbindungen von den Routern verwaltet werden. Für jedes einzelne Datenpaket bedeutet dies, daß jeweils eine gesonderte Routingentscheidung zu treffen ist, auf welchem Weg das Datenpaket zu seinem Ziel gelangt.
Wie im Falle eines einzelnen verbindungslosen Netzwerks können auch hier keine Dienstgarantien abgegeben werden, ob die am Ziel angelangten Datenpakete in der ursprünglichen Reihenfolge eintreffen oder ob sie überhaupt ihr Ziel erreichen.

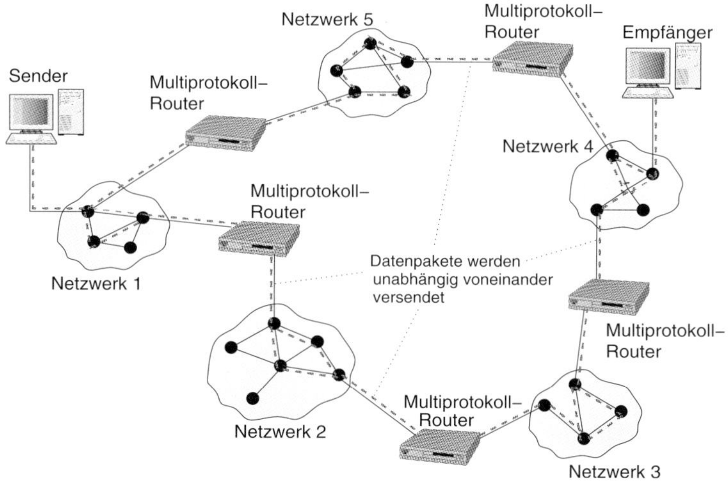

Abb. 7.5. Verbindungsloses Internetworking

Die Vor- und Nachteile des verbindungslosen Internetworkings entsprechen denen eines herkömmlichen verbindungslosen Dienstes: Zwar kann eine Überlast eher auftreten als beim verbindungsorientierten Dienst, doch sieht der verbindungslose Dienst spezielle Ausweich- und Vermeidungsmechanismen bei Überlast vor, die auch im Falle eines Routerausfalls zum Einsatz kommen. Da die einzelnen Datenpakete unabhängig voneinander ihren Weg zum jeweiligen Empfänger antreten, muß die im Datenheader des Pakets enthaltene Steuerinformation ausführlicher sein, als dies bei virtuellen Verbindungen der Fall ist, und kann damit die Effizienz des Netzwerkdurchsatzes einschränken. Der große Vorteil dieses Ansatzes liegt jedoch darin, daß dieses Verfahren auch dann zum Einsatz kommen kann, wenn die beteiligten Netzwerke von unterschiedlichem Typ bzgl. der Gewährleistung von Dienstgarantien sind.

Tunneling. Wie bereits beschrieben, erweist sich die explizite Umsetzung von Datenpaketen eines Netzwerkes in solche eines anderen als aufwendiges

und nicht immer adäquat zu lösendes Problem. Ein einfacherer Fall liegt allerdings dann vor, wenn Sender- und Empfängernetzwerk jeweils vom gleichen Typ sind und Netzwerke anderen Typs lediglich überbrückt werden müssen. Sender und Empfänger können Datenpakete mit identischem Datenformat verarbeiten, nur die beteiligten Zwischensysteme (Multiprotokoll-Router, Gateways) müssen die zur Weitervermittlung über unterschiedliche Netzwerktechnologien hinweg notwendigen Umsetzungen und Umformatierungen vornehmen. Das ursprünglich vom Sender auf den Weg geschickte Datenpaket bleibt unverändert und wird dabei als Ganzes oder in einzelnen Teilstücken (Fragmenten) im Nutzdatenanteil der unterschiedlichen Netzwerk-Datenformate gekapselt und am Ende wieder entpackt und zusammengesetzt (vgl. Abb. 7.6).
Bei dieser Organisation der Kommunikation wird das ursprüngliche Datenpaket also geeignet verpackt und der Weg durch die Zwischennetzwerke, von einem Multiprotokoll-Router zum anderen wird wie durch einen **Tunnel** zurückgelegt, als wären Sender und Empfänger durch ein einfaches serielles Kabel direkt miteinander verbunden. Dabei geht keine Information aus dem IP-Datenpaket durch eventuelle Übersetzung verloren. Lediglich die beiden Multiprotokoll-Router am Ein- bzw. Ausgang ihrer Netzwerke müssen in der Lage sein, sowohl die ursprünglichen Datenpakete als auch die Datenpakete der benachbarten Netzwerke verarbeiten zu können. Sender und Empfänger in den beiden entfernten LANs benötigen keinerlei Information über Netzwerke, die auf dem Weg zwischen ihnen liegen.

Fragmentierung. Jeder Netzwerktyp beschränkt die Maximallänge eines einzelnen, zu übertragenden Datenpakets auf einen bestimmten Wert. Verantwortlich dafür sind Beschränkungen von Seiten der Hardware, des verwendeten Betriebssystems, von Protokoll- und Standardkonventionen oder Beschränkungen, die durch konkurrierende Ziele hervorgerufen werden. Zu diesen zählen z.B. die Verringerung von Übertragungsfehlern in einem einzelnen Datenpaket (je länger, desto mehr Fehler sind möglich) oder eine möglichst kurze Belegungszeit des Übertragungsmediums durch ein einzelnes Datenpaket.
Die Maximallänge der transportierten Nutzlast reicht von 48 Bytes bei ATM-Datenpaketen bis hin zu 65.515 Bytes für IP-Datenpakete, wobei auf höheren Protokollschichten auch noch größere Paketlängen möglich sind. Werden verschiedenartige Netzwerke miteinander verbunden, so können die Datenpakete des einen Netzwerks zu groß sein für das nachfolgende Netzwerk. Zwar könnte man dieses Problem einfach dadurch lösen, daß man eine Weiterleitung der betreffenden Datenpakete in ein Nachbarnetzwerk nur dann gestattet, wenn dieses die Ursprungsdatenpakete jeweils vollständig in einem Stück transportieren kann. Allerdings könnten dann bestimmte Destinationen nicht von jedem Netzwerk aus erreicht werden. Es ist also ein alternatives Verfahren nötig, das den Transport zwischen beliebigen Netzwerkkombinationen gestat-

Beispiel für das Tunneling von IP-Datenpaketen

Im betrachteten Beispiel seien Sender- und Empfängernetzwerk vom Typ Ethernet, wobei ein WAN vom Typ ATM überbrückt werden muß. Die beiden zu verbindenden Ethernets seien jeweils TCP/IP-basiert, d.h. auf der Netzwerkschicht wird das Kommunikationsprotokoll IP eingesetzt. Für die Kommunikation kann ein sogenannter **Tunnel** eingerichtet werden, der den Datentransfer über die Grenzen unterschiedlicher Netzwerke hinweg wesentlich erleichtert. Das Ethernet-Datenpaket des Senders wird mit der IP-Adresse des Empfängers versehen und an den Multiprotokoll-Router gesendet, der das Ethernet-LAN mit dem ATM-WAN verbindet. Der Multiprotokoll-Router übernimmt das IP-Datenpaket aus dem empfangenen Ethernet-Datenpaket und verfrachtet es als Nutzlast-Anteil in ein Datenpaket des nachfolgenden WANs. Für den Fall, daß ein WAN-Datenpaket das übergebene IP-Datenpaket nicht vollständig als Nutzlast aufnehmen kann, wird es zuvor paßgerecht in mehrere Einzelteile zerlegt (**fragmentiert**). Am Multiprotokoll-Router der Gegenstelle angekommen, die das ATM-WAN mit dem Ziel-LAN verbindet, wird aus dem empfangenen ATM-Datenpaket das ursprüngliche IP-Datenpaket wieder ausgepackt, zurück in ein Ethernet-Datenpaket verwandelt und über das LAN zum designierten Zielsystem gesendet. Wurde das ursprüngliche Datenpaket fragmentiert übertragen, muß vor der Weiterversendung im Ziel-LAN zuerst eine Defragmentierung stattfinden, bei der das Datenpaket wieder zusammengesetzt wird.

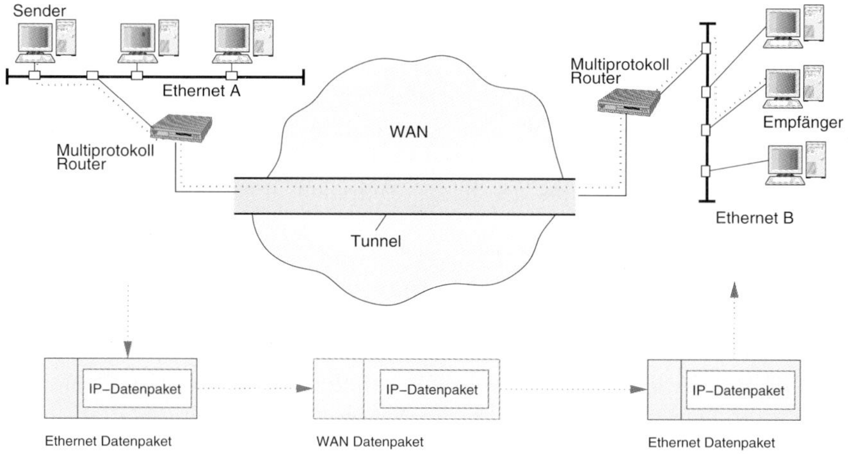

Abb. 7.6. Beispiel für das Tunneling von IP-Datenpaketen zwischen unterschiedlichen Netzwerktechnologien

tet, unabhängig von den jeweils geltenden Beschränkungen bzgl. der maximal erlaubten Datenpaketlänge.

Die Grundidee zu einem solchen Verfahren besteht darin, Datenpakete eines Netzwerks mit großer Paketlänge zur Übertragung über ein Netzwerk mit geringerer Paketlänge in einzelne Teilstücke (**Fragmente**) aufzubrechen und beim Verlassen dieses Netzwerks oder zu einem späteren Zeitpunkt wieder in das ursprüngliche Datenpaket zusammenzusetzen. Dabei erweist sich das

Zusammensetzen der fragmentierten Datenpakete stets als die schwierigere der beiden Operationen. Hierzu existieren zwei entgegengesetzte Strategien:

- **Transparente Fragmentierung**
  Das Netzwerk, für das eine Fragmentierung vorgenommen wurde, setzt die einzelnen Teilpakete wieder zum ursprünglichen Datenpaket zusammen, bevor dieses auf seinem Weg zum endgültigen Zielnetzwerk an das Folgenetzwerk weitergegeben wird. Den Folgenetzwerken entlang des Pfades zum finalen Zielnetzwerk bleibt so die Fragmentierung komplett verborgen (siehe Abb. 7.7).
  Erreicht ein zu großes Datenpaket das Vermittlungssystem eines Netzwerkes, das nach dem Prinzip der transparenten Fragmentierung arbeitet, wird dieses zuerst in einzelne Teilpakete zerlegt. Jedes dieser Teilpakete erhält als nächstes Ziel die Adresse des Multiprotokoll-Routers, der das aktuelle Netzwerk mit dem Folgenetzwerk entlang des vorbestimmten Pfads zum endgültigen Zielsystem verbindet. Dort angekommen werden die Teilpakete wieder zum Ursprungspaket zusammengesetzt.
  Dazu muß jedes Teilpaket mit einer entsprechenden Identifikation versehen werden. Der empfangende Multiprotokoll-Router muß außerdem in die Lage versetzt werden, festzustellen, ob tatsächlich alle Teilpakete des Original-Datenpakets angekommen sind. Zu diesem Zweck wird ein entsprechender Zähler mitgeführt, der es außerdem erlaubt, die ankommenden Datenpakete wieder in ihrer korrekten Reihenfolge zusammenzusetzen, und ein spezielles Ende-Bit, das das letzte Teilpaket eines Datenpakets kennzeichnet.
  Darüberhinaus muß sichergestellt werden, das alle Teilpakete tatsächlich ihren Weg über den designierten Multiprotokoll-Router und nicht einzelne Teilpakete auf ihrem Weg zum endgültigen Ziel einen anderen Weg nehmen, obwohl das zu Effizienzeinbußen in der Übertragung führen kann. Ein weiterer Nachteil ist der eventuell anfallende hohe Verarbeitungsaufwand, wenn Datenpakete in mehreren Netzwerken entlang des Pfades zum Zielsystem fragmentiert und anschließend wieder zusammengesetzt werden müssen.
- **Nicht-transparente Fragmentierung**
  Anders als bei der transparenten Fragmentierung wird hier auf ein Zusammensetzen der fragmentierten Teilpakete in den Vermittlungssystemen zwischen den einzelnen Netzwerken bewußt verzichtet. Wurde ein übergroßes Datenpaket erst einmal zerlegt, dann wird jedes Teilpaket unabhängig als eigenständiges Datenpaket behandelt und weiterversendet. Das Zusammensetzen zum ursprünglichen Datenpaket erfolgt erst im eigentlichen Zielsystem. Dazu muß jedes Endsystem in der Lage sein, ein fragmentiertes Datenpaket wieder zusammenzusetzen. Im Gegensatz zur transparenten Fragmentierung tritt kein zusätzlicher Overhead in der Verarbeitung an den Zwischensystemen auf, doch ist der transportierte Datenoverhead größer, da eine einmal durchgeführte Fragmentierung stets bis zum Errei-

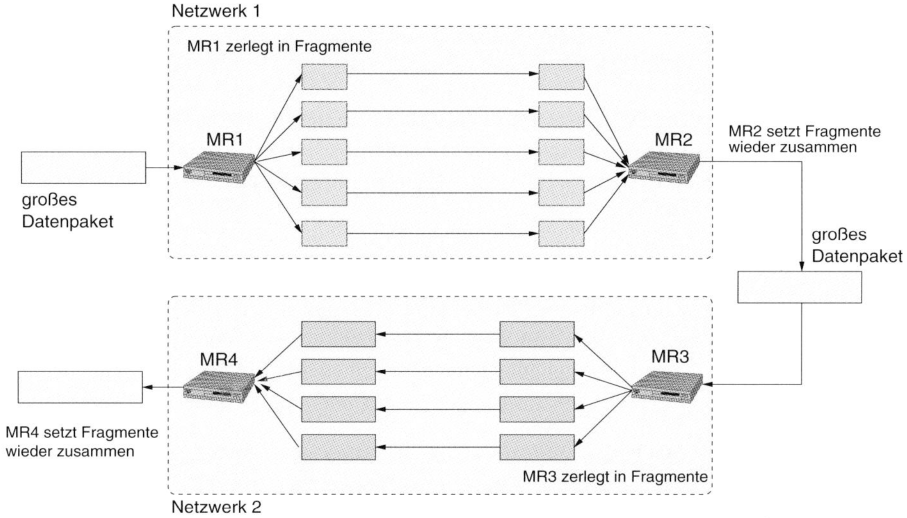

Abb. 7.7. Transparente Fragmentierung

chen des Zielsystems beibehalten wird und so jedem der kürzeren Teilpakete entsprechende Datenheader beigefügt werden müssen. Der Vorteil dieses Verfahrens liegt auch darin, daß alle Teilpakete auf unterschiedlichen Wegen durch die einzelnen Netzwerke zu ihrem Ziel geleitet werden können, wodurch sich der Durchsatz erhöhen kann. Allerdings bringt dieses Verfahren bei der Verwendung virtueller Verbindungen keinen Vorteil, da hier für jedes Teilpaket dieselbe Route verwendet wird.
Die Schwierigkeit dieses Verfahrens liegt darin begründet, daß Vorsorge getroffen werden muß, um auch mehrfach fragmentierte Datenpakete wieder in ihren Originalzustand zurückversetzen zu können. Dazu bietet sich eine Nummerierung an, die in Form eines Baumes fortgeführt wird, sobald eine neue Fragmentierung durchgeführt wird. Wird z.B. ein Datenpaket mit der Identifikationsnummer `0` zerlegt, werden die Teilpakete jeweils mit `0.1`, `0.2`, `0.3`, etc. bezeichnet. Wird eines der Teilpakete erneut zerlegt, z.B. `0.2`, dann entstehen Teilpakete mit den Nummern `0.2.1`, `0.2.2`, `0.2.3`, etc. Damit dieses Verfahren erfolgreich durchgeführt werden kann, muß sichergestellt werden, daß tatsächlich alle Teilpakete beim Empfänger ankommen und keine Duplizierung von Datenpaketen erfolgt. Treten Verluste von Teilpaketen auf oder müssen Teilpakete aufgrund von Übertragungsfehlern neu angefordert werden, kann es bei diesem Verfahren der Nummerierung zu Problemen kommen, da bei einer Neuübertragung einzelne Teilpakete unterschiedliche Wege zum designierten Zielsystem nehmen können und so zwar die identische Teilpaketnummer aufweisen, aber nicht mehr mit dem ursprüngliche gesendeten Teilpaket identisch sein müssen.

Ein alternatives Verfahren beschreitet das Internet-Protokoll, indem eine atomare Fragmentgröße festgelegt wird, die klein genug ist, damit ein Teilpaket dieser Länge durch jedes beliebige Netzwerk vollständig und in einem Stück transportiert werden kann. Ist eine Fragmentierung notwendig, so besitzen alle Fragmente stets dieselbe zuvor festgelegte atomare Fragmentgröße. Nur das letzte übertragene Fragment kann von kürzerer Länge sein.
Damit das Ende des ursprünglichen Datenpakets erkannt werden kann, muß dieses Fragment wieder durch ein Ende-Bit gekennzeichnet werden. Aus Effizienzgründen kann ein Internet-Datenpaket mehrere atomare Fragmente enthalten. Dazu muß in dessen Datenheader sowohl die ursprüngliche Datenpaket-Nummer als Identifikation, als auch die Nummer des ersten enthaltenen atomaren Fragmentes vermerkt sein (vgl. Abb. 7.8).

Internetwork Routing. Das Routing in einer Internet-Umgebung läuft ganz ähnlich ab, wie in einem einzelnen Netzwerk. Innerhalb eines Internets wird zunächst versucht, in einem Graphen die vorliegende Topologie der Multiprotokoll-Router zu erfassen, die die einzelnen Netzwerke miteinander verbinden. Jeder Multiprotokoll-Router besitzt dabei quasi eine direkte Verbindung zu jedem anderen Multiprotokoll-Router, mit dem er durch maximal ein Netzwerk verbunden ist (siehe Abb. 7.9). Im vorliegenden Beispiel kann der Router MR1 über das Netzwerk N1 die Router MR2 und MR3, sowie über das Netzwerk N4 den Router MR5 erreichen.
Auf diesen die Topologie der Multiprotokoll-Router repräsentierenden Graphen können jetzt die bereits im WAN-Kapitel (Kap. 6) besprochenen Routing-Algorithmen, wie z.B. das Link-State-Routing angewendet werden. Das Internet-Routing erfolgt so als zweistufiger Routing-Algorithmus, der innerhalb der beteiligten Netzwerke ein sogenanntes **Interior Gateway Protocol** vorsieht und zwischen den jeweiligen Multiprotokoll-Routern ein sogenanntes **Exterior Gateway Protocol**. Jedes der beteiligten Netzwerke agiert dabei unabhängig von allen anderen, d.h. es können jeweils auch unterschiedliche Routing-Verfahren in den einzelnen Netzwerken zum Einsatz kommen. Aus diesem Grund bezeichnet man die einzelnen Netzwerke auch als **autonome Systeme (AS)**.
Soll ein Datenpaket vom Sender aus einem Netzwerk in ein entferntes Netzwerk versendet werden, wird es zunächst innerhalb des Sendernetzwerks vom Sender zum vorgesehenen Multiprotokoll-Router versandt, der das Sender-Netzwerk mit dem Folgenetzwerk auf dem Pfad zum Zielnetzwerk verbindet. Dazu wird die Adreß- und Routing-Information aus der MAC-Schicht der Bitübertragungsschicht (Schicht 2) verwendet. Angekommen am Multiprotokoll-Router des Sendernetzwerks, verwendet dieser die Routing-Information der nächsthöher gelegenen Netzwerkschicht (Schicht 3), um den Folge-Multiprotokoll-Router zu ermitteln, an den dann das Datenpaket weitergeleitet wird. Die Weiterleitung erfolgt nun zu den Bedingungen und den Parametern des zu durchquerenden Netzwerks, d.h. entsprechend dem ver-

Beispiel für die Fragmentierung von IP-Datenpaketen

Um ein IP-Datenpaket nach erfolgter (Mehrfach-)Fragmentierung wieder korrekt zusammensetzen zu können, enthält der Header eines IP-Datenpakets stets zwei Sequenznummern:

- Paketnummer des IP-Datenpakets und
- Nummer des ersten im IP-Datenpaket enthaltenen atomaren Fragments.

Ein zusätzliches Steuerungsbit (Ende-Bit) signalisiert das Endfragment eines Datenpakets:

- Ende-Bit=0: Anfangs- oder Zwischenfragmente eines IP-Datenpakets.
- Ende-Bit=1: letztes Fragment eines IP-Datenpakets.

Da für das IP-Protokoll sichergestellt ist, daß die festgelegte Länge der einzelnen atomaren Fragmente stets kleiner ist, als die minimale Datenpaketgröße aller beteiligten Netzwerke, können aufeinanderfolgende Fragmentierungen bis hinunter zur atomaren Fragmentgröße durchgeführt und anschließend beim Empfänger problemlos wieder rückgängig gemacht werden. Folgendes Beispiel zeigt den Ablauf einer Mehrfachfragmentierung eines IP-Datenpakets. Als atomare Fragementgröße wurde der Grenzwert von einem Byte gewählt. Anhand der im Datenheader enthaltenen Paket- und Fragmentnummer kann das ursprüngliche Datenpaket stets rekonstruiert werden.

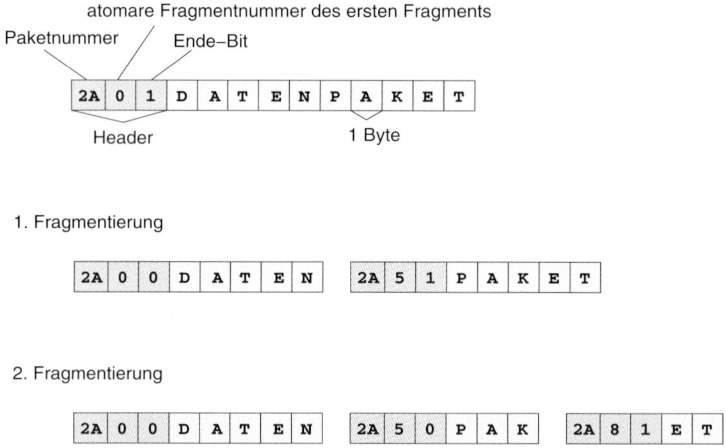

Abb. 7.8. Beispiel für die Fragmentierung von IP-Datenpaketen

wendeten Kommunikationsprotokoll muß das Datenpaket fragmentiert werden bzw. als gekapselte Nutzlast durch das Netzwerk getunnelt werden. Dieser Prozeß wiederholt sich, bis das Zielnetzwerk schließlich erreicht ist.
Ein weiterer Fakt, der das Internetwork-Routing komplizierter macht im Vergleich zum Routing in einem Netzwerk, liegt darin begründet, daß beim Internetworking häufig zwischen Netzwerken unterschiedlicher Betreiber gewechselt werden muß, wobei oft auch hoheitliche und national wechselnde

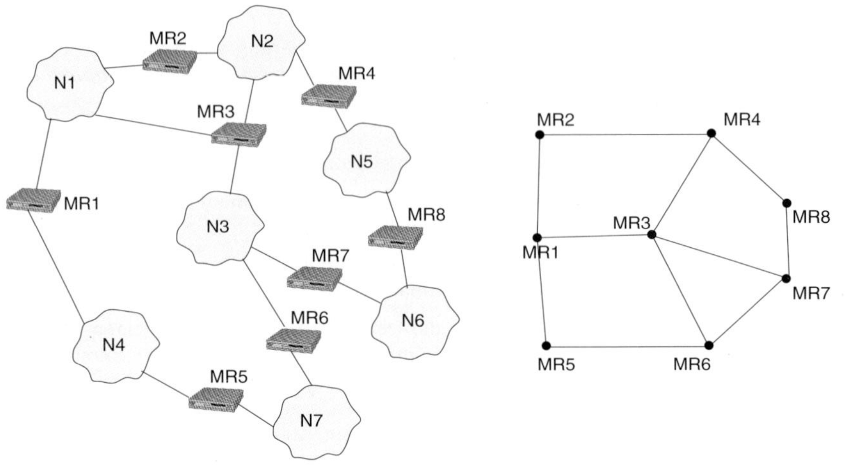

Abb. 7.9. Internetwork Routing

Bestimmungen und Regularien zu beachten sind. Auch kommen in den einzelnen Netzwerken unterschiedliche Abrechnungsverfahren zum Einsatz, so daß ein zusätzliches Problem darin besteht, kostengünstigste Wege für eine Datenübertragung zu ermitteln.

7.2 TCP/IP en Detail

Aus Sicht der Netzwerkschicht des TCP/IP-Referenzmodells kann das weltweite Internet als eine über Multiprotokoll-Router miteinander verbundene, riesige Sammlung einzelner autonomer Systeme (Subnetze) betrachtet werden. Kernstück der Verknüpfung dieser autonomen Systeme sind die sogenannten **Backbones**, also Hochgeschwindigkeitsverbindungen mit sehr großer Transferkapazität, die über schnelle Router an sogenannten **Peering Points** miteinander verbunden sind. An diese Backbones schließen sich **regionale Netze** (**Midlevel Networks**) an, an die bereits LANs größerer Betreiber, wie z.B. Universitäten, Unternehmen oder Internet Service Provider, angeschlossen sind (siehe Abb. 7.10), so daß eine quasi-hierarchische Organisationsstruktur des Internet entsteht.
Alle miteinander verbundenen Netzwerke nutzen das **Internet-Protokoll** (**IP-Protokoll**), das dafür sorgt, daß Datenpakete stets ihren Weg vom Sender zum designierten Empfänger finden, unabhängig davon, an welches Teilnetzwerk Sender oder Empfänger angeschlossen sind. Nachfolgend werden die wichtigsten Protokolle des Internets und ihre Eigenschaften besprochen.

Tabelle 7.1. Grundbegriffe TCP/IP gemäß RCF 1009 und RFC 1122

Objekt	Erläuterung
Nachricht, Segment	Synonym verwendete Begriffe für eine via TCP zu übertragende Dateneinheit, die aus einem TCP-Header und Nutzdaten besteht.
Paket, Datagramm	Synonym verwendete Begriffe, für die zwischen zwei IP-Instanzen ausgetauschte Dateneinheit, die aus einem IP-Header und Nutzdaten bestehen.
Frame, Rahmen	Dateneinheit, die zwischen zwei Instanzen der Bitübertragungsschicht (Schicht 2) des TCP/IP Referenzmodells ausgetauscht wird. Sie besteht aus einem Header, den Nutzdaten und einem abschließenden Trailer.
Host	Bezeichnung für ein Rechensystem, an dem der Nutzer eines Internetdienstes (Client) arbeitet.
Router, Gateway	Vermittelndes Zwischensystem zwischen verschiedenen Netzwerk-Segmenten. Findet eine Vermittlung auf der Netzwerkschicht (Schicht 3) des TCP/IP-Referenzmodells statt, handelt es sich um einen sogenannten Multiprotokoll-Router, falls der Router in der Lage ist, zwischen Netzwerken unterschiedlichen Typs zu vermitteln. Im TCP/IP-Referenzmodell wird die ältere Bezeichnung Gateway oft synonym zum Multiprotokoll-Router verwendet, obwohl die Bezeichnung eine Kommunikation auf einer höheren Protokollschicht nahelegt.
Interior Gateway Protocol (IGP)	Routing-Verfahren, das innerhalb eines einzelnen Netzwerks zum Einsatz kommt.
Autonomes System (AS)	Teilnetze und Systeme, die unter der Kontrolle eines einzelnen Betreibers stehen und ein gemeinsames Routing-Verfahren benutzen.
Exterior Gateway Protocol (EGP)	Routing-Verfahren, das zwischen einzelnen autonomen Systemen eingesetzt wird.

7.2.1 IP-Adressierung

Wie bereits dargestellt, besteht das Ziel jedes Internetworking darin, dem Nutzer die Illusion zu geben, ein großes, einheitliches Netzwerk vor sich zu haben und die eigentlichen physischen Details der darunterliegenden Netzwerke zu verbergen. Das globale Internet ist dabei wie jedes andere Internet nichts anderes als ein reines Software-Produkt, das im wesentlichen aus der Protokollsoftware, insbesondere dem IP-Protokoll, besteht. Dieses schreibt dem Nutzer unabhängig von der verwendeten Hardware alle notwendigen Kommunikationsparameter wie Datenpaketgröße und -format zwingend vor, und stellt ein universelles Adressierungsschema bereit, mit dem es möglich ist, jeden einzelnen mit dem Internet verbundenen Rechner direkt anzuspre-

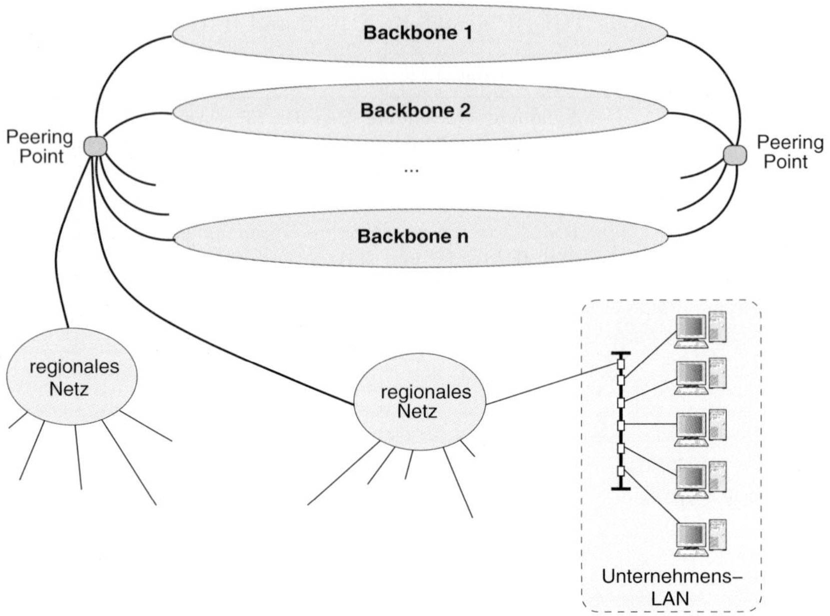

Abb. 7.10. Hierarchischer Aufbau des Internet

chen. Dank dieses IP-Adressierungsschema erscheint das globale Internet dem Nutzer tatsächlich als ein einziges homogenes und universelles Netzwerk und bleiben die Details der vielen Einzelnetze, aus denen das Internet besteht, vollständig vor seinen Augen verborgen. Zwar bleiben den meisten Nutzern auch die eigentlichen binären IP-Adressen verborgen – an ihrer Stelle können leichter zu merkende, hierarchisch aufgebaute, logische Namen verwendet werden –, doch bevor auf die Eigenheiten dieser Namensvergabe und die Regeln zur Umsetzung von Namen in IP-Adressen eingegangen wird (siehe Kap. 8.2.1), soll zuerst das eigentliche IP-Adressierungsschema vorgestellt werden.

IP-Adreßhierarchie und -klassen. Um einen an das Internet angeschlossenen Rechner eindeutig zu adressieren, wird in Anlehnung an die in Netzwerken verwendete Hardware-Adressierung eine 32-Bit lange **Internet-Adresse** (**IP-Adresse**) festgelegt. Jede IP-Adresse besteht aus 4 Byte (4 Oktetten), die meist als Folge von 4 vorzeichenlosen, ganzzahligen, durch Dezimalpunkte getrennte Dezimalzahlen angegeben werden. Beispiel:

IP-Adresse: `155.136.32.17`

Diese Schreibweise wird als **Punkt-Dezimal-Notation** (**Dotted Decimal Notation**) bezeichnet. Da jede Dezimalzahl ein einzelnes Adreßbyte repräsentiert, können Werte aus dem Bereich von 0 bis 255 angenommen werden. Der gesamte, theoretisch verfügbare Adreßbereich solcher 32-Bit IP-Adressen umfaßt in Dezimaldarstellung den Bereich

`0.0.0.0` bis `255.255.255.255`

Logisch gliedert sich eine IP-Adresse in zwei Teile: ein Adreßpräfix und ein Adreßsuffix. Die mit dieser Struktur erreichte Hierarchie soll das Routing durch das Internet vereinfachen. Das Adreßpräfix identifiziert das physikalische Netzwerk, an das der betreffende Rechner angeschlossen ist, und wird auch als **Netzwerk-ID** (Network Identification, NetId) bezeichnet. Das Adreßsuffix dagegen identifiziert einen bestimmten Rechner in dem durch die Netzwerk-ID bestimmten Netzwerk. Daher wird das Adreßsuffix auch als **Host-ID** (Host Identifier) bezeichnet.

Während eine Netzwerk-ID stets eindeutig vergeben wird und auch eine Host-ID in einem bestimmten Netzwerk jeweils nur für einen bestimmten Rechner verwendet werden darf, können in unterschiedlichen Netzwerken durchaus identische Host-IDs benutzt werden. Dieses Schema der Adreßhierarchie unterstützt eine globale Verwaltung der Netzwerk-IDs, während die Verwaltung der Host-IDs lokal durch den jeweiligen Netzwerk-Administrator erfolgen kann.

Ein Problem, das sich aus dieser Aufteilung der IP-Adressen in Netzwerk-IDs und Host-IDs ergab, war, daß zum Einen sowohl genügend viel Raum vorgesehen werden mußte, um alle physisch existierenden Netzwerke eindeutig adressieren zu können, zum Anderen aber auch für jedes Netzwerk genügend viele Adressen zur Verfügung stehen müssen, um eine ausreichend große Zahl von Rechnern daran anschließen zu können. Bei der festgelegten Adreßlänge von 32 Bit war zu entscheiden, welcher Anteil des zur Verfügung stehenden Adreßraums für die Netzwerk-IDs und welcher für die Host-IDs vergeben werden soll. Da zu den an das Internet angeschlossenen Netzwerken oft ganz unterschiedlich viele Rechner gehören, tatsächlich gibt es nur wenige sehr große Netzwerke, aber eine Vielzahl kleinerer, entschied man sich für einen Kompromiß: Der IP-Adreßraum wurde in drei verschiedene **Adreßklassen** unterteilt, wobei Adreßpräfix und Adreßsuffix in jeder dieser Klassen über einen unterschiedlichen Anteil an den zur Verfügung stehenden 32-Bit IP-Adressen verfügen (siehe Abb. 7.11).

Aus den ersten vier Bits einer IP-Adresse ergibt sich die jeweils vorliegende Adreßklasse und damit die Aufteilung der Adresse in Adreßpräfix und Adreßsuffix. Abb. 7.11 zeigt die zulässigen IP-Adreßklassen. Sie basieren auf der für TCP/IP-Protokolle gültigen Konvention, daß die Bits jeweils von links nach rechts gelesen werden, wobei das erste linke Bit als 0. Bit bezeichnet wird.

Die Klassen A, B und C werden als **primäre IP-Adreßklassen** bezeichnet. Daneben existieren noch die speziellen Klassen D und E, wobei Klasse D für Multicast-Adressen und Klasse E für experimentelle Zwecke reserviert sind. Die Anzahl der für jede Netzwerkklasse verfügbaren Host-IDs und der jeweils zugehörige Adreßraum in Dezimaldarstellung ist in Tabelle 7.2 dargestellt.

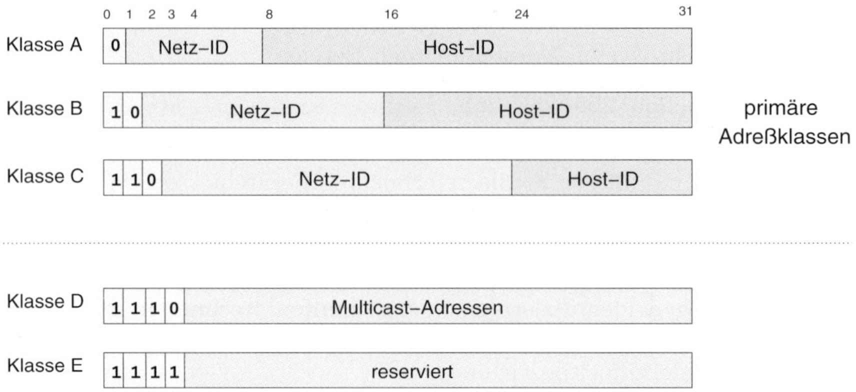

Abb. 7.11. Adreßklassen von IP-Adressen und Aufteilung in Netzwerk-ID und Host-ID

- **IP-Adressen der Klasse A** sind nur für sehr große Netzwerke vorgesehen, an die mehr als 2^{16} Rechner angeschlossen werden sollen. Zu den Inhabern von Klasse-A Netzwerken zählen große Firmen wie IBM oder die amerikanische Regierung. Dabei werden in einer IP-Adresse der Klasse A 7 Bits für die Netzwerk-ID vorgesehen und 24 Bits für die Host-ID, womit theoretisch bis zu 16.888.214 Rechner an ein einziges Klasse-A-Netzwerk angeschlossen werden können.
- **IP-Adressen der Klasse B** dagegen sind für mittelgroße Netzwerke vorgesehen. Diese existieren in weitaus größerer Anzahl, weshalb für deren Netzwerk-ID auch 14 Bits nutzbar sind und für deren Host-ID jeweils 16 Bits. Ein Klasse-B-Netzwerk erlaubt daher den Anschluß von bis zu 65.534 einzelnen Rechnern.
- **IP-Adressen der Klasse C** besitzen die größte Verbreitung. Die 21 Bits für die Netz-ID einer IP-Adresse der Klasse C, die eine maximale Anzahl von 2.097.152 eindeutig adressierbarer Netzwerke erlaubt, schränkt allerdings den zur Verfügung stehenden Raum für Host-IDs auf 8 Bits ein. Da jeweils zwei der möglichen Host-IDs reserviert sind (Local Host und Broadcast), können maximal 254 Rechner an ein Klasse-C-Netzwerk angeschlossen werden.

Tabelle 7.2. IP-Adreßklassen und Eigenschaften

Klasse	Anzahl Netze	Anzahl Hosts	Adreßraum		
A	126	16.777.214	1.0.0.0	–	126.0.0.0
B	16.834	65.534	128.1.0.0	–	191.255.0.0
C	2.097.152	254	192.0.1.0	–	223.255.255.0
D			224.0.0.0	–	239.255.255.255
E			240.0.0.0	–	255.255.255.254

Im Internet müssen alle Netzwerk-IDs eindeutig sein. Möchte ein Unternehmen sein eigenes Netzwerk an das globale Internet anschließen, erhält es seine spezifische Netzkennung von einem **Internet Service Provider** (**ISP**), einem Anbieter von Internet-Anschlüssen, der die Vergabe und Registrierung dieser Netzwerk-ID mit der zuständigen Behörde, der ICANN (vormals IANA, siehe Kap. 1.4.2) regelt.

Spezielle IP-Adressen. Neben der Möglichkeit der Adressierung jedes einzelnen Hosts, ist es von Nutzen, auch die gleichzeitige Adressierung aller Rechner eines Netzwerks (**Broadcast**) zu ermöglichen. Aus diesem Grund sieht der IP-Adreßstandard einige spezielle IP-Adressen vor, die nicht für einzelne Rechner vergeben werden können, sondern für eine besondere Verwendung reserviert sind:

- **Broadcast-Adressen**
  Über eine spezielle Broadcast-Adresse können gleichzeitig alle an ein durch seine Netzwerk-ID identifiziertes Netzwerk angeschlossenen Rechner adressiert werden. Zu diesem Zweck müssen alle Bits der betreffenden Host-ID auf 1 gesetzt werden. Ein mit der Broadcast-Adresse versehenes IP-Datenpaket wird dann solange durch das lokale Netzwerk weitergereicht, bis es von allen Rechnern des Netzes empfangen worden ist. Die Broadcast-Adresse eines Klasse-C-Netzwerkes lautet z.B. `136.77.21.255`, dabei bezeichnet `136.77.21` die Netzwerk-ID und `255` die speziell für das Broadcast vorgesehene Host-ID.
  Sollen ein **All Network Broadcast** erfolgen, also ein Broadcast über alle Netzwerke des Internets, so geschieht dies über eine spezielle IP-Adresse, bei der sowohl alle Bits der Netzwerk-ID als auch alle Bits der Host-ID auf 1 gesetzt sind (`255.255.255.255`).
- **Netzwerk-Adressen**
  Wird als Host-ID der Wert 0 verwendet, so ist das die Adresse des durch die Netzwerk-ID angegebenen Netzwerks und nicht die eines speziellen, an dieses Netzwerk angeschlossenen Rechners. Im lokalen Netzwerk selbst bezeichnet die Host-ID 0 stets den eigenen Hostrechner (**Local Host**). Ebenso bezieht sich eine Adresse mit der Netzwerk-ID 0 stets auf das eigene, lokale Netzwerk.
- **Loop-Back Adressen**
  Zu Testzwecken ist es oft von Nutzen, wenn ein sendender Rechner ein ausgesendetes Datenpaket wieder zurückerhält. Damit können Rückschlüsse auf Antwortzeitverhalten und Netzwerkfehler gezogen werden. Die für diesen Zweck reservierte spezielle Adresse wird als Schleifenadresse (Loop-Back Adresse) bezeichnet. Der IP-Standard reserviert dafür die Netzwerk-ID `127` der Klasse A. Die in diesem Zusammenhang verwendete Host-ID ist nicht relevant, da alle Host-IDs gleichbehandelt werden. Konvention ist allerdings die Verwendung der Host-ID `1`, so daß `127.0.0.1` die übliche Loop-Back Adresse ist.

- **Private Adressen**
  Spezielle IP-Adresse werden im globalen Internet nicht weitervermittelt, sondern für die Verwendung in privaten Netzwerken reserviert, die nicht an das globale Internet angeschlossen sind. Gemäß RFC 1597 stehen für diesen Zweck die Adreßbereiche `10.x.x.x`, `172.16.0.0` bis `172.31.254.254` sowie der Bereich `192.168.0.0` bis `192.168.254.254` bereit.
- **Multicast-Adressen**
  Anstelle einzelne Hosts (Unicast) oder ganze Netzwerke (Broadcast) gleichzeitig zu adressieren, stehen spezielle IP-Adressen zur Verfügung, die die Adressierung von Gruppen zusammengehöriger Rechner ermöglichen (Multicast). Jede Rechnergruppe erhält zu diesem Zweck eine **IP-Adresse der Klasse D**, die diese Gruppe eindeutig adressiert. Es existieren feste Multicast-Adressen, die dauerhaft für spezielle Gruppen eingerichtet sind, und temporäre, die für die private Nutzung zur Verfügung stehen. Dabei sind maximal 2^{28} verschiedene Multicast-Gruppen möglich. Um einen Rechner einer bestimmten Multicast-Gruppe zuzuordnen, muß beim nächstgelegenen Multicast-Router ein entsprechender Antrag gestellt werden (siehe auch Kap. 6.3.5).

Ein Rechner kann durchaus auch an mehreren Netzwerken gleichzeitig angeschlossen sein. In diesem Fall wird er als **mehrfach beheimateter Host** (**Multihomed Host**) bezeichnet. Durch den gleichzeitigen Anschluß an mehrere Netzwerke kann die Verfügbarkeit und Ausfallsicherheit des Rechners erhöht werden. Fällt eines der Netzwerke aus, so ist der Rechner noch über ein weiteres Netzwerk im Internet erreichbar. Gleiches gilt für den Fall einer Routerüberlastung, bei der die betreffenden Router durch Nutzung eines alternativen Netzanschlusses einfach umgangen werden können.
Als Verbindungsglied zwischen den einzelnen, im Internet miteinander verbundenen Netzwerken dienen Router bzw. Multiprotokoll-Router. Als Bindeglied zwischen zwei oder mehreren Netzwerken, sind diese logischer Bestandteil der durch sie verbundenen Netze und müssen daher in jedem Netzwerk über eine eigene Host-ID verfügen. Eine IP-Adresse identifiziert demzufolge nicht einen bestimmten Rechner, sondern lediglich die Verbindung eines Rechners mit einem bestimmten Netzwerk. Ein Rechner, der an mehrere Netzwerke gleichzeitig angeschlossen ist, muß also für jeden Anschluß über eine eigene IP-Adresse verfügen. Abb. 7.12 zeigt zwei Router, die jeweils verschiedene Netzwerke miteinander verbinden, mit den zugehörigen IP-Adressen.

Subnetz-Adressierung. Wächst ein Netzwerk über die zulässige Anzahl der verfügbaren Host-IDs, stellt dies den Betreiber vor einige schwerwiegende Probleme. Eine Möglichkeit, dieses Wachstum zu bewältigen, kann in der Reservierung einer zusätzlichen Netzwerk-ID beim zuständigen Internet Service Provider liegen. Allerdings sind dann zwei physikalisch unabhängige Netzwerke zu betreiben, deren Konfiguration und Wartung einen zusätzlichen Aufwand darstellt.

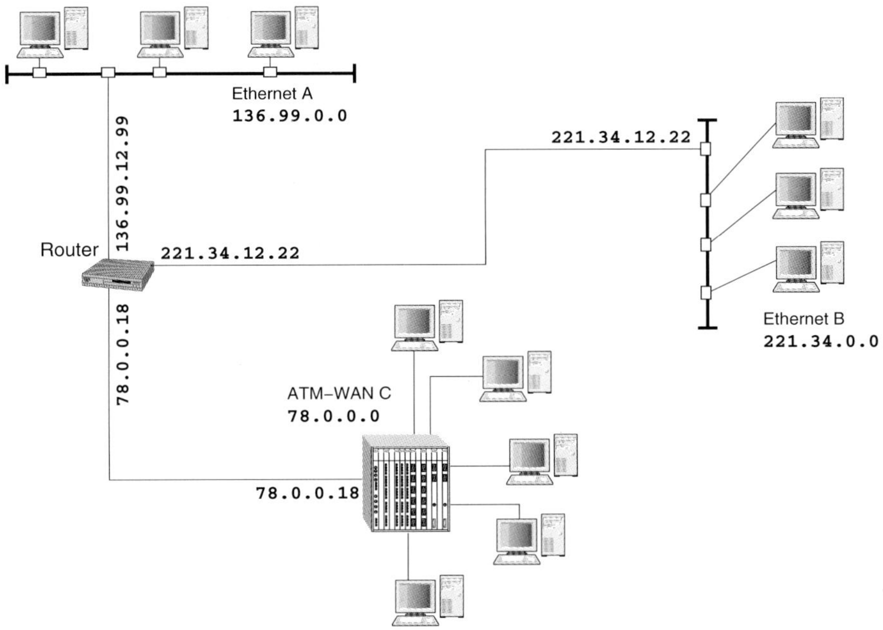

Abb. 7.12. IP-Adreßzuweisung an Routern, die verschiedene Netzwerke miteinander verbinden

Andererseits kann ein Unternehmen auch a priori mehrere, unabhängige LANs betreiben und diese unter verschiedenen Netzwerk-IDs konfigurieren. Soll ein Rechner dann von einem Netzwerk in das andere übernommen werden, erfordert dies jeweils eine eigenständige Netzwerkkonfiguration auf dem betreffenden Host. Darüberhinaus muß dieser Wechsel der Netzwerk-ID des betreffenden Rechners auch erst noch weltweit Gültigkeit erlangen, bevor alle Nachrichten, die für diesen Rechner bestimmt sind, auch dessen neue Adresse erreichen.

Einen effizienteren Ansatz zur flexiblen Aufteilung des Adreßraums einer Adreßklasse bietet die **Subnetz-Adressierung** (**Subnetting**). Mit der Subnetz-Adressierung kann eine Verfeinerung der IP-Adressierung erreicht werden durch die Unterteilung von Netzwerken verschiedener Klassen in separate, physisch voneinander unabhängige Subnetze, die allerdings weiterhin über eine einheitliche Netzwerk-ID adressiert werden. Zu diesem Zweck wird eine bestimmte Anzahl Bits der Host-ID als **Subnetz-ID** reserviert. So könnte z.B. ein Netzwerk der Klasse B, dessen Host-ID 16 Bits umfaßt, in eine 6-Bit lange Subnetz-ID und eine neue 10 Bit lange Host-ID unterteilt werden, so daß eine Adressierung von 62 Subnetzen (0 und 1 sind reserviert) mit jeweils 1.022 verfügbaren Host-IDs (0 und 255 sind reserviert) ermöglicht wird. Von außen ist diese Aufteilung in Subnetzwerke nicht erkennbar und daher auch nicht nachvollziehbar. Sie kann deshalb ohne Mitwirkung der regulierenden

Behörde zur Adreßvergabe (ICANN) erfolgen und obliegt einzig und allein der Verantwortung des Inhabers der betreffenden Netzwerk-ID.
Zur Unterscheidung der Hostadresse von der Netzadresse (Netzwerk-ID und Subnetz-ID) wird eine sogenannte **Subnetzmaske** verwendet. Die Subnetzmaske ist ebenfalls 32 Bit lang, wobei in dieser der Bereich der Netzadresse durch 1-Bits und der Bereich der Host-ID durch 0-Bits markiert wird. Die Auswertung der Subnetzadresse und die Weiterleitung zu dem betreffenden Subnetz erfolgt durch den Router. In dessen Routing-Tabellen sind zunächst (ohne die Subnetzadressierung dabei einzubeziehen) zwei Arten von Adressen gespeichert:

- **Netzwerkadressen**: (Netzwerk-ID, Host-ID=0) zur Weiterleitung von Datenpaketen in entfernte Netzwerke und
- **Hostadressen**: (Netzwerk-ID=0, Host-ID) zur Weiterleitung von Datenpaketen im lokalen Netzwerk.

Jedem Eintrag in der Routing-Tabelle ist dabei eine bestimmte Netzwerk-Schnittstelle des Routers zur Weiterleitung der Datenpakete zugeordnet. Erreicht ein neues Datenpaket den Router, wird die zugehörige Zieladresse in den Routingtabellen gesucht. Handelt es sich um ein Datenpaket, das in ein entferntes Netzwerk geleitet werden soll, so wird es auf dem Pfad zum Zielnetzwerk an den Router im Folgenetzwerk über die in den Routing-Tabellen angegebene Schnittstelle versendet. Ist es für einen lokalen Rechner bestimmt, wird es direkt zugestellt. Ist das Datenpaket für ein Netzwerk bestimmt, das noch nicht in den Routing-Tabellen verzeichnet ist, erfolgt die Weiterleitung an einen sogenannten **Default-Router**, der über ausführlichere Routing-Tabellen verfügt und die Weiterleitung des Datenpakets übernimmt. Router verfügen in der Regel also nur über Informationen zu den einzelnen Rechnern des lokalen Netzwerks, sowie über Netzwerkadressen für die Weiterleitung zu entfernten, nicht-lokalen Rechnern.
Arbeitet der Router mit einer **Subnetz-Adressierung**, werden die Einträge in den Routing-Tabellen um ein neues Format ergänzt:

- **Subnetzadressen**: (Netzwerk-ID=0, Subnetz-ID, Host-ID=0) und
- **Hostadressen**: (Netzwerk-ID=0, Subnetz-ID=0, Host-ID).

Damit ist sichergestellt, daß ein Router, der sich in einem bestimmten Subnetz befindet, z.B. dem Subnetz mit der Subnetz-ID=34, weiß, wie Datenpakete in alle anderen Subnetze weiterzuleiten sind bzw. wie Datenpakete im lokalen Subnetz (Subnetz-ID=34) zugestellt werden sollen. Details über einzelne Rechner, die sich in anderen Subnetzen befinden, müssen nicht verwaltet werden, so daß eine effizientere Ausnutzung der Routing-Tabellen ermöglicht wird.
Mit Hilfe der **Subnetzmaske** kann die Bestimmung der zur Weiterleitung benötigten Schnittstelle des Routers aus den Routing-Tabellen erheblich vereinfacht werden (siehe Abb. 7.13 und 7.14). Zu diesem Zweck berechnet die Netzwerk-Software das bitweise logische `UND` zwischen der Subnetzmaske und

der Zieladresse des weiterzuleitenden Datenpakets. Entspricht die so berechnete Netzwerkadresse einem Eintrag in der Routingtabelle, wird die dem Eintrag zugeordnete Schnittstelle des Routers zur Weiterleitung verwendet.

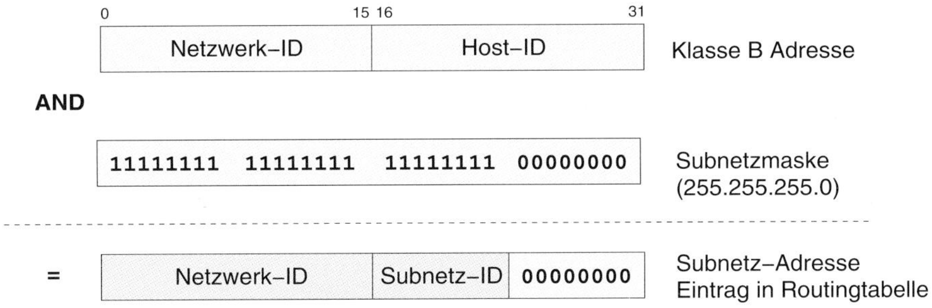

Abb. 7.13. Netzwerk-Adresse und Subnetzmaske

Sollen alle Rechner eines Subnetzes gleichzeitig adressiert werden, so wird ein sogenannter **Subnet Directed Broadcast** ausgeführt. Dazu werden alle Bits der zugehörigen Host-ID ebenso wie beim regulären Broadcast auf 1 gesetzt, die Bits der Subnetz-ID bleiben unverändert. Sollen dagegen sämtliche Rechner aller lokalen Subnetze adressiert werden, wird ein sogenannter **All-Subnets Directed Broadcast** durchgeführt, indem alle Bits der Host-ID sowie der Subnetz-ID auf 1 gesetzt werden.

Classless Addressing und Classless InterDomain Routing. Die Subnetz-Adressierung wurde Anfang der 80er Jahre entwickelt, um den zur Verfügung stehenden knappen Adreßraum des Internet effizienter nutzen zu können, denn schon frühzeitig wurde klar, daß der zur Verfügung stehende Adreßraum durch die getroffene Aufteilung in verschiedene Netzwerk-Klassen rasch aufgebraucht sein würde – ein Problem, das unter dem Namen **Running Out of Address Space** (ROADS) diskutiert wurde. Zwar begannen ebenfalls zu dieser Zeit die ersten Arbeiten an der Entwicklung eines Nachfolgers für den gängigen IP-Protokollstandard **IPv4**, doch war klar, daß bis zu dessen umfassender Einführung noch viel Zeit vergehen würde. Um dennoch das rasche Wachstum des Internet-Adreßraumes verkraften zu können, entschloß man sich zu einer temporären Lösung, dem sogenannten **Supernetting** oder auch **Classless Addressing**.
Classless Addressing verfolgt einen Ansatz, der komplementär zur Subnetz-Adressierung verläuft. Während bei der Subnetz-Adressierung mit einem einzelnen Adreßpräfix (Netzwerk-ID) verschiedene physikalische Netzwerke angesprochen werden können, erlaubt das Konzept des Classless Addressing die parallele Verwendung verschiedener Adreßpräfixe für ein einzelnes Netzwerk. Ein Netzwerk der Klasse C erlaubt den Anschluß von bis zu 254 Rechnern, während ein Netzwerk der Klasse B, an das über 65.000 Rechnern angeschlossen werden können, aufgrund der hohen Nachfrage nur schwer zu bekommen

Beispiel für die Routing-Berechnung bei Subnetzadressierung:

Entsprechend der Abbildung verfügt Router R1 über vier Schnittstellen, denen jeweils zwei lokale Rechner, ein weiteres lokales Subnetz und drei entfernte Netzwerke in der Routing-Tabelle zugewiesen sind.

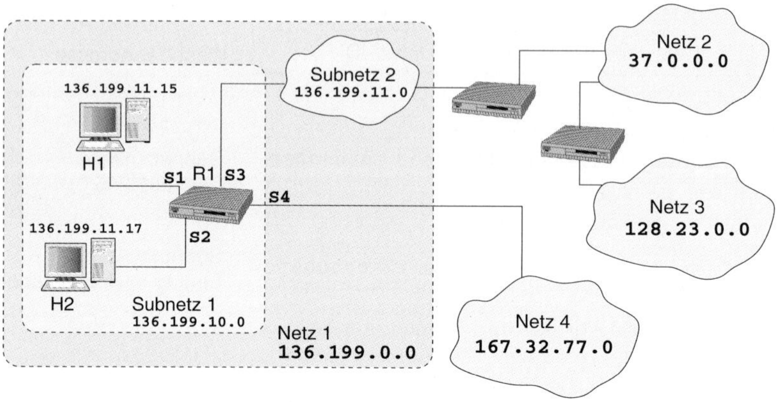

Die Routing-Tabelle von R1 sieht wie folgt aus:

Netzwerk-ID	Subnetz-ID	Host-ID	Subnetzmaske	Schnittstelle
0.0	11	0	255.255.255.0	S3
0.0	0	15	255.255.255.0	S1
0.0	0	17	255.255.255.0	S2
37		0.0.0	255.0.0.0	S2
128.33		0.0	255.255.0.0	S2
167.32.77		0	255.255.255.0	S4

Datenpakete mit den folgenden Adreßangaben erreichen R1:

- 136.199.11.15
  Da es sich um einen lokalen Rechner handelt (Netzwerk-ID: 136.199), muß nur die **Host-ID** ausgewertet werden. Die Host-ID ergibt sich aus der Adresse, indem die **bitweise invertierte Subnetzmaske** und die Adresse mittels eines binären **UND**-Operators verknüpft werden. Dies wird für jeden Eintrag in der Routing-Tabelle durchgeführt, bis die resultierende Adresse gefunden wird.

  136.199.11.15 **UND** 0.0.0.255 = 0.0.0.15

  0.0.0.15 ist in der Routing-Tabelle vorhanden. Zur Weiterleitung wird die zugeordnete Schnittstelle **S1** verwendet.

- 37.16.23.222
  Zur Ermittlung der entfernten **Netzwerk-ID** wird die Adresse bitweise mit den Subnetzmasken aus der Routing-Tabelle über den logischen **UND**-Operator verknüpft. Entspricht das Ergebnis einer zugehörigen Netzwerk-ID in der Routingtabelle, wird das Datenpaket über die zugeordnete Schnittstelle weitergeleitet.

  37.16.23.222 UND 255.0.0.0 = 37.0.0.0

  Das Datenpaket wird über die Schnittstelle **S2** weitergeleitet.

Abb. 7.14. Beispiel für die Subnetz-Adressierung

ist, da lediglich knapp 17.000 dieser Netzwerke vergeben werden können. Auch ist es oft nicht besonders sinnvoll, daß eine Organisation, die z.B. 4.000 Rechner an das Internet anzuschließen möchte, Adreßraum für ganze 65.000 Rechner belegt. So gestattet das Konzept des Classless Addressing die Zuweisung zusammenhängender Blöcke von Klasse-C-Netzwerken an einzelne Organisationen und Unternehmen und fördert so eine effizientere Nutzung des zur Verfügung stehenden Adreßraums.
Allerdings zieht dieses Vorgehen ein neues Problem nach sich. Angenommen, ein Unternehmen reserviert 128 Klasse-C-Netzwerke anstelle eines Klasse-B-Netzwerks. Zwar wird der Adreßraum besser ausgenutzt, da bei Zuweisung eines Klasse B Netzwerks die Hälfte des Adreßraums ungenutzt bliebe, allerdings müssen jetzt anstelle eines einzigen Eintrags bis zu 128 Einträge in den Routing-Tabellen entfernter Router alloziert werden, um Datenpakete zu einem Rechner dieses Unternehmens weiterzuleiten. Eine als **Classless Inter-Domain Routing** (**CDIR**, RFC 1519) bezeichnete Technik vermag dieses Problem zu lösen. CDIR bildet einen Block zusammenhängender Klasse-C-Adressen auf einen einzelnen Eintrag in den Routing-Tabellen ab, der aus

`(Netzwerk-Adresse, Zähler)`

besteht, wobei dabei die kleinste Adresse des allozierten Netzwerkadreßblocks und die Zahl der allozierten Netzwerkadressen angegeben wird. So spezifiziert z.B. der Eintrag

`(136.199.32.0, 3)`

folgende drei Netzwerkadressen:

`136.199.32.0`, `136.199.33.0` und `136.199.34.0`.

Tatsächlich beschränkt sich der Einsatz von CDIR nicht auf Klasse-C-Netzwerke, sondern macht es möglich, Blöcke von Zweierpotenzen von Adressen zusammenzufassen. Angenommen, ein Unternehmen benötigt 1024 zusammenhängende Adressen, die bei der Adresse `136.199.10.0` starten sollen. Der benötigte Adreßraum reicht also von `136.199.10.0` bis `136.199.13.255`.

Tabelle 7.3. Beispiel CDIR – Grenzen des Adreßraums

Grenzen	Adresse	binäre Adresse
untere	136.199.10.0	10001000 11000111 00001010 00000000
obere	136.199.13.255	10001000 11000111 00001101 11111111

Wie in Tabelle 7.3 dargestellt, unterscheiden sich die obere und untere Grenze des Adreßraums in der Binärdarstellung erst ab dem Bit 22. Daher erfordert CDIR die Angabe einer 32-Bit Adreßmaske, in der für das angegebene Beispiel die ersten 22 Bit auf 1 gesetzt sind und die verbleibenden Bits auf 0.

`1111111111111111111111100000000`

Diese Adreßmaske wird in gleicher Weise verwendet wie Adreßmasken in der Subnetz-Adressierung eingesetzt werden. Es kann eine Aufteilung der Adressen ab Bit 22 erreicht und die Basisadresse für den Eintrag in den Routing-Tabellen durch UND-Verknüpfung des aktuell vorliegenden Adreßwerts mit der Maske berechnet werden.
Um einen CDIR-Adreßblock identifizieren zu können, sind also stets die Basisadresse des Blocks und die Maske erforderlich, mit der die Anzahl der Adressen im Block ermittelt wird. Die Angabe erfolgt in der Regel in einer Kurzschreibweise, der sogenannten **CDIR-Notation** (Slash-Notation). Die Maske wird dabei durch einen Schrägstrich getrennt von der Basisadresse als Dezimalzahl angegeben, die die Nummer des Bits angibt, nach der die 1-Bits der Maske auf den Wert 0 wechseln. Im Beispiel aus Abb. 7.14 wird also einfach

`136.199.13.0 / 22`

geschrieben. Routing unter CDIR erfolgt mit Hilfe des **Border Gateway Protocol** (**BGP**), ein Protokoll zum Routing zwischen autonomen IP-Adreßdomänen.

7.2.2 Bindung von Protokolladressen

Die IP-Adressierung ist ein rein virtuelles Adressierungsschema, das von der Netzwerk-Software verwaltet wird. Die beteiligte Hardware im LAN oder WAN verfügt über keinerlei Kenntnis, in welcher Beziehung ein IP-Adreßpräfix mit einem bestimmten Netzwerk bzw. ein IP-Adreßsuffix mit einem bestimmten Rechner im Netzwerk steht. Um aber einen Zielrechner überhaupt erreichen zu können, muß ein Datenpaket im Zielnetzwerk mit der Hardware-Adresse des betreffenden Zielrechners versehen werden. Zu diesem Zweck muß die Netzwerk-Software im Zielnetzwerk die angegebene IP-Adresse in eine korrespondierende Hardware-Adresse umsetzen.
Betrachten wir zu diesem Zweck noch einmal die Abläufe, die notwendig sind, um ein Datenpaket vermittels IP vom Sender zum Empfänger in einem entfernten Netzwerk zu senden: Der IP-fähige Sender verpackt die zu sendenden Daten in IP-Datenpakete, von denen jedes mit der IP-Adresse des Empfängers versehen wird. Diese IP-Adresse wird von den Routern und Hosts, die das Datenpaket auf seinem Weg durch die Netzwerke passiert, ausgewertet, wobei aus dieser IP-Adreßangabe jeweils der nächste **Hop**, i.e. die Adresse des nachfolgenden Zwischensystems entlang des Pfades zum Empfänger, ermittelt wird. Zwar schafft die Verwendung der IP-Software die Illusion eines großen, homogenen Netzes, d.h. Zieladresse sowie die Adresse des nächsten Hops sind jeweils IP-Adressen, doch kann die Netzwerk-Hardware selbst diese Adressen nicht verwenden, da sie diese gar nicht versteht. Die Netzwerk-Hardware verwendet jeweils ein eige-

nes Datenpaket-Format und eine eigene Form der Adressierung. Die IP-Datenpakete müssen zu diesem Zweck umgepackt und die verwendeten IP-Adressen müssen in Hardware-Adressen übersetzt werden. Diese Adreßübersetzung wird als **Adreßauflösung** (**Address Resolution**) bezeichnet. Dabei kann ein Rechner stets nur IP-Adressen für dasjenige Netzwerk auflösen, an das er physikalisch angeschlossen ist. Die Adreßauflösung ist also stets auf ein bestimmtes lokales Netzwerk beschränkt.
Soll z.B. ein IP-Datenpaket über ein Ethernet-LAN weitergeleitet werden, so muß zu diesem Zweck die 32-Bit IP-Adresse für den nächsten Hop im Ethernet-LAN in eine 48-Bit Ethernet-Hardware-Adresse umgesetzt werden, da die Ethernet-Hardware lediglich auf der Bitübertragungsschicht (Schicht 2) des TCP/IP-Referenzmodells arbeitet und daher keine IP-Adressen versteht. Zur Adreßauflösung sind verschiedene Lösungsansätze denkbar, die jeweils zu einer der drei folgenden Kategorien zählen:

- **Tabellensuche**
  Die Zuordnungsbeziehung (Bindung) zwischen den verwendeten Adreßformaten wird in einer Tabelle abgelegt, die im Hauptspeicher des Rechners verwaltet wird. Jeder IP-Adresse wird in dieser Tabelle eine Hardware-Adresse zugeordnet. Um Platz zu sparen, kann die Netzwerk-ID der IP-Adresse jeweils weggelassen werden, wenn für jedes Netz eine separate Tabelle angelegt wird, für die Einträge mit demselben Adreßpräfix.
  Zur Adreßauflösung durchsucht die Netzwerk-Software die Tabelle im Speicher des Rechners. Der zur Ermittlung der Hardware-Adresse notwendige Algorithmus ist universell, unkompliziert und einfach zu programmieren. Für kleine Tabellen reicht ein sequentieller Suchalgorithmus aus, doch wächst die Anzahl der Tabelleneinträge, sollten Techniken wie **Indizierung** oder **Hashing** zum Einsatz kommen.
- **Direkte Berechnung**
  Während die Tabellensuche in der Regel nur bei kleinen Netzwerken mit einer statischen Zuordnung der Hardware-Adressen zu IP-Adressen Verwendung findet, werden vorallem in Netzwerken, die eine freie Konfigurierbarkeit der Hardware-Adressen erlauben, Verfahren eingesetzt, mit denen eine direkte Berechnung der Hardware-Adressen aus den vorgegebenen IP-Adressen möglich ist. Die Hardware-Adresse eines Rechners wird dann so gewählt, daß sie über einfache arithmetische Verfahren aus der IP-Adresse des Rechners ermittelt werden kann. Ist die Hardwareadresse frei wählbar, kann diese z.B. so festgelegt werden, daß sie mit der Host-ID der IP-Adresse identisch ist, so daß diese über eine einfache, binäre logische Operation sehr schnell berechnet werden kann. Für Netzwerke mit frei konfigurierbaren Hardware-Adressen ist dieses Verfahren stets der Tabellenberechnung vorzuziehen, da es effizienter durchgeführt werden kann (vgl. Abb. 7.15).
- **Nachrichtenaustausch**
  Die bisher vorgestellten Methoden zur Adreßauflösung setzen voraus, daß jeder Rechner eines Netzwerks selbst für die Verwaltung oder Berechnung

Beispiel für die Adreßauflösung durch direkte Berechnung

Betrachten wir als Beispiel das Klasse-C-Netzwerk mit der Netzwerkadresse `136.199.10.0`. Es seien zwei Rechner R1 und R2 an das Netz angeschlossen, die jeweils die IP-Adressen `136.199.10.15` und `136.199.10.17` besitzen. Da es sich um ein Netzwerk der Klasse C handelt, kann die jeweilige Host-ID leicht durch eine bitweise logische UND-Verknüpfung der 32-Bit IP-Adresse mit dem Wert 255 (`11111111`) erreicht werden.

```
Host-ID = IP-Adresse UND 11111111
```

Die resultierende Host-ID (`15` für R1 und `17` für R2) sind in diesem Fall direkt die zuzuweisende Hardware-Adresse.

Abb. 7.15. Beispiel für die Adreßauflösung durch direkte Berechnung

von Hardware-Adressen der übrigen Rechner des Netzwerks zuständig ist. Ändert sich eine IP-Adresse oder eine Hardware-Adresse, sind umfangreiche Konfigurationsarbeiten erforderlich, um die Tabellen zur Adreßumrechnung wieder in einen konsistenten Zustand zu versetzen.

Einen anderen Weg beschreiten Verfahren, bei denen die Adreßauflösung auf einem Nachrichtenaustausch zwischen den Rechnern im Netzwerks basiert. Dabei sendet der Rechner, der eine IP-Adresse in eine Hardware-Adresse übersetzen will, eine Anfrage aus, in der er seinen Übersetzungswunsch zusammen mit der zu übersetzenden IP-Adresse versendet. Wird die Adreßinformation im Netzwerk zentral von einem speziellen Server-Rechner verwaltet, dann sendet der Rechner seine Anfrage direkt an den zuständigen Server.

Alternativ dazu kann die Verwaltung der Adreßinformation auch vollkommen dezentral erfolgen und jeder Rechner selbst die Zuordnung seiner eigenen Hardware-Adresse zur korrespondierenden IP-Adresse verwalten. Dann muß eine Anfrage zur Adreßauflösung über ein Broadcast an alle Rechner des Netzwerks gerichtet werden. Während im ersten Fall der Server-Rechner auf die Anfrage nach der Adreßauflösung antwortet, antwortet im zweiten Fall der betreffende Rechner selbst, der seine eigene IP-Adresse in der Broadcast-Anfrage erkannt hat, und daraufhin seine Hardware-Adresse als Antwort zurücksendet. Speziell zu diesem Zweck sieht die TCP/IP-Protokollfamilie das sogenannte **Address Resolution Protocol** (**ARP**) vor.

Address Resolution Protocol (ARP). Ein Verfahren zur Adreßauflösung durch gegenseitigen Nachrichtenaustausch implementiert das Address Resolution Protocol (ARP, RFC 826), das den zu diesem Zweck auszutauschenden Nachrichten ein einheitliches Format gibt. Der ARP-Standard definiert lediglich zwei unterschiedliche Nachrichtenarten:

- **ARP-Anfrage**: Enthält die zu übersetzende IP-Adresse und die Aufforderung zur Übersetzung in eine Hardware-Adresse.

- **ARP-Antwort**: Enthält die angefragte IP-Adresse zusammen mit der korrespondierenden Hardware-Adresse.

Abb. 7.16 zeigt an einem Beispiel die Adreßauflösung vermittels ARP.

Adreßauflösung mit dem ARP-Protocol

Rechner R1 versucht im vorgegebenen Netzwerk aus der IP-Adresse des Rechners R3 (I_{R3}) dessen Hardware-Adresse P_{R3} zu ermitteln. Zu diesem Zweck versendet R1 ein Datenpaket, entsprechend den Formatvorgaben des Netzwerks, das I_{R1} enthält via Broadcast an alle Rechner des Netzwerks. Jeder Rechner des Netzwerks überprüft daraufhin, ob die im empfangenen Datenpaket enthaltene ARP-Anfrage die eigene IP-Adresse enthält. Ist dies nicht der Fall, wird die Anfrage ignoriert.
Nur Rechner R3, der die in der ARP-Anfrage spezifizierte IP-Adresse I_{R3} erkennt, antwortet mit einem direkt an den Sender R1 gerichteten Datenpaket, das sowohl die angefragte IP-Adresse I_{R3} als auch die zugehörige Hardware-Adresse P_{R3} enthält.

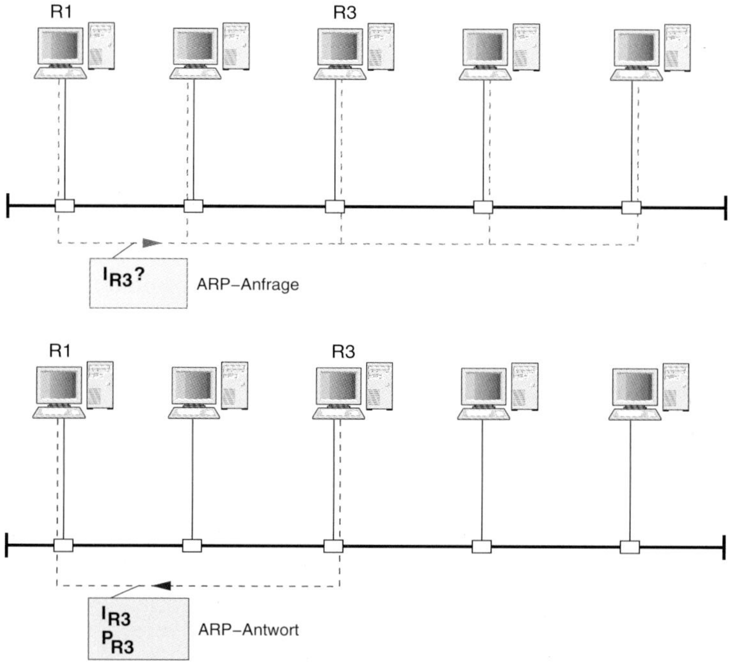

Abb. 7.16. Adreßauflösung mit ARP

Der ARP-Standard gibt kein festes Format für die Übertragung von ARP-Nachrichten vor, da der Transport einer ARP-Nachricht in die Verantwortung der jeweiligen Netzwerk-Hardware fällt. Die ARP-Nachricht wird lediglich im Nutzdaten-Teil eines Netzhardware-Datenpakets gekapselt. Allerdings muß die Empfänger-Hardware in der Lage sein, eine ARP-Nachricht

als solche auch zu erkennen. Dies wird mit Hilfe eines speziellen Feldes im Datenheader des Netzwerk-Datenpakets sichergestellt. Jede Netzwerk-Technologie sieht im Datenheader ein Feld vor, das den Typ der transportierten Nutzdaten näher beschreibt. Insbesondere steht für jede Technologie-Variante ein spezieller Feldtyp-Wert zur Kennzeichnung einer ARP-Nachricht zur Verfügung. Für Ethernet-Netzwerke ist dieser Feldtyp-Wert z.B. `0x0806`, andere Netzwerk-Technologie verwendet andere Kennungen. Der Empfänger der ARP-Nachricht muß nun nur noch den Nutzdaten-Teil des Netzwerk-Datenpakets auswerten, um festzustellen, ob es sich um eine ARP-Anfrage oder um eine ARP-Antwort handelt.
Der ARP-Standard kann für jegliche Art von Adreßumsetzung verwendet werden. Es ist nicht zwingend vorgesehen, daß über das ARP-Protokoll stets nur IP-Adressen in Hardware-Adressen umgewandelt werden. Aus diesem Grund ist das ARP-Datenformat auch sehr flexibel ausgelegt, so daß Adressen der unterschiedlichsten Formate damit umgewandelt werden können. Abb. 7.17 zeigt den Aufbau einer ARP-Nachricht. Jede ARP-Nachricht startet mit zwei 16-Bit Typ-Kennungen die zuerst den Typ der Hardware-Adresse und danach den Typ der zu übersetzenden Protokoll-Adresse spezifizieren. Wird z.B. eine IP-Adresse in eine Ethernet-Adresse übersetzt, erhält der Hardware-Adreß-Typ den Wert `1` und der Protokoll-Adreß-Typ den Wert `0x0800`. Danach folgen zwei Felder, die jeweils die Länge der Hardware-Adresse und der Protokolladresse angeben, gefolgt vom sogenannten Operationsfeld, das angibt, ob es sich um eine ARP-Anfrage (`Op=1`) oder um eine Antwort (`Op=2`) handelt. Danach folgen jeweils Protokoll- und Hardwareadresse von Sender- und Zielrechner. Bei einer ARP-Anfrage ist das Feld der Hardware-Adresse des Zielrechners mit Nullen gefüllt, da diese noch nicht bekannt ist.

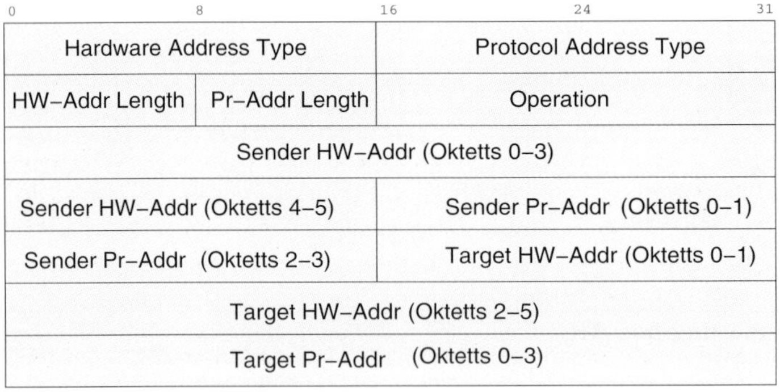

Abb. 7.17. ARP – Datenformat

Wenn allerdings zu jeder Datenübertragung eine Adreßauflösung über das ARP-Protokoll durchgeführt werden muß, kann dies den Durchsatz des Netzwerks negativ beeinflussen, da für jedes zu übertragenden Datenpaket zu-

erst eine ARP-Anfrage via Broadcast und dann eine ARP-Antwort abgewartet werden muß, was sich auf Dauer als äußerst ineffizient erweist. Aus diesem Grund halten Rechner in einem Netzwerk, die zur Adreßauflösung ARP benutzen, kleine Tabellen als Zwischenspeicher vor, die die zuletzt aufgelösten Protokoll-Hardware Adreßpaare beinhalten. Dieses Vorgehen wird als **ARP-Caching** bezeichnet. Soll jetzt eine IP-Adresse in eine Hardware-Adresse aufgelöst werden, wird zuerst die eigene Cache-Tabelle inspiziert, um die gewünschte Hardware-Adresse zu finden. Genügt das, kann die Adreßauflösung sofort und ohne Aussendung von ARP-Nachrichten erfolgen. Befindet sich die Hardware-Adresse nicht in der Cache-Tabelle, erfolgt der reguläre ARP-Anfrage- und Antwort-Zyklus. Die so ermittelte Hardware-Adresse wird als Protokoll-Hardware Adreßpaar in die Cache-Tabelle eingefügt. Ist die Cache-Tabelle gefüllt, wird bei einem Neueintrag der älteste Eintrag wieder gelöscht bzw. verliert ein nach einer bestimmten Zeitspanne abgelaufener Cache-Eintrag seine Gültigkeit und wird gelöscht. Dieses regelmäßige Bereinigen der Cache-Tabelle ist besonders wichtig, sobald im Fehlerfall Hardware-Adressen ihre Gültigkeit verlieren, z.B. wenn Netzwerk-Hardware gegen ein Ersatzgerät mit einer anderen Hardware-Adresse ausgetauscht wird.
Eine zusätzliche Nutzung des ARP-Caches besteht darin, daß ein Rechner nach einem Systemstart über ARP-Nachrichten die lokal gespeicherten Protokoll-Hardware Adreßpaare via Broadcast an alle übrigen Rechner des Netzwerks verteilt. Dadurch können alle angeschlossenen Rechner ihre Cache-Tabellen aktualisieren. Sollte wider Erwarten eine ARP-Antwort zurückkommen, kann daraus geschlossen werden, daß die betreffende Protokoll-Adresse doppelt vergeben wurde und ein Fehler vorliegt.
Der Versuch allerdings via ARP die Hardware-Adresse eines Rechners zu ermitteln, der jenseits eines Routers in einem anderen LAN liegt, muß fehlschlagen, da der ausgelöste Broadcast (Broadcast in Schicht 2) von diesem Router nicht weitergeleitet wird und daher niemals den Empfänger im fremden Netzwerk erreicht. Die Lösung dieses Problems besteht darin, entweder sofort zu erkennen, daß es sich bei der angefragten IP-Adresse um einen Rechner in einem entfernten Netzwerk handelt, und das zu versendende Datenpaket direkt an den Standard-Router dieses lokalen Netzwerks zu senden, oder daß der Router, über den der angefragte Rechner erreicht werden kann, auf den via ARP ausgelösten Broadcast seine eigene Adresse zurücksendet, worauf alle später gesendeten Datenpaket den Weg über den designierten Router nehmen. Letztere Methode wird als **Proxy ARP** bezeichnet.

Reverse ARP (RARP). Kann über das ARP-Protokoll eine Adreßauflösung von Protokoll-Adresse in Hardware-Adresse durchgeführt werden, so bietet das Reverse Address Resolution Protocol (RARP) eine Adreßauflösung in der Gegenrichtung. Aus einer vorgegebenen Hardware-Adresse kann via RARP die zugehörige IP-Adresse ermittelt werden. Die Notwendigkeit für eine Adreßauflösung in diese Richtung ergibt sich z.B. beim Systemstart eines Rechners, der über keine eigene Festplatte verfügt. Ein derartiger Rechner

erhält für gewöhnlich das zu ladende Betriebssystem von einem entfernten Fileserver. Da sich in einem Netzwerk oft viele Rechner ohne eigene Festplatte befinden können, ist es von Vorteil, wenn aus Effizienzgründen allen ein identisches, einheitliches Download des Betriebssystems angeboten werden kann. Dies schließt aus, daß das Betriebssystem-Download die jeweils unterschiedlichen IP-Adresse der zu versorgenden Rechner beinhaltet.
Um bei einem Systemstart die eigene IP-Adresse zu ermitteln, versendet der betreffende Rechner eine RARP-Nachricht mit seiner eigenen Hardware-Adresse via Broadcast an alle angeschlossenen Rechner. Ein speziell eingerichteter RARP-Server, der eine Tabelle mit allen Zuordnungen zwischen Hardware- und IP-Adressen verwaltet, sendet dem anfragenden Rechner eine RARP-Nachricht mit dessen eigener IP-Adresse zurück.
Da ein RARP-Broadcast von den Routern des Netzwerks nicht über die Netzwerkgrenzen hinaus weitergeleitet wird, muß jedes Netzwerk, das über Rechner ohne eigene Festplatte verfügt, einen RARP-Server vorsehen, der die angefragten IP-Adressen verwaltet und via RARP ausliefert.
Alternativ zu RARP wurde das **Bootstrap Protocol** (**BOOTP**, RFC 951, RFC 1542, RFC 1532) entwickelt. BOOTP baut auf den Protokollen UDP und TFTP auf, die auch über Routergrenzen hinweg übertragen werden können. So können via BOOTP Rechner ohne Festplatten verwaltet werden, ohne daß jedes einzelne Netzwerk über einen eigenen Server zum Download des Betriebssystems und zur Ermittlung der IP-Adresse verfügen muß. BOOTP zählt allerdings zu den Protokollen der Anwendungsschicht, gehört also zur obersten Schicht des TCP/IP-Referenzmodells.
Eine erweiterte Version des BOOTP-Protokolls stellt das **Dynamic Host Configuration Protocol** (**DHCP**) dar, das zusätzlich zu dem von BOOTP bereitgestellten Funktionsumfang weitere Konfigurationsmöglichkeiten für Endsysteme bietet. DHCP ist in den RFCs 2131, 1531 und 1541 spezifiziert. Wichtigste Neuerung ist dabei die Fähigkeit zur automatischen und dynamischen Belegung eines Endsystems mit IP-Adressen, die einem Endsystem nicht statisch zugeordnet werden und wiederverwendbar sind. Diese dynamische Zuordnung von IP-Adressen ist insbesondere für Funk-LANs von großer Bedeutung. Dabei werden IP-Adresse und Subnetz-Maske einem Endsystem nur für eine bestimmte Zeit überlassen (Lease-Dauer). Ebenso wie BOOTP ist DHCP ein Protokoll der Anwendungsschicht und soll BOOTP langfristig ablösen.

7.2.3 IP-Datagramme

Als einer der zwei Hauptbestandteile der TCP/IP-Protokollfamilie ist das **Internet Protocol** (**IP**) eine Grundsäule des globalen Internets. IP stellt dem Anwender bzw. einem Anwendungsprogramm einen verbindungslosen Dienst (Datagrammdienst) zur Verfügung, der die Zustellung von IP-Datenpaketen (**Datagrammen**) über Netzwerkgrenzen hinweg zu einem entfernten Empfänger besorgt. Der von IP angebotene Dienst sieht jedoch keine Dienstgarantien für den Nutzer vor. Ob und wann ein einmal versendetes Datenpaket tatsächlich den designierten Empfänger erreicht, wird nicht garantiert – auch wenn man davon ausgeht, daß die Zustellung in der Regel zuverlässig und so schnell wie möglich erfolgt (**Best Effort**). Doch können Fehler oder Überlast in den einzelnen Netzwerken dazu führen, daß ein Paket verfälscht wird, für eine unzumutbar lange Zeitspanne unterwegs ist, dupliziert wird oder sogar verloren geht. IP wird deshalb als **verbindungsloser** und **unzuverlässiger** Dienst bezeichnet. Allerdings – und das ist der große Verdienst des IP-Protokolls – verbirgt IP die jeweils unterschiedliche Netzwerk-Hardware und alle Details der darauf eingesetzten Netzwerk-Software vor den Augen des Internet-Nutzers, dem dadurch ein einheitliches und homogenes, großes Netzwerk vorgetäuscht wird.

Wie erreicht nun ein IP-Datenpaket sein vorbestimmtes Ziel? Der Sender muß im Datenheader des IP-Datenpakets die IP-Adresse des Empfängers eintragen und schickt das IP-Datenpaket auf die Reise in das lokale Netzwerk. Dazu wird das IP-Datenpaket in ein Netzwerk-Datenpaket (Schicht 2), entsprechend den Anforderungen des lokalen Netzwerks, gekapselt und an den nächstliegenden Router (Vorgabe-Router) gesendet. Dieser entpackt das IP-Datenpaket, wertet die angegebene IP-Zieladresse aus und sendet das IP-Datenpaket neu gekapselt über das nächste Netzwerk zum Folgerouter entlang des Pfades zum vorbestimmten Ziel. Dieser Vorgang wiederholt sich solange, bis das IP-Datenpaket einen Router erreicht, der das IP-Datenpaket in einem der an ihn angeschlossenen Netzwerke direkt zum Endziel befördern kann.

Da das IP-Datenpaket über verschiedenartige Netzwerke mit den unterschiedlichsten Kenngrößen und Parametern befördert werden muß, wurde für das IP-Datenformat ein Format gewählt, das vollkommen unabhängig von der jeweils zugrunde liegenden Hardware ist.

Das bis heute aktuelle und am weitesten verbreitete IP-Protokoll ist **IP Version 4** (**IPv4**). Obwohl die Unzulänglichkeiten dieses mittlerweile in die Jahre gekommenen Protokolls schon seit langem bekannt sind, wird es seine Bedeutung vollkommen zu Recht sicher noch für einige weitere Jahre behalten. Obwohl der designierte Nachfolger **IPv6** schon seit langem in den Startlöchern steht, läßt eine weltweite Umstellung noch auf sich warten (siehe Exkurs 21). Dafür verantwortlich ist die weite Verbreitung der eingesetzten IPv4-Netzwerkinfrastruktur und die mit einer Umstellung verbundenen hohen Investitionskosten.

Das IP-Datagramm folgt in seinem Aufbau wie viele andere Protokoll-Datenformate dem bereits bekannten Schema von getrenntem **IP-Datenheader**, in dem Steuer- und Kontrollinformationen untergebracht sind, die zur korrekten Weiterleitung des IP-Datagramms benötigt werden, und **IP-Nutzdaten**, also den eigentlich zu übertragenden Daten. Die Größe eines IP-Datagramms kann vom Nutzer bzw. einer Anwendung selbst festgelegt werden, d.h. die zu befördernde Datenmenge ist nicht festgesetzt. Lediglich darf ein IP-Datagramm bei IPv4 eine maximale Länge von 64 kByte nicht überschreiten. Je länger das zu transportierende IP-Datagramm, desto besser ist das Verhältnis zwischen transportierter Nutzinformation und Overhead, der durch die im Header enthaltene Steuer- und Kontrollinformation verursacht wird. Der **IP-Datenheader** besteht aus einem 20 Byte langen, fixen Teil und einem optionalen Teil variabler Länge, während die Länge der transportierten IP-Nutzdaten innerhalb der vorgegebenen Längenbegrenzung variabel ist. Die Übertragung des IP-Datagramms erfolgt in der sogenannten **Big Endian Order**, d.h. von links nach rechts, wobei die Übertragung mit dem High-Order-Bit des ersten Feldes startet. Abb. 7.18 zeigt den Aufbau

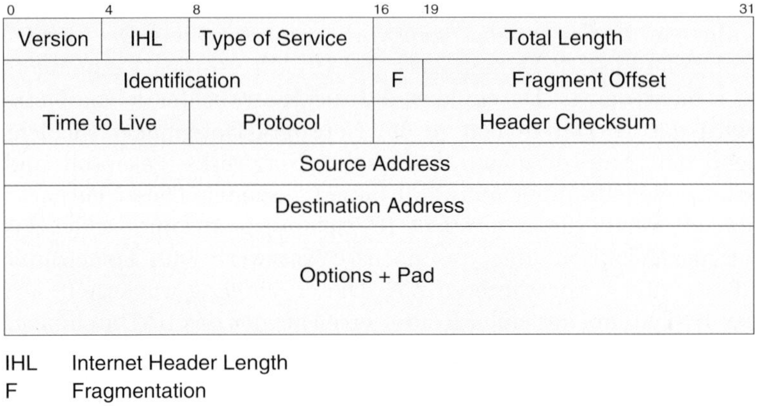

Abb. 7.18. IP-Datagrammheader – Datenformat

des IP-Datenheaders:

- **Version**
  Das 4 Bit lange Versionsfeld enthält die Version des verwendeten IP-Protokolls und ist bei der gängigen IP-Version mit dem Wert 4 gefüllt. Dadurch wird in einem gewissen Rahmen die Kompatibilität für die Zeit des Übergangs zu einer neuen IP-Version gesichert.
- **Internet Header Length**
  Da die Länge des IP-Datenheaders nicht fixiert ist, folgt als nächstes im IHL-Feld (Internet Header Length) eine Längenangabe, die in Einheiten zu jeweils 32 Bit angegeben wird. Die Mindestlänge beträgt 20 Byte (5), die durch die Verwendung von optionalen Headerfeldern jeweils in 4 Byte großen Schritten vergrößert werden kann. Da die Länge des IHL-Feldes 4 Bit beträgt, ist die maximale Länge des IP-Datenheaders auf 60 Byte (15) beschränkt.
- **Type of Service**
  Das folgende TOS-Feld (Type of Service) dient der Beschreibung der erforderlichen Dienstgütequalität (Quality of Service), die allerdings aufgrund

der Eigenschaften von IP (Best-Effort-Übertragung) nicht relevant sind. Gegenwärtig wird dieses Feld von den Routern, die für die Weiterleitung der IP-Datagramme zuständig sind, meist ignoriert. Das 8 Bit lange TOS-Feld unterteilt sich folgendermaßen:
– **Precedence**: 3 Bit langes Feld, das die Priorität des Datagramms festlegt (0=normal, 7=hoch).
– **Delay**: 1 Bit, priorisiert möglichst kurze Wartezeiten,
– **Throughput**: 1 Bit, priorisiert möglichst hohen Durchsatz,
– **Reliability**: 1 Bit, priorisiert möglichst hohe Zuverlässigkeit.
Die verbleibenden zwei Bits des TOS-Feldes werden nicht genutzt.

- **Total Length**
  Das TL-Feld (Total Length) gibt die Gesamtlänge des IP-Datagramms in Byte an, also die Länge von IP-Datenheader und IP-Nutzdaten. Die maximale Länge beträgt 65.535 Byte.
- **Identification**
  Das folgende ID-Feld (Identification) dient der Identifikation einer zusammenhängenden Dateneinheit, die in mehrere Fragmente unterteilt im Nutzdatenteil des IP-Datagramms vorliegen kann. Alle Fragmente besitzen dieselbe Identifikation. Eine Fragmentierung des IP-Datagramms kann notwendig werden, wenn das Datagramm auf seinem Weg ein Netzwerk passieren muß, dessen maximal erlaubte Datenpaketlänge kleiner ist als die des vorliegenden IP-Datagramms. Dann wird das IP-Datagramm in einzelne Fragmente zerlegt, wobei jedes Fragment einen eigenen IP-Datenheader erhält. Die Header zusammenhängender Fragmente unterscheiden sich lediglich in den Feldern, die mit der Fragmentierung im Zusammenhang stehen. Der Empfänger des fragmentierten IP-Datagramms fügt die einzelnen Fragmente im Prozeß der Reassemblierung (Defragmentierung) wieder zusammen.
- **Fragmentierung**
  Das drei Bit lange F-Feld (Fragmentierung) setzt sich aus drei einzelnen Bits zusammen:
  – **M**: 1 Bit, kündigt weitere Fragmente an (more Fragments).
  – **D**: 1 Bit, Anweisung an ein Vermittlungssystem, keine Fragmentierung durchzuführen (Don't Fragment).
  Das letzte Bit ist nicht belegt.
- **Fragment Offset**
  Die folgenden 13 Bit gehören dem FO-Feld (Fragment Offset) an. Dieses gibt die laufende Nummer des ersten Bytes eines Fragments relativ zum ersten Byte des Gesamt-Datagramms an (vgl. Abb. 7.8). Wird keine Fragmentierung durchgeführt, erhält das FO-Feld den Wert 0. Jedes Fragment außer dem letzten eines Datagramms muß die Länge eines Vielfachen von 8 Byte besitzen. Bei einer maximalen Datagramm-Gesamtlänge von 64 kByte und dem 13 Bit langem FO-Feld ergeben sich maximal 8.192 Fragmente von 8 Byte Länge.

- **Time to Live**
  Dieser 8 Bit lange Zähler wird beim Versenden eines IP-Datagramms auf einen Startwert gesetzt, der von jedem Zwischensystem auf dem Pfad zum Zielsystem dekrementiert wird. Beim Erreichen des Wertes Null wird das IP-Datagramm gelöscht, wobei der Sender von der Löschung über ein spezielles ICMP-Datenpaket informiert wird. Durch dieses Verfahren wird eine Überlastung des Internets durch nicht zustellbare oder umherirrende Datenpakete verhindert.
- **Protocol**
  Das 8 Bit lange PR-Feld (Protocol) dient der Kennzeichnung, welchem Protokoll das IP-Datagramm auf der nächsthöheren Protokollschicht des TCP/IP-Referenzmodells übergeben werden soll. Die Kodierung ist in RFC 1700 festgelegt. Beispiele: TCP: 7, UDP: 17, ICMP: 1.
- **Header Checksum**
  Zur Fehlererkennung speziell im IP-Datagrammheader dient das 16 Bit lange HC-Feld (Header Checksum). Der hier verwendete Algorithmus addiert jeweils 16-Bit lange Blöcke in der Reihenfolge ihres Eintreffens in Einerkomplement-Arithmetik. Die Prüfsumme ergibt sich als Einerkomplement der berechneten Summe. Daher muß sich die berechnete Prüfsumme nach erfolgreicher Übertragung stets zu Null berechnen. Es ist zu beachten, das das HC-Feld für jeden Hop, also beim Passieren eines Routers, neu berechnet werden muß, da sich im IP-Datagrammheader mit jedem Hop wenigstens ein Feld (TTL-Feld) ändert.
- **Source Address**
  32 Bit IP-Adresse des Senders.
- **Destination Address**
  32 Bit IP-Adresse des Empfängers.
- **Optionen und Pad**
  Über die Optionen-Felder werden zusätzliche Möglichkeiten zur Steuerung und Überwachung der IP-Datenübertragung geboten. Die maximale Länge der Optionen beträgt 44 Byte. Nicht genutzte Bits werden mit Füllbits (Pads) aufgefüllt. Derzeit sind folgende fünf Optionen möglich:
  - **Security**: Dient der Kennzeichnung des Geheimhaltungsgrades des transportierten Inhalts, steht aber nicht im direkten Zusammenhang mit einer eventuellen Verschlüsselung des Datagramm-Inhalts.
  - **Strict Source Routing**: Hier kann eine vollständige Liste von Zwischensystemen (Routern) angegeben werden, die das IP-Datagramm auf seinem Weg zum Zielsystem passieren soll (auch als Poor Man's Routing bezeichnet).
  - **Loose Source Routing**: Im Gegensatz zum Strict Source Routing kann hier eine Liste von Zwischensystemen angegeben werden, die auf dem Weg zum Zielsystem durchlaufen werden sollen. Diese Liste ist allerdings nicht notwendigerweise eine vollständige Liste aller zu durchlaufender Zwischensysteme.

- **Record Routing**: Hiermit können alle passierten Zwischensysteme angewiesen werden, ihre eigene IP-Adresse in einem Optionenfeld zu vermerken, damit der Weg, den das IP-Datagramm zu seinem Ziel durchlaufen hat, nachvollzogen werden kann.
- **Timestamp**: Zusätzlich können hier alle passierten Zwischensysteme angewiesen werden, zu der bereits zu vermerkenden IP-Adresse auch noch eine Zeitstempelinformation hinzuzufügen, damit nicht nur der Weg durch das Internet, sondern auch der Zeitpunkt des Passierens eines Zwischensystems dokumentiert wird.

Eine spezielle Option (End of Option List) kennzeichnet das Ende der Optionenliste im IP-Datagrammheader. Waren zu Zeiten des ARPANET die maximal möglichen 44 Byte für Optionen genug, um die Route eines IP-Datagramms vollständig zu dokumentieren (kein Datenpaket mußte damals mehr als 9 Zwischensysteme auf seinem Weg vom Sender zum Empfänger passieren), ist dieser zur Verfügung stehende Raum für heutige Anforderungen viel zu klein.

Exkurs 20: IP-Kapselung und IP-Fragmentierung

Soll ein IP-Datagramm von einem Rechner zu einem anderen über eine Reihe von heterogenen Netzwerken hinweg übertragen werden, wird das IP-Datagramm beim Übergang von einem Netzwerk in ein anderes in das jeweils gültige Hardware-Datenformat des betreffenden Netzwerkes umverpackt. Zur Übertragung eines IP-Datagramms muß die jeweilige Netzwerk-Software dafür Sorge tragen, daß dieses „gekapselt“ in einem Datenpaket ihres Netzwerkformats versendet wird. Die als **IP-Kapselung** (Encapsulation) bezeichnete Technik sieht dazu vor, daß ein komplettes IP-Datagramm in den Nutzdatenbereich des Netzwerk-Datenformats gepackt wird. Die jeweilige Netzwerk-Hardware behandelt dieses Datenpaket mit dem eingekapselten IP-Datagramm wie jedes andere Datenpaket und leitet es auf dem Weg zum Zielsystem an den jeweils vom letzten Router festgelegten nächsten Empfänger weiter. Der Inhalt des Nutzdatenbereichs wird dabei weder überprüft noch in irgend einer anderen Weise verändert (siehe Abb. 7.19).

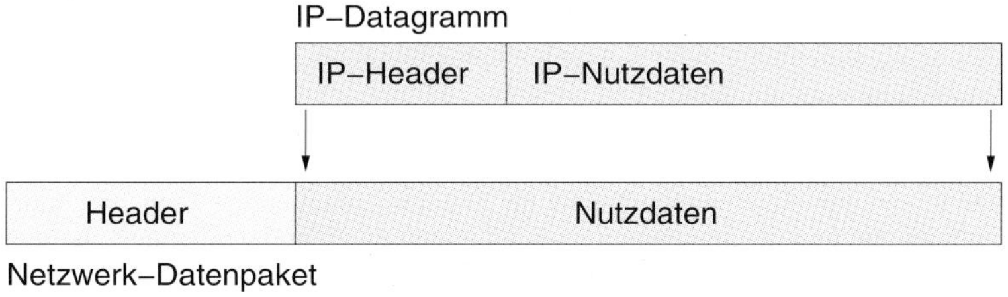

Abb. 7.19. IP-Kapselung (Encapsulation)

Damit der Empfänger das IP-Datagramm aus dem Nutzdatenbereich des Netzwerk-Datenpakets korrekt auspacken und interpretieren kann, muß im Header des Netzwerk-Datenpakets ein Typ-Feld mit einem spezifischen Wert belegt werden, über den sich Sender und Empfänger im lokalen Netzwerk über den Typ der transportierten Daten verständigen.

Die IP-Kapselung gilt immer jeweils nur für eine Teilstrecke. Der lokale Empfänger, der das gekapselte IP-Datenpaket im Netzwerk-Datenpaket empfängt, entnimmt das IP-Datagramm aus dem Nutzdatenteil des Netzwerk-Datenpakets, das anschließend verworfen wird. Zur eventuellen Weiterleitung liest der lokale Empfänger die im IP-Datagramm angegebene IP-Zieladresse. Stimmt diese mit der IP-Adresse des lokalen Empfängers überein, gilt das IP-Datagramm als empfangen, und der Inhalt des IP-Nutzdatenanteils wird von der Netzwerksoftware an eine Instanz einer in der Protokollhierarchie höher gelegenen Protokollsoftware weitergeleitet, entsprechend den Angaben im Protocol-Feld des IP-Datagramms. Ist der lokale Empfänger nicht der endgültige Empfänger, muß das IP-Datagramm zur Weiterleitung erneut gekapselt werden. Die erneute Kapselung erfolgt in ein Netzwerk-Datenpaket des Folgenetzwerks entlang des Pfades zum endgültigen Empfänger. Auf diese Weise kann ein IP-Datagramm den Weg bis zu seinem endgültigen Ziel über die unterschiedlichsten Netzwerktypen hinweg zurücklegen.

IP-Fragmentierung

Jeder Netzwerktyp, der an einer Datenübertragung im Internet beteiligt ist, spezifiziert ein eigenes Datenformat, dem jeweils eine eigene, stets einzuhaltende maximale Länge zugeordnet ist. Diese wird allgemein als **maximale Übertragungseinheit** (**Maximum Transmission Unit, MTU**) bezeichnet. Eine Kapselung eines IP-Datagramms in einem Netzwerkdatenpaket kann nur erfolgen, wenn dieses eine kleinere Länge aufweist, als die Nutzlast der vorgeschriebenen MTU des zur Übertragung vorgesehenen Netzwerks. Ausnahmen sind dabei nicht erlaubt, die MTU ist fix.

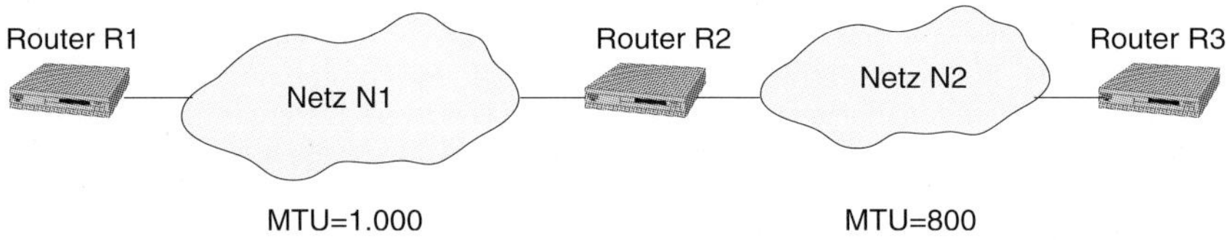

Abb. 7.20. Beispiel für die Notwendigkeit der Fragmentierung zur Datenübertragung in Netzwerken mit unterschiedlicher MTU

Abb. 7.20 zeigt zwei miteinander verbundene Netzwerke, die jeweils eine unterschiedliche MTU aufweisen. Netzwerk N1 verfügt über eine MTU von 1.000 Bytes, während Netzwerk N2 nur eine MTU von 800 Bytes erlaubt. Um dennoch IP-Datagramme, die eine Länge von bis zu 65.535 Bytes aufweisen können, übertragen zu können, wird eine **Fragmentierung** vorgenommen. Muß ein Router ein IP-Datagramm weiterleiten, dessen Länge die MTU des nachfolgenden Netzwerks übersteigt, zerlegt er dieses in einzelne Fragmente, die dann getrennt voneinander übertragen werden.

Jedes Fragment eines IP-Datagramms besitzt dabei das selbe Format wie das ursprüngliche IP-Datagramm, d.h. der komplette IP-Datenheader – mit Ausnahme der Angaben zur Fragmentierung – wird übernommen. Über das F-Feld im IP-Datagrammheader kann mitgeteilt werden, ob es sich um ein komplettes Datagramm oder um ein Fragment handelt. Ist das MF-Bit im F-Feld gesetzt, liegt eine Fragmentierung vor, und es wird signalisiert, daß diesem Fragment noch weitere (MF=More Fragments) folgen. Das auf das F-Feld folgende FO-Feld (Fragment Offset) gibt dabei an, an welche Stelle des ursprünglichen IP-Datagramms das Fragment gehört.

Um ein IP-Datagramm zur Übertragung in einem Netzwerk mit kleinerer MTU vorzubereiten (siehe Abb. 7.21), berechnet der Router die maximale Datenmenge pro Fragment sowie die benötigte Anzahl von Fragmenten aus der vorgegebenen Netzwerk-MTU und der Größe des originalen IP-Datagrammheaders. Daraufhin werden die Fragmente erzeugt. Dazu entnimmt der Router aus dem Nutzdatenteil des ursprünglichen IP-Datagramms die für ein Fragment vorgesehene Datenmenge und versieht diese mit dem Original-IP-Datagrammheader, der um die notwendigen Angaben zur Fragmentierung ergänzt wird (Fragment Offset und More Fragments). Der Router setzt diesen Vorgang fort, bis der gesamte Nutzdatenanteil des ursprünglichen IP-Datagramms in einzelne Fragmente aufgeteilt ist, die in der Reihenfolge ihrer Erzeugung jeweils in ein Netzwerk-Datenpaket gekapselt übertragen werden.

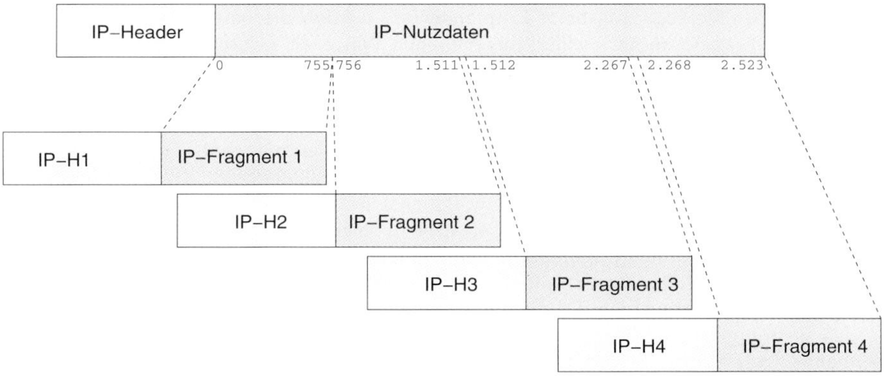

Abb. 7.21. Fragmentierung eines IP-Datagramms

Beispiel für die IP-Fragmentierung
Soll ein IP-Datagramm mit 2.534 Byte Nutzdateninhalt vom Router R2 aus Beispiel. 7.20 über das Netz N2 mit einer MTU von 800 Byte übertragen werden, kommt es zu folgender Fragmentierung (siehe Abb. 7.21):
Angenommen, der Header eines Netzwerkdatenpakets aus dem Netz N2 besitzt eine Länge von 24 Byte, dann stehen für den Nutzdateninhalt maximal 776 Byte zur Verfügung. Hat der IP-Datagrammheader eine Länge von 20 Byte, dann können in jedem Fragment des IP-Datagramms maximal 756 Byte des originalen IP-Datagramm-Nutzdateninhalts transportiert werden. Das erste Fragment nimmt daher die Nutzdaten von Byte 0 bis Byte 755 des originalen IP-Datagramms auf. Das MF-Bit im Datenheader des ersten Fragments wird auf 1 gesetzt, der Fragment Offset auf 0. Das zweite Fragment umfaßt die Nutzdaten von Byte 756 bis 1.511, das MF-Bit des Datenheaders wird ebenfalls auf 1 gesetzt, der Fragment Offset auf 755. Das dritte Fragment umfaßt die Nutzdaten von Byte 1.512 bis 2.267, das MF-Bit wird auf 1 gesetzt, der Fragment Offset auf 1.511. Im letzten Fragment wird der Rest der Nutzdaten des IP-Datagramms von Byte 2.268 bis 2.533 transportiert, das MF-Bit wird auf 0 gesetzt, da es sich um das letzte Fragment für das betreffende IP-Datagramm handelt, und der Fragment Offset beträgt 2.267.
Nach der Übertragung der einzelnen IP-Fragmente, müssen diese wieder zusammengesetzt werden. Der IP-Standard schreibt vor, daß das ursprünglichen IP-Datagramms erst bei dem in der Zieladresse des IP-Datagramms angegebenen Zielrechner zusammengesetzt wird. Dieser kann die einzelnen Fragmente anhand ihrer Identifikation, die jeweils der des ursprünglichen IP-Datagramms entspricht, und des angegebenen Offsets ordnen und wieder zusammenstellen. Das Ende einer Fragmentierung wird erkannt durch ein Fragment, dessen MF-Bit auf 0 gesetzt ist.

Vorteile der IP-Fragmentierung
Der entscheidende Vorteil dieses Verfahrens liegt darin, daß die einzelnen Fragmente nicht dieselbe Route durch das Internet nehmen müssen, sondern auf unterschiedlichen Wegen zum Ziel gelangen können, was zu einer Erhöhung des Durchsatzes führt. Desweiteren wird

der Verarbeitungsaufwand an den einzelnen Routern verringert, da die einzelnen Fragmente erst am Zielsystem wieder zusammengesetzt werden müssen, was wiederum die Verarbeitungsgeschwindigkeit der Router erhöht.
Da die einzelnen Fragmente eines IP-Datagramms nicht alle auf demselben Weg zum Empfänger gelangen, muß der Empfänger alle empfangenen Fragmente bis zum Erhalt des letzten Fragments zwischenspeichern, bevor er diese wieder zum ursprünglich gesendeten IP-Datagramm zusammensetzen kann. Geht nur ein Fragment verloren oder kommt mit einer erheblichen Verzögerung beim Empfänger an, werden die bereits empfangenen und gespeicherten Fragmente nach einer vorgegebenen Wartezeit gelöscht, um zu vermeiden, daß der verfügbare Speicherplatz zur Neige geht. Zu diesem Zweck wird bei der Ankunft des ersten Fragments eines IP-Datagramms ein Timer gestartet. Erreichen alle Fragmente vor Ablauf des gestarteten Timers den Empfänger, wird das IP-Datagramm beim Empfänger wieder zusammengesetzt, anderenfalls werden alle bereits empfangenen Fragmente wieder verworfen. Diese „Alles-oder-Nichts"-Strategie macht durchaus Sinn, da das IP-Protokoll die erneute Übertragung eines einzelnen Fragments nicht vorsieht, da nicht sichergestellt werden kann, daß ein IP-Datagramm bei einer Neuübertragung denselben Weg nimmt und deshalb vollkommen anders fragmentiert beim Empfänger ankommen kann.
Auf dem Weg vom Sender zum Empfänger können durchaus aufeinanderfolgende Fragmentierungen durchgeführt werden. Da auch Fragmente von Fragmenten dieselbe Identifikation wie das ursprüngliche IP-Datagramm besitzen und ein jeweils entsprechend berechneter Fragment Offset beigefügt wird, kann der Empfänger unterschiedlich bzw. mehrfach fragmentierte Teilstücke ohne Probleme wieder zusammensetzen. Generell hat es sich als vorteilhaft erwiesen, eine für alle Netzwerktypen gültige atomare Fragmentgröße festzusetzen, die der kleinsten vorkommenden MTU entspricht, da auf diese Weise stets Fragmente gleicher Größe erzeugt werden, eine unbeschränkt kaskadierte Fragmentierung vermieden wird und so Verarbeitungszeit in Routern und am Empfängerrechner gespart werden kann.

Weiterführende Literatur:

E. A. Hall: Internet Core Protocols, O'Reilly, Sebastopol CA, USA, 2000.

RFC 791, RFC 760, Internet Protocol – IPv4.

RFC 815, Internet Protocol Datagram Reassembly Algorithms.

RFC 1192, RFC 1063, Path MTU Discovery.

Exkurs 21: Das zukünftige IPv6

1983, bei der Einführung des bestehenden Protokollstandards IP für die Datenkommunikation im Internet – Internet Protocol Version 4 (IPv4) – wurde diesem nur eine kurze Lebensdauer prophezeit. Aller aktuellen Probleme zum Trotz erwies sich diese IP-Version jedoch als äußerst langlebig und erfolgreich. IPv4 war es letztlich zu verdanken, daß das globale Internet sein immenses Wachstum verkraften und die Vielfalt der unterschiedlichen Netzwerktypen überhaupt miteinander verbinden konnte. Das eigene IP-Datagrammformat läßt das globale Internet als einheitliches, homogenes Netzwerk erscheinen und verbirgt die zur Kommunikation notwendigen Details der Hardware-nahen Kommunikations-Software und Hardware. Dank des ausgeklügelten Designs überlebte das IP-Protokoll ebenfalls eine Reihe von Hardware-Generationen, was sicher in seinem hohen Grad an Skalierbarkeit und seiner Flexibilität begründet liegt.

Weshalb soll also ein Protokoll geändert werden, das sich als derart robust erwiesen hat? Hauptgrund dafür ist die Aufteilung des eng begrenzten IP-Adreßraums. Als IP Mitte der 70er Jahre entwickelt wurde, sah niemand das explosionsartige Wachstum der Datennetze

des Internet voraus und so entschied man, daß 32 Bit lange IP-Adressen völlig ausreichend sind, was immerhin den Anschluß von Millionen von unterschiedlichen Netzwerken ermöglichte. Das Wachstum des globalen Internets verlief jedoch exponentiell, die Anzahl der mit ihm verbundenen Computer verdoppelt sich in weniger als einem Jahr. Zwar scheint der Markt an stationären Rechnern, d.h.Personal Computern bald gesättigt, doch steht die nächste Umwälzung bereits vor der Türe: Embedded Systems, intelligente Haushaltsgeräte, Unterhaltungselektronik, Autos und Mobiltelefone, alle sind zunehmend mit Rechnern ausgestattet, die über das globale Internet miteinander kommunizieren. Daher ist das erste und wohl wichtigste Ziel einer Erneuerung von IP eine Erweiterung des begrenzten IP-Adreßraums.
IPv4 arbeitet als verbindungsloser und unzuverlässiger Dienst, der zwar nach besten Möglichkeiten arbeitet (Best Effort), jedoch keinerlei Dienstgütegarantien (Quality of Service) gewährt. Heutige Internet-Anwendungen arbeiten aber zunehmend mit multimedialen Dateninhalten, die eine quasi-echtzeitfähige Weiterleitung verlangen. Der zweite, gewichtige Grund für eine Renovierung von IPv4 liegt daher in dessen Unvermögen, Dienstgütegarantien zu gewährleisten.

1990 startete deshalb die IETF ein Projekt zur Entwicklung eines Nachfolgers für das IP-Protokoll. Vorläufiger Name des Projekts war zunächst **IP – The Next Generation** (**IPnG**), angeregt durch die gleichnamige Star Trek Fernsehserie. Nach Abschluß der Definitionsphase wurde nach einem Namen gesucht, der dieses Protokoll herausheben sollte über die zahlreichen anderen Projekte, die ebenfalls diese populäre Bezeichnung in ihrem Namen führten. So wurde beschlossen, eine neue Versionsnummer für dieses IP-Protokoll zu wählen, aber nicht Version 5, wie jedermann annehmen würde, sondern Version 6, denn die Versionsnummer 5 war bereits für das experimentelle **Stream Protocol** (ST) vergeben worden. Damit stellt **IPv6** die Nachfolgeversion des aktuellen IPv4 dar.

Eigenschaften und Merkmale von IPv6
Viele der Merkmale, die den Erfolg von IPv4 ausmachten, bleiben in der neuen Version erhalten. Nach wie vor handelt es sich bei IPv6 um einen Datagrammdienst, d.h. es wird ein verbindungsloser Dienst realisiert. Jedes IP-Datagramm enthält die Adressen von Sender und Empfänger. Der Time-to-Live Mechanismus, der die Anzahl der möglichen Hops eines IP-Datagramms festlegt, wurde ebenso wie die Möglichkeit der Angabe zusätzlicher Header-Optionen beibehalten. Obwohl die Basiskonzepte des erfolgreichen IPv4-Standards erhalten blieben, liegen die z.T. erheblichen Veränderungen in den jeweiligen Details:

- **Adreßgröße**
  Die bisherige Adreßgröße wird von 32 Bit auf 128 Bit erweitert. Die Adresse wird in Analogie zur Dezimal-Punkt-Darstellung der IPv4-Adresse angegeben vermittels von maximal 8 vierstelligen Hexadezimalzahlen, die durch Doppelpunkte voneinander getrennt werden (z.B. 231B:1A:FF:02:0:3DEF:11).
- **Header-Format**
  IPv6 verfügt über ein neues, eigenständiges Headerformat, das unabhängig von IPv4 entwickelt wurde.
- **Multiple Header**
  Im Gegensatz zu IPv4 kann ein IPv6-Datagramm mehrere Header besitzen. Nach einem ersten obligatorischen Basis-Header können optional mehrere Erweiterungs-Header folgen, bevor sich daran die eigentlichen Nutzdaten anschließen.
- **Video- und Audiounterstützung**
  Für IPv6 wurde die Möglichkeit vorgesehen, Multimedia-Daten, wie z.B. Audio- und Videodaten, in Echtzeit zu übertragen. Dieser Mechanismus kann außerdem dazu genutzt werden, einzelne Datagramme auf kostengünstigeren Pfaden durch das Internet zu übertragen.

- **Erweiterbarkeit**
  Während die Möglichkeiten von IPv4 voll ausdefiniert wurden, sieht IPv6 von vornherein die Möglichkeit der Erweiterung des Protokoll-Standards vor, wodurch zusätzliche Informationen mit in das IP-Datagramm mit eingebunden werden können. Dadurch soll eine hohe Flexibilität und Anpassungsfähigkeit gegenüber zukünftigen Verbesserungen erreicht werden.

Um ein Protokoll zu entwickeln, das all diesen Forderungen gerecht wird, veranstaltete die IETF mit dem RFC 1550 eine öffentliche Ausschreibung zur Einreichung entsprechender Vorschläge. 21 Vorschläge wurden bei der IETF eingereicht, nicht alle in Form eines vollständigen IETF Proposals, die von kleineren Veränderungen am bestehenden IPv4-Protokoll bis hin zu vollständigen Neuentwicklungen reichten. Unter den Vorschlägen wurden drei, darunter auch das spätere IPv6 in die engere Wahl gezogen, die schließlich zu Gunsten von IPv6 ausfiel, da es alle guten Eigenschaften von IPv4 bewahrte, die Nachteile von IPv4 ausmerzte oder zumindest weitgehend abschwächte und neue Vorteile dort einführte, wo sie besonders notwendig waren. Von ganz besonderer Bedeutung für die Auswahl war jedoch der Fakt, daß alle übrigen TCP/IP-Protokolle, wie z.B. TCP, UDP, ICMP, OSPF, IGMP, BGP oder DNS ohne größere Änderungen beibehalten werden konnten.

Das IPv6–Datagramm
IPv6 verfügt über ein Datagrammformat, das sich völlig von IPv4 unterscheidet (siehe Abb. 7.22). Ein IPv6-Datagramm startet stets mit einem **Basis-Header** (**Base Header**) von fester, vorgegebener Länge, dem optional ein oder mehrere **Erweiterungs-Header** (**Extension Header**) folgen können. Erst danach kommen die eigentlichen Nutzdaten des IPv6-Datagramms.

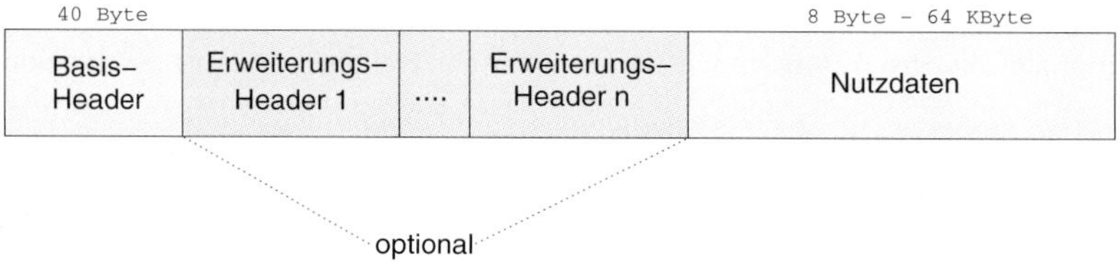

Abb. 7.22. IPv6 – Datagrammformat

IPv6–Basis-Header
Obwohl der Basis-Header eines IPv6-Datagramms nur die doppelte Länge eines IPv4-Datagrammheaders aufweist, ist es doch möglich, Sender und Empfängeradresse in ihrer vollen Länge von jeweils 128 Bits anzugeben. Dieses Paradoxon erklärt sich aus der Tatsache, daß andere Informationen aus dem IPv4-Header weggelassen und in die optionalen Erweiterungs-Header verlagert wurden. Der IPv6-Header weist gegenüber dem älteren IPv4-Datagrammheader sogar wesentliche Vereinfachungen auf (siehe Abb. 7.23). Neben den beiden jeweils 16 Byte (128 Bit) langen Adressen von Sender und Empfänger – der folgenreichsten Veränderung gegenüber IPv4 – beinhaltet der IPv6–Basis-Header lediglich sechs Felder:

- **Version**
  Ebenso wie der IPv4-Datagrammheader startet der Basis-Header mit einer 4 Bit langen Versionsangabe zum verwendeten IP-Protokoll. Bei IPv6 steht hier stets der Wert 6.
- **Traffic Class**
  Das 4 Bit lange TClass-Feld (Traffic Class) entscheidet über die Priorisierung des vorliegenden Datagramms relativ zu anderen Datagrammen. Im allgemeinen sind die Werte 0

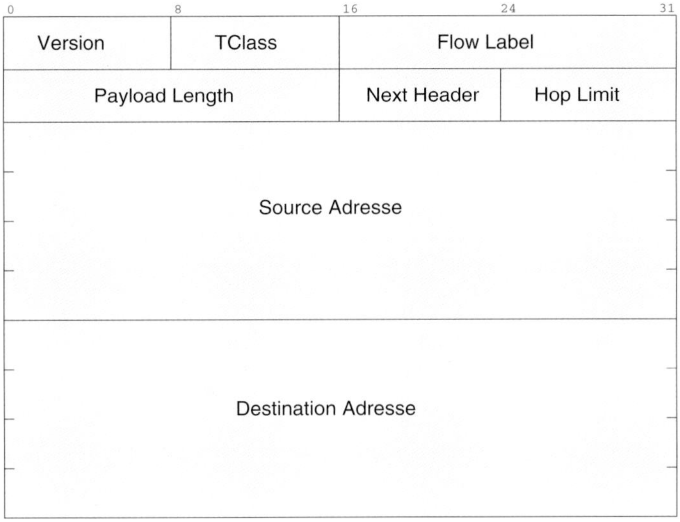

Abb. 7.23. IPv6 – Basis-Header

(normal) bis 7 (hohe Priorität) für die herkömmliche Kommunikation reserviert, während die Werte 8 – 15 unterschiedlichen zeitkritischen Anwendungen (z.B. Audio- oder Videokommunikation) vorbehalten sind.

- **Flow Label**
  Das 3 Byte lange FL-Feld (Flow Label, Übertragungsart) bietet Platz für eine zufällig gewählte Identifikationsnummer für eine virtuelle Ende-zu-Ende-Verbindung, mit der bestimmte Datagramme für eine gesonderte Übertragung im globalen Internet gekennzeichnet werden können. Router sind anhand des Flow Labels in der Lage, die betreffenden Datagramme direkt weiterzuleiten, ohne den Rest des Headers auswerten zu müssen. Dieser Mechanismus soll dazu genutzt werden, isochrone Datenströme über das Internet weiterzuleiten. Da noch keine endgültige Spezifikation über die Kodierung dieses Feldes vorliegt, wird es bislang mit dem Wert 0 gefüllt.
- **Payload Length**
  16 Bit langes Feld, das die Länge der Nutzdaten angibt, die auf die Header-Felder (Basis-Header und Erweiterungs-Header) folgen. Die Angabe der Länge erfolgt in Bytes, so daß sich eine maximale Länge von 64 KByte für die Nutzdaten im IPv6-Datagramm ergibt. Wird ein Erweiterungs-Header vom Typ „Fragmentation“ eingesetzt, sind über Fragmentierung von IP-Datagrammen auch größere Nutzlastmengen möglich. Die Payload Length 0 weist ein sogenanntes **Jumbo-Paket** (**Jumbogramm**) aus.
- **Next Header**
  Das 8 Bit lange NH-Feld (Next Header) gibt den Typ des direkt nachfolgenden Headers an. Dabei kann es sich entweder um einen Erweiterungs-Header des IP-Datagramms handeln oder um einen Header einer höheren Protokollschicht (z.B. TCP oder UDP) des Datenpakets, das in den sich anschließenden Nutzdaten befördert wird.
- **Hop-Limit**
  Das ehemalige Time-to-Live Feld des IPv4-Datagrammheaders wird durch das 8 Bit lange HL-Feld (Hop Limit) ersetzt. Die Funktionsweise entspricht dabei vollkommen der des IPv4-Headerfeldes: Der anfängliche Feldwert wird mit jedem Hop vom betreffenden Router dekrementiert. Derjenige Router, der den Wert Null in das Feld einträgt, verwirft das IP-Datagramm.

- **Sender- und Zieladresse**
  128 Bit Adressen von Sender und Empfänger. Wird ein Erweiterungs-Header vom Typ „Routing" verwendet, kann als Empfängeradresse auch die Adresse eines Folgerouters angegeben werden.

IPv6–Erweiterungs-Header
Für zusätzliche Steuer- und Kontrollinformation im Header des IPv6-Datagramms, sind die sogenannten **Erweiterungs-Header** vorgesehen. Aus Gründen der Effizienz verzichtete man bei der Spezifikation des IPv6-Basis-Headers darauf, zusätzliche, fixierte Felder mit in den Header aufzunehmen. Da nicht alle Datagramme die zusätzlich spezifizierten Optionen benötigen, können sie je nach Bedarf über Erweiterungs-Header mit aufgenommen werden. Insgesamt lassen sich in einem IPv6-Datagramm bis zu 6 Erweiterungs-Header angeben, die alle über ein NH-Feld (Next Header) miteinander verbunden werden. Jeder Erweiterungs-Header verfügt ebenfalls über ein NH-Feld, das entweder den Typ eines Folge-Erweiterungs-Headers beinhaltet oder als Abschluß-Header den Typ des Protokolls angibt, dessen Header als erstes im Nutzdatenbereich befördert wird (siehe Abb. 7.24).

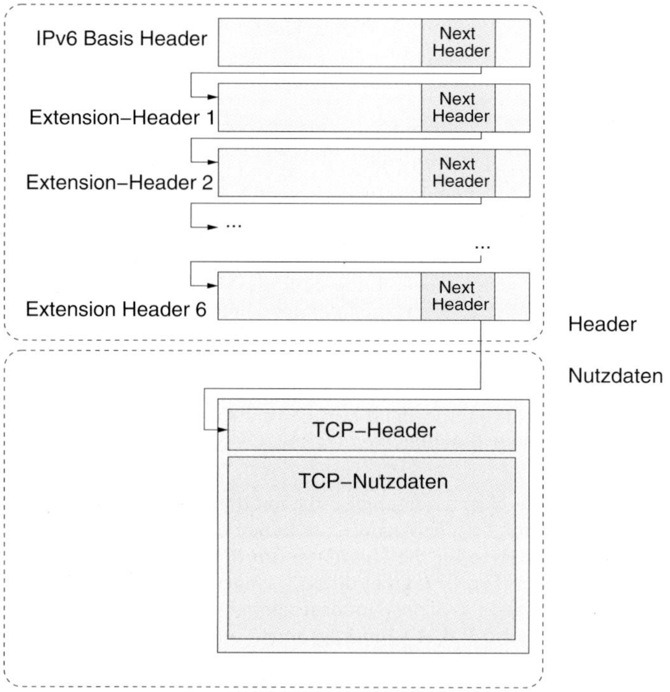

Abb. 7.24. IPv6 – Prinzip der Header-Erweiterung

Folgende sechs Erweiterungs-Headertypen stehen für IPv6 zur Verfügung, wobei jeder Headertyp mit Ausnahme des Destination-Options Headers jeweils nur ein einziges Mal in einem IPv6-Datagramm benutzt werden darf:

- **Hop-by-Hop Header**
  Dieser Headertyp enthält optionale Angaben in Form sogenannter **Type-Length-Value-Angaben** (TLV-Angaben) Angaben, die von jedem Router entlang des Weges vom Sender

zum Empfänger interpretiert werden. Der Hop-by-Hop Header folgt stets als erstes nach dem Basis-Header, da sich auf diese Weise Verarbeitungszeit bei den Routern einsparen läßt. Ebenso wie der Destination-Options Header besitzt der Hop-by-Hop Header eine variable Länge und läßt sich daher anwendungsspezifisch verwenden.

- **Destination Options Header**
  Der Destination-Options Header kann maximal zweimal in einem IPv6-Datagramm vorkommen. Er beinhaltet Informationen, die sowohl für die weitervermittelnden Router als auch für den Empfänger-Rechner von Bedeutung sind und von diesen interpretiert werden müssen. Handelt es sich um Router-Informationen, folgt der Destination-Options Header direkt dem Hop-by-Hop Header, handelt es sich aber um Informationen für den Empfänger, dann steht der Destination-Options Header an letzter Stelle, direkt vor den beförderten IP-Nutzdaten.
- **Routing Header**
  Dieser Header gibt eine Liste von Routern (Zwischensystemen) an, die auf dem Pfad vom Sender zum Empfänger besucht werden müssen (**Strict Source-Routing**).
- **Fragment Header**
  Mit Hilfe des Fragment Headers kann ein IP-Datenpaket, dessen Länge die MTU (Maximum Transmission Unit) des unterliegenden Netzwerks überschreitet, in einzelne Fragmente zerlegt werden. Der Fragment-Header enthält dann die jeweils notwendigen Informationen, um die einzelnen Fragmente eines IP-Datagramms beim Empfänger wieder zusammensetzen zu können.
- **Authentication Header**
  Header, der eine Prüfsumme enthält, die die Authentifikation des Senders ermöglicht (siehe Kap. 9.3.4).
- **Encapsulation Security Payload**
  Header, der bei der Verschlüsselung von Nutzdaten oder Header-Daten eine spezifische Schlüsselnummer enthält (siehe Kap 9.3.4).

Fragmentierung großer Datagramme
Im Gegensatz zu IPv4 hält der IPv6-Basis Header keine Felder zur Steuerung der Fragmentierung eines IPv6-Datagramms vor. Anstelle dessen existiert ein separater Erweiterungs-Header. Ist eine Fragmentierung erforderlich, d.h. ist die MTU des zu überbrückenden Netzwerks kleiner als das zu übertragende IPv6-Datagramm, wird das gesamte IPv6-Datagramm (Header und Nutzdaten) in einzelne Teilstücke zerlegt, die in den Nutzdatenbereich der neuen Fragmente gestellt werden. Dabei kann der Basis-Header jedoch nicht selbst zerlegt werden (nicht zerlegbarer Anteil). Jedes Fragment erhält einen neuen Basis-Header und einen zusätzlichen Erweiterungs-Header vom Typ Fragment-Header, der das IPv6-Datagramm als Fragment kennzeichnet und einen Wert für den Fragment Offset analog zum IPv4-Header enthält, damit das ursprüngliche IP-Datagramm beim Empfänger wieder zusammengesetzt werden kann.
Der Vorgang der Fragmentierung selbst unterscheidet sich bei IPv6 wesentlich von IPv4. Während bei IPv4 jeder Router in der Lage ist, ein zu großes Datagramm in paßgerechte Fragmente für das zu überbrückende Netzwerk zu zerlegen, ist bei IPv6 der sendende Rechner selbst zuständig für eine derartige Zerlegung, d.h. die Router in einem IPv6-Internet erwarten stets paßgerechte IPv6-Datagramme bzw. Fragmente. Erreicht ein zu großes Datagramm einen IPv6-Router, wird dieses einfach nicht weitergeleitet. Der sendende Rechner hat dabei zwei Möglichkeiten, die Größe seiner zu versendenden IP-Datagramme einzustellen: Entweder er verwendet die garantierte **Minimum-MTU** von 1.280 Byte, die jedes IPv6-fähige Netzwerk unfragmentiert weitergeleiten können muß, oder er ermittelt mit Hilfe des **Path MTU Discovery** Verfahrens, welche Fragmentgröße für den vorgesehenen Weg zum Empfänger gewählt werden muß. Zur Ermittlung der sogenannten **Pfad-MTU**, also der kleinsten MTU entlang des Pfades vom Sender zum Empfänger, wendet der Sender einen

iterativen Lernprozeß an. Er sendet dazu fortlaufend Datagramme unterschiedlicher Größe, die – sobald sie zu groß sind – mit einer entsprechenden Fehlermeldung quittiert werden. Damit ist der Sender in der Lage, die von ihm anschließend verwendete Datagrammgröße entsprechend anzupassen, indem er die größte Datagrammlänge wählt, die während dieses Lernprozesses noch fehlerfrei übertragen werden konnte.
Der Sinn dieser Ende-zu-Ende Fragmentierung liegt darin, die Router und Zwischensysteme des Internets weitmöglichst zu entlasten, damit diese einen höheren Durchsatz erzielen können. Allerdings müssen bei diesem Verfahren auch Einbußen in der Flexibilität hingenommen werden. Während bei IPv4 die einzelnen Fragmente einfach auf unterschiedlichen Routen zum Ziel gelangen und bei Überlast oder Fehler an andere Router umgeleitet werden konnten, ist dies bei IPv6 nicht mehr so einfach möglich, da eine Umleitung eine Teilstrecke mit geringerer MTU enthalten könnte. Der Sender müßte daraufhin eine neue Path-MTU ermitteln und das IP-Datagramm erneut mit neuer Fragmentgröße übertragen.

Jumbo Payload
Ein reguläres IPv6-Datagramm kann ebenso wie ein IPv4-Datagramm eine Nutzdatenlänge von maximal 65.535 Byte befördern. Allerdings sieht der IPv6-Standard auch die Möglichkeit zur Beförderung längerer Datenpakete vor, die insbesondere für Anwendungen im Bereich des Supercomputing von Bedeutung sind, in denen viele Gigabyte an Daten übertragen werden müssen. Die Kennzeichnung eines übergroßen IP-Datagramms, eines sogenannten **Jumbogramms** erfolgt mit Hilfe des Hop-by-Hop Erweiterungsheaders. Wird als Payload Length im Basis-Header eine Länge von Null angegeben, handelt es sich bei den beförderten Daten um ein Jumbogramm, dessen Länge im Hop-by-Hop-Erweiterungs-Header in einem 32 Bit langen Feld angegeben wird (siehe Abb. 7.25).

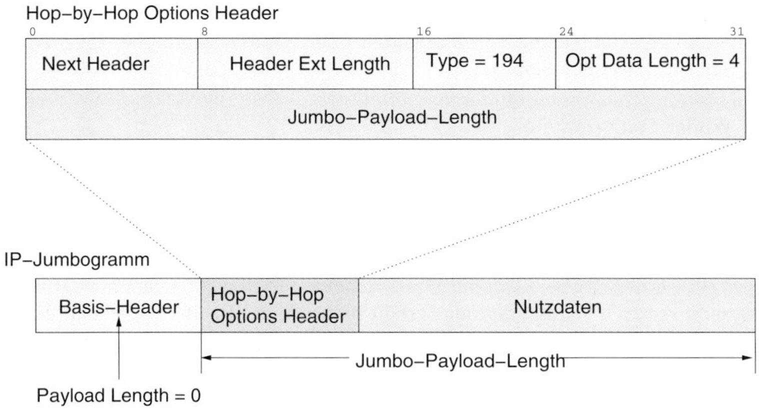

Abb. 7.25. IPv6 – Jumbogramm

Source Routing in IPv6
IPv6 unterstützt ebensowie IPv4 verschiedene Möglichkeiten des Source Routings. Dabei wird vom Sender eines Datagramms vorgegeben, welchen Weg das Datagramm durch das Internet nehmen soll. Während bei IPv4 für die entsprechenden Angaben eines der Options-Felder des Headers genutzt wird, verfügt IPv6 über einen speziellen Erweiterungs Header, den **Routing Header**. Abb. 7.26 zeigt den Aufbau des Routing Headers. Derzeit ist nur ein Routing-Typ (Typ=0) definiert, der etwa dem Loose Source Routing bei IPv4 entspricht. Die einzelnen Felder im Routing Header haben folgende Bedeutung:

- **Next Header**
  Typ des Folgeheaders.
- **Header Extension Length**
  Gibt die Länge des Routing Headers an, der je nach Anzahl der angegebenen Zwischensysteme entlang der zu folgenden Route eine unterschiedliche Länge aufweisen kann.
- **Routing Type**:
  Angabe, welche Variante des Source Routings verwendet werden soll. Z.Z. ist lediglich Routing Type 0 spezifiziert.
- **Segment Left**
  Hier steht die Anzahl der noch zu durchlaufenden Routingsegmente (=Hops) entlang des Pfades zum vorbestimmten Ziel.
- **Strict/Loose Bit Map**
  Bitfolge $b_0, \ldots, b_{23}$, in der jedes Bit einem Routingsegment zugeordnet ist. Die Bitfolge bestimmt, ob ein bestimmter Router i direkt in Folge besucht werden muß (b_i=1) oder ob eine alternative Route zum nächsten Segment gewählt werden kann (b_i=0).
- **Address[i]**
  Angabe einer Folge von Routern, die entlang des Pfades zum vorgegebenen Zielsystem besucht werden sollen und die mit der Strict/Loose Bit Map korrespondiert.

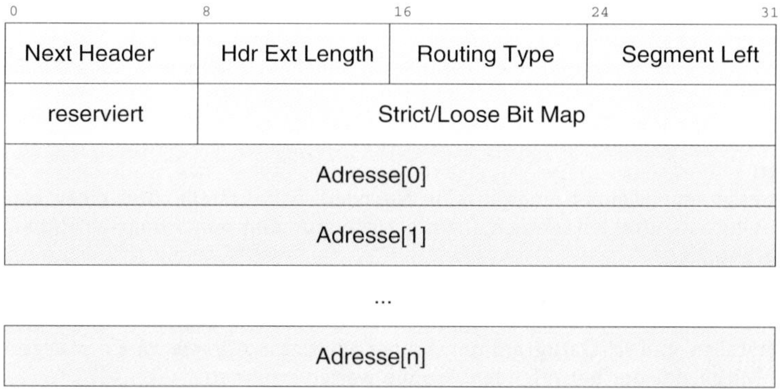

Abb. 7.26. IPv6 – Routing Header

Entsprechend der Belegung des Bitvektors im Feld **Strict/Loose Bit Map** wird ein einzuhaltender Pfad vorgegeben. Alle im nachfolgenden Adreßvektor angegebenen Router müssen dabei besucht werden, unabhängig davon, welcher Wert für den Router i in b_i angegeben ist. Ist b_i=1, bedeutet dies lediglich, daß Router i direkter Nachfolgerouter von Router i-1 ist und kein alternativer Weg von i-1 nach i gewählt werden darf.

Die Gründe, warum für IPv6 das Konzept der verschiedenen, optionalen Erweiterungs-Header gewählt wurde, sind die folgenden:

- **Wirtschaftlichkeit**
  IPv6 besitzt eine große Flexibilität, da viele verschiedene Optionen mit Hilfe der unterschiedlichen Header festgelegt werden können. Tatsächlich werden meist nicht viele dieser Optionen zur gleichen Zeit benutzt, so daß die korrespondierenden Header einfach weggelassen werden können, wenn sie nicht gebraucht werden. In IPv4 wird z.B. ein großer Teil der Datagramme nicht fragmentiert. Dennoch enthält der Header des IPv4-Datagramm stets Fragment-Bits und Fragment-Offset. IPv6 dagegen verwendet einen

Fragment-Header nur dann, wenn auch tatsächlich eine Fragmentierung vorgenommen wird, und verbessert so das Verhältnis von übertragener Nutzdateninformation zu übertragener Steuerinformation.

- **Erweiterbarkeit**
  Soll ein Protokoll wie IPv4 in seiner Funktionalität erweitert werden, bedarf dies eines Neudesigns des kompletten Datenformats. Der Datagrammheader muß um ein neues Feld erweitert und die gesamte Netzwerk-Hard- und Software muß entsprechend angepaßt werden. Anders bei IPv6: Um eine neue Funktionalität aufzunehmen, muß lediglich ein neuer Erweiterungs-Header-Typ definiert werden. Ist der neue Header-Typ einem Zwischensystem im Internet noch nicht bekannt, wird er einfach ignoriert. Auf diese Weise können neue Funktionen erst einmal in einem kleinen Teilbereich des Internet ausgetestet werden, bevor Hard- und Software des globalen Internets eventuellen Anpassungen unterzogen werden.

IPv6 – Adressierung
Bereits zu Beginn der 90er Jahre wurde festgestellt, daß der im Internet mit IPv4 zur Verfügung stehende Adreßraum dem explosionsartigen Wachstum des Internet nicht lange gewachsen sein würde. Einer der Hauptgründe der Entwicklung eines IPv4-Nachfolgers war deshalb die Erweiterung des zur Verfügung stehenden Adreßraums. Die Adreßlänge in IPv6 wurde deshalb von 32 Bit auf 128 Bit erweitert, was einer Vervielfachung des zur Verfügung stehenden Adreßraums um den Faktor 2^{96} bedeutet.
Ebenso wie in IPv4 kennzeichnet eine IP-Adresse nicht einen individuellen Rechner, sondern lediglich eine Netzwerk-Schnittstelle, die einem bestimmten Rechner zugeordnet ist. Auf diese Weise können Systeme über mehrere Netzschnittstellen verfügen und so z.B. als Router arbeiten.
Allgemein unterscheidet man in IPv6 die folgenden Adreßkategorien:

- **Unicast-Adressen**
  Eine Unicast-Adresse kennzeichnet eine einzelne Netzwerk-Schnittstelle, also einen einzelnen Rechner. Unicast-Adressen werden für die Unterstützung von Punkt-zu-Punkt-Verbindungen verwendet.
- **Multicast-Adressen**
  Eine Multicast-Adresse identifiziert eine Gruppe von mehreren, zusammengehörigen Netzwerk-Schnittstellen. Ein IP-Datagramm mit einer Multicast-Adresse im Empfängerfeld wird an alle Mitglieder der betreffenden Gruppe weiterversendet.
- **Anycast-Adressen**
  Eine Anycast-Adresse (Cluster-Adresse) identifiziert eine Gruppe von Rechnern, die lokal in funktionalem Zusammenhang stehen. Ein IP-Datagramm, das mit einer Anycast-Adresse versehen ist, wird zunächst an einen bestimmten Router im Zielnetzwerk gesendet (meist zum nächstgelegenen), der die Weiterverteilung an bestimmte Rechner dieses Netzwerkes übernimmt. Die Idee für die Definition von Anycast-Adressen war es, angebotene Netzwerkdienste über mehrere Rechner eines Zielnetzwerks verteilen zu können und so die Verarbeitungsleistung zu erhöhen.

Zwar erweitern die neuen IPv6-Adressen den zur Verfügung stehenden Adreßraum enorm, doch wird die Darstellung recht unübersichtlich, wenn man die gewohnte Dezimal-Punkt-Notation wählt, wie folgendes Beispiel einer 128-Bit Adresse zeigt:

```
103.230.140.100.255.255.255.255.0.0.17.128.150.10.255.255
```

Um derartigen Adressen eine bessere Lesbarkeit zu verschaffen, entschieden sich die Entwickler von IPv6 für eine Hexadezimal-Doppelpunkt-Notation, in der jeweils Einheiten zu 16-Bit als Hexadezimalzahl zusammengefaßt und durch Doppelpunkte getrennt dargestellt werden. Im Beispiel ergibt sich:

```
67E6:8C64:FFFF:FFFF:0000:1180:96A:FFFF
```

Um die Übersichtlichkeit weiter zu erhöhen, können führende Nullen weggelassen und eine Folge von Nullwerten durch „::" ersetzt werden. So kann z.B. die Adresse

```
000E:0C64:0000:0000:0000:1342:0E3E:00FE
```

abgekürzt geschrieben werden als

```
E:C64::1342:E3E:FE
```

Die Ersetzung von aufeinanderfolgenden Null-Folgen durch „::" darf in einer IPv6-Adresse allerdings nur an einer Stelle vorgenommen werden, damit die Eindeutigkeit der Darstellung gewahrt bleibt.
Eine statische Aufteilung des Adreßraumes in einzelne Adreßklassen, wie bei IPv4, die auf der Unterscheidung von Netzwerk-ID und Host-ID beruht, gibt es bei IPv6 nicht mehr. Die führenden Bits der IPv6-Adresse werden als **Format Präfix** (**Format Prefix**) bezeichnet. Mit ihren Hilfe werden bestimmte Adreßtypen (siehe RFC 2373) gekennzeichnet. Neben der Unterscheidung von Multicast- und Unicast-Adressen werden folgende Unicast-Adreßklassen unterschieden:

- **Provider Based Global Unicast Adressen**
  Diese Adressen werden für die reguläre Punkt-zu-Punkt Adressierung verwendet und sind durch das Präfix 010 gekennzeichnet. Sie sind in RFC 2078 spezifiziert und nehmen 1/8 des gesamten zur Verfügung stehenden Adreßraums ein. Anders als IPv4-Adressen, die in statische Adreßklassen aufgeteilt sind, wurde für IPv6-Adressen der Versuch unternommen, basierend auf einer geografischen Zuordnung eine hierarchischen Strukturierung einzuführen. Wie in Abb. 7.27 dargestellt, setzt sich eine Provider Based Unicast Adresse folgendermaßen zusammen:
  - **Registry-ID**:
    Bezeichnet die jeweilige internationale Organisation, bei der die Adresse registriert wurde. Zum Beispiel bezeichnet `RegID=100000` die ICANN (Internet Corporation for Assigned Names and Numbers) oder `RegID=01000` die RIPE (Réseau IP Européan, Regionale Internet Registrierungsbehörde für Europa).
  - **National Registry-ID**:
    Eine internationale Organisation zur Registrierung von IPv6-Adressen kann mehrere nationale Unterorganisationen bei der Vergabe von Adressen koordinieren. Eine Identifikation der nationalen Registrierungsbehörde kann in diesem Falle der internationalen Registry-ID folgen. In Deutschland wird die Registrierung z.B. von DENIC (`www.intra.de`) übernommen.
  - **Provider-ID**:
    Die nachfolgende Angabe beinhaltet eine Identifikation des Internet-Providers, also des Anbieters von Internet-Diensten, der diese Adresse an seine Kunden weitergibt. Die Länge des Feldes ist variabel, so daß von den jeweiligen Registrierungsbehörden unterschiedliche Adreßklassen für die Provider gebildet werden können. Sie hängt mit der Länge der nachfolgenden Subscriber-ID in der Weise zusammen, daß eine kurze Provider-ID jeweils eine große Menge an Subscriber-IDs verwalten kann und umgekehrt.
  - **Subscriber-ID**:
    Die Subscriber-ID repräsentiert die Identifikation des Betreibers eines privaten Netzes und ist daher ein Äquivalent zur IPv4-Netz-ID. Sie ist mit der Provider-ID so verbunden, daß beide Felder zusammen über eine Länge von 56 Bit verfügen dürfen.
  - **Intra-Subscriber-ID**:
    Die nachfolgenden 64 Bit definieren die interne Netzstruktur des Netzbetreibers. Dabei sind 16 Bit für eine **Subnet-ID** vorgesehen, die zur Identifikation eines Subnetzes dient.

Die letzten 48 Bit (**Interface-ID**) dagegen dienen der Identifikation des adressierten Endsystems. Die Interface-ID einer IPv6-Adresse entspricht der Host-ID einer IPv4-Adresse.
Als Besonderheit ist hervorzuheben, daß innerhalb eines LANs, das ein gemeinsames Übertragungsmedium nutzt (Shared Medium LAN) jede Netzwerk-Adresse (MAC-Adresse) ebenfalls 48 Bit lang ist. Daher kann in der Interface-ID direkt die LAN-Adresse eingebettet werden und ein Berechnungs- und Adreßübersetzungsschritt am Router des Zielnetzes eingespart werden, wenn die IP-Adresse in die physikalische Netzwerkadresse umgesetzt wird. Auf die Anwendung des in IPv4 notwendigen ARP-Protokolls zur Adreßauflösung kann bei IPv6 also verzichtet werden.

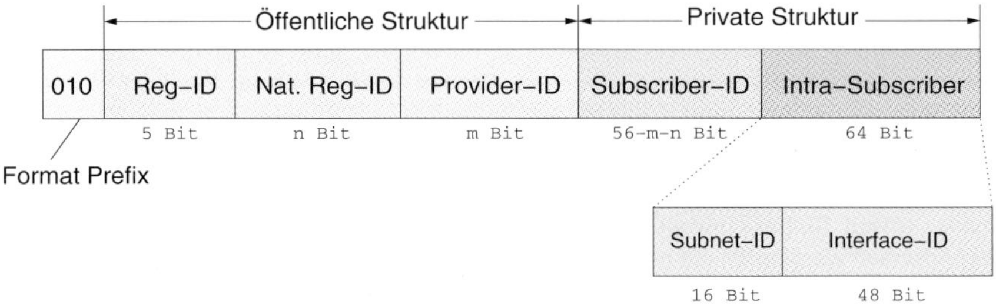

Abb. 7.27. IPv6 – Provider Based Unicast Address

- **Aggregatable Global Unicast Adressen**
  Diese Form der globalen Unicast-Adresse ist ebenfalls für die reguläre Punkt-zu-Punkt-Adressierung vorgesehen. Das für diesen Adreßtyp reservierte Präfix lautet 001 und reserviert ebenfalls 1/8 des gesamten Adreßraums. Aggregatable Global Unicast Adressen (AG-Adressen) werden in RFC 2374 spezifiziert und sollten ursprünglich die Provider Based Global Unicast Adressen ersetzen.
  Beim Entwurf dieses Adreßtype wurde von einem strikt hierarchischen Aufbau der Internet-Welt ausgegangen. An der Spitze dieser Hierarchie (Top Level) stehen internationale und nationale Organisationen, auf die der gesamte zur Verfügung stehende Adreßraum aufgeteilt wird. Die nächste Hierarchiestufe nehmen Organisation ein, die ebenfalls als Verwaltung von IPv6-Adressen aber auch direkt als Anbieter von Internet-Diensten fungieren und selbst untereinander in einem hierarchischen Verhältnis stehen können. Auf der letzten Hierarchiestufe stehen individuelle Organisationen als Endnutzer der Internet-Dienste. Die Struktur der AG-Adressen ist in Abb. 7.28 dargestellt und beinhaltet die folgenden Strukturelemente:
  - **Top Level Aggregation Identifier (TLA-ID)**:
    Identifiziert die jeweilige Top Level Organisation mit einem 13 Bit langen Bitstring.
  - **Next Level Aggregation Identifier (NLA-ID)**:
    Auf 8 reservierte Bits, die bislang noch ungenutzt sind, folgt die Identifikation der Organisation auf der nächstniedrigeren Hierarchiestufe. Diese hat eine Länge von 24 Bit und kann weiter in sich strukturiert werden, so daß die hierarchische Struktur des Internets auch in den Adressen abgebildet werden kann.
  - **Site Level Aggregation Identifier (SLA-ID)**:
    Die folgenden 16 Bit dienen der Identifikation einer Organisation auf der untersten Hierarchiestufe, also quasi des Endbenutzers. Die SLA-ID kann ebenfalls weiter hierarchisch strukturiert werden, um eine Subnetz-Struktur abzubilden und ein großes physikalisches Netz weiter zu untergliedern.

– **Interface Identifier**:
64 Bit langes Feld, das die Netzwerk-Schnittstelle eines Endsystems identifiziert. In der Regel kann hier direkt die physikalische Netzwerkadresse eines Endsystems in einem LAN angegeben werden.

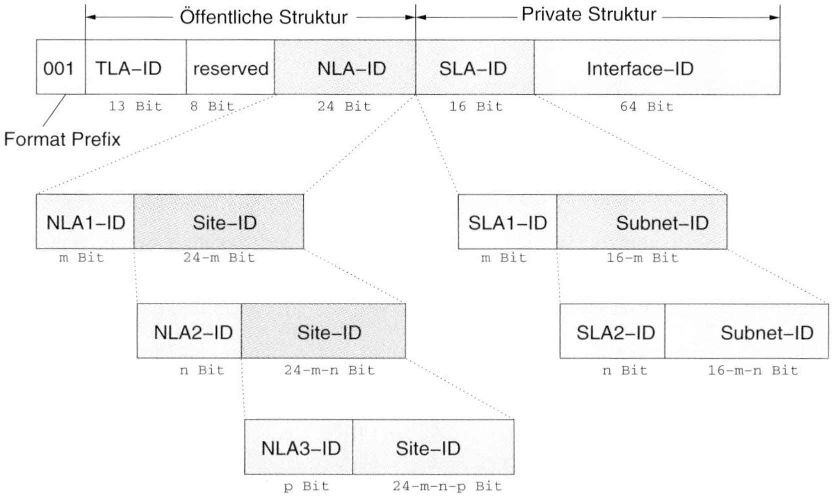

Abb. 7.28. IPv6 – Aggregatable Global Unicast Address

- **Link/Site Local Use Unicast Adressen**
  Wie in Ab. 7.29 dargestellt, handelt es sich bei diesen beiden Adreßtypen um Adressen, die jeweils nur für eine lokale Nutzung vorgesehen sind. Die Link Local Use Unicast Adresse (LLU-Adresse) enthält keine Identifikation von Subnetzen und kann daher nur innerhalb isolierter Subnetze verwendet werden. LLU-Adressen dürfen von Routern nicht nach außen sondern nur im eigenen, lokalen Subnetzes weitergeleitet werden.
  Im Gegensatz zur LLU-Adresse enthält eine Site Local Use Unicast Adresse (SLU-Adresse) eine Subnetz-Identifikation, ansonsten aber keine Strukturinformationen höhergelegener Ebenen innerhalb der Internet-Hierarchie, d.h. eine SLU-Adresse kann zwar über Subnetzgrenzen hinweg, aber nur innerhalb eines isolierten Standortes (Site) versendet werden. SLU-Adressen werden von Routern nicht in das globale Internet weitergeleitet.
- **spezielle Unicast-Adressen**
  Folgende speziellen Unicast-Adressen sind in IPv6 definiert:
  – **unspezifizierte Adresse**:
  Die unspezifizierte Adresse `0:0:0:0:0:0:0:0` oder kurz „::“ kann als Absenderadresse eingesetzt werden, wenn einem Endsystem noch keine eigene IP-Adresse zugeteilt worden ist. Um seine eigene IP-Adresse zu erfragen, wird ein entsprechendes IP-Datagramm mit der unspezifizierte Absenderadresse verwendet.
  – **Loop-Back Adresse**:
  Zu Testzwecken existiert wie in IPv4 eine Loop-Back Adresse `0:0:0:0:0:0:0:1` oder kurz „::1“. Ein mit einer Loop-Back Adresse versehenes Datagramm verläßt den Rechner nicht über dessen Netzwerkschnittstelle, sondern wird von dieser nur scheinbar versendet und wieder empfangen. Mit Hilfe von Loop-Back Adressen können Netz-

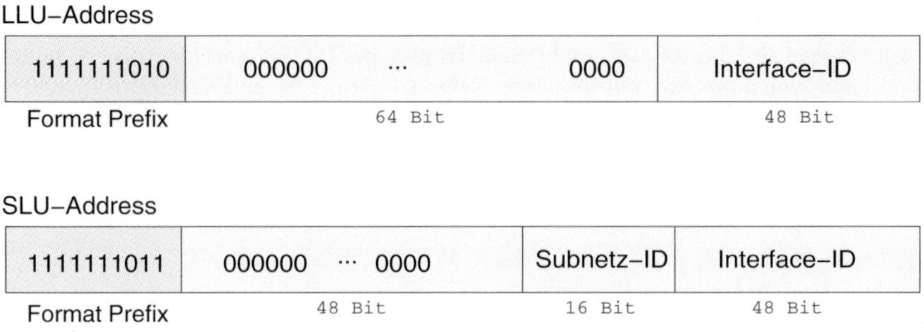

Abb. 7.29. IPv6 – Link Local Use/Site Local Use Unicast Address

werkanwendungen getestet werden, bevor diese Zugriff auf das eigentliche Netzwerk erhalten.

– **IPv6-Adressen mit eingekapselten IPv4-Adressen**:
Diese Adressen sind speziell für die Migration von IPv4 nach IPv6 vorgesehen und ermöglichen so eine Koexistenz der beiden IP-Versionen. Dabei werden 32 Bit lange IPv4-Adressen zu 128 Bit langen IPv6-Adressen ergänzt. Dazu werden entweder 80 0-Bits (IPv4-kompatible IPv6-Adresse) oder 64 0-Bits gefolgt von 16 1-Bits als Präfix vor die IPv4-Adresse geschrieben (IPv4-mapped IPv6-Adresse)

- **Multicast-Adressen**
IPv6 sieht keine Broadcast-Adressen vor. Diese Funktion wird vom IPv6-Multicast übernommen, mit dem es möglich ist, über eine einzelne Adresse unmittelbar eine ganze Gruppe verschiedener Endsysteme gleichzeitig anzusprechen. Die Broadcast-Adresse entspricht also einer Multicast-Adresse, der alle Rechner des Netzwerks zugeordnet sind. Abb. 7.30 zeigt die Struktur einer Multicast-Adresse, die stets mit dem Format-Präfix `11111111` startet und damit 1/256 des verfügbaren Adreßraums vereinnahmt. Die Multicast-Adresse enthält folgende Felder:
  – **Flags**:
  4 Bit langes Feld, dessen ersten drei Bits derzeit reserviert sind und stets auf 0 gesetzt werden müssen. Das letzte Bit (T-Bit) dient der Unterscheidung zwischen einer permanent zugeordneten (`T=0`) oder einer temporär zugeordneten Multicastadresse (`T=1`).
  – **Scope**:
  Dieses 4 Bit lange Feld dient der Angabe des Gültigkeitsbereichs einer Multicast-Adresse, angefangen von einer lokalen Gültigkeit (`scope=1` – node local scope / `scope=2` – link local scope) bis zur globalen Gültigkeit (`scope=14` – global scope).
  – **Group Identifier**:
  Dieses 112 Bit lange Feld dient der Identifikation der adressierten Multicast-Gruppe.

Autokonfiguration

IPv6 wurde so gestaltet, daß eine Autokonfiguration ohne Einsatz eines Servers möglich ist, der über die einer Netzwerkschnittstelle eines Endsystems zugeordneten IP-Adresse Auskunft gibt. Über die bereits angesprochenen LLU-Adressen kann die eigene IP-Adresse von einem Router erfragt werden. Dazu wird ein IP-Datagramm mit folgender Sender-Adresse generiert: Dem LLU-Format Präfix `1111111010` folgen 54 0-Bits und danach der 64-Bit lange Interface-Identifier, der die physikalische Netzwerk-Adresse des Senders beinhaltet. Dieses Datagramm wird als sogenannte **Router Solicitation** an einen Router weitergeleitet, der damit um die Zusendung entsprechender Informationen gebeten wird. Befindet sich ein Router im betreffenden Netzwerksegment, so antwortet dieser mit einem sogenannten

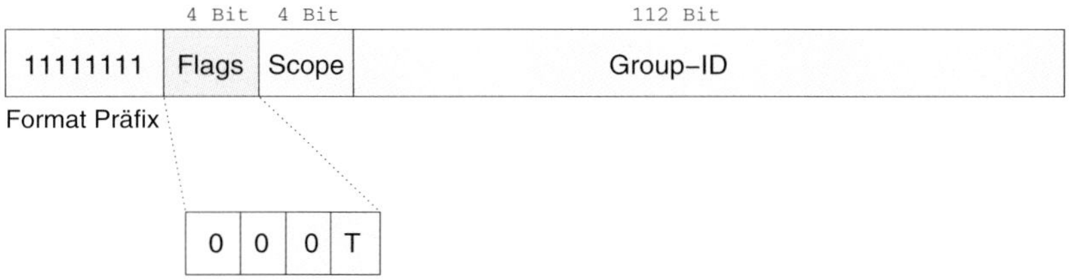

Abb. 7.30. IPv6 – Multicast-Adresse

Router Advertisement und teilt dem Sender darin mit, welche Präfixe jeweils für lokale und globale Adressen verwendet werden können. Sobald der Sender das Router Advertisement als Antwort erhält, deklariert er den antwortenden Router zu seinem **Default Router**. Reicht die erhaltene Antwort aus, um damit eine eigene IPv6-Adresse zu generieren, ist die Konfiguration abgeschlossen. Anderenfalls enthält das Router Advertisement ein Flag, das dem Sender-Rechner mitteilt, daß eine zusätzliche Konfiguration (manuell oder via DHCP) notwendig ist.

Koexistenz und Migration von IPv4 nach IPv6
Eine Umstellung des Internet-Protokoll von heute auf morgen ist schon alleine auf Grund der riesigen Größe des globalen Internet und der enormen Anzahl aller darin installierten Rechner und Netzwerkkomponenten vollkommen unmöglich. Daher liegt der Schlüssel zu einer erfolgreichen Umstellung auf IPv6 in einer langfristigen und möglichst kostengünstigen Migration. Prinzipiell kann diese Migration auf zwei unterschiedlichen Wegen erfolgen:

- **Tunneln**
  Dabei werden IPv6-Datagramme innerhalb eines IPv4-Netzwerkes unverändert weitergegeben. Eine Interpretation des IPv6-Datagramms findet dabei jeweils nur auf Systemen statt, die IPv6-kompatibel sind.
- **Parallele Implementation (Dual Stack Implementation)**
  Bei dieser Variante kommen Systeme zum Einsatz, die in der Lage sind, beide IP-Versionen gleichzeitig zu verstehen und in beiden Versionen zu kommunizieren. Diese Systeme können – falls erforderlich – eine entsprechende Umsetzung des verwendeten Datenformats vornehmen.

Eine erfolgreiche Migration von IPv4 nach IPv6, wäre durch die folgenden, aufeinander aufbauenden Schritte erreichbar:

- **Schritt 1**
  Im ersten Schritt muß das DNS-Protokoll (Domain Naming Service) erweitert werden, damit auch IPv6-Adressen unterstützt werden.
- **Schritt 2**
  Dann müssen existierende Endsysteme und Router dergestalt erweitert werden, daß eine (teilweise) Unterstützung beider Formate (IPv4 und IPv6) gewährleistet wird.
- **Schritt 3**
  Ist die DNS-Erweiterung vollzogen, können die erweiterten Endsysteme und Router, die in der Lage sind, sowohl IPv4 als auch IPv6 zu verstehen, zum Einsatz kommen.
- **Schritt 4**
  Sobald Router im Einsatz sind, die sowohl IPv4 als auch IPv6 verarbeiten können, kann eine Aufteilung des globalen Internets in IPv6-unterstützende und IPv4-unterstützende Bereiche vorgenommen werden.

- **Schritt 5**
  Sobald alle Router des globalen Internet in der Lage sind, IPv6 zu verarbeiten, kann eine Umstrukturierung des alten IPv4-Netzes nach IPv6-Gesichtspunkten erfolgen, eine erfolgreiche Migration nach IPv6 wäre abgeschlossen.

Bei dieser Umstellung der Endsysteme und Router auf IP-Ebene sind auch alle Netzwerkanwendungen an das neue IPv6-Adreßformat anzupassen, die IPv4-Adressen bzw. den Domain Name Service zum Übersetzen von Verbindungsnamen in IP-Adressen verwenden.

Weiterführende Literatur:

RFC 1883, Internet Protocol, Version 6 (IPv6) Specification.

RFC 1884, IP Version 6 Addressing Architecture.

S. Bradner, A. Mankin: IPng: Internet Protocol Next Generation, Addison Wesley, Reading MA, USA, 1996.

C. Huitema: IPv6: The New Internet Protocol, Prentice Hall, Englewood Cliffs NJ, USA, 1997.

7.2.4 ICMP-Protokoll

Wie bereits beschrieben, stellt das IP-Protokoll einen unzuverlässigen Datagrammdienst bereit und erfüllt dabei seine Aufgaben nach „bestem Bemühen" (Best Effort). Dennoch bietet es Möglichkeiten zur Fehlererkennung, z.B. über den Einsatz von Prüfsummen. Erkennt ein Empfänger anhand der übertragenen Prüfsumme, daß während der Übertragung ein Fehler aufgetreten ist, wird das betreffende Datenpaket verworfen. Zur Übermittlung entsprechender Fehlermeldungen wurde ein spezielles Protokoll entwickelt, das direkt auf dem IP-Protokoll aufsetzt, also IP-Datagramme zur Kapselung seiner Nachrichten verwendet. Dieses wichtige Protokoll aus der TCP/IP-Protokollfamilie ist das **Internet Control Message Protocol** (**ICMP**). ICMP zählt zum Standardinstallationspaket von IP, d.h. IP wird ohne ICMP nicht auf einem Rechner installiert. Neben der Übermittlung von Fehlern können über ICMP auch Nachrichten und Statusinformationen aus dem Internet transportiert werden. ICMP wurde bereits 1981 mit dem RFC 792 spezifiziert und später noch einmal gemäß RFC 1256 erweitert.

Aufgaben von ICMP. Zu den wichtigsten Aufgaben des ICMP-Protokolls zählen:

- Unterstützung bei der Fehlerdiagnose (z.B. Unterstützung der Anwendung **ping** zum Testen der Erreichbarkeit eines Internet-Systems),
- Unterstützung der Aufzeichnung von Zeitmarken (Timestamps) und Ausgabe von Fehlermeldungen bei Erkennen von abgelaufenen Zeitmarken in IP-Datagrammen,
- Verwaltung der Routing-Tabellen,

- Berichtigung der Flußkontrolle, um Überlastsituationen an Routern zu vermeiden und
- Hilfe beim Auffinden der maximal zulässigen Datagrammgröße in IP-Netzsegmenten (Maximum Transmission Unit, MTU).

ICMP zählt eigentlich zu den Protokollen der Netzwerk-Schicht (Schicht 3) des TCP/IP-Referenzmodells. Allerdings werden ICMP-Daten in IP-Datagramme gekapselt, genauso, als würden sie einer höheren Protokollschicht angehören. Um ICMP-Nachrichten in einem IP-Datagramm identifizieren zu können, wird das PR-Feld (Protokoll-Feld) im IP-Datagrammheader mit dem Wert `PR=1` belegt (siehe Abb. 7.31).

ICMP – Datenformat. Eine ICMP-Nachricht besitzt ein einfaches Format, das in Abb. 7.31 dargestellt ist. Eingebettet in ein IP-Datenpaket startet die ICMP-Nachricht stets mit einem 32 Bit langen Header, gefolgt von den ICMP-Nutzdaten. Der ICMP-Header beinhaltet die folgenden Felder:

- **Type**
  Das 8 Bit lange Type-Feld enthält Angaben zur Unterscheidung der einzelnen ICMP-Nachrichtentypen. Die unterschiedlichen ICMP-Nachrichtentypen sind in Tabelle 7.4 zusammengestellt.
- **Code**
  Zur weiteren Unterscheidung von Nachrichten eines bestimmten Typs dient das nachfolgende Code-Feld mit einer Länge von 8 Bit.
- **Checksum (Prüfsumme)**
  Eine 16 Bit lange Prüfsumme schließt den ICMP-Headers ab. Allerdings wird diese nur aus den ICMP-Nutzdaten berechnet und schließt die in der ICMP-Nachricht übermittelten Headerfelder nicht mit ein.

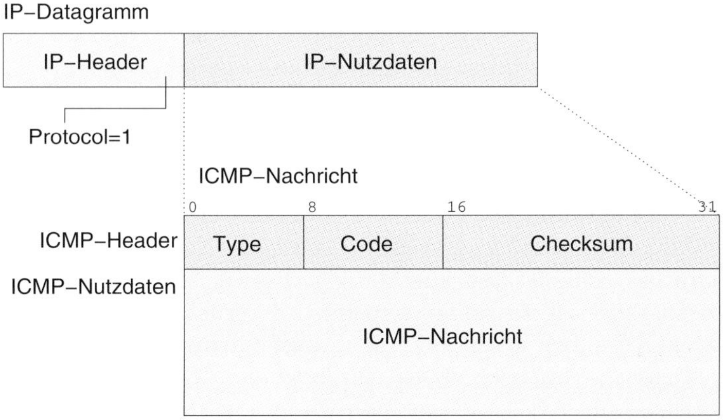

Abb. 7.31. ICMP – Nachrichtenformat

Tabelle 7.4. ICMP – unterschiedliche Nachrichtentypen

Type	ICMP-Nachricht
0	Echo Antwort
3	Ziel nicht erreichbar
4	Senderate drosseln
5	Route ändern
8	Echo Anforderung
9	Router-Bekanntmachung
10	Suche nach einem Router
11	Lebenszeit eines IP-Datagramms überschritten
12	Parameterfehler in IP-Datagramm
13	Timestamp Anforderung
14	Timestamp Antwort
15	Anforderung von Informationen
16	Antwort auf Informationsanforderung
17	Abfrage der Subnetzmaske
18	Antwort auch Subnetzanfrage

ICMP – Fehlermeldungen. Der häufigste Einsatz des ICMP-Protokolls dient der Meldung verschiedenartiger Fehlersituationen. Ein Endsystem oder ein Router sendet eine ICMP-Fehlermeldung an den Absender eines fehlerhaften Datenpakets zurück, sobald ein Fehler bei der Übergabe an ein Transportprotokoll (TCP oder UDP) bzw. bei der Weiterleitung eines IP-Datagramms aufgetreten ist.
Mit jeder ICMP-Fehlermeldung werden im Nutzdatenanteil der ICMP-Nachricht stets der Datenheader und die ersten 64 Bit des Nutzdatenanteils des fehlerhaften IP-Datagramms versendet. Dies geschieht, damit der ursprüngliche Sender des fehlerhaften Datagramms Rückschlüsse auf die beteiligten Protokolle der höheren Protokollschichten oder die beteiligten Anwendungsprogramme ziehen kann. Wie später noch gezeigt wird, sind Protokolle höherer Protokollschichten des TCP/IP-Referenzmodells so gestaltet, daß in den ersten 64 Bit stets die wichtigste Informationen enthalten sind.
Die folgenden außergewöhnlichen Situationen können eine ICMP-Fehlermeldung verursachen:

- **Angegebenes Ziel ist nicht erreichbar**
  Ein gesendetes IP-Datagramm kann nicht an den Zielrechner, an den es adressiert war, übergeben werden. Daraufhin wird die Nachricht **Destination Unreachable** vom letzten zuständigen Router, der die Auslieferung direkt an das adressierte Endsystem hätte übernehmen sollen, an den ursprünglichen Absender gesendet, um darauf hinzuweisen, daß der designierte Empfänger nicht erreichbar ist. Dafür können verschiedene Ursachen verantwortlich sein, z.B. kann der Zielrechner nicht mehr existieren oder am Zielrechner ist kein passendes Protokoll vorhanden, das den Nutzdatenanteil des Datagramms übernehmen könnte.

- **Lebenszeit überschritten**
  Jedes IP-Datagramm verfügt in seinem Header über ein Time-to-Live-Feld, das die maximale Anzahl der Hops angibt, die ein IP-Datagramm ausführen darf. Das Time-to-Live-Feld des IP-Datagramms wird bei jedem Passieren eines Zwischensystems dekrementiert. Erreicht das Feld den Wert Null, wird die Nachricht **Time Exceeded** von dem Router, der das betreffende IP-Datagramm aus dem Verkehr zieht, an den ursprünglichen Absender gesendet.
- **Ungültige Parameter**
  Im Header des IP-Datagramms sind ungültige Parameterangaben vorhanden. In diesem Fall wird die Nachricht **Parameter Problem** vom Empfänger oder einem zwischengeschalteten Router an den ursprünglichen Sender des IP-Datagramms zurückgesendet.
- **Übertragungsrate reduzieren**
  Ist ein Endsystem oder eines der bei der Weitervermittlung der IP-Datagramme beteiligten Zwischensysteme nicht in der Lage, die Menge der gesendeten Datagramme zu verarbeiten, wird die Nachricht **Source Quench** an den ursprünglichen Sender gesendet, damit dieser die Sendung von IP-Datagrammen für einen bestimmten Zeitraum unterbricht.
- **Umleitung im Netzwerk**
  Für den Fall, daß ein an der Weiterleitung der IP-Datagramme beteiligtes Zwischensystem feststellt, daß es eine bessere Route zum gewünschten Zielsystem gibt, die über einen anderen Router als den gegenwärtigen führt, kann es über eine **Redirect** Nachricht diese Empfehlung zurückgeben. Die Adresse des empfohlenen Routers wird dabei im Nutzdatenanteil der ICMP-Nachricht versendet.

ICMP-Anfragen. Über das ICMP-Protokoll können nicht nur Fehlermeldungen weitergeleitet werden, sondern es können auch Statusinformationen angefragt und deren Ergebnisse zurückgemeldet werden. Folgende Statusinformationen können mit ICMP übermittelt werden:

- **Echo-Funktionen**
  Das Anwendungsprogramm **ping** dient der Ermittlung der Erreichbarkeit eines Rechners im Internet und nutzt zu diesem Zweck das ICMP-Protokoll. Dazu wird ein **Echo Request** an den zu testenden Rechner gesendet. Jeder IP-fähige Rechner muß auf eine Echo Request Nachricht mit einem **Echo Reply** antworten.
- **Zeitstempel-Funktion**
  Ein Endsystem oder ein Zwischensystem kann mit einem **Timestamp Request** eine Anfrage aussenden, in der dieses nach dem aktuellen Datum und der aktuellen Uhrzeit fragt. Ein Rechner, der eine derartige Anfrage erhält, antwortet daraufhin mit einem **Timestamp Reply**, der die gewünschten Angaben enthält.

- **Informationsanfrage**
  ICMP bietet einem Rechner die Möglichkeit, seine IP-Adresse mit einer ICMP **Information Request** Nachricht zu erfragen, die ihm daraufhin von einem Adreßserver mit einem **Information Reply** gesendet wird. Allerdings wird zu diesem Zweck heute das DHCP-Protokoll eingesetzt, so daß diese Funktion des ICMP-Protokolls kaum noch zur Anwendung kommt.
- **Abfrage der Subnetz-Maske**
  Über die **Address Mask Request** Nachricht kann ein Rechner die ihm zugeordnete Subnetz-Adreßmaske abfragen. In einem Subnetz, das diese Funktion unterstützt, sind ein oder mehrere Subnetz-Masken-Server aktiv, die auf eine derartige Anfrage mit einem **Address Mask Response** antworten, der die gewünschte Information enthält.

ICMP – Routerermittlung. Jeder Rechner innerhalb eines Netzwerks muß die IP-Adresse eines Routers kennen, der das Netzwerk mit der Welt des Internet verbindet. Diese IP-Adresse wird üblicherweise während der Netzwerkkonfiguration als sogenanntes **Default Gateway** festgelegt. Neben der manuellen Konfiguration bietet aber auch ICMP die Möglichkeit, über den Austausch von Nachrichten die Adresse des Default Gateway automatisch zu ermitteln (siehe Abb. 7.32). Zu diesem Zweck sendet der Rechner, der den ihm zugeordneten Router sucht, eine sogenannte **Router Solicitation** ICMP-Nachricht („Router gesucht...-“) als Multicast oder Broadcast ins lokale Netzwerk. Dabei wird in der Zieladresse des kapselnden IP-Datagramms entweder die Multicast-Adresse `244.0.0.1` oder die Broadcast-Adresse `255.255.255.255` angegeben. Der Router empfängt als Teil des lokalen Netzwerks die Router Solicitation und antwortet mit einem **Router Advertisement**. Neben den üblichen Feldern des ICMP-Nachrichtenheaders enthält das Router Advertisement folgende Felder:

- **Number of Addresses**
  8 Bit langes Feld, das die Anzahl der in der Antwort übermittelten Router-Adressen angibt. Einer physikalischen Netzwerkschnittstelle im Router können durchaus mehrere IP-Adressen zugeordnet werden, die alle in der Router Advertisement Antwort übermittelt werden.
- **Address Entry Size**
  8 Bit langes Feld, das die Anzahl der für jede Router-Adresse vorgesehenen 32-Bit Worte angibt.
- **Lifetime**
  16 Bit langes Feld, das die Anzahl von Sekunden angibt, für die die angegebenen Adressen maximal als gültig betrachtet werden können.
- **Router Address[i] / Preference Level[i]**
  IP-Adresse des i-ten Routers und deren Präferenz. Je höher der als Zweierkomplement angegebene Präferenzwert für einen Router ist, desto mehr soll dieser präferiert werden.

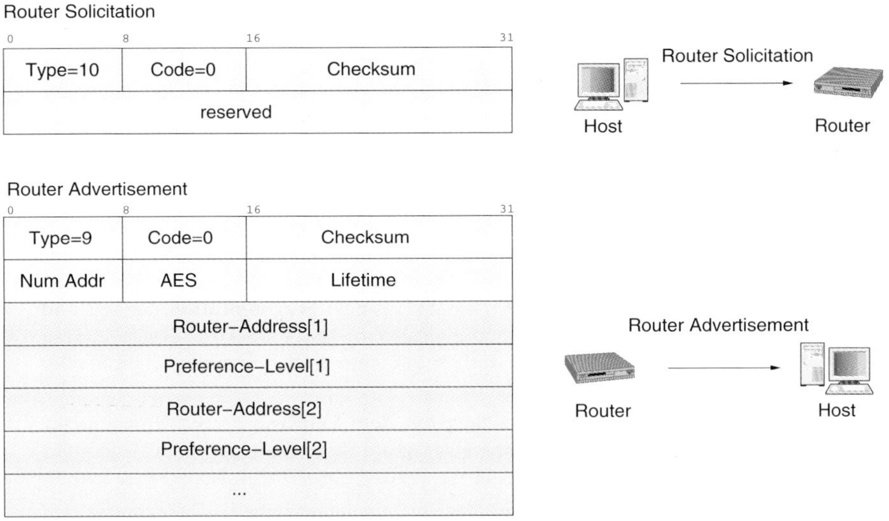

Abb. 7.32. ICMP – Ermittlung eines Routers via Router Solicitation/Router Advertisement

ICMP – Pfad-MTU Ermittlung. Als letzte wichtige Aufgabe des ICMP-Protokolls bleibt noch die Ermittlung der **Maximum Transmission Unit (MTU)**, der maximalen Fragmentlänge für die Übertragung über mehrere Netzwerke mit unterschiedlichen Datenformatlängen im globalen Internet. Das Verfahren zur Ermittlung der MTU wird als **Path MTU (PMTU) Discovery** bezeichnet und ist in RFC 1191 spezifiziert. Der Ablauf des PMTU Discovery Verfahrens ist in Abb. 7.33 kurz dargestellt.
In der Antwort der beteiligten Router, die entlang des Verbindungsweges liegen, kommen dabei spezielle ICMP-Nachrichten zum Einsatz, die neben den üblichen ICMP-Nachrichtenheaderfeldern noch eine 16 Bit lange Angabe zur MTU des jeweils nächsten Hops (Next Hop MTU) beinhalten, gefolgt vom IP-Header und den ersten 64 Bits des ursprünglich gesendeten IP-Datagramms (siehe Abb. 7.34).

ICMPv6. In gleicher Weise wie ICMP zur Übertragung von Steuerungs- und Diagnoseinformationen für IPv4 zuständig ist (daher auch als ICMPv4 bezeichnet), ist für die Nachfolgeversion IPv6 eine neue Version des ICMP-Protokolls vorgesehen, nämlich **ICMPv6**. Gegenüber ICMPv4 hat sich der Aufgabenbereich von ICMPv6 etwas vergrößert. Zusätzlich zu den bisherigen Aufgaben liefert ICMPv6 bei IPv6 auch Unterstützung in der automatischen Adreßkonfiguration, in der Endsysteme im Netzwerk ihre IP-Adresse auch ohne einen eigens dafür vorgesehenen Server ermitteln können. Das Protokoll ICMPv6 ist in RFC 2463 spezifiziert. Das Datenformat entspricht weitgehend dem ICMPv4 Datenformat.

Verfahren zur Ermittlung der Path MTU:

1. Der Sender verschickt ein reguläres IP-Datagramm mit gesetztem DF-Bit (Don't Fragment) an den designierten Empfänger. Das gesetzte DF-Bit verhindert die Fragmentierung des Datagramms, sobald es auf ein Netzwerk trifft, dessen MTU kleiner ist als die Datagrammlänge. Die Länge des gesendeten Datagramms entspricht dabei genau der maximalen MTU des lokalen Netzes und somit der des ersten Hops.
2. Erreicht das Datagramm ein Transfernetzwerk, dessen MTU kleiner ist als die Datagrammlänge, wird am vermittelnden Router ein Fehler erkannt. Das IP-Datagramm wird verworfen und der ursprüngliche Sender erhält eine ICMP-Nachricht **Destination Unreachable** zusammen mit dem Statuscode **Fragmentation needed and DF set**. Zusätzlich fügt der Router die aktuell zulässige MTU in das Next-Hop MTU-Feld der ICMP-Nachricht ein und sendet diese an den ursprünglichen Sender zurück.
3. Der Sender registriert die Fehlermeldung mit dem Empfang der ICMP-Nachricht und paßt die Länge der zu versendenden Datagramme an die in der ICMP-Nachricht enthaltene MTU an.
4. Das Verfahren wird solange angewendet, bis ein gesendetes IP-Datagramm den Empfänger tatsächlich erreicht. Zur Anpassung an mögliche Veränderungen entlang der Übertragungsroute im Internet, wie z.B. wechselnde Router, wird das Verfahren periodisch wiederholt.

Abb. 7.33. ICMP – Path MTU Discovery

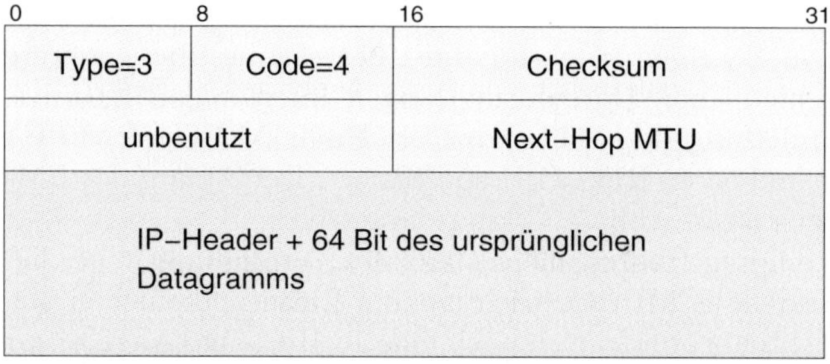

Abb. 7.34. ICMP – Path MTU Discovery Datenformat

Der ICMPv6-Header erstreckt sich über eine Länge von 32 Bit und ist in der gleichen Weise wie der ICMPv4-Header aufgeteilt in Typ, Code und Prüfsumme, gefolgt von den eigentlichen ICMPv6-Nutzdaten. Das ICMPv6 Datenpaket wird in einem IPv6-Datagramm gekapselt übertragen.

Exkurs 22: Mobile IP

Unter dem Begriff **Mobile Computing** werden Systeme und Kommunikationsnetzwerke beschrieben, die es erlauben, Rechner von einem Ort an einen anderen zu bewegen. Dabei denkt man zuerst an drahtlose, funkbetriebene Netze und Systeme, die Ortsveränderungen im großen Rahmen und mit hoher Geschwindigkeit erlauben. Aus dem Blickwinkel des **Internet Protocols** betrachtet, liegt die Schwierigkeit aber eher in der Ortsveränderung als darin, daß diese eventuell sehr schnell vollzogen wird. Bewegt sich nämlich der Rechner

schnell innerhalb eines Netzwerkes und bleibt dabei derselben Sende- und Empfangsstation zugeordnet, ändert sich aus IP-Sicht wenig. Sobald er allerdings das lokale Netzwerk verläßt – und das ist selbst dann der Fall, wenn ein stationärer Rechner abgebaut und an einem anderen Ort wieder aufgebaut und neu an das Netzwerk angeschlossen wird – muß eine Neukonfiguration des Netzwerks erfolgen.
Eines der Grundprobleme für ein mobiles IP liegt im vorgegebenen IP-Adreßschema begründet. Dieses verfügt über einen hierarchischen Aufbau und setzt sich jeweils aus Netzwerk-Klasse, Netzwerk-ID und Host-ID zusammen. Wird ein Datenpaket an einen speziellen Rechner im Internet via IP versendet, so kann ein beliebiger Router im Internet anhand der Netzwerk-ID feststellen, wohin er das betreffende Datenpaket weiterzuleiten hat. Wird der adressierte Rechner aber aus seinem Heimat-LAN in ein entferntes Netzwerk verbracht, werden die an ihn adressierten Datenpakete zunächst einmal weiter an sein Heimat-Netzwerk gesendet. Um dieses Problem zu lösen, muß entweder

- die vollständige IP-Adresse des Rechners geändert werden, oder
- den Routern muß mitgeteilt werden, daß eine Nachsendung der an den umgezogenen Rechner adressierten Datenpakete notwendig ist.

Beide Lösungsansätze sind nicht besonders effizient. Wird die IP-Adresse des umgezogenen Rechners geändert, zieht diese Änderung eine Lawine von Änderungen in Anwendungen und Routern nach sich. Soll an den betreffenden Rechner eine Nachsendung erfolgen, so führt dies mit einer zunehmenden Zahl von umgezogenen Rechnern zu einer Überlastung der ohnehin bereits knapp bemessenen Routing-Tabellen. Beide Lösungen sind folglich nicht einfach skalierbar.

Mobile IP – Anforderungen
Die Internet Engineering Task Force (IETF) hat eine eigene Arbeitsgruppe (IP Mobility Support Group) ins Leben gerufen, die sich mit dem Problem der Einbindung mobiler Rechner in das Internet und den damit veränderten Anforderungen an das Basisprotokoll IP befassen soll. Diese Arbeitsgruppe stellte als erstes eine technologieunabhängige Liste von Anforderungen zusammen, die ein Mobile IP zu erfüllen hat:

- **Transparenz**
  Die gewonnene Mobilität soll für Protokolle höherer Protokollschichten, also Transport- und Anwendungs-Protokolle, sowie für nicht involvierte Router nicht sichtbar werden. Dabei sollen sogar alle geöffneten TCP-Verbindungen, solange gerade keine Datenübertragung stattfindet, den Ortswechsel überdauern und einsatzbereit bleiben.
- **Kompatibilität**
  Die gewonnene Mobilität darf keine Änderungen an Routern und stationären Rechnern erforderlich machen. Das bedeutet insbesondere, daß ein mobiles Endgerät ohne weiteres mit einem stationären Rechner, der unter IPv4 betrieben wird, kommunizieren können soll, und daß kein neues Adressierungsschema eingeführt wird. Die IP-Adressen mobiler Endgeräte sollen dasselbe Format besitzen wie die Adressen stationärer Rechner.
- **Sicherheit**
  Der Nachrichtenverkehr, der notwendig ist, um ein mobiles Endgerät in ein Netzwerk einzufügen, muß aus Gründen der Sicherheit stets authentifiziert werden. Dies dient vorallem dazu, das Vortäuschen einer falschen Identität zu verhindern, durch die sonst ein unberechtigter Zugang zu dem betreffenden Netz erlangt werden könnte.
- **Effizienz**
  Mobile Endgeräte verfügen häufig nur über einen schmalbandigen Zugang zum stationären Teil des Internet. Deshalb soll die zu übertragende Datenmenge stets gering sein.
- **Skalierbarkeit**
  Das neue Verfahren soll in der Lage sein, eine sehr große Zahl von mobilen Endgeräten zu verwalten, ohne daß aufwendige Änderungen dazu nötig sind.

- **Makro-Mobilität**
  Bevorzugterweise konzentriert sich Mobile IP nicht darauf, schnelle Netzwerkübergänge mobiler Endgeräte, wie sie bei Mobiltelefonen die Regel sind, zu managen, sondern zielt eher auf eine befristete Verlagerung eines Endgeräts in ein entferntes Netzwerk, wie z.B. ein Notebook, das auf eine Geschäftsreise mitgenommen wird und am Zielort für eine begrenzte Zeit betrieben werden soll.

Mobile IP – Prinzipieller Ablauf
Das größte Problem bei der Entwicklung eines Verfahrens für ein mobiles IP-Protokoll, das den o.a. Anforderungen genügt, liegt darin, daß ein Endsystem bei einer Ortsveränderung seine Adresse beibehält, ohne daß die Router des Internet dazu neue Pfade für diese Adresse in ihren Routing-Tabellen anlegen müssen. Die gefundene Lösung besteht darin, daß Mobile IP für jedes mobile Endgerät jeweils zwei IP-Adressen gleichzeitig vorsieht:

- **Primäre IP-Adresse**
  Die erste, stationäre IP-Adresse des Endsystems (**Home Address**), die stets gleich bleibt und sich nicht verändert, erhält das mobile Endsystem als IP-Adresse in seinem lokalen Heimatnetzwerk. Anwendungen auf dem mobilen Endgerät verwenden immer die primäre Adresse.
- **Sekundäre IP-Adresse**
  Eine temporäre IP-Adresse (**Care-Of Address**), die sich mit jeder Ortsveränderung des mobilen Endgeräts wieder ändert, und die nur solange Gültigkeit besitzt, wie sich das betreffende Endsystem im neuen Netzwerk aufhält. Diese Adresse erhält das mobile Endgerät bei der Anmeldung im fremden Netz und meldet sie an einen speziellen **Agenten** (**Home Agent**, für gewöhnlich ein Router) im Heimatnetzwerk. Der Agent im Heimat-Netzwerk leitet daraufhin Datenpakete, die an die primäre Adresse des mobilen Endgeräts gerichtet sind, via **IP-to-IP**-Kapselung an die Sekundäradresse weiter. Dazu wird einfach das vollständige IP-Datagramm, das an die Primäradresse gerichtet war, in einem neuen IP-Datenpaket als Nutzlast-Anteil an die Sekundäradresse weitergeleitet.
  Verändert das mobile Endgerät seinen Aufenthaltsort erneut und erhält eine neue Sekundäradresse, muß diese auf dieselbe Weise wieder dem Agenten im Heimatnetzwerk mitgeteilt werden. Ebenso muß eine Abmeldung beim Agenten erfolgen, wenn das mobile Endgerät wieder in das Heimatnetzwerk zurückkehrt, damit die vom Agenten veranlaßte Weiterleitung der IP-Datenpakete eingestellt wird.
  Care-of Adressen werden von Anwendungen auf dem mobilen Endgerät nie verwendet und bleiben diesen unbekannt. Nur die IP-Software des mobilen Endgeräts und der Agent im Heimatnetzwerk verwenden diese Adresse. Man unterscheidet dabei zwischen folgenden zwei Adreßformen:

  – **Co-Located Care-Of Address**:
    Bei dieser Form muß das mobile Endgerät sämtliches Forwarding-Management selbst übernehmen. Dabei verwendet das mobile Endgerät beide Adressen – Care-Of Adresse und Primäradresse – gleichzeitig. Während niedrigere Protokollschichten die Care-of-Adressen zum Empfang von IP-Datagrammen verwenden, arbeiten Anwendungen stets mit der stationären Primäradresse. Die Care-Of Adresse wird dem mobilen Endgerät durch dieselben Mechanismen zugewiesen, die zur Zuweisung der Netzwerkadresse an stationären Rechner (z.B. durch DHCP) verwendet werden. Die Router im fremden Netzwerk können nicht unterscheiden, ob es sich bei dem betreffenden Rechner um einen mobilen oder stationären Rechner handelt. Die erhaltene Care-Of Adresse wird dem Agenten im Heimat-Netzwerk mitgeteilt, der das Forwarding der IP-Datenpakete übernimmt. Der Vorteil dieser Variante liegt darin, daß die vorhandene Infrastruktur im fremden Netzwerk genutzt werden kann, ohne daß dort ein spezieller Agent (**Foreign Agent**) für mobile Rechner bereitgestellt werden muß.

– **Foreign Agent Care-Of Address**:
  Bei dieser Variante sorgt ein spezieller Agent, der **Foreign Agent** (meist ein Router), im fremden Netzwerk für die Zuweisung einer Care-Of Adresse an das neue mobile Endgerät. Dieses muß aber zuvor zum Foreign Agent Kontakt aufnehmen und eine Teilnahme am Netzwerkbetrieb beantragen. Der Foreign Agent braucht dabei keine neue IP-Adresse vergeben, sondern kann eine seiner eigenen IP-Adressen heranziehen. Er übernimmt dann auch die Weiterleitung von Datenpaketen, die für das mobile Endsystem bestimmt sind.

Das Verfahrens zur Weiterleitung von IP-Datenpaketen aus einem Heimatnetzwerk in ein fremdes Netzwerk ist im Exkurs „Spezielle Routing-Verfahren“ unter dem Stichwort „Mobile Routing“ detailliert dargestellt.

Mobile IP – Finden eines Foreign-Agents
In einem fremden Netzwerk ist der Foreign Agent für die Zuweisung einer Care-of Adresse an das mobile Endgerät verantwortlich, das sich in dieses Netzwerk einklinken möchte. Zu diesem Zweck muß sich das mobile Endgerät zuerst beim Foreign Agent anmelden. Das Auffinden des Foreign Agent (**Foreign Agent Discovery**) geschieht mit Hilfe des von ICMP bereits bekannten **Routing Discovery**-Verfahrens: Um den zuständigen Router zu entdecken, sendet das Endsystem in einem lokalen Netzwerk eine **Router Solicitation** ICMP-Nachricht, die vom zuständigen Router mit einer **Router Advertisement** ICMP-Nachricht bestätigt wird, die die gewünschte Information enthält.
Abb. 7.35 zeigt das Datenformat der **Mobility Agent Advertisement Extension**, die von einem Agenten als Antwort auf eine Anfrage des mobilen Endgeräts gesendet werden kann. Sie besteht aus folgenden Feldern:

- **Typ** (8 Bit): Typangabe der ICMP-Nachricht (hier =16).
- **Länge** (8 Bit): Länge der Nachricht in Bytes, ohne Type- und Längenfeld.
- **Sequenznummer** (16 Bit): erlaubt es dem Empfänger festzustellen, wenn eine Nachricht verloren geht.
- **Lifetime** (16 Bit): gibt die Zeit in Sekunden an, die der Foreign Agent bereit ist, eine Registrierung anzunehmen.
- **Code** (8 Bit): informiert über Zustand und Funktion des Agenten.

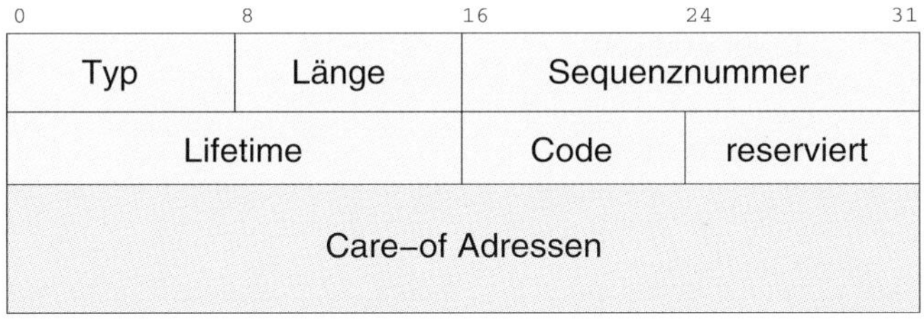

Abb. 7.35. ICMP – Mobile Agent Advertisement Extension

Mobile-IP – Registrierung eines mobilen Endgeräts
Bevor ein mobiles Endgerät in einem fremden Netzwerk Daten empfangen kann, muß es sich zunächst registrieren. Die Registrierungs-Prozedur räumt dem mobilen Endgerät dazu folgende Möglichkeiten ein:

- Anmeldung bei einem Agenten im fremden Netzwerk.
- Anmeldung bei dem Agenten des Heimatnetzes für das Forwarding der an die Primäradresse des mobilen Endgeräts gerichteten Daten.
- Erneuerung einer Registrierung, die dabei ist, abzulaufen.
- Abmeldung aus dem fremden Netzwerk.

Registrierungen erfolgen beim Agenten via UDP über die Portnummer 434. Eine Registrierungsmeldung enthält neben den vorgeschriebenen Feldern fester Länge mögliche Erweiterungen, die unterschiedliche Längen aufweisen können. So muß z.B. jede Anfrage für eine Registrierung eine Authentifikation des mobilen Clients beinhalten, mit der der Agent im Heimatnetz die angegebene Identität nachprüfen kann. Eine Mobile IP Registrierungsmeldung enthält die folgenden Felder (siehe Abb. 7.36):

- **Typ** (8 Bit): Typ der Registrierungsnachricht (`TYP=1`:Anfrage, `TYP=3`:Antwort).
- **Flags** (8 Bit): Hier können über Codes Details zum Nachsenden von IP-Datagrammen festgelegt werden.
- **Lifetime** (16 Bit): Gültigkeit der Registrierung in Sekunden (`0`: sofortige Abmeldung, `65.535`: unbegrenzt).
- **Heimatadresse** (32 Bit): Primäradresse des mobilen Endgeräts.
- **Home Agent** (32 Bit): IP-Adresse des Agenten im Heimatnetz.
- **Care-of Adresse** (32 Bit): Sekundäradresse des mobilen Endgeräts.
- **Identifikation** (64 Bit): vom mobilen Endgerät erzeugte Identifikationsnummer. Dient dazu, auf Anfragen die zugehörigen Antworten zu finden und die Reihenfolge von Registrierungsnachrichten zu wahren.
- **Erweiterungen**: Enthält z.B. die Authentifikation des mobilen Endgeräts.

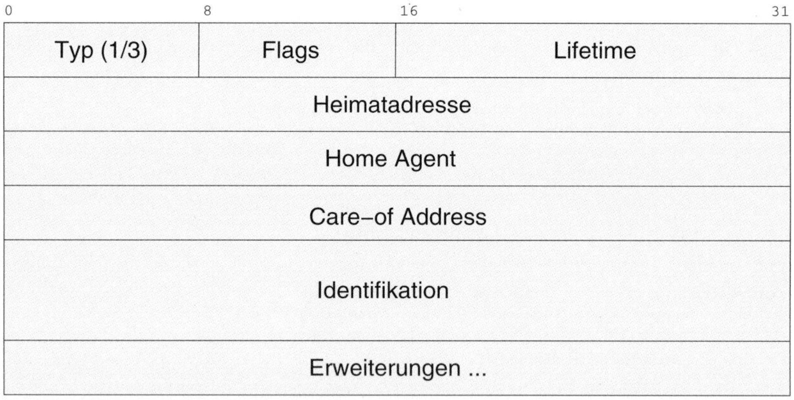

Abb. 7.36. Mobile IP – Registrierungsnachricht

Senden und Empfangen von Nachrichten im fremden Netzwerk

Wenn das mobile Endgerät versucht, einen ersten Kontakt zum Foreign Agent im fremden Netzwerk aufzunehmen, verfügt es in diesem Netz noch nicht über eine eigene IP-Adresse. Tatsächlich wurden hier die Regeln bzgl. der Verwendung von lokal im LAN gültigen Adressen gelockert: Das mobile Endgerät kann zunächst seine Heimat-Adresse verwenden, die

auch vom Foreign Agent verwendet wird, um seine Antwort an den anfragenden mobilen Rechner zu senden. Allerdings kann mit dieser Heimat-Adresse im fremden Netzwerk keine ARP-Anfrage zur Adreßauflösung in eine Netzwerk-Hardware-Adresse erfolgen. Daher muß der Foreign-Agent die Hardware-Adresse des mobilen Endgeräts vermerken und eine Adreßauflösung mit Hilfe seiner internen Tabellen durchführen.
Nach erfolgreicher Registrierung beim Foreign Agent kann der mobile Rechner seinen Datenaustausch mit dem Internet aufnehmen. Um mit einem beliebigen Rechner zu kommunizieren, verwendet er seine Primäradresse, die im Absender-Feld des IP-Datagramms eingetragen wird. Das Datagramm wird vom fremden Netzwerk direkt an die Empfängeradresse geroutet. Soll umgekehrt eine Antwort an den mobilen Rechner im fremden Netzwerk weitergeleitet werden, so kann dies nicht auf direktem Wege erfolgen. Die Antwort wird an die Primäradresse des mobilen Endgeräts gesendet und deshalb zuerst zu dessen Heimatnetz geroutet. Der Home Agent im Heimatnetz, der über den neuen Standort des mobilen Rechners informiert worden ist, leitet daraufhin das IP-Datagramm via IP-in-IP-Kapselung weiter an die mitgeteilte Care-of Adresse. Wurde dem mobilen Endgerät im Fremdnetz eine Co-Located Care-of Adresse zugewiesen, erfolgt die Weiterleitung direkt über diese Adresse an das mobile Endgerät (das dann den äußeren IP-Rahmen lediglich verwerfen muß), anderenfalls wird das Datagramm an den Foreign Agent im Fremdnetz adressiert, der dann die Weiterleitung übernimmt. Dazu streift dieser den äußeren IP-Rahmen ab und überprüft mit seinen internen Tabellen, an welche Hardware-Adresse er das innere IP-Datagramm weiterleiten muß.

Mobile IP – Ineffizientes Routing

Wie bereits beschrieben, verwendet ein mobiles Endgerät in einem fremden Netzwerk stets seine Primäradresse, also die IP-Adresse in seinem Heimatnetzwerk, als Absenderadresse. Gemäß dem Lokalitätsprinzip (**Spatial Locality of Reference**) besteht allerdings eine große Wahrscheindlichkeit, daß der mobile Rechner im fremden Netzwerk häufig auch mit dessen lokalen Rechnern kommuniziert. Dazu wird ein vom mobilen Endgerät gesendetes IP-Datagramm zwar lokal geroutet, d.h. es verläßt das lokale Netzwerk nicht, die Rückantwort aber erfolgt an die Primäradresse des mobilen Endgeräts in dessen Heimatnetz. Dort wird das IP-Datagramm vom Home Agent entgegengenommen und wieder an das fremde Netzwerk zurückgesendet. Die Rückantwort eines im fremden Netzwerk lokalen Rechners muß also zweimal seinen Weg über das Internet antreten, um das mobile Endgerät zu erreichen, ein Problem das als **Two-Crossing Problem** (2X-Problem) bezeichnet wird.
Prinzipiell kann das Problem zwar gelöst werden, indem am lokalen Router eine Hostspezifische Route speziell für das mobile Endgerät angelegt wird, die bei der Abmeldung des mobilen Endgeräts natürlich wieder gelöscht werden muß. Allerdings bleibt das Problem für alle anderen Netzwerke erhalten, auch wenn z.B. nur mit einem Netzwerk kommuniziert werden soll, das dem fremden Netzwerk direkt benachbart ist.

Ebenfalls problematisch ist die Kommunikation eines mobilen Endgeräts im fremden Netzwerk mit einem Rechner des Heimatnetzwerks. Alle IP-Datagramme, die von außerhalb des Heimatnetzwerkes an das mobile Endgerät gesendet werden, werden direkt an den Home Agent weitergeleitet, der diese dann an das mobile Endgerät weiterleitet. Sendet aber ein lokaler Rechner aus dem Heimatnetzwerk ein IP-Datagramm an das mobile Endgerät, wird dieses nicht an einen Router weitergeleitet, da es lokal an einen Rechner innerhalb des Heimatnetzwerkes gerichtet ist. Die Netzwerk-Software des Absenders führt dazu einen ARP-Request aus, der die Hardware-Adresse des mobilen Rechners ermittelt, an die dann das Datenpaket im lokalen Netzwerk weitergeleitet wird.
Damit der Home-Agent speziell diese Datenpakete abfangen kann, wendet er ein als **Proxy ARP** bezeichnetes Verfahren an: Dazu fängt der Home-Agent zuerst alle ARP-Requests ab, die zur Ermittlung der Hardware-Adresse des mobilen Endgeräts vom Absender aus dem Heimatnetzwerk ausgesendet werden. Diese beantwortet der Home Agent, indem er seine eigene Hardware-Adresse sendet. Proxy ARP läuft im lokalen Netzwerk vollkommen transparent

ab, d.h. der anfragende Rechner im Heimatnetzwerk erhält anstelle der Hardware-Adresse des mobilen Endgeräts einfach die Hardware-Adresse des Home-Agent zurückgeliefert, der ein an das mobile Engerät adressiertes Datenpaket dann in das fremde Netzwerk weiterleitet.

Weiterführende Literatur:

D. E. Comer: Internetworking with TCP/IP, Vol I: Principles, Protocols, and Architecture, 4th ed., Prentice Hall, Upper Saddle River NJ, 2000.

RFC 2002: IP Mobility Support.

RFC 2003: IP Encapsulation within IP.

7.2.5 TCP als zuverlässiger Transportdienst

Auf dem verbindungslosen Datagrammdienst IP, der auf der Netzwerkschicht des TCP/IP-Referenzmodells angesiedelt ist, setzen die Protokolle der Folgeschicht, der Transportschicht (siehe Abb. 7.37) auf. Der prominenteste Vertreter dieser Transportprotokolle ist das **Transmission Control Protocol** (**TCP**). Dabei leistet TCP scheinbar unmögliches: Auf dem unzuverlässigen Datagrammdienst IP aufsetzend, stellt TCP einen zuverlässigen, gesicherten Transportdienst zum Datenaustausch zwischen zwei Endsystemen zur Verfügung. Fehler und Fehlverhalten des IP-Datagrammdienstes müssen dabei von TCP ausgeglichen und behoben werden.

Protokolle der Transportschicht

Die TCP/IP-Protokollfamilie sieht für den Datentransfer zwei sehr unterschiedliche Transportprotokolle vor, die beide auf dem unzuverlässigen Datagrammdienst IP basieren:

- **Transmission Control Protocol (TCP)**: Realisiert einen gesicherten, verbindungsorientierten Vollduplex-Datenstrom zwischen zwei Endsystemen,
- **User Datagram Protocol (UDP)**: Einfaches Transportprotokoll, das eine ungesicherte, verbindungslose Kommunikation zwischen zwei Endsystemen abwickelt.

Daneben verfügt die TCP/IP-Protokollfamilie noch über weitere Transportprotokolle, die ihrerseits jedoch auf TCP oder auf UDP basieren, d.h. TCP- oder UDP-Datenstrukturen als Transportcontainer verwenden. Dazu gehören:

- **ISO/T1 bis ISO/T4** (spezifiziert in RFC 905, 1240 und 2126).
- **NetBIOS über TCP/UDP** (spezifiziert in RFC 1001/1002).
- **Real Time Protocol (RTP)** (spezifiziert in RFC 1889).
- **System Network Architecture (SNA) über UDP** (spezifiziert in RFC 1538).

TCP ist stetig weiterentwickelt und in seinen Kontrollmechanismen zunehmend verfeinert worden, so daß inzwischen ein sehr komplexes Protokoll herangereift ist, während UDP aufgrund seines einfach gehaltenen Funktionsumfangs kaum Veränderungen unterworfen war.

Abb. 7.37. Protokolle der Transportschicht

TCP – Eigenschaften. TCP bietet einen wirklich zuverlässigen Transportdienst zum Versenden von Nachrichten. Daten werden dazu in sogenannte **Segmente** aufgeteilt und übertragen, um anschließend beim Empfänger wieder zusammengesetzt zu werden. Um dies bewerkstelligen zu können, verfügt TCP über die folgenden, grundlegenden Merkmale:

- **Verbindungsorientierte Datenübertragung**
  TCP bietet einen verbindungsorientierten Dienst an. Daher muß vor der eigentlichen Datenübertragung zuerst eine Verbindung zum designierten Empfänger aufgebaut werden. Ist die Datenübertragung abgeschlossen, wird die Verbindung wieder abgebaut. Die von TCP bereitgestellte Verbindung wird als **virtuelle Verbindung** bezeichnet, da sie rein Softwaretechnisch zustande kommt. Das eigentliche Internet bietet zu diesem Zweck weder die notwendige Hardware noch Software, um dedizierte Verbindungen zu unterstützen. Statt dessen täuschen die beiden TCP-Prozesse auf Sender- und Empfängerseite durch die Art ihres Nachrichtenaustauschs lediglich eine derartige Verbindung vor (siehe Abb. 7.38).
  TCP benutzt zur Datenbeförderung den IP-Datagrammdienst. Jede TCP-Nachricht wird in einem IP-Datagramm gekapselt über das Internet übertragen und beim Empfänger wieder ausgepackt. IP selbst behandelt die TCP-Nachrichten als reine Nutzdaten, d.h. IP nimmt keine Interpretation der TCP-Daten vor. Wie in Abb. 7.38 ersichtlich, verfügen jeweils nur die beiden beteiligten Endsysteme über eine TCP-Implementation, während für die Zwischensysteme eine TCP-Implementation nicht notwendig ist.

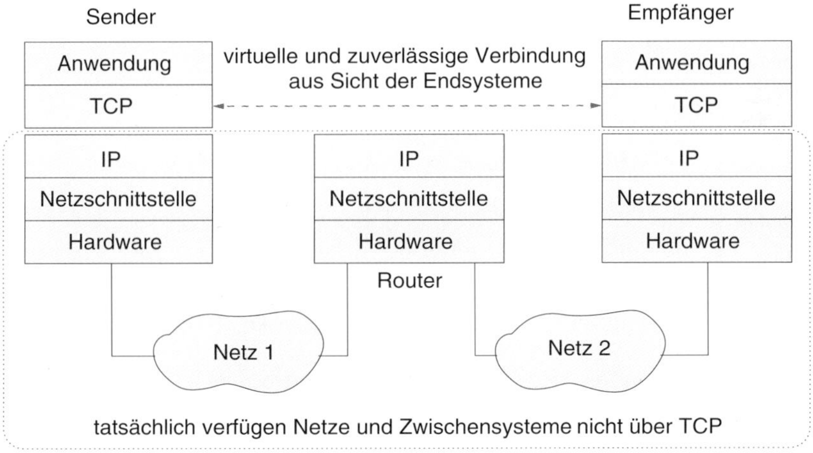

Abb. 7.38. Virtuelle Verbindungen mit TCP

- **Ende-zu-Ende-Übertragung**
  TCP erlaubt ausschließlich eine Datenübertragung zwischen genau zwei dezidierten Endpunkten. Die Verbindung verläuft also quasi direkt von

einer Anwendung auf dem Sender-Rechner zu einer Anwendung auf dem Empfänger-Rechner. Der Aufbau einer virtuellen Verbindung liegt allein in der Verantwortung der beteiligten Endsysteme. Das zwischen den beiden Endsystemen befindliche Netzwerk mit seinen Zwischensystemen dient lediglich der Weiterleitung. Multicasting oder Broadcasting ist mit TCP nicht möglich.

- **Zuverlässige Übertragung**
  TCP garantiert stets eine fehlerfreie Datenübertragung, ohne auftretenden Datenverlust oder Vertauschungen der empfangenen Datenpakete in der Reihenfolge. TCP bedient sich dabei folgender Techniken:
  - **Neuübertragung**
    Eine Technik, die wesentlich dazu beiträgt, einen hohen Grad an Zuverlässigkeit zu erreichen, ist die von TCP initiierte **Neuübertragung** (**Retransmission**) von Daten. Eine gesendete TCP-Nachricht wird nach dem Empfang vom Empfänger bestätigt (Acknowledgement). Der Sender startet vor jeder Datenübertragung eine Uhr (Timer). Läuft diese Uhr vor Eintreffen einer Bestätigung ab, gilt die Nachricht als verloren und der Sender startet eine Neuübertragung (siehe Abb. 7.39).

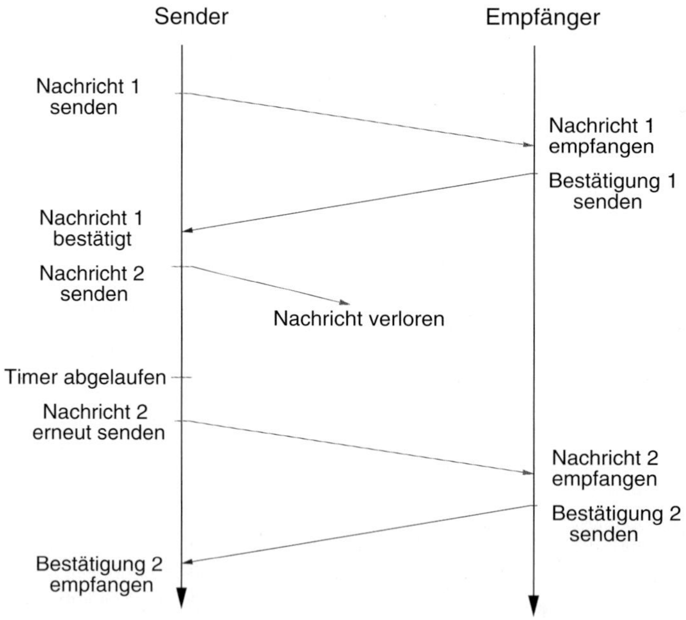

Abb. 7.39. TCP – Retransmission im Falle einer Zeitüberschreitung

Von der Wahl der Zeitspanne, die bis zur Bestätigung vergehen darf (Zeitschranke), hängt die Effizienz des erzielten Durchsatzes ab. Dabei sind in einem LAN, in dem nur minimale Distanzen zwischen Sender und Empfänger zu überbrücken sind, andere Zeitrestriktionen sinnvoll, als bei einer Weitverkehrsverbindung, z.B. über einen Satellitenkanal. Wird die Neuübertragung zu früh gestartet, wird das Netzwerk mit sehr vielen Duplikaten geflutet und die Effizienz des Durchsatzes kann stark beeinträchtigt werden. Startet die Neuübertragung zu spät, müssen eventuell viele Nachrichten zwischengespeichert werden, was zum Überlauf von Warteschlangen und damit zu einer Überlastsituation führen kann, die Datenverluste und damit ebenfalls eine Beeinträchtigung der Effizienz des Netzwerks nach sich zieht. Die geeignete Wahl der Wartezeit bis zur Neuübertragung ist folglich von großer Bedeutung.

– **Adaptive Neuübertragung**
  Die Entwickler von TCP erkannten schnell, daß die Wahl einer festen Zeitschranke nie allen Situationen gerecht werden kann, und statteten TCP deshalb mit einem adaptiven Mechanismus zur Ermittlung einer jeweils geeigneten Zeitschranke für die Neuübertragung aus. TCP überwacht zu diesem Zweck die Netzlast für jede Verbindung. Dies erfolgt durch Messung der **Paketumlaufzeit** (Round-Trip-Time), also der Zeit vom Aussenden einer Nachricht bis zum vollständigen Erhalt der Antwort. Diese Messung wird für jede gesendete Nachricht durchgeführt und die Abweichung, die sich für eine bestimmte, überwachte Verbindung ergibt, wird festgehalten und geht in die Neuberechnung der gültigen Zeitschranke mit ein, die über einen **gleitenden Mittelwert** (Smoothed Round-Trip-Time) erfolgt. So kann TCP in Spitzenlast-Situationen die Zeitschranke erhöhen und diese anschließend, wenn die Netzlast wieder auf ein Normalmaß zurückgegangen ist, wieder senken.
  Im Unterschied zu anderen Fehlerbehebungsmechanismen bietet TCP dem Empfänger keine Möglichkeit, eine erneute Übertragung eines fehlerhaften Segments zu erzwingen, da kein Mechanismus für eine negative Quittierung existiert. Der Empfänger sendet bei erkanntem Fehler einfach keine Quittung und wartet, bis das festgesetzte Zeitlimit abgelaufen ist, und der Sender automatisch eine Neuübertragung startet.

– **Flußsteuerung (Flow Control)**
  Die zur Flußsteuerung vorgesehenen Mechanismen sind darauf ausgerichtet, den Fluß entlang einer Ende-zu-Ende-Übertragung zu regeln. Im TCP-Protokoll erfolgt die Flußsteuerung über ein **Schiebefenster-Protokoll** (**Sliding-Window Protocol**, siehe Abb. 7.40), also ein Fensterprotokoll, das mit einer adaptiven, lastabhängigen Fenstergröße arbeitet. Quittierung und Zuweisung eines Fensters sind dabei jedoch voneinander entkoppelt.
  Der Ablauf des Sliding-Window Protokolls in TCP soll anhand eines Beispiels erläutert werden (siehe Abb. 7.41): Ausgangspunkt dabei sind die beiden Rechner A und B, die via TCP eine Datenübertragung durchführen wollen. Die Fenstergröße der Verbindung von Rechner A

Verfahren des Sliding-Window Protokolls:

Eine erhöhte Auslastung der Datenübertragung läßt sich bei einer quittierten Übertragung (d.h. jede gesendete Nachricht erfordert eine Empfangsbestätigung) erreichen, wenn mehrere unquittierte Nachrichten gesendet werden dürfen, bevor eine entsprechende Sammelempfangsbestätigung beim Sender eintrifft. Verfahren, die nach diesem Prinzip arbeiten, werden als **Fensterprotokolle** bezeichnet, wobei die Größe des jeweiligen Fensters die maximale Anzahl der Nachrichten (bzw. deren Länge in Bytes) angibt, die noch unquittiert gesendet werden dürfen. Zur eindeutigen Identifikation erhalten die einzelnen Nachrichten bei diesem Verfahren jeweils eine Sequenznummern.

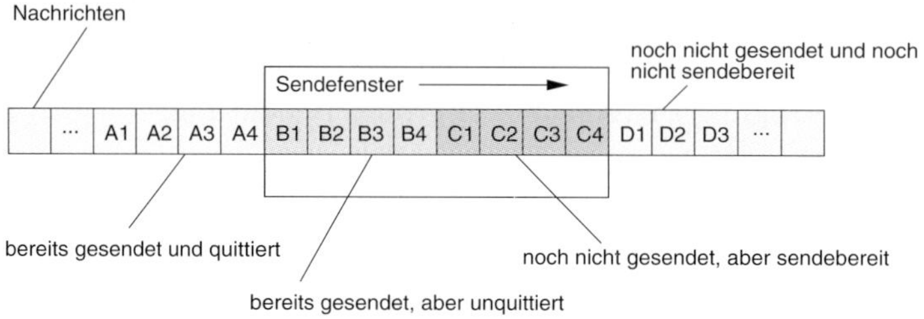

Nachrichten, die sich links des Sendefensters befinden, wurden bereits gesendet und quittiert. Nachrichten, die sich im Sendefenster befinden, dürfen unquittiert gesendet werden. Dabei ist zu unterscheiden zwischen den Nachrichten links im Sendefenster (b_i), die bereits gesendet wurden und deren Quittung noch aussteht, und den Nachrichten rechts im Sendefenster (c_i), die zur unquittierten Sendung bereitstehen. Nachrichten, die rechts vom Sendefenster stehen, rücken erst nach einem Quittungseingang in das Sendefenster.

Abb. 7.40. Sliding Window Protokoll

als Sender zu Rechner B als Empfänger betrage 1.500 Bytes und eine Nachricht von 2.500 Byte Länge soll übertragen werden.

- Nach dem Verbindungsaufbau sendet Rechner A das erste Segment mit einer Länge von 1.000 Byte. Rechner B nimmt das Segment entgegen, schreibt die Daten in seinen Eingangspuffer, setzt die Fenstergröße herab auf 1.500-1.000 = 500 Byte (F=500), bestätigt die Annahme der ersten 1.000 Bytes (ACK=1.000).
- In der gleichen Weise werden im zweiten Segment entsprechend der noch erlaubten Fenstergröße 500 Byte übertragen, die Ankunft bestätigt (ACK=1.500) und die Fenstergröße auf 0 Bytes herabgesetzt (F=0).
- Das Anwendungsprogramm auf Rechner B kann die angelieferten Daten nicht so schnell aufnehmen. Daher muß Rechner A solange warten, bis die Anwendung auf Rechner B 1.000 Byte aus dem Eingangspuffer gelesen hat, die Fenstergröße wieder auf 1.000 Byte erhöht und dies (F=1.000) Rechner B zusammen mit einer Bestätigung über die Sequenznummer des letzten erhaltenen Bytes (ACK=1.500) dem Sender mitteilt.

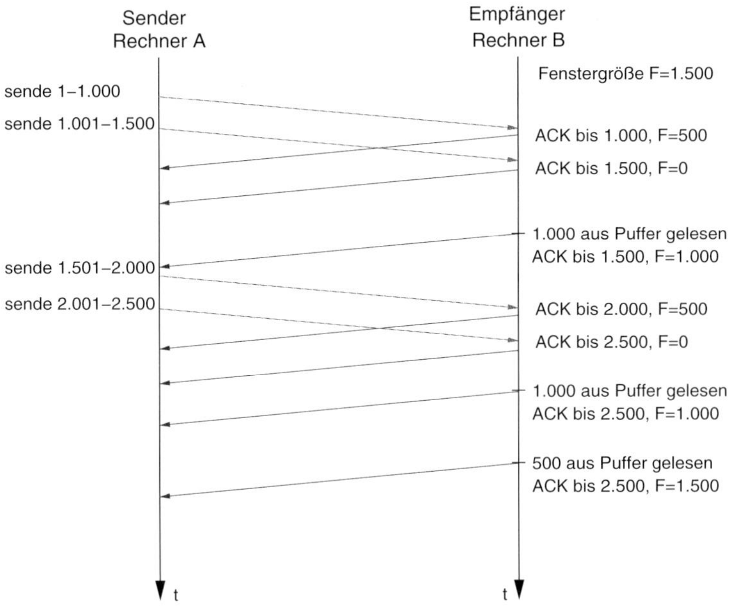

Abb. 7.41. TCP – Flußsteuerung mit dem Sliding Window Protokoll

- Rechner A kann entsprechend der neuen Fenstergröße den Rest der zu übertragenden Daten, z.B. in zwei einzelnen Segmenten, an Rechner B versenden. Dieser bestätigt jeweils den Empfang und setzt die Fenstergröße herab.
- Das Anwendungsprogramm auf Rechner B entnimmt wieder 1.000 Byte aus dem Eingangspuffer. Dies (F=1.000) wird Rechner A zusammen mit der Sequenznummer (ACK=2.500) des zuletzt empfangenen Bytes mitgeteilt.
- Da die letzte Sequenz der Nachricht bereits versendet wurde, unternimmt Rechner A nichts.
- Das Anwendungsprogramm auf Rechner B entnimmt wieder die letzten 500 Byte aus dem Eingangspuffer (F=1.500). Dies wird Rechner A zusammen mit der Sequenznummer (ACK=2.500) des letzten empfangenen Bytes mitgeteilt. Die Übertragung der Nachricht ist abgeschlossen.

– **Überlastkontrolle (Congestion Control)**
Die Überlaststeuerung stellt eines der schwierigsten Probleme dar, die TCP zu meistern hat. Einer der Gründe dafür liegt in den Eigenschaften des IP-Protokolls, auf denen TCP basiert und das es zur Informationsgewinnung zu Rate zieht: IP ist ein verbindungsloses und zustandsloses Protokoll, d.h. übertragene Datenpakete können auf unterschiedlichen Wegen durch das Internet befördert werden und es gibt keinerlei

Informationen über zurücklegende Ereignisse. Daher besteht kaum die Möglichkeit, Informationen bzgl. einer Überlast an den beteiligten Zwischensystemen zu erschließen. Dies ist, wenn überhaupt, nur indirekt möglich. Dazu kommt, das verschiedene TCP-Instanzen im Internet auch keine Möglichkeit haben, miteinander zu kooperieren, um Überlastsituationen zu erkennen und zu kontrollieren. Deshalb wird z.B. die Zahl der verlorenen Segmente, also der Segmente, deren Sendevorgang innerhalb der festgesetzten Zeitspanne nicht vom Empfänger quittiert wurde, und die deshalb als verloren angesehen werden, als Maß für die Überlast im Internet herangezogen, das ein Fensterprotokoll zur Regelung von Überlastsituationen steuert.

Das TCP-Protokoll hat sich über die Jahre den sich ändernden Gegebenheiten des Internet angepaßt. Dies betrifft allerdings nur die Implementierungen der von TCP/IP zur Verfügung gestellten Mechanismen und nicht deren Kontrollparameter. Zu den wichtigsten in TCP verwendeten Verfahren und Algorithmen zur Gewährleistung einer hohen Zuverlässigkeit zählen:

- **Slow-Start Algorithmus**
  Zur besseren Anpassung der Fenstergröße (Congestion Window) im Sliding-Window Protokoll verwendet TCP beim Start einer Verbindung eine kleine Fenstergröße (in der Regel 1 Segment, also 536 Byte, siehe RFC 1122), die in der Folge sukzessive erhöht wird, bis sich die Raten der gesendeten Segmente und ihrer Quittungen annähern. Die Erhöhung erfolgt exponentiell und wird erst dann eingestellt, wenn ein Segmentverlust durch eine die festgesetzte Wartezeit überschreitende Quittierung ausgelöst wird.
- **Congestion-Avoidance Algorithmus**
  TCP bestimmt die Überlast im Netzwerk anhand der Zahl der verloren gegangenen Segmente, wobei ein Segment als verloren gilt, wenn die Quittung für das Segmente nicht innerhalb der festgesetzten Zeitspanne eintrifft. Häuft sich dieser Segmentverlust, wird auf eine Überlastung des Netzwerks geschlossen und die Sende-Datenrate wird entsprechend abgesenkt, um zu verhindern, daß die bestehende Überlastsituation durch ständige Wiederholung der Sendung verloren geglaubter Segmente noch weiter verschärft wird.
- **Nagle Algorithmus**
  Oft sind die zu übertragenden TCP-Segmente nur von kurzer Länge, so daß der durch die Kontroll- und Steuerinformationen im Header verursachte Overhead einen überwiegenden Anteil an der Gesamtkommunikation erlangt. Um dies zu vermeiden bzw. einzuschränken, wird die Quittierung eines Segments so lange wie möglich verzögert, damit diese dann zusammen mit eigenen Nutzdaten, oder aber zusammen mit anderen, noch ausstehenden Quittierungen gesendet werden kann. Der zu diesem Zweck verwendete Nagle-Algorithmus sammelt

alle Nutzdaten bis zur nächstfälligen Quittung und überträgt diese dann zusammen in einem einzelnen Segment.

- **Bestimmung der Netzumlaufzeit**
  TCP sendet ein Segment erneut, nachdem die Zeitschranke für die Erstsendung dieses Segments ohne empfängerseitige Quittierung abgelaufen ist. Zur Ermittlung der Zeitschranke muß TCP die sogenannte **Netzumlaufzeit** (Round Trip Time, RTT) zum gewünschten Kommunikationspartner bestimmen. Dazu stehen drei Verfahren zur Auswahl:

  1. **Originalimplementierung**
     RTT wird für jedes gesendete Segment ermittelt und ein gewichtetes Mittel errechnet:
     $$RTT_n = a \cdot RTT_{n-1} + (1-a) \cdot RTT_{akt}$$
     RTT_{akt} steht dabei für die aktuelle Messung und RTT_n für den nach n Messungen bestimmten Durchschnitt. Als Startbedingung wird $RTT_0 = 2$s angenommen. Eine Abschätzung des Timeouts ergibt sich aus:
     $$Timeout = b \cdot RTT_n$$
     Üblicherweise werden die Parameter $a = 0{,}9$ und $b = 2$ gewählt.
  2. **Karn/Patridge Algorithmus**
     Folgt man der Originalimplementation, verfälscht ein verlorenes Segment den ermittelten Wert für die Netzumlaufzeit und es kommt zu einer Unterschätzung, da die Zeit fälschlicher Weise von der Neusendung des Segments bis zum Empfang eines verspäteten Acknowledgements, das aus der Erstübertragung stammt, gemessen werden kann. Diese Zeitspanne kann wesentlich kleiner sein, als die tatsächliche Netzumlaufzeit. Der Algorithmus von Karn und Patridge behebt dieses Problem, indem nur Segmente in die Berechnung der Netzumlaufzeit eingehen, die auch tatsächlich vom Empfänger quittiert wurden. Zusätzlich wird die Zeitschranke nach jedem erfolgreichen Versand angehoben (Timer Backoff):
     $$Timeout = 2 \cdot Timeout.$$
  3. **Karel/Jacobsen Algorithmus**
     Die Implementierung von Karn und Patridge läßt sich noch weiter verfeinern, indem man die Schwankung der gemessenen Netzumlaufzeit
     $$RTT_n = RTT_{n-1} + g_0 \cdot (RTT_{akt} - RTT_{n-1})$$
     mit $g_0 = 0,125$ wichtet. Zusätzlich wird die Berechnung des Timeouts angepaßt vermittels einer Hilfsgröße Delta:

$$Delta = Delta + g_1 \cdot (RTT_{akt} - RTT_n)$$

mit $g_1 = 0,25$. Damit ergibt sich die neue Zeitschranke als

$$Timeout = p \cdot RTT_n + q \cdot Delta,$$

wobei für die beiden Parameter p und q die Erfahrungswerte $p = 1$ und $q = 4$ gewählt werden.

- **Silly Window Syndrom**
Bezeichnet eine Situation, die in frühen TCP Implementation häufig auftrat: Der Empfänger übermittelt wiederholt nur eine sehr kleine verfügbare Fenstergröße, worauf der Sender auch jeweils nur sehr kleine Segmente versendet (siehe Abb. 7.42). Dies trat vorallem dann auf, wenn die vorhandene Fenstergröße ausgeschöpft war, d.h. den Wert 0 erreichte, und dann ein erstes Update der Fenstergröße zu früh ermittelt und an den Sender zurückgeschickt wurde. Bei einer schnellen Verbindung kann das dazu führen, daß der Wert für die Fenstergröße stets um den Nullwert pendelt und die zur Verfügung stehende Übertragungsstrecke nur unzureichend ausgenutzt wird. Deshalb sorgen Heuristiken auf Empfängerseite dafür, daß eine Rückmeldung über die verfügbare Fenstergröße nach Erreichen des Nullwerts erst dann erfolgt, wenn diese wieder mindestens 50% der maximal zulässigen Fenstergröße beträgt. Umgekehrt wird bei einer bestehenden Verbindung und noch ausstehender Quittung auf der Senderseite dafür gesorgt, daß zu sendende Daten im Ausgabepuffer solange zurückgehalten werden, bis entweder eine erneute Quittung mit entsprechend großer Fenstergröße ankommt, oder zumindest ein Segment gesendet werden kann, das nicht die noch verbleibende maximale Fenstergröße komplett ausschöpft.

- **Vollduplex-Übertragung**
TCP gestattet eine bidirektionale Ende-zu-Ende Datenübertragung. Sender und Empfänger können sogar gleichzeitig senden. Damit Sender und Empfänger parallel eine Verarbeitung durchführen können, muß sowohl beim Senden als auch beim Empfang eine Pufferung der betreffenden Daten stattfinden.

- **Stream-Schnittstelle**
Anwendungen, die einen TCP-Transport verwenden, senden einen fortlaufenden Bytestrom (**Stream**) über die aufgebaute Datenverbindung und nicht aufeinanderfolgende Einzelnachrichten. Nachrichtengrenzen werden daher auch bei einer Ende-zu-Ende-Verbindung nicht bewahrt. Die Stream-Schnittstelle des Empfänger-Rechners übergibt der Empfänger-Anwendung die Daten des übertragenen Bytestroms in exakt derselben Reihenfolge, in der die Sender-Anwendung diese versendet hat.

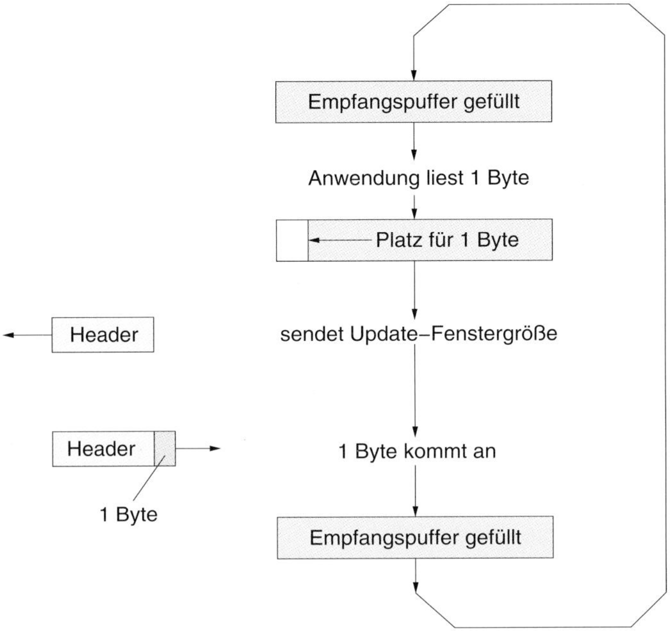

Abb. 7.42. TCP – Silly Window Syndrom

- **Zuverlässiger Verbindungsaufbau**
  TCP verlangt von beiden Parteien, Sender und Empfänger, eine Vereinbarung über die aufzubauende Verbindung. Eventuelle Duplikatpakete aus früheren Verbindungen können so ignoriert werden. Das zum Aufbau einer TCP-Verbindung angewandte Verfahren wird als **Drei-Wege-Handshake** (**3-Way Handshake**) bezeichnet, da nur drei Nachrichten ausgetauscht werden müssen (siehe Abb. 7.43).
  1. Um einen Verbindungsaufbau über das Drei-Wege Handshake zu signalisieren, wird ein spezielles Segment, das sogenannte **Synchronisations-Segment** (**SYN-Segment**) verwendet, ein Segment, in dessen Header das Synchronisations-Bit auf Eins gesetzt ist.
  2. Der Empfänger des SYN-Segments bestätigt die im SYN-Segment empfangene Sequenznummer x, läßt das Synchronisations-Bit gesetzt und sendet eine eigene Sequenznummer y.
  3. Nach dem Empfang dieser Nachricht, bestätigt der Sender den Empfang der Synchronisations-Antwort mit der Sequenznummer y. Mit dem Empfang dieser Sender-Bestätigung ist das Drei-Wege-Handshake Protokoll abgeschlossen.

  Das Drei-Wege Handshake Protokoll erfüllt dabei zwei wichtige Aufgaben: Zum Einen wird garantiert, daß beide Seiten – Sender und Empfänger – bereit sind für einen Datenaustausch. Zum Anderen tauschen beide Seiten die jeweils zum Start des Datentransfers wichtigen Sequenznummern aus.

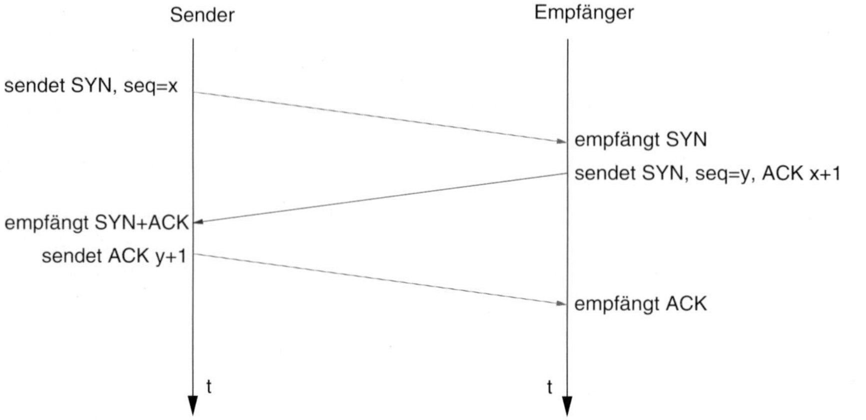

Abb. 7.43. TCP – Verbindungsaufbau mit dem Drei-Wege-Handshake

- **Sorgfältiger Verbindungsabbau**
  Sobald eine der beiden Parteien die aufgebaute Verbindung beenden möchte, sorgt TCP dafür, daß alle abgesendeten, aber noch nicht an ihrem Ziel angekommenen Daten auch noch zugestellt werden, bevor die Verbindung tatsächlich beendet wird. Zu diesem Zweck wird ein leicht modifiziertes Drei-Wege-Handshake verwendet, das allerding für einen zuverlässigen Verbindungsabbau den Austausch von vier TCP-Segmenten erfordert (siehe Abb. 7.44): Zwei Anwendungsprogramme, die gleichzeitig bidirektional über TCP kommunizieren, werden dabei als zwei getrennte, unidirektionale Verbindungen betrachtet.

  1. Beendet ein Anwendungsprogramm die Verbindung, sendet dieses ein **Ende-Segment** (**FIN-Segment**), in dessen Header das FIN-Bit auf Eins gesetzt ist, zusammen mit einer End-Sequenznummer x.
  2. Die Gegenseite bestätigt den Empfang des FIN-Segments und nimmt für diese Verbindung keine weiteren Segmente mehr entgegen. Die TCP-Instanz benachrichtigt das lokale Anwendungsprogramm über die Beendigung der Verbindung.
  3. Die Verbindung in der Richtung vom Sender zum Empfänger ist mit dem Empfang der Bestätigungsmeldung durch den Sender abgeschlossen.
  4. Auf der Gegenseite wurde die Anwendung über die Beendigung der Verbindung unterrichtet und startet nun ihrerseits die Beendigung der Verbindung in der Gegenrichtung durch Senden eines FIN-Segments mit der End-Sequenznummer y und einer erneuten Bestätigung der zuletzt vom Sender empfangenen Sequenznummer. So kann die zu beendende Verbindung eindeutig identifiziert werden.

5. Der Sender bestätigt den Empfang der Beendigungsmeldung durch die Gegenseite. Die Verbindung gilt als zuverlässig beendet, sobald die Gegenseite diese Quittierung wieder zurückerhält.

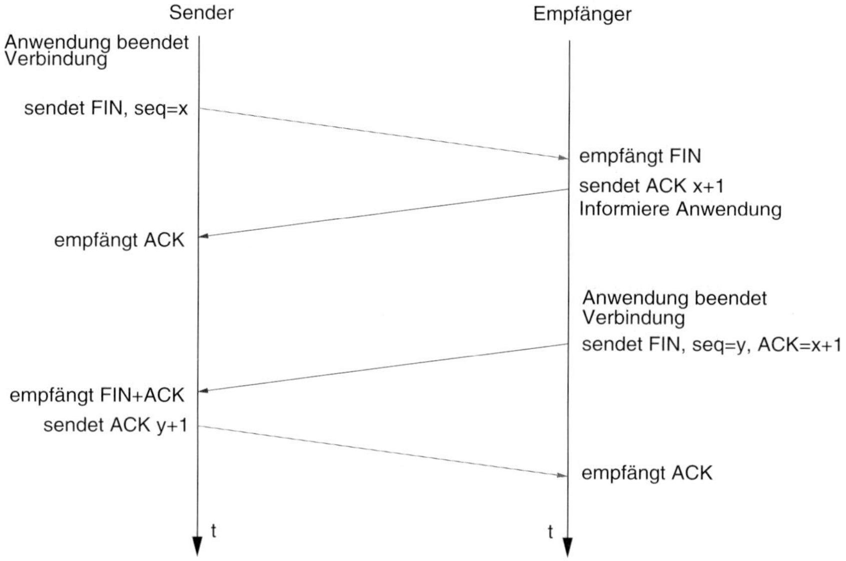

Abb. 7.44. TCP – Zuverlässiger Verbindungsabbau mit dem modifizierten Drei-Wege Protokoll

Exkurs 23: TCP – Verbindungsmanagement

Protokolle werden in der Informatik oft mit Hilfe sogenannter **endlicher Automaten** (Finite State Machines, FSM) formal beschrieben, die sehr anschaulich mit Hilfe von Zustandsübergangsdiagrammen dargestellt werden können. Ein endlicher Automat befindet sich stets in einem bestimmten Zustand (veranschaulicht durch einen Kreis), wobei bestimmte Ereignisse (dargestellt durch Pfeile) einen Zustandswechsel verursachen können. Startzustand und Endezustand sind zwei ihrer Bedeutung entsprechend ausgezeichnete Zustände. Die Pfeile, die von einem Zustand in einen Folgezustand führen, sind beschriftet mit einem Ereignis/Aktions-Paar. Das Ereignis bedingt den entsprechenden Zustandswechsel, bei dem eine bestimmte Aktion ausgelöst wird. Bei einem Protokoll, das durch einen endlichen Automaten beschrieben wird, entspricht einem Ereignis in der Regel der Empfang einer bestimmten Nachricht und die ausgelöste Aktion dem Senden einer bestimmten Nachricht. Ein endlicher Automat, der Verbindungsaufbau und Verbindungsabbau für das TCP-Protokoll darstellt, muß über die folgenden Zustände verfügen:

- **CLOSED**
  Es besteht keine aktive bzw. noch nicht beendete Verbindung.
- **LISTEN**
  Teilnehmer wartet auf eine Aufforderung.

- **SYNC RECEIVED**
  Ein Verbindungswunsch wurde entgegengenommen, warten auf ACK.
- **SYNC SENT**
  Anwendung startet eine Verbindungseröffnung.
- **ESTABLISHED**
  Regulärer Zustand, Datenübertragung findet statt.
- **FIN WAIT1**
  Anwendung wurde beendet.
- **FIN WAIT2**
  Die Gegenseite stimmt der Beendigung zu.
- **TIMED WAIT**
  Warten, bis alle ausstehenden Segmente angekommen sind oder ein Timeout aufgetreten ist.
- **CLOSING**
  Beide Seiten haben versucht, die Verbindung simultan zu beenden.
- **CLOSE WAIT**
  Die Gegenseite hat mit dem Verbindungsabbau begonnen.
- **LAST ACK**
  Warten, bis alle ausstehenden Segmente angekommen sind oder ein Timeout aufgetreten ist.

Das vollständige Zustandsübergangsdiagramm für das TCP-Verbindungsmanagement ist in Abb. 7.45 dargestellt. Die stärker gezeichneten Pfeile entsprechen einer aktiven Verbindungsaufnahme, z.B. von einem Client, während die gestrichelten Pfeile den Ablauf auf der Gegenseite entsprechen, also einer passiven Verbindungsaufnahme auf Serverseite. Die dünner eingezeichneten Pfeile stellen unübliche Ereignisse und Abläufe dar, die der Vollständigkeit halber berücksichtigt werden müssen.

- Startzustand für das Verbindungsmanagement ist stets der Zustand CLOSED. Der Zustand wird erst verlassen, wenn entweder eine Anforderung für einen Verbindungsaufbau empfangen (**passive Eröffnung**) oder selbst gesendet wird (**aktive Eröffnung**).
- Ein Ereignis kann dabei entweder vom Nutzer gesteuert (CONNECT, LISTEN, SEND, CLOSE) oder durch ein eintreffendes Segment ausgelöst (SYNC, FIN, RST) eintreten. Ein Bindestrich „–“ signalisiert, daß kein Ereignis bzw. keine Aktion stattfindet.
- Am einfachsten kann das Verfahren verstanden werden, wenn man zuerst die aktive Client-Seite verfolgt (dicke Pfeile) und im Anschluß daran das Geschehen auf Server-Seite (gestrichelte Pfeile) betrachtet.
- **Client-Seite**
  - Eine Anwendung auf der Client-Seite möchte eine Verbindung durch Absetzen einer CONNECT-Anfrage eröffnen. Zu diesem Zweck erzeugt die lokale TCP-Instanz eine Datenstruktur zur Verwaltung der TCP-Verbindung, begibt sich in den SYNC SENT Zustand und sendet ein SYNC-Segment, um das Drei-Wege-Handshake Verfahren zu eröffnen. Da permanent eine Vielzahl von Verbindungen verwaltet werden müssen, beschreibt jeder Zustand jeweils nur eine Verbindung.
  - Sobald der Client ein SYN+ACK erhält, sendet die TCP-Instanz das letzte ACK des Drei-Wege-Handshakes zurück und begibt sich in den Zustand ESTABLISHED, in dem die reguläre Datenübertragung starten kann.
  - Wird die Anwendung beendet, erhält die lokale TCP-Instanz ein Kommando zum Schließen der Verbindung (CLOSE). Diese sendet dann ein FIN-Segment und wartet auf eine entsprechende Bestätigung (ACK). Sobald die Bestätigung eingegangen ist, begibt sich die TCP-Instanz in den Zustand FIN WAIT 2. Damit ist eine Richtung der bidirektionalen Verbindung bereits geschlossen.

- Sobald die Server-Seite ihre Verbindung ebenfalls beendet hat, bestätigt sie das mit einem FIN-Segment, das von der clientseitigen TCP-Instanz quittiert werden muß (ACK).
- Die Verbindungen in beiden Richtungen sind jetzt beendet. Allerdings wartet die clientseitige TCP-Instanz noch solange, bis ein Timeout auftritt, so daß sichergestellt ist, daß alle gesendeten Segmente auch tatsächlich angekommen sind, und löscht zum Schluß die Verwaltungs-Datenstruktur, die für diese Verbindung angelegt worden ist.

- **Server-Seite**
  - Auf der Server-Seite wartet die lokale TCP-Instanz darauf (LISTEN), daß eine Verbindungseröffnung von einem Client angefordert wird (SYN). Empfängt der Server ein SYN-Segment, wird der Empfang bestätigt (SYN+ACK) und die TCP-Instanz begibt sich in den SYNC RECEIVED Zustand.
  - Sobald das SYN-Segment, das der Server zurückgesendet hat, bestätigt wird (ACK), ist das Drei-Wege-Handshake Verfahren beendet, und die TCP-Instanz begibt sich in den Zustand ESTABLISHED, in dem die reguläre Datenübertragung aufgenommen wird.
  - Wenn der Client die Verbindung beenden möchte, sendet er ein FIN-Segment, das den Server erreicht. Der Server bestätigt den Erhalt (ACK) und die lokale TCP-Instanz begibt sich in den Zustand CLOSE WAIT. Die Verbindung wurde zu diesem Zeitpunkt bereits von Client-Seite beendigt, der passive Verbindungsabbau auf Server-Seite startet.
  - Ist die Anwendung auf dem Server bereit, ihrerseits die Verbindung zu beenden (CLOSE), sendet der Server ein FIN-Segment an den Client. Die TCP-Instanz begibt sich in den Zustand LAST ACK und wartet auf die Bestätigung des Clients (ACK) zum endgültigen Verbindungsabbau. Nach erfolgter Bestätigung ist die Verbindung beendet.

Weiterführende Literatur:

A. S. Tannenbaum: Computer Networks, Prentice-Hall, NJ, USA, 1996, pp. 529-539.

RFC 793: Transmission Control Protocol (TCP).

TCP Ports. Um eine TCP-Verbindung aufrecht zu erhalten, müssen Sender und Empfänger jeweils die notwendigen Endpunkte der Kommunikation, sogenannte **Sockets** einrichten. Die Zuordnung der Sockets zu einer TCP-Kommunikation ist jeweils auf die beiden Kommunikationspartner und die Zeitdauer der Verbindung beschränkt. Jedem Socket steht im Rechner ein reservierter Speicherplatz als Kommunikationspuffer zur Verfügung, in dem die zu übertragenden bzw. empfangenden Daten abgelegt werden.
Jeder Socket verfügt über eine Socket-Nummer, die sich aus der IP-Adresse des Rechners und einer lokal zugeordneten 16 Bit langen Nummer, dem sogenannten **Port** ergibt. Als Port wird ein Service Access Point der Transportschicht bezeichnet. Die Ports mit den Nummern 0 bis 1.023, die sogenannten **Well Known Ports**, sind weltweit eindeutig für Standarddienste, wie z.B. HTTP, FTP oder Telnet, reserviert (siehe Tabelle 7.5, RFC 1700). Der Bereich von 1.024 bis 65.535 kann auf dem Rechner beliebigen Anwendungsprogrammen zugeordnet werden. Man unterscheidet generell zwischen:

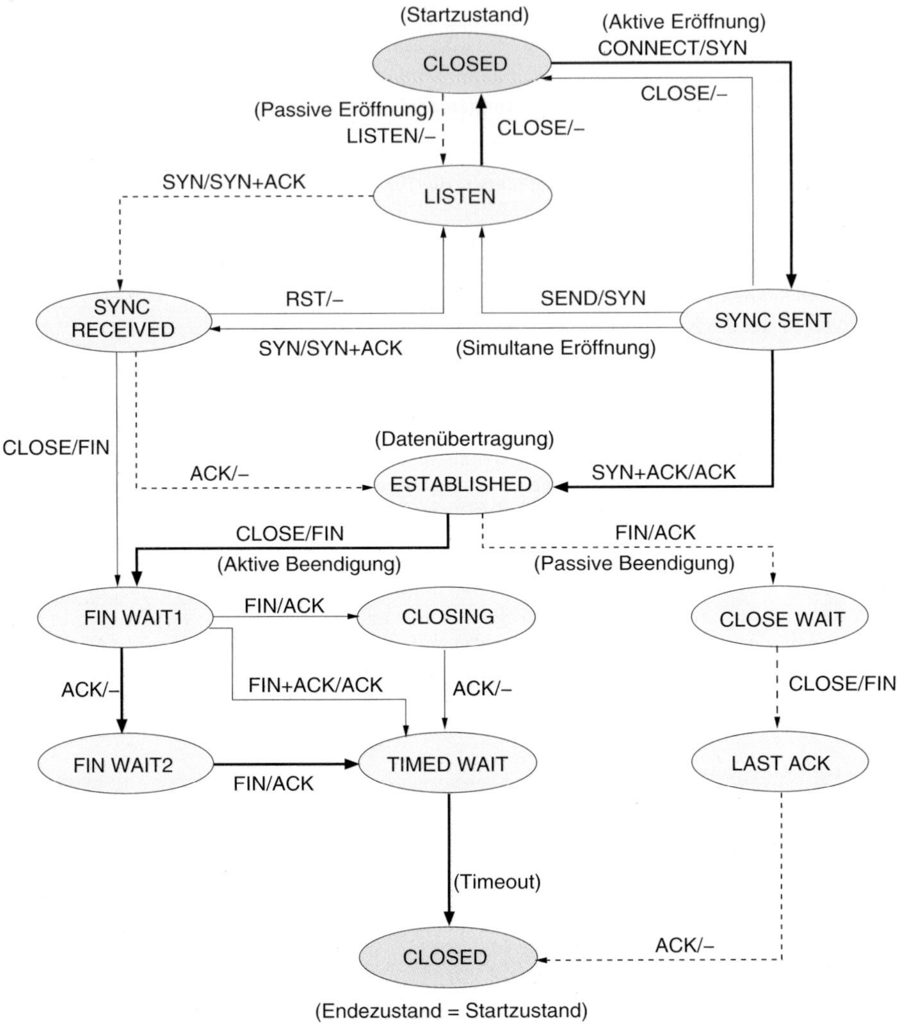

Abb. 7.45. TCP – Zustandsübergangsdiagramm für einen endlichen Automaten zur Beschreibung des TCP-Verbindungsmanagements

- **reservierten Ports** (privilegierte Ports): Betrifft die Portnummern 0 – 255 für TCP/IP-Anwendungen und 256 – 1.023 für bestimmte UNIX-Anwendungen.
- **registrierten Ports**: Betrifft Portnummern 1.024 – 49.151, die von der IANA registriert werden.
- **private, dynamische Ports** (ephemerale, vergängliche Ports): Betrifft die restlichen möglichen Portnummern zwischen 49.152 und 65.535.

Soll eine Verbindung zwischen zwei Anwendungsprogrammen hergestellt werden, verwendet der Client die Portnummer der gewünschten Anwendung als Zielport (siehe Abb. 7.46). Als Quellport wählt er eine nicht reservierte Portnummer, die von ihm selbst im Augenblick noch nicht verwendet wird.

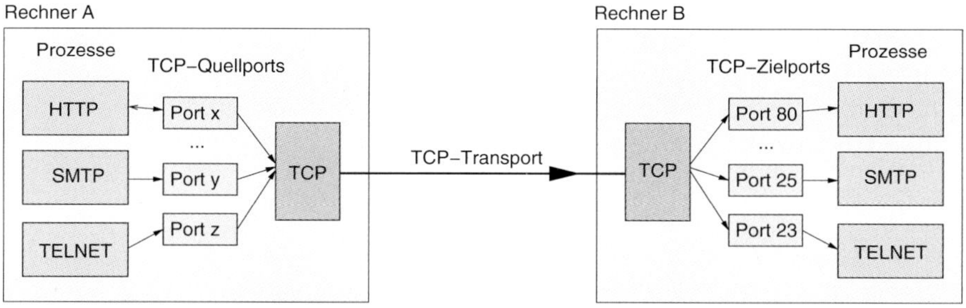

Abb. 7.46. TCP-Verbindung zwischen verschiedenen Anwendungs-Prozessen über TCP-Ports

Tabelle 7.5. Einige wichtige reservierte TCP-Portnummern (Well Known Ports) nach RFC 1700

Portnummer	Anwendung
20	FTP (File Transfer – Daten)
21	FTP (File Transfer – Steuerung)
23	Telnet
25	SMTP (Simple Mail Transfer Protocol)
53	DNS (Domain Name Service)
80	HTTP (Hyper Text Transfer Protocol)
110	POP3 (Post Office Protocol 3)
119	NNTP (Network News Transfer Protocol)
123	NTP (Network Time Protocol)
194	IRC (Internet Relay Chat)

Eine **TCP-Verbindung** kann anhand der beiden Socket-Nummern auf Sender und Empfängerseite über das Tupel (Socket Sender, Socket Empfänger) eindeutig identifiziert werden. Dabei kann ein Socket mehreren Verbindungen gleichzeitig dienen. Über die Sockets werden sogenannte **TCP-Dienstprimitive** (Primitives) implementiert, z.B. Request, Response, Confirm, Read, Write, etc., die es dem Nutzer oder einem Anwendungsprogramm erlauben, den zur Verfügung gestellten Transport-Service zu nutzen.

Aufbau eines TCP-Segments. TCP überträgt die über eine bestehende Verbindung auszutauschenden Nachrichten in einzelnen Datenblöcken, den **Segmenten**. Bei der Aufteilung einer Nachricht in einzelne Segmente – der **Segmentierung** – wird jedes TCP-Segment mit einem TCP-Header versehen, der Steuer- und Kontrollinformationen zur Gewährleistung eines zuverlässigen Transports des Segments enthält. Dazu muß vor Beginn der eigentlichen Datenübertragung, d.h während des Verbindungsaufbaus, zwischen den beiden Kommunikationspartnern eine maximale Segmentgröße vereinbart werden. Zur eigentlichen Übertragung werden die TCP-Segmente in IP-Datagramme fragmentiert und gekapselt und die nach dem Empfang beim Zielrechner wieder in die ursprüngliche TCP-Nachricht zusammengesetzt. Erreicht ein IP-Datagramm den Zielrechner nicht, so wird für das betreffende Segment auch keine Emfangsbestätigung zurückgesendet und es findet eine Neuübertragung des Segments statt.

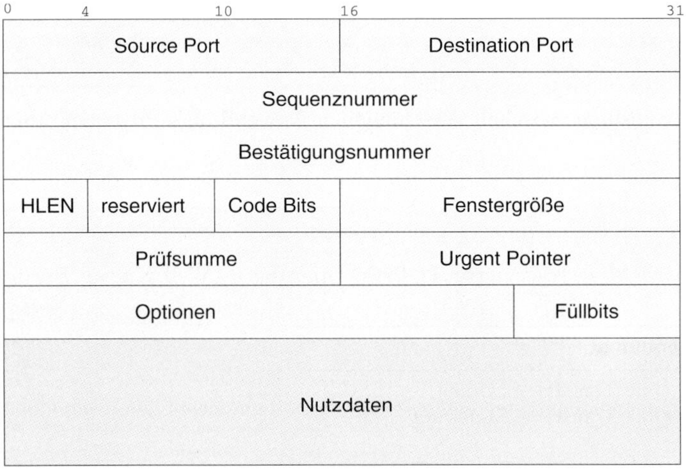

Abb. 7.47. Datenformat des TCP-Segments

Abb. 7.47 zeigt den Aufbau eines TCP-Segments, bestehend aus Segment-Header und Segment Nutzdaten. Der TCP-Header ist aus den folgenden Feldern aufgebaut:

- **Source Port**
  Das 16 Bit lange Feld identifiziert den Quell-Port, also den Anfangspunkt der TCP-Verbindung, der mit einem bestimmten Anwendungsprozeß assoziiert ist, der die Verbindung gestartet hat.
- **Destination Port**
  16 Bit langes Feld für den Ziel-Port, also den Endpunkt der TCP-Verbindung, an den die Daten adressiert sind. Mit dem Ziel-Port ist ebenfalls wieder ein Anwendungsprozeß assoziiert, der die über die Verbindung übertragenen Daten entgegennimmt.
- **Sequenznummer**
  Anhand der 32 Bit langen Sequenznummer werden die gesendeten Daten-Segmente in Senderichtung durchnumeriert. Beim Aufbau einer TCP-

Verbindung generieren beide Kommunikationspartner eine Start-Sequenznummer. Diese Sequenznummern werden im Drei-Wege-Handshake beim Verbindungsaufbau ausgetauscht und gegenseitig bestätigt. Damit Sequenznummern für eine bestimmte Verbindung stets eindeutig bleiben, muß ausgeschlossen werden, daß sich Sequenznummern innerhalb der festgesetzten Lebenszeit eines TCP-Segments wiederholen. Der Sender erhöht dazu die aktuelle Sequenznummer um die Anzahl der bereits gesendeten Bytes.

- **Bestätigungsnummer**
  Auf die Sequenznummer folgt die ebenfalls 32 Bit lange Bestätigungsnummer (Acknowledgement-Number). Diese dient auf Empfängerseite als Bestätigung empfangener Datensegmente. Die Bestätigungsnummer wird vom jeweiligen Empfänger gesetzt, um dem Sender mitzuteilen, bis zu welcher Sequenznummer die gesendeten Daten bisher korrekt empfangen wurden.
- **Header Länge**
  4 Bit langes Feld (Header-Length, HLEN), das die Länge des TCP-Headers in 32-Bit Worten angibt und als Offsetangabe den Anfang der eigentlichen Nutzdaten im übertragenen Segment kennzeichnet. Auf das Feld HLEN folgt ein 6 Bit langes Feld, das nicht genutzt wird.
- **Code Bits**
  Die folgenden sechs Kontrollbits legen fest, welche Felder jeweils im Header gültig sind, und dienen damit der Steuerung der Verbindung. Die Kontrollbits haben folgende Bedeutung, wenn sie auf den Wert Eins gesetzt werden:
  - **URG**: Aktiviert den **Urgent-Pointer** im TCP-Header.
  - **ACK**: Aktiviert das Feld für die **Bestätigungsnummer**.
  - **PSH**: Aktiviert die sogenannte **Push-Funktion**, die veranlaßt, daß die im Nutzdatenteil übermittelten Daten sofort an die nächsthöhere Protokollschicht übergeben werden. Die gesendeten Daten werden also nicht in einen Eingangspuffer geschrieben, der erst geleert wird, wenn er vollständig gefüllt ist.
  - **RST**: Setzt eine Verbindung zurück, die durch ein außergewöhnliches Ereignis (z.B. Rechner-Absturz) durcheinander geraten ist. RST wird auch dazu genutzt, eine ungültige Segmentnummer zurückzuweisen oder einen Verbindungsaufbau abzulehnen.
  - **SYN**: Signalisiert einen Verbindungsaufbau. Bei einer Verbindungsanfrage ist stets `SYN=1` und `ACK=0` gesetzt, um anzuzeigen, daß das Bestätigungsfeld noch inaktiv ist. Erst die Antwort auf die Verbindungsanfrage enthält eine Bestätigung, daher sind dort `SYN=1` und `ACK=1` gesetzt. Innerhalb eines Verbindungsaufbaus mit gesetztem SYN-Bit dient das ACK-Bit also zur Unterscheidung, ob es sich um eine Anfrage oder um die Antwort darauf handelt.
  - **FIN**: Signalisiert einen einseitigen Verbindungsabbau, der Sender hat keine weiteren Daten mehr zur Übertragung.

- **Sendefenster (Window)**
  Das 16 Bit lange Sendefenster dient der Flußsteuerung mit Hilfe des Sliding-Window Protokolls, mit dem der Empfänger den an ihn gesendeten Datenstrom steuert. Das Sendefenster gibt an, wieviele Bytes, beginnend ab der Bestätigungsnummer, der Empfänger noch in seinem Eingangspuffer aufnehmen kann. Empfängt der sendende Rechner ein TCP-Segment mit der Sendefenstergröße Null, muß dieser das Senden so lange einstellen, bis er wieder ein positives Sendefenster erhält.
- **Prüfsumme**
  Um eine hohe Zuverlässigkeit der übertragenen TCP-Segmente zu gewährleisten, wurde eine 16 Bit lange Prüfsumme mit in den TCP-Segmentheader aufgenommen. Die Prüfsumme berechnet sich aus dem TCP-Header, wobei die Prüfsumme und eventuell enthaltene Füllbits als Null angenommen werden, den TCP-Nutzdaten und dem Inhalt des sogenannten **Pseudo-Headers**. Der Pseudoheader ist eigentlich nicht Teil der im TCP-Segment enthaltenen Information, sondern wird nur temporär aus den zu übertragenden IP- und TCP-Daten berechnet (siehe Abb. 7.48). Eingang in den Pseudo-Header finden die IP-Adressen von Sender und Empfänger, die Protokollnummer, die TCP identifiziert, und die Länge des vollständigen TCP-Segments. Der Pseudo-Header dient der Erkennung eventuell fehlgeleiteter TCP-Segmente, widerspricht aber eigentlich der festgelegten Protokollhierarchie, da er die IP-Adressen der Netzwerk-Protokollschicht mit einbezieht.
  Zur Berechnung der Prüfsumme werden alle darin eingehenden 16 Bit Worte im Einer-Komplement aufsummiert und das Einer-Komplement des Resultats gespeichert. Berechnet der Empfänger das Ergebnis der Prüfsumme mit dem darin enthaltenen und korrekt übertragenen Prüfsummenwert, so muß sich im Falle einer fehlerfreien Übertragung der Wert Null ergeben.

<table>
<tr><td>0</td><td>8</td><td>16 … 31</td></tr>
<tr><td colspan="3">IP–Quelladresse</td></tr>
<tr><td colspan="3">IP–Zieladresse</td></tr>
<tr><td>00000000</td><td>Protocol=6</td><td>TCP Segment Länge</td></tr>
</table>

Abb. 7.48. TCP – konzeptioneller Pseudoheader zur Prüfsummenberechnung

- **Urgent Pointer**
  Das TCP-Protokoll sieht eine Möglichkeit vor, mit der dringliche Daten (Out-of-Band Data), wie z.B. Interrupts, zusammen mit den regulär zu sendenden Daten direkt an den Kommunikationspartner übertragen werden können. Diese dringenden Daten sollen dem empfangenden Prozeß so

schnell wie möglich übergeben werden, ohne daß sie z.B. zuerst im Eingangspuffer abgelegt werden. Das 16 Bit lange Feld des Urgent Pointers dient dabei als Offset-Angabe und ist nur dann aktiv, wenn das URG-Bit auf Eins gesetzt ist. Dringliche Daten folgen in der Regel stets direkt dem TCP-Header und stehen somit am Anfang der TCP-Nutzdaten. Erst danach, d.h. nach der im Urgent Pointer angegebenen Bytelänge, starten die regulären Nutzdaten.

- **Optionen**
  Die hier anzugebenden Optionen gestatten unter TCP die Einbindung zusätzlicher Funktionalität, die nicht durch die restlichen Headerfelder abgedeckt wird. Das erste Byte im Optionen-Feld legt den Optionstyp fest (siehe RFC 1323 und RFC 2018), der folgende Bedeutung haben kann:

  - **Maximum Segment Size (MSS)**:
    Mit Hilfe dieser Option können die beiden Kommunikationspartner beim Verbindungsaufbau eine maximale Segmentgröße aushandeln. Je größer dabei die verwendete Segmentlänge ist, desto weniger mindert der Overhead von 20 Byte des TCP-Headers die Effizienz der Datenübertragung. Wird diese Option beim Verbindungsaufbau nicht verwendet, wird eine Standardlänge der Nutzdaten von 536 Byte verwendet. Jeder Rechner im Internet muß daher in der Lage sein, ein TCP-Segment mit einer Länge von 536+20 = 556 Byte entgegenzunehmen.
  - **Window Scale (WSopt)**:
    Über diese Option können die beiden Kommunikationspartner während des Verbindungsaufbaus aushandeln, ob die reguläre maximale Fenstergröße von 16 Bit Länge um einen konstanten Skalierungsfaktor hochgesetzt werden soll. Der Wert kann jeweils unabhängig für das Senden und das Empfangen ausgehandelt werden. Speziell für hohe Bandbreiten empfiehlt sich eine größere Fenstergröße, da sonst der Sender beim Warten auf die Quittierung sehr viel Zeit untätig verbringt. Besonders kritisch ist die Situation z.B. bei Satellitenverbindungen, bei denen eine extrem hohe Wartezeit entlang der Übertragungsstrecke entsteht. Der maximale Wert für WSopt beträgt 14, was einer neuen maximalen Fenstergröße von 1 GByte entspricht.
  - **Timestamps Option (TSopt)**:
    Diese Option dient der Ermittlung der Netzumlaufzeit und bestehen aus den beiden Teilen Timestamp Value (TSval) und Timestamp Echo Reply (TSecr). Aus der Differenz der von Sender und Empfänger gesetzten Zeitstempel kann ein exakter Meßwert für die Netzumlaufzeit eines TCP-Segments ermittelt werden, der in die Berechnung der mittleren Netzumlaufzeit eingeht.
  - **Selective Acknowledgement**:
    Das als Selective Acknowledgement bezeichnete Verfahren findet Einsatz bei der TCP-Überlaststeuerung (siehe RFC 2018) und trägt dafür

Sorge, daß nach kumulativ auftretenden Timeouts lediglich ein einzelnes Datenpaket neu übertragen werden muß, da die übrigen Datenpakete zwar verspätet aber doch beim Empfänger angekommen sind.

– **Connection Count (CC):**
Dieses Optionsfeld dient der Unterstützung einer als **Transaction TCP (T/TCP)** bezeichneten transaktionsorientierten Erweiterung von TCP (siehe Abb. 7.49).

- **Füllbits**
Mit Füllbits wird die Länge des TCP-Segment-Headers zur Wortgrenze von 32 Bit aufgefüllt.

Transaction TCP (T/TCP), (RFC 1379, RFC 1644)

TCP baut eine symmetrische Transportverbindung zwischen zwei Kommunikationspartnern auf. Tatsächlich läuft eine Kommunikation im Internet selten symmetrisch ab. Auf eine kurze Anfrage hin (**Request**) erfolgt eine umfangreiche Antwort (**Response**). Diese als **Transaktionsprinzip** bezeichnete Arbeitsweise tritt hauptsächlich in der Client/Server-Kommunikation auf, wie z.B. bei HTTP. Allerdings wird die Effizienz des Datentransfers in dieser transaktionsorientierten Verarbeitung durch die Arbeitsweise von TCP (Verbindungsaufbau mit dem Drei-Wege-Handshake, Datentransfer, Verbindungsabbau mit Vier-Wege-Handshake) durch einen erheblichen Protokolloverhead herabgesetzt.

Zur effizienten Abwicklung von Transaktionsprozessen bietet T/TCP zwei TCP-Erweiterungen (siehe RFC 1644):

- **Connection Count**
Jedes TCP-Segment führt einen Transaktionszähler für jeden Request/Response als Option im TCP-Header mit, der zur Identifikation der Transaktion dient.
- **TCP Accelerated Open (TAO)**
Dieses Verfahren umgeht den Drei-Wege-Handshake bei der Eröffnung einer neuen Verbindung und nutzt dazu den Connection Count.

Abb. 7.49. Transaction TCP (T/TCP)

TCP – Application Programming Interface. Client/Server-Anwendungen nutzen TCP als Transportprotokoll zur wechselseitigen Kommunikation. Bei der Interaktion mit der TCP-Protokollsoftware muß eine Anwendung Details angeben, die den gewünschten Kommunikationspartner spezifizieren und die Kommunikation einleiten.

Die Schnittstelle, die eine Anwendung bei der Interaktion mit der TCP-Protokollsoftware nutzt, wird allgemein als **Application Programming Interface (API)** bezeichnet. Ein API definiert eine Reihe von Operationen, die eine Anwendung bei der Interaktion mit der TCP-Protokollsoftware ausführen kann. Das TCP-Protokoll verfügt nur über wenige Schnittstellen, die im RFC 793 detailliert erläutert werden. Diese betreffen den Auf- und Abbau von Verbindungen sowie Prozeduren zur Steuerung der Datenübertragung:

- **Open**
  Eröffnen einer Verbindung. Dabei muß als Parameter angegeben werden, ob es sich um eine aktive oder passive Verbindungseröffnung handelt, die Portnummer und IP-Adresse des Kommunikationspartners, die lokale Portnummer und ein Wert für den Timeout. Als Rückgabewert liefert die Routine einen lokalen Verbindungsnamen, über den die Verbindung referenziert werden kann.
- **Send**
  Übertragen von Daten an den TCP-Sendepuffer, die anschließend über die TCP-Verbindung gesendet werden.
- **Receive**
  Empfangene Daten aus dem TCP-Empfangspuffer an die Anwendung weitergeben.
- **Close**
  Beenden der Verbindung. Zuvor werden noch alle Daten aus dem TCP-Empfangspuffer an die betreffende Anwendung weitergegeben und ein FIN-Segment versendet.
- **Status**
  Ausgabe von Statusinformationen über die bestehende Verbindung.
- **Abort**
  Sofortiges Unterbrechen des Sende- und Empfangsprozesses.

7.2.6 UDP-Protokoll

TCP stellt einen zuverlässigen, verbindungsorientierten Transportdienst zur Verfügung. Um also eine Datenübertragung zu starten, muß bei TCP zuerst eine Verbindung zum gewünschten Kommunikationspartner aufgebaut werden. Ist die Datenübertragung beendet, so muß die bestehende Verbindung explizit wieder abgebaut werden. Implementierung und Abarbeitung des TCP-Protokolls erfordern einen erheblichen Aufwand, die Effizienz einer Datenübertragung, insbesondere, wenn es sich nur um die Übertragung kurzer Nachrichten handelt, ist dadurch sehr eingeschränkt.
Die Alternative zum verbindungsorientierten Transport stellt eine verbindungslose Schnittstelle dar, die es ermöglicht, jederzeit Nachrichten an jedes beliebige Ziel zu versenden, ohne vorher erst für den Aufbau einer Verbindung sorgen zu müssen. Das **User Datagram Protocol** (**UDP**) ist im Gegensatz zu TCP ein verbindungsloser, unzuverlässiger Transportdienst, der in RFC 768 spezifiziert ist. Bei UDP handelt es sich um den einfachsten, verbindungslosen Dienst der TCP/IP-Familie, der direkt auf IP aufsetzt. Ähnlich wie IP bietet UDP keine gesicherte Übertragung und auch keine Flußkontrolle. Es ist also auch nicht sichergestellt, daß die via UDP gesendeten Datenpakete auch tatsächlich beim designierten Empfänger ankommen. Über die Funktionalität von IP hinaus bietet UDP zwei Kommunikationspartnern einen –

hier verbindungslosen und unzuverlässigen – Transportdienst, der die jeweils kommunizierenden Anwendungen über zugeordnete Kommunikations-Ports (**UDP-Ports**) miteinander verknüpft. UDP kann für verschiedene Protokolle der Anwendungsschicht genutzt werden, die jeweils durch eine spezielle Portnummer identifiziert werden. Zu diesen zählen vor allem Client/Server-basierte Anwendungen, deren Kommunikation sich auf eine einzelne, einfache Frage/Antwort-Beziehung beschränkt. Diese bevorzugen UDP als Transportprotokoll, da für eine einzelne Transaktion nicht extra eine Verbindung aufgebaut und verwaltet werden muß. UDP nimmt Daten von verschiedenen Anwendungsprogrammen auf einem Rechner über die den Anwendungen jeweils zugeordneten Ports entgegen und gibt sie als UDP-Datagramm gekapselt an IP zur Weiterleitung über das Internet (**Portmultiplexing**). Umgekehrt nimmt UDP von IP gekapselte UDP-Datagramme entgegen und stellt diese den Anwendungen über entsprechende Ports zur Verfügung.
Zu den Diensten auf der Anwendungsschicht, die UDP als Transportprotokoll nutzen, zählen die in Tabelle 7.6 dargestellten Anwendungen. Die für TCP

Tabelle 7.6. Dienste, die UDP als Transportprotokoll nutzen

Dienst	UDP Portnummer
Trivial File Transfer Protocol (TFTP)	69
Domain Name Service (DNS)	53
Network Time Protocol (NTP)	123
Simple Network Management Protocol (SNMP)	161
Remote Procedure Call (RPC)	111
Lightweight Directory Access Protocol (LDAP)	389

und UDP jeweils festgelegten Portnummern können dabei allerdings verschieden sein. Kann jedoch ein Dienst sowohl mit UDP als auch mit TCP genutzt werden, dann werden einheitliche Portnummern verwendet. Der Header eines UDP-Datenpakets ist sehr einfach aufgebaut (siehe Abb. 7.50):

- **Source Port**
  16 Bit lange Portnummer für den Absender.
- **Destination Port**
  16 Bit lange Portnummer für den Empfänger.
- **Länge**
  16 Bit langes Feld, das die Länge des gesamten UDP-Datenpakets inklusive Header in Bytes angibt. Der Minimalwert für die Länge eines UDP-Datenpakets beträgt 8 Byte, was der Länge des UDP-Headers entspricht.
- **Prüfsumme**
  Die zur Fehlererkennung verwendete Prüfsumme ist optional. Ist sie mit Null angegeben, so wird keine Prüfsumme verwendet. Der Algorithmus zur

Berechnung der Prüfsumme entspricht dem bei IP verwendeten Algorithmus. Allerdings erstreckt sich die IP-Prüfsummenberechnung nur auf den IP-Header, so daß es nicht ratsam ist, die Berechnung der UDP-Prüfsumme zu unterlassen. Die UDP-Prüfsummenberechnung schließt den UDP-Header, die UDP-Nutzdaten und den sogenannten **Pseudoheader** mit ein, der sich aus den IP-Adressen von Sender und Empfänger sowie der Längeninformation aus insgesamt 12 Byte zusammensetzt (siehe Abb. 7.48). Der Empfänger ist dadurch stets in der Lage, zu überprüfen, ob das Datenpaket auch tatsächlich an den korrekten Adressaten geliefert wurde.

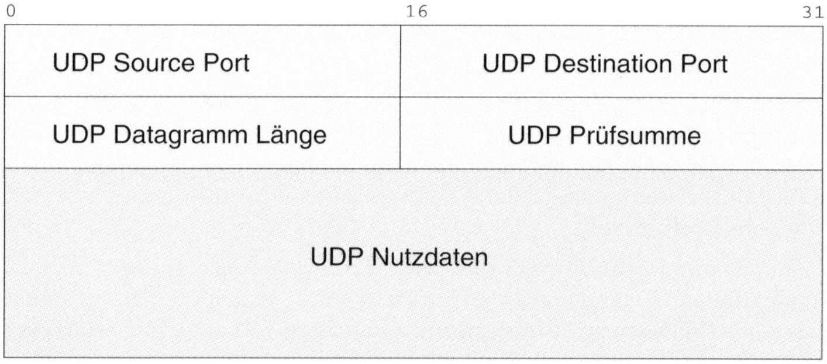

Abb. 7.50. UDP-Datagramm – Datenformat

7.3 Glossar

Adreßauflösung (Address Resolution): Übersetzung von IP-Adressen in die jeweils zugehörigen Hardware-Adressen der Netzwerk-Hardware. Ein Host oder Router nutzt die Adreßauflösung, wenn Daten innerhalb des gleichen physischen Netzwerks an einen anderen Rechner zu senden sind. Die Adreßauflösung ist stets auf ein bestimmtes Netzwerk beschränkt, d.h. ein Rechner löst nie die Adresse eines Rechners aus einem anderen Netzwerk auf. Umgekehrt wird die feste Zuordnung einer Hardware-Adresse zu einer IP-Adresse als **Adreßbindung** bezeichnet.

Address Resolution Protocol (ARP): Zur Adreßauflösung von Protokoll-Adressen in Hardware-Adressen verwendetes Protokoll der TCP/IP-Protokollfamilie. Zur Ermittlung einer Hardware-Adresse versendet der anfragende Rechner die betreffende Protokoll-Adresse als ARP-Nachricht via Broadcast. Der angefragte Rechner erkennt seine eigene Protokolladresse und sendet als einziger seine Hardware-Adresse als ARP-Nachricht direkt an den anfragenden Rechner zurück.

Application Programming Interface (API): Als Schnittstelle zwischen einer Anwendung und der Protokollsoftware stellt das sogenannte Application Programming Interface Routinen und Datenstrukturen zur Nutzung und Steuerung der Kommunikation zwischen Anwendung und Protokollsoftware zur Verfügung.

Autonomes System (AS): Bezeichnung für eine Menge von Teilnetzen und Rechensystemen, die unter der Kontrolle eines einzelnen Betreibers stehen und ein gemeinsames

Routing-Verfahren benutzen. Das Routing-Verfahren innerhalb eines AS wird als **Interior Gateway Protocol** (IGP) bezeichnet. Das Routing-Verfahren zwischen verschiedenen AS dagegen als **Exterior Gateway Protocol** (EGP).

Big Endian Order: Unterschiedliche Rechnerarchitekturen interpretieren Bitfolgen und als Bitfolgen kodierte Informationen in unterschiedlicher Art und Weise. Eine Form der Interpretation ist die Big Endian Order, bei der eine Bitfolge von links nach rechts gelesen wird, startend mit dem höchstwertigen Bit. Eine Interpretation in umgekehrter Reihenfolge wird als **Little Endian Order** bezeichnet. IP-Datagramme werden stets in Big Endian Order übertragen, so daß auf Rechnern, deren Architektur auf dem Little Endian Order Standard beruht (z.B. Pentium), beim Senden und Empfangen von IP-Datagrammen stets eine Konvertierung der Datagramme erfolgen muß.

Bridge: Zwischensystem, das dazu dient, einzelne Segmente eines LANs miteinander zu verbindet. Bridges arbeiten auf der Transportschicht (Schicht 2) des Netzwerks und sind in der Lage, Filterfunktionen auszuüben, um lokalen Datenverkehr auf das betreffende LAN-Segment zu beschränken.

Broadcasting: Bezeichnung für die gleichzeitige Adressierung aller Rechner eines Netzwerks. Im Internet unterscheidet man zwischen einem Broadcast im lokalen Netzwerk und einem Broadcast über alle Netzwerke. Soll eine Nachricht nur an einen einzigen Rechner weitergeleitet werden, was der herkömmlichen Adressierung entspricht, so spricht man von einem **Unicast**.

Flußsteuerung: In einem Kommunikationsnetzwerk wird durch die Flußsteuerung verhindert, daß ein schneller Sender einen langsamen Empfänger mit gesendeten Daten überschwemmt und so eine **Überlastung** (**Congestion**) verursacht. Der Empfänger verfügt zwar in der Regel über einen Pufferspeicher, in dem die ankommenden Datenpakete bis zur anschließenden Weiterverarbeitung zwischengespeichert werden, um aber einen Überlauf dieses Zwischenspeichers zu vermeiden, müssen Protokollmechanismen vorgesehen werden, mit denen der Empfänger den Sender veranlassen kann, mit der Aussendung von Folge-Datenpaketen noch zu warten, bis der Pufferspeicher wieder abgearbeitet ist.

Fragmentierung/Defragmentierung: Aufgrund technischer Restriktionen ist die Länge von Datenpaketen, die ein Kommunikationsprotokoll in einem **paketvermittelten Netzwerk** versendet, unterhalb der Anwendungsschicht stets beschränkt. Ist die Länge der zu versendenden Nachricht größer als die jeweils vorgeschriebene Datenpaketlänge, wird die Nachricht in einzelne Teilnachrichten (**Fragmente**) zerlegt, die den vorgegebenen Längenrestriktionen entsprechen. Damit die einzelnen Fragmente nach der Übertragung beim Empfänger wieder korrekt zur Ursprungsnachricht zusammengesetzt (**defragmentiert**) werden können, müssen sie mit Sequenznummern versehen werden, da die Übertragungsreihenfolge im Internet nicht garantiert werden kann.

Gateway: Zwischensystem im Netzwerk, das in der Lage ist, einzelne Netzwerke zu einem neuen System zu verbinden. Gateways ermöglichen die Kommunikation zwischen Anwendungsprogrammen auf unterschiedlichen Endsystemen und sind in der Anwendungsschicht des Kommunikationsprotokollmodells angesiedelt. Daher sind sie in der Lage, unterschiedliche Anwendungsprotokolle ineinander zu übersetzen.

Internet: Zusammenschluß mehrerer, untereinander inkompatibler Netzwerktypen zu einem, dem Benutzer als homogen erscheinendes Universalnetzwerk, das allen Rechnern, die an ein einzelnes Netzwerk dieses Verbunds angeschlossen sind, eine transparente Kommunikation mit jedem beliebigen anderen Rechner des Internets ermöglicht. Ein Internet unterliegt keinerlei Beschränkungen hinsichtlich seiner Ausdehnung. Das Konzept des **Internetworking** ist sehr flexibel und eine Erweiterung des Internet ist jederzeit ohne Beschränkung möglich.

Internet Protocol (IP): Protokoll auf der Netzwerkschicht des TCP/IP-Referenzmodells, genauer als **IPv4** bezeichnet. Als einer der Grundpfeiler des Internets sorgt IP dafür, daß das aus vielen heterogenen Einzelnetzwerken bestehende globale Internet als einheitliches, homogenes Netzwerk erscheint. Ein einheitliches Adressierungsschema (**IP-Adressen**) sorgt für eine weltweit eindeutige Rechneridentifikation. IP stellt dazu einen **verbindungslosen, paketvermittelten Datagrammdienst** bereit, der keine Dienstgütegarantien erfüllen kann, sondern stets nach dem **Best-Effort**-Prinzip arbeitet. Zur Kommunikation von Steuerungsinformation und Fehlermeldungen dient das **ICMP**-Protokoll als integraler Bestandteil von IP.

IP-Adresse: 32-Bit lange binäre Adresse, die einen Rechner im globalen Internet eindeutig bezeichnet. Zur besseren Lesbarkeit wird diese Adresse in vier Oktetts unterteilt, die als vorzeichenlose, ganze Dezimalzahl interpretiert und jeweils durch einen Dezimalpunkt getrennt angegeben werden (z.B. `232.23.3.5`). Die IP-Adresse unterteilt sich in zwei Teile, den **Adreßpräfix** (**Netzwerk-ID**), der das Netzwerk, in dem sich der adressierte Rechner befindet, weltweit eindeutig festlegt, und den **Adreßsuffix** (**Host-ID**), der den Rechner innerhalb seines lokalen Netzwerks eindeutig identifiziert.

IP-Adreßklassen: IP-Adressen werden in unterschiedliche Adreßklassen aufgeteilt, die durch die Längen der jeweiligen Netzwerk-ID und Host-ID bestimmt sind. Man unterscheidet zunächst die primären Adreßklassen A, B und C, wobei 126 Netzwerke der Adreßklasse A existieren mit jeweils bis zu 16.777.214 daran anschließbaren Rechnern, 16.384 Netzwerke der Adreßklasse B mit bis zu 65.534 daran anschließbaren Rechnern und 2.097.152 Netzwerke der Klasse C mit maximal bis zu 254 daran anschließbaren Rechnern. Adressen der Klasse D bezeichnen Multicast-Adressen und Adressen der Klasse E sind für experimentelle Zwecke reserviert.

IP-Datagramme: Die über das IP-Protokoll übertragenen Datenpakete werden als Datagramme bezeichnet. Dies rührt daher, daß das IP-Protokoll lediglich einen verbindungslosen und unzuverlässigen Dienst (**Datagramm-Dienst**) zur Verfügung stellt.

IPv6: Designierter Nachfolge-Protokollstandard des Internetprotokolls **IPv4**, das eine erheblich erweiterte Funktionalität bereitstellt. Der in IPv4 beschränkte Adreßraum, eines der Hauptprobleme des gängigen IP-Standards, wird durch eine Verlängerung der IP-Adressen von 32 Bit auf 128 Bit bei IPv6 drastisch erweitert.

Loop-Back Adresse: Spezielle IP-Adresse (`127.0.0.1` in IPv4, `::1` in IPv6), die als Empfängeradresse in ein Datagramm eingesetzt werden kann, das nur zu Testzwecken dient. Ein mit einer Loop-Back Adresse versehenes Datagramm verläßt den Rechner nicht über dessen Netzwerkschnittstelle, sondern wird in dieser nur scheinbar versendet und wieder empfangen. Mit Hilfe von Loop-Back Adressen können Netzwerkanwendungen getestet werden, bevor diese Zugriff auf das eigentliche Netzwerk erhalten.

Mobile IP: Erweiterung des IP-Protokolls, das speziell für mobile Endteilnehmer entwickelt wurde. Der mobile Endteilnehmer kann sein Heimatnetzwerk verlassen und sich in einem fremden Netzwerk anmelden, wobei er seine ursprüngliche IP-Adresse beibehält. Dazu meldet sich der mobile Rechner bei einem Agenten in seinem lokalen Netzwerk (Home Agent) ab und kontaktiert einen speziellen Rechner im fremden Netzwerk (Foreign Agent), der ihm eine temporäre Adresse zuweist und im Zusammenspiel mit dem Home Agent für die Weiterleitung der für ihn bestimmten Kommunikation sorgt.

Maximum Transmission Unit (MTU): Die größte Datenmenge, die als Datenpaket über ein physikalisches Netzwerk übertragen werden kann. Die MTU wird durch die verwendete Netzwerkinfrastruktur festgelegt. Beim Übergang eines Datenpakets von einem Netzwerk mit großer MTU in ein Netzwerk mit kleinerer MTU, muß das Datenpaket fragmentiert werden, falls es länger ist als die MTU des betreffenden Netzwerks.

Multicasting: Bei einer Multicastübertragung sendet eine Quelle gleichzeitig an eine Gruppe von Empfängern. Es handelt sich dabei um eine 1:n-Kommunikation. Multicast wird häufig für die Übertragung von Echtzeit-Multimediadaten eingesetzt.

Portnummer: 16 Bit lange Identifikation für eine TCP-Verbindung, die stets mit einem bestimmten Anwendungsprogramm assoziiert ist. Die Portnummern 0-255 sind für spezielle TCP/IP-Anwendungen reserviert (**Well Known Ports**), die Portnummern 256-1.023 für spezielle UNIX-Anwendungen. Die Portnummern 1.024-56.535 können für eigene Anwendungen genutzt werden und unterliegen keiner festen Zuordnung.

Punkt-Dezimal-Notation: 32-Bit lange IP-Adressen werden aufgrund der besseren Lesbarkeit oft als Folge von 4 vorzeichenlosen, ganzen Dezimalzahlen (Oktetten), getrennt durch Dezimalpunkte geschrieben. Dazu wird die IP-Adresse einfach in vier 8-Bit lange Teilbereiche unterteilt, die jeweils als Dezimalzahl interpretiert werden (z.B. `136.199.77.1`).

Rechnernetz: Ein Rechnernetz (**Netzwerk**, **Computer Network**) ist ein Datenübertragungssystem zwischen den an das Netz angeschlossenen, autonomen Rechnersystemen, die über eigenen Speicher, eigene Peripherie und eigene Rechenfähigkeit verfügen. Ein Rechnernetz bietet jedem Teilnehmer die Möglichkeit, mit jedem anderen gewünschten Netzteilnehmer in Verbindung zu treten.

Repeater: Zwischensystem, daß zur Verstärkung der Signale bei der Zusammenschaltung verschiedener Netzwerk-Segmente dient. Repeater sind absolut transparent und geben die empfangenen Datenpakete jeweils verstärkt weiter.

Reverse Address Resolution Protocol (RARP): Protokoll zur Adreßauflösung von Hardware-Adressen in Protokoll-Adressen, also umgekehrt zum ARP-Protokoll. RARP wird in der Regel eingesetzt, damit Rechner ohne eigene Festplatte beim Systemstart ihre eigene IP-Adresse ermitteln können. Zu diesem Zweck sendet der startende Rechner via Broadcast eine RARP-Nachricht, die seine Hardware-Adresse beinhaltet. Der RARP-Server des Netzwerks antwortet dem anfragenden Rechner daraufhin mit der zugehörigen IP-Adresse.

Router: Vermittlungsrechner, der in der Lage ist, zwei oder mehrere Teilnetze miteinander zu verbinden. Router arbeiten in der Transportschicht (IP-Layer) des Netzwerks und sind in der Lage, ankommende Datenpakete gemäß ihrer Zieladresse auf der kürzesten Route durch das Netzwerk weiterzugeben.

Routing: In einem Internet liegen entlang des Weges zwischen Sender und Empfänger oft mehrere Zwischensysteme (**Router**), die sich um die Weiterleitung der versendeten Daten an den jeweiligen Empfänger kümmern. Die Ermittlung des korrekten Weges vom Sender zum Empfänger wird dabei als Routing bezeichnet. Die Router empfangen dazu ein versendetes Datenpaket, werten dessen Adressinformation aus und leiten es entsprechend zum designierten Empfänger weiter.

Socket: Das TCP-Protokoll stellt eine zuverlässige Verbindung zwischen zwei Endsystemen zur Verfügung. Zu diesem Zweck werden auf den beteiligten Rechnern Endpunkte, sogenannte Sockets, definiert, die jeweils aus der IP-Adresse des Rechners, sowie einer 16 Bit langen Portnummer bestehen, die diese Verbindung zusammen mit dem entsprechenden Gegenstück des Kommunikationspartners eindeutig definiert. Über Sockets werden sogenannte **Dienstprimitive** zur Verfügung gestellt, die eine Steuerung und Kontrolle der Datenübertragung erlauben. Sockets assoziieren jeweils Eingabe- und Ausgabe-Pufferspeicher zu den von ihnen gestarteten Verbindungen.

Subnetworking: Die Subnetz-Adressierung wurde Anfang der 80er Jahre entwickelt, um den zur Verfügung stehenden, knappen Adreßraum des Internet effizienter nutzen zu können. Eine Netzwerk wird dazu logisch, wie auch physikalisch in einzelne Subnetzwerke aufgeteilt. Dies erfolgt über die Verwendung sogenannter Subnetzmasken. Die reguläre Aufteilung der IP-Adressen in Netzwerk-ID und Host-ID wird erweitert, indem das Feld der Host-ID aufgeteilt wird in eine Subnetz-ID und die verbleibende Host-ID. Ein lokaler Router muß nun nicht mehr alle einzelnen Rechner des Netzwerks verwalten, sondern nur noch diejenigen des lokalen Subnetzwerkes. Rechner, die einem anderen

Subnetzwerk zugeordnet wurden, werden nur noch gesammelt als einzelner Eintrag in der Routing-Tabelle eingetragen, gekennzeichnet durch die spezifische Subnetz-ID.

Subnetzmaske: Die Subnetzmaske wird in der Subnet-Adressierung verwendet. Mit ihrer Hilfe ist es möglich, Netzwerk-ID, Subnetz-ID oder Host-ID aus einer Adreßangabe zu ermitteln, die zur Weiterleitung in den Routern benötigt werden.

Supernetting: Das Konzept des Supernetting erlaubt eine effizientere Nutzung des zur Verfügung stehenden IP-Adreßraumes. Dazu können einer einzelnen Organisation, die ein Netzwerk betreibt, ganze Blöcke von Netzwerkadressen einer niedrigeren Adreßklasse zugewiesen werden, falls eine höhere Adreßklasse der betreffenden Organisation einen zu großen Adreßraum zuweisen würde.

Transmission Control Protocol (TCP): Protokollstandard auf der Transportschicht des TCP/IP-Referenzmodells. TCP stellt einen zuverlässigen, verbindungsorientierten Transportdienst bereit, auf dem viele Internet-Anwendungen basieren.

User Datagram Protocol (UDP): Protokollstandard auf der Transportschicht des TCP/IP-Referenzmodells. UDP stellt einen einfachen, nicht garantierten und verbindungslosen Transportdienst bereit, der über das IP-Protokoll IP-Datagramme versendet. Der prinzipielle Unterschied zwischen IP und UDP besteht eigentlich darin, daß UDP in der Lage ist, Portnummern zu verwalten, über die Anwendungen auf verschiedenen Rechnern über das Internet miteinander kommunizieren können.

Universaldienst (Universal Service): Ein Universaldienst hat die Aufgabe, alle verfügbaren Information auf sämtlichen Rechnern, die sich auch in unterschiedlichen Netzwerken befinden können, verfügbar zu machen.

verbindungsorientierter/verbindungsloser Dienst: Man unterscheidet grundsätzlich zwischen **verbindungsorientierten** und **verbindungslosen** Diensten im Internet. Verbindungsorientierte Dienste müssen vor dem Start der eigentlichen Datenübertragung eine Verbindung über fest vereinbarte Vermittlungsstellen im Netz aufbauen. Die so festgelegte Verbindungsstrecke wird für die Dauer der gesamten Kommunikation genutzt. Verbindungslose Dienste wählen vorab keinen festen Verbindungsweg. Die versendeten Datenpakete werden jeweils unabhängig voneinander auf möglicherweise verschiedenen Wegen über das Internet übertragen.

virtuelle Verbindung: Eine Verbindung zwischen zwei Endsystemen, die lediglich durch jeweils auf den Endsystemen installierte Software erzeugt wird. Das eigentliche Verbindungsnetzwerk muß zu diesem Zweck keinerlei Ressource zur Verfügung stellen, sondern lediglich einen Transport der Daten gewährleisten. Da die Verbindung also nicht fest über das Netzwerk hinweg geschaltet vorliegt, sondern lediglich durch die auf den Endsystemen installierte Software die Illusion einer tatsächlich bestehenden Verbindung erzeugt wird, wird diese als virtuell bezeichnet.

8. Wozu das Internet alles gut ist – Dienste und Anwendungen im Internet

„Grau, teurer Freund, ist alle Theorie,
und grün des Lebens goldner Baum."
– aus Faust I, J.W. von Goethe
(1749 – 1832)

Bislang konnte geklärt werden, wie Daten von einem Rechner über das globale Internet hinweg zu einem anderen Rechner transportiert werden, doch fehlt es noch an einer Schnittstelle, um diese Basistechnik für spezielle Dienste und Anwendungen auszunutzen. Aufgaben, die heute bereits zum alltäglichen Leben zählen, wie das Versenden elektronischer Post oder das Abrufen von Informationen aus dem World Wide Web, sie alle basieren auf einem Client/Server-basierten Interaktionsmodells, das sich die Möglichkeiten des Internet und seiner Protokolle zu Nutze macht. Dieses Kapitel stellt die Anwendungsschicht des TCP/IP-Referenzmodells in den Mittelpunkt und behandelt zahlreiche Dienste und Applikationen, die in dieser Schicht angesiedelt sind. Nach der Behandlung des Client/Server-Interaktionsmodells werden zunächst Verzeichnis- und Namensdienste vorgestellt, bevor auf die neben dem World-Wide-Web wichtigste Internet-Anwendung, die elektronische Post, und die sie ermöglichenden Protokolle eingegangen wird. Neben einer Vielzahl weiterer Anwendungen werden insbesondere multimedialen Applikationen, wie das populäre Media-Streaming detailliert beschrieben.

8.1 Grundbegriffe und Überblick

Nachdem bisher alle notwendige Grundlagen der Kommunikation im Internet behandelt wurden, richten wir jetzt unsere Aufmerksamkeit auf die Anwendungs-Schicht des TCP/IP-Referenzmodells. In den Schichten unterhalb der Anwendungs-Schicht werden alle Details des Datentransfers geregelt und ein zuverlässiger Transportdienst zur Verfügung gestellt. Der Anwender allerdings nimmt das überhaupt nicht wahr, da die Schnittstellen, mit denen er direkt interagiert, ihm bereits voll funktionstüchtige Anwendungen bieten, wie z.B. Datei-Transfer, Email versenden und empfangen oder HTML-Seiten abrufen. Die Verbindungen und Kommunikationsprotokolle eines Netzwerks sind zwar für die Kommunikation im Internet lebensnotwendig, doch die direkt nutzbare Funktionalität wird erst durch mitunter sehr anspruchsvolle Anwendungssoftware bereitgestellt, die auf diesen Diensten aufsetzt und sie für ihre Zwecke nutzt. Vergleicht man das Internet mit einem Telefonnetz, so

liefern die Kommunikationsprotokolle zwar die zur Kommunikation notwendige Infrastruktur, es braucht aber noch die Teilnehmer, die über das Telefon kommunizieren wollen, und die vielfältigen Dienstangebote, wie Fax u.a., um das Telefon zu einem tatsächlich nutzbaren Dienst zu machen. Ebenso wie beim Telefondienst die Teilnehmer setzt die Kommunikation im Internet Anwendungsprogramme voraus, die kommunizieren wollen. Zu diesem Zweck kontaktiert eine Anwendung auf dem einem Computer eine Anwendung auf einem entfernten Computer, um mit dieser die für ihre Zwecke notwendigen Daten auszutauschen. Auch die nicht zum TCP/IP-Referenzmodell gehörenden Anwendungen und Anwendungen, die direkt vom Nutzer bedient werden, greifen auf die Transport-Dienste des TCP/IP-Referenzmodells mit eigenen Protokollen zu, die geeignete, abstrakte Schnittstellen benötigen, die ebenfalls in der Anwendungs-Schicht des TCP/IP-Referenzmodells bereitgestellt werden.
Unter dem Begriff **Internet-Dienste** werden all diejenigen Anwendungen zusammengefaßt, die im Kommunikations-Schichtenmodell oberhalb von TCP/IP eingeordnet sind. Diese Dienste nutzen zur Kommunikation über das Internet ein Transportprotokoll, also entweder UDP oder das komplexere TCP, bzw. einige Dienste können sogar wahlweise auch beide Protokolle nutzen. Abb. 8.1 gibt einen Überblick über verschiedene Internet-Dienste zusammen mit dem von ihnen genutzten Transport-Protokoll.

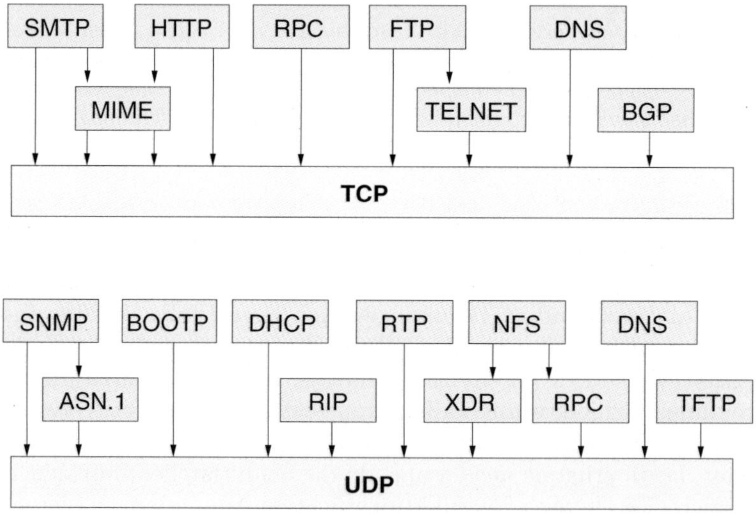

Abb. 8.1. Verschiedene Internet-Dienste im Überblick

So nutzen folgende Internet-Dienste das **Transmission Control Protocol (TCP)**:

- Simple Mail Transfer Protocol (SMTP),

- Hypertext Transfer Protocol (HTTP),
- Remote Procedure Call (RPC),
- Multipurpose Internet Mail Extension (MIME),
- File Transfer Protocol (FTP),
- Telecommunication Network Protocol (TELNET),
- Domain Name Service (DNS),
- Border Gateway Protocol (BGP).

Das **User Datagram Protocol** (**UDP**) dagegen wird von folgenden Internet-Diensten in Anspruch genommen:

- Trivial File Transfer Protocol (TFTP),
- Domain Name Service (DNS),
- Simple Network Management Protocol (SNMP) in Verbindung mit Abstract Syntax Notation 1 (ASN.1),
- Boot Protocol (BOOTP),
- Dynamic Host Configuration Protocol (DHCP),
- Routing Information Protocol (RIP),
- Realtime Transfer Protocol (RTP),
- Remote Procedure Call (RPC),
- Network File System (NFS) in Verbindung mit External Data Representation (XDR).

8.1.1 Client-/Server-Interaktionsmodell

Betrachten wir die Anwendungen, die über das Internet miteinander kommunizieren als Hauptakteure, so läuft deren Kommunikation in der Regel nach folgendem Schema ab: Die Anwendung, die den Kommunikationswunsch hegt (**Client**), stellt an eine gleichartige Anwendung auf einem entfernten Rechner (**Server**) eine Anfrage, in der sie ihren Kommunikationswunsch (**Request**) formuliert. Der Server antwortet daraufhin mit der gewünschten Information (**Reply**).

Diese Form der Kommunikationsbeziehung wird als **Client/Server Paradigma** bezeichnet. Dabei bezeichnet der Client die aktive Komponente, die die Kommunikationsbeziehung initiiert, und der Server die passive Komponente, die darauf wartet, daß ein Client eine Anfrage stellt (siehe Abb. 8.2). Der Informationsfluß kann dabei in beide Richtungen, vom Client zum Server oder vom Server zum Client, fließen.

Auf einem einzelnen Rechner können durchaus verschiedene Dienste (Server) angeboten werden, zu deren Betrieb jeweils ein eigenes, spezielles Serverprogramm notwendig ist. Das ist sinnvoll und sehr wirtschaftlich, da ein Serverprogramm keine Ressourcen verbraucht, wenn es sich in einem Zustand befindet, in dem es lediglich auf eine Anfrage eines Clients wartet.

Allerdings müssen Clients die Möglichkeit haben, bestimmte Server-Dienste auf einem entfernten Rechner adressieren zu können. Das von den Protokollen der Transportschicht zu diesem Zweck zur Verfügung gestellt Hilfsmittel sind

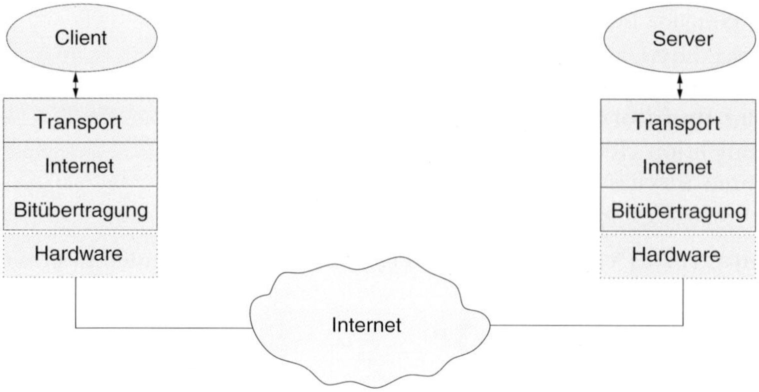

Abb. 8.2. Client und Server kommunizieren über das Internet

die sogenannten **Ports**. Jedem Anwendungsprogramm, das über das Internet kommunizieren kann, ist ein bestimmter Port zugeordnet, der durch eine eindeutige **Portnummer** identifiziert wird (siehe Kap. 7.2.5). Diese Portnummer wird dem Anwendungsprogramm von der Netzwerk-Transportsoftware zugeteilt. Client-Anfragen werden dann von der Netzwerk-Software über die so spezifizierte Portnummer zum Server weitergeleitet. Dazu fügt der Client seiner Anfrage die den angeforderten Server-Dienst spezifizierende Portnummer hinzu, so daß die Netzwerk-Software auf Server-Seite die Anfrage an den betreffenden Server weiterleiten kann.

Allerdings ist es eher selten, daß ein Server zu einem bestimmten Zeitpunkt lediglich eine einzige Client-Anfrage bearbeiten muß. Üblicherweise liegen gleichzeitig mehrere offene Anfragen von verschiedenen Clients vor. Diese werden alle parallel abgearbeitet, ohne daß einer der Clients dabei warten muß, bis die Interaktion mit einem anderen Client abgeschlossen ist. Im Prinzip wird dabei jede einzelne Client-Anfrage von einer Kopie des originalen Server-Programmes bedient. Dies erlaubt es, daß kurze Anfragen schnell bedient werden können, ohne daß zuvor der Abschluß einer langwierigeren Anfrage abgewartet werden müßte.

Die Kopien der Serveranwendung für den Parallelbetrieb werden dynamisch, d.h. bei Bedarf erzeugt. Für jede Client-Anfrage generiert der Server einen speziellen, sogenannten **Thread** (Prozeß, Task). Dabei setzt sich jedes Server-Programm generell aus zwei Teilen zusammen: einem Haupt-Thread, der stets aktiv ist und auf die eingehenden Client-Anfragen wartet, und einer Menge von dynamischen Threads, die für jede neu eintreffende Client-Anfrage jeweils in Kopie erzeugt werden und diese parallel und unabhängig vom Haupt-Thread abarbeiten, der währenddessen regulär weiterarbeiten und Clientanfragen entgegennehmen kann. Findet also gleichzeitig eine Kommunikation mit n Clients statt, so sind insgesamt $n + 1$ Server-Threads aktiv: ein Haupt-Thread und n dynamische Threads.

Damit jeder Server-Thread ohne Verwechslung mit seinem Client korrekt arbeiten kann, identifizieren die Transportprotokolle jede einzelne Verbindung anhand eindeutiger Bezeichner, die dem jeweiligen Client (z.B. Client IP-Adresse) und den jeweiligen Dienst (z.B. Portnummer) eindeutig spezifizieren. Diese Kombination von Client- und Serverbezeichner unterstützt die Auswahl des „richtigen" Servers bei parallelem Serverbetrieb.
Je nach den Anforderungen des adressierten Dienstes können Client/Server-Dienste auf einen **verbindungsorientierten** oder einen **verbindungslosen** Transportdienst zurückgreifen. Der verbindungsorientierte Transportdienst wird dabei üblicherweise von TCP bedient, während der verbindungslose Transport über UDP abgewickelt wird.
Client/Server-Interaktionen im Internet sind allerdings nicht auf eine reine 1:1-Kommunikationsbeziehung beschränkt. So kann ein Client durchaus verschiedene Dienste, d.h. verschiedene Server, kontaktieren (1:n-Beziehung). Zusätzlich kann noch die Unterscheidung getroffen werden, ob ein Client denselben Dienst von unterschiedlichen Rechnern, oder unterschiedliche Dienste (und diese mitunter vom selben Rechner) anfordert. Weiter sind transitive, hierarchische Kommunikationsbeziehungen denkbar. So kann der vom Client kontaktierte Server selbst als Client eines weiteren Servers aktiv werden, um die gewünschte Anfrage des originalen Clients bedienen zu können.

8.1.2 Socket-Schnittstellen

Client- und Serveranwendungen benutzen Transportprotokolle des TCP/IP-Referenzmodells zur Kommunikation über das Internet. Dazu müssen die Anwendungen in der Lage sein, den gewünschten Transportdienst zu spezifizieren und entsprechende Detailangaben über Client- oder Serverfunktionen sowie Adreßangaben zu machen. Darüberhinaus müssen beide Kommunikationspartner (Anwendungsprogramme) angeben, was mit den empfangenen Daten jeweils zu geschehen hat, d.h. wohin und in welcher Form diese an die Anwendungsprogramme weiterzuleiten sind.
Die Schnittstelle, die ein Anwendungsprogramm zur Kommunikation mit der Transport-Software verwendet, wird als **Application Programming Interface** (**API**) bezeichnet. Das API spezifiziert alle Operationen, die eine Anwendung bei der Kommunikation mit dem Transportprotokoll ausführen kann und stellt zu diesem Zweck benötigte Datenstrukturen zur Verfügung. Das **Socket-API** ist die Standard-Schnittstelle zu den Transportprotokollen des TCP/IP-Referenzmodells (siehe Kap. 7.2.5). Es wurde in den 70er Jahren zusammen mit dem Betriebssystem BSD-UNIX an der University of California in Berkeley entwickelt. Die große Verbreitung und Beliebtheit dieses UNIX-Betriebssystems, das die Kommunikationsprotokolle der TCP/IP-Protokollfamilie enthielt, trug wesentlich zur Verbreitung der auf diese Weise frei erhältlichen Kommunikations-Software TCP/IP bei. Das Socket-API wurde mit zunehmender Verbreitung und der Portierung auf andere Betriebs-

systeme zur Standard-Schnittstelle für die Kommunikation von Anwendungsprogrammen über das Internet.

8.2 Namens- und Verzeichnisdienste

Um auf einen bestimmten Dienst auf einem entfernten Rechner über das Internet zugreifen zu können, muß die Anwendung bzw. der Nutzer, der das Anwendungsprogramm bedient, zunächst den betreffenden Rechner über seine weltweit eindeutige IP-Adresse spezifizieren. Allerdings merkt sich der Anwender nur in den seltensten Fällen die 32-Bit lange IPv4-Adresse mit ihren vier Oktetten, also vier Dezimalzahlen, im Bereich 0 bis 255, da diese - zumindest dann, wenn sie gehäuft auftreten - nur schwer im Gedächtnis zu behalten sind.
Jeder Anwender, der bereits einmal auf einen entfernten Rechner über das Internet zugegriffen hat, mußte dazu sicher nicht die o.a. IP-Adresse selbst eingeben, sondern konnte den betreffenden Rechner über einen einfacher zu memorierenden **symbolischen Namen** spezifizieren. Solche symbolische Namen trifft man z.B. bei Email-Adressen oder bei Uniform Resource Locators (URL) im World Wide Web an. So praktische die Verwendung symbolischer Namen für Menschen ist – sie können über assoziative Verbindungen viel leichter ins Gedächtnis zurückgerufen werden – desto schwieriger gestaltet sich die Nutzung symbolischer Bezeichner bei der Verarbeitung im Computer, da 32 Bit IP-Binäradressen wesentlich kompakter darstellbar und einfacher zu verarbeiten sind.
Die Lösung für dieses Problem lag in der Einführung sogenannter **Namensdienste**, die eine einheitliche Übersetzung von beliebigen symbolischen Rechnernamen in eindeutige IPv4-Adressen vornehmen. Die Übersetzung verläuft dabei meist automatisch und ist für die Anwendung bzw. für den Nutzer überhaupt nicht wahrnehmbar. Die ermittelte eigentliche IP-Adresse wird nur innerhalb des Rechners von der Protokollsoftware für den Austausch von IP-Datagrammen verwendet.
Um nicht nur auf Rechner sondern auch auf dessen Ressourcen zugreifen zu können, müssen diese natürlich auch eindeutig adressierbar sein. Ein Dienst, der dies leistet und Ressourcen eindeutig spezifiziert und diese so über das Internet verfügbar macht, wird allgemein als **Verzeichnisdienst** bezeichnet.

8.2.1 Domain Name Service - DNS

Während Nutzer und die meisten Anwendungsprogramme zur Adressierung entfernter Rechner im Internet symbolische Namen benutzen, verwendet die Netzwerk-Software aus Gründen der Effizienz und der Eindeutigkeit ausschließlich die 32 Bit lange binäre IP-Adresse.
In der Anfangszeit des Internet, zur Zeit des ARPANET, wurde die Zuordnung zwischen symbolischen Rechnernamen und ihren binären Adressen

mittels einer zentral gelagerte Datei **host.txt** organisiert, die fortlaufend zu aktualisieren war. Jeweils Nachts forderten dann alle Rechner des ARPANET diese Datei an, um ihre eigenen Adreßzuordnungslisten zu aktualisieren. Ein derartiges Vorgehen war allerdings nur solange praktikabel, als das betreffende Netzwerk nur einige hundert Rechner umfaßte. Mit dem explosionsartigen Wachstum des Internets wurde schnell klar, daß eine zentrale Verwaltung einer Namens-Adreßzuordnung im großen Maßstab nicht mehr sinnvoll war, schon einfach aus dem Grund, weil die zu verwaltenden Zuordnungstabellen schnell viel zu groß wurden.
Zur Lösung dieses Problems wurde der sogenannte **Domain Name Service** (**DNS**) entwickelt, der als RFCs 1034 und 1035 zum Standard deklariert wurde. DNS arbeitet als verteilte Datenbankanwendung und dient dazu, symbolischen Namen binäre IP-Adressen zuzuordnen. Um die verteilte Anwendung sinnvoll organisieren zu können, wurde der zur Verfügung stehende Adreßraum hierarchisch strukturiert und verschiedenen Abschnitten jeweils eigene DNS-Server zugeordnet, die das Mapping im betreffenden Adreßraumabschnitt übernehmen.

Der DNS-Adreßraum. Der DNS-Adreßraum ist hierarchisch aufgebaut. Analog zur Postanschrift, die gegliedert ist in Name, Straße, Postleitzahl, Wohnort und Land, und durch ihren hierarchischen Aufbau eine weltweit eindeutige Identifikation einer Adresse gewährleistet, unterteilt sich der DNS-Adreßraum in sogenannte **Domänen** (Domains).
Konzeptionell teilt sich das Internet zunächst in einige hundert **Top-Level Domänen**, denen jeweils eine große Menge von Rechneradressen zugeordnet sind. Jede Top-Level Domäne ist wiederum in **Domänen** aufgeteilt, die ihrerseits in **Sub-Domänen** aufgeteilt werden (siehe Abb. 8.3).

Abb. 8.3. Hierarchische Aufteilung des DNS-Adreßraums

Auf diese Weise untergliedert, läßt sich der gesamte DNS-Adreßraum des Internets als Baumstruktur darstellen. Abb. 8.4 zeigt einen kleinen Ausschnitt. Die Blätter der Baumdarstellung bezeichnen Domänen oder Sub-Domänen, die nicht weiter unterteilt werden. Diese können nur einen aber auch hunderte von Rechnern beinhalten.
Top-Level Domains können dabei zwei verschiedenartige Ausprägungen besitzen:

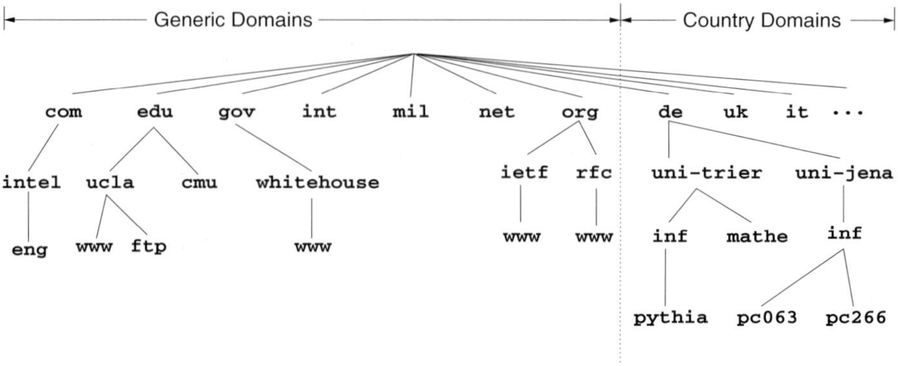

Abb. 8.4. Ausschnitt aus dem DNS-Adreßraum in Baumdarstellung

- Generische Bezeichnungen (Generic Domains), die verschiedenartige Institutionen und Organisationen bezeichnen:
  - `com`: kommerzielle Unternehmen,
  - `edu`: Ausbildungseinrichtungen,
  - `gov`: US-Regierung,
  - `mil`: US-Militär,
  - `org`: gemeinnützige Organisationen,
  - `int`: internationale Organisationen,
  - `net`: Netzwerk Provider.
- Länderkennungen (Country Domains), die jeweils eine Top-Level Domäne für jedes Land vorsehen. Die Kennungen für die Länder-Top-Level Domänen sind in ISO 3166 festgelegt. Hier nur einige Beispiele:
  - `de`: Deutschland,
  - `eu`: Europa,
  - `fr`: Frankreich,
  - `uk`: Großbritannien,
  - `it`: Italien,
  - `tv`: Tuvalu.

Die Bezeichnung einer Domäne ergibt sich einfach aus den, jeweils durch Dezimalpunkt voneinander getrennten Bezeichnern in der Baumdarstellung des DNS-Adreßraums, die sich auf dem Pfad von der Domäne zur Wurzel befinden, wobei die Wurzel selbst nicht benannt ist. Die einzelnen Namen sind dabei unabhängig von Groß- oder Kleinschreibung und können jeweils bis zu 63 Buchstaben lang sein. Ein vollständig qualifizierter Pfadname darf allerdings eine Länge von 255 Buchstaben nicht überschreiten.
Obwohl das keine explizite Regelung vorsieht, finden sich Organisationen innerhalb der USA meist innerhalb einer Generischen Top-Level Domäne wieder, während nahezu alle Organisationen außerhalb der USA ihren jeweiligen Länder-Top-Level-Domänen angehören.

Die Top-Level Domänen werden zentral von ICANN (Internet Corporation for Assigned Names and Numbers) vergeben. Die Verwaltung einer Top-Level Domäne und die Vergabe von Domänen unterhalb dieser Top-Level Domäne wird von einer dediziert zuständigen Registrierungs-Behörde wahrgenommen, z.B. ist DE-NIC (Deutsches Network Information Center) verantwortlich für die Top-Level Domäne `.de`. Generell gilt, daß eine neue Domäne immer nur mit Zustimmung der nächsthöheren Domäne eingerichtet werden kann. Damit kann jede Organisation, die im Besitz einer Domäne ist, vollkommen frei eine Hierarchie dieser Domäne untergeordneter Sub-Domänen selbst gestalten. Ein Unternehmen kann beispielsweise Sub-Domänen für jede Abteilung anlegen, so daß sich die Unternehmenstruktur im DNS-Adreßraum widerspiegelt.

DNS Resource Records. Jede einzelne Domäne, unabhängig davon, ob es sich dabei um eine Top-Level-Domäne oder lediglich um einen einzelnen Rechner handelt, verfügt über eine Menge von sogenannten **Resource Records**. Neben Basis Resource Records, die gerade einmal die IP-Adresse eines einzelnen Rechners beinhalten, existiert noch eine Vielzahl Resource Records, die unterschiedliche Informationen liefern, wie z.B. den Namen des für diese Domäne zuständigen DNS-Servers, Namens-Aliase oder beschreibende Zusatzinformation über Rechnerplattform und Betriebssystem (siehe Abb. 8.5). Erhält ein DNS-Server eine Anfrage mit einem Domänen-Namen, gibt dieser dem anfragenden DNS-Client die Menge der mit diesem Domänen-Namen assoziierten Resource Records zurück.
Ein Resource Record besteht stets aus einer einzelnen Textzeile, die fünf Felder enthält (siehe Abb. 8.5):

- Domänen-Name,
- Lebensdauer des Eintrags,
- Kategorie des Eintrags (Internet oder nicht Internet),
- Informationstyp und
- eine Wertangabe (z.B. IP-Adresse, Rechnername, etc.).

DNS Name-Server. Theoretisch könnte ein einzelner Rechner, der die Tabelle mit allen DNS Resource Records enthält (**Name-Server**), zentral das gesamte Internet bedienen. Bei den mittlerweile über 150 Millionen Internet-Hosts wäre ein derartiger zentraler Name-Server allerdings permanent überlastet, so daß man sich von Anfang an bei DNS für eine dezentrale Lösung entschieden hat. Der gesamte DNS-Adreßraum wird dabei in eine Anzahl von nichtüberlappenden **Zonen** aufgeteilt. Diese Zonen umfassen stets vollständige Teilbäume des DNS-Adreßraums mit einem Name-Server an der Wurzel des Teilbaums, der die DNS-Autorität für die betreffende Zone darstellt. Diesem primären Name-Server sind in der Regel verschiedene sekundäre Name-Server nachgeordnet, die ihre Informationen vom primären Name-Server beziehen und der Unterstützung und Entlastung des primären Name-Servers dienen.

Domain Name Service – Resource Record

Domain–Name	Lebensdauer	Klasse	Typ	Wert

Der DNS Resource Record setzt sich aus den folgenden Feldern zusammen:

- **Domain Name**
  Dieser Eintrag spezifiziert die Domäne, die der DNS-Eintrag betrifft. In der Regel existieren viele Einträge für eine einzelne Domäne und jede Kopie der DNS-Datenbank enthält Informationen über viele verschiedene Domänen. Die Reihenfolge, in der Einträge für eine Domäne geschrieben werden, ist unerheblich. Auf eine Anfrage hin werden sämtliche Einträge, die eine Domäne betreffen, zurückgeliefert.
- **Lebenszeit**
  Die Lebensdauer in Sekunden beschreibt die Stabilität eines DNS-Eintrags. Statische Einträge erhalten z.B. den Wert 86.400 (Zeitdauer eines Tages in Sekunden). Flüchtige Einträge dagegen erhalten einen niedrigeren Wert, wie z.B. 60 (1 Minute).
- **Class**
  Bezeichnung für die Klasse des Resource Records. Für das Internet – die übliche Klasse für DNS-Einträge – wird das Kürzel „IN“ verwendet.
- **Typ**
  Bezeichnet den Typ des DNS-Eintrags. Folgende Typen sind dabei möglich:
  - **SOA** (Start of Authority): Der Resource Record liefert den Namen der primären Informationsquelle des Name-Servers, die Email-Adresse des betreffenden Administrators, eine eindeutige Seriennummer sowie mehrere Flags und Timeout-Informationen.
  - **A** (Address): Der Resource Record liefert die 32 Bit IP-Adresse für den angegebenen Rechner.
  - **MX** (Mail Exchange): Der Resource Record liefert den Namen der Domäne, die Emails für die angegebene Domäne akzeptiert. Wird für Rechner verwendet, die nicht direkt mit dem Internet verbunden sind.
  - **NS** (Name Server): Der Resource Record liefert den Namen des für diese Domäne zuständigen Name-Servers.
  - **CNAME** (Canonical Name): Erlaubt die Definition eines Aliases, der an Stelle des DNS-Namens verwendet werden kann.
  - **PTR** (Pointer): Der Resource Record ordnet einer IP-Adresse einen Namen zu.
  - **HINFO** (Host Information): Der Resource Record beschreibt den Rechner, der sich hinter dem Resource Record verbirgt. Die Angaben können das verwendete Betriebssystem oder die CPU des Rechners beschreiben.
  - **TXT** (Text): Freier Text, der es einer Domäne erlaubt, weitere Informationen anzugeben.
- **Wert**:
  Bezeichnet einen Zahlenwert, einen Domänen-Namen oder eine Zeichenkette, entsprechend der Angabe im Typ-Feld.

Beispiel:

pc063.inf.uni-jena.de	86400	IN	A	141.35.14.31
pc063.inf.uni-jena.de	86400	IN	HINFO	PC LINUX
pc063.inf.uni-jena.de	86400	IN	TXT	Dr. H. Sack
pc063.inf.uni-jena.de	86400	IN	CNAME	hs1.inf.uni-jena.de

Abb. 8.5. DNS – Resource Record

Primäre Name-Server in den Spitzen der DNS-Adreßhierarchie, also in den Top-Level Domänen, werden **Root-Server** genannt. Ein Root-Server enthält aber nicht die Resource Records aller innerhalb der Top-Level Domäne erreichbaren Rechner, sondern lediglich Informationen darüber, wie die Name-Server der Top-Level Domäne erreicht werden können, die dann über weitere zur Adreßzuordnung notwendige Informationen verfügen. So kennt z.B. der Root-Server der `.de`-Domäne nicht jeden einzelnen Rechner an der Universität Trier, aber er kann Auskunft darüber geben, wie der Name-Server erreicht werden kann, der die Anfragen für die Domäne `uni-trier.de` kompetent bedienen kann (siehe Abb. 8.6). Alle DNS Name-Server sind untereinander verknüpft und bilden ein zusammenhängendes Gesamtsystem. Jeder Name-Server verfügt dabei über die nötigen Informationen, wie er einen Root-Server erreichen kann, und wie diejenigen Name-Server zu erreichen sind, die für den DNS-Adreßraum in der Hierarchiestufe unterhalb des betreffenden Name-Servers verantwortlich sind.

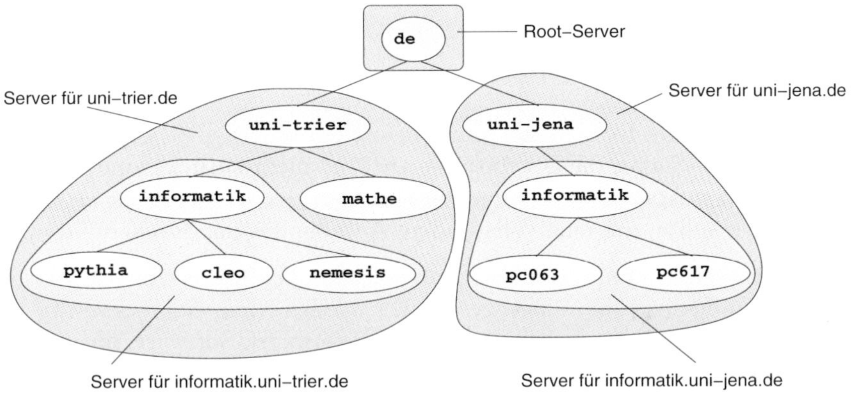

Abb. 8.6. Teil der DNS-Adreßhierarchie und Aufteilung in unterschiedliche Zonen

Abb. 8.7 zeigt den prinzipiellen Ablauf der DNS Client/Server-Interaktion zur Auflösung eines Domänen-Namens in eine IP-Adresse:

- Der DNS-Client – auch als **Resolver** bezeichnet, da er die Adreßauflösung am lokalen Rechner initiiert – kontaktiert den lokalen DNS-Server und stellt eine Anfrage (Request) nach der IP-Adresse zu einem Domänen-Namen (1).
- Der lokale DNS-Server überprüft, ob der gesuchte Name innerhalb der Sub-Domäne liegt, für die er die DNS-Autorität besitzt. DNS-Anfrage und -Antwort werden dabei stets via UDP über den UPD-Port 53 gesendet.
- Ist dieses der Fall, übersetzt er den angefragten Namen in die assoziierte IP-Adresse und ergänzt die an den anfragenden Rechner gesendete Antwort um die gesuchte IP-Adresse.

- Ist der angefragte Name-Server nicht in der Lage, den angefragten Namen vollständig aufzulösen, überprüft er, welche Art der Interaktion der anfragende Resolver wünscht.
- Verlangt der Resolver eine vollständige Adreßübersetzung (Recursive Resolution), kontaktiert der Name-Server weitere Name-Server, die in der Lage sind, die Adresse vollständig aufzulösen, und übergibt die auf diese Weise rekursiv ermittelte IP-Adresse zurück an den anfragenden Resolver (2–10).
  - In Abb. 8.7 wird zunächst der DNS-Server des zugehörigen Internet Service Providers (ISP) kontaktiert (2).
  - Da dieser den Request nicht beantworten kann, kontaktiert er einen Root DNS-Server (3,4) und erhält von diesem die Adresse des für den angefragten Domänen-Namen autorisierten DNS-Servers.
  - Der DNS-Server des lokalen ISP kontaktiert den vom Root-Server angegebenen DNS-Server des ISP im Zielnetz (5).
  - Dieser reicht den Request an den lokalen DNS-Server des Zielsystems weiter (6), der diesen über einen (oder mehrere) Resource Records beantwortet (7).
  - Die Antwort des DNS-Servers des Zielsystems wird bis an den lokalen Client zurückgereicht (8–10).
- Besteht der Resolver andererseits nicht auf einer vollständigen Adreßauflösung (Iterative Resolution), dann liefert der im Beispiel zunächst kontaktierte Name-Server die gewünschte Antwort nicht zurück, sondern antwortet mit der Adresse des Name-Servers, den der Resolver als nächstes kontaktieren sollte, um eine vollständige Adreßauflösung durchzuführen.

Damit dieses Verfahren funktioniert, muß jeder an das Internet angeschlossene Rechner mindestens über die Adresse eines lokalen Name-Servers verfügen. Diese ist deshalb bei der Konfiguration der Netzwerk-Software mit anzugeben, da sie nicht automatisch ermittelt werden kann. Jeder Name-Server muß weiter über die Adresse des Name-Servers verfügen, der in der DNS-Adreßhierarchie eine Hierarchie-Stufe über ihm steht.
Allerdings kann der Aufwand einer DNS-Adreßauflösung extrem anwachsen, wenn stets der betreffende Root-Server zur Auflösung einer nicht-lokalen Adresse herangezogen werden muß. Daher verwenden Name-Server einen **Cache-Mechanismus**, um den Aufwand der Adreßauflösung möglichst minimal zu halten. Alle nicht-lokalen IP-Adressen, die über eine rekursive Adreßauflösung ermittelt wurden, werden im lokalen Name-Server für eine bestimmte Zeitdauer zwischengespeichert, um bei einer erneuten Anfrage präsent zu sein. Allerdings ist die Lebensdauer dieser nicht-lokalen IP-Adressen im Cache beschränkt, da Änderungen im fremden Adreßraum nicht automatisch an den lokalen Name-Server weitergemeldet werden. Zu diesem Zweck beinhaltet der DNS Resource Record ein Feld, das die Lebenszeit des betreffenden Eintrags angibt. Nach Ablauf der Lebenszeit wird der Eintrag verworfen und muß, im Falle einer erneuten Anfrage, erneut rekursiv ermittelt werden.

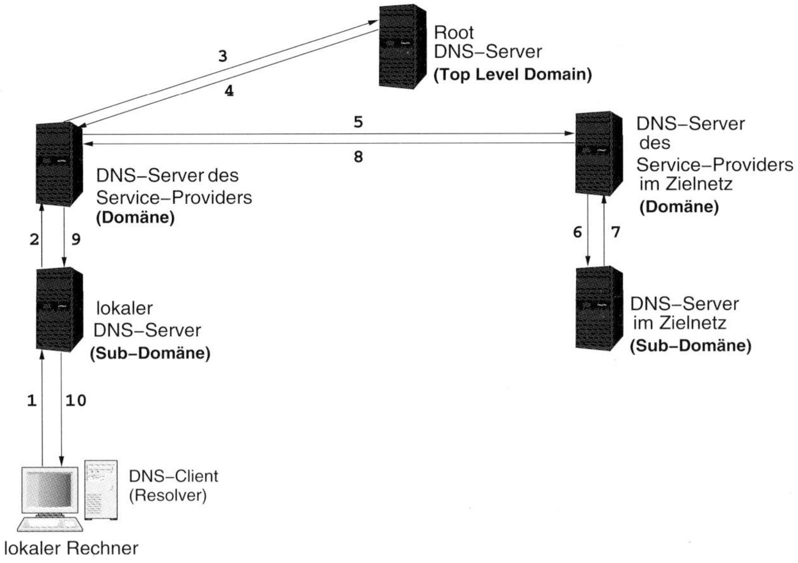

Abb. 8.7. Ablauf der DNS Client/Server-Interaktion zur Auflösung eines Domänen-Namens in eine IP-Adresse

8.2.2 Verzeichnisdienste

Ein Verzeichnis (Directory) enthält für gewöhnlich Angaben über technische Ressourcen oder über Personen, die im Internet verfügbar bzw. erreichbar sind. Ein Dienst, mit dem diese Ressourcen oder Personen adressiert werden können, wird als **Verzeichnisdienst** (**Directory Service**) bezeichnet. So implementieren unter dem Betriebssystem UNIX einfache Textdateien, wie z.B. `/etc/passwd` oder `/etc/alias` einfache Verzeichnisdienste, die plattformabhängig Informationen über Nutzer oder das Email-Routing zur Verfügung stellen. Um aber die Interoperabilität verschiedener Anwendungen über System- und Betriebssystemgrenzen hinweg garantieren zu können, werden allgemeine Verzeichnisdienste mit standardisiertem Zugriffsprotokoll benötigt.

Die ITU-T hat zur Realisierung eines allgemeinen, globalen Verzeichnisdienstes ein eigenes Konzept entwickelt, das als **X.500** standardisiert worden ist. X.500 organisiert die innerhalb eines X.500-Verzeichnisdienstes abgelegten Informationen logisch in einem globalen **Directory Information Tree** (**DIT**). Die über X.500 verwalteten Informationen werden jeweils in Form von **Objekten** charakterisiert. Dabei kann es sich um reale Objekte, wie z.B. Personen oder Geräte, oder aber auch um logische Objekte, wie z.B. Dateien, handeln. Objekte werden dabei stets durch zugehörige Attribut/Werte-Paare charakterisiert, wobei ein- und mehrwertige Attribute sowie zwingende (mandatory) und optionale Attribute unterschieden werden. Ein Attributwert eines Objekts bestimmt seinen sogenannten **Relative Distinguished**

Name (**RDN**), z.B. „Friedrich Schiller". Zusammen mit dem Knoten im Verzeichnisbaum (DIT), in dem das Objekt abgelegt wird, ergibt sich der **Distinguished Name** (**DN**), über den das Objekt eindeutig identifiziert werden kann. Abb. 8.8 zeigt ein Beispiel mit einem Ausschnitt des globalen Verzeichnisbaums. Dieser unterteilt sich nach der Wurzel in die Teilbäume für die einzelnen Länder und weiter in Standorte, Organisationen oder organisatorische Einheiten. Dabei ist jeder Knoten selbst wieder ein Objekt mit eigenen Attributen. In dieser Notation ergeben sich dann DNs, in Abb. 8.8 z.B. „cn=Friedrich Schiller o=Klassiker c=DE", die eine Person namens Friedrich Schiller (common name) beschreiben in der Organisation Klassiker in Deutschland (country).

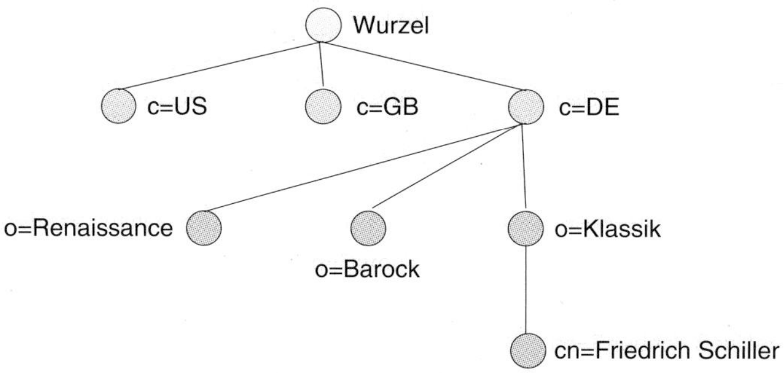

Abb. 8.8. Beispiel für einen Teilbaum des allgemeinen, globalen X.500 Verzeichnisbaum (Directory Information Tree)

Ähnlich wie bei DNS handelt es sich bei X.500 um ein verteiltes System, in dem verschiedene X.500-Server jeweils die Daten einzelner Teilbäume des Gesamtverzeichnisses vorhalten. Zusätzlich verfügt jeder X.500-Server über Informationen bzgl. anderer X.500-Server in seinem direkten Umfeld, so daß dieser im Falle einer Client-Anfrage, die sich auf Informationen außerhalb des selbst verwalteten Namens-Kontextes bezieht, entweder selbst einen anderen X.500-Server kontaktiert bzw. dem Client einen Verweis auf einen anderen Server zurückgibt.
Der Zugriff auf über X.500 verwaltete Informationen erfolgt über das **Directory Access Protocol** (**DAP**, X.519), das dazu einen Client/Server-Dienst auf Basis des ISO/OSI-Referenzmodells implementiert, wobei ein **Directory User Agent** (DUA) mittels DAP an den **Directory System Agent** eine entsprechende Anfrage stellt.
Zwar gingen im Laufe der Jahre Bestandteile von X.500 in viele Softwaresysteme mit ein, z.B. orientiert sich der Verzeichnisdienst von Windows NT 5.0 am X.500 Standard, doch ist der Client-Zugriff auf X.500-Verzeichnisse über DAP sehr aufwendig. Aus diesem Grund konnte sich anstelle des DAP-Protokolls ein einfacheres Protokoll durchsetzen: das **Lightweight Directory Access Protocol** (**LDAP**, RFCs 1777, 1959 und 2251). Anders als das

ITU-T Protokoll DAP basiert LDAP nicht auf dem vollständigen ISO/OSI-Protokollstapel, sondern setzt direkt auf TCP und IP auf. Die Funktionalität von LDAP ist gegenüber DAP zwar eingeschränkt, doch lassen sich viele der nicht direkt unterstützten Funktionen durch eine geschickte Parameterwahl in LDAP nachbilden.
Für den Zugriff über LDAP ergeben sich folgende drei Varianten (siehe Abb. 8.9):

- X.500 Zugriff über einen LDAP-Server:
  Der LDAP-Server hält in diesem Fall keine eigenen Verzeichnisdaten vor, sondern arbeitet ausschließlich als Protokollumsetzer, der aus der eingehenden LDAP-Anfrage eine DAP-Anfrage erzeugt und diese an den eigentlichen X.500-Server weiterleitet.
- reiner LDAP-Betrieb über einen Stand-alone-LDAP-Server:
  In dieser Variante hält der LDAP-Server selbst die Informationen eines Naming-Kontextes vor und kann Client-Anfragen direkt beantworten, ohne diese an einen dedizierten X.500-Server weiterzuleiten.
- proprietäre Verzeichnisdienste mit LDAP-Schnittstelle:
  Einige Hersteller wie Microsoft oder Novell bieten LDAP-basierte Schnittstellen zu ihren eigenen proprietären Verzeichnisdiensten an, die durch einen LDAP-Client genutzt werden können.

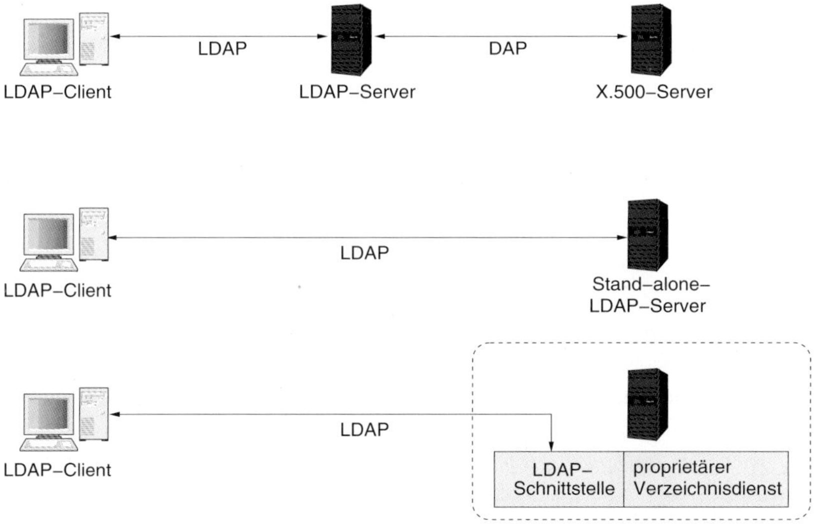

Abb. 8.9. Die unterschiedlichen Arten des Einsatzes von LDAP

Die aktuelle Version LDAPv3 enthält zudem auch Funktionen zur Authentifikation von Clients, die dem ITU-T Standard X.509 entnommen wurden. Ergänzt wird LDAP durch

- **Lightweight Internet Person Schema (LIPS)** zur attributgestützten Beschreibung von Personen und
- **Lightweight Directory Interchange Format (LDIF)** zum Austausch von Informationen zwischen einzelnen LDAP-Servern.

8.3 Elektronische Post - Email

Der älteste populäre und heute neben dem World Wide Web meistgenutzte Dienst im Internet ist die elektronische Post, der sogenannte **Electronic Mail Service (Email)**.

Historisches zur Email. Die ersten Email-Systeme existierten bereits kurz nach dem Start des ARPANET und bestanden lediglich aus einem Dateitransferprogramm zusammen mit der Konvention, daß die erste Zeile jeder zu versendenden Nachricht mit der Adresse des Empfängers zu starten hat. Aber die Nachfrage nach einem komfortableren Email-Protokoll, das auch in der Lage war, Mitteilungen an mehrere Empfänger gleichzeitig zu senden, und einen optionalen Quittierungsmechanismus bereitstellte, mit dem der Sender feststellen konnte, ob seine Mitteilung überhaupt den Empfänger erreicht hat, wuchs zusehends. So wurden bereits 1982 die ersten RFCs für das heute noch gültige Email-Protokoll veröffentlicht (RFC 821 und RFC 822). Interessant zu bemerken, daß sich dieser nicht-kommerzielle Vorschlag von einigen graduierten Informatik-Studenten gegen ein von der ITU-T als **X.400** standardisiertes Email-System durchsetzen und dieses fast vollständig verdrängen konnte.

Grundbegriffe rund um die Elektronische Post. Soll man jemandem den Begriff „Email" erklären, dann genügt es, einfach von einer Nachbildung der herkömmlichen Briefpost auf der Basis moderner, digitaler Kommunikationsmittel zu sprechen. Der Email-Dienst des Internets zählt zur Gattung der **Message Handling Systeme (MHS)** (siehe Abb. 8.10).
Ein Message Handling System MHS besitzt zwei grundlegende Komponenten:

- **User Agents (UA)**
  Als User Agents werden Systeme bezeichnet, mit denen der Anwender in der Lage ist, Nachrichten zu erzeugen und zu editieren, Nachrichten zu lesen, zu senden und zu empfangen. UAs sind lokale Anwendungsprogramme, die über ein entsprechendes Interface dem Nutzer eine Schnittstelle zur Benutzung des Nachrichten-Dienstes zur Verfügung stellen. Der UA dient quasi als Schnittstelle zwischen dem Benutzer und dem eigentlichen für den Transport verantwortlichen **Message Transport System (MTS)** als Subsystem des MHS.
- **Message Transfer Agents (MTA)**
  Die Message Transfer Agents sind für den Transport der Nachrichten vom Sender zum Empfänger verantwortlich. Für gewöhnlich laufen MTAs als

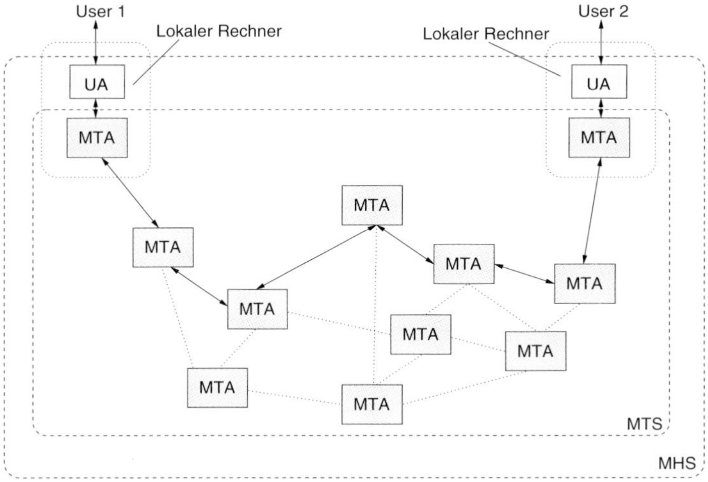

Abb. 8.10. Schematischer Aufbau eines Message Handling Systems

Prozesse im Hintergrund, so daß sie der Anwender aktiv gar nicht wahrnimmt, und leiten eine Nachricht von einem System zum nächsten weiter. Damit die Nachrichten ihr Ziel erreichen, müssen oft mehrere MTAs zusammenarbeiten, die in ihrer Gesamtheit das Message Transfer System bilden, das im Falle von Email im Internet auf der Basis des **Simple Mail Transfer Protocol** (**SMTP**) arbeitet.

Bleibt man bei dem Vergleich mit der althergebrachten Briefpost, so kann der Aufbau einer Email-Nachricht in Analogie zu Briefumschlag (Envelope) und beschriebenem Briefbogen (Message) charakterisiert werden (siehe Abb. 8.11). Auf dem Briefumschlag ist die Adresse des Empfängers vermerkt, also Informationen, die für die erfolgreiche Zustellung des transportierten Nachrichteninhalts notwendig sind. Analog umschließt ein elektronischer Briefumschlag die Email-Nachricht und schafft mit seiner Adreßinformation oder anderen Diensten die Voraussetzung für einen erfolgreichen Transport. Die im Briefumschlag transportierte Nachricht selbst setzt sich aus einem Nachrichten-Header und der eigentlichen Nachricht (Nutzlast) zusammen. Der Nachrichten-Header enthält Steuer- und Kontrollinformationen für den User Agenten. Wie bei der Briefpost muß der Sender die Nachricht zur Beförderung zunächst an den Postdienst übergeben. Dann kümmert sich der Postdienst mit Hilfe vieler verschiedener Instanzen um die Beförderung und Auslieferung an den Empfänger. Die Auslieferung erfolgt durch Deponierung in der vom Empfänger bereitgestellten (Brief-)Box.
Ein Email-System hat folgende fünf Basisfunktionen zu erfüllen:

- **Erzeugen einer Nachricht (Composition)**
  Diese Funktion umfaßt sowohl das Erstellen des eigentlichen Nachrichteninhalts mit Hilfe eines Text-Editors, als auch eine Hilfe bei der korrek-

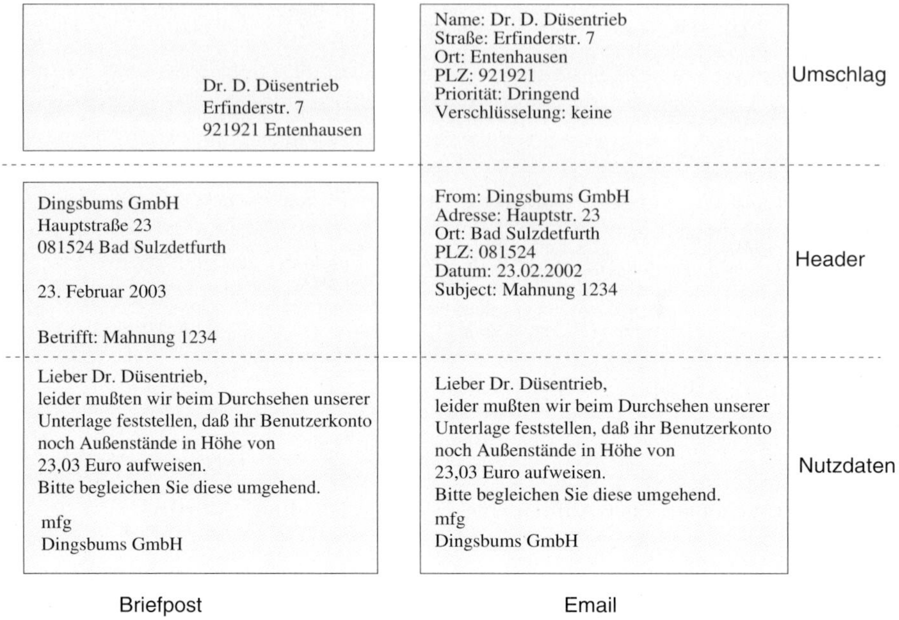

Abb. 8.11. Briefumschlag und beförderte Nachricht – Briefpost und Email

ten Generierung der notwendigen Header-Elemente der Nachricht, wie z.B. Adreßangaben oder andere Direktiven.

- **Zustellung von Nachrichten (Transfer)**
Um eine Nachricht erfolgreich vom Sender zum Empfänger übermitteln zu können, muß zunächst eine Verbindung zu einem der beteiligten Zwischensysteme oder direkt zum Empfänger aufgebaut werden, über die die Nachricht gesendet werden kann. Nach erfolgreicher Zustellung wird die Verbindung wieder abgebaut. Verbindungsaufbau und Zustellung erfolgt dabei im Hintergrund ohne direkte Beteiligung des Anwenders.
- **Benachrichtigung über den Verlauf der Zustellung (Reporting)**
Dem Sender ist daran gelegen, zu erfahren, ob seine Nachricht erfolgreich zugestellt werden konnte, und falls nicht, an welchen Gründen die Zustellung gescheitert ist.
- **Darstellung der zugestellten Nachricht (Displaying)**
Eine zugestellte Nachricht muß beim Empfänger zur Darstellung gelangen. Dabei sind je nach Typ der Nachricht eventuell Umformatierungen oder komplette Format-Übersetzungen notwendig.
- **Ablegen der zugestellten Nachricht (Disposition)**
Wurde die Nachricht erfolgreich zugestellt und dem Empfänger zur Anzeige gebracht, muß entschieden werden, was mit der Nachricht geschehen soll. Die Möglichkeiten reichen dabei vom Löschen der Nachricht bis hin zur

Ablage in einem komplexen Archivierungssystem oder der Weiterleitung an andere Empfänger.

Zur Verwaltung der empfangenen Emails stellen die meisten Email-Systeme dem Anwender sogenannte **Mailboxen** zur Verfügung, in denen Nachrichten archiviert werden können. Diese bieten meist komfortable, inhaltsbasierte Suchmöglichkeiten, die ein Wiederauffinden und Bearbeiten archivierter Emails erheblich erleichtern.
Prinzipiell muß für jede Email ein Empfänger angegeben werden. Die Adresse des Empfängers setzt sich zusammen aus einem Benutzernamen, dem Zeichen „@“ und der IP-Adresse des Endsystems, auf dem der Empfänger sein Email-Konto eingerichtet hat, also z.B. `meinel@uni-trier.de`. Ohne Angabe dieser eindeutigen **Email-Adresse** kann eine Nachricht nicht erfolgreich zugestellt werden. Um dem Anwender das simultane Versenden an mehrere Adressaten zu erleichtern, wurde das Konzept der **Mailing-Listen** eingeführt. Eine Mailing-Liste beinhaltet eine Reihe von Email-Adressen und ist ebenfalls über eine eindeutige Email-Adresse ansprechbar. Wird eine Nachricht an diese Email-Adresse gesendet, erfolgt eine gleichzeitige Auslieferung der betreffenden Nachricht an alle in der Mailing-Liste aufgeführten Adressen.
Zusätzlich bieten Email-Systeme Möglichkeiten, Kopien von Nachrichten an weitere Empfänger zu versenden (**Carbon Copy**), Emails zu verschlüsseln bzw. zu signieren, damit sie von unberechtigten Dritten nicht gelesen oder verändert werden können, oder auch Emails mit Dringlichkeitsstufen zu versehen.

8.3.1 Email Nachrichtenformat

Das im Internet gültige Format für Email-Nachrichten ist in RFC 822 festgelegt. Prinzipiell setzt sich eine Email-Nachricht zusammen aus einem primitiven Briefumschlag (festgelegt in RFC 821), den Zeilen des Message-Headers, einer Leerzeile und dem nachfolgenden Message-Body mit dem eigentlichen Nachrichteninhalt.
Während für das Format des Message-Body keine Vorgaben einzuhalten sind, müssen die Zeilen des Message-Headers stets demselben Aufbau folgen: Auf ein spezielles **Schlüsselwort** folgt jeweils ein Doppelpunkt und eine entsprechende Wertzuweisung. Anhand des Schlüsselwortes kann der UA des Empfängers feststellen, wie mit der nachfolgenden Wertzuweisung zu verfahren ist.
Tatsächlich wird der Briefumschlag für die zu sendende Email-Nachricht nicht vom UA erzeugt. Erst wenn die Nachricht mit dem zugehörigen Header an den MTA übergeben wurde, erzeugt der MTA die entsprechenden Header-Felder und den zum Transport notwendigen Umschlag. Die wichtigsten Angaben im Message-Header sind dabei die Adreßangaben von Sender (`From`) und Empfänger (`To`), gefolgt von einem Datum (`Date`), einer Betreffzeile

(`Subject`) und weiteren, optionalen Steuerdirektiven. Tabelle 8.1 gibt einen Überblick über die wichtigsten Email-Headerfelder.

Tabelle 8.1. Message-Header-Felder einer Email-Nachricht gemäß RFC 822

Feld	Inhalt
To:	Email-Adresse des Empfängers
From:	Email-Adresse des Senders
Cc:	Email-Adresse von Empfängern, die eine Kopie der Nachricht erhalten
Bcc:	wie CC, nur daß der eigentliche Empfänger nicht erfährt, wer eine Kopie erhält
Subject:	Betreffzeile der Nachricht
Reply-To:	Adresse des Empfängers einer möglichen Antwort auf diese Nachricht
Received:	Liste aller MTAs, die die Nachricht weitergeleitet haben
Return-Path:	optionale Angabe eines Pfades (Folge von Email-Adressen), dem eine Antwort zurück zum Absender folgen soll
Message-ID:	eindeutige Identifikationsnummer der Nachricht
Keywords:	vom Absender festlegbare Schlüsselworte
X-Charset:	vom Sender verwendeter Zeichensatz
X-Mailer:	zum Senden der Nachricht verwendete Email-Software

Der in RFC 822 festgesetzte Email-Standard erlaubt dem Nutzer auch die Einführung eigener Headerfelder. Um diese von den regulären Header-Feldern zu unterscheiden, müssen sie stets mit dem Präfix „X-“ starten.
Für den nachfolgenden Hauptteil der Nachricht (Message Body) gelten keinerlei Formatierungsregeln. Es bleibt dem Nutzer überlassen, wie dieser gefüllt und anschließend zu interpretieren ist.

8.3.2 MIME Standard

Als der Email-Standard Anfang der 80er Jahre im RFC 822 festgeschrieben wurde, war der im Message-Body enthaltene Nachrichten-Inhalt auf eine reine Textform in Englischer Sprache festgelegt, d.h. zur Beschreibung des Inhalts einer Email waren lediglich 7-Bit ASCII-Zeichen ohne nationale Sonderzeichen und Umlaute vorgesehen. Durch die weltweite Nutzung des Internets wurde allerdings schon bald nach einer Erweiterung gefragt, die nationale Ergänzungen zum Standard-Zeichensatz oder gar völlig andersartige Zeichensätze für Sprachen wie Japanisch oder Chinesisch erlaubt. Ein weiterer Wunsch betraf die Erweiterung, auch beliebige Binärdateien, wie z.B. Grafik- oder Audio-Dateien, via Email übertragen zu können.
Zwar verlangt RFC 822 grundsätzlich keine Restriktionen bzgl. des Message-Bodys, doch liegt das Problem in einer einheitlichen Interpretation des Inhalts durch die UAs. Eine standardisierte Lösung konnte erst 1993 mit den sogenannten **Multipurpose Internet Mail Extensions (MIME)** geschaffen werden, die in RFC 1521 spezifiziert sind. Grundsätzliches Prinzip von MIME ist dabei die Beibehaltung der durch RFC 822 getroffenen Regelungen

für den Email-Verkehr. MIME legt lediglich eine standardisierte Strukturierung des Message-Bodies und zusätzliche Regeln fest, wie Datentypen behandelt werden sollen, die nicht vom Standard-Typ ASCII sind. So konnten alle existierenden MTAs unverändert beibehalten werden und lediglich die UAs mußten für die Darstellung und Generierung von MIME-konformen Nachrichtenformaten angepaßt werden. Ein nicht-MIME-fähiger UA ist dennoch in der Lage eine MIME-kodierte Email zu empfangen, kann aber deren Inhalt nicht richtig interpretieren.
In den MIME-Erweiterungen werden fünf neue Standard-Headerfelder definiert:

- **MIME-Version**
  Mit diesem Headerfeld wird dem UA mitgeteilt, daß es sich bei der vorliegenden Nachricht um eine MIME-kodierte Nachricht handelt, und er wird über die verwendete MIME-Version informiert. Ist dieses Headerfeld nicht in einer Email-Nachricht enthalten, so wird der Inhalt der Nachricht per default als englischer ASCII-Text behandelt.
- **Content-Description**
  Dieses Feld beinhaltet eine freie Beschreibung des Inhalts der nachfolgenden, MIME-kodierten Email-Nachricht und fördert damit den Ablauf der Weiterverarbeitung.
- **Content-ID**
  Eindeutige Identifikation für den Nachrichteninhalt. Das Format entspricht dem der Message-ID des Standard Email-Headers.
- **Content-Transfer-Encoding**
  Da MIME die Übertragung beliebiger Binärdaten gestattet, muß festgelegt werden, auf welche Weise die vorliegenden Daten zur Übertragung kodiert werden. Folgende Kodierungen sind verfügbar:
  - **7 Bit ASCII**: Einfachste Form der Kodierung, nämlich 7 Bit US-ASCII. Entspricht Email nach RFC 822, vorausgesetzt, daß die Nachricht nicht mehr als 1.000 Zeilen umfaßt.
  - **8 Bit ASCII**: ASCII-Kodierung, die die Einbeziehung von nationalen Sonderzeichen erlaubt. Auch hier gilt die Beschränkung auf 1.000 Textzeilen.
  - **Base64 Encoding**: Bei dieser Form der Kodierung werden 24 Bit lange Gruppen der zu kodierenden Binärdaten in vier Bitfolgen von jeweils 6 Bit Länge zerlegt. Diese 6 Bit werden mit Hilfe von 7 Bit US-ASCII Zeichen kodiert (A–Z, a–z, 0–9, +/=). Binärdaten sollten stets in dieser Kodierung versendet werden.
  - **Quoted Printable Encoding**: Einen Text mit Base64 Encoding zu kodieren, der hauptsächlich aus ASCII-Zeichen und nur aus wenigen, nicht in 7 Bit US-ASCII-darstellbaren Zeichen besteht, ist nicht besonders effizient. In diesem Fall können diese Zeichen besser folgendermaßen kodiert werden: Ein „=“ dient der Einleitung eines nicht in 7 Bit US-ASCII

darstellbaren Zeichens, gefolgt vom Hexadezimalwert des betreffenden Zeichens.
  - **User defined**: Der Nutzer kann eine eigene Kodierung spezifizieren. Allerdings muß er selbst dafür Sorge tragen, daß der Empfänger die kodierte Nachricht dekodieren kann.

- **Content-Type**
  Neben der Kodierung der vorliegenden Nachricht, ist eine Identifikation ihres Typs von Bedeutung, damit der UA in der Lage ist, diesen nach einer eventuellen Dekodierung auch korrekt darzustellen. Von besonderer Bedeutung ist diese Typangabe für jede Art von Binärdaten, wie z.B. Grafik-Dateien, Audio-Dateien, Video-Sequenzen, ausführbare Programme oder aus verschiedenartigen Datentypen zusammengesetzte Mischformate. Die sieben in RFC 1521 definierten MIME-Typen sind in Tabelle 8.2 zusammengestellt.

Tabelle 8.2. MIME Typen und Subtypen gemäß RFC 1521

Typ	Beschreibung
Text	unformatierter oder formatierter Text Subtypen: Plain, Richtext
Image	Grafikdatei unterschiedlicher Formate Subtypen: GIF, JPEG
Audio	Audiodateien Subtypen: Basic
Video	Videosequenzen Subtypen: MPEG
Application	nicht näher spezifizierte Binärdatei, z.B. ausführbares Anwendungsprogramm Subtypen: Octet-Stream, Postscript
Message	eine vollständige Email-Nachricht oder eine externe Referenz auf eine Nachricht Subtypen: RFC822, Partial, External Body
Multipart	mehrteilige Nachricht, wobei jeder Teil einen eigenen Content Type mit eigener Kodierung enthält Subtypen: Mixed, Alternative, Parallel, Digest

Ein Beispiel für einen Header einer MIME-kodierten Nachricht, die eine Grafikdatei vom Typ JPEG enthält, ist in Abb. 8.12 dargestellt. Besondere Aufmerksamkeit verdient die Möglichkeit, mehrteilige Nachrichten zu senden, also Nachrichten, die sich aus Elementen unterschiedlichen Typs zusammensetzen.
Eine mehrteilige Nachricht (**MIME Multipart Message**) wird durch das MIME-Headerfeld `Multipart` gekennzeichnet. Die einzelnen Teilnachrichten werden mit einem über das Schlüsselwort `Boundary` definierten Separator

(im Beispiel wird der Separator `NextPart` verwendet) voneinander getrennt. Verschiedene Typen von mehrteiligen MIME-Nachrichten sind möglich:

- **Mixed**: Die Nachricht besteht aus verschiedenartigen, nicht zusammenhängenden Teilnachrichten, die alle von unterschiedlichem Typ (Coding Type) und unterschiedlicher Kodierung (Content Transfer Encoding) sein können. In einer Multipart Message vom Typ `mixed` ist es möglich, Texte zusammen mit Multimedia-Daten innerhalb einer Nachricht zu senden.
- **Alternative**: Mit dieser Option ist es möglich, verschiedenartige Ausprägungen derselben Nachricht gleichzeitig zu versenden. Dabei kann es sich z.B. um einen Text in mehreren Sprachversionen oder um eine Multimedia-Datei in unterschiedlichen Qualitätsstufen handeln.
- **Parallel**: Die Nachricht besteht aus verschiedenartigen Teilnachrichten, die jedoch zeitgleich simultan zur Darstellung kommen müssen. Diese Option kann z.B. für Video- und zugehörige Audio-Daten verwendet werden, die simultan dargestellt werden müssen.
- **Digest**: Die Nachricht enthält eine Reihe von Teilnachrichten, die alle gemäß RFC 822 vollständige Email-Nachrichten darstellen. Damit ist es z.B. möglich, einzelne Emails in eine Art Sammelumschlag zu verpacken und gemeinsam zu versenden.

```
From: harald@uni-jena.de
To: christoph@uni-trier.de
MIME-Version: 1.0
Content-Type: Multipart/Mixed; Boundary=NextPart
--NextPart
Hallo Christoph,
anbei ein Bild aus Jena.
Bis bald,
Harald.

--NextPart
Content-Type: image/jpeg
Content-Transfer-Encoding: base64

...binäre Daten der JPEG-Datei
...in base64 Kodierung
```

Abb. 8.12. Beispiel für eine mehrteilige MIME-kodierte Nachricht

8.3.3 SMTP

Das für die Weiterleitung von Email-Nachrichten verwendete Protokoll ist das **Simple Mail Transfer Protocol (SMTP)**, das 1982 in RFC 821 und

RFC 822 standardisiert wurde und bis heute eine Vielzahl von Erweiterungen erfahren hat.

Um eine Email-Nachricht weiterzuleiten, muß der Rechner des Senders eine TCP-Verbindung zum Empfänger über den wohldefinierten TCP-Port 25 einrichten. TCP-Port 25 ist stets mit einem SMTP-Prozeß verbunden, der in der Lage ist, Email-Nachrichten entgegenzunehmen oder zu versenden. Die Kommunikation zwischen Sender und Empfänger über das SMTP Protokoll läßt sich auch für den Nutzer leicht nachvollziehen, da lediglich reine ASCII-Textmeldungen gemäß folgenden Schema ausgetauscht werden (vgl. Abb. 8.13):

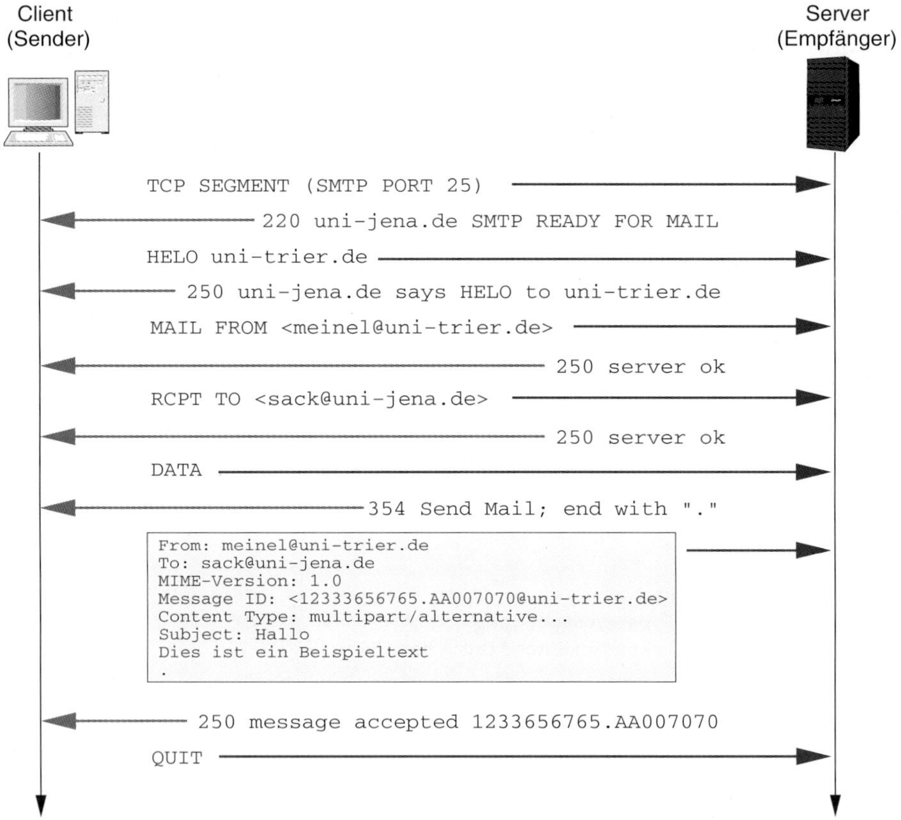

Abb. 8.13. Typischer SMTP-Dialog zur Übertragung einer Email-Nachricht

- Nachdem der Sender (Client) eine TCP-Verbindung zu Port 25 aufgebaut hat, wartet dieser darauf, daß der Empfänger (Server) mit der nachfolgenden Kommunikation beginnt.

- Der Server startet die Kommunikation mit einer Textzeile, die seine Identität nachweist und dem Sender mitteilt, ob der Empfänger bereit ist, eine Nachricht vom Sender entgegenzunehmen.

  Server: `220 uni-jena.de SMTP READY FOR MAIL`

  Ist der Server nicht bereit, eine Nachricht entgegenzunehmen, baut der Client die TCP-Verbindung ab und versucht die Kommunikation zu einem späteren Zeitpunkt wieder aufzunehmen.
- Signalisiert der Server, daß er zum Empfang von Email-Nachrichten bereit ist, antwortet der Client mit einer `HELO`-Meldung (Abkürzung für „Hello") zusammen mit einem Nachweis seiner Identität.

  Client: `HELO uni-trier.de`

  Mit der Bestätigung der Verbindung durch den Server besteht eine SMTP-Verbindung zwischen Client und Server.

  Server: `250 uni-trier.de says HELO to uni-jena.de`

  Der Client kann nun eine oder mehrere Email-Nachrichten senden, die Verbindung wieder beenden oder den Server auffordern, die Rollen zu tauschen, damit eine Email-Übertragung in die Gegenrichtung stattfinden kann.
- Der Client startet jetzt die Übertragung der Email-Nachrichten mit dem Befehl

  Client: `MAIL FROM <meinel@uni-trier.de>`

  in dem der Absender der Email-Nachricht über seine Email-Adresse angegeben wird. Der Server quittiert den Empfang.

  Server: `250 server ok`
- Der Client sendet als nächstes die Email-Adresse des Empfängers der Email-Nachricht

  Client: `RCPT TO <sack@uni-jena.de>`

  Existiert ein Email-Konto für die angegebene Email-Adresse, signalisiert der Server Empfangsbereitschaft und erwartet die zu sendende Email-Nachricht.

  Server: `250 server ok`
- Der Client startet die Übertragung des eigentlichen Email-Nachrichtentextes mit dem Schlüsselwort `DATA`, was der Sender bestätigt mit

  Server: `354 Send mail; end with "."`

- Der Client sendet jetzt den vollständigen Text der Email-Nachricht, die mit einem einzelnen Dezimalpunkt (".") in der letzten Zeile abgeschlossen wird.
- Der Server quittiert den Empfang dieser Nachricht mit einer Empfangsbestätigung, der noch eine Message-ID zur Identifikation der empfangenen Email-Nachricht angehängt wird.

  Server: `250 message accepted <message-id>`

- Die Verbindung kann daraufhin beendet werden:

  Client: `QUIT`
  Server: `221 uni-trier.de closing connection`

Der originale RFC 821 Standard für das Nachrichtenformat einer Email-Nachricht beschränkt deren Länge auf lediglich 64 kByte. Es können auch Probleme auftreten, wenn beide Kommunikationspartner über unterschiedliche Timeout-Einstellungen verfügen, was unvorhergesehene Kommunikationsabbrüche zur Folge haben kann. Um derartige Probleme auszuräumen, wurde SMTP weiterentwickelt und als **Extended SMTP** (**ESMTP**) in RFC 1425 erneut standardisiert. Ein Sender kann dem Empfänger signalisieren, daß er ESMTP anstelle von SMTP verwenden will, indem er beim Start der Kommunikation anstelle eines `HELO`-Kommandos das Kommando `EHLO` sendet. Weist der Empfänger dieses Anforderung zurück, so signalisiert er damit, daß eine Kommunikation lediglich über SMTP möglich ist.
Häufig kommt es vor, daß Email-Nachrichten aufgrund fehlerhafter Email-Adressen oder aus anderen Gründen nicht korrekt zugestellt werden können. In der Regel werden diese nicht zustellbaren Email-Nachrichten an den Sender zurückgesandt. Dieser Vorgang wird als **Bouncing** bezeichnet. Ist eine Zustellung an den ursprünglichen Sender auch nicht möglich, landet die unzustellbare Email-Nachricht bei einem allgemeinem Nutzer, dem **Postmaster** (**Double Bounce**).

8.3.4 IMAP und POP

Bislang sind wir davon ausgegangen, daß alle Nutzer, die via Email miteinander kommunizieren wollen, über einen Rechner verfügen, der aktiv in der Lage ist, Email-Nachrichten via SMTP zu senden und zu empfangen. Ein solcher Rechner wird als **Email-Gateway** (auch Email-Server) bezeichnet, da er den Email-Dienst direkt zur Verfügung stellt (siehe Abb. 8.14). Innerhalb von Firmen und Unternehmen verfügt aber nicht notwendigerweise jeder Rechner des lokalen Netzwerks über diese Fähigkeit. Vielmehr werden dort nur wenige, oftmals sogar nur ein einziger Rechner betrieben, der als Email-Gateway arbeitet.
Damit die Nutzer aller übrigen Rechner dennoch Emails senden und empfangen können, müssen diese über spezielle Protokolle mit dem Email-Gateway

Email-Gateway

Email-Gateways dienen oft als verbindende Zwischenglieder, die die Rechner von Sender und Empfänger miteinander über das Internet verbinden. Dabei können Email-Gateways verschiedenartige Aufgaben erfüllen:

- Anbindung von Rechnern an den Email-Verkehr, die nicht direkt mit dem Internet verbunden sind.
- Anbindung von Rechnern, die nicht über RFC 822 konforme Email-Systeme verfügen (z.B. X.400 Email-Systeme). Email-Gateways nehmen für die unterschiedlichen Systeme dabei jeweils eine Formatübersetzung vor.
- Verarbeitung von **Mailinglisten**. In Mailinglisten können Gruppen von Email-Empfängern unter einer eigenen, speziellen Gruppenadresse zusammengefaßt werden. Wird eine Email-Nachricht an die Gruppenadresse der Mailingliste adressiert, muß sie an alle in der Mailingliste enthaltenen Empfängeradressen übertragen werden. Die Verarbeitung von Mailinglisten kann zu signifikantem Verarbeitungsaufwand führen. Aus diesem Grund wird diese Aufgabe oft einem dedizierten Rechner übertragen, z.B. dem Email-Gateway.
- Um alle Email-Anwender eines Unternehmens mit einer Email-Adresse auszustatten, die ein einheitliches Suffix aufweist, wird die IP-Adresse des Email-Gateways verwendet. Anderenfalls müßte das Suffix der Email-Adresse aus der IP-Adresse des Rechners des Anwenders bestehen, was Rückschlüsse auf Interna des lokalen Netzwerks zulassen und Angriffspunkte für unberechtigte Eindringlinge bieten würde. Jede Email-Nachricht, die an die Adresse des Email-Gateways gerichtet ist, wird von diesem entgegengenommen und nach Auswertung des Adreßpräfixes an den tatsächlichen Empfänger-Rechner weitergeleitet.

Abb. 8.14. Email-Gateways

kommunizieren, die die empfangenen, für den Nutzer bestimmten Email-Nachrichten vom Email-Gateway abholen und die zu sendenden Nachrichten dort abliefern. Ein einfaches Protokoll für den Zugriff auf ein Email-Gateway ist das **Post Office Protocol** (**POP3**), das in RFC 1725 spezifiziert wurde. POP3 setzt auf dem TCP Protokoll auf und erledigt die Kommunikation zwischen Email-Client (UA) und Email-Gateway (siehe Abb. 8.15). Die Hauptaufgaben des POP3-Protokolls umfassen

- Anmeldung beim Email-Gateway,
- Authentifikation des Nutzers durch Paßwortabfrage,
- Abruf von Email-Nachrichten aus dem Email-Konto des Nutzers,
- Löschen der abgefragten Email-Nachrichten aus dem Speicher des Email-Gateways.

Das Protokoll selbst arbeitet mit ASCII-Text Meldungen und ähnelt sehr dem SMTP-Protokoll. Die Hauptaufgabe von POP3 besteht darin, die Email-Nachrichten eines Nutzers vom Email-Gateway auf den lokalen Rechner des Nutzers zu kopieren. Der Nutzer kann diese dann später zu einem beliebigen Zeitpunkt lesen und bearbeiten.
Mehr Möglichkeiten bietet das komplexere **Interactive Mail Access Protocol** (**IMAP**), das in RFC 1730 spezifiziert wurde. Dieses Protokoll ist speziell für Nutzer vorgesehen, die über mehrere Rechner verfügen, also z.B.

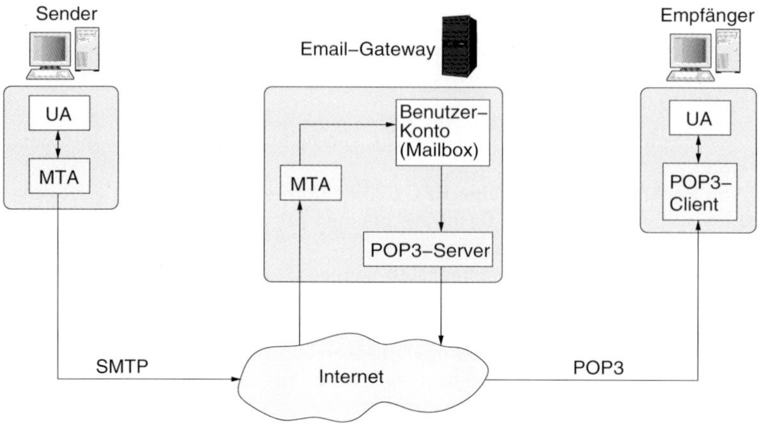

Abb. 8.15. Email-Server und POP3-Protokoll

über einen Rechner im Büro und einen Rechner zu Hause. IMAP nutzt den Email-Server als zentrales Repository für die Email-Nachrichten des Nutzers, d.h. IMAP kopiert nicht einfach alle Email-Nachrichten des Nutzers auf dessen lokalen Rechner, wie bei POP3, sondern kopiert nur die Email-Header und überläßt dem Nutzer die Auswahl, welche Email-Nachrichten er zum Lesen und Bearbeiten auf einen seiner Rechner weitergesendet haben möchte.

8.3.5 Pretty Good Privacy - PGP

Wird eine Email-Nachricht über das Internet vom Sender zum Empfänger transportiert, kann dabei eine Vielzahl von MTAs auf unterschiedlichen Rechnern beteiligt sein. Dabei kann die Email-Nachricht auf jedem der beteiligten Rechner auch von unberechtigten Nutzern gelesen, kopiert und sogar infiziert werden, die sich entsprechenden Zugriff verschafft haben. Auch wenn vielen Nutzern das nicht bewußt ist, im Internet gibt es – solange man nicht selbst aktiv dafür sorgt – keine Privatsphäre. Möchte man dafür sorgen, daß eine Email-Nachricht lediglich dem adressierten Empfänger zur Kenntnis gelangt, muß der Sender der Nachricht den Inhalt verschlüsseln.
Eine sehr weit verbreitete Methode der Verschlüsselung von Emails ist die als **Pretty Good Privacy (PGP)** bezeichnete Methode. PGP stellt ein komplettes Paket zur Verschlüsselung von Email-Nachrichten und zur Authentifikation der Kommunikationspartner über digitale Signaturen zur Verfügung und ist zudem frei verfügbar. Zur Verschlüsselung wird das **IDEA**-Verfahren (International Data Encryption Algorithm) verwendet, die digitalen Signaturen werden mit dem **Diffie-Hellman**-Algorithmus erzeugt, einem Verfahren zur Vereinbarung eines gemeinsamen Schlüssels ohne Austausch geheimer Information über das Internet.

Auf Sicherheitsfragen im allgemeinen und das PGP-Verfahren mit seinen Konzepten und Algorithmen im besonderen wird in Kapitel 9 detailliert eingegangen.

8.3.6 X.400-Message Handling System

Wie schon erwähnt ist X.400 ein Message Handling System, das auf dem ISO/OSI-Referenzmodell aufsetzt und von der ITU-T standardisiert wurde. Dasselbe System wird von der ISO unter dem Namen **MOTIS** verwendet (Message Oriented Text Interchange System). Ziel bei der Entwicklung von X.400 war es, die Interoperabilität zwischen verschiedenen Systemen, sowie zwischen öffentlichen und privaten Email-Diensten sicherzustellen. Daher wird X.400 in der Regel auch von den Netzbetreibern öffentlicher Netze zum allgemeinen Nachrichtenaustausch angeboten, wobei Übergänge zu anderen Diensten und Netzen bereitgestellt werden.
Die X.400 Spezifikation ist im Vergleich zu RFC 822, dem Defacto-Standard des Email-Transfers im Internet via SMTP, wesentlich komplexer und bietet dementsprechend auch ausgefeiltere Funktionalitäten. Der X.400 Standard erschien 1984 zwei Jahre nach RFC 822 und wurde 1992 erneut überarbeitet und verbessert. Allerdings gelang es dem X.400 System nicht, sich gegen den einfacheren Konkurrenten durchzusetzen, und ist seither immer mehr in den Hintergrund gedrängt worden.

8.4 Dateitransfer

Bevor es Computernetzwerke gab, konnten Daten zwischen verschiedenen Rechnern nur mit transportablen Speichermedien, wie Magnetband oder Diskette übertragen werden. Ein verteiltes Rechnen mit gemeinsamen Datenbeständen war so gut wie unmöglich bzw. nur sehr ineffizient zu realisieren. Erst die Einführung von Computernetzwerken und insbesondere des Internets änderte die Situation grundlegend: Daten konnten fortan im Bruchteil von Sekunden auch mit weit entfernten Rechnern elektronisch ausgetauscht und Anwendungen verteilt über verschiedene Rechner ausgeführt werden.
Um nicht für jede Anwendung einen eigenen, separaten Mechanismus zum Datenaustausch entwickeln zu müssen, wurden schon sehr früh **allgemeine Dateitransferdienste** entwickelt, die gleichzeitig von vielen verschiedenen Anwendungen genutzt werden konnten. Dabei muß der Dateitransferdienst flexibel genug sein, um den unterschiedlichen Anforderungen der teilnehmenden Computersysteme und Anwendungen in Bezug auf die Ausgestaltung von Dateinamen, Datenformaten oder Benutzungsrechten gerecht zu werden.

8.4.1 File Transfer Protocol – FTP

Aus der Zeit des ARPANET stammt das auch heute noch weitverbreitete **File Transfer Protocol (FTP)**, das in RFC 959 standardisiert wurde und wie

die übrigen Internetdienste nach dem Client/Server-Verfahren arbeitet. Ein FTP-Server stellt dabei Dateien zur Verfügung, die über einen FTP-Client angefordert werden können.
Nach erfolgter Umstellung des ARPANET auf die Protokolle der TCP/IP-Protokollsuite und der Gewährleistung eines zuverlässigen Transportdienstes über TCP, konnte die zentrale Aufgabe von FTP, der Dateitransfer, nun zwar erheblich einfacher realisiert werden, doch sind es die zusätzlich zu lösenden Aufgaben, wie z.B. Formatumwandlungen oder Überprüfung von Benutzerberechtigungen, die aus FTP ein relativ komplexes Protokoll machen.
FTP stellt folgende Funktionen zur Verfügung:

- **Dateitransfer**
  Die zentrale Aufgabe von FTP, die aber nur erfolgreich erledigt werden kann, wenn die nachfolgenden Details berücksichtigt werden.
- **Formatierung und Darstellung**
  Über FTP kann der Client auf das Datenformat der angeforderten Datei Einfluß nehmen. So werden Binärdaten anders übertragen als reine Textdaten, die für die Übertragung effizienter kodiert werden können. Zudem kann der Client auch festlegen, ob die Kodierung einer zu übertragenden Textdatei dem ASCII-Standard oder dem EBCDIC-Standard folgen soll.
- **Interaktiver Zugang**
  Neben einer Nutzung von FTP durch Anwendungsprogramme ist auch eine direkte, interaktive Nutzung des FTP-Dienstes durch einen Nutzer möglich. So kann der Nutzer etwa nach erfolgreicher Anmeldung eine Liste der verfügbaren Befehle oder eine Auflistung der vorhandenen Dateien anfordern, bevor er einen Dateitransfer startet.
- **Prüfung der Benutzerberechtigung**
  Bevor ein Anwendungsprogramm oder ein interaktiver Nutzer über FTP einen Dateitransfer starten kann, muß eine autorisierte Anmeldung beim FTP-Server über Benutzernamen und Passwort erfolgen. Der FTP-Server verweigert eine Auslieferung von Dateien ohne diese Angaben.

Der FTP-Dienst folgt dem Client/Server-Prinzip. Die Kommunikation erfolgt über zwei separate TCP-Verbindungen: Auf einer **Kontroll-Verbindung** werden alle Steuerungs- und Kontrollbefehle zwischen Client und Server übertragen, während über die **Daten-Verbindung** die zu übertragenden Dateien transportiert werden. Beide Verbindungen werden sowohl auf Client- als auch auf Server-Seite von jeweils eigenen Prozessen bedient. FTP erlaubt einen bidirektionalen Transport, d.h. der Client kann sowohl Dateien vom Server anfordern als auch Dateien an den Server senden. Während die Kontroll-Verbindung für die gesamte Sitzungsdauer erhalten bleibt, wird für jeden einzelnen, während der FTP-Sitzung durchgeführten Dateitransfer eine eigene Daten-Verbindung aufgebaut.
Beim **Verbindungsaufbau** eines FTP-Clients mit einem FTP-Server startet der Client eine TCP-Verbindung von einem beliebigen, freien TCP-Port aus

zum TCP-Port 21 des FTP-Servers, um die Kontroll-Verbindung einzurichten. Alle anfragenden FTP-Clients verwenden denselben Server-TCP-Port. Sie können vom TCP-Server trotzdem unterschieden werden, da eine TCP-Verbindung stets durch beide Endpunkte der Verbindung identifiziert wird. Konnte eine Verbindung erfolgreich etabliert werden, wird für jeden Datentransfer eine TCP-Verbindung von TCP-Port 20 des FTP-Servers zu einem beliebigen, freien TCP-Port des Clients aufgebaut (siehe Abb. 8.16).

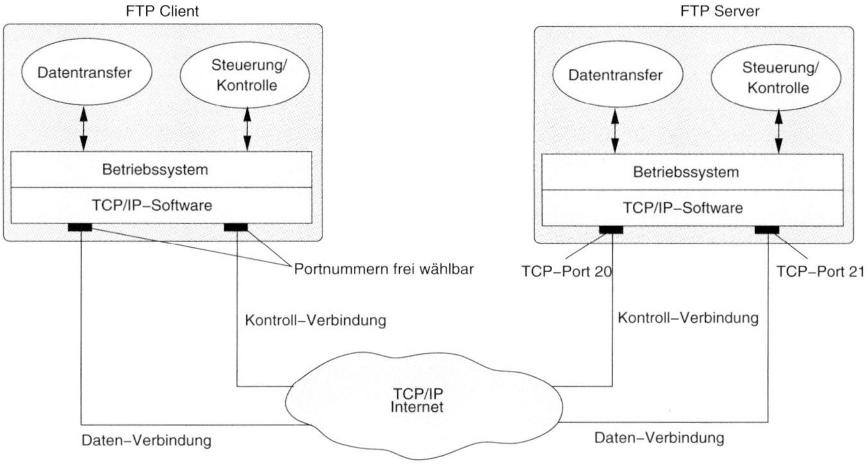

Abb. 8.16. Client/Server-Interaktion im FTP-Dateitransfer

Zur Übermittlung von Steuer- und Kontrollinformationen über die Kontrollverbindung wurde kein eigenständiges Datenformat entwickelt, sondern es wird das TELNET-Protokoll verwendet (siehe Abschnitt. 8.5.1).
Aus der Sicht des Nutzers erscheint der FTP-Client als interaktive Anwendung. In der einfachsten Umsetzung, wie z.B. im UNIX `ftp`, wird dem Nutzer ein Kommandozeilen-Interface zur Verfügung gestellt, das folgende Aufgaben ausführt:

- Eingabezeile lesen,
- Eingabezeile interpretieren, um ein Kommando und die zugehörige Parameter herauszulesen,
- erkannten Befehl mit den angegebenen Parametern ausführen.

Abb. 8.17 zeigt ein Beispiel für eine interaktive FTP-Sitzung, in der folgende Kommandos ausgeführt werden:

- `ftp ipc617.uni-jena.de`
  Der FTP-Client wird aktiviert zum Aufbau einer Verbindung zum FTP-Server des Rechners `ipc617.uni-jena.de`. Der FTP-Server auf dem entfernten Rechner meldet sich und verlangt eine Authentification. Daraufhin gibt der Nutzer Name und Passwort an.

- `get /pub/public/FTP/home/sack/test.tgz`
  Über das Kommando `get` fordert der Nutzer eine Datei an, die er im nachfolgenden Parameter genau spezifizieren muß. Ist die Datei verfügbar, wird sie dem Client übermittelt.
- `close`
  Mit dem Kommando `close` wird die Verbindung zum Server geschlossen, das Kommando `quit` beendet den Client.

Ablauf einer FTP-Sitzung

```
> ftp ipc617.uni-jena.de
Connected to samantha.inf.uni-jena.de
220 samantha.inf.uni-jena.de FTP server (Version wu-2.4.2-VR16(1) ready
Name (ipc617.uni-jena.de:usera): anonymous
331 Guest login ok, send e-mail address as password
Password: harald@uni-trier.de
230 Guest login ok, access restrictions apply
ftp> get /pub/public/FTP/home/sack/test.tgz
200 PORT command ok
150 Opening ASCII mode data connection for test.tgz (1314221 bytes)
226 Transfer complete
1314221 bytes received in 13.04 seconds (1.0e+02 Kbytes/s)
ftp> close
221 Goodbye
ftp> quit
```

Abb. 8.17. File Transfer Protocol – Beispiel

Auf ein Kommando antwortet der FTP-Server stets mit einem dreistelligen Statuscode. Dieser wird von der FTP-Software interpretiert und zusätzlich dem Nutzer als lesbarer Text angezeigt. FTP verfügt über einen Authentifikationsmechanismus via Benutzername und Passwort zur Absicherung zugriffsbeschränkter Dateien. Für sicherheitsunkritische Daten hat sich jedoch das Konzept des **Anonymous FTP** durchgesetzt. Sollen z.B. Dateien für die breite Öffentlichkeit via FTP zur Verfügung gestellt werden, wäre es hochgradig ineffizient, wenn jeder Nutzer sich zuvor beim Anbieter anmelden, registrieren und ein Benutzerkonto mit Benutzername und Passwort beantragen müßte, insbesondere dann, wenn sich das Interesse des Nutzers auf einen einzigen Zugriff beschränkt. Deshalb wurde für FTP ein Sammel-Benutzerkonto eingerichtet, für das kein spezielles Passwort erforderlich ist, und über das der Nutzer öffentlich zugängliche Dateien abrufen kann. Folgende Benutzernamen stehen für den anonymen Dateizugriff zur Verfügung:

- guest,
- anonymous,
- ftp.

In der Regel wird für diese Benutzerkonten kein Passwort verlangt. In vielen Fällen fragt der FTP-Server an Stelle eines Passworts auch nach der Email-

Adresse des anfragenden Clients, die dann zu Statistikzwecken verwendet werden kann.

8.4.2 Trivial File Transfer Protocol – TFTP

FTP stellt einen allgemeinen Dateitransferdienst zur Verfügung und ist damit einer der vielseitigsten Dienste der TCP/IP-Protokollfamilie. Auf der anderen Seite ist die Implementierung dieses allgemeinen Dienstes auch sehr komplex und aufwendig. Viele Anwendungen benötigen gar nicht die Funktionsvielfalt, die FTP bietet, oder sind in der Lage, einen komplexen Dienst wie FTP selbst anzubieten. Speziell für diesen Zweck stellt die TCP/IP-Protokollfamilie einen zweiten, wesentlich einfacher gehaltenen Dateitransferdienst zur Verfügung: das **Trivial File Transfer Protocol** (**TFTP**), das in RFC 783 spezifiziert ist.
TFTP benötigt keine auf einer zuverlässigen TCP-Transportverbindung basierende, komplizierte Client/Server-Interaktion, sondern setzt auf dem wesentlich einfacheren UDP Datagrammdienst der Internet Transportschicht auf. TFTP erlaubt ausschließlich einen einfachen Dateitransfer und verzichtet dabei auf Authentifikations- und Autorisationsmechanismen. Es können lediglich Dateien übertragen werden, wenn ein globaler Zugriff gestattet ist. TFTP verzichtet ebenfalls auf eine direkte Interaktion mit dem Nutzer. Da TFTP deutlich eingeschränkter in den angebotenen Möglichkeiten ist als FTP, kann die TFTP-Software auch entsprechend einfacher und mit geringerem Platzaufwand implementiert werden. Dieser geringe Speicherplatzaufwand begünstigte auch die Implementierung von TFTP im nichtflüchtigen Speicher (ROM) von Rechnern, die nicht mit eigenen Festplatten ausgestattet sind. Wird ein derartiger Rechner gestartet, können via TFTP wichtige Programme für die Initialisierung des Rechners geladen werden. Die im nichtflüchtigen Speicher eines Rechners vorhandenen Programme, die beim Systemstart ausgeführt werden, werden auch unter dem Begriff **System-Bootstrap** zusammengefaßt.
Beim Datentransfer mit TFTP sendet einer der Kommunikationspartner die betreffende, in Blöcke von jeweils 512 Byte Länge unterteilte Datei und wartet jeweils, daß die Empfängerseite einen Datenblock quittiert, bevor der nächste versendet wird. Zuvor muß der anfragende Client ein Datenpaket mit der Anforderung zum Dateitransfer an den Server senden, in dem der Name der betreffenden Datei angegeben wird zusammen mit der Richtung des Transfers (vom Server zum Client oder umgekehrt). Jeder Block der zu übertragenden Datei erhält eine fortlaufende Blocknummer, die im Header des zu sendenden Datenpakets mit übertragen wird. Wird ein Block gesendet, dessen Länge kleiner ist als 512 Byte, signalisiert dies das Ende des Dateitransfers. Anstelle der zu übertragenden Datenblöcke können auch Quittungen oder Fehlermeldungen versendet werden, wobei eine Fehlermeldung den Datentransfer abbricht. Erhält der Sender eines Blocks bis zum Zeitpunkt

des Verstreichens eines zuvor gesetzten Timeouts keine Quittung, erfolgt eine Neuübertragung des Datenblocks. Das Besondere an TFTP ist eine symmetrische Neuübertragung, d.h. sowohl der Kommunikationspartner, der die Daten versendet, als auch der andere Kommunikationspartner, der die Daten quittiert, können ihre verloren geglaubten Daten nach Ablauf des Timeouts erneut übertragen. Zwar gilt das Verfahren als besonders robust, doch es kann auch zu folgendem Problem führen: Ist die Quittung für den Datenblock k nicht verloren, sondern lediglich verzögert, überträgt der Sender erneut den bereits erfolgreich versendeten Datenblock, den dann der Empfänger erneut bestätigt. Beide Quittungen erreichen den Sender und lösen jeweils beide das Senden von Datenblock $k + 1$ aus. Diese beiden Datenblöcke werden erneut quittiert, was wiederum zum zweifachen versenden von Datenblock $k+2$ führt und so fort. Dieses fehlerhafte Mehrfachübertragung wird **Zauberlehrlings-Fehler** (**Sorcerer's Apprentice Bug**) bezeichnet, da sie zu einer unnötigen Verdoppelung der übertragenen Daten führt.

8.4.3 Network File System – NFS

Oft ist die Übertragung einer vollständigen Datei von einem Rechner zum anderen unnötig, da z.B. nur eine einzelne Zeile an die Datei angehängt werden soll. Soll lediglich ein Teil einer Datei von einem entfernten Rechner gelesen oder geändert werden, ohne daß dazu die gesamte Datei benötigt wird, kann von einem sogenannten **Dateizugriffsdienst** (**File Access Service**) Gebrauch gemacht werden. Die TCP/IP-Protokollfamilie stellt für diesen Zweck das **Network File System** (**NFS**) zur Verfügung, das ursprünglich von der Firma SUN Microsystems Incorporated auf Client/Server-Basis entwickelt worden und im RFC 1094 spezifiziert ist.

Mit NFS kann eine Anwendung eine entfernte Datei öffnen, eine bestimmte Stelle in der Datei aufsuchen und ab dieser Stelle Daten lesen, einfügen oder verändern. Der NFS-Client sendet dazu die Änderungsdaten zusammen mit einer entsprechenden Anfrage an den NFS-Server, bei dem die zu ändernde Datei gespeichert vorliegt. Der NFS-Server führt die Anfrage aus indem er die betreffende Datei aktualisiert und sendet eine Bestätigung an den NFS-Client zurück, d.h. bei der Verwendung von NFS werden lediglich die geänderten Daten über das Netzwerk übertragen und nicht die vollständige Datei. Daneben erlaubt NFS auch den Mehrfachzugriff auf eine Datei. Sollen andere Clients von der zu aktualisierenden Datei ferngehalten werden, kann diese von einem Client für fremden Zugriff gesperrt werden. Sind die Änderungen abgeschlossen, hebt der NFS-Client die Sperrung wieder auf.

Anders als FTP, ist NFS in der Regel vollständig in das Dateisystem des Rechners integriert und gestattet Anwendungen einen transparenten Zugriff auf entfernte Dateisysteme. Dies ist möglich, da NFS die regulären Operationen des Dateisystems, wie z.B. `open`, `read` und `write` unterstützt. Zur Implementation von NFS wird ein eigenes Dateisystem auf dem Client-Rechner angelegt und mit einem entfernten Dateisystem des NFS-Servers verknüpft.

Greift eine Anwendung auf eine Datei zu in diesem speziellen Dateisystem, führt der NFS-Client den Zugriff auf dem entfernten Dateisystem aus. Die lokale Anwendung arbeitet mit dem entfernten Dateisystem auf die gleiche Weise, als wenn es sich um ein lokales Dateisystem handeln würde. So kann jedes Anwendungsprogramm, das auf das lokale Dateisystem zugreifen darf, ohne weitere Hindernisse auf das entfernte Dateisystem zugreifen, das über NFS angebunden ist (vgl. Abb. 8.18 und Abb. 8.19).

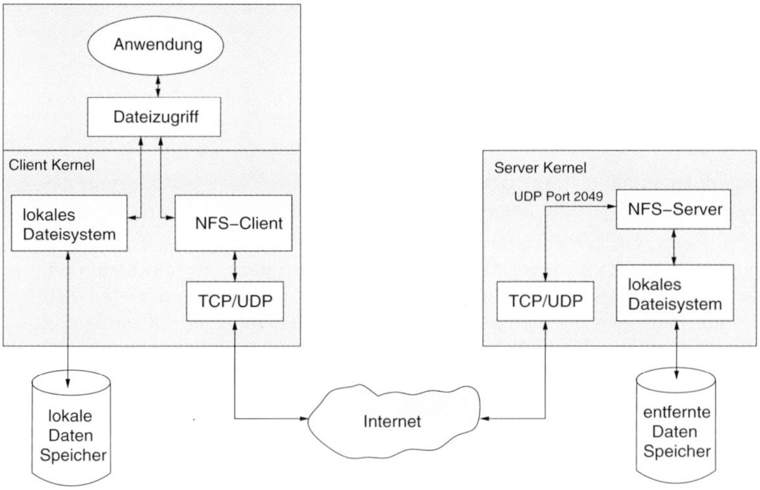

Abb. 8.18. Network File System – Arbeitsweise

Für den Zugriff auf das Dateisystem eines entfernten Rechners führt NFS einen **Remote Procedure Call** (**RPC**) durch, der im nachfolgenden Abschnitt näher beschrieben wird. Ein NFS-System besteht für gewöhnlich aus mehr als nur einem NFS-Client und einem NFS-Server, die gemeinsam das NFS-Protokoll implementieren. Folgende zusätzliche Prozesse sind beteiligt:

- **Port-Mapper**: Dient der Zuordnung von RPC-Routinen zu bestimmten TCP/UDP-Portnummern.
- **Mount**: Implementiert das NFS-Mount-Protokoll, mit dem Dateisysteme für den NFS-Server verfügbar gemacht werden, bevor überhaupt ein Zugriff erfolgen kann.
- **Lock Manager** und **Status Monitor**: Erlauben gemeinsam die Sperrung und die Freigabe von Dateifragmenten über NFS.

8.4.4 Remote Procedure Call – RPC

Bereits in der Entwurfsphase der Implementierung von NFS wurde entschieden, daß die notwendigen Verfahren und Routinen nicht völlig neu entwickelt,

Ablauf einer typischen Client/Server Kommunikation mit NFS

1. Greift eine Anwendung auf eine Datei innerhalb eines NFS Dateisystems zu, erfolgt der Zugriff auf diese Datei für die Anwendung in der gleichen Weise wie der Zugriff auf eine gewöhnliche lokale Datei. Der Zugriff unter NFS ist für die Anwendung völlig transparent. Der Betriebssystemkern des Clients entscheidet dann, welche Komponente zur Weiterverarbeitung verwendet wird. Dabei werden Zugriffe auf entfernte Dateien über den NFS-Client geregelt und Zugriffe auf lokale Dateien über das lokale Dateisystem des Clients.
2. Für den Zugriff auf eine entfernte Datei sendet der NFS-Client einen RPC-Request an den NFS-Server über die TCP/IP-Schnittstelle. NFS wird in der Regel in Verbindung mit dem UDP-Transportprotokoll genutzt, wobei auch eine NFS-Verbindung via TCP möglich ist.
3. Der NFS-Server erhält eine Anfrage des Clients als UDP-Datagramm über den UDP-Port 2049 (mit Hilfe eines Port-Mappers kann auch ein anderer UDP-Port verwendet werden).
4. Der NFS-Server leitet die Anfrage des Clients weiter an das lokale Dateisystem des Servers, das den Zugriff auf die angefragte Datei gewährleistet.
5. Der Zugriff auf eine entfernte Datei über NFS kann durchaus etwas Zeit in Anspruch nehmen, da der NFS-Server das lokale Dateisystem dazu kontaktieren muß. Damit aber der NFS-Server keine anderen Client-Anfragen während dieser Zeit abblocken muß, läuft er als sogenannter **Multi-Threaded** Prozeß, d.h. es laufen parallel mehrere Instanzen eines NFS-Servers auf dem Server-Rechner, die die jeweiligen Anfragen entgegennehmen.
6. Ebenso kann die Entgegennahme von Dateianfragen, die von der Anwendung an den NFS-Client gestellt werden, einige Zeit in Anspruch nehmen. Um eine bessere Synchronisation zwischen Client und Server zu erreichen, läuft der NFS-Client ebenfalls als Multi-Threaded Prozeß ab.

Abb. 8.19. NFS – Ablauf der Kommunikation zwischen Client und Server

sondern daß auf bereits vorhandene und bewährte Routinen zurückgegriffen werden sollte, die die Kommunikation mit Anwendungen, die auf einem fremden Rechensystem ablaufen, gestatten. Zu diesem Zweck wurde der allgemeine Mechanismus des **Remote Procedure Calls** (**RPC**) herangezogen, der in RFC 1057 spezifiziert ist und einen Operationsaufruf auf einem entfernten Rechner erlaubt.

RPC arbeitet ebenfalls nach dem Client/Server-Prinzip und verwendet eine spezielle **Transfersyntax**, um Client-Requests und Server-Responses zu kodieren, die in RFC 1014 spezifizierte **External Data Representation** (**XDR**).

Gemeinsam stellen RPC und XDR dem Programmierer Mechanismen zur Verfügung, Anwendungen zu programmieren, die verteilt im Netzwerk ablaufen können. Zu diesem Zweck teilt der Programmierer eine Anwendung in eine Client-Seite und eine Server-Seite auf, die sich dann untereinander via RPC verständigen. Dazu werden einige Operationen als **remote** deklariert und der Compiler zur Einbettung von RPC-Prozeduren in den Code der Anwendung veranlaßt. Auf Server-Seite implementiert der Programmie-

rer die gewünschten Operationen und nutzt andere RPC-Optionen, um diese als den Server-Anteil der Anwendung zu deklarieren. Ruft die Anwendung auf der Client-Seite jetzt eine der als remote deklarierten Routinen auf, tritt RPC in Aktion. RPC sammelt alle benötigten Argumente, die als Parameter zusammen mit dem betreffenden Operationsaufruf an den Server übergeben werden müssen, und stellt eine entsprechende Anfrage an den Server. Dann wartet RPC auf die Antwort des Servers und übergibt die vom Server gelieferten Antwortwerte zurück an die aufrufende Anwendung.
Der RPC-Mechanismus schirmt die Anwendung so weit wie möglich von den zugrunde liegenden Protokollmechanismen ab und gestattet damit, auch Anwendern die Programmierung verteilter Anwendungen, die noch keinen tieferen Einblick in die Kommunikation via TCP/IP erlangt haben.
XDR auf der anderen Seite vereinfacht die Übergabe von Daten zwischen Rechnern mit unterschiedlicher Architektur, d.h. es erspart dem Programmierer, Umrechnungs- und Konvertierungsroutinen für die zu übergebenden Datenformate zu schreiben. XDR automatisiert auf diese Weise alle notwendigen Konvertierungsmaßnahmen. Zu diesem Zweck muß der Programmierer noch nicht einmal explizite XDR-Konvertierungsroutinen aufrufen, sondern es wird einfach ein spezieller XDR-Compiler mit den Datendeklarationen versorgt, die für die Übertragung entsprechend transformiert werden müssen. Daraufhin generiert der XDR-Compiler automatisch ein Programm, das bereits die zur Konvertierung notwendigen XDR-Aufrufe enthält und erleichtert auf diese Weise die Entwicklung von plattformunabhängigen Client/Server-Anwendungen.

8.5 Remote Login

Wie bereits gesehen, gibt es eine ganze Reihe von Client/Server-basierten Anwendungen, die über die Protokolle der TCP/IP-Protokollfamilie miteinander kommunizieren. Während einige ohne aktive Beteiligung des Nutzers ablaufen, bieten andere Anwendungen, wie z.B. FTP, dem Nutzer eine interaktive Schnittstelle zu einem entfernten Rechner an. Müßten solche interaktiven Schnittstellen zu einem entfernten Rechner für jede Anwendung neu programmiert werden und jeweils einem eigenen Protokoll folgen, würde der anbietende Server rasch von einer Vielzahl unterschiedlichster Server-Prozesse überschwemmt werden. Um das zu verhindern wird eine allgemeine interaktive Schnittstelle angeboten, über die sich der Nutzer oder eine Anwendung beim Server-Rechner identifizieren und anmelden kann, und die die Möglichkeit schafft, dort allgemeine Befehle abzusetzen und deren Ausgabe an den Client-Rechner umzuleiten. Dieses **Einwählen in ein entferntes System** (**Remote Login**) ermöglicht es dem Nutzer oder einer Anwendung, Befehle abzusetzen, die tatsächlich auf der entfernten Maschine ausgeführt werden, so daß Programmierer und Anwendungs-Designer zu diesem Zweck nicht erst spezialisierte Server-Anwendungen entwickeln müssen.

Die Entwicklung eines allgemeinen Server-Prozesses für ein Remote-Login ist eine sehr aufwendige Angelegenheit, da Rechner für gewöhnlich ausschließlich Anmeldevorgänge über ihre eigene Tastatur mit Ausgabe auf dem eigenen Bildschirm vorsehen. Daher verlangt die Programmierung eines Remote Login Services Eingriffe in das Rechner-Betriebssystem. Trotz der technischen Schwierigkeiten gibt es mittlerweile Remote-Login Dienste für fast alle Betriebssysteme, die es Nutzern und Anwendungsprogrammen gestatten, als Client direkt auf entfernte Rechner zuzugreifen. Zu den populärsten Remote-Login Diensten des Internet zählen:

- **Telnet**: Eine Standardanwendung, die zusammen mit jeder Unix-Implementation ausgeliefert wird,
- **rlogin**: Die Remote-Login Anwendung der BSD UNIX Distribution, die ursprünglich nur für ein Remote-Login auf Unix-Rechnern vorgesehen war, aber mittlerweile für viele Betriebssysteme verfügbar ist,
- **rsh**: Eine Variante des rlogin Dienstes und
- **ssh**: Eine rsh Variante, die eine sichere, verschlüsselte Datenübertragung erlaubt.

8.5.1 Telnet

Die TCP/IP-Protokollfamilie beinhaltet ein simples Remote-Login Protokoll, über das eine interaktive Verbindung zu einem entfernten Rechner über das Internet hergestellt werden kann, das **Telecommunications Network Protocol** (**Telnet**), das in einer Vielzahl von RFCs, wie z.B. RFC 854, RFC 855 oder RFC 861, spezifiziert ist. Telnet stellt mit Hilfe des TCP-Transportprotokolls eine Verbindung zum entfernten Rechner her, über die alle Tastaturanschläge des Nutzers an seiner lokalen Tastatur direkt an den entfernten Rechner übertragen werden, so als wenn sie direkt vor Ort eingegeben worden wären. Telnet nutzt dazu auf Server-Seite den TCP-Port 23. In der umgekehrten Richtung reicht Telnet die Antworten des entfernten Rechners auf die übertragenen Kommandos an den lokalen Rechner zurück und stellt diese dort dar. Telnet bietet einen sogenannten **transparenten** Dienst, da der Nutzer am lokalen Rechner den Eindruck hat, er würde direkt am entfernten Rechner arbeiten und von den zur Datenübertragung notwendigen Routinen völlig unbehelligt bleibt.
Telnet stellt dem Anwender drei Basisdienste zur Verfügung:

- **Network Virtual Terminal (NVT)**
  Mit dem NVT wird eine Standardschnittstelle für den Zugriff auf entfernte Systeme bereitgestellt. Diese bietet den Vorteil, daß die Details der für die Kommunikation notwendigen Protokolle, sowie notwendige Umrechnungen und Umwandlungen vor den beteiligten Kommunikationspartnern verborgen werden. Das NVT arbeitet wie ein imaginäres Ein-/Ausgabegerät, auf das beide Kommunikationspartner ihre lokale Ein-/Ausgabe abbilden, unabhängig davon, um welche Systemplattform es sich dabei jeweils handelt.

Das vom Client-Rechner verwendete Format wird vom Telnet-Client in das NVT-Format übersetzt, das via TCP über das Internet zum Server-Rechner gesendet wird. Dort nimmt der Telnet-Server das NVT-Format entgegen und übersetzt es in das für den Server-Rechner benötigte Format (siehe Abb. 8.20).

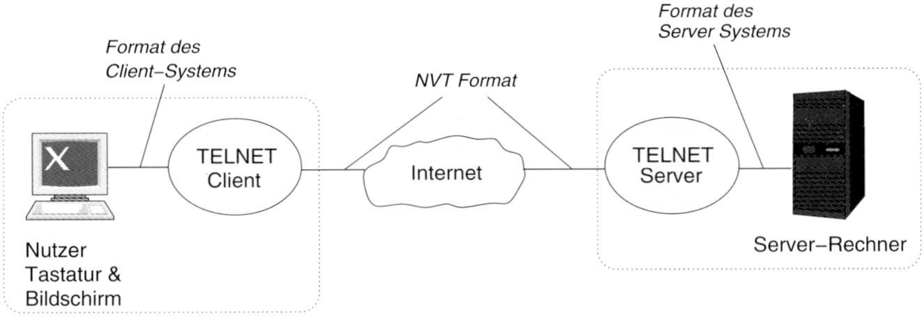

Abb. 8.20. TELNET Client/Server-Kommunikation über das Network Virtual Terminal

Das NVT definiert ein virtuelles, zeichenorientiertes Kommunikationsgerät, das eine Tastatur als Eingabegerät und einen Drucker als zugehöriges Ausgabegerät vorsieht. Daten, die der Nutzer an der Tastatur eingibt, werden an den Server übermittelt, und jede Antwort des Servers wird über den Drucker wieder ausgegeben. Das von NVT verwendete Datenformat ist sehr einfach gestaltet: Die Kommunikation erfolgt in 8 Bit Einheiten (Bytes). Dabei verwendet NVT den Standard 7 Bit US-ASCII Code für Daten und reserviert das 8. Bit (High Order Bit) für Steuerkommandos und -sequenzen. Der 7 Bit US-ASCII-Code umfaßt 95 druckbare Zeichen (Buchstaben, Zahlen oder Satzzeichen), die unverändert übernommen werden, und 33 sogenannte **Control Codes**, deren Bedeutung NVT für eigene Zwecke selbst umdefiniert. Beispielsweise übersetzt der Telnet-Client eine EOL-Steuersequenz (End of Line, Zeilenende), die am lokalen Rechner durch Drücken der „RETURN“-Taste erzeugt wird, in die zweiteilige Sequenz CR-LF (Carriage Return-Line Feed), die beim gegenüberliegenden Kommunikationspartner ggf. wieder zurückübersetzt werden muß. Zusätzlich muß NVT auch noch in der Lage sein, Steuersignale, die durch spezielle Tasten an der Tastatur des Clients ausgelöst werden (CONTROL-C bewirkt z.B. bei Unix-Rechnern eine Unterbrechung der Programmausführung), in sogenannte **Escape-Sequenzen** zu übersetzen. Eine Escape-Sequenz umfaßt zwei Bytes, startend mit dem ASCII-Code für „Escape“-Steuersignal (Byte `0xff` (255 dezimal), auch bezeichnet als **IAC** (Interpret as Command)), gefolgt von einem Byte-Code, der das auszuführende Steuerkommando signalisiert. Tabelle 8.3 listet einige Telnet-Kommandos und die dazugehörigen Steuercodes auf.

Tabelle 8.3. Einige Telnet Kommandos mit zugehörigem Steuercode

Name	Code	Bedeutung
EOF	236	End of File
SUSP	237	Prozeß zeitweilig anhalten (suspend)
ABORT	238	Prozeß abbrechen
EOR	239	End of Record
SE	240	Suboption Ende
NOP	241	No Operation
DM	242	markiere Daten
BRK	243	Break
AO	245	Ausgabe abbrechen
EL	248	Zeile löschen
SB	250	Suboption Start
WILL	251	Option Negotiation
WONT	252	Option Negotiation
DO	253	Option Negotiation
DONT	254	Option Negotiation

Eine Anwendung am Server-Rechner, die sich fehlerhaft verhält und durch Steuersignale des Clients unter Kontrolle gebracht werden soll, könnte die Interpretation des einlaufenden Datenstroms und somit die Steuer- und Kommandosequenzen blockieren. Um auch in derartigen Situationen Steuersignale übermitteln zu können, verwendet Telnet ein **Out-of-Band**-Signal, das den speziellen Mechanismus der Priorisierung von TCP-Datenströmen verwendet (siehe Abschnitt 7.2.3).

- **Option Negotiation**
  Dieser Dienst ermöglicht es den beteiligten Kommunikationspartnern, Verbindungsparameter und Optionen der Verbindung gegenseitig auszuhandeln und festzulegen. Für den Fall, daß zwei Telnet-Versionen miteinander kommunizieren, die nicht über einen identischen Satz an Optionen verfügen, stellt Telnet mit NVT einen Satz von Standard-Kommunikationsparametern bereit.
  Erwähnenswert ist, daß dabei sowohl Client als auch Server die Initiative ergreifen können, weshalb die Kommunikationsbeziehungen via Telnet auch symmetrisch genannt werden. Für den Fall, daß zwei Telnet-Versionen miteinander kommunizieren, die nicht über einen identischen Satz an Optionen verfügen, stehen folgende Steuerkommandos zur Verfügung, um eine gemeinsame Schnittmenge von Optionen auszuhandeln:
  – `WILL`: Der Sender möchte die angegebene Option selbst aktivieren.
  – `DO`: Der Sender möchte, daß der Empfänger die angegebene Option aktiviert.
  – `WONT`: Der Sender möchte die angegebene Option selbst deaktivieren.
  – `DONT`: Der Sender möchte, daß der Empfänger die angegebene Option deaktiviert.

Die Option-Negotiation verlangt den Austausch von jeweils drei Bytes: Das IAC-Byte (255), gefolgt vom Steuercode für `WILL`, `DO`, `WONT` oder `DONT`, gefolgt von einem weiteren Steuercode, der die jeweilige Option identifiziert. Beispiel:

```
(IAC, WILL, 24)
```

Derzeit stehen mehr als 40 verschiedene Optionen zur Verfügung, über die die beiden Kommunikationspartner verhandeln können. Der im Beispiel genannte Steuercode 24 besagt, daß einer der Kommunikationspartner den verwendeten Terminal-Typ festlegen möchte. Dazu müssen allerdings noch weitere Angabe folgen, die den jeweiligen Terminal-Typ spezifizieren. Für diesen Fall verhandeln die Kommunikationspartner dann über die zu wählende **Suboption**. Antwortet der Kommunikationspartner im angegebenen Beispiel mit

```
(IAC, DO, 24)
```

startet die **Suboption Negotiation**. Der erste Kommunikationspartner fragt den zweiten nach dessen Terminal-Typ:

```
(IAC, SB, 24,1,IAC,SE)
```

„`SB`" kennzeichnet den Beginn der Suboption-Negotiation, „`1`" ist der Steuercode zur Abfrage des Terminal-Typs und „`IAC SE`" beendet die Suboption. Der zweite Kommunikationspartner kann darauf z.B. antworten, daß es sich bei seinem Terminal-Typ um einen `ibmpc` handelt. Die jeweilige Kodierung der verschiedenen Terminal-Typen ist in RFC 1091 festgelegt.

```
(IAC, SB, 24, 0, 'I', 'B', 'M', 'P', 'C', IAC, SE)
```

- **Symmetrische Kommunikation**
  Telnet behandelt beide Kommunikationspartner völlig identisch, also symmetrisch. Der anfragende Client muß seine Eingaben nicht notwendigerweise über eine Tastatur tätigen und die Ausgabe der Ergebnisse des antwortenden Servers müssen auch nicht notwendig auf dem Bildschirm dargestellt werden. Dadurch können beliebige Anwendungsprogramme die Dienste von TELNET nutzen und gegenseitig die jeweils benötigten Verbindungsoptionen aushandeln.

Der Ablauf einer TELNET-Sitzung ist relativ simple (siehe Abb. 8.21).

1. Der Nutzer bzw. ein Anwendungsprogramm startet den Telnet-Client mit der Aufforderung, eine Verbindung zu einem entfernten Rechner aufzubauen. Dabei liest der Telnet-Client die Eingaben des Nutzers direkt von der Tastatur bzw. übernimmt diese vom Anwendungsprogramm, das die entsprechende Eingabe in den Standard-Eingabepuffer schreibt.
2. Die eingegebenen Kommandos leitet der Telnet-Client über eine TCP-Verbindung weiter an den entfernten Telnet-Server, der diese zur Weiterverarbeitung an das Betriebssystem „seines" Rechners als Nutzereingabe übergibt.

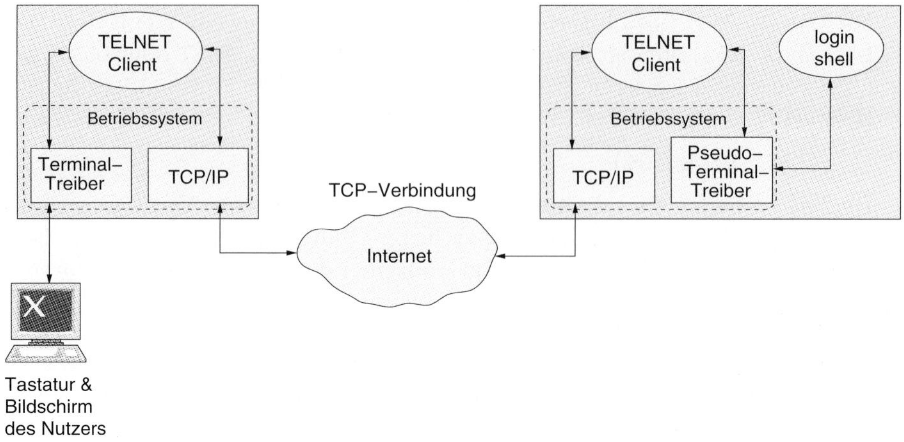

Abb. 8.21. Client/Server-Verbindung über das TELNET-Protokoll

3. Die daraufhin erzeugte Ausgabe übermittelt der Telnet-Server an den Telnet-Client zurück, der diese auf „seinem“ Bildschirm darstellt oder an das anfragende Anwendungsprogramm übergibt. Die Schnittstelle des Betriebssystems, die es dem Telnet-Server gestattet, Eingaben des anfragenden Clients in der gleichen Weise wie Eingaben über eine lokale Tastatur zu behandeln, wird als **Pseudo-Terminal** bezeichnet. Diese Schnittstelle ist unerläßlich, wenn ein Telnet-Server installiert werden soll.
4. Über das Pseudo-Terminal wird auf der Server-Seite eine **Login-Shell** aktiviert, über die eine interaktive Sitzung am entfernten Rechner abgehandelt wird, als würden die jeweiligen Eingaben über ein gewöhnliches, lokales Terminal eingegeben werden.

Ein Telnet-Server ist in der Lage, eine Vielzahl von Telnet-Clients parallel zu bedienen. Für gewöhnlich ist auf dem Server-Rechner ein Telnet-Masterserver präsent, der bei jeder neuen TCP-Verbindung einen entsprechenden TELNET-Slaveprozeß dynamisch erzeugt, der dann die neue Verbindung bearbeitet. Jeder TELNET-Slaveprozeß verbindet dabei einen TCP-Strom des TELNET-Clients mit einem bestimmten Pseudo-Terminal im Betriebssystem des Server-Rechners.

8.5.2 Remote Login – rlogin

Betriebssysteme auf Basis von BSD-UNIX beinhalten seit der Version 4.2BSD den Remote-Login-Service, **rlogin**, der in RFC 1282 spezifiziert ist. Da rlogin einen Remote-Login zwischen Unix-Rechnern ermöglicht, konnte das rlogin-Protokoll wesentlich einfacher und weniger komplex als das Telnet-Protokoll gestaltet werden, da die Option-Negotiation zur Aushandlung der jeweiligen Darstellungsoptionen entfallen konnte.

rlogin verwendet lediglich eine einzelne TCP-Verbindung zwischen Client und Server. Nachdem diese TCP-Verbindung erfolgreich eingerichtet worden ist, startet zwischen Client und Server ein einfaches Protokoll:

- Der Client sendet vier Zeichenketten an den Server:
  - Das Null-Byte `0x00`,
  - den Login-Namen des Nutzers am Client, terminiert von einem Null-Byte,
  - den Login-Namen des Nutzers am Server, terminiert von einem Null-Byte und
  - die Bezeichnung des Terminal-Typs des Nutzers, gefolgt von einem Schrägstrich (`/`), der Übertragungsgeschwindigkeit des Terminals, terminiert mit einem Null-Byte.

  Die beiden Login-Namen sind notwendig, da ein Nutzer am Client und am Server unterschiedliche Login-Namen verwenden kann.
- Der Server antwortet mit einem Null-Byte.
- Der Server kann den Nutzer daraufhin nach einem Passwort fragen. Die Passwort-Abfrage und der dazu notwendige Datenaustausch läuft über die reguläre rlogin-Verbindung, ohne daß dazu ein spezielles Protokoll nötig wäre. Antwortet der Client nicht rechtzeitig vor Ablauf eines zuvor festgesetzten Zeitlimits mit dem korrekten Passwort, beendet der Server die Verbindung.
  Der Nutzer kann die Passwortabfrage vermeiden, indem er in dem ihm zugeordneten Verzeichnis auf dem Server eine Datei `.rhosts` anlegt, die den Rechner-Namen des Clients und den Login-Namen des Nutzers enthält. Erfolgt eine Login-Anfrage eines dort angegebenen Rechners zusammen mit dem jeweiligen Login-Namen, unterläßt der Server die Passwort-Abfrage.
  Ältere rlogin-Implementationen senden das vom Nutzer eingegebene Passwort im Klartext. Daher ist dem sicherheitsbewußten Nutzer von deren Anwendung abzuraten.
- Der Server fordert vom Client die Angabe einer Fenstergröße für die Ausgaben des Servers.
- Der Client übermittelt die gewünschte Information und die Login-Shell des Servers antwortet mit Informationen des Betriebssystems und der Eingabeaufforderung (Login-Prompt) an den Nutzer.

rlogin bietet die Möglichkeit der Verwaltung sogenannter **Trusted Hosts**. Über Trusted Hosts kann ein Systemadministrator eine Gruppe von Rechnern zusammenfassen, die Benutzernamen und Zugriffsbeschränkungen auf Dateien gemeinsam verwenden. Ein Nutzer, der auf einem Rechner der Gruppe angemeldet ist, kann auf jeden anderen Rechner der Gruppe zugreifen, ohne erneut bei der Anmeldung sein Passwort angeben zu müssen. Darüberhinaus läßt sich damit eine Gleichberechtigung verschiedener Nutzer-Logins auf unterschiedlichen Rechnern realisieren, d.h. selbst wenn ein Nutzer auf zwei

Rechnern der Gruppe unterschiedliche Benutzernamen verwendet, kann die Passworteingabe bei der Anmeldung auf dem zweiten Rechner entfallen. Diese Möglichkeit der automatischen Verlängerung der Nutzerberechtigung kann sowohl interaktiv durch den Nutzer, als auch von Anwendungsprogrammen genutzt werden. Eine Variante des rlogin-Dienstes ist **rsh**. Über rsh läßt sich direkt der Kommandozeileninterpreter auf einem entfernten Rechner ansprechen, ohne daß dabei eine interaktive Anmeldeprozedur durchlaufen werden muß (**Remote Execution**). Die über rsh eingegebene Kommandozeile

```
rsh IP-Adresse Kommando
```

wird einfach an den adressierten Rechner übergeben, dort ausgeführt und das Ergebnis am Ausgangsrechner dargestellt.

8.5.3 Secure Shell – SSH

Der Nachteil der bisher angesprochenen Remote-Login Dienste besteht darin, daß dabei die Übertragung der Daten jeweils unverschlüsselt, d.h. im Klartext erfolgt. Als Nachfolger von rsh, rlogin und telnet soll daher **Secure Shell** (**ssh**) einen verschlüsselten Remote-Login Dienst bereitstellen. ssh kann, ebenso wie rlogin oder rsh, Zugriffsrechte von Nutzern für Gruppen von Rechnern verwalten. Darüberhinaus werden die dabei übertragenen Daten mit dem **RSA-Verfahren** verschlüsselt, einem Verfahren, das mit öffentlichen Schlüssel arbeitet (siehe Abschnitt 9.3.3). Die Version 2 des ssh-Protokolls bietet alternativ zu RSA auch DSA, TripleDES oder andere Verschlüsselungsverfahren.
Wann immer Daten zwischen Client und Server transportiert werden, werden diese durch ssh automatisch verschlüsselt, ohne daß der Nutzer davon etwas bemerkt. Die von ssh bereitgestellte Verschlüsselung erfolgt für den Nutzer vollkommen transparent.
Ursprünglich 1995 vom Finnen Tatu Ylönen an der Universität Helsinki als reine Unix-Anwendung entwickelt, ist ssh heute auf einer Vielzahl von Systemplattformen als frei verfügbare Software (OpenSSH) oder auch als kommerzielles Produkt der Firma SSH Communications Security Ltd. (gegründet von Tatu Ylönen) erhältlich. Zum Funktionsumfang von ssh zählt nicht nur ein sicheres Remote-Login, sondern zusätzlich die sichere interaktive bzw. nicht-interaktive Ausführung von Kommandos auf einem entfernten Rechner und ein sicherer Dateitransferdienst.

8.6 Netzwerkmanagement

Neben der Vielzahl der angebotenen Internet-Dienste, die die eigentliche Funktion des Internet als Kommunikationsmedium begründen, soll an dieser Stelle auch auf die Verwaltung und Kontrolle von Netzwerken näher

eingegangen werden. Die Verwaltung eines LANs obliegt in der Regel einem **Netzwerk-Administrator** (Netzwerk-Manager). Dieser erkennt und behebt Fehler, die im Netzwerkbetrieb durch Hardware oder Software verursacht werden können. Er konzeptioniert und konfektioniert Netzwerke, konfiguriert deren Komponenten und versucht einen möglichst hohen Durchsatz bei höchster Verfügbarkeit des Netzwerks zu gewährleisten.
Die Fehlersuche zählt dabei zu den anspruchsvollsten Aufgaben des Netzwerk-Administrators, da Protokolle mögliche Paketverluste verstecken können, und sporadisch auftretende Fehler in Hard- und Software nur schwer abzugrenzen und zu erkennen sind. Zwar verfügen die Protokolle der TCP/IP-Protokollfamilie über verschiedenartige Fehlererkennungs- und Fehlerkorrekturmechanismen, doch auftretende Fehler mindern stets den Netzwerkdurchsatz und damit die Leistungsfähigkeit des Netzwerks. Der Netzwerkadministrator muß daher die Fehlerursachen ergründen und diese entsprechend beheben. Um Fehler der Netzwerk-Hard- und Software erkennen zu können, benötigt der Netzwerk-Administrator spezielle Werkzeuge. Dabei kann es sich um Netzwerk-Hardware handeln, wie z.B. Schnittstellen- und Netzwerkanalysegeräte, die den gesamten Netzwerk-Datenverkehr überwachen und eine Vielzahl von Filter- und Analysefunktionen zur Fehlersuche anbieten. Dedizierte Software, die dabei ebenfalls zum Einsatz kommt, wird als **Netzwerkmanagement-Software** bezeichnet. Die unterschiedlichen Netzwerk-Management Aufgaben sind in Abb. 8.22 aufgelistet.

Netzwerk Managementfunktionen

- **Fehlermanagement (Fault Management)**
  Frühzeitige Erkennung von Fehlerzuständen und Lokalisierung von Fehlerquellen.
- **Konfigurationsmaganement (Configuration Management)**
  Abfrage und Änderung der Konfiguration aller verwalteten Systembestandteile.
- **Abrechnungsmanagement (Accounting Management)**
  Funktionen zur Erfassung der Ressourcennutzung eines Nutzers als Basis für ein Abrechnungssystem.
- **Leistungsmanagement (Performance Management)**
  Überwachungsfunktionen für die vom Netzwerk erbrachte Leistung, sowie zur Erkennung von Leistungsengpässen und deren Ursachen zur Leistungsoptimierung.
- **Sicherheitsmanagement (Security Management)**
  Funktionen, zum Schutz von Netzwerkkomponenten und Diensten vor einem Mißbrauch oder Zugriff durch unberechtigte Dritte.

Abb. 8.22. Netzwerkmanagement Funktionen nach OSI-10164 bzw. ITU-T X.700

Die spezielle Netzwerkmanagement-Software arbeitet dabei auf der Anwendungsebene der TCP/IP-Protokollfamilie. Sie ist in der Regel als Client/Server-Anwendung konzipiert, so daß der Netzwerk-Administrator zum Zweck der Analyse über einen Client eine Verbindung zu einem Server auf der zu untersuchenden Netzwerkkomponente aufbaut. Dabei kommen konventionelle Transportprotokolle wie TCP und UDP zum Einsatz, die entsprechend dem verwendeten Managementprotokoll Anfragen und Antworten austauschen. Die TCP/IP-Protokollfamilie stellt für Aufgaben der Verwaltung und Kontrolle von Netzwerken das **Simple Network Management Protocol** (**SNMP**) bereit, auf das im Folgenden ausführlicher eingegangen wird.

8.6.1 Simple Network Management Protocol – SNMP

SNMP als das in RFC 1157 spezifizierte Internet Standard-Protokoll für das Netzwerkmanagement bildet die Basis für die meisten Hersteller-übergreifenden Netzwerkmanagement- und Analysewerkzeuge. Dabei können innerhalb eines Netzwerks Geräte unterschiedlicher Hersteller eingebunden sein, die alle einheitlich von einem einzigen SNMP-Manager verwaltet werden. SNMP-Nachrichten, die vom Netzwerk-Administrator von einem Client-System (**Manager**) an eine zu untersuchende Netzwerkkomponente als Server (**Agent**) gesendet werden, folgen alle dem als **Abstract Syntax Notation.1** (**ASN.1**) bezeichneten Standard. Auf die detaillierte Darstellung von ASN.1 muß jedoch an dieser Stelle verzichtet werden. Als kurzes, erläuterndes Beispiel ist in Abb. 8.23 die Kodierung von ganzen Zahlen mit ASN.1 dargestellt.
Die Menge der Objekte, die über SNMP verwaltet werden können, wird als **Management Information Base** (**MIB**) bezeichnet, die in RFC 1213 standardisiert wurde. Mit Hilfe der MIB werden weiterhin die jeweiligen Variablen beschrieben, die ein verwaltetes Netzwerkobjekt bereitstellen muß, zusammen mit den darauf anwendbaren Operationen und ihrer Bedeutung.
Prinzipiell können folgende MIB-Objekte unterschieden werden:

- **Zähler**: Z.B. die Anzahl der von einem Router aufgrund von Fehlern im Datenheader verworfenen Datenpakete, oder die Anzahl von erkannten Kollisionen einer Ethernet-Netzwerkschnittstellenkarte.
- **Beschreibende Information**: Z.B. Version und Implementation der Software, die auf einem DNS-Server läuft, oder Statusinformation, die angibt, ob ein bestimmtes Gerät korrekt funktioniert, oder protokollspezifische Information, wie z.B. Routing-Pfade von Datenpaketen.

Die jeweiligen Inhalte der durch die MIB verwalteten Objekte stammen aus unterschiedlichen Quellen (siehe Abb. 8.24). Es beteiligen sich Hersteller von Netzwerkkomponenten ebenso wie die Netzwerkkomponenten selbst oder deren Betreiber und Benutzer. Alle steuern Informationen bei, die über MIB-Objekte verwaltet werden.
Die MIB für TCP/IP unterteilt die dabei verwaltete Information in verschiedene Kategorien (siehe Tabelle 8.4) und ist unabhängig vom jeweils verwendeten Netzwerk-Managementprotokoll. Das zur Beschreibung der MIB-Objekte

ASN.1 – Abstract Syntax Notation.1

ASN.1 stellt im Sinne der ISO-Definition einen Darstellungsservice (**Presentation Service**) dar, der zwischen unterschiedlichen Darstellungsarten verschiedener Rechnerarchitekturen vermittelt, indem er diese in eine plattformunabhängige Darstellungsform überträgt.
Generell verwendet ASN.1 zur Kodierung **Basis Encoding Rules** (**BER**), die basierend auf einem **TLV**-Ansatz (**Type, Length, Value** – jedes zu sendende Datenelement wird als Tripel Tatentyp, Länge und tatsächlicher Wert übertragen) spezifizieren, wie Instanzen von Objekten mit Hilfe der Datenbeschreibungssprache ASN.1 definiert werden.
Auch Ganzzahlenwerte werden mit einer Kombination aus Länge und Wert übertragen. Dabei werden ganze Zahlen zwischen 0 und 255 als ein Byte (plus ein Byte für die Länge) kodiert, während ganze Zahlen von 256 bis 32.767 zwei Byte und größere Zahlen drei oder mehr Byte benötigen. ASN.1 kodiert eine ganze Zahl als Wertepaar:

Länge **L**, gefolgt von **L** Bytes mit der kodierten Ganzzahl.

Dabei kann selbst die Kodierung der angegebene Länge ein Byte übersteigen, so daß beliebig lange Ganzzahlen kodiert werden können.
Beispiel:

Ganzzahl	Länge	Wert (hexadezimal)
33	01	21
24.566	02	5F F6
190.347	03	02 E7 8B

Eine ausführliche Beschreibung von ASN.1 findet sich in den betreffenden ISO-Standard-Dokumenten und der ASN.1-Homepage von Phillipe Hoschka:

- International Organization for Standardization: Information Processing Systems – Open Systems Interconnection – Specification of Abstract Syntax Notation One (ASN.1), International Standard 8824, Dec. 1987.
- International Organization for Standardization: X.680: Information Technology Syntax Notation One (ASN.1): Specification of Basic Notes, ITU-T Recommendation X.680 (1997) / ISO/IEC 8824-1:1998
- P. Hoschka: ASN.1 Homepage, online verfügbar: `http://www-sop.inria.fr/rodeo/personnel/hoschka/asn1.html`

Abb. 8.23. Kodierung von ganzen Zahlen nach ASN.1

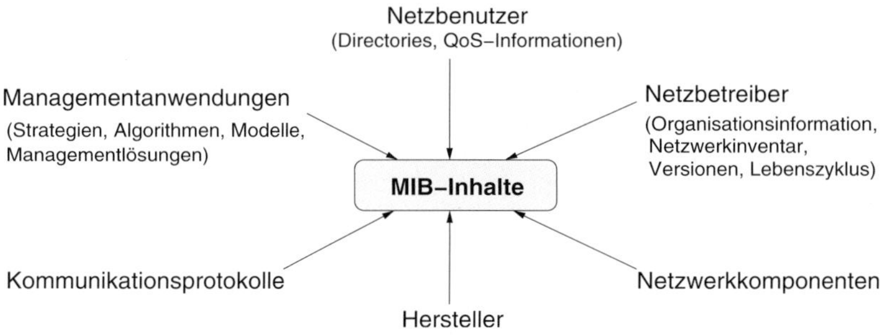

Abb. 8.24. Quellen der MIB-Verwaltungsinformation

verwendeten Datenformat wird unter dem Begriff **Structure of Management Information** (**SMI**) zusammengefaßt und wurde in RFC 1155 spezifiziert. SMI legt z.B. fest, daß ein Objekt vom Typ `counter` eine positive, ganze Zahl ist, die von 0 bis $2^{32}-1$ hochgezählt werden kann, bevor sie wieder mit dem Wert 0 startet.
Für die Versionen 1 und 2 des Netzwerkmanagement-Protokolls SNMP werden alle verwalteten Variablen in einer einzigen großen MIB spezifiziert. Mit der Einführung von MIB2, der zweiten Version von MIB, schlug die IETF einen anderen Weg ein, so daß für eine Vielzahl von Netzwerk-Objekten, wie z.B. Router, Bridges und sogar unterbrechungsfreie Stromversorgungen, jeweils eine eigene MIB definiert wurde, die inzwischen in mehr als 100 verschiedenen RFCs spezifiziert sind. Tabelle 8.5 zeigt einige Beispiele für MIB-Variablen und listet deren Bedeutung auf.

Tabelle 8.4. Auswahl einiger MIB2–Kategorien

MIB-Kategorie	enthaltene Information	Anzahl Objekte
system	Systeminformation über Host oder Router	7
interfaces	Netzwerk-Interfaces	23
at	Adreßübersetzung (z.B. via ARP)	3
ip	IP-Software	38
icmp	ICMP-Software	26
tcp	TCP-Software	19
udp	UDP-Software	7
egp	EGP-Software	18
snmp	SNMP Application Entities	30

Tabelle 8.5. Auswahl einiger MIB2–Variablen

MIB-Variable	Kategorie	Bedeutung
sysUpTime	system	Zeit seit letztem Systemstart
ifNumber	interfaces	Anzahl der Netzwerk-Schnittstellen
ifMtu	interfaces	MTU einer bestimmten Schnittstelle
ipDefaultTTL	ip	vorgegebene Datagrammlebensdauer
ipInReceives	ip	Anzahl empfangener Datagramme
ipForwDatagrams	ip	Anzahl weitergeleiteter Datagramme
ipOutNoRoutes	ip	Anzahl Routing-Fehler
ipReasmOKs	ip	Anzahl reassemblierter Datagramme
ipRoutingTable	ip	Inhalt der IP-Routingtabelle
icmpInEchoes	icmp	Anzahl empfangener ICMP Echo-Requests
tcpRtoMin	tcp	minimale Zeit für Neuübertragung
tcpMaxConn	tcp	max. mögliche Anzahl von TCP-Verbindungen
tcpInSegs	tcp	Anzahl empfangener TCP-Segmente
udpInDatagrams	udp	Anzahl empfangener UDP-Datagramme

Der Name von MIB-Objekten leitet sich aus dem allgemeinen ISO/ITU Object Identifier Namensraum ab. Dieser Namensraum gliedert sich hierarchisch und ist global gültig, weist also allen MIB-Objekten global eindeutige Namen zu.
Der Name ergibt sich nach ISO/ITU Namenskonvention durch Aneinanderreihung der den Knoten des Namensraums zugeordneten Zahlenwerte. An der Spitze gliedert sich der Namensraum wie folgt:

Level 1: Der gesamte Namensraum teilt sich in Objekte, die entweder der ISO (1), der ITU (2) oder beiden Organisationen (3) zugeordnet werden.

Level 2-4: MIBs werden dem Teilbaum unter der Autorität der ISO zugeordnet. Auf Level 2 betrifft dies den Teilbaum, den die IDO für nationale und internationale Organisationen (3) vorgesehen hat. Auf Level 3 folgt der Teilbaum, der für das US-amerikanische Verteidigungsministerium (6) eingerichtet wurde, dem der Teilbaum für das Internet (1) folgt.

Level 5: Der Namensraum unterhalb des Internet-Teilbaums enthält u. a. den für das Netzwerkmanagement (2) verantwortlichen Teilbaum.

Level 6: Hier beginnt der Teilbaum, der den Namensraum für die MIB-Objekte (1) startet.

Level 7: Hier finden sich die MIB-Kategorien im MIB-Namensraum wieder.

Entsprechend den numerische Werten, die den Objekten entlang eines Pfades im Namensraum zugeordnet werden, startet ein MIB-Namen stets mit dem Präfix `1.3.6.1.2.1` bzw. in der textuellen Darstellung (siehe Abb. 8.25)

`iso.org.dod.internet.mgmt.mib`

Die MIB-Variable `ipInReceives` hat dementsprechend den vollständigen Namen

`iso.org.dod.internet.mgmt.mib.ip.ipInReceives`

oder in numerischer Darstellung

1.3.6.1.2.1.4.3.

Neben einfachen Variablen, wie z.B. Zählern, können MIB-Variablen auch einem komplexeren Aufbau folgen, wie z.B. Tabellen oder Arrays, deren Unterelemente in Form eines Suffixes an den MIB-Namen angehängt werden, wie z.B.

```
iso.org.dod.internet.mgmt.mib.ip.ipRoutingTable.
          ipRouteEntry.field.IPdestaddr
```

mit der ein IP-Adreßeintrag aus einer Routing-Tabelle bezeichnet wird.
Zusammengehörige MIB-Objekte werden zu sogenannten **MIB-Modulen** zusammengefaßt. Die MIB-Objekte selbst werden in einer als **SMI** (Structure of Management Information) bezeichneten Definitionssprache, beschrieben in

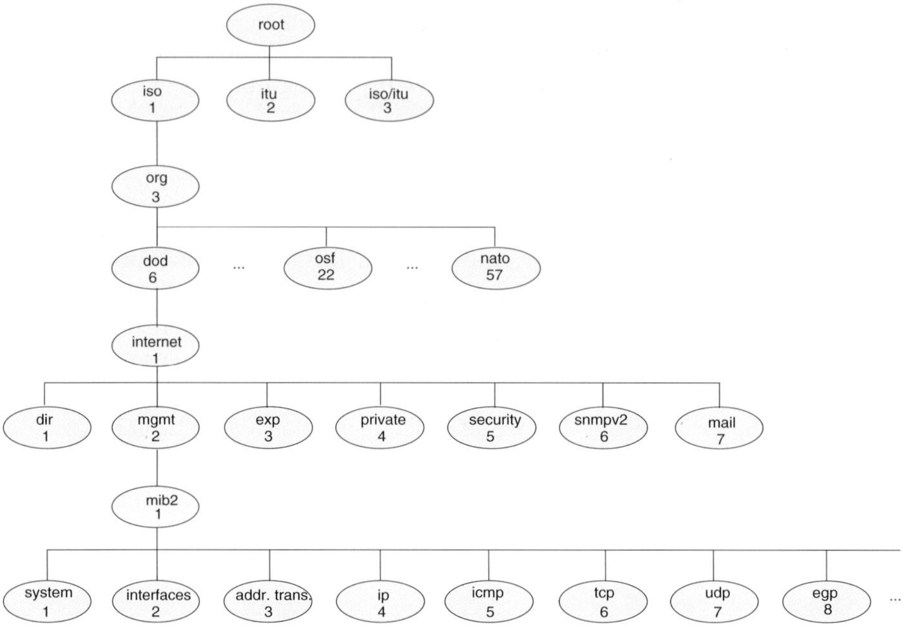

Abb. 8.25. MIB-Objektnamen im ISO/ITU Objekt Identifier Namensraum

den RFCs 1155 und 1902, spezifiziert. SMI selbst basiert wiederum auf der allgemeinen Definitionssprache ASN.1.
Folgende Begriffe aus der SNMP-Nomenklatur müssen zur Erläuterung des SNMP-Protokolls noch definiert werden:

- **Network Management Station (NMS)**
  Bezeichnung für einen speziellen Rechner, von dem aus die Netzwerk-Administration betrieben wird.
- **Network Management Application (NMA)**
  Bezeichnung für eine spezielle Software, die für das Netzwerkmanagement eingesetzt wird.
- **Managed Node (MN)**
  Bezeichnung für alle verwalteten Netzwerk-Komponenten (auch **Managed Network Entity (MNE)** oder **Network Element (NE)**), die durch das NMS überwacht und gesteuert werden.

Eine MIB stellt demnach die Menge aller Variablen dar, die in einem MNE definiert werden und über SNMP abgefragt und verändert werden können.
Netzwerkmanagement-Protokolle habe allgemein die Aufgabe, die Kommunikation zwischen einem Client-Programm, das der Netzwerkadministrator bedient, und einem Server-Programm, das auf einer zu überprüfenden Netzwerkkomponente abläuft, zu regeln. SNMP verfügt zu diesem Zweck, anders als man annehmen würde, nur über sehr wenige Befehle, die einem einfachen

Fetch/Store-Paradigma folgen. Um einen Gerätestatus zu ermitteln, fragt der Netzwerkadministrator die betreffende Komponente mit einem **Fetch**-Befehl ab und „holt" damit den abgefragten Wert ein. Auf der anderen Seite vermag der Netzwerkadministrator über einen **Store**-Befehl ein Gerät zu steuern, indem einer MIB-Variablen einfach ein bestimmter Wert zugewiesen wird, den das betreffende Gerät berücksichtigen muß. Alle anderen notwendigen Operationen ergeben sich quasi als „Nebeneffekt" dieser beiden Befehle. So existiert z.B. kein expliziter Befehl zum Neustart eines Netzwerkgeräts. Der Netzwerkadministrator kann allerdings eine Variable, die die Zeitspanne bis zum nächsten Neustart enthält, mit einem Store-Befehl auf Null setzen und damit einen Neustart auslösen.
Ein derartiger Ansatz wurde gewählt, da er zugleich stabil, einfach zu implementieren und sehr flexibel ist. So bleibt die SNMP-Definition selbst unverändert, auch wenn neue MIB-Objekte und MIB-Variablen hinzugefügt werden und sich über die Verwendung neuer Wertezuweisungen neue Nebeneffekte erzielen lassen. Tatsächlich gibt es mehr als nur zwei SNMP-Kommandos. SNMPv2 definiert sieben Nachrichtentypen, die als **Protocol Data Unit** (**PDU**) bezeichnet werden (siehe Tabelle 8.6 und Abb. 8.26).

Tabelle 8.6. SNMP – mögliche Operationen

Operation	Bedeutung
`get-request`	Anforderung des Wertes einer MIB-Variablen
`get-next-request`	Anforderung eines Wertes ohne dessen exakten Namen zu kennen
`get-bulk-request`	Anforderung eines MIB-Variablenblockes
`response`	Antwort auf eine Anfrage
`set-request`	Wertzuweisung an eine MIB-Variable
`inform-request`	Informiere einen anderen (nicht den Netzwerkadministrator)
`snmp2-trap`	Gerät informiert den Netzwerkmanager über das Auftreten eines Ereignisses

`get-request` und `set-request` sind dabei die beiden grundlegenden Fetch- und Store-Befehle. Mit `get-request` fordert der Netzwerkadministrator Daten an, die das betreffende Gerät über `response` zurückliefert. Mit dem Befehl `get-next-request` kann der Netzwerkadministrator einen Folge-Tabelleneintrag anfordern, ohne dessen genauen Namen zu kennen. Ein `trap` meldet ein Ereignis, wie z.B. Ausfall oder Wiederverfügbarkeit einer Netzwerkverbindung, an den Netzwerkadministrator, das eine Netzwerk-Komponente festgestellt hat. Der Befehl `inform-request` kann zur Kommunikation zwischen verschiedenen NMS verwendet werden, um diese über ein Ereignis oder einen abgefragten Zustand einer Netzwerk-komponente zu informieren. Damit wird ebenfalls ein verteiltes Netzwerkmanagent über SNMP ermöglicht.

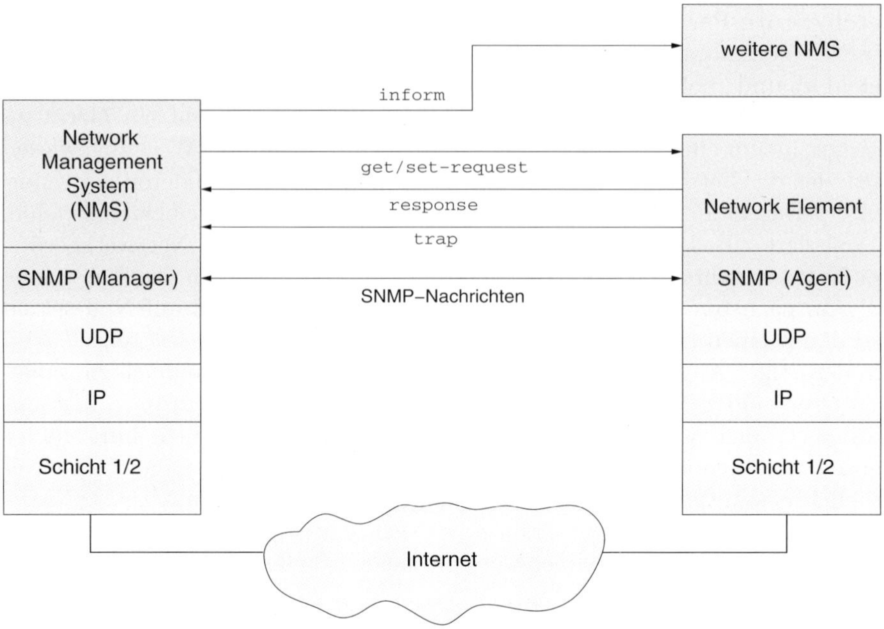

Abb. 8.26. SNMP-Protokollstapel und SNMP-Operationen

Prinzipiell läßt sich SNMP aufgrund der einfachen Request/Response-Architektur über jedes Transportprotokoll übertragen, in der Praxis erfolgt der Transport stets über UDP und Portnummer 161 (Trap-Nachrichten über Portnummer 162), das in RFC 1906 als bevorzugtes Transportprotokoll für SNMP genannt wird. UDP ist ein unzuverlässiges Transportprotokoll daher kann keine Garantie übernommen werden, daß eine SNMP-Nachricht auch am vorbestimmten Ziel ankommt. Das SNMP-Datenformat sieht daher eine Request-ID vor, die das NMS für Anfragen an einen Agenten fortlaufend numeriert. Die entsprechende Antwort des Agenten übernimmt die Request-ID der Anfrage. So erfolgt zum Einen eine Zuordnung von Anfrage und Antwort und andererseits kann ein Timeout-Mechanismus installiert werden, der eine Übertragungswiederholung startet, wenn eine entsprechend identifizierte Nachricht ausbleibt. Ein Neuübertragungsmechanismus wird vom SNMP-Standard jedoch nicht explizit vorgeschrieben und liegt in der Verantwortung der jeweiligen NMS. Abb. 8.27 zeigt schematisch das Datenformat einfacher SNMP-Kommandos (Kodierung erfolgt in ASN.1).

8.6.2 SNMPv3

Die Version 3 des Netzwerkmanagement-Standards SNMP stellt eine Erweiterung der Funktionalität der bisherigen SNMP-Standards dar. Mögliche

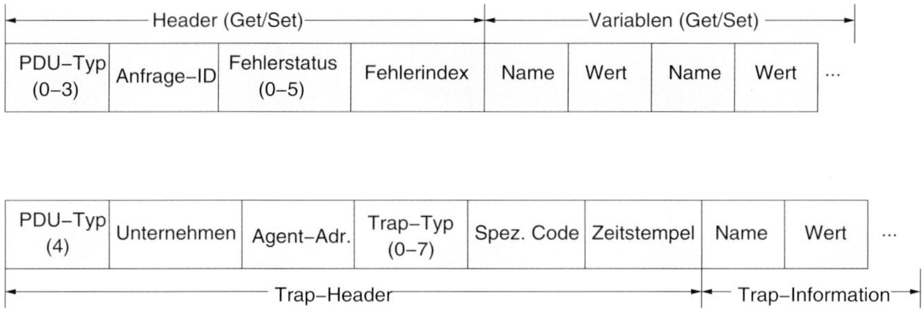

Abb. 8.27. Datenformat einer SNMP-PDU

SNMP-Anwendungen gliedern sich in SNMPv3 dabei in eigene Untereinheiten:

- **Network Management System (NMS)**
  - **Befehlsgenerator**: Erzeugt die Kommandos `get-request`, `get-next-request`, `get-bulk-request` und `set-request` und behandelt die auf diese Anfragen hin erhaltenen Antworten.
  - **Meldungsempfänger**: Empfängt und verarbeitet Trap-Kommandos, die von einem Agenten gesendet werden.
  - **Proxy-Vermittler**: Dient der Weiterleitung von Anfrage-, Antwort- und Trap-Kommandos.
- **Network Element (Agent)**
  - **Befehlsgenerator**: Empfängt, verarbeitet und beantwortet Kommandos vom Typ `get-request`, `get-next-request`, `get-bulk-request` und `set-request` mit einer Response-Nachricht.
  - **Meldungsgeber**: Erzeugt Trap-Kommandos, die eingetretene Ereignisse an das NMS melden.

Im Gegensatz zu den ersten beiden Versionen der SNMP-Spezifikation umfaßt SNMPv3 zusätzliche Sicherheits- und Administrationsfähigkeiten. Vorallem die Einführung neuer Techniken zur Wahrung der Sicherheit waren dringend notwendig, da SNMP aufgrund von Sicherheitsbedenken lediglich zur Überwachung und nicht zur aktiven Steuerung und Kontrolle verwendet wurde. Ein unberechtigter Dritter, dem es gelingt, SNMP-Nachrichten abzufangen und eigene SNMP-Nachrichten in die Managementinfrastruktur einzuschleusen, könnte im Netzwerk beträchtlichen Schaden anrichten. SNMPv3 unterstützt folgende Sicherheitsmechanismen:

- **Verschlüsselung**
  SNMP-Kommandos verwenden DES (Data Encryption Standard, siehe Kap. 9.3.3) zur Verschlüsselung der transportierten Inhalte.
- **Authentifikation**
  SNMP kombiniert eine Hashfunktion mit einem geheimen Schlüsselwert, um damit sowohl Authentifikation als auch Integrität der transportierten

Daten sicherzustellen. Dieses Verfahren wird als **Hash Message Authentication Code** (**HMAC**) bezeichnet und ist in RFC 2104 spezifiziert.

- **Schutz vor Playback-Attacken**
  Wird über einen sogenannten **Nonce** realisiert. Ein Nonce ist ein Zahlenwert, der zufällig erzeugt wird und für eine Kommunikation nur ein einziges Mal benutzt werden darf. Im Falle von SNMP verlangt der Empfänger vom Sender, in jede Nachricht einen Wert einzubauen, der auf einem Zähler im Empfänger basiert. Dieser Zähler dient als Nonce und setzt sich zusammen aus der seit dem letzten Neustart der Netzwerkmanagementsoftware des Empfängers vergangenen Zeit und der Gesamtzahl der Neustarts seit der letzten Konfiguration der Netzwerkmanagementsoftware des Empfängers. Solange der Zähler in einer empfangenen Nachricht vom tatsächlichen Wert nur innerhalb eines bestimmten Fehlergrenzwertintervalls im Empfänger abweicht, wird die Nachricht akzeptiert.
- **Zugriffskontrolle**
  SNMPv3 realisiert eine auf **Views** basierende Zugriffskontrolle, die angibt, welche Netzwerkmanagementfunktionen von welchem Nutzer ausgeführt werden dürfen. Jede SNMP-Einheit führt dazu einen lokalen Konfigurationsdatenspeicher (Local Configuration Datastore), der Informationen über Zugriffsrechte und damit verbundene Zugriffsvergabestrategien enthält.

8.7 Audio- und Videokommunikation

8.7.1 Multimedia Anwendungen im Internet

Multimediale Angebote, die über das Internet oder das World Wide Web quasi in Echtzeit verfügbar geworden sind, tragen einen entscheidenden Teil zur immensen Popularität des neuen Mediums bei. Neben der stetig steigenden Bandbreite und der damit verbundenen Möglichkeit, auch sehr große Bild-, Audio- und Videodaten in selbst für den privaten Nutzer akzeptabler Zeit zu übertragen, gewinnen sogenannte **kontinuierliche Medienanwendungen**, wie z.B. Internet-Radio, Internet-Telefonie, Videokonferenzen, Teleteaching (vgl. Abb. 8.31), interaktive Spiele oder virtuelle Welten zusehends an Bedeutung.
Die kontinuierliche Wiedergabe eines entfernten Multimedia-Inhalts, die in Echtzeit (Realtime) bereits während des Übertragungsvorganges erfolgt, wird allgemein als **Streaming** bezeichnet und wird durch eine Pufferung der übertragenen Daten vor der eigentlichen Darstellung erreicht. Im Gegensatz zur herkömmlichen Datenübertragung im Internet, stellen kontinuierliche Multimediadaten andere Anforderungen an das zu Grunde liegende Kommunikationsnetzwerk. Zwei Merkmale sind dabei als besonders kritisch anzusehen:

- **Timing**
  Kontinuierliche Multimedia-Anwendungen sind besonders verzögerungssensitiv. Übersteigt die Verzögerung für diese Art der Anwendung bei der Übertragung einzelner Datenpakete einen bestimmten Grenzwert (bei der Internet-Telefonie im Millisekundenbereich, bei sogenannten Streaming-Anwendungen im Sekundenbereich), werden die Datenpakete nutzlos. Durch Pufferung der übertragenen Daten vor der eigentlichen Darstellung können Schwankungen in der Verzögerung (Jitter) ausgeglichen werden.
- **Datenverlust**
  Kontinuierliche Multimedia-Anwendungen sind bzgl. mäßig auftretendem Datenverlust oder Datenbeschädigung weitgehend tolerant. Zwar vermindern derartige Fehler kurzzeitig die Qualität der wiedergegebenen Multimediadaten, doch liegt die Toleranzschwelle des Konsumenten in der Regel relativ hoch, bevor dies als störend empfunden wird.

Hinsichtlich der zu erfüllenden Anforderungen unterscheidet man heute drei verschiedene Klassen von kontinuierlichen Multimedia-Anwendungen, die im Folgenden kurz vorgestellt werden:

- **Streaming von gespeicherten Audio- und Video-Datenströmen**
  Hier fordert ein Client Daten von einem Server an, die bereits zuvor vollständig dort abgespeichert und als komprimierte Datei vorliegen. Der Client ist in der Lage, während der Übertragung durch die Multimedia-Datei zu navigieren, d.h. anzuhalten oder vorwärts und rückwärts zu spulen bzw. durchzublättern. Die akzeptable Reaktionszeit zwischen der Anfrage des Clients und der Ausführung solcher Aktionen beim Client liegt im Bereich zwischen 1 und 10 Sekunden. Auch wenn eine durchgängige, kontinuierliche Darstellung der gerade übertragenen Datei stattfindet, sind die Bedingungen hinsichtlich der Verzögerung von übertragenen Datenpaketen hier nicht so streng wie im Falle interaktiver Anwendungen (Videokonferenz).
  Video on Demand ist z.B. eine der Anwendungen dieser Technik, bei der der Anwender eine von ihm ausgewählte Video-Datei zur Übertragung auf sein lokales Darstellungsgerät anfordert.
  Man unterscheidet prinzipiell das **Just-in-Time Streaming**, bei dem die Darstellung bereits parallel zur Datenübertragung startet und über das RTP-Protokoll (Real Time Protocol) abgehandelt wird, und das **HTTP-Streaming**, bei dem die Multimedia-Daten erst nach der vollständigen Übertragung via HTTP, dem regulären Transportprotokoll des WWW, dargestellt werden.
- **Streaming von Live Audio- und Video-Datenströmen**
  Diese Art der kontinuierlichen Übertragung von Multimedia-Daten kann am besten mit einer herkömmlichen Radio- oder Fernseh-Liveübertragung verglichen werden. Die Multimedia-Daten werden direkt während ihrer Aufzeichnung über das Internet übertragen. Der empfangene Da-

tenstrom wird nach einer entsprechenden Pufferung, die notwendig ist, um Schwankungen in der Verzögerung der einzelnen Datenpakete ausgleichen zu können, mit einer geringen Verzögerung dargestellt. Wird der Datenstrom lokal abgespeichert, ist auch eine Navigation (Stoppen und Zurückspulen) innerhalb der Multimedia-Daten möglich.
Ein Live-Datenstrom wird in der Regel simultan von vielen Clients empfangen. Um eine unnötige Replizierung der zu übertragenden Datenpakete und eine eventuell dadurch auftretende Überlastung des Netzwerks zu vermeiden, wird der Datenstrom als **Multicast** übertragen. Restriktionen hinsichtlich der Schwankung in den Verzögerungen der übertragenen Datenpakete sind hier nicht so streng wie im Falle interaktiver Anwendungen (Videokonferenz).

- **Interaktives Echtzeit-Audio und -Video**
  In diese Kategorie fallen Anwendungen wie **Internet-Telefonie** oder **Videokonferenzen** über das Internet. Der Anwender hat hier die Möglichkeit, über den interaktiven Austausch von Audio- und Videoinformation in Echtzeit mit anderen Anwendern zu kommunizieren. Internet-Telefonie ist mittlerweile eine weit verbreitete und zudem kostengünstige Kommunikationstechnik, die alle Möglichkeiten der leitungsvermittelten Telefonie bietet und diese sogar erweitert (Konferenzschaltungen und Filterungsmechanismen).
  In Videokonferenzen kommunizieren Anwender visuell und verbal über das Internet. Bedingt durch die Interaktion mehrerer Anwender sind die zeitlichen Restriktionen bzgl. Verzögerungen besonders streng, da diese sonst als störend empfunden werden und die Kommunikation stark beeinträchtigen können. Für Sprache werden Verzögerungen bis zu 150 ms (Millisekunden) nicht bemerkt, 150 ms bis 400 ms werden als akzeptabel empfunden, während Verzögerungen größer als 400 ms als unangenehme Störung wahrgenommen werden.

8.7.2 Anforderungen und Realität

Anwendungen zur Übertragung von Audio- und Videodaten werden oft als **Echtzeit-Anwendungen** (**Real Time Applications**) bezeichnet, da sie eine zeitgerechte Übertragung und Darstellung erfordern. Ein derartiges Echtzeitsignal ist für die Kommunikationspartner jedoch nur verständlich, wenn für Sender und Empfänger dieselben Zeitbedingungen gelten. Der Sendetakt muß folglich exakt dem Empfangstakt entsprechen. Eine zu große Verzögerung z.B. in einem Telefongespräch oder in einer Videokonferenz wird nicht nur als besonders störend empfunden, sondern kann zudem auch das Verständnis beeinflussen. Eine Kommunikation, die diesen strengen Zeitbedingungen gehorcht, wird als **isochrone** Kommunikation bezeichnet.

Nun ist das Internet und das ihm zugrunde liegende Protokoll IP alles andere als isochron. Datenpakete können dupliziert werden, eine Mindestverzögerung kann nicht garantiert werden, die Anlieferung ist starken Schwankungen unterworfen (**Jitter**) und auch die richtige Reihenfolge bei der Zustellung abgesendeter Datenpakete wird nicht gewährleistet.
Wie ist dann ein isochroner Datenverkehr über das Internet überhaupt möglich? Zur Gewährleistung eines zumindest quasi-isochronen Datenverkehrs müssen die vorhandenen Protokolle zusätzliche Unterstützung erhalten, um die angesprochenen Schwachstellen umgehen zu können:

- **Datagramm Duplikation und Reihenfolgevertauschungen**
  Zur Lösung dieses Problems werden die einzelnen Datenpakete mit **Sequenznummern** ausgestattet. Doppelte Datenpakete werden dadurch sofort erkannt und die Originalreihenfolge des Datenstroms kann rekonstruiert werden.
- **Schwankungen der Übertragungsverzögerung**
  Um das Problem des auftretenden Jitter beheben zu können, muß jedes Datenpaket über eine **Zeitstempelinformation** verfügen, die dem Empfänger mitteilt, zu welcher Zeit das empfangene Datenpaket tatsächlich wiederzugeben ist.

Sequenznummern und Zeitstempelinformation gestatten es dem Empfänger, das Original-Signal exakt zu reproduzieren, unabhängig davon, wann die einzelnen Datenpakete tatsächlich eintreffen.
Um Schwankungen in der Übertragungsverzögerung der einzelnen Datenpakete ausgleichen zu können, ist zusätzlich die Implementierung eines **Wiedergabe-Puffers** (**Playback Buffer**) notwendig (siehe Abb. 8.28), wenn die Darstellung der übertragenen Audio- und Videoinformation quasi in Echtzeit erfolgen soll.

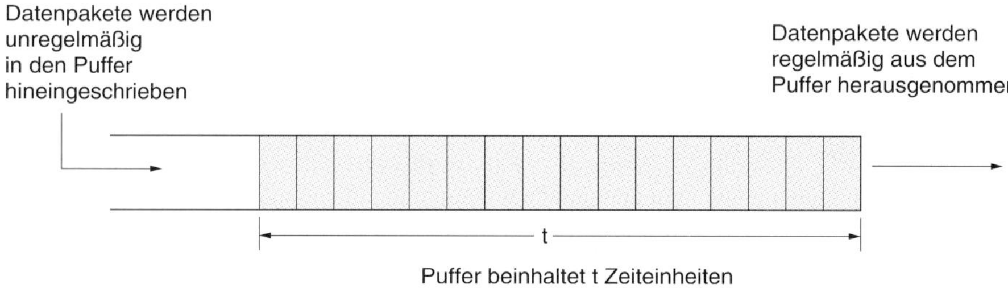

Abb. 8.28. Prinzipielle Organisation eines Playback Buffers

Beim Start einer Datenübertragung verzögert der Empfänger die Darstellung der übertragenen Audio- und Videodaten und schreibt diese zunächst in einen Wiedergabe-Puffer. Erreicht der Umfang der im Wiedergabe-Puffer zwischengespeicherten Daten einen vordefinierten Schwellenwert (**Playback**

Point), startet der Empfänger mit der Darstellung. Der Schwellenwert entspricht einer Zeitdauer **t** für eine Sicherheitsvorgabe bei der Wiedergabe, um die die Darstellung der Audio- und Videodaten verzögert wird. Während der Darstellung wird der Wiedergabe-Puffer kontinuierlich mit ankommenden Datenpaketen gefüllt. Erreichen diese den Empfänger ohne Schwankungen in der Übertragungsverzögerung, leert sich der Wiedergabe-Puffer an einem Ende ebenso schnell, wie er sich am anderen Ende wieder füllt. Kleinere Schwankungen der Übertragungsverzögerung können durch diese Art der Zwischenspeicherung ausgeglichen werden und machen sich so in der Wiedergabe nicht bemerkbar. Tritt eine Verzögerung auf, leert sich der Puffer zusehends, während die Übertragung noch bis zu **t** Zeiteinheiten ununterbrochen fortgesetzt werden kann. Sobald die verzögerten Datenpakete eintreffen, füllt sich der Wiedergabepuffer erneut. Ein Wiedergabepuffer ist allerdings nicht in der Lage, verlorene Datenpakete auszugleichen. Geht ein Datenpaket tatsächlich verloren, entsteht eine Pause bzw. tritt eine Fehlstelle im dargestellten Datenstrom auf.
Die Wahl des Schwellwerts **t** ist von großer Bedeutung, da mit einem zu klein gewählten **t** eventuell auftretende, längere Verzögerungen nicht ausgeglichen werden können, während ein zu groß gewähltes **t** zwar auftretende Verzögerungsschwankungen eliminieren kann, sich aber als zusätzliche Verzögerung zur allgemeinen Übertragungsverzögerung bemerkbar macht, und so z.B. die angestrebte Echtzeit-Kommunikation erschwert oder gar verhindern.

8.7.3 Real-Time Transport Protocol – RTP

Zur Übertragung von digitalisierten Audio- und Videosignalen über das Internet wird ein spezielles Protokoll verwendet, das UDP als unterliegendes Transportprotokoll nutzt: das **Real-Time Transport Protocol** (**RTP**). Um den genannten Anforderung für die Übertragung von isochronen Datenströmen zu genügen, sieht RTP für jedes übertragene Datenpaket eine Sequenznummer vor, mit der eine korrekte Reihenfolge gewährleistet und verlorene Datenpakete erkannt werden können, sowie einen Zeitstempel, der den Empfänger in die Lage versetzt, die empfangenen Datenpakete zeitgerecht wiedergeben zu können.
RTP ist in RFC 1889 spezifiziert und wurde entworfen, um verschiedenartige Multimedia-Information übertragen zu können. Daher folgen die einzelnen Felder des durch RTP festgelegten Datenformats keiner fixen Semantik, sondern die Interpretation der transportierten Daten hängt von den typbestimmenden Feldern im Header des Datenpakets ab (siehe Abb. 8.29).
Anders als die meisten anderen Protokolle, die UDP oder TCP als Transportprotokoll nutzen, verwendet RTP keine vorgeschriebene Portnummer. Für jede RTP-Sitzung wird eigens eine eigene Portnummer reserviert, über die sich zuvor Client und Server verständigen müssen. Die einzige Festlegung, die getroffen wird, besagt, daß RTP stets eine geradezahlige Portnummer verwendet, während das zum Austausch von Steuer- und Kontrollinformationen der

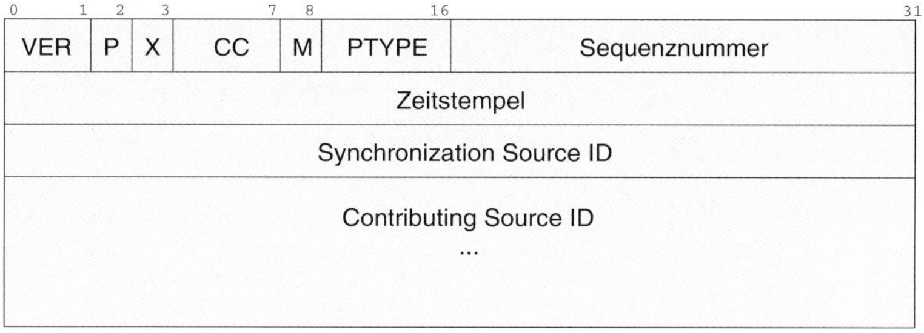

Der Header des RTP-Datenpakets enthält die folgenden Felder:

- **Version**: 2 Bit, Versionsnummer des verwendeten RTP-Protokolls, z.Z. VER=2.
- **Sequenznummer**: 16 Bit, enthält die jeweilige Sequenznummer des Datenpakets. Die erste Sequenznummer einer neuen Sequenz wird dabei stets zufällig bestimmt.
- **Extension-Flag**: 1 Bit, für einige Anwendungen kann in RTP eine optionale Erweiterung des regulären RTP-Headers im Bereich zwischen regulärem Header und Nutzlast eingefügt werden. Gilt X-Flag=1, wird diese Erweiterung genutzt.
- **Payload-Typ**: 7 Bit, spezifiziert den Typ der beförderten Daten. Vom Typ ist auch die Interpretation der restlichen Headerfelder abhängig.
- **Padding-Flag**: 1 Bit, gibt an, ob die Nutzlast mit Füllbits (0) ergänzt wird. Füllbits werden nur verwendet, wenn die übertragenen Nutzdaten verschlüsselt werden und dazu jeweils eine fixe Blocklänge besitzen müssen.
- **Marker-Flag**: 1 Bit, wird von Anwendungen genutzt, die Markierungen in den transportierten Nutzdaten setzen müssen (z.B. bei Videodaten wird der Start eines Einzelbildes markiert).
- **Zeitstempel**: 32 Bit, Zeitstempel, der angibt, zu welcher Zeit die ersten 8 Bit der Nutzlast aufgezeichnet wurden. Dabei wird der erste Zeitstempel einer neuen Sequenz stets zufällig bestimmt.
- **Synchronization Source Identifier (SSI)**: 32 Bit, RTP bietet die Möglichkeit, verschiedene Datenströme aus Effizienzgründen zusammenzumischen (z.B. für Videokonferenzen) und diese gemeinsam zu übertragen. SSI identifiziert den Sender eines Datenstroms. Handelt es sich um zusammengemischte Datenströme, enthält SSI die Identifikation des Mixers.
- **Contributing Source ID**: jeweils 32 Bit, handelt es sich um einen Datenstrom, der sich aus unterschiedlichen Quellen gemischt zusammensetzt (siehe SSI), setzt der Mixer, der für das Zusammenstellen der Datenströme verantwortlich ist, in diese Felder die IDs der jeweiligen Original-Quellen ein.
- **CC**: 4 Bit, gibt an, aus wievielen Einzel-Datenströmen, der vorliegende Datenstrom zusammengemischt wurde.

Abb. 8.29. Datenformat des RTP-Headers

RTP-Sitzung verwendete **RTCP**-Protokoll die nächsthöhere ungeradezahlige Portnummer verwendet.

8.7.4 Real-Time Transport Control Protocol - RTCP

Ebenfalls in RFC 1889 wird das **Real-Time Transport Control Protocol** (**RTCP**) zusammen mit RTP spezifiziert. Über RTCP können die beteiligten Kommunikationspartner (Unicast oder Multicast) Informationen über die vermittels RTP transportierten Daten oder Reports zur aktuellen Leistung der zugrunde liegenden Netzwerkinfrastruktur austauschen. RTCP-Nachrichten werden über UDP gekapselt und stets über die der RTP-Portnummer nachfolgenden Portnummer (stets ungeradezahlig) gesendet. RTCP verwendet fünf verschiedene Basis-Nachrichtentypen zum Austausch von zusätzlichen Informationen über die stattfindende Übertragung (siehe Tabelle 8.7).

Tabelle 8.7. RTCP Basis-Nachrichtentypen

Typ	Bedeutung
200	Report des Senders
201	Report des Empfängers
202	Beschreibung der Nachrichtenquelle
203	Abmeldung (Bye-Message)
204	anwendungsspezifische Nachricht

- **Report des Senders**
  Der Sender eines Datenstroms überträgt periodisch einen Sender-Report, der einen absoluten Zeitstempel enthält. Dies ist notwendig, da der via RTP mit jedem Datenpaket übertragene Zeitstempel anwendungsabhängig ist, d.h. der erste wird jeweils zufällig gewählt und die kommunizierende Anwendung legt die jeweilige Granularität (Feinheit) des Zeitstempels fest. Sollen jedoch mehrere Datenströme synchronisiert werden, ist dazu ein unabhängiger, absoluter Zeitstempel erforderlich.
  Zusätzlich sind in einem Sender-Report ebenfalls Angaben über SSI (Quelle, die die zu versendenden Datenströme zusammenmischt) und die Anzahl der im Datenstrom versendeten Pakete/Bytes vorhanden.
- **Report des Empfängers**
  Mit diesem Report informiert ein Empfänger den Sender über die Qualität der empfangenen Datenströme. Zu diesem Zweck beinhaltet der Empfänger-Report eine Angabe des SSI, für den der Empfangsbericht erzeugt wurde, Information über den Anteil der verlorenen Datenpakete seit dem letzten Report, die letzte von einem RTP-Datenstrom empfangene Sequenznummer und einen Jitter-Wert, der aus den Abweichungen der Ankunftszeiten der eintreffenden Datenpakete fortlaufend aktualisiert wird. Es wird stets dafür Sorge getragen, daß der Anteil an Kontrollinformation bzgl. des übertragenen Gesamtdatenvolumens unter 5 % bleibt.

- **Beschreibung der Nachrichtenquelle**
  Dieser Bericht enthält genauere Informationen über den Absender des Multimedia-Datenstroms, wie z.B. Email-Adresse, Name des Senders oder der sendenden Anwendung oder andere Informationen in Textform.
- **Anwendungsspezifische Nachricht**
  Dient als frei zu definierende Erweiterung des über RTP gesendete Nachrichtentyps.
- **Abmeldung**
  Beendet der Sender die Übertragung eines Datenstroms, sendet er eine spezielle RTCP-Meldung, um dies den Empfängern zu signalisieren.

8.7.5 Real-Time Streaming Protocol – RTSP

Anwendungen wie Audio- und Videostreaming gewinnen zusehends an Popularität. Speichermedien werden immer preiswerter und die dem Privatmann zur Verfügung stehende Netzbandbreite macht mit Techniken wie ADSL oder Kabelmodems auch die Nutzung von Breitbandanwendungen möglich. Zudem bereitet das Aufkommen von Tauschbörsen für Audio- und Videodaten, wie z.B. Napster als „Urvater“ aller Tauschbörsen, oder Gnutella, eDonkey und Kazaa den Rechteinhabern der Musik- und Filmindustrie erhebliches Kopfzerbrechen.
Im Rahmen des Audio- und Video-Streaming können sich Clients komprimierte Multimedia-Daten von speziellen Streaming-Servern anfordern. Die Übertragung der angeforderten Daten erfolgt segmentiert über das RTP-Protokoll. Schon bereits wenige Sekunden nachdem die Übertragung begonnen hat, kann der Client die Widergabe starten. Dabei ist der Client in der Lage, bereits während der Übertragung in einem gewissen Umfang innerhalb der übertragenen Daten zu navigieren, d.h. zu stoppen, zurückzuspulen oder Wiedergabe wiederaufnehmen. Die dazu notwendige Client/Server-Interaktion wird durch ein spezielles Protokoll geregelt, das in RFC 2326 spezifizierte **Real-Time-Streaming Protocol** (**RTSP**). Zu den Hauptaufgaben von RTSP zählen:

- **Anforderung eines Mediendatenstroms vom Streaming-Server**
  Der Client fordert zuerst eine Medienbeschreibung vom Server über HTTP oder ein anderes geeignetes Protokoll an. Handelt es sich bei dem angeforderten Mediendatenstrom um einen via Multicasting übertragenen Datenstrom, enthält die Antwort die für den Datenstrom zu verwendenden Multicast-Adressen und Portnummern. Soll die Übertragung lediglich als Unicast stattfinden, stellt der Client die Zieladresse für die Übertragung des Mediendatenstroms bereit.
- **Einladung eines Medien-Servers zu einer Konferenzschaltung**
  Ein Medien-Server kann in eine bereits laufende Konferenz mit eingeladen werden, um entweder selbst einen Datenstrom beizusteuern oder um Da-

tenströme der Konferenz aufzuzeichnen. Diese Art der Anwendung kommt vor allem im Bereich des Teleteachings zum Einsatz.

- **Medien zu einer bestehenden Übertragung hinzufügen**
  Speziell im Falle von Live-Streaming-Anwendungen ist es für den Client vorteilhaft zu wissen, ob während der Übertragung bereits andere Medieninhalte bereitstehen, die zusätzlich übertragen werden könnten.

Ein auf einem Streaming-Server bereitgestellter Datenstrom kann in verschiedenartigen qualitativen Ausprägungen vorliegen, die jeweils unterschiedliche Mindestanforderungen an die zu überbrückende Datenverbindung stellen. Eine Medienbeschreibung (Presentation Description), die jeder Ausprägung eines Datenstroms zugeordnet ist, hilft dem Anwender, eine entsprechende Auswahl zu treffen. Zur Steuerung der Darstellung eines Multimedia-Datenstroms stellt RTSP folgende Kommandos zur Verfügung:

- `SETUP`
  Veranlaßt den Server, Ressourcen für die Übertragung eines angeforderten Multimedia-Datenstroms zu reservieren und die RTSP-Sitzung zu starten.
- `PLAY/RECORD`
  Startet die Datenübertragung am Server nach einem erfolgreich durchgeführten `SETUP`.
- `PAUSE`
  Veranlaßt den Server, die Datenübertragung kurzzeitig zu unterbrechen, ohne daß dabei die allozierten Ressourcen freigegeben werden.
- `TEARDOWN`
  Veranlaßt den Server, die allozierten Ressourcen wieder freizugeben und beendet die RTSP-Sitzung.

Die Identifikation eines Multimedia-Datenstroms erfolgt über einen absoluten **URL** (siehe Kap.10.1). Als Methode muß dabei `rtsp://` angegeben werden, gefolgt von der Adresse des Medien-Servers und einer Pfadangabe, die den spezifizierten Multimedia-Datenstrom identifiziert. Der Adresse des Medien-Servers kann die Portnummer folgen, über die die Übertragung des Datenstroms erfolgt. Wird keine Portnummer angegeben, wird der für RTSP vorgesehene Standard-Port 544 verwendet. Beispiel:

```
rtsp://www.teletask.uni-trier.de:554/security/24-jan-2003.smil
```

Streaming-fähige Clients sind heute oft bereits Bestandteil von WWW-Clients, also von WWW-Browsern. Ist dies nicht der Fall, muß eine sogenannte **Helper-Application** (**Plugin**) zusätzlich auf Client-Seite installiert werden, die den WWW-Browser unterstützt. Helper-Applications, die als Client einen Streaming-Server kontaktieren und für die Übertragung und Wiedergabe der angeforderten Multimedia-Datenströme sorgen, werden als **Media-Player** bezeichnet. Zu den populärsten Media-Playern zählen der Real Player von RealNetworks und Microsofts Windows Media Player. Aber auch OpenSource-Projekte wie die Media-Player FreeAmp oder auch Apple QuickTime erfreuen sich einer wachsenden Fan-Gemeinde (siehe Abb. 8.30).

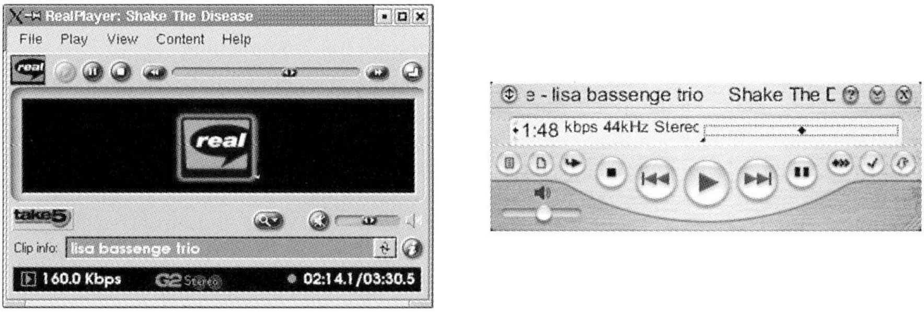

Abb. 8.30. Media Player Real Player (RealNetworks) und FreeAmp (OpenSource)

Media Player führen dabei folgende Funktionen aus:

- Dekomprimierung der übertragenen Audio- und/oder Videodaten.
- Verwaltung eines Playback Puffers zum Ausgleich des Jitter-Effekts.
- Fehlerkorrektur im Falle von Datenpaketverlusten. Die Spanne reicht dabei von der Neuübertragung verlorener Datenpakete bis hin zu interpolativen Verfahren, die versuchen, die fehlenden Informationen zu rekonstruieren.
- Bereitstellung einer grafischen Benutzeroberfläche zur Steuerung von Übertragung und Darstellung.

Wie bereits erwähnt, wird die Steuerung der Darstellung der übertragenen Multimedia-Datenströme, also die Bedienung eines Media Players, in Anlehnung an die Bedienung eines Videorekorders oder CD-Players mit Hilfe des RTSP-Protokolls realisiert. RTSP arbeitet als sogenanntes **Out-of-Band-**Protokoll im Gegensatz zum eigentlichen Multimedia-Datenstrom, der mit RTP übertragen wird. RTSP verwendet UDP oder TCP als Transportprotokoll und setzt stets an Portnummer 544 an. RTP und RTSP arbeiten ähnlich wie FTP, das ebenfalls einen separaten Steuerkanal und einen Datenkanal verwendet.
RTSP unterstützt die Synchronisation verschiedener Multimedia-Datenströme. Speziell für diese Aufgabe spezifizierte das W3C die **Synchronized Multimedia Integration Language** (**SMIL**). SMIL ist eine einfache Markup-Sprache (siehe Kap. 11), die es erlaubt, mehrere Audio-, Video- oder auch Text-Datenströme synchron zu übertragen und beim Client darzustellen. SMIL folgt im Aufbau der durch HTML vorgegebenen Struktur für WWW-Dokumente. Ein einfaches Beispiel, in dem drei Audiodateien simultan über das Protokoll **rtsp** übertragen und wiedergegeben werden sollen, ist in Abb. 8.32 angegeben.

8.7.6 Ressourcenreservierung und Dienstqualität

Da innerhalb eines IP-basierten Netzwerks eigentlich keine Garantien über einzuhaltende Dienstgüteparameter, also über die vielzitierte **Quality of**

TeleTask – Synchronisation von Echtzeitdatenströmen im Teleteaching

Beispielhaft für die Nutzung synchronisierter, multimedialer Echtzeitdatenströme sind Anwendungen aus dem Bereich des **Teleteachings**. Im Gegensatz zu traditionellen Unterrichtsmethoden muß der Teilnehmer in einer Lehrveranstaltung nicht mehr präsent sein, sondern kann dieser unabhängig von Zeit und Ort über das Internet folgen. Für den Teilnehmer ist es dabei von entscheidender Bedeutung, nicht nur das Bild und die Stimme des Dozenten, sondern stets auch die vom Dozenten präsentierten Materialien (Tafelanschrieb, Folienpräsentation, etc.) simultan im Überblick zu behalten. Dazu müssen die verschiedenen zum Einsatz kommenden Medienkomponenten einzeln aufgezeichnet und zeitlich synchronisiert versendet werden.
Das an der Universität Trier entwickelte **TeleTask**-System (**Teleteaching Anywhere Solution Kit**) bietet eine sehr einfach zu benutzende, kohärente Gesamtlösung für den Aufgabenbereich Telelecturing. Die unterschiedlichen Medienkomponenten

- Audioaufzeichnung der Lehrveranstaltung,
- Videoaufzeichnung des Dozenten und/oder des Publikums,
- Präsentationen des Dozenten (über den PC),
- Tafelanschrieb des Dozenten,
- optionale Kommentare und Verweise zum behandelten Thema der Lehrveranstaltung

werden separat als Echtzeitdatenströme aufgezeichnet, über das Internet versendet und beim Teilnehmer via **SMIL** synchronisiert über einen handelsüblichen MediaPlayer wiedergegeben. Entsprechend der zur Verfügung stehenden Bandbreite kann der Teilnehmer unterschiedliche Qualitätsstufen der abgerufenen Multimediadaten auswählen.

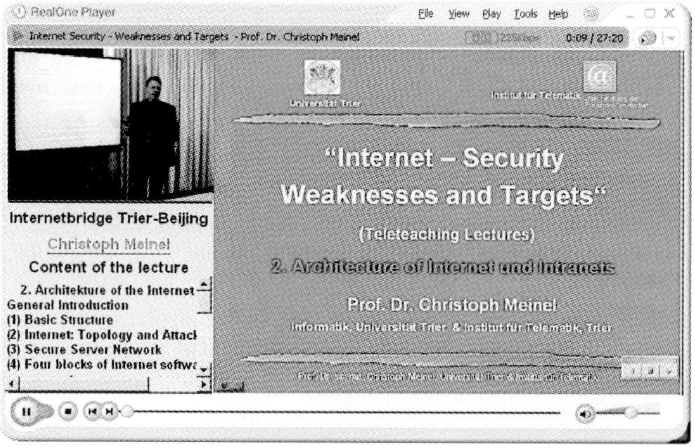

Weiterführende Informationen:

- V. Schillings, Ch. Meinel: tele-TASK - Teleteaching Anywhere Solution Kit, in Proc. SIGUCCS 2002, Providence (Rhode Island, USA), 2002, pp. 130-133.
- TeleTask Website: `http://www.tele-task.com/`

Abb. 8.31. TeleTask – Synchronisation von Echtzeitdatenströmen in einer Teleteaching-Anwendung

```
<SMIL>
  <BODY>
    <AUDIO SRC="rtsp://realserver.example.com/one.rm>
    <AUDIO SRC="rtsp://realserver.example.com/two.rm>
    <AUDIO SRC="rtsp://realserver.example.com/three.rm>
  </BODY>
</SMIL>
```

Abb. 8.32. Synchronized Multimedia Integration Language – ein Beispiel

Service (**QoS**) gegeben werden kann, entwickelte die IETF zwei spezielle Protokolle, die in der Lage sind, über die Vorabreservierung zur Verfügung stehender Ressourcen QoS zu gewährleisten. Dabei handelt es sich um das **Resource Reservation Protocol** (**RSVP**, spezifiziert in RFC 2205) und das **Common Open Policy Service** (**COPS**) Protokoll.
Allerdings kann diese zusätzliche Funktionalität nicht einfach auf der Anwendungsebene des Protokollstapels hinzugefügt werden, sondern die beteiligte Netzwerk-Hardware muß dazu mit speziellen Fähigkeiten aufwarten:

- Router müssen in der Lage sein, Garantien darüber anzugeben, daß bestimmte Bandbreiten für eine Reservierung zur Verfügung stehen.
- Die beiden Kommunikationspartner an den Enden des Verbindungsweges müssen sich über eine zur Übertragung notwendige Bandbreite verständigen und jeder Router entlang des Übertragungsweges muß dieser Anforderung zustimmen und entsprechen.
- Die beteiligten Router müssen den gesamten Datentransfer überwachen (Traffic Pollicing) und gegebenenfalls steuernd eingreifen.
- Ein Router muß zu diesem Zweck über geeignete Warteschlangenmechanismen verfügen, die in der Lage sind, plötzlich auftretende Signal-Bursts, die eine Überlast auslösen, abzuschwächen und auszugleichen (Traffic Shaping).

RSVP dient dazu, Anfragen nach Reservierungen von Netzwerkressourcen zu formulieren und zu beantworten. RSVP läuft ab, bevor die eigentliche Übertragung eines Multimedia-Datenstroms stattfindet. Sobald die Datenübertragung gestartet wurde, kann über RSVP nicht mehr eingegriffen werden. Ein RSVP-Dialog kann z.B. folgendermaßen ablaufen:

- Einer der Kommunikationspartner sendet eine RSVP `path` Nachricht zur Ermittlung des Verbindungspfads zwischen zwei Endpunkten. Das Datenpaket verwendet dazu die `router alert`-Option des IP-Datagramms, um alle Router entlang des Verbindungspfades zu zwingen, das Datagramm zu verarbeiten.

- Nachdem eine Antwort auf die Pfad-Anfrage erfolgt ist, sendet einer der beiden Kommunikationspartner eine Reservierungsanfrage für die benötigten Netzwerk-Ressourcen. Diese Anfrage beinhaltet alle für die Übertragung einzuhaltenden Dienstgütekriterien.
- Jeder Router entlang des Verbindungspfades zwischen den beiden Kommunikationspartnern muß dieser Anforderung zustimmen und die gewünschten Ressourcen reservieren.
- Kann einer der Router entlang des Verbindungspfades die gewünschten Ressourcen nicht liefern, sendet er via RSVP eine negative Antwort an das anfordernde Endsystem.
- Stimmen alle beteiligten Zwischensysteme der Reservierungsanforderung zu, erfolgt eine positive RSVP-Nachricht und der Datentransfer kann starten.

RSVP reserviert dabei stets nur in einer Richtung der Datenverbindung, d.h. RSVP führt lediglich eine unidirektionale Reservierung durch. Eine unidirektionale RSVP-Reservierung führt nicht dazu, daß die Daten in der Gegenrichtung auch denselben Verbindungsweg wählen. Daher muß in der Gegenrichtung auch eine RSVP-Reservierung durchgeführt werden.

Erhält ein Router eine RSVP-Anfrage, so muß er zum Einen lokal überprüfen, ob die angeforderten Ressourcen überhaupt bereitgestellt werden können (Feasibility). Zum Anderen nutzt eine Entscheidung im Alleingang wenig, da Router globalen, allgemein festgelegten Richtlinien (Global Policies) folgen, denen die Anforderung widersprechen könnte. Um zu entscheiden, ob die Anfrage globalen Richtlinien entspricht, muß der Router selbst als Client einen sogenannten **Policy Decision Point** (**PDP**) kontaktieren. Der PDP selbst leitet keinen Datenverkehr weiter, sondern antwortet lediglich auf Anfragen von Routern, ob angeforderte Ressourcen den allgemeinen Richtlinien entsprechen. Auf eine Antwort des PDP hin agiert der betreffende Router dann als **Policy Enforcement Point** (**PEP**), der sicherstellt, daß der Datenverkehr den festgelegten globalen Richtlinien genügt (siehe Abb. 8.33). Das Protokoll, über das Router und PDP kommunizieren, ist an RSVP angelehnt und wird als **Common Open Policy Services** (**COPS**) bezeichnet. Erhält ein Router eine RSVP-Anfrage, generiert er daraus einen eigenen COPS-Request, indem er die angefragten Ressourcen aus dem RSVP-Request übernimmt und diesen an den PDP sendet.

8.8 Weitere Dienste und Anwendungen im Internet

Email- und der HTTP-Dienst des World Wide Webs zählen zu den populärsten Dienstangeboten des Internet. Doch gibt es neben diesen und den in diesem Kapitel bereits besprochenen Diensten noch zahlreiche weitere Dienste und Anwendungen in der Anwendungsschicht des Internets, die auf den

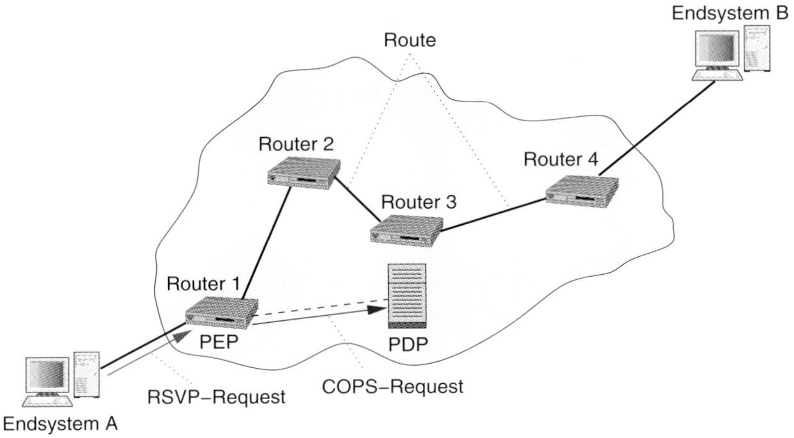

Abb. 8.33. RSVP und CORPS zur Anforderung von Netzwerk-Ressourcen

Internet-Transportprotokollen TCP und UDP aufsetzen. Die wichtigsten dieser Dienstangebote werden im folgenden kurz vorgestellt.

8.8.1 Internet Relay Chat – IRC

Ein Dienst zum Austausch von schriftlichen Nachrichten in Echtzeit ist der sogenannte **Internet Relay Chat** (**IRC**), der in RFC 1459 spezifiziert ist. 1988 vom finnischen Studenten Jarkko Oikarinen als Kommunikationssystem für die von ihm betriebene Computer-Mailbox entwickelt, gewann IRC sehr rasch eine enorme Popularität. IRC ist als Client/Server-Anwendung konzipiert und sieht eine gleichzeitige Teilnahme vieler verschiedener Clients an einem Server vor. Kommunikation in Echtzeit bedeutet dabei, daß die von einem Nutzer eingegebene Nachricht so schnell wie möglich vom Client zum zentralen Server gesendet wird und der für eine schnellstmögliche Darstellung bei allen anderen beteiligten Clients sorgt. Im Unterschied zum Email-Dienst, der auf eine asynchrone Kommunikation zwischen Einzelpersonen abzielt, ist IRC von vorn herein für Zwecke der Gruppenkommunikation vorgesehen und kann daher auch als eine Art Telekonferenz-System gesehen werden. IRC-Server sind untereinander verbunden und bilden so ein großes IRC-Netzwerk. Zur Organisation ihrer Kommunikation können die Nutzer gemeinsame Diskussionsgruppen bilden, die privat oder öffentlich via IRC innerhalb eigener **Kanäle** (**Channels**) miteinander kommunizieren. Öffentliche Kanäle sind dabei frei für alle Nutzer verfügbar, während private Kanäle das Pendant zu einer privaten Unterhaltung darstellen, zu der nicht jeder Nutzer zugelassen wird. Möchte sich ein IRC-Nutzer über ein bestimmtes Thema austauschen oder Kontakt suchen, kann er einem bestehenden Kanal beitreten oder einen neuen IRC-Kanal erzeugen. Kanäle tragen frei wählbare Namen, die in der Regel mit einem Doppelkreuz („`#`") beginnen, z.B. `#internet` oder `#linux`.

Jeder IRC-Nutzer verwendet zu seiner Identifikation einen frei wählbaren, jeweils eindeutigen Namen, den sogenannten **Nickname**, mit dem er sich über seinen IRC-Client bei einem IRC-Server anmelden und einem Kanal beitreten kann.
IRC hat eine große Verbreitung erreicht und ist neben dem Email-Dienst und dem World Wide Web einer der populärsten Nutzer-Dienste des Internet.

8.8.2 Usenet News

Der als **Net News** oder **Usenet News** bezeichnete Dienst stellt einen öffentlich zugänglichen Kommunikationsdienst zur Verfügung, der ähnlich organisiert ist wie ein schwarzes Brett, und dem allgemeinen Meinungsautausch, unterteilt in einzelne Diskussionsgruppen (**Newsgroups**), dient. Nutzer, die sich für ein bestimmtes Thema interessieren, das einer speziellen Diskussionsgruppe zugeordnet ist, können sich für diese Gruppe über einen speziellen Client, den **News-Reader**, anmelden und dann alle Beiträge lesen, die in dieser Diskussionsgruppe veröffentlicht wurden bzw. selbst eigene Beiträge veröffentlichen. News-Reader sind heute in den meisten verfügbaren WWW-Browsern bereits integriert. Um sich aktiv am Meinungsaustausch zu beteiligen, kann der Anwender über den News-Client einen Artikel an den News-Server senden, der abhängig von der Organisation der Gruppe moderiert oder unmoderiert in den Bestand der Diskussionsgruppe aufgenommen wird. News Nachrichten verwenden das in RFC 822 für den Email-Dienst spezifizierte Nachrichtenformat, das durch zusätzliche Informationen im Nachrichtenheader (spezifiziert in RFC 1036) ergänzt wird. Dadurch sind News Nachrichten einfach zu transportieren und kompatibel zu bereits existierender Email-Software.
Das Angebot an weltweit verfügbaren Diskussionsgruppen über Usenet ist hierarchisch und regional organisiert. So bezeichnet die unter dem Namen `comp.lang.c` erreichbare Newsgruppe etwa ein Diskussionsforum, das sich mit Themen aus der Informatik (`comp`), speziell mit Programmiersprachen (`lang`) und insbesondere mit der Programmiersprache C (`c`) befaßt. Eine rein deutschsprachige, regionale Version dieser Diskussionsgruppe ist dagegen unter (`de.comp.lang.c`) erreichbar. Tabelle 8.8 zeigt die oberste Schicht der Themenhierarchie der Usenet Newsgruppen.
Man unterscheidet grundsätzlich moderierte Diskussionsgruppen, in denen ein Editor, der **Moderator**, entscheidet, welcher Beitrag Eingang in den Beitragsbestand der Diskussionsgruppe erlangt und damit weltweit an alle Interessenten weiterverbreitet wird, von unmoderierten Diskussionsgruppen, in denen jeder Anwender unzensiert eine Veröffentlichung vornehmen kann.
Dem Usenet-Dienst liegt das **Network News Transfer Protocol** (**NNTP**) zu Grunde, das in RFC 1036 spezifiziert ist, und der Übertragung von News-Beiträgen zwischen News-Servern und News-Readern dient. NNTP setzt auf TCP als Transportdienst auf. Ein Diskussionsbeitrag, der vom Client zur Veröffentlichung in einer Newsgroup an den News-Server gesendet wird, muß

Tabelle 8.8. Usenet News Themenhierarchie

Name	Themengruppe
`comp`	Computer und Informatik
`sci`	Physik und Ingenieurwissenschaften
`humanities`	Literatur und Geisteswissenschaften
`news`	Diskussion um das Usenet selbst
`rec`	Freizeitaktivitäten
`misc`	Sonstiges
`soc`	Geselligkeit und soziale Fragen
`talk`	Polemik, Debatten und Argumente
`alt`	alternativer Zweig mit allen möglichen Themen

seinem Format nach eine gültige Email-Nachricht nach RFC 822 darstellen, d.h. die Email-Headerfelder Date, From, Subject, Message-ID und Newsgroup (als Adressat) müssen enthalten sein. Für den Zugriff des News-Readers auf den News-Server sieht NNTP spezielle Kommandos vor, die in RFC 977 spezifiziert sind.
Um die aktuellsten Beiträge aus News-Gruppen abzurufen, muß der Client zuerst eine TCP-Verbindung über Portnummer 119 zum News-Server aufbauen. News-Reader und News-Server beginnen daraufhin ihren Anfrage/Antwort-Dialog, um sicherzustellen, daß zum Client lediglich alle neuen Beiträge und keine eventuell bereits beim Client vorhandenen Duplikate übertragen werden. Die wichtigsten NNTP-Befehle sind in Tabelle 8.9 zusammengestellt.

Tabelle 8.9. Grundlegende NNTP-Befehle

Befehl	Bedeutung
`list`	Anforderung einer Liste mit allen Newsgroups und Beiträgen.
`newsgroups DATE TIME`	Anforderung einer Liste mit allen Newsgroups, die nach DATE/TIME erzeugt wurden
`group GRP`	Anforderung einer Liste aller Beiträge aus GRP
`newnews GRPS DATE TIME`	Anforderung einer Liste aller neuen Artikel der angegebenen Diskussionsgruppen
`article ID`	Anforderung eines bestimmten Beitrags
`post`	Senden eines Diskussionsbeitrags
`ihave ID`	Beitrag ID steht zur Abholung bereit
`quit`	Beendigung der Verbindung

Zunächst kann der Client über die Kommandos `list` und `newsgroups` feststellen, über welche Diskussionsgruppen der Server verfügt, bevor er über `group` und `newnews` ermitteln kann, welche Einzelbeiträge für ihn von Interesse sind. Ist ein Beitrag ausgewählt, kann dieser über `article` abgerufen werden. Für einen Informationsaustausch in der Gegenrichtung stehen die

Kommandos `ihave` und `post` zur Verfügung, mit denen der Client dem Server Beiträge anbieten kann, die er von anderen Servern bezogen hat oder die lokal verfaßt worden sind. `quit` beendet die Verbindung.

8.8.3 Sonstige Dienstangebote über TCP/IP

Echo. Der als **Echo** bezeichnete Dienst ist in RFC 862 spezifiziert und stellt einen einfachen Client/Server-basierten Antwortdienst dar. Der Server sendet dabei einem anfragenden Client einfach alles das zurück, was er vom Client empfangen hat. Der Echo-Server kann sowohl über TCP als auch über UDP Daten transportieren und ist stets über die Portnummer 7 erreichbar.

Discard. In RFC 863 ist der **Discard**-Dienst spezifiziert. Discard definiert einen sehr einfach aufgebauten Client/Server-Dienst, wobei ein Discard-Server stets alles löscht, was er von einem Client empfangen hat. Der Discard-Server kann sowohl über TCP als auch über UDP angesprochen werden und ist über Portnummer 9 erreichbar.

Chargen. RFC 864 definiert den sogenannten **Chargen**-Dienst (Character Generator). Chargen ist ebenfalls Client/Server-basiert aufgebaut und sowohl über TCP als auch über UDP auf der Portnummer 19 erreichbar. Wird ein Chargen-Server via TCP von einem Client kontaktiert, so liefert er einen kontinuierlichen Strom willkürlich gewählter Zeichen zurück. Über UDP adressiert liefert der Chargen-Server ein Datagramm zurück, das eine beliebige Anzahl zufällig ausgewählter Zeichen enthält.

Time. Zur Ermittlung der aktuellen Uhrzeit kann der Client/Server-basierte **Time**-Dienst herangezogen werden, der in RFC 868 spezifiziert wurde. Auf die Anfrage eines Time-Clients hin liefert der Time-Server die aktuelle Zeit des Server-Rechners als 32 Bit Ganzzahl, die die verstrichenen Sekunden seit Mitternacht des 1. Januars 1900 angibt. Time kann sowohl über TCP als auch über UDP angesprochen werden und ist stets unter der Portnummer 37 erreichbar.

Daytime. Ebenso wie der Time-Dienst stellt der Client/Server-basierte **Daytime**-Dienst die aktuelle Uhrzeit des Server-Rechners in einer für den Benutzer lesbaren Form zur Verfügung, nur daß Daytime zusätzlich noch eine Datumsangabe liefert. Daytime ist in RFC 867 definiert und kann über TCP oder UDP über die Portnummer 13 erreicht werden.

Gopher, WAIS und Veronica. Die genannten Client/Server-basierten Dienste sind heute weitgehend aus dem Internet wieder verschwunden. Als Vorläufer des World Wide Web ermöglichte der **Gopher**-Dienst einen unkomplizierten Zugriff auf weltweit verteilte Daten. Gopher ist in RFC 1436 festgeschrieben. Mit einem Text-basierten Gopher-Client kann ein Gopher-Server ähnlich einem WWW-Server abgefragt werden, nur daß Gopher ohne das Konzept der Hyperlinks auskommen mußte.

Speziell zur Informationssuche innerhalb des weltweit zur Verfügung gestellten Gopher-Informationsraums diente das Suchwerkzeug **Veronica** (Very Easy Rodent-Oriented Net-Wide Index to Computerized Archives).
Ein anderer Dienst zur Volltextsuche in Datenbanken über das Internet ist **WAIS** (Wide Area Information System), spezifiziert in RFC 1625. WAIS verwendet für die Datenbankabfrage den Standard ANSI Z39.50, aber hat mit dem Siegeszug des WWW seine ehemalige Bedeutung verloren.

NTP. Zwar kann über die Dienste Time und Daytime stets die aktuelle Uhrzeit eines Rechners ermittelt werden, sollen aber mehrere Rechner einheitlich auf eine gemeinsame Uhrzeit synchronisiert werden, so ist zu diesem Zweck ein eigenes Protokoll notwendig. Das **Network Time Protocol** (**NTP**), spezifiziert in RFC 1305, stellt einen derartigen Synchronisationsdienst zur Verfügung. Dazu wird eine Hierarchie von Referenz-Zeitgebern aufgebaut, wobei die primären Zeitgeber in der Regel direkt mit Atomuhren synchronisiert werden. NTP verwendet UDP als Transportprotokoll und erreicht eine Genauigkeit in der Synchronisation, die im Bereich von Millisekunden liegt. Einen zu NTP kompatiblen, aber weniger komplexen Dienst stellt das **Simple Network Time Protocol** (**SNTP**) dar, das in RFC 2030 spezifiziert wird.

Ping. Mit Hilfe des **Ping**-Dienstes kann festgestellt werden, ob ein darüber angefragter Rechner erreichbar bzw. verfügbar ist. Ping versendet zu diesem Zweck `ECHO_REQUEST`-Datenpakete des ICMP-Protokolls, auf die der angegebene Adressat mit einem ICMP `ECHO_RESPONSE`-Datenpaket antworten muß, sofern er tatsächlich über das Internet erreichbar ist. Über Ping kann zudem die Laufzeit eines Datenpakets zwischen Sender und Empfänger, die Anzahl verlorengegangener Datenpakete sowie die jeweils notwendige Anzahl zu überbrückender Netzteilstrecken (Hops) ermittelt werden. Ping ist ein einfaches Werkzeug zur Ermittlung von Netzwerk Fehlfunktionen im Internet.

Finger. Über das **Finger**-Protokoll, das in RFC 1288 spezifiziert ist, können Informationen über einen oder mehrere Nutzer auf einem angegebenen Rechner gewonnen werden. Finger arbeitet als Client/Server-Anwendung und sendet dabei in NVT ASCII kodierte Nachrichten über den TCP Port 79. Folgende Informationen über einen Nutzer können mit Finger gewonnen werden:

- Login Name,
- vollständiger Name,
- Name des mit dem Nutzer assoziierten Terminals,
- wie (von woher) hat sich der Nutzer am lokalen Rechner angemeldet,
- wielange ist der Nutzer bereits angemeldet (Login Time) und
- wielange erfolgte keine Nutzereingabe (Idle Time).

Der Dienst des Finger-Protokolls wird oft als Sicherheitsrisiko betrachtet und daher explizit gesperrt. Dies liegt zum Teil auch daran, daß das Finger-Protokoll 1988 traurige Berühmtheit erlangte als einer der Angriffspunkte des ersten Internetwurms (siehe RFC 1135).

Whois. Ebenso wie das Finger Protokoll ist der **Whois**-Dienst ein Internet-Informationsdienst, der in RFC 954 spezifiziert ist. Whois arbeitet als Client-/Server-Anwendung über TCP Portnummer 43. Der Whois-Server antwortet einem anfragenden Client mit Informationen, über die er im Zusammenhang mit dem gestellten Suchbegriff verfügt. Dabei kann es sich um Informationen über andere Nutzer, Arbeitsgruppen, entfernte Rechner oder Rechnernetze handeln, die als NVT ASCII-kodierte Nachrichten übermittelt werden.

8.9 Glossar

Application Programming Interface (API): Über das API wird eine fest definierte Schnittstelle implementiert zwischen einer Programmiersprache, mit der auf das API zugegriffen wird und die sich der Methoden und Datenstrukturen, die das API vorsieht, bedient, und einem konkreten Hard- und Softwaresystem, das mit Hilfe der Methoden und Datenstrukturen der Bibliotheken des API manipuliert werden kann. Ein API schirmt den Entwickler vor sogenannten „Low Level" Arbeiten ab, die nötig wären, um direkt auf die vom API manipulierbaren Objekte zuzugreifen, und bietet damit eine komfortable Schnittstelle für den Entwickler.

Base64 Encoding: Im **MIME**-Standard definierte Kodierung für Binärdaten in 7-Bit US-ASCII Zeichen. Die Binärdaten werden in 24 Bit lange Gruppen aufgeteilt, die ihrerseits wieder in vier Gruppen von jeweils 6 Bit Länge unterteilt werden. Diese 6 Bit langen Bitfolgen werden anschließend mit Hilfe von 7 Bit US-ASCII Zeichen (A–Z, a–z, 0–9, +/=) kodiert.

Carbon Copy (CC): Kopie einer Email-Nachricht, die an zusätzliche Empfänger weitergeleitet werden soll. Die Bezeichnung stammt noch aus einer Zeit, als zur Anfertigung von Kopien eines Schreibmaschinentextes Kohlepapier notwendig war, das zwischen die einzelnen Textseiten gelegt werden mußte, bevor dieses in die Schreibmaschine eingespannt wurde. Sollen Kopien einer Email-Nachricht versendet werden, ohne daß der Adressat der Nachricht davon Kenntnis erlangt, so sendet man eine **Blind Carbon Copy** (**BCC**).

Chat: Kommunikationsform im Internet. Chat (eigentlich Internet Relay Chat) läuft Client-/Server-basiert ab. Die Anwender beteiligen sich über einen lokalen Client an einem Chat, indem sie sich beim Chat-Server anmelden. Daraufhin kann jeder Client einen Text übertragen, den alle anderen mit dem Server verbundenen Clients in Echtzeit zur Darstellung bringen können. Chat bietet damit die Möglichkeit von Online-Diskussionsgruppen im Internet.

Client: Bezeichnet ein Programm, daß einen Server kontaktiert und von diesem Informationen anfordert. Der im WWW eingesetzte Browser ist in diesem Sinne ein Client. Aber es gibt auch andere Clients im WWW, die WWW-Server kontaktieren und Informationen von diesen herunterladen, wie z.B. Suchmaschinen oder Agenten.

Client/Server Architektur: Eine Anwendung wird arbeitsteilig auf mehreren, durch ein Netzwerk verbundenen Computern ausgeführt. Der Server stellt dabei bestimmte Dienstleistungen bereit, der Client auf der anderen Seite fordert Dienstleistungen an. Außer dem Erteilen und Beantworten von Auftragsbeziehungen sind die Komponenten voneinander unabhängig. Schnittstellen und die Art der Kommunikation zur Auftragserteilung und Beantwortung sind für jede Client/Server-Anwendung eindeutig festgelegt.

Dateitransferdienste: Über einen generellen Dateitransferdienst können Dateien von einem Computer über das Internet auf einen anderen übertragen werden. Dateitransferdienste im Internet setzen auf den Transportprotokollen TCP oder UDP auf und ermöglichen Dateitransfers zwischen entfernten Rechnern einschließlich notwendiger Formatübersetzungen, Verzeichnisabfragen und Überprüfungen von Benutzerberechtigungen. Die wichtigsten Vertreter sind **FTP** (File Transfer Protocol), **TFTP** (Trivial File Transfer Protocol) oder auch das komplexere **NFS** (Network File System).

Dateizugriffsdienste: Anders als ein Dateitransferdienst, gestattet der Dateizugriffsdienst das Lesen oder Ändern einer bestimmten Stelle in einer entfernten Datei. Dabei müssen lediglich die zu ändernden Daten und nicht mehr die vollständige Datei über das Netzwerk übertragen werden. Der am weitesten verbreitete Dateizugriffsdienst der TCP/IP-Protokollfamilie ist der in RFC 1094 spezifizierte **NFS**-Dienst (**Network File System**).

Domain Name Service (DNS): Namensdienst, der als verteilte Datenbank-Anwendung in der Lage ist, symbolische Namen einer binären IP-Adresse zuzuordnen (wobei allerdings nur die Netzwerk-ID berücksichtigt wird). DNS basiert auf TCP oder UDP und ist als Client/Server-Anwendung organisiert. Jedes Endsystem verfügt über einen DNS-Client (Resolver), der von einem Anwendungsprogramm aufgerufen werden kann und die Namensauflösung herbeiführt. Der DNS-Adreßraum ist hierarchisch organisiert, so daß jeder Unterabschnitt durch einen eigenen speziellen DNS-Server bedient werden kann.

Electronic Mail (Email): Der als elektronische Post bezeichnete Internetdienst ist eine Nachbildung der Briefpost basierend auf den digitalen Kommunikationsmöglichkeiten des weltweiten Internets. Das Email-System ist ein Message Handling System, das sich aus den sogenannten User Agenten (UA), die als Schnittstelle des Anwenders zum Senden und Empfangen von elektronischer Post, und den Message Transfer Agents besteht, die für den Transport der Nachrichten vom Sender zum Empfänger verantwortlich sind.

Email-Adresse: Nutzer eines Email-Systems können über eine Email-Adresse eindeutig identifiziert werden. Die Email-Adresse setzt sich zusammen aus:
- Benutzername (Adreßpräfix) und
- IP-Adresse des Email-Servers (Adreßsuffix),

die beide durch das Sonderzeichen „@“ voneinander getrennt werden.

Email-Gateway: Email-Gateways können als Vermittler zwischen unterschiedlichen Email-Systemen arbeiten oder Rechner an den Email-Verkehr anbinden, die nicht selbst mit dem Internet verbunden sind. Ihre Aufgabe besteht oftmals auch darin, als Gateway den Nutzern eines LANs eine einheitliche Email-Adresse zu geben sowie in der Abarbeitung von **Mailinglisten**.

File Transfer Protocol (FTP): Allgemeine Client/Server-basierte Anwendung für den Dateitransfer, die in RFC 959 standardisiert ist. FTP basiert auf dem Telnet-Protokoll und TCP als Transportprotokoll und erlaubt einen interaktiven und komfortablen Dateitransfer mit entsprechenden Autorisierungsmechanismen.

Internet Message Access Protocol (IMAP): Weiterentwicklung des POP-Protokolls zur Kommunikation zwischen Client-Anwendung und Email-Gateway, das in RFC 1730 spezifiziert ist. Über IMAP kann sich der Benutzer bei einem Email-Gateway anmelden und die seinem Email-Konto (Mailbox) zugeordneten Nachrichten manipulieren, ohne daß die Client-Anwendung des Nutzers selbst einen SMTP-basierten Email-Dienst bereitstellen muß. Im Gegensatz zu POP müssen bei IMAP nicht alle Email-Nachrichten vollständig vom Email-Gateway übertragen werden. Es werden lediglich die „Betreff“-Zeilen vom Email-Gateway gesendet und der Nutzer entscheidet, welche Email-Nachrichten vollständig übertragen werden sollen.

IP-Adresse: 32-Bit lange binäre Adresse, die eindeutig einen Rechner im globalen Internet bezeichnet. Zur besseren Lesbarkeit wird diese Adresse in vier Oktetts unterteilt, die als vorzeichenlose, ganze Dezimalzahl interpretiert und durch einen Dezimalpunkt getrennt angegeben werden (z.B. 232.23.3.5). Die IP-Adresse unterteilt sich in zwei Teile, den Adreßpräfix (Netzwerk-ID), der das Netzwerk, in dem sich der adressierte Rechner befindet, weltweit eindeutig festlegt, und dem Adreßsuffix (Host-ID), der den Rechner innerhalb seines lokalen Netzwerks eindeutig identifiziert.

Mailingliste: Soll eine Email-Nachricht gleichzeitig an viele Empfänger gesendet werden, kann dies über eine Mailingliste erfolgen. Eine Mailingliste ist eine Datei, die die Email-Adressen vieler verschiedener Empfänger enthält, die selbst über eine eigene Email-Adresse angesprochen werden kann. Ein Email-Gateway, das eine Email-Nachricht erhält, die an eine Mailingliste unter der lokalen Verwaltung des Email-Gateways adressiert ist, sendet eine Kopie der Nachricht an alle Adressen dieser Mailingliste.

Multimedia: Kommen bei der Darstellung von Information mehrere verschiedenartige Medien zum Einsatz, wie z.B. Text, Bild und Ton, so spricht man von einer multimedialen Darstellung der Information.

Multipurpose Internet Mail Extensions (MIME): Erweiterung des ursprünglich in RFC 822 definierten Email-Formats, das als Inhalt der Email-Nachricht ausschließlich 7 Bit US-ASCII-kodierten Text vorsah. MIME definiert zusätzliche Felder für den Message-Header der Email, mit deren Hilfe verschiedenartige Kodierungen und Datentypen als Inhalt der Email-Nachricht spezifiziert werden können, für deren korrekte Darstellung der jeweilige User Agent des Email-Systems sorgt. Zur Kodierung von Binärdaten wird der **Base64 Encoding** Standard verwendet. MIME ist in den RFCs 1521 und 1522 spezifiziert.

Namensdienst: Dient der Übersetzung von symbolischen Namen in IP-Adressen. Die im Internet gültigen IP-Adressen lassen sich nur schwer im Gedächtnis behalten. Deshalb arbeitet man an ihrer Stelle mit symbolischen Namen. Für die Kommunikation im Internet müssen diese symbolischen Namen über einen Namensdienst wieder in binäre IP-Adressen übersetzt werden.

Netzwerkmanagement: Sammelbegriff für alle Aktivitäten zur Planung, Konfiguration, Überwachung, Steuerung, Fehlerbehebung und Verwaltung von Netzwerken unter Einsatz geeigneter Hard- und Software. Prinzipiell läßt sich das Netzwerkmanagement in zwei Teilaufgaben untergliedern: Die **Netzwerk-Überwachung** (Network Monitoring) erfaßt den Zustand und das Verhalten von Endsystemen, Zwischensystemen und Subnetzwerken. Auf der anderen Seite sorgt die **Netzwerk-Steuerung** (Network-Control) dafür, daß unerwünschte und ungünstige Zustände im Netzwerk behoben bzw. verbessert werden. Im Internet kommt zu diesem Zweck das **Simple Network Management Protocol** (**SNMP**) zum Einsatz.

Nonce: Zufällig gewählter Zahlenwert, der in einer gesicherten Kommunikation dazu verwende werden kann, sogenannte **Playback-Angriffe** auszuschließen, bei denen ein unberechtigter Dritter mit einer duplizierten Nachricht versucht, Einfluß zunehmen. Ein bestimmter Nonce-Wert darf in der Kommunikation nur ein einziges Mal verwendet werden.

Post Office Protocol (POP): In RFC 1725 spezifiziertes Protokoll zur Kommunikation zwischen Client-Anwendung und Email-Gateway. Über POP kann sich der Benutzer bei einem Email-Gateway anmelden und die seinem Email-Konto (Mailbox) zugeordneten Nachrichten lesen und manipulieren, ohne daß die Client-Anwendung des Nutzers selbst einen SMTP-basierten Email-Dienst bereitstellen muß.

Portnummer: 16 Bit lange Identifikation für eine TCP-Verbindung, die stets mit einem bestimmten Anwendungsprogramm assoziiert ist. Die Portnummer 0–255 sind für spezielle TCP/IP-Anwendungen reserviert (**Well Known Ports**), Portnummer 256–1.023

für spezielle UNIX-Anwendungen. Die Portnummern 1.024–56.535 können für eigene Anwendungen gewählt werden und unterliegen keiner festen Zuordnung.

Pretty Good Privacy (PGP): Von Phil Zimmerman 1991 entwickeltes System zur sicheren Abwicklung des Email-Nachrichtenverkehr. PGP ist frei verfügbar für die meisten Hardwareplattformen und Betriebssysteme und bietet Email-Nachrichten-Verschlüsselung mit symmetrischen Schlüsselverfahren (Triple-DES, IDEA, CST), Sicherung des symmetrischen Schlüssels über ein asymmetrisches Verschlüsselungsverfahren (RSA), sowie Sicherung der Integrität von Email-Nachrichten (MD5 Message Digest) und Wahrung der Authentizität der Kommunikationspartner (digitale Signaturen). PGP ist das am weitesten verbreitete System zum sicheren Transport von Email-Nachrichten.

Realtime Transport Protocol (RTP): Zur Übertragung von digitalisierten Audio- und Videosignalen spezialisiertes Transport-Protokoll, das in RFC 1889 spezifiziert wurde. RTP nutzt UDP als unterliegendes Transportprotokoll und verwendet Sequenznummern und Zeitstempelinformationen, um die Anforderungen für den zeitgerechten Transport von Echtzeitdaten zu erfüllen im Zusammenspiel mit den Protokollen **RTSP** (Real Time Streaming Protocol) für das Streaming von Multimediadaten und **RTCP** (Real-Time Transport Control Protocol), über das die beteiligten Kommunikationspartner Informationen über die aktuelle Leistung oder die zugrunde liegende Netzwerkinfrastruktur austauschen können.
Da innerhalb eines IP-basierten Netzwerks keine Garantien über einzuhaltende Dienstgüteparameter (**Quality of Service**) gegeben werden können, kann über die beiden Protokolle **RSVP** (Resource Reservation Protocol) und **COPS** (Common Open Policy Service) eine Vorabreservierung zur Verfügung stehender Netzwerkressourcen vorgenommen werden.

Remote Procedure Call (RPC): Über RPC werden Funktionsaufrufe auf entfernten Computern möglich. Die dazu notwendigen Protokollmechanismen sind in RFC 1057 spezifiziert und bilden die Grundlage für viele Client/Server-Anwendungen im Internet. Der Programmierer einer verteilten Anwendung hat über RPC die Möglichkeit, Funktionsaufrufe an entfernte Server zu programmieren, ohne detaillierte Kenntnisse über die dazu notwendigen Mechanismen zu besitzen. Für die Kodierung der zwischen Client und Server auszutauschenden Nachrichten wird eine allgemeine Transfersyntax, die in RFC 1014 definierte **External Data Representation (XDR)** verwendet, die eine automatische Konvertierung zwischen unterschiedlichen Rechnerarchitekturen gewährleistet.

Rlogin: In RFC 1282 spezifiziertes Protokoll zur Einrichtung einer interaktiven Sitzung (Remote Login) auf einem entfernten Rechner. Ursprünglich dazu vorgesehen, einen Remote-Login Service zwischen zwei Unix-Rechnern bereitzustellen, ist Rlogin im Gegensatz zu Telnet weniger komplex und einfacher zu implementieren. Eine weit verbreitete Variante des Rlogin-Dienstes ist das Dienstprogramm **rsh**, das Bestandteil der meisten Unix-Implementationen ist.

Server: Bezeichnet einen Prozeß, der von Clients kontaktiert wird, und diesen Informationen zurückliefert. Oft wird auch der Rechner, auf dem ein Server-Prozeß abläuft, als Server bezeichnet.

Simple Mail Transfer Protocol (SMTP): In RFC 821 spezifiziertes Protokoll zum Austausch von Email-Nachrichten. SMTP als Basis eines Client/Server-basierten Email-Diensten zählt zu den populärsten Protokollen im Internet.

Simple Network Management Protocol (SNMP): In RFC 1157 spezifiziertes Protokoll zum Netzwerkmanagement in Internet-basierten Netzwerken. Netzwerk-Objekte und zugehörige Parameter werden dabei über eine sogenannte **Management Information Base (MIB)**, einer hierarchisch organisierten Datenbank, beschrieben.

Socket: Das TCP-Protokoll stellt eine zuverlässige Verbindung zwischen zwei Endsystemen bereit. Zu diesem Zweck werden auf den beteiligten Rechnern Endpunkte, sogenannte Sockets, definiert, die jeweils aus der IP-Adresse des Rechners, sowie einer 16 Bit langen Portnummer bestehen, die die Verbindung eindeutig definieren. Über Sockets werden sogenannte **Dienstprimitive** zur Verfügung gestellt, die eine Steuerung und Kontrolle der Datenübertragung erlauben. Dazu assoziieren Sockets jeweils Eingabe- und Ausgabe-Pufferspeicher zu den von ihnen gestarteten Verbindungen.

Secure Shell (ssh): Erweiterung des Remote-Login-Dienstes rsh, der eine sichere Kommunikation zwischen Client- und Server-Rechner bereitstellt. Die dabei eingesetzten Verschlüsselungsverfahren sind RSA, DSA und TripleDES.

Streaming: Bezeichnung für die kontinuierliche Wiedergabe von multimedialen Inhalten (Audio und/oder Video) über das Internet in Echtzeit, d.h. die Wiedergabe findet bereits zum Zeitpunkt der Übertragung statt, ohne daß diese erst vollständig abgewartet werden muß. Die wiederzugebenden Inhalte können dabei bereits in gespeicherter Form oder als Live-Daten vorliegen, die direkt nach ihrer Generierung kontinuierlich über das Internet abgerufen werden können. Im Gegensatz zur herkömmlichen Datenübertragung ist Streaming verzögerungssensitiv, d.h. Datenpakete, die zu sehr verzögert werden, verlieren ihre Relevanz, und fehlertolerant, d.h. innerhalb eines gewissen Rahmens verursachen Fehler oder Datenverluste zwar eine Verminderung der Darstellungsqualität der kontinuierlichen Multimedia-Daten, doch werden Fehler toleriert.

Telnet: In RFC 854 spezifiziertes Protokoll zur Einrichtung einer interaktiven Sitzung (Remote Login) auf einem entfernten Rechner. Als ältestes Anwendungsprotokoll des Internets ermöglicht Telnet über eine gemeinsame virtuelle Terminalschnittstelle (**Network Virtual Terminal**) auch Verbindungen zwischen unterschiedlichen Rechnerplattformen.

Trivial File Transfer Protocol (TFTP): Eine einfachere Variante des weitaus komplexeren FTP Dateitransferdienstes. TFTP ist in RFC 783 spezifiziert und erlaubt ausschließlich einen einfachen Dateitransfer ohne Autorisierungsmöglichkeiten. TFTP setzt dazu auf UPD als Transportprotokoll auf und wird z.B. dazu verwendet, den Systemstart-Vorgang auf Rechnern ohne eigene Festplatte zu unterstützen (**Bootstrapping**).

X.400: X.400 stellt einen Email-Nachrichtendienst (Message Handling System, MHS) bereit, das von der ITU-T als **MHS** und von der ISO als **MOTIS** (Message Oriented Text Interchange System) standardisiert wurde. Ziel von X.400 ist die Interoperabilität von Produkten unterschiedlicher Hersteller und zwischen öffentlichen und privaten Email-Diensten. Im Vergleich zu **SMTP** stellt X.400 eine höhere Funktionalität bereit, die aber durch eine entsprechend höhere Komplexität erkauft wird. Daher konnte sich SMTP vor X.400 schnell auf breiter Basis durchsetzen und dieses weitgehend verdrängen.

9. Unter vier Augen – Sicherheit im Internet

„Sicher ist, daß nichts sicher ist. Selbst das nicht".
– Hans Bötticher, genannt Ringelnatz,
(1883-1934)

Das globale Internet ist ein offenes Netz. Offen, das heißt nicht begrenzt und für jedermann zugänglich. Niemand wird ausgeschlossen, jeder kann Zugang zum Netz der Netze erhalten. Diese Offenheit des Internet war Voraussetzung für die große Popularität, die das Internet in den vergangenen Jahrzehnten erlangen konnte. Allerdings hat diese Offenheit ihren Preis: Es gibt keine zentrale Kontrolle, die z.B. unbefugten Dritten Einblick in die Kommunikation und damit in die Privatsphäre der Internetnutzer verwehren würde. Um dennoch z.B. einen ausreichenden Schutz der Vertraulichkeit und der Privatsphäre garantieren zu können, müssen Techniken aus der Kryptografie eingesetzt werden, die Nachrichten verschlüsseln und deren Unversehrtheit sicherstellen. Ebenfalls mit Verfahren der Kryptografie kann die Identität der Kommunikationspartner nachgewiesen werden, damit keine Betrüger, die eine falsche Identität vorspiegeln, ihr Unwesen treiben können. Denn Kommunikationspartner sitzen sich im Internet nicht mehr gegenüber, so daß sie sich anhand ihrer äußeren Erscheinung identifizieren könnten, sondern befinden sich möglicherweise auf der anderen Seite des Globus.
Das vorliegende Kapitel gibt einen kurzen Abriß der Verfahren der Kryptografie und zeigt die für das Internet bedeutsamsten Techniken exemplarisch auf. Dabei wird auf das sichere IP-Protokoll IPsec, die sichere Kommunikation im WWW via SSL und den Austausch sicherer Emails mit Hilfe von PGP besonders eingegangen.

Ein **sicheres Netzwerk** bereitzustellen ist keine einfache Aufgabe. Jeder Netzwerkanwender hat aus seiner speziellen Sicht andere Anforderungen bzgl. der Sicherheit an die Kommunikation über ein Netzwerk. Insbesondere im Internet, einem **offenen Netzwerk**, dessen Teilnehmer in keiner Weise auf einen vertrauenswürdigen Personenkreis beschränkt werden können, sind Sicherheitsanforderungen zunehmend kritisch. In vielen Netzwerken sind vertrauliche und für den betreffenden Eigentümer wertvolle Datenbestände gespeichert, die vor einem unberechtigten Zugriff geschützt werden müssen. Auf der anderen Seite ist Firmen und Unternehmen, die sich über das Internet neue Absatzmärkte erschließen und auf den Zug des **Electronic Commerce** mit aufspringen wollen, daran gelegen, sich selbst und ihre Angebote und Dienstleistungen im Internet jedermann publik zu machen – also auch unbekannten, eventuell unzuverlässigen und unter Gesichtspunkten der Netzwerksicherheit „gefährlichen" Nutzern.

Da es kein sicheres Netzwerk gibt und prinzipiell auch nicht geben kann, sind die Betreiber von Netzwerken gezwungen, über ein spezifisches Regelwerk und zusätzliche Komponenten und Verfahren ein möglichst hohes, den spezifischen Anforderungen ihrer Nutzer entsprechendes Maß an Netzwerksicherheit zu bieten. Ausgangspunkt für die Erstellung dieses Regelwerks und der Konzeption der Komponenten und Verfahren ist eine Analyse der zu schützenden Ressourcen und der Maßnahmen, die ergriffen werden können, um diese Ressourcen angemessen zu schützen. Dabei muß beachtet werden, daß der Schutz globale und universelle Gültigkeit besitzt, d.h. er muß für die zu schützenden Ressourcen sowohl an deren Ursprungsort, als auch während der Datenübertragung über Zwischensysteme oder Speichermedien gelten, auch wenn diese nicht mehr zu seinem Verantwortungsbereich gehören, also sowohl im lokalen Netzwerk, beim Datentransport über Router und Telefonleitungen, als auch im lokalen Speicher des Endanwenders oder sogar in ausgedruckter Form. Natürlich sind dabei auch die gesetzlichen Regelungen zum Schutz der Privatsphäre bzw. zum Datenschutz zu beachten.
Sicherheitsrisiken sind verbunden mit finanziellem Verlust. Die Höhe des potentiellen finanziellen Verlusts bestimmt die Sicherheitsrelevanz der zu schützenden Daten. Verluste, die durch den unberechtigten Zugriff Dritter entstehen können, beginnen bei Fehlbeträgen in der Abrechnung der Verbindungszeit mit dem Netzwerkprovider, also bei Bruchteilen von Cent-Beträgen, und können bei Millionenverlusten, die in Folge von Industriespionage oder betrügerischer Manipulation elektronischer Finanzdienstleistungen entstehen, enden – ganz zu schweigen von Angriffen mit terroristischem Hintergrund.
Bevor im Folgenden auf bereitstehende kryptografische Grundlagen und Werkzeuge eingegangen wird, sollen zunächst Eigenschaften und Aspekte besprochen werden, die für eine sichere Kommunikation von Bedeutung sind.

9.1 Sicherheitsanforderungen

Welchen Aspekten welcher Stellenwert im Regelwerk zur Ausgestaltung der Netzwerksicherheit eines Netzwerkbetreibers eingeräumt wird, liegt in der Verantwortung des Netzbetreibers selbst. Oft müssen bei dieser Festlegung viele Kompromisse eingegangen werden, da sich verschiedene Sicherheitsziele widersprechen können bzw. entsprechende Sicherungstechniken sehr aufwendig und kostenintensiv sind.

9.1.1 Sicherheitsziele

Folgende grundlegende Aspekte sind stets in alle Überlegungen zur Netzwerksicherheit einzubeziehen:

- **Verfügbarkeit**
  Damit ein Informationsanbieter Daten über das Internet verfügbar machen kann, ist er auf die zuverlässige Funktionstüchtigkeit der Netzwerkinfrastruktur angewiesen. Die Netzwerkkomponenten können durch zufällig auftretende Fehler oder aber auch durch gezielte Angriffe von Seiten unberechtigter Dritter in ihrer Funktion beeinträchtigt oder sogar ausgeschaltet werden, so daß die angebotene Information unerreichbar bleibt. Angriffe dieser Art werden als **Denial-of-Service** bezeichnet.
  In der Regel verläuft eine Denial-of-Service Attacke so, daß im Zuge des Angriffs soviel Last auf dem angegriffenen System erzeugt wird, daß dieses nicht mehr in der Lage ist, seine regulären Aufgaben funktionsgerecht zu bewältigen. Beispiel für eine Denial-of-Service Attacke ist das sogenannte **SYN-Flooding**. Dabei überschüttet der Angreifer sein Opfer im Netzwerk mit TCP-SYN-Datensegmenten mit gefälschter IP-Quelladresse, um damit das TCP-Drei-Wege-Handshake zur Eröffnung einer TCP-Verbindung anzustoßen. Da der angegriffene Server nicht zwischen legitimen und gefälschten SYN-Datensegment unterscheiden kann, eröffnet er wunschgemäß neue Verbindungen, indem er jeweils den notwendigen zweiten Schritt im Drei-Wege-Handshake (siehe Abschnitt 7.2.5) durchführt, wobei er alle dazu notwendigen Datenstrukturen alloziert und vergeblich darauf wartet, daß von Seiten der gefälschten IP-Adresse der noch ausstehende dritte Schritt ausgeführt wird. Auf diese Art wächst die Zahl der offenen, ressourcenverschlingenden TCP-Verbindungen ständig und führt zu einer Überlastung des Servers.
- **Datenintegrität**
  Daten, die von einem Sender an einen Empfänger übertragen werden, sollen diesen unverändert im Originalzustand erreichen. Dabei darf der Inhalt der übertragenen Daten weder in böser Absicht durch einen unberechtigten Dritten oder zufällig durch aufgetretene Übertragungsfehler verändert werden. Um das zu erreichen, müssen zusätzlich zu den durch die regulären Transportprotokolle bereitgestellten Fehlerbehandlungsverfahren kryptografische Verfahren angewendet werden.
- **Vertraulichkeit und Geheimhaltung**
  Obwohl der Inhalt übermittelter Nachrichten eigentlich nur für Sender und Empfänger bestimmte ist, kann sich in einem offenen Netz ein unberechtigter Dritter durch Überwachung des Datenverkehrs unbefugt Einblick verschaffen. Er kann so den transportierten Inhalt lesen, solange dieser nicht durch geeignete kryptografische Methoden geschützt wird. Um eine Nachricht geheim zu halten, muß man entweder dafür sorgen, daß kein unberechtigter Dritter überhaupt in der Lage ist, Datenpakete zu kopieren, oder man muß Verschlüsselungstechniken anwenden, die den Dateninhalt unkenntlich gegenüber unberechtigten Dritten machen.
  Mit einem sogenannten **Packet-Sniffer** kann der Datenverkehr auf der Netzwerkschicht eines LANs abgehört werden. In einem Diffusionsnetz-

werk, in dem alle Rechner ein gemeinsames Kommunikationsmedium nutzen, kann ein Packet-Sniffer so jedes Datenpaket abfangen, lesen und analysieren. In einem Ethernet-LAN kann sogar jeder Netzwerkadapter durch einfache Umkonfiguration in den sogenannten **Promiscous Mode** in die Lage versetzt werden, jedes Datenpaket unabhängig von der dort eingetragenen Empfängeradresse zu lesen. Entwickelt wurden Packet-Sniffer allerdings zu einem ganz anderen, hilfreichen Zweck, nämlich um als Netzwerk-Analysewerkzeug dem Netzwerkadministrator zu helfen, den Status des Netzwerkverkehrs zu überwachen und eventuell auftretende Fehler aufzufinden.

- **Authentifikation**
  Damit im Zuge einer Datenübertragung die beförderte Information auch tatsächlich nur den betreffenden Kommunikationspartnern zur Kenntnis gelangt, muß die Identität von Sender und Empfänger sichergestellt werden. Kein unberechtigter Dritter darf sich unbemerkt als einer der beiden Kommunikationspartner ausgeben können. Stehen sich zwei Kommunikationspartner gegenüber, erfolgt diese Authentifikation visuell oder akustisch. Bei einer Kommunikation, in der beide Kommunikationspartner weit voneinander entfernt sind, wird die Authentifikationsaufgabe schwieriger. Stammt eine empfangene Email tatsächlich von dem angegebenen Absender? Um dies sicherzustellen sind kryptografische Authentifikationsverfahren entwickelt worden, wie z.B. digitale Signaturen oder die Eingabe eines geheimen Passworts.
  Jeder im Internet stattfindende Datentransfer läuft über das IP-Protokoll. Im Header jedes IP-Datagramms ist stets die IP-Adresse von Sender und Empfänger enthalten. Hat ein Angreifer die vollständige Kontrolle über das ihm zur Verfügung stehende Endsystem (insbesondere über dessen Betriebssystems), ist er in der Lage, die Protokollsoftware so zu verändern, daß z.B. als Absenderadresse eine andere als die eigene eingetragen und damit eine falsche Identität vorgetäuscht wird. Diese Form der Fälschung der Identität wird als **IP-Spoofing** bezeichnet und ist zusammen mit dem Packet-Sniffing die häufigste Form von Sicherheitsvorkommnissen im Internet.
  Eine andere Form des Angriffs besteht darin, die Einträge von DNS-Servern, die für die Umwandlung von Domain Namen in IP-Adressen zuständig sind, zu manipulieren. Dadurch kann erreicht werden, daß bestimmte Domains nicht mehr erreicht bzw. gezielte Umleitungen von Datenpaketen zum Zweck des Ausspähens und Manipulierens veranlaßt werden. Diese Art des Angriffs wird als **DNS-Poisoning** bezeichnet.

- **Autorisation**
  Nachdem die Identität der Kommunikationspartner zweifelsfrei festgestellt wurde, darf jeder der beiden Kommunikationspartner nur auf die Informationen und Dienste zugreifen, die auch tatsächlich für ihn bestimmt sind. Um dies zu gewährleisten, muß an jede Informationsressource eine

Zugriffsberechtigung geknüpft werden, anhand derer entschieden wird, ob diese Ressource für einen bestimmten, authentifizierten Nutzer zugänglich ist oder nicht.
Um eine solche Zugriffskontrolle zu unterlaufen, muß ein Angreifer entweder erfolgreich eine falsche Identität vortäuschen, oder er muß sich autorisierten Zugang zum Betriebssystem des Rechners verschaffen, auf dem die Ressourcen selbst vorgehalten werden.

9.2 Sicherheitsmechanismen

Die aufgezählten Sicherheitsanforderungen lassen sich alle durch den Einsatz unterschiedlicher kryptografischer Verfahren erfüllen. Je nach konkretem Ziel sind andere Verfahren bzw. eine Kombination verschiedener Verfahren am geeignetesten. Stets jedoch ist für die Anwendung kryptografischer Verfahren eine Kosten/Nutzen-Analyse ausschlaggebend und Kompromisse hinsichtlich der erzielten Sicherheit sind in Kauf zu nehmen. So macht es z.B. wenig Sinn, harmlose private Kommunikation – z.B. über Email – mit Methoden starker Kryptografie zu verschlüsseln. Handelt es sich bei dieser Email allerdings um geheime Informationen von großer wirtschaftlicher Tragweite oder Informationen, bei deren Offenlegung der Sender um Leib und Leben fürchten müßte, sind Methoden der starken Kryptografie sicher gerechtfertigt.
Im folgenden sollen die wichtigsten kryptografischen Verfahren und Techniken kurz vorgestellt werden.

9.2.1 Vertraulichkeit und Verschlüsselung

Kryptografie als Teilgebiet der Informatik, beschäftigt sich mit der Entwicklung von Verschlüsselungsverfahren, die vertrauliche Informationen vor Kenntnisnahme und Zugriff durch unberechtigte Dritte schützen sollen. Ihre Ursprünge liegen geschichtlich weit zurück. Bereits in der Antike wurden Verschlüsselungsverfahren eingesetzt, um diplomatische oder militärische Informationen vor potentiellen Gegnern zu schützen. Konnte die verschlüsselte Botschaft vom Gegner abgefangen werden, war sie doch nicht lesbar. Selbst wenn es gelang, die Verschlüsselung zu brechen und den originalen Text wiederzugewinnen, war dazu so viel Zeit notwendig, daß den kommunizierenden Parteien ein Vorsprung gesichert war.
Das Grundmodell einer verschlüsselten Kommunikation ist in Abb. 9.1 dargestellt. Sender und Empfänger werden, wie in der Kryptografie üblich, **Alice** (A) und **Bob** (B) genannt. Ein potenzieller Gegner, der versucht, unberechtigt Kenntnis der Kommunikation zu erlangen, wird als Angreifer bezeichnet. Die Originalnachricht, der sogenannte **Klartext** (**Plaintext**), wird zur Verschlüsselung mit einer **Transformationsfunktion** in die verschlüsselte Information (**Chiffrat**, **Ciphertext**) umgesetzt. Die dabei verwendete Transformationsfunktion *encrypt* ist in der Regel über einen **Schlüssel** (**Key**)

parametrisiert (steuerbar). *encrypt* verfügt also über zwei Argumente, den Schlüssel k und den zu verschlüsselnden Klartext M, um das Chiffrat E zu produzieren.

$$E = encrypt(k, M) \ .$$

Die Umkehrtransformation *decrypt* dagegen, erzeugt mit Hilfe des Schlüssels K und des Chiffrats E die Originalnachricht M.

$$M = decrypt(K, E) \ .$$

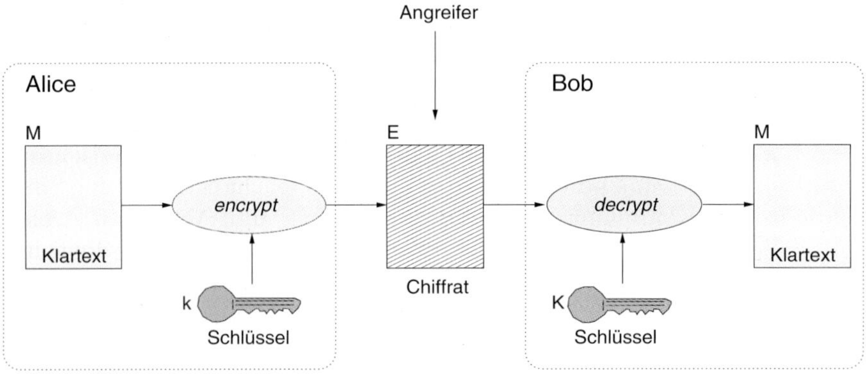

Abb. 9.1. Modell der Verschlüsselung von Nachrichten

Der Schlüssel k besteht in der Regel aus einer (meist kurzen) Zeichenfolge, mit der eine der vielen potenziellen Verschlüsselungsvarianten der Transformationsfunktion ausgewählt wird. Während das Verschlüsselungsverfahren, also die Transformationsfunktion, allgemein bekannt ist, liegt das wahre Geheimnis für die Verschlüsselung im Schlüssel k. Die Anzahl der potenziell möglichen Schlüssel ergibt sich aus der Schlüssellänge. Sie bestimmt den Aufwand, der notwendig ist, um das Chiffrat ohne Hilfe des verwendeten geheimen Schlüssels über eine erschöpfende Suche (Exhaustive Search, Brute Force) zu brechen. Ab einer bestimmten Schlüssellänge spricht man von Methoden der **starken Kryptografie**, da dann der zum Brechen des Schlüssels notwendige Aufwand ins astronomische steigt. Mit steigender Rechenleistung verschiebt sich diese Grenze allerdings zu immer größeren Schlüssellängen, so daß die Einteilung in Methoden der starken und schwachen Kryptografie stets eine relative bleibt. Eine Verschlüsselung wird im Wesentlichen durch Vertauschungen von Zeichen (**Transposition**) oder durch Ersetzungen von Zeichen (**Substitution**) erreicht, die, gesteuert durch einen Schlüssel, in vielen Durchgängen (Runden) wiederholt werden. Abb. 9.2 gibt eine kurze Erläuterung der einfachsten Verschlüsselungstechniken.

Als wichtigste Prinzipien einer erfolgreichen Verschlüsselung wurden erkannt:

Einfache Verschlüsselungsverfahren

1. **Substitutions-Chiffren**
   Ältestes bekanntes Verschlüsselungsverfahren (erwähnt in Julius Cäsars "De Bello Gallico"). Jeder Buchstabe (oder Gruppe von Buchstaben) einer Nachricht wird durch einen anderen Buchstaben (oder Gruppe von Buchstaben) des Alphabets ersetzt. Zwischen den originalen Buchstaben(gruppen) und den verschlüsselten Buchstaben(gruppen) besteht eine eineindeutige Zuordnung. Beispiel:

Klartext:	`a b c d e f g h i j k l m ...`
Chiffrat:	`z y x w v u t s r p q o n ...`

2. **Transpositions-Chiffren**
   Anstelle einer Ersetzung der einzelnen Buchstaben einer Nachricht, verändert eine Transpositions-Chiffre deren Reihenfolge. Ein k-stelliger Schlüssel gibt dabei an, auf welche Weise k Buchstaben des Originaltextes jeweils permutiert werden müssen. Beispiel:

Schlüssel:	`7 5 6 2 4 9 8 3 1`
Klartext:	`g e h e i m n i s`
Chiffrat:	`s e i i e h g n m`

3. **Einweg-Chiffre (One Time Pad)**
   Im Gegensatz zu den o.a. Verschlüsselungsverfahren, die mit recht einfachen Mitteln gebrochen werden können, existiert ein sehr simples Verfahren, daß prinzipiell nicht zu brechen ist. Zum Klartext (also Bitfolge) wird ein gleichlanger, zufällig erzeugter Schlüssel (ebenfalls eine Bitfolge) erzeugt. Beide Bitfolgen werden bitweise über die binäre Operation `XOR` verknüpft. Das erzeugte Chiffrat gewährt ohne Kenntnis des Schlüssels keinerlei Hinweis auf den Klartext. Beispiel:

	Klartext:	`1 0 1 1 1 0 1 1 0 1 0 1 1 0 1 0 1`
`XOR`	Schlüssel	`1 0 1 0 1 1 1 0 0 0 1 0 1 1 1 1 0`
	Chiffrat:	`0 0 0 1 0 1 0 1 0 1 1 1 0 1 0 1 1`

Abb. 9.2. Einfache Verschlüsselungsverfahren

- **Diffusion**
  Jedes Zeichen im Chiffrat soll von möglichst vielen Zeichen des Klartexts und vom gesamten Schlüssel abhängen.
- **Konfusion**
  Der Zusammenhang zwischen Klartext, Schlüssel und Chiffrat soll stets möglichst komplex sein.
- **Schmetterlingseffekt**
  Eine kleine Änderung im Klartext soll zu einer möglichst großen Änderung des Chiffrats führen.

Üblicherweise ist der (Entschlüsselungs-)Schlüssel das entscheidende Instrument, um an die Information im Klartext zu gelangen. Daher muß dieser bei dem in Abb. 9.1 dargestellten Verfahren stets geheim gehalten werden. Ein unberechtigter Dritter, der Kenntnis des **geheimen Schlüssels** erlangt, ist in der Lage, das Chiffrat ohne Mühe zu entschlüsseln. Wenn derselbe Schlüssel sowohl zur Verschlüsselung als auch zur Entschlüsselung verwen-

det wird ($k = K$), spricht man von einem **symmetrischen Verschlüsselungsverfahren** (Secret Key Encryption) (siehe Abb. 9.3). Die Weitergabe des geheimen Schlüssels (**Schlüsselmanagement**) an den Empfänger einer symmetrisch verschlüsselten Nachricht muß daher unter strengsten Auflagen gesichert erfolgen – ein Unterfangen, daß schon viel Stoff für so manchen spannenden Spionage- oder Kriminalroman geboten hat.
Ein **asymmetrisches Verschlüsselungsverfahren** (**Public Key Encryption**) verwendet zwei verschiedene Schlüssel ($k \neq K$): einen öffentlichen Schlüssel und einen geheimen Schlüssel. Diese Form der Verschlüsselung wurde zusammen mit der Verwendung digitaler Signaturen 1976 von W. Diffie und M. Hellman das erste Mal vorgestellt und sollte sich als wegweisend für die Weiterentwicklung der Kryptografie und der gesamten Internetsicherheit erweisen. (Vor wenigen Jahren wurde publik, daß tatsächlich bereits 1970 der britische Kryptologe James H. Ellis dieses Verfahren für den britischen Geheimdienst entwickelt hat. Allerdings konnte er es aus Geheimhaltungsgründen nicht veröffentlichen.)

Folgende Eigenschaften kennzeichnen asymmetrische Verschlüsselungsverfahren: Während der geheime Schlüssel keinem außer dem Benutzer selbst zugänglich sein darf, wird der aus dem geheimen Schlüssel erzeugte öffentliche Schlüssel unter dem Namen des Benutzers jedermann zugänglich gemacht. Die verwendete Transformationsfunktion hat die Eigenschaft, daß eine mit dem öffentlichen Schlüssel kp_A des Benutzers A verschlüsselte Nachricht, nur mit dessen geheimen Schlüssel ks_A wieder entschlüsselt werden kann. Da Rückschlüsse aus dem öffentlichen Schlüssel auf den zugehörigen geheimen Schlüssel (praktisch) unmöglich sind, kann hier der bei herkömmlichen symmetrischen Verfahren notwendige geheime Austausch der Schlüssel entfallen. Eine Nachricht wird nun mit dem (jedermann zugänglichen) öffentlichen Schlüssel des Empfängers der Nachricht verschlüsselt. Damit ist sichergestellt, daß allein dieser in der Lage ist, aus dem empfangenen Chiffrat mit seinem geheimen Schlüssel wieder den ursprünglichen Klartext zurückzugewinnen (siehe Abb. 9.3). Die Veröffentlichung des öffentlichen Schlüssels stellt kein Sicherheitsrisiko dar, wenn bei diesem Verfahren eine Einwegfunktion als Transformationsfunktion angewandt wird, also eine Funktion, für die die Berechnung der Umkehrtransformation und damit die Bestimmung des geheimen Schlüssels (mit vertretbarem Aufwand) unmöglich ist.
Neben der Unterscheidung zwischen symmetrischen und asymmetrischen Verschlüsselungsverfahren, gibt es eine weitere grundsätzliche Unterscheidung von Verschlüsselungsverfahren in Bezug auf die Art der Anwendung der Schlüssel auf den Klartext:

- **Block-Verschlüsselungsverfahren (Blockchiffre)**
  Bei diesen Verfahren wird der Klartext in einzelne Blöcke fester Länge unterteilt. Die einzelnen Blöcke werden unabhängig voneinander mit demselben Schlüssel verschlüsselt und bilden zusammengenommen das Chiffrat.

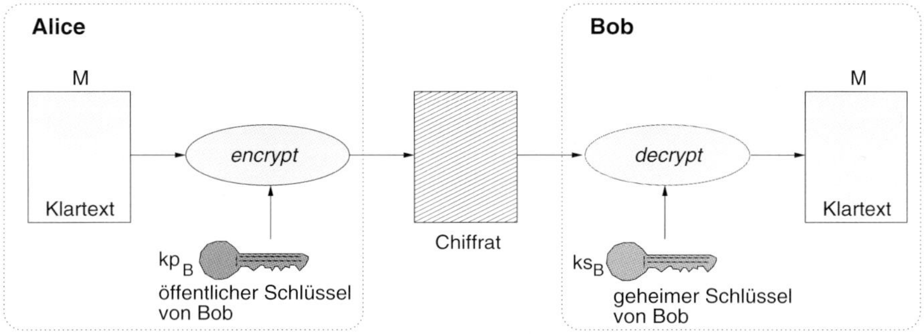

Abb. 9.3. Asymmetrische Verschlüsselung (Public Key Encryption)

- **Strom-Verschlüsselungsverfahren (Stromchiffre)**
  Diese Verfahren betrachten den gesamten Klartext als Textstrom, d.h. als eine beliebig lange Folge von Klartextzeichen. Zu diesen wird – wie bei der Einweg-Verschlüsselung aus Abb. 9.2 – ein ebenso langer Strom von Schlüsselzeichen generiert, mit dem die Verschlüsselung zeichenweise vorgenommen wird.

Die wichtigsten Vertreter symmetrischer Block-Verschlüsselungsverfahren sind **DES** (**Data Encryption Standard**, siehe Abb. 9.4), **IDEA** (**International Data Encryption Algorithm**), die verschiedenen Varianten der sogenannten **Rivest Cipher** (**RC2** bis **RC6**) und der **Advanced Encryption Standard** (**AES**). Wie in Tabelle 9.1 dargestellt, unterscheiden sich die verschiedenen Verfahren in Aufwand und Sicherheit.

Tabelle 9.1. Symmetrische Block-Verschlüsselungsverfahren

Verfahren	DES	IDEA	RC2	RC5	RC6
Blocklänge	64 Bit	64 Bit	64 Bit	24/64/128 Bit	128 Bit
Schlüssellänge	56 Bit	128 Bit	variabel	0–2040 Bit	128/192/256 Bit
Runden	16	8		0–255	20

Das bekannteste asymmetrische Verschlüsselungsverfahren ist das nach seinen Entwicklern benannte **RSA-Verfahren** (**Rivest, Shamir, Adleman**). Das RSA-Verfahren basiert auf Fakten aus der Zahlentheorie und ist in Abb. 9.5 dargestellt.

9.2.2 Authentifikation und Verschlüsselung

Um festzustellen, ob die Identität des Kommunikationspartners auch tatsächlich korrekt ist und man nicht mit einem Betrüger kommuniziert, dienen Verfahren der Authentifikation. Da die Authentifikation über das Internet

Data Encryption Standard (DES)

Das symmetrische Block-Verschlüsselungsverfahren DES wurde 1977 veröffentlicht und 1993 für die kommerzielle Nutzung aktualisiert. DES kodiert Blöcke von jeweils 64 Bit mit einem ebenso langen Schlüssel. Effektiv beträgt die DES-Schlüssellänge jedoch nur 56 Bit, da jedes der 8 Bytes des Schlüssels über ein Paritätsbit verfügt. Insgesamt durchläuft das DES-Verfahren 19 Runden, wobei sich die 16 inneren Runden auf eine wiederholte Anwendung des Schlüssels beziehen.

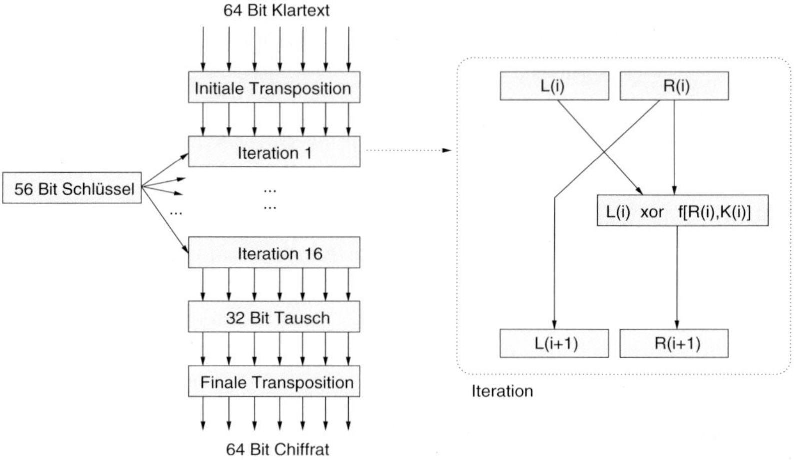

- **Stufe 1**: Schlüsselunabhängige 64 Bit Transposition.
- **Stufe 2 – 17**: Funktional identische Anwendung des Schlüssels.
  64 Bit Block M(i) auf Stufe i wird in zwei 32 Bit Worte L(i) und R(i) geteilt. R(i) wird unverändert als L(i) der nächsten Stufe übergeben, während sich R(i+1) berechnet aus einem XOR über L(i) und einer Funktion, die auf R(i) und den Schlüssel K(i) der Stufe i angewendet wird, und die dafür sorgt, daß sich in jeder Stufe Schlüssel und Daten durch Permutationen und Substitutionen verändern.
- **Stufe 18**: Vertauschung der beiden 32 Bit Worte des 64 Bit Blocks.
- **Stufe 19**: Schlüsselunabhängige 64 Bit Transposition.

Das DES-Verfahren ist ein 64 Bit Substitutions-Verschlüsselungsverfahren und heute bereits mit relativ einfachen Mitteln zu brechen. So startete 1997 die Netzwerksicherheitsfirma RSA einen DES-Challenge Wettbewerb mit der Aufforderung, bei einem Preisgeld von $10.000 ein mit DES verschlüsseltes Chiffrat zu entschlüsseln, was einem der teilnehmenden Teams in weniger als vier Monaten auch gelang. Mittlerweile ist es möglich, einen DES-Schlüssel innerhalb weniger Stunden mit allgemein verfügbaren Mitteln zu brechen. Zur Erhöhung der Sicherheit wird deshalb eine mehrfache Anwendung von DES mit unterschiedlichen Schlüsseln durchgeführt, wie z.B. bei **Triple-DES**.

Eine ausführliche Darstellung des DES-Verfahrens kann der folgenden Quelle entnommen werden:

- B. Schneier, Applied Cryptography: Protocols, Algorithms, and Source Code in C, John Wiley & Sons, 1995.

Abb. 9.4. Data Encryption Standard (DES)

Das RSA-Verfahren
Alice und Bob wollen über das RSA-Verfahren miteinander kommunizieren. Bevor Alice die Nachricht M an Bob verschlüsselt übertragen kann, muß Bob einen geheimen und einen öffentlichen Schlüssel generieren.

- Generierung des geheimen und des öffentlichen Schlüssels durch Bob
  - Auswahl zweier großer Primzahlen p und q. RSA empfiehlt eine Wahl von p und q, so daß deren Produkt für die Verschlüsselung einer privater Kommunikation eine Länge von 768 Bit besitzt und bei einer kommerziellen Verwendung eine Länge von 1024 Bit.
  - Berechne $n = p \cdot q$ und $z = (p-1)\cdot(q-1)$.
  - Wähle $e < n$, $e \neq 1$, so daß n und e keine gemeinsamen Primfaktoren mit z haben.
  - Ermittle d, so daß $e \cdot d$ durch z teilbar ist.
  - Bobs öffentlicher Schlüssel kp_B ist das Zahlenpaar (n,e), Bobs geheimer Schlüssel ks_B das Zahlenpaar (n,d).
- Verschlüsselung durch Alice
  - Alice möchte an Bob eine Nachricht M (kodiert als Bitmuster) senden, für die bei Interpretation von M als Zahl gilt: $M < n$.
  - Zur Verschlüsselung berechnet Alice aus dem Klartext M und dem öffentlichen Schlüssel (n,e) von Bob das Chiffrat c als

$$c = M^e \bmod n.$$

- Entschlüsselung durch Bob
  - Um das Chiffrat c zu entschlüsseln, berechnet Bob mit Hilfe seines geheimen Schlüssels (n,d)

$$M = c^d \bmod n.$$

Das RSA-Verfahren beruht auf Primzahlen, die man relativ leicht finden und miteinander multiplizieren kann. Wenn man aber lediglich das Produkt kennt, ist die Ermittlung der beteiligten Faktoren mit vertretbaren Aufwand nicht möglich.

Eine ausführliche Darstellung des RSA-Verfahrens kann der folgenden Quelle entnommen werden:

- C. Kaufman, R. Perlman, M. Speciner: Network Security, Private Communication in a Public World, Prentice Hall, Englewood Cliffs NJ, USA, 1995.
- R. I. Rivest, A. Shamir, L. Adleman: On a Method for Obtaining Digital Signatures and Public Key Cryptosystems, in Communications of the ACM, vol.21, Feb 1978, pp. 120-126.

Abb. 9.5. RSA - ein Public Key Verschlüsselungsverfahren

nicht wie bei einem Gesprächspartner, der einem gegenübersteht, mit Hilfe gegenseitigen Erkennens biometrischer Merkmale vonstatten gehen kann, sondern lediglich der Austausch von Nachrichten über das Netzwerk möglich ist, wurden spezielle **Authentifikationsprotokolle** entwickelt. Erst wenn diese erfolgreich durchgeführt worden sind, und die Identität der Kommunikationspartner zweifelsfrei feststeht, kann die eigentliche Kommunikation stattfinden.

Tatsächlich ist die Entwicklung eines zuverlässigen Authentifikationsverfahrens schwieriger, als man zunächst denkt. Zum besseren Verständnis soll diese Entwicklung, sowie die zu überwindenden Schwierigkeiten kurz dargestellt werden: Seien Alice und Bob die beiden Kommunikationspartner, wobei Alice versucht, sich zuverlässig über das Netzwerk bei Bob zu authentifizieren. Trudy sei eine unberechtigte Dritte, die versucht, Bob die Identität von Alice vorzuspiegeln:

- Die einfachste Möglichkeit der Authentifikation besteht darin, dem Kommunikationspartner seinen Namen, d.h. seine Identität zu nennen. Alice teilt also Bob vor Aufnahme der eigentlichen Kommunikation mit: „Hallo, ich bin Alice.“ Allerdings hat Bob keine Möglichkeit nachzuprüfen, ob diese Meldung auch tatsächlich von Alice kam, denn Trudy kann ohne Schwierigkeiten eine identische Nachricht an Bob senden und so erfolgreich eine falsche Identität vorspiegeln.
- Hat Bob Kenntnis über die IP-Adresse von Alice, über die diese für gewöhnlich kommuniziert, könnte er ihrer Nachricht Glauben schenken, falls die empfangenen Datenpakete ihre übliche IP-Adresse als Absenderadresse besitzen. Allerdings ist es für Trudy leicht möglich, falls sie die Kontrolle über Betriebssystem und Netzwerksoftware ihres Rechners hat, die Absenderadresse in den von ihr versendeten Datenpaketen so zu manipulieren, als ob sie von Alice stammten (**IP-Spoofing**). IP-Spoofing ließe sich vermeiden, wenn der erste Router, über den Trudy ihre Daten ins Internet weiterleitet, so konfiguriert wäre, daß er nur Daten von Trudy weiterleitet, die mit ihrer originalen IP-Adresse als Absender versehen sind (siehe RFC 2267). Da aber von einer solchen Konfiguration nicht allgemein ausgegangen werden kann, liefert die Überprüfung der IP-Adressen alleine keine sichere Authentifizierung.
- Der klassische Ansatz zur Durchführung einer Authentifikation erfolgt über die Verwendung eines geheimen Passworts. Alice sendet an Bob zusammen mit der Nachricht „Hallo, ich bin Alice.“ ein geheimes Passwort, von dem nur Bob und Alice Kenntnis haben dürfen, so daß Bob sicher sein kann, daß es sich bei seinem Kommunikationspartner tatsächlich um Alice handelt. Allerdings hat Trudy hier die Möglichkeit, den gesamten Datenverkehr zwischen Alice und Bob auszuspionieren (**Packet-Sniffing**) und dabei das geheime Passwort von Alice aufzuzeichnen und in einer späteren Kommunikation mit Bob zu verwenden. Da Protokolle, wie z.B. TELNET, ein Passwort tatsächlich im Klartext übertragen, stellt diese Szenario eine reale Bedrohung dar.
- Als nächstes könnten Alice und Bob ein gemeinsames symmetrisches Verschlüsselungsverfahren verwenden, um das Passwort von Alice verschlüsselt zu übertragen. Da Alice jetzt nicht nur ihr Passwort, sondern auch noch den gemeinsam verwendeten geheimen Schlüssel verwendet, glaubt Bob um so fester an Alice's Identität. Aber auch hier hat Trudy die Möglichkeit, beim Abhören der Kommunikation zwischen Alice und Bob, das verschlüsselte Passwort von Alice aufzuzeichnen und bei einem späteren Angriff in der Kommunikation mit Bob zu verwenden (**Playback-Angriff**). Bzgl. der

Authentifikation von Alice hat sich die Lage also noch nicht sonderlich verbessert.

- Der Playback-Angriff kann nur Erfolg haben, wenn stets dasselbe Passwort verwendet wird. Eine einfache Art der Abwehr eines derartigen Angriffs besteht also darin, daß Alice und Bob nicht nur jeweils über ein einzelnes Passwort verfügen, sondern sich bereits im Voraus über eine ganze Serie von Paßworten miteinander verständigt haben, und diese nacheinander verwenden. Allerdings setzt dies den sicheren Austausch der Passwortliste voraus.

Eine Lösung des Problems besteht darin, eine ähnliche Technik einzusetzen, wie dies im Drei-Wege Handshake des TCP-Protokolls der Fall war (siehe Abschnitt 7.2.5): Um dort sicherzustellen, daß bei einer Verbindungsaufnahme (SYN) über das TCP-Protokoll kein altes SYN-Segment (Neuübertragung) aus einer früheren Verbindung verwendet wird, wurde diesem eine Sequenznummer angehängt. Beim Start einer Verbindung wird dazu ein Zufallswert als Sequenznummer für das SYN-Segment des Servers gewählt, auf das der antwortende Client mit einem ACK-Segment mit derselben Sequenznummer reagiert.
Ein derartig verwendeter Zufallswert wird auch als **Nonce** bezeichnet. Er darf lediglich ein einziges Mal verwendet werden. Eine Authentifikation mit Hilfe eines Nonce-Wertes läuft folgendermaßen ab (siehe Abb. 9.6):

1. Alice sendet die Nachricht „Hallo, ich bin Alice“ an Bob.
2. Bob wählt einen Nonce-Wert R und sendet diesen zurück an Alice.
3. Alice verschlüsselt R mit dem symmetrischen geheimen Schlüssel k, den Alice und Bob zuvor festgelegt haben, und sendet $k(R)$ an Bob zurück.
4. Bob weiß jetzt aufgrund der Tatsache, daß Alice k kennt und verwendet, daß Alice's Identität korrekt ist, und da Alice den Wert $k(R)$ zurücksendet, kann Bob davon ausgehen, daß Alice tatsächlich „live“ antwortet, und daß es sich nicht um eine Playback-Attacke handelt. Bob kann Alice nunmehr erfolgreich authentifizieren.

Anstelle eines symmetrischen Verschlüsselungsverfahrens kann in diesem Szenario auch ein asymmetrisches Verschlüsselungsverfahren mit öffentlichem Schlüssel zum Einsatz kommen. Das neue Protokoll könnte dann folgendermaßen ablaufen (siehe Abb. 9.7):

1. Alice sendet die Nachricht „Hallo, ich bin Alice“ an Bob.
2. Bob wählt einen Nonce-Wert R und sendet diesen zurück an Alice, um festzustellen, ob Alice auch tatsächlich „live“ an der Kommunikation teilnimmt.
3. Alice wendet jetzt zur Verschlüsselung von R den Verschlüsselungsalgorithmus *encrypt* (vgl. Abb. 9.3) mit ihrem privaten Schlüssel ks_A auf R an und sendet $encrypt(ks_A, R)$ an Bob zurück. Da nur Alice ihren privaten Schlüssel kennt, kann keiner außer Alice den Wert $encrypt(ks_A, R)$ erzeugen.

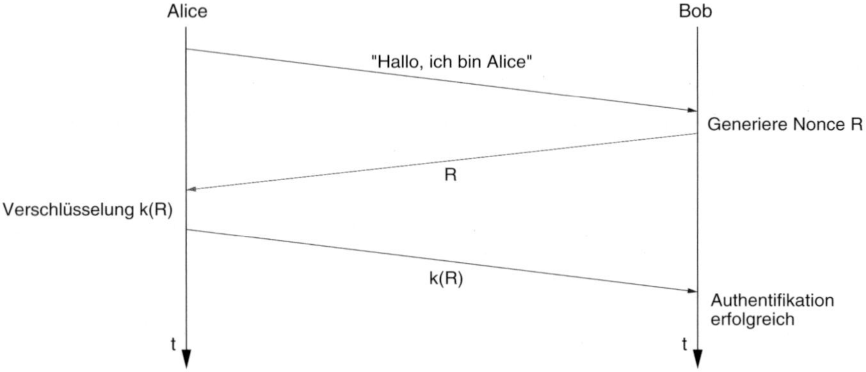

Abb. 9.6. Authentifikation mit Hilfe eines Nonce-Wertes und eines symmetrischen Verschlüsselungsverfahrens

4. Bob wendet den Entschlüsselungsalgorithmus *decrypt* zusammen mit Alice's öffentlichen Schlüssel kp_A auf die empfangene Nachricht an und berechnet $decrypt(kp_A, encrypt(ks_A, R))$.
   Gilt $decrypt(kp_A, encrypt(ks_A, R)) = R$, ist Alice erfolgreich authentifiziert.

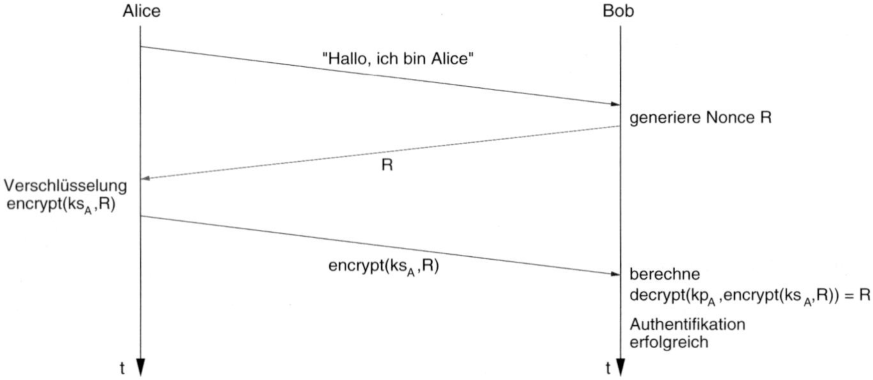

Abb. 9.7. Authentifikation mit Hilfe eines Nonce-Wertes und eines asymmetrischen Verschlüsselungsverfahrens

Allerdings stellt sich hier das Problem einer sicheren Verteilung der öffentlichen Schlüssel. Um dieses Problem zu verdeutlichen, soll auf das folgende Szenario verwiesen werden, in dem es Trudy tatsächlich gelingt, sich gegenüber Bob erfolgreich als Alice zu authentifizieren:

1. Trudy sendet die Nachricht „Hallo, ich bin Alice“ an Bob.

2. Bob wählt wieder einen Nonce-Wert R und sendet diesen zurück an Alice, um festzustellen, ob Alice auch tatsächlich „live" an der Kommunikation teilnimmt. Die Nachricht wird von Trudy abgefangen.
3. Trudy wendet jetzt zur Verschlüsselung von R den Verschlüsselungsalgorithmus *encrypt* mit ihrem privaten Schlüssel ks_T auf R an und sendet $encrypt(ks_T, R)$ an Bob zurück. Da der empfangene Wert für Bob zunächst lediglich eine unbekannte Bitfolge darstellt, kann er vorerst nicht unterscheiden, ob diese von Alice oder von Trudy stammt, d.h. ob es sich um $encrypt(ks_T, R)$ oder um $encrypt(ks_A, R)$ handelt.
4. Damit Bob den empfangenen Wert wieder entschlüsseln kann, benötigt er den öffentlichen Schlüssel von Alice. Bislang sind wir davon ausgegangen, daß ihm dieser auch tatsächlich vorliegt. Um diesen aber zu erhalten, muß er ihn zuerst von Alice anfordern. Diese Anforderung kann Trudy wiederum abfangen und Bob mit ihrem eigenen öffentlichen Schlüssel kp_T beantwortet. Bob wendet den Entschlüsselungsalgorithmus *decrypt* zusammen mit dem empfangenen, öffentlichen Schlüssel kp_T auf die erhaltene Nachricht an und berechnet $decrypt(kp_T, encrypt(ks_T, R)) = R$. Damit glaubt er fälschlicherweise Alice korrekt authentifiziert zu haben, obwohl er unwissentlich mit Trudy kommuniziert.

Ein derartiger Angriff kann allerdings entdeckt werden, wenn Bob gegenüber Alice behauptet, sie hätten miteinander kommuniziert, während Alice weiß, daß dies nicht der Fall war. Verfährt allerdings Trudy gegenüber Alice ebenso wie gegenüber Bob, dann kann es ihr gelingen, sich **transparent** in die Kommunikationsbeziehung zwischen Alice und Bob einzumischen. Trudy täuscht dann gegenüber Alice vor, Bob zu sein, und gegenüber Bob täuscht sie die Identität von Alice vor. Ein derartiger Angriff auf eine Kommunikationsbeziehung wird als **Man-in-the-Middle**-Angriff bezeichnet (siehe Abb. 9.8).

9.2.3 Datenintegrität und Digitale Signaturen

Im täglichen Leben dient eine Unterschrift dazu, den Inhalt eines Dokuments zu bestätigen oder sich mit dem Inhalt eines Dokumentes – wie z.B. bei einem Vertrag – einverstanden zu erklären. Auch im Internet und in der digitalen Welt besteht der Wunsch, das Einverständnis mit dem Inhalt eines Dokuments unzweifelhaft klarzustellen oder den Urheber bzw. Inhaber eines Dokuments nachzuweisen. Zu diesem Zweck werden sogenannte **digitale Signaturen** verwendet.
Ebenso wie die Unterschrift im täglichen Leben wird an eine digitale Signatur der Anspruch gestellt, daß diese

- überprüfbar,
- fälschungssicher und
- verbindlich

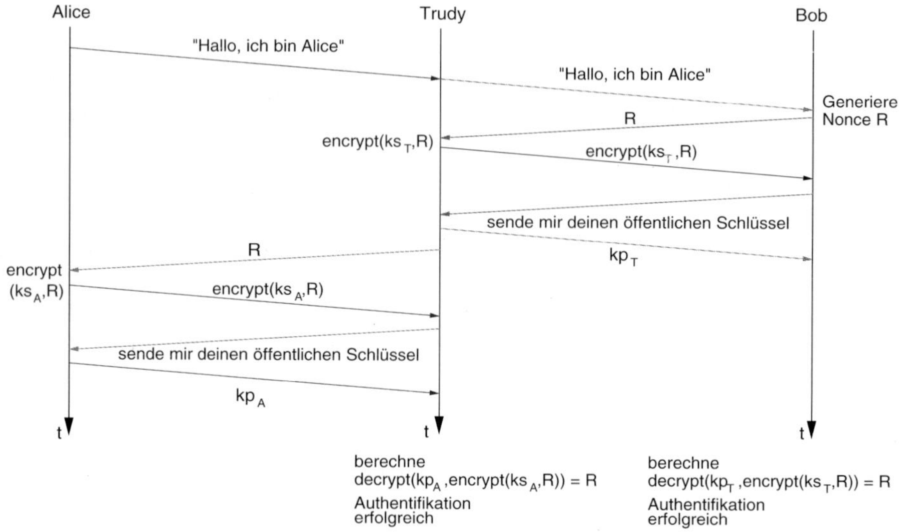

Abb. 9.8. Man-in-the-Middle Angriff in der Authentifikationsphase einer Kommunikationsbeziehung

ist. Es muß also sichergestellt sein, daß der Unterzeichner eines Dokuments auch tatsächlich der ist, für den er sich ausgibt. Auf der anderen Seite soll ein Unterzeichner auch niemals abstreiten können, eine Unterschrift geleistet zu haben. Um diese Eigenschaft bei einer digitalen Signatur zu gewährleisten, kommen Methoden der asymmetrischen Verschlüsselung mit öffentlichem Schlüssel zum Einsatz.
Nehmen wir an, Bob möchte eine Nachricht M mit einer digitalen Signatur unterzeichnen, und Alice, als Empfänger der Nachricht M möchte sich überzeugen, daß Bob tatsächlich die Nachricht M an sie gesendet hat (siehe Abb. 9.9).

- Um die Nachricht M digital zu unterzeichnen, wendet Bob darauf einfach einen asymmetrischen Verschlüsselungsalgorithmus *encrypt* zusammen mit seinem eigenen geheimen Schlüssel ks_B an und berechnet $encrypt(ks_B, M)$, die sogenannte digitale Signatur der Nachricht M.
- Bob sendet M zusammen mit $encrypt(kp_B, M)$ an Alice, die jetzt im Besitz der Nachricht und der zugehörigen digitalen Signatur Bobs ist.

Erfüllt diese einfache Form der digitalen Signatur die o.a. Anforderungen? Um zu überprüfen, ob Bob tatsächlich der Absender der Nachricht war, wendet Alice den Entschlüsselungsalgorithmus *decrypt* zusammen mit Bob's öffentlichen Schlüssel kp_B an und berechnet $decrypt(kp_B, encrypt(ks_B, M))$. Ergibt sich danach tatsächlich dieselbe Nachricht M, kann Alice sicher sein, daß Bob tatsächlich der Urheber und Unterzeichner der empfangenen Nachricht ist und daß diese nicht nachträglich verändert wurde. Da-

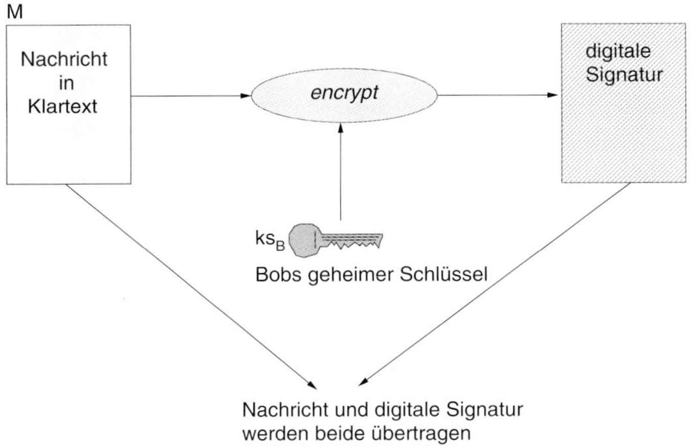

Abb. 9.9. Erzeugung einer digitalen Signatur für eine Nachricht

mit $decrypt(kp_B, encrypt(ks_B, M)) = M$ gilt, muß die empfangene digitale Signatur $encrypt(kp_B, M)$ tatsächlich mit Bob's geheimen Schlüssel ks_B verschlüsselt worden sein. Die einzige Person, der dieser Schlüssel zugänglich ist, ist nämlich Bob, zumindest wenn wir davon ausgehen, daß Bob ihn nicht weitergegeben hat oder er Bob nicht entwendet wurde. Also ist Bob die einzige Person, die die digitale Signatur erzeugt haben kann.
Sollte ein unberechtigter Dritter die Nachricht M in eine neue Nachricht M' verändert haben, bevor Alice diese empfangen hat, so stellt Alice beim Entschlüsseln fest, daß $decrypt(kp_B, encrypt(ks_B, M)) \neq M'$ gilt. Alice weiß damit, daß die digitale Unterschrift von Bob nicht gültig und so der Inhalt der Nachricht nicht mehr verläßlich ist.

Message Digest. Die Verschlüsselung der gesamten Nachricht zur Erzeugung einer digitalen Signatur ist in vielen Fällen ein zu aufwendiges Verfahren, verdoppelt sie doch alleine schon den notwendigen Datentransfer. Außerdem tauschen viele Netzwerkkomponenten und -Prozesse, wie z.B. Router oder Email-Agenten, regelmäßig Nachrichten aus, die gar nicht verschlüsselt werden müssen. Lediglich die Identität des Absenders muß gesichert sein, und der Empfänger muß sich darauf verlassen können, daß der Inhalt der Nachricht nicht von einem unberechtigten Dritten verändert wurde.
In diesen Fällen empfiehlt sich die Anwendung einer **Hashfunktion** zur Erzeugung eines **Message Digests**. Solche Hashfunktionen berechnen aus dem Inhalt der zu versendenden Nachrichten M einen möglichst kurzen „Fingerabdruck" $h(M)$ der Nachricht, den Message Digest. Dieser wird zusammen mit der Nachricht an den Empfänger versendet. Mit Hilfe des Message Digest kann nach Erhalt einer Nachricht geprüft werden, ob der Inhalt der empfangenen Nachricht M' unversehrt ist, also ob $M = M'$ gilt. Dazu berechnet der Empfänger unter Verwendung der gleichen Hashfunktion den Fingerabdruck $h(M')$ der empfangenen Nachricht M' und überprüft, ob dieser mit

dem empfangenen Fingerabdruck $h(M)$ übereinstimmt. Ist $h(M') = h(M)$, dann gilt (zumindest mit überwältigender Wahrscheinlichkeit) aufgrund der Anforderungen, die an eine Hashfunktion gestellt werden, auch $M = M'$, die Nachricht ist also mit dem versendeten Original identisch.
Wendet Bob nun auf den Message Digest $h(M)$ die Verschlüsselung *encrypt* mit seinem geheimen Schlüssel ks_B an, anstelle die vollständige Nachricht zu verschlüsseln, reicht es aus, zusammen mit der Originalnachricht M $encrypt(ks_B, h(M))$ anstelle von $encrypt(ks_B, M)$ zu übertragen, um alle Anforderungen an eine digitale Signatur zu erfüllen. Die als Message Digest verwendete Funktion muß dazu allerdings die folgenden Voraussetzungen erfüllen, um als fälschungssicher gelten zu können:

- Aus einem gegebenen Message Digest Wert d ist es mit vertretbarem Aufwand nicht möglich, die originale Nachricht M zu rekonstruieren, für die gilt $h(M) = d$.
- Es ist mit vertretbarem Aufwand unmöglich, zwei unterschiedliche Nachrichten M und N zu finden, so daß gilt $h(M) = h(N)$.

Abb. 9.10 zeigt, wie eine mit einer digitalen Signatur über einen Message Digest versehene Nachricht versendet oder empfangen wird.

- Bob wendet zur Erzeugung des Message Digest die Hashfunktion h auf die zu versendende Nachricht M an und verschlüsselt $h(M)$ mit der Verschlüsselungsfunktion *encrypt* und seinem geheimen Schlüssel ks_B.
- Bob versendet M zusammen mit $encrypt(ks_B, h(M))$.
- Alice wendet die Entschlüsselungsfunktion *decrypt* zusammen mit Bob's öffentlichem Schlüssel kp_B auf die empfangene digitale Signatur zu Bob's Nachricht $encrypt(ks_B, h(M))$ an.
- Alice wendet die Hashfunktion h auf die empfangene Nachricht M' an und vergleicht, ob $h(M') = decrypt(kp_b, encrypt(ks_B, h(M)))$ gilt.
- Sind die beiden Signaturen identisch, kann Alice davon ausgehen, daß die empfangene Nachricht tatsächlich von Bob stammt und auch während der Übertragung nicht verändert wurde.

Zur Erzeugung eines Message Digest wird heute in der Regel der von Ron Rivest entwickelte **MD5**-Algorithmus verwendet, der in RFC 1321 spezifiziert wurde, und der aus einem vorgegebenen Dokument eine 128 Bit langen Message-Digest berechnet. Ein weiterer Algorithmus, der speziell als Standard für die Kommunikation der US-Bundesregierung vorgeschrieben ist, ist der **Secure Hash Algorithm** (**SHA-1**), der auf ähnlichen Prinzipien wie MD4, dem Vorgänger von MD5 beruht, und einen 160 Bit langen Message Digest erzeugt.

9.2.4 Schlüsselverteilung und Zertifizierung

Sowohl symmetrische Verschlüsselungsverfahren mit geheimen Schlüsseln als auch asymmetrische Verschlüsselungsverfahren können nur zuverlässig funktionieren, wenn ein sicherer Austausch der Schlüssel gewährleistet ist. Müssen

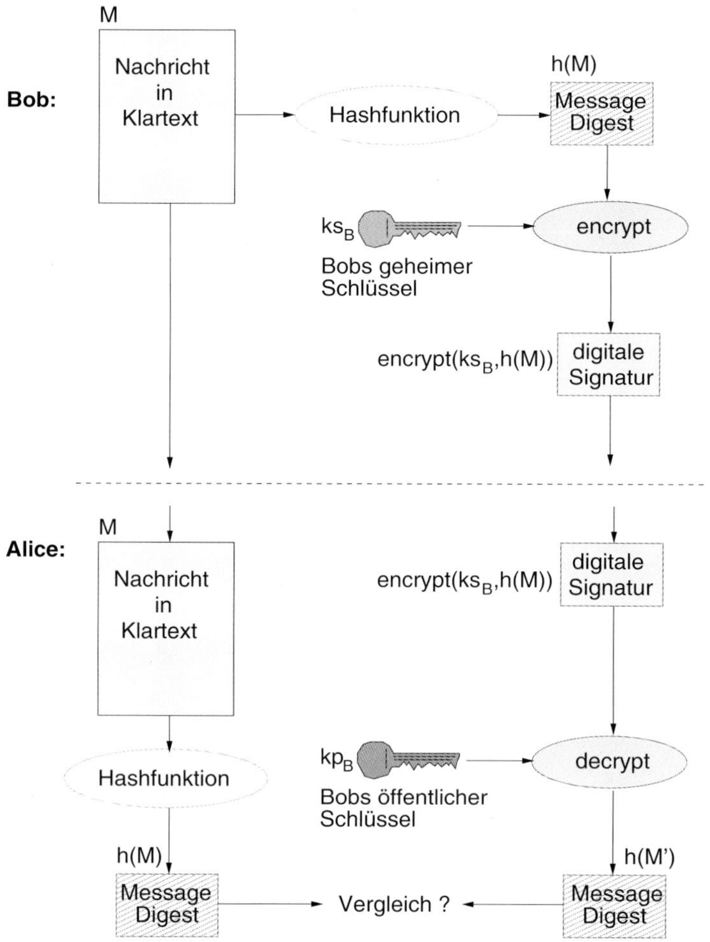

Abb. 9.10. Verwendung von digitaler Signatur und Message Digest

beim symmetrischen Verfahren jeweils die geheimen Schlüssel der beteiligten Kommunikationspartner ausgetauscht werden, die zur Entschlüsselung der versendeten Nachrichten notwendig sind, ist dies beim asymmetrischen Verfahren nicht notwendig. Hier muß statt dessen sichergestellt werden, daß der öffentliche Schlüssel eines Kommunikationsteilnehmers tatsächlich auch zu diesem gehört und nicht zu einem unberechtigten Dritten, der versucht, sich in eine vertrauliche Kommunikation einzuschleichen.

Dieser sichere Schlüsselaustausch wird durch die Einschaltung eines **vertrauenswürdigen Dritten** (**Trusted Intermediary**, **Trusted Third Party**) gewährleistet. Bei einem symmetrischen Verschlüsselungsverfahren, wird der vertrauenswürdige Dritte auch als **Schlüsselverteilzentrum** (**Key Distribution Center, KDC**) bezeichnet. Das KDC verwaltet die gemeinsamen geheimen Schlüssel, die für eine sichere Kommunikation über ein symmetrisches Verschlüsselungsverfahren notwendig sind, so daß deren Verteilung zuverlässig und sicher erfolgt, ohne daß sich ein unberechtigter Dritter Zugang zu einem geheimen Schlüssel verschaffen kann. Bei einem asymmetrischen Verschlüsselungsverfahren dagegen muß für den öffentlichen Schlüssel eines Kommunikationsteilnehmers garantiert werden, daß er tatsächlich von diesem stammt. Der vertrauenswürdige Dritte, der dies gewährleisten soll, wird als **Zertifizierungsstelle** (**Certification Authority**, **CA** oder **Trust Center**, **TA**) bezeichnet. In der Regel bilden Zertifizierungsstellen eine Hierarchie mit einer Wurzelinstanz an der Spitze, verschiedenen untergeordneten Instanzen und den Nutzern. Eine derartige Hierarchie zusammen mit sämtlichen dazugehörigen organisatorischen Festlegungen (**Security Policy**) wird als **Public Key Infrastruktur** (**PKI**) bezeichnet.

Schlüsselverteilzentrum (KDC). Angenommen, Alice und Bob wollen über ein symmetrisches Verschlüsselungsverfahren miteinander kommunizieren. Allerdings haben sie keine Möglichkeit, den dazu notwendigen geheimen Schlüssel sicher auszutauschen. Dann müssen sie sich auf ein Schlüsselverteilzentrum (KDC) verlassen. Jeder Nutzer eines KDC muß sich dort registrieren, d.h. er hinterlegt bei der Anmeldung, bei der er seine Identität nachweisen muß, einen geheimen Schlüssel. Ein KDC verfügt also für jeden registrierten Nutzer über dessen geheimen Schlüssel.
Wie erlangen Alice und Bob, die beide beim KDC angemeldet sind, jetzt auf sichere Weise einen gemeinsamen geheimen Sitzungsschlüssel mit Hilfe des KDCs? Beide kennen anfangs jeweils nur ihre eigenen geheimen Schlüssel, d.h. Alice verfügt über den Schlüssel k_A und Bob über den Schlüssel k_B. Abb. 9.11 zeigt den Ablauf der Erzeugung und sicheren Verteilung eines gemeinsamen geheimen Sitzungsschlüssels für Alice und Bob.

- Alice ergreift die Initiative und sendet eine mit k_A verschlüsselte Nachricht $k_A(A, B)$ an das KDC, daß sie (A) gerne mit Bob (B) kommunizieren möchte.
- Das KDC verfügt über den geheimen Schlüssel k_A von Alice und kann daher Alice's Nachricht $k_A(A, B)$ entschlüsseln. Daraufhin generiert das KDC einen zufälligen Schlüssel $R1$, der für die nachfolgende Kommunikation zwischen Alice und Bob als **einmaliger Sitzungsschlüssel** verwendet werden kann. Das KDC sendet dann eine mit k_A verschlüsselte Nachricht an Alice, die folgendes enthält:
  - den einmaligen Sitzungsschlüssel $R1$ und
  - ein Wertepaar bestehend aus Alice's Namen A und dem Sitzungsschlüssel $R1$, das mit Bobs geheimen Schlüssel k_B verschlüsselt wird: $k_B(A, R1)$.

  Das KDC sendet also die verschlüsselte Nachricht $k_A(R1, k_B(A, R1))$ an Alice.
- Alice empfängt und entschlüsselt die Nachricht des KDC. Sie extrahiert den einmaligen Sitzungsschlüssel $R1$ und speichert diesen für die nachfolgende

Sitzung mit Bob und leitet den zweiten Teil der Nachricht $k_B(A, R1)$ an Bob weiter.

- Bob empfängt $k_B(A, R1)$ und entschlüsselt die Nachricht mit seinem eigenen geheimen Schlüssel k_B. Bob erfährt dadurch den Kommunikationswunsch von Alice A und den gemeinsamen, einmaligen Sitzungsschlüssel $R1$. Die verschlüsselte Kommunikation zwischen Alice und Bob kann beginnen. Falls notwendig könnten Alice und Bob in der ersten Kommunikationsrunde nun sicher – verschlüsselt mit R1 – einen eigenen, auch dem KDC unbekannten gemeinsamen Schlüssel vereinbaren.

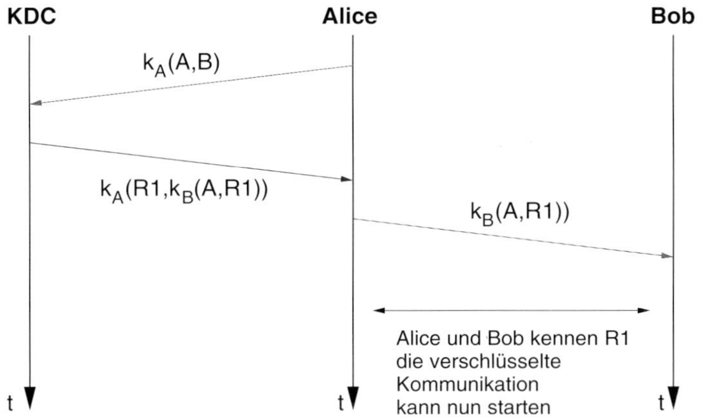

Abb. 9.11. Erzeugung und sichere Verteilung eines gemeinsamen geheimen Sitzungsschlüssels für Alice und Bob

Der am MIT in Massachussetts entwickelte Authentifikationsdienst **Kerberos**, der in RFC 1510 spezifiziert wird, liefert ein solches Schlüsselverteilzentrum für symmetrische Schlüssel. Über die o.a. Dienste des KDC hinaus verwaltet Kerberos zusätzlich noch Zugriffsrechte der angemeldeten Nutzer auf bestimmte Netzwerkressourcen und versieht den erteilten Sitzungsschlüssel mit einem Verfallsdatum, nach dem dieser von Bob nicht mehr akzeptiert wird.

Zertifizierungsstelle (CA). Eine Verschlüsselung mit Hilfe eines asymmetrischen Verschlüsselungsverfahrens birgt den Vorteil, daß kein sicherer Austausch von geheimen Schlüsseln erforderlich ist. Der jeweils notwendige öffentliche Schlüssel wird vom Eigentümer frei verteilt bzw. auf dessen WWW-Seite bereitgestellt. Allerdings liegt das Problem bei der asymmetrischen Verschlüsselung darin, daß der Kommunikationspartner sich darauf verlassen muß, daß der ihm dargebotene öffentliche Schlüssel auch tatsächlich der öffentliche Schlüssel seines Kommunikationspartner ist. Durch Vortäuschen einer falschen Identität kann die Authentifikation leicht unterlaufen werden (z.B. Man-in-the-Middle Angriff aus Abschnitt 9.2.2).

Asymmetrische Verschlüsselungsverfahren sind deshalb nur dann von Nutzen, wenn man sich auf die Authentizität der öffentlichen Schlüssel auch verlassen kann. Diese überprüfbare und fälschungssichere Bindung eines öffentlichen Schlüssels an einen Nutzer wird von einer **Zertifizierungsstelle** (CA) bezeugt.
Eine CA überprüft zunächst die Identität eines Nutzers (oder auch eines Rechners). Wie dabei die Identitätsprüfung vonstatten geht, ist der CA nicht vorgeschrieben. Erfolgt z.B. die Identitätsprüfung auf der Basis einer Email-Mitteilung, dann taugt das später ausgestellte Zertifikat nicht viel, da Email-Nachrichten leicht gefälscht werden können. Handelt es sich andererseits um eine staatlich anerkannte, die Normen des Signaturgesetzes erfüllende CA, dann kann man dem ausgestellten Zertifikat ohne Bedenken vertrauen. In jedem Fall muß die CA ihre eigenen Zertifizierungsrichtlinien bekannt geben, damit ein Nutzer die Qualität des Zertifikats und damit die Verläßlichkeit der übermittelten öffentlichen Schlüssel einschätzen kann.
Nachdem die CA die Identität eines Nutzers geprüft hat, erstellt sie ein **Zertifikat**, das den öffentlichen Schlüssel des Nutzers mit dessen Identität (Anschrift oder IP-Adresse) verbindet. Das Zertifikat wird von der CA digital signiert (siehe Abb. 9.12).
Um sicherzustellen, daß ein vom Nutzer übergebener öffentlicher Schlüssel tatsächlich mit seiner vorgegebenen Identität übereinstimmt, wird folgendermaßen vorgegangen.

- Wenn Alice mit Bob über ein asymmetrisches Verschlüsselungsverfahren kommunizieren möchte, sendet sie diesem ihre Nachricht zusammen mit ihrem Zertifikat (das Zertifikat kann auch von der CA angefordert werden).
- Die betreffende CA hat ihren eigenen öffentlichen Schlüssel allen Anwendern auf sichere Weise (z.B. Veröffentlichung an exponierter Stelle in einer renommierten Tageszeitung) zugänglich gemacht. Mit diesem öffentlichen Schlüssel der CA entschlüsselt Bob das Zertifikat von Alice.
- Kann Bob das Zertifikat entschlüsseln und stimmen die darin gemachten Angaben zur Identität mit denen von Alice überein, kann Bob sicher sein, daß er tatsächlich mit Alice kommuniziert und für die weitere Kommunikation deren öffentlichen Schlüssel verwenden.

9.3 Absicherung der Protokolle

Betrachtet man Sicherheitsziele und Sicherheitsanforderungen unter dem Blickwinkel des TCP/IP-Schichtenmodells, stellt sich die Frage, auf welcher Schicht welche Sicherheitsmaßnahmen am sinnvollsten und am effektivsten anzuwenden sind. Betrachten wir dazu die einzelnen Schichten des TCP/IP-Referenzmodells in absteigender Reihenfolge.

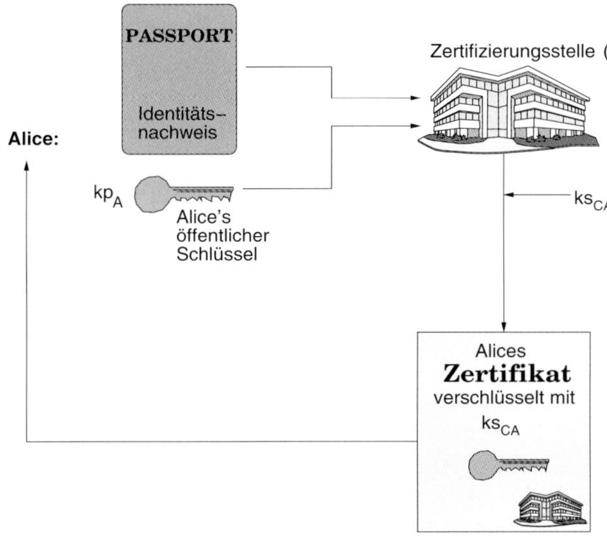

Abb. 9.12. Alice erhält ein Zertifikat von einer Zertifizierungsstelle (CA)

9.3.1 Sicherheitsarchitekturen – Absicherung auf unterschiedlichen Ebenen

Das Ergebnis der Modifikation von Protokollen des TCP/IP-Protokollstapels und deren Ergänzung um Funktionen zu Realisierung der genannten Sicherheitsziele, wird als **Sicherheitsarchitektur** bezeichnet. Entscheidend bei der Einordnung der verschiedenen Sicherheitsarchitekturen ist dabei die jeweilige Protokollschicht, auf der die sicherheitsgewährleistenden Modifikationen ansetzen (siehe Abb. 9.13).

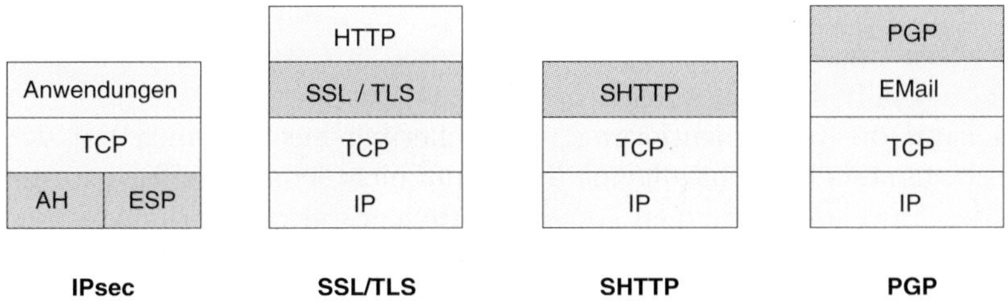

Abb. 9.13. Unterschiedliche Sicherheitsarchitekturen im TCP/IP-Protokollstapel

Sicherheitsmaßnahmen auf der **Anwendungsschicht** sind in der Lage, die jeweiligen speziellen Bedürfnisse der einzelnen Nutzer und Anwendungen zu erfüllen. Dazu muß allerdings jede Implementierung von Neuem mit den gewünschten Sicherheitsmechanismen ausgestattet werden. So ist die

Erfüllung speziell angepaßter Sicherheitsanforderungen auf dieser Ebene aufgrund des dazu erforderlichen Aufwands am kostspieligsten, aber auch sehr populär, wie die weite Verbreitung von **PGP** zeigt.
Installiert man Sicherheitsmechanismen auf der darunterliegenden **Transportschicht**, bleiben die eigentlichen Anwendungen davon unberührt, d.h. diese können ohne jeden Anpassungsaufwand in ihrer ursprünglichen Ausgestaltung sicher betrieben werden. Da auf der Transportschicht stehende Verbindungen zwischen zwei Endsystemen betrachtet werden, über die die Kommunikation abläuft, ist die Implementierung von Sicherheitsmechanismen (ebenso wie auf der Anwendungsschicht) lediglich auf den beteiligten Endsystemen erforderlich, die entlang der Verbindung genutzten Zwischensysteme sind nicht betroffen. Sichere Protokolle, die direkt auf dem TCP-Protokoll aufsetzen, sind z.B. **Transport Layer Security** (**TLS**) und **Secure Socket Layer** (**SSL**). Sie bieten wirkungsvolle Mechanismen zur zuverlässigen Authentifikation, zur Wahrung der Integrität der übertragenen Daten und zur Datenverschlüsselung zwecks Geheimhaltung im WWW. Neben SSL und TLS können Datenströme im WWW über **S-HTTP** (**Secure HTTP**) versendet werden. SHTTP ist eine abgesicherte Variante des herkömmlichen HTTP-Protokolls und verschlüsselt HTTP-Nachrichten auf der Anwendungsschicht des TCP/IP-Protokollstapels (siehe Abschnitt 11.3.4).
Setzt man mit der Implementierung von Sicherheitsmechanismen im Schichtenmodell tiefer an, nämlich auf der **Netzwerkschicht**, können alle Anwendungen und Protokolle der darüberliegenden Schichten unverändert weiterbetrieben werden. Eine Implementierung von Sicherheitsmechanismen auf der Netzwerkschicht macht alledings die Einbeziehung der Zwischensysteme notwendig, die für die Weiterleitung der Datenpakete vom Sender zum Empfänger verantwortlich sind. Da diese oft Ausgangspunkt für gezielte Angriffe sind, müssen hier aktive Sicherungsmaßnahmen getroffen werden. Da eine sichere Protokollimplementierung auf der Netzwerkschicht eine Vielzahl von Einzelimplementationen auf höheren Schichten überflüssig macht, können insgesamt auch weniger Implementierungsfehler auftreten, die von potenziellen Angreifern immer wieder als Ausgangspunkt für Attacken verwendet werden und deshalb ein großes Sicherheitsrisiko darstellen.
Allerdings kann die Implementierung von Sicherungsmechanismen auf der Netzwerkschicht stets nur sehr allgemein sein und nicht jeder spezifischen Anforderung des Anwenders genau entsprechen. Auch gestaltet sich die Absicherung der komplexen Internet-Architektur natürlich aufwendiger als lediglich die Absicherung einer einzelnen Client/Server Verbindung. Benutzerbezogene Sicherheit ist auf einer niedrigen Protokollebene deshalb schwieriger zu gewährleisten, als auf einer höheren, auf der die jeweils involvierten Protokolle speziell angepaßt werden können. Standards für die Implementierung verschiedener Sicherheitsmechanismen auf der Netzwerkebene sind unter der Bezeichnung **IP Security** (**IPsec**) gesammelt.

9.3.2 PGP – Absicherung auf der Anwendungsschicht

Ein lehrreiches Beispiel für eine Sicherheitsarchitektur auf der Anwendungsschicht des TCP/IP-Referenzmodells stellt das Versenden und Empfangen verschlüsselter Emails dar. Haben zwei Nutzer, Alice und Bob, die Absicht, ihre Kommunikation via Email geheim zu halten, so verbinden Sie mit dieser Absicht folgende Forderungen:

- Sollte ein unbefugter Dritter in den Besitz der ausgetauschten Email-Dokumente gelangen, so darf dieser auf deren Inhalt keine Rückschlüsse ziehen können (**Geheimhaltung**).
- Sendet Alice eine Nachricht an Bob, so möchte sich Bob darauf verlassen, daß die Nachricht tatsächlich von Alice stammt (**Senderauthentifikation**).
- Für Alice und Bob ist es von größter Wichtigkeit, daß der Inhalt der kommunizierten Nachricht entlang des Nachrichtenweges nicht verändert oder verfälscht wird (**Datenintegrität**).
- Alice, die eine Nachricht an Bob sendet, möchte außerdem sicher sein, daß Bob tatsächlich der Empfänger dieser Nachricht ist und niemand anderes (**Empfängerauthentifikation**).

Die erste Priorität beim Versenden einer geheimen Nachricht liegt darin, daß niemand anderes von ihrem Inhalt Kenntnis erlangt. Daher bietet sich ein Verschlüsselungsverfahren zur Wahrung der Geheimhaltung an. Ein **symmetrisches Verschlüsselungsverfahren** erfordert allerdings den vorherigen sicheren Austausch eines geheimen Schlüssels zwischen den beiden Kommunikationspartnern. Da dieser nicht immer gewährleistet werden kann, bietet sich der Einsatz eines **asymmetrischen Verschlüsselungsverfahrens** mit öffentlichen Schlüsseln an.
Verfügen beide Kommunikationspartner über den öffentlichen Schlüssel der Gegenseite und sind beide Schlüssel zertifiziert, stimmt also die vorgegebene Identität geprüftermaßen mit der im Zertifikat des öffentlichen Schlüssels ausgegebenden Identität überein, kann ein **verschlüsselter Email-Datenverkehr** beginnen:

- Alice verschlüsselt die zu sendende Nachricht M mit dem öffentlichen Schlüssel von Bob kp_B.
- Alice versendet $kp_B(M)$ gekapselt mit einem entsprechenden MIME-Header via SMTP ebenso wie eine reguläre Email.
- Bob empfängt die Email von Alice und wendet auf den vom MIME-Header befreiten Nutzdatenanteil $kp_B(M)$ der Email seinen privaten, geheimen Schlüssel ks_B zur Entschlüsselung an.
- Da $ks_B(kp_B(M)) = M$, ist Bob jetzt im Besitz der geheimen Nachricht M.

Allerdings ist eine Verschlüsselung der gesamten Nachricht mit einem asymmetrischen Verfahren oft sehr aufwendig und ineffizient, insbesondere dann,

wenn ein Großteil der versendeten Information aus umfangreichen multimedialen Datenanteilen (Bilder, Audio oder Video) besteht. Dann nimmt die Verschlüsselung extrem viel Rechenzeit in Anspruch.
Weniger aufwendig ist die Verschlüsselung großer Datenmengen über ein symmetrisches Verschlüsselungsverfahren. Daher ist es naheliegend, die Vorteile, die beide Verfahren bieten, miteinander zu kombinieren, also einen gemeinsamen symmetrischen Schlüssel über eine asymmetrisch verschlüsselte Kommunikation auszutauschen (siehe Abb. 9.14):

- Alice generiert einen zufälligen, nur einmal zu verwendenden **Sitzungsschlüssel** $R1$.
- Alice verschlüsselt die zu versendende Nachricht über ein symmetrisches Verschlüsselungsverfahren mit dem geheimen Sitzungsschlüssel $R1$.
- Alice verschlüsselt den Sitzungsschlüssel $R1$ mit Bob's öffentlichem Schlüssel kp_B.
- Alice verkettet den verschlüsselten Sitzungsschlüssel $kp_B(R1)$ mit der verschlüsselten Nachricht $R1(M)$. Dieses Paket $[kp_B(R1), R1(M)]$ sendet Sie an Bob.
- Bob empfängt $[kp_B(R1), R1(M)]$, trennt die beiden Teile und wendet seinen eigenen, geheimen Schlüssel ks_B zur Entschlüsselung des Sitzungsschlüssels an $ks_B(kp_B(R1)) = R1$.
- Mit Hilfe des Sitzungsschlüssels $R1$ kann Bob jetzt die verschlüsselte Nachricht von Alice entschlüsseln $R1(R1(M)) = M$.

Auf diese Weise kann eine sichere Verschlüsselung der transportierten Email erreicht werden. Allerdings müssen nun noch die Authentizität der Kommunikationspartner, sowie die Integrität der Email-Nachricht sichergestellt werden. Dazu können digitale Signatur und Message Digest verwendet werden:

- Alice, die wieder via Email eine Nachricht an Bob versenden möchte, wendet als erstes eine Hash-Funktion h auf ihre Email-Nachricht M an und erzeugt damit einen Message Digest $h(M)$.
- Um aus $h(M)$ eine digitale Signatur zu erzeugen, verschlüsselt Alice $h(M)$ mit ihrem privaten, geheimen Schlüssel ks_A und erzeugt $ks_A(h(M))$.
- Alice verkettet die originale Email-Nachricht M mit der digitalen Signatur $ks_A(h(M))$ und erzeugt ein Paket $[M, ks_A(h(M))]$.
- Jetzt verwendet Alice die eben besprochene Methode der Verschlüsselung. Sie erzeugt einen Sitzungsschlüssel $R1$, verschlüsselt $[M, ks_A(h(M))]$ mit $R1$, verschlüsselt $R1$ mit Bobs öffentlichen Schlüssel kp_B und sendet das so erzeugte Paket an Bob:

$$[kp_B(R1), R1([M, ks_A(h(M))])]\ .$$

- Bob extrahiert aus dem empfangenen Paket zuerst den verschlüsselten Sitzungsschlüssel $kp_B(R1)$ und entschlüsselt diesen mit Hilfe seines privaten, geheimen Schlüssels ks_B.

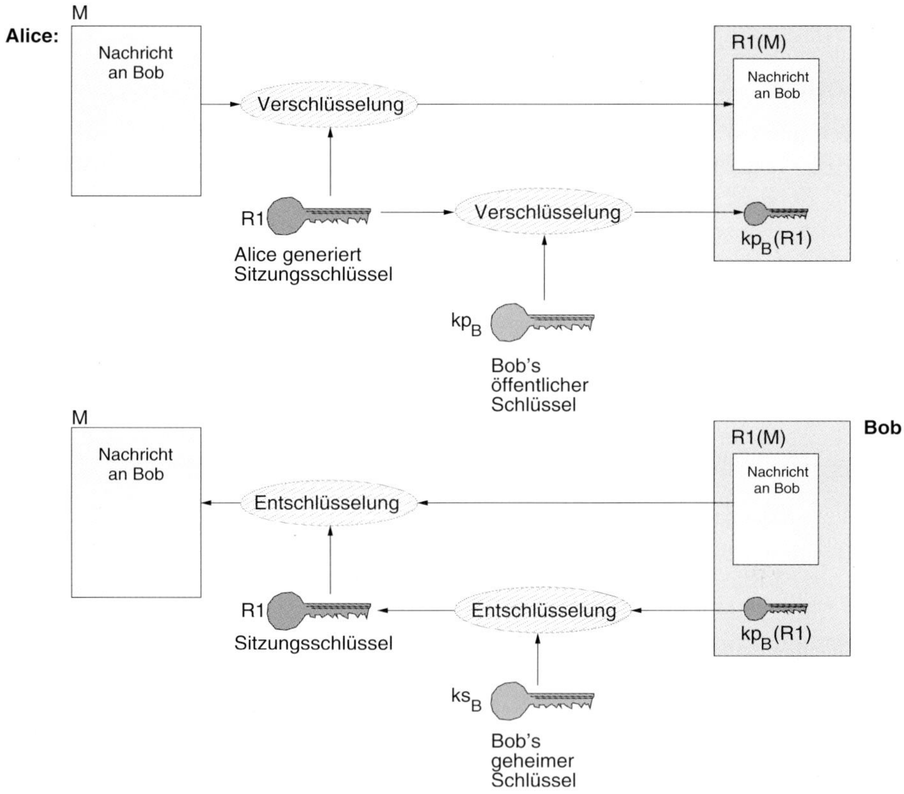

Abb. 9.14. Gemeinsame Nutzung von symmetrischen und asymmetrischen Verschlüsselungsverfahren zur Übertragung von geheimen Emails

- Mit dem so gewonnenen Sitzungsschlüssel $R1$ entschlüsselt Bob den zweiten Teil des Pakets und gewinnt $[M, ks_A(h(M))]$.
- Bob extrahiert die digitale Signatur $ks_A(h(M))$ und wendet darauf Alice's öffentlichen Schlüssel kp_A zur Entschlüsselung an, um den Message Digest $h(M)$ zu gewinnen.
- Jetzt wendet Bob selbst die Hashfunktion h auf die empfangene Email-Nachricht M' an und vergleicht die beiden Message Digests. Ist $h(M') = h(M)$, so kann Bob davon ausgehen, daß die Email-Nachricht M unversehrt übermittelt ist und, da die Entschlüsselung der digitalen Signatur mit Alice's öffentlichen Schlüssel möglich war, ist auch die Identität des Absenders gesichert.

Dieses Verfahren stellt eine Kombination aus dem eben vorgestellten Verfahren zur Verschlüsselung von Email-Nachrichten und der bereits behandelten Anwendung digitaler Signaturen (siehe Abb. 9.10) dar. Auch hier kann eine sichere Email-Kommunikation nur gewährleistet werden, wenn sichergestellt ist, daß Alice und Bob jeweils über den „richtigen" öffentlichen Schlüssel ihres

Gegenübers verfügen, d.h. eine sichere Verteilung der öffentlichen Schlüssel, z.B. über eine CA, ist die Voraussetzung für das Versenden sicherer Email-Nachrichten.

Das populärste Programm zur Versendung gesicherter Email-Nachrichten ist heute das von Phil Zimmermann 1991 entwickelte **PGP** (**Pretty Good Privacy**). PGP ist ein vollständiges Paket, das alle notwendigen Methoden und Verfahren bereithält, die für einen gesicherten Email-Datenverkehr notwendig sind. Dabei beinhaltet es keine eigenständigen, proprietären Entwicklungen, sondern stellt lediglich eine Arbeitsumgebung für bekannte und ineinandergreifende Methoden und Verfahren dar. So bietet PGP

- Verschlüsselung von Email-Nachrichten (Geheimhaltung),
- Authentifikation der Kommunikationspartner,
- Sicherung der Nachrichten-Integrität über digitalen Signaturen und
- Komprimierungsverfahren für Email-Nachrichten.

PGP ist als Open-Source-Projekt für die meisten Rechnerplattformen und Betriebssysteme frei verfügbar und existiert in kommerziell erhältlicher Form auch als Plugin für die meisten Email-Clients.
PGP erlangte seine Popularität im Zuge eines Rechtsstreits der US-Bundesregierung mit Phil Zimmermann, die ihm vorwarf, mit der öffentlichen Verbreitung von PGP gegen US-Importbeschränkungen bzgl. kryptografischer Software verstoßen zu haben, da PGP als Public Domain Software im Internet verfügbar und damit auch für ausländische Nutzer zugänglich war. Kryptografische Systeme zählten in den USA zu militärischen Rüstungsgütern und unterlagen daher speziellen Ausfuhrbeschränkungen. Obwohl Phil Zimmermann PGP als Privatperson, ohne die Beteiligung einer großen Firma entwickelt hatte, wurde PGP schnell zu dem am weitesten verbreiteten Verschlüsselungssystem für Emails. Das Gerichtsverfahren wurde 1996 nach drei Jahren wieder eingestellt und Zimmermann gründete die Firma PGP Incorporated, die 1997 von Network Associates übernommen wurde. Mittlerweile ist PGP auch von der IETF standardisiert. Ausgehend von einem unter der Mitwirkung von Phil Zimmermann veröffentlichten ersten RFC zu PGP (RFC 1991) richtete die IETF die OpenPGP-Arbeitsgruppe ein, die OpenPGP 1998 als RFC 2440 standardisierte.
Die Funktionsweise und das Design von PGP entspricht weitgehend dem am Ende des letzten Abschnitts dargelegten Ablauf. Je nach Version verwendet PGP dabei die folgenden Verfahren:

- Berechnung des Message Digest: MD5 oder SHA.
- Symmetrische Verschlüsselung: CST, Triple-DES oder IDEA.
- Asymmetrische Verschlüsselung: RSA.
- Daten-Komprimierung: ZIP (Zip-Lempel-Algorithmus, vgl. Kap.3.3.2).

Die aufwendige RSA-Verschlüsselung wird jedoch lediglich dazu verwendet, die 128 Bit lange MD5-Signatur und den symmetrischen Sitzungsschlüssel

(z.B. 128 Bit IDEA-Schlüssel) zu verschlüsseln. Das symmetrische Verschlüsselungsverfahren, das auf die zu versendende Email-Nachricht angewendet wird, ist dabei um Größenordnungen schneller als das RSA-Verfahren. Für das RSA-Verfahren unterstützt PGP verschiedene Schlüssellängen von 384 Bit (einfache Verschlüsselung, leicht zu brechen) bis zu 8.192 Bit (sehr starke Verschlüsselung, auf absehbare Zeit nicht zu brechen). Die aktuelle PGP-Version empfiehlt Schlüssel der Länge 1.024 Bit für schnelle Verschlüsselung auf der Ebene privater Nutzer und 2.048 Bit für starke Verschlüsselung. Bei der Installation von PGP wird für jeden Benutzer ein Schlüsselpaar, bestehend aus einem öffentlichen und einem privaten Schlüssel generiert. Der öffentliche Schlüssel wird daraufhin vom Nutzer auf dessen WWW-Seite oder über einen entsprechenden Public-Key-Server (CA) zur Verfügung gestellt, während der private Schlüssel, durch ein Passwort geschützt, auf dem Rechner des Nutzers gespeichert wird. Jedesmal wenn der Nutzer seinen privaten Schlüssel anwenden will, muß das Passwort eingegeben werden. Der Nutzer kann bei PGP selbst wählen, ob er eine Nachricht lediglich mit einer digitalen Signatur versehen möchte, ob er sie verschlüsseln oder ob er von beiden Möglichkeiten Gebrauch machen will.
Zusätzlich bietet PGP selbst auch eine Möglichkeit der Zertifizierung öffentlicher Schlüssel. Allerdings werden zu diesem Zweck keine vertrauenswürdige Dritten (CAs) herangezogen, sondern PGP zertifiziert öffentliche Schlüssel über ein eigenes **Web of Trust**: Ein Nutzer kann zunächst jedes Paar, bestehend aus Benutzername und zugehörigem öffentlichen Schlüssel, dem er selbst vertraut, auch selbst zertifizieren. Dazu kann ein Nutzer via PGP einem anderen Nutzer mitteilen, daß er ihm vertraut, wenn er für die Authentizität anderer Schlüssel bürgt. PGP-Nutzer treffen sich zu sogenannten **Key Signing Parties**. Dabei tauschen sie ihre öffentlichen Schlüssel aus und zertifizieren diese gegenseitig, indem sie sie jeweils mit ihrem privaten Schlüssel signieren. Eine dritte Möglichkeit besteht in der Benutzung spezieller **PGP Public Key Server**. Ein PGP Public Key Server speichert die an ihn von einem Nutzer gesendeten öffentlichen Schlüssel, verteilt diese an weitere PGP Public Key Server und gibt die Schlüssel an jeden aus, der diese anfragt. Allerdings stellt die Mehrzahl der PGP-Anwender ihren öffentlichen Schlüssel über eine eigene WWW-Seite zur Verfügung. Obwohl diese Schlüssel dort durch niemanden zertifiziert sind, ist der Zugriff darauf doch am bequemsten.

9.3.3 SSL/TLS – Absicherung auf der Transportschicht

Um einen sicheren Transport von Daten über das WWW zu ermöglichen, nutzte Netscape als erster Anbieter eine eigene, sichere Transportinfrastruktur: **HTTP over SSL** (HTTP über Secure Socket Layer, HTTPS). Diese sichere Transportinfrastruktur wurde realisiert, indem zwischen dem Standardprotokoll HTTP und dem darunterliegenden Transportprotokoll TCP/IP eine zusätzliche Schicht mit in das TCP/IP-Referenzmodell aufgenommen wurde, die für den vertraulichen Transport zuständig ist. Wie in Abb. 9.15 gezeigt, ist diese Architektur auch für die Absicherung anderer Dienste, wie z.B. FTP, IMAP oder TELNET geeignet, die ebenfalls ohne weitere Anpassung die durch SSL bereitgestellte sichere Verbindung nutzen können.

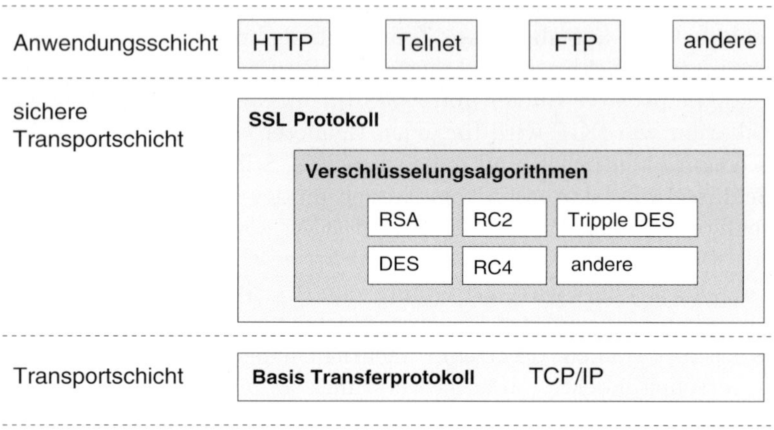

Abb. 9.15. Kommunikationsprotokolle im Schichtenmodell – SSL

SSL bezieht seinen Namen aus der Programmierschnittstelle des TCP/IP-Protokolls, den sogenannten Sockets. Allerdings definiert SSL keine feste Programmierschnittstelle, sondern definiert nur das eigentliche, sichere Protokoll. So können verschiedene Implementationen mit unterschiedlichen Programmierschnittstellen und Ansatzpunkten für das in der nächsthöheren Protokollschicht gelegene Anwendungsprogramm vorliegen.
SSL bietet zwei Kommunikationspartnern eine

- **private Verbindung** – nach einem anfänglichen Handshake-Verfahren zur Festlegung eines geheimen Schlüssels werden die Daten mit einem symmetrischen Kryptografieverfahren verschlüsselt,
- **Authentifikation** über öffentliche Verschlüsselungsverfahren (asymmetrische Kryptografie),
- **zuverlässige Verbindung**, der Nachrichtentransport überprüft die Unversehrtheit der transportierten Daten über einen sogenannten **Message Authentication Code** (**MAC**).

Bei der Entwicklung von SSL stand vor allem auch die **Interoperabilität** im Vordergrund, da Programmierer in der Lage sein sollten, unabhängig voneinander Anwendungen zu entwickeln, die auf SSL aufsetzen und miteinander interagieren, ohne daß dazu die gegenseitige Kenntnis des jeweiligen Quellcodes der Anwendungen notwendig wäre. Auch bietet SSL die Möglichkeit, neue kryptografische Methoden einfach einzubinden und besitzt so einen hohen Grad an Flexibilität und **Erweiterbarkeit**. Da kryptografische Methoden oft sehr viel Rechenaufwand verlangen, wurde bei der Entwicklung von

SSL besonderes Augenmerk auf effiziente Caching-Verfahren gelegt, um die Anzahl der jeweils neu aufzubauenden Verbindungen innerhalb einer Sitzung möglichst gering zu halten.

SSL unterscheidet in Abhängigkeit vom jeweils gewählten Grad der Authentifikation drei verschiedene Arten von Kommunikationsverbindungen:

- **Anonyme Verbindungen**
  Hier wird weder die Identität des Clients noch die des WWW-Servers überprüft. SSL bietet in dieser Betriebsart zwar eine Absicherung gegenüber einfachem Abhören, aber eine Man-in-the-Middle Attacke ist immer noch möglich.
- **Server Authentifikation**
  Dazu präsentiert der WWW-Server dem Client ein Zertifikat, das seine Identität nachweist und vom Client akzeptiert werden muß. Die Identität des Clients wird nicht überprüft, aber der Client kann sich darauf verlassen, daß die Identität des WWW-Servers korrekt ist.
- **Client/Server Authentifikation**
  Hier weisen sich die beiden Kommunikationspartner über Zertifikate ihre Identität nach.

Das SSL-Protokoll enthält zwei Sub-Protokolle: das **SSL Record Protocol** und das **SSL Handshake Protocol**. Das SSL Record Protocol schreibt das Datenformat der Nachrichten bei SSL vor, während das SSL Handshake Protocol sich des SSL-Record Protocols bedient, um einen Verbindungsaufbau zwischen einem SSL-fähigen Client und einem SSL-fähigen WWW-Server herzustellen.
Eine Datenkommunikation über SSL läuft in zwei Stufen ab: Zuerst wird ein Handshake-Protokoll abgearbeitet, in dem die kryptografischen Fähigkeiten der beiden beteiligten Kommunikationspartner überprüft werden. Dazu zählen gegebenenfalls eine Authentifikation von Client und Server, sowie die Festlegung auf ein geeignetes Kryptografieverfahren, das beide beherrschen. Dabei wird das jeweils stärkste Kryptografieverfahren ausgewählt, über das beide gemeinsam verfügen. In der ersten Phase des Sitzungsaufbaus kommen starke kryptografische Methoden zum Einsatz, um den Sitzungsschlüssel (Session Key) auszutauschen. Die eigentliche Verschlüsselung der während einer Sitzung ausgetauschten Daten erfolgt dann nach weniger aufwendigen kryptografischen Methoden, die einen Kompromiß zwischen erreichbarer Sicherheit und dem zur Kodierung/Dekodierung notwendigen Rechenaufwand darstellen.

Obwohl sowohl bei Nutzung der unverschlüsselten Transportmethode über TCP/IP als auch bei verschlüsselter Übertragung über SSL das reguläre HTTP-Protokoll verwendet wird, muß der Client dennoch unterscheiden können, welches der beiden Verfahren zum Einsatz kommt. So wurde zu diesem Zweck ein zusätzliches Names-Präfix im URI-Adressierungsschema eingeführt: „`https:`“. Der Browser kennzeichnet darüberhinaus das Vorliegen einer sicheren Datenübertragung über SSL z.B. über das Symbol eines abgeschlossenen Schlosses in seiner Statuszeile (siehe Abb. 9.16).

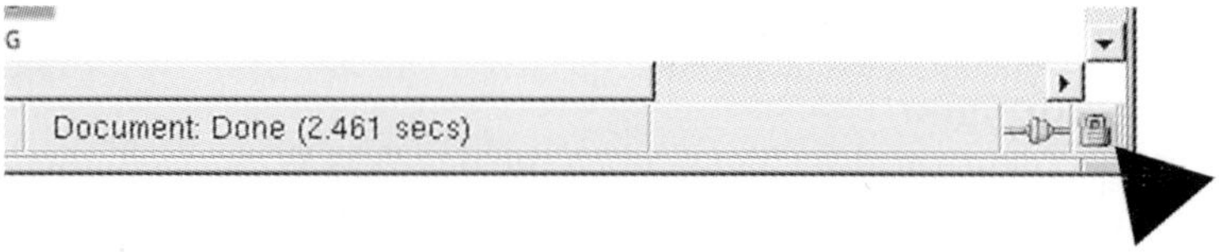

Abb. 9.16. Anzeige einer sicheren Datenübertragung über SSL im Browser

Das SSL Protokoll unterstützt eine Vielzahl unterschiedlicher kryptografischer Algorithmen, die zur Authentifikation, der Übermittlung von Zertifikaten oder der Abstimmung eines Sitzungsschlüssels dienen. Das SSL Handshake Protokoll übernimmt dabei die Aufgabe, zwischen Client und WWW-Server zu verhandeln, welche Methoden zur Lösung dieser Aufgaben verwendet werden sollen. SSL nutzt z.B. folgende Verfahren:

- **DES** (Data Encryption Standard), symmetrisches Verschlüsselungsverfahren,
- **DSA** (Digital Signature Algorithm), Teil eines digitalen Authentifikations-Standards,
- **KEA** (Key Exchange Algorithm), ein Algorithmus zum sicheren Schlüsselaustausch,
- **MD5** (Message Digest Algorithm 5), Algorithmus zum Erzeugen eines digitalen Fingerabdrucks (Message Digest),
- **RC2** und **RC4** Verschlüsselungsalgorithmen für den RSA-Standard,
- **RSA** (Rivest-Shamir-Adleman Data Security), asymmetrisches Verschlüsselungsverfahren,
- **RSA Key Exchange**, ein auf dem RSA-Verfahren basierender Algorithmus zum Schlüsseltausch für SSL,
- **SHA-1** (Secure Hash Algorithm), Algorithmus zum Erzeugen eines digitalen Fingerabdrucks (Message Digest),
- **SKIPJACK**, ein symmetrisches Verschlüsselungsverfahren, das von der US-Regierung eingesetzt wird und
- **Triple-DES**, dreifach angewendeter DES-Algorithmus. Dabei werden über KEA oder RSA symmetrische Schlüssel für Client und Server erzeugt, die dann während der SSL-Sitzung verwendet werden.

Die Festlegung darüber, welche Verfahren aus dem sogenannten **Chiffren-Satz** (**Cipher Suite**) auf Client- oder WWW-Server-Seite angeboten werden, liegt in den Händen des jeweiligen Administrators, der die entsprechenden Algorithmen aktivieren oder deaktivieren kann. Allerdings unterlagen Verfahren der sogenannten **starken Kryptografie** eine Zeit lang Exportbeschränkungen von Seiten der US-Regierung, während schwächere Verfahren, also Verfahren mit kürzerer Schlüssellänge, als nicht sicher genug anzusehen sind, da kurze Schlüssel von unbefugter Seite zu schnell gebrochen werden können.

Tabelle 9.2. Chiffren-Sätze von unterschiedlicher kryptografischer Stärke

Kategorie	verwendete Chiffren
Stärkster Chiffrensatz, anfangs nur für den Einsatz in den USA zugelassen, geeignet z.B. für Banken und andere Organisationen mit den höchsten Sicherheitsansprüchen	**Triple DES mit 168 Bit Verschlüsselung und SHA1-Authentifikation**. Triple DES ist zwar die stärkste Verschlüsselungsmethode, die von SSL unterstützt wird, doch ist sie auch sehr rechenintensiv. Durch die dreifache Verwendung von DES ergibt sich eine mögliche Schlüsselzahl von etwa $3{,}7 \cdot 10^{50}$.
Starker Chiffrensatz, anfangs nur für den Einsatz in den USA zugelassen, geeignet für die meisten Unternehmen oder Behörden	**RC4 mit 128 Bit Verschlüsselung und MD5 Authentifikation**. Aufgrund des 128 Bit langen Schlüssels sind RC2 und RC4 nach DES die stärksten Verschlüsselungsverfahren innerhalb SSL. Für RC2 und RC4 ergibt sich eine mögliche Schlüsselzahl von etwa $3{,}4 \cdot 10^{38}$. RC4 ist das schnellste unter SSL verwendete Verschlüsselungsverfahren. **DES mit 56 Bit Verschlüsselung und SHA-1 Authentifikation**. Schwächstes der starken Verschlüsselungsverfahren, ermöglicht $7{,}2 \cdot 10^{12}$ unterschiedliche Schlüssel.
Zum Export bestimmter Chiffren-Satz, nicht so stark wie die starken Verfahren, doch schon immer für den Export außerhalb der USA erlaubt	**RC4 und RC2 mit 40 Bit Verschlüsselung und MD5 Authentifikation**. Erlaubt $1{,}1 \cdot 10^{12}$ verschiedene Schlüssel. RC4 ist dabei das schnellste von SSL unterstützte Verschlüsselungsverfahren.
Schwächster Chiffren-Satz, beinhaltet Authentifikation und Entdeckung von Manipulationsversuchen, aber keine Verschlüsselung, so daß ein Abhören des Datenverkehrs möglich ist	**Keine Verschlüsselung und MD5 Authentifikation**. Über das MD5 Fingerabdruckverfahren kann Datenmanipulation entdeckt werden. Einsatz, wenn Client und WWW-Server über keine gemeinsamen Verschlüsselungsverfahren verfügen.

Exkurs 24: SSL Handshake-Verfahren

Das SSL Protokoll verwendet eine Kombination aus Verfahren mit öffentlichen und symmetrischen Schlüsseln. Symmetrische Verschlüsselungsverfahren arbeiten schneller, aber Verfahren mit öffentlichem Schlüssel bieten sicherere Authentifikations-Methoden. Eine SSL-Sitzung beginnt stets mit einem Austausch von Nachrichten, der als **Handshake** bezeichnet wird. Im Handshake-Verfahren identifiziert sich der WWW-Server zunächst gegenüber dem Client mit Hilfe eines öffentlichen Schlüssels. Danach kooperieren Client und WWW-Server zur Erzeugung symmetrischer Schlüssel, die während der Sitzung zur schnellen Verschlüsselung, Entschlüsselung und zur Entdeckung von Manipulationsversuchen an den übertragenen Daten eingesetzt werden. Die Authentifikation des Clients ist optional und wird nur dann vom WWW-Server verlangt, wenn sie für notwendig erachtet wird.

Aus Platzgründen kann an dieser Stelle nur der prinzipielle Ablauf der einzelnen Schritte in diesem Prozeß skizziert werden.

1. Der Client sendet dem WWW-Server die Versionsnummer der von ihm verwendeten SSL-Version, Einstellungen für die Verschlüsselung, zufällig erzeugte Daten und andere Informationen, die der Server für eine Kommunikation mit dem Client über SSL benötigt.
2. Der Server antwortet dem Client mit der Versionsnummer der von ihm verwendeten SSL-Version, Einstellungen für die Verschlüsselung, zufällig erzeugten Daten und anderen Informationen, die der Client für eine Kommunikation mit dem Server benötigt. Der Server sendet dabei auch sein eigenes Zertifikat und fordert gleichzeitig ein Zertifikat des Clients an, falls der Client eine Informationsressource anfragt, die seine Authentifikation verlangt.
3. Der Client nutzt die in der Serverantwort übertragene Information zur Authentifikation des Servers (siehe Abb. 9.17). Kann der Server nicht authentifiziert werden, wird der Benutzer gewarnt und darüber informiert, daß eine gesicherte Verbindung nicht gewährleistet werden kann. Anderenfalls, wenn die Server-Authentifikation positiv verläuft, wird mit dem folgenden Schritt fortgefahren.
4. Unter Verwendung der bislang ausgetauschten Daten generiert der Client (unter Mitwirkung des Servers, je nach verwendetem Verschlüsselungsverfahren, auf das sich beide geeinigt haben) das sogenannte **Premaster Secret** für die Sitzung, verschlüsselt dieses mit dem öffentlichen Schlüssel des Servers (der im Zertifikat des Servers enthalten ist) und sendet das verschlüsselte Premaster Secret an den Server.
5. Für den Fall, daß der Server ein Client-Zertifikat verlangt hat, signiert der Client einen zusätzlichen Datenanteil, der im bisherigen Handshake ausgetauscht wurde und beiden Kommunikationspartnern bekannt ist. Diese signierten Daten werden zusammen mit dem Zertifikat des Clients und dem verschlüsselten Premaster Secret übertragen.
6. Falls der Server eine Client Authentifikation verlangt hat, führt er diese nun anhand des gesendeten Zertifikats durch (siehe Abb. 9.18). Kann der Client nicht erfolgreich authentifiziert werden, wird die Sitzung beendet. War die Authentifikation erfolgreich, entschlüsselt der Server das Premaster Secret mit Hilfe seines privaten Schlüssels und beginnt mit der Generierung des eigentlichen **Master Secrets**, das auch der Client auf dieselbe Weise erzeugt.
7. Mit dem Master Secret erzeugen Server und Client die Schlüssel für die sich anschließende Sitzung. Dabei handelt es sich um den symmetrischen Schlüssel (**Session Key**), der zur Ver- und Entschlüsselung des Datenverkehrs während der SSL-Sitzung und zur Überprüfung der Integrität (Unversehrtheit) der übermittelten Daten dient.
8. Der Client sendet dem Server eine Nachricht, die den Server darüber in Kenntnis setzt, daß die folgenden Nachrichten des Clients mit dem Sitzungs-Schlüssel verschlüsselt werden und beendet (über eine verschlüsselte Nachricht) das Handshake-Verfahren auf der Client-Seite.
9. Der Server sendet dem Client eine Nachricht, die den Client darüber in Kenntnis setzt, daß die folgenden Nachrichten des Servers mit dem Sitzungs-Schlüssel verschlüsselt werden und beendet (über eine verschlüsselte Nachricht) das Handshake-Verfahren auf der Server-Seite.
10. Das SSL Handshake Protokoll ist nun beendet und die eigentliche SSL-Sitzung beginnt. Client und Server verwenden den symmetrischen Sitzungsschlüssel, um den gegenseitigen Datenverkehr zu verschlüsseln und um die Integrität der übertragenen Daten zu gewährleisten.

Verschlüsselungsverfahren im SSL-Protokoll

- **Asymmetrische Verfahren**
  Bevor ein symmetrischer Sitzungsschlüssel (Session Key) erzeugt werden kann, müssen Daten mit Hilfe eines asymmetrischen Verschlüsselungsverfahrens mit dessen öffentlichen und privaten Schlüsseln ausgetauscht werden.
  Im Falle einer Server-Authentifikation verschlüsselt der Client ein Premaster Secret mit Hilfe des öffentlichen Schlüssels des betreffenden Servers. Diese Daten können nur mit dem im Besitz des betreffenden Servers befindlichen privaten Schlüssel wieder entschlüsselt werden. Anschließend wird aus dem Premaster Secret der symmetrische Sitzungsschlüssel generiert. Über den Gebrauch des Schlüsselpaares aus privatem und öffentlichem Schlüssel wird die Authentizität des Servers sichergestellt. Im Falle einer Client-Authentifikation verschlüsselt der Client Zufallsdaten mit Hilfe seines eigenen privaten Schlüssels, d.h. er erzeugt eine **digitale Signatur**. Der vom Client in seinem Zertifikat ausgegebene öffentliche Schlüssel kann diese Daten nur validieren, wenn sie tatsächlich mit dem privaten Schlüssel des Clients verschlüsselt worden sind. Ansonsten ist der Server nicht in der Lage, die digitale Signatur des Client zu validieren und die Sitzung wird beendet.
- **Symmetrische Verfahren**:
  Nachdem das Premaster Secret erfolgreich zwischen Client und Server ausgetauscht wurde, wird es zusammen mit anderen Daten, die sowohl dem Server als auch dem Client zur Verfügung stehen, dazu genutzt, einen Sitzungsschlüssel zu generieren, der dann während der gesamten Sitzung sowohl zur schnellen Verschlüsselung als auch zur schnellen Entschlüsselung genutzt werden kann.

Server Authentifikation
Wie bereits in Schritt 2 des SSL Handshake Protokolls beschrieben, sendet der Server ein Zertifikat, mit dem er sich selbst gegenüber dem Client authentifiziert. Der Client verwendet dieses Zertifikat in Schritt 3 um die Identität des Servers zu überprüfen. Um die Zusammengehörigkeit des öffentlichen Schlüssels und des Servers, der durch das Zertifikat identifiziert wird, zu überprüfen, und damit den Server zu authentifizieren, hat der SSL-fähige Client folgende Fragen zu beantworten (vgl. Abb. 9.17):

1. **Liegt die Anfrage im Gültigkeitszeitraums des Zertifikats?**
   Der Client überprüft den Gültigkeitszeitraum des Zertifikats. Liegt die aktuelle Anfrage außerhalb dieses Zeitraums, stoppt er den Authentifikationsvorgang. Ansonsten fährt der Client mit der Authentifikation fort.
2. **Ist der Austeller des Zertifikats vertrauenswürdig?**
   Jeder SSL-fähige Client verwaltet eine Liste vertrauenswürdiger Zertifikatsaussteller (**Trusted Certificate Authorities**, **CA**). Anhand dieser Liste wird entschieden, welche Server-Zertifikate der Client akzeptiert. Stimmt der Name (**Distinguished Name**, **DN**) der Austeller-CA mit einem Namen aus der Liste der vertrauenswürdigen CAs des Client überein, fährt der Client mit der Authentifikation des Servers fort. Gehört die Aussteller-CA nicht zur Liste des Clients, wird der Server nicht authentifiziert, es sei denn, der Server ist in der Lage, eine Zertifikat-Kette zu senden, die eine CA beinhaltet, die zur Liste des Clients gehört.
3. **Kann die digitale Signatur des Ausstellers mit dem öffentlichen Schlüssel des Ausstellers validiert werden?**
   Der Client verwendet dazu den öffentlichen Schlüssel der CA aus seiner eigenen Liste vertrauenswürdiger CAs, um die digitale Signatur auf dem Zertifikat des Servers zu validieren. Wurde die Information im Server-Zertifikat verändert, nachdem die CA dieses signiert hat, oder korrespondiert der öffentliche Schlüssel aus der Liste des Clients nicht

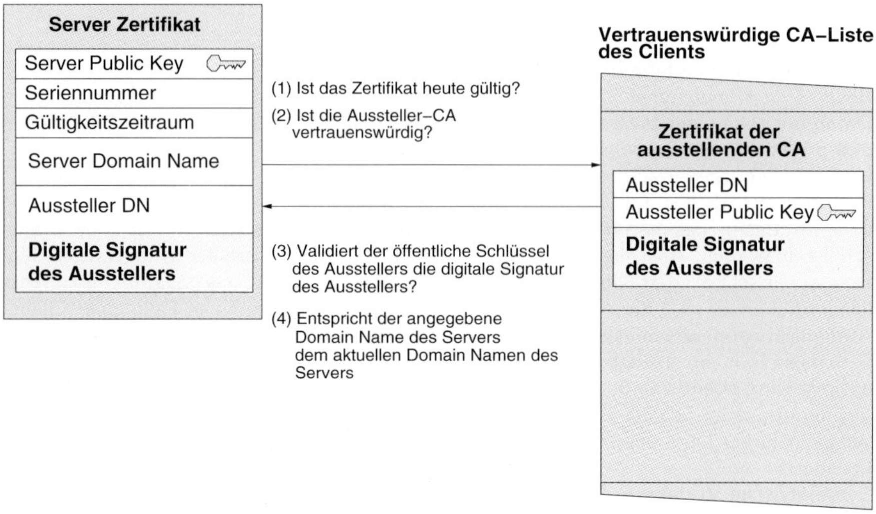

Abb. 9.17. SSL Handshake – Server Authentifikation

mit dem privaten Schlüssel, mit dem die Signatur des Server-Zertifikats erstellt wurde, wird der Server nicht authentifiziert. Kann die digitale Signatur dagegen validiert werden, gilt das Zertifikat als echt.

4. **Stimmt der im Zertifikat angegebene Domain Name des Servers mit dem aktuellen Domain Namen des Servers überein?**
   Mit diesem Test soll sichergestellt werden, daß sich der Server auch tatsächlich unter der angegebenen Netzwerkadresse des Servers befindet. Dieser Test ist – technisch gesehen – eigentlich nicht Bestandteil des SSL Handshake-Protokolls, doch soll damit eine Man-in-the-Middle Attacke verhindert werden. Stimmen die Domain Namen überein, fährt der Client mit dem Handshake fort.
5. Der Server ist jetzt erfolgreich authentifiziert worden, der Client fährt mit dem Handshake Protokoll fort. Hat der Authentifikationsvorgang aus irgendeinem Grund diesen Schritt nicht erreicht, kann der Server nicht authentifiziert werden. Der Nutzer wird darüber in Kenntnis gesetzt, eine verschlüsselte und gesicherte Verbindung kann nicht aufgebaut werden.
6. Benötigt der Server eine **Client Authentifikation**, muß diese jetzt durchgeführt werden.
7. Danach benutzt der Server seinen eigenen privaten Schlüssel zur Entschlüsselung des Premaster Secrets, das der Client in Schritt 4 des SSL Handshakes gesendet hat. Anderenfalls wird die SSL-Sitzung beendet.

Client Authentifikation

SSL-fähige WWW-Server können so konfiguriert werden, daß sie eine Authentifikation des anfragenden Clients verlangen. Ist dies der Fall (SSL-Handshake Schritt 6), sendet der Client ein Zertifikat zusammen mit einer signierten Nachricht mit zufällig gewähltem Inhalt, um sich selbst authentifizieren zu lassen. Der Server nutzt diese signierte Nachricht, um den öffentlichen Schlüssel des Clients, der sich in dessen Zertifikat befindet, zu validieren und um damit die Identität des Clients, die das Zertifikat ja belegen soll, zu bestätigen.
Der zufällig gewählte Inhalt der signierten Nachricht ist nur dem Client und dem Server bekannt. Die digitale Signatur wird mit dem privaten Schlüssel des Client erzeugt, der im positiven Fall zum öffentlichen Schlüssel aus dem Zertifikat des Clients korrespondiert.

Um die Authentizität eines anfragenden Clients erfolgreich bestätigen zu können, müssen folgende Fragen durch den SSL-fähigen Server beantwortet werden (vgl. Abb. 9.18):

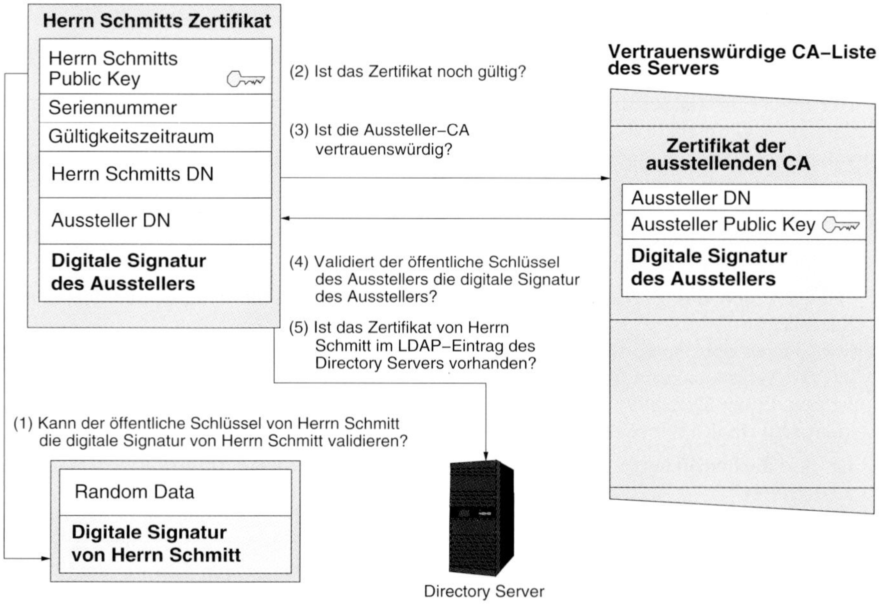

Abb. 9.18. SSL Handshake – Client Authentifikation

1. **Kann der öffentliche Schlüssel des Clients die digitale Signatur des Clients validieren?**
   Der Server überprüft dazu, ob der öffentliche Schlüssel aus dem Zertifikat des Clients die digitale Signatur des Clients berechnen kann. Gelingt dies, kann der Server sicher sein, daß der öffentliche Schlüssel, der vorgeblich dem Client gehört, zu dessen privaten Schlüssel korrespondiert, mit dem die digitale Signatur erzeugt worden ist, und daß die übertragenen Daten seit dem Zeitpunkt des Signierens nicht verändert worden sind. Allerdings kann dadurch noch nicht die Verbindung zwischen dem öffentlichen Schlüssel und dem im Zertifikat angegebenen **Distinguished Name** (**DN**) der Aussteller-CA hergestellt werden. Das Zertifikat könnte immer noch von einem unbefugten Dritten erzeugt worden sein, der sich selbst als der darin angegebene Client ausgibt. Um die korrekte Verbindung zwischen öffentlichem Schlüssel und dem DN herzustellen, müssen zusätzlich noch die nachfolgenden Schritte erfolgreich abgeschlossen werden.
2. **Ist das Zertifikat noch gültig?**
   Der Server überprüft den Gültigkeitszeitraum des Zertifikats. Liegt die aktuelle Anfrage außerhalb dieses Zeitraums, wird der Authentifikationsvorgang gestoppt. Ansonsten fährt der Server mit der Authentifikation fort.
3. **Ist der Austeller des Zertifikats vertrauenswürdig?**
   Jeder SSL-fähige Server verwaltet eine Liste vertrauenswürdiger Zertifikatsaussteller (Trusted Certificate Authorities, CA). Anhand dieser Liste wird entschieden, welche Zertifikate der Server akzeptiert. Stimmt der eindeutige Name (**Distinguished Name**, **DN**) der Austeller-CA mit einem Namen aus der Liste vertrauenswürdiger CAs des

Servers überein, fährt der Server mit der Authentifikation des Clients fort. Befindet sich die Aussteller-CA nicht in der Liste des Servers, wird der Client nicht authentifiziert, es sei denn der Client ist in der Lage, eine Zertifikat-Kette zu senden, die eine CA beinhaltet, die sich in der Liste des Servers wiederfindet. Der jeweilige Administrator des Servers verwaltet die Liste der vertrauenswürdigen CAs.

4. **Kann die digitale Signatur des Ausstellers mit dem öffentlichen Schlüssel des Ausstellers validiert werden?**
   Der Server verwendet dazu den öffentlichen Schlüssel der CA aus seiner eigenen Liste vertrauenswürdiger CAs, um die digitale Signatur auf dem Zertifikat des Clients zu validieren. Wurde die Information im Client-Zertifikat verändert, nachdem die CA dieses signiert hat, oder korrespondiert der öffentliche Schlüssel aus der Liste des Servers nicht mit dem privaten Schlüssel, mit dem die Signatur des Client-Zertifikats erstellt wurde, dann wird der Client nicht authentifiziert. Kann die digitale Signatur validiert werden, gilt das Client-Zertifikat als echt.
5. **Befindet sich das Zertifikat des Clients unter den LDAP-Einträgen des Directory-Servers?**
   Mit diesem optionalen Schritt kann ein Administrator einem Nutzer den Zugang zum WWW-Server untersagen, auch wenn er alle anderen Tests bereits bestanden hat. Ist das Client-Zertifikat mit demjenigen im LDAP-Eintrag des betreffenden Nutzers identisch, dann konnte der Client erfolgreich authentifiziert werden.
6. **Ist der authentifizierte Client befugt, auf die angeforderte Informationsressource zuzugreifen?**
   Anhand der **Access Control List** (ACL) des Servers wird die Autorisierung des Clients überprüft und im positiven Fall eine entsprechende Verbindung eingerichtet. Erreicht die Client-Authentifikation aus irgendeinem Grund diesen letzten Schritt nicht, kann der Client nicht erfolgreich authentifiziert werden und ist deshalb nicht berechtigt, auf geschützte Informationsressourcen des Servers zuzugreifen.

Weiterführende Literatur:

A. O. Freier, P. Karlton, P. C. Kocher:
The SSL Version 3.0, Internet-Draft, Netscape Communications, 18.11.1996, 15.3.1998, verfügbar unter der URL `<http://home.netscape.com/eng/ssl3/draft302.txt>` .

Besondere Beachtung verdient der Fall, wenn eine sichere Verbindung mit SSL über einen Proxy-Server erfolgen soll. Dabei sind grundsätzlich die zwei Fälle zu unterscheiden, in denen sich der Proxy-Server entweder vollständig transparent verhält (**SSL Proxying**), oder der Proxy-Server die ankommenden SSL-verschlüsselten Daten interpretiert und diese anschließend weiterleitet (**HTTPS Proxying**).

TLS – Transport Layer Security. Als Nachfolger des von Netscape eingeführten SSL Protokolls befindet sich derzeit **TLS Transport Layer Security** im Standardisierungsprozeß des IETF (siehe RFC 2246). TLS verfolgt dieselben Ziele wie SSL – kryptografische Sicherheit, Interoperabilität, Erweiterbarkeit und Effizienz – und ist in weiten Teilen mit der Version SSL 3.0 identisch. Wie die Bezeichnung von TLS bereits erkennen läßt, handelt es sich um ein Protokoll der Transportschicht innerhalb des TCP/IP Kommunikationsprotokollstapels. Innerhalb dieser Schicht gewährleistet TLS eine sichere

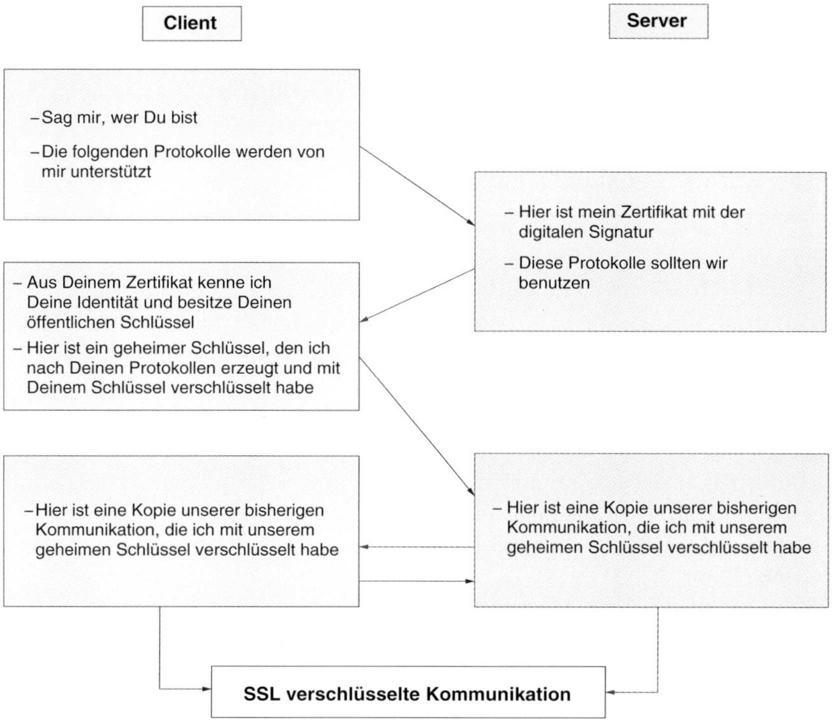

Abb. 9.19. SSL Handshake – Einfachster prinzipieller Ablauf

und transparente Datenübertagung zwischen zwei Kommunikationspartnern. RFC 2246 definiert ein **TLS Record Protocol**, das als Ausgangspunkt und Container für weitere sogenannte Protocol-Clients dient. Die folgenden vier Clients sind bereits in RFC 2246 spezifiziert, wobei weitere Clients bei Bedarf hinzugefügt werden können:

- **TLS Handshake Protocol**
  Dient dem Verbindungsaufbau und der Festlegung der Verbindungsparameter, wie z.B. verwendete Verschlüsselungsverfahren, Austausch von Schlüsseln, Authentifikation der Kommunikationsteilnehmer und der ausgetauschten Nachrichten.
  Folgende Aufgaben werden durch das TLS Handshake Protocol ausgeführt:
  – Austausch von sogenannten „Hello"-Nachrichten, zur Absprache von gemeinsam verwendeten Algorithmen, dem Austausch von Zufallswerten und der Überprüfung, ob eine Sitzung fortgeführt werden soll.
  – Austausch der notwendigen kryptografischen Parameter, damit Client und Server in der Lage sind, sich auf ein Premaster Secret zu einigen.
  – Austausch von Zertifikaten und anderen kryptografischen Informationen, damit Client und Server eine gegenseitige Authentifikation durchführen können.

– Generierung eines Master Secrets aus dem vorgegebenen Premaster Secret und den zusätzlich ausgetauschten Zufallswerten.
– Bereitstellung und Abgabe von Sicherheitsparametern.
– Überprüfung, daß der Kommunikationspartner dieselben Sicherheitsparameter ermittelt hat, und daß das Handshake ohne Manipulation von dritter Seite stattgefunden hat.

Das TLS Handshake erfolgt prinzipiell in derselben Weise wie das SSL Handshake:
– **Client Hello**: Der Client signalisiert dem Server, daß er eine gesicherte Verbindung einrichten will. Die gesendete Nachricht enthält einen Zeitstempel, eine Zufallszahl, sowie verschiedene Parameter, mit denen Client und Server sich auf die für die Übertragung verwendete Kryptografie einigen.
– **Server Hello**: Der Server akzeptiert die Einrichtung einer gesicherten Verbindung und tauscht mit dem Client die vereinbarten kryptografischen Kontrollinformationen aus:
  • **Server Zertifikat** (optional): Der Server authentifiziert sich damit beim Client.
  • **Austausch Server-Key** (optional): Der Austausch eines öffentlichen Schlüssels, den der Client verwenden soll, um das Premaster Secret zu übermitteln.
  • **Zertifikat Anfrage** (optional): Der Server fordert den Client auf, ein Zertifikat zur Client-Authentifikation zu senden.
  • **Server Hello beendet**: Server signalisiert, daß die Hello-Phase abgeschlossen ist, und er keine weiteren Nachrichten dazu sendet.
– **Client Zertifikat** (optional): Wenn vom Server angefordert, sendet der Client ein Zertifikat.
– **Austausch Client-Key** (optional): Client sendet das Premaster Secret an den Server.
– **Change Cipher Spec** (optional): Dient einer eventuellen Neuverhandlung der Kryptografieparameter. Wird wichtig bei Verbindungswiederaufnahme.
– **Zertifikatsüberprüfung** (optional): Wird nur gesendet, wenn der Server ein Zertifikat gesendet hat, und dient dazu, dieses zu überprüfen.
– **Handshake beendet**: Eine Quittungsmeldung dafür, daß das Handshake Verfahren jetzt beendet ist.

Das ausgetauschte Premaster Secret wird wie bei SSL dazu genutzt, einen gemeinsamen, symmetrischen Schlüssel (Master Secret) zu generieren, der zur Verschlüsselung des anschließenden Datenverkehrs genutzt wird.

• **Alert Protocol**
Auslösen von Alarmmeldungen im Fehlerfall, wie z.B. bei fehlerhafter Authentifikation der Kommunikationspartner. Dabei wird die aktuelle Sitzung je nach Gewicht des aufgetretenen Fehlers abgebrochen oder fortgesetzt.

- **Change Cipher Specification Protocol**
  Dient der Vereinbarung von kryptografischen Parametern, wird z.B. benötigt, um eine abgebrochene Sitzung wiederaufzunehmen.
- **Application Data Protocol**
  Senden und Empfangen verschlüsselter Nutzdaten.

Der Nachrichtenfluß im TLS Handshake ist in Abb. 9.20 schematisch dargestellt. Optionale Anteile sind in der Abbildung mit einem Fragezeichen am Ende gekennzeichnet.

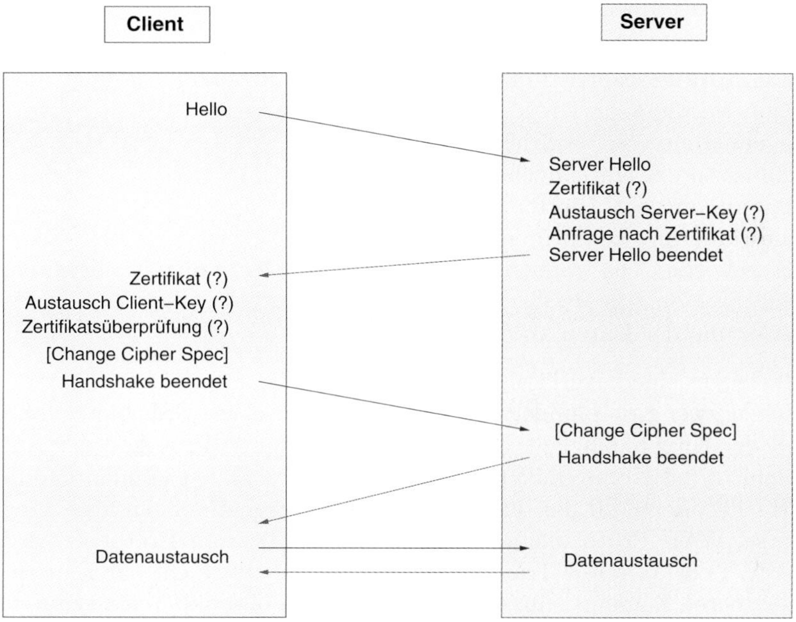

Abb. 9.20. TLS Handshake

Schematisch gesehen befinden sich die Client Protokolle auf einer höher gelegenen Schicht im Schichtenmodell der Kommunikationsprotokolle, wobei das TLS Record Protokoll diese quasi einkapselt. Je nachdem, ob es um das Senden oder Empfangen von Daten geht, stellt das TLS Record Protokoll verschiedene Dienste zur Verfügung.

- Auf der **Senderseite** bietet das TLS Record Protocol die folgenden Dienste an:
  - Entgegennahme der zu übermittelnden Daten,
  - Fragmentierung der Nachrichten in handhabbare Datenblöcke (bis zu 2^{14} Byte Länge, verschiedene Datensätze von gleichem Typ können in einem solchen Block zusammengefaßt und übertragen werden),

  - optionale Komprimierung der Daten (die verwendete Komprimierung, auf die sich die Kommunikationspartner geeinigt haben, muß verlustfrei arbeiten und darf die Datenlänge niemals um mehr als 1.024 Byte vergrößern),
  - Authentifikation des Senders und der von ihm versendeten Daten (mit Hilfe von Algorithmen (Hashfunktion), die einen Fingerabdruck (Message Digest) der zu sendenden Daten erzeugen, wird in TLS ein unter Verwendung der Verfahren **MD5** und **SHA-1** als **HMAC** bezeichneter Algorithmus definiert, dessen Anwendung die Authentizität des Kommunikationspartners und die Integrität der versendeten Nachrichten gewährleisten soll),
  - Verschlüsselung von Daten und deren Versand.
- Auf der **Empfängerseite** stellt das TLS Record Protokoll die folgenden Dienste zur Verfügung:
  - Entgegennahme von Nachrichten,
  - Entschlüsseln der empfangenen Daten,
  - Verifikation authentifizierter Daten,
  - Dekomprimierung komprimierter Daten,
  - Reassemblierung von fragmentierten Daten in vollständige Nachrichten,
  - Authentifikation von Daten,
  - Weiterleitung der Daten an den Empfänger.

TLS gewährleistet eine zuverlässige, sichere und transparente Datenübertragung zwischen zwei Kommunikationspartnern. Ebenso wie SSL bietet TLS den Vorteil der Unabhängigkeit vom jeweils verwendeten Protokoll der Anwendungsschicht des Kommunikationsprotokollstapels. Daher können Protokolle wie HTTP oder FTP das TLS Protokoll transparent verwenden.
Innerhalb des WAP Protokollstapels (Wireless Application Protocol) wird TLS in der WTLS (Wireless Transport Layer Security) Schicht zur Einrichtung eines sicheren Zugangs zum WWW aus dem Mobilfunkbereich genutzt.

9.3.4 IPsec – Absicherung auf der Netzwerkschicht

Als **IP-Security** (**IPsec**) wird eine Familie von Standards bezeichnet, die von der IP Security Working Group der IETF entwickelt wurde. Die zugehörigen RFCs (RFC 1825, RFC 1829, RFC 2401–2409) beziehen sich alle auf die Netzwerkschicht des TCP/IP-Referenzmodells und beschreiben Datenformate für verschiedene Verfahren der Verschlüsselung und Authentifikation von IP-Datenpaketen. IPsec kann in Verbindung mit IPv4 zur Anwendung kommen und ist von vornherein in der Nachfolgeversion IPv6 integriert. Um die beiden Sicherheitsziele Authentifikation und Vertraulichkeit umzusetzen, verwendet IPsec zusätzlich zum regulären IP-Datagramm-Header einen **Authentication Header** (**AH**), der zur Sicherung der Identität des Senders dient, und einen **Encapsulation Secure Payload**-Header (**ESP**), der für die Verschlüsselung der transportierten Nutzdaten zuständig ist. Die beiden neuen Header sind jeweils so kurz wie möglich gehalten und schließen sich direkt an den IPv4 Header vor dem verschlüsselten Nutzdateninhalt an (siehe Abb. 9.21).

Authentication Header. Betrachten wir ein IPsec-Datagramm, so befindet sich der Authentication Header zwischen dem regulären IPv4-Header und den Nutzdaten, die in der Regel aus einem (bzw. einem partiellen) TCP-Segment mit zugehörigem TCP-Header bestehen.

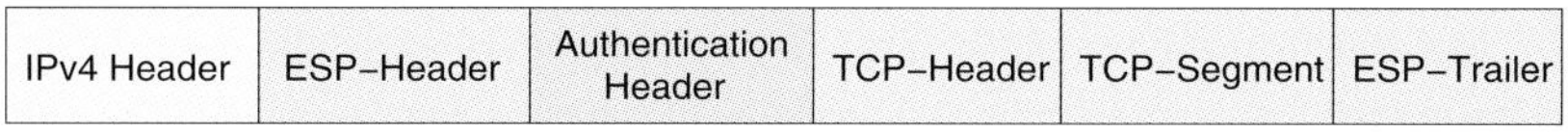

Abb. 9.21. Grundstruktur eines IPSec-Datagramms

Um ein IP-Datagramm als IPsec-Datagramm zu kennzeichnen, wird das **Protocol**-Feld des IP-Datagramm-Headers auf den Wert 51 gesetzt. Der Authentication Header hat folgenden Aufbau (siehe Abb. 9.22):

- **Next Header**
  1 Byte, gibt analog zu einem IPv4-Header den Typ der transportierten Nutzlast an.
- **Nutzlastlänge**
  1 Byte, kennzeichnet merkwürdigerweise nicht die Länge der transportierten Nutzlast, sondern die Länge des AH.
- **Security Parameter Index (SPI)**
  4 Byte, spezifiziert das verwendete Sicherheitsverfahren. Hierzu sind verschiedene Parameterangaben notwendig (z.B. verwendetes Verfahren, eingesetzter Schlüssel, Gültigkeitsdauer des Schlüssels, etc.), die in einer sogenannten **Security Association (SA)** zusammengefaßt werden. Der SPI gibt dabei lediglich einen Verweis auf den eigentlichen SA-Eintrag der Security Association Database, einer Datenbank, die alle verfügbaren Parameterkombinationen enthält, und die sowohl beim Sender als auch beim Empfänger verfügbar sein muß. Um den SA-Eintrag eindeutig zu spezifizieren, wird sowohl der SPI als auch die IP-Zieladresse benötigt.
- **Sequenznummernfeld**
  4 Byte, numeriert die zwischen Sender und Empfänger ausgetauschten Datagramme und soll dadurch Replay-Attacken verhindern, bei denen durch Verwendung bereits gesendeter und erfolgreich empfangener IP-Datagramme das Sicherheitssystem unterlaufen wird. Spätestens nach dem Austausch von 2^{31} IP-Datagrammen muß jedoch eine neue SA festgelegt werden, um Replay-Attacken vollständig auszuschließen. Die Sequenznummer wird jeweils vom Sender eingefügt.
- **Authentifikationsdaten**
  Angaben zur Authentifikation von variabler Länge. Die Länge ist dabei abhängig vom jeweils für die Authentifikation verwendeten Verfahren, die

in den RFCs 2403 und 2404 beschrieben sind. Wichtig bei der Berechnung eines Message Digest zur Authentification ist, daß der Wert der Authentifikationsdaten dabei auf „0“ gesetzt wird, da der berechnete Authentifikationswert selbst nicht mit in die Berechnung eingehen darf. Auch die anderen Werte, die sich während des Transports noch verändern (z.B. TTL-Feld, Fragment Offset, Header Prüfsumme), müssen bei der Berechnung des Message Digest auf „0“ gesetzt werden.
Bei Verwendung der Optionen „Loose Source Routing“ und „Strict Source Routing“, bei denen eine Reihe von Routen vorgeschrieben wird, die passiert werden müssen, muß darauf geachtet werden, daß als Zieladresse für die Berechnung des Message Digest stets nur die letzte Adresse der angegebenen Adressliste (also das eigentliche Ziel) herangezogen wird.

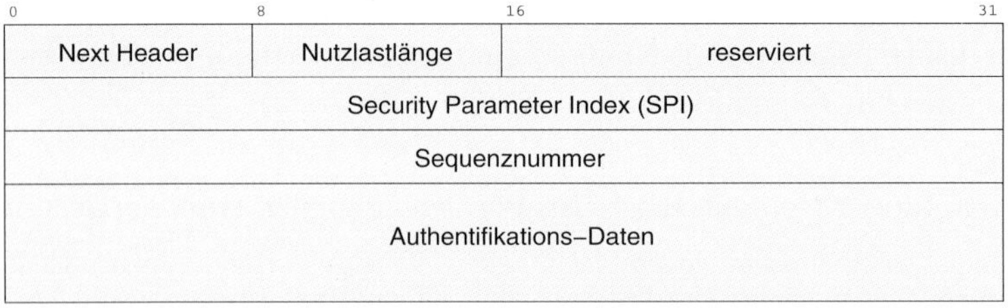

Abb. 9.22. Authentication Header des IPSec-Datagramms

AH bietet die Möglichkeit der Verwendung folgender Authentifikationsverfahren:

- MD5 (RFC 2403),
- SHA-1 (RFC 2404).

Encapsulation Security Payload (ESP). Neben der Authentifikation ist die Geheimhaltung der übermittelten Nachrichten mittels geeigneter Verschlüsselungsverfahren sicher die wichtigste Sicherheitsanforderung im globalen Internet. Da jedes einzelne IP-Datagramm einer im Internet versandten Nachricht einen eigenen Weg zum vorbestimmten Empfänger einschlagen kann, ist es dem Sender prinzipiell nicht möglich, ein Abfangen der übermittelten IP-Datagramme zu verhindern. So sind die beteiligten Zwischensysteme für eine Reihe von Personen zugänglich, auf LAN-Ebene empfängt potenziell jeder LAN-Nutzer ein gesendetes Datagramm. Deshalb sorgt **Encapsulation Security Payload** (**ESP**) bei IPsec für die Wahrung der Vertraulichkeit der übermittelten IP-Datagramme. Ebenso wie AH ist die Verwendung von ESP optional und nicht zwingend vorgeschrieben. Wird ESP-Verschlüsselung angewendet, wird das IPsec-Datagramm mit einem ESP-Header und einem ESP-Trailer versehen, der die im IPsec-Datagramm beförderte Nutzlast einrahmt. ESP-Header und -Trailer bestehen aus den folgenden Feldern (siehe Abb. 9.23):

- **Security Parameter Index (SPI)** und **Sequenznummer**
Diese beiden Felder sind mit den Feldern im AH identisch. Lediglich verweist hier die SPI zusammen mit der Zieladresse auf eine SA, die ein Verschlüsselungsverfahren und die dazu notwendigen kryptografischen Parameter (z.B. Schlüssel oder Initialisierungsvektor) enthält, und nicht wie im Falle des AH auf ein Authentifikationsverfahren.
- **Füllbits (Padding)**
Da die transportierte Nutzlast unterschiedlich lang sein kann, müssen Füllbits eingefügt werden, damit die nachfolgenden ESP-Authentifikationsdaten stets an einer 32 Bit Wortgrenze beginnen können. Wird als Verschlüsselungsverfahren eine Blockchiffre, wie z.B. AES oder DES gewählt, so ist zu beachten, daß diese stets Blöcke von 8 bzw. 16 Byte verarbeiten. Die Anzahl der Füllbits muß daher so berechnet werden, daß die Länge der Nutzlast inklusive Füllbits, Füllbitlänge und anschließendem Next-Header-Feld ein Vielfaches dieser Blocklänge ist. Um nach dem Empfang des IPsec-Datagramms die Füllbits wieder entfernen zu können, muß die Füllbitlänge (Padding Length, 1 Byte) stets mit angegeben werden.
- **Next Header**
Dieses Feld entspricht in der Verwendung dem Next-Header-Feld des regulären IPv4-Datagramms, das den Typ der beförderten Daten beschreibt.
- **ESP Authentifikationsdaten**
Wie bei Verwendung des AH kann auch über ESP ein Message Digest zur Authentifikation der transportierten Daten mitübertragen werden. Allerdings ist die Berechnung hier einfacher, da jeweils nur statische Felder darin einfließen.

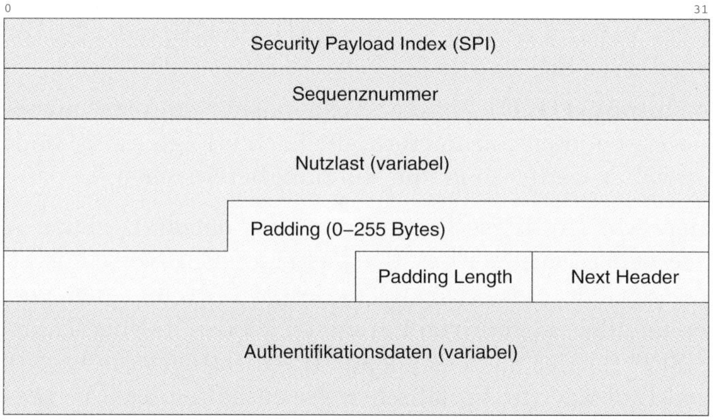

Abb. 9.23. Encapsulation Security Payload im IPSec-Datagramm

IPsec – Sicherheitsarchitektur. Die über IPsec verwendeten Sicherheitsprotokolle, sowie die dabei zu verwendenden Schlüssel müssen jeweils vor einer Kommunikaton zwischen den beteiligten Kommunikationspartnern ausgehandelt werden. Das geschieht über ein spezielles Protokoll, das **Internet Key Exchange Protocol** (**IKE**, siehe Exkurs „IPsec – Schlüsselmanagement"). Im einfachsten Fall liegen die zu verwendenden Schlüssel bereits auf den jeweiligen Endsystemen vor (Preshared Keys). Anderenfalls werden die Schlüssel über einen einmal zu verwendenden Zufallswertes festgelegt (Shared Session Key), der mit Hilfe eines asymmetrischen Verschlüsselungsverfahrens zwischen den Kommunikationspartnern ausgetauscht wird.
Betrachten wir eine IPsec-Implementierung, so besteht diese aus einer Reihe von einzelnen Software-Modulen (siehe Abb. 9.24):

- Das **AH/ESP-Modul** muß sich für die Verarbeitung der**Authentication Header (AH)** und **Encapsulation Security Payload (ESP)** der IP-Datagramme in die Netzwerksoftware auf der Netzwerkebene zwischenschalten. Dabei werden eingehende IPsec-verschlüsselte Datagramme entschlüsselt, überprüft und als reguläre IP-Datagramme wieder an die Netzwerksoftware zurückübergeben. Zu versendende Datagramme werden entgegengenommen und nach den jeweiligen Vorgaben unverändert weitergeleitet, verschlüsselt, authentifiziert oder verworfen.
- **Security Policy Database (SPD)** mit einem Regelwerk, wie mit IP-Datagrammen jeweils zu verfahren ist. Das SPD-Modul muß nicht notwendigerweise in Form einer Datenbank realisiert werden, sondern kann auch als Routingtabelle angelegt sein, so daß zu verschlüsselnde IP-Datagramme einfach auf den Netzwerkadapter des AH/ESP-Moduls geroutet werden.
- **Security Association Database (SAD)** mit den jeweils zur Verfügung stehenden Varianten der Sicherheitsmechanismen und den zugehörigen Parametern. Das AH/ESP-Modul bedient sich des SAD-Moduls, indem es die verwendeten Routinen über SPI und IP-Zieladresse referenziert.
- **Internet Key Exchange (IKE)** für das Aushandeln von Verschlüsselungsverfahren und verwendeten Parametern, die nach erfolgter Aushandlung in der SAD verwaltet werden und zur Nutzung bereitstehen.

Zur Veranschaulichung, wie ein IPsec-Datagramm von einem Rechner A an einen Rechner B gesendet wird, sei das Beispiel eines ESP-verschlüsselten IPsec-Datagramms gewählt. Das Aushandeln der zu verwendenden Verschlüsselungsverfahren und der zugehörigen Parameter sei bereits abgeschlossen, so daß SAD und SPD für das zu versendende IPsec-Datagramm bereits die jeweils notwendigen Einträge zur Verfahrensweise enthalten. Der Versendevorgang läuft nun folgendermaßen ab (siehe Abb. 9.25):

- Die IP-Software des sendewilligen Rechners liefert das vollständige IP-Datagramm an, das versendet werden soll, und übergibt es an das AH/ESP-Modul.

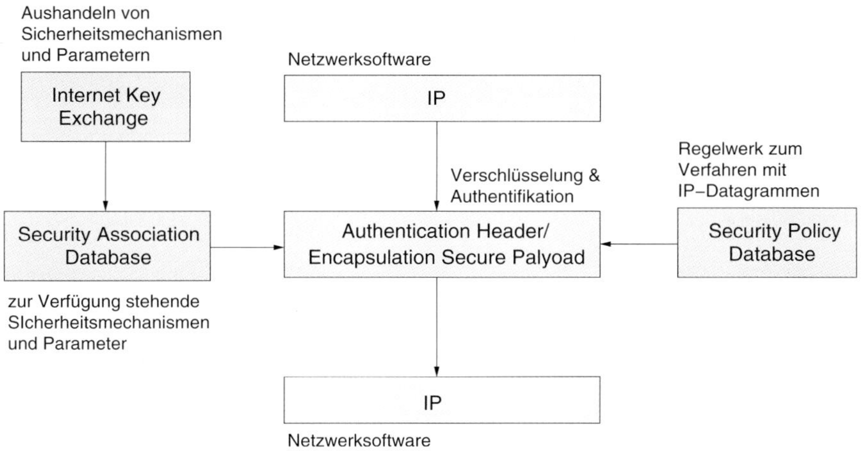

Abb. 9.24. IPsec – Architektur

- Das AH/ESP-Modul kontaktiert das SPD-Modul, um zu erfahren, wie mit dem zu versendenden IP-Datagramm verfahren werden soll. Im vorliegenden Beispiel sei angenommen, daß alle nach B zu sendenden Datagramme verschlüsselt werden sollen. Zusammen mit der für B geltenden SA, die das zu verwendende Verschlüsselungsverfahren und die zugehörigen Parameter beschreibt, erhält das AH/ESP-Modul die Direktive zur Verschlüsselung des IP-Datagramms.
- Das AH/ESP-Modul fordert von der SAD die über die SA referenzierten Informationen bzgl. des zu verwendenden Verschlüsselungsverfahren und der zum Einsatz kommenden kryptografischen Parameter an und verschlüsselt das zu versendende IP-Datagramm entsprechend.
- Das AH/ESP-Modul übergibt das IPsec-Datagramm, bestehend aus den verschlüsselten Nutzdaten, dem ESP-Header und -Trailer, sowie dem ursprünglichen IP-Datagrammheader zurück an die IP-Software, die das IPsec-Datagramm nun versendet.
- Rechner B empfängt das IPsec-Datagramm. Beim Auswerten des Datagramms durch die Netzwerksoftware wird festgestellt, daß es sich um ein IPsec-Datagramm handelt (Protocol-Feld). Daher wird das Datagramm an das AH/ESP-Modul weitergeleitet.
- Das AH/ESP-Modul extrahiert den SPI (Security Parameter Index) aus dem ESP-Header und referenziert die zur Entschlüsselung des Datagramms notwendigen Informationen zum verwendeten Verschlüsselungverfahren und den Kryptoparametern aus der SAD.
- Das AH/ESP-Modul entschlüsselt das IPsec-Datagramm und übergibt das entschlüsselte Datagramm zurück an die IP-Software, die eine entsprechende Weiterverarbeitung übernimmt.

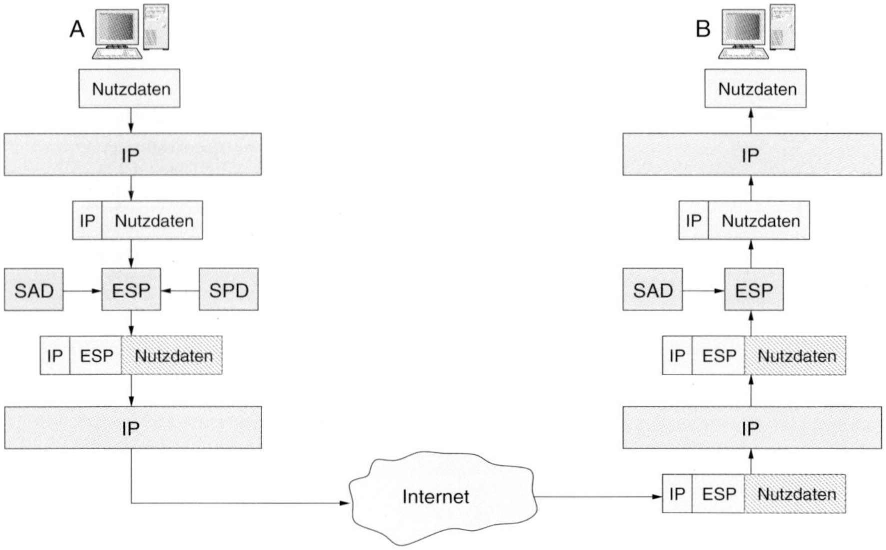

Abb. 9.25. IPsec – Abläufe beim Versenden eines IPsec-Datagramms

Unter den vielfältigen Möglichkeiten zum Einsatz von IPsec ist der Einsatz in **Virtual Private Networks** (**VPN**) sehr populär. Um verschiedene, geografisch voneinander entfernt liegende LANs zu einem logisch zusammenhängenden Netzwerk zu verbinden (wie z.B. die LANs verschiedener Niederlassungen eines Unternehmens), wurden früher meist private Standleitungen angemietet. Es konnte so ein abgeschlossenes Netzwerk aufgebaut werden, das Sicherheit vor unberechtigtem Zugriff Außenstehender gewährleistete. Eine kostengünstigere Lösung bietet natürlich die Vernetzung der einzelnen LANs über das öffentlichen Internet. Allerdings erhöht sich durch diese Öffnung der LANs für das Internet auch die potenzielle Gefahr unberechtigter Übergriffe. Kommt bei der Weiterleitung und Verschlüsselung des Datenverkehrs allerdings IPsec zum Einsatz, bleibt die Sicherheit gewährleistet, da kein Außenstehender in der Lage ist, den Datenverkehr zu lesen oder zu verfälschen. Es entstehen virtuelle Datenkanäle (sogenannte Virtual Private Networks).

Transport- und Tunnel-Modus. Werden Daten über IPsec verschlüsselt und versendet, unterscheidet man zwei verschiedene Transportarten, die sich im Hinblick darauf unterscheiden, welche Bestandteile des originalen IP-Datagramms verschlüsselt werden:

- **Transport Modus**
  Im sogenannten Transport Modus wird lediglich der Nutzdatenanteil des ursprünglichen IP-Datagramms verschlüsselt. Dies betrifft also den darin enthaltenen TCP-Header und die zugehörigen TCP-Nutzdaten. Diese Art des Transports kann nur dann gewählt werden, wenn eine Koppelung zweier

Endsysteme via IPsec durchgeführt wird. Werden zwei komplette LANs via IPsec miteinander verbunden, ist diese Art des Transports nicht möglich.

- **Tunnel Modus**
  Hier zählt der IP-Header des originalen Datagramms mit zu den Daten, die über IPsec verschlüsselt werden. Alle variable Daten des IP-Headers, die sich im Laufe des Transports verändern können, werden dazu quasi „eingefroren", solange das IPsec-Datagramm im Tunnel Modus transportiert wird. Dem letztendlich verschlüsselten IPsec-Datagramm wird ein neuer IP-Header vorangestellt, mit möglichst wenigen Gemeinsamkeiten zum originalen IP-Datagrammheader (RFC 2401). Kopiert werden lediglich Quell- und Zieladresse, das TOS-Feld (Type of Service) und das TTL-Feld (Time to Live), das vor dem Versenden durch das Gateway, das die Verschlüsselung vorgenommen hat, dekrementiert wird.

Exkurs 25: IPsec – Schlüsselmanagement

Das für IPsec notwendige Schlüsselmanagement zum Austausch kryptografischer Parameter zwischen den beteiligten Kommunikationspartnern ist eine eigenständige Anwendung, die immer dann aktiviert wird, wenn eine angeforderte Security Association (SA) nicht in der lokalen Security Association Database (SAD) vorgefunden wird. Für das Schlüsselmanagement selbst werden dann ungesicherte UDP- oder TCP-Verbindungen genutzt.

Station to Station Protocol (STS)
Das Station to Station Protocol basiert auf dem Schlüsselaustauschverfahren nach **Diffie-Hellman**, das bereits 1976 als erstes asymmetrisches Verschlüsselungsverfahren entwickelt wurde. Ganz ähnlich wie im RSA-Verfahren wird bei Diffie-Hellman mit einer mathematischen Funktion gearbeitet, deren Umkehrung mit vertretbarem Aufwand nicht berechnet werden kann.
Öffentlich bekannt sind bei diesem Verfahren eine große Primzahl p und eine Zahl g (siehe Abb 9.26). Zur Festlegung eines gemeinsamen Schlüssels, generieren die Kommunikationspartner Alice und Bob, die gemeinsam das Diffie-Hellman-Verfahren anwenden wollen, jeweils einen geheimen Zahlenwert. Alice generiert den Wert a und berechnet $\alpha = g^a$ mod p, Bob generiert den Wert b und berechnet $\beta = g^b$ mod p. Die Berechnung von α und β bei bekannten Werten g, a und p bzw. g, b und p ist sehr einfach. Die Umkehrung dagegen, d.h. die Berechnung von a aus α, g und p bzw. β, g und p ist praktisch unmöglich.
Aus den ausgetauschten Werten α und β berechnen Alice und Bob dann einen symmetrischen Schlüssel k, den sie gemeinsam verwenden. k berechnet sich wie folgt:

$$k = \beta^a \bmod p = \alpha^b \bmod p = g^{ab} \bmod p.$$

Da das Diffie-Hellman Verfahren aber durch eine Man-in-the-Middle Attacke erfolgreich angegriffen werden kann, wurde zusätzlich ein Authentifikationsmechanismus zum Nachweis der Identität von Alice und Bob hinzugefügt (siehe Abb. 9.27). Die zwischen Alice und Bob ausgetauschten Werte α und β werden authentifiziert, indem zwei verschiedene Message Digest aus diesen gebildet und jeweils mit dem geheimen Schlüssel von Alice bzw. Bob signiert werden. Die so erhaltenen Digitalen Signaturen werden selbst jeweils noch mit dem im Schlüsselaustauschverfahren erzeugten symmetrischen Sitzungsschlüssel k verschlüsselt, bevor sie übertragen werden. Um die Signaturen überprüfen zu können, benötigen Alice und Bob jeweils einen zertifizierten öffentlichen Schlüssel ihres Kommunikationspartners.
Das STS-Protocol garantiert eine **Perfect Forward Security**, d.h. selbst wenn der zur Authentifikation verwendete langlebige öffentliche Schlüssel gebrochen wird, kann aus dieser

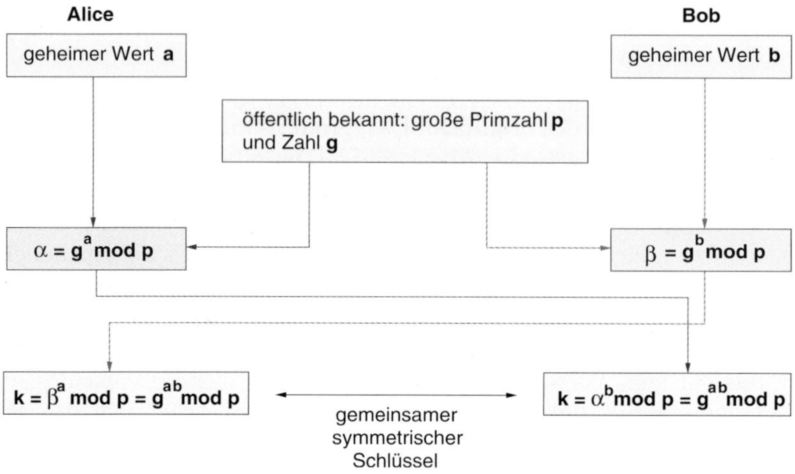

Abb. 9.26. Diffie/Hellman Verfahren zur Erzeugung eines gemeinsamen symmetrischen Schlüssels

Kenntnis heraus lediglich der zukünftige Datenverkehr gelesen oder beeinflußt werden. Auf die bereits zurückliegende Kommunikation kann nicht mehr zurückgeschlossen werden. Dazu müßte zusätzlich nämlich noch jeder der verwendeten Sitzungsschlüssel gebrochen werden.

Photuris
Im STS-Protokoll kann ein Angreifer durch Senden von übermäßig vielen, zufällig gewählten Werten α oder β eine Denial-of-Service Attacke initiieren, denn die angewandten Public-Key-Operationen binden jeweils eine hohe Rechenkapazität des ausführenden Rechners. Das Protokollschema **Photuris** (RFC 2522), das sich nicht zum Internet-Standard entwickelt hat, begegnete als erstes dieser Möglichkeit eines Angriffs durch die Einführung eines Konzeptes, das auf ausgetauschten **Cookies** basiert. Dieses Konzept wurde später vom Oakley-Protokoll (RFC 2412) und IKE aufgegriffen.
Anders als im HTTP-Protokoll, das ebenfalls Cookies verwendet, werden Cookies in Photuris nicht zur Speicherung von Zustandsinformationen verwendet, sondern hinter einem Cookie verbirgt sich lediglich eine 64 Bit lange Zufallszahl. Die Kommunikation zwischen Alice und Bob startet mit dem Senden eines Cookie-Request von Alice an Bob, das einen Initiator-Cookie enthält. Bob antwortet mit einem Cookie-Response, der den Responder-Cookie enthält, der entweder auch zufällig bestimmt oder aus dem Initiator-Cookie berechnet werden kann, sowie Vorschlägen für Verfahren, die anschließend zum Schlüsselaustausch verwendet werden sollen. Alle danach gesendeten Datenpakete müssen jeweils beide Cookies im Header beinhalten, sonst reagiert die Gegenseite nicht.

SKEME

Das SKEME-Protokoll ermöglicht eine Authentifikation in drei Phasen (siehe Abb. 9.28):

- **SHARE**
  Alice und Bob tauschen zu Beginn des SKEME-Protokolls jeweils zwei „Halbschlüssel" aus, die mit einem zertifizierten öffentlichen Schlüssel des Kommunikationspartners verschlüsselt werden: Alice sendet den Halbschlüssel k_A zusammen mit ihrer eigenen Adresse id_A, um sich gegenüber Bob zu identifizieren. Beide werden mit Bobs öffentlichem Schlüssel kp_B verschlüsselt. Bob antwortet darauf mit seinem eigenen Halbschlüssel k_B, der wiederum mit Alice's öffentlichem Schlüssel kp_A verschlüsselt wird.

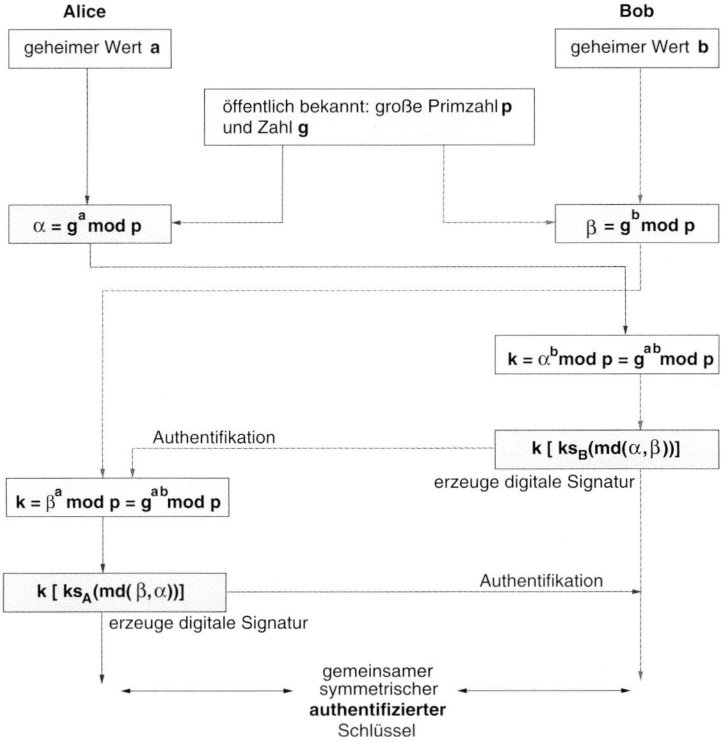

Abb. 9.27. Station-to-Station Protokoll

Beide entschlüsseln den empfangenen Halbschlüssel mit ihrem jeweiligen privaten Schlüssel und sind nun im Besitz von zwei Halbschlüsseln, die über eine Hashfunktion zu einem symmetrischen Sitzungsschlüssel k1=hash(k_A,k_B) kombiniert werden. Da der Austausch mit Hilfe der zertifizierten öffentlichen Schlüssel von Alice und Bob erfolgt, können Alice und Bob sicher sein, daß nur die korrekten Kommunikationspartner im Besitz beider Halbschlüssel sind.

- **EXCH**
  In dieser Phase erfolgt der übliche Austausch der Schlüsselwerte nach Diffie-Hellman um den eigentlichen Sitzungsschlüssel k2 zu erzeugen.
- **AUTH**
  In dieser Phase wird zur Authentifikation des Sitzungsschlüssels k2 eine Digitale Signatur mit Hilfe des symmetrischen Schlüssels k1 aus den Adressen von Alice und Bob id_A und id_B, sowie den ausgetauschten Diffie-Hellman-Werten α und β berechnet und ausgetauscht. Da beiden Kommunikationspartnern jeweils alle beteiligten Parameter zur Verfügung stehen und in dieser Phase keine öffentliche Schlüssel Verwendung finden, können Alice und Bob die empfangene Digitale Signatur selbst verifizieren.

OAKLEY

Das als OAKLEY-Protokoll bezeichnete Verfahren zum Schlüsselaustausch baut auf den Konzepten aus STS, SKEME und Photuris auf, und ist in RFC 2412 spezifiziert. Dabei übernimmt OAKLEY aus STS das allgemeine Prinzip der Verschlüsselungsvereinbarung

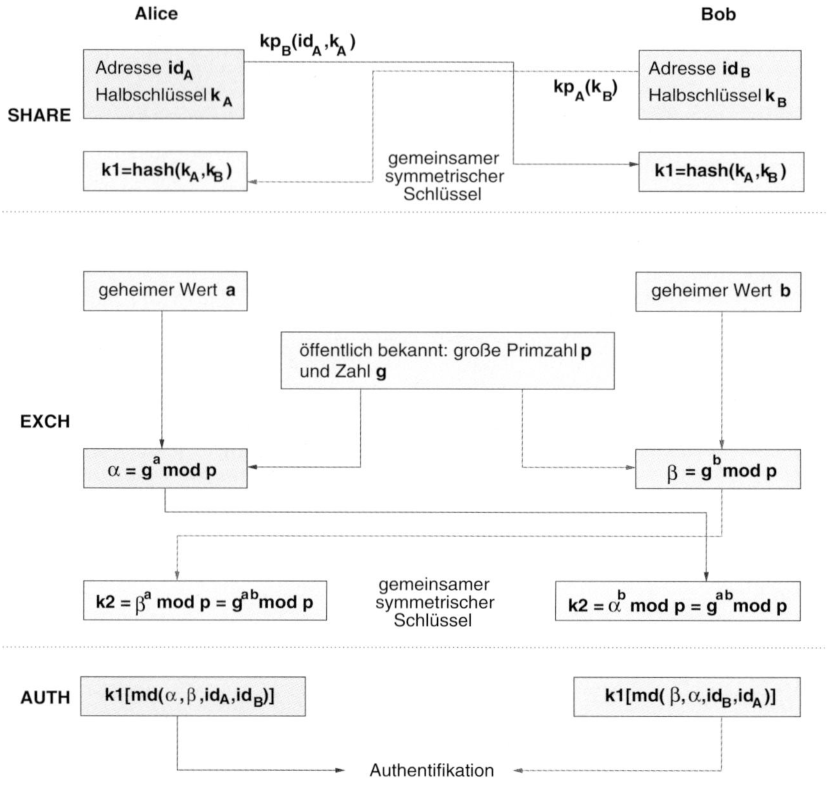

Abb. 9.28. Das SKEME Protokoll

nach Diffie-Hellman und deren Authentifikation. SKEME trägt mit weiteren Authentifikationsvarianten bei, während aus Photuris das Cookie-Konzept zur Verhinderung von Denial-of-Service Angriffen übernommen wird. Die Besonderheit an OAKLEY besteht darin, daß zum Einen die verwendeten Sicherheitsmechanismen zuerst ausgehandelt werden können, wozu keine feste Folge von auszutauschenden Nachrichten vorgeschrieben ist. Die Information wird schrittweise ausgetauscht und jeder der beiden Kommunikationspartner entscheidet in jedem Schritt, wieviel Information er weitergeben möchte. Je mehr Information in einem einzelnen Schritt ausgetauscht wird, desto schneller kann das Verfahren ablaufen. Je weniger Information jedoch in einem einzelnem Schritt preisgegeben wird, desto sicherer ist es.

In einem langsamen Modus (Conservative Mode) kann eine OAKLEY-Protokollsitzung wie folgt ablaufen (siehe Abb. 9.29 und Tabelle 9.3):

- Alice (Initiator) startet die OAKLEY-Sitzung mit der Anfrage, ob Bob (Responder) bereit ist für einen Schlüsselaustausch. Dabei wird noch keine sicherheitsrelevante Information übertragen.
- Bob antwortet mit einem nach dem Photuris-Verfahren erzeugten Cookie.
- Alice sendet das empfangene Cookie zusammen mit ihrem eigenen zurück an Bob. Dazu überträgt Alice ihren Part des Diffie-Hellman Wertes für den Schlüsselaustausch zusammen mit einer Liste der kryptografischen Verfahren (Verschlüsselung, Message Digest, Authentifikation), die sie unterstützt.

- Bob wählt einen der vorgeschlagenen kryptografischen Algorithmen aus und sendet diesen mit seinem Part des Diffie-Hellman Wertes für den Schlüsselaustausch an Alice zurück.
- Ab diesem Zeitpunkt sind Alice und Bob in der Lage, ihre auszutauschenden Nachrichten zu verschlüsseln.
- Zur nachfolgenden Authentifikation sendet Alice ihre Identität und die vermutete Identität des Kommunikationspartners zusammen mit einer Zufallszahl, die sie mit dem öffentlichen Schlüssel ihres vermuteten Kommunikationspartners verschlüsselt. Diese Nachricht wird mit dem aus dem Diffie-Hellman-Verfahren gewonnenen symmetrischen Schlüssel verschlüsselt.
- Bob entschlüsselt die empfangene Zufallszahl mit seinem privaten Schlüssel, weist dadurch seine Identität nach, und sendet sie nun verschlüsselt mit dem öffentlichen Schlüssel von Alice erneut an Alice zurück. Zusätzlich erzeugt Bob ebenfalls eine Zufallszahl und verschlüsselt diese mit dem öffentlichen Schlüssel von Alice, um seinerseits die Identität seines Kommunikationspartners zu überprüfen. Dann werden noch alle gesendeten Informationen über einen Hashwert authentifiziert.

Tabelle 9.3. Parameter für das OAKLEY Schlüsselaustausch-Protokoll

Parameter	**Beschreibung**
CKY-I	Cookie des Initiators (Alice)
CKY-R	Cookie des Responders (Bob)
MSGTYPE	Typ der nachfolgenden Nachricht
OK-KYEX-REQ	OAKLEY Key Exchange Anfrage
ISA-KE&AUTH-REQ	Schlüsselaustausch und Authentifikations-Anfrage
ISA-KE&AUTH-REP	Schlüsselaustausch und Authentifikations-Antwort
ISA-NEW-GRP-REQ	Aushandeln einer neuen Diffie-Hellman Gruppe (Anfrage)
ISA-NEW-GRP-REP	Aushandeln einer neuen Diffie-Hellman Gruppe (Antwort)
GRP	Bezeichnung der verwendeten Diffie-Hellman Gruppe
g^x/g^y	Diffie-Hellman Nachricht
EHAO	Liste mit angebotenen Kryptoalgorithmen
EHAS	Liste mit ausgewählten Kryptoalgorithmen
IDP	Flag, das angibt, ob Daten verschlüsselt sind
ID(I)/ID(R)	Identität von Initiator/Responder
NI/NR	Zufallszahl (Nonce) von Initiator/Responder

Der Nachteil dieses sehr sicheren Verfahrens liegt in dem dazu erforderlichen Zeitaufwand. In der als Aggressive Mode bezeichneten Variante wird auf die Abwehr von Denial-of-Service Angriffen verzichtet. Der Austausch von Cookies dient dann nur noch der Identifikation der versendeten Nachrichten. Ebenfalls entfällt ein sicherer Schutz der Identität der Kommunikationspartner. Durch Weglassen dieser beiden Sicherheitseigenschaften ist im Aggressive Mode lediglich der Austausch von drei Nachrichten notwendig, während es im Conservative Mode sieben sind.

ISAKMP

Parallel zur Entwicklung von Protokollen zum sicheren Austausch von Schlüsseln für die Absicherung des Datenverkehrs im Internet, wurde an einem dafür geeigneten Nachrichtenformat gearbeitet, das **Internet Security Association and Key Management Protokoll** (**ISAKMP**). Hier unterscheidet man zwei Phasen:

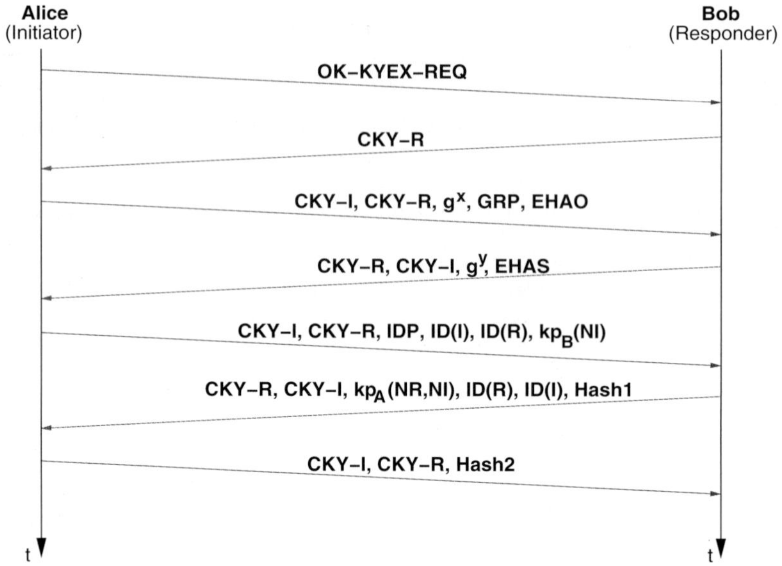

Abb. 9.29. Ablauf des OAKLEY-Protokolls (Conservative Mode, langsam)

- **Phase 1**: Aushandlung der ISAKMP-SA (bidirektional).
- **Phase 2**: Verwendung der ausgehandelten ISAKMP-SA zur Verschlüsselung der transportierten Nutzlast. Hier werden die SAs für IPsec AH und ESP ausgehandelt. Da jede der beteiligten Parteien eine andere SA auswählen kann, gilt das jeweilige Format nur unidirektional. Zu diesem Zweck benötigt ISAKMP in dieser Phase die Zuarbeit eines Schlüsselaustauschprotokolls wie OAKLEY oder IKE. Um aber überhaupt festzustellen, welche kryptografischen Parameter für das verwendete Sicherheitsprotokoll ausgehandelt werden sollen, erhält ISAKMP diese Angaben aus einer sogenannten **Domain of Interpretation** (**DOI**).

Das ISAKMP-Datenformat kann für unterschiedliche Protokolle zur Verschlüsselungsvereinbarung genutzt werden. Diese Protokolle zum Schlüsselaustausch kommunizieren über TCP oder UDP, d.h. sie verhalten sich wie Protokolle der Anwendungsschicht des TCP/IP-Referenzmodells. Von der IANA wurde ISAKMP der Standard-UDP-Port 500 zugewiesen. Daher enthält auch die SPD jeder IPsec-Implementation eine Regel, nach der UDP-Datagramme, die an Port 500 adressiert sind, unbehandelt gesendet werden müssen.
Nach erfolgreichem Abschluß der Verhandlungen über die zur Verschlüsselung der eigentlichen Daten verwendete SA, wird diese über ein Application Programming Interface (API) an das Sicherungsprotokoll IPsec übergeben. Das Zusammenspiel der einzelnen Komponenten der Kommunikationsarchitektur von ISAKMP ist in Abb. 9.30 dargestellt.
Eine ISAKMP-Nachricht besteht aus einem ISAKMP-Header und mehreren Nutzlast-Feldern, von denen derzeit 13 fest definiert sind (siehe Abb. 9.31). Die jeweils zu verwendende Kodierung, die den Typ der Nutzlast kennzeichnet, ist einer DOI zu entnehmen. Für die Verwendung von IPsec ist das zugehörige DOI-Modell in RFC 2407 beschrieben. Der ISAKMP-Header beginnt mit den beiden 64 Bit langen Cookies (Initiator und Responder, CKY-I und CKY-R). Danach folgt ein 8 Bit langes Feld (Next Payload), das den Inhalt des ersten Nutzlast-Feldes beschreibt, gefolgt von der 8 Bit langen Versionsnummer des ISAKMP-Protokolls. Über das Next Payload Feld erfolgt ebenfalls eine Verknüpfung zu dem in der ISAKMP-Nachricht enthaltenen Nutzlastfelder. Darauf folgt ein 8 Bit langes

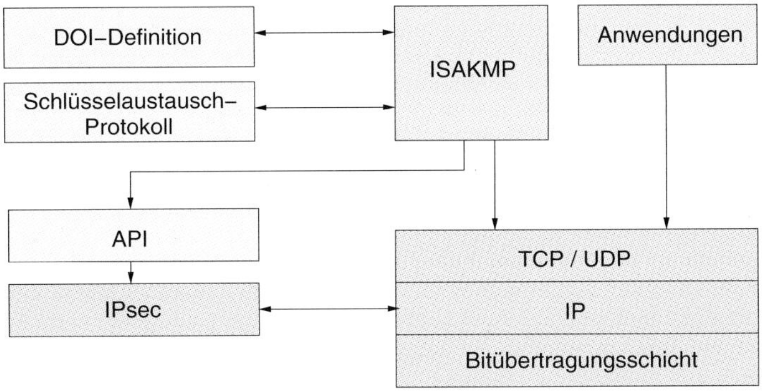

Abb. 9.30. ISAKMP – Kommunikationsarchitektur

Feld (Exchange Type), das den Modus des verwendeten Schlüsselaustauschprotokolls beschreibt, ähnlich den für OAKLEY festgelegten unterschiedlichen Modi, gefolgt von Flags zur Steuerung der Kommunikation, einer Identifikation der Nachricht (Message-ID) und der Nachrichtenlänge (Message Length).

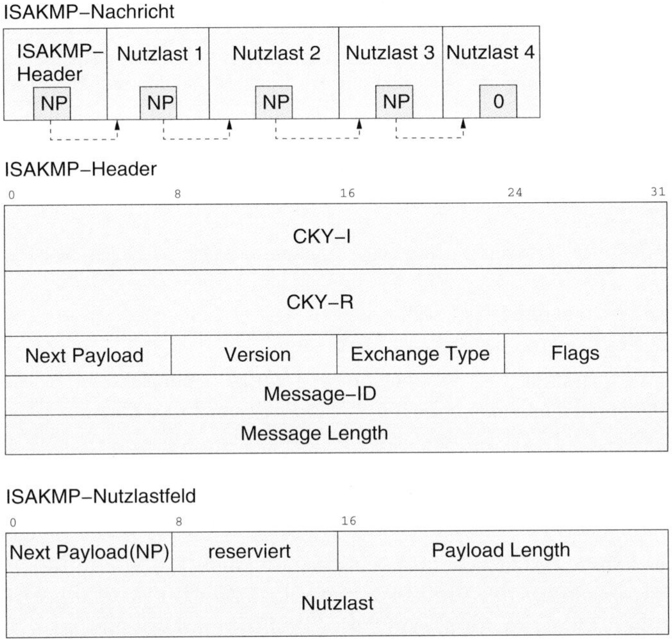

Abb. 9.31. ISAKMP – Nachichtenformat

IKE

Das **Internet Key Exchange** Protokoll (**IKE**, RFC 2409) verwendet das von ISAKMP vorgegebene Nachrichtenformat für das IPsec-Schlüsselmanagement. Dabei nutzt IKE Konstrukte, die bereits durch OAKLEY und SKEME vorgegeben sind in einer etwas eingeschränkten Form, um eine Implementierung des Verfahrens zu erleichtern. So stehen z.B. zur Aushandlung der für die in der ISAKMP Phase 1 verwendeten ISAKMP-SA zwei Modi (Main Mode und Aggressive Mode) zur Verfügung, die sich ähnlich den von OAKLEY unterstützten Modi durch die Länge des dazu notwendigen Nachrichtenaustauschs und der daraus resultierenden Sicherheit unterscheiden. Dabei ist es auch im weniger sicheren Aggressive Mode möglich, eine Authentifikation der Kommunikationspartner über die in SKEME verwendete Public-Key Authentifikation zu gewährleisten.

Da die versendeten Nachrichten in der zweiten Phase des ISAKMP Nachrichtenaustauschs bereits durch die ISAKMP-SA geschützt sind, wird in dieser Phase auf den Einsatz des Main Mode oder des Aggressive Mode zur Aushandlung der IPsec AH und ESP verzichtet, so daß hier lediglich ein sehr schneller Quick Mode zur Aushandlung der verwendeten Verschlüsselungsverfahren zur Anwendung gelangt.

Zwar ist das durch IKE beschriebene Verfahren recht sicher, doch benötigt es auch sehr viel Zeit. Müssen im Main Mode zur Aushandlung der ISAKMP-SA sechs Nachrichten zwischen den Kommunikationspartnern ausgetauscht werden, so kommt dazu in Phase zwei zur Aushandlung der IPsec-Verschlüsselung noch der Austausch von drei weiteren Nachrichten hinzu. Bei der Gesamtlaufzeit müssen diese neun auszutauschenden Nachrichten vor jeder verschlüsselten Kommunikation berücksichtigt werden, was im Internet unter Umständen zu sehr großen Verzögerung führt. Ein weiterer Nachteil besteht darin, daß IKE keinen wirkungsvollen Schutz gegenüber Denial-of-Service Angriffen bietet. Zwar werden Cookies verwendet, aber da IKE die verwendeten Cookies jeweils abspeichern muß, kann diese Ressourcenbindung für einen Angriff ausgenutzt werden.

Insgesamt ist die Spezifikation von IKE auf vier verschiedene RFCs verteilt und enthält sehr viele verschiedene Optionen, so daß im Lauf der Jahre inkompatible Implementationen entstanden sind. Daher – und wegen der o.a. Nachteilen – wird derzeit nach einem Nachfolger für das IKE-Schlüsselaustausch-Protokoll gesucht. IKEv2:Just Fast Keying und IKEvs Protocol sind zwei Vorschläge, die z.Z. noch im IETF diskutiert werden, und sich um eine Lösung der genannten Probleme bemühen.

Weiterführende Literatur:

RFC 2408: The Internet Security Association and Key Management Protocol (ISAKMP), 1998.

RFC 2409: The Internet Key Exchange (IKE), 1998.

RFC 2412: The OAKLEY Key Determination Protocol, 1998.

J. Schwenk: Sicherheit und Kryptografie im Internet, Vieweg Verlag, Braunschweig, Wiesbaden, Deutschland, 2002.

9.4 Paketfilter und Firewalls

Ein in sich abgeschlossenes Netzwerk (LAN), das nicht mit dem globalen Internet verbunden ist, ist kaum der Gefahr ausgesetzt, Ziel für Angriffe unberechtigter Außenstehender zu werden. Angreifer benötigen dazu einen physischen Zugang zum Netzwerk. Kann ein physikalischer Zugang von außerhalb ausgeschlossen werden und verfügen lediglich vertrauenswürdige Nutzer über einen Zugang zu dem abgeschlossenen Netzwerk, sind zusätzliche Sicherheitsmechanismen kaum mehr notwendig. Allerdings ist der Zugang zum globalen Internet heute für Unternehmen und Institutionen eine überlebenswichtige Notwendigkeit. E-Commerce, das Internet als Absatzmarkt für den

Direktvertrieb oder auch nur zur verzugslosen Kommunikation mit Kunden oder Interessenten sind heute ein Muß. Dieser Zugang zu einem weltweiten offenen Netz mit einer Vielzahl auch sehr zweifelhafter Nutzer, über die der interne Netzwerkadministrator keinerlei Kontrolle ausüben kann, stellt jedoch auch ein erhebliches Sicherheitsrisiko für das lokale Netz dar und bereitet jedem sicherheitsbewußten Netzwerkadministrator größte Kopfschmerzen. Aus diesem Grund ist eine spezielle Absicherung des unternehmenseigenen LANs oder auch nur des privaten PCs gegenüber unberechtigtem Zugriff aus dem Internet nicht nur wünschenswert, sondern dringend geboten.
Ein derartiger Schutz kann gewährleistet werden über den Einsatz sogenannter **Firewalls**. Als Firewall bezeichnet man eine Netzwerkkomponente in einem LAN, über das dieses an das globale Internet angekoppelt ist und das spezielle Schutz- und Filterungsmaßnahmen ausführt, um die Sicherheitsinteressen des LANs zu wahren. Dabei soll ein möglichst ungestörter Zugriff der LAN-internen Nutzer auf das globale Internet möglich sein, während das LAN selbst vor Übergriffen unberechtigter Dritter aus dem Internet geschützt wird. Ein Firewall-System kann aus unterschiedlichen Hard- und Software-Komponenten bestehen, über die entsprechend den jeweiligen Anforderungen ein gesicherter Netzübergang konfiguriert werden kann (siehe Abb. 9.32). Zu den wichtigsten Sicherheitszielen, die mit dem Einsatz von Firewall-Systemen erreicht werden sollen, zählen:

- **Verhinderung von Denial-of-Service Angriffen**
  Eine Denial-of-Service Attacke ist in der Lage, das interne LAN teilweise oder vollständig lahm zu legen. Ein Konkurrent kann sich z.B. so einen strategischen Vorteil verschaffen, da das angegriffene Unternehmen bis zur Behebung des Schadens in seinen Kommunikationsmöglichkeiten eingeschränkt oder gar aktionsunfähig ist. Oft werden Denial-of-Service Angriffe aber auch ohne wirtschaftlichen oder militärischen Hintergrund von Hackern durchgeführt, nur um das Unternehmen oder die betreffende Institution zu blamieren.
- **Verhinderung von Eingriffen in die Datenintegrität**
  Erlangt ein Außenstehender autorisierten Zugriff auf Rechner des internen LANs, so ist er in der Lage, interne Datenbestände auszuspähen, zu modifizieren oder zu zerstören. Oft ist der daraus resultierende Schaden größer als bei reinen Denial-of-Service Angriffen, da der Angreifer im Vorfeld meist schon für eine lange Zeit unerkannt im Netzverkehr operieren konnte. Allerdings ist ein autorisierter Zugang in der Regel auch schwieriger zu erlangen.
- **Verhinderung des Zugriffs auf geschützte Informationen**
  Selbst wenn ein Außenstehender nur einen rein lesenden Zugriff auf die LAN-internen Datenbestände erlangt, kann dadurch ein beträchtlicher Schaden entstehen. Ziel solcher Angriffe sind dabei meist Unternehmen, um deren Handelsgeheimnisse, Produktentwicklungspläne, Marketingstra-

tegien oder Personalpläne auszuspähen, oder das Militär, um Kenntnis militärischer Geheimnisse jeder Art zu erlangen.

Beschränkt man die Verbindung des eigenen LANs zum globalen Internet auf eine einzige Netzwerkkomponente wie im Fall der Firewalls, dann läßt sich die zu überwachende Risikozone auf ein einziges System konzentrieren. Alle anderen Rechner im LAN bleiben von den durchgeführten Sicherheitsmaßnahmen weitgehend unberührt. Jeder Zugriff eines internen Rechners auf das Internet muß stets über das Firewall-System weitergeleitet werden, ebenso wie alle Zugriffe von außerhalb, die entsprechend den im LAN geltenden Sicherheitsvorstellungen dort gefiltert werden, bevor sie in das interne LAN weitergeleitet werden.

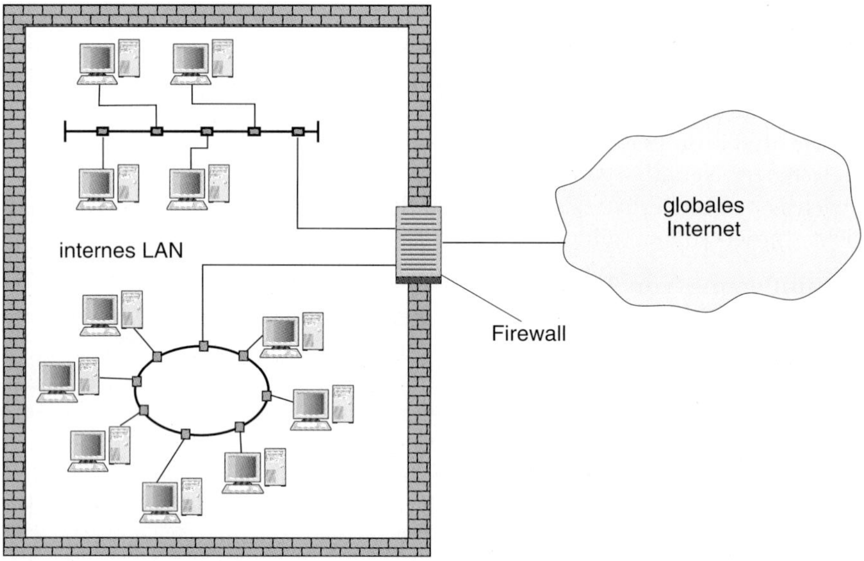

Abb. 9.32. Das Firewall-Prinzip

Zum Schutz des internen LANs können in einem Firewall-System verschiedene Zugriffskontrollsysteme zum Einsatz kommen. Während einfache Firewalls lediglich aus einem entsprechend konfigurierten Paketfilter bestehen, können komplexere Systeme auch Application-Level-Gateways oder Circuit-Level-Gateways enthalten, die in den noch folgenden Abschnitten näher beschrieben werden.

9.4.1 Paketfilter

Ein Paketfilter filtert den Datenverkehr in einem Netzwerk nach verschiedenen Kriterien und entscheidet, ob die empfangenen Datenpakete weitergeleitet bzw. blockiert werden (siehe Abb. 9.33). Wird der Paketfilter als Zugriffskontrollinstanz zwischen internem LAN und globalem Internet eingesetzt, so ist er Bestandteil des Firewall-Systems und ist auf einem Internet-Gateway oder einem Router zu installieren. Ein Paketfilter analysiert IP-Datagramme nach unterschiedlichen Kriterien, wie z.B.:

- **IP-Adresse des Senders**
  Bestimmte interne Nutzer können so daran gehindert werden, auf das Internet außerhalb des LANs zuzugreifen.
- **IP-Adresse des Empfängers**
  Der Zugriff auf bestimmte Endsysteme im globalen Internet (z.B. bestimmte WWW-Seiten) kann damit blockiert werden.
- **UDP- oder TCP-Portnummern von Sender und/oder Empfänger**
  Viele Dienste im Internet sind mit UDP- bzw. TCP-Verbindungen assoziiert, die einen bestimmten, festgelegten Port nutzen (**Well Know Ports**). Soll z.B. verhindert werden, daß eine interaktive Sitzung via TELNET von außerhalb des internen LANs gestartet wird, müssen einfach nur der Eingangsport 80 für alle von außerhalb stammenden Datenpakete gesperrt und die betreffenden Datenpakete ausgefiltert werden.
- **Benutzerdefinierte Bitmasken**
  Soll verhindern werden, daß ein TCP-Zugriff von außerhalb erfolgt, sollen aber alle TCP-Verbindungen in der Gegenrichtung zugelassen werden, so kann man mit einem Paketfilter abprüfen, ob TCP-ACK=0 gesetzt wurde. Startet eine TCP-Verbindung, so wird die erste Nachricht zum Verbindungsaufbau mit TCP-ACK=0 gesendet und alle folgenden mit TCP-ACK=1. Filtert man alle Datenpakete heraus, die das interne LAN von außerhalb erreichen und ein TCP-ACK=0 beinhalten, verhindert man die Kontaktaufnahme eines Clients von außen, läßt aber andererseits jede Verbindung in umgekehrter Richtung aus dem internen LAN ins globale Internet zu.

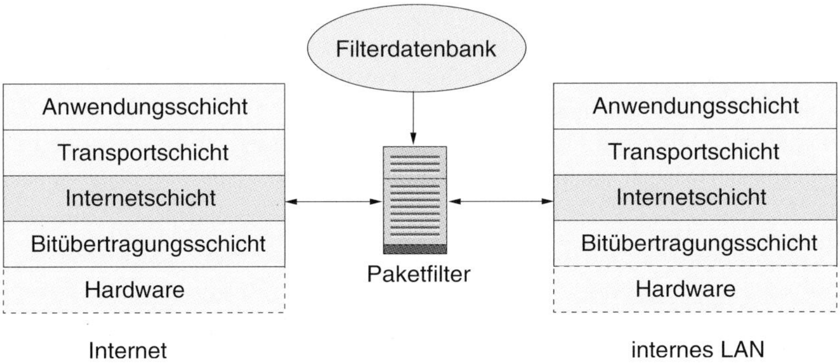

Abb. 9.33. Zugriffskontrolle durch einen Paketfilter

Die Konfiguration eines Paketfilters erfolgt über eine Datenbank mit einfachen Filter-Regeln. Dabei gibt es grundsätzlich zwei verschiedene Ansätze zur Interpretation der Regeln:

- Alles, was nicht explizit verboten wird, ist erlaubt.
- Alles, was nicht explizit erlaubt wird, ist verboten.

Die Regeln in einer Filterdatenbank bestehen üblicherweise aus Fünf-Tupeln der Form:

< `Quell-IP-Adresse, Quell-TCP-Port, Ziel-IP-Adresse, Ziel-TCP-Port, Transportprotokoll` >.

Allerdings wächst die Zahl der Well Known Ports ständig, so daß die Aktualisierung der Filterdatenbank zum Problem wird. Außerdem erschwert eine dynamische Portnummernzuweisung, wie z.B. bei RPC oder das Untertunneln eines bestimmten verbotenen Ports über einen geöffneten Port die Konfiguration zusätzlich.

9.4.2 Gateways

Setzt die Filterung auf einer höheren Schicht im TCP/IP-Referenzmodell an, also z.B. auf der Transportschicht oder darüber in der Anwendungsschicht, wird es möglich, eine benutzerbezogene Filterung zu realisieren. Die hier verwendeten Zugriffskontrollsysteme werden als **Gateway** – **Application-Level-Gateway** zur Filterung auf der Anwendungsschicht, **Circuit-Level-Gateway** zur Filterung auf der Transportschicht) – bezeichnet. Greift der Zugriffskontrollmechanismus auf der Transportschicht ein, so kann die Verbindung zwischen einem Anwendungsprozeß und einer Transportverbindung identifiziert werden.
Ein solches Gateway läßt dabei keine Ende-zu-Ende-Verbindungen zu, sondern wird selbst zu einem Endpunkt und zerteilt die Verbindung zwischen Quell- und Zielsystem in zwei einzelne Verbindungen. Dabei kann der Netzwerkadministrator festlegen, welche Arten von Verbindungen erlaubt sind und welche nicht. Die Festlegung kann sogar direkt auf den Inhalt der transportierten Daten bezogen vorgenommen werden. So kann über ein Email-Gateway, also ein Gateway, daß auf der Anwendungsschicht arbeitet und den kompletten Email-Datenverkehr überwacht, festgelegt werden, daß z.B. Email-Nachrichten, die von einem bestimmten Absender stammen oder bestimmte Schlüsselwörter enthalten, blockiert werden. Ein Email-Gateway kann so z.B. als **SPAM-Filter** verwendet werden, also zur Blockierung unerwünschter Email-Werbung.

9.4.3 Firewalls – Topologie

Der durch den Einsatz von Firewalls erzielte Sicherheitsgrad hängt neben den verwendeten Zugriffskontrollverfahren wesentlich von der Wahl des Stand-

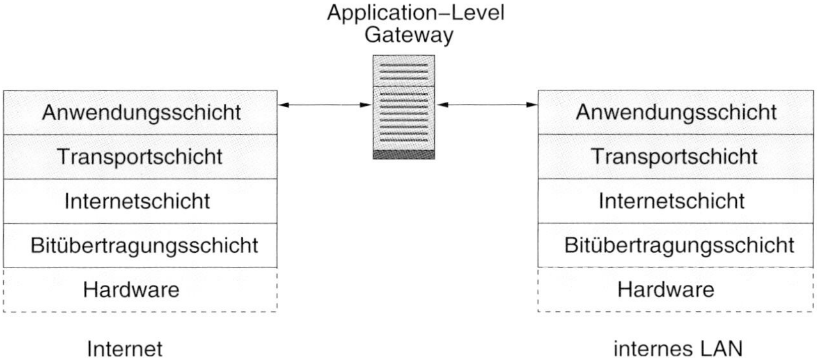

Abb. 9.34. Zugriffskontrolle durch ein Application-Level-Gateway

orts des Firewall-Systems innerhalb der Gesamttopologie des Netzwerks ab. Grundsätzlich können dabei folgende Situationen unterschieden werden:

- **Begrenzungs-Router (Border Router)**
Ein Firewall-System, das lediglich darin besteht, daß auf dem Gateway-Rechner (Router) zum Internet die Firewall-Software installiert ist, stellt die einfachste Stufe der Sicherheit dar. Findet ein Angreifer eine Schwachstelle des Begrenzungsrouters, liegt das interne LAN ohne weitere Sicherungsmaßnahme offen vor ihm.
- **Begrenzungs-Router mit gesichertem Subnetz (Secure Subnet)**
In diesem Fall schließt sich an den Begrenzungs-Router des Firewall-Systems lediglich ein abgesichertes Subnetz an, das aus einzelnen, besonders gesicherten Rechnern besteht, denen über das Firewall-System eine Verbindung zum globalen Internet gewährt wird (siehe Abb. 9.35). Das eigentliche interne LAN wird dadurch zunächst komplett von Angriffen aus dem Internet abgeschirmt. Um bis dorthin durchzudringen, muß ein Angreifer zuerst das Firewall-System und anschließend auch noch einen Rechner des speziell abgesicherten Subnetzes überwinden.
- **Dual Home Bastion Hosts**
Während Firewalls, die ausschließlich auf begrenzenden Routern basieren, Verbindungen zwischen dem internen LAN und dem globalen Internet innerhalb des Firewall-Systems auf Protokollebene zulassen, trennt ein **Bastion Host** zwei Netzwerke physikalisch (siehe Abb. 9.36). Üblicherweise verfügt der entsprechend konfigurierte Bastion Host über zwei separate Netzwerkadapter, einen für die Koppelung an das globale Internet und einen für den Anschluß des internen LANs. So wird eine physikalische Trennung der beiden Netzwerke ermöglicht. Das **Routing** zwischen beiden Netzwerkadaptern muß im Bastion Host dazu unterbunden werden.
Eine spezielle Variante des Dual Bastion Host ist die als **Lock-Keeper** bezeichnete Hochsicherheits-Technologie, die am Institut für Telematik in Trier entwickelt wurde (vgl. Abb. 9.37).

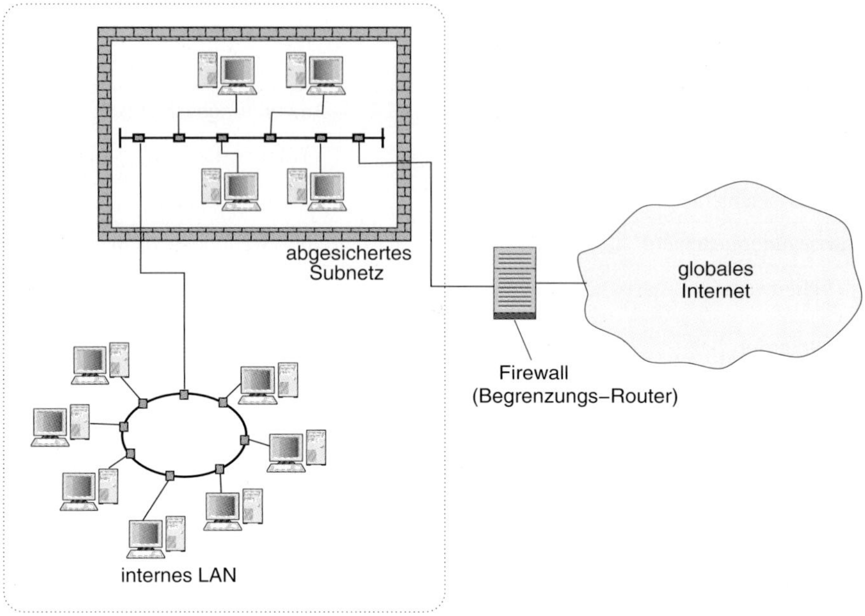

Abb. 9.35. Absicherung des internen LANs durch Begrenzungs-Router und abgesichertem Subnetz

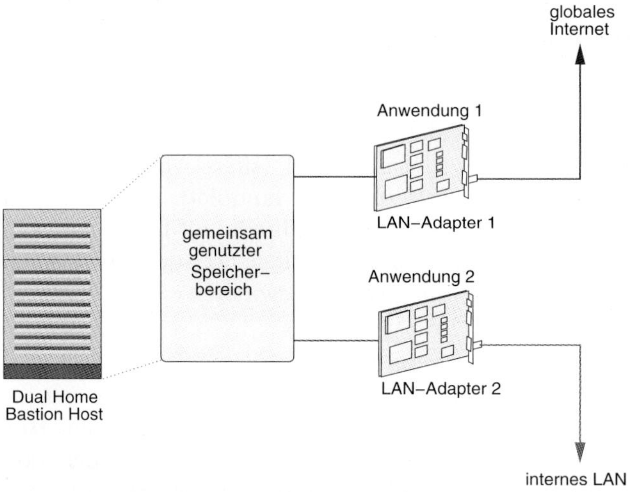

Abb. 9.36. Als Dual Home Bastion Host konfiguriertes Rechensystem

Durch den Einsatz eines Bastion Hosts entsteht im Bereich zwischen dem begrenzenden Router und dem Bastion Host eine sogenannte **entmilitarisierte Zone** (Demilitarized Zone, DMZ). Wird z.B. aus Sicherheitsgründen der Betrieb von WWW-Servern im internen LAN völlig unter-

Die Lock-Keeper Technologie
Die sicherste Firewall-Architektur zum Schutz von Netzwerken ist der am Trierer Institut für Telematik entwickelte **Lock-Keeper**, die auf einem einfachen und bewährten Mechanismus basiert: der **Schleuse**. Durch den Lock-Keeper wird erstmals eine Koppelung von Netzwerken erreicht, ohne jemals eine direkte Verbindung zwischen den Netzwerken zuzulassen. Der Lock-Keeper besteht intern aus drei aktiven Komponenten, die über eine patentierte Schaltplatine miteinander verbunden sind, die die eigentliche Schleusenfunktionalität implementiert. Wie bei einer Schiffsschleuse muß jeglicher Datenverkehr zwischen den beiden verbundenen Netzwerken den Lock-Keeper passieren (a).

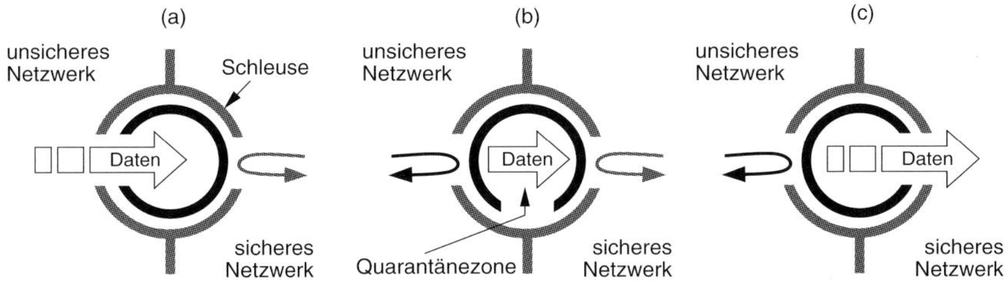

Im Gegensatz zu herkömmlichen Sicherheitslösungen wird die Paket-Weiterleitung nicht durch eine Softwareeinstellung im zugrundeliegenden Betriebssystem unterbunden, sondern durch eine autonom (d.h. nicht durch einen Angreifer manipulierbare) angesteuerte Schaltplatine, die die Netzwerkverbindungen auf physikalischer Ebene kappt und unterbricht.
Durch die technische Konzeption der Lock-Keeper Hardware wird garantiert, daß zu keinem Zeitpunkt ein direkter Datenaustausch zwischen den angeschlossen Netzen möglich ist. Dadurch ist es sowohl externen Hackern als auch internen Angreifern unmöglich, den Lock-Keeper durch Softwaremanipulation zu umgehen, um damit Online-Attacken aus dem unsicheren Netz auf das interne Netz durchführen zu können. Innerhalb der Schleuse – der sog. Quarantänezone (b) – können die übertragenen Nutzdaten des Datenverkehrs vor der Weiterleitung (c) überprüft werden, um so z.B. das Einschleusen von Viren oder auch den Export von sicherheitsrelevanten Daten zu unterbinden.

Weiterführende Literatur:

– E. G. Haffner, T. Engel, Ch. Meinel: Integration der Schleusentechnologie „Lock-Keeper“ in moderne Sicherheitsarchitekturen, in M. Schumacher, R. Steinmetz: „Informatik aktuell: Sicherheit in Netzen und Medienströmen“, Springer Verlag, Berlin, 2000, pp. 17–26.

Abb. 9.37. Die Lock-Keeper Technologie

sagt, so können diese in der DMZ plaziert werden. Dort ist ein WWW-Server unvermeidbar einem erhöhten Sicherheitsrisiko ausgesetzt, da er sich zwar hinter dem Begrenzungsrouter, aber noch nicht jenseits des Firewall-Systems befindet. Daher wird ein Rechner in der DMZ auch als **Sacrificial Host** bezeichnet. Sacrificial Hosts sind zwar so gut wie möglich abgesichert, werden aber vom Dual Based Bastion Host immer noch nicht als vertrauenswürdig eingestuft, da diese für einen außenstehenden Angreifer ein primäres Angriffsziel darstellen.

Eine noch größere Sicherheit wird gewährleistet, wenn mehrere Bastion Hosts in kaskadierter Form zum Einsatz kommen (siehe Abb. 9.38). Gelingt einem Angreifer der Einbruch auf dem ersten Bastion Host, so muß er, um in das interne Netzwerk zu gelangen, immer noch mehrere folgende Bastion Hosts überwinden.

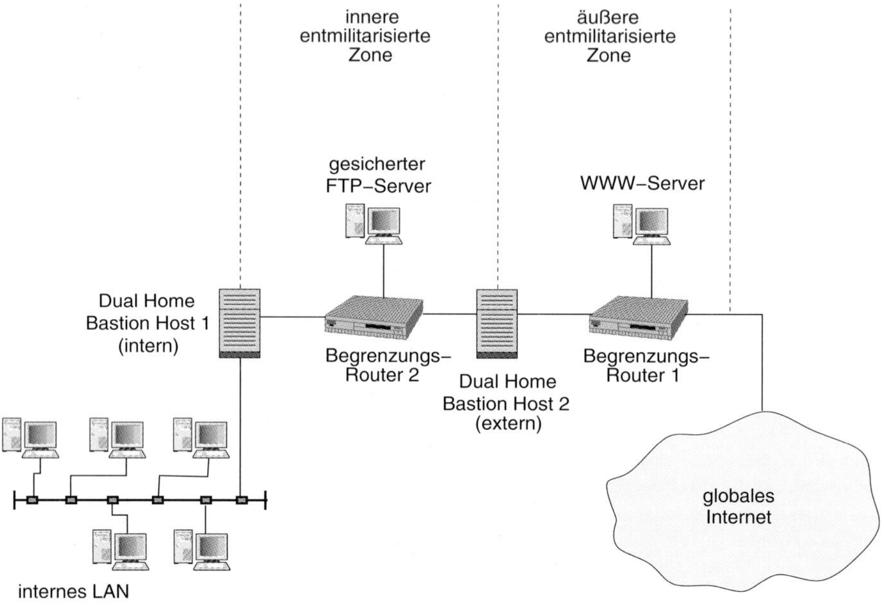

Abb. 9.38. Kaskadierter Einsatz von Dual Home Bastion Hosts

Ein kaskadierter Dual Home Bastion Hosts kann ein Firewall-System auch aus einem einzelnen Rechensystem bestehen, das über mehrere Netzwerkadapter verfügt, die jeweils mit Subnetzen unterschiedlicher Sicherungsanforderungen verbunden werden können (**Firewall mit Secure Server Netzwerk**).

9.5 Glossar

Authentifikation: Dient dem Nachweis der Identität eines Benutzers bzw. der Integrität einer Nachricht. Bei der Authentifikation werden zur Identitätsprüfung Zertifikate einer vertrauenswürdigen Instanz verwendet (Zertifikat) und zur Überprüfung der Integrität einer Nachricht Funktionen, die einen Fingerabdruck der unkodierten Originalnachricht erstellen und mitversenden.

Autorisierung: Der Zugriff auf bestimmte, schützenswerte Informationsressourcen unterliegt oft nur einem eingeschränkten Personenkreis. Fordert ein Benutzer eine geschützte Informationsressource an, muß übergeprüft werden, ob er autorisiert, also ob er berechtigt ist, auf die gewünschte Ressource zuzugreifen.

asymmetrische Verschlüsselung (Public Key Encryption): In den als Public-Key Verfahren bezeichneten kryptografischen Verfahren besitzt jeder Kommunikationspartner ein Schlüsselpaar bestehend aus einem sogenannten **öffentlichen Schlüssel** und einem **geheimen, privaten Schüssel**. Der öffentliche Schlüssel wird allen Teilnehmer zugänglich gemacht, mit denen eine Kommunikation angestrebt wird. Die Teilnehmer, die mit dem Herausgeber des öffentlichen Schlüssels kommunizieren wollen, verschlüsseln ihre Nachricht mit dessen öffentlichen Schlüssel. Die derart verschlüsselte Nachricht kann nur mit Hilfe des korrespondierenden geheimen Schlüssels, den der Herausgeber des öffentlichen Schlüssels sicher verwahrt, entschlüsselt werden.

Benutzerauthentifikation: Der Nachweis der Identität eines Benutzers erfolgt über spezielle Authentifikationsmethoden, wie z.B. über einen Passwort-Mechanismus oder über biometrische Authentifikationsverfahren wie Fingerabdruck oder Gesichtserkennung.

CA: Eine **Certification Authority** (**Zertifizierungsstelle**) beglaubigt nach Internet-Standard RFC 1422 öffentliche Schlüssel von registrierten Benutzern, stellt also Zertifikate aus. Dazu werden inhaltlichen Angaben und insbesondere die Identität überprüft. Schlüssel, die verteilt werden sollen, werden zusammen mit Kontrollangaben von der CA mit ihrem privaten Schlüssel verschlüsselt, also digital signiert, und in dieser Form als **Zertifikat** verteilt.

Datenintegrität: Zwar kann in der Kryptografie nicht verhindert werden, daß Daten oder Nachrichten unbefugt von dritter Seite verändert werden, aber die Veränderung kann durch die Verwendung sogenannter Hash-Funktionen, die einen digitalen Fingerabdruck der zu übertragenden Daten liefern, kenntlich gemacht werden.

Denial-of-Service (DoS): Ein Angriff im Internet mit der Absicht, das Zielsystem durch gezielte Manipulation zu überlasten, damit dieses nicht mehr in der Lage ist, seinen regulären Kommunikationsaufgaben nachzukommen oder sogar total ausfällt. Oft werden dabei bekannte Schwachstellen und Fehler von Internetdiensten ausgenutzt. Um die Identität des Angreifers zu verschleiern, erfolgt der Angriff von vielen verschiedenen, fremden Rechnern aus, auf denen der Angreifer Anwendungen plaziert hat, die später den eigentlichen Angriff koordiniert durchführen (**Distributed Denial-of-Service**). Die Systemadministratoren der betroffenen Rechner werden über die Existenz der Angriffsprogramme hinweggetäuscht, die illegal eingeschleust und im lokalen Dateisystem versteckt abgelegt werden.

Data Encryption Standard (DES): Symmetrisches Block-Verschlüsselungsverfahren, 1977 veröffentlicht und 1993 für die kommerzielle Nutzung aktualisiert. DES kodiert Blöcke von jeweils 64 Bit (effektiv 56 Bit) mit einem ebenso langen Schlüssel. Insgesamt setzt sich das DES-Verfahren aus 19 Runden zusammen, wobei sich die 16 inneren Runden auf wiederholte Anwendung des Schlüssels beziehen. Das DES-Verfahren stellt ein 64 Bit Substitutions-Verschlüsselungsverfahren dar und ist heute mit relativ einfachen Mitteln zu brechen. Zur Erhöhung der Sicherheit wird deshalb eine mehrfache Anwendung von DES mit unterschiedlichen Schlüsseln durchgeführt, wie z.B. bei **Triple-DES**.

Diffie-Hellman Verfahren: Erstes asymmetrisches Verschlüsselungsverfahren, daß 1976 von W. Diffie und M. Hellman entwickelt wurde. Ganz ähnlich wie im RSA-Verfahren wird bei Diffie-Hellman mit einer mathematischen Funktion – hier speziell das Problem der Primfaktorenzerlegung – gearbeitet, deren Umkehrung mit vertretbarem Aufwand nicht berechnet werden kann.

Digitale Signatur: Dient der Authentifikation eines Dokuments und besteht aus dem mit dem privaten Schlüssel des Urhebers verschlüsselten digitalen Fingerabdruck des Dokuments.

DNS-Poisoning: Gezielter, aktiver Angriff auf einen DNS-Server, bei dem die dort verwalteten Domain Namen und IP-Adressen absichtlich manipuliert werden. Auf diese Weise können z.B. ganze Domains aus dem Netzverkehr ausgeschlossen oder gezielte Umleitungen des Datenverkehrs erzwungen werden.

Einweg-Funktion: Bezeichnet eine einfach zu berechnende mathematische Funktion, deren Umkehrfunktion mit vertretbarem Aufwand nicht berechnet werden kann. Einweg-Funktionen finden Anwendung in der Kryptografie als Verschlüsselungsverfahren bzw. zur Erstellung sogenannter **digitaler Fingerabdrücke** über **Einweg-Hashfunktionen**. Einweg-Hashfunktionen werden auch als **Message Authentication Code** (**MAC**), **Data Authentication Code** (**DAC**), **digitale Signatur**, **Message Digest** (**MD**) bezeichnet.

Firewall: Um ein internes LAN vor dem Zugriff Außenstehender aus dem globalen Internet zu schützen und gleichzeitig den internen Nutzern einen unbehinderten Zugang in das Internet zu gewährleisten, werden Firewall-Systeme eingesetzt. Ein Firewall-System ist als Knotenpunkt konzipiert, über den der gesamte Datenverkehr zwischen dem internen, gesicherten LAN und dem globalen, ungesicherten Internet abgewickelt wird.

Identifikation: Damit wird der Vorgang des Erkennens eines Benutzers oder einer Nachricht bezeichnet. Ist die Identität festgestellt, kann diese mit einer Authentifikation überprüft werden. An eine Identität sind bestimmte Autorisationen gebunden.

IP-Security (IPsec): Familie von Standards zur Beschreibung von Datenformaten und verschiedenen Verfahren der Verschlüsselung und Authentifikation von IP-Datenpaketen. IPsec betrifft dabei ausschließlich Verfahren der sicheren Netzwerkkommunikation auf der Netzwerkschicht des TCP/IP-Referenszodells.

IP-Spoofing: Gezielte Manipulation des IP-Headers eines IP-Datagramms. Meistens wird dabei die Absender-IP-Adresse verändert, so daß der Angreifer eine falsche Identität vortäuscht oder verhindert, daß die gesendeten Datagramme bis zum Angreifer zurückverfolgt werden können. IP-Spoofing dient meist als Basis für weitere Angriffe.

Kryptoanalyse: Anders als in der Kryptografie wird in der Kryptoanalyse versucht, Kryptografieverfahren zu brechen, d.h. diese zu entschlüsseln und so unwirksam zu machen. Gemeinsam werden Kryptoanalyse und Kryptografie als **Kryptologie** bezeichnet.

Kryptografie: Teilgebiet der Informatik, das sich mit der Konstruktion und Bewertung von Verschlüsselungsverfahren beschäftigt. Das Ziel der Kryptografie liegt im Schutz der Vertraulichkeit von Informationen vor dem Zugriff unberechtigter Dritter.

Kryptografieverfahren: Verfahren zur Ver- und Entschlüsselung von Daten. Man unterscheidet **schwache** und **starke** Kryptografieverfahren nach dem Aufwand, der zu ihrer unberechtigten Entschlüsselung betrieben werden muß, und der meist mit wachsender Schlüssellänge drastisch ansteigt. Kryptografieverfahren können symmetrisch sein, also auf einem gemeinsam verwendeten, geheimen Schlüssel basieren, oder asymmetrisch. Dann verfügt jeder Teilnehmer über zwei Schlüssel, einen öffentlichen und einen nur ihm alleine bekannten geheimen Schlüssel.

Man-in-the-Middle Attack: Ein Angriff auf eine gesicherte Verbindung zwischen zwei Kommunikationspartnern, bei der sich der Angreifer zwischen diesen beiden schaltet (Man-in-the-Middle) und die Kommunikation zwischen den beiden abfängt und für die Kommunikationsteilnehmer unbemerkt jeweils verfälscht weiterleitet.

MD5 (Message Digest 5): In vielen Kryptografiealgorithmen verwendete Einweg-Hashfunktion, die einen digitalen Fingerabdruck der Eingabedaten erzeugt und von Ron Rivest als Nachfolger der MD4 Funktion entwickelt wurde. MD5 verwendet eine Schlüssellänge von 128 Bit und findet z.B. in PGP oder SMTP Verwendung.

Message Digest: Kurzer digitaler Fingerabdruck einer Nachricht, der durch die Anwendung einer Hashfunktion auf die zu übertragende Nachricht generiert wird. Wird der Message Digest mit Hilfe des privaten Schlüssels des Senders über ein asymmetrisches Verschlüsselungsverfahren verschlüsselt, erhält man eine digitale Signatur der ursprünglichen Nachricht, mit deren Hilfe die Identität des Senders und die Authentizität der Nachricht überprüft werden kann.

Nonce: Zufällig gewählter Einmalwert, der in einer gesicherten Kommunikation dazu verwendet werden kann, sogenannte **Playback-Angriffe** zu verhindern, bei denen ein unberechtigter Dritter mit einer duplizierten Nachricht versucht, Einfluß zu nehmen. Ein bestimmter Nonce-Wert darf in der Kommunikation nur einmal werden.

Packet-Sniffer: Netzwerkanwendung bzw. dedizierte Hardware mit der Aufgabe, den Datenverkehr auf der Netzwerkschicht eines LANs zu überwachen. In einem Diffusionsnetzwerk, in dem alle Rechner ein gemeinsames Kommunikationsmedium nutzen, kann ein Packet-Sniffer jedes einzelne Datenpaket abfangen, lesen und analysieren. Packet-Sniffer dienen der Überwachung und Analyse des Netzwerk-Datenverkehrs, können aber auch zu Einbruch- und Spionagezwecken eingesetzt werden.

Playback-Angriff: Einfacher Angriff auf ein Rechensystem, bei dem durch die Überwachung der Datenkommunikation verschlüsselte Passworte aufgezeichnet werden, die bei einem späteren Angriff zum Einbruch in das überwachte Rechensystem verwendet werden können.

Paketfilter: Spezielle Software oder dedizierte Hardware, die den Datenverkehr in einem Netzwerk oder zwischen einem internen LAN und dem globalen Internet filtert. Dabei werden IP-Datagramme analysiert und nach angegebener Quell- oder Zieladresse, Pakettyp bzw. anderen Parametern entschieden, ob das Datagramm weitergeleitet oder blockiert wird. Paketfilter werden als Zugriffskontrollsysteme, z.B. in Firewalls eingesetzt.

Port Scan: Gezielter Angriff auf ein Rechensystem im Internet. Ein Port Scan dient dazu, „offene Türen" eines Rechensystems zu ermitteln, die der Angreifer später für einen Einbruch nutzen kann. Dazu werden automatisch bestimmte Portnummern von Standard-Diensten eines Rechners adressiert, die auf diese Anfrage hin oft Auskunft über die verwendete Software-Version geben. Diese Information kann der Angreifer nutzen, um über bekannte Schwachstellen der verwendeten Software dann in das System einzubrechen.

Premaster Secret: Bezeichnung für einen vorläufigen Schlüssel, der im SSL-Verfahren zwischen Client und Server ausgetauscht wird, um daraus einen für beide Kommunikationspartner gültigen symmetrischen Schlüssel (**Master Secret**) zu generieren. Das Premaster Secret wird mit Hilfe eines Public Key Verfahrens versendet.

Pretty Good Privacy (PGP): Von Phil Zimmermann 1991 entwickeltes System zur sicheren Abwicklung des Email-Nachrichtenverkehrs. PGP ist frei verfügbar für die meisten Hardwareplattformen und Betriebssysteme und bietet Email-Nachrichtenverschlüsselung mit symmetrischen Verschlüsselungsverfahren (Triple-DES, IDEA, CST), Sicherung des symmetrischen Schlüssels über ein asymmetrisches Verschlüsselungsverfahren (RSA), sowie Sicherung der Integrität von Email-Nachrichten (MD5 Message Digest) und Wahrung der Authentizität der Kommunikationspartner (digitale Signaturen). PGP ist das am weitesten verbreitete System zum sicheren Transport von Email-Nachrichten.

Public Key Infrastruktur (PKI): Bei der Anwendung asymmetrischer Public-Key Verschlüsselungsverfahren benötigt jeder Teilnehmer ein **Schlüsselpaar**, bestehend aus dem jedermann zugänglichen öffentlichen Schlüssel (**Public Key**) und dem nur ihm selbst zugänglichen geheimen Schlüssel (**Private Key**). Um Mißbrauch auszuschließen, muß die Zuordnung des Teilnehmers zu seinem öffentlichen Schlüssel durch einen vertrauenswürdigen Dritten, die **Certificate Authority** (**CA**) vermittels eines Zertifikats bestätigt werden. Zur Einschätzung der Sicherheit eines Zertifikats müssen die Regeln, wie dieses Zertifikat erstellt wurde (**Security Policy**) öffentlich zugänglich festgelegt sein. Eine PKI umfaßt alle organisatorischen und technischen Maßnahmen, die zur sicheren Nutzung eines asymmetrischen Verschlüsselungsverfahrens zum Verschlüsseln bzw. zur digitalen Signatur erforderlich sind.

RSA-Verfahren: Bekanntestes asymmetrisches Verschlüsselungsverfahren, benannt nach seinen Entwicklern Rivest, Shamir und Adleman. Ebenso wie die Diffie-Hellman Verschlüsselung arbeitet das RSA-Verfahren mit zwei Schlüsseln, einem jedermann zugänglichen, öffentlichen Schlüssel (Public Key) und einem geheim zu haltenden, privaten Schlüssel (Private Key). RSA basiert auf Fakten aus der Zahlentheorie – dem Problem der Primfaktorenzerlegung. Eine Entschlüsselung ist ohne Kenntnis der geheimen, privaten Schlüssel mit vertretbaren Aufwand nicht möglich.

Schlüssel (Key): Eine Nachricht kann sicher über ein unsicheres Medium übertragen werden, indem ihr Inhalt durch ein Verschlüsselungsverfahren unberechtigten Dritten gegenüber verborgen wird. Die Originalnachricht, der sogenannte **Klartext** (**Plaintext**), wird zur Verschlüsselung mit einer **Transformationsfunktion** in die verschlüsselte Nachricht (**Chiffrat**, **Ciphertext**) umgesetzt. Dabei läßt sich die zur Verschlüsselung verwendete Transformationsfunktion über einen Schlüssel parametrisieren. Die Größe des Schlüsselraumes ist ein Maß für die Schwierigkeit, die Transformationsfunktion unberechtigt wieder rückgängig zu machen.

Secure Socket Layer (SSL): Bezeichnet eine ursprünglich von Netscape entwickelte Spezifikation zur verschlüsselten und daher sicheren Übertragung von Information zwischen Browser und WWW-Server. Das SSL-Protokoll ist zwischen der Transportschicht und der Anwendungsschicht des Schichtenmodells der TCP/IP-Kommunikation angesiedelt. Es wird im WWW z.B. für die Übermittlung von Kreditkarten-Nummern im Bereich des E-Commerce genutzt.

SPAM-Email: Populäre Bezeichnung für unerwünschte Email – meist Werbung – die ohne explizite Aufforderung des Empfängers zugestellt wurde, ohne daß dieser weiß, auf welche Weise der Absender, der selbst oft unerkannt bleibt, in Kenntnis seiner Email-Adresse gelangt ist. „Spam" ist ursprünglich die Abkürzung für „Spiced Pork and Meat" und bezeichnet in Gelee eingelegtes Dosen-Pressfleisch und wurde von der Internetgemeinde höchstwahrscheinlich aus einem Monty-Python-Sketch adaptiert. Offiziell wird SPAM-Email aus **Unsolicited Bulk Email** (**UBE**) oder **Unsolicited Commercial Email** (**UCE**) bezeichnet.

starke Kryptografie: Bezeichnung für Verschlüsselungsverfahren mit höchster Sicherheit, für die keine Verfahren mit vertretbarem Aufwand zum Brechen der Verschlüsselung bekannt sind. Die notwendige Berechnungszeit zum Brechen des Schlüssels hängt in der Regel mit der Länge des verwendeten Schlüssels zusammen. Daher spricht man ab einer bestimmte Schlüssellänge von einem starken kryptografischen Verfahren. Diese Grenze verschiebt sich allerdings permanent mit der stetig wachsenden Leistungsfähigkeit der im Einsatz befindlichen Rechensysteme.

Steganografie: Besondere Form der Verschlüsselung. Dabei wird die zu verschlüsselnde Nachricht innerhalb anderer, in diesem Zusammenhang unwichtiger Information versteckt, so daß sie nicht als solche ersichtlich ist. Eigentliches Ziel dabei ist die Verschleierung der Tatsache, daß überhaupt verschlüsselte Informationen übertragen werden.

symmetrische Verschlüsselung (Secret Key Encryption): Älteste Familie von Verschlüsselungsverfahren, bei dem Sender und Empfänger zur Verschlüsselung und Entschlüsselung einer Nachricht einen identischen, geheim zu haltenden Schlüssel verwenden. Man unterscheidet **Blockchiffren**, bei denen die zu verschlüsselnde Nachricht vor ihrer Verschlüsselung in Blöcke fester Länge zerlegt wird, und **Stromchiffren**, bei denen die zu verschlüsselnde Nachricht als Textstrom betrachtet wird, zu dem ein Einmal-Schlüssel identischer Länge generiert wird, mit dem die Verschlüsselung der Nachricht zeichenweise vorgenommen wird. Ein Problem bei der symmetrischen Verschlüsselung ist der Austausch des vor Dritten geheim zu haltenden Schlüssels.

Transport Layer Security (TLS): Steht als potentieller Nachfolger von SSL in den Startlöchern. Das Protokoll ist in der Transportschicht des Schichtenmodells der TCP/IP-Kommunikation angesiedelt und verspricht mehr Sicherheit bei der Kommunikation im Internet. Die TLS-Spezifikation wurde als RFC 2246 durch das IETF zum Internet-Standard erhoben.

Trapdoor-Function: Einweg-Funktion, die zusätzlich die Bedingung erfüllt, daß bei Kenntnis einer zusätzlichen Information, der sogenannten Falltürinformation (Trapdoor Information), das Inverse relativ leicht berechnet werden kann. Ohne Kenntnis der Falltürinformation ist dies dagegen nahezu unmöglich.

Vertraulichkeit (Privacy): Der Inhalt einer vertraulichen Nachricht darf jeweils nur dem Absender und dem Empfänger der Nachricht zur Kenntnis gelangen. Hört ein unbefugter Dritter eine Kommunikation ab (**Eaves Dropping**), kann die Vertraulichkeit der Kommunikation nicht mehr gewährleistet werden, und es kommt zum Verlust der Privatsphäre (**Loss of Privacy**).

Virtual Private Network (VPN): Ein nach außen hin abgeschlossenes Netzwerk, das anstelle über private Standleitungen über öffentliche aber dennoch gesicherte Internetverbindungen, verbunden ist. Durch den Einsatz kryptografischer Methoden wird ein exklusiver Datenverkehr ermöglicht, ohne daß außenstehende Dritte in der Lage wären, die versendeten Daten zu lesen oder zu verfälschen.

Zertifikat: Digitale Zertifikate sind das elektronische Gegenstück zu einem Ausweis. Sie ordnen ihrem Inhaber eindeutig einen öffentlichen Schlüssel (Public Key) und damit eine digitale Signatur zu, die nur mit dem korrespondierenden privaten Schlüssel erzeugt worden sein kann. Zertifikate müssen von vertrauenswürdigen Dritten ausgestellt und signiert werden.

Teil III

Web-Technologien

10. Jedes Ding braucht einen Namen - URL: Universal Resource Identifier

„Ein hohes Kleinod ist der gute Name."
– Paulet in „Maria Stuart",
Friedrich Schiller, (1759–1805)

Zu den wohl herausragendsten Charakteristika des World Wide Web zählt die Möglichkeit, einzelne, über die ganze Welt verteilte Informationseinheiten untereinander zu verknüpfen. Mit Hilfe der Hyperlinks wird es möglich, die sequentiellen Bahnen der herkömmlichen Dokumentenrezeption zu verlassen und auf individuellen Wegen durch den sich vor uns ausbreitenden, weltweiten Wissensraum zu navigieren. Damit wir aber auch unser Ziel finden, muß jede Informationseinheit im Web eine eindeutige und möglichst dauerhafte Bezeichnung besitzen, den Uniform Resource Identifier.

10.1 Hyperlink und Identifikation

Die grundlegenden Bausteine des WWW sind die bereits in Kapitel 1 vorgestellten **Hypermediadokumente** mit ihren Verknüpfungen, den **Hyperlinks**. Hypermediadokumente können weltweit verteilt vorliegen und selbst eine Vielzahl von unterschiedlichen Informationsquellen mit einbeziehen, die nicht notwendig von WWW-spezifischem Format sein müssen. Der entscheidende Punkt dabei ist die weite räumliche Verteilung der verschiedenen Ressourcen, die über das Schlüsselelement Hyperlink für den Benutzer vollkommen aufgehoben zu sein scheint. Um diese Ressourcen allerdings richtig lokalisieren und korrekt verknüpfen zu können, wird ein eindeutiges Identifikationsschema benötigt, mit dem sowohl lokal – also an dem Ort, an dem sich die Ressource selbst befindet –, als auch von jedem anderen, beliebigen Punkt aus dem WWW heraus auf diese zugegriffen werden kann.
Sinnvollerweise bedient man sich dabei eines bereits bestehenden Vorbilds und lehnt sich an diesem so weit wie möglich an. In der Gesellschaft beispielsweise, gibt es zwei gebräuchliche Methoden, ein Individuum zu identifizieren. Eine besteht darin, das betreffende Individuum über seinen Namen zu identifizieren, eine weitere nutzt seine Anschrift zu diesem Zweck. Beide Verfahren besitzen jeweils Vor- und Nachteile: Der **Name** eines Individuums ist oft nicht eindeutig, ein Name wie z.B. „Hans Schmitt" kommt viel zu häufig vor. Auf der anderen Seite aber behält ein Individuum seinen Namen ein Leben lang – sieht man einmal von einer Namensänderung im Falle einer Heirat

oder im Rahmen eines Zeugenschutzprogrammes ab. Die **Adresse** dagegen erfüllt die Forderung nach Eindeutigkeit der Identifikation bereits viel besser. Ihre hierarchische Struktur – Land, Stadt, Straße, Hausnummer, Etage, Appartmentnummer, usw. – ermöglicht es tatsächlich in den meisten Fällen, ein Individuum eindeutig zu identifizieren. Allerdings sind eine Reihe von Adreßänderung im Zuge von Umzügen im Laufe eines Lebens höchstwahrscheinlich, so daß diese Art der eindeutigen Identifikation oft nicht dauerhaft (persistent) ist.
Auch bei den für Bücher gebräuchlichen Identifikationsschemata kann man diese Beobachtung machen: Der Titel eines Buches ist zwar nicht eindeutig, aber er ist dauerhaft, wohingegen die ISBN-Nummer quasi als Adresse nur Gültigkeit besitzt für das Buch in der gerade vorliegenden Ausgabe.
Das prinzipielle Identifikationsschema im WWW ist der sogenannte **Uniform Resource Identifier** (**URI**), der sich an den beiden oben beschrieben Schemata orientiert. Innerhalb des URI unterscheidet man eine Adressangabe, den **Uniform Resource Locator** (**URL**), und den Namen einer Informationsressource, den **Uniform Resource Name** (**URN**). Während der URL eine Ressource eindeutig identifiziert, besteht hier wieder das Problem, daß Änderungen dieser Adresse in den Dokumenten, die über Hyperlinks auf diese Ressource verweisen, nicht automatisch nachvollzogen werden können. Um mit einem eindeutigen Namen, dem URN, arbeiten zu können, muß ein Dienst bereit gestellt werden, der in der Lage ist, den Standort der Ressource aus diesem Namen zu ermitteln, damit auf sie zugegriffen werden kann.
Bislang scheiterte eine Standardisierung des URN-Schemas jedoch an einer Einigung über den hierzu zu realisierenden Dienst. Tatsächlich implementiert und verfügbar ist im WWW lediglich das Identifikationsschema über URLs, das sich am Vorbild „Internet“ orientiert, indem Ressourcen nach ähnlichen Addressierungsverfahren eindeutig identifiziert werden.
Wie gestaltet sich dieses Identifikationsverfahren aus der Sicht des Benutzers? Hyperlinks, mit denen die einzelnen, verteilt vorliegenden Ressourcen miteinander verbunden sind, werden im Browser in der Regel als solche kenntlich gemacht. Möchte der Benutzer der angebotenen Verknüpfung folgen, so bewegt er den Mauszeiger im Browser über die Stelle des Dokuments, die den Hyperlink kennzeichnet, und klickt diese an. Dabei kann es sich etwa um eine Textstelle handeln, die aus dem übrigen Text durch bestimmte Formatierungen hervortritt (**Text Link**). Diese Formatierungen – z.B. blaue Textfarbe und Unterstreichung – hängt von den jeweiligen Browsereinstellungen ab, die vom Benutzer eingestellt werden können. Desweiteren können Bildobjekte als Hyperlinks aktiviert werden (**Image Maps**). Hierbei handelt es sich um eine in das Dokument eingefügte Grafik, innerhalb der bestimmte Bereiche funktional mit einem bestimmten Hyperlink verbunden sind. Bewegt der Benutzer den Mauszeiger über eine Image Map bzw. über einen Text Link, so verändert sich meist die Gestalt des Mauszeigers und das Ziel der potentiellen Hyperlink-Verknüpfung wird in einem gesonderten Bereich des Browsers – in

der Statuszeile – angezeigt. Klickt der Benutzer auf den dargestellten Hyperlink, beginnt der Browser, die über den Hyperlink identifizierte Ressource zu laden. Im Erfolgsfall, also wenn die angegebene Ressource verfügbar ist, wird diese als nächstes im Browser dargestellt.
Der enorme Erfolg des WWW liegt ohne Zweifel in dieser einfachen und intuitiven Benutzerführung begründet. Der Nutzer muß nicht mehr selbst die korrekte Adressidentifikation der gewünschten Ressource manuell eingeben, sondern kann auf diese einfach über einen Mausklick zugreifen. Browser stellen zu diesem Zweck verschiedene Verzeichnisse zur Verfügung: ein **History**-Verzeichnis speichert die Adressen der zuletzt abgerufenen Hypermediadokumente und in einem **Bookmark**-Verzeichnis können die Adressen der vom Benutzer bevorzugten Hypermediadokumente gespeichert und verwaltet werden. In diesem Bookmark-Verzeichnis werden neben dem Titel des Hypermediadokuments und dem Zeitpunkt des letzten Zugriffs auch dessen exakte Identifikation abgespeichert, um so ein späteres Wiederauffinden zu ermöglichen.

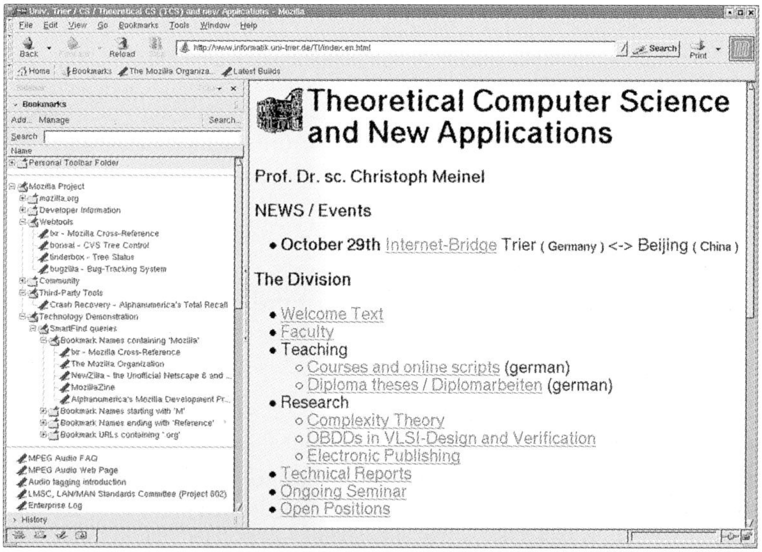

Abb. 10.1. Bookmark-Verzeichnis in einem Browser

10.2 Uniform Resource Identifier - URI

Um im World Wide Web navigieren zu können, ist eine exakte und eindeutige Kennzeichnung jedes einzelnen der unzähligen Hypermediadokumente notwendig. Doch nicht nur WWW-spezifische Dokumente sollen durch diese

Kennzeichnung über das WWW zugänglich gemacht werden, sondern auch jede beliebige andere Art von Informationsressource, die über das Internet zur Verfügung gestellt werden kann, soll ansprechbar sein. Dazu zählen auch Informationsdienste, die bereits vor dem WWW im Einsatz waren, wie z.B. das **File Transfer Protocol** (**FTP**). Da unterschiedliche Informationsdienste über unterschiedliche Protokolle angesprochen werden, muß in der Ressourcenkennzeichnung auch eine Angabe zum jeweiligen Informationsdienst bzw. zum verwendeten Protokoll gemacht werden, der diese Ressource zur Verfügung stellt bzw. über den sie bezogen werden kann.
Die im WWW genutzte Ressourcenkennzeichnung wird als **Uniform Resource Identifier** (**URI**) bezeichnet. Bevor Syntax und Struktur des URI näher vorgestellt werden soll, betrachten wir zunächst die grundsätzlichen Anforderungen an ein Identifikationsschema wie den URI:

- **Universalität**
  Über den URI soll jede im Internet verfügbare Informationsressource ansprechbar sein, unabhängig von der Art des Informationsdienstes, der sie zur Verfügung stellt.
- **Eindeutigkeit**
  Jede Ressource muß weltweit eindeutig und exakt identifizierbar sein.
- **Erweiterbarkeit**
  Es soll später jederzeit möglich sein, auch auf Ressourcen zuzugreifen, die über neuartige, bislang noch nicht existierende Informationsdienste im Internet angeboten werden.
- **Fixierbarkeit**
  Ein URI soll nicht nur auf elektronischem Wege austauschbar sein. Da der Nutzer diesen auch manuell über die Tastatur eingeben bzw. URIs wie etwa in diesem Buch in gedruckter Form angegeben werden sollen, müssen sie aus Einzelzeichen eines beschränkten Zeichenvorrats (z.B. ASCII) zusammengesetzt sein. Dabei ist es hilfreich, wenn die Bedeutung der gebildeten Zeichenkette in kausalem Zusammenhang mit der verknüpften Ressource steht.

Die URI-Syntax wurde in RFC 1630 durch IETF und W3C standardisiert und folgt einem sehr einfachen Schema: Um den Forderungen nach Universalität und Erweiterbarkeit gerecht zu werden, schreibt RFC 1630 vor, daß sich ein URI grundsätzlich aus zwei Teilen zusammenzusetzen hat. Einem **Präfix**, der den jeweiligen Informationsdienst spezifiziert, der die gewünschte Ressource zur Verfügung stellt, und einem, den Adressierungskonventionen des jeweiligen Informationsdienstes entsprechenden **Suffix**, der die Lage und Identität der Informationsressource beinhaltet (siehe Abb. 10.2).
Soll später ein neuer Informationsdienst eingeführt werden, kann dieses Schema problemlos beibehalten werden. Wird eine Informationsressource innerhalb eines Informationsdienstes – etwa durch eine binäre Zeichenfolge – identifiziert, dann wird diese für das Suffix der URI mit ASCII-Zeichen kodiert.

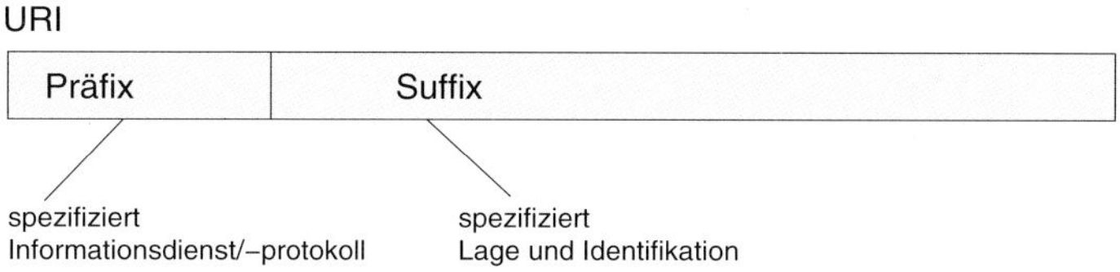

Abb. 10.2. URI - Grundschema

Auf diese Weise läßt sich jede Bitfolge darstellen, so daß tatsächlich jedes beliebige Identifikationsverfahren unterstützt werden kann.

Nach RFC 1630 besteht ein URI entweder aus einem **Uniform Resource Name** (**URN**) oder einem **Uniform Resource Locator** (**URL**). Der URN bietet eine Identifikation der Informationsressource über den Namen an, wobei, je nach Konvention, von Informationsdiensten vergebene Namen auch schon Information bezüglich des Aufbewahrungsortes der Informationsressource beinhalten können. Der URL dagegen spezifiziert den Ort – also die Adresse – an der die gewünschte Ressource zu finden ist. Die WWW-Nutzer arbeiten, um eine Ressource zu identifizieren, heute ausschließlich mit dem URL. Eine Identifikation der Informationsressourcen über den URN ist noch nicht implementiert.

Auf lange Sicht gesehen, wird eine Adressinformation wie der URL alleine aber nicht ausreichen, um den vorgegebenen Zielen nachzukommen. Dies kann leicht am Beispiel einer persönlichen Homepage verdeutlicht werden. Der URL einer persönlichen Homepage enthält – insofern der Besitzer nicht eine eigene Domain angemeldet hat – die Bezeichnung des Internet-Providers oder eines Unternehmens, der den Speicherplatz (Webspace) für die Homepage zur Verfügung stellt. Leider kann man nicht von der Persistenz (Dauerhaftigkeit) eines solchen URL ausgehen, da der Besitzer der Homepage jederzeit den Provider wechseln kann, womit sich zwangsläufig auch der URL der Homepage verändern würde. Wird die Homepage aber mit einem eindeutigen Namen (URN) versehen, der nur von der Identität des Inhabers abhängt und keinen Verweis auf dessen jeweiligen Provider beinhaltet, so könnte dieser über einen entsprechenden (aktuell nicht verfügbaren) Dienst im WWW mit dem jeweils gültigen URL in Bezug gebracht und über diesen dann angesprochen werden. Während sich so die jeweilige Adresse im Laufe der Zeit ändern könnte, bliebe der Name zur eindeutigen Identifikation der Ressource erhalten.

Heute kommen im WWW ausschließlich URLs zur Identifikation von Ressourcen zum Einsatz. Das Konzept der URNs und der zu ihrer Implementierung notwendigen Dienste, die einen persistenten URN in den jeweils aktuellen URL umwandeln, steht derzeit im W3C noch zur Diskussion.

Die URI-Syntax wird in RFC 1630 festgelegt und folgt dem bereits angegebenem Schema in Abb. 10.2. Nach diesem Schema kann eine einfache URI, wie z.B. „`http://www.uni-trier.de/`“ zerlegt werden in das Präfix „`http`“ –

in diesem Fall das Standardprotokoll für den Datentransfer im WWW – und den Identifikationsteil „`//www.uni-trier.de/`“ – hier das Root-Dokument auf dem WWW-Server der Universität Trier.
Neben dem vollständigen URI wird im RFC 1630 noch eine partielle oder relative Form des URI definiert. Innerhalb wohldefinierter Objekte ist es damit möglich, Hyperlinks über relative Verweise, ohne Angabe des vollständigen URI des Basisobjekts anzugeben. Grundsätzlich können dabei diejenigen Teile des URI weggelassen werden, die bereits durch das Basisobjekt definiert sind, in dem der relative URI benutzt wird.

10.2.1 Uniform Resource Locator - URL

Der **Uniform Resource Locator** (**URL**) gibt die genaue Adresse des Ortes an, an dem sich eine bestimmte Informationsressource zu einem Zeitpunkt befindet. Der URL folgt der für URIs festgelegten Syntax und wurde in den RFCs 1738 und 1808 normiert. Allgemein besteht ein URL als spezielle Ausprägung eines URI aus einem Präfix (Schema) und einem Suffix (schemaspezifischer Teil), wobei die URL-Definition eine bestimmte Syntax für den schemenspezifischen Teil und eine Reihe möglicher Werte für das Schema festlegt. Der schemaspezifische Teil folgt dem folgenden Aufbau.

```
"//"[benutzer[":"passwort]"@"]host[":"port]"/"pfad
```

Durch eckige Klammerpaare eingerahmte Teilbereiche des Schemas sind optional und müssen nicht notwendig angegeben werden, durch Hochkommata hervorgehobene Teilbereiche sind als Literale buchstabengetreu anzugeben, während die übrigen Schlüsselworte als Platzhalter fungieren. Die Komponenten im schemaspezifischen Teil des URL haben die folgende Bedeutung:

- **Benutzer**
  Die Angabe eines bestimmten Benutzers innerhalb der URL ist optional. Sinnvoll ist diese Angabe nur dann, wenn für die beschriebene Ressource bestimmte Zugriffsrestriktionen gelten, die nur von bestimmten Benutzern erfüllt werden. Bei öffentlich lesbaren Dokumenten entfällt diese Angabe in der Regel.
- **Passwort**
  Dient der Autorisation eines bestimmten Benutzers. Da diese Information in der Regel noch vertraulicher ist als die Angabe des Benutzers, kann sie beim Zugriff auf öffentlich lesbare Dokumente entfallen. Es ist ebenfalls möglich, ein leeres Passwort anzugeben. Dazu folgt auf den Doppelpunkt, der den Benutzernamen abschließt, direkt das At-Zeichen (`@`), das den Hostnamen einleitet.
- **Hostname**
  Kann entweder als vollständig qualifizierter Domain-Name oder direkt als IP-Adresse angegeben werden. Namen müssen dabei den Festlegungen der Internet-Standards RFC 1304 und RFC 1123 entsprechen.

Uniform Resource Identifier: Syntax

Ein URI setzt sich aus den folgenden Basiskomponenten zusammen:

- **Schema**
  Präfix, spezifiziert die Art des Informationsdienstes, der die Informationsressource zur Verfügung stellt (Naming Scheme). Das Schema wird immer durch einen Doppelpunkt vom Rest des URI getrennt. Die jeweils aktuelle Liste der in einem URI anwendbaren Schemata wird von der Internet Assigned Numbers Authority (IANA) verwaltet.
- **Schemaspezifischer Teil**
  Suffix, enthält die eigentliche Ortsangabe der Informationsressource in der für das Schema vorgegebenen Form. Die Interpretation des Suffixes hängt ausschließlich vom verwendeten Schema ab.

Darüber hinaus gibt es noch allgemeine Regeln zur Syntax eines URI, die nicht vom jeweils verwendeten Schema abhängen und sich auf die Verwendung von Sonderzeichen beziehen.

- **Prozentzeichen „%“**
  Das Prozentzeichen wird in der Syntax von URIs nur zum Zweck der Kodierung von Sonderzeichen genutzt (Escape-Zeichen, entspricht Prozentzeichen, gefolgt vom ASCII-Code (ISO-8859-1 Code) des zu kodierenden Zeichens als Hexadezimalzahl). Ist das Prozentzeichen tatsächlich als Zeichen ein Teil des URI, muß es ebenfalls als Escape-Zeichen kodiert werden (`%25`, da die ASCII-Kodierung des Prozentzeichens dem hexadezimale Wert `25` entspricht). Beispiel:

  `http://www.wiese.de/G%E4nsebl%FCmchen/index.html`

- **Hierarchische Strukturen**
  Systeme zur Organisation von Informationsressourcen sind in der Regel hierarchisch organisiert, um das Auffinden dieser Ressourcen zu vereinfachen (etwa die Verzeichnishierarchie in Dateiservern). Die einzelnen Hierarchie-Ebenen werden in einem URI über ein spezielles Zeichen, dem Schrägstrich „/“ (Slash), voneinander abgetrennt, Die Hierarchie wird dabei von links nach rechts definiert, d.h. je weiter links sich ein Teilbezeichner der Informationsressource befindet, desto näher liegt er an der Wurzel der hierarchischen Struktur (entspricht der Syntax von Dateistrukturen z.B. in UNIX). Beispiel:

  `http://www.europa.de/deutschland/rheinlandpfalz/trier/index.html`

  Ist der Schrägstrich explizit Teil des URI und wird nicht zur Darstellung einer Hierarchie verwendet, so muß er ebenfalls über ein Escape-Zeichen kodiert werden (`%2F`).

- **Dokumentfragmente**
  Eine Informationsressource selbst kann in einzelne Unterabschnitte (Dokumentfragmente) unterteilt werden. Um ein bestimmtes Dokumentfragment, das eine bestimmte Stelle innerhalb der Informationsressource ausmacht, ansprechen zu können, wird der entsprechende Bezeichner durch ein spezielles Zeichen, dem Doppelkreuz „#“, abgetrennt. Beispiel:

  `http://www.beispiel.de/rheinlandpfalz/postleitzahlen.html#54920`

  Soll das Doppelkreuz selbst in der URI vorkommen, ohne die Funktion als Dokumentenfragmentbezeichner wahrzunehmen, muß es als Escape-Zeichen (`%23`) kodiert werden.

Abb. 10.3. URI - Syntax

Uniform Resource Identifier: Syntax (Teil 2)

- **Datenbankabfrage**
  Manche Informationsdienste stellen ihre Ressourcen auf entsprechende Anfragen zur Verfügung. Hierzu ist es in URIs möglich, Abfragen zu formulieren und zu kodieren: Als Trennzeichen zwischen der Ressourcenlokation und der gewünschten Abfrage wird ein Fragezeichen „?“ verwendet. Beispiel:

  ```
  http://www.bsp.de/datenbank?select+name+from+adressen
  ```

  Ist das Fragezeichen Teil der URI und soll nicht in seiner Funktion für eine Abfrage verwendet werden, muß es über ein Escape-Zeichen (`%3F`) kodiert werden. Abfragen enthalten oft Leerzeichen. Da die URI jedoch eine zusammenhängende Zeichenkette darstellt, müssen diese Leerzeichen innerhalb einer Abfrage als „+“ kodiert werden.

Abb. 10.4. URI - Syntax (Teil 2)

- **Portnummer**
  Optionale Angabe des Verbindungs-Ports, über den die gewählte Internetverbindung zum Host aufgebaut werden soll. Sie wird in der Regel weggelassen, da die meisten Schemata Verbindungen über vorgegebene Standard-Portnummern aufbauen.
- **Pfadangabe**
  Enthält schemaspezifische Daten und gibt an, wie auf dem angegebenen Host auf die Ressource über den im Schema spezifizierten Dienst zugegriffen werden soll. Sie liefert die eigentliche Adresse der Informationsressource auf dem jeweiligen Informations-Server.

Die Syntax des schemaspezifischen Teils besteht aus einer Reihe von bestimmten Schemata, die die unterschiedlichen Informationsdienste kennzeichnen. Die Liste der aktuell gültigen Schemata wird von der IANA verwaltet und ist in RFC 1738 beschrieben (siehe Tabelle 10.1).

Tabelle 10.1. WWW-Informationsdienste und zugehörige URL-Schemata nach RFC 1738

Schema	Informationsdienst
ftp	File Transfer Protocol
http	Hypertext Transfer Protocol
gopher	Gopher Protocol
mailto	Electronic Mail Address
news	Usenet news
nntp	Usenet news über NNTP Zugang
telnet	telnet-Session
wais	Wide Area Information Servers
file	Host-spezifische Dateinamen
prospero	Prospero Directory Service

Die wichtigsten der in RFC 1738 spezifizierten und aktuell in einem URL verwendbaren Informationsdienste sind im folgenden kurz erläutert:

- **ftp**
  Dient zum Verweis auf Informationsressourcen, auf die mit Hilfe des **File Transfer Protocol** (**FTP**) zugegriffen werden kann, das im RFC 959 spezifiziert ist. In dem zugehörigen URL können Benutzername und Passwort mit angegeben werden, falls die gewünschte Ressource Zugriffsbeschränkungen unterliegt. Wird kein Benutzername angegeben, so werden die Konventionen des sogenannten **Anonymous FTP** angewendet, d.h. als Benutzername wird „ftp" oder „anonymous" angegeben, als Passwort dient eine vorher zu spezifizierende Email-Adresse. Ohne Angabe eines Ports wird der für FTP vorgesehene Default-Port 21 verwendet. Beispiel:

  ```
  ftp://ftp.informatik.uni-trier.de/
  ```

- **http**
  Dient dem Abruf von Hypermediadokumenten über das **Hypertext Transfer Protocol** (**HTTP**), das Standard-Protokoll zum Datenaustausch im WWW. Die Angabe von Benutzername und Passwort ist in diesem Fall nicht statthaft, es werden nur Hostname, eventuell eine Portnummer und die Pfadangabe benötigt. Wird die Portnummer weggelassen, so wird die für den HTTP-Transfer vorgesehene Standard-Portnummer 80 verwendet. Beispiel:

  ```
  http://www.informatik.uni-trier.de:8080/
  ```

- **https**
  Dient der geschützten Übertragung von Hypermediadokumenten mittels **HTTP über SSL** (Hypertext Transfer Protocol over Secure Socket Layer, HTTPS). Dabei wird das HTTP-Standard-Protokoll in Verbindung mit einer zur Verschlüsselung verwendeten Infrastruktur genutzt, deren Details in Kapitel 9 näher erläutert werden. Da das HTTP-Transport-Protokoll verwendet wird, folgt die URL-Syntax den Festlegungen zum HTTP-Standard-Protokoll. Wird keine Portnummer angegeben, so wird die Portnummer 443 verwendet. Beispiel:

  ```
  https://www.beispielbank.de/geheime-informationen.shtml
  ```

- **news**
  Dient dem Zugriff auf Newsgroups und auf einzelne Artikel aus Newsgroups über **Usenet News** gemäß RFC 1036. Da eine Newsgroup nicht an einen bestimmten geografischen Ort oder einen dedizierten Server gebunden ist, entfällt in dieser Form des URL die Angabe des Hosts. Hier genügt die Angabe des Namens der Newsgroup und die Identifikationsnummer des gewünschten Artikels. Beispiel:

  ```
  news:ba-1998Jun4-013702@de.alt.misc
  ```

- **nntp**
  Hiermit ist ein Zugriff auf Newsgroups und einzelner Newsgroup-Artikel möglich, die nur auf bestimmten, in der URL zu spezifizierenden Servern lokal gespeichert vorliegen. Das **Network News Transfer Protocol** (**NNTP**) dient dem Austausch von **Usenet News** Artikeln zwischen einzelnen Servern und ist in RFC 997 spezifiziert. Hier ist die Angabe des Hosts im URL notwendig. Wird keine Portnummer angegeben, so wird die von NNTP standardmäßig verwendete Portnummer 119 verwendet. In der nachfolgenden Pfadangabe muß der Name der Newsgroup gefolgt von der Identifikationsnummer des gewünschten Artikels angegeben werden. Beispiel:

  ```
  nntp://news.uni-trier.de/ef-2001Jun4-014712@de.alt.misc
  ```

- **mailto**
  Dient der Angabe einer individuellen Email-Adresse, die entsprechend den in RFC 822 spezifizierten Angaben zu kodieren ist. Da in diesem Falle kein bestimmtes Objekt angesprochen wird, ist es die Aufgabe des Browsers, dem Benutzer nach Angabe eines mailto-URL ein Email-Frontend zur Verfügung zu stellen, in der die zum Versenden der Email notwendigen Angaben eingetragen werden können. Daraufhin wird die Email an die in dem mailto-URL angegebene Email-Adresse über das **Simple Mail Transfer Protocol** (**SMTP**) gemäß RFC 821 oder das **Extended Simple Mail Transfer Protocol** (**ESMTP**) gemäß RFC 1869 versendet. Beispiel:

  ```
  mailto:sack@campusnetz.uni-jena.de
  ```

- **telnet**
  Dient der Angabe der Adresse eines Hostrechners, mit dem auf Basis des Telnet-Dienstes eine interaktive Sitzung aufgebaut werden soll. Da eine interaktive Sitzung oft bestimmten Nutzungsbeschränkungen unterliegt und nur einem eingeschränkten Personenkreis zur Verfügung steht, macht die Angabe von Benutzername und Passwort im telnet-url sinnvoll. Die Hostadresse dagegen ist zwingend notwendig, um den gewünschten Rechner ansprechen zu können. Wird keine Portnummer angegeben, so wird die Standard-Portnummer 23 für telnet-Verbindungen verwendet. Beispiel:

  ```
  telnet://nutzer:password@informatik.uni-trier.de:24
  ```

Um einen URL korrekt interpretieren zu können, muß das verwendete Schema (Informationsdienst) bekannt sein. Die Anzahl der zur Verfügung stehenden Informationsdienste wächst ständig, so daß eine permanente Anpassung und Erweiterung der WWW-Browser zur Unterstützung der entsprechenden Protokolle nötig ist.

10.2.2 Uniform Resource Name - URN

Da es zunächst unmöglich ist, rein semantisch zu unterscheiden, ob ein vorliegender URI einen URL oder einen URN festlegt, muß stets eine Auswertung des Präfixes der URI erfolgen, die den anbietenden Informationsdienst spezifiziert. Es existiert z.Z. noch keine Infrastruktur, die die Anwendung von URNs unterstützt, der dazu notwendige Standard befindet sich schon seit Jahren immer noch in der Entwicklung. In RFC 1630 wird das syntaktische Schema für die Anwendung von URNs definiert und in RFC 1737 deren funktionale Eigenschaften näher spezifiziert.
Ein Uniform Resource Name (URN) dient der weltweit eindeutigen und dauerhaften Identifikation einer Informationsressource. Der URN soll den Zugriff auf die Ressource selbst ermöglichen, sowie Informationen über deren Eigenschaften liefern. Daher werden folgenden Anforderungen an einen URN gestellt, die über die bereits genannten Anforderungen an den URI hinausgehen:

- **Globale Gültigkeit**
  Ein URN sollte überall dieselbe Bedeutung haben und nicht an einen bestimmten Ort gebunden sein.
- **Globale Eindeutigkeit**
  Ein URN darf niemals zwei unterschiedlichen Ressourcen zugeordnet werden.
- **Dauerhaftigkeit**
  Ein URN sollte niemals seine Gültigkeit verlieren, es sei denn, er wird explizit gelöscht. Weder eine Verschiebung der Ressource noch das Löschen der eigentlichen Ressource sollen Einfluß auf den URN haben.
- **Skalierbarkeit**
  Ein URN kann jede beliebige Informationsressource im Internet identifizieren.
- **Unterstützung existierender Standards**
  Da bereits einige Systeme zur Identifikation und Namensfestlegung von Informationsobjekten existieren, wie z.B. ISBN-Nummern für Printerzeugnisse oder UPC-Artikelnummern, sollen URNs in der Lage sein, diese samt ihren syntaktischen Anforderungen mit aufzunehmen und einzubetten.
- **Erweiterbarkeit**
  Da es höchst wahrscheinlich ist, daß neue Anwendungen für URNs entwickelt werden, muß die Definition von URNs so ausgelegt sein, daß Erweiterungen möglich sind.
- **Unabhängigkeit**
  Ein Namensdienstanbieter (Naming Authority) sollte unabhängig sein, d.h. die Naming Authority selbst soll festlegen, unter welchen Bedingungen und rechtlichen Prämissen sie Namen vergibt.

- **Namensauflösung**
  Über URNs werden Namen festgelegt, die auf eine bestimmte, vorgegebene Art und Weise in Adressen umgewandelt werden müssen.

Für ein erstes generelles URN-Konzept wird in RFC 2141 eine spezielle URN-Syntax festgelegt, die auf dem Konzept der URI-Syntax (RFC 1630) und den funktionalen Notwendigkeiten für URNs (RFC 1737) beruht.

```
"urn:" NID ":" NSS
```

Dabei bezeichnet „urn“ das URI-Präfix, das den Informationsdienst und damit den schemaspezifischen Anteil des URI festlegt. Der schemaspezifische Teil besteht aus einem **Namespace Identifier** (**NID**) und einem **Namespace Specific String** (**NSS**), getrennt durch einen Doppelpunkt. Dadurch wird jeweils ein bestimmter Namensraum festgelegt (also z.B. „ISBN“ für die Angabe einer ISBN-Nummer), gefolgt von einer Zeichenkette, die die Ressource innerhalb des jeweiligen Namespace exakt kennzeichnet.
Zur Übersetzung eines URN in eine Adressangabe wird in RFC 2276 ein Konzept der Namensauflösung für URNs über einen sogenannten **Resolver Discovery Service** (**RDS**) vorgeschlagen (siehe Abb. 10.5).

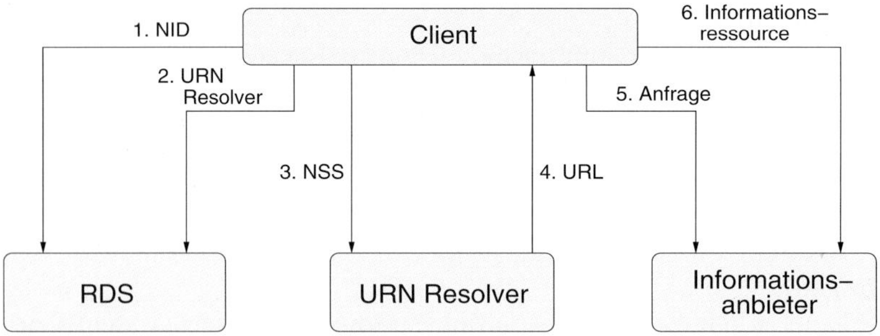

Abb. 10.5. Übersetzung eines URN in eine gültige Adresse mittels eines RDS-Servers

Die Namensauflösung umfaßt dabei die Kontaktaufnahme zu zwei Serviceanbietern: Als erstes muß der RDS kontaktiert werden, um herauszufinden, welcher Dienst zur Auflösung eines bestimmten NID benötigt wird. Der RDS bestimmt den dazu notwendigen **URN Resolver**, der als nächstes kontaktiert wird, um dem in der URN angegebenen NSS eine entsprechende Adresse zuzuordnen. In RFC 2168 wird ein DNS-basierter RDS-Dienst beschrieben, der zur Auflösung von URNs in jeweils eindeutige Adressangaben dient.

10.3 Glossar

Bookmarks: Die URLs der vom Anwender bevorzugten Hypermediadokumente können im Browser als sogenannte Bookmarks abgespeichert werden. Auf diese Hypermediadoku-

Tabelle 10.2. Beispiele für URNs

`urn:ISBN:3-540-64285-4`
`urn:ISBN:3-8266-4080-2`
`urn:uuid:C4ED1820-6207-11D1-A29F-00AA00C14882`

mente kann dann direkt zugegriffen werden, ohne daß dazu die explizite Eingabe einer URL notwendig wäre. In der vom Browser angelegten Bookmark-Datei werden neben der URL des Hypermediadokuments auch noch das Datum des letzten Zugriffs sowie der Titel des Dokuments abgelegt.

History-Datei: Die URLs der vom Benutzer zuletzt angeforderten Hypermediadokumente werden in einer eigens dafür bestimmten Datei abgelegt und für einen begrenzten Zeitraum gespeichert, damit sie auf einfache Weise vom Benutzer wieder aufgerufen werden können, ohne daß die betreffende URL von Hand eingegeben werden muß. Es handelt sich also um einen Cache-Speicher für URLs.

Hyperlink: Verbindet Hypermediadokumente untereinander und ermöglicht so eine Navigation innerhalb des WWW. Hyperlinks werden in Form von URIs angegeben, die auf beliebige Informationsressourcen im Internet verweisen. Ein Hyperlink wird bei der Darstellung des Hypermediadokuments im Browser besonders kenntlich gemacht. Er kann vom Nutzer durch einen Mausklick aktiviert werden. In der Regel verändert der Mauszeiger seine Gestalt, sobald er sich über einem aktiven Link innerhalb des im Browser angezeigten Hypermediadokuments befindet. Zusätzlich kann die mit dem Hyperlink assoziierte URI in einem bestimmten Statusfeld des Browsers angezeigt werden.

Image Map: Bezeichnet Form eines Hyperlinks innerhalb von Hypermediadokumenten, die im Browser über ein grafisches Bildelement und nicht wie gewöhnlich über einen Text kenntlich gemacht wird. Eine beliebige Grafik kann dazu in Bereiche aufgeteilt und jeweils mit unterschiedlichen Hyperlinks assoziiert werden. Der Nutzer aktiviert ein solches Hyperlink durch Mausklick in dem entsprechenden Bildbereich der im Browser dargestellten Grafik.

Resolver Discovery Server (RDS): Bezeichnet ein Dienstangebot für URNs, das zur Auflösung von Namen in Adressen notwendig ist. Da über ein URN unterschiedliche Namenskonventionen verwaltet werden können, ermittelt dieser Service aus dem Präfix des URN (Namespace Identifier), welchem Namensschema der nachfolgend spezifizierte Name entspricht, und gibt dem anfragenden Client die Adresse des zugehörigen Dienstanbieters zurück, der diesem Namen dann eine Adresse zuordnen kann.

Schema (auch Präfix): Bezeichnet den Teil eines URI, der den entsprechenden Dienst, wie etwa "HTTP" für den Datentransfer im WWW, identifiziert, über den die durch den URI bezeichnete Informationsressourceangeboten wird.

Text Link: Bezeichnet Form des Hyperlinks innerhalb von Hypermediadokumenten, der im Browser über einen Text kenntlich gemacht wird. Der Text Link stellt sich als besonders ausgezeichneter Text dar (z.B. Farbe und Unterstreichung) und lädt nach Aktivierung durch den Benutzer (meist durch Mausklick) das Hypermediadokument, auf das der Text Link verweist.

Uniform Resource Identifier (URI): Identifiziert eindeutig eine Informationsressource im WWW, unabhängig davon, ob es sich dabei um ein Hypermediadokument oder eine andere Ressource im Internet handelt. Da über eine URI unterschiedliche Informationsdienste angesprochen werden können, setzt sich diese stets zusammen aus einem Präfix (Schema), das den entsprechenden Informationsdienst spezifiziert, und einem Suffix (schemaspezifischer Anteil), das entsprechend den Konventionen des betreffenden Informationsdienstes die Ressource eindeutig identifiziert. Ein URI kann sowohl ein eindeutiger Name (URN, Uniform Resource Name) oder eine Adresse (URL, Uniform Resource Locator) sein.

Uniform Resource Locator (URL): Identifiziert eindeutig eine Informationsressource im WWW über eine Adressangabe. Da verschiedene Informationsdienste genutzt werden können, setzt sich der URL aus einem Präfix (Schema) zusammen, der den Informationsdienst festlegt, und einem Suffix (schemaspezifischer Anteil), der die dem Informationsdienst entsprechende Adressangabe beinhaltet.

Uniform Resource Name (URN): Eindeutige und dauerhafte Identifikation (Namensangabe) von Informationsressourcen im WWW. Da sich Orts- und Adressangaben von Objekten (URL) im WWW ändern können, muß ein Dienst angeboten werden, der Namen (URNs) eindeutig Adressen zuordnet und Adressänderungen fortlaufend Rechnung trägt. Bislang existiert noch keine funktionsfähige Implementation für einen solchen Dienst.

11. Zustelldienst im Web – HTTP: Hypertext Transfer Protocol

„So schreitet in dem engen Bretterhaus
den ganzen Kreis der Schöpfung aus...“
– aus Faust,
Johann Wolfgang von Goethe (1749-1832)

Damit zwei sich verstehen, müssen sie dieselbe Sprache sprechen. Diese Maxime hat natürlich auch im WWW ihre Gültigkeit: Damit sich WWW-Browser und WWW-Server „unterhalten“ können, müssen sie ein identisches Kommunikationsprotokoll befolgen: HTTP, das Hypertext Transfer Protocol. Seit dem Bestehen des WWW bildet HTTP den Kernbestandteil, der für den reibungslosen Austausch von Informationsressourcen zuständig ist. Als simples und vor allen Dingen schnelles, einfach zu implementierendes Protokoll wurde es seit seiner Einführung beständig erweitert und bietet heute zusammen mit Erweiterungskomponenten wie SSL (Secure Socket Layer), TLS (Transport Layer Security) oder auch PEP (Protocol Extension Protocol) eine flexible und sichere Infrastruktur, über die ein effizienter Datentransfer im WWW möglich ist. Die Effizienz dieses Datentransfers wird vor allen Dingen durch Zwischensysteme wie Proxy-Server, Gateways und Cache-Server ermöglicht, die die Anzahl der erforderlichen Datenübertragungen zwischen den Clients und den meist weit entfernten Origin-Servern auf das Notwendigste beschränken. Vorallem Strategien zur effizienten Verwaltung von Caches stehen bei diesen Effizienzbetrachtungen im Vordergrund.

11.1 Einführung

Das WWW als verteiltes Hypermediasystem stellt einen riesigen weltweit verteilten Informationsspeicher dar. Um diesen überhaupt nutzen zu können, bedarf es klarer Regelungen, wie und auf welche Weise auf die dort gespeicherten Informationen zugegriffen werden kann. Der Zugriff auf Ressourcen wird durch Protokolle geregelt, die die Prozeduren festschreiben, nach denen ein Informationsaustausch zwischen dem Informationssuchenden (**Client**) und dem Informationsanbieter (**Server**) abzulaufen hat. Die einzelnen Informationsressourcen im WWW sind dazu eindeutig durch ihren URI bzw. URL gekennzeichnet, über das **Hypertext Transfer Protocol** (**HTTP**) kann auf sie zugegriffen werden. Der gewöhnliche Nutzer wird allerdings nie selbst mit HTTP in Berührung kommen, der Browser als interaktive Benutzerschnittstelle ermittelt aus einfachen und intuitiv ausführbaren Nutzeraktionen die notwendigen HTTP-Befehle, so daß nurmehr ein Mausklick notwendig ist, um auf die gewünschten Hypermediadokumente zuzugreifen. Die Abfolge protokollarischer HTTP-Befehle bleibt dem Nutzer dabei vollständig verborgen. Jegliche Interaktion des Browsers mit dem Informationsanbieter, wie etwa Anfragen nach Dokumenten, deren Auslieferung oder das Abfragen und Ausliefern von Statusmeldungen allerdings wird über einfache HTTP-Befehle initiiert.

11.1.1 HTTP - Basisoperationen

HTTP ist ein sehr einfach gestaltetes Protokoll, das nach einem simplen Frage/Antwort-Verfahren abläuft und einen zuverlässigen, verbindungsbasierten Transport voraussetzt. Ein einfaches Client-Server Modell vermag die Abläufe zwischen dem Browser als Informationsabfrager (Client) und dem WWW-Server als Informationsanbieter (Server) zu veranschaulichen (siehe Abb. 11.1):
Stets initiiert der Browser als Client eine Kommunikation, indem er eine Anforderung an einen WWW-Server sendet, ihm eine bestimmte Informationsressource zuzusenden. Der Server nimmt die Anfrage des Browsers entgegen und arbeitet diese ab. Ist die angefragte Informationsressource verfügbar und ist der Browser berechtigt, auf diese zuzugreifen, sendet der WWW-Server diese zusammen mit einem positiven Statuscode an den anfragenden Client zurück. Ist die Auslieferung der angefragten Ressource nicht möglich, sendet der WWW-Server einen entsprechenden negativen Statuscode an den Client zurück und beendet die Kommunikation.

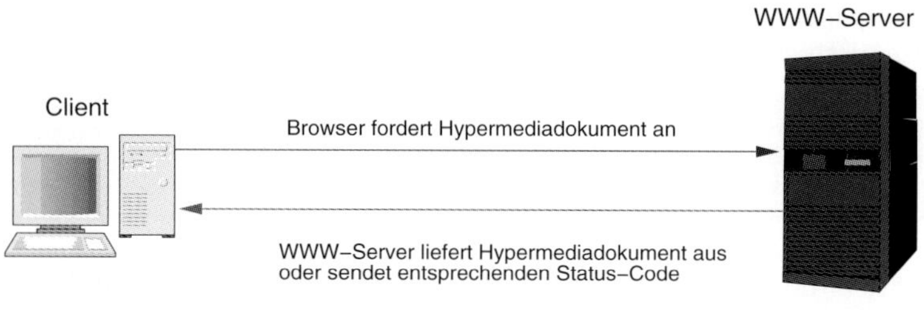

Abb. 11.1. HTTP-Client-Server Architektur

11.1.2 HTTP-Zwischensystem

In der Praxis gestaltet sich die Interaktion zwischen Browser und WWW-Server oft komplizierter, da verschiedene Zwischensysteme in die Kommunikation zwischen beiden eingebunden sind. HTTP unterscheidet dabei zwischen **Proxy-Servern**, **Gateways** und sogenannten **Tunnels** als Zwischensystem, wobei die Rolle, die ein Zwischensystem spielen kann, keineswegs für alle Zeit festgelegt bleibt, sondern durchaus auch wechseln kann. Während einer **Session**, d.h. während eines Frage/Antwort-Zyklus zwischen Browser und WWW-Server bleibt aber die zu Beginn bestehende Zuordnung der Zwischensysteme unverändert.

HTTP – Basiskomponenten

Bei der Interaktion von Rechnern über das HTTP-Protokoll können diese verschiedene Rollen übernehmen – entweder als direkt beteiligte Kommunikationspartner (Client und Server) oder als Zwischensystem (Proxy, Gateway, Tunnel).

- **WWW-Client**, eröffnet Verbindungen zu WWW-Servern, um Anfragen nach bestimmten Informationsressourcen zu stellen. In der Regel handelt es sich beim WWW-Client um einen WWW-Browser, es können sich aber auch andere Programme dahinter verbergen, die nutzergesteuert oder automatisch (Robot) bestimmte Anfragen an WWW-Server stellen.
- **WWW-Server**, wartet darauf, daß ein WWW-Client eine Verbindung eröffnet und antwortet auf die vom WWW-Client gestellte Anfrage. Als Antwort kann entweder die gewünschte Informationsressource oder eine Statusinformation zurückgeliefert werden. Die wichtigste Aufgabe für den WWW-Server besteht dabei in der korrekten Interpretation der Anfrage, um diese entsprechend erfüllen oder abweisen zu können. Kann die gewünschte Ressource nicht zur Verfügung gestellt werden (Nichtvorhandensein oder mangelnde Berechtigung), so wird eine entsprechende Statusmeldung zurückgeliefert.

Abb. 11.2. HTTP – Basiskomponenten

Ein **Proxy-Server** nimmt als Zwischensystem in der Kommunikation zwischen WWW-Browser und WWW-Server eine Art Zwitterrolle ein. Er arbeitet auf der einen Seite als echter WWW-Server, da er Anfragen des Clients direkt beantwortet, wenn er aufgrund einer früheren Kommunikation die gesuchte Antwort bereits in seinem lokalen Speicher (**Cache**) zwischengespeichert hat und kennt. Auf der anderen Seite arbeitet er auch als Client, da er Anfragen der WWW-Browser entgegennimmt und diese dann an deren Stelle selbst an den eigentlichen WWW-Server richtet, der über die gewünschte Informationsressource verfügt (siehe Abb. 11.3). Der dabei adressierte WWW-Server wird auch als **Origin-Server** bezeichnet, da dort der eigentliche Ort der angefragten Informationsressource ist.
Der Proxy-Server wird direkt vom WWW-Browser angesprochen. Seine Anfrage nach einer bestimmten Ressource, die sich auf einem entfernten WWW-Server befindet, wird zuerst auf den Proxy-Server umgeleitet, sofern eine solche Umleitung explizit im WWW-Browser aktiviert wurde. Dies macht Sinn, wenn sich der Proxy-Server lokal im selben Netz wie der anfragende WWW-Browser befindet bzw. die beiden über eine Verbindung mit hoher Bandbreite miteinander gekoppelt sind. Kann der Proxy-Server bereits selbst die Anforderung des WWW-Browsers aus seinem lokalen Cache-Speicher heraus erfüllen, muß keine explizite Verbindung mehr zum adressierten Origin-Server hergestellt werden. Ein Proxy-Server hilft so die Anzahl von Remote-

Verbindungen zu Zielen außerhalb des eigenen LANs zu reduzieren und trägt auf diese Weise dazu bei, Ressourcen zu sparen.

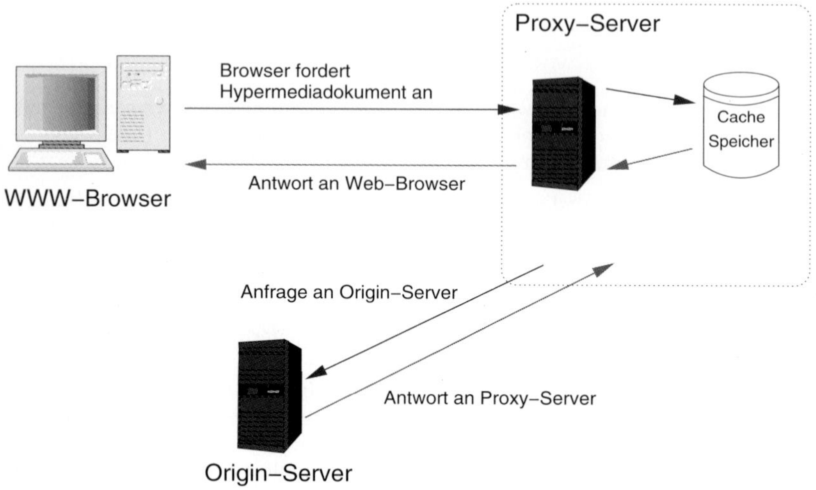

Abb. 11.3. Arbeitsweise eines Proxy-Servers

Ebenso wie der Proxy-Server arbeitet ein **Gateway**. Es dient ebenfalls als Zwischensystem, das anderen, entfernt liegenden Origin-Servern vorgeschaltet ist. Der einzige Unterschied zum Proxy-Server ist der, daß ein Client keine Kenntnis von der Existenz eines Gateways besitzt. Der WWW-Browser kann also nicht feststellen, ob eine Anfrage über ein Gateway geleitet wird oder ob er direkt mit dem Origin-Server kommuniziert. Der Zweck des Gateways besteht im Unterschied zum Proxy-Server darin, daß ein Gateway explizit einem dedizierten WWW-Server vorgeschaltet wird, entweder um diesen zu entlasten oder um bestimmte, sicherheitsbedingte Zugriffsrestriktionen zu implementieren, die den WWW-Server vor unbefugtem Zugriff schützen sollen. Im Gegensatz zu den beiden vorgenannten Systemen arbeitet ein **Tunnel** ohne selbst auf die Kommunikation zwischen WWW-Browser und Origin-Server Einfluß zu nehmen. Während der Zugriff über den Proxy-Server vom WWW-Client explizit gesteuert und das Gateway vom Betreiber des WWW-Servers eingesetzt wird, kann ein Tunnel von einem beliebigen Dritten als einfaches Zwischensystem auf dem Weg zwischen WWW-Client und WWW-Server in die Kommunikationsstuktur des WWW eingebracht werden. Ein Tunnel gibt einfach nur die vom WWW-Browser ankommenden Anfragen unverändert weiter zum Origin-Server und leitet die vom Origin-Server stammende Antwort zurück an den WWW-Browser. Ein Tunnel besitzt keinen eigenen Cache-Speicher für angefragte Informationsressourcen. Er arbeitet vollkommen transparent und kann die Daten, die ihn passieren, weder interpretieren noch verändern.

11.2 Historische Entwicklung

Die erste HTTP-Version entstand 1989/90 am CERN im Zuge der Entwicklung des WWW. Obwohl ursprünglich nicht mit einer Versionsnummer versehen, wurde dieser nur wenige Seiten umfassenden Spezifikation im Nachhinein die Versionsnummer HTTP/0.9 zugeteilt, um sie von der 1992 eingeführten, wesentlich ausgereifteren Version HTTP/1.0 abzugrenzen. Als eine der drei Grundpfeiler des WWW ermöglicht das HTTP Protokoll zusammen mit der Markup-Sprache HTML und dem Adressierungskonzept der URLs, die eigentliche Kommunikation zwischen den Akteuren im WWW. Bei der Entwicklung von HTTP standen zwei klare Designziele im Vordergrund. HTTP sollte ein **einfaches Protokoll** sein, d.h. es sollte ohne großen Aufwand auf Clients und Servern zu implementieren sein, und die Ausführung des Protokolls sollte nur sehr wenige Ressourcen (Rechenzeit und Hauptspeicherplatz) in Anspruch nehmen. Darüberhinaus sollte HTTP ein **schnelles Protokoll** sein, denn von Anfang an war abzusehen, daß das WWW zu einer gigantischen Ansammlung von Dokumenten anwachsen, und daß eine sehr große Zahl von beteiligten Clients und Servern interagieren würden. Daher wurde auf die Gesichtspunkte Schnelligkeit und Effizienz sehr großer Wert gelegt, schließlich war allen Akteuren an einer zügigen Ausführung der gestellten Dokumentenabfragen gelegen.

HTTP/0.9 erfüllte diese beiden Anforderungen, allerdings wurde auch nur eine einzige Methode der Client-Anfrage unterstützt: die `GET`-Methode. Eine Anfrage nach einem Dokument führt dabei zunächst zu einem Verbindungsaufbau zum gewünschten WWW-Server. Der Client sendet dann ein "`GET dokumentenname`", wobei "dokumentenname" den Namen bzw. Pfadangabe und Namen des gewünschten Dokuments auf dem WWW-Server angibt. Der Server liefert anschließend das angeforderte Dokument zurück und beendet danach die Verbindung, wodurch das Ende der Dokumentenübermittlung signalisiert wird.

Allerdings wurden die Nachteile dieses einfachen Protokolls schnell offensichtlich, als Wachstum und Vielfalt des WWW die vorausgesehenen Grenzen überschritt. HTTP/0.9 war nicht in der Lage, bei Dokumenten nach verschiedenen Medientypen zu unterscheiden, und war tatsächlich nur zur Abfrage einfacher Text-Dokumente geeignet. Dazu war HTTP/0.9 auch nicht in der Lage, Informationen vom Client zum Server zu übertragen, um so z.B. Suchabfragen oder Statusinformation zu übermitteln. Auch der Server selbst war unter HTTP/0.9 nur in der Lage, ein angefordertes Text-Dokument zu senden oder nicht zu versenden. Statusmeldungen, die Aufschluß über die Art der Antwort des Servers geben (z.B: `Document not found`) waren nicht vorgesehen. Zur Überwindung der aufgezeigten Nachteile kam sehr zügig eine entsprechende Erweiterung von HTTP/0.9 auf die Tagesordnung.

11.2.1 HTTP/1.0

1996 wurde das bereits 1992 eingeführte Protokoll HTTP/1.0 als RFC 1945 in den Status eines sogenannten informellen Standard erhoben. Der RFC selbst vermeidet den Begriff Standard, da in diesem Dokument nur der Ist-Zustand bzgl. HTTP/0.9 und HTTP/1.0 dokumentiert wurde. Von Anfang an war klar, daß noch weitere Versionen des Protokolls folgen würden und so ist RFC 1945 und das darin spezifizierte HTTP/1.0 denn eher als Sachstandsaufnahme zu sehen.
Zu den Neuerungen von HTTP/1.0 zählen:

- Die Einführung von **Medientypen** für Dokumente im WWW. Damit war es erstmals möglich, wirkliche Hypermediadokumente, die aus unterschiedlichen Medienformaten zusammengesetzt sind, zu behandeln. Der Server ist jetzt in der Lage, nicht nur das gewünschte Dokument zurückzuliefern, sondern kann zusätzlich auch noch Informationen über den vorliegenden Medientyp senden. Zu diesem Zweck wurde das **MIME**-Konzept **Multipurpose Internet Mail Extensions** adaptiert, ein Rahmenwerk für Identifikation, Verarbeitung und Austausch unterschiedlicher Medienformate.
- Eine bidirektionale Kommunikation zwischen Client und Server wurde über die Einführung eines **neuen Nachrichtenformats** erreicht, das über sogenannte **Header-Felder** verfügt, über die Client und Server entsprechende Kontrollinformationen austauschen können.
- Mit Einführung der **neuen Methode** `POST` kann ein Client jetzt direkt Informationen an einen Server übertragen.
- Darüberhinaus sorgt ein **neues Response-Format** dafür, daß zu jeder beantworteten Anfrage auch Status-Codes des Servers mitübertragen werden können, um so z.B. Aufschluß über fehlgeschlagene Anfragen zu übermitteln.
- Zuletzt wurde noch ein **einfacher Benutzer-Authentifikationsmechanismus** mit in das Protokoll aufgenommen. Damit können sicherheitskritische Ressourcen vor unberechtigtem Zugriff geschützt werden, indem Benutzer identifiziert werden, um Autorisierungsprüfungen durchführen zu können.

Das als informeller Standard RFC 1945 spezifizierte Protokoll HTTP/1.0 brachte dem WWW als globale Anwendung zwar den erhofften Durchbruch, da es einen höheren Grad an Interaktion mit der Client-Seite gestattete als etwa die Version zuvor, doch zeigte sich schnell, daß die Verbesserungen vor allem auf der netzwerktechnischen Seite noch lange nicht ausreichend waren.

11.2.2 Unzulänglichkeiten von HTTP/1.0

Zum Zeitpunkt der Festschreibung des informellen Standards HTTP/1.0 waren folgende Schwachstellen bereits sichtbar:

- Netzwerktechnisch beschränkte sich die Interaktion zwischen Client und Server noch immer auf eine **einfache Frage/Antwort-Sequenz**. Der Server beendete immer noch nach jeder einzelnen Anfrage die Verbindung zum Client. Dieses Konzept wirft nicht nur aus Gründen der mangelnden Performance Probleme auf, auch ist es nicht ohne Weiteres möglich, Autorisationsdaten aus einer früheren Sequenz wiederzuverwenden und so eine einmal getroffene Autorisation aufrecht zu erhalten.
- HTTP/1.0 enthält keine Unterstützung für **nicht-IP-basierte virtuelle Hosts**. Das Konzept der virtuellen Hosts gestattet es, mehrere verschiedene Web-Server auf demselben Rechner zu betreiben. Handelt es sich um sogenannte IP-basierte virtuelle Hosts, werden der Netzwerkschnittstelle des Server-Rechners für jeden der virtuellen Hosts verschiedene IP-Adressen zugeordnet. Aufgrund der angegebenen IP-Adresse in der Anfrage des Clients kann dann eine Zuordnung zum entsprechenden virtuellen WWW-Server getroffen werden. Allerdings führte der generelle Mangel an verfügbaren IP-Adressen bald zur Entwicklung sogenannter nicht-IP-basierter virtueller Hosts. Hier wird dem Netzwerkadapter des Server-Rechners nur eine einzige IP-Adresse zugeordnet, während mehrere virtuelle Hosts auf dem Server aktiv sind. Unter HTTP/1.0 kann hier allerdings nicht festgestellt werden, an welchen der virtuellen Hosts die Anfrage eigentlich gerichtet war, da alle virtuellen Hosts über dieselbe IP-Adresse verfügen.
- Die HTTP/1.0 zu Grunde liegenden **Caching-Strategien** sind primitiv und für den Hochlastbetrieb unzureichend.
- Eine Unterstützung für die **fragmentarische Übertragung** von Dokumenten ist nicht vorgesehen. So muß ein Dokument, das nur teilweise übertragen werden konnte, wieder völlig neu angefordert und übertragen werden. Es ist kein Mechanismus vorgesehen, den erneuten Transfer auf die bislang noch nicht übertragenen Teile zu beschränken.
- Der bereits beschriebene **Basis-Authentifikations-Mechanismus** gilt als zu schwach und demzufolge als unsicher.

Zur Überbrückung dieser schon sehr früh bekannten Unzulänglichkeiten wurde die Entwicklung eines Nachfolgestandards HTTP/1.1 vorangetrieben, der auch heute noch Gültigkeit besitzt.

11.2.3 HTTP/1.1

Im Januar 1997 wurde in RFC 2068 HTTP/1.1 als neue Version des HTTP-Standards verabschiedet, der im Juni 1999 durch RFC 2616 ersetzt wurde. Die getroffenen Veränderungen und Erweiterungen gegenüber HTTP/1.0 sind wesentlich weitreichender als die des Vorgängers HTTP/1.0 gegenüber HTTP/0.9, so daß auch von einer längeren Nutzungsdauer ausgegangen werden kann.
Die wichtigsten Erweiterungen betreffen dabei die folgenden Punkte:

- Der wahrscheinlich bedeutendste Nachteil von HTTP/1.0 betraf die auf einer einzigen Frage/Antwort-Sequenz basierende Interaktion von Client und Server. HTTP/1.0 ist ein rein **zustandsloses Protokoll**, es kann bei einer neuen Anfrage keinerlei Information aus vorangegangen Anfragen mit verarbeiten. Um das zu überwinden wurde ein Konzeptvorschlag herangezogen, der als **Persistent HTTP** (**P-HTTP**) bezeichnet wird. P-HTTP läßt eine Verbindung auch nach Beendigung einer Frage/Antwort-Sequenz weiter bestehen und wartet ab, ob der Client weitere Anfragen an denselben Server richtet. Durch dieses Vorgehen wird auch die Anzahl der jeweils auf- und abzubauenden TCP-Verbindungen vermindert.
- Die **Unterstützung nicht-IP-basierter virtueller Hosts** wird über ein zusätzliches, neues Header-Feld, das **Host**-Header-Feld erreicht. Ein Client spezifiziert im Host-Header-Feld, welcher virtuelle Host von den unter der angegebenen IP-Adresse erreichbaren Hosts angesprochen werden soll. Die Angabe dieses Feldes wird zur Pflicht, da sonst ein Server, der über nicht-IP-basierte Hosts verfügt, nicht entscheiden kann, an welchen dieser Hosts die gesendete Anfrage gerichtet ist. Fehlt diese Angabe, wird eine entsprechende Fehlermeldung zurückgesendet.
- Im Zusammenhang mit dem zugelassenen Einsatz von nicht-IP-basierten virtuellen Hosts steht auch die Verwendung **absoluter URIs**, i.e. ein vollständiger URI, der nicht relativ zu einem Basis-URI angegeben wird. Waren zuvor absolute URIs nur gültig, wenn sie in einer Anfrage an einen Proxy-Server gerichtet waren, so sind sie jetzt auch für Origin-Server zugelassen, da in ihnen der jeweils angefragte virtuelle Host adressiert werden kann.
- Für die Anfragen des Clients wurde eine Zahl **neuer Methoden** definiert – `DELETE`, `OPTIONS`, `PUT`, `TRACE` – auf die später noch im Detail eingegangen wird.
- Der **Transfer von Dokumentenfragmenten** wird unterstützt, wobei exakte Bytegrenzen für eine Übertragung angegeben werden können. So lassen sich unterbrochene Übertragungen effizient vervollständigen, ohne daß dabei Daten mehrfach gesendet werden müssen.
- Über die sogenannte **Content Negotiation** können sich Client und Server über Parameter wie Sprache, Darstellungsqualität oder Kodierung zur gewünschten Repräsentationsform eines angeforderten Dokuments verständigen, ohne daß dabei der Inhalt des Dokuments betroffen wäre.
- Im Normalfall wird das Ende eines HTML-Dokuments durch den Verbindungsabbau von Seiten des WWW-Servers signalisiert. Persistente Verbindungen machen es nun unmöglich, auf diese Weise Rückschlüsse auf die Länge eines Dokuments zu ziehen. Für statische Dokumente ist die Länge stets vor deren Übertragung bekannt und kann so explizit im Header angegeben werden. Dynamisch generierte Dokumente, über deren Länge im Voraus keine Aussage getroffen werden kann, werden mit Hilfe einer **pake-**

tierten Kodierung (Chunked Encoding) gesendet. Dabei wird das Dokument in einzelne Pakete von bekannter Größe aufgeteilt, die nacheinander übertragen werden.
- **Caching-Strategien** auf Server-Seite werden weitgehend verbessert, so daß der Server die detaillierte Kontrolle darüber behält, wie der Cache-Speicher für ein bestimmtes Dokument benutzt wird.
- Die einfache **Authentifikationsmethode** aus HTTP/1.0 wird weitgehend verbessert, so daß jetzt keine Übertragung von Benutzernamen und Passwort im Klartext mehr nötig ist.

Die nachfolgende detaillierte Beschreibung von HTTP und der Möglichkeiten, die HTTP bietet, bezieht sich auf die Version HTTP/1.1.

11.3 HTTP en Detail

Prinzipiell basiert jede Aktion in HTTP auf dem bereits besprochenen Frage/Antwort-Schema. Daher werden wir im folgenden zunächst auf die beiden grundlegenden Nachrichtenformate der HTTP-Anfrage (HTTP-Request) und der HTTP-Antwort (HTTP-Response) eingehen. Später beschäftigen wir uns ausführlich mit den Mechanismen der Content Negotiation, der Authentifikation und der Sicherheit, den persistenten Verbindungen, den möglichen Caching-Strategien und dem Cookie-Mechanismus.

11.3.1 HTTP-Nachrichtenformat

Das Nachrichtenformat in HTTP folgt einem sehr einfachen Schema, das in RFC 822 (generelles Versenden von Textnachrichten im Internet) festgelegt ist. Jede Nachricht besteht dabei aus einer Startzeile, optional aus mehreren Header-Feldern, einer Leerzeile, gefolgt vom sogenannten Message-Body, dem eigentlichen Inhalt der Nachricht, der auch weggelassen werden kann (siehe Abb. 11.4).
Bei der Startzeile kann es sich entweder um eine Request-Zeile (im Falle einer Anfrage vom Client) oder um eine Status-Zeile (im Falle einer Antwort vom Server) handeln. Die nachfolgenden Message-Header können in unterschiedliche Kategorien fallen:

- **General Header**
  Kann sowohl in Anfrage als auch Antwort vorkommen und bezieht sich nicht auf den Message-Body (siehe Tabelle 11.3.1).
- **Entity Header**
  Liefert Meta-Informationen über den Inhalt im Message-Body und kann sowohl in Anfrage oder Antwort auftreten (siehe Tabelle 11.3.1).

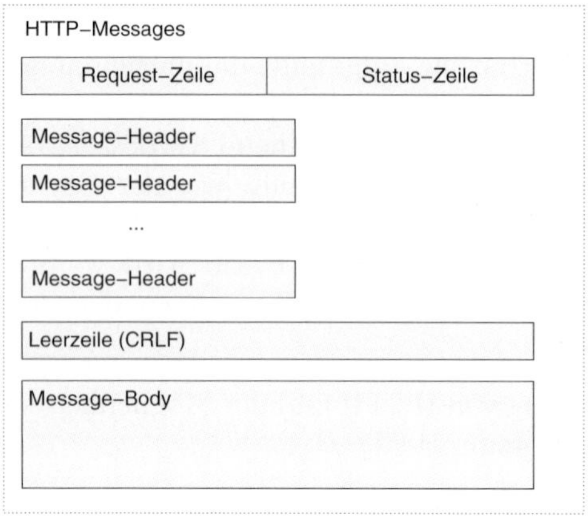

Abb. 11.4. HTTP-Nachrichtenformat

- **Request Header**
  Enthält Information zur Anfrage oder zum Client und bezieht sich nicht auf den Inhalt des Message-Body.
- **Response Header**
  Enthält Information zur Antwort des Servers und bezieht sich nicht auf den Inhalt des Message-Body.

Tabelle 11.1. General-Message-Header und ihre Aufgaben

Feld	Funktion
Cache Control	Koordination der Caching-Systeme bzgl. der gesendeten Nachricht
Connection	legt fest, ob eine Verbindung über einen Proxy geleitet werden darf oder nicht
Date	Ursprungsdatum der beförderten Nachricht
MIME-Version	obwohl HTTP eigentlich kein MIME-konformes Protokoll ist, kann hier die Versionsnummer der zur Kodierung des Nachrichteninhalts verwenden MIME-Version angegeben werden
Pragma	dient der Angabe Implementations-spezifischer Direktiven für jeden Empfänger, der entlang des Verbindungsweges liegt
Trailer	gibt an, welche Felder im Trailer einer mittels paketierter Übertragung versendeten Nachricht vorkommen
Transfer-Encoding	gibt an, ob die versendete Nachricht bereits in kodierter Form vorliegt (z.B. gzip)
Upgrade	spezifiziert Protokoll, das der Client gerne benutzen würde
Via	wird von Gateways und Proxies genutzt, um Protokolle und Adressen von Empfängern anzugeben, die auf dem Verbindungsweg liegen

Tabelle 11.2. Entity-Message-Header und ihre Aufgaben

Feld	Funktion
Allow	spezifiziert die Methode, mit der auf eine Ressource zugegriffen werden soll
Content-Base	definiert Basis für relative URIs, damit diese in absolute URIs aufgelöst werden können
Content-Encoding	gibt an, welche Methode zur Kodierung des Message-Body angewendet worden ist
Content-Language	legt die natürliche Sprache des Empfängers des Message-Body fest
Content-Length	spezifiziert die Länge des Message-Body; unbedingt erforderlich im Falle von persistenten Verbindungen
Content-Location	der Server kann hier angeben, ob sich das übertragene Dokument auch noch an anderer Stelle im WWW befindet
Content-MD5	enthält ein MD5-Wörterbuch (siehe MD-5 Verschlüsselung nach RFC 1864) des im Message Body übertragenen Dokuments
Content-Range	wird genutzt, um Dokumentenfragmente übertragen zu können, und gibt in der Regel bestimmte Bytegrenzen an
Content-Type	identifiziert den Medientyp des im Message-Body übertragenen Dokuments
ETag	wird genutzt zur Gültigkeitsüberprüfung des Message-Body zum Vergleich mit anderen Dokumenten derselben Quelle
Expires	gibt an, für wie lange ein im Message-Body übertragenes Dokument Gültigkeit besitzt; wird vom Cache verwendet, um gegebenenfalls ein Nachladen des Dokuments zu initiieren
Last Modified	gibt Datum und Uhrzeit an, wann das Dokument gemäß Origin-Server zuletzt modifiziert wurde
Extension-Header	erlaubt die Definition zusätzlicher Header-Felder, ohne das Protokoll dafür modifizieren zu müssen; kann nicht immer von allen Empfängern interpretiert werden.

HTTP-Request. Jede Interaktion über das HTTP-Protokoll beginnt mit einer **Anfrage** (**Request**). Sie dient dazu, nach erfolgreichem Verbindungsaufbau zwischen Client und WWW-Server, die Wünsche des Clients genau zu spezifizieren. Das Format einer Anfrage ist sehr einfach und folgt dem allgemeinen HTTP-Nachrichtenformat (siehe Abb. 11.5).
Die Anfrage beginnt stets mit einer **request-line**, in der die **Methode** bestimmt wird, mit der auf die nachfolgend über einen **request-URI** identifizierte Ressource zugegriffen werden soll. Wird keine Ressource angegeben, wird für den request-URI ein Stern-Zeichen „*“ gesetzt. Der request-URI wird stets als absoluter URI angegeben, sofern sich die Anfrage auf einen Proxy oder ein Gateway bezieht. Ist die Abfrage direkt an einen Origin-Server gerichtet, kann auch ein relativer URI angegeben werden. Abschließend wird in der request-line noch die verwendete **HTTP-Versionsnummer** genannt, damit Client und Server entsprechend in der Lage sind, sich zu synchronisie-

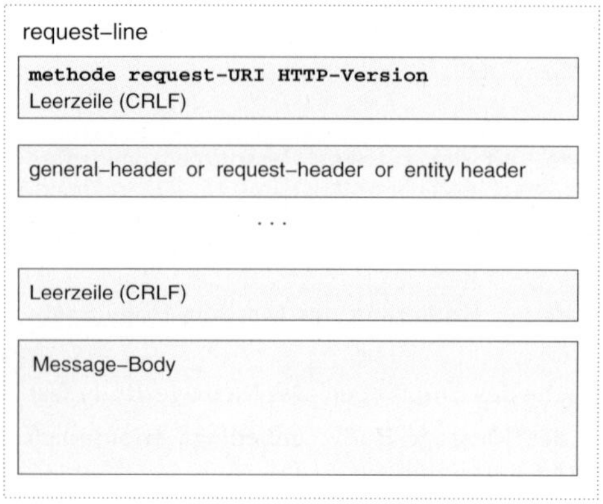

Abb. 11.5. HTTP-Anfrage (Request)

ren, gefolgt von einer Leerzeile, die die request-line von den nachfolgenden Message-Headern trennt.
Bei den Zugriff-Methoden klassifiziert man **sichere Methoden** (**safe**) und **idempotente Methoden** (**idempotent**). Sichere Methoden beinhalten ausschließlich Abfrageoperationen, die keine unerwarteten oder unerwünschten Effekte bei ihrer Ausführung erwarten lassen. Idempotente Methoden werden so genannt, da die Nebeneffekte, die ihre Ausführung nach sich zieht, stets dieselben bleiben, ganz egal, ob diese Methode einmal oder mehrmals angewendet wird. Tabelle 11.3 zeigt eine Klassifikation der HTTP/1.1 Methoden nach den Eigenschaften „safe " und „idempotent".
Gemäß der HTTP/1.1 Spezifikation sind alle Methoden bis auf `GET` und `HEAD` optional und müssen somit nicht auf allen WWW-Servern implementiert sein. Ist eine angefragte Methode am betreffenden Server nicht verfügbar, antwortet dieser mit einem Statuscode „501" (`Method not Implemented`). Ist eine Methode zwar bekannt, nur wurde ihre Nutzung eingeschränkt oder verboten, antwortet der Server mit „405" (`Method not Allowed`).
Neben den Methoden, die die Art der Anfrage an den Server bestimmen, sind die **Request-Header** von großer Bedeutung, da sie Informationen, die sich auf die jeweilige Anfrage bzw. auf den anfragenden Client selbst beziehen, übertragen. Einige von ihnen dienen nur der Übergabe von zusätzlichen, optionalen Parametern, die nicht notwendigerweise vom Server interpretiert werden müssen (z.B. Angaben über auf Client-Seite benutzte Software). Andererseits gibt es auch Request-Header, die die Bedeutung eines übertragenen Message-Body vollständig verändern (z.B. Angaben zu konditionalen Anfragen bzw. Anfragen nach Dokumentfragmenten). Tabelle 11.6 gibt einen Überblick über die zur Verfügung stehenden Request-Header.

HTTP-Response. Nachdem der Client mit seiner Anfrage die Interaktion mit dem WWW-Server gestartet hat, folgt in der Regel als nächstes eine Antwort (**Response**) des WWW-Servers. Die Antwort stellt das Ergebnis der Verarbeitung der Anfrage des Clients auf dem adressierten Server dar und

Tabelle 11.3. Überblick über die HTTP/1.1 Methoden

Name	safe	idempotent	Beschreibung
CONNECT			wird verwendet, um Verbindungen zu Proxy-Servern herzustellen, die auf einen Betrieb als Tunnel umgeschaltet werden sollen (SSL proxying)
DELETE		X	dient dem Löschen einer Ressource auf dem Server. Der Client kann aber nicht immer von der sofortige Ausführung dieser Anweisung ausgehen, auch wenn die Anweisung vom Server bestätigt wird. Ein Cache markiert die betreffende Ressource als ungültig
GET	X	X	dient der Anfrage der im request-URI angegebenen Ressource. Ist dabei der Range-Header gesetzt, wird die Ressource nur in den dort angegebenen Bytegrenzen ausgeliefert
HEAD	X	X	ähnlich wie GET, nur darf der Server keinen Message-Body zurücksenden. Wird genutzt, um Gültigkeit von URIs oder deren letzte Modifikation zu überprüfen: Ergab die Abfrage, daß eine Modifikation durchgeführt wurde, verlieren die betreffenden Cache-Einträge ihre Gültigkeit
OPTIONS		X	dient dem Client zur Abfrage der vorhandenen Kommunikationsoptionen entlang der Verbindungsstrecke zum Server. Dies kann sich auf den angegebenen request-URI beziehen, oder, wenn diese nicht angegeben ist, auf die generellen Kommunikationsparameter zum Server
POST		X	dient dem Client zur Übermittlung von Informationen an die in dem request-URI angegebene Ressource. Wird genutzt, um z.B. Formular-Daten an eine CGI-Applikation zu übergeben
PUT		X	dient dem Client zu Übermittlung einer eigenen Ressource an die im request-URI angegebene Adresse. Dabei wird im Gegensatz zur POST-Methode eine neue Ressource erzeugt
TRACE		X	wird zu diagnostischen Zwecken verwendet. Der Client sendet einen TRACE-Request und erhält vom Server einen positiven Statuscode zusammen mit der Nachricht im Message-Body, wie der Server die vom Client ursprünglich übermittelte Nachricht über die Verbindungsstrecke erhalten hat. Dabei kann festgestellt werden, ob die Nachricht durch Zwischensysteme verändert wurde

Tabelle 11.4. Überblick über die HTTP/1.1 Request-Header

Name	Beschreibung
Accept	spezifiziert eine Liste von Medientypen, die der Client interpretieren kann
Accept-Charset	spezifiziert eine Liste von Zeichensätzen, die der Client interpretieren kann. Als Default-Zeichensatz wird ISO 8859-1 angenommen
Accept-Encoding	beschreibt, welche Arten der Kodierung der Client interpretieren kann
Accept-Language	spezifiziert natürliche Sprachen, die der Client bereit ist, zu akzeptieren. Angabe erfolgt über ein Language-Tag gemäß RFC 1766
Authorization	dient der Authentification des Clients gegenüber dem Server
Expect	dient der Spezifikation eines bestimmten Server-Verhaltens, das der Client erwartet. Frei erweiterbar und nicht immer anwendbar
From	spezifiziert die Email-Adresse des anfragenden Benutzers
Host	obligatorisches Feld. Gibt Hostname und Portnummer des angefragten Servers gemäß dem angefragten URI an
If-Modified-Since	konditionale GET-Anfrage. Dient der effizienten Cache-Nutzung. Wurde ein Dokument seit der im If-Modified-Since Feld angegebenen Zeit nicht verändert, wird nur ein entsprechender, positiver Statuscode (304-Not Modified) zurückgesendet
If-Match	konditionale Anfrage. Der Server vergleicht die mit dem angeforderte Dokument assoziierten Entity-Tags mit den im If-Match angegebenen. Die Anfrage wird erfüllt, sobald eine Übereinstimmung festgestellt wird
If-None-Match	wie If-Match, nur wird auf Nichtübereinstimmung geprüft
If-Range	konditionaler Request, der der Ergänzung von Dokumentenfragmenten im Cache dient
If-Unmodified-Since	wie IF-Modified-Since. Die Anfrage wird nur erfüllt, wenn das angefragte Dokument seit dem angegebenen Zeitpunkt nicht verändert wurde
Max-Forwards	nur bei TRACE und OPTIONS anwendbar. Wird benutzt, um die Anzahl der überbrückten Proxy-Server und Gateways zu begrenzen.
Proxy-Authorization	dient der Authentifizierung beim nächstgelegenen Proxy-Server
Range	dient der Angabe von Bytegrenzen zur Anforderung von Dokumentfragmenten
Referrer	gibt den URI des Dokuments an, von dem aus die aktuelle Anfrage gestartet wurde
TE	wie Accept-Encoding. Bezieht sich allerdings nur auf die Kodierung des aktuellen Transfers
User-Agent	gibt Auskunft über den Client, der die Anfrage ausführt (z.B. Typ und Versionsnummer des verwendeten Browsers)

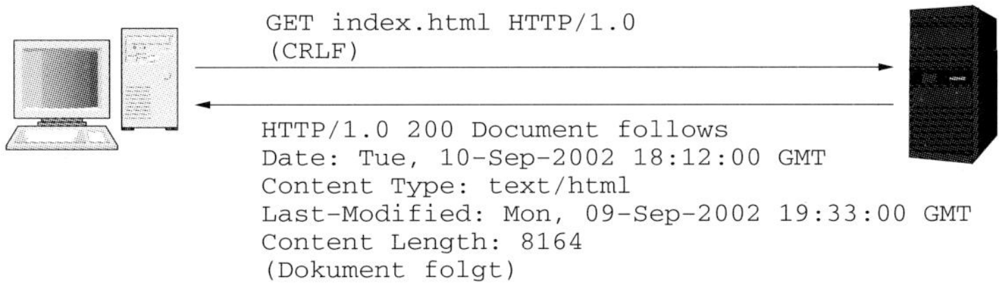

Der Client fragt nach einem Dokument mit Namen „index.html" und teilt dem Server mit, daß er HTTP/1.0 versteht. Die Anfrage des Clients muß immer mit einer Leerzeile abgeschlossen werden. Der Server teilt dem Client mit, daß er auch HTTP/1.0 versteht und daß das angeforderte Dokument übertragen werden kann. Nach Datum und Uhrzeit der Anfrage teilt der Server dem Client weiter mit, daß es sich bei dem angeforderten Dokument um eine Textdatei handelt, deren Inhalt aus einer HTML-Datei besteht. Die Datei wurde erst kürzlich modifiziert und hat eine Länge von 8.164 Bytes.

Ein Nutzer kann einen HTTP-Request auch manuell ausführen. Dazu muß er eine Telnet-Verbindung über den HTTP-Standardport 80 zum gewünschten Server aufbauen, gefolgt vom eigentlichen HTTP-Request:

```
telnet www.informatik.uni-trier.de 80
Trying 136.199.55.55
Connected to www.informatik.uni-trier.de
Escape character is '^ ]'

GET index.html HTTP/1.0
HTTP/1.0 200 Document follows
Date: Tue, 10 Sep 2002 18:12:00 GMT
Content-Type: text/html
Last-Modified: Mon, 09 Sep 2002 19:33:12 GMT
Content-Length: 8164
...
```

Abb. 11.6. Beispiel einer HTTP-Kommunikation

besitzt ebenfalls ihr eigenes Nachrichtenformat (Response Message Format), das dem allgemeinen HTTP-Nachrichtenformat folgt (siehe Abb. 11.7).
Die **Status-Zeile** als erste Zeile des Antwort-Datenformats enthält meist die wichtigste Information der Server-Antwort. Sie beginnt stets mit einer Versionsangabe der HTTP-Version, derer sich der Server bedient, gefolgt vom eigentlichen Statuscode, der das Ergebnis der Anfrage anzeigt. Nach dem Statuscode, der eigentlich nur zur Auswertung für Programme und nicht für den Benutzer selbst bestimmt ist, folgt die Reason-Phrase, die in Form einer kurzen, natürlich-sprachlichen Umschreibung eine kurze Erklärung des Statuscodes vornimmt. Um die Antwort des Servers korrekt auswerten zu können, benötigt der Client als erstes den Status-Code und die nachfolgenden Header-Felder, bevor er in der Lage ist, die eigentlichen Daten zu verarbeiten, die sich im Message-Body anschließen.

Tabelle 11.5. Überblick über die HTTP/1.1 Status-Codes (Teil 1)

Code	Reason-Phrase	Bedeutung
Informational (1xx)		
100	continue	die Bearbeitung der Anfrage hat bereits begonnen und kann vom Client beendet werden
101	switching protocols	der Server stellt die Forderung, auf das im HTTP-Upgrade-Header angegebene Protokoll zu wechseln
Successful (2xx)		
200	ok	die Anfrage verlief ordnungsgemäß und die Daten wurden zum Client gesendet
201	Created	folgt einer POST-Methode und besagt, daß das Folgedokument ordnungsgemäß erzeugt wurde
202	Accepted	der Request wurde korrekt angenommen, aber nicht abgeschlossen
203	Non-Authoritative Information	die gesendeten Daten stammen von einem nicht autorisierten, also externen Server
204	No Content	angefordertes Dokument hat keinen Inhalt
205	Reset Content	löschen der vom Client in das HTML-Formular eingegebenen Daten
206	Partial Content	Dokument wurde nur teilweise gesendet
Redirection (3xx)		
300	Multiple Choices	vom Client übermittelter URI verweist auf mehrere Ressourcen
301	Moved Permanently	angefordertes Dokument ist permanent unter einem anderen URI zu finden, neuer URI wird im HTTP-Location-Header gesendet
302	Moved Temporarily	angefordertes Dokument ist vorübergehend unter einem anderen URI zu finden, neuer URI wird im HTTP-Location-Header gesendet
303	See Other	angefordertes Dokument ist permanent unter einem anderen URI zu finden, neuer URI muß explizit vom Client angefordert werden
304	Not Modified	positive Antwort des Servers auf eine If-Modified-Since-Anfrage eines Clients
305	Use Proxy	auf die vom Client angeforderte Ressource kann nur über den im HTTP-Location-Header genannten Proxy-Server zugegriffen werden
307	Temporary Redirect	wie Status-Code 302, gedacht für Fehlreaktionen einiger Browser auf 302

Tabelle 11.6. Überblick über die HTTP/1.1 Status-Codes (Teil 2)

Code	Reason-Phrase	Bedeutung
Client Error (4xx)		
400	Bad Request	clientseitige Anfrage war fehlerhaft und wurde nicht bearbeitet
401	Unauthorized	vergeblicher Versuch, sich in einen geschützten Bereich des WWW-Server einzuloggen. Kann an einem falschen Benutzernamen bzw. Passwort liegen, aber auch an einem defekten Authorization-Header
402	Payment Required	fehlender (oder falscher) ChargeTo-Header bei Benutzung eines Online-Bezahlungssystems
403	Forbidden	unberechtigte Anforderung einer Ressource, steht nicht in Zusammenhang mit Authentifizierungsmechanismen
404	File Not Found	Datei/Dokument angefordert, das nicht (mehr) vorhanden ist bzw. dessen Identifikation sich verändert hat
405	Method not allowed	nicht zugelassene Request-Methode
406	Not Acceptable	bei Content Negotiation wurde keine Ressource gefunden
407	Proxy Authentication Required	Zugriff auf Proxy-Server kann nur nach vorheriger Authentifikation erfolgen
408	Request Time-out	Request wurde nicht innerhalb der als Timeout definierten Latenzzeit abgearbeitet
409	Conflict	Funktionskonflikt auf dem Server, kann auf fehlerhafte Serverkonfiguration zurückführbar sein
410	Gone	angefordertes Dokument ist nicht mehr verfügbar, ein neuer URI ist nicht bekannt
411	Length Required	Client schickt Anfrage ohne gültigen HTTP-Content-Length-Header
412	Precondition failed	eine im HTTP-If-Header angegebene Bedingung konnte nicht erfüllt werden
413	Request Entity Too Large	Entity-Body der Anfrage ist zu groß, Anfrage kann daher nicht bearbeitet werden
414	Request URL Too Large	URI in der Anfrage ist zu groß, Anfrage kann daher nicht bearbeitet werden
415	Unsupported Media Type	Entity-Body kann von WWW-Server nicht gelesen werden, Anfrage kann daher nicht bearbeitet werden

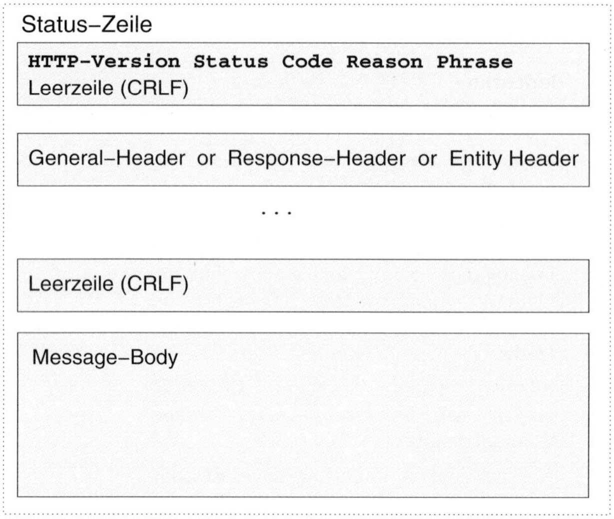

Abb. 11.7. HTTP-Antwort (Response)

Der **HTTP-Status-Code** besteht in der Regel aus einer dreistelligen Zahl, die das Ergebnis einer Anfrage an den WWW-Server wiedergibt. Dabei definiert die erste Ziffer des Status-Codes die sogenannte **Response-Klasse** der Antwort, die generell Auskunft darüber gibt, ob die Anfrage erfolgreich war oder nicht, während die letzten beiden Ziffern die Gründe für die Zugehörigkeit zu einer bestimmten Response-Klasse näher erläutern. Man unterscheidet derzeit fünf unterschiedliche Response-Klassen:

- **1xx - Informational**
  Die Antwort des WWW-Servers besitzt nur vorläufigen Charakter und besagt, daß der Server die Anfrage erhalten hat und daß diese gerade bearbeitet wird.
- **2xx - Successful**
  Wurde die Anfrage vom WWW-Server empfangen, verstanden und akzeptiert, wird dieser Status-Code zurückgesendet.
- **3xx - Redirection**
  Die Anfrage konnte nicht vollständig bearbeitet werden und der WWW-Server verweist auf weitere Server, die vom Client zu kontaktieren sind, um die Anfrage erfolgreich zu bearbeiten.
- **4xx - Client Error**
  Die Anfrage konnte vom WWW-Server nicht bearbeitet werden, da auf Client-Seite ein Fehler vorlag (z.B. syntaktischer Fehler in der Anfrage).
- **5xx - Server Error**

Tabelle 11.7. Überblick über die HTTP/1.1 Status-Codes (Teil 3)

Code	Reason-Phrase	Bedeutung
Client Error (4xx) - Fortsetzung		
416	Requested Range Not Satisfiable	Anfrage enthält Angaben, welcher Byte-Bereich von dem angeforderten URI übertragen werden soll. Sowohl Anfangswert als auch Endwert des angegebenen Bereichs liegen außerhalb des verfügbaren Bytebereichs, Anfrage kann daher nicht bearbeitet werden
417	Expectation Failed	Anfrage enthält im Expect-Header bestimmte Wünsche, die der WWW-Server nicht erfüllen kann. Anfrage kann daher nicht bearbeitet werden
Server Error (5xx)		
500	Internal Server Error	interner Serverfehler. Typischerweise arbeitet ein CGI-Skript nicht korrekt, oder auf dem Server treten Prozeßabstürze bzw. Ressourcenengpässe auf
501	Not Implemented	WWW-Server unterstützt die angeforderte Methode nicht
502	Bad Gateway	Server hat ungültigen bzw. defekten Header vom Kommunikationspartner übermittelt bekommen
503	Service Unavailable	angeforderter Dienst ist vorübergehend nicht verfügbar
504	Gateway Time-out	entspricht 408, allerdings liegt der Timeout bei einem Gateways vor
505	HTTP-Version Not Supported	Client verwendet HTTP-Protokollversion, die der Server nicht unterstützt

Die Anfrage konnte vom WWW-Server nicht bearbeitet werden, da eine Fehlersituation auf dem Server auftrat. Der Grund des Fehlers wird in der Regel näher spezifiziert.

Die Liste der in HTTP/1.1 möglichen Status-Codes besitzt keinen endgültigen Charakter und ist frei für eventuelle Erweiterungen. Ein Client muß nicht unbedingt in der Lage sein, jeden Status-Code eines WWW-Servers vollständig interpretieren zu können, aber er ist immer in der Lage, Rückschlüsse auf das Verhalten des Servers zu ziehen durch Interpretation der jeweiligen Response-Klasse.
Zusätzlich zu den übermittelten Status-Codes sendet der WWW-Server in seiner Antwort eine Reihe optionaler **Response-Header-Felder**. Diese Felder enthalten zusätzliche Informationen über den WWW-Server bzw. Informationen über die Zugriffsmöglichkeiten auf die im Feld Request-URI des

Client-Requests angegebene Ressource. Tabelle 11.8 enthält eine Übersicht über die möglichen Response-Header und deren Bedeutung.

Tabelle 11.8. Überblick über HTTP/1.1-Request-Header

Name	Beschreibung
Accept-Ranges	WWW-Server akzeptiert Dokumentfragmenten-Request. Legt die zur Festlegung von Bytegrenzen verwendeten Einheiten fest
Age	wird verwendet, wenn eine Anfrage aus dem Cache des WWW-Servers beantwortet wird, und gibt an, wieviel Zeit seit der Erstellung der ursprünglichen Antwort vergangen ist
Location	falls der Client die Erstellung einer neuen Ressource veranlaßt (im Erfolgsfall Status-Code 201), wird hier der URI der neuen Ressource angegeben. Antwortet der Server mit 3xx (Redirection), gibt das Feld den neuen URI der Ressource an
Proxy-Authenticate	signalisiert dem Client, nach welchem Schema die Authentifikation für den Zugriff auf die angefragte Ressource aufgebaut sein muß
Retry-After	ist angefragte Ressource nicht verfügbar (503 - Service unavailable), gibt das Feld an, für wie lange dies voraussichtlich der Fall sein wird
WWW-Server	enthält Information über Typ und Versionsnummer der verwendeten WWW-Server-Software
Vary	enthält für eine Server-Driven-Negotiation (siehe Content-Negotiation) Angaben über die Dimension (Länge), über die sich die Antwort des WWW-Servers erstreckt
Warning	enthält zusätzliche Informationen (Warning-Codes) zur Serverantwort, die nicht über das Statusfeld übermittelt werden können. Wird üblicherweise für die Darstellung der Cache-Transparenz genutzt
WWW-Authenticate	verknüpft mit Statuscode 401 (unauthorized) - gibt Authentifizierungs-Parameter an, die für einen erfolgreichen Zugriff auf die angefragte Ressource notwendig sind

11.3.2 Content Negotiation

Eine Informationsressource kann auf einem WWW-Server in unterschiedlichen Varianten vorliegen, die alle mit demselben URI gekennzeichnet sind. Dabei kann es sich z.B. um verschiedene **sprachspezifische Varianten** handeln, wenn etwa ein Textdokument in unterschiedlichen Sprachen vorliegt

und je nach Herkunft des Clients eine passende Variante ausgewählt werden soll. In Abhängigkeit von der Qualität der bestehenden Netzwerkverbindung zwischen Client und WWW-Server macht es auch Sinn, eine Ressource in verschiedenen **qualitätsspezifischen Varianten** anzubieten. Bei einer schlechten Verbindung wird etwa eine verlustbehaftete, hochkomprimierte und qualitativ minderwertigeren Version der Originalressource gesendet, während bei einer ungestörten, breitbandigen Kommunikation auch die unkomprimierte, qualitativ hochwertige Originalressource übermittelt werden kann. Durch das Angebot verschiedener **kodierungsspezifischer Varianten** kann auf bestimmte Fähigkeiten des Clients, der die Ressource abruft, eingegangen werden, z.B. Anwendung eines bestimmten Komprimierungsverfahrens auf die Ressource vor der Übertragung. Von einem inhaltlichen Standpunkt aus betrachtet, sind alle diese Ressourcen-Varianten identisch und unterscheiden sich nur in der dargebotenen Repräsentationsform.
In RFC 2068 werden für HTTP/1.1 Prozeduren festgelegt, mit denen Client und WWW-Server miteinander aushandeln können, welche der dargebotenen Ausprägungsformen einer bestimmten Informationsressource übertragen werden soll. Diese Prozeduren werden unter dem Begriff **Content Negotiation** zusammengefaßt.
Grundsätzlich werden dabei drei Varianten der Content Negotiation unterschieden: eine WWW-serverseitige Auswahl (Server-Driven Negotiation), eine clientseitige Auswahl (Agent-Driven Negotiation) sowie eine Kombination aus beiden Varianten (Transparent Content Negotiation).

- **Server-Driven Negotiation**
  Hier übernimmt der WWW-Server selbst die Auswahl der geeignetsten Ressource-Variante für die jeweilige Übertragung. Die Entscheidung darüber, welche Variante der vorhandenen Ressource gesendet wird, verbleibt dadurch so nah an der Ressource, wie überhaupt möglich. Tatsächlich hat der WWW-Server selbst den besten Überblick darüber, welche Ressource in welchen Ausprägungen vorliegt und welche Variante gemäß den Angaben des Clients die für den Client geeigneteste ist (siehe Abb. 11.8). Dabei bedient sich der WWW-Server bestimmter Header-Felder, die in der Anfrage des Clients mitgeliefert werden, wie z.B Accept, Accept-Charset, Accept-Encoding oder Accept-Language. Zusätzliche Rückschlüsse können z.B. auch noch aus der Adresse des anfragenden Clients gezogen werden, wie z.B. Verbindungsqualität oder Nationalität. Zusammen mit der ausgewählten Variante der Ressource kann der WWW-Server ein Vary-Header-Feld mitliefern, in dem angegeben ist, nach welchen Kriterien die Auswahl der Variante getroffen wurde. Die Server-Driven Negotiation ist immer dann vorzuziehen, wenn die Auswahl einer bestimmten Ressource nur schwer zu beschreiben ist bzw. wenn diese nur nach WWW-Server-internen Kriterien erfolgt.
  Da der WWW-Server nicht vollständig über die dem Client zur Verfügung stehenden Fähigkeiten informiert sein kann, wird eine optimale Auswahl

nicht immer zu treffen sein. Oft liegen die fraglichen Ressourcen auch nur in einer einzigen Variante vor, so daß es sehr ineffizient wäre, würde der Client mit jeder Anfrage immer eine vollständige Beschreibung seiner Fähigkeiten mitliefern. Darüberhinaus erfordern die Mechanismen der Server-Driven Content Negotiation Rechenkapazität auf Serverseite. Bei einem unter Hochlast stehenden System kann diese zusätzlich notwendige Rechenleistung die Performance des Servers signifikant beeinflussen. Auch die Implementierung eines WWW-Servers wird wesentlich aufwendiger, wenn Server-Driven Negotiation mit einbezogen wird. Schließlich kann das Caching-Verhalten der beteiligten Systeme nachteilig beeinflußt werden.

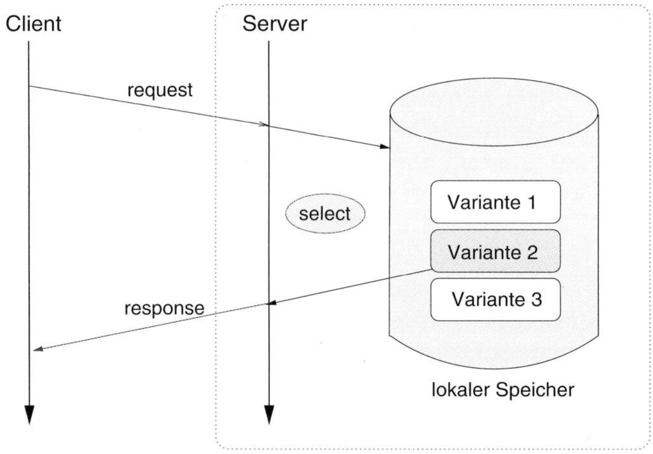

Abb. 11.8. Server-Driven Content Negotiation

- **Agent-Driven Negotiation**
  Hier wird die Auswahl der zu übertragenden Variante einer Ressource dem Client überlassen. Agent-Driven-Negotiation ist in der Regel immer dann eine sinnvolle Alternative, wenn einer der o.a. Nachteile der Server-Driven Negotiation zutrifft. Der Zugriff auf eine Ressource setzt sich bei der Agent-Driven Negotiation aus zwei Schritten zusammen (siehe Abb. 11.9). Auf die erste Anfrage des Clients hin liefert der WWW-Server nur Informationen über die zur Auswahl stehenden Varianten der angefragten Ressource. In einer zweiten Anfrage spezifiziert der Client dann, auf welche der angebotenen Varianten er zugreifen möchte, und erhält diese anschließend vom WWW-Server geliefert. Z.Z. existieren noch keine automatisierten Auswahlmechanismen auf Clientseite, da die Liste der Varianten keinem vorgegebenen Format entsprechen muß. Dem Benutzer wird deshalb eine Auswahlliste von Varianten präsentiert aus der er manuell seine Auswahl trifft. Sollte der Server eine bestimmte Variante präferieren, so kann er dies über das Location-Header-Feld in seiner ersten Antwort kenntlich ma-

chen und damit auch eine automatische Weiterleitung und Verarbeitung der Anfrage möglich machen.

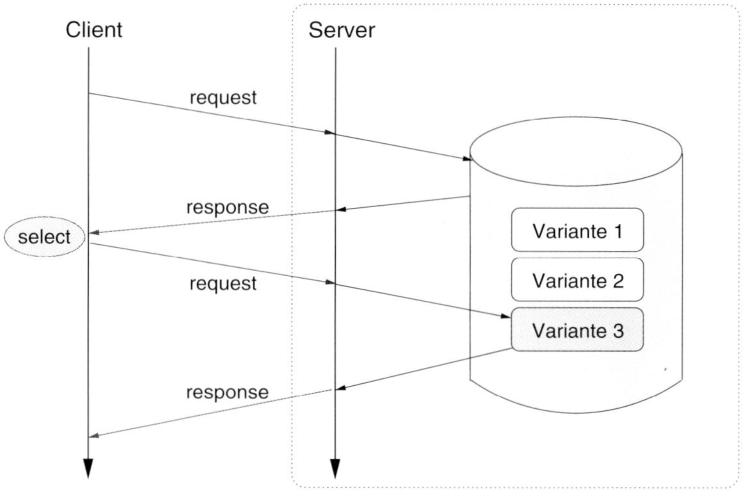

Abb. 11.9. Agent-Driven Content Negotiation

- **Transparent Content Negotiation**
  Hier handelt es sich um eine Kombination von Server-Driven Negotiation und Agent-Driven Negotiation. Diese ist möglich, wenn die Anfrage über einen Proxy-Server zur Ausführung kommt. Der Proxy-Server agiert in diesem Falle selbst wie der Initiator einer Agent-Driven Negotiation, indem er die Anfrage des Clients an den Origin-Server weiterleitet. Der Origin-Server stellt dem Proxy-Server eine Auswahl möglicher Varianten der gewünschten Ressource zur Verfügung, aus der dieser die für den Client geeigneteste auswählt, beim Origin Server anfragt und anschließend an den Client übergibt (siehe Abb. 11.10). Die Interaktion zwischen Client und Proxy-Server erfolgt demnach als Server-Driven Negotiation, während die Interaktion zwischen Proxy-Server und Origin-Server als Agent-Driven Negotiation abläuft.
  Vorteilhaft an dieser Form der Content Negotiation ist die Aufteilung der Last auf zwei verschiedene Systeme. Darüberhinaus muß der Client im Gegensatz zur Agent-Driven Negotiation nur eine einzige Anfrage stellen, da der Proxy-Server die Rolle des Agenten in der Agent-Driven Negotiation übernimmt.

11.3.3 Authentifikation

Die Kommunikation im WWW erfolgt in der Regel anonym, d.h. die exakte Identität des auf der Client-Seite agierenden Nutzers kann nicht in jedem Fall

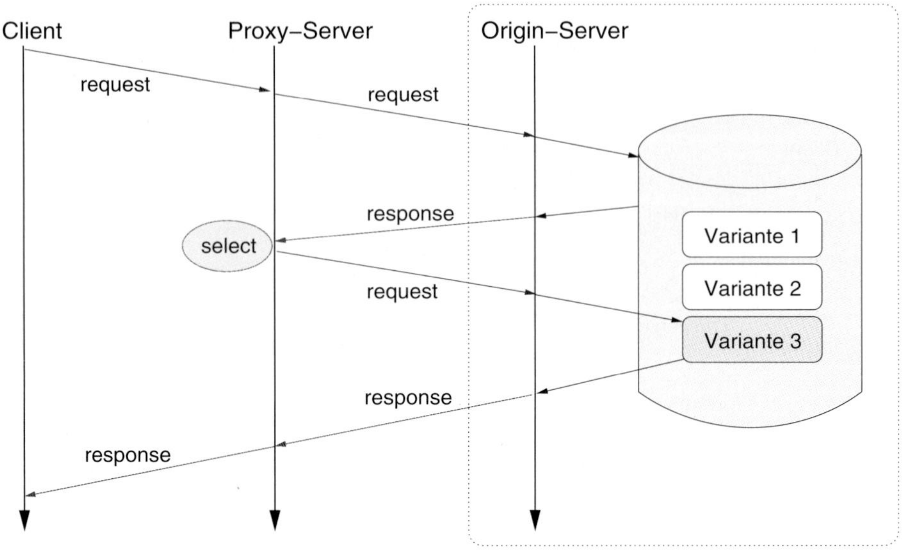

Abb. 11.10. Transparent Content Negotiation

sicher ermittelt werden. Allerdings ist die korrekte Identifikation des Clients dann von Bedeutung, wenn auf sicherheitsrelevante Daten zugegriffen oder etwa über die Methoden `PUT` und `POST` Daten vom Client zum Server übermittelt werden sollen. Bevor auf die Möglichkeiten der Authentifikation über HTTP eingegangen wird, sollen zunächst einige Begriffe eingeführt werden:

- **Identifikation**
  Grundsätzlich ist es wichtig zu wissen, wer Informationen abruft bzw. wem man erlaubt, Informationen auf den Server zu stellen. Daher benötigt jeder Benutzer oder jede Benutzergruppe eine bestimmte Identifikation, an die sich bestimmte Berechtigungen hinsichtlich der Nutzung des Servers und der dort verfügbaren Information knüpfen lassen. In einem Betriebssystem wie Windows oder Linux erfolgt diese Identifikation über einen **Benutzernamen** (Login-Name).
- **Authentifikation**
  Es ist in der Regel nicht vorteilhaft, nach alleiniger Angabe der Identität bereits Zugriff auf sicherheitsrelevante Informationen zu gewähren. Da auch unberechtigte Benutzer eine falsche Identität für sich beanspruchen können, müssen zusätzliche Mechanismen vorgesehen werden, mit denen der Benutzer seine Identität beweisen kann. Diese Bestätigungsmechanismen (Authentifikation) sollen sicherstellen, daß sich hinter der vorgegebenen Identität auch der richtige und daher berechtigte Benutzer befindet. In Betriebssystemen wird diese Art der Authentifikation in der Regel über ein Passwort-Verfahren realisiert.

- **Autorisierung**
  Jede Informationsressource auf einem WWW-Server kann einer Zugriffsrestriktion unterliegen und dadurch nur für bestimmte Nutzer oder Benutzergruppen zugänglich sein. Hat sich ein Nutzer erfolgreich identifiziert und seine Identität entsprechend authentifiziert, wird ihm Zugriff auf die für ihn zugänglichen Informationsressourcen gewährt. Als Autorisierung wird der Vorgang bezeichnet, einem Benutzer eine bestimmte Informationsressource gemäß seinen Berechtigungen (z.B. lesen oder schreiben) zugänglich zu machen. Betriebssysteme knüpfen z.B. Berechtigungen an den Eigentümer einer Datei bzw. verwalten Zugriffslisten für jede Datei, die den Zugriff auf diese regeln.

Eine erfolgreich durchgeführte Identifikation/Authentifikation berechtigt einen Benutzer bei einem Betriebssystem zum Zugriff auf bestimmte geschützte Informationsressourcen. Das Betriebssystem speichert dabei die zu einer Sitzung zugehörigen Authentifikationsparameter, bis sich der Benutzer wieder abmeldet. D.h. für die Dauer der Sitzung befindet sich das System in einem Zustand, der den Benutzer als autorisiert anerkennt. Anders im WWW: HTTP ist ein zustandsloses Protokoll, d.h. Aktionen wie etwa erfolgreiche Identifikationen aus einer vorangegangenen Kommunikation können hier nicht abgerufen werden. Die Dauer einer „Sitzung“ beschränkt sich auf den Zeitraum der Verbindungsherstellung durch den Client bis zur Auslieferung der angefragten Informationsressource durch den Server.
Authentifikation und Autorisierung müssen im WWW also mit Hilfe zustandsloser Methoden geregelt werden. Dabei ist der Zugriff auf eine geschützte Informationsressource folgendermaßen organisiert: Der Client sendet seinen Request, der WWW-Server nimmt diesen entgegen, überprüft die Verfügbarkeit der angefragten Informationsressource und sendet, sobald es sich um eine geschützte Ressource handelt, eine Antwort, die den Status-Code `401 (unauthorized)` enthält, zusammen mit einem WWW-Authenticate Response-Headerfeld. Der Client muß daraufhin erneut einen Request senden, der in einem zugehörigen Authorization-Headerfeld die notwendige Authentifikation beinhaltet, in eben der Form, wie sie vom WWW-Server im WWW-Authenticate Response-Headerfeld verlangt wurde.
Ebenso kann ein Proxy-Server einen Client auffordern, seinen Request zusammen mit der notwendigen Authentifikation zu wiederholen (`401-unauthorized`, oder `407-Proxy Authorization Required`).
HTTP/1.1 verwendet zwei verschiedene Methoden zur Authentifikation, die sogenannte **Basic Authentication**, eine einfache aber unsichere Methode, die bereits mit HTTP/1.0 eingeführt wurde, und eine verbesserte Methode, die sogenannte **Digest Access Authentication**.

Basic Authentication. Dieses Authentifikationsverfahren besitzt einen sehr einfachen Ablauf: Wird eine geschützte Informationsressource angefordert, dann sendet der WWW-Server – wie bereits beschrieben – eine Antwort bestehend aus dem Status-Code 401 (unauthorized), ein WWW-Authenticate

Response-Headerfeld, das die Authentifikationsmethode beschreibt, und einen sogenannten Realm Value, der den durch den WWW-Server geschützten Bereich, auf den sich die Client-Anfrage bezieht, spezifiziert. Diesen Realm Value muß der Client mit darstellen, wenn er vom Benutzer die Eingabe des Benutzernamens und des Passwortes für eine erneute Anforderung der geschützten Ressource verlangt. Es handelt sich dabei um einen String, der dem Benutzer auf Client-Seite mitteilt, welche Eingabe bzgl. Benutzername und Passwort erforderlich ist. Benutzername und Passwort sind die einzigen Parameter, die in der Basic Authentication Methode verwendet werden.
Der Client wiederholt jetzt seine Anfrage und sendet dazu ein WWW-Authenticate-Headerfeld, das den Benutzernamen und das Passwort in einer Base64-Kodierung gemäß RFC 2045 enthält (siehe Abb. 11.11).

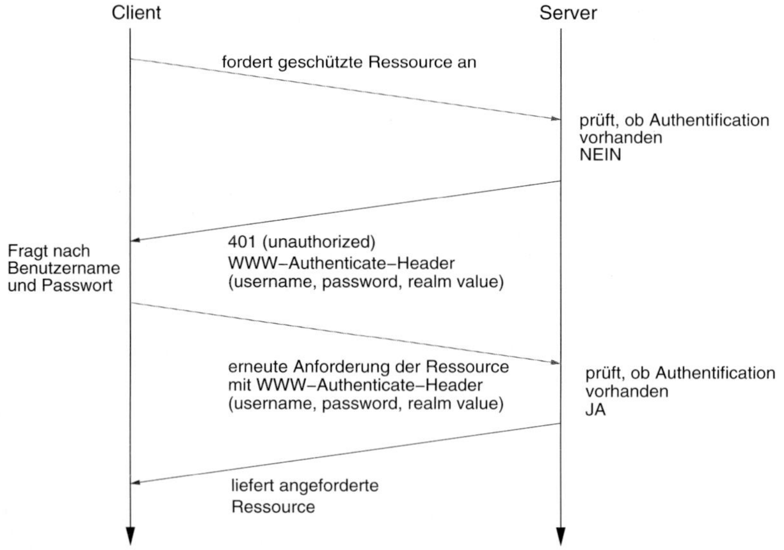

Abb. 11.11. Basic Authentication

Der entscheidende Nachteil dieser Methode liegt darin, daß Benutzername und Passwort quasi im Klartext über das Netz versendet werden, und so Unbefugten, die den Datenverkehr zwischen Client und WWW-Server überwachen, offen vorliegen und mißbräuchlich genutzt werden können. Aus diesem Grund sollte diese Methode nur zum Einsatz kommen, um statistische Nutzungsinformationen über bestimmte Ressource zu gewinnen und nicht, um sicherheitsrelevante Informationen zu schützen. Auch sollte der Benutzer dabei niemals selbst ein Passwort wählen dürfen, sondern es sollte vom WWW-Server vorgegeben werden. Da Nutzer dazu tendieren, stets nur einen minimalen Aufwand zum Memorieren von Passworten aufwenden, würde das für die WWW-Informationsressource gewählte Passwort in vielen Fällen dem Passwort des Benutzers für das Betriebssystem des Clients entsprechen, und könnte so sehr leicht ausgespäht werden.

Digest Access Authentication. Um die Schwachstelle der Übertragung von Benutzernamen und Passwort im Klartext zu umgehen, wurde mit HTTP/1.1 eine Methode eingeführt, bei der auf die unverschlüsselte Übertragung von sicherheitsrelevanten Authentifikationsinformationen verzichtet wird.
Die dieser Form der Authentifikation zugrundeliegende Methode der Digest Access Authentification ist in RFC 2069 beschrieben. Das angewendete Verfahren basiert auf der Verwendung sogenannter **Falltürfunktionen** (Einwegfunktion, Trapdoor-Function), die zur Verschlüsselung benutzt werden. Eine Falltürfunktion besitzt die Eigenschaft, daß es nahezu unmöglich ist, aus einem Funktionswert der Funktion auf eine zugehörige Eingabe rückzuschließen. Die für das in HTTP/1.1 Digest Access Authentication Verfahren angewandte Falltürfunktion ist die sogenannte **MD5** Funktion (Message Digest No. 5), die zusammen mit anderen Message Digest Funktionen im RFC 1321 spezifiziert wurde. Anstelle das verwendete Passwort im Klartext zu übertragen, wird bei der Digest Access Authentication eine MD5-kodierte Version – ein sogenannter **Fingerabdruck** (Fingerprint) – übertragen, so daß ein unbefugter Nutzer, der den Netzverkehr zwischen Client und WWW-Server überwacht, nahezu keine Chance hat, das Passwort zu ermitteln.
Damit ein unbefugter Lauscher das bereits MD5-kodierte Passwort nicht abfängt und dieses – ohne Kenntnis des Original-Passworts – zur unbefugten Authentifikation beim WWW-Server benutzt und so Zugriff auf die geschützten Daten erlangen kann, verlangt die Digest Access Authentication Methode die Übertragung zusätzlicher MD5-kodierter Informationen zusammen mit dem Passwort. Diese Informationen beziehen sich auf die gerade gestellte Anforderung und machen es so unmöglich, sie erneut für eine Abfrage von unberechtigter Seite aus zu verwenden. Zu den die kodierte Anforderung spezifizierenden Informationen gehören:

- Der dem WWW-Server bekannte **username**, der notwendig ist, damit der WWW-Server die Autorisierung des anfragenden Benutzers prüfen kann.
- Der **Realm Value**, der ursprünglich mit im WWW-Authenticate-Headerfeld der Antwort des WWW-Servers (`401-unauthorized`) auf die Anfrage nach der geschützten Ressource gesendet wurde.
- Das **Passwort**, das die Authentizität des anfragenden Nutzers bestätigt.
- Ein als **Nonce** bezeichneter Daten-String. Dieser String soll die aktuelle Anfrage eindeutig identifizieren und befindet sich ebenfalls im WWW-Authenticate-Headerfeld der Antwort des WWW-Servers. Darin enthalten sind u.a. die IP-Adresse des Clients, ein Zeitstempel und ein privater Schlüssel des WWW-Servers.
- Die **HTTP-Methode**, die der Client anzuwenden wünscht.
- Der **URI** der angefragten und geschützten Informationsressource.

Nachdem der WWW-Server die erneute Anfrage des Clients zusammen mit den MD5-kodierten Digest-Informationen erhalten hat, stellt er selbst einen String zusammen, der die entsprechenden Digest-Informationen enthält. Diese können bis auf das Passwort direkt aus dem Klartext-Teil der Anfrage des Clients bezogen werden. Das zugehörige Passwort wird aus der Datenbank des WWW-Servers ergänzt. Ist der Digest-String komplett zusammengestellt, wird er ebenfalls über den MD5-Algorithmus verschlüsselt. Dann werden der übermittelte MD5-Fingerabdruck vom Client mit dem so gewonnenen MD5-Fingerabdruck des WWW-Servers miteinander verglichen. Stimmen beide überein, führt der WWW-Server eine Autorisierungsprüfung des Nutzers durch und liefert im Erfolgsfall die angefragte Informationsressource zurück (siehe Abb. 11.12). Stimmen beide MD5-Fingerabdrücke nicht überein, erfolgt keine Autorisierungsprüfung und die Anfrage wird abgewiesen.

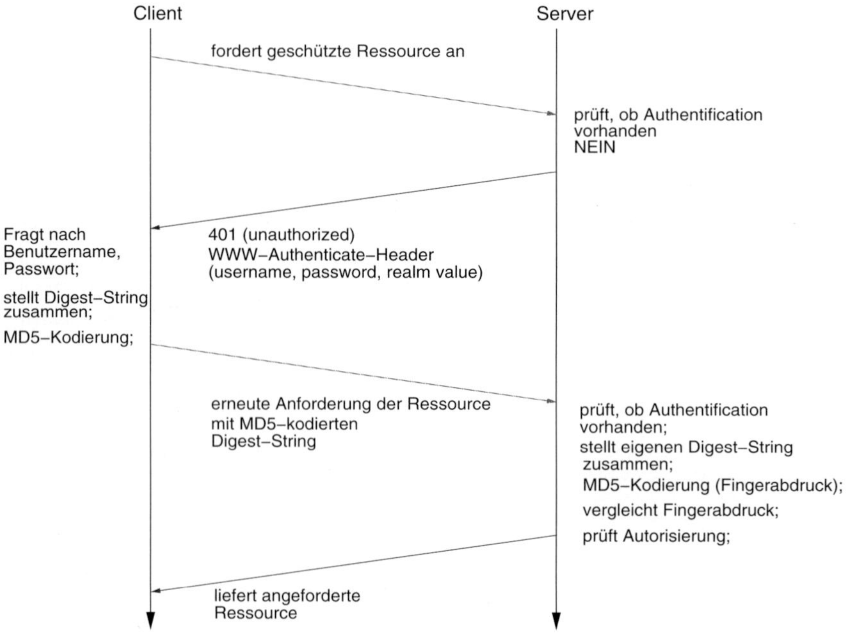

Abb. 11.12. Digest Access Authentication

Obwohl das Passwort bei der Digest Access Authentication verschlüsselt übertragen wird, enthält die Methode keinen Mechanismus zur anfänglich notwendigen Verteilung der Passworte. Um den Erfolg der Digest Access Authentication zu gewährleisten, muß die ursprüngliche Verteilung der Passworte – vom Client zum WWW-Server, falls der Nutzer das Passwort selbst festlegt bzw. vom WWW-Server zum Client, falls der WWW-Server die Passworte vergibt – auf sichere Art erfolgen. Die Digest Access Authentication Me-

thode stellt zwar sicher, daß die Authentität eines Benutzers geklärt werden kann, ohne daß dabei Passworte im Klartext übertragen werden müssen, doch gewährleistet sie für sich genommen keine sichere Übertragung sicherheitskritischer Informationsressourcen. Die eigentliche Übertragung der angeforderten Daten erfolgt nach wie vor unverschlüsselt.
Um die angeforderten Daten auf der Übertragungsstrecke zumindest vor nachträglicher Manipulation zu schützen, kann ein sogenannter **Message Digest** (auch **Entity Digest**) angelegt werden. Dabei wird ebenso wie im Falle der Digest Access Authentication ein Digest-String (Fingerabdruck) für die zu übertragende Informationsressource festgelegt und MD5-kodiert verschlüsselt. Der so gewonnene Fingerabdruck der Informationsressource wird zusammen mit dieser versendet, damit der Empfänger die Authentizität der Nachricht überprüfen kann.
Ein unberechtigtes Abhören von sicherheitsrelevanten Informationsinhalten, die über HTTP versendet werden, läßt sich nur verhindern, wenn diese verschlüsselt übertragen werden. Dazu existieren zusätzliche Sicherheitsmechanismen, SSL und S-HTTP, die im Anschluß vorgestellt werden.

11.3.4 Sicherheit – SSL, TLS und S-HTTP

Grundsätzlich verlangt eine sichere Datenübertragung, daß sich zu Beginn beide beteiligte Kommunikationspartner – Client und WWW-Server – korrekt identifizieren und ihre Identität auch zuverlässig überprüft werden kann, wodurch sich ein direkter, unbefugter Zugriff auf sicherheitsrelevante Informationsressourcen zuverlässig abwehren läßt. Allerdings kann dieses Vorgehen unberechtigte Dritte nicht davon abhalten, sich Zugang zur Transportinfrastruktur – also dem Datennetz selbst – zu verschaffen, und den Datenverkehr entweder vollständig abzuhören (**Eaves Dropping**) oder ihn sogar zum Zweck eines Angriffs zu verändern (**Man-in-the-Middle Attack**).
Während eine Man-in-the-Middle Attack mit den in HTTP/1.1 zur Verfügung stehenden Methoden der Digest Access Authentication über die Möglichkeit des Anlegens eines Message Digest für jede übertragene Informationsressource verhindert werden kann (ein zusammen mit dem Informationsinhalt übertragener Fingerabdruck sichert die Integrität der Information), kann ein unberechtigtes Abhören der Datenkommunikation auf Grund der offenen Struktur des Internets kaum verhindert werden. Bei der Übertragung sicherheitsrelevanter Daten über das Internet, muß deshalb dafür Sorge getragen werden, daß auch die transportierten Inhalte selbst sicher verschlüsselt werden.
Eine vertrauliche Informationsübermittlung kann zum Einen dadurch erfolgen, daß eine **sichere Transportinfrastruktur** für die Kommunikation eingesetzt wird. Der wesentliche Vorteil dieser Methode liegt darin, daß kein Aufwand in die Anpassung der verwendeten Transportprotokolle auf der Anwendungsebene investiert werde muß, da dort bereits von einer sicheren Übertragung ausgegangen werden kann, und sich dieses Verfahren nahtlos

in das Schichtenmodell der TCP/IP-Kommunikation integrieren läßt. Andererseits kann die Verschlüsselung auch erst auf der Anwendungsebene selbst durch den Einsatz eines **sichernden Protokolls** vorgenommen werden. Die Anforderungen an die Kommunikationsinfrastruktur sind dann entsprechend niedriger, allerdings müssen hier unter Umständen weitere Kommunikationsprotokolle entsprechend angepaßt werden.
In Bezug auf HTTP wurden beide Möglichkeiten realisiert. Zum Einen wird mit **SSL** (Secure Socket Layer) und **TLS** (Transport Layer Security) eine sichere Kommunikationsinfrastruktur geboten, über die das Standardprotokoll HTTP unverändert ablaufen kann (**HTTP über SSL**). SSL und TLS werden detailliert in Abschnitt 9.3.3 im Kapitel „Sicherheit im Internet" dargestellt. Auf der anderen Seite wird mit **S-HTTP** (**Secure HTTP**) ein neues Kommunikationsprotokoll angeboten, das auf HTTP basiert und eine sichere Übertragung ermöglicht.

S-HTTP. Ausgestattet mit denselben Fähigkeiten wie HTTPS beschreitet S-HTTP (Secure HTTP) den Weg der Nutzung eines eigenen, sicheren Protokolls innerhalb der Anwendungsschicht des Kommunikationsprotokoll-Schichtenmodells. Es steht damit gemeinsam mit HTTP, ftp und anderen Protokollen auf einer Ebene (siehe Abb. 11.13).

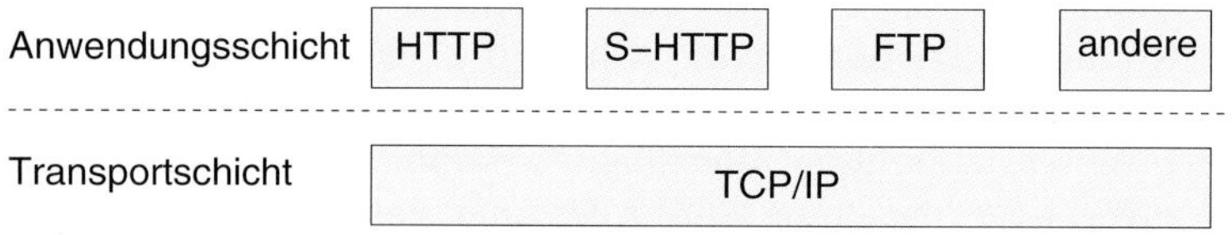

Abb. 11.13. Kommunikationsprotokolle im Schichtenmodell – S-HTTP

S-HTTP wurde von der Firma Enterprise Integration Technologies (EIT) entwickelt und ebenso wie SSL von der IETF als Standard festgesetzt. Das Nachrichtenformat von S-HTTP folgt dem regulären HTTP-Nachrichtenformat und bietet die Möglichkeit der Authentifikation von Client und WWW-Server und der Nutzung unterschiedlicher Verschlüsselungstechniken, die entsprechend der Fähigkeiten von Client und WWW-Server in einem Handshake-Verfahren verhandelt werden können. Dabei werden die eigentlichen HTTP-Nachrichten innerhalb des S-HTTP Nachrichtenformats gekapselt, so daß S-HTTP nicht von einer bestimmten Version des HTTP-Protokolls abhängig ist und auch zukünftige Versionen von HTTP unterstützt werden können. Über S-HTTP geschützte und im WWW zugreifbare Dokumente werden im URI über den Präfix „shttp" kenntlich gemacht.
S-HTTP unterstützt zwei Standard-Nachrichtenformate aus dem Bereich der Kryptografie: **MIME Object Security Services** (MOSS) und die sogenannte **Cryptographic Message Syntax** (CMS). Weitere Nachrichtenformate können leicht in den bestehenden S-HTTP-Standard implementiert werden.

S-HTTP fand allerdings bislang keine große Verbreitung, so daß heute die von Netscape eingeführte Variante des HTTP über SSL einen Defacto-Standard für die sichere Kommunikation im WWW darstellt, der früher oder später durch dessen designierten Nachfolger TLS ersetzt werden wird. Serverseitige Implementation von S-HTTP werden von IBM, OpenMarket und Terisa angeboten, doch fehlt den gängigen Browsern bislang die Unterstützung von S-HTTP.

11.3.5 Persistente Verbindungen

Ein entscheidender Nachteil des HTTP Protokolls vor Einführung der Version 1.1 war es, daß dauerhafte Verbindungen zwischen Client und WWW-Server prinzipiell nicht eingerichet werden konnten. HTTP war auf das einfache Frage/Antwort-Schema festgelegt. Nach Beantwortung der getätigten Anfrage wurde die Verbindung von Seiten des WWW-Servers sofort wieder beendet. Ein Grund für diese Beschränkung lag in der Anforderung, ein möglichst simples, zustandsloses Protokoll zu etablieren, das möglichst wenig Ressourcen in Anspruch nimmt und einfach implementiert werden kann.
Diese Einschränkung führte schnell zur Entwicklung von Clients, die über eine große Zahl paralleler HTTP-Verbindungen versuchten, die Datenübertragung zu beschleunigen. Dieses Vorgehen verursachte allerdings einen signifikanten Overhead durch die notwendige Verwaltung vieler, paralleler TCP-Verbindungen und der damit verbundenen Betriebssystemressourcen. Ganz davon abgesehen, daß dadurch andere Clients, wie etwa FTP, die nur eine einzelne Verbindung pro Client unterstützen, klar benachteiligt wurden.
HTTP/1.1 löst dieses Problem durch die Einführung sogenannter **persistenter Verbindungen** (Persistent Connections) bei gleichzeitiger Beschränkung von maximal zwei offenen, parallelen Verbindungen zwischen Client und Server bzw. zwischen Client und Proxy-Server. Persistente Verbindungen zeichnen sich dadurch aus, daß innerhalb derselben Verbindung mehrere Frage/Antwort-Zyklen zwischen einem Client und einem WWW-Server auftreten können (siehe Abb. 11.14).
Während im Falle von HTTP/1.0 stets klar war, wann ein neuer HTTP-Befehl im Strom der empfangenen Daten begann – vor Empfang einer neuen HTTP-Anfrage mußte die vorherige Sitzung stets beendet werden –, ist dies unter HTTP/1.1 nicht mehr der Fall. In HTTP/1.1 wird der Beginn eines neuen HTTP-Befehls kenntlich gemacht, indem zu jeder HTTP-Anfrage stets eine entsprechende Längenangabe im Content-Length Headerfeld hinzugefügt wird. Fehlt diese Angabe, hat der Empfänger des HTTP-Befehls keine Möglichkeit festzustellen, wann ein alter HTTP-Befehl endet und wann ein neuer beginnt.
Die Länge einer HTTP-Antwort ist aber nicht immer im Voraus bekannt, wie etwa im Falle der Anfrage von HTML-Seiten, die dynamisch durch ein CGI-Skript erzeugt werden. Für diesen Fall sieht HTTP/1.1 die Möglichkeit einer abschnittsweisen Kodierung (**Chunked Encoding**) vor, bei der die

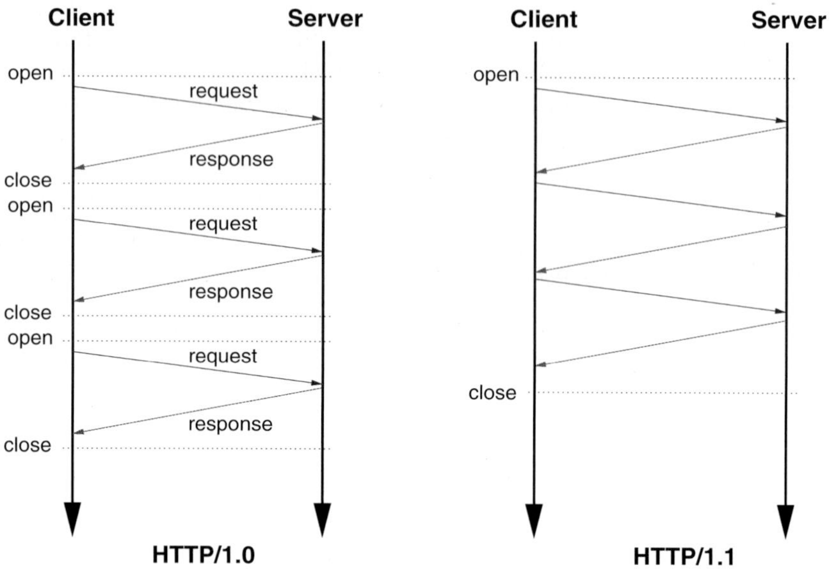

Abb. 11.14. Persistente Verbindungen unter HTTP/1.1

zu versendende Nachricht in Abschnitte von gleicher, vorgegebener Länge zerlegt, und diese Abschnitte nacheinander gesendet werden. Die Länge der einzelnen Pakete kann frei vom jeweiligen Kommunikationspartner gewählt werden. Es wird jeweils ein Längenfeld (Chunk Size), gefolgt von einem Nutzdatenpaket (Chunk Data) übertragen. Ist die Nachricht vollständig versendet, schließt ein Längenfeld der Länge Null, gefolgt von einem optionalen Trailer, die Übertragung ab. Dieser Trailer kann Entity-Headerfelder enthalten, die die transportierten Nutzdaten näher beschreiben bzw. einen Fingerabdruck der gesendeten Daten enthalten (siehe Abb. 11.15).

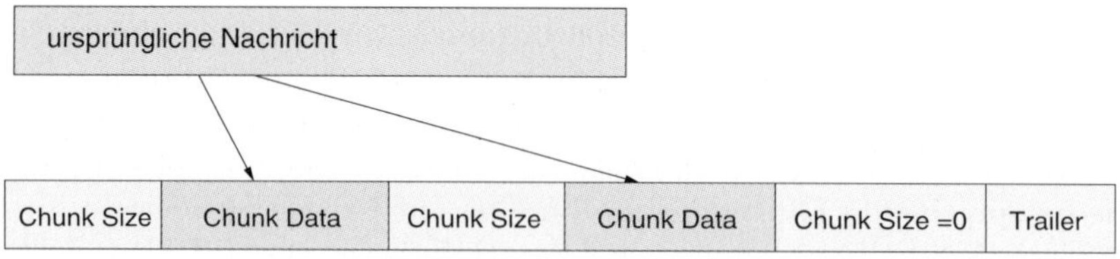

Abb. 11.15. Chunked Transfer Encoding

Unter HTTP/1.1 beendet der Client eine Sitzung, indem er zusammen mit der letzten HTTP-Anfrage im General-Header das Connection-Feld mit der Option „close“ sendet. WWW-Anwendungen, die zwar HTTP/1.1 aber keine

persistenten Verbindungen unterstützen, müssen dieses Feld in jeder HTTP-Anfrage entsprechend ausfüllen und die Verbindung jedesmal explizit beenden.
Die Nutzung von persistenten Verbindungen bedingt zwar einen Mehraufwand bei der Implementation, bietet dafür aber vielfältige Vorteile:

- **Effizientere Nutzung von Betriebssystemressourcen**
  Persistente Verbindungen führen zu einer geringeren Zahl von parallel aufrecht zu erhaltenden Netzwerkverbindungen. Dadurch wird zum Einen weniger Rechenzeit verbraucht, da weniger Operationen zum Aufbau und Beenden von Verbindungen ausgeführt werden müssen, zum Anderen müssen weniger Verbindungs-Kontrollblöcke erzeugt werden, die für die Verwaltung jeder einzelnen Verbindung benötigt werden.
- **Höhere Effizient durch Pipelining**
  Persistente Verbindungen erlauben nicht nur das Versenden mehrerer Anfragen pro Sitzung, es ist zudem auch möglich, diese Anfragen direkt hintereinander zu versenden, ohne zuvor die jeweilige Antwort des WWW-Servers abwarten zu müssen. Dieses als **Pipelining** bezeichnete Verfahren optimiert die Transferleistung zwischen Client und WWW-Server (siehe Abb. 11.16). Da der Client nicht zwischen jeder Anfrage auf die Antwort des WWW-Servers warten muß, kann die Verbindung besser ausgenutzt werden. Da der Server die eintreffenden Anfragen parallel verarbeiten kann, kann er die Antworten jeweils gleich dann zurücksenden, wenn diese von ihm erarbeitet worden sind.
- **Weniger Pakete**
  Die Netzlast sinkt, da ein Verbindungsaufbau/-abbau, der meist mehrstufig abläuft und das Versenden mehrerer Pakete notwendig macht, seltener durchgeführt werden muß. Dies bringt vor allem dann Vorteile, wenn sehr viele Interaktionen mit demselben WWW-Server durchgeführt werden, wie etwa bei der Anfrage eines HTML-Dokuments, das sehr viele einzelne Bildelemente enthält, die als separate Grafiken abgelegt sind.
- **Höhere Toleranz gegenüber Inkonsistenzen in der HTTP-Implementation**
  Da die Verbindung bis zum expliziten Abbau aufrecht erhalten wird, erschließen sich dem Client ohne das Risiko eines vorzeitigen Verbindungsabbruchs auch ganz neue Möglichkeiten, die erst in zukünftigen Versionen von HTTP realisiert werden. Ist der Server noch nicht in der Lage, die angeforderte Aktion des Clients auszuführen, dann antwortet er mit einer Fehlermeldung, auf die der Client dann entsprechend reagieren kann.

11.3.6 Caching-Strategien

Der Datentransfer im WWW sprengt inzwischen alle vorstellbaren Dimensionen. Suchmaschinen indizieren Milliarden von HTML-Dokumenten, die

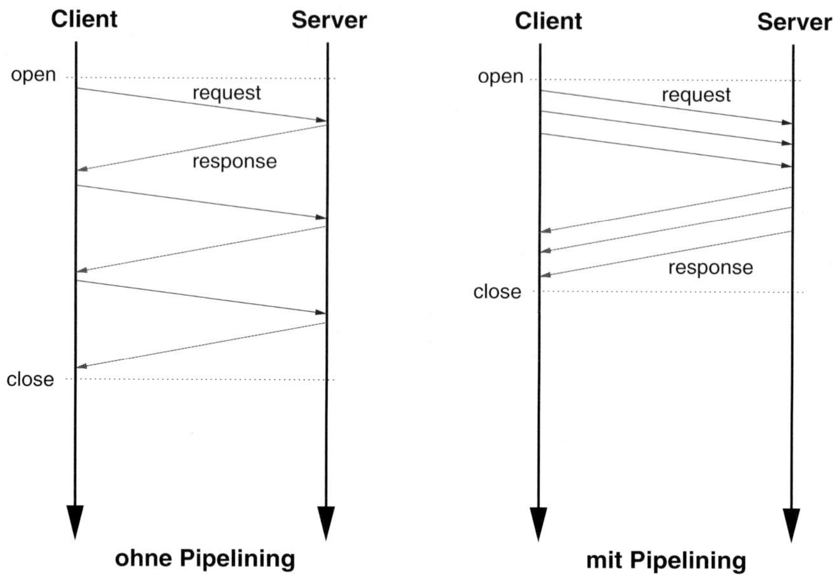

Abb. 11.16. HTTP Pipelining

Anzahl der Nutzer beziffert sich auf mehrere Hundertmillionen und ein Ende des Wachstums ist nicht in Sicht. Allerdings ist die Zahl der zur Verfügung stehenden Leitungen begrenzt, und viele Nutzer sind lediglich über langsame Telefon-Wählverbindungen mit dem WWW verbunden. Aufgrund der physikalischen Beschränkung der Kommunikationsinfrastruktur kann die Funktionsfähigkeit des WWW nur über eine möglichst effiziente Nutzung derselben sichergestellt werden. So sollte ein- und dieselbe Informationsressource nicht mehrmals über dieselbe Verbindungsstrecke hinweg transportiert werden, sofern sie nicht verändert wurde. Mit Hilfe intelligenter Zwischenspeicher – sogenannter **Caches** – kann der Grad der Nutzungseffizienz der Kommunikationsinfrastruktur drastisch erhöht werden. Ein Cache agiert als drittes Element innerhalb der Client-Server-Interaktion. Alle Anfragen und Antworten passieren auf ihrem Weg vom Client zum Server und zurück den Cache, der die jeweiligen Antworten – sinnvollerweise meist nur für eine begrenzte Zeit – zwischenspeichert. Wird eine Informationsressource erneut angefordert, wird die Anfrage gar nicht erst zum Server weitergeleitet, sondern wird aus dem zwischengeschalteten Cache heraus beantwortet. Dadurch wird die Kommunikationsverbindung zum Server und das Verarbeitungsaufkommen des Servers signifikant entlastet. Auf der anderen Seite erhält der Client in der Regel seine Antwort viel zügiger, da die Kommunikation mit dem Cache weniger Zeit erfordert als die Kommunikation mit dem Server.

Prinzipiell sind im Client-Server Szenario drei Möglichkeiten der Plazierung eines Caches denkbar (Siehe Abb. 11.17):

- **Clientseitiger Cache**
  Der Cache-Speicher ist im Client-Rechner plaziert und speichert die Antworten, die der Client auf seine Anfragen zurückerhält. Die meisten Browser unterstützen eine **History**-Funktion, bei der die zuletzt angefragten HTML-Dokumente zwischenzeitlich lokal im Cache gespeichert werden, so daß, sobald die „Zurück"-Funktion im Browser aktiviert wird, das entsprechende Dokument aus dem lokalen Cache geladen und nicht erneut beim Server angefragt wird.
- **Eigenständiger Cache**
  Der Cache-Speicher ist irgendwo zwischen Client und Server plaziert und agiert eigenständig. Dabei kann er durchaus auch auf demselben Rechner residieren wie der Client selbst, er besitzt aber eine logische Eigenständigkeit. Soll der Client diese Art von Cache-Speicher nutzen, muß er speziell konfiguriert werden, da dann alle Anfragen nach HTML-Dokumenten zuerst an den Cache geleitet werden müssen, der entscheidet, ob die Anfrage an den eigentlich adressierten Server (Origin-Server) weitergeleitet werden soll, oder ob die Anfrage lokal beantwortet werden kann. Darüberhinaus ist es auch möglich, daß die Anfrage an einen weiteren Cache weitergeleitet wird und somit eine ganze Cache-Hierarchie aufgebaut wird.
- **Serverseitiger Cache**
  Der Cache-Speicher ist hier direkt beim Server plaziert. Er speichert zwischenzeitlich Antworten, die der Server berechnet und ausgeliefert hat. Diese Art von Cache ist insbesondere dann sinnvoll, wenn der Server eine sehr große Zahl von gleichartigen Anfragen zu erledigen hat. Häufig angefragte Informationsressourcen können dann im Hauptspeicher behalten werden, während seltener angefragte im Dateisystem abgelegt werden.

Nachfolgend wird speziell auf den **eigenständigen Cache** detailliert eingegangen, da diese innerhalb unseres Kontextes noch näher erläutert werden müssen. Ein eigenständiger Cache speichert die Ergebnisse aller Anfragen der Clients, die über ihn auf einen Server zugreifen. In Firmen ist es beispielsweise üblich, alle Rechner des firmeneigenen Intranets über ein eigenes, oftmals besonders gesichertes Gateway (Firewall) an das Internet anzubinden. In der Regel ist dort auch ein Cache-Server angesiedelt, der die Ergebnisse der Anfragen der Clients aus dem Internet zwischenspeichert. Sämtliche Anfragen, die in das Internet gerichtet sind, werden dabei zunächst an den Cache-Server gerichtet. Der Cache-Server entscheidet, ob diese Anfrage aus dem lokalen Speicher beantwortet werden kann, oder ob sie über das Internet an den eigentlichen Server (Origin-Server) weitergeleitet werden muß.
Ist die angefragte Informationsressource bereits im Cache-Server gespeichert und wird dort als noch gültig anerkannt (**Cache-Hit**), kann sie direkt vom Cache-Server an den Client zurückgegeben werden, wodurch oft eine signi-

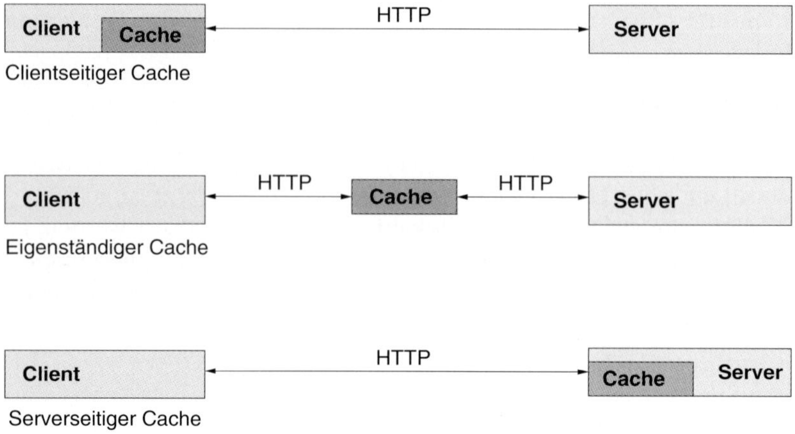

Abb. 11.17. Unterschiedliche HTTP Caching Varianten

fikante Beschleunigung erreicht wird. Ist die Informationsressource dagegen noch nicht im Cache-Server vorhanden bzw. ist sie nicht mehr aktuell, muß sie vom eigentlichen Server über das Internet angefordert werden (**Cache-Miss**). Die darauf eintreffende Antwort des Servers wird vor ihrer Weiterleitung an den anfragenden Client im Cache-Server zwischengespeichert und steht dort danach für weitere Anfragen zur Verfügung (siehe Abb. 11.18).

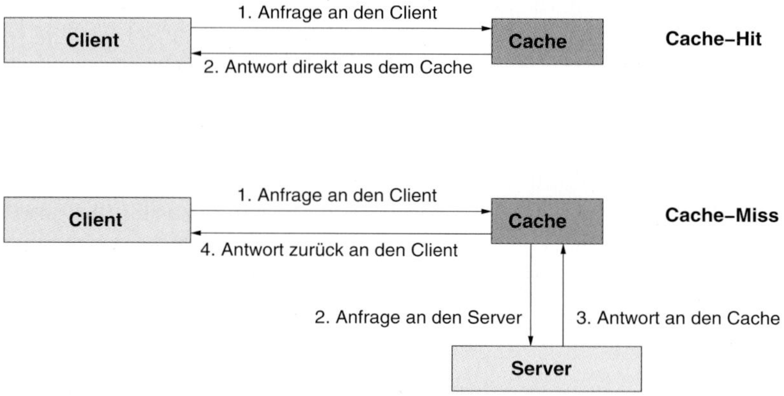

Abb. 11.18. HTTP Cache Operationen

Ein zentrales Problem, um dessen Lösung sich die zahlreichen Weiterentwicklungen der HTTP-Caching Verfahren bemühen, besteht in der Wahrung der sogenannten **Cache Konsistenz**. Dieses Problem besteht darin, daß eine Informationsressource, die auf einem Cache zwischen Client und Server

zwischengespeichert wurde, zwischenzeitlich von ihrem Eigentümer auf dem Origin-Server verändert werden kann, während die korrespondierende Informationsressource im Cache unverändert in der alten Version erhalten bleibt. Eine Anfrage nach diesem Dokument, die vom Cache über einen Cache Hit direkt beantwortet würde, lieferte zwangsläufig die veraltete und damit zum Originaldokument inkonsistente Version zurück.
Um einen möglichst hohen Grad an Cache Konsistenz zu erzielen, werden Dokumente mit Zeitstempeln und Verfallsdaten versehen. Wird bei einer Anfrage an den Cache festgestellt, daß das angeforderte Dokument aus dem Cache das Verfallsdatum bereits überschritten hat, muß es erneut vom Origin-Server angefordert werden, bevor es an den anfragenden Client ausgeliefert wird. Dabei muß darauf geachtet werden, daß alle Beteiligten möglichst über eine gemeinsame Zeitbasis verfügen. Ein Abgleich der jeweils serverspezifischen Zeitbasis kann über das **Network Time Protocol** (**NTP**) gemäß RFC 1305 durchgeführt werden.
Ausgesprochenes Ziel beim Einsatz von Cache-Zwischenspeichern ist die sogenannte **semantische Transparenz**. Ein Cache wird als semantische transparent bezeichnet, wenn sein Einsatz ausschließlich zur Verbesserung der Leistungsfähigkeit führt, sofern eine Anfrage über den Cache und nicht über den Origin-Server bedient wird.
Anfänglich waren in **HTTP/1.0** nur drei sehr rudimentäre Methoden zur Unterstützung des Cachings implementiert:

- Das **Expires**-Headerfeld kann von einem WWW-Server genutzt werden, um dort einen Zeitpunkt – Datum und Uhrzeit – anzugeben, nach dem das Dokument als verfallen betrachtet werden soll.
- Mit dem **If-Modified-Since**-Headerfeld ist es möglich, bedingte GET-Requests zu senden, die eine Informationsressource nur dann tatsächlich vom WWW-Server anfordern, wenn sie nach dem angegebenen Zeitpunkt modifiziert wurde.
- Um jegliche Verwendung eines Cache zu vermeiden kann im **Pragma**-Headerfeld die Direktive **no-cache** gesetzt werden. Dann wird das Dokument stets nur direkt vom WWW-Server geladen.

Die meisten Entwickler machten aufgrund der nur rudimentären Möglichkeiten, die HTTP/1.0 bot, keinen Gebrauch von den angebotenen Caching-Möglichkeiten. Oft wurde sogar ausschließlich das Pragma-Headerfeld mit der Direktive no-cache verwendet, um jegliches Caching zu umgehen (**Cache Busting**). Da es klar war, daß sich insbesondere in diesem Bereich noch wesentliche Effizienzverbesserungen erzielen ließen, wurde bei der Entwicklung von HTTP/1.1 besonderer Wert auf ein verbessertes, intelligentes Cache-Management gelegt.
Das Cache-Management von **HTTP/1.1** folgt dem Prinzip der semantischen Transparenz. Besitzt ein Cache diese Eigenschaft, dann erhält der anfragende Client exakt dieselbe Antwort vom Cache, wie er sie vom Origin-Server erhalten würde. Von diesem Prinzip wird nur dann abgewichen, wenn der Client

oder der Origin-Server dies explizit wünschen bzw. nachdem eine diesbezügliche Warnung an den Client weitergegeben wurde. Bei jeder Verletzung der semantischen Transparenz wird der Nutzer davon in Kenntnis gesetzt, damit er selbst entscheidet, auf welche Weise weiterverfahren werden soll. Die Implementierung des Cache-Managements in HTTP/1.1 verfolgt die folgenden drei Hauptziele:

- Der Nutzer muß die Möglichkeit besitzen, das Cacheverhalten detailliert zu kontrollieren. Dazu existieren eine Reihe von Direktiven für den Cache, die in einem Frage-/Antwortzyklus spezifiziert werden können. Der Cache interpretiert diese Direktiven und richtet seine Verarbeitung entsprechend aus.
- HTTP/1.1 setzt eine Reihe von Mindestanforderungen für Cache-Implementationen fest, so daß bestimmte Cache-Leistungen immer garantiert sind.
- Ist eine Cache-Implementation nach HTTP/1.1 einmal nicht in der Lage, semantische Transparenz zu gewährleisten, dann setzen eine Reihe von Warn-Codes den Nutzer davon in Kenntnis, damit er entscheiden kann, wie mit der auf seine Anfrage erhaltenen Antwort zu verfahren ist.

HTTP/1.1 Cache-Expiration-Modell. Ein Schlüsselaspekt der Cache-Implementation in HTTP/1.1 ist das sogenannte **Cache-Expiration-Modell**. Das Verhalten eines Caches richtet sich nach der Gültigkeitsdauer der in ihm gespeicherten Informationsressource. Ist die Ressource nicht mehr gültig (frisch), hat sie also ihre festgesetzte Gültigkeitsdauer überschritten und ist damit „ausgelaufen" (expiriert), muß sie durch Nachladen erneuert werden. Der Cache muß also sein Augenmerk auf die jeweils angegebene Gültigkeitsdauer der gespeicherten Informationsressourcen richten. Er darf keine Ressource an den Client ausliefern, die ihre Gültigkeit verloren hat, es sei denn, dies wurde vom Client explizit verlangt oder es ist nicht möglich, eine Verbindung zum Origin-Server herzustellen.

Man unterscheidet diesbezüglich zwischen einer vom Origin-Server angegebenen Gültigkeitsdauer (Server-specified Expiration) und einem heuristischen Gültigkeitsmodell (Heuristic Expiration), nach dem die Gültigkeit der im Cache gespeicherten Informationsressourcen beurteilt wird:

- **Server-specified Expiration**
  Hier legt der Origin-Server selbst fest, in wie weit und für wie lange eine angefragte Ressource ihre Gültigkeit behält. Zu diesem Zweck können die Headerfelder **Expires** und **Cache-Control** genutzt werden. Im Expires Headerfeld bzw. mit Hilfe der **max-age** Direktive im Cache-Control-Headerfeld kann der Server ein Datum angeben, daß den maximalen Gültigkeitszeitraum der betreffenden Informationsressource festlegt. Dabei handelt es sich um den Zeitraum, in dem sich die betreffende Ressource voraussichtlich nicht signifikant verändert. Ein Cache betrachtet die angeforderte Informationsressource als ungültig, sobald der hier angegebene Zeitpunkt überschritten ist. Werden beide Headerfelder verwendet, so besitzt die in

max-age angegebene Zeit Vorrang vor dem im Expires-Headerfeld angegebenen Zeitrahmen.

Dynamisch erzeugte Informationsressourcen, wie z.B. Newsticker, sollen in der Regel nie aus einem Cache sondern stets aktuell vom Origin-Server geladen werden. Dies kann auf verschiedene Art erreicht werden:

– Wird eine Gültigkeitszeit angegeben, die bereits in der Vergangenheit liegt, so verliert eine einmal angeforderte Informationsressource sofort nach Auslieferung ihre Gültigkeit und wird, sobald sie erneut über den Cache vom Client angefragt wird, direkt beim Origin-Server angefordert. Allerdings kann der Client so konfiguriert werden, daß er auch ungültige Antworten akzeptiert, z.B. wenn die Verbindung zum Origin-Server nicht hergestellt werden kann. In diesem Fall liefert der Cache eine ungültige Informationsressource an den Client in Verbindung mit einer entsprechenden Warnung (`101-Response is Stale`) zurück.
– Soll eine Informationsressource auf alle Fälle immer nur direkt über den Origin-Server ausgeliefert werden, kann der Server im Cache-Control Headerfeld die Direktive **must-revalidate** setzen. Ist dies der Fall, muß der Cache vor der Auslieferung an den Client die angefragte Ressource erst beim Origin-Server nachfragen und diese gegebenenfalls erneuern, bevor er sie zurückgibt. Kann der Origin-Server nicht kontaktiert werden, muß der Cache den Statuscode `504` (`Gateway time-out`) an den Client zurückliefern.

- **Heuristic Expiration**
  Da der Origin-Server nicht gezwungen ist, dem ausgelieferten Dokument eine Gültigkeitsangabe beizufügen, speichern Caches auch viele Informationsressourcen ohne entsprechende Angaben zum Gültigkeitszeitraum. In diesem Fall ist es die Aufgabe des Caches, mit Hilfe von heuristischen Methoden dafür zu sorgen, daß sich die gespeicherten Informationsressourcen stets in einem akzeptablen Gültigkeitszustand befinden. Eine Möglichkeit dazu ist die Verwendung des **Last-Modified** Headerfeldes. Dieses Headerfeld bezeichnet den Zeitpunkt, zu dem die Ressource zuletzt verändert wurde. Liegt der angegebene Zeitpunkt weit zurück, geht der Cache davon aus, daß sich das Dokument in naher Zukunft auch nicht verändern wird. Um allerdings eine größtmögliche semantische Transparenz zu gewährleisten, muß der Cache hier eher von einer pessimistischen Schätzung ausgehen bzw. immer zuerst die vom Server mitgelieferten Angaben bzgl. des Gültigkeitszeitraums einer Ressource beachten. Überschreitet eine Ressource einen mit heuristischen Methoden festgelegten Gültigkeitszeitraum, muß der Cache zusammen mit der Ressource eine entsprechende Warnung (`113-Heuristic Expiration`) zurückliefern, falls diese nicht beim Origin-Server validiert werden konnte.

Um entscheiden zu können, ob ein Gültigkeitszeitraum überschritten wurde (sowohl im Falle einer heuristischen Zeitangabe als auch im Falle einer Server-spezifischen Angabe), muß der Cache über eine verläßliche Zeitbasis verfügen.

Diese Zeitbasis kann über das **Network Time Protocol** (**NTP**) gewonnen werden, über das eine Synchronisation der über das Internet verbundenen Rechner gewährleistet wird.
Sendet ein Cache eine Informationsressource in seiner Antwort an den Client zurück, so muß diese Antwort stets einen Eintrag im zugehörigen **Age**-Headerfeld besitzen. Das Age-Headerfeld beinhaltet Zeitangaben darüber, wie lange die Ressource seit dem Zeitpunkt ihrer Aussendung vom Origin-Server auf möglicherweise zwischengeschalteten Cache-Speichern verbracht hat zusammen mit der zum Transfer benötigten Zeit. Die Berechnung des Alters einer Informationsressource kann entweder basierend auf dem Age-Headerfeld durchgeführt werden, oder es wird das **Date**-Headerfeld der Ressource herangezogen, das jeweils vom Origin-Server zum Zeitpunkt des Versendens beschrieben wird.
Die Berechnungen des Alters einer Informationsressource sowie ihres Verfallsdatums (siehe Abb. 11.19) bilden den Kern des Cache-Expirations-Modells von HTTP/1.1. Mit ihrer Hilfe wird entschieden, ob eine angefragte Informationsressource, die sich im Speicher des Cache-Servers befindet, gültig ist oder nicht. Ist sie noch gültig, wird die Anfrage aus dem Speicher des Caches beantwortet. Ist dies aber nicht der Fall, gibt es verschiedene Möglichkeiten, wie der Cache-Server reagieren kann. Die einfachste Reaktion sieht vor, daß die Ressourcen beim Origin-Server erneut angefragt und an den Client ausgeliefert wird. Interessanterweise sieht aber HTTP/1.1 für diesen Fall eine ausgefeiltere Strategie zur Überprüfung der Gültigkeit der Ressource beim Origin-Server vor, nämlich die sogenannte **Validierung**.

HTTP/1.1 – Cache-Gültigkeitsberechnung

Die Bestimmung des Gültigkeitszeitraums einer Informationsressource basierend auf deren Alter ist Ausgangspunkt der Caching-Strategie für HTTP/1.1. Dieser Gültigkeitszeitraum kann auf verschiedene Arten bestimmt werden:

1. Ist das **Cache-Control** Headerfeld besetzt und ist darin die **max-age** Direktive mit einer entsprechenden Zeitangabe versehen, ist der Gültigkeitszeitraum mit dieser Angabe identisch.
2. Ist das **Expires**-Headerfeld ausgefüllt (wobei allerdings keine entsprechende Direktive im Cache-Control Headerfeld gesetzt ist), entspricht der Gültigkeitszeitraum der Zeitangabe im Expires Headerfeld abzüglich der Zeitangabe im **Date** Headerfeld. Beide Angaben werden in der Regel direkt vom Origin-Server eingetragen, so daß eventuell auftretende Zeitdifferenzen zwischen den verschiedenen, beteiligten Rechner nicht ins Gewicht fallen.
3. Sind weder **Expires** Headerfeld noch **max-age** Direktive im Cache-Control Headerfeld besetzt, kann der Cache den Gültigkeitszeitraum mit Hilfe einer geeigneten Heuristik bestimmen.

Abb. 11.19. HTTP/1.1 – Gültigkeit von Informationsressourcen im Cache

HTTP/1.1 Cache-Validierungs-Modell. Die grundlegende Idee hinter dem Cache-Validierungs-Modell, das HTTP/1.1 nutzt, besteht darin, daß die im Cache befindliche und als ungültig gekennzeichnete Informationsressource nicht in jedem Fall unbrauchbar ist, sondern durchaus noch Gültigkeit besitzen kann. Dazu kann der Cache-Server bei dem Origin-Server, der als Eigentümer der betreffenden Ressource ausgewiesen ist, überprüfen, ob die im Cache-Server befindliche Ressource noch der originalen Ressource des Origin-Servers entspricht. Ist dies der Fall, so muß die Ressource nicht erneut übertragen werden und der Informationsaustausch zwischen Cache-Server und Origin-Server beschränkt sich allein auf den Austausch entsprechend kürzerer Nachrichten über den Zustand der Ressource (siehe Abb. 11.20).

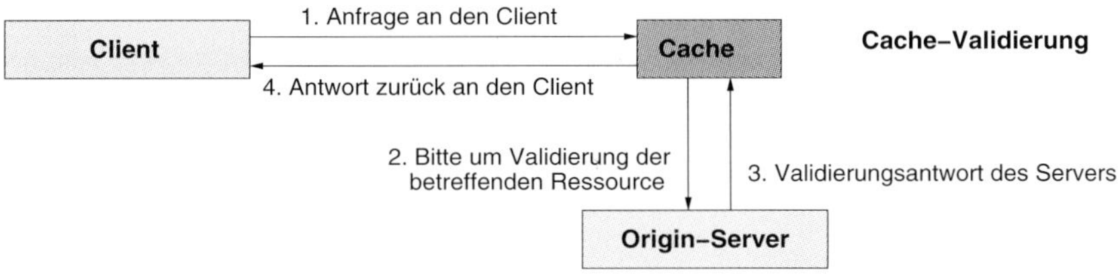

Abb. 11.20. HTTP Cache-Validierung

Dazu wird eine als **Validator** bezeichnete Datenstruktur genutzt, die jeweils vom Origin-Server zusammen mit der von ihm angefragten und versendeten Informationsressource verschickt wird. Dieser Validator wird zusammen mit der Ressource in allen zwischengeschalteten Cache-Servern und beim Client selbst abgespeichert. Wird jetzt die Gültigkeit einer Ressource nachgefragt, sendet der Client (oder der betreffende Cache) einfach den ihr zugeordneten Validator zurück an den Origin-Server. Der Origin-Server ermittelt die mit dem Validator assoziierte Ressource und kann deren Gültigkeit entsprechend bestätigen (`304-Not Modified`) oder falls notwendig die betreffende Ressource vollständig zurücksenden. So kann die Validierungsanfrage jeweils in nur einem einzigen Frage/Antwort-Zyklus vollständig ausgeführt werden. Mit Hilfe des Cache-Expirations-Modells und des Cache-Validations-Modells kann eine effiziente Caching Strategie für HTTP-Clients, Caches und Origin-Server implementiert werden, die das Netzwerk signifikant entlastet, da die angeforderten Ressourcen nur noch im tatsächlichen Bedarfsfall vom Origin-Server selbst geliefert werden müssen.

Exkurs 26: HTTP Cache Kontrolle und Implementierung

Durch die Angabe bestimmter Direktiven im **Cache-Control** Headerfeld kann das Verhalten des Caches bzgl. einer angefragten oder auszuliefernden Informationsressource bestimmt

HTTP/1.1 – Validatoren

Validatoren werden in HTTP/1.1 eingesetzt, um die Gültigkeit der ihnen zugeordneten Informationsressource zu ermitteln. Dazu können folgende Headerfelder verwendet werden:

- **Last-Modified** Headerfeld: Hier wird der Zeitpunkt der letzten Veränderung der Informationsressource als Validator verwendet. Ein Cache-Eintrag gilt als noch gültig, solange die entsprechende Informationsressource seit dem Zeitpunkt im Last-Modified Headerfeld nicht verändert worden ist.
- **ETag** Headerfeld: Ein Entity Tag kann ebenfalls als Validator herangezogen werden. Dabei unterscheidet man zwischen sogenannten **starken** und **schwachen** Validatoren. Dazu geht man von der Vorstellung aus, daß nicht jede Modifikation einer Informationsressource signifikanten Einfluß auf diese hat und die alte Version unbrauchbar werden läßt (z.B. die Korrektur von nicht sinnverändernden Rechtschreibfehlern):
  - **Starke Validatoren** veranlassen einen Verfall der Gültigkeit einer Ressource, sobald diese in jedweder Form verändert wird, unabhängig davon, ob die Änderung Einfluß auf die semantische Bedeutung der Informationsressource hat.
  - **Schwache Validatoren** erkennen Gültigkeit eines Dokuments an, solange keine sinnverändernde – also semantische – Veränderung der Informationsressource erfolgt. Allerdings ist es schwer, eine einheitliche, scharfe Grenze zwischen sinnverändernden und sinnerhaltenden Änderungen zu ziehen. Es bleibt dem Origin-Server überlassen, diese Grenze zu definieren.

  Während starke Validatoren innerhalb jedes beliebigen Kontextes verwendet werden können, unterliegen schwache Validatoren gewissen Einschränkungen. So dürfen schwache Validatoren bei abschnittsweisen Übertragungen von Informationsressourcen (unter Verwendung des **Range**- oder des **Range-if**-Headerfeldes) nicht verwendet werden, da eine zwischenzeitliche Veränderung der Ressource die einzelnen Abschnitte in nicht konsistenter Weise verändern und dadurch die Ressource insgesamt korrumpieren könnte.

Abb. 11.21. HTTP/1.1 – Validatoren

werden. Generell unterscheidet man zwischen Direktiven, die eine Anfrage des Clients nach einer Informationsresource betreffen, von Direktiven, die zusammen mit der entsprechenden Antwort des Origin-Servers ausgeliefert werden. Ausgehend von ihrer Aufgabe lassen sich verschiedene Gruppen von Cache-Control Direktiven unterscheiden:

- **Einschränkungen, welche Art von Informationsressourcen in den Cache aufgenommen werden dürfen**
  Bestimmte Cache-Control Direktiven können das übliche Cache-Verhalten, das durch die betreffende Request-Methode, den Request-Header und den zurückgelieferten Response-Status bestimmt werden, außer Kraft setzen:
  - **public**
    Die betreffende Informationsressource kann von jedem Cache gespeichert werden, auch wenn dies normalerweise nicht erlaubt wäre, wie etwa bei Antworten auf Anfragen, die einen Authorization-Header beinhalten.
  - **private**
    Diese Direktive beschränkt das Speichern der betreffenden Informationsresource auf private, also nicht gemeinschaftlich genutzte Caches. Dies betrifft z.B. Antworten eines WWW-Servers, die sich auf die Anfrage eines speziellen Users beziehen und daher nicht für alle gültig sind.
  - **no-cache**
    Eine angefragte Informationsressource darf nur dann aus dem Cache zurückgeliefert werden, wenn sie zuvor beim Origin-Server validiert wurde. Auf diese Art können

Cache-Server überlistet werden, die so konfiguriert wurden, daß sie alle Anfragen stets direkt beantworten und dabei auch ungültige Informationsressourcen ausliefern. Werden zusätzlich zu dieser Direktive ein oder mehrere Namen von Headerfeldern angegeben, bezieht sich die Direktive jeweils nur auf diese Headerfelder, die dann erst beim Origin-Server validiert werden müssen, bevor die Ressource ausgeliefert werden kann.

- **Einschränkungen, was im Cache gespeichert werden darf**
  Soll sicherheitsrelevante Information mit Hilfe des HTTP Protokolls im WWW übertragen werden, reicht die **no-cache** Direktive nicht aus, um ein Ablegen der Daten auf dem Cache-Server zu verhindern. Deshalb existiert eine besondere Cache Direktive, die **no-store** Direktive. Diese sorgt dafür, daß die Informationsressource auf gar keinen Fall im nichtflüchtigen Speicher des Caches (Festplatte) abgelegt wird, und daß diese so zügig wie möglich wieder aus dem flüchtigen Speicher (RAM) des Cache-Servers entfernt wird, nachdem sie zum Client weitergeleitet wurde. Es kann allerdings nicht verhindert werden, daß der Client die Ressource in seiner History-Datei speichert.
- **Modifikation des Mechanismus, der den Gültigkeitszeitraum der Ressource festlegt**
  Der Gültigkeitszeitraum einer Informationsressource läßt sich durch die folgenden Cache Direktiven beeinflussen:
  - **max-age**
    Diese Direktive bewirkt, daß der Client nur bereit ist, eine Antwort zu akzeptieren, falls sie nicht älter ist (für längere Zeit im Speicher des Cache-Servers gestanden hat) als die hier angegebene Zeit. Wird diese Direktive in einem Response-Header gesendet, so bezeichnet sie den maximalen Gültigkeitszeitraum der Informationsressource. Ist gleichzeitig das **expires**-Feld im Response-Header der Informationsressource gesetzt, wird dieses durch die **max-age** Direktive überschrieben.
  - **min-fresh**
    Ein Client kann über die min-fresh Direktive festlegen, daß eine angeforderte Ressource noch über die hier angegebene Mindestzeit gültig sein muß. Der Cache-Server muß also dafür Sorge tragen, daß die Ressource auch noch nach Addition des min-fresh Wertes zum aktuellen Alter gültig ist.
  - **max-stale**
    Mit dieser Direktive kann der Client erreichen, daß der Cache-Server auch eine ungültige Ressource an den Client zurücksendet. Die Wahrscheinlichkeit eines potentiellen Cache-Hits wird dadurch erhöht. Wird zusammen mit der max-stale Direktive ein Zeitwert angegeben, so besagt dieser, daß der Client eine ungültige Antwort akzeptiert, die ihren Gültigkeitszeitraum höchstens um die angegebene Zeit überschritten hat. Wird keine Zeit mit angegeben, akzeptiert der Client jede ungültige Antwort des Cache-Servers. Sobald der Cache-Server eine ungültige Antwort zurücksendet, muß er diese allerdings zusammen mit dem Warn-Code 110 (Response is Stale) senden.
- **Kontrolle über Validierung des Cache-Inhalts und über das Nachladen von Informationsressourcen im Cache**
  Mit den folgenden Direktiven lassen sich Validierung und Nachladen von Informationsressourcen am Cache-Server kontrollieren:
  - **no-cache**
    Mit dieser Direktive in einer Anfrage des Clients wird die angefragte Informationsressource vom Origin-Server nachgeladen.
  - **must-revalidate**
    Diese Direktive kann nur in der Antwort des Servers mit angegeben werden und besagt, daß die mitgelieferte Informationsressource vom Cache-Server gespeichert werden darf, aber daß sie nach Ablauf der Gültigkeit auf alle Fälle beim Origin-Server validiert werden muß. Dies ist auch der Fall, wenn der Client seine Anfrage mit der **max-stale** Direktive versehen hat. Kann der Cache-Server den Origin-Server zur Validierung der Ressource nicht erreichen, wird entweder der ungültige Cache-Eintrag zurückgesendet oder der Cache-Server sendet nur den Status-Code 504 (Gateway Time-out).

  - **proxy-revalidate**
    Diese Direktive entspricht der **must-revalidate** Direktive, bis auf daß allen privaten (nicht öffentlich gemeinsam genutzten) Caches gestattet wird, ungültige Ressourcen zurückzugeben.
  - **only-if-cached**
    Mit dieser Direktive wird der Cache-Server veranlaßt, die angefragten Ressourcen nur auszuliefern, falls sie sich im Speicher des Caches befinden. Die Informationsressourcen werden weder beim Origin-Server validiert, noch nachgeladen. Der Cache-Server sendet daher entweder die gespeicherte Informationsressource zurück oder antwortet mit dem Status-Code 504 (Gateway Time-out), falls die Ressource nicht vorhanden ist.
- **Kontrolle über die Veränderung von Informationsressourcen**
  In manchen Fällen führen Cache-Server Veränderungen an den von ihnen zwischengespeicherten Informationsressourcen durch, wie etwa der Einsatz einer alternativen Bildkompressionsmethode zum Zwecke der effizienteren Nutzung seines Speicherplatzes. Sind solche Veränderung unerwünscht, kann die **no-transform** Direktive Anwendung finden. Um Veränderungen durch den Server festzustellen, kann der Client das Vorkommen eines Warn-Code 214 (Transformation Applied) prüfen.

Zur Kontrolle des Cache-Verhaltens kann auch das Vorhandensein eines **Warning** Response-Headerfeldes überprüft werden, das zusätzlich zum regulären Status-Code zur Übermittlung unterschiedlicher Warnmeldungen verwendet wird. Die erste Ziffer des Warn-Codes gibt dabei an, ob die Warnmeldung nach Validierung einer gekennzeichneten Ressource durch den Origin-Server wieder gelöscht wird (1xx) oder erhalten bleibt (2xx) (siehe Tabelle 11.21).

Tabelle 11.9. HTTP Caching – Warn-Codes

Warn-Code	Bedeutung
110 (Response is Stale)	wird angegeben, wenn eine Ressource ungültig wird und solange beibehalten, bis die Ressource wieder validiert oder erneuert werden konnte
111 (Revalidation Failed)	muß vom Cache zurückgegeben werden, wenn eine Revalidierung der angefragten Ressource fehlgeschlagen ist, weil der Cache-Server keine Verbindung zum Origin-Server herstellen konnte
112 (Disconnected Operation)	wird dann mit angegeben, wenn der Cache-Server vom Rest des Internets abgetrennt wurde und daher keine Verbindung zum Origin-Server aufnehmen konnte
113 (Heuristic Expiration)	wird mitgeliefert, sobald der Cache-Server eine angefragte Informationsressource durch Anwendung einer Gültigkeitsheuristik für ungültig erklärt hat
214 (Transformation Applied)	wird dann angegeben, wenn die Kodierung der angefragten Informationsressource verändert wurde

Cache Implementationen

HTTP definiert allerdings nur, wie ein Informationsaustausch bzgl. der verwendeten Caching-Mechanismen stattfinden soll und gibt nicht an, wie die beteiligten Clients, Cache-Server und Origin-Server diese dann tatsächlich realisieren. Die jeweiligen Implementationen müssen sich nur nach den im HTTP Protokoll spezifizierten Informationsaustauschmechanismen richten. Prinzipiell sind die folgenden Cache-Implementationen vorstellbar:

- **Kein Caching**
  Die HTTP Cache Spezifikation besagt, daß ein Cache die zwischengespeicherten Informationsressourcen nicht zu lange bzw. nicht ohne Revalidierung behalten darf. Daher ist ein Cache, der keine Informationsressourcen speichert, vollständig konform. Allerdings wäre ein solcher Cache nicht sinnvoll, da er die ursprüngliche Übertragungszeit für die angefragte Ressource nur verlängert, ohne für eine Erhöhung der Effizienz und der semantischen Transparenz zu sorgen.
- **Aktive und reaktive Caches**
  Bei den meisten Cache-Implementationen handelt es sich um sogenannte **reaktive Caches**, d.h. eine Informationsressource wird dann in den Speicher des Caches geladen bzw. revalidiert, wenn diese vom Client angefragt wird. Es ist aber ebenso denkbar, daß ein Cache **aktiv** seine vorhandenen Einträge selbstständig validiert, ohne daß dazu eine Anfrage eines Clients vorliegen muß. Ein solches Vorgehen verursacht zwar auch unnötige Validierungen, doch im Ergebnis sind die am Cache angefragten Informationsressourcen in den meisten Fällen gültig.
- **Proprietäre Inter-Cache Protokolle**
  Das HTTP Protokoll erlaubt einem Cache-Server auch die Benutzung eines eigenen Protokolls zur Verständigung mit anderen Cache-Systemen. Die Kommunikation des Cache-Servers mit Client und Origin-Server via HTTP bleibt davon unberührt. Der Vorteil der dadurch erzielt werden kann liegt in der Möglichkeit, neue, effizientere und intelligentere Caching-Methoden einzusetzen, die nicht in HTTP spezifiziert sind.

Insgesamt werden so Cache-Implementationen unter HTTP große Freiräume eingeräumt, die eine sehr flexible Gestaltung der verwendeten Caching-Mechanismen gestatten.

Weiterführende Literatur:

R. Fielding, J. Gettys, J. Mogul, H. Frystyk, T. Berners-Lee: Hypertext Transfer Protocol – HTTP/1.1, Internet Proposed Standard RFC 2068, Januar 1997.

11.3.7 Cookies

HTTP ist ein **zustandsloses Protokoll**, d.h. die Interaktion zwischen Client und WWW-Server wird nicht von früher stattgefundenen Interaktionen beeinflußt. Diese Eigenschaft ermöglicht die einfache Implementation des HTTP-Protokolls, aber sie birgt in der Praxis auch einige bedeutende Nachteile. In vielen Anwendungen, wie z.B. für virtuelle Shopping-Malls im WWW, wäre eine Art Gedächtnis, das Informationen über früher stattgefundene Interaktionen zwischen einem Client und einem Server speichert, von Vorteil. Dort wird der Kunde durch das Angebot der Shopping-Mall geleitet und erhält die Möglichkeit, einzelne Artikel, die er erwerben möchte, in einer Art Einkaufswagen anzusammeln, bevor er diese an einer virtuellen Kasse dann bezahlt bzw. bestellt. Dabei ist es notwendig, daß authentifizierte Informationen beim Server selbst oder beim Client gesammelt und verwendet werden können. In der Regel dienen die beim Client abgelegten Informationen dazu, daß der WWW-Server feststellen kann, daß der Client den betreffenden Server bereits zuvor kontaktiert hat und um dessen Identität zu überprüfen.

Die von Netscape zu diesem Zweck entwickelte Lösung nutzt sogenannte **Cookies** (wobei der Grund für diese Namensgebung ist unklar). Als Cookie wird eine Zeichenkette (Information) bezeichnet, die zwischen WWW-Server und Client ausgetauscht wird und dazu dient, Zustandsinformationen zu kommunizieren, die nicht Teil des HTTP-Protokolls sind. Der von Netscape eingeführte Cookie-Mechanismus wurde als RFC 2109 zum Internet-Standard erhoben.

Der Cookie-Mechanismus erlaubt den Austausch von Zustandsinformationen im WWW, ohne daß dabei eine persistente Netzwerkverbindung zwischen WWW-Server und Client nötig ist. Dazu kann der WWW-Server an den Client ein Cookie über das Response-Headerfeld **Set-Cookie** senden, das der Client daraufhin abspeichert. Antwortet der Client dem WWW-Server, sendet er ein Request-Headerfeld **Cookie**, das mit Hilfe der bei einer früheren Kommunikation übertragenen Information die jeweilige Sitzung des Clients beim Server identifizieren hilft (siehe Abb. 11.22).

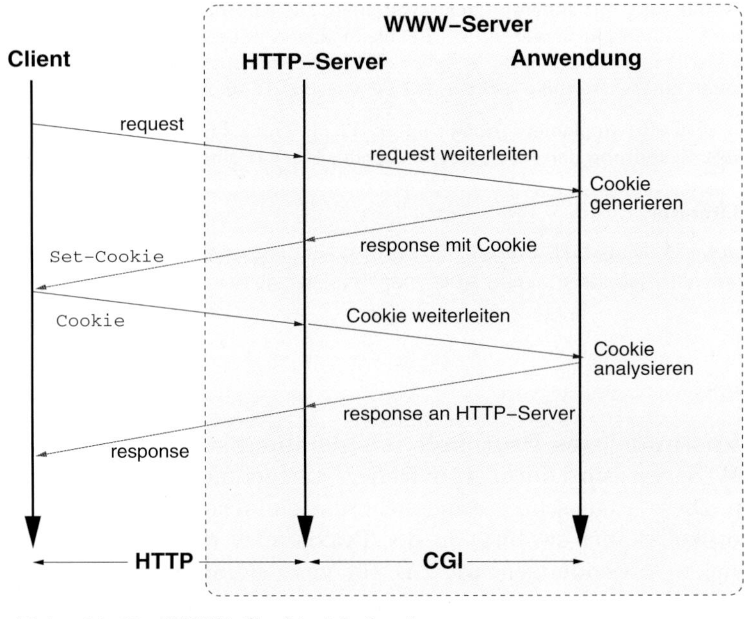

Abb. 11.22. HTTP Cookie-Mechanismus

Die Auswertung des übertragenen Cookies im WWW-Server wird in der Regel von einer separaten Anwendung vorgenommen, die z.B. über die **CGI**-Schnittstelle (**Common Gateway Interface**) mit dem HTTP-Server kommuniziert. Durch das Cookie, das der Client in seiner zweiten Anfrage mit an den Server sendet, ist dieser in der Lage, die beiden Anfragen als zu einer einzigen Sitzung gehörende Interaktionen zu identifizieren.

Natürlich darf ein Client nur Cookies an einen WWW-Server weitergeben, die auch von diesem stammen. Die Weitergabe fremder Cookies würde ein Sicherheitsrisiko darstellen, da auch private Zugangsdaten dabei preisgegeben werden könnten.

HTTP/1.1 – Cookie Headerfelder

- **Set-Cookie**
  Über das Set-Cookie Feld im Response-Header sendet der WWW-Server dem Client ein Cookie, das dieser speichern soll. Ist der Client so konfiguriert, daß er keine Cookies akzeptiert, wird das gesendete Cookie einfach ignoriert. Das Cookie-Feld selbst kann ein oder mehrere Cookies enthalten, die über einen Namen und eine Reihe von Attribut/Werte-Paaren definiert sind.
- **Cookie**
  Die Übergabe von Cookies vom Client zum WWW-Server erfolgt über ein Cookie-Feld im Request-Header. Der Client ermittelt das zu sendende Cookie an Hand des Server-Names, der vom WWW-Server angeforderten URI und dem Alter des Cookies. Der Client kann einen oder mehrere Cookies in den Request einbinden.

Abb. 11.23. HTTP/1.1 – Cookie Headerfelder

Tabelle 11.10. HTTP/1.1 – Cookie Parameter

Parameter	Bedeutung
Comment	Gibt in der Regel den geplanten Verwendungszweck des Cookies an. Der Client kann danach entscheiden, ob er das Cookie verwenden will (optional).
Domain	Gibt eine Domain an, für die das Cookie Gültigkeit besitzt. Damit läßt sich die beschränkte Nutzung des Cookies auf den ausstellenden Server erweitern (optional).
Max-Age	Gibt die Lebensdauer eines Cookies in Sekunden an. Der Client sollte Cookies, die ihre Lebenszeit überschritten haben aus Sicherheitsgründen löschen (optional).
Path	Dient der Einschränkung des Cookies auf bestimmte Informationsressourcen, die mit den hier angegebenen URIs auf dem WWW-Server übereinstimmen (optional).
Secure	Dient dazu, den Client zur Aufnahme einer sicheren Kommunikation (nicht näher spezifiziert) zu bewegen, da sicherheitsrelevante Informationen übertragen werden. Enthält oft einen Schlüssel, der zur Übertragung verwendet wird (optional).
Version	Gibt die Version des verwendeten Cookie-Protokolls an.

Da die Cookies in einer Datei auf dem Client abgespeichert werden, die von WWW-Servern gelesen und beschrieben werden kann, ist allerdings auch ein entsprechender Mißbrauch vorstellbar, obwohl die dort abgelegten Informationen in den seltensten Fällen wirklich eine Bedrohung darstellen. Trotzdem ist es für die Benutzer empfehlenswert, mit diesem Mechanismus sorgsam umzugehen, denn nicht immer ist es wünschenswert, von einem WWW-Server ohne sein Wissen identifiziert zu werden, und der Erstellung von Nutzungsprofilen Vorschub zu leisten.

Exkurs 27: HTTP – Erweiterungen

WWW-Page Refresh

Das populärste HTTP-Headerfeld, das nicht im HTTP-Standard definiert ist, ist das WWW-Page-Refresh Feld. Es dient dem Nachladen (Refresh) einer Informationsressource im WWW nach einer vorgegebenen Wartezeit. Obwohl selbst kein HTTP-Headerfeld, wird es oft direkt in HTML-Dokumenten mitangegeben. Dort ist es als **HTTP-EQUIV** Attribut Bestandteil eines **META** Elements. Die Nutzung dieser Direktive für ein HTML-Dokument vermeidet, daß eine entsprechende Änderung der Konfiguration des WWW-Servers erforderlich wäre. Sie kann z.B. folgendermaßen verwendet werden:

- **Periodisches Nachladen eines HTML-Dokuments**
  Über den Parameter **CONTENT** kann der Refresh-Direktive ein Zweitraum mitgegeben werden, nachdem das betreffende HTML-Dokument nachgeladen werden soll. Dazu wird z.B. folgende Zeile im Header des HTML-Dokuments eingefügt:

  ```
  <META HTTP-EQUIV="Refresh" CONTENT="120">
  ```

  Das betreffende Dokument wird nach Ablauf von 120 Sekunden erneut geladen.
- **Weiterleitung auf ein anderes HTML-Dokument**
  Oft kommt es vor, daß sich der URI eines HTML-Dokuments ändert. Da viele Benutzer die alte Adresse der Ressource als Bookmark oder in ihrer History-Datei gespeichert haben, wird zunächst die alte, nicht mehr gültige Adresse der gewünschten Ressource geladen. Das HTML-Dokument, das unter dem betreffenden URI erreichbar ist, kann eine Umleitung mit Hilfe der Refresh Direktive vorsehen:

  ```
  <META HTTP-EQUIV="Refresh" CONTENT="10"; URL=http://www.uni-
  trier.de/>
  ```

  Diese HTML-Zeile im Header eines HTML-Dokuments sorgt dafür, daß nach 10 Sekunden ein alternatives Dokument (`http://www.uni-trier.de/`) aufgerufen wird. Zusätzlich wird in solchen HTML-Dokumenten, die ausschließlich der Weiterleitung dienen, ein entsprechender Hinweis auf die neue Adresse in Textform oder als Hyperlink angegeben, um den Nutzer über das Geschehen zu informieren, wenn der verwendete Browser die Refresh-Direktive nicht unterstützt.

Verbesserungsmöglichkeiten

Obwohl HTTP bereits in seiner dritten Version als HTTP/1.1 vorliegt, werden durch seine alltägliche Nutzung neue Schwachstellen und Verbesserungsmöglichkeiten sichtbar, die in zukünftigen Versionen oder neuen Protokollen behoben werden sollten.

- **Cache Mechanismen**
  Wie bereits besprochen, bieten die in HTTP/1.1 implementierten Caching Algorithmen noch Raum für weitere Effizienzverbesserungen. Die dabei verfolgten Ziele sind semantische Transparenz, wobei unnötige Datentransfers vermieden und trotzdem der Stand der im Cache abgelegten Dokumente möglichst aktuell gehalten werden soll.

- **Hit Count**
  Der Zugriff auf eine Informationsressource durch einen Client wird in der Log-Datei des WWW-Servers als **Hit** vermerkt. Für viele kommerzielle WWW-Seiten ist eine korrekte Ermittlung des sogenannten **Hit-Counts** interessant, da sich für diese die Zahl der Zugriffe bezahlt machen kann, indem Werbung von einem Drittanbieter präsentiert wird. Sobald allerdings Cache-Server als Zwischenspeicher verwendet werden, hat der WWW-Server keine Möglichkeit mehr, die aktuelle Zahl der Zugriffe auf die betreffende Seite zu ermitteln, da diese vom Cache-Server nicht an den WWW-Server übermittelt werden. Die einzige Möglichkeit den Hit-Count korrekt zu ermitteln, besteht bislang darin, jegliches Caching durch die Verwendung geeigneter HTTP-Direktiven zu unterbinden, was allerdings der angestrebten Effizienz des Datentransfers im WWW zuwiderläuft.

- **Komprimierung**
  Durch die Verwendung geeigneter Komprimierungsalgorithmen könnte die Größe der meisten HTML-Dokumente, die über HTTP versendet werden, erheblich reduziert werden. Allerdings müssen sich die beteiligten Endsysteme jeweils über einen gemeinsam zu verwendenden Komprimierungsalgorithmus einigen. Eine weitere Möglichkeit, den Datentransfer im WWW effizienter zu gestalten, liegt darin, nur noch die geänderten Teile eines Dokuments zu übertragen anstelle des Gesamtdokuments. Dies würde vor allen Dingen ein effizienteres Nachladen der gespeicherten Dokumente eines Cache-Servers ermöglichen.

- **WebDAV – Verteilte Autoren und Versionskontrolle für WWW-Dokumente**
  HTTP selbst unterstützt nur eine einfache **PUT**-Direktive, mit der Dokumente auf WWW-Servern deponiert werden können. Eine spezielle Unterstützung für Gruppen verteilt tätiger Autoren und eine Versionierung der erstellten Dokumente fehlt. Die als **WebDAV** (**WWW Distributed Authoring and Versioning**) bezeichnete HTTP-Erweiterung nimmt sich dieser Aufgaben erfolgreich an und stellt eine standardisierte Infrastruktur für ein WWW-basiertes Autorensystem bereit.
  Dabei stellt WebDAV zusätzliche Methoden für HTTP zur Verfügung:
  - **Schreibschutz**
    Zu einem Zeitpunkt darf jeweils nur ein Autor ein Dokument im Autorensystem verändern, um Informationsverlusten durch konkurrierenden Zugriff vorzubeugen. Dabei wird zwischen sogenanntem **Shared Lock**, bei dem die Autoren untereinander über einen gemeinsamen Zugriff auf das Dokument verhandeln können, und einen **Exclusive Lock**, bei dem ausschließlich nur der aktuelle Inhaber des Dokuments zugriffsberechtigt ist, unterschieden.
  - **Metadaten**
    Als **Properties** werden in WebDAV Metainformationen bezeichnet, die zusätzliche Informationen über das betreffende Dokument liefern, wie z.B. Titel, Autoren, Dokumentenlänge, Verleger, Stichworte, Zusammenfassung, etc. Properties werden unter WebDAV als Name/Wert-Paare angelegt und unterstützen die gezielte Suche nach Dokumenten im WWW.
  - **Namensraum Management**
    Zu den Aufgaben des Namensraum-Managements zählen unter WebDAV das Erzeugen, Löschen, Verwalten und die Konsistenzprüfung von Dokumentensammlungen im WWW. Ebenso zählen dazu das Kopieren, Verschieben von Dokumenten und das Auflisten von Inhaltsverzeichnissen von Dokumente innerhalb einer Sammlung.
  - **Versionsmanagement**
    Über ein ausgeklügeltes Versionsmanagement wird gewährleistet, daß mehrere Autoren parallel an einem Dokument arbeiten können, ohne daß durch ein wechselseitiges Ändern eines Dokuments inhaltliche Information verloren geht. Zu diesem Zweck werden jeweils unterschiedliche Versionen eines Dokuments angelegt und am Ende

zusammengeführt, so daß eine lückenlose Kontrolle über den Inhalt des Dokuments möglich wird.

- **Referenzierung und erweiterbare Sammlungs-Eigenschaften**
  Innerhalb einer Sammlung von Dokumenten können andere Dokumente, die in die Sammlung aufgenommen werden sollen, sich aber an einer beliebigen Stelle im WWW befinden, über einen Hyperlink-ähnlichen Mechanismus mit aufgenommen werden. Zusätzlich lassen sich sogenannte **Ordered Collections** (geordnete Sammlungen) anlegen mit einer persistente Ordnung der Dokumente.
- **Zugriffskontrolle**
  WebDAV bietet die Möglichkeit, Dokumente vor unbefugtem Zugriff zu schützen. Dies betrifft sowohl Schreib- als auch Leseberechtigungen, die an bestimmte Benutzer vergeben werden können.

Eng verknüpft mit der Entwicklung von WebDAV ist die Arbeit der IETF DASL-Gruppe (DAV Search and Locate), die sich basierend auf dem WebDAV-Objektmodell mit der Verbesserung der Dokumentensuche befaßt.

- **Transparente Content Negotiation**
  Eine automatisch durchzuführende Content Negotiation zwischen WWW-Server und Client darüber, in welcher medienspezifischen Ausprägung eine angeforderte Informationsressource ausgeliefert werden soll, ist derzeit nur sehr beschränkt möglich, da eine dazu notwendige semantische Beschreibung der vielfältigen Repräsentationsmöglichkeiten fehlt. In RFC 2295 und RFC 2296 werden entsprechende Beschreibungen vorgeschlagen, die als Grundlage für eine automatische Auswahl angebotener Repräsentationsformen anhand des dort beschriebenen **Remote Variant Selection Algorithm** (**RVSA**) dienen können.
- **Multiplexing von HTTP-Datenströmen**
  Über persistente HTTP-Verbindungen und die Verwendung von Pipelining ist es möglich, die Effizienz des Datentransfers mit HTTP zu erhöhen. Allerdings wird durch das HTTP/1.1-Pipelining keine simultane Übertragung von Inline-Objekten, wie sie in HTML-Dokumenten häufig vorkommen, gestattet. Ein Multiplexing mehrerer Datenströme wäre daher zur Erlangung eines höheren Grades an Parallelität sehr vorteilhaft. Eine als **SMUX** (**Multiplexing Protocol**) bezeichnete Erweiterung von HTML zielt auf die Lösung dieser Aufgabe ab.

Der Erweiterung des bestehenden HTTP Protokolls dient auch das **Protocol Extension Protocol** (**PEP**), durch das speziell neue Protokollerweiterungen selbst implementiert werden können. Dies betrifft vorallem spezielle Erweiterungen, die nicht für das gesamte WWW standardisiert werden müssen und auch nicht für eine Standardisierung vorgesehen sind, wie z.B. Erweiterungen im Bereich der Statuscodes, die Einführung neuer Kodierungen, Anwendungs-spezifische von HTTP abgeleitete Protokolle oder das Umschalten auf Protokolle, die unabhängig vom verwendeten Protokollstapel ablaufen. PEP versetzt die Kommunikationspartner in die Lage, über ein neues Protokoll zu kommunizieren, für das noch kein entsprechender Standard existiert. PEP nutzt dazu den im HTTP-Header zur Verfügung stehenden Raum, um entsprechende Protokollerweiterungen dort unterzubringen. Dazu werden bestimmte Platzhalter verwendet, damit diese Header nicht in Konflikt mit bestehenden HTTP-Implementationen geraten.

Weiterführende Literatur:

H. F. Nielsen, D. Connoly, R. Khare, E. Prud'hommeaux: PEP – an Extension Mechanism for HTTP, Internet Draft, HTTP-Working Group, 1997.

R. Fielding, J. Gettys, J. Mogul, H. Frystyk, T. Berners-Lee: Hypertext Transfer Protocol – HTTP/1.1, Internet Proposed Standard RFC 2068, Januar 1997.

E. J. Whitehead,Jr., M. Wiggins: WEBDAV: IETF Standard for Collaborative Authoring on the Web, in IEEE Internet Computing, Sep/Oct. 98, pp. 34-40, 1998.

Y. Y. Goland, E. J. Whitehead,Jr.: HTTP Extensions for Collaborative Authoring – WEBDAV, RFC 2518, Feb. 1999.

H. F. Nielsen, D. Connolly, R. Khare, E. Prod'hommeaux: PEP – an Extension Mechanism for HTTP, W3C Working Draft, 21 November 1997.

11.4 HTTP-Server-Konfiguration

HTTP-Server sind Instanzen eines Programms, die über das HTTP-Protokoll gestellte Anfragen bedienen können. Tatsächlich verfügte die erste Implementation eines HTTP-Servers am CERN gerade einmal über die Möglichkeit, eine vom Client übermittelte URL auf eine lokal vorhandene Ressource abzubilden und diese als Antwort an den Client zurückzusenden. Mit den zahlreichen Erweiterungen des HTTP-Standards zu HTTP/1.1 konnten dann auch Informationen vom Client entgegengenommen werden und es standen Schnittstellen für WWW-Applikationen bereit. HTTP-Server wurden zusehends komplexer und ihre Konfiguration sah immer mehr Freiheitsgrade vor, deren korrekte, an die jeweilige Aufgabe angepaßte Einstellung von großer Bedeutung ist.

Der Nutzer eines WWW-Browsers wird nur selten mit diesen Konfigurationsmöglichkeiten eines HTTP-Servers konfrontiert, doch geben diese einen guten Einblick in die Leistungsfähigkeit und die Vielzahl der Möglichkeiten, die die WWW-Infrastruktur bietet.

11.4.1 HTTP-Server Betrieb

In der Regel läuft das HTTP-Server-Programm permanent auf einem mit dem WWW vernetzten Rechner, um eine möglichst effiziente Nutzung der darüber angebotenen Ressourcen zu ermöglichen. Allerdings war dies in früheren Zeiten nicht immer der Fall. Als der Hauptspeicher noch als kostbares Gut gehandelt wurde und viele Dienste von einem mit dem Internet verbundenen Rechner nur sporadisch angefordert wurden, empfahl es sich, den jeweiligen Dienst immer nur bei Bedarf zu starten. So lief auf dem Rechner ein Überwachungsprogramm (der **inetd**, Internet Demon), das alle Verbindungen und Anfragen vom und zum Internet kontrollierte. Die Anfrage nach einem bestimmten Dienst erfolgte über eine Kontaktaufnahme mit dem Server-Rechner über verschiedene dazu vorgesehener Ports (vgl. Abschnitt 7.2.5), mit denen jeweils ein bestimmter Dienst assoziiert ist. Wurde auf diese Weise ein Dienst angefragt, startete das Überwachungsprogramm den entsprechenden Server, der dann die Anfrage weiter bearbeitete.

Wurde eine Informationsressource aus dem WWW über HTTP angefragt, so erreichte diese Anfrage den zuständigen Server-Rechner gewöhnlich auf

HTTP Server Leistung

Zur Leistungsmessung eines HTTP-Servers gibt es eine Reihe unterschiedlicher Test-Szenarios und Benchmarks. Dabei haben sich insbesondere zwei unterschiedliche Leistungstests in den vergangenen Jahren als signifikant erwiesen:

- Das als **WebStone** bezeichnete Testszenario, das ursprünglich von der Firma Silicon Graphics entwickelt wurde, bietet ein Werkzeug zur Leistungsmessung eines HTTP-Servers für den WWW-Administrator. Dabei besitzt der Administrator große Freiheit in der Zusammenstellung der zu bearbeitenden Server-Testfolge, die speziell an die jeweiligen Bedürfnisse eines Anwenders angepaßt werden kann. Für gewöhnlich wird das so entwickelte Testszenario auf verschiedenen HTTP-Servern getestet, um so Aussagen über deren Leistungsfähigkeit zu erlangen. Allerdings sind die erzielten Resultate nur für den selbst zusammengestellten Testablauf gültig und können nur schwer für einen Vergleich herangezogen werden, der nicht exakt für dieselbe Situation maßgeschneidert wurde.
- Anders arbeitet der standardisierte **SPECweb96** Test der Standard Performance Evaluation Corporation (SPEC), der ein standardisiertes Test-Szenario vorgibt, das auf der Basis des Zugriffsverhaltens auf sehr große WWW-Server entwickelt wurde. Da die Ergebnisse aufgrund des standardisierten Test-Szenarios reproduzierbar sind, eignet sich dieser Leistungstest besser zum unabhängigen Vergleich unterschiedlicher Server-Implementationen und wird daher von Server-Rechenzentren auch zu Werbezwecken verwendet. Auf der anderen Seite muß das vorgegebene Test-Szenario nicht dem tatsächlichen Nutzungsverhalten des eigenen WWW-Servers entsprechen, so daß letztlich auch diese Art von Test nur eine begrenzte Aussagefähigkeit besitzt.

Abb. 11.24. HTTP-Server Leistung

dem Port 80. Das Internetüberwachungsprogramm startete daraufhin den HTTP-Serverprozeß, der die Anfrage weiter bearbeitete und die angeforderte Ressource an den anfragenden Client zurücksendet. Danach wurde der HTTP-Server-Prozeß auf dem Server-Rechner wieder beendet.
Dieses Vorgehen macht heute allerdings nur Sinn, wenn die Kapazität des Server-Rechners sehr beschränkt ist, oder die einzelnen Dienste nur sehr selten angefragt werden. Das Starten und Beenden des Server-Prozesses erzeugt eine nicht zu unterschätzende Systemlast auf dem ausführenden Server-Rechner. Wegen der Häufigkeit eingehender HTTP-Anfragen kann dieses Vorgehen daher für die Implementation eines HTTP-Servers nicht empfohlen werden. In der Regel wird der HTTP-Server heute als permanent aktiver Server-Prozeß auf dem Server-Rechner installiert. Dies erfolgt automatisch über einen entsprechenden Eintrag in der System-Startup-Konfiguration des Server-Rechners. Ein manueller Start des HTTP-Servers wird nicht empfohlen, da dieser dann nach einem eventuellem Neustart des Server-Rechners nicht mehr aktiv wäre und erneut manuelles Eingreifen erfordern würde. Darüberhinaus reagiert ein permanent aktiver HTTP-Server zügiger auf Anfragen als ein HTTP-Server, der bei jeder Anfrage erst vom Überwachungsprozeß gestartet werden muß.

11.4.2 Virtuelle Hosts

Ein HTTP-Server ist in der Lage, mehrere sogenannte **virtuelle Hosts** gleichzeitig zu betreiben. Unter einem virtuellen Host versteht man die Instanz eines HTTP-Servers, der unter einem eigenen DNS-Namen angesprochen werden und parallel zu anderen virtuellen Hosts auf demselben Rechner betrieben werden kann. Durch die Zusammenfassung mehrerer virtueller Hosts auf einem Rechner kann die Wartung der HTTP-Software und des Server-Betriebs signifikant erleichtert werden, da eine Vielzahl relevanter Arbeiten, wie z.B. ein Software-Upgrade, die Logfile-Analyse, nur ein einziges Mal durchgeführt werden müssen.
Man unterscheidet zwei verschiedene Möglichkeiten, virtuelle Hosts zu implementieren:

- **IP-basierte Hosts**
  Bei dieser Variante der Implementierung wird jeder virtuelle Host als separater IP-Host betrachtet, mit einer eigenen IP-Adresse. Für die Konfiguration und den Betrieb von IP-basierten Hosts müssen also IP-Adressen in ausreichender Zahl reserviert und entsprechende DNS-Einträge vorgesehen werden, damit die einzelnen virtuellen Hosts individuell angesprochen werden können. Der Rechner, auf dem die virtuellen Hosts installiert werden sollen, muß so konfiguriert werden, daß er alle IP-Datenpakete entgegennimmt, die an eine der Adressen der virtuellen Hosts gerichtet sind, und muß diese anschließend entsprechend verteilen (siehe Abb. 11.25). Erreicht ein IP-Datenpaket mit der Adresse eines virtuellen Hosts den Rechner, kann der HTTP-Server diesen aufgrund der angegebenen IP-Adresse identifizieren und entsprechend der Konfiguration des entsprechenden virtuellen Hosts reagieren.
  Für große Serviceprovider, die eine Vielzahl von virtuellen Hosts gleichzeitig betreiben, müssen entsprechend viele IP-Adressen reserviert werden, deren Zahl aber eng begrenzt ist. Auch stellt diese Form der Implementierung, bei der einem einzelnen Rechner eine Vielzahl von IP-Adressen zugewiesen werden, in der Praxis oftmals ein Problem für bereits existierende Netzwerk-Zwischensysteme wie Router oder Hubs dar, die nicht für diesen Zweck entworfen wurden. Allerdings war die Implementierung IP-basierter virtueller Hosts vor HTTP/1.1 die einzige Möglichkeit überhaupt, mehrere virtuelle Hosts zu betreiben, da das Protokoll erst ab der Version HTTP/1.1 eine alternative Möglichkeit der Identifikation virtueller Hosts erlaubte.
- **Nicht-IP-basierte Hosts**
  Seit HTTP/1.1 verfügt der Header einer HTTP-Nachricht über das `Host`-Feld, das zur Identifikation des adressierten virtuellen Hosts herangezogen werden kann. Das `Host`-Feld enthält den Namen des virtuellen Hosts und erlaubt so eine Identifikation eines bestimmten virtuellen Hosts, ohne daß dieser über eine eigene IP-Adresse verfügen muß. Die Konfiguration von

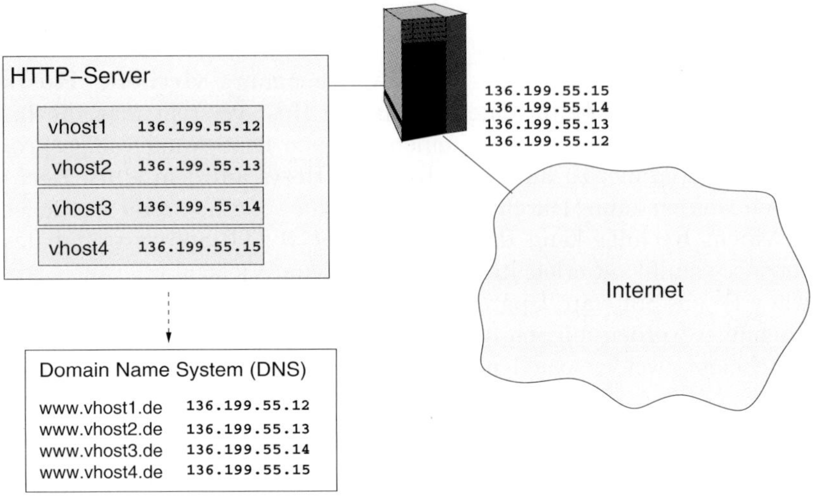

Abb. 11.25. IP-basierte virtuelle Hosts

Nicht-IP-basierten virtuellen Hosts erfolgt in gleicher Weise wie im Fall IP-basierter Hosts, nur daß dort die jeweiligen DNS-Einträge der virtuellen Hosts mit verschiedenen IP-Adressen versehen sind, während im Nicht-IP-basierten Fall alle DNS-Einträge auf dieselbe IP-Adresse abgebildet werden (siehe Abb. 11.26). Der Rechner, auf dem die virtuellen Hosts installiert werden, muß jetzt nur noch auf eine einzige IP-Adresse entsprechend reagieren. Da jede ankommende HTTP-Nachricht mit einer Identifikation des adressierten virtuellen Hosts versehen ist, kann der HTTP-Server diese auswerten und entsprechend der Konfiguration des virtuellen Hosts antworten. Handelt es sich bei der eintreffenden HTTP-Nachricht um die Anforderung einer absoluten URL, wird das `Host`-Headerfeld ignoriert und die Namens- und Pfadangabe der absoluten URL ausgewertet.
Die Einrichtung von Nicht-IP-basierten virtuellen Hosts ist einfacher als die Einrichtung IP-basierter virtueller Hosts. Lediglich ein neuer DNS-Eintrag und die interne Host-Konfiguration sind betroffen, während für IP-basierte Hosts zusätzlich noch die Netzwerk-Konfiguration des Rechners um eine zusätzliche IP-Adresse für den neuen virtuellen Host ergänzt werden muß.

11.4.3 Origin Server

In den meisten Fällen wird ein HTTP-Server als Origin-Server konfiguriert, d.h. er leitet an ihn gestellte Anfragen nicht wie ein Proxy-Server weiter, sondern beantwortet diese aus seinem lokalen Speicher. In der Anfrage an den Origin-Server ist stets ein URL enthalten, der die angeforderte Informationsressource beschreibt. Es entsteht nun die Frage, wie der in dem URL enthaltene Pfad auf das Dateisystem des Origin-Servers abgebildet wird. Auch

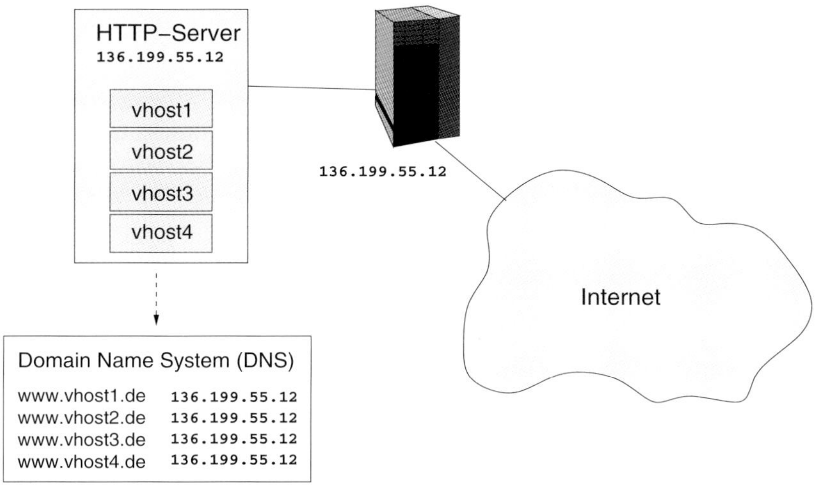

Abb. 11.26. Nicht-IP-basierte virtuelle Hosts

wenn die Pfadangabe des URL einer Pfadangabe in einem regulären Dateisystem ähnelt, muß diese Struktur auf dem adressierten Origin-Server nicht tatsächlich existieren. Wie der Origin-Server den angegebenen Pfad auf sein lokales Dateisystem abbildet, bleibt diesem selbst überlassen.

Allgemeine Informationsressourcen. In der Regel wird die Pfadangabe jedoch als Suffix an einen durch den Origin-Server vorgegebenen Präfix gehängt, der die Position der lokalen Ressourcen im Dateisystem des Server-Rechners bezeichnet. Grundsätzlich kann man bei den angeforderten Ressourcen zwischen zwei Typen unterscheiden:

- **Statische Ressourcen**
  Unter statischen Ressourcen versteht man diejenigen Informationsressourcen, die selbst physisch im Dateisystem des Origin-Servers gespeichert sind. Zwar kann je nach Dateityp der angeforderten Ressource noch eine Weiterverarbeitung von Seiten des HTTP-Servers nötig werden, doch kann der HTTP-Server die in der Antwort zu sendende Informationsressource ohne Hilfe anderer Programme selbst erzeugen. Für statische Ressourcen findet eine einfache Abbildung des URL auf das Dateisystem des Origin-Servers statt.
- **Dynamische Ressourcen**
  Zu dieser Kategorie von Informationsressourcen zählen alle diejenigen, die auf eine Anforderung des Clients hin über externe Programme außerhalb des HTTP-Servers erst erzeugt werden müssen. Daher entspricht der in der Anforderung übermittelte URL nicht der Position einer bestimmten Informationsressource, sondern bezeichnet ein bestimmtes Anwendungsprogramm und beinhaltet zudem noch Parameter, die zur Erzeugung der angeforderten Informationsressource benötigt werden. Üblicherweise wird

zu diesem Zweck die sogenannte **CGI**-Schnittstelle (Common Gateway Interface) verwendet, die der HTTP-Server bereitstellt (siehe Kapitel 15.3).

Nutzerbezogene Informationsressourcen. Neben den allgemeinen, auf dem Origin-Server gespeicherten Informationsressourcen, können über einen HTTP-Server auch Daten aus einem nutzerbezogenen Bereich über das WWW angeboten werden. Dazu wird für jeden eingetragenen Nutzer ein sogenannter **WebSpace** vorgesehen, der im Dateisystem des Server-Rechners plaziert werden muß. Für gewöhnlich werden nutzerbezogene Daten über einen URL bereitgestellt, der eine Tilde „∼" in Verbindung mit dem Namensbezeichner des Nutzers enthält. Beispiel:

`http://www.inf.uni-trier.de/∼name/`

Das Beispiel bezeichnet den WebSpace auf dem Rechner „www.inf.uni-trier.de", der dem Nutzer „name" zugeordnet ist. Um diese nutzerbezogenen Daten im Dateisystem des Server-Rechners zu organisieren, sind zwei verschiedene Varianten vorgesehen:

- Die nutzerbezogenen Informationsressourcen können an **zentraler Stelle** im Dateisystem des Server-Rechners organisiert werden. Zu diesem Zweck wird ein spezielles Verzeichnis auf dem Server-Rechner eingerichtet, das für jeden Nutzer jeweils ein eigenes Unterverzeichnis beinhaltet. Dabei kann der HTTP-Server die Informationsressourcen, die dort abgelegt wurden, lesen, aber nur die betreffenden Nutzer selbst besitzen auch Schreibrechte in den ihnen zugeordneten Unterverzeichnissen. Wird z.B. das zentrale Verzeichnis `/opt/user` als Nutzerverzeichnis herangezogen und dort für den Nutzer „Schmitt" ein Unterverzeichnis `schmitt` angelegt, kann das betreffende Verzeichnis über einen URL, dem die Pfadangabe `∼schmitt` angehängt ist, auf dem Server-Rechner angesprochen werden. Erhält der HTTP-Server einen URL mit der Pfadangabe `∼schmitt`, wird diese auf den internen Pfad `/opt/user/schmitt/` abgebildet.
  Diese Methode bietet den Vorteil, daß alle nutzerbezogenen Informationsressourcen an zentraler Stelle gelagert werden und unabhängig vom persönlichen Verzeichnis des Nutzers gespeichert werden. Löscht ein Nutzer sein persönliches Verzeichnis, so sind die Daten auf dem Server-Rechner immer noch verfügbar.
- Alternativ dazu kann in den jeweiligen, persönlichen Verzeichnissen der Nutzer ein spezielles Unterverzeichnis angelegt werden, das alle Informationsressourcen beinhaltet, die dieser Nutzer über das WWW zur Verfügung stellen will. Da der Nutzer in seinem persönlichen Verzeichnis ohnehin alle Schreibrechte besitzt, muß nur dafür Sorge getragen werden, daß auch der Web-Server eine Leseberechtigung auf die betreffenden Informationsressourcen erhält. Für gewöhnlich befinden sich Nutzerverzeichnisse etwa in einem Verzeichnis `/home/schmitt/`. Dort kann der Nutzer ein eigenes Verzeichnis `www` anlegen und die Informationsressourcen, die der Nutzer über das WWW zur Verfügung stellen möchte, werden in den Verzeichnis

/home/schmitt/www/ plaziert. Der HTTP-Server muß dann einen URL mit der Pfadangabe ~schmitt auf das Verzeichnis /home/schmitt/www/ abbilden.
Dieser Ansatz bietet den Vorteil, daß der Systemadministrator keine zusätzlichen Dateisysteme einrichten und deren Nutzungsrechte verwalten muß. Bereits eingerichtete Restriktionen, wie z.B. Diskquota, bleiben erhalten und der Nutzer ist selbst verantwortlich für die von ihm zur Verfügung gestellten Ressourcen.

Fehlerbehandlung. Es kommt vor, daß eine Client-Anforderung vom adressierten Server nicht wie gewünscht beantwortet werden kann, da die angeforderte Informationsressource im Dateisystem des Servers nicht gefunden werden bzw. die aufgerufene Anwendung zur Erzeugung einer dynamischen Ressource nicht ausgeführt werden kann. Der Grund dafür kann darin bestehen, daß der angegebene URL entweder fehlerhaft oder veraltet ist.

- **Fehlerhafter URL**
  Der Nutzer hat einen URL angefordert, der typografische Fehler enthält. Typischerweise bewirkt eine solche fehlerhafte Anforderung die Rücksendung des Fehlercodes (`404 -- not found`). Manchmal kann natürlich auch eine andere Informationsressource, als die gewünschte, durch den zwar fehlerhaften aber doch sinnvollen URL zurückgeliefert werden.
  Manche HTTP-Server erlauben die Aktivierung eines Moduls zur fehlertoleranten Überprüfung von URLs, der bei Nichtauffinden einer angeforderten Ressource aktiviert wird und naheliegende Alternativen zum angegebenen URL zu bilden versucht. Allerdings ist die Aktivierung dieses Moduls mit einer höheren Verarbeitungslast auf Server-Seite zu bezahlen, da im Fehlerfall eine Vielzahl von in Frage kommenden Verzeichnissen durchsucht werden muß.
- **Veralteter URL**
  Der HTTP-Server kann dergestalt konfiguriert werden, daß er im Falle der Angabe einer veralteten URL mit einer spezifischen Fehlermeldung antwortet. Dabei sind folgende Fälle möglich:
  - `410 (gone)`: Die angeforderte Informationsressource wurde entfernt.
  - `301 (moved permanently)`: Die angeforderte Informationsressource wurde permanent an eine andere Stelle im Datesystem verrückt.
  - `302 (moved temporarily)`: Die angeforderte Informationsressource wurde für eine beschränkte Zeit an eine andere Stelle im Datesystem verrückt.

  Die mit `3xx` startenden Status-Codes sind mit einer Redirect-Direktive versehen, die auf die neue Stelle im Dateisystem für die angeforderte Informationsressource zeigt.

Andererseits ist es auch üblich, anstelle der Index-Datei eines Verzeichnisses nur das Verzeichnis selbst über einen entsprechenden URL anzufordern. Dabei wird im eigentlichen Sinn keine Datei angefordert, da der URL mit der

Angabe eines Verzeichnisnamens abschließt. Da das URL-Konzept nicht über ein Verzeichnis-Objekt verfügt und jede URL-Angabe als Datei interpretiert, die über hierarchisch angeordnete Namen angegeben werden kann, hängt es von der Konfiguration des HTTP-Servers ab, wie dieser mit derartigen Anforderungen umgeht:

- **Verzeichnisnamen akzeptieren**
  Als erstes muß bei der Konfiguration des HTTP-Servers entschieden werden, ob Verzeichnisnamen in dem angeforderten URL überhaupt akzeptiert werden und ob auf diese Anforderung hin Informationen über das entsprechende Verzeichnis im Dateisystem des Server-Rechners zurückgesendet werden sollen.
- **Standard-Dateinamen verwenden**
  Empfängt der HTTP-Server im URL lediglich einen Verzeichnisnamen und nicht explizit den Namen einer Datei, kann er in diesem Verzeichnis im Dateisystem des Server-Rechners nach vorher vereinbarten Standard-Dateinamen suchen. Üblicherweise werden folgende Standard-Dateinamen verwendet:
  - `index.html`,
  - `index.htm`,
  - `welcome.html`,
  - `welcome.htm`.

  Ist eine Datei mit diesem Standard-Dateinamen im angeforderten Verzeichnis enthalten, wird der Inhalt dieser Datei an den Client als Antwort zurückgesendet.
- **Verzeichnisinhalt versenden**
  Ist keine Datei mit einem der vereinbarten Standard-Dateinamen im angeforderten Verzeichnis auf dem Dateisystem des Server-Rechners vorhanden, hat der HTTP-Server die Möglichkeit, die Anforderung mit einem Fehlercode abzuweisen (`404 - not found`), da aus Sicherheitsgründen keine Information über Verzeichnisinhalte an einen anfragenden Client versendet werden soll, oder dem anfragenden Client kann ein speziell aufbereitetes HTML-Dokument als Antwort gesendet werden, das eine Auflistung des Inhalts des angeforderten Verzeichnisses enthält, wobei die darin enthaltenen Dateinamen als Hyperlinks markiert sind und auf die jeweiligen Unterdateien verweisen.
  Wird diese Option genutzt, sollte darauf geachtet werden, daß keine sicherheitsrelevanten Informationsressourcen innerhalb eines Verzeichnisses liegen, dessen Inhaltsverzeichnis angefordert werden kann, da sonst die Existenz der sicherheitsrelevanten Dateien offenbart wird.

CGI-Skripte. Anforderungen an einen HTTP-Server, die sich nicht auf eine statische Datei beziehen, sondern die sich auf Informationsressourcen beziehen, die erst durch externe Programme erzeugt werden müssen, werden

über die sogenannte **CGI-Schnittstelle** (Common Gateway Interface, siehe Kapitel 15.3) verarbeitet. Syntaktisch unterscheiden sich im URL diese Anforderungen nicht von Dateianforderungen, doch können zu einem CGI-Skript auch Parameter über den URL angegeben werden, die den Inhalt der angeforderten, dynamischen Informationsressource bestimmen.
Der HTTP-Server kann eine Anforderung nach einem CGI-Skript entweder durch die Verwendung eines bestimmten Suffixes im angegebenen Dateinamen oder aber durch eine spezielle Pfadangabe abbilden. In der Regel werden alle CGI-Skripte zentral unter einem bestimmten Verzeichnis gespeichert, da die Verwaltung von Zugriffs- und Nutzungsrechten für den Administrator auf diese Weise leichter zu organisieren ist. Üblicherweise enthält der Verzeichnisname eines CGI-Skripts die Zeichenkette `/cgi-bin/scriptname`. Allerdings sollte bei der Verwaltung eines WWW-Servers große Sorgfalt auf die Organisation und Einrichtung der ausführbaren CGI-Programme gelegt werden. Oft stellt der Administrator dem Nutzer einfach einen Bereich zur Verfügung, in dem dieser seine Programme plazieren kann, die von überall her auf dem WWW-Server-Rechner gestartet werden können, ohne daß diese vorher ausgiebig getestet sind. CGI-Skripte stellen daher eines der bedeutendsten Sicherheitsrisiken beim Betrieb eines WWW-Servers dar.

11.4.4 Proxy-Server

Wie bereits in Kapitel 11.1.2 beschrieben, kann ein HTTP-Server auch als Proxy-Server konfiguriert werden. Ein Proxy-Server ist in der Lage, Anforderungen entweder selbst aus seinem lokalen Zwischenspeicher (Cache) zu beantworten, oder er leitet die Anfragen der Clients an die jeweiligen Origin-Server weiter, die die angeforderte Informationsressource bereithalten. Ein Proxy-Server stellt selbst also keine eigenen Informationsressourcen bereit, sondern dient lediglich als Zwischenspeicher oder Vermittlungsstelle zwischen Client und Origin-Server, mit dem Zweck, die Zahl der Verbindungen nach außen, die zur Bereitstellung externer Ressourcen notwendig sind, aus Kosten-, Effizienz- und Sicherheitsgründen zu beschränken. Zu diesem Zweck können auf einem Proxy-Server Filtermechanismen installiert werden, die den Zugriff auf bestimmte externe oder interne Bereiche verwehren.

Cache-Konfiguration. Die Zwischenspeicherung von externen Informationsressource ist eine der Hauptaufgaben des Proxy-Servers. Die Konfiguration des Zwischenspeichers und der Caching-Routinen gestaltet sich je nach verwendetem HTTP-Server unterschiedlich, doch müssen dabei stets folgende Eckparameter Berücksichtigung finden:

- **Größe des Cache**
  Beschreibt den maximal zur Verfügung stehenden Speicherplatz zur Zwischenlagerung externer Informationsressourcen. Wie für jeden Zwischenspeicher gilt, je größer dieser angelegt ist, desto höher ist die Wahrscheinlichkeit, daß sich eine angeforderte Ressource darin findet.

- **Plazierung des Cache**
  Diese ist selbstverständlich von der Organisationsstruktur des HTTP-Servers abhängig und liegt innerhalb des Dateisystems des Server-Rechners. In der Regel wird zu diesem Zweck eine eigene Verzeichnishierarchie angelegt, um die externen Ressourcen im Zwischenspeicher von den lokalen Dateien zu separieren.
- **Caching Strategien**
  Hier wird festgelegt, nach welchen Kriterien der Zwischenspeicher die enthaltenen externen Ressourcen auf einem aktuellen Stand hält bzw. diese nach Ablauf einer bestimmten Zeitspanne, in der diese nicht mehr von lokalen Clients angefordert wurden, wieder aus dem Zwischenspeicher löscht, um Raum für neue Informationsressourcen zu schaffen. Dabei kann der HTTP-Server eigene Regeln zur Anwendung bringen, die z.B. das in der Informationsressource selbst angegebene Verfallsdatum außer Kraft setzen. Der Administrator besitzt in der Festlegung der zu befolgenden Caching-Strategien große Freiheit, insofern er dabei nicht gegen die durch HTTP vorgegebenen Maximen, insbesondere der Forderung nach semantischer Transparenz, verstößt. So können etwa Parameter, wie z.B. der benötigte Speicherplatz für eine Ressource, der Datentyp oder der Ursprungsort einer Ressource als Entscheidungskriterium für die Caching-Strategie herangezogen werden.

Die Konfiguration eines HTTP-Servers als Proxy-Server alleine ist noch nicht ausreichend, da die Clients jeweils so konfiguriert werden müssen, daß sie den Proxy-Server auch benutzen. Die übliche Proxy-Server-Konfiguration sieht vor, daß der Proxy-Server innerhalb eines Intranets für sämtliche dazugehörenden Clients als Schnittstelle zum Internet plaziert wird (siehe Abb. 11.27).

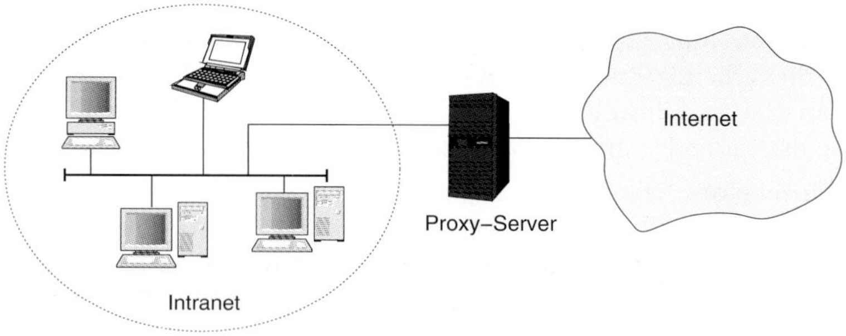

Abb. 11.27. Proxy-Konfiguration für ein Intranet

Eine andere, ebenfalls sehr weit verbreitete Konfiguration kann bei Internet-Providern angetroffen werden: Der Proxy-Server ist beim Provider selbst angesiedelt und die Clients, die den Proxy-Server nutzen, sind über spezielle

Anschlußpunkte mit dem Provider verbunden. Der Internet-Provider nutzt den Proxy-Server, um die Anforderungen der Clients seiner Kunden schneller bedienen zu können und um direkte Client-Zugriffe auf das Internet, die dem Provider selbst Kosten verursachen würden, möglichst gering zu halten.
Insgesamt gesehen, nutzt der Einsatz von Proxy-Servern allen beteiligten Parteien. Clients werden zügiger bedient und die Zugriffe auf das Internet und damit das gesamte Lastaufkommen im Internet wird verringert.

Proxy-Sicherheit. Nicht nur zur Erhöhung der Effizienz, sondern auch aus Sicherheitsüberlegungen heraus, kann sich der Einsatz eines Proxy-Servers lohnen. So kann ein Proxy-Server zugleich als eine Art Firewall genutzt werden, die den gesamten Datenverkehr filtert und unerwünschte Zugriffe nach außen, wie auch nicht erlaubte Zugriffe von außen abweisen kann.
Werden sicherheitsrelevante Daten über das WWW übertragen, wie etwa bei der Übermittlung von Kreditkartendaten, kann anstelle des regulären HTTP-Protokolls eine sichere Variante wie HTTPS (HTTP over SSL, vgl. Kapitel 11.3.4) verwendet werden. Wird in eine derart gesicherte Kommunikation zwischen Client und Origin-Server ein Proxy-Server eingeschaltet, kann dies auf unterschiedliche Weise erfolgen:

- **HTTPS-Proxying**
  Kommt dieses Verfahren zum Einsatz, fungiert der Proxy-Server wie eine Schleuse zwischen dem regulären HTTP-Protokoll und HTTPS. Der Client ist dabei mit dem Proxy-Server über eine reguläre HTTP-Verbindung verbunden, während der Proxy-Server selbst mit dem Origin-Server über eine sichere HTTPS-Verbindung kommuniziert. Diese Art der Verbindung geht davon aus, daß die Kommunikation zwischen den Clients und dem Proxy-Server in einer als sicher geltenden Umgebung, also etwa in einem Intranet, stattfindet. Lediglich die Verbindung nach draußen, also die Verbindung zwischen Proxy-Server und Origin-Server wird als „gefährlich" eingestuft und daher über das sichere HTTPS-Protokoll abgewickelt. Dies birgt den Vorteil, daß eine HTTPS-Konfiguration nur ein einziges Mal, nämlich auf dem Proxy-Server des Intranets erfolgen muß und nicht auf jedem einzelnen Client (siehe Abb. 11.28).

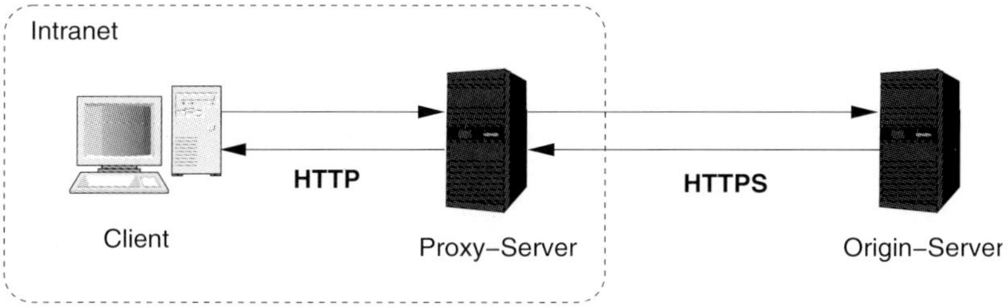

Abb. 11.28. HTTPS-Proxying

Der Proxy-Server interpretiert beim HTTPS-Proxying die vom Origin-Server übertragenen Daten wie üblich und speichert diese in seinem Zwischenspeicher. Doch dürfen dabei folgende Nachteile nicht übersehen werden:

– Die Verbindung zwischen Client und Proxy-Server ist stets ungesichert, auch wenn sie innerhalb einer als sicher angesehenen Umgebung erfolgt. Daher kann bereits dort über simples Abhören sicherheitsrelevante Information aus dem Datenverkehr zwischen Client und Proxy-Server gewonnen werden.
– Es ist notwendig, auf dem Proxy-Server eine vollständige SSL-Implementation und Konfiguration durchzuführen. Ist der Proxy-Server mit einer hohen Netzlast konfrontiert, kann diese zusätzlich implementierte Sicherheits-Software Engpässe verursachen.
– Der Origin-Server ist nicht in der Lage, den anfragenden Client korrekt über ein Authentifikations-Verfahren zu identifizieren, da der Client lediglich das HTTP-Protokoll unterstützt und darüber kommuniziert.

Die genannten Nachteile machen deutlich, daß alternative Möglichkeiten einer sicheren Verbindung zwischen Client und Origin-Server unter Einbeziehung des Proxy-Servers wünschenswert sind.

- **SSL-Proxying**
  Ziel dieses Verfahrens ist die Etablierung einer direkten, sicheren Verbindung zwischen Client und Origin-Server, die durch die Untertunnelung des Proxy-Servers erreicht wird. SSL-Proxying basiert auf der HTTP-Methode `connect`, über die der Client mit dem Proxy-Server kommuniziert, über den der Tunnel zum Origin-Server eingerichtet werden soll. Der Proxy-Server richtet auf die `connect`-Anfrage des Clients hin eine Verbindung zum angefragten Origin-Server ein und reicht ankommende Daten zwischen Client und Origin-Server anschließend vollkommen transparent weiter. Der Proxy-Server nimmt die so weitergereichten Daten nicht in seinen Zwischenspeicher auf, da diese sicherheitsrelevante Informationen beinhalten können. Die Kommunikation zwischen Client und Origin-Server kann jetzt verschlüsselt über SSL ablaufen, so daß zwischen SSL-Client und SSL-Server die üblichen Authentifikations-Verfahren ablaufen können. Ein weiterer Vorteil bei diesem Verfahren besteht darin, daß der so konfigurierte Proxy-Server über keine eigene SSL-Implementation verfügen, sondern lediglich in der Lage sein muß, die HTTP-`connect` Methode zu unterstützen (siehe Abb. 11.29).

11.4.5 Logfile-Analyse

In den sogenannten **Logfiles** (Log-Dateien) des WWW-Servers werden neben Kontroll- und Statusinformationen die gesamte Kommunikation des WWW-Servers mit dem Internet aufgezeichnet. Von besonderer Bedeutung sind dabei die Anfragen externer Clients und die zu diesen übertragenen Inhalte.

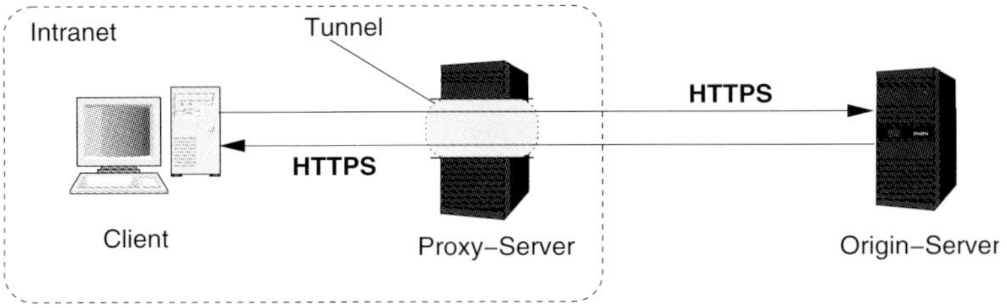

Abb. 11.29. SSL-Proxying

Logfiles können so Auskunft darüber geben, von welchem Rechner auf welche Inhalte des WWW-Servers zugegriffen wurde, welcher Browser dabei verwendet wurde und ob eventuell Fehler in der Übertragung der angeforderten Informationsressourcen auftraten. Über die Auswertung der Logfiles läßt sich der Weg eines Besuchers beim Navigieren durch die verlinkten Informationsressourcen des WWW-Servers, der sogenannte **Clickstream** nachvollziehen. So können aktuelle Zugriffszahlen auf bestimmte Ressourcen ermittelt, sowie Aussagen über die Effizienz des Informationsdesigns und die **Usability** des Informationsangebots des WWW-Servers getroffen werden. In Zeiten immer härteren Konkurrenzdrucks im stetig anwachsenden E-Commerce, der kommerziellen Vermarktung von Information und Dienstleistung über das WWW, gewinnen derartige Kennzahlen und Leistungsziffern zunehmend an Bedeutung. So können z.B. häufig frequentierte WWW-Angebote Raum für Werbung zur Verfügung stellen und diesen teuer vermarkten. Aber auch dem Nutzer – und somit dem Konsumenten – kommt diese Entwicklung zu Gute, da über eine Analyse des Clickstreams die Navigation und die Informationsaufbereitung von Websites verbessert und somit ihr Nutzen erhöht werden kann.

Je nach verwendeter Hardware-Plattform, Betriebssystem und HTTP-Server werden die Logfiles an unterschiedlichen Orten im Dateisystem des WWW-Servers abgelegt. Um aber eine Grundlage für plattformunabhängig zu verwendende Logfile-Analyseprogramme zu schaffen, gab das W3C die Definition eines gemeinsamen Logfile-Format-Standards für HTTP-Server heraus, das **Common-Logfile-Format** (CLF).

Tabelle 11.11. Standard Logfile-Dateien, hier am Beispiel des W3C httpd-Servers

Datei	Inhalt
AccessLog	Zugriffe auf den WWW-Server
ProxyAccessLog	Zugriffe auf den Proxy-Server
CacheAccessLog	Zugriffe auf den internen Cache
ReferrerLog	Vorgänger-URL, der Link auf zugegriffene Seite enthält
ErrorLog	Fehlermeldungen

Das Common-Logfile-Format des W3C hat die folgende Gestalt:

```
remotehost rname authuser [date] "request" status
bytes
```

Die einzelnen Parameter haben dabei die folgende Bedeutung:

- `remotehost`
  Name des Rechners, auf dem sich der anfragende Client befindet. Dabei handelt es sich entweder um den DNS-Namen oder, falls DNS-Lookup nicht aktiviert sein sollte, um die IP-Adressen des anfragenden Rechners.
- `rname`
  Identifikation des Nutzers, der mit dem anfragenden Client assoziiert ist. Sendet der Client keinen Nutzernamen, wird dieser durch einen Bindestrich „–“ ersetzt.
- `authuser`
  Ist die Angabe eines authentifizierten Nutzernamens erforderlich, wird dieser an dieser Stelle verzeichnet. Falls nicht, steht an dieser Stelle wieder nur ein Bindestrich „–“.
- `date`
  Datum und Uhrzeit der Anfrage im Format:

  ```
  tt/mm/jjjj:hh:mm:ss
  ```

  Zusätzlich wird noch eine Angabe zur Zeitzone gemacht, in der sich der Rechner des Clients befindet, in der die Abweichung der GMT (Greenwich Meridian Time) in Stunden angegeben wird.
- `request`
  Hier befindet sich wortgetreu die eigentliche Anfrage des Clients, d.h. die Methode und der angeforderte URL.
- `status`
  Entsprechend der Reaktion des WWW-Servers wird an dieser Stelle der an den anfragenden Client zurückgelieferte HTTP-Status-Code vermerkt.
- `bytes`
  Gibt die Gesamtzahl der auf die betreffende Anforderung des Clients übertragenen Bytes an.

Eine Erweiterung des CLF, das sogenannte **Expanded Common-Logfile-Format** (ECLF), sieht zusätzlich noch folgende Felder im Logfile-Eintrag vor:

- `Referrer`
  Wurde die Anfrage des Clients nicht direkt über die Eingabe eines URL durch den Nutzer gestellt, sondern wurde der angeforderte URL über einen Hyperlink aktiviert, kann zusätzlich der URL der Seite gespeichert werden, über die der betreffende Hyperlink aktiviert wurde.

- `Agent`
  Name und Versionsnummer des verwendeten Clients, also z.B. der Name des Browsers oder des Robots einer Suchmaschine.

Beispiel: ECLF Eintrag im HTTP-AccessLog

```
136.199.54.12 - - [14/12/2002:16:40:44+0100] "GET x1.html
HTTP/1.1" 200 12500 y2.html "Mozilla/4.0(compatible; MSIE 5.5;
Windows ME)"
```

Die Anforderung wurde von einem Client gestellt, der von einem Rechner mit der IP-Adresse `136.199.54.12` aus operiert. Benutzername oder Authentifikation wurde in der Anforderung nicht mitgesendet. Der Zugriff erfolgte am 14. Dezember 2002 um 16:40 Uhr, Mitteleuropäischer Zeit (= GMT + 1 Stunde). Die Anforderung betraf die Informationsressource mit der Bezeichnung `x1.html`, die der anfragende Client über die Methode `GET` anforderte, wobei das Protokoll HTTP/1.1 zum Einsatz kam. Das angeforderte Dokument wurde ausgeliefert (Statuscode 200 `--` `ok`), insgesamt wurden 12500 Byte übertragen. Der anfragende Client gelangte über einen Hyperlink, der sich unter dem URL `y2.html` befand, zum angefragten URL. Bei dem Client handelt es sich um einen Microsoft Internet Explorer in der Version 5.5 und um das Betriebssystem Windows ME.

Abb. 11.30. HTTP – AccessLog

In rohem, d.h. im unbehandelten Zustand enthalten Logfiles sehr viele Einträge, die zu einer Analyse nur wenig beitragen bzw. diese sogar verfälschen. Daher werden Logfiles im Vorfeld einer Analyse sorgfältig aufbereitet. Die grundlegenden Schritte dieser Aufbereitung bestehen in der Identifikation von Seitenaufrufen sowie der Identifikation von Besuchern und einzelnen Sitzungen.

- **Identifikation von Seitenaufrufen** (Datenbereinigung)
  Die Anzahl der von den Clients angeforderten Seiten auf einem WWW-Server gilt als ausschlaggebende Erfolgsgröße eines Internetauftrittes. Allerdings läßt die bloße Anzahl der Logfile-Einträge nur bedingt auf die Anzahl der angeforderten Informationsressourcen schließen, da jeder einzelne Bestandteil einer HTML-Seite – also auch eingebundene Grafiken – zu einem gesonderten Eintrag in der Logfile-Datei führt. In der Regel übersteigt die Anzahl der Logfile-Dateieinträge die Zahl der tatsächlich angeforderten Informationsressourcen beträchtlich. Um die überzähligen Einträge aus der Logfile-Date herauszufiltern, wird der Name der angeforderten Ressource analysiert. Sofern es sich dabei um ein HTML-Dokument handelt, kann dieses gelesen und die darin enthaltenen Verweise auf lokal vorliegende, eingebundene Multimedia-Ressourcen aus dem Logfile herausgefiltert werden.

Außerdem verhindert der Caching-Mechanismus in Proxy-Servern oder auf dem Rechner, von dem aus der Client auf den Origin-Server zugreift, daß für eine angeforderte Ressource, die lokal im jeweiligen Zwischenspeicher vorliegt, eine neue Anfrage an den Origin-Server generiert und damit ein Logfile-Eintrag erzeugt wird. Lediglich für die lokal auf dem Origin-Server vorliegenden Seiten kann erzwungen werden, daß diese, sobald sie in einem Zwischenspeicher abgelegt werden, regelmäßig aktualisiert werden müssen.

- **Identifikation von Besuchern**
  Mit Hilfe der in den AccessLogs enthaltenen IP-Adresse des anfragenden Clients können Rückschlüsse auf die Identität des Clients und damit auch auf den Nutzer des Clients gezogen werden. Allerdings ist diese IP-Adresse nicht immer eindeutig. Große Internet-Provider weisen ihren Nutzern eine dynamische IP-Adresse aus einem beschränkten Pool vorhandener IP-Adressen zu. So kann sich in einer nachfolgenden Sitzung ein anderer Nutzer, der über denselben Internet-Provider an das Internet angeschlossen ist, hinter derselben IP-Adresse verbergen, und der ursprüngliche Nutzer kann zu einem späteren Zeitpunkt erneut über eine andere IP-Adresse anfragen. Eine sichere Identifikation des Nutzers kann über den Cookie-Mechanismus erfolgen. Aber selbst mit Hilfe von Cookies kann lediglich ein bestimmter Rechner zuverlässig identifiziert werden. Wird dieser Rechner von mehreren Personen genutzt, ist eine zuverlässige Identifikation nur noch über eine Benutzeranmeldung und Authentifikation möglich.
  Zusätzlich können Zugriffe von Robots, die auf eine lokale Informationsressource zugreifen, z.B. zum Zweck der Erstellung eines Suchmaschinenindexes, von „regulären" Nutzer-Zugriffen unterschieden werden, da diese eine entsprechende Identifikation im `Agent`-Eintrag der AccessLog-Datei hinterlassen.
- **Identifikation von Sitzungen**
  Kann aus den Anforderungen eines Clients der komplette Verlauf einer Nutzersitzung rekonstruiert werden, also die Navigation eines bestimmten, eindeutig identifizierten Nutzers in den lokalen Informationsressourcen des WWW-Servers, lassen sich daraus für den Betreiber wertvolle Informationen gewinnen. Die Gesamtheit der verschiedenen Seitenaufrufe eines Nutzers wird als **Sitzung** oder **Session** bezeichnet. Wenn die vorliegenden Logfile-Daten zu Sessions gebündelt vorliegen, können statistische Informationen gewonnen werden, wie z.B. die Verweildauer eines Nutzers auf bestimmten Seiten, die Anzahl der betrachteten Seiten oder es kann die HTML-Seite bestimmt werden, bei der die meisten Nutzer das vorliegende Informationsangebot wieder verlassen haben.

Da im Rahmen des sogenannten **Web Log Mining** potenziell auch personenbezogene Daten genutzt werden, müssen die entsprechenden Gesetze des Datenschutzes berücksichtigt werden. Grundsätzlich unterliegt die Verarbeitung personenbezogener Daten in Deutschland dem **Bundesdatenschutzgesetz** (BDSG). Speziell für die Belange des Internet ist zusätzlich das **Teledienst-**

datenschutzgesetz (TDDSG) zu beachten. Beide verlangen, daß für die Erhebung personalisierter Daten zu Marktforschungszwecken die Einwilligung des Nutzers zwingend erforderlich ist. Die Verwendung anonymer Nutzungsprofile hingegen ist zulässig. Allerdings dürfen diese Nutzungsprofile nicht ohne die entsprechende Einwilligung der Beteiligten mit personenbezogenen Daten zusammengeführt werden. Es ist daher aus rechtlichen, aber ebenso auch aus ethischen Gründen unbedingt erforderlich, Besucher im World Wide Web über die Erhebung ihrer Daten zu informieren, und gegebenenfalls deren Einverständnis zur Nutzung dieser Daten einzuholen.

HTTP-Server Konfiguration

- **Server-Port**
  Die Kommunikation mit einem Internet-Systemdienst über das TCP-Protokoll ist stets mit einem bestimmten **Port** als Kommunikationsschnittstelle assoziiert. Dieser kann quasi als Teil der logischen Adresse des betreffenden Systemdienstes angesehen werden, anhand dessen das Programm, das die Netzwerkverbindungen des Server-Rechners überwacht, Datenpakete, die für eben diesen Systemdienst vorgesehen sind, heraussortiert und zuteilt. Der Standard-Port für HTTP ist **80**. Für eine sichere Verbindung über SHTTP, ist der Standardport **443** vorgesehen. Dennoch kann dem eigenen HTTP-Server eine beliebige Portnummer zugewiesen werden, die dann aber in dem URI, der diesen Server spezifiziert, explizit mit angegeben werden muß. Dabei ist zu beachten, daß die ersten 1024 Ports reserviert sind und nur durch den jeweiligen System-Administrator verändert werden dürfen.
- **Server Root**
  Bezeichnung für das Verzeichnis im lokalen Dateisystem des Server-Rechners, in dem die Server-Software selbst abgelegt ist.
- **Document Root**
  Bezeichnet das Verzeichnis im Dateisystem des Server-Rechners, auf das der HTTP-Server Zugriffsberechtigung besitzt und in dem die über den HTTP-Server zur Verfügung gestellten Ressourcen liegen.
- **CGI-BIN**
  Auch CGI-Verzeichnis, bezeichnet ein Verzeichnis im Dateisystem des Server-Rechners, das die ausführbaren CGI-Skripte enthält.

Abb. 11.31. Konfigurationsparameter für HTTP-Server

11.5 Glossar

Benutzerauthentifikation: Der Nachweis der Identität eines Benutzers erfolgt über spezielle Authentifikationsmethoden, wie z.B. über einen Passwort-Mechanismus oder über biometrische Authentifikationsverfahren wie Fingerabdrücke oder Gesichtserkennung.

Cache: Bezeichnung für einen Zwischenspeicher, der einen schnelleren Zugriff auf eine angefragte Informationsressource bietet als der originale Server (Origin-Server). Daher sind Cache-Speicher im WWW meist beim Client selbst oder auf der Verbindungsstrecke zwischen Client und WWW-Server angesiedelt, so daß die Verbindung zum

Cache eine schnellere Übertragung gestattet, als die Verbindung zum Origin-Server. Es gibt eine Reihe ausgeklügelter Caching-Strategien.

Clickstream: Bezeichnung für eine Folge vom Nutzer ausgeführter Auswahlaktionen mit Hilfe von Mausclicks. Der Clickstream, den ein Nutzer über seinen WWW-Browser erzeugt, kann aus den Logfile-Dateien des WWW-Servers rekonstruiert werden, der eine der vom Nutzer angewählten Informationsressourcen verwaltet. Dadurch können Rückschlüsse gezogen werden auf das Verhalten des Nutzers einerseits und auf die Effizient der Informationsdarbietung (**Usability**) andererseits.

Client: Bezeichnet ein Programm, daß einen Server kontaktiert und von diesem Informationsressourcen anfordert. Der im WWW eingesetzte Browser ist in diesem Sinne ein Client. Aber es gibt noch andere Clients im WWW, die WWW-Server kontaktieren und Informationen von diesen herunterladen, wie z.B. Suchmaschinen oder Agenten.

Common Gateway Interface (CGI): Standardschnittstelle über die externe Anwendungen an den WWW-Server gebunden werden können. Die CGI-Schnittstelle dient der Aktivierung externer Anwendungen (**CGI-Skripte**) und der Steuerung des Datenaustauschs zwischen WWW-Client (WWW-Browser) und der externen Anwendung. Mit Hilfe der CGI-Programmierschnittstelle können dynamisch zur Laufzeit Dokumente generiert werden, deren Inhalt von den Eingaben des Nutzers auf Clientseite abhängt.

Content Negotiation: Die verschiedenen Clients, die eine Informationsressource von einem WWW-Server anfordern, besitzen oft ganz unterschiedliche Leistungsmerkmale und darstellungsbezogene Fähigkeiten. Es ist deshalb sinnvoll, daß eine Informationsressource, angepaßt an die Fähigkeiten der unterschiedlichen Clients, in verschiedenen Ausprägungen auf einem WWW-Server vorliegt. Der Prozeß der Auswahl der für einen anfragenden Client geeignetsten Repräsentationsform einer Informationsressource wird als Content Negotiation bezeichnet.

Cookies: Zusätzlich zur angefragten Informationsressource übertragene Daten, die der zukünftigen Identifikation des Clients dienen und bei diesem abgespeichert werden. Mit Hilfe von Cookies ist es möglich, trotz der Zustandslosigkeit des HTTP-Protokolls auf frühere Interaktionen zwischen Client und WWW-Server Bezug zu nehmen.

Gateway: Bezeichnung eines Zwischensystems auf der Verbindungsstrecke zwischen Client und WWW-Server. Ein Gateway unterscheidet sich in seiner Arbeitsweise nicht von einem Proxy-Server, ist aber vom Client nicht zu erkennen.

HTTP: Hypertext Transfer Protocol, das Protokoll, das die Kommunikation von Browsern und WWW-Servern im WWW regelt. Fordert ein Browser ein Dokument vom WWW-Server an oder beantwortet der WWW-Server eine Anfrage, müssen Anfrage und Antwort den Konventionen des HTTP-Protokolls gehorchen.

HTTP-Nachricht: Bei HTTP-Nachrichten handelt es sich entweder um einen **HTTP-Request** (Anfrage eines Clients an den HTTP-Server) oder um eine **HTTP-Response** (Antwort des HTTP-Servers). Nach einer **Start-Line**, die den Typ der HTTP-Nachricht (Request oder Response) festlegt, folgen ein **HTTP-Header**, in dem über vielfältige optionale Header-Felder zusätzliche Informationen zur Steuerung der HTTP-Kommunikation angegeben werden, und schließlich die via HTTP übertragenen Nutzdaten.

HTTP-ng: Hypertext Transfer Protocol – Next Generation, Vorschlag eines Standards für ein Nachfolgeprotokoll von HTTP, das einen effizienteren und flexibleren Datentransfer im WWW gestatten soll.

Identifikation: Damit wird der Vorgang des Erkennens eines Benutzers oder einer Nachricht bezeichnet. Ist die Identität festgestellt, kann diese über eine Authentifikation überprüft werden. An eine Identität sind bestimmte Autorisationen gebunden.

Medientyp: Bezeichnet die Ausprägungsform einer multimedialen Information, wie z.B. Audio, Video oder Audiovisuell. Um den Medientyp eines Dokuments im WWW zusammen mit dem verwendeten Dateiformat festzulegen, wird der sogenannte MIME-Type herangezogen.

MIME-Type: Als (Multipurpose Internet Mail Extensions)-Typen werden standardisierte Zeichenketten bezeichnet, die im Internet einen bestimmten Datei- oder Medientyp kennzeichnen. Ein MIME-Type besteht aus zwei durch „/" getrennten Teilen: Dem allgemeinen Datentyp (z.B. text, image oder audio) und dem spezifischen Datentyp (z.B. html, gif oder jpg). HTML-Dokumente werden z.B. durch **text/html**, GIF- und JPG-kodierte Bilddateien mit **image/gif** und **image/jpeg** gekennzeichnet.

Origin-Server: Bezeichnung des WWW-Servers, der eine Informationsressource ursprünglich bereithält, die von einem Client angefragt wird. Neben dem Origin-Server halten im WWW Zwischensysteme, die sich entlang der Verbindungsstrecke zwischen Client und Origin-Server befinden, Kopien der Informationsressource zum Zweck eines effizienteren Datentransfers im WWW bereit.

Protocol Extension Protocol (PEP): Protokoll, das speziell zur Erweiterung der Möglichkeiten von HTTP entwickelt wurde. PEP nutzt den vorhandenen Raum des HTTP-Headers für spezielle Platzhalter für neue Direktiven und Statuscodes aus und wird von HTTP-Servern, die diese Erweiterungen nicht verarbeiten können, ignoriert oder mit einem speziellen Fehlercode abgewiesen.

Proxy-Server: Zwischensystem auf der Verbindungsstrecke zwischen Client und Origin-Server. Die Anfrage des Clients an den Origin-Server wird dabei explizit über den Proxy-Server umgeleitet. Der sendet dem Client eine Kopie der Ressource aus seinem Cache, falls er diese nach einer früheren Anfrage an den Origin Server gespeichert hat und sie noch gültig ist. Ansonsten fordert er die betreffende Ressource vom Origin-Server an, speichert diese in seinem Cache und liefert sie dann an den Client aus. Der Proxy-Server dient so ebenso wie andere Zwischensysteme der Entlastung des Datentransfers im WWW.

Server: Bezeichnet einen Prozeß, der von Clients kontaktiert wird, um diesem Informationen zurückzuliefern. Oft wird der Rechner, auf dem dieser Prozeß läuft, auch als Server bezeichnet.

Session: Bezeichnung für einen abgeschlossenen Kommunikationsvorgang (Sitzung) in der Client/Server-Kommunikation, der mit einer Anmeldung/Anforderung des Clients beginnt und nach der Auslieferung der angeforderten Information abgeschlossen ist.

Secure Socket Layer (SSL): Bezeichnet eine ursprünglich von Netscape entwickelte Spezifikation zur verschlüsselten und daher sicheren Übertragung von Information zwischen Browser und WWW-Server. Das SSL-Protokoll ist zwischen der Transportschicht und der Anwendungsschicht des Schichtenmodells der TCP/IP-Kommunikation angesiedelt. Es wird im WWW z.B. für die Übermittlung von Kreditkarten-Nummern im Bereich des E-Commerce genutzt.

S-HTTP: Secure HTTP, Kommunikationsprotokoll für eine verschlüsselte und daher sichere Kommunikation zwischen Browser und WWW-Server. Das S-HTTP-Protokoll ist in der Anwendungsschicht des Schichtenmodells der TCP/IP-Kommunikation angesiedelt. S-HTTP hat bislang keine weite Verbreitung finden können und wurde von SSL als defacto-Standard weitgehend verdrängt.

Transport Layer Security: (TLS) Steht als potentieller Nachfolger von SSL in den Startlöchern. Das Protokoll ist in der Transportschicht des Schichtenmodells der TCP/IP-Kommunikation angesiedelt und verspricht mehr Sicherheit bei der Kommunikation im Internet. Die TLS-Spezifikation wurde als RFC 2246 durch das IETF zum Internet-Standard erhoben.

Tunnel: Zwischensystem auf dem Kommunikationsweg zwischen Client und Origin-Server. Im Gegensatz zu Proxy- und Cache-Servern arbeitet ein Tunnel, ohne selbst auf die Kommunikation zwischen Client und Origin-Server Einfluß zu nehmen. Ein Tunnel gibt lediglich die vom Client ankommende Anfrage unverändert weiter zum Origin-Server und leitet die vom Origin-Server stammende Antwort zurück an den Client. Ein Tunnel besitzt keinen eigenen Cache-Speicher. Er arbeitet vollkommen transparent und kann die Daten, die ihn passieren, weder interpretieren noch verändern.

Virtual Host: Auf einem einzelnen Rechner können gleichzeitig mehrere WWW-Server laufen. Die virtuellen Hosts werden mit unterschiedlichen Namen identifiziert und können, falls es sich um IP-basierte virtuelle Hosts handelt, auch eigene IP-Adressen besitzen. Das implementierte WWW-Server-Programm trifft dabei eine Zuordnung, welche HTTP-Anfragen an welchen virtuellen Host weitergeleitet werden.

zustandsloses Protokoll: Bezeichnet ein Protokoll ohne Gedächtnis (Stateless Protocol), d.h. das Protokoll reagiert ausschließlich auf aktuell vorliegende Informationen und bezieht keinerlei Information aus bereits früher stattgefundener Kommunikation in die Verarbeitung mit ein. HTTP wurde aufgrund der geforderten Einfachheit und Geschwindigkeit als zustandsloses Protokoll konzipiert.

12. Die erste Sprache des Web – HTML: Hypertext Markup Language

„Siehe, es ist einerlei Volk und einerlei Sprache unter ihnen allen, und dies ist der Anfang ihres Tuns; nun wird ihnen nichts mehr verwehrt werden können von allem, was sie sich vorgenommen haben zu tun. “

– 1. Mose, 11,6

Seit der Erfindung des Buchdrucks versehen Autoren ihre Manuskripte mit Anweisungen für den Setzer, die die anschließende Formatierung des Dokuments festlegen. Solche Markierungen oder Auszeichnungen werden im Englischen als Markup bezeichnet. Diese Markierungen bilden die Grundlage Dokumentenbeschreibungssprachen, wie z.B. SGML oder LaTeX. Ebensolch eine Markup-Sprache ist auch HTML, die Hypertext Markup Language, die erste Dokumentenbeschreibungssprache des WWW. Ausgehend von der Trennung der Dokumentenstruktur und der Formatierung eines Dokuments, ist die Einfachheit dieser „Lingua Franca“ des WWW ein wesentlicher Grund für die enorme Popularität, die das WWW in der vergangenen Dekade erreichen konnte.

12.1 Einführung

Um das World Wide Web mit Leben zu erfüllen, braucht es Inhalte, die über den bereits behandelten Transportmechanismus HTTP kommuniziert werden können. Solche Inhalte sind **Hypermedia**-Dokumente, die aus verschiedenen miteinander verbundenen multimedialen Informationseinheiten bestehen. Diese multimedialen Inhalte werden miteinander kombiniert und dem Benutzer als einheitliches Ganzes präsentiert, zusammen mit einer Navigationsstruktur, der er nach Belieben folgen kann.
Zur Beschreibung solcher Hypermedia-Dokumente dient eine eigens zu diesem Zweck entwickelte Beschreibungssprache: **HTML** (**Hypertext Markup Language**). HTML beschreibt die inhaltliche Struktur eines Hypermedia-Dokuments, gibt also eine format- und layoutunabhängige, allein inhaltsstrukturbezogene Beschreibung des Dokumenteninhalts.

12.1.1 Grundbegriffe

Die Idee einer Beschreibungssprache für Dokumenteninhalte ist viel älter als HTML. Die Problematik einer hersteller- und geräteunabhängigen Repräsen-

tation für Dokumente jeder Art über eine geeignete Beschreibungssprache stand bereits lange vor der Existenz des WWW auf der Tagesordnung. Ein beeindruckendes Ergebnis dieser Bemühungen um ein standardisiertes Dokumentenformat, dessen Bedeutung und Popularität bis heute unbestritten ist, liefert die Beschreibungssprache **SGML** (**Standard Generalized Markup Language**).
Grundidee hinter dieser Sprache ist die Trennung von **Dokumentenstruktur** und **Dokumentendarstellung**. Während die Dokumentenstruktur die logische Gliederung und gegenseitige Abhängigkeiten der Einzelelemente beschreibt, aus denen das Dokument zusammengesetzt ist, bestimmt die Dokumentendarstellung die Formatierung, also das eigentliche Layout des Dokuments. Dieses Layout muß stets an die Anforderungen des jeweiligen Ausgabemediums angepaßt sein. An ein gedrucktes Buch werden andere Anforderungen gestellt, als an einen Text, den man am Bildschirm liest. Trennt man Layout und Struktur, wird die Wiederverwendbarkeit beider Komponenten ermöglicht, und die Dokumentenerstellung wird erheblich effizienter.

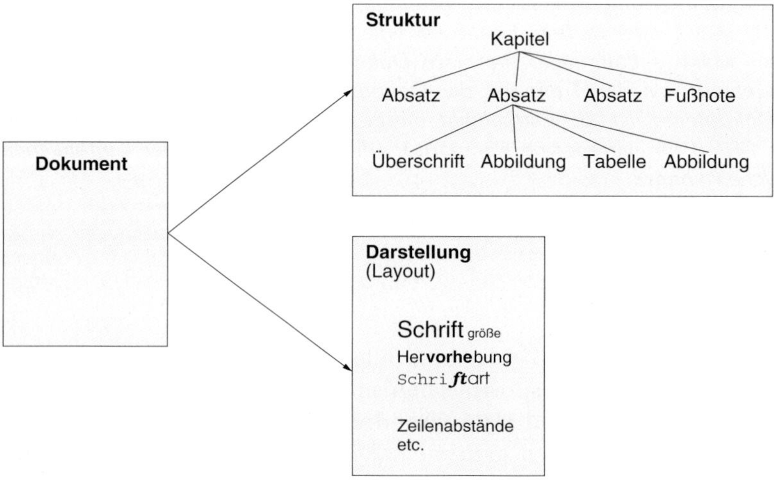

Abb. 12.1. Trennung von Dokumentenstruktur und Dokumentendarstellung

Exkurs 28: SGML – Standard Generalized Markup Language

Um ein tieferes Verständnis für die Markup-Sprachen HTML und XML entwickeln zu können, ist es von Vorteil, einen Rückblick auf die Entwicklung und Ursprünge der Markup-Sprachen zu werfen. **SGML**, die **Standard Generalized Markup Language** kann zum Einen als Vorfahr, zum Anderen aber auch als die die Markup-Sprachen des WWW – HTML und XML – umfassende Übermenge gesehen werden.
Die Ursprünge von SGML reichen zurück bis in die 60er Jahre und damit bis zu den Anfängen der modernen Datenverarbeitung. Die sich damals rapide verbreitenden Datenverarbeitungsanlagen waren noch weit davon entfernt, einheitlichen Standards hinsichtlich

der verwendeten Datenformate zu folgen, selbst, wenn man verschiedene Anlagen ein und desselben Herstellers betrachtete. Dabei wurden die Anwendungen immer vielfältiger und auch die Grenzen zwischen den einzelnen Anwendungen begannen, mehr und mehr zu verwischen. War ein Text einmal mit einem Textverarbeitungssystems erstellt, erwuchs sehr schnell der Wunsch, diese Texte auch den vielfältigen Möglichkeiten der Datenbanktechnologie zur Durchführung unterschiedlicher Such- und Sortieraufgaben zugänglich zu machen. Aufgrund der unterschiedlichen Datenformate war dies allerdings so gut wie ausgeschlossen. Konvertierungsprogramme, die die Dateien eines Systems oder einer Anwendung in das Datenformat eines anderen übersetzten, gelangten schnell an die Grenze ihrer Leistungsfähigkeit, da ständig neue Datenformate entstanden und so die Hersteller keine Möglichkeit hatten, ihre Anwendungen für diese Formate stets auf dem neusten Stand zu halten.
So kamen viele Unternehmen der DV-Industrie schon früh auf den Gedanken, ein einheitliches Datenaustauschformat zu entwickeln, das von Hersteller und Anwendung unabhängig war. Eines dieser Formate, das zu großer Verbreitung gelangen sollte, war das unter der Leitung von Charles Goldfarb bei der Firma IBM entwickelte **GML** (Generalized Markup Language). Bevor Goldfarb zu IBM kam, arbeitete er in einer Anwaltskanzlei in Boston und erkannte dort bereits die Problematik, die eine Erfassung und Verarbeitung umfangreicher Textbestände mit sich brachte. Kamen dabei Computer zum Einsatz, konnte ein einmal erfaßter Text auch nur innerhalb eines Programms zum Einsatz kommen, da sich die verwendeten Datenformate untereinander als völlig inkompatibel erwiesen. So konnte ein in der Textverarbeitung erfaßter Text zwar immer wieder geändert und gedruckt werden, doch die Einbindung dieses Dokuments in ein Datenbanksystem, das die Möglichkeit verschiedenartiger Such- und Sortierverfahren bot, war nicht möglich. Die GML-Dokumentenbeschreibungssprache war in dieser Hinsicht als universelles Datenformat vorgesehen, das Dokumente jeglicher Form einer computerbasierten Verarbeitung zugänglich machen sollte. So fand GML sehr rasch große Verbreitung und wurde schließlich im Auftrag des American National Standards Institute (ANSI) als SGML zu einem ISO-Standard (ISO/IEC 8879) weiterentwickelt, der 1986 verabschiedet wurde.
Mit SGML steht ein hersteller- und anwendungsunabhängiges Datenformat für jegliche Art von Textdokumenten zur Verfügung. Allerdings handelt es sich bei SGML nicht nur um ein Datenformat, sondern um eine Sprache, die es ermöglicht, eigene Datenformate für Dokumente zu entwickeln. SGML ist damit offen für zukünftige Entwicklungen und Dateiformate, die den entsprechenden Charakteristika der verwalteten Dokumente, ihren jeweiligen Eigenarten sowie ihrem Anwendungszweck angepaßt sind.
Obwohl SGML sehr rasch weite Verbreitung innerhalb bestimmter Industriezweige, wie etwa der Luftfahrtindustrie, der Automobilindustrie, der Halbleiterherstellung und dem Verteidigungssektor fand, konnte es sich außerhalb dieser nie großmaßstäblich durchsetzen. Dies änderte sich schlagartig mit der Einführung von HTML als Beschreibungssprache der Dokumente im World Wide Web. Heute ist HTML und insbesondere die Weiterentwicklung XML die weitverbreitetste Art, Dokumente zu strukturieren.

Inhalt und Darstellung
SGML dient als abstrakte Sprache zur Beschreibung von Dokumenten, ihres Inhalts und logischen Aufbaus. Die Beschreibung des Dokumentes erfolgt allerdings nicht bzgl. seines Layouts, also des Aussehens, wie es sich dem Nutzer präsentiert, sondern bzgl. seiner inhaltlichen Strukturierung und Komponenten. Sobald diese Trennung zwischen inhaltlichen, d.h. strukturellen Bestandteilen des Dokuments und seinem Layout getroffen wird, ist eine Grundlage zur layoutunabhängigen Archivierung des betreffenden Dokuments geschaffen. Die inhaltlich-strukturelle Beschreibung des Dokuments wird dann zum Ausgangspunkt für eine geräteunabhängige Darstellung des Dokuments.
Der Vorteil, den diese layoutunabhängige Art der Archivierung von Dokumenten bietet, ist die Möglichkeit, aus einer gemeinsamen Ursprungsdatei vielfältige darstellungsabhängige Layout-Varianten erzeugen zu können. Besonders wichtig ist dies bei der Bereitstellung technischer Dokumentationen, die z.B. sowohl in gedruckter Form als auch in verschiedenen

elektronischen Formaten zur Darstellung auf Computern vom Mainframe bis hin zum PDA verfügbar sein sollen. Existiert nur eine Version der Ausgangsdokumentation, aus der die verschiedenen Layouts automatisch erzeugt werden können, müssen Änderungen oder Aktualisierungen der Ausgangsdaten auch nur an einer zentralen Stelle vorgenommen werden und nicht in jeder der layoutspezifischen Versionen.
Jedes Dokument kann zunächst erst einmal als Text betrachtet werden. Dieser stellt sich jedoch nicht nur als eine Folge von Wörtern dar, sondern besitzt darüberhinaus auch eine **Struktur**. Betrachtet man einen gedruckten Text, so wird dessen Struktur durch die Textgestaltung, d.h. die Art der Seitenaufteilung, Absatzformatierung, Schriftengebrauch, usw. sichtbar. Allerdings spielt das Layout für SGML keine Rolle, sondern nur die Strukturelemente des Textes. Für layoutspezifische und Ausgabemedium-abhängige Angaben zur Darstellung der in SGML beschriebenen Strukturelemente wurde ebenfalls eine spezielle Sprache entwickelt: **DSSSL** (**Document Style Semantics and Specification Language**).
Eine Kapitelüberschrift z.B. wird in SGML als solche gekennzeichnet, aber eine Festlegung zu deren Gestaltung, d.h. in welcher Schriftart und Schriftgröße diese gesetzt und angezeigt wird, ist für SGML unerheblich. Die Kapitelüberschrift erhält in SGML eine spezielle **Auszeichnung**, genannt **Markup**, die sie als Kapitelüberschrift kennzeichnet. Derartige Auszeichnungen als Zusatzinformation zum eigentlichen Dokumententext sind Bestandteil des SGML-Dokuments, ohne direkt zum Dokumententext zu zählen und geben derartigen Dokumentenbeschreibungssprache ihren Namen: **Markup-Sprache**.
Die einzelnen Strukturelemente eines Dokuments lassen sich miteinander in Beziehung setzen und mit Hilfe eines sogenannten **SGML-Dokumentenbaumes** (Document Tree) darstellen. So ist diese Zeile etwa Bestandteil des aktuellen Absatzes, der zum Unterabschnitt „Inhalt und Darstellung" im Exkurs „SGML" gehört. Auch alle anderen Textelemente lassen sich so miteinander in Beziehung setzen. Die Dokumentenstruktur ist dabei vollkommen unabhängig von der gewählten Art der Formatierung dieser Elemente. Abb. 12.2 zeigt die logische Aufteilung des Buches, das sie in den Händen halten, in einzelne Strukturelemente. Es besteht aus einer Titelseite und einem Textkörper. Die Titelseite selbst enthält Angaben zum Titel des Buches, zu den Autoren, dem Verlag, Erscheinungsort und -art, während der Textkörper des Buches aus einzelnen Kapiteln aufgebaut ist. Jedes Kapitel selbst besteht seinerseits aus einer Kapitelüberschrift und mehreren Unterkapiteln, die ebenfalls wieder aus Überschriften und einzelnen Absätzen bestehen können. Daneben gibt es Exkurse, Glossare, Tabellen und Abbildungen. Alle diese Elemente stehen in einer hierarchischen Beziehung, die graphisch dargestellt werden kann.
Die Art und Weise, wie dieses Buch später auf einem Ausgabemedium dargestellt wird, ob es sich um eine gedruckte Ausgabe oder eine elektronisch dargestellte Form auf einem Bildschirm handelt, hat nichts zu tun mit dem eigentlichen Inhalt des Buches. Die Layoutvorschriften eines Verlages können innerhalb einer speziellen DSSSL-Datei verfaßt und auf das in SGML beschriebene Buchdokument angewendet werden. So sind Änderungen in der jeweiligen Formatierung absolut unabhängig vom Inhalt des Buches und können z.B. ohne Zutun des Autors vorgenommen werden.
In der Entstehungsphase eines Dokuments unterscheidet man grundsätzlich zwischen den beiden Stufen **Dokumenteninhalt** und **Dokumentendarstellung**.

- **Dokumenteninhalt**
  Als Dokumenteninhalt wird die logische Struktur des Dokuments in Verbindung mit dem tatsächlichen Inhalt der einzelnen strukturellen Elemente des Dokuments betrachtet. Die logische Struktur des Dokuments ist abhängig von der Anwendung, für die das Dokument vorgesehen ist. In der Regel besteht sie aus inhaltlichen Untergliederungen des Dokuments, strukturiertem Inhalt, wie z.B. Listen und Tabellen, Texthervorhebungen und speziellen Textelementen.
- **Dokumentendarstellung**
  Die Dokumentendarstellung umfaßt die tatsächliche, physikalische Darstellung des Dokuments auf einem konkreten Ausgabemedium. Für gewöhnlich existiert ein Satz von

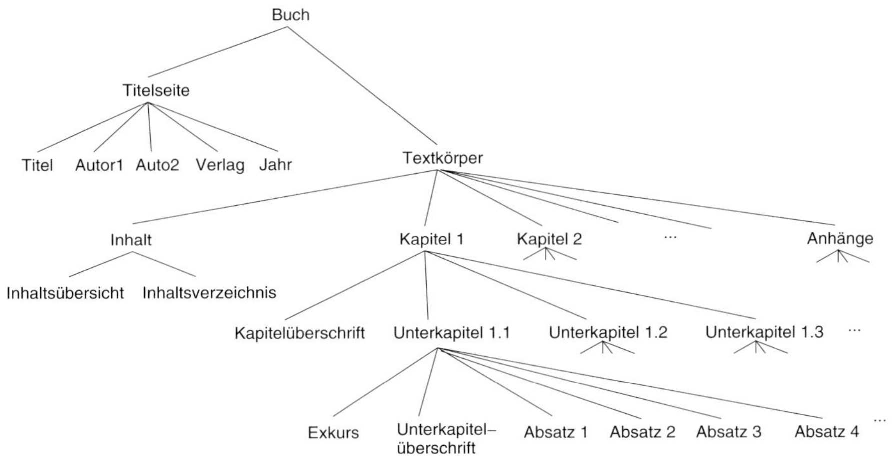

Abb. 12.2. Ein Buch als Beispiel für Strukturelemente eines Textes

Regeln, denen die Darstellung unabhängig vom Inhalt des Dokuments unterworfen ist. Sie helfen, die entsprechenden Ausprägungen des Dokuments für verschiedenartige Ausgabemedien zu erzeugen. In Abhängigkeit vom jeweiligen Ausgabemedium differieren Elemente wie Seiten oder Abschnittsnummerierungen, die Formatierung der einzelnen Abschnitte oder der Platz, an dem die Fußnoten eines Textes zur Darstellung kommen.

Die mit SGML beschriebene Strukturierung eines Dokuments erweist sich als besonders vorteilhaft für die automatische, rechnergestützte Verarbeitung eines Dokuments, da die zur Strukturierung verwendeten Auszeichnungen eine automatische Erfassung semantischer Dokumenteninhalte ermöglicht. So können z.B. leicht automatisch Inhalts- oder Abbildungsverzeichnisse für einen Text erstellt werden.

Strukturierung durch Markup

Um die grundlegende Trennung von Dokumenteninhalt und Dokumentendarstellung durchführen zu können, muß eine Möglichkeit geschaffen werden, geeignet kodierte Informationen zur Struktur mit in den Dokumententext zu integrieren, damit er sowohl automatischen Verfahren als auch dem menschlichen Leser zugänglich bleibt. Das bereits angesprochene Konzept des **Markups** zur Auszeichnung bestimmter Textelemente läßt sich dafür gut verwenden. Markup-Elemente müssen von den eigentlichen Textelementen gut getrennt werden, um eine inhaltliche Veränderung des Dokuments zu verhindern. Deshalb werden Markupelemente durch Sonderzeichen oder Symbolkombinationen, die im eigentlichen Text nicht vorkommen können, gekennzeichnet. Ein automatischer Interpreter findet die Markup-Elemente eines Dokuments später durch einfache Suche nach den betreffenden Sonderzeichen. Die verschiedenen Markup-Elemente werden durch eindeutige Namen gekennzeichnet. Im Beispiel unseres Buches wählt man z.B. Markup-Elemente wie Titel, Autor, Verlag, Kapitel, usw. Diese Namen werden von sogenannten **Markup Begrenzern** (Markup Delimiter) eingerahmt. Ein derart ausgezeichnetes Markupelement wird auch als **Tag** bezeichnet.
In SGML werden Markupelemente durch spitze Klammern „$<$" und „$>$" eingerahmt. Man unterscheidet **Markup-Starttags** und **Markup-Endetags**, die den jeweils auszuzeichnenden Dokumentenabschnitt einrahmen. Allgemein folgen SGML-Markups folgendem Aufbau:

```
<start-tag> auszuzeichnender Textabschnitt <ende-tag>
```

Das Ende-Tag wird dabei durch Voranstellen eines „/" vor dem Bezeichner des Markup-Elementes gebildet.

`<buch>`	Start eines Buch-Elements
`</buch>`	Ende eines Buch-Elements

Abb. 12.3 zeigt am Beispiel unseres Buches eine Dokumentenstrukturierung mittels Markup-Elementen.

```
<Buch>
<Autor> Ch. Meinel </Autor>
<Autor> H. Sack </Autor>
<Titel> World Wide Web </Titel>
<Verlag> Springer </Verlag>
<Jahr> 2003 </Jahr>

<Kapitel> <Kapitelüberschrift> Einleitung </Kapitelüberschrift>
<Absatz> Text......
<Absatz> Text.....
<Absatz> Text.....
.....
</Kapitel>
.....
</Buch>
```

Abb. 12.3. Beispiel für Strukturierung mittels Markup-Elementen

Wie das Beispiel auch zeigt, ist es für das Verständnis nicht immer erforderlich, jedem Start-Tag einen Ende-Tag folgen zu lassen. Solange der Kontext eine eindeutige Zuordnung eines Ende-Tags ermöglicht, kann dieses auch weggelassen werden. Dieses Konzept wird in SGML als **Markup Minimization** bezeichnet. Die Idee hinter diesem Konzept geht davon aus, daß eine vollständige SGML-Kodierung eines Dokuments oft nicht notwendig ist, um es eindeutig interpretieren zu können. Als das Konzept entwickelt wurde, hatte man den Menschen als SGML-Autor vor Augen, dem die lästige Arbeit der Kodierung redundanter SGML-Deklarationen erspart bleiben sollte. Allerdings machte es diese Erleichterung für den Menschen einem Computer-Programm, das ein SGML-Dokument interpretieren soll, um so schwerer, da sehr viele Sonderfälle zu beachten sind. So erlaubt etwa HTML eine Markup-Minimization, während man sich bei XML stets strikt an die vorgegebene Syntax halten muß und keine Abkürzungen erlaubt sind.
Einem Tag als strukturierendem Element kann zusätzliche Information in Form von sogenannten **Attributen** mitgegeben werden. Dabei handelt es sich nicht um Informationsinhalt des Dokuments, sondern um Information über den Inhalt des Dokuments, der durch die betreffenden Tags begrenzt wird. Den unterschiedlichen Attributen können jeweils bestimmte Werte zugewiesen werden. Ein einfaches Beispiel, in dem verschiedenen Kapiteln eines Buches unterschiedliche Identifikationen über das Attribut `id` zugewiesen werden, ist in Abb. 12.4 gegeben. Wie im unteren Teil des Beispiels gezeigt, kann später im Text auf ein Kapitel direkt mit Hilfe seiner Identifikation `id` referenziert werden, und die Platzhalter können durch eine Seitenangabe oder eine Kapitelnummer ersetzt werden. Dazu dient ein zweites Attribut `type`, das den Typ der jeweiligen Referenz festlegt und bei der Wertzuweisung `type="page"` entsprechend die Seitenzahl des referenzierten Elements im darzustellenden Text einfügt.

Dokumenten-Klassen

Mit der SGML-Beschreibung unseres Buches wurde stets nur eine bestimmte Instanz eines bestimmten Buches beschrieben. Mit denselben Strukturelementen läßt sich aber auch eine Vielzahl von anderen Büchern, also eine ganze Dokumentenklasse, die als „Buch“

```
<Kapitel id="CSS"> <Überschrift> Cascading Style Sheets </Überschrift>
<Absatz> Text......
<Absatz> Text.....
<Absatz> Text.....
.....
</Kapitel>
<Kapitel id="XML"> <Überschrift> Alles ist möglich - XML</Überschrift>
<Absatz> Text......
<Absatz> Text.....
<Absatz> Text.....
.....
...auf Seite <reference type="page"id="CSS"> wird auf die Besonderheiten
von CSS eingegangen...
```

Abb. 12.4. Beispiel für den Einsatz von Attributen

bezeichnet werden kann, beschreiben. SGML bietet die Möglichkeit der Definition eigener Dokumentenklassen, mit denen sich dann jeweils wieder bestimmte Instanzen dieser Dokumentenklassen (leichter) beschreiben lassen. Die Beschreibung einer solchen Dokumentenklasse wird als **Document Type Definition** (**DTD**) bezeichnet. Eine DTD für unser Buch könnte wie die in Abb. 12.5 angegebene DTD definiert werden:

```
<!ELEMENT   Buch                          (Titelseite, Textkörper)>
<!ELEMENT   Titelseite                    (Titel, Autor, Verlag, Jahr, Ort)>
<!ELEMENT   Textkörper                    (Kapitel+)>
<!ELEMENT   Kapitel                       (Kapitelüberschrift, Unterkapitel+)>
<!ELEMENT   Unterkapitel                  (Unterkapitelüberschrift, Absatz*)>
<!ELEMENT   Titel                         (#PCDATA)>
<!ELEMENT   Autor                         (#PCDATA)>
<!ELEMENT   Verlag                        (#PCDATA)>
<!ELEMENT   Jahr                          (#PCDATA)>
<!ELEMENT   Kapitelüberschrift            (#PCDATA)>
<!ELEMENT   Unterkapitelüberschrift       (#PCDATA)>
<!ELEMENT   Absatz                        ((#PCDATA|Referenz)*)>
<!ELEMENT   Referenz                      EMPTY>
```

Abb. 12.5. Beispiel einer DTD für eine Buch-Dokumentenklasse

Die verwendete Kodierung der DTD ist relativ einfach erklärt: Die Zeilen werden wie in Abb. 12.6 angegeben. Ein +-Zeichen besagt, daß die betreffende Komponente beliebig

`<!ELEMENT`	Vereinbarung eines Elements
`Buch`	mit dem Namen `Buch`
`(`	und dem Inhalt
`Titelseite`	und
`Textkörper`	
`) >`	Ende der Vereinbarung.

Abb. 12.6. Definition eines SGML-Elements in einer DTD

oft wiederholt aber mindestens einmal verwendet werden muß, während das *-Zeichen eine beliebige Wiederholung erlaubt, aber nicht verlangt, daß die betreffende Komponente auch tatsächlich zu verwenden ist. Die Angabe `#PCDATA` besagt nur, daß es sich bei der betreffenden Komponente um einen beliebigen Text handelt. Das Element `Absatz` besitzt eine etwas komplexere Definition. Es kann prinzipiell aus einer Mischung von reinem Text und anderen `Referenz`-Elementen bestehen. Das |-Zeichen beschreibt dabei ein logisches ODER. Das `Referenz`-Element selbst besitzt keinen eigenen Inhalt, daher das Schlüsselwort `EMPTY`.
Prinzipiell definiert eine derartige DTD eine Klasse möglicher Syntax-Bäume, wie sie bereits in Abb. 12.2 für eine bestimmte Instanz der DTD dargestellt wurden. Auch die in einem SGML verwendeten Attribute müssen in einer zugehörigen DTD vereinbart werden. Die entsprechenden Attributdeklarationen in SGML definieren die verwendeten Attribute mit den möglichen, zugehörigen Attributwerten und den Regeln, nach denen sie verwendet werden (siehe Abb. 12.7). Eine DTD-Attributdefinition kann wie in Abb. 12.8 angegeben gelesen werden.

```
<!ATTLIST   Kapitel        id CDATA #IMPLIED>
<!ATTLIST   Reference      id CDATA #REQUIRED
                           type page>
```

Abb. 12.7. Beispiel für eine DTD-Attributdefinition

`<!ATTLIST`	Vereinbarung einer Liste von Attributen
`Kapitel`	für das Element `Kapitel`
`id`	das erste Attributelement `id`
`CDATA`	besteht aus einer Zeichenfolge
`#IMPLIED`	und muß nicht unbedingt angegeben werden
>	

Abb. 12.8. Interpretation einer DTD-Attributdefinition

Das Schlüsselwort `#REQUIRED` besagt, daß dieses Attribut bei Vorkommen des bezeichneten Elements verwendet werden muß. Das `Referenz`-Element verfügt über ein zweites Attribut mit dem Namen `type` vom Wert `page`, das letztendlich eine Seitennummer bezeichnen soll. Mit Hilfe der durch die DTD spezifizierten Element- und Attributdefinitionen ist es möglich, verschiedene Klassen von Dokumenten zu definieren, die jeweils vordefinierten DTD-Spezifikationen genügen. Eine DTD gibt also einen Konstruktionsplan für Dokumente an die Hand, die andere Anwendungen in die Lage versetzt, die so aufgebauten Dokumente automatisch zu verarbeiten. Prinzipiell ist es anhand der DTD möglich, neue Dokumente zu **generieren** oder ein vorgegebenes Dokument anhand der zugehörigen DTD zu **validieren**.

- **Neue Dokumente generieren**
  Auf Grundlage der vorgegebenen DTD kann ein Textverarbeitungsprogramm den Nutzer beim Erzeugen eines neuen Dokuments unterstützen. Beginnt der Nutzer etwa ein neues Kapitel, so kann die Textverarbeitung sofort anbieten, die erste geschriebene Zeile als Kapitelüberschrift zu deklarieren bzw. zu formatieren. Die bloße Textverarbeitung mutiert dadurch zu einem vollständigen Autorensystem mit dem zusätzlichen Vorteil, daß derart erzeugte Dokumente stets der vorgegebenen DTD entsprechen.

- **Vorgegebene Dokumente validieren**
  Wurde ein Dokument nicht mit einem Autorensystem erzeugt, daß die Generierung von Dokumenten gemäß vorgegebener DTD unterstützt, kann nicht von vorne herein davon ausgegangen werden, daß dieses Dokument konform zur vorgegebenen DTD aufgebaut ist. Ein Programm, das in der Lage ist, eine vorgegebene DTD zu interpretieren und ein Dokument daraufhin zu überprüfen, ob es konform zu dieser DTD ist, kann in vielerlei Hinsicht von Nutzen sein. So kann etwa ein Verleger überprüfen, ob eingesendete Manuskripte dem in einer DTD beschriebenen Verlagsstandard entsprechen und fehlerhafte Manuskripte unverzüglich an den Autor zur Korrektur zurücksenden.

Darstellung des Inhalts
Bleiben wir beim Beispiel unseres Buches, das mit Hilfe von SGML korrekt nach einer vorgegebenen, verlagskonformen DTD erstellt wurde. Am Ende will der Verleger das Buch in einer entsprechenden Darstellung drucken. Den inhaltlich strukturierten Elementen des vorliegenden Dokuments müssen dazu jeweils vordefinierte Formatierungsanweisungen zugeordnet werden, damit das Buch dann entsprechend den Vorstellungen des Verlages formatiert und gestaltet gedruckt werden kann.
Das SGML zu Grunde liegende Prinzip bewirkt die Trennung der Struktur eines Dokuments von der Darstellung der einzelnen Dokumentenelemente. Die einfachste Art, ein SGML-Dokument zu formatieren wäre die, jedem Element aus einer vorgegebenen DTD eine entsprechende Formatierungsanweisung zuzuordnen. Einer Kapitelüberschrift könnte z.B. die Formatanweisung „zwei Leerzeilen, Schrift Times New Roman, Größe 12 pt, Fett und anschließend wieder eine Leerzeile" mitgegeben werden, und jede Kapitelüberschrift des Dokuments würde auf die vorgegebene Weise formatiert.
Die einer DTD zugeordnete Formatierungsanweisung wird als **Layoutbeschreibung** bezeichnet. Um also die druckfertige Version des Buches zu erzeugen, benötigt das verarbeitende Programm die folgenden Komponenten als Eingabe:

- das SGML-Dokument, auch als Dokumentenausprägung bezeichnet,
- die zugehörige DTD als Dokumenten-Struktur-Definition und
- die Layoutbeschreibung, die zur vorgegebenen DTD entworfen wurde.

Endprodukt dieser Verarbeitungskette stellt das druckfertige Dokument dar, das auch als Layout bezeichnet wird (siehe Abb. 12.9).

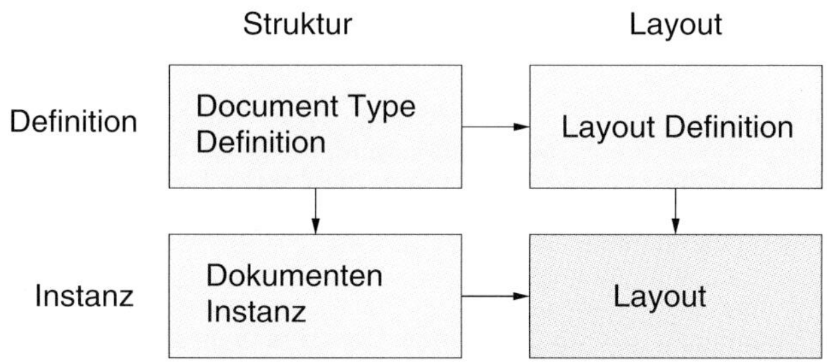

Abb. 12.9. Komponenten eines formatierten SGML-Dokuments

Das Formatieren selbst ist nicht mehr Bestandteil von SGML. Eine Möglichkeit zur standardisierten Formatbeschreibung bietet **DSSSL** (Document Style Semantics and Specification Language), eine Beschreibungssprache, die es gestattet, das Layout eines SGML-Dokuments zu beschreiben. Als allgemeine Layoutbeschreibung, die nicht nur auf ein konkretes SGML-Dokument anwendbar sein soll, verlangt die DSSSL-Verarbeitung vier Schritte:

1. **Output Definition**
   Zuerst wird auf Grundlage der SGML-Beschreibung eine neue Dokumentenstruktur beschrieben, da das betreffende Dokument in gedruckter Form durchaus eine andere Struktur aufweisen können sollte. Einzelne Dokumententeile könnten wegfallen, hinzukommen oder umgruppiert werden, wie z.B. das Inhaltsverzeichnis eines Dokuments, das eigentlich nicht Bestandteil des SGML-Dokuments ist, sondern darin nur implizit enthalten ist und für die Druckaufbereitung speziell erzeugt werden können sollte.
2. **Zuordnungsfestlegung (Association Specification)**
   Hier findet eine Zuordnung der Elemente des SGML-Dokuments zu den Elementen des Layouts statt. Jedem Element wird entsprechend der in DSSSL gegebenen Formatvorlage ein Layoutelement zugewiesen.
3. **Gebietsdefinition (Area Definition)**
   Dabei handelt es sich um die eigentliche Layoutbeschreibung in DSSSL, in der das Layout ohne direkten Bezug auf das SGML-Dokument beschrieben wird. Es werden seitenbezogene Gebiete in Verbindung mit entsprechenden Druckparametern, wie Schriftgröße, Schriftart oder Absatzformatierungen, festgelegt.
4. **Flußdefinition (Flow Definition)**
   Hier findet die Zuordnung zwischen den DSSSL-Elementen zu den zuvor in DSSSL spezifizierten Gebieten mit den konkreten Formatierungsparametern statt. Dabei wird der eigentliche Inhalt des SGML-Dokuments in die in der Layoutbeschreibung angegebene Form gebracht und z.B. verhindert, daß eine Abbildung zerrissen auf zwei Druckseiten dargestellt wird.

Die Unterteilung in einzelne Teilbereiche gewährleistet eine Wiederverwendbarkeit, so daß z.B. mit derselben Gebietsdefinition über unterschiedliche Zuordnungsfestlegungen und Flußdefinitionen verschiedenartige Dokumentenstrukturen in einem ähnlichen Druckbild erscheinen können. Dies ist z.B. für Verlage sehr interessant, die innerhalb einer Reihe unterschiedliche Bücher veröffentlichen wollen, in denen trotz aller Unterschiede ein einheitlicher Stil erkennbar ist.

SGML-Dokumentenverarbeitung
Die bislang vorgestellten SGML-Konstrukte verwendeten spezifische Zeichen zur Darstellung von Markup-Elementen, wie etwa „<“ und „>“. SGML ist allerdings in der Lage, abstrakte Konzepte anzugeben, nach denen die in SGML verwendeten Sprachkonstrukte definiert werden können. Man unterscheidet daher in SGML zwischen **abstrakter Syntax** und **konkreter Syntax**.

- **Abstrakte Syntax**
  Diese definiert die syntaktischen Elemente einer Sprache bzgl. ihrer Funktionalität, wie z.B. Markup-Delimiter. In der abstrakten SGML-Syntax werden die Delimiter für die Start-Tags von Elementen als **Start-Tag Open** (STGO) und **Tag Close** (TAGC) bezeichnet.
- **Konkrete Syntax**
  Die konkrete Syntax weist den syntaktischen Elementen, die in der abstrakten Syntax definiert wurden, konkrete Zeichen zu. Die als **Reference Concrete Syntax** bezeichnete Syntax des SGML-Standards ordnet z.B. dem abstrakten Start-Tag Open Delimiter (STGO) das Zeichen „<“ und dem Tag Close Delimiter (TAGC) das Zeichen „>“ zu.

Die im Folgenden vorgestellten Syntax-Konzepte von SGML geben nur einen ersten Einblick in die Möglichkeiten dieser mächtigen Markup-Sprache und erheben nicht den Anspruch einer vollständigen Referenz. Eine umfassende Darstellung der SGML-Syntax bietet z.B. das Buch von Goldfarb aus der am Ende des Exkurses angegebenen Literaturliste. Wie Abb. 12.10 zeigt, besteht jedes SGML-Dokument aus drei verschiedenen Komponenten:

- **SGML Deklaration**
  Diese beinhaltet die jeweiligen SGML-Festlegungen für das aktuelle Dokument, wie z.B. den zu verwendenden Zeichenvorrat, die als Steuerzeichen vorgesehenen Zeichen, den benötigten Speicherplatz für SGML-Objekte oder die im aktuellen Dokument genutzten Möglichkeiten von SGML. Zu diesen Möglichkeiten (Features) zählen
  - Tag Minimization,
  - Benutzung von Tag-Abkürzungen,
  - gleichzeitige Verwendung von mehreren DTDs für ein Dokument, oder
  - Verwendung untergeordneter Dokumente zum Aufbau einer Dokumentenhierarchie.

  Der SGML-Parser, der das SGML-Dokument liest und verstehen soll, nutzt diese Angaben zur Steuerung und Kontrolle der SGML-Übersetzung und der notwendigen System-Ressourcen.
- **Document Type Declaration (DTD)**
  Die DTD weist das aktuelle SGML-Dokument als zu einer speziellen Dokumentenklasse zugehörig aus und gibt damit sowohl dem Nutzer als auch dem SGML-Parser wichtige Hinweise auf die Struktur des vorliegenden Dokuments.
- **Dokumenten-Instanz**
  Diese beinhaltet das eigentliche Dokument, dessen Komponenten mit Hilfe der in der DTD deklarierten Struktur-Objekte gemäß dem durch die DTD generierten Strukturbaum strukturiert wurden. Die Blätter des Strukturbaumes enthalten die eigentlichen Zeichenfolgen, aus denen der Text des vorliegenden Dokuments gebildet ist. Zeichenfolgen des SGML-Dokuments, die Sonderzeichen, Querverweise, Tags und andere Steueranweisungen beinhalten, werden in SGML als `#PCDATA`, als dem SGML-Parser zugängliche Daten (Parseable Data) bezeichnet. `CDATA` bezeichnet Zeichenfolgen, die nicht vom Parser interpretiert werden.
  Innerhalb des SGML-Dokuments unterscheidet man prinzipiell zwei Arten von SGML-Objekten:
  - Objekte, die als Tags zusammen mit möglichen lokalen Attributen eingefügt werden und
  - Platzhalter für Sonderzeichen und externe Daten, die in das Dokument eingefügt werden sollen.

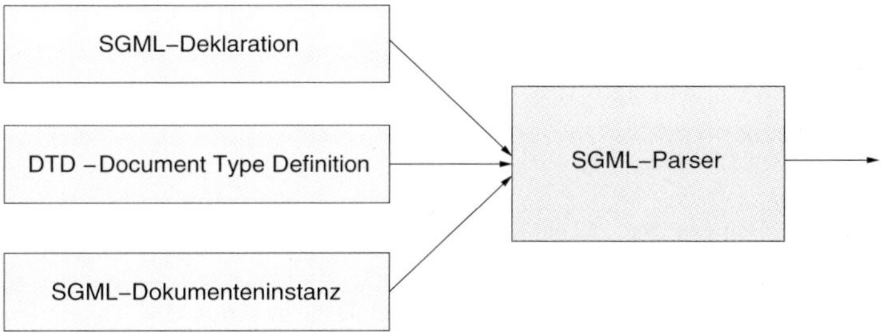

Abb. 12.10. Notwendige Eingabe für einen SGML-Parser

Die bereits eingeführte **Document Type Definition** (DTD) beschreibt den Typ einer Klassen von Dokumenten. Sie definiert alle strukturellen Elemente des SGML-Dokuments und legt die dazu möglichen Attributwerte fest. Darüber hinaus gibt die DTD auch das Regelwerk an, auf welche Weise die einzelnen Elementtypen miteinander kombiniert und in Beziehung gesetzt werden können. Grundlegend ist dabei die Vereinbarung von **Elementen**. Eine Elementvereinbarung hat stets die Form:

```
<!ELEMENT Bezeichner(Gruppe) Verkürzung Beschreibung>
```

Dabei haben die einzelnen Komponenten der Elementvereinbarung die folgende Bedeutung:

- **Bezeichner**
  Der Name des Elements entsprechend den Konventionen der vereinbarten konkreten SGML-Syntax. Mit Hilfe einer Bezeichnergruppe können mehrere gleichartige Elemente in einer einzigen Elementvereinbarung definiert werden. Eine Bezeichnergruppe besteht aus mehreren Bezeichnern, die alle durch ein „|" getrennt sind und in einem Klammernpaar eingeschlossen sind.
- **Verkürzung**
  Hier kann angegeben werden, ob Start-Tag oder Ende-Tag des Elements entfallen können. Entfällt diese Komponente, geht SGML davon aus, daß dieses Element stets über Start- und Ende-Tag verfügen muß. Anderenfalls erfolgt die Angabe in folgender Form:

- -	Start- und Ende-Tag sind Pflicht,
- o	nur das Ende-Tag kann entfallen,
o -	nur das Start-Tag kann entfallen,
o o	beide Tags können entfallen.

- **Beschreibung**
  Hier wird Form und Inhalt des vereinbarten Elements beschrieben. Im einfachsten Fall besitzt das Element keinen Inhalt (`EMPTY`). Es dient dann ausschließlich als Platzhalter für ein durch den Formatierer einzufügendes Layout-Element. Zeichenfolgen und Querverweise können über die Schlüsselworte `#PCDATA`, `CDATA` oder `RCDATA` angegeben werden. Der Inhalt eines Elements kann aber auch hierarchisch organisiert sein und aus anderen Strukturelementen bestehen. Hierzu dient die sogenannte **Modellgruppe** als Beschreibung. Eine Modellgruppe besteht aus einem oder mehreren Bezeichnern, die durch unterschiedliche Arten von **Konnektoren** miteinander verbunden sein können. Man unterscheidet folgende Konnektoren:

,	alle Elemente müssen in der angegebenen Reihenfolge erscheinen,
&	alle Elemente müssen erscheinen, Reihenfolge egal,
|	nur eines der Elemente darf erscheinen.

  Darüberhinaus gibt es noch **Wiederholungsoperatoren**, die angeben, wie oft ein bestimmtes Element auftauchen darf:

?	garnicht oder höchstens einmal,
+	mindestens einmal oder beliebig oft,
*	garnicht oder beliebig oft.

  Beispiel:

  ```
  <!ELEMENT Anhang (Appendix*, Glossar?, (Bildnachweis |
  Tabellenverzeichnis)?)>
  ```

  Es wird ein Strukturelement mit Namen „Anhang" definiert, das aus den folgenden Elementen besteht: Es können beliebig viele Elemente mit der Bezeichnung „Appendix" auftauchen, gefolgt von einem optionalen „Glossar", gefolgt von einem „Bildnachweis" oder einem „Tabellenverzeichnis", ebenfalls jeweils optional.

Eine **Elementinstanz** in einem SGML-Dokument besitzt stets folgende Form:

```
<Bezeichner Attribute> Inhalt </Bezeichner>
```

Zusätzlich können über einen **Ausnahme-Mechanismus** (Exceptions) innerhalb einer Elementvereinbarung sogenannte **Ausschlüsse** und **Einschlüsse** festgelegt werden.

- **Ausschluß (Exclusion)**
  Durch eine Exclusion wird innerhalb einer Elementvereinbarung eine Komponente angegeben, die im Kontext dieses Elements niemals verwendet werden darf. Eine Exclusion wird folgendermaßen definiert:

  ```
  -Bezeichnergruppe
  ```

- **Einschluß (Inclusion)**
  Über eine Inclusion in der Elementvereinbarung wird eine Komponente spezifiziert, die jederzeit im aktuellen Element oder in einem Element der in der Elementvereinbarung definierten Modellgruppe vorkommen kann, auch wenn dieses nicht explizit in den Elementvereinbarungen der Elemente der Modellgruppe angegeben wird. Eine Inclusion wird folgendermaßen definiert:

  ```
  +Bezeichnergruppe
  ```

Ein Beispiel für Inclusion und Exclusion:

```
<!ELEMENT Kapitel +(Unterkapitel) -(Kapitel) +(Fußnote|Tabelle)>
```

Die Angabe von `-(Kapitel)` besagt, das innerhalb einer Instanz von `Kapitel` niemals ein weiteres Kapitel erscheinen darf, auch wenn dies durch die Elementvereinbarung in `Unterkapitel` eigentlich gestattet wäre. Ein `Kapitel` dürfte nur dann innerhalb eines `Unterkapitels` vorkommen, wenn das `Unterkapitel` selbst außerhalb des Kontextes eines `Kapitels` steht. Auf der anderen Seite dürfen `Fußnote` oder `Tabelle` in jeder Elementinstanz innerhalb eines Kapitelkontextes auftauchen, selbst dann, wenn diese nicht in den Elementvereinbarungen der Elemente der Modellgruppe angegeben sind.

Ein **Attribut** ist ein Parameter einer Elementinstanz, das an den SGML-Parser oder den anschließenden Formatierer weitergereicht wird. Die Attribute eines oder mehrerer Elemente werden in einer Attributliste zusammengestellt. Dabei können der jeweilige Wertebereich der Attribute, sowie eventuelle Verwendungsbeschränkungen der einzelnen Attribute festgelegt werden. Eine Attributlistendefinition hat stets die folgende Form:

```
<!ATTLIST Element(Gruppe) Attributdefinition(en)>
```

Dabei bezeichnen:

- `Element(Gruppe)`
  Bezeichnet ein Element bzw. eine Gruppe von Elementen, für die die angegebene Attributliste gilt. Eine Gruppe stellt dabei eine Liste von Elementebezeichnern dar, die durch „|" getrennt und von runden Klammern eingeschlossen werden.
- `Attributdefinition(en)`
  Hier folgt eine beliebig lange Liste von Attributdefinitionen, die jeweils durch ein Leerzeichen voneinander getrennt werden. Eine Attributdefinition folgt stets der Form:

  ```
  <Attributbezeichner Wertebereich Vorbelegung>
  ```

  Dabei bezeichnen:
  - `Attributbezeichner`:
    Name des Attributs, entsprechend den Regeln der gerade gültigen konkreten Syntax. Der Name muß nicht global eindeutig definiert werden, allerdings dürfen innerhalb einer Elementvereinbarung keine zwei Attribute mit gleichem Namen auftauchen.
  - `Wertebereich`:
    Der Wertebereich wird durch einen reservierten Bezeichner oder durch eine Gruppe von Namen (vordefinierten Werten) beschrieben, die durch „|" voneinander getrennt und in runden Klammern eingeschlossen werden. Als vordefinierte Werte stehen zur Verfügung:

- `CDATA`:
  Das Attribut beinhaltet Zeichen (Character Data) entsprechend der aktuell gültigen konkreten SGML-Syntax.
- `ID`:
  Das Attribut ordnet dem jeweiligen Element eine eindeutige Identifikation im Rahmen des SGML-Dokuments zu.
- `IDREF`:
  Unter Verwendung der unter `ID` vergebenen Element-Identifikation dient dieses Attribut innerhalb des vorgegebenen SGML-Dokuments als Referenz dieses Elements.
- `IDREFS`:
  Besitzt dieselbe Funktionalität wie `ID`, nur daß eine ganze Liste von Element-Identifikations-Referenzen angegeben werden kann.
- `NAMES`:
  Ein oder mehrere gültige Bezeichner, die bzgl. der verwendeten Zeichen und der Länge der Zeichenkette den gültigen Regeln der SGML-Deklaration entsprechen müssen.
- `NUMBER`:
  Eine Ziffernfolge, von maximal 8 Ziffern. Der Zahlenwert wird nicht interpretiert, d.h. „7“ stellt somit einen anderen Wert dar als „07“.

— `Vorbelegung`:
  Der als Vorbelegung angegebene Wert wird dann verwendet, wenn kein Attributwert in der Elementinstanz angegeben wird oder für spezielle reservierte Bezeichner, denen stets ein „#“ vorangestellt werden muß, um Verwechslungen zu vermeiden. Zu den speziellen, reservierten Bezeichnern zählen:
  - `#IMPLIED`:
    Wird hier kein Wertebereich angegeben, so hat der SGML-Parser bzw. der Formatierer die Möglichkeit, selbstständig einen naheliegenden Wert einzusetzen.
  - `#REQUIRED`:
    Hier muß eine Angabe des Attributwertes erfolgen, da diese zur Verarbeitung des SGML-Dokuments notwendig ist.
  - `#FIXED`:
    In der Definition des Elements können zwar unterschiedliche Werte für das betreffende Attribut angegeben worden sein, es soll aber stets der hier bezeichnete Wert verwendet werden.
  - `#CURRENT`:
    Ist in der betreffenden Elementinstanz für das bezeichnete Attribut kein Wert angegeben, so wird der zuletzt benutzte Attributwert wiederverwendet.

Allgemein wird in einer Elementeinstanz ein Attribut folgendermaßen verwendet:

```
<Elementname Attributname=Wert>
```

Daneben bietet SGML die Möglichkeit der Definition sogenannter **Entities** (Einheiten). Eine Entity bezeichnet dabei ein vereinbartes, beliebig langes Textstück, das über seinen Namen referenziert in den Dokumententext eingetragen wird. Damit ist es auch möglich, Sonderzeichen oder Zeichen, die in der Regel für Markup-Delimiter verwendet werden, in den regulären Dokumententext mit einzubringen. Man definiert eine Entity-Referenz, die im SGML-Dokument als Platzhalter für das einzusetzende Textstück steht, das in der Entity-Deklaration in der DTD festgelegt wird. Die Entity-Vereinbarung hat stets die nachfolgende Form:

```
<!ENTITY Bezeichner Parameter>
```

Der `Bezeichner` gibt den Namen der vereinbarten Entity an und hält sich an die Konventionen der vereinbarten konkreten SGML-Syntax. Der `Parameter` gibt den Ersetzungstext der Entity an, der in das SGML-Dokument an der Stelle der Entity-Referenz eingesetzt werden soll. Neben einem explizit angegebenen Ersetzungstext können auch Sonderzeichen aus dem für die konkrete Syntax vereinbarten Zeichensatz entnommen und dargestellt werden. In der Regel wird der in ISO 10646 spezifizierte Zeichensatz verwendet, so daß die Entity-Deklaration

```
<!ENTITY Sigma "&#931;">
```

den griechischen Buchstaben „Σ" deklariert, der Teil des angegebenen Zeichensatzes ist und über seine Positionsnummer (931) spezifiziert wird. Um eine Entity im SGML-Dokument zu referenzieren, erfolgt ein Aufruf der Form

```
&Bezeichner;
```

Eine Entity-Referenz startet also stets mit einem Entity-Start-Delimiter „&", gefolgt vom Namen der Entity und einem abschließenden Entity-End-Delimiter „;".

Die WWW-Markup-Sprachen HTML und XML basieren beide auf SGML, wobei HTML seit der Versionsnummer HTML 4.0 auf XML beruht. Die XML (Extensible Markup Language), die in Kapitel 14 ausführlich behandelt wird, ist dabei eine funktionale Teilmenge von SGML, die speziell auf die Bedürfnisse des WWW zugeschnitten und dabei stark vereinfacht wurde. XML besitzt eine starre SGML-Deklaration, d.h. die Flexibilität ist gegenüber SGML, das eine eigene Definition der SGML-Deklaration gestattet, etwas eingeschränkt. Doch gestaltet sich dadurch die gesamte Definition von XML einfacher und die entsprechenden Implementationen als weniger aufwendig.
HTML (Hypertext Markup Language) dagegen stellt eine noch kleinere SGML-Teilmenge dar, die neben einer starren SGML-Deklaration lediglich eine fest vorgegebene DTD besitzt. Während für die Verarbeitung von SGML-Dokumenten der Austausch von Dokumenten-Instanz, DTD und SGML-Deklaration erforderlich ist, kann bei HTML der Austausch von DTD und SGML-Deklaration entfallen. Dennoch existieren verschiedene Versionen von HTML. Um also eine eindeutige Interpretation des vereinbarten HTML-Dokuments zu gewährleisten, wird diesem meist eine Zeile vorangestellt, die die jeweils verwendete DTD spezifiziert:

```
<!DOCTYPE HTML PUBLIC
   "-//W3C/DTD HTML 4.0//EN"
   "http://www.w3.org/TR/REC-html40/strict.dtd">
```

Zum Abschluß dieses SGML-Exkurses sei nochmals betont, daß der hier vorgestellte Teil der SGML-Syntax nur einen kleinen Ausschnitt aus den Möglichkeiten dieser mächtigen Beschreibungssprache darstellt. Es wurde jedoch darauf Wert gelegt, diejenigen Bestandteile vorzustellen, deren Kenntnis für den Anwender von HTML und XML von Vorteil ist. Für eine umfassende Darstellung von SGML sei auf die weiterführende Literatur verwiesen.

Weiterführende Literatur:

M. Bryan: SGML and HTML Explained, Addison-Wesley, Reading MA, USA, 1997.

C. F. Goldfarb: The SGML Handbook, Oxford University Press, Oxford, UK, 1991.

C. F. Goldfarb: The Roots of SGML – A Personal Recollection,
available at <http://www.sgmlsource.com/history/roots.htm>, 1996.

E. van Herwijnen: SGML Tutorial, Kluwer Academic Publishers, Dordrecht/Boston/London, USA, 1992.

International Organisation for Standardization: Information Processing – Text and Office Systems – Standard Generalized Markup Language (SGML), ISO 8879:1986, ISO, 1986.

International Organisation for Standardization: Information Processing – Text and Office Systems – Document Style Semantics and Specification Language (DSSSL), ISO/EIC 10197 DIS 1991, ISO, 1991.

H. Szillat: SGML – Eine Einführung, Thompson Publishing Int., Bonn, 1995.

Wie bereits beschrieben, basiert HTML auf der Markup-Sprache SGML, die schon lange mit Erfolg für den plattformunabhängigen inhaltsorientierten Austausch von Dokumenten genutzt wird. Allerdings wurde beim Design von HTML auf einen großen Teil des Ballastes verzichtet, den SGML als Meta-Markup-Sprache mit sich führt und der für die Definition neuer Markup-Sprachen notwendig ist.
Seit den Anfängen seiner Entwicklung 1990 durchlief der HTML-Standard viele Verbesserungen, Erweiterungen und Änderungen. Allerdings besitzen die anfänglich definierten Designziele für HTML immer noch ihre Bedeutung:

- **Reichhaltigkeit**
  HTML soll eine Vielzahl von unterschiedlichen Anwendungen unterstützen. Dazu muß es einen bestimmten Grad an Abstraktionsvermögen und Flexibilität besitzen, um auch in unterschiedlichen Anwendungsgebieten zum Einsatz kommen zu können.
- **Einfachheit**
  HTML sollte so einfach wie möglich zu kodieren sein, damit möglichst viele Nutzer, insbesondere auch Nicht-Fachleute in der Lage sind, HTML zu verstehen und damit HTML-Dokumente lesen oder selbst erzeugen zu können.
- **Verfügbarkeit und Plattformunabhängigkeit**
  Für den Nutzer soll die Möglichkeit bestehen, Struktur und Darstellung des bearbeiteten Dokuments zu trennen, so daß eine Darstellung auf möglichst unterschiedlichen Systemen gewährleistet ist.

Neben der plattformunabhängigen Darstellung von Dokumenten implementiert HTML vorallem auch das Hyperlink-Konzept, mit dem sich erst die ganze Welt des World Wide Web erschließt.
Wie in einer Markup-Sprache üblich, werden Strukturelemente des HTML-Dokuments mit sogenannten **Auszeichnungen** (**Markups**) versehen, die dem Leser eines HTML-Dokuments oder einem Programm, das ein HTML-Dokument verarbeitet, die Möglichkeit geben, die jeweiligen Strukturelemente zu identifizieren. Einem Strukturelement wird zur Darstellung von einem Formatierer ein dem Ausgabemedium angepaßtes Format (**Layout**) zugeordnet. In der Regel wird ein HTML-Dokument durch einen **Browser** auf dem Desktop des Nutzers dargestellt. Der Browser verfügt dazu neben den zur Kommunikation mit dem Internet notwendigen Schnittstellen über einen **HTML-Interpreter**, der in der Lage ist, das HTML-Dokument zu interpretieren und die einzelnen Strukturelemente zu identifizieren. Zur Darstellung

der erkannten Strukturelemente werden diesen durch den Browser bestimmte Formatierungen zugeordnet.
HTML selbst hält sich allerdings nicht strikt an die angestrebte Trennung von Struktur und Darstellung, da es auch die Möglichkeit bietet, direkte Formatierungsanweisungen in einem HTML-Dokument anzugeben. Der Anwender kann jedoch HTML-Dokumente ohne explizite Formatierungsanweisungen erstellen und die notwendigen Formatierungsangaben separat in einer Formatierungsdatei angeben. Diese Formatierungsdateien werden als **Cascading Style Sheets** bezeichnet und sind Gegenstand von Kapitel 13.
Im Folgenden werden wir zunächst auf die Grundstruktur eines HTML-Dokuments eingehen und einen Blick auf die Entwicklungsgeschichte von HTML werfen, bevor wir dann detailliert auf die aktuelle HTML-Syntax eingehen.

12.1.2 Grundstruktur eines HTML-Dokuments

Ein HTML-Dokument beginnt stets mit einer Versionsangabe, die angibt, in welcher HTML-Version das Dokument kodiert wurde. Dabei handelt es sich genau genommen um die Angabe einer **Document Type Definition** (siehe Exkurs „SGML"), die notwendig ist, um das HTML-Dokument korrekt interpretieren zu können.

```
<!DOCTYPE HTML PUBLIC "-//W3C/DTD HTML
4.0//EN""http://www.w3.org/TR/REC-html40/strict.dtd">
```

Diese Angabe besagt z.B., daß das vorliegende Dokument mit HTML 4.0 kodiert wurde, und zwar mit der sogenannten „Strict-DTD". Auf die verschiedenen DTDs, die zur Kodierung von HTML-Dokumenten verwendet werden können, wird später in Abschnitt 12.2.1 eingegangen.
Ein HTML-Dokument besteht stets aus einem **Header** und einem **Body** (siehe Abb. 12.11). Der Header eines HTML-Dokuments enthält Informationen über das HTML-Dokument (Meta-Information) und gehört nicht zum eigentlichen Dokumenteninhalt. Zum HTML-Header zählt z.B. der Titel oder der Autor des HTML-Dokuments. Außerdem kann im Header eine Beschreibung des HTML-Dokuments zusammen mit Schlüsselwörtern abgelegt werden, die dann von WWW-Suchmaschinen genutzt werden, um HTML-Dokumente zu katalogisieren und finden.
Der eigentliche Inhalt des HTML-Dokuments folgt in dem sich an den Header anschließenden Body. Wesentliche Grundelemente des HTML-Bodys sind

- Überschriften
- Absätze
- Listen
- Tabellen
- Formulare
- Fließtext

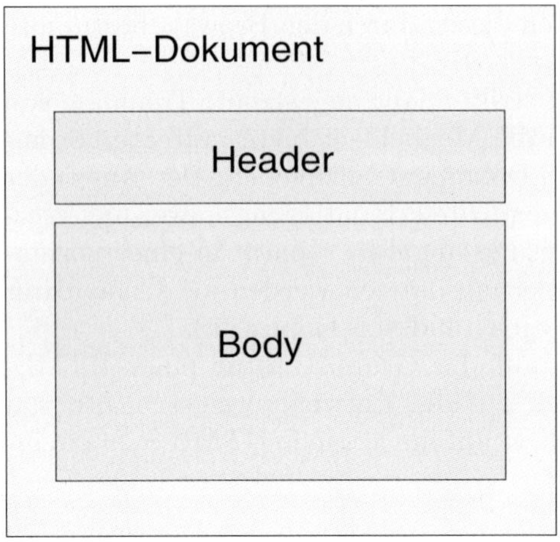

Abb. 12.11. Aufbau eines HTML-Dokuments

- Sonderzeichen
- Bilder
- Hyperlinks

Die Kennzeichnung dieser HTML-Elemente erfolgt über spezielle **Auszeichnungen**, den sogenannten (**Markups**). Um diese Auszeichnungen vom eigentlichen Dokumententext unterscheiden zu können, werden sie durch Begrenzungszeichen (**Markup-Delimiter**) eingerahmt. Bei Markup-Delimitern handelt es sich um Sonderzeichen oder Zeichenfolgen, die nicht im eigentlichen Dokumententext verwendet werden dürfen. Eine Auszeichnung besteht also stets aus der Bezeichnung der jeweiligen Auszeichnung, die von Markup-Delimitern eingeschlossen wird. HTML verwendet spitze Klammern „<,>“ als Markup-Delimiter, wobei „< “als Start-Delimiter und „>“ als Ende-Delimiter verwendet wird. Eine von Start- und Ende-Delimiter umgrenzte Markup-Bezeichnung wird auch als **Tag** bezeichnet. Eine Auszeichnung in HTML folgt stets dem Schema

```
<Markup> auszuzeichnender Text </Markup>
```

Start-Tag und Ende-Tag umrahmen den Bereich des Dokuments, auf den sich die Auszeichnung bezieht. Das Ende-Tag wiederholt dabei einfach den Namen des Markup-Bezeichners und stellt diesem das Symbol „/“ voran. Wenn die Eindeutigkeit der Interpretation nicht verloren geht, dürfen innerhalb des HTML-Dokuments die Ende-Tags weggelassen werden. Diese Freiheit erhöht allerdings die Schwierigkeit der automatischen Interpretation von HTML, so daß bei der Entwicklung von XML von dieser Möglichkeit bewußt wieder Abstand genommen wurde, um so die Implementierung von XML-Parsern zu erleichtern. Tags können zusätzliche Information und Steuerangaben in Form von Attributen beinhalten.

In der Version 4.0 von HTML, die in der ISO/IEC Spezifikation DIS 15445 genormt wurde, sind etwa 80 verschiedene Tags spezifiziert.

HTML (Hypertext Markup Language) stellt eigentlich nur eine spezielle Dokumentenklasse (Document Class) von SGML (Standard Generalized Markup Language) dar. XML (Extensible Markup Language) als designierter Nachfolger von HTML dagegen ist eine vereinfachte Untermenge von SGML, die ebenfalls in der Lage ist, neue Dokumentenklassen zu spezifizieren.

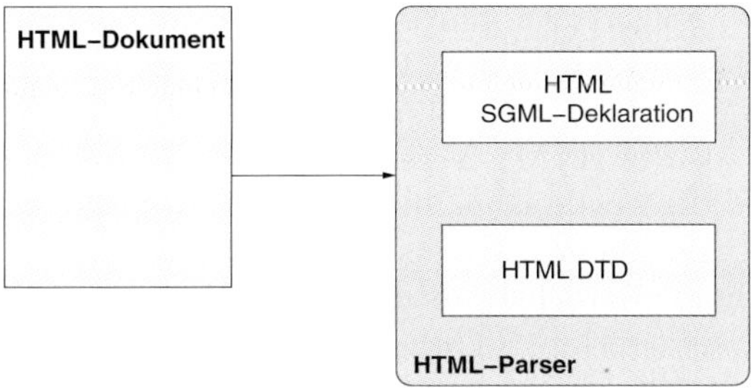

Ein HTML-Dokument kann direkt von einem Parser verarbeitet werden, ohne daß zusätzliche Angaben nötig wären, da ihr Aufbau einer speziellen, festgelegten DTD (Document-Type-Definition) folgt, über die der Parser von vornherein verfügt. Auch die für die Verarbeitung von SGML-Dokumenten zusätzlich erforderliche SGML-Deklaration, in der die aktuell zu verwendende konkrete SGML-Syntax festgelegt wird, liegt als spezielle HTML-SGML-Deklaration von vorne herein fest und ist Bestandteil des HTML-Parsers.

Abb. 12.12. HTML und SGML

12.1.3 Kurze Geschichte von HTML

Entwicklung bis HTML 2.0. Das erste Konzept eines verteilten Hypermediasystems wurde im Mai 1989 am europäischen Kernforschungszentrum CERN von Tim Berners Lee in Umlauf gebracht. Als Beschreibungssprache für Hypermediainhalte, die mit diesem System verwaltet werden sollten, war HTML neben dem Kommunikationsprotokoll HTTP der zentrale Bestandteil des Konzepts. Die Entwicklung eines ersten Prototyps, der sowohl einen WWW-Server als auch einen WWW-Browser umfaßte, startete im September 1990 und konnte bis zum Ende dieses Jahres fertiggestellt werden. Neben einem zeilenorientierten Browser umfaßte der Prototyp bereits einen Browser, der in der Lage war, grafische Inhalte anzuzeigen, und mit dem demonstriert werden sollte, daß HTML durchaus plattformübergreifend zum Einsatz kommen kann.

Als Beitrag zu einer wissenschaftlichen Konferenz wurde das vollständige System, einschließlich den Konzepten HTML, HTTP und URL zunächst im Dezember 1991 als Kurzbeitrag und später im Mai 1992, als vollständige

Arbeit veröffentlicht. Die hier spezifizierte frühe Version von HTML war zuerst nur mit sehr rudimentären Fähigkeiten ausgestattet. Dazu zählten die Möglichkeit, Überschriften (Headings) in verschiedenen Hierarchiestufen zu verwenden, Absatzdefinitionen sowie verschiedene Arten von Listendefinitionen. Das Hyperlink als zentraler Bestandteil von HTML war ebenfalls von Anfang an Teil des HTML-Konzepts.

HTML 2.0. Ende 1991, als bereits erste Prototypversionen des WWW installiert waren, wurde bereits der erste Vorschlag einer verbesserten HTML-Version, **HTML+**, eingereicht, die jedoch nie formale Anerkennung fand. Neben HTML+, das in dem WWW-Browser **Arena** implementiert wurde, entwickelte die NCSA für ihren ersten grafischen WWW-Browser **Mosaic** ebenfalls eine verbesserte HTML-Version, die sich jedoch von HTML+ wesentlich unterschied. Es wurde schnell klar, daß die ursprünglich veröffentlichte HTML-Version nicht mehr den Ansprüchen der Anwender gerecht wurde und im Zuge des rapiden Wachstums des WWW jeder neue WWW-Browser mit einer eigenen, erweiterten HTML-Version aufwarten würde. Schließlich gelang es im Juli 1994, einen neuen Standard **HTML 2.0** zu verabschieden. HTML 2.0 besaß eine eigene SGML-DTD und konnte damit erstmals als „ordentliche“ SGML-Anwendung betrachtet werden.
1994 startete die Firma **Netscape** mit der Entwicklung ihres WWW-Browsers und führte neue, nicht zum HTML 2.0 Standard zählende Strukturelemente, wie z.B. Tabellen ein.

HTML 3.2. 1994 wurde das World Wide Web Consortium (W3C) als Standardisierungsgremium und Interessenvertretung des WWW gegründet. Eine der ersten Empfehlungen, die durch das W3C herausgegeben wurden, war der Vorschlag eines als HTML 3.0 bezeichneten Standards. Das WWW erlebt zu dieser Zeit einen immensen Boom und unterschiedliche Browserhersteller drängten mit ihren neuen Browsern auf den Markt, die jedoch jeweils eigenständige und untereinander inkompatible Erweiterungen des HTML-Standards implementierten, ohne dabei den kompletten HTML 3.0 Standard zu unterstützen.
Bis Januar 1997 galt daher HTML 2.0 als einziger offizieller HTML Standard, der von jedem WWW-Browser unterstützt werden mußte. Neue, von den Browserherstellern eingeführte Konzepte, wie Tabellen, die Einbettung von Skriptsprachen oder die Aufteilung des Bildschirms in sogenannte Frames (Rahmen), sollten erst einem als **HTML 3.2** bezeichneten Standard vorbehalten bleiben. HTML 3.2 umfaßte zahlreiche Neuerungen, wie z.B. die Einbettung von Tabellen in den HTML Text, die Verwendung von Java-Applets, Textfluß um eingebettete Bilder herum oder Text-Hoch- und -Unterstellung. Tatsächlich wurde mit HTML 3.2 versucht, eine Art kleinsten gemeinsamen Nenner bzgl. der von den verschiedenen Browsern unterstützten neuen HTML-Elementen zu finden, bei gleichzeitiger Erweiterung des alten HTML 2.0 Standards. So blieben wichtige Gestaltungselemente, wie die von Netsca-

pe zuerst vorgeschlagenen Frames zur Unterteilung von Bildschirminhalten, im HTML 3.2 Standard noch unberücksichtigt.

HTML 4.0. Da die Version HTML 3.2 bereits mit ihrer Veröffentlichung 1997 als veraltet galt, war klar, daß eine Folgeversion nicht lange auf sich warten lassen würde. So wurde der erste Vorschlag eines **HTML 4.0** Standards bereits im Dezember 1997 veröffentlicht. Zu den wichtigsten Neuerungen dieses Standards zählt die Unterstützung von Cascading Style Sheets (CSS). Stylesheets fungieren als vom HTML-Dokument getrennte Layout-Definitionen und ermöglichen eine konsequentere Trennung von Dokumentenstruktur und Dokumentendarstellung, als dies in früheren Versionen von HTML möglich war. Der Autor des Stylesheets behält die Kontrolle über das Layout seines HTML-Dokuments, das entsprechend seinen Formatierungsvorgaben dargestellt wird, zumindest solange, bis der Benutzer explizit ein anderes Layout für sich definiert.
Durch die Verwendung von Stylesheets sind viele Bestandteile der früheren HTML-Versionen nicht mehr notwendig und werden im HTML 4.0 Standard lediglich als „veraltet“ (deprecated) mitgeführt.
HTML 4.0 wurde von der ISO als Standard ISE/EIC DIS 15445 (ISO-HTML) normiert. Zusätzlich zu CSS unterstützt HTML 4.0 auch die Verwendung von Frames, erlaubt eine bessere Umsetzung von Tabellen, Multimediaobjekten und Formularen. Wir geben eine detaillierte Darstellung von HTML 4.0 in Abschnitt 12.2.

XHTML. HTML 4.0 war der letzte HTML Standard, der unter diesem Namen veröffentlicht wurde. Nachdem das ursprünglich direkt auf SGML basierende HTML auf ein XML-Fundament umgesetzt wurde, entschied man sich für eine Umbenennung in **XHTML**. Dazu fand eine Neuformulierung der HTML-Definitionen als XML-DTD statt. Mittels der Sprachmöglichkeiten von XML wird ein Namensraum definiert, der die aus HTML 4.0 bekannten Tags und Attribute bereitstellt.
Da es sich bei XHTML eigentlich um eine XML-Anwendung mit fester, vorgegebener DTD handelt, muß sich HTML in dieser Version bestimmten, durch XML vorgegebenen Restriktionen anpassen. So ist es z.B. notwendig, Start-Tags stets mit einem Ende-Tag abzuschließen. Das Weglassen von Ende-Tags, selbst wenn das die Eindeutigkeit der Interpretation eines Dokuments nicht beeinträchtigt, ist nicht mehr erlaubt.
Einen Schritt weiter ging das W3C mit der Verabschiedung des als XHTML 1.1 bezeichneten Standards. Hier trennte man sich erstmals von den als *deprecated* (mißbilligt) bezeichneten Elementen und beschränkte sich ausschließlich auf die in der als Strict-DTD bezeichneten Dokumententyp-Definition spezifizierten Sprachelemente. Auch das mit HTML 4.0 eingeführte Konzept der Frames fällt wieder weg. Desweiteren wurde für XHTML 1.1 erstmals ein Konzept der eigenen Modularisierung des Sprachstandards vorgesehen, d.h. der Autor kann selbst Einschränkungen oder Erweiterungen der Sprachelemente für spezielle Einsatzzwecke vorsehen. Ob sich dieses Konzept durch-

setzt, bleibt abzuwarten, denn wer sich mit der Definition eigener Sprachkonzepte zu befassen hat, kann diese auch direkt in XML implementieren.
Auf Unterschiede zwischen den beiden Standards HTML 4.0 und XHTML wird in Abschnitt 12.2.8 näher eingegangen.

12.2 HTML en Detail

Jedes HTML-Dokument wird von einem Anfangs-HTML-Tag und Ende-HTML-Tag eingerahmt. Das Dokument selbst, also Dokumentenheader und Dokumentenbody, befinden sich stets innerhalb der Tags

```
<HTML> ... </HTML>
```

Dieses Tag-Paar kennzeichnet das vorliegende Dokument als HTML-Dokument und darf die Tags `<HEAD>` für den Dokumentenheader und `<BODY>` enthalten.

12.2.1 HTML 4.0 – Document Type Definition

Mit der Einführung von Cascading Style Sheets in HTML 4.0 wurden viele Details der früheren HTML Standards weitgehend überflüssig, da direkte Formatierungsanweisungen jetzt vom HTML-Dokument getrennt in den eigens dafür vorgesehenen Style-Sheets definiert werden können. Um aber dennoch eine Abwärtskompatibilität zu gewährleisten, löste man das sich daraus ergebende Problem durch die Einführung verschiedener HTML 4.0 DTDs. So sollen Anwendungen, die zur Generierung von HTML 4.0 Dokumenten dienen, nur HTML-Code erzeugen, der den strikten Forderungen von HTML 4.0 gehorcht. Auf der anderen Seite können zur Darstellung von Dokumenten, die einem alten HTML-Standard folgen, entsprechende Kompatibilitäts-DTDs verwendet werden, die aber niemals zur Generierung neuer HTML-Dokumente verwendet werden dürfen.
HTML 4.0 definiert drei unterschiedliche DTDs, die jeweils zur Generierung oder zur Interpretation von HTML-Dokumenten verwendet werden können:

- **Transitional DTD**
  Diese DTD soll nur zur Interpretation von HTML 4.0 Dokumenten und nicht zur Generierung verwendet werden, da es eine Reihe von Elementen und Attributen enthält, die eigentlich nicht mehr verwendet werden sollen, aber noch immer Gültigkeit besitzen. Dabei handelt es sich um direkte Formatierungsangaben, wie z.B. `<FONT>`, `<BASEFONT>`, `<CENTER>`, `<U>` oder `<STRIKE>`, die jetzt über ein CSS festgelegt werden. Dies betrifft auch bestimmte Attribute, die ausschließlich zur Formatierung von HTML-Elementen bestimmt waren. Zusätzlich befinden sich in der Transitional DTD noch HTML-Elemente, die in naher Zukunft wegfallen oder durch neue Elemente ersetzt werden sollen, wie z.B. `<APPLET>`, das durch das Element `<OBJECT>` ersetzt werden soll.

- **Strict DTD**
  Diese DTD enthält keine der in früheren Versionen gültigen direkten Formatierungsoptionen, da diese jetzt in einem zusätzlichen CSS angegeben werden können. Strict DTD kann sowohl zur Interpretation als auch zur Generierung neuer HTML 4.0 Dokumente verwendet werden.
- **Frameset DTD**
  Werden Frames zur Darstellung eines HTML-Dokuments verwendet, so werden genau genommen mehrere HTML-Dokumente gleichzeitig auf einem Bildschirm in unterschiedlichen Rahmen (Frames) angezeigt. Um eine rekursive Verwendung dieses Konstrukts zu vermeiden, wurden die zur Definition notwendigen HTML-Elemente aus der regulären, für HTML-Dokumente gültigen DTD herausgenommen und in einer eigenständigen DTD zusammengefaßt, die nur die zur Definition von Frames notwendigen HTML-Elemente enthält.

Idealerweise sollte ein HTML 4.0 Dokument stets nur die Strict-DTD verwenden und auf die Verwendung von Elementen der Transitional DTD verzichten. Davon kann derzeit allerdings noch nicht ausgegangen werden. Um den Implementations-und Wartungsaufwand des HTML-Interpreters auf Browserseite gering zu halten, kann diesem ein Modul vorgeschaltet werden, der eine Konversion von HTML-Dokumenten vornimmt, die nur der Transitional DTD entsprechen (siehe Abb. 12.13). Dazu wird aus dem ursprünglichen HTML-Dokument eine zur Strict-DTD konforme neue Version generiert und die im ursprünglichen Dokument enthaltenen Formatierungsanweisungen in einem neuen CSS zusammengefaßt. Allerdings ist nicht immer eine vollständige Konvertierung möglich.
Die Angabe darüber, welche HTML-Version zur Kodierung des vorliegenden HTML-Dokuments verwendet wurde, bildet stets das erste Element eines

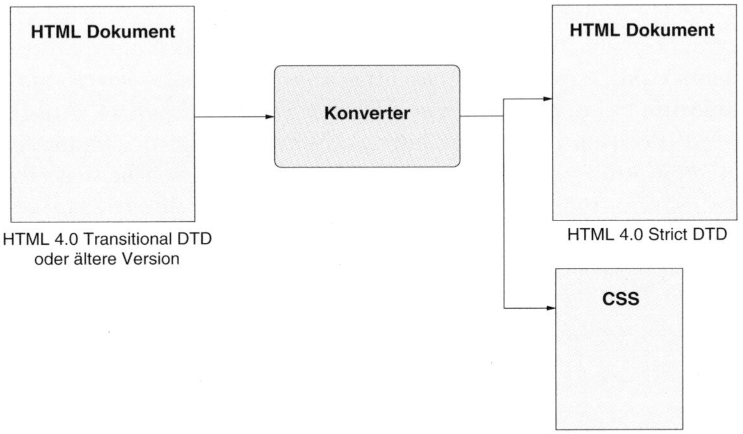

Abb. 12.13. Transitional DTD Konverter

HTML-Dokuments. Wird die Strict-DTD verwendet, dann wird dies im Tag <!DOCTYPE>, das den vorliegenden Dokumententyp beschreibt angegeben.

```
<!DOCTYPE HTML PUBLIC "-//W3C/DTD HTML
4.0//EN""http://www.w3.org/TR/REC-html40/strict.dtd">
```

Die Zeile gibt eine URL zur derzeit aktuellen Version der Strict-DTD des W3C an. Sollte das HTML-Dokument noch veraltete Formatierungsangaben enthalten, wird die Transitional-DTD verwendet.

```
<!DOCTYPE HTML PUBLIC "-//W3C/DTD HTML 4.0
Transitional//EN""http://www.w3.org/TR/PR-html40/loose.dtd">
```

Für ein Dokument, das die Zusammenstellung verschiedener HTML-Dokumente in einem **Frameset** beschreibt, gilt die folgende Angabe:

```
<!DOCTYPE HTML PUBLIC "-//W3C/DTD HTML 4.0
Frameset//EN""http://www.w3.org/TR/PR-html40/frameset.dtd">
```

Das W3C, unter dessen URL die angegebenen DTDs abgerufen werden können, stellt sicher, daß sich an der beschriebenen Stelle stets eine aktuelle Version der jeweiligen DTD findet.

Tabelle 12.1. Grundlegende HTML-Tags von HTML 4.0

`<HTML>`	Beginn eines HTML-Dokuments
`<HEAD>`	Beginn des Dokumentenheaders
`<BODY>`	Beginn des Dokumentenkörpers

12.2.2 Dokumentenheader und Metatags

Der Header des HTML-Dokuments enthält Informationen über das vorliegende HTML-Dokument. Auch wenn dieser Teil nicht zum eigentlichen Inhalt des HTML-Dokuments zählt, gibt er doch wichtige Informationen – sogenannte **Metainformationen** – über dieses, wie z.B. den Dokumententitel, Autor, Schlüsselworte, die Position des Dokuments im WWW, seine Beziehung zu anderen Dokumenten oder eine Beschreibung des Dokuments. Für den Anwender ist diese Information im Browser in der Regel nicht direkt sichtbar. Dafür sind diese Angaben zur automatischen Weiterverarbeitung des HTML-Dokuments oft unverzichtbar, da wichtige Informationen über das Dokument daraus gewonnen werden können. So verwenden etwa Suchmaschinen die im Dokumentenheader angegebenen Schlüsselwörter und Beschreibungen für den Aufbau ihres Suchindexes. Der Dokumentenheader wird stets durch das Tag-Paar

```
<HEAD> ... </HEAD>
```

gekennzeichnet, das selbst keine Attribute beinhalten kann. Innerhalb des Dokumentenheaders können folgende Tags für die Angabe von Metainformationen zu HTML-Dokument verwendet werden:

- `<TITLE> ... </TITLE>`
  Diese Angabe spezifiziert den Dokumententitel. Dieser erscheint zwar nicht im dargestellten HTML-Dokument, wird aber oft als Fensterüberschrift des Browserfensters oder für die History- oder Bookmark-Funktion verwendet. Dieses Tag ist der einzige zwingende Bestandteil des Dokumentenheaders.
- `<BASE HREF="URL" TARGET="frame">`
  Dieses Tag spezifiziert in seinem Attribut HREF eine Basis URI, zu der alle relativen Adressangaben im HTML-Dokument (Hyperlinks, Pfade für Bilder) ergänzt werden. In der Regel setzt der Browser automatisch den Pfad der URI des aktuellen HTML-Dokuments ein, falls der Header dieses Element nicht enthält.
  Wird das <BASE>-Tag in Verbindung mit einem Frameset verwendet, kommt das Attribut TARGET zum Einsatz, das angibt, welcher Frame für die Darstellung der im Dokument angegebenen Hyperlinks verwendet werden soll.
- `<META NAME/HTTP-EQUIV="id" SCHEME="schema" CONTENT="inhalt">`
  Mit diesem Tag kann zusätzliche Information über das HTML-Dokument spezifiziert werden. Jede zusätzliche Information, die durch das <META>-Tag in den Dokumentenheader mit eingebracht werden kann, wird über zugehörige Attribute angegeben. Dazu wird jeweils ein Attributpaar NAME/ CONTENT angegeben, das einen Bezeichner (NAME) für das Attributepaar und dessen Inhalt (CONTENT) enthält. HTML 4.0 spezifiziert keine vorgegebenen Attributbezeichner für das NAME-Attribut. Soll mehr als nur ein Bezeichner angegeben werden, muß dies jeweils in einer eigenen <META>-Zeile erfolgen.
  Häufig erfolgt die Angabe von Metadaten gemäß dem als **Dublin Core** bezeichneten Standard. Dazu muß im <Head>-Tag des Dokuments die WWW-Seite unter dem Attribut PROFILE spezifiziert werden, unter der das Metadaten-Schema nachgeschlagen werden kann. Ein Header mit Metadaten, die dem DublinCore-Standard folgen, könnte wie in Abb. 12.14 vereinbart werden:

```
<HEAD PROFILE="http://purl.org/metadata.dublin_core">
<TITLE> Beispiel für Meine Metadatendefinition </TITLE>
<META NAME="DC.title" CONTENT="Handbuch des WWW">
<META NAME="DC.creator" CONTENT="Meinel, Sack">
<META NAME="DC.date" CONTENT="2002-11-07">
<META NAME="DC.subject" CONTENT="Internet">
</HEAD>
```

Abb. 12.14. HTML Dokumentenheader nach dem DublinCore-Standard

Mit Hilfe des <META>-Tags läßt sich auch eine Zeile mit Schlüsselwörtern angeben, die den Inhalt des HTML-Dokuments näher beschreiben und kategorisieren. Die Angabe von Schlüsselwörtern erleichtert das Auffinden von WWW-Seiten mit Hilfe von Suchmaschinen.

```
<META NAME="Keywords"
 CONTENT="Internet, WWW, Grundlagen, Medien">
```

Mit dem HTTP-EQUIV-Attribut kann wie mit dem NAME/CONTENT-Attributpaar ein Bezeichner und ein Wert festgelegt werden, die dem WWW-Browser mitgeteilt werden, bevor das eigentliche HTML-Dokument übertragen wird. In der Regel sendet ein WWW-Server vor dem angeforderten HTML-Dokument das Bezeichner-Werte-Paar

```
content-type: text/html
```

Legt der Nutzer etwa im Dokumentenheader folgende <META>-Zeile fest

```
<META HTTP-EQUIV="expires" CONTENT="31 Dec 2005">,
```

enthält der MIME-Header (vgl. Abschnitt 11.2.1), der vor dem eigentlichen HTML-Dokument an den WWW-Browser gesendet wird folgende NAME/CONTENT-Attributpaare:

```
content-type: text/html
expires: 31 Dec 2005.
```

Ist nicht klar, wie der Inhalt des <META>-Tags interpretiert werden soll, kann mit Hilfe des Attributs SCHEME, das optional zu einem NAME/CONTENT-Wertepaar angegeben werden kann, eine zusätzliche Hilfestellung zur Interpretation der angegebenen Information gegeben werden.

```
<META NAME="DC.date" SCHEME="YYYY.MM-DD"
 CONTENT="2002-11-07">
```

- <SCRIPT> ... </SCRIPT>
  Mit Hilfe dieses Tags werden Skripte, also direkt zum Dokument gehörende, ausführbare Programm-Skripten definiert. Auf das Thema Skripten wird in Abschnitt 15.2.1 noch näher eingegangen werden. Das <SCRIPT>-Tag kann sowohl im Dokumentenheader als auch im Dokumentenbody verwendet werden, üblicherweise ist es aber im Dokumentenheader zu finden. Es umschließt entweder ein explizit aufgeführtes Skript oder verweist auf eine entsprechende Referenz.
  Oft werden hier mehrere Skript-Funktionen angegeben, die typischerweise mit Hilfe der Event-Attribute der HTML-Elemente im Dokumentenbody aufgerufen werden können. Auf diese Weise kann der Dokumentenbody frei gehalten werden von Funktionsvereinbarungen.
  Für einen Browser, der keine Skript-Dokumente unterstützt, kann eine spezielle Variante des HTML-Dokuments bereit gehalten werden, die innerhalb eines <NOSCRIPT>-Tags beschrieben wird.

- `<STYLE> ... </STYLE>`
  Mit Hilfe dieses Tags kann ein Stylesheet (CSS) direkt im Header des zugehörigen HTML-Dokuments angegeben werden. Der Inhalt des `<STYLE>`-Tags ist dann die Definition des Stylesheets. Im Gegensatz zu diesem internen Stylesheet kann ein externes Stylesheet über das `<LINK>`-Tag angegeben werden. Dem Stylesheet kann über das `TITLE`-Attribut ein Titel zugewiesen werden.
- `<LINK> ... </LINK>`
  Über dieses Attribut lassen sich andere, externe Dokumente mit dem aktuellen HTML-Dokument verlinken. Im Gegensatz zum gewöhnlichen Hyperlinkmechanismus, den HTML im Dokumentenbody über das `<A>`-Tag bietet, kann dieser Link zusätzlich semantische Information tragen, die in Form von zugehörigen Attributen angegeben werden kann. Die zusätzliche semantische Information kann dann von automatischen Verfahren ausgewertet und verwendet werden. Die wichtigsten Attribute sind:
  - `HREF="URI"`
    gibt das zu verlinkende Dokument an.
  - `REL="Relation"`
    gibt die Beziehung zwischen HTML-Dokument und verlinktem Dokument an.
  - `REV="Relation"`
    wie `REL`, nur das `REV` einen Link in umgekehrte Richtung (Backward-Link) spezifiziert.
  - `MEDIA="medium"`
    gibt den Medientyp an, für das das Stylesheet, das im `<LINK>`-Tag spezifiziert wurde, geeignet ist.

  Auch wenn das `<LINK>`-Tag eine mächtige Erweiterung des herkömmlichen Hyperlink-Standards bietet, wird es derzeit meist nur zur Angabe von externen Stylesheets verwendet.
- `<OBJECT> ... </OBJECT>`
  Über dieses Tag können externe Multimedia-Objekte in das HTML-Dokument eingeführt werden. Die Verwendung des `<OBJECT>`-Tags wird in Abschnitt 12.2.8 näher erläutert.

12.2.3 Dokumentenbody

Der eigentliche Inhalt des HTML-Dokuments befindet sich im Dokumentenbody, dem Kernstück des HTML-Dokuments. Das `<BODY>`-Tag umschließt den Dokumentenbody. Prinzipiell unterscheidet der HTML 4.0 Standard zwei verschiedene Kategorien von Strukturelementen:

- **Block-Level Elemente**
  Block-Level Elemente definieren Block-basierte Strukturen im Dokumentenkörper. Block-Level Elemente beginnen stets in einer neuen Zeile und

Tabelle 12.2. Wichtigste HTML-Tags im Dokumentenheader

<BASE>	Basisadresse für alle relativen URIs in diesem Dokument
<LINK>	Verlinkt das Dokument mit externen Dokumenten
<META>	Kennzeichnung von Metainformationen zum Dokument
<NOSCRIPT>	Definiert alternative Darstellung einer Skriptumgebung für Browser, die das Skript nicht ausführen können
<OBJECT>	Einbindung eines Multimedia-Objekts
<SCRIPT>	Weist ein Skript innerhalb eines Dokuments aus
<STYLE>	Definiert ein Stylesheet direkt im Dokumentenheader
<TITLE>	Titel des Dokuments

können sowohl andere Block-Level Elemente als auch Inline-Elemente enthalten.

- **Inline Elemente**
  Im Gegensatz zu Block-Level Elementen werden Inline-Elemente in derselben Zeile wie der vorangehende Text dargestellt. Sie stehen also im laufenden Text. Inline-Elemente können in mehrere Zeilen umgebrochen werden und andere Inline Elemente enthalten.

Diese Unterscheidung der einzelnen HTML-Struktur-Elemente wird in den jeweiligen DTDs festgelegt. Allerdings ist die Einteilung nicht als unverrückbar anzusehen, da der CSS-Mechanismus dazu herangezogen werden kann, diese Einteilung aufzuheben und umzukehren.
Innerhalb des <BLOCK>-Tags kann jedes Block-Level Element vorkommen. Die Syntax sieht zwei Attribute für Skriptaufrufe vor, die bestimmten Ereignissen zugeordnet werden:

- `ONLOAD`
  spezifiziert ein Skript, das beim Laden des HTML-Dokuments in den Browser aufgerufen werden soll.
- `ONUNLOAD`
  spezifiziert ein Skript, das ausgeführt wird, wenn das aktuelle HTML-Dokument wieder aus dem Browserfenster entfernt wird.

Neben vielfältigen Multimediainhalten gehört natürlich einfacher oder strukturierter Text zu den Kernbestandteilen von HTML-Dokumenten. Die wichtigsten **Text-basierten Strukturelemente** von HTML 4.0 sollen an dieser Stelle kurz aufgeführt werden:

- <P> (Absatz)
  Die einfachste Art, HTML-Text zu strukturieren, ist die Definition von Absätzen (Paragraphs). Ein Absatz bildet einen zusammenhängenden Textblock, der an seiner oberen und unteren Begrenzung durch vertikalen Zwischenraum von den umgebenden HTML-Elementen getrennt dargestellt wird. Neben den Basisattributen (siehe Abb. 12.15) kann ein Absatz jedes beliebige Inline Element enthalten. Explizite Zeilenumbrüche in-

HTML – Basisattribute

Eine als Basisattribute (Core Attributs) bezeichnete Menge von Attributen ist auf annähernd jedes HTML-Element anwendbar. Basisattribute dienen der Elemente-Identifikation, der Markierung von Klassenzugehörigkeiten, der Angabe von Formatierungsinformation oder anderer Information über die betreffende Element-Instanz.

- `ID`
  dient der eindeutigen Identifikation des betreffenden HTML-Dokuments. Dies kann als Sprungreferenz (Anker) für einen Hyperlink oder als Bezug für eine in einem Stylesheet festgelegte Formatierungsoption dienen.
- `CLASS`
  dient der Zuordnung eines Elements zu einer bestimmten Klasse. Im Gegensatz zum ID-Attribut, das eine Instanz eines HTML-Dokuments eindeutig identifiziert, können mehrere HTML-Dokument-Instanzen derselben Klasse angehören und eine Gruppe bilden. Einer bestimmten Klasse können über Stylesheets bestimmte Formatierungsoptionen zugeordnet werden. Eine HTML Elemente-Instanz kann mehreren Klassen zugeordnet werden.
- `STYLE`
  dient dem Einfügen von Inline-Stylesheets zur direkten Angabe von Formatierungsinformation im HTML-Dokument.
- `TITLE`
  zusätzliche Information, die einer Instanz eines HTML-Elements zugeordnet werden kann. Diese Information wird in der Regel nicht direkt vom Browser angezeigt, sondern nur, wenn sich der Mauszeiger über dem betreffenden Element befindet (Tool Tip).

Abb. 12.15. HTML – Basisattribute

nerhalb eines Absatzes können über das
-Tag (Linebreak) eingefügt werden.

- <H1> bis <H6> (Überschriften)
  Die meisten Dokumente sind in einzelne Kapitel und Absätze untergliedert, die jeweils mit einer Überschrift eingeleitet werden können. HTML sieht zu diesem Zweck sechs verschiedene Typen von Überschriften vor, die startend mit <H1> bis zur kleinsten Überschrift <H6> hierarchisch geordnet sind.
- <ADDRESS> (Adressen)
  Zur Kennzeichnung eines Bereichs, in dem Adressangaben zum Autor bzw. zum Eigentümer des betreffenden HTML-Dokuments gemacht werden können. Es wird dabei weder ein bestimmtes Format festgelegt noch Regeln über die Art dieser Kontaktinformation (Email-Adresse oder Postadresse) vorgeschrieben.
- <BLOCKQUOTE CITE="URI"> und <Q CITE="URI"> (Zitate)
  HTML sieht zwei verschiedene Tags für die Kennzeichnung von Zitaten vor. <BLOCKQUOTE> dient der Kennzeichnung von Block-Level Zitaten, während <Q> zur Kennzeichnung von Inline Zitaten dient. Beide können optional das Attribut `CITE` verwenden, das eine URI als Ursprung des referenzierten Zitats angibt.

HTML – Texthervorhebungen

Neben dem regulären Fließtext definiert HTML verschiedene Stilarten für Texte, die dazu verwendet werden, damit ausgezeichneten Textstellen eine bestimmte Bedeutung zuzuweisen oder diese hervorzuheben. Man unterscheidet dabei sogenannte **Fontstyles**, die ausschließlich der Formatierung dienen und keine spezielle Semantik tragen. Sie zählen nicht zur HTML 4.0 Strict-DTD, der Autor sollte an ihrer Stelle besser entsprechende Stylesheet-Optionen verwenden.

<TT>	Stellt den damit ausgezeichneten Text in Schreibmaschinenschrift (feste Laufweite der Buchstaben) dar.
<I>	Stellt den betreffenden Text in kursiver Schrift (Italic) dar.
<B>	Stellt den betreffenden Text in Fettschrift (Bold) dar.
<BIG>	Verwendet zur Darstellung des betreffenden Textes eine große Schriftgröße.
<SMALL>	Verwendet zur Darstellung des betreffenden Textes eine kleine Schriftgröße.
<STRIKE>	Der damit ausgezeichnete Text wird durchgestrichen.
<U>	Der damit ausgezeichnete Text wird unterstrichen.

Die **Fontstyle**-Tags tragen ebenso wie die in Textverarbeitungsprogrammen üblichen Hervorhebungen in der Regel keine Semantik. Allerdings sieht HTML auch Texthervorhebungen vor, die nicht an eine bestimmte Formatierung des damit ausgezeichneten Textes gebunden sind, sondern eine Auszeichnung nach inhaltlichen Gesichtspunkten (Semantik) gestattet, nämlich die sogenannten **Phrase**-Tags.

<EM>	Der ausgezeichnete Textabschnitt soll verstärkt (emphasized) werden.
<STRONG>	Der ausgezeichnete Textabschnitt soll deutlich verstärkt (strong emphasized) werden.
<DFN>	Der ausgezeichnete Text beinhaltet eine Definition.
<CODE>	Bei dem ausgezeichneten Text handelt es sich um Programmcode.
<SAMP>	Bei dem ausgezeichneten Text handelt es sich um die Ausgabe eines Programms (Sample).
<KBD>	Der ausgezeichnete Text soll als Nutzereingabe identifiziert werden (Keyboard).
<VAR>	Bei dem ausgezeichneten Text handelt es sich um eine Variable oder um einen Parameter eines Programms.
<CITE>	Der ausgezeichnete Text beinhaltet ein Zitat (Citation).
<ABR>	Bei dem ausgezeichneten Text handelt es sich um eine Abkürzung (Abbreviation).
<ACRONYM>	Der ausgezeichnete Text ist ein Akronym.

Abb. 12.16. HTML – Texthervorhebungen

- <PRE> (vorformatierter Text)
  Dient der Darstellung von bereits vorformatiertem Text, d.h. Leerzeichen und Zeilenumbrüche (Whitespaces), die sich im vorformatierten Text befinden, bleiben erhalten. Diese Variante der Darstellung wird z.B. bei Gedichten oder für Computerprogramme verwendet.
- `<DEL CITE="URI"DATETIME="date/time">` und
  `<INS CITE="URI"DATETIME="date/time">`

Dient der Markierung von Veränderungen, die am HTML-Dokument vorgenommen wurden. Das <INS>-Tag kennzeichnet Einfügungen, die seit der letzten Überarbeitung des betreffenden HTML-Dokuments vorgenommen wurden, während das <DEL>-Tag entsprechend Streichungen dokumentiert. Ein Browser kennzeichnet die betreffenden Passagen in der Regel so, daß neu eingefügter Text unterstrichen, während gestrichener Text durchgestrichen dargesellt wird. Beide Tags können als Block-Level Element oder als Inline Element verwendet werden. Das CITE-Attribut kann dazu genutzt werden, um ein Referenzdokument anzugeben, das klarstellt, warum die betreffende Änderung durchgeführt wurde. Über das DATETIME-Attribut wird der Zeitpunkt der betreffenden Änderung dokumentiert.

- <HR> (Querstrich)
  Dieses Gestaltungselement dient der visuellen Aufteilung des dargestellten Inhalts. Graphische Browser stellen dieses HTML-Element als Querstrich dar, mit dem z.B. zwei Textabschnitte getrennt werden können. Das <HR>-Tag kann auch als logische Trennung zwischen zwei verschiedenen strukturellen Abschnitten des Dokuments angesehen werden.

Ein weiteres Text-strukturierendes HTML-Element sind **Listen**. Listen dienen zur Aufzählung strukturierter Information. Grundsätzlich unterscheidet HTML zwischen geordneten Listen, bei denen den Listenelementen jeweils Zahlen als Aufzählungszeichen vorangestellt sind, ungeordnete Listen und sogenannte Definitionslisten, deren Verwendungszweck sich aus ihrer Bezeichnung ergibt. Beispiele für die einzelnen Listentypen und deren HTML-Kodierung finden sich in Abb. 12.17.

- **Ungeordnete Listen**
  Eine ungeordnete Liste ist, wie etwa eine Einkaufsliste, eine Sammlung zusammengehöriger Objekte, die keiner speziellen Anordnung oder Reihenfolge unterliegen. Eine ungeordnete Liste wird als Strichaufzählung im Browser dargestellt, wobei das als Anstrich verwendete Zeichen (oft ein Punkt oder ein Strich) abhängig ist vom Grad der Einrückung bzw. der Schachtelungstiefe der Liste, da Listen rekursiv angewendet werden können. Über Stylesheets lassen sich die Anstrich-Zeichen für das HTML-Dokument festlegen. Die ungeordnete Liste wird durch die Tags <UL> und </UL> eingerahmt. Die einzelnen Listeneinträge werden durch die Tags <LI> und </LI> gekennzeichnet (siehe Abb. 12.17(a)).
- **Geordnete Listen**
  In geordneten Listen liegen die einzelnen Listeneinträge in geordneter Form vor und werden durchnumeriert. Je nach Schachtelungstiefe werden unterschiedliche Zeichenarten für die Numerierung verwendet, die durch ein Stylesheet vorgegeben werden können. Die geordnete Liste wird von den Tags <OL> und </OL> eingerahmt. Die einzelnen Listeneinträge werden durch die Tags <LI> und </LI> gekennzeichnet (siehe Abb. 12.17(b)).

- **Definitionslisten**
  Definitionslisten gestatten es dem Autor, anstelle eines vorgeschriebenen Anstrich-Zeichens am Anfang der einzelnen Listeneinträge, selbst festgelegte Zeichenfolgen für jeden Listeneintrag vorzugeben. Die bevorzugte Anwendung dieser Technik sind Listen, bei denen Begriffe in Art einer Überschrift die Anstriche bilden, die durch den Listeneintrag erklärt werden. Die Definitionsliste wird von den Tags `<DL>` und `</DL>` eingerahmt. Jedes Listenelement wird durch die Tags `<DT>` und `</DT>`, die die Überschrift des Listeneintrags einrahmen, und `<DD>` und `</DD>` gekennzeichnet, die den im Listeneintrag gegebenen Erklärungstext einrahmen (siehe Abb. 12.17(c)).

Die unterschiedlichen Listentypen können beliebig miteinander kombiniert werden.

Tabelle 12.3. HTML-Tags für Listen (HTML 4.0)

<DL>	Start einer Definitionsliste
<DT>	Definitionsüberschrift
<DD>	Definitionseintrag
<OL>	Start einer geordneten Liste
<UL>	Start einer ungeordneten Liste
<LI>	Listenunterpunkt

Ein weiteres Element zur Strukturierung von textueller Information sind **Tabellen**. Tabellen bestehen aus einzelnen Zellen, die in Zeilen und Spalten angeordnet sind. Die Zellen einer Tabelle sind stets rechteckig und können sich auch über mehrere Zeilen oder Spalten einer Tabelle ziehen. Tabellen besitzen eine große Zahl von Attributen, die sich direkt auf die Formatierung der Tabelle beziehen. Dies widerspricht eigentlich dem Grundgedanken von HTML, doch zum Zeitpunkt der Spezifikation von HTML 4.0 lag die zugehörige CSS-Spezifikation nur als Version 1.0 vorlag, die noch keine Tabellen vor. Dies soll sich aber mit der Einführung von CSS 2.0 ändern, so daß die direkten Formatierungsoptionen ebenfalls über ein Stylesheet durchgeführt werden können und so nicht mehr im HTML-Dokument selbst definiert werden müssen.
Tabellen können sowohl als Inline- oder als Block-Element eingesetzt werden, wobei eine Tabelle stets eingerahmt wird von den Tags

```
<TABLE> ... </TABLE>
```

In ihrer Grundstruktur besteht jede HTML-Tabelle aus einem **Tabellenkopf** (`<THEAD>`), der die Überschriften der einzelnen Spalten enthält, und einem **Tabellenkörper** (`<TBODY>`), der zeilenweise die einzelnen Zellen der Tabelle beinhaltet (siehe Abb. 12.18). Eine Tabelle wird stets zeilenweise definiert, wobei jede Zeile die Zellen aller Spalten enthält. Abgeschlossen wird

```
<UL>
   <LI>375 g Mehl</LI>
   <UL>
      <LI> fein durchsieben</LI>
   </UL>
   <LI>150 g Butter</LI>
   <LI>100 g Zucker</LI>
</UL>
```

(a) ungeordnete Liste

```
<OL>
   <LI>Physical Layer</LI>
   <OL>
      <LI>Kupferkabel</LI>
      <LI>Lichtwellenleiter</LI>
      <LI>Funk</LI>
      <OL>
         <LI>Bluetooth</LI>
         <LI>Infrarot</LI>
         <LI>WLAN</LI>
      </OL>
   </OL>
   <LI>Host-to-Network</LI>
</UL>
```

(b) geordnete Liste

```
<DL>
   <DT>Web-Browser:</DT>
   <DD> sind für die Darstellung
   und Ausgabe von HTML-Dokumenten
   auf Ausgabemedien zuständig,
   </DD>
   <DT>Web-Server:</DT>
   <DD> beantworten Anfragen der
   Clients und stellen diesen die
   gewünschten Dokumente zu.
   </DD>
</DL>
```

(c) Definitionsliste

Abb. 12.17. Unterschiedliche Varianten von Listen in HTML die Tabelle durch einen **Tabellenfuß** (<TFOOT>), der den unteren Rand der Tabelle darstellt. Diese Unterteilung erweist sich als vorteilhaft bei langen Tabellen. Der Tabellenkopf und der Tabellenfuß können im Browser fixiert und durch den Bereich des Tabellenkörpers dann gescrollt werden. HTML gestattet aber auch Tabellendefinitionen, die ausschließlich aus einem Tabellenkörper bestehen. Mehrere Spalten einer Tabelle können zu Gruppen zusammengefaßt werden, etwa um z.B. einen dickeren Trennstrich zwischen bestimmten Spalten zu erzeugen.

Abb. 12.18. Prinzipieller Aufbau einer Tabelle

Die Tabellendefinition unter <TABLE> kann die folgenden **Tabellen-Attribute** beinhalten:

- `BORDER = breite`
  Weist den Browser an, um die Tabelle, sowie um alle Zeilen und Spalten eine Umrandung der angegebenen Stärke zu ziehen. Wird das Attribut nicht verwendet, wird ein Attributwert von `BORDER = 1` angenommen. Soll also eine Tabelle keinen Rahmen erhalten, muß einfach die Angabe `BORDER = 0` erfolgen.
- `CELLPADDING = anzahl`
  Setzt den Abstand zwischen Umrandung einer Zelle und deren Inhalt in Bildpunkten fest.
- `CELLSPACING = anzahl`
  Setzt den Abstand der benachbarten Zellen voneinander in Anzahl Bildpunkten, sowie den Abstand zwischen den äußeren Zellen und dem Tabellenrahmen fest.
- `DIR = "RTL/LTR"`
  Optionales Attribut, das angibt, ob die Zeilen der Tabelle von links nach rechts (`LTR`) oder von rechts nach links (`RTL`) gelesen werden sollen.
- `FRAME = "VOID/ABOVE/BELOW/HSIDES/LHS/RHS/VSIDES/BOX"`
  Beschreibt, wie der Rahmen um die gesamte Tabelle gesetzt werden soll.

- `RULES = "NONE/GROUPS/ROWS/COLS/ALL"`
  Legt fest, zwischen welchen Zellen Trennstriche innerhalb der Tabelle gezogen werden sollen. `NONE` steht für keine Trennstriche, `ALL` für Trennstriche zwischen allen Zellen. `ROWS` und `COLUMNS` für Trennstriche zwischen Zeilen oder Spalten und `GROUPS` für Trennstriche zwischen Tabellenkopf, -körper und -fuß.
- `SUMMARY = "text"`
  Dient der Angabe einer Beschreibung des Inhalts der Tabelle und wurde eigentlich konzipiert für Browser, die den Inhalt eines HTML-Dokuments nicht visuell darstellen, sondern etwa vorlesen.
- `WIDTH = breite`
  Hiermit kann der Tabelle eine feste Breite zugewiesen werden. Diese wird entweder als ganze Zahl angegeben, die als Anzahl der Bildpixel für die Breite der Tabelle interpretiert wird, bzw. kann eine relative Tabellenbreite angegeben werden als prozentualer Anteil der vorhandenen Fensterbreite (wobei auch Angaben größer als 100% möglich sind). Ist der Tabelleninhalt breiter als die hier getroffene Angabe, wird das Attribut übergangen.

Die Tabellenattribute gestatten eine Festlegung des Tabellenformats, die für alle nachfolgenden Zeilen und somit für die gesamte Tabelle Gültigkeit besitzen, außer wenn in einer nachfolgenden Zeile diese Attribute durch neue Werte überschrieben werden. Andererseits ist die Angabe dieser Attribute im <TABLE>-Tag optional und die Festlegung der Dimensionen der Tabelle ergibt sich aus dem Inhalt der Beschreibung ihrer Zeilen.
In HTML wird eine Tabelle zeilenweise aufgebaut. Dies wird mit dem prinzipiellen Fluß des Dokumenteninhalts von oben nach unten, und zeilenweise, von links nach rechts begründet (zumindest in der westlichen Hemisphäre). Alle drei Basiskomponenten, Tabellenkopf, Tabellenkörper und Tabellenfuß folgen demselben Aufbau. Jede zugehörige **Tabellenzeile** wird von den Tags

```
<TR> ... </TR>
```

eingerahmt. Jede Zeile einer Tabelle sollte dieselbe Anzahl an Zellen umfassen, es sei denn, es werden Zellen definiert, die die Breite von mehreren „regulären“ Zellen umfassen. Für jede Zeile können Attribute zur Ausrichtung des Inhalts der Zellen angegeben werden (`ALIGN, VALIGN, CHAR, CHAROFF`), die jedoch auch für jede Zelle einzeln angegeben werden können.
Generell unterscheidet man bei den **Tabellenzellen** zwischen regulären Zellen (<TD>) und sogenannten Kopfzellen (<TH>), die eine Überschrift enthalten und entsprechend formatiert werden können (siehe Abb. 12.19). Einer Zelle können neben einigen der bereits bekannten Tabellenattribute auch noch zellenspezifische Attribute zugeordnet werden.

- `ABBR = "text"`
  Gibt Auskunft über den Inhalt der Tabellenzelle.

- `ALIGN = "LEFT/RIGHT/CENTER/JUSTIFY/CHAR"`
  Der Zelleninhalt wird entsprechend dem angegebenen Wert horizontal ausgerichtet (`LEFT` = linksbündig, `RIGHT` = rechtsbündig, `CENTER` = zentriert, `JUSTIFY` = bündig zu beiden Zellenrändern und `CHAR` = Ausrichtung am Dezimalpunkt, sinnvoll bei der Darstellung von Gleitpunkt-Zahlen).
- `AXIS = "kategorie1 kategorie2 ..."`
  Daten- und Headerzellen können mit Hilfe dieses Attributs mehreren Kategorien zugeteilt werden, um zu beschreiben, was ihr Inhalt eigentlich ausdrückt. Kategorien könne verwendet werden, um über zweidimensionale Tabellen mehrdimensionale Datensätze abzubilden.
- `CHAR = "zeichen"`
  Definiert ein alternatives Trennzeichen für die Ausrichtung der Tabellenzeile über `ALIGN="CHAR"` anstelle des vorgegebenen Dezimalpunktes.
- `CHAROFF = anzahl`
  Sollten in der Zeile, die über `ALIGN="CHAR"` an einem vorgegebenen Zeichen ausgerichtet werden soll, mehrere dieser Zeichen vorkommen, so kann der Benutzer durch dieses Attribut bestimmen, wieviele Zeichen ignoriert werden sollen, bevor die Auswertung nach dem Trennzeichen erfolgt.
- `COLSPAN = Spalten`
  Dieses Attribut verlängert die Zelle auf die angegebene Anzahl von Spalten. Die Gesamtzahl der in der betreffenden Zeile zur Verfügung stehenden Spalten wird dadurch verringert.
- `HEADERS = "id1 id2 ..."`
  Datenzellen `<TD HEADERS="id1">` lassen sich über dieses Attribut mit bestimmten Überschriften aus den zugehörigen Headerzellen `<TH ID="id1">` assoziieren.
- `SCOPE = "ROW/COL/ROWGROUP/COLGROUP"`
  Ist nur für Headerzellen anwendbar und gibt den Bereich an, für den die entsprechende Überschrift der Headerzelle gültig ist (`ROW` = Zeile, `COL` = Spalte, `ROWGROUP` = Gruppe von Zeilen und `COLGROUP` = Gruppe von Spalten).
- `ROWSPAN = Zeilen`
  Mit diesem Attribut kann die Zelle in ihrer vertikalen Ausdehnung vergrößert werden, so daß sie bis in die nächsten Zeilen hineinreicht. Damit steht die entsprechende Zelle in den betreffenden Folgezeilen nicht mehr zur Verfügung und muß dementsprechend auch nicht gefüllt werden.
- `VALIGN = "TOP/BOTTOM/MIDDLE/BASELINE"`
  Die vertikale Ausrichtung des Zelleninhalts kann mit diesem Attribut gesteuert werden (`TOP` = am oberen Rand, `BOTTOM` = am unteren Rand, `MIDDLE` = vertikal zentriert und `BASELINE` = alle Zellen einer Zeile, die diesen Attributwert gesetzt haben, werden ungeachtet ihres Inhalts am gleichen vertikalen Niveau ausgerichtet).

Jeweils innerhalb des Tabellenkopfes <THEAD>, des Tabellenkörpers <TBODY> oder des Tabellenfußes <TFOOT> lassen sich Spalten zu Gruppen mit Hilfe des Tags

```
<COLGROUP> <COL> <COL> ... </COLGROUP>
```

zusammenfassen, für die gemeinsam bestimmte Tabellenattribute, ähnlich wie für eine Tabellenzeile, festgelegt werden können. Jede Spalte, die in diese Gruppe eingefügt werden soll, wird mit einem Bezeichner <COL> gekennzeichnet, dem wieder eigene Tabellenattribute zugeordnet werden können. Speziell für <COLGROUP> existieren die folgenden Attribute:

- `SPAN = anzahl`
  Dieses Attribut gibt die Anzahl der Spalten an, über die sich die Gruppe erstrecken soll. Allerdings darf bei der Verwendung des `SPAN`-Attributs kein <COL>-Tag in der Gruppe vorkommen, da dieses dessen Wirkung aufhebt.
- `WIDTH = weite`
  Dieses Attribut gibt die Breite der gesamten Gruppe an. Die Angabe kann absolut in Bildpunkten oder relativ zur insgesamt zur Verfügung stehenden Breite als Prozentangabe gegeben werden.

Dazu sind noch die bereits bekannten Attribute `ALIGN`, `VALIGN`, `CHAR` und `CHAROFF` zulässig. Für das <COL>-Tag gibt es neben einem `WIDTH`-Attribut und den zur Ausrichtung bestimmten Attributen zusätzlich noch das Attribut `REPEAT = anzahl`, das angibt, das mit dem vorliegenden <COL>-Tag nicht nur eine, sondern `anzahl` viele Spalten behandelt werden sollen. Mit Hilfe des Tags

```
<CAPTION> ... </CAPTION>
```

läßt sich eine **Tabellenbeschreibung** anlegen, die zusammen mit der Tabelle dargestellt wird.

Tabelle 12.4. HTML-Tags für Tabellen (HTML 4.0)

<TABLE>	Start einer Tabelle
<CAPTION>	Tabellenüberschrift
<THEAD>	Kopfbereich einer Tabelle
<TBODY>	Hauptbereich einer Tabelle
<TFOOT>	Fußbereich einer Tabelle
<TR>	Zeile einer Tabelle
<TD>	einzelne Zelle einer Tabelle
<TH>	einzelne Zelle einer Tabelle mit einer Überschrift
<COL>	Spalte einer Tabelle
<COLGROUP>	Gruppierung mehrerer Tabellenspalten
<LI>	Listenunterpunkt

```
<TABLE WIDTH=90% RULES="GROUP"BORDER=10>
  <THEAD>
    <TR ALIGN="CENTER">
      <TH COLSPAN=4><STRONG>Geälter</STRONG></TH>
    </TR>
    <TR ALIGN="LEFT">
      <TH>PNR</TH>
      <TH>Name</TH>
      <TH>Vorname</TH>
      <TH ALIGN="RIGHT">Gehalt</TH>
    </TR>
  </THEAD>

  <TBODY>
    <TR>
      <TD>123</TD>
      <TD>Meier</TD>
      <TD>Franz</TD>
      <TD ALIGN="RIGHT"> 2.000,00</TD>
    </TR>
    <TR>
      <TD>124</TD>
      <TD>Müller</TD>
      <TD>Joseph</TD>
      <TD ALIGN="RIGHT"> 2.200,00</TD>
    </TR>
    <TR>
      <TD>125</TD>
      <TD>Maler</TD>
      <TD>Gustaf</TD>
      <TD ALIGN="RIGHT"> 1.850,00</TD>
    </TR>
    <TR>
      <TD>126</TD>
      <TD>Moser</TD>
      <TD>Anja</TD>
      <TD ALIGN="RIGHT"> 2.450,00</TD>
    </TR>
  </TBODY>

  <TFOOT>
    <TR>
      <TD></TD>
      <TD> <STRONG>Gesamt</STRONG> </TD>
      <TD></TD>
      <TD ALIGN="RIGHT"> <STRONG> 8.500,00 </STRONG></TD>
    </TR>
  </TFOOT>
  <CAPTION>Beschäftigte der Firma Moser KG im Jahre 2002</CAPTION>
</TABLE>
```

Abb. 12.19. Beispiel für eine typische HTML-Tabelle – HTML-Code

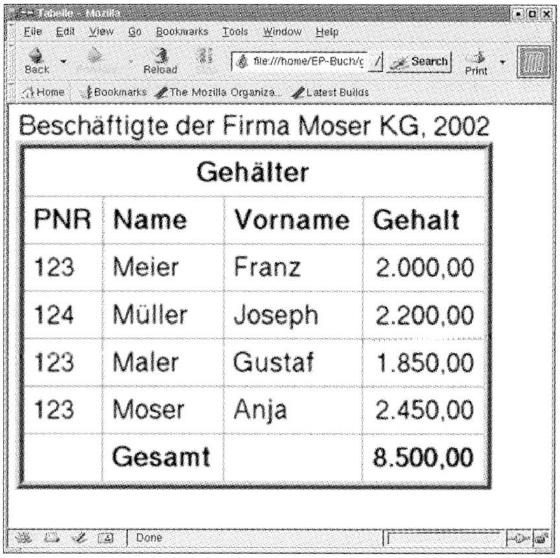

Abb. 12.20. Beispiel für eine typische HTML-Tabelle – Darstellung im Browser

Tabelle 12.5. HTML-Tags zur Formatierung (HTML 4.0)

` `	Zeilenumbruch
`<HR>`	horizontale Linie
`<P>`	Absatz
`<H1> - <H6>`	Überschriften
`<BIG>`	große Schriftart
`<SMALL>`	kleine Schriftart
`<B>`	Fettdruck, unabhängig von Browsereinstellung
`<STRONG>`	Fettdruck
`<I>`	Kursivschrift, unabhängig von Browsereinstellung
`<EM>`	Kursivschrift
`<U>`	unterstrichener Bereich
`<S>`	durchgestrichener Bereich
`<TT>`	Schreibmaschinenschrift
`<PRE>`	vorformatierter Text
`<CITE>`	zitierter Text
`<Q>`	kurzes Zitat
`<CODE>`	Programmcode
`<SAMP>`	Rechnerausgabe
`<KBD>`	vom Nutzer einzugebender Text
`<VAR>`	Variable
`<DFN>`	Definition
`<SUB>`	tiefgestellter Text
`<SUP>`	hochgestellter Text
`<CENTER>`	zentrierter Text
`<DEL>`	Hervorhebung von gelöschtem Text

12.2.4 Hyperlinks

Hyperlinks als Verbindungsstück zwischen einzelnen, eigenständigen und zunächst unzusammenhängenden Informationsressourcen sind Dreh- und Angelpunkt des WWW. HTML sieht unterschiedliche Arten von Hyperlinks vor. So kann z.B. mit Hilfe des `<LINK>`-Tags ein Stylesheet mit einem HTML-Dokument verbunden, oder unterschiedliche Beziehungen zwischen einzelnen HTML-Dokumenten zum Ausgedruck gebracht werden. Allerdings werden diese Beziehungen über den Browser aber nicht für den Benutzer sichtbar gemacht, sie spielen sich im Hintergrund des Browsers ab.
Das für den Benutzer sichtbare Hyperlink-Konzept sieht vor, im Browser ein in bestimmter Weise ausgezeichnetes Element darzustellen, das durch Mausklick aktiviert auf eine andere Informationsressource im WWW verzweigt. Realisiert werden kann dies sehr einfach mit dem Anker-Element `<A>` , für das eine Vielzahl von Attributen verfügbar ist. Das `<A>`-Element kann auf folgende Weise eingesetzt werden:

- als **Markierung** (**Anker**) einer bestimmten Stelle innerhalb eines HTML-Dokuments:

  ```
  <A NAME = "name"> ... </A>
  ```

  Dabei definiert `NAME` einen dokumentenweit eindeutigen Namen, der die Stelle bezeichnet, an der der Anker steht. Ein Anker wird vom Browser nicht dargestellt, sondern dient lediglich als logisches Sprungziel, auf den Text oder das betreffende HTML-Element zwischen den Anker-Tags.
  Eine alternative Möglichkeit, einen Anker als Ansprungstelle innerhalb eines HTML-Dokuments zu setzen, kann über das `ID`-Tag erfolgen, das auf die meisten HTML-Elemente anwendbar ist. Wird das `ID`-Attribut verwendet, ist kein zusätzlich einzufügendes `<A>`-Tag als Anker mehr nötig:

  ```
  <P ID = "name"> ...
  ```

- als **Sprungadresse innerhalb eines Dokuments**, d.h. es wird ein Sprungziel referenziert, das innerhalb des vorliegenden Dokuments über ein Anker-Tag festgelegt worden ist:

  ```
  <A HREF = "#Anker"> Hyperlink-Text </A>
  ```

  Das Sprungziel `HREF="#Anker"` verweist auf die zuvor mit <A NAME = "Anker"> festgelegte Stelle. Der von den `<A>`-Tags eingerahmte Text wird vom Browser als Hyperlink kenntlich gemacht (z.B. durch Unterstreichen und Farbwahl).

- als **Sprungadresse auf ein externes Ziel**, d.h. es wird von dieser Stelle aus auf eine andere Informationsressource im WWW verzweigt:

  ```
  <A HREF = "URI"> Hyperlink-Text </A>
  ```

Hier kann auf eine beliebige Informationsressource, die über ihre URI identifizierbar ist, verzweigt werden. Dabei kann es sich nicht nur um HTML-Dokumente, sondern um jede Art von Datei handeln, die der Browser allerdings nicht immer ohne weitere Interaktion mit dem Nutzer darstellen kann. Für manche Datenformate sind spezielle Zusatzmodule (**Plugins**) notwendig, damit ein Browser, in der Lage ist, die betreffende Datei darzustellen. Der von den <A>-Tags eingerahmte Text wird vom Browser als Hyperlink kenntlich gemacht.
Darüberhinaus kann auch eine bestimmte über ein Anker-Tag gekennzeichnete Stelle innerhalb eines externen Dokuments referenziert werden:

```
<A HREF = "URI#Anker"> Hyperlink-Text </A>
```

Dabei wird direkt die durch den `Anker` identifizierte Stelle im entsprechenden Dokument referenziert.

Das <A>-Tag kann darüberhinaus durch die folgenden Attribute gesteuert werden:

- `ACCESSKEY = "key"`
  Anstelle den Hyperlink mit der Maus anzuklicken, kann der Benutzer ebenfalls ein Tastaturkürzel `key` angeben, der Hyperlink läßt sich dann auch durch Drücken der betreffenden Taste aktivieren.
- `HREFLANG = "Spache"` und `CHARSET = "Zeichensatz"`
  Über das `HREFLANG`-Attribut kann der Autor eines HTML-Dokuments angeben, in welcher Sprache das referenzierte Dokument abgefaßt ist. Die jeweilige Sprache wird dann entsprechend der Landes-Domainnamen-Endung gemäß RFC 1766 kodiert. Zusätzlich kann dazu angegeben werden, welcher Zeichensatz im referenzierten Zieldokument verwendet wurde (standardmäßig ist hier ISO 8859.1 vorgesehen).
- `REL = "Verweistyp"` und `REV = "Verweistyp"`
  Diese Attribute dienen der Angabe des logischen Typs eines Hyperlinks. `REL` bezieht sich dabei auf einen Vorwärtsverweis und `REV` auf einen Rückwärtsverweis. Die Angabe des Verweistyps ist jeweils nur zusammen mit dem Attribut `HREF` sinvoll.
  HTML 4.0 sieht folgende Verweistypen vor:
  – `CONTENTS` – Inhaltsverzeichnis
  – `CHAPTER` – Kapitel
  – `SECTION` – Abschnitt
  – `SUBSECTION` – Unterabschnitt
  – `INDEX` – Stichwortverzeichnis
  – `GLOSSARY` – Glossar
  – `APPENDIX` – Anhang
  – `COPYRIGHT` – Copyright-Angabe
  – `NEXT` – nächste Seite
  – `PREV` – vorherige Seite

– `START` – Startseite
– `HELP` – Hilfekontext
– `BOOKMARK` – allgemeiner Orientierungspunkt
– `ALTERNATE` – alternative Dokumentenversion

Es ist dabei aber nicht festgelegt, ob und inwieweit ein Browser diese semantischen Angaben nutzt oder zur Darstellung bringt.

- `SHAPE` und `COORDS`
  Diese Attribute werden nur dann verwendet, wenn das <`A`>-Tag innerhalb eines <`MAP`>-Elements und das <`MAP`>-Element seinerseits innerhalb eines <`OBJECT`>-Elements verwendet wird, das eine Client-seitige Image-Map definiert (siehe Kapitel 12.2.5).
- `TABINDEX = zahl`
  Browser gestatten oft, daß neben Mausklick oder über ein Tastaturkürzel die Hyperlinks eines Dokuments durch mehrfaches Betätigen der Tabulator-Taste aktiviert werden. Über das `TABINDEX`-Attribut kann eine Reihenfolge definiert werden, in der die Hyperlinks eines Dokuments anzuwählen sind.
- `TARGET = "frame"`
  Bei der Verwendung von Frames als HTML-Gestaltungselement bezeichnet dieses Attribut den Frame, in dem das betreffende, referenzierte Dokument zur Darstellung gebracht werden soll.
- `TITLE = "name"`
  Gibt eine Bezeichnung für das referenzierte Dokument an. Diese wird in der Regel angezeigt, wenn der Mauszeiger über den Hyperlink positioniert, aber nicht gedrückt wird.
- `TYPE = "Mimetype"`
  Gibt den MIME-Type des referenzierten Dokuments gemäß RFC 2045, 2046 und 2077 an.

12.2.5 Bilder und Image Maps

Die verbreitetsten Multimedia-Objekte, die in HTML-Dokumenten vorkommen, sind Bild- oder Grafikdateien. Grafiken lassen sich in HTML 4.0 über das <`IMG`>-Tag oder auch über das allgemeinere <`OBJECT`>-Tag einbinden. Dabei behandelt HTML die Grafik-Datei als Inline-Element, also quasi wie einen „großen Buchstaben". HTML selbst macht keine Vorschriften darüber, welche Grafik-Datenformate unterstützt werden. Grafik-Dateien werden einfach als externe Daten eingebunden, für die Aufbereitung bzw. Anzeige der Grafik-Datei ist einzig und alleine der Browser zuständig. Die meisten Browser unterstützen standardmäßig die gängigsten Grafikformate wie GIF, JPG, PNG oder TIFF. Grafiken können in HTML zweierlei Funktion erfüllen:

- Eine Grafik kann zur Darstellung von Bildinformation ohne jede zusätzliche Funktionalität in einem HTML-Dokument eingebunden werden.

- Eine Grafik kann auch noch mit Navigationsfunktionen ausgestattet werden, d.h. einzelne, hervorgehobene Teilbereiche der Grafik dienen als Hyperlink auf externe Objekte. In dieser Verwendung wird die eingebundene Grafik als **Image Map** bezeichnet.

Um die Grafik-Datei in einem HTML-Dokument einzubinden, sind sowohl eine Referenz auf die entsprechende externe Datei notwendig, als auch Angaben zu ihren Dimensionen, damit das HMTL-Dokument entsprechend formatiert werden kann. Allerdings kann eine gesonderte Angabe der Dimensionen der Grafik (Höhe und Breite) oft entfallen, da die meisten verwendeten Datenformate diese Information bereits selbst bereithalten. Über das Tag

```
<IMG SRC = "Grafik-Datei">
```

kann eine Grafik in das HTML-Dokument eingebunden werden. Das Attribut `SRC` bestimmt die einzubindende Grafik-Datei. Befindet sich diese innerhalb desselben Verzeichnisses, wie das umgebende HTML-Dokument, genügt die Angabe des Dateinames. Sonst muß die Referenz auf die Grafik-Datei über die Spezifikation einer eindeutigen absoluten oder relativen URI erfolgen.

Alle die Grafik-Datei betreffenden Informationen werden über Attribute innerhalb des `<IMG>`-Tags angegeben, d.h. der Bereich zwischen Start- und Ende-Tag bleibt leer. Wie für alle „leeren“ Elemente entfällt daher auch hier die Angabe eines Ende-Tags. Neben der Angabe der referenzierten Grafik-Datei kann das `<IMG>`-Tag die folgenden Attribute beinhalten:

- `ALIGN = "TOP/MIDDLE/BOTTOM"`
  Da eine Grafik-Datei als Inline-Element interpretiert wird, fügt sich die Grafik als Einzelelement nahtlos in den Textfluß. Über das `ALIGN`-Attribut kann der Autor des HTML-Dokuments festlegen, auf welche Weise die Grafik-Datei aus der Zeile herausragt: Bei `TOP` erfolgt eine Ausrichtung der Oberkante der Grafik an der Oberkante des Textes, bei `MIDDLE` wird die Grafik nach oben und unten ausgemittelt und bei `BOTTOM` verwenden Text und Grafik eine gemeinsame Grundlinie.
- `ALT = "text"`
  Dieses Tag dient zur Beschreibung des Inhalts der Grafik-Datei. Obwohl heute alle Browser in der Lage sind, grafische Bildinformation darzustellen, kann diese Darstellung aus verschiedenen Gründen fehlschlagen: Der Nutzer hat etwa die Darstellung von Grafik-Dateien deaktiviert, um Bandbreite zu sparen, das Datenformat der betreffenden Grafik wird nicht vom verwendeten Browser unterstützt oder die Übertragung des HTML-Dokuments wurde abgebrochen, bevor die Grafik-Datei geladen werden konnte. Die Angabe des `ALT`-Attributs ist gemäß HTML-Standard Pflicht und muß erfolgen, auch wenn kein Text eingetragen wird.
- `HEIGHT = höhe` und `WIDTH = breite`
  Diese Attribute dienen der Angabe der Dimensionen der einzubindenden Grafik-Datei, um ausreichend Raum im Dokument für die Darstellung

der Grafik reservieren zu können, noch bevor die Grafik-Datei vollständig übertragen wurde. Es ist aber auch möglich, über die beiden Attribute eine Skalierung der Grafik-Datei vorzunehmen. Der Browser stellt daraufhin gemäß den Angaben des Autors die Grafik-Datei vergößert oder verkleinert dar. Die Angabe der Dimensionen der Grafikdatei kann als Absolutwert erfolgen, der die Anzahl der Bildpixel beschreibt, oder als Prozentangabe, relativ zur Fenstergröße des Browsers.

- `HSPACE = pixel` und `VSPACE = pixel`
  Diese Attribute dienen der Angabe, wieviel Freiraum um die Grafikdatei herum bei der Darstellung im Browserfenster erzeugt werden soll.
- `LONGDESC = "uri"`
  In einigen Fällen ist eine Beschreibung der Grafik-Datei über das `ALT`-Attribut möglicherweise nicht ausreichend. In diesem Fall kann über das `LONGDESC`-Attribut die URI eines HTML-Dokuments spezifiziert werden, das eine ausführlichere Beschreibung beinhaltet.

```
<P>Grafiken werden in HTML
   als Inline-Element
   <IMG SRC = "harald.jpg"
      ALT = "Beispielgrafik"
      WIDTH = "50% "
      HSPACE = 5 VSPACE = 2
      ALIGN = "MIDDLE">
   dargestellt.
</P>
```

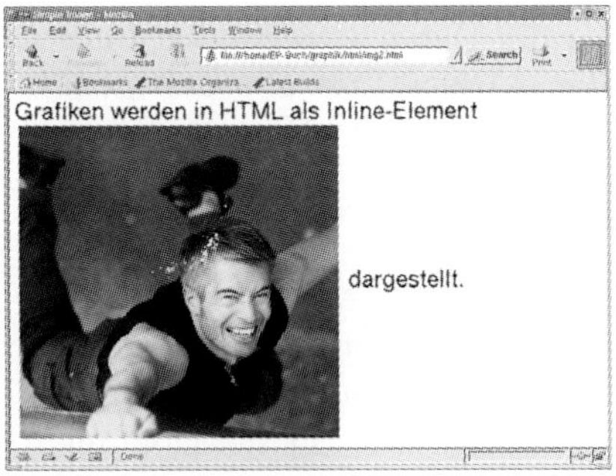

Abb. 12.21. Einbinden einer Grafikdatei in ein HTML-Dokument

Über die reine Darstellung von Bildinformation hinaus, kann eine Grafik in HTML auch als **Image Map** angelegt werden. Eine Image Map ist eine Link-sensitive Grafik, in der einzelne Teilbereiche über Hyperlinks mit anderen Informationsressourcen im WWW assoziiert sind. Klickt der Benutzer einen dieser sensitiven Teilbereiche an, wird der assoziierte Hyperlink aktiviert und das damit referenzierte HTML-Dokument geladen. Auf diese Weise kann der Nutzer in einigen Fällen wesentlich intuitiver und schneller zu Information gelangen als durch lange verbale Linklisten.
Grundsätzlich unterscheidet HTML zwischen zwei verschiedenen Formen der Image Map, die verwendet werden können:

- **Client-Side Image Map**
  Hier erfolgt die Auswertung und Assoziation der Teilbereiche der als Image Map verwendeten Grafik mit den entsprechenden Hyperlinks auf der Seite des Clients. Die Verarbeitung liegt also beim Browser selbst, der auf die

entsprechende Aktion des Nutzers den angewählten Hyperlink aktiviert und das damit assoziierte Dokument lädt (siehe Abb.12.23). Der Browser fordert also die über die ausgewählte URI identifizierte Informationsressource selbst direkt vom Server an.
Der Client-Side Image Map Mechanismus ist in RFC 1980 spezifiziert. Eine Client-Side Image Map wird mit Hilfe des `<IMG>`-Tags erzeugt, das ein `USEMAP`-Attribut enthält, das auf eine zugehörige Image Map Bereichsdefinition verweist. Diese Bereichsdefinition erfolgt innerhalb eines `<MAP>`-Elements, in dem verschieden geformte Teilbereiche der assoziierten Grafik bestimmten URIs zugeordnet werden. Das `<MAP>`-Element ist ein Block-Level Element und kann ein oder mehrere Bereichsdefinitionen, die über das `<AREA>`-Tag definiert werden, enthalten. Neben den optionalen Standard-Attributen muß das `<MAP>`-Tag ein `NAME`-Attribut enthalten. Über diesen Namen wird die Image Map identifiziert und in der zugehörigen Definition der einzubindenden Bilddatei `<IMG USEMAP="Name">` referenziert (siehe Abb. 12.22).

```
<IMG SRC = "bild" USEMAP = "name">
<MAP NAME = "name"
  <AREA SHAPE = "form"
    COORDS = "koordinaten"
    HREF = "uri">
  ...
</MAP>
```

Abb. 12.22. HTML Definition einer Client-Side Image Map

Ein Area-Element verfügt neben den Standard-Attributen noch über die folgenden Attribute:

- `ACCESSKEY = "Taste"` und `TABINDEX = zahl`
  Ebenso wie bei einem Hyperlink ist es möglich, für eine Image Map anstelle eines Mausklicks einen vordefinierten Tastendruck (`ACCESSKEY`) zur Aktivierung eines bestimmten Teilbereichs der Image Map zu verwenden. Dies ist ebenfalls mit Hilfe der Tabulator-Tasten möglich, wobei die Reihenfolge der mit der Tabulatortaste ausgewählten Hyperlinks über das `TABINDEX`-Attribut gesteuert wird.
- `ALT = "text"`
  Erfolgt keine Darstellung der mit der Image Map assoziierten Grafik, kann über das `ALT`-Tag ein Text angegeben werden, der die mit dem Bildbereich assoziierte Informationsressource beschreibt. Der angegebene Text wird im Browser als markierter Hyperlink zur Darstellung gebracht, falls keine Darstellung der assozierten Bilddatei erfolgen kann.
- `COORDS = "koordinaten"`

Dieses Attribut kennzeichnet den Hyperlink-sensitiven Bildbereich durch die Festsetzung seiner Bildschirmkoordinaten. Die Angabe der Koordinaten erfolgt dabei in Abhängigkeit von der über das `SHAPE`-Attribut gewählten Gestalt des Bildbereichs.

- `SHAPE="RECT" COORDS="x1,y1,x2,y2"`
  Bei einem rechteckigen Bildbereich werden die linke obere Ecke (x1,y1) und die rechte untere Ecke (x2,y2) des Rechtecks angegeben.
- `SHAPE="CIRCLE" COORDS="x1,y1,r"`
  Bei einem kreisförmigen Bildbereich wird die Mittelpunktkoordinate (x1,y1) und der Radius (r) des Kreises angegeben.
- `SHAPE="POLY" COORDS="x1,y1,x2,y2,x3,y3,..."`
  Ein unregelmäßig geformtes, konvexes Vieleck kann durch die Angabe seiner Eckpunkte `(xi,yi)` spezifiziert werden.

– `HREF = "uri"`
  Bei Aktivierung des betreffenden Bildbereichs soll die in `HREF` durch den URI referenzierte Informationsressource geladen werden.

– `NOHREF`
  Dieses Attribut sollte gesetzt werden, falls kein URI mit dem betreffenden Bildbereich assoziiert wird.

– `SHAPE = "DEFAULT/RECT/CIRCLE/POLY"`
  Über das `SHAPE`-Attribut wird die Gestalt eines Hyperlink-sensitiven Bildbereichs festgelegt. Dabei handelt es sich je nach Wertezuweisung um die gesamte Bildfläche (`DEFAULT`), ein Rechteck (`RECT`), einen Kreis (`CIRCLE`) oder um ein Polygon (`POLY`).

– `TARGET = "frame"`
  Erfolgt eine Frame-basierte Darstellung, gibt das `TARGET`-Attribut an, in welchem Frame die Darstellung der referenzierten Informationsressource stattfinden soll.

Die Nutzung einer Client-Side Image Map folgt stets dem folgenden Ablauf:

1. Der Nutzer klickt mit der Maus innerhalb einer als Image Map identifizierten Grafik. Der Browser registriert dabei die Koordinaten des Mauszeigers, die zur Weiterverarbeitung benötigt werden.
2. Der Browser ermitteltt zu den Koordinaten des Mausklicks den Bildteilbereich, der diese Koordinaten enthält, sofern ein Bildteilbereich definiert wurde. Kann kein Bildteilbereich mit den Koordinaten ermittelt werden, geschieht nichts.
3. Der Browser ermittelt den mit dem angeklickten Bildteilbereich assoziierten URI, wobei mit einem definierten Bildteilbereich nicht zwingenderweise ein URI verbunden sein muß. Es können auch Client-seitige Skript-Aktionen mit bestimmten Events, die diesen Bildbereich betreffen, assoziiert werden.

4. Der Browser fordert die über den ermittelten URI referenzierte Informationsressource vom Server an, als würde es sich um einen regulären Hyperlink handeln.
5. Der Server beantwortet die Anfrage des Clients und überträgt im Erfolgsfall die betreffende Informationsressource.

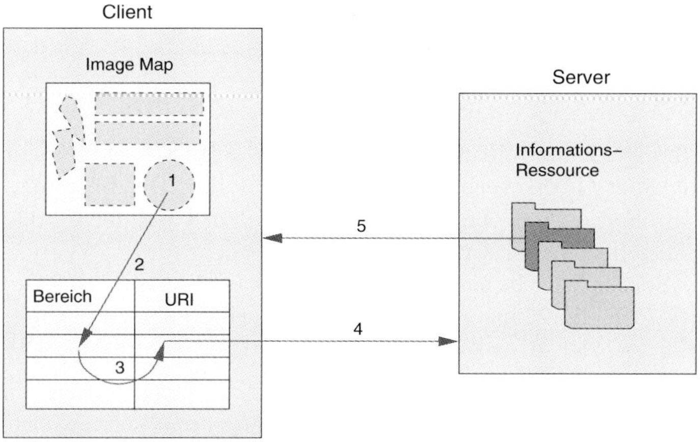

Abb. 12.23. Funktionsweise einer Client-Side Image Map

Einer der Vorteile bei der Verwendung von Client Side Image Maps liegt in der Assoziation von Ereignissen mit bestimmten Bildteilbereichen. Über die beiden Attribute `ONFOCUS="action"` und `ONBLUR="action"` kann eine Aktion aufgerufen werden, die stattfinden soll, sobald der entsprechende Bildbereich, der mit diesem Attribut versehen ist, in den Fokus des Mauszeiger gerät bzw. der Mauszeiger diesen wieder verläßt. Bei der dabei ausgeführten Aktion handelt es sich um ein Client-seitiges Skript (siehe Abschnitt 15.2.1). Diese Skripts können z.B. dazu verwendet werden, die betreffenden Teilbereiche der Image Map entsprechend der Position des Mauszeigers bei Aktivierung gestalterisch hervorzuheben.
Darüberhinaus führt eine Client-Side Image Map zu keiner zusätzlichen Belastung für den WWW-Server, da die Verarbeitung ausschließlich auf der Seite des Clients stattfindet.

- **Server-Side Image Map**
  Andererseits kann die Zuordnung und Assoziation von Informationsressourcen im WWW zu Teilbereichen der als Image Map definierten Grafik auch auf Server-Seite erfolgen. Der Browser übermittelt zu diesem Zweck die Koordinaten der Stellen, an welcher der Nutzer die Image Map mit der Maus angeklickt hat, an den Server. Der nimmt daraufhin die Auswertung der übermittelten Koordinaten vor, assoziiert diese mit dem entsprechenden Hyperlink und sendet diesen an den Browser zurück (siehe Abb. 12.24).

Der Browser lädt daraufhin die Informationsressource, die mit dem vom Server übermittelten URI assoziiert ist.
Eine Server-Side Image Map wird mit Hilfe des <IMG>-Elements erzeugt, das ein ISMAP-Attribut beinhaltet. Dabei muß sich das <IMG>-Element innerhalb einer Hyperlink-Umgebung befinden, mit der ein URI definiert wird, hinter dem sich der Server-seitige Mechanismus zur Auswertung der über die Image Map gewonnenen Koordinaten befindet.

```
<A HREF="MapName">
  <IMG SRC="bild"ISMAP ALT="text">
</A>
```

Eine Server-Side Image Map stellt also im betreffenden HTML-Dokument lediglich einen mit einer Grafik verbundenen Hyperlink dar. Der betreffende Mechanismus auf Server-Seite befindet sich hinter dem URI, der im o.a. Beispiel mit `MapName` bezeichnet wurde.
Einzelschritte des Server-Side Image Map Verfahrens (siehe Abb. 12.24):

1. Der Nutzer klickt mit der Maus an einer Stelle innerhalb der Hyperlink-sensitiven Grafik, die der Browser als Image Map identifiziert hat. Der Browser registriert die Koordinaten, an der sich der Mauszeiger dabei befindet.
2. Der Browser hängt die ermittelten Koordinaten an den URI, der in dem zur Image Map gehörigen Hyperlink angegeben ist, und sendet eine Anfrage an den darin angegebenen Server. Die Koordinaten werden dabei über ein „?“ von dem URI und untereinander durch Komma getrennt.
3. Der Server erhält die Anfrage und wertet die übermittelten Koordinaten mit Hilfe des in der URI spezifizierten Programms aus.
4. Dabei assoziiert der Server mit den Koordinaten einen bestimmten URI. Handelt es sich dabei um einen bzgl. des Servers lokalen URI, wird die referenzierte Informationsressource direkt an den Browser übermittelt. Anderenfalls enthält die Antwort des Servers an den Browser den ermittelten URI zusammen mit einer REDIRECT-Direktive im Response-Header der Nachricht.

Zwar ist dieser Mechanismus auf der Client-Seite sehr einfach zu installieren, da die komplette Verarbeitung auf der Seite des Servers anfällt, doch bestehen auch gravierende Nachteile: Zum Einen fällt, bedingt durch den Auswerte- und Assoziationsmechanismus Verarbeitungszeit an, die der Server aufbringen muß. Bei entsprechend großer Nachfrage kann dies im Extremfall zu langen Wartezeiten führen und den Server schlimmstenfalls sogar blockieren. Andererseits ist auch die mit der Image Map verbundene Funktionalität stark eingeschränkt. Ein Hervorheben der aktiven oder gerade aktivierten Bildbereiche oder Aktionen, die mit bestimmten Events auf Client-Seite verknüpt werden sollen und die Image Map betreffen, werden in dieser Variante nicht unterstützt.

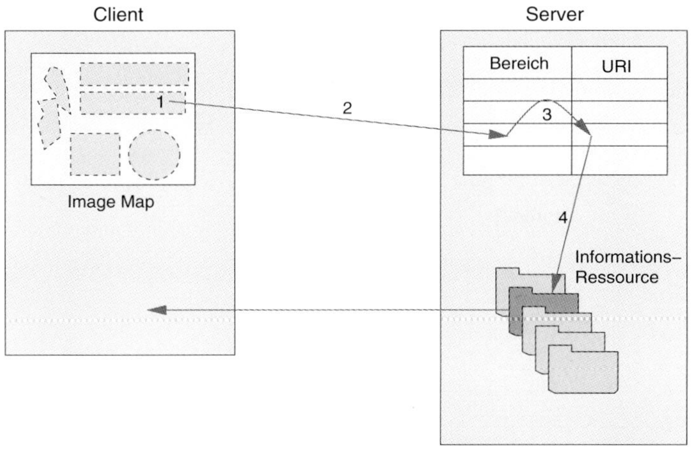

Abb. 12.24. Funktionsweise einer Server-Side Image Map

Tabelle 12.6. HTML-Tags für Grafiken und Image Maps (HTML 4.0)

<IMG>	Start einer Grafikdatei
<ISMAP>	Aktivieren einer Server-Side Image Map
<USEMAP>	Aktivieren einer Client-Side Image Map
<MAP>	Definition einer Image Map
<MAP>	Definition eines aktiven Bereichs in einer Image Map

12.2.6 Frames

HTML 4.0 erweiterte den bis dato bestehenden HTML-Standard um die von Netscape zuvor bereits eingeführten **Frames**. Mit Hilfe von Frames (Rahmen) kann das vom Browser dargestellte Fenster in einzelne Segmente unterteilt werden, in denen jeweils verschiedene HTML-Dokumente zur Anzeige gebracht werden können (siehe Abb. 12.25). Damit verfügt der Autor eines HTML-Dokuments über zusätzliche gestalterische Freiheit und das Design der HTML-Dokumente kann leicht den üblichen Bildschirmdarstellungen von gängigen Benutzerschnittstellen angepaßt werden.
Da der in den einzelnen Frames dargestellte Inhalt aus verschiedenen HTML-Dokumenten stammt, ist ein spezielles Rahmendokument zu definieren, das sogenannte **Frameset Dokument**, das die Aufteilung des Browserfensters in einzelne Rahmen (Frames) vornimmt und mit den einzelnen Rahmen HTML-Dokumente assoziiert. Das Frameset Dokument selbst besitzt außer dieser logischen Aufteilung keinen eigenen Inhalt, der zur Darstellung gelangt. Da das Frameset Dokument quasi außerhalb der dargestellten HTML-Dokumente liegt, verwendet es eine eigene, spezielle DTD:

```
<!DOCTYPE HTML PUBLIC
   "-//W3C//DTD HTML 4.0 Frameset//EN"
   "http://www.w3.org/TR/REC-html40/frameset.dtd">
```

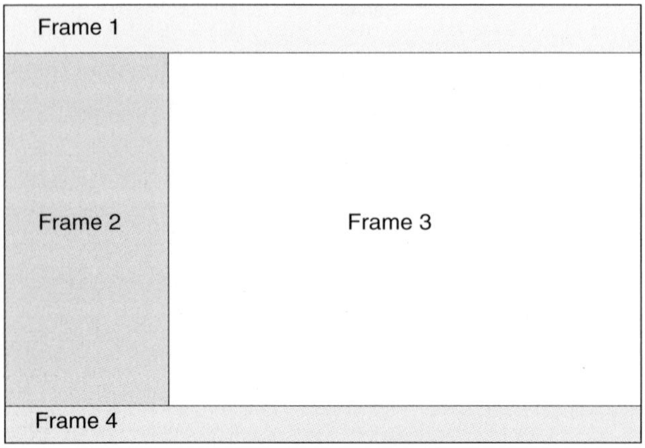

Abb. 12.25. Aufteilung des Browserfensters mit Frames

Das Frameset Dokument nimmt eine Aufteilung des Bildschirmfensters vor und trifft eine anfängliche Zuordnung, welches HTML-Dokument in den einzelnen, im Frameset Dokument definierten Frames dargestellt werden soll. Die einzelnen dargestellten Frames interagieren nicht miteinander, lediglich über Hyperlinks können neu zu ladende Dokumente in jedem der Frames geladen und dargestellt werden, und zwar nicht nur in dem Frame, der das Hyperlink beinhaltet.
Ein Frameset Dokument besteht stets aus einem regulären HTML-Header und einem Frameset-Element, das die Fensteraufteilung und -zuordnung vornimmt. Abb. 12.26 zeigt das Grundgerüst eines Frameset-Dokuments.

```
<!DOCTYPE HTML PUBLIC "-//W3C//DTD HTML 4.0 Frameset//EN"
  "http://www.w3.org/TR/REC-html40/frameset.dtd">

<HTML>
<HEAD>
  <TITLE> Text des Dokumententitels </TITLE>
</HEAD>
  <FRAMESET ...> -- Frameset-Definition --
    <FRAME ...> -- Framefenster-Definition --
    <NOFRAMES>
      -- Wird angezeigt, wenn der Browser keine Frames anzeigen kann
    </NOFRAMES>
  </FRAMESET>
</HTML>
```

Abb. 12.26. Prinzipieller Aufbau eines Frameset Dokuments

Die eigentliche Definition des Framesets im Frameset-Dokument wird dabei durch die Tags

<FRAMESET> ... </FRAMESET>

eingerahmt. Framesets können rekursiv definiert werden, d.h. Framesets können wiederum innerhalb von Framesets definiert werden. Folgende Frame-Elemente und Attribute können im Frameset-Element verwendet werden:

- <FRAME ...>
  Über das <FRAME>-Element erfolgt die Zuweisung eines durch einen URI bezeichneten HTML-Dokuments zu einem bestimmten Frame. Die Zuweisung der URI erfolgt über das Attribut `SRC="uri"`. Das Frame-Element verfügt noch über einige andere mögliche Attribute, auf die im weiteren Verlauf eingegangen wird.
- `ROWS = "liste"` und `COLS = "liste"`
  Der gesamte Bereich des Framesets wird, ähnlich einer Tabelle, in Zeilen (`ROWS`) und Spalten (`COLS`) unterteilt. Für jede Spalte enthält die Wertzuweisung des Attributs `COLS` einen Listeneintrag, der die Breite der betreffenden Spalte angibt (siehe Abb. 12.27). Die Listeneinträge werden durch Kommata voneinander getrennt. Die Angabe der Breite kann dabei als Absolutwert oder als Prozentangabe, relativ zu dem zur Verfügung stehenden Raum erfolgen. Zusätzlich besteht noch die Möglichkeit einer Dimensionsangabe der einzelnen Frames relativ zueinander. So würde z.B. die Zuweisung `COLS="2*,*"` zwei Spalten erzeugen, wobei die erste Spalte doppelt so breit wäre, wie die zweite.
  In gleicher Weise erfolgt eine Einteilung des vertikal zur Verfügung stehenden Raums in einzelne Zeilen. Das `ROWS`-Attribut erhält als Wertzuweisung eine Liste mit den Höhenangaben der zu definierenden Frames.
- <NOFRAMES>
  Innerhalb eines Framesets enthält das <NOFRAMES>-Tagpaar HTML-Code, der zur Darstellung gelangt, wenn der Browser, auf dem das Frameset Dokument dargestellt werden soll, nicht in der Lage ist, Frames anzuzeigen.
- `ONLOAD = "aktion"` und `ONUNLOAD = "aktion"`
  Über diese beiden Attribute kann festgelegt werden, daß eine bestimmte Aktion beim Laden (`ONLOAD`) bzw. beim Verlassen (`ONUNLOAD`) des zugehörigen Framesets ausgeführt werden soll. Die auszuführende Aktion wird in Form eines dynamischen Skriptes (siehe Kap. 15.2.1) angegeben.

Hauptbestandteil des Frameset Dokuments ist die Festlegung des Inhalts der einzelnen, dort festgelegten Frames. Ein Frame-Element <FRAME> kann dabei die folgenden Attribute verwenden:

- `FRAMEBORDER = "0/1"`
  Dieses Attribut gibt an, ob der betreffende Frame einen Rahmen besitzen soll (`FRAMEBORDER="1"`) oder nicht (`FRAMEBORDER="0"`).
- `LONGDESC = "beschreibung"`
  Dieses Attribut erlaubt es, eine ausführlichere Beschreibung des betreffenden Frames anzugeben bzw. auf ein Dokument zu verweisen, das diese

```
<FRAMESET COLS = "3*,2*,3*">
   <FRAME SRC = test.html>
   <FRAME SRC = test.html>
   <FRAME SRC = test.html>
</FRAMESET>
```

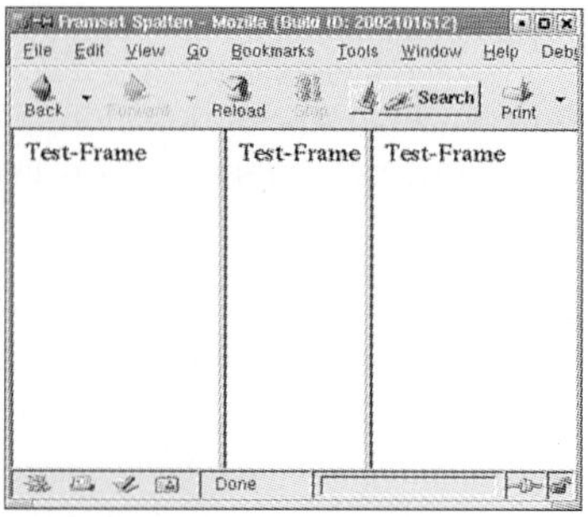

(a) Aufteilung in Spalten

```
<FRAMESET ROWS = "30%, 20% , 50%">
   <FRAME SRC = test.html>
   <FRAME SRC = test.html>
   <FRAME SRC = test.html>
</FRAMESET>
```

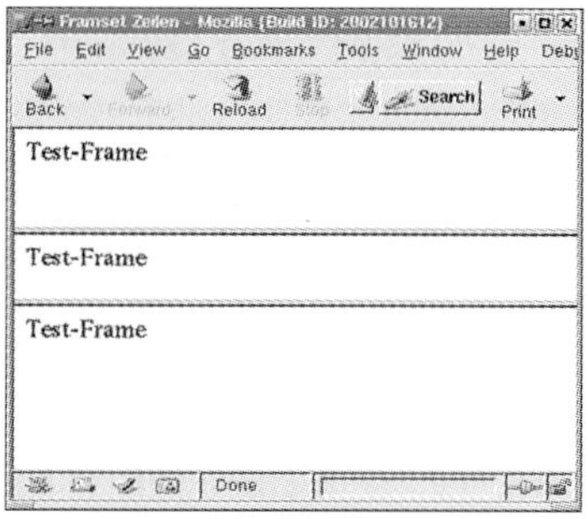

(b) Aufteilung in Zeilen

```
<FRAMESET ROWS = "15%, 70% , 15%">
   <FRAME SRC = test.html>
   <FRAMESET COLS = "*, 3*">
      <FRAME SRC = test.html>
      <FRAME SRC = test.html>
   </FRAMESET>
   <FRAME SRC = test.html>
   <FRAME SRC = test.html>
</FRAMESET>
```

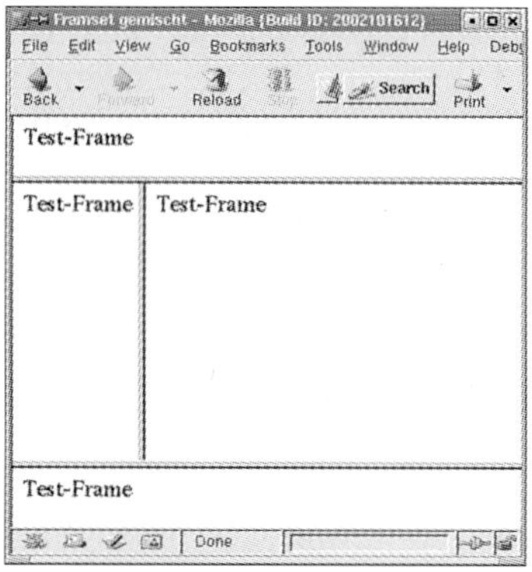

(c) Aufteilung in Zeilen und Spalten

Abb. 12.27. Unterschiedliche Varianten der Gestaltung mit Framesets

enthält. Das `LONGDESC`-Attribut kann vorallem für eine nicht-visuelle Ausgabe von Nutzen sein.

- `MARGINHEIGTH = "länge "` und `MARGINWIDTH = "länge "`
  Diese beiden Attribute bestimmen die Breite des Zwischenraums, der zwischen der Framebegrenzung und dem Inhalt des Frames gelassen werden soll. Die entsprechende Längenangabe kann absolut in Pixeln oder als Prozentangabe relativ zur Größe des Bildschirmfensters gegeben werden.

- `NAME = "name"`
  Über das `NAME`-Attribut wird die Identität des Frames festgelegt. Dieses Attribut ist insbesondere dann von Bedeutung, wenn sich der Inhalt eines Frames ändern, d.h. wenn ein neues HTML-Dokument dargestellt werde soll. Da das Bildschirmfenster in mehrere einzelne Frames aufgeteilt ist, wird der Frame, in dem die Darstellung eines neuen HTML-Dokuments erfolgen soll, über diesen Namen angesprochen.
- `NORESIZE`
  Wird dieses Attribut gesetzt, so wird verhindert, daß der Benutzer die Größe des Frames verändern kann. Enthält jeder Frame eines Framesets dieses Attribut, so ist das Bildschirmlayout starr und kann nicht verändert werden.
- `SCROLLING = "YES/NO/AUTO"`
  Das `SCROLLING`-Attribut steuert die Verwendung von Scrollbars an den Rändern der dargestellten Frames. Wird `SCROLLING="YES"` gesetzt, werden stets Scrollbars dargestellt, auch wenn der Inhalt eines Frames komplett in den am Bildschirm dargestellten Ausschnitt passen sollte. Wird `SCROLLING="NO"` gesetzt, werden niemals Scrollbars dargestellt, auch wenn das Dokument nicht in den definierten Frame paßt. `SCROLLING="AUTO"` stellt Scrollbars nur dann auf dem Bildschirm dar, wenn sie tatsächlich benötigt werden.
- `SRC = "uri"`
  Über das `SRC`-Attribut wird der anfängliche Inhalt des betreffenden Frames als Referenz auf ein HTML-Dokument spezifiziert.

Wie bereits erwähnt, findet eine Interaktion der einzelnen, auf dem Bildschirm dargestellten Frames über Hyperlinks und eine Identifikation der einzelnen Frames mit den ihnen zugewiesenen Namen (über das zugehörige `NAME`-Attribut) statt. Über einen Verweis der Form

```
<A HREF="dokument-uri" TARGET="frame-name">
```

gelangt die durch den im `TARGET`-Attribut spezifizierten Hyperlink referenzierte Informationsressourcse zur Darstellung. In der gleichen Weise können auch die Elemente `<AREA>`, `<BASE>`, `<FORM>` und `<LINK>` verwendet werden. HTML 4.0 sieht spezielle, reservierte Bezeichner für bestimmte Aktionen vor, die beim Laden eines HTML-Dokuments bzgl. seiner Darstellung in Verbindung mit Frames ausgeführt werden können:

- `TARGET = "_blank"`
  Jede mit dieser Wertezuweisung referenzierte Informationsressource wird stets in einem neuen Browserfenster zur Darstellung gebracht.
- `TARGET = "_self"`
  Jede mit dieser Wertezuweisung referenzierte Informationsressource wird stets im aktuellen Frame des Browserfensters zur Darstellung gebracht.

- `TARGET = "_top"`
  Jeder mit dieser Wertezuweisung assoziierte Hyperlink nimmt das gesamte Browserfenster ein und „befreit“ eine Darstellung aus einem eventuell definierten Frameset.
- `TARGET = "_parent"`
  Jeder mit dieser Wertezuweisung assoziierte Hyperlink „befreit“ eine Darstellung aus dem aktuell definierten Frameset. Die Darstellung erfolgt in einem eventuell vorhandenen übergeordneten Frameset.

Ein spezielles Gestaltungsmittel stellen die sogenannten **eingebetteten Frames** (**Inline Frames**) dar. Anders als reguläre Frames teilen eingebettete Frames nicht den Bildschirm in einzelne Teilbereiche auf, sondern ermöglichen die Darstellung einer externen Informationsressource innerhalb eines normalen HTML-Dokuments. Die über den eingebetteten Frame referenzierte Ressource wird ähnlich einer Grafik als Inline-Element im laufenden Textfluß dargestellt. Ein eingebetteter Frame wird über die Tags

<IFRAME> ... </IFRAME>

in ein normales HTML-Dokument eingebunden. Das <IFRAME>-Tag gehört allerdings zur Transitional-DTD von HTML 4.0. Es wird empfohlen, zur Einbindung externer Objekte besser das <OBJECT>-Tag (siehe Kapitel 12.2.8) zu verwenden.
Für das <IFRAME>-Tag können alle Attribute verwendet werden, die ebenfalls innerhalb des <FRAME>-Elements zur Anwendung kommen. Dazu können noch die folgenden Attribute verwendet werden:

- `ALIGN = "LEFT/RIGHT"`
  Dieses Attribut bestimmt die horizontale Ausrichtung des eingebetteten Frames zum Textfluß des Dokuments. Bei `ALIGN="LEFT"` fließen nachfolgende Inhalte links um den eingebetteten Frame herum, umgekehrt fließen bei `ALIGN="RIGHT"` nachfolgende Inhalte rechts um den eingebetteten Frame herum.
- `HEIGHT = "höhe"` und `WIDTH = "breite"`
  Diese beiden Attribute bestimmen die Dimensionen des eingebetteten Frames. Die Größenangaben können dabei absolut in Pixeln angegeben werden oder als Prozentwert relativ zur Größe des dargestellten Bildschirmfensters.

Tabelle 12.7. HTML-Tags für Frames (HTML 4.0)

<FRAMESET>	Festlegung der Fensterunterteilung in einzelne Frames
<FRAME>	Definition eines Frames (Rahmen)
<IFRAME>	Definition eines Inline Frames
<NOFRAME>	Definition einer alternativen Darstellung für Browser, die keine Frames darstellen

12.2.7 Formulare

Ursprünglich sah HTML als Beschreibungssprache für die Inhalte des WWW lediglich die Möglichkeit eines einseitigen Informationstransfers, also vom WWW-Server zum Browser, vor. Die einzige Information, die in die Gegenrichtung gesendet wurde, war die Anfrage vom Browser an der Server nach einer bestimmten Informationsressource. Im Zuge der massenhaften Verbreitung des WWW wurde jedoch schnell klar, daß es sehr wünschenswert wäre, wenn über die reine Anforderungen von Ressourcen hinaus Daten vom Browser zum Server übermittelt werden könnten.
Zu diesem Zweck wurde das Konzept der **Formulare** (**Forms**) eingeführt, mit dessen Hilfe verschiedenartige Elemente in einem Datencontainer, dem Formular, zusammengefaßt vom Browser zum Server übertragen werden können. Ähnlich wie in Benutzerschnittstellen von Anwendungsprogrammen können Eingabemasken definiert werden, die der Browser anzeigt und in die der Benutzer seine Angaben einträgt. In Formularen kann der Anwender Eingabefelder ausfüllen, in mehrzeiligen Textfeldern Text eingeben oder aus vordefinierten Listen Einträge auswählen. Wenn das Formular fertig ausgefüllt ist, kann der Anwender mit der Maus auf eine speziell dafür vorgesehene Schaltfläche (Button) klicken, um das Formular abzusenden.
Allerdings reicht es nicht aus, lediglich die vom Nutzer eingegebenen Daten an der Server zu schicken. Der Autor des Formulars muß selbstverständlich auch noch angeben, was mit den vom Anwender eingegebenen Daten geschehen soll. So kann der Autor festlegen, daß etwa im einfachsten Fall, die eingetragenen Daten in einer Email an ihn gesendet werden, oder er installiert ein spezielles Programm auf dem WWW-Server, daß die Weiterverarbeitung der Nutzerdaten übernimmt. Der WWW-Server sieht für diesen Zweck eine spezielle Schnittstelle vor, an die der Autor seine eigenen Anwendungsprogramme anschließen kann, die sogenannte **CGI-Schnittstelle** (**Common Gateway Interface**, siehe Kap. 15.3), die es dem Autor über bestimmte Vorgaben erlaubt, die vom Benutzer getätigten Eingaben auf dem WWW-Server zu verarbeiten und entsprechende Reaktionen auszulösen.
Formulare können für die unterschiedlichsten Aufgaben eingesetzt werden, z.B. um

- bestimmte, gleichartig strukturierte Informationen von den Anwendern einzuholen. Ein Hardware-Hersteller könnte etwa zur Annahme von Reklamationen über ein vorgegebenes Formular nach genauen Angaben zu dem beanstandeten Produkt und den aufgetretenen Fehlern fragen, um entsprechend reagieren zu können. Auf diese Weise könnte er gleichartig strukturierten und daher gut vergleichbaren Feedback von den Anwendern einholen.
- um den Anwendern das Suchen in großen Datenbeständen zu ermöglichen. Viele Suchdienste im Internet bieten dem aufrufenden Web-Browser Eingabe-Formulare an, in denen der Anwender seinen Suchwunsch spezi-

fizieren kann. Ohne solche Formulare wäre das Durchsuchen des WWW überhaupt nicht möglich.
- um den Anwendern die Möglichkeit zu geben, selbst Daten zu einem Datenbestand beizusteuern. Die meisten Suchdienste bieten die Möglichkeit an, eigene URIs in die Datenbank einzugeben. Das Einholen der dazu benötigten Information erfolgt ebenfalls mit Hilfe von Formularen.
- um dem Anwender die Möglichkeit individueller Interaktion zu bieten, etwa um aus einer Produktpalette ein bestimmtes Objekt zu bestellen. Online-Shops werden immer zahlreicher im WWW. Egal ob Konzertkarten, Bücher, Pizza oder Unterwäsche – um solche Bestell-Services zu realisieren, sind Formulare erforderlich, in denen der Anwender seine Bestellwünsche genau spezifizieren kann.

Um ein Formular in HTML 4.0 zu spezifizieren müssen alle Angaben, die dieses Formular umfassen soll, von den Tags

```
<FORM> ... </FORM>
```

umschlossen werden. HTML-Formulare bestehen dabei aus regulären HTML-Elementen und speziellen, als Kontrollelemente **Controls** bezeichneten Elementen, die eine Dateneingabe akzeptieren. Ein typisches Formular besteht aus einer Menge von Kontrollelementen und zusätzlichen HTML-Elementen, wie etwa Absätzen, Listen oder Tabellen, die dazu verwendet werden, die Kontrollelemente in einer ansprechenden und für die Dateneingabe hilfreichen Weise anzuordnen. Dabei ist zu beachten, daß die Strict-Variante der HTML 4.0 DTD ausschließlich Block-Level Elemente innerhalb der Formular-Umgebung erlaubt, im Gegensatz zur Transitional-Variante, die sowohl Inline-Elemente als auch Block-Level Elemente gestattet. Um diese Einschränkung zu umgehen, kann man z.B. alle innerhalb des Formulars definierten Elemente mit einem Block-Level Element, wie `<DIV>` oder `<FIELDSET>` einschließen.
Das `<FORM>`-Tag gibt an, was genau mit den im Formular einzugebenden Daten auf der Server-Seite geschehen soll. Die Datenübertragung selbst wird von speziellen Kontrollelementen initiiert, aber die Angaben darüber, wohin die Daten gesendet werden und welches Programm zur Verarbeitung der Daten aktiviert werden soll, diese Angaben erfolgen direkt im `<FORM>`-Tag über speziell dafür bestimmte Attribute:

- `ACTION = "uri"`
  Über dieses Attribut wird festgelegt, welches Anwendungsprogramm auf einem bestimmten, ebenfalls in der angegebenen URI spezifizierten WWW-Server die Verarbeitung der eingegebenen Daten übernehmen soll:

  ```
  ACTION="http://www.uni-jena.de/sack/cgi-bin/form.exe"
  ```

  Andererseits kann hier auch festgelegt werden, daß die eingegebenen Daten via Email an einen bestimmten Adressaten gesendet werden sollen. Die Angabe der Email-Direktive kann ebenfalls über die URI erfolgen:

```
ACTION="mailto:eingaben@testbeispiel.de"
```

Die Angabe des `ACTION`-Attributs ist notwendig, da ohne diese Angabe keine Verarbeitung der eingegebenen Daten erfolgen kann.

- `METHOD = "POST/GET"`
  Neben der Angabe des Adressaten, für den die eingegebenen Formular-Daten bestimmt sind, kann mit Hilfe des `METHOD`-Attributs festgelegt werden, wie die Übermittlung der Nutzerdaten erfolgen soll. HTML sieht dazu zwei Möglichkeiten vor:
  - `METHOD="POST"`
    Die Daten des ausgefüllten Formulars werden vom festgelegten WWW-Server über dessen Standardeingabekanal zur Verfügung gestellt, und ein auswertendes CGI-Programm muß die ankommenden Daten behandeln wie eine Benutzereingabe, die auf der Kommandozeile erfolgt ist (post = [engl.] verschicken). Diese Methode muß eingesetzt werden, wenn das auf Server-Seite vorliegende CGI-Programm eine `POST`-Eingabe erwartet, bzw. wenn die gesendeten Daten zu umfangreich sind für die alternative Methode `GET` oder Zeichen enthält, die nicht in der URI als Träger der mit `GET` versendeten Information, verwendet werden dürfen.
  - `METHOD="GET"`
    Bei dieser Methode (die Angabe ist nicht zwingend erforderlich, da `GET` als Default-Einstellung definiert ist), werden die Daten des ausgefüllten Formulars als Parameter an die URI des in `ACTION` festgelegten Verarbeitungsprogramms angehängt. Die Anfrage, die beim Server eintrifft, besitzt dann die Form:

    ```
    http://www.test.de/form.exe?Feld1=Harald&Feld2=Test"
    ```

    Die Syntax der URI folgt dabei den in Kap. 10 vorgestellten Richtlinien. Das verarbeitende Anwendungsprogramm kann diese als Parameter übergebene Zeichenkette auslesen und entsprechend vearbeiten. Da die Nutzerdaten einfach an die URI angehängt werden, sollten diese nicht zu umfangreich sein. Im Zusammenhang mit Sicherheitsüberlegungen sei auch darauf hingewiesen, daß die über `GET` versendeten Daten in Zwischensystemen des WWW komplett gespeichert werden, im Gegebsatz zu den mit `POST` versendeten Daten, die eingeschlossen in einem Dokumentenkörper übermittelt werden und sich deshalb nicht so leicht von nicht autorisierten Personen lesen lassen. Sicherheitsrelevante Daten sollten also stets verschüsselt und über die Methode `POST` versendet werden.
- `ENCTYPE = "typ"`
  Werden die Benutzerdaten über die Methode `POST` versendet, gibt das Attribut `ENCTYPE` an, welche Kodierung für die Übermittlung der Nutzerdaten verwendet wird. Die Festlegung der Kodierung erfolgt nach dem MIME-Standard (siehe Abschnitt 11.2.1, RFC 2045). Beispiel:

  ```
  ENCTYPE="TEXT/PLAIN"
  ```

- `ACCEPT = "liste"`
  Mit diesem Attribut kann eine Liste der möglichen Dateitypen gemäß dem MIME-Standard (siehe Abschnitt 11.2.1, RFC 2045) festgelegt werden, die der Server bei einem Datei-Upload bereit ist, entgegenzunehmen.
- `ACCEPT-CHARSET = "liste"`
  Das `ACCEPT-CHARSET`-Attribut gestattet es, eine Liste mit den für Benutzereingaben zulässigen Zeichensätzen festzulegen. Der Browser kann diese Angabe dazu verwenden, Nutzereingaben gemäß den hier vom Server getroffenen Vorgaben zu konvertieren. Beispiel:

  ```
  ACCEPT-CHARSET="ISO-8859-1, ISO-8859-2"
  ```

- `NAME = "name"`
  Über dieses Attribut kann ein Name für das betreffende Formular festgelegt werden.
- `TARGET = "name"`
  Mit diesem Attribut kann der Name des Frame-Fensters angeben werden, in dem die Server-Antwort ausgegeben werden soll. Es muss sich dabei entweder um einen Frame-Namen handeln, der für ein Frame-Fenster mit dem `NAME`-Attribut im `<FRAME>`-Tag vergeben wurde, oder um einen der reservierten Bezeichner `_self`, `_parent` oder `_top`.
- `ONSUBMIT = "aktion"` und `ONRESET = "aktion"`
  Mit Hilfe dieser beiden Attribute lassen sich die Ereignisse „Absenden der Formulardaten" (`ONSUBMIT`) und „Zurücksetzen des Formulars" (`ONRESET`) mit bestimmten dabei auszuführenden Anwendungsprogrammen in Form von Skripten assoziieren.
- `TABINDEX = "position"` und `ACCESSKEY = "zeichen"`
  Ebenso wie bei anderen HTML-Elementen ist es möglich, zur Aktivierung eines bestimmten Kontrollelements in den Feldern eines Formulars anstelle eines Mausklicks einen vordefinierten Tastendruck (`ACCESSKEY`) zu verwenden. Dies ist ebenfalls über die Tabulator-Taste möglich, wobei die Reihenfolge der mit der Tabulatortaste ausgewählten Kontrollelemente über das `TABINDEX`-Attribut gesteuert wird.

Zur Ausgestaltung eines Formulares dienen bestimmte, vordefinierte **Kontrollelemente**. Das allgemeinste dieser Kontrollelemente ist das `<INPUT>`-Element. Mit diesem Element lassen sich verschiedene Arten der Benutzereingabe realisieren, die sich mit den zugehörigen Attributen steuern läßt. Das `<INPUT>`-Element selbst verfügt über keinen Inhalt. Alle zur Informationsübermittlung notwendigen Angaben werden über die zugehörigen Attribute spezifiziert. Daher kann das entsprechende Ende-Tag auch weggelassen werden. Ein Beispiel für die vielfältige Verwendung des `<INPUT>`-Elements ist in Abb. 12.28 dargestellt.
Die folgenden Attribute sind für das `<INPUT>`-Element anwendbar:

- `MAXLENGTH = größe`
  Über dieses Attribut läßt sich die maximale Größe einer Benutzereingabe festlegen, die der Server bereit ist, zu akzeptieren.
- `NAME = "name"`
  Dieses Attribut weist dem Kontrollelement einen Namen zu, unter dem die dem Kontrollelement zugeordnete Eingabe vom WWW-Server identifiziert wird. Der `NAME` kann als Variablenname interpretiert werden und die im zugehörigen Kontrollfeld erfolgte Nutzereingabe als Wertzuweisung an diese Variable.
- `SIZE = größe`
  Dieses Attribut wird verwendet, um die Größe des betreffenden Kontrollelements festzulegen. Handelt es sich z.B. bei dem betreffenden Kontrollelement um eine Texteingabe, läßt der Browser bei der Darstellung des Kontrollelements entsprechend viel Platz für eine Eingabe.
- `VALUE = "vorgabewert"`
  Jeder Benutzereingabe kann ein Vorgabewert zugeordnet werden, der bereits bei der Darstellung des Kontrollelements im Formular sichtbar ist. Der Benutzer kann diesen akzeptieren oder einen eigenen Wert in das Kontrollelement eintragen.
- `READONLY` und `DISABLED`
  Mit diesen beiden Attributen kann verhindert werden, daß ein Nutzer die vorgegebenen `NAME/VALUE`-Paare eines Kontrollelements verändert. Bei `READONLY` wird das `NAME/VALUE`-Paar beim Absenden des Formulars an den Server mit übermittelt, bei `DISABLED` wird das betreffende `NAME/VALUE`-Paar nicht mit an den Server gesendet.
- `TYPE = "TEXT/PASSWORD/CHECKBOX/RADIO/SUBMIT/RESET/`
  `FILE/HIDDEN/IMAGE/BUTTON"`
  Jede dieser Wertezuweisungen für das Attribut `TYPE` definiert einen anderen Typ von Kontrollelement.
  - `TEXT`
    Der Typ `TEXT` läßt als Eingabe eine Textzeile zu. Hier können zusätzlich die Attribute `NAME, SIZE, MAXLENGTH` oder `VALUE` verwendet werden.
    Beispiel:
    ```
    <INPUT TYPE="TEXT" NAME="Datum" SIZE=10 VALUE="01.01.1970">
    ```
  - `PASSWORD`
    Ebenso wie der Typ `TEXT` läßt dieses Kontrollelement die Eingabe einer Textzeile zu, die allerdings im Browser nicht zur Anzeige kommt bzw. nur verdeckt angezeigt wird. Zwar kann so kein Umstehender die Benutzereingabe lesen, der eingegebene Text wird allerdings unverschlüsselt über das Internet zum Server übertragen, so daß nur davon abgeraten werden kann, diesen Mechanismus tatsächlich zur Übertragung von sicherheitsrelevanten Daten einzusetzen. Hier können zusätzlich die Attribute `NAME, SIZE, MAXLENGTH` oder `VALUE` verwendet werden.

– CHECKBOX und RADIO
Checkboxen und Radio-Buttons sind unterschiedliche Arten von Auswahllisten, die der Autor des Formulars vorgibt. Dabei sind **Radio-Buttons** eine Liste von beschrifteten Knöpfen, von denen der Anwender jeweils nur einen auswählen kann. Der dem ausgewählten Radio-Button zugeordnete Wert wird beim Absenden des Formulars mit übertragen. **Checkboxen** dagegen sind Listen von ankreuzbaren Quadraten, von denen der Anwender keines, eines oder mehrere auswählen kann. Die den ausgewählten Checkboxen zugeordneten Werte werden beim Absenden des Formulars mit übertragen. Für Checkboxen und Radio-Buttons können zusätzlich die Attribute NAME und VALUE verwendet werden. Das Attribut VALUE ordnet dabei jeder Auswahlmöglichkeit einen bestimmten Vorgabewert zu. Eine Vorbelegung dieser Kontrollelemente ist ebenfalls möglich über die Zuordnung des Attribtes CHECKED (siehe Abb. 12.28).

- SUBMIT, RESET, IMAGE und BUTTON
  Alle diese Attribute legen Schaltknöpfe (Buttons) an, mit denen bestimmte Aktionen gekoppelt sind. Über das Attribut VALUE erhält der Schaltknopf seine Beschriftung und über das Attribut NAME kann dem Schaltknopf eine Bezeichnung zugeordnet werden, über die der Server eine Variable (NAME/VALUE-Paar) belegen kann.
  SUBMIT definiert einen Schaltknopf, über dessen Aktivierung der Benutzer seine Eingaben abschließen und das Formular abschicken kann. RESET dagegen legt einen Schaltknopf an, der alle Benutzereingaben rückgängig macht und das Formular neu initialisiert. BUTTON legt einen beliebigen Schaltknopf an, der zusätzlich über das Attribut ONCLICK="aktion" mit einer bestimmte Aktion assoziiert werden kann. IMAGE legt einen grafischen Schaltknopf an, dem die unter SRC="uri" beschriebene Grafik zugeordnet wird.

- FILE
  Mit diesem Attribut ist es möglich, eine komplete Datei zusammen mit dem Formular zum Server zu übermitteln. Dazu wird ein Auswahlfenster geöffnet, das je nach verwendetem Browser und Betriebssystem unterschiedlich dargestellt werden kann. Der Benutzer kann eine lokale Datei auswählen, die beim Absenden des Formulars an den Server übermittelt wird. Dabei wird über das ACCEPT-Attribut festgelegt, welche Arten von Dateien der Server als Eingabe akzeptiert. Wird die FILE-Variante des <INPUT>-Tags ausgewählt, muß das Attribut ENCTYPE="multipart/form-data" angegeben werden, damit der Server in der Lage ist, die vom Nutzer ausgewählte Datei über die Methode POST entgegenzunehmen.

- HIDDEN
  Da das zur Kommunikation im WWW eingesetzte HTTP-Protokoll ein zustandsloses Protokoll ist und daher keine Daten bzgl. eines erreichten Sitzungsstatus zwischen Browser und Server ausgetauscht werden können, kann über dieses Kontrollelement, das nicht im Formular angezeigt wird, ein NAME/VALUE-Paar spezifiziert werden, das fixiert ist und nicht vom Be-

nutzer geändert werden kann. Es kann dazu genutzt werden, Zustandsinformationen zwischen Browser und Server auszutauschen.

```
<H2> Pizzabelag nach Wahl: </H2>

<FORM NAME="PizzaPizza" ACTION="input.htm">

  <H3> Kreuzen Sie die gewünschten Zutaten an: </H3>

  <P>
    <INPUT TYPE="CHECKBOX" NAME="zutat" VALUE="mozarella" CHECKED>
      Mozarella <BR>
    <INPUT TYPE="CHECKBOX" NAME="zutat" VALUE="artischocken">
      Artischocken <BR>
    <INPUT TYPE="CHECKBOX" NAME="zutat" VALUE="pilze"> Pilze <BR>
    <INPUT TYPE="CHECKBOX" NAME="zutat" VALUE="basilikum"> Basilikum <BR>
  </P>

  <H3> Geben Sie Ihre Adresse ein: </H3>
  <P> Name: <BR>
  <INPUT NAME="name" TYPE="TEXT" VALUE="Erwin Lindemann" SIZE=20
    MAXLENGTH=20>
  </P>
  <P> Anschrift: <BR>
  <INPUT NAME="Anschrift" TYPE="TEXT" SIZE=40 MAXLENGTH=40>
  </P>

  <H3> Geben Sie Ihre Zahlungsweise an: </H3>
  <P>
    <INPUT TYPE="RADIO" NAME="payment" VALUE="Mastercard ">
      Mastercard <BR>
    <INPUT TYPE="RADIO" NAME="payment" VALUE="Visa "> Visa <BR>
    <INPUT TYPE="RADIO" NAME="payment" VALUE="EC-karte "> EC-Karte <BR>
  </P>

  <P>
    <INPUT TYPE="SUBMIT" VALUE="Absenden">
    <INPUT TYPE="RESET" VALUE="Abbrechen">
  </P>
</FORM>
```

Abb. 12.28. Unterschiedliche Varianten des <INPUT>-Elements – Quellcode

Zwar lassen sich mit Hilfe des <INPUT>-Elements Schaltknöpfe relativ frei gestalten, doch sieht HTML 4.0 ein spezielles Kontrollelement zur Gestaltung von **Schaltknöpfen** (Buttons) vor. Über das Tag

<BUTTON>... </BUTTON>

kann dieses spezielle Kontrollelement definiert werden. Während ein über das <INPUT>-Element definierter Schaltknopf nur die Beschriftung oder die Ab-

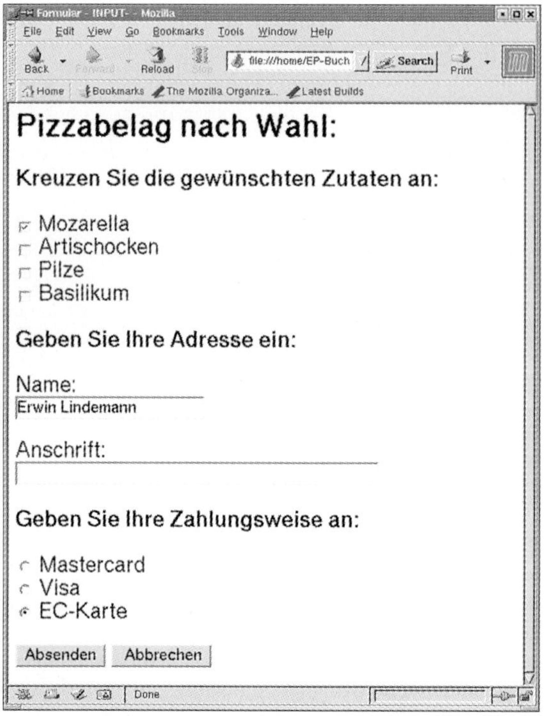

Abb. 12.29. Unterschiedliche Varianten des <INPUT>-Elements – Browseransicht

lage einer Grafik erlaubt, kann über das <BUTTON>-Tag ein Schaltknopf definiert werden, der den Gebrauch sämtlicher Gestaltungsvarianten von HTML ermöglicht. Das <BUTTON>-Tag erlaubt Block-Level und Inline Elemente, wobei nur wenige Ausnahmen getroffen sind, die eine verschachtelte Struktur verhindern sollen. Folgende Attribute können für das <BUTTON>-Tag verwendet werden:

- `NAME = "name"` und `VALUE = "wert"`
  Wie allen anderen Kontrollelementen können auch dem <BUTTON>-Element `NAME`/`VALUE`-Paare zugeordnet werden, die beim Absenden des Formulars an den Server übermittelt werden.
- `TYPE = "SUBMIT/RESET/BUTTON"`
  Über die Typangaben `SUBMIT` und `RESET` kann dem <BUTTON>-Element die gleiche Funktionalität zugeordnet werden, wie den über das <INPUT>-Element definierten Submit- und Reset-Schaltknöpfen. Über den Typ `BUTTON` kann ein allgemeiner Schaltknopf definiert werden, dem verschiedene Aktionen beim Eintritt bestimmter, vordefinierter Ereignisse zugeordnet sind.

HTML 4.0 stellt zur Auswahl verschiedener vordefinierter Antworten noch weitere Kontrollelemente zur Verfügung, die sich in ihrer Ausgestaltung von

den bereits bekannten Radio-Buttons und Checkboxes unterscheiden. Soll der Benutzer z.B. aus einer großen Anzahl möglicher Varianten eine Auswahl treffen, sind Radio-Buttons und Checkboxes nicht sonderlich gut geeignet, da sämtliche Auswahlmöglichkeiten permanent im gerade aktiven HTML-Dokument dargestellt werden müssen. Besser ist für diese und ähnliche Fälle der Einsatz eines speziellen Pop-Up-Fensters, das nur dann aktiv sämtliche Auswahlmöglichkeiten darstellt, wenn der Benutzer seine Auswahl trifft. Anderenfalls wird nur die vom Benutzer getroffene Auswahl dargestellt.
Zu diesem Zweck dienen die Kontrollelemente `<SELECT>`, `<OPTGROUP>` und `<OPTION>`. In Abb. 12.30 und 12.31 ist ein Beispiel für diese Auswahlmöglichkeiten dargestellt.

- `<SELECT> ... </SELECT>`
  Dieses Kontrollelement ergänzt das Formular um eine einfache Auswahlliste. Dem Benutzer wird eine Liste von Auswahlmöglichkeiten präsentiert, aus der er eine auswählen kann. Folgende Attribute sind erlaubt:
  - `SIZE = anzahl`
    Das Attribut `SIZE` bestimmt die Anzahl der dem Nutzer gleichzeitig dargestellten Auswahlmöglichkeiten. Ohne Angabe dieses Attributs wird stets nur eine Auswahlmöglichkeit dargestellt. Der Benutzer kann sich die einzelnen Auswahlmöglichkeiten mit Hilfe eines Rollbalkens ansehen.
  - `MULTIPLE`
    Dieses Attribut gestattet dem Benutzer die Auswahl von mehreren der angebotenen Auswahlmöglichkeiten.

  Die einzelnen Auswahlmöglichkeiten innerhalb eines `<SELECT>`-Elements werden über die Elemente `<OPTION>` und `<OPTGROUP>` bestimmt.
- `<OPTION> ... </OPTION>`
  Das `<OPTION>`-Tag kennzeichnet eine Auswahlmöglichkeit innerhalb eines `<SELECT>`-Elements, die textorientiert dargestellt wird. Beim Absenden des Formulars wird der innerhalb der `<OPTION>`-Tags befindliche Text an den Server übermittelt, sofern nicht eine `NAME/VALUE`-Paar-Zuordnung im `<OPTION>`-Element getroffen wurde. Dabei sind die folgenden Attribute möglich:
  - `NAME = "name"` und `VALUE = "wert"`
    Wie allen anderen Kontrollelementen können auch dem `<BUTTON>`-Element `NAME/VALUE`-Paare zugeordnet werden, die beim Absenden des Formulars anstelle des innerhalb der `<OPTION>`-Tags stehenden Textes an den Server übermittelt werden.
  - `SELECTED`
    Mit diesem Attribut wird eine bestimmte Auswahlmöglichkeit gekennzeichnet, die dem Benutzer als Vorgabe vorgeschlagen wird.
- `<OPTGROUP> ... </OPTGROUP>`
  Mit dem `<OPTGROUP>`-Tag lassen sich verschiedene Auswahlmöglichkeiten, die über das `<OPTION>`-Tag definiert wurden, zu einzelnen Gruppen

zusammenfassen, die eine eigene Überschrift (LABEL="überschrift") besitzen. Damit ist es möglich, hierarchisch aufgebaute, d.h. verschachtelte Auswahlmenüs zu entwerfen. Allerdings ist nicht jeder Browser in der Lage, diese Auswahlmenüstruktur korrekt darzustellen.

```
<H2> Pizza nach Wahl: </H2>

<FORM NAME="PizzaPizza" ACTION="input.htm" METHOD="GET">
  <SELECT NAME="pizza" SIZE=7>
    <OPTGROUP LABEL="Vegetarisch">
      <OPTION VALUE="p1">Pizza Margaritha</OPTION>
      <OPTION VALUE="p2">Pizza Verdure</OPTION>
      <OPTION VALUE="p3">Pizza Funghi</OPTION>
    </OPTGROUP>
    <OPTGROUP LABEL="Fisch">
      <OPTION VALUE="p4">Pizza Mare</OPTION>
      <OPTION VALUE="p5">Pizza Tonno</OPTION>
    </OPTGROUP>
    <OPTGROUP LABEL="Fleisch">
      <OPTION VALUE="p6">Pizza Mexicana</OPTION>
      <OPTION VALUE="p7">Pizza Regina</OPTION>
      <OPTION VALUE="p8">Pizza de la Casa</OPTION>
      <OPTION VALUE="p9">Pizza Calzone</OPTION>
    </OPTGROUP>
  </SELECT>

  <H3>Geben Sie Ihre Zahlungsweise an:</H3>
  <SELECT NAME="payment" SIZE=2>
    <OPTION SELECTED>Bargeld</OPTION>
    <OPTION>Mastercard</OPTION>
    <OPTION>Visa</OPTION>
  </SELECT>

  <P>
    <INPUT TYPE="SUBMIT" VALUE="Absenden">
    <INPUT TYPE="RESET" VALUE="Abbrechen">
  </P>
</FORM>
```

Abb. 12.30. Einsatz des <SELECT>-Elements – Quellcode

Das Beispiel in Abb. 12.30 zeigt den Einsatz eines hierarchischen Auswahlmenüs. Trifft der Benutzer im ersten Auswahlmeü etwa die Auswahl „Pizza Mare“ und wählt er als Zahlungsart „Mastercard“, wird dem WWW-Server eine URI (da METHOD="GET") der folgenden Bauart übermittelt:

```
input.htm?pizza=p4&payment=Mastercard
```

Ein weiteres Kontrollelement, das dem Autor zur Ausgestaltung verschiedener Auswahlmöglichkeiten innerhalb eines HTML-Formulars zur Verfügung

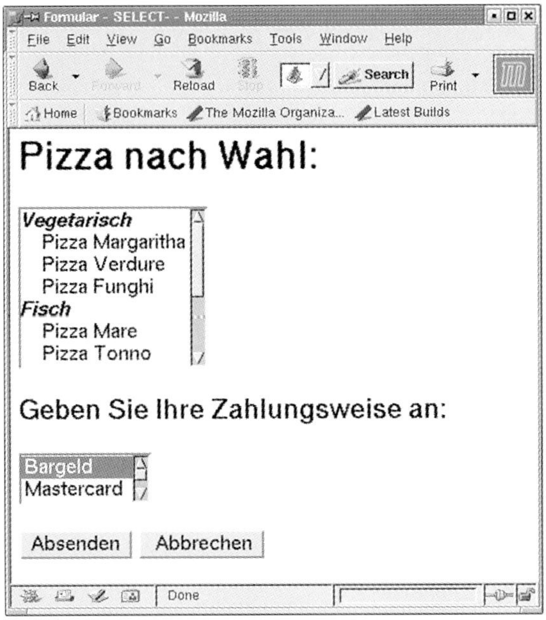

Abb. 12.31. Einsatz des <SELECT>-Elements – Browseransicht

steht, ist das <TEXTAREA>-Element. Das <TEXTAREA>-Element dient der Eingabe von Text und kann in gleicher Weise wie das diesbezügliche <INPUT>-Element verwendet werden. Im Unterschied zu diesen kann dem Anwender bei Verwendung des <TEXTAREA>-Elements ein editierbarer Textbereich zur Verfügung gestellt werden, der auch mehrzeilige Benutzer-Eingaben erlaubt. Über das NAME-Attribut wird das <TEXTAREA>-Element identifiziert. Die vom Nutzer getätigte Eingabe wird beim Absenden des Formulars an den WWW-Server übermittelt. Das nachfolgende Beispiel stellt ein Textfeld einer Größe von 10×40 Zeichen dar, das die Vorbelegung „Kommentar“ enthält:

```
<TEXTAREA NAME="test" ROWS=10 COLS=40>
     Kommentar
</TEXTAREA>
```

Einige der Kontrollelemente können bereits eine Bezeichnung tragen, wie z.B. Schaltknöpfe. Darüberhinaus ist es aber auch möglich, Kontrollelementen eine eigene, **explizite Bezeichnung** über das <LABEL>-Tag zuzuweisen. Mit Hilfe des ID-Attributes, das allen Kontrollelementen zugeordnet werden kann, ist es möglich, diese Kontrollelemente zu identifizieren und ihnen über das <LABEL>-Tag eine Bezeichnung zuzuordnen. In welcher Weise der Browser diese Bezeichnung darstellt, ist nicht festgelegt. So kann diese z.B. dargestellt werden, wenn der Nutzer mit dem Mauszeiger über dem betreffenden Kontrollelement verweilt. Das nachfolgende Beispiel zeigt, wie für ein einfaches <INPUT>-Element ein entsprechender expliziter Bezeichner angegeben werden kann:

```
<INPUT TYPE="TEXT" NAME="test">
<LABEL FOR="test">
      Geben Sie hier bitte Ihren Namen an
</LABEL>
```

Über das FOR-Attribut referenziert das <LABEL>-Element das betreffende Kontrollelement, auf das es sich bezieht. Andererseits ist es auch möglich, eine solche Zuordnung **implizit** zu treffen. Dazu wird das Kontrollelement einfach innerhalb der <LABEL>-Tags spezifiziert. Allerdings ist dies nicht in jeder Situation möglich.

Besitzt ein Formular sehr viele einzelne Kontrollelemente, gestaltet sich eine übersichtliche Ausgabe des Formulars oft schwierig. HTML 4.0 ermöglicht dem Autor zu diesem Zweck die Zusammenfassung einzelner logisch zusammengehöriger Kontrollelemente zu **Gruppen**. Dazu können die betreffenden Kontrollelemente innerhalb der Tags des <FIELDSET>-Elements

```
<FIELDSET> ... </FIELDSET>
```

gesetzt werden. Der Browser hat daraufhin die Möglichkeit, die zusammengehörigen Gruppen entsprechend zu kennzeichnen. Zusätzlich besteht die Möglichkeit, die innerhalb des <FIELDSET>-Elements zusammengefaßten Kontrollelemente in Form einer **Legende** zu beschreiben. Die Beschreibung einer solchen Legende erfolgt innerhalb der Tags

```
<LEGEND> ... </LEGEND>
```

innerhalb des entsprechenden <FIELDSET>-Elements (siehe Abb. 12.32 und 12.33).

12.2.8 Dynamisches HTML und Multimediaobjekte

Das WWW besteht heute anders als in seiner Anfangszeit nicht nur aus statischen HTML-Dokumenten, in denen Texte oder Grafiken dargestellt werden, die untereinander über Hyperlinks verbunden sind. Als Hypermediasystem stellt das WWW vielmehr einen Raum für eine Vielzahl multimedialer Anwendungen dar, die sich nicht nur dem Nutzer einseitig präsentieren, sonder mit diesem interagieren.

HTML-Dokumente sind in der Lage, dynamische Multimediainhalte aufzunehmen und dem Nutzer über die Schnittstelle des Browsers zur Verfügung zu stellen. Zu diesem Zweck sieht HTML 4.0 zwei verschiedene Varianten vor:

- **Client Side Scripts**
  Auf Client-Seite ausführbare Skripte stellen die wichtigste Komponente des **dynamischen HTML** (DHTML) dar. Für solche Skripte gibt es verschiedene Skript-Sprachen (siehe Kap. 15.2.1), die vom Browser interpretiert und zur Ausführung gebracht werden können. Über Skripte

```
<FORM NAME="PizzaPizza" ACTION="input.htm">
 <FIELDSET>
   <LEGEND>Pizzabelag nach Wahl:</LEGEND>
   <P>
     <INPUT TYPE="CHECKBOX"
       NAME="zutat" VALUE="mozarella" CHECKED>Mozarella<BR>
     <INPUT TYPE="CHECKBOX"
       NAME="zutat" VALUE="artischocken">Artischocken<BR>
     <INPUT TYPE="CHECKBOX"
       NAME="zutat" VALUE="pilze">Pilze<BR>
     <INPUT TYPE="CHECKBOX"
       NAME="zutat" VALUE="basilikum">Basilikum<BR>
   </P>
 </FIELDSET>

 <FIELDSET>
   <LEGEND>Adressangaben:</LEGEND>
   Vorname:<BR>
     <INPUT NAME="vorname" TYPE="text" SIZE=20 MAXLENGTH=20><BR>
   Name:<BR>
     <INPUT NAME="name" TYPE="text" SIZE=20 MAXLENGTH=20><BR>
   Anschrift:<BR>
     <INPUT NAME="anschrift" TYPE="text" SIZE=40 MAXLENGTH=40><BR>
 </FIELDSET>
 <P>
   <INPUT TYPE="SUBMIT" VALUE="Absenden">
   <INPUT TYPE="RESET" VALUE="Abbrechen">
 </P>
</FORM>
```

Abb. 12.32. Einsatz des <FIELDSET>-Elements – Quellcode

können HTML-Dokumente stets den aktuellen Nutzeranforderungen automatisch angepaßt werden. Die Verbindung zwischen HTML-Dokument und ausführbarem Skript wird durch das sogenannte **Document Object Model** (DOM) beschrieben, das angibt, in welcher Art und Weise Skripte auf Dokumente zugreifen und diese modifizieren können (vgl. Abschnitt 15.1). Die Ausführung von Skripten, die einem bestimmten HTML-Dokument zugeordnet sind, kann zu vershiedenen Zeitpunkten erfolgen:

- Beim Laden des HTML-Dokuments:
  Jedes Skript, das in einem HTML-Dokument innerhalb eines <SCRIPT>-Elements positioniert ist, wird zur Ladezeit des HTML-Dokuments ausgeführt, außer es handelt sich dabei lediglich um Funktionsvereinbarungen, die zu einem späteren Zeitpunkt, beim Eintritt bestimmter, vordefinierter Ereignisse, ausgeführt werden.
- Beim Eintritt bestimmter Ereignisse:
  Skripte können mit bestimmten, vordefinierten Ereignissen assoziiert werden. Zu diesen Ereignissen zählen etwa die Positionierung des Maus-

Abb. 12.33. Einsatz des <`FIELDSET`>-Elements – Browseransicht

zeigers auf bestimmte Elemente, das Laden oder Verlassen eines Dokuments, usw.

Da nicht jeder Browser in der Lage ist, Skripte auszuführen, bzw. der Nutzer die Ausführung von Skripten unterbinden kann, ist es sinnvoll, neben den jeweils vorgesehenen Skripten auch alternative Inhalte anzugeben, die dann angezeigt werden, wenn die dem HTML-Dokument zugeordneten Skripte nicht ausgeführt werden können. Zu diesem Zweck dient das <`NOSCRIPT`>-Element.

- **Multimedia Objekte**
  HTML bietet die Möglichkeit, Multimedia-Objekten jeder Art in ein Dokument einzubinden. Angefangen von der einfachen Textdatei über Grafiken, Animationen oder auch Excel-Tabellen, AutoCad-Zeichnungen, Midi-Musikdateien, Flash-Movies oder Streaming-Quellen für Rundfunk- oder Fernsehübertragungen, Java-Applets oder ActiveX-Controls und vieles andere mehr. Damit nicht für jeden einzelnen Datentyp ein eigenes HTML-Element zur Verfügung gestellt werden muß, sieht HTML das <`OBJECT`>-Element vor. Damit wird allerdings keine Vorsorge getroffen, daß jeder Browser den innerhalb der <`OBJECT`>-Umgebung repräsentierten multimedialen Inhalt auch darstellen kann, sondern lediglich eine entsprechende Syntax zur Einbindung solcher Objekte zur Verfügung gestellt. Zur Anzeige dieser Objekte auf dem Browser sind oft eigene Programme oder Module notwendig, sogenannte **Browser-Plugins**, die der Nutzer z.B. über den Browserhersteller beziehen kann.

Um ein über das <OBJECT>-Element eingebundenes Multimedia-Objekt korrekt im Browser darstellen zu können, sind folgende Elemente erforderlich:

- **Geeignete Anwendungen**
  Um das Multimedia-Objekt darstellen zu können, sind oft spezielle Programme bzw. Programm-Module notwendig. Die beiden Attribute `CLASSID` und `CODETYPE`, die der Browser auswerten kann, helfen ihm zu beurteilen, ob er in der Lage ist, die Multimedia-Daten korrekt zu interpretieren.
- **Multimedia-Daten**
  Die eigentlich darzustellenden Multimedia-Daten werden mit Hilfe des Attributs `DATA` spezifiziert. Ein optionales `TYPE`-Attribut dient der Angabe des verwendeten Multimedia-Datentyps und soll den Browser davon abzuhalten, die Übertragung von Multimedia-Daten anzufordern, die er nicht interpretieren kann.
- **Parameter**
  Sind zur Darstellung der Multimedia-Daten zusätzliche Parameterangaben erforderlich, können diese über das Element <PARAM> zum Multimedia-Objekt hinzugefügt werden.

In das HTML-Dokument einzubindende Multimedia-Objekte werden stets durch die Tags

```
<OBJECT> ... </OBJECT>
```

eingerahmt. Innerhalb der <OBJECT>-Umgebung können neben den direkt auszuwertenden und zum Multimedia-Objekt assoziierten Parametern in Form von <PARAM>-Elementen auch andere Block-Level oder Inline-Elemente vorkommen. Neben den HTML-Standardattributen können dem <OBJECT>-Element folgende Attribute zugeordnet werden:

- `ALIGN = "TOP/BOTTOM/MIDDLE"`
  Analog zum <IMG>-Element läßt sich hier eine Ausrichtung des Multimedia-Objekts zu seiner Umgebung erzielen.
- `DECLARE`
  Wird das Attribut `DECLARE` einem Objekt zugeordnet, wird dieses zwar vom Browser geladen, aber ist inaktiviert, d.h. wird nicht ausgeführt, falls es sich um ein Programm handelt. Das Objekt kann daraufhin z.B. durch einen Hyperlink, das auf dieses Objekt verweist, aktiviert werden.
- `CLASSID = "uri"`
  Über dieses Attribut wird das Objekt implementiert, d.h. es enthält die Referenz auf die Objektinstanz bzw. dessen Quellcode. `CLASSID` referenziert in der Regel ein ausführbares Programm, während über `DATA` ein Datenobjekt eingebunden werden kann.

- CODEBASE = "uri"
  Dieses Attribut gibt die Basis-URI für das implementierte Objekt an, sofern die CLASSID als relative URI angegeben wurde. CODEBASE gilt auch für die Attribute DATA und ARCHIVE, falls in diesen eine relative URI angegeben wurde. Beispiel:
  <OBJECT CLASSID="java.class" CODEBASE="http://www.test.de/">
- CODETYPE = "typ"
  Hier wird der Typ des referenzierten Objekts angegeben. Diese Angabe bezieht sich auf den MIME-Typ (gemäß RFC 2045) des im Attribut CLASSID angegebenen Objekts. Es wird empfohlen, dieses Attribut bei Verwendung von CLASSID ebenfalls zu verwenden, da der Browser so bereits vor dem Laden des Objekts feststellen kann, ob er in der Lage ist, dieses korrekt zu interpretieren. Beispiel:
  <OBJECT CLASSID="applet.lass"/ CODETYPE="application/java">
- DATA = "uri"
  Dieses Attribut bezeichnet eine Referenz auf das einzubindende Objekt. DATA wird als Objektreferenz verwendet, wenn es sich bei dem einzubindenden Objekt um ein Datenobjekt (Grafik, Audiodokument, Video) handelt und nicht um ein ausführbares Programm, das über das Attribut CLASSID eingebunden wird. Beispiel:

  <OBJECT DATA="http://www.test.de/bild.jpg">

- TYPE ="typ"
  Wird ein Datenobjekt über das Attribut DATA referenziert, wird dessen Datentyp über das Attribut TYPE angegeben. Obwohl dieses Attribut optional ist, wird seine Verwendung stets empfohlen, da der Browser anhand des TYPE-Attributs, bereits vor der Übertragung des Dokuments entscheiden kann, ob er in der Lage ist, dieses überhaupt darzustellen. Beispiel:

  <OBJECT DATA="bild.jpg" TYPE="image/jpeg">

- ARCHIVE = "liste"
  Falls notwendig, kann dem eingebundenen Objekt über eine Liste von Archiven die Möglichkeit gegeben werden, zusätzlich notwendige Daten zu referenzieren. Die einzelnen Archive müssen durch Komma voneinander getrennt werden.
- STANDBY = "text"
  Das STANDBY-Attribut wird verwendet, um während des Ladevorgangs des Objekts einen Text anzuzeigen.
- HEIGHT = höhe und WIDTH = breite
  Mit diesen beiden Attributen können die Dimensionen des einzubindenden Multimedia-Objekts festgelegt werden. Die Angaben können als absolute Pixelwerte oder auch als Prozentangabe relativ zur Bildschirmfenstergröße des Browsers gegeben werden.

- `USEMAP = "name"`
  Das `USEMAP`-Attribut assoziiert eine vordefinierte Image Map mit dem eingebundenen Multimedia-Objekt. Dabei müssen der in `USEMAP` angegebene Name und der unter <MAP> angegebene Name der Image Map übereinstimmen. Bei dem angegebenen Multimediaobjekt kann es sich in diesem Fall nur um eine Grafik handeln.
- `NAME = "name"`
  Wird das `NAME`-Attribut verwendet, ist das Multimedia-Objekt Teil eines HTML Formulars. Der hier angegebene Name ist Teil der über das Formular an den WWW-Server übermittelten Daten.
- `TABINDEX = "zahl"`
  Mit Hilfe dieses Attributs läßt sich eine Reihenfolge festlegen, in der die eingebundenen Multimedia-Objekte mit Hilfe der Tabulator-Taste angesprochen werden können.

Abb. 12.34 zeigt ein einfaches Beispiel, wie ein Multimedia-Objekt in ein HTML-Dokument eingebunden wird. Dabei wird eine Textdatei innnerhalb eines umrahmten Bereichs zur Darstellung gebracht.

```
<H2>Eine eingebundene Text-Datei</H2>
<P>
 <OBJECT DATA="test.txt" TYPE="text/plain"
     WIDTH="70%" HEIGTH="60%"/ BORDER=1>
   Der Browser kann das Objekt nicht anzeigen!
 </OBJECT>
</P>
```

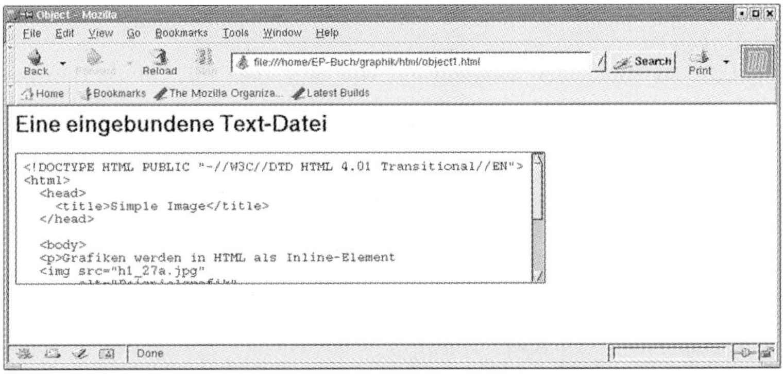

Abb. 12.34. Einbinden einer Textdatei als <OBJECT>-Element

Benötigt das eingebundene Multimedia-Objekt Parameter zu seiner korrekten Darstellung bzw. Ausführung, so können diese über das Element

```
<PARAM> ... </PARAM>
```

innerhalb der <OBJECT>-Umgebung angegeben werden. Jeder beötigte Parameter muß dabei einzeln über ein entsprechendes `NAME/VALUE`-Paar spezifiziert werden, wobei davon ausgegangen wird, daß die Implementation des eingebundenen Multimedia-Objekts die hier verwendete Syntax interpretieren kann. Das <PARAM>-Element erhält sämtliche Information über die zugeordneten Attribute. Daher ist es stets leer und ein zugehöriges Ende-Tag kann entfallen. Die Angabe der Objekt-Parameter muß stets als erstes nach dem Start-Tag des <OBJECT>-Elements erfolgen. Der nachfolgende Inhalt des <OBJECT>-Elements enthält Alternativ-Information, die zur Darstellung gelangen soll, wenn das Objekt vom Browser nicht dargestellt werden kann. Folgende Attribute sind für das <PARAM>-Element festgelegt:

- `ID = "bezeichnung"`
  Dient der eindeutigen Kennzeichnung des <PARAM>-Elements.
- `NAME = "name"`
  Dieses Attribut spezifiziert den Namen des Parameters, der an das Multimedia-Objekt übergeben werden soll. Die Interpretation des Parameternames obliegt der Objekt-Instanz. Parameternamen, die nicht interpretiert werden können, werden ignoriert.
- `VALUE = "wert"`
  Das `VALUE`-Attribut spezifiziert den jeweiligen Wert, der dem Parameter zugeordnet wird. Der dabei verwendete Typ ist lediglich abhängig von der Interpretation der Objektinstanz bzw. von den im Attribut `VALUETYPE` festgelegten Parametertyp.
- `VALUETYPE = "DATA/REF/OBJECT"`
  Dieses Attribut bestimmt, auf welche Weise die mit dem Parameter übergebenen Daten aus dem Attribut `VALUE` interpretiert werden sollen.
  - `DATA`: Der Parameterwert ist in `VALUE` direkt spezifiziert.
  - `REF`: In `VALUE` ist ein URI angegeben, der auf den zu verwendenden Parameterwert zeigt.
  - `OBJECT`: In `VALUE` wird direkt auf ein anderes Multimedia-Objekt, das sich im selben HTML-Dokument befindet, verwiesen. Die Referenz erfolgt über das `ID`-Attribut des betreffenden Multimedia-Objekts.
- `TYPE = "typ"`
  Wurde das Attribut `VALUETYPE="REF"` gesetzt, so wird hier der eigentliche Typ der eingebundenen Parameterdaten festgelegt. Die Typangabe folgt dem MIME-Standard (siehe RFC 2045).

Die Unterstützung des Multimedia-Objekt-Typs durch gegenwärtige Browserimplementationen ist z.Z. noch beschränkt, so daß viele Autoren anstelle des Multimedia-Objekts das <IMG>-Element zum Einbinden von Grafiken bzw. das <APPLET>-Element zum Einbinden von Java-Applets verwenden. Da die Angaben innerhalb der umschließenden <OBJECT>-Tags als Alternativ-Darstellung für den Fall, daß das betreffende Objekt nicht dargestellt werden kann, verwendet wird, kann dies mit Hilfe verschachtelter Multimedia-

Objekte für eine Darstellung ausgenutzt werden, die an die Fähigkeiten des verwendeten Browsers angepaßt ist. Das in Abb. 12.35 angegebene Beispiel bindet ein Video im Microsoft-konformen AVI-Format ein. Ist der Browser nicht in der Lage, dieses Video darzustellen, wird versucht, an dessen Stelle eine Audio-Datei im WAV-Format einzubinden. Ist dies auch nicht möglich, wird an dessen Stelle der Text einer erklärenden Datei ausgegeben.

```
<OBJECT DATA="EinFilm.avi" TYPE="video/x-msvideo"
  <OBJECT DATA="sound.wav" TYPE="audio/x-wav"
    <OBJECT DATA="Erklärung.txt" TYPE="text/plain">
      Der Browser unterstützt keine Objekte!
    </OBJECT>
  </OBJECT>
</OBJECT>
```

Abb. 12.35. Anpassung der darzustellenden Multimedia-Objekte an die Fähigkeiten des Browsers

Tabelle 12.8. HTML-Tags für Formulare (HTML 4.0)

<FORM>	Start der Formulardefinition
<SELECT>	Optionsauswahl
<OPTION>	Definition einer einzelnen Option
<OPTGROUP>	Zusammenfassung von Optionen zu einer Gruppe
<INPUT>	einzeiliges Eingabefeld
<TEXTAREA>	mehrzeiliges Eingabefeld
<BUTTON>	Definition eines Schaltknopfes
<FIELDSET>	Gruppierung zusammengehöriger Kontrollelemente eines Formulars
<LEGEND>	Beschreibung eines Fieldset
<LABEL>	Benennung eines Formularfeldes

Exkurs 29: Unterschiede zwischen HTML 4.0 und XHTML

Bis einschließlich HTML 4.x basierte die Definition der HTML-Syntax auf der Beschreibungssprache SGML (Standard Generalized Markup Language). Mit Einführung von XML (Extensible Markup Language) als neuen, erweiterten Standard zur Beschreibung von WWW-Inhalten und der stetig wachsenden Bedeutung von XML, entstand der Wunsch, auch HTML auf der Grundlage von XML anstelle von SGML. Um einen Versionenwirrwarr auszuschließen, wurde dieses neue, XML-basierte HTML mit neuem Namen und eigener Versionenkontrolle ausgestattet. So entstand XHTML (Extensible Hypertext Markup Language), das im Januar 2000 vom W3C als Standard herausgegeben wurde und nun mit HTML 4.0 koexistiert.
Es stellt sich die Frage, warum ein neuer HTML-Standard benötigt wurde, da XHTML 1.0 gegenüber HTML 4.0 keine neue Funktionalität birgt. Folgende Gründe waren dafür ausschlaggebend:

- Die Gewährleistung syntaktischer Kompatibilität zu anderen XML-basierten Standardsprachen, wie z.B. MathML, WML oder SMIL, die eine Integration dieser Sprachen als eingebundene Objekte in XHTML oder umgekehrt die Einbindung von XHTML in diese XML-basierten Sprachen wesentlich einfacher gestaltet.
- Die gemeinsame XML-Basis schafft eine syntaktische Grundlage zur Vereinheitlichung von Skriptsprachen, die im Zusammenhang mit diesen Beschreibungssprachen genutzt werden. Zu diesem Zweck existiert **DOM** (Document Object Model, vgl. Abschnitt 15.1). DOM definiert Objekte, Eigenschaften und Methoden für den Zugriff auf Elemente XML-basierter Sprachen, allerdings nur für Sprachen, die denselben XML-bedingten Grundmustern folgen. Aufgrund der Ähnlichkeit von HTML und XHTML ist die Anwendung von DOM zwar auch für HTML möglich, aber die Befolgung eines XML-basierten Sprachstandards erleichtert die Arbeit in der Praxis erheblich.

Zwar enthält XHTML dieselben Elemente, Attribute und Konstruktionsregeln wie HTML, doch gibt es auf Grund der XML-Konformität syntaktische Unterschiede.

- **MIME-Type**
  HTML-Dokumente besitzen den MIME-Typ `text/html` während XHTML-Dokumente auch vom Typ `text/xml` oder `application/xml` sein können. Dies ist zwar für die Erstellung von XHTML-Dokumenten unbedeutend, wohl aber für die Kommunikation zwischen Browser und WWW-Server.
- **Dateinamen**
  Während HTML-Dokumente über die Suffixe `.htm` oder `.html` verfügen, werden XHTML-Dokumente mit dem Suffix `.xhtml` gekennzeichnet. Der Browser hat über das Suffix die Möglichkeit, auch beim Fehlen einer MIME-Typ Angabe für das Dokument, dieses korrekt anzuzeigen.
- **XML-Deklaration**
  Zu Beginn jedes XHTML-Dokumentes muß eine Angabe erfolgen, die die Version des verwendeten XML spezifiziert:

  ```
  <?xml version="1.0" encoding="UTF-8"?>
  ```

  Die aktuelle Version von XML ist die Version 1.0. Danach wird eine Angabe bzgl. des zu verwendenden Zeichensatzes gemacht, der in diesem Fall der ISO/IEC-10646-Norm (Unicode) entspricht, in der jedes Zeichen mit 8 Bit kodiert wird.
- **DTD-Angabe**
  Die DTD-Angabe am Beginn des HTML-Dokuments bzw. des XHTML-Dokuments dient dem darstellenden Browser, das vorliegende Dokument zu interpretieren. Ebenso wie für HTML 4.x gibt es für XHTML die drei DTD-Varianten „Transitional“, „Strict“ und „Frameset“. Allerdings muß auf jeweils unterschiedliche Varianten zugegriffen werden:
  - HTML 4.x – Strict-DTD:

    ```
    <!DOCTYPE HTML PUBLIC "-//W3C//DTD HTML 4.01 Strict//EN"
              "http://www.w3.org/TR/html4/strict.dtd">
    ```
  - XHTML 1.0 – Strict-DTD:

    ```
    <!doctype html public "-//w3c//dtd xhtml 1.0 strict//en"
              "http://www.w3.org/TR/xhtml1/DTD/xhtml1-strict.dtd">
    ```
- **Namensraumangabe**
  Während in HTML keine Angabe zum jeweils verwendeten Namensraum erforderlich ist, ist dies in XHTML notwendig und erfolgt über das Wurzelelement des Dokuments `<HTML>`, in dem das `xmlns`-Attribut den jeweils verwendeten Namensraum referenziert. Ein XHTML-Dokument muß stets folgendermaßen aufgebaut sein:

```
<html xmlns="http://www.w3.org/1999/xhtml">
<!-- Inhalt des XHTML-Dokuments -->
</html>
```

- **Strenge Einhaltung des HTML-Grundgerüsts**
  Während bei HTML 4.x ganze Elemente, wie z.B. der Dokumentenkopf, die Tags für den Dokumentenkörper oder eine Titelangabe entfallen können, schreibt XHTML deren Verwendung zwingend vor. Ein XHTML-Dokument muß also stets dem in Abb. 12.36 angegebenen, korrekten Gundgerüst folgen:

```
<html xmlns="http://www.w3.org/1999/xhtml">
<head>
<title>text</title>
<!-- Inhalt des Dokumentenkopfes -->
</head>
<body>
<!-- Inhalt des Dokumentenkörpers -- >
</body>
</html>
```

Abb. 12.36. Grundgerüst eines gemäß XHTML kodierten HTML-Dokuments

- **Kleinschreibung**
  HTML ist in Bezug auf die Groß- und Kleinschreibung für HTML-Elemente tolerant, es unterscheidet diese nicht. Im Gegensatz dazu legt XHTML Wert auf korrekte Groß- und Kleinschreibung. Es wurde festgelegt, daß alle XHTML-Elemente, -Attribute und -Referenzwerte stets in Kleinbuchstaben zu schreiben sind!
- **Leere Elemente und optionale Ende-Tags**
  Als leere Elemente werden in HTML diejenigen Elemente bezeichnet, die über keinen eigenen Inhalt, sondern höchstens über inhaltsbezogene Attributangabe verfügen. Zu diesen zählen: `<IMG>`, `<BR>`, `<INPUT>` und `<HT>`. In HTML existiert für diese Elemente kein Ende-Tag. Die XHTML-Syntax verlangt, daß für jedes Start-Tag stets ein Ende-Tag zu verwenden ist. Leere Elemente werden im Start-Tag mit einem alternative Closing-Delimiter versehen. Anstelle von `<BR>` muß in XHTML z.B. `<BR/>` geschrieben werden.
- **Leere Attribute**
  Als leere Attribute werden in HTML Atribute bezeichnet, die alleine stehen und keinen Wert zugewiesen bekommen. In XHTML sind keine leeren Attribute erlaubt. Jedem Attribut muß ein Wert zugewiesen werden. Man hat sich darauf verständigt, den ursprünglich leeren Attributen zu diesem Zweck ihren eigenen Namen zuzuweisen.
  Beispiel: `checked="checked"`
- **Anker und Hyperlinks**
  In HTML erfolgt eine Referenz auf einen zuvor festgelegten Anker über dessen Namen, der mit Hilfe des `NAME`-Attributs im Anker spezifiziert wird:

  HTML 4.0 Referenz:

```
<A HREF="#Zielanker">Link-Text</A>
```

  HTML 4.0 Anker:

```
<A NAME="Zielanker">Anker-Text</A>
```

In XHTML erfolgt die Identifikation der einzelnen Elemente stets über die ihnen durch das Attribut <id> zugeordnete Identifikation. Um also einen Anker und ein Link auf diesen Anker unter XHTML anzulegen, muß folgendermaßen verfahren werden:

XHTML Referenz:

```
<a href="#Zielanker">Link-Text</a>
```

XHTML Anker:

```
<a id="Zielanker " name="Zielanker">Anker-Text</a>
```

- **Inhalt von Script- und Style-Bereichen**
  Während in HTML der Inhalt von <SCRIPT> und <STYPE> als CDATA, also als beliebige Zeichenkette deklariert ist, ist das in XHTML eingeschränkt auf den Bereich PCDATA. Das bedeutet, daß Zeichen, die Bestandteil der speziellen HTML-Syntax sind – wie z.B. < oder > – in XHTML dort nicht vorkommen dürfen, sondern „maskiert“ werden müssen. Dazu kann der betreffende Bereich mit der Anweisung

  [CDATA[zu maskierender Bereich]]

  umschlossen werden.
- **Verschachtelungen**
  In HTML 4.0 ist es verboten, bestimmte Elemente weiter zu verschachteln, d.h. rekursiv anzuwenden. In der XML-basierten DTD fehlen solche Verschachtelungsverbote. Um dennoch eine Kompatibilität zwischen HTML und XHTML zu gewährleisten, formulierte das W3C diese Verbote verbal als Empfehlung:
  - <a>-Elemente dürfen keine weiteren <a>-Elemente enthalten.
  - <pre>-Elemente dürfen keine Elemente <img>, <object>, <big>, <small>, <sub> oder <sup> enthalten.
  - <button>-Elemente dürfen keine Elemente <input>, <select>, <textarea>, <label>, <button>, <form>, <fieldset>, <iframe> oder <isindex> enthalten.
  - <label>-Elemente dürfen keine weiteren <label>-Elemente enthalten.
  - <form>-Elemente dürfen keine weiteren <form>-Elemente enthalten.

Weiterführende Literatur:

W3C HTML Working Group: XHTML 1.0 – The Extensible HyperText Markup Language (Second Edition), W3C Recommendation 26 January 2000, revised 1 August 2002, available at: http://www.w3.org/TR/xhtml1/

S. Münz, W. Nefzger: HTML & Web-Publishing Handbuch: HTML, JavaScript, CSS, DHTML, Franzis Verlag, Poing bei München, 2002.

S. Münz, W. Nefzger: SELFHTML 8.0, available at http://selfhtml.teamone.de/index.htm

12.3 Glossar

Cascading Style Sheet (CSS): Über ein Style Sheet läßt sich eine Layout-Vorlage definieren, die bestimmt, wie die Elemente eines Dokuments bei dessen Ausgabe zu formatieren sind. Dabei können mehrere Style Sheets nacheinander auf ein Dokument angewendet werden (Cascading Style Sheets). Eventuelle Konflikte, die durch mehrere, untereinander widersprüchliche Style Sheets entstehen, werden dabei durch entsprechende Vorrangregeln aufgelöst.

Document Object Model (DOM): DOM bildet die Basis für die Kopplung von HTML-Dokumenteninhalten mit ausführbaren Skripten (Anwendungsprogramme, die in einer einfachen, interpretierbaren Programmiersprache formuliert sind), die den Inhalt dieser HTML-Dokumente dynamische verändern können.

Dokumentenbody: Der Dokumentenbody eines Dokuments, das mit einer Markup-Sprache wie HTML oder XML erstellt wurde, enthält den eigentlichen Dokumenteninhalt. Ein HTML- bzw. XML-Dokument untergliedert sich in Dokumentenheader und Dokumentenbody.

Dokumentenheader: Der Header eines Dokuments, das mit einer Markup-Sprache wie HTML oder XML erstellt wurde, enthält Informationen über das vorliegende Dokument (Meta-Information) und zählt damit nicht zum eigentlichen Dokumenteninhalt. Zum Dokumentenheader zählen z.B. Angaben wie der Titel, Autor oder inhaltliche Beschreibung des Dokuments, die von externen Programmen, wie z.B. Suchmaschinen, automatisch ausgewertet werden können.

dynamisches HTML (DHTML): Zur Darstellung dynamisch veränderlicher Inhalte oder um Interaktivität mit dem Nutzer zu gewährleisten, ermöglicht HTML die Ausführung von ausführbaren Skripten, die mit HTML-Dokumenten assoziiert werden können. Diese Skripte kommen beim Laden des HTML-Dokuments oder beim Eintritt bestimmter, vordefinierter Ereignisse zur Ausführung und erweitern so die Gestaltungsmöglichkeiten von HTML.

DSSSL (Document Style Semantics and Specification Language): Internationaler Standard für die hersteller- und anwendungsunabhängige Formatierung und Konvertierung von SGML-Dokumenten. DSSSL besteht aus zwei Komponenten: einer Darstellungssprache (Style Language) und einer Sprache für die Spezifikation von Konvertierungs- und Transformationsvorschriften (Transformation Language).

Document Type Definition (DTD): Dokument, das die syntaktischen Regeln angibt, nach denen ein Dokument erzeugt werden kann. Eine DTD definiert, wie Elemente und Attribute einer Markupsprache wie SGML, HTML oder XML zusammengestellt werden können. Dabei wird aber keine semantische Information zur Interpretation der erstellten Dokumente angegeben. Mit Hilfe einer DTD und eines Parsers kann geprüft werden, ob ein bestimmtes Dokument entsprechend dieser DTD aufgebaut, d.h. **gültig** ist.

Frames: HTML 4.0 bietet die Möglichkeit, das vom Browser dargestellte Bildschirmfenster in verschiedene Rahmen (Frames) zu unterteilen, und dort verschiedene HTML-Dokumente zur Anzeige zu bringen. Dieses Gestaltungsmittel erlaubt ein freieres und flexibleres Layout der dargestellten Information in Anlehnung an moderne grafische Benutzeroberflächen.

Formulare: Interaktives Gestaltungselement von HTML. Über Formulare (Forms) können Informationen vom Browser angefordet und zum WWW-Server übertragen werden, um dort verarbeitet zu werden.

HTML: Hypertext Markup Language, das einheitliche Dokumentenformat für Hypermedia-Dokumente im WWW. Dokumente, die im WWW übertragen und vom Browser dargestellt werden sollen, sind üblicherweise in der Markupsprache HTML kodiert.

Hyperlink: Verweis auf ein anderes Hypermedia-Dokument oder eine andere Textstelle im vorliegenden Hypertext, der die verzweigte Vernetzung von Informationen in Dokumenten ermöglicht. Die Markup-Sprache HTML sieht eine unidirektionale 1:1-Verknüpfung zwischen einem HTML-Dokument als Startpunkt und einer weiteren Ressource als Zielpunkt vor, während **XLink** als spezielle Markup-Sprache zur Verknüpfung von XML-Dokumenten n:m-Verknüpfungen zwischen einer Vielzahl von Ressourcen gestattet, wobei das Hyperlink-Element selbst sogar unabhängig und außerhalb der Quellressource (**Out-of-Line Hyperlink**) gespeichert werden kann.

Hypermedia: Elektronische, multimediale Dokumente, die Verbindungen (Hyperlinks) zu anderen themenverwandten Dokumenten/Informationen enthalten. Hypermedia umfaßt neben Text auch Grafiken, Bilder und andere Informationsmedien.

Image Map: In ein HTML-Dokument eingebundene Hyperlink-sensitve Grafik. Über die Darstellung der reinen Bildinformation hinaus können bestimmte Teilbereiche definiert und mit einem bestimmten URI assoziiert werden. Klickt ein Benutzer einen solchen Hyperlink-sensitiven Bereich mit der Maus an, wird die mit dem referenzierten Hyperlink assoziierte Informationsressource geladen. Man unterscheidet **Client-Side** Image Maps, bei denen die Auswertung und Verarbeitung der Image Map auf der Seite des Clients stattfindet von **Server-Side** Image Maps, bei denen die Verarbeitung auf der Seite des Servers stattfindet.

Layout: Bezeichnet die optische Gestaltung eines Dokuments. Das Layout bestimmt zu einem wesentlichen Teil, wie gut ein Betrachter in der Lage ist, den Inhalt eines Dokuments schnell und richtig zu erfassen. Der Begriff wird sowohl für das allgemeine Aussehen eines Dokuments verwendet, als auch für den Ausdruck eines konkreten Dokuments.

Markup: Bezeichnung für spezielle Auszeichnungselemente, die innerhalb eines Textes bestimmte Strukturelemente kennzeichnen. Mit Hilfe von Markup-Elementen kann die Struktur eines Textes logisch erfaßt und unabhängig von der jeweiligen Darstellungsart archiviert werden. Dokumenten-Beschreibungssprachen, die mit Hilfe von Markups die Struktur eines Dokuments festlegen, werden als **Markup-Sprachen** bezeichnet. Die bekanntesten Markup-Sprachen sind **SGML** (Standard Generalized Markup Language), **HTML** (Hypertext Markup Language) und **XML** (Extensible Markup Language).

Multipurpose Internet Mail Extensions (MIME): Erweiterung des ursprünglich in RFC 822 definierten Email-Formats, das als Inhalt der Email-Nachricht ausschließlich 7 Bit US-ASCII-kodierten Text vorsah. MIME definiert zusätzliche Felder für den Message-Header der Email, mit deren Hilfe verschiedenartige Kodierungen und Datentypen als Inhalt der Email-Nachricht spezifiziert werden können, für deren korrekte Darstellung der jeweilige User Agent des Email-Systems sorgt. Zur Kodierung von Binärdaten wird der **Base64 Encoding** Standard verwendet. MIME ist in den RFCs 1521 und 1522 spezifiziert.

Semantik: Die Semantik definiert im Gegensatz zur Syntax die Bedeutung der gültigen Sätze einer Sprache. Die Semantik einer Sprache läßt sich meist nur sehr schwer formal definieren, so daß sie oft in Form von Klartext angegeben ist, was leicht zu Mehrdeutigkeiten in der Interpretation führen kann.

SGML (Standard Generalized Markup Language): Eine gemäß ISO 8879:1986 normierte Dokumentenbeschreibungssprache, die sich auf die Beschreibung der logischen Struktur eines Dokuments beschränkt und so dessen Inhalt strikt von seiner Darstellung trennt. Zum Druck oder zur Ausgabe auf einem anderen Medium muß das Dokument über eine geeignete Formatierungssprache (z.B. DSSSL) in ein entsprechendes Druckformat übersetzt werden.

Syntax: Die Syntax definiert formal, wie gültige Sätze einer Sprache aufzubauen sind. Zu diesem Zweck besteht eine Sprache in der Regel aus einer Menge von gültigen Symbolen (Worten) und einem Regelwerk (Grammatik), das besagt, wie die einzelnen Wörter miteinander kombiniert werden können, um gültige Sätze zu formen. Die Syntax trifft kein Aussage über die Bedeutung (Semantik) der zu bildenden Sätze. Daher können syntaktisch korrekt gebildete Sätze ohne sinnvolle Bedeutung sein.

Tabelle: Reglmäßig strukturiertes Dokument, das aus einzelnen, informationstragenden Zellen besteht, die vertikal in Spalten und horizontal in Zeilen organisiert sind.

Tags: Die einzelnen Elemente einer Markup-Sprache werden durch eindeutige Namen gekennzeichnet, die von sogenannten **Markup Begrenzern** (Markup Delimiter) eingerahmt sind, z.B. spitze Klammern in HTML/XML „<tag>“. Ein derart ausgezeichnetes Markupelement wird als **Tag** bezeichnet.

Extensible HTML (XHTML): Auf XML basierende HTML-Implementation, die 2000 vom W3C standardisiert wurde und als Standard mit HTML 4.0 koexistiert. Zwar enthält XHTML dieselben Elemente, Attribute und Konstruktionsregeln wie HTML 4.0, aber es gibt aus Gründen der XML-Konformität einige syntaktische Unterschiede.

Extensible Markup Language (XML) : Wie HTML oder SGML ist XML eine Markup-Sprache zur Beschreibung von Dokumenten. XML ist eine Teilmenge von SGML, die speziell auf die Belange des WWW ausgerichtet und dazu von allem nicht benötigtem Balast befreit wurde. Im Gegensatz zu HTML ist XML eine erweiterbare Sprache, d.h. auf der Grundlage von XML lassen sich neue, spezialisierte Beschreibungssprachen für besondere Umgebungen schaffen, wie z.B. Handheld PCs oder Mobiltelefone.

13. Für jeden Zweck das passende Design – CSS: Cascading Stylesheets

„Dies Bildnis ist bezaubernd schön"
– Tamino in Mozarts/Schickaneders
Zauberflöte 1,3

Die Trennung von Struktur und layoutmäßiger Darstellung ist eine der Grundideen der Markup-Sprachen. Beschreibt HTML die Dokumentenstruktur, so sind für die layoutmäßige Umsetzung und Darstellung dieser Struktur auf einem speziellen Ausgabemedium sogenannte Stylesheets zuständig, die die unterschiedlichen Formatierungen der Dokumente für verschiedenartige Anforderungen übernehmen. Dieses Kapitel beschreibt die Grundfunktionalität der Cascading Stylesheets (CSS) und gibt einen Einblick in deren Syntax und Anwendung.

13.1 Einführung

Grundlegendes Prinzip der im Kapitel 12 vorgestellten Markup-Sprachen HTML und SGML ist die angestrebte Trennung von Dokumentenstruktur und Dokumentendarstellung. Da SGML ausschließlich der Definition und Auszeichnung von strukturellen Elementen innerhalb eines Dokuments dient, wurden dort zum Zwecke der Darstellung auf unterschiedlichen, voneinander unabhängigen Ausgabemedien spezielle Formatierungs-Beschreibungssprachen entwickelt, wie z.B. DSSSL, die die Beschreibung des konkreten Layouts für ein vorgegebenes Dokument ermöglichen.
HTML stand von Anfang an im Spannungsfeld sich widersprechender Anforderungen: größtmögliche Einfachheit bei gleichzeitiger Wahrung der Grundprinzipien von SGML. Allerdings stand im frühen HTML vor allem der Gedanke der Übermittlung von Inhalten im Vordergrund, ohne daß die Autoren auf eine individuelle Präsentation ihrer Dokumente besonderen Wert legten. Die Gründe dafür waren, daß die ersten Autoren vorwiegend aus dem wissenschaftlichen Bereich stammten, und daß die genutzte Infrastruktur (Hardware, Netzwerk, Browser) bei weitem nicht dem heutigen Entwicklungsstand entsprach. Die Möglichkeiten einer grafischen Anzeige von HTML-Dokumenten mit Einführung des NCSA Mosaic-Browsers 1993 ließ dann erstmals den Wunsch entstehen, die ursprünglich rein Text-basierte Präsentation mit den zunächst noch bescheidenen Anwendung grafischen Gestaltungselementen wie Fett- oder Kursivschrift, Zeilenumbrüche, Absätze und Querstri-

che, individuell und dem jeweiligen Darstellungsmedium entsprechend angepaßt zu gestalten. Das Layout wurde mehr und mehr zum wichtigsten Gestaltungselement, speziell im Bereich der kommerziellen Anwendungen, da so die Ausgestaltung einer Corporate Identity zur Vermittlung einer Firmenphilosophie möglich war.
So wurden in HTML auch direkte Formatierungsoptionen aufgenommen, die dem strengen Prinzip der Trennung von Dokumentenstruktur und Dokumentendarstellung widersprachen, wie z.B. Angaben der verwendeten Schriftarten, Schriftgrößen oder Farben. Um der angestrebten Grundforderung nach Trennung von Dokumentenstruktur und Dokumenteninhalt, bei gleichzeitiger Wahrung einer gewissen Rückwärts-Kompatibilität – gab es doch zu dieser Zeit bereits Millionen von Dokumenten im WWW – zu entsprechen, folgte man dem Kompromiß, eine zusätzliche Formatierungssprache zu entwickeln, die es ebenso wie DSSSL für SGML ermöglichte, einem mit strukturellen und inhaltsbezogenen Auszeichnungs-Markierungen versehenes Dokument ein passendes reproduzierbares und Ausgabemedium-spezifisches Layout zuzuordnen: **CSS** (**Cascading Style Sheets**).
Die mit CSS erstellten Stylesheets ermöglichen nicht nur ein einfaches und einheitliches Layout für zusammengehörige HTML-Dokumente, auf die sie angewendet werden, das CSS-Konzept sieht auch die Koexistenz ganzer Hierarchien von Stylesheets vor, die jeweils vom Autor des betreffenden HTML-Dokuments, vom Hersteller des WWW-Browsers oder auch von dessen Nutzern erstellt werden können (siehe Abb. 13.1). Die Ausgestaltung eines Layouts kann also nicht nur vom Autor des Dokuments festgelegt werden, sondern auch der Nutzer kann diese entsprechend seinen Bedürfnissen und den Anforderungen des Ausgabemediums anpassen.

13.1.1 Prinzipien der Cascading Style Sheets

Cascading Stylesheets (CSS), kurz einfach Stylesheets genannt, sind als direkte Ergänzung von HTML zu betrachten. Sie dienen dazu, Layout-Eigenschaften einzelner HTML-Befehle in Abhängigkeit vom jeweils gewählten Ausgabemedium festzulegen. Prinzipielle Schwerpunkte bei der Verwendung von CSS bilden die folgenden Hauptanwendungsbereiche:

- **Exakte Definition des Layouts eines HTML-Dokuments**
  Dazu zählen Festlegungen, wie die jeweils für bestimmte HTML-Elemente zu verwendenden Schriftarten, Schriftgrößen, Schriftfarben sowie Arten der Schrifthervorhebung. Die Gestaltung des Hintergrundes, Zeilenabstände, Absatzeigenschaften, Rahmen von Tabellen oder Grafiken, bis hin zur pixelgenauen Einbindung von Multimedia-Objekten.
- **Anpassung an verschiedene Ausgabemedien**
  Stylesheets erlauben die effiziente Anpassung eines HTML-Dokuments an die spezifischen Anforderungen der verschiedenartigen Ausgabemedien. So stehen z.B. für Drucklayouts Befehle zur Definition ganzer Seitenlayouts

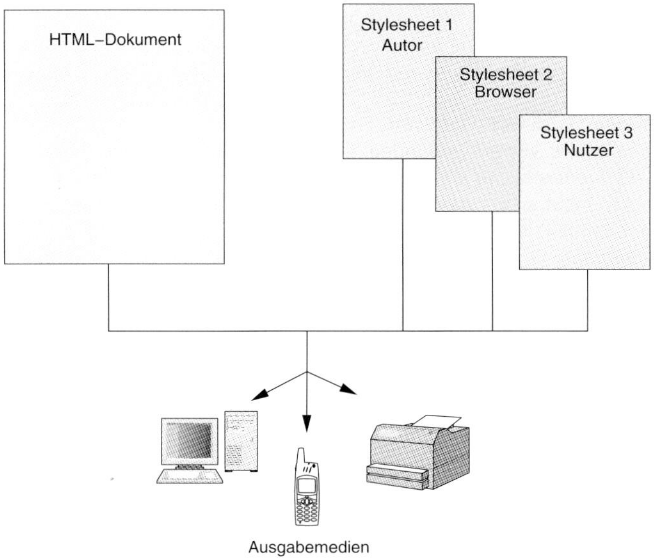

Abb. 13.1. Verwendung von Stylesheets

bereit und für die Ausgabe auf nichtvisuellen, akustischen Geräten sind Befehle zur Steuerung der künstlichen Sprachsynthese vorgesehen.

- **Zentrales Layout-Management**
  Die Definition eines Layouts kann zentral, an einer Stelle erfolgen. Die Nutzung dieses zentralen Layouts durch eine Vielzahl von unterschiedlichen HTML-Dokumenten ermöglicht nicht nur deren einheitliche Gestaltung, sondern erleichtert diese erheblich. Eine Änderung im Dokumenten-Layout kann zentral in einer Stylesheet-Datei erfolgen, während keines der HTML-Dokumente, die dieses Stylesheet nutzen, geändert werden muß. Der Kodier- und Wartungsaufwand für das einzelne HTML-Dokument reduziert sich dadurch erheblich.

Trotz der Möglichkeiten, HTML-Dokumente mit Hilfe von Stylesheets mit weitgehend freiem Layout gestalten zu können, sehen sich viele Designer noch immer in ihrer gestalterischen Freiheit und Kreativität beschränkt. So, wie sich viele Web-Designer auch vor der Einführung von Stylesheets damit behalfen, über proprietäre Formatierungsoptionen bestimmter Browserhersteller oder Tricks und Umwege ihre Vorstellungen abseits der Bahnen des „offiziellen“ HTMLs umzusetzen, ist diese Praxis leider auch heute noch anzutreffen. Zwar verschwinden proprietäre Browser-Erweiterungen zusehends, doch nutzen viele Designer HTML-untypische Umwege. Das Hauptanliegen dabei ist, dem Nutzer exakt das Design und Layout zu präsentieren, daß der Designer an seinem Zeichenbrett entworfen hat. Die Möglichkeit des Nutzers, auf die Darstellung von Schrift und anderen Formatierungselementen selbst

CSS – Standards

Mit der Verabschiedung des HTML 4.0 Standards durch das W3C wurde auch die erste Spezifikation für Cascading Style Sheets in der Version CSS 1.0 festgelegt. Zwei Jahre später erschien die noch aktuelle Version CSS 2.0, die neben der Ausgabe auf unterschiedlichen Medientypen, auch die Druckaufbereitung und Sprachausgabe, sowie die pixelgenaue Positionierung von eingebundenen Objekten vorsieht. Allerdings verhalten sich die vielen verschiedenen, auf dem Markt befindlichen Browser nicht immer Standard-konform, so daß nicht sicher davon ausgegangen werden kann, daß jeder Browser tatsächlich alle im Standard festgelegten Optionen unterstützt.

- CSS 1.0 – 1996 W3C-Recommentation, 1999 Überarbeitung
- CSS 2.0 – 1998 W3C-Recommentation
- CSS 3.0 – in Arbeit

Abb. 13.2. CSS – Standardisierung

Einfluß zu nehmen, mißbilligen vielen Designer. Um zu erzwingen, daß der Nutzer tatsächlich nur das vom Designer vorgesehene Layout erhält, wird oft sogar soweit gegangen, Texte als Bild-Datei einzubinden, allerdings zu weitaus längeren Übertragungszeiten der betreffenden Datei.
Im Folgenden wird detailliert auf die Syntax und die damit verbundenen Möglichkeiten von CSS eingegangen. Dabei wird auf die zusätzlichen Möglichkeiten, die CSS 2.0 aufgrund der unterschiedlichen Browser-Unterstützung bietet, gesondert eingegangen.

13.1.2 Einbinden von Stylesheets in HTML

Prinzipiell unterscheidet man zwei verschiedene Ansätze, mit denen man Stylesheet-Angaben in ein HTML-Dokument einbinden kann:

- **Stylesheets innerhalb eines HTML-Dokuments definieren**
  Innerhalb des Dokumentenkopfes können Stylesheet-Definitionen über die Tags

  ```
  <STYLE> ... </STYLE>
  ```

  direkt in das betreffende HTML-Dokument mit eingebunden werden. Dazu muß im Start-Tag `<STYLE>` angegeben werden, um welchen Typ von Formatdefinition es sich handelt. Durch die Angabe von

  ```
  <STYLE TYPE = "text/css">
  ```

  werden die nachfolgenden Formatdefinitionen als CSS identifiziert. Für den Fall, daß der anzeigende Browser nicht in der Lage ist, Stylesheet-Definitionen zu interpretieren, müssen diese, damit sie nicht als Text innerhalb des HTML-Dokuments angezeigt werden, innerhalb eines **mehrzeiligen HTML-Kommentars** geschrieben werden:

  ```
  <!--
    ...mehrzeiliger Kommentar...
  -->
  ```

Da das Stylesheet in diesem Falle tatsächlich Teil des HTML-Dokuments ist, tritt hier die angestrebte strikte Trennung von Dokumentenstruktur und Dokumentendarstellung nicht in Kraft. Die betreffenden Stylesheet-Angaben beziehen sich zudem ausschließlich auf das eine HTML-Dokument, in das sie direkt eingebunden sind, und können nicht für andere Dokumente genutzt werden.

- **Stylesheets aus separater Datei einbinden**
  Im Dokumentenkopf eines HTML-Dokuments kann über den HTML-Befehl `<LINK>` ein externes Dokument eingebunden werden. Dazu müssen Angaben zum Dokumententyp, den Bezug zum aktuellen HTML-Dokument und natürlich eine Referenz auf das einzubindende Dokument in Form einer URI angegeben werden:

  ```
  <LINK REL="stylesheet" TYPE="text/css" HREF="uri">
  ```

  Dieses Vorgehen birgt den Vorteil, daß das eingebundene Stylesheet-Dokument für viele verschiedene HTML-Dokumente gleichzeitig genutzt werden kann. Der Wartungsaufwand sinkt dadurch beträchtlich, da Änderungen am Layout der betreffenden HTML-Dokumente nur an einem einzelnen zentralen Stylesheet-Dokument durchgeführt werden müssen.
  Es besteht ebenfalls die Möglichkeit, ein externes Stylesheet direkt innerhalb einer Stylesheet-Umgebung im HTML-Dokument einzubinden. Dazu wird der CSS-Befehl `@IMPORT URL` verwendet:

  ```
  <!--
     @IMPORT URL(uri)
  -->
  ```

- **Kombination beider Möglichkeiten**
  Eine der Besonderheiten des Stylesheet-Konzepts bei CSS liegt in der Möglichkeit, mehrere verschiedene Stylesheets gleichzeitig zu benutzen, wobei entsprechende Vorrangregeln die jeweilige Benutzung festlegen. So kann z.B. zu einem als externe Datei eingebundenen Stylesheet im betreffenden HTML-Dokument ebenfalls über das `<STYLE>`-Tag eine explizite Stylesheet-Definitionen erfolgen. Dabei legt HTML die Unterscheidung fest, daß es sich bei dem eingebundenen Stylesheet-Dokument um allgemeine Dokumentenformate handelt, die mehreren HTML-Dokumenten zugeordnet werden können, und daß die direkt im betreffenden HTML-Dokument definierten Stylesheet-Angaben sich nur speziell auf das jeweilige HTML-Dokument beziehen. Daher erhält das direkt im HTML-Dokument definierte Stylesheet den Vorrang gegenüber dem eingebundenen Stylesheet, so daß die allgemein gültigen Stylesheet-Angaben des externen CSS-Dokuments durch die speziellen Stylesheet-Angaben im HTML-Dokument ergänzt werden.

Eine der neuen Möglichkeiten, die die Verwendung von CSS bietet, ist die Definition von Formatierungsoptionen für verschiedene Ausgabemedien. Werden als Ausgabemedien etwa der Bildschirm und ein Drucker vorgesehen, muß z.B. dafür Sorge getragen werden, daß die Druckausgabe stets eine dunkle Schrift auf hellem Grund vorsieht und nicht der Bildschirmformatierung folgt, die vielleicht das genaue Gegenteil – helle Schrift auf dunklem Grund – vorsieht. Daher können für verschiedene Ausgabemedien unterschiedliche Stylesheets eingebunden werden. Die Angabe des für einen bestimmten Medientyp vorgesehenen Stylesheets erfolgt über das <LINK>-Tag zusammen mit der Angabe des Attributs `MEDIA`, das den Medientyp festlegt (siehe Abb. 13.3). Folgende Medientypen sind dabei in CSS vorgesehen:

- `MEDIA = "screen"`
  Das betreffende Stylesheet soll für die Bildschirmdarstellung des HTML-Dokuments gültig sein.
- `MEDIA = "print"`
  Das betreffende Stylesheet bezieht sich auf eine Druckausgabe des HTML-Dokuments.
- `MEDIA = "aural"`
  Das betreffende Stylesheet bezieht sich auf eine Sprachausgabe des HTML-Dokuments über Lautsprecher.
- `MEDIA = "projection"`
  Diese Angabe eines Stylesheets wird dann wirksam, wenn die Ausgabe über ein Projektionsgerät, wie z.B. einen Overhead-Projektor oder einen Video-Beamer, erfolgen soll.
- `MEDIA = "braille"`
  Das entsprechende Stylesheet bezieht sich auf die Ausgabe des HTML-Dokuments über eine taktile Braille-Zeile.
- `MEDIA = "embossed"`
  Das Stylesheet ist für die Ausgabe auf einem speziellen Braille-Drucker vorgesehen. Dabei wird Text in Form von abtastbaren Oberflächenstrukturen in Papier oder ein vergleichbares Material gestanzt. Ebenso wie der Medientyp `BRAILLE` ist diese Form der Ausgabe für blinde Menschen gedacht.
- `MEDIA = "handheld"`
  Das Stylesheet ist speziell für die Ausgabe auf einem Kleinstcomputer, wie z.B einem Palmtop, PDA oder Mobiltelefon vorgesehen.
- `MEDIA = "tv"`
  Dieses Stylesheet wird wirksam, sofern die Ausgabe der Datei auf einem Fernsehgerät stattfinden soll.
- `MEDIA = "tty"`
  Dieses Stylesheet ist speziell für die Ausgabe auf einem rein zeichenorientierten Ausgabegerät, wie z.B. ein Fernschreiber oder ein Text-basierter Browser, wie z.B. Lynx, vorgesehen.
- `MEDIA = "all"`
  Dieses Stylesheet bezieht sich auf alle möglichen Medientypen.

Die verwendete CSS-Syntax kann im Dokumentenkopf über ein <META>-Tag genau spezifiziert werden:

```
<META HTTP-EQUIV="Content-Style-Type"
    CONTENT="text/css">
```

Die Angabe des Attributs HTTP-EQUIV="Content-Style-Type" legt fest, daß es sich bei der betreffenden Angabe um die Festlegung einer Formatierungssprache für das HTML-Dokument handelt, während über das Attribut CONTENT="text/css" festgelegt wird, daß es sich bei der verwendeten Formatierungssprache um CSS handelt. Soll eine andere Formatierungssprache verwendet werden, muß unter CONTENT der entsprechende MIME-Typ zur Identifikation angegeben werden. Abb. 13.3 zeigt ein Beispiel für die Verwendung von Stylesheets innerhalb eines HTML-Dokuments.

```
<HTML>
<HEAD>
   <TITLE> Titel des Dokuments </TITLE>
   <META HTTP-EQUIV="Content-Style-Type" CONTENT="text/css">
   <LINK REL=STYLESHEET TYPE="text/css" MEDIA="screen" HREF="bildschirm.css">
   <LINK REL=STYLESHEET TYPE="text/css" MEDIA="print" HREF="print.css">
   <LINK REL=STYLESHEET TYPE="text/css" MEDIA="braille" HREF="braille.css">

   <STYLE TYPE="text/css"
      <!--
         /* lokale Stylesheet-Definitionen */
      -->
   </STYLE>
</HEAD>
<BODY>
   ...
</BODY>
</HTML>
```

Abb. 13.3. Ein Beispiel, wie CSS in HTML eingebunden werden kann

13.2 CSS en Detail

In diesem Kapitel soll auf die Syntax von CSS näher eingegangen werden. Gemäß der Intention dieses Buches stellt die Zusammenstellung der vorgestellten CSS-Befehle keine vollständige Sprachreferenz dar, sondern dient dazu, die grundlegenden Konzepte der CSS-Syntax und deren Zusammenspiel mit HTML zu erläutern. Für eine vollständige Sprachreferenz sei auf die im Anhang aufgeführte Literatur verwiesen.

13.2.1 CSS Syntax

CSS-Regeln. Ein CSS Stylesheet ist nichts anderes, als eine Sammlung von Regeln, die auf ein HTML-Dokument angewendet werden sollen. Jede dieser Regeln besteht prinzipiell aus zwei Teilen: einem **Selektor** und einer **Deklaration**. Ein sehr einfaches Beispiel für eine komplette Stylesheet-Definition könnte etwa folgendermaßen aussehen:

```
H1 { color: blue }
```

In diesem Fall ist `H1` der Selektor und zeigt an, daß sich die Regel auf alle HTML-Elemente vom Typ `<H1>` bezieht. Die Deklaration dieser Regel besagt, daß alle `<H1>`-Elemente des HTML-Dokuments, auf die das Stylesheet angewendet wird, in der Farbe „blau“ dargestellt werden sollen. Dabei wird einer bestimmten **Eigenschaft** (`color`) ein **Wert** (`blue`) zugeordnet. Es ist ebenfalls möglich innerhalb einer Deklaration mehrere Eigenschaften zu spezifizieren, die dann jeweils durch Kommata voneinander getrennt werden müssen.

CSS-Vererbung. Eines der Formatierungskonzepte, die mit Hilfe von CSS realisiert werden konnten, ist das Prinzip der **Vererbung** (Inheritance). Dabei werden Formatierungseigenschaften, die für ein bestimmtes HTML-Element mit Hilfe von CSS festgelegt wurden, von diesem an eingebettete Elemente weitervererbt. Dieses Prinzip kann man sich am einfachsten mit Hilfe des Dokumenten-Baums veranschaulichen, der vom betreffenden HTML-Dokument aufgespannt wird. Alle HTML-Elemente, die zu dem Teilbaum gehören, der durch das betreffende HTML-Element bestimmt wird, erben dessen Formatierungsoptionen. Diese Vererbung ist allerdings nicht stringend, sondern kann durch explizite Formatierungsangaben überschrieben werden.
Die generelle Idee hinter diesem Vererbungskonzept besteht darin, allgemeingültige Formatierungsoptionen möglichst hoch innerhalb der Elemente-Hierarchie, d.h. möglichst nahe an der Wurzel des Dokumentenbaums zu plazieren. Im Einzelfall, wenn bestimmte HTML-Elemente eine andere Formatierung erfordern, können diese dann überschrieben werden. Abb. 13.4 zeigt ein komplexeres Beispiel für die Vererbung von CSS-Formatierungsangaben innerhalb eines Dokumentenbaums. Die CSS-Definition für ein bestimmtes HTML-Element wird dabei in einem Kasten neben der Instanz des betreffenden Elements im Dokumentenbaum angezeigt. Auf der gegenüberliegenden Seite der Elemente-Instanzen sind die jeweils aktuellen Werte der entsprechenden Formatierung aufgelistet. Im Beispiel ist die Vordergrundfarbe (`color`) die zu vererbende Formatierungsoption.

CSS–Selektoren. Im Rahmen einer CSS-Regel dient der sogenannte Selektor dazu, den Wirkungsrahmen der mit ihm verbundenen Formatierungsanweisung (Deklaration) zu begrenzen. Mit dem Selektor wird das betreffende HTML-Element, das formatiert werden soll, exakt ausgewählt und klassifiziert. Man unterscheidet verschiedene Arten von Selektoren:

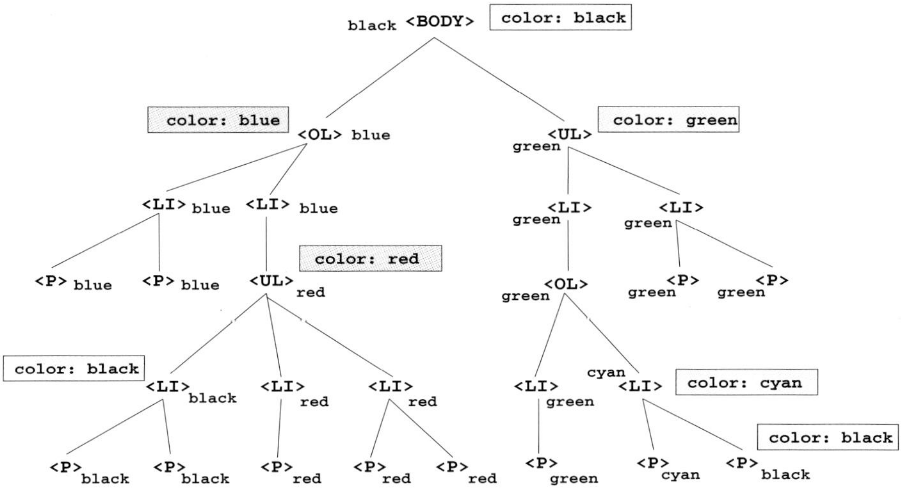

Abb. 13.4. Beispiel für das Vererbungskonzept von CSS

- **Typen-Selektoren**
  Diese Art von Selektorelement bestimmt das zu formatierende HTML-Element nach dessen Typ, so daß die betreffende Deklaration für alle Instanzen dieses Typs Gültigkeit besitzt:

  ```
  H1 { color: blue }
  ```

  Dieser Selektor-Typ bezieht sich auf alle Instanzen des Typs <H1>. Eine Deklaration läßt sich auch auf mehrere Typen gleichzeitig anwenden. Dazu werden die betreffenden Typen vor der Deklaration in einer durch Kommata getrennten Liste hintereinandergereiht:

  ```
  H1, H2, H3, H4, H5 { color: blue }
  ```

- **Attribut-Selektoren**
  Attribut-Selektoren bieten dem Autor eines HTML-Dokuments die Möglichkeit einer freieren Formatierungszuweisung, als dies mit einem Typen-Selektor möglich ist, der jeweils jeder Instanz eines bestimmten HTML-Elements dieselbe Formatierung zuweist. Zu diesem Zweck kann der Autor bestimmte Attribute für HTML-Elemente definieren, denen er im Stylesheet dann bestimmte Formatierungsoptionen zuweist. Grundsätzlich unterscheidet man dabei drei mögliche Attribut-Selektor Definitionen:
  - `CLASS`-Attribut: Über das `CLASS`-Attribut können Klassen von Attributen definiert werden, die zur Auszeichnung bestimmter HTML-Elemente dienen. Über die Wertzuweisung an das Attribut `CLASS` im HTML-Dokument

    ```
    <H1 CLASS="CONFIDENIAL"> Streng Geheim <H1>
    ```

wird die betreffende Instanz des HTML-Elements `<H1>` der Klasse `CONFIDENTIAL` zugeordnet, die z.B. diejenigen Anteile des HTML-Dokuments kennzeichnet, die vertraulichen Inhalt besitzen. Um diese als vertraulich gekennzeichneten Elementen zu formatieren, muß im zugehörigen Stylesheet eine entsprechende Attributklasse `CONFIDENTIAL` definiert worden sein:

```
.CONFIDENTIAL { color: red }
```

Diese Regel besagt, daß jede Instanz eines HTML-Elements, die mit dem Attribut `CLASS="CONFIDENTIAL"` versehen wurde, entsprechend zu formatieren ist, d.h. mit der Vordergrund-Farbe rot dargestellt wird.
Soll die Attribut-Klasse dagegen nur für bestimmte HTML-Elemente anwendbar sein, so muß die Definition im Stylesheet auf diese HTML-Dokumente eingeschränkt werden:

```
H1.CONFIDENTIAL { color: red }
```

Dann wird die Attributklasse `CLASS="CONFIDENTIAL"` nur auf HTML-Elemente vom Typ `<H1>` angewendet.

– `ID`-Attribut: Im Gegensatz zum `CLASS`-Attribut, das nur in Verwendung mit CSS zum Einsatz kommt, dient das `ID`-Attribut in der Regel zur eindeutigen Identifikation der Instanz eines HTML-Elements. Daher kann sich eine Formatzuweisung, die sich auf das `ID`-Attribut eines HTML-Elements bezieht, auch jeweils nur auf eine einzige Instanz dieses Elements beziehen und niemals gleichzeitig mehrmals in einem HTML-Dokument verwendet werden.

```
<H1 ID="STRICTLY-CONFIDENTIAL">
  Absolut strengstens Geheim
<H1>
```

Diese Attributzuweisung kennzeichnet eindeutig nur die betreffende Element-Instanz von `<H1>`. In einem Stylesheet kann exakt auf diese Instanz Bezug genommen werden und speziell für diese eine Formatierung definiert werden:

```
#STRICTLY-CONFIDENTIAL {color: orange, font-size: 24pt}
```

Allerdings kann auf diese Instanz auch über einen Hyperlink Bezug genommen werden:

```
<A HREF="#STRICTLY-CONFIDENTIAL">
  Streng Geheimer Link
</A>
```

Das W3C empfiehlt jedoch, anstelle dieses Mechanismus das `CLASS`-Attribut zu verwenden, da die Anwendung des `ID`-Attributs dem eigentlichen Gedanken von CSS widerspricht.

– STYLE-Attribut: Dieses Attribut zählt im eigentlichen Sinne nicht zu den CSS-Selektoren. Es kann dafür verwendet werden, Formatierungsanweisungen direkt in einer HTML-Elemente-Instanz anzugeben, was allerdings wieder dem Gedanken der Trennung von Dokumentenstruktur und Dokumentendarstellung widerspricht.

```
<H1 STYLE="color: red; font-size: 24pt">
  Streng Geheim
</H1>
```

- **Kontext-bezogene Selektoren**
  Eine Formatzuweisung über einen Typ-Selektor wird an alle im Dokumentenbaum nachfolgenden Instanzen des ausgezeichneten HTML-Elements vererbt. Allerdings läßt sich der für die Formatierungszuweisung gültige Bereich einschränken. CSS 2.0 bietet zusätzlich zu diesem Vererbungs-Schema die Möglichkeit, direkt auf die Gültigkeit der Vererbung Einfluß zu nehmen.
  – `OL LI { color: blue }`
    Diese Zuweisung besagt, daß <LI>-Elemente, wenn sie innerhalb einer geordneten Liste <OL> vorkommen, entsprechend zu formatieren sind.
  – `OL > LI { color: blue }`
    Diese Zuweisung besagt, daß <LI>-Elemente innerhalb von geordneten Listen <OL> entsprechend formatiert werden, aber nur dann, wenn diese im Dokumentenbaum direkt dem HTML-Element <OL> nachfolgen und sich nicht tiefer darunter in der Schachtelung befinden.
  – `OL * P { color: blue }`
    Diese Zuweisung besagt, daß <P>-Elemente innerhalb von geordneten Listen <OL> entsprechend formatiert werden, aber nur dann, wenn sie mindestens zwei Ebenen unterhalb des <OL>-Elements im Dokumentenbaum vorkommen.
  – `OL + P { color: blue }`
    Diese Zuweisung bezieht sich auf ein <P>-Element, das unmittelbar nach einem abgeschlossenen <OL>- Element folgt.
- **Externe Selektoren**
  Externe Selektoren beziehen sich auf Elemente, die nicht originär Teil des HTML-Dokuments selbst sind, sondern von Informationen abhängen, die aus dem Kontext gewonnen werden können. Diese Selektoren werden auch als **Pseudoelemente** bezeichnet, wobei man zwei verschiedenartige Ausprägungen unterscheidet:
  – **Pseudoklassen**
    Als Pseudoklasse werden Elemente-Eigenschaften bezeichnet, die von externer Information abhängen, wie z.B. der Status eines Hyperlinks (besucht, aktuell oder noch nicht besucht). Pseudoklassen können als Attributwerte verstanden werden, die ihren Wert in Abhängigkeit von

externen Ereignissen ändern. Es gibt keine Möglichkeit, Information über Pseudoklassen aus dem Dokumentenbaum, der zu dem betreffenden HTML-Dokument gehört, zu ziehen.
CSS sieht derzeit nur eine einzige Pseudoklasse vor, die sich auf den Status von Hyperlinks im HTML-Dokument beziehen. Abhängig vom Zustand des Hyperlinks kann die Repräsentation dieses Links im HTML-Dokument unterschiedlich mit Hilfe eines Stylesheets formatiert werden. Folgende Zustände werden dabei unterschieden:

- `:LINK` bezieht sich auf Hyperlinks zu noch nicht besuchten Informationsressourcen.
- `:VISITED` bezieht sich auf Hyperlinks zu bereits besuchten Informationsressourcen.
- `:HOVER` dieser Zustand bezieht sich auf die Situation, wenn der Nutzer mit der Maus über den betreffenden Hyperlink fährt.
- `:ACTIVE` bezieht sich auf ein Hyperlink, der gerade aktiviert wurde.
- `:FOCUS` bezieht sich auf Hyperlinks, die gerade durch die Maus oder die Tabulatortaste in den Fokus des Browsers geraten sind.

In Abhängigkeit von diesen Zuständen kann der Autor eines Stylesheets eine Formatfestlegung für ein Hyperlink in einem der betreffenden Zustände festlegen (siehe Abb. 13.5). Abb. 13.6 zeigt eine entsprechende Formatierung als HTML-Seite in Browserdarstellung.

```
A:LINK { color: blue; font-size: 16pt }
A:VISITED { color: purple; font-size: 12pt }
A:ACTIVE { color: red; font-weight: bold }
A:HOVER { color: red; font-weight: bold, background-color: #FFFF99 }
```

Abb. 13.5. Beispiel für die Formatfestlegung von Hyperlinks mit CSS

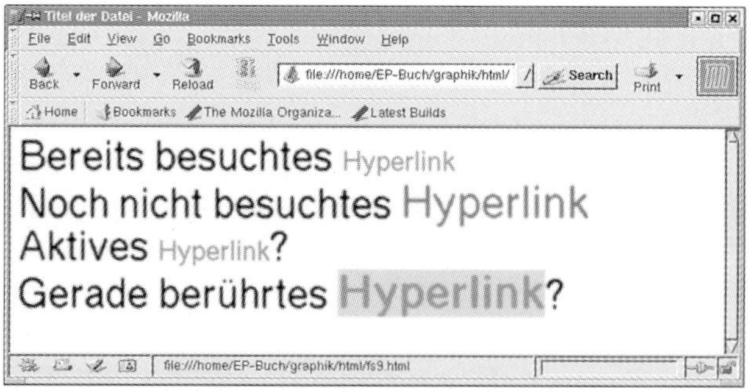

Abb. 13.6. Beispiel für die Verwendung von Pseudoklassen

– **Pseudoelemente**
  Als Pseudoelement werden inhaltliche Informationen bezeichnet, die sich auf externe Ereignisse beziehen und keine direkte Entsprechung in einem bestimmten HTML-Element finden. Ein Beispiel für ein Pseudoelement ist etwa der erste Buchstabe eines Absatzes. Formatierungen dieser Art sind aus der traditionellen Druck-Typographie bekannt. Allerdings ist der Inhalt eines Pseudoelements abhängig von der gewählten Form der Darstellung und kann sich verändern, sobald sich die Darstellungsform ändert (siehe Abb. 13.7). Die folgenden Pseudoelemente können über CSS gesondert formatiert werden:
  - `:FIRST-LETTER` formatiert den erste Buchstabe eines Absatzes gesondert.
  - `:FIRST-LINE` formatiert die erste Zeile eines Absatzes gesondert. Da die jeweils erste Zeile eines Absatzes z.B. mit der Größe des Bildschirmfensters des Browsers variiert, ist es nicht möglich, diese mit Hilfe von HTML zu identifizieren.
  - `:FIRST-CHILD` weist dem ersten Kindelement der Instanz eines HTML-Elements im Dokumentenbaum eine bestimmte Formatierung zu.

```
<HTML>
<HEAD>
  <TITLE>Oscar Wilde</TITLE>
  <STYLE TYPE="text/css">
  <!--
    P:FIRST-LINE {font-weight: bold }
    P:FIRST-LETTER {font-size: 300%;
      color: red }
    BODY {font-family: sans-serif;
      font-size:16pt; }
  -->
  </STYLE>
</HEAD>
<BODY>
  <P>
    The artist is the creator of
    beautiful things.
    To reveal art and conceal is
    the artist's aim.
    ...
```

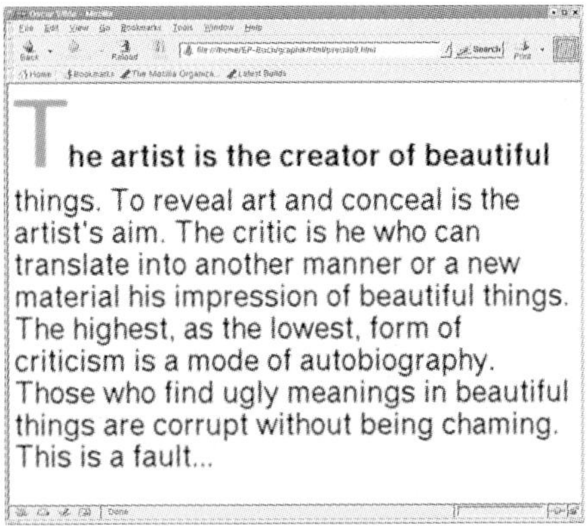

Abb. 13.7. Beispiel für die Verwendung von Pseudoelementen

- **Neue Elemente**
  Durch die Verwendung des `CLASS`-Attributes ist es möglich, quasi neue HTML-Elemente zu erzeugen vermittels der Festlegung der betreffenden

Formatierungseigenschaften der ausgezeichneten Elementeinstanz. Allerdings steht das CLASS-Attribut stets nur in Verbindung mit einem bestimmten HTML-Element, in dem die betreffende Auszeichnung vorgenommen wird. Dieses HTML-Element kann jedoch selbst auch über inhärente Formatierungsoptionen verfügen, die eventuell gar nicht wünschenswert sind für ein neues Element. Speziell zu diesem Zweck stellt HTML zwei Elemente zur Verfügung, <DIV> und <SPAN>, deren Semantik sich ausschließlich auf die Gruppierung des darin befindlichen Inhalts bezieht und die so gut wie keine eigenen Eigenschaften besitzen. Die einzigen mit diesen HTML-Elementen bereits im Voraus verbundenen Formatierungsoptionen beziehen sich darauf, daß <DIV> stets einen neuen Zeilenanfang erzwingt (Block-Level-Element), während <SPAN> innerhalb eines Fließtext vorkommen kann (Inline-Element). Ohne die Anwendung von Stylesheets nehmen diese HTML-Elemente in keiner anderen Weise Einfluß auf das Layout des HTML-Dokuments (siehe Abb. 13.8).

Exkurs 30: CSS – Maßeinheiten, Längenangaben und Konstanten

Zur exakten Spezifikation von Formatierungs- und Layoutangaben sieht CSS eine Reihe von Längen- und Maßeinheiten vor, die ein exakt reproduzierbares Layout ermöglichen sollen. Besonders wichtig ist in diesem Zusammenhang auch die Festlegung von Farbkonstanten und die Möglichkeit, Farbangaben genau spezifizieren zu können.

Farbangaben
Zur Festlegung von Farben sieht CSS zwei Möglichkeiten vor:

- **Vordefinierte Farbkonstanten**
  CSS 1.0 definiert 16 verschiedene Farbkonstanten, die der Windows-Farbpalette entnommen wurden und die ebenfalls im Standard HTML 4.0 beschrieben werden. Die Bezeichnung der einzelnen Farben und ihre Farbwert-Definition als (r,g,b)-Tripel ist in Abb. 6.6 dargestellt.
- **Spezifikation als (r,g,b)-Tripel**
  Farben können als (r,g,b)-Tripel definiert werden, die sich anteilig aus den drei Gundfarben rot, grün und blau zusammensetzen. Jede Farbkomponente wird mit 8 Bit (= 256 verschiedenen Intensitäten) angegeben, wobei diese Zahl ihren Anteil an der gemäß dem (r,g,b)-Modell (siehe Kap. 3.3) gemischten Farbe angeben. Die Kodierung kann dabei folgendermaßen erfolgen:

als Prozentangabe:	`rgb(r%, g%, b%)`
als Dezimalzahl:	`rgb(rrr,ggg,bbb)`
als Hexadezimalzahl:	`#rrggbb`

  Angaben, die das erlaubte Maximum (100%, 255 oder FF) überschreiten, werden automatisch auf das erlaubte Maximum beschnitten.

Der Anwender kann ab Version CSS 2.0 zusätzlich die Farben der darzustellenden HTML-Dokumente den lokalen Einstellungen der Benutzerschnittstelle anpassen. Damit verfügt der Autor über die Möglichkeit, Farben zu verwenden, die zu den Einstellungen des Nutzers passen, ohne daß er diese von vornherein überhaupt kennt. Zu diesem Zweck stellt CSS 2.0 vordefinierte Farbkonstanten zur Verfügung, deren spezieller Wert erst durch den

```
<HTML>
<HEAD>
  <TITLE>Titel der Datei</TITLE>
  <STYLE TYPE="text/css">
  <!--
    BODY {font-family: sans-serif; font-size: 16pt}
    .TITLE {font-family: serif; font-size: 26pt; color: red}
    .SUBTITLE {font-family: serif; font-size: 18pt; font-style: italic;
      color: blue; margin-bottom: 16px}
    .RED {color: red}
    .BLUE {color: blue}
    .BOLD {font-weight: bold}
    .SMALL {font-size: 10pt}
  -->
  </STYLE>
</HEAD>
<BODY>
  <DIV CLASS="TITLE">The Picture of Dorian Gray</DIV>
  <DIV CLASS="SUBTITLE">The Preface</DIV>
  <P>
  The <SPAN CLASS="RED">artist</SPAN> is the creator of
  beautiful things. To reveal <SPAN CLASS="BLUE">art</SPAN>
  and <SPAN CLASS="BOLD">conceal</SPAN> is the artist's
  <SPAN CLASS="SMALL">aim</SPAN>.
  The critic is he who can translate...
```

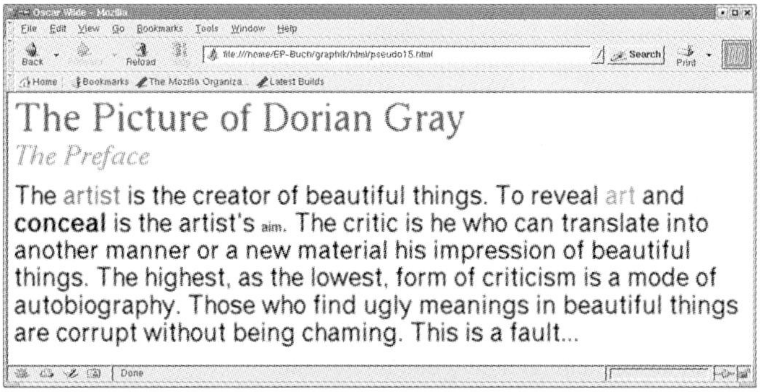

Abb. 13.8. Beispiel für die Verwendung von <DIV> und <SPAN>

Browser auf dem Bildschirm des Nutzers ermittelt wird. Die von CSS 2.0 verwendeten Farbkonstanten sind in Tabelle 13.1 dargestellt.

Numerische Angaben
Viele der in CSS verwendeten Formatierungsangaben verwenden Längenmaßeinheiten zur genauen Spezifikation des Layouts. Dabei können **relative** Angaben, die sich auf die verwendete Schriftgröße oder die Größe eines anderen Fensterelements beziehen, oder **absolute** Angabe erfolgen. Zu den relativen Angaben zählen die folgenden Einheiten:

- em

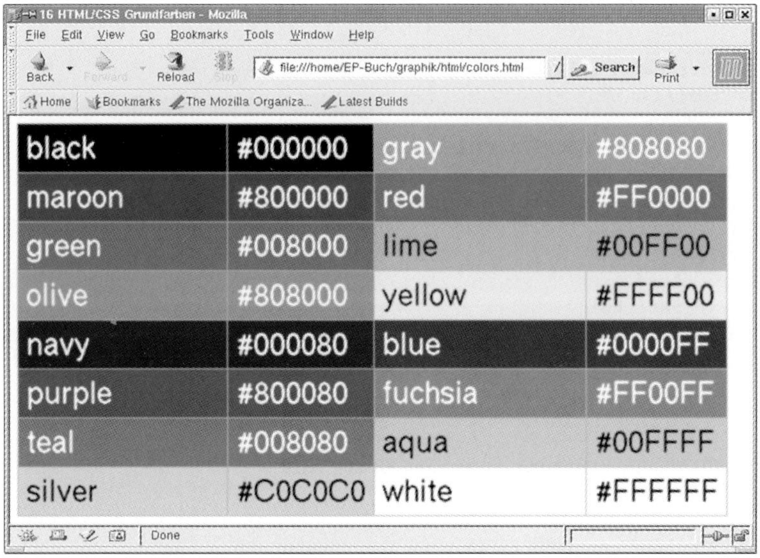

Abb. 13.9. Definition der 16 CSS/HTML-Grundfarben

Tabelle 13.1. Farbkonstanten, die auf den vom Nutzer eingestellten, lokalen Farbdefinitionen basieren

`activeborder`	Farbe der aktiven Fenstertitelzeile
`activecaption`	Farbe der Überschrift in der aktiven Fenstertitelzeile
`appworkspace`	Farbe des Hintergrunds der aktiven Anwendung
`background`	Farbe des Desktop-Hintergrunds
`buttonface`	Farbe von Buttons in Dialogfenstern
`buttonhighlight`	Farbe für 3D-Schatten von Buttons in Dialogfenstern
`buttontext`	Farbe von Texten beschrifteter Buttons in Dialogfenstern
`captiontext`	Farbe von Überschriften in Dialogfenstern
`greytext`	Farbe von deaktiviertem Text in Dialogfenstern
`highlight`	Farbe von ausgewählten Einträgen in Auswahllisten
`highlighttext`	Farbe von selektiertem Text
`inactiveborder`	Farbe einer nicht aktiven Fenstertitelzeile
`inactivecaption`	Farbe der Überschrift in einer nicht aktiven Fenstertitelzeile
`infobackground`	Farbe für Tooltips und Hints
`infotext`	Textfarbe für Tooltips und Hints
`menu`	Farbe für Menüleisten
`menutext`	Farbe für Menüeinträge
`scrollbar`	Farbe der Scroll-Leiste in Fenstern
`threeddarkshadow`	Dunkle Farbe bei Schatten von 3D-Elementen
`threedface`	Farbe von 3D-Elementen
`threedhighlight`	Farbe der gerade angeklickten 3D-Elemente
`threedlightshadow`	Helle Farbe bei Schatten von 3D-Elementen
`threedshadow`	Dunkle Farbe bei Schatten von 3D-Elementen
`window`	Hintergrundfarbe von Dokumentfenstern
`windowframe`	Farbe von Fensterrahmen
`windowtext`	Farbe von normalem Text in Dokumentfenstern

bezieht sich auf die verwendete Schriftgröße, bzw. falls diese selbst in dieser Einheit angegeben ist, auf das darüberliegende Eltern-Element. em beschreibt die Breite des Buchstabens „M„ in der verwendeten Schriftart.

- ex
  bezieht sich auf die verwendete Schriftgröße, bzw. falls diese selbst in dieser Einheit angegeben ist, auf das darüberliegende Eltern-Element. ex bezeichnet die Höhe des Buchstabens "x"in der verwendeten Schriftart.
- px
  steht für die Größe eines Pixels. Da diese von Ausgabegerät zu Ausgabegerät verschieden sein kann, handelt es sich um eine relative Angabe. Bezogen auf dasselbe Ausgabegerät handelt es sich um eine absolute Angabe.
- %
  ist eine relative Größenangabe, die sich entweder direkt aus dem Elemente-Kontext ergibt bzw. sich auf das jeweilige Elternelement bezieht.

Absolute Maßangaben dagegen sind für jedes Ausgabegerät identisch und müssen verbindlich und exakt eingehalten werden. Folgende Maßangaben sind in CSS möglich:

- in – Inches
  allgemeines Längenmaß im angelsächsischen Raum. 1 Inch entspricht 2,54 Zentimetern.
- cm – Zentimeter
  allgemeines Längenmaß, 100. Teil des Urmeters.
- mm – Millimeter
  allgemeines Längenmaß, 1000. Teil des Urmeters.
- pt – Points (Punkt)
  typographische Maßeinheit. 1 Point entspricht 1/72 Inches und in etwa 0,35 mm.
- pc – Pica
  typographische Maßeinheit. 1 Pica entspricht 12 Points, 1/6 Inches und in ca. 4,23 mm.

Da der Grundgedanke hinter HTML und CSS eigentlich die Unabhängigkeit des Inhalts vom jeweiligen Ausgabemedium in den Vordergrund stellt, sollte der Autor weitmöglichst mit relativen Größenangaben arbeiten. Auch wenn als Ausgabemedium lediglich der Typ "Bildschirm"vorgesehen ist, kann dieser vom Subnotebook mit einer Bildschirmdiagonale von 9 Zoll (etwa 23 cm) bis hin zum 24 Zoll CAD-Bildschirm (etwa 61 cm) variieren, so daß absolute Größenangaben hier zu einem völlig unterschiedlichen Erscheinungsbild führen.

Spezielle Maßeinheiten für Soundausgaben
Um CSS-Eigenschaften zur Sound-Kontrolle speziell für die Sprachausgabe zu spezifizieren, die von den Browsern jedoch bislang noch nicht unterstützt wird, stellt CSS 2.0 die folgenden Maßangaben aus dem Bereich der Akustik und Zeitmessung zur Verfügung:

- deg Kreisgrad
  der Kreis ist dabei in 360 Grad aufgeteilt.
- grad – Gradient
  Maßangabe für Steigungen und Gefälle.
- rad – Radiant
  geometrische Maßangabe.
- ms – Millisekunden
  Maßangabe für Zeiteinheit.
- s – Sekunden
  Maßangabe für Zeiteinheit.

- `Hz` – Hertz
  Maßangabe für Frequenzen.
- `kHz` – kiloHertz
  Maßangabe für Frequenzen.

Weiterführende Literatur:

H. .W. Lie, B. Bos: Cascading Style Sheets, Level 1, World Wide Web Consortium Recommendation REC-CSS1-961217, 1996.

H. .W. Lie, B. Bos: Cascading Style Sheets, Addison-Wesley, Harlow, England, 1997.

B. Bos, H. W. Lie, C. Lilley, I. Jacobs: CSS2 Specification, World Wide Web Consortium Recommendation REC-CSS2-19980512, 1998.

CSS–Deklarationen. Nachdem im vorangegangenen Abschnitt die verschiedenen Möglichkeiten, die sich bei der Verwendung der unterschiedlichen Selektoren bieten, vorgestellt wurden, fehlt nunnoch der eigentlich wichtigste Teil einer CSS-Regel, die **Deklaration**. Die Aufgabe von CSS-Deklarationen besteht in der eigentlichen Formatierungsangabe, während Selektoren nur bestimmen, welche Anteile des HTML-Dokuments jeweils mit einer spezifizierten Formatangabe belegt werden sollen. Die in CSS möglichen Formatierungsangaben beziehen sich auf die folgenden Elemente:

- Schrift – Schriftarten, Schriftgrößen, Schrifthervorhebungen,
- Zwischenräume – bezogen auf alle Arten von HTML-Elementen,
- Bilder – bezogen auf deren Einbindung in einen Text,
- Farben und Hintergründe – bezogen auf alle Arten von HTML-Elementen.

Die Typographie zählt zu den wichtigsten Kriterien, die das Layout und die Erscheinungsform eines Dokuments bestimmen. Zu ihr zählen die Festlegung aller Eigenschaften, die das Schriftbild eines Dokuments mitbestimmen, also nicht nur die Schriftwahl, sondern ebenso die Festlegung von Zwischenräumen innerhalb und auch um Textabschnitte herum, der Textfluß um ein eingebundenes Objekt, wie auch der gezielte Einsatz von Farbe.
Bevor auf die einzelnen Gestaltungsmöglichkeiten, die CSS bietet, eingegangen wird, soll ein wichtiges Klassifikationsattribut vorgestellt werden, das den Typ eines HTML-Elements verändern kann:

- `display`
  HTML unterscheidet zwischen Block-Level-Elementen, die jeweils einen eigenen Abschnitt im Dokument außerhalb des Textflusses definieren, und Inline-Elementen, die innerhalb des Textflusses des Dokuments plaziert werden und diesen nicht verändern. Diese Eigenschaft kann über das Attribut `display` durch die folgenden Wertzuweisungen verändert werden:
  - `block`: Mit dieser Zuweisung wird aus dem betreffenden Element ein Block-Level-Element, d.h. es wird in einer neuen Zeile positioniert.

– `inline`: Der gegenteilige Effekt wird mit dieser Zuweisung erzielt, die aus dem betreffenden Element ein Inline-Element erzeugt, das den Textfluß nicht verändert.
– `list-item`: Zusätzlich kann das betreffende Element mit Hilfe dieser Wertzuweisung in ein Listenelement, d.h. in einer mit einem Anstrich-Element versehenen Block, verwandelt werden. Die Gestaltung der Liste und des verwendeten Listenelements kann über entsprechende CSS Listen-Deklarationen erfolgen.
– `none`: Über diese Wertzuweisung läßt sich ein HTML-Element vollständig verbergen, d.h. der Browser zeigt das Element nicht an.

Schrift. Die aus dem traditionellen Druckwesen stammende Typographie macht im Gegensatz zu den vom W3C spezifizierten Stylesheet-Definitionen sehr wohl einen Unterschied zwischen Typ (Type) und Schriftart (Font), so verwendet die CSS-Definition stets den Terminus Schriftart, auch wenn es um Eigenschaften des Typs, also einer ganzen Familie von Schriften in unterschiedlichen Ausprägungsformen geht. CSS 1.0 sah lediglich die Verwendung lokal definierter Schriftarten vor, die vom Browser ausgewählt werden. Allerdings ist es mittlerweile möglich, eigene Schriftarten zu definieren oder aus externen Quellen über Stylesheets in das HTML-Dokument mit einzubinden. CSS stellt zur Schriftenwahl und -formatierung die folgenden Elemente zur Verfügung:

- `font-family`
  Dieses Element bietet dem Autor die Möglichkeit, eine bestimmte Schriftart, wie z.B. Times New Roman oder Arial, aber auch ganze Schriftfamilien, wie z.B. Serif oder Sans-Serif, festzulegen. Allerdings kann der Autor nicht wissen, ob und wie die gewählte Schriftart tatsächlich im Browser des Nutzers angezeigt wird. Falls die angegebene Schriftart nicht angezeigt werden kann, bleibt die Angabe wirkungslos.
  Über das CSS-Element `font-family` können eine oder mehrere Schriftarten bestimmt werden. Sind mehrere Schriftarten angegeben, ist die Reihenfolge der Angabe entscheidend: Ist die erste angegebene Schriftart verfügbar, wird diese verwendet. Falls nicht, wird die zweite Schriftart verwendet, insofern diese verfügbar ist, usw. Mehrere Schriftarten werden in der Auflistung durch Kommata getrennt. Enthalten die Schriftarten-Bezeichner Leerzeichen, so empfiehlt das W3C, den Bezeichner in Hochkommata zu setzen.

```
BODY {font-family: "Times New Roman", Times, serif}
```

  Diese CSS-Regel weist allen Textelementen des Dokumentenkörpers die Schriftart „Times New Roman“ zu, bzw. „Times“ falls die Schriftart „Times New Roman“ nicht vorhanden sein sollte. Ist keine der beiden spezifizierten Schriftarten verfügbar, so wird über die generische Bezeichnung

„serif“ irgendeine Schriftart aus der Familie der Serifen-Schriften zugeordnet.
Folgende **generische Schriftfamilien** können in CSS angegeben werden:

– `serif`: Schriftart mit Serifen,
– `sans-serif`: Schriftart ohne Serifen,
– `cursive`: Schriftart mit geneigten Zeichen,
– `fantasy`: Schriftart für ungewöhnliche Schrift,
– `monospace`: Schriftart mit konstanter Laufweite.

Um sicherzustellen, daß der Nutzer auch tatsächlich über die vom Autor vorgesehene Schriftart verfügt, bietet CSS die Möglichkeit der Einbindung von externen Schriftart-Definitionen:

```
@font-face { font-family: Comic;
             src: url(comic.eot), url(comic.pfr); }
```

Über den Befehl `@font-face` kann der Autor eigene Schriftart-Definitionen in das Stylesheet mit einbinden. Dazu muß er einen Namen für die betreffende Schriftart, hier „Comic“ definieren, und dazu einen Verweis auf die betreffenden Schriftart-Definition als URI angeben. Im obigen Beispiel sind zwei URI-Angaben notiert: Einmal wird eine Datei mit Endung „eot“ als Schriftartenquelle angegeben, einmal eine Datei mit der Endung „pfr“. Beide Formate sind Browser-spezifisch: eot-Dateien sind Schriftartendateien, die der Microsoft Internet Explorer (ab Version 4.0) als Web-Schriftarten erkennt (erstellt mit dem Microsoft Programm WEFT (Web Embedding Fonts Tool)), pfr-Dateien (Portable Font Resource) sind Schriftartendateien (erstellt mit Hilfe von Bitstream TrueDoc), die Netscape (ab Version 4.0) erkennt. Beide Formate unterstützen Tools, die es erlauben, herkömmliche Schriftformat-Definitionen wie TrueType oder Postscript in die WWW-proprietären Formate zu übersetzen. Allerdings existiert derzeit noch kein einheitlicher Standard.

• `font-style`
Für die meisten Schiftarten existieren unterschiedliche Varianten, die über die Eigenschaft `font-style` ausgewählt werden können. Dabei stehen die folgenden Varianten zur Auswahl:

– `normal`: wird auch als „roman“, „regular“ oder „upright“ bezeichnet,
– `oblique`: wird auch als „inclined“ oder „slanted“ bezeichnet,
– `italic`: wird auch als „kursiv“ bezeichnet.

Ist die gewählte Variante nicht verfügbar, wird die Angabe entweder außer Acht gelassen bzw. es wird die nächste Schriftart – sofern angegeben – herangezogen.

• `font-variant`
Die Eigenschaft `font-variant` akzeptiert als Festlegung der Schriftgestalt

– `normal`: normale Schriftvariante und

– `small-caps`: Kapitälchen (= kleine Großbuchstaben).

Existiert die angegebene Schriftart nicht in der vom Autor gewählten Variante `small-caps` so kann sich der Browser mit der Verwendung von regulären Großbuchstaben einer kleineren Schrift behelfen.

- `font-weight`
Über die Eigenschaft `font-weight` kann das Schriftgewicht festgelegt werden. Dabei akzeptiert `font-weight` Wertezuweisungen im Bereich von 100 bis 900, in Hunderter-Schritten. 100 bezeichnet dabei die „leichteste“ (d.h. dünnste Linien) und 900 die „schwerste“ Schriftart. Die Schriftfestlegung `NORMAL` entspricht einem Wert von „400“, die Texthervorhebung `STRONG` einem Wert von „700“.
- `font-size`
Dieses Attribut bestimmt die dargestellte Schriftgröße, die auf unterschiedliche Weise angegeben werden kann:
  – **Absolute, exakte numerische Angabe**: Traditionell erfolgt eine absolute Angabe der Schriftgröße in der Maßeinheit `points` (1 pt = 1/72 Inches ≈ 0,35 mm). Dabei ist es ebenfalls möglich, zusammen mit der Schriftgröße die verwendete Zeilenhöhe mit anzugeben. Zu diesem Zweck erfolgt die Angabe der Zeilenhöhe direkt hinter der Schriftgröße, getrennt durch einen Schrägstrich „/ “. Beispiel:

```
P {font-size: 12pt/14pt}
```

  Dabei wird als Schriftgröße die Angabe `12pt` und als Zeilenhöhe `14pt` gewählt. Unabhängig davon kann die Zeilenhöhe auch über das Attribut `line-height` spezifiziert werden.

  – **Absolute, nicht exakte Angabe**: Für diesen Fall sieht der Browser eine Reihe von festen Größenangaben vor, die vom Ausgabemedium bzw. von den Einstellungen des Nutzers abhängig sind:

  - `xx-small`: winzig,
  - `x-small`: sehr klein,
  - `small`: klein,
  - `medium`: mittel,
  - `large`: groß,
  - `x-large`: sehr groß,
  - `xx-large`: riesig.

  Gemäß den Empfehlungen von CSS 1.0 soll dabei jede Größenangabe in etwa die 1,5-fache Größe der nächstkleineren betragen.

  – **Prozentangabe**: In diesem Fall wird die Schriftgröße als Prozentangabe relativ zur festgelegten Schriftgröße des Elternelements (gemäß Dokumentenbaum) gewählt. Beispiel:

```
LI {font-size: 75%}
```

Diese Angabe wählt eine Schriftgröße für ein Listenelement, die 75% der Schriftgröße des Elternelements entspricht.

– **Relative Größenangabe**: Wie im vorangegangenen Fall kann hier eine Größenangabe relativ zur Schriftgröße des Elternelements gewählt werden. Allerdings erfolgt die Festlegung der Größe hier anstelle über eine Prozentangabe mit Hilfe der vordefinierten Angaben

  - `smaller`: sichtbar kleiner als das Elternelement,
  - `larger`: sichtbar größer als das Elternelement.

  In der Regel wird dazu die nächstgrößere bzw. kleinere Schriftgröße gewählt.

- `font-stretch`
  Diese Angabe bestimmt die Laufweite der Schrift, d.h. wie breit bzw. wie schmal die gewählte Schriftart erscheint. Dabei sind folgende Angaben möglich:

  – `wider`: weitere Laufweite als normal,
  – `narrower`: engere Laufweite als normal,
  – `condensed`: gedrängte Laufweite,
  – `semi-condensed`: halb gedrängte Laufweite,
  – `extra-condensed`: stark gedrängte Laufweite,
  – `ultra-condensed`: sehr stark gedrängte Laufweite,
  – `expanded`: geweitete Laufweite,
  – `semi-expanded`: halb geweitete Laufweite,
  – `extra-expanded`: stark geweitete Laufweite,
  – `ultra-expanded`: sehr stark geweitete Laufweite,
  – `normal`: normale Laufweite.

  Diese Option wird allerdings noch nicht von allen Browsern unterstützt.

- `font`
  Dieses Attribut erlaubt eine Zusammenfassung der einzelnen Schriftattribute

  – `font-family`,
  – `font-style`,
  – `font-variant`,
  – `font-size`,
  – `font-weight`,
  – `line-height`.

  Beispiel:

```
P {font: small-caps 14pt Times}
```

- `text-decoration`
  Dieses Attribut dient eigentlich nicht zur Festlegung des Schriftstils. Vielmehr bezieht es sich auf die Hervorhebung einer Schriftart und kann die folgenden Werte annehmen:
  - `none`: keine Texthervorhebung,
  - `underline`: die Schrift soll unterstrichen werden,
  - `overline`: die Schrift soll überstrichen werden,
  - `line-through`: die Schrift soll durchgestrichen werden,
  - `blink`: die Schrift wird als blinkend angezeigt.

  Dabei ist es möglich, daß nicht alle Texthervorhebungen für alle Schriftarten bzw. Ausgabemedien zur Verfügung stehen.
- `text-transform`
  Dieses Attribut bezieht sich ebenfalls nicht auf den Schriftstil, sondern auf die Verwendung von Groß- und Kleinbuchstaben. Dazu stehen folgende Werte zur Verfügung:
  - `capitalize`: der Browser stellt jeweils den ersten Buchstaben jedes Wortes als Großbuchstaben dar (wie z.B. in englischen Überschriften üblich),
  - `uppercase`: alle Buchstaben werden als Großbuchstaben dargestellt,
  - `lowercase`: alle Buchstaben werden als Kleinbuchstaben dargestellt,
  - `none`: die angegebenen Buchstaben werden nicht verändert.
- `color`
  Dieses Attribut legt die Vordergrund-Farbe des Textes fest. Die Angabe des Farbwertes erfolgt gemäß dem für CSS festgelegten Farbspezifikations-Schema.
- `text-shadow`
  Mit Hilfe dieses Attributs läßt sich ein Schatteneffekt für den Text festlegen. Erlaubt sind dabei als Wertzuweisung entweder die Angabe einer Farbe für den Textschatten oder die Angabe `none`, die bewirkt, daß kein Textschatten dargestellt wird.

Bei der Festlegung von Schriftattributen mit Hilfe von Stylesheets sollte daran gedacht werden, daß die Festlegungen, möglichst unabhängig von einem bestimmten, fixierten Ausgabemedium erfolgen, d.h. daß die Angaben innerhalb eines gewissen Rahmens skalierbar sind. Daher empfiehlt sich stets die Angabe von relativen Maßeinheiten, da auf diese Weise die größtmögliche Unabhängigkeit vom jeweiligen Ausgabemedium gewährleistet bleibt. Ebenfalls sollte bedacht werden, daß bestimmte Schriftfamilien oder Texthervorhebungen nicht überall möglich bzw. vorhanden sind, so daß sich stets die Erstellung einer sogenannten „Fallback"-Lösung empfiehlt, die die für diesen Fall gewählten Formatierungswünsche auf ein Minimum beschränkt, so daß die dargestellte Information auch zur Anzeige gebracht werden kann, falls bestimmte Attribute für das gewählte Medium nicht zur Verfügung stehen.

Zwischenräume. Besonders wichtig für ein gutes Layout ist die Wahl der Abstände und Zwischenräume, die den dargestellten Text umgeben oder dessen Ausprägung bestimmen. Dabei bezieht sich der Begriff des Zwischenraums auf eine Vielzahl von Elementen, angefangen vom Raum zwischen den einzelnen Buchstaben (Zeichenabstand), den Zwischenraum zwischen den einzelnen Wörtern (Wortabstand), der Abstand einzelner Textblöcke voneinander, wie z.B. Absätze oder Spalten, oder auch der Abstand zwischen den Randbegrenzungen des dargestellten Dokuments und dem eigentlichen Text. Generell unterscheidet CSS zur Differenzierung der Zwischenräume zwischen den Dokumentengrenzen und dem eigentlichen Inhalt vermittels der Begriffe

- Rand (Margin),
- Rahmen (Border),
- Rahmenabstand (Padding),
- Inhalt (Content).

Abb. 13.10 zeigt die Beziehung zwischen den einzelnen Zwischenraumelementen eines Dokuments und Abb. 13.11 die Zwischenraumelemente innerhalb eines Textes.

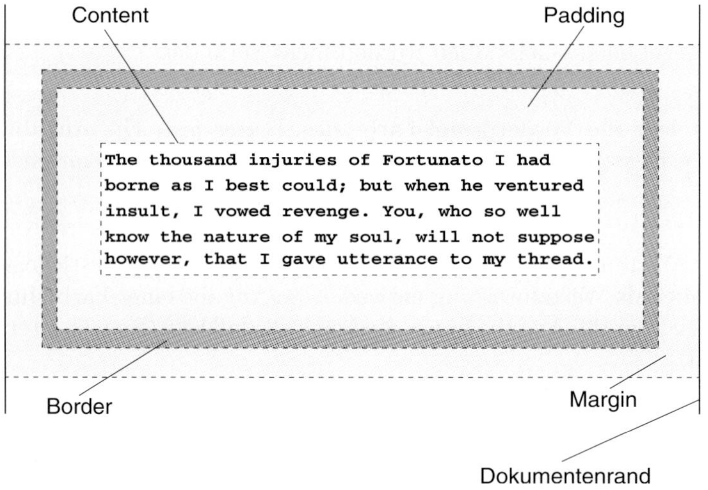

Abb. 13.10. CSS Zwischenraum-Definitionen (1)

Folgende Attributangaben und Zuweisungen sind für HTML-Dokumente möglich:

- **Ränder (Margins)**
  Für die Festlegung der Ränder eines Elements können Attributangaben für jeden der vier Ränder einzeln oder für alle gleichzeitig erfolgen. Die Wertzuweisung erfolgt dabei entweder als exakte Längenangabe oder als relative

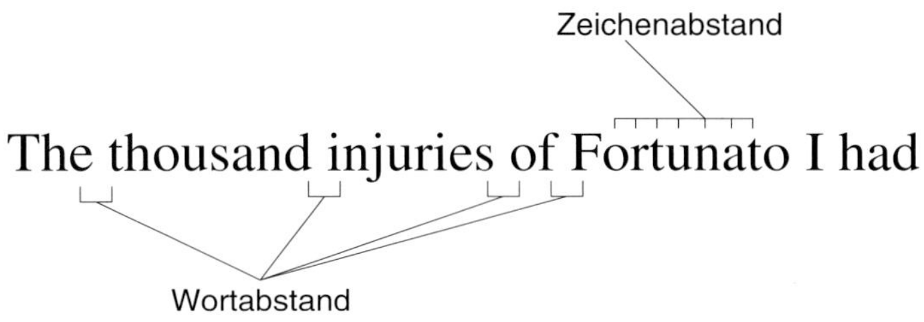

Abb. 13.11. CSS Zwischenraum-Definitionen (2)

Prozentangabe. Linker und rechter Rand können über die Wertzuweisung `auto` vom Browser selbst bestimmt werden.

- `margin-left`: Angabe des linken Randes,
- `margin-right`: Angabe des rechten Randes,
- `margin-top`: Angabe des oberen Randes,
- `margin-bottom`: Angabe des unteren Randes,
- `margin`: Angabe der Bemaßungen aller vier Ränder. Erfolgt hier die Angabe von nur einem Wert, wird dieser allen vier Rändern zugewiesen.

• **Rahmenabstände (Padding)**
Neben dem Randbereich, der den Abstand des umrahmten Elements von dessen Umgebung, also z.B. eines Textrahmens von den Dokumenträndern bestimmt, kann auch der Bereich innerhalb eines Rahmens als Abstand zwischen Rahmen und Inhalt, wie z.B. in einer Tabellenzelle, angegeben werden. Die Wertezuweisung für diese Attribute erfolgt ebenfalls als exakter Absolutwert oder als relative Prozentangabe. Der als Padding bezeichnete Innenrahmenabstand wird dabei in gleicher Weise wie der Element-Hintergrund dargestellt. Entweder können die einzelnen vier Innenrahmenelemente einzeln benannt werden oder die Angabe der Wertzuweisung erfolgt zentral über das Attribut `padding`, das alle anderen zusammenfaßt.

- `padding-left`: Angabe des linken Innenrahmenabstands,
- `padding-right`: Angabe des rechten Innenrahmenabstands,
- `padding-top`: Angabe des oberen Innenrahmenabstands,
- `padding-bottom`: Angabe des unteren Innenrahmenabstands,
- `padding`: Angabe aller vier Innenrahmenabstände. Wird nur ein Wert angegeben, wird dieser allen vier Innenrahmenabständen zugewiesen.

• **Rahmen (Border)**
Der eigentliche Rahmen um ein Element läßt sich ebenfalls formatieren. Dabei können neben Dimension und Farbe des Rahmens auch Hervorhebungen für sogenannte „Schmuckrahmen“ spezifiziert werden. Die Wertzuweisung für die Rahmenattribute kann mit einer, zwei, drei oder vier Wertangaben erfolgen:

– Ein Wert: Alle vier Rahmenelemente erhalten die gleiche Zuweisung.
– Zwei Werte: Der erste Wert wird dem oberen und unteren Rahmen zugewiesen, der zweite Wert dem linken und rechten Rahmen.
– Drei Werte: Der erste Wert definiert den oberen Rahmen, der zweite Wert den linken und rechten Rahmen, und der dritte Wert den unteren Rahmen.
– Vier Werte: Die Werte definieren (in dieser Reihenfolge) den oberen, rechten, unteren und linken Rahmen.

Es sind folgende Attribute und Wertzuweisungen in HTML möglich:

– `border-style`: CSS unterscheidet bei der Angabe der Rahmenart zwischen dem Weglassen einer Rahmendefinition und mehreren verschiedenen Rahmenarten:
  - `none`
    Das Element besitzt keinen Rahmen.
  - Zweidimensionale Gestaltung:
    · `dotted`: gepunktete Linie,
    · `dashed`: gestrichelte Linie,
    · `solid`: normale Linie,
    · `double`: doppelte Linie.
  - Dreidimensionale Gestaltung:
    · `groove`: eingedrückter Rahmen (Basrelief),
    · `ridge`: erhabener Rahmen (Hauterelief),
    · `inset`: eingedrückter Rahmen und Inhalt,
    · `outset`: erhabener Rahmen und Inhalt.
– `border-width`: Die Breite eines Rahmens kann auf verschiedene Arten angegeben werden:
  - `none`
    Das betreffende Element wird ohne Rahmen dargestellt.
  - `thin/medium/thick`
    Relative, nicht exakte Größenangaben, die abhängig vom Browser spezifiziert sind und einen dünnen, mittleren oder einen dicken Rahmen beschreiben.
  - absolute, exakte Größenangaben
    Die Angabe der Rahmenbreite kann über die Angabe von einem, zwei, drei oder vier Werten erfolgen.
– `border-color`: Mit Hilfe dieses Attributs läßt sich die Farbe des Rahmens gemäß den CSS-Spezifikationen für Farbangaben festlegen. Die Angabe der Rahmenfarbe kann über die Angabe von einem, zwei, drei oder vier Werten erfolgen.

– `border`: Mit diesem Attribut lassen sich alle Rahmenattribute auf einmal belegen. Die Angaben beziehen sich jeweils gleichzeitig auf alle vier Rahmenseiten.

Abb. 13.12 zeigt ein Beispiel für die Verwendung von unterschiedlichen Rahmenarten.

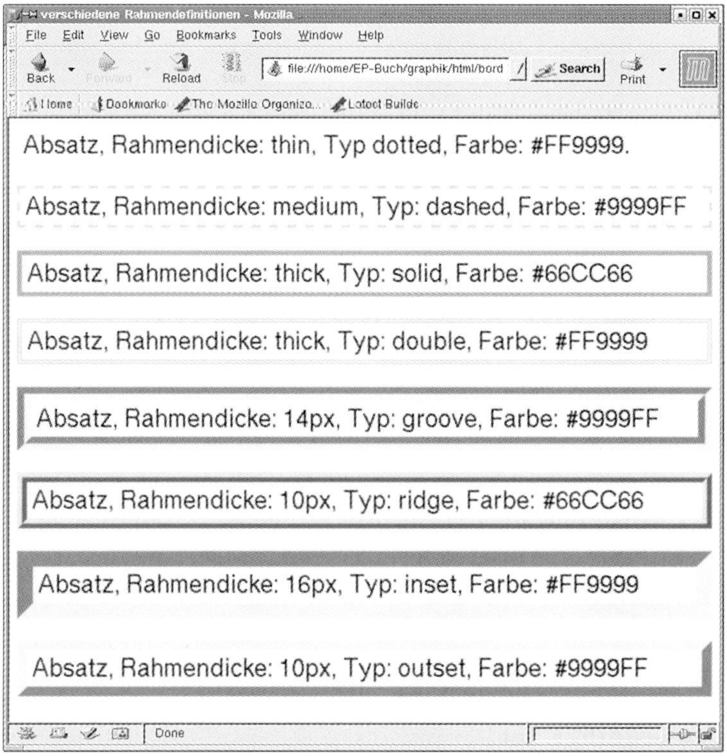

Abb. 13.12. CSS Rahmenarten

- **Textabstände**
  Diese Angaben beziehen sich sowohl auf den Zeichen- und Wortabstand innerhalb eines Textes als auch auf die Ausrichtung des Textes selbst und die Ausrichtung von Text gegenüber anderen Elementen, wie z.B. eingebundenen Bilddateien. Die folgenden Attributangaben sind hier von CSS vorgesehen:
  – `text-align`: Dieses Attribut bestimmt, auf welche Weise der Text horizontal zwischen den Begrenzungen des umgebenden Elements gesetzt wird.
    - `left`: linksbündiger Text,
    - `right`: rechtsbündiger Text,

  - `centered`: zentrierter Text,
  - `justified`: Blocksatz, d.h. alle Zeilen sind sowohl rechts- als auch linksbündig.
- `text-indent`: Oft wird die jeweils erste Zeile eines neuen Textabsatzes um einen festzulegenden Betrag eingerückt wird, damit der neue Absatz besser erkennbar wird. Über das Attribut `text-indent` kann dies erreicht werden, wobei die Wertzuweisung, die als relative Prozentangabe oder als absolute, exakte Größenangabe erfolgen kann, angibt, wie weit die erste Zeile eingerückt werden soll.
- `line-height`: Der Zeilenabstand innerhalb eines Fließtextes bestimmt wesentlich das Erscheinungsbild eines Textes. Um diese Eigenschaft ebenfalls in HTML beeinflussen zu können, sieht CSS neben der Angabe der zu verwendenden Schriftgröße (`font-size`) auch die explizite Angabe der zugehörigen Zeilenhöhe vor. Die Angabe der Zeilenhöhe kann als exakte, absolute Größenangabe oder als relative Prozentangabe erfolgen.
- `word-spacing`: Über dieses Attribut kann der Wortabstand, d.h. der Zwischenraum zwischen den einzelnen Wörtern festgelegt werden. Die Angabe des Wortabstandes erfolgt als exakter numerischer Wert und ist nicht als relative bzw. als Prozentangabe erlaubt. Beispiel:

  ```
  P {word-spacing: 6pt}
  ```

  Soll die Wahl des Wortabstandes dem Browser überlassen werden, kann der Autor das Schlüsselwort `normal` zuweisen.
- `letter-spacing`: Über dieses Attribut kann der Zeichenabstand, d.h. der Zwischenraum zwischen den einzelnen Zeichen festgelegt werden. Die Angabe des Zeichenabstandes erfolgt ebenfalls als exakter numerischer Wert und ist nicht als relative bzw. als Prozentangabe erlaubt. Beispiel:

  ```
  P {letter-spacing: 1pt}
  ```

  Soll die Wahl des Zeichenabstandes dem Browser überlassen werden, kann der Autor das Schlüsselwort `normal` zuweisen.

- **Leerzeichen (Whitespaces)**
  Zu den Leerzeichen, den sogenannten **White-Space-Characters**, zählen Leerzeichen, Tabulatoren und Zeilenumbrüche. Bei der Darstellung eines HTML-Dokuments im Browser reduziert dieser in der Regel alle im HTML-Dokument verwendeten Leerzeichen auf das notwendige Mindestmaß (Ausnahme bildet die `<PRE>`-Umgebung), um eine Formatierung zu erzielen, die unabhängig ist von der Formatierung im vorgegebenen HTML-Dokument. Dieses oft nützliche Standard-Verhalten kann durch entsprechende CSS-Operationen außer Kraft gesetzt werden, um die beabsichtige Formatierung des Dokuments sicherzustellen. Zu diesem Zweck dient das `whitespace`-Attribut, das drei verschiedene Möglichkeiten der Formatierung von Leerzeichen anbietet:

– `normal`: Diese Wertzuweisung stellt die Standard-Situation wieder her (außer für <PRE>-Umgebungen), d.h. Leerzeichen kollabieren auf das vorgegebene Mindestmaß.
– `pre`: Ebenso wie in der <PRE>-Umgebung erhält diese Wertzuweisung alle im HTML-Dokument verwendeten Leerzeichen und bringt diese auch zur Darstellung.
– `nowrap`: Leerzeichen und Tabulatoren werden bei dieser Wertzuweisung genauso wie im Standard-Fall auf ein Mindestmaß reduziert, während Textzeilen, die für die Darstellung im Browserfenster zu lang sind und umgebrochen werden müßten, bei dieser Wertzuweisung stets erhalten bleiben. Zeilenumbrüche müssen hier explizit über <BR> im HTML-Dokument kodiert werden.

Bilder. Neben der Gestaltung des dargestellten Textes stellt die Einbindung von Bildern und anderen externen Gestaltungselementen, sowie die Gestaltung des Zusammenspiels von Text und Bild ein weiteres wichtiges Element des Layout dar. Dabei behandelt HTML alle eingebundenen Multimediaobjekte mit einer Bildrepräsentation auf der dargestellten HTML-Seite in der gleichen Weise wie herkömmliche Bilddateien. Zu den betreffenden HTML-Elementen zählen unter anderem:

- <IMG>
- <OBJECT>
- <INPUT>
- <SELECT>
- <TEXTAREA>

Zu den gestalterischen Mitteln bei der Einbindung dieser Elemente gehören die Festlegung der Dimensionen (Länge und Breite), des Textflusses um das betreffende Objekt, sowie die Ausrichtung des eingebundenen Objekts in Bezug auf die verwendete Textgrundlinie.
Folgende Attribute können zur Gestaltung des Layouts beim Einbinden von Bilddateien gewählt werden:

- `width` und `height`
  Über diese beiden Attribute lassen sich die Dimensionen Breite und Höhe des eingebundenen Objekts festlegen. Dabei kann die Wahl der Dimensionen dem Browser überlassen bleiben (über die Wertzuweisung `auto`) oder sie kann über eine absolute, exakte Größenangabe bzw. über eine relative Prozentangabe erfolgen.
- `float`
  Über dieses Attribut kann das betreffende Element aus dem regulären Textfluß herausgenommen und rechts oder links des zugehörigen Eltern-Elements (gemäß Dokumentenbaum) dargestellt werden. Die Wertzuweisung kann dementsprechend `left`, `right` oder auch `none` sein, für den

Fall, daß der reguläre Textfluß um das eingebundene Element herum nicht verändert werden soll.

- `clear`
  Dieses Attribut wird stets im Zusammenhang mit dem `float`-Attribut verwendet. Da über das `float`-Attribut der reguläre Textfluß beeinflußt werden kann, bietet das `clear`-Attribut dem Autor die Möglichkeit, für das betreffende Element eine Plazierung von Fließelementen an dessen Seiten zu verhindern.
  - `none`: Das eingebundene Element erlaubt Fließelemente an seinen beiden Seiten.
  - `left`: Das eingebundene Element erlaubt zwar rechts ein Fließelemente, aber nicht auf der linken Seite.
  - `right`: Das eingebundene Element erlaubt zwar links ein Fließelemente, aber nicht auf der rechten Seite.
  - `both`: Das eingebundene Element erlaubt keine Fließelemente an seinen Seiten.
- `vertical-align`
  Über dieses Attribut ist es möglich, eingebundene Objekte oder Text gegenüber der aktuellen Grundlinie zu erhöhen oder zu erniedrigen. Die vertikale Ausrichtung bezieht sich dabei jeweils auf den unteren Rand der eingebundenen Elemente.
  - `baseline`: Die Grundlinie des Elternelements ist in diesem Fall identisch mit der Grundlinie des Kind-Elements.
  - `sub`: Die Grundlinie des Elternelements steht oberhalb der Grundlinie des Kind-Elements.
  - `super`: Die Grundlinie des Elternelements steht unterhalb der Grundlinie des Kind-Elements.
  - `top`: Die obere Begrenzung des Kindelements wird mit der oberen Grenze des Elternelements assoziiert.
  - `text-top`: Die obere Begrenzung des Kindelements wird mit der oberen Grenze des größten Buchstaben in der betreffenden Zeile des Elternelements assoziiert.
  - `middle`: Die vertikale Mitte des Kindelements wird mit der vertikalen Mitte des Elternelements, bei Text mit der vertikalen Mitte des Buchstabens „x“ assoziiert.
  - `text-bottom`: Legt die untere Grenze des Kindelements mit der unteren Buchstabengrenze des Elternelements zusammen.
  - `bottom`: Assoziiert die untere Begrenzung des Kindelements mit der unteren Grenze des kleinsten Elements in der betreffenden Zeile.

Schließlich kann die vertikale Ausrichtung auch noch als Prozentangabe erfolgen (auch als negative Prozentangabe), die besagt, um wieviel (bezogen auf die vertikale Ausdehnung des Kindelements) das Element gegenüber der Grundlinie nach oben oder unten verschoben werden soll.

Farben. Das Layout eines Dokuments wird weiterhin durch die Verwendung von Farben bestimmt. Dazu zählen Vordergrundfarben, die Farben der einzelnen gestalterischen Elemente wie Texte, Rahmen oder eingebundene Objekte, als auch die Gestaltung von Dokument- und Element-Hintergründen. Hintergründe können dabei mit bestimmten Farben, Mustern oder auch mit einzubindenden Bildern gestaltet werden.
Die Vordergrundfarbe eines Elements kann über das Attribut `color` festgelegt werden. Die Farbangabe erfolgt dabei gemäß den entsprechenden CSS-Spezifikationen. Die Vordergrundfarbe betrifft die Farbe des dargestellten Textes, sowie die Farbe von Rahmen und Begrenzungen, falls diese nicht explizit im betreffenden Element angeben sind.
Für die Gestaltung von Hintergründen sieht CSS verschiedene Möglichkeiten vor:

- `background-color`
  Die einfachste Möglichkeit besteht darin, einem Element eine einzelne Hintergrundfarbe zuzuordnen. Wird keine explizite Hintergrundfarbe zugewiesen, so wird als Wertzuweisung der Festwert `transparent` angenommen, der die Verwendung einer transparenten Hintergrundfarbe, also keine Hintergrundfarbe bewirkt. Die Hintergrundfarbe gilt ebenfalls für den Bereich des Rahmeninnenraums zwischen begrenzendem Elementrahmen und Elementinhalt.
- `background-image`
  Mit Hilfe dieses Attributs läßt sich über die Angabe einer URI eine Bilddatei angeben, die als Element-Hintergrund in das Dokument eingebunden werden soll.
- `background-repeat`
  Die Verwendung dieses Attributs gestattet es, mit dem eingebundenen Hintergrundbild eine größere Hintergrundfläche als die des eingebundenen Bildes durch Wiederholung zu füllen. Dieser Vorgang wird als Parkettierung (Tiling) bezeichnet (siehe Abb. 13.13). Folgende Möglichkeiten stehen zur Verfügung:
  - `no-repeat`: Das Hintergrundbild wird nicht wiederholt, sondern nur einmal dargestellt.
  - `repeat-x`: Das Hintergrundbild wird nur in horizontaler Richtung wiederholt. Füllt das Hintergrundbild den Darstellungsbereich in vertikaler Sicht nicht aus, so bleiben die Bereiche ober- und unterhalb des Hintergrundbildes leer.
  - `repeat-y`: Das Hintergrundbild wird nur in vertikaler Richtung wiederholt. Ist das Bild nicht so breit wie der Darstellungsbereich, so bleiben die Bereiche links und rechts vom Hintergrundbild leer.
  - `repeat`: Das Hintergrundbild wird vertikal und horizontal solange wiederholt, bis der komplette Darstellungsbereich ausgefüllt ist.

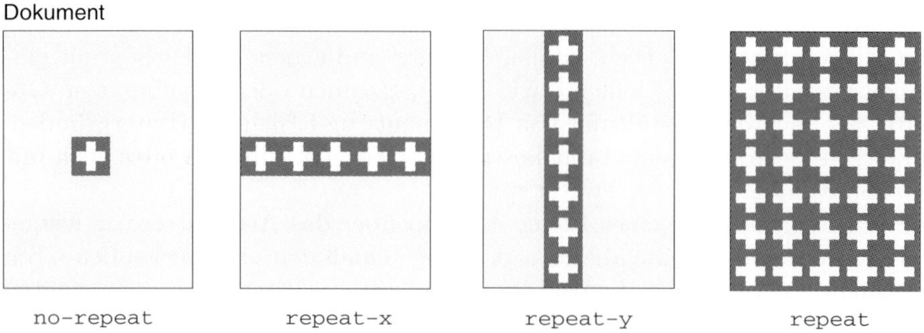

Abb. 13.13. CSS – Hintergrundbild-Gestaltungsmöglichkeiten

- `background-attachment`
  In der Regel wird das Hintergrundbild an ein Element gebunden, so daß es zusammen mit dem Inhalt des HTML-Dokuments in der Anzeige des Browserfensters durchgerollt werden kann (`background-attachment: scroll`). Auf Wunsch des Autors kann das Hintergrundbild auch an das Bildschirmfenster gebunden werden, so daß sich das Hintergrundbild beim Navigieren innerhalb des Bildschirmfensters nicht mit dem Fensterinhalt zusammen bewegt (`background-attachment: fixed`).
- `background-position`
  Über dieses Attribut kann die Position des Hintergrundbildes verändert werden. Die Standard-Darstellung sieht eine Ausrichtung des Hintergrundbildes an der linken oberen Fensterecke vor. Es müssen dabei stets die vertikalen und horizontalen Distanzen angegeben werden. Erfolgt nur eine Wertzuweisung, so wird diese für die horizontale Plazierung herangezogen. Dem Autor bieten sich folgende Möglichkeiten, die Hintergrundbildposition zu verändern:
  - **relative Prozentangaben**: Das Hintergrundbild kann relativ zur Größe des Elements, an das es gebunden ist, positioniert werden. Die Angabe erfolgt durch zwei Wertzuweisungen, die den jeweiligen x-/y-Wert bezeichnen. CSS plaziert das Hintergrundbild relativ gemäß den zugewiesenen Prozentangaben an der bezeichneten Stelle des Elternelements (siehe Abb. 6.10).
  - **absolute, exakte Größenangaben**: Bei der Verwendung von exakten Größenangaben wird die linke obere Ecke des Hintergrundbildes in der angegebenen Entfernung zur linken oberen Ecke des Elternelements plaziert.
  - **Schlüsselwörter**: CSS sieht eine Reihe von Schlüsselwörtern vor, mit denen eine Positionsbestimmung über Prozentangaben abgekürzt werden kann.
    - `top, center, bottom`

Diese Wertzuweisungen bezeichnen die vertikale Ausrichtung des Hintergrundbildes entsprechend den x-Wertzuweisungen 0%, 50% und 100%.

- `left, center, right`
  Diese Wertzuweisungen bezeichnen die horizontale Ausrichtung des Hintergrundbildes entsprechend den x-Wertzuweisungen 0%, 50% und 100%.

Erfolgt nur eine der beiden Zuweisungen, so wird die andere als zentriert angenommen.

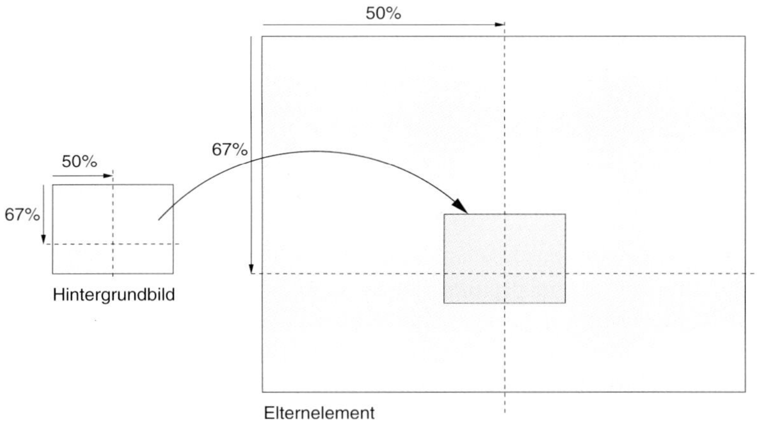

Abb. 13.14. CSS – Hintergrundbild-Plazierung

- `background`
  Mit Hilfe dieses Attributes lassen sich alle Angaben, die das Hintergrundbild betreffen, in einer CSS-Spezifikation zusammenfassen. Werden dabei nicht alle möglichen Wertzuweisungen angegeben, wird den unterlassenen Zuweisungen ein Standardwert zugewiesen.

Listen. Geordnete und ungeordnete Listen sind in HTML-Dokumenten strukturgebende Elemente, deren Layout ihre ordnende und aufzählende Funktion unterstreichen soll. Zu den Layout-Eigenschaften der HTML-Listen zählen unter anderem die Wahl des Zeichens, das als Anstrich für die Listenelemente verwendet wird, Position und Einzug der Listenelemente, sowie der Einsatz von listenbezogenen Zwischenräumen. Folgende Gestaltungsmöglichkeiten stellt CSS für Listenelemente oder andere HTML-Elemente, die über das `display`-Attribut zum Listenelement hin verändert wurden, zur Verfügung:

- `list-style-type`
  Mit Hilfe dieses Attributs kann die Gestalt des Anstrich-Symbols für ungeordnete Listen und die Wahl der Aufzählungszeichen für geordnete Listen verändert werden (siehe Abb. 6.11).

Für ungeordnete Listen kann gewählt werden aus:

- `disk`: ein ausgefüllter Kreis (Standard-Einstellung),
- `circle`: ein leerer Kreis,
- `square`: ein leeres Rechteck,
- `none`: kein Anstrich-Symbol.

Für geordnete Listen kann gewählt werden aus:

- `decimal`: Dezimalzahlen: 1, 2, 3, 4, 5, ... ,
- `lower-roman`: römische Zahlen, Kleinbuchstaben: i, ii, iii, iv, v, ... ,
- `upper-roman`: römische Zahlen, Großbuchstaben: I, II, III, IV, V, ... ,
- `lower-alpha`: Kleinbuchstaben: a, b, c, d, e, ... ,
- `upper-alpha`: Großbuchstaben: A, B, C, D, E, ...

CSS 2.0 stellt zusätzlich noch folgende Wertzuweisungen zur Auswahl:

- `lower-greek`: griechische Kleinbuchstaben: α, β, γ, δ, ϵ, ... ,
- `hebrew`: hebräische Buchstaben,
- `decimal-leading-zero`: Dezimalzahlen mit führender Null: 01, 02, 03, 04, ... ,
- `cjk-ideographic`: ideographischen Zeichen,
- `hiragana`: Numerierung in japanischer Hiragana-Schrift,
- `katakana`: Numerierung in japanischer Katakana-Schrift,
- `hiragana-iroha`: Numerierung in japanischer Hiragana-Iroha-Schrift,
- `katakana-iroha`: Numerierung in japanischer Katakana-Iroha-Schrift.

Da der Aufbau von Listen oft hierarchisch in mehreren Ebenen strukturiert ist, kann mit Hilfe von Stylesheets für jede Hierarchie-Ebene ein eigener Listenstil definiert werden. Dazu wird die jeweilige Hierarchie-Ebene über geschachtelte Selektoren identifiziert (`OL OL UL` bezeichnet eine ungeordnete Liste der dritten Hierarchie-Ebene, die unter zwei geordneten Listen steht). Beispiel für ein hierarchisches Listen-Layout:

```
OL { list-style-type: decimal}
OL OL { list-style-type: lower-alpha}
OL OL OL { list-style-type: lower-roman}
```

- `list-style-image`
  Mit Hilfe dieses Attributs können eigene Bilddateien für Anstrichsymbole für Listenelemente eingebunden werden. Die Einbindung der Bilddatei erfolgt über die Angabe der entsprechenden URI. Kann die Bilddatei nicht geladen werden, wird der unter `list-style-type` festgelegte Darstellungstyp gewählt.
- `list-style-position`
  Das `list-style-position`-Attribut legt die Position des Anstrichsymbols bzw. des Aufzählungszeichen eines Listenelements fest. Dies kann außerhalb des eigentlichen Listenbereichs vor dem Listenelement erfolgen (Standardeinstellung, `outside`) oder innerhalb des Listenelements (`inside`).

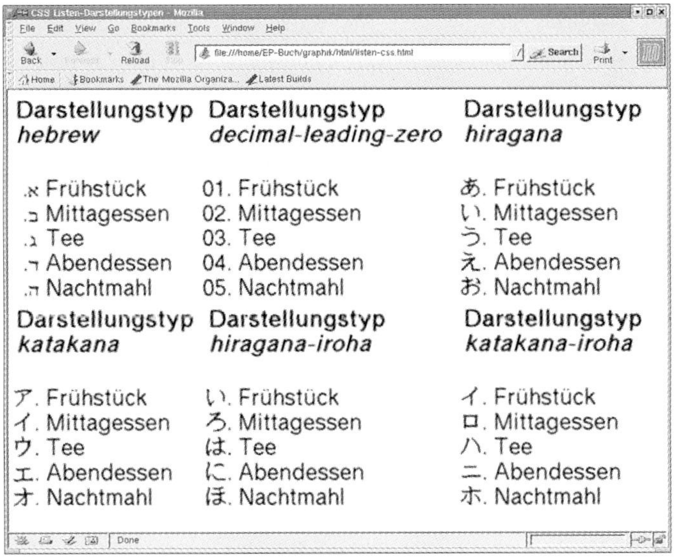

Abb. 13.15. CSS – Listen Darstellungstypen

- `list-style`
  Mit Hilfe des Attributs `list-style` lassen sich die Basisattribute für die Listendarstellung in einer zusammenfassenden CSS-Regel festlegen.

Tabellen. Seit HTML 4.0 zählen Tabellen zu den Strukurierungs- und Gestaltungselementen, die die Darstellung eines HTML-Dokuments bestimmen. CSS 1.0 sah noch keine speziellen Formatierungsoptionen für Tabellen vor, doch konnten andere Formatierungsoptionen aus CSS 1.0 auch auf Tabellen angewendet werden. Dazu zählen unter anderem:

- Schriftformatierungen,
- Seitenformatierung (Margin), Ausrichtung und Absatzkontrolle,
- Rahmen-Innenabstand (Padding),
- Rahmengestaltung (Border),
- Hintergrundfarben und -bilder.

Zusätzlich bietet CSS 2.0 die Möglichkeit, direkt auf die Gestaltung von Tabellen-Innen- und Außenrahmen Einfluß zu nehmen, das Verhalten von Zelleninhalten bei vorgegebener Bemaßung der Tabellenzelle oder die Ausrichtung von Tabellenüberschriften zu bestimmen.
Folgende CSS Deklarationen stehen für Tabellen zur Verfügung:

- `caption-side`
  Mit diesem Attribut läßt sich die Ausrichtung der Tabellenüberschrift festlegen. Folgende Wertzuweisungen sind dabei für die Position der Tabellenüberschrift möglich:

  – `top`: oberhalb der Tabelle,
  – `bottom`: unterhalb der Tabelle,
  – `left`: links neben der Tabelle,
  – `right`: rechts neben der Tabelle.

- `table-layout`
  Mit diesem Attribut kann der Autor festlegen, wie der Browser Breitenangaben zur Tabelle und zu den Tabellenspalten behandeln soll, die über das Attribut `width` angegeben werden. Dabei kann festgelegt werden, ob eine vorgegebene Breite trotz eines eventuell längeren Zelleninhalts eingehalten werden soll (`table-layout: fixed`) oder ob dem Zelleninhalt Vorrang vor der angegebenen Breite gewährt werden soll (`table-layout: auto`).
- `border-collapse`
  Die Rahmen von Tabellenzellen können entweder einzeln ausgezeichnet werden oder der Autor kann festlegen, daß diese zu einem Gitternetz zusammenfallen. Über die Wertzuweisung `border-collapse: separate` werden die Rahmen der Tabellenzellen stets separiert, über die Zuweisung `border-collapse: collapse` stets zusammenfallen.
- `border-spacing`
  Dieses Attribut steuert den Abstand der Rahmen im sichtbaren Gitternetz der Tabelle, also den Abstand der Tabellenzellen voneinander. Die Angabe erfolgt über eine relative Prozentangabe oder über einen absoluten, exakten numerischen Wert. Beispiel:

```
TABLE {border-spacing: 10px}
```

- `empty-cells`
  Dieses Attribut legt fest, ob einzelne Tabellenzellen, die keinen Inhalt besitzen, trotzdem mit einem Zellenrahmen, wie die übrigen Zellen dargestellt werden sollen oder nicht. Dabei stehen die folgenden Wertzuweisungen zur Verfügung:

  – `show`: Zellenrahmen leerer Tabellenzellen werden angezeigt,
  – `collapse`: Zellenrahmen leerer Tabellenzellen werden unterdrückt (Voreinstellung).

- `row-span`
  Ebenso, wie in HTML können vertikal benachbarte Zellen einer Tabelle über das Attribut `row-span` zu einer einzelnen, großen Tabellenzelle über mehrere Zeilen hinweg zusammengefaßt werden. Damit schafft CSS eine Möglichkeit zur Definition von Zellenklassen, die sich von normalen Tabellenzellen durch ihre vertikale Große unterscheiden. Beispiel:

```
TD.DOPPELZEILE {row-span: 2}
```

- `speak-header-cell`
  CSS bietet die Möglichkeit der Ausgabe von HTML-Dokumenten über Sprachsynthese, die vorallem auch blinde Menschen in die Lage versetzen soll, vom WWW zu profitieren. Die Sprachausgabe einer Tabelle erfolgt dabei Zelle für Zelle. Da aber ein blinder Mensch nicht in der Lage ist, die zur aktuellen Zelle zugeordnete Spalten- oder Zeilenüberschrift zu lesen, kann über das Attribut `speak-header-cell` festgelegt werden, ob bei der Sprachausgabe einer Tabellenzelle stets die zugehörige Überschrift (Header) mit vorgelesen werden soll. Folgende Wertzuweisungen sind möglich:
  - `once`: Die Überschriften werden nur einmal gelesen (Voreinstellung).
  - `always`: Zusammen mit jeder Tabellenzelle werden die zugehörigen Überschriften vorgelesen.

Exkurs 31: CSS für spezielle Ausgabemedien

Eines der Ziele, die mit der Einführung von Stylesheets als Formatvorlage für HTML-Dateien erreicht werden sollte, war die Unabhängigkeit des Inhalts der HTML-Datei vom jeweils gewählten Ausgabe- und Darstellungsmedium. Mit Hilfe von Stylesheet-Dateien kann auf die Anforderungen und Restriktionen unterschiedlicher Ausgabemedien eingegangen werden. Im Vordergrund dabei steht natürlich die Darstellung der HTML-Datei am Bildschirm, wobei mit Hilfe der verschiedenen Stylesheet-Optionen auch hier eine weitgehende Unabhängigkeit des anzuzeigenden HTML-Dokuments von den Darstellungsparametern des Bildschirms erreicht werden kann. Dies ist möglich über die Verwendung relativer Größenangaben für die verschiedenen Layout-Elemente wie Schrift, eingebundene Grafiken oder Tabellen, mit deren Hilfe eine einheitliche Darstellung des HTML-Dokuments auch bei unterschiedlichen Bildschirmgeometrien erreicht werden kann.
Der Großteil der CSS-Regeln zielt natürlich auf die Bildschirmdarstellung des HTML-Dokuments. Soll das HTML-Dokument auf einem Drucker ausgegeben werden, stehen neben einer generellen Anpassung des Layouts auch andere Gesichtspunkte, wie z.B. das Setzen von Zeilenumbrüchen im Vordergrund. Besondere Aufmerksamkeit verdient auch die Möglichkeit der Sprachausgabe von HTML-Dateien. Für dieses Ausgabemedium sieht CSS besondere Deklarationen und Attribute vor, mit denen verschiedene Parameter der Sprachsynthese gesteuert werden können.

Bildschirm
Speziell für die Ausgabe am Bildschirm, dem originären Darstellungsmedium für HTML-Dateien, sieht CSS neben den allgemeinen, bereits vorgestellten CSS-Deklarationen bislang nur für einzelne HTML-Elemente spezielle Bildschirm-Cursor vor, also Symbole oder Grafiken, die den mit Hilfe der Maus interagierenden Nutzer auf dem Bildschirm führen.
Das zu diesem Zweck definierte Attribut, das `cursor`-Attribut, ordnet einem HTML-Element eine bestimmte Cursor-Gestalt zu. Sobald der Nutzer mit dem Mauszeiger über den durch das betreffende Element eingenommenen Bereich am Bildschirm fährt, ändert sich jedesmal die Gestalt des Cursors entsprechend der über das `cursor`-Attribut festgelegten Definition. Durch den Gestaltwechsel wird dem Nutzer dabei der Aufruf einer bestimmter Funktion nahegelegt, der durch die Verknüpfung mit einem Event-Handler und einem JavaScript-Programm ausgeführt werden kann. Beispiel:

```
<P STYLE="cursor: help; color: red"
   onClick="window.location.href= URI ">
   Hilfetext als nicht unterstrichener Hyperlink
</P>
```

Wird der betreffende Absatz mit dem Mauszeiger überfahren, verändert dieser seine Gestalt zu einem „Hilfesymbol". Sobald ein Mausklick innerhalb dieses Bereichs erfolgt (Event-Handler: `onClick`) wird ein Hyperlink aktiviert (JavaScript-Klasse: `window.location.href`), der auf den nachfolgenden URI führt.

- Folgende Wertzuweisungen an das Attribut `cursor` sind möglich:
  - `auto`: automatische Cursorfestlegung (Voreinstellung),
  - `default`: plattformunabhängiger Standard-Cursor,
  - `crosshair`: Cursor in Form eines Fadenkreuzes,
  - `pointer`: Cursor in Form eines Zeigers,
  - `move`: kreuzförmiger Cursor, der die Möglichkeit zum Bewegen des Elements signalisierten soll,
  - `n-resize`: pfeilförmiger Cursor, der nach oben zeigt (n: nord),
  - `ne-resize`: pfeilförmiger Cursor, der nach rechts oben zeigt (ne: nordost),
  - `e-resize`: pfeilförmiger Cursor, der nach rechts zeigt (e: ost),
  - `se-resize`: pfeilförmiger Cursor, der nach rechts unten zeigt (se: südost),
  - `s-resize`: pfeilförmiger Cursor, der nach unten zeigt (s: süd),
  - `sw-resize`: pfeilförmiger Cursor, der nach links unten zeigt (sw: südwest),
  - `w-resize`: pfeilförmiger Cursor, der nach links zeigt (w: west),
  - `nw-resize`: pfeilförmiger Cursor, der nach links oben zeigt (nw: nordwest),
  - `text`: Cursor in einer Form, die normalen Text symbolisiert,
  - `wait`: Cursor in Form eines Warte-Symbols,
  - `help`: Cursor in Form eines Hilfe-Symbols,
  - `url([Datei])`: frei definierter Cursor, [Datei] sollte den URI einer GIF- oder JPG-Grafik bezeichnen.

Andere Formatierungsangaben speziell für die Bildschirmausgabe wurden von Microsoft über sogenannte „Filter" eingeführt, die spezielle Schrifteffekte bzw. Effekte, die Text und Hintergrund mit einbeziehen, ermöglichen. Auf diese soll an dieser Stelle nicht näher eingegangen werden, da sie z.Z. als eine proprietäre Erweiterung des bestehenden Standards nur durch den Browser InternetExplorer von Microsoft unterstützt werden.

Printlayout

Soll ein am Bildschirm angezeigtes HTML-Dokument ausgedruckt werden, stellen sich bzgl. des Print-Layouts völlig neue Anforderungen. Nicht nur die geometrischen Dimensionen der Darstellung ändern sich. Charakteristisch ist die Aufteilung des Dokuments in einzelne Seiten, die durch die Unterteilung der (theoretisch) endlosen Bildschirmseite entsteht, die kontinuierlich nach unten abgerollt werden kann. Der Seitenbereich umfaßt zusätzlich Kopf- und Fußzeilen, sowie eventuell eine Seitennumerierung. Soll die Druckausgabe doppelseitig erfolgen, müssen Vorder- und Rückseite unterschiedlich breite Ränder erhalten. CSS 2.0 sieht eine Reihe von Print-Layout-spezifischen Deklarationen vor, die bei der Erstellung eines für den Druck vorgesehenen Layouts Unterstützung bieten. Allerdings sind derartige Layout-Gestaltungen auch für die Bildschirmdarstellung von Interesse, so z.B. bei Präsentationen (vgl. Microsoft PowerPoint).

Bislang bietet die CSS-Unterstützung ausschließlich eine rudimentäre Print-Layout-Gestaltung, die über den CSS-Befehl `@page` erfolgt, über den sämtliche Print-Layout-Festlegungen getroffen werden können. Beispiel:

```
<STYLE TYPE="text/css">
  @page { /* Print-Layout-Definitionen */ }
<STYLE>
```

Die Angabe des `@page`-Befehls stellt sicher, daß sich die nachfolgenden Definitionen zum Print-Layout tatsächlich nur auf Druckseiten beziehen und nicht irrtümlich vom Browser als

Formatierungsangaben für das auf dem Bildschirm dargestellte HTML-Dokument interpretiert werden. Folgende CSS-Attribute stehen für die Gestaltung des Print-Layouts in CSS zur Verfügung:

- `size`
  Die Dimensionen einer Druckseite können über das Attribut `size` festgelegt werden. Die Definition sieht die Angabe von zwei absoluten Größenangaben vor, wobei der erste Wert die Breite und der zweite Wert die Höhe der Seite bezeichnet. Beispiel:

  ```
  @page {size: 21cm 29.7cm }
  ```

  Zusätzlich können die folgenden Schlüsselworte verwendet werden:

  – `auto`: bezeichnet das „normale" Format des Ausgabemediums (Voreinstellung),
  – `landscape`: bezeichnet das „normale" Format des Ausgabemediums im Querformat (bei rechteckigem Format),
  – `portrait`: bezeichnet das „normale" Format des Ausgabemediums im Hochformat (bei rechteckigem Format).

- `margin-top`, `margin-bottom`, `margin-left` und `margin-right`
  Ebenso wie bei der Bildschirmausgabe können im Print-Layout Angaben über die einzuhaltenden Seitenränder, also den Zwischenraum zwischen Dokumentenbegrenzung und dem eigentlichen Inhalt des Dokuments festgelegt werden. Die Wertzuweisung erfolgt über eine absolute Größenangabe.

  – `margin-top`: oberer Rand,
  – `margin-bottom`: unterer Rand,
  – `margin-left`: linker Rand,
  – `margin-right`: rechter Rand.

  Soll allen Seitenrändern derselbe Wert zugewiesen werden, kann dies über die zusammenfassende Angabe des Attributs `margin` erfolgen. Beispiel:

  ```
  @page {margin-top: 1,7cm; margin-bottom: 1,5cm;
         margin-left:2,0cm; margin-right: 1,5cm}
  ```

- `marks`
  Im Druckwesen werden bei Druck und Satzbelichtung zum Zuschneiden der Druckseiten sogenannte **Schnittmarken** (Crop Marks) verwendet. Dabei handelt es sich um Markierungen, die auf der Druckseite angebracht sind, um einen genauen Zuschnitt zu ermöglichen. Zur exakten Ausrichtung des Satzspiegels bei Belichtung und Druck werden sogenannte **Passermarken** (Cross Marks) bzw. **Registermarken** (Register Marks) verwendet. Über das Attribut `marks`, das im Anschluß an die Attribute zur Bestimmung der Druckseitendimension und die Seitenränder angegeben wird, können diese Marken in das Print-Layout mit aufgenommen werden.

  – `none`: keine Marken,
  – `crop`: Schnittmarken setzen,
  – `cross`: Passermarken setzen.

  Beispiel:

  ```
  @page {size: 21cm 29,7cm; margin: 1,5cm; marks: crop}
  ```

- `left` und `right`
  Für rechte und linke Seiten kann bei doppelseitigem Ausdruck ein unterschiedliches Print-Layout definiert werden, zum Ausglich von Heft- und Binderändern. Zu diesem Zweck müssen zwei separate `@page`-Befehle im Stylesheet aufgenommen werden. Die linke Seite wird durch das in `@page :left` definierte Print-Layout bestimmt, die rechte Seite durch das in `@page :right`. Beispiel:

```
@page {size: 21cm 29,7cm; margin-top: 2cm; margin-bottom: 2cm}
@page :left {margin-left: 2,5cm; margin-right: 2cm;}
@page :right {margin-left:2cm; margin-right: 2,5cm}
```

Über den Befehl `@page :first` läßt sich die erste Seite eines Dokuments gesondert als Titelseite formatieren.

- `header` und `footer`
  Im Print-Layout können Kopf- und Fußzeilenbereiche definiert werden, deren Inhalt auf jeder Druckseite wiederholt wird. In diesen Bereichen können Seitenangaben oder aktuelle Kapitel- oder Abschnittsüberschriften angegeben werden. Wird für die linken und rechten Seiten ein getrenntes Print-Layout definiert, können linke und rechte Seiten auch unterschiedliche Kopf- und Fußzeilenbereiche besitzen. Kopf- und Fußzeilenbereich werden folgendermaßen definiert:

```
@page :header { /* Kopfzeilenbereich*/ }
@page :footer { /* Fußzeilenbereich*/ }
```

Zur Gestaltung des Layouts im Kopf- und Fußzeilenbereich stehen die regulären CSS-Deklarationen zur Verfügung, ergänzt um das Attribut `content`, das den eigentlichen Inhalt bestimmt. Kopf- und Fußzeilen können jeweils maximal drei Elemente beinhalten. Dabei wird das erste Element links, das zweite zentriert und das dritte rechts positioniert. Die Elemente werden durch Kommata voneinander getrennt. Die Kommata sind jeweils fest vorgeschrieben. Soll ein Kopf- oder Fußzeilenbereich weniger als drei Elemente beinhalten, wird die Inhaltsdefinition des betreffenden Elements leer gelassen, die Kommata müssen jedoch gesetzt werden, um die Position der angegebenen Elemente festzusetzen. Inhalt kann dabei ein vorgegebener Text sein, der in Anführungszeichen zu setzen ist. Daneben sind noch eine Reihe variabler Textteile möglich, die durch Schlüsselworte definiert werden:

– aktuelle Seitenzahl: Wird festgelegt durch das Attribut `pageno`. Zusätzlich muß angegeben werden, wie die Seitennummern-Angabe formatiert werden soll. Folgende Möglichkeiten werden dazu von CSS vorgesehen:
  - `decimal(pageno)`: Dezimalzahlen,
  - `lower-roman(pageno)`: römische Zahlen, Kleinschrift,
  - `upper-roman(pageno)`: römische Zahlen, Großschrift,
  - `lower-alpha(pageno)`: Kleinbuchstaben,
  - `upper-alpha(pageno)`: Großbuchstaben.

– Gesamtseitenzahl: Wird festgelegt durch das Attribut `pages`. Die Formatierung der Gesamtseitenzahl erfolgt auf dieselbe Weise, wie bei der aktuellen Seitennummer.

– Überschriften: Um aktuelle Kapitel- oder Absatzüberschriften mit in den Kopf- und Fußzeilenbereich aufnehmen zu können, müssen diese im HTML-Dokumententext entsprechend gekennzeichnet werden. Dies geschieht im HTML-Dokument über das CSS-Attribut `running-head`. Die folgenden Schlüsselwörter stehen für das Attribut `running-head` zur Verfügung:
  - `title`: Überschrift erster Ordnung,
  - `chapter`: Überschrift zweiter Ordnung,
  - `section`: Überschrift dritter Ordnung.

  Im Stylesheet selbst kann zum Layouten der Kopf- und Fußzeilen auf diese Schlüsselwörter über das Attribut `content` zugegriffen werden. Da der Autor des HTML-Dokuments nicht wissen kann, welche über `running-head` definierte Überschrift und wieviele dieser Überschriften sich auf einer Seite des gedruckten Dokuments befinden werden, sieht CSS zur Unterscheidung die folgenden Charakterisierungen vor:

- first: nimmt Bezug auf das erste Element auf der Druckseite,
- last: nimmt Bezug auf das letzte Element auf der Druckseite,
- previous: nimmt Bezug auf letzte zuvor notierte Element.

Beispiel: first(chapter)

Im o.a. Beispiel wird auf das erste Element auf einer Druckseite referenziert, das als Überschrift zweiter Ordnung mit running-head: chapter markiert ist.

– URI: Die URI des HTML-Dokuments kann im Kopf- oder Fußzeilenbereich einer Druckseite über das Schlüsselwort uri eingefügt werden.

– Datum: Sollen aktuelles lokales Datum und Uhrzeit im Kopf- oder Fußzeilenbereich einer Druckseite eingefügt werden, kann dies über das Schlüsselwort date erfolgen.

Abb. 13.16 zeigt ein Beispiel für die Definition von Kopf- und Fußzeilenbereich in CSS.

```
<STYLE TYPE="text/css">
  @page {size: 21cm 29,7cm;}
  @page :header
    {content: , first(chapter), ;
     border-bottom: thin solid black}
  @page :footer
    {content: , "Seite "decimal(pageno), ;
     border-bottom: thin solid black}
</STYLE>
...
<BODY>
...
  <H2 STYLE="running-head: chapter">
    Kapitelüberschrift
  </H2>
...
</BODY>
```

Abb. 13.16. Beispiel für Kopf- und Fußzeilenbereiche in CSS

- page-break-before/page-break-after

  Über diese beiden Attribute kann ein Seitenumbruch vor einem bestimmten Element (page-break-before) bzw. nach einem bestimmten Element (page-break-after) verhindert oder erzwungen werden. Folgende Möglichkeiten stehen dem Autor dazu zur Verfügung:

  – always: immer einen Seitenumbruch vor/nach dem aktuellen Element durchführen,

  – auto: keine expliziten Angaben zum Seitenumbruch (Voreinstellung),

  – avoid: niemals einen Seitenumbruch vor/nach dem aktuellen Element einfügen,

  – left/right: bei doppelseitigem Ausdruck einen Seitenumbruch einfügen, aktuelles Element (pagebreak-before) bzw. nachfolgendes Element (page-break-after) auf die nächste linke/rechte Seite setzen,

  – inherit: die Angabe zum Seitenumbruch wird vom Elternelement übernommen.

  Beispiel:

```
<P STYLE="page-break-after: always">
    Textabsatz mit Seitenumbruch darunter
</P>
```

- `orphans` und `widow`
  Als **Schusterjungen** (Orphans) werden im Druckwesen einzelne Zeilen bezeichnet, die zu einem zusammenhängenden Fließtext gehören und so unglücklich an einem Seitenumbruch getrennt werden, daß nur eine einzelne Zeile am Ende der Seite vor dem Seitenumbruch steht und der Rest des zugehörigen Absatzes auf der Folgeseite. CSS bietet die Möglichkeit, die Mindestanzahl der Zeilen eines umgebrochenen Absatzes festzusetzen, die sich am Ende der Vorgängerseite befinden sollen. Die Festlegung erfolgt über das Attribut `orphans`. Beispiel:

  ```
  P {orphans: 4}
  ```

  In der umgekehrten Situation werden einzelne Zeilen, die zu einem umgebrochenen, zusammenhängenden Absatz gehören und am Beginn einer neuen Seite stehen, als **Hurenkinder** (Widows) bezeichnet. CSS bietet die Möglichkeit, die Mindestanzahl der Zeilen eines umgebrochenen Absatzes festzusetzen, die sich am Beginn der Nachfolgerseite befinden sollen. Die Festlegung erfolgt über das Attribut `widow`. Beispiel:

  ```
  P {widow: 3}
  ```

  Die Voreinstellung für beide Attribute beträgt jeweils zwei.

Sprachausgabe
CSS 2.0 erlaubt erstmals spezielle Kontrollanweisungen für die Audioausgabe von HTML-Dokumenten. Durch den gezielten Einsatz begleitender Geräusche und Musikpassagen wird auch das gesprochene HTML-Dokument zum Hörerlebnis und die Welt des WWW öffnet sich auf diese Weise auch Menschen mit einer Sehbehinderung. Aber nicht nur für Sehbehinderte stellt die Möglichkeit der Sprachausgabe von HTML-Dokumenten eine Erweiterung des herkömmlichen, bildschirmorientierten Einsatzes von HTML dar. Durch den Einsatz von Autorenanweisungen können auch Hörspiele und Bühnenstücke über HTML für das WWW aufbereitet und verfügbar gemacht werden.
Folgende Anweisungen zur Kontrolle der Sound- und Sprachausgabe stellt CSS zur Verfügung:

- `volume`
  Mit Hilfe des Attributs `volume` läßt sich die Lautstärke der Sprachausgabe, relativ zur Gundeinstellung der Lautstärke am Ausgabegerät verändern. Die Wertzuweisung erfolgt über einen absoluten numerischen Wert zwischen 0 (sehr leise) und 100 (sehr laut), oder über eines der folgenden Schlüsselwörter:
  - `silent`: Ton aus, entspricht Sprechpause,
  - `x-soft`: sehr leise, entspricht 0,
  - `soft`: leise, entspricht 25,
  - `medium`: mittel, entspricht 50,
  - `loud`: laut, entspricht 75,
  - `x-loud`: sehr laut, entspricht 100.
- `speak`
  Dieses Attribut bestimmt, auf welche Weise ein Element ausgesprochen werden soll. Folgende Angaben sind möglich:
  - `none`: Ton aus, keine Sprechpause, Element wird übergangen,
  - `normal`: normale, sprachabhängige Ausgabe,
  - `spell-out`: buchstabierte Ausgabe.
- `pause-before` und `pause-after`
  Eine Sprechpause läßt sich erzwingen vor (`pause before`) oder nach (`pause-after`) einem Element. Die Wertzuweisung erfolgt als absolute, exakte Größenangabe in Sekunden (s) oder Millisekunden (ms), oder aber als relative Prozentangabe, die sich auf die ebenfalls einstellbare Sprechgeschwindigkeit (`speech-rate`) bezieht. Beispiel:

```
<STYLE TYPE="text/css">
    H1 {pause-before:1s; pause-after:200ms}
</STYLE>
```

Beide Angaben lassen sich über das Attribut `pause` zusammenfassen. Die Wertzuweisung umfaßt dann zwei Werte, von denen der erste die Sprechpause vor dem Element und der zweite die Sprechpause nach dem Element abgrenzt. Beide Größenangaben werden durch ein Leerzeichen getrennt. Beispiel:

```
<STYLE TYPE="text/css">
    H1 {pause:1s 200ms}
</STYLE>
```

- `cue`, `cue-before` und `cue-after`
  CSS bietet die Möglichkeit, bestimmte Bereiche oder einzelne Elemente des HTML-Dokuments mit akustischen Erkennungszeichen zu versehen. Diese Erkennungszeichen können das betreffende Element einleiten (`cue-before`) oder abschließen (`cue-after`). Das akustische Erkennungszeichen kann ein Geräusch oder eine Melodie sein, die über den zugehörigen URI eingebunden wird. Als Sound-Dateiformat werden dabei die Formate WAV, AU und auch AI erkannt.
  Soll ein Element von zwei identischen Erkennungssignalen eingeschlossen werden, lassen sich die Attribute `cue-after` und `cue-before` mit Hilfe der Attributangabe `cue` zusammenfassen. Beispiel:

```
<P STYLE="cue:url(chime.wav)">
```

- `play-during`
  In der gleichen Weise, wie bei der Bildschirmdarstellung für bestimmte Elemente ein Hintergrundbild angegeben werden kann, kann die Sprachausgabe eines Elements auch mit einem Hintergrund-Sound unterlegt werden. Diese Geräuschkulisse wird dann solange aufrecht erhalten, bis die Ausgabe des Elements abgeschlossen ist. Die Angabe einer Audio-Datei, die als Geräuschkulisse dienen soll, erfolgt ebenfalls wieder über die Angabe des zugehörigen URI. Damit der Hintergrund-Sound die Sprachausgabe des Elements nicht übertönt, muß zusätzlich das Schlüsselwort `mix` angegeben werden. Für den Fall, daß die Spieldauer des Hintergrund-Sounds kürzer ist, als die Ausgabezeit des HTML-Elements, kann über das Schlüsselwort `repeat` eine stetige Wiederholung des Hintergrund-Sounds bestimmt werden. Beispiel:

```
<STYLE TYPE="text/css">
    P.lustig {play-during:url(happy-song.wav) mix}
    P.traurig {play-during:url(sad-song.wav) mix}
</STYLE>
```

- `azimuth` und `elevation`
  Sofern das Sprachausgabesystem die Wiedergabe von räumlich kodierter Information (Mehrkanal-Ton) ermöglicht, gestattet CSS die Angabe der Raumrichtung horizontal (Azimuth) und vertikal (Elevation) zum Sprecher. Die Angabe der horizontalen Richtung kann dabei in Grad (degree) erfolgen, wobei die Angabe `0 deg` die Richtung gerade vor dem Zuhörer beschreibt, `90 deg` die Richtung genau rechts und `270 deg` die Richtung genau links vom Zuhörer. Neben der Angabe eines numerischen Wertes kann die Angabe über Schlüsselwörter erfolgen:

center	0 deg		
center-right	20 deg	center-left	340 deg
right	40 deg	left	320 deg
far-right	60 deg	far-left	300 deg
right-side	90 deg	left-side	270 deg
far-right-behind	120 deg	far-left-behind	240 deg
right-behind	140 deg	left-behind	220 deg
center-right-behind	160 deg	center-left-behind	200 deg
		behind	180 deg

Mit den Schlüsselwörtern `leftwards` und `rightwards` kann die Raumposition jeweils um 20 Grad weiter nach links oder nach rechts verschoben werden. Die vertikale Raumposition läßt sich im Bereich `+90 deg` (direkt von oben) bis `-90 deg` (direkt von unten) angeben bzw. über die folgenden Schlüsselwörter:

- `below`: von unten,
- `lower`: von weiter unten,
- `level`: von gleicher Höhe ,
- `above`: von oben,
- `higher`: von weiter oben.

Beispiel:

```
<STYLE TYPE="text/css">
    H1 {azimuth:120deg; elevation:below}
</STYLE>
```

- `speech-rate`
  Über dieses Attribut läßt sich die Geschwindigkeit der Sprachausgabe festlegen. Die Angabe erfolgt entweder als absoluter numerischer Wert, der die mittlere Anzahl der gesprochenen Worte pro Minute angibt, oder über eines der folgenden Schlüsselwörter:
  - `x-slow`: sehr langsam,
  - `slow`: langsam,
  - `slower`: etwas langsamer als normal,
  - `medium`: normale Sprechgeschwindigkeit,
  - `faster`: etwas schneller als normal,
  - `fast`: schnell,
  - `x-fast`: sehr schnell.
- `voice-family`
  Die Stimmfamilie, die sich über dieses Attribut auswählen läßt, kann etwa mit der für die Ausgabe am Bildschirm wählbaren Schriftfamilie verglichen werden. Allerdings hängt die Interpretation dieser Angabe von den Fähigkeiten der verwendeten Hard- und Software ab. Das W3C-Konsortium stellt drei generische Stimmfamilien zur Auswahl:
  - `male`: bezeichnet eine Männerstimme,
  - `female`: bezeichnet eine Frauenstimme,
  - `child`: bezeichnet eine Kinderstimme.
- `pitch` und `pitch-range`
  Die Modulation des Sprachflusses bezeichnet die Art und Weise, wie lebhaft ein Sprecher seinen Vortrag gestaltet. Niedrige Modulation entspricht einer monotonen Vortragsweise und hohe Modulation einem sehr lebhaften, modulationsreichen Vortrag. Die Wertzuweisung erfolgt über eine exakte numerische Wertangabe, die im Bereich 0 – 100 liegen kann, wobei eine normale Modulation dem Wert 50 entspricht.

- `stress` und `richness`
  Über das Attribut `stress` wird die Emphatik der Sprechstimme beschrieben. Eine hohe Wertzuweisung entspricht einem sehr hastigen, aufgeregten Vortrag, während ein niedriger Wert eine in sich ruhende, selbstsichere Stimme charakterisiert. Die Wertzuweisung erfolgt über eine exakte numerische Wertangabe, die im Bereich 0 – 100 liegen kann, wobei eine normale Emphase dem Wert 50 entspricht.
  Die Gewichtigkeit der Sprechstimme wird über das Attribut `richness` bestimmt. Ein hoher Wert beschreibt eine gewaltige, beherrschende Stimme, während eine niedrige Wertzuweisung eine unsichere, dünne Stimme beschreibt. Wertzuweisung erfolgt über eine exakte numerische Wertangabe, die im Bereich 0 – 100 liegen kann, wobei ein normales Stimmgewicht dem Wert 50 entspricht.
- `speak-punctuation`
  Dieses Attribut legt fest, ob Satzzeichen in einem HTML-Dokument, wie etwa Kommata, Punkte, Gedankenstriche usw. vorgelesen werden oder nicht (`speak-punctuation:code` oder `speak-punctuation:none`), was der Voreinstellung entspricht.
- `speak-date` und `speak-time`
  Auch für Datums- und Zeitangaben können über CSS bestimmte Konventionen für die Aussprache festgelegt werden. Für das gesprochene Datumsformat `speak-date` kann aus folgenden Optionen gewählt werden:
  - `myd`: Reihenfolge „Monat, Jahr, Tag“,
  - `dmy`: Reihenfolge „Tag, Monat, Jahr“,
  - `ymd`: Reihenfolge „Jahr, Monat, Tag“.

  Für die Aussprache der Uhrzeit `speak-time` stehen zwei Varianten zur Verfügung:
  - `speak-time:12`: 12 Stunden Format mit am/pm-Angabe,
  - `speak-time:24`: 24-Stunden Format.
- `speak-numeral`
  Über dieses Attribut kann festgelegt werden, wie größere Zahlen ausgesprochen werden sollen. Dabei kann der Autor wählen, ob die betreffende Zahl Ziffer für Ziffer ausgegeben (`speak-numeral:digits`) oder ob die Zahl zusammenhängend als ein einziges Wort ausgegeben werden soll (`speak-numeral:continuous`).

Weiterführende Literatur:

B. Bos, H. W. Lie, C. Lilley, I. Jacobs: CSS2 Specification, World Wide Web Consortium Recommendation REC-CSS2-19980512, 1998.

13.2.2 Exaktes Positionieren – CSS-P und CSS 2

Bevor der neue Standard CSS 2.0 veröffentlicht wurde, bemängelten viele Web-Designer, daß HTML-Elemente nicht exakt im Bildschirmfenster positioniert werden können. Um dies in einem gewissen Umfang dennoch zu erreichen, mußten einfallsreiche Umwege eingeschlagen werden, wie z.B. der Einsatz von Bilddateien, die lediglich aus einem einzigen Pixel bestanden, da es damit möglich war, relativ zu eingebundenen Bilddateien Text vertikal zu positionieren.
Mit der Einführung des Netscape Navigators 4.0 implementierte Netscape eine Teilmenge des CSS 1.0-Standards zusammen mit proprietären CSS-Erweiterungen, die speziell zur Positionierung von HTML-Elementen dienten.

Diese Erweiterungen wurden unter dem Namen **Cascading Style Sheets Positioning** (**CSS-P**) als W3C Working Draft veröffentlicht, aber nie in CSS 1.0 integriert. CSS 2.0, die Nachfolgeversion dagegen, ist in der Lage, HTML-Elemente entsprechend den in CSS-P vorgeschlagenen Mechanismen zu positionieren. Die CSS 2.0 Befehle zur Positionierung von HTML-Elementen bieten Wege zur exakten absoluten Positionierung, sowie die Möglichkeit, HTML-Elemente relativ zueinander auszurichten. Zudem gibt es Anweisungen zur Ausdehnung von HTML-Elementen, zur Festlegung des Textflusses um HTML-Elemente sowie Anweisungen zum Überlappen und zur Anzeige von HTML-Elementen.
Die Überlappung von Bildbereichen war zuvor ebenfalls von Netscape im Konzept der sogenannten **Layer** vorgeschlagen worden, das allerdings nicht exakt in den neuen W3C-Standard übernommen wurde, sondern lediglich die wesentlichen Möglichkeiten abgedeckt.
Folgende Attribute stehen für das Positionieren von HTML-Elementen in CSS 2.0 zur Verfügung:

- `position`
  Als erstes muß für ein zu positionierendes HTML-Element festgelegt werden, von welcher Art die nachfolgenden Positionsangaben sind und wie diese ausgewertet werden sollen. Dazu gibt das Attribut `position` folgende vier Möglichkeiten zur Auswahl:
  - `absolute`: Positionsangabe relativ zum Elternelement, rollbar,
  - `fixed`: Positionsangabe relativ zum Elternelement, nicht rollbar,
  - `relative`: absolute Abweichung von der „Normalposition“des Elements,
  - `static`: keine spezielle Positionierung (Voreinstellung).

  Die Wertzuweisungen `absolut` und `fixed` sind nicht intuitiv zu erschließen. Die als `absolut` oder `fixed` bezeichnete Positionierung bezieht sich auf eine absolute Positionsangabe relativ zum Elternelement, das auf der obersten Ebene das Bildschirmfenster dargestellt ist. Die Angabe `relative` dagegen bezieht sich ausschließlich auf eine absolute Abweichung der Positionierung des betreffenden Elements bezogen auf die Position, an der es „normalerweise“ plaziert worden wäre.
  Einen Sonderstatus nimmt die Wertzuweisung `fixed` ein, da mit der betreffende Element stets an derselben Stelle des Bildschirmfensters positioniert werden kann, auch wenn der Bildschirminhalt durch Betätigung der Rollbalken nach oben oder nach unten gerollt wird. Prinzipiell kann mit als `fixed` markierten Elementen die Funktionalität von Frames nachgeahmt werden, allerdings wird diese Angabe derzeit weder vom Netscape Navigator noch vom MS Internet Explorer korrekt interpretiert.
- `left`, `right`, `bottom` und `top`
  Neben der Art der Positionierung muß auch die exakte Position des betreffenden HTML-Elements festgelegt werden. Zur Festlegung der Bildschirmposition eines HTML-Elements kann dessen Startposition durch die

Attribute `left`, `right`, `bottom` und `top` von links, rechts, unten und oben bestimmt werden. Erlaubt sind dabei Wertzuweisungen von absoluten exakten Größenangaben. Abb. 13.17 zeigt ein Beispiel für die Positionierung eines Absatzes am rechten unteren Bildschirmrand.

```
<HTML>
<HEAD>
  <TITLE> Position</TITLE>
</HEAD>
<BODY STYLE="font-size:20pt;
  font-family: sans-serif;">
  <P>
    Nachfolgender Absatz wurde exakt
      positioniert:
  </P>
  <DIV STYLE="position:absolute;
    bottom:0px; right:10px;">
    <P STYLE="color:red">
      Exakt positionierter Absatz
    </P>
  </DIV>
</BODY>
</HTML>
```

Abb. 13.17. Absolute Positionierung über CSS

- `width` und `height`
  Sowohl zur exakten Positionierung als auch für regulären Fließtext können diese Attribute, die die Ausmaße des dargestellten HTML-Elements festlegen, eingesetzt werden. Die jeweilige Wertzuweisung kann als absolute exakte Größenangabe erfolgen oder als Prozentangabe, relativ zum jeweiligen Elternelement.
- `min-width`, `min-height`, `max-width` und `max-height`
  Neben fixen Angaben zur Dimension des zu positionierenden Bereichs können ebenso minimal und maximal einzuhaltende Größenangaben angegeben werden, die vom Browser auch bei Veränderungen der Dimensionen des Bildschirmfensters eingehalten werden müssen.
- `overflow`
  Werden HTML-Elementbereiche ineinander verschachtelt, kann der Fall eintreten, daß die Ausmaße eines inneren Elementebereichs größer sind, als der übergeordnete, umfassende Bereich. Über das Attribut `overflow` kann das Verhalten der Darstellung für diesen Fall festgelegt werden. Folgende Wertzuweisungen sind dafür vorgesehen:
  – `visible`: Der übergeordnete Bereich wird soweit vergrößert, daß das innere Element vollständig zur Darstellung kommen kann.

- `hidden`: Das innere Element wird beschnitten, so daß der übergeordnete, umliegende Bereich nicht vergrößert werden muß.
- `scroll`: Das innere Element wird nicht beschnitten und der übergeordnete, umfassende Bereich bleibt in seinen Ausmaßen erhalten. Der Browser stellt das innere Element stets mit Rollbalken dar, so daß jeder Ausschnitt des inneren Bereichs erreichbar bleibt.
- `auto`: Das innere Element wird zwar nicht beschnitten, aber der übergeordnete, umfassende Bereich bleibt in seinen Ausmaßen erhalten. Ist der innere Bereich größer als der des übergeordneten Elements, stellt der Browser das innere Element mit Rollbalken dar, so daß jeder Ausschnitt des inneren Bereichs erreichbar bleibt.

• `direction`
Über dieses Attribut läßt sich die Schreibrichtung, also die Richtung, in der die Ausgabe von HTML-Elementen erfolgt bzw. in die ein Bereich erweitert werden soll, festlegen. Diese Option ist insbesondere für Kulturen von Vorteil, deren Schreibrichtung von der westlicher Kulturen abweicht. Über die Zuweisung `direction:ltr` erfolgt eine Ausgabe von links nach rechts, mit `direction:rtl` in der entgegengesetzten Richtung.

• `float`
Mit Hilfe von `float` läßt sich für ein HTML-Element festlegen, daß nachfolgende Elemente diesen Bereich umfließen. Dabei kann gewählt werden, ob das Element links steht und rechts umflossen werden soll (`float:left`) oder ob das Element rechts steht und links umflossen wird (`float:right`). Zusätzlich läßt sich bestimmen, ob an einer bestimmten Stelle der Textfluß neben dem umflossenen Element abgebrochen werden und ob der Text unterhalb dieses Elements weiterlaufen soll. Dies ist z.B. dann sinnvoll, wenn neben einem eingebundenen HTML-Element nur ein einzeiliger Kommentar vorgesehen ist. Der Textfluß bricht an der Stelle ab, an der das Attribut `clear` zugewiesen wird.

• `z-index`
Sollen mehrere HTML-Elementbereiche überlappend dargestellt werden, so muß klar definiert werden, welcher Bereich einen anderen überdeckt und welcher Bereich im Vordergrund bzw. im Hintergrund zu sehen sein soll. Normalerweise erfolgt die Anzeige der Bereiche in der Reihenfolge ihrer Definition. Diese Reihenfolge läßt sich allerdings durchbrechen, indem den einzelnen Bereichen eine Nummer (z-Koordinate) zugewiesen wird. HTML-Elementbereiche mit höherer Nummer überdecken HTML-Elementbereiche mit niedrigerer Nummer. Die Wertzuweisung erfolgt über die Angabe eines exakten numerischen Wertes (siehe Abb. 13.18).

• `visibility`
Über dieses Attribut kann festgelegt werden, ob ein HTML-Element angezeigt werden soll oder nicht. Im Gegensatz zum Attribut `display` reserviert `visibility` bei Nichtanzeige dennoch den zur Anzeige des ver-

```
<DIV STYLE="position:absolute; top:1cm; left:1cm; z-index:2">
  Dieser Text steht in der Mitte
</DIV>
<DIV STYLE="position:absolute; top:5mm;left:5mm;z-index:1">
  Dieser Text kommt zuerst
</DIV>
<DIV STYLE="position:absolute; top:12mm; left:35mm; z-index:3">
  Dieser Text kommt zuletzt
</DIV>
```

Abb. 13.18. Überlappende Darstellung von HTML-Elementebereichen mit CSS

steckten Elementes benötigten Platz. Man unterscheidet die beiden Wertezuweisungen `visibility:visible` (sichtbar) und `visibility:hidden` (unsichtbar). Die Sichtbarkeit der betreffenden Elemente kann während der Anzeige mit Hilfe von dynamischen HTML und JavaScript verändert werden. Ein Beispiel zur Verwendung des Attributes `visibility` ist in Abb. 13.19 dargestellt. Darin wird nach Aktivierung des Hyperlinks eine JavaScript-Routine aufgerufen, die die Sichtbarkeit des versteckten Elements verändert. Auf die verwendeten JavaScript-Routinen wird an anderer Stelle (vgl. Abschnitt 15.2.1) noch näher eingegangen.

```
<HTML>
<HEAD>
  <TITLE>Sichtbarkeit</TITLE>
  <SCRIPT LANGUAGE="JavaScript" TYPE="text/javascript">
    <!--
      function show() {
        if(document.getElementById)
          document.getElementById("secret").style.visibility="visible";
      }
    //-->
  </SCRIPT>
</HEAD>
<BODY>
  <H1 ID="secretSSTYLE="visibility:hidden">
   Dieser Text ist erstmal unsichtbar...
  </H1>
  <P>Um das Geheimnis zu lüften,</P>
  <P> <A HREF="javascript:show()">hier klicken!</A> </P>
</BODY>
</HTML>
```

Abb. 13.19. Sichtbare und nicht-sichtbare Elementbereiche mit CSS festlegen

- `clip`
  Über das Attribut `clip` kann der betreffende HTML-Elementebereich beschnitten werden, unabhängig davon, welche Angaben sonst zu den Ausmaßen des HTML-Elements gemacht wurden. Zu diesem Zweck folgt dem

Attribut `clip` die Definition des Anzeigebereichs. Der Anzeigebereich ist auf ein Rechteck beschränkt (`rect`), dem in Klammern Größenangaben zu dessen vier Rändern folgen. Der erste Wert entspricht dabei der oberen Grenze, der zweite Punkt der rechten, der dritte Wert der unteren und der vierte Wert der linken Grenze, jeweils in Bezug auf die linke obere Ecke des Objekts. Ein Beispiel für die Anwendung des `clip`-Attributs ist in Abb. 13.20 dargestellt.

```
<HTML>
<HEAD>
  <TITLE>
    Anzeigebereich eingrenzen
  </TITLE>
</HEAD>
<BODY>
  <DIV STYLE="position:absolute; top:10px;
    left:10px; width:90%;
    background-color:yellow;
    clip:rect(0px 165px 205px 0px);">

    Hat der alte Hexenmeister<BR>
    sich doch einmal wegbegeben!<BR>
    Und nun sollen seine Geister<BR>
    Auch nach meinem Willen leben.<BR>
    Seine Wort und Werke<BR>
    Merkt ich und den Brauch,<BR>
    Und mit Geistesstärke<BR>
    Tu ich Wunder auch.
  </DIV>
</BODY>
</HTML>
```

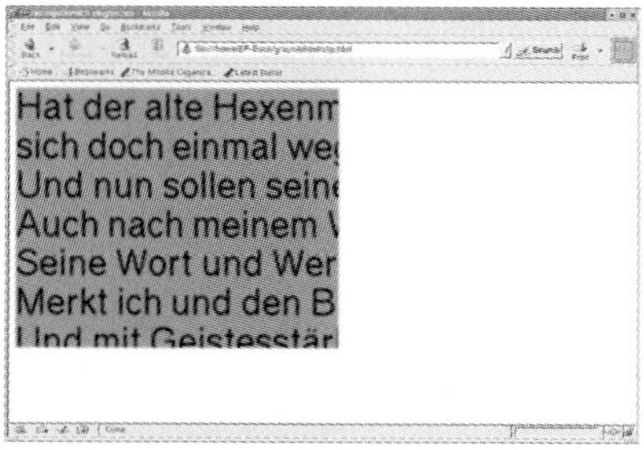

Abb. 13.20. Eingrenzung des Anzeigebereichs mit CSS

13.2.3 Mehrere Stylesheets

Eine der Grundideen von CSS besteht in der gleichzeitigen Verwendung mehrerer, unterschiedlicher Stylesheets, die mit unterschiedlicher Intention jeweils an verschiedenen Stellen eingesetzt werden können. Der Autor eines HTML-Dokuments hat meist eine genaue Vorstellung davon, wie das Dokument am Ausgabegerät des Nutzers dargestellt werden soll. Zu diesem Zweck definiert er ein Stylesheet zum HTML-Dokument, das sämtliche Formatierungsangaben zum Layout des Dokuments nach den Vorstellungen des Autors enthält. Daneben ist es möglich, daß zum einen die Arbeitsumgebung des Nutzers, aber auch seine Vorstellungen über ein angemessenes Layout von denen des

Autors abweichen. Der Hersteller des Browsers etwa legt fest, auf welche Weise der Browser ein HTML-Dokument darstellen soll, und legt zu diesem Zweck ein eigenes Stylesheet an, das auf die zu interpretierenden HTML-Dokumente angewendet wird und das durchaus in Konkurrenz zum Stylesheet des Autors stehen kann. Hat der Nutzer eigene Layout-Vorstellungen, kann er diese durch entsprechende Einstellungen am Browser auch ein Nutzer-bezogenes Stylesheet definieren, das dafür sorgt, daß das Layout des dargestellten HTML-Dokuments seinen eigenen Vorgaben entspricht (siehe Abb. 13.21).
Die drei dabei beteiligten Stylesheets – das Autoren-Stylesheet, das Browser-Stylesheet und das Nutzer-Stylesheet – stehen in Konkurrenz und es sind Regeln notwendig, die den Vorrang der beteiligten Stylesheets regeln.

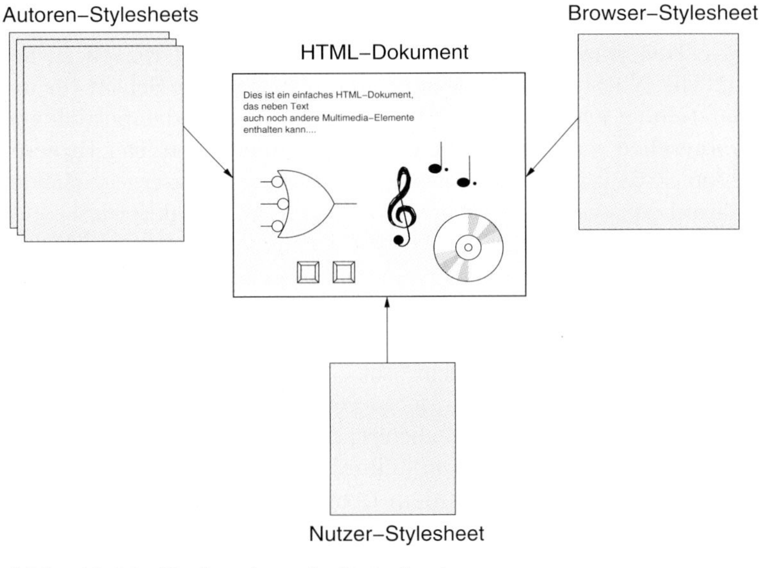

Abb. 13.21. Konkurrierende Stylesheets

Kaskadierung von Stylesheets. Wie in Abb. 13.21 gezeigt, sind selbst dann, wenn der Nutzer bei der Darstellung eines HTML-Dokuments kein eigenes Stylesheet verwendet und alleine mit den vorgegebenen Format- und Layoutangaben arbeiten will, bei der Anzeige im Browser bereits zwei verschiedene Stylesheets beteiligt, die möglicherweise widersprüchliche Formatierungsangaben zu einem darzustellenden HTML-Element definieren. Nicht nur, daß der Nutzer jetzt ebenfalls noch seine Präferenzen in Sachen Darstellung über ein entsprechendes Stylesheet geltend machen könnte, der Autor der HTML-Seite hat ebenfalls die Möglichkeit, statt einem einzigen gleich mehrere Stylesheets zu definieren, die aus unterschiedlichen Gründen aber auf dasselbe HTML-Dokument angewendet werden sollen.

Wir diskutieren zunächst die verschiedenen Möglichkeiten der Kaskadierung anhand der verschiedenen beteiligten Stylesheets:

- **Browser-Stylesheet**
  Kommt ein HTML-Dokument in einem Browser zur Anzeige, ist stets ein Browser-spezifisches Stylesheet beteiligt. Es legt fest, auf welche Weise HTML-Dokumente im Standardfall, also ohne Eingriff des Nutzers vom betreffenden Browser dargestellt werden sollen. Die Definition dieses Stylesheets ist Browser-spezifisch und wird vom jeweiligen Hersteller entsprechend dessen Vorstellungen und Darstellungspräferenzen entwickelt. Aus diesem Grund ist es auch nicht automatisch auf andere Browser übertragbar.
- **Nutzer-Stylesheet**
  Jeder Browser bietet dem Nutzer die Möglichkeit, das Format der dargestellten HTML-Dokumente entsprechend den eigenen Präferenzen zu gestalten. So hat der Nutzer z.B. die Möglichkeit, eine größere Schrift für die Bildschirmdarstellung zu wählen, als dies ursprünglich für das betreffende Dokument vorgesehen war, um dessen Lesbarkeit zu erhöhen. Der Browser bietet zu diesem Zweck ein Einstell-Menu, in dem der Nutzer verschiedene Layout-Parameter, wie z.B. Schriftart, Schriftgröße, Vordergrund- oder Hintergrundfarben festlegen kann.
  Allerdings sind die Möglichkeiten der einstellbaren Formatierungen stets begrenzt, der Nutzer hat nicht dieselben Freiheiten wie ein Autor, der ein eigenes Stylesheet definieren kann, sondern ist auf die vom Browser vorgesehenen Layout-Parameter beschränkt.
  Es ist klar, daß das durch den Nutzer definierte Stylesheet wichtiger ist, als das Stylesheet, das der Browser selbst liefert, da der Nutzer die vom Browser getroffenen Einstellungen zur Darstellung des Dokuments verändert hat. Daher ist das Nutzer-Stylesheet dem Browser-Stylesheet vorzuziehen. Schwieriger wird die Entscheidung, ob die vom Autor vorgegebene Formatierung, die durchaus wichtige Darstellungsaspekte beinhaltet, durch die vom Nutzer gewählten Layout-Parameter überschrieben werden dürfen.
- **Autoren-Stylesheet**
  Der Autor bestimmt das Layout des von ihm gestalteten HTML-Dokuments mit Hilfe eines eignen Stylesheets. Dieses kann entweder als direkte Formatierungsangabe innerhalb des HTML-Dokuments über die `<STYLE>`-Umgebung erfolgen oder es wird ein externes Stylesheet wird über die Anweisung

  ```
  <LINK REL="stylesheet" HREF="URI" TYPE="text/css">
  ```

  eingebunden, wobei der unter `HREF` angegebene URI die Referenz auf das Stylesheet angibt.
  Ein Autor kann aber auch mehrere Stylesheets für ein einzelnes HTML-Dokument definieren. Warum dies sinvoll ist, kann verschiedene Ursachen haben, wie etwa

- **Modulare Stylesheet-Organisation**
  Stylesheet-Definitionen können oft sehr komplex werden. Mit steigender Komplexität wächst gleichzeitig der Wartungs- und Erprobungsaufwand. Kleine Änderungen können ungeahnte Folgen nach sich ziehen. Damit der Autor einen besseren Überblick behält, empfiehlt es sich, funktional zusammengehörige Stylesheet-Elemente in jeweils gemeinsamen Dateien abzuspeichern und diese modular zu kombinieren. So können Fehler leichter lokalisiert werden und der zeitliche Aufwand für Erstellung und Wartung nimmt ab.
- **Hierarchische Stylesheet-Organisation**
  Komplexe Websites, die aus vielen einzelnen HTML-Dokumenten bestehen, verwenden oft ein zentrales Stylesheet, daß das allgemeine Seitenlayout aller HTML-Dokumente der Website beschreibt. Da viele Seiten aber spezielle Einzelangaben erfordern, werden für diese zusätzliche, spezifische Stylesheets definiert, die alle zusätzlichen Layout-Informationen zu den allgemeinen Angaben des zentralen Stylesheets enthalten. Die Einbettung in das HTML-Dokument erfolgt ebenfalls über das `<LINK>`-Element.
  ```
  <LINK REL="stylesheet" HREF="speziell.css"
     TYPE="text/css">
  <LINK REL="stylesheet" HREF="allgemein.css"
     TYPE="text/css">
  ```
  Die Angabe des spezielleren der beiden Stylesheets sollte dabei zuerst erfolgen.
  Eine andere Möglichkeit zur Einbindung mehrerer Stylesheet bindet nur das allgemeinere Stylesheet in das Dokument mit ein und versieht den Dokumentenkopf des speziell zu formatierenden HTML-Dokuments mit eigenen CSS-Angaben oder bindet diese direkt an den betroffenen HTML-Elementen im Dokumentenkörper ein.
  ```
  <LINK REL="stylesheet" HREF="allgemein.css"
     TYPE="text/css">
  <STYLE TYPE="text/css">
    P { font-family: sans serif; font-size: 24pt}
  </STYLE>
  ```
- **Alternative Stylesheets**
  Ebenfalls einem hierarchischen Aufbau folgend können auch Stylesheets für verschiedenartige Präsentationsformen desselben HTML-Dokuments verwendet werden, wobei neben einem Stylesheet für die allgemein zu beachtenden Angaben zusätzliche Stylesheets definiert werden können, die eine deutlichere oder allgemeinere Darstellung des HTML-Dokuments zulassen. Die Identifikation der unterschiedlichen Stylesheets kann dann über das `TITLE`-Attribut im `<LINK>`-Befehl erfolgen:

```
<LINK REL="stylesheet" HREF="abstract.css"
   TYPE="text/css" TITLE="abstract">
<LINK REL="stylesheet" HREF="full.css"
   TYPE="text/css" TITLE="full">
```

Daneben sind noch viele andere Möglichkeiten für den gleichzeitigen Einsatz mehrerer Autoren-Stylesheets denkbar. Unabhängig davon, wieviele Stylesheets tatsächlich definiert wurden und welche Regeln zur Ermittlung eines eventuellen Vorrangs angewendet werden, bleibt das allgemeine Vorgehen, das der Browser zur Interpretation des HTML-Dokuments und der zugehörigen Stylesheets anwendet, gleich. Für jedes HTML-Element verwendet der Browser zuerst die vorhandenen Stylesheets, um die Art der Formatierung zu ermitteln. Nur, wenn für das betreffende Stylesheet-Element keine Formatierungsanweisung gefunden wurde, tritt der Vererbungsmechanismus in Kraft, der die Weitergabe anwendbare Formatierungsanweisungen, die das Elternelement des aktuellen HTML-Elements betreffen, regelt.

Stylesheet-Konflikte und Konflikt-Lösung. Ein Konflikt entsteht bei der Verwendung mehrerer Stylesheets immer dann, wenn für ein einzelnes HTML-Element mehrere, sich widersprechende Formatierungsanweisungen in den beteiligten Stylesheets vorliegen. Konflikte können sogar innerhalb eines einzigen Stylesheets auftreten, da einzelne HTML-Elemente durch verschiedenartig definierte Selektoren angesprochen und mit unterschiedlicher Formatierung assoziiert werden können. Dann ist nicht klar, welche Formatierung angewendet werden soll.
Da ein Autor in der Regel weder die auf Nutzerseite vorhandene Hardware mit deren Darstellungsparametern noch die Präferenzen des Nutzers kennt, kann es sehr leicht zu Konflikten zwischen Autoren-Stylesheets und Nutzer-Stylesheets kommen. Aber selbst in verschiedenen Autoren-Stylesheets, die alle auf dasselbe Element angewendet werden sollen, kann es wie schon erwähnt leicht zu Konflikten kommen, wie etwa im Beispiel der hierarchisch organisierten Stylesheets aus dem vorangegangenen Abschnitt.
Da sich widersprechende Formatierungsregeln nicht gleichzeitig angewendet werden können bzw. eine Konfliktlösung durch Herstellen eines Kompromisses oft weder im Sinne des Autors noch des Anwenders ist, definiert CSS einen Satz von Regeln, der auftretende Konflikte schlichten soll. Prinzipiell besteht dieser Prozeß der Konfliktlösung aus fünf Schritten:

1. Alle betreffenden Regeln finden
   Zuerst werden alle Stylesheets auf Regeln hin untersucht, die auf das betreffende Element zutreffen. Dazu müssen alle Selektoren, die genau beschreiben, für welche Elemente eine Regel anzuwenden ist, ausgewertet werden. Existiert keine explizite Regel für das betreffende Element, greifen die über die Vererbung von Formatangaben geltenden Regeln.

2. Regeln nach Gewichtung sortieren
   Der Autor hat die Möglichkeit, einer Regel in seiner CSS-Definition mit dem Attribut `"important"` zu versehen, die die betreffende Regel als besonders wichtig kennzeichnet und ihr Vorrang über andere, dasselbe Element betreffende Regeln, gewährt. Wird nur eine derart markierte Regel gefunden, wird diese gewählt und der Konfliktlösungsprozeß ist beendet.
3. Regeln nach Ursprung sortieren
   Entsprechend der Unterteilung nach Autoren-, Browser- und Nutzer-Stylesheets wird eine klare Vorrangregel definiert: Autoren-Stylesheets werden den Nutzer-Stylesheets vorgezogen, die wiederum den Browser-Stylesheets vorgezogen werden. Nach diesem Schritt sind nur noch Regeln, die aus einem der drei Stylesheet-Typen stammen, zu betrachten.
4. Regeln nach Spezialisierungsgrad sortieren
   Eine Regel, die für einen beliebigen Absatz `P` gilt, ist allgemeiner als eine Regel, die nur für Absätze in Listenelementen `LI P` gilt. Um den Spezialisierungsgrad formal zu bestimmen, wird die Anzahl der `ID`- und `CLASS`-Attribute gezählt, sowie die Anzahl der Elemente im Selektor. Dabei rangiert zuerst die Anzahl der `ID`-Attribute vor der Anzahl der `CLASS`-Attribute und vor der Anzahl der Elemente im Selektor.
5. Regeln nach der angegebenen Ordnung sortieren
   Sind immer noch mehrere konkurrierende Regeln vorhanden, gelten im Dokument später definierte Regeln als wichtiger als solche, die zuvor spezifiziert wurden.

Mit der letzten Regel wird dafür Sorge getragen, daß der Konfliktlösungsprozeß stets deterministisch ein Ende findet. Meist endet er aber bereits, bevor die fünfte Stufe erreicht ist.

13.3 Glossar

Ausgabemedium: Die Darstellung von Informationen kann über verschiedenartige Medien erfolgen. Dabei unterscheidet man Ausgabemedien, wie z.B. Bildschirmausgabe, Druckausgabe, Sprachausgabe oder aber auch eine weniger alltägliche sensorische Ausgabe, z.B. über eine Braille-Zeile, die Informationen in tastbarer Form wiedergibt. Unterschiedliche Ausgabemedien stellen jeweils unterschiedliche Anforderungen an die Informationsdarstellung, denen z.B. im Falle der Darstellung von HTML-Dokumenten über Cascading Stylesheets entsprochen werden kann.

Autoren-Stylesheet: Der Autor eines HTML-Dokuments bestimmt das Layout des von ihm gestalteten Dokuments mit Hilfe eigener Stylesheets. Dabei kann er mehrere, alternative Stylesheets für unterschiedliche Ausgabemedien oder auch für unterschiedliche Aufgaben festlegen. Diese können unter Umständen zu Nutzer-Stylesheets oder Browser-Stylesheets in Konkurrenz stehen. Konflikte zwischen den verschiedenen Stylesheet-Typen werden nach vordefinierten Vorrangregeln gelöst.

Blocksatz: Begriff aus der Typographie. Ein in Blocksatz gesetzter Text ist sowohl rechts- als auch linksbündig. Um zu erreichen, daß jede Zeile eine identische Länge bei meist unterschiedlichem Inhalt aufweist, werden an geeigneter Stelle die Wortabstände erhöht oder vermindert.

Browser-Stylesheet: Das Layout eines im Browser dargestelltes HTML-Dokument wird durch ein Browser-spezifisches Stylesheet formatiert. Es legt in Konkurrenz zu Autoren-Styleheets und Nutzer-Stylesheets fest, auf welche Weise HTML-Dokumente im Standardfall, also ohne Eingriff des Nutzers oder des Autors vom betreffenden Browser dargestellt werden sollen. Die Definition dieses Stylesheets ist Browser-spezifisch und wird vom jeweiligen Hersteller entsprechend dessen Vorstellungen und Darstellungspräferenzen entwickelt. Konflikte zwischen den verschiedenen Stylesheet-Typen werden nach vordefinierten Vorrangregeln gelöst.

Cascading Style Sheet (CSS): Über ein Stylesheet läßt sich eine Layout-Vorlage definieren, die bestimmt, wie die Elemente eines Dokuments für dessen Ausgabe zu formatieren sind. Mehrere Style Sheets können nacheinander auf ein Dokument angewendet werden (Cascading Style Sheets). Eventuelle Konflikte, die durch die Verwendung mehrerer, untereinander widersprüchlicher Stylesheets entstehen werden dabei durch entsprechende Vorrangregeln gelöst.

CSS-Selektoren: Bei der Definition einer CSS-Vorschrift zur Formatierung eines HTML-Dokuments dienen Selektoren dazu, den Wirkungsrahmen der mit ihnen verbundenen Formatierungsanweisung auf bestimmte HTML-Elemente einzuschränken, die mit dem Selektor exakt ausgewählt und beschrieben werden können.

CSS-Regeln: Ein CSS Stylesheet setzt sich aus einer Sammlung einzelner Regeln zusammen, die auf den Inhalt eines HTML-Dokuments angewendet werden sollen. Jede dieser Regeln besteht aus einem **CSS-Selektor**, der das zu formatierende HTML-Element festlegt, und einer **CSS-Deklaration**, die die durchzuführende Formatierung beschreibt.

CSS-Vererbung (Inheritance): Im Zusammenhang mit CSS bewirkt diese wichtige Eigenschaft die Weitergabe von Formatierungsattributen entlang des Dokumenten-Baums eines HTML-Dokuments. Die Festlegung einer CSS-Definition für ein bestimmtes HTML-Element wird auf die im Dokumententeilbaum, der durch dieses HTML-Element aufgespannt wird, nachfolgenden Elementen weitervererbt, es sei denn, daß ein Element dieses Teilbaums diese Formatierungsoption explizit verändert.

Farbmodell: Beschreibt ein mathematisches Modell, das die Erzeugung neuer Farben aus einer Mischung (additiv oder subtraktiv) der dem Modell zu Grunde liegenden Primärfarben beschreibt. Am bekanntesten sind das **RGB**-Farbmodell zur additiven Farbmischung der Primärfarben rot, grün und blau, sowie das **CMYK**-Farbmodell zur subtraktiven Farbmischung der Primärfarben cyan, magenta, gelb und schwarz, das vorallem in der Drucktechnik zum Einsatz kommt.

Formatierung: Mit der Formatierung wird die jeweilige Ausprägung der Darstellungsweise von Informationsressourcen beschrieben. Handelt es sich z.B. um einen Text, so lassen sich durch die Formatierung Eigenschaften wie Schriftart, Schriftgröße, Laufweite oder Schriftschnitt, usw. festlegen.

HTML: Hypertext Markup Language, das einheitliche Dokumentenformat für Hypermedia-Dokumente im WWW. Dokumente, die im WWW übertragen und vom Browser dargestellt werden sollen, sind üblicherweise in der Markupsprache HTML kodiert.

Hurenkinder: Begriff aus der Typographie, der einzelne Zeilen eines zusammenhängenden Absatzes beschreibt, die nach einem Seitenumbruch am Beginn der Nachfolgerseite alleine stehen. Um ein ausgewogenes Layout zu erzielen, versucht man die Zahl der betreffenden Zeilen auf mindestens zwei zu erhöhen.

Laufweite: Begriff aus der Typographie, der für eine gewählte Schriftart angibt, wie breit oder wie schmal die dargestellten Zeichen erscheinen sollen

Layout: Bezeichnet die optische Gestaltung eines Textes. Das Layout bestimmt zu einem wesentlichen Teil, wie gut ein Leser in der Lage ist, den Inhalt eines Textes schnell und richtig zu erfassen. Der Begriff wird sowohl für das allgemeine Aussehen eines Dokuments verwendet, als auch für den Ausdruck eines konkreten Dokuments.

Nutzer-Stylesheet: Eines der Stylesheets, die zur Formatierung eines HTML-Dokuments herangezogen werden. Jeder Browser bietet dem Nutzer die Möglichkeit, das Format der dargestellten HTML-Dokumente entsprechend seinen eigenen Präferenzen zu gestalten. Über die einstellbaren Optionen des Browsers legt der Nutzer seine Layout-Präferenzen fest, die als Nutzer-Stylesheet kodiert werden und mit den übrigen Stylesheets (Autoren-Stylesheets und Browser-Stylesheet) in Konkurrenz stehen. Konflikte zwischen den verschiedenen Stylesheet-Typen werden nach vordefinierten Vorrangregeln gelöst.

Schusterjungen: Begriff aus der Typographie , der einzelne Zeilen eines zusammenhängenden Absatzes beschreibt, die nach einem Seitenumbruch am Ende der Vorgängerseite alleine stehen. Um ein ausgewogenes Layout zu erzielen, versucht man die Zahl der betreffenden Zeilen auf mindestens zwei zu erhöhen.

Serifen: Begriff aus der Typographie, der Schriftfamilien beschreibt, deren Zeichen mit Serifen ausgestattet sind, deren Zeichenenden also mit Begrenzern – in der Regel durch senkrecht zum Zeichenende verlaufende kurzen Querstriche – abgeschlossen werden. Beispiel für eine Serif-Schrift sind z.B. Times oder Times New Roman. Im Gegensatz zu den Serif-Schriften werden Schriftfamilien, die nicht über diese Begrenzer verfügen, als Serifenlose Schriften oder Sans-Serif-Schriften bezeichnet. Zu den Sans-Serif-Schriften zählen z.B. Arial oder Helvetica.

Tabelle: Regelmäßig strukturiertes Dokument, das aus einzelnen, informationstragenden Zellen besteht, die vertikal in Spalten und horizontal in Zeilen organisiert sind.

14. Alles ist möglich – XML: Extensible Markup Language

„Sapienti sat.“
(Dem Verständigen genügt's)
– aus Persa IV, 7.19
Titus Maccius Plautus (254 – 184 v. Chr.)

Mangelnde Flexibilität war stets einer der Hauptkritikpunkte an der Markup-Sprache HTML. Mit der Entwicklung und Einführung der erweiterbaren Extensible Markup Language (XML) wurde es dann möglich, eigene Dokumententypen zu beschreiben, die genau den jeweiligen Bedürfnissen entsprachen, und für diese selbst eine neue, eigene Syntax zu definieren. Dank dieser Fähigkeit konnte XML zur Ausgangsbasis einer ganzen Reihe von anwendungsspezifischen Markup-Sprachen werden, die genau auf die Eigenschaften spezialisierter Ausgabegeräte, etwa im Bereich mobiler Endgeräte (Wireless Markup Language – WML) oder auf ganz bestimmte Einsatzbereiche (Mathematical Markup Language – MathML, Chemical Markup Language – CML, Scalable Vector Graphics – SVG, Synchronized Multimedia Integration Language – SMIL, und viele andere) zugeschnitten sind. Im Zusammenspiel mit XML wurden eine Reihe von unterstützenden Sprachkomponenten geschaffen, wie z.B. XML Path Language (XPath) und XML Linking Language (XLink), die eine Navigation innerhalb des XML-Dokumentenraums möglich machen, oder XML Style Language Transformations (XSLT), mit deren Hilfe Formatierungen und Transformationen von XML-Dokumenten ausgeführt werden können. Die Möglichkeiten dieses Systemverbundes in Verbindung mit seiner großen Flexibilität eröffnen dieser noch relativ jungen Technologie auch völlig neue Anwendungsbereiche neben dem WWW.

14.1 Warum XML?

Mit der Einführung von HTML als standardisierter Beschreibungssprache für die Dokumente des WWW wurde den Autoren schnell bewußt, daß Standardisierung stets die kreative Freiheit einschränkt. Zwar gewinnt HTML durch den Einsatz von Stylesheets zusehends auch an gestalterischen Möglichkeiten, doch die Ausgestaltung des Zusammenspiels von HTML-Dokumenten und Anwendungsprogrammen, wie z.B. Datenbanken, bleibt weiterhin schwierig. Der Grund dafür liegt in der festgelegten Semantik, die durch die HTML-Syntax mit ihrer eindeutigen DTD (Document Type Definition) für HTML-Dokumente vorgeschrieben ist. HTML-Elementen abweichende eigene Bedeu-

tungen zuzuweisen oder etwa die Definition ganz neuer Elemente bleibt den Autoren verwehrt.
Abhilfe verspricht die Entwicklung der **Extensible Markup Language** (**XML**). Ebenso wie HTML dient XML der Einbettung von Strukturinformation in Dokumenten, nur, daß XML nicht über eine einzelne, fixierte DTD verfügt, sondern die Einführung neuer, sinntragender Elemente über die Definition eigener DTDs ermöglicht. Vorbild bei der Entwicklung von XML war die **Standard Generalized Markup Language** (**SGML**, vgl. Kap. 12.1.1), die zur Auszeichnung und Strukturierung beliebiger Dokumente herangezogen werden kann. Da sich die Anwendung von XML jedoch vornehmlich auf das WWW und damit verbundene Bereiche beschränken sollte, wurde lediglich eine geeignete Teilmenge von SGML zur Festlegung von XML ausgewählt, um so den notwendigen Verarbeitungsaufwand zur Interpretation von XML-Dokumenten möglichst gering zu halten.
XML bietet größere Freiheit als HTML, macht damit HTML aber noch lange nicht überflüssig. Zwar wurde XML zu Beginn als Nachfolger von HTML und als universelles „Wundermittel“ zur globalen Lösung aller DV-Probleme gefeiert, doch zeichnet es sich mehr und mehr ab, daß dies nicht zutreffen wird. XML wird HTML vielmehr in genau den Bereichen ergänzen, in denen HTML bislang Lücken und mangelnde Unterstützung aufwies, also insbesondere bei der Interaktion mit externen Anwendungen und der dort notwendigen, jeweils speziell vom Autor festgelegten Semantik. Und genau hier liegt auch der Schlüssel zur Anwendung von XML als allgemeines **Objektmodell** zur Entwicklung von DV-Anwendungen jeder Art, bei denen eine Schnittstelle in das WWW offen gehalten werden soll.
Natürlich hätte man zu diesem Zweck auch SGML heranziehen können, jedoch ist SGML sehr komplex und beinhaltet eine Vielzahl von Möglichkeiten, die beim Einsatz im WWW überhaupt nicht zum Tragen kommen. Zudem würde eine volle SGML-Unterstützung für die zugehörigen Werkzeuge, angefangen vom Browser, über Autoren-Unterstützungs-Tools, bis hin zu selbstgeschriebenen Anwendungsprogrammen die Implementation eines komplexen Parsers und Interpreters für SGML erforderlich machen. Daher wurden für XML nur die gerade notwendigen SGML-Festlegungen übernommen und damit eine wesentlich einfacher strukturierte Sprache geschaffen, die jedoch die volle SGML-Flexibilität für das WWW erschließt.
XML kann weit mehr, als nur Dokumente in ihrer Struktur beschreiben. Als offenes und erweiterbares Rahmenwerk kann es zur Beschreibung von beliebigen Datenstrukturen verwendet werden, die über das WWW ausgetauscht werden können. So dient XML bereits jetzt als grundlegendes Objektmodell für Textverarbeitungs- und Publishingsysteme, da es einen Plattform- und Betriebssystem-unabhängigen Austausch von Dokumenten möglich macht. Ebenso dient es als Grundlage von Datendefinitionen in Datenbanksystemen und wird so zum integrativen Bindeglied zwischen Dokument und Anwendung.

Da XML lediglich die Struktur beschreibt, erfolgt die Festlegung der Formatierung eines Dokuments über eine geeignete Formatbeschreibungssprache in Form von Stylesheets, in Anlehnung an das bereits für HTML eingeführte Konzept. Zu diesem Zweck wurde eine spezielle Sprache zur Beschreibung des Layouts von XML-Dokumenten entwickelt: **Extensible Style Language** (**XSL**). Daneben wurde für XML das bereits bekannte Hyperlink-Konzept erweitert, so daß neben rückbezüglichen Links – also Verweisen, die wieder zurück auf ihren Ursprung verweisen – auch dokumentenunabhängige Links definiert werden können. Dadurch wird es möglich, die Lokation von Dokumenten und Informationsressourcen zu verändern, ohne daß dadurch die Hyperlinks in den Ursprungsdokumenten ungültig werden. Um dies zu bewerkstelligen, wurden zwei Sprachdefinitionen vorgeschlagen: **XML Linking Language** (**XLink**) und **XML Pointer Language** (**XPointer**).
Da das XML-Konzept die Definition eigener DTDs vorsieht, war von Anfang an der Weg bereitet für die Entwicklung eigener Beschreibungssprachen für spezielle Dokumententypen. So definiert **Mathematical Markup Language** (**MathML**) eine Umgebung zur Beschreibung mathematischer Formeln, **Chemical Markup Language** (**CML**) eine Beschreibungssprache für chemische Formeln, die **Synchronized Multimedia Integration Language** (**SMIL**) dient der Integration multimedialer Datenobjekte für eine zeitlich abgestimmte Präsentation und die **WAP Markup Language** (**WML**) als Beschreibungssprache für Dokumente, die über das WAP-Protokoll mit den beschränkten Darstellungsmöglichkeiten von Mobiltelefonen dargestellt werden sollen.
Diese Möglichkeit, mit XML neue Beschreibungssprachen zu definieren, macht XML eher zu einem Werkzeug für Spezialisten. Der Endanwender kommt mit XML-Sprach- und Datendefinitionen in der Regel nicht direkt in Kontakt. Er wird aber über eine Vielzahl verschiedener Anwendungen oder über XHTML als XML-konformes HTML immer häufiger damit konfrontiert werden, auch wenn die eigentlichen XML-Definitionen für ihn dabei nur schwer greifbar bleiben.
Nachfolgend wird nach einer kurzen Einführung in die Grundlagen von XML (siehe Kap. 14.2) auf die wichtigsten Sprachbestandteile von XML und seine Komponenten wie XLink, XPointer und XSL eingegangen (siehe Kap. 14.3), bevor abschließend noch ein Blick auf die bereits erwähnten, speziellen XML-Derivate geworfen wird (siehe Kap. 14.4).

14.2 XML – Grundlagen

Grundlegende Idee hinter XML ist es, den Autor aus den Zwängen des durch HTML festgelegten Dokumententyps zu befreien, und ihm die Möglichkeit zu geben, Dokumente nach eigenem Zuschnitt über eigene Dokumententyp-Beschreibungen zu definieren. Um ein XML-Dokument korrekt interpretieren zu können, ist demnach stets eine zugehörige Dokumententyp-Beschreibung

(**Document Type Definition**, **DTD**) notwendig (siehe Abb. 14.1). Ein XML-Parser beinhaltet im Gegensatz zu einem reinen SGML-Parser eine eigene XML SGML-Deklaration, die die Regeln, nach denen die XML-Syntax aufgebaut ist, beinhaltet, und die zur Interpretation des XML-Dokuments und der zugehörigen DTD benötigt wird. Da XML eine echte Teilmenge der SGML-Sprachdefinition darstellt, ist ein XML-Dokument mit einer entsprechenden XML SGML-Deklaration auch stets von einem SGML-Parser lesbar. Ein XML-Dokument gleicht so einem SGML-Dokument und läßt sich auch wie ein solches lesen.

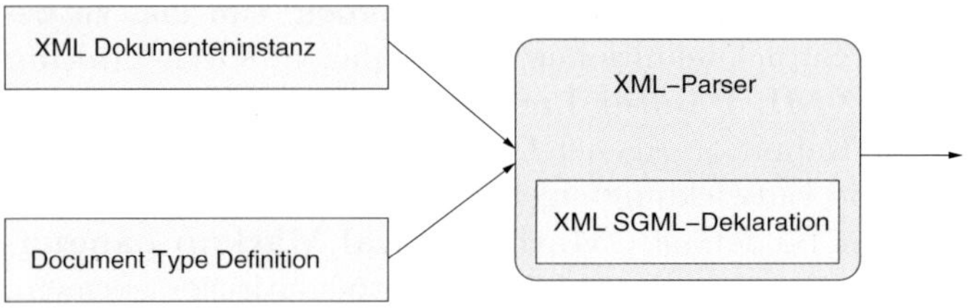

Abb. 14.1. Aufbau eines XML-Parsers

14.2.1 Wohlgeformtes XML

Jedes XML-Dokument, das der Spezifikation der in ihm selbst festgelegten Syntax entspricht, wird als ein **wohlgeformtes XML-Dokument** bezeichnet. Ein wohlgeformtes XML-Dokument ist ein syntaktisch korrektes Dokument, daß nicht notwendigerweise gegen eine DTD geprüft werden muß. Daher werden diese Dokumente auch oft als **Standalone Dokumente** bezeichnet, da sie keine externen Referenzen auf nicht im Dokument selbst befindliche Elemente enthalten, es sei denn, daß zu diesem Zweck eine DTD angegeben wurde.
Ein wohlgeformtes XML-Dokument besteht aus einem oder mehreren XML-Elementen, die korrekt ineinander geschachtelt sein müssen, d.h. alle Elemente eines Dokument bilden einen zusammenhängenden, einfachen Dokumentenbaum. Alle in einem wohlgeformten Dokument verwendeten Elemente müssen zuvor ordentlich definiert werden.
Ein XML-Parser, der in einem Dokument ein Konstrukt entdeckt, das diesen Bedingungen der Wohlgeformtheit widerspricht, kennzeichnet dieses als Fehler, was nicht notwendigerweise einen Abbruch der Verarbeitung nach sich ziehen muß. Die Bedingung der Wohlgeformtheit verhindert allerdings das Entstehen von Mehrdeutigkeiten, wie sie in HTML oder SGML vorkommen können, und die zu einem wesentlich höheren Aufwand beim Interpretieren dieser Markup-Sprachen führen. Ein wohlgeformtes XML-Dokument erlaubt aber nicht notwendigerweise eine Interpretation der Struktur der verwendeten Datenelemente. Ähnlich wie in der mathematischen Aussagenlogik, wo

eine Formel auch als wohlgeformt identifiziert werden kann, ohne daß damit eine Aussage verbunden ist, ob sie „wahr“ oder „falsch“ ist.
Wurde ein wohlgeformtes XML-Dokument zusätzlich noch positiv gegen eine DTD geprüft (validiert), wie es dem üblichen Interpretations-Prozeß eines XML-Parsers entspricht, bezeichnet man dieses positiv geprüfte XML-Dokument als **validiertes Dokument**.

14.2.2 Document Type Definition

Zwar können wohlgeformte XML-Dokumente auf ihre syntaktische Korrektheit hin geprüft werden, dennoch ist es mit einem wohlgeformten Dokument alleine nicht möglich, einem anderen Nutzer oder einem Programm die Regeln mitzuteilen, wie ein gleichartiges Dokument erstellt werden soll und welche Bedeutung die einzelnen Elemente des Dokuments besitzen. Dies ist erst möglich, wenn die zugehörige **Document Type Definition** (**DTD**) spezifiziert und zusammen mit dem XML-Dokument übergegeben wird. Eine DTD legt mittels einer formalen Grammatik fest, welche XML-Elemente definiert sind, welche Regeln wie umgesetzt werden sollen und welche Bedeutung die einzelnen XML-Elemente besitzen.
Entspricht ein Dokument nicht nur den allgemeinen XML-Spezifikationen, sondern entspricht es dazu noch vollständig den in einer DTD festgelegten Regeln und Definitionen, spricht man von einem **validierten XML-Dokument**. Nicht nur um die Korrektheit eines XML-Dokuments zu überprüfen, sondern insbesondere auch, um ein neues, validiertes XML-Dokument erzeugen zu können, wird die DTD benötigt. XML-Editoren und XML-Autoren-Werkzeuge benötigen eine DTD, um validierte XML-Dokumente erstellen zu können.
Analog zu einer Datenbankanwendung, die auf einer gelungenen Datendefinition aufsetzt, um effizient arbeiten zu können, entspricht die Definition einer DTD der Festlegung eines geeigneten Vokabulars zur Erzeugung neuer XML-Dokumente. Das Problem der Definition einer geeigneten DTD ist deshalb durchaus vergleichbar mit dem Problem der **Datenmodellierung**, dessen Lösung durch die Anwendung erprobter Vorgehensweisen erheblich erleichtert werden kann.

14.2.3 Document Object Model – DOM

Ist die Datenmodellierung abgeschlossen und damit das entsprechende Vokabular für eine effiziente Behandlung der vorgegebenen Problemstellung geschaffen, steht zunächst nur die statische Struktur des XML-Dokuments fest. Da XML aber speziell darauf abzielt, interaktive dynamische Anwendungen zu ermöglichen, die die Bestandteile des XML-Dokuments auswerten und manipulieren, wird eine geeignete Programmierschnittstelle (**Application Programming Interface, API**) benötigt. Das für XML-Dokumente vorgesehene API ist das sogenannte **Domain Object Model** (**DOM**), das Objekte

und Schnittstellen für die Manipulation von XML-Dokumenten beinhaltet, und dessen Spezifikation durch das W3C selbst gepflegt wird. Dabei können DOM-Implementierungen auf unterschiedlichen Systemen (Hard- und Software) sehr unterschiedlich ausfallen, da auf die jeweiligen Eigenheiten der Systemplattformen bei der Umsetzung der Schnittstellenvorgaben entsprechend Rücksicht genommen werden muß.
Aus Sicht eines DOM-Parsers ist ein XML-Dokument eine baumartige Struktur, gebildet aus den XML-Elementen (Elemente, Attribute, Kommentare und Verarbeitungsanweisungen), aus denen das Dokument aufgebaut ist. Die Verwendung von DOM ist deshalb auch sehr speicherintensiv, da stets das vollständige XML-Dokument in eine DOM-Baumstruktur umgewandelt werden muß, bevor eine Manipulation erfolgen kann. Zur Manipulation sehr großer XML-Dokumente ist DOM daher nur bedingt geeignet.
Generell bietet die Anwendung der DOM-Programmierschnittstelle bei der Verarbeitung von XML-Dokumenten viele Vorteile:

- **Korrekte Grammatik und die Wohlgeformtheit der erzeugten Dokumente**
  Da DOM die zu erzeugende XML-Dokumentendatei bereits als Baumstruktur verwaltet, können falsch geschachtelte Tags oder offene Elemente von vorn herein vermieden werden. Der Entwickler muß sich nicht um die textuelle Repräsentation seines XML-Dokuments kümmern, sondern bestimmt lediglich alle notwendigen Eltern-Kind-Beziehungen der einzelnen Elemente, wobei DOM das Anlegen syntaktisch falscher Beziehungen verhindert.
- **Abstraktion des Inhalts von der verwendeten Grammatik**
  Die von DOM erzeugte Baumstruktur repräsentiert den Inhalt des XML-Dokuments, ohne daß dieser dadurch an eine spezielle XML-Grammatik gebunden wäre. Dem Entwickler steht es frei, z.B. HTML-Seiten oder Datenbanken direkt aus der DOM-Repräsentation heraus zu aktualisieren, ohne dabei auf Details der XML-Implementation Rücksicht nehmen zu müssen.
- **Vereinfachung der Dokumentenbearbeitung**
  Über DOM kann der Entwickler sehr einfach inhaltliche Veränderungen am XML-Dokument vornehmen, ohne daß er dabei direkt in die XML-Syntax eingreifen müßte. Steht dem Entwickler zur XML-Generierung lediglich ein traditioneller Texteditor zur Verfügung, sind inhaltliche Änderungen des XML-Dokuments meist mit aufwendiger Editierarbeit im XML-Dokument selbst verbunden.
- **Vereinfachung des Datenaustauschs mit Datenbanken**
  Die Art, in der in DOM Objekte und deren Beziehungen untereinander repräsentiert werden, ähnelt sehr stark den in relationalen oder hierarchischen Datenbankmodellen angewandten Techniken. Diese enge Verwandtschaft erleichtert den Datenaustausch zwischen Datenbankanwenungen und XML-Dokumenten, die über DOM repräsentiert werden.

DOM Level 1 wurde vom W3C in den Rang einer Empfehlung (Recommendation) gehoben, während DOM Level 2 z.Z. noch den Status einer Candidate Recommendation besitzt. Der vollständige Text der Empfehlung für DOM Level 1 kann unter

`http://www.w3.org/TR/REC-DOM-Level-1/`

eingesehen werden und besteht aus zwei Hauptabschnitten, wobei der erste Abschnitt die DOM Schnittstellenspezifikation für den Zugriff auf beliebig strukturierte Dokumente mit speziellen Erweiterungen für XML-basierte Dokumente beschreibt, und sich der zweite Abschnitt mit HTML-spezifischen Erweiterungen von DOM befaßt. In Abb. 14.2 ist ein Überblick über die Objekte in DOM Level 1 dargestellt.

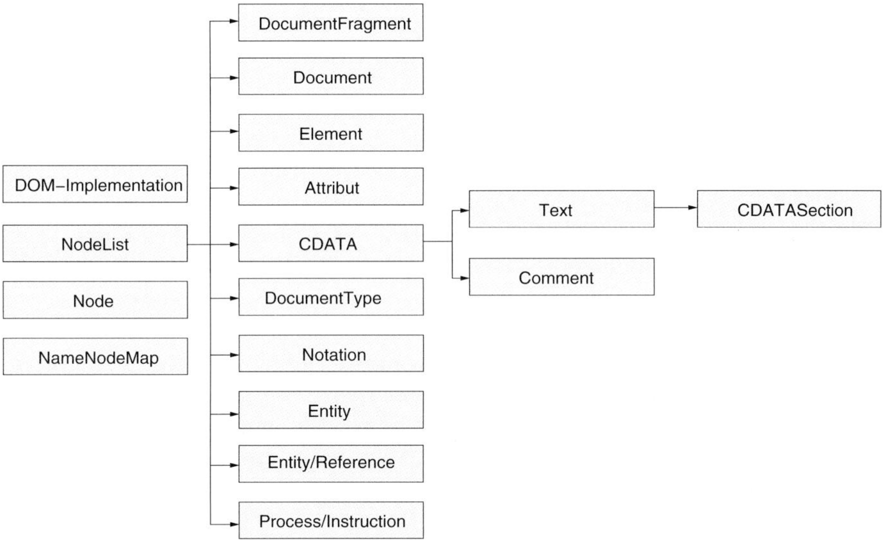

Abb. 14.2. Objekte des DOM Level 1 Modells

Die Spezifikation von DOM Level 2 umfaßt alle schon in DOM Level 1 beschriebenen Objekte mit folgenden Ergänzungen:

- **Namensräume**
  Diese helfen, zwischen verschiedenen Objekten mit gleichem Namen zu unterscheiden, da sie auf die ursprüngliche Quelle der Element-Definitionen verweisen. DOM Level 2 bietet Mechanismen zur Abfrage und Manipulation des Namensraums eines Objekts.
- **Stylesheets**
  DOM Level 2 beinhaltet ein geeignetes Objekt-Modell für die Verwendung von Stylesheets. Damit wird es möglich, Stylesheets zu durchsuchen und zu manipulieren.

- **Dokumentenfilterung**
  DOM Level 2 sieht Methoden vor zur inhaltlichen Filterung von XML-Dokumenten.
- **Event Modell**
  Für DOM Level 2 ist ein eigenes XML-bezogenes Ereignismodell vorgesehen, das die Ausführung bestimmter Methoden an das Eintreten von vordefinierten Ereignissen bindet.
- **Ranges**
  Auch das Arbeiten mit großen Textblöcken, also das Arbeiten in traditionellen Dokumenten, wird von DOM Level 2 besonders unterstützt.

Eine vollständige Beschreibung der DOM Level 2 Spezifikation ist im WWW erhältlich unter:

`http://www.w3.org/TR/DOM-Level-2/`

Neben DOM gibt es noch eine andere, nicht so weit verbreitete Programmierschnittstelle, die als **Simple API for XML** (**SAX**) bezeichnet wird. Anstelle wie in einem DOM-Parser das vollständige Dokument in einer baumartigen Struktur zu repräsentieren, zerlegt der SAX-Parser das Dokument in einzelne Ereignisse, die während der Abarbeitung des Dokuments auftreten. Als Ereignisse interpretiert ein SAX-Parser etwa das Auftreten eines Start-Tags, eines Schlüsselwortes oder eines Ende-Tags im XML-Dokument. Tritt eines dieser Ereignisse ein, wird umgehend die damit assoziierte Anwendung benachrichtigt.
Das steuernde Programm, das die Interpretation des XML-Dokuments übernimmt, muß daher nur so viele Informationen vorhalten, wie für die Behandlung des aktuell ausgelösten Ereignisses notwendig sind, und nicht erst das komplette Dokument analysieren. Da SAX in Java implementiert ist, ist es im Gegensatz zu DOM plattformunabhängig. Um eine SAX-Applikation in Java zu schreiben, ist lediglich die Installation der SAX-Klassen (zusätzlich zum Java JDK) notwendig. Eine auf SAX basierende Anwendung kann daher kompakter implementiert werden und nimmt weniger dynamischen Speicherplatz in Anspruch als eine DOM-basierte Anwendung. Zu den offensichtlichen Vorteilen der Anwendung von SAX zählen:

- **Beliebige Dokumentengröße**
  Da nie die gesamte Datei, die mit einem SAX-Parser bearbeitet werden soll, in den Hauptspeicher geladen werden muß, unterliegt die Dokumentengröße in SAX keinerlei Beschränkungen. Der benötigte Umfang an Ressourcen bleibt stets gleich.
- **Einfache Verwaltung eigener Datenstrukturen**
  Oft ist es sinnvoll, eigene Datenstrukturen festzulegen, die sich nicht direkt an die durch eine API vorgegebenen Elemente, Attribute und Verarbeitungsanweisungen halten. So können Inhalte eines XML-Dokuments mit

eigenen Datenstrukturen verknüpft werden. Eine solche applikationsorientierte Datendefinition läßt sich meist nur mühsam aus einzelnen DOM-Objekten konstruieren. Einfacher ist es, in einem ereignisbasierten Modell beim Eintreten eines Ereignissen (z.B. Lesen eines Start-Tags oder XML-Schlüsselwortes) eine entsprechende Erweiterung der eigenen Datenstruktur bzgl. des gerade gelesenen Objekts vorzunehmen.

- **Effizientes Informationsmanagement**
  Sind für eine spezielle Anwendung nur Bruchstücke der zur Verfügung stehenden Information nötig, erlaubt SAX lediglich diejenigen Informationen des Gesamtmodells im Speicher zu verwalten, die tatsächlich zur Erledigung der aktuellen Aufgabe benötigt werden. Nicht relevante Informationen können im Gegensatz zu DOM einfach ignoriert werden.
- **Einfachheit und Schnelligkeit**
  Aufgrund der aufgezeigten Eigenschaften ist SAX eine im Gegensatz zu DOM sehr einfach handhabbare Schnittstelle. SAX-Applikationen können Dank der ereignisbasierten Verarbeitungsweise oft signifikant schneller ablaufen als DOM-Applikationen.

Allerdings hat eine ereignisbasierte Verarbeitung von XML-Dokumenten auch Nachteile. Enthält ein XML-Dokument z.B. viele Querverweise zu anderen Teilen des Dokuments, so gestaltet sich die Verarbeitung unter DOM wesentlich einfacher, da das gesamte Dokument bereits im Speicher vorliegt und deshalb entsprechende Referenzierungen sehr einfach behandelt werden können. Darüberhinaus gestaltet sich die Implementierung komplexer Suchvorgänge viel schwieriger, wenn nicht das gesamte XML-Dokument im Speicher verfügbar vorliegt, insbesondere wenn dabei Abhängigkeitsbeziehungen der einzelnen Objekte untereinander auszuwerten sind.
Im Gegensatz zu DOM erlaubt SAX nur einen lesenden Zugriff auf XML-Dokumente. DOM dagegen kann das in den Speicher eingelesene Dokument auch modifizieren. Auch ist die Unterstützung des DOM-Modells unter den derzeit verfügbaren WWW-Browser bereits relativ hoch, im Gegensatz zur Zahl der Browser, die einen SAX-Parser vorhalten.

14.2.4 Namensräume und Schemata

Da jeder XML-Anwender eigene Element-Typen (Tags) definieren kann, ist es nicht zu vermeiden, daß unterschiedliche Autoren Element-Typen definieren, die zwar denselben Namen besitzen, aber eine unterschiedliche Bedeutung haben. So versteht z.B. der Redakteur einer Fernsehsendung unter dem Begriff „Programm“ etwas völlig anderes als ein Programmierer, der das entsprechende Elemente mit vollkommenen unterschiedlichen Attributen ausstattet. Bei der Übernahme bestehender Definitionen aus fremden DTDs läuft man daher stets Gefahr, Mehrdeutigkeiten (**Ambiguities**) und Namenskonflikte (**Name Collisions**) in der eigenen DTD auszulösen. Daher hat das W3C eine Spezifikation für **Namensräume** in XML herausgegeben, über die es

möglich ist, den genauen Kontext eines XML-Elements innerhalb eines Namensraums zu bestimmen. Die Verwendung von Namensräumen gestattet es dem Entwickler von Dokumentenbeschreibungssprachen, komplexe Probleme in kleinere, handhabbare Portionen zu zerlegen und so verschiedene Sprachen in einem Dokument miteinander zu vermischen.
Während eine DTD die gesamte Struktur eines Dokuments bestimmt, verfügt ein Namensraum lediglich über eine Menge von Namen, die einer bestimmten DTD zugeordnet sind. Ein Namensraum benötigt keine formale Struktur wie eine DTD, daher müssen die verwendeten Definitionen auch nicht mit dem gesamten Umfeld, in dem sie definiert worden sind, konsistent bleiben. Namensräume geben einem XML-Entwickler die Freiheit, nur die jeweils gewünschten Definitionen zu verwenden, und die verschiedenen Verwendungen eines bestimmten Namens zu trennen. Um Namensräume in einem XML-Dokument anwenden zu können, das Elemente aus verschiedenen DTDs kombiniert, benötigt der XML-Entwickler die folgenden Informationen:

- Eine Referenz auf den URI, der die Verwendung eines Elements definiert. Über das Attribut `xmlns` wird ein URI (meist URL einer DTD) angegeben:

```
xmlns="http://www.inf.uni-trier.de/book.dtd"
xmlns="http://www.inf.uni-jena.de/article.dtd"
```

- Einen Alias zur Benennung des Namensraums, aus dem ein Element verwendet werden soll, und der als Präfix für den Elementnamen dient:

```
xmlns:bibliothek="http://www.inf.uni-trier.de/book.dtd"
xmlns:document="http://www.inf.uni-jena.de/article.dtd"
```

Abb. 14.3 zeigt die Einbindung der Deklaration zweier Namensräume in ein XML-Dokument.

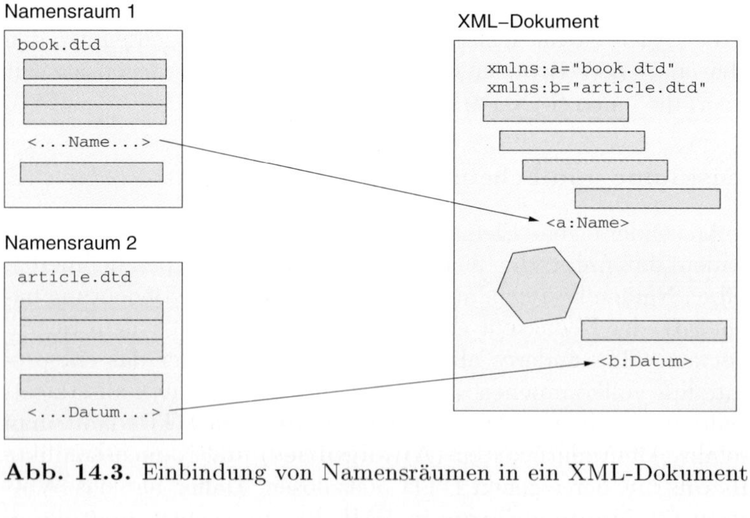

Abb. 14.3. Einbindung von Namensräumen in ein XML-Dokument

Oft wird zur Definition von komplexen XML-Dokumenten, wie sie z.B. auch in der Umgebung des E-Commerce zu finden sind, die Einbettung von DTD-Konstrukten notwendig, die bereits an anderer Stelle, z.B. von einem anderen Unternehmen, definiert worden sind. Da es prinzipiell nicht möglich ist, mehrere DTDs gleichzeitig für ein XML-Dokument zu nutzen, hat das W3C eine Alternative zur Definition von Dokumententypen vorgeschlagen, die auf der Syntax von XML basiert und als **XML Schemata** bezeichnet wird. XML-Schemata wurde aufgrund einiger schwerwiegender Nachteile erarbeitet, die die Verwendung von DTDs mit sich bringt. Zu diesen zählen:

- **DTDs sind schwer lesbar/verständlich**
  Dies trifft vor allem für komplexe Dokumentenausgestaltungen zu. DTDs basieren auf der erweiterten Backus-Naur-Form (EBNF, eine weit verbreitete Form der Definition von Grammatiken) und unterscheiden sich daher deutlich von der eigentlichen XML-Syntax. Durch die Verwendung einer XML-basierten Definitionsgrundlage beseitigt man die Zugangshürde, die im Erlernen der EBNF-Syntax besteht.
- **Schwierige automatisierte Manipulation von Metadaten**
  Die Verwendung der EBNF erfordert einen spezifischen Parser, der in der Lage ist, eine DTD zu interpretieren und gegebenenfalls zu manipulieren. XML-Schemata können dagegen aufgrund der Verwendung der XML-Syntax direkt über DOM verarbeitet werden, was die Handhabung erheblich vereinfacht.
- **DTDs sind nicht erweiterbar**
  Die Definition einer DTD muß stets vollständig sein, d.h. eine einzelne DTD muß stets sämtliche Regeln der Auszeichnungssprache beinhalten, die sie beschreibt. Das Mischen verschiedener Namensräume macht ein anschließendes Abprüfen der Gültigkeit der DTD unmöglich.
- **DTDs unterstützen nur einen Datentyp**
  DTDs unterstützen lediglich den Datentyp Text. Sollen z.B. numerische Inhalte eines Dokuments addiert werden, die als Text repräsentiert sind, müssen diese von der betreffenden Anwendung unter Zuhilfenahme zusätzlicher, implizit gegebener Informationen erkannt und entsprechend konvertiert werden.
- **DTDs unterstützen keine Vererbung**
  Die Definition von Subklassen DTDs, die jeweils nur bestimmte Teile einer übergeordneten DTD beinhalten, ist nicht automatisch möglich.

XML-Schemata gestatten eine spezifischere Sprachdefinition, als dies mit XML-DTDs möglich ist. Neben der Definition von Elementen, Attributen und Verarbeitungsanweisungen erlauben XML-Schemata die Formulierung von Bedingungen und Beschränkungen für den Zugriff auf diese. XML-Schemata bieten vor allen Dingen dann einen großen Vorteil, wenn es um den automatisierten Austausch von XML-Dokumenten geht.

In die Entwicklung der XML-Schemata flossen große Teile des **Resource Description Framework** (**RDF**) mit ein, der eine generelle Beschreibung von Ressourcen (Metadaten) und deren Beziehungen untereinander gestattet. Auf die Spezifikation von XML-Schemata wird in Abschnitt 14.3.2 näher eingegangen.

14.2.5 Dokumentverknüpfungen

Eine der wichtigsten Errungenschaften der Markup-Sprache HTML lag in der Definition von Querverweisen (Links), die sich über das gesamte WWW erstrecken können. Da ein HTML-Link stets nur eine **unidirektionale** Verbindung zwischen dem Quelldokument, in dem dieser definiert ist, und dem Zieldokument herstellt, das über den angegebenen URI spezifiziert wird, wurden Vorschläge zur Erweiterung dieses einfachen Konzepts erarbeitet und beim W3C eingereicht. Diese Vorschläge betreffen zwei spezielle Spracherweiterungen von XML, das ansich zunächst keine Verknüpfungsmöglichkeit für XML-Dokumente vorsieht: **XLink** (siehe Abschnitt 14.3.3) und **XPointer** (siehe Abschnitt 14.3.3).
Daneben sind Möglichkeiten für das Durchsuchen von XML-Dokumenten von großem Interesse. Ein XML-Parser sollte in der Lage sein, anhand gegebener Suchkriterien, die bestimmte Eigenschaften eines XML-Elements beschreiben, das XML-Dokument zu durchsuchen, und XML-Elemente zurückzuliefern, die den vorgegebenen Suchkriterien entsprechen. In dieser Weise können XML-Dokumente genauso wie Datenbanken genutzt werden. Zu diesem Zweck wurden spezielle Abfragesprachen für XML-Dokumente entwickelt (**XML-QL**, **XQL**, **XPath** in Verbindung mit **XSLT**), auf die in Abschnitt 14.4.1 näher eingegangen wird.

14.2.6 Transformation von XML-Dokumenten

Die Transformation eines XML-Dokuments erlaubt die Überführung eines Dokuments von einer Form in eine andere und läuft stets nach festen, vorgegebenen Regeln ab. Sie kann z.B. dazu dienen, XML-Dokumente zwischen verschiedenen XML-Dialekten zu übersetzen, oder diese in ein anderes Darstellungsformat zu überführen. Von besonderer Bedeutung sind diese Techniken, wenn mehrere Dokumente unterschiedlicher Quellen und Formate zu einem neuen Dokument in einem gemeinsamen Format, das der Entwickler selbst spezifiziert, überführt werden müssen.
Die dabei zu beachtenden Regeln müssen nicht für jeden Anwendungsfall explizit programmiert werden, sondern können als Transformationsspezifikation in Form eines Dokuments abgelegt werden. Die bekannteste Transformationssprache ist Teil der Styling-Sprache **XSL** (**Extensible Styling Language**), mit der sich das Darstellungsformat von XML-Dateien definieren läßt (siehe Abschnitt 14.3.4). XSL erlaubt im Gegensatz zu CSS, das

ebenfalls zur Formatierung von XML-Dokumenten verwendet werden kann, eine kontextabhängige Gestaltung der Ausgabe und die Einbettung von Programmcode zur Durchführung von komplexen Ausgabetransformationen.
Zur Vorbereitung auf diese Formatierung dient die Transformationssprache **XSLT** (**XSL Transformations**). XSLT erlaubt das Sortieren von XML-Elementen sowie die Durchführung weiterer organisatorischer Aufgaben in XML, ohne dazu herkömmlichen Programmcode schreiben zu müssen. Stattdessen werden Regeln definiert, die die Transformation von XML-Elementen in Abhängigkeit von ihrem Kontext im zugehörigen XML-Dokument durchführen.

14.3 XML en Detail

14.3.1 XML 1.0 Syntax

Ein XML-Dokument (auch XML-Entity) setzt sich aus einzelnen XML-Elementen zusammen, die über spezifische **Tags** (**Markups**) ausgezeichnet werden. XML folgt darin demselben Konzept wie HTML. Wie in HTML sind Tags in XML stets von spitzen Klammern umschlossen, wobei ein Start-Tag immer mit einem zugehörigen Ende-Tag abgeschlossen werden muß:

```
<start-tag> ... </ende-tag>
```

Im Gegensatz zu HTML ist XML **Case-sensitiv**, d.h. Groß- und Kleinschreibung werden unterschieden. Da XML speziell auf eine Internationalisierung hin entwickelt wurde, sah man den üblichen 7 Bit ASCII Zeichensatz von Anfang an als unzureichend an. In der XML-Spezifikation wird daher festgelegt, daß Zeichen dem 16 Bit **Unicode 2.1** Zeichensatz entsprechen müssen. Da Unicode generell abwärtskompatibel ist, stellt eine Konvertierung herkömmlicher ASCII-kodierter Dokumente kein Problem dar.
Ein wohlgeformtes XML-Dokument setzt sich aus drei Teilen zusammen (siehe Abb. 14.4):

- **Prolog**
  Entspricht dem Dokumenten-Header in HTML und dient der Angabe von Metainformationen über das Dokument.
- **Rumpf**
  Besteht aus einem oder mehreren XML-Elementen, die ineinander verschachtelt werden können.
- **Epilog (optional)**
  Enthält Kommentare und Verarbeitungsanweisungen, die das vorliegende Dokument betreffen.

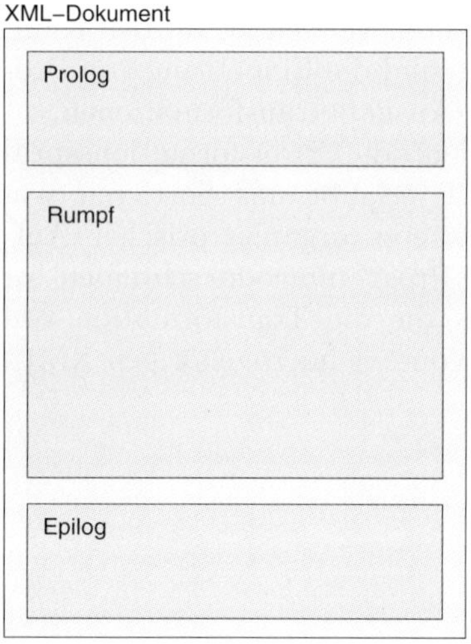

Abb. 14.4. Struktur eines XML-Dokuments

XML-Elemente. Grundbausteine eines XML-Dokuments sind die **XML-Elemente**. Ein XML-Element wird durch seinen Elementtyp, eine Zeichenkette, die von spitzen Klammern umschlossen wird, definiert. Jedes Element beginnt mit einem Start-Tag und endet mit einem Ende-Tag:

```
<start-tag>...</ende-tag>
```

Anders als bei HTML dürfen Ende-Tags in XML nie weggelassen werden. Einzige Ausnahme von dieser Regel bilden die sogenannten **leeren Elemente**, die verkürzend mit einem speziellen **Empty-Element-Tag** dargestellt werden können. Ein Empty-Element-Tag besteht lediglich aus dem Namen des Elementtyps, gefolgt von einem Schrägstrich, umschlossen von spitzen Klammern:

```
<leeres-tag/>
```

Jedes wohlgeformte XML-Dokument setzt sich baumartig aus einzelnen Unterstrukturen zusammen. Wurzelknoten dieses Dokumentenbaums ist die **Dokumentenwurzel** (Document Root). Die Dokumentenwurzel enthält neben dem **Dokumenten-Element** lediglich Kommentare und Verarbeitungsanweisungen. Der Teilbaum der durch das Dokumenten-Element definiert wird, enthält alle anderen Elemente des XML-Dokuments (siehe Abb. 14.5). Alle anderen Elemente eines XML-Dokuments sind Nachfahren (Kinder) des Dokumenten-Elements.
Ein wohlgeformtes XML-Dokument erfordert die **korrekte Schachtelung** aller darin enthaltenen Elemente. Stellt man das XML-Dokument als Baumstruktur dar, so bedeutet diese Restriktion, daß ein Element erst über ein Ende-Tag abgeschlossen werden kann, wenn alle seine Kinder bereits mit einem Ende-Tag abgeschlossen sind.

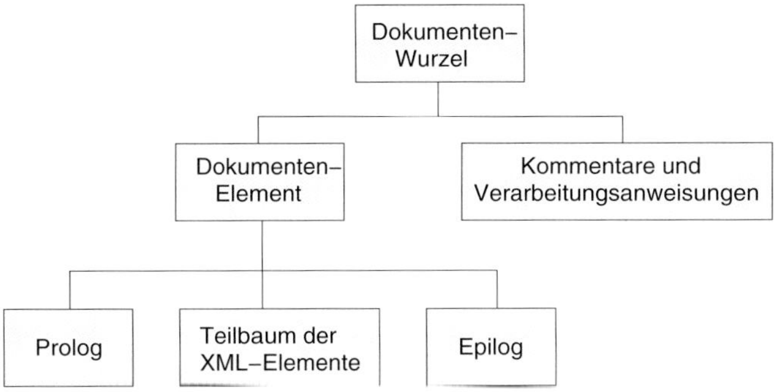

Abb. 14.5. Dokumentenbaum eines XML-Dokuments

Die XML-Syntax ist nicht besonders kompliziert und umfaßt nur wenige Bestandteile:

- **Text-Literale**
  Hierzu zählen Zeichenketten, die als Wertzuweisung für Attribute, interne oder externe Bezeichner verwendet werden können. Alle Text-Literale müssen in XML von speziellen Begrenzern (Anführungszeichen oder Apostroph) umschlossen sein, um als solche erkannt werden zu können. Um die beiden Begrenzungszeichen auch als Textzeichen verwenden zu können, müssen sie im Text als **Entity-Referenz** (`'` oder `"`) kodiert werden. Beispiel für ein gültiges Text-Literal:

  ```
  "Textliteral"
  ```

- **Character Data**
  Jeder Text, der weder Bestandteil des Markups noch Inhalt eines Elements oder Attributs ist, wird als Character Data bezeichnet. Sollen die Markup-Begrenzer „<", „>" und „&" im regulären Text vorkommen, müssen sie als Entity-Referenz (`<`, `>` und `&`) kodiert werden.
- **Attribute**
  Ein XML-Element kann über zugehörige Attribute näher beschrieben werden. Attribute können Informationen über den Inhalt des Elements liefern, ohne selbst Teil des Inhalts zu sein. Jedes Attribut tritt stets als Attribut-Name/Attribut-Wert Paar auf, wobei der Attribut-Wert ein Text-Literal sein muß. Ein Attribut darf in einem XML-Element lediglich einmal angegeben werden und sich nicht wiederholen. Beispiel für ein korrektes Attribut:

  ```
  <Autor Name="Friedrich Schiller">
  ```

  Die XML 1.0 Spezifikation beschreibt zwei Attribute mit besonderer Bedeutung. Diese beiden Attribute nutzen die Syntax der XML-Namensräume und verwenden das Präfix `xml`:

– `xml:space`:
  Dient, ähnlich der <pre>-Umgebung in HTML, der Einbettung von vorformatiertem Text in ein XML-Dokument. Alle Textformatierungen einschließlich der Sonder- und Trennzeichen werden beibehalten.
  In XML-Dokumenten zählen nur vier verschiedene Zeichen als Leer- bzw. Trennzeichen:
  • Horizontaler Tabulator (HT),
  • Zeilenvorschub (LF),
  • Wagenrücklauf (CR) und
  • Leerzeichen.
  Die Behandlung jeglicher Art von Trennzeichen bleibt in XML üblicherweise einer Anwendung oder einem Stylesheet überlassen. Der XML-Parser übergibt alle Leer- und Trennzeichen im regulären Text des XML-Dokuments der übergeordneten Anwendung. Leerräume innerhalb von Tags und Attributwerten werden nicht beachtet.
– `xml:lang`:
  Gibt die Sprachkodierung des Textes im vorliegenden XML-Element an und legt damit die Darstellung der einzelnen Textzeichen fest. Dies ist notwendig, da Unicode auch die Möglichkeit zur Einbeziehung von bidirektionalem semitischem Text oder komplexen asiatischen Schriftzeichen mit einschließt. Die erlaubten Sprachkodierungen sind festgelegt in den Standard-Spezifikationen ISO 639 und RFC 1766.
  Beispiel für die Verwendung von `xml:lang` in einem XML-Dokument:

```
<Gedicht>
  <Zeile xml:lang="de">
    Soll ich dich einem Sommertag vergleichen,
    Der du viel lieblicher und sanfter bist?
  </Zeile>
  <Zeile xml:lang="en-GB">
    Shall I compare thee to a summer&quot;s day?
    Thou art more lovely and more temperate:
  </Zeile>
</Gedicht>
```

• **Entity-Referenzen**
Mit Hilfe der Entity-Referenzen lassen sich beliebige Text-Literale in Elemente oder Attributwerte einfügen. Sie bestehen lediglich aus einem gültigen XML-Namen, dem ein „&"-Zeichen vorangestellt wird und ein Semikolon folgt:

```
&Referenz;
```

Entity-Referenzen können dazu dienen, Textzeichen, die zur Syntax der Markup-Begrenzer zählen, zu kodieren oder als Makro-Anweisung eine bestimmte vordefinierte Textsequenz in den laufenden Text einzufügen.

- **Verarbeitungsanweisungen**
  Über das Einfügen von Verarbeitungsanweisungen (**Processing Instruction, PI**) können innerhalb eines XML-Dokuments Hinweise auf dessen Weiterverarbeitung gegeben werden. Die Syntax folgt der regulären Syntax für XML-Elemente, doch ist jede Verarbeitungsanweisung innerhalb der Markup-Begrenzer zusätzlich von Fragezeichen „?“ umschlossen:

  ```
  <?Ziel ...Anweisungen... ?>
  ```

  Das `Ziel` identifiziert die Anwendung, an die sich die angegebenen Anweisungen richten. Die Anweisungen sind reguläre Text-Zeichenketten, die nur die Zeichenfolge `?>` nicht enthalten dürfen.
- **Kommentare**
  Kommentare können an jeder beliebigen Stelle des XML-Dokuments außer innerhalb der Markup-Tags vorkommen und folgen stets folgender Syntax:

  ```
  <!-- ...Kommentar... -->
  ```

  Der Kommentar-Text darf beliebige Zeichenketten enthalten, außer „`--`“.
- **CDATA-Blöcke**
  Über CDATA-Blöcke können Texte in ein XML-Dokument eingebettet werden, die sonst als Markup interpretiert werden würden. Damit ist es z.B. möglich, die Deklaration von XML-Elementen als Beispiel in einem XML-Dokument anzugeben. Ein CDATA-Block ist stets folgendermaßen aufgebaut:

  ```
  <![CDATA[ ...Textblock... ]]>
  ```

  Ein CDATA-Block darf alle Zeichen, außer dem Ende-Begrenzer „`]]`“ beinhalten.

Der XML-Prolog. Jedes XML-Dokument startet mit einem Prolog, der den Beginn der XML-Daten anzeigt. Der Prolog gibt an, welcher Zeichenkodierung das XML-Dokument folgt, in welcher XML-Version das vorliegende XML-Dokument verfaßt ist, und kann zusätzlich Kommentare, Verarbeitungsanweisungen oder andere Information über das XML-Dokument enthalten.
Jeder XML-Prolog startet mit einer **XML-Deklaration**:

```
<?xml version="1.0" encoding="UTF-8"
standalone="yes">
```

Die XML 1.0 Spezifikation legt für die XML-Deklaration folgende Attribute fest:

- `version`
  Obligatorisches Attribut, das die Versionsnummer der verwendeten XML-Spezifikation angibt. Derzeit muß diese mit "1.0" angegeben werden.

- `endocing`
  Gibt die jeweils verwendete Zeichenkodierung des vorliegenden XML-Dokuments an. Erlaubte Zeichenkodierungen sind z.B.:
  - Unicode `UTF-8`: mit 7 Bit ASCII voll kompatibel, alle anderen Zeichen müssen mit zwei bis fünf Bytes kodiert werden.
  - Unicode `UTF-16`: durchgängige 16 Bit Kodierung.
  - Unicode `UTF-32`: identisch mit ISO UCS-4 Kodierung, 32 Bit pro Zeichen.
- `standalone`
  Optionales Attribut, das nur die Werte `"yes"` oder `"no"` annehmen kann. Gibt Auskunft darüber, ob das Dokument eine externe DTD zur Interpretation aller Entity-Referenzen benötigt (`"no"`) oder alle notwendigen Definitionen selbst enthält (`"yes"`).

Jedes gültige XML-Dokument muß über eine **Deklaration des XML-Dokumenttyps** verfügen. Einzige Ausnahme sind lediglich wohlgeformte XML-Dokumente, die keine externen Entity-Referenzen beinhalten. Die Dokumenttyp-Deklaration darf nicht mit der DTD verwechselt werden. Sie enthält lediglich eine interne Teilmenge der Deklarationen aus der zugehörigen DTD bzw. referenziert eine entsprechende externe Teilmenge.

- **Referenz auf externe Teilmenge**
  Jede Dokumententyp-Deklaration beinhaltet zunächst den Namen des Wurzel-Elements, auf den sich die nachfolgende Referenz bezieht, und die der referenzierten DTD entnommen werden. Beispiel:

  ```
  <!DOCTYPE Name-Wurzel-Element SYSTEM "URI">
  ```

  Das nachfolgende `SYSTEM`-Attribut gibt an, daß der angegebene URI als globale Referenz für die einzubindende DTD gilt. Wird anstelle dessen das Attribut `PUBLIC` verwendet, besteht die Möglichkeit der Einbeziehung von DTDs aus dem lokalen Dateisystem (ebenfalls über URI). Allerdings fordert die XML-Spezifikation zusätzlich die Angabe eines global gültigen Bezeichners (URI). Beispiel:

  ```
  <!DOCTYPE Name PUBLIC "lokaler URI" "globaler URI">
  ```

- **Referenz auf interne Teilmenge**
  Die Verwendung von Entity-Referenzen ohne externe DTD erfolgt über eine Deklaration der Entity-Referenzen direkt in der Dokumententyp-Deklaration. Die Deklaration der Entity-Referenzen folgt dabei der DTD-Syntax, die später in diesem Kapitel erläutert wird (siehe Abb. 14.6).

Exkurs 32: XML Document Type Definition – DTD

Um den Inhalt eines XML-Dokuments auch einer automatisierten Bearbeitung zugänglich und verständlich zu machen, benötigt man eine exakte Beschreibung der Struktur

```
<xml version="1.0" standalone="yes">
<!DOCTYPE Gedicht [
  <!ENTITY AUTOR "William Shakespeare">
  <!ENTITY copyright "&#169;">
]>
<Gedicht>
  <Zeile>
    Dieses Gedicht wurde geschrieben von &AUTOR.
  </Zeile>
</Gedicht>
```

Abb. 14.6. XML-DTDs – Referenz auf eine interne Teilmenge

des vorliegenden XML-Dokuments. Diese Strukturbeschreibung erfolgt über eine formale Grammatik, die in Form einer **Document Type Definition** (**DTD**) angegeben wird. Die DTD legt fest, welche Elemente definiert sind, in welchen Strukturen diese Elemente angeordnet sein dürfen und welche Attribute für die einzelnen Elemente erlaubt sind. Ohne DTD ist ein korrekt formuliertes XML-Dokument lediglich **wohlgeformt**. Ist die DTD des XML-Dokuments verfügbar und entspricht ein XML-Dokument nicht nur den Regeln der gültigen XML-Spezifikation, sondern auch den in der DTD aufgestellten syntaktischen und semantischen Regeln, so handelt es sich um ein **gültiges** bzw. **validiertes** XML-Dokument. Wie bereits beschrieben, erfolgt die Verknüpfung eines XML-Dokuments mit einer externen DTD über die Dokumenttyp-Deklaration, in der die zu verwendende DTD über einen gültigen URI spezifiziert wird:

```
<!DOCTYPE Name SYSTEM "URI">
```

Allerdings kann die Angabe der DTD auch intern, innerhalb des XML-Dokuments erfolgen. Die Möglichkeit, über **Entity Referenzen** Zeichenketten und ganze Textpassagen zu definieren und innerhalb von XML-Dokumenten zu referenzieren wurde bereits angesprochen. Prinzipiell unterscheidet man drei Arten von Entity-Referenzen:

- **Vordefinierte Entities**
  Referenzieren Zeichen, die im Klartext als Markup interpretiert werden.
- **Allgemeine Entities (General Entities)**
  Referenzieren eine beliebige Zeichenkette über einen Namen. Die Definition von allgemeinen Entities erfolgt über die Anweisung `<!ENTITY>`, gefolgt vom vereinbarten Namen der Entity und der Zeichenkette, die über den angegebenen Namen referenziert werden soll. Beispiel:

  ```
  <!ENTITY qed "quod erat demonstrandum">
  ```

  Die Referenz auf eine definierte Entity erfolgt im XML-Dokument über den Namen der Entity, dem als Kennzeichnung ein „`&`"-Zeichen vorangestellt wird. Beispiel:

  ```
  &qed
  ```

  Eine Entity-Referenz wird während der Interpretation des XML-Dokuments expandiert. Das Ergebnis der Expansion muß stets wohlgeformtem XML entsprechen. Entities dürfen auf keinen Fall Referenzen auf sich selbst enthalten, weder direkt noch indirekt.
- **Parameter-Entities**
  Werden Entities ausschließlich innerhalb einer DTD und nicht in einem XML-Dokument referenziert, so spricht man von sogenannten **Parameter-Entities**. Um diese zu kennzeichnen, folgt in der Deklaration nach dem Schlüsselwort `ENTITY` ein „`%`"-zeichen. Beispiel:

```
<!ENTITY % BibReferenz "Titel CDATA #IMPLIED
   Autor CDATA #REQUIRED Verlag CDATA #IMPLIED">
```

Eine Referenzierung erfolgt über den Entity-Namen, der mit „%"-Zeichen eingeleitet und mit einem Semikolon abgeschlossen wird. Beispiel:

```
<!ATTLIST Buch %BibReferenz; Jahr CDATA #REQUIRED>
```

Tatsächlich wird diese Deklaration expandiert zu dem in Abb. 14.7 dargestellten Ausdruck.

```
<!ATTLIST Buch
  Titel CDATA #IMPLIED
  Autor CDATA #REQUIRED
  Verlag CDATA #IMPLIED
  Jahr CDATA #REQUIRED
>
```

Abb. 14.7. Beispiel für expandierte Parameter Entities

Die Deklaration der **XML-Elemente** bildet das Kernstück der XML-DTD. Die Elemente definieren den eigentlichen Inhalt und die Struktur eines XML-Dokuments. Mit der Element-Deklaration werden stets der Name des Elementes zusammen mit Inhalt und Struktur des Elements spezifiziert. Der Name eines Elements darf aus Buchstaben, Ziffern und den Zeichen Doppelpunkt („:"), Unterstrich („_"), Bindestrich („-") und Punkt („.") bestehen. Allerdings darf ein Element-Name immer nur mit einem Buchstaben, einem Doppelpunkt oder Unterstrich beginnen. Grundsätzlich unterscheidet man drei Arten von XML-Elementen:

- **Leere Elemente**
  Ein leeres Element enthält weder Text noch irgendwelche Kind-Elemente. Es darf lediglich Attribute beinhalten. Die Deklaration kennzeichnet ein leeres Element über das Schlüsselwort `EMPTY`. Beispiel:

  ```
  <!ELEMENT LeeresElement EMPTY>
  ```

  Die Instanz dieses leeren Elements wird folgendermaßen in einem XML-Dokument eingebunden:

  ```
  <LeeresElement/>
  ```

- **Elemente mit gemischtem Inhalt**
  Diese Elemente dürfen neben anderen Element-Definitionen (**Element Content**) auch vom Parser bearbeitete Zeichen(folgen) (`#PCDATA`, Parsed Character Data) oder beliebige Texte (`#CDATA`) enthalten.
- **Elemente mit beliebigem Inhalt**
  Wird keine vorherige Angabe über den Inhalt des zu definierenden Elements gemacht, spricht man von einem Element mit beliebigem Inhalt, das durch das Schlüsselwort `ANY` gekennzeichnet wird. Beispiel:

  ```
  <!ELEMENT BeliebigStrukturiertesElement ANY>
  ```

Um die inhaltliche Struktur eines Elements abzubilden, stehen verschiedene Hilfsmittel zur Verfügung. Die Definition einer Struktur erfolgt über die Angabe der Sub-Elemente, die jeweils von einer Klammer umschlossen sein müssen. Daneben dürfen in dieser strukturellen

Aufzählung auch **Operatoren** und das Schlüsselwort #PCDATA erscheinen. Operatoren dienen zur Angabe der Kardinalität der Sub-Elemente und beschreiben, auf welche Weise Sub-Elemente und Text kombiniert werden können. So soll z.B. das Element Gedicht aus den Elementen Autor, Titel und Text bestehen:

```
<!ELEMENT Gedicht (Autor, Titel, Text)>
```

Die in der Deklaration verwendeten Kommata ordnen die Sub-Elemente in einer Sequenz, d.h. die vorgegebene Reihenfolge ist zwingend anzuwenden. Tabelle 14.1 listet die wichtigsten Operatoren zur Deklaration von DTDs auf.

Tabelle 14.1. Wichtige Operatoren zur Deklaration von XML-DTDs

Operator	**Bedeutung**
,	Sequenz
|	Alternative
?	optionales Element
*	nicht bzw. beliebig oft
+	einmal oder beliebig oft

Ein Element mit gemischtem Inhalt, das verschiedene Operatoren beinhaltet, ist im folgenden Beispiel angegeben:

```
<!ELEMENT Pause (Tee | Kaffee, Zucker?, Kuchen*, #PCDATA)>
```

Um XML-Elemente genauer beschreiben zu können, lassen sich über die DTD zu den Elementen zugehörige **Attribute** definieren. Die Deklaration erfolgt über das Tag ATTLIST, mit dem eine Attributliste definiert werden kann. Das ATTLIST-Tag enthält als erstes den Namen des Elements, zu dem die Attribute gehören, gefolgt von einer Liste mit Attribut-Definitionen. Jede Attribut-Definition besteht aus dem Attribut-Namen, dem Typ des Attributwertes und einem Vorgabewert:

```
<!ATTLIST ElementName AttributName AttributTyp Vorgabewert>
```

Neben beliebigen Vorgabewerten, die einem Attribut zugeteilt werden können, gibt es auch spezielle, vordefinierte Schlüsselworte als Vorgabewert, die die Verwendung des Attributs im XML-Dokument steuern (siehe Tabelle 14.2). Die möglichen Attribut-Typen sind in Tabelle 14.3 zusammengestellt.

- CDATA
  Bezeichnet ein Attribut, dessen Inhalt ausschließlich aus Text besteht:

Tabelle 14.2. Vorgabewerte für die XML-Attribut-Deklaration

Vorgabewert	**Bedeutung**
#REQUIRED	Attribut muß in jeder Elementinstanz vorkommen
#IMPLIED	Attribut kann optional in Elementinstanz vorkommen
#FIXED + Wert	Attribut muß immer den vorgegebenen Wert haben. Wird es weggelassen, fügt es der Parser automatisch ein
Wert	Wird das Attribut weggelassen, verwendet der Parser den vorgegebenen Wert

Tabelle 14.3. Mögliche XML-Attribut-Typen

Attributtyp	Bedeutung
CDATA	Text (Character Data)
ID	Dokument-eindeutiger Bezeichner
IDREF	Referenz auf Element mit ID-Attribut
IDREFS	mehrere IDREF, getrennt durch Leerzeichen
ENTITY	Name einer vordefinierten externen Entity
ENTITIES	mehrere ENTITY, getrennt durch Leerzeichen
NMTOKEN	Name oder Bezeichner
NMTOKENS	mehrere NMTOKEN, getrennt durch Leerzeichen
NOTATION	Notationstyp, bezeichnet externen Datentyp

```
<!ATTLIST Gedicht Text CDATA #REQUIRED>
```

- ID, IDREF, IDREFs
  Dienen der Identifikation eines Elements. Ein Element darf jeweils nur über ein einziges ID-Attribut verfügen. Das folgende Beispiel identifiziert ein Buch über seine ISBN-Nummer:

  ```
  <!ATTLIST Buch ISBN ID #REQUIRED>
  ```

  Über das IDREF-Attribut können innerhalb eines XML-Dokuments Verknüpfungen zwischen einzelnen Elementen hergestellt werden. Zu diesem Zweck wird der Wert eines ID-Attributs eines anderen Elements herangezogen. Zu dem vorangegangenen Beispiel definieren wir ein Element „Comic", das sich in einem XML-Dokument auf ein bereits definiertes Buch-Element beziehen kann:

  ```
  <!ELEMENT Comic EMPTY>
  <!ATTLIST Comic id IDREF #REQUIRED>
  ```

  In einem XML-Dokument, das diese DTD verwendet, könnte eine Verknüpfung der beiden Elemente folgendermaßen erfolgen:

  ```
  <Buch ISBN="3-528-03102-9"> ... </Buch>
  ...
  <Comic id="3-528-03102-9">
  ```

  Soll die Verknüpfung eines Elements mit mehreren anderen Elementen erfolgen (1:n-Beziehung), kann das Attribut IDREFS verwendet werden. In Anlehnung an das Beispiel Buch können wir so die Beziehungen einer bestimmten Menge von Büchern, z.B. MeineBuecher definieren:

  ```
  <!ELEMENT MeineBuecher EMPTY>
  <!ATTLIST MeineBuecher id IDREFS #REQUIRED>
  ```

  Das id-Attribut gibt die Möglichkeit, eine bestimmte Menge von Büchern zusammenzufassen:

  ```
  <MeineBuecher id="3-528-03102-9 3-523-03302-9 3-528-43199-7">
  ```

  Die Funktionsweise der Attribut-Typen ID, IDREF und IDREFS entspricht weitgehend der bekannten, schlüsselbasierten Verknüpfung einzelner Relationen (Tabellen) in relationalen Datenbanken. Dies ist besonders nützlich, wenn XML als Austauschdatenformat zwischen relationalen Datenbanken und eigenen Anwendungen verwendet wird.

- `ENTITY, ENTITIES`
  Entities innerhalb der Attribut-Deklaration dienen der Wiederverwendung gemeinsam verwendeter Konstrukte, die immer wieder in einem Dokument auftauchen. Damit lassen sich längere, wiederkehrende Textpassagen mit kurzen Bezeichnern abkürzen. Daneben lassen sich auch multimediale Daten als XML-Elemente referenzieren. Soll z.B. in ein Element `Person` eine Bilddatei mit aufgenommen werden, kann dies folgendermaßen geschehen:

  ```
  <!ATTLIST Person photo ENTITY #IMPLIED>
  ```

  An anderer Stelle der DTD erfolgt dann noch die Deklaration der Entity:

  ```
  <!ENTITY passbild SYSTEM "passbild1.jpg" NDATA jpg>
  ```

  Das Schlüsselwort `NDATA` zeigt an, daß für diese Entity eine bestimmte Notation festgelegt wurde. Im XML-Dokument könnte dann folgendermaßen auf das Passbild zugegriffen werden:

  ```
  <Person photo="passbild"> ... </Person>
  ```

  Das Verwenden von Entities in der Attribut-Deklaration erfordert also die folgenden vier Schritte:

  1. Deklarieren einer Notation,
  2. Deklarieren einer Entity, die als Wert für Attribute dienen kann,
  3. Deklarieren eines Attributs vom Typ `ENTITY` und
  4. Erzeugen einer Instanz des betreffenden Element-Typs, in dem das Entity-Attribut mit dem definierten Wert angegeben wird.

- `NMTOKEN, NMTOKENS`
  Der Wert eines Attributes soll nicht als Text, sondern als Symbol (Token) behandelt werden, das im XML-Dokument verwendet werden kann. Zur Veranschaulichung ergänzen wir das Beispiel `Buch` um ein Attribut, das den Zugriff auf bestimmte Bücher regeln soll:

  ```
  <!ATTLIST Buch zugriff NMTOKEN #REQUIRED>

  <Buch zugriff="geheim">...
  ```

  Bücher, die über das Attribut `zugriff` eine Sicherheitsstufe (geheim) erhalten haben, könnten dann z.B. auch nur von Personen zugegriffen werden, die über eine entsprechende Zugriffsberechtigung verfügen:

  ```
  <!ATTLIST Person zugriffsrecht NMTOKEN #REQUIRED>

  <Person zugriffsrecht="geheim">...
  ```

  Der XML-Autor ist jederzeit in der Lage, neue Zugriffsrestriktionen zu definieren, ohne dabei die DTD anpassen zu müssen. Die Überprüfung und Handlungsentscheidung bzgl. eingeführter Attributwerte liegt ausschließlich bei der bearbeitenden Anwendung, die dazu entsprechende Sorgfalt aufwenden muß.
  Einem Element-Attribut können auch mehrere Attributwerte vom Typ Token zugeteilt werden. Zu diesem Zweck wird der Attribut-Typ `NMTOKENS` verwendet:

  ```
  <!ATTLIST Person zugriffsrecht NMTOKENS #REQUIRED>

  <Person zugriffsrecht="geheim topsecret vertraulich">...
  ```

  Die betreffende Person hätte demnach Zugriffsrecht auf alle Bücher, die als geheim, topsecret oder vertraulich eingestuft sind.

- `NOTATION`

  Über sogenannte **Notationen** lassen sich beliebige binäre Datenformate (z.B. Multimedia-Daten) mit einem XML-Dokument verknüpfen. Da der XML-Parser selbst nicht in der Lage ist, beliebige binäre Datenformate zu interpretieren, muß zu einem eingefügten Datentyp stets auch eine Anwendung mit angegeben werden, die die betreffenden Daten verarbeiten kann. Der XML-Parser gibt dann die nicht-interpretierbaren Daten an die dafür vorgesehene Anwendung weiter. Die dazu notwendige Deklaration erfolgt über das Schlüsselwort `NOTATION`, gefolgt von einem festgelegten Bezeichner, der den einzufügenden Datentyp identifiziert. Danach folgt die Angabe der interpretierenden Anwendung für den eingebundenen Datentyp. Dies kann entweder als globaler URI (`SYSTEM`) oder als lokale Referenz (`PUBLIC`) erfolgen.

  ```
  <!NOTATION jpg SYSTEM "xv.exe">
  <!NOTATION gif SYSTEM "xv.exe">
  <!NOTATION png SYSTEM "gimp.exe">...
  ```

  Die Deklaration besagt, daß für jede als Datentyp `jpg` oder `gif` erkannte Notation (`NDATA`) die Anwendung `xv.exe` zur Bearbeitung gestartet wird. Ein Attribut läßt sich folgendermaßen als Notation definieren:

  ```
  <!ATTLIST Photo typ (jpg|png|gif)>

  <Photo typ="png">...
  ```

  Über das Attribut `typ` kann der Autor den Datentyp des Elements `Bild` festlegen.

Ähnlich wie in vielen Programmiersprachen, gestattet XML die Verwendung von **bedingten Deklarationen**. Dazu sind zwei Anweisungen festgelegt, die den XML-Parser darüber informieren, ob ein bestimmter Abschnitt von Deklarationen beachtet werden soll (`INCLUDE`) oder nicht (`IGNORE`). Ein bedingter Abschnitt startet stets mit einem Ausrufezeichen („`!`“), gefolgt von einer sich öffnenden eckigen Klammer („`]`“) und dem Schlüsselwort. Danach folgt ein Block mit bedingten Deklarationen, der ebenfalls von eckigen Klammern umschlossen werden muß, gefolgt von einer den Block abschließenden eckigen Klammer (siehe Abb. 14.8).

```
<![INCLUDE
  [<!ELEMENT BuchEinfach (#PCDATA)>
  <!ATTLIST BuchEinfach
    Titel CDATA #REQUIRED
    id IDREF #REQUIRED>
]]>
<![IGNORE
  [<!ELEMENT BuchIntern (#PCDATA)>
  <!ATTLIST BuchIntern
    isbn ID #REQUIRED
    ausgeliehen CDATA #REQUIRED>
]]>
```

Abb. 14.8. XML-DTDs – Bedingte Deklarationen

Der praktische Nutzen wird klar, wenn die bedingten Anweisungen in Kombination mit Parameter-Entities verwendet werden. Betrachten wir dazu ein XML-Dokument, das im `DOCTYPE`-Abschnitt folgende Entity-Deklarationen mit einbezieht:

```
<!ELEMENT Buch (BuchEinfach|BuchIntern)>
<!ENTITY %Bibliotheksbenutzer "INCLUDE">...
<!ENTITY %Bibliothekspersonal "IGNORE">...
```

Wird nun von diesem XML-Dokument eine externe DTD referenziert, kann in dieser anstelle der direkten Angabe von IGNORE und INCLUDE entsprechend der Vorgabe aus dem XML-Dokument ein Entity-Bezeichner eingesetzt werden (siehe Abb. 14.9). Ein XML-Dokument

```
<![%Bibliotheksbenutzer
  [<!ELEMENT BuchEinfach (#PCDATA)>
  <!ATTLIST BuchEinfach
    Titel CDATA #REQUIRED
    id IDREF #REQUIRED>
]]>
<![%Bibliothekspersonal
  [<!ELEMENT BuchIntern (#PCDATA)>
  <!ATTLIST BuchIntern
    isbn ID #REQUIRED
    ausgeliehen CDATA #REQUIRED>
]]>
```

Abb. 14.9. XML-DTDs – Bedingte Deklarationen und Parameter Entities

für Bibliotheksbenutzer wäre demnach lediglich in der Lage, Elemente vom Typ Bibliotheksbenutzer zu verwenden.
Ein entscheidender Nachteil der DTDs liegt darin, daß sich die verwendete Syntax von der XML-Syntax unterscheidet. DTDs sind stets abgeschlossen, eine Erweiterung ist lediglich sehr eingeschränkt über Parameter-Entities möglich. Daher wurden vom W3C **XML-Schemata** (siehe Abschnitt 14.3.2) vorgeschlagen, die diese Nachteile umgehen. Trotz allem sind DTDs weit verbreitet und selbst zur Grundlage verschiedener Spezifikationen vielfältiger Markup-Sprachen geworden.

Weiterführende Literatur:

T. Bray, J. Paoli, C. M. Sperberg-McQueen: Extensible Markup Language (XML) 1.0, W3C Recommendation 10-February-1998, available at http://www.w3.org/TR/1998/REC-xml-19980210

C. F. Goldfarb, P. Prescod: The XML-Handbook, 2nd. ed., Prentice Hall, Upper Saddle River NJ, USA, 2000.

14.3.2 XML-Schemata

Um die aufgezeigten Nachteile der XML-DTDs wettzumachen, wurde vorgeschlagen, Dokumententyp-Deklarationen für XML-Dokumente mit Hilfe der XML-Syntax zu definieren. Die Gegenüberstellung einer einfachen DTD und des entsprechenden XML-Schemata macht deutlich, wie einfach ein XML-Schema verstanden werden kann (siehe Abb. 14.10).
Wie die Deklaration von XML-Elementen mit Hilfe von XML-Schemata vollzogen werden kann, soll im vorliegenden Abschnitt erläutert werden.

XML-DTD:

```
<!ELEMENT Buch (Titel, Subtitel?, Autor+, isbn, preis)>
<!ELEMENT Titel (#PCDATA)>
<!ELEMENT Subtitel (#PCDATA)>
<!ELEMENT Autor (#PCDATA)>
<!ELEMENT isbn (#PCDATA)>
<!ELEMENT Preis (#PCDATA)>
```

XML-Schema:

```
<Schema ... >
  <element name="Buch">
    <type>
      <element name="Titel" type="string"/>
      <element name="Subtitel" type="string"
        minOccurs="0" maxOccurs="1"/>
      <element name="Autor" type="string" minOccurs="1"/>
      <element name="isbn" type="string"/>
      <element name="preis" type="string"/>
    </type>
  </element>
</Schema>
```

Abb. 14.10. Gegenüberstellung einer einfachen XML-DTD und eines XML-Schemas

Ein XML-Schema ist dabei nichts anderes, als ein spezielles XML-Dokument, das eigene Elemente zur Beschreibung neuer Dokumententypen enthält. Das XML-Dokument mit der Schema-Deklaration enthält das Wurzel-Element `schema`, das alle weiteren Schema-Elemente als Nachfolge-Elemente beinhaltet. Jedes XML-Schema muß mit einer Präambel starten, die optionale Definitionen und Deklarationen zum vorliegenden Dokument enthält. Die Präambel steht im `schema`-Wurzel-Element und verfügt über folgende Attribute:

- `targetNS`: spezifiziert den Namensraum und den URI des verwendeten Schemas
- `version`: Versionsnummer des Schemas
- `xmlns`: Namensraum der XML-Schemata-Spezifikation

Grundlegender Bestandteil eines XML-Schemas sind sogenannte **Typen**. Während einfache Datentypen über **elementare Typdefinitionen** spezifiziert werden, werden Elemente und Attribute eines XML-Dokuments innerhalb einer komplexen Typdefinition (`<type>`) wie in Abb. 14.10 gezeigt vorgenommen. Ein elementarer Datentyp, wie z.B. `KleineZahlen`, wird wie folgt deklariert:

```
<datatype name="KleineZahlen" source="integer"/>
  <!minExclusive value= "0"/>
  <!maxExclusive value= "12"/>
</datatype>
```

Dabei wird ein neuer Datentyp `KleineZahlen` definiert, der auf dem Grundtyp `integer`, also ganze Zahlen, beruht und dessen Wertebereich zwischen `0` und `12` liegt. Der Datentyp, auf dem der in der elementaren Typdefinition deklarierte Typ basiert, wird als **primitiver Datentyp** bezeichnet. In Tabelle 14.4 sind die verfügbaren primitiven Datentypen zusammengestellt.

Tabelle 14.4. Primitive Datentypen für XML-Schemata

Datentyp	Bedeutung
`string`	endliche Folge von Unicode-Zeichen
`boolean`	die booleschen Werte (`true`, `false`)
`float`	32 Bit Fließkommazahl mit einfacher Genauigkeit
`double`	64 Bit Fließkommazahl mit doppelter Genauigkeit
`decimal`	Fließkommazahl in Dezimaldarstellung
`timeInstant`	String, der eine Zeitangabe der Form jjjj-mm-ttt hh:mm:ss.ssss beinhaltet, gefolgt von einem Z, das eine Zeitangabe in Coordinated Universal Time beschreibt bzw. der Zeitdifferenz der aktuellen Zeitzone als +/-mhh:mm
`timeDuration`	String, der eine Zeitdauer beschreibt. Der String startet mit einem P, dem ein Vorzeichen vorangestellt wird, worauf sich jeweils numerische Werte und Bezeichner für die Zeitintervalle (Y=Jahr, M=Monat, D=Tag, H=Stunden, M=Minuten und S=Sekunden) anschließen, z.B. beschreibt `+P3Y2M13DT12H0M0S` eine positive Zeitdifferenz von 3 Jahren, 2 Monaten, 13 Tagen und 12 Stunden.
`recurringInstant`	definiert einen periodisch wiederkehrenden Zeitpunkt und folgt dem Format von `instantTime`. Ausgelassene Details müssen durch Bindestriche („-“) ergänzt werden.
`binary`	Binärdaten beliebiger Länge
`uri`	URI

Aus den primitiven Datentypen lassen sich generierte Datentypen und benutzerdefinierte Datentypen zusammensetzen. Der primitive Datentyp, auf den dabei aufgebaut wird, heißt **Basistyp**. So lassen sich z.B. aus dem Basistyp `decimal` generierte Typen wie `integer`, `positive-integer` oder `non-positive-integer` durch Restriktion des Definitionsbereichs ableiten. Die Definition von Element-Attributen erfolgt über das <`attribute`>-Tag. Neben einer Typangabe für das betreffende Attribut kann ebenfalls die Kardinalität des Attributs über die Parameter `minOccurs` und `maxOccurs` festgelegt werden, die angeben, wie oft ein Attribut vorkommen darf. Vorgabewerte können über das Schlüsselwort `default` angegeben werden, die Bedeutung der Schlüsselworte `fixed` und `implied` ist analog zur XML-DTD. Beispiel:

```
<attribut name="persnr"type=" integer" default="0"/>
```

Um ein XML-Element deklarieren zu können, muß die Möglichkeit bestehen, das Inhaltsmodell des Elements zu beschreiben. XML-Schemata erlauben dabei eine differenziertere Beschreibung von XML-Elementen, als dies mit DTDs möglich ist. Das Attribut `content` legt die Art des Inhalts des Dokuments fest:

- `content=unconstrained`: Inhalt beliebiger Art
- `content=empty`: leeres Element
- `content=mixed`: Subelemente und Character Data

Zur Deklaration eines Elements dient das `<element>`-Tag, dem über das Attribut `name` ein Name zugewiesen wird. Einfache Elemente bestehen lediglich aus einer Referenz auf den Datentyp des Elements und einer Reihe von Attribut-Deklarationen. Beispiel:

```
<element name="Rezept" type="string"/>
<element name="Gewicht" type="float"/>
```

Die Möglichkeit, eine feste Reihenfolge (Sequenz) oder eine Auswahl zwischen verschiedenen Sub-Elementen als Bestandteil einer Element-Deklaration zu schaffen, bietet ein spezielles Konstrukt, der sogenannte **Compositor**. Der Compositor kommt stets in einem `<group>`-Tag unter dem Attribut `order` zur Anwendung. Man unterscheidet dabei:

- `order=seq`: definiert eine Sequenz von Sub-Elementen und entspricht den Kommata in DTDs,
- `order=Choice`: nur genau eines der angegebenen Subelemente darf ausgewählt werden (entspricht dem „|" in der DTD).

Beispiele für die beiden Compositoren sind in Abb. 14.11 zusammen mit ihrem DTD-Äquivalent dargestellt.
Das `<group>`-Tag kann auch zur Referenzierung und Wiederverwendung von Elementen oder Attributen in der Deklaration von Elementen verwendet werden. Dazu wird eine Gruppe von Elementen oder Attributen deklariert, die mit einem Namen (`name`) versehen wird, über den diese an späterer Stelle referenziert werden kann (siehe Abb. 14.12).
Das Schlüsselwort `any` kann in einer Deklaration als Repräsentant für beliebige Konstrukte stehen, solange diese den folgenden Regeln entsprechen:

- beliebige wohlgeformte XML-Konstrukte,
- beliebige wohlgeformte Element-Konstrukte, die einem anderen Namensraum angehören müssen als dem, in dem das `any`-Element gesetzt wurde,
- beliebige wohlgeformte Element-Konstrukte, die aus einem bestimmten, vorgegebenen Namesraum stammen,
- beliebige wohlgeformte Element-Konstrukte, die dem aktuell verwendeten Namesraum entstammen.

Soll ein beliebiges Attribut über `any` angegeben werden, so erfolgt dies über das Schlüsselwort `anyAttribute`. Abbildung 14.13 zeigt eine Element-Deklaration, die ein beliebiges Attribut aus dem angegebenen Namensraum enthalten darf.

Sequenz:

```
<element name="Obst"/>
  <type>
    <group order="seq">
      <element type="Apfel"/>
      <element type="Birne"/>
      <element type="Melone"/>
    </group>
  </type>
</element>
```

```
<!ELEMENT Obst (Apfel, Birne, Melone)>
```

Selektor:

```
<element name="Heißgetränk"/>
  <type>
    <group order="Choice">
      <element type="Tee"/>
      <element type="Kaffee"/>
    </group>
  </type>
</element>
```

```
<!ELEMENT Heißgetränk (Tee|Kaffee)>
```

Abb. 14.11. XML-Schemata - Elemente-Definition mit Compositoren

Sequenz:

```
<group name="Belag" order="Choice">
  <element type="Erdbeeren"/>
  <element type="Himbeeren"/>
  <element type="Brombeeren"/>
</group>

<element name="Obstkuchen"/>
  <type>
    <group ref="Belag"/>
    <attribute name="durchmesser" type="integer"/>
  </type>
</element>
```

Abb. 14.12. XML-Schemata - Wiederverwendung von Modellgruppen

```
<element name="Obstkuchen"/>
  <type>
    <element name="Belag"type="Obst"/>
    <anyAttribute namespace="http://www.test.de/XMLSchema"/>
  </type>
</element>
```

Abb. 14.13. XML-Schemata - Verwendung beliebiger Repräsentanten von Elementen oder Attributen

Im Gegensatz zu DTDs bieten XML-Schemata die Möglichkeit, bestehende Deklarationen zu erweitern oder auch einzuschränken. Zu diesem Zweck wird das Attribut derivedBy verwendet. Von einer Erweiterung eines Typs spricht man, wenn einer bestehenden Deklaration neue Eigenschaften hinzugefügt werden. Das Beispiel in Abb. 14.14 zeigt, wie aus der Typ-Deklaration des Elements obstkuchen ein neuer Typ obsttorte abgeleitet wird, der ein zusätzliches Sub-Element glassur zusammen mit den aus obstkuchen stammenden Sub-Elementen enthält. Daß sich der neue Typ obsttorte auf den Typ obstkuchen bezieht, wird durch das Attribut source kenntlich gemacht, das als Wert den Namen des grundlegenden Typs enthalten muß. Die Erweiterung des bestehenden Typs wird schließlich durch das Attribut derivedBy angegeben, dem der Wert extension zugewiesen wird.

```
<type name="obstkuchen">
  <element name="Belag" type="Obst"/>
  <attribut durchmesser type="float"/>
</type>

<type name="obsttorte" source="obstkuchen" derivedBy="extension">
  <element name="glassur" type="string"/>
</type>
```

Abb. 14.14. XML-Schemata - Ableiten von Typdefinitionen durch Erweiterung

Soll ein Typ eingeschränkt werden, so erfolgt dies in identischer Weise, unter Angabe der Sub-Elemente, auf die der ursprüngliche Typ eingeschränkt werden soll und der Wertzuweisung derivedBy="restriction".
Eine weitere Besonderheit der XML-Schemata, die diese gegenüber den DTDs auszeichnet, ist die Möglichkeit, Schemata miteinander zu kombinieren. Die **Komposition** von Schemata kann dabei über die beiden Elemente <import> und <include> erfolgen.

- <import>
  Dient der Einbindung eines Schemas aus einem alternativen Namensraum. Über das Attribut namespace erfolgt die Angabe des betreffenden Namensraums und schemaLocation gibt den URI des verwendeten XML-Schemas an.
- <include>
  Die Einbindung eines externen XML-Schematas über <include> erfordert die Angabe des Attributs schemaLocation, das den URI des betreffenden Schemas angibt. Beide Schemata, das eingebundene sowie das eigene müssen über einen identischen Attributwert targetNamespace verfügen.

Kommentare können in XML-Schemata über das Element <annotation> spezifiziert werden. Dabei kann das Element <annotation> selbst zwei verschiedene Subelemente beinhalten:

- <`info`>: für menschliche Leser,
- <`appinfo`>: für Anwendungen, die das XML-Schema interpretieren.

14.3.3 XML Information Set

Ein XML-Dokument kann man als ein aus vielen verschiedenen Bestandteilen – unterschieden nach ihrer Semantik – zusammengesetztes Konstrukt begreifen. Die Bestandteile, oder besser **Objekte**, sind miteinander verknüpft und erlauben die Anwendung verschiedener Mechanismen zur Navigation, Verknüpfung und Suche in einzelnen Dokumenten oder in Dokument-übergreifenden Suchräumen. Das W3C hat die einzelnen Bestandteile, die ein wohlgeformtes XML-Dokument ausmachen, im sogenannten **XML Information Set**, oder kurz **Infoset**, zusammengefaßt und beschrieben. Die einzelnen Objekttypen des Infoset werden als **Informationstypen** bezeichnet. Ein Parser, der ein XML-Dokument interpretiert, muß über die Spezifikation der Informationstypen verfügen, um alle angegebenen Informationen semantisch korrekt interpretieren zu können.
Insgesamt enthält das XML-Infoset 15 verschiedene Informationstypen:

- **Dokument-Informationstyp**
  Jedes wohlgeformte XML-Dokument muß stets genau eine Instanz des Dokument-Informationstyps enthalten. Diese Instanz beinhaltet alle Informationen über das gesamte Dokument:
  - Eine Liste (`children`) der Instanzen der Kind-Elemente in der Reihenfolge ihres Auftretens im Original-Dokument. Diese Liste muß mindestens aus einer Instanz des Element-Informationstyps bestehen. Zusätzlich muß diese Liste Informationen über alle Verarbeitungsanweisungen enthalten, die außenhalb des Wurzel-Elements eines Dokuments vereinbart wurden. Darüberhinaus kann die Liste auch noch Informationen über optionale Informationstypen, wie z.B. Kommentare oder Dokumenttyp-Deklarationen enthalten.
  - Für alle im Dokument definierten Notationen muß eine Instanz des Notations-Informationstyps in einer ungeordneten Liste (`notations`) angegeben werden.
  - Für alle nicht vom Parser zu interpretierenden Entities muß eine Instanz des Entity-Informationstyps in einer ungeordneten Liste angegeben werden (`unparsed entites`).
  - Optionale Angabe eines URI (`base uri`) für das vorliegende Dokument.
- **Element-Informationstyp**
  Für jedes Element eines XML-Dokuments muß eine Instanz des Element-Informationstyps vorhanden sein, der folgende Informationen umfassen kann:
  - Für alle Elemente, Verarbeitungsanweisungen, Referenzen auf ausgelassene Entites und Zeichen müssen die entsprechenden Informationstypen in der Reihenfolge, in der diese im XML-Dokument auftreten, in Form

einer geordneten Liste (`children`) angegeben werden. Optional können ebenfalls Informationen über Kommentare, Start- und Endemarkierungen von Entites und CDATA-Blöcken mit angegeben werden.
- Für jedes Attribut eines Elements muß eine Instanz des Attribut-Informationstyps in Form einer ungeordneten Liste (`attributes`) angegeben werden. Das betrifft ebenfalls Defaultwerte für Attribute oder Namensraum-Deklarationen, falls ein Namensraum-Attribut für das Element angegeben wurde.
- Der URI-Teil des Element-Namens (`prefix`), wie der Parser des XML-Dokuments ihn zurückliefert. Ist kein Namensraum angegeben, wird diese Information ausgelassen.
- Der lokale Teil des Elementnamens (`local name`).
- Namensraum-Deklarationen, die das Element betreffen, müssen in einer eigenen, ungeordneten Liste von Referenzen auf Namensraum-Deklaration-Informationstypen angegeben werden (`namespace attributes`), sowie eine ungeordnete Liste mit Referenzen auf Namensraum-Deklarationen, die im Geltungsbereich des Elements selbst liegen (`inscope namespace`).

  Das folgende Beispiel für eine Element-Deklaration unter der Verwendung von Namensräumen zeigt, welche Information der Parser daraus gewinnen kann:

```
<Obstkuchen xmlns:oma="http://www.oma.de/Rezepte">
   <Belag>
      ...
   </Belag>
</Obstkuchen>
```

  Ein Parser, der Namensräume korrekt interpretieren kann, legt für das im Beispiel angegebene Element `<Belag>` folgende Eigenschaften fest:

```
uri = http://www.oma.de/Rezepte
local name = Belag
```

  Kann der Parser keine Namensräume interpretieren, zieht er folgende Information aus der Deklaration:

```
uri = (null)
lokal name = oma:Belag
```

- **Attribut-Informationstyp**

  Für jedes Attribut sämtlicher Elemente eines XML-Dokuments muß ein Attribut-Informationstyp vorliegen. Verfügt ein Parser über die Fähigkeit, Namensräume korrekt interpretieren zu können, tauchen die Attribute zur Deklaration von Namensräumen nicht in der Liste aller Attribute auf. Der Attribut-Informationstyp beinhaltet folgende Informationen:
  - URI-Teil des Attributnamens (`prefix`, entspricht dem des Elementnamens) dessen Wert davon abhängt, ob der Parser Namensräume interpretieren kann.
  - Der lokale Teil des Attributnamens (`local name`, analog zum Elementnamen).

– Für jedes Zeichen, das im Attributwert auftaucht, muß eine geordnete Liste von Instanzen des Zeichen-Informationstyps angegeben werden. Optional können Informationen zu Start- und Endemarkierungen von Entities für jede Entity-Referenz (`references`) des Attributwertes enthalten sein.
– Ein optionales Flag, das angibt, ob der aktuelle Attributwert explizit vom Nutzer gesetzt wurde, oder ob es sich um einen Vorgabewert handelt. Dazu kann auch der Vorgabewert aus der zugehörigen DTD bzw. XML-Schema angegeben werden.
– Optional kann die Attributliste den zugehörigen Attributtyp beinhalten.

- **Verarbeitungsanweisungs-Informationstyp**
  Ebenfalls für jede Verarbeitungsanweisung eines XML-Dokuments muß eine Instanz des Verarbeitungsanweisungs-Informationstyp mit folgenden Informationen angelegt werden:
  – Das Zielobjekt (`target`) der Verarbeitungsanweisung. Dabei handelt es sich um die erste Zeichenkette nach Start der Verarbeitungsanweisung (`<?...`).
  – Der Inhalt der Verarbeitungsanweisung (`content`). Dabei handelt es sich um den restlichen Inhalt des Tags bis hin zur Endemarkierung (`...?>`).
  – Optionale Angabe des URI der Verarbeitungsanweisung. Wird die Verarbeitungsanweisung innerhalb des vorliegenden Dokuments definiert, wird der URI des Dokuments verwendet.
- **Zeichen-Informationstyp**
  Für jedes Zeichen in einem XML-Dokument, das nicht zu einem Markup-Bezeichner gehört, muß eine Instanz eines Zeichen-Informationstyps angelegt werden. Da dies für lange Texte zu aufwendig ist, werden in der Praxis einzelne Zeichen zu Zeichenketten zusammengefaßt. Der Zeichen-Informationstyp beinhaltet folgende Informationen:
  – ISO 10646 Zeichencode (`character code`) des Zeichens (Unicode).
  – Validierende Parser benötigen die Angabe eines Flags, um zu erkennen, ob es sich bei dem betreffenden Zeichen um eine Leerstelle innerhalb des Textes handelt (`element content whitespace`).
  – Optional kann angegeben werden, ob das Zeichen als Teil einer Entity-Referenz in das XML-Dokument eingefügt wurde.
- **Referenz auf Instanzen ausgelassener Entities**
  Ein nicht validierender Parser kann nicht alle Entity-Referenzen in einem XML-Dokument auflösen. Dies kann der Fall sein, wenn eine Entity-Referenz aus irgendeinem Grunde nicht verfügbar ist, bzw. der Parser nicht in der Lage ist, Entity-Referenzen aufzulösen. Deshalb muß für diese muß jeweils ein entsprechender Informationstyp angegeben werden, der folgende Informationen enthält:
  – Der Name der referenzierten Entities.
  – Optionale Informationen über externe, nicht expandierte Entities, deren Deklaration vom Parser gelesen wurde.

- **Kommentar-Informationstyp**
  Für jeden Kommentar im XML-Dokument muß ein Kommentar-Informationstyp angegeben werden. Dieser stellt lediglich den Inhalt (`content`) des Kommentars zur Verfügung.
- **Dokumenttyp-Deklaration-Informationstyp**
  Enthält ein XML-Dokument die Angabe einer Dokumenttyp-Deklaration, so muß ein entsprechender Informationstyp angegeben werden, der folgende Information bereitstellt:
  - Die Referenz auf einen Entity-Informationstyp für die externe Teilmenge der DTD.
  - Alle Instanzen von Kommentar-Informationstypen und Verarbeitungsanweisungs-Informationstypen müssen in einer geordneten Liste angegeben werden.
- **Entity-Informationstyp**
  Alle nicht ausgelassenen externen Entities eines XML-Dokuments müssen über einen Entity-Informationstyp angegeben werden, der die folgenden Informationen beinhaltet:
  - Angabe zu Typ und Name der Entities.
  - System-Identifier und Public-Identifier (URI) der Entities. Für interne Entities bleibt dieser Wert leer.
  - Eine Referenz auf den mit der Entity verbundenen Notations-Informationstyp, falls die Entity vom Parser nicht interpretiert wird. Sonst bleibt dieser Wert leer.
  - Der Basis-URI (`base uri`) der Entity (ebenfalls leer für internes Entity).
  - Optional kann der Name des verwendeten Zeichensatzes angegeben werden.
- **Notations-Informationstyp**
  Für jede Instanz einer Notation innerhalb eines XML-Dokuments muß ein entsprechender Notations-Informationstyp angegeben werden, der folgende Informationen beinhaltet:
  - Name der Notation (`name`).
  - System-Identifier der Notation. Wurde im XML-Dokument kein System-Identifier angegeben, bleibt dieser Wert leer.
  - Public-Identifier der Notation. Wurde im XML-Dokument kein Public-Identifier angegeben, bleibt dieser Wert leer.
  - Der Basis-URI (`base uri`) der Notation.
- **Informationstypen für Anfangs- und Endemarkierungen von Entites**
  Der Ersatztext für eine interpretierte Entity wird von einer Start- und Endemarkierung umschlossen, für die jeweils ein entsprechender Informationstyp angegeben werden muß. Dies gilt nicht für Parameter Entities. Der Informationstyp enthält lediglich eine Referenz auf die Instanz des Entity-Informationstyps der zum eingefügten Text gehört.

- **Informationstypen für Anfangs- und Endemarkierungen von CDATA-Blocks**
  Analog zu den Start- und Endemarkierungen für Entities existieren entsprechende Markierungen für CDATA-Blöcken, die allerdings keine weitere Information beinhalten.
- **Namensraum-Deklaration-Informationstyp**
  Auch für jede Deklaration eines Namensraums innerhalb eines Elements muß ein zugehöriger Informationstyp angegeben werden, der folgende Informationen bereitstellt:
  – Name des deklarierten Namensraums (`prefix`) und
  – absoluter URI des deklarierten Namensraums (`namespace name`).

Der XML-Parser verwendet die Informationstypen des XML Information Sets, um daraus einen Dokumentenbaum für das interpretierte XML-Dokument zu erstellen. Abb. 14.15 zeigt ein einfaches Beispiel der Deklaration einer XML-Element-Instanz, deren zugehöriger, vom Parser erzeugter Dokumentenbaum in Abb. 14.16 dargestellt ist.

```
<Rezept>
  <Kuchen grad="einfach">
    <name> Erdbeerkuchen </name>
    <belag> Erdbeeren </belag>
    <glasur> rot </glasur>
    <boden> Bisquit </boden>
    <zubereitung>
      <schritt order="1"> Erdbeeren waschen </schritt 1>
      <schritt order="2"> Erdbeeren auf Boden verteilen </schritt 2>
      <schritt order="3"> Glasur über Erdbeeren gießen </schritt 3>
    </zubereitung>
    <autor> Oma </autor>
  </Kuchen>
</Rezept>
```

Abb. 14.15. Beispiel einer XML-Element-Instanz

Exkurs 33: XML Hyperlinks – XLink, XPointer und XPath

Unserem bisherigen Kenntnisstand entsprechend, dient ein XML-Dokument der strukturierten Darstellung von Informationen. Soll XML allerdings innerhalb eines Hypermedia-Systems, wie etwa dem WWW eingesetzt werden, werden noch Konstrukte und Mechanismen gebraucht, die dafür sorgen, daß einzelne Informationsressourcen miteinander verknüpft werden können. Da das aus HTML bekannte Hyperlink-Element <A> als zu beschränkt angesehen wurde, sind für XML zwei eigenständige Sprachstandards entwickelt worden, mit denen die Verknüpfungen zwischen Informationsressourcen ausgedrückt werden können: **XML Linking Language (XLink)** und **XML Pointer Language (XPointer)**.

Nachteile des HTML-Linking-Konzepts
Zunächst sollen HTML-Hyperlinks noch einmal kurz summarisch charakterisiert und auf deren Unzulänglichkeiten hingewiesen werden.

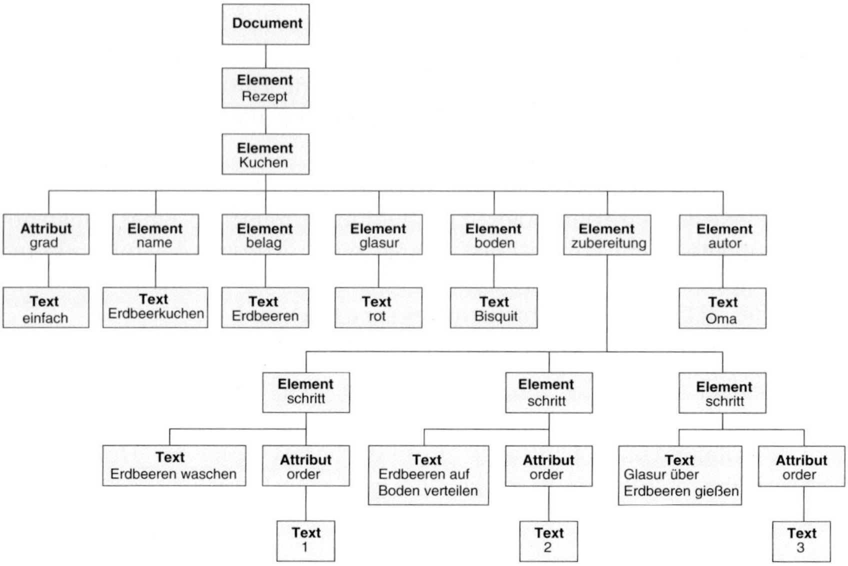

Abb. 14.16. Zur Deklaration in Abb. 14.15 erzeugter Dokumentenbaum

- Über das HTML-Tag <A> läßt sich ein Anker festlegen, der als Startpunkt eines Hyperlinks dienen kann und gleichzeitig auf ein internes oder externes Sprungziel verweist, das über einen URI referenziert wird.
- Ein HTML-Hyperlink verknüpft jeweils nur zwei Informationsressourcen miteinander: das Dokument, das den Hyperlink enthält, und die Informationsressource, die vermittels des Hyperlinks angegeben wird.
- Ein HTML-Hyperlink ist stets **unidirektional**, d.h. er zeigt stets nur vom Dokument, das den Hyperlink enthält, auf die durch den URI bezeichnete Ressource.
- Ein HTML-Hyperlink ist Bestandteil des HTML-Dokuments, das den Ausgangspunkt der Verknüpfung darstellt.
- Die Darstellung des Hyperlinks hängt ausschließlich von der Anwendung ab, die zur Darstellung des HTML-Dokuments verwendet wird. Der Hyperlink selbst hat keine Möglichkeit, auf seine Darstellung im Browser Einfluß zu nehmen.

XML Linking Language – XLink

Um Hyperlinks gemäß der XLink-Spezifikation in XML-Dokumenten nutzen zu können, muß der Namensraum mit der XLink-Spezifikation des W3C in das XML-Dokument mit eingebunden werden. Die aktuell gültige Spezifikation stammt vom Dezember 1999 und ist unter der URL

```
http://www.w3.org/1999/xlink/namespace/
```

verfügbar. Die Einbindung des Namensraums in ein XML-Element kann folgendermaßen geschehen:

```
<myElement xmlns:xlink="http://www.w3.org/1999/xlink">
...
</myElement>
```

XLink-Attribute können jetzt mit dem Präfix `xlink` verwendet werden um sie von anderen Attributen, die einem XML-Element zugeordnet sind, zu unterscheiden. Allerdings müssen die verwendeten Attribute in der DTD des XML-Dokuments ebenfalls deklariert werden. Gegenüber dem HTML-Hyperlink bietet XLink vielfältige Erweiterungen des Link-Konzepts. Prinzipiell wird dabei zwischen **einfachen Hyperlinks** (**Simple Links**) und **erweiterten Hyperlinks** (**Extended Links**) unterschieden. Während einfache Links weitgehend die Funktionalität der bekannten HTML-Hyperlinks bieten, stellen erweiterte Links neue Funktionalität zur Verfügung.

Einfache Links (Simple Links)

Einfache XML-Links sind HTML-Hyperlinks (<`A HREF=...`>) sehr ähnlich. Sie sind stets unidirektional und spiegeln eine 1:1-Beziehung zwischen zwei Ressourcen bzw. zwischen zwei Ankerpunkten innerhalb einer Ressource wieder (siehe Abb. 14.17). Ein einfacher Hyperlink verfügt daher stets über einen **Startpunkt** (Starting Resource), der innerhalb des Dokuments liegt, das den Hyperlink enthält, und zeigt auf einen ganz bestimmten **Zielpunkt** (Ending Resource), der die mit dem Quelldokument verbundene Ressource identifiziert.

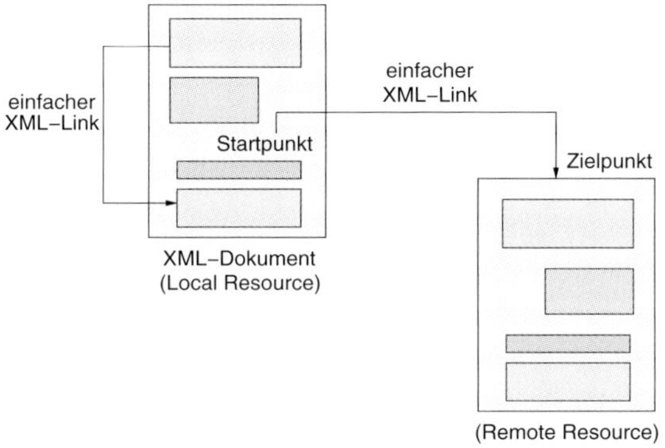

Abb. 14.17. XLink – einfacher Hyperlink

XLink sieht für einfache Links folgende Attribute vor:

- `xlink:typ`
  Für einen einfachen Hyperlink muß der Wert dieses Attribut stets `simple` lauten. Für den Fall, daß ein Link-Element für einen einfachen Hyperlink deklariert wird, muß der Name des Elements `xlink:simple` sein.
- `xlink:href`
  Gibt den Ziel-URI an.
- `xlink:role`
  Der Wert dieses Attributs beschreibt die Funktion des durch den Hyperlink angesprochenen Inhalts. Die W3C-Spezifikation sagt nichts über die Funktion des Attributs aus, aber verschiedene Implementationen nutzen dieses Attribut zur Steuerung der Darstellung im Browser. In der Regel wird hier ein URI angegeben, der auf die Beschreibung des Inhalts verweist.
- `xlink:title`
  Bietet textuelle Beschreibung des Inhalts der Zielressource zur Information des Nutzers.
- `xlink:show`
  Die Darstellung des Inhalts der durch den Hyperlink referenzierten Zielressource wird durch den Wert dieses Attributs gesteuert. Folgende Attributwerte sind vorgesehen:

  - `new`: Der Inhalt der Zielressource wird in einem neuen Kontext dargestellt, d.h. ein darstellender Browser öffnet ein neues Fenster.
  - `replace`: Der Inhalt der Zielressource ersetzt den Inhalt des aktuellen Kontextes, d.h. der Inhalt des Browserfensters wird überschrieben.
  - `embedded`: Der Inhalt der Zielressource wird an der Stelle des Hyperlinks im aktuellen Kontext eingesetzt.
- `xlink:actuate`
  Über dieses Attribut wird gesteuert, wann ein Hyperlink aktiv werden soll. Dabei sind zwei Attributwerte möglich:
  - `onRequest`: Der Hyperlink wird erst nach einer entsprechenden Aktion des Nutzers aktiviert, d.h. daß der Nutzer diesen z.B. mit einem Mausklick aktivieren muß, wie bei HTML-Dokumenten.
  - `onLoad`: Der Hyperlink wird automatisch beim Laden des Ursprungsdokuments aktiviert. Die Verwendung dieses Attributwertes bietet sich in Verbindung mit der Attributwertkombination `xlink:show=embedded` an.

Ein Beispiel für einen einfachen XML-Hyperlink ist in Abb. 14.18 dargestellt. Dort wird ein Hyperlink mit dem Titel `Veröffentlichungen` deklariert, der durch einen Mausklick des Nutzers aktiviert werden kann und daraufhin in einem neuen Browserfenster dargestellt werden soll.

```
< Publications xmlns:xlink="http://www.w3.org/1999/xlink/namespace/"
  xlink:href="publications.xml"
  xlink:role="http://www.bsp.de/bibliography"
  xlink:title="Veröffentlichungen"
  xlink:show="new"
  xlink:actuate="onRequest"
/>
```

Abb. 14.18. Beispiel eines einfachen XML-Hyperlinks

Erweiterte Links (Extended Links)
Erweiterte Hyperlinks versetzen den Anwender in die Lage, Hyperlinks auch außerhalb des Quelldokuments (Local Resource) zu spezifizieren (**Out-of-Line Link**). Durch diese Trennung bleibt den beiden über das Hyperlink miteinander verbundenen Ressourcen ein gewisser Grad von Unabhängigkeit. Sollte sich z.B. der URI der Zielressource (Remote Resource) ändern, bleibt das Quelldokument (unter Umständen eine Vielzahl von Quelldokumenten) davon völlig unberührt. Lediglich der außerhalb des Quelldokuments stehende Hyperlink muß angepaßt werden.
Ein erweiterter XML-Hyperlink wird über die Attribut/Wert-Zuweisung `xlink:type= "extended"` gekennzeichnet. Die Link-Attribute `xlink:role` und `xlink:title` haben im erweiterten Link dieselbe Funktion wie beim einfachen Hyperlink. Ein erweiterter Hyperlink kann durchaus mit vielen verschiedenen `xlink:title`-Attributen ausgestattet werden, z.B. wenn der Titel des Hyperlinks in verschiedenen Sprachen angegeben werden soll.
Zur Erweiterung der Funktionalität des einfachen Hyperlinks sieht XLink zusätzlich die folgenden Elemente vor:

- `xlink:locator`
  Als Kind-Element eines Link-Elements beschreibt `xlink:locator` die Position einer der Zielressourcen eines erweiterten Hyperlinks. Es handelt sich dabei allerdings nicht um

einen vollständigen Link, sondern lediglich um die Beschreibung der beteiligten Positionen. Um einen Hyperlink vollständig beschreiben zu können, ist zusätzlich die Angabe von `xlink:arc` notwendig.
`xlink:locator` kann selbst folgende Attribute beinhalten:
- `href`: URI der beschriebenen Zielressource,
- `role`: steuerungstechnische Beschreibung des Hyperlinks,
- `title`: Titel des Links.

• `xlink:arc`
Ebenfalls ein Kind-Element des Link-Elements definiert dieses Element die Verbindung zweier Positionen innerhalb eines erweiterten Hyperlinks. Dabei enthält `xlink:arc` sowohl Information darüber, von welcher Ressource eine Verbindung zu einer Zielressource vorliegt, wie diese dargestellt werden soll, und auf welche Weise sie aktiviert werden kann. Folgende Attribute können dabei angegeben werden:
  - `from`: Über diesen Attributwert kann der Startpunkt eines Hyperlinks spezifiziert werden, indem eine Instanz der Elemente `xlink:locator` bzw. `xlink:resource` über das Attribut `role` miteinander verknüpft werden. Auf diese Weise kann der Hyperlink außerhalb des eigentlichen Quelldokuments liegen (**Out-of-Line Link**) und in einer eigenen Hyperlink-Datenbank verwaltet werden.
  - `to`: Ebenso wie für das Attribut `from` wird über `to` der Endpunkt eines Hyperlinks spezifiziert. Dies erfolgt über die Angabe des Wertes des `role`-Attributs der betreffenden `xlink:locator` oder `xlink:resource` Elemente, die den erweiterten Hyperlink beschreiben. Durch Wiederholung des Attributs `to` kann ein Hyperlink spezifiziert werden, der auf mehr als nur eine einzige Ressource zeigt und damit eine 1:n-Beziehung zwischen den beteiligten Ressourcen darstellt. Eine derartige Verknüpfung ist in Abb. 14.19 dargestellt. Das angegebene Beispiel installiert einen erweiterten Hyperlink, der die Beziehungsverhältnisse der Bestandteile einer Pizza beschreibt. Diese besteht aus den Basiskomponenten (Hefeteig, Tomaten und Käse) und den speziellen Belagkomponenten (Thunfisch, Oliven, Basilikum). Abb. 14.20 veranschaulicht diese n:m-Beziehung zwischen den beteiligten Ressourcen.

• `xlink:resource`
Analog zum XLink-Element `xlink:locator` dient dieses Element zur Definition einer lokalen Position einer an einem erweiterten Hyperlink beteiligten Ressource. Im Unterschied zu `xlink:locator`, das eine externe Position beschreibt, bezeichnet `xlink:resource` eine lokale Position und verfügt daher auch nicht über das Attribut `href` zur Angabe eines URI. Lediglich zwei Attribute sind für `xlink:resource` vorgesehen:
- `role`: steuerungstechnische Beschreibung der bezeichneten Ressource,
- `title`: Titel der beschriebenen Ressource.

Um einen erweiterten Hyperlink als Out-of-Line Link außerhalb des Quelldokuments zu plazieren, muß bei der Deklaration des Links im Quelldokument ein entsprechender Verweis auf den Out-of-Line Link enthalten sein. Dies wird dadurch erreicht, daß dem Attribut `xlink:role` der Wert `xlink:external-linkset` zugewiesen wird. Alle Kind-Elemente eines derart gekennzeichneten erweiterten Hyperlinks stellen dann externe XML-Dokumente dar, die entsprechende Link-Informationen bereithalten (siehe Abb. 14.21).
Werden Out-of-Line Hyperlinks in einer **Linkbase**, also einer Linksammlung zusammengestellt, kann diese die Verwaltung von XML-Dokumenten wesentlich vereinfachen. Eine Anwendung, die ein XML-Dokument verarbeitet, das über eine Attributzuweisung `role=xlink:external-linkset` verfügt, wertet die angegebene Linkbase zuerst nach externen Links aus, die die aktuelle Ressource als Start- bzw. Endpunkt besitzen, und verarbeitet das Quelldokument, als wären die externen Informationen über die Hyperlinks direkt in diesem enthalten. Das Einfügen zusätzlicher Hyperlinks oder die Änderung bereits vorhandener Hyperlinks beschränkt sich in diesem Fall lediglich auf die Linkbase. Das Quelldokument bleibt davon völlig unberührt, d.h. derartige Modifikationen können selbst dann getroffen

```
<xlink:extended xmlns:xlink="http://www.w3.org/1999/xlink/namespace/"
  xlink:role="http://www.pizza.de/pizzaworld"
  xlink:title="Pizza Tonno">
  <xlink:locator href="Pizzaboden.xml"
    role="http://www.pizza.de/basis"
    title="Pizzaboden"/>
  <xlink:locator href="Tomaten.xml"
    role="http://www.pizza.de/basis"
    title="Tomaten"/>
  <xlink:locator href="Käse.xml"
    role="http://www.pizza.de/basis"
    title="Käse"/>
  <xlink:locator href="Thunfisch.xml"
    role="http://www.pizza.de/spezial"
    title="Thunfisch"/>
  <xlink:locator href="Basilikum.xml"
    role="http://www.pizza.de/spezial"
    title="Basilikum"/>
  <xlink:locator href="Oliven.xml"
    role="http://www.pizza.de/spezial"
    title="Oliven"/>
  <xlink:arc from="http://www.pizza.de/basis"
    to="http://www.pizza.de/spezial"
    show="new"
    actuate="onRequest"/>
</xlink:extended>
```

Abb. 14.19. Beispiel eines erweiterten XML-Hyperlinks

werden, wenn der Anwender keine Schreibberechtigung auf das Quelldokument besitzt. Ein einfaches Beispiel für die Verwendung eines Out-of-Line Hyperlinks für diesen Fall ist in Abb. 14.22 dargestellt.

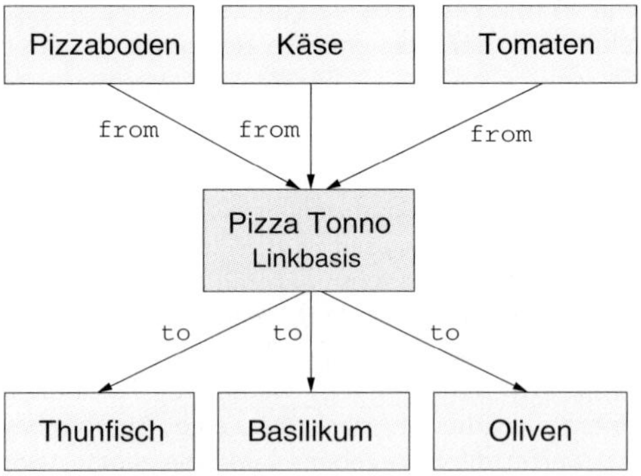

Abb. 14.20. Beziehungsgeflecht der durch ein `xlink:arc`-Element miteinander verbundenen Ressourcen

```
<xlink:extended xmlns:xlink="http://www.w3.org/1999/xlink/namespace/"
  xlink:role="xlink:external-linkset"
  <xlink:locator
    href="http://www.beispiel.de/Linksammlung.xml"
    role="http://www.beispiel.de/Linkbeschreibung"
    title="Sammlung externer Links"
  />
</xlink:extended>
```

Abb. 14.21. Beispiel eines Out-of-Line Hyperlinks

Im vorliegenden Beispiel soll ein Dokument pizza.xml, für das der Nutzer keine Schreibrechte besitzt, mit einem Hyperlink auf ein anderes Dokument bemerkung.xml über einen Out-of-Line Hyperlink verknüpft werden.

```
<pizza
  name="Pizza Tonno"
  zubereitungszeit="15 Minuten"
  belag="Thunfisch"
  belag="Oliven"
  belag="Basilikum"
>
  Die Spezialität unseres Hauses: Pizza Tonno
</pizza>
```

Das folgenden XML-Dokument bemerkung.xml soll als Ergänzung mit dem vorangegangenen Dokument verknüpft werden.

```
<bemerkung>
  Lieben Sie Thunfisch? Dann sollten Sie diese leckere Kombination
  von Tomaten, Käse, Thunfisch und aromatischem Basilikum kosten.
</bemerkung>
```

Über ein spezielles Link-Dokument link.xml kann jetzt eine Verknüpfung der beiden Dokumente hergestellt werden, ohne daß dazu eine Schreibberechtigung auf eines der Dokumente notwendig wäre.

```
<xlink:extended xmlns:xlink="http://www.w3.org/1999/xlink/namespace/"
  xlink:role="pizzabemerkungen"
  xlink:title="Bemerkungen zur Pizza">
  <xlink:locator href="pizza.xml"
    role="pizzabeschreibungen"
    title="Die besten Pizzas"/>
  <xlink:locator href="bemerkung.xml"
    role="pizzaempfehlungen"
    title="Wir empfehlen:"/>
  <xlink:arc from="pizzabschreibungen"
    to="pizzaempfehlungen"
    show="new"
    actuate="onRequest"/>
</xlink:extended>
```

Abb. 14.22. Beispiel für die Verwendung eines Out-of-Line Hyperlinks

XML Pointer Language - XPointer

HTML bietet die Möglichkeit, nicht nur komplette Dokumente miteinander über Hyperlinks zu verbinden, sondern auch exakte Positionsangaben innerhalb von HTML-Dokumenten für eine Zielangabe des Hyperlinks festzulegen. Dazu wird das HTML-Markup `<A NAME=id>` im Zieldokument verwendet. Die mit `id` gekennzeichnete Stelle im Zieldokument kann über ein Hyperlink `<A HREF="...#id">` gezielt angesprungen werden. Es handelt sich dabei also um eine Erweiterung der URI-Syntax, über die die Zielstelle referenziert werden kann und die ihre Entsprechung im Zieldokument im Anker-Element `<A NAME=...>` findet.
Um diese Funktionalität auch in XML-Dokumenten gewährleisten zu können, wurde zusätzlich zur Spezifikation von XLink zur Beschreibung von Hyperlinks die als XPointer bezeichnete Spezifikation zur Identifikation von Zielpunkten in XML-Dokumenten geschaffen. Mit XPointer sollten verschiedenartige Mängel des HTML-Anker-Elements überwunden werden:

- Um einen bestimmten Zielpunkt innerhalb eines Dokuments anspringen zu können, muß an dieser Stelle explizit ein Anker plaziert werden. Ist das Zieldokument schreibgeschützt, besteht keine Möglichkeit, die Zielstelle nachträglich zu deklarieren.
- Auch wenn ein Anker innerhalb des Zieldokuments deklariert worden ist, muß zur Darstellung der betreffenden Stelle stets das gesamte Dokument übertragen werden. Aus Gründen der Effizienz wäre es jedoch wünschenswert, lediglich bestimmte Teile (Fragmente) eines Dokuments zu spezifizieren und zu übertragen.

XPointer ist eine Erweiterung der als **XPath** bezeichneten W3C-Spezifikation zur Identifikation von XML-Dokumentenfragmenten. XPointer ergänzt XPath dahingehend, daß es eine Syntax zur Formulierung von Adreßinformationen innerhalb eines Links zu einem anderen XML-Dokument definiert. Eine XPointer-fähige Anwendung ist in der Lage, den im Link angegebenen URI zu interpretieren, der um entsprechende Angaben zur Identifikation von Dokumententeilen erweitert werden kann. Bei der Angabe des Zielbezeichners im URI muß bei XPointer im Gegensatz zu HTML stets zusätzlich eine Angabe des verwendeten Mechanismus zur Referenzierung des Dokumententeils (`xpointer`) hinzugefügt werden, wobei der Anker als Identifikation des Dokumententeils in Klammern angegeben wird:

```
URI#xpointer(anker)
```

Im folgenden Beispiel wird aus dem Dokument `gedicht.xml` ein Element mit der Identifikation `strophe1` über XPointer referenziert.

```
http://www.beispiel.de/gedicht.xml#xpointer(strophe1)
```

Diese Verwendung von XPointer entspricht weitgehend dem ebenfalls in HTML gebräuchlichen Anker-Mechanismus, d.h. es wird stets das gesamte referenzierte Dokument übertragen und die durch den Anker bezeichnete Stelle zur Darstellung gebracht. Soll anstelle des gesamten Dokuments lediglich ein Dokumentenfragment übertragen werden, das den referenzierten Bestandteil enthält, muß anstelle des Bezeichners „#“ der Fragment-Identifier „|“angegeben werden.

```
http://www.beispiel.de/gedicht.xml|xpointer(strophe1)
```

In diesem Fall würde lediglich das Element `strophe1` zusammen mit allen zugehörigen Kind-Elementen übertragen werden. Um ein XML-Dokumentenfragment zu spezifizieren, sieht XPointer drei Möglichkeiten vor:

- **Einfache Namen**
  Analog zur Angabe des HTML-Ankers `<A NAME=...>` besteht die Möglichkeit, ein XML-Element über das Attribut `ID` zu identifizieren:

  ```
  < strophe ID="strophe1"> ... </strophe>
  ```

Das XML-Element `strophe` kann anschließend über den Attributwert `ID="strophe1"` referenziert werden. Dabei ist allerdings zu beachten, daß für das XML-Element `strophe` in der zugehörigen DTD auch ein Attribut `ID` deklariert werden muß.

- **Kind-Elemente (Tumbler Fragment Identifier)**
  Diese Methode ermöglicht die Identifikation eines Dokumentenfragments über eine Navigation innerhalb der Dokumentenstruktur des XML-Basisdokuments. Verdeutlichen läßt sich dies anhand des in Abb. 14.23 als Beispiel angegebenen XML-Elements. Soll lediglich die dritte Zeile der zweiten Strophe des dort dargestellten Gedichts referenziert werden, erfolgt dies durch die Sequenz (Tumbler)

  ```
  gedicht.xml#xpointer(1/4/3),
  ```

  die an den URI des XML-Dokuments angehängt wird. Dabei wird das erste Element im XML-Dokument (`<gedicht>`) aufgelistet, dann dessen viertes Kind-Element (`<strophe ID="strophe2">`) und schließlich dessen drittes Kind-Element (`<zeile> Nie ermüdet stille stehen, <zeile>`). Eine derartige Sequenz kann auch von einem über das Attribut `ID` identifizierten XML-Element aus starten:

  ```
  gedicht.xml#xpointer(strophe2/3)
  ```

```
<gedicht>
  <titel> Spruch des Konfuzius </titel>
  <autor> Friedrich Schiller </autor>
  <strophe ID="strophe1">
    <zeile> Dreifach ist des Raumes Maß: </zeile>
    <zeile> Rastlos fort ohn' Unterlaß </zeile>
    <zeile> Strebt die Länge fort ins Weite, </zeile>
    <zeile> Endlos gießet sich die Breite, </zeile>
    <zeile> Grundlos senkt die Tiefe sich. </zeile>
  </strophe>
  <strophe ID="strophe2">
    <zeile> Dir ein Bild sind sie gegeben: </zeile>
    <zeile> Rastlos vorwärts mußt du streben, </zeile>
    <zeile> Nie ermüdet stille stehn, </zeile>
    <zeile> Willst du die Volledung sehn;</zeile>
      ...
  </strophe>
  <publikationsjahr> 1799 </publikationsjahr>
</gedicht>
```

Abb. 14.23. Beispiel zur Navigation in einem komplexen XML-Element

- **Vollständige Spezifikation**
  Die vollständige Spezifikation eines XPointers baut auf XPath auf und wird im folgenden Abschnitt genauer dargestellt.

XPath für den Zugriff auf XML-Dokument-Fragmente

Die Spezifikation von XPath haben die Arbeitsgruppen, die mit XPointer bzw. mit XSL befaßt waren, gemeinsam entwickelt, da beide gleichermaßen Bedarf an der Identifikation von XML-Dokumentenfragmenten hatten. Während über XSL etwa Formatierungsoptionen mit bestimmten Bestandteilen eines Dokuments assoziiert werden sollen, nutzt XPointer die XPath-Spezifikation, um Dokumentenfragmente vollständig und exakt zu referenzieren.

Die Bezeichnung XPath wurde in Anlehnung an den URI gewählt, der auch einen Pfad spezifiziert, über den eine bestimmte Informationsressource im WWW erreicht werden kann. In gleicher Weise spezifiziert ein XPath-Pfad ein Element innerhalb eines XML-Dokuments über den der mit dem betreffenden Element spezifizierte Knoten im Dokumentenbaum erreicht werden kann.
Um eine Pfadangabe gemäß der XPath-Spezifikation verstehen zu können, müssen zunächst einige Begriffe eingeführt werden:

- **Dokumentenordnung (Document Order)**
  Unter der Dokumentenordnung versteht die XPath-Spezifikation die hierarchische Anordnung der XML-Elemente innerhalb des XML-Dokuments, die dem Dokumentenbaum entspricht.
- **Kontext-Knoten (Context Node)**
  Der Kontext-Knoten stellt stets den Startpunkt für die Auswertung einer XPath-Pfadangabe dar.
- **Aktueller Knoten (Current Node)**
  Wird eine Pfadangabe in XPath ausgewertet, so wird der gerade bearbeitete Knoten stets als aktueller Knoten bezeichnet.
- **Location Path**
  Folge von **Location Steps**, die die Auswahl einer bestimmten Knotenmenge aus dem XML-Dokument gestattet. Ein einzelner Location Step trifft eine Knotenauswahl innerhalb einer Stufe des Dokumentenbaums.
- **Achse (Axis)**
  Eine Achse ist die Beziehung zwischen einem Location Step und dem Kontext-Knoten. Tabelle 14.5 gibt eine Zusammenstellung der möglichen Beziehungen zwischen Kontext-Knoten und Location Step an, die in Abb. 14.24 veranschaulicht werden.

Tabelle 14.5. XPath Achse – Mögliche Beziehungen zwischen Kontext-Knoten und Location Steps

Achse	**Definition**
`Child`	alle Kind-Elemente des Kontext-Knotens
`Descendant`	alle Nachfahren des Kontext-Knotens
`Parent`	das Eltern-Element des Kontext-Knotens
`Ancestor`	alle Vorfahren des Kontext-Knotens
`Following-sibling`	alle nachfolgenden Geschwister-Elemente
`Preceding-sibling`	alle vorangehenden Geschwister-Elemente
`Following`	alle Knoten, die dem Kontext-Knoten nachfolgen
`Preceding`	alle Knoten, die dem Kontext-Knoten vorangehen
`Attribute`	Attribut-Knoten des Kontext-Knotens
`Namespace`	Namensraum-Knoten des Kontext-Knotens
`Self`	nur der Kontext-Knoten
`Descendant-or-self`	alle Nachfahren und der Kontext-Knoten
`Ancestor-or-self`	alle Vorfahren und der Kontext-Knoten

Ein Knoten in XPath wird durch drei Informationsbestandteile gekennzeichnet (siehe Abb. 14.25):

- **Achse**: Spezifiziert die Beziehung der ausgewählten Knoten zum Kontext-Knoten.

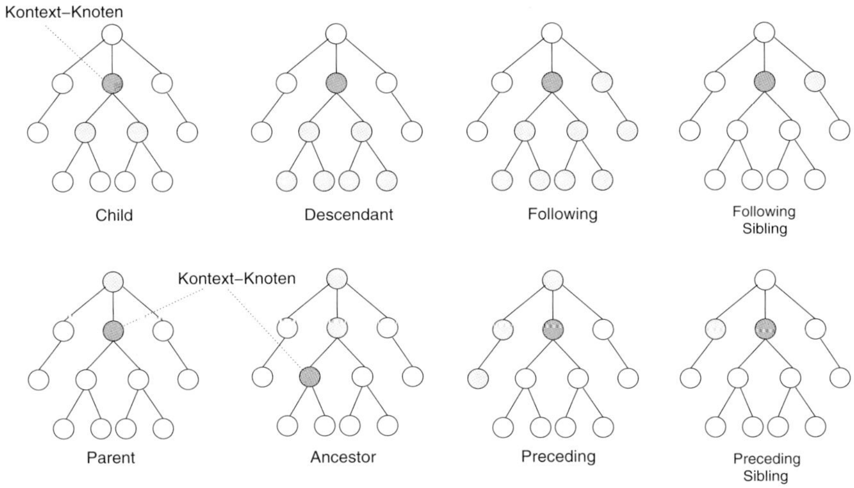

Abb. 14.24. XPath Achse – Veranschaulichung der Knoten-Beziehungen

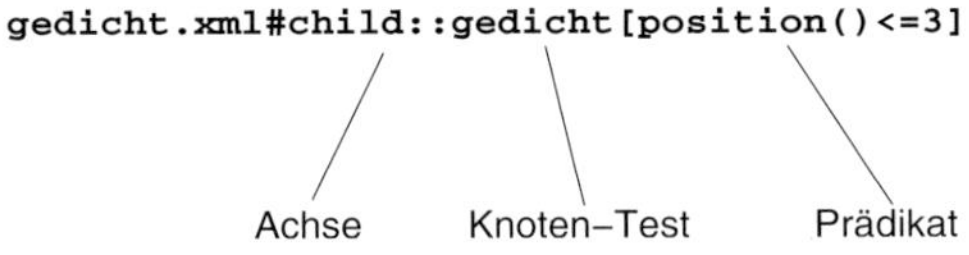

Abb. 14.25. XPath Knoten

- **Knoten-Test**: Zur weiteren Unterteilung der durch die Achse ausgewählten Knotenmenge können verschiedene, sogenannte Knoten-Tests angegeben werden:
  - Auswahl nach vorgegebenem Element-Namen,
  - Auswahl aller Elemente einer Achse,
  - `node()` wählt alle Knoten einer Achse aus,
  - `text()` wählt alle Elemente mit reinem Textinhalt aus der Achse aus,
  - `comment()` wählt alle Kommentar-Elemente einer Achse aus und
  - `processing-instructions()` wählt alle Verarbeitungsanweisungen der angegebenen Achse aus.
- **Prädikate**: Boolescher Ausdruck, mit dem aus der bereits durch Achse und Knoten-Test ausgewählten Element-Menge eine noch feinere Auswahl getroffen werden kann. Dabei kommen unterschiedliche Funktionen zum Einsatz, die sich in folgende Kategorien unterteilen lassen:
  - Funktionen für Knoten-Mengen,
  - Funktionen zur Handhabung von Strings,
  - Boolesche Funktionen und
  - Funktionen zur Behandlung von Zahlen.

  Die Menge aller verfügbaren Funktionen kann der XML-Path Spezifikation des W3C entnommen werden:

  `http://www.w3.org/TR/xpath/`

Wird XPath auf das in Abb. 14.23 gegebene Beispiel angewendet, so kann Zeile 3 aus Strophe 2 des angegebenen Gedichts über folgende XPath-Deklaration (**Fragment Identifier**) referenziert werden:

```
gedicht.xml# /
    child::strophe[position()=2] /
    child::zeile[position()=3]
```

Der Fragment Identifier setzt sich dabei aus einer Sequenz von Location Steps zusammen, die einzeln durch das Zeichen „/" getrennt werden. Da ein derart aufgebauter Fragment Identifier sehr lang werden kann, gestattet XPath eine Reihe von Abkürzungen, so daß der o.a. Fragment Identifier verkürzt geschrieben werde kann als

```
gedicht.xml#strophe[2]/zeile[3]
```

XPath bietet einen sehr flexiblen Mechanismus, um individuelle Abschnitte aus XML-Dokumenten referenzieren zu können. Dabei kann die Spezifikation eines XML-Dokumentenfragments bis hinab auf die Ebene einzelner Zeichen erfolgen. XPointer nutzt gezielt die Möglichkeiten von XPath, um auf diese XML-Dokumentenfragmente zuzugreifen. Dabei erweitert XPointer das XPath-Konzept um folgende Konstrukte:

- **Punkte**
  Der von XPointer eingeführte Punkt kann nicht nur einen Knoten im Dokumentenbaum bezeichnen, sondern vermag zusätzlich eine Position innerhalb eines XML-Elements zu markieren. Punkte dienen der Definitionen von Bereichen (Ranges).
- **Bereiche (Ranges)**
  Zwei beliebige Punkte, die innerhalb eines XML-Dokuments definiert werden, legen einen sogenannten **Bereich** fest. Da die Position der Punkte vollkommen wahlfrei ist, muß der abgebildete Bereich auch nicht notwendigerweise wohlgeformt sein. Bereiche können z.B. dazu dienen, Ergebnisse einer Suche über das XML-Dokument zu markieren und auf Wunsch zurückzuliefern.
- **Spezielle Funktionen**
  XPointer legt noch zusätzliche Funktionen zur Definition von Punkten und Bereichen fest, wie z.B.
  - `string-range()`: Diese Funktion durchsucht den Text eines XML-Dokuments und liefert als Ergebnis alle Positionen der Bereiche für jedes Vorkommen des übergebenen Suchtextes zurück. Um z.B. alle Instanzen des Wortes `Pizza` aus dem XML-Dokument `rezepte.xml` zu liefern, muß folgendes XPointer-Konstrukt angewendet werden:

    ```
    rezepte.xml#xpointer(string-range(/,"Pizza"))
    ```
  - `here()`: Diese Funktion gibt das Element zurück, das den XPointer selbst enthält. Damit ist es möglich, relativ zur aktuellen Position, auf andere Stellen des XML-Dokuments zu verweisen.
  - `unique()`: Diese Funktion liefert einen Booleschen Wert zurück, der besagt, ob eine XPointer-Lokation nur auf genau eine Stelle des XML-Dokuments verweist, also eindeutig ist.

Weiterführende Literatur:

S. DeRose, E. Maler, D. Orchard: XML Linking Language (XLink) Version 1.0, W3C Recommendation 27 June 2001, available at http://www.w3.org/TR/2000/REC-xlink-20010627/

C. F. Goldfarb, P. Prescod: The XML-Handbook, 2nd. ed., Prentice Hall, Upper Saddle River NJ, USA, 2000.

14.3.4 Transformationen von XML-Dokumenten

Für sich betrachtet, stellt ein XML-Dokument eine hierarchisch strukturierte Informationssammlung dar, die aus einzelnen XML-Elementen besteht, die ihrerseits wieder Sub-Elemente beinhalten können bzw. durch bestimmte Attribute beschrieben werden. XML wird daher von vielen als eine Art Daten-Container oder gar Datenbank betrachtet, deren Zweck in der Organisation von hierarchisch strukturierbarer Information besteht. Der Vergleich von XML mit relationalen oder hierarchischen Datenbanken ist naheliegend, da XML-Dokumente über eine spezielle Abfragesprache spezifische Information in gleicher Weise wie eine Datenbank zur Verfügung stellen zu können (siehe Abschnitt 14.4.1)

Um tatsächlich als Datenformat für die Zusammenarbeit mit existierenden Datenbanken oder anderen Anwendungen angewandt werden zu können – dazu zählt auch die Aufbereitung der im XML-Dokument enthaltenen Information zum Zweck der Darstellung – sind sogenannte **Transformationen** notwendig, die es gestatten, XML-Strukturen entsprechend den Anforderungen der weiterverarbeitenden Anwendungen zu transformieren und nutzbar zu machen. Transformationen fallen im Allgemeinen in die folgenden drei Kategorien:

- **Strukturelle Transformationen**
  Hier erfolgt eine Übersetzung von einer XML-basierten Markup-Sprache in eine andere. Abhängig vom jeweiligen Kontext können dabei XML-Elemente mit anderen Bezeichnern versehen werden, oder Filterungen und Sortierungen erfolgen, um diese für andere Anwendungen aufzubereiten.
- **Erzeugung dynamischer Dokumente**
  Dabei werden Teilbereiche von XML-Dokumenten reorganisiert oder gefiltert und in ein neues, dynamisch erzeugtes XML-Dokument geschrieben. Soll z.B. eine sortierte Liste ausgegeben werden und ist die Sortierung nach unterschiedlichen Kriterien denkbar, dann kann das über eine derartige Transformation realisiert werden. Da solche Transformationen oft interaktiv und live zu der darstellenden Anwendung erfolgen, sind sie meist mit der Behandlung von Events verknüpft, was fast immer die Verwendung einer Programmiersprache erfordert.
- **Darstellungstransformationen**:
  Diese Art der Transformation dient der Aufbereitung eines XML-Dokuments zur Darstellung in einem Browser. Dazu erfolgt z.B. eine Übersetzung des XML-Dokuments bzw. von Teilbereichen des XML-Dokuments in eine zur Darstellung geeignete Sprache, wie z.B. HTML oder SVG (Scalable Vector Graphics). Eine Darstellungstransformation ist immer dann notwendig, wenn die Darstellung auf unterschiedlichen Ausgabemedien oder auf Browsern mit unterschiedlichen Fähigkeiten (z.B. auf mobilen Endgeräten) erfolgen soll. Sie kann erfolgen durch Anwendung spezieller **Stylesheets** oder durch spezielle Transformationssprachen wie **XSLT**.

Um eine darstellungsbezogene Formatierung von XML-Dokumenten vorzunehmen, wie sie z.B. zur Darstellung in einem Browser notwendig ist, können neben Darstellungstransformationen über XSLT-Stylesheets auch reguläre **Cascading Stylesheets** (**CSS**, siehe Kap. 13) verwendet werden. Die durch CSS festgelegten Mechanismen wurden zwar zunächst für HTML entwickelt, können aber auch direkt für XML verwendet werden. Über CSS können Darstellungsmerkmale an bestimmte Tags gebunden werden. Die dabei verwendete Syntax entspricht der für HTML-Dokumente gebräuchlichen Syntax. Beispiel:

```
kapitel {font:family:sans-serif; font-weight:italic}
```

Hier werden einem XML-Element `<kapitel>` bestimmte Schrift-Formatierungen zugewiesen. Das Einbinden von CSS-Stylesheets in XML-Dokumente erfolgt über die XML-Anweisung

```
<?xml-stylesheet type="text/css" href="URI"?>
```

Der über das Attribut `href` angegebene URI dient als Referenz auf das verwendete CSS-Stylesheet. Allerdings bietet die Verwendung von XSLT eine weitaus größere Flexibilität.

Exkurs 34: Extensible Style Language – XSL und XSLT

Speziell für die statische Transformation von XML-Dokumenten in andere XML-basierte Markup-Sprachen oder zur darstellungsbezogenen Transformation wurde die XML-basierte Sprache **Extensible Style Language** (**XSL**) entwickelt. In der ursprünglichen Fassung war XSL in drei separate Sprachen aufgeteilt:

- **XSLT** zur Spezifikation der Transformationen,
- **XSL:FO** zur Darstellung (Formatierung) unter Einsatz von **XSLT** und
- **XPath** für den Zugriff auf XML-Strukturen.

XSL hat seine Wurzeln in den **Cascading Style Sheets** (**CSS**, siehe Kap. 13), die in gleicher Weise für XML-Dokumente eingesetzt werden können.
Der Schwerpunkt dieser Darstellung liegt auf der allgemeinen Transformation von XML-Dokumenten mit Hilfe von **XSL Transformations** (**XSLT**), deren Spezifikation bereits 1999 vom W3C als Empfehlung verabschiedet wurde und unter

`http://www.w3.org/TR/1999/REC-xslt-19991116/`

erhältlich ist. XSLT ist eine XML-basierte Markup-Sprache, d.h. XSLT selbst ist in XML definiert. Um ein XML-Dokument mit Hilfe von XSLT in ein anderes XML-Dokument zu transformieren, kommt ein sogenanntes **XSLT-Stylesheet** zum Einsatz, das ebenfalls als wohlgeformtes XML-Dokument formuliert ist. Das zu transformierende XML-Dokument dient zusammen mit dem XSLT-Stylesheet als Eingabe eines **XSLT-Prozessors**, der in der Lage ist, die im XSLT-Stylesheet formulierten Transformationen auf das XML-Dokument anzuwenden und dieses strukturell zu verändern.
Damit XSLT auf ein XML-Dokument angewendet werden kann, muß dieses zunächst in ein spezielles, abstraktes Strukturmodell überführt werden. Dieses Strukturmodell entspricht dem Dokumentenbaum, doch ist es unabhängig von einer verarbeitenden API, wie z.B.

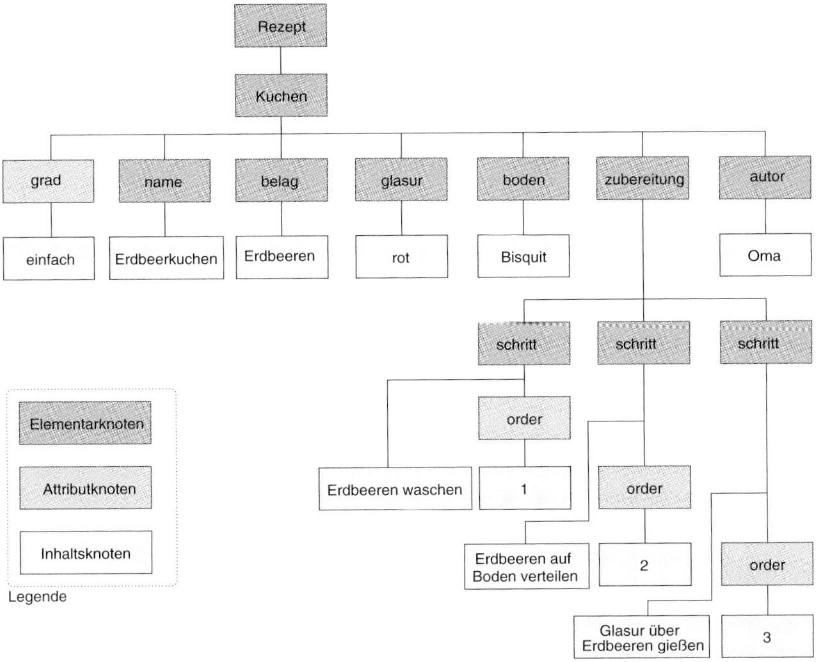

Abb. 14.26. Zur Deklaration in Abb. 14.15 erzeugter abstrakter Strukturbaum

DOM. In SGML wird dieses abstrakte Strukturmodell eines Dokuments als **Grove** bezeichnet. Abb. 14.26 zeigt, wie das Beispiel aus Abb. 14.15 als abstrakter Strukturbaum dargestellt werden kann.
Ein XSL-Stylesheet besteht aus einzelnen Anweisungen, sogenannten **Templates**, die beschreiben, wie jeder Knoten eines zu bearbeitenden XML-Dokuments im Ergebnis nach Anwendung des Stylesheets aussehen soll. Da XSLT eine deklarative Sprache ist, wird lediglich vorgeschrieben, wie das Ergebnis einer XSL-Transformation auszusehen hat und nicht, auf welche Weise die dazu notwendigen Transformationen durchzuführen sind. Diese eigentliche Arbeit ist Aufgabe des XSLT-Prozessors. Dieser bearbeitet den Grove des XML-Quelldokuments, beginnend mit der Wurzel und sucht nach einem passenden Template im Stylesheet-Baum. Wird ein passendes Template gefunden, werden die darin beschriebenen Regeln verwendet, um eine abstrakte Repräsentation des Ergebnisses im Grove des Zieldokuments zu beschreiben. Das Quelldokument wird in dieser Weise Knoten für Knoten abgearbeitet, wobei jeweils ein passendes Template für jeden Knoten gesucht wird. Wird kein passendes Template gefunden, kann keine Ausgabe für den betreffenden Knoten erzeugt werden und es wird mit dem nächsten Knoten fortgefahren.
Das Wurzelelement eines **XSL-Stylesheet** ist stets <xsl:stylesheet> oder synonym dazu <xsl:transform> (siehe Abb. 14.27). Beide Elemente können über die folgenden Attribute verfügen:

- id: Dient zur Identifikation und Referenzierung des Stylesheets.
- version: Versionsnummer der zu Grunde liegenden XSLT Spezifikation.
- extension-element-prefixes: Werden Erweiterungen zur Stylesheet-Definition verwendet, erfolgt über dieses Attribut eine Angabe des betreffenden Namensraums und des dafür verwendeten Namens-Präfixes.

- `exclude-result-prefixes`: Um andererseits die Ausgabe eines Präfixes im Zieldokument für einen verwendeten Namensraum zu unterdrücken, kann der betreffende Namensraum und das zugehörige Präfix über dieses Attribut ausgeschlossen werden.

```
<xsl:stylesheet
  id = id
  extension-element-prefixes = token
  exclude-result-prefixes = token
  version = number
>
  ... content ...
</xsl:stylesheet>
```

Abb. 14.27. Wurzel-Element eines XSLT-Stylesheets

XSLT Stylesheets können zur gemeinsamen Verarbeitung mit XML-Dokumenten entweder als separate Dateien angegeben oder auch direkt in XML-Dokumente eingebettet werden. Allgemein kann über das Element `<?xml-stylesheet?>` ein XSLT-Stylesheet in das XML-Dokument über die Angabe des zugehörigen `href`-Attributs, das den URI des zu verwendenden Stylesheets angibt, eingebunden werden. Verweist der URI auf ein Ziel innerhalb des vorliegenden XML-Dokuments, kann an dieser Stelle direkt die Deklaration des zu verwendenden Stylesheets angegeben werden (siehe Abb. 14.28). Dies ist ohne weiteres in einem XML-Dokument möglich, da ein XSLT-Stylesheet ebenfalls ein wohlgeformtes XML-Dokument ist.

```
<?xml version="1.0"?>
<?xml-styleheet href="#Formatierung" type="text/xsl"?>
<xsl:stylesheet version="1.0">
  id = "Formatierung"
  xmlns:xsl="http://www.w3.org/1999/XSL/Transform">
  ...
</xsl:stylesheet>
<xml-document>
  ...
</xml-document>
```

Abb. 14.28. In ein XML-Dokument eingebettete Stylesheet-Definitionen

Alle XSLT-Elemente, die in der Ebene direkt unterhalb des Wurzelelements plaziert sind, werden als **Top-Level-Elemente** bezeichnet. Ein Stylesheet, das ausschließlich Elemente enthält, die über keinerlei Namensraum-Präfix verfügen und daher „buchstäblich" in das Zieldokument übernommen werden, werden als **Literal Result Element** (**LRE**) bezeichnet und lassen sich in einer speziellen, abgekürzten Form notieren, da sie über keine Top-Level-Elemente verfügen können. Abb. 14.29 zeigt ein Beispiel für ein LRE-Stylesheet und dessen korrespondierende Notation als herkömmliches XSLT-Stylesheet.
Folgende XSLT-Elemente werden als Top-Level-Elemente verwendet:

- `<xsl:include>`
  Ein XSLT-Stylesheet kann Templates und Verarbeitungsanweisungen aus weiteren XSLT-Stylesheets über das Element `<xsl:include>` einbinden. Die Referenzierung der eingebundenen Stylesheets erfolgt über die Angabe des betreffenden URIs. `<xsl:include>`

LRE-Stylesheet:

```
<html xsl:version="1.0"
  xmlns:xsl="http://www.w3.org/1999/XSL/Transform">
  <head>
    <title> Dokumententitel </title>
  </head>
  <body>
    <p> .... HTML-Dokument ... </p>
  </body>
</html>
```

Korrespondierendes XSLT-Stylesheet:

```
<xsl:stylesheet
  version="1.0"
  xmlns:xsl="http://www.w3.org/1999/XSL/Transform">
  <xls:template match="/">
    <html>
      <head>
        <title> Dokumententitel </title>
      </head>
      <body>
        <p> .... HTML-Dokument ... </p>
      </body>
    </html>
  </xls:template>
</xsl:stylesheet>
```

Abb. 14.29. LRE-Stylesheet und korrespondierendes XSLT-Stylesheets

darf nur als Top-Level-Element verwendet werden und muß, sofern es verwendet wird, stets als erstes Element innerhalb des `<xsl:stylesheet>`-Elements stehen.

- `<xsl:import>`
  Dieses Element entspricht in seiner Funktion dem Element `<xsl:include>`, mit der Ausnahme, daß die eingebundenen Templates und Verarbeitungsanweisungen denen des Ursprungsdokuments untergeordnet sind. Es ist auch möglich, daß importierte Stylesheets selbst wieder andere Stylesheets importieren.
- `<xsl:strip-space>`
  Nachdem der abstrakte Strukturbaum für das XML-Quelldokument konstruiert wurde, kann der XSLT-Prozessor vor der eigentlichen Verarbeitung angewiesen werden, bestimmte Inhaltsknoten, die lediglich aus sogenannten **Whitespace**-Elementen (Leerzeichen, Tabulatoranweisungen, Zeilenumsprung, etc.) bestehen, zu entfernen. Dies trifft auch zu für den Inhalt von XSLT-Stylesheets für Elemente vom Typ `xsl:text`. `<xsl:strip-space>` gibt eine Liste mit Elemente-Namen an, die als Whitespace-Element vom Strukturbaum entfernt werden können, d.h. diese Elemente werden, sofern es sich um reine Whitespace-Elemente handelt, nicht interpretiert.
- `<xsl:preserve-space>`
  Umgekehrt gibt die unter diesem Element angegebene Namensliste die Namen derjenigen Elemente an, die auch im Falle eines reinen Whitespace-Elements nicht von Strukturbaum entfernt werden sollen, d.h. auf jeden Fall zu interpretieren sind.

- <xsl:output>
  Dieses Element dient der Spezifikation des Ausgabeformats, in das der Strukturbaum des Zieldokuments überführt werden soll. Die Unterstützung dieser Funktion durch den XSLT-Prozessor ist optional. Über das Attribut `method` kann festgelegt werden, ob es sich um XML-, HTML-, oder Text-Output handeln soll. Das Attribut `encoding` sorgt für eine entsprechende Zeichen-Kodierung der Ausgabe, es kann z.B. eine ASCII-Kodierung oder eine Unicode-Kodierung erzeugt werden.
- <xsl:key>
  Um innerhalb eines XML-Dokuments XML-Strukturen referenzieren zu können, werden die XML-Elemente `ID`, `IDREF` und `IDREFS` verwendet. XSLT erlaubt ebenfalls die Verwendung von Querverweisen für XML-Dokumente, ohne dabei auf diese XML-Elemente festgelegt zu sein. XSLT definiert sogenannte **Schlüssel** (**Keys**), über die bestimmte Knoten des Strukturbaums referenziert werden können. Dem Schlüssel wird ein Name mit Hilfe des Attributs (`name`) zugewiesen, über den die durch den Schlüssel referenzierten Elemente an anderer Stelle referenziert werden können. Bei den zugeordneten Elementen handelt es sich um alle Knoten, deren Definition eine bestimmte Zeichenkette enthalten, die über das Schlüsselattribut `match` angegeben wird. Über das dritte Schlüsselattribut `use` kann spezifiziert werden, welche Information des Elements, das durch den Schlüssel referenziert wird, tatsächlich bei Verwendung des Schlüssels referenziert werden soll. Das `xsl:key`-Element wird in Verbindung mit der Funktion `key()` verwendet.
- <xsl:decimal-format>
  Dieses Element dient der Festlegung der Formatierung von Dezimal-Zahlen, wenn zu deren Darstellung ein über eine Formatierungsfunktion festgelegtes Format verwendet wird. Die dabei verwendeten Attribute entsprechen den Methoden der `DecimalFormatSymbols`-Klasse des JDK 1.1 (Java Development Kit).
- <xsl:namespace-alias>
  Soll z.B. ein XSLT-Stylesheet dazu verwendet werden, ein anderes XSLT-Stylesheet zu erzeugen, kann für XSLT-Konstrukte im neu erzeugten Stylesheet das `xsl`-Präfix nicht verwendet werden, da die so gekennzeichneten Angaben sonst vom XSLT-Prozessor als neue XSLT-Anweisungen interpretiert werden würden. Für diesen und ähnliche Fälle kann für einen zu maskierenden Präfix im vorliegenden Stylesheet als auch im Strukturbaum des erzeugten Zieldokuments ein sogenannter **Alias** über das XSLT-Element <xsl:namespace-alias> festgelegt werden. Dessen Attribut `stylesheet-prefix` legt einen Alias für das vorliegende Stylesheet fest, während über das Attribut `result-prefix` ein Alias für die Verwendung im Strukturbaum des Zieldokuments angegeben werden kann.
- <xsl:attribute-set>
  Einem XML-Element im Strukturbaum des Zieldokuments können über das XSLT-Element <xsl:attribute> neue Attribute zugewiesen werden. Um eine Menge von derartigen Attributen zusammenzufassen und diese in ein XML-Element des Zieldokuments direkt einzubinden, wird das XSLT-Top-Level-Element <xsl:attribute-set> genutzt. Das Attribut `name` identifiziert das definierte <xsl:attribute-set>-Element. Innerhalb der <xsl:attribute-set>-Umgebung können dann direkt die zusammenzufassenden Attribute deklariert werden.
- <xsl:variable>
  Über XSLT besteht die Möglichkeit, spezielle Wertzuweisungen festzulegen, die innerhalb anderer XSLT-Elemente referenziert, d.h. wiederverwendet werden können. Diese Wertzuweisungen werden an spezielle Objekte gebunden, die in XSLT als **Variablen** bezeichnet werden. Um eine Variable mit fest zugewiesenem Wert zu deklarieren, kann das XSLT-Element <xsl:variable> verwendet werden. Der einmal zugewiesene Wert ist jedoch entgegen der intuitiven Annahme nicht veränderbar. Das Element <xsl:variable>

verfügt über zwei Attribute name und select, wobei das name-Attribut den Namen angibt, über den die Variable referenziert werden kann, und über das select-Attribut die Angabe eines Ausdrucks erfolgt, dessen Auswertung den Wert ergibt, der der Variablen zugewiesen wird. Wird eine Variable als XSLT-Top-Level-Element deklariert, ist sie global im gesamten Stylesheet referenzierbar, wird sie innerhalb eines XSLT-Elements deklariert, so ist sie lediglich im lokalen Kontext verfügbar.

- <xsl:param>
  Die zweite Form der Verwendung von Variablen in XSLT wird mit dem Element <xsl:param> realisiert. Es wird ebenso wie <xsl:variable> verwendet, mit der Ausnahme, daß die ursprüngliche Wertzuweisung lediglich der Zuweisung eines Default-Wertes entspricht. Mit Hilfe des Elements <xsl:with-param> kann die Wertzuweisung einer als <xsl:param> deklarierten Variable modifiziert werden.
  Während <xsl:variable> also im eigentlichen intuitiven Sinne eine Konstante repräsentiert, ist unter dem Element <xsl:param> tatsächlich eine Variable zu verstehen.
- <xsl:template>
  Das wichtigste Konstrukt in einem XSLT-Stylesheets ist stets das <xsl:template>-Element. Über das Attribut match wird ein Suchmuster oder XPath-Ausdruck spezifiziert, über das diejenigen Knoten im Strukturbaum des Quelldokuments identifiziert werden, auf die die innerhalb des Templates angegebene Transformation angewendet werden soll. Jeder XPath-Ausdruck, der als Ergebnis eine Liste von Knoten liefert, stellt eine gültige Wertzuweisung an das match-Attribut dar.
  Die Verarbeitung eines <xsl:template>-Elements läuft dabei folgendermaßen ab:
  1. Das über das Attribut match angegebene Suchmuster bzw. der dort angegebene XPath-Ausdruck wird gegen die Knoten des Strukturbaums für das XML-Quelldokument geprüft. Das Ergebnis dieses Prozesses ist eine Menge von Knotenelementen, die an das Template zur Weiterverarbeitung übergeben werden.
  2. Für jedes dieser dem Template übergebenen Knotenelemente des Quelldokuments werden die im Template angegebenen Instruktionen ausgeführt, d.h. das Template wird instantiiert. Das Ergebnis dieser Verarbeitung ist ein Teil des neuen Strukturbaumes für das Zieldokument.
  3. Sind LREs Bestandteil der Template-Definition, werden diese in den Strukturbaum des Zieldokuments eingefügt, sobald das Template instantiiert wird.
  4. Ein Template kann ebenfalls eine der 18 möglichen Verarbeitungsanweisungen beinhalten, die das Template bereitstellt, dem XSLT-Namensraum angehören und angeben, wie Teile des Strukturbaumes des Zieldokuments erzeugt werden sollen. Dabei wird jede übergebene Verarbeitungsanweisung Schritt für Schritt ausgeführt.
  5. Neben den Knoten, die über das match-Attribut zur Verarbeitung übergeben werden, kann das Template auch auf tiefer liegende Knoten im Strukturbaum des Quellelements zugreifen und diese mit verarbeiten.
  6. Um einen Nachfolgeknoten im Strukturbaum verarbeiten zu können, muß zuerst das zu diesem Knoten korrespondierende Template gefunden werden, das bei Instantiierung seinerseits wieder einen Teil des neuen Strukturbaums des Zieldokuments beisteuert.
  7. Der vollständige Strukturbaum des Zieldokuments kann konstruiert werden, indem das zum Wurzelknoten des Quelldokuments korrespondierende Template gefunden und instantiiert wird. Der Strukturbaum des Zieldokuments setzt sich dabei aus allen bislang durch Abarbeitung von Templates im Quelldokument konstruierten Ziel-Teilbäumen zusammen.

  Die Attribute des <xsl:template>-Elements sind in Abb. 14.30 dargestellt.
  - match: Beinhaltet einen Ausdruck, der zur Selektion von Knoten aus dem Strukturbaum des Quelldokument verwendet wird. Alle selektierten Knoten werden in einer Liste zusammengestellt, die dem Template zur Weiterverarbeitung übergeben wird. Trifft der angegebene Ausdruck auf keinen Knoten des Strukturbaumes zu, d.h. ist die durch match erzeugte Knotenliste leer, findet keine Weiterverarbeitung des Templates

```
<xsl:template
  match = Suchangabe
  name = Name
  priority = Priorität
  mode = Modus >
  ... Template-Instruktionen ...
</xsl:template>
```

Abb. 14.30. Das <xsl:template>-Element

statt. Ein einfaches Beispiel für die Verwendung des match-Attributs ist in Abb. 14.31 gegeben. Auf dem vorliegenden XML-Dokument buch.xml soll ein XSLT-Template zur Anwendung kommen, das über match das Element autor auswählt.

XML-Dokument buch.xml:

```
<buch>
  <autor> William Shakespeare </autor>
  <titel> Ein Sommernachtstraum </titel>
  <kategorie> Drama </kategorie>
  <akt id="1">
    <szene id="1">
      <name>Ein Saal im Palaste des Theseus</name>
      ... </szene>
  </akt>
  ...
<buch>
```

XSLT Fragment:

```
<xsl:template match="akt">
    <P> Akt-Element gefunden</P>
</xsl:template>
```

Abb. 14.31. Ein Beispiel für die Verwendung des match-Attributs im Element <xsl:template>

- name: Dieses Attribut dient zur Identifikation des betreffenden Templates, über den das Template auch ohne das match-Attribut referenziert werden kann, wobei das Verarbeitungs-Element <xsl:call-template> zur Anwendung kommt. Die Ausführungsanweisungen des Templates werden an der Stelle im Dokument ausgeführt, an der sich das <xsl:call-template>-Element befindet.
- priority: Die Priorität eines Templates wird über eine Zahl ausgedrückt, die angibt, ob dem vorliegenden Template Vorrang gegenüber anderen Templates mit einer niedrigere Priorität eingeräumt werden soll.
- mode: Mit Hilfe des mode-Attributs lassen sich im Zusammenspiel mit dem Verarbeitungselement <xsl:apply-templates>, das dazu über ein identisches mode-Attribut verfügen muß, unterschiedliche Verarbeitungsanweisungen für dasselbe Knotenelement festlegen.
- space: Enthält der Strukturbaum des XSLT-Stylesheets Whitespace-Knoten (Textknoten, die ausschließlich aus sogenannten Whitespace-Zeichen bestehen), kann über dieses Attribut angegeben werden, wie mit diesen zu verfahren ist.

Neben den für Templates zur Verfügung stehenden Attributen, die die Anwendung des Templates regeln, sind die innerhalb des Templates definierten Verarbeitungsanweisungen (**Instruction Elements**) für die Transformation des Quelldokuments in das Zieldokument von besonderer Bedeutung. Folgende Instruction Elements stehen zur Verfügung:

– <xsl:apply-templates>: Diese Anweisung wählt eine bestimmte Knotenmenge unterhalb des Kontext-Knotens aus, die durch das select-Attribut bestimmt wird, und führt auf diesen bestimmte Verarbeitungsanweisungen aus. Das <xsl:apply-templates>-Element besitzt das folgende Format:

```
<xsl:apply-templates select="XPath-Ausdruck" mode=Modus>
  <xsl:with-param> Anweisungsrumpf </xsl:with-param>
    <xsl:sort/>
</xsl:apply-templates>
```

  Das select-Attribut enthält einen XPath-Ausdruck, der als Rückgabewert eine bestimmte Knotenmenge liefert. Wird das select-Attribut weggelassen, wird der vollständige Teilbaum herangezogen, der durch den Kontext-Knoten als Wurzel beschrieben wird. Die Position eines der ausgewählten Knoten läßt sich mit der Funktion position() bestimmen und die Kardinalität der zurückgelieferten Knotenmenge über count().
  Wird innerhalb des <xsl:apply-template>-Elements ein <xsl:sort>-Element deklariert, wird die Knotenmenge vor der eigentlichen Verarbeitung gemäß dem über <xsl:sort> vereinbarten Modus sortiert. Für jeden Knoten der Auswahl wird ein Template ausgewählt (gesteuert durch das match-Attribut des betreffenden Templates), das dessen Verarbeitung beschreibt. Wird das mode-Attribut verwendet, so erfolgt eine Verarbeitung des betreffenden Knotens nur dann, wenn das mode-Attribut des verarbeitenden Templates mit dem mode-Attribut von <xsl:apply-template> übereinstimmt.
  Wird innerhalb des <xsl:apply-template>-Elements ein <xsl:with-param>-Element deklariert, kann dem aufgerufenen Template ein Parameter übergeben werden, der jedoch nur dann in den betreffenden Templates verarbeitet wird, wenn diese einen Parameter mit identischem Namen besitzen.

– <xsl:call-template>: Im Gegensatz zum <xsl:apply-templates>-Element dient das <xsl:call-template>-Element dazu, ein Template direkt aufzurufen, das über das Attribut name referenziert wird. Allerdings wird dadurch kein neuer Kontext aufgebaut, sondern der aktuelle Kontext-Knoten bleibt erhalten. Ein Template kann dadurch quasi wie eine Prozedur in einer Programmiersprache aufgerufen werden. Soll wie im Falle einer ausgeführten Prozedur ein Rückgabewert weitergegeben werden, kann das <xsl:call-template>-Element innerhalb eines <xsl:variable>-Elements aufgerufen werden, wie das folgende Beispiel zeigt:

```
<xsl:variable name="VariablenName">
  <xsl:call-template name="TemplateName"/>
</xsl:variable>
```

  Die betreffende Variable erhält fortan den Wert, den die Ausführung des aufgerufenen Templates erzeugt.
  Das optionale Sub-Element <xsl:with-param> wird in analoger Weise behandelt, wie im <xsl:apply-templates>-Element.

– <xsl:apply-imports>: Ähnlich wie das Anweisungselement <xsl:apply-templates> wird dieses Anweisungselement innerhalb einer Template-Umgebung verwendet, um explizit alle importierten Templates auf die Knotenmenge anzuwenden, die durch Anwendung des übergeordneten Templates ausgewählt wurde. Dabei werden ausschließlich diejenigen importierten Templates angewendet, deren match-Kriterium mit dem des übergeordneten Templates übereinstimmt. Das <xsl:apply-imports>-Anweisungselement verfügt über keine eigenen Attribute. Im Gegensatz zu <xsl:apply-templates> wird <xsl:apply-imports> nicht rekursiv auf die durch die übergebenen Knoten induzierten Teilbäume angewendet.

– <xsl:for-each>: Dieses Element sorgt dafür, daß die Verarbeitungsanweisungen, die sich im Rumpf des Elements befinden, auf die durch das Attribut `select` ausgewählte Knotenmenge angewendet wird. Die so erzeugte Knotenmenge wird durchlaufen und die angegebene Verarbeitungsanweisung wird einmal für jeden einzelnen Knoten ausgeführt. Über das Sub-Element <xsl:sort> kann eine Sortierung der ausgewählten Knotenmenge vor der eigentlichen Verarbeitung durchgeführt werden. Wird diese ausgelassen, so werden die ausgewählten Knoten in Dokumentenreihenfolge durchlaufen.

```
<xsl:for-each select="XPath-Ausdruck">
  <xsl:sort/>
   ... Anweisungsrumpf ...
</xsl:for-each>
```

– <xsl:value-of>: Mit Hilfe dieses Anweisungselements kann eine Zeichenkette in den Ausgabedatenstrom geschrieben werden.

```
<xsl:value-of select="XPath-Ausdruck"
  disable-output-escaping="yes"|"no"
/>
```

Die Zeichenkette, die das <xsl:value-of>-Element zurückliefert, entspricht der Auswertung des `select`-Ausdrucks. Daher ist die Angabe dieses Attributs auch zwingend erforderlich. Liefert der `select`-Ausdruck eine Knotenmenge zurück, so wird lediglich der Wert des ersten Knotens bezogen auf die Dokumentenordnung als Zeichenkette zurückgegeben. Alle folgenden Knoten werden ignoriert. Wird als Ergebnis aber ein einzelner Knoten geliefert, werden die Werte aller Kind-Elemente des Knotens ausgegeben. Wird das optionale Attribut `disable-output-select` mit `"yes"` angegeben, werden auch die in XML reservierten Sonderzeichen ohne Konvertierung mit ausgegeben. Anderenfalls werden diese vor der Ausgabe in die korrespondierende Escape-Sequenz umgewandelt.

– <xsl:copy-of>: Dieses Anweisungselement kopiert einfach einen Knoten bzw. eine Knotenmenge, die durch den über `select` angegebenen Ausdruck selektiert wird, rekursiv mit dem von ihm induzierten Teilbaum in den Ausgabebaum.

```
<xsl:copy-of select="XPath-Ausdruck"/>
```

Ergibt die Auswertung des `select`-Ausdrucks keine Knotenmenge, entspricht die Auswirkung von <xsl:copy-of> genau der Ausgabe von <xsl:value-of>. <xsl:copy-of> wird verwendet, um Teilbäume des Quelldokuments unverändert in das Zieldokument zu kopieren. Dabei können mit Hilfe von Variablen auch Knoten des Zielbaumes referenziert werden, um diese wiederholt zu referenzieren.

– <xsl:number>: Über dieses Anweisungselement kann eine Zählnummer erzeugt und formatiert werden. Das Ergebnis ihrer Berechnung ist stets eine formatierte Zeichenkette, die als Textknoten ausgegeben wird. Das Format und die anwendbaren Attribute des <xsl:number>-Elements sind in Abb. 14.32 dargestellt.
Die Anweisung ermittelt eine Numerierung der Knoten des Quellbaumes. Erfolgt keine weitere Spezifikation über optionale Attribute, wird jedem Knoten des Quellbaums eine Positionsnummer innerhalb seiner Geschwister-Knoten zugeordnet. Die Art der Numerierung kann wie folgt festgelegt werden:

- `level="single"`
  Ausgabe einer einfachen Zählnummer, wobei die Numerierung für die Kindelemente eines jeden Knotens neu startet.

```
<xsl:number level="any"| "multiple"| "single"
  count="Muster"
  from="Muster"
  value="Ausdruck"
  format="Format Zeichenfolge"
  lang="Ländercode"
  letter-value="alphabetic"| "traditional"
  grouping-separator="Zeichen"
  grouping-size="Zahl"
/>
```

Abb. 14.32. Format des <xsl:number>-Elements

- `level="multiple"`
  Jeder Knoten erhält eine hierarchische Zählnummer, die sich aus den jeweiligen Nummern seiner Vorgänger entlang des Pfades zur Wurzel des Strukturbaums (1., 1.1, 1.2, ...) ergeben.
- `level="any"`
  Ausgabe einer globalen Zählnummer, d.h. im Gegensatz zu `"single"` werden alle Knoten fortlaufend gezählt.

Das `count`-Attribut gibt einen Suchausdruck an, der die Menge der Knoten bestimmt, auf die die Numerierung im Dokument angewendet werden soll. Über das Attribut `from` kann ein neuer Startpunkt für eine Numerierung der Knoten des Quelldokuments festgelegt werden. Üblicherweise wird die Position des Knotens im Strukturbaum als Grundlage für die Numerierung herangezogen. Über das Attribut `value` ist es allerdings möglich, eine Funktion anzugeben, deren Ergebnis bei Anwendung auf die betreffenden Knoten in eine Zahl umgewandelt und als Grundlage für eine neue Numerierung verwendet wird. Über das `format`-Attribut kann das Ausgabeformat der Numerierung angegeben werden.
Wird über das Attribut `letter-value` der Wert `"alphabetic"` zugewiesen, wird anstelle von Zahlen ein entsprechender Buchstabenwert zur Numerierung herangezogen. Das Attribut `lang` spezifiziert dabei, welches nationale Alphabet zu diesem Zweck herangezogen werden soll, indem eine Länderspezifikation gemäß ISO 639 bzw. ISO 3166 angegeben werden kann (z.B.`"en-US"`).
Die beiden Attribute `grouping-separator` und `grouping-size` geben an, wie die ausgegebenen Nummern formatiert werden sollen. Dadurch ist es z.B. möglich, der amerikanischen Schreibweise folgend nach jeder Tausender-Stelle einen Dezimalpunkt (z.B. 1.000.000) einzufügen (hier `grouping-size="3"` und `grouping-separator="."`).

– <xsl:choose>: Das Anweisungselement <xsl:choose> wird verwendet, um unter verschiedenen Alternativen eine Auswahl zu treffen.

```
<xsl:choose>
  <xsl:when test="Ausdruck">+
  <xsl:otherwise>
</xsl:choose>
```

<xsl:choose> verfügt nicht über eigene Attribute. Das Verhalten wird über die Subelemente <xsl:when> und <xsl:otherwise> gesteuert. Zur Entfaltung einer Auswahl sind mehrere <xsl:when>-Elemente erlaubt. Ergibt ein über das Attribut `test` angegebener Ausdruck bei seiner Auswertung den Booleschen Wert `true`, so wird die dem ersten so ausgewerteten <xsl:when>-Element zugeordnete Anweisung ausgeführt. Wird keiner der in den <xsl:when>-Elementen angegebenen `test`-Ausdrücke

mit true ausgewertet, so wird die dem <xsl:otherwise>-Element zugeordnete Anweisung ausgeführt. Diese Form der bedingten Ausführung entspricht einer Selektions-Anweisung in einer prozeduralen Programmiersprache.

– <xsl:if>: Ebenso wie das Element <xsl:when> prüft <xsl:if> eine Bedingung, die über das Attribut test angegeben werden kann.

```
<xsl:if test="Ausdruck">
   ... Anweisungsrumpf ...
</xsl:if>
```

Die Angabe des test-Attributs ist zwingend. Die Auswertung dieses XPath-Ausdrucks wird in einen Booleschen Wert konvertiert. Ergibt die Auswertung true, so werden die im Anweisungsrumpf (Template Body) angeführten Anweisungselemente ausgeführt.

– <xsl:text>: Dieses Anweisungselement dient in erster Linie dazu, Sonderzeichen und Whitespaces als Text in das Zieldokument zu schreiben. Wird z.B. der Wert eines Knotens ermittelt und ausgegeben, werden in der Regel führende Leerzeichen unterdrückt, so daß zwei nacheinander auszugebende Werte für zwei Knoten ohne ein trennendes Leerzeichen ausgegeben werden. Dies kann jedoch verhindert werden durch die im Anweisungsrumpf des Elements <xsl:text> stehende Leer- und Sonderzeichen, die direkt in das Zieldokument geschrieben werden.

```
<xsl:text disable-output-escaping="yes"| "no">
   ... Anweisungsrumpf ...
</xsl:text>
```

Wird das Attribut disable-output-escaping auf den Wert "yes" gesetzt, so werden Sonderzeichen im Zieldokument nicht in der für XML üblichen Escape-Sequenz-Kodierung geschrieben, sondern als Klartext einkopiert.

– <xsl:copy>: Dieses Anweisungselement dient dazu, eine Kopie des aktuellen Kontext-Knotens in den Strukturbaum des Zieldokuments zu kopieren. Dabei wird lediglich der Knoten und nicht der von ihm induzierte Teilbaum kopiert (Shallow Copy).

```
<xsl:copy use-attribute-sets="Liste">
   ...
</xsl:copy>
```

Über das Attribut use-attribute-sets kann dem zu kopierenden Knoten eine vordefinierte Attributliste zugeordnet werden. Je nach Typ des aktuellen Knotens wirkt dieses Anweisungselement auf unterschiedliche Weise:

- **Element-Knoten**
  Der Knoten wird kopiert, Name und Namensraum-Definitionen werden übertragen, Kind-Elemente und Attribut-Knoten werden ignoriert.
- **Text-Knoten**
  Ein neuer Text-Knoten wird im Strukturbaum des Zieldokuments angelegt. Aus dem Quelldokument wird dabei lediglich der Inhalt des Knotens übernommen, da Text-Knoten gemäß Definition weder über Namen noch Attribute verfügen.
- **Attribut-Knoten**
  Name und Wert des Attribut-Knotens werden in den Strukturbaum des Zieldokuments aufgenommen. Allerdings muß der kopierte Attribut-Knoten innerhalb eines Element-Knoten-Kontextes im Zieldokument stehen.
- **Verarbeitungsanweisungen und Kommentare**
  Es wird ein korrespondierender Knoten im Strukturbaum des Zieldokuments erzeugt. Ein eventuell vorhandener Anweisungsrumpf im Kontext des <xsl:copy> -Elements wird ignoriert.

Um einen vollständigen Teilbaum des Quelldokuments zu kopieren, kann ein Template (<xsl:template>) mit rekursivem Aufruf (über <xsl:apply-templates>) verwendet werden.

- <xsl:message>: Dieses Anweisungselement dient dazu, einen Hinweis auszugeben und gegebenenfalls die Verarbeitung des Stylesheets zu beenden.

```
<xsl:message terminate="yes"| "no">
   ... Anweisungsrumpf ...
</xsl:message>
```

Wird dem optionalen Attribut terminate der Wert "yes" zugewiesen, bricht die Verarbeitung des Stylesheets ab. Weitere Anweisungselemente, die sich im Anweisungsrumpf befinden können, legen den Text fest, der als Nachricht ausgegeben werden soll. Es wird allerdings nicht spezifiziert, wie mit dieser Nachricht zu verfahren ist. Der XSLT-Prozessor legt während der Verarbeitung fest, ob die Nachricht in eine Log-Datei geschrieben wird oder ob sie über ein Hinweisfenster am Bildschirm erscheint.

- <xsl:fallback>: Über das Anweisungselement <xsl:fallback> kann beschrieben werden, was geschehen soll, wenn der Template Body, in dem dieses notiert ist, nicht ausgeführt werden kann.

```
<xsl:fallback>
   ... Anweisungsrumpf ...
</xsl:fallback>
```

Dabei findet die Tatsache Berücksichtigung, daß die Entwicklung von XSLT noch nicht abgeschlossen ist und zukünftige Versionen Möglichkeiten zur Verfügung stellen, die von einem älteren XSLT-Prozessor nicht ausgeführt werden können. In diesem Fall kann über <xsl:fallback> festgelegt werden, wie mit den nicht unterstützten Anweisungselementen zu verfahren ist.

- <xsl:processing-instruction>: Dieses Anweisungselement erlaubt es, eine Verarbeitungsanweisung in den Strukturbaum des Zieldokuments einzubringen.

```
<xsl:processing-instruction name="Name">
   ... Anweisungsrumpf ...
</xsl:processing-instruction>
```

Das Attribut name ist zwingend vorgeschrieben und gibt den Namen der Anwendung an, die zur Ausführung der Verarbeitungsanweisung verwendet wird. Alle Elemente im Anweisungsrumpf von <xsl:processing-instruction> dienen als Eingabeparameter der Verarbeitungsanweisung.

- <xsl:element>: Über dieses Anweisungselement kann ein XML-Element für den Strukturbaum des Zieldokuments direkt im XSLT-Stylesheet kodiert werden.

```
<xsl:element name="Name" namespace="URI"
   use-attribute-set="Attributliste">
   ... Anweisungsrumpf ...
</xsl:processing-instruction>
```

Die Angabe des name-Attributs ist zwingend und dient der Identifikation des Elements. name und namespace können auch als Attribut-Template notiert werden. Im Anweisungsrumpf des <xsl:element>-Elements können sich weitere Kind-Elemente befinden. Attribute können dem zu erzeugenden Element über <xsl:attribute>, <xsl:copy>, <xsl:copy-of> oder use-attribute-set zugewiesen werden.

- <xsl:comment>: Dieses Anweisungselement gestattet es, einen Kommentar in den Strukturbaum des Zieldokuments zu schreiben.

```
<xsl:comment>
   ... Kommentar ...
</xsl:comment>
```

Es wird lediglich ein Text-Knoten erzeugt, der den Text des Kommentars aufnimmt. Der Kommentartext darf dabei nicht die in XML oder HTML vorgesehenen Kommentarzeichen "<!--" oder "--> enthalten.

– <xsl:attribute>: Über dieses Anweisungselement läßt sich ein Attribut/Werte-Paar im aktuell auszugebenden Element erzeugen.

```
<xsl:attribute name="Name" namespace="URI">
   ... Attributwert ...
</xsl:attribut>
```

Attributwert und der über das Attribut name zugewiesene Name müssen erzeugt worden sein, bevor dem aktuellen Element weitere Attribute oder Kind-Elemente hinzugefügt werden können. Der Wert des neu erzeugten Attributs besteht aus einer Zeichenkette, die im Anweisungsrumpf angegeben wird und dynamisch erzeugt werden kann.

– <xsl:sort>: Über das Anweisungselement <xsl:sort> kann eine Knotenmenge neu sortiert werden, die über <xsl:apply-templates> oder <xsl:for-each> selektiert wurde.

```
<xsl:sort select="Ausdruck"
     order="ascending"| "descending"
     case-order= "upper-first"| "lower-first"
     lang="Ländercode"
     data-type= "text"| "number">
/>
```

Bei <xsl:apply-templates> muß <xsl:sort> vor den Angaben zum Anweisungselement <xsl:with-param> stehen, während die Position bei <xsl:for-each> auf den Beginn des Anweisungsrumpfes festgelegt ist. Werden mehrere <xsl:sort>-Elemente deklariert, definieren diese in der Reihenfolge ihrer Notation den ersten, zweiten, usw. Sortierschlüssel. Alle Attribute können optional verwendet werden:

- select
  Beschreibt einen Ausdruck, der den Sortierschlüssel ergibt. Das Ergebnis des Ausdrucks wird dazu in eine Zeichenkette umgewandelt.
- order
  Legt die Sortierreihenfolge fest (aufsteigend=ascending, absteigend=descending).
- case-order
  Legt fest, wie innerhalb der Sortierreihenfolge identische Zeichen behandelt werden sollen, die in Groß- und Kleinschreibung vorliegen (Großbuchstaben zuerst=upper-first, Kleinbuchstaben zuerst=lower-first).
- lang
  Unterschiedliche Sprachräume verfügen über verschiedene Sortierreihenfolgen. Daher wird über dieses Attribut die länderspezifische Sortierfolge über Angabe der Sprache gemäß ISO 639 und RFC 1766 festgelegt werden.
- data-type
  Legt die Interpretation der Zeichenkette des Sortierschlüssels fest (text=Interpretation als Text, number=Interpretation als Zahl).

XSLT-Funktionen

Weiter verfügt die XML-Syntax über bestimmte Funktionen, die auf den Kontext-Knoten eines Strukturbaumes angewendet werden können und verschiedenartige Informationen zurückliefern bzw. spezifische Anwendungen ausführen. Folgende XSLT-Funktionen sind definiert:

- `current()`
  Liefert als Ergebnis lediglich den aktuellen Knoten zurück. In der Regel sind Kontext-Knoten und aktueller Knoten identisch. Wird allerdings ein Prädikat ausgewertet, können Kontext-Knoten und aktueller Knoten durchaus unterschiedlich sein. Der aktuelle Knoten wird wie folgt erzeugt:
  – Wird eine globale Variable ausgewertet, ist der aktuelle Knoten stets der Wurzel-Knoten des Quelldokuments.
  – Bei Auswertung eines `<xsl:apply-templates>`-Elements wird jeder einzelne, ausgewählte Knoten der Reihe nach zum aktuellen Knoten.
  – Bei Auswertung eines `<xsl:for-each>`-Elements wird jeder einzelne, ausgewählte Knoten der Reihe nach zum aktuellen Knoten.
  – Die Anweisungselemente `<xsl:call-template>` und `<xsl:apply-imports>` lassen den aktuellen Knoten unverändert.
  – Im Unterschied zum Kontext-Knoten ändert sich der aktuelle Knoten bei der Auswertung eines Prädikats in einem XPath-Ausdruck.
- `document()`
  Diese Funktion öffnet ein externes Dokument, baut einen abstrakten Strukturbaum dazu auf und gibt den Wurzel-Knoten als Funktionswert zurück. So können z.B. die Templates eines externen XSL-Stylesheets folgendermaßen aktiviert werden:

```
<xsl:apply-templates select=document(DokumentReferenz)/>
```

- `element-available()`
  Mit dieser Funktion kann überprüft werden, ob der verarbeitende XSLT-Prozessor das angefragte Anweisungselement verarbeiten kann oder nicht. Ist das angefragte Anweisungselement verfügbar, wird der Funktionswert `true` zurückgegeben. Der folgende Ausdruck prüft z.B., ob das Anweisungselement `<xsl:call-template>` verfügbar ist oder nicht:

```
element-available("<xsl:apply-templates")
```

- `format-number()`
  Mit Hilfe dieser Funktion können numerische Werte in Zeichenketten umgewandelt werden. Das Format der erzeugten Zeichenkette wird durch das Anweisungselement `<xsl:decimal-format>` festgelegt, das entsprechende Separatoren und Gruppierungen beschreibt. Zusätzlich dient eine Formatierungs-Schablone zur Festlegung der Ausgabe, die dem in `<xsl:decimal-format>` angegebenen Format folgen muß. Folgendes Beispiel

```
<xsl:value-of select="format-number(12345.678, "#.##0,00 Euro") "/>
```

  produziert die Ausgabe `12,345.68 Euro`. Entsprechend den vorgegebenen Dezimalstellen findet eine Rundung des vorgefundenen Wertes statt. Die Formatierungs-Schablone kann aus folgenden Zeichen bestehen:
  – `#`: Ziffer, Nullen werden nicht ausgegeben,
  – `0`: Ziffer, Nullen werden ausgegeben,
  – `,`: Gruppierungs-Separator,
  – `-`: Negativ-Kennzeichner.
- `function-available()`
  Wie bei `element-available()` wird geprüft, ob die angefragte Funktion vom XSLT-Prozessor unterstützt wird.

- `generate-id()`
  Über diese Funktion kann eine Zeichenkette erzeugt werden, die einen Knoten eindeutig identifiziert. Die Implementierung dieser Funktion kann zwischen verschiedenen XSLT-Prozessoren differieren und unterschiedliche IDs können für einen identischen Knoten erzeugt werden.
- `key()`
  Diese Funktion implementiert eine Suchfunktion, die Knoten auffinden kann entsprechend einer Vorgabe, die zuvor über `<xsl:key>` spezifiziert wurde.
- `system-property()`
  Diese Funktion gibt Informationen über den XSLT-Prozessor aus. Derzeit beinhaltet die Spezifikation drei Attribute, die erfragt werden können:
  – `xsl:version`: Versionsnummer,
  – `xsl:vendor`: Hersteller,
  – `xsl:vendor-url`: URL des Herstellers.
- `unparsed-entity-uri()`
  Über diese Funktion kann der Dateiname einer Entity zurückgegeben werden, der innerhalb einer DTD mit dem Typ `NDATA` definiert wurde. Als Parameter muß dabei die Entity-Referenz der gesuchten Entity angegeben werden.

Weiterführende Literatur:

J. Clark XSL Transformations (XSLT) Version 1.0, W3C Recommendation 16-November-1999, available at `http://www.w3.org/TR/1999/REC-xslt-19991116`

J. R. Gardner, Z. L. Rendon: XSLT and XPATH: A Guide to XML transformations, Prentice Hall, Upper Saddle River NJ, USA, 2000.

14.4 Spezielle XML-Entwicklungen

14.4.1 XML-Abfragesprachen

Neben der Möglichkeit, Wissensräume über Verweise auf XML-Dokumente, Dokumententeile und andere Ressourcen aufbauen zu können, ist es wünschenswert, Suchabfragen an XML-basierte Dokumente zu stellen, die ganz ähnlich formuliert und ausgeführt werden können wie Datenbank Suchabfragen. XML-Dokumente bieten dazu die Möglichkeit einer strukturierten Speicherung von Informationen. Allerdings bestehen dabei zu herkömmlichen Datenbanken, wie z.B. zu **relationalen Datenbanken**, signifikante Unterschiede.

Relationale Datenbanken strukturieren die in ihnen abgelegte Information in Form von **Tabellen**. Tabellen sind zweidimensionale Strukturen, bestehend aus **Zeilen**, die der Repräsentation eines einzelnen Objekts dienen, und Spalten, die eine identische Objekteigenschaft zusammenfassen. Relationale Datenbanken bedienen sich der Sprache **SQL** (**Structured Query Language**), um Strukturen zu erzeugen, zu verwalten und um Abfragen auf diesen durchzuführen. Betrachten wir das Beispiel eines XML-Elements aus Abb. 14.15, so kann aus dem Element <Kuchen> leicht eine entsprechende Tabelle einer relationalen Datenbank erzeugt werden. Die einzelnen Sub-Elemente erzeugen dabei jeweils eine Spalte, wobei Sub-Elemente, die sich in einer tieferen Schachtelung befinden, entweder ignoriert werden oder aber mit auf die Ebene der Tabellenspalten gehoben werden können. Die in Abb. 14.33 dargestellten SQL-Anweisungen erzeugen die zu dem o.a. Beispiel korrespondierenden Tabellen (vgl. Tabelle 14.6).

```
Create Table Kuchen (
  name varchar(64), belag varchar(64), glasur varchar(64),
  boden varchar(64), autor varchar(80)
);

Create Table Zubereitung (
  varchar(64), schritt varchar(256)
);
```

Abb. 14.33. SQL-Anweisung zur Erzeugung der zu dem in Abb. 14.15 angegebenen XML-Element korrespondierenden Tabellen

Tabelle 14.6. Korrespondierende Tabellen zu dem in Abb. 14.15 gegebenen XML-Element

Kuchen:

name	belag	glasur	boden	autor
Erdbeerkuchen	Erdbeeren	rot	Bisquit	Oma

Zubereitung:

name	schritt
Erdbeerkuchen	Erdbeeren waschen
Erdbeerkuchen	Erdbeeren auf Boden
Erdbeerkuchen	Glasur über Erdbeeren gießen

Jede Tabelle verfügt über eine spezielle Spalte bzw. eine Kombination von Spalten, die als **Primärschlüssel** der eindeutigen Identifikation eines jeden Datenelements in der Tabelle dienen. XML-Elemente müssen im Gegensatz dazu nicht über einen derartigen Schlüssel verfügen. Allerdings kann ein ähnlicher Mechanismus über das Attribut ID realisiert werden.
Ein XML-Dokument erlaubt die Identifikation eines Elements über die Position des Elements innerhalb des abstrakten Strukturbaums des Quelldokuments, d.h. die Position im Dokument dient der eindeutigen Identifikation. Im Gegensatz dazu ist bei relationalen Datenbanken keine feste Spaltenreihenfolge und auch keine Reihenfolge der Tabellenzeilen vorgegeben. Um also

die Arbeitsschritte in der Tabelle `Zubereitung` in die richtige Reihenfolge zu bringen, könnte das Attribut `order` des XML-Elements `schritt` als Sortierschlüssel herangezogen werden, für das eine neue Tabellenspalte anzulegen wäre (siehe Tabelle 14.7).

Tabelle 14.7. Erweiterte Tabelle zu dem in Abb. 14.15 gegebenen Beispiel

Zubereitung:

name	order	schritt
Erdbeerkuchen	1	Erdbeeren waschen
Erdbeerkuchen	2	Erdbeeren auf Boden
Erdbeerkuchen	3	Glasur über Erdbeeren gießen

Tabellen relationaler Datenbanken sind nicht zu einer hierarchischen Schachtelung fähig, wie es dieses Beispiel erfordert hätte. Zur Simulation dieser hierarchischen Struktur muß das XML-Element `Kuchen` in mehrere einzelne Tabellen aufgebrochen werden.
Desweiteren zeigt das Beispiel, daß in einem XML-Element prinzipiell keine semantische Unterscheidung zwischen den Attributen und Elementewerten getroffen wird. So konnte aus dem Attribut `order` eine eigene Tabellenspalte werden, die sich umgekehrt auch als Kind-Element des Elements `schritt` interpretieren ließe. XML gestattet es, Elemente mit heterogenem Inhalt, d.h. mit Textinhalt und gleichzeitig anderen Sub-Elementen, zu definieren. Setzt man ein Element mit einer Spalte einer relationalen Datenbanktabelle gleich, wie in unserem Beispiel geschehen, widerspricht die Elemente-Definition mit heterogenem Inhalt einem Grundprinzip der relationalen Datenbanken: Spalten-Elemente müssen „atomar“ sein, d.h. dürfen nicht aus unterschiedlichen Typen zusammengesetzt sein.
Das W3C hat deshalb eine eigene Arbeitsgruppe zu dieser Problematik ins Leben gerufen: Die **XML Query Working Group** befaßt sich mit der Entwicklung „flexibler Suchmöglichkeiten für die Extraktion von Daten aus realen und virtuellen Dokumenten im WWW“. Die Arbeitsgruppe hat bereits eine Spezifikation für eine spezielle Abfragesprache **XQuery** ausgearbeitet, die z.Z. den Weg zur Standardisierung durch das W3C nimmt und den aktuellen Status eines Working Drafts besitzt. Die Spezifikation von XQuery ist auf Kompatibilität mit anderen XML-Derivaten angelegt und bildet eine Obermenge der Sprache XPath. Sehr beeinflußt ist die Spezifikation von XQuery durch die XML-basierte Abfragesprache **Quilt**, die ihrerseits von **OQL** (**Object Query Language**) abstammt, die auf das bereits erwähnte SQL zurückgeht und ebenfalls Bestandteile anderer XML-Abfragesprachen, wie **XQL** und **XML-QL**, berücksichtigt. Anders als diese Vorbilder zielt XQuery jedoch ausschließlich auf Suchabfragen über XML-Dokumente und nicht auf die Veränderung oder Erzeugung neuer XML-Dokumente.

Ähnlich wie in XPath kann in XQuery über einen geeigneten Ausdruck eine Knotenmenge aus dem abstrakten Strukturbaum eines XML-Dokuments herausgefiltert werden, wobei sowohl nach strukturellen als auch nach inhaltlichen Komponenten selektiert werden kann. Eine ausführliche Darstellung der Arbeit der XQuery Working Group und der XQuery Spezifikation ist unter folgender URL verfügbar:

`http://www.w3.org/TR/2002/WD-xquery-20021115/`

14.4.2 XML basierte Markup-Sprachen für spezielle Anwendungen

Mobile Anwendungen und WML. Mobile Kommunikation ist auf dem Vormarsch und die angebotenen mobilen Endgeräte warten jedes Jahr mit neuen Funktionalitäten auf. Trotz aller neuen Möglichkeiten schränkt allerdings alleine schon die Forderung nach Mobilität die Möglichkeiten der Darstellung von Informationen stark ein, da ein mobiles Endgerät, das bequem in eine Jackentasche paßt, nicht viel Platz für ein gut lesbares Display bietet (siehe Abb. 14.34). Diese Beschränkung der Darstellungseigenschaften (kleinere Displays, niedrigere Auflösung, geringere Prozessorleistung, etc.), sowie die speziellen Beschränkungen der mobilen Kommunikation (niedrigere Bandbreite, hohe Fehlerrate, etc.) führten zur Entwicklung spezieller Markup-Sprachen, die den spezifischen Problemen mobiler Kommunikation angepaßt sind.

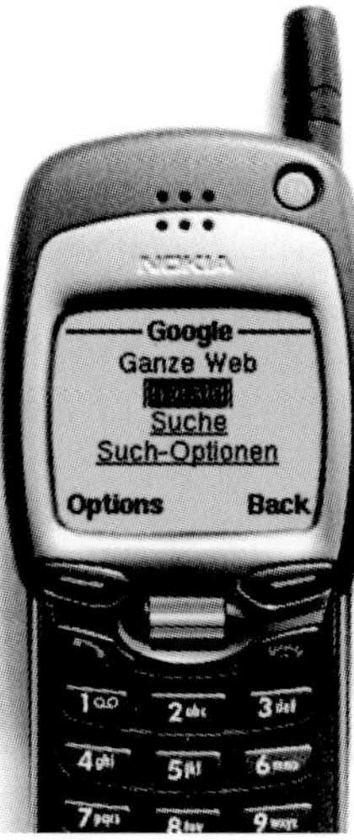

Abb. 14.34. Darstellung eines WML-Dokuments auf einem Mobiltelefon

Die **Wireless Markup Language** (**WML**) ist Teil des **WAP**-Standards (**Wireless Application Protocol**), des Protokollstandards für drahtlose Anwendungen und Dienstleistungen. Sie bereitet die Dateninhalte speziell für die Erfordernisse mobiler Endgeräte auf und überträgt sie dazu in ein XML-Format. WML ist eine XML-Anwendung, die eine Teilmenge der Sprache **XHTML** umfaßt, und zusätzlich Statusvariablen zur Beschreibung des Kommunikationsstatus, eine Gültigkeitskontrolle für Benutzereingaben und ein allgemeines Ereignismodell unterstützt.
Im Unterschied zu XHTML-Dokumenten werden WML-Dokumente nicht als eine einzige große Webseite dargestellt, sondern sind in sogenannten Karteikarten als **Kartenstapel** (**Deck**) organisiert. Ein kompletter Kartenstapel kann dabei, ebenso wie eine reguläre HTML-Seite, unter einem einzigen URI referenziert werden.
Ein WML-Dokument muß in der ersten Zeile über eine Angabe der verwendeten DTD verfügen:

```
<!DOCTYPE wml PUBLIC "-//WAPFORUM//DTD WML 1.1//EN"
  "http://www.wapforum.org/DTD/wml_1.1.xml">
```

Der Dokumenteninhalt wird durch die Tags `<wml>`...`</wml>` eingeschlossen, wobei die einzelnen Karteikarten eines Stapels innerhalb eines Dokuments jeweils durch die Tags `<card>`...`</card>` gekennzeichnet werden (siehe Abb. 14.35).

```
<!DOCTYPE wml PUBLIC "-//WAPFORUM//DTD WML 1.1//EN"
  "http://www.wapforum.org/DTD/wml_1.1.xml">

<wml>
  <head> ... </head>
  <template> ... </template>
  <card>
    ...
  </card>
  <card>
    ...
  </card>
  ...
</wml>
```

Abb. 14.35. Struktur eines WML-Dokuments

Bevor ein WML-Dokument an ein mobiles Endgerät weitergegeben wird, überprüft das WAP-Gateway das Dokument auf seine Gültigkeit. Zu diesem Zweck wird die Angabe der DTD benötigt. Dabei werden ungültige und nicht wohlgeformte Dokumente von vorne herein abgelehnt und nicht zum mobilen Endgerät übertragen. Der Dokumentenheader wird über das

Tag `<head>...</head>` spezifiziert und hat die gleiche Aufgabe wie in einem HTML-Dokument. Das `<template>`-Tag dagegen beinhaltet Daten, die von allen Karteikarten eines Dokuments gemeinsam genutzt werden. Jedes `<card>`-Element verfügt über ein Attribut `id`, über das es referenziert werden kann.
Ein Karteikartenstapel ist oft hierarchisch organisiert, d.h. die Titelkarte hat meist eine Art Hauptmenü zum Inhalt, von dem aus auf weiterführende Informationen in den übrigen Karten verzweigt wird.
Über die Darstellung der bereits bekannten XHTML-Elemente hinaus verfügt WML außerdem über folgende Möglichkeiten:

- **Metainformationen**
  Das `<meta>`-Tag wurde aus XHTML zur Angabe von Metainformationen übernommen. Zusätzlich ist das Tag `<access>` verfügbar, über das sich der Zugriff auf ein vorliegendes Dokument einschränken läßt. Die Einschränkung erfolgt dabei über den URI der Ursprungs-Seite, von der aus das betreffende Dokument angefordert wurde.
- **Zeitgeber (Timer)**
  Zeitgeber werden verwendet, um den Nutzer bei der Navigation durch XML-Dokumente zu unterstützen. Das `<timer>`-Element wird verwendet, um nach einer angegebenen Zeitspanne ein bestimmtes Ereignis (`ontimer`) zu initiieren. So kann z.B. nach einer bestimmten Zeitspanne automatisch ein Hilfe-Text angezeigt werden.
- **Ereignisbehandlung**
  Über das Element `<onevent>` kann nach Auftreten eines bestimmten, vorab spezifizierten Ereignisses eine auszuführende Aktion ausgelöst werden. So kann z.B. nach Ablauf eines durch ein `<timer>`-Element spezifizierten Zeitgebers über eine `<onevent>`-Anweisung vom Typ `ontimer` eine bestimmte Aktion ausgelöst werden, die im Anweisungsrumpf beschrieben wird.
- **Variablen**
  Variablen werden in WML verwendet, um Informationen über den Zustand einer Anwendung über Dokumentgrenzen hinweg verfügbar zu halten. Über das Element `<setvar>` kann eine Variable deklariert und ihr ein Wert zugewiesen werden, der im WML-Dokument über `$(Variablenname)` abgegriffen werden kann.
- **Spezielle Kontrollelemente**
  Da die Eingabemöglichkeiten bei mobilen Endgeräten oft eingeschränkt sind, sieht WML ein gewisses Maß an Kontrolle vor über sogenannte **Softkeys** (programmierbare Kontrollelemente) und Menüs des verwendeten Browsers. So können z.B. mit dem Element `<do>` einem dieser Kontrollelemente bestimmte Aufgaben (Tasks) zugewiesen werden, die den Nutzer z.B. bei der Navigation unterstützen. Über das Element `<go>` kann der Browser angewiesen werden, zu einer alternativen Adresse zu springen, mit

<prev> kann auf die vorangegangene Seite gesprungen werden und über das Element <refresh> kann der Wert von Variablen aktualisiert werden.

- **Dokumentenvorlagen für Clients**
  Über die Verwendung von Variablen können WML-Dokumente als lokal verfügbare Dokumentenvorlagen im mobilen Endgerät selbst genutzt werden. Eine Dokumentenvorlage kann dabei lokal gespeichert und für eigene Zwecke weiterverwendet werden.

WML-Inhalte werden meist dynamisch erzeugt. Natürlich kann dabei jede Technik zur dynamischen Erzeugung von WWW-Dokumenten zum Einsatz kommen (z.B. JSP, CGI-Skripts, etc.), aber am einfachsten lassen sich WML-Dokumente aus bestehenden XML-Dokumenten über die Transformationssprache **XSLT** ableiten (transformieren). Durch Einsatz von XSLT auf Serverseite kann aus jedem beliebigen XML-Dokument auf sehr einfache Weise ein WML-Dokument generiert werden.

Weitere XML-basierte Sprachen. XML stellt heute den Defacto-Standard für die Entwicklung neuer Markup-Sprachen dar, die stets auf spezielle Anwendungen abzielen. Da XML die freie Definition von Markup-Tags gestattet, wurden bereits eine Vielzahl verschiedenartiger Markup-Sprachen für die Bereiche Mathematik, technische Dokumentation, Musik oder Vektorgrafik definiert. Für jedes spezielle Anwendungsfeld stellt XML die allgemeinen Basis-Strukturen zur Verfügung, denen eine dem jeweiligen Einsatz angepaßte spezielle Semantik zugefügt wird.
Im Folgenden ist ein Ausschnitt der stetig wachsenden Familie von Markup-Sprachen dargestellt, die alle auf XML basieren:

- **Voice XML**
  Diese Markup-Sprache fällt in die Kategorie der sogenannten **Rendering Sprachen**, die der Darstellung von XML-Dokumenten auf speziellen Endgeräten dienen, die eine besondere Darstellungsweise erfordern. Voice XML wird von Browsern verwendet, die XML-Dokumente in gesprochene Sprache übersetzen und anschließend z.B. telefonisch übertragen. Die Entwicklung von Voice XML wird von einer speziellen Interessenvertretung, dem **Voice XML Forum** vorangetrieben, das von den Firmen AT&T, IBM, Lucent und Motorola getragen wird. Voice XML 2.0 hat bereits den Status einer Candidate Recommendation des W3C erreicht und ist auf dem Wege der Standardisierung. Die Spezifikation ist verfügbar unter

  `http://www.w3.org/TR/2003/CR-voicexml20-20030220/`

- **Scalable Vector Graphics (SVG)**
  SVG dient der Beschreibung zweidimensionaler Vektorgrafiken. Im Gegensatz zur Rastergrafik setzt sich eine Vektorgrafik nicht aus einzelnen Bildpunkten (Pixel, Raster) zusammen, sondern aus Vektoren, d.h. Strecken (Linien), die durch Startpunkt, Länge und Winkel charakterisiert sind, oder Kurven, Bildern und Texten, denen zusätzliche Eigenschaften wie

Farbe oder Verdeckung zugeordnet werden. SVG ist eine XML-basierte Markup-Sprache, die in der Lage ist, Vektorgrafik-Elemente zu definieren, gruppieren, transformieren und diese in einer interaktiven und dynamischen Umgebung darzustellen mit dem Ziel, spezielle grafische Bestandteile von WWW-Informationsressourcen zu verkleinern und so für kürzere Übertragungszeiten zu sorgen. Zusätzlich werden auch andere Arten von Darstellungsgeräten unterstützt, wobei SVG um Animations- und Interaktivitätskomponenten erweitert wurde. Abb. 14.36 zeigt ein SVG-kodiertes Beispiel verschiedener 2D-Grafiken mit dem zugehörigen Quellcode. Die Entwicklung und Standardisierung wird durch die **SVG Working Group** des W3C vorangetrieben. SVG 1.1 hat im Januar 2003 den Status eines W3C-Standards erreicht, die zugehörige Spezifikation ist erreichbar unter

`http://www.w3.org/TR/SVG11/`

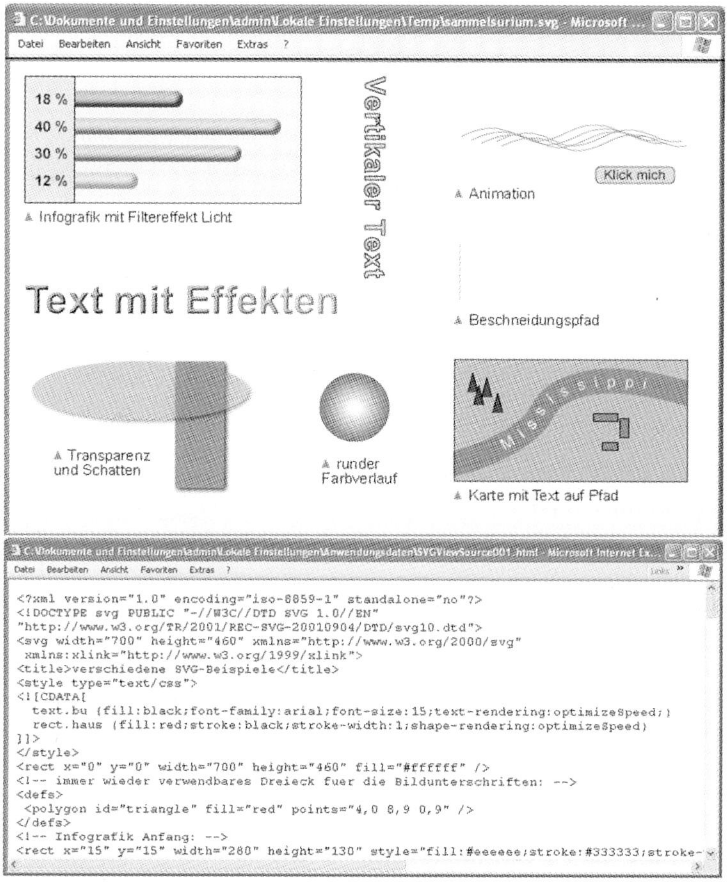

Abb. 14.36. Beispiel für SVG-kodierte 2D-Grafiken in einem SVG-fähigen Browser

- **Vector Markup Language (VML)**
  Ähnlich dem vom W3C unterstützten Standard SVG ist VML eine Markup-Sprache zur Beschreibung von Vektorgrafiken, die durch die Firmen Microsoft, Macromedia, HP und Autodesk ins Leben gerufen wurde. VML findet Verwendung im Microsoft Explorer 5 sowie in Microsofts Office-Produkten. Die in Microsoft Office importierten Rastergrafiken (z.B. GIF oder JPEG) werden direkt in eine Vektorgrafik umgewandelt und dargestellt. Bereits 1998 wurde VML dem W3C als RFC zur Standardisierung vorgelegt, jedoch entschied sich das W3C für SVG als Standard für die Beschreibung von Vektorgrafiken im WWW. Abb. 14.37 zeigt ein Beispiel für ein mit VML erstelltes Balkendiagramm zusammen mit dem zugehörigen Quellcode.

Abb. 14.37. VML-kodiertes Beispiel zur Erzeugung von 2D-Wortart (Quelle: http://msdn.microsoft.com/)

- **Hyper Graphics Markup Language (HGML)**
  HGML zielt speziell auf die Verwendung in mobilen Endgeräten ab, wie z.B. Mobiltelefonen, die über das WAP-Protokoll auf das WWW zugreifen können. Da allerdings bislang ein großer Teil der Informationsressourcen im WWW in grafischer Form vorliegt, sind diese für derartige Endgeräte nicht oder nur eingeschränkt zugängig. Dies liegt an der verminderten Bandbreite und den geringeren Darstellungskapazitäten in der Mobilkommunikation. HGML soll eine Grafik-basierte Alternative zum derzeit im WWW verwendeten HTML darstellen. Zu diesem Zweck wurde es auf den Betrieb über Kanäle von nur geringer Bandbreite optimiert. Dazu stellt HGML Grafik-Primitive und zugehörige Manipulationsverfahren zur Verfügung,

die es ermöglichen, den Einsatz konventioneller Rastergrafiken in HTML zu verringern oder ganz zu vermeiden. Die Spezifikation von HGML liegt dem W3C seit 1998 als W3C-Note vor und ist verfügbar unter

http://www.w3.org/TR/NOTE-HGML

- **Chemical Markup Language (CML)**
  Eine Markup-Sprache, die speziell auf die Darstellung chemischer Moleküle abzielt, ist die Chemical Markup Language, eines der ersten XML-Derivate überhaupt. CML bietet neben einer grafischen Darstellung von Molekülen, die Möglichkeit der Konvertierung unterschiedlicher proprietärer Datenformate. Abb. 14.38 zeigt eine CML-Anwendung, in der ein Koffein-Molekül interaktiv drehbar dargestellt wird.

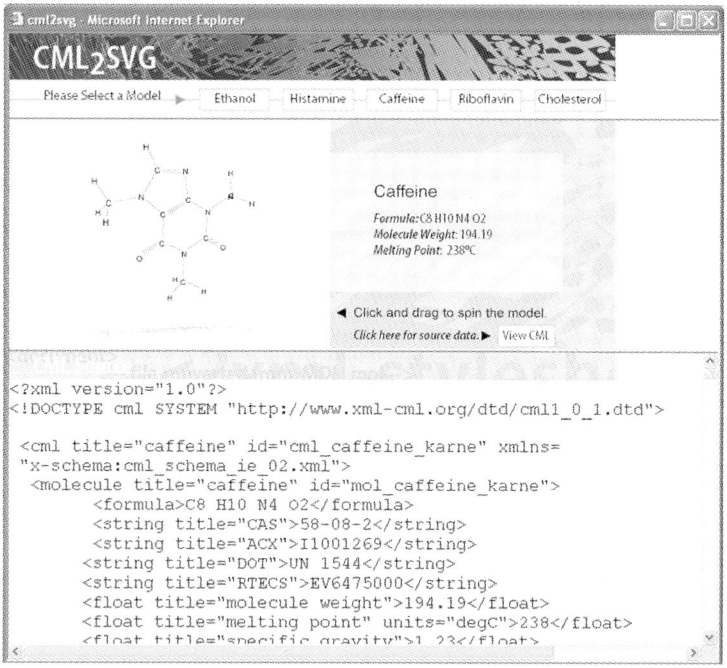

Abb. 14.38. Darstellung eines CML-kodierten Koffein-Moleküls

- **Mathematical Markup Language (MathML)**
  Zur Darstellung mathematischer Formeln innerhalb von HTML-Dokumenten behalfen sich die meisten Autoren bislang mit dem Versuch, die betreffende Formel mit Hilfe von ASCII-Zeichen auszudrücken („ASCII-Art“), was die Lesbarkeit der Dokumente natürlich stark beeinträchtigte, oder aber man versuchte durch die Einbindung von Grafik-Dateien die Formel in den Text einzubinden. Dabei war die erzielte Darstellungsqualität für

den Bildschirm durchaus ausreichend. Wurde dieser jedoch ausgedruckt, wiesen die eingebundenen Formeln starke Rasterungs-Artefakte auf und die Lesbarkeit des Dokuments wurde wiederum stark beeinträchtigt.
Die Mathematical Markup Language war eines der ersten XML-Derivate, das dazu dient, mathematische Formeln mit Hilfe einer Markup-Sprache im WWW-Browser darzustellen, ähnlich der im Bereich der wissenschaftlichen Publikation weit verbreiteten Markup-Sprachen TEXund LATEX. Die meisten populären WWW-Browser sind in der Lage MathML darzustellen, entweder durch ein eigens eingebautes Rendering (ab Netscape 7) oder über entsprechende PlugIns (InternetExplorer und Opera). Amaya, der OpenSource WWW-Browser des W3C, kann dazu benutzt werden, HTML/XHTML Seiten mit eingebettetem MathML zu editieren und anzuzeigen. Abb. 14.39 zeigt ein Beispiel für die Darstellung von MathML-Dateien in einem MathML-fähigen WWW-Browser.
MathML wird von einer eigenen Arbeitsgruppe des W3C weiterentwickelt und liegt seit 2001 als Recommendation für die Version MathML 2.0 vor. Die Spezifikation von MathML ist erhältlich unter

`http://www.w3.org/TR/MathML2/`

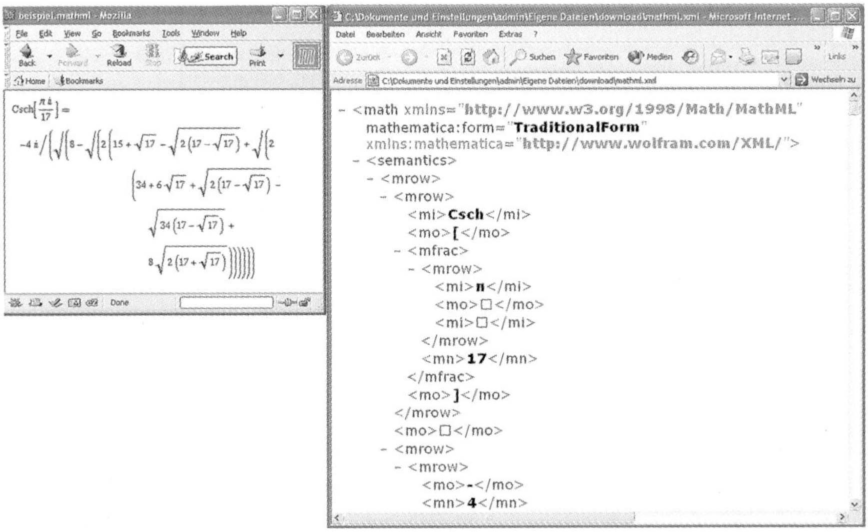

Abb. 14.39. Darstellung einer MathML-Formel mit dem zugehörigen Quellcode in einem MathML-fähigen WWW-Browser

- **XHTML**
  Natürlich muß an dieser Stelle auch die XML-basierte Version der HTML-Markup-Sprache für das WWW erwähnt werden. XHTML verfügt über den Sprachumfang von HTML 4.0, wobei es aber im Gegensatz zu diesem auf

einer XML-DTD beruht (siehe Kap. 12.1.3). Die Spezifikation von XHTML besitzt seit 2000 den Status einer W3C-Empfehlung und ist verfügbar unter

`http://www.w3.org/TR/xhtml1`

- **Synchronized Multimedia Integration Language (SMIL)**
  SMIL erlaubt die Zusammenführung unterschiedlicher Multimedia-Datenformate und deren koordinierter und synchronisierter Darstellung (siehe Abschnitt 8.7.5). Abb. 14.40 zeigt ein Beispiel für die Synchronisation unterschiedlicher Multimedia-Datenströme (hier Video, Präsentation und HTML) über einen handelsüblichen Media-Player (hier RealPlayer).

Abb. 14.40. Darstellung unterschiedlicher Multimediadatenströme mit SMIL

Die Spezifikation von SMIL 2.0 liegt seit 2001 als Empfehlung des W3C vor und ist verfügbar unter

`http://www.w3.org/TR/smil20/`

Wir beschließen damit die Vorstellung ausgewählter XML-Derivate. Eine vollständige Liste der XML-Derivate anzugeben ist kaum möglich, da ständig neue XML-basierte Markup-Sprachen für die verschiedensten Anwendungsgebiete, wie z.B. Medizin, Biologie, E-Commerce und andere mehr entwickelt werden.

14.5 Glossar

Application Programming Interface (API): Über das API wird eine fest definierte Schnittstelle implementiert zwischen einer Programmiersprache, mit der auf das API zugegriffen wird und die sich der Methoden und Datenstrukturen, die das API vorsieht, bedient, und einem konkreten Hard- und Softwaresystem, das mit Hilfe der Methoden und Datenstrukturen der Bibliotheken des API manipuliert werden kann. Ein API schirmt den Entwickler vor sogenannten „Low Level“ Arbeiten ab, die nötig wären, um direkt auf die vom API manipulierbaren Objekte zuzugreifen, und bietet ihm dadurch eine komfortable Schnittstelle.

Cascading Style Sheet (CSS): Über ein Style Sheet läßt sich eine Layout-Vorlage definieren, die bestimmt, wie die Elemente eines Dokuments bei dessen Ausgabe zu formatieren sind. Mehrere Style Sheets können nacheinander auf ein Dokument angewendet werden (Cascading Style Sheets). Eventuelle Konflikte, die durch mehrere, zueinander widersprüchliche Style Sheets entstehen, werden dabei durch entsprechende Vorrangregeln gelöst.

Chemical Markup Language (CML): XML-basierte Markup-Sprache, die speziell zur Darstellung von chemischen Molekülen über einen CML-fähigen Browser vorgesehen ist.

Document Object Model (DOM): DOM bildet die Basis für die Koppelung von HTML-Dokumenteninhalten mit ausführbaren Skripten (Anwendungsprogramme, die in einer einfachen, interpretierbaren Programmiersprache formuliert sind), die den Inhalt dieser HTML-Dokumente dynamische verändern können.

Document Type Definition (DTD): Dokument, das die syntaktischen Regeln angibt, nach denen ein Dokument erzeugt werden kann. Eine DTD definiert, wie Elemente und Attribute einer Markup-Sprache wie SGML, HTML oder XML zusammengestellt werden können. Dabei wird aber keine semantische Information zur Interpretation der erstellten Dokumente angegeben. Mit Hilfe einer DTD und eines Parsers kann geprüft werden, ob ein bestimmtes Dokument entsprechend einer zugrundeliegenden DTD aufgebaut, d.h. **gültig** ist.

Extensible Markup Language (XML): Wie HTML oder SGML ist XML eine Beschreibungssprache für Dokumente. XML stellt eine Teilmenge der SGML-Beschreibungssprache dar, die speziell für die Belange des WWW entwickelt und dazu von nicht benötigtem Ballast befreit wurde. Im Gegensatz zu HTML ist XML eine erweiterbare Sprache, d.h. auf der Grundlage von XML lassen sich neue, spezialisierte Beschreibungssprachen für besondere Umgebungen schaffen, wie z.B. Handheld PCs oder Mobiltelefone.

Extensible Style Language (XSL): XSL war ursprünglich als Formatierungssprache für die formatierte Darstellung von XML-Dokumenten vorgesehen. Im Zuge der Entwicklung von XSL wurde jedoch klar, daß drei unterschiedliche Aufgabenkomplexe in der Definition dieser Formatierungssprache berücksichtigt werden müssen:

- Bevor eine Formatierung durchgeführt werden kann, müssen die entsprechenden Dokumententeile, d.h. Zielpositionen innerhalb eines XML-Dokuments eindeutig identifiziert werden können. Zu diesem Zweck wurde die Sprache **XPath** entwickelt, die auch in andere Mitglieder der XML-Sprachfamilie (z.B. XPointer, XQuery) Eingang gefunden hat.
- Eine Grundaufgabe der Formatierung besteht in einer Transformation des XML-Dokuments, die eine XML-Struktur entsprechend einer bestimmten, zu definierenden Semantik in eine formatierte Ausgabe überführt. Zu diesem Zweck wurde die allgemeine XML-Transformationssprache **XSLT** entwickelt. Die Transformationsanweisungen für ein XML-Dokument werden in einem XSLT-Stylesheet zusammengefaßt, das von einer speziellen Anwendung, dem XSLT-Prozessor abgearbeitet wird.
- Der eigentliche Formatierungsprozeß wird durch spezielle Formatanweisungen gesteuert, die mit Hilfe von XPath einen betreffenden XML-Dokumententeil kennzeichnen, der dann über XSLT in eine formatierte Ausgabe überführt wird. Diese Formatierungsanweisungen werden als **XSL:FO** (XSL Formatting Objects) bezeichnet.

Hyperlink: Verweis auf ein anderes Hypermedia-Dokument oder eine andere Textstelle im vorliegenden Hypertext, der die nicht-lineare Vernetzung von Informationen in WWW-Dokumenten ermöglicht. Die Markup-Sprache HTML sieht eine unidirektionale 1:1-Verknüpfung zwischen einem HTML-Dokument als Startpunkt und einer weiteren Ressource als Zielpunkt vor, während **XLink** als spezielle Markup-Sprache zur Verknüpfung von XML-Dokumenten n:m-Verknüpfungen zwischen einer Vielzahl von Ressourcen gestattet, wobei das Hyperlink-Element selbst sogar unabhängig und außerhalb der Quellressource (**Out-of-Line Hyperlink**) gespeichert werden kann.

Kontext-Knoten: Innerhalb einer **XPath**-Pfadangabe stellt der sogenannte Kontext-Knoten im Strukturbaum eines Dokuments stets den Startpunkt dar, auf den sich die folgenden relativen Pfadangaben beziehen und bzgl. dessen die Pfadangaben ausgewertet werden.

Markup: Bezeichnung für spezielle Auszeichnungselemente, die innerhalb eines Textes bestimmte Strukturelemente kennzeichnen. Mit Hilfe von Markup-Elementen kann die Struktur eines Textes logisch erfaßt und unabhängig von der jeweiligen Darstellungsart archiviert werden. Dokumenten-Beschreibungssprachen, die mit Hilfe von Markups die Struktur eines Dokuments festlegen, werden als **Markup-Sprachen** bezeichnet. Die bekanntesten Markupsprachen sind **SGML** (Standard Generalized Markup Language), **HTML** (Hypertext Markup Language) und **XML** (Extensible Markup Language).

Mathematical Markup Language (MathML): XML-basierte Markup-Sprache, die speziell zur Darstellung mathematischer Formeln und Ausdrücke im WWW über MathML-fähige Browser vorgesehen ist.

Namensraum: Um in XML verschiedene Elemente unterscheiden zu können, die aus unterschiedlichen Quellen stammen, aber durchaus auch denselben Namen aufweisen können, wurde in XML das Konzept der Namensräume eingeführt. Für den Namensraum, aus dem ein XML-Element stammt, kann in einem XML-Dokument ein neuer Bezeichner definiert werden, der dieses XML-Element über ein Präfix im Elementenamen als dem betreffenden Namensraum zugehörig kennzeichnet.

Resource Description Framework (RDF): Infrastruktur zur allgemeinen Notation und Beschreibung von Metadaten-Information, d.h. Informationen über gespeicherte Daten und nicht die gespeicherten Daten selbst. Auf der Basis von RDF können konkrete Datenmodelle für Metadaten entwickelt werden, auf deren Basis diese für den Benutzer sichtbar gemacht und über die dann Metadaten über verschiedenartige Anwendungen hinweg ausgetauscht werden können. Zu diesem Zweck verwendet RDF als Transfersyntax die Markup-Sprache XML.

Semantik: Die Semantik definiert im Gegensatz zur Syntax die Bedeutung der gültigen Sätze einer Sprache. Die Semantik einer Sprache läßt sich meist nur sehr schwer formal definieren, so daß sie oft in Form von Klartext angegeben wird, was aber leicht zu Mehrdeutigkeiten in der Interpretation führen kann.

Standard Generalized Markup Language (SGML): Eine gemäß ISO 8879:1986 normierte Dokumentenbeschreibungssprache, die sich auf die Beschreibung der logischen Struktur eines beliebigen Dokuments beschränkt und so den Inhalt eines Dokuments strikt von dessen Darstellung trennt. Zum Druck oder zur Ausgabe auf einem anderen Medium muß das Dokument über eine geeignete Formatierungssprache (z.B. **DSSSL**) in ein entsprechendes Druckformat übersetzt werden.

Strukturbaum: Der abstrakte Strukturbaum spiegelt die durch die Regeln einer formalen Grammatik erzeugten Struktur wieder. **DTDs** (Document Type Definitions) für die Definition von Markup-Sprachen können als abstrakter Strukturbaum repräsentiert werden, der einem Parser als Ausgangsbasis zur Interpretation eines nach dieser DTD erstellten Dokuments dient.

Synchronized Multimedia Integration Language (SMIL): SMIL ist eine einfache XML-basierte Markup-Sprache zur Darstellung von Multimedia-Datenströmen. SMIL erlaubt eine einfache Synchronisation und Koordination der Übertragung verschiedenartiger Audio-, Video- oder auch Text-Datenströme, die in einem SMIL-fähigen Browser simultan dargestellt werden können.

Syntax: Die Syntax definiert, wie gültige Sätze einer Sprache aufgebaut werden. So besteht eine Sprache aus einer Menge von gültigen Symbolen (Worten) und einem Regelwerk (Grammatik), das besagt, wie die einzelnen Wörter miteinander kombiniert werden können, um gültige Sätze zu formen. Die Syntax trifft kein Aussage über die Bedeutung (**Semantik**) der gebildeten Sätze. Daher können auch syntaktisch korrekt gebildete Sätze ohne Bedeutung sein.

Template: Bezeichnung für eine Anweisungs-Schablone in einem XSLT-Stylesheet. XSLT arbeitet auf dem abstrakten, hierarchischen Strukturbaum des zugrundeliegenden XML-Dokuments. XSLT-Templates beschreiben, wie jeder Knoten des abstrakten Strukturbaums eines XML-Dokuments im Ergebnis nach Anwendung des XSLT-Stylesheets aussehen soll. Sie stellen daher eine Art Schablone für die anzuwendende Transformation dar.

Whitespaces: Unter diesem Begriff werden Sonderzeichen zusammengefaßt, die lediglich einen leeren Raum (Whitespace), eventuell verbunden mit Steueranweisungen beinhalten, wie z.B. Leerzeichen, Tabulatorzeichen, Absatzzeichen oder Zeilenumbrüche. Sofern diese Zeichen nicht Teil einer Zeichenkette sind, werden sie von Markup-Sprachen wie XML oder HTML ignoriert.

Wireless Access Protocol (WAP): Protokoll, das die schmalbandige Kommunikation zwischen mobilen Endgeräten (Mobiltelefonen) und dem World Wide Web ermöglicht. Über WAP können WML-Dokumente (Wireless Markup Language) kommuniziert werden analog zu HTML-Dokumenten über HTML.

Wireless Markup Language (WML): Markup-Sprache, die speziell zur Darstellung von Dateninhalten in Mobilfunknetzen mit mobilen Endgeräten entworfen wurde. Mobile Endgeräte bieten perse nur eingeschränkte Darstellungsmöglichkeiten und verfügen über geringere Leistungsressourcen als stationäre Geräte. Zusätzlich bestimmen auch noch die geringere Bandbreite und die höhere Fehlerrate der Mobilfunk-Kommunikation die Dokumenteneigenschaften. WML besteht aus einer Teilmenge von XHTML und verfügt über zusätzliche Funktionen, die Zugriffsrestriktionen, die Verwaltung von Variablen, die Auskunft über den Zustand einer Anwendung ermöglichen, und ein komplettes Ereignismodell.

XML-Dokumente: Jedes XML-Dokument, das der Spezifikation der in ihm selbst festgelegten Syntax entspricht, wird als ein **wohlgeformtes XML-Dokument** bezeichnet. Ein wohlgeformtes XML-Dokument ist ein syntaktisch korrektes Dokument, daß nicht notwendigerweise gegenüber einer **DTD** geprüft werden muß und daher auch als **Standalone Dokument** bezeichnet wird. Wird ein wohlgeformtes XML-Dokument zusätzlich noch positiv gegen eine DTD geprüft (**validiert**), so wird es als **gültiges** bzw. **validiertes XML-Dokument** bezeichnet.

XML Information Set: Ein XML-Dokument besteht aus einer Vielzahl unterschiedlicher Bestandteile (Objekte). Diese Objekte sind miteinander verknüpft und erlauben die Anwendung verschiedener Mechanismen zur Navigation, Verknüpfung und Suche in einzelnen Dokumenten oder in Dokument-übergreifenden Suchräumen. Die einzelnen Bestandteile, die ein wohlgeformtes XML-Dokument ausmachen, wurden vom W3C im sogenannten **XML Information Set**, oder kurz **Infoset**, zusammengefaßt und beschrieben. Ein Parser, der ein XML-Dokument interpretiert, muß über die Spezifikation der Informationstypen verfügen, um alle angegebenen Informationen semantisch korrekt interpretieren zu können.

XML Linking Language (XLink): Mit Hilfe der XML-basierten Markup-Sprache XLink kann festgelegt werden, auf welche Weise Hyperlinks in ein XML-Dokument aufgenommen werden können. Zusätzlich zu den herkömmlichen, unidirektionalen Hyperlinks, die bereits aus HTML bekannt sind, bietet XLink die Möglichkeit der Definition multidirektionaler Hyperlinks, die nicht mehr selbst Bestandteil des Quell-XML-Dokuments sein müssen, sondern als eigenständige Informationsressource verwaltet werden können.

XML Path Language (XPath): Sprache zur Identifikation und Referenzierung spezifischer XML-Dokumententeile. Das XML-Dokument wird dabei als abstrakter, hierarchisch aufgebauter Strukturbaum repräsentiert, wobei einzelne Knoten mit XML-Dokumentenfragmenten korrespondieren, die über verschiedenartige Verfahren identifiziert werden können.

XML Pointer Language (XPointer): XPointer ist eine funktionale Erweiterung von **XPath** und dient der Identifikation von XML-Dokumentenfragmenten. XPointer ergänzt XPath dahingehend, daß es eine Syntax zur Formulierung von Adreßinformationen innerhalb eines Links zu einem anderen XML-Dokument definiert. Eine XPointer-fähige Anwendung ist in der Lage, den im Link angegebenen URI zu interpretieren, der um entsprechende Angaben zur Identifikation von Dokumententeilen erweitert werden kann.

XML-Schemata: Alternative zu **DTDs** für die Spezifikation der syntaktischen Regeln, nach denen ein XML-Dokument aufgebaut werden kann. Anders als bei DTDs ist der XML-Autor bei der Erstellung von XML-Schemata nicht gezwungen, eine neue Sprachdefinition zu erlernen. XML-Schemata sind selbst XML-Dokumente und gestatten eine spezifischere Dokumentdefinition, als dies mit XML-DTDs möglich ist. Neben der Definition von Elementen, Attributen und Verarbeitungsanweisungen erlauben XML-Schemata die Formulierung von Bedingungen und Beschränkungen für den Zugriff auf diese.

XML Query Language (XQuery): Spezielle Abfragesprache, mit deren Hilfe sich Suchabfragen innerhalb von XML-Dokumenten stellen lassen. Angelehnt an **OQL** (Object Query Language), eine objektorientierte Variante der Datenbankabfragesprache **SQL** (Structures Query Language), erlaubt XQuery mit der Unterstützung von XPath eine datenbankähnliche Nutzung von XML-Dokumenten. Allerdings ist XQuery nur auf reine Suchabfragen beschränkt und kann nicht zur Erzeugung neuer bzw. Modifikation bestehender XML-Dokumente verwendet werden.

15. Das Web wird lebendig – Skriptsprachen und CGI-Programmierung

„Der Worte sind genug gewechselt,
laßt mich auch endlich Taten sehn!"
– aus Faust,
Johann Wolfgang von Goethe (1749-1832)

Das WWW stellt nicht nur statische Informationsressourcen zur Verfügung, sondern gestattet dem Nutzer auch interaktiven Zugriff auf und Manipulationsmöglichkeiten für dynamisch erzeugte Informationsressourcen. Java und JavaScript ermöglichen die Einbindung interaktiver Funktionselemente und Applikationen. CGI (Common Gateway Interface) und DOM (Domain Object Model) stellen dem WWW-Autor und -Programmierer dazu einheitliche Schnittstellen zur Verfügung, die Anwendungen, geschrieben in unterschiedlichsten Programmier- und Skriptsprachen, wie z.B. C, Perl oder PHP, mit dem WWW verknüpfen und so das WWW zum Leben erwecken.

Das WWW wird hauptsächlich dazu genutzt, Informationsressourcen unterschiedlichster Art und Ausprägungsform von einem WWW-Server (Server) über standardisierte Transportmechanismen zum End-Nutzer (Client) zu transportieren, der diese über seinen Browser angefordert hat und sich von diesem darstellen läßt. Die Mechanismen, Protokolle und Markup-Sprachen, die wir bislang kennengelernt haben, erlauben es lediglich, der Nutzeranforderung passiv Folge zu leisten und die angefragte Ressource auszuliefern und anzuzeigen. Ein eingeschränkter Informationsfluß in die Gegenrichtung vom Client zum Server war nur möglich über HTML-Formulare oder HTTP-Cookies.
Um nun **dynamisch** Einfluß auf die zur Darstellung gebrachten Informationen zu nehmen, sind Programme nötig, deren Ausführung vom Nutzer angestoßen und gesteuert werden kann. Dabei kann es sich um die direkte Ausführung eines Skripts durch den darstellenden Browser handeln, programmiert z.B. in **JavaScript**, oder um die Ausführung von Programmen, die nicht als Skript sondern in einer bereits vorbearbeiteten „vorkompilierten" Form vorliegen, und von einer speziellen Anwendung auf dem Client-Rechner ausgeführt werden, wie das bei sogenannten **Java-Applets** der Fall ist. Mit JavaScript können die ansonsten passiven HTML-Dokumenten mit zusätzlicher Funktionalität ausgestattet werden, eine Technologie, die auch als **Dynamisches HTML** bezeichnet wird. Im Gegensatz zu den Skriptsprachen wie JavaScript ist Java eine richtige Programmiersprache, die zum Zeitpunkt

ihrer Ausführung auf dem Client-Rechner interpretiert wird. Als Basis für die Koppelung der Darstellung von WWW-Dokumenten und dem Zugriff auf diese Ressourcen über Programmiersprachen dient das **Document Object Model** (**DOM**). DOM ist eine Programmierschnittstelle (Application Programming Interface, API), die Datenstrukturen und Operationen spezifiziert, über die die vom Browser auf der Clientseite dargestellten Inhalte referenziert und modifiziert werden können. DOM hält für verschiedene Programmiersprachen sogenannte **Language Bindings** bereit, die festlegen, wie der Zugriff von der jeweiligen Programmiersprache aus auf die verwalteten Objekte und Methoden stattfindet.
Auf der anderen Seite können im WWW Anwendungen aktiviert werden, die vom WWW-Server selbst ausgeführt werden. Sind diese Anwendungen z.B. in Java formuliert, spricht man von sogenannten **Servlets**. Die Ausführung von Programmen, die mit WWW-Ressourcen in Verbindung stehen, legt die Frage nahe, wie die einzelnen Programme innerhalb dieser Umgebung miteinander kommunizieren. **CORBA**, **RMI** oder **DCOM** sind Modelle, die Ansätze zum verteilten Programmieren beschreiben, und den Programmierer beim Erstellen von miteinander über das WWW kommunizierenden Anwendungen unterstützen, wie etwa in einem Client/Server-Szenario.
In jedem Fall müssen Programme, die im Zusammenspiel mit einem WWW-Server auf demselben Rechner ablaufen, eine standardisierte Schnittstelle verwenden, über die dann die Kommunikation mit dem WWW-Server selbst stattfindet. Diese Schnittstelle wird als **Common Gateway Interface** (**CGI**) bezeichnet und kann von einer Vielzahl von Programmiersprachen genutzt werden.

15.1 Document Object Model – DOM

15.1.1 DOM – Grundbegriffe

Das vom W3C standardisierte **Document Object Model** (**DOM**) ist eine Programmierschnittstelle, über die Programmier- und Skriptsprachen auf den Inhalt, die Struktur oder die Darstellung von Dokumenten zugreifen und diese manipulieren können. Der Dokumenteninhalt kann damit weiterverarbeitet und die Ergebnisse dieser Verarbeitung können anschließend wieder in das dargestellte Dokument eingefügt werden. Die Spezifikation des DOM wurde plattform- und sprachunabhängig ausgelegt, damit sie universell angewendet werden kann.
Ziel der DOM-Arbeitsgruppe des W3C war dabei, eine Programmierschnittstelle für die Sprachen HTML und XML zu schaffen. Dazu wurde das DOM in drei wichtige Bereiche aufgeteilt:

- **DOM Core-Model**
  Mit Hilfe dieses Teilmodells wird eine rudimentäre Beschreibung von Dokumentenobjekten auf niedrigem Abstraktionsniveau (Low Level) geliefert,

mit der beliebig strukturierte Dokumente repräsentiert werden können. Obwohl dieses Modell durchaus auch HTML- und XML-Dokumente darstellen kann, stellt es ein sehr kompaktes und minimales Modell dar, um allgemeine Dokumenteninhalte zu manipulieren.

- **DOM HTML-Model**
  Das HTML-Teilmodell stellt zusätzliche Objekte zur Verfügung, die speziell für eine komfortablere Repräsentation von HTML-Dokumenten auf einer höheren Abstraktionsebene geeignet sind. Im HTML-Teilmodell werden Methoden zur einfachen Manipulation von HTML-Dokumenten bereitgestellt, die dem Anwender einen direkteren Zugang zu diesem Dokumententyp gewähren.
- **DOM XML-Model**
  Wie das HTML-Teilmodell stellt das XML-Teilmodell Objekte und Methoden auf höherem Abstraktionsniveau zur Verfügung, die dem Anwender den Zugriff speziell auf XML-Dokumente erleichtern.

Die **DOM-Arbeitsgruppe** des W3C besteht aus Mitarbeitern renommierter Unternehmen, wie z.B. ArborText, IBM, JavaSoft, Microsoft, Netscape, Novell, Object Management Group, SUN und viele mehr.
Zur Manipulation von HTML- und XML-Dokumenten stellt DOM eine standardisierte Menge von Objekten zur Verfügung und beschreibt, wie diese jeweils miteinander kombiniert werden können. Zu diesen Objekten beschreibt DOM zugehörige Methoden, die einen Zugriff auf und die Manipulation der beschriebenen Objekte gestatten. DOM kann dabei z.B. von Firmen verwendet werden, die ihr eigenes Datenmodell und ihre Programmierschnittstelle über DOM verfügbar machen, oder Autoren nutzen DOM als originäre Programmierschnittstelle und können so Anwendungen erstellen, die plattformunabhängig überall im WWW ausgeführt werden können.
DOM wird dabei auf unterschiedlichen Ebenen (Levels) entwickelt:

- **DOM Level 1**
  Diese Ebene beschreibt die eigentlichen Teilmodelle (Core-, HTML, XML-Model) und beinhaltet Mechanismen zur Manipulation von Dokumenten sowie zur Navigation in Dokumenten.
- **DOM Level 2**
  Diese Ebene fügt zusätzlich ein Style Sheet Objektmodell hinzu, über das Stylesheet-Information zur Dokumentendarstellung repräsentiert und manipuliert werden kann. Ebenso beinhaltet es ein Ereignismodell, gestattet die Traversierung der dargestellten Dokumente und unterstützt XML-Namespaces.
- **DOM Level 3**
  Diese Ebene kümmert sich u.a. um Lade- und Speichervorgänge bei der Dokumentendarstellung. Daneben wird ein Content-Modell unterstützt, mit dem XML-DTDs und XML-Schemata repräsentiert und zugehörige

XML-Dokumente validiert werden können. Dazu kommen noch Formatierungsoptionen, Schlüsselereignisse und Ereignisgruppen, die über Level 3 abgedeckt werden. Bislang besitzt das Modell für diese Ebene lediglich den Status eines W3C-Working Drafts.

- **Weitere Ebenen**
  Vorgesehen sind Möglichkeiten für den Zugriff auf das darstellende Fenstersystem des Betriebssystems, um die Interaktion mit dem Nutzer zu unterstützen. Geplant ist weiterhin die Unterstützung von Abfragesystemen, Fragen der Synchronisation und des Multithreadings (Parallelverarbeitung), sowie der Sicherheit.

Im Design von DOM wurde darauf geachtet, daß es zusammen mit jeder beliebigen Programmiersprache genutzt werden kann. Daher wurde als Spezifikationssprache für DOM die **Interface Definition Language** (**IDL**) der OMG (Object Management Group) gewählt, die selbst in der Spezifikation **CORBA** 2.3.1 festgelegt ist. Zusätzlich zu diesem sprachunabhängigen Teil sieht das W3C sogenannte **Language Bindings** vor, die für die Verwendung von DOM mit den Programmiersprachen JAVA und ECMAScript vorliegen.

15.1.2 DOM – Objektmodell

DOM modelliert ein Dokument entsprechend seiner Struktur, d.h. es nutzt den Strukturbaum des betreffenden Dokuments und bildet diesen auf seine internen Datenstrukturen ab. Einzelne Markup-Tags in einem HTML- oder XML-Dokument können adressiert werden, indem sie gemäß ihrer Position im Strukturbaum oder über einen speziell zugewiesenen Identifizierer (z.B. in HTML `ID="name"`) referenziert werden. Abb. 15.1 zeigt ein Beispiel, in dem einem Ausschnitt eines HTML-Dokuments ein entsprechender Strukturbaum zugeordnet ist.
Allgemein handelt es sich bei der von DOM verwalteten Repräsentation eines Dokuments um eine Menge von Bäumen. Stets gehören zu jedem Dokument:

- ein **Wurzelknoten**, der der strukturellen Beschreibung des Dokuments voransteht,
- optionale **Dokument-Typ-Knoten**, die der Beschreibung des Dokument-Typs des Dokuments voranstehen,
- optionale **Kommentarknoten** und
- optionale **Anweisungs-Knoten**, die Verarbeitungsanweisungen für das Dokument beinhalten.

Allerdings schreibt DOM nicht zwingend die Form eines Strukturbaums vor, sondern gibt nur eine entsprechende, hierarchisch und logisch aufgebaute Dokumentenbeschreibung.
Bei den Komponenten von DOM handelt es sich nicht nur um eine reine Datendefinition im Sinne einer Datenstruktur. Vielmehr definiert DOM Objekte, die selbst wieder durch eigene Attribute charakterisiert werden und

```
<TABLE>
  <TBODY>
    <TR>
      <TD>
        123
      </TD>
      <TD>
        M. Schulze
      </TD>
    </TR>
      <TD>
        124
      </TD>
      <TD>
        S. Meier
      </TD>
    <TR>
    </TR>
  </TBODY>
</TABLE>
```

PersNummer	Name
123	M. Schulze
124	S. Meier

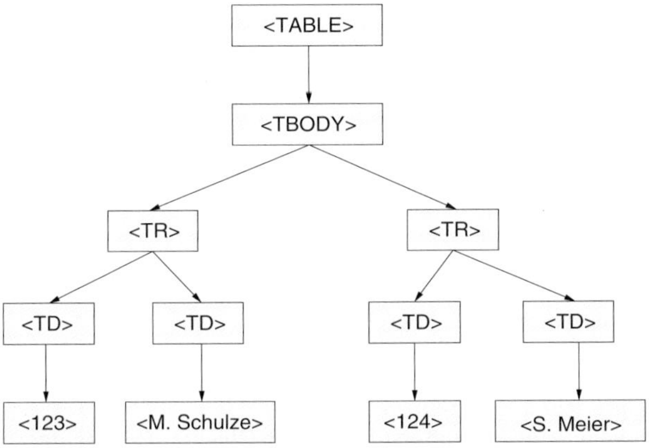

Abb. 15.1. Ausschnitt eines HTML-Dokuments für eine Tabelle und abgeleiteter abstrakter Strukturbaum

eigene Funktionen (Methoden) ausführen können. Im Gegensatz zum traditionellen Datenmodell schirmt ein objektorientiertes Modell wie DOM die in ihm definierten Datenstrukturen weitgehend vor unerwünschtem Zugriff ab (i.e. nicht vorhergesehene Operationen, etc.). Lediglich durch die den definierten Objekten zugewiesenen Methoden wird festgelegt, welche Operationen auf diesen Objekten erlaubt sind und welche nicht.
Im Sinne eines Objektmodells legt DOM folgende Komponenten fest:

- Schnittstellen und Objekte, die verwendet werden, um ein Dokument darstellen und manipulieren zu können.

- Semantik der definierten Schnittstellen und Objekte, die das Verhalten und die den Objekten zugeordneten Attribute beschreibt.
- Beziehungen und Möglichkeiten der Zusammenarbeit der einzelnen Schnittstellen und Objekte.

Im Gegensatz zu einem abstrakten **Datenmodell**, wie es bei der Definition der Markup-Sprache SGML zum Einsatz kam, unterscheidet sich ein Objektmodell durch die Kapselung der Daten, wie dies ebenfalls in einer objektorientierten Programmiersprache der Fall ist. Der Zugriff auf die Datenobjekte eines Objektmodells kann nur über die von den Objekten selbst zur Verfügung gestellten Methoden erfolgen. Die Datenobjekte werden so vor direkter externer Manipulation geschützt. Dabei darf DOM allerdings nicht als Konkurrent zum **Component Object Model** (**COM**), wie z.B. **CORBA**, gesehen werden, die einen Programmiersprachen-unabhängigen Weg zur allgemeinen Definition von Schnittstellen und Objekten bereitstellen. DOM stellt lediglich eine beschränkte Menge von Schnittstellen und Objekten bereit, mit denen HTML- und XML-Dokumente repräsentiert und manipuliert werden können. DOM kann dabei mit Hilfe eines Programmiersprachen-unabhängigen Systems wie COM oder CORBA implementiert werden, wobei aber ebenso eine Programmiersprachen-spezifische Bindung (Language Specific Binding) an Java oder JavaScript erfolgen kann. Abb. 15.2 listet die 14 unterschiedlichen Module von DOM (DOM Level 2) auf, über die die unterschiedlichen mit einem Dokument assoziierten Objekte angesprochen werden können.

- **Core Module**: definiert den eigentlichen Kern von DOM,
- **XML Module**: unterstützt XML-Objekte,
- **HTML Module**: unterstützt HTML-Objekte,
- **View Module**: unterstützt XML-Views,
- **Style Sheets Module**: unterstützt Stylesheet-Objekte,
- **CSS Module**: unterstützt Stylesheet-Objekte gemäß CSS,
- **CSS2 Module**: unterstützt Stylesheet-Objekte gemäß CSS2,
- **Event Module**: unterstützt Event-Objekte,
- **User Interface Event Module**: unterstützt Event-Objekte der Benutzer-Schnittstelle,
- **Mouse Event Module**: unterstützt Event-Objekte, die von der Maus als Eingabegerät initiiert werden,
- **Mutation Events Module**: unterstützt Event-Objekte, die durch Veränderungen der Dokumentenstruktur ausgelöst werden,
- **HTML Event Module**: unterstützt Event-Objekte, die mit HTML im Zusammenhang stehen,
- **Range Module**: unterstützt Range-Objekte (Bereiche innerhalb von Dokumenten),
- **Traversal Module**: unterstützt Traversal-Objekte zur Traversierung des vom Dokument initiierten abstrakten Strukturbaums.

Abb. 15.2. Module des DOM Level 2

15.1.3 DOM – Referenz

DOM verwendet einen abstrakten Strukturbaum als Grundlage zur Darstellung eines Dokumente (vgl. Abb. 15.1). Die einzelnen Knoten des Strukturbaums entsprechen dabei bestimmten Typen von Knotenobjekten. An dieser Stelle kann keine vollständige Referenz von DOM wiedergegeben werden, sondern es können lediglich die wichtigsten Teilaspekte angesprochen werden. Für eine vollständige Referenz sei auf die Spezifikationen des W3C verwiesen, die unter folgender URL zur Verfügung stehen:

`http://www.w3.org/TR/REC-DOM-Level-1/`

Die Klasse (eigentlich Interface in der objektorientierten Terminologie) `node` aus DOM definiert Eigenschaften und Methoden, mit denen der Strukturbaum durchlaufen und manipuliert werden kann, und wird damit zum zentralen Element von DOM. So gibt etwa die Eigenschaft `knoten.childNodes` eine Liste der Kinder des Knotens `knoten` zurück. Eine einfache Traversierung des Strukturbaumes ist über folgende Eigenschaften möglich:

- `firstChild`: liefert das erste Kind-Objekt zurück,
- `lastChild`: liefert das letzte Kind-Objekt zurück,
- `nextSibling`: liefert den nachfolgenden Nachbarknoten zurück,
- `previousSibling`: liefert den vorangehenden Nachbarknoten zurück und
- `parentNode`: liefert den Vaterknoten zurück.

Zur Manipulation des Strukturbaums dienen die folgenden Methoden:

- `appendChild()`: hängt ein neues Kind-Objekt ein,
- `removeChild()`: entfernt ein Kind-Objekt,
- `replaceChild()`: ersetzt ein Kind-Objekt,
- `insertBefore()`: fügt ein neues Objekt vor dem aktuellen Objekt ein,
- `cloneNode()`: dupliziert das aktuelle Objekt.

Unterschiedliche Knotentypen im Strukturbaum des dargestellten Dokuments werden durch verschiedene Unterinterfaces von `Node` dargestellt. Jedes `Node`-Objekt besitzt dazu eine Eigenschaft `nodeType`, die über den Typ des Knotens Auskunft gibt. Liefert `knoten.nodeType` z.B. die Konstante `Node.ELEMENT_NODE` als Ergebniswert zurück, wird das betreffende Knotenobjekt als Element-Objekt ausgewiesen und alle für das Element-Objekt festgelegten Eigenschaften und Methoden können auf diesen Knoten angewendet werden. Tabelle 15.1 zeigt die häufigsten Knotentypen, wie sie z.B. in HTML-Dokumenten vorkommen.

Der Wurzelknoten des Strukturbaums eines Dokuments ist ein Dokument-Objekt. Über die Eigenschaft `documentElement` wird auf ein Element-Objekt verwiesen, das gleichzeitig das Wurzelelement des Dokuments darstellt. Bei HTML-Dokumenten ist dies z.B. das HTML-Tag `<HTML>`, das entweder explizit oder implizit im Dokument enthalten ist. Zusätzlich zum Wurzelelement

Tabelle 15.1. Die wichtigsten Knotentypen von DOM

Objekt	nodeType-Konstante	nodeType-Wert
Element	`Node.ELEMENT_NODE`	1
Text	`Node.TEXT_NODE`	3
Document	`Node.DOCUMENT_NODE`	9
Comment	`Node.COMMENT_NODE`	8
DocumentFragment	`Node.DOCUMENT_FRAGMENT_NODE`	11
Attribute	`Node.ATTRIBUTE_NODE`	2
Entity Reference	`Node.ENTITY_REFERENCE_NODE`	5
Entity	`Node.ENTITY_NODE`	6
Processing Instruction	`Node.PROCESSING_INSTRUCTION_NODE`	7
Notation (DTD)	`Node.NOTATION_NODE`	12

kann der Dokument-Knoten weitere Kinder, wie z.B. Kommentar-Knoten besitzen. Der verbleibende Dokumentenbaum eines HTML-Dokuments besteht in der Hauptsache aus Element-Objekten, die auf die verwendeten HTML-Tags und auf den im Dokument enthaltenen Text verweisen. Abb. 15.3 zeigt einen Ausschnitt der Klassenhierarchie des DOM-Modells.

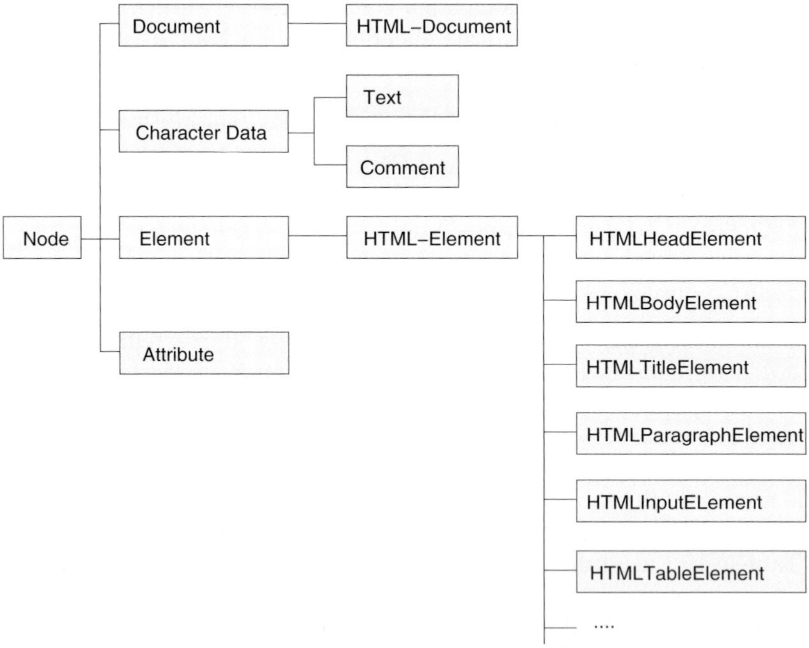

Abb. 15.3. Ausschnitt aus der Klassenhierarchie von DOM

Um auf die Attribute eines Elements zuzugreifen, wie z.B. auf die Attribute eines HTML-Tags, können die Methoden `getAttribute()`, `setAttribute()`

und `removeAttribute()` des betreffenden Element-Objekts abgefragt, gesetzt und gelöscht werden. Eine weitere Möglichkeit des Zugriffs auf Attribute besteht in der Verwendung der Methode `getAttributeNode()`, die, angewandt auf ein Element-Objekt, ein Attribute-Objekt in der Form (Attributname, Attributwert) zurückliefert. Attribute sind jedoch nicht direkt Teil des Strukturbaums, wie etwa Element- oder Text-Objekte. Der Zugriff auf alle Attribute kann auch direkt über das Array `attributes` des Node-Objekts erfolgen.

Um herauszufinden, ob der Browser des Nutzers eine standardkonforme Implementation von DOM umfaßt, kann diese Eigenschaft über das Document-Objekt selbst abgefragt werden. Zu diesem Zweck stellt die `implementation`-Eigenschaft des Document-Objekts eine Methode `hasFeature()` bereit, mit der geprüft werden kann, ob die vorliegende Implementation bestimmte Merkmale oder Module unterstützt. So kann z.B. über die in Abb. 15.4 dargestellte Abfrage geprüft werden, ob die Implementation auf Nutzerseite die grundlegenden Objekte von DOM Level 1 zum Arbeiten mit HTML-Dokumenten unterstützt.

```
if (document.implementation && document.implementation.hasFeature &&
   document.implementation.hasFeature("html", "1.0")) {
      // Der Browser behauptet, den Core und HTML-Interface von
      // DOM Level 1 zu unterstützen
   }
```

Abb. 15.4. Abfrage, ob eine DOM-Implementation bestimmte Merkmale/Module unterstützt

Die Methode `hasFeature()` läßt sich über zwei Argumente steuern: Das erste ist der Name des zu überprüfenden Merkmals/Moduls, das zweite eine Versionsnummer, die als String angegeben wird. Die Methode gibt den Booleschen Wert `TRUE` zurück, wenn die angegebene Version des betreffenden Merkmals tatsächlich unterstützt wird.

Exemplarisch sei hier kurz die Spezifikation des `Node`-Objekts in der Beschreibungssprache **IDL** (**Interface Definition Language**) aus der W3C-Empfehlung wiedergegeben (siehe Abb. 15.5). Die Spezifikation startet mit den Konstanten, die den Typ des `Node`-Objekts festlegen. Danach folgt eine Liste von Attributen, die Informationen über das vorliegende `Node`-Objekt liefern:

- `NodeName`: Name des `Node`-Objekts,
- `NodeValue`: Wert des Knotens, abhängig vom `NodeType`,
- `NodeType`: Code, der den Typ des `Node`-Objekts angibt,
- `parentNode`: Vaterknoten des aktuellen `Node`-Objekts. Alle `Node`-Objekte, mit Ausnahme von `Attribute`, `Document`, `DocumentFragment`, `Entity` und `Notation` verfügen optional über einen Vaterknoten. Besitzt das betreffen-

de Node-Objekt keinen Vaterknoten, liefert das Attribut den Wert Null zurück,
- childNodes: Knotenliste mit allen Kind-Objekten des betreffenden Node-Objekts,
- firstChild, lastChild: erstes/letztes Kind-Element des betreffenden Node-Objekts,
- nextSibbling/previousSibbling: nachfolgender oder vorangegangener Geschwisterknoten des betreffenden Node-Objekts,
- attributes: Array mit allen Attributen des betreffenden Node-Objekts,
- ownerDocument: das mit dem betreffenden Node-Objekt assoziierte Dokument.

Die zum Node-Objekt spezifizierten Methoden zu dienen dessen Manipulation:

- appendChild(): hängt an die Knotenliste mit den Kind-Objekten des betreffenden Node-Objekts ein neues Kindobjekt ein,
- cloneNode(): liefert ein Duplikat des betreffenden Node-Objekts mit allen zugehörigen Attributen und Methoden zurück,
- insertBefore(): hängt einen neuen Knoten newChild an die Stelle vor das Kind-Objekt refChild in die Knotenliste der Kind-Objekte,
- replaceChild(): ersetzt das Kind-Objekt oldChild durch das neue Kind-Objekt newChild in der Liste der Kind-Objekte,
- removeChild(): entfernt den als oldChild referenzierten Knoten eines Kind-Objektes aus der Knotenliste der Kind-Objekte,
- hasChildNodes(): gibt den Booleschen Wert TRUE zurück, wenn das betreffende Node-Objekt über Kind-Objekte verfügt.

Die Programmierschnittstelle DOM kann von jeder beliebigen Programmiersprache aus zur Manipulation von XML-Dokumenten genutzt werden, wie z.B. serverseitig über Java, Perl oder C++ oder clientseitig über Java und JavaScript. Beispiele zur Verwendung von DOM in Verbindung mit JavaScript und Java können den Exkursen 35 und 36 entnommen werden.

15.2 Programmierung von WWW-Applikationen

Das WWW wurde von Anfang an als dynamisches Medium betrachtet. Die Autoren von HTML-Seiten beklagten deshalb schon früh die Schwäche dieser Beschreibungssprache, keine interaktive Kommunikation mit dem Anwender zuzulassen. Lediglich statische Informationsressourcen, also Ressourcen, die bereits in endgültiger Form auf dem WWW-Server gespeichert vorlagen, konnten vom Nutzer abgerufen werden. Soll aber ein breitangelegtes, speziell strukturiertes Informationsangebot bereitgestellt werden, wie dies z.B. für Sortiment-Kataloge oder auch bei Suchmaschinen der Fall ist, ist es sinnvoll, die angeforderten Informationen erst dann als WWW-Dokument aufzubereiten, wenn diese tatsächlich angefragt werden. Allerdings macht dieses

```
Interface Node {
  // NodeType
  const unsigned short ELEMENT_NODE = 1;
  const unsigned short ATTRIBUTE_NODE = 2;
  const unsigned short TEXT_NODE = 3;
  const unsigned short CDATA_SECTION_NODE = 4;
  const unsigned short ENTITY_REFERENCE_NODE = 5;
  const unsigned short ENTITY_NODE = 6;
  const unsigned short PROCESSING_INSTRUCTION_NODE = 7;
  const unsigned short COMMENT_NODE = 8;
  const unsigned short DOCUMENT_NODE = 9;
  const unsigned short DOCUMENT_TYPE_NODE = 10;
  const unsigned short DOCUMENT_FRAGMENT_NODE = 11;
  const unsigned short NOTATION_NODE = 12;

  readonly  attribute DOMString nodeName;
            attribute DOMString nodeValue;
  readonly  attribute unsigned short nodeType;
  readonly  attribute Node parentNode;
  readonly  attribute NodeList childNodes;
  readonly  attribute Node firstChild;
  readonly  attribute Node lastChild;
  readonly  attribute Node previousSibling;
  readonly  attribute Node nextSibling;
  readonly  attribute NamedNodeMap attributes;
  readonly  attribute Document ownerDocument;
  Node insertBefore ( in Node newChild,
                      in Node refChild)
  Node replaceChild ( in Node newChild,
                      in Node oldChild)
  Node removeChild (  in Node oldChild);
  Node appendChild (  in Node newChild)
  boolean hasChildNodes ();
  Node cloneNode (    in boolean deep);
  boolean hasAttributes ();
};
```

Abb. 15.5. IDL-Spezifikation des DOM `Node`-Objekts (DOM Level 1)

Vorgehen eine Interaktion von anderen Anwendungen, wie z.B. Datenbankanwendungen, mit dem WWW-Server notwendig. Der Nutzer muß in diesem Fall Informationen über den WWW-Server an das verantwortliche Anwendungsprogramm auf Serverseite übermitteln, die die gewünschte Informationsressource genau spezifizieren.
Ein anderer Fall der interaktiven Anwendung liegt dann vor, wenn dem Client durch den WWW-Server anstelle eines statischen Dokuments ausführbarer bzw. interpretierbarer Programmcode übermittelt wird, der dann direkt auf Clientseite zur Ausführung gelangt und so die Interaktion zwischen Client und WWW-Server unterstützt. Der übermittelte Programmcode wird vom

WWW-Client an ein entsprechendes Programm (**Plugin**) übergeben, das in der Lage ist, diesen Programmcode im Zusammenspiel mit dem WWW-Client zu interpretieren und auszuführen.
Prinzipiell können also zwei unterschiedliche Vorgehensweisen unterschieden werden, dynamische WWW-Anwendungen zu realisieren:

- **Clientseitige WWW-Programmierung**
  Ausführbarer bzw. interpretierbarer Programmcode wird vom WWW-Server zusammen mit dem angeforderten HTML-Dokument an den WWW-Browser (Client) übergeben und dort ausgeführt. Bei clientseitigen WWW-Programmen handelt es sich z.B. um Java- oder JavaScript-Anwendungen.
- **Serverseitige WWW-Programmierung**
  Ein Anwendungsprogramm wird vom WWW-Browser (Client) über den WWW-Server auf dem Server-Rechner aktiviert und dort ausgeführt. Die Verarbeitungsergebnisse werden aufbereitet als dynamisch generiertes HTML-Dokument und an den WWW-Browser zurückgegeben. Als Schnittstelle zwischen dem WWW-Server und dem serverseitigen Anwendungsprogramm dient dabei das **Common Gateway Interface (CGI)**. Die Anwendungsprogramme auf Serverseite können in jeder beliebigen Programmiersprache erstellt werden, die lediglich das CGI unterstützen muß.

15.2.1 Clientseitige WWW-Programmierung

JavaScript und andere clientseitige Skriptsprachen. Das Unternehmen Netscape führte 1995 als erster Browser-Hersteller eine clientseitige Skriptsprache als proprietäre Erweiterung des gleichnamigen Browsers ein, die Skriptsprache **JavaScript**. Damit startete Netscape einen Trend zu immer weiterreichender Interaktivität im WWW, der auch heute noch anhält. Ursprünglich unter dem Namen **LiveScript** propagiert, wurde der Name später aufgrund der großen Popularität der WWW-Programmiersprache **Java** in „JavaScript“ geändert, obwohl die beiden Sprachen außer ihrem Einsatzbereich im WWW nur sehr wenig miteinander gemein haben.
Im Gegensatz zu „richtigen“ Anwendungsprogrammen wird der Programm-Code (Source Code) einer clientseitigen Skriptsprache in der Regel direkt in die darzustellende HTML-Seite integriert. HTML stellt zu diesem Zweck das Markup-Tag `<SCRIPT>` zur Verfügung, um ausführbare Skripte direkt in den HTML-Quellcode einbetten zu können. Die Anweisungen der Skriptsprache werden dann direkt vom Browser interpretiert und ausgeführt und benötigen keine zusätzliche Infrastruktur.
Ein „richtiges“, ausführbares Programm dagegen liegt in der Regel als bereits kompiliertes Anwendungsprogramm im Binärcode vor und wird getrennt vom HTML-Dokument geladen. Die Ausführung des Programms obliegt nicht dem Browser, sondern direkt dem Betriebssystem des Client-Rechners. Dennoch handelt es sich bei Skriptsprachen um „echte“ Programmiersprachen, die eine

ähnlich komplexe Ausgestaltung der mit ihnen programmierten Anwendung erlauben.
Neben dem von Netscape initiierten JavaScript gab es noch weitere Versuche, Scriptsprachen im WWW zu etablieren. Dazu zählt **VBScript** (Visual Basic Scripting Edition), ein Versuch von Microsoft, die Vorherrschaft von Netscape auf diesem Sektor zu brechen. Allerdings blieb VBScript der große Erfolg versagt, obwohl VBScript direkt auf die große Gemeinde derjenigen Anwender abzielte, die bereits mit der Programmiersprache **Visual Basic** von Microsoft Erfahrung gesammelt hatten. Doch unterstützte lediglich Microsofts Internet Explorer als einziger Browser diese Skriptsprache, wohingegen JavaScript auf den meisten anderen Browsern interpretiert werden konnte.
Im Wettstreit um proprietäre HTML-Weiterentwicklungen gelang es Netscape, die **ECMA** (European Computer Manufacturers Association) als standardgebendes Gremium für seinen Ansatz zu gewinnen. Die ECMA standardisierte JavaScript unter dem Namen **ECMAScript** als **ECMA-262** Standard für Skriptsprachen im WWW. Nachdem sich Microsofts VBScript am Markt nicht durchsetzen konnte, unterstützt nun auch Microsoft den ECMAScript-Standard mit einer eigenen Implementierung namens **JScript**, die um zusätzliche Funktionen zum Zugriff auf das Dateisystem und Betriebssystem unter Microsoft-Windows erweitert ist. Obwohl der Name „JavaScript“ ursprünglich nur den Namen der Skriptsprache von Netscape bezeichnete, benutzt man ihn heute im Sinne von ECMAScript für beide Produkte.
Vom W3C selbst wurde bislang keine der angesprochenen Skriptsprachen standardisiert, jedoch verabschiedete das W3C 1998 die Spezifikation des **Domain Object Models** (**DOM**) als allgemeine Definition einer Programmierschnittstelle, die WWW-Objekte und Methoden zur Manipulation dieser Objekte beschreibt und dadurch ein Grundgerüst auch für die Entwicklung von Skriptsprachen zur Manipulation von WWW-Inhalten bietet. JavaScript setzt mit der Version JavaScript 1.5 die durch DOM vorgegebene Spezifikation erstmals um. Doch läßt sich DOM nicht nur als Grundlage für die Entwicklung von Skriptsprachen heranziehen, sondern es beschreibt eine allgemeine Programmierschnittstelle, die auch zur Manipulation von HTML- oder XML-Objekte herangezogen werden kann. Eine ausführlichere Darstellung von JavaScript wird in Exkurs 35 gegeben.

Java. Der Name der Programmiersprache **Java** wurde nicht von der indonesischen Insel Java übernommen, sondern leitet sich aus der umgangssprachlichen Bezeichnung für Kaffee her, unter Programmierern das wohl beliebteste Getränk. Ursprünglich firmierte die Programmiersprache unter dem Namen **Oak** (benannt nach einem Baum – einer Eiche – vor dem Bürofenster von James Gosling, einem der federführenden Entwickler). Oak wurde 1991 von Bill Joy, James Gosling und Mike Sheridan im Green-Projekt (betraf den Einsatz von GUIs im Heimbereich) bei der Firma SUN Microsystems entwickelt, mit dem Ziel, eine einfache und plattformunabhängige Programmiersprache zu

schaffen, mit der nicht nur normale Computer programmiert werden können, sondern auch die in Haushalts- oder Industriegeräten eingebauten Micro-Computer, z.B. in Waschmaschinen und Videorekordern, Autos, Kreditkarten und Sicherheitssystemen oder auch in TV-Settop-Boxen. Der Name wurde schließlich jedoch aus Copyright-Gründen in Java geändert.
Bereits 1990 von SUN Microsystems als Programmiersprache der Zukunft angekündigt, die eine einheitliche Nutzung vom Mainframe bis zum Haushaltsgerät versprach, konnte Java seit seiner Einführung 1995 zwar nicht alle Versprechungen auch tatsächlich erfüllen (SUNs Werbeslogan: "Write Once, Run Everywhere"), doch hat Java den Bereich der Software-Entwicklung seither signifikant verändert. Unzählige Programmierschnittstellen (Application Programming Interfaces, API) entstanden, darunter auch die besonders wichtige Datenbankschnittstelle **Java Database Connectivity** (**JDBC**). Speziell für die Entwicklung komponentenbasierter Software, die nach dem Baukastenprinzip zusammengesetzt werden kann, entstanden die sogenannten **Enterprise JavaBeans** (**EJB**). **Java Servlets** und **Java Server Pages** (**JSP**) bieten eine reichhaltige Infrastruktur zur Realisierung von dynamischen WWW-Anwendungen.
Während der Entwicklung der Programmiersprache Java stand vor allen Dingen der globale Einsatz auf jeglicher Hardware-Plattform im Vordergrund. Da die verwendete Hardware vorallem auch in elektronischen Geräten einem häufigen Wechsel unterliegt, muß eine universelle objektorientierte Programmiersprache wie Java sehr flexibel ausgelegt und rasch portierbar sein. Dies wurde erreicht durch einen verhältnismäßig geringen Sprachumfang und der Verwendung eines plattformunabhängigen, interpretierten Byte-Codes anstelle eines geräteabhängigen, kompilierten Maschinen-Codes. Folgende Liste von Eigenschaften kennzeichnet die Programmiersprache Java:

- Java ist **einfach**, d.h. keine Verwendung von Zeigern, Mehrfachvererbung, keine komplexen Datenstrukturen, keine Überladung von Operatoren.
- Java ist eine **objektorientierte Programmiersprache** und verfügt somit über Klassen, Objekte, Methoden und ein Vererbungskonzept.
- Java ist **robust**. Diese Eigenschaft wird erreicht z.B. durch den Verzicht auf Zeiger, eine automatische Speicherverwaltung, eine obligatorische Ausnahmebehandlung und ein strenges Typsystem.
- Java ist eine **interpretative Programmiersprache**, die Ausführung erfolgt auf Clientseite durch einen **Byte-Code-Interpreter**. Zusammen mit dem Laufzeitsystem bildet der Byte-Code-Interpreter die sogenannte **Java Virtual Machine**, unter deren Kontrolle eine Java-Anwendung abläuft.
- Java ist **portabel** durch die Verwendung eines Architektur-unabhängigen Byte-Codes. Jede Plattform, die über eine entsprechende Java Virtual Machine verfügt, ist in der Lage, Java Byte-Code auszuführen. Es ist nicht mehr notwendig, den Programm-Quellcode für jede unterschiedliche Plattform erneut zu übersetzen (vgl. Abb. 15.6).

- Java ist als Programmiersprache für **verteilte Anwendungen** entworfen worden. Java unterstützt Netzverbindungen und verteiltes Arbeiten mit Java-Programmen auf verschiedenen Ebenen.
- Java gilt als **sicher**, da die Ausführung des Java-Programms über die Java Virtual Machine erfolgt und so kein direkter Zugriff auf Ressourcen des Betriebssystems möglich ist. Zusätzlich wacht ein Byte-Code-Verifizierer im Byte-Code-Interpreter über die Zulässigkeit von Java-Programmen.
- Java ermöglicht **parallele Programmabläufe** durch die Verwendung von **Threads**. Preemptives Scheduling sorgt dabei dafür, daß kein Thread die gesamte zur Verfügung stehende Rechenzeit an sich reißen kann.
- In Java erfolgt die Bindung von Ressourcen **dynamisch**, d.h. Referenzen werden erst zur Laufzeit aufgelöst.
- Java verfügt über eine reichhaltige **Klassenbibliothek** und stellt damit eine Vielzahl von Programmierschnittstellen (**Application Programming Interface**, **API**) zur Verfügung.

Eine detailliertere Darstellung der Programmiersprache Java und ihrer Anwendung in der WWW-Programmierung wird in Exkurs 36 gegeben.

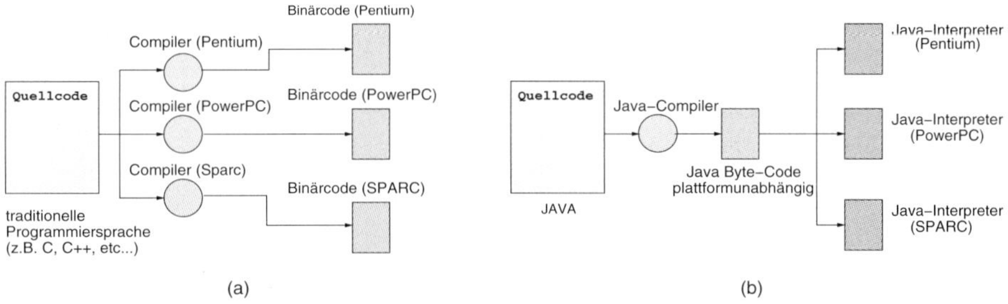

Abb. 15.6. Plattformunabhängigkeit von Java-Programmen – (a) traditionelle kompilierte Programmiersprachen, (b) Java

Exkurs 35: JavaScript und andere Skriptsprachen

JavaScript ist eine interpretierte Programmiersprache, die eine rudimentäre Objektorientierung beinhaltet. Der Kern dieser Programmiersprache ist bereits Bestandteil der meisten WWW-Browser und wurde um spezielle vordefinierte Objekte erweitert, die dem Programmierer die Manipulation des Browser-Fensterinhalts erleichtern. Die Ausführung eines JavaScript-Programms erfolgt in einer sogenannten **Sandbox**, i.e. eine Art Sicherheitsbereich auf dem WWW-Client-Rechner, auf den jeglicher Zugriff der Programmiersprache auf Ressourcen des clientseitigen Betriebssystems eingeschränkt ist. JavaScript wird dabei um typische Möglichkeiten anderer Programmiersprachen beschnitten, vor allem um die Möglichkeit, auf beliebige Betriebsmittel des Clients zuzugreifen, um zu verhindern, daß JavaScript-Programmierer über den Aufruf eines JavaScript-unterstützten WWW-Dokuments durch den Nutzer unberechtigten Zugriff auf dessen System erlangen können.

Von der Syntax her betrachtet, erinnert JavaScript an die Programmiersprachen **C**, **C++** oder auch **Java**. JavaScript ist eine **untypisierte Programmiersprache**, d.h. Variablen sind nicht durch einen festen Typ festgelegt. JavaScript-Objekte erinnern eher an assoziative Arrays der Programmiersprache **Perl** als an die Objekte in C++ oder Java. Bei JavaScript handelt es sich um eine rein interpretierte Skriptsprache, die im Gegensatz zu C oder C++ zuvor nicht kompiliert werden muß bzw. im Gegensatz zu Java nicht in einen interpretierbaren Zwischenzustand (Bytecode) übersetzt wird, sondern die im Klartext mit in das umgebende HTML-Dokument eingebettet wird.
Abb. 15.7 zeigt ein einfaches JavaScript-Programm, das direkt in eine HTML-Seite über das Markup-Tag <SCRIPT> eingebettet wurde. Die Verwandtschaft zu den Programmiersprachen der C-Familie wird dabei sofort deutlich. Das Programm summiert forlaufend Zahlen auf und gibt die Summen nacheinander aus. Zur Ausgabe wird dabei die Methode `document.write` des vordefinierten `document`-Objekts verwendet, das eine direkte Ausgabe in das Browserfenster als HTML-Code erlaubt. Abb. 15.8 zeigt die Ausgabe der HTML-Datei in einem JavaScript-fähigen Browser.

```
<!DOCTYPE HTML PUBLIC "-//W3C//DTD HTML 4.01 Transitional//EN">
<HTML>
  <HEAD>
    <TITLE>>JavaScript Test</title>
  </HEAD>
  <BODY>
    <SCRIPT language="JavaScript">
      document.write("<H2>Summenbildung:</H2>");
      for (i=1; i<15; i++) {
        hilf=0;
        for (j=1; j<=i; j++) {
          hilf+=j;
          document.write(j);
          if(j<i) {
            document.write("+");
          } else {
            document.write("=");
          }
        }
        document.write(hilf+"<BR>");
      }
    </SCRIPT>
  </BODY>
</HTML>
```

Abb. 15.7. Einfaches JavaScript-Programm zur Summenbildung

Neben der direkten Ausführung des im HTML-Dokument angegebenen JavaScript-Sourcecodes können an dieser Stelle im HTML-Dokument auch Funktionsdefinitionen spezifiziert werden, die beim Eintritt bestimmter Ereignisse (Events) an einer vorgegebenen Stelle des HTML-Dokuments ausgeführt werden. JavaScript kann dabei auch innerhalb anderer HTML-Tags vorkommen. In der Regel erfolgt dabei lediglich die Angabe eines Aufrufs bestimmter Methoden, Funktionen, Objekte oder Eigenschaften. Der Aufruf selbst erfolgt über sogenannte Event-Handler, i.e. bestimmte Attribute in HTML-Tags, über die sich Java-Skripte aktivieren lassen. Für jeden der möglichen Event-Handler ist festgelegt, in welchen HTML-Tags dieser vorkommen darf (siehe Abb. 15.9 und 15.10). Allgemein erkennt man

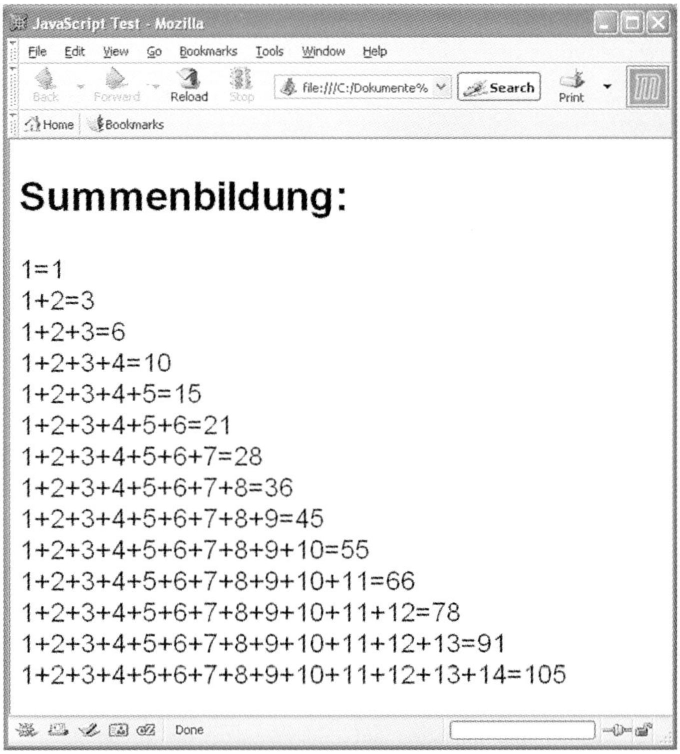

Abb. 15.8. Ausgabe des JavaScript Programmes aus Abb. 15.7 in einem JavaScript-fähigen Browser

einen HTML-Event-Handler am Präfix „`on`", gefolgt von der Bezeichnung des jeweiligen Events, z.B. `onClick` bezeichnet das Ereignis eines vom Nutzer ausgeführten Mausklicks. Die allgemeine Form der Aktivierung einer JavaScript-Funktion über einen Event-Handler lautet stets

```
onEvent = "Funktionsaufruf"
```

Eine andere Möglichkeit der Aktivierung von JavaScript-Programmen liegt in der Referenzierung über ein HTML-Hyperlink:

```
<A HREF="javascript:alert(document.LastModified)"> ... </A>
```

Das angegebene Beispiel öffnet ein Meldungsfenster (`alert`) und stellt darin das Datum der letzten Änderung des Dokuments dar (`dokument.lastModified`).
JavaScript-Programme können direkt im umgebenden HTML-Dokument über das HTML-Tag `<SCRIPT>` eingebettet (vgl. Abb. 15.7) oder aber auch als separate Datei notiert werden. Letztere Methode bietet den Vorteil, daß eine JavaScript-Methode lediglich einmal notiert werden muß und gleichzeitig in mehrere HTML-Dokumente eingebunden werden kann. Die Einbindung erfolgt dabei ebenfalls über das `<SCRIPT>`-Tag:

```
<SCRIPT SRC="javascriptfile.js" TYPE="text/javascript">
```

Die eingebundene JavaScript-Datei mit dem Quellcode muß eine reine ASCII-Datei sein. Sie sollte die Dateinamenserweiterung „.js“ erhalten und darf nichts anderes als JavaScript-Code enthalten.

Kurze JavaScript Sprachreferenz

Event-Handler in HTML

- `onAbort`
  Ruft im Falle eines vom Nutzer initiierten Abbruchs des Ladevorgangs eines HTML-Dokuments eine Funktion auf. Erlaubt innerhalb der folgenden HTML-Tags: <IMG>.
- `onBlur`
  Ruft eine Funktion auf, wenn der Nutzer ein aktuell aktiviertes Element wieder verläßt. Erlaubt innerhalb der folgenden Tags: <A>, <AREA>, <BUTTON>, <INPUT>, <LABEL>, <SELECT> und <TEXTAREA>.
- `onChange`
  Ruft eine Funktion auf, wenn der Wert eines aktiven Elements vom Nutzer verändert wurde. Erlaubt innerhalb der folgenden Tags: <INPUT>, <SELECT> und <TEXTAREA>.
- `onClick`
  Ruft eine Funktion auf, wenn das betreffende Element vom Nutzer durch Mausklick aktiviert wird. Erlaubt innerhalb fast aller in HTML 4.0 spezifizierten Tags.
- `onDblClick`
  Wie `onClick`, nur bezieht sich das Event auf einen vom Nutzer ausgeführten Doppel-Klick.
- `onError`
  Ruft bei Eintreten eines Fehlers eine Funktion auf und gestattet die Darstellung eigener Fehlermeldungen. Der aufgetretene Fehler bzw. dessen Ursache wird davon jedoch nicht beseitigt. Erlaubt innerhalb der folgenden HTML-Tag: <IMG>.
- `onFocus`
  Ruft bei Aktivierung eines Elements durch den Nutzer eine Funktion auf. Erlaubt innerhalb der folgenden HTML-Tags: <A>, <AREA>, <BUTTON>, <INPUT>, <LABEL>, <SELECT> und <TEXTAREA>.
- `onKeyDown`
  Ruft eine Funktion auf, wenn der Anwender nach der Aktivierung eines Elements einen Tastendruck auf der Tastatur ausführt. Erlaubt innerhalb fast aller HTML 4.0 Tags.
- `onKeyPress`
  Wie `onKeyDown`, nur daß der Anwender die Taste gedrückt halten muß.
- `onKeyUp`
  Wie `onKeyDown` bzw. `onKeyPress`, nur daß die Funktion aufgerufen wird, wenn der Nutzer die gedrückte Taste wieder losläßt.
- `onLoad`
  Ruft eine Funktion auf, wenn eine Datei geladen wird. Erlaubt innerhalb der folgenden HTML-Tags: <FRAMESET>, <BODY>.
- `onMouseDown`
  Ruft eine Funktion auf, wenn der Anwender eine Maustaste gedrückt hält. Erlaubt innerhalb fast aller HTML 4.0 Tags.

Abb. 15.9. Event-Handler zur Aktivierung von JavaScript-Programmen in HTML-Dokumenten

Event-Handler in HTML – Teil 2

- `onMouseMove`
  Ruft eine Funktion auf, wenn der Nutzer die Maus bewegt, unabhängig davon, ob dabei eine Taste gedrückt wird. Erlaubt innerhalb fast aller HTML 4.0 Tags.
- `onMouseOut`
  Ruft eine Funktion auf, wenn der Nutzer ein aktiviertes Element mit der Maus wieder verläßt. Erlaubt innerhalb fast aller HTML 4.0 Tags.
- `onMouseOver`
  Ruft eine Funktion auf, wenn der Nutzer die Maus über ein aktiviertes Element bewegt. Erlaubt innerhalb fast aller HTML 4.0 Tags.
- `onMouseUp`
  Ruft eine Funktion auf, wenn der Nutzer eine gedrückte Maustaste wieder losläßt. Erlaubt innerhalb fast aller HTML 4.0 Tags.
- `onReset`
  Ruft eine Funktion auf, wenn der Nutzer die in ein HTML-Formular eingegebenen Daten wieder verwerfen will. Erlaubt innerhalb der folgenden HTML-Tags: `<FORM>`.
- `onSelect`
  Ruft eine Funktion auf, wenn der Nutzer Text innerhalb eines HTML-Dokuments selektiert. Erlaubt innerhalb der folgenden HTML-Tags: `<INPUT>`, `<TEXTAREA>`.
- `onSubmit`
  Ruft eine Funktion auf, wenn der Nutzer die in ein HTML-Formular eingegebenen Daten an den WWW-Server versenden will. Erlaubt innerhalb der folgenden HTML-Tags: `<FORM>`.
- `onUnload`
  Ruft eine Funktion auf, wenn eine gerade dargestellte HTML-Datei wieder verlassen wird. Erlaubt innerhalb der folgenden HTML-Tags: `<FRAMESET>`, `<BODY>`.

Abb. 15.10. Event-Handler zur Aktivierung von JavaScript-Programmen in HTML-Dokumenten (2)

Im Folgenden soll kurz auf die unterschiedlichen JavaScript-Sprachelemente eingegangen werden, wobei für eine ausführliche Darstellung auf die weiterführende Literatur verwiesen wird:

- **Anweisungen und Anweisungsblöcke**
  Jede Anweisung in JavaScript wird stets mit einem Strichpunkt (;) abgeschlossen. Anweisungen können bestehen aus
  – Wertzuweisungen an Variablen, z.B. `var a=1;`
  – Anwendung von Operationen auf Variablen, z.B. `a=b·c+d;`
  – Aufruf/Zugriff einer vordefinierten Methode, z.B. `alert("text...");`
  Ein Anweisungsblock besteht aus einer oder mehreren Anweisungen, die innerhalb einer übergeordneten Anweisung oder innerhalb einer Funktion stehen können. Der Anweisungsblock wird dabei von geschweiften Klammern ({...}) umgeben.
- **Kommentare**
  Die Einbettung von Kommentaren in den JavaScript-Programmcode erfolgt analog zu C/C++ über eine ggf. mehrzeilige Kommentarumgebung (`/* kommentar */`) bzw. durch eine einzelne Kommentarzeile (`// kommentar`).
- **bedingte Anweisungen**
  Sollen Anweisungen nur unter einer bestimmten Bedingung ausgeführt werden, bietet JavaScript zur Spezifikation dieser Bedingung folgende Möglichkeiten:

– `if (bedingung) {anweisung1} else {anweisung2}`
Sollte die in `bedingung` spezifizierte Bedingung eintreten, wird der Anweisungsblock `anweisung1` ausgeführt, anderenfalls `anweisung2`.

– `a=bedingung?anweisung1:anweisung2;`
Bei dieser Anweisung handelt es sich um eine bedingte Wertzuweisung. Trifft `bedingung` zu, so wird a der Wert `wert1` zugewiesen, anderenfalls `wert2`.

–
```
switch (variable) {
   case wert-1: anweisung-1; break;
   ...
   case wert-k: anweisung-k; break
   default: anweisung-k+1;
}
```
Besitzt `variable` den Wert `wert-1`, wird `anweisung-1` ausgeführt usw. Trifft keiner der durch `case` angegebenen Werte zu, wird die unter `default` notierte Anweisung ausgeführt.

- **Variablen und Literale**
  Als Variablen werden Speicherbereiche bezeichnet, in denen Daten, die zur Ausführung des JavaScript-Programmes notwendig sind, gespeichert werden können. Der Dateninhalt einer Variablen wird als Wert oder Literal bezeichnet. Bevor eine Variable verwendet werden kann, muß sie erst vereinbart (deklariert) werden. Eine Variablendeklaration wird durch das Schlüsselwort `var` gekennzeichnet. Der Gültigkeitsbereich (**lokal**) einer über `var` deklarierten Variable erstreckt sich auf den Anweisungsblock, in dem diese sich befindet, einschließlich aller diesem Anweisungsblock untergeordneter Anweisungsblöcke. Wird eine Variable ohne das Schlüsselwort `var` vereinbart, so ist diese stets **global**, d.h. sie ist im gesamten JavaScript-Programm gültig.
  Beispiel: `var MeaningOfLife = 42;`
  Bei dieser Anweisung handelt es sich um eine Wertzuweisung, die der Variablen `MeaningOfLife` den Wert 42 zuweist.

- **Operatoren**
  Operatoren dienen der Manipulation von Werten und Variablen. Sie können in den folgenden Anweisungen auftreten:
  – **Zuweisungsoperator**, z.B. `a = 42;`
  – **Vergleichsoperatoren**: >, <, <=, >=, ==, !=
  Die angegebenen Vergleichsoperatoren bezeichnen die Vergleichsoperationen größer, kleiner, kleiner oder gleich, größer oder gleich, gleich und ungleich. Vergleichsoperationen liefern als Ergebnis einen der beiden Booleschen Wahrheitswerte „wahr" oder „falsch".
  – **Arithmetische Operatoren**: +, -, *, /, %
  Die arithmetischen Operatoren werden mit den üblichen Symbolen notiert, % bezeichnet dabei die Modulo-Operation und liefert als Ergebnis den Divisionsrest der beiden Operanden.
  Beispiel: `a = (b * 5) + (13 % 3);`
  Als abgekürzte Schreibweise gelten:
  - a+=2 entspricht a=a+2
  - a-=2 entspricht a=a-2
  - a++ entspricht a=a+1
  - a-- entspricht a=a-1

  – **logische Operatoren**: ||, &&
  Dienen der Verknüpfung von Wahrheitswerten, || entspricht dem logischen „oder", && entspricht dem logischen „und".
  – **Bitoperatoren**: >>, <<, &, |, ^

- << – verschiebt Bits nach links,
- >> – verschiebt Bits nach rechts,
- & – bitweise UND-Verknüpfung,
- | – bitweise ODER-Verknüpfung,
- ^ – bitweise EXOR-Verknüpfung.

– **Verknüpfung von Zeichenketten**: +
Über den Operator + lassen sich einzelne Zeichenketten miteinander verknüpfen.

– **Rangfolge der Operatoren**:
Bei der Durchführung komplexer Rechenoperationen gilt für die Auflösung komplexer Ausdrücke folgende Operatoren-Rangfolge:

1. , (Aneinanderreihung)
2. `=, +=, -=, <<=, >>=, &=, ^=, |=`
3. `?:`
4. `||`
5. `&&`
6. `|`
7. `^`
8. `&`
9. `==, ===, !=, !==`
10. `<, <=, >, >=`
11. `<<, >>, >>>`
12. `+, -`
13. `*, /, %`
14. `!, ~ , -, ++, --`
15. `(), [], .` (Klammerung und Vektoren)

Die Rangfolge der Operatoren kann durch Klammerung von Teilausdrücken entsprechend den üblichen Rechenregeln beeinflußt werden.

- **Schleifen und Wiederholungen**
Mit Hilfe von Schleifen können Programmanweisungen solange wiederholt werden, bis die Bedingung erfüllt ist, die in der Schleife formuliert wurde. JavaScript bietet folgende Schleifenkonstrukte:

– `while (bedingung) {Anweisungen}` :
Solange die innerhalb der `while`-Schleife formulierte Bedingung erfüllt ist, wird der sich anschließende Anweisungsblock wiederholt.

– `for (bedingungen) {Anweisungen}` :
Solange die innerhalb der `for`-Schleife formulierte Bedingung erfüllt ist, wird der sich anschließende Anweisungsblock wiederholt. Im Steuerblock der `for`-Schleife können stets drei unterschiedliche Anweisungen für die Schleifensteuerung angeben werden:

- Startanweisung: Initialisierung von Zähl-/Schleifenvariablen,
- Schleifenbedingung: Solange die angegebenen Bedingungen erfüllt sind, werden die Anweisungen des Anweisungsblocks wiederholt ausgeführt,
- Schleifensteuerung: Anweisungen zur Veränderung der Schleifensteuerung der verwendeten Variablen.

Im folgenden Beispiel wird zunächst die Schleifensteuervariable `i` initialisiert (`i=0`), die Schleife wird dann solange durchlaufen, als die Steuervariable kleiner als 10 ist (`i<10`), und die Variable `i` wird bei jedem Schleifendurchlauf inkrementiert (`i++`):

```
for (i=0; i<10; i++) {anweisungen}
```

– `do {anweisungen} while (bedingungen) :`
  Variante der `while`-Schleife, bei der vor Auswertung der Schleifenbedingung der Anweisungsblock der Schleife mindestens einmal durchlaufen wird.

Zusätzlich kann eine Steuerung der Schleifenabarbeitung mit Hilfe der Steueranweisungen `continue` und `break` erfolgen:

– `break`:
  Sofortiger Abbruch der direkt umgebenden Schleife und Fortsetzung der Programmausführung nach der betreffenden Schleife.
– `continue`:
  Innerhalb einer Schleife wird der nach der Kontrollanweisung `continue` folgende Anweisungsteil nicht ausgeführt und der nächste Schleifendurchgang sofort gestartet.

- **Funktionen**
  Bei JavaScript besteht eine Funktion aus einem abgeschlossenen Anweisungsblock, der explizit aufgerufen werden bzw. dessen Ausführung von bestimmten Ereignissen (Events) ausgelöst werden kann. Ein als Funktion deklarierter Anweisungsblock wird vom Browser nicht schon beim Laden des betreffenden Dokuments ausgeführt, sondern erst, wenn ein entsprechender Funktionsaufruf erfolgt. Funktionen können geschachtelt werden, d.h. Funktionsaufrufe können ebenfalls Bestandteil einer umgebenden Funktionsdeklaration sein.
  Eine Funktionsdeklaration hat stets die folgende Form:

```
function NAME (PARAMETER) {Anweisungen}
```

  Eine Funktionsdeklaration wird mit dem Schlüsselwort `function` eingeleitet, dem ein frei wählbarer Funktionsname und eine in Klammern eingeschlossene Parameterliste folgt, die der Funktion beim Funktionsaufruf zu übergeben ist. Der nachfolgende Anweisungsblock muß stets in geschweiften Klammern stehen.
  Abb. 15.11 und 15.12 zeigen ein einfaches Beispiel einer JavaScript-Funktion, die innerhalb des HTML-Header-Bereichs deklariert wird und auf einen Mausklick des Nutzers hin (`onClick`) im HTML-Body-Bereich aufgerufen wird.
  Dabei werden zwei JavaScript-Funktionen im HTML-Header deklariert: `Zinsen` und `SchreibeZinsen`. In der Funktion `SchreibeZinsen` wird die Funktion `Zinsen` aufgerufen, der die beiden Parameter `Basis` und `Prozent` übergeben werden, und die das verzinste Basiskapital als Ergebnis zurückliefert (`return Ergebnis`). In der Funktion `SchreibeZinsen` wird mit Hilfe von DOM auf ein Objekt des HTML-Body zugegriffen, das Formular-Objekt (`<FORM>`), das über den Namen `Zinsen` referenziert wird. Innerhalb des Formulars wird das Funktionsergebnis in ein Eingabefeld mit dem Namen `Ergebnis` geschrieben. Ausgelöst wird der Funktionsaufruf durch anklicken des `Button`-Objekts durch den Benutzer (`onClick`).

- **Objekte und Methoden**
  JavaScript bietet die Möglichkeit, auf vordefinierte Objekte von DOM zuzugreifen und sich dieser zu bedienen. Daneben hat der Nutzer aber auch die Möglichkeit der Definition eigener Objekte. Ein Objekt ist eine abgeschlossene Datenstruktur, der **Eigenschaften** (**Properties**) zugeordnet sind, über die Informationen über das Objekt festgelegt und abgefragt werden können, und **Methoden**, über die ein Zugriff und die Manipulation des Objekts erfolgt.
  Um ein eigenes Objekt zu definieren, sind zwei Schritte nötig:
  – Zuerst muß das Objekt zusammen mit seinen Eigenschaften und Methoden deklariert werden.
  – Danach wird eine Objektinstanz erzeugt, die im weiteren Verlauf des JavaScript-Programmes genutzt werden kann.

```
<!DOCTYPE HTML PUBLIC "-//W3C//DTD HTML 4.01 Transitional//EN">
<HTML>
  <HEAD>
    <TITLE>>JavaScript Test</title>
    <SCRIPT LANGUAGE="JavaScript">
      <!--
        function Zinsen(Basis, Prozent) {
          var Ergebnis = Basis * (1 + (Prozent / 100));
          return Ergebnis;
        }
        function SchreibeZinsen(Betrag, Prozent) {
          var Wert = Zinsen(Betrag, Prozent);
          document.Zinsen.Ergebnis.value = Wert;
        }
      //-->
    </SCRIPT>
  </HEAD>
  <BODY>
    <FORM NAME="Zinsen" ACTION="">
    Sparbetrag : <INPUT TYPE="text" NAME="Basis">
    Prozentsatz: <INPUT TYPE="text" NAME="Prozent">
      <P>
      <INPUT TYPE="button" VALUE="Kapital nach einem Jahr"
        onClick="SchreibeZinsen(document.Zinsen.Basis.value,
          document.Zinsen.Prozent.value)">
      Ergebnis: <INPUT TYPE="text" NAME="Ergebnis">
    </FORM>
  </BODY>
</HTML>
```

Abb. 15.11. Einfaches JavaScript-Programm mit einem Funktionsaufruf

Abb. 15.14 und 15.13 zeigen ein einfaches Beispiel, in der ein eigenes JavaScript-Objekt deklariert, instantiiert und aufgerufen wird.
Ein neues JavaScript-Objekt wird über eine herkömmliche Funktions-Deklaration angelegt. Dies kann innerhalb eines JavaScript-Bereichs direkt im HTML-Dokument oder in einer separaten Datei erfolgen, die in das HTML-Dokument eingebunden wird. Der vom Autor angegebene Funktionsname wird zum Objektnamen und die Funktionsparameter zu den das Objekt bestimmenden Eigenschaften. Im o.a. Beispiel wird das Objekt `Farbe` im Header-Teil des HTML-Dokuments deklariert, das über die Eigenschaften (`R, G, B`) verfügt, die ihrerseits den jeweiligen Farbanteil (rot, grün, blau) für die Hintergrundfarbe angeben, die mit Hilfe der JavaScript-Routine eingestellt werden soll. Die Zuweisung der Objekt-Eigenschaften an das Objekt selbst erfolgt im darauffolgenden Anweisungsblock. Zu diesem Zweck wird das JavaScript-Schlüsselwort `this` verwendet, über das das Objekt selbst adressiert werden kann. Gefolgt von einem Dezimalpunkt und dem Namen der entsprechenden Objekt-Eigenschaft erfolgt eine Wertzuweisung an die jeweilige Objekt-Eigenschaft – hier mit Hilfe der übergebenen Parameter (`this.R = R;`). In der nachfolgenden Funktion `FarbWechsel` wird das Objekt über das Schlüsselwort `new` als Variable `Back` instantiiert. Anschließend wird der Hintergrundfarbe des vorliegenden Dokuments (`document.bgColor`) der über die Objekt-Instanz `Back` angegebene Farbwert zugewiesen. Im Body-Bereich des HTML-Dokuments hat der Nutzer über ein Formular die Möglichkeit, die drei Farbkomponenten für die neue Hintergrundfarbe anzugeben. Bei Anklicken des darunterliegenden Button-Objekts wird die Funktion `FarbWechsel` aufgerufen und

Abb. 15.12. Ausgabe des JavaScript Programmes aus Abb. 15.11 in einem JavaScript-fähigen Browser

dieser die vom Nutzer eingegebenen Farbwerte zur Initialisierung des Farb-Objekts übergeben.

JavaScript Objekt-Referenz
JavaScript stellt eine Reihe von vordefinierten Objekten zur Verfügung, mit denen auf Dokumente oder Elemente der Benutzerschnittstelle zugegriffen und diese manipuliert werden können. Natürlich kann an dieser Stelle keine vollständige und detaillierte Objektreferenz angegeben werden, sondern lediglich ein kurzer Überblick über die bestehende Objekthierarchie. Für eine detaillierte Darstellung verweisen wir auf die am Ende dieses Exkurses angegebenen Quellen.
Folgende vordefinierten Objekte stehen dem Autor in JavaScript zur Verfügung:

- `window`
  Oberstes Objekt der JavaScript Objekthierarchie, ist verantwortlich für alles, was im Browser-Fenster auf dem Bildschirm dargestellt wird. Dabei können Fenstereigenschaften frei vom Nutzer abgefragt und festgelegt werden.
- `frames`
  Gestattet Zugriff auf Frames, d.h. auf ein Frame-Set und dessen Frame-Fenster, die in einer HTML-Datei definiert sind. Aus Sicht des Browsers stellt ein Frame ein eigenes Fenster dar. Daher ist das `frames`-Objekt lediglich eine Variante des `window`-Objekts und verfügt daher neben eigenen auch über alle Eigenschaften und Methoden des `window`-Objekts.
- `document`
  Bezieht sich auf den Dokumenteninhalt, der in einem Browser-Fenster angezeigt wird. In der Objekthierarchie von JavaScript liegt das `document`-Objekt direkt unterhalb des `window`-Objekts. Für DOM ist das `document`-Objekt das Ausgangsobjekt für den abstrakten Strukturbaum des betreffenden Dokuments. Gemäß DOM stellen die Elemente eines HTML-Dokuments selbst Unterobjekte des JavaScript `document`-Objekts dar. Die einzelnen HTML-Elemente verfügen wiederum über eigene Eigenschaften und Methoden.

```
<!DOCTYPE HTML PUBLIC "-//W3C//DTD HTML 4.01 Transitional//EN">
<HTML>
  <HEAD>
    <TITLE>>JavaScript Test</title>
    <SCRIPT LANGUAGE="JavaScript">
      <!--
        function Farbe(R, G, B) {
          this.R = R;
          this.G = G;
          this.B = B;
          this.hex="#";
        }
        function FarbeWechseln(R, G, B) {
          var Back = new Farbe(R ,G ,B);
          document.bgColor = Back.hex + Back.R + Back.G + Back.B;
          document.BG.farbe.value = document.BG.rot.value +
            document.BG.gruen.value+document.BG.blau.value;
        }
      //-->
    </SCRIPT>
  </HEAD>
  <BODY BGCOLOR="#FFFFFF">
    <FORM NAME="Zinsen" ACTION="">
      Rot : <INPUT TYPE="text" NAME="rot">
      Gruen: <INPUT TYPE="text" NAME="gruen">
      Blau : <INPUT TYPE="text" NAME="blau">
      <INPUT TYPE="button" VALUE="Hintergundfarbe wechseln"
        onClick="FarbeWechseln(document.BG.rot.value,
          document.BG.gruen.value, document.BG.blau.value)">
      Aktuelle Farbe: # <INPUT TYPE="text" NAME="farbe">
    </FORM>
  </BODY>
</HTML>
```

Abb. 15.13. Einfaches JavaScript-Programm mit Deklaration, Instantiierung und Aufruf eines eigenen Objekts

- `HTML-Elementobjekte`
  Jedes HTML-Element in einem HTML-Dokument stellt selbst ein eigenes Objekt dar, auf das mit JavaScript zugegriffen werden kann. Nach Syntax der HTML-Variante von DOM kann nur auf solche HTML-Elemente zugegriffen werden, die in ihrem Start-Tag entweder ein `name`-Attribut oder ein `id`-Attribut enthalten, über das sie referenziert werden können. Nach dem erweiterten XML-DOM läßt sich aber auch auf jedes beliebige andere HTML-Element durch Traversierung des abstrakten Strukturbaums des HTML-Dokuments zugreifen. Nicht alle HTML-Elemente verfügen über ein `name`-Attribut, und wenn sie über ein `name`-Attribut verfügen, muß dieses zudem nicht dokumentenweit eindeutig festgelegt sein. Daher ist eine Referenzierung von HTML-Elementen über das `id`-Attribut oft einfacher, da dieses zu jedem HTML-Element angegeben werden kann und zudem dokumentenweit eindeutig sein muß.
- `node`
  Zentrales Objekt des DOM (node=[engl.]Knoten) mit dem die strukturellen Bestandteile eines Dokuments als Knoten im abstrakten Strukturbaum repräsentiert werden.

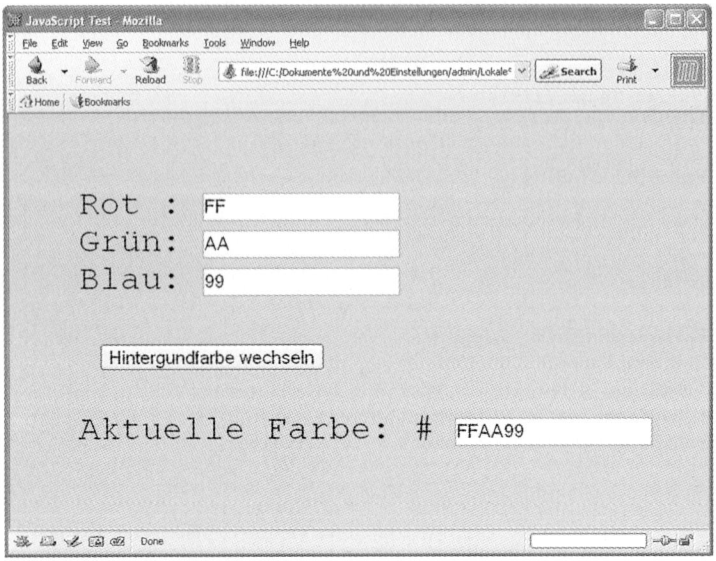

Abb. 15.14. Ausgabe des JavaScript Programmes aus Abb. 15.13 in einem JavaScript-fähigen Browser

Jedes Element, jedes Attribut und alle Zeichendaten eines Dokuments werden dabei durch eigene Knoten dargestellt. Das `node`-Objekt stellt Eigenschaften und Methoden bereit, um auf die einzelnen Knoten des abstrakten Strukturbaums zugreifen zu können. Das node-Objekt stellt damit die allgemeinere, für alle XML-gerechten Sprachen gültige Variante dessen dar, was die HTML-Elementobjekte speziell für HTML darstellen. Um auf die Eigenschaften und Methoden des `node`-Objekts zugreifen zu können, muß zuerst der Zugriff auf einen Knoten im Dokument durchgeführt werden. Zu diesem Zweck werden die Methoden des `document`-Objekts `getElementById`, `getElementsByName` und `getElementsByTagName` verwendet. Dann können Attributknoten, Textknoten und andere Element-Kindknoten eines Elements adressiert werden.

- `all`
  Zählt nicht zum offiziellen JavaScript-Standard, sondern wurde von Microsoft für den Internet Explorer 4.0 implementiert. Das Objekt `all` steht in der JavaScript-Objekthierarchie direkt unterhalb des `document`-Objekts und gestattet den Zugriff auf alle einzelnen Elemente und Inhalte eines HTML-Dokuments. Über die Methoden des `all`-Objekts sind unter anderem das Einfügen oder Entfernen von HTML-Tags und Angaben innerhalb eines HTML-Tags möglich. Durch neue Browser-Generationen und DOM wird das `all`-Objekt zusehends von den neuen HTML-Elementobjekten und das `node`-Objekt verdrängt.
- `style`
  Ursprünglich Teil der Implementation für den MS Internet Explorer 4.0 und in der Objekthierarchie direkt unterhalb des `all`-Objekts. Das `style`-Objekt regelt den Zugriff auf und die Manipulation von Style-Sheet-Angaben, die mit einem HTML-Dokument assoziiert sind. Auch DOM ab der Version 2.0 verfügt über das `style`-Objekt. Um auf die Eigenschaften und Methoden des `style`-Objekts nach DOM-Syntax zugreifen zu können, muß zuerst auf einen Elementknoten des abstrakten Strukturbaums zugegriffen werden. Dazu

dienen die Methoden getElementById, getElementsByName und getElementsByTagName des document-Objekts.

- anchors
  Liegt in der JavaScript-Objekthierarchie unterhalb des document-Objekts und gewährt Zugriff auf Anker (z.B. <A NAME="first">...</A>), die in einem HTML-Dokument mit einem Hyperlink assoziiert sind.
- applets
  Liegt in der JavaScript-Objekthierarchie unterhalb des document-Objekts und gewährt Zugriff auf Java-Applets, die in einem HTML-Dokument eingebunden sind. Die einzige JavaScript-Objekteigenschaft des applet-Objekts ist die Anzahl der Java-Applets in einem Dokument. Über das applets-Objekt besteht zudem auch eine Zugriffsmöglichkeit auf den Code eines Java-Applets.
- forms
  Liegt in der JavaScript-Objekthierarchie unterhalb des document-Objekts und gewährt Zugriff auf Formulare, die in einem HTML-Dokument definiert sind. Der Zugriff auf Elemente eines HTML-Formulars erfolgt über das JavaScript-Objekt elements.
- options
  Liegt in der JavaScript-Objekthierarchie unterhalb des elements-Objekts und gewährt Zugriff auf Auswahllisten innerhalb eines Formulars. Dabei kann auf jede einzelne Auswahlmöglichkeit der Auswahlliste zugegriffen und Parameter wie Anzahl der Auswahlelemente, Auswahltext oder Auswahlwert manipuliert werden.
- images
  Liegt in der JavaScript-Objekthierarchie unterhalb des document-Objekts und gewährt Zugriff auf alle Grafiken, die in einem HTML-Dokument definiert sind. Dabei können vorhandene Grafiken dynamisch durch andere ersetzt oder die Dimension einer eingebundenen Grafik manipuliert werden.
- embeds
  Netscape-spezifisches Objekt, liegt in der JavaScript-Objekthierarchie unterhalb des document-Objekts und gestattet den Zugriff auf alle Multimedia-Elemente, die in einem HTML-Dokument mit dem Netscape-spezifischen HTML-Tag <embed>...</embed> eingebunden sind. Dieses Objekt kann eingesetzt werden, um z.B. den Abspielvorgang von Sound- oder Video-Dateien dynamisch zu starten.
- links
  Liegt in der JavaScript-Objekthierarchie unterhalb des document-Objekts und gestattet den Zugriff auf Hyperlinks, die in einem HTML-Dokument definiert sind. In JavaScript 1.0 ist es lediglich möglich, die Anzahl der Verweise in einer Datei auszulesen. Seit JavaScript 1.2 stehen jedoch weitere Eigenschaften zur Verfügung, wie z.B. Zugriff und Manipulation des Namens und des vollständigen URI des Hyperlinks oder der Position innerhalb des Browserfensters, an der der Hyperlink dargestellt wird.
- events
  Gestattet den Zugriff auf Einzelinformationen zu Anwenderereignissen, wie z.B. Mausklicks oder Tastatureingaben. Bei einem Mausklick kann so die genaue Position ermittelt werden, an der der Mausklick erfolgte, oder bei einem Tastendruck die gedrückte Taste. Anwenderereignisse können überwacht werden, indem innerhalb eines erlaubten HTML-Tags ein Event-Handler notiert, oder indem direkt mit Hilfe von JavaScript eine eigene Ereignisüberwachung programmiert wird. Tritt das überwachte Ereignis ein, wird eine sogenannte **Handler-Funktion** aktiviert, die der Programmierer zuvor geschrieben hat und die das Ereignis weiterverarbeitet.
- history
  Liegt in der JavaScript-Objekthierarchie unterhalb des window-Objekts und gestattet den Zugriff auf die besuchten WWW-Seiten des Anwenders. Maßgeblich ist dabei die

History-Liste des verwendeten WWW-Browsers. Neben der Ermittlung der Anzahl der bislang besuchten WWW-Dokumente hat der Programmierer die Möglichkeit, innerhalb der History-Liste zu navigieren und gezielt bereits besuchte Dokumente wieder aufzurufen.

- `location`
  Liegt in der JavaScript-Objekthierarchie unterhalb des `window`-Objekts und gestattet den Zugriff auf den vollständigen URI des aktuell angezeigten WWW-Dokuments. Dabei kann der URI oder lediglich einzelne Bestandteile des URI zur Weiterverarbeitung abgefragt und verändert werden. Wird der URI über das `location`-Objekt verändert, wird das unter dem veränderten URI referenzierte Dokument in den WWW-Browser zur Darstellung geladen.
- `Array`
  Dient als Behälter (Vektor) zum Aneinanderreihen gleichartiger Variablen. Arrays können in Zeichenketten umgewandelt, einzelne Variablen können zu Arrays zusammengefaßt und die einzelnen Bestandteile von Arrays können manipuliert werden.
- `Boolean`
  Dient zur Erzeugung der JavaScript-Standardwerte `true` (wahr) und `false` (falsch), die z.B. als Rückgabewerte von JavaScript-Funktionen verwendet werden können. Boole'sche Objekte werden bei der Definition stets mit einem der beiden möglichen Werte initialisiert und behalten diesen Wert. Die Variablen, in denen der Initialisierungswert gespeichert wird, sind eigentlich Konstante.
- `Date`
  Dient für alle Berechnungen, die Datums- oder Zeitangaben enthalten. Alle Zeitangaben beziehen sich dabei auf einen fixen historischen Zeitpunkt, in JavaScript (wie auch in C oder UNIX) auf den 1. Januar 1970, 0.00 Uhr. JavaScript mißt die interne Zeit in Millisekunden. Über das `Date`-Objekt kann auf alle Bestandteile von Datums- oder Zeitangaben in verschiedenen Formaten lesend oder schreibend zugegriffen werden.
- `Function`
  Gestattet einen Zugriff auf Eigenschaften einer JavaScript-Funktion. JavaScript-Funktionen können dadurch selbst Gegenstand von JavaScript-Anweisungen werden. Dies ist z.B. dann sinnvoll, wenn mit Funktionen gearbeitet wird, die über eine variable Anzahl von Parametern verfügen. Über das `Function`-Objekt ist es möglich, die Namen und die Anzahl der Parameter einer Funktion abzufragen bzw. die übergeordnete, aufrufende Funktion zu ermitteln.
- `Math`
  Erlaubt komplexe wissenschaftliche oder kaufmännische Berechnungen. Dazu stehen verschiedene Methoden und Funktionen sowie einige Eigenschaften zur Verfügung, deren Aufruf stets folgendem Schema folgt:

  ```
  x = Math.Eigenschaft;
  x = Math.Methode(Parameter);
  ```

  Bei den Eigenschaften handelt es sich um folgende mathematische Konstanten:
  – `E` (Eulersche Konstante)
  – `LN2` (natürlicher Logarithmus von 2)
  – `LN10` (natürlicher Logarithmus von 10)
  – `PI` (Konstante PI)
  – `SQRT1_2` (Quadratwurzel aus 0,5)
  – `SQRT2` (Quadratwurzel aus 2)

  Folgende mathematische Methoden stehen über das `Math`-Objekt zur Verfügung:
  – trigonometrische Funktionen: `sin()`, `cos()`, `tan()`, `asin()`, `acos()`, `atan()`
  – Absolutwert: `abs()`

- Auf- und Abrunden: `ceil()`, `floor()`, `round()`
- Exponentialfunktion: `exp()`
- natürlicher Logarithmus: `log()`
- Maximum/Minimum: `max()`, `min()`
- Potenzfunktion: `pow()`
- Zufallswert: `random()`
- Quadratwurzel: `sqrt()`

- `navigator`
  Dient der Ermittlung von Web-Browser-Informationen, d.h. welcher Browser wird verwendet (Hersteller, Version, Betriebssystem, Rechnerplattform). Damit kann der Programmierer die Ausführung bestimmter JavaScript-Anweisungen davon abhängig machen, welchen Browser der Nutzer verwendet, da unterschiedliche Browser oft nicht alle JavaScript-Möglichkeiten unterstützen.
- `mimeTypes`
  Liegt in der JavaScript-Objekthierarchie unterhalb des `navigator`-Objekts und dient der Ermittlung, welche Dateitypen der WWW-Browser des Anwenders unterstützt, und ob ein entsprechendes Plugin zur Wiedergabe des betreffenden Dateityps vorhanden ist.
- `plugins`
  Liegt in der JavaScript-Objekthierarchie unterhalb des `navigator-Objekts` und dient der Ermittlung, welche **Plugins** (zusätzliche Software-Module) im Sinne der Netscape-Plugin-Technik im lokalen WWW-Browser installiert sind. Die installierten Plugins bestimmen, welche Medien- und Dateitypen der WWW-Browser wiedergeben kann.
- `Number`
  Erlaubt den Zugriff auf Eigenschaften numerischer Werte. Damit kann z.B. ermittelt werden, ob es sich bei einem eingegebenen Wert um einen gültigen Zahlenwert handelt. Folgende Eigenschaften stehen über das Objekt `Number zur Verfügung`:
  - `MAX_VALUE`: größte speicherbare Zahl
  - `MIN_VALUE`: kleinste speicherbare Zahl
  - `NaN`: keine gültiger Zahlenwert
  - `NEGATIVE_INFINITY`: Zahl zu klein
  - `POSITIVE_INFINITY`: Zahl zu groß

  Zusätzlich stehen folgende Methoden zur Verfügung:
  - `toExponential()`: erzwingt Exponentialschreibweise
  - `toFixed()`: erzwingt eine bestimmte Anzahl von Nachkommastellen
  - `toPrecision()`: erzwingt eine bestimmte Genauigkeit
  - `toString()`: wandelt eine Zahl in eine Zeichenkette um
- `RegExp`
  Reguläre Ausdrücke dienen zur Formulierung von Suchausdrücken, nach denen in Zeichenketten gesucht werden kann, und um gefundene Stellen durch andere Zeichenketten zu ersetzen. Reguläre Ausdrücke werden in JavaScript innerhalb des `string`-Objekts über entsprechende Methoden angewendet (`match()`, `replace()`, `search()`).
- `Screen`
  Dient der Ermittlung von Informationen und Parametern über den Bildschirm (Dimension, Farbtiefe) auf dem die Darstellung erfolgt. Diese Information ist für eine professionelle Gestaltung des Bildschirm-Layouts von besonderer Bedeutung.
- `string`
  Dient dem Zugriff und der Manipulation von Zeichenketten, in denen Formatumwandlungen durchgeführt werden können.

Weiterführende Literatur:

D. Flanagan: JavaScript – Das umfassende Referenzwerk, O'Reilly, Köln, 1997.

S. Münz, W. Nefzger: HTML & Web-Publishing Handbuch: HTML, JavaScript, CSS, DHTML, Franzis Verlag, Poing bei München, 2002.

T. Negrino, D. Smith: Visual QuickStart Guide: JavaScript for the World Wide Web, 4th ed., PeachPit Press, Berkeley CA, USA, 2001.

Exkurs 36: Java und Java-Applets

„Hallo Welt" in Java
Abb. 15.15 zeigt das einfachste Java-Programm, das einfach die Zeichenkette „Hallo Welt" auf dem Bildschirm ausgibt. Dieses kleine Programm besteht wie jedes andere Java Programm aus einer öffentlichen Definition (`public class`). Die Klasse verfügt über eine Methode `main()`, in der der Byte-Code Interpreter mit der Programmausführung beginnt. Im Array `String[] args` kann eine Liste von Kommandozeilenparametern übergeben werden. In der Methode `main()` wird lediglich eine Ausgabe-Methode (`println()`) aus der Klassenbibliothek `System.out` aufgerufen, in der Ausgaberoutinen spezifiziert sind.

```
public class HelloWorld{
  public static void main(String[] args) {
    System.out.println("Latte Macchiato");
  }
}
```

Abb. 15.15. Einfachstes Java-Programm

Java-Plattform
Unter dem Begriff **Computer-Plattform** versteht man ein System, das aus einer Kombination einer bestimmten Hardware-Architektur mit einem darauf ablaufenden Betriebssystem gebildet wird. So bildet ein Intel-Prozessor mit einem darauf ablaufenden Linux Betriebssystem eine spezifische Computer-Plattform, ebenso wie ein auf dem ARM-Prozessor basierender PDA mit einem PalmOS-Betriebssystem. Herkömmliche Software muß für jede Computer-Plattform, auf der sie zum Einsatz gelangen soll, neu compiliert werden, d.h. in einen zu dieser Computer-Plattform kompatiblen Maschinencode übersetzt werden.
Nicht so bei Java. Für Java-Anwendungen wurde eine standardisierte **Java-Plattform** definiert, die auf unterschiedlichen Computer-Plattformen, auf denen eine Java-Laufzeitumgebung verfügbar ist, ablauffähig ist. Die Java-Laufzeitumgebung (**Java Base Plattform**) besteht aus folgenden Komponenten:

- **Java Virtual Machine (JVM)**, die die Ausführung des interpretierten Byte-Codes überwacht,
- **Java Application Programming Interface (Java API)**, eine Sammlung von Standard-Klassenbibliotheken, die den Zugriff auf Ressourcen der jeweiligen Computer-Plattform regeln,
- **Java-Interpreter**, der den kompilierten Byte-Code interpretiert und
- **JIT-Compiler (Just in Time)**, der kurze Programmabschnitte in maschinenabhängigen Binärcode übersetzt und mittlerweile Bestandteil der JVM ist.

Ein Java-Programm wird durch einen Java-Compiler in einen Byte-Code übersetzt, der darauf angelegt ist, direkt auf der Java-Plattform ausgeführt zu werden, und so eine weitestgehende Unabhängigkeit des Java-Programms von der tatsächlich eingesetzten Computer-Plattform gewährleistet. Abb. 15.16 zeigt den Ablauf und die beteiligten Komponenten, die bei der Abarbeitung eines Java-Programms beteiligt sind, und macht die Bedeutung der JVM deutlich.

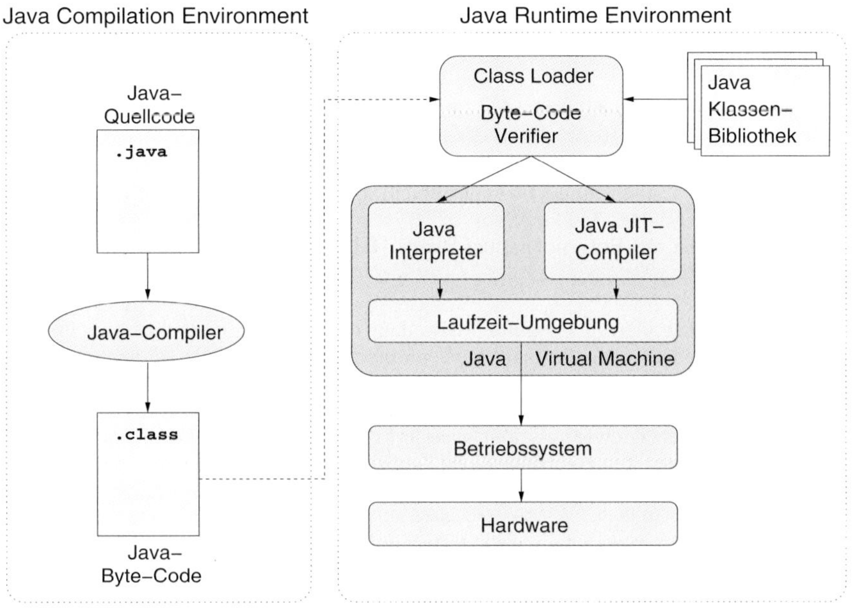

Abb. 15.16. Java Virtual Machine und ihr Einsatz bei der Ausführung eines Java-Programms

Neben dem JIT-Compiler existieren zur Beschleunigung der Ausführung von Java-Programmen auch noch Compiler, die ein Programm vollständig von Java Byte-Code in einen plattformabhängigen Binärcode übersetzen können. Dies widerspricht zwar dem Grundgedanken der universellen Einsetzbarkeit von Java, doch liefert die Übersetzung in Binärcode eine signifikante Erhöhung der Ablaufgeschwindigkeit des Programms, die bei ressourcenbeschränkten Systemen wie Embedded Systems oder mobilen Endgeräten von besonderer Bedeutung ist.
Im Laufe der Zeit kristallisierten sich einige Hauptanwendungsgebiete für Java heraus, die sich im Wesentlichen durch die Leistungsfähigkeit der darunterliegenden Hardware unterschieden. Um dieser Entwicklung gerecht zu werden, veröffentlichte SUN 1999 die Version Java 2.0 in drei unterschiedlichen Editionen:

- **Java 2 Standard Edition (J2SE)**
  Die J2SE zielt im Wesentlichen auf alle Anwendungsgebiete, die bereits mit der bestehenden Java Edition abgedeckt werden konnten und die in der Größenordnung von einzelnen Workstations oder Workgroup-Servern liegen.
- **Java 2 Micro Edition (J2ME)**
  Speziell für den Bereich der Unterhaltungselektronik und der sogenannten **Embedded Systems** (PDAs, Mobiltelefone, Set-Top-Boxen, etc.) ist J2ME vorgesehen. Ein beson-

derer Schwerpunkt dieser Edition liegt in der Konfiguration und der Optimierung des Ressourcenbedarfs von Applikationen, die auf diesen Zielplattformen stets kritisch sind. So können z.B. zwei unterschiedliche Versionen der JVM gewählt werden (125-512 KByte oder größer als 512 KByte). J2ME stellt eine von Grund auf neu entwickelte Java Laufzeitumgebung für den Einsatz in Geräten mit extrem limitierten Ressourcen (16/32 Bit CPU mit nur wenigen 100 kByte Gesamtspeicher) dar.
Unabhängig davon entwickelte SUN die **JavaCard** Entwicklungsumgebung, die speziell für den Einsatz von Java auf programmierbaren Chipkarten, sogenannten **SmartCards** vorgesehen ist. SmartCards verfügen ebenfalls nur über extrem limitierte Systemressourcen, auf die bei der Implementation einer Java Laufzeitumgebung besonders Rücksicht genommen werden muß.

- **Java 2 Enterprise Edition (J2EE)**
  J2EE ist speziell für die Anwendung in Highend-Systemen vorgesehen und sieht spezielle Komponenten für die Unterstützung der Anwendungsentwicklung im Bereich verteilter Business-Applikationen innerhalb mehrschichtiger Architekturen (**Multi-Tier Architecture**) vor. Wesentliches Merkmal von J2EE ist die Komponenten-basierte Software-Entwicklung, wie sie mit **Enterprise Java Beans** (**EJB**) durchgeführt werden kann.

Java-Applets
Mit dem Siegeszug des WWW erkannte SUN, daß Java geradezu prädestiniert für den Einsatz in diesem Medium war, da im WWW unterschiedlichste Hardware-Komponenten eingesetzt werden und miteinander interagieren. Java wurde so zur ersten Programmiersprache des WWW, in der abrufbare Applikationen auf WWW-Servern bereitgestellt werden, die über den heimischen Browser als Teil eines HTML-Dokuments geladen und dort unabhängig von der eingesetzten Hardware direkt ausführbar sind. HTML bietet die Möglichkeit der Einbindung von Java-Programmen als sogenannte **Applets**, i.e. Java-Programme, die direkt unter der Kontrolle des WWW-Browsers ausgeführt werden. Spezielle Sicherungen innerhalb des WWW-Browsers (die sogenannte **Sandbox**) sorgen dafür, daß Java-Applets keine unerwünschten Auswirkungen auf den Client-Rechner haben. So können Java-Applets nicht auf lokale Dateien, Systemkomponenten oder Programme zugreifen. Sie können nur mit demjenigen Rechner über das WWW Verbindung aufnehmen, von dem sie geladen wurden. Der Zugriff auf andere Rechner ist mit Applets nicht möglich (Ausnahme sind die sogenannten **Signed** oder **Trusted Applets**, die zusammen mit dem Java Development Kit v1.1 von SUN eingeführt wurden). Applets ermöglichen z.B. die Erstellung interaktiver Grafiken, Animationen und die direkte Verarbeitung von Eingaben durch den Browser. Java-Applets werden als separate Objekte aus dem WWW geladen, d.h. es können in einem HTML-Dokument mehrere Java-Applets aus unterschiedlichen Quellen eingebunden werden. Mittlerweile existiert ein reichhaltiges Angebot an vorgefertigten Java-Applets, mit denen sich Standard-Aufgaben im WWW auf einfache Weise erledigen lassen. Sehr viele dieser Applets sind frei verfügbar, so daß diese einfach im Sinne eines Baukastensystems verwendet und zusammengesetzt werden können. Vorgefertigte Java-Applets lassen sich z.B. auf den WWW-Seiten der Firma SUN unter folgendem URI abrufen:

`http://java.sun.com/applets/applets.html`

Um ein Java-Applet in ein HTML-Dokument einzubinden, wird das HTML-Tag

```
<APPLET>...</APPLET>
```

verwendet. Zur Ausführung und Darstellung des Applets wird dabei über die Attribute `WIDTH` und `HEIGHT` (Breite und Höhe) ein Bereich im Browser zugewiesen. Innerhalb des definierten Bereichs wird das durch das Attribut `CODE` bezeichnete Java-Programm zur Ausführung gebracht. Der vollständige URI, über den das Java-Programm referenziert wird, ist unter dem Attribut `CODEBASE` angegeben. Abb. 15.17 zeigt ein HTML-Dokument, in dem das in Abb. 15.15 dargestellte Java-Programm „HelloWorld“ als Java-Applet eingebunden ist. Eventuell benötigte Parameter werden über das HTML-Tag <PARAMETER> angegeben, wobei über das Attribut NAME der Parametername und über das Attribut VALUE der Parameterwert spezifiziert wird.

```
<APPLET CODE="HelloWorld.class"
  CODEBASE="http://www.inf.uni-jena.de/sack/java/"
  WIDTH=300
  HEIGHT=500>
  <PARAM Name="Parameter1" VALUE="1">
  ...
</APPLET>
```

Abb. 15.17. Einbindung eines Java-Programms in ein HTML-Dokument – Java Applets

Im Gegensatz zu JavaScript handelt es sich bei Java um eine eigenständige Programmiersprache, in der plattformübergreifend vollständige Programme entwickelt werden können, die eigenständig ausführbar sind und nicht notwendigerweise – wie dies bei JavaScript der Fall ist – an ein HTML-Dokument geknüpft sein müssen. Allerdings erlangt der Nutzer bei der Verwendung von JavaScript direkten Zugriff auf den JavaScript Quellcode, während das Java-Applet lediglich als Byte-Code vorliegt und den Zugriff auf den Java-Quellcode verhindert.

Java Sprachumfang
Dieser Abschnitt soll keine vollständige Sprachreferenz liefern, sondern nur einen Überblick über den in Java verfügbaren Sprachumfang geben. Dazu zählen die Datentypen und Kontrollstrukturen, der Aufbau eines Java-Programms, Threads, Ausnahmebehandlung, Speicherverwaltung und Ereignisbehandlung. Für eine detailliertere Darstellung sei auf die weiterführende Literatur verwiesen.

- **Datentypen**
  Java ist eine stark typisierte Sprache, deren unterstützte Datentypen sich in einfache Datentypen und sogenannte Referenzdatentypen aufteilen:
  - Einfache Datentypen:
    - `char`: 16 Bit Integerwert, der ein Unicode-Zeichen repräsentiert.
    - Ganzzahlige Datentypen werden stets als vorzeichenbehaftetes Zweierkomplement kodiert:
      - `byte`: 8 Bit
      - `short`: 16 Bit
      - `int`: 32 Bit
      - `long`: 64 Bit
    - Java unterscheidet zwei Fließkomma Datentypen:
      - `float`: 32 Bit gemäß IEEE 754
      - `double`: 64 Bit
    - `boolean`: logischer Wert, entweder `true` oder `false`
    - Variablendeklarationen für einfache Datentypen entsprechen der C/C++ Syntax:
      `int a = 123;`
  - `Referenzdatentypen`:
    Referenzdatentypen werden für den Zugriff auf Arrays oder Objekte verwendet und tragen ihren Namen, da sie stets nur als **Referenz** übergeben werden, d.h. als Adresse, die auf das betreffende Objekt verweist.

Arrays in Java sind eindimensional und enthalten eine feste Anzahl von Variablen, die selbst wieder einfache Datentypen oder Referenzdatentypen enthalten können. Arrays werden behandelt wie Objekte und verfügen über das Attribut `length`, das die Größe des Array angibt. Alle Komponenten eines Arrays besitzen den gleichen Datentyp, d.h. eine Arraydeklaration kann wie in C erfolgen:

```
int Lottozahlen[] = {1, 2, 3, 4, 5, 6};
```

- **Operatoren**
  Die von Java unterstützten Operatoren sind in Tabelle 15.2 in ihrer Rangfolge (**Präzedenz**) dargestellt.

Tabelle 15.2. Java Operatoren

<table>
<tr><th>Rang</th><th>Operator</th><th>Operation</th></tr>
<tr><td>1</td><td>++</td><td>einwertiges Pre- oder Postinkrement</td></tr>
<tr><td></td><td>– –</td><td>einwertiges Pre- oder Postdekrement</td></tr>
<tr><td></td><td>+, -</td><td>einwertige Addition, Subtraktion</td></tr>
<tr><td></td><td>~</td><td>einwertiges bitweises Komplement</td></tr>
<tr><td></td><td>(type)</td><td>Umwandlungsoperator (cast)</td></tr>
<tr><td>2</td><td>*, /, %</td><td>Multiplikation, Division, Modulo</td></tr>
<tr><td>3</td><td>+, -</td><td>Addition (und Stringverkettung), Subtraktion</td></tr>
<tr><td>4</td><td><<, >>, >>></td><td>Shift-Operatoren (links, rechts, rechts mit 0-Erweiterung)</td></tr>
<tr><td>5</td><td><, <=, >, >=</td><td>Vergleichsoperatoren</td></tr>
<tr><td></td><td><code>instanceof</code></td><td>Typvergleich</td></tr>
<tr><td>6</td><td>==, !=</td><td>Test auf (Un-)Gleichheit</td></tr>
<tr><td>7</td><td>&</td><td>bitweise logische UND-Verknüpfung</td></tr>
<tr><td>8</td><td>^</td><td>bitweise logische EXOR-Verknüpfung</td></tr>
<tr><td>9</td><td>|</td><td>bitweise logische ODER-Verknüpfung</td></tr>
<tr><td>10</td><td>&&</td><td>bedingtes logisches UND</td></tr>
<tr><td>11</td><td>||</td><td>bedingtes logisches ODER</td></tr>
<tr><td>12</td><td>?:</td><td>dreiwertige konditionale Zuweisung</td></tr>
<tr><td>13</td><td>=</td><td>Zuweisung</td></tr>
</table>

- **Kontrollstrukturen**
  Die Kontrollstrukturen in Java sind äquivalent zu denen in C/C++, d.h. es existieren folgende Konstrukte:
  - `if (bedingung) then {anweisungen} else {anweisungen}`
  - `while (bedingung) {anweisungen}`
  - `do {anweisungen} while (bedingung)`
  - `for (start; bedingung; iteration) {anweisungen}`
  - `switch`: konditionale Mehrfachverzweigung
  - `break`: Abbruch der Ausführung des aktuellen Anweisungsblocks und Fortsetzung im umgebenden Anweisungsblock,
  - `continue`: Abbruch der Verarbeitung und Fortsetzung bei Folgeiteration.

- **Klassen**
  Als Klasse bezeichnet man eine Sammlung von Attributen und Methoden, die auf der Basis dieser Attribute arbeiten. Attribute und Methoden definieren Inhalt und Funktionalität eines Objekts.

```
public class Kreis {
    private float Radius;
    ...
    public float Kreisflaeche() {
        returns 3,1415*Radius*Radius;
    }
    ...
}
```

  Im o.a. Beispiel wird eine Klasse `Kreis` definiert, die über das Attribut `Radius` beschrieben wird, und die über die Methode `Kreisflaeche` verfügt, mit der der Flächeninhalt einer Instanz der Klasse **Kreis** berechnet werden kann.
  Eine Objektinstanz einer Klasse wird in Java durch den Operator `new` erzeugt.

```
Kreis k;                    // deklariere Kreisobjekt
k = new Kreis;              // erzeuge Kreisobjekt
float f;                    // deklariere Variable
f = k.Kreisflaeche();       // berechne Kreisfläche
```

  Allen Klassen gemeinsam ist die Basisklasse `object`, die die Wurzel der Java Klassenhierarchie darstellt. Die Klasse `object` hält eine Reihe von Methoden und Operatoren bereit, die jedem Objekt zur Verfügung stehen:

  - `equals()`: Vergleich von Objekten,
  - `clone()`: erzeugt Kopie eines Objekts,
  - `getClass()`: dient der Informationsgewinnung über die Klasse einer bestimmten Objektinstanz,
  - `hashCode()`: generiert Hashcode zum Speichern eines Objekts in der `HashTable` Klasse,
  - `toString()`: ermöglicht Textausgabe eines Objekts,
  - `instanceOf()`: ergibt `true` wenn Objekt auf der linken Seite eine Instanz der auf der rechten Seite angegebenen Klasse ist.

  Mehrfachvererbung wie bei C++ (d.h. mehrfache Vererbung von Methodenimplementierungen) wird von Java nicht unterstützt (allerdings aber die mehrfache Vererbung von Methodenschnittstellen). Ebenso wurde in Java auf das aus C++ bekannte Überladen (Overloading) von Operatoren (jedoch nicht von Methoden), wie auf die Deklaration von Templates verzichtet. Man unterscheidet noch **Abstrakte Klassen**, die selbst über keine Methodenimplementierung verfügen, sondern lediglich über eine Methodendeklaration, und **Finale Klassen**, von denen selbst keine weiteren Unterklassen mehr gebildet werden können.

- **Programmaufbau**
  Ein Java-Programm besteht aus einer Menge von Klassendefinitionen, wobei jede Klasse in einer separaten Daten <`className`>`.java` spezifiziert wird. Eine ausgezeichnete Klasse des Java-Programms muß die Methode `main()` enthalten, mit der das ausführbare Programm beginnt. Der `main`-Methode werden Kommandozeilenparameter als Liste von Strings übergeben.
  Java verfügt über keine globalen Variablen, alle Variablen und Methoden gehören einer bestimmten Klasse an und werden über <`className`>`.`<`methodName`> angesprochen.

Namensräume werden in Java über sogenannte **Packages** festgelegt, die jeweils eine Reihe von Klassen zusammenfassen und als Klassenbibliothek dienen. Klassen und Schnittstellen in einem Package sind für alle Klassen des Packages zugreifbar, wenn sie nicht als `private` deklariert wurden. Sollen Klassen und Schnittstellen auch in anderen Packages zugreifbar sein, müssen diese als `public` deklariert werden. Auf Klassen eines Packages kann von einem anderen Package aus durch einen qualifizierten Klassennamen zugegriffen werden:

```
java.util.Vector objVector = new java.util.Vector();
```

Alternativ kann eine Klasse auch importiert werden, wobei dann eine Methode auch ohne vollständig qualifizierten Namen angesprochen werden kann:

```
import java.util.Vector;
Vector objVector = new Vector();
```

Ein ausführbares Programm wird durch die Deklaration der Methode

```
public static void main(String argv[])
```

erzeugt. Das Schlüsselwort `static` gibt an, daß es sich um eine Klassenmethode handelt, die aufgerufen werden kann, ohne daß zuvor eine Instantiierung der betreffenden Klasse stattfinden muß. Die `main`-Methode bildet stets den Startpunkt für den Java-Interpreter.

- **Speicherverwaltung**
  In der automatischen Speicherverwaltung von Java liegt einer der wesentlichen Unterschiede zu den Programmiersprachen C oder C++, wodurch zugleich eine häufig anzutreffende Fehlerquelle ausgeschlossen wird. Die Anforderung von Speicherbereich für eine Objektinstanz erfolgt automatisch über das Schlüsselwort `new`, das den Konstruktor (oder einen von mehreren Konstruktoren, da Methoden einer Klasse durchaus überladen werden können) einer Klasse aktiviert. Eine explizite Speicherfreigabe wie bei C oder C++ wird durch eine automatisch durchgeführte **Garbage Collection** vermieden. Wird eine Objektinstanz nicht mehr referenziert, stellt die Java-Speicherverwaltung dies fest, zerstört das Objekt und gibt dessen Speicher wieder frei. Damit werden Destruktoren überflüssig, wie sie in C oder C++ benötigt werden.
  Beeinflußt werden kann die Garbage Collection durch die Klassenmethode `finalize()`, mit der angegeben werden kann, welche Operationen vor der endgültigen Zerstörung einer Objektinstanz durchgeführt werden sollen.

- **Threads**
  Als Thread wird ein einzelner Strang einer Programmausführung bezeichnet. Eine Anwendung, die üblicherweise als Prozeß des Betriebssystems ausgeführt wird, kann über mehrere Threads verfügen, die parallel ausgeführt werden. Threads können mit verschiedenen Prioritäten unabhängig voneinander im Vordergrund oder auch im Hintergrund ausgeführt werden. Die Klasse `java.lang.thread` stellt alle Informationen über einen einzelnen Thread bereit, der gerade im Java-Interpreter abläuft. Threads können explizit gestartet (`run()`), beendet (`stop()`), unterbrochen (`suspend()`), wiederaufgenommen (`resume()`) oder zeitweise deaktiviert werden (`sleep()`). Die Kontrolle des Programmflusses kann an einen anderen Thread abgegeben (`yield()`) oder von diesem eingefordert werden (`join()`). Desweiteren stehen Methoden zur Synchronisation mehrerer, paralleler Threads bereit.

- **Ausnahmebehandlung (Exception Handling)**
  Java verfügt über vordefinierte Unterklassen für die Ausnahmebehandlung, die vergleichbar mit der Ausnahmebehandlung in C++ arbeiten. `java.lang.Error` steht für die Fehlerbehandlung und `java.lang.Exception` für die Behandlung von Ausnahmen. Fehler können zum Programmabbruch führen und haben in der Regel gravierende Ursachen,

während Ausnahmen lediglich einen außergewöhnlichen Systemzustand während des Programmablaufs signalisieren, der nach einer entsprechenden Ausnahmebehandlung wieder in den Normalzustand übergeht.
Die Deklaration einer möglichen Ausnahme einer Methode erfolgt über das Schlüsselwort `throws`, gefolgt von einer Liste mit potentiellen Ausnahmen:

```
public void myfunc(int arg) throws Exception1, Exception2 {
    ...
}
```

Ausnahmen lassen sich auch explizit über das Schlüsselwort `throw` erzeugen. Der Text einer eventuellen Fehlermeldung kann als Parameter übergeben werden:

```
throw Exception1 ("ACHTUNG!!!");
```

Folgende Kontrollstrukturen für die Ausnahmebehandlung stehen zur Verfügung:

- `try`: schließt den Anweisungsblock ein, in dem die Ausnahme auftreten kann,
- `catch`: folgt der `try`-Anweisung und spezifiziert die Behandlung eines bestimmten Ausnahmefalls,
- `finally`: folgt allen `catch`-Klauseln eines `try`-Blocks und gibt die Default-Ausnahmebehandlung an, die durchgeführt wird, wenn keine der `catch`-Klauseln zutrifft.

- **Ereignisbehandlung**
  Ereignisse sind insbesondere im Zusammenhang mit Java Applets von großer Bedeutung und in der Klassenbibliothek `java.awt` (Java Abstract Windowing Toolkit) spezifiziert. Als Ereignisse werden in diesem Zusammenhang Benutzereingaben angesehen, wie z.B. Mausoperationen, Tastatureingaben und Ereignisse, die z.B. durch das Schließen von Fenstern oder Änderungen der Systemumgebung entstehen.
  Tritt ein Ereignis ein, muß eine damit assoziierte Methode aufgerufen werden, in der das Ereignis weiterverarbeitet wird. Java unterstützt in Abhängigkeit von der verwendeten Version unterschiedliche Ereignismodelle, die sich in der Art des Ereignisempfangs und der Ereignisverarbeitung unterscheiden:

  - **Version 1.02**
    Alle Ereignisse werden von der Methode `handleEvent()` entgegengenommen und an konkrete Verarbeitungsmethoden weitergeleitet, denen eine Objektinstanz der Klasse `Event` übergeben wird, die alle ereignisrelevanten Informationen bereithält.
  - **Version 1.1**
    Ab dieser Version erfolgt die Ereignisverarbeitung nach einem Ereignis/Listener-Konzept, d.h. Applets, in denen das Eintreten eines bestimmten Ereignisses überwacht werden soll, müssen einen eigenen Listener bereitstellen und sich für den Empfang von Ereignissen dieser Klasse registrieren (z.B. `MouseListener` oder `KeyboardListener`). Während des Programmablaufs ist der Listener in der Lage, Ereignisse entgegenzunehmen und zur Weiterverarbeitung an die jeweiligen Verarbeitungsmethoden der entsprechenden Ereignisklasse weiterzuleiten. Dabei wird das Applet lediglich über diejenigen Ereignisse informiert, für die es sich tatsächlich registriert hat. Das Ereignis/Listener-Konzept bietet damit eine komfortable Möglichkeit zur Strukturierung der Ereignisverarbeitung in komplexen Java-Programmen.

Wichtige JAVA-Komponenten
Für die Programmierung unter Java stehen eine große Zahl von Werkzeugen, Entwicklungsumgebungen und Klassenbibliotheken zur Verfügung, die eine komfortable Software-Entwicklung ermöglichen. Insbesondere sind dabei folgende Komponenten wichtig:

- **Java Foundation Classes (JFC)**
  JFC ist eine Java Klassenbibliothek, die speziell für die Unterstützung der Programmierung grafischer Benutzeroberflächen (Graphical User Interfaces, GUI) vorgesehen ist. Bestandteil der regulären Java-Klassenbibliotheken ist das **Abstract Windowing Toolkit** (**AWT**), das Klassen für die Zusammenstellung und Verwendung von GUIs enthält. Über die durch das AWT bereitgestellte Funktionalität hinaus bietet JFC zusätzliche Möglichkeiten, wie z.B. Farbmanagement, Event-Verarbeitung und die Delegierung von Verantwortlichkeiten für die Event-Verarbeitung, viele verschiedene Menu-Formen und -Funktionen, Zwischenablagen (Clipboards) und die Event-Verarbeitung in Abhängigkeit unterschiedlicher Eingabegeräte.
- **Java Naming and Directory Interface (JNDI)**
  Mit Hilfe dieser Komponente werden Klassenbibliotheken zur Verfügung gestellt, die die Einbindung von Namens- und Verzeichnisdiensten (wie z.B. Domain Naming Service (DNS) oder Lightweight Directory Access Protocol (LDAP)) in Java Programmen ermöglichen. Dabei werden aber keine Methoden bereitgestellt, mit denen auf die entsprechenden Dienste tatsächlich zugegriffen werden kann, sondern JNDI beinhaltet zwei Schnittstellen zur Verwendung von Namens- und Verzeichnisdiensten auf Clientseite wie auch auf Serverseite:
  - **Application Programming Interface (API)**
    Das JNDI-API ist die Programmierschnittstelle des JNDI, das Klassen und Methoden bereitstellt, über die Namens- und Verzeichnisdienste auf abstrakte Weise (d.h. unabhängig von einem bestimmten Namens- oder Verzeichnisdienst) in Java-Programmen genutzt werden können.
  - **Service Provider Interface (SPI)**
    Diese Schnittstelle kann von einem Service-Provider verwendet werden, um einen Dienst in das JNDI zu integrieren. Soll ein bestimmter Dienst genutzt werden, sendet ein Client eine Anfrage an das JNDI über das JNDI-API, das daraufhin eine spezielle Implementation eines Service-Providers über das JNDI-SPI aufruft.

  Die Trennung der beiden Schnittstellen sorgt dafür, daß ein Java-Programm einen Namens- oder Verzeichnisdienst unabhängig von einer spezifischen Implementation nutzen kann. Eine Java-Anwendung, die das JNDI-API nutzt, muß daher nicht geändert werden, wenn sich der betreffende Namens- oder Verzeichnisdienst ändert, der darin adressiert wurde. Es ist lediglich erforderlich, daß die Implementation des Providers entsprechend angepaßt wird.
- **Java Database Connectivity (JDBC)**
  JDBC dient zur Integration von Datenbankdiensten in Java-Programmen und stellt eine Programmierschnittstelle zur Verfügung, über die Verbindungen zu einer Datenbank hergestellt, SQL-Kommandos an Datenbanken weitergegeben, Metadaten manipuliert oder Ergebnis-Mengen weitergeleitet und bearbeitet werden können. Die Java Anwendung kann dabei sowohl ein eigenständiges Java-Programm oder ein Java-Applet sein, das auf eine lokale Datenbank, die auf demselben Rechner läuft, oder über das Internet auf eine Datenbank auf einem entfernten Rechner zugreift. JDBC folgt der Philosophie der Plattformunabhängigkeit von Java, d.h. JDBC schreibt nicht die Verwendung eines speziellen Datenbanksystems vor, sondern kann gemeinsam mit vielen verschiedenen Datenbanksystemen betrieben werden. Verantwortlich dafür sind sogenannte **Treiber**-Programme, die die Schnittstelle zwischen der Datenbank und dem Java-Programm bilden. So kann mit Hilfe geeigneter Treiber-Programme mit demselben Java-Programmcode auf unterschiedliche Datenbanksysteme zugegriffen werden.
- **JavaBeans**
  Bei JavaBeans (=[engl.]Kaffeebohnen) handelt es sich um eine komplette Infrastruktur zur Entwicklung von wiederverwendbarer, **Komponenten-basierter Software**. JavaBeans-Komponenten stellen jeweils eigenständige und wiederverwendbare Software-

Komponenten dar, die auf einfache Weise über interaktive Manipulation und Kombination von Grafikobjekten am Bildschirm (über sogenannte Visual Application Builder Tools) zusammengestellt werden können. Dabei muß eine JavaBean-Komponente für ihre Schnittstelle eine ganze Reihe von vorgegebenen Bedingungen erfüllen, um in unterschiedlichen Anwendungsarten als Applikation, Applet oder auch als Servlet (auf dem WWW-Server ablaufendes Java-Programm) wiederverwendet werden zu können.
Die Spezifikation des JavaBean-API definiert ein Software-Komponentenmodell für Java, das es ermöglicht, unabhängig voneinander implementierte JavaBeans zu einer neuen Anwendungen zusammenzusetzen. Auf diese Weise kann z.B. eine vollständige Tabellenkalkulation in eine WWW-Seite eingebettet werden. JavaBeans werden mittlerweile von allen Java Entwicklungsumgebungen verwendet. So enthält das JDK (Java Development Kit) von SUN seit der Version 1.2 in den Java Foundation Classes zahlreiche JavaBeans.
Zu den Konventionen, die JavaBeans zu erfüllen haben, gehören z.B.,
- daß jede JavaBean-Klasse über einen Default-Konstruktor verfügen muß (zur Erzeugung einer neuen Klasseninstanz),
- daß keine `public`-Variablen verwendet werden dürfen, und
- daß die Methoden zum Abfragen und Setzen von Datenfeldern stets der Form `getXxxx` oder `setXxxx` folgen muß, wobei `Xxxx` der Name des betreffenden Attributs ist.

- **Enterprise JavaBeans**
  In der Enterprise Edition J2EE können JavaBeans auch auf Serverseite als sogenannte **Enterprise JavaBeans** zum Einsatz kommen. EJBs besitzen außer der Möglichkeit der Komponenten-basierten Software-Entwicklung aber keine Gemeinsamkeiten mit herkömmlichen JavaBeans. Eine Besonderheit des EJB-Modells ist es, daß EJB-Komponenten ausschließlich Anweisungen zur Ausführung der sogenannten **Ausführungslogik** (**Business Logic**) enthalten. Alle systemnahen Standardfunktionen dagegen, wie z.B. Transaktionsmanagement, Persistenz, Sicherheit oder Lastverteilung, wie sie in verteilten Anwendungen immer wieder auftauchen, zählen zu den Aufgaben des **EJB-Servers**. Der EJB-Server stellt die dazu notwendige Laufzeitumgebung für eine oder mehrere Komponenten über sogenannte **EJB-Container** zur Verfügung.
  Ein EJB-Container verfügt für jedes Enterprise Bean über zwei Schnittstellen zum anfragenden Client-Prozeß (vgl. Abb. 15.18):
  - **EJB Home Interface**:
    Verwaltet die einzelnen Instanzen der Enterprise Bean Klasse (Erzeugen, Auffinden, Löschen).
  - **EJB Object Interface**:
    Bietet Zugriff auf die im Enterprise Bean realisierten Methoden der Anwendungslogik.

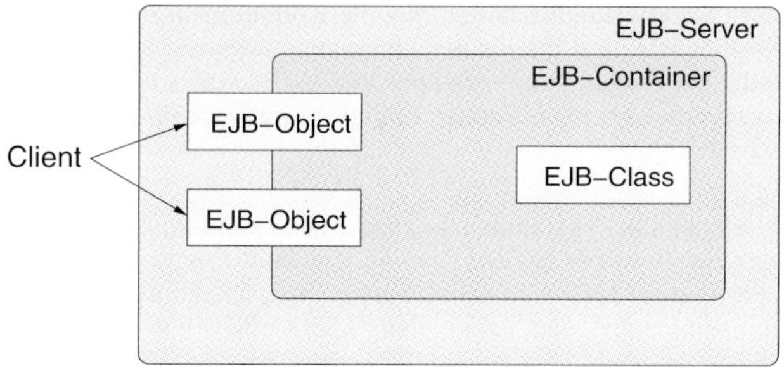

Abb. 15.18. Vereinfachte Enterprise JavaBeans Architektur

- **Just in Time Compiler (JIT)**
  Die durch die Verwendung von Java Byte-Code gewonnene Plattformunabhängigkeit hat zur Folge, daß Java-Programme in der Regel langsamer ablaufen als Programme, die in einer herkömmlichen Programmiersprache geschrieben und direkt in systemabhängigen Binärcode compiliert wurden. Dies liegt daran, daß die Java Virtual Machine den Byte-Code zuerst interpretieren muß, bevor dieser ausgeführt werden kann. Mit JIT als Teil der Java Virtual Machine kann nun der Bytecode direkt in systemabhängigen Binärcode übersetzt werden, der im Anschluß daran zur Ausführung gelangt. Dadurch kann über JIT eine Angleichung der Laufzeiten von Java-Programmen und Programmen herkömmlicher Programmiersprachen erzielt werden.
- **Java Servlets**
  Neben Anwendungen, die über das WWW geladen werden und auf dem Rechner des WWW-Clients ablaufen (Java-Applets) ist es oft wünschenswert, daß eine Verarbeitung bereits auf der Serverseite durchgeführt wird. Insbesondere ist dies wichtig bei Anwendungen, die datenbankgenerierte WWW-Seiten darstellen, für Auskunfts- und Shopping-Systeme im WWW oder Zusammenarbeit mehrerer WWW-Clients im Rahmen einer Konferenzschaltung. Eine Möglichkeit, auf dem WWW-Server eine vom WWW-Client initiierte Verarbeitung stattfinden zu lassen, kann über das **Common Gateway Interface** (**CGI**, siehe Kap. 15.3) realisiert werden als Schnittstelle zwischen dem WWW-Server und Programmen, die mit diesem interagieren. Ein großer Nachteil der Verarbeitung über das CGI-Interface besteht darin, daß jede einzelne Anfrage an das CGI-Interface einen neuen Prozeß auf dem Rechner des WWW-Servers initiiert, dessen Verwaltung zusätzliche Ressourcen wie Speicherplatz und Rechenzeit bindet.
  Eine weitere Alternative sieht den Einsatz von Java-Applikationen (**Java Servlets**) vor. 1996 stellte Netscape die ersten **Server-Side Applets** vor, in deren Umfeld das W3C im selben Jahr noch spezielle serverseitige Java-Module spezifizierte, die sogenannten **Resources**. 1997 schließlich standardisierte SUN die **Java Servlets**, worauf die Browser-Hersteller Netscape und Microsoft bald proprietäre Erweiterungen dieser Technologie vorstellten, die Netscape **Server Side Includes** (**SSI**) und die Microsoft **Active Server Pages** (**ASP**). Java Servlets können auf Serverseite z.B. dazu verwendet werden, dynamisch neue HTML- oder XML-Dokumente zu erzeugen bzw. auch Datenbankabfragen durchzuführen.
  Erfolgt eine erneute Anfrage an ein bereits einmal aktiviertes Java-Servlet, wird lediglich ein neuer Thread generiert, der auf den bereits bestehenden Prozeß parallel zugreift. Java Servlets gestatten ebenso wie CGI-Programme den Zugriff auf Umgebungsvariablen des WWW-Servers, erlauben die Verarbeitung von Cookies zur Verwaltung von Zustandsinformationen über die eigentlich zustandslose HTTP-Sitzung und können zur Sitzungs-Kontrolle herangezogen werden. Dazu muß auf dem Server-Rechner neben dem WWW-Server eine sogenannte **Servlet Engine** laufen, die die Kommunikation zwischen Servlets und WWW-Client ermöglicht und die die einzelnen aktiven Servlets verwaltet. Die Servlet Engine ist entweder als Plugin Bestandteil des WWW-Browsers oder zentraler Bestandteil eines reinen Java-Servers. Die Servlet Engine gestattet den Zugriff auf nahezu alle erhältlichen Java-APIs.
- **Java Server Pages (JSP)**
  Müssen Java Servlets noch von einem Programmierer geschrieben werden, der den zur Darstellung einer WWW-Seite notwendigen HTML-Code in das Java-Programm mit integriert, bieten die **Java Server Pages** (**JSP**) eine komfortablere Möglichkeit der Entwicklung von WWW-Anwendungen. Mit JSP wird es möglich, Java-Code direkt in HTML-Dokumente einzubetten. JSP stellt eine Java-basierte Erweiterung der von Netscape eingeführten Server Side Includes dar. JSP beschreitet dabei einen ähnlichen Weg wie die Skriptsprache **PHP**.
  Die Client-Server-Interaktion in Verbindung mit JSP läuft folgendermaßen ab (vgl. Abb. 15.19):

– Der WWW-Client (Browser) stellt eine Anfrage nach einem JSP-Dokument an den WWW-Server.
– Damit der WWW-Server in der Lage ist, die in dem angeforderten JSP-Dokument spezifizierte Applikation auszuführen, wird das JSP-Dokument zuerst durch den **JSP Processor** in ein Java Servlet umgewandelt.
– Zusammen mit eventuell benötigten anderen Komponenten aus dem **Servlet Container** wird das betreffende Java-Servlet in Java Byte-Code konvertiert, dessen Ausführung ein neues HTML-Dokument erzeugt.
– Das so erzeugte HTML-Dokument wird vom WWW-Server an den anfragenden WWW-Client zurückgegeben.

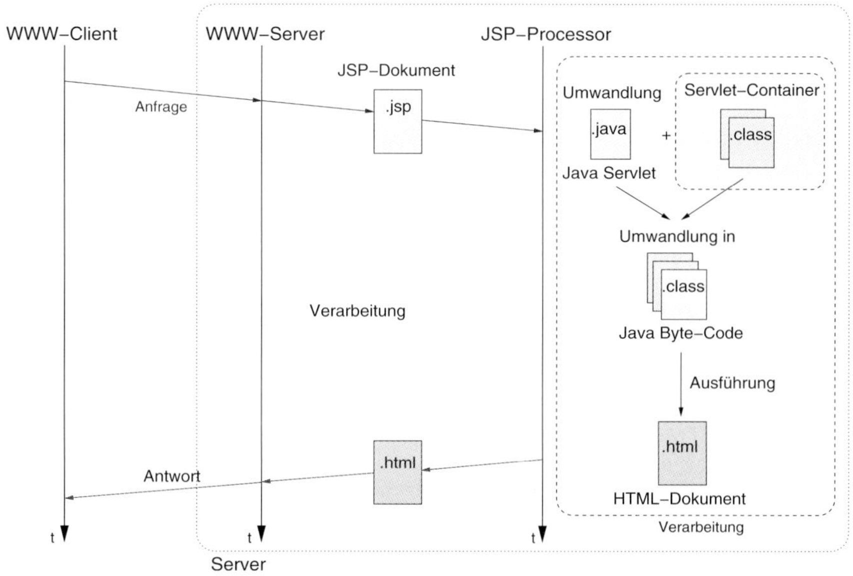

Abb. 15.19. Ablauf der Client/Server-Verarbeitung beim Einsatz von Java Server Pages

Der in HTML- oder XML-Dokumenten eingebundene JSP-Code wird auch als **Java Scriptlet** bezeichnet, der in HTML mit den Delimiter

```
<% ...Java Code...%>
```

gekennzeichnet bzw. in einem XML-Dokument über

```
<jsp:scriptlet>
   ...Java Code...
</jsp:scriptlet>
```

eingebunden wird.

Neben nativem Java-Code als JSP-Servlets können folgende JSP-Komponenten in ein HTML- bzw. XML-Dokument eingebettet werden:

– **JSP Aktionen**:
  Bieten zusätzliche Funktionalität über eine XML-ähnliche Syntax, mit der z.B. JavaBeans verwaltet werden können. Beispiel:

```
<jsb:useBean id=="bsp" class=="jspbsp"/>
```

– **JSP Direktiven**:
Anweisungen, die direkt vom JSP-Prozessor verarbeitet werden, während das JSP-Dokument abgearbeitet wird. Damit können z.B. Anweisungen auf Dokumentenebene getroffen, Daten aus externen Dateien eingebunden oder spezielle Tag-Bibliotheken für das vorliegenden Dokument angegeben werden. Im folgenden Beispiel wird festgelegt, daß es sich im vorliegenden Dokument um Java-Code handelt, und daß entsprechende Java-Klassen eingebunden werden. Die zweite Direktive bindet lediglich ein HTML-Dokument ein.

```
<%@ page language=="java" imports=="java.util.*"%>
<%@ include file=="copyright.html"%>
```

– **JSP Deklarationen**:
Entsprechen Variablen-Deklarationen in Java und spezifizieren Variablen, die in Folgeausdrücken oder in Java-Skriptlets verwendet werden. Beispiel:

```
<%! int time = Calendar.getInstance().get(Calendar.AM_PM); %>
```

vereinbart eine Integer-Variable `time`, der über eine nachfolgende Java-Methode ein Initialwert zugewiesen wird. Entsprechend der Tageszeit liefert die aktivierte Methode den Wert `AM` oder `PM` zurück.

– **JSP Ausdrücke**:
Variablen oder Konstanten, die zusammen mit den übrigen Daten vom WWW-Server an den anfragenden WWW-Client zurückgegeben werden. Das folgende Beispiel ruft eine Methode aus einer JavaBean-Komponente auf, deren Funktionswert direkt in das umgebende Dokument an der bezeichneten Stelle eingebunden wird.

```
<%= clock.getDayOfMonth() %>
```

– **JSP Kommentare**:
Entsprechen HTML- bzw. XML-Kommentaren und werden vom JSP-Prozessor vor der Verarbeitung des JSP-Dokuments entfernt, d.h. JSP-Kommentare werden nicht an den anfragenden WWW-Client zurückgegeben. Beispiel:

```
<%-- Dies ist ein einfacher Kommentar --%>
```

Abb. 15.20 faßt die genannten JSP-Komponenten noch einmal in einem einfachen Beispiel zusammen, das sowohl statischen HTML-Inhalt, als auch dynamisch über JavaBeans erzeugte Daten beinhaltet. Wird das Dokument von einem WWW-Client angefordert, begrüßt es den Nutzer entsprechend der Tageszeit mit den Worten „Guten Morgen“ oder „Guten Tag“ (vgl. Abb. 15.21).
Alternativ zu JSP entwickelte die Firma Microsoft die **Active Server Pages** (**ASP**), die eine vergleichbare Funktionalität wie JSP zur Verfügung stellen. Allerdings bietet ASP nicht dieselbe universelle Einsatzfähigkeit wie JSP, da die eingebetteten Applikationen ausschließlich auf Microsoft-eigenen Sprachen wie, z.B. MS VisualBasic, basieren müssen. Die Einbindung von ASP-Code in HTML-Dokumente erfolgt in der gleichen Weise wie die Einbindung von JSP Skriptlets:

```
<% ...ASP Code... %>
```

Als **ASP.NET** ist ASP in die Microsoft **.NET**-Architektur eingebunden, vergleichbar mit der Einbettung von JSP in die J2EE-Architektur. Die Strategie, die Microsoft mit der .NET-Architektur verfolgt, besagt, daß eine unter .NET entwickelte Software-Komponente auf möglichst vielen unterschiedlichen Endgeräten möglichst ohne spezielle Anpassungen oder Veränderungen ablaufen soll.

```
<HTML>
  <%@ page language="java" imports="java.util.*"%>
  <P>Heutiges Datum:</P>
  <jsp:useBean id="clock"class="jspCalendar"/>
  <UL>
    <LI>Tag: <%= clock.getDayOfMonth() %>
    <LI>Monat: <%= clock.getMonth() %>
    <LI>Jahr: <%= clock.getYear() %>
  </UL>
  <%-- Begrüßung... --%>
  <%! int time = Calendar.getInstance().get(Calendar.AM_PM); %>
  <% if (time == Calendar.AM) { %>
    <H1>Guten Morgen...</H1>
  <% } else { %>
    <H1>Guten Tag...<H1>
  <% } %>
  <%@ include file="copyright.html"%>
</HTML>
```

Abb. 15.20. Einfaches JSP-Beispiel

Abb. 15.21. Darstellung des in Abb. 15.20 angegebene JSP-Dokuments

- **Java Intelligent Network Infrastructure (JINI)**
  Das Arbeiten mit dynamisch konfigurierbaren verteilten Systemen soll mit der **Java Intelligent Network Infrastructure (JINI)** ermöglicht werden. Heutige Netzwerke stellen in der Regel starre Gruppen vernetzter Systeme dar, in denen die Kommunikation über feste, vorgegebene Muster abläuft. Das Hinzufügen oder Entfernen eines Systems ist stets mit einem signifikanten administrativen Aufwand verbunden. Innerhalb eines JINI-Systemverbunds haben die darin vernetzten Systeme bis auf wenige Ausnahmen die Fähigkeit, sich selbstständig zu konfigurieren, zu warten und zu verwalten.
  Wird ein JINI-fähiges Gerät mit einem TCP/IP-Netzwerk verbunden, so ist dieses nach einer kurzen, selbstständig ablaufenden Initialisierungsphase in der Lage, alle anderen JINI-Systeme und Dienste des Netzwerks zu lokalisieren und bei Bedarf zu nutzen. Die grundlegende JINI-Architektur setzt sich aus den folgenden drei Komponenten zusammen:
  - **JINI Services**:
    Die angebotenen Dienste (Services) bilden die Basis eines jeden JINI-Systems. Als Dienst wird eine Einheit (Entity) bezeichnet, die von einem Nutzer, einem Programm oder einem anderen Dienst genutzt werden kann und die alle zu ihrer Nutzung notwendigen Daten und Informationen bereithält. Die eigentliche Funktion eines JINI-Services wird durch sogenannte **Service Interfaces** (Dienst-Schnittstellen) definiert. Jeder Service stellt einen **Front-End Proxy** zur Verfügung, der in einem **Lookup-Service (LUS)** abgelegt wird und von dort von einem Client geladen werden kann. Dieser Proxy beinhaltet die eigentliche Implementation des Service-Interfaces, der z.B. durch eine eigene Klasse oder einen RMI-Stub die Verbindung zwischen Client und dem eigentlichen Service Provider herstellt. Der Service selbst bestimmt dabei, mit welcher Technik die Verbindung zwischen Client und Server hergestellt wird, so daß die Kommunikation über jedes beliebige Protokoll stattfinden kann.

  - **JINI Infrastruktur**:
    Die JINI-Infrastruktur unterstützt das Auffinden (Discovery) von JINI-Systemen im Netz (JINI-Communities) und das Eintreten (Join) in diese Netze, um entsprechende Dienste anbieten und nutzen zu können. Jedes JINI-System verfügt über mindestens ein **Lookup-System (LUS)**, über das Anbieter ihre Dienste (Services) offerieren und auf der anderen Seite Nutzer den Zugang zum gewünschten Dienst erlangen können.

    Ein Dienste-Anbieter muß dabei die folgenden Schritte durchlaufen:
    1. **Discovery**:
       Über ein Discovery-Protokoll sucht der Diensteanbieter nach erreichbaren LUS.
    2. **Join**:
       Der Diensteanbieter trägt seinen Dienst in den LUS ein, der zugehörige Proxy wird als serialisiertes Objekt hinterlegt.
    3. **Leasing**:
       Das Leasingkonzept soll das Feststellen der Erreichbarkeit der angebotenen Services unterstützen, d.h. ein Proxy-Eintrag in einem LUS besteht nur für eine begrenzte Zeitdauer und wird anschließend gelöscht. Soll der Eintrag für längere Zeit bestehen bleiben, muß der Anbieter den „Lease“ (Mietvertrag) für seinen Eintrag rechtzeitig verlängern. Damit soll verhindert werden, daß ein LUS über längere Zeit Einträge von Diensten enthält, die nicht mehr verfügbar sind.

    Zum Auffinden und für die Nutzung von angebotenen Diensten sind die folgenden Schritte notwendig:
    1. **Discovery**:
       Ein anfragender Nutzer sucht mit Hilfe des Discovery-Protokolls einen LUS und erhält dessen Proxy.

2. **Lookup**:
   Der anfragende Nutzer gibt eine Beschreibung des gesuchten Dienstes an den Proxy des LUS, der daraufhin seine Datenbank durchsucht und eine Liste von Proxies geeigneter Kandidaten zurückgibt.
3. **Use**:
   Der anfragende Nutzer (Client) kann nun die Methoden der Proxies in der gleichen Weise wie die Methoden lokaler Java-Objekte aufrufen und den angefragten Dienst nutzen.

– **JINI Programmiermodell**:
  Das JINI Programmiermodell unterstützt eine komfortable Erstellung zuverlässiger verteilter Anwendungen. Da das Ziel von JINI darin besteht, Hard- und Software in einer dynamischen Gemeinschaft zusammenzustellen, in der weder der Ausfall noch das Hinzufügen einer Komponente zu einer Störung oder gar zu einem Ausfall des Gesamtsystems führt, sieht JINI neben dem bereits erwähnten Leasing-Konzept noch die Basiskonzepte **Distributed Events** und **Transactions** zur Verfügung.

  - **Distributed Events**:
    JINI Informationsdienst, der über Änderungen von JINI Systemkomponenten informiert. Bei Distributed Events handelt es sich um eine Erweiterung des herkömmlichen Java Event Modells, das zusätzlich die Eigenheiten der asynchronen Kommunikation berücksichtigt.
  - **Transactions**:
    Transaktionsansatz, der aus der Datenbankwelt übernommen wurde. Es werden mehrere Operation zu sogenannten **atomaren** Operationen zusammengefaßt, die entweder ganz oder gar nicht ausgeführt werden. Damit soll der Tatsache Rechnung getragen werden, daß in einem verteilten System mit Ausfällen von Systemkomponenten gerechnet werden muß, die allerdings nicht zu einem Ausfall des Gesamtsystems führen dürfen.

Verteilte Anwendungen mit Java
Programme werden gewöhnlich lokal auf einem Rechner ausgeführt. Das Paradigma der **verteilten Programmierung** dagegen ermöglicht die Abarbeitung eines Programms auf mehreren kooperierenden Rechnern in einer „verteilten" Umgebung, d.h. auf mehreren verschiedenen Hardware-Plattformen, die räumlich voneinander getrennt sind. Dabei spielt es keine Rolle, ob sich die beteiligten Hardware-Plattformen im selben Raum oder auf unterschiedlichen Kontinenten befinden.
Bislang wurden nur die Varianten betrachtet, daß ein Java-Applet von einem WWW-Server über das WWW auf den lokalen Rechner des anfragenden WWW-Clients geladen wird und dort zur Ausführung gelangt, bzw. daß ein Java-Servlet über eine entsprechende Aktion des WWW-Clients über den WWW-Server am Server-Rechner aufgerufen und abgearbeitet wird. Sollten aber Java-Anwendungen direkt mit anderen Java-Anwendungen über das WWW kommunizieren und dabei gemeinsam eine Aufgabenstellung bearbeiten, so mußte diese Art der Interaktion bislang über eine aufwendige Java-seitige Socket-Programmierung (siehe Kap. 7.2.5) organisiert werden. Mit der Einführung des JDK v1.1 wurde das Verfahren der **Remote Method Invocation** (**RMI**) eingeführt, mit der sich verteilte Anwendungen auf einfachere Weise erstellen lassen. Mit RMI ist es möglich, Objekte von verteilten JVMs so miteinander in Verbindung zu bringen, daß ein entferntes Objekt in der gleichen Weise wie ein lokales Objekt aufgerufen werden kann. Alle dazu notwendigen Datenstrukturen und Methoden werden in den Klassenbibliotheken `java.rmi.*` bereitgestellt. Eine tatsächliche Verbindung der verwendeten Objekte erfolgt dabei erst zur Laufzeit des Programms. Die Realisierung des RMI als Socket-Operationen bleibt dem Nutzer verborgen.
Gegenüber herkömmlicher RPC-Programmierung (**Remote Procedure Call**), die lediglich die Übertragung von Aufruf-Parametern über das zu Grunde liegende Netzwerk gestatten,

können über RMI vollständige Objekte als Argumente übergeben werden. Ein Objekt, das als **Remote Object** über das Internet zum Einsatz gelangen soll, muß zuerst als Remote Objekt bei einem Namensdienst (**RMI-Registry**) registriert werden. Ein Client lokalisiert das gewünschte Remote Objekt über die RMI-Registry, die diesem dazu eine Referenz zurückgibt, die später beim Methodenaufruf in dem URI angegeben werden muß, mit dem das betreffende Remote-Objekt direkt angesprochen wird (vgl. Abb. 15.22).

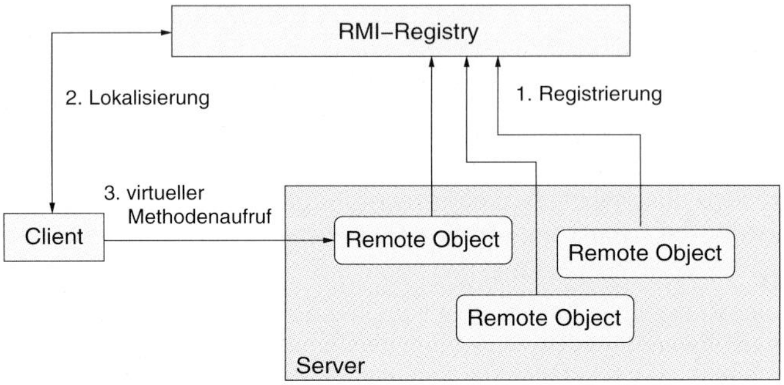

Abb. 15.22. Java Remote Method Invocation – Prinzipieller Ablauf

Wird ein entferntes Objekt aufgerufen, lädt der Client einen Repräsentanten (**Stub**) des Remote Objekts, der anschließend die eigentliche Kommunikation mit dem Remote Objekt übernimmt. Der dem Stub gegenüberliegende Kommunikationsendpunkt am Remote Objekt ist der sogenannte **Skeleton** (seit Java 2 v1.4 nicht mehr notwendig), der lokal als Dispatcher den Aufruf der angefragten Methode ermöglicht und den Rückgabewert an den Stub übergibt. Dabei sendet der Stub benötigte Eingabeparameter an den Skeleton bzw. direkt an die entfernte JVM (**Marshalling**) (Objekte als Parameter müssen dabei serialisierbar sein) und nimmt Rückgabewerte des Remote Objekts zur Weiterverarbeitung entgegen (**Demarshalling**). Abb. 15.23 zeigt den schematischen Ablauf eines Aufrufs an ein Remote Objekt. Stub und Skeleton stellen dabei die Schnittstelle zwischen der Client- und der Server-Anwendung dar, über die beide miteinander kommunizieren. Der darunterliegende **Remote Reference Layer** ist mit der Erzeugung und Verwaltung von Objekt-Referenzen befaßt und setzt direkt auf dem **Transport Layer** mit dem Transportprotokoll TCP auf, in dem die Anfragen an die Remote Objekte gesendet werden.

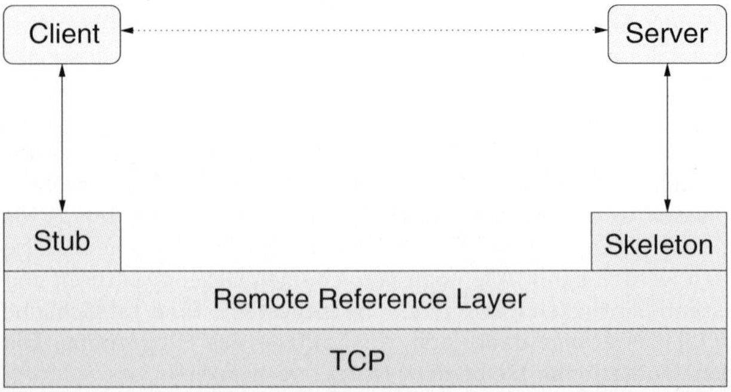

Abb. 15.23. Client/Server-Kommunikation bei Java RMI

RMI Objekte kommunizieren über das **Java Remote Method Protocol** (**JRMP**), das ausschließlich Objekte unterstützt, die in der Programmiersprache Java erstellt wurden. Daher wird neben RMI auch **CORBA** (**Common Object Request Broker Architecture**) eingesetzt, eine sprachunabhängige Architekturvariante zur Implementation verteilter Anwendungen. Zusammen mit CORBA können Objekte verwendet werden, die in einer beliebigen Programmiersprache erstellt wurden, für die ein sogenanntes **Language Binding** besteht, so z.B. C++, Java, Smalltalk oder Ada. Allerdings ist es mit der **Java Native Interface** Programmierschnittstelle (**JNI**) möglich, in C oder C++ geschriebene Programme mit einer Java Schnittstelle zu versehen und diese Schnittstelle über RMI zu exportieren, so daß sie einer verteilten Verarbeitung zugänglich sind. Daneben kann ein RMI-Objekt auch angepaßt werden, so daß es neben JRMP auch das CORBA-eigene **IIOP**-Protokoll (**Internet Inter-ORB Protocol**) über **RMI/IIOP** verwenden und so direkt mit CORBA Objekten kommunizieren kann.

Common Request Broker Architecture (CORBA)
CORBA wurde 1991 von der **Object Management Group** (**OMG**) als Standardisierungsgremium spezifiziert und stellt eine sogenannte **Middleware-Architektur** dar, die in der Lage ist, auf einfache Weise eine Kommunikation zwischen verteilten Anwendungen zu realisieren, die in unterschiedlichen Programmiersprachen erstellt wurden. Die Schlüsselkomponente von CORBA stellt der **Object Request Broker** (**ORB**) dar, in dessen Verantwortung der eigentliche Transfer von Operationen zwischen Client und Server liegt. Ein ORB ermöglicht es dem Client, eine Anfrage transparent an ein Server-Objekt zu senden, wobei das angesprochene Server-Objekt auf demselben Rechner oder auch auf einem entfernten Rechner laufen kann (vgl. Abb. 15.24). Zu den Aufgaben des ORB zählen dabei das Auffinden des Server-Objekts und der verlangten Methode, die Übergabe der benötigten Parameter und der anschließende Transport der Rückgabewerte zurück zum Client. Dadurch wird eine nahtlose Interoperabilität zwischen Anwendungen erreicht, die in einem völlig heterogenem Umfeld ablaufen.

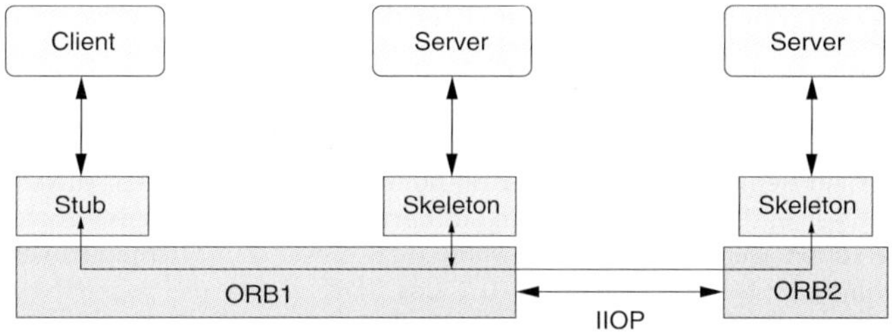

Abb. 15.24. Kommunikation verteilter Anwendungen über CORBA

Vor der Einführung von CORBA mußten Schnittstellen zwischen verteilten Applikationen in einem heterogenen Umfeld jeweils einzeln und in Abhängigkeit von der beteiligten Hardware, des Betriebssystems und der verwendeten Programmiersprache separat erstellt werden. Änderungen und Anpassungen derartiger Schnittstellen waren stets mit einem hohen Aufwand verbunden. Anders bei CORBA-Objekten, die eine strikte Trennung zwischen der Schnittstellendefinition des betreffenden Objekts und deren Implementation vorsehen. Die öffentlich zugängliche Schnittstelle eines Objekts wird dazu in der implementationsunabhängigen Beschreibungssprache **Interface Definition Language** (**IDL**) spezifiziert. Die Implementation (Programmierung) dieser Definition erfolgt sowohl für den Client (Stub) als auch für den Server (Skeleton) erst in einem Folgeschritt. Client und Server können dabei in unterschiedlichen Programmiersprachen erstellt sein. IDL-Definitionen bieten den

Vorteil, daß sie nicht nur in einer beliebigen Programmiersprache implementiert werden, sondern auch auf einfache Weise auf andere Komponentenmodelle wie **Microsoft ActiveX** oder **DCOM** (**Distributed Component Object Model**) abgebildet werden können. So kann in jeden Anwendungsfall auf eine geeignete Implementations-Strategie zurückgegriffen werden. Das von CORBA für diese Kommunikation definierte Protokoll, das **General Inter-ORB Protocol** (**GIIOP**) liegt in unterschiedlichen Implementationen vor, in Abhängigkeit davon, auf welcher Ebene des Protokoll-Schichtenmodells es zum Einsatz kommen soll. Die wichtigste Implementation des GIOP stellt das **Internet Inter-ORB Protocol** (**IIOP**) dar, das die Internet Transport Schicht mit dem TCP-Protokoll nutzt, um Anfragen zu stellen und Antworten an den anfragenden Client zurückzubefördern.
Neben der CORBA-Kernarchitektur stehen verschiedenartige Erweiterungen zur Verfügung:

- **Naming Service**: Suche und Identifikation von Objekten,
- **Event Service**: Austausch von Nachrichten über Ereignisse,
- **Transaction Service**: Umgebung für transaktionsorientierte Verarbeitung,
- **Database Service**: einheitliche Schnittstelle für Datenbankoperationen,
- **Internet Service**: Firewall Spezifikation und eine Abbildung von Java nach IDL,
- **Quality of Service (QoS)**: spezielle CORBA-Varianten und asynchrone Kommunikation via CORBA Messaging Specification:
  - **Minimum CORBA** für PDAs,
  - **Realtime CORBA** für Echtzeitsysteme,
  - **Fault Tolerance CORBA** für fehlertolerante Systeme,
- **Komponenten**: an EJB orientiertes CORBA Component Model (CCM) als sprachunabhängige Alternative zu EJB.

Die Firma Microsoft bietet ebenfalls eine in etwa mit CORBA vergleichbare Architektur für die Entwicklung verteilter Anwendungen an, das **Distributed Component Object Model (DCOM)**. DCOM selbst stellt eine Erweiterung des **Component Object Model** (**COM**) dar, das auf die Entwicklung von Client/Server-Anwendungen auf einem einzelnen Rechner abzielt, und ist Teil der Microsoft **ActiveX**-Familie. DCOM ist im Gegensatz zu CORBA allerdings nur für die Microsoft Windows Plattform und für das MAC OS Betriebssystem verfügbar.

Java Sicherheitskonzepte
Sollen Java-Applets auf dem lokalen Rechner ablaufen, die von einem entfernten Rechner geladen wurden, bzw. sollen auf dem lokalen Rechner Komponenten einer verteilten Anwendung ausgeführt werden, die von externen Rechnern angefordert wurden, müssen zusätzliche Sicherheitsmaßnahmen getroffen werden, die einen Mißbrauch dieser Zugriffsmöglichkeiten nach Möglichkeit verhindern. Mit der Version 1.0.2 des JDK wurde die sogenannte **Sandbox** eingeführt, in der man fremden Java-Code (Remote Code) innerhalb einer stark eingeschränkten Laufzeitumgebung sicher ablaufen lassen kann.
Java-Applets wird durch die **Sandbox** der Zugriff auf sicherheitsrelevante Systemkomponenten, wie z.B. das lokale Dateisystem sowohl schreibend als auch lesend untersagt. Daneben darf ein Java-Applet auch lediglich mit dem Server-Rechner kommunizieren, von dem es geladen wurde und erhält sonst kein Zugriffsrecht auf Netzwerkressourcen. Lokaler Java-Code verfügt dagegen über den vollen Zugriff auf Systemressourcen.
JDK 1.1 erweiterte das einfache Sandboxmodell dahingehend, daß es sogenannten **Signed Applets** (auch **Trusted Applets**) den Zugriff auf lokale Systemressourcen gestattet, als würde es sich um lokalen Java-Code handeln. Zu diesem Zweck werden die Signed Applets mit einer digitalen Signatur versehen. Akzeptiert das lokale System das mit dieser Signatur ausgestattete fremde Java Applet als vertrauenswürdig, gewährt es diesem den freien Zugriff auf lokale Ressourcen. Nicht signierte Applets bzw. Signed Applets, die nicht als vertrauenswürdig eingestuft werden, laufen weiterhin in der Sandbox-Umgebung ab.
Bei JDK 1.2 wurde das Java Sicherheitsmodell noch einmal komplett überarbeitet und eine wesentlich flexiblere Lösung erreicht. Der Unterschied zwischen Remote Code und lokalem

Java Code, d.h. zwischen Applets und Applikationen, wird aufgehoben und für beide eine mehrstufige Regelung von Zugriffsberechtigungen auf Systemressourcen eingeführt. So kann z.B. einer lokalen Applikation lediglich lesender Zugriff auf eine lokale Datei gewährt werden, während gleichzeitig einem vertrauenswürdigen fremden Java-Applet lesender und schreibender Zugriff gewährt wird. Die Zuordnung der jeweiligen Zugriffsberechtigungen wird als **Security Policy** bezeichnet und vom Anwender bzw. dem lokalen Systemadministrator in einer Konfigurationsdatei festgelegt. Kriterien für die Gewährung von Zugriffsberechtigungen sind dabei die Herkunft des Java Codes (anhand des URLs) und die zugehörige digitale Signatur. Java Applets und lokale Applikationen, denen keine expliziten Rechte in der Security Policy eingeräumt werden, kommen weiterhin innerhalb der Sandbox zur Ausführung.

Java in eBusiness Anwendungen

Ein breites Anwendungsgebiet von Java Programmen liegt in der Implementation von Client/Server-Anwendungen im WWW. Dabei erlaubt es der Einsatz von Java, diese plattformunabhängig, also unabhängig von eingesetzter Hardware oder Betriebssystem, zu realisieren. Von stetig wachsender Bedeutung sind sogenannte **eBusiness**-Anwendungen, die eine Client/Server-Implementation erfordern, in der über das WWW kommerzielle Transaktionen ausgeführt werden. Die Spanne reicht dabei vom online-Banking über den Einkauf in einem Shopping-Portal bis hin zu Geschäftsabschlüssen unter der Beteiligung mehrerer Unternehmen. Gemeinsam ist all diesen Anwendungen, daß eine Client/Server-Umgebung installiert werden muß, wobei auf Clientseite die Unternehmensgrenzen verlassen werden, und daß diese prinzipiell in einer unbekannten Arbeitsumgebung ablaufen müssen. Daher läuft ein Großteil der eBusiness-Anwendungen nach dem Prinzip der sogenannten **Remote Presentations** ab, d.h. die eigentliche Verarbeitung findet serverseitig statt, wodurch das Problem der Unsicherheit beim Laden und Aktivieren fremder Applets umgangen werden kann und der clientseitige Installationsaufwand minimiert wird. Der WWW-Browser übernimmt dabei lediglich die Aufgabe der Darstellung statischer und dynamisch erzeugter HTML-Dokumente.

Initiierung und Steuerung der Verarbeitung erfolgt serverseitig über Servlets bzw. Java Server Pages. Die eigentliche Verarbeitung findet dabei allerdings nicht auf dem Rechner des WWW-Servers statt, sondern auf einem eigenen Applikations-Server, der den Zugriff auf Datenbank-Server oder andere Backend-Server koordiniert. Das Zusammenspiel der dabei beteiligten Systeme ist in Abb. 15.25 dargestellt.

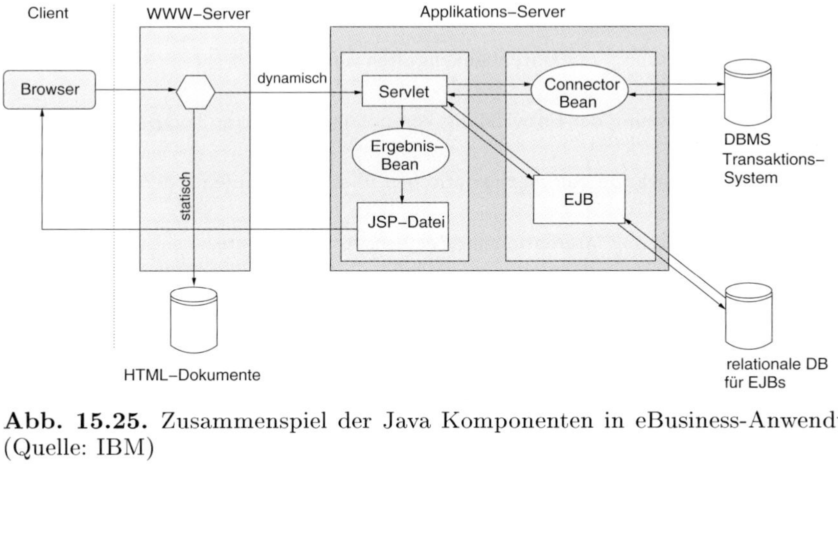

Abb. 15.25. Zusammenspiel der Java Komponenten in eBusiness-Anwendungen (Quelle: IBM)

Java Klassenbibliotheken

Rund um den Kern der Programmiersprache Java sind inzwischen zahlreiche Bibliotheken für die verschiedenartigsten Aufgaben entstanden, darunter Datenbankankopplung, Grafik, Netzwerkkommunikation oder Multimediadatenverarbeitung. Dazu gehören die wichtigsten Bibliotheken im JDK der Firma SUN, die kostenfrei aus dem Internet geladen werden können. Heute existieren weit über 500 verschiedene Klassenbibliotheken, so daß an dieser Stelle keine umfassende Referenz gegeben werden kann. Wir beschränken uns lediglich auf eine Kurzbeschreibung der wichtigsten Klassenbibliotheken des JDK.

- `Java.lang`
  Sammlung von Basiselementen, Typen und Basisklassen, die ein Java-Programm stets benötigt.
- `Java.io`
  Klassen zur Programmein- und -ausgabe unter Einbeziehung von 16 Bit Unicode Zeichensatz und Verarbeitung von kontinuierlichen Zeichenströmen.
- `Java.net`
  Klassen zur Kommunikation über das Netzwerk mit BSD-Socket Option zur Laufzeitverhaltenssteuerung.
- `Java.util`
  Klassen mit kleinen, nützlichen Hilfsroutinen.
- `Java.awt` und `Java.swing`
  Klassen zur Entwicklung portabler Anwendungen auf unterschiedlichen graphischen Benutzeroberflächen, inkl. Druckroutinen, Rollmenüs, Pop-Up-Menüs, Zwischenablage und eine flexible Schriftenverwaltung. Die Klassenbibliothek `Java.swing` umfaßt mehr als 250 Klassen, von denen viele bereits in der `Java.awt` Bibliothek enthalten waren. Allerdings zielt `Java.swing` darauf ab, Java-Applikationen auf unterschiedlichen Plattformen vom Mainframe bis zum PDA ein einheitliches Aussehen zu garantieren.
- `Java.applet`
  Applet-spezifische Klassen und Interfaces.
- `Java.rmi`
  Klassen zur Unterstützung der Entwicklung verteilter Java-Anwendungen.
- `Java.security`
  Klassen zur Unterstützung von Sicherheitsdiensten in Java.
- `Java.sql`
  Klassen zur Unterstützung von Datenbankzugriffen über Java.
- `Java.beans`
  Klassen zur Unterstützung der Entwicklung komponentenbasierter JavaBeans.
- `Java.math`
  Klassen zur Implementation von mathematischen Fließkommaoperationen.
- `Java.text`
  Klassen zur Unterstützung internationaler Zeichensätze und Texte.

J2EE stellt zusätzlich noch weitere Klassenbibliotheken bereit:

- `Javax.ejb`
  Klassen für die Enterprise JavaBeans Programmierschnittstelle, die Schnittstellen zu allen Schlüsselelementen bereithält, die zur Erstellung und Verwendung von EJBs notwendig sind.

- `Javax.jms`
  Klassen für den Einsatz des **Java Message Service** (**JMS**) zur nachrichtenbasierten (asynchronen) Kommunikation zwischen unterschiedlichen Java-Prozessen. Zwischen dem Senden einer Nachricht, dem Empfang, der Verarbeitung und der daraufhin ausgelösten Reaktion vergeht eine nicht im Voraus vorhersagbare Zeitspanne. Darin unterscheidet sich diese Form der Kommunikation von der im Netzwerk üblichen Kommunikationsform.
- `Javax.mail`
  Klassenbibliothek, die die Kernfunktionalität für die JavaMail Programmierschnittstelle umfaßt. Dazu zählen Nachrichtenversand und -empfang, sowie Klassen zur Speicherung und Manipulation von Nachrichten.
- `Javax.naming`
  Klassenbibliothek, die die wichtigsten Schnittstellen, Klassen und Ausnahmebehandlung für Namensdienstoperationen unter JNDI bereitstellt. Zur Verwaltung von Verzeichnisdienstoperationen unter JNDI stellt die Subbibliothek `Javax.naming.directory` alle benötigten Schlüsselelemente zur Verfügung. `Javax.naming.event` beinhaltet Klassen und Schnittstellen für die Eventverarbeitung, `Javax.naming.ldap` wird benötigt, um LDAP-spezifische Funktionalitäten abzubilden und `javax.naming.spi` definiert das Service Provider Interface (SPI) für JNDI.
- `Javax.resource`
  Klassenbibliothek für die Schnittstelle zum Java Connector API, das einen Zugriff auf sogenannte **Enterprise Information Systeme** (**EIS**) gewährleistet.
- `Javax.servlet`
  Klassenbibliothek zur Erstellung standardisierter und protokollunabhängiger Servlets. Für Servlets unter HTTP steht die Klassenbibliothek `Javax.servlet.http` zur Verfügung und für Java Server Pages die Bibliothek `Javax.servlet.jsp`.
- `Javax.transaction`
  Klassenbibliothek für die Java Transaction Programmierschnittstelle (JTA), die die Kommunikation mit Transaktions-verarbeitenden Systemen ermöglicht.
- `org.omg.x`
  Klassenbibliotheken zur Unterstützung des Programmiersprachen-unabhängigen CORBA Standards.

Neben dem Java Development Kit von SUN existieren eine Reihe weiterer Entwicklungsumgebungen für die Programmiersprache Java (vgl. Abb. 15.3). Weiterführende Informationen und Testversionen sind unter den angegebenen URLs verfügbar.

Tabelle 15.3. Java Entwicklungsumgebungen

Entwicklungsumgebung	Hersteller	URL
JDK	SUN	`http://www.javasoft.com/products/`
PowerJ	Sybase	`http://www.inprise.com/jbuilder/`
VisualAge	IBM	`http://www.software.ibm.com/ad/vajava/`
KAWA	TekTools	`http://www.tek.tools.com/`
JBuilder	Borland	`http://www.sybase.com/`
Visual J++	Microsoft	`http://www.microsoft.com/visualj/`
Java Studio	SUN	`http://www.sun.com/`
Visual Cafe	WebGain	`http://www.webgain.com/`

Weiterführende Literatur:

Z. Chen: Java Card(TM) Technology for Smart Cards – Architecture and Programmer's Guide, Addison-Wesley, Boston MA, USA, 2000.

D. Flanagan: Java in a Nutshell, deutsche Ausgabe, O'Reilly, Köln, 1996.

R. Monson-Haefel: Enterprise JavaBeans, O'Reilly, Bonn, 2000.

C. Piemont: Komponenten in Java, dpunkt-Verlag, Heidelberg, 1999.

B. Shannon, M. Hapner, V. Matena, J. Davidson, E. Pelegri-Llopart, L. Cable, Enterprise Team: Java (TM) 2 Platform Enterprise Edition – Platform and Component Specifications, Addison-Wesley, Boston MA, USA, 2000.

A. Taylor: JSP and Java – The Complete Guide to Website Development, Prentice Hall PTR, Upper Saddle River NJ, USA, 2002.

15.2.2 Serverseitige WWW-Programmierung

Zentrales Element in der serverseitigen WWW-Programmierung stellt die Schnittstelle zwischen dem WWW-Server und dem eigentlichen Anwendungsprogramm dar, das — vom Nutzer über den WWW-Browser aktiviert – auf dem Rechner des WWW-Servers bzw. auf einem dedizierten Anwendungs-Server unter Kontrolle des WWW-Servers abläuft. Die Schnittstelle für jede Art der Kommunikation zwischen dem WWW-Server und dem Anwendungsprogramm, die der Nutzer für seine Interaktion verwendet, ist das **Common Gateway Interface (CGI)**, auf das in Abschnitt 15.3 detailliert eingegangen wird.
Ein Anwendungsprogramm, das die CGI-Schnittstelle nutzt, kann im Prinzip in jeder beliebigen Programmiersprache geschrieben werden. So bietet z.B. auch die meist auf Clientseite eingesetzte Programmiersprache Java spezielle Komponenten, wie **Java Servlets** oder **Java Server Pages**, mit denen sich serverseitige Anwendungen auf komfortable Weise entwickeln lassen. Die Praxis hat gezeigt, daß sich nur einige wenige Programmiersprachen in diesem Bereich durchsetzen konnten, was sich zum Teil jeweils durch ihre Eignung zur Manipulation von Textdokumenten begründen läßt. Geht es doch prinzipiell darum, HTML- oder XML-Dokumente dynamisch zu erzeugen bzw. zu manipulieren (**dynamisches HTML**), die meistens nur einfache Textdokumente sind. Oftmals handelt es sich bei WWW-Anwendungen zur Erzeugung dynamischer HTML-Dokumente lediglich um einfache Programme, die keine besonders komplexen Aufgaben zu bewerkstelligen haben. Daher haben sich auch in diesem Bereich insbesondere Skriptsprachen etablieren können. Als besonders geeignet haben sich dabei die Skriptsprachen **Perl** und **PHP** erwiesen, die im Bereich des dynamischen HTML große Popularität erlangt haben.

Die Skriptsprache Perl. Perl ist eine sehr mächtige Programmiersprache, die Bestandteile aus der Programmiersprache C, den UNIX-Tools **awk**, **sh**, **sed** und weiteren UNIX-Tools in sich vereint. Besonders geeignet ist diese

Programmiersprache für die Verarbeitung von Textdateien, für die sie spezielle Hilfsmittel zur Verfügung stellt, so daß deren Behandlung (Suchen, Sortieren, Formatieren, etc.) gegenüber anderen Programmiersprachen erheblich erleichtert ist. Darauf weist schon der Name Perl hin, der für **Practical Extraction and Reporting Language** steht, d.h. Perl ist **praktisch** zu verwenden, besonders im Bereich des **Extrahieren** und Präsentieren von Informationen in der Form einfach aufzubereitender **Reporte**. Allerdings vermag Perl weit mehr und gilt als vollwertige und universelle Programmiersprache. Um die Vorteile der Programmiersprache C mit einer Reihe von UNIX-Werkzeugen zu kombinieren, die als interpretierte Skriptsprachen arbeiten, erweiterte Larry Wall die Sprache **awk** – eine einfache, aber sehr mächtige Skriptsprache zum Suchen und Verarbeiten von Zeichenketten in Texten – zu einer Sprache zur allgemeinen Manipulation von Textdateien. Die Sprache wurde kostenlos über das Internet zur Verfügung gestellt und Larry Wall erhielt viele Vorschläge zur Verbesserung und Erweiterung, bis schließlich die universelle Programmiersprache **Perl** (stabil ab Perl Version 4) vorlag. Perl 4 gewann sehr schnell große Popularität, da vormals langwierige Programmentwicklung zur Manipulation von Texten damit in wesentlich kürzerer Entwicklungszeit durchgeführt werden konnten und Programmierer, die bereits mit der Programmiersprache C und der UNIX-Betriebssystemumgebung vertraut waren, die neue Programmiersprache ohne großen Aufwand erlernen und direkt anwenden konnten. Perl wird heute bereits von vielen UNIX-Herstellern als integraler Bestandteil des Betriebssystems mit angeboten. Perl in der Version 5 bietet zusätzlich die Möglichkeit der objektorientierten Programmierung und eine Vielzahl von Modulen, die ähnlich wie Klassenbibliotheken in Java vorgefertigte Klassen und Methoden zur vereinfachten Anwendungsentwicklung bereithalten.
Folgende Vor- und Nachteile erlauben eine treffende Charakterisierung der Programmiersprache Perl:

- **freie Verfügbarkeit und große Popularität**
  Ein großer Vorteil, den Perl gegenüber anderen Programmiersprachen besitzt, ist dessen freie Verfügbarkeit. Seit den Tagen der von Larry Wall ins Internet gestellten allerersten Vorversion kann Perl kostenfrei über das Internet bezogen werden, und auch der zugrundeliegende Quellcode ist frei erhältlich. Dank eines besonders umfangreichen Archivs an Perl-Bibliotheken gewann Perl vor allem im Umfeld der CGI-Programmierung große Popularität. Eines der umfangreichsten Perl-Archive ist das **Comprehensive Perl Archive Network** (**CPAN**), das unter folgendem URL erreichbar ist:

  `http://www.cpan.org/`

- **Multiplattform-Fähigkeit**
  Perl ist erhältlich für alle gängigen UNIX-Varianten, ebenso wie für Varianten des Windows- und Mac-Betriebssystems.

- **Interpretierte Programmiersprache**
  Perl ist eine interpretierte Skriptsprache, d.h. im Gegensatz zu einer herkömmlichen, compilierten Programmiersprache arbeitet der Perl-Interpreter direkt auf dem auch für den Nutzer lesbaren Perl-Quellcode und nicht auf einem plattformabhängigen Binärcode, wie er von einem Compiler erzeugt wird. Trotzdem ist der Geschwindigkeitsverlust im Vergleich zu einem compilierten C-Programm nur gering. Perl erreicht diese hohe Verarbeitungsgeschwindigkeit durch die Verwendung eines Zwischencodes in den der Quellcode zuerst compiliert, bevor dieser direkt danach zügig ausgeführt wird.
  Der Vorteil von Perl liegt in kürzeren Entwicklungszyklen, da eine stets notwendige Compilierung während der Programmentwicklung nicht notwendig ist. Desweiteren ermöglicht die interpretative Natur von Perl eine dynamische Änderung bzw. Neuerstellung von Programmen oder Programmteilen, da der Perl-Interpreter auch innerhalb des Programmablaufs erneut aufgerufen werden kann und den durch das Programm erzeugten neuen Quellcode abarbeiten kann.
- **Praktische Einsetzbarkeit**
  Perl enthält zahlreiche Funktionen, die bislang nur zum Funktionsumfang nativer UNIX-Tools zählten. Trotzdem ist Perl einfach zu erlernen und auch einfach zu verwenden. Zusätzlich besteht die Möglichkeit der Einbettung von anderen Programmiersprachen in Perl.
- **Nachteile von Perl**
  - Da Perl vor der Programmausführung interpretiert werden muß, ist die Verarbeitungsgeschwindigkeit von Perl zwangsweise langsamer als die von compilierten Programmiersprachen.
  - Da Perl ein OpenSource Produkt ist, gibt es keine firmenseitige Unterstützung (Support).
  - Auf der Zielmaschine muß ein Perl-Interpreter installiert sein, damit ein Perl-Programm dort ablaufen kann.
  - Ähnlich wie früher in der Programmiersprache C neigen Perl-Programmierer dazu, ihrem Quellcode ein kryptisches Erscheinungsbild zu geben, was die Wartbarkeit des Codes erheblich erschweren kann. Da Perl den Programmierer nicht zwingt, in einfach lesbarem und verständlichem Quellcode zu programmieren, muß dies als potentieller Nachteil gewertet werden.

Perl ist eine Allzweck-Programmiersprache. Dennoch ist sie z.B. nicht sonderlich gut geeignet, um komplexe numerische Berechnungen oder hardwarenahe Systemprogramme zu implementieren. Dagegen ist Perl für folgende Einsatzgebiete besonders gut geeignet:

- **CGI-Programmierung**
  Als Skriptsprache zur Programmierung über die CGI-Schnittstelle im WWW erlangte Perl die größte Popularität, die ihm heute allerdings zu-

nehmend von PHP streitig gemacht wird. CGI-Programme werden durch den WWW-Server aktiviert, generieren dynamische HTML-Dokumente und nehmen die vom Nutzer am WWW-Browser eingegebenen Daten zur Weiterverarbeitung entgegen. Perl eignet sich besonders gut zur CGI-Programmierung, da es sich bei HTML-Dokumenten um einfache Text-Dateien handelt, für deren Manipulation Perl speziell optimiert wurde.

- **Systemverwaltung**
  Die UNIX-Systemverwaltung besteht in der Hauptsache in der Verarbeitung von Konfigurationsdateien, bei denen es sich in der Regel um einfache Textdateien handelt. Daher handelt es sich bei System-Konfigurationsaufgaben eigentlich um reine Textverarbeitungsaufgaben, in denen Perl seine Stärken ausspielen kann.
- **Anwendungsprogrammierung**
  Vorallem für einen Einsatz in den Bereichen der Anwendungsprogrammierung, in denen es um das Umformatieren oder Sortieren von Datenbeständen geht, ist Perl besonders gut geeignet.

Eine detailliertere Darstellung der Programmiersprache Perl und ihrer Anwendung in der CGI-Programmierung ist Exkurs 37 zu entnehmen.

Die Skriptsprache PHP. Obwohl die Skriptsprache Perl weitgehend unabhängig vom WWW entstand, konnte sie sich aufgrund ihrer hervorragenden Eignung beim Einsatz in der CGI-Programmierung zu einem Defacto-Standard entwickeln. Doch wird Perl diese Rolle seit geraumer Zeit durch eine Sprache streitig gemacht, die sich ebensogut zur CGI-Programmierung eignet, aber im Gegensatz zu Perl direkt in das HTML-Dokument eingebettet werden kann: **PHP** (**PHP Hypertext Preprocessor**).
1994 für den rein privaten Gebrauch von Rasmus Lerdorf entworfen, lediglich aus einem einfachen Parser, einigen Makros und kleinen C-Programmen bestehend, entwickelte sich PHP als OpenSource Projekt zu einer vollwertigen, interpretierten Programmiersprache, deren Hauptanwendungsgebiet im Bereich der CGI-Progammierung liegt. Die aktuelle Version PHP4 bietet über Standardmodule eine direkte Unterstützung für Datenbankzugriffe auf eine Vielzahl gängiger Datenbanksysteme, wofür andere Programmiersprachen meist spezielle, zusätzliche Programmbibliotheken benötigen. PHP zeichnet sich vor allem durch seine **Einfachheit** aus. PHP läßt sich direkt in HTML einbinden. Seine Syntax erinnert an C, Java und Perl und ist einfach zu erlernen. Das Hauptziel dieser Sprache ist es, Web-Entwicklern die Möglichkeit zu geben, schnell dynamisch generierte HTML-Dokumente zu erzeugen.
Damit ein PHP-Programm ausgeführt werden kann, muß der WWW-Server, unter dessen Kontrolle das PHP-Programm ausgeführt werden soll, mit einem entsprechenden Erweiterungsmodul ausgestattet sein. Damit liegt die Verantwortung für die korrekte Ausführung des PHP-Programms auf Serverseite. Tatsächlich haben sich die drei folgenden Gebiete als Hauptanwendungsgebiete von PHP herauskristallisiert:

- **Serverseitige Programme**
  Traditionelles Hauptanwendungsfeld von PHP. Um damit arbeiten zu können, wird hier ein PHP-Parser (CGI oder Server-Modul), ein WWW-Server und WWW-Browser benötigt. Seit kurzem wird PHP auch verwendet für die Generierung von XML-Dokumenten, Grafiken, Flash-Animationen, PDF-Dateien und vieles mehr.
- **Skripte auf der Kommandozeile**
  PHP-Skripte können auch alleine, ohne einen WWW-Server oder einen WWW-Browser in der gleichen Weise wie Perl-Skripte oder C-Programme ablaufen. Nötig ist lediglich ein PHP-Parser. Üblicherweise dienen diese Art von PHP-Skripten dazu, regelmäßig wiederkehrende Aufgabe zu erledigen (z.B. über UNIX cron) oder aber auch um einfache Aufgaben im Bereich der Verarbeitung von Textdateien vorzunehmen.
- **Clientseitige GUI-Applikationen**
  Über das **PHP-GTK** (PHP Graphical ToolKit) kann der Programmierer PHP bequem für die Erstellung von Programmen mit grafischer Benutzeroberfläche nutzen, die Plattform-unabhängig eingesetzt werden können.

PHP unterstützt auch die Kommunikation mit anderen Diensten, die Protokolle wie z.B. LDAP, IMAP, SNMP, NNTP, POP3, HTTP unterstützen. Mit PHP lassen sich auf einfache Weise Netzwerk Sockets verwenden, über die auf der Basis eines beliebigen Kommunikationsprotokolls kommuniziert werden kann. Daneben lassen sich Java-Objekte oder auch CORBA-konforme Objekte mit in PHP integrieren und transparent verwenden.
Ebenso wie Perl verfügt PHP über zahlreiche Funktionen zur Manipulation von Textdateien, wie z.B. die Unterstützung **regulärer Ausdrücke** oder sogar die Interpretation von XML-Dokumenten via SAX oder DOM. Über die Einbindung der XSLT-Erweiterung wird auch die Anwendung von Transformationen auf XML-Dokumenten möglich. Zusätzlich stehen Highlevel-Funktionen zur Unterstützung von eBusiness-Anwendungen z.B. für Verschlüsselung und Zahlungsabwicklung zur Verfügung. Abb. 15.26 zeigt exemplarisch den Einsatz von Serverseitiger WWW-Programmierung am Beispiel **digitaler Bibliotheken**.
Exkurs 38 gibt einen detaillierteren Einblick in die Skriptsprache PHP und die Möglichkeiten der CGI-Programmierung mit PHP.

15.3 Common Gateway Interface - CGI

Meist ist der HTTP-Server selbst in der Lage, die an ihn gestellten Anforderungen zu erledigen. Diese bestehen im wesentlichen darin, einen URL auf das lokale Dateisystem abzubilden und die angeforderte Ressource den Berechtigigungen des anfragenden Clients entsprechend auszuliefern. Allerdings reicht dies nicht aus, wenn zusätzliche Verarbeitungsschritte notwendig sind, um die angeforderte Informationsressource erzeugen bzw. ausliefern zu können. Die

Digitale Bibliotheken als serverseitige WWW-Anwendungen (1)

Schnelle und dazu weltweite Verfügbarkeit zählt heute zu den wichtigsten Anforderungen im Prozeß des Publizierens. Die Möglichkeiten zur Aufbereitung und Bereitstellung von Publikationen im WWW in einem System, das diese strukturell gegliedert anbietet und dem Benutzer dazu vielfältige Such- und Auswahlmöglichkeiten bietet, revolutioniert das herkömmliche Bibliothekensystem. Diese **digitalen Bibliotheken** (**Digital Libraries**) ermöglichen jedermann weltweit einen Zugriff auf vormals oft nur schwer zugängliche Publikationen. Doch nicht nur das Bereitstellen von Dokumenten, sondern der gesamte, dazu erforderliche Publikationsprozeß kann durch das WWW erheblich vereinfacht und beschleunigt werden. Vorallem im Hinblick auf wissenschaftliche Publikationen ist ein zügiger Publikationsvorgang – von der Einreichung der Arbeit über mehrere Begutachtungszyklen bis hin zur abschließenden Publikation – von größter Bedeutung. Oft erfordern Veröffentlichungen in renommierten Fachjournalen einen Begutachtungszeitraum von über einem Jahr und können binnen dieser Frist bereits überholt sein.
Eines der ersten rein elektronischen Fachjournale mit einem ausschließlich Internet-basierten Begutachtungsprozeß ist das 1993 begründete **Electronic Colloquium on Computational Complexity** (**ECCC**) an der Universität Trier. Jeder Schritt im Publikationsprozeß einer in ECCC veröffentlichten Arbeit läuft unter Ausnutzung serverseitiger CGI-Programmierung ab. Der Begutachtungsprozeß erfolgt durch ein Gremium der weltweit auf diesem Gebiet bedeutendsten Wissenschaftler, die innerhalb von ECCC eine Arbeit vor deren Veröffentlichung diskutieren. Nach einer Veröffentlichung kann sich jeder Wissenschaftler des Fachgebiets an den Diskussionen um eine bereits veröffentlichte Arbeit – wie in einem „elektronischen Kolloquium"– beteiligen, Fragen aufwerfen und Stellung nehmen.

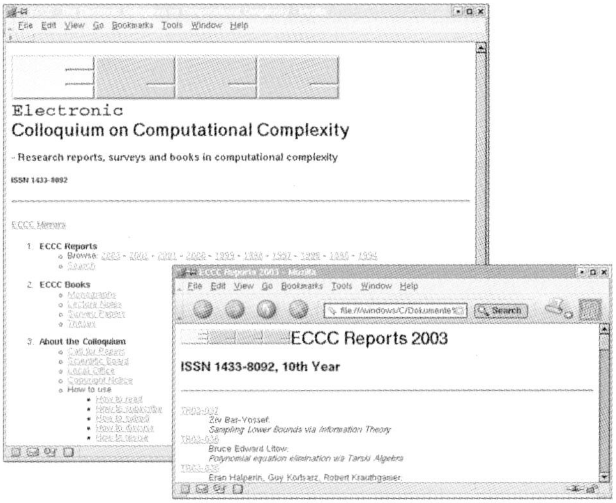

Weiterführende Informationen:

- ECCC-Website: `http://www.eccc.uni-trier.de/eccc/`
- J. Bern, Ch. Meinel, H. Sack: Electronic Colloquia: Idea and Practice, in Proc. of the ACM SIGDOC 1998 Conference, Quebec City, Canada, 1998.

Abb. 15.26. Einsatz serverseitiger WWW-Programmierung für die Bereitstellung digitaler Bibliotheken

Digitale Bibliotheken als serverseitige WWW-Anwendungen (2)

Mit Hilfe digitaler Bibliotheken kann eine immense Fülle von Publikationen weltweit auf einfache Weise über das WWW verfügbar gemacht werden. Doch mit wachsender Anzahl wird es auch immer schwieriger, den Überblick über ein bestimmtes Themengebiet zu behalten. So wird das Auffinden sämtlicher Publikationen eines bestimmten Autors zu einer sehr mühsamen und oftmals kaum zu bewältigenden Aufgabe. Diese Art von Recherche-Aufgaben werden traditionell durch **Bibliografien** unterstützt, die Publikationen zu einem bestimmten Themengebiet strukturell untergliedert auflisten.
Einen umfassenden Bibliografiedienst für Publikationen auf dem Gebiet der Informatik bietet der mehrfach ausgezeichnete **Computer Science Bibliography** Server der Universität Trier (**Digital Bibliography and Library Project**), der seit 1998 in Betrieb ist. Ursprünglich nur für das Teilgebiet **Data Bases and Logic Programming** (**DBLP**) vorgesehen, entwickelte sich dieser Bibliografieserver, der derzeit (Stand Juni 2003) mehr als 390.000 Publikationen verwaltet, zu dem für die Informatik weltweit wichtigsten Bibliografiedienst überhaupt.
Die einzelnen Bibliografie-Datensätze sind in DBLP in einer XML-konformen HTML-Syntax notiert, die über serverseitige Programme organisiert und verwaltet werden. Der Nutzer hat die Möglichkeit, den Bibliografie-Datenbestand nach unterschiedlichen Kriterien zu durchsuchen. Darüberhinaus werden die im Bibliografie-Datenbestand erfaßten Autoren mit ihrer Homepage (falls verfügbar) verlinkt, womit dem Nutzer ein zusätzlicher Ausgangspunkt für weiterführende Recherchen geboten wird.

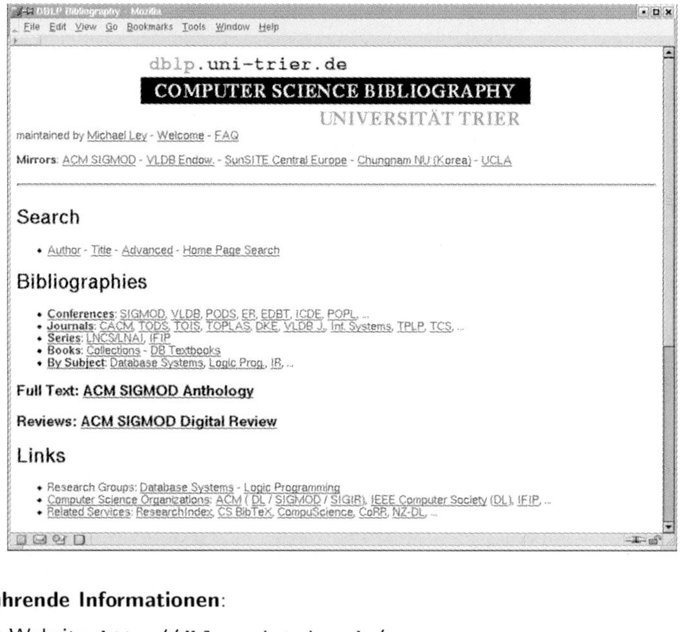

Weiterführende Informationen:

- DBLP-Website: `http://dblp.uni-trier.de/`
- M. Ley: The DBLP Computer Science Bibliography: Evolution, Research Issues, Perspectives, in Proc. of 9th International Symposium on String Processing and Information Retrieval, SPIRE 2002, Lisbon, Portugal, 2002, pp.1–10.

Abb. 15.27. Einsatz serverseitiger WWW-Programmierung für die Bereitstellung digitale Bibliotheken (2)

notwendige Verarbeitung kann dann zum einen mit in den Server-Prozeß integriert werden, wie dies bei sogenannten **Server Side Includes** (SSI) der Fall ist. Damit sind allerdings zusätzliche Sicherheitsrisiken (z.B. Gefahr des unautorisierten Zugriffs auf Server-Ressourcen) verbunden, ganz abgesehen davon, daß dies auch die Bindung an eine spezielle Server-Software nach sich zieht.
Daher wurde eine standardisierte Schnittstelle geschaffen, über die der HTTP-Server in der Lage ist, externe Anwendungsprogramme zu aktivieren, deren Ausgaben der HTTP-Server dann verwendet, um die angeforderte Informationsressource an den Client zurückzuliefern. Diese Schnittstelle, das **Common Gateway Interface**, ist unabhängig von der verwendeten HTTP-Server-Software. Sie dient als allgemeine Schnittstelle zwischen HTTP-Server und externen Anwendungsprogrammen.
Wie in Abb. 15.28 dargestellt, wird die CGI-Schnittstelle lokal auf dem Server-Rechner genutzt, auf dem der HTTP-Server und die Anwendungsprogramme laufen, d.h. die an den HTTP-Server anknüpfenden Anwendungsprogramme müssen lokal auf demselben Rechner ablaufen (auch wenn die Kommunikation mit Programmen auf externen Rechnern keine Schwierigkeit darstellt, wenn diese ein kleines Anwendungsprogramm auf dem lokalen Server-Rechner als Interface verwenden, das wiederum über die lokale CGI-Schnittstelle mit dem HTTP-Server kommuniziert).

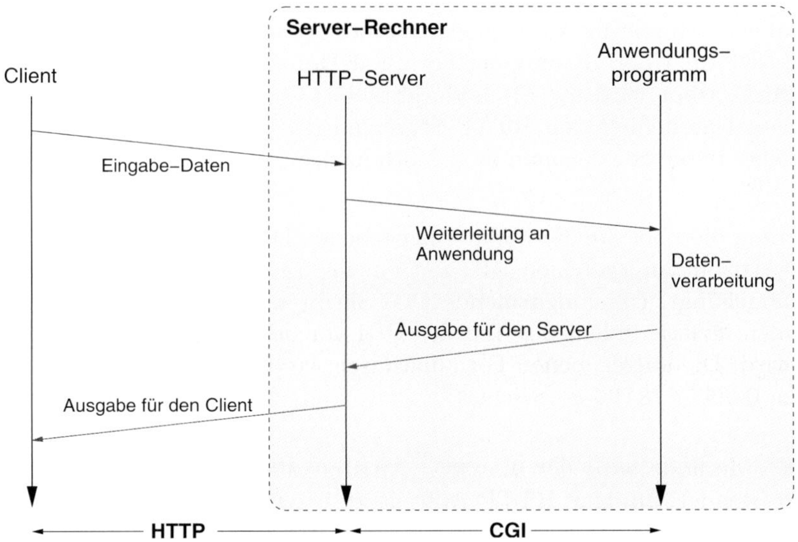

Abb. 15.28. Client/Server Interaktion über die CGI-Schnittstelle

Die CGI-Schnittstelle selbst ist so ausgelegt, daß sie mit jeder beliebigen Programmiersprache genutzt werden kann. Anwendungen, die die CGI-

Schnittstelle nutzen, werden häufig als **CGI-Skripts** bezeichnet, da es sich meist um Anwendungen handelt, die in einfachen Skript-Sprachen, wie z.B. Perl, PHP, Python oder Tcl entwickelt wurden.
Prinzipiell läuft eine Kommunikation über die CGI-Schnittstelle folgendermaßen ab:

1. Der HTTP-Server erhält vom Client die Anforderung einer Informationsressource, zu deren Erstellung ein CGI-Skript erforderlich ist.
2. Um die Anforderung und eventuell damit verbundene Parameter korrekt übergeben zu können, setzt der HTTP-Server eine Reihe von Umgebungsvariablen.
3. Daraufhin aktiviert der HTTP-Server das CGI-Skript und übergibt diesem eventuell mitgelieferte Parameter, die die Erzeugung und Darstellung der zurückgelieferten Informationsressource bestimmen.
4. Der HTTP-Server kann dem CGI-Skript Daten übergeben, indem er dessen Standard-Eingabe-Mechanismus (Standard-Input) verwendet. Das CGI-Skript produziert aus den erhaltenen Eingaben eine Ausgabe, die über den Standard-Ausgabe-Mechanismus (Standard-Output) des CGI-Skripts an den HTTP-Server zurückgegeben wird.
5. Der HTTP-Server liefert die übergebene Antwort des CGI-Skripts an den betreffenden Client aus.

Eine der häufigsten Aufgaben von CGI-Skripts ist die Bearbeitung von Eingabedaten, die über HTML-Formulare eingegeben wurden (vgl. Abschnitt 12.2.7). Dabei bestimmt das `ACTION`-Attribut des Formular-Elements <`FORM`> einen URI, der zur Übermittlung der Formular-Daten verwendet wird. Über das `METHOD`-Attribut wird die Methode festgelegt, wie die in das Formular eingegebenen Daten über den HTTP-Server an das CGI-Skript übergeben werden. Dabei unterscheidet man zwei Methoden:

- `GET`
  Hier werden die über das Formular eingegebenen Daten einfach an den im `ACTION`-Attribut angegebenen URI mit einem Fragezeichen „?“ als Konnektor angehängt. Das aufzurufende CGI-Skript wird dabei vom HTTP-Server identifiziert, indem der Teil des URI vor dem Fragezeichen ausgewertet wird. Die eingegebenen Formulardaten werden in der Umgebungsvariablen `QUERY_STRING` gespeichert.
- `POST`
  Für diese Methode wird der über das Attribut `ACTION` spezifizierte URI direkt verwendet, um eine HTTP-Anfrage zu erzeugen. Dabei werden die im Formular eingegebenen Daten direkt in den Body der HTTP-Anfrage geschrieben. Der HTTP-Server nutzt den angegebenen URI, um auch das CGI-Skript zu identifizieren, das daraufhin aufgerufen wird. Der Body der HTTP-Anfrage wird dazu dem CGI-Skript über die Standard Eingabe zur Verfügung gestellt.

Der generelle Ablauf beim Auswerten eines Formulars mit Hilfe eines CGI-Skripts ist in Abb. 15.29 dargestellt.

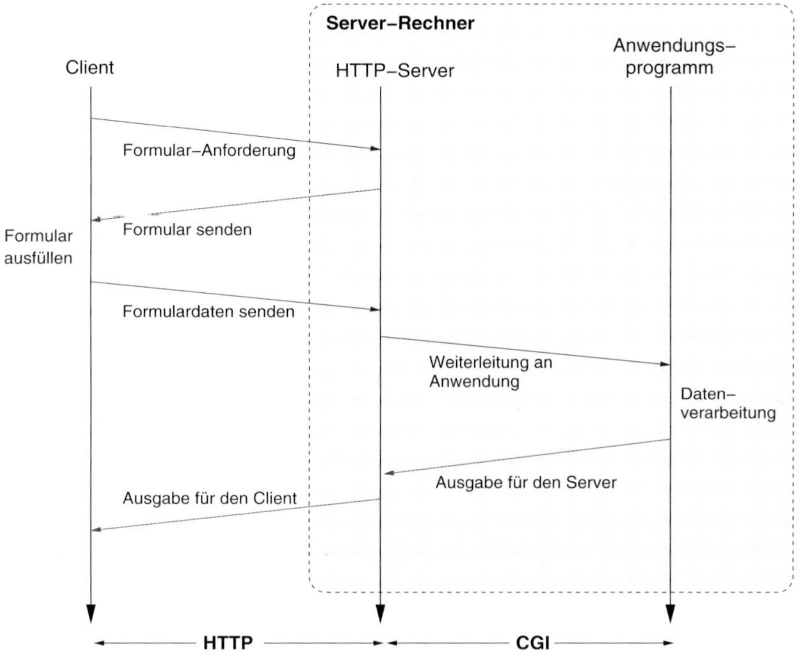

Abb. 15.29. Verarbeitung eines HTML-Formulars mit einem CGI-Skript

Der Informationsaustausch zwischen HTTP-Server und CGI-Skript erfolgt über die Umgebungsvariablen des HTTP-Servers, sowie über Standard-Eingabe und -Ausgabe des CGI-Skripts.

- **Umgebungsvariablen des HTTP-Servers**
  Bevor der HTTP-Server das vom Client spezifizierte CGI-Skript aktiviert, schreibt er bestimmte Umgebungsvariablen, die dem CGI-Skript zusätzliche Informationen und Kontrollparameter liefern (das Konzept wurde aus dem UNIX-Betriebssystem übernommen).
  Unabhängig von der jeweiligen Client-Anfrage werden folgende Umgebungsvariablen besetzt:
  - `Server_Software`:
    Über diese Variable wird die jeweils verwendete Server-Software zusammen mit der zugehörigen Versionsnummer (name/version) identifiziert.
  - `Server_Name`:
    Diese Variable ist mit dem DNS-Namen des Server-Rechners bzw. mit dessen IP-Adresse belegt.

– `Gateway_Interface`:
  Hier wird die verwendete CGI-Versionsnummer (CGI/version) angegeben.

Als Ergänzung zu den unabhängig zu setzenden Umgebungsvariablen, können noch folgende, zusätzliche Variablen belegt werden, die jeweils weitere Informationen von der Client-Anforderung bereitstellen.

– `Server_Protocol`:
  Diese Variable trägt Namen und Versionsnummer des Protokolls (name/version), über das die betreffende Client-Anforderung gestellt wurde (z.B. `HTTP/1.1`).
– `Server_Port`:
  Über das TCP-Protokoll weitergeleitete Client-Anfragen können an verschiedene TCP-Ports des adressierten Server-Rechners gerichtet sein, die mit einem HTTP-Server assoziiert sind (Standard TCP-Port: `80`).
– `Request_Method`:
  Beinhaltet die Methode, mit der die HTTP-Anforderung des Clients gestellt wurde.
– `Path_Info`:
  Beinhaltet die Pfadangabe, die im URI des angeforderten CGI-Skripts spezifiziert wurde, d.h. den URI ohne den abschließenden Namen des CGI-Skripts und eventuell angehängter Parameter.
– `Path_Translated`:
  Entspricht der über `Path_Info` gelieferten Pfadangabe nach ihrer Umsetzung auf das lokale Dateisystem des HTTP-Server-Rechners.
– `Script_Name`:
  Beinhaltet den Namen des CGI-Skripts, das aufgerufen werden soll.
– `Query_String`:
  Entsprechend der URI-Syntax kann diese Umgebungsvariable die als Query-String bezeichneten Parameterinformation des aufgerufenen CGI-Skripts enthalten, die für gewöhnlich mit einem Fragezeichen „?“ vom übrigen Teil des URI getrennt wird.
– `Remote_Host`:
  Beinhaltet den DNS-Namen des Rechners, von dem aus der Client seine Anforderung gestellt hat. Ist der DNS-Name nicht verfügbar, wird die betreffende IP-Adresse in der Umgebungsvariablen `Remote_Addr` genutzt und `Remote_Name` nicht besetzt.
– `Remote_Addr`:
  Enthält die IP-Adresse des Rechners, von dem aus der Client seine Anforderung gestellt hat.
– `Auth_Type`:
  Unterstützt der HTTP-Server eine Client-Authentifikation und verlangt das aufgerufene CGI-Skript einen entsprechenden Nachweis der Identität

des Nutzers, wird die dazu verwendete Methode in dieser Umgebungsvariablen gespeichert. Derzeit werden lediglich `basic authentication` und `digest access authentication` unterstützt.

– `Remote_User`:
Verlangt das aufgerufene CGI-Skript die Authentifikation eines Nutzers, wird hier der Nutzername, unter dem sich der Nutzer des Clients angemeldet hat, gespeichert.

– `Remote_Ident`:
Diese Umgebungsvariable enthält den Nutzernamen, wie er vom Client-Rechner über das in RFC 1413 beschriebene **Identification Protocol** übermittelt wurde. Diese Angabe gilt allerdings als unzuverlässig, da nicht sichergestellt ist, daß Client und Server dieses Protokoll überhaupt unterstützen.

– `Content_Type`:
Beinhaltet die Client-Anfrage neben dem Anfrage-String noch zusätzliche Informationen, wird der Datentyp dieser Informationen in der `Content_Type`-Umgebungsvariablen gespeichert. Der Datentyp wird über den entsprechenden MIME-Typ-Identifier angegeben.

– `Content_Length`:
Spezifiziert die Länge der zusätzlich an das CGI-Skript über die Client-Anfrage übergebenen Informationen. Diese Angabe erfolgt nur, wenn zusätzlich zum Anfrage-String des Clients weitere Informationen mitgeliefert werden.

Handelt es sich bei der Client-Anforderung um eine HTTP-Anfrage, werden noch zusätzlich Umgebungsvariablen gesetzt mit dem Präfix „`HTTP_`“, gefolgt von der Bezeichnung der HTTP-Header (z.B. `HTTP_ACCEPT`), in denen der Inhalt der zugehörigen HTTP-Request-Header geschrieben wird.

- **Standard-Eingabe des CGI-Skripts**
Über die Standard-Eingabe des CGI-Skripts können zusätzliche Informationen, die dem HTTP-Request-Header folgen, wie etwa `POST` oder `PUT` weitergegeben werden. Der HTTP-Server übergibt dabei genau soviele Daten, wie in der Umgebungsvariablen `Content_Length` spezifiziert sind. Der MIME-Type der über die Standard-Eingabe weitergegebenen Informationen wird in der Umgebungsvariablen `Content_Type` angegeben.
- **Kommandozeilen-Eingaben an das CGI-Skript**
Diese Möglichkeit wird nur genutzt für die HTML-Direktive `<ISINDEX>`, die seit HTML/4.0 zu den sogenannten „veralteten“ Befehlen zählt und hier nur der Vollständigkeit wegen Erwähnung findet. Der HTTP-Server erkennt diese Verwendung folgendermaßen: Entdeckt er im Anfrage-String des URI ein Gleichheitszeichen „=“, geht der HTTP-Server davon aus, daß der Anfrage-String als Kette von Name/Werte-Paaren gebildet wurde und das diese an die Umgebungsvariable `Query_String` übergeben worden ist.

Kann kein Gleichheitszeichen entdeckt werden, geht der HTTP-Server davon aus, daß der Anfrage-String über den HTML-Befehl <`ISINDEX`> übergeben wurde, und das CGI-Skript erhält den Anfrage-String als Kommandozeilen-Eingabe. Der Anfrage-String wird in diesem Fall nur dann in der Umgebungsvariablen `Query_String` gespeichert, falls das Betriebssystem keinen Zugriff auf die Kommandozeile gestattet.

- **Standard-Ausgabe des CGI-Skripts**
  Nachdem das CGI-Skript aktiviert wurde und als Eingabe-Parameter sowohl die Umgebungsvariablen, die Standard-Eingabe oder auch die Kommandozeile nutzen konnte, wird eine eventuell erzeugt Ausgabe des CGI-Skripts über dessen Standard-Ausgabe an den HTTP-Server ausgegeben, der diese dann an den anfragenden Client weiterleitet. Entweder interpretiert der HTTP-Server dabei die übergebenen Daten und erzeugt selbst einen gültigen HTTP-Response-Header (**Parsed Headers**) oder er überläßt diese Aufgabe dem CGI-Skript (**No Parsed Headers**).
  Üblicherweise ist der HTTP-Server für die Erstellung eines HTTP-Response-Headers selbst verantwortlich. Zu diesem Zweck sieht CGI drei eigene Header-Felder vor, die vor den eigentlichen Antwortdaten, getrennt durch eine Leerzeile, an den HTTP-Server übergeben werden:
  - `Content-Type`:
    Bestimmt den MIME-Type der CGI-Antwort. Der HTTP-Server verwendet diese Angabe, um den `Content-Type` Header im HTTP-Response-Header korrekt zu setzen.
  - `Location`:
    Wird verwendet, wenn das CGI-Skript anstelle von regulären Ausgabedaten einen URI als Antwort zurückgibt. Übergibt das CGI-Skript in dieser Variablen einen vollständigen URI, sendet der HTTP-Server diesen zusammen mit dem Statuscode `3xx (redirection)` als Antwort an den Client zurück. Spezifiziert der angegebene URI eine Ressource aus dem lokalen Dateisystem des Server-Rechners, gibt der HTTP-Server diese Ressource in seiner Antwort zurück.
  - `Status`:
    Dieses Feld kann vom CGI-Skript genutzt werden, um die Weitergabe eines dort angegebenen Statuscodes in der Antwort des HTTP-Servers an den Client zu erzwingen.

  CGI-Skripte, deren an den HTTP-Server zurückgegebenen Daten nicht vom HTTP-Server interpretiert werden, werden als **No Parsed Headers**-Skripte bezeichnet. Gemäß der CGI-Spezifikation müssen sie stets mit dem Präfix „`nph-`“ beginnen, damit sie von regulären CGI-Skripts unterschieden werden können. Wird diese Variante gewählt, ist das CGI-Skript alleine verantwortlich, einen gültigen HTTP-Response-Header mit allen dazu notwendigen Angaben zu erstellen.

Exkurs 37: CGI-Programmierung mit Perl

Der Sprachumfang von Perl
Ein Perl-Skript beginnt stets mit dem sogenannten **Shebang**, eine Shell-Anweisung `#!`, die den exakten Pfad des Perl-Interpreters im Dateisystem angibt:

```
#!/usr/bin/perl -w
```

Der Parameter `-w`, der den Perl-Interpreter anweist, neben Fehlermeldungen auch Warnungen als Meldungen auszugeben, ist zwar nicht zwingend, wird aber von vielen Programmierern empfohlen.
Wie bei allen anderen Programmiersprachen soll auch hier das berühmte „Hallo Welt" am Anfang stehen, das entsprechend der Motivation dieses Exkurses gleich als CGI-Skript formuliert ist, das ein HTML-Dokument erzeugt, das den besagten kleinen Text ausgibt (siehe Abb. 15.30).

```
#!/usr/bin/perl -w
print "Content-type: text/html\n\n";
 print "
  <HTML>
    <HEAD>
      <TITLE>Hallo Welt!</TITLE>
    </HEAD>
    <BODY>
      <H1>Hallo, wie geht es Dir?</H1>
    </BODY>
  </HTML>";
```

Abb. 15.30. „Hallo Welt" als Perl CGI-Skript

Die Syntax von Perl, soweit es Programmablauf-Kontrollstrukturen oder Ein/Ausgabe betrifft, ist von C abgeleitet und in weiten Teilen mit C identisch. Wie bei den vorangegangenen Exkursen über Programmiersprachen, kann auch hier keine vollständige Sprachreferenz gegeben werden, sondern lediglich ein kurzer Überblick über die Möglichkeiten, die Perl bietet mit besonderem Schwerpunkt in der Anwendung als CGI-Skriptsprache. Für eine weiterführende Darstellung sei auf die angegebene Literatur verwiesen.

- **Datenstrukturen**
  Obwohl es sich bei Perl um eine typisierte Sprache handelt, gibt es an sich nur sehr wenige Datentypen. Prinzipiell unterscheidet man in Perl **skalare** Datentypen, die stets nur aus einem einzigen Wert bestehen, und **vektorielle**, also mehrwertige Datentypen, wie z.B. Listen oder Arrays. Es existieren lediglich drei skalare Datentypen:
  – Zahlen:
    Perl operiert bei Einsatz der heute zumeist üblichen 32-Bit-Prozessoren intern mit 32 Bit Fließkommazahlen nach dem Standard IEEE 754. Für die Praxis bedeutet dies, daß ein tendenziell wachsender Fehler bei der Darstellung von sehr großen und sehr kleinen Zahlen auftritt, da diese in der Exponentialschreibweise (Mantisse und Exponent) gespeichert werden. Ganze Zahlen können in Perl wie gewohnt notiert werden, lediglich die interne Darstellung erfolgt in der Exponentialdarstellung. Das übliche Dezimalkomma ist in Perl allerdings als Dezimalpunkt („.") anzugeben. Darstellungsbeispiele:
    - `234`: ganzzahlige Dezimalzahl,
    - `-234`: negative ganzzahlige Dezimalzahl,
    - `23.4`: Dezimalzahl mit Kommastelle,

- `2.34e+1`: Zahl in Exponentialschreibweise,
- `0352`: Oktalzahlen werden durch Voranstellen einer „0“ gekennzeichnet,
- `0xEA`: Hexadezimalzahlen werden durch Voranstellen von „0x“ gekennzeichnet.

Folgende Operatoren können auf Zahlen angewandt werden:

- `+`, `-`, `*`, `/`: Addition, Subtraktion, Multiplikation, Division,
- `**`: Exponentiation,
- <, <=, >=, >: kleiner, kleiner gleich, größer gleich, größer,
- `==`, `!=`: gleich, ungleich,
- <=>: Compare-Operator, liefert -1, 0 oder 1 zurück, je nachdem, ob der Wert links vom Operator kleiner, gleich oder größer als der rechte Wert ist.

– Zeichenketten (Strings):
Anders als in C sind Zeichenketten in Perl niemals 0-terminiert, d.h. Strings müssen nicht auf „\0“ enden. Folgende Operatoren können in Perl auf Zeichenketten angewandt werden:

- `.`: Konkatenation, z.B. `"Hallo"."Welt"`,
- `x`: Wiederholung, z.B. `"Hi"x3` ergibt `"HiHiHi"`,
- `lt`, `le`, `ge`, `gt`: kleiner, kleiner gleich, größer gleich, größer,
- `eq`, `ne`: gleich, ungleich,
- `cmp`: Compare-Operator.

Es ist zu beachten, daß für Zahlen und Zeichenketten die Vergleichsoperatoren unterschiedlich sind.

– Referenzen:
Als Referenzen werden Zeiger auf skalare Werte, vektorielle Werte oder weitere Referenzen bezeichnet. Sie wurden mit der Version Perl 5 eingeführt. Referenzen werden dadurch gekennzeichnet, daß dem Namen der betreffenden Variablen, ein Backslash („\“) vorangestellt wird. Beispiel:

```
$variable = \$zeiger
```

Im o.a. Beispiel wird der Variablen `$variable` (Variablen werden durch vorangestelltes $-Zeichen gekennzeichnet) die Adresse der Variablen `$zeiger` zugewiesen.

Neben den skalaren Datentypen sieht die Programmiersprache Perl zusammengesetzte **vektorielle** Datentypen vor, sogenannte Arrays.

– **Arrays**:
Ganz allgemein werden miteinander verkettete Einzelwerte als **Listen** bezeichnet. Der Variablentyp in Perl, in dem Listen gespeichert werden können, ist das sogenannte Array. Anders als in C können Arrays in Perl Datenelemente von unterschiedlichem skalaren Typ aufnehmen, d.h. ein Perl-Array kann also gleichzeitig Zahlen, Strings und Referenzen enthalten. Einer Variablen, die ein Array enthält, wird stets das Zeichen „@“ vorangestellt. Beispiel:

```
@liste1 = ();
@liste2 = (5, 3, 1, "hallo", 4, 0x234);
@liste3 = @liste2;
```

Dem Array `@liste1` wird ein leeres Array zugewiesen, `@liste2` wird ein Array aus gemischten Skalaren zugewiesen, und `@liste3` erhält als Inhalt eine Kopie von `@liste2`. Der Zugriff auf ein einzelnes Array-Element erfolgt mit Hilfe von eckigen Klammern. Beispiel:

```
$name = @liste2[3];
```

Der Variablen `$name` wird das dritte Array-Element (`"hallo"`) des Arrays `@liste2` zugewiesen (das erste Array-Element steht stets an Position „0“).
Arrays können selbst wieder komplette Arrays als Array-Element zugewiesen werden:

```
@liste4 = (1, 2, 3, @liste2);
@liste5 = (1, 2, 3, [@liste2]);
```

Während in der Deklaration von `@liste4` lediglich die einzelnen Elemente von `@liste2` in das Array als zusätzliche Einzelelemente miteingehängt werden, bewirken die eckigen Klammern in `@liste5`, daß ein Unterarray angelegt wird, und so `@liste5` zum 2-dimensionalen Array wird.

Es existieren zahlreiche Funktionen, mit denen sich Arrays in Perl manipulieren lassen:

- **Zeichenketten in Arrays aufsplitten**: `split()`
  Enthält eine Zeichenkette bestimmte, regelmäßig vorkommende Zeichen, können diese als Trennzeichen behandeln werden, d.h die Zeichenkette wird entsprechend dieser Trennzeichen aufgeteilt und die einzelnen Teil-Zeichenketten in ein Array übertragen.
- **Arrays zu einer Zeichenkette verknüpfen**: `join()`
  Umgekehrte Funktionalität von `split()`.
- **Array-Elemente verändern**
  Durch eine Anweisung wie `$liste2[3] = "hurz";` wird dem Array-Element auf Position 4 im Array `@liste2` der String `"hurz"` zugewiesen.
- **Array-Elemente hinzufügen**: `push()`
  Über die Funktion `push(@array, elemente)` können einem Array (1. Parameter) ein oder mehrere Einzelelemente hinzugefügt werden.
- **Array-Elemente löschen**
  Wird ein Array-Element mit einem leeren Wert überschrieben, ist der Wert des ursprünglichen Array-Elements zwar gelöscht, aber das Array-Element ist immer noch vorhanden. Tatsächlich gelöscht werden können Array-Elemente stets nur von vorne bzw. hinten im Array. Perl bietet dazu drei Funktionen an:
  - `pop (@array)`: Löscht das letzte Array-Element.
  - `shift(@array)`: Löscht das erste Array-Element und verschiebt dadurch alle übrigen Array-Elemente um eine Position nach vorne.
  - `splice(@array, index, anzahl, $replace)`: Ersetzt im Array `@array` ab der Position `index` `anzahl` Array-Elemente mit den in `$replace` angegebenen Einzelwerten. Wird `$replace` weggelassen, werden die angegebenen Array-Elemente lediglich gelöscht.
- **Array-Elemente sortieren und Reihenfolge umkehren**
  - `sort(sortieralgorithmus, @array)`: Array-Elemente in `@array` werden gemäß dem angegebenen Sortieralgorithmus (optional) sortiert.
  - `reverse(@array)`: Die Reihenfolge der Array-Elemente in `@array` wird umgekehrt.
- **Anzahl der Array-Elemente ermitteln**
  Die Länge eines Arrays läßt sich in Perl einfach dadurch ermitteln, indem das Array im skalaren Kontext interpretiert wird.

  ```
  $laenge = @liste2;
  ```

  In der Variablen `$laenge` wird die Anzahl der Elemente des Arrays `@liste2` gespeichert.

– **Assoziative Arrays (Hashes)**:
Im herkömmlichen Array erfolgt der Zugriff auf ein einzelnes Array-Element über die Angabe von dessen Position (Index) innerhalb des Arrays. Ein Assoziatives Array (auch als Hash bezeichnet) ist ein Array, das aus Wertepaaren der Form **Schlüssel** (Key), **Wert** (Value) aufgebaut ist,

```
( "Schlüssel" , "Wert" )
```

wobei der Schlüssel stets ein String ist, über den auf den zugehörigen Wert zugegriffen werden kann. Wird ein Hash als Variable deklariert, wird diesem zur Kennzeichnung stets ein Prozentzeichen (%) vorangestellt. Beispiel:

```
%hash1 = ();
%hash2 = ("rot", "0xff0000", "blau", "0x0000ff", "grün",
"0x00ff00");
%hash3 = %hash2;
```

`%hash1` wird als leeres Array deklariert, `%hash2` enthält drei Einträge, die den rgb-Farbwert der Farben Rot, Grün und Blau in Hexadezimalschreibweise (als String) beinhalten, und auf die über die Schlüssel `rot`, `grün`, `blau` zugegriffen werden kann. So kann der rgb-Farbwert von Blau folgendermaßen ermittelt werden:

```
$farbe = $hash2{"blau"};
```

Zu beachten ist hier, daß bei Zugriff auf ein Hash-Element, diesem nicht das Prozentzeichen, sondern ein Dollar-Zeichen vorangestellt werden muß, da ein einzelnes Hash-Element stets nur ein skalarer Wert sein kann.
Zur Manipulation von Hashes stellt Perl einige spezielle Funktionen zur Verfügung:

- **Arbeiten mit unbekannten Schlüsseln**: `keys()`
  Wird ein Hash nicht vom Programmierer explizit deklariert, sondern z.B. dynamisch während der Laufzeit des Perl-Programmes mit Daten gefüllt, hat der Programmierer zunächst keine Kenntnis über den Inhalt der eingelesenen Schlüssel. Die Funktion `keys(%hash)` liefert eine Liste mit den in `%hash` enthaltenen Schlüsselwerten.

  ```
  @schluessel = keys(%hash1);
  wert1 = $hash1{$schluessel[0]};
  ```

  So kann z.B. ohne Kenntnis der Schlüssel auf den ersten Wert des assoziativen Arrays `%hash1` zugegriffen werden.

- **Werte ändern oder hinzufügen**
  Über eine Anweisung wie `$hash1{"violett"} = "0xff00ff";` kann ein bestimmter Wert-Eintrag des assoziativen Arrays `%hash1` verändert werden. Existiert der Schlüssel `violett` noch nicht, wird einfach ein neues Schlüssel-/Werte-Paar erzeugt und dem Assoziativen Array hinzugefügt.

- **Eintrag aus Hash löschen**: `delete()`
  Ein komplettes Schlüssel-/Werte-Paar kann aus einem assoziativen Array über die Funktion `delete("key")` gelöscht werden, wobei `key` der Schlüssel des zu löschenden Schlüssel-Werte-Paares ist.

- **Einträge der Reihe nach abarbeiten und sortieren**
  Die interne Darstellung von assoziativen Arrays korrespondiert in der Regel nicht mit der Reihenfolge, in der die einzelnen Schlüssel-/Werte-Paare angelegt wurden. Der Programmierer hat auch keine Möglichkeit, diese interne Reihenfolge zu ändern. Allerdings ist es möglich, die einzelnen Werte sortiert auszulesen. Zuerst wird dazu eine Liste der Schlüssel mit der Funktion `keys()` extrahiert und über die Funktion `sort()` in alphabetischer Reihenfolge sortiert.

  ```
  @schluessel = sort(keys(%hash1));
  ```

  Danach kann in bekannter Weise mit der geordneten Schlüsselfolge nacheinander auf das Assoziative Array zugegriffen werden und dieses damit sortiert ausgelesen werden.

- **Anzahl der Einträge in einem Assoziativen Array ermitteln**
  Zu diesem Zweck gibt es keine explizite Funktion, doch kann man das Problem lösen, indem man zuerst die Liste der Schlüssel über die Funktion `keys()` extrahiert und diese im skalaren Kontext liest:

```
$anzahl = keys(%hash1);
```

- **Operatoren**
  Neben den Zuweisungs-, Berechnungs- und Vergleichsoperatoren, die bereits im Kontext der skalaren Datentypen (Zahlen und Strings) behandelt wurden, bietet Perl auch eine Reihe **Boolescher Operatoren**, deren Berechnung den Wahrheitswert „wahr" (jeder Wert ungleich 0 wird als wahr interpretiert) bzw „falsch" liefern:
  – `&&` und `and`: logische UND-Verknüpfung,
  – `||` und `or`: logische ODER-Verknüpfung,
  – `!` oder `not`: logische Negation.
- **Anweisungen und Anweisungsblöcke**
  Jede Anweisung wird in Perl stets mit einem Semikolon („;") abgeschlossen:

  ```
  anweisung;
  ```

  Zusammengehörende Anweisungen können von geschweiften Klammern umschlossen werden und bilden dann einen Anweisungsblock:

  ```
  { ...anweisungen... }
  ```

- **Kontrollstrukturen**
  – **einfache Alternativen**:

  ```
  if (bedingung1)
      { ...anweisungen... }
  elseif (bedingung2)
      { ...anweisungen... }
  else
      { ...anweisungen... }
  ```

  Über `if` und `elseif` können verschiedene logische Bedingungen abgeprüft werden. Trifft eine der Bedingungen zu, wird der zugehörige Anweisungsblock ausgeführt. Trifft keine der formulierten Bedingungen zu, wird der hinter `else` definierte Anweisungsblock ausgeführt.
  – `unless (bedingung) { ...anweisungen } else { ...anweisungen...}`
  Inverse Variante zur `if-then-else` Kontrollstruktur. Wenn `bedingung` nicht zutrifft, wird der erste Anweisungsblock durchlaufen, ansonsten wird der Anweisungsblock hinter `else` ausgeführt.
  – **Ternärer Operator**: `op1 ? op2 : op3`
  Ergibt die Auswertung von `op1` den Wahrheitswert "true", wird `op2` ausgeführt, anderenfalls `op3`.
  – **Schleifen**:
    - `foreach $var (bereich) {...anweisungen...}`
      Die Variable `$var` nimmt jeden einzelnen Wert an, der durch `bereich` angegeben ist, und durchläuft für jeden Wert einmal den darauffolgenden Anweisungsblock. Bei `bereich` kann es sich um ein Array, einen Hash oder ein numerisches Intervall handeln.
    - `for (initialisierung; bedingung; iteration) { ...anweisungen... }`
      Scheifenkonstrukt identisch zu C, Java oder JavaScript.
    - `while (bedingung) { ...anweisungen... }`
      Solange `bedingung` zutrifft, wird der darauffolgende Anweisungsblock durchlaufen.
    - `do { ...anweisungen...} while (bedingung)`
      Anweisungsblock wird solange ausgeführt, wie die `bedingung` zutrifft. Dabei erfolgt die Ausführung mindestens einmal, da die Bedingung erst am Ende der Schleife geprüft wird.

- `last bedingung`
  Verläßt einen Anweisungsblock, wenn `bedingung` zutrifft, und setzt die Verarbeitung im (nachfolgenden) Anweisungsblock fort.
- `next bedingung`
  Trifft `bedingung` zu, wird mit der nächsten Schleifeniteration fortgesetzt.
- `redo bedingung`
  Trifft `bedingung` zu, wird der aktuelle Schleifendurchgang wiederholt, ohne daß zu diesem Zweck die originale Schleifenbedingung erneut ausgewertet wird.
- **Unbedingter Sprungbefehl**: `goto MARKE`
  In Perl ist es möglich, über `MARKE:` eine Markierung (hier mit dem Namen `MARKE`) an einer beliebigen Stelle des Perl Quellcodes zu setzen, diese über die Anweisung `goto MARKE:` direkt anzuspringen und an dieser Stelle die Verarbeitung fortzusetzen.

- **Subroutinen**
  Für komplexere Perl-Skripte ist es ratsam, zusammengehörige Programmteile als separate Unterprogramme zu erstellen und an geeigneter Stelle aufzurufen. Dies ist besonders sinnvoll, wenn diese Unterprogramme wiederholt aufgerufen werden. Dadurch ist es möglich, ein Perl-Skript besser zu strukturieren und dessen Lesbarkeit zu erhöhen.
  - **Einfache Subroutine ohne Rückgabewert**:
    Eine Subroutine wird stets wie folgt definiert:

    ```
    sub unterprogramm {
        ...anweisungen...
    }
    ```

    Der Aufruf erfolgt an beliebiger Stelle im Perl-Skript über &unterprogramm. Subroutinen werden nur dann ausgeführt, wenn sie aufgerufen werden, d.h. ein Anweisungsblock, der über das Schlüsselwort `sub` gekennzeichnet wird, wird nicht innerhalb des regulären Programmflusses ausgeführt.
  - **Subroutinen mit Rückgabewert**:
    Soll innerhalb einer Subroutine ein Ergebniswert zurückgegeben werden, erfolgt dies über die folgende Anweisung :

    ```
    return( variable );
    ```

    Der Aufruf einer Subroutine mit Rückgabewert erfolgt üblicherweise innerhalb einer Wertzuweisung:

    ```
    $vari = &subroutine;
    ```

    Dabei kann eine Subroutine jeden beliebigen Datentyp (skalar oder vektoriell) zurückgeben. Es muß lediglich darauf geachtet werden, daß bei der Wertzuweisung im Aufruf der Subroutine eine Variable vom korrekten Typ verwendet wird.
  - **Subroutinen mit Übergabeparametern**:
    Subroutinen können mit Übergabeparametern aufgerufen werden:

    ```
    &subroutine($a, $b, @sonstiges);
    ```

    Die Parameterübergabe erfolgt über ein spezielles, in Perl reserviertes, vordefiniertes Array: `@_`. Auf einzelne Parameter wird entsprechend über `@_[0]`, `@_[1]`, etc. zugegriffen. Die Standardvariante der Parameterübergabe ist **Call by Reference**, d.h. es wird eigentlich die Adresse des betreffenden Parameters übergeben, und eine Änderung des Parameters innerhalb der Subroutine bewirkt eine Veränderung der übergebenen Variablen außerhalb der Subroutine.

- **Ein- und Ausgabe**
  Für die Ein- und Ausgabe gibt es in Perl (ebenso wie in C) einen voreingestellten Eingabekanal `STDIN`, in der Regel die Tastatur, und einen vordefinierten Ausgabekanal `STDOUT`, in der Regel der Bildschirm. Ein Perl-Skript kann von `STDIN` Daten lesen und auf `STDOUT` Daten ausgeben. Bei Verwendung eines WWW-Servers mit CGI-Schnittstelle wird `STDOUT` jedoch in eine spezielle Datei umgeleitet, die vom WWW-Server an den WWW-Browser weitergeleitet wird, und auch `STDIN` ist eine spezielle Datei, in der der WWW-Server die Daten (z.B. Formulardaten) für das aufgerufene CGI-Skript bereitstellt. Neben `STDOUT` gibt es auch noch einen weiteren, speziellen Ausgabekanal `STDERR`, der nur für Fehlermeldungen gedacht ist. Bei der CGI-Schnittstelle eines WWW-Servers wird die Standardfehlerausgabe `STDERR` dagegen meistens in eine Log-Datei des Servers umgeleitet.
  Neben diesen Standardkanälen zur Ein- und Ausgabe kann der Programmierer eigene Kanäle zur Ein- und Ausgabe eröffnen, für die ein sogenanntes **Handle** und ein zugehöriger Name angelegt werden muß. Dies ist erforderlich, wenn z.B. Daten aus einer Datei gelesen werden bzw. in eine Datei geschrieben werden sollen. Dazu erzeugt der Programmierer ein Datei-Handle über den Perl-Befehl `open()`, in dem verschiedene Direktiven angegeben werden, die bestimmen, in welcher Weise die geöffnete Datei verwendet werden darf. Perl stellt zudem spezielle Funktionen bereit, mit denen aus Dateien gelesen bzw. in Dateien geschrieben werden kann. Daneben gibt es spezielle Befehle zur Behandlung von Verzeichnissen in Dateisystemen und systemnahe Lese- und Schreibbefehle, auf die an dieser Stelle jedoch nicht näher eingegangen werden soll.
- **Reguläre Ausdrücke**
  Hierbei handelt es sich um eine Spezialität von Perl, dessen ursprüngliches Hauptaufgabengebiet in der Manipulation von Textdateien lag. Reguläre Ausdrücke sind dabei syntaktische Hilfsmittel, die Klassen von Zeichenketten zu beschreiben helfen, und aus dem Bereich der „Formalen Sprachen"stammen, einem Teilgebiet der Informatik.
  Die einfachste Anwendung liegt dabei im sogenannten **Pattern Matching**, der Frage, ob eine gegebene Zeichenkette ein bestimmtes Suchmuster (Pattern) enthält oder nicht. Ob ein String einen gesuchten Text enthält, kann über folgende Bedingung herausgefunden werden:

  ```
  if ($string =~ /pattern/;) { ...anweisungen... }
  ```

  Enthält `$string` die über `pattern` spezifizierte Zeichenfolge, wird die Bedingung zu `"true"` ausgewertet und der nachfolgende Anweisungsblock durchlaufen. Darf `pattern` nicht im untersuchten String vorkommen, ist die Bedingung folgendermaßen zu stellen:

  ```
  if ($string !~ /pattern/;) { ...anweisungen... }
  ```

  Kommt in `pattern` ein Schrägstrich („/") vor, muß dieser mit einem Backslash („\/") gekennzeichnet werden, damit er nicht als Pattern-Ende interpretiert wird. Spezielle **Metazeichen** dienen dazu, zusätzliche Bedingungen an das Pattern Matching zu stellen:
  – `/^pattern/`:
    `pattern` muß am Anfang des durchsuchten Strings stehen.
  – `/pattern$/`:
    `pattern muß am Ende des durchsuchten Strings stehen.`
  – `/pattern+/`:
    Das letzte Zeichen (geklammerte Zeichenfolge) in Pattern kann ein- oder mehrfach vorkommen.
  – `/pattern*/`:
    Das letzte Zeichen (geklammerte Zeichenfolge) in Pattern kann keinmal oder mehrfach vorkommen.

Tabelle 15.4. Reguläre Ausdrücke (RA) für einzelne Zeichen

RA	beschreibt Zeichenkette, die mindestens
/a/	ein „a“ enthält
/[ab]/	ein „a“ oder ein „b“ enthält
/[A-Z]/	einen Großbuchstaben enthält
/[0-9]/	eine Ziffer enthält
/\d/	eine Ziffer enthält
/\D/	ein Zeichen enthält, das keine Ziffer ist
/[-\d]/	eine Ziffer oder ein Minuszeichen enthält
/[\[\]]/	eine eckige Klammer enthält
/[a-zA-Z0-9_]/	einen Buchstaben, Ziffer oder Unterstrich enthält
/\w/	einen Buchstaben, Ziffer oder Unterstrich enthält
/\W/	ein Zeichen enthält, das kein Buchstabe, Ziffer, Unterstrich ist
/\r/	ein Steuerzeichen für den Wagenrücklauf (CR) enthält
/\n/	ein Steuerzeichen für den Zeilenvorschub enthält
/\t/	ein Steuerzeichen für den Tabulator enthält
/\f/	ein Steuerzeichen für den Seitenvorschub enthält
/\s/	ein Leerzeichen oder ein Steuerzeichen enthält
/\S/	ein Zeichen enthält, das kein Leerzeichen oder Steuerzeichen ist
/[^äöüÄÖÜ]/	ein Zeichen enthält, das kein deutscher Umlaut ist
/[^a-zA-Z]/	ein Zeichen enthält, das kein Buchstabe ist (inkl. Umlaute)

Die Tabellen 15.4 und 15.5 geben einen Überblick über die Möglichkeiten, reguläre Ausdrücke für einzelne Zeichen bzw. Zeichenketten zu definieren.

Tabelle 15.5. Reguläre Ausdrücke (RA) für Zeichenketten

RA	beschreibt Zeichenkette mit
/arbe/	„arbe“ - auch „Rhabarber“
/arbe?/	„arbe“ usw. - aber auch „arb“ und „arbi“ (letztes Zeichen leer oder beliebig)
/a./	„ab“ oder „an“ (ein beliebiges Zeichen hinter „a“)
/a+/	ein oder beliebig viele „a“
/a*/	kein oder beliebig viele „a“
/Ma.s/	„Maus“ oder „Mars“ aber nicht „Manaos“ (3. Zeichen beliebig)
/Ma.+s/	„Maus“ oder „Mars“ und auch „Manaos“
/Ma.?s/	„Maus“ oder „Mars“ aber nicht „Masern“
/x{10,20}/	zwischen 10 und 20 „x“ in Folge
/x{10,}/	zwischen 10 und mehr „x“ in Folge
/x.{2}y/	zwei beliebige Zeichen zwischen „x“ und „y“
/Maus\b/	„Maus“ aber nicht „Mauser“ (Wortgrenze)
/\baus/	„aus“ oder „aussen“ aber nicht „Maus“ (Wortgrenze)
/\baus\B/	„aussen“ aber nicht „aus“ oder „Maus“ (negative Wortgrenze)
/^Maus/	„Maus“ aber am Anfang des Suchbereichs
/Maus$/	„Maus“ aber am Ende des Suchbereichs
/^\s*$/	Zeilen, die nur aus Leerzeichen und anderen Leerraumzeichen bestehen
/$Pattern/	interpretiert den Inhalt des Skalars $Pattern als regulären Ausdruck

Eine weitere Möglichkeit der Anwendung regulärer Ausdrücke besteht im Suchen und Ersetzen von Zeichenfolgen innerhalb von Zeichenketten. Dazu verwendet Perl einen speziellen **Substitute**-Operator `s/../../..`:

```
"var =^ s/pattern/new/flags;
```

Dabei wird die Zeichenkette `var` durchsucht und jedes Vorkommen von `pattern` durch `new` ersetzt, wobei verschiedene Flags angewendet werden können, mit denen die Verarbeitung gesteuert wird.

- **Sonstige Perl-Konstrukte**
  Perl bietet noch eine Vielzahl von Funktionen und Konstrukten, deren Darstellung den Rahmen dieses Exkurses sprengen würden. An dieser Stelle wird deshalb nur eine knappe Übersicht gegeben, was Perl sonst noch zu bieten hat:
  - **Formatierte Ein- und Ausgabe**:
    Neben der Funktion `print()`, die zur einfachen Textausgabe vorgesehen ist, sieht Perl (ähnlich wie in C) eine Funktion zur formatierten Ausgabe vor: `printf()`. Daneben kann über die Funktion `write()` eine weitere Form der formatierten Ausgabe realisiert werden, in der die Ausgabe über vordefinierte Templates erfolgt.
  - **Dynamische Interpretation von Perl-Code**:
    Als interpretierte Sprache sieht Perl die Möglichkeit vor, Programmcode zur Laufzeit zu erzeugen, diesen zu interpretieren und auszuführen. Über die Funktion `eval("perl-anweisung");` wird der als String übergebene Programmcode zur Laufzeit ausgeführt.
  - **Verwendung von Packages und Modulen**:
    Perl bietet wie andere Programmiersprachen auch die Möglichkeit zur Einbettung von externem Code. Über die Anweisung `require "dateiname";` kann eine externe Datei in den aktuellen Quellcode eingebunden werden. Allerdings muß beim Einbinden über `require` beachtet werden, daß die eingebundenen Dateien lediglich wörtlich in den Programmcode übernommen werden, und daher Überschneidungen bzgl. Namen von Variablen und Subroutinen explizit zu vermeiden sind. Eine andere Möglichkeit stellt die Einbindung sogenannter **Packages** dar, die einen eigenen Namensraum definieren und dadurch das Problem der Überschneidungen umgehen. Ein Package kann dabei durchaus aus mehreren einzelnen Dateien bestehen. Noch komfortabler ist die Einbindung sogenannter **Module**. Module erlauben über eine Import-Funktion das explizite Exportieren von Variablen oder Subroutinen in den Namensraum des Nutzers.
  - **Objektorientierte Programmiertechniken**:
    Perl sieht seit der Version Perl 5 die Verwendung und Entwicklung eigener objektorientierter Elemente vor.

CGI-Programmierung mit Perl

Über der CGI-Schnittstelle des WWW-Servers können mit Perl auf einfache Weise dynamische HTML-Seiten programmiert werden. Dabei wird die Ausgabe des Perl-Skripts, die für gewöhnlich über die Standard-Ausgabe <STDOUT> erfolgt, vom WWW-Server an den aufrufenden WWW-Client weitergereicht und als HTML-Dokument interpretiert. Insofern erlangt die CGI-Schnittstelle eine besondere Bedeutung, da sie in gewissem Umfang die Erstellung quasi interaktiver Anwendungen erlaubt. Dazu müssen Eingaben des Nutzers am WWW-Browser über die CGI-Schnittstelle an das Perl-Skript weitergeleitet werden. HTML stellt dazu zwei Methoden (`GET` und `POST`) zur Verfügung (vgl. Kap. 15.3).
Um den Einsatz von Perl in der CGI-Programmierung zu erklären, betrachten wir ein einfaches Beispiel: Ein Nutzer wird durch ein HTML-Formulardokument aufgefordert, seinen Namen einzugeben. Daraufhin wird ein dynamisches HTML-Dokument generiert, daß den Nutzer mit Namen begrüßt. Abb. 15.31 zeigt das HTML-Dokument mit der Eingabeaufforderung und Abb. 15.32 zeigt die Darstellung des HTML-Formulars im WWW-Browser.

```
<HTML>
  <HEAD>
    <TITLE>Formular zur Dateneingabe</TITLE>
  </HEAD>
  <BODY>
    <FORM ACTION="perl-bsp1.pl" METHOD="GET">
      Bitte geben Sie Ihren Namen ein:
      <P>
      <INPUT TYPE=TEXT NAME="Name" SIZE=30>
      <INPUT TYPE=SUBMIT VALUE="Fertig!">
    <FORM>
  </BODY>
</HTML>
```

Abb. 15.31. HTML-Formular, das die Nutzereingabe an den WWW-Server zurückgibt

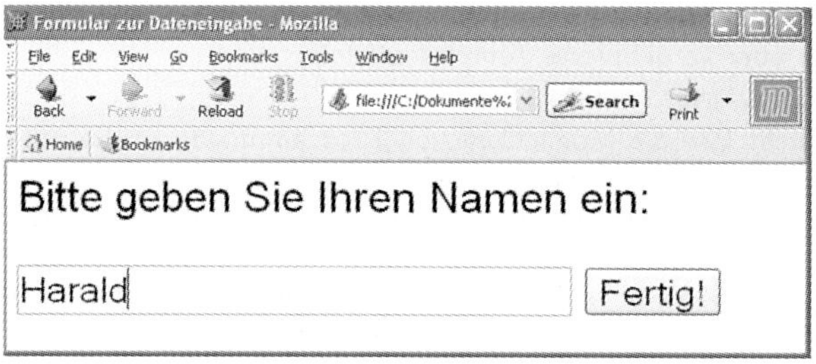

Abb. 15.32. Browserdarstellung des HTML-Formulars aus Abb. 15.31

Das HTML-Formular fordert den Nutzer auf, seinen Namen in die im Browser-Fenster abgebildete Textbox einzugeben und diesen durch Mausklick auf den seitlich angeordneten Button über die Methode `GET` an den WWW-Server zu senden. Die Methode `GET` ist dann dafür verantwortlich, daß die an den WWW-Server zu sendenden Daten als Name/Wert-Paar an den URL, der im Parameter `ACTION` angegeben ist – getrennt durch ein Fragezeichen – angehängt werden. Der WWW-Browser sendet also folgende Zeichenkette zurück an den WWW-Server:

```
perl-bsp1.pl?Name=Harald
```

Der WWW-Server gibt die aus Name/Wert-Paaren bestehende Zeichenkette über die CGI-Schnittstelle mit Hilfe der Umgebungsvariablen `QUERY_STRING` an das Perl-Skript `perl-bsp1.pl` weiter.

```
QUERY_STRING = "Name=Harald"
```

Um auf die übergebenen Werte zugreifen zu können, muß das Perl-Skript die Umgebungsvariable `QUERY_STRING` auswerten. Um dabei die Name/Wert-Paare aufzutrennen und jeweils den Namen bzw. den Werten getrennte Variablen zuzuweisen, wird als erstes über die Funktion `ENV()` auf die Umgebungsvariablen zugegriffen und anschließend mit Hilfe der Funktion `split()` das Name/Werte-Paar getrennt. Dies ist möglich, da in der übergebenen Zeichenkette Name und zugehöriger Wert stets durch ein Gleichheitszeichen („=") getrennt sind und so voneinander unterschieden werden können:

```
 $querystring = $ENV{'QUERY_STRING'};
($name, "wert) = split(/=/, $querystring);
```

Die Funktion `split()` trennt eine Zeichenkette (`$querystring`) anhand eines Suchmusters (`/=/`) und liefert als Ergebnis ein Array mit den Einzelelementen. Das vollständige Perl-Programm zur persönlichen Begrüßung des Nutzers könnte dann wie in Abb. 15.33 aussehen und im Browser die in Abb. 15.34 Ausgabe liefern.

```
#!/usr/bin/perl -w
$querystring = $ENV{'QUERY_STRING'};
($name, "wert) = split(/=/, $querystring);

print "Content-type: test/html\n\n";
print "
  <HTML>
    <HEAD>
    <TITLE>Dynamisches HTML-Dokument</TITLE>
  </HEAD>
    <BODY>
      <H1>Guten Morgen $wert !</H1>
    </BODY>
  </HTML>";
```

Abb. 15.33. Perl-Skript, das ein dynamisches HTML-Dokument erzeugt und dazu übergebene Parameter aus der CGI-Schnittstelle mit der Methode `GET` auswertet

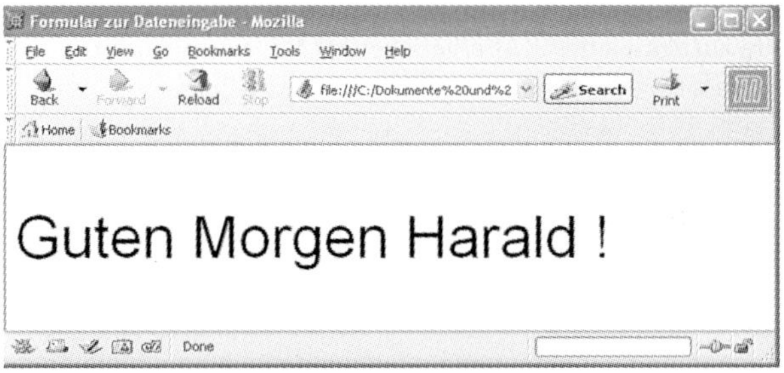

Abb. 15.34. Browserdarstellung der Ausgabe des Perl-Skripts aus Abb. 15.33

Um ganz allgemein eine unbestimmte Anzahl von Name/Wert-Paaren auszuwerten, die über die Methode `GET` bereitgestellt werden, kann die Umgebungsvariable in ein unspezifiziertes Array aufgesplittet werden. Zwei Name/Wert-Paare werden in der von der CGI-Schnittstelle übergebenen Zeichenkette stets durch das Zeichen „&" getrennt:

```
$querystring = $ENV{'QUERY_STRING'};
@daten = split(/&/, $querystring);
```

Das Array-Element `$daten[0]` enthält dann das erste Name/Wert-Paar, das über einen weiteren Aufruf der Funktion `split` mit dem Gleichheitszeichen als Separator in seine Bestandteile getrennt und anschließend weiterverarbeitet werden kann.

Werden die Daten des HTML-Formulars dagegen über die Methode `POST` an den WWW-Server übergeben, gestaltet sich die Weiterverarbeitung an das Perl-Skript einfacher, da die Formulardaten nicht über eine Umgebungsvariable, sondern über die Standardeingabe <STDIN> byteweise von der CGI-Schnittstelle angeliefert werden. Um aber mit den via POST übermittelten Namen/Wert-Paaren korrekt arbeiten zu können, muß zuerst die Anzahl der übertragenen Bytes ermittelt werden. Dies erfolgt durch Auswertung der Umgebungsvariablen CONTENT_LENGTH. Die Formulardaten im String $daten können dann z.B. mit folgendem read-Befehl eingelesen werden:

```
read(STDIN, $daten, $ENV{'CONTENT_LENGTH'});
```

Über die Umgebungsvariable REQUEST_METHOD ist das Perl-Skript sogar in der Lage, die jeweilige Methode im Vorfeld zu bes, und entsprechend eine der beiden Perl-Verarbeitungsroutinen anzustoßen. Tabelle 15.6 listet einige für die Verarbeitung von CGI-Skripts wichtige Umgebungsvariablen auf.

Tabelle 15.6. Wichtitimmenge CGI-Umgebungsvariablen

Umgebungsvariable	Inhalt
REMOTE_ADDR	IP-Adresse des anfragenden Client
REMOTE_HOST	DNS-Name des anfragenden Client
HTTP_USER_AGENT	Name/Typ des WWW-Browsers, Client Betriebssystem
REQUEST_METHOD	GET oder POST
CONTENT_LENGTH	Anzahl der via CGI übertragenen Bytes
SERVER_NAME	DNS-Name des WWW-Servers
SERVER_PORT	TCP-Portnummer des WWW-Servers

Eine wirklich komfortable Methode zur Auswertung übergebener HTML-Formulardaten bietet das Perl-Modul CGI.pm. Es kann über die Anweisung

```
use CGI;
$cgiobjekt = new CGI;
```

in jedes Perl-Skript eingebunden werden, wodurch anschließend eine neue Objektinstanz $cgiobjekt erzeugt wird, die alle mit dem CGI-Aufruf verbundenen Daten enthält. Auf die über das CGI-Objekt zur Verfügung gestellten Methoden kann mit dem Operator „->" zugegriffen werden:

```
$cgiobjekt->methode(parameter);
```

Über die Methode param() wird ein Array zurückgegeben, das alle Name/Wert-Paare der übergebenen CGI-Parameter enthält:

```
@parameter = $cgiobjekt->param;
```

Darüberhinaus ermöglicht das CGI-Package

- die Rückgabe von Parametern des HTTP-Headers an den WWW-Browser,
- die Übergabe von Headerbestandteilen und Parametern des zurückgelieferten dynamisch erzeugten HTML-Dokuments oder
- eine Unterstützung bei der Erzeugung von Formularen.

Weiterführende Literatur:

T. Christiansen, N. Torkington: Perl Kochbuch, O'Reilly, Köln, 1999.

S. Guelich, S. Gundavaram, D. Birenieks: CGI-Programmierung mit Perl, O'Reilly, Köln, 2001.

F. Hajji: Perl – Einführung, Anwendungen, Referenz, Addison-Wesley, Bonn, 1998.

M. Schilli: GoTo Perl 5, Addison-Wesley, Bonn, 1998.

R. L. Schwartz, T. Christiansen: Einführung in Perl, 2. Aufl., O'Reilly, Köln, 1998.

Exkurs 38: CGI-Programmierung mit PHP

„Hallo Welt" in PHP
PHP zeichnet sich vor allem durch seine **Einfachheit** aus. PHP läßt sich direkt in HTML einbinden. Seine Syntax erinnert an C, Java und Perl und ist einfach zu erlernen. Das Hauptziel dieser Sprache ist es, Web-Entwicklern die Möglichkeit zu geben, schnell dynamisch generierte HTML-Dokumente zu erzeugen. Die Einfachheit von PHP läßt sich am eindrucksvollsten an dem schon mehrfach vorgeführten Beispiel zeigen, in dem ein einfaches „Hallo Welt"-PHP-Programm in ein HTML-Dokument eingebettet wird (vgl. Abb. 15.35). Zur Einbettung des PHP-Codes in das HTML-Dokument wird das folgende HTML-Tag verwendet:

```
<?php ... ?>
```

Damit ist PHP-Code auf ebenso einfache Weise in ein HTML-Dokument einzubinden wie JavaScript-Programme, die im Gegensatz zu PHP allerdings stets nur auf Clientseite ausgeführt werden.

```
<HTML>
  <HEAD>
  <TITLE>PHP: Hallo Welt</TITLE>
</HEAD>
  <BODY>
    <?php
      echo "Hallo, wie geht es Dir?";
    ?>
  </BODY>
</HTML>
```

Abb. 15.35. In ein HTML-Dokument eingebettetes, einfaches „Hallo Welt"-PHP-Programm

PHP Sprachumfang
Wie bereits in den vorangegangenen Exkursen zu den Programmiersprachen Java, JavaScript oder Perl, kann auch an dieser Stelle lediglich ein kurzer Überblick über die wichtigsten Sprachelemente von PHP gegeben werden. Für eine komplette Sprachreferenz muß auf die weiterführende Literatur verwiesen werden. Im Folgenden ist eine Kurzübersicht der wichtigsten PHP-Sprachelemente zusammengestellt:

- **Datentypen**
  - **Boolescher Datentyp:** `boolean`
    Kann den Wahrheitswert `TRUE` oder `FALSE` beinhalten. Dabei wird jede Zahl ungleich 0 als `TRUE` interpretiert.

– **Integerzahl (Ganzzahl)**: `int`, z.B. 2345
Kann eine beliebige Integerzahl enthalten. Der zur Verfügung stehende Wertebereich ist plattformabhängig und wird durch den `long`-Typ des jeweils zugrundeliegenden C-Compilers bestimmt. Ebenso wie in Perl können Integerzahlen als **Oktalzahlen** mit vorangestellter „0" oder als Hexadezimalzahlen mit vorangestelltem „0x" dargestellt werden. Darstellungsbeispiele:
  - `234`: ganzzahlige Dezimalzahl,
  - `-234`: negative ganzzahlige Dezimalzahl,
  - `0352`: Oktalzahl,
  - `0xEA`: Hexadezimalzahl.

– **Fließkommazahl**: `float`, z.B. `1.234e+7`
Die Bitlänge ist dabei ebenfalls plattformabhängig. Die Darstellung kann als Dezimalzahl mit Dezimalpunkt („.") oder in Exponentialdarstellung erfolgen. Darstellungsbeispiele:
  - `234.567`: Dezimalzahl,
  - `2.34567e+2`: Exponentialdarstellung.

– **Zeichenketten (Strings)**
Ein String ist ein Array von einzelnen Zeichen, die von Hochkommata (einzeln oder doppelt) begrenzt werden. Doppelte Anführungszeichen unterstützen eine Reihe von Funktionen in Form von Escape-Sequenzen sowie die Auflösung von innerhalb des Strings eingebundenen Variablennamen.
  - `"Anja"`,
  - `'Anja'`.

– **Arrays**
Als Arrays werden Listen oder Gruppen von Einzelelementen bezeichnet, die über ihre Position (eine Zahl, wobei die erste Position den Wert Null besitzt (vgl. einfache Arrays in Perl)), oder einen Namen (String, vgl. Assoziative Arrays in Perl) als Identifikation angesprochen werden. Ein Array kann durch den Array-Konstruktor `array()` angelegt werden:

```
$farben = array('0xff0000', '0x00ff00', '0x0000ff');
$farbwerte = array('rot'=> '0xff0000',
                   'gruen'=> '0x00ff00',
                   'blau'=> '0x0000ff');
```

Auf Einzelelemente kann folgendermaßen zugegriffen werden:

`$farben[0]` **ergibt** `0xff0000`,
`$farbwerte['rot']` **ergibt** `0xff0000`.

– **NULL**
Der Datentyp NULL besitzt nur einen Wert, der über das Schlüsselwort `NULL` verfügbar ist, und der einer Variablen ohne Wert entspricht.

– **Ressourcen**
Viele PHP-Module stellen Funktionen zur Verfügung, die mit der Außenwelt kommunizieren, so kann z.B. Verbindung zu einer Datenbank aufgenommen und mit dieser gearbeitet werden. Um die einzelnen Verbindungen identifizieren zu können, werden sogenannte **Ressourcen** benutzt (vergleichbar etwa mit einem Datei-Handle in Perl, nur das mit einer Ressource lediglich ein Integer-Wert assoziiert ist). Beispiel:

```
$res = database_connect();
$database_query("res);
```

– **Objekte**
PHP unterstützt objektorientierte Programmierung. Ein wesentlicher Bestandteil des objektorientierten Designs sind Klassen, über die die Eigenschaften und Methoden definiert werden, die ein Objekt bereitstellt. Beispiel:

```
class Farbe {
   var $farbe = '';
   function farbe($neuefarbe = NULL){
      $this->farbe = "neuefarbe;
      return($this->farbe);
   }
}
```

Eine Objektinstanz wird mit Hilfe des Schlüsselwortes `new` erzeugt:

```
$color = new Farbe;
$color->farbe('ROT');
```

Auf die Details der objektorientierten Programmierung unter PHP kann an dieser Stelle nicht näher eingegangen werden.

- **Kommentare**
PHP übernimmt das Konzept der mehrzeiligen Kommentare aus der Programmiersprache C und der einzeiligen Kommentare aus der Programmiersprache C++.

```
/* mehrzeiliger ...
 ... Kommentar */
// einzeiliger Kommentar
```

- **Variablen**
Variablen werden in PHP durch Voranstellen eines Dollar-Zeichens („$") vor eine Zeichenkette gekennzeichnet, die den Namen der Variablen angibt. PHP ist keine streng typisierte Sprache, daher kann eine Variable einen Wert von beliebigem Datentyp enthalten. Es gibt keine spezielle Syntax zum Anlegen von Variablen. Bei der ersten Wertzuweisung an eine Variable wird diese automatisch angelegt. Beispiel:

```
$pi = 3.14159;
$name = "Samantha";
$farben = ('rot', 'blau', 'gruen', 'lila');
```

Um eine Referenz (Pointer) auf eine Variable zu erzeugen, wird der Zuweisungsoperator „`=&`" verwendet.

```
$referenz =& $absolut;
```

Die Variable `$referenz` enthält jetzt die Adresse (Referenz) der Variablen `$absolut`. Variablen können über unterschiedliche Gültigkeitsbereiche (Scope) verfügen:

– lokale Variablen:
Eine innerhalb einer Funktion deklarierte Variable ist dort stets lokal, d.h. sie ist nicht außerhalb dieser Funktion zu verwenden. Umgekehrt sind außerhalb einer Funktion deklarierte Variablen (globale Variablen) zunächst nicht innerhalb einer Funktion verfügbar.

- globale Variablen:
  Außerhalb einer Funktion deklarierte Variablen werden als globale Variablen bezeichnet und sind in jedem Teil des PHP-Programms (außer Funktionen) verfügbar. Soll auf eine globale Variable innerhalb einer Funktion zugegriffen werden, muß diese erneut innerhalb der Funktion zusammen mit dem Schlüsselwort `global` deklariert werden.
- Statische Variablen:
  Über das Schlüsselwort `static` kann eine statische Variable innerhalb einer Funktion deklariert werden, die zwischen verschiedenen Aufrufen dieser Funktion ihren Wert beibehält.

• **Operatoren**
- Arithmetische Operatoren:
  • `+, -, *, /, %` (Addition, Subtraktion, Multiplikation, Division, Modulo)
  • `++, --` (Inkrement, Dekrement)
- String-Verkettung: `$anfang."ende`
- Vergleichsoperatoren:
  • `==, ===, !=, <>` (gleich, identisch, ungleich, ungleich)
  • `<, <=, >=, >` (kleiner, kleiner gleich, größer gleich, größer)
- Bitoperatoren:
  • `~, &, |, ^` (bitweise Negation, UND, ODER, EXOR)
  • `<<, >>` (links Shift, rechts Shift)
- Logische Operatoren:
  • `&&, ||` (logisches UND, ODER)
  • `and, or, xor` (logisches UND, ODER, EXOR)
- Casting-Operatoren:
  • `(int)` (Umwandlung in Integer)
  • `(float)` (Umwandlung in Fließkomma)
  • `(string)` (Umwandlung in Zeichenkette)
  • `(bool)` (Umwandlung in Booleschen Wert)
  • `(array)` (Umwandlung in Array)
  • `(object)` (Umwandlung in Objekt)
- Zuweisungsoperatoren:
  • `=` (einfache Zuweisung)
  • `+=, -=, *=, /=, %=`
    (Zuweisung mit Addition, Subtraktion, Multiplikation, Division, Modulo)
  • `^=, &=, |=` (Zuweisung mit bitweisem EXOR, UND, ODER)
  • `.=` (Zuweisung mit Stringverkettung)
- spezielle Operatoren:
  • `@` (Fehlerunterdrückung)
  • `(‘...‘)`
    (Backtick-Operator, führt Anweisung in Backticks als Shell-Anweisung durch)
  • `(?:)` (ternärer Konditionaloperator, vgl. Perl)

Tabelle 15.7 gibt die Operatorenrangfolge der PHP-Operatoren an.

• **Kontrollstrukturen**
PHP unterstützt die traditionellen Kontrollstrukturen, wie sie in vielen Programmiersprachen vorkommen:
- `if (bedingung) {..anweisungen..} else {..anweisungen..}`
  Trifft die Bedingung zu, d.h. ergibt die Auswertung der Bedingung den Wahrheitswert `TRUE`, wird der erste Anweisungsblock ausgeführt, ansonsten der zweite.

Tabelle 15.7. PHP Operatorenrangfolge

Rang	Operator	Operation
1	`new`	neues Objekt
2	`[]`	Arrayindex
3	`!`, ~	logische, bitweise Negation
	`++`, `--`	Inkrement, Dekrement
	`(int)`, `(float)`, `(string)`,	Cast-Operatoren
	`(array)`, `(object)`	Cast-Operatoren
	`@`	Fehlerunterdrückung
4	`*`, `/`, `%`	Multiplikation, Division, Modulo
5	`+`, `-`, `.`	Addition, Subtraktion, Konkatenation
6	<<, >>	Bitshift links, rechts
7	<, <=, >=, >	kleiner, kleiner gleich, größer, größer gleich
8	`==`, `!=`, <>	Wertgleichheit/-Ungleichheit
	`===`, `!==`	Wert+Typgleichheit/-Ungleichheit
9	`&`	bitweises UND
10	`^`	bitweises EXOR
11	|	bitweises ODER
12	`&&`	logisches UND
13	||	logisches ODER
14	`?:`	Konditionaloperator
15	`=`	Zuweisung
16	`+=`, `-=`, `*=`, `/=`, `%=`, `&=`,	Zuweisungen mit Operator
	|=, `^=`, ≅, <<=, >>=	Zuweisungen mit Operator
17	`and`	logisches UND
18	`xor`	logisches EXOR
19	`or`	logisches ODER

- `if (bedingung): ..anweisungen.. else: ..anweisungen.. endif;`
  Alternative Syntax, anstelle der geschweiften Klammern wird hier der Doppelpunkt „`:`" und als Abschluß die `endif`-Anweisung verwendet.
- `if (bedingung1) {..anweisungen..} elseif (bedingung2) {..anweisungen..}`
  Sollen mehrere Bedingungen abgeprüft werden, kann dies mit Hilfe der `elseif`-Anweisung erfolgen.
- `switch($variable) { ... }`
  Der `switch`-Operator kann ähnlich wie in der Programmiersprache C als eine Alternative zur Verkettung von `elseif`-Anweisungen verwendet werden. Im zugehörigen Anweisungsblock kann über die Fallabfrage

  ```
  case 'inhalt':
      ..Anweisungen..
      break;
  ```

  dem Inhalt der jeweils abgefragten Variablen gemäß verzweigt werden. Der Anweisungsblock muß stets mit dem Schlüsselwort `break` abgeschlossen werden. Trifft keine der angebotenen Alternativen zu, kann über die Fallabfrage `default:` ein Standard-Anweisungsblock ausgeführt werden.
- `while (bedingung) {..anweisungen..}`
  Einfachste Schleifenform. Solange die angegebene Bedingung zutrifft, wird der nachfolgende Anweisungsblock durchlaufen.

- `do {..anweisungen..} while (bedingung)`
  Umgekehrte Schleifenform, die mindestens einmal durchlaufen wird, da ein Abprüfen der Bedingung erst am Ende erfolgt.
- `break`
  Verläßt die Schleife und setzt die Verarbeitung im hierarchisch übergeordneten Anweisungsblock fort.
- `continue`
  Setzt die Ausführung der Schleife mit dem nächsten Test der Schleifenbedingung fort.
- `for (start; bedingung; iteration) {..anweisungen..}`
  Ausgehend von einer Initialisierung (`start`), wird mit jedem Schleifendurchlauf die angegebene Bedingung geprüft und eine Schleifeniteration durchgeführt.
- `foreach ("array as $aktuell) {..anweisungen..}`
  Schleife, die eine Iteration über alle Elemente (`$aktuell`) eines Arrays (`$array`) erlaubt.

• **Funktionen**
PHP gestattet die Definition eigener Funktionen, sowie die Benutzung vordefinierter Funktionen. Allgemein erfolgt ein Funktionsaufruf folgendermaßen:

```
$rueckgabewert = funktion(parameterliste);
```

Eine benutzereigene Funktion wird wie folgt definiert:

```
function funktionsname (parameterliste) {..Anweisungen..}
```

Soll die selbst definierte Funktion einen Ergebniswert zurückgeben, kann dies über die Anweisung `return` erfolgen.
Die übergebenen Parameter werden normalerweise als Wert (**Call by Value**) übergeben, so daß die Variable, die den Übergabeparameter trägt, nicht durch die Funktion verändert werden kann. Soll eine als Parameter übergebene Variable in der Funktion verändert werden, muß diese als Referenz (**Call by Reference**) übergeben werden. Zu diesem Zweck wird dem Variablenname der Referenz-Operator „`&`" vorangestellt.

• **Funktionen zur Stringverarbeitung**
PHP bietet eine Vielzahl von Funktionen, die zur Verarbeitung von Strings vorgesehen sind:
- `echo string1, string2, ...`: Ausgabe von mehreren Elementen,
- `print (string)`: Ausgabe eines Elements,
- `printf (string)`: formatierte Ausgabe eines Elements,
- `print_r(), var_dump()`: Ausgabe von Variablen in lesbarer Form,
- `strlen()`: ermittelt Länge eines Strings,
- `trim(), ltrim(), rtrim()`: unterdrückt Whitespaces (links, rechte),
- `strtolower(), strtoupper()`: String in Klein-/Großbuchstaben umwandeln,
- `ucfirst()`: erstes Zeichen im String in Großbuchstaben umwandeln,
- `uxwords()`: erstes Zeichen in jedem Wort in Großbuchstaben umwandeln.

Dies ist nur eine kleine Auswahl der Funktionen, die PHP zu Stringverarbeitung bereitstellt. Speziell im Zusammenspiel mit HTML-Dokumenten sieht PHP Funktionen vor zur HTML-konformen Umwandlung von Sonderzeichen, zur speziellen Behandlung von HTML-Tags oder Meta-Tags und zur Behandlung von URLs. Darüberhinaus existieren noch Funktionen zum Durchsuchen und Manipulieren von Strings und solche, die in der Lage sind, die annähernde Gleichheit zweier Strings im Sinne einer unscharfen Suche zu überprüfen.

In Anlehnung an Perl sieht PHP ebenfalls die Verwendung von regulären Ausdrücken vor, die zur Mustersuche (Pattern Matching), dem Suchen und Ersetzen in Zeichenketten oder dem Zerlegen (Splitting) von Zeichenketten dienen. Weiter nutzt PHP Varianten der regulären Ausdrücke. Zur detaillierteren Erläuterung solcher regulären Ausdrücke sei auf den entsprechenden Abschnitt im Exkurs „CGI-Programmierung mit Perl" verwiesen.

- **Array-spezifische Funktionen**
  PHP verfügt über eine umfangreiche Auswahl von Funktionen im Zusammenhang mit der Verarbeitung und Manipulation von Arrays, von denen hier stellvertretend nur einige genannt werden:
  - `$array = range(anfang, ende);`
    Die Funktion `range()` erzeugt ein Array aufeinanderfolgender Integer- oder Zeichenwerte, die zwischen den beiden angegebenen Begrenzungswerten liegen.
  - `count()`, `sizeof()`: liefert Größe eines Arrays zurück,
  - `array_pad()`: erzeugt ein Array, das mit identischen Werten initialisiert ist,
  - `list()`: splittet ein Array in Einzelwerte auf,
  - `array_slice()`: extrahiert Teilmenge von Elementen aus einem Array,
  - `array_chunk()`: teilt Array in kleinere Arrays auf,
  - `array_keys()`: extrahiert Schlüssel eines Assoziativen Arrays,
  - `array_values()`: extrahiert Werte aus einem Assoziativen Array,
  - `extract()`: erzeugt automatisch lokale Variablen aus Array-Elementen,
  - `compact()`: generiert Array aus übergebenen Variablen,
  - `in_array()`: dient der Suche innerhalb eines Arrays,
  - `sort()`, `asort()`, `rsort()`: Sortierfunktionen für Arrays.
- **Sonstige Funktionen**
  Eine vollständige und detaillierte Darstellung der von PHP bereitgestellten Funktionen sprengt den Rahmen dieses Exkurses. Daher sollen nur die einzelnen Kategorien aufgelistet werden, für die PHP spezielle Funktionen beinhaltet:
  - Manipulation von Arrays,
  - Manipulation von Klassen und Objekten,
  - Funktionen zur Verarbeitung von Datum und Uhrzeit,
  - Funktionen zur Fehlerverarbeitung und Logging,
  - Funktionen zur Manipulation von Dateien, Verzeichnissen und des Dateisystems,
  - Funktionen zur Verwaltung von Funktionen,
  - HTTP-spezifische Funktionen,
  - Mail-spezifische Funktionen,
  - mathematische Funktionen,
  - Netzwerk-spezifische Funktionen,
  - Ausgabesteuerung,
  - Manipulation von PHP-Optionen,
  - Ermittlung von PHP-Informationen,
  - Steuerung der Programmausführung,
  - Manipulation von Strings,
  - Manipulation/Informationsgewinnung von Datentypen,
  - URL-spezifische Funktionen,
  - Manipulation von Variablen.

PHP im WWW – HTML, HTTP und WWW-Applikationen
PHP wurde als Skriptsprache für das WWW entworfen. Daher bietet PHP auch sehr einfache und komfortable Methoden, um auf WWW-spezifische Informationen zuzugreifen. Informationen zur Konfiguration des WWW-Servers (Environment), Requestinformationen einschließlich Formulardaten und Cookies werden in diesem Zusammenhang kollektiv als **EGPCS**-Information (Environment, GET, POST, Cookies, Server) bezeichnet und sind über PHP zugreifbar.
PHP erzeugt sechs globale Arrays, die die EGPCS-Information enthalten:

- `$HTTP_COOKIE_VARS, $_COOKIE`:
  Enthält alle Cookie-Werte, die als Teil des Requests übergeben wurden, wobei als Schlüsselwert im Array jeweils die Namen der einzelnen Cookies verwendet werden.
- `$HTTP_GET_VARS, $_GET`:
  Enthält alle Parameter, die über ein Formular mittels der Methode `GET` übergeben werden, wobei als Schlüsselwert im Array jeweils die Namen der einzelnen Parameter verwendet werden.
- `$HTTP_POST_VARS, $_POST`:
  Enthält alle Parameter, die über ein Formular mittels der Methode `POST` übergeben werden, wobei als Schlüsselwert im Array jeweils die Namen der einzelnen Parameter verwendet werden.
- `$HTTP_POST_FILES, $_FILES`:
  Enthält Informationen über alle hochgeladenen Dateien.
- `$HTTP_SERVER_VARS, $_SERVER`:
  Enthält nützliche Informationen über den WWW-Server, wie z.B. Servername, Serversoftware, CGI-Version, Server-Protokoll, Server-Port, Request-Methode, Remote-Host, Remote-IP-Adresse, Content-Type und Content-Länge.
- `$HTTP_ENV_VARS, $_ENV`:
  Enthält die Werte aller Umgebungsvariablen, wobei als Schlüsselwert im Array jeweils die Namen der einzelnen Umgebungsvariablen verwendet werden.

Die Verarbeitung von HTML-Formularen gestaltet sich mit PHP besonders einfach, da die übergebenen Formulareingaben direkt über die beiden Arrays `$_GET` und `$_POST` verfügbar sind. Um herauszufinden, mit welcher der beiden Methoden die Formulardaten übergeben werden, kann die entsprechende Umgebungsvariable über das `$_SERVER`-Array abgefragt werden. Abb. 15.36 zeigt eine solche Abfrage als PHP-Source-Code.

```
if ($_SERVER['REQUEST_METHOD']) == 'GET') {
  // GET-Request Verarbeitung
} elseif ($_SERVER['REQUEST_METHOD']) == 'POST') {
  // POST-Request Verarbeitung
} else {
  die("Anfrage wurde weder mit POST noch GET gestellt!");
}
```

Abb. 15.36. PHP-Abfrage, ob die Formulardaten über die Methode `GET` oder `POST` übergeben wurden

Die beiden Arrays `$_GET` und `$_POST` enthalten die übergebenen Formulardaten, wobei auf die jeweiligen Parameterwerte über die Parameternamen als Schlüssel zugegriffen werden kann. Da HTML durchaus Dezimalpunkte in den Feldnamen der Formulare erlaubt, muß darauf geachtet werden, daß die Parameternamen in den beiden Arrays dementsprechend verändert werden, d.h. eventuell vorkommende Dezimalpunkte werden automatisch in Unterstriche umgewandelt, da PHP-Variablennamen keine Dezimalpunkte enthalten dürfen.
Ebenso wie für jedes andere CGI-Programm wird der Name des auszuführenden Programms über den Formularparameter `ACTION` direkt angegeben. Damit kann eine separate Datei, die das PHP-Programm enthält, aktiviert werden. PHP bietet aber auch die Möglichkeit, Formular und aufgerufenes PHP-Programm im selben HTML-Dokument unterzubringen. Diese Form von HTML-Dokumenten werden auch als **selbstverarbeitende HTML-Dokumente** bezeichnet.

Das nachfolgende Beispiel zeigt ein selbstverarbeitendes HTML-Dokument, das eine Grafikdatei in einer vom Nutzer festzulegenden Größe ausgibt. Dazu unterteilt sich das HTML-Dokument in zwei Abschnitte:

- Formularteil, in dem der Nutzer seine Eingaben tätigt, und
- PHP-Quellcode, der die Verarbeitung der Nutzereingabe übernimmt.

Der PHP-Quellcode mit der Verarbeitung der Nutzereingabe darf erst ausgeführt werden, wenn die Nutzereingabe auch tatsächlich erfolgt ist. So wird gleich am Beginn des HTML-Dokuments abgefragt, ob zusammen mit dem Aufruf des Dokuments irgendwelche Parameter übergeben wurden (im angegebenen Beispiel via GET). Ist dies nicht der Fall, erfolgt die Darstellung des Formulars zur Abfrage der Nutzereingaben. Sind dagegen die entsprechenden Parameter beim Aufruf des HTML-Dokuments mit übergeben worden, wird zum PHP-Quellcode verzweigt, der die Verarbeitung der Nutzereingaben übernimmt.

```
<HTML>
  <HEAD> Anpassung der Bilddimensionen </HEAD>
  <BODY>
    <?php
      $breite = $_GET['breite'];
      if (is_null('breite')) {
    ?>

    <FORM ACTION="<?php echo "_SERVER['PHP_SELF'] >" METHOD="GET">
      Bitte geben Sie die Dimensionen der Grafik ein: <P>
      Breite:
      <INPUT TYPE="text" NAME="breite"/> <BR>
      Hoehe :
      <INPUT TYPE="text" NAME="hoehe"/> <BR>
      <INPUT TYPE="submit" NAME="Grafik darstellen"/>
    </FORM

    <?php
      } else {
        $hoehe = $_GET['hoehe'];
        printf('<IMG SRC="test.jpg" WIDTH="%s" HEIGHT="%s">\n',
          $breite, $hoehe);
        printf('Hoehe : %s <BR>', $hoehe);
        printf('Breite: %s ', $breite);
      }
    ?>
  </BODY>
</HTML>
```

Abb. 15.37. Selbstverarbeitendes HTML-Dokument mit PHP-Quellcode

Abb. 15.36 zeigt das beschriebene selbstverarbeitende HTML-Dokument und Abb. 15.37 15.38 die Darstellung der Ausgaben im WWW-Browser.

Weiterführende Literatur:

U. Günther: PHP – Ein praktischer Einstieg, O'Reilly, Köln, 2002.

J. Krause, I. Injac: PHP 4 Kochbuch – Lösungen, Bibliotheken und Applikationen der PHP-Community, Carl Hanser Verlag, München, 2002.

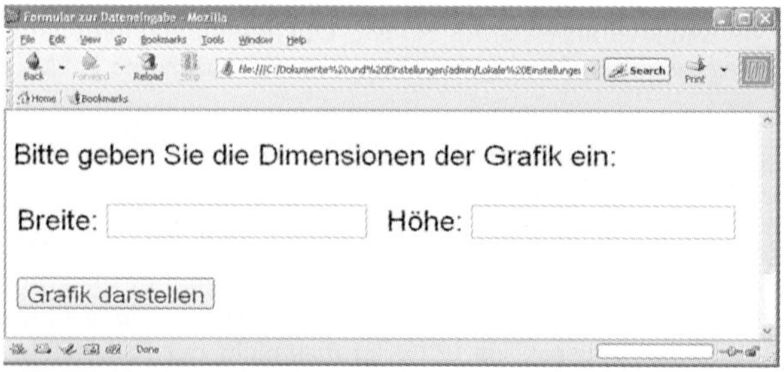

Abb. 15.38. Ausgabe des selbstverarbeitenden HTML-Dokuments aus Abb. 15.37 mit Nutzereingabe des HTML-Formulars

Abb. 15.39. Ausgabe des selbstverarbeitenden HTML-Dokuments aus Abb. 15.37 mit der Ausgabe des PHP-Skripts

R. Lerdorf: PHP – kurz & gut, O'Reilly, Köln, 2000.
R. Lerdorf, K. Tatroe: Programming PHP, O'Reilly, Sebastopol CA, USA, 2002.

15.4 Glossar

Applet: Kleines Java-Programm, das über das WWW in Verbindung mit einem HTML- bzw. XML-Dokument auf den lokalen Rechner geladen und dort ausgeführt werden kann. Das Applet muß dabei bestimmte Bedingungen erfüllen (wie z.B. kein Zugriff auf fremde Rechner, streng limitierter Zugriff auf Systemressourcen des lokalen Systems), damit im Zusammenhang mit der Ausführung des Applets keine Sicherheitsrisiken eingegangen werden. Im Zusammenhang mit anderen Sicherheitstechniken (signierte Applets, Trusted Applets) können einem Applet auch erweiterte Zugriffsmöglichkeiten geboten werden.

Common Gateway Interface (CGI): Standardschnittstelle, über die externe Anwendungen an den WWW-Server gebunden werden können. Die CGI-Schnittstelle dient der Aktivierung externer Anwendungen und der Steuerung des Datenaustauschs zwischen WWW-Client (WWW-Browser) und externer Anwendung. Mit Hilfe der CGI-Programmierschnittstelle können zur Laufzeit dynamisch Dokumente generiert werden, deren Inhalt von den Eingaben des Nutzers auf der Clientseite abhängt.

Client: Bezeichnet ein Programm, daß einen Server kontaktiert und von diesem Informationsressourcen anfordert. Der im WWW eingesetzte Browser ist in diesem Sinne ein Client. Aber es gibt noch andere Clients im WWW, die WWW-Server kontaktieren und Informationen von diesen herunterladen, wie z.B. FTP-Clients, Suchmaschinen oder Agenten.

Common Object Request Broker (CORBA): Sprachunabhängige Architektur zur Implementation verteilter Anwendungen, die bereits 1991 von der **Object Management Group (OMG)** spezifiziert wurde. Dabei können Anwendungen miteinander verzahnt werden, die in unterschiedlichen Programmiersprachen erstellt wurden. Schlüsselkomponente in CORBA ist der **Object Request Broker (ORB)**, in dessen Verantwortlichungsbereich der eigentliche Datentransport zwischen Client und Server liegt. Die jeweils öffentlich zugängige Schnittstelle eines Objekts wird in CORBA über die Spezifikationssprache **Interface Definition Language (IDL)** erstellt. Sie können damit von unterschiedlichen Programmiersprachen genutzt weren bzw. leicht an andere Architekturmodelle, wie z.B. Microsofts **Distributed Component Object Model (DCOM)** angepaßt werden.

Document Object Model (DOM): Das DOM bildet die Basis für die Koppelung von HTML-Dokumentinhalten mit ausführbaren Skripten (Anwendungsprogramme, die in einer einfachen, interpretierbaren Programmiersprache formuliert sind), die den Inhalt dieser HTML-Dokumente dynamische verändern können. DOM selbst ist in der plattformunabhängigen Spezifikationssprache **Interface Definition Language (IDL)** definiert. Für viele Programmiersprachen (z.B. Java oder ECMAScript) gibt es spezielle **Language Bindungs** als programmiersprachenabhängige Anteile des DOM, die die Anwendung von DOM im jeweiligen Programmiersprachenkontext ermöglichen.

Dynamisches HTML: Im Gegensatz zu herkömmlichen, statischen HTML-Dokumenten, deren Inhalt bereits zum Zeitpunkt der Kodierung auf dem WWW-Server festgelegt wurde, handelt es sich bei dynamischen HTML-Dokumenten um Dokumente, deren Inhalt erst zur Laufzeit und oft unter interaktiver Teilnahme des Nutzers erstellt werden.

ECMAScript: Von der **ECMA** (European Computer Manufacturers Association) als **ECMA-262** standardisierte Version der Skriptsprache JavaScript.

Enterprise JavaBeans (EJB): Als Komponente der Java-Distribution **Java 2 Enterprise Edition (J2EE)** enthaltene Infrastruktur zur Entwicklung und Verarbeitung widerverwendbarer, komponentenbasierter Software. Im Gegensatz zu herkömmlichen JavaBeans besitzen EJBs lediglich Funktionalität innerhalb der sogenanten **Enterprise Logic** (Funktionalität, die ausschließlich durch die jeweilige Anwendung vorgegeben ist und von Aufgaben der Datenübertragung und Interaktion mit Betriebssystemressourcen befreit ist). Systemnahe Programmanteile, wie Transaktionslogik oder Zugriff auf Systemressourcen, laufen auf dem zugehörigen **EJB-Server** ab, der alle dazu notwendigen Routinen über sogenannte **EJB-Container** zur Verfügung stellt.

Java: Objektorientierte universelle Programmiersprache, die vor allem in Zusammenhang mit dem WWW große Bedeutung erlangt hat. Java ist eine plattformunabhängige Programmiersprache. Dies wird dadurch erreicht, daß Java-Quellcode nicht direkt in plattformabhängigen, ausführbaren Binärcode übersetzt, sondern zunächst nur in einen sogenannten **Bytecode** übersetzt wird, der einen plattformunabhängigen Zwischenzustand zwischen dem Quellcode und dem ausführbaren Binärcode darstellt. Dieser Bytecode wird auf dem lokalen Rechner von der **Java Virtual Machine** (JVM) interpretiert und ausgeführt. Java-Programme, die über das WWW geladen werden können, werden als **Applets** bezeichnet und unterliegen bestimmten Beschränkungen bzgl. des Zugriffs auf Systemressourcen. Für ihre Abarbeitung muß eine JVM verfügbar sein, die einen speziellen abgesicherten Bereich bereitstellt, die **Java-Sandbox**, in der Java-Anwendungen kontrolliert ablaufen können. Die Java-Sandbox kontrolliert Zugriffe auf Systemressourcen und sichert diese vor unbefugtem Zugriff.

JavaBeans: Infrastruktur zur Entwicklung einfacher, komponentenbasierter Software mit Java. JavaBeans Komponenten sind eigenständige, wiederverwendbare Software-Komponenten – programmiert nach bestimmten Richtlinien – aus denen auf einfache und komfortable Weise neue Anwendungen aufgebaut werden können.

Java Database Connectivity (JDBC): Java Klassenbibliotheken, die eine Programmierschnittstelle für den Zugriff auf Datenbanksystemen bereitstellen.

Java Intelligent Network Infrastructure (JINI): Java Komponente, die das Arbeiten mit dynamisch konfigurierbaren verteilten Systemen gewährleistet. Systemkomponenten eines dynamischen Netzwerks haben dabei die Fähigkeit, sich selbstständig zu konfigurieren, zu warten und zu verwalten.

JavaScript: Vollwertige interpretative, objektorientierte Programmiersprache, die direkt in ein HTML-Dokument integriert werden kann. Wird ein HTML-Dokument, das JavaScript-Routinen enthält, in den lokalen WWW-Browser geladen, wird der Programmcode durch eine Komponente des WWW-Browsers interpretiert und direkt ausgeführt. Da JavaScript-Routinen in der Regel von einem unbekannten und deshalb zunächst nicht als vertrauenswürdig einzustufende, entfernten Rechner geladen werden, sind diese in ihren Operationen starken Einschränkungen bzgl. des Zugriffs auf Ressourcen unterworfen. Die Ausführung des JavaScript-Programms erfolgt in einer gesicherten **Sandbox** auf dem lokalen Rechner, in der das JavaScript-Programm keinen Schaden anrichten kann.

Java-Sandbox: Java-Applets, die über das WWW geladen werden können, unterliegen bestimmten Beschränkungen bzgl. des Zugriffs auf Systemressourcen. Für ihre Abarbeitung muß eine Java Virtual Machine (JVM) verfügbar sein, die einen speziell abgesicherten Bereich bereitstellt, die **Java-Sandbox**, in der Java-Anwendungen kontrolliert ablaufen können, um einen unbefugten Zugriff auf Systemressourcen zu verhindern.

Java Virtual Machine (JVM): Liegt eine Java-Anwendung in Form eines interpretierbaren Java-Bytecodes vor, muß dieser auf dem lokalen Rechner über ein spezielles Programm, die **Java Virtual Machine** (JVM) interpretiert und ausgeführt werden.

Java Naming and Directory Interface (JNDI): Java Klassenbibliothek, die Objekte und Methoden bereitstellt, mit denen auf Namens- und Verzeichnisdienste (z.B. DNS oder LDAP) zugegriffen werden kann.

Java Just in Time Compiler (JIT): Um den Geschwindigkeitsnachteil bzgl. der Ausführung von Programmen auszugleichen, die mit einer interpretativen Programmiersprache wie Java erstellt wurden, kann ein spezieller Compiler verwendet werden, der den Java-Bytecode einer Java-Applikation vor deren Ausführung in einen plattformahängigen, schnell ausführbaren Binärcode übersetzt.

Java Servlets: Java-Anwendungen, die über das WWW aktiviert werden können und auf einem WWW-Server zur Ausführung gelangen. Damit wird eine Verarbeitung ähnlich wie über das Common Gateway Interface möglich. Servlets dienen zur Erzeugung dynamischer WWW-Ressourcen.

Java Server Pages (JSP): Java-Applikationen, die wie Java-Servlets über das WWW aktiviert werden können und serverseitig (auf einem ggf. separaten JSP-Prozessor) lokal ablaufen. Im Unterschied zu Java-Servlets, die von einem Programmierer explizit separat erstellt werden müssen, lassen sich JSPs direkt in den Quellcode des aufgerufenenen HTML-/XML-Dokuments einbinden und gewährleisten so eine komfortablere und einfachere Entwicklungsarbeit.

Markup: Bezeichnung für spezielle Auszeichnungselemente, die innerhalb eines Textes bestimmte Strukturelemente kennzeichnen. Mit Hilfe von Markup-Elementen kann die Struktur eines Textes logisch erfaßt und unabhängig von der jeweiligen Darstellungsart archiviert werden. Dokumenten-Beschreibungssprachen, die mit Hilfe von Markups die Struktur eines Dokuments festlegen, werden als **Markup-Sprachen** bezeichnet. Die bekanntesten Markupsprachen sind **SGML** (Standard Generalized Markup Language), **HTML** (Hypertext Markup Language) und **XML** (Extensible Markup Language).

Objektorientierte Programmierung: In der objektorientierten Programmierung werden alle zum Lösen eines Problems notwendigen Informationen als Objekte aufgefaßt. Objekte tauschen über das Versenden von Nachrichten Informationen miteinander aus. Eigenschaften von Objekten werden durch zugehörige Attribute beschrieben. Funktionen, die im Zusammenhang mit einem Objekt ausgeführt werden können, werden als Methoden bezeichnet und ebenfalls dem Objekt zugeordnet. Die abstrakte Definition eines Objekts erfolgt über das Anlegen einer sogenannten Klasse. Der Programmcode der Klasse wird nicht ausgeführt, er dient lediglich dazu, ein konkretes Objekt (über einen Konstruktor) zu instantiieren und legt fest, welche Attribute und Methoden einem Objekt zugeordnet sind. Aus Objekten können neue Objekte abgeleitet werden, bzw. können Objekte Attribute und Methoden an andere Objekte „vererben". Zu den bekanntesten objektorientierten Programmiersprachen zählen C++, Java oder auch Smalltalk.

Perl (Practical Extraction and Reporting Language): Vollwertige universelle, interpretative Programmiersprache, die sich vor allem für die Verarbeitung und Manipulation von Textdokumenten eignet. Obwohl Perl absolut eigenständig entstand, zählt es heute zu den am weitesten verbreiteten Programiersprachen im Umfeld des WWW und der CGI-Programmierung.

PHP Hypertext Preprocessor (PHP): Einfache und komfortable Skriptsprache, die speziell auf die Programmierung von CGI-Programmen ausgerichtet ist. PHP ist eine interpretative Programmiersprache, deren Code im Gegensatz zur Skriptsprache Perl direkt in HTML-Dokumente integriert werden kann. Da die PHP-Syntax den bekannten Programmiersprachen C, Java oder JavaScript sehr ähnlich ist, gilt sie als sehr leicht erlernbar und hat eine weite Verbreitung im WWW-Umfeld gefunden. Darüberhinaus bietet PHP durch systemeigene bzw. externe Bibliotheken eine direkte Unterstützung zur Anbindung von Datenbanksystemen, zur Einbindung in Kommunikationsnetzwerke mit unterschiedlichen Kommunikatonsprotokollen oder sogar zur Transformation von XML-Dokumenten.

RMI (Remote Method Invocation): Java-Komponente, die die komfortable Erstellung verteilter Java-Anwendungen erlaubt. Über RMI lassen sich entfernte Java-Objekte derart in das lokale Java-Programm einbinden, daß diese genutzt werden können, als würde es sich um lokale Objekte handeln. Dabei wird lokal ein sogenannter **Stub** als Repräsentant des Remote Objekts angelegt und auf dem entfernten Rechner ein sogenannter **Skeleton**, der die Verwaltung des RMI-Zugriffs auf das Objekt am entfernten Rechner lokal behandelt.

A. Personenregister

Thales von Milet, (ca. 640–546 v. Chr.), griechischer Philosoph, Mathematiker und Astronom, gilt allgemein als Begründer der griechischen Philosophie. Ihm ist der bekannt Ausspruch „Alles fließt“ zuzurechnen. Er lieferte unter anderem Beiträge zur Geometrie (Satz von Thales), berechnete die Höhe der Pyramiden aus deren Schattenlänge und soll die Sonnenfinsternis vom 585 v. Chr. vorausgesagt haben. Er soll auch als erster die anziehende Wirkung der statischen Elektrizität, die durch Reiben von Bernstein mit einem Tuch entsteht, beschrieben haben.

Aischylos, (525–456 v. Chr.), griechischer Dichter, beschreibt in seiner Tragödie „Agamemnon“ als erster die Fackeltelegrafie, mit der angeblich der Fall Trojas um 1184 v. Chr. nach Griechenland gemeldet worden sein soll.

Panini, (5. Jhd. v. Chr.), indischer Gelehrter, verfaßte das erste Grammatiklehrbuch.

Sokrates, (ca. 470–399 v. Chr.), griechischer Philosoph, befaßte sich mit der Erforschung des Menschen und der Möglichkeit seiner Selbsterkenntnis. Von ihm sind keine Schriften überliefert. Über sein Leben und seine Philosophie wird von seinen Schülern Platon und Xenophon berichtet, so auch über seine Kritik an der Erfindung der Schrift. Unter der Anklage, neue Götter eingeführt und die Jugend verführt zu haben, wird er zum Tode verurteilt.

Thukykides, (ca. 455–400 v. Chr.), griechischer Geschichtschreiber, beschreibt Kommunikation vermittels von Rauchzeichen, die im Peloponnesischen Krieg (431–404 v. Chr.) eingesetzt worden sein soll.

Platon, (427–348 v. Chr.), griechischer Philosoph, Schüler des Sokrates, gilt zusammen mit seinem Schüler Aristoteles als der wohl einflußreichste griechische Philosoph. Er gründete zwischen 387 und 367 v. Chr. die „Akademie“ in Athen, die erst 529 n. Chr. vom Kaiser Justinian aufgelöst wurde. Er begründet den nach ihm benannten Platonismus, bei dem die mathematischen Objekte und Strukturen eine Existenz unabhängig vom menschlichen Denken besitzen. Er verfaßte neben seinen Werken zur Philosophie, Logik und über den idealen Staat unter anderem in seinem Dialogwerk „Phaedros“ eine erste Kritik an der Entwicklung der Schrift.

Aristoteles, (384–322 v. Chr.), griechischer Mathematiker und Philosoph. Er gilt als Begründer des modernen wissenschaftlichen Arbeitens und beschrieb als erster das Prinzip der Lochkamera. Seine zoologischen, anatomischen und physiologischen Schriften wurden im Mittelalter kanonisiert und verhinderten so bis zur Neuzeit fast jeglichen Fortschritt auf diesen Gebieten.

Polybios, (200–120 v. Chr.), griechischer Geschichtsschreiber, beschrieb die Übermittlung frei formulierbarer Botschaften mittels Fackeltelegrafie.

Gaius Julius Cäsar, (100–44 v. Chr), römischer Staatsmann und Alleinherrscher, führte Rom aus dem Zeitalter der Revolutionen und wurde zum Wegbereiter des Kaiserreichs. Von den von ihm eingeführten Reformen ist die von Papst Gregor XIII. abgewandelte Version des julianischen Kalenders noch in unserer heutigen Zeit gültig. Er führte unter anderem auch die „Acta Diurnia“, die erste Tageszeitung des Abendlandes ein. Darüberhinaus erwähnt er in seinem Buch „De Bello Gallico“

erstmals ein einfaches – heute nach ihm benanntes – Substitutions-Verschlüsselungsverfahren, mit dem militärische Nachrichten während seines Gallienfeldzugs verschlüsselt wurden.

Marcus Vitruvius Pollo, (1. Jhd. v. Chr), römischer Architekt und Schriftsteller. Von ihm ist ein zehnbändiges Werk über die Grundlagen der griechischen und römischen Baukunst überliefert, das die großen Architekten der europäischen Renaissance nachhaltig beeinflußt hat. Daneben verglich er als erster den Schall mit den Wellen des Wassers.

Augustus, (31.v.Chr.– 14 n.Chr.), erster römischer Kaiser, institutionalisierte den „Cursus publicus" als ersten regulären Postdienst im gesamten Mittelmeerraum.

Ptolemäus von Alexandria, (85–165 n. Chr.), ägyptischer Astronom, Mathematiker und Geograph, beschrieb unter anderem auch das Phänomen der Netzhautträgheit, das von modernen Medien wie Film- und Fernsehen ausgenutzt wird.

Gregor II., (669–731), Papst, schlichtete den in der Kirche entbrannten Bilderstreit, der infolge eines Edikts des oströmischen Kaisers Leo III. entbrannt war.

Leo III., (685–741), oströmischer Kaiser, unterstützte das in der oströmischen Kirche geforderte Bilderverehrungsverbot. Ein großer Vulkanausbruch im Jahre 726, den er als Mahnung Gottes verstand, schien ihn dazu veranlaßt zu haben. So ließ er das Christusbild an den Toranlagen des Kaiserpalastes entfernen. Er gilt im Bilderstreit als Widersacher zu Papst Gregor II., wobei dieser Konflikt historischen Quellen zufolge eher durch Streitigkeiten um Steuerzahlungen ausgelöst worden war.

Abu Ja'far Mohammed Ibn Musa Al-Khowarizmi, (ca. 780–850), persischer Mathematiker, Astronom, Geograph und Historiker, schrieb 820 das Buch „Über die indischen Zahlen", in dem die Verwendung des Dezimalsystems erläutert wird, und ein Buch über das Lösen von Gleichungen, dessen Titel das arabische Wort „al-jabr" enthält, aus dem das heutige Wort „Algebra" entstanden ist. Aus seinem Namen leitet sich der Begriff „Algorithmus" her.

Kung-Foo Whing, (10. Jhdt), chinesischer Philosoph, beschrieb um das Jahr 968 als erster das „Schnurtelefon".

Ibn al-Haitham, (965–1040), arabischer Mathematiker und Physiker, beschrieb als erster das Prinzip der Camera Obscura, dem Vorläufer der modernen Fotokamera.

Pi Sheng, (um 1040), chinesischer Schmied, auf den die Erfindung der Druckkunst mit beweglichen Lettern aus Ton zurückgehen soll.

Nur-Ed-Din, (1146–1174), Kalif von Bagdad, richtete den ersten planmäßig arbeitenden Brieftauben-Postbeförderungsdienst im Nahen Osten ein.

Marco Polo, (1254–1324), venezianischer Kaufmannssohn und „Urvater des Tourismus". Er unternahm Reisen in den fernen Osten und drang dabei bis nach China vor, dessen bereits gut ausgebautes Postsystem er in seinen Reiseberichten rühmt.

Johannes Gensfleisch zum Gutenberg, (1397–1468), Goldschmied aus Mainz, entwickelte um 1440 die neue Verfahrenstechnik des Buchdrucks mit beweglichen Lettern und schuf damit die Grundlage, daß das gedruckte Buch und die gedruckte Schrift zum ersten Massenmedium wurden.

Johannes Fust, (1400–1466), Mainzer Bankier, finanzierte Gutenbergs Entwicklung des Druckereigewerbes mit der für die damalige Zeit riesigen Summe von 800 Gulden (entsprach dem Gegenwert von 100 Ochsen). Fünf Jahre später forderte er die Summe in einem Prozeß von Gutenberg zurück, der sich bis dahin aber schon weiter verschuldet hatte. Mit seinem Schwiegersohn Peter Schöffel führte Fust das Unternehmen von Gutenberg erfolgreich weiter.

William Caxton, (1424–1491), Präsident der englischen Handelsgesellschaft in Brügge (Flandern). Auf diplomatischen Missionen in Köln erlernte er das Druckerhandwerk und führte es 1476 in England ein, wo er in Westminster bis zu seinem Tode eine Druckerwerkstatt betrieb. Fälschlicherweise gilt er in England zum Teil noch bis heute als der Erfinder des Druckerhandwerks.

Berthold von Henneberg, (1441–1504), Erzbischof und Kurfürst von Mainz, richtete 1485 die erste Buchzensur ein. Damit verbunden war ein Verbot von Druck und Verkauf aller nicht ausdrücklich genehmigten Bibelübersetzungen unter Androhung der Exkommunikation.

Innozenz VIII., (1432–1492), Giovanni Battista Cibo, Papst, beklagte in seiner Bulle von 1487 den Mißbrauch des Buchdrucks zur Verbreitung häretischer und gesellschaftsschädigender Schriften. Er übertrug die Präventivzensur für alle Druckwerke den Ortsbischöfen. Bei Strafe von Exkommunikation und heftigen Geldbußen wurde das Drucken, Binden und Lesen von Büchern, die nicht vorher die bischöfliche Approbation erhalten hatten, verboten.

Alexander VI., (1430–1503), Rodrigo Lanzol, Papst, richtete 1501 mit seiner Bulle „Inter multiplices" die Präventivzensur für vier deutsche Kirchendiozösen, u.a. Köln und Magdeburg, ein.

Leonardo da Vinci, (1452–1519), italienischer Wissenschaftler, Künstler und Erfinder, entwarf zahllose Skizzen mechanischer Geräte, darunter Flugmaschinen oder Architekturentwürfe, die von Kirchen über Kanalanlagen bis hin zu ganzen Festungen reichten. Sein künstlerisches Schaffen als Maler umfaßt so berühmte Werke wie die „Mona Lisa" oder das „Letzte Abendmahl Christi".

Leonardo Loredan, (1459–1516), (Leonhard Lauredan), Doge von Venedig, in einem seiner ins Deutsche übersetzten Briefe fand sich die erste Erwähnung des Begriffs „Zeitung".

Maximilian I., (1459–1519), deutscher König (ab 1493 Kaiser), richtete 1490 den ersten modernen Postkurs zwischen seinen Höfen in Innsbruck und bei Brüssel ein, der von der Familie Thurn und Taxis unterhalten wurde.

John Napier, (1540–1617), schottischer Mathematiker, führte die Logarithmenberechnung und den Dezimalpunkt in die Mathematik ein. Er entwickelte einen ersten Rechenschieber, die sogenannten „Napier's Bones", mit dem eine mechanische Multiplikation ermöglicht wurde.

Rudolf II. von Habsburg, (1552–1612), deutscher Kaiser, erhob 1597 das Postwesen zu einem hoheitlichen Recht und schuf damit die Grundlage für eine allgemeine Postbeförderung.

Johannes Kepler, (1571–1630), deutscher Astronom und Mathematiker, entwickelte auf der Basis des kopernikanischen Modells des Planetensystems die nach ihm benannten Gesetze der Planetenbewegung.

Willhelm Schickard, (1592–1635), deutscher Astronom, Mathematiker und Künstler, führte erste Landvermessungen nach eigenen kartographischen Methoden durch. Er konstruierte die erste mechanische, zahnradgetriebene Rechenmaschine, mit der sich die vier Grundrechenarten ausführen ließen.

Marcus Marci, (1595–1667), böhmischer Mediziner und Physiker, beschäftigt sich mit der Mechanik und der Optik. Er führt erste Versuche zur Refraktion von Licht an Prismen durch, jedoch gelang es erst Newton, deren Natur zu erklären.

Athanasius Kircher, (1601–1680), thüringer Jesuit, Mathematiker und Naturforscher, benutzte die Camera Obscura als erster mit einer Sammellinse und erschreckte seine Zuschauer mit der Projektion furchterregender Bilder. Die so verbesserte Camera Obscura firmierte bald unter dem Namen Laterna Magica (Zauberlampe).

Timotheus Ritzsch, (1614–1678), Herausgeber der ersten regelmäßig erscheinenden Tageszeitung „Neueinlaufende Nachricht von Kriegs- und Welthändeln" (1650) in Leipzig.

Blaise Pascal, (1623–1662), französischer Mathematiker, leistete wichtige Beiträge zur Zahlentheorie, Geometrie und der Wahrscheinlichkeitsrechnung. 1642 entwickelte er eine mechanische Rechenmaschine, die die Addition und Subtraktion von Dezimalzahlen erlaubte.

Robert Hooke, (1635–1703), englischer Wissenschaftler, entwickelte das nach ihm benannte Gesetz zur Beschreibung der Elastizität einer mechanischen Feder. Neben Biologie, Physik und Mechanik beschäftigte er sich auch mit den Möglichkeiten der Telekommunikation und lieferte die erste europäische Beschreibung des „Schnurtelefons".

Isaac Newton, (1643–1727), englischer Physiker, Mathematiker und Astronom, entdeckte das Gravitationsgesetz. Er begründete mit den nach ihm benannten Axiomen die sogenannte klassische Mechanik und erforschte das Licht beim Durchgang durch Materie. Von ihm stammen grundlegende Arbeiten auf dem Gebiet der Elektrizitätslehre und der Differential- und Integralrechnung.

Gottfried Willhelm von Leibnitz, (1646–1716), deutscher Mathematiker und Philosoph, entwickelte die Integral- und Differentialrechnung unabhängig von Newton. Er führte das binäre Zahlensystem ein und konstruierte die erste mechanische Rechenmaschine, die alle 4 Grundrechenarten direkt unterstützte. Leibnitz suchte nach einer Vereinigung aller Philosophien in einer universalen Philosophie und entwickelte in seinen Überlegungen die Lehre von den Monaden – unteilbaren, gegenstandslosen Einheiten – aus denen die Welt aufgebaut sein sollte.

Guillaume Amontons, (1663–1705), französischer Physiker, Erfinder des Barometers, demonstrierte erstmals erfolgreich eine praktikable Möglichkeit der optischen Signalübertragung mit Hilfe eines Flügeltelegrafen.

Stephen Gray, (1666 – 1736), englischer Physiker, entdeckte, daß beinahe alle Materialien elektrischen Strom weiterleiten, insbesondere Kupferdraht.

Heinrich Schulze, (1687–1744), deutscher Arzt und Pionier der Fotographie, entdeckte, daß für die Schwarzverfärbung von Silberverbindungen durch Sonnenlicht die Lichtenergie verantwortlich ist.

Petrus van Musschenbroek, (1692–1761), niederländischer Physiker, entwickelte den ersten Vorläufer der elektrischen Batterie, die „Leidener Flasche", eine Art Kondensator.

Antonio Caneletto, (1697–1768), venezianischer Maler, der berühmteste Städteansichtsmaler des 18. Jahrhunderts. Er benutzte für seine Arbeiten oft die Camera Obscura als Hilfsmittel zur naturgetreuen Abbildung einer Szene.

Allessandro Volta, (1745–1827), italienischer Physiker, arbeitete über die Elektrolyse und stellte 1800 mit der nach ihm benannten Voltaschen Säule die erste zuverlässige Stromquelle und den Vorläufer der modernen Batterie vor.

Francisco Salva y Campillo, (1751–1828), spanischer Arzt und Naturwissenschaftler, entwickelte einen ersten Elektrolyt-Telegrafen.

Joseph Marie Jacquard, (1752–1834), französischer Ingenieur, erhielt als Sohn eines Webers um 1790 den Auftrag, den mechanischen Webstuhl, der 50 Jahre zuvor von Jacques de Vauconson erfunden worden war, zu verbessern. Er trennte die Steuerung des Webstuhls in Gestalt von Lochkarten von der eigentlichen Maschine. Seine Erfindung war so revolutionär, daß die Weber um ihre Arbeit fürchteten, seine Maschinen verbrannten und ihn persönlich angriffen. Die Unruhen legten sich aber bald wieder, da die Erfindung zu einem gewaltigen wirtschaftlichen Aufschwung führte.

Samuel Thomas von Sömmering, (1755–1830), deutscher Anatom und Physiologe, entwickelte den Elektrolyt-Telegrafen weiter.

Claude Chappe, (1763–1805), französischer Physiker, entwickelte den Semaphor, einen Flügeltelegrafen als ersten modernen und praktisch einsetzbaren optischen Telegrafen für die Übermittlung frei formulierbarer Botschaften.

Nicéphore Niepce, (1765–1833), französischer Offizier und Privatgelehrter, gilt als Erfinder der Fotografie. Mit dem von ihm entwickelten Heliographie-Prozeß gelang ihm als erstem die Herstellung dauerhaft fixierter Lichtbilder.

Jean-Baptiste Joseph Baron de Fourier, (1768–1830), französischer Mathematiker und Physiker, entwickelte 1822 in seiner Analytischen Theorie der Wärme („Théorie analytique de la chaleur") das Prinzip der trigonometrischen Reihenentwicklung für periodische Funktionen. Mit Hilfe des nach ihm benannten Verfahrens (Fourier-Analyse, Fourier-Transformation) läßt sich eine periodische Funktion als Überlagerung von Sinus- und Cosinus-Schwingungen unterschiedlicher Amplitude und Frequenz darstellen.

Thomas Wedgewood, (1771–1805), englischer Fotopionier, experimentierte mit Silbernitratbildern auf Keramik, die sich aber noch nicht völlig fixieren ließen.

Thomas Young, (1773–1829), englischer Physiker, bestimmte die Wellenlängen des für den Menschen sichtbaren Lichts mit Hilfe der Diffraktion. Er erkannte aus seinen Experimenten die der Gestalt Lichtwellen als Transversalwelle und entwickelte ein Farbmodell, das auf der Mischung dreier Grundfarben basierte (trichromatisches Sehen).

André Marie Ampère, (1775–1836), französischer Physiker, arbeitete über den Elektromagnetismus und entwickelte den elektromagnetischen Nadeltelegrafen.

Georg Friedrich Grotefend, (1775–1853), deutscher Philologe, entschlüsselte 1802 als erster die Keilschrift.

Hans Christian Oerstedt, (1777–1851), dänischer Physiker und Chemiker, begründete die Lehre des Elektromagnetismus und schuf die Grundlagen der modernen Elektrotechnik.

Carl Friedrich Gauss, (1777–1855), deutscher Mathematiker, bekannt für seine bahnbrechenden Arbeiten in der Algebra, der Zahlentheorie und der Differentialgeometrie. Er entwickelte unter anderem zusammen mit Willhelm Weber einen elektrischen Zeigertelegrafen.

Francois Dominique Arago, (1786–1853), französischer Physiker und Direktor des Pariser Observatoriums, erfand eine Vielzahl optischer Instrumente. Sprach 1839 für Louis Daguerre vor der Pariser Akademie der Wissenschaften über die Erfindung der Fotografie und wurde zu ihrem ersten und wichtigsten Promoter.

Louis Jacques Mandé Daguerre, (1787–1851), Schausteller und Fotograf, entwickelte die von Niépce erfundene Heliographie weiter zur nach ihm benannten Daguerrotypie mit ihren dauerhaft fixierten Lichtbildern auf Silberjodidplatten.

Jean Francois Champolion, (1790–1832), französischer Ägyptologe, entzifferte 1822 die Hieroglyphen mit Hilfe des „Steins von Rosetta", einer Basaltsteintafel, die im Juli 1799 im westlichen Nildelta bei Rosetta von Napoleons Truppen gefunden worden, und auf der ein und derselbe Text sowohl in Hieroglyphenschrift als auch in demotischer und griechischer Schrift eingemeißelt war.

Michael Faraday, (1791–1867), amerikanischer Physiker, entdeckte neben dem Diamagnetismus und dem magneto-optischen Effekt auch die elektromagnetische Induktion, die für die Entwicklung des Telefons ausschlaggebend war.

Charles Babbage, (1791–1871), englischer Mathematikprofessor, entwickelte Konzepte zum Bau einer ersten, frei programmierbaren Rechenmaschine, der „Analytical Engine". Die Maschine war bereits in der Lage, logische Programmverzweigungen, Programmschleifen und Sprungbefehle auszuführen und nahm so bereits viele Konzepte heutiger Computer vorweg. Aufgrund der mangelnden feinmechanischen Präzision seiner Zeit war jedoch eine technische Umsetzung seiner Maschine noch nicht machbar. Bereits zuvor hatte er 1822 eine Rechenmaschine zum mechanischen Lösen von Differentialgleichungen, die „Difference Engine" konstruiert, die auch nur ansatzweise vollendet werden konnte.

Samuel Morse, (1791–1872), amerikanischer Portraitmaler und Erfinder, verhalf mit seiner Weiterentwicklung des Telegrafen zum „schreibenden" Telegrafen und dem nach ihm benannten Morse-Alphabets zur Kodierung der elektrischen Telegrafie zum großen Durchbruch.

James Gordon Bennet, (1792–1872), amerikanischer Verleger, Redakteur und Reporter, wurde als erster angelsächsischer „Pressebaron“ bezeichnet. Er gründete 1835 den „New York Herald“ nach dem Vorbild des zwei Jahre zuvor bereits erschienenen Revolverblatts „The Sun“ als billige Zeitung für ein Massenpublikum. Auf Bennet gehen eine Vielzahl journalistischer Erfindungen zurück. So benutzte er bereits 1846 den Telegraphen, unterhielt ein System europäischer Korrespondenten, schrieb in Interviewform und war führend beim Einsatz von Illustrationen.

William Fox Talbot, (1800–1877), Philologe und Mathematiker, ihm gelang die Entwicklung des ersten Papierbildverfahrens in der Fotografie, der Kalotypie, die es gestattete, beliebig viele Abzüge eines Bildes anzufertigen.

Willhelm Weber, (1804–1891), deutscher Physiker, arbeitete zusammen mit Carl Friedrich Gauss, mit dem er Arbeiten über die Messung des Erdmagnetfeldes veröffentlichte und 1833 den Zeigertelegrafen entwickelte.

Louis Braille, (1809–1952), Erfinder der nach ihm benannten Blindenschrift. Braille verlor ihm frühen Kindesalter durch einen Unfall sein Augenlicht. Da er sich nicht damit abfinden wollte, Literatur nur durch Vorlesen rezipieren zu können, bemühte er sich bereits früh um die Entwicklung einer Schrift für Blinde. 1825 veröffentlichte er seine einfach zu erlernende Blindenschrift, die er aus einer sehr komplexen, für das Militär entworfenen „Nachtschrift“ des Artielleriehauptmanns Charles Barbier entwickelte.

Frederick Scott Archer, (1813–1857), englischer Bildhauer und Fotograf, entwickelte 1851 das Kollodium-Naßverfahren zur fotografischen Belichtung von Negativen auf Glasplatten, das die notwendige Belichtungszeit erstmals auf nur wenige Sekunden reduzierte.

Augusta Ada King, Countess of Lovelace, (1815–1842), Tochter des berühmten englischen Dichters Lord Byron und Assistentin von Charles Babbage, trug zur Entwicklung der Konzeption von Babbage's „Analytical Engine“, dem ersten freiprogrammierbaren Computer bei und entwickelte wichtige, heute noch gültige Programmierkonzepte. Ihr zu Ehren wurde die im Auftrag des Amerikanischen Verteidigungsministeriums entwickelte Programmiersprache ADA benannt.

George Boole, (1815–1864), britischer Mathematiker, Begründer der nach ihm benannten **Booleschen Algebra**. Boole fand heraus, daß die Symbolik der Algebra nicht nur für Aussagen zwischen Zahlen und Zahlvariablen brauchbar ist und dehnte diese in den Bereich der Logik aus.

Richard Leach Maddox, (1816–1902), englischer Arzt und Fotopionier, entwickelte 1871 ein auf Bromsilber und Gelatine basiertes Trockenverfahren zur Fotografie. Gelatineplatten ließen sich längere Zeit lagern, bevor sie belichtet wurden.

Hermann von Helmholtz, (1821–1894), deutscher Physiologe und Physiker, gilt als eines letztes Universalgenies. Er formuliert unabhängig von J. P. Joule und J. R. Mayer das Prinzip der Energieerhaltung, arbeitet über Hydrodynamik, Elektrodynamik, Thermodynamik und entwickelt die Dreifarbtheorie von T. Young weiter.

Étienne Jules Marey, (1830–1904), französischer Physiologe und Filmpionier, entwickelte die Chronofotografie, also Folgen von fotografischen Stroboskopaufnahmen, mit denen Bewegungsabläufe aufgenommen und untersucht werden konnten.

James Clerk Maxwell, (1831–1879), schottischer Physiker, entwickelte eine einheitliche Theorie für Elektrizität und Magnetismus. Er postulierte die Existenz elektromagnetischer Wellen und schuf somit die Grundlage der Funktechnik. Er wies nach, daß das Licht durch elektromagnetische Schwingungen einer bestimmten Wellenlänge entsteht.

David Edward Hughes, (1831–1900), amerikanischer Musikprofessor, beschäftigte sich mit der Weiterentwicklung und Verbesserung der Telegraphie. Mit der Erfindung des nach ihm benannten „Hughes-Telegraphen“, (1855) – eines Fernschreibers bei dem die Sendezeichen über einen Typendrucker direkt in Lochschrift ausgegeben werden

– und der uns als sogenannter „Börsenticker“ auch heute noch bekanntist, gelangte er zu einem großen Vermögen. 1878 konstruierte er das erste Kohle-Mikrophon, ein essentieller Schritt zur Entwicklung des Telefons.

Phillip Reis, (1834–1874), deutscher Lehrer und Erfinder, konstruierte 1861 den ersten Vorläufer des heutigen Telefons.

Elisha Gray, (1835–1901), amerikanischer Erfinder, der zeitgleich mit Alexander Graham Bell das Telefon entwickelte und zum Patent anmeldete. Aufgrund einer Gerichtsentscheidung wurde später allerdings Bell das Patent für das Telefon zugesprochen.

Louis Ducas Du Hauron, (1837–1920), französischer Physiker, leistete wichtige Beiträge zur Entwicklung der Farbfotografie. In seinem Buch „Les Couleurs en Fotografie“ stellte er 1869 die subtraktive Farbmischmethode vor, die zu der damaligen Zeit allerdings aus Mangel an geeigneten Materialien technisch noch nicht realisiert werden konnte.

Almon Brown Strowger, (1839–1902), amerikanischer Bestattungsunternehmer, entwickelte die erste automatische Telefonvermittlung und anschließend das Wählscheibentelefon.

Charles Cros, (1842–1888), französischer Dichter und Erfinder, leistete grundlegende Arbeiten zur Entwicklung der Farbfotografie und des Phonographen, erntete aber mit beiden Entwicklungen keinen wirtschaftlichen Erfolg und konnte sich nicht gegen Edison (Phonograph) und Hauron (Farbfotografie) behaupten.

Emile Baudot, (1845–1903), französischer Ingenieur und Pionier der Telekommunikation, entwickelte den nach ihm benannten Baudot-Code zur Kodierung von Buchstaben und Ziffern. Die Maßeinheit **baud** (übertragene Zeichen pro Sekunde) ist nach ihm benannt.

Edouard Branly, (1846–1940), französischer Physiker, entdeckte die Möglichkeit, Radiowellen in elektrischen Strom umzuwandeln. Er entwickelte einen Detektor für elektromagnetische Wellen, den Kohärer (Fritter), eine mit Metallspänen gefüllte Glasröhre, die durch den Einfluß elektromagnetischer Felder ihre Leitfähigkeit ändern und so zum Nachweis derselben dienen konnte.

Thomas Alva Edison, (1847–1931), amerikanischer Erfinder und Organisationstalent, entwickelte den Phonographen, verbesserte das Telefon, entwickelte die Glühbirne, den Kinematografen, das Kinematoskop und vieles mehr. Er erbaute 1876 in Menlo Park, New Jersey ein eigenes Entwicklungslabor, in dem er sich mit einem Team von Spezialisten seinen epochemachenden Erfindungen widmete, wobei er mitunter bis zu 400 Patente pro Jahr anmeldete. Er wurde in den USA zum Idol und zum klassischen Beispiel für den erfolgreichen Selfmademan.

Alexander Graham Bell, (1848–1922), amerikanischer Physiologe, galt gemäß einer Entscheidung des US-Supreme-Court als Erfinder des Telefons und erhielt die diesbezüglichen Patente.

Karl Ferdinand Braun, (1850–1918), deutscher Physiker und Nobelpreisträger, entwickelte die Kathodenstrahlröhre und entdeckte durch Koppelung von Funkenkreis und Antennenkreis die Möglichkeit einer Frequenzabstimmung.

Emil Berliner, (1851–1929), deutschstämmger amerikanischer Elektrotechniker, entwickelte das Grammophon, das im Gegensatz zum Edisonschen Phonographen zwar keine Aufzeichnungsfähigkeit besaß, aber mit der Schallplatte einen Tonträger bereitstellte, der sich auf einfache Weise großmaßstäblich vervielfältigen ließ.

George Eastman, (1854–1932), amerikanischer Erfinder und Unternehmer, entwickelte den flexiblen Rollfilm und bot als erster eine komplette Foto-Infrastruktur, vom Film über die Kamera und den Entwicklungsservice für den Massenmarkt an.

Heinrich Hertz, (1857–1895), deutscher Physiker, wendete die Theorien Maxwells an und konstruierte Geräte zum Senden (Resonator) und Empfangen elektromagnetischer Wellen. Er wies damit die Gültigkeit der Maxwellschen Theorien nach. Ihm gelang die erste drahtlose Nachrichtenübertragung. Heute ist nach ihm die physikalische Größe benannt, die die Frequenz einer Welle bezeichnet.

Alexander Stephanowitsch Popow, (1858–1906), russischer Schiffsbauingenieur und Erfinder, entwickelte aufbauend auf den Arbeiten des Franzosen Branly Antennen u.a. zur Erkennung von elektrischen Naturphänomenen wie etwa Gewittern. Er stellte erste drahtlose Morseverbindung über eine Distanz von 250m her.

Michael Idvorsky Puppin, (1858–1935), amerikanischer Elektroingenieur, entwickelte eine nach ihm benannte Selbstinduktionsspule – die Puppinspule – die in der Telefonverstärkertechnik zum Einsatz kam, bevor die Elektronenröhre bzw. der Transistor als Verstärkerelement entwickelt wurden.

Emil und Max Skladanowsky, (1859–1945) und (1863–1939), deutsche Schausteller und Filmpioniere, entwickelten zusammen Filmkamera und Filmprojektor. Auf die Brüder Skladanowsky geht die erste öffentliche Filmvorführung der Geschichte im November 1895 zurück. Sie wurden später von den Gebrüdern Lumière überholt, da ihnen das Geld für weitere Entwicklungen fehlte, und gerieten in Vergessenheit.

Hermann Hollerith, (1860–1929), amerikanischer Erfinder, entwickelte 1890 für die US-amerikanische Volkszählung eine Lochkartenmaschine, mit der die Auswertung der Volkszählung wesentlich beschleunigt und kostengünstig durchgeführt werden konnte. Zur Vermarktung seiner Produkte gründete er 1896 die „Tabulating Machine Company“ , aus der 1924 nach mehreren Firmenzusammenschlüssen die Firma „International Bussiness Machines“ (IBM) hervorging.

Paul Nipkow, (1860–1940), deutscher Ingenieur und Fernsehpionier, entwickelte die nach ihm benannte Nipkowscheibe, die dazu genutzt wird, ein Einzelbild in einzelne Bildpunkte zu zerlegen, die dann mit Hilfe einer Selenzelle in elektrische Spannung umgewandelt und übertragen werden.

Auguste und Louis Jean Lumière, (1862–1954) und (1864–1948), französische Filmpioniere, entwickelten das Edisonsche Kinematiskop weiter zum Cinématograph Lumière, das Kamera, Kopier- und Vorführgerät in einem enthielt.

Reginald Fesseden, (1866–1932), kanadischer Erfinder und Ingenieur, sendete zu Weihnachten 1906 die erste Rundfunkübertragung der Geschichte und entwickelte den Sprechfunk.

Charles Francis Jenkins, (1867–1934), amerikanischer Erfinder, entwickelte 1925 ein elektromechanisches Fernsehsystem.

Boris Iwanowitsch Rosing, (1869–1933), russischer Physiker, schlug die Verwendung der Braunschen Kathodenstrahlröhre für die Darstellung von Fernsehbildern vor. 1907 übertrug er bereits einfache geometrische Figuren, jedoch gelang es ihm nicht, Halbtonbilder darzustellen.

Kurt Stille, (1873–1957), deutscher Ingenieur, verbesserte das magnetische Aufzeichnungsverfahren unter Benutzung von sehr dünnem Stahlband.

Lee De Forrest, (1873–1961), amerikanischer Ingenieur, entwickelte die Elektronenröhre weiter zum Verstärkerelement – das Audion, eine gasgefüllte Triode mit der Telegrafie- und Radiosignale verstärkt werden konnten. De Forrest erhielt 1908 ein Patent auf diese Röhre, dem „Großvater aller Radioröhren“ , das als eines der wertvollsten erachtet wird, die das amerikanische Patentbüro jemals erteilt hat. De Forrest dachte noch, das Gas in seiner Röhre sei zur Signalverstärkung notwendig. Später konnte jedoch gezeigt werden, daß sich mit Hilfe eines Vakuums die Leistung noch erhöhen ließ.

Guglielmo Marconi, (1874–1934), italienischer Ingenieur und Physiker, entwickelte, aufbauend auf den Arbeiten von Hertz, Branly und Popow die drahtlose Kommunikation weiter. Er experimentiert mit Schiffsfunk und stellte eine erste transatlantische Funkverbindung her.

Robert von Lieben, (1878–1913), österreichischer Physiker, erfand 1905/06 die nach ihm benannte Verstärkerelektronenröhre mit magnetischer Steuerung und 1910 eine

Glühkathodenröhre mit Gittersteuerung (Triode), die beide für die weitere Entwicklung der Radio- und Telefontechnik grundlegend waren.

Sir Isaac Shoenberg, (1880–1963), russischer Emigrant in England, leitete bei der britischen Firma Electric and Musical Industries (EMI) eine Forschungsgruppe, die von 1931–1935 eine neuartige Kameraröhre und eine Bildröhre für Empfänger entwickelte. Das von ihm entwickelte System wurde bei der BBC von 1939 bis 1962 eingesetzt.

Max Dieckmann, (1882–1960), deutscher Physiker, ließ sich 1906 ein „Verfahren zur Übertragung von Schriftzeichen und Strichzeichnungen unter Benutzung der Kathodenstrahlröhre" patentieren.

John Logie Baird, (1888–1946), schottischer Erfinder, entwickelte 1926 ein elektromechanisches Fernsehsystem in England.

Vladimir K. Zworykin, (1889–1982), russischer Erfinder und Fernsehpionier, entwickelte die erste vollelektronische Fernsehkamera und Bildröhre.

David Sarnoff, (1891–1971), amerikanischer Rundfunkpionier russischer Abstammung, empfing 1912 als junger Funker den Notruf der sinkenden Titanik und erlangte dadurch frühe Berühmtheit. Als Angestellter in der Firma Marconis präsentierte er 1916 erstmals die Idee des Rundfunks für Alle. Er wurde später Präsident der Radio Corporation of America (RCA), die aus Marconis ursprünglicher Firma entstand, und unterstützte die Entwicklung des Fernsehens.

August Karolus, (1893–1972), deutscher Physiker, entwickelte die sogenannte Kerr-Zelle, nutzbar für die Tonregistrierung auf Filmen, für die Lichttelephonie und die schnelle Übertragung ruhender und bewegter Bilder. Er gab damit den entscheidenden Anstoß für das Entstehen der deutschen Fernsehtechnik.

Fritz Pfleumer, (1897–1945), deutscher Ingenieur, entwickelte das erste Magnetband, ein mit Stahlpulver beschichtetes Papierband, für die elektromagnetische Aufzeichnung von Audiosignalen.

Alec A. Reeves, (1902–1971), englischer Ingenieur, entwickelte die Pulse Code Modulation, ein Verfahren zur Umwandlung analoger Signale in einzelne Pulse konstanter Amplitude, die sich digital Aufzeichnen lassen.

Walter House Brattain, (1902–1987), amerikanischer Physiker, arbeitete in den Bell Laboratories an Problemen der Oberflächen-Festkörperphysik und war Mitentwickler des ersten Transistors.

John von Neumann, (1903–1957), aus Ungarn stammender Mathematiker und Computerpionier, Mitglied im Entwicklungsteam des ersten vollelektronischen Universalcomputers ENIAC. Das nach ihm benannte Prinzip besagt, daß der Speicher eines Computers gleichermaßen durch den auszuführenden Programmcode und für die zu speichernden Daten genutzt werden kann. Er leistete unter anderem wichtige Beiträge zur Spieltheorie, der Quantenmechanik und zur Theorie zellulärer Automaten.

John W. Mauchly, (1907–1980), amerikanischer Physiker und Computerpionier, Mitglied im Entwicklungsteam des ersten vollelektronischen Universalcomputers ENIAC.

Walter Bruch, (1908–1990), Elektroingenieur, entwickelte die PAL Farbfernsehtechnik (Phase Alteration Line) und erhielt darauf ein Patent.

John Bardeen, (1908–1991), amerikanischer Physiker, betrieb in den Bell Laboratories Halbleiterforschung und war Mitentwickler des ersten Transistors. Er entwickelte die Theorie der Supraleitfähigkeit bestimmter Metalle nahe dem absoluten Nullpunkt.

Konrad Zuse, (1910–1995), deutscher Erfinder und Konstrukteur des ersten funktionsfähigen, frei programmierbaren, und auf dem binären Zahlensystem arbeitenden Rechners der Welt, der Z3, der im Mai 1941 in Berlin fertiggestellt wurde.

William Shockley, (1910–1989), englischer Physiker, Mitentwickler des ersten Transistors in den amerikanischen Bell Laboratories.

Herbert Marshall McLuhan, (1911–1980), kanadischer Schriftsteller, Medientheoretiker und Visionär. Seiner Theorie zur Folge üben die elektronischen Medien einen weitaus größeren Einfluß aus als die Inhalte, die sie transportieren („Das Medium ist die Botschaft").

Herman H. Goldstine, (*1913), amerikanischer Mathematiker und Computerpionier, Mitglied im Entwicklungsteam des ersten vollelektronischen Universalcomputers ENIAC.

Joseph Carl Robnett Licklider, (1915–1991), amerikanischer Visionär und Mitentwickler des ARPANET, entwickelte die Idee eines universellen Netzwerks und setzte seine Vision als Direktor der IPTO in die Tat um.

Richard Wesley Hamming, (1915–1998), amerikanischer Mathematiker und Pionier der Kodierungstheorie, arbeitet an fehlerkorrigierenden Codes, numerischen Integrationsmethoden und digitalen Filtern. Hamming erhielt 1968 den Turing-Award.

Claude Elwood Shannon, (1916–2001), amerikanischer Mathematiker, leistete grundlegende Beiträge zur mathematischen Informations- und Kodierungstheorie

John P. Eckert, (1919–1995), amerikanischer Mathematiker und Computerpionier, Mitglied im Entwicklungsteam des ersten vollelektronischen Universalcomputers ENIAC.

Robert William Bemer, (*1920), amerikanischer Computerpionier und Programmierer, Entwickler des ASCII-Zeichencodes. Mitentwickler der Programmiersprache COBOL, macht 1971 und wiederholt 1979 als erster auf die Problematik des sogenannten Millenium-Bug (Auftreten von Fehlern in Computerprogrammen zur Jahrtausendwende aufgrund unzureichend dimensionierter Variablendeklarationen) aufmerksam.

Charles P. Ginsburg, (1920–1992), amerikanischer Ingenieur, entwickelte für die Firma Ampex das erste Videoaufzeichnungsverfahren.

Jack St. Clair Kilby, (*1923), amerikanischer Physiker, entwickelte 1958 bei Texas Instruments den ersten integrierten Schaltkreis der Welt, für dessen Entwicklung er im Jahr 2000 mit dem Physiknobelpreis ausgezeichnet wurde.

Joseph Weizenbaum, (*1923), emeritierter Professor für Informatik am Massachussetts Institute of Technology (MIT), entwickelte 1964–1967 Computerprogramme zur Sprach-Analyse. Am bekanntesten wurde „Eliza", das im Dialog das Verhalten eines Psychotherapeuten nachahmt.

David A. Huffman, (1925-1999), amerikanischer Informatiker, entwickelte den nach ihm benannten Huffman-Code zur effizienten (komprimierten) Kodierung von Information.

Douglas C. Engelbart, (*1925), amerikanischer Ingenieur, entwickelte 1973 am Augmentation Research Center des Stanford Instituts ein Hypertextsystem mit grafischer Benutzeroberfläche (NLS) zu dem erstmals auch die Computer-Maus als Eingabegerät zählte.

Paul Baran, (*1926), amerikanischer Mathematiker polnischer Abstammung, entwickelte das Konzept der Paketvermittlung als grundlegendes Prinzip der Computernetzwerke.

Edsger W. Dijkstra, (1930–2002), holländischer Informatikpionier, bekannt für den von ihm entwickelten und nach ihm benannten Algorithmus zur Bestimmung des kürzesten Pfades zwischen zwei Knoten in einem Graphen. Der Dijkstra Algorithmus findet Einsatz innerhalb vieler Routing-Verfahren im Internet.

Jacob Zif, (*1931), entwickelte 1977 zusammen mit Abraham Lempel ein einfaches, wörterbuchbasiertes Datenkompressionsverfahren (LZ-Verfahren), das 1984 von Terry Welch verbessert und als **LZW**-Verfahren sehr populär geworden ist.

Leonard Kleinrock, (*1934), Professor an der University of California Los Angeles, entwickelte Ende der 50er Jahre das Konzept der Paketvermittlung in Computernetzwerken und gilt als Verfasser der ersten Nachricht, die je über das Internet gesendet wurde.

Abraham Lempel, (*1936), Direktor der HP Labs, Israel, und Professor am Israel Institute of Technology, entwickelte 1977 zusammen mit Jacob Zif ein einfaches, wörterbuchbasiertes Datenkompressionsverfahren (LZ-Verfahren), das 1978 von Terry Welch verbessert und als **LZW**-Verfahren sehr populär geworden ist.

Ted Nelson, (*1937), amerikanischer Geisteswissenschaftler, gilt als Erfinder des Begriffs „Hypertext". Er konzipierte 1967 ein weltweites Publikationssystem „Xanadu", das die Idee dss WWW bereits 20 Jahre vor seiner eigentlichen Geburt vorwegnahm.

Lawrence Roberts, (*1937), amerikanischer Ingenieur, gilt als einer der „Väter" des ARPANET. Seit 1966 Chef der Netzwerk-Entwicklungsgruppe der ARPA. Das ARPANET gewann als Vorläufer des Internet unter seiner Federführung Gestalt.

Robert Kahn, (*1938), Mitglied des Entwicklungsteams der Firma BBN, das im Auftrag der ARPA den ersten Kommunikationsrechner (Interface Message Processor, IMP) des ARPANET entwarf. Entwickelte zusammen mit Vinton Cerf 1973 das Internet-Protokoll **TCP/IP** und ist derzeit Vorsitzender der Internet Society (ISOC).

Terry Welch, (1939-1988), verbesserte 1984 das von Jacob Ziv und Abraham Lempel entwickelte, wörterbuchbasierte Datenkompressionsverfahren (LZ-Verfahren), das als **LZW**-Verfahren große Popularität gewann.

Ray Tomlinson, (*1941), amerikanischer Ingenieur, sendet 1971 die erste Email der Welt (an seinen eigenen Account auf einen nebenan stehenden Rechner über das ARPANET). Um den Namen des Empfängers vom Rechnernamen des Zielrechners zu separieren, verwendet er als erster das „@"-Zeichen.

Vinton Cerf, (*1943), Mitglied der Entwicklungsgruppe um das ARPANET. Entwickelte zusammen mit Robert Kahn 1973 das Internet-Protokoll **TCP/IP**, das 1983 das Standardprotokoll des Internets wurde. Cerf ist heute Senior Vice President bei MCI Communications.

Jon Postel, (1943–1998), amerikanischer Informatiker, Internetpionier, der seit dem Start des ARPANET als RFC-Editor für die Organisation und Veröffentlichung von Internetstandards verantwortlich war. Daneben wirkte er federführend in der IANA bei der Vergabe und Organisation der Internet-Adressen. Er war beteiligt an der Entwicklung der Basis-Internetprotokolle FTP, DNS, SMTP und IP.

Whitfield Diffie, (*1944), Kryptografie-Experte, Mitentwickler des nach ihm benannten **Diffie-Hellman**-Verfahrens, eines Kryptografieverfahrens, das auf der Verwendung öffentlicher Schlüssel basiert und so den bei herkömmlichen symmetrischen Verschlüsselungsverfahren notwendigen Austausch geheimer Schlüsselinformation überflüssig macht. Diffie ist politisch aktiv und setzt sich für die Rechte des Einzelnen auf eine kryptografisch gesicherte Privatsphäre ein.

Phil Zimmerman, (*1944), Kryptografie-Experte, Entwickler des **PGP**-Verfahrens zum sicheren Austausch von Emails (Pretty Good Privacy, 1991). PGP umfaßt sichere Authentifikation der Kommunikationspartner und Verschlüsselung der übertragenen Email-Nachrichten über ein asymmetrisches Verschlüsselungsverfahren unter Wahrung der Integrität der versendeten Nachrichten mit Hilfe digitaler Signaturen. Die US-Regierung sah durch die freie Verfügbarkeit der von Zimmerman entwickelten Software die damaligen US-Exportbeschränkungen für Kryptografie-Produkte verletzt und verwickelte Zimmerman in einen dreijährigen Rechtsstreit, der schließlich beigelegt wurde.

Leonard M. Adleman, (*1945), Professor für Informatik an der University of Southern California Los Angeles, Mitentwickler des **RSA-Kryptografieverfahrens** (Rivest-Shamir-Adleman, 1978) zur asymmetrischen Verschlüsselung. Er erfand das Verfahren zum Lösen eines einfachen Hamiltonkreis-Problems und baute dazu auch den ersten DNA-Computer. Erhielt zusammen mit Adi Shamir und Ron Rivest 2003 den Turing-Award.

Martin Hellman, (*1945), Kryptografie-Experte, Mitentwickler des nach ihm benannten **Diffie-Hellman**-Verfahrens, eines Kryptografieverfahrens, das auf der Verwendung öffentlicher Schlüssel basiert und so den bei herkömmlichen symmetrischen Verschlüsselungsverfahren notwendigen Austausch geheimer Schlüsselinformation überflüssig macht.

Robert Metcalfe, (*1946), amerikanischer Ingenieur, entwickelte die Ethernet-LAN-Technologie am Palo Alto Research Center der Firma Xerox. Auf seine Initiative hin wird Ethernet in einer Gemeinschaftsaktion der Firmen Digital, Intel und Xerox zum Produktstandard und zum heute weitverbreitetsten LAN-Standard. Als Gründer der Firma 3COM verfaßte er im Dezember 1973 den RFC 602 „The Stockings Were Hung by the Chimney with Care“, in dem erste Hacker-Zwischenfälle im noch jungen ARPANET beschrieben werden.

Robert Cailliau, (*1947), Mitentwickler des World Wide Web (1990), das er zusammen mit Tim Berners Lee am schweizer Kernforschungszentrum CERN als einfaches hypertextbasiertes Dokumentenaustauschsystem konzipierte. Cailliau arbeitet noch immer am CERN als Leiter der Web Communications Group.

Ronald L. Rivest, (*1947), Professor für Informatik am Massachussetts Institute of Technology (MIT), Mitentwickler des **RSA-Kryptografieverfahrens** (Rivest-Shamir-Adleman, 1978), Entwickler der symmetrischen Verschlüsselungsverfahren RC2, RC4, RC5 und Mitentwickler von RC6. Erhielt zusammen mit Adi Shamir und Leonard Adleman 2003 den Turing-Award.

Paul Kunz, Physiker am Stanford Linear Acceleration Center, lernte während eines Forschungsaufenthalts am schweizer Kernforschungsinstitut CERN das World Wide Web kennen und installierte im Dezember 1991 den ersten WWW-Server in den USA.

Stephen Wozniak, (*1950), gründete 1975 nach abgebrochenem Ingenieurstudium zusammen mit Steve Jobbs die Firma Apple, die den ersten Personal Computer der Welt auf den Markt brachte.

Adi Shamir, (*1952), Professor am Weizmann Institute of Science in Tel Aviv, Mitentwickler des **RSA-Kryptografieverfahrens** (Rivest-Shamir-Adleman, 1978) zur asymmetrischen Verschlüsselung. Erhielt zusammen mit Leonard Adleman und Ron Rivest 2003 den Turing-Award.

Steve Jobbs, (*1955), gründete 1975 nach abgebrochenem Ingenieurstudium zusammen mit Stephen Wozniak die Firma Apple, die noch vor dem IBM PC einen ersten Personal Computer, den Apple II, auf den Markt brachte.

Christoph Meinel, (*1954), Professor für Informatik an der Universität Trier, Visiting Professor am Louxembourg International Advanced Studies in Information Technology und Bejing University of Technology, einer der Autoren dieses Buches. Als Direktor des Trierer Instituts für Telematik mitverantwortlich für die Entwicklung des **Lock-keepers** und des Trierer **TeleTask**-Projekts. Er ist Herausgeber des Electronic Colloquium on Computational Complexity (**ECCC**) und Direktor des Zentrums für Wissenschaftliches Elektronisches Publizieren (**WEP**) an der Universität Trier.

Tim Berners Lee, (*1955), Vater des World Wide Web (1990), derzeit Direktor des W3C (World Wide Web Consortium), das die Entwicklung des WWW koordiniert und lenkt. Er entwickelte zusammen mit Robert Caillieau am schweizer Kernforschungszentrum CERN den ersten WWW-Server.

Harald Sack, (*1965), wissenschaftlicher Assistent an der Universität Jena, technischer Editor des Electronic Colloquium on Computational Complexity (**ECCC**) und Geschäftsführer des Zentrums für Wissenschaftliches Publizieren (**WEP**) in Trier, einer der Autoren dieses Buches.

Rasmus Lerdorf, (*1968), dänischer Informatiker, entwickelte 1994 die Skriptsprache PHP, die im Umfeld des World Wide Web große Popularität erlangt hat.

Marc Andreesen, (*1971), entwickelte als Student und Teilzeitkraft am National Center for Supercomputing Applications (NCSA) zusammen mit seinem Kollegen Eric Bina den ersten WWW-Browser mit grafischer Benutzeroberfläche „Mosaic" (1992). Nachdem er graduierte, gründete er 1994 die Firma Netscape, die durch den gleichnamigen WWW-Browser sehr populär wurde.

Larry Wall, entwickelte als Programmierer bei Unisys die Programmiersprache **Perl**, die im Bereich der CGI-Programmierung im World Wide Web große Popularität gewann.

Jarkko Oikarinen, entwickelte 1988 als Student für die von ihm betriebene Computer-Mailbox ein einfaches, textbasiertes, synchrones Nachrichtenaustauschsystem, das als **Internet Relay Chat** (**IRC**) enorme Popularität erlangte.

Nicola Pellow, entwickelte als Studentin während eines Praktikums am schweizer Kernforschungszentrum CERN in der Arbeitsgruppe um Tim Berners Lee den ersten zeilenorientierten WWW-Browser, der auf nahezu jeder Hardware lief.

B. Wichtige RFCs

Die Liste der **Internet Request for Comments** (**RFCs**) wird fortlaufend aktualisiert und kann daher in einem Buch nie vollständig angegeben werden. An dieser Stelle finden Sie eine Auswahl der wichtigsten RFCs zu den in diesem Buch behandelten Themen.

Eine vollständige Liste aller RFCs kann z.B. über die WebSite der Internet Engineering Task Force abgerufen werden:

`http://www.ietf.org/`

Weitere RFC-WebSites sind

- `http://www.faqs.org/rfcs/`,
- `http://www.pasteur.fr/other/computer/RFC/` in Frankreich und
- `http://www.csi.sony.co.jp/rfc/` in Japan.

RFCs können durch neue RFCs aktualisiert und revidiert werden. Die jeweils aktuellen Versionen können auf den o.a. WebSites gefunden werden.

Eine Suchmaschine, die den gezielten Zugriff auf RFCs nach abgefragten Themen und Stichpunkten bietet, findet sich auf der WebSite des RFC-Editors:

`http://www.rfc-editor.org/rfcsearch.html`

B.1 Internet Namens- und Adreß-Konventionen

RFC 1123: Requirements for Internet Hosts – Application and Support
RFC 1304: Definitions of Managed Objects for the SIP Interface Type

B.2 Internet Standardisierungsprozeß

RFC 1160: Internet Activities Board – IAB
RFC 1166: Internet Numbers
RFC 1396: The Process for Organization of Internet Standards Working Group

RFC 1601: Charter of the Internet Architecture Board
RFC 1604: IETF Working Group Guidelines and Procedures
RFC 1690: Introducing the Internet Engineering and Planning Group (IEPG)
RFC 1700: Assigned Numbers
RFC 1718: The TAO of IETF – A Guide for New Attendees of the IETF
RFC 1796: Not All RFCs are Standards
RFC 2014: Charter of the Internet Research Task Force
RFC 2026: The Internet Standards Process – Revision 3
RFC 2028: Organizations Involved in the IETF Standards Process
RFC 2031: IETF-ISOC Relationship
RFC 2050: Internet Registry IP Allocation Guidelines
RFC 2134: Articles of Incorporation of Internet Society
RFC 2223: Instructions for RFC Authors
RFC 2278: IANA Charset Registration Procedures
RFC 2900: Internet Official Protocol Standards

B.3 Network Layer Protokolle

RFC 826: Ethernet Address Resolution Protocol – ARP
RFC 894: Standard for the Transmission of IP Datagrams over Ethernet Networks
RFC 903: Reverse Address Resolution Protocol – RARP
RFC 925: Multi-LAN Address Resolution
RFC 1042: Standard for the Transmission of IP Datagrams over IEEE 802 Networks
RFC 1469: IP Multicast over Token Ring Local Area Networks
RFC 1088: NETBIOS
RFC 1132: IPX
RFC 1390: Transmission of IP and ARP over FDDI Networks
RFC 1356: X.25
RFC 1483 und
RFC 1577: Asynchronous Transfer Mode – ATM
RFC 1490: Frame Relay
RFC 1541: Dynamic Host Configuration Protocol – DHCP
RFC 1661: The Point-to-Point Protocol – PPP

B.4 Internet Layer Protokolle

RFC 791: Internet Protocol – IP
RFC 792: Internet Control Message Protocol – ICMP
RFC 826: Address Resolution Protocol – ARP
RFC 904: Exterior Gateway Protocol (EGP) Formal Specification

RFC 906: Reverse Address Resolution Protocol – RARP
RFC 919: Broadcasting Internet Datagrams
RFC 922: Broadcasting Internet Datagrams in the Presence of Subnets
RFC 1009: Requirements for Internet Gateways
RFC 1058: Routing Information Protocol – RIP
RFC 1063: IP MTU Discovery Options
RFC 1112: Host Extension for IP Multicasting
RFC 1136: Administrative Domains and Routing Domains: A Model for Routing in the Internet
RFC 1191: Path MTU Discovery
RFC 1264: Internet Routing Protocol Standardization Criteria
RFC 1322: A Unified Approach to Inter Domain Routing
RFC 1467: Status of Classless Inter Domain Routing (CDIR) Deployment in the Internet
RFC 1518: An Architecture for IP Address Allocation with CDIR
RFC 1519: Classless Inter Domain Routing (CDRI): An Address Assignment and Aggregation Strategy
RFC 1584: Multicast Extensions to OSPF
RFC 1723: Routing Information Protocol Version 2 – RIPv2
RFC 1812: Requirements for IP Version 4 Routers
RFC 1883: Internet Protocol, Version 6 (IPv6) Specification
RFC 1884: Internet Protocol Version 6, Addressing Architecture
RFC 1885: Internet Control Message Protocol (ICMPv6) for IPv6
RFC 1981: Path MTU Discovery for IP Version 6
RFC 2002: Internet Protocol Mobility Support
RFC 2003: IP Encapsulation within IP
RFC 2080: Routing Information Protocol (RIP) NextGeneration for IPv6
RFC 2117: Protocol Independent Multicast-Sparse Mode (PIM-SM): Protocol Specification
RFC 2178: Open Shortest Path First (OSPF) Version 2
RFC 2236: Internet Group Management Protocol – IGMP, Version 2
RFC 2328: Open Shortest Path First Protocol – OSPF

B.5 Internet Transport Layer Protokolle

RFC 768: User Datagram Protocol – UDP
RFC 793: Transmission Control Protocol – TCP
RFC 1301: Multicast Transport Protocol – MTP
RFC 1644: T/TCP – TCP Extensions for Transaction Functional Specification
RFC 2581: TCP Congestion Control
RFC 1889: RTP: A Transport Protocol for Real Time Applications
RFC 2147: TCP and UDP over IPv6 Jumbograms
RFC 2326: Real Time Streaming Protocol – RTSP

B.6 Internet Application Layer Protokolle

RFC 404: Remote Job Entry Protocol
RFC 821: Simple Mail Transfer Protocol (SMTP)
RFC 822: Standard for the Format of ARPA Internet Text Messages
RFC 854: Telnet Protocol
RFC 868: Time Protocol
RFC 959: File Transfer Protocol (FTP)
RFC 977: Network News Transfer Protocol (NNTP)
RFC 1034: Domain Names – Concepts and Facilities
RFC 1035: Domain Names – Implementation and Specification
RFC 1036: Standard and Interchange of USENET Messages
RFC 1055: RPC: Remote Procedure Call Protocol Specification, Version 2
RFC 1094: NFS: Network File System Protocol Specification
RFC 1155: Structure of Management Information – SMI
RFC 1157: Simple Network Management Protocol – SNMP
RFC 1282: BSD Rlogin
RFC 1305: Network Time Protocol (NTP)
RFC 1436: The Internet Gopher Protocol
RFC 1459: Internet Relay Chat
RFC 1777: Lightweight Directory Access Protocol – LDAP
RFC 1869: SMTP Service Extensions (ESMTP)
RFC 2251: Lightweight Directory Access Protocol Version 3– LDAPv3

B.7 Email, Kodierung und Darstellung

RFC 822: Standard for the Format of ARPA Internet Text Messages
RFC 1521: MIME (Multipurpose Internet Mail Extensions) Part One: Mechanisms for Specifying and Describing the Format of Internet Message Bodies
RFC 1522: MIME Part Two: Message Header Extensions for Non-ASCII Text
RFC 2070: Internationalization of the Hypertext Markup Language
RFC 2077: The Model Primary Content Type for Multipurpose Internet Mail Extensions (MIME)
RFC 2440: OpenPGP Message Format

B.8 World Wide Web

RFC 1630: Universal Resource Identifiers in the WWW
RFC 1737: Functional Requirements for Uniform Resource Names (URN)

RFC 1738: Uniform Resource Locators (URL)
RFC 1808: Relative Uniform Resource Locators
RFC 1866: Hypertext Markup Language – HTML 2.0
RFC 1942: HTML Tables
RFC 1945: Hypertext Transfer Protocol – HTTP/1.0
RFC 2068: Hypertext Transfer Protocol – HTTP/1.1
RFC 2070: Internationalization of Hypertext Markup Language
RFC 2109: HTTP State Management Mechanism
RFC 2141: URN Syntax
RFC 2168: Resolution of Uniform Resource Identifiers using the Domain Name System
RFC 2246: The Transport Layer Security Protocol Version 1.0
RFC 2276: Architectural Principles of Uniform Resource Name Resolution
RFC 2288: Using Existing Bibliographic Identifiers as Uniform Resource Names
RFC 2518: HTTP Extensions for Distributed Authoring
RFC 2616: Hypertext Transfer Protocol – HTTP/1.1
RFC 2817: Upgrading to TSL with HTTP/1.1
RFC 2818: HTTP over TSL

B.9 FYE – For Your Enjoyment

RFC 527: ARPAWOCKY
RFC 1149: A Standard for the Transmission of IP Datagrams on Avian Carriers
RFC 1438: Internet Engineering Task Force Statements of Boredom (SOBs)
RFC 1606: A Historical Perspective on the Usage of IP Version 9
RFC 1607: A View from the 21st Century
RFC 1925: The Twelve Networking Truths
RFC 2321: RITA – The Reliable Internetwork Troubleshooting Agent
RFC 2550: Y10K and Beyond
RFC 2551: The Roman Standards Process – Revision III
RFC 3092: Etymology of "Foo"
RFC 3251: Electricity over IP

B.10 FYI – For Your Information

RFC 1087: Ethics and the Internet
RFC 1118: Hitchhikers Guide to the Internet
RFC 1150: F.Y.I. on F.Y.I.: Introduction to the F.Y.I. Notes
RFC 1175: FYI on Where to Start – A Bibliography of Internetworking Information

RFC 1178: Choosing a Name for your Computer
RFC 1180: A TCP/IP Tutorial
RFC 1208: Glossary of Networking Terms
RFC 1432: Recent Internet Books
RFC 1462: FYI on "What is the Internet?"
RFC 1739: A Primer on Internet and TCP/IP Tools
RFC 1775: To be "On" the Internet
RFC 1855: Nettiquette Guidelines
RFC 1935: What is the Internet, Anyway?
RFC 1983: Internet User's Glossary
RFC 2235: Hobes' Internet Timeline

C. Wichtige Internetadressen

C.1 Institutionen und Organisationen

- **Internet Society**
  http://www.isoc.org/
- **ATM-Forum**
  http://www.atmforum.com/
- **Motion Picture Experts Group**
  http://www.mpeg.org/
- **International Standards Organisation**
  http://www.iso.ch/
- **International Telecommunication Union**
  http://www.itu.int/
- **World Wide Web Consortium (W3C)**
  http://www.w3c.org/
- **RFC Editor**
  http://www.rfc-editor.org/
- **Internet Assigned Number Authority (IANA)**
  http://www.iana.org/
- **Internet Corporation for Assigned Names & Numbers (ICANN)**
  http://www.icann.org/
- **Computer Emergency Response Team (CERT)**
  http://www.cert.org/
- **Internet Digital Rights Management (IDRM)**
  http://www.idrm.org/
- **Institute of Electrical and Electronics Engineers (IEEE)**
  http://www.ieee.org/
- **European Computer Manufacturers Association (ECMA)**
  http://www.ecma-interational.org/
- **UMTS-Forum**
  http://www.umts-forum.org/

C.2 Internet - Geschichte und Wachstum

- **Hobbes´ Internet Timeline von Robert H. Zakon**
  http://www.zakon.org/robert/internet/timeline/
- **Internet History Resources der ISOC**
  http://www.isoc.org/internet/history/
- **Internet Growth Summary von Marek Lottor**
  ftp://ftp.nw.com/pub/zone/
- **Internet Domain Survey**
  http://www.isc.org/ds/
- **WWW Growth Summary von Matthew Gray (MIT)**
  http://www.mit.edu/people/mkgray/net/web-growth-summary.html
- **WWW-Server Statistik von Netcraft**
  http://www.netcraft.com/survey/

C.3 Internet - Protokolle und Standards

- **ASN.1**
  http://www-sop.inria.fr/rodeo/personnel/hoschka/asn1.html
- **Pretty Good Privacy (PGP) – Open Source**
  http://www.pgpi.org/
- **Pretty Good Privacy (PGP^{TM}) – von Network Associates**
  http://www.pgp.com/
- **PGP Timeline**
  http://www.cypherspace.org/ adam/timeline/
- **XML 1.0**
  http://www.w3.org/XML/
- **Wireless Markup Language (WML)**
  http://www.thewml.org/
- **W3C MathML Homepage**
  http://www.w3.org/Math/
- **Voice XML Forum**
  http://www.voicexml.org/
- **W3C DOM Level 1 Recommendation**
  http://www.w3.org/TR/DOM-Level-1/
- **W3C DOM Level 2 Candidate Recommendation**
  http://www.w3.org/TR/DOM-Level-2/
- **SAX Homepage**
  http://www.megginson.com/SAX/
- **SUN Java Development Kit (JDK)**
  http://www.sun.com
- **CORBA Homepage**
  http://www.corba.ch/corba.html

- **Microsoft DCOM Homepage**
  `http://www.microsoft.com/com/wpaper/compsvcs.asp`
- **Perl.com – The Source for Perl**
  `http://www.perl.com`
- **PHP**
  `http://www.php.net`
- **OpenSSH Homepage**
  `http://www.openssh.com/`
- **SSH Communication Security**
  `http://www.ssh.com/`

C.4 Informationen rund um das Internet

- **@Home: Frequently Asked Questions**
  `http://www.home.com/qa.html`

C.5 Archive und Bibliotheken

- **Comprehensive Perl Archive Network (CPAN)**
  `http://www.cpan.org/`
- **Java.sun.com - The Source for Java Technology**
  `http://java.sun.com`
- **The JavaScript Source**
  `http://javascript.internet.com/`
- **The PHP Resource Index**
  `http://php.resourceindex.com/`

C.6 Ausgewählte Internet-Anwendungen und Dienste

- **Electronic Colloquium on Computational Complexity (ECCC)**
  `http://www.eccc.uni-trier.de/eccc/`
- **Digital Bibliography and Library Project (DBLP)**
  `http://dblp.uni-trier.de/`
- **Teleteaching Anywhere Solution Kit (TeleTask)**
  `http://www.tele-task.de/`

D. Abkürzungen und Akronyme

4CIF	4 fach Common Intermediate Format
AAC	Advanced Audio Coding
AAL	ATM Adaption Layer
ABR	Available Bit Rate
AC	Audio Code
ACK	Acknowledgement
ADM	Add Drop Multiplexer
ADSL	Asymmetric Digital Subscriber Line
AH	Authentication Header
AIFF	Audio Interchange File Format
AM	Amplituden-Modulation
ANSI	American National Standards Institute
API	Application Programming Interface
ARP	Address Resolution Protocol
ARPA	Advanced Research Project Agency
ARQ	Automatic Repeat Request
AS	Autonome Systeme
ASCII	American Standard Code for Information Interchange
ASF	Advanced Streaming Format
ASK	Amplitude Shift Keying
ATM	Asynchronous Transfer Mode
ATRAC	Adaptive Transform Acoustic Coding
AVI	Audio Video Interleave
BCD	Binary Coded Digits
BDSG	Bundesdatenschutzgesetz
BECN	Backward Explicit Congestion Notification
BGP	Border Gateway Protocol
BIFS	Binary Format for Scenes
BIND	Berkeley Internet Name Domain
B-ISDN	Broadband Integrated Service Digital Network
bit	Binary Digit
BLOB	Binary Large Object
bps	Bits per Second

b/w	Black and White
BT	Burst Tolerance
BUS	Broadcast and Unknown Server
BZT	Bundesamt für Zulassungen in der Telekommunikation
CA	Certification Authority
CAC	Connection Admission Control
CAP	Carrierless Amplitude Phase
CAPI	Common Application Interface
CBR	Constant Bit Rate
CCIR	Comité Consultatif International des Radiocommunications
CCITT	Comité Consultatif International de Telegraphique et Telefonique
CD	Compact Disc
CD-DA	Compact Disc Digital Audio
CDDI	Copper Distributed Data Interface
CDIR	Classless InterDomain Routing
CDMA	Code Division Multiple Access
CD-ROM	Compact Disc Read Only Memory
CDTR	Cell Delay Variation Tolerance
CDV	Cell Delay Variation
CER	Cell Error Rate
CERT	Computer Emergency Response Team
CGI	Common Gateway Interface
CG	Cyclic Group
CH	Cyclic Header
CHAP	Cryptographic Handshake Authentication Protocol
CIE	Commission Internationale d'Eclairage
CIF	Common Intermediate Format
CIR	Commited Information Rate
CLF	Common Logfile Format
CLLN	Consolidated Link Layer Management
CLP	Cell Loss Priority
CLR	Cell Loss Ratio
CML	Chemical Markup Language
CMR	Cell Misinsertion Ratio
CMS	Cryptographic Message Syntax
CORBA	Common Object Request Broker Architecture
COM	Component Object Model
COPS	Common Open Policy Services
CPS	Constraint Parameter Set
CPU	Central Processing Unit
CR	Carriage Return
CRC	Cyclic Redundancy Check
CRT	Cathod Ray Tube
CS	Convergence Sublayer

CSMA/CD	Carrier Sense Multiple Access Collision Detect
CSS	Cascading Style Sheet
CSS-P	Cascading Style Sheet Positioning
CTD	Cell Transfer Delay
CTS	Clear to Send
DA	Destination Address
DAB	Digital Audio Broadcasting
DAC	Dual Attached Component
DAP	Directory Access Protocol
DARPA	Defense Advanced Research Projects Agency
DAS	Dual Attached Station
DASL	DAV Search and Locate
db	Dezibell
DBLP	Digital Bibliography and Library Project
DCC	Digital Compac Cassette
DCE	Data Communication Equipment
DCE	Distributed Computing Environment
DCOM	Distributed Component Object Model
DCT	Discrete Cosine Transform
DDL	Description Definiton Language
DE	Discard Eligible
DEN	Directory Enabled Networks
DE-NIC	Deutscher Network Information Center
DES	Data Encryption Standard
DFT	Discrete Fourier Transform
DHTML	Dynamic HTML
DIDL	Digital Item Declaration Language
DIN	Deutsche Industrie Norm
DIT	Directory Information Tree
DLCI	Data Link Connection Identifier
DMT	Discrete Multitone
DN	Distinguished Name
DNS	Domain Name Service
DoD	Department of Defense
DOI	Digital Object Identifier
DOI	Domain of Interpretation
DOM	Document Object Model
DoS	Denial of Service
DPCM	Differential Pulse Code Modulation
DPG	Dedicated Packet Group
DQDB	Distributed Queue Dual Bus
DRM	Digital Rights Management
DSA	Digital Signature Algorithm
DSA	Directory System Agent

DSL	Digital Subscriber Line
DSLAM	Digital Subscriber Line Access Multiplexer
DSMX	Digitaler Signalmultiplexer
DSS1	Digital Signalling System No. 1
DSSS	Direct Sequence Spread Spectrum
DSSSL	Document Style Semantics and Specification Language
DTD	Document Type Definition
DTE	Data Terminal Equipment
DTR	Dedicated Token Ring
DTS	Decode Time Stamp
DTX	Discontinouse Transmission
DUA	Directory User Agent
DÜE	Datenübertragungseinrichtung
DVB	Digital Video Broadcasting
DVD	Digital Versatile Disk
DVMRP	Distance Vector Multicast Routing Protocol
DXC	Digital Cross Connect
EBCDIC	Extended Binary Coded Decimals Interchange Code
ECCC	Electronic Colloquium on Computational Complexity
ECLF	Expanded Common Logfile Format
ECMA	European Computer Manufacturers Association
ED	End Delimiter
EDGE	Enhanced Data Rate for GPRS Execution
EEPROM	Electronic Erasable Programmable Read Only Memory
EFF	Electronic Frontier Foundation
EGP	Exterior Gateway Protocol
EGPCS	Environment, GET, POST, Cookies, Server
EIA	Electronic Industry Association
EJB	Enterprise Java Beans
EOB	End of Block
EOF	End of File
EOI	End of Image
EOT	End of Text
ESMTP	Extended Simple Mail Transfer Protocol
ESP	Encapsulating Secure Payload
ETSI	European Telecommunication Standards Institute
FCS	Frame Check Sequence
FDC	Final Comitee Draft
FDDI	Fiber Distributed Data Interface
FDMA	Frequency Division Multiple Access
FECN	Forward Explicit Congestion Notification
FFT	Fast Fourier Transformation
FHSS	Frequency Hopping Spread Spectrum
FIFO	First In First Out

fps	Frames per Second
FS	Frame Status
FSK	Frequency Shift Keying
FSN	Full Service Network
FT	Fourier Transformation
FTP	File Transfer Protocol
GFC	General Flow Control
GFR	Guaranteed Frame Rate
GFSK	Gaussian Frequency Shift Keying
GIOP	General Inter-ORB Protocol
GML	General Markup Language
GMSK	Gaussian Minimum Shift Keying
GOP	Group of Pictures
GPRS	General Paket Radio Service
GSM	Global System for Mobile Communication
HDB	High Density Bipolar
HDSL	High Bit Rate DSL
HDTV	High Definition Television
HEC	Header Error Check
HGML	Hyper Graphics Markup Language
HMAC	Hash Message Athentication Code
HOB	Head of Bus
HSCSD	High Speed Circuit Switched Data
HSTR	High Speed Token Ring
HTML	Hypertext Markup Language
HTTP	Hypertext Transfer Protocol
HTTPS	HTTP over Secure Socket Layer
Hz	Hertz
IAB	Internet Architectural Coard
IANA	Internet Assigned Number Authority
ICANN	Internet Corporation for Assigned Names and Numbers
ICCC	International Conference on Computers Communications
ICMP	Internet Control Message Protocol
ICR	Initial Cell Rate
IDL	Interface Definition Language
IEEE	Institute of Electrical and Electronics Engineers
IESG	Internet Engineering Steering Group
IETF	Internet Engineering Task Force
IGP	Interior Gateway Protocol
IHL	Internet Header Length
IIOP	Internet Inter-ORB Protocol
IKE	Internet Key Exchange
IKT	Informations- und KommunikationsTechnologie
IMAP	Internet Message Access Protocol

IP	Internet Protocol
IP	Intellectual Property
IPnG	Internet Protocol – (The) Next Generation
IrDA	Infrared Data Association
IRSG	Internet Research Steering Group
IRTF	Internet Research Task Force
ISDN	Integrated Service Digital Network
ISO	International Standards Organisation
ISOC	Internet Society
ISP	Internet Service Provider
ISUP	ISDN User Part
ITC	International Telegraph Code
ITU	International Telecommunications Union
IV	Initialisierungsvektor
JDC	Japanese Digital Cellular
J2EE	Java 2 Enterprise Edition
J2ME	Java 2 Micro Edition
J2SE	Java 2 Standard Edition
JAR	Java Archive
JDBC	Java Data Base Connection
JDK	Java Development Kit
JFIF	JPEG File Interchange Format
JMS	Java Message Service
JNDI	Java Naming and Directory Interface
JPEG	Joint Photographic Experts Group
JSP	Java Server Pages
JVM	Java Virtual Machine
KDC	Key Distribution Center
KEA	Key Exchange Algorithm
kHz	KiloHertz
LAN	Local Area Network
LANE	LAN Emulation
LAPB	Link Access Procedure Balanced
LAPD	Link Access Procedure D-Channel
LAPF	Link Access Protocol for Frame Mode Bearer Service
LC	Late Counter
LCF	Low Cost Fiber
LCP	Link Control Protocol
LDAP	Lightweight Directory Access Protocol
LDIF	Lightweight Directory Interface Format
LEC	LAN Emulation Client
LECS	LAN Emulation Configuration Service
LEO	Low Earth Orbiting
LES	LAN Emulation Service

LF	Line Feed
LIPS	Lightweight Internet Person Schema
LLC	Logical Link Control
LLU	Link Local Use
LTP	Long Term Predication
LUT	Lookup Table
LWL	Lichtwellenleiter
MAC	Medium Access Control
MAC	Message Authentication Code
MACA	Multiple Access Collision Avoidance
MAN	Metropolitan Area Network
MathML	Mathematical Markup Language
MAU	Medium Attachment Unit
MCR	Minimal Cell Rate
MD5	Message Digest 5
MDCT	Modified Discrete Cosine Transformation
MEO	Medium Earth Orbit
MExE	Mobile Station Execution Environment
MHS	Message Handling System
MIB	Management Information Base
MIDI	Musical Instrument Digital Interface
MIME	Multimedia Internet Mail Extension Format
MMF	Multimode Fiber
MNP	Microcom Networking Protocol
MOSS	MIME Object Security Services
MOSPF	Multicast Open Shortest Path First
MPEG	Moving Pictures Experts Group
MS	Mobile Station
MSAU	Multi Station Access Unit
MSC	Mobile Switching Center
MTA	Message Transfer Agent
MTP	Message Transfer Part
MTS	Message Transfer System
MTU	Maximum Transmission Unit
MUX	Multiplexer
NCP	Network Control Program
NE	Node Element
NFS	Network File System
NIC	Network Interface Card
NID	Namespace Identifier
NIT	Network Information Table
NLPID	Network Layer Protocol ID
NMR	Noise-to-Mask Ratio
NMS	Network Management System

NNI	Network Network Interface
NRZI	Non Return to Zero Invert
NSF	National Science Foundation
NSS	Namespace Specific String
NTSC	National Television Systems Comitee („Never the same color“)
NVT	Network Virtual Terminal
OC	Optical Carrier
ODBC	Open DataBase Connectivity
ONU	Optical Network Unit
ORB	Object Request Broker
OUI	Organisationally Unique Identifier
PA	Preamble
PAL	Phase Alternating Lines
PAN	Personal Area Network
PAP	Password Authentication Protocol
PARC	Palo Alto Research Center
PAT	Programm Association Table
PCM	Pulse Code Modulation
PCR	Peak Cell Rate
PDA	Personal Data Assistant
PDP	Policy Decision Point
PDH	Plesiochrone Digital Hierarchy
PDU	Protocol Data Unit
PEP	Protocol Extension Protocol
PEP	Policy Enforcement Point
PERL	Practical Extraction and Report Language
PES	Packetized Elementary Stream
PFR	Portable Font Resource
PGP	Pretty Good Privacy
PHP	PHP Hypertext Preprocessor
PIM	Protocol Independent Multicast
PIN	Personal Identity Number
PKI	Public Key Infrastruktur
PMD	Physical Medium Dependent
PMT	Program Map Table
PMTU	Path Maximum Transfer Unit
POTS	Plain Old Telephone Service
PPP	Point-to-Point Protocol
PSK	Phase Shift Keying
PTI	Payload Type Identifier
PTS	Presentation Time Stamp
PVC	Permanent Virtual Circuit
QAM	Quadrature Aperture Modulation

QCIF	Quarter Common Intermediate Formate
QoS	Quality of Service
QPSK	Quaternary Phase Shift Keying
RAI	Remote Alarm Indication
RAM	Random Access Memory
RARP	Reverse Address Resolution Protocol
RC	Rivest Cipher (Ron's Code)
RDF	Resource Description Framework
RDS	Resolver Discovery Service
RGB	Rot - Grün - Blau
RI	Ring In
RIFF	Resource Interchange File Format
RLV	Ringleitungsverteiler
RMI	Remote Method Invocation
RO	Ring Out
ROADS	Running out of Address Space
ROM	Read Only Memory
RPC	Remote Procedure Call
RFC	Reverse Path Forwarding
RSA	Rivest, Shamir, Adleman - Verschlüsselungsalgorithmus
RSH	Remote Shell
RSVP	Resource Reservation Protocol
RTS	Request to Send
RTSP	Real Time Streaming Protocol
RVSA	Remote Variant Selection Algorithm
SA	Security Association
SA	Source Address
SAC	Single Attached Component
SAD	Security Association Database
SAR	Segmentation and Reassembly
SAS	Single Attached Station
SAX	Simple API for XML
SBR	Spectral Band Replication
SCCP	Signal Connection Control Part
SCR	Sustained Cell Rate
SD	Starting Delimiter
SDH	Synchronous Digital Hierarchy
SDSL	Symmetric DSL
SECAM	Systéme Électronique pour Couleur avec Mémoire
SECBR	Severly-Errored Cell Block Ratio
SGML	Standard Generalized Markup Language
SHA	Secure Hash Algorithm
SIM	Subscriber Identity Module
SLA	Site Level Aggregation

SLU	Site Local Use
SMDS	Switched Multi-Megabit Metropolitan Data Service
SMF	Singlemode Fiber
SMI	Structure of Management Information
SMIL	Synchronized Multimedia Integration Language
SMP	Standby Monitor Presence
SMR	Signal-to-Mask Ratio
SMS	Short Message Service
SMTP	Simple Mail Transfer Protocol
SNA	System Network Architecture
SNAP	SubNet Attachment Point
SNMP	Simple Network Management Protocol
SNR	Signal-to-Noise Ratio
SONET	Synchronous Optical Network
SPD	Secure Payload Database
SPEC	Standard Performance Evaluation Corporation
SPI	Security Parameter Index
SPI	Server Programming Interface
SS7	Signalling System No. 7
SSH	Secure Shell
SSL	Secure Socket Layer
STGO	Start Tag Open
STM	Synchronous Transfer Mode
STP	Shielded Twisted Pair
STS	Station to Station Protocol
STS	Synchronous Transport Signal
SVC	Switched Virtual Circuit
SVG	Scalable Vector Graphics
TA	Trust Center
TAE	TelekommunikationsAnschlußEinheit
TAGC	Tag Close Delimiter
TCM	Trellis Code Modulation
TCP	Transmission Control Protocol
TDAC	Time Domain Aliasing Cancellation
TDDSG	Teledienstedatenschutzgesetz
TDM	Time Division Multiplexing
TDMA	Time Division Multiple Access
TEI	Transport Error Indicator
THT	Token Hold Timer
TIA	Telecommunication Industry Association
TM	Terminal Multiplexer
TNS	Temporal Noise Shaping
TOS	Type of Service
TROLI	Token Ring Optimized Link Interface

TRT	Token Rotation Timer
TSC	Transport Scrambling Control
TTL	Time To Live
TTP	Timed Token Protocol
TTRT	Target Token Rotation Timer
TVC	Transient Virtual Channel
UBE	Unsolicited Buld Email
UBR	Unspecified Bit Rate
UCE	Unsolicited Commercial Email
UDP	User Datagram Protocol
UMTS	Universal Mobile Telecommunication System
UNI	User Network Interface
URI	Uniform Resource Identificator
URL	Uniform Resource Locator
URN	Uniform Resource Name
UTP	Unshielded Twisted Pair
VBR	Variable Bit Rate
VC	Virtual Container
VC	Virtual Channel
VCC	Virtual Channel Connection
VCI	Virtual Channel Identifier
VDSL	Very High Bit Rate DSL
Veronica	Very Easy Rodent-Oriented Net-Wide Index to Computerized Archives
VHS	Video Home System
VM	Virtual Machine
VML	Vector Markup Language
VP	Virtual Path
VPC	Virtual Path Connection
VPI	Virtual Path Identifier
VPN	Virtual Private Network
VQF	Vector Quantization Format
VRML	Virtual Reality Modeling Language
WAIS	Wide Area Information System
WAN	Wide Area Network
WAP	Wireless Application Protocol
W3C	World Wide Web Consortium
WD	Working Draft
WebDAV	WWW Distributed Authoring and Versioning
WEFT	Web Embedding Fonts Tool
WEP	Wired Equivalence Protocol
WLAN	Wireless LAN
WLL	Wireless Local Loop
WMF	Windows Media Format

WML	Wireless Markup Language
WMT	Windows Media Technologies
WTLS	Wireless Transport Layer Security
WWW	World Wide Web
WYSIWYG	What You See Is What You Get
XML	Extended Markup Language
XSL	Extensible Style Language
XSLT	XSL Transformations
Y	Luminanz, Helligkeitskomponente des YC_rC_b-Farbmodells

Literaturverzeichnis

[Abb99] J. Abbate: *Inventing the Internet*, MIT Press, Cambridge, MA, USA, 1999.

[ABK+00] R. Anderson, M. Birbeck, M. Kay, e.a.: *XML Professionell*, MITP Verlag, Bonn, 2000.

[Abr85] N. Abrahamson, *Development of the Alohanet*, in IEEE Transactions on Information Theory, IT31-3, März 1985, pp. 119-123.

[Abr87] A. Abrahamson, *The History of Television, 1880 to 1941*, Mc Farland, USA, 1987.

[AG97] K. Arnold, J. Gosling: *The Java Programming Language (Java Series), 2nd. edition*, Addison-Wesley, Reading MA, 1997.

[AL93] P. Albitz C. Liu: *DNS & BIND*, O'Reilly & Associates, Petaluma CA, USA, 1993.

[Ash98] G. R. Ash, *Dynamic Routing in Telecommunications Networks*, McGraw Hill, New York, USA, 1993.

[Bar60] P. Baran: *Reliable Digital Communication Systems Using Unreliable Network Repeater Nodes*, Report P-1995, Rand Corporation, USA, 1960.

[Bar64] P. Baran: *On Distributed Communication Networks*, in IEEE Transactions on Communication Systems, März 1964.

[BCL94] T. Berners-Lee, R. Cailliau, A. Luotonen, H. Frystyk Nielsen, A. Secret: *The World Wide Web*, in Communications of the ACM, No. 37-a, Aug. 1994, pp. 76-82.

[Bel57] E. E. Bellman: *Dynamic Programming*, Princeton University Press, Princeton, NJ, USA, 1957.

[Ber84] E. R. Berlekamp: *Algebraic Coding Theory*, Aegean Park Press, Laguna Hills, CA, USA, 1984.

[Ber88] E. R. Berlekamp: *Key Papers in the Development of Coding Theory* (IEEE Press Selected Reprint Series), IEEE Press, 1988.

[BG91] D. Bertsekas, R. Gallagher: *Data Networks, 2nd Ed.*, Prentice Hall, Englewood Cliffs NJ, USA, 1991.

[BGW01] N. Borisov, I. Goldberg, D. Wagner: *Intercepting Mobile Communications: The Insecurity of 802.11*, in Proc. of the 7th Annual International Conference on Mobile Computing And Networking, July 16-21, 2001.

[BH01] A. Badach, E. Hoffmann: *Technik der IP-Netze*, Carl Hanser Verlag, München, 2001.

[BHK97] A. Badach, E. Hoffmann, O. Knauer: *High Speed Internetworking, 2. Aufl.*, Addison-Wesleyn, Bonn, Germany, 1997.

[Bir88] D. Bird: *Token Ring Network Design*, Addison-Wessley, Reading MA, 1994.

[Bla91] U. Black: *OSI – A Model for Computer Communications Standards*, Englewood Cliffs, NJ, USA, 1991.

[Bla97] U. Black: *Emerging Communications Technologies, 2nd Ed.*, Prentice Hall, 1997.

[BM96] S. Bradner, A. Mankin: *IPng: Internet Protocol Next Generation*, Addison Wesley, Reading MA, USA, 1996.
[BMS98] J. Bern, Ch. Meinel, H. Sack: *Electronic Colloquia: Idea and Practice*, in Proc. of ACM SIGDOC'98, Quebec Canada, 1998, pp. 113-119.
[Boc97] P. Bocker: *ISDN - Digitale Netze für Sprach-, Text-, Daten-, Vidoe- und Multimediakommunikation*, 4. erw. Aufl., Springer Verlag, Berlin, 1997.
[Bra00a] J. Bradenbaugh: *JavaScript Kochbuch für Web-Anwendungen*, O'Reilly, Köln, 2000.
[Bra00] N. Bradley: *The XML Companion*, Addison-Wesley, Harlow, UK, 2000.
[Bra96] S. Bradner: *The Internet Standards Process – Revision 3*, Internet RFC 2026, 1996.
[Bry97] M. Bryan: *SGML and HTML Explanied*, 2nd. ed., Addison-Wesley, Reading MA, USA, 1997.
[BS02] D. J. Barret, R. Silverman: *SSH: Secure Shell*, O'Reilly, Köln, 2002.
[Buc99] B. Buchanan: *Handbook of Data Communications and Networks*, Kluwer Academic Publishers, Boston, 1999.
[Bus45] V. Bush: *As We May Think*, in The Atlantic Monthly, No. 176, pp. 101-108, July 1945.
[Cas99] E. Castro: *Perl and CGI for the World Wide Web: Visual QuickStart Guide*, Peachpit Press, Berkeley CA, USA, 1999.
[CB94] W. R. Cheswick, S. M. Bellovin: *Firewalls and Internet Security*, Addison-Wesley, Reading MA, USA, 1994.
[CCI91] CCITT Recommendation I.327: *Broadband-ISDN Functional Architecture*, CCITT, Genf, Schweiz, 1991.
[CCI91a] CCITT Recommendation I.150: *Broadband-ISDN Asynchronous Transfer Mode Functional Characteristics*, CCITT, Genf, Schweiz, 1991.
[CCI92] CCITT Recommendation I.361: *Broadband-ISDN ATM Layer Specification*, CCITT, Genf, Schweiz, 1992.
[CE97] B. Costales, E. Allman: *Sendmail – kurz & gut*, O'Reilly, Köln, 1997.
[CEGK98] G. Cótè, B. Erna, M. Gallant, F. Kossentini: *H263+: Video Coding at Low Bitrates*, IEEE Trans. on Circuits and Systems for Video Technology, Vol.8 No.7, 1998.
[Cha+99] J. L. Chabert, et. al.: *A History of Algorithms: From the Pebble to the Microchip*, Springer Verlag, 1999.
[Cha02] D. Chamberlain: *XQuery: An XML Query Language*, in IBM Systems Journal, vol. 41:4, 2002, pp. 597–615.
[Che00] Z. Chen: *Java Card(TM) Technology for Smart Cards – Architecture and Programmer's Guide*, Addison-Wesley, Boston MA, USA, 2000.
[CHW99] J. Crowcroft, M. Handlez, I. Wakeman: *Internetworking Multimedia*, Morgan Kaufman Publishers, San Francisco CA, USA, 1999.
[CK74] V. Cerf, R. Kahn: *A Protocol for Packet Network Interconnection*, in IEEE Transactions on Computing, vol. COM-22, pp. 637-648, May 1974.
[Cla95] R. J. Clarke: *Digital Compression of Still Image and Video*, Academic Press, San Diego CA, USA, 1995.
[CLR96] T. H. Cormen, C. E. Leiserson, R. L. Rivest: *Introduction to Algorithms*, MIT Press, Cambridge MA, USA, 1996.
[Com87] Compuserve Incorporated: *GIF Graphics Interchange Format: A standard defining a mechanism for the storage and transmission of bitmap-based graphics information*, Columbus OH, USA, 1987.
[Com90] Compuserve Incorporated: *GIF Graphics Interchange Format: Version 89a*, Columbus OH, USA, 1990.
[Com98] D. E. Comer: *Computernetzwerke und Internets*, Prentice Hall, München, 1998.

[Com00] D. E. Comer: *Internetworking with TCP/IP, Vol I: Principles, Protocols, and Architecture, 4th ed.*, Prentice Hall, Upper Saddle River NJ, 2000.
[CT99] T. Christiansen, N. Torkington: *Perl Kochbuch*, O'Reilly, Köln, 1999.
[CWK97] J. Crow, I. Widjaja, J. Kim, P. Sakai: *IEEE 802.11 Wireless Local Area Networks*, in IEEE Communications Magazine, Sep. 1997, pp. 116–126.
[CZ95] D. E. Chapman, E. D. Zwicky: *Building Internet Firewalls*, O'Reilly & Associates, Sebastopol CA, USA, 1995.
[Dai91] J. N. Daigle: *Queing Theory for Telecommunications*, Addison-Wesley, Reading MA, 1991.
[Dar01] I. F. Darwin: *Java (TM) Cookbook*, O'Reilly, Sebastopol CA, USA, 2001.
[DC90] S. E. Deering, D. R. Cheriton: *Multicast Routing in Datagram Internetworks and Extended LANs*, in ACM Trans. on Computer Systems, vol.8, pp. 85-110, May 1990.
[DH76] W. Diffie, M. E. Hellman: *New Directions in Cryptography*, in IEEE Transactions on Information Theory, no.6, Nov. 1976, pp. 644–654.
[dHT90] P. C. den Heijer, T. Tolsma: *DFÜ – Datenfernübertragung; Vom Akustikkoppler zum lokalen Netzwerk*, Falken-Verlag, Niedernhausen, 1990.
[Die97] S. Diehl: *Java & Co: Die Sprachen des Webs*, Addison-Wesley-Longman, Bonn, 1997.
[Dif92] W. Diffie: *The First Ten Years of Public Key Cryptography*, in Contemporary Cryptology: The Science of Information Integrity, G. J. Simmons, ed., IEEE Press, 1992, pp. 65-134.
[Dij59] E. W. Dijkstra: *A Note on Two Problems in Connexion with Graphs*, Num. Math. vol.1, pp. 269-271, Oct 1959.
[DM86] R. A. Dirvin, A. R. Miller: *The MC68824 Token Bus Controller: VLSI for the Factory LAN*, in IEEE Micro Magazine, vol.6, pp. 15-25, Juni 1986.
[Eck99] R. Eckstein: *XML Pocket Reference*, O'Reilly, Sebastopol CA, USA, 1999.
[ECMA97] European Computer Manufacturers Association: *ECMAScript, A General Purpose, Cross-Plattform Programming Language*, Standard ECMA-262, 1997.
[Eco96] U. Eco: *From Internet to Gutenberg*, a lecture presented at the Italian Academy for Advanced Studies in America, Nov. 12, 1996, at `http://www.italynet.com/columbia/Internet.htm`.
[FF62] L. R. Jr. Ford, D. R. Fulkerson: *Flows in Networks*, Princeton University Press, Princeton, NJ, USA, 1962.
[FL72] D. J. Farber, K. C. Larson: *The system architecture of the distributed computer system - the communications network*, in Proc. Sym. on Computer Networks, Polytechnic Institute of Brooklyn, 1972.
[Fla96] D. Flanagan: *Java in a Nutshell, deutsche Ausgabe*, O'Reilly, Köln, 1996.
[Fla97] D. Flanagan: *JavaScript – Das umfassende Referenzwerk*, O'Reilly, Köln, 1997.
[Fli94] P. Flichy: *Tele: Die Geschichte der modernen Kommunikation*, Campus Verlag, Frankfurt am Main, 1994.
[FMS01] S. Fluhrer, I. Mantin, A. Shamir: *Weaknesses in the Key Scheduling Algorithm of RC4*, in Proc. of 8th Annual Workshop on Selected Areas in Cryptography, August 2001.
[FN69] W. D. Farmer, E. E. Newhall: *An experimental distributed switching system to handle bursty computer traffic*, in Proc. ACM Sym. on Problems in Optimization of Data Communication Systems, ACM, pp.1-33, 1969.
[Fre00] U. Freyer: *Nachrichten-Übertragungstechnik*, Hanser Verlag, München, 4. Aufl., 2000.
[Fug96] M. Fuglèwicz, *Das Internet Lesebuch - Hintergründe, Trends, Perspektiven* Buchkultur Verlagsgesellschaft m.b.H., Wien, 1996.

[Gal00] J. Gallenbacher: *Web komplett – Der erfolgreiche Internetauftritt*, COmputer und Literaturverlag, Böblingen, 2000.

[Gas02] M. Gast: *802.11 Wireless Networks: The Definitive Guide - Creating and Administering Wireless Networks*, O'Reilly & Associates, Inc., Sebastopol CA, USA,2002.

[Gib01] J. Gibson [Hrsg.]: *Multimedia Communications - Directions and Innovations*, Academic Press, San Diego CA, USA, 1996.

[Gib96] J. Gibson [Hrsg.]: *The communications Handbook*, CRC-Press, Boca Raton FL, USA, 1996.

[GBLLB98] J. Gibson, T. Berger, T. Lookabaugh, D. Lindbergh, R. L. Baker: *Digital Compression for Multimedia - Principles and Standards*, Morgan Kaufmann Publishers, Inc., San Francisko CA, USA, 1998.

[GC00] J. Gillies, R. Cailliau: *How the Web was Born*, Oxford University Press, Oxford, UK, 2000.

[GGB01] S. Guelich, S. Gundavaram, D. Birenieks: *CGI-Programmierung mit Perl*, O'Reilly, Köln, 2001.

[GK93] H.-G. Göhring, F.-J. Knauffels: *Token Ring: Grundlagen, Strategien, Perspektiven*, Datacom Verlag, Bergheim, Deutschland, 1993.

[Gol91] C. F. Goldfarb: *The SGML Handbook*, Oxford University Press, Oxford, UK, 1991.

[Goo95] G. Goos: *Vorlesungen über Informatik: Bd. 1. Grundlagen und funktionales Programmieren*, Springer, Berlin, Heidelberg, NewYork, 1995.

[GP00] C. F. Goldfarb, P. Prescod: *The XML-Handbook, 2nd. ed.*, Prentice Hall, Upper Saddle River NJ, USA, 2000.

[GR02] J. R. Gardner, Z. L. Rendon: *XSLT and XPATH: A Guide to XML transformations*, Prentice Hall, Upper Saddle River NJ, USA, 2000.

[Gue02] U. Günther: *PHP – Ein praktischer Einstieg*, O'Reilly, Köln, 2002.

[Gun00] E. Gunnerson: *A Programmer's Introduction to C#*, Apress, Berkeley CA, USA, 2000.

[GW99] Y. Y. Goland, E. J. Whitehead,Jr.: *HTTP Extensions for Collaborative Authoring – WEBDAV*, RFC 2518, Feb. 1999.

[Haa97] W.-D. Haaß: *Handbuch der Kommunikationsnetze: Einführung in die Grundlagen und Methoden der Kommunikationsnetze*, Springer Verlag, Berlin-Heidelberg, 1999.

[Haj98] F. Hajji: *Perl – Einführung, Aunwendungen, Referenz*, Addison-Wesley, Bonn, 1998.

[Hac00] S. Hacker: *MP3: The Definitive Guide*, O'Reilly & Associates, Inc., Sebastopol CA, USA, 2000.

[HC85] W. Hadorn, M. Cortesi: *Mensch und Medien - Die Geschichte der Massenkommunikation*, AT Verlag Aarau, Stuttgart, 1985..

[Ham50] R. W. Hamming: *Error Detecting and Error Correcting Codes*, in Bell System Technical Journal, vol. 29, pp. 147-160, April 1950.

[HEM00] E. G. Haffner, T. Engel, Ch. Meinel: *Integration der Schleusentechnologie „Lock-Keeper" in moderne Sicherheitsarchitekturen*, in M. Schumacher, R. Steinmetz: „Informatik aktuell: Sicherheit in Netzen und Medienströmen", Springer Verlag, Berlin, 2000, pp. 17–26.

[Her92] E. van Herwijnen: *SGML Tutorial*, Kluwer Academic Publishers, Boston, USA, 1992.

[HL97] K. Hafner, M. Lyon: *Arpa Kadabra: Die Geschichte des Internet*, dpunkt-Verlag, Heidelberg, 1997.

[HH97] M. Hauben, R. Hauben: *Netizens: on the history and impact of usenet and the internet*, IEEE Computer Society Press, Los Alamitos, CA, USA, 1997.

[HHKW98] H. H. Hiebel, H. Hiebler, K. Kogler, H. Walitsch, *Die Medien - Logik, Leistung, Geschichte*, W. Fink Verlag, München, 1998.

[HM01] E. R. Harold, W. S. Means: *XML in a Nutshell*, O'Reilly, Sebastopol CA, USA, 2001.

[Hof98] K. C. Hofer, *Good Webrations: eine web Wirkungsanalyse; Web Design & Wahrnehmung*, Zimmermann, München, 1998.

[HS92] N. G. L. Hammond, H. H. Scullard (Hrsg.): *The Oxford Classical Dictionary - 2nd Ed.*, Oxford University Press, Oxford, UK, 1992.

[HS94] H. Hahn, R. Stout: *The Internet Complete Reference*, Osborne McGraw-Hill, Berkeley CA, USA, 1994.

[HS97] T. Howes, M. Smith: *LDAP – Programming Directory-Enabled Applications with Lightweight Directory Access Protocol*, Macmillan Technical Publishing, Indianapolis IN, USA, 1997.

[Huf52] D. A. Huffmann: *A method for the construction of minimum-redundancy codes*, in Proc. of the IRE, 40(9), pp. 1098-1101, 1952.

[Hug98] L. Hughes: *Internet E-mail: Protocols, Standards, and Implementation*, Artech House, Norwood MA, USA, 1998.

[Hui97] C. Huitema: *IPv6: The New Internet Protocol*, Prentice Hall, Englewood Cliffs NJ, USA, 1997.

[Hun98] G. Hunt: *TCP/IP – Netzwerk Administration, 2. Aufl.*, O'Reilly, Köln, 1998.

[ISO86] International Organisation for Standardization: *Information Processing – Text and Office Systems – Standard Generalized Markup Language (SGML)*, ISO 8879:1986, ISO, 1986.

[ISO87] International Organization for Standardization: *Information Processing Systems – Open Systems Interconnection – Specification of Abstract Syntax Notation One (ASN.1)*, International Standard 8824, Dec. 1987.

[ISO91] International Organisation for Standardization: *Information Processing – Text and Office Systems – Document Style Semantics and Specification Language (DSSSL)*, ISO/EIC 10197 DIS 1991, ISO, 1991.

[ISO98] International Organization for Standardization: *X.680: Information Technology Syntax Notation One (ASN.1): Specification of Basic Notes*, ITU-T Recommendation X.680 (1997) / ISO/IEC 8824-1:1998

[Jag96] :R. Jäger: *Breitbandkommunikation: ATM, DQDB, Frame Relay*, Addison-Wesley, Bonn, Deutschland, 1996.

[Jue97] :M. Jünemann: *Universalservice – Lightweight Directory Access Protocol*, in iX, no.8/1997, Heise Verlag, Hannover, 1997.

[KC00] O. Kyas, M. a Campo: *IT Crackdown, Sicherheit im Internet* MITP-Verlag, Bonn, 2000.

[KC94] P. A. Kidwell, P. E. Ceruzzi: *Landmarks in digital computing: A Smithonian practical history* Smithonian Institute Press, USA, 1994.

[KEA98] F. F. Kuo, W. Effelsberg, J. J. Garcia-Luna-Aceves: *Multimedia Communications: protocols and applications* Prentice Hall Inc, Upper Saddle River NJ, USA, 1998.

[KI02] J. Krause, I. Injac: *PHP 4 Kochbuch – Lösungen, Bibliotheken und Applikationen der PHP-Community*, Carl Hanser Verlag, München, 2002.

[Kie98] R. Kiefer: *Digitale Übertragung in SDH- und PDH-Netzen*, Expert-Verlag, Reningen-Malmsheim, 3. Aufl. 1998.

[KK79] F. Kamoun, L. Kleinrock: *Stochastic Performance Evaluation of Hierarchical Routing for Large Networks*, Computer Networks, vol.3, pp.337-353, 1979.

[KK99] A. Kanbach, A. Körber: *ISDN - Die Technik*, Hüthig, 3. Aufl., Heidelberg, 1999.

[KK02] :M. Knobloch, M. Kopp: *Web-Design mit XML – Webseiten erstellen mit XML, XSL und Cascading Stylesheets*, dpunkt.verlag, Heidelberg, 2001.
[Kle75] L. Kleinrock: *Queuing Systems, Vol.1*, John Wiley NY, USA, 1975.
[Koe94] J. F. Koegel Buford, contributing editor: *Multimedia systems*, Adison-Wessley Publishing Company, Reading MA, USA, 1994.
[KPS95] C. Kaufman, R. Perlman, M. Speciner: *Network Security, Private Communication in a Public World*, Prentice Hall, Englewood Cliffs NJ, USA, 1995.
[KR01] J. F. Kurose, K. W. Ross: *Computer Networking - A Top-Down Approach Featuring the Internet* Addison Wessley, Boston, 2001.
[Kya96] O. Kyas: *ATM-Netzwerke, Aufbau, Funktion, Performance*, 3. Aufl., DATACOM-Buchverlag, Bergheim, Deutschland, 1996.
[Lam99] S. Lamprecht: *Programmieren für das World Wide Web: mit JavaScript, VBScript, XML und SMIL*, Hanser, München, 1999.
[LB99] H. Lie, B. Bos: *Cascading Style Sheets: Designing for the Web, 2nd ed.*, Addison-Wesley, New York/London, 1999.
[LeG91] D. LeGall: *MPEG: a video compression standard for multimedia applications*, in Communications of the ACM, Vol.3, No.4, pp. 46-58, 1991.
[Ler00] R. Lerdorf: *PHP – kurz & gut*, O'Reilly, Köln, 2000.
[Ley02] M. Ley: *The DBLP Computer Science Bibliography: Evolution, Research Issues, Perspectives*, in Proc. of 9th International Symposium on String Processing and Information Retrieval, SPIRE 2002, Lisbon, Portugal, 2002, pp.1–10.
[liv] W. Stewards: *LivingInternet.com*, available at `http:\\www.livinginternet.com`.
[LL99] B. Laurie, P. Laurie: *Apache – Das umfassende Referenzwerk*, O'Reilly, Köln 1999.
[LT90] J. C. R. Licklider, R. Taylor: *The Computer as a Communication Device* in *In Memoriam: J.C.R. Licklider 1915-1990*, Digital Systems Research Center, Palo Alto, California, 1990.
[Lut97] A. Luther: *Principles of Digital Audio and Video*, Artech House, Norwood MA, USA, 1997.
[LT02] R. Lerdorf, K. Tatroe: *Programming PHP*, O'Reilly, Sebastopol CA, USA, 2002.
[LZ02] C. Laue, V. Zota: *Klangkompressen – MP3 und seine Erben* in *c't – Magazin für Computertechnik*, Vol. 19/2002, pp.102-109, Verlag Heinz Heise, Hannover, 2002.
[MA96] D. Minoli, A. Alles: *LAN, ATM, and LAN Emulation Technologies*, Artech House, Norwood MA, USA, 1996.
[Mad89] T. W. Madron: *LANS - Applications of IEEE/ANSI 802 Standards*, Wiley, New York, 1989.
[Mau96] R. Maurer: *HTML und CGI-Programmierung: dynamische WWW-Seiten erstellen*, dPunkt Verlag, Heidelberg, 1996.
[MD97] J. Meyer, T. Downing: *Java Virtual Machine*, O'Reilly & Associates, Inc., Sebastopol CA, USA, 1997.
[Mey00] E. A. Meyer: *Cascading Style Sheets: The Definitive Guide*, O'Reilly, Sebastopol CA, USA, 2000.
[MB76] R. M. Metcalfe, D. R. Boggs: *Ethernet: Distributed Packet Switching for Local Computer Networks*, in Association for Computing Machinery, Vol.19, No. 5, July 1976.
[Mcl01] B. McLaughlin: *Jana and XML*, O'Reilly, Sebastopol CA, USA, 2001.
[Mes90] H. Meschkowski: *Denkweisen großer Mathematiker – Ein Weg zur Geschichte der Mathematik* Vieweg Verlagsgesellschaft, 1990.
[MK93] S. Mirchandani, R. Khanna: *FDDO – Technology and Applications*, Wiley, New York, 1993.

[MK01] C. Musciano, B. Kennedy: *HTML und XHTML– Das umfassende Referenzwerk, 3. Aufl.*, O'Reilly, Bonn, 2001.
[MGBB00] M. W. Marcellin, M. J. Gormish, A. Bilgin, M. P. Boliek: *An Overview of JPEG-2000*, in Prof. of IEEE Data Compression Conference 2000, pp. 523-542,2000.
[MN02] S. Münz, W. Nefzger: *HTML & Web-Publishing Handbuch: HTML, JavaScript, CSS, DHTML*, Franzis Verlag, Poing bei München, 2002.
[MN02a] S. Münz, W. Nefzger: SELFHTML 8.0, available at:
`http://selfhtml.teamone.de/index.htm`.
[Mon02] R. Monson-Haefel: *Enterprise JavaBeans*, O'Reilly, Bonn, 2000.
[MPFL96] S. Mitchell, W. B. Pennebaker, C. E. Frogg, D. J. Legal: *MPEG video: compression standard*, Int. Thompson Publishing Services Ltd, Hampshire UK, 1996.
[MR94] J. D. Murray, W. vanRyper: *Encyclopedia of Graphics File Formats, 2nd Ed.*, O'Reilly & Associates, Inc., Sebastopol CA, USA, 1996.
[MS02] Ch. Meinel, V. Schillings: *tele-TASK - Teleteaching Anywhere Solution Kit*, in Proc. SIGUCCS 2002, Providence (Rhode Island, USA), 2002, pp. 130-133.
[MSV87] M. L. Molle, K. Sohraby, A. N. Venetsanopoulos: *Space-Time Models of Asynchronous CSMA Protocols for Local Area Networks*, in IEEE Journal on Selected Areas in Communications, Vol.5, No.6, pp. 956–968, 1987.
[Mui99] L. Mui: *CGI – kurz & gut*, O'Reilly, Köln, 1999.
[Nau01] F. Naumann: *Vom Abakus zum Internet : die Geschichte der Informatik*, Primus-Verlag, Darmstadt, 2001.
[NCKP97] H. F. Nielsen, D. Connolly, R. Khare, E. Prod'hommeaux: *PEP – an Extension Mechanism for HTTP*, W3C Working Draft, W3C, 21 November 1997.
[Nie99] J. Niederst: *Web Design in a Nutshell*, O'Reilly, Sebastopol CA, USA, 1999.
[NS01] T. Negrino, D. Smith: *Visual QuickStart Guide: JavaScript for the World Wide Web, 4th ed.*, PeachPit Press, Berkeley CA, USA, 2001.
[OH98] R. Orfali, D. Harkey: *Client/Server Programming with Java and CORBA, 2nd ed.*, John Wiley & Sons Ltd. New Yourk, USA, 1998.
[OMG98] Object Management Group: *The Common Object Request Broker: Architecture and Specification – Version 2.2*, Framingham MA, USA, 1998.
[PD00] L. L. Peterson, B. S. Davie: *Computernetze - Ein modernes Lehrbuch*, dPunkt Verlag GmbH, Heidelberg, 2000.
[Per92] R. Perlman: *Interconnections: Bridges and Routers*, Addison-Wesley, Reading, MA, USA, 1992.
[PF94] V. Paxson, S. Floyd: *Wide Area Traffic: The Failure of Poisson Modeling*, in Proc. SIGCOMM'94 Conf., ACM, pp. 257–268, 1994.
[Pie99] C. Piemont: *Komponenten in Java*, dpunkt-Verlag, Heidelberg, 1999.
[Pie72] J. Pierce: *How far can data loops go?*, in IEEE Trans. on Communications, vol. COM-20, pp.527-530, 1972.
[Ple98] V. Pless [Hrsg.]: *Handbook of coding theory, Vol 1-2*, Elsevier, Amsterdam, 1998.
[PM93] W. B. Pennebaker, J. L. Mitchell: *JPEG Still Image Data Compression Standard*, van Nostrand Reinhold, New York NJ, USA, 1993.
[PN90] J. R. Pierce, A. M. Noll: *Signale - Die Geheimnisse der Telekommunikation*, Spektrum Akademischer Verlag, Heidelberg, 1990.
[Poh00] K. J. Pohlmann: *Principles of Digital Audio*, McGraw-Hill Professional Publishing, Berkeley CA, USA, 2000.
[Poy96] C. Poynton: *A Technical Introduction to Digital Video*. John Wiley NY, USA, 1996.
[Pro02] W. Proebster: *Rechnernetze - Technik, Protokolle, Systeme, Anwendungen*, Oldenbourg Wissenschaftsverlag, München, 2002.

[PS00] T. Painter, A. Spanias: *Perceptual Coding of Digital Audio*, in *Proc. of the IEEE*, Vol. 88, No. 4, IEEE, April 2000.
[Rig01] W. Riggert: *Rechnernetze, Technologien - Komponenten - Trends*, Fachbuchverlag Leipzig im Carl Hanser Verlag, 2001.
[RH96] K. R. Rao, J. J. Hwang: *Techniques and Standards for Image, Video, and Audio Coding*, Prentice Hall, Upper Saddle River NJ, USA, 1996.
[Roc97] G. I. Rochlin: *Trapped in the Net - The Unanticipated Consequences of Computerization*, Princeton University Press, Princeton NJ, USA, 1997.
[Ros99] D. Rosenthal: *Internet - schöne neue Welt?: Der Report über die unsichtbaren Risiken*, Orell Füssli Verlag, Zürich, 1999.
[RSA78] R. I. Rivest, A. Shamir, L. Adleman: *On a Method for Obtaining Digital Signatures and Public Key Cryptosystems*, in Communications of the ACM, vol.21, Feb 1978, pp. 120-126.
[Sal95] P. H. Salus: *Casting the net: from ARPANET to Internet and Beyond*, Addison-Wesley, Reading MA, USA,1995.
[Sau96] S. Sounders: *The McGRaw-Hill High-Speed LAN Handbook*, McGRaw-Hill, New York NY, USA1996.
[Sch02] U. Schöning: *Ideen der Informatik – Grundlegende Modelle und Konzepte*, Oldenbourg Verlag, Münschen, 2002.
[SC98] R. L. Schwartz, T. Christiansen: *Einführung in Perl, 2. Aufl.*, O'Reilly, Köln, 1998.
[Sch98] M. Schilli: *GoTo Perl 5*, Addison-Wesley, Bonn, 1998.
[Sch95] B. Schneier: *Applied Cryptography: Protocols, Algorithms, and Source Code in C*, John Wiley & Sons, 1995.
[Sch02] J. Schwenk: *Sicherheit und Kryptographie im Internet*, Vieweg Verlag, Braunschweig, Wiesbaden, Deutschland, 2002.
[Sed91] R. Sedgewick: *Algorithmen*, Addison Wesley, Bonn, 1991.
[SHM+00] B. Shannon, M. Hapner, V. Matena, J. Davidson, E. Pelegri-Llopart, L. Cable, Enterprise Team: *Java (TM) 2 Platform Enterprise Edition – Platform and Component Specifications*, Addison-Wesley, Boston MA, USA, 2000.
[Sim01] J. E. Simpson: *Just XML, 2nd. ed.*, Prentice Hall, Upper Saddle River, NJ, USA, 2001.
[SL95] D. Shasha, C. Lazere: *Out of their Minds – The Lives and Discoveries of 15 Great Computer Scientists*, Springer Verlag, 1995.
[Sol97] S. J. Solari: *Digital Video and Audio Compression*, McGraw Hill, New Your, USA, 1997.
[SN95] R. Steinmetz, K. Nahrstedt: *Multimedia: Computing, Communications, and Applications*, Prentice-Hall, Upper Saddle River NJ, USA, 1995.
[Spu00] C. Spurgeon: *Ethernet - The Definitve Guide*, O'Reilly, Sebastopol CA, USA, 2000.
[Ste94] W. R. Stevens: *TCP/IP Illustrated, Vol.1 – The Protocols*, Addison-Wesley Publishing Company, Reading MA, USA, 1994.
[ST02] D. Sklar, A. Trachtenberg: *PHP Cookbook*, O'Reilly, Sebastopol CA, USA, 2002.
[Sta97] D. A. Stamper: *Essentials of Data Communications*, Benjamin Cummings, Menlo Park CA, 1997.
[Ste01] E. Stein: *Taschenbuch Rechnernetze und Internet*, Fachbuchverlag Leipzig, Carl Hanser Verlag, München, 2001.
[Sto82] H. J. Störig: *Weltgeschichte der Wissenschaft*, S. Fischer Verlag GmbH, Frankfurt, 1982.
[Str00] T. Strutz: *Bilddaten-Kompression. Grundlagen, Codierung, MPEG, JPEG*, Vieweg Verlag, Braunschweig/Wiesbaden, 2000.

[SWE99] C. Scott, P. Wolfe, M. Erwin: *Virtuelle Prvate Netzwerke*, O'Reilly, Köln, 1999.

[Szi95] H. Szillat: *SGML – Eine Einführung*, Thompson Publishing Int., Bonn, 1995.

[Tan96] A. S. Tannenbaum: *Computer Networks*, Prentice-Hall, NJ, USA, 1996.

[Tay98] E. Taylor: *The McGraw-Hill Internetworking Handbook*, McGraw-Hill Professional Publishing, Berkeley CA, USA, 1998.

[Tay02] A. Taylor: *JSP and Java – The COmplete Guide to Website Development*, Prentice Hall PTR, Upper Saddle River NJ, USA, 2002.

[TM02] D. S. Taubmann, M. W. Marcellin: *JPEG 2000: image compression fundamentals, standards, and practice*, Kluwer Academic Publishers, Norwell MA, USA, 2002.

[Tor96] L. Torres: *Video Coding*, Kluwer Academic Publishers, Norwell MA, USA, 1996.

[Unicode] : The Unicode Consortium , URL: `http://www.unicode.org/`.

[Wat01] J. Watkinson: *The MPEG Handbook*, Focal Press, Woburn MA, USA, 2001.

[Wel84] T. A. Welch: *A Technique for High Performance Data Compression*, in IEEE Trans. on Computer, Vol 17, Mo.6, 1984.

[Wil99] E. Wilde: *Wilde's WWW - Technical Foundations of the World Wide Web*, Springer Verlag, Berlin-Heidelberg, 1999.

[Win98] B. Winston: *Media Technology and Society, A History: From the Telegraph to the Internet*, Routledge, London, UK, 1998.

[WTSW98] W. Willinger, M. S. Taqqu, R. Sherman, D. V. Wilson: *Self Similarity through High Variability: Statistical Analysis of Ethernet LAN Traffic at the Source Level*, in Proc. SIGCOMM5'9 Conf., ACM, pp. 100–113, 1995.

[WW98] E. J. Whitehead, Jr., M. Wiggins: *WEBDAV: IETF Standard for Collaborative Authoring on the Web*, in IEEE Internet Computing, Sep/Oct. 98, pp. 34–40, 1998.

[Zen00] A. Zenk: *Lokale Netze - Die Technik für das 21. Jahrhundert, Technologien, konzepte, Praxis*, 6. Aufl., Addison-Wesley, München, 2000.

[Zim95] P. Zimmermann: *The Official PGP User's Guide*, M.I.T. Press, Cambridge MA, USA, 1995.

[Zim95a] P. Zimmermann: *PGP: Source Code and Internals*, M.I.T. Press, Cambridge MA, USA, 1995.

[ZL77] J. Zif, A. Lempel: *A Universal Algorithm for Sequential Data Compression*, in IEEE Transactions on Information Theory, 23(3), pp. 337–343, 1977.

[Zor97] W. Zorn: *Hat Deutschland die Internet- Entwicklung verschlafen?*, in Tagungsband *Internet - von der Technologie zum Wirtschaftsfaktor* des Deutschen Internet Kongresses 1997 in Düsseldorf, (Hrsg. Klaus- Peter Boden, Michael Barabas), 1997.

[Zor97b] W. Zorn: *Internet in Deutschland - ein Trauerspiel*, in VDI-Nachrichten Nr.26/97 vom 27.06.1997, 1997.

Sachverzeichnis

Druck: Strauss Offsetdruck, Mörlenbach
Verarbeitung: Schäffer, Grünstadt